诺贝尔经济学奖

颁奖词与获奖演说全集

THE NOBEL PRIZE IN ECONOMICS:

COLLECTED PRESENTATION SPEECHES AND LECTURES

张守凯 主　编　黎昌抱　柴志贤　副主编

浙江工商大学出版社
ZHEJIANG GONGSHANG UNIVERSITY PRESS

序

诺贝尔经济学奖是1968年瑞典中央银行成立300周年之际为纪念诺贝尔而增设的,并于1969年开始与诺贝尔奖的其他奖项同时颁发,它的名称是"Prize in Economic Science dedicated to the memory of Alfred Nobel"(致力纪念阿尔弗雷德·诺贝尔的经济科学奖)。2006年,该奖最终定名为"The Sveriges Riksbank Prize in Economic Science in Memory of Alfred Nobel"(瑞典中央银行纪念阿尔弗雷德·诺贝尔经济学奖),亦称"纪念诺贝尔经济学奖"。

诺贝尔经济学奖设立之后,成功整合进入了诺贝尔奖的评选体系,由瑞典皇家科学院负责评选颁发,其获奖候选人的推荐、奖金的额度和授奖仪式等规则,基本与诺贝尔奖的其他奖项一致。不同的是该奖奖金并非诺贝尔的捐款,而是来自于瑞典中央银行。瑞典中央银行每年提供与当年诺贝尔奖相同金额的奖金,交由诺贝尔基金会统一使用。自1969年至2014年,诺贝尔经济学奖共颁发了46届,累计有75人获奖。

诺贝尔经济学奖是全球经济学领域的最高奖项,其获奖成果是全人类的宝贵财富,是学习和研究经济学的经典文献。

《诺贝尔经济学奖颁奖词与获奖演说全集》是由我校图书馆组织,外国语学院、经济与国际贸易学院的部分教师翻译和审校的。本书收录的是瑞典皇家科学院给每一年度获奖者的颁奖词及每一位获奖者的获奖演说。在这里,你可以完整、准确地了解瑞典皇家科学院对每一项获奖成果的颁奖理由和学术价值评价;你也可以了解每一位获奖者的人生经历,走进他们的内心世界,欣赏他们探索未知、追求真理的人生风采;你还可以了解每一项获奖成果的研究方法、研究过程,有助于你更深刻、更准确地把握获奖成果深邃的学术思想和科学的学术价值。除此之外,本书还有其鲜明的特点:

内容丰富完整:本书收录的是自1969年颁发诺贝尔经济学奖以来,瑞典皇家科学院给每一年度获奖者的颁奖词及每一位获奖者的获奖演说。有获奖者的个人生平信息,有瑞典皇家科学院的颁奖词,还有获奖者的学术报告。时间连续至今,内容丰富完整,是目前国内出版的有关诺贝尔经济学奖颁奖词与获奖演说最为完整的本子。

忠实于原作:本书翻译的外文原文,均选自诺贝尔奖官方网站,本书的译者没有进行任何删节和修饰,按照原文进行了直译,其中的经济学理论、公式、定理由经济学专业的博士和教授审定和校注。中文翻译忠实于作者的原文原意,体现了本书译者严谨的治学态度和严肃的学术风格。

较高的学术价值:瑞典皇家科学院颁奖词是对每一项获奖成果学术思想的精准提炼和对其学术价值的客观评价,有助于读者对获奖成果的准确把握与深刻理解。每一位获奖者的演说，是其本人对获奖成果的研究方法、研究路径、研究过程的描述，是对其学术成果的准确阐述和科学诠释。所以，这本书不仅是诺贝尔经济学奖获奖者精彩人生的瑰丽画卷，还是一部学术著作，其学术价值不可忽视。

本书是我校“诺贝尔经济学奖文库”的建设内容之一。2012 年我校图书馆建成了国内唯一的“诺贝尔经济学奖文库”，文库连续地、系统地、完整地收藏、展示了自 1969 年至 2014 年全部诺贝尔经济学奖获奖者的个人生平信息和学术成果。其中，外文原版著作 500 多本，学术论文 10000 多篇，编印“诺贝尔经济学奖获奖者文集”一套共 160 多本（以后每年还会补充增加），诺贝尔经济学奖颁奖典礼及获奖者学术报告、演讲、访谈的影像视频 100 多部（集），还建有“诺贝尔经济学奖文献信息系统”和视听室，集印刷型、数字型和音像型文献资源于一室，方便读者“一站式”获取和利用。文库同时具有阅览功能和展览功能，有力地保障了学校的教学科研工作，推动了学校的学科发展，扩大了学校的学术影响。欢迎各位读者来我校图书馆参观考察“诺贝尔经济学奖文库”，并浏览利用“诺贝尔经济学奖文献信息系统”（网址：http://lib.zufe.edu.cn）。

今年是浙江财经大学建校 40 周年，本书是献给我校 40 周年校庆的礼物。我相信，这本书的出版，将激励财大的学子和经济学界的同仁们一道奋发努力，笔耕不辍，探索经济学的真谛。也期待在不久的将来，诺贝尔经济学奖获奖者的名单中，会有中国人的名字出现。

浙江财经大学校长 王俊豪

2014 年 10 月

目　　录

1969 年　获奖者　拉格纳·弗里希

获奖者　简·丁伯根

颁奖词 …………………………………………… 埃里克·伦德伯格　004

获奖演说　从乌托邦理论到实际应用:计量经济学实例

…………………………………………… 拉格纳·弗里希　006

模型的用途:经验和前景 …………………… 简·丁伯根　027

1970 年　获奖者　保罗·安·萨缪尔森

颁奖词 …………………………………………… 阿萨尔·林德贝克　035

获奖演说　分析经济学中的最大值原理 ……… 保罗·安·萨缪尔森　037

1971 年　获奖者　西蒙·库兹涅茨

颁奖词 …………………………………………… 贝蒂尔·奥林　049

获奖演说　现代经济增长:事实与思考 …………… 西蒙·库兹涅茨　051

1972 年　获奖者　肯尼斯·约瑟夫·阿罗

获奖者　约翰·理查德·希克斯

颁奖词 …………………………………………… 拉格纳·本泽尔　065

获奖演说　一般经济均衡:目的、分析技术、集体选择

…………………………………… 肯尼斯·约瑟夫·阿罗　067

经济增长的源泉 ………………… 约翰·理查德·希克斯　084

1973 年　获奖者　华西里·里昂惕夫

颁奖词 …………………………………………… 阿萨尔·林德贝尔　095

获奖演说　世界经济的结构——简要的投入产出模型

…………………………………………… 华西里·里昂惕夫　097

1974 年　获奖者　纲纳·缪达尔
获奖者　弗里德里希·奥克斯特·冯·哈耶克
颁奖词 …………………………………… 埃里克·伦德伯格　111
获奖演说　世界发展的平等问题 ………………… 纲纳·缪达尔　113
知识的僭越 ……… 弗里德里希·奥克斯特·冯·哈耶克　126

1975 年　获奖者　列奥尼德·康托罗维奇
获奖者　佳林·库普曼斯
颁奖词 …………………………………… 拉格纳·本泽尔　136
获奖演说　数学在经济学中的应用:成就、困难、前景
……………………………… 列奥尼德·康托罗维奇　137
最优概念及使用 …………………… 佳林·库普曼斯　143

1976 年　获奖者　米尔顿·弗里德曼
颁奖词 …………………………………… 埃里克·伦德伯格　156
获奖演说　通胀与失业 ……………………… 米尔顿·弗里德曼　158

1977 年　获奖者　贝蒂尔·奥林
获奖者　詹姆斯·爱德华·米德
颁奖词 …………………………………… 阿萨尔·林德贝克　175
获奖演说　1933 年和 1977 年——不平衡的国内和国际经济关系中的
某些扩张政策问题 ………………………… 贝蒂尔·奥林　177
"内部平衡"的意义 ……………… 詹姆斯·爱德华·米德　188

1978 年　获奖者　赫伯特·西蒙
颁奖词 ………………………………………… 苏·卡尔逊　200
获奖演说　企业组织中的理性决策 ………………… 赫伯特·西蒙　201

1979 年　获奖者　威廉·阿瑟·刘易斯
获奖者　西奥多·威廉·舒尔茨
颁奖词 …………………………………… 埃里克·伦德伯格　223
获奖演说　增长引擎转速下降 ……………… 威廉·阿瑟·刘易斯　225
穷人经济学 ……………………… 西奥多·威廉·舒尔茨　233

1980 年　获奖者　劳伦斯·罗·克莱因
颁奖词 …………………………………… 赫尔曼·沃尔德　241
获奖演说　20 世纪 80 年代一些经济场景 …… 劳伦斯·罗·克莱因　242

1981 年　获奖者　詹姆斯·托宾
颁奖词 …………………………………………… 阿萨尔·林德贝克 261
获奖演说　宏观经济过程中的货币和金融 ……………… 詹姆斯·托宾 262

1982 年　获奖者　乔治·斯蒂格勒
颁奖词 ……………………………………………… 拉尔斯·韦尔因 288
获奖演说　经济学的过程和发展 ………………… 乔治·斯蒂格勒 290

1983 年　获奖者　杰拉德·德布鲁
颁奖词 ……………………………………………… 卡尔·戈兰·马勒 301
获奖演说　数理模型中的经济理论 ……………… 杰拉德·德布鲁 302

1984 年　获奖者　理查德·斯通
颁奖词 ……………………………………………… 埃里克·伦德伯格 314
获奖演说　社会账目 ……………………………………… 理查德·斯通 315

1985 年　获奖者　弗兰科·莫迪利安尼
颁奖词 ……………………………………………… 拉格纳·本泽尔 338
获奖演说　生命周期、个人节俭与国民财富 … 弗兰科·莫迪利安尼 340

1986 年　获奖者　詹姆斯·麦基尔·布坎南
颁奖词 ……………………………………………… 英格玛·斯托尔 357
获奖演说　经济政策的宪法 ……………… 詹姆斯·麦基尔·布坎南 358

1987 年　获奖者　罗伯特·默顿·索洛
颁奖词 ……………………………………………… 卡尔·戈兰·马勒 368
获奖演说　经济增长理论及后续 ……………… 罗伯特·默顿·索洛 369

1988 年　获奖者　莫里斯·阿莱斯
颁奖词 ……………………………………………… 英格玛·斯托尔 380
获奖演说　我对经济科学的主要贡献概述 ………… 莫里斯·阿莱斯 382

1989 年　获奖者　特里夫·哈维默
颁奖词 …………………………………………… 本特·克里斯特·桑德 393
获奖演说　计量经济学与福利国家 ……………… 特里夫·哈维默 394

1990 年 获奖者 哈里·马科维茨
获奖者 默顿·米勒
获奖者 威廉·夏普
颁奖词 …………………………………………… 阿萨尔·林德贝克 404
获奖演说 证券投资组合理论基础 ………………… 哈里·马科维茨 405
杠杆作用 ………………………………………… 默顿·米勒 412
有和没有空头头寸的资本资产价格 ………… 威廉·夏普 419

1991 年 获奖者 罗纳德·科斯
颁奖词 ………………………………………………… 拉尔斯·韦尔因 436
获奖演说 生产的制度结构 ……………………………… 罗纳德·科斯 438

1992 年 获奖者 加里·贝克尔
颁奖词 ……………………………………………… 阿萨尔·林德贝克 446
获奖演说 以经济学方式观察生活 …………………… 加里·贝克尔 447

1993 年 获奖者 罗伯特·威廉·福格尔
获奖者 道格拉斯·诺斯
颁奖词 ………………………………………………… 伦纳特·约博格 465
获奖演说 经济增长、人口理论和生理学:长期过程对制定经济政策的影响 ……………………………… 罗伯特·威廉·福格尔 466
时间历程中的经济绩效 …………………… 道格拉斯·诺斯 486

1994 年 获奖者 约翰·哈萨尼
获奖者 约翰·福布斯·纳什
获奖者 莱因哈德·泽尔腾
颁奖词 ………………………………………………… 卡尔·戈兰·马勒 500
获奖演说 不完全信息博弈 ……………………………… 约翰·哈萨尼 502
多阶段博弈模型和延迟超级博弈 …… 莱茵哈德·泽尔腾 513

1995 年 获奖者 小罗伯特·卢卡斯
颁奖词 ……………………………………………………… 拉尔斯·斯文森 535
获奖演说 货币中性 ………………………………… 小罗伯特·卢卡斯 537

1996 年 获奖者 詹姆斯·莫里斯
获奖者 威廉·维克瑞
颁奖词 ……………………………………………… 贝蒂尔·纳斯伦德 553
获奖演说 信息与激励:胡萝卜加大棒经济学 …… 詹姆斯·莫里斯 554

1997 年　获奖者　罗伯特·默顿
获奖者　迈伦·斯科尔斯
颁奖词 …………………………………………… 贝蒂尔·纳斯伦德 572
获奖演说　期权定价理论的应用:25 年后 …………… 罗伯特·默顿 573
动态环境中的衍生产品 ………………………… 迈伦·斯科尔斯 595

1998 年　获奖者　阿马蒂亚·森
颁奖词 …………………………………………… 罗伯特·埃里克森 619
获奖演说　社会选择的可能性 …………………………… 阿马蒂亚·森 620

1999 年　获奖者　罗伯特·蒙代尔
颁奖词 ……………………………………………… 托斯滕·佩尔松 640
获奖演说　对 20 世纪的反思 ………………………… 罗伯特·蒙代尔 641

2000 年　获奖者　詹姆斯·赫克曼
获奖者　丹尼尔·麦克法登
颁奖词 ………………………………… 卡尔·古斯塔夫·乔瑞斯科格 658
获奖演说　微数据、差异化以及公共政策评估 …… 詹姆斯·赫克曼 660
经济选择 ………………………………… 丹尼尔·麦克法登 704

2001 年　获奖者　乔治·阿克尔洛夫
获奖者　迈克尔·斯宾塞
获奖者　约瑟夫·斯蒂格利茨
颁奖词 …………………………………………………… 乔根·威布尔 735
获奖演说　宏观行为经济学与宏观经济行为
………………………………………… 乔治·阿克尔洛夫 737
信号理论的回顾与市场信息结构 ……… 迈克尔·斯宾塞 756
信息与经济学范式的变革 ………… 约瑟夫·斯蒂格利茨 782

2002 年　获奖者　丹尼尔·卡内曼
获奖者　弗农·史密斯
颁奖词 ………………………………………… 拉尔斯·戈兰·尼尔森 827
获奖演说　有限理性的图谱:直觉判断与选择的视角
…………………………………………… 丹尼尔·卡内曼 829
经济学中的建构主义和生态理性 ………… 弗农·史密斯 856

2003 年　获奖者　罗伯特·恩格尔
获奖者　克莱夫·格兰杰
颁奖词 …………………………………………… 托斯滕·佩尔松　904
获奖演说　风险和波动:计量经济学模型与金融实践
…………………………………………… 罗伯特·恩格尔　905
时间序列分析,协整性与应用 ………… 克莱夫·格兰杰　924

2004 年　获奖者　芬恩·基德兰德
获奖者　爱德华·普雷斯科特
颁奖词 …………………………………………… 乔根·威布尔　932
获奖演说　定量聚合理论 ………………………… 芬恩·基德兰德　934
宏观经济政策与研究的转型 ……… 爱德华·普雷斯科特　945

2005 年　获奖者　罗伯特·约翰·奥曼
获奖者　托马斯·克罗姆比·谢林
颁奖词 …………………………………………… 乔根·威布尔　966
获奖演说　战争与和平 ……………………… 罗伯特·约翰·奥曼　968
令人惊讶的 60 年:广岛的遗产
……………………………… 托马斯·克罗姆比·谢林　974

2006 年　获奖者　埃德蒙德·菲尔普斯
颁奖词 ……………………………………… 贝蒂尔·霍尔姆隆德　984
获奖演说　现代经济的宏观经济学 …………… 埃德蒙德·菲尔普斯　986

2007 年　获奖者　莱昂尼德·赫维奇
获奖者　埃里克·马斯金
获奖者　罗杰·迈尔森
颁奖词 …………………………………………… 乔根·威布尔　1009
获奖演说　谁又来监督监督者?　……………… 莱昂尼德·赫维奇　1011
机制设计:如何实施社会目标 ………… 埃里克·马斯金　1019
有关经济理论中的机制设计综述 ……… 罗杰·迈尔森　1027

2008 年　获奖者　保罗·克鲁格曼
颁奖词 ……………………………………… 贝蒂儿·霍尔姆隆德　1044
获奖演说　贸易和地理的递增报酬革命 ………… 保罗·克鲁格曼　1046

2009 年　获奖者　埃莉诺·奥斯特罗姆
获奖者　奥利弗·威廉姆森
颁奖词 ………………………………………………… 托雷·埃林森 1059
获奖演说　超越市场和国家:复杂经济体系的多中心治理
……………………………………… 埃莉诺·奥斯特罗姆 1060
交易成本经济学:自然发展 ………… 奥利弗·威廉姆森 1081

2010 年　获奖者　彼得·戴蒙德
获奖者　戴尔·莫特森
获奖者　克里斯托弗·皮萨里德斯
颁奖词 ……………………………………… 贝蒂儿·霍尔姆隆德 1100
获奖演说　失业、职位空缺与工资 ………………… 彼得·戴蒙德 1101
搜索摩擦市场与 DMP 模型………………… 戴尔·莫特森 1123
存在搜寻摩擦的劳动力市场均衡
……………………………… 克里斯托弗·皮萨里德斯 1137

2011 年　获奖者　托马斯·萨金特
获奖者　克里斯托弗·西姆斯
颁奖词 …………………………………………… 席佩尔·克鲁赛尔 1151
获奖演说　货币政策及其影响的统计学建模
……………………………………… 克里斯托弗·西姆斯 1152

2012 年　获奖者　埃尔文·罗思
获奖者　罗伊德·沙普利
颁奖词 ………………………………………………… 托斯滕·佩尔松 1169

2013 年　获奖者　尤金·法玛
获奖者　拉尔斯·汉森
获奖者　罗伯特·希勒
颁奖词 …………………………………………… 席佩尔·克鲁赛尔 1176

2014 年　获奖者　让·梯若尔
颁奖公告 ……………………………………………… 瑞典皇家科学院 1179

后　记 ……………………………………………………………… 张守凯 1181

1969 获奖者

拉格纳·弗里希
Ragnar Frisch

【获奖理由】致力于开发和应用动态模型分析经济进程。

生平简介

1895 年	出生于挪威奥斯陆
1919 年	毕业于奥斯陆大学经济系
1926 年	获奥斯陆大学哲学博士学位
1930 年	发起并创建了国际经济计量学学会
1931—1965 年	任奥斯陆大学教授
1961 年	获意大利林西国家学院安东尼奥·费尔特林纳里奖
1973 年	逝世

主要学术贡献

拉格纳·弗里希是经济计量学的奠基人与开创人,他开创性地把经济理论、数理方法和统计学综合起来应用于实际经济问题的分析中。随着计算机技术的发展,经济计量学已经成为经济学的重要分支学科,以及经验实证分析的核心分析工具。

他建立了动态经济模型,基于有关资本起动消费增长的加速机效应、资本起动与资本完成之间的酝酿期、消费与库存现金之间关系的三个关键假设,建立起由混合的差分—微分方程构成的动态经济周期模型。把导致经济波动的因素区分为扩散作用和冲击作用两大类,将两者结合起来解释资本主义经济周期,从而为当代宏观经济周期理论奠定了重要基础。

他在将经济计量学的理论和方法应用于社会经济活动方面做出了许多贡献,超越米歇尔的制度经验学派与凯恩斯的理性学派,第一个运用经济计量学的方法,将统计分析方法与经济理论结合起来实证研究了资本主义经济波动。

此外,他在微观经济学领域的边际效用测度、需求理论及生产理论等方面也颇有研究。论述了效用理论和指数理论的基本原则;创立了著名的数学规划,即不必受最小(或最大)限制因素所约束的最优化学科。

主要学术成果

《测量边际效用的新方法》(1932)
《动态经济学中的扩散问题和冲击问题》(1933)
《运用完全回归系统计合流分析》(1934)
《生产理论》(1965)
《定量、动态政治经济学》(1974)
《经济计划研究论文集》(1976)

1969 获奖者
简·丁伯根
Jan Tinbergen

【获奖理由】致力于开发和应用动态模型分析经济进程。

生平简介

1903 年	出生于荷兰海牙
1926 年	获荷兰莱顿大学物理学学士学位
1929 年	获莱顿大学物理学博士学位
1929—1945 年	在荷兰中央统计局任职
1933 年	任荷兰经济学院教授
1945—1955 年	任荷兰中央计划局局长
1956 年	创立经济计量研究院
1994 年	逝世

主要学术贡献

丁伯根在宏观经济政策的数量分析与实证研究方面做出了开创性贡献，提出了关于国家经济调节政策和经济调节目标之间关系的著名“丁伯根法则”。其基本内容是，为达到一个经济目标，政府至少要运用一种有效的政策；为达到几个目标，政府至少要运用几个独立、有效的经济政策。丁伯根法则告诉我们：一种工具，实现一种政策目标最有效率，而如果试图用一种工具实现一种以上的政策目标时，便会因目标之间的冲突而降低效率，甚至会背离目标而出现更加失衡的状态，即一种政策工具只能解决一个问题。

1936 年，丁伯根创立了一个具有 24 个联立方程式的荷兰宏观经济模型，并应用到美国、英国等国家的经济分析中。在他的宏观经济模型与政策分析中，区分了政策制定者试图达到的目标变量与决策者可直接控制的工具变量，并强调要实现一定数量的政策目标，需要决策者控制等量的政策工具。

丁伯根还发展了一个应用于政策分析的数量框架，并由此提出最优方式是政策制定分散化与集中化的混合，从原则上讲，分散化是最优的，但是，外部经济与规模经济又要求更多一些集中决策。丁伯根对缺少超国家决策机构的情况尤为关注，他认为一个国家的政策会对其他国家产生影响，因此这样的机构是必要的。

主要学术成果

《经济计量学》(1951)

《经济政策论》(1952)

《经济政策中的集权与分权》(1954)

《经济政策：原理和设计》(1959)

《改造世界经济》(1962)

《经济增长的数理模型》(1962)

《国际经济一体化》(1965)

《收入分配：分析与政策》(1975)

颁奖词

瑞典皇家科学院 / 埃里克·伦德伯格

尊敬的国王陛下，各位殿下，女士们，先生们：

在过去40年里，经济科学日益朝着经济领域中的数学规范和统计量化方向发展。沿着这些路线展开的科学分析被用于解释经济增长、周期波动，以及为不同目的而重新分配经济资源之类的复杂的经济过程。在经济生活中，比较系统的相互关系形成了不易理解的混合，我们可以从中发现或多或少带有规律性的重复模式，也能发现一些历史上的特殊事件和重复模式的中断。对于普通人来说，没有实验的支持，要在这些极其复杂的经济变化过程中找出发展规律，并且为此目的应用数学和统计分析技术，似乎有些不自量力。尽管如此，经济学家尝试构建与策略经济关系相关的数学模型，并借助对时间序列的统计分析，来对这些模型进行定量表述，事实证明他们的努力是成功的。正是这条数理经济学和计量经济学的经济研究路线，代表了这个学科近几十年的发展。因此，瑞典中央银行为了纪念阿尔弗雷德·诺贝尔，第一次把经济学奖授予这个研究领域的两位先驱者——挪威的拉格纳·弗里希和荷兰的简·丁伯根，就是自然而然的了。

自20世纪20年代后期以来，弗里希教授和丁伯根教授一直沿着基本相同的路线进行研究。他们的目的是在经济理论中引入数学的严谨性，使人们能够对经济假设进行实证定量分析和统计检验。他们的一个主要目标是改变那种模糊的、更为"文字化的"经济学类型。例如，对周期性波动的原因进行独断的"命名"，以及过分关注某些简单的因果关系链，在弗里希和丁伯根两人的工作中，这些都已让位于陈述经济变量之间相互关系的数学体系。

让我们以弗里希教授在 20 世纪 30 年代早期，运用周期理论的一个动态公式所做的先驱性工作为例。弗里希教授解释了一个有投资和消费支出的差分和微分方程的动态系统，当存在某些货币限制之时，如何产生波长为 4 年和 8 年的衰减波浪运动。通过将随机突发情况引入该系统，他还能相当实在地解释这些波动如何变得永久、不匀。弗里希走在时代前面，首创了数学模型，他后面有许多追随者。他对假设统计检验方法的贡献也是如此。

丁伯根教授的研究主要着力于用统计方法分析动态经济理论。他在这个领域的重大先驱工作是对美国周期波动的经济计量研究。这一调查让人印象深刻，其重要目的是试图量化地确定各个因素的重要性，以检验现有的诸多商业周期理论的解释价值。丁伯根建立了一个包括 50 个方程的计量经济系统，并利用统计分析确定反应系数和“提前或滞后”。他的一些结论引起了强烈的关注，至今仍是争论的话题。丁伯根教授在计量经济学方面的先驱工作对后续的方法论发展具有重大意义。

在宏观经济分析的支持下，弗里希教授和丁伯根教授均自然地为稳定政策和长期经济计划构建了理论。我们的两位得奖人对经济政策领域理性决策的理论基础做了基本分析。20 世纪 30 年代末，弗里希为支持挪威整个国民经济政策的理性规划，对国民会计的详细体系提出了新的思想。瑞典 40 年代中期以来的国民会计和国家预算结构，主要来自于弗里希教授在奥斯陆社会研究所的先驱性工作。在弗里希之前提出的理论支持下，丁伯根教授发展出简化的经济政策系统，这一系统已被应用于荷兰。丁伯根使国家的经济政策在一个包括若干变量和相同数目等式的经济系统模型中运作。一般而言，在一个确定系统的框架内，国家的经济政策手段在数量上必须等同于它的目标数量。作为海牙的中央计划局局长，丁伯根教授和他的同事们构建了一个计量经济模型，用以预测和规划荷兰的经济政策。

最近 10 年，弗里希和丁伯根两位教授主要从事长期经济政策和计划的研究，并特别关注发展中国家的问题，两人曾在不同背景中担任过顾问。在长期规划方法飞速发展的过程中，我们的两位获奖人都做出了重大贡献。例如，丁伯根教授在投资优先系统和“影子价格”的应用方面做出了贡献，弗里希教授创立了经济规划的决策模型，设计了数学编程方法，以期利用现代计算机技术。

弗里希教授(因病缺席)、丁伯根教授，你们两位是把经济学发展成为一门以数学方式规范、以量化方式确定的科学的先驱者。你们凭借成熟的理论和统计分析，为经济政策和计划创立了一个理性基础。你们的贡献实现了一个重大的科学突破。目前，你们继续埋头于研究工作，着重帮助世界上的贫困国家。

我很荣幸向你们转达瑞典皇家科学院的祝贺，并请您，丁伯根教授，从国王陛下手中接受 1969 年度诺贝尔经济学奖，兹以纪念阿尔弗雷德·诺贝尔。

(朱路平 译　柴志贤 校)

获奖演说

从乌托邦理论到实际应用:计量经济学实例

拉格纳·弗里希

引　　言

这是一篇关于计量经济学的概念,以及在经济规划中如何运用计量经济学,改善人类命运的文章,它涵盖一个非常广阔的领域。

在谈论所涉领域的方法学问题之时(关于这些领域,我应该是具备一些第一手知识的),我每每发现,只注意这些特定领域,而不把它们放在一个更为广阔的背景中去审视是完全不合适的。

因此不可避免地,我将不得不在本文的视域之内涉及另外一些学科,在这些方面,我只能以非专业者的身份来发言,希望是一个在一定程度上了解情况的非专业者。我必须为自己在这些方面可能犯下的任何错误请求读者给予原谅。

因此,这篇文章将会介绍对人类智力和智慧(两种非常不同的东西)、对自然规律的性质的思考,包括一些如"纯粹理性批判"那样的一般性思考。

我在陈述中将尽量少用专业术语和数学细节,因为我要让文章适合一般读者阅读。为此,我不惜冒险采用一些在高水平同事看来或许是十分琐碎的材料。

以下章节将更为具体清晰地阐述我上面简洁表达的总体意思。关于智力与智慧的区别,先让我说一说令人惊讶的埃瓦里斯特·伽罗瓦(1811—1832)的例子。他是迄今为止最伟大的数学天才之一,他的变换群理论彻底地揭示了代数方程根的实质,这是至高智力的绝佳例子。

但伽罗瓦的例子也是缺乏智慧的极好例子。在与政敌的一次冲突中,他同意用手枪进行一次决斗。这场冲突涉及一个女孩,用他自己的话说是"一个臭名昭著的娼妇"。伽罗瓦并不是一个好枪手,他清楚地知道自己在决斗中会被杀死,因此,在决斗的前夜,他以疯狂的速度写下了他的数学遗嘱,我们从中可以领略他主要数学思想的精彩。第二天他被射中,并于次日死去,年仅21岁。

一、不可解问题的诱惑

在人类本性的深处有一种无法抗拒的倾向,即要凝聚体力和脑力去解决看似无法解决的问题。确实,对一些积极主动型的人,只有这些似乎无法解决的问题才能引起他们的兴趣,其他那些只要投入一定的时间、精力和金钱就可以指望得到解决方案的问题,反而不能令他们感兴趣。我们可以举出一系列例子来说明这一存在于人类本性深处的特点。

登山运动员。优秀的登山运动员对能顺利攀登的山峰或者能顺利到达山峰的路径并不感兴趣,只有那些至今尚未被征服的山峰和路径才能激发他们的热情。

炼金术士。炼金术士花费所有的时间和精力,用特殊的方法混合各种物质,希望生产出新的物质品种。炼出黄金是他们最关心的事情。事实上，他们的方法原则上是正确的，只是当时的技术还不够先进，无法确保他们取得成功。

粒子物理学中引人入胜的对称问题。1900 年前后，原子理论问世时，情况还比较简单，只涉及两种基本粒子：质量大、带正电的质子和质量小、带负电的电子。后来又有了中子，是不带电的质子对应物。例如，一个普通的氢原子，其原子核由一个质子及一个围绕质子高速运动的电子构成（两者相距 0.5×10^{-18} 厘米）。这里，整个原子的带电量为 0。一个重氢原子（氘）的原子核包含一个质子、一个中子及围绕它们运动的一个电子。对于更为复杂的原子，道理也是类似。

这一简单图像产生了一个既诱人又缠人的问题。质子带正电，电子带负电，那么是否存在一个带正电的电子对应物，以及一个带负电的质子对应物？更概括地说：是否存在这样一种普遍性对称，即每一个带正电的粒子对应一个带负电的类似粒子，反之亦然？从哲学角度、数学角度和美学角度来说，这种对称性将是十分令人满意的。但是若要确切懂得这一点，它又像是一个无法解答的问题。不过，这个案例的不可解答性仅仅源于当时欠缺实验技术。最终，这一对称性还是以实验的方式被完全建立起来了。朝着这一方向迈出的第一步是在轻粒子上实现的（因为在这里，产生对应粒子所需的放射性能量虽然很高，但是要低于重粒子）。在狄雷克的理论之后，1932 年发现了正电子，即带正电的电子对应物。随后在 1955 年（在大型的伯克利加速器中）发现了反质子。

下面这张小型总结表列举了对称法则的最后实验胜利。

	电荷		
	+1	0	−1
重粒子 （质量约 1）	质子 （质量单位 $=1.67\times10^{-24}$g）	中子 反中子	 反质子（1955 年）
轻粒子 （质量约 $\frac{1}{1840}$）	正电子（1932 年）	中微子	电子

注：附带说一下，非专业者和统计学家对这些术语可能不是很满意，因为“反”这一概念并非一贯用于电荷方面。既然反质子与质子带有相反的电荷，那么此处用“反”字便是无可非议的。但是，中子与反中子之间的区别则与电荷毫不相干。这里仅仅是不同旋转方式（以及与旋转有关的特质）的问题。在涉及电荷问题时使用“反”字及相应的“中”字，而当涉及旋转问题（以及其他与旋转有关的特质）时使用“逆”字和相应的“等”字，这样做是否更合乎逻辑？举个例子，那时人们就会说一个逆中子，而不是说一个反中子。

基本粒子世界中的人口爆炸。由于研究的发展，许多新的基本粒子为人类所认识。它们都极其短命（只存在一微秒或更短的时间），这就是它们以前从未被看到的原因。今天，人们面对的各种不同基本粒子，其形态和关系上的差别非常之大，就像当初人们借助于质子、电子和中子的考虑，对物质进行系统化处理之时，在物质的形态和关系上所观察到的宏观差别一样巨大。1969 年诺贝尔奖获得者莫莱·盖尔曼教授在这个更高层次的系统化工作中起到了开路先锋的作用。这种系统化的驱动力何时会引发比基本粒子更小的东西被发现呢？

物质和反物质。理论上，人们可以很精确地考虑原子“反”形式的存在，以一个普通氢原子为例，它的反形式有一个原子核，由一个反质子和一个围绕它运动的正电子组成。所有更为复杂的原子也是类似。这就引出了整个反物质世界的理论构想，所有这些在理论上都是可能的，但是在实践中实现这一切，就目前而言，则又是一个实在无法解答的问题。确实无论何时何地，只要一个物质与其反物质相遇就会发生爆炸，爆炸产生的能量将是几百倍于一个同样质量的氢弹爆炸时所释放的能量。如何通过实验发现反物质？如何通过实验把反物质与我们周围无处不在的一般物质保持分离？如何才能发现反物质是否存在于某些遥远的星系或超星系？反物质的存在对“世界的创造”的意义（无论这个词代表什么意思），带来什么思考？这些确实是物理学和天文学方面引人入胜的问题。至少在今天，它们似乎是无法解答的问题，而恰恰因为这个原因，它们令当今世界上一些最精妙的头脑为之绞尽脑汁。

超光速旅行。通常人们认为这是不可能的，但是果真如此吗？这完全取决于我们说的“在某个位置”是什么意思。一束光线从我们这里到达仙女座星云约需 200 万年，而我的思想在几秒钟内就可以飞越这段距离。也许有一天，我们身体和思想的某种中间形式允许我们说，我们确实能够以超光速的速度旅行。

1968 年圣诞节前后乘坐阿波罗 8 号环绕月球飞行的 3 名宇航员之一威廉・安德斯，在奥斯陆接受记者采访时说：“没有什么事是不可能的……把爱因斯坦的画像挂在墙上，说，光速——但不可能更快了……，这毫无用处。30 年前，不，20 年前我们曾说：在 5 万英尺以上的高空飞行，或者以音速三倍以上的速度飞行是不可能的。今天，我们两者都做到了。”

斯坦利・杰文斯的梦想。英国数学家和经济学家斯坦利・杰文斯（1835—1882）曾梦想有那么一天，我们至少能对经济学中的部分规律和规则进行量化分析。今天，由于计量经济学的突破，这已不再是梦想，而是现实。关于这一点，下文中还有更多的阐述。

奋斗、汗水和血泪。温斯顿・丘吉尔的话稍加修改，就非常适用于描写科学家的某些工作情景——尤其是那些致力于解决“不可解”问题的科学家。他们历尽波折，时而前景光明，充满乐观；时而遭遇挫折，深陷悲观。此时，对于奋斗着的科学家而言，一位好妻子持续不断的支持与安慰就显示出巨大的价值。我深深理解 1968 年诺贝尔奖获得者刘易斯・阿尔瓦里斯谈到他妻子时感人肺腑的话：“她给予我一位科学家所需要的温暖和理解，帮助我度过了我们这类人生活中必然存在的挫折期和绝望期。”

二、混沌哲学，向一种巨大的奇异变换演化

《简明牛津词典》是一本非常优秀的书，它给“哲学”下的定义是：“对智慧或知识的爱，特别是对有关终极实在，或者事物的最一般起因和原理的智慧或知识的爱”。

对前文所涉及的一系列事实和问题做一个概览，我们自然而然地就会对“终极实

在”进行思考。

1933 年，我在巴黎亨利·普恩加莱研究所的讲座中，发展出了与“终极实在”相关的一个相当笼统的观点。之后，在挪威的统计学讲座中，我又讨论了这个问题。

有关“终极实在”这个观点的实质，可以由一个包含两个变量的简单例子来说明，同时由此推广到许多变量是显而易见的。我们是考虑一个给定的、决定性的经验分布，还是考虑其随机等价物，这并不重要。为简单起见，我们考虑一个经验分布。

令 x_1，x_2 为一系列观察活动中直接观察到的两个变量的值。考虑把 x_1 和 x_2 变换为一组新的变量 y_1 和 y_2。为简单起见，确定变换为线性，即：

$$y_1 = b_1 + a_{11}x_1 + a_{12}x_2$$

(2.1) a 和 b 是常数

$$y_2 = b_2 + a_{21}x_l + a_{22}x_2$$

矩阵

(2.2)

$$\begin{pmatrix} a_{11} & a_{12} \\ a_{21} & a_{22} \end{pmatrix}$$

就是变换的雅可比矩阵，它出现在这个线性例子里。

很明显，($y_1 y_2$) 组中的相关系数与($x_1 x_2$) 组中的相关系数(“假相关”)会有很大不同——它或者更强或者更弱。对此，统计学家也是熟知的。它完全取决于变换的数字结构。

现在我要运用这个简单例子对“终极实在”做一番知识理论意义上的思考。

很明显，如果雅可比矩阵(2.2)是奇异的，那就表示有重要的事情。在这个例子中，y_1 和 y_2 在($y_1 y_2$)图中的分布至多是一维的，而且，不论 x_1 和 x_2 的各次观察是什么——即使在($x_1 x_2$)图中的分布是完全无序的，情况也是如此。如果 x_1 和 x_2 的分布不能归于一点，而是呈现一定的分散状态，且如果变换行列式是一阶的，即：行列式值为零，但不是它的所有元素均为零，那么，所有 y_1 和 y_2 的观察值在($y_1 y_2$)图中将落在一条直线上。如果行列式的第一行都为零，那这条直线将与 y_1 轴平行，如果行列式的第二行都为零，那么它将与 y_2 轴平行。如果 x_1 和 x_2 的分布归于一点，或者变换行列式是零阶的(或者两种情况同时存在)，那么 y_1 和 y_2 的分布也将归于一点。

不考虑种种这些不那么有趣的、限制性的情况，这个例子的实质是，无论 x_1 和 x_2 的观察值以何种形式分散在整个($x_1 x_2$)图上，比如以一种纯粹无序的方式分散在图上，当变换矩阵为一阶时，对应的 y_1 和 y_2 值将落在($y_1 y_2$)图的一条直线上。如果这条直线的斜率是限定的，且不为零，那么我们很容易把 y_1 解释为 y_2 的原因，或者反过来。但是，这个“原因”并非 x_1 和 x_2 分布状态的某种内在东西的表现，而只是人们的想象，是一种人类虚构，取决于被采用的变换矩阵的特殊形式。

如果变换矩阵不是真正奇异的，而仅仅是接近奇异，情况又将如何呢？从实际立场看，这是个关键性的问题。在此，我们有以下命题：

(2.3)　　设(x_1x_2)中相关系数 r_x 的绝对值不是正好为1,更精确地表达,设

(2.3.1)　　$0\leqslant|r_x|<1-\varepsilon$　　式中 $0\leqslant\varepsilon<1$

这意味着我们可以按照自己的意愿把 ε 定得很小,甚至刚好为零,但是它不能刚好为1,这样,$|r_x|$就可以很小,如我们所愿,甚至可以正好为0,但不能正好为1。

这就有可能表明,从 x_1 和 x_2 到新变量 y_1 和 y_2 的非奇异变换有以下性质:无论取多么小,但不为0的正值 δ,(y_1y_2)中的相关系数 r_y 将满足关系式

(2.3.2)　　$|r_y|\geqslant1-\delta$　　$0<\delta\leqslant1$

无论(x_1x_2)的实际分布可能是什么,只要它满足(2.3.1)。当然,待选的变换矩阵的性质将取决于先前对 ε 和 δ 的选择。但对任何这样的选择,我们都有可能指出一个具有这些特定性质的非奇异变换。

用简短的语言表达,就是:

(2.3.3)　　假设(x_1x_2)的分布是未知的、任意的,唯一的条件是它将不会归于一条直线[像(2.3.1)所显示的,那里,我们可以对 ε 取任意小值,甚至正好为0],我们就能指出 x_1 和 x_2 变量的一个非奇异线性变换,它将在(y_1y_2)中产生一个任意强的相关。[(2.3.2)已经表示了这一点,其中,我们对 δ 可以取任意小值,只要不为0。]

我说过这意味着可能存在有特定性质的一个非奇异变换,这是真的,但我们选择的 ε 和 δ 越小,为使线性变换具有那样的特定性质,就需要越接近奇异变换。

现在,让我们反过来考虑问题,假设 y_1 和 y_2 是被直接观察的两个变量,两者之间或许强相关。那么我们似乎无法排除这种可能性,即我们所考察的变量 y_1 和 y_2 实际上是从两个变量 x_1 和 x_2 的无序分布中推演而来的。更广泛地说:可能有许多 x 和 y,且 x 比 y 多,因此就有一个从 x 到 y 的变换矩阵,这个矩阵的阶最多等于 y 的个数。那么,我们又怎能排除这种可能性,即 x 的无序世界是"终极实在"。

在这种情况下,变换意味着什么?一种可能是,它表达经过长期进化之后我们的感觉器官目前所呈现的状态。

很明显,如果人类发现"外部的世界"的规律越多,人类的生存机会就越大。适者生存的法则将消灭不能生活在规律世界中的那类人口。长期以来,这一发展是通过感觉器官的生物进化自觉不自觉地发挥作用的,但也是通过我们实验技术的发展自觉地发挥作用的。后者仅是前者的延伸,原则上两者之间并无区别。确实,科学也一直渴望规律。一旦科学能通过这里或那里的局部变换发现新的、更强大的规律,它就认为这是一个胜利。如果这样的局部变换积累起来,那么科学就会促进生物进化,使几千年来能够更成功地发现规律的那类人得以生存。如果"终极实在"是无序的,那么生物学和科学长期以来的进化总结果,是朝着产生一种巨大奇异变换的方向发展的,最终使人类处于一个规律的世界。我们何以在科学的基础上排除这种可能性,即这是已经发生的事情。在谈论"终极实在"时,我们面对这样一个关键问题:我们是创造了自然规律,而非发现了自然规律吗?

这种观点的影响将是什么?我相信,它将帮助我们以一种不那么常规的方式进行

思考,它将帮助我们以一种更先进的、更具相对性的、较少先入为主的方式思考。从长远看,这可能以间接的方式促进所有的科学,也包括经济学和计量经济学。

但是,就可见未来的具体的日常工作而言,无序的“终极实在”这一思想可能不会产生任何引人注目的影响。确实,即使我们认识到是人类在长期进化过程中创造了规律这一可能性,针对不久的未来的实用主义的观点将会告诉我们,不断探索规律——或多或少按照已经受时间检验的方法——对人类将仍是“有用”的。

理解是不够的,你还必须有同情心。这种对于规律的探寻很可能被看作传统意义上的“理解”一词的实质。这种“理解”是人类活动的一个方面。另一个同样重要的方面是对这种理解的目的的愿景。理解的目的仅仅是为一小部分幸运者提供一种智力游戏吗?他们拥有内在的能力,同时享有高等教育的机会。作为他们中的一员,我坚决反对这种看法。如果我不能相信,我们努力的结果最终可能以某种方式用于为渺小的人类创造更好的未来,我是不会快乐的。

我完全赞同阿巴·潘特的话,他是印度驻挪威前任大使,后来是印度驻阿拉伯联合酋长国大使,最后是印度驻英国高级代表,他说:

“理解是不够的,你必须有同情心。”

三、19世纪经济学发展的简要回顾

现在转向更为明确的经济问题,我必定得首先简单回顾19世纪的经济学发展。

19世纪中叶,约翰·斯图亚特·穆勒(1806—1873)在他的名著《经济学原理》中说,就一般原理而言,价值和价格理论已经得到详尽的阐述。他说,无论是他自己或任何其他作者,都没有什么可添加的了。以相对主义观点看待知识和科学发展的我们,很难理解他何以做出这样的论断。但是对于生活在那个时代的人,穆勒的话就显得非常接近真理。在穆勒的《经济学原理》中,亚当·斯密(1723—1790)、大卫·李嘉图(1772—1823)和托马斯·罗伯特·马尔萨斯(1776—1834)的观点融合成一个有机的、合乎逻辑的、看上去完整的整体。

后来的发展彻底否定了斯图亚特·穆勒的话。在斯图亚特·穆勒时代以后,经济理论出现了两次突破。

古典的价值理论,我们发现斯图亚特·穆勒在书中已对此做了整理,那实质上是以私人企业家的想法为基础的生产成本理论。企业家会做以下考虑:如果我能够降低销售价格,就能吸引顾客,但这也是我的竞争对手考虑的。所以就出现了一种地球引力似的力量使价格下降。可以说,生产成本就是价格止跌继而维持不动的坚实基础。因此生产成本是价格的“成因”。古典经济学家睿智地把这个观点应用于所有商品、工资和利润的关系,以及国际价格理论等等。

这个理论当然包含了一些无可辩驳的真理。但是它过于简单,甚至无法对发挥作用的各种力量做一番粗糙的阐述。经济过程是一件技术力量和主观力量都起作用的均衡事情,但是古典经济学家几乎完全忽略了主观因素。

从这一点来讲,这个理论在1870年至1890年间被彻底更新了。当时,以卡尔·门格尔(1840—1921)为首的一些奥地利经济学家对人类需求和它们在价格理论中的位置进行了系统的研究。瑞士人里昂·瓦尔拉斯(1834—1910)和英国人斯坦利·杰文斯(1835—1882)也表达了类似的观点。这是自斯图亚特·穆勒以来的第一次突破。

随后,英国人阿尔弗雷德·马歇尔(1842—1924)做了大量工作,把主观理论观点和生产成本观点结合起来,这带来了我们现在常说的新古典主义理论。

古典经济学家和新古典经济学家均未做太多努力,仅用统计观察来证明他们的理论成果,部分原因是数据匮乏,另一部分原因是古典主义和新古典主义理论在建立之初均未将系统的统计证明考虑在内,也就是说,理论的建构规划没有为这种证明留下空间。这一事实受到了古斯塔夫·许摩勒(1838—1917)领导的德国历史学派和美国制度学派的批判。但是很不幸,这些学派都相当天真地相信诸如"无理论"观察之类的东西,"让事实自己说话"。因此,这些学派对经济思想并没有产生很大影响,至少没有直接影响。自己说话的"事实",是用一种非常天真的"语言"说话的。

20 世纪上半叶,情况发生了变化。由于部分历史学派和制度学派的批判,理论家自己开始了创建理论的系统工作,他们的做法是让理论直接与观察材料联系起来。人们可以说,从此以后经济学进入了自然科学早已进入的阶段,即:理论从观察技术中发展出概念;反过来,理论又对观察技术产生影响。

似乎是有史以来的第一次,经济学的理论性工作(如今在很大程度上是通过数学方法制定的)和外围的描述性工作相互汇合,彼此支持,由此给我们一种足以容纳具体观察材料的严谨理论,同时给我们大量的观察成果,这些观察实践是本着充实理论框架而计划并执行的。

当然,更早的时候就已有先驱者致力于经济理论、数学和统计学的这种结合,其代表者有约翰·海因里奇·冯·杜能(1783—1850)、奥克斯丁·古诺(1801—1877)、朱尔斯·裘布依(1804—1866)和海尔曼·海因里奇·高森(1810—1858)。但是这个运动的全面展开却是从 20 世纪前半叶开始的,这是计量经济学思维方式的开始。而这就是我所说的斯图亚特·穆勒以后的第二次突破。

这种结合的关键之处是经济概念的定量化,就是使这些概念成为可以被测量。我们没有必要执着于概念和关系的定量形式在自然科学中的意义。我想说,几十年来我一直深信,这种定量化的尝试在经济学中是同等重要的。

在局部分析上,定量分析已经非常重要。人们已经用此方法研究了诸如糖、小麦、咖啡、生猪、生铁、美国棉花、埃及棉花等等重要商品的需求。

在整体分析上,定量分析甚至更为重要。确实,在整体层次上,经济理论的目标是揭示不同的经济要素在一个高度复杂的系统中发生作用和相互作用的方式,同时其研究成果可以用于实践,以最有效的方式开展迫切需要的具体工作,对经济发展进行引导。

如果经济理论仍然基于纯粹的定性分析,而不设法度量不同要素的数值重要性,那么事实上，任何“结论”都可以出现并得到维护。例如，在经济衰退过程中，一些人可能会说：我们需要降低工资，因为那将增加企业利润，从而刺激经济活动。另一些人会说：我们需要提高工资，因为那将刺激消费需求，从而刺激经济活动。有些人会说：我们需要降低利率，因为这会刺激新企业的创立。其他人会说：我们需要提高利率，因为这将增加银行储蓄，从而提高银行的借贷能力。

在局部的意义上，只考虑一些明显的直接效应，不考虑间接效应，对不同效应和相反效应的相对力量不做比较分析，那么，分开来看，这些倡议都包含一点真理。就像有人会说：假如我坐在一条手划船中，并开始以常规的方式划船，那么这条船将向后方推行，因为我的双脚在船底施加了一个作用力。

要在整个国家的经济政策中得到实际应用，整体分析的要点是研究所有相关效应和相反效应的相对强弱，因此，我们需要对概念进行定量分析。

这或许是关于计量经济学的必要性，最综合也是最重要的表述。当然，我们能朝这个方向走多远是另外一个问题。但是，如果经济学要接近应用科学的状态，至少就必须进行尝试。

不用说，有如此构思的计量经济学不会穷尽经济学的所有内容。我们仍然需要，而且始终需要广泛的哲学探讨，各种富有成果的研究方向上的直觉建议，等等。但这是另外一个故事，在此我不准备涉及。我要说的只是，在电子计算机的帮助下，计量经济学能够做的，仅仅是把我们必须依靠直觉和感观的那条分界线，大幅度地向前推进。

四、创办计量经济学会的一些历史记录

在奥斯陆大学经济学研究所的档案中，我找到了一个包含一些信件和信件副本的文卷，信件的日期是从计量经济学会组建计划形成的那些年开始的。这里有世界各地杰出人士的有趣的思想和观点，他们中的大多数现在已经去世了。

其中之一是我的好友弗朗索瓦·迪维西亚教授。1926年9月1日，他从在伊西勒布林诺的家中发出的信，是用优美的字体手写的，共有满满的8页，纸上的每个角落都写上了字。这封信主要讨论了一些具体的科学问题，但也有一些组织性的话。比如，他提到了自己与耶鲁大学欧文·费希尔的通信。关于这件事情，他说：“我猜想这是一份名册，其用途是要在世界各地的数理经济学家之间建立起联系。”这是费希尔对计划建立一个学会的独立创意，还是在此之前我与费希尔通信的结果，我已经无法确定，因为档案丢失了。迪维西亚继续说：“我很不赞成在政治领域搞国际性的组织……但在科学这类无私的领域，我是完全拥护的。”

在1926年9月4日给迪维西亚的回信中，我特意写道：“我很高兴地听说有人建议做一份名册或类似的东西，以方便世界数理经济学家之间的相互交流。我本人曾设想成立一个协会，拥有一份刊物。虽然一些普通的刊物，如《政治经济学》《经济学》之类，偶尔也发表一些数学论文，但论文的作者不得不尽量少用数学符号和数学论证。

“我认识一些不同国家的数理经济学家，我想某一天给他们每一位都写封信，就创办一份刊物的可能性征求他们的意见（称为《计量经济学》如何？它将是《生物统计学》的姊妹刊）。我很高兴现在先了解了您的意见。如果您认为有必要，那么我们是否可以先建立一个小型的俱乐部，将来再面向公众？在今后的几年里，我可能会有机会经常到美洲或欧洲旅行，这样也就可以结识更多对这一计划感兴趣的经济学家，并有机会做一些宣传。我们或许能获得美国某个大基金会对刊物的出版进行资助。

“这里有一份名单，他们是我通过通信而结识的，他们对纯粹经济学都非常感兴趣。他们是：巴塞罗那大学政治经济学教授詹姆·阿尔加拉、柏林大学统计学教授冯·包特基维茨、里昂大学金融学教授鲍威尔、布达佩斯高等技术学校教授高尔德西赫、斯德哥尔摩保险金融统计学家哈格斯特罗、布达佩斯理学博士查理·约旦、哥本哈根政治学博士爱德华·马克普朗、美国麻省剑桥哈佛大学统计学教授潘逊、莫斯科的斯勒茨基、哈佛大学政治经济学教授扬、雅典海军准将雷迪亚迪斯。”

我也提到其他一些人，其中有保加利亚瓦尔纳高等商业学校教授安德逊，意大利那波利大学政治经济学教授葛莱西安尼，法国统计局局长赫伯，罗马大学教授里奇，的里雅斯特商业大学校长古斯塔夫·德·维丘。

迪维西亚在1926年9月22日的信中回答道：“如您所知道的那样，我完全赞同您的意见，有必要成立一个纯粹经济学的国际学会，而且我也很喜欢您所设想的刊物名称，把它叫作《计量经济学》。但在此之前，我想有必要先召集一些会员……我想是否可能，或者是否应该先与某个现有的组织进行接洽，如国际统计学会，……总而言之，我会尽力襄助。”

我在1926年11月1日给迪维西亚的信中写道：“由于我去美洲的行程推迟了几天，所以我就利用这个机会给以下各位写了信：柏林大学的包特基维茨、伦敦财经学院的亚瑟·鲍莱、布达佩斯大学的查理·约旦、莫斯科的尤金·斯勒茨基。我写信的目的，是就成立一个小型俱乐部，以及将来成立正式学会的必要性与可行性问题，征求他们的意见……

“关于这一事情的解释，我觉得自己没有更好的方式，所以只能抄录您上一封信中的一些段落……这样做也许是不够谨慎的，但责任完全由我来承担。”

就在同一天，1926年11月1日，我给上述四位写信。在给包特基维茨的信中，我特别说道：“这促使我要与您谈谈我曾经和巴黎的弗朗索瓦·迪维西亚探讨过的一个想法。

“这一想法，就是要建立一个国际性的组织，目的是要促进数学家和经济学家之间的思想交流，以努力把握数学经济学问题的要点。

“我知道，在德国，无论是在国民经济学方面还是在统计学方面，人们对数学方法普遍不感兴趣。但近年来，我感到人们对这方面的兴趣有上升的趋势。1924年，《社会科学名著选集》中有一篇古诺的译文，而在去年的《年鉴》中，如果我没有记错的话，刊登了一篇数学方法的文章。不久之前，我在《统计学案集》上读到一篇相当有深度的文章,对我的《论纯经济学问题》进行了评论。

“鉴于以上情况,我们至少有希望凑起若干位(两三位)由数学家和经济学家组成的对国际性组织感兴趣的重要人士。”

在给查理·约旦的信中,我说(在讨论了他的某些迭代法的收敛速度之后):“我现在要谈另一个也许您会感兴趣的问题,就是成立一个国际性组织,以方便数理经济学家之间观点的交流,并为数理经济学中一些问题的确定做出贡献。

“从附件中,您能了解到弗朗索瓦·迪维西亚先生的意见。”

在给尤金·斯勒茨基的信中,我说:“十分感谢您寄来两篇有新意的论文‘理论’和‘随机排列’。

“您信中的分析非常有价值,值得一读。而能够了解您关于纯粹经济学的观点,则令我尤其高兴。与您一样,我亦对纯粹经济学的伟大前景充满信心。

“但不可否认的是,迄今为止,世界各国分散的相关人员所做的各种努力之间,还明显缺乏协调。”

这四人的回信很有意思。

在1926年11月8日的信中,鲍莱教授写道:“尽管我对您的提议很感兴趣,但是我想等一年之后再具体参与它的发展。到那时,您将知道这个计划能实现到何种程度,我则会加入那时可能成立的团体。”

包特基维茨教授在1926年11月11日写了回信,那是一封8页长的手写信件,字迹非常清晰,当然还有数学家的严密思维。他说:“我怀着浓厚的兴趣拜读了您本月1日的来信和附件,也即是迪维西亚教授写给您的信件摘录。就我本人来说,我十分希望能够在国民经济学中推进数学方法。但是,鉴于欧洲大陆(意大利除外)要在国民经济学专刊上刊登有关数学内容的文章相当困难,我盼望能够建立起一个数学国民经济学的国际组织……相反,我不希望数学方法的支持者们过多地通过书信来进行思想的交流,这样会显得有些落后……迪维西亚教授建议把数学国民经济学组织并入国际统计研究所,这足以证明,教授是完全了解该研究所的性质的。”

这封信的后续部分,是包特基维茨针对他本人和我的著作中的某些数学公式所做的绵长而仔细的比较分析。

在1926年11月12日的信中,查理·约旦写道(在讨论了埃尔米特多项式和类似问题之后):“我赞同您的建议,成立一个数理经济学国际组织,这对该学科的发展是至关重要的,因为文字性经济学家拒绝承认这门学科。出版一份计量经济学的刊物也与人们的愿望相符。成立一个组织没有任何障碍,要出版一份发行量不大的刊物,财务上的困难不大,容易克服……我打算尽力促成此事。我在布达佩斯(大学)开设了好几年数理经济学课程,对这门学科我一直怀有强烈的兴趣。愿意为您效劳,请接受我的……”

在1926年12月16日的信中,迪维西亚谈到刊物名称。他说:“根据词源,应该写作oe,但为什么不用希腊文呢?为了对词义的来源表示尊重,是否应当写成oeconomometrika,或至少写成oeconommetrika?这样就可以不遗漏 οιηοζ,νομοζ,μετρον 这

3个词中的任何一个了。我应当承认，您提出的‘计量经济学’一词，既明确而又高雅。”

1927年春天我到美国，与那里的同事讨论成立学会的事情。我找到了一份日期为1927年10月的5页长的备忘录，它记录了此事更多的细节。我相信这份备忘录是由查尔斯·路斯博士和我联手记录的。

此后，那个时期最重要的一项记录是1928年2月29日，熊彼特教授、哈伯勒博士和我在哈佛大学殖民俱乐部的谈话摘要。摘要的开头是这样写的：

“1.‘计量经济学的’和‘计量经济学’这两个词应解释为包含纯经济学和对纯经济学定律的统计验证，在本质上区别于对经济现象的统计数据进行纯经验性解释。

2.就编制一份系统的、有注释的计量经济学文献目录的可能性进行了讨论。”

摘要提到，我们详细讨论了一份可能有兴趣支持这项工作的人员的名单。这份名单包括了以下人数：奥地利7人，比利时1人，法国10人，德国9人，英国7人，希腊1人，荷兰3人，匈牙利1人，意大利10人，波兰1人，葡萄牙1人，俄国3人，斯堪的纳维亚6人，瑞士2人，西班牙1人，美国14人。与这份殖民俱乐部谈话摘要存放在一起的，是我用法语手写的一份长达11页、日期为1928年4月的备忘录，它记录了与1927年10月备忘录基本相同的所有观点。同一档案中还有这份法文备忘录的打印稿。

由于家庭原因(我父亲于1928年去世，我不得不返回奥斯陆，承担起一些沉重的责任)，我在计量经济学方面的活动被推迟了，这在熊彼特于1928年12月31日从法国夏蒙尼的来信中可以清楚地看出来。他说：“好久没从您这里得知有关我们的计量经济学计划的信息了。因为我必须以这样或那样的方式告知统计学案集的出版商及其他人，所以如果您能写几行谈谈这件事情的进展，我将非常感谢。当然，我不想在没有您参与的情况下继续这件事。”

我无法找到这个时期的其他记录，因此，关于成立学会和出版《计量经济学》一事，我的工作似乎分成了两个时期。

我找到的关于此事的下一条信息是在法国经济学家、数学家和哲学家雅可斯·鲁夫的书中。他写道：“1929年，挪威的数理经济学家拉格纳·弗里希请我协助他建立一个学会，这一学会将把某一经济学的拥护者团结在一起。这门经济学的原理是随时与事实相对照的，并且是以数量方式来表达并接受数量的检验的。在一次我召集的午餐会上，我和法国的弗朗索瓦·迪维西亚讨论了这一计划，他当时刚刚出版了《理性经济学》。弗朗索瓦·迪维西亚、雷纳·劳尔和我都是克列门特·考尔逊学术继承者的代表。我们3人都是他在巴黎综合工科学院的学生。

“我们强烈赞同拉格纳·弗里希的计划，决定由他前往美国，去争取组建一个‘国际经济统计学会’所必需的援助。”

对我这次美国之行所发生的事情，我没能找到任何记录。但是，欧文·费希尔教授、查理·路斯博士和我在此期间的亲密接触与合作，让我记忆犹新：当路斯和我向费希尔教授解释我们的计划时，就像把一根燃烧着的火柴扔进一桶火药之中，费希尔全身心投入了这项冒险的事业。我们给世界各地很多人写信，得到绝大多数人的响应。

就像《计量经济学》记载的，计量经济学会于 1930 年 12 月 29 日在俄亥俄州克利夫兰成立，欧文·费希尔当选为第一任会长。16 人（其中 3 人是挪威人）出席了这次组织会议。第一期《计量经济学》于 1933 年出版。

计量经济学会的第一次欧洲会议于 1931 年 9 月 22 日至 24 日在瓦尔拉生活和工作过的地方洛桑召开。《计量经济学》中有相当完备的记录，简·丁伯根教授出席了洛桑会议并做了发言。他的重要论文《关于动态经济学的范围和前景的几点看法》与洛桑会议的报道发表在同一期《计量经济学》中。从开始到今天，他对计量经济学发展的驱动力和巨大影响已是众所周知，无须我在此赘述。阿尔弗雷德·考尔斯三世给《计量经济学》提供了宝贵的财务支持。

五、以今天的先进观点看计量经济学模型的类型

在这么简短的一个演讲中，我根本无法对现代计量经济学的问题和方法做一个系统的陈述。大家只要看一下将于 1970 年 9 月 7 日至 14 日在英国剑桥召开的计量经济学会第二届全球大会的会议计划，就会对这一领域的范围之广有一个了解。这次会议共有 46 场主题鲜明的专门会议，64 名组织者，与会者预计在 500 到 1000 人之间（1931 年的第一次欧洲会议只有大约 20 人出席了会议）。

我在这里能做的是对国家层次的计量经济学模型做一个概览，然后选择一个问题作为例子，说明这个问题是如何得到解决的。

关于国家层次计量经济学模型类型的一般性看法

引入模型的变量、方程和（或者）约束条件，构成模型的核心，它可以是线性的，也可以是非线性的。

除这个核心之外，我们还可以引入或不引入一个偏好函数，这个函数的最大值确定了决策的目标，我们可以通过这个模型来研究这些决策。有了一个偏好函数，我们就有可能说一组变量值的组合比另一组好，甚至可能进一步确定一个最优解。否则，这个模型只是纯描述性的，只能用来产生替代性变量组合的一个样本，或者回答诸如“如果……将发生什么”之类的问题。

在所有情况下，模型可能是静态的（即在同一时间点上联系变量），也可能是动态的（即在不同时间点上联系变量）。以一个固定策略为基础的重现模型是动态模型的一个特例。我相信，基于“已确定变量”这一概念的移动（滚动）模型更适合实际应用。

在所有情况下，模型既可以是决定性的，也可以是随机性的。

根据模型核心的性质和偏好函数的性质，模型可以分为表 5.1 中的 2×3 类。目前，国家层面实际应用的大多数模型是此表中最简单的几类。表 5.2 是对各种不同情况所做的一些补充说明。

表 5.1　国家层次计量经济模型简表

		没有偏好函数	偏好函数的自由形式 圣诞老人形式：如果你可以选择，你将在少数几个规定的选项中选择哪一个？回答此类问题，不必懂得核心。	偏好函数的一种简化形式 只有从核心角度看才能理解：偏好函数表述为数目与核心的自由度数相等的一组变量。从数学上讲，可能（并且一般会）存在几个简化形式。具体简化形式的选择是一个应用问题。
核心或许有以下两类	制度性稳定核心（或简称：稳定核心） 如果我们把分析严格置于被分析时期内不可能发生变化的制度和政治背景中，我们必须接受的方程和（或）约束。详情见表 5.2。 也可称为强制核心，或强制条件，或组织条件变化之下的不变条件。	纯描述性稳定模型 导向依赖（内生）和自由（外生）变量概念。自由变量的数量等于核心的自由度数。目标概念不能从模型中产生。这类模型的唯一正当用途是呈现经济的不同组合的一个例子，或者回答这类问题：如果……将发生什么？即使用途如此有限，模型也有相当重要的实际意义。	应用于稳定核心的偏好函数的自由形式 当针对有关政治家拟定访谈问题时，偏好函数的自由形式特别有用。原则上，对自由形式有了完整的了解就足以拟出最优化问题。专家因此常将自由形式转化为简化形式，因为他们发现这非常方便。	应用于稳定核心的偏好函数的简化形式 这种情况在计算上和实际应用上都是非常重要的。它引出稳定核心最优组合概念。通常这不会是最后的实际最优解，但可用于比较目的。一个有趣的数字是：与规定稳定核心的制度和政治体系不同的任何其他制度和政治体系所产生的偏好函数值相比，稳定核心的最优偏好值超越该偏好函数值的量。
	制度性敏感核心（或简称：敏感核心） 对被分析时期内可能被考虑的政治和制度的变化敏感的方程和（或）约束。将制度或政治变化的效果进行比较时，必须有一个稳定核心作为固定参照点。	纯描述性敏感模型 与纯描述性稳定模型相似，不同之处在于，这里目标的制定变得更加任意。这类模型得出的结论在统计上通常比稳定模型的结论更不确定，因为现在许多数据在数值上难以固定 。	应用于一个敏感核心的偏好函数自由形式 与上述情况相同，但现在的偏好函数自由形式可能包含更多的变量。同样有左边所提到的统计困难和右边所提到的数学困难。	应用于敏感核心的偏好函数的简化形式 在这种情况下，也只有在这种情况下，目标概念可以从模型中得出，前提是已经设法得出一个最优解。在特定的制度结构中寻找最佳制度参数组合时遇到的数学困难可以通过安排制度游戏来回避。如果这样，必须对游戏加以规定，以保证游戏结果和稳定核心最优解之间有可比性。这在研究最优制度结构时尤为重要。

表 5.2　有关制度性稳定模型结构的一些细节

制度性稳定核心 （强制条件）	
A. 定义方程和约束 B. 技术方程和约束 C. 我们必须接受的被分析时期内的行为方程和约束 ABC 三种方程和约束也可以描述为，被分析时期内在可能发生的制度和行政结构的变化之下，一些不变的关系式（在规定的约束内）。只改变某些体现行政结构特色的参数（例如税率）的变化，不会被视为改变了行政结构自身，前提是这些参数属于许可变量。 （为区别强制核心，我们可以谈谈制度和行政的功能核心，即非强制条件。见右下角注。） 核心的自由度数是许可变量数减去核心中的独立方程数。一项约束不能影响核心的自由度数，除非在一个上限等于相应下限的限制性情况中。这两个界限可以是对单个变量的约束，也可以是对变量或简单或复杂的函数的约束，这种限制性情况相当于再引入一个方程，而且也应该这样看。 从一组变量向另一组被认为是政府控制的变量转移，不会改变核心，但是需要新增转移分析。	如果在此类核心上加一个偏好函数，我们就能得到一个制度性稳定的决策模型。偏好函数不影响可接受性。 由条件而不是偏好函数表达的偏好可能会影响可接受性。
这一核心产生了制度上的可接受区，即：与制度上稳定核心的方程和约束相容的点集（在许可变量范围内）。可接受区的维数等于核心自由度数（只取决于变量数和独立方程数），但其大小、内容及边界则取决于约束。 可接受性只取决于核心，而不是偏好函数。	注：在制度敏感的情况下，核心、可接受区和偏好函数之间的关系，原则上与表 5.2 中类似，但是现在，并非所有的方程和约束都是强制的，而是可以根据政治倾向进行不同选择。

偏好函数

关于偏好函数，存在一个常见的误解，其原因是无法区分要努力实现的目标（即某些选定变量的特定值）和偏好函数的应用，还有一个原因是不能区分偏好函数的自由形式和简化形式。有人认为，国家级决策者（政治当局）不能理解核心的含义，因此他无法制定目标或者定义一个偏好函数。

如果这位专家以恰当的方式接近决策者，那么这些异议就会消失。我得出这个结论，不只是基于我的理论依据，还因为我的实际经验。

接近决策者的一个方法是通过采访提问。众所周知，人们在实际情形下的行为，与他们在接受采访时所说的，在什么情形下会怎么做，并不总是一致的。但是，我仍然认为，只要以交谈的方式机智地设计问题，而且不是由一些从事民意调查的年轻人去做这件事情，那么通过采访提问，我们仍能得到宝贵的信息。我已总结出一套相当细致的谈话采访的技巧，可供计量经济专家使用。我也有幸在与发展中国家和工业发达国家的高级官员交谈中检验了这套技巧。我发现，只要巧妙地引导谈话，那么采访的成果是令人惊喜的。

这方面的基本要点是:(1)采用偏好函数的自由形式——圣诞老人式。(2)确保被采访者完全排除他对模型核心的本质所可能持有的先入为主的观念(许多时候是错误的),从而使他完全不考虑是否真的能够实现访谈所涉及的替代性情况。(3)确保被采访者完全排除在市场上,将采访提问中以假设的方式,提供给他的任何一种替代性情况进行交易的任何可能性。

偏好函数的采访只是互动过程的第一阶段,这个过程借助模型每一步的最优解不断向前推进。有关这些问题的更多详情,可参见“向国家层次的经济计划转变”一节。

我们有时能听到另一种误解,说存在着许多不同的偏好体系,我们不可能从中做出选择,因此,国家模型不能应用偏好函数这一概念。这是我们讨论这个问题时的最大陷阱之一。不同的观点当然是存在的,一个社会群体可能有一种偏好,另一个社会群体则可能有另一种偏好,不同的人可能有不同的偏好,甚至同一个人在不同的时间点也可能有不同的偏好。所有这一切无疑都是真的,但解决不同的观点并不是计量经济学所特有的问题,它是人类行为和观点的一个普遍问题。我们有解决这类差异的机器,这部机器就是国家的政治制度。无论什么类型,政治制度的发明就是为了解决这类差异。作为计量经济学家,我们要做的就是应用这个制度将偏好正式化,以符合我们的模型。因此,出现在我们模型中的偏好函数实际上代表了决策当局的偏好,不管当局是谁。模型中的偏好函数绝不能与福利理论意义上的笼统的“福利函数”相混淆。

详细探讨政治制度并不是我们这些计量经济学家和社会工程师的任务。科学层级必须有分界线,这就是我们为计量经济计划者找到的分界线。作为公民,我们自然可以为任何我们认为公正、高效的政治制度工作,以我为例,我愿意为一个真正不负“民主”这一称号的制度工作。但是这里所说的是另外一回事情。请与第六节开头做对比。

还有一个观点必须澄清,有时我们会听到有人建议,不必自找麻烦讨论偏好,我们应把这个问题留给专家,由他们向政治家提供一组国家经济发展道路的可选方案,让政治家们从中选择。如果有用的选择方案数量很少.而且能保证专家不在选项中夹带自己的偏好,这也可能是一种值得支持的方法。

在高级的计划形式中,即使我们可以信任的专家也不可能列出所有的选择。确实,在经济政治讨论中可能被提出的具体问题几乎是无限多的。作为示范,除第三节中已经提到的那些问题外,不妨考虑一下这些问题:“我们应该在本国的 A 点和 B 点之间修筑道路吗?”“我们应该支持能给许多人提供就业机会的投资,还是相反,支持能节约劳动力的投资?”“我们应该把国民生产总值的高增长率作为目标,还是更强调国民生产总值在全社会的公平分配?”“我们是否应该把控制物价水平作为首要目标,或者,我们是否应该牺牲物价的稳定性而更多地强调国民生产总值的(实际)增长?”“我们是否应该牺牲国民生产总值的部分增长值,以提高某一社会群体,如渔民或产业工人的生活水平?”“我们是否应该更加重视一些迄今为止尚未纳入国民生产总值统计概念里的东西?例如,我们是否应该努力避免大气污染和其他所有由垃圾、废物造成的污染(这个问题必须作为社会物质循环问题进行整体研究,与我们在投入产出表中研究产业间关系的方法非常相像)?”“我们是否应该对未受干扰的大自然区块进行经济价值的评估?”等等。

如果我们要求专家为切实可行的经济发展道路列出一张选项清单,非常全面,几乎包含所有这些具体的问题,那么,这张清单上的选项将会有几百万条之多,而且通过交叉分类还会成倍增加。

列这样一份清单是不可能的。原因很简单,专家在体力上就不可能分析和陈述所有这些选择方案。即使他们能够分析这些方案,并把它们放到政治家的桌面上,政治家也会完全被这些信息所淹没。在讨论应该选择哪个方案时,他们会束手无策,不知从何处开始,在何处结束。在电子计算机领域,当人们错误地命令计算机打印出太多的中间结果时,人们称之为"信息死亡"。可怜的政治家,如果他们在案头发现一份设想清单,内含几百万条可行的发展道路,他们也会遭遇同样的"信息死亡"。

在理性的经济计划中,除了从耐心讨论偏好函数开始,别无其他可能的方式。开始时,模型必须是高度综合的,但随着经验的增长,可以纳入更多的细节。

最后,必须提醒大家注意抵制一个十分简单(因而也非常流行)的工作程序。关于这个简单程序,有很多参考资料可查,这里只需举个例子就足够了。这个不合要求的工作程序由以下步骤组成:首先猜测未来几年国民生产总值的可能增长率。然后根据这种猜测,试图通过投入产出分析和国民账目等手段,对各个生产部门和消费等等的未来发展进行估计。这种方法是不符合要求的,至少有三个原因:(1)增长率本质上取决于做出什么决策来指导经济的发展,因此,猜测增长率就意味着猜测未来几年将执行的经济政策。(2)即使增长率已经给定,也不能推断出各生产部门或消费等等的发展,经济的自由度数远远不止这些。(3)如何能断言所猜想的增长率是最优增长率,即最符合决策者偏好的增长率。增长率实际上不是一个已知数据,而是一个最优解的结果,最优解的求解过程是错综复杂的。

有关原理的一些一般性问题就讲到这里。在下一节中,我将就向国家层次经济计划的转变讨论一些实际问题。

六、向国家层次的经济计划转变

希望看到自己的科学研究得到实际应用的任何一名计量经济学家,都会高度关心科学研究在国家级经济计划中的应用。

经济计划:效率和活力民主的基础

关于这个问题,我要提出我的个人观点。我强调效率也强调活力民主。我正在努力解决的问题,比仅仅提高国民生产总值的长期平均增长率要重大得多。我的目的是让抱负高远的经济计划成为活力民主制度的支柱之一。我想要的是一个有活力的民主社会,不仅是一个形式上的民主,有选举自由,有所谓的言论自由和新闻出版自由等等,而且是一个活的民主,能真正让尽可能多的公民积极参与他们所生活的小社区的事务,也能积极参与整个国家的事务。我举个例子。几年前,我与弗里希夫人一起去冰岛做一次演讲旅行,访问了北部的几个小社区(我应邀做这次旅行,目的是帮助冰岛停止申请加入欧洲经济委员会,这并不是什么秘密)。这些北方小社区的居民几乎完全依赖牧草业。当时正是割草晒干的季节,而在一个地方聚集起了 60 位听众。想一下，在一个人烟稀少且正处于割草晾晒的繁忙季节的地区，这意味着什么。有些人是跋涉了 60 公里前来参加这个会议的，他们带来长篇论文做陈述，在我演讲之后展开讨论。这就是活的民主。

抱负远大。1968 年诺贝尔物理学奖获得者路易斯·阿尔瓦列茨教授说："物理学是所有科学中最简单的……当我们在一个系统中做一点简单的改变，例如稍稍加热，我们就能很容易地预言整个物体将会变热……但是，面对一个无限复杂的系统，例如像印度这样一个发展中国家的人口，至今没有人知道如何才能最好地改变现存状况。"我认同像印度那样的问题尚未得到解决，但是帮助解决这些问题正是计量经济计划者的雄心壮志。这些问题的困难使我们寻找借口，认为计量经济学至今没能达到物理学的精确性。但我们已经上路，而且我们相信，终有一天，我们至少会比今日要大大接近物理学家的精确性。

令人欣慰的是，我们了解到已有许多国家的政治家发现我们的工作是有用的。1969 年 11 月 1 日，在启动年度财政问题讨论时，挪威财政委员会主席代表委员会的一致意见，在一篇 170 个词的演说中表达政治家在很大程度上受益于计量经济学家的努力，我内心感到非常温暖。

政治家与专家之间的合作

今天，政治家与专家之间已存在许多合作。但是有个方面需要新的突破，那就是让制定偏好函数的合作成为惯例，这是厘清政治当局真正目标的非常重要的基础。

为简单起见，我首先描述一下如何为一个特定的政党解决这个问题。

专家在准备阶段的工作可能只是系统地运用他对国家政治氛围的一般知识，尤其对所涉政党的政治气氛的一般知识。专家会形成一个尝试性的观点，即：如果将这个政党的偏好以适应专家模型的方式进行形式化处理，并用一种电子计算机能理解的语言进行表达，那么这些偏好会是什么样子的。

专家下一阶段的工作，是在试探性形式化处理的基础上设计出一套访谈问题。通过这套问题，他可以更接近偏好函数的形式化。比较一下第五节中的相关内容。做个简单示范，我们可以提出下列访谈问题：在两种经济结果中，例如，一种有 30％的失业率和 5％的通胀率，另一种有 10％的失业率和 1％的通胀率，作为政治家，你将选择哪一种？重复这个问题，但是换上不同的数据，这样就能比较容易地达到这样一种情形，即被采访者会说，无论接受哪种结果都一样，这个无差别点正是专家所追求的。其他类型的比较也是类似。我们会有一整套这样的偏向性"问题组"。根据对一整套这样的偏向性问题的回答，专家能建立一个自由形式的偏好函数。感觉方便的话，他随后可能会把这个函数转化为简化形式，但这只是一个次要问题。

第三阶段，专家会回到计算机前，里面已经输入了有关经济核心的数据。他将以现在所建的定量形式，把偏好函数的形式化描述加入进去。他能从中得出一个结论，其形式就是经济的最优化发展道路。最优性是通过该政党的偏好，在专家能够得到的偏好形式化处理中被规定的。

当专家带着结论回到政治家面前时，政治家可能会说："不，这不是我们原先真正想要的……我们必须改变结论的这些方面。”

专家会比较精确地了解到，为了使结论更接近于政治家所希望需要的解，偏好函数的形式化需做哪些改动。这将引起反反复复的讨论，专家以这种方式一步步接近一种偏好形式化方式，对它产生的结论，政治家会说：“好，这是我们想看到的。”或者，也许是专家不得不这样礼貌地结束此事：“阁下，非常抱歉，但是你们不能同时得到你们坚持要的东西。”这些政治家都是聪明人，会理解偏好问题的哲理和专家对核心问题的研究，因而会同意某个结论，它不完全是他们所喜欢的，但至少比以前试探性结论中得出的其他发展道路更好一些。

在偏好系统的形式化方面，即使我们只分别为各个政党做这样一份分析，而不做更进一步的工作，我们在说明政治经济讨论时也能得到很大的收获。

但是我们不应该停留在这一点上。我们必须进一步探讨，在对统一的偏好体系进行形式化规定的过程中，能达到何种政治妥协。在达到这种妥协形式后，就会出现一个妥协的最优结论。这里也会出现政治家和专家之间相互作用的过程。

最高政治当局（在民主国家是一个民选的议会）应该把绝大部分时间和精力用于讨论如何在偏好体系的形式化过程中做妥协，而不是把几乎所有时间用于逐一讨论被建议的具体经济措施，并且一一决定是否接受这些措施。采用专家建议的方式，议会就能把时间和精力集中到最重要的事情上，集中到真正关键的问题上。如果做到了这一点，许多细节问题就可以安全地留给专家去解决。当然，重大问题最后还要逐个检查，由国会一一做出决定。

七、投资开始和投资沉没

我将举例子说明计划技巧方面的一个先进方法，它与高级计划模型中的投资测定有关。如果这个投资模型的时间超过一年或者两年，而且投资决策是分析的一个重要部分，那么我们必须区别投资开始和投资沉没（投资进行）。

7.1 字面定义

任何一个特定年度的投资开始是指那一年度开始的一个项目到最终完成时（可能在将来的某一天）估计需要的支出总额（以数量计算，即以固定购买力的货币单位计算）。任何一个特定年度的投资沉没是指，为了完成这一年开始的或之前某年开始的一个项目，在这一年度实际使用（“沉没”）的商品和劳务的量。

7.2 项目说明书

项目说明书是专业人员（技术工程师等）能够提供的，有关一个项目的所有说明性详细信息的总和，专业人员对项目了如指掌，但是对国家层面更广泛的社会、经济、政治却没有系统的了解，而这些正是我们有充分理由决定是否接受这个项目之前必须考虑的问题。

我想，要做到理性而连贯地执行投资标准，我们只能把所有（由项目说明书定义的）投资项目看作是一个完整的宏观决策模型不可分割的一部分，它包含了（政治）偏好方方面面的所有详细信息。项目说明书是完整决策模型的基石，但也仅此而已。

我们必须强调，在决策模型最优化之前能得到的信息和最优化之后才出现的信息之间，存在着根本的区别。

这个区别是各国做全国规划时的关键性问题。在这种最优化过程中，一个国家的地理、资源、文化、政治特性都会参与其中，它们是核心和偏好函数的组成部分。这样一个广阔的视角当然难以压缩进一个项目说明书之中。

因此，项目说明书无疑是最优化之前能得到的那类信息，这样的信息是必不可少的基础，但又远远不是做出理由充足的投资决策的充分基础。

7.3　沉没年度和开始年度

考虑 g 号投资项目。

7.3.1　t＝交流年（日历年），是在完整的宏观经济交流表中使用的年度（或者季度或者月份），表格含有所有的平衡关系和会计关系。尤其常见的是，当我们讨论投资开始与投资沉没的区别时，t 代表沉没年度。

7.3.2　σ＝开始年，是开始实际执行项目的年度。决策年度，即决定是接受还是拒绝 g 号项目的年度，是整个计划被正式采纳的年度。它可能是 σ 的前一年。决策年度（计划年度）通常表示为 0 年。与计划有关的研究工作，特别是与 g 号项目有关的研究工作，可能开始得更早。可能还有另外的 σ。σ 与阶段问题相关。

7.3.3　s＝t－σ 沉没延后期。粗略地表示，沉没延后期是“开始之后已经过去的年数”。更为精确的表达是：s＝0 表示（如果同意在某一特定年度开始这个项目）沉没与开始同年发生。s＝1 表示沉没在开始年之后的一年发生。s 的更高值可以此类推。

7.4　沉没流量

在表格 7.4.1 中，(g)表示 g 号项目沉没投入的进行年数，可以粗略地表达为：g 号项目的建设期，它也是说明性公式 $J^s=0(s<(g))$ 考虑在内的年数。

表 7.4.1

g 号项目的沉没流量				沉没延后期 s（在假设的开始年度之后）					行合计
				s＝0	s＝1	s＝2	…	s＝(g)－1	
沉没投入	来自国内分配部门	h	1 2 …	J^0_{hg}	J^1_{hg}	…	…	…	J_{hg}
	来自国内基本投入因素	i	101 102 …	J^0_{ig}	J^1_{ig}	…	…	…	J_{ig}
	来自补充性（非竞争性）进口	B		J^0_{Bg}	J^1_{Bg}	…	…	…	J_{Bg}
	列合计			J^0_g	J^1_g	…	…	…	H^{tot}_g

注：J＝投资总额（区别于 I＝折旧后的净投资）。

H＝硬件。H 是模型中的重要变量，如果项目说明书是稳态的，J 将与 σ 无关。

表 7.4.1 中给出的各种符号是 g 号项目的沉没流量和总量的一般性符号。例如，这些量值可指项目说明书中已经决定的流量。如果这样，它们就表示为 J_{kg}^{*s}（k=h，i，B）。只有当沉没替代的可能性不存在的时候，才对所有 k 和 s 适用。决策模型最优化之后出现的流量表示为 $\hat{J}_{kg}^{s}$（k=h，i，B）。这后一种流量是始终存在的，而且做了很好的规定（如果最优化中存在一定自由度，它也可能有一些自由度）。在更一般的情况下，表 7.4.1 中的符号 J_{kg}^{s}（k=h，i，B）可以只用来表示最优化发生之前进入决策模型的变量。

7.5　非替代情况中沉没投入的沉没系数

在没有沉没替代可能性的特殊情况下，表 7.4.1 中的所有流量在项目说明书中都是固定的，并且已经是做了很好规定的。

在这种情况下，我们可以计算相应的沉没系数系统。用撇号’表示系数，则沉没系数是：

7.5.1　$J'^{s}_{kg}=\dfrac{J_{kg}^{*s}}{H_{g}^{*tot}}$［$H_{g}^{*tot}$ 表示沉没总量，现在假设它在项目说明书中已被决定，但不假设已被接受］（k=h，i，B）

在计算 7.5.1 的系数时，项目说明书中的任何沉没流量都可以表示为：

7.5.2　$J_{kg}^{*s}=J'^{s}_{kg}H_{g}^{*tot}$（k=h，i，B）

其中，系数 J'^{s}_{kg} 可以从项目说明书中读到。

7.6　有替代可能性情况中沉没投入的沉没系数和等价系数

如果我们遇见的是存在沉没替代可能性的情况，那么支出总额 H_{g}^{tot}，即表 7.4.1 中所有项目的总和，就不是以项目说明书所规定的量存在的。只有在最优化之后，所有项目的总和才有确切的含义。

在这种情况下，项目总规模（在最优化之前）必须用其他特点来表示，例如，与项目相关的容量增加（如果项目总规模被接受的话），或者表示项目规模的其他一些常规度量。令这种项目总规模的常规度量为 H_{g}^{*con}，星号 * 表示这个量可以从项目说明书中读取，con 表示这个量是项目总规模的常规度量。

当然，这种常规度量可以直接引用，不必考虑是否存在替代可能性。但是在存在替代可能性的情况下，就必须依赖这种常规度量。

即使存在替代可能性，表 7.4.1 中可能有一些，也可能有很多，但不会是全部的交流流量，交流流量是项目说明书已经做了很好规定的量。对这些具体的流量，我们可以引入一个项目说明书决定的系数概念，把这种流量一一表达为 H_{g}^{*con} 的一部分，即：

7.6.1　$J'^{s}_{kg}=\dfrac{J_{kg}^{*s}}{H_{g}^{*con}}$（代表项目说明书中已经决定的第 k 项沉没流量 h 或 i 或 B）

每个此类系数 7.6.1 的因次（名称）取决于所讨论的投入流量的性质和所选择的 H_{g}^{*con} 的常规度量。

对于表 7.4.1 中在项目说明书中没有决定流量的各单元格，我们假设我们有等价系数的替代信息。例如，如果表 7.4.1 中的 α,β,γ 三行和 s 列构成的三格中的投入元素，成一个沉没投入的替代环，$J_{\alpha g}^{s}$，$J_{\beta g}^{s}$，$J_{\gamma g}^{s}$ 三个流量没有在项目说明书中决定，但是我

们有 $J^{*eq.s}_{\alpha.rg}$，$J^{*eq.s}_{\beta.rg}$，$J^{*eq.s}_{\gamma.rg}$这三个等价系数的替代信息，三个流量 $J^{s}_{\alpha g}$，$J^{s}_{\beta g}$，$J^{s}_{\gamma g}$就必须满足以下方程：

7.6.2 $J^{*eq.s}_{\alpha.rg}J^{s}_{\alpha g}+J^{*eq.s}_{\beta.rg}J^{s}_{\beta g}+J^{*eq.s}_{\gamma.rg}J^{s}_{\gamma g}=H^{*con}_{g}$ ［r＝一个替代环，r＝(αβ,γ) 是延后年度 s 中项目 g 的沉没投入，eq＝等价，s＝沉没延后］

这里 H^{*con}_{g} 是 g 号项目总规模的常规度量，而 $J^{*eq.s}_{\alpha.rg}$，$J^{*eq.s}_{\beta.rg}$，$J^{*eq.s}_{\gamma.rg}$分别是三个沉没投入要素 α，β，γ 的等价系数，这三个要素共同形成延后年度 s 在项目 g 上的沉没投入的替代环 r＝(αβγ)。

举一个很简单的例子，在沉没延后年 s 与 g 号项目相关的挖掘工作可以按下列三种方式中的任何一种进行：

7.6.3 α ＝没有挖掘机帮助的人工劳动(中国人的公社)

β ＝使用小型、简单的挖掘机

γ ＝使用大型、技术先进的挖掘机

7.6.2 的意思是，使用(7.6.3)的三种数量，即 $J^{s}_{\alpha g}$，$J^{s}_{\beta g}$和 $J^{s}_{\gamma g}$不是由项目说明书决定的，而可能是自由选择的，条件是 (7.6.2) 方程式左边的成员总是等于项目总规模的常规度量，即 H^{*con}_{g}。换句话说，在决策模型最优化之前，我们保留这样的可能性，即在沉没延后年 s 从环 r 到项目 g 的必要沉没投入，可以通过投入元素 α，或 β，或 γ，或这三个元素的任意组合来实现，从而使(7.6.2)方程式左边排列成线的成员等于 H^{*con}_{g}。在下面的 7.7 中，我们将考虑一类限制，在等价方程之中加入这个限制可能是现实的，但是目前，我们只讨论这样的等价方程。

在沉没替代情况下，各个沉没流量，如 $J^{s}_{\alpha g}$，$J^{s}_{\beta g}$，$J^{s}_{\gamma g}$，都不是由项目说明书决定的，它们只是最优化之前引入完全决策模型的变量。因此，在沉没替代情况下，完全模型在最优化之前比一个不允许有沉没替代的简单模型有更大的自由度。

投入等价环的存在提高了决策模型的自由度数，但是它并不引入任何非线性。确实方程 7.6.2 就是一个线性方程。如果考虑中投资的效果是改变投入产出系数，或者改变引入替代可能性之前就已经存在于模型中的任何其他系数，那么我们将引入非线性。这是下文要讨论的情况。

7.7 可能与一个等价环相关联的补充限制

我们再想一想 7.6.3 的例子。在具体现实中，即使是最自动化的高级挖掘机，我们也不可能让其无须任何人力帮助而独立工作。我们构建完全决策模型时，可以或多或少考虑这个事实，而最简单的方式可能仍然是运用 7.6 节中解释的等价方程概念。但是现在，我们还是通过添加某种限制，我们可以称为补充限制，来完成这个观点的说明。

为了最好地解释补充限制的意义，我们只需要稍稍改变例 7.6.3 中投入成分 α 的定义，令 α 只表示“人工劳动”，即去掉“没有挖掘机帮助”这一说明。对这个例子做了这样的改变之后，我们便可以加上一条限制，表明这样一个事实：变量 $J^{s}_{\alpha g}$的一部分必须被用作变量 $J^{s}_{\beta g}$的补充，变量 $J^{s}_{\alpha g}$的另一部分必须被用作变量 $J^{s}_{\gamma g}$的补充。要避免将变量 $J^{s}_{\alpha g}$分割成几个变量的复杂过程，我们只需导入一个形式的限制，便能表达这个补充性情形的本质：

7.7.1 $J^{s}_{\alpha g}$≥某系数乘以$J^{s}_{\beta g}$加某系数乘以$J^{s}_{\gamma g}$

我们可以添加下列形式的限制,使这个想法形成:

7.7.2 $J^{*\,com.\,s}_{\alpha.\,\rho rg}J^{s}_{\alpha g}+J^{*\,com.\,s}_{\beta.\,\rho rg}J^{s}_{\beta g}+J^{*\,com.\,s}_{\gamma.\,\rho rg}J^{s}_{\gamma g}\geqslant 0$

7.7.3 $J^{*\,com.\,s}_{\alpha.\,\rho rg}$,$J^{*\,com.\,s}_{\beta.\,\rho rg}$,$J^{*\,com.\,s}_{\gamma.\,\rho rg}$是项目说明书中已经规定的三个系数($\rho$=限制,或更确切地表达:$\rho$=与rgs相关联的一个限制。上标com表示"补充性")。

可能有好几个7.7.2形式的限制(ρ=1,2,3等),例如用来表达这种现实:如果我们选择使用一些大型挖掘机(投入元素γ),我们可能还需要一些小型简单的挖掘机(投入元素β)作为γ的补充。

7.7.2中的系数J^{*}由项目说明书决定,这一事实当然并不意味着实际流量$J^{s}_{\alpha g}$,$J^{s}_{\beta g}$和$J^{s}_{\gamma g}$也由项目说明书决定,它们仍是变量。但是,如果我们决定让其中一个实际流量等于一个特定数量,那么7.7.2形式的任何补充限制将减小其他实际流量的许可范围。

引入与rgs相关联的一组限制ρ的7.7.2是一种非常一般的形式设定。它使表达多种多样补充性限制成为可能,我们可能发现,要使完全决策模型足够现实,能表达真实的情况,引入这类限制是相当必要的。等价方程说明替代可能性是存在的,而补充性限制则表达在这些替代可能性上存在限制。

为了不滥用编辑慷慨分配给我的篇幅,我不得不在此结束这个小小的例子。关于这方面的进一步思考大家可以阅读参考文献。这些概念通过假设开始变量H的概念,最终进入完全决策模型,这涉及许多理论和统计相混合的问题。参考文献提供了关于主要数据如何在簿记上相互连接问题的调查。

感谢我的妻子和女儿帮助完成稿子的校对。

(朱路平 译　柴志贤 校)

获奖演说

模型的用途:经验和前景

简·丁伯根

一、模型的本质

在这篇演讲中,我将讨论我们在模型构建方法上取得的经验(这是我们对经济学的一个贡献),并讨论进一步应用模型的前景。首先,我想请大家注意模型的基本特点。我认为模型的特点是:(1)列出要考虑的变量清单;(2)列出这些变量必须服从的方程式或者关系式清单;(3)检验方程是否成立,这意味着如果有系数的话,要对系数进行估计。第(3)项特点的结果可能需要我们对第(1)和第(2)项特点做出修改,使模型所包含的理论具有令人满意的真实程度。然后,模型就可以用于各种不同的目的,也就是说,可用于解决不同的问题。模型的优点在于,一方面,它迫使我们提出一个"完整的"理论,我的意思是一个考虑所有相关现象和关系的理论;另一方面,模型还需考虑观察即现实的检验。当然,这些说法远远不是新的。

建立模型时，计量经济学家常常被迫补充“文字化的”理论，因为这些模型常常不能详细说明它们隐性使用的所有关系式。

建立模型是为了不同的目的。首先是为了解释实际的发展；其次是为了找到方法，朝着期望的方向去影响实际的发展。另一方面，我们还需明确，解释的对象或者政策的目标是短期的发展变化还是长期的发展变化。此外还有大量其他的关注点，我们将在演讲中讨论其中的一些。

二、一些经验

首先，我将讨论计量经济学家在建立模型活动中的一些经验。我们中的一些人是追逐高相关性(也就是与观察值的良好拟合)的好手。实际上，这就是模型艺术的一部分。我们的一些批评家认为这是非常容易的，是徒劳的。然而，它并非总是那么容易的。我们的模型与有些观察值之间从来不曾实现很好的拟合。如果它们最终强行实现拟合，几年之后，两者间的高相关性还是会崩溃。我在为国联工作时处理的第一个课题，即解释投资活动中的波动，从来没有很成功。在荷兰中央计划局，我们经过几年的工作后发现，向工业家询问他们的投资计划比依赖计量经济解释更为安全，而且政府支出也是难以解释的变量之一。两项活动没有成功，我们可以用同一个事实来解释，那就是少数决策者决定着局面，随机偏差便变得非常重要。

更广泛地说，我们很多人都知道，相当多的经济周期模型是在转折点出现之后才“预测”到它们的。拉格纳·弗里希在模型建立的早期阶段就引入了随机冲击，作为商业周期的一个基本因素，让转折点之间的积累过程，而非转折点本身，成为模型真正能够解释的东西，他是对的。但即便如此，一些转折点也能由经济体系的内在动态来解释。

在一些情形中，我们并不需要模型来澄清事实的某些特点。不久前我看到近期一个模型的结论——“日本发展成功”，我不能不想到此类案例。我想我们已经知道这个事实特点了。但是让我再补充一句，那个模型确实还解释了其他的一些东西。

在追寻良好拟合的时候，我们有时确实在学习，事情本该如此。例如，只有引入以前某个时间的饲料价格，再加上一个负号，才能对牛肉价格的各年波动做出令人满意的解释。饲料高价迫使农民宰杀部分牲口，因而抑制了牛肉价格。这是我和我的合作者以前不曾注意到的一个方面，农业经济学的教科书也没有明确的说明。另一个例子是1900年以前英国一般工资指数的解释。除非将一个矿物价格指数作为解释变量之一，否则我们无法获得好的拟合。经过深入研究，我发现在不同行业的工资中，矿业工人的工资浮动幅度远远超过其他行业，而且在相当长的一段时期内流行一种浮动工资制，矿工工资率与煤的批发价直接挂钩，这在今天是不可想象的。

在我们学科的某些领域，而且我认为在其他学科也一样，我们必须提防轻易跟从时尚。构建模型已经成为一种时尚，就像在那之后，线性规划或矩阵代数成为时尚一样。当然，警惕时尚的忠告首先来自那些没有掌握上述技巧的人。这就是我为什么对应用线性规划或者矩阵代数方法往往心存犹豫的原因。但在我们试图解决问题之前，先对问题的结构做一番批判性的审察仍然是有用的。而且，请让我立刻补充一句，线性规划在许多情况下确实是一项非常有用的技巧。

回到模型上来，在看到计划者的一些近期工作后，我有时真不知是否该重复歌德《魔法师的学徒》中的名言："我召来了魔鬼，现在我无法将它赶走。"有时，我们的后继者确实在构建模型上面做过了头。

在尝试评估模型构建对经济学理论与实践贡献的时候，我觉得我们至少可以说，模型已经有了教导价值。在教科书里，我们经常采用简单化的，虽然还不算过于简单化的现实图像，即便如此，它还是有助于人们理解现实的一些基本特点。受到凯恩斯爵士的基础性著作启发而构建一些模型已是如此，里昂惕夫的投入产出模型也是如此。假如允许我引用一下自己最近的一个例子，那么我们也可以用同样的话来评价那些解释可贸易物品和不可贸易物品之区别的模型。我的这个模型显示，如果一个国家想通过量入为出的方式，即通过降低支出占收入的比例来消除国际收支赤字，那么收入本身必然下降，并且不是下降一点点。

我前面所说的"教导价值"也代表沟通价值。计划专家与政治家和公民的沟通能力构成了任何类型的民主、半民主计划工作的重要因素，而这种能力是可以由相对简单的模型来提高的。然而，为了不至于错误地表现现实，后续需要一系列的模型用于不同阶段的计划，或像我们现在所讲的多层次计划。

不过，我确实认为模型的作用超过了它们的教导价值，在制定周密政策的过程中，模型是实实在在、不可或缺的因素。但它们不能完全靠自己来做这项工作。模型构成框架就好比骨骼，必须用许多常识和细节知识来为其添加血肉。同样地，作为框架，它们的重要性可以很大。一些最简单的模型足以表明，世界银行早期建议的投资计划并没有达到必需的数量级，在大萧条时期一些反周期性质的规划也是如此。

我所指的框架提供各种要素，是指在中央政府一级协调政府政策，即协调各个部委的政策。只涉及单个中央部委的大量详细信息只需要启动局部模型，或至少可以交由模型处理。

就短期模型而言，从最初构建到现在，已过去很长时间，足以检验它们的预测表现了。过去十来年出版的一些著作也研究了这个课题，它们对斯堪的纳维亚、英国及荷兰所做的预测进行了比较，此外还做了其他事情。结果表示成功的一个得分是准确预测转折点的数目，这个得分是相当有趣的，因为所谓的原始预测，即根据过去的运动进行的推断，是不能产生转折点的。一些模型已能准确预测三分之二的转折点。

模型构建者及其批评家普遍觉得需要改进模型，即引入更多的变量。从某种意义上说，这个经验对广大经济学家也是一种教训，因为他们的论证常常缺乏这种细致程度。我们在比荷卢经济联盟经历了这样一个事例：实际发展表明，三个国家之间贸易总额的增加并不意味着这个或那个国家的两位数产业已经被整个消灭了，消亡的只是规模小得多的次级部门。这里，我们必须引入几千种，如果不是几千种的产品，为的就是对现实有一个公正的结论。这同样适用于世界各国的劳动最优分工问题，虽然这种最优分工的建立将消灭两位数产业中更多的重要部分。这里，我们设法以一种非常具体的方式应用赫克谢尔—奥林原理。这也意味着，一些发展中国家在选择最佳投资项目时,需要比普通统计所能提供的更精确的信息。大家都知道的一种经验是,即便是所谓的项目数据,也远远不能满足设计最佳发展政策的需要。

反映模型改进需要的其他两个例子能够说明这个问题。一个例子是埃里克·伦德伯格在他的反周期政策(主要是财政政策)的分析中经常提到的。这里,我们需要一部分小得多的时间单位及与这些时间单位对应的、与一些相关变量有联系的信息。在这些变量中,有一些预期是统计局甚至中央银行统计部都不常收集的。

需要改进模型和更多信息的另一个例子,可以从我们在联合国社会发展研究所的经验中举出来。这个研究所工作的基本特征是采用一些所谓的社会变量,先不去讨论如何定义这些变量的问题——目前我们有三种互相竞争的不同定义——我们需要在两个方面改进模型。一方面,我们需要有更多方面的社会现象的信息。以教育为例,一般能得到的数据太过粗糙,如入学人数。信息应该更具体,比如,应该考虑到教育的类型。另一方面,我们需要更小地理单位的数据,接近于在其他研究环境中被称为"基层"的单位。一些社会学家的本能判断,即这种最低层的研究和探索比联合国社会发展研究所的宏观社会研究有更多的成果,就应该这样,这意味着问题不在于定量模型是否有成果。我们只有通过定量模型技术才能获得相互关系的精确知识,而粗糙信息缺乏一致性便是社会领域中定量模型不能成功的原因。因此,基础资料的改进才是这里真正的需要。

所有这些改进将产生越来越复杂的模型,因而有致使模型无法管理的危险。这又一次说明了决策及计划需要分几个阶段。前面已经说过,与相关人士和集团沟通的需要也要求采用这种阶梯式方法应用模型,决策工作的组织方面也是如此。最优社会经济秩序的组织结构、计划层次或者计划阶段、模型的使用,这三者之间的一致性是值得追求的。这种组织结构的未来特点之一也将是更精确地分布信息流,尤其是更精确地分布所需类型的信息。

三、模型构建的前景

现在让我们来看一看模型构建的未来。根据前面的叙述,建模这门艺术的原始状态已经非常清楚了。我们已经指出了模型必须朝之发展的一些方向。我们现在的主题,即模型构建的前景,自然与前面已做讨论的主题是相叠的,因此,不可避免地会有一些重复。但是我们将从稍稍不同的角度来研究这个问题。我们的中心问题是,应该给模型构建什么样的扩展范围。我们将要讨论的一些建模发展情况已经显现了。

首先要讨论的题目是,在社会经济模型中引入空间因素的必要性。在很长一段时间里,人们忽略了经济学这一方面的问题,只有少数作者讨论过它。结果在经济模型和城镇、乡村计划或运输计划的实践之间存在着一条清晰的鸿沟。城镇和乡村计划工作更多地是由工程师、建筑师、地理学家和社会学家而非经济学家来做的。在这个问题上,经济学能够,而且必须做出贡献,必须使自己的贡献与上述其他科学家或者技术工作者的贡献更好地匹配。包斯在他的论文中应用了塞克·汉森的一些成果,对经济活动的最优空间分布问题提出了一些有趣的新方法。在廖什的工作之后出现的主要新实体是“中心”，这是一个包含各种规模的乡村、城镇和都市的概念。中心是生产单位和配套居住单位的集合。这里的主要问题是，如何在一些约束的限制之下把生产单位组成不同规模和结构的中心，从而使一个国家的福利最大化。这些约束中部分是一般意义上的生产函数，另一些则是因位置不同而产生的运输费用的具体规定。门纳斯和瓦登伯格在最近出版的著作中对空间主题进行了阐述，尤其是那些通常称为地区、国家和大洲的较大空间的中心。在一些情况下，他们借助可称为“两阶段希区柯克解”的方法取得了令人满意的近似解，也就是相继两次应用希区柯克解或运输问题解，它是线性规划的一个简单翻版。

门纳斯和瓦登伯格这两位作者与赫尔曼一起，在其他著作中详细叙述了一个可称之为多级半投入产出模型的例子。使用这个模型，他们就能够考虑多级“可贸易性”的存在。一些产品可以在一国内部不同地区之间贸易，却不能在国家之间贸易；另一些产品则可以在一个大洲的不同国家之间贸易，却不能在不同大洲之间贸易。因此，特定地区的一个国际性产业的扩张可能需要对这一地区做必要投资，对所在国家做另一些投资，对所在大洲又做另一些投资。这种扩展对有关国家和大洲经济的影响与单级不可贸易性半投入产出方法所研究的影响是类似的，但是更为复杂。

虽然这些不同的例子显示了空间经济学领域充满活力的景象，但是有一点非常清楚，那就是这个主题的一些典型的基本特点是难以包含在所用方法之内的。一方面，外部效应的这类特点缺乏经验数据；另一方面，我们缺乏数学技巧，将那些作为例子开发的模型进行足够充分的概括——至少我的合作者不知这样的数学技巧，更不用说我了。

在讨论经济模型扩大范围问题的时候，我们的第二个题目是纳入所谓的社会和政治变量。我在前面已经说过，今天我不打算讨论应该偏好社会变量三种定义中的哪一种，这三种定义都将大部分教育工作视为社会活动。最近已经构建出了一些教育模型。由于教育涉及长期滞后，因此教育过程是使用差分方程式的最佳例子之一。即使考虑到巴罗的警告，即在这一领域内，质量方面特别重要，有时是急需加以改变的，但是，由于人们对教育在经济、社会发展中的角色的认识逐步提高，也由于教育预算是各部委最大的预算之一，因此大家能很容易认同在这类模型上需要做进一步的工作。

另一个社会题目是收入分配问题。现在已经有一些对收入分配进行解释和处理的模型，其中有些是很久以前就构建的。与在上述其他情形中一样，此处显然也需要大量的变量，还需要相应的大量的信息，特别是对生产过程所提供的工作岗位的说明，以及对人口所具备的技术的说明。最近30年，研究者应用一个约为20个维度的向量来说明工作岗位，因此岗位评价的大量材料已经可以获得，大多数是针对体力劳动者和行政人员的。我们应该能够找到一个相应的向量来说明人口所具备的技术，尽管一些心理学家持否定态度。我在一本书里描述了一个模型，它可以作为一个框架求出劳动收入分布。在具体阐述中，我确实只使用了2个维度，但有人指出实际应用的20个维度在很大程度上是相互关联的。早期的一些作者只使用1个维度，有人使用智商，另有人建议把领导力水平作为描述一个人生产能力的一个变量。当然，这些肯定是过分简单化的做法，但是凭借远远少于20个的标准，他们也可以获得一个令人满意的最初的近似解。财富作为一个人的准能力构成因素可以被引入模型。此类模型也可以立即用来更精确地研究改变收入分配的可能性，例如，找出何种程度的不公平是不可避免的。在对这些问题重新有了兴趣的情况下，我想到了SAP和LO的贾姆利克赫·兹拉波顿，对这类模型完全可以做进一步的阐述。为减少不平等现象而使用的主要政策工具，税率和教育政策，可以毫无困难地纳入模型。

在模型中同时引入许多社会和政治变量的第三个例子，尤其是对发展中国家而言，是伊尔马·爱德曼和她的合作者所做的、给人印象深刻的尝试。她们使用要素分析和判别函数，在大胆测量出来的30多种因素中，去发现哪些因素在发展过程中似乎发挥了突出的作用。人们可能和佳林·库普曼斯一起怀疑，这种“没有理论的测量”是否有意义；作为一个新的科学领域的一种探索，我想它是有意义的。但是，1968年美洲经济学会圣诞节大会上已开始的那类长时间的讨论依然需要继续，以理清这3位女性所做出的理论和检验的复杂而勇敢的结合，她们的贡献值得我们敬佩。

在扩大模型范围的标题下我们要讨论的第三个题目是明确说明最优社会经济秩序。最优化当然不是一个新的话题，无论在生产单位层次还是更高的层次，数学规划模型都已有广泛的应用。科学发展沿着不同轨道进行。在最复杂精巧的模型中，我们有了最近的动态模型，适用于长期的甚至是无限期的分析，如菲尔普斯、佳林·库普曼斯和道垣发展的模型。在这些作者得出的结论中，有些结论对我们本以为可以自由选择的参数（如一个偏好函数中发生的时间折扣）形成了限制。针对这个参数的一些区间值，库普曼斯表明不可能对可设想的发展道路进行优先排序。此类结论属于经济学的真正基本特征。道垣引入了另一个基本思想，即一些更老的模拟只适用于“不朽社会”，尽管不是针对法兰西学院的。他随后还引入了在时间t上的一代人这个概念，代表一个“自我创新”组，以及“瞬时政府”概念。我不能进一步讨论这个问题，因为我缺乏数学知识，故而没有对它做过足够具体的研究。

不过还有两条道路我想做一个大致的描述。一个是关于社会福利函数的讨论，或目标函数的讨论。我同意弗里希和伯格森等人的观点，他们认为官方福利经济学的科学策略不是最优的。我这么说的意思是，我们认为，更好的做法是首先尽最大可能明确社会福利函数，然后再利用它找出社会经济的最优解。在与粉井讨论他的杰出著作时，我提议东方和西方都设法明确它们的社会福利函数，从而看一看最终目标是否非常不同。希望未来几年有人会对这个题目做一些彻底的研究。

我想描述的另一条道路是重新设计社会经济最优化问题。问题的真正未知数不是消费数量和需要付出的生产性努力，以及一些更传统的未知数，而是制度集合，作为一个集合，制度能够最大限度地接近福利经济最优解。到目前为止，我们中对此感兴趣的一些研究者使用的方法，是列出最优化必须满足的条件，然后根据其行为方程，指明能产生相同条件的一个制度集合。因此，在人们认为过于简单的生产函数能够代表已有的生产过程的过去时代，像亚当·斯密或维尔弗来多·帕累托那样的人认为，私人企业和竞争性市场就足以做好这项工作。今天，我们以不同的眼光看待这些事物，提出不同的观点。一个值得一提的次级问题是因制度成本的存在而产生的问题。例如,某些类型的税收显示,收取它们需要相当大的成本。如果事先不知道所要选择的制度,那么我们应该如何处理这类成本?制度成本这一现象要求重新设计最优化问题,以便将这些成本纳入考虑范围,如果产生这些成本的制度能够入选制度集合,一同构成最优问题化之解的话,我的同事瓦登伯格的一些初步尝试将使我们有了找到这样一条道路的希望。

我们也希望,将社会经济最优化解释为一个制度集合将有助于启动比以往更具科学性质的讨论,这种讨论是关于现存的不同社会经济秩序的相对优点,特别是东欧和西欧的优点,其中包括诸如瑞典、瑞士和南斯拉夫这样一些有趣的例子。如果我们想对不同制度的优点进行分等并且赋予具体内容的话,我们将需要大量有关各种外部效应的更好的信息。我希望,用这种方式,我们可以像马克思所说的那样,在不同制度的竞争中再次发现科学的观点,是最新的科学论点而不是陈旧的论点。经济学上这种更为基础的研究,相对于目前那些意在预测或分析非常短期的市场价格波动的、表浅的经济学研究,更值得我们关注和投入更多资源。

(朱路平 译　柴志贤 校)

1970 获奖者

保罗·安·萨缪尔森

Paul A. Samuelson

【获奖理由】在提升经济学家理论的科学分析水平上做出了贡献。

生平简介

1915 年	出生于美国
1941 年	获哈佛大学博士学位
1960 年	任肯尼迪总统调查咨询顾问和美国国家计划局经济顾问
1966 年	印第安纳大学授予其名誉法学博士
1971 年	获美国国家科学院授予的爱因斯坦奖
2009 年	逝世

主要学术贡献

萨缪尔森在经济学领域中可以说是无处不在，被称为经济学界的最后一个通才。萨缪尔森作为新古典经济学和凯恩斯经济学综合的代表人物，其理论观点体现了西方经济学整整一代的正统的理论观点，并且成了西方国家政府制定经济政策的理论基础。萨缪尔森也从其他学派的经济理论中吸收了许多重要的理论观点，同时对自己的理论加以修正和完善，使之适合于变化的经济情况。

萨缪尔森的研究范围横跨经济学、统计学和数学多个领域，他对经济学的三大组成部分——政治经济学、部门经济学和技术经济学，都有独到的见解；他把凯恩斯主义和传统的微观经济学结合起来，形成"新古典综合学派"的理论体系；他还一直热衷把数学工具运用于静态均衡和动态过程的分析，以物理学和数学论证推理的方式研究经济，为数理经济学的现代化做出了贡献。

他还通过对乘数和加速数联合作用的分析，把两者巧妙地合而为一，揭示出了乘数与加速数的内在联系；在关于经济增长论的论述、关于"社会福利函数"的论述和对比较成本说中的"赫克谢尔—奥林原理"的补充等方面，都为经济理论的发展做出了重要贡献。

主要学术成果

《经济理论运算的重要性》(1941)

《经济分析基础》(1947)

《经济学》(1948)

《线性规划与经济分析》(1958)

《萨缪尔森科学论文集》(1966,1972,1977)

颁奖词

瑞典斯德哥尔摩经济学院 / 阿萨尔·林德贝克

尊敬的国王陛下,各位殿下,女士们,先生们:

过去数十年来,经济学发展的一个显著特征是由借助数学方法而来的分析技巧不断形成。我们也许可以将这一发展区分出两大分支。

第一个分支就是计量经济学,适用于即时的统计估算和经验应用。其先驱是拉格纳·弗里希和简·丁伯根,去年他们二人共同获得了第一届致力纪念阿尔弗雷德·诺贝尔的经济科学奖,该奖来源是瑞典中央银行的一笔赠款。

第二个分支更倾向于基础理论研究,没有任何统计和经验检验的直接目的。正是这一领域,美国麻省理工学院的保罗·安·萨缪尔森教授做出了杰出的贡献,为此他被授予本年度经济学奖。

概括地说,萨缪尔森的贡献在于,在提高经济科学的一般分析水平和方法水平方面,他比当代任何其他经济学家都做出了更大的贡献,他实际上直接重构了经济学理论中相当大的部分。部分借助对系列问题的最大化方法的系统运用,他揭示了经济学中问题和分析技术之间的基础性统一。这就意味着萨缪尔森的贡献涵盖了众多不同的领域。如果要对他所取得的研究成就进行概括并以具体概念来进行表达的话,那么我们就必须限定于几个例子。我们或许可以将萨缪尔森的贡献分为四大领域。

第一个领域是动态理论和稳定性分析。不同于仅限于均衡位置的静态分析,该领域的特点在于,把分析的重点落实在经济系统是如何在均衡之外运作的,以及其发展阶段的连续性,即经济是如何从一个阶段发展到另一个阶段的。萨缪尔森在这一领域的特别作为是,在经济系统经受干扰之后往往自动回归到均衡这一意义上,他特别阐明经济系统保持稳定的条件。他发现,保持经济系统稳定所需要的条件,常常与导致静态分析得出,通常被人们视为“正常”的结论所需要的条件是一致的。例如需求的上升引起均衡价格的上涨。实际上,这正是萨缪尔森著名的“对应性原理”的应用,它在静态分析和动态分析之间架起桥梁,而之前,它们通常被看作是两种截然不同的分析范式。

第二个领域是消费理论,以及与之密切相关的指数理论。这一领域中的旧有的理论,通常是以家庭对消费品具有清晰的偏好模式这一假设作为基础的,这也就是说,他们可以决定如何来选择可替换的一篮子消费品。在这一基础上,消费者行为的定理,是通过演绎的方法，如对收入和价格的变动所产生的效应进行分析来得到的。萨缪尔森则是从另一端开始，依据可观察的消费者行为来界定其偏好，家庭通过自己的行为显示出它的偏好。这是萨缪尔森“偏好显示”理论的起点，这一理论在消费理论的分析中为经济学家提供了大为改进的工具，使可观察行为的实证研究与我们的理论结构更好地结合在一起。

第三个领域是一般均衡理论，它研究大量不同变量之间的相互作用——原则上是经济系统中的所有价格与数量。国际贸易理论中的一些例子可被用来说明这一理论。

一个例子是国际贸易中的收益归宿问题。长期以来，我们知道，在某些确定条件下，国际贸易会引起相关国家国民收入的上升。我们也知道，对外贸易会导致各国内部的收入再分配，其结果是，某些群体实际上被推挤到不利的位置。这时的问题是，我们是否能够以一种有意义的方式来说明整个国家从国际贸易中获得了收益。萨缪尔森所做的工作则表明，从这类贸易中获利的个人，即使他们往往必须对在国际贸易中受损失的个人进行完全的补偿，他们的境况还是会更好。从这个意义上说，自由贸易是潜在地更加优越于贸易保护的。在分析关税对收入分配的效应时，萨缪尔森与斯托尔珀一起指出，提高进口商品价格的关税，会使相对集中地用于受保护商品生产的生产要素的报酬上升，而其他要素的要素报酬就会下降。

萨缪尔森还指出了什么条件下国际贸易会引起相关国家之间要素报酬的均等化，即所谓的“要素价格均等化定理”。这里，萨缪尔森遵循的是艾利·赫克谢尔和贝蒂尔·奥林开创的研究思路。

第四个领域是资本理论方面。针对传统资本理论的一种长期批评是：它建立在可以形成资本总存量概念的假设之上，即社会上所有资本货物的货币价值之和。在与罗伯特·索洛进行合作的基础上，萨缪尔森指出，即使不采用这样的资本总合概念，也有可能发展出一种逻辑的资本理论，并论及一种定义明确的资本价格。

在资本理论中萨缪尔森的另一项贡献是，他进一步阐明了实现一段时期内经济效率的条件。我们应该在这一背景下看一看他著名的“高速公路定理”，这一定理界定了最大化增长的条件，并且指出一国选定最大增长率的经济增长道路——他称之为“收费高速公路”——是值得的，在此阶段内，各生产部门之间的比例与初始时的比例，或者说与希望在最终位置达到的比例是截然不同的。

现在谈谈您，萨缪尔森教授。您或许比其他任何人都更明确地指出了经济分析严格形式化的优点。这点上，您实际上为过去几十年的几代经济学家起到了示范作用。尽管您的许多工作抽象程度很高，但您已着手应对现实世界中一些重要的经济和社会问题。在您研究的所有领域中都可以发现您的关联意识：在您的“偏好显示”理论基础上建立可观察行为的消费理论；在大量异质资本货物中形成资本理论；在均衡状态之外分析动态过程和稳定性；运用乘数—加速数模型解释商业周期；在一般均衡分析中研究集合商品的放置；分析最大化增长；用您的“消费贷款”模型研究几代人之间的消费分布；以及分析贸易利得和关税对收入分配的效应。

我们完全可以说，在这些领域中的许多方面，在新古典主义理论或新凯恩斯理论的背景之下，您已经达成了经典性的，即使我们不说是“确定无疑”的理论形式。

我非常荣幸地向您转达皇家科学院的祝贺，并请您从国王陛下的手中接受为纪念阿尔弗雷德·诺贝尔而设立的1970年度经济学奖。

（朱路平 译 马汴京 校）

获奖演说

分析经济学中的最大值原理

保罗·安·萨缪尔森

我的演讲主题很直白，经济学就等同于节省或者最大化。但是政治经济学已经远远超越了最初的经济学。确实，仅仅是到了20世纪的后三分之一时期，在我本人作为一名学者的生涯中，经济理论才有了很多展示，表明其自身对务实的工商人士或者政府官员是有用的。我似乎想起上一代伟大的经济学家、剑桥大学的庇古。他曾反问：“谁会想要聘请一位经济学家来经营酿酒厂呢？”但是，今天，在运筹学和管理经济学的名义下，我们最奇妙的经济学工具正在被公私企业运用着。

所以我们的主题在经济学基础里面就包含了最大化。我的老师约瑟夫·熊彼特走得更远。他不满足于说经济学必须借鉴逻辑和理性的实证研究。他提出了一个令人瞩目的论点，即人作为有逻辑的、能进行系统的实证归纳的动物，其操作能力本身就是达尔文的生存竞争的直接结果。正如人的拇指在竞争中进化以谋取生计——以应对经济问题——人的大脑也对经济问题做出反应并不断进化。这个观点比康拉德·罗伦兹和简·丁伯根在动物行为学中的最新发现早了40年，是相当了不起的见解。我只能简单介绍熊彼特在创建计量经济学这一新科目过程中阐明的进一步观点，否则我就会偏离现在的题目。他说，数量是物理学家或其他自然科学家在这个学科相当迟，而且复杂的阶段才给予研究的。量化方法可以说是由调查者自行采纳的，而巩固这种方法的功劳更属于伽利略和牛顿的追随者，因为他们采用了数学方法。但是，熊彼特说，在经济学中，这个科目的内容本身就是以定量形式呈现的：如果剔除价格或物物交换比率的数值量，那就什么都不剩了。会计并非受益于算术，它就是算术。而且，根据熊彼特的说法，在其最初阶段，算术就是会计，正如几何学在早期就是勘测一样。

我不可以给你们留下这种印象：分析经济学研究最大值原理，主要是为了向决策实习者提供职业手册。即使回溯到上一代，在经济学展示其对实务操作者的有用性之前，我们经济学家就忙于研究最大值和最小值。阿尔弗雷德·马歇尔的《经济学原理》——1890年后40年里的一部主要经济学作品，就大量研究了最大净利润点上的最佳产出。此外，远在马歇尔之前，安托万·古诺1838年的经典著作《财富理论的数学原理研究》就运用微分研究了最大利润的产出。成本最小化的研究则可以回溯到一个多世纪以前，至少可以回到冯·屠能的边际生产率概念。

如今很流行谈论认同危机。我们绝不能犯爱德华·吉本在写《罗马帝国的兴衰》时所犯的错误。据说吉本有时将自己与罗马帝国相混淆。在当下这样一个鲜活的舞台上，我还应该补充一点，在这个量子力学理论的时代——观众与演员、作为观察者的科学家与被其观察的豚鼠或者原子之间的区别常常变得模糊不清。我将要讨论的涉及最大值化原理在自然科学中的作用，一个下落苹果的垂线轨迹和一颗移动行星的椭圆轨迹，或许可以用一个特定的规划问题的优化解来描述。但没人会诱入"感情误置"的反向版本，认为苹果或者行星具有选择的自由，有自觉慎重的极小化行为。然而，"伽利略的球滚下斜面，像是要使行动积分最小化，或使汉密尔顿积分最小化"，这样说对热切希望给自然界可预测的一致性制定公式的物理学家观察者而言，确实是有用的。

科学家发现将对行为的实证描述与最大化问题的解相联系是有用的，这指的是什么？那就是我早期大量工作所涉及的内容。从我最早关于"显示偏好"的论文到完成《经济分析基础》一书，我发现这是个令人着迷的题目。科学家与家庭主妇一样，发现他的工作永不会完结。就在最近几周，我一直在研究如何理解随机的投机价格这个艰难的问题。如，可可价格如何在伦敦和纽约交易市场上波动。当面对一个不可控制的非线性差分等式和不等式体系时，我试图在数学文献中找到哪怕是这个解存在的证据，但是几乎绝望。然而一瞬间问题却变得可解了，从记忆深处我想起，实证描述关系是可以解释为一个定义明确的最大化问题的必要和充分条件。不过，如果我给你们这样一个印象，最大值原理对几乎无所不知的分析家而言，其价值仅仅是便利工具或者拐杖，那我就超前于我的故事了。

70 年前，当诺贝尔基金刚刚成立之时，恩斯特·马赫的方法论享有它们现在已不再享有的名气。[①] 你们会记得马赫说过，科学家寻求的是对自然的"经济的"描述。他的意思并不是说商人的航行需求注定了牛顿世界体系的诞生，而是说好的解释是简单的解释，这种解释方便记忆，而且适用于大量可观察到的事实。对于这一点，如果用毛帕丢斯的自然神论观点来阐述，即自然规律就是要制定出简单目的论的目的，那么无疑是一个吉本式的谬误。马赫并非说自然母亲是位经济学家，他是说总结可观察到的经验现象法则的科学家，基本上是经济学家或经济人。

然而我必须指出，这些特征明显不同的角色恰好是常常密切相关的。如果物理学家能用最大值原理写出被观察的法则，他们就能够经常得到更好的、更经济的关于自然的描述。运用同一方法，经济学家则常常能够得到更好、更简约的关于经济行为的描述。

让我用几个非常简单的例子来说明这一点。牛顿可以用以下两种方式来描述从树上下落的苹果：苹果向地球的加速度是常数；或者，作为时间函数的苹果位置沿着一道使积分最小的弧线，从观察到的苹果下落的瞬间到最终落地时点，可以被写成其瞬时速度平方减去其位置的一个线性函数的被积函数。"什么？"你们会说，"你真的认为第二个解释是简单的吗？"我不想争论，要指出简单与否是观察者眼中的事，我如果为

---

① 无论其最终价值如何，我们都应该感谢马赫的概念对年轻的爱因斯坦的狭义相对论形成的影响，尽管爱因斯坦后来反叛了这个方法论，但也不能剥夺它们应有的荣誉。

数学物理学家写出这样一个表达式：

$$\Delta\delta\int_{0}^{T}(\frac{1.2}{2}x-gx)\mathrm{d}t=0$$

那么他们不会认为这比 $\ddot{x}=-g$ 更复杂；而且他知道用变分术语形式表达的汉密尔顿原理，在需要从一个坐标系转到另一个坐标系时，有极易记忆的特点。

我不是物理学家，也不认为我的许多听众是物理学家，但让我举一个更清晰的例子来说明物理学中最小值原理的效用。光在我面前空间的两点之间以直线运动。或者像苹果落下的情况，这条弧线可定义为变分法中最小化问题的解。但另一种情况，现在让我考虑光射到镜子上时是如何反射的，你能够观察到并记得这一规律，反射角等于射入角。理解这一事实的更简洁的方法是用费马的最少时间原理，这已为希罗和其他希腊科学家们所知晓。图 1 连同其标明的相似三角形 $\Delta BDC' \backsim \Delta BDC$ 应该是无须解释的。

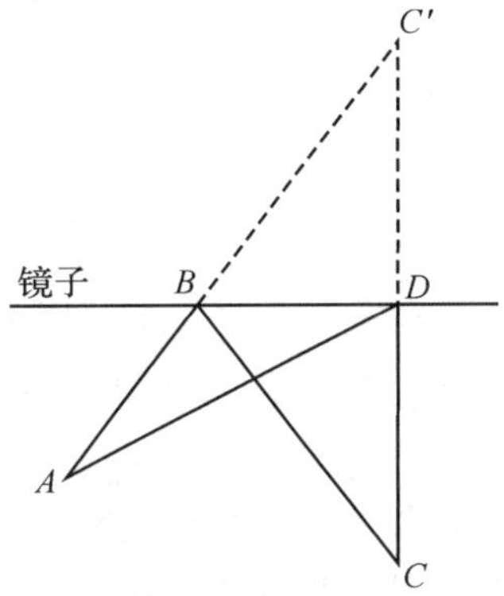

图 1

如果 ABC 的长度明显短于 ADC′，那么很明显，相似的 ABC 路径比其他诸如 ADC 这样的路径更短，耗时也更少。

你们可以据理争辩，最小值公式是简洁的，但实际上并不比其他公式好。不过，当你们从这个演讲厅回到你们的浴缸并观察水中你们的大脚趾，你们的四肢看上去也不再是直的了，因为光速在水中与在空气中是不同的。最少时间原理告诉你们在此条件下如何形成行为，但是斯奈尔关于角度的公式却不会告诉你们这一点。那么哪一个才是更好的科学解释呢？

一个说明性的经济例子

让我把经济学中同样的事情解释一下，它是可以想到的最简单的例子。假设有一家正在追求利润最大化的企业，它按需求曲线出售产品，被接受的价格是销售量的不递增函数。再假设，其产品可用 2 种、3 种或 99 种不同的投入来生产。为使例子保持简单，我们假设联结产出和投入的生产函数是光滑的凹型曲线。

作为只对可观察事实的归类感兴趣的实证主义科学家，一位马赫经济学家原则上可能会在打孔卡片上记录下99个需求函数，将企业采购的每一种投入的数量和价格的99个变量联系起来。将说明99个不同变量的信息片段储存进一个一百向度的空间，这是多么巨大的任务啊！但是这99个变量不是真正独立的。实际上，要计算出99个孩子的确切信息只需要掌握家长这一变量的相关知识即可。描述怎么可能有这么巨大的经济性呢？事实是，那些可观察到的需求曲线就是利润最大值问题的解答，前两代伟大的瑞典经济学家格斯塔夫·卡塞尔或许会将这些需求曲线视为经济学理论中不可分的原子。在微积分的简单规律性条件下，它们是总收入函数偏导数组的反函数，其中收入等于任何具体数量的所有投入所能生产的产出乘以这些产出将销售的确定需求价格。当"家长母亲"这个收入函数呈现光滑和强凹陷形态时，它的"孩子"就是一个99乘以99、对称、负定的二阶偏导矩阵。用代数演算就可以表示这些函数可以独一无二地逆转，形成具有同样性质的新的一群"孩子"。99个这样的"孩子"会有一个母函数，如果还从未有过，我们就应该用皮格马利翁法则去创造一个。

数学上我们有

$$\operatorname*{Max}_{\{v_i\}}[R(v_1,\cdots,v_{99})-\sum_1^{99}p_jv_j]=R(v_1{}^*,\cdots,v_{99}{}^*)-\sum_1^{99}p_jv_j{}^*$$
$$=-H(p_1,\cdots p_{99}) \tag{1}$$

其中

$$R(v_1,\cdots,v_{99})=Q(v_1,\cdots,v_{99})P[Q(v_1,\cdots,v_{99})]$$

是光滑的、强凹的"正常"收入函数。最大化的必要条件是

$$\partial R(v_1{}^*,\cdots,v_{99}{}^*)/\partial v_i=p_i,\ (i=1,\cdots,99) \tag{2}$$

另外，如果二阶偏导数的赫斯矩阵 R_{99} 是负定的，公式(2)是最大化的充分条件。这隐含逆相关关系，可解释为霍特林—罗伊对偶函数 H 的偏导数，即

$$v_i{}^*=\partial H(p_1,\cdots,p_n)\partial p_i,\ (i=1,\cdots,99) \tag{3}$$

因此

$$\sum\Delta v_j{}^2\neq 0\neq\sum\Delta p_j{}^2,$$

我们的变量满足不等式

$$\Delta p_1\Delta v_1+\Delta p_2\Delta v_2+\cdots+\Delta p_{99}\Delta v_{99}<0 \tag{4}$$

还有更多。虽然我的三维空间直觉很差，但是基于上面的论述我可以很肯定地断定，提高任何一项投入的价格，同时保持所有剩余投入的价格不变，就一定会减少企业对该投入的需求量，即：$\partial v_i/\partial p_i<0$；如此常识性的结果是任何一个有自省能力的人都可以预见到的："假设我是一个不聪明的企业家，为保持尽可能多的利润，我该如何调节投入品的昂贵价格？"

这里，常识和高等数学刚好达成一致。但我们都知道吉芬悖论，按照吉芬函数，爱尔兰农民在贫困时极为依赖马铃薯，马铃薯价格上涨会使他们更贫困，迫使他们购买更多而不是更少的马铃薯。在这个例子中，只有在数学探索之灯的照耀下，常识才认识自身。

有了数学的帮助，我可以看到肉眼看不到的99个表面的同一个性质。如果仅是

肥料涨价就总会提高企业买鱼子酱的数量，那么仅仅凭这一个事实我就可以预见到以下我未曾做过也未曾观察过的实验的答案：仅仅鱼子酱涨价就会提高公司购买肥料的数量。热力学中这种相互性或可积分性条件称为麦克斯韦尔条件；经济学中则称为霍特林条件，以纪念哈罗德·霍特林1932年的著作。

科学令人愉快的一点是，我们是站在前辈的肩膀上向天堂攀登。经济学如物理学一样有自己的英雄。我在数学公式中用的字母“H”不是纪念威廉·汉弥尔顿爵士，而是纪念哈罗德·霍特林，因为当初我进入这个领域的时候，正是他的工作激发了我的思维。几乎在那同时，已故的亨利·舒尔茨正在尝试着用数量经济方法证明霍特林可积分条件的实证有效性。

与“自我效应”相比，这些“交叉效应”会比较弱，一定还有其他可预测的确定性条件与此相关，但我不想劳累听众与我一起讨论这些条件了，只想提一下所有主子式不得不在符号上变动的条件。

最大值公式使人可以对一个涉及大量变量的复杂体系做出明确推断，作为这个魔法的最后一个例子，请允许我重提一下自己做过的工作——清楚地归纳、形成物理学中称之为勒夏特里尔原理的系统表达。近100年前一位对吉布斯型热动力学抱有兴趣的法国物理学家阐明过该原理。这是一个较为模糊的原理。30多年前，在查阅不同的物理学论文时，我的数学“耳朵”无法识辨它们在演奏什么曲子。你们今天如果拿起大多数物理书，或许运气并不会比我好。通常，这些书的论证是模糊的目的论的，读起来就像这样：如果在均衡系统上加入一个外部约束条件，那么均衡就会做各种调整以便“吸收”“反抗”“适应”这种变化，或者使该变化“最小化”。我的哈佛老师爱德温·彼得威尔·威尔逊说过的一句话使我受到极大的触动。他是威尔拉德·吉布斯在耶鲁的最后一个学生，并在数学和物理学的很多领域都有创造性的工作。他的高等微积分是几十年来的标准教科书；他写了最早关于空气动力学的课本；他是费雪的朋友也是数理统计和人口学专家；最后，他早就对帕累托的著作感兴趣并在哈佛教数理经济学课。我的方程式中不等式的最早系统阐述极大地得益于威尔逊的热动力学课，我尤其被他的这句话触动：“压力上升伴有容量下降的事实与其说是热动力均衡系统定理，不如说是一个关于下凹表面或负值的二次式的数学定理。”通过这一线索，我开始去理解勒夏特里尔原理。

现在请让我阐述一下该原理的一个有效形式。挤压气球，气球的体积会收缩。但是比较一下两种不同实验条件下它的体积是如何收缩的。第一种，假设气球的表面与世界绝缘，那产生的热量丝毫也跑不出去。在另一种实验条件下，给气球同样增加压力，但让它与房间内不变的温度形成温度均衡。然后按照勒夏特里尔原理，在系统中加入了绝缘这个约束条件的情况下，气球体积的增加量要比加入温度约束、结束常数的情况下要小。图2中较为陡峭的细曲线显示了增加绝缘约束条件之时，纵轴上的压力与横轴上的体积之间的关系。穿过同一个A点的较平坦的那条曲线显示了等温变化下压力与容积的关系。勒夏特里尔原理的精华就是，细曲线必须比粗曲线更陡峭，或者，用常见的热动力学符号表示：

$$(\partial V/\partial p)_t \leqslant (\partial V/\partial p)_s \leqslant 0 \tag{5}$$

这里 t 代表常温，s 代表绝缘（或绝热或等熵）变化。

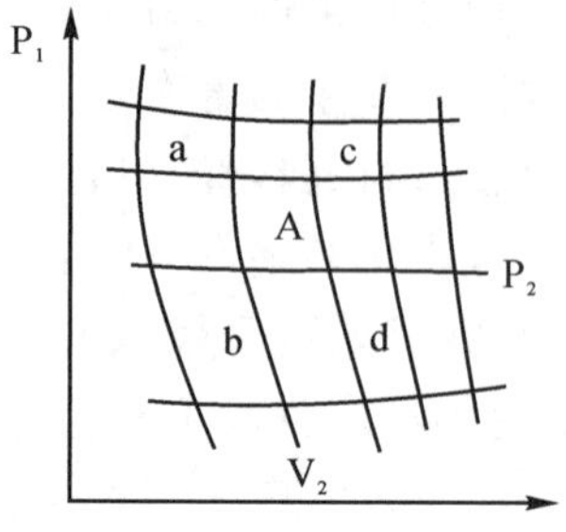

图 2

那么所有这一切与经济学有什么关系呢？没有什么比让一位经济学家或者退休的工程师勉为其难地在物理学概念和经济学概念之间做类比更可怜的了！我不得不评审大量枯燥的论文，作者总在寻找与熵或者这样那样能量形式的对应物。无意义的应用定理，如购买力守恒定理，代表了社会科学对重要的物理学能量守恒定理似是而非的模仿；当一位经济学家在社会领域引用海森伯格的不确定性原理时，这肯定至多被视为比喻或者文字游戏，而不可能被看作是量子力学关系的有效应用。

然而，如果把运用 99 种投入的垄断企业视为一个最大值系统的范例，那么可以将其结构关系与熵最大化的热动力系统的普遍关系相连接。压力和容积，还有绝对温度和熵，彼此有着工资率与劳动或者地租与土地量一样的共轭或对偶关系。图 2 现在可以起双重作用，既描述经济关系又描述热动力关系。在纵轴上 P_1 是第一种投入的价格；横轴上 V_1 是它的量。我可以讲述一个有 99 个变量的系统，但是如果我讨论只有 2 个变量的更为简单的例子，如土地和劳动，大家会谅解我的吧？

与气球那个例子一样，我们在 2 组可替换的规定条件下做一个实验。第一组，我们提高 P_1，即第一种投入劳动的价格，同时保持第二种投入、土地或 V_2 的数量恒定，就像仅劳动可变的马歇尔短期一样。P_1 的上升必使 V_1 下降，正如通过 A 点的负斜率细曲线所示。

现在，第二个实验中我们以同等量提高 P_1，但是维持 V_2 的价格（P_2）不变。对于一个追求利润最大化的垄断者而言，这再一次只能有一个定性答案：现在会购买更少的 V_1，正如经过 A 点的粗曲线的负斜率所示。现在我可以陈述一下或许会被称为勒夏特里尔—萨缪尔森原理的基本内容：长期调整的这条粗曲线，在其他价格不变时（而其他数量一定会主动做必需的调整，以恢复最大利润均衡），一定比表现其他投入恒定之时需求反应的那条细曲线更平缓或更有弹性。现在以数学方式表达就是：

$$(\partial V_1/\partial p_1)_{p_2} \leqslant (\partial V_1/\partial p_1)_{v_2} \leqslant 0 \tag{6}$$

我在式子中加入等号，使其适用于在生产中有两种独立投入的情况。此关系式最值得称道的是，无论两种投入是互补产品（如泵和杀虫剂）还是替代产品（如有机肥料和无机肥料），所示不等式都能成立。感兴趣的听众可以试着在那些相反的情况下去做直觉验证。

不仅是在生产理论中，而且在限制配给的一般理论中，勒夏特里尔原理也有不同的经济应用。

消费者需求理论

这就将我带入了消费者需求理论。与我们在此之前一直在讨论的利润最大化情况不同，现在我们有了预算约束，最大化只能在预算约束存在的条件下发生。20 世纪 30 年代中期以前，效用理论显现出迹象，将退化成为无结果的同义反复，心理效用或心理满足很难定义，更不用说测量了。奥地利经济学家会坚持说人们的行为目的是效用最大化，但是当被质疑那究竟是什么的时候，他们发现自己的回答只是反反复复围绕这样一点：无论人们行为如何，都是为了使他们的满足最大化，否则根本就不会有如此行为。正像我们可以从偶数的比率中取消 2，我们可以用奥卡姆的“剃刀”将效用从论证中完全去除，最终只有这么句蠢话：人们做他们做的事。

我只是略有夸张而已。确实，俄罗斯的斯勒茨基在 1915 年走得比这个还远，但是他发表在意大利一份期刊上的文章在第一次世界大战的余波中被遗忘了。更为人所知的是帕雷托的文章，它缺乏魏尔斯特拉斯约束极值理论的数学技巧。威廉·约翰逊，一位曾与马歇尔和怀特海德一起研究的剑桥逻辑学家，被认为是对约翰·凯恩斯、弗兰克·拉姆齐和哈罗德·杰弗瑞斯爵士的概率论研究产生过影响的人物，他做出了无差别曲线的两维分析。但是就在我进入这个领域之前，伦敦学院的罗埃·阿伦爵士和约翰·希克斯爵士以及芝加哥的亨利·舒尔茨正在创建着消费者行为理论，而斯勒茨基的贡献则无人知晓。

从一开始我就有意要解决：如果设定消费者为将其序数效用最大化（只说明他是好或坏，不关注多好或多坏的数字说明），按照所给的价格花费其有限的收入，那么关于价格和所需数量是可观察的事实，这个设定中隐含了什么假设是可以驳倒的？长话短说，在我与一位老师争论之时，“显示偏好”的灵感突然袭来，我的很多好主意就是如此得来的。从里昂惕夫学了无差异曲线，第二年我就将它用于哈伯勒的国际贸易课程，当他反对我假定凸型无差异曲线时，我如此回答：“如果它们是凹型的，那么您博士论文中的拉斯帕里斯—帕契指数也不对了。”①这个命题远非一种归谬法，思考一下，它提示了，科学探索者可以怎样借助价格—数量两种可观察情况的测试，去反驳最大化行为的假设。剩下的就是阐述显示偏好理论的细节。

我早期的显示偏好理论本身可以很好地处理两种消费品的问题。但是我继续推测，如果排除两种以上情况选项的类似矛盾的话②，那么无差异领域的“不可积分”现

---

① 在解释中，假定你在价格（P_X，P_Y，…）时花费正收入 $P_XQ_X+\cdots=\sum PQ$，使你的消费效用（Q_X，Q_Y，…）最大化。那么在（P^1，Q^1，$\sum P^1Q^1$）和（P^2，Q^2，$\sum P^2Q^2$）这两种情况下，要使序数效用最大化，以符合 $\sum P^1Q^1/\sum P^1Q^1<1$ 和 $\sum P^2Q^2/\sum P^2Q^2<1$，这是矛盾的。用≤代替<，否定这一可能性是弱性显示原理的一种形式。

② 用前面情况的符号，我猜测按公理 $\sum P^iQ^i>\sum P^iQ^i$ 对所有 $i=1,\cdots n-1\geqslant 1$，排除了 $\sum P^nQ^n>P^nQ^1(n=2)$，可能排除不可积分性，对所有 $n\geqslant 2$，就成为郝萨克强公理。

象可被排除。

一个人若是极易想起以往的科学胜利的话，那么他更应该时不时短暂停下脚步，对失败表示一些惋惜之情。即使在一些全球顶尖的数学家的帮助下，我也没有能够验证和证明前面注释里的猜测是对的。在“显示偏好”的印刷版中，他们劝我略去那些材料。因此更多的荣誉应该归属于亨德里克·赫萨克，他第一次探索经济学就形成了强公理，并证明它确实排除了不可积分性。

我如何才能在一个上午的演讲中用语言解释清楚不可积分的无差别领域究竟是什么呢？1950 年，我对可积分性讨论做了一个综述，追溯到 20 世纪初的帕累托，以及在他前面的欧文·费希尔 1892 年的经典论文，甚至更早，到几近无名的安东纳利的作品重新被发现。30 年代中期我刚进入这个领域的时候，积分性问题模糊不清的状况可以由一个事实来说明，前面已引到过的两位密切合作者约翰·希克斯爵士和罗埃·阿伦爵士，在这问题上似乎实际持有相左的观点。既然不可积分性的实证含义已经被大家理解，那么大多数理论家倾向于假设不可积分性。如何解释清楚它的意义呢？我的好朋友尼克拉斯·乔治斯库·罗根——从他 1935 年的经典论文中，我获得了很多对不可积分问题的深刻见解，即认为仅用语言叙述这么复杂的数学关系是不可能的。我则明白表达相反的观点，即数学就是语言，原则上说，一个傻瓜能领会的东西另一个傻瓜也可以。所以，让我给大家看一看图 2，前面我们论及那家具有 99 种投入、正在进行利润最大化的企业，图中我能给出该企业可积分条件的大体解释。

图 2 中陡峭的曲线代表了当所有其他投入像马歇尔短期那样受到约束、价格为 P_1 之时，第一种投入 V_1 的需求函数。较细和较平坦的曲线也代表了所有其他要素在价格冻结时对 P_1 的需求函数 V_1。如果有人要我解释不可积分性存在的含义，但是又不让我用偏导语言，我就会用图 2 中等比例面积的特性来说明问题，它意味着不可积分性。可以说，我在经济学中产生这一命题的思想是与自己在热动力学领域中的一些业余研究有关的。在阅读克拉克·麦克斯韦尔令人着迷的热动力学介绍时，我发现，只有在我前面结合勒夏特利尔原理提到的 p－v 图上，他关于每一物体存在同样的绝对温度范围的解释才是对的：陡峭而细的或平坦而粗的两组曲线形成如图 2 中 a，b，c，d 这样一些平行四边形，到处有面积 a/面积 b＝面积 c/面积 d 的性质。两个不同的经济曲线组也是如此。这正是霍特林不可积分条件的一个结果，这些条件将 99 种需求函数因数连在一起，以表示图中所示的面积具有这种比例性质。在结束讨论这一有趣结果的时候请允许我指出，有关的曲面具有角和边，如线性规划中一样，但是边上的唯一偏导数并未加以定义，即使在这种情况下，上述结果仍然是成立的。最后，这个结果说明，无论何处，一旦我们知道一种需求函数，那么另一种函数只需沿着空间中的一个“剃刀”边沿就可得知，目标就是它到处可被确定。

在离开最大化函数分析之前，我不能不说，所有这些都不是逻辑学和数学中的无聊练习。关于公司是否将其利润最大化，经济学领域存在着激烈的争论，但争论的双方都不会停下来问一问，如果有或者没有正被最大化的某个函数，那么可观察的事物应该做何区别？即使我要离开经济学的狭窄领域，我也必须承认，如塔尔考特·帕森斯这样的社会学家的著述对我来说似乎显得极为空洞，因为他们似乎从来不问，一个价值体系最大化的社会行为部分会有什么不同；或者，对观察到的现象，“功能主义”的解释又隐含了什么。

非最大值问题

主张最大值原理在理论经济学中的可应用性，我绝对不能太专横。在很多领域它们根本就不能应用。以我早期关于加速器和乘数之间相互作用的论文为例。在宏观经济分析中，这是一个重要课题。事实上，我曾在别处公开说过，这篇文章给我带来了与之不成比例的荣誉。尽管这是个基础性的问题，稳定性条件的数学分析能够在聪颖的初学者和数理经济学好手皆可理解的程度上得出一个清晰的解答，但是，模型的初始规范是由我在哈佛的老师阿尔文·汉森制定的，而罗埃·哈罗德爵士和埃里克·伦德伯格的文章则清晰地指出了设置这一模型的方法。

我在此提出加速器—乘数的目的是提供一个典型例子，说明动态系统与最大化问题联系起来是没有实际意义的。通过研究病人，我们可以了解健康人；而检查健康人，我们也可以了解病人。加速器—乘数不能与最大值问题相关联的这一事实，使得这项分析难以驾驭。于是，我的同事理查德·埃克斯教授年轻时在我的指导下写了一篇博士论文，阐述将加速器—乘数分析推广到很多部门和很多国家的问题。这是篇优秀的学术作品，埃克斯博士有极大的才华，从模型中提取了能提取的一切。然而，从某种意义上说，有用的产出与高质量的投入之比有些令人失望，他会是首个下此论断的人，因为很少出现极好的简洁性。这位认真负责的探求者不得不指出存在着大量不同的可能性，而且他不得不耗费才智对那些可能性进行分类归纳。为说明这样一个问题的内在棘手性，让我给大家回忆一个不一般的困难。假设1970年的欧洲是一个有着17个部门的稳定的乘数—加速器复合体，即我们可以指出它的所有特征根是衰减和衰变的，而非抗衰减或爆炸性的。现在让我们再退回到1950年，欧洲模型的系数会有所不同，但再假设它们产生了一个稳定的系统。现在让我给大家提供一点精确的信息。1960年，即1950年和1970年的简单平均值，在奇迹般的巧合下，该模型的系数在每个案例中均为1950年和1970年系数的算术平均数。那你们会如何预测1960年系统的稳定性呢？

如果我问的问题没有让你们察觉到一个悖论，那么我相信你们最想说的是，既然恰好处在两个稳定系统的正中间，那么这就是一个稳定的系统。然而这个理解与埃克斯博士的发现是不一致的。当你们意识到，系统稳定性的决定条件并没有以一个凸性区域系统的系数，对稳定性区域进行界定，你们的悖论也就消失了。于是，区域内两点之间的中点可能会自动落到该区域之外。这种情况在运作良好的最大化系统中是不会出现的。

我想我已经说得足够多，向大家展示为什么我1947年出版的《经济分析基础》一书最困难的部分，或许是处理非最大值系统的动力学和静力学问题。

动力学与最大化

当然这并不否认一门内容丰富、可与最大化相关联的动力学。考虑一下由"梯度法"组成的找到山顶的动态算法,这是说将你向任何一个坐标方向移动的速度与该方向的山坡斜率形成比例。虽然你不能依靠这样一种方法从欧洲的任何一个初始点到达阿尔卑斯山的山顶,但是它一定会聚集到教科书中圣诞老人例子里的任何一个凹面的极大点。

从 40 多年前弗兰克·拉姆齐的先驱性研究发展而来的理论的最优增长路径,如同我先前提到的物理学光线一样,本身就提供了一种内容丰富的动力学。这种动力学与实证主义研究的加速器—乘数分析有较大不同。大家可能想起威廉·汉密尔顿爵士花了很多年时间,试图归纳两维以上的多数概念。据说他的家人体恤他执着探索四分数,每晚他从天文观测台回到家里,孩子们都用这个问题来迎接他:"爸爸,你能乘你的四分数了吗?"结果总是伤心地被告知:"我只能让四分数相加,但不能相乘。"退回到 20 世纪 30 年代,如果我和劳埃德·梅兹勒有孩子的话,他们每晚也会问:"所有的特征根都稳定吗?"因为在那些日子里,我们对美国经济大萧条的顽固性及它对暂时性刺激的抵抗印象深刻,所以我们或多或少都抱着稳定性教条不放。

20 世纪 50 年代,当我无效地为"高速公路定理"寻找一个证明时,我关注的事情是多么的不同!这里,研究者确实在处理最大化模型,至少在实际效率上是如此。你们研究冯·诺依曼的投入产出模型时,它变成了像冯·诺依曼的博弈理论中的最小最大问题或鞍点问题的一个案例。这就破坏了动态特征根均为衰减的可能性。所以 50 年代,如果我的孩子没有以一种只能称之为"仁慈地忽视"的态度对待我的学术工作的话,他们就会不得不问我:"爸爸,你的特征根是否以倒数组或者反号组出现,这符合围绕鞍点公路的悬链线运动吗?"

我非常希望大家允许我偏离题目谈一件轶闻。我这么做心里有些惴惴不安,因为在邀请我做这场演讲的时候,林德贝克教授提醒我这必须是一场严肃的讲座。尽管人们现在说我年轻时是个傲慢自负的人,但我只与令人敬畏的约翰·冯·诺依曼有过一次交锋,他当然是现代数学巨匠,而且证明了自己在氢弹、博弈论和量子力学理论基础上的天才地位。为说明他的地位,我要更冒昧地违背林德贝克教授的提醒,讲一件轶事里的轶事。曾有人问耶鲁的伟大数学家角谷:"您是一位伟大的数学家吗?"角谷谦逊地回答:"哦,根本不是。我什么都不是,只是在平凡地寻找真理而已。""如果您不是伟大的数学家,那么您认为谁是呢?"他被追问。角谷再三地思考,然后,据故事说,他最终说:"约翰·冯·诺伊曼。"

这就为我与巨人的交锋搭建了舞台。大约在 1945 年,冯·诺伊曼在哈佛大学做一个有关他的一般均衡模型的讲座。他断言这涉及新型数学,与物理学和最大化的常规数学没有关系。我在教室后部提出质疑,说我认为这与经济学中我们已有的机会—成本—边界概念没什么不同,在这个概念中,社会根据规定数量的所有投入和除一种以外的所有产出,来寻求余下那种产出的最大值。冯·诺伊曼以他特有的闪电般的反应速度答道:“你愿意为这个问题赌一支雪茄吗?”我羞愧地向大家报告,就这一次,小大卫灰溜溜地从战场上退了下来。然而某天当我走过圣彼得大门的时候,我的确认为有“半支雪茄”仍向我靠近——仅有半支,因为冯·诺伊曼也有一个有效观点。

浏览现代期刊和文本我们会发现,经典力学的学生经常研究围绕平衡状态的各种运动,比如钟摆的情形,而经济学学生更多地研究围绕悬链形鞍点的运动,就是说,挂在两个钉子之间的绳子会以悬链形态垂向地面。经济运动也是这样以悬链形态靠近“高速公路”的。我可以提一下“高速公路”原则是如何得名的。美国人都知道,从波士顿到洛杉矶最快的方法是尽快驶上主要的高速公路,直到整个行程的最后一段才驶离高速公路,驶向你在当地的目标。经济学中也是这样:要以最高的效率发展一个国家,在某些情况下应该很快速地朝着最大平衡增长结构靠近,打个比方说,就是要在这条高速公路上搭上一趟车,然后在20年计划的结尾部分离开高速公路驶向最终目的地。这里涉及一个有趣的三重限制:当远在地平线上的目标变大,你将全部时间中不确定的一大部分时间花在高速公路的一小段距离上。我不要再念这个绕口令了。

结　语

我没能在一次演讲中就最大值原理在分析经济学中的作用做一个哪怕是肤浅的阐述,也没能就自己在经济学中的研究兴趣给出一个代表性的范例,在更狭窄的最大值理论领域也同样。多年来我一直关注的事情之一是福利经济学。与我的密友哈佛大学的阿布兰姆·柏格森一起,我们试图去了解到底什么是亚当·斯密的“看不见的手”应该最大化的。因此,大家想一想今天我们称之为帕累托最优这个概念——称之为柏格森最优也同样合适,因为早在1938年,正是柏格森在帕累托试图表达的东西里面添加了意义,也正是他将那个狭窄的概念与社会规范和福利函数这个更大的概念联系起来。就在最近,我在读一位新左派人士的文章,这篇文章是用无韵诗体写成的,结果证明,对沟通交流而言,无韵诗是效率极低的一种媒介,但是一位认真投入的学者必须有准备,为了科学的利益而艰难地通读下来。作者在抨击帕累托最优概念。但是,领会它的意思之后,我似乎感觉到,在一个已经变得富足的社会里,持不同意见的群体被鼓动去守候他们自己想要的一种生活方式,此时,给予民众他们想要的东西,这一理念就有了特殊的重要性。以研究处于生存边缘的社会主义经济的一位老左派作者,对帕累托最优概念的需要,自然不如美国或瑞典的现代社会观察者那么强烈。

而且,我感到满意的一个特别原因是,现代福利经济学的微积分可以阐明维克赛尔和林达尔的老问题——公共产品的分析。

两代以前的美国经济学家朱伊特·戴文波特是索思坦·范博伦一生中最好的朋友(有一段时间范博伦实际上住在戴文波特的煤窑里),他曾说:“理论经济学被极端保守分子所垄断是毫无道理的。”我一生都在努力记住这个警告,我也斗胆提醒各位多加注意。

(朱路平 译　马汴京 校)

1971获奖者

西蒙·库兹涅茨

Simon Kuznets

【获奖理由】通过以实证基础对经济增长的诠释,深化并使人们对经济、社会的结构和发展进程有了新的见解。

生平简介

1901 年	出生于俄国乌克兰哈尔科夫市
1926 年	获哥伦比亚大学哲学博士学位
1931—1954 年	在宾夕法尼亚大学任教
1949 年	任美国统计学会会长
1954 年	任美国经济学会会长
1954—1960 年	任约翰·霍布金斯大学教授
1960—1971 年	任哈佛大学经济学教授
1985 年	逝世

主要学术贡献

西蒙·库兹涅茨在经济周期研究中所提出的为期 20 年的经济周期,被西方经济学界称为"库兹涅茨周期"。他在国民收入核算研究中提出了国民收入及其组成部分的定义和计算方法,被经济学家们誉为"美国的 GNP 之父"。他对经济增长的分析,被西方经济学界认为揭示了各发达国家一个多世纪的经济增长过程,并提出了许多深刻的见解。

1. 库兹涅茨周期理论

经济周期只限于循环出现,而不是许多经济活动中都出现的定期的波动——扩张或收缩。经济周期为 5—6 年,但也有可能为 10—12 年。

2. 国民收入核算理论

库兹涅茨总是细心地对待在工作中遇到的一些有争议的概念和统计问题,仔细地注意基本假设的分类，创立了国民收入账户，为宏观经济统计分析及政策研究做了基础性工作。

3.经济增长理论

库兹涅茨提出了长期动态增长过程在深化经济现象理解中的核心地位。在库兹涅茨看来，把经济分析局限于静态均衡理论，会阻碍其理论上的发展。库兹涅茨将一个国家或一组国家各个时期增长的数量加以比较，或将国家在不同发展阶段的某一时间点的数据加以比较，提出了现代经济增长的六个关联。

主要学术成果

《生产和价格的长期运动》(1930)

《国民收入和资本形成》(1938)

《战争时期的国民产值》(1945)

《国民收入：发现的概述》(1946)

《1869 年以来的国民产值》(1946)

《1870 年以来美国国民收入的长期变化》(1951)

《各国经济增长的定量方面》(1956)

《关于经济增长的六篇演讲》(1959)

《零售和批发贸易的周期波动》(1962)

《现代经济增长：速率、结构和传播》(1966)

《各国经济增长：总产值和生产结构》(1971)

《人口、资本和增长》(1973)

《增长、人口和收入分配》(1979)

颁奖词

瑞典皇家科学院 / 贝蒂尔·奥林

尊敬的国王陛下，各位殿下，女士们，先生们：

经济科学的任务之一，就是研究只能直接观察某些事情的世界中实际发生了什么。让我们看一看过去几个世纪里的经济发展情况。要对数字和其他材料进行批判性的审视和智慧性的收集——做出估算和计量，并发现某些能够解释驱动力和相关联系的可能性，这肯定是一项难度极大、范围极广的任务。在这个领域里，俄罗斯出生的美国籍经济学家、马萨诸塞州哈佛大学的荣誉退休教授西蒙·库兹涅茨做出了比其他人更大的成就。

在他的学术工作中，库兹涅茨一贯致力于对似乎有助于了解社会变化过程的经济数量进行精确的定量分析。他收集了大量的统计资料，并以其深刻敏锐的智慧进行仔细的分析，他的研究成果使我们对经济增长有了新的认识。与此同时，他还提出了用于计算国民收入的大小和变化的方法。他不仅努力在尽可能的情况下实现定量的精确性，而且也设法弄清楚不确定性的边界，以及由消费和生产中的定性变化所产生的不确定性等。

当然，库兹涅茨也采用了一些说明经济系统中各战略要素之间关系的模型，但是他对那些提供经验检验机会很少的抽象的和概括性的模型抱持极为谨慎的态度。他选择和定义尽可能密切对应那些能被观察得到和能进行统计测量的现象的概念。通过这种方式，他间接实现了对静态的和概括性的理论的宝贵的——并且常常是关键性的——阐释，从而促进了更具适用性的新理论模型的构建。在这些模型的框架内，他还考虑到了制度性和非经济性因素，如人口增长、技术、产业结构和市场形式的变化等，以对经济增长现象和周期性波动取得一个一致的解释。

请允许我在这里提一下库兹涅茨所做的众多具体而重要观察中的几项。他发现了周期约为 20 年的长期增长循环，并且证明这些循环在很大程度上受人口增长率变化的影响。他还发现在大多数工业国家中普通家庭将其一定比例的收入储蓄起来的总体倾向在过去几十年时间里保持了惊人的稳定性。此外，他的研究证明储蓄倾向在短期内会随经济的周期波动而有所变化，这对商业循环的过程具有重要意义。

或许库兹涅茨更令人惊讶的发现是生产一定数量的商品所需的实际资本量呈现出明显的下降趋势。这一趋势导致在工业国家中物质资本增长的需要少于生产增长的比例。而另一方面，技术进步、劳动力质量的提高，以及工商业的结构变化发挥了重大作用。

我还想提一下下面这点：根据库兹涅茨的计算，瑞典的人均生产量在 100 年间得到了极大的提高，其现在的人均生产量大约是 100 年前的 13 倍。当然，19 世纪中叶的瑞典人均生产量处于一个相当低的水平。但在很长一段时期里，这个增长率仍要高于其他工业国家，值得一提的是这并不适用于战后时期。日本的人均生产量在战后 20 年间增长了 6 倍，它和西德、苏联在战后一段时期的经济发展要明显领先于其他国家。

在他今年春季新近出版的著作《各国经济增长：总产值和生产结构》中，库兹涅茨分析了收入分配的变化。他提出了新的材料，并对经济事件历程做出了原创性的解释，还进行了许多很有启发性的国际比较。简而言之，他建立在实证基础之上的学术研究工作，对经济和社会结构、变化和发展过程提出了新的、更为深刻的解释。

西蒙·库兹涅茨博士，我热烈祝贺你获得瑞典中央银行为纪念阿尔弗雷德·诺贝尔而设立的经济学奖，请您从国王陛下手中接过获奖证书。

（余晓燕 译　马汴京 校）

获奖演说

现代经济增长:事实与思考

西蒙·库兹涅茨

一、定　义

一个国家的经济增长,可以定义为向它的人民提供物品和劳务总体能力的长期上升,而这个不断增长的能力是建立在技术进步,以及它所要求的制度和意识形态调整的基础之上的。这个定义中所有的三个成分都是十分重要的。商品供应的持续增加是经济增长的结果,也是经济增长的表现。有些小国能向其国民提供日益增加的收入,那是因为它们碰巧拥有某种资源(比如矿产、地理位置等),可由更发达的国家来进行开发,从而获得大量不断增加的租金收入。尽管这些少数幸运国家的发展历程提出了一些很有吸引力的值得我们去分析的问题,但我们这里只想讨论那些依靠先进的当代技术而不是依赖于售卖大自然意外赐予的礼物而致富的国家。先进技术是经济增长的源泉之一,但它只是一种潜能、一个必要条件,并不是一个充分条件。技术要得到高效而广泛的应用,而且事实上如果技术本身想要受应用的刺激而获得进一步的发展,那么就必须要在制度上和意识形态方面做出相应的调整,以实现正确利用人类知识中先进部分所产生的革新。以现代经济增长为例:蒸汽和电力,以及利用它们所需要的大规模工厂,是与家庭企业、文盲或者奴隶制不相容的——这一切在早期曾一度盛行于大部分发达世界,后来却不得不由更为合适的制度和社会观点所取代。现代技术与农村生活方式、大家庭模式,以及对不受干扰的大自然的崇拜也不相容。

受技术进步源泉影响最大的具体生产部门,以及技术和经济增长前进的步伐,在不同时代和不同地区是不同的;那些与被引入增长中的经济并散布其中的技术变化发生相互作用的制度及意识形态上的调整也是如此。人类知识发展中的主要突破,构成长期持续增长并扩散到世界相当范围的主导因素,可被称作是划时代的革新。而经济史的变化过程可被细分为一个个经济时代,每个时代都以其最具特色的划时代革新为标志。① 我们暂不考虑划分这些经济时代及确定其确切日期是否可行,我们先假设现代经济增长就代表了这样一个时代——这个增长可追溯到18世纪后期,并且仅限于经济发达国家(重要的局部效应除外)。这些国家包括欧洲大部、西欧的海外分支和日本,几乎占世界人口的四分之一。做此分类是因为这些国家设法充分利用了现代技术的潜力。② 本文将主要讨论现代经济增长,当然也会关注它在世界范

---

① 关于经济时代概念请参见西蒙·库兹涅茨所著《现代经济增长:速率、结构和传播》(耶鲁大学出版社 1966 年版),第 1—16 页。

② 有关非共产党发达国家分类的最新信息请参见联合国《国民产值核算统计年鉴,1969 年》第二卷《国际表格》(纽约,1970 年),第 156 页。这些分类不时发生变化,而且和其他国际组织的分类有所不同。

围的影响。

篇幅所限，有关当今发达国家经济增长过程中所观察到的一些定量特性的依据文件，本文无法一一列出。这些特性不同于以往各个时代的经济增长特性，但是文中会列出其中一些，因为它们有助于我们了解当今世界经济生活中所面临的特殊问题。列举的清单是有选择的，遗漏在所难免，但是这个清单中包括了那些被观察到的、通过实证验证的特性，这些特性向后可追溯到一些隐约若现和仅能进行推测的因素和条件，向前则可引申出一些至今尚未被领悟的启示。

二、六个特性

在根据国民产值及其组成部分人口、劳动力等等进行常规计量而进行的分析中，我们发现了现代经济增长的六个特性。第一个也是最显著的特性是发达国家中人均产值和人口的高增长率——至少到最近一二十年为止，发达国家中以往所观察到的这两项的速率是世界其他地方的大倍数。① 第二，生产率，即所有投入单位产值的高增长率。即使我们把劳动力这个主要生产要素之外的其他因素也包括在投入之内，这个增长率仍然是很高的，而且也是过去速率的大倍数。② 第三，经济结构的高转换率。结构转换主要包括从农业转移到非农业、最近出现的由工业转移到服务业、生产单位规模的变化、与此相关的从私人企业转向非个人经济企业组织及由此产生的劳动职业地位相应变化。③ 还可加上在经济结构其他几个方面的转换（如消费结构、国内和国

---

① 非共产党发达国家在现代经济增长时期的年增长率如下：人均产值约为 2%，人口为 1%，总产值为 3%。这些速率意味着在一个世纪的时间里人均产值增长 5 倍，人口增长 3 倍，而总产值增长了 15 倍还多，远远高于前现代时期的增长速率。那时的增长速率只能靠猜测得出，但是通过对西欧从中世纪早期到 19 世纪中叶这个漫长时期的经济增长做一合理估计，我们可以得出现代经济增长速率中的人均产值约是以前的 10 倍（见西蒙·库兹涅茨所著《各国经济增长：总产值和生产结构》，第 10—27 页）。对人口进行比较也得到了相似的结果：不论是欧洲还是欧洲人定居地（即欧洲、美洲和大洋洲），1850—1950 年间与 1000—1850 年间的人口数量相比，结果是四或五比一（见西蒙·库兹涅茨所著《现代经济增长：速率、结构和传播》（表 2.1 和 2.2，第 35 页和 38 页）。而隐含的总产值的加速增长率在 40 至 50 倍之间。

② 运用常规的国民经济核算方式，我们发现生产率的增长大到几乎足以解释（在统计学意义上）人均产值的全部增长。即使是考虑到隐蔽成本和投入而做出一定的调整，生产率的增长依然占到人均产值增长的一半还多（见西蒙·库兹涅茨所著《各国经济增长：总产值和生产结构》，哈佛大学出版社 1971 年版，第 51—75 页，特别参见第 74 页的表 9 和第 93 页的表 11）。

③ 用劳动力在农业（及相关产业）和非农业生产部门之间的分配变化就能很容易说明现代结构转移之快。在美国，依附于农业生产部门的劳动力在 1870 年时仍高达 53.5%，而到 1960 年则下降到了不足 7%。在老牌的欧洲国家比利时，依附于农业生产部门的劳动力从 1846 年的 51%，下降到 1947 年的 12.5%，到 1961 年更是进一步下降到 7.5%（参见保罗·贝罗什等人所著《劳动人口及其结构，国际历史统计》第一卷，布鲁塞尔自由大学社会学研究所 1968 年版，表 D-4 和表 C-4）。考虑到在任何一个具有一定规模的国家（即不包括小的“城市飞地”）中，农业人口在劳动力中的份额下降到 50%需要好几个世纪，仅仅在一个世纪的时间内就下降 30 至 40 个百分点，显然是一个惊人的迅速的结构变化。

外供应相对份额的转换等等)。第四,与现代经济密切相关且极为重要的社会结构及其意识形态也发生了迅速变化。城市化和世俗化成了社会学家们所谓现代化进程的重要组成部分。第五,经济发达国家凭借其增强的技术力量,尤其是在运输和通讯方面(借助和平和战争的手段),已经可以到达世界其他任何地方——这样的一个世界同以往任何时代的世界都大为不同。[①] 第六,尽管其局部效应是世界范围的,现代经济增长的传播仍然是有限的,因为占世界人口四分之三的那些国家的经济发展仍远远低于现代技术潜力所及的最低水平。[②]

以上对与总速率相关的现代经济增长的两个定量特性、两个与结构转换相关的特性,以及两个与国际传播相关的特性所做的简短总结,支持我们所提出的研究假设,即现代经济增长标志着一个独特的经济时代。如果总体的增长速率与经济、制度甚至或许在意识形态框架内的结构转换率比过去要高得多,以至于代表了一种革命性的加速度,而且如果世界各地在历史上第一次如此紧密地联系为一个整体,那么必然是由某种新型的主要增长源或某种新的划时代的革新力量产生了这些同以往相比极为不同的模式。我们还可以主张这个主要增长源就是作为技术进步基础的现代科学的出现——这是科学史上的一次突破,它为技术进步所带来的潜能要远远大于以前所存在的。

但是现代增长延续了许多旧的发展趋势,只是采取了大大加速的形式。这种延续性是重要的,特别是当我们发现,除了日本,或许还有苏联,所有当今发达国家在其现代增长和工业化进程开始之前就已经比世界上的其他国家要先进得多,并享有前现代时代那些发展趋势所带来的相对优势时,这种延续性就显得更为重要了。其重要性还体现在它强调不同经济时代之间的区别是一种复杂的智力选择,以及旧的发展趋势的延续和它们在不同时期的变化模式都是值得我们密切关注的问题。在过去 20 年里,众多发达国家国民产值和生产率的持续快速增长是否反映科学技术所提供的潜能发生了巨大的变化?抑或是社会赶上那个潜能的能力发生了巨大变化?它是不是弥补 20 世纪 30 年代的经济萧条和"二战"中所发生的,相对于美国这样一个领袖地位国家的损失的一种方式?最后,它是否仅仅只是反映美国国际政策的暂时有利的气候?对外太空所进行的开发是否是发达国家向外扩张趋势的延续,抑或是一个新经济时代的先导?这些问题显然只是说明性的,但是它们却暗示将现代经济增长作为一个独特的时代进行考察还需进行更为深入广泛的分析。

上面提到的六个特性是相互关联的,而且它们之间的相互关系是非常重要的。由于劳动力相对于总人口的比例比较稳定,人均产值的高增长率意味着每个工人产值的高增长率;而且由于平均工作小时数的下降,单位时间内产值的增长率还要更高。即

① 发达国家从欧洲出发的对外扩张,始于现代经济增长开始之前很久的时期,事实上可以追溯到十字军东征时期。但是 19 世纪发达国家大大增强的运输和通讯能力使得它们对殖民地拥有了更大的直接控制力,并迫使以前封闭的地区(如日本)"对外开放",以及"瓜分"以前未被分割的地区(如撒哈拉以南的非洲)。

② 进一步的讨论参见下面有关不发达国家的第四部分。

使我们算上资本的大量积累,在其广义上,生产率的增长率仍然很高,而且确实反映出人均产值和人均纯消费量水平得到了很大的提升。因为后者反映了已实现的先进技术效果,考虑到技术革新对几个生产部门的不同影响、对各种消费品的国内需求的不同收入弹性,以及对外贸易中不断变化的比较优势,生产结构的迅速改变是不可避免的。如前所述,先进技术会改变生产工厂的规模和经济企业单位的性质。因此,要让劳动力有效地参与到现代经济系统之中,就必须迅速改变其地点和结构、各个职业集团之间的关系,以及劳动力和总人口之间的关系(不过最后一项是在狭义范围内的总体限制)。因此,经济的总体增长率不仅与经济结构的快速变化相关,而且后者也与社会其他方面的快速变化相关——包括家庭构成、城市化、人对其作用的认识及人对在社会上成就的看法的变化。在先于其他国家进入现代经济增长进程的国家里,现代经济增长的动态推动力意味着在地理上向外扩张,而运输和通讯的大变革又进一步推动这个增长进程逐渐扩展到那些欠发达地区。与此同时,18 世纪后期以来,为在较短时期内把现代技术新的巨大潜力转化为经济增长而需进行的制度和意识形态上的改变遇到了很大的困难,这就限制了系统的传播。而且发达国家的政策一直以来就是将这些转变的障碍强加于不发达国家。

如果现代经济增长的这些特性是相互关联,互为因果,或者是一组潜在因素的并发效应,那么我们就应当注意另一种可能且重要的联系。技术革新的大规模应用构成了现代经济增长显著的大部分实质。它是科学发展的结果,反过来也是技术进一步向前发展的基础。虽然这个问题仍需进一步研究探讨,但技术革新的大规模应用(许多革新都是建立在最新科学发现基础之上的)能提供正面的反馈,这一点显然是相当明显的。它们不仅为时间跨度长、资金需求大的基础和应用性研究提供更多的经济盈余,而且更具体的是,它们能研制出新的高效工具进行科学应用,并且能够提供在经济生产中处于调整压力之下的,与自然生产过程习性相关的新数据。也就是说,发达国家的许多生产工厂都可被看作是探索自然过程的实验室和新工具的研究中心,它们对科学技术的基础性和应用性研究都有极大帮助。过去 200 年里,基础性和应用性研究发展迅速,产生了大量有用知识,并为新的技术革新提供了更多的刺激。这绝不是一个偶然性事件。因此,现代经济增长反映了一种相互关系,它通过大规模应用科学与进一步的知识反馈来维持高水平的增长率。而且,除非有某些障碍进行干预,它能提供一种自我持续的技术进步机制。考虑到宇宙之宽广(相对于这颗行星上的人类而言),技术的进步是没有极限的。

三、一些启示[①]

下面我想简要谈谈现代经济增长的一些社会意义及其对相关国家各个人口群体

---

① 这一部分所涉及的许多问题在西蒙·库兹涅茨所著《各国经济增长:总产值和生产结构》一书中有更详细的讨论,特别是在讨论经济增长非传统成本的第二章第 75—98 页,以及讨论总变化与经济和社会其他方面的结构转移之间各种相互关系的第七章第 314—354 页。

生活条件的一些效应。这些效应之所以值得我们给予特别的关注,是因为它们没有在当前对经济增长所进行的计量中反映出来,而这一日益为人所熟知的缺陷已经促使人们就经济增长计量方式的局限和不足展开了激烈的讨论。

对生活条件产生的效应,一部分源自技术革新在现代经济增长中的主要作用,另一部分则源自基础生产结构的快速转移。先来看后者,其主要效应,如城市化、国内移民、向雇员地位的转移及所谓的按能定岗,早已被视作现代经济增长的特性。这里要明确提及经济结构快速转变过程中的两类重要效应。

第一,“城市化”所带来的生活条件的变化明显涉及现在尚未包含在经济计量范围之内的各种成本和收益,而且其中有一些可能永远都不能进行计量。从农村到城市(在一国之内,而且通常是国际性的)的国内移民,意味着要连根拔起并逐步适应在城市里无名小卒的生活及更高的生活成本,这一切都需要付出相当大的成本。新技术的学习和以前所掌握的技术的贬值显然是一个代价高昂的过程——对个人对社会都是如此。但是如果说这些成本像其在常规项目中一样在计量过程中被忽略了,那么某些收益也是如此。城市生活由于人口密集,能够提供一些农村“单调而粗野”的生活所无法享有的便利设施和精神商品。而且新技术一旦学会了,常常是比旧技术更为合适的基础,能够帮助人们赢得更为富裕的生活。以上针对农村生活向城市生活转变过程中所涉及的隐蔽成本和收益所做的评论,同样适用于经济增长带来的其他转变中所涉及的许多其他成本和收益,如在参与经济活动的性质、社会价值,以及对社会离群成员的新压力等诸多方面。

第二,它代表了附着于具体生产部门的某些特定人口群体在经济中相对份额的转移。由于经济参与在人民生活中发挥着主导性的影响,一个特定生产部门经济份额的转变,连同其独特特性,甚至还有其生活模式一起,会对参与其中的特定人口群产生影响。经济增长必然会导致一个接一个群体(农民、小规模生产者、土地主)相对地位的下降。这种变化不易被接受,而且在历史上经常受到抵制。尽管所有群体的绝对收入或产值上升了,但事实上几个经济集团以前存在的相对地位的持续变动却酝酿着冲突。在某些情况下,这些冲突就会爆发为公开的内战,美国的内战就是一个很明显的例子。在当今发达国家工业化早期,甚至更近一点在一些不发达国家之中,这样的例子还有很多。

只有当这些冲突在不付出过高代价的前提下得到解决,而且不对社会的政治架构造成长期的削弱,现代经济增长才有可能。权威建立在忠诚和共同情感基础之上的主权国家——简言之,即现代民族国家——在和平解决这些由经济增长所产生的冲突中发挥了关键性的作用。但民族国家解决冲突和提供服务在各方面可能代价太大,强化的民族主义就是其一,其他效应大家都太熟悉了,此处不再赘述。许多发达国家的历史记录中都有解决增长冲突、为了克服增长的阻力和障碍而付出代价的例子,它们为后面几代人留下了沉重的历史包袱(最著名的是德国和日本的例子)。当然,这不是国家经济的唯一职能,它同时也能刺激经济增长和结构变化。它还能提供一种与此参照、选择、密切相关的服务,即能参照、选择或者抛弃在设法组织和有效地引导新生产潜能时所提出的法律上、制度上的革新。这同样也可能会产生冲突，因为不同的法律和制度安排可能会对社会若干经济集团产生不同的影响。

由于现代经济增长必须努力解决经济和社会结构快速变化过程中不断产生的潜在冲突，它可被描述为一个受控革命过程。作为现代经济增长特性的技术革新和提供必需调整的社会革新的相继出现，是影响经济和社会结构的主要因素。但是这些革新还有其他一些值得提及的效应；虽然下面我们讨论的是技术革新所带来的效应，我们所做的结论同样适用于法律形式、制度结构甚至意识形态方面的革新。

一项技术革新，特别是一项基于最新重大发明的革新，代表着一次通向某个部分未知领域的冒险。到这项革新的大规模传播揭示出其直接和相关效应的全部，这个未知领域才能完全为人们所了解。一项发明若能提供广泛应用和改进的基础（如主要归功于詹姆斯·瓦特的蒸汽发动机），就是一项重大的发明。它的累积效应都是新的，能够延续一个很长的时期，并且导致经济生产和生产关系的巨大转变。但是，我们很难在事前对这些新的效应做出完整的预期或恰当的评价（有时甚至在事后也无法做出合适的评价）。电力、内燃机、原子能、短波应用于通讯和计算，产生钢铁、铝、塑料等新工业材料的发明，其他一长串标志现代经济发展的发明也是如此。即使技术革新是一个后进国家对某项已知技术所做出的改进，其结果依然可能无法完全预知，因为它们代表了技术这种已知事物与制度和意识形态框架这种未知事物的结合，而这种结合在以往没有发生过。毋庸赘言，这种独特的新的、探索未知的因素，在前现代时代也是很显著的，因为知识和技术的革新是任何显著增长的前提条件。但是这些革新在现代经济增长中显然以更快的速度相继出现，从而为一个更高的总增长率打下了基础。

这种通向新的、部分未知领域的冒险会产生很多效应，这里最感兴趣的是那些令人惊讶、意想不到的，既可能是正面的也可能是负面的结果。一项发明或革新可能会被证明比发明家和企业家中的先锋集团所梦想的还要更具生产力，能够在更大范围进行大规模应用，并能引起更多的累积改进。或者一项重大发明的大规模应用可能产生意想不到的一定规模的不经济，这在其扩散初期是很难预计得到的。正负两方面的影响令人惊讶的例子都很多。许多熊彼特式企业家在很大程度上都不能领会他们正在推广而且最终将带给他们荣誉和财富的某项革新的全部内涵和意义，而我们大多数人都能指出某项起初看起来像是一种无限好的技术或者社会发明的负面作用。

这里的重点在于人们的惊讶不能被看作是偶然事件：它们是技术（以及社会）革新过程中所固有的，因为它包含有一种未知因素。而且，一项重大革新的传播是一个长期而复杂的过程，无法进行准确的预测，其初始经济效应可能在其他过程中产生反应。这些反应反过来又将改变革新，对人类福祉施加影响的条件，并且产生需要进一步调整的问题。以我们今天很容易理解的一系列事件为例：从使用轿车作为大众交通工具带来的郊区的发展，富裕人群离开城市中心，低收入者和失业移民聚集在城市中心的贫民窟，尖锐的城市、财政及其他问题，以及大都会城市的合并趋势。但是，20 世纪 20 年代当轿车开始行使它们在美国的大众服务功能时，这一系列事件的性质和意义肯定是不明显的。

事实上，把这种思路再向前推，我们可以认为所有经济增长在其初期都会产生意料之外的正负两方面效果，而当重大革新的大规模效应被人们感受得到，以及它们打算满足的需要得到满足之后，负面效应就被赋予了更大的重要性。如果这个论点成立，那么由于一系列革新迅速相继出现及革新大规模传播的时期大为缩短，现代经济增长必然伴有相对较高发生率的负面效应。可是我们不应忘记，相似的问题在前现代时期同样存在，而且由于那时技术发展水平较低，这些负面效应造成的威胁更大。即便我们不考虑古典（甚至包括马克思）经济学十分关注的自然资源耗竭的威胁，只考虑早期的城市化，一个主要负面效应是：由于人口从有益于身心健康的农村迁移到卫生条件差的城市，那里人口密集、易于传染的生活条件导致死亡率显著上升。这里有两点很重要。其一，增长的负面效应从未被认为超过了它的正面贡献，以至于经济增长被否定——不论隐含的计算可能多么粗糙。其二，我们可以假设，一旦经济增长的某种意想不到的负面效应出现，物质和社会技术的潜能就会被利用来减少或排除它。在许多情况下，这些负面效应都被允许积累为严重的技术和社会问题，因为的确很难在增长过程中尽早预见这些负面效应并采取有效的预防或改善行动。即便是开始采取预防或改善行动，在有效的技术或政策应用中也很可能已经有所延误了。但是我们仍然有理由说，鉴于在经济发展历史中一系列这样意料之外的负面效应都被成功克服了，负面效应产生的任何特定问题都是暂时的——虽然不论取得怎样的经济发展，我们都永远无法彻底摆脱这些问题。

四、不发达国家

下面两大因素似乎限制了现代经济增长的传播。第一，如前所述，这种增长需要一个稳定但灵活的政治和经济框架，以适应快速的结构变化并解决增长产生的冲突，同时为社会上那些促进经济增长的集团提供支持。这样一种政治和经济框架并不容易或无法迅速达成，其例证就是当今一些发达国家在19世纪和20世纪早期都曾为此进行长期的斗争。日本是迄今为止唯一一个加入发达国家行列的非欧洲文明国家。如果经济增长所需的现代框架涉及某些专属欧洲文明且很难找到替代品的因素，那么这样一种框架的出现就尤为困难。第二，发达国家组织在制定针对世界其他地区的政策时，虽然会引进一些现代经济和社会因素，但是其日益严重的民族主义倾向却使其在很多情况下具有明显的抑制作用。这些发达国家的政策从强加殖民地位到对于政治自由的其他限制，不一而足，其结果是使政治独立和消除土著成员的劣等地位，而非经济进步，被赋予了头等重要的地位。

这几个因素在解释不发达国家未能充分利用现代经济增长潜能的原因方面到底具有多大的说服力？这个议题——从帝国主义剥削到本地经济和政治框架的落后性，已经引起了激烈而带有偏见的争论，但是事实是清楚的。现在，大约三分之二或以上的世界人口在经济不发达集团中。更为重要的是大量人口集中于人均产值区间的低端。在1965年进行的最近一次世界范围内的可比产值评估中，数据显示世界32.7亿总人口中的17.2亿人口的人均国内生产总值（按市场价格计算）低于120美元，而经济发达国家 8.6 亿人口的人均产值是大约 1900 美元。即使采用狭义的不发达国家的定义，处于中间集团的人口数仍然不到 7 亿，这个数字不到世界人口的 20%①。世界大多数人口因此就分布在人均经济成就水平的两极：要么是极低端，要么是极高端。现代经济增长的这个方面显然值得我们给予最大的关注。与发达地区相比，我们目前有关不发达国家的数据，以及我们对不发达国家制度结构方面的认识还极为有限，但这不应成为我们忽视这个问题的理由。

这里可以提一下几个初步的发现，或者不如说是看似合理的印象。第一，不发达国家集团所包括的那些国家在其规模大小、人口与自然资源之间的关系，主要的历史遗留制度，以及发达国家以往在不同时期以不同方式对其施加的影响方面，都具有很大的差异性，特别是如果我们把不发达国家集团的范围扩大到包括那些人均产值略大于 120 美元的国家，这个差异性就更显著了。例如，以人口规模而言，中国和印度这样的人口大国与非洲和拉丁美洲的几十个小国之间就形成了鲜明的对比；西方对非洲和拉丁美洲施加直接影响的时期也明显不同。此外，中国和东印度文明所产生的那些统一而庞大的社会，直到最近都一直令任何起源于欧洲的社会相形见绌，这些社会所赖以生存的那些令人惊叹的制度与美洲印第安人或者非洲许多部落的社会制度几乎没有什么相似之处。

鉴于上述社会条件和制度方面的多样性，我们必须仔细而批判地审视那些有关不发达国家的概括性观点。它们在开发现代经济增长潜能方面都失败了，毫无疑问它们有几个共同的具体特点：人均产值低、农业或者采掘工业所占比重大、生产规模一般较小。但是，各个具体参数差别很大，而且因为妨碍经济增长的障碍在实质上可能极不相同，这也意味着各国需采取不同的政策方向。

第二，当今不发达国家在经济增长中的地位在许多方面显然与那些发达国家进入经济增长前夕所处的地位大为不同（日本可能是个例外，但我们甚至对这一点也不能肯定）。今日世界人口的大多数都生活在不发达地区，那里的人均产值水平要大大低于发达国家在工业化之前的人均产值水平。当时后者在经济上已经领先于世界其他地区，而不是处于人均产值区间的低端。国家本身的大小，以及一些基本条件都极为不同。没有一个进入现代经济增长的国家（俄罗斯除外）达到印度或中国那么大的规模，甚至巴基斯坦和印度尼西亚那样的规模也没有达到；而且目前的发达国家没有一个曾经不得不努力适应，最近二三十年困扰许多不发达国家的高企的人口自然增长率。特别是在第一次世界大战以前，老牌的欧洲国家，甚至还有日本，都通过向能够提供更多好机会的地区转移流离失所的人口，而缓解工业化所带来的某些压力。现在这

① 这些数据来自埃弗雷特·哈根和奥利·霍来利兴所著《世界收入和增长分析：1955—1965》（发表于《经济发展和文化变化》1969 年第 18 卷第 1 期第二部分）。这些主要来自联合国的出版物，并补充了一些来自辅助源（主要是共产党国家）的数据，使用的是 1965 年的美元常规换算率。对共产党国家的估计数据已做调整，以符合国际上通用的国内生产总值的概念。发达国家包括那些人均国民生产总值在 1000 美元以上的大多数国家和日本，但不包括那些依靠独特自然资源的恩赐而获得较高人均国民生产总值的小国家（如荷属安的列斯群岛、波多黎各、科威特和卡塔尔）。

条路对于那些人口众多的不发达国家而言却行不通了。当然，现今不发达国家所能利用的物质和社会技术储备远大于19世纪和20世纪初期。但正是其更大的落后性和似乎更丰富的技术储备的结合，造成了当今不发达国家和曾经刚进入现代经济增长进程的发达国家之间，在增长地位上的巨大差异。

最后，很可能是这样一种情况：尽管有物质和社会技术的巨大积累，但是适合不发达国家需要的革新数量却并不多。即使有人辩护说基础科学的进步可能与产生这项进步的国家的实际技术需要没有密切的联系（而且这一点仍有待争论），毫无疑问的，应用方面的进步、发明和工具也都是对其产生国特定需求的回应。与英国工业革命相关的几项重大发明就是如此，需要是发明之母的例证比比皆是。在此基础上，再考虑发达国家的生产条件和当今那些人口众多的不发达国家的生产条件大不相同，发达国家所发展的物质技术可能不能为不发达国家提供其所需要的革新。发达国家所发展的社会技术也不可能为众多制度多样、人口庞大的不发达国家提供适合的制度模型或安排。因此，着重节省劳力发明的现代技术可能不适合那些劳动力过剩而土地和水之类资源短缺的国家；而强调个人责任和追求经济利益的现代制度也可能不适合在众多不发达国家中占主导地位的农业社会传统生活模式。这些评论不应被解读为否定现代技术中许多可转移部分的价值，它们仅仅是用来强调可能缺乏专门适应不发达国家不同需求的物质和社会工具。

如果上述推论能够成立，那么就可由此得出有关发达国家经济增长问题的几点认识。由于支撑上述推论的数据和相关知识量较为有限，我不想把它们一一列举出来。但是至少有一点认识足够有说服力，而且似乎能够阐明最近发生在这一领域的许多事件，因此值得在此做一简短说明。那就是不发达国家的大规模经济进步可能需要对现有的物质技术做出一定的修正，而且在政治和社会结构方面可能还需要做出更大的革新。仅仅借用已有的物质和社会工具，直接照搬过去的增长模式，或是仅仅考虑到各不发达国家之间参数的不同是远远不够的。

在政治和社会结构方面的革新需求可能会特别的大。最显著的例证就是那些由共产党执政的国家在其强行推行工业化获得快速发展的过程中，在政治和社会结构方面都发生了剧烈的变化，这可追溯到40年前苏联开始其第一个五年计划之时。共产党组织的多样性，还有民主和非共产党威权制度的多样性，都是大家所熟知的。如果我们认为这些在政治和社会结构方面所做的革新主要是为了应付经济上的落后与现代经济增长潜能之间的冲突压力，或者认为它们是既往历史原因造成的无法改变的后果，那都是将问题过于简单化了。无论这种为政治和社会组织而进行的斗争是针对什么事情发生的，斗争一旦得到解决，其结果必然会对经济增长的条件产生重大影响。对于今天大多数不发达国家而言，要想获得一个可行的、与充分经济增长相匹配的政治框架，它们很可能还需要进行长期的试验和斗争。而且随着和目前现代经济增长达到的成就之间认知差距的扩大，这个过程将会变得更为激烈和尖锐。虽然经济学家们指出，作为经济增长过程中不可或缺的部分，增长的某些方面（即工业化、大规模生产等）是必然存在的，但它们的参数却肯定是不同的，而且许多具体的特性将很大程度上依赖于社会和政治革新的结果，因此那些基于过去经验的假设是极其不确定的。

五、结　论

上述讨论的目的是要勾勒出现代经济增长的主要特性，并且指出针对各国经济增长所做的实证研究带给我们的一些启示。这项研究可追溯到我们这门学科的创始阶段，其奠基之作是亚当·斯密的《国富论》。这本书的题目完全可以改为“各国经济增长”。但是在过去三四十年里，学术对用数据基础研究经济增长的兴趣大为增加。过去对经济史所做研究的成果和有关经济分析的成果累积起来，可以与更为丰富的数据相结合，大大促进我们对经济增长过程的实证研究。上文所做的概述吸收了许多国家（其中多数是经济发达国家）大量而多样化研究的成果；虽然其中某些观点是我个人的，但文中的讨论反映了广泛的集体努力。

现代经济增长最显著的特征是总增长率高，并伴随着各种破坏性效应和新“问题”。高增长率的持续有赖于基于新知识的技术革新的大规模应用和更多新增知识之间的相互作用。破坏性效应是由经济和社会结构的快速变化造成的。而产生的问题则是革新在传播过程中，意料之外的、无法预知的后果（重点在于其是新的、未知的东西）。此外，还有因经济增长传播到不发达国家的速度过于缓慢而引起的众多问题。这些不发达国家都有着悠久的历史，在地理上与那些现代经济增长的起源地相隔甚远而相对孤立。因此，与现代经济增长的显著积极成就相并存的，是许多意想不到的甚至在发达国家内也能见到的消极后果。而不发达国家仍在努力设法利用现代技术的巨大潜力，在这个统一的相互依存的世界里谋得一席之地（这是一个即使它们愿意也无法退出的世界）。

我们重点强调了现代经济增长方面的问题，因为这是我们今后在这一领域进行进一步研究的方向。这些方面（包括“惊讶”和隐含解释性的“谜”）之所以成为问题，不仅在于它们有悖于人们意愿（这需要采取相应的政策来改善），而且在于我们所掌握的数据，特别是我们的分析假设，无法使我们全面深入地了解它们并对其做出解释。如前所述，对国民产值及其组成部分的常规计量无法反映出为了推进重大技术革新而调整经济和社会结构所需的许多成本，而且事实上也忽视了一些正面的效应。这些计量所依据的早期理论是从一个相对狭义的方式来定义生产因素，而没有对生产力的上升进行解释，这是我们无知的一个表现。早期理论在面对新发现时所暴露出来的这个缺点近年来已经引发了热烈的讨论，并且已有研究尝试扩大国民经济核算框架，把那些以前隐藏的但明显重要的成本（如作为资本投资的教育成本、转移到城市生活的成本，或者大规模生产所造成的污染和其他负面效应成本等）都包括进来。这些研究也将揭示一些以前从未被计量的正面效应，如更为健康的身体、更长的寿命、更大的流动性、更多的闲暇时间、更小的收入差距等等。还有一些研究把知识的增长纳入经济研究框架中，或者对时间的利用给予更多关注，或者不仅在消费方面而且在投资方面把家庭视为经济决策的焦点等，这些都是迈向同一方向的重要一步。很明显，即便是在发达国家内部，无论是在理论方面还是在经济增长的评估方面都还存在着一些分析和计量问题，但是我们可以期待在分析的某些方面、在国民经济核算方面、在实证研究的结果方面会出现一些重大的改变，这些都是发达国家的经济学家们在今后若干年里研究的重点。

不发达国家所面临的经济研究任务是不同的：它们急需更多大量经过检验的数据，即在用于经济分析的过程中经过审查的数据。如前所述，对这些国家而言，已有的数据和经济分析要远逊于发达国家，这和其相对较小的物质资本投入是相一致的。然而近年来有关许多不发达国家的数据迅速积累起来了。经济学家和其他社会科学学者对这些数据进行的分析工作是滞后的，一则不发达国家本身就很缺乏这一类的学者，更不指望有人从事这样的研究；二则发达国家中的经济学家都专注于研究他们本国的问题。我们希望(这只是一个很有限的期望)发达国家所进行的精细分析和计量工作不要将不发达国家所急需的那些研究排除在外或完全忽视掉。这些研究不仅要分析国家可能的主要发展瓶颈和貌似最优的政策选择方案，还要分析这些国家经济发展的数量基础和制度条件。

（余晓燕 译　马汴京 校）

1972 获奖者

肯尼斯·约瑟夫·阿罗

Kenneth J. Arrow

【获奖理由】在一般均衡理论和社会福利学理论方面做出了先驱贡献。

生平简介

1921 年	出生于美国纽约市
1949 年	获哥伦比亚大学数学博士学位
1949—1968 年	就职于斯坦福大学
1956 年	任计量经济学会会长
1963 年	任管理科学学会会长
1968 年	被聘为哈佛大学经济学教授
1972 年	任美国经济学会会长
1986 年	获得冯·诺依曼奖

主要学术贡献

1. 社会选择论

在社会选择论方面，几乎所有的问题都是由阿罗提出的，而且阿罗几乎对所有的问题都做出了创新性的解答。

比较先进的经济理论学者都主张，各种架构中的经济行为，都是在有限的选择方案中从事本质上理性的抉择。第一，任何两组选择方案都可以相互比较，选择的人可能会偏爱其一，或对两者的喜好程度一致。第二，方案的排列顺序有一贯性。假设有A、B、C 三种方案，如果对 A 的喜好大于 B，而对 B 的喜好又大于 C，则我们会认为 A 与 C 比较时，必然是 A 较受青睐。这项特性称为传递性。

2. 由个人偏好到社会选择

无论采用什么方法来加总个人偏好顺序都会产生社会选择，而且社会选择也符合某些非常自然的条件，但总会存在一些个人偏好顺序，让社会选择不具传递性。

3. 一般均衡理论的研究

一般均衡理论所演绎的观点看似简单,却不易理解。在经济体系内,任何一件事情都会有牵一发而动全身的后果。从经济的角度来看,任何一项产品的需求都受到所有其他产品价格的影响——包括劳动力与资本服务的价格,也就是工资与利润。同样地,任何一项产品的供给,包括劳动力或资本的供给,也都受到所有其他商品价格的影响。

4. 求解一般均衡

尽管一般均衡的存在理论看来相当抽象化及数学化,但今后却相当有用。除了促成一般均衡理论在特定经济问题上的应用,也让大家对所谓"一般均衡思想"有了更深的了解,也就是认识到,某一项特定的经济变动将会造成比最初的变动更为深远的影响。

主要学术成果

《社会选择与个人价值》(1951)

《线性规划与非线性规划研究》(1958)

《存货与生产的数学理论研究》(1958)

《对企业需求的时间体系分析》(1959)

《公共投资、收益率和最适度财政政策》(1970)

《一般竞争分析》(1971)

《风险负担理论文集》(1971)

《组织的限制》(1973)

《资源分配过程研究》(1977)

1972 获奖者

约翰·理查德·希克斯

John R. Hicks

【获奖理由】在一般均衡理论和社会福利学理论方面做出了先驱贡献。

生平简介

1904 年	出生于英格兰沃里克
1938—1946 年	任曼彻斯特大学教授
1946—1971 年	任教于牛津大学
1942 年	任英国科学院院士
1948 年	任瑞典皇家科学院院士
1958 年	任美国科学院院士
1964 年	被封为爵士
1989 年	逝世

主要学术贡献

1. IS—LM 模型，成为凯恩斯宏观经济学的核心

希克斯完善了以序数效用论和无差异曲线来解释的边际效用价值论，发展了一般均衡理论。提出了 IS—LM 模型，其中，I 代表投资，S 代表储蓄，L 代表货币需求，M 代表货币供给，并利用它分析产品市场和货币市场达到同时均衡时，国民收入与利息率的变化，以及它们之间的相互关系。这一模型把新古典经济学的一般均衡分析与凯恩斯的国民收入决定理论结合在一起，成为现代凯恩斯主义宏观经济学的理论核心。

2. 在《价值与资本》一书中，拓展了一般均衡与价值理论，提出了著名的“补偿需求函数”，在批判庇古福利经济学基础上，建立起新福利经济学理论体系。他还研究了通货膨胀，提出结构性通货膨胀理论，此外，在工资理论、货币理论、增长理论、资本理论，以及经济学方法论和经济史理论方面都有所贡献。

3.乘数—加速原理,用于解释经济周期

希克斯经济周期理论认为,从历史上看,经济物品和劳务实际产量的波动表现为一种沿增长或趋于上升路线上下运动状态,其波动的高涨阶段和低潮阶段是由乘数和加速原理共同作用决定的。

这种理论认为,由于加速数的作用,产量(收入)的增长会引起投资的加速度增加;又由于乘数的作用,投资的增长又引起产量和收入量按某一倍数增长,从而使生产能力迅速扩张。其扩张幅度受周期上限限制。周期上限取决于社会已经达到的技术水平和一切生产资源可被利用的限度。当扩张达到周期上限时,就会转向经济收缩。收缩时,由于加速数的作用,投资的下降又会引起产量和收入量按照某一倍数下降。其下降幅度受周期下限的限制。下限取决于总投资的特点和加速原理作用的局限性。当下降到周期下限时,经济又开始回升。

主要学术成果

《工资理论》(1932)
《价值与资本》(1939)
《经济周期理论》(1950)
《需求理论的修正》(1956)
《经济史理论》(1969)
《动态经济学方法》(1985)
《货币的市场理论》(1989)

颁奖词

瑞典皇家科学院 / 拉格纳·本泽尔

尊敬的各位殿下,女士们,先生们:

再过两年,我们将庆祝经济科学史上一个重大事件的100周年。1874年,法国经济学家里昂·瓦尔拉斯创立了一种理论来解释经济机制中的基本特征,这是对经济思想做出的一项极其重要的贡献。这些基本特征决定一个国家中各种商品的生产数量、何种价格占主导地位及在社会不同集团之间如何进行收入分配。这个理论以一个大型的方程组形式阐释了把经济的不同部分联系起来,以及在各种不同价格、商品数量和收入之间建立相互依存的广泛关系网络,奠定了经济科学中最重要的结构之一——一般均衡理论基础。它的目的正是解释经济中不同现象之间的相互关系,并以此为基础进而对价格、生产结构、收入分配等做出推断。

在此之后不少经济学家,包括瑞典的古斯塔夫·卡塞尔都对瓦尔拉斯的理论做了进一步的发展,然而直到20世纪30年代,系统的方程组仍然过于笼统,以致用以分析的可能性受到很大限制。有关该理论的分析总是集中于对一致性的形式条件的讨论。

1939年，约翰·希克斯发表了《价值与资本》一书，为一般均衡理论注入了新的活力。他创建了一个完整的均衡模型，同以前的模型相比，这个模型更为系统地建立在有关消费者和生产者的假设基础之上。这样就使系统中的方程组更为具体，并且使研究外部推动力在系统内部产生的影响成为可能。例如，这个模型可以显示农作物收成、消费者的喜好及商业企业对价格的期望值等现象的变化，是如何在整个经济系统中进行传播，并对价格、生产、就业、利率等产生影响的。然而，希克斯能够取得这样的成就，全是因为他在好几个方面发展了前人的消费和生产理论，并在有关利润最大化假设的基础上创立了一个资本理论，从而为他创建完整均衡模型奠定了必要的基础。

希克斯所采用的数学工具是传统的微分分析方法。之后更多现代数学方法开始被引入经济学，阿罗就是采用这些新方法来研究一般均衡系统的特性的。因此，他从根本上为重新构建以前的理论打下了基础。1954年，他和杰拉德·德布鲁一起在数学集合论的基础上创建了一个非常抽象的模型，从而为进行一些有趣的分析提供了新的可能。例如，他和德布鲁是第一个，能以一种非常严谨的数学方式证明哪些条件必须得到满足，以使新古典主义的一般均衡系统获得一个唯一的、经济上有意义的解。通过引进新技术来改进充满了不确定和风险的决策论，并将其融入一般均衡理论，阿罗获得了极具理论和实际意义的研究成果。

经济理论一般都被定义为一种阐释制度框架如何决定经济条件或经济发展的理论，而福利理论则是研究如何判断一种条件在某些方面优于其他，以及是否可能通过改变制度框架获得一个比现在更优的条件。在希克斯有关这方面的贡献中，我们要特别关注他对指数问题的阐述，以及他对消费者盈余概念的重新论述。这个概念可被定义为一个人在被迫情况下可能愿意为一件商品支付的最高价格和他在市场上需要为这件商品所支付的价格之间的差额。希克斯对这个概念的定义具有重要意义，特别是在评价公共投资的社会回报率方面。

在发表于1951年的博士论文中，阿罗提出了如下问题。让我们假设在一个社会中人们有一些不同的条件可以选择，并且这个社会中的每一个人都能按照自己的喜恶将所有这些条件按顺序进行排列。在此情况下，是否可以找到一种伦理上可以接受的民主规则，对这些不同的选择按照好恶进行一种集体的（或社会的）排序？阿罗证明对这个问题的答案肯定是否定的。这样一种民主规则原则上讲是不可能找到的。就我们对完美民主的梦想而言，这个结论无疑是令人沮丧的，它与之前建立的、长期以来一直使用社会福利函数概念的福利理论是相冲突的。然而，这个概念不代表其他，仅是阿罗所证明的，原则上不可能做到的按好恶进行社会性排序的措辞而已。

阿罗博士和希克斯博士，请从王储殿下手中接过你们的获奖证书。

（余晓燕 译　柴志贤 校）

获奖演说——一般经济均衡:目的、分析技术、集体选择

肯尼斯·约瑟夫·阿罗

一、经济体系的协调和效率

自从1776年亚当·斯密发表《国富论》以来,有一个主题在经济分析中反复出现,这就是个人在商品买卖时,进行的大量似乎互不相关的决策之间存在着很大程度上的一致性。每天在正常的情况下,一些人要供给的商品和劳务与另一些人要销售的商品和劳务之间存在着某种平衡。准购买者通常都能正确估计到,并实现自己的购买意图,而准销售者却通常不能发现自己正在生产大量他们不能卖掉的商品。这种平衡的例子的确俯拾即是,以至于那些非专业人员不会对此产生任何疑问。他们把它看成是一件理所当然的事情,不愿意去了解产生这种平衡的机制。一个自相矛盾的结果是他们对经济体系的理论毫无概念,又不愿意在偏离正常情况时信任这个体系。战时情况下,需求会发生很大的转移,因而这种反应也最为明显,人们想当然地认为只能靠物价管制、配给和直接分配资源来解决这些问题。可是没有理由相信,在和平时期起作用的那些力量在战时或发生很大需求变化的其他时候就不能产生一个可行的平衡体系。(自由市场体系有一些不良后果,但是完全不均衡不是其中之一。)

我不想言过其实。供求之间的平衡远不是完美的。最明显的是,在资本主义制度的历史上,曾反复出现这样一些时期:在这些时期里,可用于生产商品的现有劳动力和生产设备的供给超过了对它们的需求。有的时候,如在20世纪30年代,二者之间的差距非常之大。而且,美国和欧洲在战后时期总供给和需求之间的相对平衡,在很大程度上是有意识的政府政策的结果,不是市场自动趋向平衡。

不过,当所有的因素都被考虑进来之后,个人经济决策的一致性是很显著的。例如,当收入增加,需求从食品转向服装和住房时,劳动力和生产设施必须发生相应的变化。同样,对普通人而言,更为令人惊讶的是技术转移和劳动力的分配之间存在相互作用。当技术通过革新而外在地发生改变时,多余的劳动力并不会永久失业,而是会在新的经济结构中找到自己的位置。理论和长达一个多世纪的历史所提供的经验仍然被如此误解,实在是令人诧异。另一方面,生产工具的日益积累会提高实际工资,反过来又会促使劳动密集型商品的价格相对于那些使用较少劳动力的商品而上升。所有这些现象表明,总体而言,以历史的观点来看,经济体系会相当平稳地,而且的确会相当理性地对在它其中运行的基本事实的变化,做出一定的调整。

经济协调这个有争议的性质在自由企业经济中表现得最为明显,但是在社会主义或者计划社会中可能就不那么重要。不过,对社会的生产和消费决策稍加考量,就能明白,至少在这个复杂生产的现代世界,在最基本的各个方面,协调问题并不因过渡到社会主义或任何其他计划形式而消失。在一个自由企业世界的纯模型中,一个个人,无论是消费者还是生产者,都是兴趣、喜好和信息的中心。每个个人都有他自己的愿

望，并期待在经济机制施加的约束之内追求这些愿望；但是，除此之外，他还应该比其他人对自己，或是对生产和消费活动的某个特定领域了解更多。可能在一个理想的社会主义经济中，所有个人都必须按照对共同幸福的某些一致观念行动，虽然我个人认为这种概念既不现实又不可取，因为它否认了个人多样性的事实和价值。但是即使是最理想的社会主义社会也不会仅仅因为信息的获取代价高昂，而拒绝必须得到的有关生产方法的多样性信息。因此，协调的需要仍然存在，以使不同成员的计划实现平衡的合计数。

自亚当·斯密以来，这种协调是如何产生的，一直是经济理论研究的一个中心课题。19 世纪 70 年代，杰文斯、门格尔，特别是里昂·瓦尔拉斯，都在其研究中对此做出了相当清楚的解答：事实是，经济体系中所有成员都面临着相同的为经济体系的协调提供所需信息流的价格集合。有人主张存在着一个价格集合，每种商品一个价格，可使所有商品的供求相等；并且如果在任何地方供求不平等，至少有些价格会发生变化，相反在供求平衡的情况下，没有一种价格会发生改变。由于最后这个特性，在这些条件下的供求平衡可以按照其在科学和数学中的通常用法，称为均衡。形容词“一般”是指这样一种观点，即我们没有正当理由谈论任何一种商品的均衡；由于任何一个市场上的供求有赖于其他商品的价格，经济的全面均衡不能分解为各种商品的分别均衡。

现在甚至连最严格的新古典主义版本的价格理论，都不认同价格能够独立为经济体系中的各个成员提供足够的信息以达到均衡。这一点后面还会进一步展开。有一种批判学派更强调将数量本身作为信号，这其中就包括像伟大的凯恩斯(1936)这样的权威；特别参见莱荣霍夫德 (1968，特别是第二章)对凯恩斯观点的阐释。近期，科尔奈又根据社会主义经验提出了相同的观点。不过，根据我的判断，这些批评虽然不是全无道理，但它们尚未产生另外一种真正的进行详细资源分配的模型。基本问题依然是，一个全面的总数量，例如凯恩斯模型中的需求，如何转化成各个销售者需要的信号和刺激的集合。

如果把目光从描述经济转向设计经济，不难设想出一些非价格协调机制。事实上我们都熟悉某种形式的配给方式。在这里，有关协调的讨论渐渐变成关于效率的讨论。长期以来，一直有种观点认为竞争价格均衡在某种意义上是有效率的或是最优的，而配给则不是。帕累托(1909，第 6 章，第 32—38 节)、20 世纪 30 年代时我的老师霍特林(1938)，以及柏格森(1938)都对这个意义和最优定理的精确陈述进行过澄清。如果没有其他可行的使每个人的情况都有所改善的分配方式(或者，用一个更常用的说法，让每个人的情况至少跟以前一样好，或者至少有一个人的情况变好了)，那么这次资源分配就具有帕累托效率(或者帕累托更优)。于是，根据我即将进行说明的观点，人们认为竞争均衡必然会产生有帕累托效率的资源分配。

当然，帕累托效率决不意味着分配的公正；对于这一点或许柏格森认识得最为清楚。一次资源分配在帕累托意义上可能是有效率的，但是却可能给一些人带来巨大财富，而另一些人则可能陷入极度贫困。

二、希克斯—萨缪尔森一般均衡模型

接下来我准备更正式地对1945年时就已发展起来的一般竞争均衡模型做一陈述。这个模型主要是由希克斯(1939)和萨缪尔森(1947)详细发展并综合而成的。竞争分析建立在两个基本原则上:各个成员在他们给定的价格之下进行最优化行为,以及价格的制定;因此,在这种个人行为给定的情况下,每个市场上的供求都相等。竞争过程的结果用帕累托效率和对所得商品分配的附加条件来评价。

萨缪尔森已经在他的诺贝尔经济学奖演讲(1970)中对个人的最优化行为进行过阐述,我在这里不做赘述。我只想提醒大家注意几个基本点。第一,消费者的选择受到预算的限制。消费者起初拥有一定数量的经济上有价值的商品,如某种具体类型的劳动、土地或者其他财产。假设一共有 n 种商品,并令 $\overline{x}_{hi}$ 为个人 h 开始时拥有商品 i 的数值(对大多数商品而言,这个数值很可能为零)。如果 p_i 是第 i^{th} 种商品的价格,则他可供支出的总收入是

$$\sum_{i=1}^{n} p_i \overline{x}_{hi}。$$

因此,他可以选择消费任意一组价格不会超出他收入的商品,$x_{hi},\cdots,x_{hn}$,

$$\sum_{i=1}^{n} p_i x_{hi} \leqslant \sum_{i=1}^{n} p_i \overline{x}_{hi}$$

在可能的消费商品组的这个预算集合中,假设个人要选择他最偏好的那一组。对这句话中“最偏好的”这个词最常见的解释是,对所有可能的商品组,有一个偏好顺序。按照这个偏好顺序,每两组商品中,总有一个比另一个好,或者二者不分高低;而且这种成对的判断具有逻辑学家称为“传递性”的一致性性质。例如,如果A比B好而B比C好,那么A必然比C好。这种“序数论”观点最初是在大约1900年时由帕累托和欧文·费希尔提出来的,是对早期“基数论”观点的一种进化。按照后一种观点,每组商品的满足或“效用”都是可以测量的,而消费者会选择在预算集合内使效用最大的那一组商品。基数效用显然意味着其中有序数偏好,但是反之则不然;而且如果效用的唯一可操作意义是在对消费者选择的解释中,那么定义同一个偏好顺序的两个效用函数显然在操作上无法区分开来。①

于是最偏好的商品组是所有价格的一个函数,$x_{hi}(p_1,\cdots,p_n)$。请注意,根据这个观点,所有价格显然会参与决定对任何一个商品的需求。一方面,任何一种价格的上升显然会减少可用于消费其他商品的剩余收入。然而,更具体的情况是,有些商品的需求是与其他商品密切相关的。例如,汽油的需求受汽车的使用,并进而受汽车价格影响的程度,或许比受它自身价格影响的程度还要大。所有需求的相互关系在这里很

---

① 序数论者的观点实际上只是在20世纪30年代才开始广泛流行起来,而希克斯和萨缪尔森对这一观点的论述,连同霍特林的一篇文章(1935),确实大大有助于序数论观点成为标准见解。有趣的是,希克斯和萨缪尔森用了甚至比序数论更弱的其他公理体系来研究消费者选择,见希克斯和艾伦(1935),萨缪尔森(1938)。

清楚地显示出来了。

我们都知道，用最优化来表征消费者的选择，可以做得更为明确。我们来回忆一下希克斯关于任何个人两种商品之间的边际替代率的定义。对于任何给定的商品组($x_1^0,\cdots,x_n^0$)，假设其他所有商品组都与其没有差别，即既不比它好，也不比它差。如果我们使除两种商品之外的其他所有商品的数量保持不变，比如说 $x_k=x_k^0(k\neq i,j)$，我们可以把 x_i 看成是 x_j 在这个无差别平面上的一个函数。于是对所有 i，在 $x_i=x_i^0$ 这一点求值的 $-dx/dx_j$，就是 i 商品取代 j 商品的边际替代率；用简单近似的说法，它是失去一个单位 j 商品需要用来进行补偿的 i 商品的数量。最优化的消费者会使这个边际替代率等于两个商品之间的价格比 p_j/p_i，因为如果两者不相等，将有可能沿着无差别平面朝某个方向移动而减少开支。

这一模型对所有个人而言，任何一对商品的边际替代率等于二者之间的价格比，因此任何两种商品的边际替代率对所有个人来说也应该是相同的。这又表明两个或任何数目的个人在达到竞争的均衡之后，不可能通过互相贸易得到收益。边际替代率相等意味着，一次贸易使一个人留在无差别平面上，也会使另一个人也是如此。因此，竞争均衡和帕累托最优所满足的条件相同。（需要指出的是，消费者最优和帕累托最优的明确条件是微分学中的一阶条件。霍特林、希克斯和萨缪尔森也发展了区分最大值和最小值的二阶条件，并且证明这些条件具有重要意义。）

有关评价经济体系在分配公正性方面的研究要少得多，这并不奇怪，因为它涉及最深刻的哲学问题。英美传统中有一个人们虽然默认却很少重视的观点，那就是由埃奇沃思给予正式阐述的边沁和席奇威克的功利主义观点，标准是所有个人效用之和的最大化。但只有当效用被认为是可用基数测量时，这个标准才有意义。随着序数效用论的兴起，这个效用之和标准的认识论基础被质疑了。柏格森的那篇著名论文(1938)正是针对这一问题的。前面已经提到，一个给定的偏好顺序与许多不同的效用函数相对应。对于任何给定的经济成员们的偏好顺序集合，为每个人选择一个暗含那个偏好顺序的效用函数，此时社会福利表示为个人效用的某种函数 $\mathrm{W}(\mathrm{U}_1,\cdots,\mathrm{U}_n)$。如果给定偏好顺序的效用指标改变了，W 函数也将发生适当的改变，所以整个表达方式与序数论的解释一致。不过，W 函数并不像埃奇沃思—边沁的效用之和那样是唯一的选择，其本身就是人与人之间可能有差别的，持有社会福利态度的一种表达方式。

到目前为止，为便于理解，我所做的论述好像是没有实际效用似的。现在，我必须要把这个在前面被省略的因素加进来了 。一个生产单位或企业用可能的产出和投入之间的关系来表征。当然，一个企业可能有一种以上的产出。于是 f 企业可用它的变换函数来表征；这个变换函数用一个方程式 $T(y_1,\cdots,y_{fn})=0$ 来定义，其中 y_{fi} 如果是正的，就是产出，如果是负的，就是投入；这个函数被用来定义企业有效可能的投入产出向量，即在给定投入和其他商品的产出时，产生某种商品最大产出的向量。企业的最优化行为被认为是在它的变换函数图上各点之间的利润最大化。运用投入和产出的常规符号，企业试图将 $\sum_{i=1}^{n} p_i y_{fi}$ 最大化。

希克斯和萨缪尔森在前面提到的那些书中假设变换平面是可区分的,所以最大利润位置用适当的边际等式来定义,其结果是一个函数 $y_{fi}(p_1, \cdots, p_n)(i=1,\cdots, n)$。

这里应指出两点:(1)很明显,如果所有价格乘以同一正常数,家庭的预算限制实际上保持不变,因而消费者的需求也保持不变。同样地,利润乘以一个正常数,则一个企业的利润最大化选择保持不变。因此,函数 $x_{hi}(p_1,\cdots, p_n)$ 和 $y_{fi}(p_1, \cdots, p_n)$ 对它们的自变量是零次齐次式。(2)企业的利润必须被视为含有它们的家庭的收入的一部分。这导致以前制定的针对个人的预算限制必须做出修订,这里我暂时不用符号来表示这一点,但是下面我会再次谈到这个问题。

在任何给定的价格集合下,对任何商品 i 都会有一些需求和供给。根据希克斯的说法,我们将把对商品 i 的超额需求当作一切个人和企业供求的总和,供给视为负值。个人 h 的需求是 $x_{hi}(p_1, \cdots, p_n)$,因此所有家庭的总需求是

$$\sum_h x_{hi}(p_1,\cdots,p_n),$$

所有家庭的供给是他们最初拥有的总量,即

$$\sum \overline{x}_{hi},$$

最后,所有企业的总供给是

$$\sum_f y_{hi}(p_1,\cdots,p_n)。$$

有些企业可能是需求者而不是供给者,但是符合常规保证上面的和值是企业净供给的总和,即在抵消掉一个企业的需求由另一企业供给之后的供给的净和值。因此,商品 i 的市场超额需求是

$$z_i(p_1,\cdots,p_n) = \sum_h x_{hi}(p_1,\cdots,p_n) - \sum_h x_{hi} - \sum_f y_{hi}(p_1,\cdots,p_n)。$$

因为每一项都是零次齐次式,总数 z_i 也是零次齐次式。而且,对每个人预算限制的满足也限制了超额需求函数。由于对每个人而言,在任何价格集合下计划支出的货币价值等于他起初拥有商品的货币价值加上他所分到的利润,因此在总计上所有家庭计划支出的货币价值等于他们起初拥有的所有商品的货币价值加上总利润,或

$$\sum_h \sum_{i=1}^{n} p_i x_{hi}(p_1,\cdots,p_n) = \sum_h \sum_{i=1}^{n} p_i \overline{x}_{hi} + \sum_f \sum_{i=1}^{n} p_i y_i(p_1,\cdots,p_n)$$

或者根据超额需求的定义

$$\sum p_i z_i(p_1,\cdots,p_n) = 0。$$

其中的恒等式符号提醒我们,兰格(1942)称为瓦尔拉斯定律的这个关系式,对所有价格的数值成立。

于是经济的一般均衡就是使一切超额需求等于零的价格集合

$$z_i(p_1,\cdots,p_n) = 0\ (i=1,\cdots,n)。$$

这些表现为 n 个未知数的 n 个方程;但是在计算过程中有两个抵消的复杂情况。一方面,由于方程式是齐次的,没有解是唯一的,因此所有价格的任何一个正倍数也是一个解。实际上,这些方程式只决定 $n-1$ 个价格比。另一方面,这些方程式不是互相

独立的;如果 $n-1$ 个方程得到满足,那么根据瓦尔拉斯定律,第 n 个方程也必然得到满足。

三、进一步发展的需要

但是,在好几个方面,一般均衡理论的结构要么不够完整,要么与经济理论中盛行的学说不一致。

(1)还没有证据表明定义一般均衡的方程式体系确实有解,即我们还不知道是否存在着一个可以在每个市场上令超额需求为零的价格集合。这是最严重的尚未解决的问题。

(2)有关生产的假设与分析生产本身时所使用的假设不相同。在对生产本身进行分析时,一个常用的(虽然并不是普遍的)假设是规模收益不变;假如在给定投入和产出的条件下任何生产过程都能实现,则此过程可按任何规模实现。也就是说,如果投入都乘以同一个正数,则有可能生产同一倍数的所有产出。但是在这种情况下,对任何价格集合,都不可能有一个唯一的利润最大化位置。假设有一个能产生正利润的位置,则使所有投入和产出加倍是可行的,并且能产生两倍那么大的利润。因此,不会有一个利润最大化位置,因为任何一个位置都可以再改善。另一方面,如果没有投入和产出,利润将总是零。由此可以得出,如果价格使得某个投入和产出不都为零的利润最大化集合存在,则相应的利润必然为零,而且一切投入和产出乘以任何一个正数都能得到相同的利润。

因此,在规模收益不变的情况下,从来没有一个将投入和产出定义为价格指数的单值函数 $y_{fi}(p_1, \cdots, p_n)$,相反地,对任何给定的价格集合,或者没有利润最大化的投入产出向量,或者有一簇这样的向量。但是那时有关供求相等的概念必须重新定义。

在这方面有一个重要性稍小些的事实,即变换平面在很可能发生的情况下不必是可区分的。人们常常认为给定产出的生产需要每种投入达到规定的数量;至少在某些情况下,不可能靠增加一种投入的数量来减少对另一种投入的需求。这是固定系数技术。在这种情况下,很容易发现虽然变换平面得到良好的定义,它是不可区分的,但是其中有联系。

(3)有帕累托效率的分配和竞争均衡之间的关系未能如所期望的那样得到清楚的阐述。真正已经得到证明的是帕累托效率所需的一阶条件与整个经济处于竞争均衡状态时企业和个人效用最大化所需的一阶条件相同。

(4)实际上,个人最优化条件(边际替代率和价格比相等)需要做些修正,以便考虑角点最大值。在日常生活中,我们可以观察到,对每个个人来说,总会有一些(实际上是很多)他一点儿也不消费的商品。同样地,对每家企业而言,总有一些商品既不是它的投入,也不是它的支出。但是这样一来,有关每个人的边际替代率必须等于价格比的观点就站不住脚了。设想对某个个人来说,商品 j 取代商品 i 的边际替代率小于价格比 p_j/p_i,但是这个人并不消费商品 i。如 i 的消费量小幅上升,而 j 的消费量则补偿性地下降,以便停留在变换平面上,那么就会增加成本。实现降低成本而变换平面不移动到一个较差位置的唯一办法是减少商品 i 的消费;但这是不可能的,因为消费不可能降到零以下。但是,商品 i 取代商品 j 的边际替代率不能超过价格比却是对的。

同样地,如果一个人不消费商品 i,他有可能在实现帕累托效率的同时用 j 取代 i 的边际替代率也比其他某个人的替代率小。由于不论对于竞争均衡还是对于有帕累托效率的分配,个人之间的边际替代率不必相等,这两个概念之间的关系看来还需要做进一步的研究。

(5)还有一个问题是供给和需求是否一定要相等。需求显然不能超过供给,因为这样一来肯定就会有需求得不到满足。但是环顾四周,我们会发现有些商品(即流量)是我们想要的,但是它们的数量是如此丰富,以至于我们不想要更多的了。例如空气和阳光。就其特性而言,这类极为丰富的东西是自由商品,使用它们无须支付任何费用。

经济学家们多次做出这一基本观察。稀少商品和自由商品之间被画了一条界线,而只有前者才是经济学研究的适当主题。但是从数学观点出发很容易发现这种方式的商品分类并不是给定的,而是由经济体系中那些有关喜好、技术和初始供给的参数决定的。例如,假设我们有两种只被当作生产因素使用的商品。再假设这两种因素总是被一起使用,并且总是按同一比例使用,如一单位 A 和两单位 B 一起用。最后,再假设 A 和 B 本身不是被生产出来的商品而是可供量相等的自然资源,那么 B 显然是瓶颈;商品 A 是通常经济意义下的一种自由商品,因为可供量的小变动对生产不会有影响。但是这样把两种商品分为自由和稀少的分类方法是与技术和两种商品的初始供应有关的。如果一项技术革新减少对 B 的需求,一单位 A 只需要和不到一单位的 B 一起使用,B 就会变成自由商品,而 A 就会变成稀少商品;如果 A 的初始供应量也许由于某种灾难而下降到不到 B 的初始供应量的一半,同样的情况也会发生。

因此,产生均衡的条件必须进行修正。我们现在要求超额需求为非正数,并且对于它是负数的任何商品价格,其均为零。用符号表示如下:

$$Z_i(p_1,\cdots,p_n)\leqslant 0(i=1,\cdots,n)。$$

如果,$Z_i(p_1,\cdots,P_n)<0$,则 $p_i=0$。

这个不等式成立的商品是自由商品。其中有自由商品的均衡称为角隅均衡。

刚才提出的问题说明,在一般均衡理论的演化过程中,存在着一个从局部分析到全面分析的一般趋势。假如我们考虑决定喜好、技术和初始供应的参数有小的变化,将商品分为自由和稀少商品的分类方式保持不变。那么,从局部观点来看,稀少商品名单可以有正当理由被认为是给定的。我们不必在这里辩论局部分析和全面分析的相对优点:如果可能的话,全面分析显然总是更好的,但是局部分析通常会产生更为具体的启示。但是,事实上,倘若不从全局观点出发,我们上面提出的第一个有关均衡价格是否存在的问题是完全没有办法得到解决的;而且认识到角点均衡发生的可能性也被证明是发展存在性证明的不可或缺的一步。

为了避免对上面提到的这些需要进一步发展的方面产生误解,需要强调两点:(1)一般均衡理论的一般目的和结构仍然是希克斯所阐述的那些，后续的发展必须建立在他所奠定的基础之上，否则不可能取得任何进展，而且实际上也没有意义；(2)我在这里只是总结了希克斯和萨缪尔森研究中最一般和最基础的方面，因为那些内容跟我现在这个演讲的目的最相关，但是他们两位的主要兴趣不是在有关存在性之类的问题上，而是在一般均衡系统的运转规律方面，这方面的成果未在上面概述。

四、德语文献

现在我们必须从英美的研究工作转向新古典学派思想的一个分支，这个分支的研究成果主要是用德文发表的，并且在很大程度上是由数学家而不是经济学家写就的。这一分支的全部研究文献可被描述为对卡塞尔(1918)构想的一般均衡理论的范围广泛的评论。卡塞尔对这一理论的阐述在性质上与希克斯有很大不同。特别是最大化行为几乎没有在卡塞尔的模型中出现。关于消费者个人，卡塞尔也假设各个家庭的需求是价格的一个函数，但是他并不试图从偏好或效应最大化中导出这个需求。在生产方面，他假设有一种固定系数技术，因此事实上企业并没有利润最大化的余地；对于投入的需求完全决定于产出，与价格无关。卡塞尔更明确地将商品区分为制造品和初级因素，两个类别被假设是不同的。个人一开始只拥有初级因素，而且他们只对制造品有需求。制造品是由初级因素的投入生产出来的；令 a_{ij} 为生产一单位商品 i 所用因素 j 的数量，P 为制造品集合，F 为因素集合。

在任意价格集合下，对制造品 i 的总需求是

$$\sum x_{hi}(p_i, \cdots, p_n) = x_i。$$

于是生产商品 i 的产业对因素 j 的需求是 $a_{ij}x_i$，对所有产业求这个需求之和，则得到对因素 j 的总需求。另一方面，因素 j 的初始供给是 $\sum_h \overline{x}_{hj}$，所以使因素 j 供求相等的条件是：

$$\sum_h \overline{x}_{hi} = \sum_{i\in p} a_i j_{x_i}。$$

j 在 F 中变化时，有一个 x_i 的线性方程系统。而冯·斯塔克伯格(1933)曾指出，这个系统可能很容易没有解，例如当因素比制造品多时。

卡塞尔用了一个条件来完善这个系统。这个条件就是在规模收益不变的情况下，利润必然为零。于是，对每一种制造品，价格必然与制造一个单位所用因素的成本相等，或者

$$p_i = \sum_{i\in p} a_{ij} p_j (i \in p)。$$

大约与冯·斯塔克伯格同时，奈塞尔(1932)也证明，只有当某些因素价格为负值时，才能使卡塞尔系统完全得到满足。

正是在这一点上，瑞典银行家和业余经济学家施莱辛格(1933-4)决定性地影响了之后的讨论。他注意到，承认角点均衡的可能性，特别是在初级因素方面，可以解决冯·斯塔克伯格和奈塞尔提出的问题。有些因素可能只是过剩了，必须看成是自由商

品。因此,因素供求平等必须由以下条件来替代:

$$\sum_{h}\bar{x}_{hj} \geqslant \sum_{i\in p}a_{ij}x_i, p_j = 0, \text{如果严格的不等式成立}(i \in F)$$

施莱辛格猜想,做了这个修正之后,可以证明存在一种均衡,其中所有价格都是非负的。他使数学家亚伯拉罕·瓦尔德对此问题产生了兴趣并在一系列了不起的文章中(1933-4,1934-5)证明均衡的确存在,虽然必须做出强有力的假设,而且相关分析必须仅限于卡塞尔模型的变种,但他在1936年发表的文章中又对这个观点做了进一步的总结。瓦尔德的推理异常复杂,而且他的文章发表在一本德文数学期刊上;因此美国的数理经济学家直到10年之后才开始知道它的存在。

同一时期,数学家约翰·冯·诺依曼也发表了一篇文章(1937),这篇文章的论题虽则相关性要小一些,但从长远来看其影响更深刻。这是对卡塞尔经济稳定增长模型的一个发展。其目的是要证明存在一个所有商品都能按比例最大化扩大的增长道路。从经济学角度来看,这个模型有点奇怪,因为完全没有消费;一个时期的产出是产生下一期产出的全部活动的投入。这篇文章有三个值得注意之点,它们对一般均衡理论的发展产生了巨大的影响:(1)生产结构用一种新颖的形式来表征。假设有一个固定的活动集合,每项活动用一个可能的投入和产出向量来表征,并且每项活动在技术上能按任何规模进行操作。这扩大了固定系数模型的应用范围,其中每种产出都有一种活动。活动的可行组合中每种投入的总用量不超过从以前的生产中得到的数量。(2)引入一个可以看成是价格的新变量集合,在数学上不仅是可能而且是有意义的,在这个意义上,最大增长道路可以表征为一种竞争均衡。能操作的任何活动都产生零利润,其他活动产生零或者负利润。因此,活动水平的选择可被描述为利润最大化,其中最大值可能涉及一些角点解。而且任何商品如果作为投入的需求少于可供量,其价格必须为零;因此,竞争均衡可能需要角点解。(3)证明存在产生最大增长率的价格和相对数量的方法,需要用到组合拓扑学中的一个工具,这扩大了布劳威不动点定理的应用范围。从数学观点来看,冯·诺依曼增长模型中均衡的存在是他在几年前研究的零和值二人博弈的极小极大定理的一种推广。冯·诺依曼和摩根斯坦的伟大著作(1944)出版之后人们对博弈论产生的兴趣,是将新数学技术,特别是凸集理论中技术,引入一般均衡理论的强大辅助力量。

几年之后,角谷(1941)在冯·诺依曼不动点定理的基础上发展了一种简化形式的不动点定理;这条定理已经成为证明存在定理的标准工具。我们现在来简短回顾一下布劳威和角谷的不动点定理。一个点集如果是封闭的、有界的,就称之为密实点集;如果连接集内两点的每个直线段都在集内,则称之为一个凸点集。令 C 为一个密实点集,令 $f(x)$ 为一个向量函数,它对 C 中的每一点都指定一个 C 的点。布劳威定理认为,如果映射 $f(x)$ 是连续的,则至少有一点 x^* 的映射为它自己,即 $f(x^*)=x^*$。

在我们到目前为止所使用的指示符号中,有 n 个变量的 n 个实值函数 $f_i(x_1,\cdots,x_n)$。如果这些函数是连续的,并且如果只要 $(x_1,\cdots,x_n)$ 位于某个密实凸集 C 中,则 $(f_1,\cdots,f_n)$ 也位于集 C 中;因此,方程式体系 $f_i(x_1,\cdots,x_n)=x_i$ 在集 C 中至少有一个解。

这样一个数学工具对解决存在性问题的帮助是显而易见的。不过，我们上面已经指出，一旦我们允许规模收益保持不变，我们必须考虑到，对某个给定的价格集合，生产过程的利润最大化选择可能是一个其中各个部分都同样有利的整个集合。因此，我们不应讨论函数，而是需要考虑一种比点到集合的映射更一般的概念，或是有时被称为对应的概念。讨论的就是这种更一般的情况。对一个密实凸集 C 中的每一个点 $x=(x_1,\cdots,x_n)$，我们让其与一个子集 C 相连，如 $\Phi(x)$。如果 x^* 点属于与 x^* 联系的集合，即 $\Phi(x^*)$，我们就说 x^* 是这个对应关系的一个固定点。

角谷的定理告诉我们，如果满足两个条件，这样一个固定点就会存在：对每一个 x，$\Phi(x)$ 是一个凸集；并且当 x 发生变化时，$\Phi(x)$ 在一定意义上是连续的，用更专门的术语来说，它具有被称为上半连续性的性质。

五、帕累托效率、竞争均衡和凸性

我自己的兴趣首先集中在帕累托效率和竞争均衡之间的关系上。20 世纪 40 年代后期，经济学家们曾就租金控制导致的无效率，以及通过这条或那条过渡道路获得自由市场效率利益的各种建议展开过大量讨论。一部分非正式效率论点基于这样一种思想，即在租金控制之下，人们购买的是错误种类的住宅，如面积过大的公寓。这使我意识到个人只购买一种住宅，而不是几种。个人的最大值在角点，因此不能到自由市场去使边际替代率相等。然而对简单事例的图解分析让我明白，竞争均衡和帕累托效率的传统识别方式是正确的，但是不能用微分学的局部技术来证明。

我很快就认识到，凸集理论，特别是分离定理，是合适的工具。从一个有帕累托效率的分配出发，并且考虑一切逻辑上可能的人都认为比最初的那个要好的分配。当然，没有这样的分配是可行的，否则最初的那个分配就不会具有帕累托效率了。每一个这样的分配都是一张报表，上面列有每个人或企业对每种商品的需求和供给。因此，将各个个人与企业的供给和需求相加，适当注意符号，我们就可以确定每种商品的超额需求。令 Z 为这个方式产生的所有超额需求向量 $(z_1,\cdots,z_n)$ 的集合。由于它们都是不可行的，因此对于每一个向量，必然至少有一种商品有正的超额需求。用集合理论的说法，集合 Z 与非正态定限（即对一切 i，$Z_i\leqslant 0$ 的向量 $(z_1,\cdots,z_n)$ 的集合）不连接。

凸集的分离定理主张，如果两个凸集是不连接的，则有一个将它们分隔开来的超平面，使一个集合在一边，另一个集合在另一边。用符号表示，如果 C_1 和 C_2 是 n 维空间中的不连续凸集，则有数 $p_i(i=1,\cdots,n)$ 的存在，且不全为零；对 C_1 中所有 $x=(x_1,\cdots,x_n)$，

$$\sum_{i=1}^{n} pixi \geqslant c,$$

对 C_2 中所有 x，

$$\sum_{i=1}^{n} p_i x_i \leqslant c.$$

我们把这个定理应用于现在这个例子。非正态定限显然是一个凸集；我们暂时假设 Z 是凸的。于是我们可以找到数 $p_i(i=l,\cdots,n)$，且不全为零，c，对 Z 中的 $z=(z_1,\cdots,z_n)$，

$$\sum_{i=1}^{n} p_i z_i \geqslant c,$$

如果对所有 i，$z_i \leqslant 0$，则 $\sum_{i=1}^{n} p_i z_i \leqslant c$。

根据第二个条件容易看出，对任何 i，我们不可能有 $p_i<0$。因此，p_i 对所有 i 都是非负的（因为至少有一个非零的 p_i），并且对至少一个 i 是正的。通常用“向量 $p=(p_1,\cdots,p_n)$ 是半正的”来表达这一点。

于是有

$$\sum_{i=1}^{n} p_i z_i \leqslant 0 \text{ 如果对所有 } i, z_i \leqslant 0。$$

因此 $c\leqslant 0$ 可以假设且无损失。另一方面，如果对所有 i，我们令 $z_i=0$，则会得到 $c\geqslant 0$。因此，我们可以使 $c=0$。

有帕累托效率的分配所需的条件于是变成：

对 Z 中的 z $\sum_{i=1}^{n} p_i z_i \geqslant 0$，$p$ 是半正的。

令 $z^0=(z_1^0,\cdots,z_n^0)$ 为所考虑的有帕累托效率的分配确定的超额需求向量。这是可行的，所以对所有 i 而言，$z_i^0\leqslant 0$，并且因此有

$$\sum_{i=1}^{n} p_i z_i^0 \leqslant 0。$$

现在假设在 Z 中有一些点可以如我们所希望的那样无限接近 z^0，这在通常情况下被认为是合理的。于是我们显然必须有

$$\sum_{i=1}^{n} p_i z_i^0 = 0,$$

并且由于对所有 i，$z_i^0\leqslant 0$，$p_i\geqslant 0$，因此，

如果 $z_i^0<0$，则 $p_i=0$。

我们开始看到，一个有帕累托效率的分配是其中包括了角点的广义供求均衡。

我们还可发现，对 Z 中的 z_i，

$$\sum_{i=1}^{n} p_i(z_i - z_i^0) \geqslant 0$$

让我们再回到超额需求的定义，它是个人和企业的供求之和。

$$z_i = \sum^{h} x_{hi} - \sum^{h} \bar{x}_{hi} - \sum^{f} y_{fi}$$

其中，$y_f=(y_1,\cdots,y_{fn})$是企业 f 在技术上可能的投入和产出向量，$x_h=(x_{h1},\cdots,x_{hn})$是个人 h 可能的消费向量。特别是，由有帕累托效率的分配所决定的超额需求可以写成下面这个形式：

$$z_i^0 = \sum^h x_{hi}^0 - \sum^h \overline{x}_{hi} - \sum^f y_{fi}^0$$

于是，如果 z 属于 Z，对每一个 h，个人 h 的消费向量(x_{h1}，…，x_{hn})必然优于有帕累托效率分配的消费向量。所以，如果对每一个 h，x_h 被个人 h 认为优于 x_h^0，则有

$$\sum^h (\sum_{i=1}^n p_i x_{ht} - \sum_{i=1}^n p_i x_{hi}^0) - \sum^f (\sum_{i=1}^n p_i y_{fi} - \sum_{i=1}^n p_i y_{fi}^0) \geqslant 0$$

有关这个不等式的基本之点是，变量向量 x_h 和 y_f 是相互独立的。不难看出，只有对每个人和每个企业都分别成立，这个不等式才能成立。对企业 f 而言，这就意味着：

对所有可能的 y_f，$\sum_{i=1}^n p_i y_{fi}^0 \geqslant \sum_{i=1}^n p_i y_{fi}$。

也就是说，如果我们把各个 p_i 解释为价格，每个企业都在使它的利润最大化。对于个人，相应的解释要简单一些：由给定的有帕累托效率的分配所规定的消费向量是得到那么多满足的最廉价的方式。

概括起来，我们可以证明，如果 Z 是一个凸集，价格和适当的初始资源分配使得每个人在以最小的成本实现他的满足水平，每个企业都在使利润最大化，各个市场都在允许有角隅均衡的广义上处于一种均衡状态，在这个意义上，有帕累托效率的分配可以作为市场的竞争均衡得到实现。

将 Z 假设为凸集的必要性凸显了隐藏在新古典学派理论之下的凸性假设。Z 的凸性可以从下面两个假设导出：(1)对于每个个人，优于一个给定向量的消费向量集合是凸的；(2)对于每个企业，技术上可能的向量集合是凸的。

结果表明，在合适的凸性条件下，一种分配具有帕累托效率的必要条件是：它能作为一种竞争均衡在市场上实现。研究的一个副产品证明了逆定理：一个竞争均衡总是有帕累托效率的，而且这个定理在没有任何凸性假设的情况下为真。

这些研究结果体现在阿罗《古典福利经济学的基本原理的扩展》(1951)一文中。但是有关凸集理论是合适的工具这个想法显然已经流传开来了。当我在斯坦福从事这项研究时，在芝加哥考尔斯经济学研究委员会工作的杰拉德·德布鲁在研究中获得了与我大致相同的结果。

六、竞争均衡的存在

在独立工作，并且对对方研究一无所知的情况下，德布鲁和我又都开始将角谷的不动点定理应用于存在性问题的研究。不过后来我们有足够的时间多次交换研究手稿，了解我们所做的共同努力，并且也认识到需要对我们两个所做出的一个过于严格的假设放宽条件(阿罗和德布鲁，1954)。

我们的研究有一个重要的前提条件，那就是佳林·库普曼斯(1951)用活动分析方法分析生产的基础研究工作。他将冯·诺依曼的研究扩展成对经济生产结构的一种系统描述。他把它看成是一个活动的集合，每项活动可以在任何水平下操作，但是总体水平受初始资源限制的制约。他关键的创新之处在于明确提出了一些假设，这些假

设保证对任何一个有限的初始资源集合,可行的产出集合是有界限的。这个限制具有"全局"性质。也就是说,有关各个活动性质的条件(如每项活动必须至少有一种投入)不足以保证整个经济的有界性。必须要求活动的任何组合,作为一个整体,不允许没有投入就进行生产。

第一个问题是当企业行为被描述为一个对应关系而不是一个函数时均衡的定义。为简单计,我将继续假设消费者个人 h 的决策能用价格的单值指数 $x_h(p)$ 来表示。如果在每个市场上供求平衡,包括角隅的可能性,以及每个企业对利润最大化的投入产出向量拥有某种选择,则一个价格集合确定一个竞争均衡。在形式上,我们认为,如果下列条件成立,则一个价格向量 p^*、每个企业一个投入产出向量 y_f^* 和每个个人一个消费向量 $x_h^*=x_h(p^*)$一起构成一种竞争均衡:

(a)p^* 是半正的;

(b)对每一种商品 i,$\sum^{h}\overline{x}_{hi}+\sum^{f}y_{fi}^{*}\geqslant\sum^{h}x_{hi}^{*}$;

(c)对任何商品,如要使(b)中严格的不等式成立,我们必须有 $p_i^*=0$;

(d)对企业 f,在技术上可能的所有投入产出向量中,y_f^* 是使利润 $\sum p_i^* y_{fi}$ 最大化的投入产出向量之一。

当然,个人的需求函数,$x_h(p)$ 和以前一样,被确定为符合预算限制的最优消费模式

$$\sum_{i=1}^{n}p_i x_{hi}\leqslant\sum_{i=1}^{n}p_i\overline{x}_{hi},$$

为了现在的目的,我将忽略个人收入也包括利润的可能性;对这个修正要求做某些复杂的分析,但不会有很大的困难。

既然经济总的生产可能性是有界的,那就可以证明,假设每个企业的可能投入产出向量集合是有界的(实际上,我们假设这个集合是密实的)并不丧失普遍性。因此,对任何价格集合,至少有一个利润最大化的投入产出向量,但是一般来说,可能有一整个这种向量的集合,如 $y_f(p)$。但是,这个集合肯定是凸的,而且,当 p 发生变化时,如此定义的对应关系是上半连续的。

定义一个超额需求对应关系如下:对每个 f,考虑从利润最大化对应关系 $y_f(p)$ 中做一任意可能的选择,选出一个向量 y_f。对每个企业每个这样的选择,整个经济对每种商品的超额需求

$$z_i=\sum^{h}x_{hi}(p)-\sum^{f}y_{fi}-\sum^{h}\overline{x}_{hi}$$

令 $Z(p)$为从利润最大化对应关系 $y_f(p)$中对向量 y_f 所做出的所有可能选择构成的一切向量$(z_1, \cdots, z_n)$的集合,不同企业的选择相互独立。不难证明 $Z(p)$对每个 p 都是凸的,并且作为一个变量对于 p 是上半连续关系。瓦尔拉斯定律的成立不仅是真的,而且是重要的。也就是说,如果 z 属于 $Z(p)$,则

$$\sum_{i=1}^{n}p_i z_i=0。$$

对应关系 $Z(p)$ 对每个价格向量指定一个超额需求集合；一个均衡价格向量 p^* 是这样的，$Z(p^*)$ 至少有一个元素，对其 $z_i \leqslant 0$，所有 i。我们现在引入一个来自超额需求的映射；很粗略地说，我们需要低的超额需求以得到低的价格，或者更准确地说是零价格。由于整个系统在价格上是零次齐次式，可以任意确定价格的一般水平而不丧失普遍性。然后可以假设

$$\sum_{i=1}^{n} p_i = 1。$$

因为价格是半正的，还可假设 $p_i \geqslant 0$，所以 i 满足这些条件的价格向量集合将用价格单形 P 来表示。接下来我们可以确定如下对应关系，对每个超额需求向量指定一个价格单形子集：对任意的 $z = (Z_1, \cdots, Z_n)$，令 $\bar{z}$ 为元素 Z_i 中最大者；然后定义 $P(z)$ 是单位单形中的价格向量集合，对 $z_i < \bar{z}$ 的一切商品 i，$p_i = 0$。用语言来表达就是，总价格必须相加为 1，但是这个总数只分布于那些有最大超额需求的商品。这个规则有点人为的痕迹，但是它足以证明。

考虑所有向量对 (z, p) 的集合，其中一个是超额需求向量，另一个是价格向量。对任何这样一对向量，我们指定一对向量的集合，$Z(p) \times P(z)$（对任何一对集合，S，T，符号 $S \times T$ 的意思是从 S 任取一个向量，再从 T 任取一个向量，最后得到的有序向量对的集合）。经过进一步的论证，可以证明角谷定理是适用的。向量集合对映射有一个属于 $Z(p^*) \times P(z^*)$ 的固定点 (z^*, p^*)。根据定义，

$$z^* \varepsilon Z(p^*), p^* \varepsilon P(z^*)。$$

令 $\bar{z}^*$ 为 $z^* = (z_1^*, \cdots, z_n^*)$ 的最大元素，于是对 $z^* < \bar{z}^*$，$p_i^* = 0$。所以，

$$p_i^* z_i^* = p_i^* \bar{z}^*。$$

根据瓦尔拉斯定律，

$$0 = \sum_{i=1}^{n} p_i^* z^* = \sum_{i=1}^{n} p_i^* \bar{z}^* = \bar{z}^* \sum_{i=1}^{n} p_i^* = \bar{z}^*。$$

由于最大的超额需求为零，所有超额需求都是非正的，因此 p^* 确实是一个均衡价格向量。

这个论证过程有许多变体也是可能成立的，并且在不同的方面给予我们启示。独立于我和德布鲁的研究之外，莱昂内尔·麦肯齐（1954）也证明了均衡的存在；不过他只是假设供求函数的存在，而没有用潜在的生产和消费结构来分析它们。有关竞争均衡存在定理的系统阐述，请参见德布鲁（1959）及阿罗和哈恩（1971，第 2—5 章）。

有一个地方还比较松散，现在应该补充一下。我们曾假设个人的需求函数是连续的。但是德布鲁和我在研究过程中得到的令人惊讶的发现之一是，即使在所有有关个人行为的强有力的假设之下，这不可能在价格单形中处处为真，除非是在很人为的条件下。麻烦在于个人的收入也依赖于价格，而且如果个人起初拥有的那些商品的价格下降为零，他的收入也会降为零。然而当有些价格和收入为零时，针对那些现在是自由商品的需求可能会不连续地跳跃。例如，假设一个个人起初只拥有一种商品，如劳动，只要那种商品的价格为正，他就可能留一些给自己用，但他在任何情况下不可能消

费比他起初所有的更多的东西。但是当那种商品的价格降为零时,他就可以要求别人给他提供相同的劳动,而且可以要求他所选择的任何数量的劳动。

因此,竞争均衡的存在的确有赖于一些假设,这些假设保证,对每个人而言,至少有一种他起初拥有的商品必定有正值。我在这里不谈论这些假设;阿罗、德布鲁著作中原来的集合在盖尔(1957)、麦肯齐(1959,1961)及阿罗和哈恩(1971,第5章第4节)的研究成果中已经得到了进一步的完善。

七、一般均衡和不确定性

一旦确定性分析的大致方法确定下来,它就可被应用于许多不同的方向。其中之一是对以这种或那种方式表示竞争制度中瑕疵的模型进行分析。需要在每种情况下证明一个存在定理要求对假设做出非常清楚的说明,这一要求似乎证明很有成效。这方面的许多研究工作,诸如针对期货市场、期望值、货币理论等方面的研究,目前正在进行之中,但是时间不允许我们对这个任何情况下都在迅速变化的领域发表评论。

另一个方法是保留竞争假设,但是要在新的语境中解释它们。其中一个例子是将一般均衡理论扩展到不确定的结果(阿罗,1953;德布鲁,1959,第7章)。例如,假设天气会导致生产具有某些不确定性。一种天气有利于一种生产者而伤害另一种生产者;而另一种天气正好有相反的效果。如果我们假设个人不愿冒风险,在保险方面就有互利贸易的空间。即使不考虑对风险的反感,个人和企业在对不确定的将来做计划时,也会想要确保他们的供给和需求是互相兼容的。因此,如果谷物的供给存在不确定性,面粉厂主可能更愿意订立依附于那个不确定性的未来劳动合同。

我们从概率论得到一个世界状态的概念,这个概念能对世界做非常精确的描述,以至于完全定义了所有商品的初始存量和所有的技术可能性。不确定性是不知道什么状态事实上成立。如果状态 s 成立,个人 h 所拥有的商品 i 的初始存量可用 $\bar{x}_{his}$ 来表示。同样地,一个企业可能的投入产出向量集合也依赖于状态 s;如果 s 是状态,令 $y_{fs}=(y_{f1s},\cdots,y_{fns})$ 为企业 f 的一个可能投入产出向量。

因此,任何分配是否可行将取决于状态 s,而且约定的消费和生产必须同样发生变化。所以对不同的状态 s,任何个人的决策必须是一个不同的向量 $x_{hs}=(x_{h1s},\cdots,x_{hns})$。但是在我们知道世界状态如何之前,一切相关的人都能同时做出所有这些决策显然是最优的;正是这些预先决策使从保险及从减少风险负担中获利成为可能。因此,我们实际上应该认为对固定的 h,向量 x_h 包括元素 x_{his},其中的 i 和 s 分别代表各种商品和各种世界状态。

这样,我们应把不同世界状态中的相同物质商品视作经济上不同的商品。这个分析过程与希克斯有关现在和将来商品的分析(1939)完全相似;处于不同时间点的同样一种物质商品属于不同的商品。

于是,可以应用前面所做的整个分析过程,适当地做出重新解释。通常意义上的商品被或有商品(即当且仅当发生某个世界状态时购买或销售商品的约定)所取代。因此,市场决定或有商品价格。市场的结算意味着或有商品市场的结算;因为所做的约定足够灵活，所以它们总是能够得到满足。

必须指出，对或有商品向量的偏好顺序包含判断世界不同状态发生可能性的因素及通常意义上的喜好因素。在其他因素相等的情况下，人们对于取决于一个不大可能发生状态的需求，不会投资太多。

我们来看看这个模型的启示。所需要的或有商品显然无法达到所要求的数量，但现代市场上可用的各种证券可以作为部分替代品。在我看来，在不确定性之下的一般均衡模型不仅是一种经验描述，也是一种规范性理想。正是真实世界与模型标准有差别的方式提示我们采取社会政策，以提高分配风险负担的效率。

事实上，效率所需要的或有市场并不是都存在，这不仅是一个经验事件，也是一个必要的事实，对经济机构的运行方式和结构具有深刻的意义。大致说来，有关具体事件的信息，即使是在它们已经发生之后，在全部人口中的传播也不是均匀的。如果两个人中只有一个人将知道某个事件已经发生，那么这两个人是不可能订立一个取决于这个事件或状态是否发生的合同的。有时在保险和经济文献中被称为“道德风险”的情况就是一个具体的例子。保险的存在本身将改变个人的行为，使其较少注意避免风险。风险负担的最优分配所要求的保单只能弥补不可避免的风险所带来的损失，并将它们的影响与个人行为的影响区分开来。

但是实际上所有保险者所能看到的只是一个结果，如一次火灾或者一次生意的成败，而不能将其分解为外生的和内生的成分。一般而言，条件合同只能建立在互相观察到的事件基础之上，而不能对只有一方而非双方都知晓的世界状态的某些方面订立合同。

虽然我不能在这里对这一点进行讨论，但我要说的是信息不平等引起的分配困难在医疗和种族歧视这些如此不同的领域都是重要的(见阿罗，1963a，1972)。因信息差别而导致实现风险负担最优分配上的困难最初是由拉德纳(1968)以一般形式予以阐述的。

八、社会选择理论

一般竞争均衡首先告诉我们，通过市场进行协调的独立的私人决策在何种程度上影响资源的社会分配。我们确实得到保证，不仅这样一个分配可以实现，而且其结果具有帕累托效率。但是，正如已经强调的，在这个过程中没有东西能够保证分配是公正的。事实上，理论告诉我们，最终的分配取决于初始供给和企业所有权的分配。如果我们想要依靠市场的优点又想要实现一个更公正的分配，理论建议采取改变初始分配的策略，而不是在某个较晚阶段干扰分配的过程。

因此，即使是在对分散决策最有利的假设之下，有关分配的社会或集体选择，其需要是不能减少的，事实上，在很多其他情况下，用集体决策代替市场也是必要的或至少是可取的。政治学家和经济学家都以他们各自不同的方式讨论过国家的必要作用。在经济学家中间进行的讨论主要围绕着外在因素、递增收益和市场失败的概念；对这些观点的阐明和应用是现代经济思想的主要成就之一，但是时间所限，我现在只能告诉大家,它们有助于建立对集体决策进行规范性和描述性分析的需要。

在社会选择情况下,可以假设每个人对一切可能的社会状态都有一个偏好顺序。这个顺序不仅表示他对自己消费的愿望,而且也表示社会态度,他对分配中公正性的看法,或者有关集体决策给别人好处的看法。序数论观点不允许我们对这个偏好顺序指定一个确定的数量表达式,至少不能有任何个人之间有效性的数量表达式。

古典功利主义规定,在不同社会状态之间的选择应用它们对社会成员们的后果来进行判断;用现在的术语来说,这意味着用个人对社会选择的偏好尺度来衡量。鉴于个人偏好的多样性,这显然不是选择的充分基础。古典功利主义中隐含着第二层次,在这个层次上个人判断加总可称为福利判断。关于这个第二层次,柏格森在其著作中做了很明确的阐释。

因此,福利判断的形成在逻辑上等于我将要称为宪法的东西。具体而言,宪法是一种规则,它为每一个可能的个人偏好顺序集合联系成一条社会选择规则。反过来,社会规则是从任何可行的不同集合中选择一个社会优选行为的规则。

到目前为止,我认为对宪法的描述还都是一种语言重复,至少如果我们从社会选择应该以个人偏好顺序为基础的观点出发。真正的问题在于应给宪法施加什么样的条件。

其中一个条件在柏格森的著作中已经提到了。这就是对任何一个给定的个人偏好集合,它们所定义的社会选择规则必须满足一个顺序的技术条件,即所有可能的不同社会状态应该能够按等级排序,而且从任何具体不同方案的集合中做出的社会选择应该是在现有集合中按照顺序的最优方案。这个条件有时被称作集体理性条件。

第二个也与柏格森相一致的条件是帕累托原则;如果另有一个每个人按照他的偏好顺序编好的可行方案,则社会选择过程永远不会产生结果。

第三个几乎没有争议的条件是非独裁;宪法不应该允许一个人的偏好自动成为整个社会的偏好,而不管其他人的偏好是什么。

我所建议的第四个条件是有关独立于无关方案的条件;这个条件的争议要大一些,虽然我要辩护说它有强有力的实用依据:从任何方案集合做出的社会选择只取决于个人在那个集合中不同方案的顺序。为了找出问题所在,让我们假设一个社会必须在一些不同方案中做出选择而且也真的这么做了。在决策做出之后,一个以前没有想到的方案作为逻辑上的可能性被提了出来,虽然它仍然还是不可行的。个人现在可以扩大他们的偏好顺序以把这个新的方案放在他们偏好顺序中的适当位置;但是这样一个有关一种在任何情况下都不会选择的方案的偏好信息是否应该影响以前做出的决策?

任何投票形式都肯定满足独立于无关方案的条件;投票人在候选人和非候选人之间,以及非候选人之间的偏好,当然从来不会被询问或是被考虑。

结果我发现这四个听起来合理的要求是相互矛盾的(阿罗,1951b,1963b)。也就是说,如果我们制定任何一个宪法,总是能够找到一个使宪法触犯这四个条件之一的个人顺序集合。在一个特殊的形式方面，这个矛盾由来已久。多数投票法是一种吸引人的社会选择方法。和其他任何一种投票方法一样，它满足独立于无关方案的条件，并且也肯定满足帕累托原则和非独裁条件。但是正如孔多塞远在1785年就指出的那样，多数投票法可能产生不了顺序。更具体地说，不传递性是可能的。请看下面这个例子。有三个方案 x，y 和 z，要在其中做一个选择。三分之一投票人的偏好顺序是 x,y,z；三分之一是 y,z,x；还有三分之一是 z,x,y。所以多数投票人认为 x 优于 y，多数人认为 y 优于 z，多数人认为 z 优于 x。不幸的是，这个结果不是由多数投票法中可以克服的缺点造成的。有关社会选择的四个条件是相互矛盾的。

社会选择矛盾在哲学上和分配上的意义还不清楚。肯定没有简单的方式来解决这个问题。我希望其他人将这个矛盾当作一种挑战，而不是当作一种令人灰心丧气的障碍。

（余晓燕 译　柴志贤 校）

获奖演说

经济增长的源泉

约翰·理查德·希克斯

在我第一次出版于1932年的《工资理论》一书中，有一章（第六章）的题目是“分配和经济进步”。它是那本书中有关理论的章节中最先完成的一章，所以，在某种意义上，这是我对经济理论做出的最初的贡献。现在我觉得它写得实在不怎么样，而且我认为自己在过去这些年里学到了很多东西，然而它还是有不少的拥趸。在它基础之上所做的研究，或是在相同性质的其他构思基础之上所做的研究层出不穷，所以它还远未过时。但我本人已经不再从事这方面的研究了。利用这样一个机会来讲讲这一切是如何发生的或许是有益的。在这个场合讲这些应该还是适当的，因为在这个过程中我将向大家介绍一下在我看来是我从1932年至今所做工作中的一个重要部分。[①]

我所作为出发点的那种方法有一个特征，那就是认为社会产值是由劳动力和资本这两个生产要素产生的，并且二者都以大致相同的方式对产值做出贡献。在其他条件相同的情况下，二者之中任何一个的增长都会使产值增加。使用一定数量的生产要素，就能生产出一定数量的产品；因此（还是在其他条件相同的情况下），可能存在一个生产函数（后来它就以此命名），表示产品数量是所用要素数量的一个函数。每种要素的单位回报与它的边际产出相等。如果其他要素数量保持不变，而某一种要素数量增加，则边际产出减少。由此推知，增加一种要素的使用量（其他要素保持不变）会提高其他要素得到的产出份额；但是由于那种数量增加的要素所获得的绝对份额既可能增

① 在这个场合里，我只想谈谈我自己思想的发展，不过多涉及我从其他人那里学到的东西。但是，我希望大家了解，很明显我从其他人那里，特别是从罗伊·哈罗德、乔安·罗宾逊和尼古拉斯·卡尔多那里学到了很多东西。

加也可能减少(视其边际生产率曲线有无弹性而定),在不同要素之间的产出分配(相对份额)可能向任一方向偏移。至于到底向哪个方向偏移取决于生产函数的"形状",正如我所证明的那样,这个"形状"可以用我所说的"替代弹性"来表示。

当然,生产函数不可能永远保持不变,它会随着新的生产技术(即发明)的发现而发生变化。维克赛尔曾经指出(我也赞同他的观点),发明除非能够增加社会产出,否则它们是不会被采用的。但是就不同要素之间的分配而言,由"发明"所引起的生产函数的变化可能是"中性的",也可能偏向任何一方。在我看来,工资的增长(即单位劳动所获得的产出份额的增长)会激励对节省劳力的发明的应用,因此会偏向对劳动力要素不利的方向。但是这类"诱导型发明"是否应被视为生产函数移位,或是一个不变生产函数内的替代品?这一点没有说清楚。

以上概述的这个理论长期以来一直具有决定性的影响,但是其每个部分几乎都始终是批判的对象。有些批评(如那些针对边际生产率理论的批评)我现在仍然认为是可以驳倒或部分驳倒的①,但是有一种批评意见是决定性的。

在生产函数中,"产量""劳动力""资本"都是量,但是如果要将它们定量,则必须采取某种方式将它们之间明显的差异转化为某种一致性。这三个量中没有一个量的转化是容易的。即使是对劳动力这个量而言,也不可能靠数人头或是计算工时来解决这个问题。然而,关键的问题还是资本的转化。② 这里所说的资本是指物质资本商品,它是物质商品的总和,我们用一个单一的量来表示。大家现在都知道(但是在1932年人们对此还不大清楚),只有在两种情况下才可以做到这一点而没有差错,即不犯任何错误,因为不否认会发生这样的情况,即可能接近两种情况中的任何一个,但又不能实际达到,这时出现差错是可以容忍的。其中一种情况是所有成分都按比例发生变动;另一种情况是我在1939年所阐释清楚的,那就是商品之间的价格比,或者它们的边际替代率保持不变。③ 在前一种情况下,商品的总和可用一个物质"束"的数值来表示;而在后一种情况下用价值计算的加总数来表示。

就资本存量而言,要想在实际应用中哪怕只是接近满足上述条件中的第一条,显然也是不可能的。因为在一个发展的经济之中,一个时期期末的资本所包含的商品与该时期初资本所包含的商品是不同的,这是常理。新的商品被开发出来,而旧的商品被抛弃。只有在静态的理论构想中各个比例才能历时不变。然而即使是对不同的静态做比较,这样一种性质对我们也没有多大用处,因为此静态中的比例常常与彼静态中的比例不同。从这个方向寻找出路显然行不通。

第二种情况乍看之下似乎更为吸引人。但是对此却有一个更为微妙的反对意见,

---

① 我在《工资理论》第二版(1962)所附的《评论》一文中,特别是其中第333—341页对此已有解释。

② 关键的意义在于这是经济学家之间争论的主题。我认为产品方面的加总问题也是一个急需解决的难题。

③ 见《价值与资本》(1939)第33页及其他各处。

特别是与琼·罗宾逊的工作有关的。①

在其他条件相同的情况下，如果资本相对于劳动有所增加，(生产函数理论似乎这样告诉我们)资本的边际产出必然下降，因此资本的回报率也必然降低。但是资本回报率下降会带来(实际)利率的下降，其结果是不同商品(如耐久性不同的商品)的资本化价值必然会不成比例地变动。因此它们之间的边际替代率也会发生变化。价格保持不变的条件无法得到维持。这就涉及一个矛盾。

这并非是说统计学家们按照不变价格去评估资本商品是错误的(这个不变价格指的是资本商品在某个基准日期的价格或者生产成本)。我认为国民资本或社会资本的任何实际计量都应该属于这一性质。但是在对资本进行这样的随意评估之后，资本和商品之间的技术性关系没有任何的说服力，因此它也就没有存在的理由。②

以上所讲只是前言。整体而言，从我的学术生涯早期开始，我就已经转向其他方向，不再研究生产函数和普遍定义的生产要素之间的替代弹性，这方面的工作是由其他一些学者继续进行的。我主要想谈的是我所做的另一项研究，这项研究在这些年里逐步取得进展，在我看来是目前更有发展前景的一项研究。

这项研究也同样始于那本《工资理论》。前面我一直在谈其中的第六章，但是其他几个章节(第九章和第十章)却是一个完全不同理论的肇始。这是很奇怪的两个章节：当该书出版时，它们远不如第六章那么受欢迎。这部分是由于我在写作这两章时所遵循的传统——庞·巴卫克传统，对英语读者而言，远不如第六章所遵循的庇古的传统那么熟悉；但是主要原因还是我的观点与“新经济学”思想有直接冲突。虽然《通论》一书要到三年之后才会出版，“新经济学”那时已经开始被称为凯恩斯的经济学了。

我在写作《工资理论》一书时，对这些观点还一无所知。我对当时发生在剑桥，还有瑞典的事情没有一点概念。但是我的书刚要出版，我自己就开始转向那个方向了。我偶然发现了某种现象，这种现象就算与凯恩斯的流动偏好不完全一致，也与其密切相关。而且即便是在《通论》于 1936 年发表之前，我的相关研究就已经开始有所成果了。③

从那之后我又做了大量研究，时间所限，无法在此一一描述。我还是应重点讲讲《工资理论》一书中那几个章节的内容，以及由它们衍生的产物。我在 1933—1935 年间获得了新观点的第一个成果，并为自己在那几章中所阐述的观点深感羞愧。我认识到(太迟了)它是多么的不恰当。它同我写这本书时的世界形势毫不相关。我诊断出了一个疾病，但是却不是正确的疾病，我的诊断是错误的。1932 年的失业与我曾经做出的假设性质大不相同。

---

① 见《生产函数和资本理论》(载《经济研究评论》1954 年第 2 期)及之后的文章。

② 我在《资本和增长》(1965)第 293—305 页中详细论述了我现在有关生产函数的观点；另参见《资本和时间》(1973)第 177—84 页。

③ 见《一个简化货币理论的建议》(载《经济学》1935 年第 3 期，我 1967 年出版的《货币理论批评文集》重印了这篇文章)。我在《回忆和文件》一文中(载《经济学》1973 年第 2 期)阐述了有关“转换”的观点。

然而分析一种疾病并非毫无益处,即便它在当时并不是什么重要的疾病。随着时间的推移,我们的工作将会更在点子上。对我而言,这个时间点已经来临了。

20 世纪 30 年代里,我那几个章节饱受攻击的主要根源与我的最初假设有关——我提出工会或者政府方面的工资调停者能够提高实际工资。这一点在当时是为凯恩斯和他的追随者所坚决否认的。他们认为工会所关心的是货币工资,而不是实际工资。某个特定集团货币工资的增长的确能够提高他们相对于其他集团的实际工资;但是在一个封闭的系统里,货币工资的普遍增长只会导致相同比例的价格上涨,而实际工资却仍在原地踏步。这一点当然暗示有弹性的货币供应。如果货币供应不能按比例增加,利率就会上涨;而利率上涨的结果就是对劳动力需求的下降。失业的原因于是就被认为是货币供应缺乏弹性。

凯恩斯的这个观点现在显然不如它最开始出现之时那么有力了。当然,当它被用来反对将降低工资作为刺激经济萧条时期就业的一种手段时(它最初的目的就是如此),它仍然还是很有力的。但是在其他方面,它的力度就没那么强了。

虽然工会致力于提高货币工资,他们真正感兴趣的还是实际工资。如果货币工资的增长只能导致价格的上升,他们就会感到自己受骗了;因此他们就会回来要求新一轮货币工资的增长。这么一来我们的成本就是通货膨胀,对此(近二十年尤其是近十年来)我们已经再熟悉不过了。这都是弹性货币供应造成的,那么为什么不对货币供应加以限制,以便停止或至少阻碍通货膨胀的发生?肯定会有货币学家提出这样的方式,而处于绝望之中的政府也肯定会想到这一点。随之而来的失业到底是由限制货币供应造成的,还是由导致施加货币供应限制的工资上涨推力造成的?人们可从任何一个角度来看待这个问题,但是我们完全可以论证后者才是最根本的。

因此我在 1932 年所做的分析终于与当前的情况产生了某种联系;但是还有另一种联系一直存在,这是我在当时写这本书没有想到的。这无关疾病诊断,而是与经济的正常增长、健康增长有关。在经济的健康增长中,实际工资应该是上涨的。那么实际工资的上涨会带来什么后果?我在 1932 年所做的分析是有关偏离正常轨道的工资增长的,但是处于正常轨道的工资增长虽然不会导致失业,应该也会产生相似的效应。相似的方法应该也可以用来对它们进行分析,而这将深化我们对一般增长进程的理解。这就是我近来主要感兴趣的方面。我将在本次演讲的余下部分给大家概述一下我似乎已经取得的一些成果。

到目前为止,我一直在谈《工资理论》一书中的第九章和第十章,却没有具体说明它们到底包含了哪些内容。事实上,那都是些现在看来无关紧要的细节,只有一点比较重要。

工资增长不论是什么原因造成的,其本身都可能会造成实际利润率的下降。这有两个效应。在某种意义上,它们向相反的方向作用。其一是鼓励采用通常更为资本密集型的方法来替代;其二是由于收入从利润转移到工资而导致储蓄减少。跟我在 1932 年所知道的相比,人们现在对这两个效应的了解要多得多了,但是二者之间的差别仍然存在。下面我将设法以更现代的形式来重新予以阐述。

首先需要坚持一点，由于我们使用像“资本密集型”和“利润率”之类的名词，完全没必要再自找麻烦对资本总量进行估算（而当我们使用生产函数方法时却似乎必须这么做）。重要的不是资本总量的平均利润率（要获得这个数据就必须要对资本总量进行估算），而是新投资的利润率。新的投资在被投入之时，利润只是一种预期，而真正得以实现的利润很可能与预期的不同。然而，如果我们考虑经济的健康增长，设想在预期利润和现实中实现的利润之间存在某种广泛的一致性是合理的。大部分风险投资的结果或多或少都是正确的。做到这一点就足够了。

（在此意义上）除非使用机器也能够带来利润，否则制造机器就无利可图了。因此，我们在评价一项投资的盈利能力时，应该把目光放得长远，要对最终产品的生产做出预期。这样考虑之下的任何一项生产计划之中，劳动力是投入，而最终的产品是产出。如果按最终产品计算的工资上升，则必然会导致按最终产品计算的该计划利润率的下降。我认为这条规则没有例外。它适用于任何一项按上述工资率可行的计划。[①] 因此，对任何一项计划而言（投入和产出均以数量表示），在（实际）工资率和（实际）利润率之间存在着一种特定的关系，它可用一条下斜曲线来表示——我将它称为计划的“效率曲线”。

接下来（虽然只是暂时的）让我们做一常规假设：“技术”是给定的，正好有那么多具有上述意义的生产计划可供选择。每项计划都将有一个效率曲线。按照“资本家”（我在这里不考虑这个名词的合理性问题）的方式进行假设，为新投资实际选定的计划应是在现行工资率下回报率最高的计划。计划的选择不受工资水平的影响是可能的，但是更合乎情理的是随着工资的变化，不同的计划（或者技术）会变得盈利率更高。因此随着工资的增长，计划将会沿着“技术谱线”发生更迭替代。

我们不能采用任何单一物质指数（像通常假设的那样）来区分那些在“技术谱线”中处于“偏上”和“偏下”位置的技术。没有这样一个指数能够适用于所有情况。我在1939年就已指出庞·巴卫克和哈耶克用于此目的的“生产时期”并不广泛适用。[②] 但是实际上同样的观点可以用来反对将任何一个物质指数应用于此目的，如资本劳动比（当资本可以通过某种方法在物质上进行定义时）。[③] 但是，我们不应让这些模糊一个事实，即在“技术谱线”中处于较低位置的那些技术（它们因此要求一个较低的利润率或利率，这样它们的应用才会产生效益）通常涉及较高的预备成本，如建筑成本，作为节约日常生产成本的手段。如果我们从这个简单意义出发，把这些技术归为资本更加密集型，一般而言我们就不会走弯路了。

后面我还会再谈到这个替代效应，现在我想转而谈谈另一个更为棘手的效应。在《工资理论》一书中（在我当时写作这本书时是很自然的），我赞同传统的观点，认为储蓄越多就意味着更多的资本积累，而资本积累对于工资的增长是有利的。但是在凯恩斯的理论体系中，储蓄似乎有着相反的效应。

---

① 见《资本和时间》(1973)第2章。

② 见《价值与资本》第17章。

③ 这是“再转移”论战讨论的主要问题。更多细节参见《资本和时间》第4章。

问题不在于(如人们易于假设的那样)凯恩斯的理论是货币的,而我的"古典"理论是非货币的。我们可以设想一个"物物交换"系统,货币在其中不起关键的作用,但是它仍将按照凯恩斯所确定的方式运行(顺便提一下,这并不是一个不真实的构想,1970—1971年间发生在现实世界的凯恩斯式萧条就是一个很好的例证)。弄清楚这一点花费了很长时间——因为他那个让储蓄和投资始终相等的不幸定义,凯恩斯自己模糊了他所说的部分东西的重要性。

如果我们在期望的和实现的储蓄与投资之间做一个区分(早在1936年,瑞典人对此就已熟知了),问题会变得更为清楚。在期望意义上,即使在以物易物的经济中,储蓄也可能超过投资;它将采取一种不期望的积累形式,即超额库存的积累。如果在期望意义上,投资超过储蓄,库存将下降到正常水平和期望水平以下;或者多余的订单会堆积起来,这些订单都要经历不正常的延误才能最终得到满足。这两种过剩都可以被看作是不均衡的信号——即使是在以物易物的经济中,这种不均衡也完全是可能的。①

这样定义的储蓄—投资均衡并不意味着劳动力的充分就业;要实现劳动力的充分就业,还需要满足其他条件。其中一个条件是相对价格应该是正确的。在一个物价足够灵活的物物交换的系统中,是否可能总是自动地同时保持充分的就业和储蓄—投资均衡?这里不必讨论这个令人头疼的问题。(顺便提一下,我本人认为这不是必然可能的。)就我现在的目的而言,重要的是储蓄—投资均衡和充分就业是不同的。我们可以设想储蓄—投资均衡能够被持续保持,但是如果物价和工资的比例失调就会导致失业。那是我本应该在《工资理论》一书中就提出来的,可惜我没有这么做。如果能够做这么一番解释,凯恩斯的观点就能和"古典的"观点相吻合了。

我花了很长时间才弄清楚这一切。在《对商业循环理论的贡献》(1950)一书的中心部分我用到了一个模型,我后来称之为固定价格模型②。我引进了一条均衡路径——储蓄—投资均衡路径,在它上面有一条充分就业路径。我只对偏离均衡感兴趣,所以我赋予充分就业路径的唯一功能是作为一个上限,用它来约束可能产生的不均衡。至于为何均衡路径应在上限以下,我没做过多的解释。事实上,我对这两个方面都着墨不多。我只是把它们绘制成直线——这对它们最简单的表达方式!

要加深对二者的了解,一个很自然的方式是考虑同时保持储蓄—投资均衡和充分就业的可能性。设想这两个条件要同时得到满足,会产生什么后果?现在很明显,实际工资必须是灵活有弹性的。但是它们可以一直保持向上波动吗?如果可以,那么这两个条件就可以同时得到满足而且不会发生摩擦;如果不能,当两个条件同时得到满足时实际工资必然发生波动,那么就会遇到更大的困难。接下来需要做的事情就是要进一步了解双均衡路径(我们可以这么称呼它)。

这一点已经得到了广泛的认同。过去20年里各方面发展的"增长模型"中有许多

---

① 在封闭经济中由物质库存反映的不均衡,在开放经济中主要由外汇支付平衡来反映。因为在现代国民经济,外汇是最容易上升或下降的库存。

② 特别参见该书第8章。另见《资本和增长》(1965)第7—11章。

(虽然不是全部)都是对上述问题的解答或者尝试性解答。其中一些,特别是那些贴有“新古典主义”标签的模型,用到了我首先提出的生产函数方法。我本人对此兴趣却不大,原因如前所述。不过我也赞同这个问题是一个“古典的”问题,因为我们将不均衡抛到了脑后,我们从凯恩斯那里学到的东西这时也派不上用场。古典著作才是我们应该寻求帮助的对象。但是我认为我们将在英国古典经济学家,特别是约翰·斯图亚特·穆勒那里,而不是在“新古典学派”那里找到答案。

当穆勒“抛弃工资基金”时,他肯定已经忘记自己曾经就此所做的评论了(鉴于他的一贯作风,如果他对自己早期工作的记忆到 1868 年时变得有些模糊了,这一点也不令人感到奇怪)。他在《原则》一书中有关双均衡的讨论基本上是正确的。最终产出与从中提取的用于其他目的的那部分之间的差额就是工资(实际工资)。从中提取的那部分不仅包括“来自利润的消费”,也包括公共的消费(亚当·斯密在谈到这个问题时,对此也很清楚)。只要被提取部分的增长不超过最终产出的增长,当最终生产增加时实际工资必然上升。沿着双均衡路径,必然就是这个结果。[①]

我们现在终于可以来讨论替代效应和储蓄效应如何相互协调了。重要的是要紧紧抓住最终产出行为。这是一个因果关系链:从投资到最终产出,从最终产出到工资,从工资到新投资的利润率,最后又回到投资本身。关于这些步骤中的每一个环节,都有很多话要讲,但是我无法在此一一详尽阐述,只能跟大家谈谈一个大概的印象。[②]

让我们从一项发明的产生说起。最好假设这是一项重大的发明,这样它所使之成为可能的生产技术就会比以前所采用的任何一项技术都更具盈利性。[③] 这项发明必须体现在新的设备之中才能得到应用;因此如果没有新的投资,它就无法被应用。但是即使没有新发明也还是会有一些投资。因此新发明的一个直接效应就是体现在新投资中的技术发生变化了。经济的其他部分仍或多或少地按照原来的模式运行着,用的还是老技术;它们现在虽然已经过时了,但是不可能在一夜之间就被替换掉。

新的生产过程不能马上就生产出最终产品,在新设备投入生产之前肯定会有延迟。在这个延迟的过程中,所有的最终产品还是由旧的生产过程生产出来的,因此,(在双均衡中)如果想要最终产出不下降,旧的生产过程必须继续保持满负荷生产。除非最终产出下降,不会有额外的资源被转移到新的投资中去。因此,假如没有发明,那么本可以用于新投资的那些资源就可以被转移用于制造新的“机器”。

即便是当新设备投入生产时,最终产出也不是肯定就会增加。因为新机器盈利能力的提高很可能只是降低了运营成本。它们的生产能力并不比它们所取代的机器大,它们只是运营成本低一些而已。所以当新机器投入生产时,最终产出并不会增加。只是资源被释放出来了;但是如果想要保持双均衡,这些资源必须继续被使用。它们可以被用来从旧的过程中挤出更多的产出,或者可以被用来制造新机器。在前一种情况

---

① 关于穆勒,参见《资本和时间》第 58—62 页。

② 在《资本和时间》第 9—10 章中对此有更全面的讨论。

③ 在开发经济中,打开一个出口的新市场,或潜在出口的新市场,效应是相似的。

中，最终产出在那个阶段会获得增长；甚至在后一种情况中，虽然在制造更多的机器时产出不会增加，最终产出到最后还是会增加的。因此，（如维克塞尔所假设的那样）一个具有盈利能力的发明总是会带来最终产出的增加；但是这个增长被长期延迟是完全有可能的。

除非最终产出的增长被提取部分的增长所吸收，或者必须分摊到一个极大的劳动力供给的增加量上，否则最终产出的增长（当它到来时）将意味着实际工资的上升。（这是将发生替代的地方。）但让我们暂时假设没有替代和进一步的发明。投资继续采取第一个发明产生之后建立的模式。随着旧机器被逐步替代，资本存量中变得过时的部分将逐渐减少；越来越多的资本将属于"现代"型。在这段时间内最终产出不断扩大，工资也不断上涨。随着工资的上涨，利润率将下降，从最初的发明产生之后不久所达到的一个很高的水平降到一个更为"正常"的水平。到现代化完成之时它将一直下降到在新技术下一种定态的合适水平，因为只有没有替代和新的发明，在那个定态中建立的工资水平是所能达到的最高水平（除非抽取部分减少）。

我们不必依靠利润率下降将减少储蓄的动机这一"古典"观点来证明这一结论。[①]不论储蓄倾向的性质如何，倘若没有进一步的技术变化，这些倾向都会逼近一种稳定状态。收入分配不同，稳定状态就不同，视储蓄倾向采取何种形式而定。但它总是这样一种稳定状体；在这种状态下，工资总比达到定态之前为高，而利润率则恒低。

现在我们可以引入替代。如果沿着技术谱线发生替代——以前没有盈利性的新技术由于工资的上涨而变得具有盈利性了——利润的下降将会减缓。替代的效应（至少在大多数情况下）将是要采取资本更为密集的技术。这些技术的采用可能会减缓最终产出的增长，而这或许意味着它们会减缓实际工资率的上升。（由于它们的目的是节省劳力，毫不奇怪它们会减缓工资的上涨。）但是——这一点至关重要——替代的结果是要让经济走向一个单位劳动最终产出更高的定态，并且因此拥有一个更高的工资水平。证明这个命题有好几种方式[②]；或许最简单的方式只是遵循下面这一点：在一种定态中，当系统完全适应了新技术时，生产方法越是资本密集，每个工人将获得越多的"资本"来帮助他。

我刚才所讲不过是纸上谈兵而已，它只是用来区分一个因果序列，这个序列在实际情况中将会与许多其他因果序列交叉和混合。不过这个序列似乎可能是较为基本的一个。它说明经济进步的主要源泉是发明，是通过利润率起作用的发明。每项发明都会产生一个推动力（我们可以这样称呼它）；但是任何一项发明的推动力都不是无穷的。利润下降就是这个推动力耗尽的标志。但是推动力耗尽的原因（在充分就业或双均衡路径上）是劳动力短缺。

我们这个观点与穆勒的观点相近。在穆勒的理论中，"利润率下降"是由于土地短缺；但是原则上没有理由说起作用的短缺不应是任何自然的短缺。穆勒有关起作用的

---

① 甚至也不必依靠卡塞尔（《利息的性质和必要性》）对这个"古典"见解重新所做的复杂阐述。

② 我自己偏爱的方式是在《资本和时间》第10章中所论述的方式。

短缺是土地短缺的观点只能被视为是经验主义的，在他发表那个意见时它看起来是正确的，但是从那以后它再也没有正确过。最终的短缺必定是劳动力短缺或土地短缺或是二者都短缺。从形式上看，它必然是某种不能增加的生产要素的短缺。当然在发明的推动力发挥作用时还会发生许多其他短缺，但是那些能通过投资克服的短缺一般不会降低新投资的利润率。它们将改变生产过程中进行投资之点，但仅此而已。只有无法排除的短缺才会最终压缩利润率。

一旦我们认识到在技术谱线上发生的替代只是克服由推动力产生的短缺的方法之一，许多事情就能找到合适的位置了。如果在初始发明之后，除了那项发明本身所带来的技术变化之外，没有发生其他技术变化，那么这项发明所产生的推动力将很快耗尽。短缺因素这时将获得初始发明给予它们的全部利益，但仅此而已，不会再有更多的好处了。但是如果发生了替代，其目的是节约那些短缺的因素，那么它们将得到更大、很可能是大得多的最终利益。可能仍然有一个利益如何在它们之间进行分配的问题。然而，整体而言，它们必将因推动力耗尽被延迟而最终获益。

根据这个观点，替代是否应该沿着一个没有变化的“技术边界”进行，或者它们自己是否分享了发明的性质，这一点并不重要。“技术边界”虽然在理论形成期是有用的，并且在对理论进行宣传的早期也仍然是不可或缺的，但它最终只不过是我们可以取下来的脚手架而已。因此有关“诱导发明”之谜不会造成什么麻烦。我们只是需要将它们定义为技术变化，这些技术变化产生的可能性是在推动力发挥作用时新近发现的，而且除非“诱导”它们的短缺已经发展起来，进行这些变化是无利可图的。因此它们就表现为次生发明，是初始发明的“孩子”，它的“经济孩子”：因为我们当然允许它拥有其他“孩子”——技术孩子，还有在更广泛意义上的“边干边学”。有一派经济学家非常看重的规模经济也很适合被引导到大致相同的位置。那些伟大的发明将会产生伟大而持久的推动力，因为它们有许多这样的“孩子”。

根据当代经验，显然很难在初始发明与其“后代”之间画一实线来区分它们（特别是当后者的定义如此宽泛时）。分界线画在什么地方肯定是一个判断问题，或者是口味问题。在较早些的时代，由于能被称为初始发明的项目不多，可能较为容易区分。[①]在 19 世纪，我们肯定能找出一项重大发明，它形成了一个可以分辨并可以分离的推动力，这就是铁路。铁路时代是一个推动力，它发挥的作用一目了然，因为似乎至少在 20 年的时间里，没有产生与之力度相当的推动力。许多经济学家（凯恩斯有时也包括在内）认为 20 世纪 30 年代的经济大萧条属于相同性质的一次间歇。那是可能的，但它并非必然如此，因为 30 年代的不均衡也可以用其他方式解释。要想对其做出正确的阐释，我们就必须高度重视我前面一直置之不理的货币因素。用这样的方式来解释这个问题很可能是正确的。但是也可能存在其他因素，如果存在其他因素，那么我们若能比现在懂得越多，则帮助越大。因为它有助于我们理解 20 世纪起作用的革新过

---

① 在我撰写《经济史理论》(1969)一书时，这些观点尚未完全成形，但是我当时正在努力走向它们。

程,以便使我们比现在更好地了解我们到底能在多大程度上依赖革新潮流的稳定性。借助于一个更好的分类方法来对过去的推动力进行分析研究,很可能会对这个极为重要的问题带来许多启示。

在此次讲演快要结束时,我想回到《工资理论》一书中提出的问题——使实际工资水平高于适合双均衡的水平的后果。在谈论了这么多之后,我们不必以静态方式考虑这个问题。均衡工资水平可以被允许上升,但是实际工资水平应始终保持比之略高的水平。不可否认这是当今一个真实的问题;因为现在具备的实行这个工资水平的手段比过去要广泛得多。如果采取这样一个工资政策,会有什么后果呢?

似乎会发生两种主要情况。首先,较高的工资水平可能会与较少的产品提取量共存。提取量较少会提高与双均衡一致的工资水平;因此,较少的提取量应当允许在没有失业的情况下达到一个较高的工资水平。能做到这一点当然好;然而我们应该注意到,如果任意确定工资水平的路径,为了让这个任意的工资水平和双均衡保持一致,提取量的波动或许是必要的。以这个方式不可能一劳永逸地解决问题。

第二,假设工资水平较高而提取量并不低。我认为,这毫无疑问也是一个实际问题。因为当我们想到现代经济中有多少消费品被提取用于社会目的时,其需求几乎来自于对高工资需求的同一来源,我们肯定就能认识到,能通过减少提取数而获得的缓解很可能是有限的。假设在这个方向上能做的都做了,还有储蓄—投资均衡也能够保持。(保持这个均衡不是易事,但是在那个题目下要说的话,大家已经非常熟悉了;我在这里不必多说。)在这些条件下,经济将沿着怎样的道路发展呢?

我们已经清楚,较高的工资将影响为新投资选择的技术;我们可以认为,整体而言,在相应的日期,它们将比其他情况之下更为资本密集。这类技术最终将比资本密集度较低的投资在更大幅度上提高单位劳动的最终产出。但是,自始至终,投资量(在储蓄—投资均衡中)都将低于其他情况下的投资。因此,尽管经济发展的目标是要达到一种单位劳动的最终消费产出更高的稳定状态,在通向这个状态的路径上(原则上甚至在最终的稳定状态中)就业要低于其他情况。现在我认为,这就是我在《工资理论》一书中想要说的话。它需要受很多条件的制约;然而在我写这本书时,我对这些条件还一无所知。但是,实质上主要观点是成立的。

现在大家都已熟知,一个发展中国家有可能由于选择过于资本密集的技术,而使其扩大"现代"部门的就业无法像采用其他方法那样快。我在这里所讲的不过是那同一个原理的应用而已。

(余晓燕 译　柴志贤 校)

1973 获奖者

华西里·里昂惕夫

Wassily Leontief

【获奖理由】发展了投入产出分析方法及这种方法在重要经济问题上的应用。

生平简介

1906 年	出生于俄国彼得堡
1928 年	取得柏林大学博士学位
1946 年	获聘为哈佛大学经济学教授
1954 年	任计量经济学会会长
1970 年	任美国经济学会会长
1999 年	逝世

主要学术贡献

1. 投入产出法

投入产出法是一种研究经济问题的方法,里昂惕夫在 20 世纪 30 年代初期开始进行投入产出法的研究工作。

投入产出分析的特点和优点是能够用来研究实际经济问题。它是从数量上系统地研究一个复杂经济实体的各不同部门之间相互关系的方法。这个经济实体可以大到一个国家,甚至整个世界,小到一个省、市或企业部门的经济。

进行经济预测,是投入产出法最广泛的应用。研究某项经济政策的实施将对社会经济产生什么影响,也是投入产出分析的重要应用。投入产出分析还可用于一些专门的社会问题研究,如环境污染问题、人口问题、世界经济结构问题等。

2. "里昂惕夫之谜"

里昂惕夫在 1953 年和 1956 年的两次研究中发现了一个难以解释的现象:按照传统理论,美国这个世界上具有最昂贵劳动力和最密集资本的国家,应主要出口资本密集型产品,进口劳动密集型产品。但事实恰好相反,美国出口量最大的却是农产品等劳动密集型产品,进口量最大的却是汽车、钢铁等资本密集型产品。这被称为"里昂惕夫之谜",引发了大量从不同角度进行的检验与解释研究,推动了人力资本、国际贸易等研究领域的发展。

3.《资本论》研究

里昂惕夫等国外经济学家,充分肯定了《资本论》有关资本主义社会经济矛盾和运动规律理论的实证性和科学性。里昂惕夫指出:"在试图做出任何解释以前,如果一个人想要了解资本主义企业的利润和工资实际上是什么,那么,他从三卷《资本论》可以得到的信息,会比他在十期《美国统计普查》、一打有关当代经济制度的教科书,甚至我还敢说,再加上托斯丹·凡勃伦的所有论文集当中,可以找到的信息都更真实,也更有用。"

主要学术成果

《美国经济体系中投入产出的数量关系》(1936)

《美国经济的结构:1919～1929年》(1941)

《美国经济结构研究》(1953)

《投入—产出经济学》(1966)

《经济学论文集(理论与推理)》第一卷(1966)

《经济学论文集(理论、事实和政策)》第二卷(1977)

《世界经济的未来》(1977)

颁奖词

瑞典皇家科学院 / 阿萨尔·林德贝尔

尊敬的国王和王后陛下,各位殿下,女士们,先生们:

经济体制的其中一个非常典型的特点是该系统中的每一部分都相互影响,也就是我们经常说的经济体系内的相互依赖性。这种相互依赖性也是经济生产领域的一个显著特征。举例来说,为了生产钢铁,我们不仅需要劳动力,还需要煤以及其他各种中间产品,也就是在生产过程中的"投入品"。相应地,为了生产必要的煤和其他我们需要的产品,除了劳动力,也同样需要钢铁和其他投入品/中间产品。

这意味着如果想要提高钢铁的产量,我们必须同时提高煤的产量,这也反过来需要更多钢铁数量,周而复始,无穷无尽。同样地,其他各种各样在生产钢铁和煤过程中直接或间接用到的产品也是如此。这个看上去非常简单的例子说明了上文所说的生产系统中的相互依赖性。

现在让我们记住,现代经济产生了成百上千种甚至上万种不同的商品和服务,它们中的大部分都直接或间接地充当其他商品和服务生产过程中的投入产品。因此,我们非常容易理解为什么每个商品的生产数量如此难以预计,因为这个商品数量不仅要包括作为最终消费品、投资和最终出口品，还要关注在这个系统中它充当其他商品和服务的投入产品所需要的数量。

为了分析生产系统中这些复杂的相互依赖性，华西里·里昂惕夫发展了投入产出方法，这种方法就是通过数学和统计形成的模型，对生产过程中复杂的相互依赖性进行实证分析。

当然，现在一个很明显的问题就是，这有什么好处呢？在市场体系中，以瑞典为例，我们知道，我们不需要中央政府决定每种商品的需求量。就如我们所知，在经济中产出的组成部分主要由市场通过公司的供给量、服务和家庭需求及其他各种市场中的公司对产品和服务需求进行决定。然而，我们应该可以看到，投入产出方法可以被当作市场过程的一种补充，主要为了预测和制定经济计划。一些例子可以解释这个观点。

与“二战”后美国的裁军和朝鲜战争中的重整军备密切相关的是，投入产出方法被用来计算裁军和扩军会如何相应影响美国经济中多个部门的产量和就业水平，也会影响各种对投入品需求产生间接影响的因素，这些投入不仅包括国防工业，也包括其他企业，它们直接或间接地为国防工业输送产品和服务。

另一个例子是投入产出方法还可以被用来研究一个部门中产品生产成本的改变如何延伸到其他经济部门——同样也是循环往复，周而复始。通过这种方法，从一个部门中的工资水平改变到研究其对整体经济的影响成为可能；再举个现代的例子，以油价变化对各种商品和服务产生的直接和间接因素进行研究成为可能。最近还发现投入产出方法对研究生产过程中各种我们在高科技社会中破坏环境的“剩余价值”非常有用。

中央政府执行的投入产出分析能以这种方式对其他部门中的各种产品变化结果提供信息，如对经济中消费需求增加、投资和出口增加的各种生产部门的结果。这对经济体系中的突然变化非常有价值。公司和公众群体会通过中央政府的投入产出分析，有机会预测未来发展而不需要等待市场信号，这种信号往往通过各种市场中产品和服务的需求变化而产生。这意味着投入产出方法可能不仅对中央政府提出的预测和经济计划有效，也对企业的决策有帮助。

我现在要恭喜您，里昂惕夫教授。您的投入产出模型给经济学界提供了非常重要的工具，去分析现代经济中复杂的相互依赖性。您不仅建构了投入产出方法的理论基础，还通过您的不懈努力发展了非常宝贵的实证数据，这些资料为重要经济问题提供了应用方法，也对各种经济理论进行了实证检验。

很荣幸可以代表瑞典皇家科学院向您祝贺，请您从国王陛下手中接受1973年经济学奖。

（周望月 译　金　星 校）

获奖演说

世界经济的结构——简要的投入产出模型

华西里·里昂惕夫

一

世界经济犹如一个国家的经济,可以被看作相互依赖的系统。每个过程,无论是钢铁的生产、儿童的教育还是一个家庭的经营,都会产生某种产出,也同样有投入组合。当一个过程中的产出变成投入,两个过程中的直接相互依赖性产生:煤是煤矿工业的产出,也是发电部门的主要投入。化工企业直接用煤作为自然资料,煤也是电力中的间接资料。这些相互联系的网络组成了各种元素系统,它们直接或间接地相互依赖。

经济系统的状态可以用双向的投入产出表格形式来进行描述,展现在不同部门中货物和服务的流程,来回过程或实体("追加价值"和"最后需求")被看作投入产出系统中的传统边界外进行考虑。当调查范围扩大时,投入产出表中添加了新的行和列,一些表外的流入量和流出量变为表内的流量。增加描写经济系统的行和列的数量,使其更详细地描写经济活动,而这些活动经常用综合性词汇来进行描述。

目前我们正在努力建设投入产出系统数据库,这个数据库不是指国民经济的投入产出系统,而是将世界经济作为一个互相联系的很多部分组成的投入产出系统。这个全球研究,正如官方文件描述的一样,目的在于"帮助联合国成员国进行1975年世界发展回顾,加快发展,与贫穷和失业现象斗争到底。首先,在国内外发展政策保持不变的情况下,研究未来环境问题和政策对世界发展的后果;其次,研究促进发展可能的政策效果,并同时保护和改善环境。通过这些措施指出未来世界经济可能选择的道路,这将有助于国际社会合理决定未来的发展政策与环境政策"①。

为了描述世界经济,初步把世界经济划分为28个国家,每个国家大约有45个生产部门。用30种主要污染物来描述环境状况,用40种不同矿产品和燃料来描述非农业自然资源的使用情况。

二

这个报告的主题是对世界经济结构的投入产出观点做详细描述。这个投入产出模型需要通过聚集和组织大量真实材料来描述世界经济。这种系统对具体理解世界经济结构及系统化地规划未来发展途径非常重要。

让我们设想世界经济是由发达和欠发达地区经济组成。再把每个地区的经济分成三个生产部门:生产原料的采掘工业;其他生产部门及常用商品供给和服务;治理污染的产业。除了这三个部门,每一地区还需要有特定的消费部门。治理污染产业的作用是消除生产部门、消费者及其自身产生的污染物。

---

① 《联合国研究简论:国际发展战略中未来环境问题与环境政策的影响》,1973年4月。

表1中显示的两张投入产出表，描述了发达地区和发展中地区交叉的商品和服务流量。从发展中地区流入发达地区的自然资源流，相反发达地区的其他产品流入发展中地区，在两张表中都有体现。表中正数表示出口地区，负数表示进口地区。

表1　1970年世界经济

（1970年，10亿美元）

发达国家

	采掘工业	其他生产	治理污染产业	最终需求		总产出
				国内消费	贸易	
采掘工业	0	76	0	2	−15	63
其他生产	21	1809	21	2414	19	4284
污染	5	62	−63	60	0	64
就业	18	1372	20	287	0	
其他增加值	21	996	22	0	0	

发展中国家

	采掘工业	其他生产	治理污染产业	最终需求		总产出
				国内消费	贸易	
采掘工业	0	8	0	2	15	25
其他生产	7	197	0	388	−19	573
污染	2	8	0	11	0	21
就业	9	149	0	99	0	
其他增加值	8	220	0	0	0	

这两张表的第二行和第三行最右边的格子分别表示采掘业和其他生产行业的国内总产出。

第四行（污染）中的每个正数表示所在列的那个部门活动所产生的污染物数量。第四行和第四列交汇处的负值表示被污染治理活动处理掉的污染量。①治理污染产业从其他部门购买的诸如能源、化学品等投入，以及他们所支付的增加值都是作为正数填在第四列中的。所有部门产生的污染总量与治理污染部门清除掉的污染总量之间的差额是用净排放数来表示的，也就是第四行中最右边的数值。最后，各部门使用的劳动力投入及支付给其他收入代理人的款项分别在最后两行显示出来。

严格说来，这两张表中的各项数字，都是基本估计的。但是总的来说，这些数字大致反映出了对过去10年间发达地区和发展中地区及它们之间的流量。

① 各种数量的单位为10亿美元（以当年价格计算）；污染物是按治理每一单位污染所花费的平均成本来定价的。

从分析目的来看，采掘工业和其他产业的投入与产出，以及生产与治理污染物的数量可以从适当的实物单位（磅、码数、千瓦等）数量进行衡量。当然这也适用于服务业的初级要素：例如最后第二行的劳动力投入量。同样地，其他增加值的组成部门也可以以实物方式计量，即使原则上讲是可能的，但从目前的知识状态来说也是不大可能的。从纯理论，或者说从推测性的经济理论来看，我们可以通过介绍一些虽然不太现实的假设来克服这种困难。但是一个允许实证分析的理论模型必须解释清楚至少一些增值部分不能作为可衡量的物质投入来支付，但必须完全能从纯货中来处理。

三

这两张投入产出表格中的流量是互相依赖的。它们必须满足三个明显的约束条件。首先，在每个生产或消费过程中都存在产出水平和各种投入的需求量之间的技术关系。例如，世界经济结构的发达地区表第 1 列（采掘工业的投入）中的每个数值分别除以该部门的总产出（第 1 行的最后数值），我们可以发现，该部门每生产一个单位的产出，需要 0.3372 单位的其他生产部门的投入、0.2867 单位的劳动服务和 0.3332 单位的其他增值，还需要产生 0.0859 单位的污染。其他投入产出系数均描述了两组国家中各个不同的生产部门和消费的技术结构。

虽然统计的投入产出表仍然作为各个产业投入需求或者“烹饪食谱”的主要信息来源，我们发现经济学家越来越多地利用工程数据作为补充信息来源。图 1 显示了例子中两组国家的完整结构矩阵。

发达国家

$$A_1 = \begin{bmatrix} .0 & .0178 & .0 \\ .3372 & .4423 & .3298 \\ .0859 & .0144 & .0118 \end{bmatrix} \qquad C_1 = \begin{bmatrix} .0007 \\ .8834 \\ .0218 \end{bmatrix}$$

$$\tau_1 = [.2867 \quad .3203 \quad .3161] \qquad \tau_1^c = [.1050]$$

$$r_1 = [.3332 \quad .2324 \quad .3482] \qquad r_1 = [.0]$$

发展中国家

$$A_2 = \begin{bmatrix} .0 & .0141 & .0 \\ .2934 & .3437 & .3298 \\ .0859 & .0144 & .0118 \end{bmatrix} \qquad C_2 = \begin{bmatrix} .0037 \\ .7943 \\ .0218 \end{bmatrix}$$

$$\tau_2 = [.3729 \quad .2597 \quad .3161] \qquad \tau_2^c = [.2020]$$

$$r_2 = [.3337 \quad .3825 \quad .3541] \qquad r_2^c = [.0]$$

图 1　技术和消费系数①

第二种必须满足每个可行系统的约束条件是每种产品的投入和产出总量必须平衡，也就是说，总供给量必须与总需求量相等。就污染物来说，净排放量必须等于各部

① 这些图表中的系数不能相加后达到完全一致，因为工业产生的污染和最后需求产生的污染在发达国家中只是进行了部分治理，而在发展中国家则完全没有治理。

门排放总量减去通过消除污染过程中排除的量。

例如，采掘业原料总产出和投入组合间的平衡可用以下等式进行描述：

(1) $(1-a_{11})x_1$	$-$ $a_{12}x_2$	$-$ $a_{13}x_3$	$-$ c_1y	$-$ $T_1=0$
（采掘工业的净产出）	（输送到其他生产部门的量）	（输送到治理污染部门的量）	（输送到最终使用者的量）	（出口量）

表述污染的产出、治理和净排放量之间平衡关系的方程如下：

(2) $-a_{31}x_1-a_{32}x_2$	$+$ $(1-a_{33})x_3$	$-$ c_3y	$+$ $E=0$
（部门1和部门2所产生的污染总量）	（治理活动所消除的污染量）	（消费者和政府所产生的污染总量）	（排放到环境中的净污染量）

公式中 x_1 和 x_2 分别表示采掘工业和其他生产部门的总产出；x_3 表示治理污染部门的活动水平；y 则是增加值总量，即国民总收入。"技术系数"a_{ij} 代表部门 j 生产一个单位的产出需要吸收的部门 i 产品的单位数（就污染来说，则表示部门 j 生产一个单位的产出所产生的污染单位数），也就是每单位的国民总收入。

变量 E：

公式	${}_1X_1\ {}_1X_2\ {}_1X_3$	L_1	Y_1	E_1	${}_2X_1\ {}_2X_2\ {}_2X_3$	L_2	Y_2	E_2	T_1	T_2	B	
1.1									1			
1.2	$I-A_1$		$-C_1$							-1		
1.3				1								
1.4	l_1	-1	l_1^C									$=[O]$
1.5									-1			
1.6					$I-A_2$		$-C_2$			1		
1.7								1				
1.8					l_2	-1	l_2^C					
1.9									p_1	$-p_2$	1	

图 2　公子式系统

变量 E：

公式 N	${}_1p_1$	${}_1p_2$	${}_1p_3$	w_1	${}_1r_1\ {}_1r_2\ {}_1r_3$	${}_2p_1$	${}_2p_2$	${}_2p_3$	w_2	${}_2r_1\ {}_2r_2\ {}_2r$	
2.1			${}_1\bar{q}_1 \cdot {}_1a_{31}$								
2.2	$I-A_1^1$		${}_1\bar{q}_2 \cdot {}_1a_{32}$	$-l_1^1$	$-I$						
2.3			${}_1^1\bar{q}_3 \cdot {}_1a_{33}$								
2.4								${}_2\bar{q}_1 \cdot {}_2a_{31}$			$=[0]$
2.5						$I-A_2^1$		${}_2\bar{q}_2 \cdot {}_2a_{32}$	$-l_2^1$	$-I$	
2.6								${}_2\bar{q}_3 \cdot {}_2a_{33}$			
2.7	1					-1					
2.8		-1					1				

图 3　物理子系统

图2、图3显示了一整套线性方程式用简单的矩形公式描述发达国家和发展中国家各部门的投入产生的物质平衡。这些方程式的最后以显化的形式写在最下面部分，描述了进出口流量，这些流量将发达地区和发展中地区连成一个统一的世界经济。

(3) $B = T_2 p_2 - T_2 p_1$

贸易 B 的平衡，也就是两个相反贸易流量货币值的不同不仅仅依赖贸易商品的 T_1 和 T_2 数量，也依赖它们的价值 p_1 和 p_2。一个国家出口产品的价格越高，或者说它进口产品的价格越低，它的“贸易条件”越好。

三种关系中最后一种是描述每个产业所有商品和服务的独立价格及每单位产出的增加值之间的相互依赖关系。例如，这种情况下一个方程表述一种价格，采掘部门以这种价格销售一个单位的产出所得，与生产它的平均费用相等。平均费用包括从其他部门购买投入的成本(数量×价格)、支付的工资和其他各种增加值。

(4) $\underline{p_1 \quad - \quad a_{11}p_1 - a_{21}p_2 \quad - \quad q_1 a_{31} p_3 \quad - \quad \tau_1 w \quad - \quad r_1} = 0$

(产出价格)　(原材料投入的成本)　(治理污染的成本)　(劳动力投入的成本)　(其他增加值)

这个方程中出现的技术系数(a_{ij}和卫 τ_1'S)与上面投入产出表2中的技术系数是相同的。治理污染系数 q_i 表示部门i所排放的全部污染量中被治理污染部门所清除的那一部分污染量(以该部门支付给治理污染部门的费用计算)。[①]

在这个例子中，物质平衡系统含有9个方程，由15个变量组成；按市场价格计算的增加值系统，含有8个方程，由14个变量组成。但如果从一开始就假定发达国家和发展中国家的采掘工业和其他生产部门用于国际贸易的产品价格都是相同的，则这14个变量可以简化为12个变量，方程可以减少到6个。在等式2.7和2.8中清晰地展现出来：

(5) $\quad {}_1p_1 = {}_2p_1 (\equiv p_1)$ 和 ${}_1p_2 = {}_2p_2 (\equiv p_2)$

实物平衡系统和增加值系统被看成整体的组合，包括29个变量，但只有17个方程式。因此，要得到一个唯一的解决方法，我们必须根据一些外部信息将12个变量的值都确定下来，也就是说它们的值应该由外在决定。

需要用两种类型的数据信息来找到这个系统的解题方法。首先，一些资料以正确的结构系数形式被利用。其他类型的事实信息通过分配特定的数值引入，这使得“外生”变量适当化。

考虑到数据的不均匀性质组成目前的实证调查，如果将我们拥有的所有事实信息注入一个单一、包罗万象、解释体制不灵活的死板的模型中，那么这将是策略性错误。决定哪个变量应做因变量，哪个应该被定为外生，这是非常有策略性的。理论模型是

① 这个方程建立在某一部门所产生的污染，用它自己的费用来消除的条件下。如果治理污染部门的费用是由政府从各种税收中提供，则这个价格方程必须做相应的修改。可参考华西里·里昂惕夫的《环境影响和经济结构》，《经济学和统计学评论》1980年第8期；《经济和社会绩效测量》，见米尔顿·莫斯编辑的《收入与财富系列研究》第38期，纽约哥伦比亚出版社1973年版，第565—576页。

武器，在决定如何使用这个武器时我们应该考虑特定实证领域的性质。

要评价各种外部因素对我们从理论上描述世界经济的影响，我们用 6 个物质变量和 5 个增加值变量作为“外生变量”。表 2 和表 3 表明了哪些变量是内生变量，并确定了所有外生变量的值。这些假定可以使从我们现在单一的世界经济（即目前 20 世纪 70 年代）预测出 30 年后 3 种可供选择的假定状况[2000(I)，2000(II)和 2000(III)]。

发达国家劳动力总量的投入 L_1，是外生变量。在充分或近似充分就业时，它的数值依赖于我们在正式理论系统中没有提到的人口因素和文化因素。在发展中国家，大量失业使就业水平放在产出水平的基础上来加以考虑，即把 L_2 作为内生变量来处理，是适当的。

发达国家采掘工业的产出受到可用自然资源减少的约束。把${}_1X_1$ 作为外生变量，我们便可以阐明这种约束。在自然资源丰富的发展中国家，采掘工业的产出${}_2X_1$ 部分地依赖于较小的国内市场，而主要依赖于发达国家对自然资源的需求。因此${}_2X_1$ 可以作为因变量来处理。

对于其他生产部门，情况则恰恰相反。发达国家中的制成品，通常是根据最终需求水平来调整的，即把${}_1X_2$ 作为因变量。而在发展中国家，其他生产部门的产出${}_1X_2$ 是受到诸如基础设施薄弱和资本有限等外部因素约束的。在这种情况下，提高国内投入，通常促进了对进口需求的增长。因此，${}_2X_2$ 是作为自变量来处理的，而 T_1 和 T_2 是作为因变量来处理的。

在价格—增值方程中，发达国家所有的货币工资和其他属于增加值的支付（W，r_1，r_2，r_3），都是外生。这意味着所有三种产品的价格都可以由内部因素推导出来。在发展国家中，情况似乎有所不同。由采掘工业和其他生产部门所生产的商品的价格，是由在发达国家中生产它们的成本决定的（包括外部增加值）。因而在发展中国家中，采掘工业和其他生产部门生产这些商品所支付的增加依${}_2r_1$ 和${}_2r_2$，仅仅反映了所定价格与其生产成本之间的差额。

一般说来，发展中国家的原料相对丰富，采掘原料的成本相对低廉，因此发展中国家的采掘工业可以期望获得相对较高的增加值。李嘉图称这层关系为“矿租”。另一方面，发展中国家的其他生产部门的技术投入系数，或者更通俗地讲，这个生产部门的成本，可以期望高于发达国家的技术投入系数或成本。正因为这样，发展中国家的其他生产部门每一单位的产出所获得的增加值，呈现出相对较低的趋势。

表 2　实物系统预测

变量	发达国家			发展中国家		
	情况 1	情况 2	情况 3	情况 1	情况 2	情况 3
采掘产出 X1	能力限制在 1970 年水平的 150%			内生变量		
其他生产 X2	内生变量			从 1970 年到 2000 年能力每年增长 6.4%		
治理污染产出 X3	内生变量			0	内生变量	
就业 L	按人口增长率增长			内生变量		

续 表

<table>
<tr><td rowspan="2">变量</td><td colspan="3">发达国家</td><td colspan="3">发展中国家</td></tr>
<tr><td>情况 1</td><td>情况 2</td><td>情况 3</td><td>情况 1</td><td>情况 2</td><td>情况 3</td></tr>
<tr><td>最终需求 Y</td><td colspan="6">内生变量</td></tr>
<tr><td>净污染散发量 E</td><td colspan="3">限制在 1970 年的假设水平上</td><td>内生变量</td><td colspan="2">限制在两倍于 1970 年的水平上</td></tr>
<tr><td>采掘产品的净贸易量 T1</td><td colspan="6" rowspan="2">内生变量</td></tr>
<tr><td>其他生产的净贸易量 T2</td></tr>
<tr><td>贸易差额 B</td><td colspan="6">发展中国家的入超相当于发达国家收入的 1%，反映资本的流量和援助</td></tr>
<tr><td>技术系数 A</td><td colspan="2">1970 年后未发生变化</td><td colspan="2">采掘工业为 1970 年的两倍</td><td colspan="2">从 1970 年起保持不变</td></tr>
<tr><td>劳动系数 l</td><td colspan="2">因为生产率的提高，为 1970 年的 1/3</td><td colspan="2">采掘工业为 1970 年的 2/3</td><td colspan="2">由于生产率的提高，为 1970 年的 1/3</td></tr>
<tr><td>消费系数 C</td><td colspan="6">1970 年后未发生变化</td></tr>
<tr><td>采掘产品价格 P1</td><td colspan="6" rowspan="2">从价格系统的解中获得</td></tr>
<tr><td>其他产品价格 P2</td></tr>
</table>

表 3 价值系统预测

<table>
<tr><td rowspan="2">变量</td><td colspan="3">发达国家</td><td colspan="3">发展中国家</td></tr>
<tr><td>情况 1</td><td>情况 2</td><td>情况 3</td><td>情况 1</td><td>情况 2</td><td>情况 3</td></tr>
<tr><td>采掘产品价格 P1</td><td colspan="6" rowspan="3">内生变量</td></tr>
<tr><td>其他产品价格 P2</td></tr>
<tr><td>治理污染价格 P3</td></tr>
<tr><td>工资率 W</td><td colspan="6">保持在 1970 年的水平上（指数＝1）</td></tr>
<tr><td>采掘业每单位产出中的其他增加值 r1</td><td colspan="3" rowspan="3">保持在 1970 年的水平上（指数＝1）</td><td colspan="3" rowspan="2">内生变量</td></tr>
<tr><td>其他生产部门中的其他增加值 r2</td></tr>
<tr><td>治理污染中的其他增加值 r3</td><td colspan="3">保持在 1970 年的水平上（指数＝1）</td></tr>
<tr><td>技术系数 A</td><td colspan="2">1970 年后保持不变</td><td colspan="2">采掘工业为 1970 年的两倍</td><td colspan="2">1970 年后保持不变</td></tr>
<tr><td>劳动系数 t</td><td colspan="2">由于生产率的提高，为 1970 年的 1/3</td><td colspan="2">1970 年采掘工业的 2/3</td><td colspan="2">由于生产率的提高，为 1970 年水平的 1/3</td></tr>
<tr><td>治理污染系数 q</td><td colspan="6">$q_1=q_2=q_3=X_3(Xa+E)$，即一个国家的污染系数等于把净污染减少到给定标准 E 的值</td></tr>
</table>

既然前面提及的联合国项目的主要目的是“对发展中国家经济发展前景环境政策的真实评估”，净污染值 E_1 和 E_2 在我们的两个项目中都是被当成外生变量处理的。

为了确定外生变量的数值，准许有效地使用不同的外部资料，以便为投入产出系统求得唯一的数值解，经验表明，通过引进附加方程，外生变量可以成为内生变量。

在完成实证投入产出系统的过程中，最重要的同时也是最必需的步骤是确定数百种，乃至数千种结构系数的数位，有关的各种方法论是如此不同和专业化，我们在这篇纲要性的文章中就避免讨论了。

四

正如前面解释过的，1970 年到 2000 年的世界经济状况，有三种可供选择的方案。表 2 和表 3 包含了它们的详尽说明，而计算的结果则概括在附录中的三组投入产出模型中。

图 4 和图 5 的条状图能帮助我们更系统地检查这些结果。条状图的宽度代表以基础年美元衡量的相应经济活动的相对规模。每条条状的长度表明当世界经济从一个国家传递到另一个国家时每一活动水平增长或减少的百分比。外生变量通过星形标记表示。

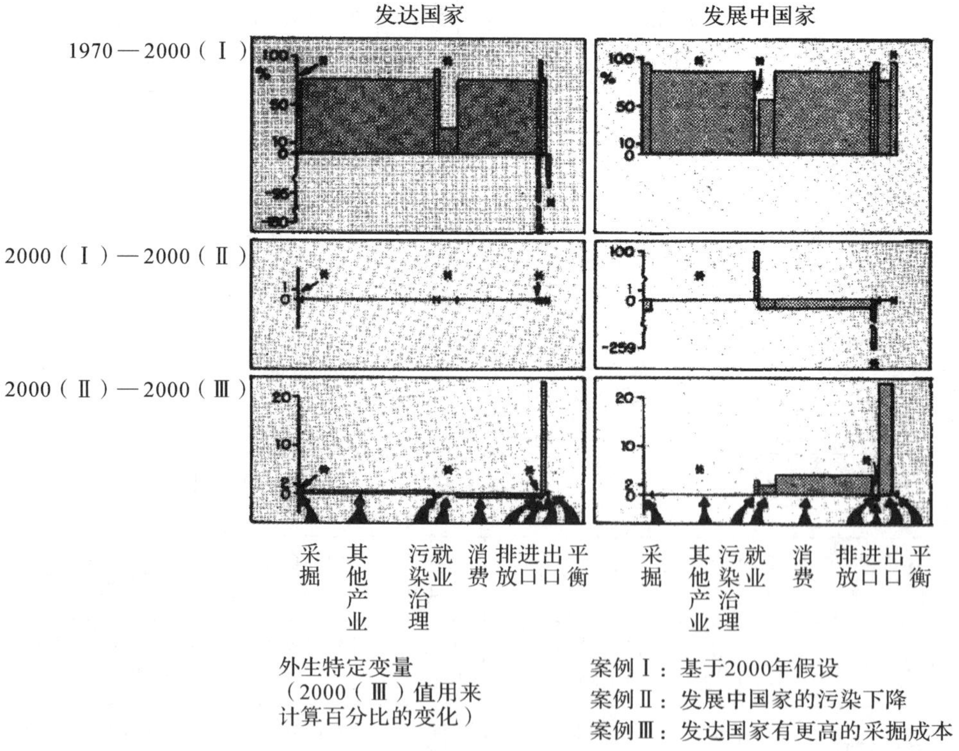

图 4　物理系统变化

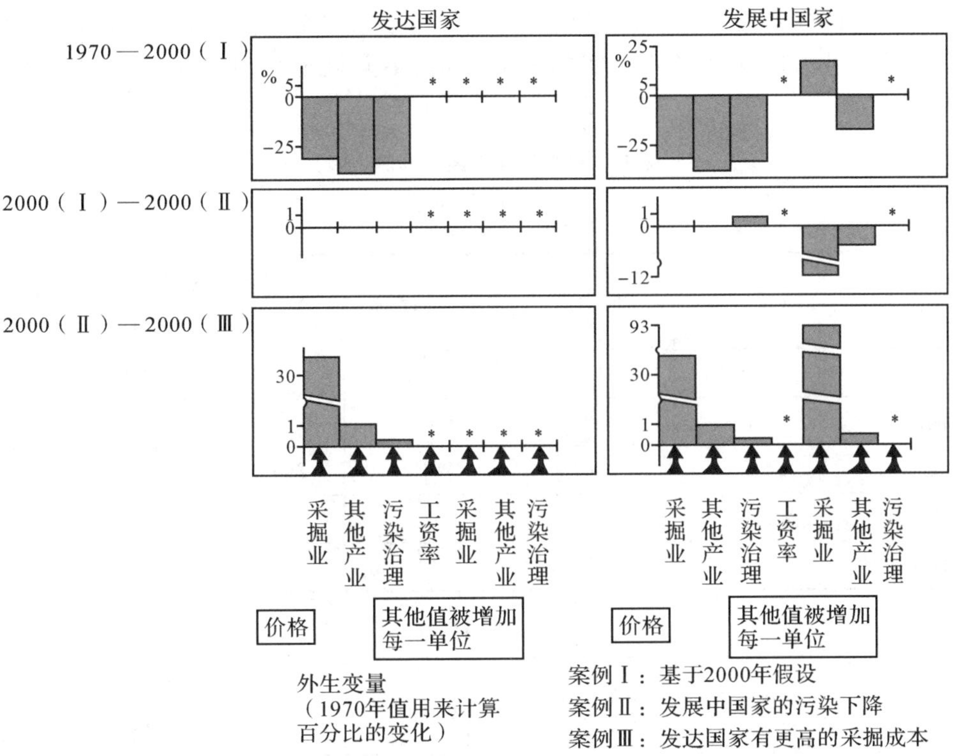

图 5　价格系统变化

这些经济轮廓中最上面的这些长条表明输出高涨，总消费量上升，价格呈下降趋势：从 1970 年到 2000 年的“大跳跃”。表 4 情况 1 是严格地依赖于两个假设的推测。第一，发达国家中的雇佣劳动力会随着人口增长而增加。第二，两个地区的劳动生产率（劳动系数的倒数）在 2000 年时达到了 1970 年的三倍，其他投入系数保持不变。1967 年美国大气净化法案（1970 年修订）的严格实施标准可以使发达国家中未处理的污染急剧下降，而在发展中国家中由于缺少污染治理活动，污染上升。国际贸易比国内经济活动更快扩大。以工资单位计算的工资会下降，发展中国家的采掘工业增加值会提高，而其他工业则会下降。

在发达国家中，这样的情况如何受到采掘工业运行成本增加的影响？图 4 和图 5 中的最后一行显示假如发达国家的采掘工业生产率在 1970 年到 2000 年只提高 1.5 倍，而不是 3 倍，而其他采掘投入是出口的 2 倍，这两个地区的世界经济状况是怎样受到影响的。发达国家的其他产品出口会略有增加，而消费水平则略有下降。发展中国家的消费将会大幅度增长。发达国家和发展中国家收入的再分配机制与采掘产品价格相对其他价格急剧上升有关，其增加值也相应上升（发展中国家采掘工业产生的租金）和最后这些国家出口略降却伴随进口的急剧上升，这两者都反映了它们“贸易条件”的显著改善。

我们反对从本文提出的经济计划中引出任何实际的结论。电脑输入虚构的投入，也必然输出虚构的产出。投入和产出都是按照它们各自的解释来说明事实的。我们所推荐的理论方程是为了保护研究者,使他们不陷入这个危险境界:任何人在完成困难而又缺乏魅力的探知必要事实的任务之前,不允许他得出任何绝对的或普通的结论。

表 4　2000 年世界经济预测(情况 1)

(1979 年,10 亿美元)

发达国家

	采掘工业	其他生产	治理污染产业	最终需求		总产出
				国内消费	贸易	
采掘工业	0	316	0	8	−226	98
其他产业	33	7502	160	9713	357	17765
污染	8	256	−479	240	0	25
就业	9	1897	51	379	0	
其他增加值	33	4129	169	0	0	

发展中国家

	采掘工业	其他生产	治理污染产业	最终需求		总产出
				国内消费	贸易	
采掘工业	0	52	0	12	226	290
其他产业	85	1255	0	2668	−357	3650
污染	25	53	0	73	0	151
就业	36	316	0	226	0	
其他增加值	112	1143	0	0	0	

表 5　2000 年世界经济预测(情况 2)

(1979 年,10 亿美元)

发达国家

	采掘工业	其他生产	治理污染产业	最终需求		总产出
				国内消费	贸易	
采掘工业	0	316	0	8	−226	98
其他产业	33	7502	160	9713	357	17765
污染	8	256	−479	240	0	25
就业	9	1897	51	379	0	
其他增加值	33	4129	169	0	0	

续表

发展中国家

	采掘工业	其他生产	治理污染产业	最终需求		总产出
				国内消费	贸易	
采掘工业	0	52	0	12	226	290
其他产业	85	1254	36	2632	—357	3650
污染	25	53	—108	72	0	42
就业	36	316	12	223	0	
其他增加值	100	1118	39	0	0	

表6　2000年世界经济预测(情况3)

(1979年,10亿美元)

发达国家

	采掘工业	其他生产	治理污染产业	最终需求		总产出
				国内消费	贸易	
采掘工业	0	315	0	8	—225	98
其他产业	66	7472	159	9678	461	17836
污染	8	255	—477	239	0	25
就业	19	1890	51	378	0	
其他增加值	33	4112	168	0	0	

发展中国家

	采掘工业	其他生产	治理污染产业	最终需求		总产出
				国内消费	贸易	
采掘工业	0	51	0	13	225	289
其他产业	85	1254	37	2735	—461	3650
污染	25	53	—111	75	0	42
就业	36	316	12	232	0	
其他增加值	189	1125	40	0	0	

(周望月 译　金　星 校)

1974 获奖者

纲纳·缪达尔

Gunnar Myrdal

【获奖理由】在货币和经济波动理论方面做出了开创性贡献，对经济、社会和制度之间的相互依存现象进行了深入分析。

生平简介

1898 年	出生于瑞典卡尔卡利亚省
1927 年	获斯德哥尔摩大学政治经济学博士学位
1933 年	被聘任为斯德哥尔摩大学教授
1934 年	作为社会民主党成员被选入参议院
1945—1947 年	任瑞典商业部部长
1947—1957 年	任联合国欧洲经济委员会秘书长
1961 年	任斯德哥尔摩大学经济学教授
1987 年	逝世

主要学术贡献

1. 循环积累因果原理

循环积累因果原理是指从一个动态的社会来看，社会经济各有关因素之间存在着循环积累的因果关系。某一社会经济因素的变化，会引起另一社会经济因素的变化，而后一因素的变化，反过来又加强了前一因素的变化，导致社会经济过程沿着最初那个因素变化的方向发展，从而形成了积累性的循环发展趋势。所以，社会经济各因素之间的关系不是趋于均衡，而是以循环的方式运动，并且，这种运动不是简单的循环流转，而是具有累积效应的运动，是一种“循环积累因果关系”。

2. 发展经济学研究

缪达尔也是发展经济学的先驱人物之一，他从 1957 年开始对亚洲一些国家(主要是南亚国家)的贫困和不发达问题进行了长达 10 年的研究，这项研究的最终成果反映在他于 1968 年出版的三卷本的《亚洲的戏剧：一些国家贫困问题研究》(1971 年出版了一卷本的缩写本)。

3. 经济分析方法

缪达尔在经济分析中采用整体方法论建立宏观动态经济理论，并和其他学者一起构成了现代西方经济学发展过程中独树一帜的斯德哥尔摩学派。其整体方法主要体现在以下几个方面：采用总量分析方法，建立宏观经济理论体系。总量分析方法主要包括国民收入的总量变量的分析方法、国民收入组成的衡量和规定采用商品的供给和需求的分析方法，以及国民收入的决定和波动取决于总投资与总储蓄的均衡或失衡的分析方法三个方面的内容。缪达尔等人用总投资与总储蓄或总投资与总消费的均衡与否考察影响国民总收入的决定和波动因素，并且企图在考察总量的基础上找到资本主义经济周期波动的规律和其他经济活动中带有规律性的内容。

主要学术成果

《经济理论发展中的政治因素》(1930)

《财政政策的经济效果》(1934)

《人口问题的危机》(1934)

《人口：一个民主问题》(1940)

《美国的困境：黑人问题和现代民主》(1944)

《国际经济：问题与前景》(1956)

《富裕国家与贫穷国家》(1957)

《超越福利国家》(1960)

《亚洲的戏剧：一些国家贫困问题研究》(1968)

《世界贫困的挑战》(1970)

《反潮流：经济学评论集》(1973)

1974 获奖者

弗里德里希·奥克斯特·冯·哈耶克

Friedrich August von Hayek

【获奖理由】在货币和经济波动理论方面做出了开创性贡献，对经济、社会和制度现象之间的相互依存现象进行了深入分析。

生平简介

1899 年	出生于奥地利维也纳
1921 年	获维也纳大学法学博士学位
1923 年	获维也纳大学政治经济学博士学位
1927—1931 年	任奥地利商业周期研究所所长
1931—1950 年	任伦敦政治经济学院教授
1950—1962 年	任芝加哥大学社会和道德科学教授
1992 年	逝世

主要学术贡献

1. 对计划经济的批判

哈耶克相信所有形式的集体主义(即使是那些在理论上基于自愿合作的集体主义形式亦然)最终都只有可能立足中央集权以维持。

哈耶克主张，在中央计划经济里，某个特定的个人或团体必须决定资源的分配，但这些计划者永远都不会获取足够的资讯以正确地分配资源，这种问题又被称为经济计算问题。哈耶克认为有效的资源交换和使用只有可能经由自由市场上的价格机制加以维持。

哈耶克主张经济上的自由是公民和政治自由所不可或缺的要件。哈耶克认为，只要政府试着以政策来控制个人的自由(如凯恩斯和罗斯福主张的新政)，相同的极权主义后果也可能发生在英国(或任何其他地方)。

哈耶克认为自由价格机制并不是经过刻意介入产生的(亦即事先由人们刻意加以

设计),而是由"自发社会秩序"——或者称之为"由人类行为而非人类设计"产生的秩序所领导。也因此,哈耶克将价格机制的重要性提升至和语言同等重要。依据他的说法,价格是唯一一种能使经济决策者们透过隐性知识和分散知识互相沟通的方式,如此一来才能解决经济计算问题。

2. 商业周期

哈耶克对于资本、货币和商业周期的著作被广泛视为他对经济学最重要的贡献。哈耶克在1939年的《利润、利息和投资》一书中将他的理论与其他奥地利学派的理论家如米塞斯和罗斯巴德等人做出区隔,首先他避免以货币理论作为商业周期的全盘解释,并提出一个根基于利润而非利息上的特殊解释方式。哈耶克明确指出大多数正确的商业周期解释方式都是注重于现实上,而非数据上的波动。他也注意到这种特殊的商业周期解释方式无法和其他奥地利学派的理论完全吻合。

3. 社会哲学和政治哲学

在哈耶克的职业生涯后期,他也对社会哲学和政治哲学领域做出许多贡献,在他的科学哲学理论中,哈耶克大力批评所谓的科学万能主义错误地将科学研究方式强加于社会科学的研究领域上,导致在实践上产生相反的结果。哈耶克的"赫比突触"则对全球的人脑研究有相当大的贡献,并且持续在神经科学、认知科学、计算机科学、行为科学、和心理学界发挥影响力,直到今日。

主要学术成果

《货币理论和经济周期》(1929)

《价格与生产》(1931)

《利润、利息和投资》(1939)

《资本纯理论》(1940)

《个人主义和经济秩序》(1948)

《科学的反革命:滥用理性研究》(1952)

《资本主义和历史学家》(1954)

《哲学、政治学和经济学研究》(1967)

《法律、立法和自由》(三卷:1973,1976,1979)

颁奖词

瑞典皇家科学院 / 埃里克·伦德伯格

尊敬的国王和王后陛下,各位殿下,女士们,先生们:

迄今为止,为了纪念阿尔弗雷德·诺贝尔,经济学奖已经授予给了那些为"纯经济学"做出开创性贡献的研究者们。包括基于一般均衡理论发展起来的高水平的抽象层次上的经济学理论;基于理论模型,为实现各种关系定量化而形成的分析技术;还有,致力于对长期和短期经济发展的历史统计分析。除此之外,也有在社会科学上有突出贡献的其他研究人员，他们比那些仅仅研究“纯经济学”的学者们，研究范围更广，利益范围也更宽泛。在这些优秀的杰出研究人员中，也包括今年的获奖者——缪达尔和哈耶克教授。

缪达尔和哈耶克教授两人都以在纯经济理论上做出重要贡献为自己职业生涯的定位。他们的早期工作（在 20 世纪 20 年代和 30 年代）很大程度上都处于相同的研究领域：商业周期理论和货币理论。但此后双方都大大扩展了研究领域，因为研究问题不能只在一个狭窄的经济学框架内进行。缪达尔和哈耶克对扩大研究领域和应用方法的意识可以从下面的哈耶克的作品中看出：“没有人会因为仅仅研究经济而成为一个伟大的经济学家，我甚至可以说，一个仅仅研究经济的经济学家，即使不是一个危险的人，也很可能会成为一个碍事者。”

虽然他们都扩大了自己的研究领域，而不仅局限于纯经济问题，但这并不意味着他们在研究的过程中追求相同的东西。缪达尔最主要关注的是社会问题（广泛意义上的社会问题），特别是美国的黑人问题和发展中国家的贫困问题，试图通过对社会、人口和制度的关注的精确测量来整合经济。哈耶克则将其感兴趣领域扩展到经济系统的法律框架，以及包含个人、组织和不同社会制度工作方式的心理哲学问题的法律框架。他们都对经济政策问题表现出了极大的兴趣，包括在组织、制度和法律结构上可能出现的变化。在这些问题上，缪达尔主张激进的和非常规的改革，而哈耶克则主张寻找能提高自由的生存方式，以及面向个体社会制度的可行性途径。虽然存在着一些政治色彩的差异，但是他们对社会科学的研究却有相同的观点，那就是坚信，如果不对研究问题和应用方法进行跨学科的扩展，就不能深入理解我们这个时代的社会经济问题。

首先，对美国遭遇的困境进行研究是个艰难的工作。黑人问题和现代民主问题已经证明了缪达尔将经济分析与广泛的社会研究方法（研究可能决定黑人人口的现状和其发展的可能性的一系列因素和关系）相结合的杰出能力。为了支持他对黑人人口社会情况的分析，缪达尔运用了富有成效的经济均衡模型以及干扰后的积累过程的动态分析。他主要关注于大量的经济和社会因素之间的相互依存关系，并显示了恶化的累积过程（“恶性循环”）是如何产生的，这使得黑人人口的社会情况不能指向特定因素成为“最终原因”。事实上，缪达尔为完成这项研究工作，对影响所有不发达的策略因素（包括教育、医疗、生活条件、工作满意度、歧视性雇主和工会的态度），进行了多方面的分析，但是这些因素直到 20 世纪 60 年代，才被经济学家们作为分析模型进行考虑。这本书已经成为经典，特别是在美国舆论和政策方面对黑人问题（从黑人问题得到关注开始）存在着特殊的影响。

其次，在一定程度上可以认为，缪达尔对发展中国家问题的广泛研究所做的贡献，是可以与《美国的一个困境》所讨论的问题相媲美的。这也是广泛意义上社会科学的一个问题，研究非常重视政治、体制、人口、教育和健康等因素。他的很多研究思想和研究成果，对发展中国家的社会舆论有重要影响。对上述的适用性举个例子，比如，关于失业的特点和原因，农业的效率低下的性质，特别是在印度这样一个特定的国家里，工业发展扩散效用方式的影响包括这个国家的文化、社会和经济水平,此外,社会秩序也很重要。

在经济理论领域,哈耶克的贡献不仅是深邃的,而且是独创的。他在20世纪20年代和30年代间出版的书和发表的文章,引起了激烈的讨论。尤其是他的商业周期理论以及对货币影响和信贷政策的观念引起了大家的关注。在研究分析中,与通常情况下只关注资本和结构的理论相比,他试图探索更加深入的周期性相互关系。或许正是因为哈耶克对商业周期的深入分析,他才成为20年代能对重大经济危机进行预测的少数几个经济学家之一。实际上,在1929年秋天的经济大崩溃发生之前,他已经很好地表达了他的警告。

在哈耶克教授对社会科学研究的贡献中,以对不同经济体系的可行性研究的贡献最大。从20世纪30年代中期开始,他越来越关注社会主义中央计划的问题。和其他投入的研究领域一样,他详细阐述了这个领域的思想和观念。在"社会主义计算"基本困难的考核以及通过分散"市场社会主义"而取得的有效成果可能性的调查上,逐渐形成了新的方法。他在评估不同体系上的可行性指导标准,是指这些体系利用知识和信息在大量的个人和企业中传播的效率。他的结论是,只有在一个市场体系中通过广泛的分散化形成自由价格和竞争,才有可能实现所有这些知识和信息的有效利用。他阐明了价格怎样成为成本和需求这些基本信息的载体,价格体系怎样成为知识和信息的沟通机制,以及这个系统如何实现高度分散的知识资源的有效利用。

在很多的著作中,哈耶克都提出了对经济制度可行性的分析和研究,这在不断快速成长的研究领域产生了重要的以及激励性的推进,他的研究被称为比较经济体系。

如上所述,在进入中央经济理论研究工作后,缪达尔和哈耶克教授都进行了关键的跨学科研究。因此,瑞典皇家科学院决定在纪念阿尔弗雷德·诺贝尔之际,授予纲纳·缪达尔和弗里德里希·奥克斯特·冯·哈耶克教授诺贝尔经济学奖,因为他们在1974年共同对货币理论和经济波动做出了开创性研究,以及对经济、社会和制度现象之间的相互依赖性进行了深刻分析。

这对我来说是一个极大的荣幸,在致力于纪念阿尔弗雷德·诺贝尔之际,来转达瑞典皇家科学院对你们的祝贺,并请你们从国王陛下手中接受1974年经济学奖。

(周望月 译 金 星 校)

获奖演说

世界发展的平等问题

纲纳·缪达尔

在我准备此次演讲的主题时,我最初想到的是,从我现在的工作领域中选择一个特定的问题。但经过深思熟虑,我认为在这个特别的场合,我应该用普遍的措辞,讲述一个涉及面更大的问题,所以我的主题是世界发展的平等问题。这说到底是个道德问题,要综合运用经济学、金融学、社会学、心理学的知识,并结合政治环境进行思考。

在任何时候，面对任何问题，我们的意识，都会被机会主义限制而偏离完整的真相。在每一个时代，每一个问题，如果没有批判性审视，这种机会主义倾向会不可避免地影响我们的科学研究。40 多年前，当我分析经济理论发展中的政治因素时，我理解了这个观点。这么多年来，在我研究的许多不同领域，这个假设都被证实是正确的，包括在我担任联合国经济委员会秘书长的 10 年时间中，负责与政府相关的运营工作，以及我自己的研究工作。

二

我现在致力于研究美国种族关系的社会和经济动态，自从 30 年以前，我出版了《美国的困境：黑人问题和现代民主》这本书，我突然意识到，跟罗斯福时代后期相比，现在整个世界面貌已经发生了巨大的变化。从某种意义上说，在很多方面，世界的问题似乎都变得更加简单，没那么复杂了。

抛开所有其他差异不谈，从静态角度看，被称为“落后的地区”在殖民权力结构内禁锢。他们的经济持续停滞在极度贫困，被认为是理所当然的，没有引起发达国家公众和经济学家的注意。

“二战”中最重要的影响是权力结构的快速溶解——虽然这并不是任何交战国的目标，也未被期望过。随着在印度次大陆和南亚其他地区的英国属地的准自发非殖民化开始，它像飓风一样席卷了全球，到达了那些根本没有土著解放运动的地方和在一定程度上准备解放的地区。结果是一系列新的政治独立国家的产生，这些新兴国家都很贫穷，并且在经济和社会发展方面停滞不前。但是受过良好教育的精英，现在代表他们的思想和行动，提出了对发展的需求。

反过来，作为政治变革的后续影响，西方国家公众突然意识到大多数穷人和少部分富人之间存在巨大的收入差距，这种差距已经存在一个多世纪并且正在不断拉大。由冷漠而产生的隔离墙被打破了，被机会主义冲昏头脑而产生的无知已经取得突破。

现在被广泛称为“发展中国家”的贫困现象，从动态角度来看，已经被认为是一个问题。这代表着公众兴趣的重大转向。在此次运动中，经济研究也有了一个彻底的重新定向，这是第一次对这些不幸的国家的贫困现象以及他们的政策方法给予重视，通过合理的规划拉动这些国家的发展。

对发展中国家贫困的新认识必然会引起西方世界道德上的不安，特别是启蒙运动后，平等的思想在社会哲学领域受到更高度重视。在经济学领域，它甚至被“证明”，并作为经济理论的基础。然而，这一公认的理想在实际政策方面的影响十分轻微，直到 19 世纪末，经济条件和权力关系的转变使得西方国家纷纷打造成为“福利国家”。这个过程意味着对现有不平等更深层次的认识。

从一开始我们就发现，经济学家致力于鼓励发展中国家的发展，在他们的新政策建议中，除了对发展中国家经济发展计划提供改良措施，还要求发达国家对发展中国家进行经济援助。事实上，在战后时代的早期阶段甚至在之后的很多案例中，很多经济学家的著作聚焦于劝服发达国家的政客和公众做好准备挺身而出提供技术援助、资金援助和商业让步。

这是西方思想的新元素。在此之前，殖民势力体系是西方发达国家的良心保护罩。无论如何，在一些西欧殖民依赖的国家，无论发生什么事情，都没有政治基础来感知任何程度的集体国际责任，比如说在国际联盟的讨论中关于如何帮助发展中国家的发展并没有引起热烈的讨论。

在“二战”结束之前拟定的、高度理想主义的《联合国宪章》，几乎没有谈到“落后地区”的民族政治独立的权利。而如今，发展中国家地区问题渐渐浮现，《联合国宪章》仍然很少提到如何刺激发达地区的经济并帮助他们发展。

几乎从一开始，联合国及其专门机构成为传声筒，既考虑发展中国家代表提出的援助需求，又考虑发达国家的商业利益。从总体上看，30 多年来联合国行为的有效性呈下降趋势，特别是在和平与安全领域，更广泛地说，发达国家认为在所有问题中他们都有更重要的利益关系。但这个政府间组织的系统越来越多地进行讨论，分析发展中国家的机构，并且在不断促进发展中国家的发展。其秘书处发布针对性的统计和研究报告，来确认、分析、展示和宣传他们贫困的相关元素，同时研究摆脱贫困的可能路径。在战后时期，他们的困境已经引起了广泛关注，这种关注被迫传递给了每个警觉的人，而这只是过程中的一部分。

发展中国家选票数量的增多使得发达国家在压力下，逐步学会了合作，达成一致立场，发达国家在商业政策上已经逐渐做出了一些让步，虽然很微小，它们甚至以认购基金允许旧的和新创建的机构在联合国大家庭的政府间组织提供技术援助和资金援助。与需求相比，多边援助仍然非常微弱，甚至比单方的援助还要少，但至少已经开始在计算了。

经济学文献中呼吁发达国家提供帮助，一些发达国家和发展中国家在本国内和联合国讨论过需要的帮助，在那个时候，每个人都认为这些帮助是微不足道的。造成这个现象的部分原因，无疑是早期对发展中国家发展问题进行经济理论化研究时期的乐观倾向，这种倾向起源于对“非经济因素”的普遍性忽视，一般的态度和制度，尤其是社会经济的等级，都对发展中地区的发展带来了巨大的束缚和阻力，导致其多年的停滞。当然这种乐观的态度也符合发达国家的利益，因为这意味着发展中国家的发展需要的援助更少。

20 年前，也就是 20 世纪 50 年代中期，我在开罗发表了一系列的演讲，聚焦于与今天发言同样的话题(这些演讲后来在《经济理论和不发达地区》这本书中出版)，但我必须承认，尽管我已经做出很多相关研究，我现在也在尝试以一种制度化的角度看问题，我可以断言：

“我们真正需要的并非财富和收入的再分配。事实上，援助只是一个合理的国际平等项目中的一小部分。……为发展中国家提出的资金援助方案里，没有一个方案中的资金援助达到了发达国家人均国民收入增加的那部分。这意味着它们没有真正牺牲自身利益。……通过国家间再分配达到平等不仅是不可能的，甚至我认为，这也是一个不重要的目标。”

在制定发展中国家的发展规划时，我们普遍持过度乐观态度，在那时，除了理论方法的缺陷以外，还有直到1960年左右人口普查才逐渐意识到的人口爆炸问题。随着人口不断增长达到一个惊人的速度之前，没有人过多担心人口爆炸问题。此外，近年来，关于不可再生资源枯竭的焦虑使得资源利用中存在的巨大不公问题没有引起广泛关注。如果发展中国家可能得到发展，那么真正的挑战显然不是发达国家缩减各种资源的利用。

对这个在发展中国家的新配置问题以及我们与他们之间的关系问题，我将在我演讲的第二部分讨论。

在发达国家，早期政治氛围当然不鼓励经济学家提出激进的建议去援助新发现的长期贫困世界。

一开始并在很长一段时间内，援助几乎只来自美国。大多数欧洲国家本身面临着严重的重建问题。美国从第二次世界大战获取大量财产，并且保持了生产性资产完好无损。马歇尔计划援助西欧——该计划的规模比后来给予发展中国家的任何援助都更加宏大，更加慷慨，并一直持续到20世纪50年代中期——无疑倾向于不给予发展中国家大量援助。

在快速非殖民化时代，美国对新独立的国家的援助有一个非常缓慢的启动过程，多年来，维持在一个较小的规模，并且在援助范围中排除了美国的前殖民地，像欧洲盟国那样在战时遭受破坏的菲律宾。然后在20世纪50年代，美国的援助开始采取稍大的比例，但是它成为加剧冷战的力量并且有时奖励一个友好的中立性政府，旨在支持政治盟国政府。这在受援助国之间的分配比中显而易见。

援助一开始的动机是“美国的最佳利益”，而这些利益主要是美国政治、战略和军事优势等。绝大多数对发展中国家的援助，最后都直接或间接成了军事援助。与此同时，以一些模糊的方式，以人道主义为借口，美国提供了一些援助来推动发展，而后者的动机却在暗中推动。

从20世纪50年代中期到50年代末，西欧国家对发展中国家的援助变得更为重要。这是由于在美国的敦促下，随着这些国家经济的恢复，它们应该承担它们的援助份额。它们从国家利益的角度来看待这种援助，尽管这种利益常常由出口和文化保留，特别是与前殖民依赖的商业关系来体现，而不是提供政策、战略或者军事上的帮助。

最后应当指出，来自共产主义阵营的援助规模更小，更明确地面向来势汹汹的冷战政治利益。

20世纪60年代初，虽然援助给予方政府的部分动机在国家间造成了倾斜分布，但援助的确开始增加。庄严的联合国大会在1960年提出“十年发展”[①]计划，由新当选的美国总统约翰·肯尼迪提议，其中包含模糊的隐性和显性承诺，代表发达国家为

---

① 联合国为促进发展中国家经济发展而发起的十年发展计划(1961—1970)为第一个十年发展计划期。

发展提供更实质性的援助。

而真实情况是,从那时开始,援助上升的趋势虽然代替了停滞不前,但是这种趋势开始下降。在美国,这个下降趋势一直持续到现在。因为美国在发达国家中的权重较大,援助在全球范围内一直持续下降,更重要的是,援助的"质量"在多方面一直恶化。

在这短暂的讲座中我不能讲得太详细,但我必须指出美国投机取巧地篡改了援助相关统计和预算数据的事实,其他大多数西方政府也有这种行为,但是程度较浅,最近,它们成了更重要的援助提供商。以编造的数据为基础,伪造一直在持续,经合组织发展援助委员会(DAC)提供了权限,该组织包括所有非共产主义发达国家。

最明显的对事实的歪曲是发展援助委员会秘书处关于私人净资本流量流入发展中地区的说法,外国投资利润、资本流动或者说资本外流都无法解释。1969年瑞典工业部长克里斯特·威克曼已在DAC直言不讳地指出。

即使援助的"政府流动"适时系统地欺骗并隐瞒了下降的趋势,通常所使用的数据也并没有消除物价上涨的因素就开始计算。在20世纪60年代,贷款替代了资助,而作为援助却没有合适的资格认证。将援助从"捐赠国家"出口几乎已逐渐成为所有西方国家的通用规则,这主要意味着发展中国家进口成本上升。尤其是美国,将军事援助项目常常作为发展援助项目进行计算。

从20世纪60年代的关闭发展到现在,援助的政治性在美国变得越来越明显。一个主要的因素当然是不断增加的军事介入,如越南战争中对西贡政府隐含大规模"援助",以及之后对柬埔寨反叛政府的援助,和对其他一些东南亚卫星国家政府的援助。

尽管这些在援助数据上的投机性操作很容易就被发现并且在细节上有所表现,官方呈现的错误数据绝大多数仍在没有经过认证,就被官员、政治家以及记者引用和计算。同样地,政府间组织的代表和秘书处也这样随意使用。这些数据甚至被发展中国家代表和发达国家中主张增加援助总量的人所接受。

由缺乏热情的专业经济学家核对援助统计数据让我觉得很尴尬,比如说他们常常不加批判地就使用很多来自其他发展中国家的数据,接受扭曲的外交术语,更重要的是,他们使用的系统分析概念不足以分析发展中国家的形势。

赤裸裸的真相是,当紧急情况出现时,援助在任何真正意义上都是很低的,甚至可能变得越来越低。

我的下一个观点是,制定政策很重要,不仅在一个更深层次的道德意义上,而且政策是能带来效益的。

在美国,帮助不发达国家一直被认为是"我们国家的最佳利益",这些利益越来越多地被指定在军事领域,外国援助日益失去了对民众的吸引力。外交政策应该为提供援助的方向服务,而事实是在东南亚遇到了失败,在拉丁美洲和世界其他地区也没有成功,只让美国人变得更加怀疑且损害了本该服务于这些目的的外国援助。长期以来,美国政府不得不在每一个国会会议上反对外国援助拨款削减至过去的实际数量。

自由党国会议员甚至表现出了对支持国外援助日渐增长的抵抗,他们害怕在那个方向的指导下,可能会引导美国牵涉进军事活动,就像越南战争一样。保守党国会议员暗示,以一种美国式的表达方式,所有援助都像沉入了无底洞。

美国主要的西方欧洲盟国,尤其是英国、法国、西德,以更少的民族主义精神来看待外国援助,并且在任何情况下都不会跟在冷战中的战略和军事利益结合起来。同时,它们已经提供了比美国更多的援助拨款。

几个较小的发达国家,援助已经增加并且仍然在持续增加——在这些国家援助行为往往有更正确的解释——援助主要是为了国家自身利益的说法被淡化或被抛弃了。

瑞典政府一直致力于以每年百分之二十五的速度增加其援助,这当然是一个很好的例子。在信誉方面,从民族主义动机出发提供援助的美国,和程度较轻的西欧盟国,都无法与瑞典人相比。援助必须是出于团结人类和同情弱者的目的。同样的,在北欧和北美的其他国家,如荷兰或加拿大,情况基本相似。

我的理论是,自私的国家利益,特别是当它们经常虚假和错误地呈现时,对普通民众来说并没有吸引力,他们是多年来在我们这样的国家类型中决定公共政策的人,反而是道德上的动机能够打动民众。在美国,大部分民众表现出对国外援助的漠视,一个美国作家解释道,这可能是因为援助诉求并没有符合人道主义和普通美国人的基本礼仪。我不相信美国人做慈善不如瑞典人。

分别研究了美国、主要西欧盟国和规模较小的国家援助行为和所给出的援助理由之间一致的相关性分析后,我为我的理论找到了支持,如果我有时间的话,我可以为我的理论提供更为具体的理由,而不仅仅是这宽泛的相关性分析。我认为这不仅仅是一个卫道士的观点,同时也是一个致力于解决该问题的经济学家研究得出的结论。当政客和专家对给以道德承诺应有的重视变得胆小时,现实主义才会不存在。

当我现在要处理当前世界的灾难般现状,我强调了这个理论,因为我不得不回到基本的道德问题。同时我要指出的是,在这些国家,即使提供更慷慨的援助,也在较小的范围内,并不意味着他们真正愿意牺牲他们的人民。

二

近年来,世界经济发生了剧变。这些剧变在不同方面,以不同的程度影响了所有发展中国家的经济形势,这也是我在此次演讲中讨论的不平等问题的全部背景。到目前为止,对发展中国家中的大部分民族来说,这些剧变导致他们发展形势的恶化,在很多国家已经威胁到大量贫困群众的生存。我们提供的无足轻重的外国援助类型,显然不足以满足其基本需求。

因此,发展中国家现在宣称不仅要增加援助,而且要从根本上改变国际经济关系。根据 1974 年 4 月举行的联合国大会通过的结论,在紧急情况下,通过他们的多数选票可以在联合国执行如“建立国际经济新秩序宣言”的决议。

在同年 11 月召开的世界粮食大会,通过了一项宣言,根除饥饿和营养不良,建立“所有男人、女人和儿童……摆脱饥饿和营养不良”的权利,强调“政府的基本职能是共同努力”,来达到这一目标。发达国家和新创建的机构做出的新承诺并没有达到,甚至远远没有一个可以实现这些理想的开始,甚至也没有阻止发展中国家粮食形势进一步地严重恶化。

那些在更早时期形成的小国家集团表现出对发展中国家的较多的同情，他们纷纷维持甚至增加了当前适量的援助，他们经常投票给普通的、态度不明朗的声明。他们有时候会对建立新的世界秩序的激进需求表达积极支持，而这种需求在逻辑上会损害这些国家在世界资源中的分配利益。他们当然也会发表无诚意的声明和投票，他们代表的国家并不是真的准备放弃特权，尤其是规模符合他们的承诺。关于这个问题我们等一下还会讲到。

在我以后更为精练的对这种给世界平等问题带来批判性新环境的深刻变化的总结性评论中，我会从对发展中国家带来的影响和发达国家为提供援助做出的准备这样一种限制性的观点来看待这种变化。

有石油出口的发展中国家已经成功形成了一个有效的卡特尔——石油输出国组织，根据不同基准年的比较，将石油价格提升了原先的 4.5 到 6.5 倍，他们突然变得非常富有。除了尼日利亚和印尼等极少数国家，他们之前就是发展中国家中较为富裕的国家，或者至少不是那么贫穷。

根据不确定的估计，世界银行在 1980 年底累积盈余收入将达到 4500 亿到 5500 亿美元。去年的收入估计超过了 1973 年——这一年的其中几个月油价被提升到了很高的水平——大约 600 亿至 650 亿美元之间，这其中约 100 亿美元由发展中国家支付。即使是用 DAC 提供的未计算膨胀的错误数据，也远远超过了它们得到的援助。另外，它们需要生产或者进口的肥料和其他油基产品的价格上涨并没有计算在内。

就整体而言，其他发展中国家都避免批评石油输出国组织国家。它们显然感觉到了新兴势力并赞赏作为一种新型现象的石油输出国组织国家在与外国石油公司和发达国家的谈判中表现出的权威和团结精神。少数出口铜、铝土矿、锡甚至那些出口橡胶、糖、可可和咖啡的发展中国家看到了新机会，有一段时间它们的希望得到了支持，一般商品市场的繁荣一直持续到将近一年前。

研究趋向于支持这种观点，认为石油输出国组织国家将有很好的机会支撑油价——如果没有一场新的中东战争爆发，或者如果发达西方国家不会进入非常严重的衰退，当这两者同时发生时，未来的油价和许多其他事情都将变得完全无法预测。但是其他商品遵循相同的模式出口到发展中国家很可能不会成功。它们表示无论如何，像石油输出国，只有一小部分的人民还生活在不发达国家。总的来说，除了明确的例外，在发展的时候，发达国家比发展中国家拥有更多有价资源，现在也是如此。

所有依靠石油进口的发展中国家的发展项目将遭受挫折。基本上它可以证明是真实的，然而，发展中国家中最贫穷的国家，通常也有一些发展或者根本没有发展的地方，石油危机对它们的冲击尤其严重。属于受灾最严重的国家，如印度次大陆和锡兰，受灾人数总共 10 亿人口，是世界上最大的极度贫穷人口聚集区。

由于历史的偶然，一整年内，石油危机加剧了粮食危机。这是由于世界上多个地方的损坏作物引起的，另外，早些时候试图降低美国、加拿大和澳大利亚等国家过多的粮食储备。这些粮食储备成本极高，使得给发展中国家的粮食援助并没有对发达国家农业保护政策产生压力，也提高了国内外的食品价格。

粮价突然快速上涨，不利于发展中国家的粮食进口，同时造成了发达国家的通货膨胀趋势。我们正在焦急地等待今年的粮食产量数据。多余的部分都必须用来储备，当前储备量在一个很危险的水平上。

石油危机已经对发展中国家的农业生产产生了严重影响，尤其是肥料价格的提高。一些技术专家10年前兴奋地提出的"绿色革命"已证明是过度乐观。其中有很多原因，但最主要的是新的高产谷物只能生存在有充沛水分的土壤里，同时需要大量肥料的供养。这就限制了新物种农业生产的低成本因素。

当前严重的粮食危机一方面是由短期不幸造成的，如干旱、洪水或者化肥价格的上涨，另一方面，长期因素是持续的人口爆炸。印度率先尝试检查生育率，现在的人口增长每年超过1200万，大概是2%。我猜想当前在发展中国家人口增长率也仍然有轻微上涨。

不幸的是，去年的布加勒斯特世界人口大会指出，发展中国家的许多地方，尤其是拉丁美洲、非洲和中东，亚洲虽然不那么精确，都几乎不明白高人口增长意味着降低生活水平和阻碍发展。这些影响很大程度上独立于一个国家有多少未充分利用的资源。当然这在一个已经人满为患的国家本身就更加严重。显然，人口增加对农业生产的需求也大幅度提高。

在这里我不能对人口问题讲得太过详细，但我要强调，要降低新生儿出生数量是件很困难的事情，即使是对认真尝试计划生育政策的国家也是如此，印度就是典型的例子。成功的一个条件是夫妇可以体会到他们生活在一个动态社会，该社会可以提供给他们推动社会和经济发展的机会。生活水平本身并不是最重要的，重要的是它是否在上升。通过在不同国家相对成功与失败的计划生育进行比较，该理论得到广泛证实。

目前的发展趋势有着内在的恶性循环。由于石油危机和粮食危机，发展形势令人沮丧，人们生活水平下降，任何将要出台的人口政策将变得不那么有效。因此，粮食危机成了循环积累论的刺激因素。

在某个阶段，可能在一段时间内摇摆不定的"马尔萨斯抑制"人口推力生效了。现在已经有部分发展中国家地区的死亡率在上升。

在那个时间点前后，发病率将会上升。最贫穷阶层将会有大幅度增加的残障人士或者是虚弱的人，尽管战后他们能够享受廉价但有效的医疗技术，使得死亡率下降，他们却可能变得更加痛苦。人们将继续生活并传宗接代，尽管将在更大程度上遭受不健康条件的侵袭。因此，他们将因为疾病变得虚弱，这对劳动力生产率产生严重影响。

在这种情况下，当然有道德和理性的原因来建立一个新的世界秩序。首先，对援助水平有更高的要求。富裕国家的人们尤其应该降低奢侈食品的消费水平。据估计，如果普通美国人能够减少10%牛肉、猪肉和家禽肉的消费，将会节省1200万吨以上的粮食。这使得更多粮食援助成为可能，大概能够解决500万人口的粮食需求，能为更多最贫困国家解决饥饿问题。这样理性地减少肉类消费对美国人们是有利的，并且减少量远远低于美国心脏协会提出的减少现在摄入量三分之一的建议。暴饮暴食通过食物的过量供应和糟蹋导致巨大的浪费。通常在所有发达国家都是如此，只是程度上有所不同。

研究表明，国内消费品生产的减少以及其他除了食品以外的消费的减少在所有发达国家都是理性的，并且符合我们的自身利益。这就是关于"生活质量"的讨论。真正意义上的经济增长肯定能持续，但是应该以一种不同的方式，以计划的方式满足我们的需求，为我们提供更好的生活。同时，发达国家消费的减少能够在更大范围为发展中国家提供援助并且开始解决严重的粮食危机。

我对医疗人员、环保人士和其他自然科学界同事做出的努力深表赞同，当他们独自或者集体理性地为我们自身利益呼喊，提倡一种更加节俭的消费生活方式，减少国内消费品以及相关消费品材料，我真诚地认为，这符合我们的福利和我们的理想。

真正的经济计划应该用理性的术语完成。这样的规划能更好地帮助我们解决内部的平等问题，同时能在发展中国家提供更多发展上的援助。计划能够为发展中国家的绝大多数人民预防人类灾难的严重风险。直接的事实是，如果富裕国家没有彻底转变消费模式，对世界经济新秩序的任何虔诚的说法都是骗人的瞎话。

经济学家分析关于经济政策的理性推论将以人民的真正利益和广受好评的理想作为价值前提，这是合法的。但对于将会发生什么这一类问题，我们很难相信，这些理性政策能在发达国家真正实行起来。在西方文明中，我们都受过训练，要将基本行为跟崇高理想结合起来。

目前为止部分发达国家对更多拨款援助的紧急需求反应微弱，它们进行援助并不是为国家利益服务，而是为了援助最贫穷的发展中国家，部分原因可能是需求的爆发点正好是发达国家自己也处于困难中。它们都在经历滞胀，并且在进一步恶化，伴随着通货膨胀失业率间歇上升。滞胀的加剧主要是由石油危机引起的，一定程度上也是由粮食危机引起的，对绝大多数发展中国家来说，这是完全不稳定的形势。其中一个副作用就是所有发达国家产生严重的收支困难。

这种情况很容易使发达国家的政策利益转向内部，转向如何解决国内滞胀问题以及平衡收支。这些感觉很重要的国际问题，涉及其他发达国家和石油输出国组织国家的关系，而从狭义的国家利益观点来看，发展中国家发生的事情不会引起重视。

上文提到的更大的议题——关于国家合理规划消费的缩减，包括国内消费生产以及不必要的甚至是有害健康和幸福的商品，这也将有助于稳定经济，同时释放了很多资源，在国家间实行平等主义改革——在一个失业率居高不下，并且仍在不断提高的国家里，该议题的吸引力下降。通常也有施压集团保护所有经济活动影响市场收入。不加选择地支持所有消费已成为防止失业的标准政策手段。

一般人都对消费习惯保持谨慎，他们不想被改变，即使是对自己有利的改变。在竞争激烈的社会中，并不是所有群体都是同类型的消费者。商业营销肯定不会为我们的消费需求进行理性的讨论。

所有政党的政客都坚持不适当的"增长"，体现在国民生产总值或者其衍生物上。

我们经济学家对统计数字而不是虚假的概念没有强调，自己也常常在讨论中作为主要价值前提不加鉴别地使用“增长”的概念，这不幸地限制了政客和百姓的视野。

就是在这种情况下，我们必须了解发达国家漫不经心和低效的回应，即使是面对紧急案例的授权，就像撒哈拉南部的国家，人口的快速增长导致他们经历了暂时的农作物歉收，长期来看，随着沙漠以每年约 30 英里的速度扩大，耕地将会减少。孟加拉国也处于相同的紧急状况中，经历了一系列自然灾害和残酷的战争，并没有使发达国家有更多意愿去加入食品援助承诺计划，去援助农村城市贫民窟中营养不良的人民。他们不愿援助印度这一大国，当然也不愿援助其他大大小小的发展中国家。

据估计，今年可能有 1000 万人会饿死，至少 5 亿人徘徊在饥饿的边缘。这与世界灾难的预期背景相违背，发达国家的态度不得不从道德角度出发。相比于其他西方国家，在美国，意识形态的讨论总是更加全面并且直言不讳，近年来提出实用主义道德理论合理化，该理论具有理论与实践意义，它并不是去挑战而是证实我们迟于提供援助的原因，特别是对最贫穷国家进行粮食援助。新理论将会越来越多在书籍、著名的期刊《科学》以及流行杂志《新闻周刊》上出现，在出版社国会委员会听证会上也被提起了。最近它被国家科学院主席菲利普博士认可，他是受人尊敬的权威专家。

这个新理论引入了“分类”（来自法语“trier”：软化）的概念，类比于第一次世界大战期间在盟军的医疗帐篷阵地的屠杀事件。由于资源有限，不同人群之间的区别显现出来了。有的人已回天乏术，有的人即使不治疗也可能痊愈，还有些人则可能被治愈。只有第三组人群得到了关注。其他两组人就随他们自生自灭。

基于上述类比，印度属于第一组，即贫穷但得不到援助的国家。不给他们粮食援助是更“道德”，这样的说法引起了很多争议，因为得到救援的人们会孕育下一代，那么到最后更多的人将会饿死。从长远来看，援助产生的痛苦比它缓解的更多。

分类理论不是提倡发达国家减少援助，这个理论指的是为需要帮助的人考虑，更有计划地分布援助。发展中国家对贫穷的新意识，我在演讲的开头就提到了，并且大家也都认可了，贫穷在不断加剧。电视里一直在播放数千英里之外饿死的人们。分类理论阐述了“艰难但必要的、合理的心理调适”。

事实上，美国将其大部分余粮销售给能够支付得起的国家，甚至像印度这样贫穷的国家。美国受益于粮食价格的上涨，在过去三年中粮食销售额从 80 亿美元增长到 210 亿美元，帮助美国稳定收支。直到现在，大部分粮食援助都出于国家利益分到了东南亚卫星国家，或者是其他地方的联盟政府，几乎没有援助送到最贫穷的国家。

分类理论家并没有质疑美国对余粮的使用。出售粮食的收益，所提供的粮食援助和方向是给定并且受到严重限制，理所当然由国家政策决定，这不会受到批评。他们只是提出一个消极的观点，提供的这么点援助不应该给最贫穷的国家，而认为“应顺其自然”是最人道的解决方案。

只有这样一个无情的决定能让这些国家迫使人们降低出生率，这样的断言强化了这个观点。这表明对计划生育政策的无知使得人民群众变得更加贫穷。

这种分类理论在美国遭遇强烈反对并不令人惊讶。像上帝般地决定数百万人的生死违背了所有美国人的道德直觉。《纽约时报》在一篇主要文章中指出分类理论是“自第三帝国消亡后以最悲观的和道德破灭的知识立场来前进”的理论。

为了克服分类理论的“严酷的逻辑”，美国将不得不提供更多援助，并且准备启动政府间合作活动，以发展中国家要求的建立“世界新秩序”为指向，来限制资源的浪费使用，使资源使用合理化。论文中的确提到了这种结论，但只是纸上谈兵。

分类理论仅仅突出了道德困境。这是每个发达国家都面临的困境，无论它们是否有剩余食物出售或者赠送。事实上，正如我前面提到的，发达国家已经开始进行新的理性规划。

我迄今为止一直聚焦粮食危机问题，以一种即时援助的观点，尽可能地阻止发展中国家饥饿贫困群众的饥饿情况恶化。但是粮食危机不是一个短暂的问题。以更长远的眼光来看，考虑到世界人口数量的快速上升，如果农业生产不能稳步而快速增长，粮食稀缺的问题会变得更加严重。

将问题进行简化，正如我在演讲中反复提到的，不考虑其他很多重要问题，必须提高粮食产量，以防止饥荒灾难加剧的危险，通过发展中国家自身提高粮食生产率。在发达国家，土地资源已经是很大程度上集约化耕作，所以更多的产量是有限的，并且会导致成本上升。发展中国家的荒地也不多，随着侵蚀、土壤盐化和其他形式的损耗变得更加稀少。除此之外，耕地的产量只达到了可能平均产量的三分之一。

有个错误的观点认为发展中国家是劳动密集型农业，很大一部分原因是在印度，总劳动力的很大一部分在农业，但70%的粮食无法自给自足。事实上，他们的耕种是粗放的。每年、每月、每周、每天，他们几乎没有什么工作，并且工作效率低下。一部分原因是身体缺陷，严重的粮食危机导致营养不良，将会使情况更加严重，使营养不良的人群越来越多，最终导致产量减少。

除了已经在一些地区应用的技术外，通过提高劳动力投入及其效率，产量还能够大幅度增长。很大一部分劳动力投入应该转向合作性公共服务，提高土地质量，建设更多更好的道路，修建井、灌溉沟渠和储存设施，改善村民生活工作的环境。

现代化技术可以通过提高收益率做出贡献，尽管它应该高度劳动密集型，因为有如此多的未充分利用的劳动力，没有其他地方可以去，他们都涌向城市中快速增长的简陋贫民窟，同样劳动力也没有得到充分利用。总的来说，15—20年内，无论生育力如何，劳动力将每年增加2%以上。

但是向百姓转移新技术遇到了困难。将技术转移到行业，尤其是创建现代化大规模工业，已被证明完全可行——以永存的殖民时代的飞地经济为代价。该技术只要求发展中国家最小地改变传统社会和政治框架，最小化地扩散整个劳动力的技能。它避免了与压低经济表现及维持低水平劳动利用率的制度和态度障碍的直接对抗。它试图在农业现代化的应用中提高收益率，高度劳动密集型技术不得不面对整个农村社会的生活风格，在严酷的人口爆炸压力下变得更加不平等。

最重要的是改变“人地”关系，激励人们工作更长时间，更加卖力、更有效率地去投资那些他们通过自己的劳动有能力做到的提升土地质量的项目，在市场组织、推广服务和信用体系上有很多辅助性改革。农学家在很多不发达地区的试验表明,如果没有土地改革的话,这些改革是无效的。

发展中国家之间也同样面临着不平等问题。事实上,绝大部分发展中国家独立于宪法运作,这些国家由少部分上层阶级精英们统治着,部分国家不得不关注"受过教育"的中产阶级的意见,有时甚至是在运输和大规模劳动组织的行业中,也有特权阶级工人的产生。

几乎所有发展中国家的执政精英都表明自己希望国家更加公平,特别是提高穷人的生活水平。但实际上,这些国家中大多数实际的趋势是更大的不平等。发展的果实都被上层阶级获取,而底层阶级几乎没有得到发展,甚至生活工作环境更加恶劣了。人口增长和石油粮食危机联合效应推动了该趋势。

一些国家的收入分配统计数据并不可靠,如印度和巴西,必须附上关于发展的重要信息和最底层百姓被剥夺的权利。但是社会收入再分配,从富人分配到穷人,也无法改变更加不平等的趋势。贫困群众需要的不仅仅是一点钱,富人又大量避税逃税,贫穷国家的收入再分配只会刺激通货膨胀,反过来使穷人工作更艰难。

他们需要的是生活和工作环境的彻底改变。重要的是这些改变同时要做到更多平等,同时需要生产率的提高。事实上,相比于发达国家,对发展中国家来说,这两个目的不可避免地更要结合在一起。必须要改变的主要有土地改革,还有教育跟医疗工作的重新定向。"软弱的政府"必须改变,变得高效,到处在增加的腐败现象必须在各个层面得到根除。

我的演讲中强调彻底改革的必要性,主要是因为这些国家需要实行社会的根本性变革:这是提高劳动力的先决条件,能促进现代化技术在农业中的有效应用,从而提高粮食产量。除了国际平等问题外,还有国家的平等问题。

可以期待的是,发达国家可能会想要指明这些问题促使发展中国家政府开始改革。他们都追随老派西方思想。然而,出于很多原因,事实正好相反。任何国家与发展中国家进行谈判,包括与援助相关的事项,都要跟统治精英阶级谈判。其他所有商业事项都是如此。发达国家支持的是阻止彻底变革发生的人群,或者使他们去帮助并不那么贫穷的人,从而巩固不平等的社会经济结构。在冷战期间,美国的援助和贸易显然是在支持反动政权。

在发展中国家处于灾难中时,发达国家还是不情愿增加援助,这必然引起发达国家的内疚感。反过来,这会使发展中国家更不想讨论、不想去执行社会经济变革的意愿,而发展中国家需要变革以避免持续恶化的情况,尤其是粮食生产方面。一个例外是孟加拉国,无能的政府可能是获得很少援助的借口。

一般来说,那些对发展中国家最热情的发达国家面对发展中国家当前的困难时,往往是最不愿意讨论它们政策上的错误和失败的。这种辩解的态度,主要是因为过去,当然现在也是,经济学家在研究发展模型时没有考虑制度和政治因素。

每个人谈论人类未来的时候都会强调所有问题都在成为全球化的问题,并且这些问题只能由各国政府之间的密切合作来解决。被发展中国家推动建立的世界经济新秩序，也被发达国家的人们接受并祝福，有时候他们甚至代表政府，正在成为另一个传统准则。

然而正如我强调的那样，在这个演讲涉及的领域中，我们绝不应该将现实加入这些崇高的理想中，我已经在尝试解释为什么与怎么做。

除了石油危机、粮食危机和人口爆炸，还有大量即将发生的危险在世界上涌现。旷日持久的军备谈判无法停止超级大国之间的军备竞赛和国家经济发展的日益军事化，包括发达和发展中国家。生产武器的成本超过了发展中国家的总产出之和。这些巨大的开支很多都是不必要的，并且使用的资源是有害的，在一个理性的世界应该大幅减少这类开支。斯德哥尔摩国际和平研究所的出版物已经充分证明了这样的变化会使得前景恶化。

和平还没有来到东南亚和中东地区。观察家预计，全面战争可能再次爆发，这两种情况都要面临与超级大国对抗的风险。缓和公告意味着超级大国之间的污言秽语被放弃，这些都是好事，还有些从美国出口的利好条例。但是对它们之间的关系缓和做出的努力很少，未来的缓和局面也无法确定。

在大多数国家，一开始就控制住滞胀是不可能的。在这种情况下，创建一个更稳定的货币体系无法让人满足，即使部分回收的石油收入多多少少能让人满意。努力打破发达国家之间的贸易壁垒已经成为一个争论，希望我们可以预防返回到极端和弄巧成拙的保护主义的20世纪30年代。

正如我这里所讲到的，所有国家经济体的持续军事化和可预见地创造更多正常的经济和金融关系的失败，使得为最贫困的发展中国家消除贫困的政府间合作是没有任何进步的前景的。

除了上述问题，还有很多问题存在并且让人担忧。我不断问自己，人们的道德观发生了什么样的改变。

为保护平民建立的《国际法》越来越不受到尊重，引起了抗争。在东南亚，美国福利的非法性、不道德、残酷性急剧上升，目前达到了"一战"以来的最高点。有组织的恐怖活动被政府所认可，没有受到其他政府的有效反抗。

在越来越多的国家，酷刑成为警察的日常活动。几乎所有国家的暴力行为和犯罪率都在上升。几年前还不是大问题的毒品滥用，近几年以多种方式成为增加的暴力和犯罪事件的主因，并且吸毒本身成为反社会的不法行为。

通信系统的发展使得每个人提高警觉。通过电视，美国公众看到了本国政府在越南制造的恐怖事件。大多人置之不理，一些人试图忘记以继续生活。

我们为何变得如此对道德不敏感？它是否削弱了我们的同情感，使我们更加冷漠？如果真是这样，那在一定程度上能解释人们面对最贫穷国家受石油危机、粮食危机和人口爆炸的影响遭遇灾难和死亡时的冷血。

除了我们对这些世界性问题的感知加深，我在演讲中也分析了，这些问题本身也非常复杂。作为一个制度经济学家，我不得不将发展问题看成一个整体的政治、社会和经济系统运动，并尝试在世界范围内解决问题，我不得不表达一个非常广泛的对人类状况的判断。虽然上述判断中我已经把劳动力因素考虑进去，但在一个更加现实的研究中，很多判断都是暂时的，而不是确定、准确和精确的。

这不是我的错，但这是我致力于要解决的问题。首先，很多条件是很难适当定义的，另外，系统中改变条件的系数之间的相关关系很难精确地定量分析。分析家决定使用任何他获取的信息来进行分析，尽管它不在经济学家认可的范围内。在处理更广泛的问题时，他们常限制查询范围。这种做法只会让分析更加不相关、不充分、不现实，尤其是在当前动荡的世界。

尽管我是悲观的，我相信科学能够更好发展。我们可以通过逻辑的内在批评挑战自己的思维并驱逐因循守旧的机会主义。我们应该扩展视野。一切都可以学习。我们能自由地扩大、完善我们对世界的认识，这只限于科学家数量，他们工作的勤奋程度、智力水平，以及对新方法的接受程度。

（周望月 译　金　星 校）

获奖演说

知识的僭越

弗里德里希·奥克斯特·冯·哈耶克

在这演讲的特殊时刻，结合当今经济学家们必须面对的主要现实问题，我选择了与之相关的演讲话题。一方面，最近才设立的诺贝尔经济学奖是一个巨大的历史进步，代表着公众意见，即经济学奖与自然科学奖一样，获得了一定的地位和声誉。另一方面，此刻人们要求经济学家想办法使得自由世界从通货膨胀加速恶化的严重威胁中得以解脱出来——不得不承认，这种快速通胀正是源于大多数经济学家的政策建议，他们甚至催促政府推行这些政策。此时此刻，我们的确没有理由骄傲：作为专业人士的我们却把事情搞糟了。

我认为，经济学家们在政策指导上的这种失误，与他们的一种倾向密切相关，即他们倾向于紧密模仿取得辉煌成就的自然科学所采用的方法——在我们的研究领域，这种方法可能会导致完全的错误。这种方法一直被称为“科学的”态度——而这种态度，正如大约30年前我所认为的，“实际上是完全不科学的，因为它把一种机械的、缺乏判别的思维习惯，应用到了一个与这种思维习惯的生成环境不同的领域”[①]。今天，我将要解释，目前经济政策的严重失误，正是这种科学错误导致的直接结果。

我认为，过去30年内指导货币和金融政策的理论，主要来自于我们对正确科学方法的错误理解。这种理论声称，总就业水平与商品和服务总需求的规模之间存在简单的正相关关系。这使得人们认为，我们可以通过将总货币支出维持在恰当的水平上，来永久确保充分就业。在针对广泛失业而提出的各种理论中，这种理论可能是唯一能

---

① 《科学主义与社会研究》，收录于《经济学》(1942.08)第九卷，第35页，再版收录于《科学的反革命》(1952)，第15页。

够得到数量证据强烈支持的理论。然而，我认为该理论是完全错误的，正如我们现在所经历的，依照它去行事将是非常有害的。

这使得我要谈到一个核心问题。与自然科学的情况不一样，就经济学和处理其他复杂现象的学科而言，以数据来解释事物本质的做法必然是非常有限的，而且这种做法不一定能够抓住主要方面。在自然科学中，人们一般可以合理地认为，决定被观察对象的任何重要因素本身都可以直接被观察和计量。在研究像市场这样取决于众多个体行为的复杂现象时，决定某一过程结果的所有情况都是无法被完整了解和加以计量的，我将在之后进行原因分析。然而在自然科学领域，研究者可以根据显而易见的理论，对他所认为的重要因素进行计量；但是，在社会科学领域，研究者经常是把恰巧能够计量的东西当成了重要的东西。这种做法甚至发展到了这样的程度，即我们的理论必须建立在计量基础之上。

不可否认，这类要求非常随意地限制了可能导致现实世界中一些事件发生的事实。这种观点经常被人们天真地认为是一种科学的方法，但这却带来了相当矛盾的结果。显然，我们知道，无论是市场结构还是其他类似的社会结构，有很多事实我们是无法计量的，因此我们只能获得一些不精确以及大体上的信息。因为这些事实对任何事件的影响都无法用数据证实，所以就被那些声称坚持科学依据的人直接忽略了：他们理所当然地认为，只有那些可以计量的因素才与研究有关。

例如，总需求和总就业之间可能只是存在一种大致的关系，但是因为这种关系是唯一的有定量数据的关系，人们就会认为它是唯一的因果关系。根据这个标准，就可以解释存在着的以“科学”为证据的错误理论，因为它更“科学”，所以人们接受它；但因为它没有获取足够的数量证据，所以人们抛弃它。

我先简要说明一下我认为的导致大量失业的主要实际原因——我的这种解释同时也可以说明，根据如今流行的理论而被广而推之的通胀政策，是永远不可能解决这种失业问题的。我认为真正的原因在于，各种商品和服务需求，以及生产这些商品和服务的劳动力和其他资源的配置，出现了不平衡。在经济体系内不同行业的供给与需求相适应方面，在这种适应的条件方面，以及哪些因素有可能阻碍此类适应性调整等方面，我们拥有相当完备的“定性”知识。对这个过程解释的不同步骤都是来源于日常经验，但是在尽力遵循这一理论的人当中，几乎很少有人会去对实际假设的合理性，或是对以这些假设为结论基础的逻辑正确性提出质疑。事实上，我们有足够的理由认为，失业反映了相对价格和工资结构的扭曲（通常是因为垄断和政府定价所致），为了恢复各个行业劳动力供求的平衡，相对价格的调整和部分劳动力的转移是必须要做的事情。

但是，如果有人要我们提供数量证据，来证明价格和工资结构可以确保产品和服务的持续平稳销售，我们不得不承认，我们无法获取此类信息。换言之，我们知道所谓均衡（可能会造成一些误解）的一般条件，但是，我们始终不知道，让市场形成此类均衡的具体价格和工资到底是多少。我们只能够知道，在什么情况下，可以期待市场建立价格和工资需求均衡。但是我们永远不可能给出这样的统计信息：如在满足当前劳动力持续供给的情况下，现行的价格和工资偏离了多少。虽然对失业原因的解释只是一种经验理论，这种解释，从某种意义上来说，可能是错误的——比如，如果固定货币供给量，工资整体上涨不会导致失业。但是，很显然这种解释无法用数据来预测工资率和劳动力分配。

然而，既然在自然科学理论方面，科学家必定会给出精确的信息，那为什么，在经济学方面，我们就不可以承认对某些事实的无知呢？你会发现这并不奇怪，因为那些深受自然科学示例影响的人，非常不能容忍这种情况，因此，他们会坚持在自然科学中发现的证明标准。导致这种状况的原因是（我之前曾简要提起过这个原因），社会科学更类似于生物学，而与自然科学大多数领域的情况不同，会涉及只能够通过含有更多变量的模型来加以反映的非常复杂的结构。比如，只有在具有相当多的参与者的情况下，竞争这一过程才会有确切的结果。

在某些领域，尤其是出现类似于自然科学中的问题，这些问题不能通过个体的特定信息来解决，而是要通过各种特性产生的相对频率或者概率数据来解决。但是这只有在处理以前在洛克菲勒基金任职的沃伦·韦弗博士所称的"无组织复杂现象"（这是一种人们广泛理解的特征）时，才是正确的，在面对社会科学的"有组织复杂现象"问题时，不能这样处理。① 复杂组织在这里意味着，所显现出的结构特征不仅取决于组成成分个体的特性和它们产生的相对频率，而且取决于组成个体之间相互联系的方式。在解释这类结构的运行方式时，我们不能够用统计信息来取代个体信息，而是要全面系统地了解每一个个体的信息（如果我们的理论要想知道对每个个体的具体预测）。没有此类关于个体的信息，我们只能局限于我所说的模式预测这种情况——对形成自身结构的一些特征进行预测，而不是对组成结构中的个体成分进行预测。②

对于解释在一个良好运行的市场上自我形成的相对价格和工资体系而言，这种理论是尤其正确的。在这些价格和工作的形成过程中，我们必须要探讨市场上每一个参与个体的特定信息造成的影响——这些个体形成的总体影响，是科学研究者或其他任何个人都无法了解到的。事实上，不受政府力量控制的市场法则的优越性使其经常取代其他法则，其原因在于，它的资源配置结果所依据的存在于无数分散个体中的特定信息，要多于其他任何个人所掌握的信息。但是，作为观察者的我们，永远也无法知晓决定这类法则的所有影响因素，因此也就无法知道什么情况下的价格和工作体系，才能使得供求关系始终平衡，同时也无法预测它与市场法则之间的偏差；此外，我们也不能对自己的理论进行统计检验，并认为是价格和工资体系偏离"均衡"状态，才导致了一些产品和服务在特定的价格下无法进行销售。

在继续介绍我刚才的话题（所有这些对目前的追求所带来的对就业政策的影响）之前，请允许我更加详细地阐述一下我们的数学知识所存在的内在局限性，这种局限

① 沃伦·韦弗：《自然科学上的25年》，1958年洛克菲勒基金年会报告，第一章《科学及其复杂性》。

② 见我的《复杂现象理论》，收录于《发现科学真理的哲学批判》，《卡尔·波普尔纪念文集》，马里奥·邦格编，纽约，1964；增补并重印于《哲学、政治学与经济学研究》，1967。

性常常被人们忽略。我之所以这么做,是因为我想避免给人留下一个总是在经济学上反对应用数学知识的印象。事实上,我认为利用数学技术是一大优势,它能让我们在并不知道某一模式的具体数值时,通过代数方程来对特定模式的基本特征进行描述。如果没有这种代数方法,我们几乎不能全面了解市场上各事件之间的互相依赖情况。然而,这也同时带来一种错觉,即我们可以利用这种方法去决定和预测特定数值的大小,导致我们徒劳地去寻找一些数值和常量。尽管现代数理经济学的奠基人并不会产生这类错觉,但是这种情况还是发生了。的确,在他们描述的某一市场均衡模式的方程组下,只要我们在抽象公式的空白处填入数据,即如果我们知道这些方程的参数,我们就能够计算出所有商品和服务的销售价格和数量。但是,就如这种理论的奠基人之一帕累托所明确指出的那样,这些方程组的目的不是"计算出价格数值",是因为,正如他所说的,我们通过这些方程组可以确定所有数据的想法是"荒谬的"。[①] 事实上,早在16世纪西班牙的经院哲学家们(作为现代经济学的先知们),就给出了重要的结论。在他们称之为高等数学的理论中强调指出,价格的具体数值取决于众多的特定环境,除了上帝知道外,人们永远也不可能知道。[②] 有时候,我希望我们的数理经济学家们能把这句话记在心上。我不得不承认,我仍然质疑他们的计量研究对我们理论上理解经济现象是否有极大的促进作用——它们的价值不同于对它们具体特征的描述。我也不接受"该领域的研究仍然十分年轻"这样的借口:毕竟,身为计量经济学奠基人的威廉·佩蒂爵士,是牛顿爵士在皇家学会的资深同事!

认为只有计量数据重要的迷信观点,在某些情况下的确已经给经济领域造成了一定的伤害。但是,目前的通货膨胀和就业问题就已严重受伤害。这种观念导致了那些有可能是广泛失业的真正原因,被那些以科学头脑自居的大多数数理经济学家抛弃了,因为这些真正原因无法通过直接观察到的数量关系得以确认。而且,只盯着可以计量的表面现象,制定的政策往往更糟糕。

当然,我不得不承认,我所认为的能够真正解释失业的理论,还是存在一定的局限性,因为它使我们只能在给定的环境下对某些事件做出一般的预测。但是基于野心勃勃的理论得到的政策并没有带来理想的结果,我承认,对比不完美的知识我更喜欢真实,尽管无法确定且不能预测,但也好过于看似正确却可能是错误的知识。当前的情况是,表面上符合既定的科学标准(看似简单而实际错误的理论)会获得认可,但这会引起严重后果。

实际上,针对上述讨论的情况,主流"宏观经济"理论为补救失业而采取的措施——增加总需求,这已经导致了资源配置的严重失衡,日后可能会引起不可避免的大规模失业。额外的资金被不断地注入经济体系中,会产生暂时性需求,而一旦停止或者减缓资金的增加,这种需求就会停止,同时人们会预期价格将持续不断地上涨。

---

① 帕累托:《政治经济学教科书》(第2版),巴黎,1927,第223—224页。

② 见路易斯·莫利纳:《论正义与法律》,科隆1596—1600,第3期第347页。也可见约翰·卢戈:《论正义、法律与等级》,里昂1642,第40期第四部分第26页。

只有当资金的供给按照相同的速度增加——或者甚至是按照固定的速度增加，劳动力和其他资源才能得到利用。这项政策带来的就业水平，通过其他方式也能获得，因为这种就业分配不能长久持续下去，经过一段时间后，就只能通过一定的通货膨胀率才能维持下去，而这种通货膨胀率往往会迅速导致整体经济的混乱。事实在于，一种错误的理论观点将我们引入了一种不确定的环境中，在这种环境中，我们无法防止大量失业的再次发生。原因不是在于像这种观点有时被误解的那样，是人为地把这种失业作为调节通货膨胀的一种方式，而是因为以前错误政策导致的一个令人深表遗憾的不可避免的结果——一旦通货膨胀停止加速，失业必然会发生。

然而，我现在必须放下这些具有重要实际意义的问题，我列出这些问题主要是为了说明，抽象的科学哲学问题上的失误会带来严重的后果。我们有理由相信，一味地接受某些观点（就我刚才探讨的问题而言，这些观点表面上是科学的），将会造成更大范围内的长期伤害。我举例子主要是想说明，在我的研究领域——我相信在人类其他科学研究领域也是这样，表面上看起来最科学的方法通常是最不科学的；除此之外，在这些领域中，我们指望科学能够取得的成就，也是十分有限的。这就意味着，超出科学方法的能力而过分信赖科学或者根据科学原则而进行人为控制，可能会导致糟糕的结果。显然，现代自然科学的进步已经大大超出了所有人的预期，因此，认为自然科学能力有限的看法必然会引起人们的质疑。尤其是那些抵制这种观点的人，很快就会使得我们完全根据自己的喜好来塑造社会，他们希望不断增强的预测和控制能力（这些能力被看成是科学进步的标志性成果），可以应用于社会的研究。事实上是，相比在自然科学上的发现的兴奋感而言，我们在社会研究方面所获得的见解是令人沮丧的。或许这一点也不奇怪，我们同行当中的越来越多冲动的年轻人并不准备接受这个观点。然而，认为科学具有无限能力的观点通常是基于一个错误的观点，这种观点认为科学方法表现在对一种现成方法的应用，或者是只注重外表模仿而不注重实质的科学方法，就好像是只要照着菜谱就可以解决所有社会问题一样。有时候人们几乎认为，相比告诉我们问题在哪以及如何解决问题的思维而言，科学方法更容易学会。

目前，公众对科学能满足大家期望的希望与科学真正的能力之间发生了严重冲突，这是一个严肃的问题，因为即使真正的科学家在人类事务方面都承认自身能力的有限性。但是只要公众的希望过大，就会有人假装又或许是真诚地相信，他们能够做更多超出他们能力的事来满足公众的需求。通常对一个专家来说，也很难对以科学名义提出的观点是否合理做出准确的判断，显然很多情况下，常人更不可能做到。最近，一篇声称以科学为基础的报告《增长的极限》被媒体大肆宣传，与此同时，该媒体却对一些有能力的专家对该篇报告提出的严厉批评保持沉默，[①]这必然会引起人们担心科

---

① 见《增长的极限：罗马俱乐部关于人类困境报告》，纽约，1972；若需资深经济学家对这份报告的系统评价，可见威尔弗雷德·贝克曼：《防御经济增长》，伦敦，1974；若需早先专家的批判意见，可见戈特弗里德·哈伯勒：《经济增长和稳定》，1974，他认为这些批判意见是毁灭性的。

学威望被看得太高。但是，这种现象(为了达到所谓的更科学的结论，包括人类的所有活动以及“有意识的人类控制”来取代自发过程的希望)绝不是仅仅出现在经济学领域。如果没有错的话，在我所说的科学偏见和似是而非的科学结论方面，心理学、精神病学和社会学的一些其他分支学科，受到的影响更大，所谓的历史哲学就更不用说了。[①]

如果我们想要维护科学声誉，以及防止基于类似自然科学方法所产生的虚假知识，就必须努力揭穿这些虚假知识，目前一些虚假知识已经成为大学一些部门的既得利益。我们对像卡尔·波普尔爵士这样的现代科学哲学家不胜感激，因为他给了我们一个可以对科学和非科学进行区分的检验标准——我相信目前很多被广泛接受的科学理论不能通过这个检验。然而，还是会存在一些特殊的问题和那些很复杂的现象(社会结构就是一个重要的例子)相联系。这使得我希望更广泛地重申自己的理由，为什么在这些领域中对某些特殊事件的预测存在障碍，以及为什么我们的观念认为，只要掌握了科学知识，就可以超越这些障碍，这一知识本身会成为人类知识进步的严重阻碍。

我们必须牢记的一点是，发生自然科学巨大和快速进步的是这样一些领域：这些领域的解释和预测是以某些法则为基础的，而这些法则又把观察到的现象当成是少数几个变量(特定的事实或事件发生的相对频率)的函数。这就是为什么相对于那些拥有更高组织结构的我所称为的复杂本质现象而言，我们把这些领域称为“物质的”领域。没有理由使我们相信，后一领域的情况必须与前一领域相同。我们在后一领域遇到的困难并不像人们开始质疑的那样，在于通过构建理论来解释所观察的事件——尽管它们也会在对相关解释进行检验以及在淘汰不正确的理论方面遇到特殊困难。所遇到的主要困难在于，当我们在现实世界的特定环境中运用自己的理论时所产生的问题。一个关于高度复杂现象的理论，必然会涉及大量的具体事实。为了做出预测或进行检验，我们必须确定所有的具体事实。一旦我们成功地做到这一点，在推导出可被检验的预测结果方面，就不存在特殊困难了——借助于现代计算机的帮助，我们就可以很容易将这些数据代入相关的理论公式并得到预测结果。真正的难题在于，在科学对困难几乎不起作用，而且有时难题无法解决的情况下，去确定具体的事实。

我将用一个简单的例子来说明这种困难的实质。假设一些球类比赛，参赛人员都是实力大体相当的。如果每一场比赛的时候，我们除了总体上了解每位选手的能力外，还知道一些具体的细节，比如他们各自的精神状况、灵敏状况、心肺功能和肌肉状况等，我们就可以据此推测出结果。甚至，如果我们对比赛和参赛的球队都熟悉，就可以相当准确地预测出比赛的结果。但是，显然我们不可能准确知道那些事实，因此就无法科学预测出比赛的结果(不管我们如何熟悉具体事件对比赛结果的影响)。但这

① 我在新任萨尔兹堡大学客座教授的就职演说中，曾对一些领域中的这些趋势做出说明，见《建构主义的缪误和社会结构的合理批评原则》，慕尼黑，1970。为瓦尔特·欧根研究所再版，弗莱堡大学，莫尔出版社，图宾根，1975。

并不意味着我们对此类比赛的过程完全无法预测。如果我们熟知每类比赛的规则，在观看一场比赛时，我们就可以很快知道正在进行的是哪类比赛，接下来将会发生什么，不会发生什么。但是我们的预测能力都是基于事件的一般总体特征，而不能对具体事件做出准确预测。

这种情况就好比我之前提到过的纯粹模式预测，当我们从盛行简单法则的领域，进入有组织性的复杂领域时，预测的局限性就会增加。随着不断地深入，我们会越来越发现，实际上，我们只能确定部分而不是所有决定既定比赛结果的具体环境。因此，我们只能预测出部分而不是全部的预期结果。通常我们能够预测出的只是将会出现的某种模式的部分抽象特征，关于各个个体之间的相互关系，我们知道得很少。然而，我想再次提出，我们仍然既会得到虚假的预测，也会得到具有实际意义的预测。

当然，与我们在自然科学中学到的准确预测相比，这种纯粹模式预测是一种不令人满意的次优结果。但是，我想警告的一种危险是：必须要相信，为了得到被称之为科学的结论，我们必须要获得更多的成果。这会导致欺骗，甚至是更坏的结果。如果我们持有这种观念——以为自己拥有的知识和能力，使得我们完全能够根据自己的喜好来塑造社会进程，但事实上我们不具备这样的知识的话，就有可能使我们受到很大的伤害。在自然科学领域，试图去做不可能的事很少会遭到人们的反对。甚至可以认为，人们不应该对过分自信者泼冷水，因为毕竟他们的经验可能会产生一些新的见解。但是，在社会科学领域，存在着这样的错误观点，即认为使用某些权力会产生有利的结果，这可能会导致一种迫使他人服从某种权威的新权力。即使这种权力本质上并非不好，其运行的结果是可能会阻碍那些自发规则的作用，事实上，人们是在不了解它们的情况下，在追求自身目标的过程中得到很大的帮助。我们才刚刚开始知道，发达的工业社会的运行是怎样以微妙的沟通体系为基础的——这个沟通体系就是我们所称的市场，结果证明，在消化各种信息方面，它比任何其他人为的机制都更加有效。

如果人们不想在努力改善社会秩序方面弄巧成拙的话，就应该明白，在所有广泛存在的有组织事件的复杂领域内，他们不能获得全部知识来使自己掌握各种可能事件。因此，人们不得不使用能够获得的知识，而不能像工匠那样去塑造手工艺品，只能通过提供合适的环境来促进增长，就像园丁对待他的植物一样。自然科学的进步导致了过分认为自己能力的增加的看法是危险的，这种看法，借用早期共产主义的一种典型说法是：人们“被胜利冲昏了头脑”，不仅想把我们的自然环境，而且想把人类的环境控制在人们的意愿之下。对人类的知识面临无法逾越的局限性的认识，可以教导社会科学领域的学生一种谦虚的态度，这种态度可以避免其成为人类试图拼命控制社会的努力过程中的一个帮凶——这种努力不仅会使其成为自己同胞的专制者，而且会使其成为一种不是由人类大脑设计出来的，而是由无数自由个体的力量孕育出的文明破坏者。

（周望月 译　金　星 校）

1975获奖者

列奥尼德·康托罗维奇

Leonid Vitaliyevich Kantorovich

【获奖理由】对资源最优分配理论做出了贡献。

生平简介

1912年	出生于俄国彼得堡
1930年	列宁格勒大学(现名圣彼得堡大学)数学系毕业
1934年	任列宁格勒大学教授
1935年	获列宁格勒大学博士学位
1949年	获斯大林奖金
1965年	获列宁奖金
1986年	逝世

主要学术贡献

康托罗维奇在经济学领域的最大成就在于他把资源最优利用这一传统经济学问题,由定性研究和一般定量分析推进到现实计量阶段,对现代经济应用数学的重要分支——线性规划方法的建立和发展做出了开创性贡献。

他在研究企业之间以及整个国民经济范围内如何运用线性规划方法时,提出的客观制约估价,可以实现全社会范围的资源最优分配和利用。在现有资源条件下,全社会能够以最小的劳动消耗,获得最大限度的生产量,由此得出的生产计划叫作最优计划。有时也把客观制约估价称为最优计划价格。这是他革新、推广和发展资源最优利用理论的具体表现。

主要学术成果

《生产组织与计划的数学方法》(1939)

《大宗货物的调运问题》(1942)

《工业材料合理剪裁的计算》(1951)
《资源最优利用的经济计算》(1959)
《最优计划动态模型》(1964)
《远景计划最优模型》(1965)
《最优计划的数学问题》(1966)
《经济最优决策》(1972)

1975 获奖者

佳林·库普曼斯
Tjalling C. Koopmans

【获奖理由】对资源最优分配理论做出了贡献。

生平简介

1910 年	出生于荷兰
1936 年	获得荷兰莱顿大学数理统计学博士学位
1946 年	受聘于美国芝加哥大学任教经济学
1948 年	任柯尔斯经济学研究委员会主任
1955 年	受聘于耶鲁大学任教
1981 年	任美国经济学会会长
1985 年	逝世

主要学术贡献

库普曼斯在学术上的成就,主要表现在现代经济计量学的创立和将线性规划应用于经济分析这两个方面。西方经济学家认为他对线性规划的创立和发展做出了重要贡献。

所谓活动分析是由商品的活动组成的,商品相当于线性规划中的目标函数和约束条件,而活动相当于线性规划中目标函数和约束条件中的各列系数,大多数经济问题都能采用活动分析方法来研究。

今天,对于西方各先进国家的管理人员、经济学家来说,活动分析与线性规划都是一种不可缺少的理论和工具,并且已经发展到用于控制污染、保护环境、规划教育、制定区域计划等广泛的社会经济领域。

当今,经济学作为一种实践的艺术远甚于作为一门理论。在现阶段,我们中的大多数都更愿意认识到政府政策的咨询是委托给有实际经验的经济学家的,这都需要提供不同于以前人们所习惯的思想的经验方法。

主要学术成果

《动态经济模型中的统计推断》(1950)

《生产和调度的活动分析》(1951)

《关于经济科学现状的三篇论文》(1957)

颁奖词

瑞典皇家科学院 / 拉格纳·本泽尔

尊敬的国王和王后陛下,各位殿下,女士们,先生们:

无论是在资本主义社会、社会主义社会,或是其他意识形态的社会中,其基本经济问题都是同一个,那就是,无论在哪里,生产资源的供给都是有限的,因此,所有社会都面临着一系列关于可用资源的最优配置和公民之间收入公平分配的问题。我们可以用科学的方法来解决这些普遍存在的问题,而不必假手于相关政治组织。本届诺贝尔经济学奖的得主,列奥尼德·康托罗维奇教授和佳林·库普曼斯教授就通过他们的研究成果有力地证实了这一点。尽管这两位学者中的一位生活并工作于苏联,另一位在美国,但他们所选择研究的问题和提出的方法却有着惊人的相似之处:他们分析的聚焦点都是生产效率,并且各自独立地建立了相似的生产模型。

20 世纪 30 年代末期,康托罗维奇面临了一个具体的规划难题:如何把工厂中现有的生产资源结合起来以实现生产最大化。他建立了一种新型的分析模型来解决这一难题,后来被称为线性规划。这是一种在含有线性不等式的约束条件下,寻找线性函数最大值的技巧。这种技术的一个特点是:运算给出了若干副产品般的表达式(称为影子价格),能够作为有用的会计价格使用。在接下来的 20 年间,康托罗维奇进一步发展了他的理论分析,并且在 1959 年出版的一书中,将其运用于解决宏观经济的问题。此外,他将线性规划的定理和最优规划理论在社会主义经济环境之中结合,这使他在这一领域的研究取得了长足进步。他由此得出了一个结论:合理规划应基于线性规划类型的最优计算结果,此外,通过让下层决策者用影子价格作为其盈利能力计算的基础,可以使生产决策在保持效率的同时有效实现分权化。

康托罗维奇的研究成果很大程度地影响了苏联的经济辩论。他作为最杰出的苏联"数理学派"经济学家而声名鹊起,也因为他,该派学者提议中央计划经济技术进行改革。他们所争论的一个重要内容是,在中央计划经济的背景下,生产决策能否成功实现分权化取决于合理的价格构建体系的存在与否,其中包括要有一个独有的利率。

在 20 世纪 40 年代的时候,除了苏联的学者们,一些美国学者同样也为线性规划的发展做出了贡献,其中就包括佳林·库普曼斯。在战时,他作为一名统计学家任职于华盛顿的英国商船代表团。在此期间,他遇到了关于空船的最优航行路线的问题。他通过线性规划模型论证了这一问题,并且强调了影子价格的重要性,构造了寻找该模型的数值解的方法。

一开始,库普曼斯认为线性规划可以与传统宏观经济理论相结合,他发现在一个竞争激烈的经济体中进行资源配置可作为一个大型线性规划问题的解决方案,而生产模型可以作为一般均衡理论进行严格规划的基础。1951 年,他在其著作中详细阐述了这一观点,提出了活动分析理论。在书中,他通过阐明技术效率与价格体系以及竞争激烈的经济体中的资源配置在根本上相关,在资源配置的规范性理论和描述性一般均衡理论之间构架了一座桥梁。此外,与康托罗维奇一样,他得出了一个结论:使用影子价格使得生产决策的分权化成为可能。

在 20 世纪 60 年代出版的一系列论文中,库普曼斯以最优方式解决了如何在消费和投资之间分配国民收入的问题。这一问题对于所有长期性的经济计划都至关重要,因为它关系到当前和未来之间的选择消费,因此涉及对不同代之间的福利分配的决策。作为这一研究领域的伟大先驱,库普曼斯教会了我们如何解决问题,并且论证了大量关于最优条件的重要定理。

康托罗维奇博士,库普曼斯博士,我谨代表皇家科学院,邀请你们接受尊敬的国王陛下向你们颁发的奖励。

(刘　明译　唐兆希校)

获奖演说

数学在经济学中的应用:成就、困难、前景

列奥尼德·康托罗维奇

获此殊荣让我感到无比兴奋,我也为有机会参与这一系列的讲座而深感荣幸。

现如今,数学已经深深地渗透到了经济学的各个领域,我们所选择的主题与各种事实和问题相关联,正如科兹玛·普鲁特科夫所言:"不可为之事则不能为"。这句话在我的祖国家喻户晓,这句至理名言不会因为伟大思想家"科兹玛·普鲁特科夫"只是一个笔名而失去其意义。

因此,我只对那些我力所能及的主题进行研究,主要就是优化模型,将其应用于经济控制,以达到资源最优配置的目的。我主要致力于研究计划经济中出现的问题与取得的经验,尤其是苏联的计划经济。然而,即便我已经将范围缩小到这样的程度,我也只能在很有限的几个问题上取得一定的成果。

一、所涉问题之特性

在谈论方法与结果之前,我想有必要先谈谈我们所面临的问题有哪些特性。这些问题无一例外的都是苏联经济所特有的,而且它们之中的许多早在十月革命之后的那几年里就出现了。于是,有史以来,人民第一次真正成了生产要素的所有者。在这个地大物博的国家,中央统一控制的经济便应运而生了。这种需求的出现有着十分复杂的社会条件,也遭遇了一些特殊的问题。接下来所讲到的几个问题既和经济理论有关,又和对经济的计划与控制的实践相关。

(1)经济理论存在的主要作用已非同往日。我们不能只观察研究经济过程,而应该对经济进行系统控制,我们也不能只是孤立地制定政策措施,而应该从长远的角度,以共同目标为导向,制定普遍而统一的计划。这个计划必须足够详尽,小到私营企业在具体时期的具体任务,大到确保整个经济体的共同目标任务。

显然,如此大范围的计划必然会从一开始就出现问题,因此,我们不可能仅凭现存的经济理论或是以往的经验就解决这问题。

(2)经济学不能只把整个国家的经济作为一个整体来提出经济问题的解决方案,而也应该为作为个体的企业与项目提出解决问题的方法。所以它需要适当的信息和方法来提供与国民经济的总体目标和利益相一致的决策。最后,它不能只一般地、定性地提供建议,也应具体地、定量地提供足够精确的会计方法,为经济决策提供客观选择。

(3)除了资本主义经济中的商品流和资金,还有研究和直接观察所得的各项重要经济指标,譬如稳定或是波动的价格、租金、利率等。这些指标是所有经济运算、总和和编制综合指标构建的基础。显然,作为具有连续性的计划经济,不能没有类似方面特征的指标。它们是作为标准存在的,而且此时此刻我们也无法对其进行观察研究。然而,它们的计算问题不仅受限于计算与统计的技术。在新的条件下,由类似的指标得到完全不同的意义和重要性是十分重要的。一些与其性质、作用和结构相关的问题出现了,比如目前尚不清楚是否应该在这个土地属于人民的社会公开讨论土地租金,或是利率是否有权作为一项指标而存在。

(4)前面所提到的这些问题出现在计划经济的另一特性中。显然,对于如此大规模而又复杂的经济体系,绝对的中央集权是不现实的。决策有价值的部分应当为下层的控制系统而保留。

不同控制阶级水平的决策,以及由不同地方制定的决策必须与物质平衡关系相关联,而且应该遵循经济的主要目标。

问题在于应构建一个包含信息、会计、经济指数以及促进因素的系统。这个系统应当允许当地决策机关从整个经济的角度出发,评估其决策的优势。换句话说,为了决策能使他们盈利,使整个系统受益,应当从整个经济的角度来看,为检测当地机关工作的有效性提供可能。

(5)对经济的控制所出现的新问题和提出的新方法促使了控制机构采用最高效的组织结构形式。

这些形式的变化,一方面是因为控制系统日趋完善,另一方面也是由于经济本身的变化,这些变化与其规模的增长、联系的日趋复杂以及新问题、新条件的出现息息相关。一个规划系统的最有效结构的问题也有其科学的方面,但其解决方案却不够与时俱进。

(6)通过所谓的科技革命,经济控制方面的一些复杂问题因当代经济的发展而产生。我指的是在不同分支的权重的大变化以及生产、科技和国家经济的快速变化的条件下预测和控制的问题;评估技术的创新以及科技进步所产生的总体影响的问题;由于人类的活动所带来的自然环境的深刻变化，自然资源终会被耗尽的生态问题；对社会变化的预测及其对经济的影响；当代计算技术通过沟通、管理设备发生的变化等。

这些问题有一大部分也出现在资本主义国家，但在社会主义国家，这些问题有其自身的困难和特点。

因为在社会主义国家，既缺乏经验，又没有足够的理论基础来解决这些问题。

马克思的经济理论为新兴的苏联经济学和崭新的控制系统提供了方法论背景。其中关于总体经济情况的一些重要而又基本的陈述被证明十分适用于社会主义经济。但是实际应用马克思的思想需要严谨的理论研究，然而在新的条件下缺少对经济的实际经验。

这些问题实际上是由政府机构和经济管理者在内战、大萧条以及战后重建的最初那几年的艰苦条件下所解决的。不管怎么说，一个有效的经济机制就这样建立了。我无法详细地描述它，但我希望指出的是规划机关系统以及经济会计学的建立是由我们国家的建立者列宁所倡议的，经济会计学提供了一种平衡金融形式，对独立的经济活动进行了有效的控制。

经济的快速发展，工业化进程中问题的成功解决，“二战”前以及“二战”期间国防方面的经济问题的成功解决，战后重建以及长远发展都证明了这个机制具有显著的有效性。

经济规划和经济机构系统由于新问题的存在而不断发展提高，这一经验的总结为社会主义计划经济建立了预期经济理论体系。

与此同时，在我国，进一步改进控制机制，资源利用过程中的缺点改善的必要性，以及缺乏对计划经济潜在优势的认识这几点常常被反复指出。显然，这样的改进依赖于新思想和新方法的出现。这也就自然而然地引入了定量分析的数学方法。

二、新方法

尝试用数学方法对苏联经济进行研究始于20世纪20年代。且让我介绍几个例子：尤金·斯勒茨基和肯金斯的著名的需求模型；由曹尔德曼提出的首个增长模型；由中央统计局完成的“棋盘式”资产分析（后来该法由里昂惕夫通过在数学和经济学上对美国经济数据的研究而进一步发展）；雷可夫为确定投资有效率所做的努力；以及后来在这一方面取得长足进步的萨维津洛夫。上述都是在同一时期运用数学方法对西方经济学进行的研究，且都有出现在哈罗德、多马、拉姆齐、瓦尔德、纽曼、希克斯等人的作品中。

在这里我想主要谈谈20世纪30年代末在我们国家出现的优化模型（后来也出现在美国），在某种意义上，我认为对于我所提到的这问题，这是最合适的解决方法。

这里所说的优化方法是关于头等重要性的问题。将经济看作一个单一的系统，为一个一致的目标而控制着，允许巨大的信息材料的有效系统化，对有效决策的制定进行深入分析。有趣的是，即使这一一致的目标无法明确地被表达，许多推断仍然有效，无论是由于尚不清楚的原因，或是因为这是由多重目标所构成，而每一个目标都需要被考虑进去。

目前,多产品线性优化模型似乎是最常用的,我认为这个模型在经济学中的应用就像是拉格朗日运动方程在力学中的应用一样广泛。

我认为没有必要详细描述这个著名的模型,这是一个基于将经济描述为一组主要产品类型(用库普曼斯教授的话来讲,就是活动类型)的模型。每一类型的特性都是通过货物和资源的使用与生产而定的。众所周知,在一些资源和计划约束下,对最优规划即这些经济活动强度的集合的选择,给我们出了个难题,即在满足一些线性约束条件下使得许多变量的线性函数最大化。

这已被讨论过太多次,因此我们可以将其看作是众所周知的。重要的是展现出决定其广泛用途的特性。对于这个,我能够指出以下几点:

(1)普遍性和灵活性。模型结构允许各种应用形式,它可以描述在其控制下的完全不同的经济分支与等级的完全不同的各类情况。在达不到所要求的描述精确度时,可以考虑一系列模型,并在其中逐步引进必要的条件和约束。

在线性假设明显与问题细节相悖的这种更为复杂的情况下,我们必须将非线性的投入和产出,不可分的决策以及不确定的信息都考虑进来。在这里,线性模型便成了一块不错的“基石”,亦是进行普遍化的出发点。

(2)简洁性。线性模型普遍适用,且具有高精度,用法非常简单,主要就是线性代数,所以即使是只有一定的数学知识的人,也能理解甚至驾驭它。对于创造性和非常规性地运用这个模型所赋予的分析方法,最后一点是非常重要的。

(3)有效的可计算性。求解线性问题的极值的迫切性使得苏联(不断改进法、解乘数法)和美国(著名的乔治·丹齐格的单纯形法)都提出了特殊而又十分有效的方法,以及对这些方法的详细理论的阐述。这些方法的一个算法结构使得后来的相应的计算机代码的产生和如今计算机能在成百上千的限制和成千上万的变量的情况下快速解决问题成为可能。

(4)定性分析。与优化规划方案一起,这一模型对整个问题中具体任务的定性分析给出了有价值的策略。这种可能性的存在有赖于一个活动与限制因数指数系统,该系统与优化方案同时建立,并且与之相协调。库普曼斯教授将其命名为“影子价格”,我叫它“解乘数”,因为它们就如同拉格朗日乘数一样,辅助于优化方案的建立。然而就在它们的经济意义和重要性被认识到后不久,它们便被命名为“客观制约估价”(在苏联将其缩写为“o. o. o.”)。它们有着商品和等价生产要素的价值指标意义,从本质上决定一个给定的问题,并显示在极值状态波动的情况下,商品和生产要素如何进行交换。因此,这些估值给出了计算会计价格、其他经济指标以及对其结构进行分析的客观方法。

(5)解决问题方式的一致性。即使是在资本主义国家里,各自独立的公司甚至是政府机构也成功地使用了这些原本在意识形态上更适用于解决社会主义经济问题的方法。他们成功地将其应用于多个经济学和运筹学的具体问题正是其有效性的体现。他们有着大规模的应用,包括苏联经济的一些分支机构的长远规划以及农业生产的地域分配。现在,我们正在讨论模型复合体的相关问题,包括对整个国民经济的长远规划的模型。这些问题正由两家特殊的大型研究机构进行调查研究,它们分别是位于莫斯科的由贾多雷克院士带头的中央经济数学研究所,以及位于新西伯利亚的由阿贾贝克贾院士带头的经济科学和工业组织研究院。

同时我们有必要指出在现今的苏联经济学中优化规划和理论研究的数学方法的境况。线性模型已被证明是对规划控制和经济分析进行最简单的逻辑描述的好方法,为定价问题解决方案的显著进步做出了贡献。需要指出的是,一个描述简单经济指数的模型有时也会显现出一个诡辩的数理形式。例如,它已证明了生产价格中的核算基准金是正当的,并提供了核算自然资源的利用的原则。它也提供了反映投资中的时间因素的定量方法。请注意,描述一个简单经济指标的模型有时却用非常复杂的数学形式(作为例子,我们可以提一下运用设备存量的模型,从中可以导出折旧支付的结构)。

一个需要特别指出的问题是非集中化决策。对双层复合模型的研究可以使我们得出这样的结论,即根据局部模型中已正确构建的目标,非集中化决策而又遵循复合体的总体目标在原则上是可行的。这里我们必须指出,由乔治·丹齐格和菲利普斯·沃尔夫提出的天才的分解思想的数学形式。他们发表于1960年的论文的价值远远超过了算法的局限性及其数学基础。这在全世界,尤其是在我们国家反响强烈,引起了积极讨论。

与投入产出分析和优化模型一起,这一经济理论有了各种分析工具,譬如统计和随机规划、最优控制、仿真方法、需求分析、社会经济科学等。

总的来说,通过15年来的不断发展和传播,上述方法取得了显著的成果。

三、困　难

发展的水平,尤其是其运用的广泛程度可能会不尽如人意。许多问题尚待解决。许多应用就如同乐章的分散片段,没有联合成一个系统。在最复杂的问题上,如国家规划的问题,至今未找到有效的、普遍适用的实现形式。而人们对待这些方法的态度就如同其他创新事物一样,既充满希望,又不断怀疑,既充满热情,又不断抗拒,总会有一些失望和不满的存在。

当然,我们可以说,对于过去的这么短的一段时间来说,这个结果并不是很糟糕。许多的技术革新或者物理、力学方面的新发现甚至要在200年之后才得到认可与发扬。当然,我们更愿意提出一些具体问题来阐明主要困难及其原因,并提出一些方法来克服这些困难。困难来自受调查物的具体特征以及研究中发现的缺陷及其实用性的实现。

鉴于经济现象的复杂性和特殊性,要对其有一个正式的描述很是困难。该模型只强调它的一些方面,而且只是十分粗略大概地考虑实际的经济状况,因此,这样的规则很难评估其描述和推论的正确性。

因此,尽管该模型具有上述普遍性,但常规的方法往往不高效。每个严谨的模型的建立及其实际应用都需要经济学家、数学家以及具体领域专家的刻苦攻关,但即使模型建立成功，其广泛应用仍需要数年，特别是用于实际指导的测试和改进。

基于获得的结果来测试模型和现实之间的差异所产生的影响并且据此来修改结果或是模型本身是十分重要的。然而这一部分工作往往会被忽视。

对于一个模型的实现，其困难之处在于接收和经常性地构建在许多情况下有相当大的误差，有时甚至会出现完全缺失的数据。因为在此之前，没有地方需要用到它们。主要的困难在于未来预测数据，以及对行业发展的变量的估值。

最优解的计算也有其困难之处。尽管它有着高效的算法，以及由于庞大而并不简单的线性规划代码，但其困难性会因线性模型在任何一次一般性过程中所做的修改而显著增加。

有这样一种说法，在理论上，线性模型存在最优解与估价指标和促进因素在“客观制约估价”基础上的完美协调与和谐，但是真正的决策和地方机构的工作不是由理论指标而是由实际价格以及不易被替换的估价方法所评估的。经济体系的不同部分很难由数学模型来描述，并且它们并不总是有着明显的定量特征。因此，与需求和消费喜好相比，工业生产被描述得更好。倾向于不仅要尽可能少地使用资源，同时要使生产结构最适用于消费者是一件很自然的事。这种情况使得对目标函数的正确选择更为复杂。

当然，情况并非无望。例如，我们可以使用极值的想法（也就是处于无法全方位地改进的状态，即沃尔德的“有效决策”），这已足够精辟。然后可以在几个标准上妥协或不那么严格，通过优化方法解决问题的工业部分，通过传统的方法解决消费部分的问题。亦可尝试使用计量经济学——然而，太多的“可以”，也意味着问题离解决还有很长一段路要走。

在计划工作中，非集中化思想必须与整个系统各个自主部分的联结计划的日常工作联系起来。这里，人们可以通过从一个部分转到另一个部分的流量和参数的固定值来运用系统的有条件的分离法。人们可以利用对参数进行连续重复计算的思想，很多作者通过丹齐格—沃尔夫的模型和综合的线性方法成功地发展了这一思想。

对于新出现的经济问题，特别是那些与科技革命相关的问题，不能依据现有的方法来解决，应当有新的思路和方法。例如自然保护的问题。技术创新率和传播速度的经济估价问题不能仅通过直接产出的长期股价来解决，而应借助于新的工业技术的核算特点，这是其对技术进步的总的贡献。

基于数学模型的核算方法，利用计算机进行计算及信息数据的处理，仅构成了控制机制的其中一部分，另一部分是控制结构。此外，为了使新的方法得到真正的传播，有必要让那些致力于研究规划和经济学的人学会并掌握它们。有必要重组这个系统，克服一些心理障碍，不墨守成规，开始使用新的方法。

为此，我们建立了一个教育系统，通过新方法使人们熟悉规划管理的最高水平。会计重组则通常与引进以计算机为基础的信息系统相结合。很显然，这样一次对方法与意识的重组是一次艰难的历程，需要经历很长一段时间来完成。

四、前　景

尽管困难重重,我依然乐观地期待着数学方法,尤其是那些最优规划方法,在经济学及各级经济控制上的普及。它可以给我们的规划活动带来显著改善,能让我们更好地利用资源、增加国民收入、提高生活水平。

建模和数据制作的困难是可以克服的,正如自然和技术科学中出现类似的困难可以被克服一样。我的希望是有根据的,如今在这个领域对新方法和新算法的探究层出不穷,新的理论方法和问题陈述也不绝如缕,对有关各个经济分支的一般或具体问题的一系列具体研究不曾间断,有才华的年轻研究人员在这个领域辛勤耕耘。随着计算机硬件和软件的不断发展,这方面的进步正愈发显著。

数学家、经济学家和实际管理者之间有了更好的了解。

这一领域的良好的工作条件来自关于控制方法的一些著名且重要的陈述,以及过去多年来我们的政府对此做出的改进。

（刘　明 译　唐兆希 校）

获奖演说

最优概念及使用

佳林·库普曼斯

根据经济学亘古不变的定义,经济学是研究如何最优化利用稀缺资源的学问。在我看来,这个定义是不完整的。次优化利用及完全挥霍资源的问题应该给予同样的关注。这是不可避免的一个问题的两面性。

对现今目标来说,“稀缺资源的最优利用”这一表述足矣。然而,该表述中两个名词和两个形容词则各自需要更深入的定义。换言之,这些定义需要一个具体的,可以调整的,去做出各种优化经济决策的特殊环境。

我假定这次聚会的主要兴趣是稀缺资源的最佳运用这一理论应用的范围和与其他应用类别的主要不同方面。因此,我用数学思想和方法的描述只能在一定程度上对应用范围的探索有所帮助。

最佳的切入点是从未来短期内单个工厂或企业的生产计划着手。这里,“资源”指各种可用的设备零件的生产力。在中央主导和控制的经济体系中,可能还包括全国范围分配中主要投入的分配,如燃料、原材料、劳务服务。在有一些资本配额的市场经济中,按给定的市场价格的最初投入购买,营运资金有效的单一分配将代替多数最初投入分配。

在两种体制框架内,一个特别简单的原型问题是得出所需的产品或企业产品的输出数量时初始产品的价格。当时资源的术语“利用”代表满足在给定约束条件下要求工艺流程或流程结合的选择。“最佳”利用,是一种独一无二的、满足最初投入花费最小化要求的选择。经济学家对这个问题是否属于经济学研究的范畴持不同见解。如20 世纪 20 年代英国经济学家庇古就认为:

……教羊毛制造商如何收购和卖羊毛，教酿酒的人如何酿造和卖啤酒不是经济学家的事……

这不是在其他几个欧洲国家经济学家的态度。特别是在 20 世纪 30 年代的时候，在斯堪的纳维亚与德国经济学家之间，就生产模式及其对企业内部效率提高的作用展开了激烈的辩论。北欧的《技术经济》杂志为这些讨论提供了一个重要的媒介平台。其中卡尔森、弗里希、格洛尔福尔特·塔尔普、施密特、施耐德、斯塔克尔伯格和茨威森功不可没。[①]

在这个时期，一些国家的经济学家对企业中资源最优使用这一重要的实际问题已然熟视无睹，只有其他若干国家中的少数经济学家涉猎。另外，此类问题的一些专业知识涉及其他如数学家、工程师、职业经理人等相关职业。因此，我们有理由可以预期的重要新贡献将来自这些相关的职业。

而此后的事实也验证了我们的预计。按时间顺序，首先是数学家康托罗维奇(1939)的 68 页小册子《生产组织与计划的数学方法》(1960 年译)。这本刊物因一些新想法或原理而在学术界备受瞩目。而其中一些也曾出现在不同地区早年著作如经济学和数学中。在这里我列举以下一些。

(1)不同生产流程中有限数量的生产模型，每一个都以过程中投入和产出特性的恒定比率为特点。

这个要素在经济学中由来已久。它可以在瓦尔拉斯(1874)、莱肯(1954，第 20 讲)、卡塞尔(1919，第四章)、数学家冯·诺依曼(1936)、里昂惕夫(1936，1941)等的著作中找到。这些著作中都探讨了作为整体生产的系统模型。然而，目前对我们的目标来说，最重要的特性只出现在国际贸易理论古典作家[②]和冯·诺依曼跟康托罗维奇的模型中。这个特性是同质所需商品的产出一般可以通过多个进程完成。而这些过程组合的结果可以得出一个特定向量，它对所有所需商品而言都是相同的。两个这样的组合包含的过程可能有所不同，分配给流程的活动水平二者都适用。这是由于可选择来达到同一结果即一个真正优化问题方法中的选择要素。的确，瓦尔拉斯也探讨了优化过程选择(1954，第 36 讲)。但它的讨论是基于可微的生产函数所定义的无限集的，正是这种更一般流程的选择，推迟了经济学家对我们现在应用程序主旨的认可周期。

(2)广泛的行业模型实际应用的认知本身就是这些所需应用程序数据的来源。其中包括下面要讨论的运输问题、农业问题和各种工业应用。而对于那些与众不同的以及更加总量化的有价值数据的定义和收集也是里昂惕夫投入产出分析的重要因素。

(3)对给定问题最优解的论证，能否达到成本最小化、输出最大化？人们可以联想到西方文献中提及的关于每个资源、中间商品或最终产品的术语——影子价格。

---

① 相关作者及庇古之引用可参阅库普曼斯(1957)第 185 页。

② 参阅托伦斯(1817)、米尔(1852)、格雷厄姆(1923)及其他在奇普曼(1965)调查表中所列人等。

1939 年，康托罗维奇的术语是“分解乘数”，在他 1959 年的书中该术语变为“客观地决定评估”。一般来说，对指定商品的可用性问题来说，这些估值相当于成本最低化的负值的第一衍生品。数学术语中这些估值也被称为“对偶变量”，相比于分配给流程的活动水平，那时被称为“原始变量”。类似的对偶变量也出现在冯·诺依曼的比例增长模型中，被用来作为竞争激烈的市场价格阐释。

(4)主要由闵考夫斯基发现的凸集分离定理，被确认为对偶变量存在的数学基础。[①]

(5)说明性例证——计算了原始变量和联系的对偶变量的最优值，且对更复杂情况的计算求解做了一些说明。

最后，简单而精确的说明是：

(6)由不同主要投入和(或)不同所需产出的比率(即替代率)所定义的对偶变量的说明。

(7)对在不同部门或组织做的分配决策协调作为指导的双变量附加说明。

下面我将就第(7)点谈谈我的理解：

康托罗维奇 1939 年的理论直到 20 世纪 50 年代末 60 年代初方为西方所知晓。与此同时，交通模型在西方的重建并没有借鉴康托罗维奇(1941，1958 重印)和康托罗维奇以及加加林(1940，1949)等的理论建构。希契科克(1941)，库普曼斯(备忘录日期为 1942 年，1970 年出版；1949 和 1951 的文章(和莱特合作)，丹茨格(库普曼斯第 23 章，1951)等西方学者为此做出了贡献。

一般线性模型是在最初的美国空军调度问题刺激下被乔治·丹茨格和其他与他有关的人重新发现和开发的。术语“线性规划”开始在数学分析和与该模型相关的计算程序中使用。该作品简洁的早期出版可以在由库普曼斯编辑的名为《生产和分配活动分析》中找到。进一步实质性发展则出现在计量经济学、管理科学、运筹学等刊物中，而后又被丹茨格收录在酝酿多年的《线性编程和扩展》(1963)一书里。许多数学家和经济学家参与的这些研究成果在很多方面大大超出康托罗维奇的早期研究。我只就几个上面列出的少数要素加以阐释。

(2′)应用程序范围扩展到对动物饲料、库存和存储问题，炼油厂操作，电力投资[②]和许多其他问题。

(3′，4′)塔克、盖尔、库恩对原始与对偶变量及其扩展非线性规划数学关系[③]的进一步说明。

该书还追溯了线性规划其他的数学起源：冯·诺依曼(1928)、冯·诺依曼和摩根斯坦(1944)以及维尔(1938)作品中博弈论对偶理论的前体线性规划；戈丹(1873)、法

---

① 为此，冯·诺依曼采用了大量拓扑学的定点法则。该法则的非必要性后来被盖尔(1956)、库普曼斯和鲍施(1959，第 5 章)等证实。

② 参阅玛赛、吉伯特(1957)等。

③ 参阅盖尔、库恩及图克(1951)，库恩及图克(1950)及图克(1957)之总结。

尔斯（1902）、斯剔母科（1915）、莫茨金（1936）等人[①]书中的线性不等式。

（5′）由丹茨格开发的单纯形法，在线性约束（包括不等式）下线性函数最大化，以及由丹茨格和其他人对此方法的进一步改进。

单纯形法已成为处理线性和非线性凸分配问题的算法的主要出发点。这些方法可以计算原始和对偶变量优化值。

对经济理论及应用程序来说，最重要的意义对（7）是一个进一步的延伸。

（7′）对资源最优分配价格及使用的分析，通过竞争市场的操作，或作为一个国家计划的工具。

这些观点在经济学中由来已久。就市场竞争而言，其理论至少可追溯到亚当·斯密（1776）时代后，又被哈耶克（1945）雄辩地加以重申和发展。关于社会主义计划经济价格体系运行，重要作家有巴龙（1908）、兰格（1936）和勒纳（1937，1938），库普曼斯（1949，1951）和萨缪尔森（1949，1966）著作中新的元素就是线性模型的使用。以我的观点，应当努力开发尝试的是可能称之为资源分配的原始的理论。这已经预示了兰格和勒纳的理论，假定完全竞争和假设完美的计划都意味着资源的有效分配——尽管任何一项都不会发生在现实中。

因此，我们似乎应该从另一个角度去分析：假设分配效率为一种抽象的原始的研究模型。据此我们可以继续探索与原始模型相近的可替代的制度安排。

我相信线性模型提供了一个很好的立足点。首先，它使得缜密的思辨过程变得更加容易。其次，最具挑战性的非线性理论（与递增的规模效益有关）事实上有损竞争。最后，它也大大增加了制定一个好计划的数学和计算上的难度。因此，线性模型顺理成章地构成了资源最优分配理论的第一章。在其最简单的形式下，它可以推导出以下过程活动水平和资源与生产的商品（影子）价格之间的对称关系：

（7″）a. 使用的每个过程创造了零利润。

b. 技术中没有过程有正利润。

c. 在可用范围内未全部使用的物品，其价格为零。

d. 没有物品存在负价格。

这些同等关系是在康托罗维奇（1959）多年后出版的书的前两章中反复出现的主题。后来它被翻译成法语和英语，后者标题是“经济资源的最优使用”。该书推荐的要点是，社会主义计划经济可以通过确保满足这些同样最优化的计算，最好地实现由计划部门设定的目标。

关于相关的决策分散化价格体系可能性方面，相比较早期的论述，康托罗维奇对它没有多少突破。然而，在库普曼斯（1951.5.12 节）的工作摘要、科尔内和利普达克（1962，1963，1965）进行与匈牙利相关的两级规划著作和被法国计划的经历所刺激下的马林沃德（1967）的著述中，这一点却变成了主题。这部作品的主要计算部分是由丹茨格和乌尔夫（1960，1961）创建的“分解原理”。

---

① 参阅丹茨格（1963）第 2—3 章。

康托罗维奇著作第 3 章中研究了扩大生产基地投资计划的问题。主要重点放在资本投资的正常有效性这一概念上。这是一个应用于未来收益、未来考虑投资和其他成本，投资项目的评估和选择的折现率。这个想法早年曾被诺沃日洛夫（1939）提及。康托罗维奇所强调的一点是，为了选择最优结果，用于计算收益和成本的价格应该用他的方法客观地确定估值。这些建议当时对苏联经济规划而言是前卫的。我相信正常的资本投资有效性原则从那时就已经在苏联的理论和实践中得到越来越多的认可。这与在市场经济下，厂商运用预期市场价格和适当的市场利息率进行投资计划的盈利性评价有明显的相似之处。当然，所考虑的制度框架根本不同，但是我相信其根据的在制度框架之外的最优理论是相同的。

综上所述，我发现在上述发展中有两大优点。一是它们最初的前制度特征。技术和人类需求是全世界的。从这些因素出发方便和加强市场经济国家和社会主义国家经济学家之间的接触和相互促进。二是经济理论、数学建模、数据收集、计算方法和现在计算机算法成为可能的组合和合并。这是真正的不同专业贡献的结合。

线性模型继而是凸非线性模型为这些发展提供了一个可靠的基础。与此同时，这些理论也存在着最明显的局限性：与规模收益递增有关的非凸非线性，即与很多产业大规模生产过程的高生产率有关的非凸非线性，要求使用很不相同的分析方法，而且这也引起指导最佳配置的制度框架问题。

另一部分，这一领域通常被称作最优经济增长理论，在市场经济国家中有关这一问题的大多数研究成果，都没有一个合适的对象使其作为政策建议提出来。在对单个企业进行的研究中，也没有一个明显的目标函数的选择，如解决个别企业研究中的成本最小化和利润最大化。这个领域有更多的拓展空间。研究模型通常只包含一些总和的变量。人们着重考虑的是把伦理、政治和社会思想结合成各式各样一揽子可供选择的目标函数。假定在同等的简单的现有技术和资源的条件下，对这些目标加以研究，以期发现它们所预示的经济的未来模式。考虑到经济学家和其他职业的成员在某种程度上更接近于能做出政策的建议，他们成为研究中的主要目标受众。他们也许是那些从事做出较为细分的最优增长模型的人，这些模型结合了技术和行为参数的数值估计（我在下面谈“发展规划”时还会回到这一领域）。或者希望得到的顾客也许是政策经济学家，他们将发现当他们应付要结果而不要判断标准的日常压力时，在他们内心深处存在着这两个领域的抽象思想是大有用处的。

当问题关系到几代人时代跨度的经济增长时，客户的问题更令人困惑。在那情况下，最好建议给当代人信号，它旨在加强或建立一代又一代的传统。

最优增长领域的领军人物是弗兰·拉姆齐，他因发表同等重要的基础数学和主观概率论文而蜚声，他在 1928 年发表的论文中阐述他的“最优”定义包括来自未来消费的消费流的总和（或积分）的最大化。连续使用时间变量，拉姆齐目标函数的选择是一个首先是我认为的更广泛的一类函数的极限情况。

$$U = \int_0^\infty e^{-\rho t} u(Ct)\,dt, \qquad \rho > 0$$

这里，Ct 表示 t 时期的总消费流量，$u(c)$ 代表由消费流 c 表示的效用流。一般所选择的效用函数 $u(c)$ 随 c 递增，但是随着 c 的增加，du/dc 比率减少。这表示效用会随着消费的增加而增加，但增幅会越来越小（如图 1 所示）。其对消费品跨期分配的影响就如同累进制所得税对同辈人的影响一样。

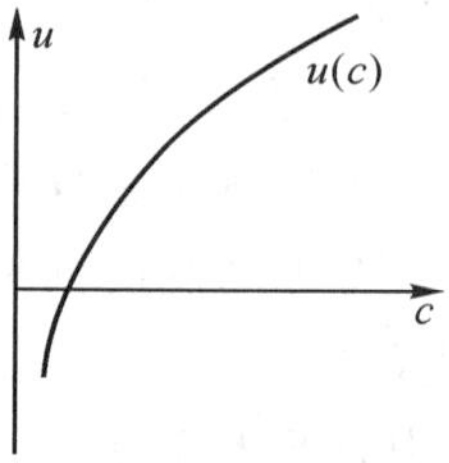

图 1　总消费流量函数

我们称它为指数衰减因子 $e^{-\rho t}$，$\rho>0$ 为效用的贴现因子。在计算整个未来的效用总值 U 时，它减少了整个效用流总和中未来效用流的权重。权重越小，效益贴现率就越大，人们对经济前景越看好。道德层面上，拉姆齐则不认同。我认为贴现效用的重要问题——或任何目标函数的选择的其他方面——不应该完全基于先验理由。大多数决策者首先想知道的是在假定情况下一个已知的目标函数对他们将意味着什么。因此，在第一次探索中，我限定 $\rho>0$ ①，并且要转向一定“情况”下的数学模型，这一“情况”是指消费和资本变量的技术和资源约束。

还有一种“资源”是劳动力。不需要输入公式，因为随着时间的推移，它会无情地保持不变。其他唯一的资源是初始资本存量 k_0，即 $t=0$ 时刻的初始资本。劳动力任何时间 t 的使用和资本存量 k_t，包含两个步骤。首先最明显的一步是在充分利用存量资本和劳动力的情况下，始终保持净产出流 $f(k)$的最大化。函数 $f(k)$ 形式总结和简化了广泛的技术经验。它指定 $f(0)=0$（没有资本就没有产出），$f(k)$ 最初随 k 增加，但 df/dk 比率减少，在这种方式中，从资本饱和的某点 $\hat{k}$，$f(k)$ 因折旧比总输出上升的更急剧而减小（见图 2）。

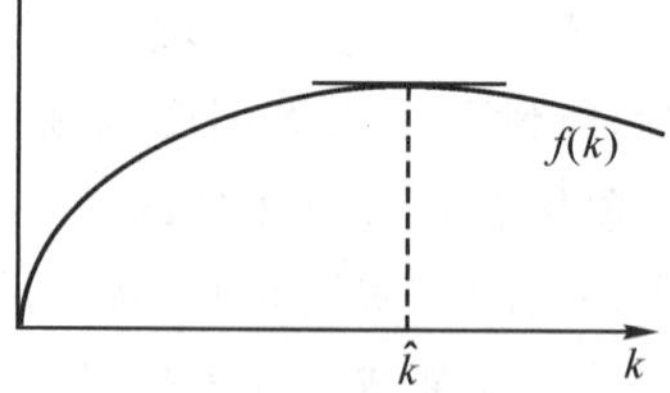

图 2　折旧函数

所有的产品生产流量 $f(k)$ 被认为是由单一商品组成，它可以用于消费或追加资本存量。

---

① 对于一个有不同目标函数的功能，其贴现率取决于缜密的思维方式。参阅库普曼斯（1960）、戴蒙德及威廉姆森（1964）和比尔斯及库普曼斯（1969）。

$f(k_t)=c_t+\frac{dk_t}{dt}$，这是分配的约束条件。

确定在所有时刻 t 如何进行分配是第二步。如果你能使 U 因此最大化,未来所有的时间点这样做是“最好的”配置。

看起来好像这限制最大化问题与之前讨论的数学结构是完全不同的。这并非如此。主要的区别在于,讨论已经从向量空间转向函数空间,使用传统的符号并非旨在揭示这两个问题的常用结构。特别是,只要至关重要的凸性假设保持不变,依据影子价格的解释仍有效。

在拉姆齐之后 35 年,问题 $\rho>0$ 被卡斯(1966)、库普曼斯(1965,1967)、马林沃德(1965,1967)分别解决了。在这里我不做证明而采用图 3 这种自然直观的形式表现结果。在左边的图,横坐标 k 沿着纵半轴,纵坐标 $y=f(k)$ 沿着指向左边的水平半轴。给定 $\rho>0$,在曲线 $y=f(k)$ 上找到唯一的点 $k_{(\rho)}$ 斜率 $df/dk=\rho$,然后,如果初始资本存量 k_o 碰巧与 $k_{(\rho)}$ 相等,则最优资本路径保持不变,在所有未来 $k_t=k_{(\rho)}$ 对任何初始存量 k_o 不等于 $k_{(\rho)}$ 最优路径显示了单调和渐进通往的 $k_{(\rho)}$ 方法。所有这些都在图 3 右上角用实线加以突出。右下角图显示了相应的最优消费路径 c_t,这一曲线接近渐近水平 $c_{(\rho)}=f(k_{(\rho)})$。

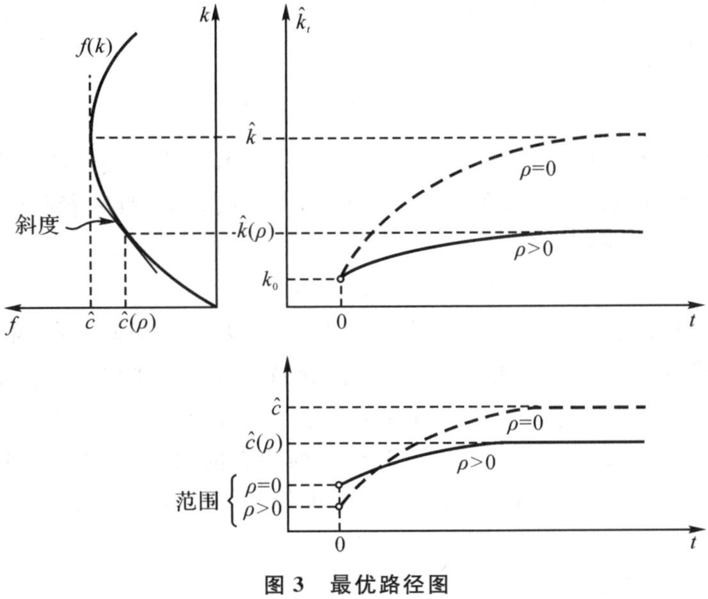

图 3 最优路径图

加上上面给出的配置约束的微分方程控制 k_t 和 c_t 接近受影子价格方面有趣的解释支配的渐近线。定义这些价格,消费品 p_t 和单位资本存量使用 q_t,用以下公式:

$$p_t=\ell^{-\rho t}\left(\frac{du}{dc}\right)_c=c_t,\quad q_t=p_t\left(\frac{df}{dk}\right)_{k=k_t}.$$

对两种价格定义,p_t 是消费的边际效用,du/dc,消费流水平 c_t 到达时间 t,贴现为零。反过来,q_t 是资本的边际生产力,df/dk,水平 k_t 到达时间 t,乘以产品的影子价格 p_t,已经定义。这使 q_t 资本边际生产力依据贴现效用。在这些术语中,微积方程是：

$$q_t = -\frac{dp_t}{dt}$$

此为分配原理。p_t 和 q_t 是资本货物和产品使用的市场价格，这个等式显示资本货物两个可选择配置回报相等。一种是销售货物，另一种短期先出售这些商品的使用，然后销售货物本身。对最优性来说，这个原则是必要的且直观上是合理的。它的充分可以由关于 $-u(.)$ 和 $-f(.)$ 的凸性假设加上边界条件 $\lim\limits_{t\to\infty} k_t = \hat{k}(e)$ 加以证明。

选择不同的贴现率 ρ 值的影响是什么？图 3 显示了现实情况初始资本存量远低于极限水平 $\hat{k}(e)$ 的答案。在这种情况下，随着 ρ 的减少，也就是说，当未来当前消费估值增加，资本存量和消费的渐近性水平都增加。但为了积累，使之追加资本，现在和将来的消费会进一步下降。这样，正贴现率只排斥后来具有永恒高的消费水平，因为这样需要远小于现在的消费。也许是个遗憾，但无须问责。

拉姆齐的研究表明，ρ 下降效应会趋近于无折现，即 $\rho = 0$ 这一极限，但不会超过界限。这种情况下的最优路径如图 3 用虚线表示。一个拉姆齐用巧妙地绕过用于 $\rho = 0$ 实用积分非收敛的数学模型，也导致了比用于正 ρ 更简单的证据。

为了使模型更接近实际，对模型所做的非常合理的修改打开了堵塞通向资本优化的这条路。例如，可能引入随时间变化的人口（=劳动力）L_t 为人与人之间的公平，修改目标函数来理解。

$$V = \int_0^\infty \ell^{e-t} L_t u(c_t) dt$$

c_t 现在被解释为人均消费目标函数，k_t 为人均资本。这想法是给予未来所有个人而不是几代人同等权重（除贴现外）。然后，假设 l_t 不被影响，且随着时间的推移，它将受一个外生指数增长规律的影响。

$$L_t = L_0 \ell^{\lambda t}, \qquad \lambda > 0$$

举个例子，让 λ 符合每年 3%的增长。于是仅仅因为数学原因，贴现率 ρ 必须应对每年至少 3%存在最优路径。如果一个人试图保持 ρ 为零且在如一个世纪的有限时间内保持最大值，其结果就是随着资本存量降低到零而出现不合理的人为消费堆积现象。或者当资本存量降低到一定程度的其他任何预定的水平时，也会同样如此。

到目前为止，讨论的模型还遗漏了重要的现代经济的各个方面。以下我将简要地评论：

(1)不可再生资源；

(2)技术变革；

(3)作为政策变量的人口的整合。

关于不可再生资源，我将只考虑重要资源的极端情况。在这里，我指的对维持生活至关重要的资源，不能完全循环且其可得到的剩余期间内无替代品。

我已经建造了一个导致结论完全不同于之前的资本模式的重要资源的高度简化模型（库普曼斯，1973）。该模型中的技术只体现在资源的无成本开采和资源的直接消费上。这一过程直到资源耗尽（即时间 T）之前都是可行的。人口假设被给定并在生

存期 $0 \leqslant t \leqslant T$ 为常量。在时间 T 时下降为零。在这种情况下,经过那些尽早分享可用资源的更高人均消费缩短了生存期,因此缩短了总数共享。那么现在的生存期是政策可变量,而且在将来的某一时期人口亦如此。

我们现在再次采用拉姆齐贴现模型的目标函数,仅对在生存期积分。不像资本模型,最优路径现在取决于函数 $u(0)$ 表达的效用率中放零点的位置。让我们任意放置这个零点在效用流水平 $u(r)=0$,在资源消耗水平小于 r 时不能维持生命。于是得出生产的函数 $u(r)$ 在图 4 左边(左侧)。

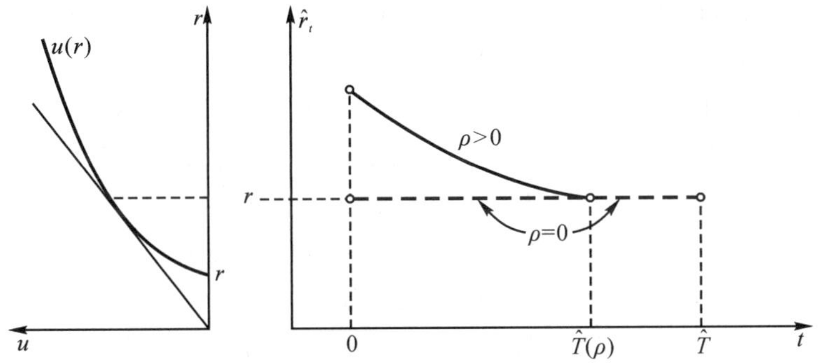

图 4 贴现模型目标函数

在不考虑贴现的情况下 ($\rho=0$),时间现在只能作为刻度去确定关键中断点 T 的位置。其中公认的平等分享显然是最佳的,因此随着时间最优消费保持在恒定水平。图 4 显示(虚线)这一水平,以及随其生存期而决定:包括所有人在内的最优消费,唯一最大化每单位消耗资源的效用流的人均水平 $\hat{\gamma}$ 上,这个消费水平远低于生存最低值 $\hat{\gamma}$。这个结果是可从目标函数中位值而不是包括的人的数量,比如所有活着的拥有的"件数"预见到。

现在我们加入贴现率 ($\rho>0$),这就使得相同技术条件下人们的权重随着时间的推移而下降。结果是(如图 4 中实线所示)早些时候人们的资源消耗量将高于后来者,消耗量随时间递减。显然这会使资源耗尽的临界点更早到来,同时在有贴现情况下 ($\rho>0$) 存活者的数量较之无贴现 ($\rho=0$) 时也会更少。

我不为这一模型的现实性进行辩护,我提出来只是为了对下面的观点进行证明,即对未来效用如何贴现和贴现多少的问题,靠先验和抽象的方法不可能得到公平的解决。因此,立足于已给定的技术和资源基础上才有可能对现在和未来的各个消费者的预期机会进行较为准确的计算。

如上所述,宇宙间是否存在一种永不枯竭的重要资源?我认为(库普曼斯,1973)这个问题最好的答案必须来自能够评估未来科技可以做什么或被要求做的科学家和工程师,为了在现在找到可能枯竭的替代材料或燃料。此外,地质学家很可能进一步开发确定最终可用性最佳的估计方法。而经济学家提出了整合获得多种信息的最终方法。

这一点引出了好几篇有关评论文章,它们要求对模型中技术变化和它带来的不可避免的不确定性问题进行认识。最近,达斯古普塔和希尔(1974)在这方面理论构建上有所突破,他们的模型中假设了一种可能在未来可以代替可耗尽资源的替代品。这种不确定性是由主观估计的概率分布去描述的。资本积累也在模型中重新被提出。目标函数是在无限未来中贴现效用总和分配的平均值。可找到的最优路径包含两个连续部分。一个遵循的最优路径是从 $t=0$ 到替代品可用的未知时间 $t=T$,另一条遵循的路径是从时间 T 开始,取决于发现经济的代替品出现。

在一个有趣的代替案例中,在可用替代品获得前,不确定性的影响可以用一个除贴现率之外的等价来表示。在这种情况下,预期的技术变革是如此深刻,旧的资本存量将因新技术可用性而失去其所有价值。

此外,该模型中出现了最优性准则选择的深层问题:人口规模是一个决策变量或受决策变量影响。我选择了不同的选择标准对比。一个是由"代表个人的目标函数"给定的,这一准则前面已经做了论述,它被米德(1955)、德斯古塔(1965)等人用于一项人口研究当中。这一函数形成贴现的和以前是用消费者人数乘人均消费的效用;另一个准则是,"代表各代人的函数",它仅总和人均效用。

阿罗和库尔兹(1970, I.4)的观点支持前者标准使用两个同代岛屿人口和一个政府的类比。它令人信服地表明,两个岛屿的人均效用如果想避免群体人口待遇差别必须乘以相应的数量。

这个论点可以在彼此成功的几代人中受支持么?有人可能会基于同样的理由争论:虽然人口增长是真正的外生时间函数,不随任何政策改变,但是幸运地有一条可行路径。这样的案例已在上述中被考虑。但是实际上人口会因劝说和信息提供等直接被影响,或间接地通过其他经济变量被影响。在我看来,这两种方式会在两者之间导致差别:已经活着的人的福利和那些仍未出生、数目未定的人的福利之间。当前社会道德鼓励承认国家内和国家间的人的需求和欲望(虽然实际与规范不同)。但是关于对我们后代的类似关心,仍然有一些事情悬而未决,比如,我们有多少后代?

对我们比较的两个标准而言,问题的答案显然是不同的。根据皮奇福德最近论文(1975,第 21 页)的观点,我推测①,代表单个个人的准则在考虑上述约束条件下,推荐一个适合各代人的人均效用,现在和未来,代表一代又一代人的标准。这是意料中的,因为代表单个个人的准则给人数本身以价值。具体而言,它将把一个给定的人均效用水平和人口规模的组合的估价,排在另一个低于 5%的效用和高于 5%人口规模的组合下面。

因此,这好像是一个数量对质量的问题。在做出深思熟虑的判断之前,我们又要在一个不同的约束条件下研究上述两个及其他准则。但对个人效用相加的简单思想,

① 由于对这一推测要充分定义,这一准则必须对在效用尺度上的零点进行重新规定。我之所以把它定在生存最低点,是因为把零效用和任何较高消费水平联系起来,意味着人们比较喜爱在不利环境下实现人类生命的逐渐完结。在这种环境中,一个非常低的可以维持生存的消费水平仍是可行的。

对我来说似乎其本身不是强制性的,那些已经出生的人,由于自我求生的本能而想生存下去。因此,选择一种准则,使之能够限制生育,以使无限延续的各代能够更好地生存,其自身已经成为一种目标。为什么要让更多的人来承受这种代价呢?

上述讨论暗中假设净人口增长可被控制,在优化推荐范围内没有任何延迟。实际上,无论是技术还是接受避孕都是为了支持这个假设。另一方面,它不是可以被看作是完全外生的人口增长。这在两个方向表明了模型优化。

首先,一个更现实的模型应该包括繁殖行为对收入水平、教育程度、住房标准、医疗条件及和其他诱因变量的反应关系的估计。在人口发展的结果并没有严重地使人均收入减少到若用一种更直接的人口政策所能够达到的人均收入水平以下时,就不需要采取进一步行动。如果不是这样,那么繁殖行为的各种过程将受到影响,特别是投入到这些过程的资源和对它们的反应(及时的和延迟的)之间的关系需要引进到模型当中。这种想法已被皮奇福德(1974)引入到最优人口模型中了。

其次,改进涉及最优性准则。情况之一是,靠人口政策所取得的成果,只能减少但不能长时间内阻止持续的国内资源人均消费降低。这种情况下,一个现实主义的观点——认识到未来一段时间内的人口发展道路中的外生部分,于是,人们就去探索涉及尚未出生的儿童的最优标准,基于对那些已出生儿童的同样考虑,他们的诞生最好受到阻止(但是并不能阻止)。

我们考虑了两种广泛的优化模型应用领域。一种包含企业或公共机构决定的详细的并面向数据的优化,也包括通过价格体系决策的协调、通过集中式的规划和管理或两者兼而有之。另一个是对整个经济关于未来增长路径整体选择的更加理论化的研究。

最后,我想对日益增长的结合和合并两种思想的发展规划领域做一些评论。早期介入这一开发的是对未来一年经济进行数学规划模型的建构,其中把这期间的投资和援助流量作为决策变量。一个例子是切纳里·克雷奇默(1956)和乌萨瓦(1958)一起写的对意大利南部经济的研究著作。沿着这条研究路线的还有关于匈牙利经济规划经验评价描述,是由科尔奈(1967)写的。后来的研究有:戈雷克斯、曼勒和合作者(1973)对墨西哥经济的研究以及设想未来的序列。大多数这些研究数据的可得性总体上决定了代表经济的生产可能性的里昂惕夫的投入产出框架的使用模式。在资料允许的范围内,决策的选择和优化是可行的。一个例子是意大利南部研究中,由出口支付的进口国内生产之间的选择。其他的例子是对匈牙利部门细节的研究,以及对墨西哥能源部门特别是墨西哥电能领域的集中研究。

至于最优增长模型中消费处理的弱点,查克拉瓦蒂(1969)认为是由过去的消费水平和理性最优化标准所预期的未来消费之间的不连续性造成的。曼勒(1970)提出的一个补救措施是限制未来消费方式以期平稳过渡到一种稳定的、最近可预见的消费水平。

计量经济学已被用来评估消费、生产和由政策制定者没有或只部分控制的描述决策投资关系。在某些情况下,研究已经超越了识别生产的规模经济的最优增长模型的凸性假设。例如切纳里对美国管道投资的研究，由曼勒和其他合作者对印度 4 个产业可行性的工厂规模、位置和时间的研究。

该领域的相当一部分研究成果一般读者可能在经济期刊上搜寻不到，因为这些成果已经出版成集。包括前面没有提及的曼勒和马科维茨(1963)，阿德尔曼和托尔贝克(1966)，切纳里(1971)，布利策、克拉克和泰勒(1975)。

最后一点，我认为经济学家就其自身而言并不赞成最优标准的提法。他可能发明并讨论该标准的优缺点，有时在之前但更偏好在之后检验他们的内涵及影响。他可以关注那些依据特别标准如利润最大化等，以多元管理的方式来应对各种客观情况，但最终决策(通常只是含蓄地而非始终如一)还是由机构、法律和社会习俗定夺。决策的准备和思考涉及各种专业。经济学家则以双重身份参与决策阶段的工作：经济学家抑或他所属政治体制下的一个普通公民(当地、国家和世界政体)。

(刘　明译　唐兆希校)

1976 获奖者

米尔顿·弗里德曼

Milton Friedman

【获奖理由】在消费分析、货币供应理论及历史、稳定政策复杂性等范畴做出的贡献。

生平简介

1912 年	出生于美国纽约市
1933 年	芝加哥大学硕士毕业
1937 年	工作于美国国家经济调查局
1946 年	获哥伦比亚大学博士学位
1946—1976 年	任教于芝加哥大学
1988 年	获得美国的国家科学奖章
1988 年	获美国总统自由勋章
2006 年	逝世

主要学术贡献

1. 反对政府干预，倡导自由经济

弗里德曼是现代货币数量论的代表人物，他认识到货币供给在短期内对产出与消费的影响超过投资与政府支出，但长期内货币供给主要影响物价水平。1963 年，在《美国货币史：1867—1960》一书中，提出了通货膨胀无论如何是一种货币现象的经典论断。

以货币理论为基础，他对凯恩斯的政府干预主义持强烈的反对态度，并展开了近半个世纪的论战。他反对凯恩斯倡导的需求管理的财政政策，反对政府对货币市场的干预，主张实施货币供给的“单一规则”，主张实施浮动汇率制度。

2. 消费函数理论的贡献

提出著名的永久性收入假说，认为消费不仅仅取决于当期收入流，还取决于永久性收入水平，任何暂时性收入的大部分都会被储蓄起来，因此，他认为政府的减税政策在理性的消费者看来，会导致未来加重的税负，因而并不会导致消费支出增加。

3. 倡导了实证经济学的方法论

1953年的一篇论文《实证经济学方法论》奠定了经济学研究的方法论根基，使实证主义方法论成为当下经济学研究的主流方法论体系。他主张，经济学理论的有用性不是在于其假设是否合理以及对真实描述的接近性，而在于其简洁性及其预测的有效性。

主要学术成果

《实证经济学论文集》(1935)

《独立职业活动的收入》(1939)

《货币数量论——一种重新表述》(1956)

《消费函数理论》(1957)

《稳定货币问题》(1959)

《价格理论》(1962)

《资本主义与自由》(1962)

《美国货币史：1867—1960》(1963)

《通货膨胀：原因与后果》(1963)

《货币最优数量》(1969)

《货币分析的理论结构》(1970)

《名义收入的货币理论》(1971)

颁奖词

瑞典皇家科学院 / 埃里克·伦德伯格

尊敬的国王和王后陛下，各位殿下，女士们，先生们：

在很大程度上，经济学家关心的是经济政策的问题，以及政府在努力解决危机的同时，为何且如何不断制造情况，使国家内部和国家之间的关系复杂化。所有不同的发展线的分析和解释都要求经济学家提出方法和架构模型。然而，尽管有着很大的雄心和抱负，社会科学却永远无法达到人们所希望的精确度。人民和政府会不断地创造出各种新的矛盾和冲突，而这远远超出了经济学家将系统回归秩序的能力。

今年的诺贝尔经济学奖得主是米尔顿·弗里德曼教授。他致力于研究在整个大范围中实现经济思想的清晰化与系统化，其中除了经济政策，还包括经济史、经济理论和方法论问题。

也许弗里德曼最突出的特点就是他那特有的、能有效地影响和干扰现有的概念和先前建立的知识的倾向和能力。可以这么说，若是没有弗里德曼在一系列领域中略带挑衅性的贡献，经济研究的发展就不会有如此的水平，或者说可能得推迟一段时间才能达到现在的程度。弗里德曼影响研究过程和经济政策辩论的能力让人在某种程度上联想到了凯恩斯。与如今对目前的学说常有有效而又简短有力的批评的情况不同，弗里德曼提出了另一种观点，另一种有实证分析支持的理论。

弗里德曼的名字常常与货币对解释通货膨胀时的重要性这一观念的复兴相关联，并与对货币政策的可行性的二次理解与信仰相伴。通过他，我们知晓了芝加哥经济学派有关货币主义的口号——“货币很关键”，甚至是“货币作用至高无上”。而在相当长的一段时间内，常常作为凯恩斯主义信奉者的经济学家们几乎完全忽略了货币和货币政策在分析经济周期和通货膨胀的过程中的重要性，这与他如此明显地强调货币的作用形成了鲜明的对比。从20世纪50年代初开始，弗里德曼率先对早期的后凯恩斯主义偏见做出了合理的反应。围绕弗里德曼的理论和论文的激烈辩论也引发了央行的货币政策复议——这样的情况主要发生在美国和西德。作为一名经济学家，弗里德曼不仅影响了科研进程，甚至对政策的实际制定有着直接或间接的影响，这着实是十分罕见的。

弗里德曼对各类经济政策的滞后性的研究应当是他最富有成果的贡献之一。正是弗里德曼创造了观察滞后、决策滞后和效应滞后这样的表述，这为经济周期过程中稳定政策的正确时机的把握做出了贡献，而在他以前，这尽管已是属于基础性的困难，却总会被置之不理。弗里德曼指明了这种关于货币供给变化的长期的滞后是如何以一种不稳定的方式起着作用的。他从这些观察中得出了广为讨论的经济政策的结论，即货币政策应当简化，不应过于强调将货币供应量保持一个长期稳健的发展速度这一目标。近年来这一观点在一定程度上已被一些主要国家的央行所接受。

弗里德曼对通货膨胀的成因的科学辩论也取得了举世瞩目的成就。这涉及工资和物价上涨的扩散过程。弗里德曼第一个指出失业与通货膨胀率之间替代关系假说只是暂时现象，长期内并不存在这种替代关系。根据弗里德曼的理论，保持失业率低于结构均衡水平会导致物价和工资的累积性的增长，而这主要是因为预期所扮演的角色不稳定。如今，在一些重要方面，决定工资和物价的规划正是建立在弗里德曼关于通胀预期的重要性的假说这一基础之上的。

弗里德曼关于经济政策的可行性的结论有很大一部分是基于他对一个有效的市场经济所内含的自由主义特性的信念。正是出于这种信念，他消极地看待政府机关通过财政和监管政策干预市场机制，以达到充分就业或防止过多进口的做法。但它不仅只是哲学和自由主义政治信仰的问题。弗里德曼从几个点上对一个具有竞争力的市场体系是如何工作的进行了严谨的分析。20世纪50年代初，弗里德曼是倡议以自由汇率为基础建立国际货币体系新秩序的先驱者。他从理论上研究了这个问题，同时也为判断这样一个体系将如何起作用而寻找实证。事实上，弗里德曼是第一个察觉到并解释了为什么拥有相对固定汇率的布雷顿森林体系迟早都会瓦解的人。

从纯科学的角度看，弗里德曼最重要的贡献之一便是他通过将持久性收入假说作为决定消费总支出的因素而重塑了消费理论。在这里，家庭的暂时性收入和持久性收入得到了非常显著的区分。弗里德曼指出，暂时性收入存下来的要比持久性收入所存来得多得多。弗里德曼已经通过全面的数据材料对这一理论进行了测试,并得到了很有意思的结果。弗里德曼关于消费功能的表述对理论和实证的研究都有着持久的影响。

巨著《美国货币史:1867—1960》应当被看作是弗里德曼最了不起的,同时又是最具开拓性的贡献之一,这是由弗里德曼与一位经济史学家合作完成的作品,其中对综合历史统计材料的全面分析在很大程度上烙上了弗里德曼的印记。很少有人在进行这一工作时,能既有发展阶段的整个过程与制度变迁的详细历史记载,又有由众多顶尖的政治家和银行家对原材料的批判性评价以及对复杂材料问题的极富洞察力的经济分析。

因其在消费理论分析、货币史和货币理论研究领域中的成就以及对经济稳定政策的错综复杂性的论证,米尔顿·弗里德曼教授被授予1976年诺贝尔经济学奖。

米尔顿·弗里德曼教授,我谨代表皇家科学院,邀请您接受尊敬的国王陛下向您颁发的奖励。

(刘　明 译　柴志贤 校)

获奖演说

通胀与失业

米尔顿·弗里德曼

1968年,当瑞典中央银行设立诺贝尔经济学奖时,科学家们及民众对于经济学享受与物理学、化学、医学等学科同等的待遇是否合适的问题一直都持怀疑态度。物理学、化学、医学因为其客观的、累计的、确定的知识构建而被认为是"精确科学",而经济学以及其他社会科学是研究人类行为的学科,自始至终都与价值因素有着千丝万缕的联系。因而它们几乎无一例外地被看成是哲学的分支(注:社会科学的求证方式是学者分析自己和他人的行为;后者又反过来对学者们的推断进行观察并做出反应)。难道社会科学不应该有根本不同于物理学、生物学的研讨方式?不应有不同的判断标准?

一、社会科学与自然科学

鄙人不敢苟同这种观点。因为该观点所反映的较之于对社会科学的特性和可能性的误解而言,对自然科学之特性和可能性的误解则更为明显。两者都不存在"确定的"实质性内容,只有不被拒绝但也永远无法证实的试验性假设。我们对这些假设的可信度取决于两点,即它们相对于自身复杂性与其他假设而言所包含的经验的广度,以及避免可能被推翻的几率。在社会科学和自然科学中,实证知识总量的增加,是通过假设的不断更替实现的,当一种暂时的假设未能对自称能解释的现象做出预测时,它便被不断地完善直至新的、能够完美简练地体现该复杂现象的假设出现。就社会、自然科学而言,实验有时是可能的,而有时又是不可能的(如气象观测)。在这两个领域中完全可控的实验闻所未闻,而常常给我们提供等价于受控实验的证据恰恰是经济学科。社会学、自然科学都无法形成一个完备的封闭体系,换言之,无法避免观察者和被观察者之间的相互影响。数学中的高德尔定理、物理学中的海森堡不确定原理、社会科学中自我实现或自我毁灭的预言都证实了这些学科的局限性。诚然,不同的科学针对不同的课题,有不同的取证源。例如,反省是社会科学取证的非常重要的来源。自然科学则不然。它是通过寻找不同的最有用的分析手段在预测各自研究的现象中取得不同的成功。在物理学、生物学、医学、气象学之间,这种差别是最大的(如同经济学与上述任何一门科学间的这种差别一样)。

把价值判断从科学的判断中剥离出来的难题,也并非社会科学独有。记得在剑桥大学的一次宴会上,我两边坐着我的一位经济学同事和著名的数学统计学家及遗传学家罗纳德·费希尔先生。我的同事告诉我,曾听他讲过劳动经济学课的一位学生在分析工会的影响时说:"X 先生(一位持不同政见的经济学家)肯定不会赞同那种观点"。我的同事认为这种经历是对经济学的否定,令人咋舌,因为它表明脱离价值判断的实证经济学是不可能存在的。我转身问罗纳德爵士这种经历是否真为社会科学所独享,他激动地回答"不",接着便列举数例来论证他能如何准确地从政治观点中推引出遗传学观点。

我的伟大导师之一卫斯理·米歇尔对我的影响极深,他使我懂得了为什么学者们尽管有自己的价值观并强烈地希望它扩展、升华,却仍渴望追求一种与价值无关的学科。我们在为达到某一目的提出行动路线时,必须首先搞清楚这条行动路线是否真正有助于目标的实现。显然,实证科学知识能使我们预测该行动路线的后果,它是对该路线是否理想做出规范判断的先决条件。好心办坏事的原因恰恰是忽视了这相当明显的先决条件而导致的。

上述观点在经济学中是至关重要的。当今世界上,许多国家正经历着对社会产生破坏作用的通货膨胀、超常的高失业率、经济资源的滥用及在人类自由上受到的束缚(某些情况下)。这些现象并非有人蓄意造成,也不是因为公民们价值观存在差异,而是由于对政府措施产生的后果的误判所致。而这些错误至少从原则上讲是能靠实证经济学的发展而得以纠正的。

这里,我不再抽象地探讨这些思想。为阐明经济学的实证科学特性,我想讨论一下整个战后时期一直为经济学同行们所关心的一个特殊经济问题:通货膨胀与失业的关系。这便是一个极好的例证,整个战后时期它始终是引起争议的政治问题,这正是修正一个假设的典型的过程(这主要由假设和事实矛盾的条件反射所致)。但愿为人们接受的学术观念已发生了巨大变化。

在这里,我就我们所做的工作或修正该假设的依据谈一下我的看法。因时间和篇幅所限只能略加概述,以期听众对这项工作论据略知一二,同时表明一些主项目仍需核实。

有关通货膨胀与失业关系的专业化争论,已与有关货币、财政及其他因素对影响总需求的相对作用的争论交织在一起了。一个问题是名义总需求的变化(无论何种原因）本身是怎样影响就业水平与物价水平变化的，另一个则涉及解释名义总需求发生变化的诸因素。

这两个问题是紧密相关的。名义总需求的变化对就业和物价水平的影响可能并不独立于引起总需求变化的因素。反之，货币、财政或其他力量对名义总需求的影响，也取决于就业水平和物价水平如何做出反应。很明显，必须将两者结合起来考虑方能做全面的分析与考量。然而它们两者也有相当大的独立性。粗略看来，对就业和物价水平的影响如何，可能只取决于名义上总需求变动幅度的大小，而非变动起因。由于经验与被认可的假设相矛盾，当今专家们对这两个问题的看法已与战后初期大不相同。因此其中任一问题都可被用来证明我的论点。为把讲演限制在合理的时限内，我想只讨论一个问题。我选择通货膨胀与失业的关系问题。因为最近的经验使我对我早期在该问题研究上的完善程度不甚满意，与之相比，我对我早期在对造成名义总需求变化的各种力量因素的研究之完善程度有少许满意。

二、阶段一：负斜率菲利普斯曲线

专家们对通货膨胀与失业关系的分析，自第二次世界大战结束以来已经历两个阶段，目前进入第三阶段。第一阶段，人们接受了与菲利普斯的名字联系在一起的一种假设，认为在失业水平与工资变化之间有一种稳定的反比关系，即失业率高则工资低，失业率低则工资增加。通过考虑生产率长期增长及将价格超过工资开支的部分按一个大致不变的成本加价来对待，工资变动转过来是与价格变动联系在一起的。

图 1 阐释了这种假设，其中，我是按标准模式把失业率与物价变动直接挂钩，省略了通过工资实现的中间环节。

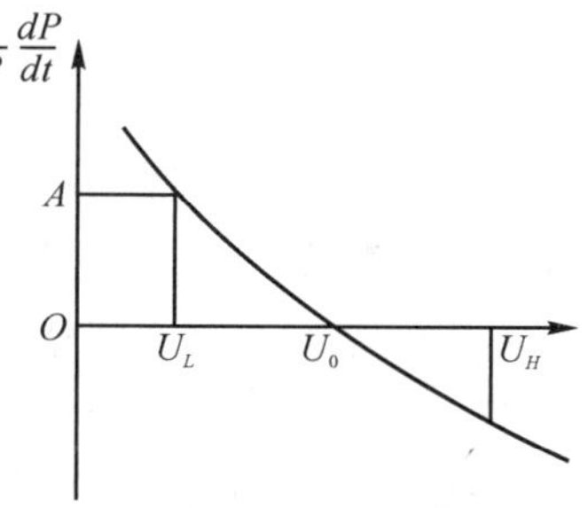

图 1　简单的菲利普斯曲线

这种关系被想当然地解释为因果关系，且能为决策者提供稳定的权衡取舍关系。他们可以选择低失业目标，比如 U_L，于是就必须接受通货膨胀率 A，然后，剩下的问题就是选择以什么方式（货币、财政或其他）来构成为达到 U_0 水平所需的名义总需求水平。一旦这件事做完，就不必再担心失业率和通货膨胀能否保持这种组合了。除此之外，决策者还可选择低通货膨胀率甚或紧缩通货作为目标，条件是不得不以高失业率为代价。U_0 表示零通货膨胀，U_H 表示紧缩通货。

于是，经济学家们便忙于试图用来自不同国家不同时期的事实来论证图 1 中描绘的那种关系，试图消除外来干扰的效应，试图弄清工资变动与物价变动间的关系，等等。同时，他们还对通货膨胀与失业给社会带来的得失进行探索，以方便做出“正确的”取舍。

不幸的是，另外一些实例未能与该假设相一致。菲利普斯曲线关系的经验估算并不令人满意。更重要的是，看上去与特定失业率相匹配的通货膨胀率并未保持不变：第二次世界大战后，在各国政府都力求充分就业的情况下，通货膨胀率在所有国家都趋向于随时间推移而增长，且国与国之间差别很大。从另外一个角度看，早先与低失业率相关联的通货膨胀率现在却与高失业率并存：高通货膨胀率、高失业率同时出现的现象本身渐渐迫使公众和专家们注意，并被贴上“滞胀”的不好的标签。

我们中有些人从一开始就怀疑稳定的菲利普斯曲线的有效性，理由主要来自理论层面而非实证层面。我们坚持认为，影响就业的并不是美元、英镑或克朗等形式的工资，而是实际工资——能购买物品及劳务的工资。低失业率确实是高实际工资的压力，但在物价仍较低的前提下，即使名义工资不增加，实际工资仍可较高。同样，高失业率的确迫使降低实际工资，但在物价仍然较高的前提下，即使名义工资不减，实际工资仍可较低。

没有必要假设一条稳定的菲利普斯曲线来解释用加速通货膨胀来减少失业这种明显的趋势。它可用名义需求来说明预期的变动对市场的影响。这些市场以资本与劳动（暗含的或明确的）长期合同为特征。长期劳动合同可用雇主为获得雇员信息、雇员为得到可选择的就业机会及特定人力资本信息所需的花费来解释。（特定人力资本，指某一雇员对特殊的雇主而言价值随时间增长，超出了他对另一潜在雇主的价值。）

只有出人意料才是重要的。如果人人都能预测物价每年上涨，比方说，上涨20%，那么这种预测就会在未来的工资（及其他）合同中体现出来。如果人们能预测价格不涨，实际工资就不会有波动，就没有理由为适应不同于零失业率的失业水平而实行20%通货膨胀率了。而意想不到的变化就不一样，对长期合同而言尤其是这样——因为它们自身就是不完善知识的结果，而且随着时间的推移，这种不完善知识的效应又得到增强和扩展。长期合同首先意味着没有瞬时的市场出清（像易坏食品市场那样），只能对价格及供求变化量做滞后调节（像房屋租赁市场那样）；其次，它意味着达成的约定不仅仅取决于眼前价格，而且还取决于预计的整个合同期占主导地位的价格。

三、阶段二：自然率假设

沿着这些线索和思路，我们（特别是菲尔普斯）和我自己发展了另一种假设。它对名义总需求的非预期变化带来的短期效应和长期效应做了区别。从某一初始稳定状态开始，假设（比方说）名义总需求有一未预料的急增，每个生产者认为其产品需求状况出乎预料地有利。在对不同物品相对的需求常常发生变动的情况中，生产者将不知道这种变动是针对自己还是所有人的。生产者如果把它理解为至少部分地对他有利，并做出反应，力求生产更多产品，以自认为高于未来产品预期市场价格的价格卖出，这种做法也是合情合理的。他会比原先更愿意支付更高的名义工资以吸引更多的工人。与其有利害关系的实际工资是相对其产品价格的工资，他认为价格比以前高，那么较高的名义工资便像他所理解的那样意味着较低的实际工资。

对工人来讲，情形就不同了。与他们有利害关系的是工资针对所有常用商品（而不是其生产的特定商品）的购买力。对工人、对雇主来说也一样，他们对自身生产的特定产品价格观念的调整往往比修正总价格观念要来得快，原因在于获取总价格情报花销很大。其结果是，工人们会把提高名义工资看成提高实际工资，因而要求增加供给。与此同时，雇主则认为实际工资下降，促使他提供更多的就业机会。按感觉上未来价格的平均值来讲，实际工资降低了；按感觉的未来平均价格讲，实际工资提高了。

但这种情形只是暂时的。假如名义总需求和价格的高增长率继续下去，他们的认识便会调整到与现实相统一。在此过程中，最初的效应将消失，甚至会产生反效应，因为雇主和工人会发现自己被锁定在不适合的契约中。最终，就业率将恢复到假设名义总需求发生未预期急增之前的水平上。

图 2 说明了这种替代的假设，每根负斜率曲线都如图 1 中的菲利普斯曲线，只有一点不同，即它表示的是一特定预期的或感觉的通货膨胀率，其定义为感觉的价格变动的平均率，而不是感觉的个别价格变动的平均数（第二个概念的曲线次序是反向的）。从 E 点出发，使无论何种原因导致的通货膨胀率沿预期通货膨胀率为 $A=(\frac{1}{p}\frac{dp}{dt})^*$ 的曲线从 A 点向 B 点运动，并停在 B 点，从而开始时失业率会降至 U_L。当预期值调整时，短期曲线向 F 移动，最终移至预期通货膨胀率为 B 的曲线 B 上。与此同时，失业率将逐渐从 F 点移至 G 点。

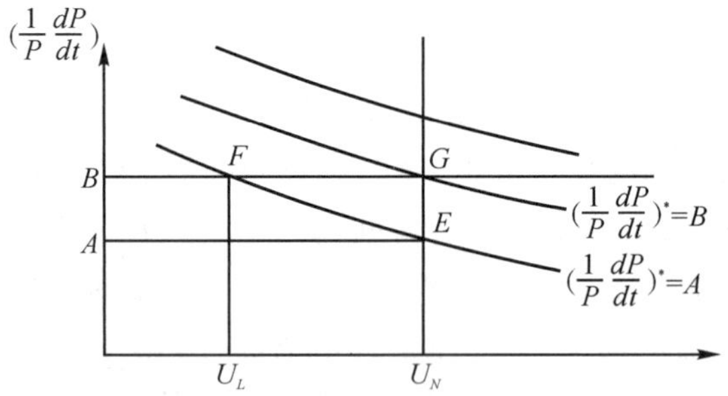

图 2 菲利普斯曲线之期望调整

当然，这种分析过于简单化了。它只假设了单一的未预期变动，而未预期变动是一连串的，它没有直接涉及“时滞”，或超过了限度或预期值的形成过程。但它着重说明了下面几个重要观点：至关重要的并非通货膨胀本身，而是未预期的通货膨胀；通货膨胀与失业之间没有稳定的替代关系；存在着“自然失业率”，它与实际力量及准确的感觉相一致。加速通货膨胀才能使失业率保持在自然率水平以下，或者说，要使失业率高于自然率水平，只有加速通货紧缩。

我引入的术语“自然失业率”类似于克努特·维克塞尔的“自然利率”术语，区别在于该术语不是一个数值常数。它也不取决于货币诸因素，而是取决于“实际”因素，即：市场效率、竞争或垄断的度，以及就业障碍或激励等。

举例来说。在美国，自然失业率的明显增长主要有两个原因。第一，妇女、青少年、兼职劳工在劳动力中的比重增加。这些群体进入和离开劳动市场，工作变动的频率较之其他工人更大。其结果是，他们往往具有较高的平均失业率。第二，较多类别的工人可以享受期限及数目更加慷慨的失业保险金和其他形式的救济金。工人失业后寻找别的工作没有紧迫感（他们往往是较长时间地等待，以期原雇主将他们召回，而这种愿望一般能实现）。此外，他们在供考虑的多项职业中有较大选择余地。第三，失业保险金可使在最初的地方加入劳动生产力中的做法更具吸引力，它本身也刺激了劳动力占人口比重的增加及其结构变化。我们应对美国及其他国家失业自然率的决定因素做更充分的分析。同样，也应对记录的失业数字的含义及记录数字与自然率的关系做更充分的分析。所有这些对制定政府政策都是极为重要的，但就我今天要达到的有限目的而言这些都不重要。

政府政策制定的又一根本性的考量是就业状况与经济的生产率或效率水平的联系。但就我今天的目的而言这个问题也不重要。有一种倾向，认为被记录的失业水平与资源利用成反比例。这种观点有严重误判。低失业水平可能是一种强制经济的标记，这种经济资源利用率低，并使工人误以为他们的实际工资将比被证实的更高，从而为了那些价值低于闲暇的商品而牺牲闲暇。或者说，低自然失业率可能是抑制变化的制度安排的反映。高静态、僵硬的经济可能会给每个人一个固定的职业，而一种动态的、高度进取的经济虽然可能存在高的自然失业率，却能提供不断变化的机会并增强灵活性。为了说明同样的自然率可能反映不同的情况，我举日本和英国的例子。两个国家 1950—1970 年平均失业率都很低，但日本的经济发展迅猛，英国却原地踏步。

“自然率”或“加速学派”或“期望值调整的菲利普斯曲线”（它们不同的称呼）的假设目前虽未被普遍接受，但已为经济学家们广为认同。少数人仍固守原来的菲利普斯曲线，较多人承认短期曲线与长期曲线的差别，但认为长期曲线虽比短期曲线更陡，但仍是负性斜率曲线。一些人用通货膨胀加速度与失业率之间的稳定关系代替通货膨胀与失业之间的稳定关系（他们知道但却不关注是否可用推出二阶导数的逻辑来推出更高阶导数的可能性）。

目前，许多经济学家正致力于探索第二阶段的各个方面过程的动态，期望形成及可预测实际效果的系统政策（如果有的话），可以预料，在这些方面，我们会有长足的进步（应当特别指出“理性预期”的工作），尤其是约翰·穆斯、罗伯特·卢卡斯和托马斯·萨金特的创造性贡献。

四、阶段三：正斜率菲利普斯曲线

虽然第二阶段远未被充分探讨，更不必说被完全收录到经济文献中去，但经济活动的发展已产生了进入第三阶段的动力。近年来，高通胀常常伴随着高的（而不是低的）失业率，对为期数年的周期而言尤其如此。该期间简单统计的菲利普斯曲线看来是正斜率的而非垂直的。第三阶段的目标就是适应这种明显的经验现象。为此，我认为在分析中有必要对经济历程与政治发展的依赖关系进行分析。这样一来，将迫使我们至少是不把某些政治现象看成自变量（如经济计量学术语中的外生变量），而看成受制于经济事件的变量（如经济计量学术语中的内生变量）。过去的几十年里，经济理论的两项重大进展使第二阶段受到很大影响。其一是乔治·斯蒂格勒最先进行的对不完全信息及信息获取成本的分析；其二是加里·贝克尔首先探索的人力资本在决定劳动合同的形式上所起的作用。我确信，第三阶段也将受到第二个重大进展极大的影响，即用经济分析解释政治行为。在这一领域，斯蒂格勒、贝克尔以及肯尼斯·阿罗、邓肯·布莱克、安东尼·当斯、詹姆斯·布坎南、高登·塔洛克等人同样做出了奠基性的努力。

通胀与失业之间明显的正相关关系一直是政府决策者们所关注的。请允许我引用英国首相卡拉汉最近一次演说中所说的一段话："过去，我们常以为通过减税，增加政府开支便可摆脱经济衰退，增加就业。我要坦率地告诉你们，这种选择将不复存在。过去的这种做法，只能是给经济注射进一步通货膨胀的强心剂，接踵而来的便是更高的失业水平。这便是过去 20 年的历史。"（1976 年 9 月 28 日在工党大会上的讲话）

加拿大政府白皮书中也表达了同样的观点："伴随持续通货膨胀的是可测的失业率的上升，在北美洲尤其如此。"（《前方的路：供讨论的提纲》，加拿大政府工作报告，1976 年 10 月）这些陈述令人耳目一新，与战后所有西方国家采取的策略是直接对立的。

a. 事实根据

表 1 及图 3、图 4 给出了较系统的事实根据，它表明了过去 20 年里 7 个工业国的通货膨胀及失业情况。根据表 1 中每 5 年的平均值，前两个 5 年间（1956—1960，1961—1965），其中 5 个国家的通胀率和失业水平向相反方向变化（预料的简单菲利普斯曲线结果）。第二、第三个 5 年间（1961—1965，1966—1970），只有 4 个国家是这种情况。而在最后两个 5 年间（1966—1970，1971—1975），7 国中只有意大利出现这种情况，甚至这一个例外也并非真正的例外。的确，1971—1975 年尽管通胀率增加了 3 倍，但平均失业率比前 5 年稍低了些。然而从 1973 年开始，通货膨胀与失业率急剧上升。

表 1　1956—1975 年，7 圈膨胀和失业：相继的 5 年一期的平均值

（DP＝价格变动率，每年百分率；U＝失业，占劳动力的百分比）

	法国		联邦德国		意大利		日本		瑞典		英国		美国		7 国（未加权平均）	
	DP	U	DP	U	DP	U	DP	U	DP	U	DP	U	DP	U	DP	U
1956 至 1960	5.6	1.1	1.8	2.9	1.9	6.7	1.9	1.4	3.7	1.9	2.6	1.5	2.0	5.2	2.8	3.0
1961 至 1965	3.7	1.2	2.8	0.7	4.9	3.1	6.2	0.9	3.6	1.2	3.5	1.6	1.3	5.5	3.7	2.0
1966 至 1970	4.4	1.7	2.4	1.2	3.0	3.5	5.4	1.1	4.6	1.6	4.6	2.1	4.2	3.9	4.1	2.2
1971 至 1975	8.8	2.5	6.1	2.1	11.3	3.3	11.4	1.4	7.9	1.8	13.0	3.2	6.7	6.1	9.3	2.9

注：DP 为消费价格变动率，按 1955—1960，1960—1965，1965—1970，1970—1975 日历年度折合年率，U 是 5 个所指日历年度的平均失业，其结果 DP 的日期先于相应 U 半年。

图 3 中所有 7 国的平均数更明确地显示出负斜率曲线向正斜率曲线的转变。两条曲线在前两个 5 年间向相反方向延伸，这以后便朝同一方向运动了。

图 4 中年度数据虽然复杂一些，但说明了同样的问题。前些年，国与国之间在价格与失业关系问题上差别很大。从基本上没关系，如意大利，到相当明显的连年反向关系，如英国和美国，情况各不相同。但近年来，法国、美国、英国、联邦德国和日本膨胀和失业率都明显上升（与其他国相比，日本的失业率增长对通货膨胀的增长则相对滞缓些，这也反映出在日本特定的社会环境中，人均失业有着不同的含义）。只有瑞典、意大利两国则与普遍形式不同。

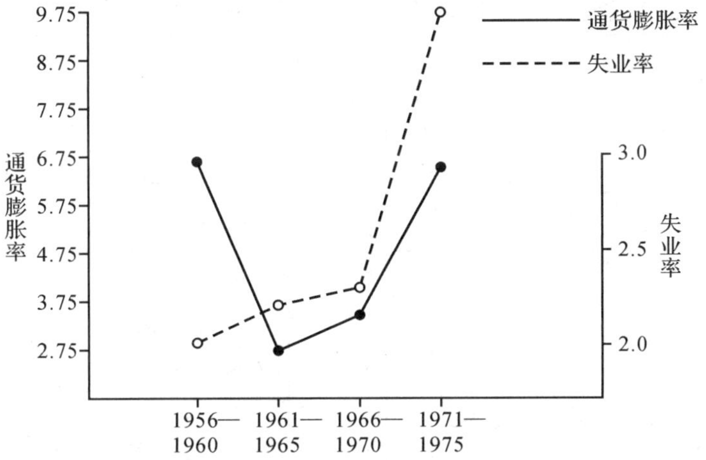

图 3　通货膨胀率和失业率（1956—1975，每 5 年一期，7 个国家的未加权平均数据）

当然，上述这些数据充其量只不过是启发性的。实际上我们并没有 7 组独立的数据。相同的国际影响会波及所有国家，但这种影响乘以国家总数并不等于事实总量成比例地放大。石油危机同时打击了上述 7 国就是典型的例子。不管这场危机对通货膨胀率有什么影响，它直接干扰了生产进程，促使失业率上升。任何这种上升都不能归罪于随之而来的膨胀加速度，最多只能将两者看作——至少部分地看作——第三种影响的共同作用的结果。

每 5 年间隔的数据以及每年的数据都表明，石油危机并不能完全解释卡拉汉绘制的完美预计。早在 1973 年油价上涨 3 倍之前，许多国家就已显现出通货膨胀与失业同时上升的趋势，这也可能反映出对失业产生影响的不是通货膨胀，而是一种独立的势力。举例来说，使美国自然失业率上升的同一种势力也可能会在他国发生作用，并且可能是失业上升趋势的原因，而与通货膨胀后果无关。

这些数据虽有局限性但仍明确地说明：至少在一些国家里（如英国、加拿大、意大利）上升的通货膨胀与上升的失业率都增加了，而并非是一个原因引起的连锁反应。在所有工业国家中，高通货膨胀率至少在一段时间内会对高失业率产生推波助澜的效应。这一结论与事实并不矛盾，下面将对这些效应做初步探讨。

b. 不成熟的假设

在我看来，要解释通货膨胀与失业之间的正相关关系，只需对自然率假设做一个

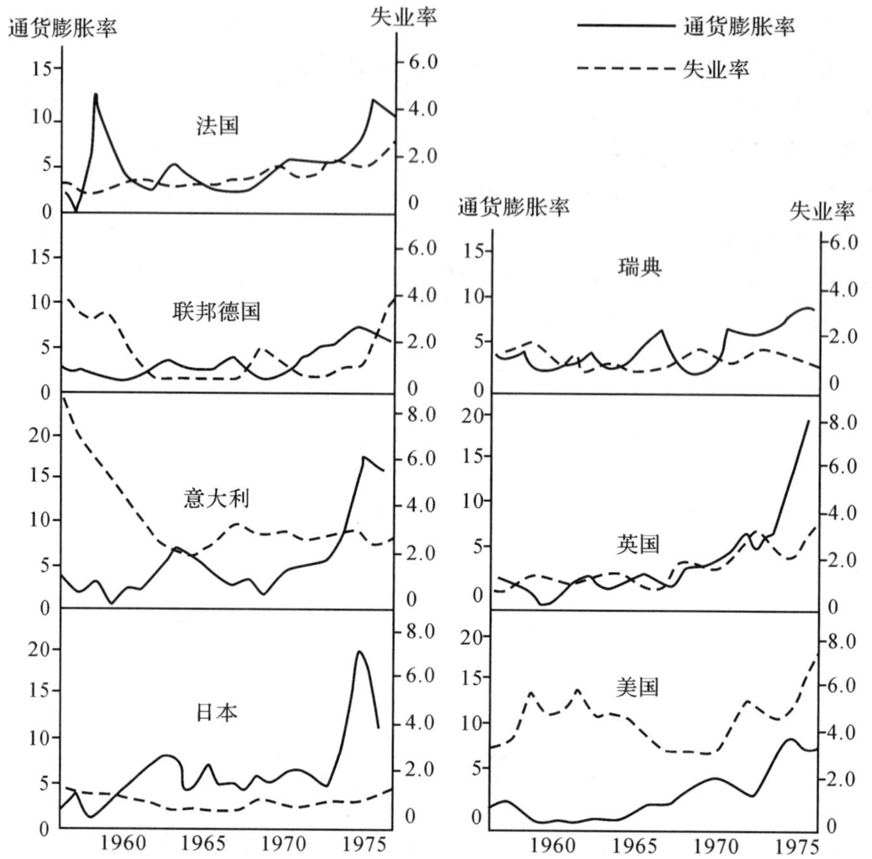

图 4　7 国通货膨胀与失业、年度数据(1956—1975)

恰如其分的详细说明,尽管这种正相关关系也会因它而产生。自然率假设把短期内的负斜率菲利普斯曲线解释为一种暂时现象,随着经济代理人将其期望值调整到与现实一致,这种现象便会消失。同样,自然率假设认为较长期内的正斜率菲利普斯曲线是一种过渡现象,当经济活动的主体面对现实,他们会调整其期望值且调整制度及政治的安排适应于新的现实,这种现象便会消失。如果做到这一步,我相信,正像自然率假设所建议的,在很大程度上,失业率将摆脱平均通货膨胀率的影响,尽管资源利用的效率可能并非如此。高通胀率并不意味着必然带来极高或极低的失业水平。然而,伴随高通胀率的制度和政治的安排(不论其是作为历史遗留下的,或是作为高通货膨胀的产物),却很可能被证明是与所用资源的最充分利用相对的。这就是就业状况和前面提到的经济生产率间的区别的一个特殊例证。

在拉丁美洲,许多国家已长期适应着高通货膨胀率。我的一些同事,特别是阿诺德·哈伯格和拉里·雅斯塔,对这些国家的应对经验做了详尽的分析和研究。我相信这些经验与这种观点是一致的。

在图 2 概括的自然率假设中,垂直曲线代表供选择的充分预期的通货膨胀率。这种通货膨胀率(无论是负值、零值或正值)只要是可充分预期的,都可用于各种决策的制定和实施。如果预计通货膨胀率为每年增加 20%,长期工资合同就是在零膨胀率基础上每年增加工资20%;长期贷款利息率相对于零膨胀率增加20个百分点,或者说本金每年增加20%,以此类推。简言之,就是等同于所有合同的完全指数化。高通胀率会产生某些实际的效应,比方说,改变想持有的现金余额,但不会改变劳动市场的效率或改变劳动合同的期限或条件,因而也就不会改变自然失业率。

这种分析内含一些假设的条件:第一,通货膨胀是稳定的,或至少在高通胀率时的变动不高于低通胀率时的变动——如果不是这样,高通胀率不可能像低通胀率那样可以完全被预测。第二,通货膨胀是公开的,或可以公开的,所有价格可随高通货膨胀率自由上涨,因此相对价格调整在20%和零通货膨胀率时都一样。第三,实际上是由第二点发展而来的,即对合同的指数化没有障碍。

最后,如果每年平均20%的通货膨胀率能维持几十年,那么这些要求就可基本上得到满足,这也是我为什么倾向于保留长期的垂直的菲利普斯曲线的原因。但当一个国家刚开始攀向更高的通货膨胀率时,将和这些假设要求背道而驰。这样的过渡期可能维持几十年。

我们专门来看看美国和英国的情况。英国在第二次世界大战前的200年和美国在这之前的15年里,价格变动基本上是平稳的,战时物价大幅度上涨,战后又大致回到战前价格水平。"正常"价格水平的概念不仅在两国金融机构和其他部门中打下了深深的印记,而且在民众心中扎下了根。

战后初期,人们普遍期待着以前的经历再度发生。美国和英国都期待着通货紧缩,而事实是战后通货膨胀超越了战时通货膨胀。人们驱除战后通货紧缩恐惧心理耗费了很长一段时间(如果有通货紧缩的话),而人们的期望值相对于金融系统根本变化的调整则需更长的时间调整,而且这种调整还远未达到预期。

的确,我们不知道彻底(全面)的调整包含哪些内容。我们现在无法知道工业化国家是否会回到第二次世界大战前物价水平长期稳定的模式,是否会像智利、阿根廷最近发生的那样长期高通胀率的拉美模式(不时地爆发急性超级通货膨胀或恶性通货膨胀),是否会进行更激进的经济和政治变革以期找到当前混沌局势根本不同的解决方式。

这种不确定性——更准确地说是造成这种不确定性的环境——导致了同垂直菲利普斯曲线所需条件的系统性的偏离。

最根本的偏离在于:在几十年的过渡期中,高通货膨胀率不可能不变。相反,通货膨胀率越高,越易变化。过去几十年中,国家间的差异经验已证明了其正确性(贾菲和克莱曼,洛格和威利特)。在理论上,这种说法似乎也是很有根据的。关于实际通胀率,经济代理人对通货膨胀的预期甚至更清楚。政府没有有意识地把产生高通货膨胀的因素公之于众的政策,而把它看作辅助出台相关政策的依据,尤其是充分就业及提高政府开支的福利国家等政策。为了赢得选民的支持,他们都声称要坚持稳定价格的目标,这些选民虽然知道通货膨胀带来的许多负效应,但仍固守稳定币值的观念,爆发通货膨胀对这种观念产生强大的压力。政策从一个方向转向另一个方向,鼓励了实际和预计的通货膨胀率大幅度变动。当然,在这种境况下,任何人的预期都不是单一的,因为在他们看来，任何特定的未来时期内的实际通货膨胀会是怎样的，谁都难以揣测。

高的通货膨胀更易变化，而这种趋势又受到通货膨胀对一个国家政治凝聚力产生的效应的影响而得到加强。在这种国家，制度的安排及金融的合同都是按一种长期"正常"价格水平的方针调整的。这样，有些人获利(如房主)，有些人受损(如储蓄存款人和固定利息证券持有人)。从实际效果讲，三思的行为结果往往竹篮打水，盲动则赚得盆盈钵满。社会两极分化严重，加剧了群体间矛盾，政治上的混乱增加，政府的管理能力下降。相应地，采取强制手段的压力加大。

实际和预期的通货膨胀更加易变，可能会以两种不同的方式抬高自然失业率。

首先，它缩短了未指数化的合同的最佳时间长度，使指数化更居有利地位，但实际的调整需要时间。与此同时，原来的安排具有刚性，降低了市场的效率。额外的不确定因素，如其表现出的那样，施加在每一种市场安排上。另外，指数化，最乐观地讲，只是一个稳定通货膨胀率的不完美的替代物。价格指数是不完美的，滞后一段时间才能得到，而且它通常只在滞后更长的时间后才附在合同条款中。

这些发展显然降低了经济效率，但它们如何影响失业率还不得而知。各种高平均库存是应付经济活动停滞不前及不确定性提高的一种办法，但它可能意味着由企业贮藏劳动力和低失业率，或意味着大量工人寻求职业并导致高失业率。较短期的合同可能意味着较迅速地调整就业以适应变化的情况，从而呈现低失业率；或推迟修正合同长度会导致不怎么令人满意的调整，从而引起高失业率。很明显，为证实各种效应的相对重要性，必须在这一领域做更进一步的研究。目前我们能说的就是：合同调整的缓慢及按指数调整的不完善性，可能导致失业率的上升。

其次，通货膨胀愈加变化无常便愈有可能导致第二种有关的效应，这使调节经济行为的市场价格变得无效率。价格体制根本的功能(如哈耶克极其鲜明地强调的那样)就是完整地、有效地并以低费用传递经济代理人们需要的信息，以使他们决定生产什么、如何生产或怎样利用拥有的资源。起作用的信息是相对价格——一种产品相对于另一种产品的价格，一种生产要素服务相对于另一种要素服务的价格，现行价格相对于未来的价格。但实际上信息是以绝对价格的形式传递的，即美元、英镑或克朗形式的价格。如果物价水平平均稳定或以某种稳定率变化，从观察的绝对价格汲取有关相对价格的信号是比较容易的。总通货膨胀率越是多变，从绝对价格中汲取有关相对价格的信号也越难：有关相对价格的声音受到通货膨胀噪音的极大干扰。在极端情况下，绝对价格系统变得几乎没有用，经济代理人或者求助于另一种经济模式，或者以物易物，结果会给生产率带来灾难性影响。

同样，这些发展对经济效率的影响是显而易见的，但对失业的影响却不那么明显。不过，市场信号中噪音量的增加似乎很能抬高失业的平均水平，至少在制度的安排还未适应新情况时是这样。

即使法律允许自由调节价格，只要通货膨胀是公开的，通货膨胀渐增的波动性产生的效应仍然会发生。在实践中，不确定性、自愿的长期合同刚性与价格信号失真等所造成的扭曲效应，肯定会因对价格变动的法律限制而变本加厉。当今世界，政府本身就是在市场上销售的服务的生产者，包括从邮政服务到其他广泛的项目。其他的价格由政府调节，价格变动需政府批准(从机票价到出租汽车费到电费)。在此情况下，政府不可能置身于稳定价格之外。此外，被易变通货膨胀率惊动的社会及政治力量将敦促政府在其他更多的领域努力抑制通货膨胀，如明确的价格变动和工资控制的体制，迫使私营企业或工会"自愿"进行"克制"，或投机于外汇以期改变汇率。

措施的细节因不同时间、不同国家而异，但总结果相同：价格系统引导经济活动的能力下降。因存在于所有市场的更大摩擦的介入使相对价格失真，使得引起更高的可记录的失业率成为可能。

我刚才描述的各种因素，可能使政治和经济体制动荡不定，并可能导致恶性膨胀及政治上的激烈变革(如第一次世界大战后的许多战败国或最近的智利和阿根廷那样)。从另一个角度说，在任何这种灾难发生之前，采取一些政策以达到相对低和稳定的通货膨胀率并导致解除对价格体制的许多干扰是可能的。那样将重新建立明确的自然率假设的先决条件，并使这个假设用于预测过渡的过程。

一个折中的可能性是价格体系将在相当恒定的虽则较高的平均通货膨胀率之下达到稳定性。在此情况下，失业也会稳定在一个相当恒定的水平，比在过渡期中的失业水平肯定要低。正像前面讨论中强调的那样，渐增的价格波动性和政府增加对价格体系的干涉，似乎是抬高失业水平的主要因素，而不是高波动性或高干涉水平。

对付波动性及干涉的方式将会发展：通过按指数调整和类似的安排应付通货膨胀的波动性；通过改变价格和工资的间接方式来避免政府控制。

在这些条件下，长期菲利普斯曲线又将呈垂直状态，我们也将回到自然率假设，虽然通货膨胀率可能不同于起初提出的通货膨胀率。

我解释的是高通货膨胀与高失业并存的现象，所以我强调了体制变革的效应，这种变革是因从一个有"正常"价格水平的货币体制，向与长期高的，并可能高度可变的通货膨胀相一致的货币体制的过渡而产生的。应当注意的是，一旦这些体制的变革实现，经济代理人调整了他们的实践与预期以适应这些变化后，早期的货币框架甚或采用成功的低通货膨胀政策的新的货币的框架，都同样需要新的调整。而这些调整可能会对就业的水平产生许多相同的消极过渡效应，似乎会有一条中期负斜率菲利普斯曲线，而不是我前面试图论证的正斜率菲利普斯曲线。

五、结　论

19 世纪 30 年代凯恩斯革命的一个后果是，人们接受将刚性的绝对工资水平与接近刚性的价格水平作为分析短期经济波动的出发点。人们理所当然地认为它们是习以为常的，经济主体同样这么认为，因此名义总需求的变更几乎完全由产出来反映，而这种变更几乎在价格中无法体现。绝对价格与相对价格间的历史悠久的混淆观念得以涅槃。

在这种崇尚理性口号下，经济学家往往会分析失业与名义工资而不是实际工资之间的关系，并盲目地将预期名义工资变动与预期实际工资变动等同起来。值得一提的是，最初说明失业水平和名义工资变化率之间呈稳定关系的经验证据来自这样一个时期，即尽管价格短期波动剧烈，但长期价格水平相对稳定且预期有一个持续的稳定期。因此这些数据缺乏假定特殊时期数据，因而也就无法发出警告。

失业水平与通货膨胀率之间有一稳定关系的假设为经济学欣然采纳，它填补了凯恩斯理论结构的缺口。它似乎是凯恩斯自称“我们……缺少”的“一个方程”。此外，它似乎给政策制定者提供了一个可靠的工具去提供可供选择的方案。

如同任何科学一样，只要经验似乎与盛行的假设相符，假设就会继续被接受，虽然总有少数持异议者怀疑它的正确性。

但当 20 世纪 50 年代进入 60 年代，以及 60 年代进入 70 年代时，以简单形式表达的这种假设变得愈来愈难以被接受。好像越来越大剂量的通货膨胀，才能保持失业低水平的前提。滞胀所带来的恶性循环愈发明显。

人们为完善该假设做了许多尝试，如考虑了类似工会力量之类特种因素，但经验却固执地拒绝与修补的假设相吻合。

它需要进行根本的修正。它采取了强调意外之重要性的形式——强调实际的数量与预期量的差别的重要；它恢复了“实际”和“名义”之间的区别的关键性。任何时候都存在着由实际因素制约的“自然失业率”。当预期在平均下实现时，自然率趋向实现。这同一实际情况是与任何价格或价格变动的绝对水平相一致，只要把价格变动对持有货币余额的实际成本的影响考虑在内。从这一点讲，货币是中性的。从另一方面看，名义总需求及通货膨胀的非预期变动，将使雇主和雇员产生系列性的判断错误，在最初导致失业向相反方向偏离自然率。从这一点讲，货币又不是中性的。不过，这种偏离只是暂时的，虽然随着预期的调整，在它们被逆转和消除之前，可能会经过很长一段时间。

自然率假设把原始的菲利普斯曲线假设作为一个特例包含在内，使广泛的经验理论化，尤其是解释了滞胀现象。现在，自然率假设虽未被普遍接受，但已在很大程度上获得认可。

然而，目前形式的自然率假设，还未被证明已丰富到足以解释一个最新的发展态势——由停滞膨胀向衰退膨胀的运动。近年来，高通货膨胀常常伴随着高失业率（并非简单的菲利普斯曲线显示的较低失业率，也并非自然率假设表明的同一失业率）。

目前这种高膨胀、高失业的结合，也许反映了类似石油危机这类事件的普遍影响，或者反映使膨胀和失业普遍上升的独立力量。

但是，一些国家的主要因素和另一些国家的辅助因素，可能意味着它们还处于一个过渡期。这个过渡期不是用年来计量，而是用十几年、几十年来度量的。公众的态度与习惯还没有调整至适应新的货币环境。膨胀不仅趋向更高，而且更加易变无常，将会伴之以政府在规定价格方面更多的干涉。日益增长的通胀易变性，相对价格越来越偏离市场力量单独确定的数值，这两者加在一起使经济体制效率降低；在一切市场中引入摩擦，进而很可能提高记录的失业率。

按照这个分析，目前的状况还不会终结。它要么退化为恶性通货膨胀和激烈变革,要么将体制调节到适应长期通货膨胀的状况,要么政府将采取以使产生低通货膨胀率和减少政府对价格确定的干涉政策。

我探讨一个完整的如何修正科学理论的标准案例,其意义深远。

政府对通货膨胀及失业采取什么政策,一直是政治论战的中心话题。为此,意识形态领域一直唇枪舌剑。然而经济理论发生的重大变化并非意识形态战争的结果或不同政治信仰或目标的结果。它在很大程度上是对事物内力的应激反应:事实的残酷远比最强烈的政治或意识形态倾向更有说服力。

关于正确理解实证经济科学对人类的重要性,已在200年前被皮埃·杜邦提出。当时,作为尼莫市代表,他参加了法国国民大会,在建议增发不兑换纸币(法国革命货币)时,他入木三分地讲道:“先生们,人们习惯于被讨论的激烈程度所误导,似乎讨论越激烈就越有坏的意图,这种习惯值得商榷。因此应当对意图采取宽容的态度,即应当相信这些意图是好的(它们也确实是好的)。但对前后矛盾的逻辑或对荒诞的推理仁慈,就大可不必了。坏的逻辑学家不自觉犯的罪比坏人有意识犯的罪孽深重得多。”

(刘 明 译 柴志贤 校)

1977获奖者

贝蒂尔·奥林

Bertil Ohlin

【获奖理由】对国际贸易理论和国际资本流动理论做出了开创性的研究。

生平简介

1899 年	出生于瑞典
1924 年	获斯德哥尔摩大学博士学位
1925 年	任哥本哈根大学经济学教授
1938—1970 年	当选为瑞典议会议员
1944—1945 年	任瑞典商务部部长
1944—1967 年	任瑞典主要反对党自由党主席
1979 年 8 月	逝世

主要学术贡献

奥林生产要素禀赋说的创立与其导师赫克谢尔的贡献密切相关。赫克谢尔在《对外贸易对收入分配的影响》一文中率先将生产要素的分析纳入贸易研究的领域，认为"两国在生产要素相对稀缺上的差异是比较成本之差异，因而也是国际贸易的一个必要条件，另一不可或缺的条件是一种商品的生产要素结合比例与另一种商品的要素结合比例不同"。奥林深受启发，并认为赫氏的思想是其构建国际贸易相互依存理论的组成部分。这也是西方学者将生产要素禀赋说又冠以"赫克谢尔—奥林模式"之称的原因。

主要学术成果

《国际贸易理论》(1924)

《对外贸易与贸易政策》(1925)

《区间贸易和国际贸易论》(1933)
《国际经济的复兴》(1936)
《国际经济重建》(1936)
《资本市场和利率政策》(1941)
《稳定就业问题》(1949)
《对外贸易政策》(1955)

1977 获奖者

詹姆斯·爱德华·米德

James E. Meade

【获奖理由】对国际贸易理论和国际资本流动做出了开创性的研究。

生平简介

1907 年	出生于英国巴士市
1926—1930 年	就读于牛津大学
1931—1937 年	在牛津赫特福学院担任经济学讲师
1947—1957 年	任伦敦经济学院商学教授
1957—1974 年	任剑桥大学政治经济学教授
1974 年	任英国财政研究所税制结构研究委员会主席
1995 年	逝世

主要学术贡献

米德被视为西方国际经济宏观理论和国际经济政策领域的开拓者。

他的国际经济政策理论，大体上可分成两个部分。第一部分主要是提出了一国的双重政策目标，即国内经济平衡和对外收支平衡，分析了实现双重目标的政策手段，并用大量篇幅阐明两大平衡及其政策手段往往会发生尖锐的冲突，应如何制订政策才能同时保持两大平衡。第二部分是在福利经济学的基础上，论证了只有在一个修正的自由贸易体制下，才能使世界实际收入达到最大，并在各国间有较合理的分配，也就是说，只有这样的自由贸易体制，才能使世界经济福利臻于最大值。

他所说的国内经济平衡，是指充分就业、物价相对稳定、国民收入上升、经济呈现景气状态。反之，经济衰退、失业增长、国民收入下降，就是国内经济失衡。对外收支平衡，是指国家对外收支既无赤字，又无过多盈余，汇率处于正常的稳定水平上。反之，如果出现较大的逆差或顺差，就是对外收支失衡。在米德的体系中，收入调整主要指通过财政政策和货币政策来调节投资和消费所构成的国民收入，促使国民经济趋于膨胀或收缩，以影响两大平衡。所谓财政政策，是指财政当局为了影响国内总支出所采取的改变税收和政府开支的措施。所谓货币政策，是指资金借贷条件的变化，也就是利率的变化，这是由银行体系通过增加（或限制）货币供应，放宽（或收紧）借贷条件来达到的。他将财政政策和货币政策合称为“金融政策”。

主要学术成果

《经济分析与政策导论》(1936)
《国民收支》(1944)
《国际经济政策理论》第一卷《国际收支》(1951)
《国际贸易几何学》(1952)
《贸易与福利》(1955)
《关税同盟理论》(1955)
《通货膨胀的控制》(1958)
《经济增长的新古典理论》(1965)
《静止经济》(1965)
《增长经济》(1968)
《管制经济》(1971)
《混合经济》(1975)
《政治经济学原理》(1965—1976)

颁奖词

瑞典皇家科学院 / 阿萨尔·林德贝克

尊敬的国王和王后陛下，各位殿下，女士们，先生们：

在经济科学领域中的最根本的一个问题是：为什么个人、企业和国家相互之间要交换商品和劳务？此交换过程受到国家政策的影响有多大？从 19 世纪初以来，在国家间交换问题上长期占据主导地位的理论是大卫·李嘉图的比较优势贸易理论。李嘉图通过国家之间的生产技术差异来解释外贸结构。许多年来，人们从不同的方面完善了这个理论，但是对此所做的更加彻底和根本性的发展，是在 20 世纪 30 年代初期，那时贝蒂尔·奥林出版了现在已经成为经典性著作的《区际贸易和国际贸易》一书，以及 50 年代詹姆斯·米德出版了他的重要的著作《国际经济政策理论》。

贝蒂尔·奥林的这部著作从某种程度上来看，受到艾利·赫克谢尔一篇杰出论文的很大影响。贝蒂尔·奥林指出，即使不同国家拥有相同的生产技术，它们之间也可以产生贸易关系，只要各国的各类生产要素，诸如各种劳动、资本和土地的供给有所不同就足够了。奥林理论的出发点是，假设一国在没有对外贸易的情况下，如果有一些产品供应产量很大，超过国内需求，这个国家将很可能成为此类产品的出口国。举一个简单的例子，如果澳大利亚的土地很丰富，而英国的劳动力相对充裕，我们就能认为澳大利亚可以成为需要大量土地的产品(如羊毛)的出口国,而英国则可成为要求相对多劳动力的产品(如纺织品)的出口国。

从这个简单的理论结构,即所谓的赫克谢尔—奥林模型中,可以演化出一系列有趣的定理。其中之一是要素价格均等化定理,它告诉我们,外贸的发展将使各国的生产要素价格均等化。譬如,当澳大利亚开始出口土地密集型产品时,土地的需求相对于劳动力来说上升了,带来的结果是土地价格上涨;而英国出口劳动密集型的产品,相对于土地价格来说,工资上涨了。因此,商品贸易对生产要素的价格同样会造成影响,就好像要素本身可以在国家之间自由地流动似的。在这个角度来看,商品贸易是生产要素国际流动的替代品。奥林理论的另一个推论指出,劳动密集型产品(如纺织品)的关税,将影响到进口国家的收入分配,使它有利于该进口国的劳动力,而对于资本密集型产品(如羊毛或钢铁)的关税,则会导致收入分配更有利于资本的所有者。

詹姆斯·米德在国际贸易领域所做的研究主要集中在经济政策的影响方面——不仅研究关税,而且研究更加根本的制度变化,如关税同盟和自由贸易区的形成等。他还提出一些衡量贸易保护程度的新方法,并且分析了非最佳状态之间相互比较的可能性——这个方法后来被称为“次优问题”。

不过,詹姆斯·米德对国际经济学最具创造性的贡献是对国际收支平衡的分析。在这个问题上,他指出了一个国家在什么样的情况和条件下能够同时达到国内经济和国际收支两方面的平衡。在此分析论述中,米德认为,充分就业和国际收支平衡这两个目标之间通常会产生矛盾,但是对于这个矛盾,可以通过同时恰当地结合使用几种政策调控手段来解决。尤其在关于利息率和货币政策及其对国际收支平衡的影响,以及汇率制对稳定政策所起的作用的分析上,米德是一位先驱者。通过分析几个国家同时试图影响其内部和外部的经济时会出现的复杂情况,米德阐释了当几个国家同时用国民经济政策行动相互干扰时所产生的问题,这种分析强调了各国间协调稳定政策的重要性。

奥林教授,您的科学贡献在很大程度上奠定了现代国际贸易理论的基础。您的著作已经被证明是进一步进行理论研究和实践检验两者的坚固基石。您还激发了国际经济学中,超越严格形式化模式的框架以外的许多研究,比如关于资源的国际转让、社会立法和其他一些政治行为对贸易的影响等。

米德教授,您成功地分析了不同类型经政策行为和制度的安排对国际贸易和国际分工的影响。您也为开放经济条件下的现代就业理论奠定了基础,并且论述了在高度国际化的经济中,通过经济政策行为来同时达到内部和外部平衡的可能性。尤其是您的分析指出了这类经济需要同时达到两个目标——商品和劳务的总需求的合适水平以及与充分就业和国际收支均衡相容的国内成本和价格水平——的必要性及其手段。

奥林和米德教授,鉴于你们在国际经济学领域中所做的开创性研究,我十分荣幸地向你们转达皇家科学院的祝贺,并请你们从国王陛下手中接受1977年诺贝尔经济学奖。

(张 迅 译 柴志贤 校)

获奖演说

1933 年和 1977 年
——不平衡的国内和国际经济关系中的某些扩张政策问题

贝蒂尔·奥林

一、引 言

过去 50 年的经济史中,在主要发展市场经济的那些国家中,出现过两次严重的国际经济大萧条:一次发生在 20 世纪 30 年代前期,一次发生在 70 年代中期。将之简化,人们可以这么说,在前一次的经济萧条时期,虽然并未获得一些有意识的扩张政策的帮助,但是几年之后经济开始复苏。1931 年,北欧和一些英国的自治领地对流通货币的外部价值进行了调整,美国在两年以后,南欧在 1936 年,也都进行了一样的调整。另一方面,在 70 年代,除了一些国际收支平衡较差的国家之外,为了经济扩张[①],几乎所有的工业化国家都实施了数量众多、影响深远的内部政策措施。为了适应相对的成本水平的变化,这些政策和措施常常伴随着汇率的调整。尽管大部分银行体系在 30 年代遭受到更严重的崩溃瓦解,但是与之前的经济萧条相比,于 1975 年和 1976 年开始的经济复苏并不是强劲的——相反的,似乎显得更加缓慢和停滞不前。这些事实给我们的第一印象对建立在宏观经济理论基础之上的扩张政策非常不利,这些经济理论是于 30 年代主要在剑桥和斯德哥尔摩逐渐发展起来的。[②] 尽管如此,对其进行更加仔细的研究和比较是非常必要的。

由于我本次讲座的时间有限,我必须不拐弯抹角,直接进入正题,对关键问题进行讨论分析,同时辅佐以事实例证。请容我特别解释,我使用"扩张"一词,意为用货币计算的"递增的国民生产总值",而"紧缩"一词的意义则相反——"国民生产总值的减少"。显而易见的,在某些部分我会提到"净"收入的概念,即不包括"折旧费用"。

二、关于产出和就业扩张的凯恩斯模型和斯德哥尔摩模型

在试图解释就业的变化及可能与 20 世纪 30 年代和 70 年代经济复苏问题的相关理论时,我不得不首先提到凯恩斯的不充分就业均衡思想。

凯恩斯指出:在某种消费倾向的前提下,投资量的增加可以带来国民收入的增加,直到人们意愿储蓄的数量与投资价值的规模相等为止。国民收入的变化是个变量,它必须达到一定的数量,在这个数量上,储蓄与投资相等是相容的。这个结论非常重要,即如果投资的规模增加,就业的规模则会更大地增加。

---

① 1976—1977 年的经济扩张政策结果证明不够充分,无法达到预计的经济发展目的,但并不能因此就认为这些政策是"有限定性"的。

② 相似的思想当时也曾受到澳大利亚经济学家的推崇,尽管对基本理论的支持论据较少。

这是一种推论的简要形式，是所谓斯德哥尔摩学派的理论中包含的逻辑推论，斯德哥尔摩学派的理论是建立在维克赛尔的积累过程思想基础上的。不过，瑞典学派的理论也考虑到了由国民收入的扩张而引起的间接和内生的投资增加。而这种次生投资将带来收入和储蓄的进一步增长。而且，在凯恩斯和他的学生在剑桥进行研究的同时，斯德哥尔摩也有经济学家在进行着相似类型的研究。我们试图对个人、商业公司以及公共财政的储蓄反应描绘出一个具体的图景，从而对我一般称之为"储蓄意图"规律的储蓄倾向做出比较真实的叙述。① 我也尝试着关注不同类型的人群在经济扩张和收缩过程中对价格和收入变化的反应速度，从而找出由事件发生的先后顺序不同而导致的一些影响。大量的商品库存，以小麦为例，在需求量下降的情况下将加剧价格的下跌。这会减少农民和商人的收入，减少他们对其他商品的购买量，与购买面包的成本下降相比，此下降速度要快得多。消费者通过购买廉价面包缓慢地节约金钱，然后增加对其他商品的购买量。这种情况曾在 1929 年发生过，并对当时的总需求造成了抑制性的影响。

此外，价格和工资的可变性以及它们之间的相互关系，都可能影响到在扩张过程中发挥效用的利润的增长。所有这些，对于我们研究那些以在低通货膨胀条件下达到增加就业和产出为目标的政策是否有效，是至关重要的。

投资的增加是否会引起价格的上涨呢？比如说对工资施加压力迫使其上升，而不是增加产出数量。对此，凯恩斯的回答一般来说是否定的。与之前的许多假设恰恰相反，他的假设遵循这样一个规律：当未使用的劳动力供给充足的情况下，工资向上增加的可变性很小。在经济复苏的初期，虽然我们假定价格的可变性稍大一些，但仍是细微的。因此在复苏初期阶段，总需求的增加会扩大产出和就业，而工资则几乎不会有普遍的增加，价格也只会有微量的提高。利润会提高，同时投资可能得到进一步的刺激，尽管这一点并未被纳入凯恩斯的基本均衡模型中。

与此相比，斯德哥尔摩学派阐述的过程并没有太大的不同，虽然他们更加关注对投资的反应，以及有关原料和制成品的未来价格的预期性质。总的来说，凯恩斯集团与年轻的斯德哥尔摩派经济学家有着一致的总体看法，都认为通过借款来筹措资金的公共投资——在这种方式中给工商企业的贷款没有受到限制，必要时还会扩大——就可以促使生产和就业的增加，而且只要过剩的生产能力得到了利用，并不一定会出现严重的通货膨胀。

不幸的是，英国执政当局的保守主义态度，以及 1933 年 4 月初至 1934 年 2 月间瑞典一次大的劳工冲突，阻碍了进行此类实验的大规模实行，此种情形一直延续到由于其他种种原因而使经济得到复苏时才获得了改变。然后，1934 年瑞典对市政开支的限制，大大抵消了增长的国家资助的投资的扩张效应。

1933 年后，在沙赫特博士的领导和中央银行大规模的融资支持下，德国进行了一

---

① 见《解决就业问题的货币政策、公共工程、补贴和关税》(1934)。这是阿克塞尔·雷琼胡夫德《论凯恩斯主义经济学和凯恩斯经济学》(1968)中关于凯恩斯理论科学辩论的一个精彩的综述。

场更大规模的经济试验。其结果是连续多年的就业量增加,同时没有出现很大的通货膨胀。政府抑制工资的涨幅,并通过扩大配给的措施削弱了物价的驱动力量。

20 世纪 70 年代

让我们把这些经验与 20 世纪 70 年代发生的情况做个比较,暂且先不考虑某些原材料价格的上下波动。在 1975—1977 年期间,大多数工业国家实行了金融扩张政策,当时的情况是总体预期物价膨胀仍将保持相当强烈的态势。70 年代初期,工资需求和工资率都大幅度地上升,在 1973 年底石油价格也突然大幅度上涨。物价的提高或多或少都与每单位产出对应的工资和石油等某些原材料的额外成本的增加有关。生产随着商业循环周期而出现变化,但在部分国家经济出现了微弱的——比 60 年代更弱的——上升趋势。在诸如瑞典等的部分国家中,由于克朗的升值和工资的大幅度上升,生产成本水平处于过高的位置,因此从 1975 年开始,贸易平衡变弱,就业量降低。而在其他几个国家,从 1975 年生产开始缓慢地复苏,但次年又陷入倒退,直到产出重新出现一定的增长才停止。整个时期过程中,失业率持续处于很高的水平,物价和生活费用持续增加,尽管其增加势头在不断减弱。

显而易见的是,解释这种不利发展趋势的一些关键原因,可以在工资的高增长性、不平衡的外汇关系以及对成本持续膨胀的一般预期中找到。在那个时期,大多数国家实行了一系列扩张的财政政策,少数几个国家则实行了扩张的信用政策,通过通货膨胀影响下的低实际利息率来减少债务的价值。

20 世纪 30 年代的早期理论,是建立在低工资弹性和适度的价格变动预期的假设基础上的。这是当时的现实,但与 70 年代的情况毫无共同之处。由此可以解释为什么所谓的菲利普斯曲线与此无关了——正如米尔顿·弗里德曼教授在去年诺贝尔颁奖仪式上所做的精彩的演讲中所阐述的。他强调了预期通货膨胀——如 70 年代所发生的情况——与企业计算未来利润时无法预测的通货膨胀之间的差别。需要经过相当长的一段时间,人们才会对这个事实获得普遍认识,了解到它在关于就业政策的权衡中占有一席之地。

我并不否认 20 世纪 30 年代初期由斯德哥尔摩学派发展起来的扩张理论有其不足之处,它没有很清楚地解释说明关于工资、原料价格和制成品价格的易变性及其反应速度的不同假设所产生的作用,也没有清楚地说明利润预期的不同可能性。但是这个理论与凯恩斯模型相比,对这些事情以及外部平衡问题的研究给予了更多的关注。

当然,未来的成本与价格的关系,除了每单位产出的劳动成本上升的原因之外,显得非常不利。在以往的几次经济复苏阶段中,只有在提高价格的情况下才有原料可供,而提高价格可能会带来未来亏损的风险。

外国货币的价值贬损,可能降低进口制成品的价格,这可能意味着利润的状况会令人感到不满,并且可能导致对未来利润的预期更加悲观。

我已经选择了几个不平衡的价格、成本及外汇关系作为例子,来说明它们在抵销经济扩张趋向中显而易见的可能性。1934 和 1935 年,在像法国和瑞士这样的国家中,由于存在着极多的此类不平衡关系,导致了悲观的预期,因为这两个国家直到

1936年才对其货币实行贬值政策，而其他大多数国家早就已经实行了。除了贬值以后的短暂时期以外，譬如美国1933年发生的情况，一般的预期是不会出现价格水平的普遍上升，工资成本也不会上升，或者说人们预期在未来一段时间内它会上升。而美国是个例外，尤其是在1933—1934年间。在货币贬值及世界市场上这类商品价格下跌的刺激下，一旦出口商品的销售开始上升，利润便会增加，前景也因此变得更加乐观。这一点可以说明国际成本关系与汇率相适应的重要性，关于这个问题，我后面还会再次谈到。在最近几年中有几个相类似的其他例证，比如法国，这次它比20世纪30年代更迅速地针对其货币做出了合理的贬值。

到目前为止，我还没有谈到20世纪30年代初期和70年代中期这两次经济萧条时期中，利率之间的巨大差别。在前一时期，经济复苏相对更加强劲，是否应归功于工业化国家的低利率水平呢？而70年代的高得多的利率水平是否阻碍了经济复苏的发展呢？就我的观点而言，答案是否定的。事实上，尽管名义利率较高，但是在70年代时借贷资本却比30年代便宜得多。我们应当考虑到价格水平的变化对人们必须偿还的总金额的实际价值的影响。

自1929年起，商品的零售和批发价格连续几年下降——这个现象在金（货币）本位国家中持续的时间还要长一些——而在之后的阶段中则上升了几个百分点。几个主要国家的名义债券收益——除德国为8%左右外——都处在4%—5%之间，而且在数年间显现下降的趋势。关于20世纪30年代对价格水平变化的预期究竟在多大程度上影响借款人对待他们需要偿还的“实际”利息的观点，目前尚不能确定。无论在1933年以前还是在之后的数年间，利息率始终为正数。而在另一方面，在目前的10年中期，几乎大多数国家的通货膨胀率和预期的价格上涨已经超过了债券收益。因此，在大多数工业国家里，“实际”的利息率是负数，而且利率为负或接近零值的情况一直持续到1976年。唯一的例外是瑞士，那是因为瑞士的通货膨胀并不显著。中期银行贷款的利率在任何地方都很高，“实际的”利率通常是正数，但这并不能完全改变整体的状况。整体印象是：在绝大多数工业化国家中，70年代的借贷资本要比30年代更便宜。

1975—1977年经济复苏时期中，所谓的“踌躇”特征，与国际收支平衡“虚弱”的国家，如英国、意大利和斯堪的纳维亚国家，所采取的限制性的信用贷款政策密切相关，因而削弱了扩张性的公共财政政策的效应，而与收取“高”价位的利息相关不大。在国际收支平衡性“强”和对经济前景充满信心的国家中，利息政策并不会消除其经济政策的扩张特性，例如在美国和西德，尽管这两国的预算赤字很大，而且同时实行着一种适度扩张的公共支出政策。无论是收支平衡“弱”还是“强”的国家，其经济政策总净效应都可以被假定为扩张性的。

经济的不利因素，包括石油垄断价格的提高和石油输出国无力消费它们的新增收入。在利润预期不足以推动世界经济繁荣的其他一些情况下，人们必须估算到劳动成本的快速增加，以及预期成本的增加有可能会超过价格上升的情况，在许多国家的工商界中都普遍存在着这种情况。以上就是20世纪30年代和70年代经济复苏期的主要差别之一。

另一个差别,无疑是这样一个事实:在20世纪30年代经济衰退期间,全世界产出和就业下降百分比,相比70年代要大若干倍。也正因如此,30年代经济复苏时期的富余产能,以百分率计算,超过70年代。由于没有很多"瓶颈"问题,因此30年代的产出增长更快,扩张过程也更强有力。但在另一方面,相对更多的富余产能反过来限制了对新投资的刺激,从而可能减弱了经济复苏的力量。

三、在不同政策和环境的影响下,用货币计算的国民收入不断扩张时,通货膨胀与生产增长的相对规模

一项以价值表示的国民生产总值扩张的政策,如何会导致最大化的生产规模和最小化的通货膨胀呢?这是一个非常有实际意义的问题。一些属于货币学派的经济学家倾向于相信,一项提高用货币计算的国家总收入的政策——在一个存在大量失业的情况下——在绝大部分情况下,将带来更严重的通货膨胀,而产出的增长相当有限。而20世纪30年代的扩张主义经济学家对此持有的观点则更加乐观,他们相信,在当时的现实条件下,仍然有可能在大幅度增加产出的同时保持很低的通货膨胀率。尽管近些年来的经验使之显得相当黯淡不理想,但是仍有相当数量的经济学家持有此类乐观的看法。

我前面的推论似乎指出了这样一个趋向,即:有非常多的环境情况都有能力对经济发展造成影响,换言之,都会以通货膨胀的形式和相应增加的生产力的形式来确定国民生产总值增长的份额。正如阿尔弗雷德·马歇尔说过的,人们完全有理由这么说:"所有简短的陈述都是不正确的"。

在经济复苏的哪一个阶段一些特定行业的生产者和贸易者会开始提升价格呢?我的印象是:在产能利用率达到最高阶段之前价格就会开始提升,这是一个规律,但是这个规律在不同的国家会有不同的表现,也会逐渐地发生改变。这在很大程度上要取决于被视为"正常"的生产能力利用情况,以及近期未来的市场前景如何。在20世纪30年代的德国,价格控制的影响非常重要,而在其他国家,其作用则不大。假设对世界范围内存在着一个制造行业将会扩张的普遍预期,那么在初级阶段就会出现原料价格的投机性上涨,并立即引起制成品价格的上升。这种预期可能会在不同活动阶段引起初级产品存货的增加,从而意味着对初级产品的需求增加,并进一步抬高它们的价格。

显然,世界初级产品市场的行为特征更容易引起个别国家实现没有通货膨胀的扩张,而不容易带来一个世界范围内没有通货膨胀的国际经济复苏。

考虑到上述条件,从整体来说,过剩生产能力越大、分布越均匀,作为某项扩张措施的结果的通货膨胀就越小。理所当然地,熟练工人的失业增加,不同工会的工资政策及"工资浮动"的可能性,也会起很大的作用,特别是对那些实行计件工资制的产业影响最大,其他行业的工资率也难免受到传播性的影响。

我提出的问题是:哪种类型的扩张政策能导致产出和就业的较大增加和较小程度

的通货膨胀呢？要确定如何组合策略才能达到最佳效果，这将是一项政治的决策，也就是说，要在发展的不同阶段，在每增加百分之一的产出和每减少百分之几的通货膨胀之间的边际“替代”中确定最佳选择。许多政策方面能刺激生产同时抵消通货膨胀，它们可以改变最佳的状况，但今天我在这里只能简要列举几项。

(1)决策者和工商界需要具备关于不同经济状况的知识储备。通常这是不容易做到的，比如说，他们必须对劳动和工厂过剩生产能力在当地和产业间的分布情况有一个准确的整体了解。如果他们对这些方面的事实基本了解清楚，那么就可以帮助企业规划资源利用，例如增加原材料的供给，从而满足不同时期、不同地区对原材料的需求。

(2)刺激私人和政府对各类商品和劳务的需求，通过更合理地利用现有生产能力和初级产品的现有存量，并在合理时间内创造出的新的生产能力，帮助生产这些商品和劳务。这其中包括公共工程。

(3)竭尽可能抵消需求状况的干扰，这些干扰会带来新的、不均衡的、过剩的生产能力。

(4)刺激劳动力在不同岗位、不同地区、不同职业间的流动，并为其提供便利条件。如果职工希望能够胜任新的职业，组织各行各业的员工，包括农业行业的员工，进行额外的培训。消除部分人员产生依赖社会救济度日的思想，他们往往不愿意在新地方或新行业中寻找新工作。

作为需求选择性增加的结果，所有这些因素和其他因素都将促进产量的增加。为了达到减弱造成通货膨胀的驱动力的目的，现在我要提到一些最为重要的政策要点。

(5)在某些时期采取战略性的价格管制措施，以抵消超过成本提高和合理利润的价格上涨。这一点十分重要，否则垄断组织就会抬高价格以获取通常被认为是不公平和不利于高工资要求的利润。

(6)抑制工资和薪金的增加趋势超过生活费用和劳动生产率的提高水平(见本文第四部分)。

(7)力图在政府、议会和各种组织之间就通货膨胀达成一般协议，即它应该受到抑制，从而与一个切实目标保持一致。由此引导工业化市场经济国家中的人们对价格的预期，不需要担心通货膨胀会以之前10年期间相似的规模持续下去。

(8)如果防止通货紧缩是政策的一个合理组成部分的话，那么可以采用一种能降低外国通货价值的、灵活的货币制度，以减少国外通货膨胀的影响。

这类政策自然是与一般的信用和金融政策相协调的，它们共同影响着社会总需求。决策者有必要在产出和通货膨胀的各种可能组合中做出“权衡”，目的就是要达到“帕累托最优状态”。在这一点上，既没有产出的增加，需要造成额外通货膨胀的代价，也没有通货膨胀的降低，值得以接受由此造成的减产为代价而做出牺牲。

通过上述方式计算的总购买量的扩张速度，将影响到经济发展的性质和持久性，举例而言，如果有适量的时间，在地区位置和质量方面对劳动供给加以调节，将会更好地满足对劳动的需求。这可能是许多来自工商界、具有实际经验的观察者持有以下观点的一个原因。在他们看来，如果扩展过程中没有通过政策调整来过度加速总需求，复苏将会得到更进一步的发展，高水平的活动也将持续得更长久。一项慎重的政策程序，应该允许通过"试验和错误"的方法来获得经验。

以上是从个别国家的角度来看待扩张政策的问题。在不同国家的转移性的发展以及它们对国际经济关系的影响，都会引起若干额外的困难和问题。我将在本演讲的最后一个部分对此进行分析。

用均衡方法来分析内部和外部同时平衡的条件——詹姆斯·米德在《国际经济政策理论》(1951)一书中对此已做了先驱性的研究——可以提供给我们非常实用的基本见解。尽管并不能直接地将之运用于产出和价格水平的"变化过程"研究之中，但是这些见解给予我们很多提示，告诉我们哪些运动已经偏离了"帕累托最优状态"。

四、关于扩张阶段中实际收入的增加和通货膨胀的限制的进一步分析评论

如何才能避免过去10年间许多工业化国家所经历的持续不断的大规模的通货膨胀呢？我的分析可以很简短，因为尽管由于社会和政治的原因，要在现实条件下使政策发生效力仍然存在着很大的困难，但是在经济学家之间对此已达成基本一致的意见。对于那些旨在扩大实际收入的成功有效的政策来说，对于这个问题的深刻认识是至关重要的。

如何区分三种类型的通货膨胀，有一套普遍适用的程序。第一种类型叫作"需求性通货膨胀"，它发生于按现行价格计算的总需求超过总供给的价值的时候，即来自于国内和国外的消费需求和投资需求总量超过了同样来自于国内外的总供给价值。换句话说，就是缺乏总体上的货币平衡。这类通货膨胀通常由于私人投资需求或公共事业投资需求的上涨而被引起，也会由于消费者购买量的增长同时在私人或公共机构里储蓄的减少而引起。这类通货膨胀的特点，通常是需求的过度增加导致了企业利润的增加，企业收入的增加比成本的提高速度更快。

第二类通货膨胀可以称作"成本和垄断性的通货膨胀"。它常常由于工资率的提高或者工资税的压力的提高而产生。在这些情况下，生产中劳动成本的提高要比劳动生产率的提高更大。由于缺乏一些特定的障碍，例如缺乏国际竞争，结果提高了商品的价格而利润没有增加。有时也会发生需求性通货膨胀叠加于成本性通货膨胀的现象。

然而，成本和垄断性通货膨胀也有可能是由国内或国外某些垄断价格的提高而引起。最佳的例证就是石油价格相比几年之前上涨了三四倍，其结果是大幅度提高了那些需要消耗大量能源的产业的生产成本和商品价格。如果各国的信用机构拒绝为此经济发展活动提供所需的支付手段和新的信贷——旨在遏制价格水平的上涨——必将导致失业率的上升。

从单个国家的角度看，第三个类型的通货膨胀是对成本和价格施加上升的压力，除非通过提高本国通货汇率来防止这种影响，否则这很可能是国外物价提升而引起的

一个结果。

毫无疑问，一个政府——在现有条件下——与中央银行合作，致力于避免需求膨胀、控制垄断价格，而且创造条件，使得工会的压力或者说所谓的工资浮动不至于让工资的增长超过劳动生产率的平均增长，会遇到很多困难。此外，为了避免由于国外物价上涨——当他们正处于上升的期间——而造成传播性进口的通货膨胀，必要时还需使用一种浮动的对外汇率制度，它可能会由于投机资本活动而变得更加复杂。不过，如果实施一种明确货币政策目标的高明的政策，还有可能从这种活动中获得一臂之力。

从长远看，最大的问题莫过于如何创造一种能避免工资过度增加的环境。在像瑞典这样的国家里，税后的国民收入中通常有 80% 以上的份额归于获取工资和薪金的人们。其归于国内厂商垄断价格政策的额外收入并不非常多，也许经济繁荣时期是例外。外国垄断企业在 20 世纪 70 年代发挥的作用比国内私人垄断企业所起的作用大得多，大多数国内垄断企业不得不面对来自国外的竞争，因此他们与其说是真正的垄断者，还不如称其为“单一的生产者”。

在高边际所得税和持续通货膨胀预期所创造的条件下，瑞典工会在过去的三年中发现，要求并且实现工资的增长是非常必要的。工资——包括工资浮动和提高工资税——增加的劳动力成本几乎等于实际工资增加的将近 10 倍。这样一种为了有机会增加 2% 实际收入而必须将名义工资提高 15% 的制度，很难说它是合情合理的。雇主和工会之间的集中谈判，在大多数情况下，关心的主要是这样一个问题：瑞典到底会有多严重的通货膨胀？其次的问题才是雇员的实际所得应该获得多大的增加。但是两个问题的答案其实是相互联系的。协商的结果往往是名义工资获得了很大的增加。尽管事实上，协议达成后一至二年间关于实际工资的结果是不确定的，因为它取决于未知的未来生活费用的增加额度，但是在一般情况下，都是这样进行的。

显然——除了因通货膨胀而变得更重的累进税制外——造成对工资上升的要求数倍于生产率增加的主要原因之一，是由于预期严重通货膨胀将会持续下去。这里，我们所面临的实际情况与 20 世纪 30 年代萧条时期的情况有着巨大的差别。1929 至 1932 年期间物价持续下跌的事实使人们相信，在经济复苏后的最初几年中的生活费用不会增加太多。这种预期反过来导致了之后几年中，即使在那些通过货币贬值来获得经济复苏的国家里，人们对于提高工资的要求就现在看来是相当克制的，物价上涨程度非常温和，通货膨胀率上涨也相当低。

不可避免地，我们会得出这样一个结论：如果我们要把工业化国家中未来的一个合理的高就业水平，和与 20 世纪 70 年代相比更加稳定的价格水平结合起来，那么我们就需要对集体协议的办法做一些修正——至少在某些国家应该是这样。工会成员所关心的是实际收入，而不是仅用货币计算的收入。就双方都感兴趣的问题进行磋商并不是不可能的。如果事实证明这么做无法成功，就必须采用某种“收入政策”，比如在政府、议会和劳动市场组织之间达成协议。这样可以限制名义工资的增加，同时又不降低劳动在实际国民纯收入中所占的支配地位的份额。可能还需要为此而建立一种衡量所得税率的“指数量表”制度。

此外，不时地对汇率做一些调整，似乎是不可避免的。因为在所有的工业化国家中，人们不能期望劳动成本、生产率和需求条件遵循同样的路线。还会出现这样一个问题：对不同国家的工会提出的工资要求的“相对的”变动进行协调，是否可以减少对外汇变动的需要呢？显然，这样做会遇到很大的困难。[①] 何时时机才能够成熟，让我们进行一次尝试？

五、关于国际成本关系之不充分适应结果的简要评论

让我以早期的一个实例开始讨论一下关于调整对外汇率对产出的发展所造成的影响。在 20 世纪 20 年代初期，芬兰避免了被卷入世界范围的通货紧缩危机，因此几乎没有经历其他北欧国家多遭受的因为失业增加和生产下降而引起的痛苦。从 1920 年到 1923 年——在这个阶段，芬兰的密切贸易国斯堪的纳维亚和英国，正处在通货紧缩期——芬兰的生活费用上升了 22%，同时芬兰马克的牌价下降了 46%，在 20 年代接下来的几年中，芬兰的工资成本相对于其他大多数欧洲的工业国家来说低很多。

我本次讲演中的一个更为重要的问题是，1931 年秋天的英国和斯堪的纳维亚国家通货贬值所造成的影响——当时英镑约贬值 27%，斯堪的纳维亚国家通货约贬值稍高于 30%。意大利里拉也经历了相似的过程。但在 1933 年，美元贬值 40%，同时斯堪的纳维亚国家通货也下降到大致相同的位置上，而英镑由于它与黄金的相关性保持了稍高一些的水平。在 1936 年秋以前，法国和瑞士通货相对于金价一直保持稳定，但此后也开始贬值。

虽然没有深入分析相对工资成本的发展方面的差异——因为这些差别比外汇的变数小得多——我们完全可以获得一些结论，总结货币贬值对英国和斯堪的纳维亚国家这一方、和法国这一方国家的竞争能力所造成的影响。

表 1 表明，1931 年至 1933 年期间的工业发展对通货贬值的国家更加有利，尽管瑞典——1931 年的产出几乎与前两年一样——遭受到一次迟来的经济衰退，并在 1932 年经历了非常特殊的克罗伊格危机的打击。使用固定的黄金价值通货的国家经历了工业产出的下降。从 1931 年到 1935 年法国的生产总值约下降了 25%，而同期英国的生产指数却上升了 26%，瑞典上升 28%。尽管德国马克的牌价很高，但它为了重整军备而大量增加的公共建设的扩张带来了生产和就业的大幅度增加，同时还采用了进口限制措施用以减少外贸逆差。

---

① 关于我在这个部分演讲中提出的几个问题的精彩综述分析，可以参见 1974 年斯德哥尔摩的拉斯·卡姆佛斯和埃里克·伦德伯格所著《通货膨胀和失业》一书。最近，由保罗·麦克拉肯担任主席、来自 7 个工业国家的 7 位经济学顶尖专家——瑞典成员是阿萨尔·林德贝克——写成的经济合作与发展组织（OECD）的调查报告《实现充分就业和价格稳定》，也为我们提供了非常经典深刻的综述和分析。

表 1 工业产出和生活成本

	美国		英国		法国		德国		瑞典	
	生产	物价	生产	物价	生产	物价	生产	物价	生产	物价
1929	100	123	100	115	100	115	100	125	100	168
1931	68	107	84	103	89	117	68	110	96	158
1933	64	94	88	98	77	107	61	96	91	151
1935	76	100	106	100	67	100	94	100	123	155
1937	92	105	124	108	83	128	117	101	149	161

自 1933 年夏进入罗斯福执政时期后，美国的经济发展受到一种截然不同的“经济政策规划”的影响。从 1929 年到 1933 年，美国的工业生产总值下降了 32%，之后两年中又继续下降了 6%。在第一个两年的阶段中，美国生产总值相应地分别回升了 17%和 21%。但是这些数字掩盖了一个事实，即数量指数从 1933 年第一季度的 63%上升到 7 月的 100%，而后下降到 11 月的 73%，这样低的水平一直持续了整整 13 个月，直到 1934 年 11 月才结束。直到这个时候，持续的复苏才真正开始！这种严重的经济倒退其本身就是一个问题。

我必须将我的演讲限定为都是简明扼要的观察评论。从 1933 年上半年开始——目标为高工资——的经济复苏规划，结束了各界人士对价格所持的悲观预期，同时刺激了生产的发展。但是，越来越明显的一个事实是：通过提高所售商品的价格——在这种情况下所谓的商品就是劳动——已经不能再成为继续刺激销售的有效手段了，以劳动和就业需求为例。由于对“政府大规模的干预”措施的某种不信任，一些至关重要的工商业界持“等待和观望”的态度。如果预测价格的上涨与工资率上涨持平，那么除非对未来销售规模的扩大抱有极大的信心，否则预期的利润就不会有所增加，而在开始的阶段工商业界没有如此的信心。我确信，正是由于这个原因，美国工商业界最初持有的乐观情绪逐渐消失了，之后随之而来的是生产开始倒退。

不过，在过了一段时间以后，由于美元的贬值增强了美国的竞争能力，以及部分欧洲和其他地区国家的工商业的迅猛发展，给美国的出口工业带来很大的刺激。进口竞争也使国内市场的各类产业获得了发展的更高机遇。此外，政府运用政策刺激私人兴建房屋和推动大量公共工程的兴建也对生产发展起到了积极的正面作用。在这样的情况下，低廉的信用贷款及信用系统的改组也起到了一定的辅助作用。然而，扩大劳动需求的这一错误举措，无疑延迟和减弱了经济复苏的发展进程。对正常的商业循环周期中的一次上涨过程来说，一旦物价持续下跌的预期消失，如果不对所有可能相关的事实做深入细致的分析，是无法确定“时机成熟”的程度的。

现在让我们转到 20 世纪 70 年代的问题上，探讨一下是否与 30 年代一样，我们可以找出各国由于汇率失调而造成相对不平衡的成本关系。

与 1931—1936 年期间的法国以及其他一些金本位制的国家一样，部分国家的货币国际牌价在 20 世纪 70 年代维持在一个过高的水平上，其对内部成本的发展问题考虑很少,或者说到很晚的时候才开始考虑。而在另一些国家,货币则被过度地贬值。美元、英镑和里拉的外部价值的下跌,导致了一些困境,譬如对法国工业造成的困难,直到70年代中期,法国法郎的牌价下降才帮助其恢复工业的竞争能力,才摆脱了这些困难。在瑞典,币值的高估维持了更长的时间,1975年和1976年劳动成本上升了42%,而瑞典通货的外部价值,相对于瑞典贸易有重要作用的通货的平均牌价只上升了8%,其导致的结果是瑞典逐步丧失了出口贸易的国外市场,并使某些与进口贸易相竞争的国内工业面临着极大的困难。很自然地,正在转变的世界经济结构,例如纺织业、钢铁业和码头装卸业的变化,也对此起了重要作用。

当各国的内部成本不同程度地上升时,对外汇率未能做及时调整也使世界经济遭受到另外一些间接的负面影响。这种负面影响,不仅出现在货币被"过高估计"的国家中,而且也出现于那些由于长期通货膨胀、货币的外部价值持续下跌以及"缺乏信心"——换言之,对经济预期十分悲观、资本外流——的国家。在诸如英国和意大利这样的国家,尽管它们的货币没有被"过高估计",但是他们对利润的预期仍是令人沮丧的。

早在20世纪30年代,经济学家们就已经非常了解高估通货造成的直接和间接的负面影响。当1925年英国回到旧的黄金平价,而且与其主要竞争国家的成本没有达到自然的平衡时,凯恩斯就特别强调了这一点。当英镑在1931年终于被贬值的时候,凯恩斯的反应却是乐观的。仅仅几天之后,他在寄给我的一封信中写道:"我们这些居住在英国的人,正处于对上星期所发生的事件的兴高采烈状态之中!"(1931年9月24日)

在这里,对瑞典经济在20世纪30年代早期、40年代后期和现在1977年通货贬值之后的发展做一些简要的评论,也许是有必要的。正如我前面提到过的,在1932—1935年期间,瑞典虽然做了很多计划,但只实行了一项非常微不足道的经济扩张政策。在有些年,市政财务政策的收缩抵消了国家政策的扩张影响。不过,从1932年秋开始的出口需求增加,以及由于1931—1933年货币贬值约40%后相对低廉的成本,使得瑞典经济得到了很大程度上的复苏,这种情况一直持续到第二次世界大战。尤其是对于小国家,这种低价通货似乎更具有一种很大的扩张效应——特别是随着时间的流逝,效果更加明显。

1949年克朗贬值30%之后,瑞典的经济发展进一步证实了这个结论。在那以后的许多年中,尽管工资显著增加,但成本却变得相对低廉,竞争能力也保持着相当强劲的势头。在过去的这些年间,尤其在整个20世纪50年代中,瑞典经济发展的特点是发展极为顺利。

在过去的几年中,我已经指出,瑞典在1975—1976年间的相反发展,导致其劳动成本的增加比其他大多数国家更大,这对产出和就业产生了相反的影响——它们停滞并下降了。

某些国家由于其货币成本相对较低,其产品具备更有竞争力的价格,似乎对这些国家的工业起了推动的作用,但可能对其他国家产生负面作用。不过,这在很大程度上取决于该国对利润及利润预期的反应情况。

毫无疑问,我们获得了这样的印象:20 世纪 70 年代更好的国际成本平衡会使各国的竞争能力更趋于“正常化”。而且还提高了工商业界的信心,减弱了某些投机资本的流动,使经济扩张组合政策更加有效。显而易见地,对于维持高就业率非常必要的利润预期和投资量来说,避免通货的“过高估计”显然不是一个充分的前提条件。但在很多情况下,相对的成本水平的失调似乎都成了就业的不利发展的主要原因之一,在 30 年代和 70 年代都是如此。

当然,各国的相对生产成本和外部通货价值的不稳定发展,可以进行调整,以便促进国际成本的平衡,减少竞争能力的差异。国际货币基金组织或其他一些机构都可以作为一个专家咨询机关,为其成员通货的小幅贬值和升值方面提供咨询服务。国际货币基金组织可以仿照关税和贸易总协定制订贸易政策的方式,来制定反映成本水平变动和对外汇率之间关系的有关行为准则。因此,从世界经济的角度来看,进一步改善创造合理的扩张政策的条件是完全可能的。

不过不应忽视的一点是,只有当通货贬值对物价上涨的影响不会导致劳动成本的过度增加或造成对生产率的不利发展时,成本水平过高的国家对其货币实行自然贬值,才会使国际成本关系在一个长期内处于更加自然的状况。如果情况不是这样,那么通货膨胀就会获得新的驱动力,同时国际成本关系也将继续失调。

(张 迅 译 柴志贤 校)

获奖演说

“内部平衡”的意义

詹姆斯·爱德华·米德

一

在今天这种重大场合,我的名字能与贝蒂尔·奥林教授联系在一起,我感到万分荣幸。在年轻一代的经济学家眼里,我们两人无疑都已经被视为我国的“老年公民”了。不过,与奥林教授相比,在这个领域我只是个年轻人,因为当我刚开始试图了解国际经济学的时候,奥林教授已经被视为这个领域中的杰出人物之一了。他的重要著作《区域贸易与国际贸易》对要素供给之间的复杂关系,产品和要素流动的成本,价格关系,产品的实际国际贸易过程,人员迁徙和资本流动等问题提供了许多崭新的真知灼见。我在国际经济政策方面后来所撰写的两卷著作,即《国际收支》和《贸易与福利》,都受到了奥林教授著作的影响,其中后者所受的影响更为明显。

而且,现在奥林教授对分析国家的国际收支的所谓宏观经济的各个方面也做出了重要的贡献。1929 年,在《经济学》杂志上,关于国家之间通过汇率把支付差额从一国转移给另一国的问题,他与凯恩斯曾有过一场相当著名的争论。在那次争论中,他强调了付款国家支付能力降低和收款国家支付能力提高的收入—支出效应。为此,他不仅使用通常的不同之处来分析一个国家的进出口贸易,而且强调了采用不常用的不同之处来分析一个国家国内非可贸易的商品与劳务和可贸易的、可进出口的商品的重要性。我在《国际收支》一书中采用了这些不常用的区分方法,但是现在回顾时,我后悔没有让它们在书中起到更大的中心作用。

二

现在,以我的后知之明来回顾这两本著作,其中确实存在许多的不足之处。在这些不足之处中,我挑选了其中的一个来作为我今天讲演的题目,因为它可以引出一个问题,以我的拙见,这也许是目前维持良好国际经济秩序中最为紧迫的问题。

《国际收支》中的基本分析是基于静态均衡模型,而不是动态增长或非均衡模型,这种使用比较的静态方法,是凯恩斯的独创。

在《就业、利息和货币通论》一书中,凯恩斯运用了马歇尔的短期分析方法来研究整个宏观经济体系,而非对单个厂商或行业的研究。在这个模型中,产生了新增的资本存量。不过我们认为,在一段时间内,这种新增的资本存量在现存总量中所占的比重是可以忽略不计的。可变的要素,尤其是劳动力要素,是在上升的边际成本下运用于这种存量的,直到边际成本等同销售价格为止。这个假设经修改后可以被用来运用于不完美竞争条件下决定产出和价格的微观经济理论。根据这样一些参数,如货币工资率、货币供给、企业家的期望值、税率、政府支出的水平及国外对其的出口需求量等,凯恩斯派分析中的其他因素如消费功能、流动性偏好和投资功能就可用以决定国民收入总额、产出、就业、利息等短期的、静态的和稳定的均衡水平。这个模型也可以用来说明这些参数的变化是如何影响各种宏观经济变量的短期均衡水平的。但是,我认为,尽管凯恩斯很关注不稳定环境中的预期会影响短期均衡,尤其是对投资的影响,他感兴趣的并不是在从一个短期均衡到另一个短期均衡的变化过程。如果我的理解是对的,那么他对短期的调节机制的直觉判断是这样一个事实:在任何一个阶段,经济体系的宏观因素与它们的短期均衡价值不会有太大的差别;而且在20世纪30年代,他做出的这个判断很可能是完全正确的。

《国际收支》一书以这种宏观经济模型为其重要的基础。我试图详尽阐述的是凯恩斯类型中多个国家经济之间的相互作用。为此,我对我称为"外部平衡"和"内部平衡"两个目标相一致服务的政策变量的不同组合进行了阐释。"外部平衡"是指一个国家的国际收支平衡,尽管这种看法意味着而且在当时我就已经认识到它存在着颇大的概念上的问题,我仍然本能地觉得它是一个很好的观点。但是对"内部平衡"的概念能否做同样的评价呢?它究竟是指充分就业还是指价格稳定呢?

我相信自己还不至于那么愚笨,以致把充分就业和价格稳定看作是两个完全不同的事情。但是,人们往往在"内部平衡"这个局限中来看待这两个概念,因为大家相信,或者说主观臆断地认为,如果保持了一个能保证实现充分就业的有效需求水平,那么货币价格也将维持在一个合理稳定的水平。当然,之所以我们认为这是不言而喻的,称之为公开的假设的原因,是由于另一个显而易见的、公认的假设,即货币工资率通常保持稳定，或变化非常迟缓。在这种情况中采用凯恩斯模型分析，随着有效需求水平推动经济在向上倾斜的短期边际成本曲线上达到一个较高点或较低点，货币价格的绝对水平也将因此变得较高或较低。但是，在任何一个既定的短期均衡状态中，都没有理由预期货币价格水平会迅速上升或下降。

虽然在20世纪30年代做这样的假设也许是切合实际的，但是在战争刚刚结束我写作《国际收支》时的年代里，这个假设的合理性则令人怀疑。无论如何，如果现在我要重写这本书，我将不会根据外部平衡和内部平衡两个目标的调和，而是根据国际收支、充分就业和物价稳定三个目标的调和，来进行基本分析。

为什么我没有一开始就用这个方式进行呢？

我那时已经非常了解存在着一种危险，即工会及其他规定工资的机构可能不允许在没有货币成本——价格膨胀的情况下保持充分就业。不过我想在战争刚结束时写书，因此采用了在战前非常实用的基本模型，并且单纯地以为采用这种方式可能避免充分就业导致工资—物价的膨胀。通过这种方式，我发现即使根据简化假设，仍然需要考虑相当多的重要国际关系。这或许不是对我现在所处立场的一个很有力的辩解说辞，但是我想事情的真相就是如此。

我非常清楚地知道，我现在可以采用一个更加巧妙的辩护方法来解释自己过去的做法。完全可能将之定义为就业的自然水平，这种水平——在现有的影响工资安排的有关制度条件下——可能导致实际工资率的需求以相当于劳动生产率增加率的速度提高。人们只需要在它的基础上增加这个假设，即从对未来货币物价的膨胀或紧缩没有普遍预期的情况出发，达到维持这个自然就业水平与价格稳定相容的状况。如果这个自然就业水平可以被视作"充分就业"，那么就已经成功地定义了一种同时达到"充分就业"和"稳定价格"的"内部平衡"状况。

然后，我们可以继续讨论影响这个所谓充分就业水平的很多制度。为失业者提供保持生活水准的资助，可能意味着承认他们对所提供的第一个工作机会相当挑剔的做法是合法的，这与存在少数公认的"强壮的乞丐"完全不同，他们宁愿依赖社会福利过活，也不愿做一天诚实的工作谋生。规定解雇雇员时必须为之提供退职金或救济金，可能使一些雇主在未来发展不确定的情况下，不愿意扩大劳动力的雇用。垄断型的工会行动可能对货币工资需求施加额外的向上压力，这就意味着为了制造一个等量的冲抵性的向下压力，失业必须保持在一个较高的水平。在一些特定职业中，某些规定工资的法定主体也可以起到同样的作用。

过多地讨论定义毫无意义。不过，在那些对于规定工资的制度安排会引起非常实际的困难这一观点持肯定和反对意见的人们之间，存在着非常实际的实质性差别。为了促使适宜的价格稳定与适宜的低失业水平相容，是否有必要对这些制度进行一些根本性的改革呢？或者说，假如在一段时间内事态可以被加以引导，以致消除对未来货币的生活费用任何显著膨胀的预期，我们就可以发现，即使在现行制度条件下，自然失业水平可能根本不过分，这是否是一种事实？我个人认为，在包括英国在内的许多国家中，对规定工资的安排进行必要的改动仍然具有极大的重要性。

就不太重要的定义问题而言，我更倾向于认为"充分就业"和"价格稳定"是两个独立的，并且常常是相互矛盾的宏观经济政策目标。人们有合法权利，可以要求持有这种观点的人定义什么叫作"充分就业"。或许我会被迫走向一个极端，把充分就业定义为这样一种就业水平，在这个水平上，如果劳动市场处于完全竞争——没有专卖雇主，没有垄断型工会，对失业人员没有失业救济，雇主没有义务向被解雇者支付强制的解雇费或补偿金等——供需情况就不会使实际工资率的提高超过劳动生产率的提高。尽管我不完全确信这种定义的极端形式究竟有多大意义，然而，以充分就业在某些方面可以顺着这条思路来做其他定义而言，人们最终将会发现，在以规定工资的安排作为政策工具之一的任何实际情况下，价格稳定和充分就业可作为独立的宏观经济目标。这是我考虑宏观经济问题时所喜欢采用的方法。

如果人们采纳了这种方法，对《国际收支》一书应该做哪些改动呢？在基本模型中，我们将有外部平衡、充分就业和价格稳定这三个目标。如果以此为思路来思考问题，给每个"目的"配上一个相应的政策"武器"，可以把这些所谓的"武器"分为三个类型：第一类可以直接影响货币需求的水平（比如货币和预算政策）；第二类直接影响货币工资率的确定；第三类可以直接影响外汇，诸如汇率的确定、汇兑管制制度，以及直接影响进出口总量的商业政策措施等。

而后，我在动态系统控制理论基本原理的学习中，意识到这并不是最佳的工作思考方法。人们不应该把每一个具体武器与一个具体的目标相互匹配，如采用 A 武器射击 A 目标，B 武器射击 B 目标，以此类推。相反，人们应该寻求发现那一种能够同时使用所有可以利用的武器去同时对付所有目标的最优组合模式。采用这种方法来看问题，不再把某一个具体的武器只集中在任何一个具体的目标上，而是利用所有武器对所有目标产生联合效应。

毫无疑问，这是一种控制工程师看待问题的方法，而且从技术角度来看，这是寻求同时达到一系列目标的最优模式的正确途径。从我写作《国际收支》到现在，在一段很长的时间里，我始终非常欣赏这种方法。

但是，我现在处于自我反思的过程中，我问自己：是否确实应该排除掉这种观点，即通过使用一种具体的武器或者有明确定义的一整套武器来解决每一个具体目标？产生这种孩子般犹豫不决的想法，是因为考虑到政治条件，而经济政策是在此其中才能发挥作用。在一个现代的民主社会中，最理想的状况是这样：所有的普通人，无论男女，都能尽可能地了解一切，而且对分散的但有着明确定义和分布的工作领域的成败都能承担起其责任。把整个宏观经济控制作为控制工程师神秘艺术的单一主体来看待，在最好的情况下像是一种魔术，而在最坏的情况下，则完全是专断的，并且难以被普通公民所接受。因此，把每个有明确含义的武器或整套武器交由具体的政府部门或决策组织管理之下，使他们有责任尽可能地接近击中一个有明确含义的目标，这是一个明智得多的安排。

当然，这类建议也存在着明显的缺陷。政府部门 A 使用 A 武器以达到 A 目标的这种最佳方法，无疑会受到政府部门 B 和 C 使用 B 和 C 武器所做某事的影响。这些反作用力有多大的重要性，取决于经济体系内部的各种关系结构。控制专家为了悄悄向各政府部门提供其所关心的信息而在密室里秘密研制的动态模型，这也许会有所效果。不过在现实世界的任何情况下，有用的方法最好是各个政府部门至少能相互通报他们的计划，因为人们所希望的是一种相互协调的收敛过程，因此这样做可以考虑到他们的相互作用。但是我认为在现代社会中，每一个政府部门或决策者集团必须对达到一个明确目标的成功与失败负有明确的主要责任，这样做是很有好处的。

三

以三种武器的其中之一对付三种目标的其中之一，其组合方式共有六种。其中有一些组合要比另一些更有意义。在今天的演讲中，我只能简短叙述一个具体模式，这个形式目前在我看来是具有最重要意义的，因为其既考虑到了自由民主社会中的经济效益，又考虑了其责任的综合性。

在这个模式中：

(1)需求管理的工具，包括财政和货币政策，将被用来控制货币的总支出，以便防止出现货币总收入的过度通货膨胀或紧缩。

(2)建立这样的工资确定制度——在人员充足的部门中能够抑制货币工资率的向上移动，而在需要吸引或保留劳动力以满足实际或预期的人力短缺的部门，则允许其货币工资率向上移动。这样，在需求管理政策确保对劳动的货币需求在整体上有稳固增长的情况下，保证了充分就业，货币工资率也有适度的平均提高。

(3)外汇政策可以用于保持国际收支的均衡状态。

这个模式意味着使用需求管理的武器来抑制通货膨胀，并且运用工资设定制度来影响就业和产出的实际水平。我的很多朋友和同事虽然与我一样崇尚凯恩斯主义，但是在这个问题上我们却有着截然相反的意见。他们会这么对我说："你一定是理解颠倒了。凯恩斯不是建议应当运用需求控制来影响实际产出和就业的总量吗？保持这种实际产出和就业总量是有利的，而货币工资率只能简单地被用来确定那些促使实际活动产生的货币价格和成本绝对水平。"我得说，没错，这是凯恩斯在 20 世纪 30 年代末期看待问题的方法，那时可以假定货币工资率在任何情况下都是比较恒定或变化迟缓的。至于在现今的情况下他会怎么说，只能由人们自行猜测。我并不打算参与这场竞猜游戏，只是我想说他很可能会为目前的通货膨胀率感到震惊。考虑到当前的形势，如果说一个伟大而聪明的人会只关心维持充分就业而全然不顾货币价格和工资的膨胀，这完全是一种曲解。

但是，不管凯恩斯对目前的形势会有什么样的建议，我都坚持认为，我把武器分类针对不同目标的做法与凯恩斯的分析方法并不是没有相通之处的。在 20 世纪 30 年代，凯恩斯曾正确或错误地论证，降低货币工资率对增加就业的影响甚微，它的主要影响仅仅在于减少相关货币价格、货币成本、货币收入和货币支出的绝对水平，而实际产出和就业的水平则基本没有改变。在货币需求成功地得到管理，以便防止工资率的变动导致总量货币收入和支出的任何抵消性涨落的条件下，提出运用货币工资率来影响就业水平的建议是完全不同的事情,完全符合凯恩斯的分析。如果人们出于推广民主和社会责任的原因,愿意用某一具体的武器去对付某一具体的目标,则最好的办法就是让发行货币的中央银行和支出货币的财政部有责任防止通货膨胀或紧缩,而不同经济部门中确定工资率的人则对他们的行为对所得就业水平产生的影响负责。

之前,我曾说过"物价稳定"是"内部平衡"的组成部分之一。但是,在我刚才提出的责任分配可能性的大纲中,却没有人对物价稳定直接负责。让物价稳定自身成为需求管理的目标,这是非常危险的。如果由于进口物价上升或者因为间接税的提高而对物价产生了向上压力,那么要保持物价稳定,就要求国内货币工资成本做抵消性的绝对下降。但是,为了达到这种效果,谁能知道什么样的萧条程度和失业水平才可能是必要的呢?通过综合选择稳定的价格指数,排除间接税和进口物价,也许能避免这一特定的危险。尽管如此,这样一种价格指数的稳定也可能是很危险的。假如改造后的工资确定机构不能很好地运作——因为假设它能完美无缺地运行是一种愚蠢的想法——同时如果销售价格不上涨以致货币成本增加的冲击全部集中在利润额上,则对货币工资率及成本任何轻微的过度向上压力都可能导致产出和就业的大幅度减少。不过,如果货币总收入稳定,结合逐步的就业下降与逐步的物价上升趋势,可能会有助于避免货币收入总额的膨胀。

我以上扼要叙述的各种责任模式的有效性,是建立在这样一个假设的基础之上,即根据实际工资率而计算的劳动需求弹性较高,因为确定一个相对于货币需求物价相应的货币工资率,能使雇主们对劳动的就业需求达到充分状态,就能够获得成功。从长期来看,对劳动的需求弹性是足够大的,这一点我毫不怀疑。但是短期情况会如何呢?假如在每个产业中固定资本的存量的形式给可以有效雇佣的劳动力加上了一种绝对限额,同时由于某种历史原因,寻找工作的劳动人数超过了可以有效雇佣的劳动人数,情况又会如何呢?结果将是每个产业中都将出现失业情况,并且由此引发的与维持货币总收入连同的货币工资率的任何下降,都将意味着把收入从工资再分配给利润。

就上所述,我已用最极端的形式解释说明了这种危险性。但是,即使采取一种温和得多的形式,也仍然存在着现实的危险性。当然,在出现失业的任何一个部门中,并不宜立即采取大规模大幅度削减工资率的做法。鉴于我已扼要叙述过的理由,这方面的任何举动即使在政治上具可能性,在经济上也是非常不可取的。人们的想法很简单,就是希望有这样一个环境,在这个环境里,货币总收入以温和的速度稳定地上升,同时根据不同部门中现有劳动供给的状况和对劳动需求的前景来决定货币工资率在哪些部门应当较快上升,而在哪些部门应当较慢上升,或者保持完全不变。这就不应该要求货币工资率必须有实际性的下降。

但是,只有当这种思想被普通公民广泛地接受的时候,在解决具体的工资要求时强调供给和需求条件才会起作用。并且对这种思想的接受除其他别的因素外,还可能取决于人们对影响国民收入再分配政策的重视程度的显著提升。长期以来,我始终相信,只有在某种程度上说服我们的普通公民较少地计较工资谈判结果,而更多地注意和重视那些影响个人收入和财富分配的财政税收和社会保障政策，我们才有希望建设一个我们乐于在其中生活的自由、高效、人道公正的社会。不过这涉及一系列的问题，我今天在这里不可能对它们一一讨论。

然而，在确定工资率的供给和需求标准以及就职员工对他们实际生活水平的态度之间的联系上有一个特点，在这里我很想谈一谈这个特点。设想一下，譬如由于石油或其他进口食品或原料的世界价格上升，国际贸易条件转变为对工业化国家产生不利影响，这就等同于降低了我们刚才所谈到的该国雇佣的劳动和其他生产要素的生产率。如果由于进口商品价格的上升，为了保证人们工资收入的实际购买力，调高货币工资率，那么对国内生产者来说，他们生产的产品的国内销售价格没有任何自动提高，而货币工资成本升高了，利润额则减少了。除非通过国内产品销售价格的相应上升，直至使利润量得到恢复为止，否则对劳动的需求将下降。但是，这种上升反过来又会造成生活费用的进一步提高，可能导致货币工资率进一步的补偿性增加，从而对利润产生新一轮的压力。事实上，由于国际贸易条件的不利效应，工人们希望设法建立一种与充分就业不再挂钩的实际工资率，由此产生的一轮又一轮对利润的压力，以致国内销售价格的上升，从而又促使货币工资率的进一步上升，和对利润的进一步压力，如此轮回反复，循环发展下去，可能会导致经济滞胀——一个低于充分就业的就业水平和持续的通货膨胀并存。

这种叙述，事实上能够有助于解释近些年来发生在一些工业化国家中的经济现象。但是我今天在这里讲述它的目的，只是为了形象生动地说明一个事实，即充分就业和避免通货膨胀之间的有效结合，必然地要求在规定工资时应把劳动市场中的供给和需求条件作为主要的判断标准，而不应该过分地坚持和维护任何具体实际的工资收入水平。对后一个问题的考虑，应该以国内生产率、国际贸易条件、税收以及影响纳税后可支出工资和其他税后收入之间的再分配及其他政策的综合作用来进行。

四

关于明确目标以及围绕目标而进行的武器分配问题，我已经谈了那么多。那么，关于武器本身的具体情况又是怎样的呢？

如果货币流通速度是稳定不变的，就可以通过稳定货币供给的增长速度，从而使商品和劳务的货币总需求获得一个稳定的增长率。这可以说是独立的中央银行的任务，它对保证货币供给增长速度的稳定，比如说每年5%的增长率，负有明确的责任。这是解决问题的一个最有吸引力和最直截了当的答案。但是，现在我还不打算成为一个彻底的货币主义者。在现代经济中，要给货币做出精准的定义是很困难的。就定义的边界而言，货币的替代品在数量上能够并且确实在稳定地增加或减少，而就定义边界之内而言，货币的流通速度则可以变化而且确实变化很大。我们能不能更直接地运用货币政策来达到货币总收入稳定增长率的目标呢？例如达到每年5%的货币总收入稳定增长率？为了获得更为迅速和更为有效的反应，是否可以采取某些财政调节的形式来作为这种货币政策的补充呢？为了达到这个目的，人们理所应当会采取非常明智的方法,即求助于控制工程师的技巧,从而解决把国民货币收入总额保持在目标范围内的动态问题。如果我对合理社会工程的可能性仍然保留些许相信的观点,人们是否会由此把我视作一个疯狂的极端主义分子,或者当局专制的一个不自觉的盟友?

我发现这种想法非常诱人——应当由某一个特定机关来负责实行货币控制,它不直接依赖政府来进行日常决策,而是受到法规的控制来独立地完成确保货币收入稳定而温和增长的任务。但是,赋予任何一个独立机关以上两项权利,使其可以运用财政政策,也可以运用货币政策来达到上述目标,确实会有实际的困难。

举例而言,假定海外的石油生产商们对石油进口国家骤然间提高了价格,而且,为了单独研究我所提出的问题,不妨进一步假设石油生产商们把他们从稳定的销售石油供应量中获得的超额资金投资到该石油进口国中,据此,为了保护外汇,并不需要立即削减进口量或者扩大出口量。但是,突然的价格变动将导致进口国中的货币收入紧缩,从而导致该国公民减少其既定的收入中花在购买国内商品上的钱,而把更多的钱花在购买进口石油上,由此产生的收入则被石油生产商储存起来。根据我概述的责任分配方案,此时需求管理人员必须承担起重新扩大进口国商品和劳务需求的责任,以便防止该国的货币收入下降。

对于这种通货再膨胀,至少还有两种策略可供选择。

第一种策略是,可以削减该国公民的税收。当石油进口国不得不花费更多的收入购买进口石油时,这个策略可以让他们有相对较多的可消费收入来保持他们对本国产品的需求。在这种情况下,政府可以直接或间接地筹措石油生产商储存的资金,以弥补由于国内减税而造成的较大的预算赤字。人们的生活就不至于立即受到影响。

但是如果采用了这种办法,石油进口国会面临对外国石油生产商的债务不断增长,而又无法通过相应增加国内或国外的资本来将之抵消的局面。如果觉得这个策略不够理想,那么就不给公民减税;作为石油价格上升的结果,就应该允许公民降低现行的消费水准;必须采用刺激国内额外的实际资本发展的措施,促使国内收入的再膨胀,为这种支出筹措资金将大量吸收石油生产商的储蓄。这种行动将主要依赖于货币政策,而非依赖于财政行为,或者说至少两者同样重要。

我在此举出这个具体的实例,目的是要说明财政行为和货币行为之间的选择常常必须取决于最基本的政策问题,这些政策理所当然是政府的责任,而不是任何一个独立的货币当局的责任。最好的折中方案也许是一个独立的货币当局,首先考虑到政府将采取什么样的财政政策之后,负责管理货币供给和市场利息率,以保证货币总收入以每年5%的目标指数增长。当然,人们希望政府和货币当局能适当地讨论一下相互间的计划和政策。但是货币当局会有最后的独立责任,和对货币政策做出独立的选择,以确保货币总收入在目标的轨道上变化。

将需求管理的武器明确化过程中,所涉及的困难都是很实际的;但是若与以下这个问题相比较,这些困难则都是微不足道的,这个问题是:如何采取某种方式改造和确定工资安排，从而确保劳动市场的每一部门都能更加重视供需条件。

对此，我能想到的方法有五大类。

第一，可以设想由某个政府当局通过法令来确定劳动市场每一个部门的工资。在现代经济中，由于存在众多的不同地区、不同职业和不同产业，有不计其数的不同形式的劳动和不同的劳动技术，因此，要有效地运用这种方法将会是极其困难的。我认为，这种方法在任何情况下都会最终导致一定程度上的政府当局管制，这是我个人相当厌恶的。

第二，存在着一种公司国家解决方法，即由雇主垄断企业们组成的一个大垄断组织与劳动力垄断企业们组成的一个大垄断组织进行中央谈判，就需求管理人员准备提供的国民货币总收入在不同经济部门的工资和利润之间的分配问题达成协议。我很怀疑，以英国而言，要就此达成协议是相当困难的，结果常常是一些十分重要但是力量较弱的部门处于失业状态或者工资境遇很低下。无论如何，我必须坚持我的观点，我反对由不受控制的私营垄断者的垄断来统治我们的社会和生活。

第三，在劳动市场上恢复竞争条件。从理论上说，这个方法可以发挥作用，因为求职的竞争可以在有失业人员的任何部门中抑制工资率的增长，而雇主间的相互竞争则会在缺乏劳动力的任何部门中促进工资率的增长。毫无疑问，在某些情况下，工会已经拥有过分的特权，因此适当削减它的垄断权力，可能有助于问题的解决。但是，我认为，竞争手段并不是完全彻底解决这个问题的方法。从雇主方面来看，如果大规模的经济产业政策严格限制了雇主的数量，那么要保证有效的竞争可能是办不到的。从雇员方面来看，整个历史表明，有共同利益的工人持有强烈的愿望，要求集合在一起组成一个能代表他们共同利益的团体。此外，依靠个人竞争，很可能涉及减少、甚至消除对失业工人的支持以及他们所能得到的退职金或解雇金。人们寻求的是某种有效，同时又是充满善意和人道的方法，应用供求标准为在职者确定工资率，同时对那些不可避免地受到经济变动不利影响的个体，则避免对其造成不必要的困难和烦恼。

第四，有一些人认为解决问题的办法在于劳动管理经济，即应该是工人雇佣资本，而不是资本雇佣工人。在这种情况下，则不需要确定任何工资率。工人们在支付租用生产工具所需要的全部租金或固定利息后，将共同分享他们在企业中所能挣到的所有收入。这个想法是很有吸引力的。但是很可惜，我们有充分理由相信，只有在那些规模适宜的小企业以及容易建立新的竞争合作企业的经济部门中，这个办法才可能获得令人满意的结果。

第五，还剩下一种可能性，那就是在工资谈判中，用接受委托和公正无私的外界法庭的裁决来取代以往通过罢工、关厂以及类似工业行动的威胁等滥用垄断权力的做法——不过，如果希望达到我所建议的改造工资确定安排的基本目标，外界法庭的裁决就必须更多地考虑到每个具体情况中的供需条件。

这是一种文明的方法，但我从不敢幻想它是容易执行的。它必须建立在一个广为人们接受的思想之上，即为了每个人的最终福利必须采取这样的方法，尤为重要的是，它取决于我已经提出了的这个信念,即通过财政或其他类似政策的选择,确保收入和财富终极分配中的社会正义。但是,即使通过一段时间,人们可以达成这种普遍的认识,在这种方法的具体应用中也必然需要某种约束力的形式。仅仅把采取垄断行为、干扰工资仲裁的个人作为罪犯加以处罚,这么做并无太多的希望可以使得这个方法获得成功。但是我们不妨设想这样一种最终情况,其中:在对工资有任何争议的情况下,争议的任何一方或政府本身都可以申请我已提出的那种裁决,并且如果采取工业行动抵制这种裁决,劳工争议的双方就将失去他们所享有的某些财务特权或其他法律保护。这种方法设想仅仅只是梦想吗?有可能实现吗?

也许这只是一个乐观者的乌托邦式的狂想,但是除此以外,我想不出其他更好的办法。

五

关于通过需求管理和工资确定的工具来达到物价稳定和充分就业的目标这一问题,我就谈到这里。关于通过外汇政策来获取外部的平衡,还有什么可以说的呢?

在我看来,各个国家政府和国际组织之间的权利和义务应做这样一种适当的划分,让各国政府负责制定和实施为充分就业和价格稳定服务的货币、财政及工资政策,同时在国际组织的监督下采用外汇政策来维持外部的平衡。

我认为,各国通货之间的汇率变动以及贸易和支付的自由,都应成为外汇政策的正常工具,但是这并不排除其他外汇政策工具的运用。当消除国际不平衡关系需要大规模的工业发展或结构调整,或者当国际资本资金流动中的突然变化需要某些特殊抵消政策,或者在缺乏相应抵消措施的情况下各国的税制差别将影响到国际贸易的时候,采取某些专门的控制措施也许是适当的。但针对商品和资金的自由运动引起的这种例外情况,应该在合适的国际组织的规则和监督下来运行。

战后,我们努力奠定了这样一种国际制度的基础,其枢纽组织是国际货币基金组织、国际复兴和开发银行及关税和贸易总协定。这种国际制度,在四分之一世纪的时间里带来了国际贸易最显著的扩大。我认为,这个制度原来存在着一个重要缺陷,即为了调整不恰当的汇率,坚持采用国际货币基金组织那拖泥带水的可调节挂钩机制。但随着国际货币基金组织设法寻求管理国际浮动汇率体系的最适宜的法则,现在甚至连这个缺陷也已经消失了。

我们目前似乎仍然面临着发生巨大悲剧的可能,初始的成功并不一定注定不会以灾难而告终。为什么会这样?在我看来,答案是很明显的,因为这么多发达的工业国家政府都未能找到一种能把充分就业和价格稳定结合起来的合适的本国制度方式。

如果各国政府能够做到这一点,那么不仅可以消除它们国内由于严重失业而造成的悲剧性浪费和社会不满,而且可以改变整个国际局面。发达国家使用大量进口限制,而不依靠逐渐缓和的汇率变化来保持其国际收支平衡的做法,我认为,已经不可能出现了。只有进口产品与已出现严重失业的国内工业产品发生竞争时,才会对发达国家的进口自由造成最大的威胁。在国家内部实现了充分就业和保持了物价的稳定,政府就有更大的信心让浮动汇率的运行机制来处置国际收支平衡。这样,发达国家向第三世界进行金融援助的困难就会小得多,并且在我看来,更为重要的是,它们可以更加容易地接受来自于第三世界的劳动密集型产品货流。

本次讲演本应是关于国际经济学的主题,而我却大谈特谈了内部平衡问题。但我想,在目前的情况中,这并不奇怪。我的结论是,世界经济的健康状况所依赖的真正重要因素之一——其实是唯一的——是在数量有限的发达国家中改造其规定工资的安排,我认为这种说法并没有言过其实。

(张 迅 译 柴志贤 校)

1978获奖者

赫伯特·西蒙

Herbert A. Simon

【获奖理由】对经济组织内的决策程序进行了开创性研究。

生平简介

1916 年	出生于美国威斯康星州密尔沃基市
1939—1942 年	在加利福尼亚大学任职
1942 年	伊利诺伊理工学院政治系任教
1943 年	获芝加哥大学哲学博士学位
1949 年起	长期担任卡内基·梅隆大学行政学和心理学教授
1975 年	获图灵奖
1986 年	获国家科学奖章
2001 年	逝世

主要学术贡献

赫伯特·西蒙认为现实生活中，作为管理者或决策者的人，是介于完全理性与非理性之间的“有限理性”的“管理人”。“管理人”的价值取向和目标往往是多元的，不仅受到多方面因素的制约，而且处于变动之中乃至彼此矛盾状态；“管理人”的知识、信息、经验和能力都是有限的，他不可能也不企望达到绝对的最优解，而只以找到满意解为满足。在实际决策中，“有限理性”表现为：决策者无法寻找到全部备选方案，也无法完全预测全部备选方案的后果，还不具有一套明确的、完全一致的偏好体系，以使它能在多种多样的决策环境中选择最优的决策方案。西蒙的管理理论关注的焦点，正是人的社会行为的理性方面与非理性方面的界限，它是关于意识理性和有限理性的一种独特理论——是关于那些因缺乏寻找最优的才智而转向寻求满意的人类行为的理论。

赫伯特·西蒙还是管理学中决策学派的主要代表人物。该学派吸收了系统理论、行为科学、运筹学和计算机科学等学科的研究成果，在 20 世纪 70 年代形成了一个独立的管理学派。决策理论学派很重视对决策者本身的行为和品质的研究。西蒙和马奇在《组织》一书中，将“决策人”作为一种独立的管理模式，即认为组织成员都是为实现一定目的而合理地选择手段的决策者。西蒙指出组织中经理人员的重要职能就是做决策。

赫伯特·西蒙的科学成就远超过他所教的任何一门学科——政治学、管理学、心理学和信息科学。他的研究成果涉及科学理论、应用数学、统计学、运筹学、经济学和企业管理等方面，在所有这些领域中，西蒙都发挥了重要的作用，人们完全可以以他的思想为框架来对该领域的问题进行实证研究。但西蒙首先是一位经济学家，因终生从事经济组织的管理行为和决策的研究而获诺贝尔经济学奖。

主要学术成果

《行政管理行为》(1945)

《人类模型》(1957)

《组织》(1958)

《管理决策的新科学》(1960)

《管理行为》(1974)

《发明的模型》(1977)

《思想模型》(1979)

颁奖词

瑞典皇家科学院 / 苏·卡尔逊

尊敬的国王和王后陛下，女士们，先生们：

圣·埃克苏佩里的《小王子》一书中描述了这样一个有趣的故事：在宇宙旅行中，小王子途经一个星球，上面居住着一个博学的长者。长者是一名地理学家，正在撰写一部巨作，他对所有湖泊、河流、城镇、山脉、沙漠了如指掌。但是，当王子问他这一星球上是否存在河流、湖泊或沙漠时，老人答曰不知。地理学家工作紧张繁忙，以致无暇走出书房，进行短途游览。

让我们假设小王子来到了居住着一位古典或新古典学派经济学家的星球，他提出了这样一个问题：这个星球上的企业是如何做决策的？他可能会得到一个类似的答复。经济学家往往被繁重的研究任务缠身，以至于无闲暇顾及其他。他整日坐于书房，以复杂的方程式构建理论。为使这些理论可行，他只需假设企业家们做决策时，总能预见其行为的后果，理性行事，其目标就是利润最大化。

赫伯特·西蒙质疑的正是这个预设的合理性：一个孤独的决策者，将绝对可靠的约见力、完全的理性和以利润最大化作为永久的目标。

然而，传统经济学中企业的基本理论是为研究总体市场行为，而非个体企业行为而设计的。对于那些由小型的、家庭所有的、家族经营的单位，价格竞争激烈，它们的行为相对无趣。然而，随着公司规模的扩大，它们的经营最终超越了国界，所有权和经营权日益分离，员工开始组建起了工会，发展速度在加快，众多企业间的价格竞争也演变成了少数几家企业间的质量和服务竞争。至此，个体公司的行为就更显有趣。因此，随着时间的推移，研究企业的结构和决策已然成为经济科学一项重要任务。正是在这一理论发展的新领域，西蒙的研究意义重大。

他的划时代著作《管理行为》首次出版于1974年，并译成10多种语言。在此书及此后诸多著作中，西蒙将企业描述为由物质、个人和社会构建的适应性系统，因相互沟通的网络和成员之间相互合作、实现共同目标的意愿结合在一起。为谋求生存和发展，企业必须努力实现平衡：不仅要均衡和外部世界的关系——这一点经济学家们早有共识，而且要均衡组织内部成员间的关系。

西蒙丢弃了古典理论做出的假设，即企业拥有一个无所不知的、理性的、追求利润最大化的企业家。相反，他从心理学入手研究企业行为，运用相对简单的选择规则，对决策者的记忆和计算能力要求适度。他以若干合作决策者取代了古典学派中的那个企业家角色。由于缺乏对其决策行为后果的全面了解以及足够的个人和社会关系，这些合作决策者的理性行为能力受到了限制。

这些决策者没法像古典企业家那样做出最优抉择，他们只能满足于相对令人满意的抉择。因此，个体企业不是争取利润最大化，而只能在重大问题上寻求可接受的解决方案。这就意味着同时要达到在一定程度上相互矛盾的一系列目标。在这种情况下，每个决策者在寻求解决方案以应对自己的问题时，也会考虑其他人如何解决他们的问题。

西蒙关于组织决策的理论和观察，也适用于工商业及公共管理领域中的规划、预算控制系统和技术方面的问题。因此，该理论为实证研究提供了良好的基础。在很大程度上，现代工商业经济和管理研究受到西蒙思想的影响。

西蒙对简化和理解复杂决策的兴趣引领他进入了一系列经济学和其他学科的相关研究领域。如果小王子有机会和他见面，他们的讨论定会相当激烈。西蒙教授，为表彰您在经济组织决策过程方面开拓性的研究，皇家科学院决定授予您1978年阿尔弗雷德·诺贝尔经济学奖。我很荣幸向您转达皇家科学院的祝贺，并请您从尊敬的国王陛下那里接受奖励。

（姜淑珍 译　柴志贤 校）

获奖演说

企业组织中的理性决策[①]

赫伯特·西蒙

阿弗雷德·马歇尔在《经济学原理》的开篇词中，将经济学归为一门心理学科。

政治经济学或经济学是一门研究人类日常商业活动的学科，它考察的是与福利的获得和使用福利的物质前提息息相关的个人及社会行为。

---

① 感谢阿尔伯特·安多、奥托·戴维斯和本杰明·弗里德曼对本文初稿提出宝贵的意见。

因此，它一方面是研究财富的学问，另一方面，也是更重要的方面，则是研究人的学问。除去宗教理想，对人的性格铸就影响最大的就是日常工作及其所获得的物质资源。

在实际发展中，经济科学的研究一直以来只关注人性的一面，即理性方面，尤其是关注人类如何理性地处理面临的资源稀缺配置问题。然而，无论是以稀缺资源配置来表述还是以理性决策的说法来界定，经济学的现代定义都勾画出了一大片亟待征服和探索的领域。近年来，即使是那片传统上归为政治学、社会学、心理学的领域，经济学家也已经做了大量的探索。

一、作为经济科学的决策理论

在整个经济学帝国，经济学家的分布是很不均衡的，少数几个领域聚集了大量的经济学家。经济学的核心领域是对国际和国内经济及其市场做规范性研究。其中主要的三个方面为：资源的充分利用，资源的有效配置，以及经济产品的公平分配。“经济学”这一概念过于模糊和广泛，为此我用“政治经济”来指代这一核心领域；而用“经济科学”来指称整个帝国，涵盖其最遥远的殖民地。本文首要关注的是其最重要的殖民领地即决策理论。我将在其规范性和描述性两方面做些阐释，特别是对它在企业理论中的应用做出说明。通过后一主题，我将把讨论带回到政治经济的核心。

支持以政策为导向的规范经济学的主体是一个深刻的描述性的或“实证性的”理论体系。该理论在数学上的美丽与优雅可与自然科学中最优秀的理论相媲美。作为例证，我只需和各位回顾一下瓦尔拉斯的一般均衡理论及其现代追随者亨利·舒尔茨、萨缪尔森、希克斯等人的成果；或者阿罗、赫维茨、德布鲁、马林沃德及其同事创立的精妙而深刻的理论体系。该体系证明了在特定条件下帕累托最优解的竞争性均衡的对等性。

这项研究中的部分细节和现实世界的相关性，可能而且已经遭到质疑。人们攀登巍然耸立的智慧之巅，或许仅是出于攀登带来的挑战和喜悦感。任何人文学科或艺术追求理应如此。但不论攀登者的动机如何，也不论现实世界是否果真如此，毋庸置疑，正是基本公共事务向经济政策寻求建议的需求铸就了实证政治经济学。

这也是情理之中的事情。有一种庸俗的谬论认为科学研究如具有实用性，或源于解答日常世界所暴露的问题，那它就不是基础研究。实际上，所有优秀基础科学研究课题最丰富的源泉或许就是现实世界。

1. 服务于政治经济学的决策理论

然而，还存在着一个相反的谬论同样应该受到谴责，即基础研究只有与政策问题直接而显著相关时才值得探讨。在当今世界，至少就自然科学而言，这种谬论也许没有被广泛认同。目前，我们对自然法则的积极探索已超过 3 个世纪之久，而且硕果累累。理解和寻求复杂事物中隐藏的秩序美正是许多探索的驱动力所在。我们不断地证明，在研究过程中获得的“无用”的真理在人类实际事务中恰是最有用的。这里我无须废时争辩，因为这对科学家、工程师、医生们、国会议员及议会成员，乃至普通百姓来说都是显而易见的。

但我不敢确定这一真理在经济学领域中是否得到应有的广泛认可。否则,我无法解释,包括企业理论在内的描述性决策理论的发展为何无力而滞后,从事这一领域研究的人员为何稀少而分散,诸多(即便不是大多数)研究人员为何均来自经济学以外的领域,如社会学、心理学和政治学。经济学界令人尊敬的杰出人物,如爱德华·梅森、弗里茨·马克卢普及米尔顿·弗里德曼等,已将其置于研究范畴之外(更确切地说,是将经济学置于研究范畴之外),并赋予其足够的自主权,似乎它与真正的经济学研究并不具有密切的相关性。

因此,爱德华·梅森在评论帕潘德里欧(1952)关于企业行为理论的研究时曾宣称:

> ……这一文献对经济分析果真做出了巨大贡献吗?这一评论的作者必须承认,就经济分析的目的而言,新的公司理念较之企业家这个老概念具有明显的优越性的说法连作者本人都不十分相信。(1952,第 221—222 页,着重号为原文所标。)

而且,米尔顿·弗里德曼也持类似的观点,在他的著名论断中,他反对理论中的现实主义。

> 纯粹的现实主义显然是无法达到的。衡量一种理论是否符合实际的唯一标准是看其能否做出就现有目的而言足够好的预测,或者能否做出比其他理论更好的预测。(1953,第 41 页,着重号为原文所标)

上述两段引文所提及的"现有目的",为实证和规范政治经济学提供了决策的理论基础。在梅森和弗里德曼看来,对企业组织中人类理性行为的基础研究(就定义而已),根本不属于经济学——或者称之为政治经济学,除非它能为经济学做出很大的贡献。有时也可理解为:当对微观现象的经验预测与观察数据有很大出入时,这些决策经济理论不会在任何相关意义上做出修改。我们被告知,只要不违背政治经济学的总量观察,这类理论仍然是"足够"符合现实的。所以,当评价其自身理论时,那些热衷于坚持经济行为就是追求利润最大化观点的经济学家就转而成了满足论者。他们相信商人追求利润最大化,而经济学理论家却容易满足。

将满足原则应用于理论,有时被辩护为是"奥卡姆剃刀"的应用,即接受最简单可行理论的原则。[①] 但是"奥卡姆剃刀"是把双刃剑。措辞是否简洁并非衡量理论简明

① "可行"这一表述恰恰驳斥了弗里德曼关于假设缺乏实际性的著名论断。以自由落体定律为例。他的观点是,利用简单的定律,忽略空气阻力,大致情况相似就可以了(弗里德曼,第 16—19 页)。但是我们知道,情况大致相同的条件与不实际或"对现实描述完全不确切"的条件不同。因篇幅所限,我对弗里德曼长达 40 页的论文中存在的大量逻辑错误,暂不做深入讨论。详见西蒙(1962)和萨缪尔森(1962)。

的唯一尺度。奥卡姆将自己的原则理解为:值得推荐的理论应该是,若能解释事实,就不要增加假设。利润或效用最大化理论比我即将讨论的满足理论,在表述上更简明扼要。但比起后者,前者对人类认知系统做的假设更多。因此,我们所面临的正是剃刀的双刃正在向相反的方向切割。

不论我们对奥卡姆原则做何种解释,除非两种理论的预测结果相同,否则在选择理论时,简约仅为次要准则。因此,我们必须重新考察那些被认为应由实证决策理论处理的现象。这些现象可能包括决策者微观层面上的现象,也包含政治经济学相关的总量现象。

2. 由内在兴趣驱动的决策理论

当然,"经济学"一词的定义并不重要。像童谣中的蛋头先生那样,我们可以赋予词汇我们想要表达的意思。但经济学家的专业训练和视野相当重要。如果接受经济学只关注政治经济学的总体现象的狭隘观点,我们就会将人类理性行为的广泛领域拒于经济学研究之外。

我并不想装出承认公司行为理论与政治经济学结构毫无联系的样子。关于其联系,我将稍后详述。我现在的观点在形式上与事实相反:即使目前无证据表明两者间的联系,工商企业中的人类行为是经验现象中非常有趣的部分。它与其他现象一样需要对其做出解释。从其他学科的历史推算,我们完全可以相信,一旦解释出现,它与实际应用的重要领域有联系的证据也将马上出现。

曾有人暗示:古典公司理论所做的理性行为的假设正确与否,不仅无关紧要,而且无法以任何直接的方式进行实证。唯一有效的验证方法是这些假设能否在宏观层面上做出基本正确的预测(弗里德曼,第 14 页)。当然,如果我们没有显微镜,无法直接观察到微观层面上的行为,这样做无可非议。但我们确实拥有显微镜。观测决策行为的技术也很多,如若需要,还可以做到每隔一秒钟观测一次。在检验我们的经济理论时,我们不必依赖大致的总体预测。由于这些时间序列——这是计量经济学的主要手段——更不必依赖公司财务报表。

古典经济决策理论和商业企业理论,对决策者的具体行为做出了十分具体的可检验的预测。行为理论的预测则完全相反。由于这些预测可以通过观察直接加以检验,一旦有关加总现象的预测错误,两类理论或其中任何一种理论就会马上被证伪。

3. 决策理论的加总检验:边际主义

一些经济学家认为微观经济理论只能通过总和现象的预测加以检验,这种观点是不正确的;我们也应该避免犯另一个相反的错误,认为总和现象与验证决策理论无关。到底是否存在某些重要的、经过实证检验的加总预测,它们是从完全理性,而不是从行为理论中的理性推导出来的呢?

古典理论中无所不知的理性,极其简单而迷人。此外,它使我们能预测(或对或错)人类行为,而无须离开座椅去观察这些行为。所有的预测力来自赋予行为发生的环境以一定的特征。环境加上完全理性的假设完全决定了行为。理性选择的行为理论——有限理性的理论则没有这么简单。但作为补偿,它对人类能力的假设比古典理论要弱得多。因此,它对决策者的知识和计算能力做了较为适中的要求,但是它们还是没能预测到决策者会使得边际成本等于边际收益。

4. 边际主义的预测得到验证了吗

人们引用了大量经验现象,来支持古典的企业竞争理论(乔根森和希伯特,1968)。但没有直接的证据表明个人或企业真正使得边际成本和边际收益相等。经过经验证实的古典理论的结果比边际决策规则总要弱得多。让我们回顾其中四个最重要的方面:需求曲线一般有负斜率,拟合的科布—道格拉斯函数一般是一次方齐次函数,规模收益递减,以及管理人员的薪水随企业规模变化而呈对数级变化。以上这些确实是事实吗?这些证据支持了反对满足理论的最大化理论吗?

负斜率需求曲线。没有证据表明,消费者真的会为了使得效用最大化,而使边际效用相等,并按照该方式分配其购买力。实证数据所能证实的是,需求曲线一般具有负效率。亨利·舒尔茨(1938)很多年前就已指出,即使是这个"明显"的事实也很难证实。但是负斜率需求曲线可从大量满足有限理性假设的行为中求得,而非效用最大化假设。加里·贝克尔很少被视为古典理论的反对者,他却清清楚楚地陈述了这一问题。

> 经济学家早就意识到,不论运用哪种决策原则,家庭中可行机会集的变化会带来同样的结果。例如,实际收入的减少,必然导致至少一类商品消费量的减少……然而,不为人所知的是,不管采用哪种决策原则,相对价格的波动会导致机会变化,会产生系统性的反应。尤其是,传统理论的基本原理——需求曲线具有负斜率——很大程度上仅是由机会变化产生的,而基本上与决策原则无关。(1962,第4页)

此后,贝克尔更明确地指出:"不仅是效用最大化,还有许多其他决策原则,加上大量的非理性行为,都会由价格变化对机会的影响而产生负斜率需求曲线。"[①](1962,第5页)

生产函数的一次方齐次性。另一列实证现象为古典假设提供了充分而不必要条件。该现象是拟合科布—道格拉斯生产函数中,劳工的产品份额与劳动因素的指数相等(西蒙和莱维,1963)。拟合科布—道格拉斯函数是齐次函数,一般是一次方函数,其劳动力指数一般为正数。然而,这些发现不能成为古典理论的有力证据。因为如果把那些由线性会计恒等式得来的数据(商品价值等于劳动成本与资本成本的总和),误用在科布—道格拉斯函数中,也完全可以得到相同的结果(菲尔普斯-布朗,1957)。SMAC生产函数也一样(西尔特和西蒙,1971)。因此,实证研究结果不能分出古典理论和行为理论孰优孰劣,因为两者都与数据兼容。

---

① 在脚注中,贝克尔指出,"效用最大化的任何偏离"都是非理性的。因此,我所说的"有限理性",用贝克尔的术语来说是"非理性"。

长期成本曲线。公司长期成本曲线的情况略有不同。在竞争性均衡保持稳定的情况下，古典理论认为该曲线呈U形。有限理性理论没有做这样的预测——所幸的是，所观察到的数据使成本曲线大致呈U形的观点是非常值得怀疑的。许多行业中的证据表明，成本曲线达到一定的高度时，成本基本保持稳定，甚至呈下降趋势(沃尔特斯，1963)。这一发现符合工商企业增长和规模的随机模型(井尻和西蒙，1977)，却不符合古典理论的静态均衡模型。

管理层的薪水。公司高管的平均薪水随公司规模呈对数增长(罗伯茨，1959)。这一发现源自古典理论的利润最大化假设，只是需要借助对管理能力的分配做具体专门的假设(卢卡斯，1978)。简单的行为理论就可以暗含这种观察到的关系，即经理们和其直接下属人员薪水的平均比率取决于单一的参数，这个参数是由文化因素决定的(西蒙，1957)。有关管理人员薪水数据，行为模型在解释该事实时比古典模型简洁得多(就外生变量假设而言)。

小结：无法区分的现象。我们需要做的论证要比此处提供的论证广泛得多，才能进行两种理论的比较。但我相信，至今为止，各种总体数据中就是没有找到任何能够用效用或利润最大化理论做出解释，而不能用有限理性理论做出解释的实例。事实上，正如上述两个例子所示，在分析实证观察时，真正陷入困境的是古典理论，而非行为理论。

古典理论的不足。当情境中不确定性和无法预测性不是关键因素时，古典理论可以做出一些修补，以处理许多情况。也就是说，古典理论可以指导相对稳定的和接近竞争均衡的经济行为。然而，当要处理在不确定性和不完全竞争下进行决策行为的情况时，有限理性模式取代古典理论的需求开始显现出来。古典理论不是用来处理，也从未处理好这些情况。采用主观预期效用思想的统计决策论以及博弈论，大大有助于从概念上澄清这类情况，而不必对实际人类行为做出满意的描述。甚至在大多数情况下，当人类和计算机计算能力有限时，规范理论是相当有用的。

有关有限理性的描述性理论的论证，我稍后会详述。在此之前，我想先提一下经济科学的另一个领域。自“二战”以来这个领域的研究人员剧增，它就是规范决策理论领域。

5. 规范决策理论

研究决策理论的目的不只是为政治经济学奠定基础，也不只是为了解和解释本身就值得关注的现象，它还能直接为企业和政府决策者提供建议。我尚不清楚，为什么“二战”之前很少有人从事该领域的研究。当时这类研究人员主要是工业工程师、学公共管理的学生以及企业运营的专家。他们中几乎没人专门研究经济科学。杰出的先驱者中有数学家查尔斯·巴比奇，数字计算机的发明者、工程师弗雷德里克·泰勒和行政管理人员亨利·法约尔。

“二战”期间，这个几乎被遗弃的领域，被从事军事管理和军事后勤的科学家及统计学家重新发现，并被命名为“运筹研究”或“运筹分析”。运筹研究人员与社会科学界相距甚远。因此，想进入该领域的经济学家只能建立起他们自己的领域，他们称之为

"管理科学"。

由此产生的两个专业组织仍然保留各自独立的身份，但是现在它们友好结盟、共同合作。管理科学从经济学中引入最优化技术，并发明和发展了新的最优化技术，即线性规划。在这项新工具的发展初期，丹齐格、康托罗维奇、库普曼斯都是杰出的贡献者。

现在，管理科学所运用的决策工具的显著特征是，它们必须能够真正做出或提出决策，必须输入现实世界所能得到的各类经验数据，通过办公桌上的计算器，或通过后来发明的电子计算机才能完成这种计算。在这些领域中，企业家追求最优化，对世界有着绝对的确定性。即使在最糟糕的情况下，对不确定性事件有充分的概率分布的理性化模型是用处不大的。设计模型必须着眼于现实计算能力，而不管加于其上的各种近似性和简约性条件是多么苛刻。

在这些严格条件下，模型的构建有两条途径：一是保留最优化，但是要进行简化，直到可以计算出最优化值（在简化的世界中）；二是构建满意模型，在可接受的计算成本内提供足够好的决策，由于放弃了最优化，在模型中就能保留着较丰富的现实世界的特性。换言之，决策者要么满足于在简化的世界中寻求最优解，要么在较现实的世界中寻求满意的解释。总之，哪一种方法都无法占主导地位，两者只有在管理科学领域中继续共存。

因此，在管理科学中发展起来的理论与实证决策理论体系一样，主要关注做出决策的方式，而不只是决策的结果。正如我在其他著作中提及的（1978b），这些理论是如何决策而不是做何种决策的理论。

让我从所参与的工作中再举一例，看一看计算方面的考虑如何影响到规范经济学的模型设计（霍尔特和莫迪利安尼、莫斯和西蒙，1960）。当公司面临不确定的和波动的生产需求时，它可以通过支付保持缓冲库存的成本，使得它的生产和就业水平保持平稳。哪一种决策规则可以确保成本相对合理呢？形式上，我们面临的是一个动态规划问题，但解决过程中通常会带来令人生畏且难以承受的计算负担。

走出困境的一条途径是寻求一个可以通过计算找出答案的特例。如果我们假设公司面临的成本函数在形式上都是二次函数，那么最优决策原则就会是决策变量的线性函数，它可以通过成本参数计算出最优的决策。同样重要的是，在决策法则中，在未来销售不确定的情况下，只有概率分布的期望值，而不是概率分布的高阶矩进入决策规则。所以，二次函数成本的假设，把当初的问题简化为易于解决的问题。虽然它提供了我们所假设的简化世界的最优决策，但它至多只为二次函数模拟的现实世界的决策问题提供了满意的答案。基本上，我们牺牲了可望而不可即的最优化，换取了可实现的满意值。

如果人类决策者能尽量按其有限的计算能力和不完全的信息理性地行事，那么规范的决策理论和实证的决策理论之间就会有紧密的联系。两个研究领域都主要关注过程性而不是实质的理性（西蒙，1978a）。随着计算最优决策和满意决策的数学工具的出现，以及计算机功能的增强，规范决策理论的可取之处也会改变。但随着新优点的传播，商业企业中实际观察到的决策实践也会改变。这些变化会带来宏观经济效应。例如，有些人认为，由于引入计算再订货点和再订货数量的正式程序，美国企业的平均库存已明显下降。

二、有限理性的特征

企业行为理论的主要先驱是传统的制度主义。我们尚不清楚这方面有关欧洲和美国的研究是否高度一致，或者这些学者是否同意彼此的观点。他们至多共同相信，重新研究经济理论必须将市场交易进行中的那些社会和法律的结构考虑进去。今天，在经济学内部，有一股强劲的发展势头，即在新古典价格理论背景下，找到制度方面的目标。对此，我稍后详述。

美国制度主义学者的杰出代表——也许是最杰出的代表——是约翰·康芒斯。康芒斯的著作晦涩难懂(康芒斯，1934)，借用了大量的法律术语，试图将交易作为基本的行为单元。这里，我不想评论康芒斯的思想，只想说明，在我关于组织决策制定的初期研究中，从中得到不少启发(参见《管理行为》，第136页)。

康芒斯还对切斯特·巴纳德的思想有深刻的影响。巴纳德是一位充满求知欲的企业经理，他做过新泽西贝尔电话公司总裁，还当过其他商业的、政府的和非营利组织的管理者，从这些经历中，他提炼出了一本关于决策行为的、意义深远的著作，书名为《经理的职能》(1938)。他提出了许多已为经验所证实的新颖的理论，包括关于组织中权力机构的本性，以及雇员接受组织目标的激发的基础(所谓的“诱导贡献”理论)，而且他还对组织决策行为做了客观的描述，称其具有“机会主义”的特点。《管理行为》一书中大量引用巴纳德著作的观点，尽管还不充分，却足以证明它对我自己关于组织上的思想的影响。

1. 寻找实证理论

1934到1935年间，我在密尔沃基对由学校董事会和市政公共工程部共同管理的公共娱乐设施进行田野调查的过程中，遇到了一个令人困惑的现象。虽然两个机构的领导人表面上对娱乐项目的目标已达成共识，双方似乎也都不想独断专行，但在设备维护和游乐管理两方面的资金分配问题上，两个机构发生了持续的意见分歧，关系十分紧张。为什么他们不像经济学书籍上说的那样，简单地平衡两种活动的边际收益呢？

进一步研究清楚地表明，他们无法使两者的边际成本相等。因为从才智上讲，他们无法做到。没有可计算的生产函数，无法从中定量地推断出边际生产率，而且两个部门的管理人员所拥有的定性生产函数看法互不相容。对公共工程的管理者来说，游乐场是一种物质设施，是拥挤灰暗的城市中的绿洲。而对娱乐管理者来说，游乐场是一种社会设施，是孩子们在成人的帮助和引导下一起玩乐的地方。

在这样的情况下，人们怎么能做出理性的决策呢？他们如何运用边际计算呢？如果不运用边际计算，那么用什么来替代它呢？

在密尔沃基所观察到的现象，在人们决策中非常普遍。在组织理论中，它通常被称为“子目标识别”。当一个组织机构的目标在实施中不能与行动相结合(当生产函数不能用具体的形式加以明确表述时），那么只能根据与其关联的子目标做出决策。这些子目标的决定方式不是唯一的。制定目标取决于决策者的知识、经验和组织环境。在这种模糊的情况下，制定目标会受到自身利益和权利动机的微妙或不太微妙的影响。

这一现象在个人或社会的决策和解决问题方面，同样频繁出现。如今，认知心理学视它为一个中心课题，将其标榜为问题表征。在一个既定的激励环境和已知背景下，一个人如何将这一堆繁杂的信息集合，将它组织成一个问题，从而有利于解决这个问题呢？牛顿关于苹果的经历（如果他有这一经历的话）是如何成为地球吸引苹果的例证呢？

类似现象为《管理行为》提供了中心论题。该研究代表了“我在公共管理方面寻求对自己研究有用的工具”。我的研究成果实际上还算不上是理论，倒像是理论的前言。这一观点基于以下信念，即“决策是管理的中心，管理理论的术语必须来自于关于人类选择的逻辑和心理”。如果你乐意，可以看成是表达问题的一次操练。

经考察，子目标的识别现象只是一座庞大冰山显现出来的小角而已。要想清楚冰山的形状，最好将其与理性选择的古典模型相比较。古典模型要求了解所有可供选择的方案，要求完全了解或能计算出每一方案所产生的后果。它还要求决策者确定在目前和在将来对这些后果的评价，并能够根据连续的效用测度来比较各种琳琅满目、千变万化的后果。因此，我们的任务是以另一种模型来替代古典模型。这种模型可以（很可能实际上已经）在下述情况下描述决策的过程：1）必须找到所有替代方案；2）由于有限的计算能力和外部世界的不确定性，决策者对某一具体方案的后果尚无十分把握；3）决策者没有一个连续统一的效用函数来对各种方案进行比较。

我们已经发现了一些应用得十分普遍和广泛的方法，可以把不可处理的决策问题转化为可处理的决策问题。我已经提及的一种方法是寻找满意的选择来代替最优选择。第二种方法是用可观察和测量其成就的子目标来代替抽象的总体目标。第三种方法是将决策任务分给许多专家，通过以交流结构和权力关系协调他们的工作。所有这些以及其他方法，都可归类为“有限理性”。而且我们现在也清楚地意识到，人类在现代世界中建筑起来的进行生产和政府工作的精致的组织，恰恰是在面临错综复杂和不确定的情况下，应对人类有限的理解和计算能力的一种机器。

有限理性的概念在形成初期相当模糊和不具体，需要在两个方面进行扩展：理论需要进一步正式化；其主要主张需经验证实。在《管理行为》一书出版后的10年间，这两个方向都取得了很大进步。其中一些是我和同事共同努力的成果，具有共同时代精神的其他研究团体更是做出了巨大的贡献。

2. 实证研究

组织决策的实证数据主要来源于“人类学”田野调查，通过描述决策过程和观察具体决策事件的过程来获得数据。例如，我与居茨科、科兹梅特斯基和廷德尔（1954）一起，考察了大公司在决策中运用会计数据的方式；我和西尔特、马奇等人在不同行业的公司内，就特定的非程序化政策决策做了一系列研究（西尔特、西蒙和特罗，1956）。西尔特和马奇极大地发展和拓宽了该研究，在其重要著作《企业行为理论》(1936)中，他们探讨了该研究在经济学中的理论意义。大约在同一时间，我和迪尔伯恩偶然看到一本描述企业家们对问题的不同理解的企业政策案例书。我们因而能从实证出发论证子目标认同的认知基础，这一现象在密尔沃基娱乐设施案例中给我留下相当深刻的印象。案例中所描述的商人对于企业面临的主要问题的看法，主要决定于他们自身的经营经验——销售和会计部门主管会发觉销售问题，而生产部门主管则会发现内部组织问题。

当然，少数几次研究根本无法穷尽组织决策方面的知识，我们仍需进行更多的研究和检验。虽然欧洲和美国已相继做了大量研究，但该研究领域还有许多未开垦的荒地(参见马奇，1965；约翰逊，1968；伊莱亚森，1976)。与社会心理学的实验室试验相比，这些研究相对被忽略了。其中一个原因是它既耗时又费钱，而且收效甚微。此外，研究方法论原始落后，而且也很难找到一个令人满意的决策行为的研究方法。这部分经济学研究还没有养成孜孜不倦、锲而不舍地追求真理的习惯。这些习惯在其他领域早已体现出来，如库兹涅茨，或麻省理工学院、社会科学研究委员会、宾夕法尼亚经济计量模型的建筑师。

3. 理论研究

在理论方面，有三个问题尤其需要加以澄清：在什么情况下，雇佣关系比其他的合同形式更有利于保证工作的完成？古典企业理论与巴纳德首创的组织均衡的理论之间的关系如何？当情况相当复杂，不可能做到无所不知时，人类理性选择的主要特征是什么？

雇佣关系。现代工业社会的一个基本特征是，大多数工作不是由生产销售产品的个人完成，也不是由个人承包商完成，而是由那些受企业雇佣，并接受雇佣所包含的与雇主之间权力关系的人们完成的。接受管理意味着准许由雇主决定自己的行为，至少在一些两可地带或可接受的范围内是如此。这种安排相对特定商品或劳务契约的优点何在？为什么世界上多数的工作是由大型的、实行分级制的组织进行的呢？

分析表明(西蒙，1951)，两种因素的结合致使人们偏好雇佣合同，而非其他合同形式。一是不确定未来何种行为对雇主有利；二是与雇主相比，雇员更不在乎他从事的是何种行为(在其可接受的范围内)。当雇主聘用秘书时，并不明确要她打什么信件，秘书对打哪些信件也不存在特别的偏好。雇佣合同允许这种选择在不确定性消除后进行，这对于雇员来说几乎不费代价，而雇主则受益颇多。这种解释类似于马斯夏克关于流动偏好的解释。在情况不确定时，以流动的、灵活的方式持有资源是有好处的。

组织的均衡。巴纳德(1938)根据组织内部成员宁愿留在系统内的动机(雇员、投资者、顾客、供应商)来解释组织的生存。在《管理行为》中，我将这个概念发展为动机理论平衡，即组织为其参与者提供的激励和参与者为组织的资源所做的贡献之间的平衡。

该理论的形式化分析(西蒙，1952—1953)显示了它与古典企业理论的紧密联系，但两者有一个重要的、指导性的差异。在比较这两种理论时，我们发觉每种激励—贡献关系形成了企业的一种供给表。生存条件就是利润为正。不过古典企业理论假设所有利润都归某一个参与集团所有，即归所有者所有；而组织理论对盈利的处理比较折中，它并未预测利润的分配方式。因而，在垄断及不完全竞争的条件下，后一种理论为参与者之间（如劳动者与所有者之间）就利润分配进行谈判留有空间。企业生存条件，即利润为正而不是利润最大化，也容许偏离完全理性的假设。

有限理性的机制。在《管理行为》中，有限理性的主要特征是余数范畴。当无法无所不知时，其理性便受到限制。无法无所不知，主要是未能了解所有可供选择的方案，不能确定相关外生事件，以及无力计算其后果。对有限理性下的选择机制需做更加实证和正式的描述。我的两篇论文（西蒙，1955 和 1956）在这方面做出了初步的尝试。

搜寻与满足是有限理性特征的两个核心概念。如果决策者最初无法得到可供选择的方案，那么他必须去搜寻这些方案。因此有限理性必须包含搜寻理论。斯蒂格勒（1961）在一篇非常有影响力的文章中独立发展了该理论。该文以购置二手车时的决策情况为例。斯蒂格勒将搜寻理论又装回了古典效用最大化的旧瓶子里，使得搜寻成本等于其边际收益。在我 1956 年的论文中，我也用了相同形式的等式，不过我以销售一栋房子过程中的动态程序编制为例。

但是如我已说过的那样，效用最大化对搜寻计划来说并不重要。幸而如此，否则就要求决策者在决策时能够估算出搜寻的边际成本和边际收益。而过程已经过于复杂，无法做到全面理性。另一种方法是，我们可以假设，决策者对他应该找到什么样的好方案已经有了某种期望。一旦找到能满足其期望水平的可选方案，他就会终止搜寻并选择这一方案。我将这种选择模式称为“令人满足”，源于莱文等人对期望水平进行实践研究后得出的心理学理论。正如心理学研究已表明的那样，期望水平不是一成不变的，而是会随着经验的变动上下浮动。当环境良好、选择机会较多时，期望水平上升；而在比较严酷的环境下，期望水平就会下降。

在长期均衡中，甚至可能出现这样的情况，如果把寻找成本考虑在内，可能出现动态调整的期望水平等同于最优选择。但是关于搜寻和满足论之所以重要在于它表明我们无须去尝试做不可能的事——进行最优化的选择过程中。我们只需利用很不完全的消息，通过合理的计算，就能做出实际的决策和选择。

小结。因此，到 20 世纪 50 年代中期，我们提出有限理性理论来取代古典的完全理性。大量实证研究表明，企业实际决策相当符合有限理性的假设，而与完全理性假设不相符。而且有限理性理论的主要组成部分——权力和雇佣关系的本质，组织均衡以及搜寻和满意机制——已得到正式的阐释。下文中，我想追溯决策理论后期发展，包括与有限理性理论相竞争的发展过程，此外，我还要评论一下新的描述性决策理论对政治经济学的意义（及其潜在意义）。

三、新古典主义的复兴

从 20 世纪 50 年代后期开始展望，我们有理由预测到有限理性理论会在主流经济思想中迅速占据一席之地。在为该理论提供某种形式化结构方面，我们已取得了相当大的进展，而且越来越多的实证表明，该理论在企业组织决策方面的描述比古典的完全理性概念真实得多。

虽然时代精神的许多方面有利于朝这个方向发展，但历史并没有沿着这样简单的道路发展。第二次世界大战期间及战后，一大批学术界的经济学家直接接触企业经营活动，他们或多或少地有广泛的机会来观测企业组织中实际决策的过程，而且在新管理学科的发展中十分活跃的学者，面临着一种“更需要”，即发展能够真正在实际情况中应用的决策程序。毫无疑问，这些趋势会推动经济理论的基本假设朝着现实主义的方向发展。

然而战后，经济学所发生的事情不只是这些。首先，有人从方法论角度，积极为古典理论辩护，反对行为主义。在演讲的第一部分，我已经就这些方法论之争做了评价。尽管遭到强烈的反对，这些观点还是非常令人信服的，而且在学术界经济学家中仍有一定的影响力。

其次，数学知识和能力在经济学领域的迅速扩展，使古典理论发展到精深和优美的新高度，尽管形式高度程式化，但它也开始考虑到不确定性和信息不完全的现象了。当古典理论与统计决策，以及由冯·诺依曼和摩根斯坦提出的博弈论相互结合时，其发展更快。数理经济学和计量经济学的繁荣更使两代经济理论家面临一大堆形式的、技术的问题。这些问题消耗了他们的精力，推迟了他们遭遇粗俗的现实世界的时间。

如果说我的话似乎是对这些发展的温和批评，我得承认我也是他们的一分子，我崇拜新古典主义，而且我肯定也不愿意回到被它们取代的前数学世界。我所关心的是，经济学界体现了人类理性中每次按次序只做一件事的特征，有时似乎无法将其注意力均衡分配于新古典理论、宏观计量经济学和实证决策理论。

结果，投入后两者，特别是第三种理论上的专业努力，没有我们所希望和预料的那么多。心脏地带比以往聚集了更多人口，而帝国其他沃土却无人开垦。

1. 搜寻和信息转换

古典理论企图解决自身的某些传统局限性，甚至企图阻止吸收心理学假设的行为理论发展。我这里提一下其中的三种途径。第一种是明确地引入搜寻和信息转换，将其作为与成本和产出相联系的，可以代入古典生产函数的经济活动。可参阅斯蒂格勒1961年撰写的有关信息经济学的论文，以及前面引用的我自己1956年在同一方向进行探索的论文。

在这类理论中，决策依然是个体行为。一个重要的新方向是由雅各布·马斯夏克和罗伊·拉德纳(1972)发展起来的团体决策理论。该理论中，决策是由众多个人组成的集体或团体做出的。而且，我们还从中了解到真正的组织现象——从理性计算中出现的传递信息成本导致了决策专门化。由于数学上的困难难以克服，该理论大多只是阐述性的，并且只限于小型组织中极其简单的情况。但是，它已极大地拓宽了我们对信息经济学的理解。

这些理论中，没有一个抛弃完全最大化的假设，统计决策论和博弈论亦是如此。信息的局限和成本不是作为决策者的心理特征被引进，而是作为其技术环境的一部分被引进的。因此,新理论根本没有减轻决策者面临的复杂计算过程,没有看到决策者通过大胆的估算、简化和满足的手段来处理复杂的计算过程,反而放大、增加了这种复杂性。现在他不仅仅需要计算他的供求曲线的形状,而且还要更加精确地计算出这些数值的成本和收益。因此在一定程度上,这些新理论考虑了以前忽略的不确定性和信息转换现象的观点是一种假象。然而,对许多经济学家来说,这种假象颇有说服力。

2. 理性预期理论

我想评论的另一个新古典理论的发展是所谓的"理性预期"理论。说起它的起源,有一段颇具讽刺意味的历史。我已经描述了我与霍尔特、莫迪利安尼、莫斯在管理科学方面的研究。我们开发了用于特殊(且容易计算)的二次方成本函数的动态规划算法。在这种情况下,决策法则是线性的,而未来事件的概率分布可以由其期望值代替,它可以作为确定的等价物(西蒙,1956;泰尔,1957)。

约翰·莫斯在这一例子中创造性地发现了不确定性下理性行为的一个范例。在我们HMMS研究小组的一些成员看来,这是一种近似的、令人满意的简化,而他却作为完全理性的一条主要防线。他在1961年《计量经济学》上发表的一篇颇有影响的论文中(第316页)提道:"人们有时主张,经济学中关于理性假设产生的理论与观察到的现象是不一致的,或者说不足以解释观察到的现象,特别是随着时间而产生的变化……我们的假设正好基于一个截然相反的观点:动态经济模型不要求假定充分的理性。"

莫斯主张增加的理性是(第316页):"因为预期是对未来事件有信息依据的预测,所以它们与相关经济理论的预测基本一致。"他这是在快刀斩乱麻。如果他的假设正确的话,他想一劳永逸,而不会详细阐述决策过程的模型以处理那些不确定性。此后,在萨金特、卢卡斯、普雷斯特等人的努力下理性预期理论蓬勃发展,已广为读者所知了(参见卢卡斯,1975)。

要对理性预期理论盖棺定论还为时尚早。和所有科学争论一样,这一问题会随着实验证据的逐步筛选而得以解决,而这种筛选过程才刚刚开始。同时,某些重大的理论障碍也已经出现。正如莫斯所言,只有相关的成本等式实际上是二次方程时,运用"理性预期"决策规则才会合理(即利润最大化)。我在其他地方(西蒙,1978a)曾建议,把这一规则称作"一致预期"原则可能会减少些误会。

更重要的一点是,安多(1979)和本杰明·弗里德曼(1978,1979)已经证明,在新信息不断地进入经济体系,发生结构性变化而决策者不断学习时,理性预期规则下的政策含义与稳定状态假设下是很不相同的。例如,在静态一致预期模型中适用的货币中性,在动态的条件下,则不能保证在任何有限的时间片区域内都成立。

而且,在一致预期理论最新"修正"版中,考虑到信息环境的变化,各种行为假设也重新出现,以解释预期如何做出,即决策者会考虑什么信息,忽略什么信息。但是除非这些假设是在完全特定的、任意的基础上做出的,否则他们会再需要有一种关于决策过程的明确而且有效的理论(西蒙,1958a;弗里德曼,1979)。

3. 统计决策论和博弈论

统计决策论和博弈论是新古典理论复兴中另外两个重要的组成部分。前者将不确定性(更确切地说是风险)纳入决策模型的问题。它要求大胆假设决策者掌握相关变量的概率分布信息,而这却大大增加了决策者面临的计算问题。

博弈论对"猜测"问题感兴趣,每当一个经济主体考虑其他经济主体对自己的决策可能产生的反应时,"猜测"问题就会产生。我认为,博弈论这一非常精巧的工具所带来的主要成果是,它非常明确地提出,在这类情况下,人们无法对理性准则做出一个清晰的定义(换一种说法,无法对博弈的"解"做出一个确切的定义)。所以,博弈论并未如人所愿,使寡头垄断理论和不完全竞争理论摆脱其矛盾性和复杂性。相反,它已显示出这些困难是无法根除的。我们可能会达成共识:某种理性标准适合于某个特定的博弈,但如果有人对这种共识提出挑战,偏向于另一种标准,我们就无法找到逻辑依据来证明其是错误的。

4. 结论

我对新古典理论的复兴所做的阐述,应该足以表明为什么它与行为理论相竞争时,是非常具有优势的。至少对某些经济学家而言,新古典理论带来了可能和希望,即不必牺牲完全理性的中心假设,就可以处理那些困扰古典经济学家的关键问题。因而其先验推断也就最多,而寻求经验数据带来的麻烦则最少。也许,我就这些新构想的局限性所做的阐述足以说明我为什么不相信它们能解决推动其发展的那些问题。

四、行为理论的发展

过去20年间,有限理性理论和企业行为理论在整个经济研究活动中扮演着默默无闻的角色,但它们在这一时期内稳步发展。全面评述整个工作体系是个庞大工程,所以我只列举少数该领域各种重要研究的样本,以期展示研究工作的全貌,我只能满足于此了。如果关于某些论题已综述发表,我则限于提到为止。

首先,人们在心理实验室或实地进行研究,用以验证在相对简单的选择环境下,人们的行为是否像统计决策论所断言的那样(预期效用最大化)。其次,我和艾伦·纽厄尔参与其中的广泛的心理研究,其目的是探索人类决策和解决问题的微观过程。再次,关于组织和企业界的实际决策过程已做大量的实证观察,大部分以"案例研究"的方式进行。最后,对企业理论进行了修改和扩充,用行为决策假设替代了古典理论的最大化假设。

1. 效用论和人类选择

"二战"后,效用和概率公理化,以及贝叶斯统计学的复兴,为实证检验人们在选择过程中的行为目的是否为了使主观预期效用(SEU)最大化的问题开辟了道路。在早期研究中,运用极其简单的选择情形,似乎证明情况可能如此。一旦出现略微复杂的情形,SEU理论的预期与实际行为就会有很大的差异。卡内曼和特沃斯基(1972)发表了非常引人注目的实证数据,有力地驳斥了这个理论。他们的研究表明,有时决策者并不重视已有的知识,几乎完全根据新的证据做出选择;而有时新的证据对已形成的观点几乎没有什么影响。肯卢瑟和他的同事(1978)在研究个人是否购买水灾险的决策时发现,实际行为大大偏离了SEU理论的预测。基于以上及其他证据,我们很自然得出这样一个结论:SEU理论没有为实际行为提供准确的预测,甚至较好的近似值都提供不了。

注意,我们驳斥的不仅是该理论达成决策的过程,而且反对其决策的本质。并不是说,人们不去做达到SEU决策所需的计算——新古典思想从未声称人们会进行这种计算。事实上,他们根本没有试图去进行这种计算,这直接否定了新古典经济学的假设。

2. 解决问题的心理学

理性决策的证据大部分是反证,即人们反其道而行之的证据。在过去的20年中,人们收集了大量有关进行困难的决策和解决复杂问题的过程的实证。围绕这种证据所构建的理论体系被称为"信息处理心理学";形式上,它常常以计算机程序语言来表达。艾伦·纽厄尔和我在我们合著的《人类问题求解》(1972)一书中总结了我们对该理论的理解。这本书只是众多且日益增多的文献中的一部分。它采用了一个信息处理框架,且利用计算机模拟作为分析和验证理论的主要工具。

信息处理理论将解决问题的过程视为在一个巨大的问题空间中进行的研究和抉择。基于经验法则或"启发法"的选择,会将搜寻带入有希望的区域。因此,一般情况下,人们只需研究整个空间中的小部分就能找到答案。当找到令人满意的答案时,满足标准就会终止搜寻。由此可见,这些解决问题的理论明显符合我这里阐述的有限理性的框架。

迄今为止,关于解决问题过程的一般现象,有十分广泛的实证。大多数证据来自于在心理实验室内进行的受操控的研究,来自相对简单的、看似令人迷惑的情景。不过,也有部分研究涉及人类的专业技能,如进行医学诊断、股票和债券投资以及下棋等。这类任务中,一般性搜寻机制是在人类长期记忆中储存的丰富的信息背景下运作的,但是这种运作与较简单、较具体的任务运作组织状况基本一致。

目前,信息处理心理学的研究正朝着多方向发展,专业技能在继续开拓中。研究者将大量精力花在如何获取新问题的原始表述上。即使在简单的领域中,解决问题者有极大的自由决定他将探寻的问题空间的表述方式。这一发现再次证明,实际过程与寻找决策的唯一最优解是非常不同的(哈耶克和西蒙,1974)。

信息处理心理学研究对经济理论的主要意义在于它提供了结论性的实证,来证明在问题情境中决策过程严格遵循前文所描述的有限理性模型。这一发现意味着决策不仅仅是问题情境的客观特征,它还取决于达成决策的具体探索过程。因此,显然,过程模型旨在描述现实世界的实证决策理论中的基本成分。新古典经济学想避免使用这类模型的企图是不现实的(西蒙,1978a)。

3. 组织的决策

除了上述从心理学研究中获得的证据,最好还能有在组织机构中进行决策过程的实践研究。对个人解决问题和决策的研究,没有涉及组织结构决策过程的众多社会心理因素。在过去20年中,对组织内部的决策过程已做了大量调查研究,但是总结这些研究并非易事。其困难在于大多数调查研究采取了"个案分析"的方式,考察个别组织中的具体决策或特定类别的决策。就我所知，仍未有这类文献的优秀评论公开出版。因此，找到和识别已进行的相关研究很困难。[①]至今没有任何成型的、经过验证的、系统性的方法，可以从这些个案研究中提炼出决策过程的一般理论。

因此，对组织决策的案例研究，代表着科学探求的自然历史阶段。它们为我们提供了大量关于决策过程的事实，这些事实几乎完全符合我在这儿提出的行为模型。但是，我们现在还不太清楚如何理解所观察到的现象，即企业所运用的具体决策过程在各个组织之间相去甚远，甚至在一个组织内部，各种情况也不尽相同。我们也不应该期望从这些数据中得出如同新古典理论中所包含的简洁明了的概括。

从案例研究中提取与理论相关的信息的最佳途径可能是计算机模拟。人们通过将决策过程的实证转化为计算机程序方法，开辟了一条途径，既能检验程序机制是否足以解释各种数据，又可发现程序的主要特点，这种程序用来定性分析行为中有趣而又重要的特性。运用这一技术的范例有，克拉克森对信托投资人员决策的模拟（1963）、西尔特，费根鲍姆和马奇（1959）对双头垄断的模拟，还有波尼尼（1963）关于工商企业内部会计信息和监管压力对员工动机的影响的模型。达顿和斯塔巴克（1971）也从各种不同的视角探讨了这种模拟方法论。

4. 企业理论

有限理性的一般特征——选择性搜寻、满足等等——被认为是尝试建立含有行为假设在内的企业理论的出发点。这类理论包括：此前已提及的西尔特和马奇理论（1963）；鲍莫尔的最小利润约束下的最大销售量理论（1959）；马里斯的以增长率为目标的企业模型（1964）；莱本斯坦的将生产水平降低至理论上可及水平之下的“X非效率”理论（1976）；科尔那关于供给驱动管理和需求驱动管理的二分法（1971）；威廉姆森的交易成本理论（1975）；纳尔逊和温特的演进模型（1973）；西尔特和德格鲁特的包容适应性学习模型（1974）；还有拉德纳的显性满足模型（1975a，1976b）；等等。

如此表征，除了都与古典理论中的企业决策的完全理性有所区别外，以上所有理论和模型之间似乎很少有共同之处。不过，如对它们的假设进行仔细地观察并进行抽象地描述，就会发现它们之间有着一些共同的基本特征。大多数理论和模型都抛弃了短期利润最大化的假设，取而代之的是目标假设，也就是说它们在某种意义上都属于满足理论。即便它们确实保留了最大化假设，它们也会采用某些机制，使最大化至少在短期内无法实现。在西尔特—马奇理论和莱本斯坦理论中，该机制可被称为产生“组织松弛”，松弛程度是各种机动变量和环境变量的函数。

最后，有些理论假定组织机构会进行学习。如果环境在足够长时间内保持稳定，整个体系的均衡就会越来越靠近古典的利润最大化均衡。当然，它们一般也假设，环境的干扰因素一般足以使古典理论的“解”无法与实际行为近似。

---

① 为了引入这类文献，参见马奇和西蒙（1958），马奇（1965），约翰森（1968），以及达顿和斯塔巴克（1971）。然而还有大量案例研究，其中有些研究以论文的形式完成，有些考察了企业应用的一些具体领域，尚未在这些参考书中列入［例如，伊莱亚森（1976）］。

企业模型中存在“组织松弛”现象，它使企业短期决策复杂化。由于企业运转远远偏离任何最优解，因而松散成了环境和企业决策之间的缓冲器。我们不能再简单地通过分析“环境需求”来预测对环境事件的反应，相反它取决于企业所运用的具体决策过程。尽管企业模型的该特征与事实相符，对许多经济学家来说，它还是降低了该模型的吸引力；他们不愿放弃古典理论中独立于过程之外的预测，也不习惯于这种揭示真实世界的实际决策过程所必需的实证研究。

但事情还有另外一面。例如，在相同的环境条件下，不同的决策机制可以产生不同的企业行为，这种结果对过程的敏感性会给市场和经济层次上的分析带来严重后果。不论是实证政治经济学还是规范政治经济学，都无法对这种反应变化的根源熟视无睹。最起码，在从我们的理论中得出政策结论之前，特别是在根据那些政策结论采取行动之前，我们得进行敏感性分析，以检验如果我们对微观层次的决策机制做出不同的假设，我们的结论会有多大的改变。

如果我们的结论是稳定的，即如果用行为模型某个变量替代古典模型中的变量，结论没有重大改变，我们可以对我们的预测和建议充满信心；如果我们的结论对这些替代很敏感，我们要谨慎使用上述结论，直至我们能断定哪一个微观理论是正确的。

参阅本节前面引用的文献可以证明，我们关于市场运作和经济运作的预测，对于在决策过程机制层次上的假设是敏感的。而且几乎可以确信，行为理论的假设要比古典理论的假设更接近现实。结合以上两个事实，就可以直接推翻古典理论关于假设不符现实是无害的这种论点。我们不能根据真空中的自由落体现象来预测糖浆中的重物下沉情况。我们必须以最谨慎的态度来对待古典和新古典理论及由此产生的政策性建议。

五、结　论

政界有种说法：“不能空手制敌。”不能仅仅靠指责缺陷和不足来推翻一种方法或击败一个候选人。你必须提供一个替代物。

同样的原则适用于科学理论。一旦一种理论得以确立，它就能经受许多经验证据的反驳，除非有另一种与证据相吻合的替代理论可以取代它的位置。实际上，对已经确立的信仰持这种保守的防御态度，也并非没有道理。首先，在实证科学中，我们只希望接近事实，我们根本不幻想能找到唯一且简单的公式，或者一个公式虽然相当复杂，但可以解释所有的真理。我们采取的是逐步接近的策略。当我们发现理论与数据之间有差异时，我们的第一反应是进行修补，而非重建。

其次，当差异性出现时，人们很少能立即察觉问题所在。也许是理论的基本假设出了点问题，但也可能只是附加的假设和测量条件有瑕疵。这些假设与条件，只是为了将理论与观察联系起来。只要这些方面得以修正，就可能挽救理论的其他部分。

那么，企业理论的现状如何呢？毋庸置疑，该理论的微观假设，即完全理性的假设，是完全违背事实的。这已不是一个近似的问题，而是它远远未能描述人类在复杂环境下的决策过程。

此外,确实存在替代理论,而且它们的数量相当可观。如今,无论是在实验室还是在田野调查中,我们都获得了大量实证数据,这些数据显示了人类在各种不同的环境中如何解决问题和做出决策。已有许多理论可以解释这些数据。虽然这些理论没能构成连贯的整体,但它们之间有许多共同点。它们在某种程度上都包含了有限理性的概念,即有必要寻找决策方案,用目标和满足以及学习与适应机制替代最优化。如果我们对实证决策理论(或者规范决策理论)有兴趣,那么我们已完全明白:古典和新古典理论已被另一种更先进的理论所替代。对于现实情况,这一理论提供给我们的要比上述两种理论接近得多。

但是一旦我们的兴趣不在经济学中的边缘区域,而主要在规范政治经济学,情况又将如何?是否有理由解释我们为什么要放弃熟悉的理论?决策和企业的最新概念就"以经济分析为目的"而言有何优越性可言?

如果像人们所说的那样,古典和新古典理论只是一种用来引出完全理性和有限理性条件下都可行的总量结果的强有力工具,那么我们就有各种理由保留这些理论。但是情况却截然相反,我们发现在总量现象和政策层次上,新古典理论不总是能导出和有限理性假设及其任何变体所引出的相同结论。所以我们不能以真实性不重要为理由,为不加批判地运用这些违背事实的假设的行为进行辩护。事实上,在许多情况下,这种真实性对于得出政治经济学中心问题的正确答案至关重要。只需比较各类预测,我们就能辨别面临的是否属于上述的这类情况。

社会科学习惯于从自然科学最杰出的成就中寻找典范。只要不是盲目的仿效,这种习惯并没有害处。在经济学界中,崇拜牛顿力学(或者说是自由落体定律),寻找运动定律的经济学等价物的现象非常普遍。但这不是科学的唯一模式,而且事实上与我们的目的不符。

无法用少数定量来解释人类行为,哪怕是人类理性行为。当然也不能用完全适应环境的假设来进行解释。我相信人类行为的基本机制相对简单。但是那种简单的机制却与极其复杂的边界条件相互作用。这些边界条件是由环境、人类长期记忆以及人类独立学习或集体学习的能力共同赋予的。

如果有人希望从自然科学模式中得到指引,我建议从生物学而并不是从物理学中寻找(纽厄尔和西蒙,1976)。从进化生物学中学到的相对浅显,而从分子生物学中学到的则相对复杂一些。尤其是,我们从分子生物学中可了解一些基本机制,如双螺旋线的 DNA,或者米歇尔教授精心阐释的能量转换机制,如何解释各类复杂现象。我们可以看到定性结构法则在科学中的作用,以及定性和定量的解释力。

我一向不愿以将来时态来结束一场关于人类科学的演讲。将来时总是传递出一种感觉:这些是将来某一天可能会实现的潜在科学,只是目前并未实现。当然,事实根本不是这样。尽管我们掌握的人类行为知识远落后于我们对它们的渴求,但它依然非常庞大。有时我们希望能减少一些,因为许多现象在日常交往中很常见,似乎也平淡无奇。而且,也不是总能提供我们需要的答案。我们既无法准确地预测商业周期的过程,也不能控制就业率。(也许还可以补充一句,我们不能准确地预测斯德哥尔摩下一次雷雨的时间，也不能控制地球上的气候。)

尽管有诸多限制和保留，我们确实掌握了许多当今人类进行理性选择的机制。我们确实知道被称作“人”的这一信息处理系统，在面临超过其理解范围的复杂情况时，如何利用自身的信息处理能力来找出各种方案，推测后果，分解不确定性，从而——有时，并不总是——找到迄今为止够用的、令人满意的行为方案。

（姜淑珍 译　柴志贤 校）

1979 获奖者

威廉·阿瑟·刘易斯

Sir Arthur Lewis

【获奖理由】深入研究了发展中国家在发展经济中应特别考虑的问题。

生平简介

1915 年	出生于原英属西印度群岛圣卢西亚岛
1932 年	到英国伦敦政治经济学院学习经济学
1937 年	获经济学学士学位
1940 年	获伦敦政治经济学院经济学博士
1948—1957 年	任教于曼彻斯特大学
1963—1983 年	任教于美国普林斯顿大学
1970 年	任加勒比开发银行行长
1991 年	逝世

主要学术贡献

在发展经济学领域做出了突出贡献，提出了著名的二元经济模型(也称为刘易斯模型)。他将发达国家发展的历史经验与古典经济学的核心思想有机结合起来，分析了经济发展的过程与内在机制。

其模型认为，在一个包括工业部门与农业部门的二元经济中，工业部门由于较高的劳动生产率会不断吸收来自农业部门的剩余劳动力，早期剩余劳动供给是无限的，工业部门可以在不提高工资的情况下进行扩张，这导致工业部门的高回报与持续的资本积累，从而导致劳动力持续从农业部门向工业部门转移，直到剩余劳动力完全消失，工资开始提升，出现著名的"刘易斯拐点"。

刘易斯的二元经济模型受到学术界的高度关注，并被拉尼斯、费景汉等进一步发展。刘易斯的相关理论在一定程度上被中国当下的发展历程所验证，对我国经济发展有一定指导意义。

主要学术成果

《经济计划原理》(1949)

《经济增长理论》(1955)

《经济成长面面观》(1969)

《国际经济秩序之演化》(1978)

1979获奖者

西奥多·威廉·舒尔茨

Theodore W. Schultz

【获奖理由】深入研究了发展中国家在发展经济中应特别考虑的问题。

生平简介

1902 年	出生于美国南达科他州阿灵顿郡
1930 年	获得威斯康星大学哲学博士学位
1934—1943 年	任艾奥瓦州州立学院教授
1943—1972 年	任芝加哥大学经济学教授
1960 年	当选为美国经济学会会长
1972 年	荣获弗朗西斯·沃尔克奖
1998 年	逝世

主要学术贡献

1. 农业经济研究

舒尔茨没有孤立地去研究农业经济，而是将农业经济作为经济体的一部分。舒尔茨在更为全面的视野下关注了农业发展的滞后、贫穷与工业的高生产率、高收入水平之间的反差。舒尔茨基于非均衡方法对美国以及一些发展中国家农业的发展潜力展开分析，他反对一些发展中国家歧视农业的工业化政策。他强调农业可以成为经济增长的发动机，但政府必须进行投资进而提高农业资本与劳动水平。他主张从生产要素的角度对传统农业进行改造，进而提高农业生产率。

2. 开创了人力资本理论

他是第一个系统分析教育投资如何影响农业生产率以及经济发展的学者，论述了第三世界国家健康因素、人口问题等对经济发展的影响，并在 1960 年提出了人力资本理论，认为人力资本投资是促进经济增长的关键因素。其研究引领了 20 世纪 80 年代以来人力资本研究的热潮，使相关机构开始高度重视职业技术教育。

主要学术成果

《改变农业》(1943)
《不稳定经济中的农业》(1945)
《农业生产和福利》(1949)
《农业的经济组织》(1953)
《教育的经济价值》(1963)
《改造传统农业》(1964)
《世界农业中的经济危机》(1965)
《经济增长和农业》(1968)
《人力资本的投资》(1971)

颁奖词

瑞典皇家科学院 / 埃里克·伦德伯格

尊敬的国王和王后陛下，各位殿下，女士们，先生们：

经济发展研究涵盖了经济学大多数领域，而它最终关心的问题是为什么一些国家富裕，而其他国家却贫穷；为什么一些国家深陷贫穷的恶性循环难以自拔，而其他国家却能快速发展，实现繁荣昌盛和高度现代化？我们的国家瑞典摆脱贫穷落后的过去，历时不久，不到一百年，却历时很久才过上健康安乐的生活。但是当今时代，富裕国家和贫穷国家在繁荣程度上存在持续差距，这可能成为极度焦躁不安的来源。

经济学家们一直关注这些问题。但是公平地说，一直到第二次世界大战之后，发展问题才成为经济学分析研究、制度研究和历史研究的中心领域。正是由于在该领域的开创性研究，特别是对发展中国家问题的研究，阿瑟·刘易斯爵士和西奥多·舒尔茨教授荣获今年的诺贝尔经济学奖。

阿瑟·刘易斯运用生动形象的比喻，将世界经济增长比喻为以某种速度运行的“自动扶梯”，和第一次世界大战前数十年中1.5%的人均国民收入年均增长率相对应。1913—1950年近40年间，自动扶梯几乎静止不动。此后扶梯以超出原先2倍的速度运行，和3%以上的年均增长率相对应。一些国家登上这一自动扶梯的时间较早，而另外一些国家登上的时间要晚得多。许多国家似乎仅仅是站在扶梯上不动；而一些国家则沿着扶梯往上走，从而达到很快的发展速度；另外一些国家沿着扶梯往下走，或者从扶梯上跌落了下来。

这一比喻仅仅用来阐明对世界贫穷国家发展巨大差异观察后得出的结果。在原因分析方面，阿瑟·刘易斯以两大解释模型而著称。两大模型简明扼要地表明发展中国家人口贫穷的原因和令人失望的经济发展速度的决定因素。

第一个模型建立在发展中国家经济的“二元特征”之上。发展中国家经济包括一个农业部门和一个工业部门。按传统运行的农业部门主要以自给经济为基础，包括大多数人口；而工业部门比较现代化，以工业生产为主要目标，以市场为导向。经济活力和后一个部门相关:由于人们脱离了农业部门,工业部门便因此拥有几乎“无限”的劳动力资源而得以扩大。劳动力可以用与落后的农业部门的生活水平相适应的低廉工资成本购得,为现代部门(“资本主义部门”)积累的利润提供日益增长的储蓄额,为扩展资本的形成提供资金。

刘易斯教授第二个主要模型是有关发展中国家和工业化国家之间贸易条件的决定因素,前者出口原材料和热带产品,后者出口工业产品。两大国家集团——南方和北方,富裕国家和贫穷国家——分别生产两类产品。食物是其中一类,为两者所共有。另外一类产品包括两种,在模型中指的是“咖啡”和“钢铁”,可以互相交易。刘易斯表明在特定条件下,发展中国家和工业化国家农业劳动生产率之间的关系是如何决定贸易条件的。根据该分析模型,和富裕国家的农业生产率相比,贫穷国家极其低下的农业生产率决定了两大国家集团间的实际贸易条件。

舒尔茨教授的分析兴趣一直集中于工业与农业之间的不平衡:与工业高度发达的生产力和高收入水平相比,农业相对贫穷落后。正是凭借对美国和第三世界农业生产力问题的研究,舒尔茨教授获得强大的动力,在经济和社会发展中人力资源重要性方面做出开创性的研究分析。

舒尔茨教授是第一位就教育投资对农业生产率和整个经济生产率的影响做出系统化分析研究的学者。他很清楚该方法的局限性,因而精确解释作为教育投资累计总额的教育资本并测量其规模。

舒尔茨教授和他的追随者们已证实,长期以来美国经济在“人力资本”上的收益高于在物质资本上的收益,而这种状况正是教育投资增长远远快于其他投资增长的一个原因。舒尔茨教授的研究方法充分考虑和人力因素有关的种种其他因素和关系,极具包容性。他和学生一直深入研究健康和疾病问题,而健康和疾病是决定发展中国家经济发展的必要条件。

刘易斯教授和舒尔茨教授在研究上有几个共同之处。两位学者在发展问题方面都拥有丰富的实践经验,并把经验运用到研究工作之中。他们都对不同时期不同国家发展的基本性质怀有浓厚的历史兴趣。刘易斯在他主要的经济史著作中描述分析了1870—1913年之间工业化国家和发展中国家的经济增长和波动,展示了战后时期的经济异同点。书中有一章对1870年前后“英国经济转折期”的描述,很遗憾,让人不由想起1970年以来瑞典经济发展的某些特征。

两位学者另一个显著的共同特征是对经济政策的兴趣。两人都关心当今世界上的贫困痛苦,致力于寻找摆脱贫穷落后的出路。怀着这一目的,他们勇于从研究中得出结论,对经济政策的完善提出建议,对不同时期发展中国家遵循的农业政策和忽视农业发展机会提出深刻批评,虽然战后的数十年里对农业发展机会的忽视现象甚为普遍。

事实上,刘易斯教授和舒尔茨教授在研究中表现出一种潜在的乐观主义精神。如果能减少错误的经济政策,提高经济合理性,积累更多知识,增加完善经济激励机制,依赖农民个人和企业家个人的常识,那么,贫困是可以克服的。尽管自然界残酷无情、变幻莫测,不时带来干旱、洪水、虫害和疾病,舒尔茨教授仍然相信由于世界农业具备基本的经济潜力,食品生产增长速度远远快于人口增长速度,人们应该对食品生产充满信心。但是,舒尔茨教授最近在一篇文章中写道:“鉴于政治上的所作所为,前景十分黯淡。同时,国际食品会议产生了大量毫无说服力的报告,而社会思潮产生了强烈的意识形态,但是报告和意识形态并不能生产食物。幸运的是,动植物不读报告,也不歧视任何政府的意识形态。”

阿瑟·刘易斯爵士和西奥多·舒尔茨教授,请你们接受国王陛下颁发的诺贝尔经济学奖。

（陈萍萍 译　柴志贤 校）

获奖演说

增长引擎转速下降

威廉·阿瑟·刘易斯

我先提个问题。过去数百年里,发展中世界的产出增长率取决于发达世界的产出增长率。发达世界快速增长时,发展中世界随之快速增长;发达世界增长率下降时,发展中世界的增长率也随之下降。这种依附关系是否不可避免?确切地说,近 20 年,全球经济以史无前例的速度迅猛发展,世界贸易实际年均增长率约 8%,是以往的 2 倍,而 1873—1913 年不到 4%,1913—1939 年甚至只有 0.9%。在这欣欣向荣的 20 年里,发展中国家不仅用高达 6%的总产值年均增长率证明其经济实力,而且确定 6%为全体发展中国家最低平均目标。但是,如果发达国家的经济以原有速度发展,贸易年均增长率下跌到 4%,会出现怎样的情况?发展中国家的经济发展速度是否不可避免地也要下跌到目标值以下?我提出问题,旨在探讨发达国家和发展中国家的关系以及该关系的具体变化过程,并非预测将来的经济形势。

1953—1973 年这 20 年里,经济迅猛发展的大好形势震惊全球。我们清楚,世界经济具有长期波动趋势。例如,和 1873—1913 年 3%—4%的年均增长率相比,1830—1873 年的世界贸易发展更为迅速,年均增长率为 4%—5%,但是 8%的飞速增长还是令人难以置信。

发展中国家的经济成就甚至令一些人觉得不可思议。1950 年,这些人对发展中国家拥有经济迅速增长的能力持怀疑态度,部分因为这些人对发展中国家抱有偏见,态度上有问题;部分因为他们认为发展中国家的制度和气候并不适宜经济发展,诸如此类的分析很多:太阳过于猛烈,人民难以辛勤工作,民众不够节俭,政府过于腐败,人口出生率太高,宗教太超脱尘世,等等。这样的分析在现在的文献资料中几乎完全不见踪迹。20 世纪 40 年代末的讨论指出,长期以来美国人均国民收入年均增长率约为 2%,发展中国家年均增长率约为 1%。联合国经济学家们大胆地预测发展中国家年均增长率可达 3%。20 世纪 50 年代末,为了鼓励发展中国家,联合国把预期难以实现的 5%定为发展中国家 60 年代的目标。出乎意料的是 60 年代中期,联合国数据显示,发展中国家年均增长率为 5%,因此 70 年代的目标提高到 6%。但是联合国数据表明70年代初发展中国家的增长率已经达到6%,而1974年经济危机开始时,联合国刚准备把7%定为80年代的目标。我不能确定上述任一绩效数据的准确性,但发展中国家无疑已证明其拥有有效利用物质资源和人力资源的能力。

世界贸易的迅速发展也给发展理论带来巨大的破坏作用。20世纪30年代国际贸易的崩溃似乎是如此难以挽回,以至于凯恩斯甚至宣称至少我们在很大程度上不再需要国际贸易。因此,40年代和50年代,我们创立了包括平衡增长、区域一体化、二间距模型和结构膨胀在内的一整套理论。如果世界贸易停滞不前,该理论的确行之有效。但是当贸易年均增长率为8%时,该理论并不适用。此外,许多国家依据同样的假设制定政策,采取内向型进口替代战略。世界贸易迅速增长这一事实直到60年代后期才得到普遍认可。此后,几乎所有国家都意识到出口的好处。现在我们正面临再度犯错的危险。1973年以来,世界贸易增长率下跌了一半。没有人知道这种情况是短暂持续还是永久延续。但是绝大部分经济著作仍含蓄地提出假设:增长率回归8%的经济形势指日可待。

二

让我们回过头来看发达国家和发展中国家的关系。贸易是发达国家控制发展中国家增长率的主要环节。随着发达国家的快速发展,进口增长率上升,发展中国家的出口也随之增加。这一环节可以测量。1873—1913年期间,初级产品世界贸易增长率为发达国家工业生产增长率的0.87倍,而1953—1973年的20年间,两者0.87倍的关系一直保持不变。和发展中国家的出口相比,初级产品世界贸易这一概念涵盖更广,但是两者关系足够密切,后者可以充当前者的代理。贸易取决于工业国家的繁荣,这一点无须详细的统计数据加以证明。更有趣的是,100年间这一关系在数据上保持不变,以至于从发达国家生产增长率的上升数据中能够推测发展中国家初级产品出口增长率刚好是前者的三分之二。

最有趣的是该系数小于1,即0.87,意味着如果增长引擎是发达国家的工业生产和发展中国家的初级产品出口,那么发达国家引擎的转速稍快于发展中国家的引擎转速。同一转速的效应可能未必完全相同,会有加强两者间联系的次效应。当转速较快时,预期贸易条件对发展中国家较为有利(尽管这一情况从未出现)。国内市场欣欣向荣,加速发展中国家国内市场的工业化进程,这一情况曾经出现。发达国家放松进口制造品的贸易壁垒,也加快贸易进程。外国资本流入矿业、制造业和基础建设。此外,外国接纳更多移民,经济繁荣时期较为庞大的汇款流入发展中国家。

鉴于上述事实,包括发展中国家的工业生产增长快于发达国家,在1948—1973年的25年间,发展中国家和发达国家的国内总产值几乎持平,都将近5%,就不足为奇了。因为发展中国家的人口增长快于发达国家,因此两者人均产出增长率相距甚远,前者只有2.5%,后者约4%。从绝对数值来看,发展中国家的成绩十分惊人,但发达国家和发展中国家的人均收入差距迅速扩大。

接着我们讨论面临的难题。关注这些问题的大多数人旨在缩小发达国家和发展中国家的人均差距。但是如果这些差距和总产值的同速增长有关，该如何解决？或许降低发达国家的增长率是解决途径之一。发达国家提倡这一途径的有识之士很多，包括环保主义者、害怕有限资源枯竭者、优雅休闲生活倡导者等等。但是如果发达国家增长率下跌，发展中国家增长率也随之下跌，由于贸易条件对发展中国家不利，发展中国家利益将遭受重大损害。鉴于两者之间的联系，正是出于对发展中国家利益的考虑，发达国家才应尽其所能快速发展经济。

讨论中，我们假定世界贸易增长一直影响着经济增长，这对发展中国家来说是好事而非坏事。然而大量文献资料却对这一有利的关系予以否认。在此详细讨论这一话题会让我们偏离讨论重点，但有一点必须明确：贸易不能促进经济增长。如果贸易对经济增长的确起推动作用，这样的增长就不具备自我维持性。（我坚信罗斯托的观点；当代关于增长和发展的对比观点不够有说服力，不能令我信服。）

据称，贸易不能促进增长，因为贸易初始，大批工厂生产的进口商品潮水般涌入，破坏了发展中国家的手工业制造。19 世纪上半期，英国纺织品和铁制品出口到印度和智利，由此带来的效应足以说明进口的影响。毋庸置疑，出口不可避免，而且短时间内出口和进口将均衡发展。然而国际收支平衡并不意味着进口带来的损失通过出口就能得以弥补，因为这一均衡和任一失业状况都能兼容，而失业是被强行施加的休闲状态。由此可见，所谓的贸易利润会被分摊到失业上。如果出口商品是农产品，由于贸易条件不利于热带国家，农产品出口不能带来足够购买力，难以为重要的工业化进程提供基础。如果出口商品是矿物，就成本而言，欣欣向荣的矿物出口同样带来危害，因为它会导致工资和收入上设定更高标准，阻碍其他行业发展，使其他行业难以生存，再次以失业的形式分摊利润，取得国际收支预算平衡。我的论证旨在解释矿物资源丰富的发展中国家失业率高居不下的原因。该论证也适用于其他出口商品。

19 世纪前半阶段的贸易是否促进增长仍未有定论，不过目前贸易的确起到促进作用。回归分析显示，出口增长率是发展中国家产值增长率最富影响力的因素之一。至于这种增长是否具有自我维持性，该另当别论。自我维持性的增长必须具备两个条件：一个国家不仅拥有国内企业家和管理者的骨干人才队伍，而且具备足够的储蓄和纳税能力。持异议者指出，出口和进口贸易集中于少数外资企业手中（包括银行、保险和航运），对国内企业家精神起到阻碍作用。至于储蓄，很大程度上源于利润。如果利润掌控在外商手中，显然国内储蓄能力受到限制。正是这批外商和金融家团结农民，在政治上一致反对推动工业化进程措施的实施，因为现代化进程给他们的进口市场和廉价劳动力的来源造成威胁。经济可以快速增长，然而其增长不具备自我维持性，因为国内企业家精神和积蓄都受到抑制。

上述观点都有其合理性，但观点中所描述的局势却并不具有普遍性和必然性。自从 1929 年爆发经济危机以来，由于政治形势的变化，其重要性急剧下降。此外，批评意味着选择平衡增长政策，而平衡增长替代政策并非总是行之有效的。即使增长仅仅为了出口初级产品，也需要基础设施和受过培训的人力资源。国家把资金投入包括大学在内的各级学校，并建立受过高等教育的骨干人才队伍。这些措施对促进经济自主独立增长相当重要。在这些方面，高出口比重国家和低出口比重国家(国家面积类似)间的差距十分明显。在某个时候这些人才接管政府，执行一系列民族主义政策，包括抑制外国公司的活动，迫使它们雇用并培训国内管理人员，向它们征税。1929 年之前拉丁美洲政府试图加速工业化进程，却以失败告终，原因在于自由贸易和非管制市场学说在知识分子中具有至高无上的地位，以及土地拥有阶层强大的权力。目前这一学说至高无上的地位在全球已不复存在。这样一来，不管是凭借出口增长还是平衡增长，各国致力于人力资本的创造，然而只有大国才享有平衡增长的机会。大多数发达国家是小国，除了出口增长别无选择。做出平衡增长选择的倡导者同时一直提倡政治联邦或各国同盟。缺乏这一政治框架，对以出口驱动增长的批评毫无依据，并且难以自圆其说。

二

接下来我提出一种假设：和 1973 年以前相比，发达国家的工业生产增长更为缓慢；今后 20 年里，这些国家的进口年均增长率仅为 4%。这不是预测，仅仅是种假设，我们正在设法分析这种假设带来的影响。

同时我提出另一种假设：发展中国家希望国内总产值年均增长率达到 6%，这需要进口增长率也达到 6%。两者之间的这一联系基于第三种假设之上。我进一步假设，各个发展中国家可能因为国家太小而不能日益自强自立，尽管发展中国家整体会越来越自强自立。进口的数据和国内总产值增长的数据是否相同并不重要，重要的是假定发展中国家的出口增长率远远高于发达国家进口发展中国家商品的增长率。发展中国家继续用包括外国援助和外国私人投资在内的中转资金购买某些进口商品。我们假定发展中国家仍需 6%的出口增长率，发达国家从发展中国家进口的年均增长率仅需 4%，相应的问题就是如何协调这两个增长率。

理论上有个简便的方法，即发展中国家拥有越来越多的进口份额。但是我们已拒绝了该方法的可行性。发达国家和发展中国家的主要联系一直是发达国家对发展中国家初级商品的需求，是一种物质数量上的联系，受物价影响不大。发展中国家不能通过降低商品价格的方式大幅度提高销售额；相反，由于贸易条件的恶化，他们的购买力会严重缩水。发展中国家能够凭借减少销量或联合涨价的方式获取更多利润。这些措施的直接效应是降低产量，但是明智地增加投资获得额外收入同样可以达到目的。然而，这些方法对发展中国家来说并不可行，因此我们认为加速或减缓正常出口到发达国家的初级商品的生产并不能解决问题。

那么制造品的情况是否有所不同？制造品占非石油输出发展中国家出口的 40%，而且仍是增长最快的出口物品。用出口到发达国家的制造品取代初级产品，提高制造品的增长率能否完全解决问题？我假设这一方法并不可行：如果该方法行之有效，我的论文也可以结题了。同时我认为这一方法并不可行。经济繁荣时期发达国家愿意进口制造品，因为它们拥有许多不断发展的产业，能吸收进口增长导致的失业人员。我们提出发达国家低增长率这一假设排除了该方法的可能性。事实上，假设发达国家减少而不是增加从发展中国家进口的假设更为合适。

因此,我们的基本假设是发展中国家需要出口年均增长率为6%,而发达国家从发展中国家进口的年均增长率为4%,那么发展中国家的产值增长会出现何种情况?

随即我就指出就发展中国家个体而言,发达国家的增长率根本无足轻重。鉴于丰富的资源和灵活性,它总是向发达国家出售更多的物品。然而这样一来,它取代了其他一些发展中国家的贸易。一个国家能如此行事,并非所有国家都能仿而效之。

从数学的角度,该问题只有唯一一种解决途径。如果发展中国家的总销售额增长率为6%,出售给发达国家的物品销售额增长率为4%,那么出售给其他国家(已知比重为7∶3)的物品销售额增长率初时必须为11%。社会主义国家虽然可以通过增加进口来帮助发展中国家,但事实上,它们并不会如此行事。不去考虑这一因素,发展中国家只有大幅度提升相互之间的贸易,问题才能得以解决。

发展中国家之间的贸易额仍然相当低,约占非石油输出发展中国家出口的19%。在过去的20年,该比例没有显著变化,尽管发展中国家倾其全力设立地区贸易制度并提供一系列服务。随着发达国家减缓增长,这一贸易形式能否带动疲软的经济?

答案十分肯定。目前发展中国家在食物、肥料、水泥、钢铁和机械方面都依赖发达国家。作为一个整体,发展中国家能快速摆脱对发达国家前4项的依赖,而且逐步摆脱对机械的依赖。它们也进口大量轻工业品(1977年约为310亿美元,机械产品为470亿美元),但并非完全依赖。它们能迅速摆脱这一境况,并逐步摆脱对机械的依赖。

如果发展中国家采取合理的农业政策,目前就能自给自足,因为11个新国际热带农业研究所向我们提供更佳品种和改良技术,产量应该在满足人口需要后仍有富余。问题是我们要设法挺过出生率高得异乎寻常的可怕阶段,之后的阶段出生率将会下降到20‰。这一问题可能近在眼前,我们应当设法解决。

肥料、水泥和钢铁的原材料在发达国家之外广为分布,发达国家运用标准技术对原材料进行技术加工。而机械产品更为麻烦,因为这一行的重要部分涉及规模经济、日益完善的技术、专利或者高端保密知识。不过,几个发展中国家正进军这一领域,而且至少在8个发展中国家(印度、巴西、新加坡、智利、韩国、阿根廷、墨西哥和以色列),机械产品在工业品出口中的比重已超过15%。发展中国家的机械工程产品出口也在迅速增长之中,而且与普遍共识相反,在价值上已超过纺织品和服装出口。为什么发展中国家作为一个集团在标准型设备上几乎不能自给自足?这似乎毫无理由。

如果发展中国家之间的贸易也存在这些发展空间,那么为什么地区关税同盟却难以获得更多成功?请注意以下三个原因。

首先,一个地区并非同质的。有些国家在工业竞争力方面更有优势,其发达程度超乎想象,因而吸引更多新产业。发展中国家则把难以吸引更多新产业的原因归咎于关税同盟的剥削。关税同盟只有采取措施安抚发展中国家才得以继续存在,但这些措施不仅费钱而且难以协调。

其次,从整个地区市场分享大规模经济产业方面,能最大程度体现地区关税同盟的优势。为了自己的利益,每个国家急于保持在国内市场取得规模经济效应的产业。由于同盟成员的竞争导致的行业覆灭都会产生政治动荡,因此同盟内部不涉及商品自由贸易，转而关注需要整个地区市场协同合作的所谓少数“一体化”产业，这时的同盟最为安全。如果每个成员在一体化产业中都要求得到公平的份额，即使这一任务并不艰巨也难以协商。

最后，可能是基于一个错误的假设。在运输费用低廉的当今时代，一国应该和邻国保持最为密切的贸易关系这一假设并不适用。由于气候、土壤和历史的原因，邻国和本国关系经济命脉的行业可能重合。邻国并非潜在的客户或供应商：同样贫穷，提供的市场同样有限。和邻国市场相比，发达国家的市场广阔而富足，吸引了发展中国家研发的新产业产品。坦率地说，20 世纪 50 和 60 年代，锐意进取的发展中国家并不是非常需要关税同盟的支持。和世界贸易欣欣向荣时相比，世界贸易停滞不前时关税同盟才对成员方有更大助力。

由此可见，当世界贸易减速时，关税同盟会更加得到各成员方的高度重视，发挥更有效的作用，特别关系到整个地区的大规模经济产业。我们正在分析关注这一情况。但是，即便如此，发展中国家在更大程度上为相互间的贸易而生产的主要商品出于政治原因也不能和邻国分享。食物、肥料、水泥、钢铁和燃料更多地根据原材料选择产地，机械将由具有坚实产业基础的发展中国家率先生产。这一发展中国家的新贸易将会扩展到全球，正如全球范围内的欧洲贸易和美国贸易。

三

因此，我认为发展中国家保持高增长率的做法，在物质上切实可行，即使发达国家做出截然不同的决定。那么，物质上的可行性如何体现在有效的经济框架中呢？

一种途径是遵循关税同盟的路线，发展中国家对来自其他发展中国家的进口给予优待。这一点的核心精神早在 1973 年生效的《发展中国家之间贸易谈判议定书》中得以体现，获得《关贸总协定》的支持，给 16 个较大和较发达的发展中国家提供了经过协商的优惠待遇。这一协定的哲学理念和《布雷顿森林协定》精神相一致，承认各国有权对持续保持国际收支顺差的其他国家加以限制，正如发达国家会对发展中国家实施限制，如果发展中国家增长快于发达国家。人们可能会怀疑如此不同的国家在优惠减让的道路上能否走得更远。它们的商品比发达国家的商品更具价格竞争力，这也迫使它们不得不优待彼此的商品。

在经济学家的模型中，这种竞争性会自动出现。由于发达国家经济减速，发展中国家虽会有国际收支逆差，却不会随之减速，而是保持持续快速增长。调整途径有两种：一种是在金本位制下，通过黄金外流降低物价；另一种是在当代，通过货币贬值可以取得相同的效果。当然，真实的世界更为复杂。通货膨胀很普遍，但是积极进取的制造销售商必须保持物价低廉，因此这一类发展中国家需要特别重视对通货膨胀的控制。当物价不再具有竞争力，贬值不可避免。贬值旨在消除差价，却激发国内成本进一步上升，使差价得以恢复，因此治标不治本。发展中国家面临和发达国家同样的问题：仅仅通过包括利息率、货币供给量、货币汇率在内的普通经济调控措施不能再调控国内物价水平。它们现在也体验到成本推动因素对定价带来的影响，对此唯一的补救措施是制定同等的收入政策。和19世纪祖父母一辈相比,我们对经济体系抱有更高期望,寄希望于充分就业和经济更加快速增长;而经济体系对我们提出更多要求,要求设立支持机构,也不足为奇。

这些锐意进取的发展中国家,彼此间以及向其他发展中国家出口机械,在贸易资金筹集上可能同样面临问题。几乎各个发展中国家都有单独货币。我们设想尼日利亚向印度出售谷物,得到卢比,用卢比从巴西购买机械。这样一来,清算协议的存在很有必要,否则发展中国家交易者往往用一种或多种货币相互交易,会受到某种货币相对短缺的制约。或许该问题在国际货币基金组织的帮助下得以解决,然而由于人们希望销售者能资助购买者,给发展中国家之间资本货物的出口提供资金成为一个更为严重的问题。发展中国家出口商不可能靠自己解决问题。我们必须假设允许他们在发达国家的金融市场筹集联合贷款,或许利用地区发展银行作为代理行在更大程度上就是目前的发展趋势。

但是真正的问题并非发展中国家是否具有竞争力,能否在彼此的市场中守住自己的份额。定价和外汇问题在世界市场上能自行解决。真正的问题在于尽管发达国家经济减速,发展中国家能否保持持久快速增长的势头。如果发展中国家经济上仍依附于发达国家,发展中国家的经济会因国际收支而下滑;如果发展中国家已经获得经济增长的独立性,外汇的弱点仅仅促使它们将出口转向其他发展中国家,国际收支的弱点也只是过渡性的。

如果足够多的发展中国家获得经济增长的独立性,我们就进入一个新世界,意味着对发展中国家而言,不是贸易决定生产增长率,相反,内部力量决定生产增长率,生产增长率决定贸易。准备好这一转变的国家并不多,印度显然有此可能,此外还有1973年《议定书》的其他签字国。所有的发展中国家都有此转变既不可能,也无必要,因为如果主要发展中国家快速增长并大量进口,在某种程度上也就取代了以前发达国家的快速增长。用中心和边缘的说法来讲,这意味着许多国家离开边缘,进入中心。如果它们因为最惠贸易和货币协议联系密切,人们甚至可以说以前的边缘国家组成了一个新中心并创建了一个新增长引擎。

这一前景却给一些发展中国家蒙上了阴影:它们一直向发达国家出口原材料并以此为最佳选择。我们的探讨基于发达国家需求下降的假设之上,因此这些国家面临原材料过剩和贸易条件不利的问题。我们已经为凭借食物和制造品出口的发展中国家提供了解决途径,却并没有新核心发展中国家通过消费更多的咖啡、茶、橡胶和黄麻来取代发达国家这样的设想。一些发展中国家因为气候原因或者市场规模狭小而适应性差,上述的解决途径对它们而言可谓困难重重。帮助它们的框架早在国际货币基金组织的补偿贷款和欧洲经济委员会的稳定出口支持办法中已构建,但针对的是暂时波动,因而它们需要力度更大、更为持久的支持。

跨国公司可能在发展中国家之间新贸易网的建立中起到作用。发展中国家中较发达工业国国内企业家的骨干人才队伍足以胜任大多数轻消费品和轻机械工程产品的管理工作。但我们主要关心的是减少对发达国家重型机械之类的依赖,在这些领域里它们的经验相当有限。我们假设不管是由于关税还是货币调整，市场会发出有利于发展中国家生产的物价信号，跨国公司热切地在保护壁垒之后设立子公司，从而保护市场。对跨国公司的敌视十分普遍，而且跨国公司的影响在大多数部门正在下降，特别是矿业、公用事业、物流和金融业，但不包括制造业。从《纽约时报》和金融报纸的广告可以做出判断：发展中国家政府仅仅是热切邀请跨国公司参与制造业。在外籍员工雇用、外籍人士股权分配比例、当地市场借贷、技术等方面有种种限制。此外，在很多情况下，与当地资本家或政府机构的联合所有权都有明文规定。即便如此，急于促进工业化的政府和急于保护、扩大市场的公司达成了某种共识。

我们探讨时最棘手的问题，是如何保持6%增长率的大好形势并从依赖发达国家的贸易过渡到依靠发展中国家的市场。在此过渡期间，主要的工业发展中国家必须在彼此的市场和其他发展中国家的市场上建立自己的据点。同时，农业变革势在必行，从而养活城市人口，给商品和服务提供不断增长的市场。一些发展中国家可能从容应对这一局面，正如19世纪80年代德国工业家发动贸易运动，1895年之后美国紧随其后，20世纪30年代日本仿而效之，最近的巴西也不甘落后。发展中国家仍然从发达国家进口大量轻工业品，根本无须从机械着手。它们可以从轻工业品起步，逐步进入机械产品的领域。

在另一个极端，也有可能主要发展中国家没有足够的企业家人才，无须支持框架就顺利过渡。我们已经谈过这一框架的主要国际因素，即优惠关税和货币协议。国内因素包括面对停滞的初级产品国际贸易时维持国内需求，避免经济崩溃，使经济能继续发展。鉴于政府在现金经济中占据的很大份额以及调控支持私营部门的程度，维持这一大好形势的大部分责任由政府来承担。它必须肩负起在人力资本和物质资本上的大投资规划项目(私人和公众)。没有外援，这一责任难以承担。发达国家可能心情很复杂：我们事实上不愿意向你提供更多贸易机会；暂时就提供更多的援助吧。

始于1974年的经济危机已持续了很久，发展中国家终于考虑发达国家的可能打算：维持国民生产总值增长率，使世界贸易以年均4%的速度增长。发展中国家对贸易增长充满远大志向，这种可能性无疑是一个沉重的打击，除非支持发展中国家在贸易上高涨的热切愿望的新措施得以实施。我一直在设法分析这些可能的新措施，它们应该在目前南北谈判中发挥重要作用。但事实正好相反，因为这些谈判无形中假设发达国家将很快恢复高增长率。或许事实会证明该假设的正确性，但经济学家不能预测未来。至少在与发达国家谈判之前，发展中国家相互之间应对前进的方向展开讨论。

当然，如果发达国家愿意，允许发展中国家在市场上占有较大份额，问题得以解决，就根本不会出现在本文之中。这是发展中国家增长速度快于发达国家的情况下逻辑演变的结果。与发展中国家的贸易应该成为发达国家贸易中日益增长的部分。我们生活的世界千奇百怪。在20世纪60和70年代，发达国家一直致力于消除相互间的贸易壁垒，却同时增加对发展中国家的贸易壁垒。一方面，从发展中国家进口的制造品只占经济合作与发展组织制造品消费总额的2%。该数据表明发达国家对于微小变化异乎寻常的敏感性。另一方面，发达国家却缺乏敏感性，没有意识到依赖的相互性，因为非石油输出发展中国家的出口额占经济合作与发展组织出口总额的 20%，这些国家的繁荣对维持经济合作与发展组织的繁荣小有帮助。如果迫使发展中国家歧视经济合作与发展组织将有损经济合作与发展组织的利益。

20 世纪 50 和 60 年代，发达国家致力于解决国内贫穷问题十分成功，现在却放弃了这一努力。我们大家真正需要的是世界贸易年均增长率恢复到 8%。如果发达国家重新致力于脱贫，这些问题就不会出现。当然那另当别论。

（陈萍萍 译　柴志贤 校）

获奖演说

穷人经济学

西奥多·威廉·舒尔茨

世界上大多数人是贫穷的，如果我们懂得穷人经济学，也就懂得许多真正重要的经济学原理。世界上大多数穷人以农业为生，如果我们了解农业，在很大程度上也就了解了穷人经济学。

富人很难理解穷人的行为，经济学家也不例外，也很难弄懂穷人决策的偏好和稀缺约束条件。我们都知道世界上大多数人是贫穷的，他们主要居住在低收入国家，以农业为生，通过出卖劳力获得微薄的收入，大部分收入都花在食物上。很多经济学家不懂的是穷人关心改善自身命运和孩子的命运，其热切关注程度丝毫不亚于富人。

在绝大部分有见识的人看来，农业经济学近几十年的研究结果似乎是一个悖论。据我们所知，农业在许多低收入国家仍然具有潜在的经济能力，能生产充足的食物，养活不断增加的人口，从而提高穷人的收入和福利。决定提高穷人福利的生产能力的关键因素不是空间、能源或耕地，而是人口素质。

在此，我首先要澄清经济学界两大误区，接着指出大多数观察家都高估了土地的重要性并且大大低估了人自身素质的重要性，最后提出人口素质衡量方法，因为低收入国家的人口素质正在不断提高。

我诸多的研究成果来自于我的硕士、博士、博士后学生的学术研究和工作后的深入研究，以及我的同事们的科研。在最近的数十年中，他们的工作在人力资本经济学方面取得了真正突破，并广泛应用于农民对有利可图的新生产技术的反应、生产本身和福利之间的联系以及家庭经济学等经济研究中。

一、经济学界的误区

经济学界存在几处理解上的误区。第一个主要的误区是认为标准经济理论不适用于低收入国家，这些国家需要一种独立的经济学理论，为此而创立的经济学模型在过去备受称赞。很显然，这些模型充其量只是一些具有好奇心的知识分子的结论而已。一些经济学家转而从社会学或文化角度解释低收入国家的落后贫穷。对此，文化学学者和行为学学者感到极为不安，这不难理解。幸运的是，学术潮流开始回归理性。

越来越多的经济学家逐渐意识到标准经济理论同样适用于解释低收入国家面临的稀缺性问题,如同高收入国家面临的这些问题。

第二个误区是对经济史的漠视。古典经济学建立时,绝大多数西欧国家的人民在贫瘠的土壤上苦苦挣扎,食不果腹,寿命很短。因此,早期的经济学家面临的问题和现在的低收入国家非常类似。和现在那些低收入国家一样,在李嘉图时代,英国家庭的劳动收入约有一半用来购买食物。在李嘉图的经典之作出版时,马歇尔(1920)说:“英国工人的周薪还不够买半蒲式耳小麦。”在印度,许多人仍生活在李嘉图那个年代的阴影之下。了解很久以前穷人的经历和取得的成就对理解低收入国家面临的问题和可能的选择大有帮助。这种理解的重要性远远超过了对地球、生态系统、未来技术方面详细精确了解的重要性。

最后一个误区表现在缺乏人口方面的历史认知。穷人像旅鼠一样繁殖,逐步走向自我毁灭。这是我们推算全球统计数据后得出的结论,让我们感到恐惧。但回顾社会史和经济史,贫穷时期并没有出现这样可怕的现象,当今贫穷国家的人口增长同样证明该结论是错误的。

二、土地被高估

自然地球观是一种被广泛接受的观点。该观点认为适合耕种的土地面积是固定的,地球无法为持续增长的人口生产足够的农产品。社会经济学观是另一种观点。该观点认为人类拥有足够的能力和智慧,减少对耕地、传统农业和日渐衰竭的能源的依赖,还可以减少生产食物的真正成本,养活日趋庞大的人口。通过研究,我们发现耕地的替代品,这是李嘉图难以预料的。我们还发现随着收入的增加,农民倾向于少生孩子,更注重孩子的质量而不是数量,这一变化出乎马尔萨斯意料。具有讽刺意味的是,以沉闷著称的经济学却能够说明在食物生产方面,前景黯淡的自然地球观并不符合经济发展史,而且历史证明我们可以通过知识进步增加资源供给。我赞同人类学家玛格丽特·米德的话:“人类的未来永无止境。”人类的未来不受空间、能源和耕地的约束,取决于人类的智力发展。

土地生产力的差别不是一个有用的变量,不能解释为什么穷人聚集在全球长期定居的地方。印度的贫穷人口世世代代集中在两个区域:一个是德干高原,该地区雨水不断,生产力低下;另一个是南印度,土壤十分肥沃。在非洲,撒哈拉南部边缘地带的土壤十分贫瘠,裂谷地貌的陡坡地带土壤比较肥沃,尼罗河入口处和两岸的冲击地带土壤十分肥沃:贫穷是这些区域的共同特征。同样,在低收入国家,土地人口比率广为人知的差别在贫穷这个问题上没有可比性。在耕地方面,农民所拥有的激励机制和与之相关的机会最重要。通过一系列投资,包括鼓励农民在农业研究方面做出贡献以及提高人类技能,农民能增加土地的有效供给。

近期的许多研究证明了一个十分重要的观点:耕地经济重要性的下降和人力资本即技能和知识重要性的上升,是导致低收入国家经济学家现代化必不可少的一部分。

不管经济史如何记载,随便找一位经济学家,你会发现他依然遵循李嘉图时代的土地观。李嘉图认为“土地是万物之源，其力量不可改变”。如果这一观点在过去行之有效，现在也已远远不够。长期以来，高收入国家国民收入中地租的份额以及与之相关的地主的社会和政治重要性已经显著下降；而低收入国家正出现这种趋势。为什么李嘉图时代的地租越来越不能推动经济增长？这其中有两个主要原因：首先，随着时间的推移，农业现代化已经把原始土地改造成为一种具有高度生产力的资源，而不仅仅是一种自然资源；其次，农业研究已经提供了耕地的替代物。最初欧洲的土地极为贫瘠，只有一些地区除外，现在却极为高产。原先芬兰的土地不如苏联西部土地那么肥沃，然而今天已属于优质土地。最初的日本农田远远不如北印度的农田，现在属于高品质农田。在高收入和低收入国家，这些变化部分源于农业研究，包括体现在购买农业投入的研究上。农田有了替代物（也可称作土地增值）。谷物收成就是一个恰当的例子，恰好说明了这个替代过程。1970 年美国收获的谷物面积是 3300 万英亩，少于 1932 年。然而 1979 年收获了 75.9 亿蒲式耳，该数量是 1932 年的 3 倍。

三、人口素质被低估

土地本身并非贫穷的决定因素，人口才是关键。而提高人口素质的方式有多种，包括儿童保健、家庭经验、工作经验、通过学校教育获得信息和技能，以及加大对健康和教育的投资。只要政治动荡不造成人口分散迁移，低收入国家的这些投资方式在改善经济前景方面一直很成功，下列章节我将阐述这一点。低收入国家的穷人并非被囚禁在不能突破的贫穷铁笼里的囚犯，也并不存在一种足以阻止穷人放弃挣扎、追求经济发展的强大力量。充分的文献资料显示穷人在农业上面临更好的机会时的确会做出积极响应。

农民和农场主是农业代理人，既参与劳动又分配资源。新机会和激励机制使他们做出反应，决定他们的期望值。激励机制清楚地体现在农民出售农产品的价格以及向生产者和消费者购买产品和服务的价格之中。在许多低收入国家，这种激励机制被严重扭曲（舒尔茨，1978b）。政府人为的价格扭曲带来的结果是农业对经济贡献的下降。

政府采用扭曲的价格政策歧视农业，理由是虽然农村人口远远超过城市人口，但是国内的政治政策通常不顾农村人口的利益，向城市人口倾斜。为攫取廉价食物，城市消费者和工业的政治影响使他们置广大贫穷农村人口的利益于不顾。歧视农业被认为理所当然，理由如下：虽然农业上偶尔会出现“绿色革命”，但是农业天生落后，几乎没有做出重要的经济贡献。人们假定农民一生以传统的耕作方式为生，从而认为农民地位卑微，对经济激励机制漠不关心。他们把工业化的迅猛进程看成是经济发展的关键；制定政策时，把工业放在首位，维持低廉的粮价。这一学说迄今仍得到一些资助机构的支持，并被高收入国家的一些经济学家在理论上合理化，这样的事实真令人遗憾。

1. 企业家精神

全世界的农民在权衡成本、收益和风险时，都是精打细算的经济人。在小范围个人资源分配的领域里，他们是精明能干的企业家，在经济微调方面是如此不留痕迹以至于许多专家未能察觉他们在资源调控上的高效。我对农民这一行为的分析最早出现在《改造传统农业》(舒尔茨,1964)中。尽管农民因教育、健康和经验不同,洞察、阐释以及应对新信息的能力也各不相同,但他们具有一种至关重要的天赋,即企业家精神(韦尔奇,1970,1978;埃文森,1978)。几乎所有的农民都有自己的第二职业——家庭。妇女同样能自由支配自身时间,利用农产品购买生活用品,也是天生的企业家(舒尔茨,1974)。在小范围生产范围里,数百万男人和妇女都具有这种自我支配能力。总的来说农业是一个非常分散的经济部门。接管农民分配功能之后的地方政府一直阻止农民发挥企业家精神,试图用其他有效分配方式加以取代,实现农业现代化,可惜一直没有成功。由此可见,农民和农场妇女自我分配的角色十分重要,对经济发展更是至关重要(舒尔茨,1978 b)。

研究工作同样需要企业家精神。事实上,研究工作本身就是冒险的行业,需要分配稀有资源,需要组织。研究者必须决定在现有的知识环境中怎样合理分配有限的研究资源。研究本身就是探索未知领域或者部分已知领域的动态冒险过程。资金、组织和合格的科学家必不可少,却远远不够。不管是科学家还是经济研究领域相关人员,都必须具备企业家精神(舒尔茨,1979 c)。

2. 失衡必然性

农业现代化指的是农业转型到日益高产的状态。随着更佳时机的出现,农业生产过程中势必需要各种各样的调节措施。我在自己的文章(舒尔茨,1975)里指出,在动态经济中,失衡处理能力具有很高价值。

这样的失衡难以避免。法律和国家政策也难以消除失衡,当然夸夸其谈更不能奏效。政府不能有效地行使农民企业家的职能。

毋庸置疑,未来的历史学家会对最近数十年里经济激励机制被削弱的程度感到困惑。主流知识分子对农业激励机制持敌对态度,现有的经济政策也同样压制生产者激励机制的功效。由于缺乏激励机制,许多低收入国家虽然拥有巨大的经济潜力,却被抑制(盖尔·约翰逊,1977,1978)。获得技术进步的可能性越来越大,但是这些国家农民充分发挥经济潜力所需要的经济激励机制却前景黯淡,不是因为缺乏相关信息,就是因为农产品价格和成本已被严重扭曲。因为缺乏赚钱的动力,农民没有进行必要的投资,没有购买优质农业投入品。由此可见,政府干预是目前缺乏最佳经济激励机制的主要原因。

四、人口素质的提高

我接着讨论农业和非农业人口素质(舒尔茨,1979a,1979b)。这里的素质指的是多种形式的人力资本。在早年的文章(舒尔茨,1974)里,我曾提出虽然严格定义人力资本有充足的理由,但很可能和广义资本理论以及狭义经济增长模型中的资本概念并不完全一致,造成定义上的含糊不清。资本具有两面性,资本的两面性告诉我们经济增长这个动态过程通常前后矛盾,两者的故事并不一致:成本故事是关于沉没投资,而另一个故事是关于这种资本造成的服务流的折现值,随着增长的变化而变化。更糟的是,资本理论中的同质性假设以及增长模型中的资本加总问题。正如约翰·希克斯(1965)所说,资本同质性假设是资本理论的灾难。该假设已被证明不适用于分析在资本不平等中周转顺畅的经济动态增长,因为不管资本加总依据的是要素成本还是其各部分终生服务的折现值,不同资本的收益率存在差异。所有现存增长模型也不能证明这些资本不平等不存在差异。那么为什么要做无用功呢?如果我们不能注意到这些不平等,我们就不得不发明它们,因为它们是经济增长的动力。它们之所以成为经济增长的动力,缘于它们是令人信服的经济增长信号。因此,作为经济增长必要组成部分之一,它们被资本的加总过程所掩盖。

附加人力资本的价值取决于人们获得的附加福利。人力资本是劳动生产率以及企业家能力的源泉。这种分配能力在农业生产、非农业生产、家庭生产、学生对教育时间和其他资源的支配中都十分重要。它同样影响着人们对更好的工作机会和居住地点的追求,对现在和将来消费的满足度都有重要贡献。

我把人口素质定义为一种稀缺资源。这意味着它具有经济价值,而且获取途径必须付出成本。人类行为决定了素质的种类和数量,而提高素质需要时间。在分析人类行为的过程中,关键是附加素质的收益和提升素质的成本之间的关系。当收益大于成本,人口素质的存量得以提升。这意味着任何素质要素供给的增加源自对这些素质需求所做出的反应。这是一种基于供求方法的投资行为,因为所有素质要素都被看作某时期里有用的可持续性稀缺资源。

设定在许多低收入国家,不同素质要素的收益随着时间的流逝而增加。源自企业家分配能力的租金开始上升,儿童保健、学校教育和健康改善的收益也随之上升。随着提高人口素质各要素的成本的降低,人力资本回报率相应提高。久而久之,人口素质需求的增加,孩子数量的增长,成年人自身素质的提高,这一切都减少对人口数量的需求。换句话说,素质和数量可以相互取代。数量需求下降有利于生养抚育数量更少的孩子(贝克尔,托姆斯,1976;罗森茨韦格,沃尔平,1978)。注重素质的发展趋势有助于人口问题的解决。

1. 健康投资

人力资本理论将人的健康状况看作一种存量、一种健康资本,将其贡献看作健康服务。期初存量的部分质量来源于遗传,部分后天形成。健康存量随着时间贬值,到了晚年贬值速度加快。人力资本的总投资需要获取费用和维持费用。这些投资包括儿童保健、营养、衣着、住房、医疗服务以及个人时间的支配。健康资本提供的一系列服务由“健康时间”或“无疾病时间”组成,是对工作、消费和闲暇活动的投入(威廉姆森,1977;格罗斯曼,1972)。

许多低收入国家的人民寿命延长,这一健康上的改善无疑是人口素质最重要的进步。自从1950年以来,许多这些国家的婴儿出生时的预期寿命增加了40%,或者40%以上。在西欧和北美,没有一个国家在如此短的时间内取得预期寿命如此大的增幅。婴幼儿死亡率的下降只是其中一项成绩,大龄儿童、年轻人和成年人的死亡率也同样下降。

兰姆和舒尔茨(1979)研究印度人口发展经济学。他们的研究结果和其他低收入国家的研究结果相吻合。在印度,从 1951 年到 1971 年,男性出生时的预期寿命延长了 43%,女性延长了 41%。1971 年,男性和女性生命周期里,10 岁、20 岁直到 60 岁之后的寿命明显比 1951 年时长。

寿命的延长带来既可喜又深远的经济影响。首先,人们因为活得更久而感到心满意足。尽管这种成就感难以测量,但是毋庸置疑,预期寿命的价值得以提升。当然测量成就感并非难以实现。厄休(1978)提出了一种新颖独特的理论,能确定人们因为预期寿命延长而获得的功效。他的经验分析表明,附加的功效在很大程度上提高了个人收入的价值。

延长的寿命是一种附加的激励机制,鼓励人们接受更多的教育,而教育是对将来的一种投资,能获得收入回报。父母加大对孩子的教育投资,在职教育也越来越盛行。这些附加的健康资本和其他形式的人力资本使得员工的生产力得到提高。寿命延长促使员工增加劳动年限,减少生病时间。良好的健康状态和旺盛的精力使得每一名员工在工作中大大提高了生产力。

兰姆和舒尔茨的研究提供了健康投资必要性的证据,证明健康状况的改善能提高印度农业劳动中的生产力。研究中最令人信服的证据是生命周期里的生产率效应,尤其是疟疾计划实施的"周期"性生产率效应。

2. 教育投资

教育是提高人口素质的根本。在计算教育成本时,孩子为父母工作的价值必须计算在内。大多数父母忽视了孩子工作的价值,即使孩子年龄幼小,才刚入学(马克西加,1977;肖特利奇,1976;罗森茨威格,埃文森,1977)。教育另一个显著特征是教育的年代效应随着时间的流逝、年龄的增长逐渐显现。文盲成为社会普遍现象,没有上过学或者几乎没有受过教育的成年人平庸地过完一生,而孩子接受的教育越多,进入成年期后才会从中收益。

印度的人口在 1950—1951 年至 1970—1971 年间增长了 50%左右,6 至 14 岁的儿童入学率增加了 200%以上。中学生和大学生入学率的增长率更高(印度政府,1978)。教育从本质上说是一项投资,将教育支出当作消费是严重的错误。该错误源于教育仅仅是生活消费品这一假设。把教育方面的财政支出当作是"福利"支出和导致"储蓄"下降的资源用途,这一做法会让人产生误解。同样的错误出现在公众和个人的健康支出上。

包括高等教育在内的教育支出在许多低收入国家的国民收入中占很大比重。相对于储蓄和投资,就传统的国民经济核算方法而言,这笔支出称得上巨大。在印度,和国民收入、储蓄和投资相比较,教育费用的比例不仅巨大,而且随着时间的推移会大幅度提高(兰姆,舒尔茨,1979)。

3. 高技术人群

在衡量人口素质时,重要的是不能忽视医生、医护人员、工程师、会计、科学家、技术人员数量增加这一现象(舒尔茨,1979d)。

很多低收入国家的研究能力令人赞叹。这些国家设立专门研究机构、政府部门的研究单位、工业研究部门以及大学研究机构。这些机构中的科学家和技术人员接受过大学高等教育,有些从海外学成归国。他们的研究领域包括医药、公共卫生(控制传染病和提供健康服务)、营养、工业、农业甚至原子能。相对于其他领域,我对农业研究最为了解,而且这方面资料十分丰富,所以接下来我简要谈谈农业研究。

国际农业研究中心的成立和融资是一项高规格的制度革新。洛克菲勒基金的创业精神使得他和墨西哥政府首先成立了这样一个具有冒险精神的机构。但是,即使如同这样优秀的研究机构也不能替代国家农业研究企业的工作。1959 年到 1974 年在 22 个选定的低收入国家中,农业科学家的数量大大增加。统计结果显示,该时段的科学家数量增加了 3 倍以上。到 1974 年,科学家队伍人数超过 13000 人,其中象牙海岸有 110 人,印度有 2000 多人。印度的农业研究支出在 1950 年到 1968 年间以实际价值计算也增加了 3 倍以上。

最后我们得出结论:印度农业研究投资获得很好回报。印度各邦分析结果显示,农业研究投资收益率约 40%,和提高农业生产的大多数其他投资项目相比,农业研究投资的利润十分惊人。

五、结束语

虽然在很大程度上我们仍然不了解穷人经济学,但在最近数十年里,我们在低收入国家经济动态方面已经取得长足进展。我们知道穷人关心改善自身命运和孩子的命运,其热切关注程度丝毫不亚于我们,虽然我们具有他们难以比拟的各方面优势。而且他们能从有限的资源获得最大收益,他们的能力也丝毫不比我们逊色。由此可见,人口素质和知识是关键,这就是我发言的主旨。大部分低收入国家在提高人口素质和知识教育上取得积极成效。这些成绩意味着良好的经济发展前景。但是如果政治和政府政策歧视农业发展,经济前景则一片黯淡。

即使如此,世界上大多数人仍继续出卖劳力赚取微薄的收入。他们竭尽所能提高产量,尽管半数或超过半数的收入都花在食物上,生活十分艰辛。但是,太阳、地球、季风都不会特意眷顾他们。昆虫和害虫时时出动威胁庄稼。大自然安排了数千物种,随时有可能吞噬他们的劳动成果,而低收入国家的人民往往以农业为生。我们高收入国家的人们似乎已经忘却阿尔弗雷德·马歇尔的箴言:“知识是最强大的生产引擎,知识使我们有能力征服大自然,使大自然满足我们的需要。”

(陈萍萍 译　柴志贤 校)

1980 获奖者

劳伦斯·罗·克莱因

Lawrence R. Klein

【获奖理由】建立计量经济模型和对分析经济波动与经济政策的应用。

生平简介

1920 年	出生于美国内布拉斯加州的奥马哈城
1944 年	获麻省理工学院博士学位
1958 年起	任宾夕法尼亚大学经济学教授
1959 年	获约翰·贝茨·克拉克奖
1977 年	任美国计量学会会长
1977 年	任美国经济学会会长
2013 年	逝世

主要学术贡献

克莱因以公认的经济学说为基础，根据对现实经济中实际数据所做的经验性估算，建立经济体制的数学模型，并用其分析经济波动和经济政策，预测经济趋势。在包括周期研究、随机波动、动态乘数反应、方案分析以及预报等理论性经济分析和公共政策的问题上，运用各种估算系统。所研究的模式包括发展中经济、中央计划经济和工业市场经济，以及这些经济的国际贸易和金融关系。主要有“克莱因—戈德伯格模型”“布鲁金斯模型”“沃顿模型”和“世界模型”。

克莱因的学术成就，概括地说，是将计量经济学方法和凯恩斯主义宏观经济学分析结合起来，创立了宏观经济计量学。

通过他的著作和对各国研究人员的指导，克莱因促进了对经济计量预测模型和对这类模型用于经济政策的可能性的研究。由于克莱因的努力，经济计量分析已经在学术研究、政策研究与经济分析过程中被广泛使用。在经济科学的领域，很少有人像劳伦斯·克莱因这样拥有如此多的后继者和巨大的影响。

主要学术成果

《宏观经济学与合理行为理论》(1946)

《凯恩斯革命》(1950)

《美国经济波动》(1950)

《美国的一个经济计量模型》(1955)

《经济计量学导论》(1962)

《沃顿经济计量预测模型》(1967)

《经济预测理论论述》(1971)

《经济计量学教程》(1973)

《宏观经济体系的模拟技术的状况》(1977)

《经济计量预测和经济模型导论》(1981)

颁奖词

瑞典皇家科学院 / 赫尔曼·沃尔德

尊敬的国王和王后陛下，各位殿下，女士们、先生们：

20 世纪 30 年代初期和中期的经济大萧条开启了经济政治和经济科学的新纪元。失业的灾难性状况一直持续，十分严重。“二战”前，由于军事工业需求增加，失业状况更是雪上加霜。金本位制，国家内部和国家间贸易稳定价格的保障，也相继被各个国家所废除。所有的国家都开始提供更多的经济信息和统计数据，包括产量、价格、工资、失业状况和信用状况等等。从统计分析表可以看出战后金融世界形成了一个网络关联系统，体现了小国和超级大国之间、东西方之间以及北部工业化国家和南部第三世界国家之间的异同点。

经济学见证了由 20 世纪 30 年代的经济大萧条所开启的经济新纪元，约翰·梅纳德·凯恩斯是其中的灵魂人物。1936 年，凯恩斯在专著《就业通论》中提出经济政策的原则，认为通过增加公共支出或减少税收可以降低失业率。20 世纪 30 年代，简·丁伯根和拉格纳·弗里希首创经济计量模型，率先获得为纪念阿尔弗雷德·诺贝尔所设立的诺贝尔经济学奖。在丁伯根的模型里，经济波动可以通过生产、工资、价格、投资和其他变量之间的定量关系进行统计分析。该模型的新特点是，在一个一致的相关系统即经济宏观模型中，他可以通过年度数据和季度数据反映一个国家的经济发展状况。拿破仑战争和第一次世界大战之间经历了 14 个经济周期，每个周期的峰值间约 6 到 8 年。丁伯根提出了一个问题：合理挑选的经济学变量的直接变化是否能够减缓经济周期的波动？

第二次世界大战之后，经济宏观模型的构建在美国得以复苏，随后发展趋势迅猛强劲。由于战后美国经济持续繁荣，该领域的研究方向也不太关注经济系统的周期性趋势，而是聚焦于如何保持经济的稳定增长。因此经济宏观模型主要用来预测未来几个季度甚至一两年内的经济走向，预测产量、价格水平、失业率和其他各种经济参数。20 世纪 50 年代晚期，美国事实上已经存在一些预测经济发展的模型。在华盛顿特区，预测的精准性往往来源于系统性比较。战后经济统计资料来源的不断增加大大加快了经济宏观模型的发展。不久经济宏观模型就发挥了新作用，成为制定经济政策的重要依据。运用该模型，根据各个季度参数更新变化关系可以进行预测。通过同样方式，还可以对深思熟虑后制定的经济政治措施进行效果评价。例如，如果我们想通过提高存款利率推动储蓄，这一计划中的增量可以引入经济宏观模型中，模型就能计算出提高存款利率对储蓄的影响以及对企业投资资本供给的影响。

劳伦斯·克莱因一直是经济宏观模型建构和应用的领军人物，在计量经济学上有坚实和广阔的基础，在经济学模型理论、数据需求和统计技术这些前沿领域研究中也取得巨大成就。他在1944年的博士论文和1947年《凯恩斯的革命》一书中都对凯恩斯的理论进行了详细阐述，并进一步发展了该理论；正是凯恩斯理论提供了经济宏观模型的理论基础。克莱因和密歇根大学调查研究中心合作完成了对消费和消费者态度的统计研究。就统计技术而言，克莱因的模型是相互依存的联立方程系统，源于1943年特里夫·哈维默创立的模型，经克莱因深入发展后成为更加灵活的新类型。克莱因被相互依存系统的灵活性和统计方法带来接踵而至的新问题所吸引，从而激发灵感。

简要介绍：劳伦斯·克莱因创造和建立了经济宏观模型的一个范例，一个理论建构和实际应用的一般模式。克莱因的范例包括组织机构，有正规程序产生经济预测，有政策咨询服务体系，通过模型调整方法解释经济世界长期运行变化。由于统计资料来源的进一步丰富，克莱因的模型日益庞大，日益具体化。经济预测和评估经济政治措施带来的经济社会效应的需求日益增加，模型细节的具体化使满足需求成为可能。这些日益增加的需求来自大众传媒，来自各个公司、组织、管理部门和政治领域的咨询者和决策者。

克莱因从1958年开始加入宾夕法尼亚大学的沃顿商学院。他的“沃顿模型”奠定了这一类组织中最庞大组织的基础，动用了众多人员和预算。克莱因在经济宏观模型的构建中和其他国家、其他各洲进行积极合作，是马不停蹄的“旅行家”，这是他这项开创性工作的主要特征。近期他的主要成就来自连接计划，即连接包括第三世界和共产主义国家在内的各国经济宏观模型，整合成一个系统，旨在增进对国际经济关系的了解，提高对国际贸易、资本流动和其他及时影响经济波动的类似因素的预测。

克莱因教授，请您接受国王陛下颁发的诺贝尔经济学奖。

（陈萍萍 译　柴志贤 校）

获奖演说

20世纪80年代一些经济场景

劳伦斯·罗·克莱因

新十年伊始，未来十年的前景展望令人心生向往。当今的人们对十年末和世纪末的目标怀有极大的兴趣。数十年的发展分析需要更为长远的眼光，而我关注的是十年这一中期展望。

这一展望以美国和全世界两个计量经济模型为媒介得以展开。我将参照美国沃顿模型对单一(大)国进行模拟评估。美国的生产总值占经济合作与发展组织(简称经合组织)经济总量的三分之一以上,因此美国任何规模的经济行动在经合组织经济总量中总能得到体现。

其他国家沿着自己选定的前进方向发展经济。用林克计划的方程系统设法把这些国家汇集到世界模型模拟中很有帮助。林克系统包括17个经合组织工业国家和8个社会主义国家的计量经济模型以及4个发展中国家的地区模型。①

基本案例——美国

我们先来考虑关于美国经济的一个基线模拟。人们通常认为某件大事(一种"沧海桑田般的变化")影响了经合组织地区的主要国家。就美国而言,从第二次世界大战结束到20世纪60年代末的实际国民生产总值平均增长率略低于4%。基线预测显示经济增长在3%左右。日趋缓慢的增长、居高不下的通货膨胀、高利息成本、日益上升的失业率和国际收支平衡问题在沃顿年度模型的一系列表格中清楚地一一显现。表1列出了按五年间隔记载的一些年度增长率。

表1　五年年均增长率

五年期截止年份	1960	1965	1970	1975	1980	1985	1990
实际国民生产总值	2.4	4.7	3.0	2.3	3.3	3.0	3.0
国民生产总值平减指数	2.4	1.6	4.2	6.8	7.3	8.0	7.6
名义国民生产总值	4.9	6.3	7.4	9.2	10.8	11.3	10.8
实际消费	2.8	4.3	3.7	3.0	3.6	2.7	3.0
耐用品	0.1	6.9	3.9	4.9	3.5	3.1	2.6
非耐用品	2.4	3.2	3.0	1.6	2.8	1.4	2.0
服务	4.1	4.6	4.3	3.6	4.3	3.4	3.8
实际投资总额	0.2	7.3	0.6	−1.6	5.3	5.9	3.8
非住宅	1.5	7.7	2.8	0.6	4.8	3.2	4.5
住宅	−0.1	4.3	−1.3	−0.8	2.2	7.5	2.2
实际贸易流量							
进口	5.5	6.2	9.9	0.5	8.8	3.1	3.7
出口	5.1	6.5	6.4	6.0	7.7	3.9	3.3
实际政府支出	2.8	3.9	3.6	1.0	1.4	1.9	2.2
联邦	0.9	2.1	2.0	−2.7	2.0	3.3	2.0
州和地方	5.1	5.9	5.0	3.6	1.0	0.9	2.3

① 这是林克系统国家和地区构成现状。该系统大约在一年前建成。系统模拟的一些版本包括4个经合组织国家模型和1个中央计划模型。

续　表

五年期截止年份	1960	1965	1970	1975	1980	1985	1990
就业	1.1	1.6	2.0	1.5	2.7	1.4	1.3
民用劳动力	1.4	1.3	2.1	2.3	2.5	1.3	1.1

预测值：沃顿经济预测协会。实际预测值参照 1972 年价格。

这一模式不仅在美国，而且在其他工业国家都广为人知。第二次世界大战后的恢复扩张期（1945—1970）和 1970—1980 年十年间的经济变化形势，是基本经济环境中一些深刻变化的结果，和下列主要事件有关：

(1)能源供求不平衡和价格由低到高的变化；

(2)对现有食品供应的压力和食品价格日趋上涨的变化；

(3)日益严重的通货膨胀；

(4)生产力增长的速度下降；

(5)劳动力的迅速扩张；

(6)对生活质量问题的日益重视。

这些问题最早出现在 20 世纪 60 年代后期；许多肇始于越南战争的问题在美国经济动荡的 70 年代盛行。在顺利度过周期运动之后，70 年代的均值表明增长、通货膨胀、失业率、国内财政赤字和对外逆差出现变化趋势。在这 10 年间，美国经济发展走向高度全球化，承受越来越多国际事件带来的压力，独立自主程度下降，根本不能脱离与其他国家的联系。70 年代和之前数十年之间的区别都被载入史册。从 1971—1980 年 10 年间估算出的平均趋势支配着对 80 年代和 90 年代的预测。没有迹象表明 70 年代的趋势违反了常规，也没有迹象表明我们可能重返早期令人热血沸腾的战后年代。上述六点涵盖了发生改变的原因。在本次讲演中，我以计量经济联立方程模型视角看待问题，而不是对这六点一一展开分析。

一个大规模计量经济模型的趋势预测有一种特定的阐释。其主要功能是对预算承诺、税法、货币当局的行为和各种经济立法进行解释。在这一外推最初的两三年间，通过使大量主要政策沿着特定的短期路线运行，该模型尽可能多地介绍特定的经济周期内容。这部分外推可以被恰当地称为全方位预测。从那一点往前，主要输入被放置在最近的中期趋势轨迹上。用试验误差法寻找一组产生经济平衡增长轨迹的外生输入，其中平衡增长指的是决定长期经济增长态势的若干特征化事实，包括：

(1)实际增长率和实际利息率之间相等；

(2)稳定的储蓄比率；

(3)国民生产总值中稳定的薪资比例；

(4)稳定的速率；

(5)可以容忍的国内赤字和对外逆差。

输入值连同初始条件能产生一个具有上述特征的模型答案。找到一组输入值通常在理论上是可能的但在现实中却困难重重。没有人能确保这样一个由 1000 多个相关方程的模型决定的答案独一无二，也没有迹象表明一个与众不同的答案的确存在，并符合上述列举条件。

表 2　1990 年为止选定的美国经济指标预测

沃顿年度行业预测模式选定的指标

项　　目	1980	1981	1982	1983	1984	1985	1986	1987	1988	1989	1990
国民生产总值(当年美元)	2 559.2	2 859.0	3 212.8	3 552.8	3 939.6	4 362.5	4 859.2	5 412.7	5 983.2	6 614.8	7 286.2
变化(%)	8.0	11.7	12.4	10.6	10.9	10.7	11.4	11.4	10.5	10.6	10.1
国民生产总值(1972 年美元)	1 416.9	1 448.8	1 511.1	1 553.6	1 606.9	1 645.3	1 696.5	1 745.2	1 795.5	1 852.9	1 903.2
变化(%)	−1.0	2.2	4.3	2.8	3.4	2.4	3.1	2.9	2.9	3.2	2.7
国民生产总值物价指数(1972=100.0)	180.6	197.3	212.6	228.7	245.2	265.1	286.4	3 310.2	333.2	357.0	382.8
变化(%)	9.2	9.3	7.7	7.6	7.2	8.1	8.0	8.3	7.4	7.1	7.2
人口(百万)	2 22.51	2 24.57	226.72	228.89	231.08	233.27	235.46	237.63	239.77	241.87	243.93
变化(%)	0.9	0.9	1.0	1.0	1.0	0.9	0.9	0.9	0.9	0.9	0.8
劳动力(百万)	104.93	106.65	108.16	109.41	110.68	112.00	113.42	114.79	116.04	117.16	118.19
变化(%)	2.0	1.6	1.4	1.2	1.2	1.2	1.3	1.2	1.1	1.0	0.9
参与率	63.9	64.1	64.3	64.4	64.5	64.6	64.8	64.9	65.1	65.3	65.4
变化(%)	−0.2	0.3	0.3	0.1	0.2	0.2	0.3	0.2	0.3	0.3	0.3
就业(百万)	97.05	97.93	99.79	101.23	102.80	103.91	105.37	106.84	108.20	109.59	110.91
变化(%)	0.1	0.9	1.9	1.4	1.6	1.1	1.4	1.4	1.3	1.3	1.2
所有行业每周工资率	313.6	348.1	384.9	418.2	453.4	496.0	542.3	594.9	650.4	709.8	777.6
变化(%)	8.4	10.9	10.6	8.7	8.4	9.4	9.3	9.7	9.3	9.1	9.5
所有行业生产率	14 600	14 794	15 143	15 348	15 631	15 835	16 099	16 334	16 595	16 908	17 160
变化(%)	−1.1	1.3	2.4	1.4	1.8	1.3	1.7	1.5	1.6	1.9	1.5
所有制造业生产率	7 927	8 112	8 354	8 563	8 823	9 018	9 287	9 565	9 845	10 158	10 448
变化(%)	−1.3	2.3	3.0	2.5	3.0	2.2	3.0	3.0	2.9	3.2	2.8
实际人均国民生产总值(千,1972 年美元)	6 368	6 451	6 665	6 788	6 954	7 053	7 205	7 344	7 489	7 661	7 802
变化(%)	−1.9	1.3	3.3	1.8	2.5	1.4	2.2	1.9	2.0	2.3	1.8
实际人均可支配收入(千,1972 年美元)	4 450	4 502	4 603	4 688	4 810	4 870	4 986	5 071	5 171	5 290	5 411
变化(%)	−1.3	1.2	2.2	1.9	2.6	1.3	2.4	1.7	2.0	2.3	2.3
公司税前利润	230.5	236.5	249.1	276.2	321.8	383.2	451.2	530.3	586.9	659.9	724.0
变化(%)	−2.6	2.6	5.3	10.9	16.5	19.1	17.7	17.5	10.7	12.4	9.7
债券利率(%)	12.33	12.28	11.80	10.98	10.73	10.29	10.32	10.66	9.96	9.63	9.54
优质商业票据利率(%)	11.23	11.17	9.66	9.61	9.29	8.78	8.87	9.29	8.66	8.23	8.17
货币供应量	1 124.2	1 221.4	1 326.9	1 539.8	1 734.6	1 961.8	2 196.4	2 450.5	2 712.0	3 020.2	3 359.6
变化(%)	8.5	8.7	8.6	16.0	12.6	13.1	12.0	11.6	10.7	11.4	11.2
失业率(%)	7.51	8.17	7.74	7.48	7.12	7.23	7.09	6.92	6.76	6.46	6.17
储蓄率(%)	4.29	4.79	4.90	5.25	5.58	5.36	5.61	5.44	5.51	59.8.80	6.04
联邦政府盈余或赤字(当年美元)	−51.1	−58.5	−37.7	−28.0	−23.5	−7.7	−9.8	−0.7	−5.0	3.3	−1.1

续 表

项 目	1980	1981	1982	1983	1984	1985	1986	1987	1988	1989	1990
州和地方政府盈余或赤字(当年美元)	23.2	31.6	42.6	38.9	39.4	37.9	37.0	36.5	41.3	45.5	44.4
国民收入员工报酬	77.0	77.1	77.0	76.6	75.8	75.5	75.0	74.9	74.9	74.8	75.3
国民收入利润	11.2	10.3	9.6	9.6	10.1	10.8	11.4	12.0	12.0	12.2	12.2

事实很明显，20 世纪 70 年代初，确切地说早在 1970 年，如果我们力图使沃顿模型的预测答案更贴近增长和失业的长期既定趋势，其预测误差会日积月累，进而偏离我们设置模型的初衷。如此那般，会出现以下现象：通货膨胀会恶化，国内财政赤字会变得异乎寻常地庞大，对外净差额会出现严重的赤字。从盛行的初始条件出发，得到在较高增长轨迹上运行的模型答案似乎不大可能，而且该模型答案必须符合史实并满足施加在长期外推上的约束条件。通常而言，模型对更高的通货膨胀率以及庞大的国内财政赤字和对外逆差预测效果较好，但模型对资本流动和美元汇率反馈的进一步发展显然没有深入阐明。

模型模拟过程表明：

(1)长期增长率下降约一个百分点；

(2)通货膨胀率上升约五个百分点；

(3)经常账户盈余几乎难以维持；

(4)名义利息率通常高于以往；

(5)最终达到国内财政平衡。

经济形势在很大程度上取决于外部环境。在新经济形势伊始，我们应当预期到增长率短期下降。但是经济生产轨迹是否在下降到一定量之后恢复以往的增长率？增长率本身是否下跌？均衡增长理论和直觉告诉我们，初始增长率下跌之后，经济应该恢复原有的增长速度。生产水平下降，但是扩张率恢复到原先程度。大规模计量经济模型似乎不能支持这一结果，至少在十年之内并不可能。所有要素增长率似乎都呈下降趋势。因此，目前美国的预期增长率是 3%而不是 4%。这一对数字广为人知，在许多西欧国家预期增长率方面常被引用。日本的长期均衡增长率从 10%下跌到 5%。各个国家甚至全球许多计量经济模型练习中都有这一有趣的发现。

如果美国经济得到振兴，重新回归 20 世纪 50 年代和 60 年代高速增长之路，就会出现贸易和支付之间的差距。如果经济允许，沿着适度发展道路前进，保持增长率为 3%。尽管进口实际油价持续上涨(假设)，经常账户只出现轻微恶化，接近盈余。节能是一大趋势，但是进口油价仍逐年大幅度上涨。美国经常账户盈余的支柱是日益增长的农业出口以及服务业或无形账户中数目可观的顺差。在无形账户中，最重要的支柱项目是投资收益。许多美国企业在早期向国外投资时未能解决国际收支平衡问题，不过它们最终从投资中大获成功。赚取丰厚的投资收益是这些企业自始至终的目的。以跨国公司为基础的美国现在享受从国外获得的巨大收益。在许多情况下，国外收益远远要比国内收益更为丰厚。

其他两项发展也促进来自无形账户中的投资净收益。国外高利息率，特别是欧洲美元市场中的高利息率,使美国企业财务人员从营运资金短期投资中获得可观的收益。高昂的油价虽然损害了我们在有形商品领域的盈余,却被美国跨国石油公司可观的收益所抵消。

美国经济从根本上被“财政障碍”所困扰。当经济在充分就业附近运行时,现有的税收和收入法规能带来十分巨大的收益,通常足以支付沿着历史增长道路外推的一切合理开销。一些新的减税政策将会出台,事实上这已包含在基线预测之中。但是这些都不足以遏制中央政府收入全面而大规模地扩张。尽管一年之后我们很少能实现国内预算平衡,我们确实在基线模拟中加以预测。和十年预测时的预期结果相比,带来新支出并阻碍个人收入基数扩大的主要障碍使国内账户更为频繁地出现赤字。

美国出现经济扩张减速的新形势并不能仅仅归咎于能源问题。能源价格日益上升。能源已经成为经济变化的关键因素。要充分认识现代经济的新特点必须十分关注能源发挥的作用。沃顿模型是对美国做出计量经济阐述的模型之一,包含了大量能源细节。从附表可以清楚地看到预期节能有所进展,这是经济效率的一个自然要素。低效率利用包括能源在内的昂贵稀缺资源最终会导致资源利用方面更为小心谨慎。美国经济的基线预测显示国民生产总值中能源(英热单位)比例有稳定下降的趋势,从1980年的52.48(千,英热单位,1972年美元)下降到1990年的44.57。如果没有应对相对价格变化的节能措施,使对外贸易账户达到经常账户盈余会困难得多,会对美元施加更多的压力,从而影响到国内通货膨胀。因此,应对经济学规律的能源利用构成了展望未来的一个重要组成部分。

提高能源效率不仅应该归功于市场经济的自由运作,还应该归功于汽车燃料效率法令。每加仑汽油平均行驶英里数的统计数据得以稳步完善,表3中清晰可见。在汽车供应方面达到这些标准,消费者和生产者无形中对国民生产总值中能源比例的提升做出贡献。这些制度方面的考虑是基线情况外生输入的一个部分。

表3 1990年为止的美国能源及相关预测

	1980	1981	1982	1983	1984	1985	1986	1987	1988	1989	1990
汽油和石油消费(10亿,1972年美元)	24.0	23.3	23.7	23.0	22.3	21.8	21.4	21.1	20.8	20.5	20.3
每加仑行驶英里数(新车)	17.19	18.84	20.47	22.02	22.78	23.18	23.39	23.59	23.80	24.01	24.22
每加仑行驶英里数(全部)	13.75	14.23	14.88	15.70	16.64	17.63	18.62	19.60	20.51	21.32	22.02
原油进口(百万桶)	2 017	1 956	2 138	2 030	1 996	1 952	1 921	1 898	1 872	1 843	1 796
进口价格(美元/桶)	32.25	38.46	44.99	50.39	54.92	59.87	65.25	71.13	77.53	84.51	92.11
能源消费(万亿,英热单位)	74.35	75.24	77.10	77.57	78.41	78.91	80.11	81.30	82.41	83.73	84.83
国民生产总值中能源比例(千,英热单位,1972年美元)	52.48	51.93	51.02	49.93	48.80	47.96	47.22	46.58	45.90	45.19	44.57

预测每生产单位能源用量的下降,不仅仅是沃顿模型答案中的“希望”所在,事实上还是一个现行趋势的延续;该趋势自1973年以来已经显而易见却备受忽视。1973—1979年期间,能源和国民生产总值的比例已从60.41下跌到54.50。

寻找一套经济政策时,我一直留意当代政治。经济政策能得到基线案例的平衡答案。自从肯尼迪—约翰逊年代以来，美国联邦政府一直趋向保守。随着时间的流逝以及在通货膨胀问题上不满情绪的日益滋长，美国联邦政府无疑变得更为保守，对基线案例的财政和货币政策采取适当限制的保守措施。公共支出占国民生产总值比例以1%的速度继续呈基本下降趋势。高税收政策得以延续，从而最终取得国内预算平衡。货币供应稳健增长。从长远来看，该模型与货币数量理论相吻合，即名义国民生产总值和货币供应以相同的变化率扩大。这一吻合的倾向从稳定流通速度的趋势可以看出。这种保守的货币政策和假定保守的财政政策相辅相成。

表 4　美国基线预测中估算的 M4 速度

1980	2.28	1984	2.27	1988	2.21
1981	2.34	1985	2.22	1989	2.19
1982	2.42	1986	2.21	1990	2.17
1983	2.31	1987	2.21		

基本案例——全球经济

在许多方面，今后十年美国的经济发展应该指明了大多数发达工业经济体的一般模式。诚然，每个国家都有自己的特殊国情，但主要的模拟结果，包括适度增长、较少的通货膨胀和全面平衡，如果不能在所有工业市场经济体中流行，至少会在几个工业国家盛行。接下来我们考虑整个世界，而不是仅仅考虑组成经合组织的工业国家集团，还包括中央计划国家和发展中国家。我们关注它们之间的相互作用和全球经济发展方式。

20 世纪 60 年代经济迅速发展。工业化国家中，日本的年均增长率超过 10%，高得异乎寻常。十年间所有工业化国家的平均增长率为 5.1%，但是由于经济周期波动，在 70 年代大多数时间里大幅度下跌，仅为 3.2%。个别中央计划经济体表现优异，但是中国的“文化大革命”、捷克斯洛伐克的国内动乱以及其他方面的种种困难，都阻碍了经济增长，增长率仅为 4.9%，低于经合组织经济增长的平均数。70 年代，社会主义国家经济大幅度提升，但是现在这些国家也面临与今后市场经济体同样的问题。

对于发展中国家，由于国家类别不同，结果参差不齐。按照世界银行的估计，20 世纪 60 年代和 70 年代，低收入国家快速增长，增长率低于 4%。中等收入国家集团的经济增长率接近 6%，而波斯湾石油输出国增长更为迅速。很明显，附表的数字在 1978 年中断，刚好是在伊朗革命之前；正是伊朗革命破坏了接下来一段时期内的经济活动。

表 5　一些世界历史统计数据

	国内生产总值增长		通货膨胀率		出口增长		进口增长	
	1960—1970	1970—1978	1960—1970	1970—1978	1960—1970	1970—1978	1960—1970	1970—1978
低收入国家	3.9	3.6	3.0	10.6	5.0	−0.8	5.0	3.2
中等收入国家	6.0	5.7	3.1	13.1	5.5	5.2	6.8	5.8

续 表

	国内生产总值增长		通货膨胀率		出口增长		进口增长	
	1960—1970	1970—1978	1960—1970	1970—1978	1960—1970	1970—1978	1960—1970	1970—1978
工业国家	5.1	3.2	4.2	9.4	8.7	5.7	9.4	5.1
波斯湾石油输出国	13.0	6.0	1.2	22.2	9.5	−1.2	11.1	21.1
中央计划经济	4.9	5.6	—	—	—	—	—	—

资料来源:世界银行,《1980年世界发展报告》。

过去十年经济失调前的通货膨胀并不严重,非社会主义国家低于5%的通货膨胀率很常见。发展中国家有一些显著的例外。20世纪70年代早期,食物和燃料价格急剧上涨。解决越南战争遗留问题之后,物价疯涨,攀升到新的高度。1970—1978年工业化国家平均增长率稍低于10%,然而近几年经济形势急剧恶化。这是前景展望最为黯淡的方面之一。

中央计划经济体没有拿出一个令人满意的价格报告。就在最近,它们展示了一系列一劳永逸的价格变动。它们开放边界,进行更大规模的贸易。这意味着它们必须吸收很大程度的进口通货膨胀。在有适当物价指数的地方,该指数表明价格上升的程度可与西方相比拟。

世界贸易的增长和模式是世界经济的另一个特征。20世纪60年代是贸易发展的"黄金时代"。进出口增长快于总生产。由于70年代经济危机席卷世界经济,贸易增长倒退,不过仍远远高于生产增长。在整个世界范围,贸易量的增长比生产增长快50%左右。

第二次世界大战结束以来的大部分历史时期里,布雷顿森林协定的固定平价制度负责贸易平衡的调整,同时发展繁荣的多边贸易制度。像日本和德国这样的国家积累了大量盈余,而美国、英国及其他几个重要国家在这方面相对薄弱,因此该制度在20世纪60年代末或70年代初崩溃,管理浮动汇率制度获得运作机会,而此时全世界正因1973年石油禁运和石油输出国组织的高昂能源价格而震惊。现在各国中有大量盈余和大量逆差。至于哪国盈余哪国逆差,每年存在很大变动。使经合组织各成员的短期调整相形见绌的是石油输出国的大量盈余。在石油输出国组织于1974—1975年第一次积累盈余之后,过剩资金通过通货膨胀、美元贬值和石油输出国组织的高进口倾向而在全球经济范围内再次流通。这一情况早已不复存在。在发达世界和发展中世界里,石油输出国的巨额盈余已被石油输入国的逆差所抵消。

世界模型预测20世纪80年代的基本设想是控制石油适量生产,保持价格上涨高于西方通货膨胀率,利用石油输出国的盈余发展非石油经济部门或在全世界投资。

根据最近世界经济史的初始条件、油价变化过程的假设和主要外生变量的外推趋势,我们可以计算全球经济的基线预测。林克计划由各个国家和地区的计量经济模型所构成。这个相互联系的系统是进行这种计算预测所凭借的统计媒介。

表6　对增长和通货膨胀测量结果的世界总结

1980—1990 基线(年度百分比变化)

国家类别	1980	1981	1982	1983	1984	1985	1986	1987	1988	1989	1990	1981—1985	1986—1990	1980—1990	1981—1990
国内生产总值															
13 个林克经合组织国家①	1.3	2.3	4.2	3.7	3.4	3.4	3.2	2.9	2.9	2.9	2.7	3.4	2.9	3.0	3.2
水平②	(2613.5)	(2672.5)	(2785.5)	(2889.0)	(2987.9)	(3087.5)	(3184.7)	(3277.2)	(3373.1)	(3471.6)	(3564.4)				
发展中国家	5.0	5.6	5.3	5.7	5.4	5.6	5.4	5.3	5.3	5.3	5.3	5.5	5.3	5.4	5.4
非石油输出国	5.5	5.6	5.3	5.7	5.4	5.6	5.3	5.2	5.2	5.2	5.2	5.6	5.2	5.4	5.4
石油输出国	2.2	5.3	5.3	5.3	5.3	5.3	6.3	6.3	6.3	6.3	6.3	5.3	6.3	5.5	5.8
中央计划国家③	4.2	3.4	4.3	4.4	4.6	4.4	4.4	4.6	4.4	4.6	4.6	4.2	4.5	4.3	4.4
世界④	2.2	3.0	4.3	4.1	3.9	3.9	3.7	3.6	3.5	3.6	3.4	3.8	3.6	3.6	3.7
私人消费平减指数															
13 个林克经合组织国家															
国家	11.2	8.5	6.4	5.9	5.6	5.4	5.4	5.4	5.5	5.4	5.4	6.4	5.4	6.4	5.9
(国内生产总值平减指数)	(9.5)	(8.1)	(6.6)	(5.9)	(5.6)	(5.6)	(5.5)	(5.5)	(5.5)	(5.4)	(5.6)	(6.4)	(5.5)	(6.2)	(5.9)
发展中国家	25.3	29.1	20.7	18.1	16.2	13.0	11.2	11.1	10.8	10.5	10.3	19.3	11.5	15.9	15.0
丰石油输出国	26.8	31.6	22.7	19.6	17.4	13.8	11.8	11.7	11.4	11.0	10.8	20.9	11.3	17.0	16.0
石油输出国	14.4	11.3	6.3	7.4	8.0	7.5	6.9	6.9	6.8	6.8	6.6	8.1	6.8	8.1	7.4
世界⑤	13.8	12.3	9.1	8.2	7.6	6.8	6.5	6.5	6.5	6.3	6.3	8.8	6.5	8.2	7.6

本国/地区增长率加权平均数：

①13 个林克经合组织国家是澳、奥、比、加、芬、法、联邦德国、意、日、荷、瑞典、英国和美国。

②10 亿,1970 年美元,按照 1970 年汇率。

③只包括东欧经互会国家和苏联。

④世界＝0.656 5×经合组织＋0.149 4×发展中国家＋0.185 1×经互会。

⑤世界＝0.814 5×经合组织＋0.185 4×发展中国家。没有得到经互会的通货膨胀测量数据。

⑥时期平均数用第一期直到最后一期增长率的几何平均。

林克系统的每个组成模型凭借的趋势外推练习,与上述美国沃顿模型相类似。两者之间的差别在于包括美国因素在内的林克计划的各个模型没有大规模具体输入输出和能源部门,而这些却包含在沃顿模型之中,用于长期分析。在美国案例中,林克模型预测的美国经济由年度沃顿模型的已知结果来监测。

联合林克系统在这种中期预测中的主要优点在于发展世界贸易和通货膨胀的增长模式,作为计算结果的一部分,而不是假设输入的一部分。为了分别估计各个国家或地区的增长模式,世界贸易和进口价格的假定值必须事先设置。

世界经济基本案例预测和美国案例讨论结果十分相似,因为全球大多数国家正在承受相同的经济压力,并具有相似的反应和结果。

得到保护的工业国家平均失去一两个增长百分点。20世纪60年代,这些国家以5%以上的速度扩张,但从包括50年代的长远时间来看,这一估计数字会变小。预测增长率约为3%,和70年代周期性的十年增长率相同。在预测中,发展中国家国内生产总值增长和中央计划国家经济增长都呈下降趋势。这些都是在全球范围的基础上计算出的数据。今后十年的增长率在3.5%和4.0%之间。60年代相应的数值超过5%,70年代的数值比较小。

从历史上看,世界贸易扩大的速度超过GDP增长速度,比例为1.5。然而在预测中,该比例大幅度下降,因此预期世界贸易增长率超出GDP增长率10%左右。随着中国、苏联和其他社会主义国家等新型大规模经济体进入世界贸易体系,以及各国之间相互关联程度不断提高,出现了崭新的局面。值得注意的是,美国更加关心它的国际经济关系,也更积极地参与国际事务。为了对抗这些趋势,各国采取保护主义措施,在进口替代上付出种种努力,石油输出国也在限制石油产量增长上做出一些尝试。

在这个增长和贸易发展速度缓慢的年代,美国当权的政策制定者保守的经济态度有利于反通货膨胀政策,预计这一政策将最终占据主导地位。可惜总通货膨胀率并没有下跌到20年前盛行的极低数值。我们曾享有不足5%的通货膨胀率,如今这一数值下降到个位数区间并最终保持在5%—6%之间,就被认为是一个显著成就;而在发展中世界,这一合理的目标平均约为15%。

表格中清晰可见的石油输出国盈余增长源于所有发展中国家,形成一个集团。在这十年里,这一集团的盈余和工业国的逆差相抵消。社会主义国家也有逆差。预测假设这些互相抵消的盈余通过世界金融系统进行再循环,不过在实际过程中可能很难实现。

在经合组织国家,盈余和逆差地区会出现大量变动。到1990年,美国从逆差达到平衡,日本和德国一开始就出现逆差,法国、意大利和英国也不例外。预测日本出现巨大变化,到十年中期迅速恢复盈余;德国遵循经济适度发展道路,走向平衡,到1990年小有盈余。

表 7　世界贸易总结

国家类别	1980	1981	%△	1982	%△	1983	%△	1984	%△	1985	%△	1986	%△	1987	%△
13 个林克经合组织国家①															
出口②	1 036.0	1 219.3	17.7	1 420.8	16.5	1 592.3	12.1	1 788.9	12.3	2 012.7	12.5	2 259.8	12.3	2 522.4	11.6
进口	1 090.0	1 275.2	17.0	1 439.0	12.8	1 622.5	12.7	1 833.2	13.0	2 055.5	12.1	2 295.4	11.7	2 551.0	11.1
余额	−54.0	−55.8		−18.2		−30.2		−44.3		−42.7		−35.6		−28.5	
发展中国家															
出口	532.1	631.6	18.7	693.7	9.8	773.5	11.5	859.0	11.1	954.7	11.1	1 055.8	10.6	1 161.0	10.0
进口	438.5	564.3	28.7	629.2	11.5	719.9	14.4	807.2	12.1	912.9	13.1	1 020.1	11.7	1 134.0	11.2
余额	93.6	67.4		64.5		53.6		51.8		41.8		35.7		27.0	
中央计划国家③															
出口	138.4	156.7	13.3	177.2	13.0	201.1	13.5	229.7	14.2	261.3	13.8	298.2	14.1	333.2	11.7
进口	146.7	168.2	14.6	186.5	10.9	207.3	11.2	235.3	13.5	265.9	13.0	304.9	14.7	339.5	11.3
余额	−8.3	−11.4		−9.3		−6.2		−5.6		−4.6		−6.7		−6.2	
世界其他地方															
出口	163.4	203.0	19.8	189.8	−6.5	239.7	26.3	286.9	19.7	329.2	14.8	367.8	11.7	408.3	11.0
进口	194.7	203.1	4.3	226.8	11.7	256.9	13.2	288.9	12.5	323.7	12.0	361.2	11.6	400.7	10.9
余额	−31.3	−0.1		−37.0		−17.2		−2.0		5.5		6.6		7.7	
世界出口	1 869.9	2 210.7	18.2	2 481.5	12.2	2 806.6	13.1	3 164.5	12.8	3 557.9	12.4	3 981.6	11.9	4 425.1	11.1
世界出口价格	3.3	3.8	14.8	4.1	8.0	4.4	7.9	4.7	7.8	5.1	7.5	5.4	7.1	5.8	7.1
世界出口(实际)	572.2	289.4	3.0	612.6	3.9	641.9	4.8	671.4	4.6	702.3	4.6	733.9	4.5	761.9	3.8
燃料的世界出口价格	10.9	13.2	20.8	14.3	8.5	15.8	10.5	17.4	9.9	19.1	9.7	20.9	9.3	22.9	9.7
燃料的世界出口(实际)	40.9	39.6	−3.2	41.3	4.3	42.9	3.9	44.5	3.7	46.1	3.5	47.9	3.9	49.2	2.7

美元不变,基期 1970＝1.0

小括号内数字是年均贸易余额。

①③说明同前。

②数字代表商品贸易,离岸价。

④时期平均数是最后一年对第一年预测的复合年度增长率。

用类推法对美国增长前景做出的分析可应用于全体工业国家。在抑制通货膨胀、支付昂贵的石油进口、保护货币交换价值以及补偿生产率损失方面采取的限制性政策促使经济走上适度发展之路。工业世界放慢速度,限制了发展中国家的出口潜力。为了解决不利的贸易形势和支付逆差,限制性政策得以延续。在此环境中,很难获得发展资金流入。此外,高昂债务本息的负担在很多情况下成为额外的限制因素。相较于从前,经合组织地区保守的政府现在更不情愿提供优惠援助。

中央计划经济体过去认为自己能与外界隔绝,从而抵御来自世界其他国家经济疾病的侵袭,可现在情况和以往不再相同。

为取得良好的经济增长成绩,中央计划经济体付出巨大努力,然而它们对结果并不满意,因此改变策略,决定引进西方高级技术和补充国内农业供应所必需的谷物。这一新途径打开了面向西方通货膨胀的经济大门,因为进口自始至终反映了日益上升的全球物价。苏联一直利用相应上涨的黄金和石油销售给部分进口提供资金,却在维持上升的出口物价平衡时深陷全球通货膨胀账目之中。

东欧经济体一直忙于应付贸易逆差和借贷。为了支付进口费用,它们为世界市场生产出口商品,却远远超出自己的生产能力。由于对外收支失调,它们只好求助于广为人知的"停停走走"政治策略,运用该策略的"停止"阶段进行经济调控。此外,波兰和其他东欧国家一直面临通货膨胀环境下国内劳工骚动问题。

中华人民共和国正在采取类似的贸易政治政策,但需留意社会主义国家一头扎进开放经济所带来的种种复杂问题里。这些国家正在吸取欧洲国家的教训,减少原有贸易和资本进口计划。中国人接近这一发展阶段时十分谨慎,他们目前就具有未被发掘的巨大增长潜力,足以支撑超过中央计划经济体平均值的增长率。近期中国的增长率达到甚至超过7%。从长远来看,6%的增长率似乎能够达到,不过这一数值可能下滑一个百分点左右。

表7(续表)

国家类别	1988	%△	1989	%△	1990	%△	1981—1985 %△	1986—1990 %△	1980—1990 %△	1981—1990 %△
13个林克经合组织国家[①]										
出口[②]	2 824.7	12.0	3 172.8	12.3	3 545.1	11.7	13.3	11.9	13.1	12.6
进口	2 840.3	11.3	3 174.3	11.8	3 532.1	11.3	12.7	11.4	12.5	11.9
余额	−15.6		−1.5		13.0		(−38.2)+	(−13.6)+	(−28.5)	(−25.9)+
发展中国家										
出口	1 273.5	9.7	1 399.8	9.9	1 534.0	9.6	10.8	9.8	11.2	10.3
进口	1 258.6	11.0	1 403.2	11.5	1 559.0	11.1	12.7	11.2	13.5	11.9
余额	14.8		−3.4		−25.0		(55.8)+	(19.8)+	(38.3)+	(37.8)+
中央计划国家[③]										
出口	376.0	12.8	424.6	12.9	477.2	12.3	13.6	12.5	13.2	13.1

续 表

国家类别	1988	%△	1989	%△	1990	%△	1981—1985 %△	1986—1990 %△	1980—1990 %△	1981—1990 %△
进口	383.9	13.1	433.6	12.9	487.2	12.3	12.1	12.4	12.7	12.5
余额	−7.9		−9.0		−10.0		(−7.4)+	(−7.9)+	(−7.7)+	(−7.7)+
世界其他地方										
出口	454.8	11.4	512.5	12.7	576.7	12.5	12.8	11.9	13.4	12.3
进口	446.1	11.3	498.7	11.8	554.7	11.2	12.3	11.3	11.0	11.8
余额	8.7		13.9		22.0		(−10.2)+	(11.7)+	(−2.1)+	(0.8)+
世界出口	4 929.0	11.4	5 509.7	11.8	6 133.0	11.3	12.6	11.4	12.6	12.0
世界出口价格	6.2	6.9	6.6	6.8	7.1	7.8	7.6	7.1	8.0	7.2
世界出口(实际)	793.7	4.2	830.4	4.6	861.9	3.8	4.5	4.1	4.2	4.3
燃料的世界出口价格	25.0	9.2	27.3	9.1	29.7	9.0	9.6	9.2	10.6	9.4
燃料的世界出口(实际)	50.7	3.1	52.3	3.2	54.0	3.3	3.8	3.1	2.8	3.5

发展中国家有一个特殊的国家集团，即石油输出国组织国家，或者从广义上来说，石油输出国家。它们的发展计划至少在中期几乎不受国际收支制约。尽管它们能够以更快速度发展，但它们得慎重考虑过去五年的经验。在这五年里，对石油资源的快速开发没有使它们充分发挥购买力的优势，获得资金购买其他进口商品；相反，在好几个国家引起危险甚至致命的动乱。许多这类国家缺乏以更为迅速的步伐有效吸收进口的能力。它们的海外投资只有部分成功。面对所有这些问题，石油输出国选择了经济适度发展的现代化之路。它们的经济中石油和非石油部门将预期分阶段发展，走上更为缓慢的增长之路。

在评估世界经济时，无论我们把目光对准哪个国家，都存在根本的理由，期望经济发展放慢速度。

世界缺乏丰富能源，特别是原油资源。认清这一事实本身有助于放慢世界经济发展速度，这一点从林克模型不同的模拟结果可以看出，而正是林克模型对能源价格做出不同假设才得到不同的模拟结果。标准流程是计算早已描述过的基线预测，然后将得出的结果和另一个预测做比较。在另一个预测里，外因的特定变化被施加到模型上。在这一研究案例里，被施加的变化是涨幅为10%的全球油价，即石油输出国组织规定的全球油价的外生轨迹，逐年被提高到都比基线轨迹高约10%的新轨迹上。

有时我们进行模拟，允许名义价格以和指数相同的百分率变化，从而把油价设定为某个基年数或设定实际油价；其中的指数指的是得到认可的通货膨胀指数，例如经合组织国家中的一般物价指数。林克系统有一个基本对称的特征，保持较低油价的结果与提高油价的结果表现为符号相反而数量相似的特征。

研究总结果最好用林克系统的主要弹性特征来表述。当其他外部输入保持不变时，主要数量上的百分比变化和油价变化有关。

首先，价格上涨10%，燃料进口需求约降低1.1，得出的弹性系数为0.11。这个敏感度出现在预测的第一年，在整个十年中得以延续。十年后，如果价格上涨10%，贸易量约降低1%。

日益升高的油价阻碍世界经济活动，推动全球通货膨胀。最初油价上涨10%，一年之后约上涨6%。这时的工业世界国内生产总值约下降0.5%。这样计算出来的弹性系数为0.06。经合组织用国内生产总值隐含平减指数测量通货膨胀。对于同样的油价变化，通货膨胀约上升0.2%，消费品价格上升0.3%—0.4%。

世界能源价格上涨已经远远超过10%，1973年之后油价上升到原先的4倍，然后又攀升了2倍以上。考虑到这一点，我们能看到能源问题与目前滞胀状态大有关系。这不仅仅是求出运用到弹性计算中20%变化的倍数问题，因为在其他条件不变的前提下，那些变化被引入人为设定的环境中，而油价第一次飙升之后，现实世界中许多事情都出现变化。事实上，1974—1975年初始变化之后，实际油价并未永久上升，在1979年发生最近变化之后，实际油价才持续上涨。

无论如何，全球经济活动和全球通货膨胀对世界能源价格极为敏感，这一点清晰可见。现在经济放缓增速，通货膨胀日益严重，究其原因，至少部分归咎于高昂的能源价格。

对美国和全世界的基线预测是在良好的环境之中进行的，也就是说，在此案例中，20世纪80年代没有出现带来不幸的重大干扰事件。距离第二次世界大战结束和战后立即调整期已经整整30年，三个十年中都出现了种种令人不安的因素，破坏了大环境的良好氛围。这些因素包括：

50年代 朝鲜战争
“冷”战
苏伊士运河关闭
60年代 越南战争
70年代 布雷顿森林体系解体
大规模歉收
石油禁运和石油输出国组织卡特尔定价
伊朗革命

这些大事对全球经济成绩有巨大影响。每个十年中都存在其他干扰事件，虽然程度上并不强烈，但给经济带来重要影响。

对20世纪80年代可能出现的“前景”做出考虑时，规划基线案例而不制定针对干扰事件的应急计划，这一做法可能带来很多便利，因为形式模型在许多方面根据种类大致可以分为两类：系统（基线）要素和干扰要素。

在形式模型推理过程中，这一特性和线性有关，似乎是一个合理的近似值。因此，首先推算出基本案例，然后在此基础上叠加干扰因素。

20世纪80年代的某个时候，许多思想家认为很可能将来会发生另一次重大的石油供应中断和另一次大规模歉收。70 年代有中东战争。虽然中东战争在规模和持久性方面不如朝鲜战争或者越南战争,但在另一种意义上,上述石油禁运和石油输出国组织定价是中东战争在经济上的延续。

20 世纪 80 年代是否会重温 50 年代和 60 年代的战争？显然这具有偶然性。今后的十年可能会出现大规模的冷战或热战。此外,国际经济深受粮食和燃料部门不利事件的影响,形势低迷,不由让人产生对重大干扰事件在那些领域重现的联想。十年里经济可能遭受大规模破坏,干扰事件可能在令人惊异的新领域里出现。粮食和燃料以外的基本材料会出现短缺。整个发展中世界或发达世界里相对贫穷的国家可能出现债务拖欠危机。在物质环境中,大气污染、水污染、城市拥挤问题可能引发大规模混乱。因此几个干扰因素在经济层面值得详细探讨。

可能的干扰因素

卡特尔定价:对于基线案例,我们假设算出伊朗战争的即刻效应之后,整整十年里原油价格会上升,年均增长率达到 10%,比石油输出国的通货膨胀率,即经合组织的出口物价高 3%。在基线解算里,关键价格年均增长率达到 6%—7%。在 1980 年和达到趋势模式的 1981—1989 年之间,假设有一个过渡期,过渡期之后通货膨胀和油价增长率出现下降,因此 1981 的实际价格提高 3%以上。此外,1980 年的确出现了干扰因素,以中东地区战争的形式持续到年底。我们亲眼看见了高效的卡特尔组织两个成员国公然参与战争。这一异常事件在很大程度上减少了石油供应,至少成为在过渡时期抬高油价的一个理由。

实际油价稳定上升 3%,加上经合组织出口物价 7%的近似解轨迹,在数值上等于油价指数。设计石油定价指数公式是石油输出国组织设立的一个目标,被一再提起,而最简单的指数公式却隐含在基线模型之中。用或高或低的实际油价增长率可以计算出模型中的种种变化。此外还可以有另一个选择,即多变量指数公式,把油价和发达世界的国内生产总值增长、美元的交换价值和其他相关指标联系在一起。

指数公式针对油价变化过程,给出了油价稳步上升的平滑轨迹,但是由于可能会出现干扰因素,其他不够稳定的轨迹也值得考虑,至少考虑一条。如果世界石油供给可以预测,需要与估计中的世界石油需求保持平衡,到 1984 年会出现大规模石油短缺。填补赤字的主要途径有三条:价格呈梯度性稳步快速上升;一次性大幅度上涨 50%—100%;定量配给。

石油输出国组织在持久性和团结性方面的一贯表现出乎许多经济学家的意料。它甚至能在两个成员国的公开战争中得以延续。因此,我们做好心理准备,期待类似的惊人之举。当然,石油输出国组织有一些难以被人模仿的独到之处。其他经济活动领域中的卡特尔可能很难涵盖重要的工业产品。钻石、水银、铬铁矿石或者其他工业品的卡特尔对全球活动不会像石油一样产生如此巨大的影响。在大多数食物方面,例如粮食方面,大型发达国家是主要出口供应国,更倾向于维持多边自由贸易制度,能抑制并禁止有效的卡特尔行动。就供应出口的剩余生产力而言,石油产品特别集中,掌控在一个政治社会集团手中。该集团成员相当团结，致力于泛阿拉伯主义事业，对国家发展怀有远大志向。如果重要工业品的出口能力集中于一个团结的(宗教、政治、社会、地理)集团，会出现另一个高效的卡特尔，不过这样的活动领域并未出现在当今世界舞台。

全球经济一直深受食物问题和能源问题的困扰。20世纪80年代食物供应上必然存在一种令人震惊的可能性，预计不到食物供应会出现危机。当世界大部分地区正在付出巨大努力改善饮食的时候，歉收却接连不断，具有惊人的规律性。1980年是80年代的开端，但开局不稳，被一些重大的干扰事件所困扰。由于苏联入侵阿富汗，美国对苏联采取粮食禁运，引起争议。粮食禁运不仅对政治造成了影响，而且引发了对这一措施有效性的怀疑。这方面的争议如火如荼。粮食禁运的确有效，只不过其有效性似乎表现为推迟向苏联人民提供大量肉食。1980年苏联出现令人沮丧的农业歉收，波兰出现食物短缺，很显然此时的粮食禁运更是雪上加霜，给世界经济带来巨大的压力。食物供应方面的挫折不只这些，我们还可以举出一例：干旱造成1980年美国饲料粮食歉收。80年代的开端给我们带来食物和农产品价格日益上升的压力。通货膨胀是80年代基线经济场景的重要组成部分。此时由于食物、农产品价格和能源价格的上升，全球通货膨胀的下降趋势暂时偏离轨道。如果十年里出现更多类似的干扰因素，经济表现会急剧恶化，反而不如基本案例中的表现。

食物和能源在干扰因素上存在重要差别。20世纪70年代干扰能源的因素来自1973年的中东战争。石油输出国组织强大的控制力使这一因素具有制度化和永久性的特征。而十年中食物、农产品价格出现波动，因为农产品对高昂物价做出的反应比较迅速。特别是1972—1973年度因苏联购买而导致美国存粮大量耗竭之后，美国的粮食供应大规模扩大。美国和其他供应国的快速反应能力往往会在两三年内弱化农业干扰因素带来的不良影响。

下一次对世界经济的干扰很可能完全不能预测。在寻找应急计划奏效的新领域方面，我们可以引用许多国家可能同时出现债务拖欠的案例。许多发展中国家、一些中央计划经济体和发达世界的贫穷国家债务缠身，严重程度用偿债率表示，表明贸易顺差弥补(或不能弥补)利息支付和债务还本的程度。好几个突出的例子显示一个国家无力满足当前偿债要求，但是近年来债务问题总能得到解决，没有出现经济危机。重新安排偿债进度是关键，成功地解决了包括秘鲁、扎伊尔、赞比亚、波兰、土耳其等许多国家的债务危机。只要这些案例脱离世界金融体系的日常运作，就能避免主要干扰。商业银行和国际机构因为这些突出案例中的不愉快经历而吸取教训，提高警惕，在借贷上更为慎重。这也是在经济活动中适度发展经济成为今后十年基线预测的特征的原因之一。尽管有充分的理由相信以大量债务拖欠形式出现的干扰事件不会发生，却并非完全没有可能。

一个乐观的案例

一些经济学家可能觉得基线案例本身是乐观的，至少是满意并无忧无虑的。许多工业家、政策制定者、金融家和经济学家为取得更好的成绩而奋斗。在许多恰当地阐述经济的度量中，如果有一种度量表明沿着基线案例轨迹外推的经济表现难以令人满意，这种表现就是生产率的表现。表2可见1980年美国生产率呈负数增长，趋势预测年均变化率主要在1.0%—2.0%之间，和超过3%的过去增长率相比急剧下跌，低于原先设定的长期轨迹。除了美国，在全球大部分国家，生产率改善因子下跌也是事实，也许跌幅不如美国剧烈，但近年来始终较低。

政策目标给出更佳经济表现的承诺。它的中心焦点是设法促进生产率增长的一系列政策。我们不能肯定导致生产率下降的原因，因此制定提高生产率的政策显得尤为困难。在导致生产率下降的可能原因里，人们普遍认为私营部门中相对薄弱的资本形成发挥主要作用。

通过总资本扩大和现代化进程，人们预期较高的固定资本形成率会导致更为有利的生产率增长。促使企业愿意投资，按照生产能力利用率合理使用新资本。

资本形成不是不重要，但并非至关重要，因为即使达到资本形成的一些目标，要使经济恢复活力，还有很长一段路要走。去年沃顿模型的操作者为纽约股票交易所进行了一次调查研究。调查发现把国民生产总值中的投资份额从10%左右的停滞水平提高到12%左右，就能带来净收益。

在一套完善的政策中，投资和储蓄率提高2个百分点的经济发展步伐艰巨，但是这一步伐显然不足以使生产率增长率恢复到20世纪60年代初的历史水准。据估计，投资急剧上升的趋势给生产率总扩大率增加了0.2%—0.5%。这又促使国民生产总值增长率全面上升0.5%。这些政策卓有成效，但光靠这些政策还远远不够。

假设在统计数学模型解算中，投资比率比较高(约高出2个百分点)是一回事，而设计政策，使政策确实能提高国民生产总值中资本形成份额2个百分点就完全是另一回事。美国的政策讨论正集中于通过放宽折旧规则和投资税收抵免来提高投资的税收激励条款。通过适当税收参数的变化，在增加资本收益率上留有充分的余地。其他政策措施和研发支出税收优惠、较多的联邦政府研发支出和较多的联邦政府基础研究支出有关。除了国家预算税收和开支方面的标准财政措施，人们期望放松限制性规定，增加工人在职培训。这些措施对生产率增长大有帮助。政府设计政策主要是为了提高国民生产总值中的投资份额。对此政策的补充应当包括提高储蓄份额的相应政策。鼓励退休金制度的私人储蓄，通过政策使退休金随着工作岗位转移，这是一种可能的解决方式。另一种方式是对储蓄账户的一些利息免征所得税。然而，基本问题在于改变美国国民生产总值构成比例，即降低消费率2个百分点的同时提高投资率2个百分点，也就是说储蓄率增加的百分点应当和投资率保持一致。换句话说，目标是从根本上把美国从高消费经济体转变为高投资经济体。

其他国家对问题可能持有不同的看法，但是对于1975年之后经济周期性上升以来资本形成恢复较差这一问题达成共识。在全球范围内，刺激投资是个问题，但是对于美国，这仅仅是向正确方向迈出的一步，只会导致经济适度增长。很显然，更富有想象力的政策见解才能促使生产率向更高水平增长。

平均通货膨胀率逐渐减少是基线道路的一个特点。许多经济学家认为不论是长期还是短期，经济问题的核心是降低通货膨胀率。一旦通货膨胀得到控制并逐渐减少，许多事情将会“各得其所”。

许多政策能促进这一重要目标的实现，但主要方法是把生产率增长率的变化和通货膨胀率联系在一起。从长远来看，如果通货膨胀率降低，生产率增长率必须在经济持久增长的基础上显著提升。

如果资本利润率能提高，如果研发活动能再次普及，如果经济调控能放松，如果工人生产力通过培训计划得以提升，如果通货膨胀率能适度稳步下降，我们就拥有了在20世纪80年代见证投资繁荣的机会，而这种繁荣和50年代以及60年代早期伟大的扩张时代欣欣向荣的景象可以相提并论。

适当的政策措施促进资本形成，推动生产率增长。人们基本上从各国国情的基础上看待这些政策措施。但是协调的财政和货币政策为国家的行动提供了新角度。如果所有主要国家同步行动，促进资本形成，缓和紧缩的银根，就会出现意想不到的强化效应。据估计，各国财政乘数的国际放大率高达1.25—1.50。同时扩张措施通过世界贸易体系发挥了作用，因为随着各国扩张，通常进口需求扩大，这又推动贸易伙伴的出口，再度反馈到各个国家的国内扩张。国际和国内反应越强烈，实现特定目标的刺激力度就越小。我们越能适度利用财政、货币政策，较低通货膨胀的前景就越明朗。我们在有利的经济发展道路上保持适度通货膨胀，就能通过良好的贸易表现获益匪浅。

表7中的数字粗略地表明我们的预期结果，如果联邦政府刺激私人固定投资，可以使投资每年多出2%的增长。各国政策不同，但是一般都包括税收变化、公共资本形成的支持和政府总支出的支持。

在这个经济场景的历程之中，一开始国内生产总值增长率大约上升了半个百分点，但是到了十年中期，投资刺激的作用逐步减弱。同样，我们在减少通货膨胀上有所收获，也是一两个百分点。通货膨胀的收益主要归功于生产率的提高（每个工时的实际产出）。生产率和国内生产总值一样，也是初时表现良好，大大超出1985年末的表现。

表8　经合组织13个林克成员国协调投资刺激

1979—1985年增长百分率的差别

	1979	1980	1981	1982	1983	1984	1985
国民生产总值	0.3	0.6	0.5	0.2	0.2	0.2	0.1
通货膨胀（消费物价）	0.0	−0.2	−0.1	0.0	0.0	0.0	0.0
生产率利润	0.3	0.4	0.3	0.0	0.0	−0.3	−0.1

（陈萍萍 译　马汴京 校）

1981获奖者

詹姆斯·托宾

James Tobin

【获奖理由】对金融市场及其与支出决策、就业、生产和物价的关系进行分析。

生平简介

1918 年	出生于美国伊利诺伊州香槟市
1947 年	获哈佛大学经济学博士学位
1950—1988 年	任教于耶鲁大学
1955 年	获约翰·贝茨·克拉克奖
1958 年	任美国计量经济学会会长
1970—1971 年	任美国经济学会会长
1977 年	任美国东部经济学会会长
2002 年	逝世

主要学术贡献

托宾最重要的贡献是以一种理论为基础，这种理论描述各个家庭和企业怎样确定他们资产的构成。这种理论称为证券箱选择理论，他是其最重要的创始人之一。托宾把这些思想发展为一种金融和实物资产的全部均衡理论，并且分析了金融和实物市场之间的相互作用。这种分析的一个重要部分是研究把金融市场上的变化传送到家庭和企业的支出决策的传送机制。这个经济研究的古典问题以前并未满意地和结论性地研究过。托宾的研究成为中心经济理论中实物和金融状况结合方面的一次重大突破。

主要学术成果

《资产的持有和支出决定》(1952)

《作为对付风险的行为的流动偏好》(1958)

《国民经济政策》(1966)
《建立金融模型的陷阱》(1968)
《货币理论的一般均衡分析》(1969)
《经济学论文集:宏观经济学》(1971)
《新经济学的过去十年》(1972)
《增长过时了吗》(1972)
《经济学论文集:消费和经济计量学》(1975)
《经济学论文集:理论和政策》(1982)

颁奖词

瑞典皇家科学院 / 阿萨尔·林德贝克

尊敬的国王和王后陛下,各位殿下,女士们,先生们:

一个普通人对经济学最常见的偏见就是认为经济学等同于货币和金融。在今年经济学奖的情况下,这个概念已经接近真理。

瑞典皇家科学院把今年阿尔弗雷德·诺贝尔经济学奖授予美国耶鲁大学的詹姆斯·托宾教授,表彰他对金融市场如何变化的研究以及资本和金融资产如何影响实体经济中的消费、生产和投资决策。这是一个重要的问题,因为经济、货币与财政政策的经济效应,在很大程度上是通过货币和资本市场传递的。

托宾教授的最大贡献是以严格数学化的风险理论为基础,分析各个家庭和企业如何确定他们的资产组成,这些资产包括现金、银行储蓄、股票、债券以及各种有形资产。今年的奖项给他提供了一个通过他自己来具体实践他的理论的特别机会。托宾教授的资产组合理论是基于对整个资产组合的收益和风险的评估而安排风险决策。

通过将所有投资进行组合决策,我们获得作为社会整体的各种总需求和总供给。通过需求和供给之间的相互作用进行分析,然后才能解释各种资产的均衡价格和利率,如债券和股票。

接下来是研究不同金融市场的变化,如政府的财政预算赤字、汇率或外汇储备传递到消费和投资的决策。托宾教授的分析称为"传递机制",所谓的"传递机制"是假设在金融市场和实体经济之间存在广泛的接触渠道,索赔、债务、市场价格和所有类型资产的利率都带动着货币和资本市场到实体经济的传递。

我对托宾的研究特别感兴趣的一点是,金融市场的变化是通过什么方式影响建筑和设备方面的投资决定。托宾教授的理论可以追溯到经济学家克努特·维克塞尔和约翰·梅纳德·凯恩斯的观点,根据两位经济学家的观点,投资决策是基于资本成本和实际投资的预期回报关系来确定的。托宾教授的突出贡献在于为凯恩斯的理论提供了更坚实的理论基础。

字母"Q"是托宾的资产组合理论的象征。如果台下的观众访问过耶鲁大学,一定会看到一些学生穿着前面有小写字母 q 的 T 恤跑来跑去。你可以断定那些就是经济学的研究生。企业的市场价值与其重置成本之比可以作为衡量要不要进行新投资的标准，这个比率用 Q 来表示。企业的市场价值就是企业股票的市场价值总额，因此 Q 等于企业股票的市场价值除以新建造企业的成本。例如，如果在一定的情况下，一个公司在股票市场的市场价值低于再次生产实物资产的重置成本，也就是 Q 小于 1，说明买旧的企业比投资新的建筑物和设备更获利，因此就不会投资。

今天许多国家面临的经济问题，不只是瑞典在 20 世纪 70 年代的问题，也就是公司的股市市值远远小于投资建新厂的成本。结果导致低投资和低经济增长率。托宾的分析为国际和国内的资本市场提供了有效的工具。

托宾最后分析了消费和投资的变化如何影响国家的收入，这个变化又如何带来了生产量和价格的变动。在这种情况下，托宾教授讨论了黏性工资的后果，还有价格，这意味着通常在一个限制性的经济政策之下，在短期内会导致产量和就业水平的降低，而不是工资和价格的提升。我们知道，这是一个最基本的经济政策的困境：削减生产和降低就业的缺陷最先显示，而减少通货膨胀所带来的好处是随后的效果。

托宾教授，您为货币和资本市场的运作研究奠定了扎实、实用和丰富的基础，同时您也阐释了这些市场的变化是如何影响消费、投资、生产、就业和经济增长的幅度的。

您的成就基于您敏锐的洞察力、分析能力和对切实问题的关注和思考。您对科学的贡献是基于您对传统主流经济学理论的深刻理解，您的创新力是基于您对经济学领域的基本科学知识的持续不断的积累。

非常荣幸地代表瑞典皇家科学院向您致以最热烈的祝贺，并请您接受国王陛下所授予您的 1981 年阿尔弗雷德·诺贝尔经济学奖。

（杨爱萍 译　武　鑫 校）

获奖演说

宏观经济过程中的货币和金融[①]

詹姆斯·托宾

一、引言：宏观经济学和货币理论中的分析框架

传统宏观经济理论注重解释经济活动的总体水平及其波动。宏观经济学家们都一直非常关注不同财政、金融和货币政策所产生的效果。自从凯恩斯在 1936 年出版

① 肯尼斯·沃里克编制了表 1 和表 2，劳拉·哈里森和格莱纳、艾姆斯在强大的时间压力下高效地准备了讲演稿，特此致谢！这里所报告的研究得到国家科学基金会和考尔斯基金会的支持。在我许多学术上的帮助者中，这里我只提及我的长期合作者威廉·布莱纳德。尽管他对这篇论文影响很大，但他对文中的错误和疏忽没有责任，假如时间允许他阅读和做出评论，错误和疏忽会少些。

《通论》一书以来，希克斯(1937)以及很多学者都用数学模型来阐释他的理论，宏观经济理论的语言因此成为联立方程系统。联立方程系统用来描述各个系统间相互依赖的整个国民经济系统，而不仅是一个特定的产业或部门。就此而言，它们构成了相互依赖的一般均衡系统。这些系统通常处于不完全封闭状态；它们依赖外生参数，包括政策决策者的控制工具。这些模型试图寻求政策和其他外生变量与经济成果的确切的定性和定量关系。这些模型通过累加经济主体、商品、资产和时间，因此牺牲了细节和一般性，限制了变量和方程的数目。

各种学派的理论性的宏观经济模型都具有很大的影响力。它们对构建经济计量预测模型的学者具有引导作用，它们塑造着政策决策者和其顾问关于对“世界运转的方式”的思路，它们影响着记者、管理者、教师、主妇、政治家和选民们的意见和建议。几乎每个人都会考虑经济问题，并想办法了解它，对于如何改善经济有自己的观点。这样的人都要试图使用模型，哪怕使用的是模糊且不规范的模型。

1. 凯恩斯—希克斯模型和一种可供选择的框架

IS-LM 模型，是由英国现代著名的经济学家约翰·希克斯和美国凯恩斯学派的创始人汉森于 1937 年在凯恩斯宏观经济理论基础上概括出的一个经济分析模式，即希克斯—汉森模型。IS-LM 模型和古典经济学理论具有强大的影响力，它们影响着经济学家们，而且作为教科书的标准宏观模型，也影响着几代的大学生。当我们面对政策问题和分析问题时，这个模型的那些简单的组成是我们直觉中就会想到的知识，尽管我们在深入研究中会考虑采用更精细的方法。但是这个模型也存在一些缺点，这些缺点不仅限制了它的实用性，而且遭到批评。在这次讲解中我想描述另一种能弥补 IS-LM 的某些不足的模型。同时我要说明的是，凯恩斯—希克斯模型的主要结论是准确无误的。重建这个模型是基于之前的研究工作，而且花费了很长时间。

我所提议的框架跟标准的宏观模型相比，有以下一些主要特色：

时间的精确性。测定短期宏观经济活动的模型必然是针对某一个时间段，这是整个动态过程中的一段，而不是经济活动不断重复的均衡状态。

存量的追踪。这主要是流量和存量、投资和资本、储蓄和财富、具体的储蓄形式和存量资产的动态变化的过程。借口认为在这么短的时间，存量不可能发生显著变化，因此忽略这些关系，其理由是不充分的。

不同资产和投资回报率。传统的把非货币资产统一集合成同一利率的单一资产的传统方法不能用来分析一些重要政策、制度结构和事件。我所要谈到的这个模型原则上可以包括不同的资产类别，尽管下面的讲解中只涉及四类资产。资产分类对分析资本融资、政府赤字、货币和债务管理政策的细节、国际资本流动、外汇市场以及金融中介都是非常必要的。

金融和货币政策运作模型。常见宏观经济模型把货币政策描写为一个存量 M，其时间段由中央政府选定，而且其对政策的具体实施措施没有清楚的解释。事实上货币供给的变化一方面是由政府与公众的交易造成的，在这个交易过程中，商品或非货

币金融资产被转换成货币。另一方面是由于银行和非银行公众之间的类似交易造成的。哪些交易造成了货币存量的变化？这取决于经济个体如何改变财富和投资组合的头寸状况。

瓦尔拉斯定律和增长约束。瓦尔拉斯定律是指在市场体系中，在任何价格水平下，市场上对所有商品超额需求函数的总和为零。因为处于函数中的各个变量的矢量加总后必然为零。根据该定律，在任何市场中，所有的供求必须与预算的约束保持一致。例如，根据以下的资产市场模型，其含义是对决定资产和财富需求的因素的每一组数值，家庭在某个阶段拥有的资产数量等于这个阶段对财富的需求。这一点意味着资产需求的部分衍生物，以利息为例，任何的利息相加的总数必须等于财富需求的部分衍生物。

根据我的合作者威廉·布莱纳德和我的观察(1968)，在金融市场的理论和统计模型中，这种一致性的要求并非总是能明确地观察到。假若没有对所有资产的需求函数做出明确的规定，则由财富需求函数隐含的而在资产函数中明确的但被忽略了的那类资产的需求函数，会表现得十分奇特，甚至超过建模者的预先想象。例如，如果货币需求与利率呈反相关关系，而整个财富需求却不存在这种关系，则意味着非货币资产函数可以反映出利率对货币的作用效应。最好的办法，是将所有函数都明确地写下来，哪怕其中有多余的，并在所有函数中都引入同样的自变量。

2. 微观基础、总和和预期

希克斯1935年的论文对我和其他货币经济学家来说，一直是一种启发和挑战。它鼓励我们去寻找货币的特性和功能，包含未来承诺付款，这些特性和功能构成了人们愿意持有资产的基础。了解了这些基础，我们就能寻觅对货币和货币替代品的需求的可观察的决定因素。对货币理论微观基础的探究，促进了关于交易媒介需求的存货模型(鲍莫尔，1952；托宾，1956；米勒和奥尔，1966)和资产组合选择理论(托宾，1958)的创立。这一工作并没有结束。我想，原因在于，在经济理论的基本范例中，要解释为什么人们要保留不具有科技价值和实用价值的纸币，而且纸币在与商品和服务交换时具有实在的价值，这确实颇为困难。我肯定解决不了这一深刻的问题[①]，也不认为这是实用的货币理论的先决条件。

鉴于各种原因，我承认，我提出的那类宏观经济模型与各个经济主体的最优化行为只有松散的联系。按照以往的传统，泛经济结构方程是单个经济主体行为与跨越众多的各种各样个体的总和的混合物。对于其他两种方法而言，这不失为一种实用主义的选择，因为其他两种方法都有严重的缺点。一种方法是在完全的一般均衡模型中，允许保存各个经济代理人的偏好和财产的多样化；最优化置于各个经济代理人超额需求之上的微弱约束，意味着泛市场的需求表上根本不存在什么限制。另一种方法是假设所有经济代理人彼此相似，或可以分为两种或三种类别(例如老年人和青年人)，每

① 哈恩(1965，1971，1973a，1973b)对这一问题有深刻的见解。有关这一问题的最近一次讨论，见卡苗肯和华莱士(1980)。

一类别内部的人彼此相同，而不同类别之间则人为地规定为互不相同。虽然这种构造（如萨缪尔森 1958 年的几代人交叉模型）是有前途的，而且已经产生了一些有效性，但仍然太抽象，随意性太大，所以对政策分析和计量经济模型的建构是无用的。

在当今宏观经济学中，另一个很有影响的方法论潮流是对信息、期望和建构预期模型的重视。在这样的模型中，依据对现在和将来的信息的预测来确定经济主体的行为，然后再通过模型把这些信息传达给经济主体（卢卡斯，1976）。这是一个很不错的原理，但是我自己正在努力建构一个改进的模型，它具有不同的目的和关注点。我在此要谈到的系统涉及对未来期望的预测。与分析任何金融行为一样，我们知道各种资产对储蓄者和有价证券经理的吸引力取决于他们对资产的收益和投资收益的共同概率的估计。我们可以找到这些预期的结果，举个例子说，只要情绪、信心和“发怒”是外生变化的，而且凯恩斯认为它们通常确实是这样的，在动态的应用和模拟中，卢卡斯的理性预期理论是应该受到尊重的，但这里我要声明一下在工作中我没有这么做。

3. 宏观经济学和完全的一般均衡

1972 年的肯尼斯·阿罗的诺贝尔经济学奖获奖演说是对充分均衡理论的一个优美的阐述，既承认它的优点又承认它的局限性。如果所有商品的供给和需求相等，包括将来所需要的商品和偶然需要的商品，这样就不会有宏观经济问题，不需要货币，而且财政和货币的稳定政策也没有用武之地。以充分均衡为出发点的理论家自然会把不相容的现象解释为“市场失灵”。阿罗讨论了集中度低的分散型竞争市场无法提供最优化的商品配置问题。我相信，普通货币记账单位和普遍接受的交换媒介的公共商品性质是一般均衡模型容纳货币后为什么造成麻烦的一个原因。但是我要强调，范式的偏离为宏观经济理论和政策搭建了舞台，这也是凯恩斯所强调的。正如凯恩斯所说（1936），除了货币之外，对于其他任何商品，都不存在未定市场和临时交付市场。

个人储蓄行动意味着——譬如说，决定今天不进正餐。但这个决定跟一个一星期后或一年后吃次正餐、买双靴子，或者在特定的时间购买特定的东西的决定毫无关系。因此，这个决定不仅不能刺激未来的消费，而且抑制了今天准备提供正餐的商业机会。它并不是用将来的需求来代替今天的消费需求——而是单纯减少今天的需求……如果储蓄的决定是为了未来的消费而约束今天的消费，那么这个决定的效果就会完全不同。因为对未来投资的回报期望的提升就会导致人们把目前节省下的消费资源投入未来的消费中。所以储蓄所带来的问题，不在于用一些具体的新增消费来替代当前消费，因为准备这种具体的新增消费所要求的即期经济活动，必恰好相等于储蓄额等值的现期消费所需要的经济活动。问题在于对“财富”本身的欲望，即在不确定时间消费不确定物品的潜力……

简而言之，金融和资本市场并不能对储蓄和投资进行完善的协调，我怀疑理性期望也无法弥补这个缺陷。金融和资本市场的协调失灵是导致宏观经济不稳定的主要原因，所以这也是制定稳定经济政策的一个重要原因。目前的宏观经济理论或许过于关注劳动力市场，凯恩斯也发现竞争无法协调劳动市场的供需平衡。

表 1　11 种资产和 9 个部门的资金流量矩阵

1979 年流量，括号内为年龄存量(10 亿美元)

I	家　庭	商业银行	储蓄机构	保险和养老基金	其他各种买卖中介	企　业	联邦政府	州和地方政　府	其　他	差　额
(1)基础货币	7.9 (107.1)	1.3 (46.8)	—	—	—	—	−9.2 (−153.9)	—	—	0 (0)
(2)活期存款	15.1 (145.4)	−25.8 (−330.2)	−0.7 (0.6)	1.9 (11.4)	0.7 (6.9)	5.5 (87.4)	−0.4 (14.3)	−1.5 (9.6)	4.4 (23.1)	0 (31.2)
(3)小额定期存款	61.4 (1049.2)	−31.0 (−421.1)	−29.9 (−632.9)	—	—	—	0.1 (1.0)	−0.6 (3.8)	—	0 (0)
(4)短期	85.1 (295.6)	−30.7 (−276.4)	−13.5 (−4.4)	−0.7 (25.9)	−12.3 (−53.0)	2.8 (61.5)	−10.5 (−216.2)	2.0 (90.9)	−27.1 (35.1)	+4.9 (+41.0)
(5)长期	39.6 (246.3)	15.2 (226.8)	0.2 (76.9)	46.9 (492.4)	−2.6 (−39.0)	−26.3 (−363.2)	−68.4 (−464.5)	−6.4 (<232.7)	1.7 (47.0)	0.1 (0)
(6a)非金融企业股权：购买	−206	0.1	0.1	54.8	−3.4	−36.9	—	—	6.3	−0.2
(6b)非金融企业股权：资本利得	151.8 (748.2)	−0.1 (0.1)	… (4.2)	−28.0 (200.3)	6.3 (34.1)	−129.4 (−1029.5)	—	—	−0.8 (42.7)	0.2 (−.01)
(7)金融企业股权	21.0 (148.3)	−7.5 (−72.3)	… (0.5)	−7.4 (−41.4)	−6.8 (−40.7)	—	—	—	0.6 (5.5)	0.1 (−0.1)
(8)非销售的债权	79.2 (889.5)	—	—		−71.8 (−732.9)	—	—	−7.4 (−156.6)	—	0 (0)
(9)抵押贷款	104.9 (−771.6)	31.1 (245.2)	48.5 (569.1)	14.2 (132.1)	0.1 (14.4)	−41.3 (−428.1)	46.1 (215.7)	6.3 (23.2)	—	−0.1 (0)
(10)贷款	−54.8 (−486.1)	66.3 (610.0)	3.9 (60.1)	8.0 (60.1)	27.6 (134.7)	−54.4 (−295.5)	13.7 (101.9)	−1.6 (−22.7)	−3.6 (−88.1)	−7.1 (−74.4)
(11)国外资产	3.6 (14.8)	−0.8 (1.0)	—	—	—	23.8 (175.6)	1.2 (28.4)	—	−25.4 (−229.4)	−2.4 (9.6)

续 表

I	家　庭	商业银行	储蓄机构	保险和养老基金	其他各种买卖中介	企　业	联邦政府	州和地方政　府	其　他	差　额
(12)杂项(国内)	7.2 (66.7)	−18.1 (29.9)	−4.0 (−24.4)	−17.8 (−147.9)	−9.4 (−57.5)	−7.2 (3.1)	9.0 (64.9)	1.3 (13.1)	23.5 (66.9)	15.5 (+45.0)
(13)金融净值	291.6 (2453.4)	0.0 (0.0)	4.4 (49.7)	0.1 (0.0)	0.2 (−0.1)	−261.4 (−778.7)	−25.0 (−565.0)	−0.5 (−114.8)	−20.4 (−96.9)	11.0 (52.4)
(6b)减去,资本利得	151.8	−0.1	—	−28.0	6.3	−129.4	—	—	−0.8	
(14)等于:净金融储蓄	139.8	0.1	4.4	28.1	−5.1	−132.0	−25.0	−0.5	−19.5	

资料来源:资金流量账户,联邦储备系统,1981年。

注释和定义:

(1)基础货币,非银行公众持有的通货已完全被分配给家庭。

(2)活期储蓄,包括在商业银行和储蓄机构的支票存款。

(3)小额定期储蓄,包括在商业银行和储蓄机构的所有少于10万美元的定期和储蓄存款。

(4)“短期”,包括政府短期证券、联邦资金和证券回购协议、超过10万美元的定期储蓄、货币市场资金部分、欧洲美元存款、商业票据和银行承兑汇票。

(5)“长期”,包括政府和机构长期证券,州和地方政府债务以及公司债券。

(6)“股权”,只包括非金融公司企业的股权,金融企业的股权在第7行另行表示。

(8)“非销售的债权”,包括美国储蓄债券及保险和养老金储备。

(10)“贷款”,主要包括消费者信贷、商业信贷、证券信贷、其他分类不包括的银行贷款、美国政府及机构贷款。这一行出现差额的原因在于商业信贷。

(11) 国外资产,是指美国持有的、以外国通货计算的对外国人的债权。包括国外存款、国外股权、国外直接投资、美国外汇及在国际货币基金组织的净存款。

(6)(7) 为了区分非金融公司(NFCS)的股权和金融机构(FD)的股权,使用下列方法和假设:

①其他单位以及可赎股投资公司(互助基金)发行的股票归于家庭。

②其余股权债务按下述方式在NFC和I之间划分:金融机构的股权债务等于其所报告的净值,余下的归入非金融企业。

③工商企业股权按股东各自在总股权中所占比例在各股东间进行分配(不包括其他单位和可赎股投资公司所发行的股票)。

④购买股票做类似处理(虽然工商企业的股票发行量可直接获得)。

⑤另外,工商企业的留存收益作为发行股权处理,按照股东持有公司股权的比例在股东之间进行分配。

⑥资本利得是企业股权/负债的变化量与购买量(包括企业的留存收益)之间的差额。

(14)表中的“净金融储蓄”不同于国民收入与产品账户中的数字,这是因为国民收入及产品账户和现金流量账户之间有概念上的差别,在资金流量账户中还存在未分配的差额,企业股权以外的资产有资本利得,这里把企业留存收益看成企业发行股权和其他部门的储蓄的处理方式。

4. 资金流量和存量的统计

两次世界大战之间发展起来的国民收入账目为检测凯恩斯和之后的宏观经济学家的模型提供了数据。理论和数据都主要针对流量及其相互关系。资金流量账目，尤其是1949年以来美国联邦准备系统编制的账目，为金融市场理论模型提供了有用的存量和流量数据，我们试图对这些数据进行解释。

表2　四种资产模型的资金流量矩阵

1979年每年流量，括号内为年终存量(10亿美元)

购买 \ 资本利得	"家庭"	企业	政府	其他	差额
	50.9	－58.1	—	7.3	－0.1
股权	130.0 (1314.0)	－129.4 (－1369.0)	—	－0.8 (54.9)	0.2 (0.1)
债券	103.1 (616.9)	－2.3 (47.7)	－83.3 (－822.4)	－22.5 (116.9)	5.0 (40.9)
国外资产	6.7 (62.8)	23.8 (175.6)	1.2 (28.4)	－29.3 (－276.4)	－2.4 (9.6)
基础货币	9.2 (153.9)	—	－9.2 (－153.9)	—	0 (0)
杂项	－3.8 (355.6)	－95.4 (－633.0)	65.9 (268.2)	25.0 (7.8)	8.3 (1.4)
金融净值	296.1 (2503.2)	－261.4 (1778.7)	－25.4 (－679.7)	－20.3 (－96.8)	11.0 (52.0)
减去：资本利得	130.0	－129.4	—	－0.8	
等于：净金融储蓄	166.1	－132.0	－25.4	－19.5	

资料来源：资金流量账户，联邦储备系统，1981年。

注释：

(1)"家庭"，包括家庭部门和金融部门。

(2)由于四舍五入，本表与前表可能有出入。

(3)公司债列于公司股权行内。假定金融机构所发行的公司债券全部为家庭持有，即假定外国人并不持有任何这类债券。假定所有外国公司发行的债券都由"家庭"持有，并在本表中归入国外资产类。

(4)要从资金流量账户中辨认出公司债的资本利得并不容易。

(5)"杂项"，包括活期储蓄、小额定期储蓄、抵押贷款、贷款、非销售的债权、金融企业的股权以及其他杂项资产。

表1和表2显示了1979年的数据，与联邦储备系统实际报告的部门(列)和资产类别(行)相比，其数目有所压缩。表1中有9个部门和11项资产，这是我们耶鲁小组一直在设法估计的一个模型的加总程度(巴克斯，1980)。在表2中，我们进一步将数据归总为4个部门和4类资产，以尽可能地吻合我将在这里讨论的理论模型。

在这些表中，列表示一个部门的资产负债表(存量)或资金的来源和用途(流量)，行表示某一类资产的存量或流量在供给部门和需求部门之间的分配。理论和估计的任务，是通过建立各部门有价证券组合和储蓄决策对其相关变量的函数，来对各列做出说明，通过一组联立出清市场方程来对各行做出解释。[①]

二、决定短期产出和价格的多资产模型

1. 私人财富的新供给来源

在现代资本主义经济中，对于私人家庭来说，存在新的金融财富的三种供给来源：(I)存货或生产资本的净积累，(D)政府预算赤字和与其他国家的经常账户交易上的顺差(CAS 资本账户顺差)(所有符号和方程均列于论文最后)。我这儿所指的金融财产是指可变现的资产，不管是实际财产还是书面债权(负值持有额即为负债)。我排除了非流动性资产，诸如未来的劳动收益(人力资本)和享受政府未来转移支付的权利，以及未来的纳税义务。在任一时期(t)内，家庭储蓄为三项之和：

(1)$S = I + D + CAS$ (国民收入恒等式)

由于任一时期内，储蓄也是净国民收入 Y 超过消费 C 加税收 T，而赤字 D 是政府的商品劳务 r 购买额和税收 T 间的差额，因而会计恒等式亦可写作：

(2)$Y = C + I + G + CAS$ (国民收入恒等式)

不论采取两种形式中的哪一种，只要将任何一项或多项表示为经济变量的函数，恒等式则变为方程式，这样，就只有这些变量的某几组值才能满足方程。按照这种解释，(1)或(2)就成为希克斯(1937)所介绍的众所周知的 IS 轨迹。

让我更精确地阐述一下公式右边的三项资产供给来源。我相信，我想描述的演示模型包含着宏观经济学中分析的中心问题，尤其是财政和货币政策的运用。在本文的稍后部分，我将讨论几个分解方向。我只区分四项财产：股权，源于投资 I 的物资资本及其收益的产权，为赤字 D 筹资而发行的政府债券和基础货币，国际收支经常项目顺差所赚得的外币资产，包括贸易顺差 X 和国外资产本身的收益。

实际上，这些类别中没有哪一类是内部同质的。物资资本采取了许多不同的形式，对它们的权利——直接产权、债权和股权亦是如此，各种政府债券的到期还本及其他条件互有区别，国家间债权债务更是花样繁多。而且银行和其他金融中介机构把企业、政府和外国人的负债转化成各种各样的契约，以适合于家庭储蓄者的偏好和投资环境。用四种资产来代表这些复杂的实际情况是高度的抽象，可与宏观经济学中的其他抽象相媲美。辩证地说，我提醒你们：一般教科书中的宏观模型只把它区分为两类——货币和其他一切，即希克斯在对凯恩斯的《就业、利息和货币通论》化成 IS-LM 公式化过程中，把所有非货币资产和负债看成是一般利率加减外生利率差别的完美的替代品。

2. 对生产资本的债权

私人资本投资是物资资本新产权的来源，若采用股票形式，则每一单位资本为一股。任何时候的资本总量，包括以前生产或进口而未消费掉的所有现存的耐用品和可

---

① 参见巴克斯等(1980)，布莱纳德和史密斯(1979)，史密斯和布莱纳德(1974，1975)，巴克斯和拍维斯·弗里德曼(1977，1980)。

储存商品。这些存量在商品自身市场(现实例子是用过的汽车和机器,现存的住宅和其他建筑物)及所有企业的公司证券市场上持续被估值。对旧资本商品的市场估值是上升还是下降取决于其重置成本,即按正常速度生产和安装同类产品所需的新的资本金。转过来,这种估值差异又刺激投资率,使之或高于或低于其正常水平。当证券市场对资本品给予高的价值时,超过重置成本的差额诱导投资者加快资本积累速度。伟大的瑞典经济学家克努特·维克塞尔把这种诱导现象从本质上归功于自然利率高于市场利率。

不过,由于套利而来的这种差额使资本加速有一个极限。异常迅速的资本积累和特别高的投资率,把额外成本强加给了各个投资企业以至整个经济。这些调整成本,就是为什么市场估价超过资本正常重置成本的正差额能够而且确实存在,并能持续存在而不会触发几乎无穷大投资率和几乎资本贮量急剧上升的原因。同样,对现存资本的低的市场估价会使资本形成下降,但在存量以最快速度被消耗的情况下,很少会完全地停掉总投资。

在刚才概述的内容中,我把重置资本定义为在正常投资率下的当时生产和安装成本。我所说的正常投资率是指资本存量按经济趋势增长的投资,用哈罗德的术语说,就是因技术进步而增长的外生资源"自然"增长率。为了一个简单的宏观经济模型,最后提出下列的一个净投资方程:

(3) $It = q_t^k \Delta K_t = q^k K_{t-1} f(q_t^k)$ （投资函数）

其中:$\Delta K_t + \delta K_{t=1} \geqslant 0$

$f(1) = g$

$f'(q_t^K) \geqslant 0$

$0 < f^{-1}(-\delta) < 1$

这里:

q_t^K 是 t 时期资本品的市场评价对正常重置成本的比率。其正常值为 1,而当 $q = f^{-1}(-\delta)$ 时能够使得总投资为零。

k_{t-1}是 t 时期开始时按正常重置成本评价的存量。在 t 时期内可用资本的生产服务的供给与 k_{t-1}成比例。

ΔK 是该时期内发生的 K_{t-1} 的增量。

δ 是资本折旧率。

g 是经济的自然增长率。

(在不产生混乱的时候,我省略下标 t,而用 x_{-1}、x、x_{+1} 代表前期、现期和下期变量值。)

注意:在(3)式和国民收入账户恒等式(1)和(2)中,投资按资产市场价格而不按正常重置成本计价,理由是 q 与 1 的偏差表示投资企业在改变其安装好的资本规模时发生的,包括正租金和负租金在内的真实调整成本。①

---

① 所谓投资的 q 理论,由托宾和布莱纳德(1968)引入,并在托宾(1969),托宾和布莱纳德(1977),托宾(1978),西科罗(1975),西科罗和弗罗姆(1979),马尔姆尔、冯·弗斯顿伯格和沃森(1979),冯·弗斯倾伯格(1977),萨默斯(1981),艾贝尔(1980),以及其他许多作者的著作中做了进一步的讨论和应用。由于这是新古典企业理论的直接应用,因而有许多前辈。

3. 政府赤字的弥补筹资

财政政策考虑政府支出规模、税收收益以及政府为了解决预算赤字而发行的股权和流动资产。货币政策涉及政府发行的私有资产的组成，尤其是发行的货币量和非货币形式的公共债务。不管是财政部还是中央银行采取的政府性的货币行为，都可以决定货币以及非货币形式对政府赤字融资的比例。公开市场操作也可以改变现有债务的组成。

显然，在不明确假设至少存在一种非货币政府债务的情况下，要想拟定有别于财政政策的货币政策模型是不可能的(理论文献中包含有许多模型，其中政府赤字只能通过印发货币进行弥补。虽然这些模型有时把预算赤字时而较大时而较小这一后果归因于"货币"政策和货币增长率，但假设的原始资产结构分不清货币政策和财政政策，就无法解释按通常词义可称为"货币的"业务活动)。在我现在所描述的四种资产模型中，我把非货币政府债务归于永久债券或"永久性统一公债"——保证永远在每一时期支付1美元。t 时期内政府支付这些息票的总债务是上期末的实存债券数量 B_{-1}。一张永久性统一公债用美元表示的市场价格为 q^n。

政府的货币发行相当于一般含义的高性能货币或基础货币、通货或它在中央银行存款债务中的等价物。基础货币的自身利息率为零。在我头脑中的是一种法币，而不是可以随时转换成黄金或其他任何商品的发行物。不过，在固定汇率体制下，本国货币实际上可兑换为外国通货口债券的市场价格的对等物也许是 q^H，但它恒等于1，现有高性能货币未收回的存量的市场价值和数量均为 $H-1$。

在国民收入账户恒等式开始时我曾提醒大家，我把赤字定义为 G，是政府购买减去税收收入 T 后的数额。在这次计算中，税收是减去政府转移支付后的净值，因为接受者没有同时向政府提供商品和服务的补偿义务，从这个意义上说，政府转移支付是一种负税收。公债利息既可视作购买服务，亦可视作转移支付。就我的目的而言，最好把它作为转移支付处理，同时对它进行单独追踪。

政府可能持有可出售的资产并从中获取收入。在这个最简单的模型中，我假定政府不买卖或持有物资资本或发行不在市场公开交易的股票或债券，但为了拟制开放经济中的财政货币政策模型，有必要保留政府的外币资产交易活动以及作为国际储备持有这类资产。这些均在模型的第四类资产中得到了体现。政府在 t 时期初以外币为计账单位表示的持有额为 GF_{-1}，在 t 时期内按照 $e\ \cdot_G F_{-1}$ 计价，这里 e 是一单位外币的国内通货价。GF_{-1}，可以设想为有负值，即政府对外国人是净债务人口在任何情况下，假如是外币所生的收益，则政府在其储备上的收入为 $e\rho^F\ \cdot_G F^{-1}$。这样，对于商品价格水平 p，以美元计算的预算赤字为：

(4) $pD = pG(\cdot) - pT(\cdot) + B_{-t} - e\rho^F\ \cdot_G F - 1$

政府赤字，这里把政府购买和税收减政府转移支付定义为经济变量的函数(·)，由此而建立起来的关系构成财政政策的参数。例如，$G(\cdot)$可能是每一时期的特定常数 G，而 $T(\cdot)$可能是同期实际收入和其他同期或前期变量的函数(对于既不按物价指数又不做迅速调整的名义税收和转移支付体制来说，必须包括 P)。

赤字必须按高性能货币、永久性统一公债和外币三类资产的现价交易进行弥补筹资：

(5) $pD = \Delta H + q^n \Delta B - e\Delta_G F$ （政府赤字）

(6) $\Delta H = \gamma^H pD + Z^H$ （基本货币供给）

(7) $q^n \Delta B = \gamma^H pD + Z^H$ （债券的供给）

(8) $-e\Delta_G F = Z^F$ （政府供给外币资产）

$$\left\{\begin{array}{l} 0 \leqslant \gamma^H \cdot \gamma^B \leqslant 1 \\ \gamma^H + \gamma^B = 1 \\ Z^H + Z^B + Z^F = 0 \end{array}\right.$$

这里，有三个货币政策自变量参数。

由政府供给的外币资产其中之一，例如 γ^H，它也确定了 γ^B，决定通过货币发行来弥补当期赤字的份额。我们假设不存在通过出售外币资产和举借外币的方式来弥补预算赤字的系统性政策。其他两个政策参数，即共同决定 Z^B 的 Z^H 和 Z^F，描述公开市场业务。在公开市场购买政府债券是正值 Z^H，它被等值的负数 Z^B 所抵消；在外汇市场上出售本国货币购买外币资产这种干预是正值 Z^H，它被等值 Z^F 所抵消；对外币的“不起作用的”需求是正值 Z^B，它被等值的负数 Z^F 所抵消。

4. 向公众提供的外币资产

在这一阶段，我假设模型所描述的经济和世界其他部分之间的一切资本交易都是以外币资产进行的。对于包括政府和私营机构在内的整个经济来说，外币的新供给就是国际收支经常账户的顺差，它是由其商品交易的顺差和持有的现有外币资产的收益组成的。

用当期国内价格表示的国际收支经常账户顺差就是：

(9) $e\Delta F + e\Delta_G F = pX(\cdot) + e\rho^F F_{-1} + e\rho^F \cdot {}_G F_{-1}$ （国际收支差额）

这里，前面没有下标 G 的 F 指国内私人持有的外币资产。$X(\cdot)$ 是用本币表示的实际贸易顺差，是国内经济活动的函数，尤其是实际国民收入 Y、实际汇率 $e\rho^F/p$（其中 ρ^F 是出口商品的外币价格）和滞后或同期的国外或国内的其他变量的函数。众所周知，X 对实际汇率的关系的符号取决于各种弹性值；如果超额需求弹性值高到足以使实际贬值可以改善外贸收支平衡，符号就为正。

利用前一小节的关系式，我从(8)和(9)导出向公众提供的国外资产：

(10) $e\Delta F = pX(\cdot) + e\rho^F(F_{-1} + {}_G F_{-1}) + Z^F = pCAS + Z^F$

（向公众提供的国外资产）

5. 储蓄总额

方程(3)、(6)、(7)和(10)给出了 t 时期股票、基础货币永久性统一公债和外币 4 类资产的供给增量。以不变美元计算，它们加起来就是国民收入恒等式(1)中的 $I_t + D_t + CAS_t$。

6. 对资产积累的需求

下一步是阐述对 4 种资产的新增持有的需求，以适应 1—5 节所描述的新增供给。由于 4 种资产的供给总量是总计的储蓄，阐述 4 种需求也应隐含一个总计的储蓄函数。当然，特别的或一般的储蓄与财富增量并不完全一致。资产持有人也会得到资本利得或蒙受资本损失，其中有些是可预测的，而有些完全是预料之外的。

我假设各家庭为每种资产 $J(=K,B,F,H)$ 寻找一个理想的期末持有额 $P_tA_t^J$，它们按当期资产美元价格的市场价值计算。A_t^J 是函数，它们共同地表示基本的组合管理和财富积累行为。各家庭进入 t 时期时各种资产的一定持有量为 J_{t-1}。这些资产的价值为 $q_t^J\Delta J_t$，这里：q_t^J 是 t 时期内所决定的资产 J 的美元价格。所以新资产净需求 $q_t^J\Delta J_t$ 用美元价值表示为 $p_tA_t^J-q_t^JJ_{t-1}$。这一向量必须与前一节所描述的供给相等。

下面详细列示了 t 时期的四方程系统，现在按实物而不是按美元计算：

(11)$A^{K(\cdot)}-q^KK_{-1}=q^KK_{-1}f(q^K)$ （股票市场）

(12)$A^{B(\cdot)}-q^BB_{-1}/p=\gamma^BD+Z^B/p$ （债券市场）

(13)$A^{F(\cdot)}-eF_{-1}/p=X(Y,e\rho^F/p)+e\rho^F(F_{-1}+{}_GF_{-1})/p+Z^F/p$ （外汇市场）

(14)$A^{H(\cdot)}-H_{-1}/p=\gamma^HD+Z^H/p$ （基础货币市场）

(15)$A^{W(\cdot)}-W_{-1}^*=q^KK_{-1}f(q^K)+D+X(Y,e\rho^Fp)+e\rho^F(F_{-1}+{}_GF_{-1})/p$ （总的财富，它们的和为 IS 关系）

这里，W_{-1}^* 是前面 4 个方程左边第二项之和，即从以往继承下来的资产按 t 时期价格计算的价值。

再回忆赤字 D 的表达式：

(16)$D=G-T(Y)+B_{-1}/p-e\rho^F\cdot{}_GF_{-1}/p$ （赤字定义）

7. 资产间的总替代能力:预期收益的效应

A^J 函数中的自变量是什么？原则上，同一向量应在所有函数中都出现。向量将包括 4 类变量：期中内生变量，即通过求解(11)—(14)方程组成的联立方程而确定其取值的变量；期中内生变量的滞后值；期中内生变量的预期未来值；期前、期中或期后的外生变量。A^W 是 A^J 之和的事实意味着(15)式可被前面任何 4 个方程所替代，也意味着财富需求量对任何确定变量的偏导数是特殊资产的需求量对同一变量的偏导数之和。例如，收入的 4 个特殊的边际储蓄倾向之和构成整体边际储蓄倾向之和。

在每一资产需求函数的几个自变量中，将有一个时期内持有一种资产的几个实际预期收益，用向量表示为 r^k,r^B,r^F,r^H。这些涉及对 $t+1$ 时期内商品和资产价格的预期，如下所示：

(17)$q_t^K(1+r_t^K)=R_t(Y_t,K_{t-1})+Eq_{t+1}^K$ （股票、价格和收益率）

从时期 t 到 $t+1$，持有资本股份 q_t^K 使股东有权获得收益 R_f，R_t 决定于 t 时期内运用资本存量 K_{t-1} 所生产的产出 Y 和按预期的实际价格 Eq_{t+1}^K 出售股票。

(18)$q_t^B(1+r_t^B)=(1+Eq_{t+1}^B)/(P_t/Ep_{t+1})$ （债券、价格和收益率）

(19)$e_t(1+r_t^F)=(1+P_t^F)Ee_{t+1}(P_t/Ep_{t+1})$ （外币资产、价格和收益率）

(20)$(1+r_t^H)=P_t/Ep_{t+1}$ （基础货币、收益率）

由于这些关系式，(11)—(14)中的资产价格 (q^K,q^B,e) 可用向量 r^J 表示，反之亦然。如果给定价格期望值，当前价格和某一时期内对每一资产收益的实际期望值之间会呈现出反比例关系。只要资产预期价格对当期价格的弹性值小于 1，情况总是如此。对于股票和债券，即使在弹性值等于或稍大于 1 时，结论也依然有效。

各种资产是总替代品的假设意味着 A^J 对其自身收益 r^J 的偏导数为正，而对其他资产收益率 $\gamma^L(L \neq J)$ 的偏导数为非正值。在目前的讨论中，该假设比资产存量需求相加后必然是一个独立于确定变量向量的常数这一假设更强。这里，对各种预期收入的自偏导数和交叉偏导数相加构成对理想期末财富所产生收益的总效应。总替代品假设意味着总效应是非负的，而且单一利率对财富需求的任何效应，都会表现为增加对利息收益已经提高了的资产的需求，而不会增加对利息收益未提高的资产的需求。这些是合情合理的假设，是与合理的证券组合和储蓄行为相一致的，但并非所要求的。

证券组合理论为拟制不同资产模型的不完全替代品奠定了宽松的理论基础，不完全替代是指即使不同资产的预期收益有差别，人们依然同时持有其正数额(马科维茨，1952 和 1959；托宾，1958)。它也为资产组合需求为什么依赖于预期收益结构提供了理论解释，但它并未断言各种资产是总替代品与收益具有强的负协方差的各种资产可以是互补品，因为对一种资产的预期收益的提高会引致套利证券组合的增加，结果，两种资产都会增加。即使不存在协方差的互补性，一种资产预期收益提高的收入效应也会使总替代假设失败。因此，对于资产需求和对消费品需求来说，总替代能力是一种比效用最大化更严格的假设。

8. 资产需求的其他决定因素

资产需求函数 A^J 少并不必定是在预期收益和其他决定变量的当前估值下家庭所选择的持久性的证券组合。在任何一个短时期内，这些需求函数只根据金融环境的信息做出局部调整，鉴于交易和决策的成本，反应滞后是可理解的。例如，当资本利得和损失要求改变证券组合的份额时，证券经理进行校正性交易可能是缓慢的。因此，A^J 是多元的存量调整函数，它涉及最初持有向量 J_{-1}。人们一般希望最初存量的自效应为负，而交叉效应为正，在总财富需求函数 A^W 中起决定性作用的是自效应。

在凯恩斯模型中，当期和近期的实际可支配收入是消费的主要决定因素，但战后理论贬低它们的作用，而看重长期可支配资源的前瞻计算。① 问题的焦点在于家庭展望期的长度。在展望期内，收入、课税和转移支付被总和在一起，过了这一时期，集中的当期和未来资源就按相当稳定的速率消费。展望期越长，当期收入增量中用于储蓄而不被消费的比重就越大。毫无疑问，各家庭的展望期差别很大，从受流动性约束极强的消费者——他们过着从手到口的生活，很快把现金收入花掉了，而大富豪——他们把所有额外收入为子孙后代储蓄起来，各种家庭应有尽有。流动性约束(例如对未来工资和养老金短期替换能力的限制)对于当期可支配收入仍然是消费的重要决定因素的许多家庭来说，有足够的约束力。

现期收入也是交易量的衡量尺度，确切地说，它对交易货币的需求有很大影响。

---

① 弗里德曼(1957)、莫迪利安尼和布伦伯格(1952，1954)都有这种思想。我自己对消费的研究始于 1947 年的博士学位论文，且包括几年来的 10 篇论文，这些都重印在托宾(1975)，第 29—38 章中。

在4种资产模型中,交易效应将表现为对基础货币直接或间接需求的收入弹性相对地较高。

前面的讨论表明,"人力资本",或者说预期的未来工资、课税和转移支付,是现期消费和储蓄的决定因素。现期可支配收入可能是这种财富的指示器,但它是一个不完全、不完善的指示器。家庭展望期内关于未来可支配收入的好消息会降低现期储蓄,而坏消息则会提高现期储蓄。要分析对储蓄构成的影响比较困难。可支配收入的时间和年限特征无疑会影响证券组合,尤其是在各种资产的流动性存在差别时。但对于整个经济来说,这种影响会被相互抵消。一种更为重要的考虑在于资产报酬和人力资本收益的不确定性,它们之间的协方差与证券组合选择有很大关系。风险规避的储蓄者喜欢报酬与自身工资负相关的资产。对周期性宏观经济的前景认为会有大的波动的工资收入者,会对股票持谨慎态度,尤其是对于那些当他们最可能失业时报酬和价值可能正好比较低廉的股票,更是如此。预期有稳定的职业、实际工资和收益的人,会对名义面额资产、债券和货币持怀疑态度。通货膨胀时期实行反通货膨胀的货币政策会引起对滞胀的预期,这可能导致家庭投向与市场利率有关系的短期美元票面资产(在我的讲解模型中未包括),而不投向股票或长期债券,寻求旨在对抗失业和实际工资下降的预防措施。

前面的讨论告诉我们,面对经济环境的显著变化,对资产需求函数的预期不可能是稳定的。几种资产上收益的方差和协方差,反映对经济造成较大冲击的概率分布。这些是在技术、爱好、国外经济和政府决策方面的外生冲击。而且这些冲击的影响,更多地取决于私营机构和政府决策者对它们的反应。正如与人力资本相联系的各种资产证券组合的估计风险所反映的那样,可观察到的关于上述影响的联合概率分布,在20世纪80年代无疑不同于60年代。资产需求函数也不同,但资产需求函数的基本观念、常例和习惯不会突然改变。就我们目前的目的而言,在经济波动和稳定政策的中等长度的展望期中,需求函数能保持稳定就够了。

纳税和转移支付作为本期和未来可支配收入的因素已经谈过,对资本收入的纳税也影响资产持有的税后收益。纳税降低收益这一明显论点并非事情的全部,因为它改变了不确定收益的全部分布。如果政府对称地分享损失和收益,那么政府征税在降低风险资产组合的平均收益的同时,提高了其他纳税者的风险和收益,如工资税和消费税就是这样。既定税务制度对储蓄、证券组合选择和资产价值的效应是一个巨大而复杂的论题,超出了本次演讲的范围。

9. 宏观经济模型战略:存量、流量和具体的储蓄函数

至今所描述的方法的革新之处,在于把储蓄和证券组合决策联结在一起。特定资产的积累功能已指明,它们相加构成本期的总财富积累。决定资产价格和利率的市场,把由实际投资、政府赤字和外部的经常账户所引起的需求流量和供给流量协调起来。市场同时处理产生于储蓄和积累的流量,以及产生于证券组合调整的流量,两种流量的需求由私营机构决定,供给由货币当局决定。到了期末,在决定该时期资产价格的同时,这些市场参与者拥有在流行价格下当时希望的资产和总财富的存量。

这不是短期宏观经济模型的传统战略。传统的战略，是资产价格和利率的决定模型以独立于新储蓄流量之外的暂时的存量均衡。这是在模型的 *LM* 中完成的，这里，财富所有者受上期储蓄所继承下来的，但以资产的现行价格重新估值的净财富约束，他们在这些价格下选择所希望持有的货币和其他可供选择的资产存量。供应给他们的存量也由历史事先决定，除非货币当局按现行价格通过公开市场业务带动及时离散调整。虽然家庭同时储蓄以积累财富，但 *IS-LM* 模型并未包含具体的储蓄函数，来描述他们所希望的财富积累形式。缺少具体的储蓄函数，意味着期末家庭证券组合的比例由发行的新资产供给单独地重新塑造，这些发行是为了给投资、政府赤字、国际收支经常账户顺差筹集款项。这种组合比例可能不是家庭所想要的，但校正只有在下一时期初资产—股票市场重新开放时才能进行。不受欢迎的意思，是指财富所有者和储蓄者在形成其证券组合需求时忽略了这样一个事实：他们在储蓄的同时是为了增加其财富。与 *LM* 存量市场相对照，联立的 *IS* 方程是为了决定商品和服务的流量。

在描述多资产货币分析框架的 1969 年的论文中，我坚持使用了我现在反对的行不通的分支法。[①] 我努力把资产价格和资产数量的贮量均衡推广到更大的资产集合，同时却只画出单一的 *LM* 轨迹来与 *IS* 轨迹并列。我现在承认，这种凝聚在一般情况下是达不到的。我 1969 年论文的主要论点并不依赖于这一因素，对我来说，我在本次演讲中所倡议的把存量调节和储蓄流量融合在一起的方法也许是一种可行的选择。

对凯恩斯短期宏观经济系统的解释总是模糊的。当变量并未明显地定为时点或时期时，事情尤其如此。这个解释是多余头寸上的均衡么？对于那些其解本身隐含着资本、财富、政府债务和其他资产的变动的模型来说，上述情况很难出现。由于模型的结构方程依赖于这些存量，当这些存量变动时，结构方程的解就不会折返。凯恩斯本人也承认这一问题，但却借口自己忽视了积累动态化，即把分析期定得短到足够使流量不引起存量规模的显著变化。这种借口对于物质资本和总财富存量来说是可接受的，但是，不平衡的政府预算、货币业务和外部不平衡能够相当迅速地改变相应的资产存量。其解产生各种流量但完全忽视它们的后果的模型，可能被怀疑忽略了一个甚至在相对较短的时期内也很重要的现象，因而这类模型对财政和货币政策做出了不完整甚至是误导性的分析。

对这一问题的一个具体批评意见是标准宏观经济模型“忽视了政府预算约束”，即要求通过这一种或另一种政府债务来弥补赤字的恒等式。[②] 在标准模型中，这是正确的，除非在时间推移中，跟踪资产存量的增长以及这种增长对资产价格和其他变量的影响，从而动态地扩展模型。我上面所提出的公式是使政府融资要求明朗化，并允许

---

① 不过，我与威廉·布莱纳德的 1968 年的论文并不反对这个观点，我们在那篇文章中遵循这里所推荐的方法，即在离徽时期明确地把时间结合进模型内。

② 这一批评意见的早期例子是克里斯托弗(1966，1968)，布林德和索洛也讨论了这个问题。

它发行货币和债券,从而即刻影响金融市场。

但这种问题及解决办法都不以政府融资为限。另一个是关于国家间资本流动和汇率决定的问题(布兰森,1976,1977)。近来流行的"汇率是资产价格"的警句确有道理,但只对了一半或四分之一。它虽把流量从存量中分离出来,却把资产市场只看成是使现有存量与受财富约束的证券组合需求一致。可以确信,把这种模型应用于国际金融市场比国际收支失衡加汇率的老方法要先进,后者或是完全忽略了资本交易,或是假设利率差异和其他因素引致的流量会无限期地继续下去,而不管它们对证券组合的组成的影响。因此,承认汇率是在经常与资本账户的供给和需求融合在一起的市场上决定或通过官方干预保持平价,是很自然的(托宾和德·马其多,1980;托宾,1981)。

这里和其他金融市场一样,实际参与者和观察者敏锐地感觉到了新的发行和新的需求的流量,而经济学家却把注意力集中在存量上。每一集团的人都会对另一集团的人的注重点感到迷惑不解,但双方可能都对。

10. 宏观经济模型战略:连续的或离散的时间

刚才讨论的问题与把时间引入模型有关。上面所引入的方程按相等的、有限长度的离散时期计算时间。在任一时期内,每一变量假定有一个而且只有一个取值。当资产市场的出清在每一时期决定一连串的资产价格时,更是如此。从一时期到下一时期,资产存量有限地突升。所以在一时期内,需求和供给的这些突升影响资产价格和其他变量,时期越长,影响越显著。当然,它们也会影响后续时期的解。

同一拟制模型战略可应用于连续时间。各个具体的储蓄函数和总储蓄函数告诉我们,储蓄者希望增加其具体资产和总财富存量的速率。它们既会反映出长期储蓄和证券组合计划的连续执行情况,又会反映出股价从由于意外事件、新闻以及变化了的环境或偏好所导致的对计划的偏离、进行调整的速度。

在经济动态中,任何一种代表时间的方法,都只是一种不切实际的抽象。通过一般观察,我们发现,一些变量,尤其是规范市场中的价格,事实上是连续不断地变化的,而其他变量则不论时间长短,总是固定不变的。经济决策人的有些决策每日或每时在重新考虑,同时,另一些决策在一年或更长时间的间隔中才回顾反思,除非意外情况迫使他们做出修正。原则上,允许在变动频率上各变量之间存在差异,甚至把这些频率看成是内生的,这都是可行的。但在目前的模型下,这种现实主义似乎超出了我们的分析工具的能力。况且,许多统计数据只有在人为确定的有限时期内才能获得。

把经济表示成一个联立方程系统,始终存在着可信度问题。但是经济可以在一微秒中对这一方程系统进行求解和再求解这种想象,尤其令人难以置信。即使有现代电子计算机,瓦尔拉的拍卖商以及向其提供供求表的市场参与者都不可能完成这种任务。经济上的相互依存是经济生活的特征,了解和解释这种特征是我们专业经济学家的职责。联立方程系统便利地表达了这种依存关系,但更有说服力的是把求解它们的经济过程设想成是需要耗费时间的工作,而不是瞬时可完成的工作。

在任何情况下，关于宏观经济活动短期决定的模型，必须看作是一段时间，不管是长还是短，而且还必须插入流量改变存量、存量又转过来影响后继流量的动态过程。

11. 一个时期模型的解

4 种资产市场方程(11)—(14)是模型的核心，并通过赤字 D 的定义式(16)以及现期价格、预期价格与 4 种资产一个时期收益率 r^J 之间的关系式(17)—(20)来对这一模型进行增扩。这一结构的求解和解释，依赖于那些被看成为期内内生以及期内外生或前定的变量。假如被看作内生的变量多于 4 个，则须增加 1 个或更多的方程。

这里，为了讲解方程和为了实质性兴趣，我提供 3 种不同的方案：(1)“凯恩斯的”观点，现期实际收入 Y 是内生的，而商品价格是事先决定的；(2)“古典的”观点，价格 P 是内生的，而 Y 是由资本存量 K_{-1} 和外生的劳动力决定的供给变量；(3)一种混合的观点，把 P 和 Y 都看成内生的，并把 P 和 Y 用期内的菲利普斯曲线来使之相联结，这是第五个方程。在所有的方案中，(17)—(19)中资产价格的预期值都被假设成对相应的现行价格的弹性小于 1，因而现期价格与收益率 r^J 成逆相关。但按照“凯恩斯”和“古典的”的观点，商品预期价格 EP_{+1} 被假设成与现行价格 P 成比例。这种假设固定了预期的通货膨胀率，从而固定了 r^H。在“混合的”观点中，预期的通货膨胀率被假设成相等于现期的通货膨胀率 $Ep_{+1}/p = p/p_{-1}$，因而 r^H 由短期菲利普斯曲线决定。

代表财政政策外生变量的是政府购买 G 和赋税—转移支付功能 T 中的常量或变动参数(为简单起见，对资本收入的边际税率被解释成是没有变动的)。货币政策的参数是 r^H；赤字中通过发行基础货币来弥补的份额为 r^H，而通过在公开市场上“销售”货币和外币来弥补的份额是 Z^H 和 Z^F，在完全的浮动汇率体制下，Z^F 是零；在进行谨慎的干预的体制下，销售外币所得的货币或债券是个政策变量。在固定汇率体制下(这里不准备分析)，Z^F 变成内生变量，而 e 和 r^F 变成外生变量。

凯恩斯的观点。在 P 和 r^H 为事先决定下，可运用模型求解 $r^K r^B r^F$，Y。通过隐式替代消除核心方程中的 (q^K, q^B, e)，这样，方程(17)—(19)即可获得这 3 种资产价格。

对核心方程(11)—(14)求导给出一串含微分的方程，(21)表达了其符号结构。第五行系指 IS 方程(15)，加在这里供参考。

$$
(21)\quad \begin{bmatrix} + & - & - & +(?) \\ - & + & - & + \\ - & - & + & + \\ - & - & - & + \\ + & + & + & + \end{bmatrix} \begin{bmatrix} dr^K \\ dr^B \\ dr^F \\ dY \end{bmatrix} = \begin{bmatrix} 0 & -A_T^K & 0 & 0 & 0 & + \\ +\gamma^B & -A_T^B-\gamma^B & +D & 1/p & 0 & + \\ 0 & -A_T^F & 0 & 0 & 1/p & + \\ +r^H & -A_T^H-r^H & -D & -1/p & -1/p & - \\ +1 & -A_T^W-1 & 0 & 0 & 0 & - \end{bmatrix} \begin{bmatrix} dG \\ dT \\ d\gamma^B \\ dZ^B \\ dZ^F \\ dr^H \end{bmatrix}
$$

除最后一列外，雅各布行列式的符号结构来自 A^J 函数的总替代性假设，并被核心方程中其他项的偏导数符号所强化，尤其是被资产价格对收益率的负相关关系保持贸易平衡的标准的马歇尔—勒纳性条件所强化。最后一列体现着一种假设，即每种资产现期收入的边际储蓄倾向是正的。给定了这一假设，用(?)表示的唯一模糊之处就是这样一种可能性：通过提高资本的现期收入 R，引起 Y 的增长，从而提高 q^K 投资和对 K_{-1} 的价值评估，其提高情况足够超过由 Y 增长所诱致的对股权财富的新需求。边际投资倾向可能超过股权形式的边际储蓄倾向。

假设以上所示的符号结构成立，那么雅各布行列式的值是正的。① 即使存在疑问的符号反过来为负，行列式的值还是可能为正的，如果列中第一和最后一行之和为正，则行列式的值还是可能为正的，如果列中第一和最后一行之和为正，则行列式的值必为正。若给定一个正值的雅各布行列式，其乘数结构列示于表 3。

这些是传统宏观经济的结果，其性质与 IS—LM 模型中的可比结论相同。然而请注意，与蒙代尔(1963)关于在浮动汇率制下货币政策起作用而财政政策不起作用的结论相反，两种扩张政策在这里都有效。在蒙代尔的模型中，单是扩张性财政政策不能增加总需求，因为它会提高汇率从而降低国际收支经常账户顺差；国外利率束缚国内利率，因而货币流通速度不会加快。在当前的模型中，财政扩张并不完全地“排挤”净出口。外币升值降低货币需求是由两个原因引起的：一是因为若汇率预期变动不大，则外币资产的收益会比较高；二是因为所持有的外币财富的价值比较低。当然，这种财富效应要求持有额是正的。资产替代效应也意味着浮动汇率并不会使经济摆脱外来需求的冲击。

收益率乘数符号的不确定性，反映了多资产模型中可能的多样化替代形式。例如，用债券弥补赤字，如果债券是货币的优良替代品却是股票的劣质替代品，则股票收益率 γ^K 确实会下降。

表 3　凯恩斯和古典模型的乘数

内生变量	dr^K $(-dq^k)$	dr^B $(-dq^k)$	dr^F $(-de)$	dY (凯恩斯的) dp (古典的)
扩张性财政政策				
dG　购买($r^H=1,r^H<1$)	$(-,?)$	$(-,?)$	$(-,?)$	$(+,+)$
$-dT$　减税，转移支付	?	?	?	+
$dG+dT$　平衡地增加预算	?	?	?	?
扩张性货币政策				
$-dY^H$　发行货币弥补赤字	−	−	−	+
$-dZ^B$　公开市场购买债券	−	−	−	+
$-dZ^F$　公开市场购买外币资产	−	−	−	+
dZ^B-dZ^F　不起作用的购买外币资产	?	+	−	?
$-dZ^H$　通货膨胀预期	−	−	−	+

① 主对角线型矩阵包括正的对角线元素、非正的非对角线元素以及正的列项之和。它的行列式的值为正。如果任何一列被一非负向量所代替，行列式仍然为正。非负向量是指没有负值元素并且至少有一个正值元素。

古典的观点。从形式上看，古典的模型实质上与(21)的结构相同，只是 P 和 Y 的地位互换了一下，两者的乘数列于表 3 中。方程(11)—(14)中明示的超额资产需求的正价格效应，可能因 A^J 函数本身的庇古效应而加强。如果没有这类效应，雅各布行列式最后一列，即表中的 dP 列的最高项为零。在任何情况下，那个符号可能的不确定性被消除了。

货币扩张并非中性，而是降低了实际利率，并把一部分产出由消费转向投资。财政扩张提高了价格水平，如果这不通过足够的储蓄和国际收支经常账户逆差来为扩大了的预算赤字筹资，它就会提高 r^K 并排挤投资。正如以往所争论的，货币主义者关于财政政策的结论要求货币需求的利率弹性为零(雅各布行列式第四行中前三项)。

混合模型。很明显，在模型中增补"总供给"函数，P 和 Y 之间的期内正相关关系并不会改变模型的本质特征。各种政策和其他外生变量的影响会在价格和实际收入间分配，但跟表 3 所反映的方向相同，这些结果依赖于这样的假设：预期通货膨胀，从而 r^H 独立于现期价格 P 之外。

在(21)的最后一列中，给出了对于外生变量 r^K 的微分符号。在中间两行中，除了 r^H 对 A^B 和 A^F 的负效应，这些符号反映了对 q^B 和 e 的负效应。所得的乘数符号列于表 3 的最后一行；通货膨胀的预期是扩张性的通货膨胀性，这并不奇怪。

现在设想 r^H 是外生的，等于 $r-1^H$ 加上一个与 Y 成负相关的期望修正额。这将加入雅各布行列式(21)为第五列，即 H 列，其符号与雅各布行列式第四列的符号正好相反。r^H 对 Y 的关系加一行，$[0\quad 0\quad 0\quad +\quad +]$ 可能会改变雅各布行列式及 P 和 Y 的乘数的符号。假如在 LM 轨迹中减去菲利普斯曲线在每一 Y 水平下所产生的通货膨胀，LM 轨迹会自上而下地而不是按正常方式穿过 IS，那么，在 $r-Y$ 空间的 $IS-LM$ 图中，就会发生等量的逆转。

在这类模型中，我们不能任意舍弃像非稳定均衡这种直觉上感到反常的解。在时期内或一小段持续时间里，不存在一个时期的动态模型、联立方程和其他一切，是要说明实际发生了什么。动态和稳定问题产生于若干一个时期解的序列。在前一段的例子中，解决方法或许存在于其他地方，例如，存在于放慢实际通货膨胀到预期通货膨胀的转变速度。

三、模型可能的扩充和精细化

1. 金融中介、贷款和内部货币

如表 1 所示，银行和其他金融机构在资金需求者和资金供给者之间牵线搭桥，向企业、政府、家庭和其他部门贷款，而对家庭和其他债权人承担债务。商业银行的传统业务是接受存款和其他要求即时支付或某一具体时间支付的负债，并获取流动性较差和期限较长的资产。除其所有者的股本外，几乎所有的资产和负债都是支付货币的约定其他中介机构同样把其资产转化成——在面额、流动性、期限、风险方面——更适合于它们的债权人的偏好和环境比较方便的方式。银行和其他中介机构与资本市场和信贷市场一起，创造出"内部"资产及经济主体相互间的债权，这在加总私人所有的国民财富时会互相抵消。尤其是银行创造了内部货币,即各项存款。它们跟政府通货一样作为普遍接受的交易媒介,或成为其紧密的替代品在内部货币分类账的另一边,记录的不是基础货币或政府负债,而是私人贷款和证券。在美国,银行存款和通货相等价这一条得到政府存款保险的支持,实际上把政府法币延伸到了存款。

银行和内部货币的存在,改变了对基础("外部")货币需求的性质。在美国,基础货币基本上有两种用途:公共流通的通货和银行储备。法律要求银行按照支票存款和其他某些流动性较大的负债的一定比例持有储备金,可以用现金,也可以用中央银行的存款的方式持有。它们可以持有超额储备,也可通过向中央银行借款,使其"净自由储备"为负值。这样,对基础货币的需求函数就包括三个部分:非银行公众持有的通货量;法定银行储备,即公众活期存款的法定比例;净自由储备,即银行根据联储贴现率及贷款和证券的现有的利率而做出的选择。三个函数中的自变量,是利率以及跟家庭或银行的证券组合决策有关的其他变量。

在资产目录中增加银行存款(可以一种,亦可若干种),就在表1那样的矩阵中加一新的行。是否也把它加到内生利率目录中,取决于存款名义利率是否因法律或惯例而固定,如现金的利率为零。有控制的利率的存款是资产市场不由价格出清的一个例子。银行不在其存款供给表上。它们准备接纳的存款要多于公众在控制利率下想要的存款,这样,市场控制的数量就比较少了。因此,银行的可支配存款,即减去法定储备后的存款,就可用来在自由储备、贷款和证券中间分配。

银行和其他中介机构能够争取存款和带有由市场决定的资产的其他负债。这一些,原则上可加于内生利率目录上,尽管定期储蓄凭证实际上可以成为国库券和其他短期公开市场债券的近乎完善的替代品。同样,商业贷款、抵押贷款和具有中介特征的其他资产,可能要有单独的行和利息率。只要可以从借款人那里获得长期或经常的超额供给。有些贷款可以按行政管理利率,如优惠利率来定量配给。拟制不公开地管理的非竞争价格模型的一条途径,是把它设想成每个时期根据前一时期观察到的超额供给进行重新确定。那样,它就不是期间内内生价格,对应于其行方程的内生变量是一个数量。

含有固定名义利率的货币资产的存在——基础货币、存款及短期中央银行贷款——给影响其供给的中央银行货币操作活动增强了财务杠杆作用,原因是其他资产价格、利率、商品价格和实际收入一定会做出调整,以诱使公众在其证券组合中吸收这些供给的变化。同理,不论是好是坏,对固定利率资产的非政策冲击有财务杠杆作用。与此相反,对于载有灵活的市场决定利率的资产来说,其净供给的外生增长在很大程度上能被其自身利率的提高所吸收。

在类资产模型中,如果内生利率少 n 个,资产—市场方程就能决定至少一个其他变量,例如 Y 或 P 或它们的某些组合,这在前面已讲过。如果所有资产都由市场决定其利率,这种自由度就会消失。金融体制的趋势是要扩大载有由市场决定的可变利率的资产范围,增强基础货币供给及等量冲击对市场利率的财务杠杆作用。这种趋势使

希克斯的 LM 曲线更接近于垂直，使财政政策和其他 IS 冲击的作用相对较小，这是否有助于产出和价格的稳定还是波动，取决于一系列不可预知和不可控制的冲击的性质和强度，这些冲击影响到对固定利率下剩余小核心资产的供求，影响到可变利率资产中的供求的形式，尤其是影响到名义面额的证券和股权的供求的形式。在新体制下，q^K 和 Y 的可变性可能会加大。

2. 替代、加总和估计

原则上，模型应该区分不完全可替代资产的类别，并为每一类别资产确定独立的收益率。假如两种资产可完全替代，它们的利率变动一致，则可用一个变量来表示。这样，两行就可合并为一行。在计量经济学实践中，这种处理方式也适合于虽不完全却是紧密的替代关系。利率的时间序列的强共线性产生了计量经济的难题。常常不能明确观察到的共同变化是由紧密的替代关系引起的，还是由广泛起作用的外生冲击引起的。历史常常不做那些相关资产供给变动的实验，这些实验原本可以检验替代性假设和交叉弹性估计。故此，模型或局部模型的估计和模拟就大大依赖于系数及其误差分布的事前估计了。在某些情况下，这些贝氏方法虽然在拟合样本观察值方面不如标准方法，但在样本外预测方面比较有用(史密斯和布莱纳德，1976)。

3. 国际资产交易

在第二部分中，国际资本流动是被以最原始的方式模拟的：规定一种单一的外币资产，国内居民可按外生的外币利率借贷，外国居民被假设为不需要本国资产。由于这些简单假设，关于外币资产的供求相等方程也就成了国际收支平衡方程式。向现实跨出的第一步是把国外需求加入所有国内资产的方程中，赋予国内资产需求函数同样的格式和特性，并稍加修改。假设国外的证券经理关心的是按其本币计算的收益，这一修改可保证在“小国”假设范围内，继续假设国外利率、国外收入及其他有关的国外变量是外生的。国际收支平衡方程是前期外币资产的平衡方程，但在净需求上现在增加了对本国资产的国外净需求总量。这一修改使较简单模型的结论依然有效，而只要做一些次要的变动。

然而向现实跨出的第二步会具有相当大的复杂性和模糊性。这就是要联合并对称地拟制两个经济模型，每一国的居民要持有两种通货的资产，两个国家的宏观经济变量都是内生的。源于第二部分确定的定性的“总替代”假设不再适用，因为汇率的同一变动对两个国家的投资者来说，其意义正好相反。本币偏好产生于这样一个事实：每一国的居民都希望用其本币购买消费品，而两国产品又是不完全替代品。很明显，在 n 种通货和经济体下，之后的步伐会更加困难。

四、动态学和长期稳定状态

每一期内解成为下一期事先决定变量的新取值。这些包括证券资产和资本的期间存量，它们遵循很明显的过渡性方程。同样，过渡性方程可以由前一时期和其他过去时期的解事先确定其他变量。商品价格的惯性及其与经济活动的关系，可以用这种方式拟制模型，可以看成是适应性的预期。合理预期动态解也是可能的，但是非线性系统的动态解，即使像第二部分中所描述的小规模系统，也不能用分析方法获得，而只能通过模拟获得。

通过一些特殊的假设，模型就有一个稳定状态解，犹如货币增长模型中的解那样（托宾，1955，1965，1968）。除了对生产函数、技术进步和外生资源这些熟悉的限制外，最重要的假设是考虑资产偏好和储蓄。稳定状态的存在要求在收益率的任何常数集合下，所有资产需求与经济的规模成比例地增长。对于政府购买和税收收入同样要求有这种一致性。

在所有具有经济自然增长率 g 的各种可行的稳定状态途径中，哪一条是长期均衡，取决于政策参数。有两个参数决定政府购买和税收收入作为总产出的部分 s 和 r，有一个参数 r^B 或 r^H 决定赤字的弥补方式。在均衡路线上，公开市场业务没有地位或目的。

一个稳定状态解决定三个收益率 (r^K, r^B, r^H)。资本积累稳定地按照自然增长率进行，因而，q^K 等于 1。因此，r^K 是资本的净（税后）边际产品，它与资本—劳动比率、资本—产出比率，以及每一有效工人的产出和实际工资成反相关关系。基础货币的收益率，即负通货膨胀率，在动态模型中是内生的，尽管在短期模型中并非如此。这是因为合理预期像通常一样适用于稳定状态解：预期的通货膨胀与实际的通货膨胀必定相同。

现在，我转而讨论长期均衡的性质以及相伴产生的一些分析、解释和政策问题。这里，我讨论的是具有三种资产的封闭经济；对于开放经济来说，稳定的长期增长的全部概念都不适用，除非它们的几种自然增长率恰好相等，为了方便，我采用连续时间。让 b 和 h 分别以按名义市场价值计算的债券（永久性统一公债）和高性能（基础）货币的存量，它们都是名义收入的一个部分。在稳定状态时间过程中，这些值将保持不变。两种资产的名义利率 $(r^B+\pi, 0)$ 在时间过程中也是稳定不变的，(r^B, r^H) 是实际利率，这里，$r^H=-\pi$。债券的名义利率 q^B 也是常数，为 $1/(r^B+\pi)$。每一资产按美元计算的名义存量连同名义收入以 $g+\pi$ 的速率增长。下列两方程描述了赤字的弥补：

$$(22)\begin{cases}\gamma^B[s-\tau+(r^B+\pi)b]Y_p=bY_p(g+\pi)\\ \gamma^H[s-\tau+(r^B+\pi)b]Y_p=hY_p(g+\pi)\end{cases}$$

（债券和基础货币的稳定状态供给）

从这些方程中消去 Yp 解得 b 和 h 为：

$$(23)b=\frac{\gamma^B(s-\tau)}{g-\gamma^B r^B-\gamma^H r^H},h=\frac{\gamma^H(s-\tau)}{g-\gamma^B r^B-\gamma^H r^H} \qquad [(22)的解]$$

注意，分母可写成 $(g-r^D)$，这里的 r^D 是货币和非货币公债进行合理的加权平均后的实际利率。我把 $s-\tau, g-r^D, b$ 和 h 限制为非负债。长期资产需求函数为 $a^{K(\cdot)}$，$a^{B(\cdot)}$，$a^{H(\cdot)}$，每一函数表示为实际收入 Y 的一个分数，所包含的自变量为三个 r^J 和税率 r。和前面一样，这些函数加总后即为总财富需求函数 a^W。定义 k 为资本产出比率，如果存在一个正常情况下对资本（内生）和有效劳动（外生）的正常的规模收益保持恒定的生产函数，则 k 与 r^k 成反相关系。① 决定稳定状态的三个方程是：

$$(24)a^K(r^K,r^B,r^H,\tau)=k(r^K)=k \qquad \text{（资本、股权）}$$

$$(25)a^B(r^K,r^B,r^H,\tau)=\frac{\gamma^B(s-\tau)}{g-\gamma^B r^B-\gamma^H r^H}=b \qquad \text{（债券）}$$

$$(26)a^H(r^K,r^B,r^H,\tau)=\frac{\gamma^H(s-\tau)}{g-\gamma^B r^B-\gamma^H r^H}=h \qquad \text{（基础货币）}$$

三者之和是下列长期 IS 关系：

$$(27)a^W(r^K,r^B,r^H,\tau)=k(r^K)+\frac{(s-\tau)}{g-\gamma^B r^B-\gamma^H r^H} \qquad \text{（财富系统）}$$

(24)—(26)看起来尽管很简单，但内生变量与政策参数之间许多可能的关系，还有待于研究。当然，r^B 尤其令人感兴趣，因为它联系着资本密集度、劳动生产率、人均消费量和实际工资额。

在稳定状态的比较静态下，“扩张”政策——高 S、低 r，高 r^H 可以与较低的 r^H（更高的通货膨胀）、较低的 r^K 和较高的资本密集度 k 相联系。或者，政策及其结果的稳定状态联系有可能正好相反。

这些不确定性的表面原因是，“总替代性”虽然已被假设为 a^J 函数，但并不保证成为主对角线型雅各布矩阵。例如，在(26)的 H 方程中，r^H 提高会引起左边对基础货币需求的增加，但它也因为减少了右边的分母而增加了供给——而且也许会比需求增加得更多。由于类似的原因，雅各布行列式中对角线的 B 行元素可能为负。

主要的可能性可以用图演示，尽管会失去一些普遍性。可以加总 $b+h$，然后将它们的和 d 对 r^P 描图，r^P 是上述所定义的加权平均值。图 1 和图 2 就是这样画出来的，其中直角的双曲线 Dt 是 d 的“供给”，等于 $(s-\tau)/(g-r^D)$。现在设想 r^B 和 r^H 只因为它们影响 r^P 而影响 a^k，这一特殊假设对于图示是必要的。对于任何 r^D，K 方程能求解出 r^K，r^K 又会与 r^H 成正相关关系。相应的 K 与 d_s 相加后得到 w。现在 r^K 与构成 r^D 的 r^B 和 r^H 一起共同在第二和第三方程中决定 a^B 和 a^H。其总和为对公债的需求 a^D。在均衡状态下，a^D 和 d_s 必须相等，其均衡点标为 E。在两图下面，r^K 对 r^D 描图。与 K 相关的 r^K 等于 $w-d_s$，即 r^k_a，而与 $W-a^D$ 相关的 r^K 是 r^k_a。它们在均衡点 E 处相等。扩张的政策提高 r^k_s，但对均衡 r^K 的作用在这两种情况下是有区别的。

图 1 是我在短期分析中所称的标准情况的模拟，与一个主对角线型雅各布行列式相联系。拥有率的需求效应超过供给效应。很明显，$s-t$ 的提高，如箭头所示，会提高双曲线 d_s，也会提高 r^D 和 r^K。较大的赤字支出会“排挤”资本，IS 部分机制则会降低通货膨胀率。r^H 的提高，赤字的进一步货币化，很可能在同一方向上起作用。r^H 小于 r^D。其效应之一也是使 d_s 向左移动。

---

① 税前，我在这里不讨论资本收入税，如前所述，它可通过把税后收益率放入 a^J 函数并考虑税收对风险的影响而得到分析。

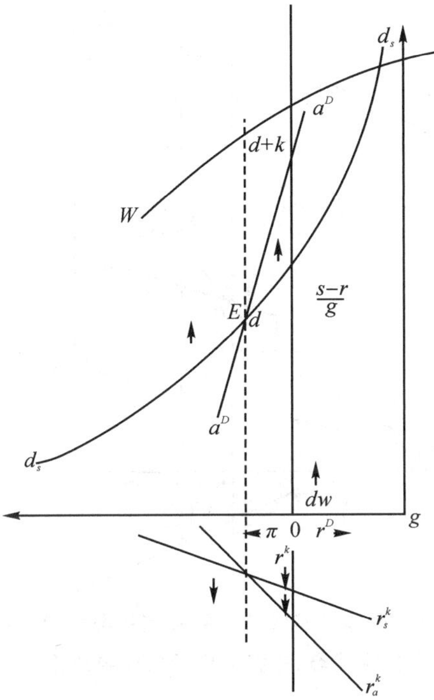

图 1　政府债务与资本及其收益率的稳定状态均衡(标准情况)作用

图 1 中的平衡点的稳定性是我疑惑的另外一个问题。对其稳定性的怀疑不只是来自直觉,更因为同一模型的短期结论即相同的政策具有通胀倾向,同时可能会增加资本投资。要解决这一明显的矛盾可能需要对价格水平的理性预期做解释,以及经济主体对稳定状态的预见和对横截性条件的内在化。

图 2 是另一种情况,表明 a^D 比 d_s 平坦。这里,同一"扩张"政策提高通货膨胀率,同时会"挤进"资本,以替代吸引力较差的公债。这里,货币和债券的需求对收益率的反应并不灵敏,也许很矛盾。图 2 显示了货币主义者更占优势的世界。图 2 中虚线 a^D 表示了另一种可能性,即根本不存在稳定状态均衡。赤字,$s-t$ 如此之大,以至于不再存在可使公债的供给与资本相竞争的 r^D。这是一个恶性通货膨胀的处方。

在美国,联邦债务总额接近于 GNP 的 24%,其中 6% 为基础货币债务,18% 为非货币债务,意味着 $r^H=1/4$,$r^B=3/4$。假定每年的通货膨胀率为 10%,而债券的名义利率为 14%,则 r^P 是 0.5%。假设自然增长率为 2.5%,则 $g-r^D$ 是 2%。隐含在这些数据中的是稳定状态下的预算赤字(不包括债务利息),为 GNP 的 0.48%。这样,若 r^D 提高 100 个基本点,d_s 会加倍到 48%。由于需求 a^D 不可能高那么多,这样图 2 就用上了。

在任何情况下,金融政策倾向于长期而不是短期,就不具有中性了。r^K 和资本密度越过稳定状态的变动扰乱了"超中性"。所谓"超中性",就是实际结果不会因通货膨胀率而变动。这并不奇怪,因为通货膨胀与实际利率呈负相关关系。究其背景原因,是有限的财富在资本和公债之间的竞争性分配。对于展望期无限的消费者来说,这种

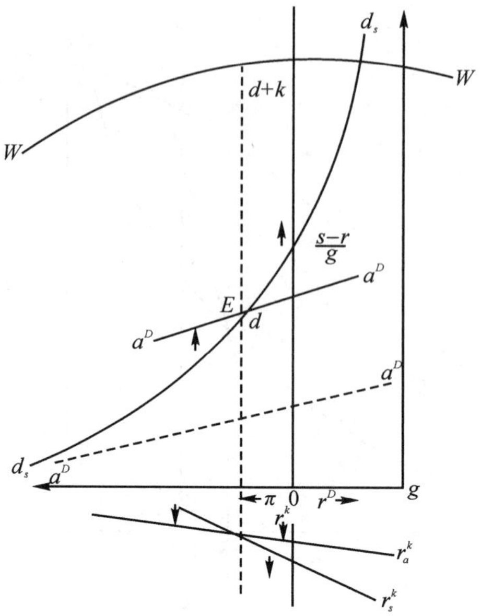

图 2　政府债务与资本及其收益率的稳定状态均衡(非标准情况)

见稳定状态,并将其横断条件内部化

竞争并不存在,他们积累资本和各种其他资产,直到各种资产的收益率等于持久的时间偏好率。相反,以一生或其他有限时间为展望期的储蓄者,在任何给定的收益率下,对财富和各种资产的需求是有限的(托宾和比特,1980,第 98—103 页)。

保罗·萨缪尔森在其 1958 年交叉着几代人的故事中,说明了独立的竞争市场并不必然达到社会最优或帕累托最优均衡,因为寿命有限的家庭不能跨时期进行交易。这一深刻见解支持了凯恩斯的观点,即没有期货市场时要协调市场是很困难的,这一见解也有助于说明为什么没有期货市场。

宏观经济市场的失灵使政府金融干预有可能增进福利,但无法保证实际政策确实会有这种效应。我讲演的焦点一直集中在财政和货币政策如何改变短期和长期宏观经济的结果。我并没有考虑最佳的政策设计,或者政府根据对经济造成的冲击而进行干预的最佳规则。这些都是货币理论和宏观经济学已经提到议事日程却还未完成的重要事项。

(杨爱萍 译　武　鑫 校)

1982获奖者

乔治·斯蒂格勒

George J. Stigler

【获奖理由】在工业结构、市场的作用和公共管制的成因与影响方面做出了重大贡献。

生平简介

1911 年	出生于美国华盛顿州西雅图市
1938 年	获得芝加哥大学博士学位
1938—1946 年	任教于明尼苏达大学
1947—1958 年	任教于哥伦比亚大学
1971—1974 年	任安全投资保护委员会副主席
1969—1970 年	任尼克松总统法规管理改革顾问
1977 年	任芝加哥大学国家经济研究中心负责人
1991 年	逝世

主要学术贡献

通过长期广泛的实证研究,斯蒂格勒为市场运行的研究和产业结构分析做出了重大贡献,探索了经济法规如何影响市场,分析了经济法规形成的内在决定力量。他是市场和产业组织领域的学术带头人,被公认为是信息经济学和管制经济学的创始人。

1. 信息经济学

斯蒂格勒是芝加哥学派在微观经济学领域的代表人物,最重要的贡献是开创了经济学研究的新领域——信息经济学。他认为消费者在获得商品质量、价格和购买时机上的信息成本过大,使得购买者既不能,也不想得到充分的信息,从而造成了同一种商品存在着不同价格。斯蒂格勒认为这是不可避免的、正常的市场现象,并不需要人为的干预。斯蒂格勒的观点更新了微观经济学的市场理论中关于一种商品只存在一种价格的假定。斯蒂格勒还将信息经济理论拓展到劳动市场,提出著名的

“搜寻失业”理论。

2. 管制经济学

斯蒂格勒也是管制经济学的重要代表人物。通过一系列理论与实证分析，他认为政府管制未必会产生预期的效果。1971 年，在《经济管制理论》一文中，他提出了著名的管制俘虏理论，认为管制者甚至管制法规往往会被相关利益各方所左右，从而使管制失去应有的效果。因此，他主张放松政府管制，实行自由市场制度。

此外，他在法和经济学、经济思想史等方面也有突出贡献，弗里德曼赞誉斯蒂格勒是“以经济分析方法来研究法律与政治问题的开山祖师”。

主要学术成果

《价格理论》(1946)

《信息经济学》(1961)

《知识分子与市场》(1963)

《经济学史论文集》(1965)

《经济管制理论》(1971)

《人民与国家：管制经济学论文集》(1975)

《经济学布道家》(1982)

《产业组织》(1983)

《斯蒂格勒自传：一个不接受管制的经济学家》(1988)

颁奖词

瑞典皇家科学院 / 拉尔斯·韦尔因

尊敬的国王和王后陛下，各位殿下，女士们，先生们：

每一门科学都是一个传统和变化的混合物。在经济科学中，传统的经济科学的代表是 200 年前亚当·斯密创立并不断改进的基本市场理论和价格形成理论。它的基础是关于个人、家庭和企业在寻求职业、生产、买卖时行为的简单甚至粗糙的假设。然而对于一代又一代的经济学家而言，这种理论显示了他解释和预测市场过程的主要特点的能力。

不过，由于经济生活变得日益复杂，老是有更多的现象未能得到解释。有些市场现象甚至似乎与理论有出入。事实上，市场机制与立法越来越相互交织，这完全超出理论。由于乔治·斯蒂格勒对基础理论和真实市场的过程相互结合方面的贡献，以及澄清经济立法的作用，因而被授予今年的诺贝尔经济学奖。

斯蒂格勒研究计划的实施从他一系列的研究开始。他在一个又一个领域搭建了理论和实施之间的桥梁，解决了它们之间似乎存在的矛盾。在大多数事例中，如果连同总是包括在理论中比较有形的生产和运输成本，把家庭和企业取得市场机会的信息以及据以调整的成本加进去，矛盾就消失了。传统理论的基本性质因此保持完好。但是这种理论由于不考虑调整现象而显得过于概略——很像在物理学中有时假设一个真空一样。

斯蒂格勒在他的一项研究中，说明搜寻和散布关于价格、商品质量和购买机会的信息的成本如何意味着购买者一般的既不能，又不想得到充分的信息。缺乏信心导致价格刚性、价格和质量差异、等待时间及类似现象，它们显然是正常的和不可避免的市场功能的特性，而不是需要专门干预的不合理的和功能的缺陷。在进一步工作中，斯蒂格勒把他的分析延伸到劳动市场。斯蒂格勒的这些专门研究建立了称为信息经济学的一个新研究领域，为今年的经济分析提供了一个重要的出发点。

斯蒂格勒的其他研究致力于探讨妨碍资本和劳动从低利产业迅速移到高利产业的调整滞后期。在广泛收集经验数据基础上——其收集是经济统计中的开拓性工作——他发现这类滞后确实存在，但是他们的经验重要性被人们夸大了。这些结果表明，不论一个产业在某一年是否表现得好，但很难预言它在7—8年以后的状况。到那时候重新分配的活动以及其他平衡力量会起作用。在经济生活中，好坏时候相互交替。在对企业存活能力的决定因素的一项研究中发现了这一点的进一步证据。借助于很多观察数据，斯蒂格勒发现灵活适应技术和市场中的变化潮流的才能对存活能力非常重要，而利用通常的生产规模经济的才能比较不重要。因此，他推翻了水平不高的教科书中的一种已被承认的理论，然而其中某些理论或许是某些行业计划者所认同的观点。

约在200年前，亚当·斯密写道："同行业的人即使为了娱乐活动也很少聚在一起，他们的会谈不是策划出一个对付公众的阴谋，就是炮制出一个掩人耳目提高物价的计划。"斯蒂格勒也观察到了这一现象。他指出一群企业组织一个有垄断能力的卡特尔的可能性受到参加企业的相互监测以及处罚那些违背协议的人的费用的约束。这些费用通常是高的。这一点启发斯蒂格勒进行一系列研究，目的在于检验一个假设，直接用他自己的话来解释，就是：你做不到的，让国家替你做。你遇到一些事例，经济立法的设计被证明是为了有利于特殊的生产利益——企业、产业和置业集团，而不是他打算服务的公众。其解释是特定的集团成功地影响了立法及其实施，从中得到好处。

这个假设的效度仍然未知。不过，斯蒂格勒的贡献在于激发了对管制立法的效果及其背后的驱动力的大量研究。他是称为"管制经济学"的重要新研究领域的主要创始人。

或许这些成果会引导斯蒂格勒对管制立法采取批评的态度。然而关于管制背后的驱动力的假设愈有效，发生的问题就愈复杂。立法不是——像经济学家们通常相信的那样——从外面影响经济的一种"外生"力，而是系统自身的一个"内生部分"。管制是经济过程产生的，并忠实于科学家的主要任务。斯蒂格勒限制自己只去观察和分析。但是体会到他近期作品的言外之意，或许可以看到一种希望，他那成功性的开创研究也将鼓励那些从政人士不受外界压力的影响。

斯蒂格勒教授，在一长串的系列研究中，你拓展并丰富了我们在市场运作、决定产业结构和行业组织的力量以及经济立法和管制的作用方面的知识。在从事这方面的研究时，你把基础经济理论变为应用经济分析的一个有力的工具，并把它与现代经济生活的复杂性调和起来；同时，你也开辟了一个崭新的而且极其重要的经济学研究领域。基于这些重要的贡献，皇家科学院决定授予你今年的诺贝尔经济学奖。

我代表科学院向你致以热烈的祝贺，请你接受国王陛下的颁奖。

（杨爱萍 译　柴志贤 校）

获奖演说

经济学的过程和发展

乔治·斯蒂格勒

在20年前开始研究信息经济学的时候，我首先举了一个例子：我们怎么找到以最低价格出售同一型号汽车的销售商？是通过大家购买车子的频繁次数来搜索获得，还是通过搜索大量的销售商获得？由于几十位专业的经济理论学家的长期工作，对于交易伙伴、价格和质量的相关搜索的研究已经相当深广。

我打算这次谈谈在完全不同的市场上的同样问题：经济科学新思想的市场。我在此强调，大多数经济学家进入这个新思想市场是为了获取新的思路和方法，以便把经济学用于解决他们所关心的数以千计的问题，这些经济学家不是新思想的提供者，而是需求者。他们的问题可与购买汽车的问题相比较：寻找可靠的工具。为了获取用经济学解决成千上万问题的观点和方法，事实上，他们最终会买一个使用过的，而且被验证过的思想。

那些一直致力于对经济科学的新思想进行研究，并不断否定、证实、发展或替代已有思想的经济学家们——从某个意义上来说，既是新观点的购买者又是销售者。他们设法开发新的思想并说服科学界去接受它们，但是他们也是不断跟随这门学科现今以及之前思想中的线索和前景。进入这个市场的成本很高：探索一个新的思想要到足够深远的程度才能发现它是否具有前途，这需要大量的时间和思考。经济学的历史，我认为每一种科学都是如此，充满了成本高昂的错误：也就是说，那些观点和思想无法走得更远，也无法承载更多的乘客。经济学家们如何对待这些问题？这就是我的研究主题。

我首先要区分前科学阶段和科学阶段。科学是一体化的知识体系，它是由一群相互影响的研究者，也就是被称为科学家的人们不断探索和发展的。这个知识体系的不断验证和扩展就是科学家们的学术研究目标，尽管追求学术目标的同时也帮助他们实现个人的目标，如获得地位、名誉和金钱。当然这只是一些概念，希望大家不要把它扭曲。

前科学阶段的部分特点是科学体系的不完整性，当然这是相对的，因为没有一种科学是完整的。前科学阶段缺少那些能将大量的人生投入科学研究积累的一群相互影响的研究者们，因此另外一个特点就是缺少积累性的进步。

一、前科学经济学:重商主义

我们认为,花点时间看看重商主义的文献是很有用的。重商主义的文献跨越好几个世纪,涵盖了英国和西欧。文献由上百个小册子和书组成,包括像约翰·洛克和威廉·配第那样很有地位的参与者。我必须承认,对于那些文献的直接知识,我知道得甚少,因为我的历史研究更关注的是其后面阶段的知识。然而,重商主义的三大研究与我要讨论的那些特点是一致的。这些研究是埃德加·福尼斯的书《一个民族主义制度中的劳动者的地位》(1920),雅格布·凡娜的著名文章《亚当·斯密前的英国外贸理论》(1930),以及艾利·赫克谢尔的杰作《重商主义》(1934)。

重商主义的所有三个研究的第一个特点就是它们都缺乏时间维度。福尼斯通过援引相距超过一个世纪的两个小册子中的内容来做文本记录。重商主义的第一个理论,也就是出口超过进口的重要性——凡娜从引用一系列的 1381 年理查·莱斯特书写的内容开始。(倘若允许我们走出经济学的领域,那么从 1381 年开始到 6 个世纪后,还可以到 6 个世纪之后的公元 2581 年里,人们一直称颂出口平衡都是很容易的事情。)赫克谢尔也几乎没有发现关注两个作者时间顺序的必要性。

第二个特点是大多数重商主义者是在没有使用或者改进其他重商主义者的研究时就提出了他们的观点。重商主义者之间曾经出现过尖锐的争议,但批评和回应并不系统。这些著作几乎都是很简短的概要。

第三个特征几乎就是前两个特征的一个引申,在所主张的理论中没有累积式的改进。引用凡娜的话来说就是,在很多方面,实际上,当重商主义者的观点变得更加详细和复杂的时候,从现代理论的观点来说,它会使人更加反对,而且除了有关金条主义的理论外,可以提出强大的命题来辩护一个命题,那就是 18 世纪前半期的大量的论贸易的小册子比 16 世纪和 17 世纪早期的著作更加极端和混乱地支持重商主义的错误……就贸易理论而言,其中的一些进步几乎只是由一小部分很有能力的作者来完成的,他们比前人更加准确和更具逻辑性地分析一些经济问题,但是他们没有给同时代的人留下深刻的印象,甚至无法吸引他们的注意。

分析的过程显然是非积累性的。一个生于 1680 年而不是 1580 年的人去研究国际贸易是没有什么优势可言的。

现在我准备营救一位根本不需要营救的经济学家——亚当·斯密。很多经济学家以及一些大经济学家都强调一个事实,斯密有很多杰出的前辈,而且几乎他的所有的观点都被这些前辈表述过,甚至表述得相当不错。因此,有些经济学家希望将经济学的创始人的头衔赠予坎铁龙这样的斯密之前的经济学家,在我看来,这个观点是错误的。

我认为是斯密经济理论提供了宽广和权威性的记述,以致之后的研究经济学的学者不再可能在忽视一般知识状态下提出自己的观点。科学包括一些相互促进、相互影响的学者们,而且以后没有人能够忽略斯密的著作,同时,也包括马尔萨斯、李嘉图以及 19 世纪上半期许许多多经济学家的著作。

一切变化都来得太快。1776年以后,斯密没有跟任何的学者有过交流和互动,甚至在他的杰作中,他冷静地忽视了他的主要竞争对手詹姆斯·斯图亚特爵士。

相比之下,在《人口论》(1798)出版后的第五年,在回应格德温以及其他批评者的意见的时候,马尔萨斯做出了根本性的让步。经济科学的时代开始了。

20世纪初期有一件事可以说明经济学经历了多么彻底的转型。庇古,继他的前辈阿尔弗雷·马歇尔之后,经济学领域最权威的教授,承认他在陈述外部不经济理论的时候犯了个错误。他论断,当一个企业考虑进入一个很有竞争性的行业,而且这个行业受制于其投入供应价格不断增长,那么这个企业可能做出的是社会低效率的决定,因为它忽视了进入这个行业的效应,那就是提高了其他企业需要支付的投入价格。错误在于他混淆了社会成本和转移支付。这个错误出现在他的名作——1912年出版的《财富和福利》一书中。

第一次世界大战造成了科学研究的停顿,之后,一些主要的经济学家开始致力于这个问题的研究。两个最著名的争议,一个是1924年发生在丹尼斯·罗伯森和弗兰克·奈特之间,争议的观点是克拉克和阿林·杨格之前就谈到过的。对于这些攻击,即使是最冷静的庇古也投降了。一个新的时代开始了,在这个时代里,只有那些没有建树的经济学家的错误才不会在学界招致及时的驳斥。

二、经济科学:由环境产生的看法

重商主义的政治经济学是重商主义文献中主要问题的决定因素。事实上,任何领域的前科学时代都是由滋养它的社会中的实际问题所支配。很容易得到这样一个观点,也就是一个学科的主要问题,甚至当它成为一门有组织的科学之后,都是由它所在的社会中重要的问题和政策提出来的。

卫斯理·克莱·米契尔针对每一代人对他们所处时代的环境问题的反馈提出了一部系统性的经济思想史。

经济学说发展的结果之一是说明经济理论的重要出发点大致上是对变化中的当代问题的学术反应,即在思想发展中,贡献最大的经济理论家是深刻关注困扰他们一代的问题的人。

他通过举例告诉我们:

很显然,马尔萨斯的人口问题跟亚当·斯密的"明确而简易的天赋自由制度"一样,都是当代问题的一种学术反应。

英国议会政治的描述表明,李嘉图对这个问题很清楚(如何确定一国产品的分配方式),他对这个问题的重要性的认识不是通过他自身的研究,而是他对当时问题的参与。李嘉图对"什么是分配"这一问题的阐释直接来自议会对分配问题的争论。

然而当米契尔谈到19世纪70年代和边际效用理论的时候,他放弃了寻找经济理论所回应的环境变化的尝试。他把这次放弃归于对最近研究工作的理解的难度和能够客观分析的困难,而不是他假设的失败。

经济学这样一门经验科学的核心任务是对现实世界中一些事件提供基本的了解

信息，而且最终它所有的理论和技术必须有助于这项任务的实现。

然而有人说，经济学必须对它所在社会的当时的情况和问题做出反应，显然这两种说法有很大的差异。

如果经济生活的问题经常发生剧烈变动，而且它的基本性质方面缺乏大范围的连续性，那么就不会有经济科学。科学最基本的一个元素就是知识的累积性增长，如果每一个时代的经济学家都需要面临用新的分析方法来解决新的问题，那么累积性增长的特点就不复存在。经济问题和分析方法的变化也会破坏对经济学家的培养：如果年轻的经济学家跟从年纪大的经济学家学习，那么年轻人就会非常自信地认为他们所学习的东西会很快过时。一门科学的存在需要有一套基本的和经久性的问题。

在经济学中，这些核心问题中的最核心问题是价值理论。价值理论必须能够解释不同产品和服务的相对价值是如何确定的。在这个问题解决之前，我们不可能为了科学的目的去分析要生产什么，生产多少，如何分配产出需要的资源，如何评估这些资源的价值等问题。没有价值理论的经济学家，就不可能有国际贸易和货币理论的经济学家。如果我们试图解释农村或者城市社会的价值，农业或工业社会的价值，这个价值的中心问题的核心内容是不会改变的。

事实上，如果价值的问题像变色龙一样易变，以致一旦经济或者政治体系发生改变，它的本质也需要改变的话，那么经济生活就会需要它自己的理论，短期的时代将会出现短期的理论。

如果经济学为了它的生存而需要一些基本和持久的现象，这就不是唯一它要面对和讨论的现象。经济学将要不断面对一些新的现象，而且需要的不仅是对标准知识的日常应用。因此，20 世纪 70 年代的能源危机就给科学家们提供了很多就业机会，但是这个问题不要求经济科学本身的重大变化。

经验科学对现代问题产生的第二个非常重要的兴趣是：它被广泛接受的理论有时候却无法解决这些问题。当英国在拿破仑时代开始长期大量进口谷物，并对国内生产能力造成沉重压力时，一些经济学家提出了边际收益递减规律来研究谷物的价格。我们很难否认当时环境对这个规律的出现所产生的作用。但是，对这一原理的起源了解得这样详尽，却丝毫无助于我们理解埃奇沃思 1911 年在考察他所处时代的社会环境时对收益递减规律的著名分析。我想，收益递减规律之所以在经济学中占有如此重要的地位，主要是因为它的实用性并不限于李嘉图对英国农业的分析。

当代社会所发生的问题越是急迫需要解决，经济学对它的关注和反应就自然会越全面迅速。经济分析的相关体系越不完善，这种反应就会越全面彻底。宏观经济学对当代事件的反应可谓臭名昭著。凯恩斯理论在 20 世纪 30 年代征服学界的原因是当时的新古典经济理论无法阐释连续十年失业的主要原因。十年之后，小于充分就业的持续性通货膨胀对终止有至上地位的凯恩斯理论起着同样决定性的作用。如果宏观经济学能提出好的商业周期理论，那么它对环境变化的反应就会急剧减小。

一个可行而健康的科学需要能够忽视社会条件变化的持续性和永恒性的理论，以及对当前事件难以解释的不稳定性的理论。没有可持续性的理论为基础，就不会有将知识转换成科学的体系。没有难以解决的重要问题的存在,科学就会贫瘠。

最后的观点:在环境变化和经济分析的变化中,没有简单的或者已知的关系。在工业革命时期,经济学家采用了收益递减理论,但是忽视了最持续性及最广泛性的产出增长。几百年前,大量的政府收入的重新分配计划只是在近期才吸引了经济学家的关注。这些创造理论的学者们在从事本专业工作的同时并没有认真读过报纸。

三、经济学家是无所不知的学者吗

一旦某种科学开始得到认可而且获得一定的学术地位,就会为之配置各种交流性的知识期刊、各种会议,从而会针对新的发展方向和新的研究方法提出大量建议。事实上,科学本身应该谨慎地培育新的观点。罗伯特·默顿在科学回报结构的基础性研究中表示巨大的价值是与成功的新思想的优先发展密切相关的。

但是当时提出的观点通常会被忽视,之后才会被接受。这种现象的屡屡发生引起了熊彼特的注意,他在著作《经济分析史》中对此现象进行指责。熊彼特认为,伟大的人们的创作都是超越时代的。他举了几个伟人的例子:

朗费德的优势在于他彻底革新了整个经济理论,而且创造了在1890年仍然可以立得住脚的经济系统理论。

约翰·斯图亚特·穆勒甚至将约翰·雷在经济学知识积累方面所做的工作与马尔萨斯在人口理论上的建树相比较。所有的这一切都写在40年里被认为是经济学方面最有影响力的教科书中,但却不足以向经济学界的同行们介绍雷的成就,也不能引起人们对书中其他部分的兴趣。

当然,熊彼特,史上最高深的经济学家,提出了忽视天才现象的一些很合乎情理的因素,但却没有阐明其中最重要的因素。

在积极探求科学的任何一个阶段中,新的观点不断涌现。如果不投入大量的时间、人力和研究资源,对现有问题的概念、新的研究方法或者新的领域的调查就无法完全被掌握,无法发展成暂时性可接受假设,也无法被实证检验。这是第一个事实。第二个事实是大量的新思想最终被证实是无用的——事实上很可能的是,几乎所有的一段时期内的思想都会被证实是无用的。只有后来当历史给予我们足够丰富知识的时候,我们才能识别某个时期真正有用的观点。

有些人具有超人的本能,能够判断当时哪个新的观点值得更深入的探索,其实没有一个人的判断是绝对可靠的。即使是最伟大的经济学家也不知道他们正在探索的问题将他们带往何处。在李嘉图生命的最后几个月中,他还试图研究一种精确的价值度量方法,但是却没有取得任何进展。

约翰·斯图亚特·穆勒和里昂·瓦尔拉斯在提议土地价值的未来增值部分国有化的方面付诸巨大的精力,然而,无论是首次提出还是最后重提,都未使这一将某种可望得到的价值总和国有化的建议取得任何结果。杰文斯无法摆脱太阳黑子周期会对商业循环周期产生影响的想法。伟大的帕累托,由于相信一般人对各种产品的消费顺序与某一偏微分方程积分的顺序有关,因而对人们消费各种产品次序问题的研究走了弯路。

不仅是伟大的经济学家，而且是所有的探索问题的经济学家在某个阶段都会像寻求鬼火小精灵，这一历程是相当痛苦的。20世纪30年代，在被称为产业组织和微观实证经济学领域，人们提出了以下几个主要的研究假设：

(1)大企业的所有权和管理权分离。

(2)产品差异化的现象要求公司和行业的相关理论的基本变革(垄断竞争理论)。

(3)价格绝不是向下反映供需的变化，这也许是因为对于竞争对手行为的特殊预期使得这个公司的产品需求曲线发生拐折。

(4)经济学家能够建立某一产业运转的标准，这种标准可能令人满意，也可能令人不满意，而经济学家对该产业运转情况的满意应当得到社会的认可(有效竞争理论)。

这些不是唯一的新的研究提议：新的寡头理论的产出将通过讨好企业领导者以获得对真实状况的调查来补充。

以上我提出的四个研究提议得到了广泛的关注：对于一个相当有成就的经济学家来说，上述任何一个提议在十年内都不会失去它的吸引力，而事实上，到今天为止，任何一个提议都没有被冰封。当然，作为市场和产业运行分析的重要和常规性部分的任何一个提议都没有被纳入主流的价格理论中。有人可能发现熊彼特在短距离内肯定跟随这些弯路。当然，一些重要的新思想(诸如豪泰林关于可耗尽资源的理论，以及拉姆齐对最优定价问题的探讨)都曾经遭到忽视。不仅普通人会犯错误，科学也是如此。

四、科学变化的连续性

俗话说："自然不是跳跃性的移动。"科学也不是大幅度跳跃性地前进。人们通过两种证据来描述这个连续性。

一个由罗伯特·默顿提出的科学连续性的证据是有好几个科学家同时发现某个理论，而且这些发现是同时存在且相互独立的。众所周知的例子是在经济学中，地租理论是由爱德华·韦斯特和托马斯·罗伯特·马尔萨斯在1815年发现的，而效用理论是1870年初由杰文斯、门格尔、瓦尔拉斯共同出版的。在任何一种情况下，新思想都适合当时经济学的发展。租金理论让收入分配理论的构建成为现实，效用理论很自然地促成了边际生产率理论和效用最大化行为理论的诞生。

这种连续性也用来解释这样一种常见现象：天才的伟人无法让与他同时代的人来接受他的观点。例如：奥克斯丁·古诺，欧洲最著名的一个学术中心的重要学者，在1838年却无法说服当时的经济学家相信有关最大值和最小值的数学理论是经济分析的一个有用工具。

我发现通过仔细考察经济学中的重要概念的演变来证实科学发展的连续性是很有说服力的，但是这个途径看起来并不适合这种状况。坦诚的品质使我注意到，沿着历史的脚步进行严谨细致的考察，并不是容易做到的事情，因为这需要对这些问题给出确定的答案：在科学中什么可称为巨大的变化？在科学中什么可以称为迅速的变化？

加里·贝克尔曾提出，对科学家提出的新思想的顽固抵制可以通过两个熟悉的经济学概念来解释：一个是专用性的人力资本概念。一个有建树的科学家在他的知识体系中具有一定的权威性，所以就拥有高价值的专用资产。如果人们接受新思想，他的知识就会变得过时，他的人力资本就会减少。因此，这些有建树的学者们为了自身的利益就会攻击新的理论。二是风险厌恶概念。风险厌恶使年轻人宁肯接受已有的成熟理论而不追寻和探索完全不同的理论。科学的创新者，就像冒险者一样，他们通常不怕风险，但是对于普通大众学者来说，风险厌恶是科学保守主义的强烈根基。诸位将会看到，我马上要谈到的几段文字就是阐明这种特定人力资本理论的。

没有人能够确切描述，可被当时的科学家所欢迎和接受的新科学成果有什么样的特征和内容。事实上，如果一种知识能足够识别未来将会成功的理论，那么发现和发展这些理论将会带来无限的价值，而且也是带来科学声望的关键所在。对于科学家来说，这样的知识比精确预测股票价格的方法更具价值。即使没有能够理解科学创新这样的无价之宝，对那些使某种科学思想成功地发展成经济学理论的过程进行仔细的考察，会是相当有意思的。我在此就解释一下我工作领域内的两个路径。

（一）无争议接受：信息经济学

经济学家们非常清楚，参与经济的人所具有的知识的广度和精确度对他自身的行为和市场行为有主导性的影响。

一个关于这则信息的重要作用来自于寡头理论的例子。第一个将寡头问题纳入经济学理论中一个特殊问题的人是古诺，我曾经提到过，他的理论长期被忽视。如何解释市场上两个对手的行为表现对理解另一方的行为模式是至关重要的。古诺假定任何一方都认为对方不会对自己的行为有任何反应。之后的寡头理论完全取决于关于每一个卖家对他的对手的行为表现的不同假设。在很多其他的经济分析的领域，例如劳动力市场的运作，广告的作用等都完全取决于关于经济参与者相关信息的假设。在这样的传统中，个人关于任何一个市场的信息量的掌握都是来自任意的假设而不是来自经济原则。能够达成一致的共识是，消费者知道得很少，交易员有组织地大量交换，大量投资者要么受骗要么无所不知。即使奥克斯特·冯·哈耶克在他的具有强大影响力的经典论文《知识在社会中的应用》中，也没有解决获取知识的原则问题。

我在 1961 年提出，使用效用最大化行为的标准经济理论来决定人们到底需要获得多少关于他们以什么价格购买和出售的信息，之后一年将这个分析应用到劳动力市场。我想让大家注意到接受这个观点的经济学家。

研究信息经济学的提议在没有一丝争议的情况下立即被广泛接受。在 15 年内，相关的文献已经非常广泛，在这一领域内的理论家的成果也相当突出，信息经济学就在《经济论文索引》中被划分为单独的学科。每一年有超过 100 篇的关于这个学科的论文发表。当然毫无争议地接受我的观点并不代表这是对我的探索的赞美。我选择了固定样本而不是序列分析，后来大多数经济学家都喜欢用这样的方法。我没有提出一个通用的不偏不倚的解决方案，也就是对市场中双方的行为进行分析，这个步骤难以实施。我对质量和其他变量的分析也很少，即使我后来很快将这个方法应用于寡头理论的各种信息中。我没有把这个理论应用于失业问题，这是阿门·阿尔奇安首次在一篇重要的论文中提出的。我所做的一切都是将装满各种重要而且有吸引力的物品的房间的门打开。

没有争议地接受信息经济学的另外一个原因是当时没有挑战这个观点的经济学理论：事实上，我所挑战的是对这个很有发展前景的学科的忽视问题。信息经济学很容易受到用标准技术方法进行经济分析的研究的影响。这个理论所产生的效果无论从直观上还是从观察性的角度都看似很有道理。可以说，信息经济学理论是连社会主义者都不讨厌的芝加哥学派的理论！

(二)必须接受：管制经济学

管制经济学的研究是通过不同的途径进入经济学领域。

现代经济学家对国家的经济作用的兴趣可以从两本有影响的著作算起：安东尼·唐斯的《民主的经济理论》，詹姆斯·布坎南和戈登·塔洛克的《同意的计算》(1962)。虽然我带着浓厚的兴趣和强烈的赞美之心阅读这些作品，而我自己研究管制的工作一开始就遵循了一个不同的、更侧重于实证研究的路子来进行。

如果我们仔细地查阅现有经济学文献，就会发现，它们没有试图认真地从专业角度衡量一下具有较长政府管制历史的领域，管制效果究竟如何。例如，政府对电力设施费率的管制，证券交易委员会新发布的报告，以及美国的反托拉斯政策，究竟产生了什么样的作用。这些问题的调查工作，得到学生和同事们的有关工作的大力支持，使我渐渐明白一个一直困扰我的问题：政府为什么要进行这些管制？

这个问题的答案（至少对于一个经济学家而言）似乎主要不在于福利经济学的定理或者传统政治科学的规定，而在于政治生活各类参与者的自身利益。这些参与者肯定不是在约束市场交易者的规定和限制下活动，但是并不因此而不能用经济分析的有力工具。一旦经济学家能够从各种活动中区分成本和收益，这个理论就能允许他对行为做出相当成功的预测。

这个方法对很多经济学家而言是非常不舒服的。我的老师，弗兰克·奈特，常常表示出一种很多经济学家都仍然分享的信念，也就是政治生活中的行动者（特别是投票人）是无知的、情绪化的，而且非理性的。在一次著名的、未出版的讲话中，他用这样的话来结尾："社会中的真理好像个人体内的马钱子碱（士的宁），在特殊条件下使用微量是一种医药，在其他和一般情况下是一种致死的毒药。"这些经济学家相信投票人是近视和健忘的，政治机构的设置是为了允许政治公仆们追求自身的利益。另外一大批经济学家由于另外的相反的理由而批评利益最大化的方法。它似乎是对社会所具有的一种目的性的社会改良工具——国家的攻击。

然而，管制的经济理论正不断取得显著成就。它针对具体产业的管制政策的运行和起源（例如证券市场、运输和职业执照）的研究发现得到大量支持。应当承认的是，解释性的胜利并不是占压倒性优势的，因为理论自身还处于原始的状态。对于这种方法大量接受的主要原因是科学斗争的基本原则：需要一个理论来打败另一个理论。对于一种理论的有用性不论如何怀疑总不能阻止人们去用它，除非怀疑者能够指出另外一条道路，能成功地研究管制的科学问题。

这种理论通常由两部分问题组成：为什么采用和放弃管制政策？它们的效果如何？一些文献在讨论这两个问题的成功程度上有一种有趣的不对称性，就是经济学家们在评价政府管制政策的效果方面所取得的成绩，要远远超过他们对政府采纳这些政策之理由的解释。经济学家们这样解释，如果人们能够选择研究一个政策的效应，那么通常更容易测量的效应会成为人们选择研究的对象。当人们被问到"为什么美国政府在 1890 年采用了一项反托拉斯的政策"这一问题时，就根本没有选择的机会。

管制政策效果研究通常针对价格和产出方面的影响，尽管这些政策的支持者所要的效果是他们对收入分配的影响。全套管制措施可以被用来实现很大的收入再分配，而这些收入再分配并不公开出现在国家的预算之中。例如，经常性抵制来自其他领域的新进入者进入能够带来很少的产出、很高的价格以及给受保护企业带来高额利润，而且允许这些利益随着受保护范围的增长而增长。如果这些收入的转移真像那些证据提示的那样大，那么管制理论很可能变成财政学中税收和支出理论的最好搭档。

(三)实验斗争之后接受

我讨论的这些理论没有一个直接承受过与另外一个理论斗争的实验，这是不是一个例外的状况？我们常谈到思想的竞争，这种竞争是如何进行的？

两个可以替代的理论直接相遇，每一个都设法解释相同的一组可以观察到的现象，这在经济学中是不常见的。(或许在宏观经济学中比在微观经济学中较常出现。)两个微观经济学中的现代案例可以解释这样一个命题：经济学家们很少根据批判性实证检验在直接竞争的理论之间进行选择。

(1)寡头垄断企业限制定价理论断言，一个产业中的各个企业把价格定在这样的一个水平上，以便阻止或者不鼓励更多的企业进入一个产业。这种理论在潜在竞争的名义下有一个很长的史前时期，但是希洛斯·拉比尼、乔·贝恩和弗兰科·莫迪利安尼给出了清晰的形式化表述。这种理论产生大量文献，但没有一次对这种理论做过直接实证检验，与寡头垄断行为的其他理论形成对比。

(2)庇古的外部经济理论直接受到罗纳德·科斯的挑战，它实际上提出庇古理论在很多一类现象中假设经济行动者有非经济行为。这个挑战一度遇到很多反对论点，但是这些论点是针对以后成为科斯定理的逻辑的，从未明显比较过科斯和庇古观点的解释能力。

经济学界为什么没有直接设法检验这些理论，以及我表征为基本不成功的革新的 4 个 20 世纪 30 年代的理论？答案的一部分可能在于这样一个事实：经济理论的正式实证检验在历史上是很少的，虽然它们的频率在不断增加，但是我不会坚持这样的答案。相反，另一个答案是，竞争检验的程序采取了一种不同的形式。

经济学中的理论很少有界定清晰的应用领域。它的产生可能是为了解释一系列具体类别的事件——在上面的第一个例子中，在可能进入时为寡头垄断的定价——但是它常常有个更广的可能应用的范围。一个具体的关键性的检验，如果在足够大的规模上进行，将会决定两个可以相互替代的理论的斗争，但是却不可能在这两个理论的整个领域中进行检验。

经济学家们通常通过这样的过程来在两个可替代的理论中进行选择，就是用两个理论中的其中一个来探索一系列的问题。例如：寡头垄断定价的限制理论如何处理一个产业成长过程或者垂直一体化现象？科斯定理如何阐明侵犯民事权利法律的结构或职业体育运动的经济学？这些探索是理论检验的一个形式：它们检验理论的结果能力（或者至少是经济学家们的学术结果能力），而不同的应用是理论的局部实证检验。在这个题目中工作的经济学家们逐渐形成一致性的意见，即承认有关理论已成为标准经济分析体系的一部分，或者由于人们不再重视这种理论而消亡。

五、结　论

我们所列举的影响科学对新思想的接受的因素很容易被扩大和延伸。

特别是，探究与某个理论相关的公共政策的吸引力是否对接受该理论有所影响的这一问题可能是很有用的。关于方法论的教科书教导我们需要把实证性和规范性理论分开。经济学的研究告诉我们某些理论明确地对一系列政策有所暗示即使存在，也是极少数的。所以，科学和政策应该被分开。它们确实被分开了吗？我认为这样的分离还相当不完全，尤其是在短期看来确实如此，但是现在不是为了支持这个观点而进行大量研究的时候。

经济研究的机构组织也是对一门科学是否容易接受新思想的一种有力的影响因素。施莫勒和德国历史学派的强大的组织势力对1870年后德国经济科学的缓慢发展无疑负有重大责任。从马歇尔到凯恩斯，剑桥大学在经济学中的支配作用肯定不利于人们接受外来的新观点。我认为经济学中心转移到美国的部分原因是英国经济学家们未能充分投入经济学的定量经验研究。

即使我扩充了科学理论选择的潜在决定因素，而且对每一个因素提供比现在更多的文献，我将仍然保持我的承诺，那就是不能告诉你们经济科学中成功的新理论的详细特征。我并不因这事的失败而悲伤。

科学的吸引力不在于工匠式地将科学当一种工具使用。人们对体操运动员通过精妙的动作展现其训练有素的美好的体态大加赞美，毫无疑问，科学家通过一系列的复杂的分析和实验动作来展示他们训练有素的头脑，这同样让人赞叹。科学伟大的吸引力在于追求能够帮助我们扩展理解这个世界的新思想。这项工作不是一项优美的智力体操，科学家们看起来似乎在无视逻辑或系统的一个思想和事实的丛林里跌跌撞撞，通常是伤痕累累、毫无结果。研究的危险包括一个很有天赋的竞争对手将要实现目标的机会，即使是规定竞赛必须在具有超凡能力和雄心勃勃的对手之间进行的骑士规则之下，探究的风险也不能减少。更多地学习如何探索新知识的过程本身就是很有价值的一种对新知识的探索，我们不应该放弃它。

（杨爱萍 译　柴志贤 校）

1983获奖者

杰拉德·德布鲁

Gerard Debreu

【获奖理由】将新的分析方法引入经济理论，以及对一般均衡理论的再形成做出突出的贡献。

生平简介

1921年	出生于法国加莱
1941年	进入巴黎高等师范学校
1949年	访问芝加哥大学，任经济学副研究员
1955年	耶鲁大学执教
1956年	获得巴黎大学经济学博士学位
1962年	任加州大学伯克利分校经济学教授
1990年	担任美国经济学会会长
2004年	逝世

主要学术贡献

他是数量经济学在当代发展的重要代表。德布鲁的贡献主要集中在对资源未被充分利用的度量、对帕累托最优理论的概括（福利经济学）、具有相互关联商品市场的均衡存在性的证明（一般竞争均衡理论）、用效用函数表示偏好次序关系、总量超额需求函数（效用的需求理论）、经济核算的收敛定理等方面。20世纪50年代初，他与合作者通过建立微观经济学基本概念的拓扑学基础，引起了西方经济理论研究的一场革命。

此外，德布鲁首倡的一般均衡分析领域，已成为大部分西方微观经济理论的统一构架。他使用的公理化分析方法已成为西方经济分析的标准形式，极大地改变了现代经济理论的外观，使经济理论的表达更加清晰和确定。20世纪70年代以来的资本理论、区位理论、金融理论、国际贸易和宏观经济理论等，均从他的一般均衡理论概念、思想和新加入的工具中获益匪浅。

主要学术成果

《竞争性经济的均衡存在》(1954)

《价值理论:对经济均衡的公理分析》(1959)

《有限均衡的经济》(1970)

《德布鲁教授的"市场均衡"定理》(1973)

《总量需求函数》(1974)

《数理经济学——德布鲁论文20篇》(1983)

颁奖词

瑞典皇家科学院 / 卡尔·戈兰·马勒

尊敬的国王和王后陛下,各位殿下,女士们,先生们:

今年的经济学奖用以表彰一般均衡理论,这是经济科学中一个非常核心的问题。简单来讲,这种理论研究表现的是无序经济以什么方式产生一个有序的系统,以及所有受自身利益驱动的似乎各自独立做出的决策,如何能变协调,并且导致某种能合理地成为秩序的东西。请考虑一下众多的公司或者家庭,他们每天做出大量关于产品和服务的购销决策。我们有理由对一般人能买到他计划购买的以及出售他计划销售的东西感到诧异。由于某种原因,这些为数众多的单个决定被统一协调。这种现象是日常生活中的一大部分,以致人们不需思考,这一事实并不削弱他的惊异程度。

亚当·斯密就价格体系对家庭和企业决策的协调给予这样一个解释:物价将商品和服务的需求的信息传递给生产者,同时把生产产品的信息传递给消费者。正是这种信息的传递使我们的经济体系能始终保持有序而非混乱的状态。

19世纪后半叶,法国人里昂·瓦尔拉斯提出了关于这种理论的数学公式。经济学领域因此获得了首个一般均衡理论。所谓一般是指它包含了一切物品、服务以及生产因素的市场。所谓均衡理论是指它解释了每一个这类市场上需求和供给相等的原因。

瓦尔拉斯的理论对以后经济学的发展非常重要。尽管如此,20世纪20年代以前并没有为确定这个理论模型的逻辑一致性而做出相关的努力。是否存在某一个物价集使一切市场同时均衡?包含瓦尔拉模型的方程是否能够提供有效的解决?

在20世纪30年代,阿伯拉罕·华尔德的研究给予了这个疑问肯定的答复。很不幸,为了证明均衡的存在,华尔德必须做出一些不真实的假设。为此,这些结果并没有立即促使更进一步的研究。

1954年以前一般均衡理论的内在逻辑一致性的问题没有得到一个严格的答案。就在那时候,1972年诺贝尔经济学奖的获得者肯尼斯·阿罗教授和今天要接受颁奖的杰拉德·德布鲁教授写了今天已成为经典论著的《竞争性经济的均衡存在》。这里也应该提到列昂乃尔·麦克肯斯教授,他同时做出了重要贡献。

在阿罗和德布鲁教授发展的阿罗—德布鲁模型中,列举了保证一般均衡存在的一个条件集。在以后十年中的一系列特别重要的工作中,德布鲁教授成功地证明了在不那么苛刻的条件下一般均衡的存在性。德布鲁教授曾对这种均衡的唯一性，以及与竞争均衡联系的规范特征进行分析。

让我们再次回到亚当·斯密和他的命题，从许多个人使它们自己的福利最大化的努力中，出现一只看不见的手，它引导一个经济系统为社会获得最大可能的福利。肯尼斯·阿罗和杰拉德·德布鲁各自独立地确定了保证价格机制带来符合消费愿望的资源高效利用的条件。我愿着重指出，这并不必然意味着建议自由放任。这个理论描述了一个对经济效率而言充分的条件集，仍然需要在一个实际经济系统中满足这些条件程度的经验数据分析工作。

德布鲁教授的一般均衡理论的特点是其普适性。它原先是一个没有政府部门干预而且没有不确定的经济的一种竞争均衡理论。但是德布鲁教授实现的理论进展使它能用于分析经济不确定性，与政府部门有关的集体物品和赋税、环境问题，等等。此外，这种理论为经济成本收益分析提供一个主要的参照框架。由于创造了所谓可计算一般均衡模型而促进了甚至更广泛的用途。这些经验模型直接建造在杰拉德·德布鲁的一般均衡理论形式之上，可用于分析整个经济系统的问题，例如研究国际货币基金的那些问题。

在一般均衡理论发展中，德布鲁教授不仅给予我们以价格机制方面的信息，而且也引进了新的分析技术，经济学家工具箱中的新工具。杰拉德·德布鲁是利用一种新的数学工具的代表人物，大多数经济学家只是抽象地理解这种工具。然而，他的工作给予我们对于潜在的经济作用一种更好的直观理解。他清晰严谨的分析，以及他对经济理论及其解释的界定，使其工作对经济理论分析方法和技术的选择具有重要影响，与任何在世的经济学家相比毫不逊色。

德布鲁教授：为了使人们对一般均衡理论以及抽象经济中一般均衡存在条件的理解，你做出了比其他任何人都更大的贡献。你对抽象经济模型的深刻分析为我们提供了一种适用于许多问题的一般理论，这比其他模型的解释更加宽广。

你是一种新的经济分析方法的象征，这种方法高度抽象，使我们对基础经济学的理解更为直观。你对经济学家们使用的方法、标准和分析技术的影响是突出的。

作为皇家科学院的代表，向你致以我们最热烈的祝贺，请你接受国王陛下的颁奖。

（杨爱萍 译　任光辉 校）

获奖演说

数理模型中的经济理论

杰拉德·德布鲁

一

如果要选择一个时间用来标志数理经济学的诞生，那么我们将首推1838年。就在那一年，奥古斯丹·古诺出版了他的《财富理论的数学原理研究》。经济分析史的研究者们可以指出早在19世纪初数理经济学方面的成就，他们也能指出约翰·海因里希·冯·杜能的《孤立国》(1826)，那是以极粗略的数学形式在经济理论中使用数学推理的原型。而最为突出的当数古诺，他是用数学方式来解释经济现象的伟大奠基人。19世纪和20世纪初，在后继者中最为杰出的便是里昂·瓦尔拉斯，一般经济均衡的数学理论的创始人弗朗西斯·埃奇沃思及维尔弗雷多·帕累托。所有这三位都活到20世纪，如果经济学奖也像其他诺贝尔奖一样是创立于1901年，他们无疑会使经济学奖增辉不少。

如果说1838年是数理经济学的象征性诞辰日，那么1944年则是其当代的象征性开端。那一年，约翰·冯·诺伊曼和奥斯卡·摩根斯坦出版了《博弈和经济行为理论》的第一版，这就宣布了经济理论的一次广泛而深刻的变革。在其后的10年中，强烈的学术刺激也来自其他诸多方面。除冯·诺伊曼和摩根斯坦的著作外，华西里·里昂惕夫的投入产出分析，保罗·安·萨缪尔森的《经济分析基础》，佳林·库普曼斯的生产活动分析和乔治·丹齐格的单纯形算法，都是常讨论的题目，尤其对于我1950年6月1日加入的考尔斯委员会。在那时，与一个相互之间有着强烈影响的集体保持联系，并为我所热衷的研究提供最优环境，这对我可算是一项特权。

那项研究的一个主要动机就是研究一般经济均衡理论，其目标是使理论变得更为严谨，使其概括化、简单化，并且向新的方向扩展。这项计划的实现需要解决偏好、效用和需求理论中的几个问题，这也导致从不同数学领域借来的分析技术被引入经济理论当中。有时它使得寻找纯数学问题的答案成为必要。起初涉猎这些领域的研究者人数很少，且增加缓慢，但从20世纪60年代初便开始迅速地增加。

我所要综述和讨论的理论概念中，最原始的是商品空间的概念。列出经济中所有商品的清单，设 l 为其有限数目，并为每种商品选择一个测量单位，以及一个符号规定，借以区分投入和产出(对一个消费者而言，投入为正，产出为负；对一个生产者而言，投入为负，产出为正)，这样我们可以用商品空间C中的一个向量来描述一个经济主体的行为。商品空间存在一个实向量空间的结构，是经济理论数学化得以成功的基本原因。尤其是我们可以充分利用 R^l 集合的凸性，这乃是经济均衡理论中常见的主题。此外，如果我们选定一个计算单位，而且逐一规定 l 种商品中每种商品的价格，我们就可以给出 R^l 中一个价格向量，这是一个与商品向量相对应的概念。商品向量z之相对于价格向量 P 的价值即是内积 $P.z$。

由瓦尔拉斯于1874—1877年创立的数学理论的目标之一，便是借助由众多主体通过商品市场的互相作用而产生的均衡，去解释一个经济中被观察到的价格向量和各种主体的行为。在这样一个均衡条件下，每个生产者都使他的利润相对于生产集中的价格向量而言达到最大化；而每个消费者在其财富向量的价值及其能与生产者分享得到的利润为限的预算约束下，满足其消费集中的偏好；而对每一种商品，总供给与总需求相等。瓦尔拉斯及其追随者在其后的60年中发现，如果没有一个论据来支持至少一个均衡的存在性，他的理论便是空的，并且注意到在他的模型中方程式的个数等于未知数的个数，这对一个数学家来说，是一个难以令人信服的论据。然而我们必须附带说明：当瓦尔拉斯撰写这部我们科学中如果不是最伟大的,也是最伟大的经典著作之一的时候,使存在性问题得到解决的数学工具尚不存在。从古斯塔夫·卡塞尔(1918)对瓦尔拉斯模型的论述出发,亚伯拉罕·沃尔德 1935 年在维也纳终于在一系列论文中提出了第一个解。但它所引起的关注是如此之少,以致直到 20 世纪 50 年代初之前仍无人过问此类研究。

肯尼斯·阿罗在他的获奖讲演中谈及他的研究路径,他循此而与我重合,这与引导我到我们合作的路径有些不同。我从 20 世纪 40 年代初在高等师范学校受到包巴基对数学原理的探讨的影响之后,到第二次世界大战结束时,开始对经济学发生了兴趣。在法国,尤其是弗朗索瓦·迪维西亚和莫里斯·阿莱斯使洛桑学派的传统被保持得富有生气,正是从阿莱斯在《经济科学研究》(1943)的论述中,我第一次见到一般经济均衡理论,并为其折服。对于一个在包巴基的毫无余地的严谨中受过熏陶的人,自然对瓦尔拉斯系统中的计算方程和未知数不能令人满意,于是,令人困扰的存在性问题就提出来了。然而在 40 年代后期,答案的几个基本要素仍不易获得。

同时,一个较容易的问题有了答案,并且它显然有助于存在性问题的解决。在两个世纪之交,帕累托用微分法以一个价格体系来标志经济的一个最优状态。由于奥斯卡·兰格和阿莱斯(1942)各自独立的贡献,在同样数学框架中的帕累托思想的一个较长发展阶段到了一个停歇点。1950 年夏,阿罗参加了数理统计和概率论的第二次伯克利讨论会,而我参加了哈佛的经济计量学会的会议,我们各自用凸集理论讨论同一问题。福利经济学有两个核心定理。第一个定理表述为:如果相对于一个给定的价格向量,一个经济的所有主体都处于均衡状态,则经济的状态是帕累托最优的。其证明是数理经济学中最简单的证明之一;第二个定理提供了一个更深刻的经济见解,并且以凸集的一个性质为基础。它断言,与一个经济的帕累托最优状态相联系,有一个价格向量 P,所有主体相对于它处于均衡状态(我尚不能完全证明在其他条件下也是这样)。其证明基于以下的观察:在商品空间 R^L 中,先验给定的经济禀赋向量 e 是至少在 s 状态下也可以满足所有消费者偏好的所有禀赋向量集合 E 的一个边界点,在保证 E 集是凸集的条件下,E 有一个通过 e 的支撑超平面 H。一个与超平面正交的,指向 E 的向量 P 具有一切所需性质。这样借助凸性理论对所给问题的处理,比自帕累托以来已成传统的利用微分法处理更加一般和简单。支撑超平面定理(一般称为哈恩·巴拿赫定理,德布鲁,1954)似乎完全地适用于分析经济问题,与我的阐述尤为相关的是这样一个事实:以集合理论的方法重述福利经济学,迫使人们去重新审查一般经济均衡理论中的几个原始概念,这对解决存在性问题有很大的价值。

在加入考乐斯委员会的那一年,我通过冯·诺伊曼 1937 年关于经济增长理论的论文学会了其中的引理,这个引理到 1941 年被角谷静夫重新表述为定点公理。我也学会了约翰·纳什在其 1950 年关于"N 人博弈中的均衡点"的一页短文中对角谷定理的应用,以及莫顿·斯莱特在 1950 年未发表的论文中在拉格朗日乘数上的应用。角谷定理是一个理想的工具,可用以证明我于 1952 年提出的广义纳什社会均衡的存在性。由于比较容易从两个主体的情形转入多个主体的情形,我们将仅考虑前者即可,它可用图解表示。设第一个主体在先验给定的集 A_1 中选择一个行为 a_1,第二个主体

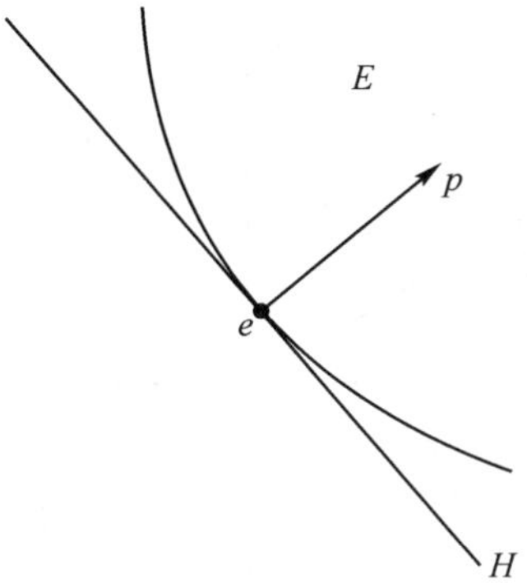

图 1

在先验给定的集 A_2 中选择一个行为 a_2。对第一个主体而言,如果 a_2 作为已知条件,便有一个等价反应集 $\mu_1(a_2)$。同样,对第二个主体而言,如果 a_1 为已知条件,便有一个等价反应集 $\mu_2(a_1)$。$\mu_1(a_2)$ 和 $\mu_2(a_1)$ 可能是一个单一元素的集合,但在一些生产者在规模效益不变时经营的重要情况下,它们将不是只有单一元素。当且仅当 $a_1 \in \mu_1(a_2)$ 和 $a_2 \in \mu_2(a_1)$ 时,也就是当且仅当 $a \in \mu(a) = \mu_1(a_2) \times \mu_2(a_1)$ 时,状态 $a = (a_1, a_2)$ 才是一个均衡状态。

换言之,当且仅当 a 是 $Au(a)$ 即从 $A = A_1 \times A_2$ 到 A 自身的映射的一个不动点时,a 才是一个均衡状态。保证角谷定理适用于 A 和 μ 的条件便保证了一个均衡状态的存在。在我和阿罗 1954 年的论文中,以上述类型的社会系统形式探讨了一个竞争的经济。主体是消费者、生产者,以及一个虚拟的价格确定者。价格确定者对一个超额需求向量反应集的一个恰当的定义,使那个社会系统均衡的概念等价于最初经济的竞争均衡的概念。用这种方式,最终借助于角谷定理,对一个由相互作用的消费者和生产者组成的经济均衡的存在性就得到了证明。20 世纪 50 年代初,解决存在性问题的时代无疑到来了。除我和阿罗始于各自独立进行进而又合作完成的工作之外,杜克大学的莱昂内尔·麦肯齐(1954)也利用角谷定理证明了“格雷厄姆世界贸易模型及其他竞争均衡”的存在。此外,哥本哈根的大卫·盖尔(1955),东京的二阶堂(1956)和芝加哥的德布鲁(1956)各自以不同的方法独立进行研究,这些研究使得我和阿罗在《价值论》(1959)中提出的复杂证明得以大量简化。

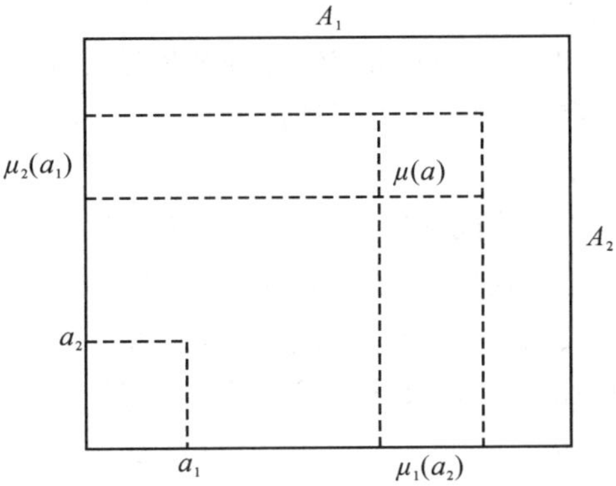

图 2

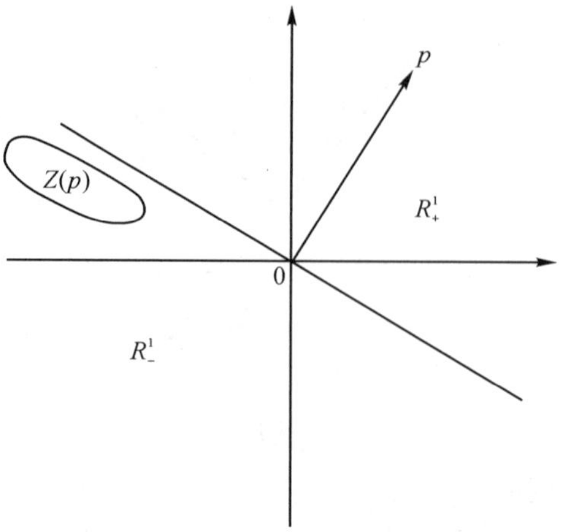

图 3

遵循该方法，我们考虑一个在 R^l 的闭合正象限 R^l_+ 中不同于 O 的价格向量 p。经济中的消费者和生产者对 P 的反应产生 R^l 中的超额需求向量 z，它的坐标表示每个商品的(正的，零，或负的)需求超过供给。由于向量 z 可能不是唯一被确定的，我们因此引入与 P 相联系的超额需求向量集 $Z(p)$。如果 p 乘以一个严格正实数，这个集是不变的。如果经济中的每种商品能自由地卖出，当且仅当 $Z(p^*)$ 中有一个向量，它所有坐标都是负的或零，即当且仅当 $Z(p^*)$ 与 R^l 的闭合负象限 R^l 相交时，$p*$ 才是一个均衡价格向量。

每个消费者满足于其预算约束这个事实，意味着 $Z(p)$ 的所有点在通过 R^l 的原点与 P 正交于超平面之中或之下。角谷定理提出的对 Z 的补充条件确定一个均衡 p^* 的存在。人们现在认为，对存在性的证明是提出一个经济均衡概念模型的必要的附属物，而最近的一篇综述(德布鲁，1982)列出 350 篇以上的出版物都包含那种存在性证明。其中最复杂的证明之一便是我的论文(1962)，因为其目标是论证一般性。

在过去的 30 年中，人们拓展了对存在性的证明，进而产生了其他几种方法。我不打算像斯梅尔(第 8 章)、德布鲁(第 15 章)、迪尔克(第 17 章)以及史卡夫(第 21 章)等人那样专门为阿罗和英特里盖特(1981—1984)作系统的综述，但我们在此必须明确地提及其中的两篇。

给定一个任意的严格的正价格向量 P，我们现在考虑经济中的消费者和生产者的反应情况，而这种反应确定一个唯一的超额需求向量 $F(p)$；我们还假设受预算约束的消费者被准确地满足，于是我们有：

瓦尔拉斯定律 $\qquad p \cdot F(p) = 0.$

这个等式亦即：通过把价格向量 P 限制到 R^l 中单位球面的严格正部分 S 来使其规范化，因为这时与 p 正交的 $F(p)$ 向量可以表示为与 S 球面在 P 点相切。用数学语言即为：超额需求函数 F 在 S 上定义了一个向量场。这种表示乃是以后我要讨论的超额需求函数一般化的关键。它也提供了一个边界条件下 F 的存在性证明，其经济意义即是在某些物价趋于零时超额需求变大，用数学语言表达就是：在靠近 S 的边界处超额需求指向内部。对于一个连续的向量场，这个性质意味着 S 至少有一个点 P^*，这个点满足 $F(p^*)=0$。这种每一商品的需求与供应的相等关系表明 p^* 是一个均衡价格向量。

第二种方法是关于近似均衡计算的高效算法的拓展，赫伯特·斯卡夫在此研究领域起了带头作用，探讨这类算法是一般经济均衡研究项目的自然应有的部分。然而这种探讨的关键推动却是意外地来自一个博弈问题的求解，即莱姆基和豪森(1964)提供了一个求解二人非零和博弈的算法。于是，均衡的计算开始有了大量的应用，并且为一般经济均衡理论增加了一个新的重要方面。

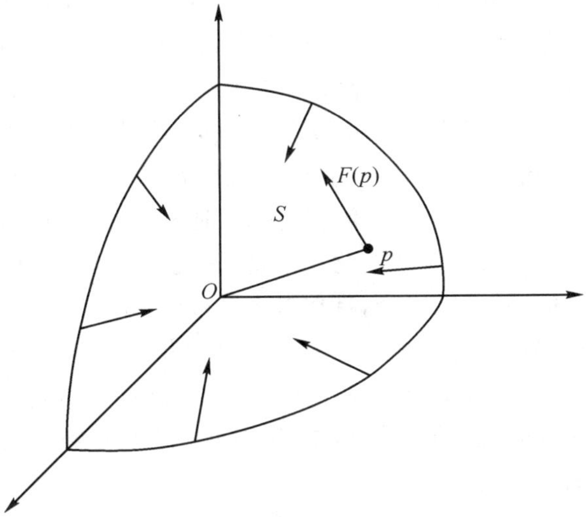

图 4

如果均衡是唯一的，那么由一个经济模型对均衡所做的解释将是完整的。并且为了求得满足于保证唯一性的条件，人们一直在积极探索(在阿罗和哈恩第 9 章中便会看到一篇优秀的综述)。然而在 20 世纪 60 年代后期，人们提出的条件的强度使人们清楚地认识到：全局的唯一性要求过于苛刻，而我们可能不得不满足局部的唯一性。事实上，即使在对经济主体特征的假设条件下，仍不能保证一个经济的那种特性。但我们可以证明，如同我在 1970 年做过的那样，在适当条件下，在一切经济集合中，那种没有一个局部唯一均衡集合的经济集是可以忽略不计的。我刚才所用词的准确含义以及上述论断的证明所借助的数学成果，可在萨德的定理中找到，该定理是在 1968 年夏天的谈话中由斯蒂芬·斯迈尔介绍给我的。解答的不同部分是在新西兰南岛上的米尔福德海湾形成的。在 1969 年 7 月 9 日下午，当我和妻子弗朗索瓦到达时，雨还时断时续，加之阴天，因此景色暗淡促使我再一次去思考这个长期萦绕我的问题，并且在这一次思想迅速明朗化。第二天清晨，晴朗的天空显示了仲冬的海湾之美。

我所提到的“适当条件”是可微性条件，这在现在的情况中是不可避免的。至于“可忽略不计”一词，意指在一个有限维经济集合的情况下，“包含在一个勒贝格测度为零的闭集中”。证明的主要思想可用有 m 个消费者的交换经济的简单例子来直观表达。第 i^{th} 个消费者的需求函数 f_i 与每一对(P,wi)相联系，这就是商品空间的闭合

正象限 R^l_+ 的需求 $f_i(p,w_i)$，其中，P 是一个严格正价格向量，wi 为一个正财富（或收入），第 i^{th} 个消费者以其需求函数 f_i 及 R^l 的严格正象限中的财产向量 e_i 来表示。函数 f_i 被保持固定并假设连续可微。因而经济便可用 P^m 的 m 个财产向量的清单 e=($e_1+\cdots e_m$)来描述。价格向量 P 被限制到属于单位球面的严格正部分 S，在 $S\times P^m$ 中和一对(p,e)相联系的超额需求向量是：

$$F(p,e)=\sum_{i=1}^{m}[f_1(p,p\cdot e_i)-e_i]$$

均衡族 M（斯迈尔，1974；巴拉斯科，1975）是用 $F(p,e)=0$ 界定的 $S\times P^m$ 的子集。由于有了瓦尔拉斯定律，等式 $F(p,e)=0$ 只附加 $l-1$ 的约束。在现有假设下，M 是一个可微的族，其微数是 $\dim M=\dim P^m+\dim S-Cm=\dim P^m$。现在令 T 为从 M 至 P^m 的投影，并且定义一个临界经济 e，它是 M 的一点(e,P)的投影，此处 T 的雅各宾行列式是奇特的，从几何上说维数为 lm 的相切线性簇并不投影于 P^m 之上。根据萨德定理，临界经济集是闭合的，且勒贝格测度为零。在可以忽略不计的临界集之外，一个常规的经济不仅有一个散离的均衡集，它还有一个邻近区，其中均衡集作为界定经济的参数的一个函数会连续地变化。于是，常规的经济研究便成为均衡确定性和经济系统稳定性分析的一个基础。而且在考虑参数测量中不可避免的误差的情况下，均衡集在常规的经济邻近的连续性仍能保证模型提供的均衡的解释是健全的。作为一项数学成果，人们再次发现萨德定理正好符合经济理论的需要。在最近 10 年里，常规经济成为一个活跃的研究领域。斯迈尔、伊夫斯·巴拉斯科和安德鲁·马斯—科来尔（1984）是该研究的主要贡献者。

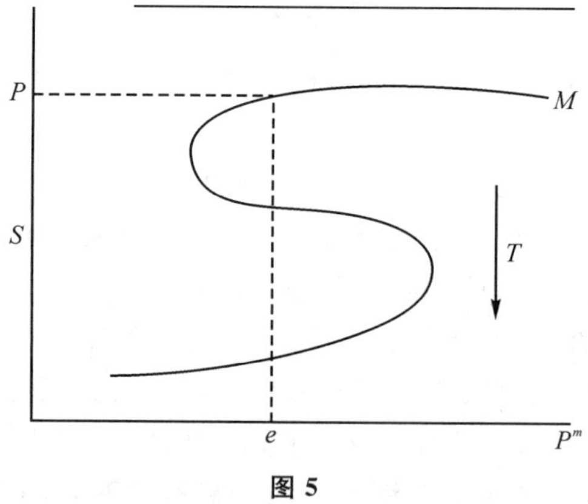

图 5

我不再按顺序回忆，而是回到 20 世纪 50 年代后期和 60 年代初期，回到一个经济核理论的开始。埃奇沃思（1881）曾给出一个有说服力的论据，用以支持一个普通的、不精确的观点，即随着经济主体数目的增加，以至于它们中的个体可以忽略不计，那么市场则更具竞争性。他曾特地证明，在一个两种商品的经济中，若两类消费者的数目相等，那么他的“契约—曲线”趋于竞争均衡集。但直至马丁·舒比克（1959）把埃奇沃思的契约—曲线与核的博弈理论概念联系起来为止，他的卓越贡献并未能激发进一步的研究。对埃奇沃思成果的首次拓展是由斯卡夫于 1962 年取得的，并由我和斯卡夫

(1963)将其完全推广到任意数目的商品和消费类型的情况。对于我们合作的论文,我最为深刻的记忆之一是问题得到解决的那一时刻。我与斯卡夫那时正在斯坦福,我们于 1961 年 1 月在旧金山机场见面,当他在快车道驱车前往帕洛·阿尔托时,我们中有一人偶然的一句话提供了求解的线索,另一个人也用一句话提供了另一个线索,于是解决问题的路径找到了。这次所借助的数学成果又是凸集的支撑超平面定理。我们证明的定理仍然是特殊的,因为它仅适用于那种给定数目的类型,并且每种类型消费者的数目渐增并相等。定理的一般化形式随即形成。罗伯特·奥曼(1964)引入了经济主体的一个无原子测度空间的概念,这是一个包含大量经济主体,而所有主体都可忽略不计的经济概念的自然数学形式。在格外微弱的条件下,奥曼证明对于这样一个经济,核与竞争均衡集重合。卡尔·文德(1964)于是指出,为了证明那个惊人的成果,适当的数学工具是利亚普诺夫(1940)定理,该定理是用来测度一个无原子有限维向量的凸性和密集性。广泛的文献从这些贡献中又衍生出来,其重要成果包括宫内(1970)和杜鲁门·比利(1973)的论文,尤其是沃纳·希尔顿布兰德的著作(1974)更是达到顶峰。最近,希尔顿布兰德(第 18 章)在书中对阿罗和英特里盖特做了综述。

在另一方向上,唐纳德·布朗和亚伯拉罕·罗宾逊提出了一个由众多可以忽略不计的主体组成的经济。在经济理论中,他们引入了尖端的非标准分析技术。值得注意的是,这种方法最终导致了罗伯特·安德森的一个基本不等式的产生,该不等式描述的是一个有限数目主体的经济核中的分布竞争性程度。

在 20 世纪 70 年代中期,在核向竞争均衡集收敛的速率研究中,核理论与常规经济理论被统一起来。罗伊德·沙普利(1975)曾证明收敛可以任意地缓慢。德布鲁(1975)然后证明在有限数目主体类型的情况下,若每一类主体数目相等且渐增,那么一个常规的经济收敛到竞争均衡集的速率与主体数目的倒数同属一级。这项从重复经济到更为一般的经济序列的扩展,是由伯吉特·格罗德尔(1975)取得的。

与一般经济均衡的当代发展密切相关的是偏好、效用和需求理论的发展。后者的新成果有时乃前者所需,有时则为前者所推动。一个消费者的偏好理论中原始的概念,是他的消费集 X,R^l 的一个子集,以及他的编好关系≤,这是 X 的一个完全前序。如果 X 上的一个实值函数 u 表示偏好关系≤,即

$$[x <\approx y] \leftrightarrow [u(x) \leqslant u(y)].$$

那我们便说这是一个效用函数。

存在一个连续效用函数的必要和充分条件是:相对于 $X \times X$,集合 $G = \{(x, y) \in X \times X \mid X <\approx y\}$ 是闭合的(德布鲁,1954,1964)。虽然在 $R^l \times R^l$ 中的单一集合 G 的概念,比 R^l 中人们熟悉的一个无穷的无差异集合族的概念更抽象,但以下两例说明前者比后者远为简单。

对一位数理经济学家而言,一个主体的偏好与另一个主体的偏好相似,即意味着在偏好集上引入一个拓扑。宫内在一篇拖延了很长时间才发表的论文(1970)中完成了这项工作。我们设想每一个偏好关系是 R^l 中一个无穷无差异集的族,当我们比较两个消费集 X 和 X'(现在假设是闭合的)上两个偏好关系≤和≤′时,其前景是令人悲

观的。但如果我们设想每一个偏好关系是 $R^l \times R^l$（德布鲁，1969）中的一个闭合子集，其结果将是诱人的。在希尔顿布兰德（1974）的书中，偏好集上的拓扑是核理论的基础。这对宫内（1974）和马斯·科来尔（1974）所做的研究是必不可少的，他们所从事的研究即是用一个凹效用函数表示的凸偏好关系去逼近另一个凸偏好关系。

另一个例子则属于可由微分效用函数表示的偏好关系。传统方法通过对 R^l 中消费集 X 的集中研究提出了微妙的可积性问题（莱昂尼德·赫维奇在第 9 章做了详尽的论述，1971）。与此对照，一个可微偏好关系≤可用边界条件来简单定义，即相联系的 G 集是 $R^l \times R^l$ 中一个可微族（德布鲁，1972）。

在所有这些发展中，偏好理论的发展是由效用函数 u 有关的问题所推动的。诸如"u 在什么时候是连续的""u 在什么时候是凹的""u 在什么时候是可微的"。然而关于偏好关系 ≤ n 个集合为 X_1 到 X_n 的产出 X 的定义研究提供了另一例。现在的问题是，偏好关系能否用以下一个效用函数的形式表示：$u(x)=\sum_{i=1}^{n} u_i(x_i)$，其中 x 即$(x_1, \cdots, x_n)$，而且对每个 i，$x_i \in X_i$。列昂惕夫（1947a，1947b）和萨缪尔森（1974，第 7 章）用微分法研究了这个问题。它也可以用拓扑方法（德布鲁，1960）来研究，这有利于更清楚地揭示问题赖以求解的基本独立性质。

来自偏好、效用和需求理论的最后一例，乃是一个经济超额需求函数的界定问题。我们考虑一个具有 m 个消费者的交换经济 ε，与以前相同，第 i 个消费者的需求函数 f_i 将一对 (p, w_i) 与 $f_i(p, w_i)$ 联系起来，其中 p 为 R^l 中单位球面的严格正部分 S 中的一个价格向量，财富（或收入）w_i 为非负实数的 R_+，消费 $f_i(p, w_i)$ 则为 i 的闭合正象限 R_+^i 中的一个消费向量。如果第 i 个消费者有一个 R_+^i 上的偏好关系，则 $f_i(p, w_i)$ 是在预算约束 $p \cdot z \leq W_i$ 下满足≤的一个商品向量。对第 i 个消费者（$i=1, \cdots, m$），规定需求函数 f_i 和 R_+^i 中的财产向量 e_i，那么就定义了经济 ε。经济的总体超额需求函数是 F，其定义为

$$F(p)=\sum_{i=1}^{n}\left[f_i(p, p \cdot e_i)-e_i\right] \qquad \text{(a)}$$

在弱标准假设下，函数 F(1)是连续的，F(2)则满足瓦尔拉斯定律。雨果·桑能斯岑（1972，1973）提出：这两个性质能否界定 F？明确地说，已知 F 满足(1)和(2)，我们能否找到满足(a)式的 m 个具有需求函数 f_i 和财产向量 e_i 的消费者？桑能斯岑猜想答案是肯定的，并对此做了首次探索。罗尔夫·曼特尔（1974）在连续可微需求函数的情况下证明了桑能斯岑的猜想，而德布鲁则证明了一般情况。德布鲁在论文中进行证明时，受到把超额需求函数 F 表示为单位球面的严格正部分上的一个向量场的启发并以此为依据。这样得到的总体超额需求函数的特征界定有几项应用。它说明满足偏好的假设（或者说效用最大化）基本上对 F 未加限制，关于一般经济均衡存在性的定量等价于一个不动点定理（借助宇泽弘文的一个观察，1962），以及对于一个在摸索过程中运行的经济就可以观察到任何动态行为（正如斯卡夫所预言的全局不稳定性的例子，1960）。那种界定方法的一个影响是把总体需求函数研究的方向转变到对经济

主体特征分布的解释上来。阐述“需求定律”的第一项理论成果(希尔顿布兰德,1983)便是改变研究方向的一个产物。

二

我已经按照惯例较为详细地综述了自己所做的一些工作,下面我想再谈谈经济理论中的方法论问题。

一般经济均衡理论在当代的发展起始于瓦尔拉斯的研究,但瓦尔拉斯的一些思想与亚当·斯密(1776)的深刻见解有很深的渊源。斯密认为,一个经济的众多主体独立地做出决策,并不会导致极端混乱,反而有助于形成一个社会的最优状态,这就提出了一个极为重要的真正科学的问题。对该问题做出回答又涉及一系列相关的子问题,例如资源配置的效率、决策分散化、决策者的动机和信息的处理等,这些问题是每个经济系统都必须要解决的。

过去几十年中,问题的广泛性成为一种公理分析的主题,它包括选择基本的概念,做出有关假设,借助不带任何倾向的对基本的概念进行解释的数字推理,并从那些假设出发得出结论。经济理论公理化的益处很多,它使一种理论的假设对于一个具体情况应用的程度能做出较准确的判断。公理化也可在基本的概念出现新的解释时,对新问题轻易做出解答。例如,考虑一个商品的概念,其传统含义为一种物品或服务,其物理特性和交货的时间、地点是明确的。阿罗(1953)则在一个不确定环境的前提下,在一种商品的那些特性之外增加了交易的条件。在不改变模型的情况下,我们以这种方式便得到一种不确定性理论,它具备了确定性理论的一切推论(德布鲁,1959,第7章)。由于对数学的严谨的坚持,公理化多次引导经济学家们更深刻地理解他们正在研究的问题,去利用更适当的数学技术更好地解决这些问题。它已建立稳固的基础,可以由此在新的方向上探索。它使研究者们不必在每一细节上过问前人的工作。严格性无疑满足了许多当代经济理论家的一种显示智力的需要,他们也因而为了严格而严格,但它也是作为有效思考工具的理论的一个特点。作为一种有效理论,它的其他两个主要特点是简单性和一般性。此外,对一种理论的创始人来说,它们的美学吸引力又足以使其自身成为好的目标,但是,它们对科学界的价值远远超出其美学价值。简单性使得一种理论可被许多研究工作者使用,一般性则使它可适用于更为广泛的问题。

经济理论的公理化还以另一方式帮助了它的实践者,使他们得以拥有高效的数学语言。他们可以互相联系、交流思想,而所用的方式又极为经济合算。同时,经济学家和数学家之间的对话变得更加热烈。类似约翰·冯·诺伊曼的例子并非唯一,他作为一个一流的数学家,其研究工作的一个重要部分是去研究经济问题。同时,经济理论开始影响数学,其中最明显的例子便是角谷定理、映射积分理论(希尔顿布兰德,1974)、近似不动点的算法(阿罗和英特里盖特,1981—1984,第21章)以及方程系统的近似解的算法(阿罗和英特里盖特,1981—1984,第8章)。

三

在职业生涯过程中，科学家们总是设法确认他们造成的主要影响以及他们从其他科学家和各个机构得到的支持，尽管这种尝试不可能完全成功。除了我已提及的人和组织之外，我想补充我在法国就已了解的优秀的教育制度以及国家科学研究中心，因为它使我从数学转向经济学成为可能。1950 年迁往美国之后，我一直与三所伟大的学府（芝加哥、耶鲁和伯克利）保持联系，在那里，科学研究成了一种自然而然的生活方式，并且最为重要的是在最近 20 年中，国家科学基金会的经济学项目给了我研究的时间。所有这些机构都为我必须从事的研究提供了优越的环境。

（杨爱萍 译　任光辉 校）

1984获奖者

理查德·斯通
Richard Stone

【获奖理由】在国民账户体系的发展中做出了奠基性贡献，极大地改进了实证经济分析的基础。

生平简介

1913年	出生于伦敦
1935年	获剑桥大学文学学士
1945年	任剑桥大学应用经济学系系主任
1948年	获剑桥大学文学硕士
1955—1980年	担任剑桥大学财务与会计教授
1957年	获剑桥大学理学博士学位
1978年	授予爵士称号，任皇家经济学会主席
1991年	去世

主要学术贡献

他在国民收入支出模式上的贡献良多，修订了联合国《国民经济核算体系及辅助表》(称旧SNA)，成功地推出了联合国《国民经济核算体系(1968年)》(通常简称为新SNA)；为联合国制订了《社会和人口统计体系》(通常被称作SSDS)，并试图把国民经济核算与社会和人口统计体系结合起来。

1994年，联合国、世界银行、国际货币基金组织、经济合作和发展组织及欧洲共同体委员会共同颁布了1993年SNA。该体系的问世，应该说在很大程度上与斯通的早期贡献是分不开的。

在学术团体方面，斯通是国际统计协会、会计审计学会、经济计量学会、英国皇家科学院的委员和会员。1955年被选为国际经济计量学会会长。此外，他还是美国经济学会和美国科学艺术研究院的荣誉会员。

主要学术成果

《国民收入与支出》(1944)

《计量方法在经济学中的应用》(1951)

《1920—1938年英国消费者的支出和行为的测算》(1954,1966)

《国民经济核算中的物量和价格指数》(1956)

《投入产出和国民经济核算》(1961)

《1960年社会统计矩阵》(1962)

《可测算的经济增长模型》(1964)

《数学在社会科学中的应用及其他论文》(1966)

《经济数学模型及其他问题》(1970)

《人口核算与模型的建立》(1971)

《经济中的财政相互依存,1957—1966年》(1971)

《建立经济和社会模型的若干问题》(1980)

颁奖词

瑞典皇家科学院 / 埃里克·伦德伯格

尊敬的国王和王后陛下,各位殿下,女士们,先生们:

在年度过程中出现的经济现实可以看成是买卖双方之间(十几亿乃至几十亿次)的无数交易。为了调查和分析一个以国家为经济单位构成的极其详细和错综复杂的交易网络,必须设计一系列系统性的总结和加总方法。国民账户体系是实现简化和综览的其中一个方法。

最容易理解一个国民账户体系有用性和重要性的做法便是回到这种手段的起点,与此同时,充分考虑这种分析的实际必要性。这种新分析技术在第二次世界大战期间被首次引入英国。那时,约翰·梅纳德·凯恩斯是财政部战时财政问题的专家顾问,理查德·斯通是他的助手之一。凯恩斯把供给方面的现有总资源(包括实际国民生产总值)和需求方面的总消费、投资及战争支出之间的平衡作为他的出发点。理查德·斯通对大量的以国民账户形式存在的统计材料进行系统性加工和处理,这些实验令凯恩斯感动地惊呼:"这些统计使得我们处在一个快乐的全新时代。"

斯通设计国民账户的思路最初来自致力于完全整合各个子部门间的国民账户的实验,这种国民账户间的整合体现了全盘的国民资源管理。一个账户的每个收支项目必然在另一个账户中作为相反的项目(分别为支出和收入)再现。例如,一个综合账户体系包括了家庭收支、企业部门的收支(比如类似工资的支出)、国民储蓄和投资、政府部门的支出和收入,以及与其他国家的支付平衡。这种复式会计对许多交易提供了交叉核对统计的机会,不同来源的数字必须吻合。

斯通的工作很快扩展到国际应用体系,而不仅应用于英国。战争刚结束,斯通被任命为联合国支持的国际专家组组长,编制可以推荐国际使用的标准化国民会计体系。最初的备忘录已在1945年出版,其他的也相继出版,最近的版本是由经济合作发展组织于1968年发行的,所有这些备忘录均在斯通的指导下编写。这些国民会计模型后来广泛通用于国际社会,并且明显地加速了工业化国家引进这样的国民账户(体系)的进程,甚至后来在发展中国家也是如此。就这样,一个表现优异的,用于对各国间周期位置、经济结构进行统计比较的共同基础建立了。正是由于这种可比较的国民会计统计体系的存在,各国际组织(各联合国机构,经济合作发展组织以及世界银行等)获益匪浅。

斯通使用大方程系统以阐明系统内部的相互依存关系,这需要定义和统计数据严格吻合。斯通和他的助手们花费大量心血设计足够完善的测量方法。尽管如此,账户体系仍然存在着不可避免的误差,其中最明显的莫过于经常账户收支平衡表中总赤字达几千亿瑞典克朗,事实上,经常账户收支平衡表中国家的一切盈余和赤字的总数应当是零。

斯通认为,国民经济中平衡问题的理论分析为国民账户提供了出发点和存在的理由。尽管主要是经济学中的"凯恩斯革命"促进了国民经济核算体系的设计,今天那些体系在分析和意识形态两方面可以描写为"中性的"。它们广泛使用于经济学中的所有分析学派和所有不同类型的国家。货币主义者和凯恩斯主义者对国民账户的实用性没有任何争议。因而,通过这些账户创造的一种系统性的数据库用于很多不同的经济分析。而斯通本人在设计基于国民账户的各种模型例如增长分析模型方面做出了杰出的贡献。

斯通教授,你的首创精神和对国民经济核算体系这个课题的先驱性研究是对经济科学发展的重要贡献。自20世纪50年代以来,这些体系取得了独一无二的国际影响,它们不仅产生了大量的据此做出国民预算预测的系统性文件,而且也是周期性和结构性分析的必不可少的工具。基于这些重大贡献,瑞典皇家科学院决定授予你今年的诺贝尔经济学奖。我代表科学院向你致以最热烈的祝贺,现在我请你从国王陛下手中接受你的奖金。

(潘江峰 译 柴志贤 校)

获奖演说

社会账目

理查德·斯通

一、会计系统的作用

今天上午我将探讨会计在描述和理解社会方面的作用。社会的分析应当建立在经济、社会人口以及环境现象这三大研究领域之上。显然,会计思想在经济生活中最为完善,对此我会用比较多的篇幅进行论述,然而,会计思想同样也适用于其他两个领域。我们可以通过账目的形式组织我们的数据,以此获得我们感兴趣的任何变量的存量和流量以及进量和出量的清晰图像，不管是商品、服务，抑或人或自然资源，在此基础上，再去分析它们局部形成的系统。我们可以通过一个图表来更好地帮助理解这个过程中国民账户的功能。

在图1的第一区块，我们有组织足够完善的相互关联的账户集数据。根据这样一个定量框架，我们能把它们相关的技术和行为关系构思成一些假设或“理论”。我们把事实和理论结合起来，便能设计一个模型，在转化为数量时，我们便会明白我们所研究的这个系统实际到底如何运作。任何系统的运作都不可能是完美无瑕的，因此，我们可能需要改进我们的系统，为了设法改善，我们需要设置一些目标，并把这些目标引入我们的描述性模型，这样我们便能勾画出粗略的策略框架。但在实际操作中，这样做是远远不够的。政策模型需要与“控制组”结合，它们规定我们提出的实现这个政策具体的方式，因而使我们能制定一个计划。我们现在能通过计算机模拟运算这个计划模型，以反映在全系统中所要变化的可能反应。但是就算再明智的建模者也不可能考虑到每一件事，再详细的模型也不能反映真实世界的所有复杂性，在计划被实际付诸实施的时候，一些“事件”将暴露它的缺陷。这个经验将引导我们重新考虑我们所采用的记录和测量的方法，以及使它们联系起来的理论，我们认为好的精确目标和我们用以实现这些目标的控制。随着越来越多的经验反馈修正事实、理论、目标和控制，整个局面一定会有所改变，我们有希望得到一个更好的模型、更好的政策以及更好的计划。

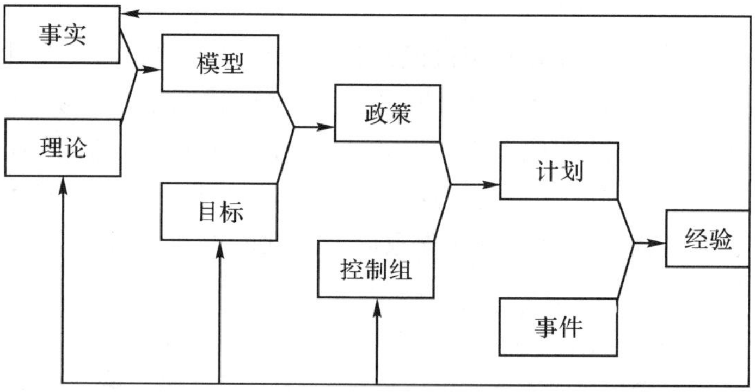

图1　模型、政策和计划

我所描述的这个过程不仅只是科学家的事。科学家只负责收集和整理事实数据、构思理论和构建模型，但是目标和政策主要是政治家们所应关注的，而控制和计划则主要是行政部门的事。三者相互了解并不容易，因此迫切需要解决他们之间的沟通障碍。

图1表示我在这次讲演中主要讨论的工作的最终目的，用标记为“事实”的一个方块表示。我讲演的其余部分将紧紧围绕这一方块，但在描述它的内容和探讨如何进一步使它完善之前，如果我把它们放在历史的维度，可能更有趣。

二、先　驱

为了追踪国民经济核算的起源,我们必须回到17世纪的英国,那是一个伟大的充满着智慧活力、科学好奇心和发明能力的时代。威廉·配第,医生、化学家、土地测量家、制图家、航海工程师,皇家学会的创始人之一,克伦威尔政府顾问。皇室复辟后成为查理二世的顾问,当然,他首先是一位政治算术家,是那个令人注目的时代中一个更令人注目的人物之一。1964年,为了使税制更加公平,他写了一篇题为《智言》的论文,文中说"账户可以替人民记录,记录他们的财富,以及对外贸易的增减",接着他提出了对目前已知的第一张国民经济平衡表的估计。

配第的数字是通过聪明的外推法得到的,受限于极少的主要数据,但是他的思想是完善的。他使收支相抵,他认为后者就是"食品、住房、衣服及一切其他必需品的费用"。对于英格兰和威尔士,他估计上述费用为4000万镑,人口估计为600万。接着他估计土地产生的收入为800万镑,"其他个人产业"产生的收入为700万镑。他说:"现在,如果国家财富或存量的每年收入只产生1500万镑,而花费是4000万镑,则人民的劳动必须提供另外2500万镑。"这个推理无懈可击。如表1所示,他的数字可以归纳为有四笔记录的账户:

表1　威廉·配第的原始估计,1664年

(单位:百万镑)

收　　入		支　　出	
来自土地	8	食品、住房、衣服及一切其他必需品	40
来自其他个人产业	7		
来自人民劳动	25		
合计	40	合计	40

对配第的数字可以提出的唯一不同意见是2500万镑劳动收入不是独立估计的,而是为了使账户平衡作为剩余得到的。然而他用一种计算来支持这个数字,他估计每人平均每天工资为7便士,这个数字在那个时代似乎足够了。

表1是配第的"政治算术"的其中一例,他的同时代人查理·大卫南把政治算术定义为"对有关政府的事务采用数字推理的技术手段"。虽然配第对此课题的许多著作大多数不署名发表,然而他的文章在他活着的时候就已广泛传播,他的方法理论也有大量的追随者,其中对我而言最重要的是格里高里·金。

金的工作是管理宗谱纹章,他似乎完全出于自己的好奇心而做出他的估计。当然,如果没有金的贵人——查理·大卫南,在他自己的书中介绍许多金的估计,那么金的著作可能在1802年前都不为人知,正是在那一年,乔治·查尔默重新发现并出版了它们。金的最吸引人的表格之一便是有关1688年英国从世俗贵族到游民等26个社会阶层居民的收入、支出及储蓄。其中一个版本稍加修改并换算为十进制货币,列为表2。显然,编制此表的主要目的是要找出社会中各群体对财富的贡献。因此,我们看到占全国人口不足一半的居民的总收入为3450万镑，积攒起来从而增加王国的财富。同时占比过半的其余人口的总收入为900万镑，入不敷出，从而削减王国的财富。附带说明一下，我或许应当解释，家庭一词指共同生活的人，相当于现在英语中的household，这不是说贵族平均有38个孩子，主教平均有18个孩子。金的另一张值得我在这里展示的表是英国和英国的两个政治及商业宿敌——法国和荷兰之间的对照表。它是将国民账户用于国际比较的第一个例子，稍加修正后列为表3。

表2 1688年度英国几个家庭的收入消费情况

等级和资格	家庭数	每户家庭人数	人数	每户家庭收入（镑）	人均收入（镑）	人均消费（镑）	人均增长（镑）	总收入（百万镑）	总消费（百万镑）*	总增长（百万镑）
世俗领主	160	40	6400	2800	70	60	10	448	384	64
宗教领主	26	20	520	1300	65	55	10	33.8	28.6	5.2
从男爵	800	16	128/00	880	55	51	4	704	652.8	51.2
爵士	600	13	7800	650	50	46	4	390	358.8	31.2
绅士	3000	10	30000	400	40	37	3	1200	1110	90
先生	12000	8	96000	240	30	27.5	2.5	288	2640	240
大官	5000	8	40000	240	30	27	3	1200	1080	120
小官	5000	6	30000	120	20	18	2	600	540	60
海上大商人	2000	8	16000	400	50	40	10	800	640	160
海上小商人	8000	6	48000	200	33.3	28.3	5	1600	1360	240
法律工作者	10000	7	70000	140	20	17	3	1400	1190	210
知名教士	2000	6	12000	60	10	9	1	120	108	12
普通教士	8000	5	40000	45	9	8	1	360	320	40
富农——大地主	40000	7	280000	84	12	11	1	3360	3080	280
富农——小地主	140000	5	700000	50	10	9.5	0.5	7000	6650	350
中农农民	150000	5	750000	44	8.8	8.55	0.25	6600	6412.5	187.5
文人和科学家	16000	5	80000	60	12	11.5	0.5	960	920	40
店员和商人	40000	4 1/2	180000	45	10	9.5	0.5	1800	1710	90
手工业者	60000	4	240000	40	10	9.5	0.5	2400	2280	120
海军军官	5000	4	20000	80	20	18	2	400	360	40
陆军军官	4000	4	16000	60	15	14	1	240	224	16
	511586	5 1/4	2675520	67	12.9	12	0.9	34495.8	32048.7	2447.1
普通海员	50000	3	150000	21	7	7.5	−0.5	1050	1125	−75
劳动人民和仆人	364000	3 1/2	127500	15	4.3	4.4	−0.1	5460	5587	−127
村民和贫民	400000	3 1/4	1300000	5	1.5	1.75	−0.25	1950	2275	−325

续 表

等级和资格	家庭数	每户家庭人数	人数	每户家庭收入（镑）	人均收入（镑）	人均消费（镑）	人均增长（镑）	总收入（百万镑）	总消费（百万镑）*	总增长（百万镑）
普通士兵	35000	2	70000	14	7	7.5	−0.5	490	525	−35
	849000	3 1/4	2795000	10.5	3.25	3.45	−0.2	8950	9512	−562
游民			30000		2	4	−2	60	120	−60
	849000	3 1/4	2825000	10.5	3.19	3.41	−0.22	9010	9632	−622
所以总账是										
增加王国财富	511586	5 1/4	2675520	67	12.9	12	0.9	34495.8	32048.7	2447.1
减少王国财富	849000	3 1/4	2825000	10.5	3.19	3.41	−0.22	9010	9632	−622
净合计（及平均数）	1360586	4 1/20	5500520	32	7.9	7.55	0.33	43505.8	41680.7	1825.1

* 原文没有这一列。

来源：格里高里·金：《两论》，G. E. 巴内特编写，约翰·霍普金斯出版社 1936 年版，第 31 页（经过修改）。

表 3　1688 年和 1695 年英国、法国和荷兰的总账

	合计（百万镑）						每人（镑）					
	1688 年			1695 年			1688 年			1695 年		
	英国	法国	荷兰	英国	法国	荷兰	英国	法国	荷兰	英国	法国	荷兰
面包……和谷粉或花制成的一切东西				4.3	10.1	1.40				0.79	0.75	0.63
牛肉、羊肉……鹿肉、兔				3.3	5.3	0.80				0.61	0.39	0.36
黄油、干酪和奶				2.3	4.00	0.60				0.42	0.30	0.27
鱼、禽和蛋				1.7	3.7	1.10				0.31	0.27	0.49
水果、根和蔬菜				1.2	3.4	0.40				0.22	0.25	0.18
盐、油、腌制食品……和糖果				1.1	2.8	0.30				0.20	0.21	0.13
啤酒				5.8	0.1	1.20				1.06	0.01	0.54
葡萄酒、白兰地……				1.3	8.6	0.40				0.24	0.64	0.18
饮食	21.3	41.0	6.40	21.0	38.0	6.20	3.87	2.93	2.91	3.85	2.82	2.78
衣着	10.4	18.5	3.00	10.2	16.0	2.80	1.89	1.32	1.36	1.87	1.19	1.25
其他费用	10.0	21.0	6.35	14.3	26.0	8.40	1.82	1.50	2.89	2.62	1.93	3.75
增加（储蓄）	1.8	3.5	2.00	−3.0	−6.0	0.85	0.33	0.25	0.91	−0.55	−0.44	0.385
总费用	43.5	84.0	17.75	42.5	74.0	18.25	7.91	6.00	8.07	7.80	5.49	8.15
土地、建筑及其他继承产业的租金	13.0	32.0	4.00									

续 表

	合计(百万镑)						每人(镑)					
	1688 年			1695 年			1688 年			1695 年		
	英国	法国	荷兰	英国	法国	荷兰	英国	法国	荷兰	英国	法国	荷兰
商业、工艺和劳动的产物	30.5	52.0	13.75									
总收入	43.5	84.0	17.75	42.5	74.0	18.25	7.91	6.00	8.07	7.80	5.49	8.15
赋税以外的收入	39.7	70.0	11.00	39.0	62.5	10.50	7.22	5.00	5.00	7.16	4.63	4.69
财政收入和赋税	2.0	10.5	4.75	6.5	17.5	6.90	0.36	0.75	2.16	1.19	1.30	3.08
增加	1.8	3.5	2.00	−3.0	−6.0	0.85	0.33	0.25	0.91	−0.55	−0.44	0.38
总费用	43.5	84.0	17.75	42.5	74.0	18.25	7.91	6.00	8.07	7.80	5.49	8.15
人口(百万)	5.5	14.0	2.2	5.45	13.5	2.24						

来源:格里高里·金:《两论》,G.E.巴内特编写,约翰·霍普金斯出版社 1936 年版,第 31 页(经过修改)。

表 3 使我们能从不同的空间和时间维度进行比较。法国人口最多,有最多的收入,荷兰收入最少,然而用人均收入来比较,顺序就要改过来。从表中可知,英国人似乎最钟情于肉和啤酒,荷兰人似乎喜欢鸡和鱼胜过肉类,而法国人则喜欢葡萄酒胜过啤酒。在所有三个国家中,战时储蓄减少,但在荷兰仍为正数。虽然在战时三个国家的赋税均大为增加,然而荷兰的税却比其他两国重得多。金预测他的估计到 1698 年,并总结说,超过那个日期战争将不会继续下去。事实证明他是对的:奥格斯堡联盟战争从 1689 年一直持续 1697 年。

在这个闪亮的开始之后,一切平衡账目的思想似乎不复存在。不过,在整个 18、19 世纪以及 20 世纪初,对估计账目的某些组成部分的零星尝试却愈来愈频繁,特别是收入方面。开始是金的两个同时代法国人庇尔·德·波斯格尔伯和马歇尔·伏班各自独立地发表了法国国民收入估计以支持他们的主张:赋税制度对国家福利有害,需要变革。如果他们的努力在萌芽时没有被扼杀,说不定会产生一些很有意思的发展,然而路易十四不同意,他们的书被列为禁书。在英国没有发生值得注意的事,直到 1770 年,亚述·杨提出的收入估计,建立在对产出进行粗略计算的基础之上。在 19 世纪开始时,在俄国出现了主要根据消费的三次估计,但是却面临了和法国早期估计同样的命运。

19 世纪见证了估计的进一步进展,数据变得更加丰富,到 19 世纪末约有 20 个国家有了收入估计,其中有许多是 M.G.穆尔贺编制的,从 1884 年开始,这些以英镑为货币单位的估计在他的《统计词典》的各个版本中相继发表。有些根据收入,有些根据产出统计,其中许多相当粗糙,但是它们有助于激起人们研究国民收入并进行国际比较的兴趣。除统计估计外,在此我应当提一下与我的课题有关的两个概念上的创新。1758 年,弗朗索瓦·魁奈,路易十五的医生,设计出了他的天才的《经济表》,现在被认为是部门间流量分析的开端。而且在大约一个世纪以后,在 1885 年,卡尔·马克思进行了他的简单和延展重现的分析，并于他死后不久出现在《资本论》的第2卷中。

第一次世界大战后，统计的步子明显加快。苏联中央统计局在20世纪20年代初，以1923—1924年投入产出表的形式，编制了大量的物质产出及其用途的数据，以此做出计划生产的基础。这个表在1926年发表，与之有关的名字有V. G. 格罗曼和P. I. 波波夫。类似的工作一直延续到1932年。

一直到这个时候(1932年)国民收入估计才开始遍地开花。我特别要提到A. L. 波来在英国和西蒙·库兹涅茨在美国的贡献。但在20世纪30年代，在柯林·克拉克的努力下，出现了一次政治算术家的综合观点的复辟。1937年，柯林在他的《国民收入与支出》中汇集了收入、产出、消费者支出、政府收入、支出、资本形成、储蓄、对外贸易和支付平衡等各个方面的数据。虽然他并不把他的数字列在一个会计框架中，但显然，这些数字具有相当的一致性。克拉克是我在剑桥的老师，而且，他所做的工作是启发我的主要源泉。第二次世界大战初，他的估计由欧文·罗思巴思更新并供凯恩斯用在他所做的"如何支付战争"的统计框架中。

1941年，在凯恩斯的动议下，詹姆士·梅德和我作为战时内阁办公室的成员编制的英国国民收入和支出估计，以白皮书的形式出版，题为《战争财源和1938年及1940年国民收入及支出的估计》，在预算时发行。同年，格鲁恩保(加桑)出版了他的《1936年巴勒斯坦国民收入和支出》，它同样列在一个会计框架之中，与此同时，方·克里夫在荷兰发表了两篇关于国民簿记系统的论文。

所以，就像经常发生的情况一样，流行的思想以几个不同的姿态同时出现。现在，我将结束我的历史回顾，转而叙述今天国民经济核算的理论和实践。

三、概念和定义

在一个经济系统内，商品和服务被生产出来的最终目的是满足人们的需要。生产使得商品和服务得以在农场、工厂、商店等地方产生，而任何时期的总产品分为中间产品和最终产品两部分，中间产品被生产过程吸收而最终产品则向生产系统以外销售。

最终产品又分为两部分。第一部分也是最大的一部分流向消费，是在特定的记账时限内，例如一年，消耗掉的商品和服务。第二部分流向积累，用以未来并构成财富的增加。其中，这第二部分流量的大部分用于维持和增加全国固定资产存量，例如建筑、机器、车辆等；其余是用在中间或最终用途的产品存量，它们事实上未在年内消耗完，因此尚可供未来使用。因为全部最终产品不是在一个时期内消费掉就是积累下来用于将来，可见最终产品等于消费加积累。

生产、消费和积累是经济活动的三个主要形式，在一个孤立的经济系统中，它们将形成一个封闭的流量系统。但是在实际中，一个国家的经济并不是孤立的，因此，必须考虑这个国家的经济与其他经济体的交易。某一国家的生产可以用进口来补充，而一个国家的全部最终产品没有因国内消费和积累而耗尽，有一部分作为出口流到国外。因此我们必须记录那个国家与世界其他地方(的经济体)在生产、消费及积累等方面的全部交易信息，以及这三者相互之间的所有交易。

这个流量网络可以列成四个相互关联的账户，它们显示一个国家经济系统的基本结构。表4给出这些账户的一个高度浓缩的版本。不过在思考它之前，我们应当设法定义我们的术语。

首先我们来说说生产，我们应当把什么包括在它里面？我们可能同意把打算销售的一切商品和服务按照市场价格包括进去。但是，这么做未把在所有社会都重要的非市场活动计算在内。先说说政府的非商业活动，例如政府行政管理、国防、教育和健康服务。由于这些服务并不出售，它们只能按成本计算价值。在当前的知识架构下，以任何其他方式估计它们对于用户的价值实际上是不可能的。要采用这个评价基础，我们必须接受一个事实，利润或损失之类的东西不可能出现在这些服务之中：如果一种服务永远不推向市场，那么它面向市场的供应规模不可能有一个市场标准。不过，大家都同意以成本计值的这些服务的产出应当作为国民账户中生产的一部分。

表4　我国①在年份6的四个经济账户（货币价值）

（一）生产（国内生产账户）

支出		收入	
1.总收入支付（增值）【9】	255	3.消费品销售【6】	210
2.购买进口货物【18】	54	4.投资品销售【12】	47
		5.出口销售【16】	52
合计	309	合计	309

（二）消费（收入和开支账户）

支出		收入	
6.购买消费品【3】	210	9.来自国内生产总收入【1】	255
7.储蓄【15】	27	10.减固定资产折旧【13】	−19
8.净限期转移国外支付【19】	4	11.来自国外净要素分配收入【17】	5
合计	241	合计	241

（三）积累（资本交易账户）

支出		收入	
12.购买投资品【4】	47	15.储蓄【7】	27
13.减固定资产折旧【10】	−19		
14.向国外净贷款【20】	−1		
合计	27	合计	27

① 我国为虚拟国家——译者注。以下同。

(四)世界其余地方(收支平衡账户)

支出		收入	
16.购买出口品【5】	52	18.销售进口品【2】	54
17.净分配要素收入支付【11】	5	19.净本期转移【8】	4
		20.净借入【14】	—1
合计	57		57

家务和业余爱好者的活动给我们提出了一个更为棘手的案例。虽然这些活动常以生产的形式出现,例如做一顿饭,重新装修一套房子,它们的产出没有可供测量的成本,因为家庭成员和业余爱好者无偿地提供他们的服务,这些服务无法计数而且未做记录;它们一般都没有明确界定,以无形的方式进入生活活动。情况既然如此,直到最近,大家才原则上同意家务和业余爱好者的活动不应包含在生产中,而且不应记账。

这种处理方法,即商业产品按市场价格估值,政府服务按成本估值,而不付工资的家务活动干脆略去,不是一个原则性问题,而是为了实际操作上的方便。因此只能从实际出发才能维护这种方法。第一,由政府服务支持的市场经济本身就是一个有趣而实用的研究对象。第二,为了评价非市场活动的产出而提出的方法——虽然没有对这些活动之于用户抑或社会的价值提供独立的测量方法——已经开始趋向促进改善对成本的测量。第三,可供测量或评价的有关无偿家务和业余爱好者的活动的信息少之又少。然而,情况总在变化,一方面通过收集较多的信息,例如在时间的用途方面,一方面通过发展优化模型区分之于生产者的成本和之于用户的价值,所以,最终我们有希望扩大生产概念的覆盖面。

在有些社会中,生产的大宗商品在工厂之类的生产单位中进行,它们与家庭之类的消费单位有明显区别,而且社会分工和货币使用已很发达,测量工作显然比较容易。一般说来,机构差异的存在有助于数据的收集,而如果只有单一机构——家庭,而且在其中运转一切事情,我们将会碰到我概述过的困难。

接下来的问题是,什么是消费?我们可以定义它为,在一个特定记账期内,为获得使用价值而对最终产品的一种购买行为。就鲜货而言,这不会导致多少误差。但是随着类似私人汽车、家用电器、电视机等耐用品的重要性的增加,在一年中购买的东西并不会在那一年完全消费掉,而是在年终可供将来继续使用。然而按照惯例,所有这类商品都包括在消费中。所以,把主要耐用品至少作为投资品处理,并只把一年的折旧包含在消费中,这样的做法可能比较好。而购买价超过折旧的金额可以作为储蓄的一部分出现在账户的支出一边。

顺着我刚才所说的,接下来让我们说说积累。这里我们再次处在变化的立场上。以前通常把投资品严格限定为产生收入的资产,例如房屋、工厂、机器及工业用车辆。后来,决定把不产生收入的政府资产,如道路、桥梁、学校和医院等也包含在投资品中。直到现在才出现一种变化——把耐用消费品也包括在投资品中。事实上消费品和投资品之间的区别愈来愈依靠耐用性而不在于货币回报。

与积累有关的一个重要的概念性问题是折旧的度量。这个决定于资产的期望寿命、可能折旧的速度以及每个相继阶段按什么样的价格计值。使用寿命的估计永远不能确定:对于大家已熟知的资产类型,过去的经验是很好的向导,但是对于新的资产类型的估计比猜测好不了多少。对于资产折旧速度的估计通常基于两个假设:要么在整个期望寿命中这个速度是一致的,要么在每个相继阶段它所展现的剩余寿命的所占比例是一致的。选择哪种方法差别很大。在私人会计中习惯参照资产的原始成本来评价折旧。这在物价稳定的时候,适用性很好,但在物价变化的时候,特别是在单方向变化的时候,使用更新成本较好,而且这也是国民会计中所遵循的实践。

对库存中的投资如何进行评价也是一个问题。这部分投资反映了期末生产系统保存的未使用或未销售产品数量的增加或减少的价值。这必须有别于库存升值,后者反映库存商品的价格在期中发生的增减。库存升值是一笔资本利得,而且属于资本交易,不属于收入来源。库存投资和库存升值之和等于库存价值的增加额。

说了这么多,你们很可能会问,那么,什么是生产、消费及积累的准确定义?答案是,这些仍在讨论之中,不过与此同时,大多数人同意,联合国国民账户体系中所采用的定义已足够实用和灵活,可以涉及很多不同的情况。

四、国民经济账户

现在我将描述目前的国民经济账户。为了说明,我将使用联合国在1968年出版的《一个国民账户体系》(简称SNA)中给出的数据实例。我的第一个例子在表4中表示。

表4中,所有账目形成一个包含整个世界的闭合系统。我所说的“我国”是一个虚构的国家,并且注意,虽然这些数字来自于真实数据,也只能当作例子看待。表中有虽然只有10笔独立的记录,但是由于每笔记录出现2次,一次作为支出,一次作为收入,因此项目编号是自1至20,对应记录的位置用方括号中的数字表示。

第一个账户包含进出生产的流量。左边是成本,第一项为收入,即工资、薪金、利息、利润及租金,用以支付给生产要素、劳动、资本和土地,再加上设备折旧,以及支付给政府的间接税(净额);第二项表示进口商品购买额。右边是收入,包括销售商品和服务给消费,销售投资品给积累,以及销售出口商品给世界其余地方。账户为合并形式,那就是说,在它内部发生的一切交易,例如各产业之间产品的买卖已相互抵消。因此,中间产品价值并未标示出来。不过,我们看到把单一账户分解为两个以上账户,便可以得到中间产品的价值。

第二个账户包含进出消费的流量。左边是支出,第一项是商品和服务支出,我们已在生产账户中作为一项收入来源碰到过它;第二项是储蓄,它只是收入超过支出的值;第三项是给世界其余地方的赠予和其他汇款。右边是收入的组成部分,最大的一笔是从生产收到的收入;再加上从世界其余地收到的要素收入,即由国外资产产生的红利、利润、利息和租金;最后一笔负数表示固定资产的折旧准备,它必须从总收入中减去以得到国民收入的真正净值。账户内部发生的一切流量,例如企业和个人支付给政府的赋税,以及政府支付给企业和个人的津贴和福利——全被合并,但可以借助分解取回。

第三个账户包含进出积累的流量。在左边，第一项表示对有形资产的总投资；第二项表示须减去以得到净投资的折旧；第三项表示海外贷款净值，其中负号表示在记账期中我国从世界其余地方的借款超过贷款。右边是储蓄，它是净投资的财源。账户内部不同交易主体之间的一切借贷已被合并。

第四个账户表示世界其余地方与我国之间的交易。这些交易以世界其余地方的角度表示，因此，在此账户左边作为支出出现的一切项目将在三个国内账户的收入中找到，反之亦然。在我们国家之外发生的大量交易没有任何显示。

只用四个账户追踪各笔记录之间的关系是一件轻而易举的事情，但是随着账户数目的增加，这会变得愈来愈困难。用一个矩阵来展示各个账户比较方便，其中每对行和列表示一个账户，收入在行中，支出在列中，见表 5。

此表中各笔记录与表 4 中的记录相同。这种形式的优点显而易见：不需要对应记录。每个项目只在一行和一列的交点出现一次；横向表示在该行左边规定的账户的一笔收入；纵向表示该列顶端规定的账户的一笔支出。例如第 1 行和第 2 列的标为 210 的记录，它表示消费品和服务的销售，它是进入生产的一笔收入和进入消费的一笔支出。

表 5 矩阵形式的我们国家的四个经济账户(货币价值)

	1	2	3	4	合计
1. 生产		210	47	52	309
2. 消费	255		−19	5	241
3. 积累		27			27
4. 世界其余地方	54	4	−1		57
合计	309	241	27	57	634

接下来我要讲一讲这个体系的容量如何能够增加，以及如何根据出现在账目中的交易量(流量)以引入资产和负债(存量)平衡表。要做到这一点，必须将一个账户分为两个以上的账户，同时在原来矩阵边上加上包含资产、负债及负债重估价的行和列。所得结果列在表 6 中。

此表中，中央方块包含表 5 所示账目的一个最小分解，而外面的各行和列包含平衡表和重估价。由于分解，填充表 5 中空白的四个对角线子矩阵成为可能。为了说明如何对这样一个矩阵进行解读，我会对 3 和 4 行和列中的记录给出一个简短的说明，它们一起构成生产账户。

第 3 行和列与商品有关，即与各个产业为市场生产的商品和服务有关。第 4 行和列与活动有关，即与各产业生产市场上的商品以及政府提供非市场服务有关。购买者从商品账户购买市场商品和服务而向活动账户购买政府服务，收入由活动账户支出。商品和活动分开表示的原因是大多数产业不仅只生产一种商品，因此，在投入产出分析中，进行这样的区分是有必要的。

第 3 行表示商品的去向：245 个货币单位以中间投入流入各项活动；166 作为现期商品和服务流入消费；47 作为投资品流入积累；50 作为出口流到世界其余地方。第 3

表6　我国账目的初步分解，包括平衡表（货币价值）

		1	2	3	4	5	6	7	8	9	10	11	12	13	14	15	16
期初资产	1. 债权										1249						
	2. 净有形资产										661		165				
生产	3. 商品				245	166		6	41			50					
	4. 活动			143		44											
消费	5. 消费品（目的）						210					2					
	6. 收入和支出			14	241						−19	13					
积累	7. 库存增加										6						
	8. 固定资本形成										41						
	9. 债权										58		18				
	10. 资本财源	1217	693				27			59				−23	44	1253	764
世界其余地方	11. 现期交易			51	1	2	12										
	12. 资本交易	197	−32							17		1		0	−2	214	−33
重估价	13. 债权										−21		−2				
	14. 净有形资产										42						
期末资产	15. 债权										1286	181					
	16. 净有形资产										731						

列表示这些商品的来源:443 是国内活动生产的;65 是从世界其余地方流入的,它们的价值由 51 个税前进口单位加 14 个进口税单位组成。用如下算术式可立即说明这些行列平衡:(245+166+6+41+50)=(443+14+51)=508。

第 4 行表示各产业商品总产出,合计为 433 货币单位,以及政府非市场服务的总产出,计 44。第 4 列表示与这些活动相联系的投入或成本:购买中间产品计 245;支付要素收入、折旧以及间接税(净)计 241;支付给外国的要素收入计 1。这次,行列又是平衡的:(443+44)=(245+241+1)=487。

将表 6 中央方块的国内流量适当归并,使得回到表 5 中的数字有了可能。如果把对角线记录排除而把对角线以外的记录全加在一起,一个子矩阵一个子矩阵地来,我们便又得到:第一行(166+44)=210 和(6+41)=47;第二行(14+241)=255 和−19;第三行 27。但是与世界其余地方的流量并不吻合,其原因在于我们对表 5 中的流量进行了简化。

再回到围绕表 6 中央方块的平衡表和重评价,在这里不便对所有记录做一个充分的说明,因此,我将再次自我限制,只做简单说明。做平衡表的目的是表示记账期初和期末债权与有形资产存量的价值。这些存量的初值从不同的角度表示在 1、2 行列,而它们在期中交易和重评价后的终值表示在 15、16 行列。

我们在第 1 列中看到所有债权,即由我们的国家作为负债发行的股份、贷款、银行存款、货币等的期初价值为 1217,而世界其余地方发行的由我们国家持有的债权价值为 197。相反的,我们在第 1 行中看到,不管在哪里发行,在我国作为资产持有的债权价值为 1249,我国发行而世界其余地方持有的债权价值则为 165。所以债权总初值是(1217+197)=(1249+165)=1414,但是我们的国家持有自己的债权为(1249−197)=(1217−165)=1052。

按折旧后重置成本估值的有形资产的净值在第 2 行表示,在此例中,它们仅限于位于我们国家的资产,而不论其所有权。例如,一个外国公司在我们国家中有一个工厂,这个工厂便成为我们有形资产存量的一部分。同时,它的价值包含在第 1 行中我们的负债和世界其余地方持有的金融资产中。这个例子显示,世界其余地方可能拥有存放在我们国家的有形资产,而我们没有在外国的有形资产。如果我们有,它们将出现在第 2 行和第 12 列的交叉点,而且,它们的价值一方面将加到世界其余地方的负债中,另一方面将加到我们持有的金融资产中。

第 2 行中的有形资产净值用第 2 列中的净值(或财富)来平衡。净值能够测量一切有形的和金融资产中超过负债的盈余。我们国家的净值表示为 693;而世界其余地方的净值,就其与我们的交易而言表示为−32,这说明我们持有的外国债权比世界其余地方持有的我们的债权大 32。

第 13 行和列表示发行和持有的债权的重估值,以便使它们拥有一个对现有估值的共同基础。同理,第 14 行表示有形资产净值的重估值。净值的估计不能单独进行,其数字取决于有形资产和债权的重评价。

在基本框架中引入更多的分类可以进一步详细说明表 6 中的系统。任何对这方面的探讨有兴趣的人可以在《一个国民账户系统》的第 8—11 页中找到充分的论述。

五、统计问题

用数字填充国民账户框架意味着要解决大量的统计问题。在此过程中有两个阶段。

第一阶段是把有关信息组织起来。在许多国家中，政府活动可能本身就有会计数据，在有些情况中大公司的账目也可能已标准化。但是，除此之外，得到的数据主要是统计方面的。可能它们数量极大，但是大多数时候是为其他目的收集的，而且，要成为编制国民账户的来源，它们肯定还不完整、不一致，可靠性也不稳定。因此，当我们把所有这类材料整合到一起，我们总会是发现这样那样的缺项和出入。

第二阶段是找出某种方法来处理这些缺项和出入。缺项通常可用余额法填补。例如，如果我们能够估计储蓄以外的个人收支账户中的一切记录，那么储蓄可以作为收入超过所有其他支出之和的超额来测量。然而这并不令人满意，因为这意味着我们用光了系统的一个约束来估计储蓄，而这个约束不能再用于帮助核对整个体系准确与否。

至于差额，一般的做法是把它们加到账户的一边。例如，当支出数据合计大于收入数据产生的合计，差额则常常作为一个无名项目加到账户的收入一边。这也不是非常令人满意，因为支出统计不可能准确，而一切误差却都在收入统计方面，这样，我们又浪费一个约束。一个较好的途径，是鉴于我们相信这些统计数据的可靠性，找出调整所有记录的一些手段。

一个人们熟知的，用最小平方法调整条件观察的方法可以做到这一点。1942 年，大卫·香佩农和詹姆士·梅德同我一起写过一篇论文，在文中，我们提出用这个方法来调整国民账户。这个方法要求知道会计矩阵中每笔记录的相对可靠性，这种信息可以编排成一个方差矩阵，其阶数等于记录数目。有了这个矩阵，我们就能计算各记录的调整额，使得其方差的倒数加权的平方和最小，调整后的估计数便能满足系统的约束，即各账户平衡，小计之和为合计数，最终估计是单值的，等等。近些年才采用这种应用手段，我想一部分因为可靠性的唯一估计是基于其编制者的主观印象，一部分是涉及的计算量。就我所知，第一次应用由来·拜伦发表于 1978 年。

作为此种方法的一例，表 7 列出我设法平衡 1969 年英国国民账户的一张加总表的结果。

表 7 中的记录成对排列：每一对中，上面（以罗马字体表示）的数字来自英国中央统计局，《国民收入和支出》1980 年版中发表的对 1969 年的官方估计，下面给出调整后的值（斜体）。调整的效果可在表底部 E 行中看到：上面一行的数字表示剩余误差和一些无名项目，这些都包括在为平衡账目而做的官方估计中，下面一行都由零构成。这是往正确方向上的一大进步。但是前后一致的估计未必是精确的估计，精确性取决于方差矩阵的正确度，系统性误差的重要性（这个可以在考虑范围但未出现在上例中），以及可能产生不可预见性困难的经验。

表 7 一张英国国民账户表误差明白表示:1969 年初始和最终调整后的估计(百万镑)*

		1	2	3	4	5	6	7	D	8	9	10	11	12	13	合计
生产	1.英国		10109 10117	3233 9286			7997 7999			1297 1316	4167 4320	1414 1414	2286 2286			56503 56738
	2.世界其余地方	9930 9922														9930 9922
收入和支出	3.个人	31290 31230			35 35		3937 3936	341 341	3864 3864							39467 39406
	4.公司	3815 3798						1161 1161	1619 1615							6595 6581
	5.国营公司	445 445						15 15	80 80							540 540
	6.一般政府	7488 7487		7420 7422	1131 1131	610 610		203 203	176 176							17028 17029
	7.世界其余地方		−179 −195	416 415	458 458		554 554									1249 1232
	D.红利和利息			761 761	3306 3306	120 120	1552 1552									5739 5739
资本交易	8.个人	812 804		1637 1522									186 186			2635 2512
	9.公司	1553 1532			1665 1651								606 606			3824 3789
	10.国营公司	1024 1024				−190 −190				6 6	14 14		50 50			904 904

续 表

		1	2	3	4	5	6	7	D	8	9	10	11	12	13	合计
资本交易	11. 一般政府	496 496					2988 2988			577 577	48 48	0 0				4109 4109
	12. 世界其余地方							−471 −491					0 0			−471 −491
	13. 最终资产的增加									1810 613	−1407 −593	−514 −510	975 981	−864 −491		0 0
E. 误差		−350 0								1055 0	1002 0	4 0	6 0	393 0		0 0
合计		56503 56738	9930 9922	9467 9406	6595 6581	540 540	17028 17029	1249 1232	5739 5739	2635 2512	3824 3789	904 904	4109 4109	−471 −491	0 0	

* 11.10 和 12.11 两格中的零分别指从国营公司到一般政府的净资本转移，以及从一般政府到国外的净资本转移。在 1969 年，这些项目刚好是零，但是并不总是如此。

六、地区账目

我现在描述的会计体系通用于各个国家，但是稍加补充，也能用于一个国家内部地区以及世界范围内的各地区。不论我们选择哪种方式，新的问题总会出现。接下来我会提到其中某些问题，但不会详细论述。

如果我们要考虑一个国家的各地区，首先要明确地区的定义，然后也必须认识到有些交易主体例如中央政府没有明显的区位。并且，地区间流量的信息一般来说也没有那么多，要收集起来可能费钱。尽管如此，一些国家业已成功地编制了地区账目。事实上，早在SNA的1968年修订版正在讨论时，地区会计便是考虑的主题之一，但是尚有很多其他更迫切的扩展需要进行，地区会计在那时候就被耽搁了下来，留待将来讨论。

如果我们想办法把各个国家的账目汇总到世界上的一个地区，例如欧洲，或者汇总到全世界的一个统一的会计框架中去，我们便会遇到民族差异问题。首先，不同国家的统计不可能形成一个一致的系统，例如，A国记录的从A国到B国的出口可能与B国记录的B国从A国的进口不一致，即使对估值的差异进行调整也是如此。其次，有必要找到一个共同的记账单位，用汇率把所有国家的通货换算为单一的通货能得到大致粗略的结果，但汇率未必能够反映购买力。其中所必需的是柯林·克拉克在《经济进步情况》中首先提出的通货比较的方法，它最近也出现在联合国的《国际比较项目》中。再次，不同的国家使用不同的会计体系。大多数市场经济体使用与SNA足够接近的体系，协调很容易，但是为了获得全球会计状况，需要把这些市场经济体账目与中央计划经济体的账目联系起来，后者使用另一种可上推到马克思的，以亚当·斯密的限制性生产概念为基础的物质产品平衡表体系(MPS)。在日内瓦举行的欧洲统计学家大会研究了两个体系之间的联系，而且，就像我在《SNA和MPS的比较》中设法说明的那样，可以设计一个扩大了的系统，只要将记录适当归并，便可以得到两个体系中的任何一个。然而为了做到这一点，需要的信息要比两种体系中任何一种正常提供的多得多。在一个合作的世界中，这种信息不难得到，所以，我们有希望看到基于共同原则编制的世界经济账户。

七、人口账户

现在我要结束经济账户的论述，转而说一说人口账户。人口账户，像任何其他类型的账户一样，基于一个时期内流入和流出的对等之上。就人口而言，流入和流出是在特定时间内进入或离开一个国家的人。人流在时间和空间两个维度上运动。例如，对于任何国家，今年的人口一部分通过存活沿时间维度从去年流入，另一部分沿空间维度通过出生和移民从外部世界流入；一部分沿空间维度通过死亡和移民流出到外部世界，另一部分沿时间维度通过存活流入下一年。

从前一期来的存活者构成人口的初始存量，进入下一个时期的存活者构成期末存量。在任何时期中，流入和流出相等，意味着期初和期末存量之间的差额等于从外部世界来的净人流。

设计人口账户体系，首先要把人口分为不同的年龄组，并在每个年龄组内再根据我们可能感兴趣的能够反映人口特点的诸如活动、社会经济地位、健康等类别进行二次分类。等到所有分类数据组织在一个分类框架之内，它们便可以表示为一个账户中的记录，一方面可以说明每个年龄组以什么形式进入这个时期，另一方面说明在离开这个时期之前它如何在各类别中重新分配。连接流量和存量的会计恒等式将保证流出的人数与流入的人数相等。

不同分类的相互作用便会形成一些综合类别或“状态”，它们使我们能把人口分为有明显差异的群体。例如，如果我们按年龄进行一级分类，按活动中心进行二级分类，按职业进行三级分类，这样的例子就有：17 岁，正在上文法学校并且准备高级考试；或者 30 岁，职员，受雇于砖瓦厂。

在一个像我们正在研究的那么复杂的系统中，即便是一种比较不太复杂的交叉分类，也能导致大量详细的统计数据，除非我们能找到某些方法来保持对它的控制，否则将非常难以处理。要实现这一点，我们可以借助于设计一种相对简单的被认为是主集的基本数据集，并用一些以概念框架彼此约束，以及与主集相互关联的附集来支撑。这些附集可采取“生活序列”的形式，每个序列反映一种具体的生活维度，而且，描述它只需有限数目的分类。与此同时，每个序列必须如此构思以便在人口统计上实现自给，也就是说，要能涵盖所有人口。

在统计信息现状中，最适合会计处理的序列我称之为“活动”序列，其中，人们先学习，然后挣钱，最后退休。在此序列中，人口可以分为三大群组：学生、劳动力、其他。这第三组包括一切教育上和经济上不活跃的人群：婴儿、家庭主妇、无所事事的富人和穷人、长期残疾人士和申领养老金者。这些人中除了太年幼、患重病和太老的人之外，实际上没有一个能说是不活跃的，但是他们的活动不能正式列入学习或挣钱的类别。

从人们在一生中前后相继的人生不同阶段所归属的不同的社会经济群体这一点来说，在通过活动的序列流动的同时，人们也通过一个“被动”的序列而流动。适合于这个序列的某些分类分别是家庭规模、社会阶级、收入分组、居住地、种族和宗教。另一个重要序列是医学序列，在这个序列中，人口按身体和智力特性分类。还有一个序列是过失序列，从商店里的顺手牵羊到谋杀都可以成为该序列的分类类别。

如能找到一种为每种序列单独表示的实用方法，那么在不同序列之间引入一定数量的相互作用便成为可能。例如，在教育阶段，家庭背景是教育志向和成就的重要决定因素。所以在活动序列的这个阶段，某些被动序列的分类与活动序列的分类间的相互作用是可期的。

让我们来看一个简单例子，其中我国人口按年龄和职业分类。每个大类中又分成两类：年龄分为 0—15 岁和 16 岁以上；职业分为上学和其他。每年，个人能以几种方式进入某种状态：从上一年以同一状态通过存活进入，在本年度从一个不同的状态进入，因出生或移民进入；他们也可以通过不同方式离开这个状态：因存活离开而进入下一年，在本年度中进入另一个状态，因移民或死亡离开。我们可以用类似表 4 中给出的四个经济账户的一组五个账户的集合来表示这个系统，如表 8 所示。

表8 我国在6年的人口账目,按年龄和职业分类(千人)

状态(一)年龄组 0—15 岁不在校

流入		流出	
1.从去年来的存活者(期初存量)【34】	2125	5.死亡【29】	3
2.出生活到下一年【32】	435	6.进学校【11】	396
3.迁入(净)【33】	1	7.移至16岁不在校【23】	140
4.离开学校者【13】	122	8.存活者进入下一年(期末存量)【30】	2144
合计	2683	合计	2683

状态(二)年龄组 0—15 岁在校

流入		流出	
9.从去年来的存活者(期初存量)【34】	3798	12.死亡【29】	2
10.迁入(净)【33】	—5	13.离开学校者【4】	122
11.进校者【6】	396	14.移至16岁在校【18】	106
		15.移至16岁不在校【24】	115
		16.存活者进入下一年(期末存量)【30】	3844
合计	4189	合计	4189

状态(三)年龄组 16+岁在校

流入		流出	
17.从去年来的存活者(期初存量)【34】	198	19.离校者【25】	107
18.来自15岁在校【14】	106	20.存活者进入下一年(期末存量)【30】	197
合计	304	合计	304

状态(四)年龄组 16+岁不在校

流入		流出	
21.从去年存活者(期初存量)【34】	17020	26.死亡【29】	269
22.迁入(净)【33】	20	27.存活者进入下一年(期末存量)【30】	17133
23.来自15岁不在校【7】	140		
24.来自15岁在校【15】	115		
25.离校者【19】	107		
合计	17402	合计	17402

外部世界

流入		流出	
28.死亡:婴儿【31】	8	31.出生:婴儿死亡【28】	8

续　表

流入		流出	
29.死亡;其他【5+12+26】	274	32.出生;存活【2】	435
30.存活者进入下一年(我国期末存量)【8+16+20+27】	23318	33.净迁入【3+10+22】	16
		34.去年存货者(我国期初存量)【1+9+17+21】	23141
合计	23600	合计	23600

在此表中我列出了系统中区分的四个社会人口状态的账目,以及我称之为“外部世界”的账户,这个术语须做广义的解读,因为它包括(a)我国以外的所有国家,(b)上一年和下一年,(c)一切未知。和表 4 一样,每笔记录出现两次,一次作为流入,一次作为流出,对应记录用方头括号中的数字指示。最后一个账户把不构成状态流量的一切记录放在一起,和表 4 中世界其余地方的账户一致。因此,正如表 4 那样,表 8 也表示平衡账户的一个闭合系统。

我将通过介绍那些看起来似乎很生疏的概念来详细说明第一账户的内容。这个账户与年龄从 0 到 15 岁的非在校儿童相关,其中大多数是尚未开始上学的孩童。在另一头,还有达到离校年龄而离校的男女学生,其中很多人已经就业。两者之间有少数儿童没有上学,有些在家受教育,有些则是由于某种生理缺陷无法入学。

在账户左侧,第一笔记录显示了年初我国非在校儿童的存量,计 2125 人,这些人从上一年度年通过时间维度流入。第二笔记录显示今年出生并到年终仍然存活的婴儿数量,计 435 人,这些人从大未知世界流入。第三笔记录显示本年内净迁入者,计 1 人,这些人从其他国家通过空间维度流入。迁入数以减去迁出后的净数表示。第 1,2,3 项的对照记录都以表底最后一个账户中的外部世界的流出来表示。第四笔记录 122,表示在本年中离校的儿童数,这些人从状态(二)流入,对照记录作为第二账户中的流出之一出现。

在账户右边,第五笔记录 3,表示死亡即流向未知世界的人数,对照记录以最后一个账户的一笔流入出现。第六笔记录 396,表示第一次进校的儿童数量,因而流出到状态(二),对照记录以第二个账户中的一笔流入出现。第七笔记录 140,表示 15 岁的人在本年中变为 16 岁,因而流出到状态(四),对照记录以第四账户中的一笔流入出现。最后,第八笔记录 2144,表示在年末存活并流出到下一年的儿童数,状态没有变化,对照记录以第五账户的一笔流入出现。

其余的账户以同样的方式解释。唯一的不同之处是在外部世界账户的两边出现的记录 8,此数表示在一年内进入并离开我们国家的人数,主要是今年出生而在年底以前夭折的婴儿。

表 8 中的数据可以用来编制一个动态矩阵,表明期中发生的运动如何使每个状态中人口的期初和期末存量相互关联,如表 9 所示。

表9　以表8为基础的我国在年份6的社会人口矩阵(千人)

		外部世界：出生和净迁移	我国				期末存量
			年龄0—15不在校(i)	年龄0—15在校(ii)	年龄16+在校(iii)	年龄16+不在校(iv)	
外部世界：死亡		8	3	2	0	269	23318
我国	(i)年龄0—15不在校	436	1586	122			2144
	(ii)年龄0—15在校	−5	396	3753			3844
	(iii)年龄16+在校	0	0	106	91	0	197
	(iv)年龄16+不在校	20	140	115	107	16751	17133
期初存量		123141	2125	3798	198	17020	

用状态(i)的列和行开始解释表9比较方便。在此列中我们看到，0—15岁不在校儿童的期初存量为2125人。其中，3人死于本年度中；尽管长了一岁，1586人在全年都保持在状态(i)；396人因进校转移到状态(ii)；140人进入本年度时为15岁，在年度过程中变成16岁，因而移到状态(iv)。在这一行中我们看到，年终状态(i)的存量是2144人，包括：今年出生而存活的以及净迁入数，(435+1)=436；未改变状态的儿童为1586人；以及虽然仍在同一年龄组，却在年度过程中离校的儿童22人。对我国的每一个其他列和行都可以做出类似的陈述。

如果我们用列合计数去除我们国家某一列中的各个数字，我们便可以得到在列上端规定的状态中的人在年度过程中停留不变或转至其他状态的比例。这个转移系数矩阵在形式上类似经济学中的投入产出系数矩阵。

如果转移矩阵含有按年龄细分的类别，或者可以还原成为——假定人口在定态均衡中——可以观察到的情况。而且，如果这些比例能够解释为概率，则这个矩阵的里昂惕夫逆矩阵便可以认为是一个吸收马尔科夫链的基本矩阵。考虑到人们可能在任何时候死亡而不总是在一个时期完结时死亡的事实，我们可以对记录进行调整，这样一来，这个基本矩阵便可以和在人口统计中起重要作用的寿命表关联起来。矩阵中的记录表示时间，而每列合计数表示一个进入列上端中的状态的人的期望寿命。在这个矩阵中，这个合计数平均分成在每个状态花费的时间，从刚进入的状态到生命的终止。因此，如果在人口矩阵中我们区分与诸如儿童时代、上学时期、继续教育、就业和退休等相联系的一个或更多状态，我们便能将这个序列中任何阶段的期望寿命分成在不同状态所平均花费的时间。

同样的方法也能适用于其他许许多多的应用，例如地区迁移、婚姻状况、租赁形式等等。虽然按年龄分类是高度符合预期的，但它不是主要的。然而，如果没有它，调整观察以逼近一个定态人口的情况的问题便会出现。这个方法也可用于所有同在某一年出生的人，在此情况下，获得纵向数据会很有用，可以追踪每个人在生命的演进中给出的样本。

细节除外，编制社会人口矩阵时遇到的统计问题与编制经济矩阵时遇到的问题类似。首先要集合现有的信息以构建初始估计,随后用调整方法来填补空缺并取得最终估计所要的一致性。在经济和人口两种情况中,系数都可能随着时间的变化而变化,因此,在构建预测模型时必须认识到这一点。

关于人口我还能说很多,但是这里不是探讨这个话题的地方。任何有兴趣追踪这个题目的同人,可在我为经济合作发展组织和联合国撰写的报告中找到更充分的论述,这两份报告分别是在1971年和1975年出版的。

八、结　语

污染、土地利用和不可再生资源等环境问题,为会计提供了很多用武之地。但是在这些领域我做的工作很少,所以我将仅仅提及在我讲演开始时说的对社会的研究应当依据的第三根支柱。

我还乐于说一说经济和社会研究中的建模,但是我觉得这个题目在我的提纲之外。无论如何,我的讲演即将结束,所以我热诚地感谢给我巨大荣誉并请我做此演讲的诺贝尔基金会,以及如此耐心地听我讲演的你们,我的讲演结束。

(潘江峰 译　柴志贤 校)

1985获奖者

弗兰科·莫迪利安尼

Franco Modigliani

【获奖理由】对储蓄市场和金融市场进行了开创性分析。

生平简介

1918年	出生于意大利罗马
1942—1944年	任巴德学院讲师
1944年	获新社会研究学院社会科学硕士
1949—1952年	伊利诺斯大学任教
1952—1960年	任卡内基理工学院教授
1960—1962年	西北大学经济学教授
1962—1970年	麻省理工学院教授
1970—2003年	麻省理工学院客座教授
2003年	逝世

主要学术贡献

在20世纪50年代与美国经济学家布伦伯格和艾伯特·安多共同提出了消费函数理论中的生命周期假说。这一假说以消费者行为理论为基础,提出人的消费是为了一生的效用最大化。

莫迪利安尼的另一个贡献是,与美国经济学家默顿·米勒在公司金融领域共同提出了公司资本成本定理,即“莫迪利安尼—米勒定理”。该定理认为,在完善的资本市场与充分信息等条件下,公司价值与公司资本结构无关。在此基础上,进一步发展了投资决策理论。

作为一个后凯恩斯主义者,莫迪利安尼关于利率对国民收入影响的研究对IS—LM模型的发展有重大意义,他关于财政政策与货币政策的论述也有相当大的影响,在与货币主义、理性预期学派的论战中,他坚持主张国家干预经济。

主要学术成果

《利息和货币的流动性偏好理论》(1944)

《国民收入和国际贸易》(1953)

《资本成本、公司财务和投资理论》(1958)

《计划生产、存货和劳动力》(1960)

《股利政策、增长与股票价值》(1961)

《发展中经济的消费函数与意大利的经验》(1975)

《莫迪利安尼文集》(1980)

颁奖词

瑞典皇家科学院 / 拉格纳·本泽尔

尊敬的国王和王后陛下,各位殿下,女士们,先生们:

今年的诺贝尔经济学奖已授给弗兰科·莫迪利安尼教授,他创立了以生命周期假说为名的家庭储蓄理论,同时形成了有关资本费用和公司市值测算的莫迪利安尼—米勒定理。这两方面的贡献之间紧密联系,不仅完善了家庭财富管理理论,而且都可视作莫迪利安尼对金融市场作用所做的广泛研究的组成部分。

根据杰出的英国经济学家约翰·梅纳德·凯恩斯在1936年所提出的理论,当人们的收入增加时,他们的储蓄将增加到这样一个程度——储蓄在收入中的比重也将增加,这是一个"心理学定律"。这个负有盛名的定律根植于不同收入人群储蓄经验的观测数据,因此凯恩斯总结说,在一特定经济增长时期中,国民收入中构成总量储蓄的份额会稳定上升。

凯恩斯的储蓄理论为他同时代的人所普遍接受。然而,1942年,美国经济学家西蒙·库兹涅茨却指出,凯恩斯的理论和统计数据相互矛盾:在美国,尽管个人收入有很大的增长,但国民收入中的储蓄份额却没有长期上升。这个矛盾被认为是一种悖理,不久就成了许多人研究的对象,其中的一项研究成果发表在1954年,就是莫迪利安尼和他的助手理查德·布伦堡提出的一种崭新的家庭储蓄理论:生命周期假说。

生命周期假说来自一个简单的概念,即人们为自己的退休而储蓄。所以他们在能工作赚钱的活跃年份里进行积蓄,以便在退休后用以消费。

此假说的一个严格的数学公式产生出许多不能得自先前理论的结论。例如,一个人的储蓄不仅取决于他的收入,还取决于他的财富,以及他所期望的未来收入和他的年龄。此假说也对凯恩斯—库兹涅茨悖理提出一种可能的合理解释。正如莫迪利安尼和布伦堡指出,在生命周期模式中并没有在横截面和时间序列储蓄收入关系之间的独特对应。

生命周期假说的最早提法是对个人而言的一种储蓄行为理论,但莫迪利安尼已经扩展了假说的视角,并在他的许多著作中探讨了从经济政治观点看来有趣得多的议题:由这个理论得出的关于总量家庭储蓄的结论。这里,他指出了这个理论在其他好多方面的诸多含义,包括:(1)储蓄并不是如先前理论所说的那样由家庭收入水平来决定,而是由收入水平的增长速度来决定。(2)储蓄既受人口增长率的影响,也受人口年龄结构的影响。(3)储蓄既受总量财富的影响,也受作为资本化要素利息率的影响。(4)一个自主支出增加的乘数效应接近于边际赋税率的倒数值。

通过生命周期假说,莫迪利安尼创造了一整套崭新的家庭储蓄理论。这一理论已被证明在消费与储蓄的研究方面起着重要作用。它已为多种问题——主要是那些涉及经济政治措施的效果问题——建立了理论和经验分析基础。在其他方面,它还曾被用来分析各种社会保险体系的效果,以及预算赤字给各代人的经济状况带来的后果。

现在我想说一说莫迪利安尼获奖的另一贡献:莫迪利安尼—米勒定理的形成。

这些定理来自莫迪利安尼和他的同事默顿·米勒于1958年合作撰写的一篇论文,其核心的一个定理是说,假定金融市场健康运转并处在均衡状态,那么,一个公司的市值——定义为它的股本和它的负债的市场价值总和——同它的债务规模和结构无关,在此种情况下,资本的平均费用也同债务无关。这两位作者在后来的一篇著作里指出,在给定的投资政策下,一个公司的价值同它的红利政策无关。这些理论的作用在于提供一种可供比较的标准,因此他们假定既无赋税又无破产成本。不过,两位作者还是对赋税是否影响定理的有效性做了深入而全面的探讨。

乍一看,这些定理似乎相当古怪,不是常有人对公司的债务特别重视吗?他们要么把大规模负债担看成一种风险因子,要么反过来把高度债务看作某种有利因素。别忘了,这是一种常见的看法,例如,一所房子如果抵押得很重就会更值钱。不错,这种估值当然是可以做出的。但这种估值缺乏莫迪利安尼和米勒所构想的完善市场的影响力。因为,在这种市场中,股票持有者可以完全凭借自己意愿不费工本地选择他们的投资组合,因此,他们对风险、债务负担等等的估价将反映在他们所选择的资产组合中。然而,这并不能证明莫迪利安尼—米勒定理的无效性。假使定理不成立,那么总有可能通过卖出估值过高的股票并买进估值偏低的股票,甚至通过借债来进行一些能够获利的股票交易。由此造成的结果是,股价将发生变化,相关公司的市值将趋向于定理所假定的均衡状态。

直到20世纪50年代后期都没有人对投资、债务、赋税等研究出切实可行的公司财务理论。直到莫迪利安尼和米勒提出他们的定理之后,这个领域中比较严谨的理论成果才开始出现。通过把财务决策放在财务市场均衡理论中进行研究,莫迪利安尼和米勒为此领域的后续研究提供了一般性指南。

因此,他们所做贡献的科学价值不仅在于他们所提出的定理本身,同样也在于他们把全新的分析方法引入公司财务学科中。

(潘江峰 译 任光辉 校)

获奖演说

生命周期、个人节俭与国民财富 弗兰科·莫迪利安尼

引 言

本文对个人与国民节俭的理论，即储蓄的生命周期假说（LCH）做一论述，同时讨论其在当前政策问题上的应用。

第一部分论述约 30 年前在 LCH 形成前夕人们对储蓄的认识。第二部分论述 LCH 模型的理论基础：它的初始形式及后来的补充，并提请注意其隐含的各种意义，其中一些含义为 LCH 所特有，有些情况下则与直觉相悖。这部分还对许多在个量和总量上的关键性经验测试进行论述。第三部分则论述 LCH 在现行政策问题中的应用。但限于篇幅，这部分只做粗略勾画。

一、前 奏

（一）节俭的作用与凯恩斯革命

因为国民储蓄是资本供给的来源，而资本又是控制劳动生产率及其增长的主要生产要素，因此对个人节俭和总量储蓄与财富的研究，早已成为经济学的中心课题。正是因为储蓄和生产资本有这一层关系，节俭在传统上被认为是一种美德，一种对社会有益的行为。

然而，也曾出现过一个短暂却影响不小的时间段，在这期间，在经济大萧条的冲击下，以及受凯恩斯在《就业、利息、货币通论》（简称《通论》）（1936）中对这一历史插曲的解释的影响，储蓄开始受到怀疑，它被视为对经济具有潜在破坏力，而且对社会福利有危害。这个时期从 20 世纪 30 年代中期开始一直延续到 40 年代末 50 年代初。节俭构成了一种潜在的威胁，因为它限制了需求的一个部分——消费，而又不能系统地并自动地产生一种具有抵消作用的投资扩张，从而可能引起需求“不足”，使产出和就业均低于社会的经济能力。造成这种失败有多方面的原因，包括工资刚性、流动性偏好、生产中的固定资本系数，以及受主观意志而非资本费用控制的投资。

过度的储蓄不仅在经济大萧条中被视为罪魁祸首，即便是在战后，人们仍普遍畏惧这个问题的可能再现，人们普遍担心，在未来的日子里大概不大需要过多的资本积累了，而与此同时，储蓄却会比收入增长得更快。这两种情况结合在一起，迟早都会导致储蓄超过对资本的需求。这种担忧奠定了 20 世纪 40 年代和 50 年代初红极一时的“停滞主义”学派的基础。

（二）储蓄的决定因素：早期的凯恩斯理论

说来有趣而且荒谬，当前对储蓄行为的兴趣和广泛研究源于凯恩斯经济学中把消费看作决定总量需求的中心角色这一论述，以及对过度的储蓄会成为周期波动和长期停滞的根源的担忧。正因为如此，建立个量和总量储蓄行为模型的早期工作，都受制于凯恩斯《通论》中对这个问题的看法，尤其是受他的著名的“基本心理定律（毋宁说

‘经济’定律)”的制约(1936,第96页)。这个定律认为收入的增加会导致消费的一个积极但较小的变化。即使按照比较传统的需求理论来进行分析,这个定律也只是基于一种静态的理论框架,即储蓄被视为许多“财货”之一,消费者可以把他的收入花费在这种财货上面。因此,收入被看作既是个人储蓄又是国民储蓄的主要的系统性决定因素,而且,根据凯恩斯的“定律”,储蓄被认为是一种超级商品(即对它的“开支”随着收入增加而增加),而且更大可能是一种奢侈品,对它开支的增加快于收入的增加。而且,和其他财货相比,对储蓄的“支出”还可以是负的。因而,反储蓄可以看作收入低于某一“收支平衡”水平的人民或国家的一种典型行为。所有这些特征都可以通过把消费表达为带有较大正截距的收入的线性函数而加以公式化。这一公式已从许多预算研究的发现中得到了证实,甚至还得到新近发展的、跨越经济大萧条时期(在此期间的最低落的年份里储蓄变小甚至变为负数)的国民收入账户的支持。

显然,早期阶段占主导地位的研究方法以粗糙的经验为主要特征,很少注意解释为什么理性消费者愿意把他们的收入“分配”到储蓄上去。当时盛行的大量储蓄的来源也许出自富人对留下遗产的欲望(凯恩斯的“自豪”动机,1936,第108页),相应的,现有资本存量的来源就可以追踪到财产的继承。同理,很少有人考虑穷人或穷国怎样能不先储蓄就能反储蓄,或者反储蓄而不至于入不敷出,以及能多久维持这样的局面。

(三)三个里程碑式的实证研究

20世纪40年代后期,有三个重要的实证文献,对储蓄过程的这种极度简单的观点给予了致命的打击。其一,库兹涅茨等人的工作(1946)明确表明,19世纪中叶以来,尽管人均收入有了很大提高,储蓄率并无多大变化。其二,布拉迪和弗里德曼的开创性贡献(1947)调和了库兹涅茨的结果和预算研究所得到的储蓄率与家庭收入之间的强相关迹象这二者间的矛盾。他们指出,家庭数据所蕴含的消费函数,随着平均收入的增加而及时地向上移动,使得储蓄率不能用绝对的家庭收入来解释,而要用相对于总平均收入的家庭收入来解释。随后不久,杜森贝利(1949)和莫迪利安尼(1949)提出了把这些发现同标准的线性消费函数协调起来的方法,但仍然局限于早期的经验传统。杜森贝利的相对收入假说,用对上层阶级的模仿来解释布拉迪—弗里德曼的结果。尽管这种解释未能紧紧围绕低于平均收入的所谓反储蓄者的预算约束,却是一种非常吸引眼球的提法。同样的,杜森贝利—莫迪利安尼的消费函数试图调和储蓄率的周期波动和长期稳定性之间的矛盾,他们认为当前消费不仅取决于当前收入,还取决于先前的收入峰值,并由此推导出一种棘轮形缓慢上升的短期消费函数。在我自己的公式里,着重强调的是为何储蓄率会随着经济循环而循环变化,以及在一个长期稳定增长的经济中,当前收入与先前收入峰值之比可作为循环变化的一个良好度量。杜森贝利则更强调消费者根据先前的收入峰值来安排他的消费。这种提法引出了布朗(1952)的逻辑结论:他建议先前的收入峰值应该为先前的消费峰值所替代。

第三个基础性文献是玛格丽特·瑞德(未发表)的有关高度想象性的分析。它对储蓄率与相对收入之间的关系提出一种完全不同的解释，即消费取决于正常的或“永久的”收入，而非当前收入。

这一文献不仅催生了生命周期假说，也是与它基本上同时代的密尔顿·弗里德曼(1957)的永久收入假说(PIH)的灵感来源。

二、生命周期假说

1952年到1954年间，理查德·布伦伯和我写过两篇论文《效用分析与消费函数：对横截面数据的一种解释》《效用分析与总量消费函数：统一解释的一个尝试》。这两篇文章奠定了储蓄的生命周期假说的理论基础。下面将分别用MB-C和MB-A来表示这两篇文章。我们的目的是要说明，所有这些已被确认的实证性规律，都可以依据欧文·费雪的精神，以理性而效用最大化的消费者把他们的资源优化分配到他们生活中的消费来解释(关于效用最大化在家庭储蓄理论上的一个较早而广泛的，然而又是严格理论性的应用，可参考里奇，1926)。

(一)效用最大化与生命资源(永久性收入)所扮演的角色

效用最大化(以及完美市场)假设本身就具有一种强势的含义——一个典型的消费者在任何年龄分配用于消费的资源只依赖于他的毕生资源(当前的劳动收入外加继承的遗产，如果有的话)，而与当前所得收入完全无关。当我们结合一个不证自明的命题，即这个典型的消费者愿意选择一个合理而稳定的接近于他所预期的毕生平均消费率进行消费，我们就会得到一个对了解个人储蓄行为有根本性意义的结论。即短期——比如一年——储蓄的多少，将受到当前收入与毕生平均资源之间的差异程度的影响和制约。

这是生命周期假说和弗里德曼的永久收入假说的共同结论。永久收入假说与生命周期假说的不同之处主要在于：前者是基于生命是无限长的简单假设而建立的合理的消费和储蓄决策模型。因此，生命资源的提法被“永久收入”所替代，而当前收入与永久收入之差则记为“临时性收入”。

通过弗里德曼的文献和我们在1954年所撰写的论文，储蓄大体上反映临时性收入的这一概念所含有的若干含义已为人们所熟知，并且已得到大量实证支持，尽管时不时地还会引起一些争论。所有这些含义中，最为人们熟悉也最为完善的是，当人们按照通常习惯将观测到的每个预算数据按当前的收入等级加以分类时，用这些数据估计出来的储蓄——收入关系式的斜率有过高的偏差。由于存在着临时性收入与当前收入(相对于平均收入而言)之间的相互联系，所估算的回归线较(永久)储蓄与永久收入之间的真实关系有过陡的趋势。因而，所估算的储蓄函数通过围绕均值点进行逆时针方向的旋转背离了真实的储蓄函数，临时性收入的变化越大，旋转的程度也越大。例如，一个农民的样本较之于一个政府职员的样本来说，临时性收入有更大的变化。正是这种现象使上述布拉迪—弗里德曼的发现得到了很好的解释，就是在不同时间点的预算研究估算出来的储蓄率，似乎并不那么依赖于绝对收入，而是更大程度上与总体平均收入相关。

这种同样的考虑为与直觉相违背的著名实证材料提供了一种解释。即 1936 年美国的一次大规模调查首次发现,在任何收入水平上黑人家庭总比白人家庭储蓄更多(或更少的反储蓄)。其理由当然是,黑人家庭倾向于有一个低得多的平均永久收入水平,因而在任一当前收入水平上,临时性成分都来得更大,因而储蓄也变得更多。可参考费雪和布朗(1958)。

如果家庭是按某种同临时性收入有较少正相关性的标准进行分类,那么横截面储蓄函数的偏差程度就将减少,并且这一预测已得到广泛的证实。可参考莫迪利安尼和安藤(1960)。

然而,如同我们已经指出的,在储蓄与临时性收入的关系上的这些含义对生命周期假说和永久收入假说基本上都是相同的,我们不打算对这些含义进行进一步阐述。相反,我们将集中讨论生命周期假说所特有的一些含义。

(二)LCH——"褪去浮华"的版本

通过明确承认家庭的有限生命,生命周期假说能够处理偏离永久收入假说毕生资源的临时性收入差异以外的变异,尤其是能够聚焦于那些系统性的收入变化以及由于成熟和退休及家庭人口规模变化而引起的生命周期中的"需要"。这正是生命周期假说一词的由来。此外,LCH 还处在这样一个地位,能够考虑遗赠以及不便于按无限生命假设来分析的遗赠动机。

在 MB-C 一文以及在 MB-A 一文的前两部分里,我们对家庭机遇和品位的生命周期历程做了简化而程式化的假设,以便于扼要地阐述 LCH 方法的基本含义,即(1)机遇:退休前收入为常数,之后为零;零利息率;(2)偏好:终生稳定的消费;没有遗赠。

对于这样一个"基本"或"简化"的模型,可用现在已为人们所熟悉的图 1 来描述储蓄和财富的生命周期历程。由于退休阶段紧接着挣钱阶段,消费的平滑导致财富持有的倒 U 形时间路径,这种图形曾在倒 U 形储蓄的标签下早先有哈罗德(1948)提出(尽管"倒 U 财富"一词似乎更符合描述标签)。

我们曾在 MB-A 一文中指出,这样的基本模型导致当时看来十分新颖和令人惊讶、几乎与直觉相违背的诸多含义。这些含义包括:

(1)一国的储蓄率完全同它的人均收入无关。

(2)国民储蓄率不单只是该国公民差异化节俭的结果,意思是说,不同的国民储蓄率与完全同样的个体(生命周期)行为相一致。

(3)在有同样个体行为的不同国家之间,经济的长期增长率越高,总量储蓄量也越高;当增长率为零时,总量储蓄率为零。

(4)财富收入比是增长率的减函数,因此,财富收入比在增长率为零时达到最大。

(5)即使没有通过遗赠,一个经济体也能积累相对于收入来说十分可观的财富存量。

(6)对于一定的经济增长,控制着财富收入比和储蓄率的主要参数是社会普遍退休期的长短。

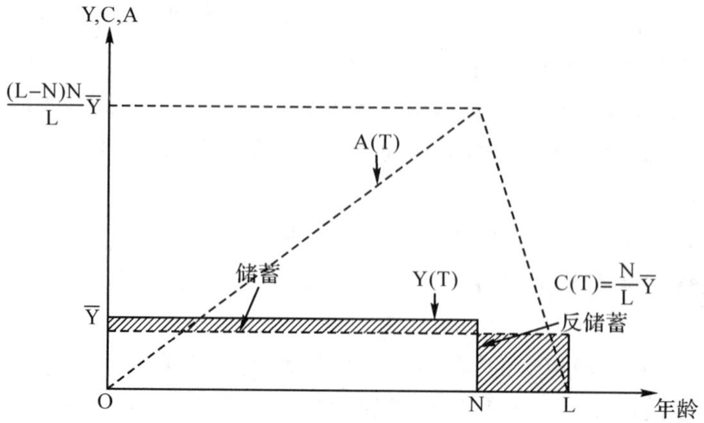

图 1　作为年龄函数的收入、消费、储蓄与财富

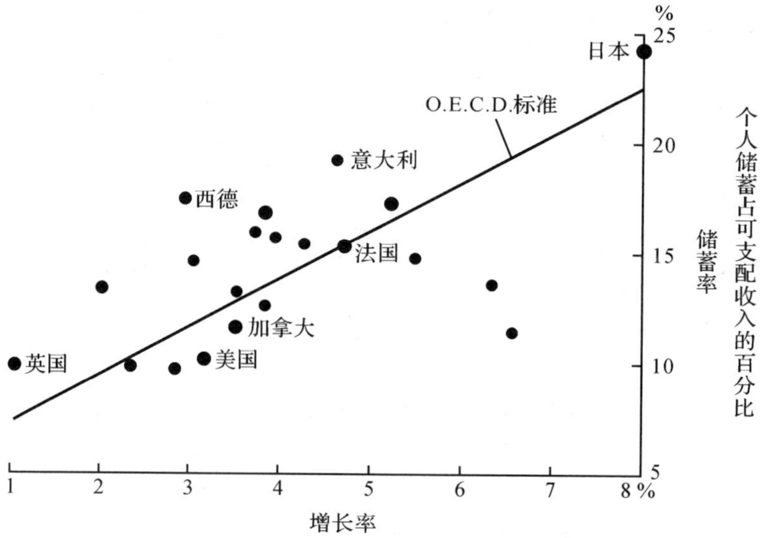

图 2　按人均可支配收入计算的复合年增长率

来源：赫明主编：《私人储蓄的决定因素》，源自 1980 年 6 月 9 日—14 日国际经济协会在意大利贝加莫举行的“国民储蓄和财富的决定因素”会议的记录。麦克米兰出版公司 1983 年版。

为了建立上述命题，让我们先考虑静态经济的情形，之后考虑稳定增长的情形。

1. 静态经济的情形

假定既无生产率增长，也无人口增长，为方便起见，假设在某一年龄（L）之前死亡率为零，而在此年龄的死亡率为 1（100%），这样一来，显然图 1 将表示财富、储蓄、消费和收入的年龄分布，所差仅在于一个代表着各年龄组中人数的常数因子。因此，总量财富收入比 W/Y 将由每一年龄持有财富的总和（即财富路径下的面积）与收入路径下的面积之比给出。这有着许多重要的含义：

a）从图中可以明显看出，W/Y 依赖于单一参数，即退休期的长短 M，由此得出命

题 6。M 和 W/Y 之间的关系看来也极为简单，即

$$W/Y=M/2 \tag{1}$$

b)在 MB-A 一文里，本着说明的目的，我们把平均退休期保守取值为 10 年。这意味着财富收入比为 5。这一结果令人兴奋，因为它接近于戈德史密斯(1956)的关于美国储蓄研究的初步估计中所建议的收入比率。这意味着即使不借助于遗赠过程，我们也几乎可以解释美国的全部财富持有——命题 5——这同传统观点大相径庭。

c)如果收入和人口静止，总财富必定保持恒定，因此，财富或储蓄率的改变必定为零——命题 3。对此可以这样解释：在静止状态中，退休人口从早先的财富积累中做出的反储蓄，正好抵消了未退休的活跃人口由于考虑到今后退休而积累的财富。如果有某种冲击迫使 W 偏离(M/2) $\bar{Y}$，其中 $\bar{Y}$ 代表收入 Y 的静止水平，则可能仅仅产生临时性储蓄。于是，只要 Y 保持在 $\bar{Y}$ 水平，财富就会逐渐回到均衡水平。

2. 经济稳定增长的情形

在这种情形中，储蓄率行为可通过关系式 $S=AW$ 从总量私有财富 W 的行为中推测出来，意味着：

$$s\equiv\frac{S}{Y}=\frac{\Delta W}{W}\frac{W}{Y}=\rho w,\ \frac{ds}{d\rho}=w+\rho\frac{dw}{d\rho} \tag{2}$$

其中 W 是财富收入比；ρ 为经济增长率，在稳定状态中它等同于财富增长率$\triangle W/W$。因为 W 是正数，且基于平均生命周期消费和收入，故保证了它与收入水平无关，这样一来，我们就得到了命题 1 和命题 2。此外，如果认为财富收入比的年龄分布与增长无关，则储蓄率将与增长率成比例，且比例因子等于 $M/2$，从而证实命题 3。事实上，此模型意味着 w 是 ρ(命题 4)的减函数，尽管只有一个小的斜率，然而随着 ρ 的增大，这个 s 与 e 之间的关系式的斜率变得越来越平缓。

当增长的来源是人口时，积极储蓄背后的机制可以称之为奈赛尔效应(参见他 1944 年的论文)。与静止的社会相比，较年轻的家庭成员在其积累的阶段中占有较大的人口比例，而退休的反储蓄者则只占较小的比例。然而，w 仍随 ρ 的增大而下降，这是因为较年轻的人的特点依然是他们相对较低的财富持有水平。由于简化了这一基本模型的假设，使得清楚地算出 w 和 s 的值变为可能：当 $\rho=2\%$，$w=4$ 时，$s=8\%$；当 $\rho=4\%$ 而 $w=3.25$ 时，$s=13\%$。

当增长决定于生产力时，起作用的机制可以称之为本茨尔(1959)效应(本茨尔曾单独提醒人们对这种效应的注意)。生产率增长意味着较年轻的人群比年长的人群有着更大的生命时间资源，因此他们的储蓄大于较贫穷的退休人群的反储蓄。我们曾在 MB-A 一文中指出，如果由经纪人来规划他们的消费就像他们没有预料到未来的收入增长那样，当 ρ 值在相关范围内，无论是在生产率增长的情形还是人口增长的情形中，$w(\rho)$和 $s(\rho)$都几乎是一样的。

值得注意的是，这一结论和弗里德曼(1957，第 234 页)得出的截然相反。弗里德曼的结论是，生产率增长应该趋向于压制储蓄率。其理由是：一个预期收入的持续增加倾向于提高相对于所测收入而言的永久收入，因而也提高相对于所测收入而言的消

费。两个模型在含义上的这一差异——为数不多的重要差异之一——可以追踪到这样的事实，即假定生命是无限的，世界上就不可能有本茨尔效应。毫无疑问，经济主体将根据他对未来收入的预测的完善程度来把他未来的消费转变为现在的消费。这就有一个压低财富路线甚至在早期生命中产生负净值的趋势。(可参考托宾，1967)但这一效应必定为本茨尔效应所掩盖，至少对于小的 ρ 值是如此，现实一点来说，这正是至关重要的，可以从方程(2)中 $ds/d\rho$ 的连续性推知。

这个模型还意味着，总量消费的短期行为可以用一个异常简单的总量消费函数来表述，它是总量(劳动)收入(YL)和财富(W)的线性函数。

$$C=\alpha YL+\delta W \tag{3}$$

这类方程曾在早些时候由阿克莱(1951)提出，但是函数形式和所设想的系数的稳定性都纯粹依靠直觉。与此相对照，在 MB-A 一文中我们指出，如果收入紧密地沿着稳定增长的路径变化，则参数 α 和 δ 可以认为在时间上是个常数，并取决于寿命长度(L)、退休期长度(M)以及增长率(MB-A，第 135 页)。对于标准的假设 $L=50$，$M=10$ 和 $\rho=0.03$，δ 将是 0.07(见 MB-A，第 180 页)。此外，即使收入围绕趋势线变动，只要偏离不是持久性和深层次的，就完全可以用同一常数去逼近这些参数，只不过 YL 应被解释为预期的长期收入而非当前收入。当然，要验证短期方程(3)和长期性质 1 至性质 6 是否协调一致也是很容易的。

3. 实证

在建立基本模型的长期和短期含义的同时，尚无法对这些含义以清晰的方式加以检验。当时除了一些由汉姆伯格(1951)拼凑起来的间接估计和戈德斯密斯对少数给定年份提供的初步数据之外，找不到相关私人净值的数据用以检验方程(3)。类似地，只有两个国家具备关于私人国民储蓄的信息。我们只能从下述事实中得到鼓舞:模型仅适合于仅有的一组美国观测数据。对于 4.33 的 w 值和 13%的 s 值，以及 3%的增长率而言，4/5 的财富收入比率和 1/7 到 1/8 之间的储蓄率 S(戈德史密斯，1956)，与模型预测大体上一致。

不过，在接下来的十年中，数据的获得有了长足的进展，就美国来说，在 20 世纪 60 年代早期编出了一套私人财富的年度时间序列(安德洛，布朗，坎尼克尔和索洛，1963)，并且方程 3 得到了检验(安藤和莫迪利安尼，1963)。从中我们发现这个时间序列与数据配合得良好，且参数的估计值接近于模型所预测的值。到这个时候，消费函数(3)已经相当标准了，曾在许多时期内被众多国家用来进行估计。财富系数常常低于前面所引用的 0.07。这点至少部分地可以用这样的事实加以解释，即 Y 典型地被定义为总收入而不仅仅为劳动所得。

同样地，在 20 世纪 60 年代早期，联合国汇编了相当数量国家的国民账户统计数据，这些数据以增长率的广泛差异为特征，从而有可能去检验国民储蓄率与增长率之间的关系。早期的检验再次取得了相当的成功(霍撒克，1961，1965；莱夫，1969；莫迪利安尼，1970)。最新能用的数据还揭露了一个令人震惊而又迷惑的事实，即美国这个目前世界上最富有的国家的储蓄率要比其他工业国低不少。生命周期理论(LCH)能够用相对缓慢的增长率来解释这个谜团。迄今为止，大家普遍认为增长是各国储蓄率差异的主要根源。

（三）摒弃简化假设的后果

正如 MB-A 一文所指出的，大多数的简化假设都能以较为“现实”的假设替代而不改变已有结果的基本特性，尤其是不改变命题 1 至命题 5 的真实性。

1. 非零利息

考虑非零利息率 r，就会有两种后果。一种是对收入的影响，这是因为我们必须区分劳动收入 YL，财产性收入 YP（其“永久成分”可用 rW 来近似替代）和总收入 $Y=YL+YP=YL+rW$。如果继续假设在退休前的劳动收入为一常数，则图 1 中的收入曲线并没有改变，而消费曲线则通过收入和替代效应而有所改变。rW 的加入增加了收入，但同时 r 也影响以未来消费计算的当前机会成本。有可能消费者依然选择一个终生的恒定消费率（如果替代弹性为零）。这种情况下，在图 1 中消费将仍然是一条水平直线，但位于较高水平，因为有一个来自 rW 的有利的“收入效应”。至于储蓄，它将是 C 与 Y 之间的差额，后者与图中的分段水平线 YL 相差一个同 W 成比例的 rW。如此，会造成这样的结果：W 的路径轻微偏离图 1 中的“三角形”，而且，尤其是该路径下的总面积会随 r 的变化而下降，这意味着，w 也就是 $w=W/Y$ 也将随 r 的变化而下降。

这个结果对于利息率对储蓄的影响这一广受争议的问题，有着一些很有意思的含义。回到方程(2)，我们看到：①在没有增长的情况下。r 对储蓄没有影响（储蓄保持为零）。②在任何正增长的情况下，利息率越高，储蓄率越低。然而，这个结论有赖于零替代这一特殊假设。如果出现正的替代，则消费将从较低水平开始，然后按指数律上升：消费的这种“延期”反过来又提高储蓄和高峰资产。如果替代效应足够强，只要 ρ 是正数，w 和 s 都将升。

同样的结论可以从方程(3)以及 Y 的定义推出，从中可以看出它们有如下含义：

$$\frac{W}{Y}=\frac{1-\alpha}{\rho+\delta-\alpha r} \tag{4}$$

MB-A 文中的无数计算告诉我们，α 不大受 r 的影响，但是 δ 则不然。在 1975 年的文章中，我假设 r 对 δ 的影响可用 $\delta=\delta^*+\mu r$ 表达，其中 0 替代时，μ 为 1，而且随着替代率上升而下降（可能降到负值）。将 δ 值代入(4)就能看到，当利率增长时，储蓄可能随着 μ 大于或小于 α 而可能下降或上升。

在实际例子中，这些不等式中的哪一个会成立？遗憾的是，尽管争论热烈，不管哪一种方式都没有给出令人信服的证据。这使得我倾向于一个临时性的看法，也就是说，大体上 s 与利息率无关。在这个连接点上值得注意的是，储蓄是通过一种旨在提供退休收入的养老金计划而实现的，r 对 s 的影响短期可能为零（也许为正），长期却可能为负。

2. 对挣钱生涯和家庭人口规模的生命周期考虑

平均劳动收入远非常数，它典型地表现为一个突出的倒 U 形，它大约在人们刚过 50 岁时达到顶峰，随后部分由于退休的发生而下降，但在任何年龄它都会不减少到零，尽管在65岁以后会急剧下降。不过，一如人们所料，如果消费者能以相当于一个成年人的消费来均衡消费，则消费也随着年龄而变化，大体上反映家庭人口规模的变化（莫迪利安尼和安藤，1951）。至少在美国，在家庭人口规模的生命周期中，尽管高峰出现得更早一些，也有一个和收入情况类似的突出的倒U图形。正如人们所预料，其结果是，在中心年龄组中大致可看到一个相当恒定的储蓄率，但在特幼年和特老年组中则出则现较低储蓄甚至反储蓄。因此，如图1所示，对于给定的一个年龄组人群，其财富约在60岁到65岁时达到顶峰。

此外，还值得注意的是，已有的证据支持LCH的预测，即相对于生命资源来说，积蓄到任一给定年龄的财富净值是子女人数的减函数，它随着目前在家子女人数的增加而减少，并随着目前不在家子女人数的增加而增加。

3. 工作期和退休期的长度

人们可以轻而易举地推翻退休期是一给定常数的假设。如图1所示，一个较长的退休期将提前并且提高财富的峰值，使 w 增加而使储蓄率上升。这并不影响命题2至命题6的成立，但可以使命题1无法成立。实际上，有可能在有较高生产力（因而有较高人均收入）的经济中，家庭会利用这一优势选择较短的工作年限。这反过来会造成一个较高的国民储蓄率。然而，需要指出的是，这种情况未必会出现。生产力的增加提高了以消费品做计算的额外一年退休生活的机会成本，从而为人们选择较短的退休期提供一种诱因。因此，原则上储蓄率受人均收入影响，但这是通过一种非常规的生命周期机制而实现的，而且在一种无法预测的先验方向上变化。经验迹象告诉我们，收入效应对储蓄的影响趋向于主导，但还未强大到对储蓄产生重大影响（莫迪利安尼和斯特林，1981）。

除收入以外，任何影响退休期的其他变量都可以通过这种渠道影响储蓄。最近受到人们注意的一个类似变量是社会保障。一些研究发现，社会保障及附带条款的出现，可以鼓励人们提前退休。在这种程度上，社会保障趋向于鼓励储蓄，不过这种影响也可能甚至于百分百地会被下面这个事实抵消：社会保障同时也减少了人们为迟早要来的退休生活而存钱的需求。

4. 流动性限制

信用市场的不完善以及对未来收入前景的不确定性，某种程度上会妨碍家庭利用借债来实现无节制的最优消费计划。一般来说，这种节制将导致延迟消费的产生以及 w 和 s 的增加。显然，至少就总量含义而言，这些都不是根本性的修正，相反地，它们却有助于确保生产力的增长会导致储蓄率的提高。然而，显著的流动性限制会在量的方面影响某些特定结论，例如有关临时性征税的变化。

5. 短视

生命周期理论是以人们为退休消费做准备的高度理性、自我控制为先决条件的。有人提议——最近由席福林和泰勒在1985年提出——即使家庭在原则上考虑均匀的消费，但也可能由于太短视而没有做足够的储备。在某种程度上讲，这种批评是正确的。短视可能会在流动性限制相反的方向上影响财富收入比，尽管任何来源的临时性收入变化都会产生同一方向的影响。然而,这种短视问题没有得到过实证。在生命周期的高峰持有的资产多倍于平均收入(美国至少大概5倍),并且是永久收入的更多倍。在一个增长中的经济体里,永久收入低于当前收入。这样的倍数大体上同用以维持退休后的消费相一致。这个推论已为最近的研究所证实。在这些研究中,几乎没有证据可以证明任何短视储蓄行为的存在。特别是,研究接近退休的家庭人口数据的克特里考夫、斯皮瓦克和萨默斯(1982),以及布林德和戈登(1983),都发现对大多数家庭来说,为退休消费而储备的资源足以支撑和生命资源相一致的退休消费。

(四)遗赠的作用与动机

1.遗赠的证据

已经有证据表明,遗赠在理解和预测个人行为和总体行为的许多方面都是相当有用的,生命周期假说却忽略了遗赠的存在。然而,正如遗赠可以从两组观察中推断那样,显著的遗赠肯定存在于(而且不仅存在于)市场经济中。其中一种观察与年老家庭人口尤其是退休以后的储蓄和资产习惯相关。生命周期假说指出,随着人们的退休,储蓄变为负数,因此,资产以一个相当恒定的速率下降,在死亡时降为零。经验证据似乎揭示了一个完全不同的情形:年老时的反储蓄似乎最为适度。按照米勒的说法,财富收入比率在退休期间实际上是继续上升的(但请注意,由于他把教育包括在他的回归中,因此他的估计是有偏颇的)。假定整体教育水平有一个历史性的稳步提高,同时个体在绝对教育水平上保持一种持续稳定性,那么,年龄、教育成就和个体相对于群体的社会经济地位之间将有一种强联系。因此,米勒的研究结果只能反映遗赠、财富和接下来要探讨的相对收入之间的关系。

最近,大多数分析师发现,一个给定的群体所持有的财富,在他们60—65岁这段时间里达到高峰之后便趋于下降,当然也有人提出不同意见,如后文将提到的明契克和大卫。毫无疑问,所得到的结果取决于所采用的储蓄和财富概念。如果适当考虑养老金的作用,那么老年人的反储蓄(或财富缩减)将变得更明显,如果把社会保障金的收益估算在内,反储蓄则会变得更为显著。然而,当储蓄和财富的测量仅局限于现金储蓄和可变卖财产时,反储蓄和财富缩减就要弱得多甚至没有。

然而,赫尔德(1986)在最新的美国研究中采用了一个巨大的样本,他基于这个固定样本数据发现,至少对退休人员来说,可变卖财富都是系统性缩减的,如果有人把以拥有者所占据的房产为标志的流动性资产排除在外,情况尤其如此。

尽管现在的反储蓄比较缓慢,但这个发现至少部分地说明这么一个事实:上述调查数据给出了一个有关老年人的偏高的真实财富行为,其理由有二。第一,如夏洛克斯在1975年所主张的观点:一个严重的偏差源自于著名的长寿与(相对)收入之间的正相关。即相继的更年长阶层的平均财富就是那些拥有更多生活资源的家庭成员的财富。因此,财富的年龄分布就偏高。第二,安道和坎尼克尔(1985)发现了说明类似问题的证据,即贫穷的老年家庭人口倾向于同较年轻的家庭人口合并起来,从而从样本人口中消失,使得保持独立的那些老年家庭人口的财富再次成为偏高的平均财富。

但是,毫无疑问,即使考虑到这样的偏差,在一个有特定死亡时间的纯粹的生命周期里，财富的缩减特别是可遗赠类型的财富的缩减，比人们预期的要慢得多。

这个结论是经过对一组遗嘱数据的非常不同的观察而得到证实的。这些数据证实存在一个不可忽略的年度遗赠流量。我们将在下面进一步讨论这些数据。

2. 遗赠的重要性

有一个问题无法逾越，即遗赠过程对于已知存量财富而言到底有多重要？

我最近(1985)回顾了有关继承财富的大量信息，这些信息基于直接的家庭调查和多渠道遗赠流量估计。这次回顾得出了一个相当一致的情形，即来自继承的存量财富约占 20%，约有 5 个百分点的上下浮动。

这一结论最近在安道和坎尼克尔(1985)进行的一次有趣的计算中得到了证实。他们从估计国民储蓄开始，再按年龄分配，利用著名的预算研究(劳工统计局的消费支出调查，1972—1973)所导出的储蓄年龄关系式，便能够估计生活在特定年份的各种人群通过毕生储蓄而积累起来的财富总额，然后他们以此同财富总量相比，以得到自我积蓄的财富和继承财富各自相应的份额。

尽管他们使用的储蓄的年龄模式较少涉及老年人的反储蓄，他们估计的继承财富占比仍然被认为是较小的。1974 年以后的几年里，这个占比大约是 25%，和我在 1985 年论文中的发现相吻合，因而也证实了我的发现。1960 年到 1973 年间，他们计算的占比略大一些，在 30%—40%之间波动。但是这个较高的数字也至少部分地反映了 A&K 估计的继承财富有偏高误差。误差的原因在于总财富的变化中包含了资本利得，而在自我积蓄财富的变化中大体上排除了资本利得。1974 年以前的那段时期，资本利得毫无疑问是一个相当大的正数，因而自我积蓄被低估了，而遗赠的占比却被高估。1973 年到 1980 年，股票市场的萧条减少了这一影响的威力，尽管地产的繁荣也部分地抵消了这种影响。

这一结论同考特里考夫和萨莫尔斯(1981，以后简记为 K&S)轰动舆论界的论文所提出的结论截然不同。他们试图用两种方法估计遗赠的占比：①如上所述，从遗赠流估计着手；②通过一种与安道和坎尼克尔方法上非常接近的途径，不同之处在于与通过年龄来分配总财富相反，他们把劳动收入和消费分配给年满 18 岁的个人。通过这个过程，他们估算了生命周期价值，由一年中当前的每一个群体累积。通过第一种方法，K&S 得出了一个占比超过 1/2 的继承财富的估算，而通过第二种方法(他们认为这种方法更可靠)，他们的估算甚至更高，超过 4/5。

在 1985 年的论文中我曾指出，我的估计与包括安道和坎尼克尔在内的其他高得多的估计之间的差异在于：①某些明显误差，例如他们对耐用品购买的处理方法；②关于继承财富和生命周期储蓄的非常规定义。我说过，如果修正误差并使用人们认可的定义，那么 K&S 的一种基于遗赠流量的测量值就会和其他所有的估计非常吻合。他们的另一个测量值仍然偏高，但限于一个可预知的偏差，而这可以轻易地解释我和他们之间的差别。

K&S 曾建议另一不受定义差异影响的有关“重要性”的可行标准，即如果遗赠流量减少 1%，那么财富总量将减少百分之几？这个建议是合理的，但是非常难于从已有的观测数据中实施。然而,通过考虑那些面临一大笔遗赠又受制于稳定状态条件(他们反过来必须更多地增加他们的遗赠,通过经济增长率与遗赠和继承的差额乘积相等的因子表示)的代表性家庭成员的反应,我们可以给出一个粗略的测量方法。结果是他们可能更好,或者更糟。如果我们假定他既不变好,也不变坏,那么我们会发现,遗赠的"重要性"由那些仍然活着的人的总遗赠来测量——从接受财富的日期开始计算到现在——除以财富总量。这碰巧就是 K&S 所倡导的"遗赠占比"测量法。然而,在实际中,就财富回报和经济增长的真实价值而言,人们发现代表性的消费者在这方面有望显著改善。在这样的情况下,我们发现有关重要性的相关测量比 K&S 的测量法更接近于标准的占比测量(不估计价值)。既然占比可以低于 1/4,我们便可以得出结论,至少在美国,遗赠流量下降 10%不会使财富下降 2.5%,可能因此有一个较小的影响。

人们能从中发现相关信息的另一个国家似乎是英国,这里,继承财富的占比再次接近于 20%。

但是,人们应该如何调和这么一个事实呢?即在知道继承财富不超过 25%的情况下,退休后财富的缩减发生得相当慢。实际上,这个明显的谜团通过如下两种思考不难澄清。首先,不要忘记有一种方法(我们通过它得到上述占比数据)精确地依赖于对观察到的财富遗产持有流动的估计。两种观测不可能有任何矛盾。

其次,也是更为根本和实质上的思考便是,基于遗赠财富不比高峰积累低很多这样一个事实,我们不能下结论说大部分通过累积的财富最终都是通过遗赠得到的。为了看明白这一点,我们只需要认识到,如果一个人锁定从 65 岁高峰一直到终老的财富路径,那么,20 岁到 65 岁期间仍然会有许多无限可能的财富路径,其中的每一条路径都意味着一种不同的财富总量。平均路径接近峰值越快,则财富总量越大,因而生命周期成分也越大。可以看出,所观察的财富隐含着一个更为巨大的财富总量,这个财富总量,在保证自己的最高最实际的(恒定增长)消费路径的同时,比一个有消费者选择的按照时间进度的被观察平均财富总量要大得多。

3. 遗赠财富的来源:预防性动机

用什么来解释所观察的遗赠财富流量?我们可以区分相互作用的两种主要动机。第一种是预防性动机,来源于死亡时间的不确定性。事实上,鉴于拥有负净值的实际可能性,人们倾向于死的时候还留下一些财富,除非他们能够做到把所有的退休储蓄全部投入终身养老金。然而,众所周知的是,除了通过养老金体系办理的团体保险外,养老金合同是极为少见的。为什么会这样呢?这是一个当前引起大量关注和兴趣的课题。(参阅:弗里德曼和沃尔肖斯基,1985 和 1985)。毫无疑问,导致不利支出的"逆向选择",以及某些效用可能源自于遗赠的事实(麦森,1984),是答案的重要组成部分。

在没有年金的情况下,余下的财富会反映风险规避和财富消耗殆尽的成本(除遗赠的效用外),戴维斯在 1981 年已经详细说明了这一点。他曾指出,由于存在着含有低跨期替代弹性的效用函数的合理参数,寿命的不确定性抑制消费倾向的程度会随着年龄的增长而增长。由此,"不确定的寿命时间成为完整解释退休人员缓慢的反积蓄行为的主要部分”(相对于一个 LCH 标准模型的含义而言)。

很自然地,源自预防性动机的遗赠财富在 LCH 框架中处于令人瞩目的地位,因为他们是由消费效用所决定,而且一般来说遗留下来的财富必定趋向于和生活资源相称。

4. LCH 中的遗赠动机

遗赠财富的第二个来源就是遗赠动机。与一般看法相反的是,源自遗赠动机的大量遗赠财富和 LCH 的观点(尤其指含义 1 至 5)之间不存在任何内在矛盾。

首先,如果所计划的遗赠总体上和生命资源成一定比例,那么显然不会产生任何矛盾。然而这种可能性引不起人们的兴趣。一个最非正式的观察表明,遗赠的计划和财产的遗留集中在生活资源分布的上端。这里说的生活资源是指(打了折扣的)终生劳动收入和接受遗赠的总和。这一观察结果引出下面的假设,这个假设最早由 MB-A(第 173—174 页)一文提出:

假设 1,总体而言,一个家庭从它的资源中分拨出的作为遗赠的份额是它的生活资源的一个非减稳定函数。这个生活资源的规模是相对于它的同年龄组的资源平均水平而言的。

可以预期这个份额会接近于零,直到我们到达资源分布最上端的一些百分位数,而在此之后迅速随收入而上升。

我们可以轻而易举地说明(参阅:莫迪利安尼,1975),这一假设将确保命题 1 至 5 继续成立,但至少也要满足下述假设:

假设 2,各年龄群的生活资源与平均生活资源之比的频数分布在时间上也是稳定的。

的确,在这些条件下若收入为常数,财富(即使以遗赠的形式存在)也将趋向于常数,从而储蓄为零。为了看清楚这点,首先注意假设 1 确保留下的遗赠(BL)是生活资源的一个分数 y:

$$BL = \gamma(\hat{Y} + BR)$$

其中 BR 是继承的遗赠。反过来,假设 2 确保 y 在时间上是常数(并且大概小于 1)。

其次,注意终生储蓄 LS 由下面这个等式给出:

$$LS = BL - BR = \gamma\hat{Y} - (1-\gamma)BR \tag{5}$$

因此,LS 随 Y 增加而增加并随 BR 增加而减少,而且当 $BR=[y/(1-y)]Y$ 时,LS 为零。但是,这最后一个条件必定在长期均衡中成立。这是因为,若 BR 较小,则存在一个使 BR 增大的正储蓄,从而使 LS 减少至零;反之,当 BR 较大时,结果也一样。

这种基本模型的一般化有许多含义,这里仅指出其中的某一些:

(1)由于从继承遗赠的年龄开始,遗赠把平均财富路径提高了一个与 BR 相等的常数,图 1 中静态社会的年龄模型便得到修改。新路径仍平行于老路径. 使得在死亡时它的高度为 $BL=BR$。

(2)若劳动收入按照某一常数增长,则平均的 BR 将趋向于按同样的速率增长,但

BL 将乘以系数 T 超过 BR，其中 T 是赠予者与遗赠接受者间的平均年龄间隔。因此，当且仅当增长为正时，遗赠的存在将在倒U形储蓄之上包含生命储蓄。也就是说，遗赠产生一个依赖于 y 的更高财富收入比和一个在某种程度上与 ρ 成比例的更高的储蓄率。

(3)相对于同时代人群的家庭资源而言，留作遗赠的生活资源的份额可能是家庭资源的一个增函数。这反过来又意味着对任何年龄来说，单个家庭的储蓄收入比与财富收入比可能是相对(而不是绝对)收入的一个增函数。

最后一个命题，显然同PIH有矛盾，却得到了从布拉迪和弗里德曼(1940)开始大量的实证研究的支持。至于(3)的第一部分及其背后的假设1，最近也从明契克和大卫(1983)的测试中得到了强有力的支撑。在这篇富有想象力的文献里，作者从遗嘱档案材料里收集了关于个人遗赠的大体量数据，并和税收回执中的收入数据进行了匹配。他们的样本涵盖了自1880年以来出生和在1947年至1978年间死亡的人员。他们发现了显著的证据，这些证据表明：a)遗赠取决于家庭生活资源在同类家庭的生活资源分布中所处的地位；b)估计拥有的生活资源在该分布中的占比低于80%的人员所得到的遗赠比较少；c)超过80%时，遗赠随(永久)收入的增加而迅速增加。

5.遗赠动机的定量重要性

单纯遗赠动机与预防性动机不同，说一说其在财富积累的过程中所起作用的重要性会是一件很有意思的事情。事实应该很明显，如果我们能推导出遗赠动机占总量财富的很大一部分，那么，LCH和倒U形储蓄作为私有财富积累的一种解释，就会没有多大意义。遗憾的是，目前，我们对这个占比所知甚少，甚至我们也不清楚是否能够获得可靠的数据。而且，也没有一定的证据表明真正的遗赠动机只影响少量的，大多处在高收入和财富群组的家庭。

最为著名的一个证据来自于20世纪60年代进行的调查。在1962年的调查(普罗杰克福尔和韦斯，1964)中，仅有3%的回答者给出储蓄的理由：“为家庭提供财产。”然而，遗赠的占比随财富而增大，对上流阶层(1963年美元价格50万以上)来说，这一占比高达1/3。同样的，布鲁金的一个研究也报告了一些不那么极端的结果。因此，遗赠动机似乎只限于最高经济阶层。

这一假设在明契克和大卫的发现中得到了证实，即对(且仅对)20%的上流阶层而言，遗赠比全部资源的比率增长更快，这可能不能用预防性动机来解释。事实上，另一个最近的研究(1986)得出了对于遗赠重要性更为负面的结果。这始于一个合理的假设，即如果真实遗赠动机是最终财富的重要来源，那么拥有小孩的退休家庭比那些没有小孩的退休家庭更应该拥有更多的财富，而且应该储蓄得更多(反储蓄更少)。事实上，我们发现，那些拥有小孩的家庭却拥有更少的财富，并且，总体来说，反储蓄在财富中的占比也一样。就像早先指出的那样，第一个结果是与标准无遗赠LCH完全吻合的，因为有小孩(成本)；但是基于这个原因，余下的就可能有失偏颇了。然而，第二个结果事实上是很难和重要的遗赠动机相调和的。

鉴于通过继承而来的财富的全部份额可以处在1/5以下的位置，我们似乎可以得出这么一个结论，即存在于某个时间点上的占有压倒性优势的财富份额是生命周期积累的结果,包含一部分反映源自预防性动机的遗赠。

除了这些定量评价,需要指出的是,推广到考虑所有来源的遗赠的这个模型,仍然满足命题 1 到命题 5。另一方面,命题 6 必须加以一般化,以便能够容纳这一部分中所讨论到的能够影响均衡财富收入比的多种外力。这些外力包括未能用稳定的全国人口增长加以解释的年龄结构、财富回报率、家庭人口信用增长,以及遗赠动机的强度。另一个重要的潜在变数是社会安全,尽管这个变数对储蓄的系统性影响到目前为止被证明是难以捉摸的,且不能令人信服地用其对私人储蓄的两个抵消作用加以解释。对上述含义的探究开辟了一个到目前为止很少有人涉足的宽广研究领域。

三、政策含义

由于篇幅所限,我不可能对与标准的凯恩斯消费函数或者改良理论显著不同的 LCH 的政策含义做系统的分析。不过,我会对 LCH 的这些含义进行一个简短的陈述,列举一些主要的应用领域:

(一)短期稳定政策

1. 货币机制

财富在短期消费函数中有着重要作用,这意味着货币政策既可以通过传统的投资渠道,也可以通过资产的市场价值和消费来影响总量需求(莫迪利安尼,1971)。

2. 临时性所得税

可以预见的是,通过临时性所得税(或减税)来抑制(或刺激)需求的企图,只能对消费和降低(或提高)储蓄起很小的影响,这是因为消费依赖于生活资源,而后者几乎不受临时课税变动的影响(已通过实际经验证实)。

(二)长期建议

1. 消费税

因为消费税更接近于对永久收入课税(这和它对储蓄的激励作用要分开来说),因此,向消费征税比向当前收入征收累进税更为公平。

2. 赤字财政的短期与长期效应

赤字财政支出倾向于由后代偿还来支付,而取自税收的财政支出则由当代人偿付。这个结论依据于如下命题:受控于生命周期考虑的私人储蓄,应与政府预算方案(几乎)无关(1985)。因此,私人财富应与国民债务无关(1984)。由此推知,当社会成本等于沉没资本的回报(大约等于政府利息支付)时,国民债务倾向于挤出等量私人资本。

这一结论同所谓的李嘉图等价命题所倡导的结论(1974),形成鲜明的对比。这个等价命题认为,每当政府实行财政赤字,私人部门都将储蓄更多以抵消赤字财政对后代的不良影响。

当然,当政府赤字被用于生产性投资时,后代也可以从支出中受益,因此,让后代为赤字财政买单也许是符合代际公平原则的。

在一个开放的经济体内部,投资挤出效应也许会被外来的资本流入所冲淡,这些外资是受因缺少可用于投资的资金而造成的高利率的吸引。然而,由于要支付外债利息,留给未来后代的负担基本上不会改变。

最后,如果经济出现不景气,特别是伴之以一个灵活的金融政策的时候,那么通过负债来维持政府支出有可能不会挤出投资,相反,却有可能提高收入和储蓄。这种情况下,正如早期凯恩斯派所主张的,赤字是有利的;然而,一旦经济回到充分就业,债务就会有一个挤出效应。LCH 建议,为了避免这种后果,我们有充分理由推行所谓的周期性平衡预算。

(潘江峰 译　任光辉 校)

1986 获奖者

詹姆斯·麦基尔·布坎南

James M. Buchanan Jr.

【获奖理由】对以合同和宪法为基础的经济和政治决策理论的发展做出了贡献。

生平简介

1919 年	出生于美国田纳西州穆尔弗里鲍尔
1948 年	获芝加哥大学哲学博士学位
1949 年	任田纳西大学教授
1956—1968 年	任弗吉尼亚大学经济学教授
1968—1969 年	在加利福尼亚州立大学任教
1969 年	在弗吉尼亚理工学院任教
1982 年	任乔治梅森大学经济学教授
2013 年	逝世

主要学术贡献

传统经济理论主要是关于消费者和企业家如何做出关于商品购买、工作选择、生产及投资决策的，而布坎南则相应地创建了公共部门的决策理论，被称作“新政治经济学”或“公共选择”理论。

布坎南的主要贡献在于，他将经济学个人间相互交换的概念移植到了政治决策的领域中。于是，政治过程便成为一种旨在达到互利的合作手段。但政治秩序的形成要求人们接受一套规则、一种宪法。这反过来又强调了规则形成的极端重要性和宪法改革的可能性。布坎南认为，劝导政治家或试图影响特定问题的结局常常是徒劳的，事情结局在很大程度上是由规则体系决定的。

主要学术成果

《财政理论和政治经济学》(1960)

《赞同的计算:宪法民主的逻辑基础》(1962)

《俱乐部经济理论》(1965)

《民主进程中的财政》(1966)

《公共产品的需求与供应》(1968)

《成本与选择:一个经济理论的探讨》(1969)

《公共选择理论:经济学在政治方面的应用》(1972)

《自由的限度》(1975)

《宪法契约中的自由》(1977)

《赤字民主:凯恩斯勋爵的政治遗产》(1977)

《宪法民主中的财政责任》(1978)

《财政学》(1980)

《赋税的权力》(1980)

《自由、市场和国家:80年代的政治经济学》(1986)

颁奖词

瑞典皇家科学院 / 英格玛·斯托尔

尊敬的国王和王后陛下,各位殿下,女士们,先生们:

今年诺贝尔经济学奖的荣誉授予乔治梅森大学的詹姆斯·布坎南教授。布坎南先生发展了经济和政治决策理论的契约与宪法基础,毕生从事该研究项目,这也使得布坎南先生成为当今公共选择或新政治经济学研究新领域的先驱和开拓者。

标准经济理论主要研究市场上定价体系范围内家庭和企业之间如何相互作用的问题。这种相互作用将经济系统看作由大量的财产权利自愿交换构成。该系统以数十亿的日常交易引人关注,并自发调整。所有家庭或企业成员的行为主要集中于他们的自身利益,然而,整个系统通常是与整体利益相一致的。如何理解自发协调的市场机制和时不时出现的协调失败问题,比如,失业、通货膨胀或环境等,一直是亚当·斯密时代以来经济学家们所关注的问题。

在新的研究领域里,布坎南先生作为创始人和最重要的贡献者之一,以各种不同的方式拓宽了经济理论范畴。众所周知,公共选择理论的第一个贡献,是在政治制度、公共管理和利益组织的研究方面拓展和利用了传统微观经济理论。把经济理论扩展到这些传统上由其他社会科学研究的领域,其主要目的是创立一个连贯的、积极的和清晰的理论,使得这个理论能够说明政治系统的不同组成部分是如何真正起作用,而不是它们应该如何起作用。作为家庭或企业成员的个人,他们主要为其自身的利益而行动,并且寻求效用或利润的最大化。这些人同时也是政治系统的成员,很难相信这些人会抛弃自身利益,转而使自己完全投身于为公共利益服务的社会工程中。公共选择理论可喜的一步，是拓展了一种更为普遍的含有现代混合经济所有重要组成成分的经济理论。它是一种从不同的政治和行政管理人员的利益出发来推论其行为的理论，这是一项重要的科学成就。这种更普遍的理论也使得经济学家们对于经济政策条件的理解发生了变化。

公共选择理论的第二个贡献则是它更容易解释一些政治现象，比如巨额的预算赤字所产生的全部经济利益对当代人（当然也包括今天的选民和政治家）有利，而大部分成本则是由目前没有决策投票权的未来几代人承担。业已被成功研究的另一些问题则是，有着良好组织的生产者是怎样在牺牲众多无组织消费者利益的情况下获得益处的。由于左右翼不同政治党派试图通过诱导中间投票人转向其中一方，以使自己获得大多数选票，中间投票人几乎是通过数学的必然性来加强其自身地位的。该研究得出的重要结论就是，通过政治或行政措施试图调节经济和市场，反过来经济和市场也可能会造成新的严重的政治问题。

公共选择的第三个领域涉及了经济和政治决策的基础，布坎南先生对此做出了重要贡献。受克努特·维克塞尔著作的启发，布坎南先生在1949年就已经开始分析如何在“一致同意”原则的基础上构建公共支出和课税决策。人与人之间自愿交换的理念可以推广到没有任何人是损失者的社会契约中。这种契约观慢慢演变成为宪法的经济理论，其中，当“一致同意”的需求下降时，理想的决策规则将是权衡“一致同意”决策的高成本来比对不同个人的损失做出决定。

重要的问题则是如何设计宪法契约和社会规则系统，使之在保护公民免受外部和内部及其他威胁所必需的一种强制性力量，与这种强制力量被特殊利益集团滥用所造成的危险之间建立一种适当的平衡。这一探索使布坎南先生对社会系统的规则和规范的重要性有了更深刻的理解。本研究的创新性结果成就了这样一种理论，这种理论不仅把政治和经济决策结合起来，而且还包括了法律规则系统的重要部分。

获奖演说

经济政策的宪法①

詹姆斯·麦基尔·布坎南

一、引　言

公共财政学应始终把政治条件清楚地记在心间，不要期望从基于过去岁月的政治哲学征税教条中获得指引，而应努力揭秘进步与发展的精神。②

---

① 我要感谢罗伯特·托里森、维克多·凡贝尔格以及理查德·瓦格纳给予我许多有用的点评。

② 这个以及后续的引用都来自克努特·维克塞尔著的《公平课税的新准则》，收录在《公共财政理论经典》中，马斯格雷夫和皮考克编辑（伦敦：麦克米伦，1958），第72—118页。一本包括更广的，也是本译文的原文的出处，就是克努特·维克塞尔写的《财政调查》（耶拿：古斯塔夫菲舍尔，1896）。

此刻,如果我未能承认那位伟大的瑞典人克努特·维克塞尔对我本人工作的影响,那我就太马虎了。没有他的影响,我就不能站在这个讲台上,我的许多著作,特别是政治经济学和财政理论方面的论文,可以说是维克塞尔论题的种种重述、详述与扩展,这个讲演也不例外。

在我的学术生涯中,最令人激动的智慧时刻之一是1948年我发现了不为人知且未翻译的维克塞尔的论文《财政理论研究》,这篇论文埋没在芝加哥古老的哈波图书馆布满灰尘的书库里。只有一位刚完成博士学位论文的学术新手有这样的空闲浏览维克塞尔的文章,正是这样的阅读,制造了我的无心插柳柳成荫的戏剧性的学习例子。维克塞尔关于税收的新公平原则让我自信满满。维克塞尔,一位在经济思想史方面被公认的知名人物,挑战了公共财政理论的正统观念,其秉承的理论与我本人发展的批判意识一脉相通。从在芝加哥的那个时刻起,我决心要让更多的读者了解维克塞尔的文章。于是我立即开始花时间进行了翻译的努力,在最后出版前得到了伊丽莎白·哈德森的大力帮助。

简而言之,维克塞尔的思想是显然的、基本的和不证自明的。经济学家们应该停止好像他们是被一位仁慈的君主所雇佣的那样提供政策建议,他们应该关注在其中进行政治决策的结构。用维克塞尔的理论武装起来,我也敢于向仍在公共财政学和福利经济学仍占统治地位的主流观念发起挑战。在一篇绪言性的论文中,我呼吁我的经济学同人们在着手分析供选择的政策措施的效果之前,提出关乎国家、关乎政治的某种模型。我敦促经济学家们去关注"经济政策的宪法",来检验政治代言人们在其中行动的约束和准则。像维克塞尔那样,我的目的最终是规范性的,而不是实证性的。在着手提出切实可行的政策建议之前,我试图从个人和国家的关系中找出经济的意义。

维克塞尔理应是现代公共选择理论最重要的先驱代表,因为我们在他1896年的论文里发现了提供这一理论基础的所有三个构成要素:方法论上的个人主义、理性经济人以及交换政治。我将在下面各节里讨论这些分析要素。在第五节里,我把这些要素整合到一个经济政策理论中,这个理论与传统上认同的西方自由社会的原则相一致,它建立在这些原则基础之上,并系统地扩展了这些原则。然而,在维克塞尔做出开创性研究以后,对宪政改革的隐含途径,继续遭到了约一个世纪的顽固抵抗。当然,个人对于国家的关系是政治哲学的中心议题。经济学家为阐明这种关系而做的任何努力都必须置于这个更为广泛的论说范围之内。

二、方法论上的个人主义

如果效用对社会的每个成员是零,则对社会的总效用不可能不是零(维克塞尔,第77页)。

经济学家很少检验他所运作的模型的先决条件。经济学家开始就简单地把个人看作是评价、选择和行动的单位。从这个出发点去做分析必定要求关注个人选择和决策的环境,即个人必须从约束中做出选择。不管产生结果的过程或制度结构多么复杂，经济学家总是考虑个人的选择。这个分析模式在应用于市场或私营部门的互动时很少受到挑战。作为（法律上可交易的）普通货物与服务的买家和卖家的个人被认为是能够按照他们自己的偏好（不管是怎样的偏好）进行选择，不管这种偏好是什么，因此经济学家并没有觉得自己有责任深入探究这些偏好的内容（个人效用函数中的自变量）。个人本身就是评价的源泉，而经济学家的任务则是提供解释——理解这些未经检验的偏好，最终转化成一个复杂的结果模型的过程。

18世纪，人们发现在有利于个人之间自愿交换的制度框架中，市场自由选择产生了可以积极评价的结果，这个发现使得“经济学”作为一门独立的学科或科学问之于世。当“市场”从功能性角度被解读的时候，市场过程的积极评价结果与这些过程的制度性特点之间的关系，便开始以一种模棱两可的来源出现，似乎一种称之为“经济”的东西的存在是以价值最大化为目的的。资源配置的效率便开始独立于个人选择的过程之外来进行定义。

鉴于对经济过程的解读已微妙地转向目的论，那么对政治或政府过程做类似的解释也就不足为奇了。而且，对政治目的论的解读，是许多世纪以来的政治理论和政治哲学最重要的推动力。因此，在对评价的根本差异缺乏研究时，对于“经济”和“政治”的解释似乎是相互兼容的。虽然我们认识不到在市场上选择和行动的个人在特定的约束下会产生的一些后果，但同时无须引进一个外部的评价准则，这些后果即可被判定为对参与个体的价值最大化。过程本身的性质确保了个人价值的最大化。不过，这种“价值最大化”的观点不能从市场拓展到政治学中，因为后者不直接体现前者的诱导性兼容结构，也即不存在亚当·斯密“看不见的手”的政治对应物。因此，丝毫不奇怪维克塞尔和其他欧洲大陆学者试图把经济理论扩展到公共部门运行的努力多年来毫无进展。

带有个人主义特征的经济理论不需要局限于这样一种方法论的束缚。如果最大化理论没有完全集中到经济领域，而是一般地用来解释和理解个人的选择，那么就可以很容易分析在不同制度下个人的选择行为，并预测这些不同的环境将如何影响相互作用的结果。在苹果和橙子之间做出选择的个人仍然是在投票站选择“候选人甲”与“候选人乙”的同一个人。显然，不同的制度结构本身可能影响选择行为，许多现代公共选择理论都解释了这些关系。但我今天要讲的是更为基本的，也就是个人的选择行为，同样适用于在所有选择环境中的分析应用。比较分析应考虑对由市场和互动的政治结构产生的结果之间，在特性方面可能存在的差异的预测。这些预测以及得出这些预测所依据的分析，完全缺乏规范性的内容。

三、理性经济人

无论是行政还是立法机构，哪怕仅是后者中起决定作用的大多数，所有这一切实际上都不是主流理论所说的那个样子。它们并不是全身心地要推动公共福利的单纯机构。在绝大多数情形下，议员们对一般福利的兴趣一如他们的选民，既不多也不少（维克塞尔，第86—87页）。

如果对个人效用函数中的自变量没有进行事先规定，这种分析可能产生一组有可能被证明无效的假设。然而，如果要预测有关约束的变动对选择行为的影响，则必须做好这些自变量的识别和标记工作。有了这一步，更广泛的可能被证明无效的命题才有可能被提出。例如，如果苹果和橘子都是确定的有价值的“财货”，那么，相对于橙子而言，当苹果的价格下降，人们便会购买更多的苹果；如果收入是一种确定的有价值的“财货”，而且，对于收入来源 B 而言，如果对收入来源 A 征税的边际税率增加，那么获得更多收入的努力将转向来源 B；如果慈善赠予是种确定的有价值的“财货”，那么，当这些赠品是免税的，可以预期更多赠予物将会出现；如果货币租金能够被实际地估价，那么，当政治代言人随意分配租金的权力增加，希望确保这些租金安全的个人就会把更多资源用在能影响这些政治代言人决策的努力上。需要注意的是，对效用函数中的自变量进行识别并标记，能使我们在可操作性方面迈出相当大的步伐，即便我们对不同自变量的相对重要性不做任何事先规定。没有必要为了在市场或政治相互关系方面得出一种完全可操作的选择行为经济理论而把净财产或净收入作为行为的主要动因。

在任何扩展到政治领域的个人理性行为模型中，对自变量的识别和对自变量的加权这两方面之间的差异值得我们进一步注意。许多政治经济理论批评家把他们的批评建立在这样的假设基础上，即这些理论必须包括净财富最大化的假设，而这种假设在很多情形下是失真的。这种理论的拥趸有时会为有些批评家的这种错误理解提供依据。政治经济理论解释力的最低限度的关键性假设仅仅是对个人选择来说，可识别的经济自我利益（如净财富、收入、社会地位）是具有实在价值的“物品”。这种假设没有把经济利益放在主导地位，而且毫无疑问，它也意味着不会向那些政治代言人植入任何邪恶动机。从这一点来说，这种理论与市场行为的标准经济理论的动机结构保持完全一致。市场和政策的互动而产生的预测结果的差异来源于这两种体制的结构差别，而不是人们在切换不同的体制角色时在动机方面的任何转变。

四、作为交换的政治学

如果某人被迫为某一并不给他带来利益，或者甚至可能与他利益相悖的活动捐赠费用，这种情况好像是一种极明显的不公正（维克塞尔，第 89 页）。

无论是在市场还是政治中，个人进行选择，以及当他们做出选择时，可识别的经济利益是他们真正地赋予价值的“财货”之一。但是市场是用来交换的机构，人们走进市场是为了以物换物。他们并不是为了推动某一超交换或超个人主义的结果而走进市场。市场并不是在动机方面起作用。对于各单独的选择方来说，他们并没有意识到，某种偏爱的总结果，以及某种全面的“配置”或“分配”将会在这个过程中出现。

这种交换概念在政治领域的延伸挑战了传统偏见。传统上认为人们参与政治是出于对真善美的共同追求，这些真善美的理想被界定在参与者的价值之外，无论它们是否可能通过行为表现出来。在这种政治哲学的想象中，政治有助于实现这些比较大的目标。

维克塞尔，作为现代公共选择理论的引领人，在这方面，没有一丁点这样的思想。

市场与政治之间的实质性差异不在于个人追求的价值或利益的种类，而在于他们追求各种利益时所处的条件。政治是一种个人之间进行复杂交换的体系，在这个体系里，人们试图共同确保他们私自界定的，通过简单市场交换又不能有效保证的目标。没有了个人利益，也就没有利益可言。在市场中，个人以苹果交换橙子；在政治上，个人支付他们所认可的分摊成本，以换取彼此都需要的从地方消防站到法官的公共服务。

政治协定的这种完全自发性准则与强调以现代分析为特征的政治即权力的论调相对立。在国家活动中所观察到的强制性因素，似乎与个人之间的自发交换模型难以协调。然而我们可能会问：强制是为了什么目的？为什么个人在集体行动中必须服从这种固有的强制？答案是明摆着的。个人只有在最终的法定“交换”增进他们的利益时，才会默认国家的这种政治强制。没有某种特定的交换模型，就没有一种国家对个人的强制能符合自由社会秩序所赖以存在的个人主义价值标准。

五、经济政策的宪法

没有人能够比社会个体自己更好地判断公共活动的利益是否大于该活动对于他们的成本（维克塞尔第 79 页）。

在经济政策规范性理论的推导中，政治的交换概念化非常重要。政治工作的改进是以个人需要的满足程度（不管满足指的是什么）来衡量的，而不是以是否更接近某种外界定义的、超个人主义的理想目标来衡量的。当然，对许多人来说，个人想要的东西可能是共同的，而且实际上，市场交换与政治交换之间的差别在于后者有着共同的目标。然而，对政治目标的理想化约定并没有考虑对个人评价的任何替代。从概念上来讲，协定本身从个人的选择行为中产生。有必要对共同的约定与人们所应该认同的任何外界定义的或描述的那个善行加以仔细区分。

经济政策规范性理论的限制性含义是相当苛刻的。没有可用于政策直接评价的标准。一种间接的评价可能基于政治进程在多大程度上为已表现出来的个人偏好转化为可观察的政治结果提供便利。与最终状态或结果格局形成鲜明对比的是，评价关注的焦点变成了进程本身。因此，“改进”必须在进行着的变革中，在考虑政治运作能更准确地反映参与者所愿意选择的一组结果的制度变化中寻求。为说明维克塞尔学说与在规范经济学中仍处正统地位的学说之间的差异，其中一种说法可以是：政策的制定而非政策本身变成了改革的实质目标。一个简单的博弈类比能说明这其中的差异。维克塞尔学说聚焦于规则方面的改革，这可能符合所有博弈者的潜在利益，与在既定的或现存的规则范围内，博弈策略的改进仅有利于某些特定博弈者的观点相反。

在标准的市场选择理论中，很少或不涉及选择环境的法制问题。我们简单假定个人能够实现自己的偏好，如果他想买一个橙子，我们假定他能这样做。这里已揭示的个人偏好的表达与直接的满意之间没有制度上的障碍。偶然的失败并不是出现在个人偏好转化为结果的过程中，而是发生在一些选择者在面临其他选择时的表现中，在交换关系中，这些其他的选择并不与别人面临的选择相一致。如果参与者们面临同样的选项，那么“效率”就能在市场的相互作用中得到保证。

在政治交换中，不存在像市场那样以规范理论来评价"效率"的分散过程。根据政治中集体"购买"的物品的性质，个人不能按照贸易共同条款来调整他的行为。个人之间的分散贸易的政治类比必须是一切交换所共有的那种特征，即这是所有参与其中的成员之间的约定。经集体选择又一致同意的规则，是市场上可分割物品的自由交换的政治类比。

因此，只有确保达成决策的规则与保证"效率"的唯一规则(参与者全体一致同意的规则)之间的程度一致，才有可能独立地评价政治，而不用理会其他结果。这里再次解释，如果"效率"被认为是大家想要的准则，那么进程中的规范性改进是通过它朝全体共同要求的移动幅度来衡量的。在这一点上可能值得注意的是，维克塞尔在自己的建议描述中不用"效率"而用"公正"这个词，表明在自愿交换的情形下这两个规范有着精确的对应性。

当然，就像观察到的那样，政治依然离理想化的能贯彻全体一致原则的集体协同交换相去甚远。与交易成本相对应的政治对等物，使得他们对理想化效率的追求似乎远远超出了市场上类似追求的理性界限。但是实现理想的障碍并不意味着否定理想本身的基准定义，相反，这种障碍本身已被吸收到一种广义的"公认的微积分学"中。

维克塞尔本人并没有超出立法决策机构有关改革的倡导范围。他建议，在开支和筹资决策之间要求有一种关联，他还建议应该把准全体一致原则引入不受约束的开销。维克塞尔并未有意识地把他的分析扩展到法制选择，以及普通政治得以运作的规则选择。当然，他建议的改革是法制性的，因为这些改革被用于改进决策的进程。但是他的评价标准严格限于个人偏好和政治后果在具体决策中的匹配，而不是超序列的。

也许下面这一点也值得注意，维克塞尔本人并不认为他所建议的程序上的改革是限制性的。通过引入更大的灵活性到征税体系中，维克塞尔预测，在严格的征税安排中，继续不断遭到拒绝的支出计划有可能得到批准。然而在批评家们的理解当中，维克塞尔的关于完全一致的约束是限制性的，特别是与普通政治中所观察到的广泛活动相比尤其这样。也许这种有关限制性的解读，部分地说明了为什么政治经济学家们一直未能承认维克塞尔把效率规范开创性地扩展到政治领域。当把完全一致准则向上移动一个阶段，达到普通政治得以运作的法制规则的可能的协议的水平，这样的局限性就会大大减少，并且，在一定限度内可能被全部消除。在这个框架内，某个个人可能理性地偏爱这样的规则：在特定情况下，这种规则的运行将产生与他自己利益相悖的结果。如果他预见可以通过权衡"博弈"的全部序列更好地满足自身的利益，而不是通过维克塞尔期限内准则的有限应用，他就会这样做。对检验单一决策的具体效率而言，维克塞尔的期限内准则仍然是一种有效的度量。但是只要规则本身就是由完全一致法则选择出来的，违背期限内准则并不意味着规则的无效率。

正如我们已经指出的，维克塞尔准则向规则中选择的法制阶段的转变，还有利于协议的达成，并且在限定情形下有可能完全消除单个个人和集团利益之间的潜在冲突。从这个意义上来讲，当个人认识到一条法规在长期中仍然适用，并且同时要做出许多个期限内的选择时,那么他在关注任何法规对他自身可预见利益的影响时,必然把自己置身在部分"不确定面纱"的后面。因此,规则中的选择,倾向于以可推广的公平准则为依据,比起当单个利益更为容易识别的时候,使得协议更有可能达成。①

在经过修改的维克塞尔的研究计划范围内进行工作,并试图提出规范性建议的政治经济学家,必须专注于政治决策的过程或体系。现存的宪法或法规体系是有待严格检验的对象。推测性的问题就变成:这些法规是出自一次真实的制宪代表会议与会者的一致意见吗?甚至在这里,可能的规范性建议还必须严格地加以界定,不存在一套能为批评提供基础的外部标准。但是政治经济学家可以在程序和规则改变方面提出谨慎的建议,以便最终可能获得大部分人的认同。任何建议的改变只是在临时意义上说的,而且重要的是,它必须伴以对政治现实的负责的认可。那些值得考虑的规则以及规则修改应该是事先被预料到在政治上切实可行的,且这种可行要能适用于普通人,而不只是适用于理想化的、无所不知的和仁慈心肠的人们。政策选项必须在可行的现实领域,而政治代理人的利益必须被看作是对可能选择的约束。

六、立宪主义与契约主义

终极目标是保证在法律面前的平等、最大可能的自由以及经济福利和所有人的和平合作(维克塞尔,第 88 页)。

随着基本的维克塞尔体系被转移到规则或宪法选择,同时"不确定性的面纱"被用来消除可识别利益和一般利益之间的差异,政治经济学方面的研究计划都合并到古典或现代的契约政治哲学的研究计划中。尤其是,我自己的方法与人们所熟悉的约翰·罗尔斯的体系相似,罗尔斯利用无知的面纱和公平标准来推导出公正原则,该原则在政治宪法选择之前曾由概念上的契约协议产生。②

由于维克塞尔未能把他的分析结构转到宪法选择的水平,因此,他就局限于对产生现行配置决策的政治过程进行评价。如他所明确承认的那样,他没有能力评价涉及国家先前承诺的政治行动,例如,有关公债利息的筹资,或者涉及在个人和集团之间用财政手段实行收入与财富的转移。分配问题处在维克塞尔评价分析的范围之外,而正因为如此,我们找到了其基本分析贡献长期被异常忽略的另一根源。然而,随着向政治法制阶段的转移,这种限制至少被部分消除。在足够的不确定性面纱的后面,达成允许一定期限内财务转让法规的契约协定似乎是可能的。当然,因为存在着对法制协议过程的评价判断的限制,在法律上同意的转移结构的精确特性就不能被单独地推导出来。就这方面而言,这种应用是与维克塞尔不愿独立于协议过程之外对税收摊派的具体规范进行规定这种情形完全类似的。可以产生足以维持相关开支项目的收入的

---

① 在我的回顾解读中,把维克塞尔结构转到选择的法制阶段是我和戈登·塔洛克合写的《同意的计算:宪法民主的逻辑基础》(1962)一书的最重要的贡献。

② 约翰·罗尔斯:《公平理论》,哈佛大学出版社 1971 年版。

任何对税收份额的摊派，只要符合一致协议，都能通过维克塞尔测试。类似地，任何一套实施期限内财务转让的计划安排，只要符合一致协议，就能通过法治阶段的维克塞尔测试。

对试图突破在既定程序范围之外提出实质性建议的政治经济学家或哲学家来说，这种基本的不确定性是令人不安的。结构主义者迫切要求担负起社会工程师的职责，并建议“应该”或“不应该”进行政策改革，而不依靠通过政治进程对个人偏好的任何揭示，这种迫切感已恰好被证明对许多人来说太过强烈而不可抵挡。受对个人主义价值观的一贯信赖支配的科学完整性，从来不是现代政治经济学的印记。

由于未能成功区分解释性和辩解性的论证，维持这种科学完整性就更为困难了，这种不成功已经描述了几乎所有政治秩序的社会契约理论评论家的态度。当然，我们并没有观察达成法规协议的过程和这些法规的渊源，这些存在于任何特定时间和任何特定政体的法规并不能用契约主义模型来进行满意的解释。在这个意义上，契约主义的推理目的并不是解释性的，反而是辩解性的，因为它为规范性评价提供了一个基础。所观察到的约束普通政治活动的法规是否可能来自法规的契约方面达成的协议？如果这个问题能够得到肯定回答，那么我们已在个人与国家之间建立了一种合法的联系。如果这个问题得到否定的回答，那么我们就有了一个对现存秩序进行规范性批评的基础和一个为法制改革提出建议的准则。

正是在这一点上，也仅在这一点上，寻求留在个人主义教义所强加的规范性约束内的政治经济学家，可能进入正在进行中的有关法治政策的对话。在现代西方民主政体中，赤字财政体制提供了最令人注目的例子。几乎不可能进行这样一个契约计算：独立一代人的代表们会同意允许单独一代人中的大多数通过发行公债来确保对效用损失的征收，或者对后代纳税人的征税来为当代人享受的公共消费提供资金。同样的结论适用于具有现代福利国家特征的跨代转让计划中所反映的隐性债务义务。

如果否认政治产生的结果对约束政治行动的法规的严重依赖，那么，整个契约主义的推理就会显得空洞。如果最终状态不随法制结构的变化而有所变化，那么法制的政治经济学就毫无用武之地。另一方面，如果制度确实重要，那么其作用就可以很好界定了。当然，这一作用涉及对约束性法规的几套可供选择方案的运作属性进行分析。在博弈论类比中，这种分析就是对博弈的求解，因为后者是由几套的法规界定的。规范地说，宪法政治经济学家的任务是帮助那些最终控制自己社会秩序的公民个人，不断寻找最能实现他们目的的政治博弈规则，而不必管究竟是什么样的规则。[①]

1987年，美国举行为美国政治秩序提供基本准则的制宪代表会议200周年纪念大会。这次代表会议是极少数历史典范之一，在会中对政治准则进行了深思熟虑的选

---

① 为在实证分析和规范分析中发展因采用宪法主义—契约主义者的观点做出的总的广义论述，见我和杰弗里·布伦南合写的《法规的理性》（剑桥大学出版社1985年版）。

择。本质上来讲，引起詹姆斯·麦迪逊思考的政治想象，有些类似于引起克努特·维克塞尔不综合但更聚焦的征税与支出分析的政治见解。两人都排斥有关国家的任何有机概念，即相对于个人成员而言，国家在智力上是超群的。两个人都试图用所有可用的科学分析方法以帮助解决社会秩序的持续问题：我们如何能共同生活于和平、繁荣与和谐之中，同时保留我们作为自主个体的自由？我们能且必须创造属于我们自己的价值。

（潘江峰 译　任光辉 校）

1987 获奖者

罗伯特·默顿·索洛

Robert M. Solow

【获奖理由】在经济增长理论方面做出了突出贡献。

生平简介

1924 年	出生于美国纽约布鲁克林
1942—1945 年	美国军队服役
1951 年	获哈佛大学哲学博士学位
1954 年	升为哈佛大学教授
1963—1964 年	任剑桥大学马歇尔讲座讲师
1968—1969 年	任牛津大学伊斯曼讲座教授
1975—1980 年	波士顿联邦储备银行任职

主要学术贡献

罗伯特·默顿·索洛是新古典经济增长理论的代表人物,其理论占据统治地位近30年。该理论以资本边际收益递减、完全竞争经济(隐含规模收益不变)和外生技术进步等为基本假设,发展了著名的索洛—斯旺经济增长模型,得出与哈罗德—多玛的不稳定增长理论不同的结论,认为在资本和劳动可以完全替代条件下,经济总是可以实现长期稳定的经济增长。他重视外生技术进步对经济增长的重要作用,认为当外生的技术以固定比率增长时,经济将在平衡增长路径上增长,而当外生技术水准固定不变时,经济将趋于停滞,投资仅能补偿固定资产折旧和装备新工人。索洛的增长思想认为不同国家或地区间的经济增长会走向趋同,并引发了经济增长领域相关实证研究的热潮。

他还提出了著名的全要素生产率分析方法,用索洛余值法测算经济增长中技术进步因素的贡献,在经济增长研究中被广泛应用。在宏观经济研究中,他对市场不能出清的原因,失业的性质及其与通货膨胀的关系,资本与利率理论等,都有深入的研究与广泛的贡献。

主要学术成果

《对经济增长理论的一个贡献》(1956)

《技术变化与总生产函数》(1957)

《线性规划与经济分析》(1958)

《资本理论与收益率》(1963)

《美国失业的性质与原因》(1964)

《增长理论:一个说明》(1969)

《增长理论评注》(1969)

颁奖词

瑞典皇家科学院 / 卡尔·戈兰·马勒

尊敬的国王和王后陛下,各位殿下,女士们,先生们:

经济增长戏剧般地改变了社会,并为我们提供了以前几代人都从未设想过的可能和自由。但是无论如何,因为经济的增长,人们的生存环境发生了根本的变化。

经济增长是一个非常复杂的过程,而公司、家庭、政府及其他种种的决定对这一增长过程意义重大。它会受到这家公司投资和那家公司发明的影响。它会因家庭储蓄行为或劳动力供应增减而改变。当然,风险在这些细节面前将被忽略。为了实现对这一过程的认识,将分析聚焦于最重要关系的简化环节不可或缺。通过这一环节,了解它们如何相互作用的现实细节得以评估和研究,从而获得参考或模型框架。

罗伯特·索洛教授的伟大成就在于他创造了这样一个模型,使难以捉摸的事实得以理解和分析。

早期的经济增长模型以死板的假设为基础,不允许资本和劳动之间的替代。在罗伯特·索洛的模型里,要素比例,即实物资本和劳动之间的关系,将随着发展过程进行调整和变化。罗伯特·索洛在其假设最初指出,储蓄率是固定的,即固定比例的国民收入将用于储蓄。正如罗伯特·索洛所言,由完善的劳动力及资本市场运作产生的储蓄完全符合企业投资计划。如果储蓄率足够高,则资本相对于工资率的价格将降低,从而资本密度将增加,即每个工人的实际资本拥有量将增加。相反,如果该储蓄率越小,则资本变得相对昂贵,从而资本密度将降低。然而,罗伯特·索洛教授指出,从长远来看,给定的科技水平将保证人均资本的稳定。但这意味着人均生产率将维持原状,因此他们的实际工资也会保持不变。

根据这一观点,收入分配储蓄份额的增加只在短期内对经济增长率产生影响,但长期的影响是不存在的;另一方面,储蓄率的增加势必影响均衡状态下的资本密度的增长以及长期更高水平实际工资的获得。

但是,这种论述是基于一个生产技术的不变情况,即年复一年、一成不变的生产方法,然而我们知道情况并非如此。如果通过研究和发展,新的生产方式得以诞生,那么经济增长则能够继续按照索洛教授的经济增长模型得以长期运行。由此,从长远来看，技术的发展是经济增长的主要因素。

除了以罗伯特·索洛命名的增长模型公式，罗伯特·索洛在经济增长分析等方面也做出了重大的贡献。他研究了物化技术进步的重要性，即体现在生产资料中的技术进步。这些成果为资本与经济增长理论中最重要的研究方法开拓了道路。此外，在影响增长过程主要因素的实证研究方面罗伯特·索洛教授也做出了开创性的贡献。

罗伯特·索洛教授，您在经济增长理论和增长过程实证研究方面所做出的贡献对经济科学的发展意义非凡。以您命名的经济增长模型不仅是经济增长理论专家们的关注所在，而且在现代宏观经济学中已成为一个统一的组织原则。您关于增长过程的实证研究同样也对经济科学的发展极为重要。

罗伯特·索洛教授，请允许我代表皇家科学院，向您表示最热烈的祝贺，并请您接受国王陛下为您颁发的诺贝尔经济学奖。

（黄　倩 译　唐兆希 校）

获奖演说

经济增长理论及后续

罗伯特·默顿·索洛

有人告诉我，每个人都有梦想，但有些人常常在意识到梦想存在之前将其淡忘。我大概也是如此。所以我不知道是否曾经梦想过做这样的一番演讲。我来过这儿，但那是在现实生活中醒着的时候。如果梦里我曾做过这么一场演讲，毫无疑问，主题一定是经济增长理论。我被告知演讲的题目应该“与被授予该奖项的工作相关”，这一点很明确。但我恰恰不希望使用“与……相关”这样的含糊措辞。增长理论正是我想谈论的：关于理论本身，关于它所取得的成就，关于它有待弥补的不足，同时也作为一种在宏观经济学中理论研究和实证研究本质的思想媒介。

增长理论并非始于我在1956和1957年发表的文章，也并非结束于此。或许它源于亚当·斯密先生的《国富论》，甚至可能比这更早。更值得一提的是，在20世纪50年代后我一直在关注由罗伊·哈罗德和埃弗塞·多马以及与其略有不同论述的阿瑟·刘易斯所开辟的研究路径。事实上，我试图探寻和减轻他们的研究所带给我的某些困惑。以下我将大致解释一下我个人的想法。

哈罗德和多马似乎要回答一个简单的问题：经济何时能够以恒定的速率持续增长？他们循着明显不同的路径，得出了一个古典主义式的简单答案。国民储蓄率（收入中储蓄比例）必须等于资本产出率和（有效）劳动增长率的乘积。只有这样，经济才能保持其厂房和设备、库存与劳动力供给之间的平衡，既不会出现劳动力短缺或过剩，也不会存在失业率不断增长的问题，从而保证其稳定增长。他们的结论是正确的。

困惑源自他们提出的理论，该理论是基于储蓄率、劳动力增长率和资本产出比率这三个关键要素为给定常量，即由自然所决定的。储蓄率是由偏好决定的要素；劳动力供给的增长速度是由人口社会变化决定的要素；资本产出比率则是由技术决定的要素。

众所周知，这三者偶尔或多或少单独地发生变化。然而，事实如果是这样，稳定增长的可能性将是一种不可思议的幸运。大多数经济体多数时候会有不均衡增长路径。资本主义经济史将处于长期恶化的失业率和劳动力短缺的更替之间。

这个理论提出了一些更令人瞩目的见解。特别是在哈罗德的著作中，充斥着缺乏完整论证的观点。该观点认为稳步增长总是一种极不稳定的平衡：通过这一似乎主要取决于企业行为的模糊普遍性过程，任何细微的违背将被无限放大。你可能还记得约翰·希克斯的《经济周期》，该书基于哈罗德经济增长模型，证明了充分就业达到上限则经济开始衰退和总投资降至零则经济开始回升。否则，经济模式将失控。

请记住，哈罗德的第一篇论文发表于 1939 年，多马的第一篇文章发表于 1946 年。增长理论如同宏观经济学中的其他种种，是 20 世纪 30 年代大萧条和战争的产物，并最终成熟于战争结束时。但是在我看来，这个模型所讲述的故事是不正确的。如果火星人读过这篇文章的话，那他们一定会认为他们的探险队只能在地球上发现资本主义自我毁灭后剩下的残骸了。经济史的确是记载了动荡与增长，但大多数商业周期似乎是自我制约的。尽管偶有波动，但增长却是常态。

哈罗德—多马模型还存在另一个不够合理的成分。如果稳定增长的条件是储蓄率等于就业增长率与技术决定的资本产出率的乘积，那么在劳动力过剩的经济中让增长率翻番的最简单秘诀就是让储蓄率翻番，也许就是通过公共预算。然而，情况并非如此简单：那时我们都知道，正如我不确定我们现在都知道，加倍的有计划储蓄率不会让实际储蓄率翻番，除非计划投资率也同时被考虑在内。（我希望这些奇怪的拉丁短语在 1987 年仍然能被在斯德哥尔摩的各位所了解！）然而在不发达国家，新资本的胃口可能非常之大，这一秘诀似乎可行。我记得关于经济发展的著作中往往指出，从缓慢增长到快速增长的关键过渡在于储蓄率持续上升。该论断听起来难以置信。我不记得确切的原因，但它确实让我匪夷所思。

这就是我开始对经济增长理论产生兴趣并试图完善哈罗德—多马模型的根源所在。我也说不清楚为什么首先会想到用更丰富、更现实来表述，用技术因素来取代不变资本输出（和劳动力输出）。我知道，作为一个学生，较之形式上几乎完全相同的消费者理论我更关注生产成本理论。它似乎更务实。我知道，把我称之为天生的宏观经济学家还为时尚早，我也知道因为经济可以选择专注于资本密集型或劳动密集型又或土地密集型产品，即使在特定的时间每个单一产品的技术因素不那么灵活，但就总体技术水平而言必定更易变化。无论如何，我发现了一些有意思的东西。

让我在这儿向诸位详细解释我的发现似乎有些自说自话。因为几乎每位在座的都已经知道，“新古典主义经济增长模式”开创了一个小产业。它激发了其他数以百计的经济学家纷纷著述理论和实证性文章。它很快被教科书和本专业知识机构所采用。正因为如此，我才觉得今天有资格在此发表演讲。不过我必须用几句话概括，从而可以继续跟大家探讨未知的、不确定的和有待发现的更有趣的问题。

考虑合理范围的技术灵活性实现了两个目标。首先，一个可行的稳定增长途径的存在并非独立的事件。一系列的稳定状态是可能的，并且如果要素比例的变动范围较大则该稳定状态的范围甚至有可能更大。有其他的方式使经济能够适应哈罗德—多马的条件，但在我看来，资本密度的变化可能是最重要的。

其次，平衡增长率不仅与储蓄(投资)率不成正比，而且还不依赖于储蓄率(投资)，这就意味着收益的递减。一个发展中的经济体，靠长期增加储蓄率(投资)达到更高的产出水平，反之则不然。因此它必然会有一段时间的快速增长。但它不会实现长期更高的产量增长率。更准确地说，每单位劳动投入的永久产出增长率不依赖于储蓄(投资)率，从最广泛的意义上说它完全取决于技术进步率。

第三，结果似乎是有用且当然有助于该模型吸引经济学家们的关注。早期的经济增长理论是机械的或物质的，它尽管不错，但实践证明，其几乎只是一个对货物流动和储备的描述。在新古典主义模型里，描述均衡路径以及通过解决物价和利率动态行为以支持该路径是很自然和实际的。在当时，我本人并不知道这是好是坏。好消息是，经济学家本能地喜欢那样思考，这种关联有助于吸引同行们对增长理论的兴趣。此外，它是一个很好的(即卓有成效的)直觉，无论你是研究资本主义经济还是社会主义经济。坏消息是这种关联太完美、太有趣了，以至于无法摆脱潘格罗斯博士有关论断的束缚。我认为该趋势在最近几年已经获得成效，我稍后将尽力解释，尽管假装无知对我而言已为时过晚。

现在，当我回顾自己在20世纪五六十年代撰写的关于该主题的相关论文时，我甚至有些惊讶于当初为了拓宽增长理论的技术框架所付出的努力。我想确保该模型可以适应新技术只有在使用了新设计和生产资本设备的条件下被引进，这一要素比例可能只有在总投资和即时资本设备采取特定形式时发生变化，足够的灵活性可通过离散活动得以实现，即使只有一个活动只要生产资料的使用寿命得到经济的选择，也能得以实现。在任何情况下，适当的商品与生产要素的价格关系可以根据经济学家的直觉制定并得以理解。(就我而言，我的观点主要是受到了克努特·维克塞尔和保罗·萨缪尔森的启发。)

这一特殊定位有其内在的原因，在当时这些原因似乎很有说服力。首先，技术灵活性这一概念的引进开辟了增长理论向更广泛的现实世界，以及与一般经济理论相互关联的新领域。确信这些重要发现与要素替代的简单说法关系不太密切似乎较为重要。其次，我已经开始利用总量聚合生产函数以及显然有意义并出人意料的结论做一些实证研究。我本人对这个方案非常怀疑，正如其他人会怀疑自己的想法那样。确保这种方法至少在原则上是可靠的，这似乎是一个好主意。再次，我已经受困于著名的“剑桥之争”。我用“困”是因为现在看来这无异于浪费时间，是分析经济学语言中一场意识形态的游戏。那时我认为争论的一部分是关于边际主义(文献阅读让我有理由这么认为)，温和的边际主义。所以我想声明的是，理论和实证的结论并不一定会实现这一非常特殊的构想。我想这是值得的，但它肯定没能安抚任何人。

聚焦于对技术的描述产生了一个不良的副作用。我想我对有效需求的问题关注不够。换句话说，一个均衡增长的理论迫切且仍然需要一个偏离均衡增长路径的理论。我可以诚实地说，此刻我意识到了这种需求。我 1956 年发表的论文里有一个简短的部分粗浅地论述了实际工资刚性的含义以及流动性陷阱的可能性。那只是敷衍了事的一段论述，但还有一段论述让我如今引以为豪。这一论述指出，增长理论提供了一个认真讨论宏观经济政策的框架，不仅实现和保持全就业，而且在日常消耗和日常投入之间，进而在当前消费和未来消费之间进行深思熟虑的选择。几年之后，我加盟了肯尼迪海勒经济顾问委员会，而以上这些想法也被《1962 经济报告》所收录（该报告重新由麻省理工学院出版社出版）。美国过去七年的历史表明，华盛顿并没有从中汲取教训。

将长期和短期宏观经济学融合的问题仍然没有得到解决。我等会再回过头来讨论。坦白地说，这是我年轻时深感困惑（和为自己辩解）的地方。在哈罗德—多马早期增长理论中，有很多关于谈论平衡增长的内在不稳定性的讨论。“不稳定”可以而且确实有着两种截然不同而又界定不够明确的意义。这可能意味着良好的平衡路径被拙劣的平衡路径所包围，这样，一个小的偏离将可能导致最终的灾难，或者它可能意味着不稳定性适用于非均衡的行为，以至于经济一旦偏离均衡增长将不会自动找到重回均衡增长的路径。

哈罗德—多马最初的模型似乎面临过这些困难。我想我之前表明过对该模型的延展让第一种类型的不稳定性变得易于接受了。但是，第二类的确包含了对短期和长期宏观经济学以及经济增长理论和经济周期理论的整合。哈罗德和许多当代评论家基于对投资行为的极为特殊（而且不可信的）假设提出了该问题。那时我对这两个概念的不稳定性之间的区别可能没有现在这么清晰。

今天我将对这一悬而未决的问题做如下陈述。经济增长理论的研究成果之一是在安宁的条件下将均衡增长与资产定价关联起来。非均衡增长的艰难部分在于，我们没有而且也不可能在混乱的条件下拥有资产评估理论。（1987 是极好的一年，让我们关注到了这一点！）当代宏观经济理论的一个重要趋势是，它将以优雅而最终令人难以置信的方式避开这个问题。这一观点假设经济是由一个或多个完全相同的永恒消费者构成。永恒本身不是问题，每一个消费者可以由一个家庭所取代，而家庭中的每个成员如同对待他自身的延续般对待继任者。但不允许目光短浅。这种消费者不服从任何简单的短期储蓄功能，甚至也不是一个典型的程式化莫迪利安尼生命周期规律。而他，或者说整个家庭，应该解决无限期效用最大化问题。在我看来，这未免牵强，尽管不可怕但没有人想知道这一假想将导致何种结果。

下一步更难，要与第一步建立连接。对于这种消费者，每个公司只是一个透明的媒介，一个为了承载跨期优化而只受技术约束和初始资源限制的装置。因此，基于假设任何一种市场失灵从一开始就被排除。没有战略互补性，没有协调失败，没有囚徒困境。

最终的结果便是搭建一个模型，假定整个经济将自始至终解决拉姆齐最优增长问题，它只受到偏好和技术的不变的随机冲击干扰。经济以最佳方式适应该情形。研究路径即均衡路径的自动推论离不开这一习惯性想法。所以我们要把我刚刚描述的模型看作现实的资本主义世界的模型。我们曾称作商业周期的繁荣和衰退现在被解释为最佳路径中的最优波动，以回应生产力的随机波动和对安逸的渴望。

我觉得这都不足以令人信服。商品和劳动力市场在我看来如同不完美的社会机器，它具有重要的机构特性。它们似乎并不都像为了将消费和休闲的家庭生产的安逸渴望转变为生产和就业决策的透明、无摩擦机制的行为。我无法想象对偏好和技术的冲击大到足以影响一个季度或年度商业周期的波动。但现在我不得不汇报一些令人不安的事实。关于这一方案，我可以向你提供一个干练的、文明的、完全严谨的例子，你会发现它很难反驳。在论据中你可以找到对重要步骤的非凡反驳，但这将适用于任何强有力的宏观经济模型。

这是一个两难的问题。当我说普雷斯科特的说法很难反驳，那并不意味着他的例证可被证明。相反，不符合他观点的其他模型也很难或许更难反驳。结论必定是：历史时间序列无法提供一个临界实验。这是一个化学家愿意进入实验室去设计和开展的实验。这种选择不适用于经济学家。我对该矛盾的初步解决方案是，我们不得不认真对待我们自己直接观察到的经济机构的运行方式。当然，对不同机构的惯常做法存在争议，但这些争议应该是清晰的、有序的、基于事实的。这种方法论的机会主义可能会令你不舒服和不安；但至少应该能让我们不愚昧。

因为我刚刚说的违背了时代的精神，对此我还是详述为好。没有人可以无视时间序列计量经济学。当我们需要参数估算，用于预测和政策分析，没有一种很好的规格和估算模型替代它。然而，也只好这样了，如同许多美国经济学家那样，去相信实证经济学随着时间序列分析开始和结束，就会忽视很多有价值的信息，这些信息不能用一种如此方便的形式来表达。我将那种由观察专家定性推理形成的信息以及经济制度运作的直接知识都纳入讨论。当然，怀疑论总是适宜的。业内人士有时是愚昧思想的奴隶。但是我们没有很好的证据表明，除了价格和数量的时间序列我们能忽视一切。

这种方法论的偏离之后，我恳请你们关注我的主要论证方向。经济增长理论为讨论和比较经济的均衡路径提供了一个系统的方法。这一论证完成得相当成功。但是，这样做未能充分处理与之同样重要和有趣的问题：处理偏离平衡增长的正确方法。我觉得一个可能的方案是错误的，即通过断言“经济波动”不是均衡增长的偏离而是均衡增长的体现，从而否认分析问题的存在。我的感觉是，这种想法或多或少局限于北美。也许这种解释根本不适用于欧洲经济体本身的经验。还有什么可选择的？

它不会简单地把你最喜爱的商业周期模型叠加到均衡增长路径之上。那可能对非常小的偏差有效，而对细微的自我相关“错误”似乎更有效。但如果从平衡增长的角度来看待一个季度以上的实质性偏离，例如自1979年以来大型欧洲经济体的历史所示，很难相信均衡增长路径本身是不受中短期运行经验影响的。资本形成的量和方向必定尤其受到商业周期的影响，无论是通过对新设备的投资总额或是通过加速报废旧设备。我也倾向于认为基于职业、行业和地区的劳动力市场的分割，随着从一个阶段到另一个阶段失业数量的变化，还是会回到均衡路径。趋势和波动的同步分析确实包含着长期和短期或均衡与非均衡的整合。

最简单的策略是来自于其他环境中的熟悉模式。在一个完全总量的增长模型中相关价格就是实际工资和实际利率。假设他们都是刚性的，或仅仅是慢慢地调整。更常见的假设是，只有工资是不变的；但根据维克塞尔的理论，我们应该允许“自然的”和“市场的”利率之间存在分歧。那么经济可以离开任何完整的平衡路径很长一段时间。在这段时间里，其演化受控于一个类似于日常商业周期理论的短期动态。

最有趣的情况就是，实际工资和利息率处于固定的水平将导致劳动力和商品的供应过剩(储蓄大于事先投资)。这就是我们所说的配置“凯恩斯主义”。最大的不同是，净投资可以是正的或负的；工业产能可能上升或下降。经济最终会回到均衡路径，也许是因为我们不断告诉自己“从长期来看价格是富于弹性的”。情况如果或确实如此，它将不会回到下降以前的均衡路径。新的均衡路径依赖于不平衡期间产生的资本积累数量，也可能依赖于失业人数，特别是长期失业人数。如果技术变革是内生的而不是任意的，甚至技术水平也有可能不同。

这是我 1956 年提到的那种修订方案，但它不能长久适用。目前，埃德蒙德·马兰沃提出的固定价格增长模式理论是一种极好的探索性描述。正如你所期望的，投资函数起着重要的作用。此前当我提到资产定价偏离均衡路径的难题时，我也是这么考虑的。在或多或少强大的计量经济学的指导下加之我们对真正的投资决策公司的了解，我们归纳了一些或多或少合理的方案。马兰沃强调“利润”作为一种投资的决定因素，但他又强调在前途未卜时盈利的确切含义尚不明确。

马兰沃分析的主要结论是，澄清“凯恩斯主义”的稳定状态是可能的条件，当它局部趋于稳定时，即当它被附近的平衡路径所干扰的经济所影响时。不稳定的状况是有趣的，因为它表明细小的原因可能产生重大的影响。所有这些稳定的参数必须是假定的，因为当量变发生时我们假定利率与实际工资是固定的。这不是忽视纯粹精神结论的充分理由；但显然研究计划是不完整的。

马兰沃的概述和其他人的书一样好。我个人的倾向是(只是一个倾向)：尝试一种略微不同的倾斜。含糊不清的盈利概念及其与投资的关系，让人意识到许多公司通过改变它们的价格来应对变化的情况。对于黏性价格模型的正确选择是一种不完全竞争定价的企业模型。当然，可以不再以任何简单的方法来讨论商品供应过剩。但我们可以发现一些同样有趣的情形：许多平衡路径共存的可能性，这其中的一些路径明显比其他更好。(通常较好的路径有较高的产量和更好的就业，因此诸如经济衰退之类的情况时有出现。)增长与经济周期的互动可以采取稍微不同的形式：好的和坏的平衡交替出现不仅仅是一个简单的平均。

这类模型目前为我们所熟悉，它可以在静态背景下让“有效需求”的概念得以实现。企业将基于经济总量的考虑合理地制约其行为。哈恩和我正致力于将其延伸到世代交叠模型的研究工作，使得任何静止平衡状态向不断增长的稳定状态的转化过程变得简单。初步迹象显示，该设想可以达到。因此，我们希望无论是固定价格法或不完全竞争法可以让我们在增长的背景下讨论宏观经济政策。

在我 1956 年的论文里已经对中性技术进步可以合并到一个平衡增长模型做过简

短说明。这是一个必要的补充,否则只有模型保持稳定状态人均收入才能保持稳定,那简直是工业资本主义的真实写照。技术进步,从广义上说包含人为因素的改进,它是使实际工资和生活水平保持长期增长的必要条件。由于总量生产函数已经是模型的一部分,为了真正的经济发展,我们自然会联想到从长期时间序列的角度对其进行估算。再加上诸如储蓄率和人口增长等标准参数,该模型便得以实现。

估计总生产函数几乎是一个新的想法,但我也有一个新的问题:使用观测要素价格作为当前边际指标生产力,使每个观测会给我的不只是一个近似点,生产函数的指示斜率也近似。我很肯定这想法是建议我用平衡增长理论。我想强调的是,我当时没有任何概念。

1957年我发表的那篇文章前几段提到了让我深感困惑的,不是关于方法的问题,而是关于输入和输出数据使用的问题。在表达了我的怀疑之后,我以务实的精神继续钻研。一个人不能脱离群集关系去研究宏观经济学,至少目前不存在宏观经济学的替代品。对于有激烈争议的这一观点我唯一可以解释的是,我们相信一定存在一种内在理念,认为"资本"的利润是将生产要素的回报表现为由市场决定。约翰·贝茨·克拉克在一个世纪前可能认为根据边际产品进行分配是"合理的",但现代的经济学家,现代的"资产阶级"的经济学家,不会接受这样的推理。

无论如何,1957年这一设想的主要结论是令人吃惊的。在1909到1949年间的美国经济每小时的产出增加了一倍,其中7/8的增长可以归因于"广义的技术变化",而只剩下的1/8则归因于资本密度的传统增长。其实所罗门·法布里坎特在国家经济研究局曾提出了一个早期类似的衰退,在分析的基础上运用较少的路径。我曾期待为简单的资本形成找到一个比我已发现的更大的作用。我等会很快就要讲到这一点。

30年来广泛的结论已出人意料地形成,而在这之后的一段时间里,"增长核算"已被大大完善,尤其是被爱德华·丹尼森完善。主要的改进是已经将"广义的技术进步"拆分成各种人力资本变量和"狭义的技术变化"等成分,这是最为重要的。为了让你们对现状有所了解,我将引用丹尼森对美国所做的最新预测。

以1929到1982年间为例,去除了商业周期之后,他发现实际的非住宅业务量以每年3.1%的平均水平在增长。现在的问题是在众多决定增长的基本因素中进行分配。据丹尼森预计,一个季度的增长可以归因于稳定的教育水平带来的劳动力输入增长。另外的16%(即每年大约0.5%)则来自中等熟练工人学历的提高。"资本的增长"导致了12%的产出增长,巧合的是,我发现这跟我用原来的方法分析1909到1949年间的情况几乎完全一致,而丹尼森对此方法在某些方面做了有效的改进。然后丹尼森把11%的总增长归因于"改良的资源配置"(即他认为低生产率的农业劳动将向更高的生产力产业发展)。另外11个%则来自于"规模经济"(但这必定是一个非常不稳定的归责)。最后34%记录在案的增长归功于"知识增长"或狭义的技术进步。如果把这些百分比加起来,你会发现丹尼森已经占计量增长的109%。杂项因素必须减去产出增长3.1%的9%,或者只是每年低于0.3%。(这些消极因素可能包括环境改善的投资,其资源损耗没有出现在计量输出中,虽然它可能很有价值。)

这是我第一次详细统计的改进，但它会导致大致相同的结论。请记住，我区分的只有三个因素：直接劳动、直接资本，余下的是“技术变革”。丹尼森将余下的分解为五部分，但其特点很相似。

如果你看一看丹尼森基于“从业人均值”的研究结果，将会发现更强的相似性。1929 到 1982 年间从业人员人均实际产出增长了 1.7%。从业人员人均劳动投入占其 23%。这听起来很奇怪，其主要原因是，人均每年工作小时数在这期间下降，使从业人员提供的人均直接劳动时间减少。我不会重温这一全过程。我想指出的是，职工人均培训占到了人均产出增长的 30%，在丹尼森的数据中知识进步占 64%。因此，技术仍然是经济增长的主要动力，人力资本投资位居第二。你不必相信这些数字的准确性，无论如何它们所传达的信息是再清楚不过的了。

这被视为一个严肃的论断。如果我可以重回方法论的宣传，我想提醒我的同事们和他们的读者，实证经济学的每一部分都是基于一种不够真实的背景假设的结构。例如，这些全要素生产率的计算不仅要求市场价格可以作为一个粗略的、勉强过得去的边际产品的近似，而且不会完全地扭曲这些关系。在这些情况下，稳健性应该是计量经济学的最高价值，不够合理的阐释则是计量经济学的缺陷。所以如果你接受我一直引用的指向真理的定性结论，同时或对数量级给出一些指南，我将感到非常欣慰。想要了解得比这更多便是自找麻烦。我也愿意引用由获胜学生的棒球统计数据带来的深刻警示（它就挂在我的办公室），“没有统计证据能使观点在常识面前无懈可击”。

提到常识，让我想起在文献中仍然尚未解决的说法的另一面。在开始的时候，我对于该模型将相对小部分原因归于资本形成感到很惊讶。即使这已经被丹尼森和其他人所证实，其结果似乎违背常理。增长速率的恒稳态独立于投资限额这一事实是容易理解的，它只需要理论思维便能得出。即使在更短期内增加的投资对暂时的增长作用非常之小，这一结论让人更难轻松。向一个更高的均衡增长路径过渡似乎不能为旨在促进投资的政策提供杠杆作用。

正式的模型遗漏了一个机制，其缺乏会造成投资预测的明显偏见。这就是我所谓的“具体化”，事实上，很多也许是大多数的技术进步，只有使用新的、不同的资本设备才能实现实际生产。因此，旨在提高产量的有效创新不仅会带来较高的资本密集度，这也许不是很重要，而且会加速新技术向实际产量的转化。我们将会观察到，受影响的不是稳步增长，而是中间运行转换。

这个想法当时看起来是符合常识的，目前也仍然如此。1958 年，我提出了一个模型，它考虑到了技术物化效果。因此资本不能被视为同质的，它丧失了一定的简单性。不得不对它的年龄结构进行记录，而这正是关键。总之，这一模型即使不够简洁但仍是可行的。如果常识是正确的，具体化的模型较之以前的模型则更明显地符合事实，但它并非如此。我尊重丹尼森的判断，他认为这一理念没有解释的价值。我不知道这一结果是否可以被描述为一个悖论，但这至少是一个谜。

在准备这次演讲的过程中，我看到了爱德华·沃尔夫教授（来自纽约大学）最近撰写的一篇论文，他对这个问题提出了更为长远的看法。沃尔夫编制了七个大国（加拿大、法国、德国、意大利、日本、英国和美国)的数据,该数据覆盖了从 1880 年到 1979 年整整一个世纪。他还特别关注了战后 1950 年到 1979 年这一时期。选定这些国家只是出于对数据有效性的考虑,所以他们不能被认为是一个具有代表性的样本。沃尔夫的结论只是提示性的,但也是一个有趣的建议。

他对每个国家全要素生产率的平均增长率(即我称之为广义的技术进步率)和投资速度的各种措施进行计算(比如他考察了资本存量的增长率,资本—劳动比率的增长率和平均投资额本身)。然后,综观这些国家,他发现技术进步率和投资速度之间具有很强的正相关关系。他解释说,这为技术物化假设提供了有力的证明:如果我们假设所有这些国家都能获得大致相同的技术创新,那么,投资最快的国家则最能充分利用已有的知识。这肯定是一个我喜欢的合理解释。记住,用总要素生产率,沃尔夫已经通过增加资本强度将其提高生产力的传统功能"给予"了投资,所以剩下的相关性存在于投资与总量生产函数的转换之间。

然而,为了忠于自己的方法论准则,我必须提醒你们,其他的解释也是可能的。例如,由于与资本形成率没有任何关系,有可能一些国家能比其他国家更好地利用科技进步的共同资源。但正是在这些技术进步的国家,投资是最赚钱的,所以投资率自然较高。否则,快速的技术进步和高投资都将是某个第三因素的结果,比如目前鼓励创业活动的环境。高投资和快速技术进步将相辅相成。

我不会为其中某一种看法做激烈的辩论。但对于理性的人来说至少有一种方法让其相信,通过从实验室向工厂的技术转移刺激投资将有利于更快的中间运行增长。

在我结束演讲之前,或许我应该指出,在一个微不足道但相当完整的计量经济学模型中将我论述的各个方面结合起来是可能的。如果这不可能,我会对它们丧失兴趣。事实上,它已然如此。由伯特·希克曼和罗伯特·科恩所提出的"美国经济年度增长模型"便是一个很好的例子。

在制作方面,这一模型完全是聚合的,且事实上正是我一直在谈论的这类情况(其需要面是分解的,但这一点现在已经不重要了)。对希克曼—科恩模型充分平衡路径的熟悉正是由增长理论所促成的,因为要考虑节约的测定和劳动力的进化等更多的细节,它更为普遍。

这部分是相当明确的。然而在最近的一些应用中,希克曼和科恩已经开始按照马兰沃和我所推荐的方法研究均衡增长的偏离。他们考虑了实际工资的刚性,并将生产部门作为定价垄断的竞争对手。现在,除非处于均衡状态,投资不需要完全等同于充分就业储蓄。经济的繁荣和停滞期将会出现,且正在出现,几乎没有人对此感到惊讶。可能出现"凯恩斯主义"的和"古典"的失业。事实上两种情况可能同时出现:实际工资太高则可能无法让现有资本存量实现充分就业,而在同一时间总需求不足则难以形成企业所期待的市场繁荣。实际工资的变化可能给供给方和需求方带来影响。

这一切听起来很好,听起来就像是务实的美国人和瑞典人一直在实践着的宏观经济学。我不能担保希克曼研究数据的真实性,但这至少是合乎情理的。顺便说一下,它们表明美国 1959 到 1978 年间高工资导致的失业率是可以忽略不计的,并且较之其后 1981 和 1982 年间低需求引起的失业，再次变得相形见绌。我不知道 1982 年之后的情况是什么，但我很想知道，这能证明该模型很好。

在对增长理论的目标和成果的简要回顾中，我提到了很多其他人和我自己的相关研究。这不仅仅是谦虚，这一做法反映了我的信念，几乎可以肯定地说，任何成功的经济分析是集体的智慧。我们总将或好或坏的想法与人名联系起来，但有用的想法通常是由研究团队提出并经过了严苛的改进。我相信，“新古典主义”增长理论的想法是可行的，因为他们引起了研究界，甚至一个相当广泛群体的关注，如建立基本模型的卢卡斯、普雷斯科特、马兰沃以及诸如卡尔·夏尔和其他一些“黑子”理论家们。

当我读到罗伯特·弗罗斯特《黑山寨》中的句子：我们认为在生活中我们看到的大多数变化，是由于真理存在而得不到认同。我立刻想到，这与经济学极为相似。某种感觉是不可避免的，也不一定要后悔。应用经济学的持久基础不能太大，因为社会机构和社会规范在演变，而经济行为的特征也会随之改变。我也相信经济的可变性那部分在较短的时间里是我们难以解决的。这些结果源于研究太过努力，太过强求，对有限数据过分质疑，对模型过度匹配以及过度解释。这也许是不可避免的，但也无须特别遗憾。只有去尝试过了，你才会知道你是否已经竭尽所能。

我当然希望增长理论能应用于两个方面：作为可以支持尝试做更多可做之事的多层模型背景；作为关于宏观经济学中因果关系的松散量化命题的简单而强大的框架。在我看来，要实现这两个方面，基本的知识需求是对平衡增长的中等运行偏离有共同的理解。这是日常宏观经济学的组成部分。自凯恩斯以来它一直都在讲英语的国家运行着，而自林达尔和斯德哥尔摩学派以来，它一直在瑞典运行着。今天，它在两个地区同时运行着。

（黄　倩 译　唐兆希 校）

1988 获奖者

莫里斯·阿莱斯
Maurice Allais

【获奖理由】在市场理论及资源有效利用方面做出了开创性贡献。

生平简介

1911 年	出生于法国巴黎
1931 年	进入巴黎工学院
1947 年	任巴黎大学统计研究所教授
1954 年	任法国全国科学研究中心主任
1958—1959 年	任弗吉尼亚大学经济学教授
1967—1970 年	在日内瓦国际问题研究院任职
1970 年起	巴黎大学任教
2010 年	逝世

主要学术贡献

莫里斯·阿莱斯在其早期的著作中做出了许多重要的贡献，它们对现在的一般经济理论具有很大的影响。作为这类贡献之一，阿莱斯比前人的分析更加严谨。他论述到，当社会上没有人能变得更好也没有人变得更坏时，市场的均衡就是有效率的。而且，当初始资源再分配以后，任何社会上有效率的解都能作为一个市场均衡来实现。

阿莱斯的另一贡献是，在其一般均衡理论模型中引入了规模报酬因素，或者称之为基础设施投资。他还提供了一种形式，可以用于研究一个时间段的经济，并把资本和投资理论与一般均衡理论结合起来。

主要学术成果

《微观经济学研究》(1943)

《市场规律研究》(1947)

《经济与利息》(1947)

《欧洲一体化:通向富裕之路》(1959)

《资本在经济发展中的作用》(1965)

《增长与通货膨胀》(1969)

《一般经济均衡理论与最大效益:当前的困境与新的展望》(1971)

《资本税与货币改革》(1977)

《预期效用假设与阿莱斯悖论:关于不确定性条件下合理决策的讲座及阿莱斯的答辩》(1979)

《市场经济的货币条件》(1987)

颁奖词

瑞典皇家科学院 / 英格玛·斯托尔

尊敬的国王和王后陛下,各位殿下,女士们,先生们:

在德国占领下的黑暗岁月里,1943 年,一部经济理论领域卓越的著作在法国出版了。该著作的题为《微观经济学研究》,作者是拥有巴黎综合理工学院和高级矿业学院学位的 32 岁工程师莫里斯·阿莱斯。

在结束了学业和短暂的兵役之后,他被任命为南茨国有企业的行政区域主管。随着行政工作的开展,他开始了以提高经济效益为目的的经济理论研究。

但作为工程师和科学家的阿莱斯,对他以前研究的经济理论和他正在进展中的研究感到了不满。原则上,经济理论应该具有与自然科学尤其是物理学相同的数学严谨性,而这种严谨对于进行统计和实证分析更有意义。这位年轻的工程师开始全身心地投入了一个非常雄心勃勃的研究项目,这一耗尽终生并不断延续的研究工作,为后人的研究提供了非常重要和原始的结论。

阿莱斯的出发点源自于一个重要的直觉知识,即最初由亚当·斯密在 1776 年发表的论著《国富论》中提出的"市场系统是如何运作的"。依据斯密的观点,消费者和企业的行为都以自身利益为导向并且所做的所有经济决策相互协调,这一事实并不存在矛盾。这只看不见的手会借助运作良好的价格体系来创造均衡。一个世纪过去了,曾被文言体阐释过的斯密直觉,再次由法国经济学家里昂·瓦尔拉斯用数学术语进行了重新阐释。瓦尔拉斯将市场体系描述为一个大的系统方程,而每个商品的供给与需求对应不同的方程。这个方程系统的解可以被解释为一组均衡价格。里昂·瓦尔拉斯的研究后来由意大利经济学家维尔弗雷多·帕累托继续推进。但是阿莱斯也深受早期法国伟大的经济学家如奥古斯丁·库尔诺和裘布依的影响。早在第 19 世纪中期,裘布依已经提出了按规模报酬进行公共企业定价和投资的理论。

阿莱斯的早期研究为基础和理论经济学研究领域做出了重要的贡献。市场体系是几乎所有高度发达经济体的主要组成部分,然而在许多其他国家,对于经济制度的选择仍然存在着争议。通过构建严格的数学模型,可以研究一个经济体中独立的生产当然,对于实际的经济政策而言,了解这一情况是有益的,因为存在采取预防措施来减少不确定性这一可能。我还提到另一个可能招致批评的观点,即结论不可能有希望的那样好,即经济理论本身,计量经济学的基础,即祖先们一直让我们信奉的经济理论,也许并不那么完美。很明显,如果我们为了模拟实际经济生活所构建的理论体系是不充分现实的,更确切地说,如果我们即将在实践中处理的数据并非如经济理论所论述的那样获得,那么在面对实际观测与其他关系的描述时,它没有任何意义。

如果今天有人让我给出一个曾经提及的评价,我大概会用几乎相同的语言,但更为极端的内容。自从我以上提及的演讲之后,我拥有了足够的时间来思考这件事。恳请你们允许我冒昧地陈述在过去一段时间里我业已形成的一些想法。我想强调的是,如果碰巧这些想法存在某种价值,那么我也就达到了通过计量经济学进行研究的目标。

五、计量经济学——经济政策的有效手段?

首先请允许我做一个简短的概述,对此我不会进一步阐述。它关乎我们时常听到的一种议题,即所谓的基础科学或应用科学,究竟哪个更为重要。我不认为这个议题卓有成效,但我也许可以说正因为今天的研究代价之高昂,而数以百万计的人们不得不为之买单,因此,我们应该给那些希望获取利益的人们带来一线希望,这并非不合理。

我要补充的是,当我演讲中提及"福利国家"时,我认为这不只是狭义的西方式的概念。从短期和长期来看,我所指的"福利国家"是任何以人民的幸福为最终的目的社会。

我们有时会听到这样的说法——寄希望于准确的经济规律和结论,如同我们实际拥有的,例如在天文学领域的发现,是一种幻想。只要我们尽力寻找终将被发现的规律,这本身并不真那么令人不安。但在社会生活,特别是经济学的世界和天文学或其他物理学科的世界之间存在另一个更根本的差异,即如果我们不想太过理性,那么,一个重要的事实便是,一个社会或尤其是一个社会的经济由其本身就是人类产品的规则所支配。实际上大多数人都希望,社会不要以目前的方式永远维持下去。我们可以做些什么让它在这样或那样的方面变得更好。社会通过各种经济政策及措施发生着且持续不断地迎接着变化。这一事实对于我们应该如何界定现实的经济理论这一问题有着重要的影响。简而言之,经济学界的现实理论描述和模拟的是在任何一种经济政策下都可行的经济社会。因此,被动地描述此刻我们看到的身边发生的种种是不够的。从人类福利的角度来看,计量经济学的任务是从过去的数据中提取有用信息,从而适用于无论什么样的经济社会。关于这一点,我急需澄清一件事——"什么是良好的社会"这一疑问不能由任何数学技巧来解答。至少,人们对于什么才是最好的社会有不同的观点。如果我们以前不知道,那么肯尼斯·阿罗则以无可辩驳的方式证明了这一点。但作为与科学研究密切相关的人,我们必定要以为人类提供信息和启示为宗旨进行研究。这便是计量经济学连同许多其他类型研究的地位。其功用基于以下信念——即使我们不能解决相互冲突的利益纠纷，我们至少可以努力消除这些由于缺乏信息和知识所产生的冲突。

我相信计量经济学是有用的。但正如我所说的，能否通过观察我们生活的世界来获取信息，取决于健全的经济理论。计量经济学是建立在以合理准确的方法进行描述的理论基础之上的，所观察到的世界依照过去的方式运转着。我还以一种也许不够谦虚的方式提到了，我认为对于这一目标而言，现有的经济理论不够好。我并不是说我认为现有的经济理论是无用的。事实上，如果我们希望找到一个更为普遍的理论，我相信它将成为该理论所不可或缺的基石。对于这种普遍理论究竟是什么样我当然无法做出任何明确的贡献。在这方面，我想到了达尔文在《物种起源》中的一番话。他谦虚地说："研究经历了五年之后，我允许自己思考这个问题。"由于不具备达尔文般杰出的大脑，我只能说，我给自己 30 年的时间来思考这一命题。承蒙各位的耐心，我将提出几点有价值的思考。

我认为用以下方法描述现有经济理论的一个重要组成部分，这并非有失公允。我们以研究不同选择条件下的个体行为为起点。其中有些条件是由于个体必须与其他人有经济事务的接触。我们再试着通过所谓的聚集过程构建一个经济社会的整体模型。我现在认为，这实际上是本末倒置。考虑如下：在当今世界，生活着几十亿的人口。如果他们脱离了某一社会去尝试生存，我想大多数人都会在几周内死亡。当然，有这样一个旧的道德问题，即：究竟社会的存在是否因为个体，或者反之亦然。我想在我们今天生活的世界，这是个毫无意义的问题。以一种稍稍煽情的方式来说，没有社会就几乎没有人，没有人当然就不会有人类社会。这一观察与任何思想无关，无论是以极权主义的眼光还是以与之相对的个人主义的眼光来看。

简单而粗略地说，我认为依照一种方式的经济理论将在以下范围内取得进步。

从某一现有的社会开始，我们可以想象那是一个规则和规定的体系，其社会成员不得不实施。当个体服从规则时，他们对规则的反应会产生表征社会的经济效益。当结果物化时，他们会刺激社会中的政治过程，从而导致游戏规则的改变。换句话说，社会中的个体以一定方式的原始规则进行响应的种种后果便是，游戏中存在一个对这些规则本身的反馈效应。从经济理论和计量经济学的角度来看，将这些由反馈效应所形成的游戏规则作为独立变量来考虑是毫无意义的。毫无疑问，这种观点意味着，有一种超级独裁的权力支配着经济政策并利用那一社会中人们的反馈为如何维持或改变社会提供信息。

我觉得这些想法，如果他们有任何价值的话，必定是超出我心力以外而又希望能达到的。所以我所做的就是，把我认为我已经从别人那儿获得的启发呈现给你们。我希望所有那些曾给过我启发和教导的同人们会原谅我在这个简短的演讲中所做的大量引用。

（黄　倩译　柴志贤校）

1990 获奖者

哈里·马科维茨

Harry M. Markowitz

【获奖理由】对金融经济学理论做了开拓性工作。

生平简介

1927 年	出生于美国伊利诺伊州芝加哥
1955 年	获芝加哥大学经济学博士学位
1963—1968 年	任联合分析研究中心公司董事长
1969—1972 年	任仲裁管理公司董事长
1972—1974 年	任宾夕法尼亚大学教授
1980—1982 年	任拉特哥斯大学金融学副教授
1989 年	获运筹学理论奖

主要学术贡献

马科维茨的贡献是他发展了资产选择理论。他于 1952 年发表的经典之作《资产组合选择——投资的有效分散化》一文,将以往个别资产分析推进一个新阶段,他以资产组合为基础,配合投资者对风险的态度,从而进行资产选择的分析,由此便产生了现代的有价证券投资理论。

马科维茨关于资产选择理论的分析方法——现代资产组合理论,有助于投资者选择最有利的投资,以求得最佳的资产组合,使投资报酬最高,而其风险最小。

他的主要贡献是,发展了一个概念明确的可操作的在不确定条件下的选择投资组合理论,他的研究在今天被认为是金融经济学理论前驱工作,被誉为"华尔街的第一次革命"。

主要学术成果

《资产组合选择——投资的有效分散化》(1952)

《财富的效用》(1952)

《过程分析的性质及其应用》(1954)
《线性约束条件下的二次函数最优解》(1956)
《关于离散规划问题的解》(1957)
《过程分析研究广义经济性质的生产能力》(1967)
《资产选择:投资的有效分散化》(1970)
《资产分析要素与方案》(1981)
《逆偏差》(1981)
《非负与非非负:资本资产定价模型质疑》(1983)
《平均方差与直接效用的最大化》(1984)
《资产选择与资本市场中的均值——方差分析》(1987)
《投资规则、毛利与市场波动》(1989)
《风险调节》(1990)

1990获奖者

默顿·米勒

Merton H. Miller

【获奖理由】对金融经济学理论做了开拓性工作。

生平简介

1923 年	出生于美国马萨诸塞州波士顿
1943 年	获哈佛大学文学学士学位
1952 年	获约翰·霍普金斯大学博士学位
1961—1993 年	芝加哥大学任教
1976 年	任美国金融学会会长
1996—1998 年	任 CMT—CBOT 联合战略计划委员会执行理事
2000 年	逝世

主要学术贡献

MM 定理是米勒的重要贡献，指在一定的条件下，企业无论以负债筹资还是以权益资本筹资都不影响企业的市场总价值。MM 定理表明在具备完美资本市场的经济中，企业的市场价值与它的资本结构无关。

米勒的公司财务理论，解释了什么因素决定公司在应计债务和分配资产方面的选择。他的这一理论基于这样一种假设，即股票持有者可以像公司一样进入同样的资本市场，因此，公司保证股东利益的最佳办法就是最大限度地增加公司财富。米勒认为，通过资本市场所确立的公司资本资产结构与分配政策之间的关系，同公司资产的市场价值与资本之间的关系，是一个事物的两个方面。因而，在完全竞争（撇开税影响）条件之下，公司的资本成本及市场价值与公司的债务—资产率及分配率是互为独立的。也就是说，一定量的投资，无论是选择证券融资还是借款，对企业资产的市场价值并无影响；企业的分配政策对企业股票的价值也不起作用。

米勒进一步提出，对资不抵债公司的税收优惠，虽然会影响一个给定的经济部门的总债务率，但对个别企业债务—资产率却无关痛痒。这无疑在“双M理论”的基础上又向前迈进了一大步。米勒在将理论应用于金融领域的其他一些方面上，也颇有建树。这些引人注目的观点以后导致了大量的反对性研究，但是MM定理已经证明比许多人开始想象的更长期适用。现在这个定理仍然是几乎所有公司财务的实验性研究的出发点。

主要学术成果

《内在弹性》(1948)
《利息率变动的收入效应》(1951)
《铁路货运最优规划模型》(1959;1961)
《审计、管理策略与会计教育》(1964)
《金融理论》(1972)
《与风险相关的收益率：最新发现的再考察》(1972)
《出租、购买和资本服务的成本》(1976)
《债务和税收》(1977)
《银行控投公司的管制方法》(1978)
《应用价格理论文选》(1980)
《石油与天然气的定价：若干后续结论》(1985)
《毛利管制与股市波动》(1990)

1990 获奖者

威廉·夏普

William F. Sharpe

【获奖理由】对金融经济学理论做了开拓性工作。

生平简介

1934 年	出生于美国马萨诸塞州的坎布里奇市
1956—1961 年	任职于兰德公司
1961 年	获加州大学经济学博士学位
1961—1968 年	在华盛顿大学任教
1968—1970 年	任加利福尼亚大学尔湾分校教授
1970—1999 年	任斯坦福大学教授
1980 年	任美国金融学会会长
1996—2003 年	任金融引擎公司主席

主要学术贡献

夏普对经济学的主要贡献是在有价证券理论方面对不确定条件下金融决策的规范分析，以及资本市场理论方面关于以不确定性为特征的金融市场的实证性均衡理论。

他在 20 世纪 60 年代将马科维茨的分析方法进一步发展为著名的"资本资产定价模型"，用来说明在金融市场上如何确立反映风险和潜在收益的证券价格。在模型中，夏普把马科维茨的选择理论中的资产风险进一步分为资产的"系统"(市场)风险和"非系统"风险两部分。前者是由总体股价变动引起的某种资产的价格变化，后者则是由影响股价的某些特殊要素引起的资产价格变动。夏普提出一个重要理论是，投资的多样化只能消除非系统风险，而不能消除系统风险，亦即投资于任何一种证券，都必须承担系统风险。

假设有两种具有相同 β 系数的有价证券组合，一种是由非系统风险大的股票构成，另一种是由非系统风险小的股票构成。“有风险”的有价证券组合比“安全”的有价证券收益更大吗？夏普的资本定价模型给予了否定的回答。两种有价证券组合的系统风险（即不可避免的风险）相同，风险更大的股票对理性的投资者没有影响。

夏普的资本资产定价模型，是现代金融市场价格理论的主要部分。现在投资公司广泛应用该模型来预测某一种股票在股票市场上的运作情况。该模型有助于计算与投资和兼并有关的资本消耗，并能够对有关没收公司财产的法律案件产生影响。它还被广泛用于经济分析，从而系统地、有效地编排统计数据。总之，这一模式对金融经济学的贡献是有口皆碑的。

主要学术成果

《计算机经济学》(1969)

《资产组合选择理论和资本市场》(1970)

《管理经济学导论》(1973)

《投资学》(1981)

《资产配置工具》(1985，1987 再版)

《投资学基础》(1989)

颁奖词

瑞典皇家科学院 / 阿萨尔·林德贝克

尊敬的国王和王后陛下，各位殿下，女士们，先生们：

金融市场在现代市场经济中起着重要作用。正是通过这些市场，国家经济各部门的储蓄被转移给企业进行建筑和机器设备等投资。而且，金融市场也反映着企业的未来前景。

20 世纪 50 年代以前，几乎没有任何金融市场理论。该领域的第一位先驱者是哈里·马科维茨，他提出了有关家庭和企业在不确定条件下的证券投资组合决策的理论。该理论显示了在不确定条件下各具特征的大量资产投资这个多元问题，如何可以归结为一个二维问题，即期望收益和证券投资组合收益方差间的权衡问题。

早先，该领域的学者们主张，以相对较高风险以及收益有较大波动幅度为特征的资产，必然要求高风险溢价。投资组合理论澄清说，资产风险的重要一面是其风险不是孤立存在的，而是把每份资产配置到整个投资组合的风险中去。马科维茨的工作也表明，如何将计算最优投资组合的问题作为二次编程问题加以解决。

证券投资组合理论分析了个人投资组合经理的决策问题。为此，各种资产的市场价格被认为是给定的。下一步就是解释这些资产价格是如何确定的。这是通过所谓的资本资产定价模型(CAPM)的发展来实现的。威廉·夏普也因此获得本年度经济学奖。该模型显示，金融投资者的最优风险投资组合只取决于投资经理对不同资产期望值的预测，而不决定于他本人的风险偏好。该模型也展示了风险如何被买卖，从而可以经由资本市场进行分散。

资本资产定价模型已成为现代金融市场价格理论的中流砥柱。该模型中所称的β值，用以衡量某个股票收益和整个证券市场的协方差，如今在金融市场和投资决策分析中已成为标准工具。

证券投资组合理论和资本资产定价模型聚焦金融市场，默顿·米勒最初与弗兰科·莫迪利安尼合作，建立了现代企业金融理论。该理论可以概括为两个定理，定理一关注企业资产结构和其市场价值间的关系，定理二澄清企业股息政策和其市场价值间的关系。

这两个定理显示，当股东自身可以利用资本市场来进行收益和风险间的权衡时，企业就不需再调整内部决策来适应股东不时变化的风险评估了。企业只要努力使资本价值最大化，就可以最大限度地保护股东利益。换言之，企业使风险多样化不是为了股东的利益，因为股东自己就可以通过投资组合决策做到这一点。

这些分析也显示，在完美资本市场条件下，企业选择股权融资或借款并不会影响其市场价值和资本成本。在同样条件下，公司的市场价值也不受股息政策影响。由此产生了该理论的基本假设：如果存在企业最优资本结构和股息政策，即如果资本结构和股息政策影响了企业市值，那么就偏离了完美资本市场的假设，即税收后果或其他市场缺陷。

马科维茨、米勒和夏普教授，你们的研究奠定了“金融经济和公司金融”领域的基础。近年来该研究领域取得的长足发展很大程度基于你们的成就。很荣幸有机会向你们传达来自皇家科学院的诚挚祝贺，并请你们接受由国王本人颁发的1990年诺贝尔经济学奖。

（岑群霞 译　武　鑫 校）

获奖演说

证券投资组合理论基础

哈里·马科维茨

我40年前学习微观经济学时，老师教我最优化的公司和消费者会如何表现，以及这类行为所产生的经济均衡的性质。我把这些归于我的微观经济学课程的第一和第二部分。我有关投资组合理论的工作是考察最优化投资者将如何表现，而夏普和林特纳的资本资产定价模型（简称CAPM）则关注经济均衡，假定所有投资者都用我提出的特定方式优化。因此，一方面是我的工作，另一方面是夏普和林特纳的工作，构成了资本市场微观经济学的第一和第二部分。

夏普教授将会讨论课程的第二部分CAPM，我则仅限于评述第一部分——证券投资组合理论。证券投资组合理论在三个主要方面有别于我研修过的企业理论和消费者理论。第一，它关注投资者而非制造企业或消费者。第二，它关注在不确定性下行动的经济主体。第三，该理论可以用于指导实践，至少对于拥有充足计算机和数据库资源的大型(通常是机构)投资者是如此。毋庸置疑，这个理论研究投资者而非生产者或消费者。下文我将进一步阐述第二和第三个不同点。

在我的微观经济学课程中，生产者理论假设竞争企业知道己方的商品售价。在真实世界中，决定生产、生产时间和销售时间之间会有一个时滞。销售时的产品价格可能会与做出生产决策时的期望价格有所不同。这种最终销售价格的不确定性在实际的生产规划中是很重要的，但在古典经济模型中被忽略却也合理。人们判定它对解决眼前的问题并不重要。

在最优化投资者行为的分析中，不确定性不能被轻易忽略不计。一个确切知道未来收益的投资者将只投资某种证券，即未来收益最高的证券。如果有几种证券有同样的最高未来收益，投资者无所谓选择哪一种证券，或其中任几个证券的组合。他们绝不会真要一个多样化投资组合。但是多元化确实是一种普遍而合理的投资实践。为什么？为了降低不确定性！不确定性的存在对于分析理性投资行为显然是至关重要的。

下文讨论不确定性时，我假设投资者已知概率分布。当然，我们无人知道证券收益的概率分布。不过我在芝加哥大学的一位杰出导师列昂尼德·萨凡奇使我相信，一个在不确定性之下行事的理性主体在不知道客观概率时会按照“概率信念”行事，而这些概率信念或主观概率完全像客观概率一样组合。这样假设后，我下面要说的概率、期望值等等是主观还是客观分布，是不清楚也不相关的。

某天我在阅读约翰·布尔·威廉斯的《投资价值理论》时，突然想到了证券投资组合理论的基本原则。威廉斯提出，股票价值应该等于它未来股息流的现值。但显然股息是不确定的，所以我认为威廉斯建议按照贴现未来股息流的期望值评价一种股票。但如果投资者只关注证券的期望值，必然也只关注证券投资组合的期望值。为了使投资组合的期望值最大化，他只要投资一种证券就可以了，就是具有最大期望收益的那种(如果几种证券并列最大，就投资其中一种)。因此我们必须认为，只基于期望收益的行为(正如同基于未来确定性的行为)没有描述实际的或理性的投资行为。

显然，投资者担心风险和收益，证券投资组合理论应该将此作为一个整体来衡量。方差(或标准差)就是我们想到的投资组合风险的一种度量。证券投资组合的方差——也就是加权和的方差——涉及所有协方差项这个事实加强了该方法的可行性。因为有两个标准——期望收益和风险——一个经济学学生所用方法自然是设想投资者从帕累托最优期望收益，收益组合的方差(现在被称为有效边界)集合中选取某一点。以上是那天我在阅读威廉斯《投资价值理论》时所想到的证券投资组合理论的基本要素。

在随后的年月中，我补充了一些细节，然后其他研究者又补充了许多。比如1956年我发表了《临界线算法》，已知期望收益、方差和协方差的估计值，画出任何受到各种限制的证券的有效边界。在1959年出版的书中，我探讨了我的均值—方差分析和冯·诺依曼、摩根斯坦、L. J. 萨凡奇的风险和不确定性下行为的基本理论两者间的关系。

从20世纪60年代开始,夏普、布鲁梅、林、罗森堡和其他学者都极大地阐明了估算协方差的问题。今年9月,我参加了伯克利金融讨论会,其中好几个分析者的报告说,他们利用公开的统计数据,可能结合证券分析人员的收益估计,成功地估算出期望收益。我不是说他们的估计消除了不确定性,只不过说明,平均来说,估价较高的证券表现要好过估价较低的证券。

所以,有了数据库、计算机计算程序和估价方法,现代证券投资组合理论家可以给大量的证券画出均值——方差边界。但这对投资者来说是否合适?特别是,均值和协方差对投资选择来说构成充分合理的标准吗?

为了回答这个问题,让我们考量一下不确定性下的理性选择理论。在这么做之前,我们先回顾一下投资组合理论与企业和消费者的古典微观经济学理论的第三点不同之处。实际上我们寻求投资者可以遵循的一系列规则——至少是拥有充足计算资源的投资者。因为我们更想要一个计算上可行的近似法,而不是不能计算的精确方法。我相信就在这一点上,肯尼斯·阿罗有关不确定性的经济学观点和我有所不同。他寻求精确而通用的解决方案,而我寻求近似性和可操作性。我觉得两条研究路线都是有价值的。

我1959年的书中第四部分有关不确定性下的理性行为的探讨以萨凡奇定理中的一个变体开始。从这些定理可以推论出,投资者应该为一个多期博弈选择的策略使期望效用最大化。这反过来也意味着投资者每个时期的行动都应该是该时期效用函数的期望值最大化。这个单一时期效用函数可能依赖证券投资组合收益和其他状态变量。现在我们假设它仅依赖投资组合收益。

这样一来,至关重要的问题就是:如果特定单期效用函数的投资者,仅仅依据期望收益和方差,他能获得几乎最大的期望效用吗?或者换言之,如果你知道投资组合收益概率分布的期望值和方差,你能很近似地猜测出它的期望效用吗?

有关这个问题已经做了很多研究,但还不够。让我简单描述一下一些结果,以及一些开放性问题。表1摘录自列维和马科维茨。表格中的各行代表不同的效用函数。比如第一行报告$U(R)=log(1+R)$的结果,其中R是证券投资组合的收益率;如表中第一列所示,第二行报告$U(R)R=(1+R)^{0.1}$等等的结果。表格中第二到第五列代表投资组合收益的不同历史分布集合。比如,第二列代表1958—1967年间149家投资公司的年度收益,第三列代表97种股票的年度收益,等等。

与第二列有关的计算实际上假设投资者必须从149个投资组合中选择其中一个组合,而且他有关这些投资组合的概率信念与历史收益是一样的。我们并不是将此推荐为一种形成信念的方式,而是以此作为事实上发生的收益分布的一个例子。

对每个效用函数,并对第二列的149个概率分布的每一个,我们计算它的"期望"(即均值)效用:

$$EU = \sum_{t=1}^{T} U(R_t)/T \tag{1}$$

其中 T 是样本中的期数，而 R_t 是 t 期的收益率。我们也计算了 EU 的各个近似值，其中近似值只依赖分布的均值 E 和方差 V。在哈里·马科维茨尝试过的各个近似值中，表现最好的几乎毫无例外地是马科维茨(1959)提出的那个值，即：

$$f(E,V)=U(E)+0.5U''(E)V \tag{2}$$

比如说，如果 $U(R)=log(1+R)$，

$$f(E,V)=log(1+E)-0.5V/(1+E)^2 \tag{3}$$

方程式(2)可以看作是一条规则，如果你知道一个分布的 E 和 V 值，你可以利用这条规则猜测它的期望效用。表 1 中的数字用于主要为(2)的列维—马科维茨近似值。第一行第二列的数字显示，对于 149 个概率分布，如果 $U=log(1+r)$，EU 和 $f(E, V)$的相关系数是 0.997。第二列中其余数字同样显示，对于所测试的效用函数，EU 和 $f(E, V)$在 149 个概率分布上的相关系数。大多数案例中相关系数极高，通常超过 0.99。我们来简短讨论一个例外情况。

第三列表示对单一股票“证券投资组合”的一个年度收益样本，EU 和 $f(E, V)$之间的相关系数。相关系数显然小于第二列的多元化投资公司的证券投资组合。第四列再次考虑不分散的单一股票证券投资组合，但此时是月度持有期回报率。相关系数比第三列高得多，通常与第二列的相关系数持平甚至更高。所以，对于每月修正其证券投资组合的投资者，甚至对于收益如同单个股票一样多变的证券投资组合，就其效用函数而言，$f(E, V)$将与 EU 高度相关。

第五列表示年度持有期回报率，现在随机挑选证券投资组合，每个组合各有 5 种或 6 种证券。相关系数一般也很高——堪比第二列中的相关系数。因此，至少对这些概率分布和大多数效用函数而言，多样化的证券投资组合，甚至只是“有点”多样化的有五六种证券的投资组合，其 $f(E, V)$近似 EU。

期望效用最大化者并不一定都满足于均值—方差近似值。例如有 $U=-e^{-10(1+R)}$ 的投资者会发现均值—方差比表 1 中列示的其他数值令人不满意得多。有关具有 $U=-e^{-10(1+R)}$ 的期望效用最大化者，列维和马科维茨观察到两点。

第一点是效用函数为 $e^{-10(1+R)}$ 的投资者在收益概率方面可能有些非常奇怪的偏好。他们不坚持确定性的收益，这是情理之中的事。例如相对于 25%的利润，投资者会宁愿要(a)50－50 概率的 5%利润，而不是(b)10%的确定利润。另外一个方面相对于利润 R，没有一个 R 值能引诱投资者要(a)50－50 概率的零收益(没有损益)，而不要(b)确定的 10%收益。因此，50－50 机会的盈亏平衡和 100000%收益被认为不如确定的 10%收益好。我们相信很少投资者有这样的偏好。

表 1　四个历史分布的 EU 和 f(E,V)之间的相关系数

效用函数	149 种互助基金的年收益①	97 种股票的年收益②	97 种股票的月度收益③	5 或 6 种股票的随机证券投资组合④
$log(1+R)$	0.997	0.880	0.995	0.998
$(1+R)^a$				
a=0.1	0.998	0.895	0.996	0.998
a=0.3	0.999	0.932	0.998	0.999
a=0.5	0.999	0.968	0.999	0.999
a=0.7	0.999	0.991	0.999	0.999
a=0.9	0.999	0.999	0.999	0.999
$e^{b(1+R)}$				
b=0.1	0.999	0.999	0.999	0.999
b=0.5	0.999	0.961	0.999	0.999
b=1.0	0.997	0.850	0.997	0.998
b=3.0	0.949	0.850	0.976	0.958
b=5.0	0.855	0.863	0.961	0.919
b=10.0	0.449	0.659	0.899	0.768

表 2　两个效用函数的二次逼近式　E=1

R	$log(1+R)$	$Q_L(R)$	Δ_L	$-1000e^{-10(1+R)}$	$Q_E(R)$	Δ_F
−0.30	−0.35667	−0.33444	−0.02223	−0.91188	−0.21712	−0.69476
−0.20	−0.22314	−0.21461	−0.00856	−0.33546	−0.14196	−0.14950
−0.10	−0.10536	−0.10304	0.00232	−0.12341	−0.08351	−0.03990
0.00	0.00000	0.00027	0.00020	−0.04540	−0.04175	−0.00363
0.10	0.09531	0.09531	0.00000*	−0.01670	−0.01670	0.00000

---

① 149 种互助基金的年度收益率引自 A. 威廉伯格公司各年度出版物。威廉伯格在 1958—1967 年度报告期收益率的所有共同基金都包括在分析中。

②③ 希伯来大学拥有的该 97 种美国股票的数据库当初是这样得到的:从 CRSP(芝加哥大学证券价格研究中心)磁带中随机抽出一个 100 种股票的样本,服从一条约束,就是所有股票在 1948—1968 年整个期间收益率有过报告。有些机械问题把可用样本规模从 100 减少到 97。样本只包含在整个期间有收益率报告的股票,有可能将生存偏差引入样本。这对当前目的似乎无害。

④ 我们随机抽出 5 种股票构成第一个证券投资组合,5 种不同股票构成第二个证券投资组合,等等。因为我们的样本中有 97 种股票,第 18 个和 19 个证券投资组合各自包括 6 种股票。用新的随机变量重复这个实验,在报告的数字中产生的差异微不足道,例外的是 $U=-e^{-10(1+R)}$ 的情况。对此情况表格中报告了一个中位数。

续 表

R	$log(1+R)$	$Q_L(R)$	Δ_L	$-1000e^{-10(1+R)}$	$Q_E(R)$	Δ_F
0.20	0.18232	0.18209	0.00023*	−0.00614	−0.00835	0.00221
0.30	0.26236	0.26060	0.00176*	−0.00226	−0.01670	0.01441
0.40	0.33617	0.33083	0.00063*	−0.00083	−0.04175	0.04092
0.50	0.40546	0.39283	0.01263*	−0.00031	−0.08351	0.08320
0.60	0.47000	0.44655	0.02345*	−0.00011	−0.14196	0.14185

第二项观察是即使有个不寻常的投资者确有所提到的效用函数，这位投资者也能预先确定 $f(E, V)$不是这个 EU 的好的近似值。表 2 表示 $U(R)$和(2)所根据的泰勒级数，即：

$$Q(R) = U(E) + U'(E)(R-E) + 0.5U''(E)(R-E)^2 \qquad (4)$$

之间的差异，$U=\log(1+R)$ 和 $U=-1000e^{-10(1+R)}$，而 $E=0.10$。对于第一列中所示各个 R，第二至第四列表示 $U(R)$，$Q(R)$和 $A(R)=U(R)-Q(R)$，其中 $U=log(1+R)$；下面三列表示 $1000e^{-10(1+R)}$的同样内容。因为一个效用函数隐含的选择不应乘以一个正常数受到影响，重要的不是 $A(R)$的数量大小，重要的是 $A(R)$中的变化与 $U(R)$中变化的比较。例如列维和马科维茨提出 $U(R)$和 $f(E, V)$之间的相关性的一个下限，作为 U 和 A 的标准差的一个函数。如同我们在表中所见，当 $log(1+R)$从 $R=-0.30$时的-0.357 上升到 $R=0.60$ 时的 0.470，$|A|$从未超过 0.024。与之相比，当 $-1000e^{-10(1+R)}$ 从 -0.912 上升到 -0.0001，$|A|$ 常超过 0.03 并有一个最大值 -0.695。① 因此，如果一个投资者的效用函数是 $U=e^{-10(1+R)}$，$U(R)$、$Q(R)$和 $\Delta(R)$的比较将严正警告我们，均值—方差是不合适的。

列维和马科维茨提出其他实证结果。他们也解释了下面两者的区别：前者假设一个投资者有一个二次效用函数，后者是对于给定的效用函数，用二次逼近式来导出一个像(2)式中那样的 $f(E, V)$近似值。特别是他们表明(2)中的 $f(E, V)$不受阿罗—普拉特对二次效用函数的反对意见影响，即它的风险厌恶是递增的。列维和马科维茨其实说明一大类 $f(E, V)$近似值，包括(2)，在小数上与原来的 EU 最大化式风险厌恶程度相同。

在此我将不再列举列维和马科维茨的这类进一步的成果，我也不谈其他许多学者的重要成果。马科维茨(1987)的第 3 章综述了直到那时的该领域的研究成果。不过，我将简短地谈谈两篇重要的尚未发表论文中的成果。

列维和马科维茨用 $f(E, V)$与 EU 之间的相关性测量前者的功效。Y. 西马安将优化溢价定义为投资者为了选择真正的 EU 最大化证券投资组合，而不局限于均值—方差"次优"，而刚好愿意从证券投资组合中支付的百分比。做一次实际的均值—方差

---

① 在 149 种互助基金中，E 接近 0.10 的基金的年度收益都在 30％损失和 60％利润之间。特别是 64 个分布有 $0.08 \leqslant E \leqslant 0.12$ 并且收益都在所示变程之内。

分析而不是理论上正确的期望效用分析,其理由是方便、成本低或可行性。一般来说,找出一个效用最大化证券投资组合比画出全部均值—方差边界成本要大得多。一次期望效用分析的数据要求可能大大超过一次均值—方差分析所需,因为对于前者而言,第一和第二矩估计一般是不够的。最后,有确定投资者的效用函数的问题。西马安的标准测量一个 EU 最大化证券投资组合发生的额外费用的价值,作为从证券投资组合中支付的投资组合的一个百分比。他用解析法求解在某些假设下的该优化溢价。

爱德林顿利用从实际时间序列随机挑选而产生的数以千计的合成时间序列来评价 EU 近似值。他用像(2)一样的方程评估近似值(除了利用前三或四个矩,余者都很类似)以及(2)(利用前两个矩)。从理论上指出较多的矩比较少的矩好,这固然很好,但实际问题是:多少个为好?

正如列维和马科维茨、爱德林顿发现,对于有些效用函数,均值—方差维持原样,几近完美,几乎没有可改进的余地。在均值—方差近似解释力不足的地方,爱德林顿发现一般三个矩对近似值改善甚微,而四个矩能使其大为改善。尽管有以上这些值得关注的结果,以及许多我尚未描述的结果,我们还有很多要做的事情。下面举三个例子说明其必要性。

第一,迄今为止,所有运算和分析报告的记述不尽统一,在什么场合均值—方差运作良好,什么场合又解释力不足。也许有可能开发一个更为系统的表征法,描述均值—方差近似对效用函数和分布是好的、坏的还是边际的。

第二,假设投资者有一个效用函数,均值—方差为之提供了一个接近的近似值,但投资者不确切知道该效用函数是什么。在这种情况下,投资者不需要决定该效用函数来获得一个近乎最佳的投资组合。投资者只需要从二维 EV 空间中的(一维)有效 EV 组合曲线中审慎选取。当需要四个矩时,为了采用相似的方法,投资者必须从四维空间中的一个三维曲面来审慎选取。这一点本身引起了严重的操作问题,即使我们克服了由于给定第三矩或更好的一系列证券投资组合的非凸性造成的运算问题。

但或许还有个选择。也许投资组合风险的其他量度会在对于方差有问题的某些效用函数的参数分析中起作用。比如在马科维茨(1959)的第 9 章中,我提出"半方差" S 作为风险的一种量度:

$$S = E[\mathrm{Min}(0, R - c)^2]$$

其中 $c=E(R)$,或者 c 是一个独立于证券投资组合选择的常数。作为风险的一种度量,半方差似乎比方差更可行,因为它只考虑逆离差。但是就我所知,迄今为止没有人确定是否有这么一大类效用函数,在说明 EU 的充分近似时,均值—半方差成功,而均值—方差失败。

第三,一般而言,推导出来的单一时期效用函数可含收益(或期末财富)以外的状态变量。在此案例中,只要效用在相关区域内是近似二次的,就可以从收益和状态变量均值,方差和协方差,来估计期望效用(请回想在相关区域内,相对于二次近似,对二次效用的列维—马科维茨分析)。就我所知,尚无人研究这类二次近似,适用于在实践中需要证券投资组合价值之外的状态变量的案例。

总之，在我看来，不确定性下理性行为理论可以继续对哪个切实可行的做法能实现近乎最优的结果提供深刻见解。特别是，它能进一步帮助我们评价均值和方差，或其他实际措施的适当性。

最后关于证券投资组合理论作为不确定行为下的微观经济学的一部分，我要再评论一下。人们并不一直这么认为。比如，当我作为芝加哥大学经济系的学生进行论文答辩时，米尔顿·弗里德曼教授认为投资组合理论不是经济学，他们不能把经济学博士学位授给一篇非经济学论文。我想他只是半真半假，因为他们没有经过太长时间的讨论就把学位授给我了。至于他的论点的是非曲直，此时此刻我很愿意让步：我当年论文答辩的时候，证券投资组合理论不属于经济学。但现在它已经属于了。

（岑群霞 译　武　鑫 校）

获奖演说

杠杆作用

默顿·米勒

一、引　言

根据阿尔弗雷德·诺贝尔的遗嘱，该奖项应授予“重要的发现或发明”。首先声明一下，我的情况肯定是属于前者，不是后者。跟你们可能看到过的1990年诺贝尔经济学奖宣布后的新闻报道不同，我不是杠杆收购的共同发明者。这种业务或许比其他金融交易更能够成为20世纪80年代所谓金融无度的象征。杠杆收购即企业中年轻有为的经理人筹资从已退休的企业创办人手中（或是他的遗产）购买控股权，早在1985年诺贝尔奖获得者弗兰科·莫迪利安尼和我于1958年发表我们有关杠杆和资本成本的第一篇合作论文之前，就已经是企业界的一种标志性特征。80年代的杠杆收购只是规模不同，更多涉及公众公司而不是私有企业，而且常常是恶性收购。

弗兰科·莫迪利安尼和我竟然被认为发明了这种企业收购模式，这真是一种加倍的讽刺，因为我们命题的中心观点是企业价值独立于它的资本结构。在一个重要条件限制的情况下（将在下文详细说明），你不能指望仅依靠杠杆作用提高股东价值。投资人不会为企业杠杆支付溢价（额外费用），因为他们总是可以个人名义借款以增加持股。虽然弗兰科·莫迪利安尼和我的预测似乎分析得很清楚，20世纪80年代的杠杆收购的惯例是给予股东40%以上的溢价，有些情况下甚至达到100%。提醒一下，这些都是在撮合交易的投资银行提取巨额费用之后的结果。

上述MM定理中价值不变命题的先决条件涉及未整合的美国公司所得税下利息支付的可抵扣程度。正像我们在1963年的文章中所指出的，在某些条件下那种可扣除性可能导致大量举债经营的利益，而这种赋税下驱使的利益无疑在20世纪80年代公司债务比例普遍上升以及近期一些杠杆收购特别是自愿重组中起到了作用。但是在扣除杠杆化资本结构(比如在我 1977 年《债务和税收》一文和之后跟进的文献中所论述的)抵消税务成本的作用之后,仅是抵税之说不足以解释观察到杠杆收购溢价。

1. 杠杆收购:收益从哪里来

20 世纪 80 年代杠杆收购中所得到的主要增值,事实上完全不是来源于我们所承认的金融领域,而是来源于那个较老的、久已存在的经济学领域,即工业组织。或许工业重组是一个更好的措辞。1990 年诺贝尔和平奖获得者米海尔·戈尔巴乔夫,可能已使"重组"一词变得大众化,但是 80 年代的杠杆收购企业家们真正地实行了重组,其规模是 20 世纪初以来所未曾见过的。那时,我们所认为的众多大企业被摩根和约翰·洛克菲勒等整合型企业家合并到一起。

杠杆收购企业家们借助公司重新集权和重新配置资产实现了可观的实际效率,这在许多学术研究中已有充分记述(见卡普兰,1989)。但是对杠杆收购和接管持基本赞许的观点远未被大众普遍接受。有些人对有时恶意收购后所发生的解雇和工厂倒闭不满,虽然更多的解雇和停产发生在汽车工业,而汽车工业至今没有被收购过。其他人担心这些短期利益只是不明智地牺牲了更高,但长期延滞的未来利益。这个论点假设市场不能适当计算贴现现值。更多人甚至害怕,即使有一些实际效率增加,也将被实现重组的金融并购的附带损害抵消掉了。

2. 企业杠杆的问题:真实存在的还是想象出来的

这些恐慌将是这次演讲的核心问题。诺贝尔基金会的条例规定诺贝尔演讲题目"应该围绕或与为之授奖的工作有关"。对我而言就是要论述 MM 定理。但与其仅仅回顾它们,或讨论它们所引发的后续研究(这个工作米勒在 1988 年的论著中已经做过),我提议倒不如说明这些命题对当前所关注的过度杠杆问题的影响。对这一问题的关注在有些地区甚至近乎歇斯底里。特别是我将说明:第一,垃圾债券的清晰可见的损失和违约并不意味着事实上发生了过度的杠杆;第二,听起来似乎有点矛盾,企业加大杠杆并不意味着整体经济风险增加;第三,被高度施以杠杆的公司所遭受的财务困境主要涉及私人成本而不是社会成本;第四,资本市场有内在的抵御过度杠杆的抑制器——这些控制目前表现得很明显。我们的监管者最近通过取缔垃圾债券市场,并对银行杠杆贷款施加额外的直接控制,努力取消这些内在市场机制,因而将导致通常与这类管制干预相联系的意想不到的后果。这些措施将使经济重要部门的效率降低,而成本提高(在此例中为资本成本)。

目前强调过度杠杆的害处可能是错了,但自然也并不意味着一切都好。我要传递的信息不是"放松。高兴起来。不要担心"。我们确实需要担心,至少在美国我们应该如此,但应该担心的是那些真正迫切的严重问题,比如我们似乎没有能力把政府开支置于理性控制之下,还有必要阻止我们曾经自负的公共教育体系的不断退化。但我们不要把有限的担心能力浪费在次要的和大部分能够自我校正的如金融杠杆之类的问题上。

我希望大家原谅我下文中的例子几乎都是有关美国的。这是因为反杠杆歇斯底里的一种致命毒株似乎首先攻击我们美国。也许其他人能从我们的错误中学到一点什么。

二、企业杠杆作用的私人成本和社会成本

有些人会觉得,对美国在 20 世纪 80 年代的过度杠杆的指控实在是显而易见,都不需要大量的文字证据。1989 年后期发生那么多次垃圾债券发行人的违约行为,现在又几乎每天都有更多违约或即将违约的新闻,说债券发行过多,还有比这更有力的证据吗?

1. 垃圾债券不过是另外一种风险证券

用这种自然不过的方式论辩是过于强调了"债券"一词而没有强调"垃圾"一词。债券实际上是对支付的承诺。当然债券发行商也希望能遵守承诺。但如果公司的现金流因为竞争性或周期性的缘故不足以偿债,就不能信守承诺,或者至少不能完全信守承诺。

垃圾证券的买主自然也希望承诺被遵守。但他们显然不指望这个!除了最容易上当的那拨人,所有人对垃圾债券的期望收益率(按照马科维茨的解释,收益用发生概率加权)低于名义上或承诺的收益。好的年份可能获得的高承诺的收益率被理解为是可能歉收的年份的补偿和整个垃圾证券组合中坏证券的补偿。总之,名义上的高额收益率实质是风险溢价。而在 1989 年,许多以前发行的垃圾债券出现了风险。

虽然金融中的假设是违约代表事后的坏结果,而非对真实事前概率的系统性误解,这似乎是一个通常的见解,该假设尚未得到最终证明。垃圾债券收益率的时间序列还是太短,不足以判断那些收益相对于我的共同获奖人威廉·夏普及其追随者的被公认的资产定价模型而言,是否确实低得不正常(或者高得不正常)。至今很少发现这类不正常资产;并且在高收益债券的特性中也没有迹象,强烈暗示它们最终会出现在那个短名单中。

我认为已变现了的垃圾债券的风险主要来自外部冲击,就像地震或自然灾害一样,有人可能会质疑它的公正性。确实,他们会主张,垃圾债券所代表的企业杠杆作用的上升肯定增加了经济的总体风险。但在那一点上一般而言,现代金融学,特别是 MM 命题提供了一个不同的、在许多方面反直觉的视角。

2. 增加企业杠杆作用是否增加社会风险

设想你是一个可敬的金融学教授,正同一位同样头发灰白的公司财务主管对话,他和大多数人一样或许相信杠杆确实会增加总体风险。"你肯定会承认,教授,"他可能会这么开头,"杠杆化公司资本结构会使剩余股权风险更大,是吗?""是的。"你说。例如,一个公司的债务/股本比率为 1,它的标的资产收益率为 20%,对它的债券支付 10%,债券对公司收入有第一追索权,这样为股东又争取了 30%的收益率。但如果标的资产的盈利率下降 25%,降到 15%,股本收益率将更大幅度下降(在此例中为 33.3%)。那归根到底就是,我们为何用图表术语"杠杆"(英国人则喜欢用描述性同样强的"换挡"这个词)的原因。这种杠杆化下的股东未来收益率的较大波动性意味着更大风险,这和我同事哈里·马科维茨与威廉·夏普所持观点完全一致。

承认了那一点后,公司财务主管会继续咬文嚼字地问:"教授,加到资本结构上的

债务必定是风险较大的债务,比高度杠杆化以前的任何未偿贷款等级更低,利息率更高,对吗?”“对。”你又同意了,理由同上。支付时索赔者离队首越远,其索赔的风险越大。

现在财务主管使出撒手锏。“杠杆作用增加了股本风险,同时也增加了债务风险。因此它必定增加总风险,对吗?”“错了。”你说,准备玩 MM 牌。MM 命题是守恒定律的金融等价物,在此例中守恒的是企业经营资产产生的收益流的风险。杠杆化或去杠杆化企业的资本结构只起到分散公司证券持有人之间风险的作用。[①]

风险的走向可用以下例子说明。假设一个企业有 10 个证券持有人,其中 5 人持有企业的债券,其余 5 人在企业的杠杆化股权中持有相等的股份。进一步假设 5 种债券应得的利息有充分保证,使那些债券基本上可认为没有风险。企业的整体风险因此必然由 5 位股东承担,他们自然期望自己的投资收益率远高于假定无风险的债券。令普通股东中的 2 位现在感觉他们承担的风险高于他们想要负担的。他们要求把股票换成债券,但又了解到交换所得的 2 种新增债券的利息支付不可能在一切情况下都得到保证。为了不稀释原来债券持有人的追索权,必须使新债券次于老债券。因为新债券风险较大,2 位新债券持有人就会期望得到比原来无风险的债券更高的收益率,不过这个收益率当然会低于原先的、风险甚至更大的普通股票。7 个债券持有人合在一起的平均风险和平均期望利率因而上升。同时,剩下的 3 个股东承担的风险也高一些(因为 2 个转变投资方向的股东如今对公司收益有优先权),他们的期望收益值也必定提高。两类证券的平均风险都更大,但是总风险就跟 2 位股东转向前保持原样。3 位留下来的股东增加的风险正好被 2 位前股东减少的风险抵消,他们在优先阶梯上滑下,变成次级债券持有人。[②]

3. 杠杆作用和财务危机的净损失成本

有些人可能退一步说,适度调整的杠杆作用可能不影响加总风险,但当杠杆作用被推向使企业有可能破产的地步,就不会不影响加总风险了。杠杆作用程度越高,发生这种不幸事件的可能性自然也就越大。

然而莫迪利安尼和我的风险守恒定理依然成立,甚至在违约的极端事例中也成立,不过要做一些限定,这些限定条件在下文会适当说明。那个结果看起来似乎很矛盾,仅仅因为破产一词的情感和心理联想突显了那种特定结果,而严格从经济方面看,它没有这么大的重要性。根据不带感情的金融学观点,违约仅表明股东们现在丧失了在企业中的全部股权。他们的交易权已荡然无存。债权人变成新股东,而他们原来的

---

① 在原来的莫迪利安尼和我的论文中,基础的实际收益流被认为是给定的,独立于融资决策。后来的研究证明了企业的真实面和财务方面之间许多可能的相互作用,但是它们对风险的影响不总在同一方向,而为了现有目的,可以认为它们只有二阶重要性。

② 附带说明,如果 2 位离去的普通股东选择优先股而非次级债券,虽然会计师将优先股作为股本,在功能上优先股与次级债券等价。20 世纪 30 年代前优先股事实上在融资上等于垃圾债券(常常名声都不好),30 年代公司税率急剧上升,使它们不如可扣税的、有利息的优先权相当的证券那么有吸引力。

债权收益变成企业中剩余的价值。

上述风险守恒定理的限定条件，是将权利从债务人转移到债权人的过程本身能产生风险和净损失成本，超过企业正常营业时的风险和成本。这些被称为“财务危机的成本”有一些甚至在违约发生前就已经产生。债务人就像有的诗人一样，不能“安静地进入夜间”。他们努力奋斗，求得企业的生存，即使有时候按照任何理性计算，企业还是关闭为好。他们在那些生存努力中常常得到破产法的帮助，它极大地加强了他们与债权人谈判时的力量。当然有时相反的情况也可能发生，过分贪婪的债权人可能迫使本可存活的企业被清算。我们能做出的肯定结论是，一旦案子进入破产法庭，这些通常拖延时间的谈判各方将会得到律师大军的协助，而律师费将进一步吞吃可供满足债权人索赔要求的资产池。对小企业来说，破产诉讼的直接成本就可能吃掉全部本钱（一个合适的说法），但它们主要是固定成本，因而在较大案例中仅只代表回收金额的一小部分。自然就总量而言，直接破产成本即使被认为完全是社会浪费，但相对于整个经济规模是不值一提的。[①]

4. 财务危机的成本：私人的或社会的？

财务危机的总净损失成本（无谓损失）虽然可能很小，但破产肯定是痛苦的个人悲剧。甚至不受大众欢迎的人物如唐纳·托伦浦，在他为了控制五光十色的塔吉·马哈尔赌场与债权人的斗争中，也几乎变成公众同情对象。即使他真的失败了，在本文写作时看来有此可能，损失是他的，不是社会的。托伦浦赌场及其建筑依然矗立在那里（或许人们应该说，可悲可叹），唯一的区别是门上的标记变了：处于新的管理之下。[②]

有人可能有异议，个别破产的社会后果或许可以排除，但是成批破产不能不考虑后果。他们害怕，每个过度负债的企业会冲击同样负债过多的企业供应商，从而导致更多的破产现象，最后整个经济崩溃。但一般经济学特别是金融学都不支持一种杠杆化诱使的“破产乘数”或一种传染病效应的观念。前面提过，破产企业并未从地球上消失。它们常和原先一样继续运作，虽然所有权转移了，规模也可能缩小了。就算已经清算或倒闭，它们的存货、设备、固定装置、职工和顾客也会流向经济中的其他企业。一个失败企业所放弃的投资盈利机会将被别家企业利用。即使不是马上利用，也会在经济形势转好时利用。宏观经济学的最新研究提示，我们以前认为在商业周期中永久损失的产出实际上只是推迟的产出，特别是在耐用品产业。

---

① 破产以及更普遍的财务危机的净损失成本总计可能很小，但它们确实存在。所以根据标准福利经济学观点，可以主张废除我们现行的不加总公司所得税中隐含的对债务的税务补助。然而，要在债务和股权之间实现完全中立，可能需要废除公司税——但这个措施在可预见的将来不可能被采取。

② 实际上按照最近的新闻报道，托伦浦的债权人允许他至少暂时继续管理。不过如果他未能达到规定的现金流量指标，债权人能接管他的剩余权力，以一种所谓“预先包装”的破产形式，即没有正式破产程序（和费用）的破产。我们确信，这种转移控制权的聪明有效的方法将会得到进一步的使用。

我们说破产企业的人力和资本资源最终被重新使用,当然不否认解雇的个人成本值得关注,特别是它们变成普遍现象时。所有现代经济体都采取措施,减少人力资源转移到其他用途和更好用途时的痛苦,或许他们还应做得更多。但推迟或阻止所需资源流动也会产生社会成本,从长远看甚至成本更高,就像东欧经济体的现状一样。

20 世纪 30 年代初相继发生的破产浪潮似乎使人们不敢相信这种比较温和的见解,即破产主要是私人成本的事情,没有严重的外部性,但事实上并非如此。[①] 与广泛流传的大众观念相反,破产并未带来大萧条。因果关系是萧条导致破产,而不是破产导致萧条。从表面看,1929 年股票市场的崩溃和 1931—1932 年美国银行系统的崩溃很可能产生一场金融驱动的灾难。但那场灾难并不像有人猜测的那样,是另一个过度杠杆化的郁金香泡沫的不可避免的破灭(最近研究实际上怀疑原先郁金香泡沫是否存在)。不过那是另一个故事了(见加柏,1989)。使一次普通的经济下滑演变成一场空前严重的萧条,责任主要在于联邦储备系统的管理者。他们未能履行自己的职责,即作为仅剩的供给者向公众和银行系统供给流动资产。1930—1932 年期间美国货币供应剧减了 30%,经济和物价水平随之一起下降。发生那种情况时,甚至 AAA 信用都看起来像垃圾债券。

当然,在现金条件下那样的噩梦仍可能再现,但至少到最近为止,大多数经济学家认为那是绝不可能的。联邦储备委员会现任主席,以及手下人员,曾非常深入地研究了 1930 年初的悲惨事件,并深入意识到他们不幸的前辈是如何、为何犯了大错。1987 年 10 月 19 日股票市场危机后(以及 1989 年 10 月 13 日小危机后),联邦储备委员会快速行动,支持银行系统的流动性就证明他们吸取了以前的教训。不过目前有人担心,联邦储备委员会保持经济流动性及其信用系统的意愿和能力正被对储蓄和贷款协会危机的监管的过度反应所破坏——这种过度反应一部分是因为低估了市场对过度杠杆化的内部控制能力。

三、公司杠杆作用的自我校正倾向

在 20 世纪 80 年代究竟是需求变动和供给变动的哪种组合引发了杠杆化证券的大扩张,最后必须由未来的经济史家来解决。这里要强调的重点是,无论我们谈论汽车或杠杆化的股权或高收益债券,市场对偏好变化(或对生产技术变化)的响应是有限的和自我调节的。如果任何产品的生产者扩大供给的速度快于买主所需速度,价格将下降而产出将最终缩减。金融市场的情况也与此相类似。如果收购企业家们高估了公众对垃圾债券的需求,他们必须向垃圾债券买主提供的更高利息将吞噬交易带来的利益。进一步杠杆化将减慢甚至有可能被逆转。

---

① 只有当一个企业的行动增加其他企业的成本时才会产生真正的外部性,例如空气污染问题。公司债务的一个可能类似污染的情况或许是将失败企业的养老金费用转移给政府并因而转嫁给纳税人。不过,总影响只有二阶重要性。

1989年初甚至在一连串的政府行动(包括对垃圾证券的主要投资银行家和做市商提起刑事起诉,强迫受困的储蓄和贷款协会抛售其垃圾证券库存以及更加严格管制商业银行的杠杆贷款)联合起来破坏高收益债券市场的流动性之前,就可以觉察到某种似乎内生的杠杆效应减缓的迹象。不仅高收益债券的发行被停止,许多被高度杠杆化的企业还开始用股权替代目前高成本债务。[①]

1. 垃圾债券与储蓄和贷款协会危机

指出市场有强大的内生控制防御过度杠杆作用,并不意味着就永远不必担心是谁持有被高度杠杆化的证券。确实,美国的储蓄和贷款协会本不应利用政府担保的储蓄存款购买高风险的垃圾债券。但是如此关注少数几个储蓄和贷款协会的垃圾债券的损失错失了整个不幸事件的要点。目前针对储蓄和贷款协会垃圾债券的叫嚣声所起的作用只是把注意力从下面这些人身上引开:他们扩大政府储蓄担保,鼓励储蓄和投资协会投资于比它们的传统住宅抵押贷款期望收益更高而风险也更高的项目。

当时有人主张扩大政府的存款担保,以补偿那些经营社会所需业务,提供固定利率的长期抵押贷款的企业,否则它们将因利息率风险而失去经营能力。然而除了当时存在供给抵押金的其他的和风险较低的方式外,正如当时大多数金融专家所预言,存款担保证明是对住宅所有权的一种特别令人遗憾的补助形式。因为存款担保相当于给予储蓄和贷款协会的所有者看跌期权以对抗政府,实际上鼓励从事不经济的、可能性极小的项目,其中有些项目使垃圾债券看起来相对安全。成功了,则利益归所有者;失败了,则损失归保险基金。

现在紧急的事不光是适当指责那些否决市场判断的徒劳尝试:这个政治上强大的产业在经济上没有生命力。从储蓄和贷款协会事件得出错误寓意的后果远超这个倒霉产业本身。美国幽默作家马克·吐温曾说过,猫跳到一个热炉子上吃过苦头后,再也不会这么干了,就算是一只冷炉子也不干。我们的商业银行检查员的行事作风似乎完全是这个类型。目前商业银行可能不是一个冷炉子,但是它至少是一个能存活的行业。而且,不像储蓄和贷款协会,它对融资业务起关键作用,特别是(但又不仅是)那些太小太不知名的企业,它们不能直接接触公共证券市场。错误领会储蓄和贷款协会经验的检查员们对银行贷款严加控制,将因此提高这个重要企业部门的资本成本,并减少它们的资本运用。[②]

---

① 用股权交换债务的过程(基本上是第2节中故事的逆反)到现在甚至可能走得更远,要不是美国税法有一个令人遗憾的特点的话。用股权交换低于面值出售的债务产生来自"取消债务"的应纳税所得额。例外的是破产企业,使那种交易权更有吸引力,因那些企业的债务打了很大折扣。

② 这类限制的例子是联邦存款保险公司、货币审计官和联邦储备委员会最近联合发布的,管理所谓高度杠杆化交易的指导原则。这些指导原则已经有效地关闭了公司改组贷款的大门,不论是出于友好还是敌意。但是这些规则表述很模糊,在实施时又很不确定,以至于也抑制了其他类别的贷款。现今银行贷款常附有规定,如果贷款以后被银行检察院归为高度杠杆化交易,利率将自动提高100个基准点甚至更多。

诸如此类的管制性限制是否已走得很远,以致产生与过去货币紧缩相联系的那种“信贷危机”,这个话题现在讨论很多,但我想还是留给货币银行专家们去讨论更合适。作为一个金融专家,我关心的是目前去杠杆热潮的较长期的和不太能直接预见的后果。这种歇斯底里似的热潮已经毁灭了高收益债券市场的流动性。目前被认为过度杠杆化而大受攻击的金融期货市场是下一个可能被灭绝的对象,至少在美国环境下是如此。

许多学院派金融学家看到对我们的金融市场,特别是新兴市场的无端攻击,就感到很沮丧。但是他们大多置身争论之外。不像有些经济学的较老领域,金融学的核心不是公共政策问题。我们强调实证经济学而非规范经济学,致力于坚实的实证研究,把研究建立在简单但有力的组织理论基础上。现在我们的领域已满法定年龄,或许可以劝说我的金融学同事们不时从数据库中伸出头来,把本领域的深刻见解,特别是有关公共政策的见解,提请更广大人士关注。

(岑群霞 译　武　鑫 校)

获奖演说

有和没有空头头寸的资本资产价格[①]

威廉·夏普

引　言

资本资产定价模型,这个话题与我相联系已经不止25年,而且瑞典皇家科学院颁给我诺贝尔经济学奖时也援引了这个题目。

首先,我将介绍资本资产定价模型(简称CAPM),这个模型的建成有我自己的贡献[②],也有林特纳(1965,1969)的突出贡献和莫辛(1966)及其他人的参与。我意在对它进行简明陈述,但又着重此理论的经济内容。

遵循这个思路,我修改此模型以反映一种极端情况。在该情况下,制度安排阻碍了投资者选择完全最优化的投资组合。特别是我假设投资者不能持有资产的空头头寸。对于模型的这个版本,我大量引用了格伦(1976)、列维(1978)、迈尔顿(1987)和马科维茨(1987,1990)的论文成果。

最后,我将讨论股票指数期货合同——一项有世界意义的重大金融创新,其发表日期在CAPM之后。此类合同能在许多方面提高资本市场效率,尤其是能使实际市场更接近于资本资产定价模型所假设的理想化世界。

---

① 我特别感谢罗伯特·林岑伯格和安德里·佩洛对这次演讲内容的详细评论和建议。也感谢此后海默·列维和哈里·马科维茨的评论和建议。长期以来我对分布各地的同事们所负甚多;我特别要感谢斯坦福大学和威廉·夏普公司的同仁们多年来对我工作的贡献。

② 始于夏普(1961)和夏普(1964)。

资本资产定价模型

25年前开发的CAPM初始版本是极端简要的。它讨论资本市场中的中心问题——均衡，而忽略了资本市场当时存在的许多重要方面。在过去25年间，理论家们扩展和调整了该研究方法，以融合一些社会经济真实现象。其中重要的有：林特纳(1969)版本，关注实际收益；布伦南(1970)版本，讨论税收效应；布拉克(1972)版本，排除了无风险资产；默顿(1973)版本，讨论投资者对未来投资机会的关心；鲁宾斯坦(1974)版本，讨论一类更普适的效用函数；克劳斯和林岑伯格(1976)版本，考察了收益分布的三阶矩；列维(1978)版本，论述了交易成本；布里登(1979)版本，专注于投资者的消费偏好；默顿(1987)版本，讨论市场分割；马科维茨(1990)版本，论述对卖空的限制问题。

在此过程中，实证主义者一直在检验模型变体，观察它们的阐释能力是否增加。而且也提出一些替代模型，其中最著名的是罗斯(1976)的套利定价理论。

当理论家们忙于调整CAPM，以把来自真实世界的障碍纳入效率机制，实务家们同样忙于减少障碍。过去10年间开发的许多金融工具和机构有助于更好地"完全市场"——特别是允许风险在投资者中更有效地分布。

对可能影响风险配置效率的制度费用及限制，以及有助于减少这类费用和限制的许多最新金融创新，我将不进行综合论述。我将重点讨论其中一个典型——对证券空头头寸的限制和一种金融创新——股票指数期货。

为方便阐述，许多公式和证明会放到脚注中去。在这点上我一贯遵循个人惯例，因为夏普(1964)——我有关资本资产定价模型的第一篇文章中的一个关键证明就放在脚注中。

CAPM和金融经济理论

金融经济学工作通常可分为规范的(或规定性的)和实证的(描述性的)理论。马科维茨(1952)具开拓意义的均值—方差证券投资组合理论显然可归为前一类，因它讨论投资个体选择最优投资组合的规则。CAPM则可以归入后一类，因它讨论竞争市场中资本资产价格的确定。但是光分为这两类是不够的。该领域中许多工作最好描述为"在实证背景下处理规范性问题"。富有创意的莫迪利安尼—米勒(1958)模型属于这一类，因为它规定企业面对资本市场时的最优行为，在这个市场中，证券价格由知晓其他替代机会的各个投资者的行动来决定。

上述三分法仍不足以细致描述不同研究方法的相互关系。金融经济学中大多数实证模型，类似较广义的经济学领域中的模型，建立在规范性基础上。假设从事最大化行为的个体相互作用，直到达到一种均衡。这显然是CAPM所描述的情形，它明确假设投资者们遵循马科维茨证券投资组合理论的规定。而且和传统微观经济理论一样，处理均衡关系的金融经济理论被视为市场决策良方，尽管市场可能不完全符合理论所规定的条件。

实证金融经济学理论的领域有时被分为基于效用的一组模型，以及与之互补的基于套利的一组模型。后一类模型基于下列假设推导出含义,即资本资产价格将调整到找不出这样一种策略,它不需要初始投资,至少在一个自然状态下提供正现金流,并在任何未来自然状态下不需要负现金流。[①] 前一类模型通常符合后者要求的条件,但由于假设投资者们追求最大效用函数的外加假设而推导出更强的含义。[②]

金融经济学的许多早期工作是研究市场。在市场中,大量个体(每个人都消息灵通)的相互作用决定了价格。从这个意义上说,研究工作遵循经济学中竞争均衡理论的传统。最近,注意力集中到那些没有多少参与者而且(或者)不同个人有不同信息集合的市场。

CAPM 自然是本领域中符合早期传统的理论。它属实证理论,融合了投资者效用函数的各个假定,并且假设有一个很多人参与、人人拥有同样信息集合的市场。

有负值持有量的资本资产价格

假设

假设经济中有 k 名投资者。投资者 k 的投资财富表示为所有投资者的投资总财富的一个比例为 W_k。k 希望下列效用最大化:

$$U_k = E_k - \frac{V_k}{\tau_k} \tag{1}$$

为方便阐述,我称 U_k 为投资者 k 的效用。它可被认为是一个原始效用函数。或者也可以认为它是冯·诺依曼和摩根斯坦(1944)意义上的投资者期望效用的近似值。如果假设投资者有一个财富方面的负值指数效用函数,并且收益是多变量正态分布的,近似算法将是精确的。如列维和马科维茨(1979)所示,即便投资者有其他效用函数,而且/或者收益不是多变量正态分布的,U_k 也可以提供精确的近似值。

在方程式(1)中,E_k 是投资者 k 的投资组合的期望收益,V_k 是投资组合的方差,而 τ_k 是 k 的风险容忍度。不同投资者的风险容忍度有差异。

这个关系式可以如下有用的方式解释。显然,风险容忍度测量投资者的方差对期望收益的边际替代率。方便起见,我们假设投资者风险容忍度在期望收益和方差的取

---

① 金融经济学中著名的基于套利的理论是布拉克—肖尔斯(1973)模型,它研究有关证券买卖权的价格,以及罗斯(1976)套利定价理论,它在一个设定的因素模型产生收益时推导出有关资本资产价格的含义。虽然里程碑式的阿罗(1953)、德布鲁(1959)有关不确定性下的状态—偏好的观点对个人效用函数做了某些假设,但它的许多关键结论是基于套利的。金融经济学中许多理论是利用阿罗—德布鲁"世界状态"范例构造而成的,其中二项买卖权定价模型首先由我在教科书中(1978)阐述,然后考克斯、罗斯和鲁宾斯坦(1979)及另外许多人进行了扩充。

② 基于套利的模型对投资者偏好做了一些假设,这自然是事实。例如在任何给定的世界状态下投资者都认为较大收益要比较小收益好。然而与基于效用的模型更详细的假设相比,这类假设是极简化的。

值范围内是一个常数。①

证券投资组合方差除以投资者的风险容忍度所得数值可以表示为风险罚金，推导出的释义是 U_k 是风险调适下的期望收益。或者 U_k 可以看作是一种确定性——等价收益，因为对投资者而言，一个收益为 U_k 且零风险的证券组合和所研究的证券投资组合的效用是一样的。

这是马科维茨(1952)证券投资组合选择的“均值—方差”法的目标函数。它是投资者目标的极其简要的表征法，采用一种近视观点(即“每次关注一个时期”)并且只关注该时期的可能收益的概率分布的其中两个方面。② 而且它假设投资者③至少能评估与不同证券投资组合相联系的概率分布的前两个矩。这个方法的天才之处在于它抓住了投资者所密切关注的许多方面。而且它为扩展和调整投资者偏好打下了良好基础。

如同马科维茨的工作一样，某证券投资组合的期望收益决定于其组成证券的期望收益。④ 某证券投资组合的风险决定于组成证券的风险以及证券间的交互作用。更简而言之，证券投资组合风险决定于证券间的协方差。⑤

所有投资者对期望收益和协方差都是意见统一的。当然，证券收益的联合分布的这些矩将会是证券价格的一个函数。然而，均衡价格达成时，鉴于期望收益和协方差的现值，每个投资者会选择一个最优证券投资组合；而且所产生的投资组合选择将使市场出清。

投资者允许在一种或一种以上资产中取空头头寸。因此持有量可能是正数、零或负数。没有交易费用或其他限制，资产头寸也是完全可分的。

证券投资组合最优性

投资者 k 寻求 U_k 最大化，后者服从下列形式的全额投资限制：

$$\sum_i X_{ik} = 1$$

其中 X_{ik} 表示投资者 k 投资在资产 i 中的证券投资组合的比例。

---

① 这不是必要的。在更一般的条件下可以得到如下结果，给定投资者的最佳持有量，所产生的 τ_k 值解释为投资者的边际替代率。

② 不过请注意所考虑的时间段越短，这个假设越不困难。在这个模型的连续时间版本中，时期的长度(实际上)是无限小的。在此条件下，即便在有限期间内收益的概率分布和(或)投资者对该时段收益的偏好很复杂，两个矩可作为充分的表征。

③ 可能在一个参谋者协助下。

④ 投资者 k 的证券投资组合的期望收益由下式给出：

$$E_k = \sum_i X_{ik} E_i$$

其中 X_{ik} 表示投资者 k 的证券投资组合在资产 i 中的比例。

⑤ 投资者 k 的证券投资组合的方差由下式给出：

$$V_k = \sum_i \sum_j X_{ik} X_{jk} C_{ij}$$

其中 C_{ij} 表示支持 i 和 j 的收益之间的协方差。

要做到效用最大化,k 必须选择一个证券投资组合,其中每种证券的边际效用是相同的。若情况不是如此,将有可能把资金从一种边际效用较低的证券重新配置到边际效用较高的证券,从而增加效用却又不违反全额投资约束。

证券投资组合最优性的一阶条件可表示如下:

$$E_i - \frac{2}{\tau_k}C_{ik} = \lambda_{fk} \qquad \text{对所有 } i \tag{2}$$

这里的 C_{ik} 是证券 i 与投资者 k 的最优证券投资组合的协方差,而 λ_{fk} 是投资者 k 的财富边际效用。[①]

加　总

假定市场已经出清,所有证券由经济体中 k 个投资者所持有。将每个投资者得到最优解时必须成立的条件加总,将每人投资的相对财富量考虑进去,可以考察关键变量之间的关系。做这件事只需少量直截了当的运算。实际上是对每种证券取一阶条件的财富—加权平均。毫不奇怪,结果与前面得出的很相似:

$$E_i - \frac{2}{\tau_m}C_{im} = \lambda_{fm} \qquad \text{对所有 } i \tag{3}$$

这里,τ_m 是市场中投资者们的财富—加权风险容忍度,或者说社会风险容忍度。C_{im} 表示证券 i 与市场证券投资组合的协方差,市场证券投资组合包括市场中所有证券,每一种证券按照它的已发行并售出的价值的比例表示。最后一项是 k 个投资者的 λ_{fk} 值的加权平均,权数决定于投资者在市场中的影响,而影响又决定于投资的财富量和

---

① 在一个最大化的拉格朗日函数中加入 U_k 和全额投资约束给出:

$$Z_k = U_k = \lambda_{fk}(1 - \sum_i X_{ik})$$

显然,是投资者 k 的财富边际效用,因为它等于 Z_k 对投资者财富的偏导数(在此度量中括号内全额投资约束中的数值 1,因为 X_{ik} 值表示为投资者总财富的比例)。回想下前面提过的:

$$E_k = \sum_i X_{ik}E_i \text{ 和}$$

$$V_k = \sum_i \sum_j X_{ik}X_{jk}C_{ij}$$

因此,取 Z_k 对投资者 k 的证券 i 持有量的偏导数给出:

$$\frac{\sum Z_k}{\sum X_{ik}} = E_i - \frac{2}{\tau_k}\sum X_{ik}C_{if} - \lambda_{fk}$$

但要注意证券 i 与任何证券投资组合 p 的协方差将等于此证券与证券投资组合中的证券的协方差的加权平均,利用相对证券投资组合持有量为权数。其中:

$$C_{ik} = \sum_i X_{jk}C_{ij}$$

将此关系式代入前面方程式并重新排列各项得到方程式(2)。

风险容忍度。它可以解释为社会财富边际效用。[①]

期望收益

CAPM 的一个关键含义涉及资本资产的期望收益之间的关系。对上面等式的前后位置稍加变动可得到：

$$E_i = \lambda_{fm} + \frac{2V_m}{\tau_m}\beta_{im} \qquad \text{对所有 } i \tag{4}$$

此式表明，在均衡中，各个证券的期望收益和它们与市场证券投资组合之间的协方差存在线性关系。这个关系通常用证券的 β 值表示，它是某证券与市场证券投资组合的协方差除以市场证券投资组合的方差(V_m)得到的按比例缩小的度量。将此度量代入，得到：

$$E_i = \lambda_{fm} + \frac{2V_m}{\tau_m}\beta_{im} \qquad \text{对所有 } i \tag{5}$$

其中：

$$\beta_{im} = \frac{C_{im}}{V_m}$$

自然，方程式(5)也是线性的。而且，因为证券投资组合的期望收益以及与市场证券投资组合的协方差只是组合中的证券的相应度量的价值—加权平均，可以推出，这个关系式对所有证券投资组合和所有证券都成立。

---

① 为了导出方程(3)，首先将方程(2)中所有项乘以 τ_k 并稍加整理，得出：

$$\tau_k E_i - 2C_{ik} = \tau_k \lambda_{fk}$$

接下来，所有项乘以 W_k，然后对所有投资者加总，给出：

$$\sum_k W_k \tau_k E_i - 2\sum_k W_k C_{ik} = \sum_k W_k \tau_k \lambda_{fk}$$

定义 τ_m 为：

$$\tau_k \equiv \sum_k W_k \tau_k$$

现在考虑第二项。请注意：

$$C_{ik} \equiv Cov(\overline{R}_i, \overline{R}_k)$$

$\overline{R}_i$，$\overline{R}_k$ 和分别是证券 i 和投资者 k 的证券投资组合的收益。由于协方差的性质：

$$\sum_k W_k C_{ik} = Cov(\overline{R}_i, \sum_k W_k \overline{R}_k)$$

但是右边的求和只是投资者们的证券投资组合收益的财富—加权平均，简而言之，是市场证券投资组合的收益。因此左边的求和是证券 i 的收益与市场证券投资组合的收益的协方差，可用 C_{im} 表示。

进行替换并用 τ_m 除所有各项得到：

$$E_i - \frac{2}{\tau_m}C_{im} = \frac{\sum_k W_k \tau_k \lambda_{fk}}{\tau_m}$$

最后一项是 k 名投资者的 λ_{fk} 值的加权平均，权数由 W_k 和 τ_k 的乘积给出。这个用 λ_{fm} 表示给出方程式(3)。

风险溢价

因为前列方程式对任何证券投资组合都成立,它也将对市场证券投资组合本身成立。而且,市场证券投资组合与自身的 β 值必然等于 1。令 E_m 代表市场证券投资组合的期望收益,这些关系式就隐含着:

$$\frac{E_m - \lambda_{fm}}{V_m} = \frac{2}{\tau_m} \tag{6}$$

左边的项是每单位方差的风险溢价。如方程式所示,它与社会风险容忍度成反比。

证券市场线

用每单位方差的风险溢价替换证券期望收益的方程式中,会得到一个更为传统形式的方程式:

$$E_i = \lambda_{fm} + (E_m - \lambda_{fm})\beta_{im} \quad \text{对所有 } i \tag{7}$$

如作图,可称为证券市场线。CAPM 意味着所有证券和证券投资组合的画图都将沿着这条线。许多人会认为这个关系式是 CAPM 导出的最重要的一个结论。它说明期望收益与市场风险的关系,而不是通常认为的与总风险呈线性关系。

无风险借贷

从方程式(7)可以看出,如布拉克(1972)所提示,λ_{fm} 可以解释为任何“零-β”证券投资组合的期望收益,包括有最小方差的零-β 证券投资组合。如有一项无风险资产,λ_{fm} 将等于无风险收益率 R_f。在这些条件下,证券市场线关系式可写成:

$$E_i = R_f + (E_m - R_f)\beta_{im} \quad \text{对所有 } i \tag{8}$$

接下来,我们假设无风险资产确实存在,并能以多头或空头持有,即投资者可按无风险率 R_f 借入或贷出。

特征线

对 β_{im} 值的解释可以类似于利用历史数据进行回归分析时所做的解释,尽管在 CAPM 背景下,要把它严格解释为基于对未来结果的概率信念的事先值。$\overline{R}_i$ 和 $\overline{R}_m$,分别是证券 i 和市场证券投资组合的随机收益,两者间的关系可以如下表达:

$$\overline{R}_i = \alpha_i + \beta_{im}\overline{R}_m + \overline{\varepsilon}_i \tag{9}$$

已知 β_{im} 的定义方式,$\overline{\varepsilon}_i$ 必然与[①] $\overline{R}_m$ 不相关。而且 α_i 可以如此定义,使 $\overline{\varepsilon}_i$ 的期望值为零。但没有理由期望 $\overline{\varepsilon}_i$——证券 i 的残余收益或收益的非市场要素——与证券 j 的可比成分不相关。[②]

虽然 CAPM 对残余项的相关不加约束,它确实限制截距(α_i)项的值。因为期望

---

① 但是不一定独立。

② 事实上除非经济体中有无限多的证券,这不可能严格为真。因为方程(9)左边的市场一价值加权和等于 $\overline{R}_m$,$\overline{\varepsilon}$ 的市场一加权和必然为零。因此至少两个 $\overline{\varepsilon}$ 值必须是负相关的。

值是零，证券市场线关系要求每个截距都与证券的 β 值直接相关。[①] CAPM 因而隐含：

$$\overline{R}_i = (1-\beta_{im})R_f + \beta_{im}\overline{R}_m + \overline{\varepsilon}_i \tag{10}$$

这个关系式的图像称为证券或证券投资组合的特征线。

证券收益的因素模型

关于 CAPM 的均衡结果和证券收益间的内在关系，这两者间出现许多混乱。可以看到，CAPM 对“收益产生过程”未做假设。因此它的结果与任何此类过程都是完全一致的。

证券投资组合选择的早期研究方法[②]假设收益是由类似于（但并不等同）等式（9）的模型产生的，进一步的条件是证券间的残值不相关。[③] 在夏普（1961）中我对资本资产定价的初始方法做出类似假设。这样一个“单一指数”或“单一因素”模型代表了证券收益因素模型的特殊案例。多因素模型经由许多研究人员钻研，目前在金融实务中得到广泛应用。

证券收益因素模型识别为数不多的几个关键因素，假设一种证券的收益以下列方式与之有线性关系：

$$\overline{R}_i = \alpha_i + \sum b_{il}\overline{F}_{il} + \overline{\varepsilon}_i \tag{11}$$

在这个模型中，$\overline{\varepsilon}_i$ 值被假设为在证券间不相关。罗斯（1976）的套利定价理论（APT）论断，如果收益产生于这样一个模型并且排除通过套利获利的机会，则期望收益必然与值有近似于线性的关系。不过对于价格关系式中协同因素的符号或量值，APT 没有提供推论。

我们完全可能用 CAPM 的假设增强 APT 的假设（前者最重要的假设是投资者们使均值—方差效用函数最大化）。所得推论将与两个理论保持一致。而且由于对投资者们的目标做出假设，人们能得到有关 APT 定价关系式中协同因素的符号和量值的精确陈述，正如我在夏普（1984）中所显示。

市场证券投资组合的效率

马科维茨（1952）首创的一个关键概念是证券投资组合的“效率”概念。在当前含义下，如果某个证券投资组合对某一具备一定（非负）风险容忍度的投资者是最优的，就可说是有效的。比较方程式（2）和（3），结果直接意味着市场证券投资组合在此意义上是有效的。

设想有一个投资者，其风险容忍度等于 τ_m 并持有市场证券资产组合。方程式（3）

---

① 取方程式（9）的期望值得到：

$$E_i = \alpha_i + \beta_{im}E_m,$$

与（8）相比较则隐含：

$$\alpha_i = (1-\beta_{im})R_f.$$

② 例如马科维茨（1959）提出的方法，我进一步在夏普（1961，1963 和 1970）中进行了发展。

③ 在这样一个模型中，“共同因素”可以与市场证券投资组合的收益高度相关，但两者并不完全等同，如果我们要坚持残余值互不相关的假设。

展示了每种证券中符合投资者的效用最大化的一阶条件。因为市场证券投资组合对这样一个投资者是最优的，它必然是有效的。说得更具体些，对具有平均（社会）风险容忍度的投资者来说，市场证券投资组合将是最优的。

两基金分离定理

在CAPM假设的条件下，适当选择任两个随意选定的有效证券投资组合，就可得到每个投资者的最优证券投资组合。① 对风险容忍度为零和 τ_m 的投资者来说，两个自然选择是最优的证券投资组合。前者是最小方差投资组合，后者自然是市场投资组合。按照托宾(1969)的提法，一般称此为两基金分离定理。

当存在无风险资产时，最小方差证券投资组合将全部由那种资产组成。因而所有投资者持有的将是无风险资产和市场证券投资组合这两者的组合。对于风险容忍度大于 τ_m 的投资者来说，最优投资将意味着在无风险资产中的空头头寸，以及在市场证券投资组合(因而都是风险资产)中的多头头寸。不过请注意，市场证券投资组合将包括经济中无风险资产的净正值供给；因此只有 τ_k 值比 τ_m 值大得多的投资者将真正必须借款。其他投资者将选择无风险资产和市场证券投资组合的某种组合，因此只需要非负持有量。

关键推论

CAPM的关键推论如下：

(1)市场证券投资组合将是有效的。

(2)一切有效证券投资组合将等价于市场证券投资组合的投资加上可能的贷款或借款。

(3)在期望收益和 β 值之间存在一个线性关系式。

这些关系式的实际应用面很广。投资者很容易识别有效证券投资组合策略，并且这些策略可以通过共同基金和其他制度工具获得有效实施。企业和政府决策者可以利用证券市场线关系式，通过比较某投资项目的期望收益以及资本市场中 β 值相似的项目(即市场风险或经济灵敏度相似)可得的收益，来确认该投资项目是否可取。

---

① 为了提供此案例中的两基金分离，将方程式(2)重写为：

$$\sum_j 2C_{ij}X_{jk} + \tau_k\lambda_{fk} = \tau_k E_i$$

证券投资组合最优性要求N种证券的每一种都满足这个关系式，并且符合全额投资约束。这产生一个N+1联立方程组，可写成：

$$\begin{pmatrix} 2C_{11} & \cdots & \cdots & 2C_{1N} & 1 \\ \cdot & & & \cdot & \cdot \\ \cdot & & & \cdot & \cdot \\ 2C_{N1} & \cdots & \cdots & 2C_{NN} & 1 \\ 1 & \cdots & \cdots & 1 & 0 \end{pmatrix} \begin{pmatrix} X_{1k} \\ \cdot \\ \cdot \\ X_{NK} \\ \lambda_{fk}^* \end{pmatrix} = \begin{pmatrix} 0 \\ \cdot \\ \cdot \\ 0 \\ 1 \end{pmatrix} + \begin{pmatrix} E_1 \\ \cdot \\ \cdot \\ E_N \\ 0 \end{pmatrix} \tau_k$$

其中 λ_{fk}^* 代表 $\tau_k\lambda_{fk}$，将此用矩阵符号表示，就是：$DY=K+\tau_k F$

因而用D的倒数乘以两边得到的解是：$Y=\{D^{-1}K\}+\tau_k\{D^{-1}F\}$.

请注意最优证券投资组合是 τ_k 的一个线性函数。因此它可以重述为满足与不同 τ_k 值相联系的上述方程式的任何两个向量的线性函数。

在CAPM设定的无摩擦市场中,每个投资者选择一个使其效用最大化的证券组合。这导致经济中风险的有效分布,当然,这是基于投资者的财富分布之上的。

负值持有量

CAPM假设投资者能在资产中取空头头寸。对无风险资产而言,取得这种头寸的传统方式包括借款。对于风险资产,传统方法则要求卖空。

空头地位这样达成:借入一种资产,比如一张股票,许诺以实物偿还,一般随要随还。然后卖掉借贷来的资产,产生一笔现金收入。如果实收款项可用于其他形式的投资,整体效果就等价于负值持有前文所指的资产。然而,如果售款被"扣留"作为借来资产的抵押品,这样的空头地位可能不同于该资产的负值持有。在许多国家,某些卖空收入用此方式扣留,并且卖空者在所扣留的数额上得到利息极少甚至根本得不到。① 而且有些机构投资者被禁止利用空头地位,或明文规定,或借助隐秘的威胁——要对其触犯信用标准提出诉讼。也可能实施其他限制,例如,交易所可能不允许在某证券价格下降后再卖空。

基于套利的理论必然准许空头地位。我们通常不清楚在均衡中是否会采取这种地位,因为该模型缺乏充分的假设(即关于效用函数的假设)以表征均衡持有量。更重要的是,由于套利法的自身性质以及过多证券的存在(或可能存在),在均衡中持有量的计算可能有多个解。

虽然CAPM假设投资者在任何资产中可取空头头寸,它的隐含义是:在均衡中采取的唯一这类头寸将涉及最小方差证券投资组合。当存在无风险资产时,均衡中唯一负持有量将涉及高于平均风险容忍度的投资者借款,他们要为一个代表整个资本市场的证券投资组合追加投资而融资。

如果投资者头寸的检测不需费用,交易费用为零,对所有投资者提供相等的证券信息,那么对负值持有量的仅有限制将是为交割必需的现金流而加的限制。一个投资者的总投资组合必须做到,在各个领域状态中,正现金流总和至少应与负现金流总和一样大,以匹配以负值持有的证券发行者所做的支付。如果这个条件没有满足,这类证券未曾充分复现,投资者在采取相应的空头头寸时不能期望得到足额价格。

因为不是所有信息都是完全公开的,而且检测和交易费用较高,卖空的制度安排的传统做法是每次取空头头寸都需单独交割抵押品,很少考虑(就算有所考虑)投资组合层次的多样化效果。在这些条件下,要让一个高风险容忍度的投资者借款以追加投资到一个类似市场的证券投资组合中去,将困难重重或成本高昂。现在,股票指数期货合同向投资者展示了如何做这件事的更有效手段。不过在考量这些手段之前,我们先来探讨一个不准许空头头寸的极端案例。

---

① 通常必须"转交"额外的担保品作为"保证金",但通常卖空者被允许收到一笔与这笔投资有关的收入。

没有负值持有量的资本资产价格

假设

为了探讨对资产持有量的限制的效果,我们保留 CAPM 的所有假设,并加以下形式的 $N*K$ 个非负限制:

$$X_{ik} \geqslant 0 \qquad \text{对所有 } i \text{ 和 } k$$

证券投资组合最优性

投资者 k 寻求 U_k 最大化,U_k 服从一条全额投资约束以及有关的非负约束。这是一个二次规划问题。要得到这种形式的证券投资组合优化问题的精确解,可运用马科维茨(1956)开发的临界线算法。

当得到解时,X_{ik} 的有些值将是正值。相应的证券可认为在最优证券投资组合内。其余的值将在它们的零下限,可称之为不在证券投资组合内。

最优证券投资组合内的每种证券的边际效用必须相同。否则,资金有可能从一种边际效用较低的证券重新配置到边际效用较高的证券,从而提高效用而不侵犯全额投资约束或任何非负约束。这些证券的共同边际效用值将是投资者的财富边际效用,我们仍用来表示。

证券投资组合之外的每种证券的边际效用必然小于(或等于)组合内证券。否则,资金就有可能从证券投资组合内的证券重新配置到组合外的证券,从而提高效用而不违反任何约束。

从更普遍的库恩—塔克条件关系式导出的这些关系式可方便地写成:

$$E_i - \frac{2}{\tau_k}C_{ik} = \lambda_{fk} - z_{ik} \qquad \text{对所有 } i \tag{12}$$

其中 z_{ik} 对证券投资组合内证券将是零,对证券投资组合外证券则大于或等于零。

加总

像对 CAPM 一样,我们把单个投资者的证券投资组合的最优条件取财富—加权平均。结果得出一个类似的算式:

$$E_i - \frac{2}{\tau_m}C_{im} = \lambda_{fm} - z_{im} \qquad \text{对所有 } i \tag{13}$$

毫不奇怪,z_{im} 是 k 个投资者的 z_{ik} 值的加权平均,权数决定于投资者在市场中的影响,而影响又决定于财富和风险容忍度两者。[①]

期望报酬

前面的方程式可以简单转换成下列算式:

$$E_i = \lambda_{fm} + \frac{2V_m}{\tau_m}\beta_{im} - z_{im} \qquad \text{对所有 } i \tag{14}$$

---

① 即:$z_{im} = \dfrac{\sum_k W_k \tau_k}{\tau_m} z_{ik}$。

要不是因为最后一项，正如在 CAPM 中，期望收益和 β 值之间会是一个线性关系。但是最后一项意味着只有每个投资者的最优证券投资组合中的证券图表才会沿着这条线行进。[①] 每个在至少一个投资者的最优投资组合之外的证券图表会在这条线之下行进。[②] 而且，受证券的下限约束的投资者数量越大，相应的 z_{im} 值也可能越大。需要注意的是 z_{im} 值的大小将受投资者间风险容忍度分布的影响。在所有投资者的风险容忍度相同的特例中，每个人将选择持有市场证券组合并且所有 z_{im} 值将等于零，给出的结果与原来 CAPM 的结果完全一致。粗略地讲，投资者间风险容忍度的变差越大，某些 z_{im} 值为正的可能性越大。不过，请注意在这方面每位投资者的影响将取决于其财富和风险容忍度两者。除非最富有的投资者的风险容忍度有很大变差，z_{im} 值才可能非常接近于零，从而使给出的结果与原来 CAPM 的结果很相似。

风险溢价

为了确定此例中的风险溢价，我们必须对前面方程式中均衡关系式取一个市场值—加权平均。这样就得到：

$$\frac{E_m - \lambda_{fm}}{V_m} = \frac{2}{\tau_m} - \frac{z_{mm}}{V_m}$$

其中 z_{mm} 代表 z_{im} 值的市场值加权平均。[③]

显然，每单位方差的风险溢价将是投资者的证券投资组合受非负约束影响程度的一个函数。[④]

证券市场线关系

给定了前面方程式中的最后一项，导出一个 CAPM 的证券市场线的对应方程式并不特别有启发性。然而，就这个案例而言，方程式(14)可能代表一条证券市场线的对应方程式。前面提过，前两项确实提供了这样一条线。不过，在此案例中此线起上限作用。有些或所有证券可在此线以下标绘，其间距离决定于有关非负约束的有效程度。因此在期望收益和 β 值之间可能不存在一个严格的线性关系。

无风险证券

在此案例中，不允许无风险借款，因为空头头寸是被禁止的。但是，无风险证券的净正值供应将包含在市场证券投资组合中。对于任何受借款约束限制的投资者，λ_{fk} 将超过 R_f。对其他所有人，两个数值相等。因此，λ_{fm} 等于或超过 R_f。

市场证券投资组合的效率

在 CAPM 中，在利用社会风险容忍度进行评价时，所有证券对市场证券投资组合

---

① 只有对这类证券所有 z_{ik} 值会为零，使 z_{im}（它们的加权平均）的值也为零。

② 至少一个 z_{ik} 值将是正的；因为其余都将等于零，z_{im}（它们的加权平均）值将是正的。

③ 方程(13)乘以 X_{im} 并与 i 相加得到：

$$E_m = \lambda_{fm} + \frac{2V_m}{\tau_m}\beta_{mm} - \sum_i X_{im} z_{im}$$

重新整理各项给出方程(15)。

④ 而且，λ_{fm} 的数值也将受这类限制影响。

中持有量的边际效用是相等的。这足够促进市场证券投资组合的效率。如果市场证券投资组合对具有社会风险容忍度的投资者是有效的,那么它也是必要条件。

更一般地说,为了市场证券投资组合有效,相对于市场证券投资组合,被测量的所有证券的边际效用在用某一正风险容忍度评价时必然相等。这一点来自这样一个事实,即市场证券投资组合包括数额为正的每种证券,因此所有证券都将在这样一个投资组合中。

为了符合这个条件,在证券期望收益和收益的 β 值之间必须是一种线性关系。[①] 当对负值持有量有限制时,由于 z_{im} 的影响,情况不见得是这样。[②] 因此市场证券投资组合可能是无效率的。当然,无效率的程度自然决定于 z_{im} 值的大小,如果大多数值很小,市场证券投资组合的无效率程度可能就微不足道。

基金分离

马科维茨(1957)显示,非负约束使得有效边界在持有量空间中变成分段线性。在每个线性区间内,将区间内任两个其他证券投资组合联合起来,可以得到有效证券投资组合。[③] 不过,一般说来,没有任两个证券投资组合的联合体能用来得到一切有效证券投资组合的。因此两基金分离在此案例中或许不能严格执行。

关键推论

当空头头寸被禁止时:

(1)市场证券投资组合可能不是有效的。

(2)有些有效证券投资组合可能不等价于市场证券投资组合的投资加上可能的借贷。

(3)期望收益和 β 值之间可能不是线性关系。

所有这些推论显示,风险可在经济体中配置的效率降低。相比在 CAPM 的简单背景下,最优证券投资组合的选择变得更加困难。为公司和政府投资项目计算资金成本,可能不仅需要确定期望收益和市场风险间的简单关系。更为根本的是,总福利可能低于如果对负值持有量的约束可以减少或取消的情况。

虽然就算在此案例假设的极端条件下,偏离于原始 CAPM 推论的程度可能不大,

---

① 为了市场证券投资组合中所有证券有同样的边际效用,要求:

$$E_i - \frac{2}{\tau}C_{im} = \lambda,$$

其中 τ 值和 λ 值是正常数。

重整各项并将 C_{im} 转换为以 β_{im} 表示的等值项,得到:

$$E_i = \lambda + \frac{2V_m}{\tau}\beta_{im}.$$

为了符合市场证券投资组合的效率条件,E_i 和 β_{im} 之间必须是严格线性的关系。而且截距和斜率都必须取正值,否则隐含的 λ 和 τ 值都将分别是负的。

② 如果所有 z_{im} 值为零,自然得到线性关系。如果发生很不可能的情况,在 z_{im} 值和相应的 β 值之间存在线性关系,E_i 和 β_{im} 之间也将是线性关系。

③ 位于端点的那些证券投资组合提供了方便的选择。

但显然,改善投资者取空头头寸能力的制度安排可以提高经济体中风险配置效率。在概括评论金融创新之后,我将讨论股票指数期货合同——一种提供此类改善的创新措施。

金融创新

与大多数学科相比,经济学做得更多,它不仅分析现实,也改变现实。理论工作导向改变行为的实证研究。最明显的莫过于金融经济学。金融学术领域与30年前相比已很不相同,很大程度上是因为金融经济理论的进展以及理论进展衍生了大量实证研究。至少同样重要的是,金融实践根本性地受到金融经济学进展的影响。最近10年的金融工具、市场及机构的空前创新则最为引人瞩目。

这类创新的发展速度简直令人晕眩,有些个人和组织有时难以充分了解该如何正确使用某些新工具和程序,也就不足为怪了。有充分的证据表明,未能以正规方式习得金融经济学原理的人也可以通过经验学到。市场是有效的,虽然有时候很残酷。一般说来,金融系统是自我校正的。有了时间,参与者能学会使用新工具和新程序以改善总福利,而不仅仅是把财富从一些人手中重新配置到另一些人手中。下列做法通常是最好的:等待竞争的力量成长到足以调节市场,而不是在时机尚未成熟前过早地管制市场。

计算和通信技术的显著进步使许多金融创新成为可能。而且,全球竞争的增长,对减少组织和政府方面的垄断权力,起到了重要作用。但是我不能不相信金融经济学这门学科中的发现影响深远。以股票指数期货合同为例,似乎就能清楚地说明这一点。

股票指数期货合同

特点

传统的远期合同是售方同意在某一指定的未来日期按照预定价格向买方交割一定数量的商品的契约。期货合同是标准化的远期合同,附带进一步规定,在每个交易日结束时重新规定交易价格,使之等价于订立新约的价格。在每次重新定价时,两方中的一方付给另一方一笔数额,相当于新老价格之间的差额。这个过程叫作“发布变动保证金”,是合同价格“按市值计价”的结果。

期货合同的售方称为空头;买方称为多头。

期货交易所使合同双方“不接触”成为可能。因此A可以出售一个合同给B。B随后把它卖给C而根本没有A的参与。然后C又转手卖给A,在最后交货日前偿清。

为了保护这种安排中的另一方,每一方必须递交抵押品作为“保证金”。不过数额只需要弥补“按市值计价”过程在两个交易日之间可能产生的损失。一般说来,保证金数额等于期货合同一方价值的10%到20%就足够。为了保证保有抵押品,又能维护合同的标准化,代表有利地位一方的经纪人利用清算机构提供保证,确保己方将履行义务。

金融期货合同可以要求实际交割一项规定的金融工具或一组甚至多组这类工具。如若不然,它可能只要求在交割日做最终的按市值计价,一方付给另一方一笔钱,数额等于先前期货价格和交割日金融工具价值的差额。

股票指数期货合同涉及一个预先规定的股票证券投资组合。它允许投资者在多样化证券投资组合中取多头或空头地位。这类合同大多规定现金交割。

效果

股票指数期货合同的关键之处是它关注多样化投资组合而非单个的证券或商品。在这方面,此类合同类似于共同基金、单位信托、混合指数基金或股票指数期权。所有这些以证券“打包”的形式提供给投资者,大幅减少了与多样性相关的费用。投资者日益依赖于诸如此类的金融工具,至少某种程度上可以证明,金融经济学对现代经济体系中风险负荷进程有影响。

股票指数期货合同的第二个特点在当前背景下颇引起人的兴趣。这种合同提供一种有效方法,可同时在多样化股票投资组合中取多头头寸而在一项无风险资产中取空头头寸。实际上这种合同的买方借款购买股票投资组合,而卖方贷款并在投资组合中取空头头寸。[1] 如果合同的买方递交无风险证券作为保证金,其价值等于期货头寸,净效果相当于在相关指数的股票中投资一笔可比数额。如果保证金不足100%,其效果类似于指数中股票的杠杆购买。与以无风险利率购买股票投资组合不尽相同,期货合同中的多头头寸能提供与该策略很接近的办法。而且这种安排隐含的借款上限足够大,能满足几乎所有人,除了少量风险容忍度极高的投资者。

令人瞩目的是,负债持有极其多元化的投资组合(即市场投资组合)恰恰是原CAPM背景下风险容忍度较高的投资者会采取的最优投资策略。虽然没有金融期货合同对应整体市场投资组合,现有合同组合(包括债券和其他证券形式的合同)可能接近于这种投资策略。

在某种意义上,期货合同的售方在标的证券中持负值头寸,并且这种头寸的存在与CAPM的推论不相一致。但是,广义来看,这种不一致性可能是表面的而不尽真实。通常,股票指数期货合同的卖方也持有构成该指数的各种证券。期货头寸因而对实际股票投资组合的价值变化提供一种套期保值。其结果是避险期货买方的价位实际上没有风险因而等于无风险资产投资。这样此人能以经济节约的方式集合证券,实际上又向别人提供一种手段,以打包形式买卖证券,而不必支付买卖大量单种股票的费用。实际上,此人贷款给能容忍高风险的投资者,使后者得以购买更多的风险证券。

多样化投资组合的期货合同要求的保证金少于一组单种证券的合同,后者每个合同都有自行规定的保证金。而且,股票指数合同还可利用交易和记账中的规模经济效益。

实际上,股票指数期货合同向那些可能受常规的借款约束的人提供一种手段,以达到所希望的投资策略。而且,这些策略类似原CAPM背景下风险容忍度较高的投资者的最优策略。因此,这类合同的存在很可能使实际资本市场接近这种简单均衡理论所描述的市场。果真如此,股票指数期货合同将可能显著改善经济中的风险配置效率。

---

① 欲知细节,请见杜非(1989)。

结　论

在此我只详述了影响风险有效配置的其中一种障碍。不过，这个案例可以代表其他许多案例。与证券买卖相关的费用和限制越大，距离把风险配置给那些最能和最愿承担者的经济目标就越远。

所幸，技术发展和对金融经济学原理的深入了解正使这类费用和限制快速减少。其结果是资本市场正日益接近一些简式金融理论中假设的条件。更为重要的是：理论家、实证主义者和实干家正共同努力，提高风险在个体间的配置效率，从而改善社会福利。

（岑群霞 译　武　鑫 校）

1991获奖者

罗纳德·科斯

Ronald H. Coase

【获奖理由】揭示并澄清了经济制度结构和运作中交易费用和产权的重要性。

生平简介

1910年	出生于英国
1932年	获伦敦大学学士学位
1935—1951年	在伦敦经济学院任教
1951年	获伦敦大学博士学位
1958—1964年	任弗吉尼亚大学经济学教授
1964—1981年	任芝加哥大学法学院经济学教授
1991年	任堪萨斯大学荣誉客座教授
2013年	逝世

主要学术贡献

罗纳德·科斯的主要学术贡献在于，揭示了交易费用和产权在组织结构与功能中的重要性。他是20世纪的另类经济学家，成果很少，且几乎不用数理模型。

科斯的代表作是两篇著名的论文。其一是1937年发表的《企业的性质》，该文独辟蹊径地讨论了企业存在的原因及其扩展规模的边界问题，创造了"交易成本"这一重要的范畴来予以解释。所谓交易成本，即"利用价格机制的费用"或"利用市场的交换手段进行交易的费用"，包括提供价格的费用、讨价还价的费用、订立和执行合同的费用等。科斯认为，当市场交易成本高于企业内部的管理协调成本时，企业便产生了，企业的存在正是为了节约市场交易费用，即用费用较低的企业内交易代替费用较高的市场交易；当市场交易的边际成本等于企业内部的管理协调的边际成本时，就是企业规模扩张的边界。

另一篇著名论文是1960年发表的《社会成本问题》，该文重新研究了交易成本为零时合约行为的特征，批评了庇古关于"外部性"问题的补偿原则（政府干预），并论证了在产权明确的前提下，市场交易即使在出现社会成本（即外部性）的场合也同样有效。科斯发现，一旦假定交易成本为零，而且对产权（指财产使用权，即运行和操作中的财产权利）界定是清晰的，那么法律范畴并不影响合约行为的结果，即最优化结果保持不变。换言之，只要交易成本为零，那么无论产权归谁，都可以通过市场自由交易达到资源的最佳配置。斯蒂格勒将科斯的这一思想概括为"在完全竞争条件下，私人成本等于社会成本"，并命名为"科斯定理"。科斯被认为是新制度经济学的鼻祖、产权理论的创始人。

主要学术成果

《企业的性质》(1937)

《美国广播业：垄断研究》(1950)

《联邦通讯委员会》(1959)

《社会成本问题》(1960)

《经济学中的灯塔问题》(1974)

颁奖词

瑞典皇家科学院 / 拉尔斯·韦尔因

尊敬的国王和王后陛下，各位殿下，女士们，先生们：

经济系统有一个制度结构，我们常常认为它是不言自明的，因为每天我们都可以在周围发现它。但事实上它是特殊且错综复杂的。例如，人们通过不同的方式彼此间达成协议，从简单的采购到复杂的合同。是什么决定了该模式？经济活动在法律规则的框架中发生：合同法、侵权法等。为什么这些法律被制定为现在的样子？为什么我们会开创企业？

制度结构中的这些要素和其他构成要素在经济系统的运转中的确是至关重要的因素。然而，经济理论无法回答这些问题。该事物的现状让一位年轻的经济学家感到困惑，他于20世纪30年代在伦敦获得了他的首个学位，并撰写了一篇名为《企业的性质》的论文。该题目在非战术方面有点矫饰，但是它对最后一个问题，即为什么企业得以存在，给出了坚定的且有创造性的答案，虽然很少有人愿意不怕麻烦去凝听。他逐渐在他的理论建构中增加基础材料，从而最终在60年代详尽地阐释了回答所有问题的原理。直到70年代和80年代，他的想法才有了突破。令人惊讶的是，基础经济学需要被修订，管理经济学建立了新的基础，经济史的研究受到了新的刺激，一门新的学科——法律经济学——在经济学与法学的交界处被建立起来，而传统的法学本身无法再解决任何问题。其创始人——罗纳德·科斯正因为这些成就而被授予该奖项，如今，他不再是一位愤世嫉俗的年轻人，但他仍然是一位最活跃的学者。

科斯指出资源总体使用的大部分活动都发生在企业内部。因此，为了使它在行政管理方面协调一致，它被故意阻挡在价格机制之外，因为价格机制属于市场系统。一般性的理论必须能够解释这一现象，可是传统的理论却不能。

有人巧妙地如此描述了科斯的问题。一家企业或许被看作是一座存在于合同海洋的行政岛屿，那么它同样存在于“市场的海洋”。如果我们远眺整个经济，我们会发现它就是一个群岛。但是，为什么它是一个群岛？为什么它不是由单独个体签订的简单合同构成的开阔海洋？为什么存在这么多的小岛，也就是说，为什么它们是零星小岛而非一些大型陆地？

科斯的答案是传统的理论忽视了他所说的交易成本，即时间、工作和其他为签订合同、管理企业及类似机构而被利用的资源。他的论文相对简单，但被证明是非常可行的。该论文说明企业出现的条件是与在市场上进行采购和销售所花的费用相比，以行政管理的方式实现资源，费用更为低廉。如果签订合同无须任何费用，那么也就不需要企业了。

这不仅是关于企业的全新观点，从现在开始，焦点将集中于各种合同模式中所固有的形式多样的变化，这些合同包含了我们通常所称的“市场”。

接下来，科斯表明了无论购买什么和出售什么，或者成为合同的对象，实际上并非由商品和其他资源构成，而由对商品和资源的处置权所构成的。诸如所有权、使用权等此类权利正是经济的基本要素。当然，权利也是法律系统的基本要素。

在一项具有影响力的研究中，科斯开始了一个现在非常著名的假设性实验。他调查了一个法庭，在那里将决定某项权利应当赋予两个主体中的哪一个，他们都参与了某种特定种类的活动。事实上，这在法律系统中是非常普遍的一种决策情境。经济学家甚至有可能是律师，过去常常做出粗心的假设，即在签订合同的过程中，没有消耗任何资源，科斯认为其结果是法庭的宣判事实上没有意义。权利最终仍将归于能实现最大产出的那一方。如果这一方没有从法律或私法权力机构那里直接获得权利，那么它将从另一方那里购买权利，而另一方则通过出售权利而获得利益。

该实验的结论是如果事实上交易成本为零，那么大量的法律法规则显然将变得无意义及不必要。早前，科斯已经发现了若交易成本为零，公司则不满足任何目标。基于经验性的研究，例如法律案件等，他如今能够得出他的重大结论：不仅企业及大部分法律条文，而且经济中的整个制度结构都能通过交易成本加以解释。交易成本以及权利的形成是两个相对简单的概念，但是它们却拥有动力来推动经济学以及法学向新的方向发展。

科斯教授：因为您拒绝将一切视为理所当然，因为您对传统智慧持怀疑态度，所以你能够成功地解释隐藏在经济制度结构后面的原理。您显著地加深了我们对经济系统运行方式的理解——虽然我们花了很长时间才意识到这一点。我谨代表瑞典皇家科学院向您致以衷心的、真诚的祝贺。请允许我邀请您从国王陛下手中接受本年度的诺贝尔经济学奖。

（邱瑜毅 译　金　星 校）

获奖演说

生产的制度结构

罗纳德·科斯

在我漫长的生涯中，我认识了许多伟大的经济学家，但是我从来没有把我自己算入其中，也从来不认为我能与他们相提并论，因为，对高级理论的创新我尚无建树。我对经济学的贡献仅在于促使学者将经济系统的特点纳入其分析之中，这些特点如此之明显，以至于它们如《隐身人》中的邮差那样往往被人们所忽视。这是吉尔伯特·基思·切斯特顿所创造的，有关布朗神父的故事，然而，一旦这些特别之处被纳入分析之中，我相信它们将引发经济学理论结构的巨大变化，至少在所谓的价格理论或微观经济学方面的确如此。我所做的事正是证明经济系统的运作对被称为生产制度结构的重要性。在此次演讲中，我将阐释为什么在我看来经济系统的这些特点会被忽视，以及为什么认识到这些特点将引导我们以不同的方式来分析经济系统的运作，并思考经济政策，这些变化已经开始发生。此外，我也将探讨如果要使我们研究方法的变化加深我们的理解，需要做哪些经验性工作。在探讨这些变化时，我不希望令各位认为这是我独自一人工作的成果。奥利弗·威廉姆森，哈罗德·德姆塞茨，张五常，以及其他学者为该主题的研究做出了突出的贡献，如果没有他们和其他学者的辛勤工作，我怀疑本人拙作的意义是否能够得到承认。为纪念阿尔弗雷德·诺贝尔而创设的经济学奖有着重要的意义，即通过引导人们关注经济学特定领域的重要性，从而促进对该领域的深入研究。以我为例，对少数学者工作成果的强调往往会掩盖其他有能力的学者所做出的贡献的重要性，而事实上他们的研究对该领域的发展至关重要。

我将探讨被称为工业组织的那部分经济学，但是为了了解它的现状，有必要在总体上谈论经济学的发展。在我看来，在《国富论》出版后的两个世纪中，经济学家的主要活动似乎就是填补亚当·斯密系统中的空白，修正其错误，并使他的分析更为精准。《国富论》的一个基本主题在于要使一个经济系统以有序的方式运转，而不需要政府调节或集中计划。经济可以通过价格系统（“隐形之手”）来加以协调，而且伴随着有利的结果。正如哈罗德·德姆塞茨解释过的那样，自《国富论》出版后，经济学家的主要任务是将亚当·斯密的命题形式化。既定的因素是技术和消费者的偏好，而为自己利益考虑的个人在选择中受到了价格体系的支配。经济学家们已经揭示了实现亚当·斯密的结论所需要的必要条件，他们也指出在现实世界中，这样的条件似乎无法达到。此外，他们提出了为满足这些条件而设计的革新。这正是我们在教科书中发现的东西。哈罗德·德姆塞茨曾正确地指出该理论分析的是极度分散的系统。这是一个伟大的智力成就，也阐释了经济系统的许多方面。但是，它并不是各个方面都是有益的。集中于价格的确定限制注意力的范围，因此，也忽视了对经济系统的其他方面。的确，有时候，经济学家看上去似乎认为他们的研究主题仅仅在于关注价格系统，而除此之外的其他事都被认为与其无关。因此，我的老领导莱昂内尔·罗宾斯，一位卓越的人物，在《论经济科学的性质与意义》中阐述了生产理论采用的传统处理方式讨论农民所有权和工业形式时所存在的“明显缺陷”。他写道：“它表明根据经济学家的观点，‘组织’是一个内部工业(或农业)安排——如果不是企业内部的安排,至少是‘该’工业内部的安排。与此同时,它倾向于完全忽视一切生产性组织的支配因素——价格与成本的关系……”这一点可归结为:在罗宾斯看来,一位经济学家对组织的内部安排不感兴趣,他只对市场上发生的事情感兴趣,即购买生产要素和销售该要素所生产出的商品。在购买生产要素与销售该要素所生产出的商品之间所发生的事情大部分被忽略了。我不知道如今的经济学家从何种程度上赞同罗宾斯的观点,但不可否认的是微观经济学主要研究的就是物价与产出的确定,实际上经济学的这一部分常常被称为价格理论。

现代经济学理论的另一个特点——经济分析的日益抽象化,使得人们更容易忽视该系统的其他方面。分析的日益抽象化这一特点似乎不需要关于实际经济系统的详细知识,或者至少在进行分析时尽量不使用这些知识。霍姆斯特姆和梯若尔在最近出版的《工业组织手册》中撰写了《企业理论》一文,他们在长达63页的文章末尾总结道:“在该领域中的证据与理论的比率……目前处于很低的状态。”佩尔兹曼曾针对《工业组织手册》写过一篇措辞严厉的文章,在文中他指出,在那本书中有多少讨论是缺乏任何经验基础的理论。书中所研究的不过是一个存在于经济学家意识里而并非实际存在的系统。我称之为“黑板经济学”。企业和市场只以名字的形式出现而缺乏任何实质。在主流经济学理论中,企业通常被描述为一个“黑盒子”。而且它确实如此。现代经济系统中的大部分资源都在企业内部被使用,同时,这些资源如何被使用取决于行政决策,而不是直接取决于市场运行,这是一个不同寻常的设定。因此,经济系统的效率在很大程度上依赖于这些组织如何管理其事务,当然,特别是现代的企业。考虑到他们对价格系统的兴趣,更让人惊讶的是他们对市场的忽视,尤其是对支配交易过程的制度安排的忽视。由于这些制度安排极大地决定了生产什么产品,因此,我们现在所持有的理论还远未完善。所有这些情况正在开始改变,而在这一变化的过程中,我很高兴我起到了一定的作用。最近在东欧发生的事件清楚地证明了将这样的制度因素纳入主流经济学范畴的重要性。这些前共产主义国家应该走向市场经济,而且它们的领导人也希望如此,但是,没有适当的制度,就不可能存在重要的市场经济。如果我们对我们自身的经济了解更多,那么我们就能更好地给它们提出建议。

瑞典皇家科学院曾引用过我的两篇文章,在这两篇文章中,我努力尝试填补这些空白,或者准确地说,我努力尝试指明,如果最终要填补这些空白我们应该前进的方向。让我首先从《企业的性质》开始。1929年,我作为一名学生来到伦敦经济学院攻读商科学士学位,专修工业,大家一般认为该专业是为那些希望成为工厂管理者的人所设置的,这样的职业选择非常不适合我。然而,在1931年,我交了好运。阿诺德·普兰特于1930年被任命为商科教授。他是一位优秀的教师。1931年,在我参加期末考试前的五个月,我参加了他的研讨班。这是一种启示。他援引了亚瑟·萨尔特的话,即“正常的经济系统会自己运作”。同时,他解释一种由价格协调的竞争性经济系统如何引导企业生产消费者评价最高的商品,以及提供消费者评价最高的服务。在接受普兰特的教导之前,我对经济运行方式的概念是极度模糊的。而在参加普兰特的研讨班之后,我对经济系统有了清楚的了解。他向我介绍了亚当·斯密的“隐形之手”的概念。由于我在高中的时候就已经完成了大学一年级的任务,所以我能够在两年内达到获得学位的要求。然而,大学的规章要求住校三年才能被授予学位。因此,我有了一年的空余时间。接着,我又交上了一次好运。伦敦大学授予我一笔卡塞尔旅行奖学金。我决定去美国一年,当作在伦敦经济学院住了一年,学校的规章在某种程度上以较为宽松的方式被执行了。

我决定研究美国工业大学横向与纵向的联合。普兰特在他的讲学中曾描述了各种工业组织的不同方式,但是我们似乎缺乏理论来解释这些差别。我开始寻找这样的理论。除此之外,我心里还有一个疑问需要解决,这似乎与我的主要项目有关。将定价系统看作是一种协调机制显然是正确的,但论点中仍有某些方面让我困惑。普兰特反对以计划的任何形式来协调工业生产的一切方案,尽管它在大萧条时期非常流行。在普兰特看来,通过价格系统而形成的竞争将会进行一切必要的协调。可是,我们还有一个生产因素——管理,它的功能也是协调。如果定价系统提供了一切必要的协调,那么为什么我们仍需要管理?当时,同样的问题以另一个形式出现在我面前。就在 14 年前发生了俄国革命。那时我们对计划工作在共产主义系统中如何切实运作知之甚少。列宁曾说俄国的经济系统就像一个大工厂那样运转。然而,西方许多经济学家坚持认为这是不可能的。可是,西方有工厂,而且其中有些工厂的规模很大。伴随着管理以及我们自身经济内部运转的明显计划性的社会以及企业的存在,针对定价系统的作用与成功实现重大计划经济的不可能性,经济学家有不同的见解和观点,那么如何协调他们的见解及观点呢?

1932 年的夏天,我找到了答案,因为我认识到利用定价机制有成本,而我们必须发现这些成本包含什么。为了解决争议,我们要进行谈判、起草合同、检查产品、做出安排等。这些支出被称为交易成本。它们的存在表明依据市场而可供选择的合作方法本身就需要费用,并且在不同的方面都存在不足,但是在依赖定价机制之后,它们也许会变得更适用,因为定价机制是经济学家通常分析的唯一的协调方法。避免通过市场进行交易所产生的费用恰好解释了企业的存在,在企业内要素的配置是行政决策的结果(我认为它的确如此)。在我写于 1937 年的文章中,我提出在一个竞争性的系统中将存在一个最优计划,因为一家企业,作为一个小型的计划社会,能继续存在的条件是它能行使其协调功能,同时,其所支出的费用低于通过市场交易的方式来完成生产时所产生的费用,而且也低于其他企业行使相同的功能时所需要的费用。为了创造一个有效的经济系统,不仅需要市场,而且需要在组织内部存在规模适当的计划领域。这样的混合物应该是什么?我们发现这是竞争的结果。这就是我在 1937 年所写的文章中所论述的内容。然而,根据我保留下来的,写于 1932 年的信件,我在当年 10 月初时,在敦提所做的演讲中已经陈述了该论点的关键之处。那时我才 21 岁,对我而言,阳光永远都是灿烂的。我从来没有想过这些思想将成为 60 年后我获得诺贝尔奖的主要理由。此外,在我 80 岁时,因为我在 20 多岁时所做的工作而受到赞誉,这真是一个奇特的经历。

毫无疑问，经济学家认识到企业在经济运行中所起到的重要作用将促使他们更为仔细地调查研究其活动。奥利弗·威廉姆森及其他学者的工作使人们更好地了解了支配企业做什么以及如何做的因素。而且，我们也可以期待将来能从对企业活动的研究中了解更多，最近美国人口普查局的经济研究中心已经开始就此进行调研。有人认为对经济学家而言，《企业的性质》一文的发表所带来的最重要的结果是它引导人们关注现代经济中企业的重要性，在我看来，这样的结果在任何情况下都会发生。但是，这样的想法是错误的。我认为，在未来，这篇论文的重要贡献在于它明确地将交易成本引入了经济分析。我在《企业的性质》中论述了交易成本的存在导致了企业的出现。可是，其影响遍布于经济之中。商人们在决定他们的交易方式和生产什么产品时必须考虑交易成本。如果进行交易的成本高于该交易所能带来的收益，那么交易将无法进行，同时，专业化所导致的更高产量也无法实现。这样，交易成本不仅影响合同的安排，也影响生产什么产品及提供什么服务。未将交易成本纳入理论范畴使得经济系统运转中的许多方面得不到解释，其中包括企业的出现，以及其他许多问题。实际上，我们所认为的经济活动中的很大一部分被设计出来是为了阻止高额交易成本的出现，或者是为了降低交易成本，以至于个人能够自由地谈判，并可以充分利用海耶克所普及的知识。

我知道经济学中存在一个部分，其中交易成本被用于解释经济系统的主要特点，而这一部分与货币的演变和使用有关。亚当·斯密指出，在一个存在劳动力分工，但一切交换必须采取物物交换形式的经济系统中，商业活动将会遇到障碍。如果一个人没有生产者所需要的某种东西，他也不能购买任何东西。他解释道，这种困难可以通过货币的使用而得以解决。希望以物物交换的形式购买东西的人必须找到出售这种商品的人，同时他也想要购买潜在买家所拥有的某种物品。同样，希望出售某种物品的人必须找到一个人，他既愿意出售他所拥有的东西，也拥有潜在卖家想要购买的物品。以物物交换的形式进行的交易需要杰文斯所说的“双向一致”。显然，在交易中寻找具有适当条件的伙伴很可能会产生巨大的费用，而且将妨碍许多有潜在利益的交易发生。使用货币所带来的利益体现于交易成本的减少。通过促进合同的签订以及减少为满足交易目标而保有的商品数量，货币的使用也降低了交易成本。然而，正如经济学家关注到的那样，货币的使用所确保的利益本质似乎已经隐没在背景中。因为降低交易成本的需要而存在的经济系统中存在其他的特点，但这一点似乎没有被注意到。

现在，我转到我的另一篇论文——《社会成本问题》，它发表于30年前，并被瑞典皇家科学院引用。在这里，我不打算过多地讨论它对法律学的影响，尽管这种影响极其巨大，相反，我将主要考虑它对经济学的影响，该影响并不大，但我相信经过一段时间之后，这种影响会逐渐变大。我的观点是，在那篇论文中所采用的方法最终将改变微观经济学的结构——我将解释其原因。我应当补偿，在写作这篇论文时，我在脑海里并没有这样的一般性目的。我当时认为，我揭露了庇古在分析私人产品和社会产品之间的分歧时所存在的不足之处，这就是我工作的全部，那时他的分析被经济学家们广泛接受。直到20世纪60年代，在某种程度上，因为与张五常的交谈，我开始认识到我在论文中所写的内容对经济理论的普遍重要性，同时也更清楚地认识到需要进一步研究的问题是什么。

庇古的结论和大部分运用标准经济理论进行研究的经济学家们所得出的结论曾经是，也许现在仍然是，为了抑制那些会给他人带来危害性影响的行为（常被称为负外部性），需要政府采取某种行为（通常是征税）。我在那篇论文中所说明的与我所想的一样，即，在一个交易成本为零的体制中（这是标准经济理论的一个假设），交易双方的协商将导致双方不顾权利初始分配的情况而做出一些安排使得财富最大化。这就是斯蒂格勒所命名并阐释的不太名誉的科斯定理，尽管这是基于本人的研究所提出的。斯蒂格勒提出科斯定理遵循经济理论的标准假设。它的逻辑性毋庸置疑，只是他的领域存在问题。我并非不赞同斯蒂格勒。然而，我倾向于把科斯定理看作一块垫脚石，以便进一步分析一个存在正交易成本的经济。对我而言，科斯定理的重要性在于它削弱了庇古系统。既然标准经济理论假设交易成本为零，科斯定理证明在这些情况下，庇古的解决方案是不必要的。当然，这并不意味着当交易成本为正时，政府的行动（例如政府的经营、管制或征税，包括补贴）所产生的结果比不上依赖市场的个人谈判所导致的结果。要发现这一点是否正确，需要研究真实政府的实际所为，而不是研究想象中的政府。我的结论是，让我们研究这个交易成本为正的世界。

如果我们从一个零交易成本的体制转入一个正交易成本的体制，那么在新的世界里，法制系统的至关重要性即刻变得清晰明了。我在《社会成本问题》中解释过在市场上交易的东西并非如经济学家通常设想的那样是物质实体，而是一种可以采取某些行动的权利，而这种个人拥有的权利是通过法律系统得以建立的。尽管我们可以想象在假设的零交易成本的世界里，交易双方将通过谈判来改变任何法律条款，因为这些条款阻碍了他们采取任何必要的措施以增加产品的价值，但是在存在正交易成本的现实世界里，这样的程序需要巨大的费用，并且即使允许围绕法律签订大量这样的合同，也有可能无利可图。基于该原因，个人拥有的权利，连同他们的责任和特权，将在很大程度上由法律所决定。因此，法律系统将对经济系统的运转产生深刻的影响，并且在某些方面可以说控制了经济系统的运转。显然，这些权利应当赋予那些能最有效地利用它的人，同时激励那些人这样做。为了发现和保持这样一种权利的分配，应当通过法律的清晰规定，和简化针对这类转移的法律要求来降低他们的转移费用。只有当一个合适的产权制度存在并且被执行时，这种情况才会出现，因此，我们很容易理解为什么如此多的学术派律师（至少在美国）认为揭示这样的产权制度的特点是如此有吸引力，我们也能理解为什么“法律与经济”这一主题在美国的法学院中如此盛行。的确，研究工作正以这样的速度向前发展，所以，有人相信在5到10年间我们就能画出该主题研究的主要轮廓，我认为这并不是过分乐观。

直到最近，大多数的经济学家似乎才意识到经济系统与法律制度之间除了一般形式的联系之外，还有其他的关系。经济学家常常把股票和农产品交易所作为完全的或接近完全的竞争事例。但是，这些交易所非常详细地规定了交易者的活动（它排除了那里可能存在的其他公共规则)。什么东西可以买卖,什么时候可以进行买卖,清算的形式等,都由交易所当局所规定。实际上,这里存在一套私法。如果没有这样的规章制度,就不可能快速地进行买卖。当然,当买卖在交易所之外进行时(几乎所有买卖都是如此),买卖方散布在不同的空间,并且有不同的利润,就像零售与批发那样,在该情况下,这样的私法就很难建立,而他们的活动将受到国家法律的管制。对经济学家而言,讨论交易的过程而不详述买卖发生的制度背景是没有意义的,因为制度背景影响了激励生产和交易费用的因素。我认为现在这一点开始被认识到,并且因为如今东欧发生的事情让这一点变得非常清晰。经济学家过去可以详细地分析两个人在森林边缘处交换坚果与草莓,并认为他们对交易过程的分析是完整无缺的,这样的时代肯定已经过去了,尽管这样的分析在某些方面具有启发性。在真实世界背景下,需要研究签订合约的过程。我们将了解遇到的问题以及如何克服它们,从而肯定能意识到我们必须从中做出选择的制度是多么的丰富。

奥利弗·威廉姆森认为我在《企业的性质》中的论点之所以没有作用或作用不大,是因为它不具有"可操作性",也就是说,交易成本的概念还没有融入一半的理论中。我认为这是正确的。对此有两个原因。首先,将交易成本纳入标准的经济理论是困难的,因为标准经济理论的基础是假设交易成本为零,而且正如托马斯·库恩所说,经济学家与大多数的科学家一样,他们在方法上极其保守,不愿意尝试新的方法。其次,威廉姆森也指出,我的分析核心是在企业内部组织或通过市场之间做出选择,尽管这样做是正确的,但是我并未说明决定选择结果的因素,从而使其他人很难基于所谓的"基础性见解"来构筑理论。这也是事实。但是,使用威廉姆森的术语,支配市场与等级制混合物的相互关系是极端复杂的。而且,我们现在对它知之甚少,因此,不容易发现这些因素为何物。我们所需要的是更多的经验性工作。在为国民经济研究所撰写的一篇论文中,我解释了我认为情况如此的原因。我写道:"一位有灵感的理论家也许在没有这种经验性工作时也能做得很好,但是我感觉灵感很有可能来自于系统地搜集数据所揭示出的某种模式、疑惑和反常事物带来的刺激,尤其当基本需要将打破我们现有的思维习惯时。"我是在1970年说这句话的。直到今天,我仍然认为它的主要部分是真实的。虽然,在20世纪70年代和80年代,经济学家们进行了很多有趣且重要的研究,而且我们肯定比1970年时知道得更多,但是毫无疑问的是,我们需要大量的更具经验性的工作。然而,我得到的结论是:研究者们在工业组织中面对的障碍主要为缺乏合同与企业活动的相关数据。因此,我决定就此做一些事情。

我相信在华盛顿的政府部门和机构中,大量关于合同和美国企业活动的数据是可以得到的,而且经济学家并不知道大部分相关信息。所以,1990年的夏天,我在芝加哥大学的法学院组织了一次会议。在会上,政府官员陈述了他们的论文,介绍了可得到的数据,以及得到这些数据的方法。此外,他们还报告了其部门内部正在进行的研究。听众是学术派经济学家。正如一位同事所评价的那样,它是一个满足需求的案例。该会议记录将在《法律与经济性杂志》的一个专刊上发表。与我相关的另一个发展是在匹兹堡大学商学院建立合同与企业结构研究中心。该中心将大规模地收集商业合同，并准备建立数据库，可供所有研究者利用，不论他们来自哪个机构。我们不应该忘记人口普查局经济研究中心现在正着手做的工作。有更多的机会获得数据，以及授予我诺贝尔奖而对所有研究生产制度结构的学者所产生的鼓励，将减少在经济学文献中常见的关于工业组织研究方面那些文雅但是无效的推理，同时，它也将引导我们进入更能深刻了解真实的经济系统运转方式的研究。

我的言论有时会被解读为我反对经济理论数学化。这是不真实的。的确，一旦我们开始发现影响经济系统绩效的现实因素，它们之间复杂的相互关系显然需要一种数学化的处理，正如在自然科学中那样，而像我这样常以散文风格撰写论文的经济学家将对此鞠躬致敬。希望这样的时期赶快到来。

我非常清楚许多我所尊敬和崇拜的经济学家将不赞同我表述的观点，而且有些经济学家甚至会因此感到反感。但是当一位学者知道他所说的话中存在的错误将很快被揭露，他应该感到满足，相反，对于确证无疑的内容，他应该期望最终看到它被接受，只要他的生命足够绵长。

（邱瑜毅 译　金　星 校）

1992获奖者

加里·贝克尔

Gary S. Becker

【获奖理由】把微观经济研究扩展到人类行为和相互影响中，包括非市场行为。

生平简介

1930 年	出生于美国宾夕法尼亚州波茨维尔
1955 年	获芝加哥大学博士学位
1960—1968 年	任教于哥伦比亚大学
1967 年	获约翰·贝茨·克拉克奖
1983 年起	任教于芝加哥大学
1987 年	任美国经济学会会长
2007 年	获总统自由勋章
2014 年	逝世

主要学术贡献

贝克尔是多产的经济学家和社会学家。在将经济理论扩展到人类行为分析方面做出了突出贡献。他坚持用经济人假设解析全部人类经济行为，把微观经济分析的领域推广到包括非市场行为的人类行为和相互作用的广阔领域，产生了一批具有相当影响的研究成果。其中，《生育率的经济分析》是当代西方人口经济学的创始之作；《人力资本》是西方人力资本理论的经典，是席卷20世纪60年代经济学界的“经济思想上的人力投资革命”的起点；《家庭论》则是微观人口经济学的代表作。

此外，贝克尔在社会学、政治学、人口统计学、犯罪学和生物学等领域均有建树，也因此被称为“作为帝国创建者的经济学家”。他在分析影响人类行为的各种因素时，始终把经济因素放在重要地位。在运用经济理论分析人类行为方面，贝克尔是一个成功的先驱者。而且，作为芝加哥学派的重要成员，他反对政府干预，倡导自由主义经济思想。

主要学术成果

《歧视经济学》(1957)

《生育率的经济分析》(1960)

《人力资本》(1964)

《人类行为的经济分析》(1976)

《家庭论》(1981)

颁奖词

瑞典皇家科学院 / 阿萨尔·林德贝克

尊敬的国王和王后陛下,各位殿下,女士们,先生们:

加里·贝克尔认为他的任务是将他所称的"经济方法"的分析领域拓展到各种各样的社会问题的分析层面。如今,有必要牢记贝克尔所称的"经济方法"并非意味着个人应该独自努力奋斗以获取经济利益。对非金钱的,而且确实利他的方面的分析,与对金钱方面的分析一样,都是贝克尔分析的一部分。因此,认为这样的分析具有理性选择理论的特点更为恰当,换言之,它更像目的性行为分析,而非传统的"经济方法"。

表面上看,这样的研究观点或许显得非常琐碎,但是,精确而言,它并非如此。迄今为止,贝克尔进行研究的领域中的人类行为,常常被认为是无法解释的习惯性行为,没有人基于理性的计算来对此进行探索。更为重要的是,假设贝克尔的方法是琐碎的,那么当它首次被公开时,它就不会引起如此多的批评与辩护,从而使其饱受苦恼。

贝克尔分析模型的重要应用在于他对教育以及工作培训的研究,也就是对现在所称的人力资本投资的研究。以该概念为基础,贝克尔形成了关于社会薪酬结构及其随时间而发展的明确理论,并对此进行了经验性测试。贝克尔之后的研究人员运用同样的分析方法解释了其他事物,例如经济发展过程中的各种现象、贸易的构成,以及在健康领域的投资。

贝克尔的另一个重大贡献是他对社会内的家庭单位和家庭的作用进行了分析。在传统的理论中,家庭单位被认为能够通过收入的方式,在收入与消费之间做出选择,这些消费一方面包括消费者购买的商品,另一方面包括消费者用于休闲的费用。贝克尔的基本观点是将家庭单位看作"小型工厂",它投入时间和采购消费品所需的费用来为家庭成员提供服务,而采购消费品的花费被当作发生在家庭单位内的生产过程中的媒介投入。

这样的分析非常有趣地证明了,从新的角度来探讨一个古老的问题将引发全新的思考。例如,在这个可供选择的方法所设定的环境中,工资的增长导致在家庭内部变为提供耗时较少的服务产品。在开放的市场上,工资的增长使得一位专门从事家庭生产(如照顾子女)的家庭成员损失更大。因此,大部分早期家庭所具备的社会和经济功能都转移至其他的机构,例如商业、学校、日托中心以及各种各样的公共机构。这样的发展激励了更多人外出就业,也激励了父母选择少生子女,同时,对他们选择养育的子女的教育进行更多的投入。贝克尔运用他的理论来解释工业国家中生育率历史性的下降，各个国家之间生育率的差异，以及城市与乡村之间生育率的不同。

贝克尔也将他的理论应用于“犯罪与处罚”这一领域。他设想除了少数精神变态者，那些实施犯罪的个人以可以预见的方式对不同的刺激做出反应，而刺激主要体现于犯罪活动所带来的利益和所耗费的成本。对于公民中哪些群体有可能实施特定种类的罪行，该理论似乎提供了现实的预测。针对该理论而进行的经验性研究也表明，相对于严厉的处罚，被起诉的可能性的增加更为有效地阻止了犯罪行为。

此外，该理论的另一应用关注的是就业和住房市场上的种族歧视和性别歧视。贝克尔认为，如果完全从分析的角度而言，这样的行为在社会经济收益与个人经济收益之间就像“税收楔子”，即边际税收那样起作用。因此，歧视将会在经济上损害受到歧视折磨的人，也会损害歧视别人的人。

现在，贝克尔教授：您一直以来都选择重要的社会问题作为您的研究方案，例如人口增长，家庭在社会中的作用，教育和工作培训的重要性，犯罪与处罚，以及歧视。由于您创新性和激励性的研究策略，您扩展了“理性选择”模式的范围。很荣幸代表瑞典皇家科学院向您表达最热烈的祝贺，并请您从国王陛下手中接受本年度的诺贝尔经济学奖。

（邱瑜毅 译　金　星 校）

获奖演说

以经济学方式观察生活[①]

加里·贝克尔

一、经济学方法

我的研究是利用经济学方法来分析那些通常超出经济学家考虑范围之外的社会问题。该演讲将阐释这种方法，并用来自过去及现在的工作中的事例来加以证明。

与马克思的分析不同，我所说的经济学方法并不假设个人仅仅被自私或利益所驱动。它是一种分析的方法，而非一种关于具体动机的假设。我曾经与其他研究者一起尝试使经济学家们摆脱狭隘的关于自我利益的假设，因为行为是由丰富得多的一系列价值观和偏好所驱动的。

这种分析假设个人按照他们所设想的那样将福利最大化，无论他们是否是自私的、无私的、忠诚的、恶意的或者是有受虐癖好的。他们的行为具有前瞻性，并且自始至终保持一致。尤其是他们尽可能地设法预期他们的行为所带来的不确定后果。然而，前瞻性的行为也许仍然植根于过去，因为过去会对态度和价值施加影响。

---

① 谨以此次演讲纪念近一年前逝世的乔治·斯蒂格勒。他是诺贝尔奖获得者、著名经济学家、我的良师益友。他会如我一样高兴，如果他能见证我在1992年发表诺贝尔经济学演讲。

人的行为受到收入、时间、不完全记忆、计算能力以及其他有限资源的约束，同时也受到在经济及其他方面现有机会的限制。这些机会在很大程度上取决于其他个体和组织的私人与集体行为。

不同的约束在不同的情况下具有决定性，然而，最基本的约束是时间的有限性。经济的发展与医疗的进步极大地延长了人的寿命，但却无法改变时间本身的物理流动，时间的这种性质永远赋予人类每天 24 小时。所以，尽管在富裕国度中，商品与服务的消费数量巨大，但可供消费的时间总量却并未变化。

所以，富裕国度与贫穷国家一样欲求未满。因为虽然商品变得日益丰富，从而有可能降低新增商品的价值，但随着商品的丰富和充裕，时间变得愈发珍贵。在每个人的需要都能得到充分满足的乌托邦，效用最大化是没有意义的，可是，时间始终如一的流动使得乌托邦不可能存在。贝克尔(1965)和林达尔(1970)分析过此类问题。

以下各章节将以四个完全不同的主题来阐释经济学方法。为了了解对少数派的歧视，有必要将偏好放宽至能容忍对特殊人群的偏见和憎恶。针对犯罪的经济学分析将非法的和其他反社会行为纳入理性行为之列。人力资本法思考如何通过教育、技能和知识上的投资来改变人们在市场与非市场情况中的生产率。针对家庭的经济学方法则从效益最大化的前瞻性视角来解释婚姻、离异、生育能力以及家庭成员之间的关系。

二、对少数派的歧视

社会上始终存在对外人的歧视，但是除了关于雇佣妇女的少量讨论(参见埃奇沃斯，1922)和福西特(1918)之外，经济学家自 20 世纪 50 年代以来，很少就该主题撰写论文。当我还是研究生时，我就开始考虑种族、宗教和性别歧视，并使用歧视系数的概念来组织我的方法，以研究对特殊人群成员的偏见和敌意。

歧视系数将种族、性别及其他个人特征在品味和态度上的影响融为一体，而不做一般性的假设——雇主只考虑雇员的生产率，工人忽视与之一起工作的同伴的特点，顾客只关注所提供的商品和服务的质量。即使报酬优厚，雇员也有可能拒绝在一名妇女或一名黑人的管理下工作，同样，一名顾客有可能不愿意与一名黑人汽车销售员做生意。因此，只有通过放宽一般性的假设，才有可能开始理解阻碍少数派发展的障碍。

据推测，在薪酬和就业上，可观察到的对少数派的歧视不仅因为歧视的偏好，而且也取决于其他的可变因素，例如竞争的激烈程度、公民权立法等。然而，除了由亚当·斯密首创的补偿性工资级差的重要理论，以及缪达尔的《美国的困境》(1944)所代表的重大研究，20 世纪 50 年代以来，甚少有研究致力于分析偏见和其他可变因素如何相互作用。我花了数年时间构思一个理论，用以分析收入和就业领域的实际歧视如何取决于歧视的偏好、劳动力和产品市场竞争的激烈程度、主流成员中歧视系数的分布、少数派获得教育和培训的概率、可决定立法对少数派有利或不利的中间选民和其他选举机制的投票结果，以及其他考虑因素。既然在该领域有如此多的事情需要处理，我的顾问们鼓励我将我的博士论文(1955)写成专著(1957)。

市场中对少数派群体的实际歧视取决于雇主、工人、顾客、学校及政府的联合歧视。分析表明，环境有时能极大地软化既定数量偏见的影响，但有时又能放大这种影响。例如，生产力相同的黑人与白人之间、妇女和男人之间存在工资上的差异，但是，当许多公司能够有效地专门雇佣黑人或妇女时，较之于对黑人和妇女的偏见程度，工资级差就要小得多。

的确，在一个生产规模不变收益即不变的世界中，两者是使用相同分配技巧的。分开的经济将不顾歧视被分割的少数派的意愿而完全超越歧视本身，并且将具有相等的工资水平和相等的资源回报。所以，在市场中多数派的歧视是有意义的，因为少数派成员无法为专门雇佣他们的公司提供数量充足、多种多样的技巧。

当多数派人数大大超过少数派时——在美国，白人的数量是黑人的 9 倍，而且比黑人拥有多得多的人均人力及物质资本——多数派的市场歧视不会降低其收入，但却有可能大幅度地减少少数派的薪酬。然而，当少数派成员在总人数中占相当大的比例时，来自多数派的歧视同样也将伤害多数派本身。

对存在于南非的种族歧视的分析可以说明该命题。那里的黑人数量是白人的 4—5 倍。尽管一些白人集团获得了利益，但对黑人的歧视也严重地伤害到了白人（参贝克尔，1971，第 30—31 页；赫特，1964）。白人所付出的惨痛代价揭示了南非白人实施的种族隔离制度和其他公然歧视形式最终分崩离析的原因。

在市场中，由偏见所产生的市场歧视最终能否消失？已有一篇文献就该问题进行了探讨和研究。那些不愿歧视少数派的雇主最终能否在竞争中打败带有歧视观点的雇主？这不仅取决于潜在雇主中歧视偏好的分布，而且极大地取决于企业生产函数的性质。

经验上而言，更重要的是存在于雇员与顾客之间长期的歧视。与雇主相比，顾客是市场歧视更为主要的来源。如果不可能找到足够有效的、独立的企业，以及有效的、独立的商品市场，那么就没有理由期待这些集团的歧视最终在竞争中被消除。

近年来一项新的理论发展在于对模式化的推理及统计歧视的结果进行分析（参见菲尔普斯，1972；阿罗，1973）。该分析揭示雇主、教师以及其他有影响力的团体所持有的，少数派生产率较低的信念有可能是自动形成的，因为这些观念也许会使得少数派较少投资于教育、培训与工作技能，例如守时观念的培养，而这种较少的投资导致少数派的生产率更为低下（参见罗瑞，1992，近期的一项分析）。

在过去的 25 年间，许多国家在黑人、妇女、宗教团体、移民与其他少数派的收入、失业及职业方面的证据大为增加。这些证据更充分地证明了少数派的经济地位以及它在不同环境下的变化。然而，这些证据并未消除有关造成少数派低收入原因的争论（参见凯恩发表于 1986 年的理论文献与经济分析的详细综述）。

三、罪与罚

在 20 世纪 60 年代的某日，我驱车前往哥伦比亚大学进行一场经济学理论的学生口试，在此之后，我就开始思考犯罪问题。那天，我迟到了，所以我不得不快速地决定是否应该将车停放在停车场，还是冒着收到罚单的风险将车非法停在街上。我计算了收到罚单的概率，罚款的金额，以及把车停到停车场的费用，然后决定冒险将车停在街上（事实上，我并未收到罚单）。

当我走过好几个街口到达考试教室时，我想到市政当局或许也做出了相似的分析。他们巡查违章停车的频率和加之于违规者的罚款金额应当取决于他们对像我这样潜在的违规者有可能做的计算的预估。自然，我向那位不幸的学生所提的第一个问题就是，请思考出违规者与警察的最佳行为模式，这也是我未能做到的事情。

从20世纪的50年代到60年代，知识分子关于犯罪的讨论被一种观点所主宰，它认为犯罪行为是由精神疾病和社会压迫所造成的，而罪犯本身就是无助的“受害者”。一位著名心理学家为此撰写了一本名为《罪与罚》的专著（参见门宁格，1931）。这种态度开始对社会政策施加重要的影响，同时，法律也被改变以扩大罪犯的权利。这些转变降低了对罪犯的警惕与定罪，但也减弱了对遵纪守法的公民的保护。

有一种假定认为罪犯从根本上拥有各不相同的动机，我并不赞同该假设。相反，另一种假定认为犯罪行为是理性的，而我则致力于探寻该假设的理论含义与经验内涵（参见本瑟姆，1931；巴卡拉，1986）。但是，“理性”并不一定意味着狭隘的物质主义。理性承认许多人受到道德和伦理考虑的约束，即使他们有利可图，同时，也不会有被发现的危险，他们也不会犯罪。

然而，如果这种态度一直盛行，那么警察和监狱就没有存在的必要了。理性意味着有些个人成为罪犯是因为犯罪所带来的经济上的回报高于合法地工作，他们同时考虑了被发现与定罪的可能性，以及惩罚的严重性。

犯罪的数量不仅取决于想要成为罪犯的理性与偏好，而且取决于由公共政策所创造出的经济环境与社会环境，它包括治安费用，针对不同罪行的处罚，就业、接受教育以及培训的机会。显然，现有合法工作的种类，连同法律、规定及处罚构成了以犯罪为研究对象的经济学方法的一个必不可少的部分。

在保持处罚的数学期望值不变的情况下，用于减少犯罪的总的公共支出可以得到消减，其方法是通过充分增加对定罪人的处罚来抵消用于逮捕罪犯的费用的减少。但是，偏爱风险的个人未实施犯罪行为是因为他们更担心被定罪的概率很大，而不是因为害怕严厉的刑罚。因此，爱冒险的罪犯希望被处罚的概率小之又小，国家的最优化行为则应当通过降低对犯罪偏好定罪的概率来平衡用于治安及审判的费用的减少。国家也应当考虑到对无罪者施以惩罚的可能性。

在我研究犯罪的初期阶段，我对为什么偷窃有害于社会的原因感到困惑，因为偷窃看上去似乎仅仅是资源的重新分配，通常是从富人分配到穷人。但是，我的疑惑被消除了（1968），由于我认识到罪犯花钱去购买武器，并花时间去制定计划以实施罪行，这类花销对社会而言毫无生产效益——它是现在所谓的“寻租”行为——因为它不创造财富，而只是强制地重新分配财富。偷窃的社会成本与所偷到的美元价值相近，因为理性罪犯愿意为他们的罪行付出相应数额的金钱（我应该补充说明潜在的受害者花费资源以保护自己不受罪行侵犯）。

以经济学方法来分析犯罪的研究方式之所以如此有影响力，原因之一在于，同样的分析工具也可以用于研究所有法律的强制实施，包括最低工资法、清洁空气法、内部交易人员和其他安全法的违背行为以及逃避所得税。由于法律几乎都无法自动执行，因此，它们需要一定的费用来对罪犯进行定罪和处罚，从而遏制了犯罪。美国判决委员会曾公开地使用针对犯罪的经济分析以制定规则，并要求法官在处罚触犯联邦法规的罪犯时遵循该规则(美国判决委员会，1988)。

在过去的25年中，使用经济学方法来研究犯罪已经变得很普遍了。这些研究包括分析最优边际刑罚以遏制严重罪行的增加——例如，阻止绑匪杀害受害人(现代文献始于斯蒂格勒，1970)，以及个人强制执行法律与大众强制执行法律的关系(参见贝克尔与斯蒂格勒，1974；兰德斯与波斯纳，1975)。

罚款比监禁及其他处罚形式更可取，因为它更有效。通过罚款，对违法者的处罚也成为国家的收入。早期关于罚款与其他处罚方式的关系的讨论已得到澄清和极大的改进(参见波兰斯基与萨维尔，1984；波斯纳，1986)。

监禁期限、定罪率、失业程度、收入不平等，以及其他可变因素对犯罪率的影响的经验性评估，已变得愈加数量庞大、准确无误(参见欧利希的开创性研究，1973，及随后的大量文献)。最大的争议围绕死刑是否能遏制谋杀这一问题展开，该争论仍然悬而未决(参见欧利希，1975；全国研究委员会，1978)。

四、人力资本

直到20世纪50年代为止，经济学家一般都假设劳动力是既定的，而不能增加。亚当·斯密、阿尔弗雷德·马歇尔和米尔顿·弗里德曼就教育和其他培训的投资的精辟分析未将生产率纳入讨论范围。接下来，舒尔茨及其他学者开始率先探索人力资本投资对经济发展和相关经济问题的意义。

人力资本分析始于一个假设——个人通过衡量收益与成本来决定他们的教育、培训、医疗，以及其他增长知识和维护健康的方法。收益既包括文化的或其他非货币的利益，也包括收入和职业的改善，而成本则通常主要取决于花费在这些投资上的时间的预知价值。

目前，人力资本如此无可争辩，以至于很难理解20世纪50年代到60年代期间，对“人力资本”这个词所代表的研究方法的敌意。人力资本的概念被宣称是侮辱性的，因为它把人比作机器。把上学看作一项投资而非一种文化体验的观点，被认为是冷漠无情且极端狭隘的。因此，我犹豫了很长时间才决定给我的书取名为《人力资本》，同时，我使用一个长长的副标题加以解释来规避风险。暂且不说其他人，就连经济学家都是逐渐才能接受人力资本这一概念，并将之作为分析各种经济问题和社会问题的宝贵工具。

我关于人力资本的研究开始于努力计算投资于不同教育水平的男人、妇女、黑人和其他群体所得的个人和社会收益率。不久之后，研究即显而易见——对人力资本的分析有助于详细地解释劳动力市场和经济中的许多规律性。此外，形成关于人力资本的一般性理论也成为可能，该理论既能包括企业和个人，也能考虑它的宏观经济含义。

经验分析设法纠正受教育越多的人收入越高因为他们更有能力的概念：他们智商更高，在能力测试中又能得到更为理想的分数。同时，经验分析也考虑少数派的教育程度、所得税、预期收入及经济增长对回报率的影响。能力的纠正似乎并不重要，但成年人死亡率的巨大变化和可观的经济增长率的确有着重要的影响。

明瑟的经典著作大力地推动了对人力资本投资的经验分析(1974)。他延展了简单地将收入与上学时间相联系的回归分析法(贝克尔和奇斯维克，1966)，并把一种尽管较为粗糙但非常有效的测量方法包含在内。该方法旨在测量离校数年之后的在岗培训与经验；他利用数量庞大的个体观察结果而非分组数据，并依据收入生成方程式仔细地分析了残差属性。如今，许多国家都有大量关于教育与培训回报的评估比率(萨卡罗波洛斯对这类文献所做的总结，1975)。

日益增加的证据表明了上学与培训所能带来的经济收益，这也提升了人力资本在政策探讨中的重要性。对人力资本全新的信仰使政府采取新的方式来解决刺激经济增长和生产率的问题，美国近期的总统选举中，对人力资本的重视说明了这一点。

在人力资本分析中最有影响力的理论概念之一是通用培训及知识与专用培训及知识的区别(参见贝克尔，1962；欧伊，1962)。根据定义，企业专用知识只有在提供该知识的企业内部才有用，而通用知识则在其他企业同样适用。教一个人如何操作IBM兼容性个人计算机属于通用知识，但在某一家特定公司学习其权力结构与雇员的才干则属于特定知识。这些区别有助于解释为什么具有高度专业技能的工人不太可能辞职，即使在效益低迷时也不可能被解雇。这些区别也解释了为什么大部分的晋升都在企业内部进行而不是通过雇佣的方式——因为工人需要时间来了解和熟悉企业的结构和“文化”——此外，它也解释了为什么更好的记账方法会将雇员中的专业人力资本包含在大多数公司的主要资产中。

企业专业投资将产生由雇主与雇员共享的租金，而共享租金的过程容易遭受到机会主义行为的侵袭，因为雇主与雇员双方在投资到位后都有可能设法去获得大部分的租金。基于专业投资所产生的租金和机会主义针对关于组织的现代经济学理论(威廉姆斯，1985)以及大量关于委托代理问题的讨论起到了重要作用(例如，参见格罗斯曼与哈特，1983)。用于分析共享和周转的专用资本含义也被运用于分析婚姻“市场”以解释离婚率及婚姻中的协商行为(参见贝克尔、兰德斯及迈克尔，1977；迈克尔罗伊及霍尼，1981)，此外，它也被运用于政治“市场”以解释政治家的低周转率(参见凯恩、费内琼和法里纳，1987)。

人力资本投资的理论将收入的不平等，与才能、家庭背景、遗产以及其他资产的差异相联系(参见贝克尔与托马斯，1986)。有关不平等的众多经验性研究同样依赖于人力资本概念，尤其是教育和培训方面的差异(参见明瑟，1974)。20世纪80年代，美国所存在的收入不平等现象迅速加剧，从而引起了很多的政治探讨，大部分人认为这种现象可以归咎于受到更多教育和更好培训的人得到了更高的回报(参见墨菲和韦尔奇，1992)。

人力资本理论为收入中的所谓“性别差距”提供了一种刺激性的解释。从传统来看，妇女比男人更有可能从事兼职性的或间歇性的工作，因为她们在生育子女后通常有一段时间无法工作。因此，她们为提高收入和提升工作技能而对教育和培训进行投资的激励不够充分。

然而，在过去的20年中，所有的一切都改变了。家庭规模的缩小、离婚率的升高、雇佣妇女的服务部门的急速扩张、提高妇女与男人收入的持续性经济发展，以及公民权利立法鼓励更多的妇女投身于劳动力队伍，因此也刺激更多的投资用于获得市场导向的技能。实际上，在所有富裕的国度，这些力量显著地改善了妇女的职业与相对收入。

美国在该方面的经验被详细记载下来。从20世纪50年代中期到70年代中期，全职工作的男人和妇女在收入上的性别差距保持在35%左右。随后，妇女开始取得稳定的经济发展，这种发展仍在持续进行中；该现象将男女收入的性别差距缩小到了25%以下。妇女涌入商学院、法学院和医学院，并且在之前她们刻意回避或受到排斥的技术岗位上获得工作。

舒尔茨和其他学者（参见舒尔茨，1963；丹尼森，1962）早期曾强调人力资本的投资是经济发展的主要原因。但不久之后，人力资本与经济发展之间的关系又被忽略了，因为经济学家开始怀疑现有的经济理论能否深刻洞悉不同国家的进步。关于内部增长更为正式的模型的复兴将人力资本再一次推到了讨论的前沿（参见罗默，1986；卢卡斯，1988；巴罗和萨拉·伊·马丁，1992；贝克尔、墨菲和田村，1990）。

五、家庭的形成、解散和结构

家庭行为的理性选择分析是基于最大化行为、人力资本投资、时间配置，以及对妇女和其他人群的歧视而建立的。本演讲的剩余部分将聚焦于这种分析，因为它仍然很有争议。

撰写《家庭论》是我所经历过的、最困难的、长期的智力挑战。可以说，家庭是最基本的、最古老的制度——一些作者将其起源追溯到5万年前。《家庭论》尝试分析现代的西方家庭，同时也分析其他文化中的家庭，以及过去若干世纪以来家庭结构的变化。

试图全面涉及这一广阔的主题需要我在6年多的时间里将心智专注于此，无数个日日夜夜的辛勤劳动使我心力交瘁。伯特兰·罗素在他的自传中说，撰写《数学原理》耗光了他如此多的精力，以至于他此后再也无法适应任何真正艰难的智力工作。而在完成《家庭论》之后，我经过了两年才重新点燃从事智力工作的热情。

在经济学研究中，对生育率的分析有着漫长且光荣的历史，但直到现在，婚姻与离婚，以及丈夫、妻子、父母、儿女间的关系一直被经济学家完全忽视（参见明瑟的重要研究，1962）。我对家庭研究的出发点是首先假设当男人和女人决定结婚，或养育子女，或离婚时，他们尝试通过比较收益与代价来使之效益最大化。所以，当他们认为结婚比单身生活更好时，他们就结婚，而当他们预计离婚能增加其福利时，他们就离婚。

如果告知未受过教育的人这样的方法是具有争议的，他们常常会感到吃惊，因为在他们看来，人们结婚或离婚显然是为了提高其福利。对婚姻及其他行为的理性选择的方法事实上往往与“普通人”本能的经济学概念相一致（法雷尔和曼德尔，1992）。

关于行为的直观假设仍然只是系统分析的一个出发点，因为单纯地提出该假设不能产生许多有趣的推论。而理性选择法将它们纳入一个框架之中，即将最大化行为与对婚姻及离婚市场的分析、劳动力的专业化及分工、对老年人的保障、对子女的投资以及影响家庭的立法等因素相结合。整体模型的含义常常并非一目了然，有时甚至与已有的观念背道而驰。

例如，与对富人离婚这一现象的常规观念相反，关于家庭决策的经济学分析表明较富有的夫妻比贫穷的夫妻更不易离婚。根据这一理论，富裕的夫妻保持婚姻状态更趋向获利，而很多较为贫穷的夫妻并非如此。一个贫穷的妇女很有可能会怀疑与一个长期失业的男人维系婚姻关系是否值得。对许多国家的经验分析确实证实，更富有的夫妻之间的婚姻更为稳定（参见贝克尔、兰德斯和迈克尔，1977）。

夫妻之间的有效协商表明，在过去 20 年里，欧洲与美国倾向于不追究责任离婚的趋势并未提高离婚率，因此，与许多人的意见相反，有效协商不是离婚率迅速上升的原因。然而，该理论确实指出不追究责任的离婚会伤害有子女的妇女，尽管她们的婚姻是被丈夫所破坏。由单身女性抚养子女所构成的家庭占了美国以及其他发达国家所有有孩子家庭的五分之一。

自从马尔萨斯的经典论文发表以来，行为的经济学模型一直被用于研究生育率。伟大的瑞典经济学家克努特·维克塞尔，因为对马尔萨斯人口过剩理论的信仰而被经济学所吸引。但是马尔萨斯曾推论生育率将随收入的增长和减少而起伏，而事实却相反，从 19 世纪末到 20 世纪初，一些国家实现工业化后，出生率却大幅下降。

马尔萨斯简单的生育模型的失败让经济学家们相信家庭规模的决策超出经济计算之外。新古典学派的增长模型反映了这个信念。因为在大多数版本中，该模型认为人口增长是外因既定的（可参见卡斯，1965；阿罗和库尔兹，1970）。

然而，马尔萨斯研究方法的麻烦不在于它使用经济学本身，而在与它使用了不适于现代生活的一种经济学。这种方法忽略了随着国家生产率的提高，用于照顾孩子的时间本身变得更宝贵。时间价值的提高增加了抚育子女的成本，同时减少了对大家庭的需求。此外，马尔萨斯的方法也未能考虑在工业化经济中，日益增加的，对教育和培训的重视，促使父母更多地投资于发展子女们的技能，这同样也增加了大家庭的开支。时间价值的增长和对教育及其他人力资本的愈加重视，既可以解释为什么在国家发展的同时生育率反而在下降，也能说明现代化经济中出生率的许多特点。

为什么在几乎所有社会中，已婚妇女专门负责生育和抚养子女，以及从事某种农业生产活动，而已婚的男性则从事战斗和市场的工作呢？或许其原因在于男女之间生理上的差别——尤其是他们在生育子女方面内在能力的差别——以及在市场活动中对女性的歧视，其中部分是通过文化环境造成的。在对于男女之间生理差别以及造成婚姻中传统分工的歧视的相对重要性的观点中存在极大的情感分歧。(参见博塞拉普,1970)。

关于这类分工的经济分工不能决定生理和歧视的相对重要性,但它表明了这样的分工对两个方面的细小差别是多么敏感。既然当更多的时间被用于运用技能时,从技能投资中所得的收益也越大,那么一对已婚夫妻就能从严格的分工中获益良多,因为丈夫能专攻某种形式的人力资本,而妻子则可以专攻另一形式。鉴于婚姻中的专业化所带来的收益,在养育子女技能上,对妇女的略微歧视或细微的生理差别,都会导致将家庭与市场工作之间的劳动力分工和性别自然地联系到一起。对细微差别的敏感解释了为什么经验证据无法轻易地在生物学阐释与文化阐释中做出选择。该理论也解释了为什么随着家庭规模逐渐缩小,离婚愈加普遍,同时,妇女赚钱的机会大大增加,许多妇女加入劳动力市场。

家庭成员之间的关系与企业雇员间及其他组织成员间的关系有根本区别。丈夫、妻子、父母和孩子之间的互相作用更容易被关爱、义务、内疚和责任感所驱动,而不是狭义地被定义为自我利益所驱使。

显然,大约20年前,公共政策在成员之间进行了资源的重新分配,而家庭中的利他主义极大地改变了他们对震荡及此类公共政策的反应。贝克尔(1974)指出,资源从一名利他主义者到它的受益人的外源性重新分配(反之亦然),或许不会影响任何人的福利,因为利他主义者将设法按照重新分配的数额来减少其馈赠。巴罗(1974)在一个代际背景研究中得到了这一结论,它使人们怀疑政府赤字及其有关的财政政策对经济确有影响的普遍假设。

"坏孩子定理"——尽管批评家对其结果意见不一,但其名称很普遍——将对利他主义的分析推向深入,因为该定理体现了自私者的行为如何受到利他主义者的影响。在某些情况下,甚至是自私的受益者——当然,大部分家长认为其最好的例子是利他的父母所养育的自私的孩子——也被诱导着对馈赠者像利他主义者那样行事,因为这样可以增加他们自身的利己福利。他们如此行事,因为如果不这样,馈赠者的施予物将被减少,以至于受益者的情况恶化(参见贝克尔,1974;林德贝克与威布尔,1987;伯格斯特龙,1989;贝克尔 1991,第 9—13 页对此分析所进行的详细阐释和修改)。

《圣经》,柏拉图的《理想国》,以及其他早期著作讨论了父母对待年幼子女,和成年子女对待年老父母的问题。老年人和儿童都需要照顾——前者是因为他们日益衰败的健康和精神状况,后者是因为生理成长和依赖性。对家庭内部关系的经济分析有力地证明了两个问题之间有着紧密的联系。

留下可观遗产的父母不需要老年保障,因为,情况刚好相反,他们可以帮助其子女。之前我提到过有关该问题的一个著名推论:在某种情况下,预算赤字和为老年人交付的社会保障支出没有实际影响,因为父母只需要通过更多的遗产即可补偿将来其子女所需缴纳的较多的税务。

为子女留下遗产的利他主义父母也倾向于为子女的技能、习惯及价值投资更多,而这一点没有得到太多的关注。因为他们从提供给子女教育和技能的资金投入中获益,从而获得比储蓄报酬更高的回报率。他们可以投资于子女,然后在年事已高时减少遗产,从而间接地为老年储蓄。如果父母将一切都投资于子女,并获取高于储蓄的回报,再调整遗产以达到投资的有效水平,那么父母和子女都将生活得更好(参见附录第一节中一个正规的论证)。

即使在富裕的国家,许多父母都没有计划留下遗产。这些父母希望得到老年保障,而且他们"较少投资"于子女的教育及其他照顾。他们的低投入是因为他们不能通过减少遗产来补偿自己对孩子的较大支出,实际上他们没有计划留下任何遗产。

如果父母同意为孩子投资更多,作为回报,子女承诺当父母需要帮助时能照顾他们,那么子女和父母都将生活得更好。但是如何强制执行这样的承诺呢?经济学家和律师通常建议制定一个书面合同以确保承诺的实施,但是设想一个社会将强制执行成年人和十岁或十几岁青少年之间的合同是多么荒谬。

目前,我研究的一个部分正在于考虑当承诺和书面合同没有约束力时,怎样找到一种间接的方式来保证义务的承担。我将简要地描述这项新工作的一些内容,因为它把分析家庭的经济方法用到了与家庭内部偏好的理性形成有关的未知领域。

父母的态度与行为对子女有着巨大的影响。嗜酒或吹牛上瘾的父母为易受影响的年轻人营造出一种不正常的氛围,而有着稳定价值观的父母则可传递知识并激励其子女,从而对其子女所能做的事以及他们想做的事产生积极的影响。经济方法有助于深刻洞察因童年经验而形成的偏好,并无须采用弗洛伊德的方法来强调生命最初数月所发生的事情的重要性。

同时,我也在试图模拟一个常识思想,即,成年人的态度和价值观受到其童年经历的深刻影响。一位生活在美国的印度医生或许爱吃咖喱,因为当他在印度成长时,他非常喜欢这个风味,此外,一名妇女也许会因为她在童年时遭受过性虐待而永远地害怕男人。

通过对前瞻行为的假设,经济观点表明父母设法预见当前发生的事情对其子女长大成人后的态度和行为有何影响。这些影响有助于确定父母应提供怎样的照顾。例如,担心老年保障的父母可能会设法向其子女灌输负疚感、义务、责任以及孝敬之情,该方法间接但十分有效地使其子女"承担"起帮助他们的责任。

经济学家对承诺的观点通常太过狭隘。"操纵"其他人的经验以影响他们的偏好似乎无效,也充满不确定性,但它可能是获得承诺最有效的方法。经济理论需要将负疚、关爱和相关态度纳入偏好,以深入了解承担义务何时是"可信的"(参见附录第二节中的正式探讨)。

未留下遗产的父母或许乐意让其子女更为明确地感到负疚,因为较之于等量地降低用于子女的费用所带来的损失,他们用于老年的消费更高,从而他们可以获取更多的效益。与留下遗产的家庭所显示的数量相比,这种行为模式可能普遍得多,由于养育着年幼子女的父母往往不明白当他们年老时,财务上是否能确有保障。他们或许会尝试通过向孩子灌输必要时须帮助他们的意愿来保护自己免遭疾病、失业和其他年事已高所带来的危险。

分析童年经历和成年偏好之间的联系与研究理性习惯的形成及沉溺紧密相关(参见贝克尔和墨菲,1988)。父母用于子女的支出部分地取决于他们预计童年经历对其成年后的态度和行为将产生怎样的影响,从这个意义上而言,偏好的形成是理性的。我没有时间来考虑儿童的行为——例如哭泣和假装“可爱”——儿童依次尝试这些行为以影响父母的态度。

包括我在内的许多经济学家过分依赖通过利他主义把家庭成员之间的利益捆绑在一起。认识到童年经历与未来行为的关系减少了在家庭中依赖利他主义的必要性。然而,这并不是将分析回到狭隘地关注自我利益,因为自我利益通过负疚感、义务、愤怒,以及其他常常被理性行为模式所忽视的态度来部分地取代了利他主义。

如果父母预计子女将在其年迈时帮助他们——可能是由于负疚或相关动机——那么哪怕是不甚疼爱子女的父母都会为子女的人力资本投入更多,而为自己的年老生活积蓄更少(参见附录第三节的一个证例)。

附录的方程式(12)表明,如果父母能获得更高消费的唯一方式是让子女感到更加负疚,那么父母总是更愿意小幅度地增加自己的消费,而不愿意同等地增加用于子女的费用。这也就意味着,采取措施让孩子感到负疚的利他型父母总会较少地投资于子女的人力资本。这一点直接说明了为什么创造负疚感有成本,但并不十分有效。

未计划留下遗产的利他的家长设法在家庭中营造“温馨”的氛围,以至于家庭成员们愿意帮助那些遭受财政或其他困难的其他成员。该结论与关于所谓的“家庭价值观”的讨论相关,这一主题在最近的美国总统竞选活动中受到关注。父母帮助确定子女的价值观——包括他们的义务感、责任感及爱慕之情——但是父母设法做的事可能极大地受到公共政策、经济环境及社会环境变化的影响。

例如,试想有一项计划将资源转移至老年人,也许尤其是转移至较为贫穷而未留遗产的家庭,那么老年人对子女的依赖则会减弱。根据早前的分析,晚年不需要保障的父母不会尽力设法让子女更为忠心、负疚,或以其他方式对父母怀有好感。换言之,诸如社会保障这类显著帮助老年人的计划将促使家庭成员在情感上趋于疏离,这并非偶然,而是效用最大化对这些政策所做的回应。

在改变家庭价值观的现代世界中,其他的变化还包括与日俱增的地理流动性,经济增长所带来的更多的财富,更完善的资本及保险市场,高离婚率,小规模家庭,以及公费医疗。这些发展普遍地使人们生活得更好,但是在一定程度上,通过减弱投资于创造亲密关系的动机,它们也削弱了家庭中丈夫与妻子、妇女与子女,以及其他远房亲戚之间的人际关系。

六、结束语

延展有关个人理性选择传统分析的一个重要步骤是将更为丰富的态度、偏好和计算种类纳入理论。该步骤在我思考过的所有例子中都是显著的。对歧视的分析将对黑人或妇女等特殊群体的厌恶或偏见包括在偏好之内。在决定是否要从事非法活动时，假定潜在的罪犯在考虑收益和风险之后才行动——包括他们被捕的可能性和被处罚的严厉性。在人力资本理论中，人们理性地评估活动的收益和成本，这些活动包括教育、培训、医疗费用、迁移，以及极大地改变其现状的习惯的形成。分析家庭的经济方法假设连一些私人的决策，例如结婚、离婚、家庭规模等，都是通过衡量不同行为的利弊来达成的。这种权衡取决于偏好，而偏好又关键取决于利他主义和对家庭成员的责任感及义务感。

因为分析行为的经济方法或理性分析是基于个人决策的理论而建立的，对该理论的批评通常集中于做出这些决策的方式的具体假设。对于其他事，评论家否认个人的行为在时间上能保持一致，并质疑行为是否具有前瞻性，尤其在显著有别于经济学家通常会构想的情况下——例如，那些涉及犯罪、吸毒、家庭或政治的行为。这里无法对批评做出详细的回应，因此，我只能断言能与理性选择理论相提并论，并具有较大普遍性的方法尚未形成。

尽管分析行为的经济方法是以个人选择理论为基础而建立的，它并非主要考虑个人。它从微观水平将理论作为有力的工具加以运用，从而从群体或宏观的角度推导出含义。理性的个人选择与有关技术和其他机遇的决定因素的假设、市场均衡和非市场情况，以及法律、规范和传统相结合，以获取关于群体行为的结论。正是因为理论从宏观角度推导出含义，所以政策制定者和那些研究国家与文化区别的学者才会对此感兴趣。

在此次演讲中所提到的理论都未以最大的普遍性为目的；相反，每一个理论都试图推导出关于行为的具体含义，它可以通过调查和其他数据加以测试。有关处罚能否遏制犯罪，妇女收入比男人少的原因主要在于歧视还是人力资本缺乏，或者不追究责任的离婚法是否提高了离婚率的争论，都对基于个人理性的理论所推导出的预测的经验相关性提出了疑问。

理论与经验测试之间的密切联系，有助于防止理论分析和经验研究变得无效。此外，以经验为导向的研究刺激了新的数据来源和种类的发展，正如人力资本理论促进数据调查，尤其是抽查法的运用。与此同时，让人困惑的经验结果迫使理论做出改变，正如利他主义和家庭偏好模型得到丰富和完善，以应对西方国家的父母倾向于给各个子女留下等额遗产的现象。

如此多的经济学家想要研究社会问题而不是形成经济学传统核心的问题，这使我印象深刻。同时，基于有关个人理性的假设所提供的分析能力，来自研究社会问题领域的专家也经常被模拟行为的经济学方式所吸引。盛行的理性分析理论家和经验研究人员的学派活跃在社会学、法学、政治科学、历史、人类学和心理学等领域。来自于社会科学的学者们分析社会世界，而理性选择模型则为用于该分析的统一方法提供了目前现有的最有前途的基础。

附　录

(1)为了形象说明，假设每个人生活于三个时期——幼年(y)、中年(m)和老年

(o),并且在中年初期生育一个孩子。子女的幼年期与父母的中年期相重合,其中年期与父母的老年期相重合。假设父母从利他主义中获取的效益可以从他们自身消费所产生的效用中分离。

纳入这些假设后,简单的父母效用函数(V)即:

$$V_p = U_{mp} + \beta u_{op} + \beta a V_c \tag{1}$$

这里的 β 是贴现率。对自私的父母而言,$a=0$,而利他程度与 a 同时增长。虽然分析容易推导出包含虐待的情况,我排除父母虐待子女的情况($a<0$)。

每个人仅在中年时期工作并获取收入。他们可以通过积累收益率为 R_k 资产以获得保证老年消费(Zo_p)的储蓄。父母投资于子女的人力资本从而影响其子女的收入。人力资本投资的边际收益(R_h)可以被规定为:

$$R_h = \frac{dE_c}{dh} \tag{2}$$

此处 E_c 代表子女在中年时期的收入。假设对子女的投资较多,则边际收益降低:$dR_h/dh \leqslant 0$,其中 h 是投资额。

父母还必须决定是否留下遗产,以 k_c 表示。如果父母在不同的年纪消费,遗留馈赠,或投资于子女的人力资本,他们的预算约束为:

$$z_{mp} + h + \frac{Z_{op}}{R_k} + \frac{k_c}{R_k} = A_p \tag{3}$$

其中 A 代表资源现值。

父母效用最大化的一个一阶条件决定了他们在中年及老年的最优消费:

$$u'_{mp} = \beta R_k u'_{op} = \lambda_p \tag{4}$$

此处 λ_p 代表父母财富的边际效用。另一个条件决定他们是否留下遗产:

$$\beta_a V'_c \leqslant \frac{\lambda_p}{R_k} = \beta u'_{op} \tag{5}$$

最后一个条件决定父母对子女的人力资本的投资:

$$R_h \beta_a V'_c = \lambda_p \tag{6}$$

方程式(6)假设投资于人力资本的一阶条件是一个严格的等式,同时,某些人力资本始终投资于子女。对人力资本的小投资可以产生高回报率的稻田型条件可以对此加以证明。在诸如瑞典或美国那样的富裕经济中,对孩子基本知识和营养的投资很有可能会带来很好的回报。只要父母不是完全自私,即只要 $a>0$,那么这样的条件始终代表着对人力资本的正投入。而对于完全自私的父母,方程式(6)则成为一个不等式。

方程式(4)决定了积累资产以在经济上保障老年的消费。父母是否给子女留下遗产,或期望子女在其老年时赡养他们,取决于方程式(5)中的不等式。如果这是一个严格的不等式,那么父母将期待赡养,同时不留下遗产。

该不等式可以用一个更具启发性的方法表示。如果子女也将其效用最大化,那么意味着:

当 $aV'_c < u'o_p$时,因为 $V'_c = u'_{mc}$,所以 $au'_{mc} < u'o_p$ (7)

方程式(7)所代表的直观解释是:当父母从子女在其中年时期多消费 1 美元所获

得的效用，少于他们从老年时期自己多消费 1 美元所得到的效用时，父母将不会留下遗产。显然，这个不等式对完全自私的父母是成立的，因为当 a 为 0 时，方程式(5)和(7)的左边即为 0。换言之，利他主义的程度越弱(a 值越小)，父母期待从子女身上获取越多。

将方程式(5)和(6)加以合并，可得出：

$$\frac{\lambda_p}{R_h} \leqslant \frac{\lambda_p}{R_k}, \text{或} R_h \geqslant R_k \tag{8}$$

方程式(8)表明当父母留下遗产时，人力资本的边际回报率等于资产回报，而当父母不留下遗产时，人力资本的最低回报率则高于资产回报。父母可以通过投资于其人力资本来帮助子女，也可以通过给他们留下资产来帮助子女。因为他们想要让子女获得最大利益，考虑到他们自身的消费——父母没有虐待倾向——他们会以最有效的方式帮助子女。

因此，如果严格的不等式在方程式(8)中成立，那么父母将不留下遗产，因为当人力资本的边际回报超过资产最低回报时，帮助子女的最佳方式即为仅投资于子女的人力资本。只有当父母在两种情况下获得的边际回报相等时，他们才会留下遗产(该结果中的部分结论已被贝克尔和托姆斯证明，1986)。

(2)为了以简单的方式来分析父母在子女偏好形成方面的影响，我们假设父母在子女年幼时，可以采取行动 x 和 y，这些行动在子女成年时将影响其偏好。我利用可分性假设将中年子女的效用函数定义为：

$$V_c = u_{mc} + H(y) - G(x, g) + \beta u_{oc} \tag{9}$$

我假设 $H'>0, G_x>0$，这也就意味着，y 的增加提高了子女的效用，但是 x 的增加则降低了他们的效用。为了具体加以解释，将 H 理解为子女对其父母所感受到的“幸福感”，G 为“负疚感”，所以 x 值越大，子女所感到的负疚感越强烈。问题是：为什么没有虐待子女倾向的父母要让子女感到愧疚？

可变值 g 是解释这个问题的关键。它衡量子女在父母年迈时照顾他们所做的贡献。让我们假设子女贡献越多，所感受到的愧疚越少($G_g<0$)。如果 $G_{gx}>0$，那么较大的 x 值提高了子女的负疚感，也刺激他们给予更多。

父母的预算限制变为：

$$Z_{mp} + h + x + y + \frac{Z_{op}}{R_k} + \frac{K_c}{R_k} = A_p + \frac{g}{R_k} \tag{10}$$

对于最佳 y 的一阶条件是：

$$\beta a H' \leqslant \lambda_p \tag{11}$$

由于 $H'>0$，就容易理解为什么利他的父母可能会设法通过 y 影响子女的偏好，因为 y 值的增加能提升子女的幸福感。

x 的一阶条件更为有趣，因为即使是利他的父母或许也会想让子女感到负疚，如果这样做能够充分增强其老年保障。这种一阶条件可以定为：

$$\frac{dV_p}{dx} = \frac{dg}{dx}\beta(u'_{op} - au'_{mc}) - \beta a \frac{dG}{dx} \leqslant \lambda_p \tag{12}$$

这里的 dG/dx 包含了 g 受诱导所产生的变化。中间表述式的第二项对利他的父母是负值,因为 x 值的增加的确会增强子女的负疚感,同时也降低了这些父母的效用 $(a>0)$。然而,负疚感也促使子女增加对父母的老年保障,由 dg/dx 产生。该回应的大小决定了父母是否值得让子女感到负疚。

子女增加对父母的老年保障对利他父母的福利有两个影响,它们在某种程度上相互抵消。一方面,它增加了父母的老年消费和效用,正如 u'_{op} 所示。另一方面,它降低了子女的消费,以及利他的父母的效用,如 $-au'_{mc}$ 所决定。这意味着留有遗产的利他的父母绝不会试图让子女感到愧疚,因为对这些父母而言,$u'_{op}=au'_{mc}$。由于 $dG/dx>0$,当他们的子女感到负疚时,他们的情况将会更糟糕。

(3)将方程式(5)和(6)中的一阶条件相结合,可得到:

$$\frac{u'_{op}}{au'_{mc}}=\frac{R_h}{R_k} \tag{13}$$

当父母不留遗产时,该方程式的左右两边都超过标准单位 1。因为子女所提供的老年支持越大,左边数值的分子越小而分母越大,从而使整个左边值被降低,同时,右边数值同样也必须降低以保证效用最大化的均衡。但是由于 R_k 由市场条件所决定,所以右边数值只有当 R_h 降低时才会降低,这表示当父母期望从子女那里得到更大的老年保障时,他们才会为子女投资更多。即使是完全自私的父母 $(a=0)$ 也可能会投资于子女,如果这样做能充分增加预期的来自负疚的子女那里的老年保障。

(邱瑜毅 译　金　星 校)

1993 获奖者

罗伯特·威廉·福格尔

Robert W. Fogel

【获奖理由】通过应用经济理论和定量方法来解释经济和制度的变迁，使经济史研究焕发青春。

生平简介

1926 年	出生在美国纽约市
1963 年	获约翰·霍普金斯大学博士学位
1965 年	任芝加哥大学经济史教授
1975 年	任哈佛大学教授
1978 年	任国立经济研究局的项目理事
1998 年	任美国经济学会会长
1981 年起	芝加哥大学任教
2013 年	逝世

主要学术贡献

福格尔教授的研究领域包括对北美死亡率的经济解释，营养、劳动福利、劳动生产力的长期变化，对美国经济增长进行长期观察，对两代人不同的家庭行为数据的分析。通过运用经济学理论及数量的方法来解释经济发展和制度变迁，从而刷新了经济史的研究，因此获得 1993 年诺贝尔经济学奖。

福格尔的《铁路和美国经济增长：计量经济史学论文集》的出版，标志着“历史计量学”或“新定量经济史学”的诞生。这是把新古典经济学的原理同统计推断原理相结合的一门新学科，用以考察这样的反事实性问题：如果铁路从来就不存在，美国的经济增长率会是多少？对那些反对这一问题的人说来答案是：所有历史研究实际上都是提出反事实性问题，不过是采用含蓄的而不是直率的方式罢了。

主要学术成果

《联邦太平洋铁路》(1960)

《铁路和美国经济增长:计量经济史学论文集》(1964)

《不公正时代:美国黑奴经济学》(1974)

《美国奴隶制度的兴衰》(1989)

《经济增长、人口理论和生理学》(1994)

《四次伟大的觉醒与平等主义的未来》(2002)

《奴隶制争论:回顾1952—1990年》(2003)

《摆脱饥饿与夭折:1700—2100年》(2004)

1993 获奖者

道格拉斯·诺斯

Douglass C. North

【获奖理由】通过应用经济理论和定量方法来解释经济和制度的变迁，使经济史研究焕发青春。

生平简介

1920 年	出生于美国马萨诸塞州坎布里奇市
1952 年	获得哲学博士学位
1950 年	任华盛顿大学教授
1960—1966 年	任《经济史杂志》副主编
1966—1986 年	任国民经济研究局董事会董事
1979 年	任教于赖斯大学
1981—1982 年	任教于剑桥大学
1982 年	任华盛顿大学经济系卢斯讲座教授

主要学术贡献

诺斯是新经济史的先驱者、开拓者和抗议者。诺斯"始终如一地站在近些年来席卷经济史学界的新浪潮的最前沿，而这股浪潮试图将新古典经济学应用于悬而未决的经济史问题"(马克·布劳格语)。经过多年的苦心经营，诺斯所在的华盛顿大学已经变成了新经济史学派、新制度学派和新政治学派的学术中心。

概括起来说，诺斯对经济学的贡献主要包括三个方面：第一，用制度经济学的方法来解释历史上的经济增长；第二，作为新制度经济学的开创者之一，重新论证了包括产权制度在内的制度的作用；第三，作为经济学家的诺斯将新古典经济学中所没有涉及的内容——制度，作为内生变量运用到经济研究中去。特别是将产权制度、意识形态、国家、伦理道德等作为经济演进和经济发展的变量，极大地发展了制度变迁理论。

主要学术成果

《经济史中的结构与变迁》(1994)

《1790—1860年的美国经济增长》(2009)

《西方世界的兴起:新经济史》(2009)

颁奖词

瑞典皇家科学院 / 伦纳特·约博格

尊敬的国王及王后陛下,尊敬的殿下,女士们,先生们:

罗伯特·威廉·福格尔和道格拉斯·诺斯现被授予今年的诺贝尔经济学奖,以表彰其用经济理论和量化分析方法重新研究了经济史,从而解释了经济变迁和制度变革。

为什么一些国家富有而大部分国家却贫穷呢?为什么有些国家经历了几个世纪的经济快速增长,而其他一些国家却停滞不前,甚至出现经济倒退呢?今年的诺奖获得者们尝试将经济学研究和历史研究结合起来回答诸如此类的问题,并指明了研究和理解经济增长和变化的新方法。他们使用了最好的经济科学分析技术,并将之与历史数据相结合,换句话说,他们结合了经济理论、量化分析、假设检验、反事实选择以及传统经济史研究法来分析和理解上述深奥的问题并解释其深刻的变化。

福格尔指出,铁路并不像之前众多学者所坚称的那样是经济发展的先决条件。福格尔对铁路在美国经济增长中扮演的角色分析比当今众多学者把现代经济发展归因于各种"伟大创造"的决定性作用时更为谨慎。福格尔在反事实分析和社会成本—效益分析基础上的众多发现已被其他学者所证实,他们的研究皆受福格尔的影响。

基于庞大数据和经济、统计技术,福格尔还指出,尽管奴隶制在道德上十恶不赦,却是一种有效的市场方案,奴隶制的废除不是因为无效率,而是必须借助政治力量。

在阐释经济增长问题时,福格尔着重强调了人口因素。通过组织大规模的国际调研,他和他的同事们不仅收集和整理了极其庞大的数据群,而且还指出我们对营养水平和死亡率之间关系的认识,是零碎的且尚有很多问题需要解答。

道格拉斯·诺斯重点研究了美国的经济增长,尤其是美国内战前的经济增长以及欧洲长期以来的发展。和福格尔一样,诺斯认为科技革新远不能为生产率的提高提供充足的解释。比如,在远洋运输中,生产率的显著提高实际上是由于组织制度的变革。

他同时指出传统理论分析必须和制度发展研究相结合,这是理解经济变革的关键所在。

诺斯强调了制度在创造稳定的人类活动体系过程中减少不确定性所扮演的角色,虽不见得是完全有效。制度应该被理解为暗含所有影响我们生存和行为模式的成文和不成文的规定和惯例。制度稳定性的缺失同时提高了生产者和消费者的成本。缺乏明晰的产权或难以订立有约束力的合同都将妨碍理性的经济决策。为了理解欧洲自中世纪以来的长期发展,我们必须分析制度所扮演的角色,它既是经济增长的原因,也是经济变革的障碍。

工业革命发生在英国的重要原因之一就是当时国家的监管作用较小和行会制度较弱。法国则是重商主义盛行，经济生活和对外贸易受到严格监管，因而经济增长缓慢。由于强制的国家监管和强大的体制障碍，比如产权法规的含糊不清，西班牙在17和18世纪经济发展一直处于疲弱或缓慢状态。

通过研究这些制度因素的重要性，我们也可以解释非西方国家过往经济活力的缺乏，东欧社会的解体，以及许多第三世界国家目前的经济问题，更多时候这些国家缩小而不是扩大经济变革的范围。

换言之，使这一届诺奖获得者从被称为“新经济史”领域的学者中脱颖而出的主要原因是，他们解决经济史问题的方式和方法。罗伯特·福格尔和道格拉斯·诺斯是这一研究领域的先驱，这些研究对经济史作为一个学科的持续发展有着深远的影响。福格尔和诺斯以不同的方式再生了经济史研究，使其更加严谨、更具理论识别度。同时，他们也证明了从历史维度进行经济分析的必要性。

福格尔教授和诺斯教授：我非常荣幸地代表瑞典皇家科学院向你们对经济史的先驱性研究致以最热烈的祝贺，并邀请你们从国王陛下的手中接受诺贝尔经济学奖。

（袁国爽 译　文雁兵 校）

获奖演说

经济增长、人口理论和生理学：长期过程对制定经济政策的影响

罗伯特·威廉·福格尔

经济史对经济理论的形成有显著贡献。[①] 从历史中发现重要灵感的经济学家有斯密、马尔萨斯、马克思、马歇尔、凯恩斯、希克斯、阿罗、弗里德曼、索洛和贝克尔。西蒙·库兹涅茨(1941)强调，不考虑历史经常导致研究者对当前经济问题的误解，他们

---

① 为1993年12月9日进行的诺贝尔经济学奖获奖演讲准备，该奖是为了纪念阿尔弗雷德·诺贝尔而设的。因为这一演讲是基于正在进行的研究，所以有必要强调这里所介绍的发现都是暂时性的，可能随着数据库的扩大或者分析的精练而发生变化。尽管如此，我相信新出现的关于死亡率、发病率和衰老的新理论概括经得起进一步研究的考验。本论文的研究得到国家健康研究所(#PO1-AG10120-02)、国家科学基金(#SES-9114981)和沃尔格林基金的赞助。我还从以下学者的评论和批评中受益，他们是克里斯多夫·埃斯托，罗伯特·麦克·亚当斯，加里·贝克尔，克里斯汀·卡塞尔，凯瑟琳·夏维妮，多·科斯塔，威廉·达比，帕沙·达斯古普塔，西德尼·戴维森，斯坦利·恩格曼，菲利斯·埃弗利斯，伊妮德·福格尔，米尔顿·弗里德曼，维克多·福克斯兹维·格里利兹，罗宾·荷加斯，苏珊·琼斯，约翰·金，彼得·拉斯利特，莱昂内尔·麦肯齐，雷纳尔多·马托雷尔，道格拉斯·诺斯，杰伊·奥尔先斯基，克莱恩·波普，塞缪尔·普雷斯顿，欧文·罗森博格，罗杰·斯科菲尔德，内文·斯克林肖，罗伯特·索洛，理查德·斯特克尔，大卫·叙达姆，理查德·苏兹曼，詹姆斯·坦纳，彼得·泰明，詹姆斯·楚赛尔，詹姆斯·沃佩尔，汉斯·华勒，拉里·威默和里格利。

没有认识到他们的概括是基于瞬时情况。没有什么情况比当前亟须解决的问题如医疗、养老政策和发展政策等,更需要认识到长期动态过程的重要性。

本次演讲概述从 1700 年以来考虑到生理机能变化带来的发病率和死亡率长期下降的理论。技术和生理的协调发展已经产生了人类进化的一种新形式,这种生理学的进化虽然不是基因遗传的、快速的和文化传承性的,且不一定稳定,却是在经合组织国家和发展中国家都在进行中的一种进化。这里我们将对经济增长的热力学和生理学定义进行界定,以及评估它们对增长率的影响,并考虑该理论对人口预测、国民收入的衡量、闲暇需求、养老金政策以及对医疗需求等方面的意义。

直到第一次世界大战后才有人开始尝试对死亡率长期下降进行系统解释,因为在此之前这种下降是否存在还不确定。造成这种延迟的原因有两个。首先,在拿破仑战争结束前对死亡率的了解非常少。1815 年之前人口学的先驱编制的生命统计表不足一打(12 份),而且这些统计表没有明确显示任何时间趋势(都柏林和洛特卡,1936;吉尔,1949)。其次,在头四份涵盖 1831—1880 年间的英语官方生命统计表中,几乎没有证据表明死亡率在下降。

到 20 世纪第三个十年,有一点变得明朗起来,即英国死亡率的新下降不再是周期性现象。从 1871 到 1901 年,英国的人均寿命增加了 4 岁。在接下来的 30 年中又增加了 16 岁。其他欧洲国家也记录到了类似的死亡率下降。

20 世纪早期的死亡率大幅下降是对马尔萨斯人口理论的一记重击。马尔萨斯提出在食物供给带来人口压力情况下,死亡率下降是短暂的,由一种疾病带来的死亡减少会被其他疾病所代替。为了调和马尔萨斯学说和观察到的死亡率下降之间的矛盾,产生了大量文献来修改或者替代其学说。

一、死亡率长期下降的解释

解释死亡率长期下降的原因推动了三方面的研究。第一,大家都在试图形成死亡率的时间表,追溯到尽可能早的年代,以确定什么时候死亡率开始下降。第二,对现有死亡率数据进行分析,以确定死亡率下降的因素并建立能够预测未来死亡率变化的模式或者“规律”。第三,为确定食物供给与死亡率之间的关系展开了广泛研究。这方面研究围绕几个方面展开。或许最重要的是新出现的营养学发现了一系列与营养缺陷有关的疾病,并发现了营养与传染之间的协同性(斯克林肖、泰勒和戈登,1968)。另一方面是“二战”后发展经济学的诞生,其目标是要弥合工业化国家和“发展中”国家之间在收入、健康和人均寿命等方面的鸿沟。还有一方面是经济学和人口学史学家联合研究死亡危机的角色,以及 17 世纪到 18 世纪它们与饥荒的关系。

在 20 世纪 60 年代之前,重新绘制欧洲死亡率长期趋势的研究主要集中在著名的社区和教区。然而,20 世纪 60 年代到 70 年代统计技术的发展和计算成本的大幅下降使得有可能抽取和处理大量国家代表性样本。这些研究结果以及法国 1830 年后的官方统计和英格兰 1871 年后的官方统计的结果展示在图 1 中。对法国和英国数据的分析显示,死亡率的长期下降发生了两轮。在英国,第一轮开始于 18 世纪的第二个 25

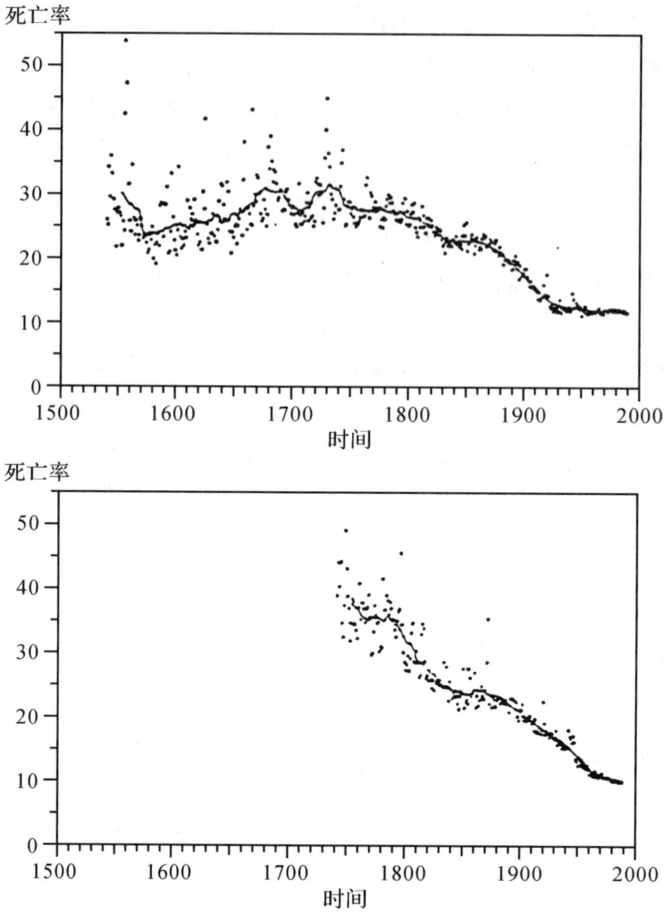

图 1　英格兰和法国死亡率的长期趋势

注:每个图表示在 25 年中年死亡率的移动平均散布。来源及方法见福格尔和弗拉德,1994。

年(18-2),并持续到 19 世纪第一个 25 年(19-1),此后死亡率稳定了半个世纪。死亡率的下降于 19 世纪第四个 25 年(19-4)继续并持续到现在。法国的情况类似,只是第一轮死亡率的下降在法国早半个世纪开始,而且第一轮中死亡率的下降速度更快。

图 1 中最令人惊奇的方面或许是它所体现出来的危机死亡率的消除对长期死亡率下降的贡献少于 10%,不管与饥荒相关或者不相关(里格利和斯科菲尔德,1981;李,1981;迪柏基耶,1989;威尔,1982 和 1989;理查德,1984;加洛韦,1986;福格尔,1992b)。瑞典官方统计研究也得出了类似结论(本特松和奥尔松,1984, 1985;加洛韦,1987;转引自埃克斯坦,舒尔茨和沃尔品,1984;佩勒努,1984 和 1991;瑞德里泽斯,1984)。通过说明饥荒和饥荒死亡率在逃脱现代早期高死亡率中是次要问题,这些研究把注意力转移到被忽视的慢性营养不良问题上来,慢性营养不良是导致过去高死亡率的主要原因(转引自森,1981)。

二、对慢性营养不良长期趋势生物医学分析和经济学分析的协同

最近发展的生物医学技术,如果与经济性技术相结合,便可以深入探索18世纪初以来欧洲和北美慢性营养不良的程度,可以做出图表并说明如何逃脱这种营养不良,并考虑营养水平的提高对健康和人均寿命的长期趋势、对劳动生产率及经济发展的影响。把生物医学分析和经济学分析相结合有协同作用,因为它产生的分析和见解是仅依靠一门学科技术无法获得的。

营养不良可能是因饮食不足引起的,也可能是因为对饮食要求太高(包括工作和疾病原因),以至于通常情况下被认为足够的营养摄入却引起营养不良。[①] 毫无疑问,在现代社会早期流行的高发病率可能会造成营养不良,即使他们的饮食在热量、蛋白质及其他关键营养方面都足够。然而,最近的研究表明,对于19世纪中期以前的欧洲许多国家而言,全国食物生产水平太低,以至于贫困阶层在任何情况下都注定营养缺乏,以至于那时期疾病高发率虽然不只是营养不良的结果,但毫无疑问在很大程度上是食物极度贫乏的结果。

1.能量成本计算和身材大小的长期趋势

基于农业史学家的研究,我们可以估计自1700年以来每半个世纪的英国农业产量。这些数据为建立国民食物平衡表打下了基础,从中我们可以得知英国热量消耗的长期趋势(沙特尔,1985;霍尔德内斯,1989;艾伦,1994)。再结合食物购买的家庭调查(山姆斯,1984和1990;奥迪,1990;转引自福格尔,1987),这些来源表明1790年前后英国平均日热量消耗约为人均2060千卡路里,或者每消耗单位(相当于成年男子)2700千卡。关于法国,图坦(1971)基于到法国大革命之前10年为止的国民食物平衡表形成了估计值。他的估计表明在1781到1790年之间人均日热量消耗为1753千卡,在1803到1812年之间为1846千卡。转换成每消耗单位,这些数据为2290和2410。

这些估计的一个延伸意义是,18世纪晚期的成年人按现在标准衡量肯定很矮小。现在典型的美国男子在30多岁大约身高177cm(69.7英寸),体重78kg(172磅)(美国公共卫生署,1987)。这样一个成年男子每天基本代谢(休息时身体运行需要的能量)需要大约1794千卡,对于基本生存需要2279千卡(1794千卡用于基本代谢,加上485千卡用于食物消化和关键保健)(克努耶,1951;联合国粮食与农业组织/联合国大学/世界卫生组织,1985)。如果英国人或法国人在18世纪有那么高大,那么他们食物所提供的所有能量几乎都用于维持生命,很难有多余的能量用于维持工作。为了能够有足够的能量来生产这两个国家在大约1700年的国民生产,典型的成年男子身材必

---

① 在继续讨论慢性营养不良之前有必要澄清一个误导了很多研究者的概念,即"饮食"一词或食物摄入(代表总营养)与"营养不良"(代表净营养——维持细胞增长的营养物)概念的区别。这里我不详述这一区别,只想强调,当我想表达总营养时我会用"饮食"一词,而其他词如"营养不良""营养不足""净营养"和"营养状态"用来表示营养摄入(饮食)和营养需求之间的平衡。对这一区别的详述,见文献福格尔和弗拉德(1994)。

须非常小且非常轻。

这一推测得到欧洲国家身高和体重统计数据的支持。表 1 提供了 1750 年到 1875 年间成年男子最终身高的估值。数据表明，按照现在的标准，18 到 19 世纪的欧洲人身材甚为短小（转引自表 1 第 6 行）。对 1860 年之前欧洲国家人体重的估计更不协调。现有数据大部分是推测性的，表明在 1790 年左右，英国 30 多岁男性的平均体重约为 60kg（134 磅），这比现在的水平低 20%。1790 年左右法国男性相应的数据只有 50kg（约 110 磅），这比现在的标准低约三分之一。

表 1　六个欧洲国家在 1750 年到 1875 年间达到成熟年龄男性的估计平均最终身高，按 1/4 世纪（cm）

	1. 成熟日期，按世纪和四分之一世纪标示	2. 英国	3. 挪威	4. 瑞典	5. 法国	6. 丹麦	7. 匈牙利
1.	18—Ⅲ	165.9	163.9	168.1	—	—	168.7
2.	18—Ⅴ	167.9	—	166.7	163.0	165.7	165.8
3.	19—Ⅰ	168.0	—	166.7	164.3	165.4	163.9
4.	19—Ⅱ	171.6	—	168.0	165.2	166.8	164.2
5.	19—Ⅲ	169.3	168.5	165.6	165.6	165.3	—
6.	20—Ⅲ	175.0	178.3	177.6	172.0	176.0	170.9

来源：福格尔，1987，表 7，除了第 5 栏。第 5 栏第 3—5 行数据基于威尔（1993）对米尔顿 1989 年数据的修改，并为年纪在 20 岁到成熟之间年龄段数据加 0.9cm 的成长值计算而得出的（古尔德，1869：104—105；转引自弗里德曼，1982：510，n. 14）。第 2 行的数据来自于对米尔顿 1815—1836 年数据线性外推到 1788 年，并为年纪在 20 岁到成熟之间年龄段数据加 0.9cm 的成长值。第 6 行的数据来自福格尔，1987，表 7。

2. 热量的大小分布

从简单依赖身高、体重、日营养消耗量转向研究这些变量的大小分布，这一新见解的获得非常明显地体现了经济学和生物医学分析的协同性。由于时间的限制，这里我专注于热量的分布。①

热量消耗的大小分布是评估所提供的平均进食量估值可能性最有效的工具之一。他们不仅阐释一定水平的热量消耗与发病率和死亡率的关系，而且也表明了可供工作的热量与农业产出及农业和非农业劳动力分布是否一致（福格尔和弗拉德，1994；福格尔，1991；转引自里格利，1987）。尽管国民食物平衡表，像陶屯（1971）为 1781—1952 期间的法国人编制的食物平衡表，提供了人均热量消耗的平均值，但是它们没有形成热量大小分布的估计。②

① 1790 年左右法国身高、体重和 BMI 的估计分布见福格尔和弗拉德（1994）的附录。

② 原则上，根据家庭消耗调查可以构建热量大小分布。在 19 世纪大部分的调查都集中于低阶层人口，为了利用这些数据，有必要了解被调查家庭是从国民热量或者国民收入分布中哪个百分比中抽取的。

三个因素使得我们有可能从史学家那里获得的不完整证据中估计出热量大小的分布。第一,涵盖许多国家的研究表明对数正态分布能很好地描述热量的分布。第二,热量分布的偏差(用偏差系数[s/x]或基尼[*G*]系数衡量)远小于收入分布。第三,当分布的平均值已知,可以从分布任意一端的信息来估计偏差系数(它和均值一起决定分布)。幸运的是,即使对于某些时期某些地方普通百姓的信息一无所知,但关于富人的信息相对充裕。在最底端的,往往是人口统计信息严格限制着平均日热量消耗低于基础代谢或基本生存线的人口比例,尤其是死亡率信息。

表2显示,即使因为身材和重量较小减少了生存所需能量,在1790年前后法国和英国的食物供给所允许的工作水平也极其低(转引自弗罗伊登伯格和康明斯,1976)。在法国,最底层的10%的劳动力缺乏日常劳动所需能量,在这之上的10%只足够一天低于3小时轻度劳动的能量(0.52小时的重劳动)。尽管英国的情况稍好,但其最底层的3%的劳动力缺乏任何劳动所需能量,总体来说,其最底层的20%有足够每天轻工作6小时的能量(1.09小时的重劳动)。

表2　18世纪末法国和英国每消费单位日消耗千卡数的分布比较

法国约1785年,英国约1790年

	十分位数(1)	日消费千卡(2)	累计%(3)	日消费千卡(4)	累计%(5)
1.	最高	3.672	100	4.329	100
2.	第九	2.981	84	3.514	84
3.	第八	2.676	71	3.155	71
4.	第七	2.457	59	2.897	59
5.	第六	2.276	48	2.684	48
6.	第五	2.114	38	2.492	38
7.	第四	1.958	29	2.309	29
8.	第三	1.798	21	2.120	21
9.	第二	1.614	13	1.903	13
10.	第一	1.310	6	1.545	6

来源:见福格尔(1993b),尤其表4和附录。

表2还指出一个问题,假设在旧制度时代,人均日消耗2000千卡(每消费单位2600千卡)的热量摄入是足够的(利维·巴吉,1990),这个平均消耗水平正是1790年前后处于法国和英国之间的水平。在如此低的平均消耗水平的人口中,最底层的20%的人口依靠如此贫乏的食物生存,以至于他们实际上被排除在劳动力之外,他们中的许多人甚至缺乏散步几小时的能量。这似乎是解释旧制度时代人口中乞丐占到1/5的主要因素(古内尔,1973;奇波拉,1980;拉斯利特,1984)。即使热量分布在上面80%的大多数如此矮(身高低于美国标准)、如此瘦(体重低于美国标准),以至于他们遭遇慢性健康问题和过早死的风险更高(见下一节)。

三、华勒曲线和曲面：一种新的分析工具

过去 20 年中，大量的临床和流行病学研究表明，既定年龄的身高、体重以及身高体重比（体重指数，BMI），是发病率和死亡率的有效预测指标。直到最近，大部分研究集中于 5 岁以下的儿童，利用这些年龄的一种或多种人体测量指标在儿童早期评估其发病率和死亡率的风险，而且正是在这些年龄阶段，人体测量的相关性最初被最确定地建立（萨默，罗温斯坦，1975；陈，乔杜里，霍夫曼，1980；比尔勒维茨，麦格雷戈，1982；基尔曼等，1983；马托雷尔，1985）。然而在过去的几年中，大量累积的证据表明成熟期人的身高也是预测其在中年和晚年发生慢性疾病和死亡概率的重要指标（马尔莫特，希普利，罗斯，1984；华勒，1984；约翰，1988；科斯塔，1993；里姆，1993）。BMI 具有相似的预测属性（海伍德，1983；华勒，1984；马托雷尔，1985；佩恩，1992；奥斯马尼，1992；转引自斯里尼瓦桑，1992）。

身高和 BMI 测量不同方面的营养不良和健康问题。身高是营养的净度量，而不是总度量。而且，尽管在生长期身高的变化对现时营养水平比较敏感，但平均最终身高反映了个体在生长期累积的营养水平，包括胎儿期。结果是当我们用最终身高去解释成年人死亡率差异时，它们反映的不是成年人的营养水平对成年人死亡率的影响，而是婴儿期、儿童期及青少年时期营养水平对成年人死亡率的影响。另一方面，身高体重比则主要反映了当期的营养状况。它也是一个净度量，因为 BMI 反映了目前营养摄入和身体摄入要求之间的平衡。

1. 身材大小与中老年死亡风险之间的关系

最近多项研究确立了身高和体重指标在预测今后发病率和死亡率方面的重要性。其中两项研究的结果总结在图 2 和图 3 中。图 2 的 A 部分再现了华勒（1984）的图表。它表明在 1963 到 1979 年间挪威男性身材矮小的比身材高大的死亡风险大得多。实际上，身高在 165cm（65 英寸）男性的死亡率比身高在 182.5cm（71.9 英寸）的男性平均死亡率高 71%。B 部分显示在 1861 到 1865 年间，对于年龄在 23—49 岁之间男性，身高也是预测其因为慢性病被拒绝入伍相对可能性的重要指标。尽管存在种族、环境、疾病种类和严重性及时间方面的差异，但身高与相关风险之间的函数关系在两个案例中惊人的相似。

华勒（1984）还研究了在挪威一个 170 万人的样本中，BMI 和死亡风险之间的关系。他的主要发现，包括男性和女性，总结在图 3 的曲线中。尽管观察到的 BMI 值（kg/m^2）范围为 17 到 39，但超过 80% 的 40 岁以上男性的体重指标范围为 21—29。在 22—28 的范围内，曲线相对平坦，死亡率相对风险在 1.0 附近徘徊。然而，体重指标在 22 以下 28 以上的部分，随着体重指标远离均值，死亡风险急剧升高。请注意，体重指标（BMI）曲线图比图 2 中的身高曲线对称得多，高 BMI 和低 BMI 同样危险。

尽管图 2 和图 3 揭示了一些规律，但在身高体重比正常时稍微矮小是否损害健康这一争论上无法给出解释，因为图 2 不含体重而图 3 只部分地包含身高因素（福格尔，1987；福格尔和弗拉德，1994）。为了查明“小而健康”问题，我们需要一个等死亡率曲面，把死亡风险与身高和体重同时联系起来。这样一个曲面，如图 4 所示，通过另外描

述的一个程序(福格尔,1993)被融入华勒的数据中。穿越等死亡率图的是16—34岁间每个BMI的轨迹线和一个曲线,它为每个身高设定一个风险最小化的体重。

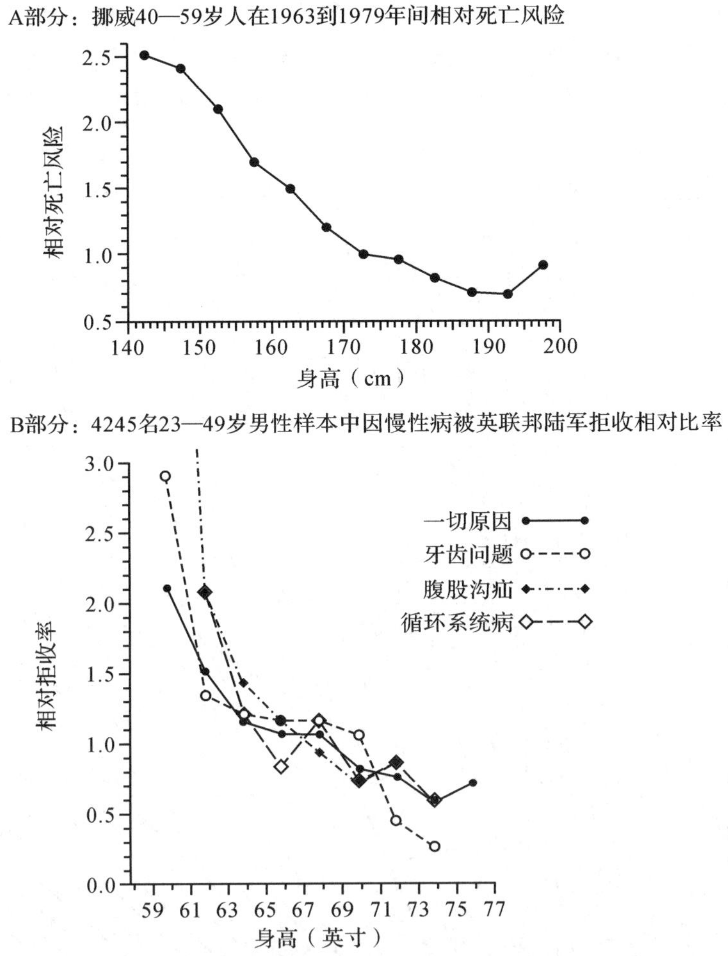

图2　两个国家身高与相对风险关系的对比

来源:A部分,华勒,1984;B部分,福格尔,1993b。

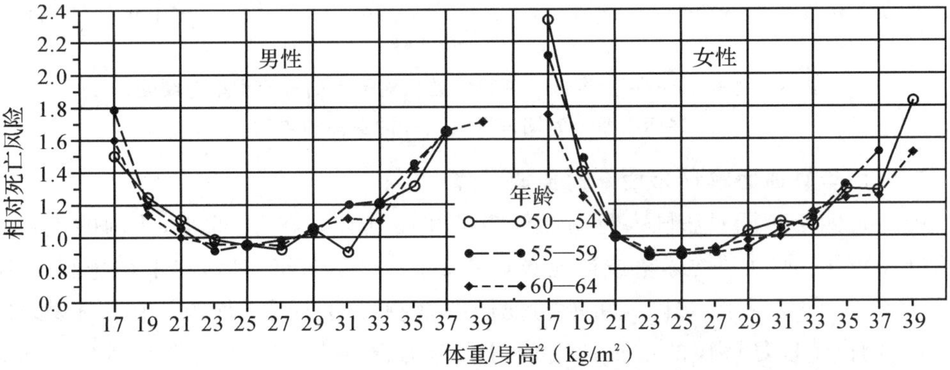

图3　体重指标(BMI)和挪威50—64岁间成年人预期风险之间的关系(1963—1979)

来源:华勒,1984。

图4显示，即使体重维持在图3所说明的“理想”水平（BMI＝25），身材矮小的人仍然比身材高的人面临高得多的死亡风险。因此，身高为164cm、BMI为25的成年男子，其死亡风险比身高183cm、BMI为25的男子大约高55％。图4还表明，随着身高的不同，“理想”BMI(死亡风险最小化的BMI)也不同。对于身高在176 cm左右的人，最“理想” BMI为25，但对于高个子的人（高于183cm），最“理想” BMI在22到24之间，对于矮个子的人（低于168cm）最“理想” BMI大约为26。

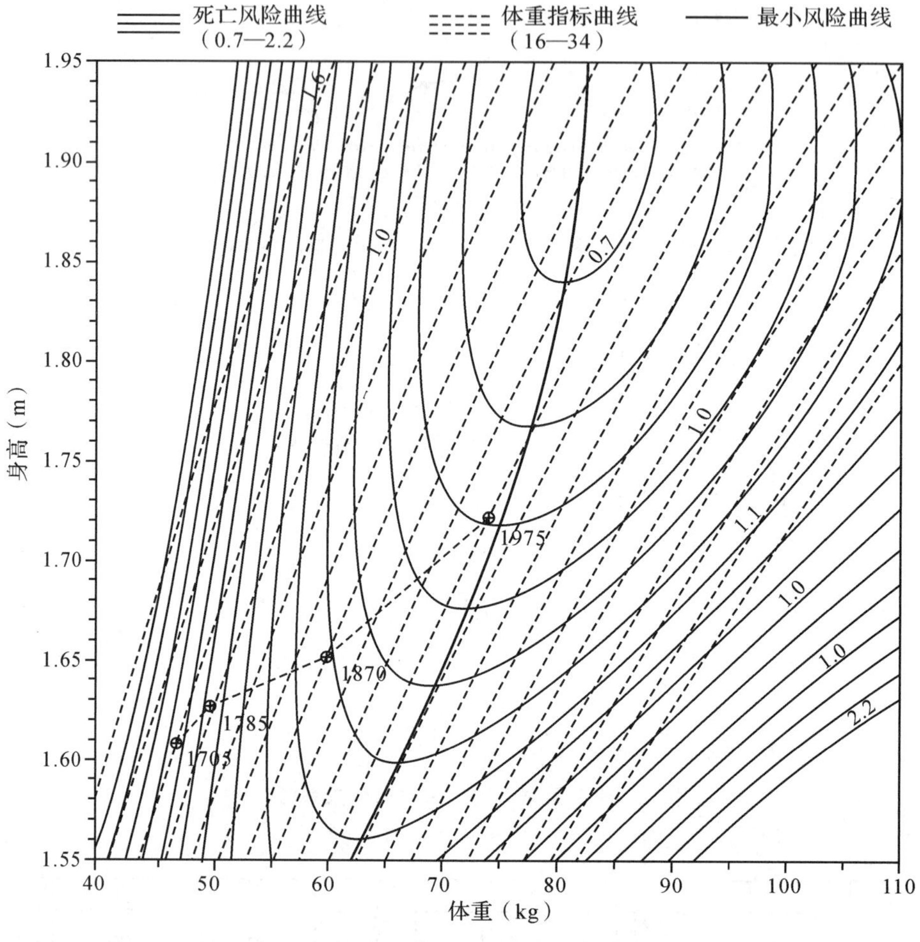

图4　挪威50—64岁男性身高和体重相对风险的等死亡率曲线图，并标出四个时期法国人估计的身高和体重

2. 利用华勒曲面解释死亡率的长期下降

图4是四个时期对法国人身高和体重的粗略估计。在1705年，法国的人均食物供给低于英国，所以平均体重或许比英国更低。在1705年前后，在平均身高161cm，BMI大约18的情况下，法国人可能与他们的食物供给达到了均衡。在接下来的270年中，食物供给以足够快的增长速度使得成年男性的身高和体重都有增长。图4显示，在1870年之前大部分死亡风险的降低都源于与BMI提高有关的因素。在1870年之后，与身高增加有关的因素解释了大部分预测到的死亡率下降。图4还表明，尽

管这些因素结合起来,90%地解释了约1785到约1870年期间法国死亡率的实际下降,但它们只能50%地解释过去半个世纪实际死亡率的下降。身材变大及相关因素持续对营养相对良好的人群人均寿命增加产生重大影响,但在过去的半个世纪与身高和BMI无关的因素变得越来越重要了。

这一节的分析指出了马尔萨斯最初所用的生存概念的误导性,而这一概念现在仍被广泛应用。生存并非存在于营养悬崖的边缘,而越过它就是人口灾难。本文概述的证据表明一个国家的人口和食物供给可以在无数的生存水平上达到均衡而不是只在一个水平上,因此可以无限制地维持下去。但是,某些生存水平会比其他水平造成身材更瘦小的人和更高的"正常"(非危机)死亡率。①

3. 华勒曲面在预测慢性疾病趋势方面的相关性

羸弱的身体提高患病的可能性,不仅包括传染性疾病,也包括慢性疾病。在图2中这一点表露无遗,在19世纪60年代慢性疾病在矮小身材男性中比身材高大男性中更常见。图5显示美国国民健康访谈调查(NHIS)所研究的1985—1988期间男性的疾病与身材存在同样的关系。生长发育期的矮小有长远的影响,它们增加了人们在中晚年患慢性疾病的可能性。

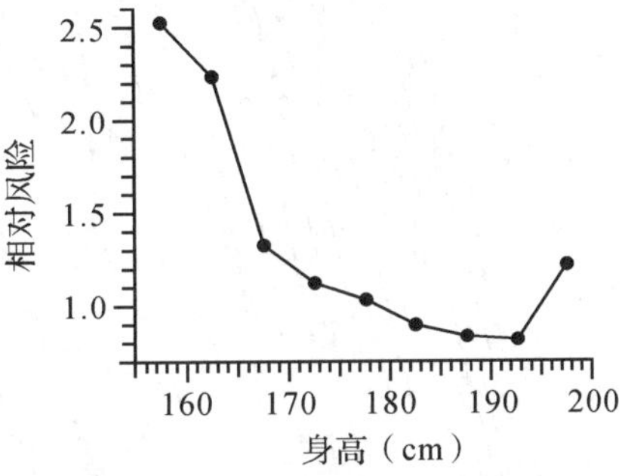

图5 NHIS调查中40—59岁退伍军人身高与相对患病风险的关系

来源:福格尔、科斯塔和金,1993。

生于19世纪第二个25年的美国男性不仅身材低于当今的标准,而且他们成年时的BMI也比美国目前的水平低15个百分点(福格尔、科斯塔和金,1993)。图6展示了身材矮小和低BMI联合的影响,图6呈现了由金(1993)基于美国NHIS 1985—1988年的数据所估计的华勒发病率曲面。

图6中的慢性疾病风险的华勒曲面与挪威的死亡率面(见图4)相似但不完全一样。随着人们从任一方向偏离最佳体重曲线,患病的等发病率曲线比等死亡率曲线上升得更

---

① 而且,在既定人口和科技状况中,农业和非农部门劳动力分配的变化会导致身材大小和死亡率的变化。在旧制度法国经济中,农业劳动力比例越低,用于维持生命的热量生产比例就越低。这一表述的推理依据如下:假设农业中的一个工人养活他自己和三个非农人口。那么,每1%的农业人口向非农产业转移,就意味着被增加的非农人口的人均食物供给降低1.33%。如果维持生命占热量消耗的75%,如果非农产业中用于工作的人均热量存储不变,那么该产业中用于维持生存的热量就会下降1.8%(假设农业中人均生产和消耗保持不变)。

急剧。此外,图 6 中的最佳体重曲线位于根据挪威死亡率数据计算的最佳体重曲线右边的一个等 BMI 曲线附近。挪威死亡数据和美国健康数据都表明,身高在 1.60—1.65 米附近的男性的最佳 BMI 在 25 到 27 的范围内。这高于粮农组织、世界卫生组织和联合国大学 (1985)推荐的水平,在他们的标准中,这个属于较低的超重范围。

图 6 还呈现了 1910 年年龄在 65 岁及以上英联邦陆军退伍老兵和 1985—1988 年同龄的老兵(主要是"二战"老兵)的身高和 BMI 的坐标。这些坐标预测到了两个人群相比,慢性病的流行率下降了约 35 个百分点。预测到的患病率下降约 61%是由与 BMI 上升有关的因素引起的,而这一平衡是由身材变大相关因素造成的。

图 6 预测的慢性病流行率的下降与真实存在的情况非常接近。表 3 比较了 1910 年 65 岁及以上英联邦老兵慢性疾病发病率和两个对 20 世纪 80 年代同年龄老兵发病率的调查。该表显示,与 1985—1988 年比较,1910 年 65 岁及以上老兵心脏病流行率为 2.9 倍,肌肉骨骼和呼吸器官病为 1.6 倍,消化道病为 4.7 倍。在两组人群相距的76 年中,老年人心脏病流行率每十年下降 12.8%,而肌肉骨骼和呼吸器官疾病每十年各下降 5.9%。

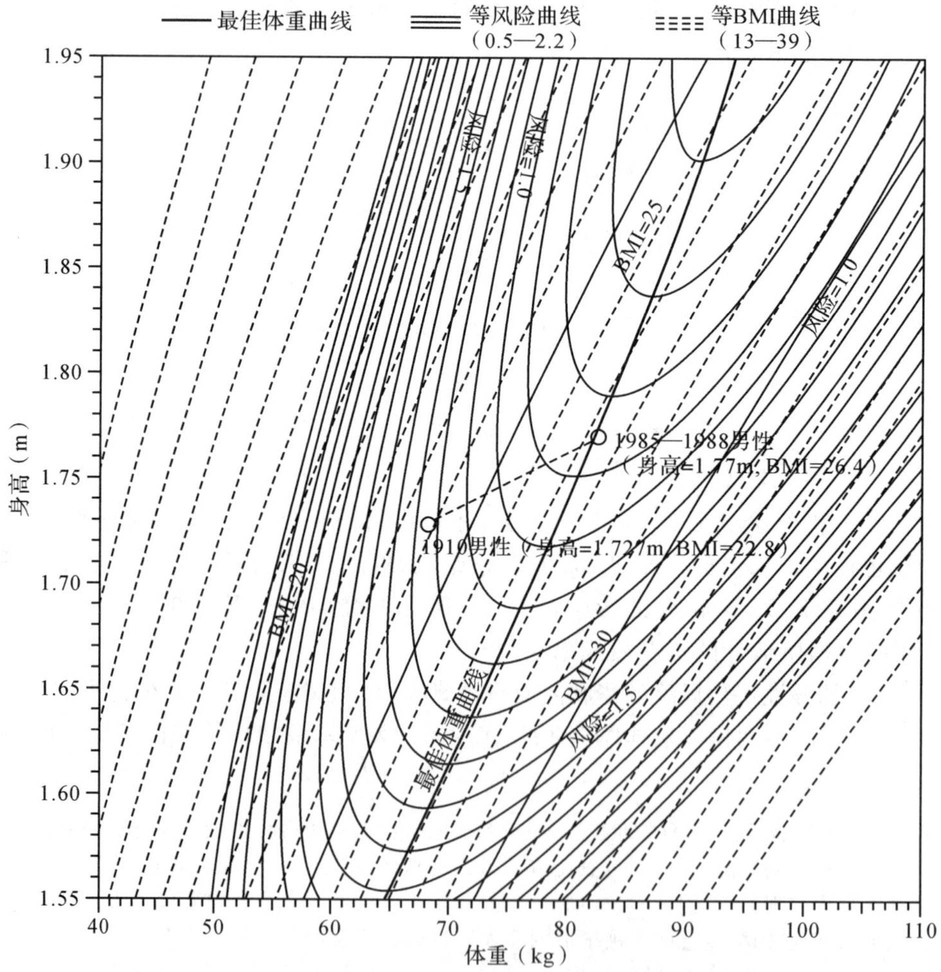

图 6　由 NHIS 1985—1988 健康曲面预测到的健康改善

来源:金,1993。

在1822—1845年之间出生的,曾经度过儿童和青少年致命传染病的时期年轻成年人,并不像有些人说的,比今天同样年龄的人患体质退化类疾病的可能性小,而是更易生病。比如35—39岁疝气发病率,19世纪60年代是20世纪80年代的3倍还要多。尤其要提的是,19世纪60年代畸形足(一种出生畸形)发生率高得多,这意味着,对于等待出生的胎儿们,那时的子宫不如现在的安全。

在20世纪10年代,中年患过疾病的人,比20世纪60年代,更容易在老年患上体质退化性慢性疾病。将近74%的联邦陆军老退伍军人患上三种以上致残性慢性疾病,这比1983年的退伍老军发病率高得多(福格尔、科斯塔和金,1993)。在1910年活到65岁的那些人中,遗传体弱的人比现在少,这可能是事实。如果是这样,那遗传的优越性显然被一生社会经济和生物医学压力所抵销,造成老年健康严重受损,并大为缩短老年人的平均寿命。在20世纪10年代里,老年人不是死于传染性疾病,那些疾病曾在他们相对年轻时导致大多数人的死亡,而是主要死于体质退化性疾病,根据国际疾病分类这类疾病占两位数。这一点与20世纪80年代的死亡原因分布相似,除了这时肿瘤死亡较少,而结核病死亡较多。

表3 对比65岁及以上1910年联邦陆军老兵、1983年老兵(统计他们是否曾患某慢性疾病)和NHIS 1985—1988年老兵(统计他们在前12个月是否曾患某慢性疾病)慢性疾病流行比率

疾病	1910年联邦陆军老兵[a]	1983年老兵[a]	调整年龄的1983年老兵[a]	HIS 1985—1988年老兵[a]
肌肉骨骼	67.7	47.9	47.2	42.5
消化	84.0	49.0	48.9	18.0
疝	34.5	27.3	26.7	6.6
腹泻	31.9	3.7	4.2	1.4
生殖—泌尿	27.3	36.3	32.3	8.9
中央神经、内分泌、代谢或血液	24.2	29.9	29.1	12.6
循环[b]	90.1	42.9	39.9	40.0
心脏	76.0	38.5	39.9	26.6
静脉曲张	38.5	8.7	8.3	5.3
痔[c]	44.4			7.2
呼吸	42.2	29.8	28.1	26.5

a. 联邦陆军老兵的发病率根据医生的检查。20世纪80年代根据自报。通过比较NHIS的发病率与NHANES II中医生检查所得发病率,发现自报健康状况没有带来重大偏差。详见来源以细分可能存在的偏差及偏差的大小。

b. 在1983年的老兵中,由于痔疮的报告率偏低,所有循环疾病的发病率都将被低估。

c. 指1983年老兵是否患痔疮的变量不可靠。

来源:福格尔、科斯塔和金,1993。

因此,这些临时的发现表明,在第一次世界大战之前达到65岁的人们的整个生命周期中,慢性病发病率远比流行病学传染理论所示的要高。依据死亡原因信息来表征过去流行病学特征，会导致对活着的人的健康状况分布的重大误述。由此产生一种观点，即慢性疾病的流行病学与传染病流行病学比我们现在认为的更加分离。

四、华勒曲面和曲线的生理学基础

华勒曲面和曲线的预测能力的基础是什么？部分答案在人体生理学领域，它研究人体器官和器官体系的运作。身高和体重的变化似乎与组成这些器官的组织的化学成分、通过薄膜的电传输质量、内分泌系统和其他重要系统的运作变化息息相关。

这一领域的研究发展迅速，一些新发现还有待证实。子宫内或儿童初期的营养不良和损害转变为器官功能障碍的具体机制还不清楚。但一致认为大多数器官的基本结构是早期奠定的，因此可以合理地推断不良发育的器官比良好发育的器官更早发生故障。目前主要证据是统计学的，并且对某些具体的功能障碍虽然意见一致，但还没有普遍接受的细胞老化理论(转引自坦纳，1990 和 1993)。

带着这些问题，我们可以把近期关于营养不良与身材大小，以及以后慢性病侵入之间关系的研究分为三类。第一类涉及能引起永久且立即可见损害的营养不良形式(包括摄入有毒物质)，如由于在孕期饮酒或吸烟过量导致胎儿神经系统障碍里所看见的那样。比如，酒可以导致胎儿和婴儿生长缓慢并造成心房间隔缺损、小脑症及其他先天缺陷，总称为胎儿酒精综合征或胎儿酒精病象。婴儿和胎儿初期蛋白质热量营养不良(PCM)可导致永久性中枢神经系统功能障碍(斯克林肖和戈登，1968；马托雷尔，里韦拉和卡普洛维茨，1990；查韦斯，马丁内斯和索夫里纳，1994；转引自沃尔普，1987)。子宫碘缺乏和婴儿中等至严重缺铁，似乎也造成永久性神经损害(罗左夫，吉米内兹和沃尔夫，1991；斯克林，1993)。

不是所有营养不良造成的胎儿或婴儿发育迟缓导致的伤害都会立即显现出来。在最近一系列的研究中，巴克和他的同事们(巴克等，1989；巴克，奥斯蒙德和戈尔丁，1990；巴克，1991；巴克等，1992；劳等，1993；菲利普斯等，1993；菲普斯等，1993)报告了像冠心病、高血压、中风、糖尿病及自身免疫甲状腺之类疾病源于胎儿或婴儿时期，但到中老年才变得明显。这些事例中，这些个体在未发病前似乎状况良好、功能正常。然而，老年体质退化性疾病的早发，似乎与生命早期细胞发育不完善有关。这些疾病中有些，但非全部，与出生体重轻有关。有些婴儿出生体重在正常范围但体重增加低于平均水平。另外一些情况中，婴儿相对于他们的胎盘而言较小，或者相对于他们的头部大小身材偏小，或者身长但体瘦(巴克，1993；转引自坦纳，1993)。

从理论上讲，由于营养不良引起的某些生理功能障碍可以通过改善饮食营养而逆转，但它们常持续不愈，因为引起营养不良的状况也在持续。如果营养不良持续的时间足够长，这些疾病可能就无法逆转或者致命。这一类的功能障碍包括组织结构退化，尤其在肺、心、胃肠道等重要器官中。例如，在呼吸系统，不仅引起肌肉重量和强度减少，而且损害通气动力，引起结缔组织生物化学变化以及电解质异常。营养不良也关系到肠道黏膜细胞衰弱，外伤愈合受阻，增加创伤性休克和败血病的概率，内分泌系统功能障碍，增加水肿可能性，会导致急性心律失常的心电不稳定，以及体质退化性关节病(萨巴、狄龙和兰泽，1983；伊迪亚奎斯，1988；麦克马洪和比斯特里安，1990；希尔，1990；菲斯勒尔，1992；转引自曼顿，1993)。

与此相关的发现还有出生体重与新生儿死亡概率的关系。图7中的曲线是U形的，意味着每个国家人口中出生体重大大高于最佳体重的婴儿也有较高的死亡风险。另外，两个国家中母亲体型较小国家的最佳出生体重也明显低于母亲体型较大的美国的最佳出生体重。它还显示，在高科技介入前，母亲骨盆大小约束出生身材(或许还有婴儿重要器官的强壮程度)随着子宫内营养改善而增加的速度。在相对高大人口中处于最佳生存体重的婴儿在相对瘦小人口中因为分娩困难，死亡的风险较高。换句话说，随着胎儿营养改善，婴儿能逃脱营养不良带来影响的速度存在两代间的制约(转引自钱德拉，1975)。

最近的生理学发现也为第一阶段的死亡率长期下降提供了新的解释。有些调查者号召把注意力转移到特定年龄死亡率的变化，这可能说明病原微生物与它们的人类寄主之间平衡的变化(弗里德里兹斯，1984；佩勒努，1984)。尽管有人将这一变化归因于病原微生物毒性下降，但目前手头没有足够的证据来评估这一可能性。但这一节总结的最近生理学研究指向一个新方法，通过该方法让病原微生物和人类寄主的平衡转向有利于寄主一方。除了免疫系统功能改善，组织弹性的增强，还包括神经系统的改善，带来重要器官抵御病原微生物能力的加强。这一过程有可能是协同的，因为免疫系统功能的改善有可能与重要器官强度增强之间产生互动。① 最后一种可能性与目前发现的18世纪特定年龄死亡率下降模式一致。

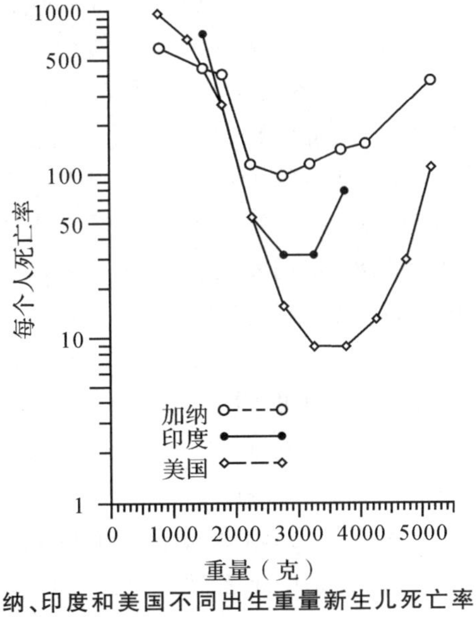

图7 加纳、印度和美国不同出生重量新生儿死亡率

来源：Hytten 和 Leitch，1971。

① 这种可能的协同作用质疑下列命题，即因为某个人表面看现在营养良好，所以营养不良不会影响流感、天花或伤寒之类疾病的后果(转引自斯科特和邓肯，1993)。即使他们现在营养良好，但是因为过去胎儿时或后来营养不良会损害重要器官，所以更容易死于这类传染病(转引自斯克林肖、泰勒和戈登，1968)。

五、对目前政策的意义

马尔萨斯相信营养不良经常在特殊情况中得到体现——在周期性饥荒中，以及他那个时代生活在苦难和罪恶下极其贫困人口中流行的过高死亡率。他认为接近社会中层的人们，强壮的农业劳动力或者城镇工匠，一般营养良好、健康、寿命正常。

然而我们现在知道，在马尔萨斯的年代，饥荒造成的过早死亡率只占不到4%，极其贫困造成的过早死亡率则占1/6。在马尔萨斯的年代，大约2/3的过早死亡率来自于马尔萨斯认为富有劳动力、健康的社会群体中。然而按目前标准，在18世纪的英国，即便是收入分配处于上半部分的人们也是既矮又瘦，在中青年就比现在人们广泛得多地遭受慢性疾病，寿命也比现在的人少30年。[①]

1. 对贫穷国家的意义

马尔萨斯留给我们的理论可以体现在“小而健康”的命题中，该命题认为身材矮小或稍微瘦小的人不会比符合美国标准的人面临更高的患病和死亡风险。缺少发展中国家生命周期数据致使研究者只关注生命的早期，寻找胎儿或婴儿体型大小与儿童后期健康和工作能力之间的互动。这样的研究一般只选择极其严重矮小和瘦小（低于平均水平2个档次）的影响，缺乏更适中体型的影响，其中许多到后来才显现（塞克勒，1980；苏克哈米，1982；李普顿，1983；转引自韦斯特等，1990）。

但是本文中记录的信息表明，儿童期的矮小和瘦小影响深远，可以预测成年及以后岁数的慢性疾病发病率。发展中国家成年人较高的致残性慢性疾病的发病率被大家所忽视，是因为没有普遍收集这类情况的相关信息。但是富裕国家，包括现在和过去较贫困时期的儿童营养不良的深远影响，说明发展中国家也存在类似的相互关联。

慢性疾病不是慢性营养不良降低其劳动力生产率的唯一方式。当平均热量像世界上的贫穷国家那样低时，劳动力的劳动参与率和生产率肯定也低，尤其是按劳动强度调整劳动时间之后（见福格尔，1991；转引自达斯古普塔，1993）。在其他地方（福格尔，1991），在英国1790到1980年期间，我估计到当按劳动强度调整劳动输入后，总营养的增加大概占人均收入增加原因的30%。

2. 对富裕国家的意义

在1850到1950年期间，美国出生时生命预期从40岁提高到68岁。然后在接下来的20年间几乎停止了进一步的发展。在这段停滞期以及以后时期，研究过前一个世纪死亡率方面进步的研究者们逐步在三个命题上达成一致。(1)死亡率长达一个世纪的下降是独一无二且不可重复的，因为通过消除60岁以下传染病引起的死亡方面的进步都体现出来了。(2)现在集中于老龄人口的死亡源于与他们战胜的传染性疾病

---

① 这里过早死亡率定义为根据1700年年龄结构标准化后死亡率高于1980年的死亡率（转引自福格尔，1986和1992b）。对1790年前后总体死亡率的估计来自里格得和斯科菲尔德。根据热量消耗分布十分位段估计的相对死亡率是基于对这个十分位段平均身高和BMI估值以及它们隐含的相对死亡率风险，如图4所示。关于这一计算的更多细节见福格尔和弗拉德（1994）的附录，和福格尔（1993b）的表A2。

无关的体质退化性疾病。体质退化性疾病起因于器官的加快衰老，是自然老化过程的一部分。(3)人类的寿命存在由基因决定的上限。一篇知名文章把那个上限设在85±7岁(弗列斯，1980；转引自弗列斯，1989)。

回应重新出现的死亡率下降，最新研究主要集中于65岁及以上老人，发现与基因决定寿命上限相反的证据，如果说存在固定上限的话，那个上限也远高于85岁。沃佩尔对丹麦双生儿的研究表明，基因因素作用只占影响死亡年龄的30%(沃佩尔，1991a)。他对瑞典年龄在90岁以上老人的研究表明，那个年龄人口的死亡率从1950年开始每年下降1%，这一发现与存活曲线的矩形化相悖(沃佩尔，1991b；转引自撒切尔，1992；沃佩尔和伦德斯特伦，1994；坎尼斯托等，1994)。两项(凯里等，1992；柯茨青格等，1992)关于昆虫寿命的最新研究表明，环境变化比基因对寿命的影响更大，且没有发现任何存在固定生命上限的模式。整体来看，以上研究没有排除基因因素但认为决定因素没有像基因程序设定绝对生命上限那么严格。一个新型的理论结合了两方面，即不同器官受基因影响程度和接触风险造成的累积损害。

最近研究还表明，65岁以上老人特定年龄慢性病发病率总体下降。根据曼顿、科德和斯托拉德(1993)，1982到1989年间美国老年人残疾率下降了4.7%。放在10年基础上，这个下降率与1910年和1985—1988年间年老退伍军人慢性疾病下降率相似(福格尔、科斯塔和里姆，1993)。这一发现与越来越多的证据(在3和4节中记录的)一致，都表明老年慢性疾病在很大程度上是早期遭受传染性疾病、营养不良，以及其他的生物医学和社会经济压力的结果。这也与图6的华勒疾病曲线预测的慢性病发病率每十年下降6%一致(转引自布莱尔等，1989；曼顿、斯托拉德和辛格，1992；曼顿和索尔多，1992)。

目前的研究主要集中于解释慢性病的下降。其中出现的一些解释是生活方式的改变，尤其减少吸烟、改善营养、增加运动，这些似乎能减少冠心病和呼吸系统疾病。另一方面的解释是医学干预效果日益显著。这一点通过对比上文表3疝气一栏中的第2列和最后一列能够有力证明。在"二战"之前，一旦患上疝气就很难治愈而且通常极其痛苦。然而在20世纪80年代，曾经患疝气的老兵中有四分之三得到治愈。在生殖—泌尿那一栏也体现了70年中类似的进步。医学干预见效明显的其他领域包括控制高血压、减少中风、手术治疗骨关节炎、更换膝关节和髋关节、治愈白内障、通过化学治疗减少骨质疏松和心脏病的发病(曼顿、科德和斯托拉德，1993)。

医学干预取得的成功与收入增加相结合很自然地导致对医疗服务需求的增加。经济计量估计表明，在经合组织国家对医疗服务需求的长期收入弹性为1.5左右，这表明经合组织国家医疗开支变化的90%源自收入的变化(穆尔、纽曼和费利，1992)。需求水平的迅速增长，加上按高补贴的价格提供医疗的平均主义政策，造成医疗费用危机，这一危机已成为经合组织国家公共政策的辩论焦点，主要考虑价格和国家定量配给的不同组合(《经济学人》，1990；纽豪斯，1992；施瓦兹和亚伦，1991；希伯、普利耶和格林沃尔德，1993)。

不管这些政策辩论的最终结果如何，有一点很清楚，我们的世界与马尔萨斯的年代已非常不同。我们不是在争论是否要给可能饿死的乞丐提供食物，而是在在争论如何分配能提高老年人生活质量并延长寿命的服务的问题。我们正在考虑全新的伦理问题，比如限制给生命质量很低的人群延迟寿命的服务是否正确（沙特尔沃恩，1990；乌尔夫，1986；佩莱格里诺，1993）。

提供更多机会用于改善年轻人的健康，减少老年慢性疾病的发生及治愈，或减缓慢性疾病所致残疾，又提出了另外两个后马尔萨斯时代人口问题。一个是改善健康对人口数量的影响。阿尔伯格和沃佩尔（1990）最近的一篇文章指出，如果老年人死亡率继续以每年 2 个百分点的速度下降，那么到 2050 年美国老年人口将比普查局预测的多 3600 万（转引自普雷斯顿，1993）。这一可能性会带来医疗费用（因为即使治愈率持续提高，医疗总费用也可能会急剧上升）和养老费用（按照现行条款，符合享受养老福利的人口量和预定水平的补偿金会如此巨大，以至于支出会超出计划的准备金）方面的政策问题。

一些政策制定者试图推迟退休以应付养老问题。这些计划是基于这样的假设，健康的改善让更多的人可以工作到超过 65 岁。但是，关于老年人健康长期改善的相关研究发现明确了一点，健康恶化不是 1890 年以来 65 岁以上男性劳动参与率大幅下降的原因。如科斯塔（1993）所说，美国过去一个世纪老年人口劳动参与率的下降主要是由于收入的长期增长和退休需求的收入弹性下降，并与劳动阶层休闲活动供应量和质量的大幅上升有关。

在马尔萨斯时代，直到 20 世纪初，在经合组织国家闲暇的供给非常短缺。如维布伦（1934）指出的那样，那时只有少部分上层社会人炫耀性地消费闲暇。大部分人每周为了工资需要工作超过 60 个小时，还有很多人在家干家务，这又要消耗额外的 10 到 12 小时（库兹涅茨，1952；福格尔，1993a；奥尔森，1992；转引自阿塔克和贝特曼，1992）。除了睡觉、吃饭和个人卫生，这些工人通常每天只有少于 2 小时的休闲时间。尽管有歌剧、戏剧和芭蕾，但对于工薪阶层，它们过于昂贵，一般无法经常消费。

在 20 世纪，大部分工人的劳动时间下降了将近一半。具有讽刺意义的是，处于收入分配上层的人没有分享到这一休闲的增加，因为位于上层的高薪专家和商人每年工作 3200 个小时，相比目前工薪阶层的 1800 小时，更接近 19 世纪的工作水平。同时休闲活动供应大量增加——电影、电台、电视、娱乐公园、参与性和观赏性体育、旅行——活动价格相对下降。很多公司专门针对老年人提供价格折让和特别机会。结果，大部分工人花在休闲活动上的时间约为工作时间的三分之二，并且非常期待退休（福格尔，1992a 和 1993a）。

了解了经合组织国家后马尔萨斯时代对休闲日益增长的需求和收入弹性需求之后，还有一个问题，即在什么程度上可以节制休闲和退休的需求。政策制定者在试图减少休闲补贴方面遇到的阻力，可能与他们最近试图增税时遇到的差不多。

六、对经济增长理论和经济增长测量的一些意义

生物医学领域的最新发现把人们的注意力引向经济增长中可能被称为热力学和

生理学的因素。尽管基本被“老”和“新”经济增长理论家们所忽视,但这些因素很容易融入标准的增长模式中。在人力资本背景下,这两个因素都可以认作是由农业发展、公共健康、医疗服务和家庭部门的发展带来的增强劳动力的科技改变。当劳动只以人和小时来衡量时,它们也可以被看作对劳动力误量的调整。

在5.1部分我间接提到过热力学因素,那里我指出,在过去200年中英国增长率的30%归因于总营养的提高。那个计算就是基于热力学第一定律,该定律认为能量输出不能超过能量输入。因为该定律既能用于机械动力也能用于人类动力,因此我们可以用能量成本核算技术来估计过去200年中工作能量的增加。在英国这一增长有两方面的影响。通过把1790年位于消费单位最底层的20%的人口转化为劳动力来提高劳动参与率,这些人那时平均只有够散步几小时的能量。而且,由于供工作的热能增加了,现有劳动力的工作强度增加了。单劳动强度改变这一项似乎就20%地解释了长期增长率。

英国劳动强度随时间变化而增强这一论点看起来很可疑,因为在过去两个世纪工作日、工作周和工作年(以小时计算)都大幅下降了。但是,在英国(以及其他欧洲国家)1790年的平均劳动强度不可能像现在这么强,因为那需要的人均食物能量供给比当时大得多。在美国,单位小时劳动强度的增加也是一个因素,美国食物供给远比欧洲丰富。即使假设美国1860年的日工作热量与现在相同,但每小时的工作强度应该远低于现在,因为1860年的平均工作小时是现在的1.75倍。在19世纪中期,似乎只有南部实行群体劳动制度的种植园中的奴隶每小时劳动强度接近现在水平(转引自福格尔,1991和1993a;奥尔森,1992;福格尔和恩格曼,1992)。

人类动力把能量输入转化为工作产出的效率与生理学有关。营养学家、生理学家和发展经济学家贡献了大量这方面的文献。由于一些重要议题还未解决,还不能对生理学对经济增长的贡献做出严格的评估。但一些方面的贡献能够表现出来。

健康、饮食结构、服装和住房方面的改变显著影响摄入能量转化为工作产出的效率。[①] 传染病发病率的减少增加了摄入能量中工作能量的比例,一方面因为这节省了动员免疫系统所需能量,另一方面因为器官吸收营养的能力加强了,尤其是由于腹泻的减少。由于饮食结构的改变热力学效率也提高了,包括从谷物和其他高纤维食物转向糖和肉类。这些饮食转变提高摄入能量中被代谢的比例(用营养学家的话说,增加了“水溶因素”的平均值)。服装和住房的改善通过减少辐射热量损失也增加了热力学效率。

身材矮小但其他方面健康的成年人将会面临更高的慢性病发病率和过早死亡率。为了评估生命周期中工作能力退化率变化的意义,我们必须计算在生命周期中身材和体重的变化对收入和生活开支差额的折现价值的影响(转引自达斯古普塔,1993)。这

① 这一段落的讨论基于达斯古普塔(1993)和那里引用的文献。

一影响的计算方法和主要变量的估计放在注解中说明。[①] 计算表明，折现收入应该增加了约37%。这一数字，结合对“水溶因素”改变影响的猜测，表明1790到1980年间英国人类动力的平均效率增加了约53%。摄入能量中用于工作能量的增加，加上人类把摄入能量转化为工作产出效率的提高，这两者联合起来似乎为英国自1790年以

---

① 始于收入最高那岁的 n 岁年龄收入表的折现现值根据下面公式计算：

(1)公式 $P_x = E_x\int_0^n e^{-(\mu+\phi+r)t}dt$

这里 μ 是存活函数(生命表的 l 曲线)中的下降率，ϕ 是在 x 岁以后年净收入的下降率，r 是折现率(为了方便，定为6%)，x 是收入达到峰值的年龄，Ex 是那年的净收入，n 是 x 岁和男性停止规律性劳动的平均年龄之间的年数(为了方便定为等于35)，P_x 是净收入流的折现现值。

1790年的 μ 值基于里格莱和斯科菲尔德(1981)的计算，取他们1786—1795年的et平均值(是36.63)，在8和9级中间插入他们的英国生命表，得到1790年前后的 lx 曲线。在那个表中年龄在35—70岁的 μ 值是0.0289。

lx 曲线呈现出的变化是基于福格尔(1993b)中表A1的华勒曲面。用身高1.68cm、体重61kg代表1790年，1.76cm和76kg代表1980年，可以预测到死亡率下降了31%。相应的 lx 表基于关于14水平男性的普林斯顿模型诺斯表，健康平衡的基础为0.69(35m35)。在35—70岁之间那个 lx 表中的 μ 值是−0.0202。

与身高体重变化相关的 E_x 的变化估值是基于罗伯特·马戈和里查德·斯特克尔(1982)的一个等式。他们所用数据是有关1863年联邦陆军作为战利品俘获的奴隶。把奴隶价值与其身高体重联系起来的奴隶交易者们似乎只关注年龄—收入曲线中的位置区别(不是斜率)，表明他们没有明显注意到身材和BMI与死亡率和慢性疾病之间的关系。马戈—斯特克尔等式是：

(2)公式 $\ln V = \underset{(1.47)}{2.73} + \underset{(0.92)}{0.032S} + \underset{(2.22)}{0.17A} - \underset{(-2.23)}{0.005A^2} + \underset{(2.10)}{0.000046A^3} + \underset{(2.16)}{0.053H} + \underset{(1.79)}{0.019W} - \underset{(-1.72)}{0.00027(H\cdot W)}$；$N=523$；$\overline{R}^2=0.20$.

这里V是奴隶的价值，S是肤色的哑变量，A是年龄，H是身高(英寸)，W是体重(磅)。T-统计在括号中。对于1790年，我用的是66.1英寸和134磅。对于1980年，我用的是69.3英寸和167磅。这些数字表明，作为身材大小变化的结果 E_x 增加了7%。

1790年35—70岁之间人群的 ϕ 值是根据福格尔和恩格曼(1974)中记录的数据计算的。这些数据表明70岁时的净收入大概是收入峰值35岁时的17%。

基于以上信息和 ϕ 保持不变的最初假设，可以从等式(3)和(4)中的数据计算 P 的增幅：

(3)公式 $P_{x,1790} = \dfrac{E_x[1-e^{-(0.0289+0.0494+0.06)35}]}{0.1383} = 7.17E_x$

(4)公式 $P_{x,p} = \dfrac{1.07E_x[1-e^{-(0.0202+0.0494+0.06)35}]}{0.1296} = 8.17E_x$

这里 $P_{x,1790}$ 是1790年收入表的现值，$P_{x,p}$ 是从身高和BMI变化调整中预计的收入表的现值。等式(3)和(4)表明 P_x 增加了14%[(8.17÷7.17)−1=0.14]。

现在有必要考虑身材大小变化对净收入函数(ϕ 的值)中下降率的影响。假设由于生理机能改善，70岁的净收入从峰值收入的17%提高到40%，那么 P_x 增加37%。但是，即使最后那个数字也可能太低，因为它没有考虑到年龄—收入表中峰值年龄从30多岁到40多岁的长期转移。而且对体力劳动者年龄—收入表的最近研究表明，净收入在峰值之后下降速度比之前慢得多(转引自福格尔和恩格曼，1974；雅布隆斯基、罗森布鲁姆和孔泽，1988；墨菲和韦尔奇，1990)。

来的经济增长贡献了50%。[1]

关注经济增长中的热力学和生理学,把我们的注意力引向经常存在的投资和收益之间漫长的时间差。存在于1910到1980年间英国和经合组织国家的热力学效率改善,是源于早在一个世纪前的一系列投资。不考虑这些投资和收益之间极其漫长的时间差就出现令人费解的悖论。比如,在20世纪30年代美国大萧条的十年,美国的失业率从没低于16%,其中一半时间失业率达20%—25%。但1929到1939年间人均寿命增长了4岁,这段时期成年男性的平均身高增加了1.6cm(美国普查局,1975;卡皮诺,1958)。

我相信这一疑团的答案在于,1870到1930年间所做的巨大社会投资,这些投资的回报没有计算在20世纪20年代到30年代的国民收入中,尽管它们在这几十年创造了一大批好处。当然,我是指在生物医学研究方面的社会投资(包括建立和扩建现有教学和研究医院),它们最大的回报在投资多年之后产生。这一类投资还包括公共健康投资如提高水质的设施建设、牛奶供给的净化、清理沼泽、有效隔离制度建设和贫民窟清理。

凯恩斯曾说:"从长远来说,我们都已死了。"在两次世界大战之间,包括20世纪20年代的严重通货膨胀和30年代有史以来最严重的大萧条,提出这样的观点是适当的。需要紧急、有力的措施来重新控制货币供应、照顾数百万的失业人口,并避免民主国家的崩溃。

我们现在生活在不同时代。现在经合组织国家经济政策的重大议题不能单纯从短期来理解。医疗危机、养老危机和国际化的挑战是由长期过程决定的,政策制定者们需要理解这些。正如我在本次演讲中想指出的一点,我们还没有完全逃离始于300年前的饥饿和早逝。即使在富裕国家也存在过早遭遇慢性病和死亡。如果政策制定者现在正在考虑的医疗改革和养老改革要成功,它们必须与控制慢性病下降、寿命延长的长期生理变化相一致。长期预测如果不考虑过去一个世纪的动态变化,以及使其发生的社会经济、生物医学和环境改善的动态变化,这些预测很可能相去甚远。

在本次演讲一开始我就强调了经济学家通过研究历史考虑长期动态过程的必要性。发现过去到底发生了什么需要大量的时间和辛劳。对于理论学家来说,幸运的是

---

① 以下过程是用来得出这个估计的:把约1790年处于热量分布最下层的20%算在劳动力中增加了25%的劳动参与率。从约1790年到1980年,劳动人群中用于劳动的平均热量值增加了56%。因此,劳动热量增加的结果是人均产出合计增加了95%(1.25×1.56=1.95)。达斯古普塔(1993)的分析表明,腹泻和其他疾病的减少加上饮食结构的变化增加了约12%的水溶因素。基于注解8中等式的计算表明,慢性疾病和过早死亡的减少增加了37%的热力效率,因此热力效率的总增加约为53%(1.12×1.37=1.53)。联合起来,在约1790到1980年间,工作热量的增加和热力效率的增加共造成人均收入198%或每年0.58%的增长,这约是英国年经济增长率(0.58+1.15=0.50)的一半。想获取更多细节,包括这一计算中可能存在的上下偏差,请参阅文献福格尔(1987),弗拉德和福格尔(1994)。

这一重担主要由经济史学家们承担。理论学家只需要花费时间理解史学家们已经发现的内容。对经济史学家工作的肤浅了解,至少同肤浅地了解理论一样危险。

（袁国爽 译　文雁兵 校）

获奖演说

时间历程中的经济绩效

道格拉斯·诺斯

一

经济史旨在研究不同时间历程中的经济绩效。该领域的研究不仅要阐释经济发展的过去,而且要提供一个分析框架,让我们能够了解经济变化的过程,从而为经济理论做出贡献。经济动力学在精确性上能与一般均衡理论相提并论,因此可以成为一个理想的分析工具。当缺乏这样的理想工具时,我们可以描述过去经济的特点,检验不同时代的经济绩效,并且进行比较静态分析,然而却无法分析和理解经济在时间历程中的演变方式。

经济动力学理论对经济发展理论领域同样至关重要。正因为如此,经济发展理论领域自第二次世界大战结束以来的50年中未有进一步的建树不足为奇。在分析和制定引导经济发展的政策方面,新古典理论也并非一种合适的工具,因为它关注的是市场运作本身,而不是市场如何发展。如果不能理解经济发展的趋势,又如何能制定相应的政策呢?秉持新古典理论的经济学家们所采用的方法本身支配着这个论题,并阻碍了经济的发展。该理论的原始形式赋予其数理上的精确和优美,并形成了一个无阻力的静态世界。当新古典理论被运用于经济史和经济发展研究时,它仅仅关注技术发展以及近时期的人力资本投资,却忽视了含在制度中的激励结构,它决定了社会投资于上述因素的程度。至于分析不同时间历程中的经济绩效,新古典理论有两个错误的假设:一是制度无关论;二是时间无关论。

本文旨在探讨制度和时间。尽管在此并未提供一个比肩一般均衡理论经济动力学理论[①],我们也没有这样的理论,然而,本文提供了一个分析框架的初始支柱,能够增强我们对经济历史演变的理解,并有助于我们深入了解在提高经济的经济绩效这一现行任务中所存在的一种势必天然的政策指导。这种分析框架是对新古典理论的修改。它保留了对萧条以及随之而来的竞争这一基本假设,同时也保留了微观经济理论的分析工具。但在此基础上,它修改了理性假设并增添了时间因素。

一方面来说,制度形成了一个社会的激励结构,因此,政治和经济制度是经济绩效的根本决定因素。另一方面来看,时间与经济及社会变迁相关,所以,人类学习的过程塑造了制度发展的方式。也就是说,个人、团体和社会所秉持和决定选择的信念是在

---

① 事实上,这样的理论不可能存在。读者可参照弗兰克·哈恩(1991)对经济理论未来的预测。

时间历程中不断学习的结果——这种学习并非仅仅意味着贯穿个人的一生或社会的一代的学习，而是指展现于个人、团体和社会在整个时间历程中通过社会文化不断累积且代代流传的学习。

本文以下两节将归纳我和他人对制度的本质以及制度影响经济绩效的方式所做的研究(二)，并阐释制度变化的性质(三)。[①] 其余四节将介绍对人类的认知科学法(四)，提供研究经济历史的制度法/认知法(五)，说明该方法在加深我们对过去的理解之方面的含义(六)，以及最终就目前发展政策给出建议(七)。

二

制度是人类设计的约束，以规范人类的相互合作。制度由正式约束(规则、法律和宪法)、非正式约束(行为准则、风俗习惯和自我设定的行为规范)以及它们的强制执行特点所构成。这三个要素共同决定了社会，尤其是经济的激励结构。制度与其所使用的技术决定了计入总生产成本的交易费用和转换费用。罗纳德·科斯(1960)阐释了制度、交易费用和新古典理论之间的重要联系。他指出，只有在不需交易费用的情况下，才能得出新古典理论所推崇的市场有效的结论。只有在不需协议费用的情况下，参与者才能不受制度安排的约束而达到总收入最大化的结果。但是，当交易产生费用时，制度就至关重要了。事实是，交易费用的确存在。沃利斯和诺斯(1986)在一项经验研究中证明，美国 1970 年国民生产总值的 45%被耗散在交易部门。通过套汇和有效的信息反馈，竞争变得足够激烈，以至于可能接近科斯所提出的零交易费用的条件，并且交易双方能实现新古典理论所主张的贸易固有利益，在此时，有效市场即在真实世界形成了。

然而，实现这种有效市场所需要的信息和制度要求是极其严格的。参与者不仅必须有目标，而且必须知道实现它的正确方法。但是，参与者如何才能知道实现他们目标的正确方法呢？有益且理性的答案是：尽管参与者最初或许具有各种各样的错误模型，但信息反馈过程和套汇者将纠正最初的错误模型，惩罚越轨行为，并将幸存的参与者引入正确的模型。

竞争市场的纪律模型有一条更为严格的内在要求：存在重大交易费用时，市场的后续制度将被制定出来，以引导参与者获取关键信息，来指导他们修正已有的模型。这不仅意味着制度被制定以实现有效的结果，而且意味着在经济分析中，制度可以被忽视，因为它们在经济绩效中不能独立起作用。

这些都是严格的要求，只有在非常特殊的情况下才能得以实现。个人活动通常依靠不完整的信息并采用主观推导出的模型，而这些模型往往是错误的。同时，信息反馈通常不足以纠正这种主观性的模型。制度不一定具有社会有效性，甚至往往不是为社会有效而创造的；相反，制度，至少正式的规则，被创造出来，是为了满足那些拥有谈判权并能制定新规则的人的利益。在一个零交易费的世界中，谈判能力不影响结果的

---

① 该两节简短归纳诺斯(1990a)中所包含的材料。

有效性，但在需要交易费用的世界里，谈判能力确有影响。

很难找到能够符合这种有效性所需条件的经济市场，更不可能找到这样的政治市场。理由是显而易见的。交易费用是规定交换物以及执行后续协议所产生的费用。在经济市场，交易费用被规定（测评）的是商品和服务，以及经济主体业绩中有价值的属性——物品和财产权范畴。既然测评常常需要费用，就存在一些判断标准：物品范畴有客观的特性（尺寸、重量和颜色等），财产权范畴则通过法律条款来确定。此外，在减少强制执行费用方面，竞争也起到了至关重要的作用，司法系统仅提供强制性执行手段。尽管如此，过去和现在的经济市场往往仍不尽完善，并被高昂的交易费用所困扰。

在政治市场中测评和强制执行协议更为困难。被交换的（在民主国家的选民与立法者之间）是投票的承诺。投票者几乎没有兴趣了解相关信息，因为一张选票所起的作用微乎其微；而且，问题的复杂性会产生真正的不确定性。强制执行政治协议困难重重。竞争远不如其在经济市场中有效。对各项简单、易于测量和对选民有力的政策，选民能得到充足的信息，可是对于超出直接政治问题的情况，意识形态模式则占据主导地位，并且决定了之后的经济绩效①（本人将在接下来的第四部分加以论证）。界定和强制执行财产权的是政治组织，因此，有效的经济市场难以形成就不足为奇了。

三

正是制度与组织之间的相互作用，决定了经济体的制度演变。如果制度是一种游戏规则，那么组织及其企业家们就是参与游戏的人。

组织是为实现共同目标而结合在一起的群体。组织包括政治团体（政党、参议院、市政委员会、管理机关）、经济团体（企业、工会、家庭农场、合作社）、社会团体（教会、俱乐部、体育运动协会），以及教育团体（学校、大学、职业培训中心）。

得以存在的组织将反映制度母体所提供的机遇。也就是说，假设制度框架给海盗以报酬，海盗组织就将形成；而如果制度框架给生产活动以报酬，那么从事生产活动的组织即企业将会诞生。

经济变化是一种无所不在、持续不断且逐步累积的过程，它是个体参与者和组织中的企业家们日复一日做出种种选择后形成的结果。虽然大部分的决定都是例行公事（纳尔逊和温特，1982），但有一些决定却涉及变更个人与组织之间已存在的“契约”。有时可以在财产权与政治规则的现有结构中重订契约，但有时新的契约形式要求规则有所变更。同样，指导交易的行为准则将逐渐被修改或慢慢消失。在这两种情况下，制度都在被更改。

更改之所以发生是因为个体发现通过重组交易（政治交易或经济交易）可以达到更好的效果。新的观念也许来自于经济的外源——例如，在某种经济中，一种有竞争力的产品在价格或质量上的变化，会改变企业在既定经济模式中关于盈利机会的认

① 关于政治市场的相对无效性的交易费用理论，请参见作者的“政治交易费用理论”（1990b）。

知。但是,变化最基本的长期来源是个体和组织的企业家的学习行为。

无意识的好奇心会导致学习行为,而学习的速度则反映了组织之间竞争的强度。竞争反映了无所不在的稀缺性并诱导组织不断地学习以求生存。竞争程度能发生变化,而且的确产生了变化。垄断程度越高,学习激励越低。

经济变化的速度是学习速度的一个决定因素,但变化的方向则决定了为获取各种知识所预期付出的报酬。游戏者所形成的心理模式影响了他们对报酬的看法。

四

为了富有创建性地研究人类学习行为的本质,有必要拆解构成经济学理论的理性假设。历史证明思想、意识形态、神话、教条和偏见都起到了重要作用。为进一步形成一个总体框架以便理解社会的变化,了解它们的演变方式必不可少。理性选择框架假设个体明白自身的利益是什么,并且能照此行动。对于个人在现代经济高度发达的市场中做出选择的情况,此种假设是正确的[①],但是,当在不确定的条件下做出选择时,这种假设显然是错误的——外界条件决定了政治或经济选项的特征,而这些选项形成(并将持续形成)历史的变化。

赫伯特·西蒙曾简明扼要地陈述过这些问题:

> 如果……我们接受这个命题,即决策者的知识与计算能力都受到严格限制,那么我们必须区分出真实世界和参与者对真实世界的认知以及对此的推理。也就是说,我们必须构筑一个关于决定过程的理论(并以经验方法来加以验证)。我们的理论必须同时包括推理过程,以及引起参与者对决策问题的主观表现的过程,即他或她的心理过程。(西蒙,1986,第210—211页)

我们所建立的分析框架必须基于对人类学习行为发生方式的了解。在构筑这种理论之前,我们还有很长的路要走,然而,认知科学在近年来取得了长足的进步与发展,从而足以提出一个试验性的方法,以帮助我们理解在不确定条件下如何做出决策。[②]

学习促使一个结构的形成,通过这个结构可以解释感官接受的各种信号。该结构的初始体系是先天形成的,但随后的支架搭建则是个人经验的结果。经验可以分为两类——来自物质环境的经验和来自社会文化语言环境的经验。结构由不同的类别构成——从幼儿期开始逐渐进化形成各自的类别,它组织我们的认知,并记录我们对分析结果和经验的记忆。以这些类别为基础,我们形成了心理模型,以说明和解释环境——一般采用与某个目标相关的方式。类别和心理模型都将演变,从而体现源自新经验的反馈:有时能加强我们的初始类别和模型,并可能导致变化的反馈——简言之,

---

① 然而,即使在这里也有例外,请见卡内曼、特沃斯基等人的研究(贺加斯、雷德,1986)。

② 参见霍兰等人(1986)介绍认知科学的优秀文献。

这就是学习。因此，心理模型或许在不断地被新经验所重新界定，包括接触别人的思想。

在此环节，人类的学习过程与其他动物的学习过程(例如海参——认知科学家眼中最好的研究对象)完全不同，当然，它与支配人工智能早期研究的电脑类比技术也不尽相同。意识似乎从它们特定的目的起源到更为抽象的形式，依次对心理模型进行规整和再规整，从而使它们在处理其他信息时变得有效。对此，克拉克和卡米洛夫·史密斯(1993)所使用的术语是具象性再描述。从特殊推广到一般化并运用类比方法的能力，是再描述过程中的一部分。这种能力不仅是创造性思维的来源，而且也是隐含于人类做出的选择之下的意识形态和信仰系统的起源。①

共有的文化遗产提供了一种方式来减少同一社会中人们心理模型的差异，同时，它构成了将统一的观念世代相传的方法。在现代化之前的社会，文化学习提供了内部交流的手段；此外，对于社会成员即时经验之外的现象，它也通过宗教、神话和教条的形式提供了共有的解释。然而，这样的信仰结构并非仅限于原始社会，相反，它也是现代社会至关重要的一个部分。

信仰系统通过制度被转换成为社会和经济结构——既有正式的法规，也有非正式的行为准则。心理模型与制度之间有着亲密的关系。心理模型是个人认知系统为解释环境而建立的内部展现；制度是个人为构架和规整环境而创造的外部机制(相对于意识)。

五

随时间发展而演变的信仰和制度无法确保能产生经济增长。容我讲述一个简短的制度(认知)故事，这个故事是关于长期的经济(政治)变化的，从而我想提出一个时间呈现给我们的问题。

由于各个部落在不同的物质环境中演变，他们形成了不同的语言，有了不同的经验，产生了不同的心理模型，并依此来解释他们周围的世界。语言和心理模型构成了非正式的约束，从而界定了该部落的制度框架，并作为保持文化持续性的风俗、禁忌和神话得以代代相传。②

随着不断增强的劳动力专业化和分工，部落演变为政治和经济体；经验和学习的多样性产生了日益不同的社会和文明，其解决稀缺性这一基本经济问题的成功程度也各不相同。原因在于，当人类变得越来越互相依赖时，环境的复杂性也日益增加，因此为了在贸易中获得潜在的收益，必须建立更为复杂的制度结构。这样的演变需要社会发展制度，以准许跨越时间和空间、匿名和非个人的交易。针对从该合作中所得的收

---

① 意识形态是个人团体所具有的心理模型的共享架构，它提供对环境的解释，并规定如何对环境进行规整。

② 罗纳德·海纳(1986)在一篇独辟蹊径的论文中，不仅将人类的心理能力与外部环境加以联系，而且说明了抑制经济进步的内涵。

益,文化和当地经验在某种程度上促成了多种多样的制度和信仰系统,但从更为复杂的合同贸易中获取收益而建立必要制度的可能性,则是另一种情况。事实上,历史上大多数社会都陷在一个制度网中,无法发展形成对获取生产力收益至关重要的非个人交易,这种生产力收益源自于产生国家财富的劳动力专业化和分工。

这则故事的关键在于社会个体通过时间所取得的那种学习。时间在此语境中产生了现时经验和学习,以及体现在文化中和过去各代所累积的经验中。集体学习——哈耶克使用的术语——包括经由时间的漫长检验,并体现于我们的语言、制度、技术和做事方式的那些经验。它是“我们所积累的知识储备在时间上的传送”(哈耶克,1960:27),正是文化提供了路径依赖的关键——路径依赖一词被用以描述过去对现在和将来所施加的强大影响。任何一代人的现时学习都是在集体学习所衍生的观念背景中进行的。所以,学习是一种渐进过程,它受到决定报酬认知的社会文化的过滤。但是,不能保证一个社会所积累的过去经验必然能适合被他们用来解决新的问题。陷于制度网的社会所展示的信仰系统和制度无法面对和解决社会复杂性所带来的新问题。

对于一个社会的积累性学习,我们需要了解更多。学习过程似乎决定了以下两项:(1)既定的信仰结构来自经验信息的过滤方式;(2)个人或社会在不同时期所面对的不同经验。与军事技术(中世纪欧洲)、宗教教条的追求与改进(君士坦丁堡及之后的罗马),或用以在海上确定经度的精确航行表的研究(在探险时代对此授以丰厚报酬)相比,可感知的报酬率(私人的)相对较高。

作为现代经济增长的最重要的基础,获取纯粹知识的激励受到货币报酬与处罚的影响;它们也从根本上受到社会对创造性发展容忍度的影响,从伽利略到达尔文等等一连串具有创造性的人物名单可以对此加以证明。虽然关于科学的起源与发展有着大量文献,但其中很少涉及制度体系、信仰系统和获取纯粹的激励与负激励之间的关系。西欧得以发展的一种重要因素在于,其逐渐认识到纯科学研究的实用性。

体现于信仰系统的激励,正如其通过制度加以表达一样,决定了时间历程中的经济绩效,而且不管我们希望经济绩效如何被界定,历史记录总是清晰无误的。综观大部分历史,大多数社会过去与现在的经济绩效都不尽如人意。人类通过不停地试验和犯错,学会了如何不断改善经济绩效;但是,这种学习耗费了一万年的时间(从第一次经济革命开始)——世界人口的一半几乎都没能掌握这种学习。除此之外,即使被狭义地定义为物质利润,经济绩效的根本发展也是最近几个世纪的一个近代现象,而且仅局限于近几十年的少数国家内。阐释经济在历史各个阶段变化的速度和方向仍是一个难题。

让我们把迄今为止的人类经验假设为一个 24 小时的时钟,它始于人类与其他灵长类动物的分化(大约在非洲公元前 400 万至 500 万年)。随后,公元前 8000 年左右,在肥沃的新月地区,所谓的文明随着农业的发展以及永久定居而产生——这就像大钟的最初三四分钟。然而,在剩下的 23 小时 56 或 57 分钟里,人类仍然是狩猎者和采集者,人口以缓慢的速度增长。

现在,如果我们把文明时代比作另一个新的 24 小时的时钟,即从发展农业时期到当今社会的一万年间——虽然我们的考古知识有限，但显然，刚开始的12个小时内的变化速度似乎很慢。历史人口学家推测，当时的人口增长速度与先前的时代相比翻了一番，但仍然很慢。随着经济和文化的繁荣与衰落，变化的速度在过去的5000年中变快了。人口可能从基督时期的约3亿增至1750年的8亿——较之于早期的增长比率，这是速度上的重大提高。最近的250年——就像我们新的24小时时钟上的短短35分钟是现代经济增长的时代，伴随着人口爆炸，致使现在世界人口超过50亿。

如果我们把焦点集中在最近的250年，我们发现其中200年的时间里，大部分增长被限制于西欧及英国的海外延伸地区。

不仅各个时代的发展速度有快有慢，而且变化也并非是单向性的。这不是个别文明衰落的简单结果，尽管存在明显的长期停滞——最近一次的停滞是介于西方罗马帝国灭亡到西欧复兴之间长达约500年之久的长期间歇。

六

制度的或认知的方法能为加深我们对经济历史的理解做出什么贡献呢？

第一，它应当在前一章节中提到的经济绩效非常不均衡的形态中发现规律。在对生产性经济至关重要的非个人市场中降低交易费用的条件并非势所必然。博弈论表明了这个问题的特征，当游戏不断重复，以及参与者掌握了另一位入局者的全部信息或入局者人数不多时，个人通常会发现在交易中与他人合作是值得的。然而，当游戏不再重复(或者有一个终局)，当对于另一位入局者的信息不全或入局者众多时，合作就难以维系。创立制度将改变利益(花费)比例，以有利于非个人交易中的合作，但这是一个复杂的过程，因为它不仅引发经济制度的建立，而且也要求它们通过适当的政治制度得以巩固。

我们刚开始探索历史进程的本质。从10世纪的相对落后到18世纪的世界经济霸权，西欧引人注目的发展是一个逐渐构筑信仰系统的故事，其背景是各自分裂的政治/经济单位之间相互竞争，从而形成经济制度和政治结构，最终引发了现代经济的增长。① 即使在西欧也存在成功(荷兰与英国)与失败(西班牙与葡萄牙)的例子，从而反映出不同的外部环境经验。②

第二，制度/认知分析应当解释路径依赖性这一历史重要规律。为什么经济一旦走上增长或停滞路途，就倾向于保持这种趋势呢？此项开创性研究使我们开始洞察路径依赖性的来源(亚瑟，1989；大卫，1985)，但仍有许多未知之谜。新古典理论的理性假设暗示处于经济停滞状态下的政治企业家们可以简单地改变规则，并改变经济失败的方向。统治者们并非没有意识到业绩不佳。相反，经济转轨的困难之处恰恰在于政治市场的本质，以及隐藏在其之下的经济参与者的信仰系统。例如，从16世纪哈普斯堡帝国的无上荣光到20世纪佛朗哥统治下的悲惨境地，西班牙长期衰退的特点正在

① 关于该增长的记述，参见诺斯和托马斯(1973)、琼斯(1981)、罗森伯格和伯泽尔(1986)。

② 参见诺斯(1990a)第三部分，简短探讨了荷兰和英国较之于西班牙的两种完全相反的途径。

于无尽地自我评估和频繁地提出古怪的解决方案。[①]

第三，该方法将有助于我们理解经济变化总过程中的制度、技术和人口之间复杂的相互作用。这是一种基于研究经济绩效的复杂理论所产生的针对经济历史的综合研究方法。当然，我们尚未把这些理论和方法完全综合起来。例如，罗伯特·福格尔尤其具有划时代意义的著作中关于人口统计的理论[②]，与对过去经济绩效进行重新评价所具有的历史意义，还没有充分与制度分析紧密结合。技术变化亦是如此。内森·罗森伯格(1976)和乔尔·莫科(1990)探讨了技术变化的动力和结果，他们的重要贡献具有不断发展的意义，但必须与制度分析相结合。沃利斯和诺斯(即将发表)所著的一篇论文，正是将技术分析与制度分析相结合的开端。但经济史研究的一项主要任务是将研究的分支路线互相结合。

七

我们不能运用新古典分析工具来解释苏联以及世界共产主义的兴衰，但我们应该使用一种制度/认知方法来分析当代的发展问题。为了这样做——同时提供分析框架以了解经济变化——我们必须考虑该方法的以下含义。

(1)该方法是决定经济绩效的正式规则、非正式规范以及强制实施特征的综合。虽然规则有可能在一夜之间发生变化，但是非正式的规范通常只能逐渐发生改变。由于正是规范为一系列规则提供了"合法性"，所以，革命性的变化从来不会如它的支持者们所希望的那样具有创新性，此外，经济绩效也异于预期。采用另一种正式规则的经济将产生与第一种经济完全不同的绩效特点，因为它们具有不同的非正式规范和强制实施。其含义是：将成功的西方市场经济模式中正式的政治与经济规则运用到第三世界和东欧经济体系中，并不是获得优良经济绩效的充分条件，同理，私有化也不是解决经济绩效不良的灵丹妙药。

(2)政治组织深刻地影响了经济绩效，因为它们界定并强制实施经济规则。因此，发展政策的一个重要部分就在于创建能够创造并强制执行有效产权的政治组织。然而，由于新的政治经济学(应用于政治学的新制度经济学)大多聚焦于美国以及其他发达的政治实体，所以，我们对于如何建立这样的政治组织知之甚少。模拟第三世界和东欧政治实体成了迫切的研究任务。但是，前述分析的确有一定意义。

①只有当政治制度得到重要组织的永久支持，它才能保持稳定。

②为了变革成功，制度和信仰系统必须发生变化，因为经济参与者的心理模型将影响决定。

③发展能支持新规则并将之合法化的行为准则需要一个长期过程，如果没有这种加强机制，政治组织将趋于不稳定。

---

① 德弗里斯(1976)曾记叙了为挽救西班牙的衰落而由皇家委员会所提出的一个奇怪的补救办法。

② 参见福格尔的诺贝尔演讲。

④虽然专制体制短时期内会发生经济增长，但是长期经济增长需要法律发展为统治手段。

⑤有利于增长的非正式约束（准则、惯例和行为守则）有时能产生经济增长，即使伴随着不稳定或不利的政治规则，其关键在于强制实施这种不利规则的程度。

(3)长期经济增长的关键是适应效率而非配置效率。成功的政治（经济）系统演化出灵活的制度结构，这种制度结构能够经受住成功进化所带来的震荡和变化。但这些体系是长期酝酿的产物。我们不知道如何在短期内创造适应效率。

我们刚刚开始走上理解时间历程中经济绩效的漫长道路。正在进行的研究展示了面对历史证据时所产生的新假设，它不仅将创建一个分析框架，使我们能够理解时间历程中的经济变化，而且在此过程中，它将丰富经济理论，从而使它能有效地分析当前超出其知识范围的众多当代问题。前途在哪里？诺贝尔委员会所认可的那个前途，正是激励我们在这条道路上走下去的重要动力。

（邱瑜毅 译　文雁兵 校）

1994 获奖者

约翰·哈萨尼
John C. Harsanyi

【获奖理由】在非合作博弈理论中的均衡分析方面做出了开创性贡献。

生平简介

1920 年	出生于匈牙利布达佩斯
1947 年	获得布达佩斯大学哲学博士学位
1956 年	在布里斯班昆士兰大学任教
1958 年	获得洛克菲勒奖学金
1961—1963 年	在底特律韦恩州立大学任教
1964—1990 年	在美国加州大学伯克利分校任教
2000 年	逝世

主要学术贡献

1. 不完全信息理论

哈萨尼对博弈论最大的贡献在于,他在不完全信息问题上的突破。哈萨尼将不完全信息建模为自然完成的一种抽彩。这种抽彩决定局中人的特征,而这些特征是局中人偏好与经验的总和。其中,每个局中人清楚自己的特征,但不知道别人的真实特征。即他对整个博弈局势只有不完全信息。据其特征,局中人可分为一些“类型”。每个局中人知道自己的类型,不知道别人的类型,但知道类型上的联合分布,从而能对其他局中人的类型做出先验分布判断。

2. 混合策略

一个参与人实施混合策略的目的是,给其他参与人造成不确定性,尽管其他参与人能推测到他选择某个纯策略的概率有多大,却不知道他到底会选哪个纯策略。在混合策略时,一个参与人在几个或全部战略之间是无差异的,而正是因为参与人在几个或全部战略之间是无差异的,所以他的行为才难以预测,混合战略均衡才会存在。如果他严格偏好于某个特定的纯战略,他的行为就会被其他人正确地猜透,就不会有混合战略均衡出现。对混合策略概念的传统解释是,他说明每一真实的博弈形势,总受一些微小的随机波动因素影响。在一标准型博弈模型中,这些影响表现为微小的独立连续随机变量,每个局中人的每一策略均对应一个。这些随机变量的具体取值仅为相关局中人所知,这种知识即成为私有信息;而联合分布则是博弈者的共有信息。这称为变动收益博弈。哈萨尼认为,混合战略等价于不完全信息下的纯战略均衡。

3.合作与非合作博弈

哈萨尼关于博弈论的第一篇论文(1956)把纳什的合作理论与泽尤森的议价模型结合,这是他建立n人合作博弈的通用议价模型的第一步。绝大多数合作解概念是基于具有或不具有旁支付的特征方程型博弈。而他的通用议价模型是第一个适用于标准型博弈问题的n人合作理论。通过对均衡时效用权重与联盟对局中人分红具有独创性的构造,他成功地定义了一种议价解法,与非合作博弈的一种均衡点非常相似。直至现在,他的n人议价模型仍是合作博弈理论中最为重要的理论之一。

4.哈萨尼转换

哈萨尼提出了一种处理不完全信息博弈的方法,即引入一个虚拟的局中人——"自然"。自然首先行动,它决定每个局中人的特征。每个局中人知道自己的特征,但不知道别的局中人特征。这种方法将不完全信息静态博弈变成一个两阶段动态博弈,第一个阶段是自然N的行动选择,第二阶段是除N外的局中人的静态博弈。这种转换被称为"哈萨尼转换",这个转换把"不完全信息"转变成为完全但不完美信息,从而可以用分析完全信息博弈的方法进行分析。

主要学术成果

《关于伦理学与社会行为及其科学解释的论文》(1976)

《博弈和社会中的理性行为与讨价还价均衡》(1977)

《博弈论论文集》(1982)

《博弈均衡选择的一般理论》(1988)

1994 获奖者

约翰·福布斯·纳什
John F. Nash Jr.

【获奖理由】在非合作博弈理论中的均衡分析方面做出了开创性贡献。

生平简介

1928 年	出生于美国鲁菲尔德
1945 年	进入卡内基工学院
1948 年	进入普林斯顿大学数学系
1952 年	麻省理工学院任教
1958 年	评为新一代天才数学家中最杰出的人物
1978 年	获约翰·冯·诺依曼理论奖
1999 年	美国数学协会授予他勒鲁瓦斯梯尔奖
2010 年	获双螺旋奖章

主要学术贡献

1950 年和 1951 年,纳什的两篇关于非合作博弈论的重要论文,彻底改变了人们对竞争和市场的看法。他证明了非合作博弈及其均衡解,并证明了均衡解的存在性,即著名的纳什均衡,从而揭示了博弈均衡与经济均衡的内在联系。纳什的研究奠定了现代非合作博弈论的基石,后来的博弈论研究基本上都沿着这条主线展开。

纳什均衡是一组策略(每个参与者对应其中一个),它使得在其他所有参与者保持该策略组合规定策略时,没有参与者可以通过改变其他某个可行的策略而收益更多。纳什均衡含义是指:给定你的策略,我的策略是最好的策略;给定我的策略,你的策略也是你最好的策略。即双方在对方给定的策略下不愿意调整自己的策略。

主要学术成果

《非合作博弈》(1950)

《纳什博弈论论文》(1996)

《约翰·纳什理论》(2002)

1994 获奖者

莱因哈德·泽尔腾
Reinhard Selten

【获奖理由】在非合作博弈理论中的均衡分析方面做出了开创性贡献。

生平简介

1930 年	出生于德国不莱斯劳
1957 年	获法兰克福大学数学硕士学位
1961 年	获法兰克福大学数学博士学位
1967—1968 年	加州伯克利分校做访问教授
1969—1972 年	柏林大学任教
1972 年	比勒菲尔德大学任教
1984 年起	波恩大学任教

主要学术贡献

其主要学术研究领域为博弈论及其应用、实验经济学等。博弈论是作为数学的一个分支出现的,但是它在军事、政治、经济许多方面都有很多重要的运用,其中以在经济学内的运用最多也最为成功。1950 年纳什提出“纳什均衡”概念和证明,发展了非合作博弈的基础理论。但纳什均衡存在许多问题。针对纳什均衡不完善的地方,泽尔腾在这方面提出了著名的新概念:“子博弈精炼纳什均衡”和“颤抖手均衡”。

1. 子博弈精炼纳什均衡

泽尔腾在 20 世纪 60 年代中期将纳什均衡概念引入动态分析。在 1965 年发表《需求减少条件下寡头垄断模型的对策论描述》一文中,提出了“子博弈精炼纳什均衡”的概念,又称“子对策完美纳什均衡”。这一研究对纳什均衡进行了第一次改进,选择了更具说服力的均衡点。由于剔除了不可置信的威胁,在许多情况下,精炼纳什均衡也就缩小了纳什均衡的个数,对预测分析非常有意义。

2. 颤抖手均衡

“颤抖手均衡”概念是泽尔腾提出的对纳什均衡的一个改进。这个概念指出，类似于现实生活中手发生颤抖时就抓不住东西，在博弈时也要考虑到合作者可能会发生轻微的失误而影响整个结果。“颤抖手均衡”就是即使在这种小概率事件发生时，所选策略依然是最优的。泽尔腾的这种“颤抖手均衡”也是一种精炼纳什均衡。大致说来，泽尔腾(1975)假定，在博弈中存在一种数值极小但又不为0的概率，即在每个博弈者选择对他来说所有可行的一项策略时，可能会偶尔出错，这就是所谓的“颤抖之手”，一个博弈者的均衡策略是在考虑到其对手可能“颤抖”(偶尔出错)的情况下，对其对手策略选择所做的最好的策略回应。

主要学术成果

《价格制定者厂商的一般均衡》(1974)

《博弈均衡选择的一般理论》(1988)

《博弈论、数学规划及运筹学研究》(1988)

颁奖词

瑞典皇家科学院 / 卡尔·戈兰·马勒

尊敬的国王和王后陛下，各位殿下，女士们，先生们：

社会中的很多情境，从日常生活到高层政治，都具有经济学家称之为策略互动的特点。当存在策略互动时，一个个体得到的结果不仅取决于该个体本身做了什么，还更大程度上依赖其他个体的行为或者反应。一个公司通过降价来吸引更多客户，如果市场中的其他大公司也采取同样的策略，那该公司的策略就不会成功。一个政党能否通过提出减税负或者增加开支来成功吸引更多选票，要取决于其他政党的提议。中央银行试图通过维持固定汇率来抑制通货膨胀的举措能否成功，取决于财政政策，以及市场中对劳动力和商品的需求反应。

一个简单的策略互动的经济例子就是，当生产完全相同产品的两个公司在同一个市场中发生的竞争。如果一家公司增加产量，这会使市场价格下跌，从而降低另外一公司的利润。很明显另外一家公司会反击，比如增加产量，以维持其市场份额，但代价是进一步降低市场价格。因此，当第一家公司在做出增产的决定时就必须预测到这一反击以及可能的进一步反击。我们能够预测到，在这样的情况下两家公司将会怎样选择它们的策略吗？

早在19世纪30年代，法国经济学家奥克斯特·古诺就曾研究过两家公司在同一市场竞争中的可能结果。随后，许多经济学家和社会科学家也曾试图分析在其他策略互动情境中的可能结果。但在博弈论诞生之前，没有理论能为学者们提供综合并精确的工具方法来分析不同形式的战略互动。情况现在完全改变了。科学杂志和高级教程充满了基于博弈论的各种分析，因为这一理论已被今年的诺贝尔经济学奖桂冠获得者约翰·纳什、约翰·哈萨尼和莱因哈德·泽尔腾所提出。

非合作博弈论用于当参与人不能签订有约束力合同的情形。即使在非常复杂的博弈中,有许多的参与者和许多的可选策略,根据被称之为"纳什均衡"的概念,我们仍然能够描述可能的结果。"纳什均衡"这一术语以获奖者之一约翰·纳什的名字来命名。约翰·纳什指出,在博弈中至少有一个结果是稳定不变的,即当所有参与者能对彼此的策略有正确期待的情况下,这个稳定的结果就是,当没人可以通过选择另外一个策略来获得更好结果时的结果。当每个个体都做出从自己的角度出发非常理性的行为时,纳什均衡表明策略互动经常能导致集体不理智:国际层面的例子,比如贸易战或者过度排放污染物威胁全球环境等。应该补充的一点是,纳什均衡在进化生态学中起到非常重要的作用——通过纳什均衡来描述物种内及物种间的策略互动。

在很多博弈中,参与者对彼此的目的缺乏充分的了解。比如,政府想解除对一个公司的管制,但是不知道公司的成本状况,而公司的管理层对此非常了解,那么这就是一个不完全信息博弈。约翰·哈萨尼在其 20 世纪 60 年代末发表的三篇论文中,解释了均衡分析如何被用来解决这一难题,而在此之前,博弈论者认为该难题是无法解决的。哈萨尼的研究方法为多个活跃的研究领域提供了理论基础,包括信息经济学——该领域的研究就是基于市场或者组织机构中不同的决策者掌握不同的信息这一事实。这些领域涵盖了范围广阔的议题,从股东间的协议和公司的管理到发展中国家的制度问题。

与纳什均衡有关的一个问题是,在非合作博弈中可能存在几个均衡。如此一来,不管是作为参与者还是旁观的分析者,都很难预测最终的结果。莱因哈德·泽尔腾的"精炼"概念为试图排除不可能或者不合理均衡的研究奠定了基础。事实上,某些纳什均衡可能是基于威胁或者承诺,而这些威胁或者承诺,只是为了让其他参与者选择特定策略而做出的,经常是空话,比如某个参与者威胁说要做什么而真正那样做是不符合他的利益的。通过排除这些空的威胁或者承诺,即通过精炼均衡,泽尔腾可以对结果做出更有效的推测。

泽尔腾的研究对策略互动的动态分析具有重大意义,比如对于争夺市场主导地位的两家公司间,或者对于打算执行某个经济政策的政府和私人企业主之间的策略互动,有很大的意义。

约翰·哈萨尼教授,对不完全信息博弈的分析要归功于你,这对信息经济学具有重大意义。

约翰·纳什博士,你对非合作博弈均衡的分析,以及对博弈论的其他贡献,对过去两个世纪以来经济理论的发展方向具有重大影响。

莱因哈德·泽尔腾教授,你在均衡分析中的精炼概念极大地拓展了非合作博弈论的应用范围。

我非常荣幸地代表瑞典皇家科学院向你们表示最热烈的祝贺。现在我邀请你们从国王陛下的手中接过你们的奖章。

（袁国爽 译　唐兆希 校）

获奖演说

不完全信息博弈

约翰·哈萨尼

一、博弈论与古典经济学

博弈论是一种策略互动理论,它解释了人在这样一些社会情境中的理性行为,即情境中的每个参与者都要猜测对手可能要采取的措施,然后来选择自己的行为。

作为一个系统的学科,博弈论起源于冯·诺依曼和摩根斯坦于 1944 年发表的《对策论和经济行为》一书,并建立在众多杰出数学家和经济学家的前期研究之上。

该理论的起源之一即是对策略博弈的反思,比如国际象棋和扑克牌等。它意在帮助我们定义理性行为,并在现实经济、政治和其他社会生活中帮助我们正确抉择。

原则上,每个社会情形都涉及参与者之间的策略互动,因此,我们可以说对任何社会情形的正确理解都需要博弈论分析。但实际上,古典经济学理论却通过"完全竞争"的假设回避了经济行为中博弈论的层面,即假设市场中的买家和卖家与整个市场的规模相比都微不足道,以至于无人可以通过自己的行为实质性地影响到现有市场价格。因此,对于每个经济个体,其购买生产要素(包括劳动力)和销售产品的价格基本都是市场既定的。这意味着其购买和销售的决策只是个体利益最大化的问题,而无须博弈分析就能解决。

但冯·诺依曼和摩根斯坦却意识到,在经济体系中,大部分情况下完全竞争只是个不现实的假设。现在大部分行业被为数不多的几个大公司所主导,而劳动力也处于大型工会的组织之下。不仅如此,在许多市场中,中央政府和许多其他政府部门已成为市场的主要参与者充当买方或者卖方,并担任监管者、税收者和补贴者的角色。这意味着博弈论毫无疑问已经成为理解经济体系运行的重要分析工具。

二、不完全信息的问题

根据冯·诺依曼和摩根斯坦理论(1947),我们区分完全信息博弈(这里我们称之为 C-博弈)和不完全信息博弈(这里我们称之为 I-博弈)。两者的区别在于不完全信息博弈的参与者——至少部分参与者——缺乏对博弈基本数学结构的完全了解。这里的数学结构指该博弈的标准式或扩展式。

然而,尽管冯·诺依曼和摩根斯坦区分了我称之为 C-博弈和 I-博弈的概念,但他们的理论(基本上到 20 世纪 60 年代末为止的所有博弈理论)都局限于 C-博弈。

对数学结构信息缺乏的表现形式各种各样,比如参与者可能不完全了解对手的(甚至是自己的)支付函数,不清楚对手(甚至是自己)的物质或社会资源、可选策略,不清楚对手对博弈各方面了解的多少,等等。

然而,通过适当建模,各种各样的不完全信息可以归结为参与者对彼此的支付函数[①] U_i 了解不够完全,其中 U_i 由每个参与者 i 的效用支付 $u_i=U_i$ 来定义,其中 $s=(s_l,\cdots,s_n)$包括了 n 个参与者的所有策略组合。

三、两人 I-博弈

现在我们讨论一个两人 I-博弈的问题,在该博弈中 2 个参与者不知道彼此的支付函数。(但为了简化,我会假设他们知道自己的支付函数。)

对于该博弈的分析,下面是一个非常自然——我们也会发现非常不实际——的模型。参与者 1 意识到参与者 2 在该博弈中的策略 s_2 将取决于参与者 2 自己的支付函数 U_2。因此,在选择自己的策略 s_1 前,参与者 1 会形成对 U_2 本质的一些预测 $e_l U_2$。同样,参与者 2 也会形成对参与者 1 的支付函数 U_1 的预期 e_2U_1。对于我这两个预期 e_1U_2 和 e_2U_1,我称它们为"第一顺序"预期。

然后,参与者 1 将会针对参与者 2 的第一顺序预期 e_2U_1 形成第二顺序预期 $e_1e_2U_1$,而参与者 2 也会形成对参与者 1 第一顺序预期 e_1U_2 的第二顺序预期 $e_2e_1U_2$,等等。

当然,如果双方遵循"贝叶斯法则",那么他们对相关数学对象的预期就会呈现主观概率分布。因此,参与者 1 对所有参与者 2 可能拥有的支付函数 U_2 的第一顺序预期 e_1U_2 将会呈现主观概率分布 $P_1^1(U_2)$。同样,参与者 2 对参与者 1 可能拥有的支付函数 U_1 的第一顺序预期 e_2U_1 也将会呈现主观概率分布 $P_2^1(U_1)$。

另一方面,参与者 1 的第二顺序预期 $e_1e_2U_1$——对参与者 2 可能对参与者 1 的第一顺序预期主观概率分布 P_2^1 的预期($k>1$)——呈主观概率分布 $P_1^2(P_2^1)$的形式。推而广之,任何一个参与者 i 的第 k 顺序预期——针对另一方参与者 $j(j\neq i)$可能选择的第($k-1$)顺序主观概率分布 P_j^{k-1} 的预期——将会是主观概率分布 $P_i^k(P_j^{k-1})$。[②]

当然,任何基于越来越大顺序预期的模型在 n 人 I-博弈中会更加复杂($n>2$)。即使我们保留这个用于简化的假设,即每个参与者知道自己的支付函数,但每个参与者仍然要形成($n-1$)个不同的第一顺序预期和$(n-1)^2$ 个第二顺序预期,等等。

然而,正如我们将看到的,有一个更简单更可取的分析 I-博弈的方法,该方法只涉及一个基本概率分布 P_r(以及 n 个不同条件概率分布,所有这些都产生于这个基本的概率分布 P_r)。

四、20 世纪 60 年代美苏间的军备控制谈判

在 1965—1969 年期间,美国军备控制和裁军署聘请了约 10 位年轻博弈论者组成

---

① 见哈萨尼,1967—1968(pp. 167—168)。

② 这部分讨论的各种顺序的主观概率分布都是基于函数空间的概率分布,对于它们的数学定义是公认的技术难题。然而,奥曼(1963 和 1964)指出这些难题可以克服。但即便如此,以上提到的越来越高阶的主观概率分布仍然是一个非常烦琐的 I-博弈的分析模型。

的顾问团，我正是就任于该组织时形成了以上更简单的I-博弈分析方法的。

我意识到在军备控制谈判中一个主要问题是，谈判的双方对己方在有关军备控制谈判相关变量上的立场较为了解，比如自己的政策目标、和平还是好战、军事实力、开发新军事技术的能力等等，而对对方在这些变量上的立场就知道得较少。

于是我认定，要找到更好的军控谈判理论的关键，或者说解决所有I-博弈问题的关键，是为该问题找到合适的数学表达方法。

同样的问题也存在于经济竞争及许多其他社会活动中。例如，商业企业总是对自己公司的经济变量更为了解而对竞争公司的相关变量了解较少。

现在让我再回到刚才的军控谈判讨论。下面我把美方称为参与者1，而把苏方（我经常称之为俄方），称为参与者2。

为了模拟俄方对美方参与者（参与者1）特点的不确定性，我假设有k种不同类型的参与者1，分别称为$t_1^1,t_1^2,\cdots,t_1^k,\cdots,t_1^K$。俄方，即参与者2，不知道在博弈中哪种类型的参与者1将会代表美方。

这一事实经常为俄方带来困扰，因为在博弈中己方的策略，很明显而且很大程度上取决于博弈中哪种类型的美方参与者会来与之对抗。对于美方K种不同类型参与者，每一种都对应着美方潜在特征的不同组合——这些变量包括从该参与者的真正意图到某种威力巨大的新式军事技术是否存在——有时是与俄方预期大相径庭的技术。不仅如此，美方不同参与者类型对俄方也持有不同预期。

另一方面，为了体现美方对俄方参与者（参与者2）特点的不确定性，我将假设有M种不同类型的参与者2，分别为$t_2^1,t_2^2,\cdots,t_2^m,\cdots,t_2^M$。美方，即参与者1，不知道在博弈中哪种类型的参与者2将会代表俄方。同样，这一事实也为美方带来困扰，因为M种不同类型俄方参与者中的每一种都意味着俄方可能特征的不同组合。而且，俄方不同的参与者类型在对美方的预测上也互不相同。①

五、以类型为中心的I-博弈阐释

C-博弈的分析总是假设参与者是博弈活动的中心，但在I-博弈情况下，我们要在以下两个假设中选一个。一个假设参与者是活动的中心，像C-博弈一样。另一个假设参与者的各种类型是活动的中心。前者，我称之为“以参与者为中心的”I-博弈阐释，后者，我称之为“以类型为中心”的I-博弈阐释。

这两种阐释如果被恰当地用于任何I-博弈分析，从博弈论的角度讲它们总是等同

---

① 设$\pi_1^k(m)$，这里$m=1,\cdots,M$，代表参与者1的某个类型t_i^k认为俄方被类型t_2^m代表的可能性。根据贝叶斯理论，这M种可能性$\pi_1^k(1)$，$\pi_1^k(2)$，…，$\pi_1^k(m)$，…，$\pi_1^k(M)$将会完整地描述类型t_1^k对参与者2的特征的预期。另一方面，我们会看到我们提出的对于该博弈的概率模型会意味着这些可能性$\pi_1^k(m)$一定等同于某个条件性概率，因此

$$\pi_1^k(m)=Pr(t_2^m|t_i^k)\quad 这里\ m=1,\cdots,M.$$

同样的关系也存在于参与者2的任何类型t_2^m所认为的K种可能性$\pi_2^m(k)$与条件性概率$Pr(t_2^m|t_i^k)$（这里$k=1,\cdots,K$）之间。

的。在我 1967—1968 年期间的论文中,我都用"以参与者为中心的"I-博弈阐释。但在本论文中,我将用"以类型为中心"的阐释,因为我认为该表述为 I-博弈分析提供了一种更简便的语言。

在"以类型为中心"的阐释中,当参与者 1 是类型 t_1^k 时,参与者 1 的策略和效用被称作参与者 1 类型 t_1^k 的策略和效用。这一用语的优点在于,它使我们能对类型 t_1^k 有直接的表述而不需要进一步的限定语,即不用先对参与者 1 进行描述,然后解释只有当参与者 1 处于类型 t_1^k 时这些表述才适用。对我们来说,这一用语也提醒我们在任何 I-博弈中,一个参与者要用的策略和他会收到的效用经常取决于他属于哪个具体类型。

另外一方面,我们也要牢记,任何关于某个类型 t_1^k 的描述都可以重新转换成"以参与者为中心"的用语,即对该参与者是类型 t_1^k 时的描述。对参与者 2 处于类型 t_2^m 时的"以类型为中心"用语的定义同上。

六、两种活跃类型和它们的支付函数

假设参与者 1 处于类型 t_1^k,而参与者 2 处于类型 t_2^m,我们可以说他们的类型 t_1^k 和 t_2^m 代表了这两个参与者,而这两种类型被称为该博弈中的活跃类型。相比之下,所有类型 $t_1^{k'}(k'\neq k)$和所有类型 $t_2^{m'}(m'\neq m)$被称作不活跃类型。

在一个两人 C-博弈中,任何一个参与者的支付只取决于两个参与者所用的策略。对比而言,在两人 I-博弈中,两个参与者的活跃类型 t_1^k 和 t_2^m 的支付 v_1^k 和 v_2^m 将不仅取决于该类型的策略 s_1^k 和 s_2^m(单纯或者混合的),也取决于它们的类型,即符号 t_1^k 和 t_2^m 中的上标 k 和 m 所代表的类型。因此,我们把它们的支付 v_1^k 和 v_2^m 定义如下:

$$v_1^k = V_1^k(s_1^k, s_2^m; k, m) \tag{1}$$

和

$$v_2^m = V_2^m(s_1^k, s_2^m; k, m) \tag{2}$$

其中 V_1^k 和 V_2^m 代表 t_1^k 和 t_2^m 的支付函数。

但是,我称 V_1^k和 V_2^m 为有条件的支付函数,因为只有当 t_1^k 和 t_2^m 都是博弈中的活跃类型时,类型 t_1^k 的支付才是公式(1)所定义的量。同样,只有当 t_1^k 和 t_2^m 都是博弈中的活跃类型时,类型 t_2^m 的支付才是公式(2)所定义的量。

更准确地说,如果 t_1^k 和 t_2^m 中有一个是非活跃类型,那么他就不是博弈的实际参与者,因此也将收不到任何支付(或者零支付)。

七、博弈中谁将会知道些什么

为了方便,我假设博弈中的参与者双方都知道 v_1^k 和 v_2^m 这两个支付函数的数学形式。也就是说,参与双方以及参与者双方的所有类型都知道这两个公式。

同时,我假设参与者 1 知道具体哪个类型 t_1^k 将会在博弈中代表自己,同样参与者 2 也知道具体哪个类型 t_2^m 将会在博弈中代表自己。相反,为了体现双方参与者对对方的不确定性,我将会在模型中假设任何一方都不知道在博弈中哪个具体类型将会代表对方参与者。

用“以类型为中心”的表述方式，这些假设等于说，参与者双方的所有类型都知道他们是活跃类型——当事实上他们真的是活跃类型时。而且，他们还知道自己的身份。(因此，比如 t_1^3 类型会知道自己是 t_1^3。)相反，参与者 1 的所有类型都不知道参与者 2 的活跃类型身份 t_2^m；参与者 2 的所有类型也都不知道参与者 1 的活跃类型身份 t_1^k。

八、两个重要的区分

如上所述，博弈论中的一个重要区分就是完全和不完全信息的区分，即 C-博弈和 I-博弈。该区分基于不同博弈中参与者对该博弈基本数学结构所掌握信息量的多少，这里博弈指普通意义上或者延伸意义上的博弈。换而言之，该区分是根据参与者对该博弈特点了解的多少而定，而这是博弈开始前必须要弄清的问题。

因此，在 C-博弈中，所有参与者对如上所列的博弈基本数学结构完全了解，相反，在 I-博弈中，参与者们或者至少其中一些参与者对如上数学结构只是部分了解。

另外一个貌似相同却实不相同的区分，是完美信息与不完美信息博弈。与完全和不完全信息相比，该区分在于在各种博弈中，参与者对博弈中发生在此局之前行为了解的多少，即对博弈过程中所发生事件的了解，而不是了解博弈前所决定的事。

因此，在完美信息博弈中，所有参与者在博弈的各个环节对所有之前发生的事件都完全了解，包括个人行为和随机行为。① 相反，在不完美信息博弈中，在博弈的某个阶段，参与者们或者至少其中一些参与者对之前发生的博弈行为只有部分了解或完全不了解。

依据该区分，国际象棋和西洋跳棋属于完美信息博弈，因为它们允许参与双方不仅观察自己的出棋也观察对手的出棋。

相反，大部分扑克游戏属于不完美信息博弈，因为它们不允许参与者观察其他参与者手中的牌，或者不允许观察其他参与者抛出的牌，比如把扑克朝下放，等等。

由冯·诺依曼和摩根斯坦最初提出的博弈论以及发展到 20 世纪 60 年代为止的博弈论都局限于完全信息博弈。但从一开始，博弈论就涵盖了该层次的所有博弈，不管是完美信息还是不完美信息博弈。

九、两人 I-博弈的概率模型

到目前为止，我都在假设两个参与者的实际类型——由 t_1^k 和 t_2^m 代表的活跃类型——是既定的。现在我提议通过增加一些适当的偶然因素来丰富我们的博弈模型，这些因素用于体现美俄参与者的类似特点。

很明显，这些偶然因素只能是各种各样的社会因素，一些发生在美国，一些在苏

---

① 个人行为指各种参与者所采取的行动。随机行为指某种随机机制所产生的行动，比如轮盘赌用轮。然而，一些参与者采取的随机行为，比如抛硬币、洗牌等也算随机行为。

联,另外一些假设在其他国家。

但根据人类共同经验,我们对社会力量造成的后果只能做概率性预测。即便我们对相关社会力量非常了解也是如此:即使在这种情况下,我们能做的也只是对社会力量可能产生的结果做概率性预测。

相应地,我用一个随机的机制,具体来说一个抽彩机制,来代表无奈的社会力量,即该社会力量产生了一个特定类型的美国社会(对应我们模型中的 t_1^k 类型),并且产生了另外一个特定类型的俄国社会(对应我们模型中的 t_2^m 类型)。

具体来说,假设在G-博弈中没有采取任何行动前,某个抽彩机制L将会选择一个类型 t_1^k 代表美国参与者,类型 t_2^m 代表俄国参与者。假设某个特定组合($t_1^k t_2^m$)被抽彩机制L选择的概率为

$$Pr(t_1^k, t_2^m) = p_{km} \tag{3}$$

其中 $k=1,\cdots,K;m=1,\cdots,M$。

参与者1有K个不同类型,而参与者2有M个不同类型,因此抽彩机制L会在 $H=KM$ 个不同组合(t_1^k,t_2^m)中选择一个。

当然,这H个可能性都非负数并连成一个统一体。而且它们将构成一个 $K\times M$ 概率矩阵[p_{km}],这样在所有 k 和 m 的可能价值中,第 k 排将对应参与者1的类型 t_1^k,而第 m 列将对应参与者2的类型 t_2^m。

我也将假设参与双方会根据他们对相关社会力量的了解来排除这H个可能性,但只利用双方都知道的信息。实际上,他们会以一个局外人的角度来排除这些可能性,并局限于双方都知道的信息(参见哈萨尼,1967—1968:176—177)。我进一步假设,除非他有相反的信息,每个参与者都会假设对方会像自己一样排除这些可能性 P_{km},并据此采取行动。该假设经常被称作共同先验假设(见弗登伯格和梯若尔,1991:210)。或者,我们可以简单地假设双方参与者都认为彼此知道这些可能性 P_{km} 的数字价值,以至于共同先验假设是个必然结果。

通过在两人I-博弈(如上文4—7部分介绍)中增加一个抽彩机制L(如上所述)而得到的数学模型将被称作这个I-博弈G的概率模型。如我们所见,这个概率模型实际上把I-博弈G转变成一个C-博弈,我们称该博弈为 G^*。

十、把不完全信息I-博弈G转变成完全但不完美信息博弈 G^*

这一部分,我将用"以参与者为中心"的语言,因为传统博弈论的概念都是用该语言表述的,包括完全和不完全信息博弈以及完美和不完美信息博弈。

让我们回到刚才模仿美苏军备控制谈判的两人博弈G。现在我们更能理解,为什么基于我们对博弈G的最初假设,它是一个不完全信息博弈。

(1)首先,根据我们最初的假设,参与者1属于 t_1^k 类型,被称作事实I;而参与者2属于 t_2^m,被称作事实II。而且事实I和事实II从博弈一开始就是既定事实,而不是博弈过程中由某些举动造成的后果。因此,这两个事实必须被认作博弈G基本数学结构的一部分。

(2)另一方面,根据我们在第七部分做的假设,参与者 1 会知道事实 I 但完全不知道事实 II。同样地,参与者 2 会知道事实 II 但完全不知道事实 I。

然而,如刚才所得出的结论,事实 I 和 II 都属于博弈基本数据结构中的一部分。因此,根据我们最初的假设,G 实际上是不完全信息博弈。

现在让我来解释一下,一旦我们根据概率模型重新解释博弈 G,即在博弈中增加抽彩机制 L,我们最初的博弈 G 会转变成新的完全信息博弈 G^*。当然,即使如此,我们在(2)中的论述仍然成立。但是在(1)中所述事实 I 和 II 的地位将会发生彻底改变。因为,这两个事实是博弈中抽彩机制 L 随机行为的结果,因此它们也不再是博弈基本数学结构的组成部分。如此一来,即使参与者双方没人对事实 I 和 II 都完全了解,但新博弈 G^* 仍然是完全信息博弈。

新博弈 G^* 将会是完全信息博弈,因为双方参与者都知道博弈的基本数学结构将由博弈的概率模型来决定。

另一方面,即使在博弈 G^* 中我们在(2)中所做论述仍然成立。博弈 G^* 是不完美信息博弈,因为在博弈开始双方参与者都对抽彩机制 L 随机选择的组合(t_1^k, t_2^m)部分了解。

十一、博弈 G^* 中的一些条件概率

假设在博弈中,抽彩机制 L 选择类型 t_1^k 代表参与者 1,那么根据我们在第七部分的假设,类型 t_1^k 将知道他是活跃类型,也知道他是类型 t_1^k。但是他不知道博弈中对方活跃类型的身份。

那么,现在 t_1^k 如何评估对方活跃类型是某个参与者 2 类型 t_2^m 的概率呢?他必须通过他了解到的信息来评估该概率,即类型 t_1^k,是两个活跃类型之一。这意味着他必须把这个概率作为条件概率来评估。①

$$\pi_1^k(m) = \Pr(t_2^m \mid t_1^k) = p_{km} / \sum_{k=1}^{K} p_{km} \tag{4}$$

另一方面,在博弈中抽彩机制 L 选择类型 t_2^m 代表参与者 2,G^* 该如何评估对方活跃类型是具体某个参与者 1 类型 t_1^k 的概率呢?同样道理,他应该把这个概率作为条件概率来评估

$$\pi_2^m(k) = \Pr(t_1^k \mid t_2^m) = p_{km} / \sum_{m=1}^{M} p_{km} \tag{5}$$

十二、两个活跃类型的半条件支付函数

假设博弈中的两个活跃类型是 t_1^k 和 t_2^m,如第六部分所述,在该假设下,这两个活跃类型的效用 v_1^k 和 v_2^m 如方程式(1)和(2)所定义的一样。

需要注意的是,当他选择策略 s_1^k 时,这个由方程式(1)所定义的支付 v_1^k 不是类型

① 同前文第四部分脚注①。

t_1^k 想最大化的数量。因为他不知道在博弈中他的实际对手会是类型 t_2^m。他只知道在博弈中他的对手是参与者 2 的 M 个类型中的一个。因此,他会选择策略 s_1^k 来保护自己的利益,该策略不仅针对不确定的实际对手类型 t_2^m,而且针对参与者 2 所有 M 种类型,因为他知道在博弈中任何一个类型都可能是他的对手。

然而,类型 t_1^k 会知道在博弈中他会遇到任何特定类型 t_2^m 作为对手的概率等于方程式(4)所定义的条件概率 $\pi_1^k(m)$。因此,t_1^k 试图最大化的量是效用 v_1^k 的"预期价值" u_1^k,该价值定义为:

$$u_1^k = U_1^k(s_1^k, s_2^*) = \sum_{m=1} \pi_1^k(m) V_1^k(s_1^k, s_2^m; k, m) \tag{6}$$

这里的符号 s_2^* 代表策略 M-数组[①]:

$$s_2^* = (s_2^1, s_2^2, \cdots, s_2^m, \cdots, s_2^M) \tag{7}$$

我这里插入符号 s_2^* 作为函数 U_1^k 的第二论据,以此说明类型 t_1^k 的预期效用 u_1^k 不仅取决于他未知的实际对手 t_2^m 会用的策略 s_2^m,而且取决于任何可能被抽彩机制 L 抽中成为 t_1^k 对手的 M 个潜在对手 $t_2^1, \cdots, t_2^M$ 所用的策略 $s_2^1, \cdots, s_2^M$。

同样道理,当类型 t_2^m 选择策略 s_2^m 时试图最大化的量也不会是公式(2)所定义的效用 v_2^m,而是该效用 v_2^m 的"预期价值"u_2^m,定义如下:

$$u_2^m = U_2^m(s_1^*, s_2^m) = \sum_{k=1}^{K} \pi_2^m(k) V_2^m(s_1^k, s_2^m; k, m) \tag{8}$$

这里的符号 s_1^* 代表策略 K-数组:

$$s_1^* = (s_1^1, s_1^2, \cdots, s_1^k, \cdots, s_1^K) \tag{9}$$

同样,我这里插入符号 s_1^* 作为函数 U_2^m 的第一论据,以此说明类型 t_2^m 的预期效用取决于任何可能被抽彩机制 L 抽中成为 t_2^m 对手的参与者 1 的 K 个类型可能会用来对付他的策略总和 $s_1^1, \cdots, s_1^K$。

为了区别于(1)和(2)中条件支付函数 V_1^k 和 V_2^m,对于(6)和(8)中的支付函数 U_1^k 和 U_2^m,我将称之为半条件支付函数。因为 V_1^k 和 V_2^m 所定义的相关类型的效用 v_1^k 或者 v_2^m 依赖于两个条件:

(a)该类型本身必须是活跃类型;

(b)博弈中的另外一个活跃类型必须是另一参与者的某个特定类型。

对照而言,U_1^k 和 U_2^m 所定义的相关类型的效用 u_1^k 或者 u_2^m 独立于条件(b)但依赖于条件(a)。(因为同样如此,如果抽彩机制 L 没有给予他们活跃类型的地位,他们收不到任何效用。)

如第十部分所述,一旦我们根据概率模型重新解释我们最初的 I-博弈 G,G 将会转变为 C-博弈 G*。然而,根据"以类型为中心"的解释,该 C-博弈 G* 可以被当作(K+M)人博弈,它的真正"参与者"是 K 种类型的参与者 1 和 M 种类型的参与者 2,他

---

① 根据参与者为中心的语言,我把 M-组数 s_2^* 和 K-组数 s_1^*(见下文)分别称为参与者 2 和参与者 1 的归一化策略。见哈萨尼(1967—1968:180)。

们的基本支付函数分别是半条件支付函数 $U_1^k(k=l,\cdots,K)$ 和 $U_2^m(m=l,\cdots,M)$。

如果我们把这 $(K+M)$ 个类型当作博弈 G* 的真正“参与者”，把 U_1^k 和 U_2^m 当作他们的真正支付函数，那么我们可以很容易地定义该 C-博弈 G* 的纳什均衡①。那么，基于恰当的均衡选择理论，我们可以定义其中一个均衡作为该博弈的解决方案。

十三、N 人 I-博弈

我们对两人 I-博弈的分析可以简单地引用到 n 人 I-博弈中。但由于篇幅有限，这里我将局限于 n 人理论的基本要素。

设定 N 代表 n 个参与者的组合。我假设任何参与者 $i(i=1,\cdots,n)$ 都有 K 个不同类型，分别称为 $t_i^1,\cdots,t_i^k,\cdots,t_i^{Ki}$。那么，博弈中不同类型的总数为

$$Z=\sum_{i\in N}K_i \tag{10}$$

假设参与者 $1,\cdots,i,\cdots,n$ 分别被他们的类型 $t_1^{k_1},\cdots,t_i^{k_1},\cdots,t_n^{k_n}$ 所代表，那么，这 n 个类型的组合将会成为活跃组合 ā。

任何一组 n 类型组合原则上都可以扮演活跃组合的角色，只要该组合包含 n 个参与者中每一个类型。任何一个这样的组合都被称为“适当组合”。因为每个参与者 i 都有 K_i 个不同类型，那么博弈中不同“适当组合”的数量为：

$$H=\prod_{i\in N}K_i \tag{11}$$

我假设这 H 个适当组合 a 依次为：

$$a_1,a_2\cdots a_h,a_H \tag{12}$$

我们设所有适当组合的集合为 A_i^k，其中包括参与者 i 的特定类型 t_i^k 为其“变量”。在 A_i^k 集合中不同适当组合的数量为：

$$a(i)=\prod_{\substack{i\in N\\ j\neq i}}K_j=H/K_j \tag{13}$$

设 B_i^k 为所有下标 h 的组合，a_h 包含于 A_i^k 之中。因为 A_i^k 的变量和 B_i^k 的变量一一对应，所以 B_i^k 同样也有 $a(i)$ 个变量。

十四、一些可能性

我假设在博弈 G* 中，没有采取任何行动之前，某个抽彩机制 L 将会选择某个适当组合 a 作为活跃组合 ā。该组合 ā 中的 n 种类型被称为活跃类型，而不在 ā 组合中的所有其他类型被称为非活跃类型。

我假设某个特定组合 a_h 被抽彩机制 L 选中作为该博弈的活跃组合 ā 的概率为：

$$Pr(\bar{a}=a_h)=r_h,\ h=1,\cdots,H. \tag{14}$$

当然，所有 H 个概率 r_h 都是非负数并构成一个集合。很显然，它们和我们在两人博弈中定义的 H 个概率 p_{km}[公式(3)]相对应。

---

① 由约翰·纳什定义，见纳什(1951)。但事实上纳什称它们为均衡点。

假设参与者i的某个类型 t_i^k 被抽彩机制L选为博弈的活跃类型,那么根据我们的假设,他将会知道他是类型 t_i^k,而且知道他现在是活跃类型的身份。换句话说,t_i^k 会知道

$$t_i^k \in \bar{a} \tag{15}$$

而 $t_i^k \in \bar{a}$ 又意味着

$$\bar{a} \in A_i^k \tag{16}$$

反过来说,因为 A_i^k 恰恰包括以 t_i^k 为变量的适当组合,因此我们可以得出:

$$(t_i^k \in \bar{a}) \longleftrightarrow (\bar{a} \in A_i^k) \tag{17}$$

我们已经得出了这样一个结论,即当类型 t_i^k 是活跃类型身份时他会知道公式(15)。现在我们可以补充一点,他不只知道(15),而且知道(16)和(17)。另外一方面,他也可以很容易地计算抽彩机制L选择属于集合 A_i^k 的活跃组合 $\bar{a}$ 的概率为:

$$\mathrm{P_r}(\bar{a} \in A_i^k) = \sum_{h \in B_i^k} r_h \tag{18}$$

根据公式(15)和(18),类型 t_i^k 该如何评估被抽彩机制L选中的活跃组合 ā 是某个适当组合 a 的概率呢?很明显,他应该把这个概率当做有条件的概率来评估:

$$\pi_i^k(h) = P_r(\bar{a} = a_h / t_i^k \in \bar{a} \tag{19}$$

然而,根据(17)和(18),我们可以得出:

$$\begin{aligned} &P_r(\bar{a} = a_h / t_i^k \in \bar{a}) = P_r(\bar{a} = a_h / \bar{a} \in A_i^k) = \\ &= P_r(\bar{a} = a_h / P_r(\bar{a} \in A_i^k) = r_h / \sum_{h \in B_i^k} r_h \end{aligned} \tag{20}$$

由此,根据(19)和(20)我们所需要的条件性概率是

$$\pi_i^k(h) = r_h / \sum_{h \in B_i^k} r_h \tag{21}$$

十五、策略集合

假设一旦被抽彩机制L抽中成为博弈的活跃类型,参与者 i 的 K_i 种类型 $t_i^1, \cdots, t_i^k, \cdots, t_i^{Ki}$ 将会使用策略 $s_i^1, \cdots, s_i^K, \cdots, s_i^{Ki}$(单纯或混合的)。(根据我们的假设,非活跃类型将不会参与博弈,因此不会选择任何策略。)那么 K_i 种参与者 i 的策略集合①就是

$$S_i^* = (s_i^1, \cdots, s_i^K, \cdots, s_i^{Ki}) \text{ 这里 } i = 1, \cdots, n \tag{22}$$

我们设

$$s^* = (s_i^*, \cdots, s_n^*) \tag{23}$$

代表排列整齐的所有组合,其中包括 s_1^* 中的 K_1 种策略,s_2^* 中的 K_2 种策略,…,然后 s_i^* 中的 K_i 种策略,…,最后 s_n^* 中的 K_n 种策略。很显然,s^* 就代表博弈中所有类型的策略集合。根据公式(10),那么 s^* 将会包括 Z 种不同策略。

① 见哈萨尼(1967—1968),我称策略组合,比如 s_i^* 为参与者i的归一化策略。(同前文第十二部分脚注)

最后，我们设 $s^*(h)$ 代表属于某个适当组合 a_h 的 n 种类型的策略集合，这里 $h=1,\cdots,H$。

十六、条件性支付函数

设 a_h 代表如下适当组合

$$a_h = (t_1^{k1},\cdots,t_i^{ki},\cdots,t_n^{kn}) \tag{24}$$

那么 a_h 的特征向量 $c(h)$ 就被定义为 n-向量

$$c(h) = (k_1,\cdots,k_i,\cdots,k_n) \tag{25}$$

假设该组合 a_h 被抽彩机制 L 选中成为博弈中的活跃组合 $\bar{a}$，而且参与者 i 的某个类型 t_i^k 被抽彩机制 L 选中成为活跃类型，那么 t_i^k 肯定是该组合 a_h 的成员之一，而只有当类型 t_i^k 与公式(24)中列出的 t_i^{ki} 等同时该现象才能成立，那么我们可以得出 k 必须等于 k_i。

然而，如果所有这些条件得以满足，那么该组合 a_h 和该类型 t_i^k 一起就会符合公式(14)和(21)。

根据第六部分我们知道，任何活跃类型 t_i^k 的效用 v_i^k 都取决于以下两点：

1. 取决于博弈中 n 种活跃类型使用的策略，并
2. 取决于这些活跃类型的身份。

这意味着 t_i^k 的支付函数 v_i^k 取决于第十五部分所定义的策略集合 $s^*(h)$ 和公式(25)中的特征向量 $c(h)$。

因此，我们可以得出如下公式：

$$v_i^k = V_i^k(s^*(h),\ c(h)) \qquad \text{如果} \quad t_i^k \in \bar{a} = a_h \tag{26}$$

我会称支付函数 $V_i^k(i=1,\cdots,n;k=1,\cdots,K_i)$ 为条件性支付函数。首先，对于任何既定类型，只有当他被抽彩机制 L 选中成为博弈中的活跃类型时，他才能获得公式(26)所定义的效用 v_i^k。[这就是公式(26)中 $t_i^k \in \bar{a}$ 所指的条件。]

第二，即使 t_i^k 被选作活跃类型，根据公式(26)，他的效用 v_i^k 还要取决于另外一个条件，即组合 a_h 被抽彩机制 L 选中成为博弈中的活跃组合 $\bar{a}$。

十七、半条件支付函数

与第十二部分相同的推理，我们可以知道任何一个活跃类型 t_i^k 想要最大化的效用不是公式(26)所定义的效用 v_i^k，而是他预期的效用，即效用 v_i^k 的预期价值 u_i^k。

我们可以定义 u_i^k 如下：

$$u_i^k = U_i^k(s^*) = \sum_{h=1}^{H} \pi_i^k(h) V_i^k(s^*(R), c(R)) \qquad \text{如果 } A_i^k \in \bar{a} \tag{27}$$

我称这些支付函数 $U_i^k(i=1,\cdots,n;k=1,\cdots,K_i)$ 为半条件支付函数，因为它们只取决于决定支付函数 V_i^k 的第一个条件而不取决于第二个条件。换句话说，对于任何既定类型 t_i^k，只要他是博弈中的活跃类型，他就会获得公式(27)所定义的预期效用 u_i^k。如果他是活跃类型，不管哪个特定适当组合 a_h 被抽彩机制 L 选中成为博弈中的

活跃组合,他的预期效用 u_i^k 将不受影响。

在 n 人博弈中也是如此,根据我们的概率模型,一个 I-博弈可以被重新解读为 C-博弈 G^*。

进一步说,根据"以类型为中心"的解释,该 C-博弈 G^* 可以被认为是 Z 人博弈,它的"参与者"是博弈中 Z 种不同的类型。对于每个类型 t_i^k,我们可以用他的半条件支付函数 U_i^k 来当作他的支付函数。

利用这些半条件支付函数 U_i^k,我们就可以比较容易定义 Z 人博弈的纳什均衡,并根据恰当的均衡选择理论来选定其中一个方案作为博弈的解决方案。

(袁国爽 译　唐兆希 校)

获奖演说

多阶段博弈模型和延迟超级博弈

莱茵哈德·泽尔腾

摘　要

在多阶段博弈中,各阶段间的顺序经常被这样解释,较早阶段涉及更多长期决策。为了使该解释更加精准,我们引入了有界多阶段博弈的延迟超级博弈概念。如果博弈的长度有上限,就认为该多阶段博弈是有界的。一个延迟超级博弈涵盖许多阶段,各阶段的决策同时产生,但生效的时间有不同延迟。越早的阶段延迟就越长。

一个有界多阶段博弈的子博弈精炼均衡在每个延迟超级博弈中产生一个子博弈精炼均衡。这是该论文的第一个主要结论。一个子博弈精炼均衡集是指其中所有的子博弈均衡产生同样的效用,不止是在整个博弈中,而且在每个子博弈中也是如此。第二个主要结论涉及有唯一子博弈精炼均衡集的多阶段博弈以及它们的有界延迟超级博弈,它们被称为有界是指博弈期间的数量是有限的。如果一个有界多阶段博弈有唯一的一个子博弈精炼均衡集,那么它每个有界延迟超级博弈也是如此。

最后,根据我们得出的结论探讨了多阶段博弈模型和它们的子博弈精炼均衡的描述意义。

一、引　言

在经济学文献中可以发现许多博弈模型,这些模型中的局内人对接下来的几个阶段的博弈同时做出决策,他们总是对前面阶段发生的事情较为了解。早期的例子可见我的论文《4 个人算少 6 个人算多的不完美信息博弈简单模型》(1973)。在这个寡头垄断的模型中,局内人首先决定他们是否想参与卡特尔议价,然后进行卡特尔议价,其间可以提议并就配额卡特尔达成协议。第三阶段和最后阶段是决定供应量的阶段,该阶段确定生产量。

另外一个例子是两阶段双寡头垄断模型,第一阶段确定生产量,第二阶段是伯特兰德价格竞争(1983)。多阶段博弈模型的分析可以基于子博弈精炼均衡概念(泽尔腾,1965),即最简单的普通博弈理论均衡的精炼(纳什,1951)。有时附加的选择标准和子博弈精炼均衡相结合,比如我上面提到的模型中有对称性和局部效率作为附加标准。我的模型分析结果是4人以下的竞争者总会形成卡特尔,而6人及以上的竞争者形成卡特尔的可能性小于2%。科列普斯和沙因克曼的模型加深了我们对古诺(1838)的寡头理论的理解。在均衡中,古诺数量竞争发生于他们模型的第一阶段。这些例子显示多阶段博弈模型的分析可以得出有趣的理论性结论。

在有些情况下,我们可以把多阶段博弈模型中的阶段看作是时间上先后衔接的决策点。但通常这种直接的时序解释是不够的。很多多阶段博弈模型不是为了描述那些按照固定的时间顺序做决策的情形。科列普斯和沙因克曼的模型把生产量决策放在价格决策之前,不是因为价格决策不能先于产量决策,而是因为产量决策比价格决策更具有长期性。当我们做短期决定时,我们很自然地把长期决策认作是固定不变的。决定阶段顺序时考量的因素不是时间,而是"期间长度"在短—长期刻度表上的位置。如果建模时把"期间长度"更大的决策放在较早阶段,那么由此得出,子博弈精炼均衡中较短期决策是基于固定的较长期决策的。

"期间长度"的解释把多阶段博弈模型看作是对进行中情形的集中阐释,在该情形中决策不是一次性完成的。策略变量可能随着时间变化而改变,但较短期决策从属于较长期决策。该种从属的原因还无法明确表达出来。

简单的寡头模型比如古诺模型,只有一个阶段,也经常被解释为对进行中情形的集中阐释。从字面解释看,一次性博弈实际应用空间非常小。我们必须把这些模型当作在超级博弈中反复博弈,但没有利用"准合作"的潜能,该潜能在这样的情形中可能存在。对一次性博弈而不是超级博弈进行分析相当于假设任何形式的共谋被有效地排除,比如通过卡特尔法或者其他原因。

同样,我们可以把多阶段博弈模型看作代表了超级博弈中某个时期的结构。然而,这意味着我们坚持用时序性解释阶段次序。很明显,"期间长度"解释要求对进行中的情形有个不同的描述。本次演讲的一个小小目的是为进行中的情形提供一个直观的模型,并证明把博弈简化为短期决策从属于长期决策的多阶段博弈的正确性。

科列普斯和沙因克曼的模型中所说的产量决策是长期的,价格决策是短期的,是什么意思呢?它可能是指由于外源性情况,产量只能在某个时间点调整,比如年初,但价格可以某天调整。或者我们可以考虑一下调整成本的不同,产量调整成本高,价格调整成本低。这就指向惯性超级博弈下的(马尔沙克和泽尔腾,1978)模型。第三种可能性就是现在要给出的解释。它关注决策时间和生效时间之间的延迟。这一延迟对产量调整而言可能是2年,而对价格调整而言只有1天。延迟越长,该决策就被认为更长期。

对我而言,在很多情况下,较长期决策和较短期决策的区别可以完全解释为延迟的差异。当然,在一些多阶段博弈模型中对阶段次序的解释也必须考虑时序、外源性情况和调整成本的差异。但这里我们只考虑"期间长度"解释,这里"期间长度"取决于决策生效前的时间延迟。进行中的情形被建模为一种特殊的博弈，叫“延迟超级博弈”。在一个“延迟超级博弈”中，同时完成对策略变量的决策，一个时期接着一个时期，但这些决策的生效需要不同的延迟。因此，在时期 t 中，所有局内人一起同时做出对 t+1 中价格和 t+10 中产量的决策。

在延迟超级博弈中，参与者们对之前阶段的博弈充分了解，但对参与者们同时做出的决策不了解。每个时期做出的决策在下一时期开始时都变成公开信息。

延迟的具体时间并不重要。为了分析延迟超级博弈，我们只关注基于延迟时长而产生的决策变量顺序。

一个延迟超级博弈不一定在固定数量的时期内完成；这一概念会涉及一个时期数量的概率分布。如果时期数有上限，那我们就称之为“有界”延迟超级博弈；如果没有上限，则称之为“无界”延迟超级博弈。有界与无界延迟超级博弈的区分在博弈理论上是很重要的。

每个有界多阶段博弈的子博弈精炼均衡总是为每个有界或无界的延迟超级博弈产生一个子博弈精炼均衡。这是本文的第一个主要结论（5.3 中的定理 1）。所产生的均衡可以被粗略地描述为在每个时期多阶段博弈均衡策略的重复应用。

总的来说，一个延迟超级博弈，尤其是无界的，可能有许多附加的子博弈精炼均衡。这已存在于普通超级博弈中（鲁宾斯坦，1976，1980；伯努瓦和克里希纳，1985）。因为普通形式的博弈只有一个阶段的特殊多阶段博弈，那么超级博弈就是特殊的延迟超级博弈。

一个子博弈精炼均衡集是一个子博弈精炼均衡的集合，其中所有的均衡不仅在整个博弈中产生同样的支付，而且在每个子博弈中产生同样的支付。一个多阶段博弈或者一个延迟超级博弈被称为“确定的”，如果其所有子博弈精炼均衡的集合是一个子博弈精炼均衡集。每个确定的有界多阶段博弈的有界延迟超级博弈都是确定的。这是本文的第二个主要结论（5.5 中定理 2）。

本次演讲不讨论哪些“大众定理”在哪类延迟超级博弈中成立的问题。这种定理从标准博弈论的角度讲很有趣，但它们的应用性有限。囚徒困境博弈的有限超级博弈只有一个子博弈精炼均衡——不合作的决定，但有经验的实验对象在这种博弈中一直合作到快要结束时（泽尔腾和施特克尔，1986）。另一方面，在一些超级博弈中，如寡头实验中，却发现了合作现象（绍尔曼和泽尔腾，1959；霍格特，1959；福雷克和西格尔，1963；斯特恩，1967）。一个实证问题是，在什么情况下一个延迟超级博弈行为向多阶段博弈的子博弈精炼均衡靠拢。在本文结尾处会更具体地探讨该问题。

这里我们不用扩展式博弈的通常框架，而是用一个有点不同的框架，该框架经过特别调整来适用于多阶段博弈和它们的延迟超级博弈。同时性决策是指该决策与前局博弈的决策在同一时期完成，其信息没有被明确模式化。递归地定义的“选择集函数”和“路径集”一起取代了博弈树的角色。和通常扩展式博弈一样，一项“概率分配”描述随机选择的概率，一个支付函数决定博弈结束时的效用。通过额外引入参与者信息分割，该框架可以像扩展式博弈一样通用，但我们在此不做讨论。

即使我们的主要结论在直观上合理，并不让人意外，但我们仍需要一些形式主义计算来精确我们的表述和论据。

二、多阶段博弈

一个多阶段博弈将被定义为一个由四部分构成的结构：初始状态 s，选择集函数 A，概率分配 p，支付函数 h。初始状态 s 代表博弈开始前的情况。选择集函数 A 描述在博弈过程中参与者的可能选择。概率分配 p 对随机选择进行概率分配，而支付函数 h 确定博弈结束时的效用。详细的形式定义见下文。

2.1　选择集函数

多阶段博弈涉及 n 个参与者 $1,\cdots,n$，和一个随机参与者 0（解释为随机机制）。接下来我们描述一个选择集函数的联合递归定义和路径的概念（路径代表发生在之前的博弈史）。除此之外，我们还将进一步介绍一些辅助定义如一局博弈的概念、前局的概念和选择组合的概念。括号中补充解释。

（1）一个初始状态 s 是个路径。

（2）如果 u 是个路径，那么选择集函数 A 给每位参与者 $i=0,\cdots,n$ 一个选择组合 $A_i(u)$。

辅助定义和标注：如果 $A_i(u)$ 不是空集，我们称参与者 i 在路径 u 中是活跃参与者，反之则称之为不活跃参与者。如果所有参与者 $i=0,\cdots,n$ 在路径 u 中都是不活跃的，我们称路径 u 为一局博弈，反之则称之为前局。（一局博弈代表从头到尾的整个博弈史；一个前局是尚未结束仍需继续的博弈。）路径 u 中所有活跃参与者的集合用 $N(u)$ 表示。在前局 u 中的选择组合是一个系统。

$$a=(a_i)_{i\in N(u)} \text{ 和 } a_i\in A_i(u) \qquad \text{对于所有 } i\in N(u)$$

在 u 中所有选择组合的集合用 $A(u)$ 表示。

（3）如果 u 是一个前局，而 a 是 u 中的一个选择组合，那么 $v=ua$ 是一个路径。所有路径都是这样产生的。

标注：所有路径的集合用 U 表示，所有参与者的集合用 Z 表示，所有前局的集合用 P 表示。根据（3），一个路径 $u=s\,a^1\cdots a^k$ 是由初始状态 s 作为开头，由相继的选择组合 $a^1\cdots a^k$ 共同组成的一个序列。

随机选择集的有限性：我们只考虑所有随机选择集 $A_0(u)$ 有限的选择集函数。这样我们可以避免烦琐的技术问题。下面我们假设所有随机选择集都是有限的。

2.2　概率分配

概率分配 p 对每个前局，其中的随机参与者必须是活跃的，分配一个在 $A_0(u)$ 上的概率分布 P_u。

辅助概念和标注：由 P_u 分配给选择 $a_0\in A_0(u)$ 的概率用 $P_u(a_0)$ 表示。路径 $u=sa^1\cdots a^k$ 的长度是 u 中在 s 后选择组合的数量 k。u 的长度表示为 $|u|$。

评论：我们的框架不排除前局长度没有上限的多阶段博弈。多阶段博弈模型通常阶段数有限。在这样的模型中不会出现无限长的前局。但我们想要得到一个能涵盖没有期间数量限制的延迟超级博弈的定义。无界延迟超级博弈将会涉及停止概率，其效果是概率为1时博弈在有限时间内结束而且预期效用可以界定。为了使我们的框架满足这一目的，我们在选择集函数A和概率分配p上加一个联合条件。

随机停止条件：存在一个正整数μ和一个实数δ，$0<\delta<1$，那么对每个前局u，$|u|\geqslant\mu$，选择集$A_0(u)$包含一个选择ω，$P_u(\omega)\geqslant\delta$，并且同时满足下面条件：如果$\omega$是随机参与者在$a\in A(u)$中的分量，那么$v=ua$是一个博弈局。

我们只考虑能满足随机停止条件的多阶段博弈，而且这一假设始终不变。

2.3 支付函数

支付函数h是一个函数，它给每一局$z\in Z$分配一个效用向量：

$$h(z)=(h_1(z),\cdots,h_n(z))$$

$h(z)$中的$h_i(z)$是实数，而且$h_i(z)$是参与者i在z中的效用。

效用的有界性：我们只考虑有以下性质的支付函数：存在常数C_0和C_1使得

$$|h_i(z)|\leqslant C_0+C_1|z|$$

对每一局$z\in Z$和每个参与者$i=1,\cdots,n$都成立。

我们增加这个有界条件是为了确保预期效用可以界定。考虑到该框架将被用于延迟超级博弈，必须允许对博弈局长度的递增线性依赖。我们始终假设效用是这样被界定的。

2.4 多阶段博弈的定义

多阶段博弈$G=(s,A,p,h)$包含四个组成部分，一个初始状态s，一个选择集函数A，一个概率分配p和一个支付函数h，其性质在上文已说明(见2.1,2.2,2.3)。

如果在G中路径的长度是有上限的，那么多阶段博弈$G=(s, A, p, h)$被称为有界。很明显，在这样的博弈中路径长度的最大值M是存在的。那么我们可以立即看出这个最大长度M的存在意味着2.2中的随机停止条件在$\mu=M$时成立，因为没有$|u|1\geqslant M$的前局u。

2.5 策略

在2.5—2.7中的所有定义都指向一个固定但任意的多阶段博弈$G=(s, A, p, h)$。所有参与者i活跃的前局集合用P_i表示，称之为P_i"参与者i的前局集合"。个体参与者i在前局$u\in P_i$中的"局部策略"是对参与者i选择集$A_i(u)$的概率分布b_{iu}，它只给有限多的选择分配正概率。b_{iu}给一个选择$a_i\in A_i(u)$指定的概率用$b_{iu}(a_i)$表示。

参与者i的一个"行为策略"b_i是一个局部策略的系统：

$$b_i=(b_{iu})_{u\in Pi}$$

对参与者i的每个前局规定一个局部策略b_{iu}。参与者i的前局集P_i可能是空的。在这种情况下，行为策略的定义要理解为参与者i只有一个行为策略，即空策略。

评论：在多阶段博弈中，每个参与者都充分了解前段博弈中的所有选择。这意味着这样的博弈有完美的记忆。很清楚的一点是，根据以往观点，代表多阶段博弈的扩展式博弈正是具有完美记忆的属性(库恩，1953；泽尔腾，1975)。库恩(1953)证明了一个定理,有完美记忆的有限扩展式博弈的非合作分析可以局限于行为策略,而没有任何重大损失。奥曼(1964)将此定理推广到另外一些扩展式博弈中,其中一些选择集存在选择连续体。在多阶段博弈模型中这一点很重要,这些模型经常涉及持续变化的决策参数。

为了避免烦琐的技术细节,我们将局限于有限局部策略,即具有有限载体和有限行为策略的局部策略,该行为策略只规定这些局部策略。

进一步的定义:一个局部策略如果给其中一个选择分配的概率为1,那么我们称之为纯策略。纯局部策略等同于选择。参与者 i 在前局 $u\in P_i$ 的所有有限局部策略的集合用 B_{iv} 来表示。参与者 i 的所有行为策略的集合用 B_i 来表示。个人参与者 i 的纯策略在 u 中给每个 $u\in P_i$ 分配一个纯局部策略,或者说,一个选择。

一个策略组合 $b=(b_1,\cdots,b_n)$ 是一个 n 维向量,对每个个人参与者规定一个行为策略 b_i。如果一个策略组合的所有分量是纯的,那么这个策略组合就是纯的。所有策略组合的集合用 B 来表示。

2.6　实现概率

现在考虑一个策略组合 $b=(b,\cdots,b)$ 和一个前局 u。对每个在 u 中活跃的个人参与者 i,令 b_{iu} 代表 b_i 分配给 u 的局部策略。对每个选择组合

$$a=(a_i)_{i\in N(u)},\ a_i\in A_i(u)$$

我们定义 u 中 a 的条件性实现概率为 $P_0(a_0)$ 和所有 i 在 u 中活跃的 $b_{iu}(a_i)$ 的乘积。这个概率用 $b_u(a)$ 表示:

$$b_u(a)=P_u(a_0)\prod_{i\in N(u)-\{0\}}b_{iu}(a_i)$$

如此一来,$A(u)$ 上的概率分布 b_u 与策略组合 $b=(b_1,\cdots,b_n)$ 和前局 u 联系起来了。

现在考虑一个路径 $v\in V,v=sa^1\cdots a^k$。如果 $j\leqslant k$,而且在 u 和 v 中第一个选择组合 $a^1,\cdots,a^j$ 是相同的,那么我们说路径 $u=sa^1\cdots a^j$ 在 v 之上。当 $b=(b_1,\cdots,b_n)$ 时 v 的实现概率是所有 $b_u(a)$ 的乘积,且 ua 在 v 上:这个概率用 $b(v)$ 表示:

$$b(v)=\prod_{\text{ua on v}}b_u(a)$$

实现概率 $v=sa^1\cdots a^k$ 可以解释为用 b 中的策略进行博弈时弈局依次利用选择组合 $a^1,\cdots,a^k$ 的概率。

2.7　预期效用

对于每个策略组合 $b=(b_1,\cdots,b_n)$,我们界定每个个人参与者 $i=1,\cdots,n$ 的预期效用 $H_i(b)$。我们将专注于一个固定但任意的个人参与者 i。在有界多阶段博弈 G 中参与者 i 的预期效用定义如下:

$$H_i(b)=\sum_{z\in Z}b(z)h(z)$$

接下来我们讲假设 G 是无界多阶段博弈。这种情况下,预期效用的定义实质上与有界的是一样的,但它需要详细列明,因为无限的数目不一定集中于一点。对于 $k=0$,$1,\cdots$,设 Z_k 为所有参与者 z ($|z|=k$)的集合。参与者 i 的预期效用 $H_i(b)$ 定义为:

$$H_i(b) = \lim_{T\to\infty}\sum_{k=0}^{T}\sum_{z\in Z}b(z)h(z)$$

必须说明的是极限是存在的。对于 $k=0,1,\cdots$,设 Q_k 为所有前局 v ($|v|=k$)的集合。定义:

$$b(Z_k) = \sum_{z\in Z_K}b(z)$$

$$b(Q_k) = \sum_{v\in Q_K}b(v)$$

$$Y_k = \sum_{z\in Z_K}b(z)h_i(z)$$

因为所有局部策略给有限多的选择分配正概率,所以这些总数也是有限的。设 μ 和 δ 为随机停止条件成立时的量。当 $k=\mu,\mu+1,\cdots$时,随机停止条件允许我们得出:

$$b(Q_{k+1}) \leqslant (1-\delta)b(Q_k)$$

因此

$$b(Q_k) \leqslant (1-\delta)^{\kappa-\mu b}(Q_\mu)$$

从倒数第二个不等式得出的另外一个结论是

$$b(Q_k) - b(Q_{k+1}) \leqslant \delta b(Q_k)$$

$k=\mu,\mu+1,\cdots$。在最后一个不等式的左边,我们只发现 $b(Z_k+1)$,因为在下一个选择组合之后,Q_k 中的前局变成 Q_{k+1} 的前局或者 Z_{k+1} 的弈局。由于 $b(Q_\mu)\leqslant 1$,最后 2 个不等式允许以下结论:

$$b(Z_{k+1}) \leqslant \delta(1-\delta)^{k-\mu}, k = \mu,\mu+1,\cdots。$$

效用的有界性条件现在可以用来限定 Y_k:

$$|Y_k| \leqslant \delta(1-\delta)^{k-\mu-1}(C_0 + C_1 k),\ k = \mu,\ \mu+1,\ \mu+2,\cdots$$

C_0 和 C_1 是满足效用有界性条件的数字。不难看出等号右边的无穷级数是收敛的,因此等号左边的也如此。由此得出的结果是极限存在,且由此定义了 $H_i(b)$。我们称 $H(b)=(H_1(b),\cdots H_n(b))$为 b 的预期效用向量。给每个 $b\in B$ 分配 $H(b)$的函数 H 被称为预期支付函数。

三、均　衡

在这一节,我们将首先定义多阶段博弈框架下的均衡。然后我们讨论子博弈并定义子博弈完美性。同之前一样,所有定义都基于固定但任意的多阶段博弈 $G=(s, A, p, h)$。

3.1　均衡

一个 i—不完全策略组合 b_i 是行为策略 b_j 的$(n-1)$维向量,每个个人参与者一个策略,参与者 i 除外。

$$b_{-i} = (b_i,\cdots,b_{i-1},—,b_{i+1},\cdots,b_n)$$

我们用符合 b_ib_{-i}代表策略组合 b,其中包含 b_i 和 b_{-i}的分量 b_j。我们说行为策略是对 b_{-i}的最优反应,如果

$$H_i = (\widetilde{b_i} b_{-i} = \max_{b_i \in B_i} H_i(b_i b_{-i})$$

$\widetilde{b_i}$ 是对 $b=(b_1,\cdots b_n)$ 的最优反应，如果它是对 i 一不完全策略组合 b_{-i} 的最优反应，b_{-i} 由除 b_i 之外的 b 的分量构成。我们说 $\widetilde{b}=(\widetilde{b_i},\cdots\widetilde{b_n})$ 是对 $b=(b_1,\cdots b_n)$ 的最优反应，如果 $i=1,\cdots n$，行为策略 b_i 是对 b 的最优反应。

策略组合 $b=(b,\cdots b)$ 是一个均衡，如果它是自身的最优反应。一个均衡集 E 是一个具有以下性质的均衡的集合，即对于所有 $b\in B$ 效用向量 $H(b)$ 都是相同的。

3.2 子博弈

对于每个前局 u，我们定义一个 G 中 u 的子博弈 G^u。这个子博弈是多阶段博弈。

$$G^u = (u, A^u, P^u, h^u)$$

它的成员描述如下。初始状态是前局 u，A^u 是把 A 限制在路径 v 上，这样 u 在 v 上。这样的路径 v 可以表示为：

$$v = ua^l \cdots a^k$$

所有这些路径的集合表示为 U^u。U^u 中的路径同时是 G 中以 s 开头的路径和 G^u 中以 u 开头的路径。概率分配 p^u 把 p^u 限制在 U^u。博弈 G^u 中所有参与者的集合表示为 Z^u。效用函数 h^u 把 h 限定在 Z^u。可以立即看出 u，A^u，p^u 和 h^u 构成一个多阶段博弈，并具有 2.1，2.2 和 2.3 所要求的所有性质。

评论：即使我们没有正式介绍一个多阶段博弈怎样被映射到一个相等的扩展式博弈，但不难得出以上定义的子博弈对应一个相等的扩展式博弈。

3.3 子博弈精炼

我们继续看 G 中的子博弈 G^u。U^u 中参与者 i 活跃的所有前局的集合表示为 $P_i{}^u$。G 中的行为策略 b_i 限制为 $P_i{}^u$ 就是子博弈 G^u 中的行为策略 $b_i{}^u$。我们说 $b_i{}^u$ 是 G^u 中由 b_i 诱发的策略。同样，策略组合 $b^u=(b_1{}^u,\cdots, b_n{}^u)$ 由 $b=(b_1,\cdots,b_n)$ 诱发，如果 $i=1,\cdots, n$ 在 G^u 中行为策略 $b_i{}^u$ 由 b_i 诱发。i 不完全策略组合 b^u 由 i 一不完全策略组合 b_{-1} 所诱发，如果 b^u 中的每个分量由对应的分量 b_{-1} 所诱发。G^u 中策略组合集合 E^u 由 G 中策略组合集 E 所诱发，如果 E^u 是由策略组合 $b\in E$ 诱发的策略组合 b^u 构成的集合。

设 r_i 为 G 中策略组合 $b=(b_1,\cdots,b_n)$ 的最优反应。对于 G 中每个子博弈 G^u，设 r_{iu} 代表 G^u 中由 r_i 诱发的策略，设 $b_u=(b_1{}^u,\cdots, b_n{}^u)$ 代表 G^u 中由 b 诱发的策略组合。我们说，如果对于 G 中每个子博弈 G^u，行为策略 $r_i{}^u$ 是 b_u 的最优反应，那么 r_i 是 b 的子博弈精炼最优反应。

均衡 $\widetilde{b}=(\widetilde{b_1},\cdots,\widetilde{b_n})$ 是子博弈精炼，如果它包含了 G 中每个子博弈 G^u 的一个均衡，换言之，对于 $i=1,\cdots,n$，行为策略 $\widetilde{b_i}$ 是 $\widetilde{b}$ 的子博弈精炼最优反应。同样，G 中的均衡集 E 是子博弈精炼，如果它诱发了 G 中每个子博弈 G^u 的均衡集 E^u。

四、延迟超级博弈

这一节我们将正式定义延迟超级博弈的概念。这一类博弈涉及一个有界多阶段博弈 G。除了涉及的博弈 G,延迟超级博弈的描述还涉及进一步的明确解释。我们有必要明确延迟——在其之后不同阶段所做的决策得以生效,作为时间函数的停止概率以及初始条件——明确从过去博弈中都延续下来什么。

延迟超级博弈的解释将专注于以下情形:在一个有界多阶段博弈 K 中决策变量由一些或者所有参与者在 K 个连续阶段中依次确定。多阶段博弈的定义不排除不同决策必须在相同长度的不同前局中做出的可能性。然而,在这种情况下,只假设决策生效的延迟取决于做出决策所在前局的长度就不够了。

在第 4 节中所有的概念都指向一个固定但任意的有界多阶段博弈 $G=(s, A, p, h)$,其中弈局最长长度为 K。G 的延迟超级博弈本身也是一个多阶段博弈 $G^*=(s^*, A^*, p^*, h^*)$,其构成部分系统性的派生自 G 以及一些附加的规格,见 4.1—4.4。

4.1 延迟向量

要描述 G 的延迟超级博弈必须明确延迟向量

$$m=(m_1,\cdots,m_k)$$

其分量是非负整数,$m_j>m_k$,这里 $j>k$:

$$m_1>m_2>\cdots>m_k\geqslant 0$$

数字 m_k 称为阶段 k 的延迟,解释为阶段 k 决策生效前经历的时期数。

4.2 停止规则

G 的延迟超级博弈以初始时期 t_0 开始,其博弈要么进行有限多的时期数最多到 $\cdots T$,或者进行无限多的时期 $t_0,\cdots t_0,+1,\cdots$。前一种情形,延迟超级博弈为有界,而后一种情形为无界。在有界的情形中,可达时期为 $t_0,\cdots T$ 中的一个时期。而在无界情形,所有的时期 t_0, $t_0+1,\cdots$都可达。所有可达时期的集合表示为 R。

停止规则 w 给每个可达时期 $t\in R$。分配停止概率 W_t:

$$0\leqslant W_t<1$$

停止概率 W_t 解释为条件性概率,基于该概率延迟超级博弈达到 $t-1$ 时期时就会停止于时期 t。后面我们会解释,如果博弈停止于时期 t,那么在时期 t 得不到任何效用。参与者们在时期 t 做决策时并不知道博弈是否会在时期 t 停止。这取决于 t 的随机决策。t 的所有决策包括这个随机决策被认为是同时做出的。在有界情形中,如果博弈能到达时期 T,那么总是在时期 T 之后停止。

我们把 w 连同基于其而定义的集合 R 当作一个函数。在有界情形中,T 将始终代表可到达的最后阶段。在无界情形中,我们将始终假设 w 满足以下停止要求。

停止要求:存在一个实数(δ)$0<\delta<1$ 和一个整数 μ,使下式成立:

$$w_t\geqslant\delta\text{ ,对于所有阶段 } t=t_0+\mu,\ t_0+\mu+1,\cdots$$

之后我们将看到,这个停止要求确保存在 2.2 中对无界延迟超级博弈的随机停止条件。

4.3 初始状态分配

下文中,m 将始终代表一个固定但任意的延迟向量,t 将代表初始时期,而 w 代表固定但任意的停止规则。

同 2.7,G 中所有前局 $u|u|=k$ 的集合用 Q_k 表示,Z_k 代表 G 中所有弈局 $z|z|=k$ 的集合。当 $k=0,\cdots K$,一个“k—预安排”要么是长度为 k 的 G 的前局,要么是 G 的弈局 z 且 $|z|\leqslant k$。所有“k—预安排”的集合用 S_k 表示。我们说 G 中前局 u 的一个选择在阶段 k 做出或者如果 u 属于 Q_{k-1},它是一个“阶段 k 决策”。

选择考虑一个延迟 m_k 和一个可达时期 $t_0+\tau$,这里 $t<m_k$。把 m_k 解释为阶段 k 决策生效的延迟意味着 $t_0+\tau$ 时期的 k 阶段决策不应被建模为在延迟超级博弈期间做出的决策而是由过去预先定下的。据此,要弄清与 G 相关的延迟超级博弈的概念就必须以下面的方式来明确所有这类决策。

当 $\tau=0,1\cdots$,我们定义一个“预先决定间距”$\delta(\tau)$ 即 $t_0+\tau$ 时期的决策被 $\tau<m_k$ 排除的最高阶段 k。当 $\tau=0,\cdots,m_1-1$ 时,“预先决定间距”$\delta(t)$ 是最小延迟 m_k 的索引 k。当 $\tau=m_1,m_1+1,\cdots$,我们定义 $\delta(t)=0$。

初始状态给每个可达时期 t 分配一个初始状态

$$x(t,s^*)\in S_\tau,\ \text{这里}\ \tau=\delta(t-t_0)$$

初始时期符号就是对在 t 时期被预设状况的描述。被预设的肯定是 $\delta(\mathrm{t}-\mathrm{t}_0)$—预安排。很明显,我们得出:

$$x(t,s^*)\in s,\text{这里}\ t\geqslant t_0+m_1$$

有可能 $x(t,s^*)$ 是长度为 K 的一局博弈。当 $t-t_0<m_k$ 时,这有可能发生。后面,我们将定义每个路径 u^* 和每个时期 $t=t_0,t_0+1,\cdots$ 的符号。同时也将描述一旦 u^* 在延迟超级博弈中被博弈,时期 t 中有什么是被预设的。

标注 $x(\cdot,s^*)$将被用于初始状态分配。下文中,$x(\cdot,s^*)$将始终是符合延迟向量 m 和停止规则 w 的固定但任意初始状态分配。

4.4 初始效用向量

同普通超级博弈一样,在延迟超级博弈中,随着博弈的进行,各时期博弈效用累计起来。然而,为了方便,我们允许获得除此类效用之外一些固定效用的可能性。如同初始状态分配 $x(\cdot,s^*)$从过去被延续下来一样,我们可以以同样的方式来考虑这些效用从过去延续下来。在延迟超级博弈的子博弈中,效用从过去延续下来的情况也自然存在。

一个初始效用向量

$$c=(c_1,\cdots,c_n)$$

是一个有实数分量的 n 向量。c 被称为参与者 i 的初始支付。下面 c 将始终是一个固定但任意的初始支付向量。在延迟超级博弈的说明中加入一个初始效用向量,是为了让延迟超级博弈的概念包括延迟超级博弈子博弈。

4.5 延迟超级博弈的选择集函数

在 4.1—4.4 中我们解释了要描述有界多阶段博弈 G 相关的延迟超级博弈所需要明确的一些概念:延迟向量 m,初始状态 T,停止规则 w,初始状态分配 $x(\cdot,s^*)$,和初始效用向量 c 决定一个延迟超级博弈 $G^*=\Gamma(G,m,w,x(\cdot,s^*),c)$。我们可以把 Γ 当作一个函数,该函数为每个有界多阶段博弈 G 分配一个多阶段博弈 G^*,G

被用表现为Γ的论据的额外限定来扩增。下面将精确这一点。

每当对与G^*相关的细节做标注时就会用上标*,如前局、弈局等等,与G^*相对应的是G。但这个星号不会用于m,w,x和c等符号,因为它们不必与对应的G相区分。

初始状态s^*的符号代表时期t之前的情况。我们现在递归地界定选择集函数A^*,路径集U^*和状态函数$x(\cdot,\cdot)$,状态函数为G中每个可达时期t和路径$u^*\in U^*$的组合(t, u^*)分配一个路径。很清楚s^*是一个路径,对于所有可达时期t,状态$x(t, s^*)$已被初始状态分配明确下来了。递归定义的基础在于此。

对于$i=0,\cdots,n$以及每个G^*的路径u^*,设$D_i(u^*)$为所有形式为$t_0+lu^*l+m_k$的可达时期的集合,这里$k=1,\cdots, K$,$A_i(x(t,u^*))$非空。$D_i(u^*)$解释为所有时期的集合,在这些时期中如果u^*是一个前局,参与者i必须在u^*中做出决策。我们称$D_i(u^*)$的元素为目标时期,称$D_i(u^*)$为在u^*的目标时期的集合。所有$D_i(u^*)$的联合体用$D(u^*)$表示,这里$i=0,\cdots,n$。这个集合被称为在u^*的联合目标时期集。

对于$i=0,\cdots n$和每个路径u^*,设$A^*_{\cdot i},(u^*)$为形式如下的所有体系的集合。

$$a_i^* = (a_i^t)_{t\in D_i(u^*)},\text{这里 } a_i^t \in A_i(x(t,u^*)),t \in D_i(u^*)$$

如果u^*是前局,那么$A^*_{\cdot i}$的元素a_i^*是参与者i的选择,在个人参与者i的情况下,是参与者i的所有选择。a_i^*的分量a_{it}称为参与者i在u^*中为时期t所做的决策。随机参与者在每个前局有额外的选择,即停止选择。如果$A_{\cdot 0},(u^*)$是空的,对于每个前局u^*,随机参与者也有"继续选择"$\overline{\omega}$。

$A_o^*(u^*) = \omega \cup A\bullet_o(u^*)$ 如果 $A\bullet_o(u^*) \neq \varnothing$

$A_o^*(u^*) = \{\omega,\overline{\omega}\}$ 如果 $A\bullet_o(u^*) = \varnothing$

对于每个前局u^*,个人参与者的选择集是:

$A_i^*(u^*)=A\bullet_i(u^*)$其中$i=1,\cdots,n$

对于弈局z^*,我们得出

$A_i^*(z^*)=\varnothing$其中$i=0,\cdots,n$

仍需解释弈局z^*和前局u^*的区别点是什么。弈局z^*必须是以下形式

$z^*=u^*a^*$这里$a^*\in A^*(u^*)$

其中u^*是一个前局。只有当满足以下条件其中一个时,这种形式的路径z^*才是一个弈局。

(1)a^*有随机分量$a_o^*=\omega$

(2)a^*没有随机分量$a_o^*=\omega$,博弈G^*是有界的,并且$t_0+|z^*|=T+1$是不可达的。

(2)的情况是个最大弈局,而(1)的情况是次最大弈局。在无界延迟超级博弈中,弈局只能以一个随机选择$a_o^*=(\omega)$的形式结束。然而,在有界延迟超级博弈中,弈局可以延伸至所有$T-t_0+1$个可达阶段$t_0,\cdots,T_0$。最大弈局的长度是$|z^*|=T-t_0+1$。

当随机选择不是ω时,弈局z^*的时期被称为"未停止的"。次最大弈局的最后一个时期$t_0+t|z^*|-1$被称为"停止的"。弈局z^*中所有未停止时期的集合用$L(z^*)$

表示。集合 $L(z^*)$可以是空的,即当 t_0 已经停止时。在 4.7 中我们将解释,在一个弈局过程中只有未停止时期的效用会累计下来。

为了完善选择集函数的定义,我们需要描述在博弈过程中可达时期 t 的状态如何发生变化。在每个前局 u^* 和 $a^* \in A^*(u^*)$中,对于每个形式为 u^*a^* 的路径,时期 t 在 u^*a^* 的状态 $x(t,u^*a^*)$被递归地定义如下:

$$x(t,u^*a^*) = x(t,u^*)a^t,\text{这里 } a^t \text{ 在 } a^* \text{ 中},\ t \in D(u^*)$$

$$x(t,u^*a^*) = x(t,u^*),\ t \notin D(u^*)$$

这意味着 t 在 u^* 中的状态因为 a^* 中 t 的决策而改变,当然只限于当 t 是 u^* 的目标时期时。现在我们清楚了选择集函数 A^*,前局集合 U^*,前局集合 Z^* 和状态函数 $x(\cdot,\cdot)$如何取决于上面给出的联合递归定义了。

4.6 延迟超级博弈的概率分配

按照 G^* 的概率分配 p^*,随机选择 $a_o{}^*$ 处于前局 u^* 的概率可以被认为是单独随机抽签的结果,其依据 $D_o(u^*)$中所有目标时期的 p 连同是否以概率 $W|u^*|$停止或者继续的独立决策。为了更准确地说明这一点,我们考虑 G^* 中前局 u^* 的一个随机选择 a^*。对于每个 $t \in D_o(u^*)$,设 π^t 为概率

$$\pi^t = P_u(a_o{}^t),\text{其中 } u = x(t,u^*),\ a_o{}^t \text{ 在 } a_o{}^* \text{ 中}$$

而且设 π 为所有 π^t 和 $t \in D_o(u^*)$的乘积。那么我们得出

$\mathrm{P}_{\mathrm{u}}^*(\mathrm{w}) = \mathrm{w}|\mathrm{u}^*|$

$P_u^*(\overline{\omega}) = 1 - w_{|u^*|}$,　　其中 $A_{\cdot o}(u^*) = \varnothing$

$P_u^*(a_o{}^*) = (1 - w_{|u^*|})\pi$,　　其中 $a_o{}^* \in A_{\cdot o}(u^*)$

不难看出,在 4.2 中加在 w 上的随机停止要求确保了 2.2 中 p^* 的随机停止条件。

4.7 延迟超级博弈的支付函数

G^* 的路径 u^* 具有一个序列形式,始于 s^*,以位于时期 $t_0,\cdots t_0+|u^*|-1$ 的选择组合$|u^*|$继续。据此我们说,时期 t 位于 u^* 的过去,这里 $t_0 \leqslant t \leqslant t_0+|u^*|$。其余的可达时期从 $t_0+|u^*|$开始都位于 u^* 的未来。所有位于 u^* 的过去时期 t 的决策——只要 t 的状态是前局就都要做决策,必须在时期 t 或者 t 之前做出。因此,u^* 过去时期的状态 $x(t,u^*)$必须是 G 的一局博弈。

在延迟超级博弈 G^* 中,博弈 z^* 的效用包括初始效用和在 z^* 的博弈过程中未停止时期累计下来的效用:

$$h^*(z^*) = c + \sum_{t \in L(z^*)} h(x(t,z^*))$$

已停止时期的效用为零,其随机选择为 ω。ω 的选择被认为是立即生效的,因为在其刚开始这个时期就停止了。

从 4.5 和 4.6 的解释中我们清楚 s^*,A^* 和 p^* 满足加在多阶段博弈的初始期,选择集函数和概率分配的联合条件。为了证明 $G^*=(s^*,A^*,p^*,h^*)$具有多阶段博弈的所有属性,仍需证明 h^* 满足 2.3 的有界性条件。

因为 G 是有界的,K 是 G 中弈局 z 的最大长度,根据 G 的有界性条件,对于一些

常量 C_o 和 C_1 我们得出：

$$|h_i(z)| \leqslant C_o + KC_1$$

设 $C_1{}^*$ 位于该不等式的右边，设 $C_o{}^*$ 为 $|c_i|$ 的最大值。很明显，当 $C_o{}^*$ 和 $C_1{}^*$ 分别处于 C_o 和 C_1 的位置时，h^* 满足有界性条件。

现在我们完成了对延迟超级博弈的定义

$$C^* = (s^*, A^*, p^*, h^*) = \Gamma(G, m, w, x(\cdot, s^*), c)$$

并证明了 G^* 是一个多阶段博弈。

4.8 延迟超级博弈的预期效用

G^* 中策略组合 $b^*=(b_1{}^*, \cdots, b_n{}^*)$ 的预期效用向量 $H^*(b^*)$ 的定义和多阶段博弈总体上一样。但是，在表述 $H^*(b^*)$ 时专注对各时期的决策而不是在各时期间的决策将非常有益。

对每个可达阶段 t，设 $V_t{}^*$ 为所有路径 v^* 的集合，$|v^*|=t-t_o+1$。很明显，路径 $v^*\in V_t{}^*$ 结束于阶段 t 的一个选择组合。在阶段 t 之后，t 的所有决策都已做出。因此 $v^*\in V_t{}^*$ 的状态肯定是个弈局 $z\in Z$。对于每个弈局 $z\in Z$，设 $V_t{}^*(z)$ 为所有 $v^*\in V_t{}^*$ 的集合，这里 $x(t, v^*)=z$。对于每个策略组合 $b^*=(b_1{}^*, \cdots, b_n{}^*)$ 和每个可达阶段 $t\in R$，定义

$$b^*(t, z) = \sum_{v^* \in V_t{}^*(z)} b^*(v^*)$$

和

$$F^t(b^*) = \sum_{z \in Z} b^*(t, z) h(z)$$

我们称 $b^*(t, z)$ 为阶段七中策略组合 b^* 下 z 的"实现概率"，称 $F^t(b^*)$ 为阶段七中策略组合 b^* 下的"阶段效用向量"。其分量 $F_i{}^t(b^*)$ 是参与者 i 在阶段 t 的阶段效用。很明显，对于 G^* 中每个策略组合 b^* 我们得出：

$$H^*(b^*) = c + \sum_{t \in R} F^t(b^*)$$

4.9 延迟超级博弈的子博弈

设 s^+ 为 G^* 的一个前局，这里 $|s^+|\geqslant 1$，设

$$G^+ = (v^+, A^+, p^+, h^+)$$

为 G^* 的前局 s^+ 的子博弈。不难看出 G^+ 是 G 的延迟超级博弈：G^+ 开始于阶段 $t^+=t_0+|s^+|$。延迟向量 m 和 G^* 的相同。停止规则 w^+ 是把 w 限制在可达阶段 $t_0{}^+$，$t_0{}^+ + 1, \cdots$。G^+ 初始状态分配是 $x(\cdot, s^+)$。G^+ 的初始效用向量 C^+ 如下：

$$c^+ = c + \sum_{t=t_0}^{t_0^+ - 1} h(x, (t, s^+))$$

我们可以得出 $G^+ = \Gamma(s^+, m, w^+, x(\cdot, s^t), c^+)$

五、有界多阶段博弈的子博弈精炼均衡和它们的延迟超级博弈之间的关系

基于以上章节所介绍的定义，现在我们可以就有界多阶段博弈的子博弈精炼均衡和它们的延迟超级博弈之间的关系做两个论述。这些论述从与其相关的延迟超级博弈的角度对有界多阶段博弈模型中的非合作分析提供了一个精确的解释。

同之前一样，$G=(s, A, p, h)$ 代表有界多阶段博弈，而 $G^*=(s^*, A^*, p^*, A^*)$ 代表其中一个延迟超级博弈，附加限制为 $m, w, x(\cdot, s^*)$ 和 c。

5.1 产生的策略

设 b_i 为 G 中参与者 i 的行为策略。对于每个 $a_i^* \in A_i(U^*)$，在 G^* 中由 b_i 产生的行为策略 b_i^* 定义如下：

$$b_i^* = (b_{iu*})_{u^*} \in Pi^*$$

其中

$$b_{iu*}(a_i^*) = \prod b_i(a_i^t)$$

$$\text{其中 } a_i^t \text{ 在 } a_i^* \text{ 中} \quad t \in D_i(u^*)$$

这意味着在 u^* 中，目标阶段的决策由 b_i 确定的适当概率通过独立抽签的方式决定。很清楚，$b_i{}^*$ 有 G^* 行为策略的性质。

我们说 $b^*=(b_1^*, \cdots, b_n^*)$ 产生于 $b=(b_1, \cdots, b_n)$，如果 $i=1, \cdots, n$，行为策略 b_i^* 产生于 b_i。同样，如果 b_{-i} 的分量产生 b_{-i}^* 的相应分量，那么 i—不完全策略组合 b_{-i}^* 产生于 b_{-i}。

Q_t^* 代表 G^+ 所有前局 v^* 的集合，$|v^*|=t-t_o$。（这一定义与 2.7 中的定义不完全类似）。Q_t^* 中的前局是时期 t 的选择所跟随的前局。我们必须研究其中一个前局被到达的概率，然后博弈不会在时期 t 停止。这一概率表示为 W_t，是 $t-t_0+1$ 和 $1-w$ 的乘积，这里 $\tau=t_0, \cdots, t$。很明显，收到时期 t 效用的概率为 W_t。因此，我们称 W_t 为 t 的效用概率。

对每个可达期 $t \in R$，G 在初始状态 $x(t, s^*)$ 的子博弈将用 $G^t=(s^t, A^t, p^t, h^t)$ 表示。当然，s^t 只是 $x(t, s^*)$ 的另外一个名称。设 $b=(b_1, \cdots, b_n)$ 为 G 的策略集合，对于每个 $t \in R$，设 $b^t=(b_1{}^t, \cdots, b_n{}^t)$ 为 b 在 G_t 中诱导的一个策略组合。而且设 b^* 为 b 在 G^* 中诱导的策略组合。那么，对于 G^t 中的每个弈局 z，我们得出：

$$b^*(t, z) = W_t b^t(z)$$

因此，当 $t \in R$，对于 b^*，t 的时期效用向量为：

$$F^t(b^*) = W_t H^t(b^t)$$

这里，H^t 是 G_t 的预期支付函数。由此得出，

$$H^*(b^*) = \sum W_t H^t(b^t)$$

$$t \in R$$

以此方式，在延迟超级博弈中产生的策略组合的预期效用可以表示为相关有界多

阶段博弈的子博弈的效用。

5.2 产生的子博弈精炼最优反应

这一节我们来证明一个辅助定理,根据该定理可以得出:一个子博弈精炼均衡会产生一个子博弈精炼均衡。

辅助定理1:设 $b=(b_1,\cdots,b_n)$ 为 G 的一个策略组合,设 $b^*=(b_1{}^*,\cdots,b_n{}^*)$ 为 G^* 中由 b 产生的策略组合。设 r_i 为 b 的子博弈精炼最优反应,并且设由 r_i 在 G^* 中产生的子博弈精炼答复为 $r_i{}^*$,那么 $r_i{}^*$ 是对 b^* 的子博弈精炼的最优反应。

证明:设 b_{-i} 和 $b_{-i}{}^*$ 为 i 不完全策略组合,其分量分别在 b 和 b^* 中。设 $f_i{}^*$ 为 G^* 的任意一个行为策略。我们对参与者 i 的时期效用 $F_i{}^t(f_i{}^*b_i{}^*)$ 感兴趣。同以往一样,Q^* 代表所有前局 v^* 的集合,$|v^*|=t-t_o$。对于每个时期 $t\in R$,每个前局 $v^*\in Q^*$,每个 G_t 的前局 u 和每个选择 $a_i\in A_i(u)$,我们设

$$f_{iu}{}^{v^*}(a_i)$$

为 a_i 在路径 v^* 的适当地方、在时期 t 被选作参与者 i 的决策的概率。很明显,$f_{iU}{}^{v^*}$ 是 u 中的一个局部策略。设 $f_i{}^{v*}$ 为 G^t 的行为策略,其为 G^t 的前局分配这些局部策略。对于每个前局 $v^*\in Q^*$ 让 $\varphi(v^*)$ 为当 Q^* 的一个前局达到时 v^* 被 $f_i{}^{v^*}b_{-1}{}^*$ 实现的条件概率。因为每个可达时期被达到的概率为正,因此这个条件概率得以很好地定义。我们得出:

$$F_i{}^t(f_i{}^*b_{-i}{}^*)W_t\sum_{v^*\in Q_t{}^*}\varphi(v^*)H_i{}^t(f_i{}^{v^*}b_{-i})$$

因为 r_i 是对 b_{-i} 的子博弈精炼的最优反应,因此我们得出:

$$H_i{}^t(f_i{}^{v*}b_{-i})\leqslant H_i{}^t(r_ib_{-i})$$

考虑到 $\varphi(\cdot)$ 是基于 Q_t^* 的一个概率分布,由此得出:

$$F_i{}^t(f_i{}^*b_{-i}{}^*)\leqslant W_tH_i{}^t(r_ib_{-i})=F^t(r_i{}^*b_{-i})$$

对于每个可达时期 t,该公式都成立。因此,我们可以总结如下:

$$H^*(f_i{}^*b_{-i}{}^*)\leqslant H^*(r_i{}^*b_{-i}{}^*)$$

在 G^* 中对于每个策略 $f_i{}^*$ 都成立。由此,$r_i{}^*$ 是 b^* 的最优反应。因为 G^* 的子博弈是延迟超级博弈,所以这一论述适用于所有 G^* 的子博弈。这表明,r^* 是 b^* 的子博弈精炼最优反应。

5.3 子博弈精炼均衡产生子博弈精炼均衡

本文第一个主要结论是下面这个定理。

定理1:设 b 为有界多阶段博弈 G 的子博弈精炼均衡,设 b^* 为 G 中延迟超级博弈 G^* 中由 b 产生的策略组合,那么 b^* 是 G^* 的一个子博弈精炼均衡。

证明:该论断是5.2中辅助定理的一个直接结果。

5.4 确定的多阶段博弈

当一个多阶段博弈至少有一个子博弈精炼均衡,并且其所有子博弈精炼均衡的集合是一个子博弈精炼均衡集,那么该博弈被称为确定的多阶段博弈。下面,我们将介

绍一些与确定的有界多阶段博弈相关的一些定义和标注。

设 G 为一个确定的多阶段博弈,设 E 为 G 中所有子博弈精炼均衡的集合。因为 G 是确定的博弈,所以 E 是 G 的子博弈精炼均衡集。对于 G 的在前局 u 中的每个子博弈 G^u,设 E^u 为 E 在 G^u 中诱导的集合。因为 E 是一个子博弈精炼均衡集,所以 E^u 也是一个子博弈精炼均衡集。而且 E^u 是 G^u 中所有子博弈精炼均衡的集合。对于 G 中每个前局 u,设

$$e(u) = (e_1(u), \cdots, e_u(u))$$

为所有 $b^u \in E$ 的共同预期效用向量 $H^u(b^u)$。博弈 G 本身在 G 的初始状态 s 的一个 G 的子博弈。相应地,$e(s)$ 是所有 $b \in E$ 的共同效用向量 $H(b)$。当 u 是一局博弈时,定义 $e(u)=h(u)$。我们称 $e(u)$ 为 u 的"替换效用向量",称 $e_i(u)$ 为参与者 i 的"替换效用"。

"替换效用"意味着利用该效用我们将形成 $e(u)$。对于 G 的每个前局 v,我们构建一个截断子博弈 G_1。该博弈 G_v 由子博弈 G^v 按如下方式得出:每个 G^v 的子博弈 G^u 被效用向量 $e(u)$ 所代替,这里 $u=va$,$a \in A(v)$。这意味着所有前局 $u=va$ 都是 G_v 的弈局,且效用向量为

$$h_v(a) = (h_{v1}(a), \cdots, h_{vn}(a)) = e(va)$$

不难看出,G^v 的子博弈精炼均衡 b^v 诱导出 G^v 上的一个均衡。我们将利用由下面定理表达的简单事实。

定理 2:设 $r_v=(r_{v1}, \cdots, r_{vn})$ 为确定的多阶段博弈 G 的截断子博弈 G_v 的一个均衡。那么我们得出

$$H_v(r_v) = e(v)$$

这里 H_v 是 G_v 的预期效用函数,$e(v)$ 是 G 中在 v 的替换效用向量。

证明:设 $b^v=(b_1^v, \cdots, b_n^v)$ 为子博弈 G^v 的子博弈精炼均衡。设 r^v 为策略组合,其中向量 r_i^v 给 v 分配局部策略 r_i^v 并在其他一切地方与 b_i^v 一致。我们可以马上看出 $r_i{}^v$ 是 G^v 的一个子博弈精炼均衡,同时有一点很清楚,即在 G^v 中 r^v 的效用向量不是别的就是 G_v 中 r_v 的效用向量。鉴于 G 的确定性,对于 G 中的每个前局 v 我们有

$$H_v(r_v) = H^v(r^v) = e(v)$$

5.5 确定有界多阶段博弈的有界延迟超级博弈的确定性

下面的定理是本文的第二个主要结论。

定理 2:确定有界多阶段博弈的每个有界延迟超级博弈都是确定的。

证明:设 G 为确定的有界多阶段博弈,设 G^* 为其有界延迟超级博弈中的一个。因为 G 是确定的,所有 G 有至少一个子博弈精炼均衡。设 r 为 G 的一个子博弈精炼均衡,设 r^* 为 G^* 中由 r 衍生的策略组合。基于定理 1,该策略组合 r^* 是 G^* 的一个子博弈精炼均衡。我们还需证明 G^* 所有的子博弈精炼均衡形成一个子博弈精炼均衡集。我们将通过归纳 G^* 的可达时期 $t_o \cdots T$ 的数目 $T-t_0+1$ 来证明这一点。

首先考虑 $T-t_0+1=1$ 的情况,其中 $t_0=T$ 是唯一可达时期。博弈在选择组合 t_o 之后结束,其中所有博弈都有 s^*a 形式,其中 $a \in A(s^*)$。G^* 的策略组合就是 G_v 的策

略组合,其中 $v=x(t_0, s^*)$。根据辅助定理 2 可知,G^* 的所有均衡获得相同的预期效用向量。因此,G^* 是确定的。

从现在开始假设 G^* 中可达时期数目大于 1,而且该主张对所有可达时期小于 1 的延迟超级博弈成立。

和上面一样,设 r 为 G 的一个子博弈精炼均衡,设 r^* 为 r 在 G^* 中衍生出来的。G^* 的所有子博弈在形式为 s^*a^*(这里 $a^*\in A^*(s^*)$)的前局中都是确定的,因为它们有较少数量的可达时期。在 G^* 中个人参与者 i 的策略 b_i^* 被称为 r 的半衍生品,如果在 G^* 的所有前局 v^* 中,这里 $|v^*|>0$,分配给 v^* 的局部策略是由 r^* 所分配的话。鉴于 G^* 的子博弈的确定性,从 t_0+1 时期开始,这些子博弈和它们的子博弈的效用都不取决于被博弈的某个子博弈精炼均衡。因此足以证明由 r 半衍生的策略的均衡的集合是一个均衡集。

据辅助定理 1,为 G^* 的半衍生策略组合寻找一个半衍生子博弈精炼最优反应总是可能的。很容易看出,对于由 r 半衍生的策略组合,其子博弈精炼最优反应来自于由 r 半衍生的策略。

为了证明由 r 半衍生策略的所有均衡的集合是一个均衡集,只要看看下面 G^* 的截断博弈 G^+ 就可以了。博弈 G^+ 产生于 G^*,即通过把形式为 s^*a^*,(这里 $a^*\in A^*(s^*)$)的前局中所有子博弈替换成它们的子博弈精炼均衡效用向量。该博弈 G^+ 是只有一个阶段的多阶段博弈。G^+ 中个人参与者的纯策略是他们的选择集 $A_i^*(s^*)$。为了简短,我们用 A_i^+ 代替 $A_i^*(s^*)$,这里 $i=0,\cdots,n$,用 A^+ 代替 $A^*(s^*)$。

马上可以看出,如果截断博弈 G^+ 所有均衡的集合是一个均衡集,那么由 r 半衍生策略的子博弈精炼均衡形成一个均衡集。这一点还有待证明,为此我们来看一下选择组合 $a^*\in A_+$ 的预期效用 $H^+(a^*)$。设 N^+ 为在 G^* 中 s^* 中活跃参与者的集合。这里 $i=0,\cdots,n$,设 D_i^+ 为目标时期集合 $D_i(s^*)$,设 D^+ 为目标时期集合 $D(s^*)$。

设 $a^*\in A^*$ 为选择组合。对于每个 $i\in N^+$,设 a_i^* 为 i 在 a^* 中的选择。对于每个 $t\in D_i^+$ 设 a_i^t 为由 a_i^* 为 t 确定的决策,并在 a^* 为 t 确定的决策组合中。在做出选择组合 a^* 之后,每个可达时期的状态都为 $x(t,s^*a^*)$。之后,t 的决策基于 r 所要求的概率而产生。因此,对于 a^*,t 时期的预期效用向量是 $e(x(t,s^*a^*))$ 乘以 W_t。由此产生

$$H^+(a^*)=c+\sum_{t=t_o}^{T}W_te(x(t,s^*a^*))$$

我们得出:

$$x(t,s^*a^*)=x(t,s^*)a^t,\text{ 其中 } t\in D^+$$
$$x(t,s^*a^*)=(t,s^*),\text{其中 } t\in R\backslash D^+$$

$t\in R\backslash D^+$ 的时期效用向量不取决于 a^*。设 J 为所有这些时期效用向量与 c 之和。我们得出:

$$H^+(a^*)=J+\sum_{t\in D^+}W_te(x(t,s^*)a^t)$$

设 $f=(f_1,\cdots,f_n)$为 G^+ 的一个策略组合。对于每个 $i\in N^+$，每个 $t\in D^+$，和每个 $a_i{}^t\in A_i(x(t,s^*))$，设 $f_i{}^t(a_i{}^t)$为 f_i 选择 $a_i{}^*$ 的概率，f_i 设定 $a_i{}^t$ 为 t 的决策。以此方式界定的函数 $f_i{}^t$ 是 G 在 $x(t,s^*)$的截断子博弈的一个行为策略。符号 G_t 用于这种博弈。设 $f^t=(f_1{}^t,\cdots,f_n{}^t)$为一个策略组合，包含这些行为策略，并包含在 $x(t,s^*)$中不活跃参与者的空策略。a^t 在 $x(t,s^*)$中的条件实现概率 $f^t(a^t)$是使用 f 中的策略产生选择组合 a^* 的概率，由此得出 a^* 为时期 t 确定决策组合 a^t。现在我们能把 G^+ 中 f 的预期效用函数表示如下：

$$H^+(f)=J+\sum_{t\in D^+}W_t\sum_{a^t\in A(x(t,s^*))}f^t(a^t)e(x(t,s^*)a^t)$$

设 $f=(f_1,\cdots,f_n)$为 G^+ 的策略组合。现在可以证明以下表述的真实性：如果 f 是 G^+ 的一个均衡，则对每个 $t\in D^+$，策略组 f^t 必然是 G^t 的一个均衡。为了证实这一点，假设对于某个时期 $t\in D^+$，事情并非如此。那么，在 G_t 中有一个个人参与者 i，他有一个纯最优反应$\widetilde{a}_i{}^t$，该反应在 f^t 中对抗他人策略时能产生比 $f_i{}^t$ 更好的效用。如果情况真如此，那么参与者 i 能靠以下行为变化来改善其效用：如果 f_i 选择 a_i^*，它不对 t 确定$\widetilde{a}_i$，则 a_i^* 为 t 确定的选择被$\widetilde{a}_i{}^t$ 所代替，a_i^* 带来的被改变的选择被采纳。否则，由 f_i 确定的行为还是没有改变。由此获得的行为策略 g_i 改善了参与者 i 在 t 中的时期效用，并保持参与者在其他时期的效用不变。

对于每个 $t\in D^+$，G_t 的所有均衡的集合是个均衡集，这一点是源于 G 的确定性。否则，有可能在 G 博弈的 $x(t,s^*)$ 构建 G^t 的两个子博弈精炼均衡，分别有不同的效用向量。我们可以得出结论，G^+ 所有均衡的集合是一个均衡集。这样就完成了定理的证明。

六、讨　论

在弄清本文的概念和结论后，此节将讨论它们对经济理论的意义。

6.1　多阶段博弈和它们的延迟超级博弈的关系

多阶段博弈通常不止针对一次性策略互动，其中的阶段决策依据严格的时间顺序一次性完成，且针对正在进行中的情形；其中在较早阶段做出的决策被认为比后面阶段的决策更具有长期性。长期决策和短期决策的本质区别是什么？在引言中已经论述过，很多情况下似乎区别在于决策生效的延迟期长度。这一点在形式上的推演引出多阶段博弈的延迟超级博弈的概念。

当然，较长期和较短期决策的其他差异在具体应用中也会出现。但在什么程度上其他的区别特征——比如较长期决策的改变成本较高——会迫使我们修改我们的结论，这一点还不是很清楚。这个问题的探讨需要借助于与多阶段博弈有关的更综合的动态博弈模型。在这里我们就不做这方面的讨论了。本文得出的结论主要是准确解释了多阶段博弈模型中的子博弈精炼均衡，其中多阶段博弈模型不允许对阶段顺序做直接时序性解释，除此之外难以自诩。如此一来，模型与现实间的差距不是消失了，而是被缩小了或者至少被说明了。

6.2 充分理性假设的后果

在本文余下部分,我们会一直围绕有界多阶段博弈和其中一个延迟超级博弈展开。我们先讨论延迟超级博弈的参与者都有博弈规则常识并且充分理性时的后果。在多阶段博弈和有界延迟超级博弈的独特子博弈精炼均衡集中,根据定理2得出以下结论,多阶段博弈精炼均衡集中非常准确地描述出在延迟超级博弈中要发生的行为。在这种情况下,并不是所有的延迟超级博弈的子博弈精炼均衡都产生于多阶段博弈,但这一点并不影响整个博弈的效用和其子博弈的效用。

在其他情况下,我们能知道的都在定理1中说明了。每个多阶段博弈的子博弈精炼均衡产生一个延迟超级博弈的子博弈精炼均衡。除此之外,延迟超级博弈可能会有其他的均衡,有些甚至对所有参与者都产生更高的效用。在这种情况下,多阶段博弈的不合作分析就无法展示延迟超级博弈中准合作子博弈精炼均衡行为的可能性。这就提出了解释多阶段博弈子博弈精炼均衡的问题。

6.3 有限性讨论

任何经济情形的存活期都可以设一个上限,比如100万年。因此,无界延迟超级博弈可以被认为是对存续期间有限的长期存在的现有问题的简化描述。基于无界特点所得出的结论不能认真对待。这样,可以对具有独特子博弈精炼均衡集的多阶段博弈的不合作分析做辩护,称其为对延迟超级博弈充分处理的满意替代。

然而,该论点真的有效吗?实验结果清楚地显示,实验参与者在10时期的囚徒困境博弈中直到博弈马上结束前都在合作(泽尔腾和施特克尔,1986),尽管这被子博弈精炼均衡所排除。

6.4 稍不完全信息

为了不对理性假设做任何实质性改变的前提下讨论有限性囚徒困境超级博弈的合作现象,我们可认为该超级博弈没有真正被博弈,参与者参与了一个与此类似但不同的博弈。克列普斯、威尔森、米尔格龙和罗伯茨(1982)假设,在小概率情况下,一个参与者可能属于不同类型,其偏好使其在观察到对手合作的情况下也采取合作选择并从中受益。这种类型的引入,使超级博弈转化成稍不完全信息博弈,因此开辟了与无限重复情况类似的准合作机会。

克列普斯、威尔森、米尔格龙和罗伯茨(1982)对实验证据的解释并不能够使人信服。如果有限重复囚徒困境中的合作是成熟理性思考结果的话,那么在第一个超级博弈中就能观察到,而不是像我们实验中那样在大量博弈经验之后才观察到(泽尔腾和施特克尔,1986)。克列普斯和威尔森(1982)还把相同的不完全信息方法用于连锁店悖论(泽尔腾,1978)。同样,试验证据指向不同的方向(荣格、卡格乐和莱文,1994)。而我论文(1978)中的有界理性方法似乎与实验数据更吻合。

6.5 缺乏合作的制度原因

到目前为止,有一点很清楚,即使定理2的假设得以满足,我们也不能用多阶段博弈不合作分析的描述有效性替代对延迟超级博弈的完全处理。然而,在超级博弈中可能存在排除合作或者子博弈精炼准合作的制度原因。

考虑这样一个情况，在严格执行卡特尔法的经济中存在寡头垄断，假设这个寡头垄断市场被建模为一个有界多阶段博弈的延迟超级博弈。想必卡特尔法会禁止共谋，但这意味着什么呢？很明显，卡特尔法不能简单要求玩一个延迟超级博弈的子博弈精炼均衡。这可能就无法排除子博弈精炼准合作。

把缺乏共谋界定为一种状态似乎是很自然的事情，在该状态下博弈延迟超级博弈的子博弈精炼均衡，该均衡由相关多阶段博弈的子博弈精炼均衡衍生而来。如果这种意义上的缺乏共谋得以有效执行，那么对多阶段博弈的不合作分析是对延迟超级博弈分析的满意替代。

然而，还可以提出对这一论点的反对意见，即，对卡特尔法是如何执行的这一点还不清楚。想必执法部门不完全了解寡头们了解到的市场信息。一旦寡头们与执法当局意见相左，向法院提起诉讼的话，法官们也存在同样的问题。为了阐明卡特尔执法当局如何与寡头们策略互动，明确地把卡特尔执法当局建模为一个博弈参与者是个明智的选择。

在一个开放寡头垄断中，共谋的缺点是有可能被高利润所吸引出现新加入者。这会造成新竞争者加入后共谋带给现有寡头的利润低于没有共谋、没有新加入者时的情况。在我一篇题为《卡特尔法对企业不利吗？》（泽尔腾，1984）的论文中我曾提出一个多阶段博弈模型，得出的结论是，在市场参数分布合理的条件下，与可以合法形成卡特尔的市场相比，有效执行卡特尔法的市场能增加经济体中所有企业的总盈利。这是因为卡特尔法的缺失会带来过多的加入者。因此，卡特尔当局的任务可能因为能为全体工业企业带来利益而容易实现，即使有些市场上的企业因为可以合法形成卡特尔而获益。

6.6 适应性解释

实验观察到的行为只是有限的理性，在真实市场上的企业行为也是如此。对企业行为理论（西尔特和马厅，1963；厄尔，1988）的研究为此提供了充足的证据。下面我将就有限理性的后果提出一些尝试性观点，用于解释多阶段博弈模型的子博弈精炼均衡及它们延迟超级博弈的子博弈精炼均衡。我承认，下文中我的话是概略性和推测性的，我没有进行详细的相关试验文献研究来支持我的观点。

实验主体并不会为了决策而进行复杂的任务优化方法计算。除了非常简单的情况，我们不能期待子博弈精炼均衡是理性思考的结果。但这并不意味着这种均衡对行为预测不相关。在重复性试验条件下靠适应过去的经验能学到均衡。

由弗农·史密斯（1962，1964）始创的双向拍卖市场试验文献是人所共知的一个例子。通常在同一市场相对少量的完全重复之后形成竞争性均衡。交易者不计算均衡价格。根据观察到的供需不平衡而调整出价和要价，通过这样一个适应过程形成竞争性均衡。

双向拍卖是一个非常复杂的不完全信息博弈。行为不是向该博弈的均衡聚拢，而是向一个相关的虚构的完全信息博弈均衡聚拢，在那种博弈中所有交易者的保留价和再销售价格都是公开的。在古诺寡头试验中可以观察到类似情况，其中的生产者不了解他们竞争对手的生产成本(如萨尔曼和泽尔腾,1959)。我的印象是,对其他参与者效用不完全了解的情况下,倾向于向虚构的完全信息博弈均衡聚拢,虚构的博弈中私人信息都是公开的。这种对信息的缺乏隐藏了完全信息博弈的准合作机会。

在只玩一次的有界多阶段博弈中,阶段按时间顺序依次排列,适应性调整过程不起作用。但在足够长的延迟超级博弈中就不同了。那时参与者在所有阶段都反复面临调整的需要。在有利条件下,这是通过经验来学习有界多阶段博弈的子博弈精炼均衡的好机会。有利的条件是指,如果博弈的对象不是延迟超级博弈而是减少了效用信息的修改版博弈,即参与者对其他参与者的支付函数知之甚少,同时也不观察他们的效用。但同未修改的延迟超级博弈相同,他们不观察其他参与者过去的选择,但他们知道自己的支付函数。

我对多阶段博弈模型不合作分析描述相关性的观点可以总结为下面的假想:在效用信息减少的修改版延迟超级博弈中学习,会把行为聚拢向与多阶段博弈的子博弈精炼均衡的预测一致的行为上,而且越是这样,参与者对其他参与者效用信息了解得越少。

有必要专门设计试验来验证这一假想。如果试验结果证实这一假想,它将为多阶段博弈模型的不合作分析提供描述内容。

6.7 非货币动机

可能有必要对以上假想从几个方向加以弱化。一个可能出现的问题是非货币动机的影响。在试验性博弈中,货币效用通常不是唯一存在的动机。如果只考虑货币效用,最后通牒博弈有一个明显的子博弈均衡,但非货币因素使收到最后通牒一方无法接受对方的要求(古斯、施密德伯格和施瓦策,1982;古斯和蒂茨,1990)。在最后通牒博弈中,动机因素是对不公平的抵制。

在试验性劳动力市场,另一个动机因素清晰可见(费尔、基尔希伯格和里德尔,1993)。互惠互利准则会诱导员工付出额外的努力来自愿回报高工资,前提是在试验设置中排除名誉效应。这会造成试验结果远远偏离竞争均衡。

就非货币动机的试验证据我们可以说很多,但这里不再多说。有趣的是,抵制不公平和互惠原则都需要对其他参与者效用至少有一定的了解。缺乏这样的知识不仅隐藏准合作机会,而且弱化社会准则的力量,该力量能帮助实现非均衡合作。但人们不能期待总是可以忽视非货币动机力量对减少效用信息的修改版延迟超级博弈行为的影响。

(袁国爽 译 唐兆希 校)

1995获奖者

小罗伯特·卢卡斯

Robert E. Lucas Jr.

【获奖理由】对理性预期假说的发展应用和所做的贡献，转化了宏观经济的分析并深化了对经济政策的理解。

生平简介

1937 年	出生于美国华盛顿雅奇马
1955 年	获加州大学历史学学士学位
1964 年	获加州大学经济学博士学位
1963—1967 年	卡内基工学院任教
1967—1974 年	卡内基梅隆大学任教
1974 年起	芝加哥大学任教
1987 年	任美国经济学会副会长

主要学术贡献

1. 理性预期与卢卡斯批判

卢卡斯创立了宏观经济学的动态分析基础，1972 年卢卡斯发表《预期和货币中性》一文，将理性预期假说进行深化并成功地运用于宏观经济分析，开创并领导一个新的宏观经济学派——理性预期学派，或新古典宏观经济学派。他提出了著名的卢卡斯批判，即在个人和企业进行理性预期条件下，政府宏观经济政策无效。这一观点对奉行国家干预政策的凯恩斯主义给予了沉重的打击，也被称为是理性预期革命。在理性预期假设的基础上，卢卡斯对宏观经济学进行了全方位的颠覆和重建。对社会总需求、社会总供给、货币、通货膨胀、经济周期等重要的宏观经济概念重新定义。

卢卡斯的另一个重要批判是针对著名的菲利普斯曲线（失业与通货膨胀之间的一种相互替代的关系）。按照理性预期学派的观点，失业，作为一种实际的经济变量，是由诸如劳动力市场的供求关系、生产的技术条件、经济技术结构等实际因素决定的，而与货币数量及价格水平没有关系。理性预期学派相关方法与思想改变了宏观经济的分析，加深了人们对经济政策的理解，为各国政府制订经济政策提供了崭新的思路。

2. 内生增长理论

提出著名的人力资本外部性模型与干中学外部性模型，认为由于存在人力资本的外部性与干中学效应，经济中最优产出增长率高于均衡增长率。另外，整个经济的生产具有规模收益递增的性质，经济可以实现内生的增长。该理论较成功地解释了不同国家在国民收入与增长率方面的巨大差异。

主要学术成果

《实际工资、就业与通货膨胀》(1969)

《预期和货币中性》(1972)

《投资与不确定性》(1974)

《经济计量政策评估：一个批判》(1976)

《优化投资与理性预期》(1981)

《理性预期与经济计量实践》(1981)

《经济周期理论研究》(1981)

《资本缺乏经济中的最优财政与货币政策》(1983)

《经济周期模式》(1987)

《论经济发展机制》(1988)

《经济动态学中的递归法》(1989)

《流动性与利息率》(1990)

《论效率与分配》(1992)

颁奖词

瑞典皇家科学院 / 拉尔斯·斯文森

尊敬的国王和王后陛下，各位殿下，女士们，先生们：

小罗伯特·卢卡斯是1970年以来对宏观经济研究影响最大的社会科学家。宏观经济研究的主要目标是研究总生产、就业和通货膨胀的波动。卢卡斯的贡献转变了宏观经济分析并加深了我们对经济政策的了解。它们导致对经济政策能做到和不能做到的事情的较实际的评价。卢卡斯也给了我们较可靠的方法估量变化中经济政策的效应。

卢卡斯工作中一个反复出现的主题是预期的重要性。卢卡斯主张家庭、企业和组织以一种有效方式利用现有信息。这个理性预期假设对宏观经济分析有深远影响。

我们对菲利普斯曲线理解的改变是卢卡斯贡献的一个好例子。菲利普斯曲线因它的发现者——一位英国经济学家而得名，展示通货膨胀和就业之间的一种正关系。在20世纪60年代晚期，菲利普斯曲线有很多实证支持，它被看作经济学中较稳定的关系之一。它一般被解释为政府和中央银行可以选择推行一项导致更大通货膨胀的扩张政策使就业得到永久性增加。

然而，在1970年左右进行的一项分析中，卢卡斯使用理性预期的概念说明允许通货膨胀上升肯定不能使就业永久增加，虽然卢卡斯能解释为什么菲利普斯曲线似乎有这么多实证支持，他也能表明利用菲利普斯曲线，系统地创造更高的通货膨胀以永久增加就业的任何尝试都是徒劳的。按照卢卡斯的分析，菲利普斯曲线不会保持稳定，当预期调整到较高膨胀率时他会转移。

这不仅在学术上是微妙的，而且很快在实践中表现出来。在20世纪70年代许多国家的政府和中央银行允许通货膨胀上升，以便实现高就业。按照他的理论，没有持续的就业增加；正像卢卡斯的预测，菲利普斯曲线转移了。

这产生两项重要的政策结论。第一项是社会从高通货膨胀得不到永久性利益。相反，高通货膨胀有持续的缺点。到现在，这项结论被一般接受并且变成在若干国家包括瑞典推行的货币政策的基础，以实现低而稳定的通货膨胀为目的。

第二项结论是只有用膨胀性货币和财政政策以外的其他手段，例如依靠使劳动市场和工资形成更加有效地运行的结构性措施，才能成功地补救高失业和低就业。

菲利普斯曲线的命运说明不加批判地使用一项统计关系式以得出经济政策结论的危险。在所谓卢卡斯批判中进一步发展了对这些危险的深刻见解。卢卡斯表明不仅菲利普斯曲线，而且以前被认为稳定的若干其他重要关系式（例如，消费和投资对工资、利息率和赋税的依赖关系）经仔细考察可能因经济政策转移而变化。因此，基于这些关系式的经济政策结论是不可靠的。

但是卢卡斯不满足于这些负面含义，他提出新的理论和统计方法，能避免这些陷阱并作为较可靠的估量改变经济政策的后果的基础。今日这些是被普遍接受的方法，在经济政策分析中常用。

除了他在宏观经济学的工作外，卢卡斯在宏观经济学以外的其他几个研究领域中也做出了突出贡献，例如货币理论、金融经济学、公共经济学及经济增长。在这些领域，卢卡斯的工作赋予研究以一个新方向并产生广泛的新文献。

亲爱的卢卡斯教授，您对理性预期理论的开发和应用从根本上改变了宏观经济分析。它加深了我们对经济政策的了解。您的工作对经济学的其他几个领域的研究也有深刻影响。我代表瑞典皇家科学院向您表达我最热烈的祝贺是一项特权和光荣。请您从国王陛下手中接受奖金。

（黄聪聪 译　柴志贤 校）

获奖演说

货币中性

小罗伯特·卢卡斯[①]

引　言

我获得诺贝尔奖的部分工作是理解货币政策的改变如何能影响通胀、就业及生产。对此问题思考过那么多,证据有那么多,以致人们可以合理地假设很久以前它已获得解决。但是事实并非如此,它在20世纪70年代没有解决,那时我开始研究它,而且甚至现在这个问题也没有完全满意的答案。在此讲演中我将设法澄清收集现有证据以评价不同的货币政策有何难处,并且综述最近20年中为了求解此问题有何进展。

从现代货币理论开始,在大卫·休谟的卓越的1752年文章《论货币》和《论利息》中,有关货币变化的效应的结论似乎主要取决于其变化实现的方式。在构造我们现在称为货币数量论的学说时,休谟强调货币存量变化中的单位变化方面,以及这种变化与理性人民的行为的无关性。他在《论货币》中写道:"这是确实明显的,货币不过是劳动和商品的表示,只起评价或估计它们的方法作用。在钱币更充裕的地方,同一数量的商品由主要更大数量的货币代表,它不能有什么效应,或好或坏……如果不用需要少量数字的阿拉伯记数法,而需要用很多字的罗马记数法,除在商人账簿上做些更改外,不会有任何其他后果。"(第28页)[②]

他在《论利息》中提到这个思想,货币数量的变化只是单位变化:"如果英国所有黄金一旦化为乌有,21个先令代替每一基尼,货币会更多或利息会更低吗?肯定不,我们只是用银代替金。如果黄金变成和银一样普通,而银变成和铜一样普通,货币会更多或利息会更低么?我们可以肯定地给出同一答案。那时我们的先令将是黄的,而我们的半便士是白的,并且我们将没有基尼。将永远观察不到其他差别,商业、制造业、航运或利息将没有更改,除非我们想象货币的颜色有什么重要性。"(第47页)

休谟有两个观点,我们现在称之为货币数量理论:流通中货币单位数量的改变将同比例地影响以货币计量的价格,但对所有实际的东西,对人们工作时间,或人们生产消费的物品都没有任何影响。不过请注意,在休谟的例子中,货币变化的发生有一点神奇。英格兰所有的黄金都"消失了"。在其他地方,他让我们"假设由于魔力,大不列颠的每个人一夜之间口袋里都掉进了5英镑"(第51页)。现实的货币变化不是这样发生的。这仅仅是一种描述呢,抑或是我们应该去关注它?这成为一个关键问题。实际上,休谟写道:"任何数量的货币进入一个国家后,开始它并不分散到许多人的手里,

---

① 我感谢南希·斯托基的宝贵讨论和批评。我也非常感激下述人士的评论,他们是威廉·布罗克、约翰·科克雷恩、米尔顿·弗里德曼、阿尼尔·卡什雅普、兰道尔·克罗斯纳、凯赛·芒利根、谢文·罗森、艾伦·桑德森、托马斯·萨金特、约翰·泰勒、尼尔·华莱士、沃伦·韦伯和约根·韦布尔。

② 引证休谟论文的一切页码均指:大卫·休谟,1970,《经济学论》,尤金·瑞安编辑(麦迪逊:威斯康星大学出版社)。我使拼写保持原状,而将标点符号现代化。

而是流进了少数人的保险箱，这些人马上使用它来图利。我们假设这里有一群制造商或商人，他们把货物发往卡迪斯(西班牙地名——译注)，回收到黄金和银子。这样他们就能雇佣更多的工人，而工人从不梦想要求更高的工资，反而为能被这些好的雇主雇佣而高兴。(工匠)……将钱带到市场，发现每件东西的价格都与以前一样，但可以带回来更多更好的物品供家庭使用。农民和园艺工发现他们所有的货物都被买走了，很高兴地努力生产出更多的东西……很容易追踪货币在整个共同体内运动的过程，我们将发现它必定首先使每个人更加勤勉，然后才提高劳动的价格。”(第 38 页)

反之，休谟相信货币紧缩将导致萧条。“事物适应新情况总有一个时滞，当金银减少时，这一时滞对生产是不利的。而金银增加时这一时滞却是有利的。工人从制造商或商人那里得不到相同的就业，但他必须为市场上的每一件商品付出同样的价格。农民卖不出玉米和牛，虽然他必须付给地主同样的租金。人们很容易预见到贫困、乞讨和懒散必将接踵而来。”(第 40 页)

休谟明确说明他并不把他的货币扩张初始效果的观点看成货币数量理论的主要特点，他认为：“对于一国国内的幸福来说，无论货币数量增多或减少都不产生影响。”也许他只是没有看到，他从中推导出货币长期中性结论的单位变化无关性同样适用货币变化的初始反应。例如，为什么新货币的最初接受者“发现每件物品的价格与先前一样”？如果人人都认为价格最终将与货币同比例上升，那么是什么力量阻止这一情况立即发生？人们是否有责任，或者甚至按契约，继续在一定时间内按原来的价格提供货物？如果如此，休谟并没有提到。难道销售者忽视这样的事实，即货币已经增加、全面通胀在所难免的事实？但休谟声称货币变化的实际后果“容易追踪”和“容易预见”。如果这样，那又为什么会产生这些后果呢？

这些问题并不只涉及细节问题。休谟纯粹靠理论推理得出货币数量理论，他根据人们依理性行事“那条理智原则”推出结论，而由市场决定的数量和价格反映出人们依理性行事的事实。一致性自然要求至少应当试着将上述同样的原则应用到分析货币扩张或收缩的初始效应。我想事实是，这个问题对只掌握语言工具的经济学家，甚至像休谟这样杰出的人来说，亦是太难了。

货币的变化是中性的单位变化和货币的变化引起就业和生产同向变化这两种不相容的思想，它们之间的冲突至少从休谟写下它们开始就已是货币理论的中心了。虽然我认为这种冲突至今仍未完全得到解决，但至少在两个方面取得了重要进展，首先是一个纯理论问题：在什么假设下，发生哪种改变，我们可以预期货币变化是中性的？[我从唐·帕延金的《货币、利率和价格》(1965)中引用这一术语，这本书向许多经济学同仁介绍这些理论问题。]自休谟时代以后，我们拥有的深入理解和解决这类问题的理论工具已有了长足的发展，下文中我将会利用这些进展。过去两个世纪里，人们积累了有关货币、价格和生产的大量证据，把许多卓有成效的思想运用到测量问题，这至少同样重要。在下一节中，我将考察某些证据。

证　据

从文章中很难看出休谟实际上有哪些证据材料。他写作的时间肯定在世界上开始收集系统的货币供应数据之前，在价格指数发明之前，也远远在国民收入和产品统计之前。他的数量理论的提出基本上基于纯理论推理，尽管他曾非正规地用丰富的历史知识加以检验。他对货币变化和生产变化之间的短期相关性的认识显然主要基于他的日常知识。（他引用一位杜托先生的话来证明："在路易十四的最后一年，货币增加了七分之三，但价格只上升了七分之一。"）在一条注解中，他说他的资料源自一位"有声望的作家"，但又不得不"承认他在其他方面得到的事实经常那么可疑，以至于损害了他有关问题的权威"。（看来即使在 18 世纪里，理论家和计量经济学家之间也存在矛盾！）

数量理论的中心预测是，从长期来说，货币增长对生产的增长率影响是中性的，并会在一对一的基础上影响通胀率。这里的"长期"并不是完全明确的，但无论从何种意义上来说，采用了长期平均得出的数据，这些数据只能是长期的结果。图 1 摘自麦坎德里斯和韦伯《明尼阿波列斯联邦准备银行评论》(1995)，它描绘了 110 个国家 30 年(1960—1990)的年平均通货膨胀率与同期 M2 年平均增长率之间的关系。我们可以看到各点大致在 45 度线上，这同数量理论预计的一样。通胀与货币增长之间的单相关系数是 0.95。图 1 中使用的货币总量是 M2，但这并不重要。麦坎德里斯和韦伯报告说，若采用 M1 则单相关系数为 0.96，采用 M0（基础货币）则单相关系数为 0.92。他们还报告了 110 个国家的数据集的子集：单就经合组织的国家而言，是 0.96（采用 M2)，14 个拉丁美洲国家的单相关系数是 0.99。

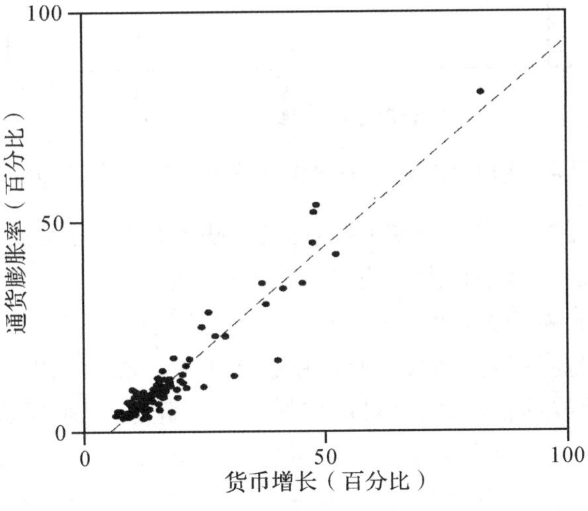

图 1　通货膨胀率（百分比）与货币增长（百分比）

从这些数据（还有其他许多得出类似结论的研究）中可以清楚地看出，货币数量理论的应用并不限于货币改革和不可思议的思想实验。它能运用到复杂的真实世界环境中的货币和这价格的共同运动，而且相当成功。其实有多少具体经济理论的经济研究能取得如图 1 那样的成功呢？央行和某些货币经济学家大谈运用高利率来控制通胀，但我从未发现哪怕有一个经济国家能把这些变量有用地联系起来，更不用说像图 1 所示的那样精确。图中表明的这种货币中性必须成为任何声称严肃对待经验材料的货币或宏观经济理论的中心特征。

麦坎德里斯和韦伯还提供了说明货币增长和实际产出增长之间相关的证据，他们采用1960—1990年间的平均数据。图2是他们根据国际货币基金组织100个国家统计数据绘出的。很明显，30年平均数据之间没有相关性。[①] 研究短期消长关系时，人们自然不想采用这种时间平均数据。图3摘自斯托克曼《经济学导论》(1996)，它提供了6张美国1950—1994年间不同年份里年通胀率与失业率之间的关系图。右下角的图(f)绘出了整个时期的菲利普斯曲线。[②] 在这幅图中，两个变量显得毫不相关，另一方面，其他年份的5幅图（或至少1960年以后的各图）则显示了一个清楚的负相关性。但是请看这6幅图的轴！为了看出通胀和失业位于一条负倾斜的曲线上，人们必须不停移动这条曲线。

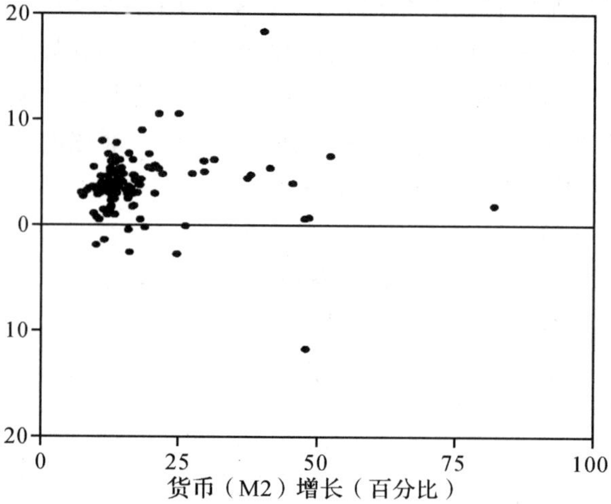

图2　实际产出增长(百分比)与货币(M2)增长(百分比)

弗里德曼和施瓦茨(1963)的专著《美国货币史》也对条件交换资料进行了整理，但用了一种不同的方法。这些作者表明，1867—1960年间，美国的每次严重经济萧条都与货币供应的巨大收缩相关，而每次大收缩又都与萧条相联系。这些观察资料也是某种相关系统，但它们要从最大规模的收缩中强化出来。在第二次世界大战之后的年月里，美国实际产生的波动很小，完全可能归咎于实际资源，无须用货币冲击来解释这些波动。但像1925—1933年大萧条这样的事件则完全无法归因于偏好和技术冲击。我们还需要其他可能性。货币紧缩在1929—1933年，以及其他严重的经济萧条中，都非常惹眼，因为似乎还没有别的替代因素。

萨金特(1986)也研究货币增长率的大幅度突然降低（虽然货币存量水平未降低）。

---

① 必须说明，货币增长与产出增长之间的长期关系比图2可得出的要复杂得多。麦坎德里斯和韦伯为经合组织各国的经济找到一个很弱的正相关。其他研究者从其他数据上既找到了正相关数据，也找到了负相关系数。

② 因A.W.菲利普斯(1958年)而得名。

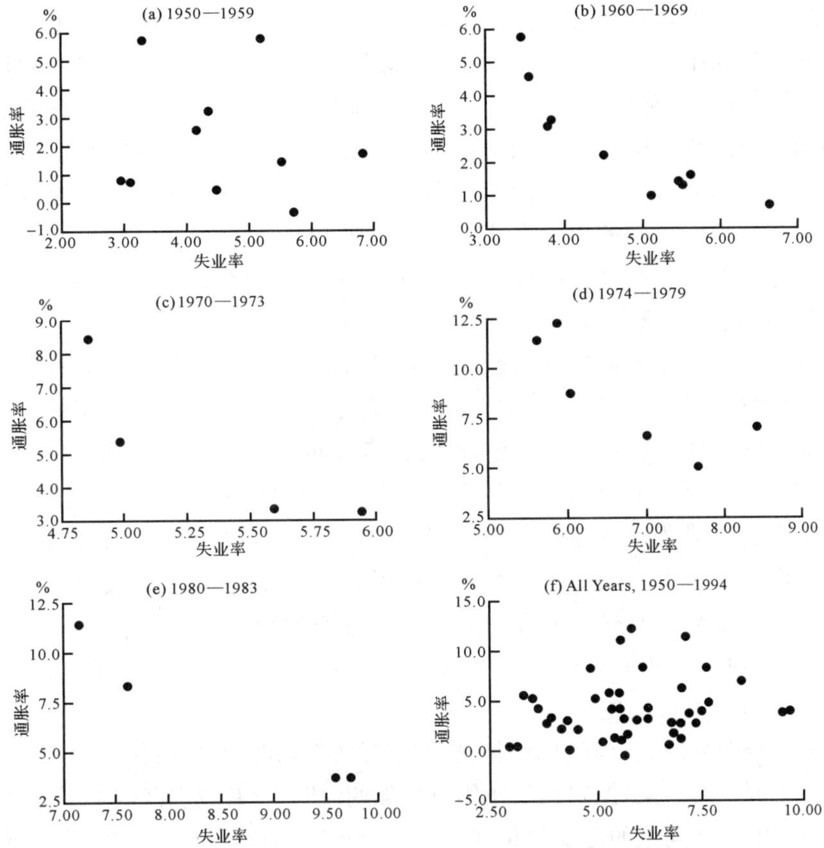

图 3　通胀率　失业率　所有年份 1950—1994

他研究的是第一次世界大战结束后欧洲四次恶性通货膨胀的货币和财政改革。货币增长率急剧降低使弗里德曼和施瓦茨文章里的数据，或麦坎德里斯和韦伯采用的战后数据都显得那么微小。但萨金特说明，它们与产出减少没有关系，这些产出锐减，无论按历史标准还是依所有可能的萧条都是巨大的。萨金特还进一步说明这样一种可能性：货币增长率的下降已被受影响的人们很好地预测到，而且因为公开的、适当的财政改革，人们希望下降会继续下去。

概括来说，休谟在 1752 年（还有以后其他许多理论家，通过各种不同的理论）推导出的在长期价格成比例地随货币的变化而变化的预测，我想已经得到源自许多时期和地点的数据的充分而有力的肯定。货币变化导致产出同方向变化这一观察结果，在某些数据中得到肯定，但在另一些数据中则很难看出来。货币增长的大幅度降低可能与大萧条相关，或者，如果通过可靠的改革形式来进行，则根本就不会产生萧条。

理论反应

休谟能够对货币平均增长率不同的经济的长期平均行为的比较，进行严格的理论归纳，并像我们所看到的那样，实证研究取得巨大的成功。另一方面，对于短期行为，他只能依赖于松散得多的推理和粗略的经验概括。随着 19 世纪和 20 世纪大部分时间里经济理论的发展，休谟论点的主要特征——双重标准也继续下去。利用最新的静态一般均衡理论这个工具，人们越来越精确地表述，越来越严格地研究数量理论的“中性定理”。动态学有一种内生的特点，若它符合事实，则意味着不折不扣地符合所有的事实。帕廷金通过自己的《货币、利率和价格》，将维克塞尔《利率和价格》(1898)中所有的货币理论解释为考察数量理论的均衡点和另一个认为一般均衡理论框架之外的点之间的调整过程。后者的理论在我看来与休谟的分析基本在同一水平上。我在第一节引自休谟的关于动态过程的段落，可以插入凯恩斯的《货币契约》(1930)或哈耶克的《货币理论和经济周期》(1933)中，而不会产生任何过时之感。

不过所有这些理论家都想从一般均衡来思考问题，认为人们在实践过程中实现最大化，并跨时地相互替代。他们借助于非均衡动态学只是由于他们可用的分析工具不能提出其他方法。即使在休谟的书中，转变时期中的经济行为者的动机和预期也被描述出来，甚至被理论化：不把调整到新均衡看成纯粹机械的试验[①]过程，该过程的特点由系统的生产者和消费者以外的力量决定。维克塞尔和我自然会说帕廷金也正在努力想通过人们面对的实际发生的动态调整过程进行思考，想看到人们对所处的环境所做的理性反应。虽然他们提出的理论形式需要静态均衡与机械过程的结合来描述动态调整过程，但他们对转换时期的文字描述就同先前的休谟一样，表明他们实际上认为人们在解决跨期决策问题。

这些尝试企图从理论上解决货币变化的实际效果问题，它们所体现的聪明才智给当代读者留下了深刻的印象，但它们的作用只是强调说明，没有数理经济学工具的帮助，任何想进行棘手的动态问题的尝试都是徒劳的。哈耶克和凯恩斯以及他们同时代的人都很乐意进行假设，然后得出个模型之类的东西，但他们就是不能说明自己理论的预测。

20 世纪 30 年代的危机将人们的注意力从捉摸不透的货币中性问题转移到货币政策短期刺激作用的潜能上。凯恩斯的《通论》(1936)是这次重心转移的产物之一。另一个产物是丁伯根(1939)为美国经济构造的一个明了的统计模型。丁伯根的模型以及紧随其后的模型与先前的货币理论传统联系很少或没有联系。但在 30 年代和 40 年代的气氛中，这可能是一大优势，与凯恩斯书中的革新论调完全一致。丁伯根从工作得出的两个宏观计量经济模型与以前的宏观经济模型相比有两个重要的优势。它们数学条理非常清楚，因此可以比过去的理论更规范地进行数据估测和检验，而且它们还能用于模拟，来解出政策问题的数量答案。就是这些特点，使年轻的研究者兴奋不已，并戏剧性地影响了这个领域未来的发展。

然后，20 世纪 60 年代两种风格迥异的、均冠以凯恩斯主义经济学之名的宏观经济理论共同存在。帕廷金等人试图统一货币和价值理论，他们主要把一般静态均衡理论进行扩展，纳入货币因素，加上某种试验过程，企图提供某种动态理论。这些理论提出时非常注重早期的货币理论，也注重更一般的经济理论的发展，但它们缺乏宏观计量经济模型的可操作性：没人能确切说出他们的预测是什么，或者它们有什么规范性

① 原文为法文——译者注。

推论。另一方面,有些宏观计量经济模型能同数据相吻合,能用来模拟,以得出政策问题的数量答案,但它们与微观经济学和古典货币理论的关系不明晰。

当时几乎没有人认为这种情况是健康的。每个人都嚷嚷着要统一微观和宏观经济学,或者发现宏观经济理论的微观经济"基础"。这个目标激发了大量关于跨时决策问题的富有创见和宝贵的经济学理论。弗里德曼(1957)、莫迪利安尼和布伦伯格(1954)的消费理论,艾斯纳、斯特劳茨(1963)和约金森(1963)的实物资本投资,贝克尔(1962)和本·普拉斯(1967)的人力资本投资,鲍莫尔(1952)、托宾(1956)、梅尔茨(1963)、布鲁纳和梅尔茨(1963)的货币需求理论都有贡献。20世纪60年代新进入这一行的、有数学倾向的经济学家们都喜欢分析跨时决策问题、变量计算、最优控制理论和贝尔曼(1957)的动态规划的方法。凯斯(1956)和鹈泽(1964)提出最优增长理论之后,人们将相似的方法应用到分析经济学所有分支领域的各种问题。在这些应用中,动态学是理论的组成部分,而不是附加的试验过程。当列奥尼德·拉宾和我开始合作研究商业周期过程的劳动力市场时(1969),我们把这些关于个人跨时决策问题的研究作为我们想做的模型。[1]

20世纪60年代初,流行的宏观经济模型策略认为,跨时决策理论导出的个人或部门模型可以简单地合并为一个模型,方法采用凯恩斯和丁伯根,以及他们的后继者将消费函数、投资函数等等融合进经济整体模型的方法。但个人长期决策模型必定牵涉预期的未来价格。某些微观分析将这些价格看成是已知的,其他的加入适应性预测规则来使厂商和家庭最大化。但无论如何处置,从这类个人因素集合起来的"教堂晚餐"模型意味着,实际均衡价格和收入的行为与理论认为个人主体做出的价格预期无关,而且一般很不一致。

随着跨时因素和预期的作用日趋明显和重要,这种模型构造上的不一致性也变得越来越突出。约翰·穆思(1961)的《理性预期和价格运动理论》着重讨论这种不一致性。并表明如何同时考虑价格,包括未来价格,对数量的影响和数量对均衡价格的影响,来消除这种不一致性。[2] 他提出的理性预期原则因此将模型构造者推向市场均衡观点,尽管形成这样一种思考风格,承认事实对构造宏观经济模型具有重要影响需要一段时间。

其他考虑进一步加强了朝这一方向的前进。20世纪60年代末,弗里德曼(1968)和菲尔普斯(1968)从一般均衡的层次思考这一问题后,看到通货膨胀与实际产出之间不存在长期的菲尔普斯曲线平衡。但在当时所有的宏观计量经济模型中,这种平衡都是内含的,当时作为标准使用的经济计量方法似乎排斥费里德曼—菲尔普斯的自然率假说。这种冲突导致人们重新思考这些数据检验的理论基础,并发现它们存在着严重的困难。萨金特(1971)和卢卡斯(1972,1976)表明,对自然率假说的普通排斥主要决定于非理性预

---

① 参见菲尔普斯等(1970)的一些具有相似动机的研究。

② 尤金·法玛(1965)的效率市场理论是经济推理在均衡价格行为中的又一直接应用,其背景是随机冲击是经济模型的一个内生部分。

期，或者倒过来说，如果人们假设存在理性预期，那么这些检验就不解决任何问题。我们必须将宏观经济学放在包括理性预期的一般均衡的基础上，这一点似乎很清楚。

一般均衡宏观经济学

到20世纪60年代，研究动态经济问题实际上已有两个密切相关的一般均衡框架。一个是希克斯(1939)、阿罗(1951)、德布鲁(1954)和麦肯齐(1954)提出的一般均衡数学模型，将商品向量定义为包括约定的货物需求，偶然的任意事件；普雷斯科特和我(1971)采用这个理论框架来为竞争性产业的投资构造一个理性预期模型，将随机移动需求曲线(而非价格)看成是给定的。在一篇为以后十年的研究拟定议程的文章中，基德兰德和普雷斯科特(1982)将布洛克和默曼(1972)的随机增长最优增长模型的一种形式，作为反复经历由技术转移引起的商业周期的竞争性经济的运作模型。事实表明这是一个卓有成效的想法，其潜能至今仍在发挥。但不包换货币的这类模型显然不适合研究休谟的问题；相信货币的力量处于商业周期中心的经济学家需要另寻良方。

第二个一般均衡理论框架是萨缪尔森(1958)提出的，它似乎更适合货币问题的研究。那篇论文引入了一个容易引起误解但简单的经济模型，在这个经济模型中，货币在消费和生产中没有直接用途，但在经济生活中发挥着重要的作用。我在1972年的文章中引用了这个模型，意在表明货币中性可以与货币扩张造成的短期刺激现象相协调。这个模型十分简单和灵活，很适合用来说明许多问题。这儿我将介绍它的一种形式，还将使用相当多的符号，以便讨论一些有趣的细节问题。

在萨缪尔森的模型中，人生只有两个阶段，因此经济一直包含着两个年龄组的人口，其一是青年，另一是老年。这儿我假设人口为常数，这样人均数量和经济总量就可以互换使用。每年年终时，年老的人死亡，年轻的变老，新的年轻一代又出现。对我的目的(和萨缪尔森的目的)而言，很重要的是假设这个经济中没有家庭结构：两年龄段的人之间没有继承和经济支持。假设这个经济中的年轻人能够工作和生产物品，而老年人只能消费物品而无能力生产。将一个人的两个选择物品记为一对(c, n)，其中n是年轻时提供的劳动单位数，c是年老时消费的商品单位数，假设每个人对这两者的偏好由以下函数给出

$$U(c)-n$$

现在假设一个只有劳动力的技术，其中一单位劳动产出一单位物品。

如果物品是可储存的，每个人都将在年轻时生产，并储存物品以供自己以后的消费，解这个问题

$$\max_n[U(n)-n] \tag{1}$$

将它的解记为n^*。但我将假设物品不能储存，因此完全自扫门前雪的个人不能为了取乐而生产。[①] 各管各时，能做的最好的事情是年轻时享清福不吃不喝。很清楚，社

① 实际上，凯斯和雅力(1966)表明，即使储存是可能的，也可有效改变专制配置的效用，因为它将物品永久地、不必要地储存起来。

会作为整体能做得比这好得多,它将引导年轻人为他们同时代的老年人消费而生产。为此需要有某些制度。

社会保障体系也许就是现实世界中的这种制度之一。(或者可能不是:一切都以没有家庭结构这一假设是否现实为转移。)如萨缪尔森指出的,货币体系可能是另一种这样的制度,因为我们可以认为自足的配置之所以失败,乃是实物交换所需的双向需要不能巧合造成的,那些想消费的老年人不能给生产的年轻人任何回报。但假设流通中有纸币,起初在老年人的手中。老年人将纸币给年轮人以换取物品,从而建立某种市场价格。年轻人会接受这些符号——按华莱士(1980年)的说法,它们没有内在价值——因而使以物品计算的符号价值保持在零以上的任何水平吗?也许不会:自然不能排除这种可能性。如果年轻人愿意生产物品以交换货币,这必须是因为他们希望能在自己年老后以货币换取物品。

萨缪尔森例子中的一个有趣的事实是不能排除第二种情况。有可能,但绝非必定,经济中的货币将永远流通下去,一次一次地交换物品。如果这种交换是在单一的现货竞争市场上发生的,价格 p 是给定的,那么开始时没有货币而工作了 n 单位的年轻人将获得 pn 单位的货币。如果他在后一阶段将此全部花在物品上,就产生 $(pn)/p=n$ 单位的消费。这样每个人都解决了问题(1)。如果货币供应固定不变,并按每人 m 的数量平均分配给老年人,那么均衡价格也将保持不变,其水平为 $p=m/n^*$。很明显,这种均衡是休谟意义上的数量理论均衡:如果 m(略为)提高,均衡价格水平将以相同比例提高,劳动和生产的数量将完全不受影响。

但当我们考虑货币变化不同于货币存量一步到位的变化时,中性问题就变得更为复杂。为了明白这一点,我们需要用货币数量以固定的百分比稳定增长这个假设来替代数量不变这一假设。我们就必须清楚(支持萨缪尔森模型的另一观点)新的货币进入这个系统的方式,它如何运作很重要。首先假定每位年轻人在年轻和年老之间收到等额的新增货币,而且新增货币的数量与他通过劳动得到的货币数量无关。那么,如果货币供应是 m,并加上总量转移支付 $m(x-1)$,每位年轻人现在要解决

$$\max_n\left[U\left(\frac{pn+(x-1)m}{p'}\right)-n\right] \tag{2}$$

其中 p 是他现在售出物品的价格,p' 是他将来买入物品的价格。这个问题的一阶条件是

$$U'\left(\frac{pn+(x-1)m}{p'}\right)\frac{p}{p'}=1 \tag{3}$$

为了解出这个模型的一个理性预期均衡,我们利用一下观察资料,此环境下唯一随时间变化的是货币数量,它在每个时期只是乘以一个已知因素 x。那么就会很自然地寻找一个均衡,其中价格水平与货币存量成比例,对某一常数 k 有 $p=km$,而且均衡中劳动的价值是固定的,为某个价格 $\hat{n}$。在这样的均衡中,常数 k 很明显就是 $1/\hat{n}$。那么未来的价格就是 $p'=kmx=mx/\hat{n}$。将所有这些信息代入(3)中的一阶条件,我们得到

$$U'(\hat{n})=X \tag{4}$$

在这一情况下，价格水平就恰恰会在货币供应增长速度变化期间上升。从(4)可得出，就业$|\hat{n}|$的均衡水平将是货币增长率的递减函数。[①]

我们看到图1和图2确认了数量理论预测，它在这个假说世界中也将得到确认。但注意，这并不意味着货币增长率(以及相等的价格通胀率)并不只是单位变化，并非对任何人都没有影响。货币增长越快，与通过劳动积累的货币相比，隔夜转移支付就越重要。货币转移支付稀释了劳动所得。物品产出下降而通胀率上升，每个人的情况都变糟了。这是货币的非中性，是货币变化的实际效果(有人倾向于称之为产生货币变化的财政转移支付的实际效应)，但这种效应显然不是休谟讨论的货币扩张的刺激效应。本例中，通胀没有"促进每个人辛勤劳动"，它是一种税收，通过减少实际回报而窒息了勤奋。

我认为通胀税是一个头等重要的问题，我刚才探讨的理论性例子有效地突出了它的效应。但对通胀税的进一步研究不能使我们更好地理解休谟认为他所观察到的，还有后来许多人所观察到的平衡。现在我们假设货币供应膨胀之源的财政转移支付同人们通过劳动得到的余额成比例，那就把通胀税排除在考虑范围之外。也就是说，如果人们工作n个单位，他们就收到$pn(x-1)$个转移支付，而不是$m(x-1)$，因此在下一时期，他就有pnx可消费，这样，一阶条件(4)就变为

$$U'(\hat{n}) = 1$$

它与x无关，且$\hat{n}$总处在它的高效水平n^*上：此时没有通胀税。这种等比例转移支付只是为简便而做的假设，但我们可以由此简化某些难题的讨论。

那么该怎样修改这个迭代经济，使货币扩张成为刺激生产的因素呢？人们认为，把转移变量x看成固定的假设，改为各个时期的转移支付变量，独立地从某一固定概率分布中抽取，我们就可能达到上述目的。很明显，如果当前阶段的现实是人所共知的，这将不会改变任何事情。可能不那么明显；但同样正确的是，即使只有老年人直接知道转移支付的现实，由此产生的均衡价格也会使年轻人完全了解事情真相。如前面讨论的不变货币增长的例子一样，价格由m和x决定。这里还说明了什么呢？如果m是已知的，p是观察到的，这当然是竞争交易的必然情况，那么我们可以推测出x的值。

为了从货币冲击中得到产出效应，仅仅引入不确定性是不够的。我们必须想象货币换成物品以不同于在中心化瓦尔拉市场中的形式进行。在我1972年的论文中，我假设交换在两个市场上进行，每个市场的物品供应者人数不同。在这种情况下，一定的价格上升可以向供应者表明货币转移支付x很大，在这种情况下，他想把它看作是单位变化而不做出反应；一定价格的上升也可以意味着在市场上只有少数供应者，在这种情况下，他想把它看成是对他有利的一种真实变化，从而做出提高产出的反应。

---

① 约根·韦布尔向我指出，通过假设只有一部分年轻人接受了全部转移支付，并对函数U的曲线做出正确的假设，那么就可以得到这个例子的另一种形式，其中均衡就业是货币存量x的递增函数。

由于信息有限，个人能够争取的最好的结果就是进行套期保值。一般说来，劳动供给和产量是货币转移支付的一个递增函数 $f(x)$。均衡价格 $mx/f(x)$ 与所有交易者都清楚的 m 成比例变化，但其增长速度小于转移支付 x。到第二个时期，转移支付 x 就是已知的，价格完成它的同比例增长，但同时还有产量增加的过渡期。

这种情况与我在引言中引自休谟的情况之间的相似性似乎很明显。新的情况在某种重要的意义上来说是一种改进，因为休谟叙述中心存在着未经解释的判断错误或未知，而新的理论则基于人们缺乏完全信息这样一种假设。但这也可能将问题倒推了一步：为什么人们不能得到最后一点信息，从而确切地了解价格的走势？在现实中，要得到关于货币供应的最新信息并非真的那么困难。

让我们从休谟理论的这种基于信息的形式的特点倒退一步，更抽象地考虑可能性。简单地假设老年人和年轻人参与某种交易博弈，老年人带着从上一时期的交易中得到的货币 m。① 在博弈进行之前或进行当中，老年人收到一笔成比例的转移支付，总量为 x。让每位年轻人和老年人选择一种交易策略。注意，年轻人的策略可以取决于 m，老年人的策略可以取决于 m 和 x。在这些选择的基础上，假设达到一个纳什均衡，每位年轻人提供一定数量的劳动，并最终取得一定数量的货币。我将集中讨论对称均衡，这样在均衡中，每个年轻人取得 mx 美元。每个年轻人最终也提供 $f(m,x)$这一符号，只是为了强调 m 和 x 是模型中仅有的两个状态变量。对交易博弈的不同限定，会使结果函数 f 有不同的意义。

现在假设这样的博弈开始之前，货币存量 m 平均分配给老年人；每个人，年老的和年轻的，都知道这个数量，每个人都知道转移支付怎样发生——这个交易博弈的规则。在这些条件下，m 的变化必然是中性的单位变化，使得 f 对于 m 是不变的，而且对于某个函数 f 可以写成 $f(m,x)=f(x)$。已知这个函数 f，物品的平均价格就是货币存量除以产量，或 $p=mx/f(x)$。在竞争性交易中，f 是一个不变函数，这样价格就与 mx 成比例；其中 x 是已知的，但在许多其他交易博弈中，函数 f 将随 x 的值而变化。在这种记法中，休谟描述的那种平衡的理性化就转化为构造一个对递增函数 $f(x)$进行理性化的博弈。

在卢卡斯(1972)中描述了一个这种博弈(虽然其均衡并不十分对称)。在这个博弈中，产出的反应基于供应者对转移支付 x 的不完全信息。但在这种水平的抽象上，有许多其他非竞争交易博弈的结果有同样的特点。有些通过假设一些名义价格是事先确定的，如费希尔(1977)，菲尔普斯和泰勒(1977)，泰勒(1979)，或斯文森(1986)。其他的则假设转移支付逐渐完成，如艾登(1994)，威廉姆森(1995)，或卢卡斯和伍德福特(1994)。所有这些文章都对一个递增函数 $f(x)$的短期货币非中性进行了理性化，虽然其他方式非常不同。很重要的是，休谟的悖论解决了：有许多理论使长期货币中性与短期平衡相协调。所有这些博弈(还有其他任何符合上述形式的博弈)都有这样的含义，即可预测的货币变化将不会刺激生产；至少有一些不可预测的货币变化能够

① 舒比克早就提出了这种分离点，参见例如舒比克(1980)。

刺激生产。[①]

采用上述何种理论有没有什么关系？这个更难回答的问题的答案取决于我们的目的。所有这些模型都区别可预测和不可预测的货币变化，这种区别在我看来是20世纪70年代理论研究的中心。另一方面，没有一个模型从只假设技术和偏好中推导出函数 f。f 当然取决于这些因素，但它也取决于人们对博弈都能获得的策略、行动时机、信息如何透露等等所做的具体的假设。此外，所有这些具体假设，为了易于处理，都是高度不真实和定型化的：我们无法在描述真实性的基础上对它们进行选择。因而我们没有理由相信货币政策改变时函数 f 依旧不变——实际上这只是一种菲利普斯曲线，我们也没有可靠的方法将它分解为容易理解的各个分量。

强调可预测和不可预测的货币冲击之区分的理论，引出了大量统计校验。萨金特(1976)将可预测货币变化没有实际效应这一预测解释为这样一种假设，即货币不会"引起"——在格兰杰(1969)和西姆斯(1972)的意义上——失业率的变化；他还发现这一预测得到美国各时期的确认。巴罗(1977)用 M1 回归于其滞后价值的残差来衡量不可预测的货币冲击，并得出结论：失业率将对这些冲击做出反应，但不对当前和滞后的 M1 做出反应。[②] 卢卡斯(1972)模型的信号加工特征意味着：货币乘数的数值将随货币变化幅度的增大而下降。卢卡斯(1973)和阿尔贝洛(1981)的跨国比较报告，以及柯曼迪和默吉尔(1984)报告的更广泛的结果，肯定了这一预测。

在卢卡斯(1972，1973)的模型中，交易是在竞争的但又不完善的市场上进行的，所以货币政策的任何实际效应都必须通过价格变动来实现。文章最后一段描述的检验没有使用价格数据，所以没有检验这个预测。要求货币冲击必须通过价格变动来传递的其他计量经济文章，远没有提出有效的检验方法。萨金特(1976)和雷德曼(1979)的估测表明，不可预测的价格变化只依赖于少量产出变化。虽然这似乎说明货币出人意料的变化有实际效应，但这些效应并不像卢卡斯(1972)表明的是通过价格出人意料的变化而传递的。[③]

结　论

20世纪70年代研究的主要发现是可预测的货币增长变化和不可预测的变化有非常不同的效应。可预测的货币扩张通胀税效应，并使通胀增长率大于名义利率增长率，但它们与休谟描述的对就业和生产的刺激无关。另一方面，不可预测的货币扩张能刺激生产，就像未预见到的货币紧缩会引发萧条。对可预测的和不可预测的货币变化进行区别的重要性是各个不同模型的共同内涵，这些模型都运用了70年代为解释

---

① 当然，这一结论要求对通胀税一般的说明。

② 金(1981)对这篇文章是否真的检验了卢卡斯(1972)的模型的意义提出了疑问。

③ 华莱士(1992)构造了卢卡斯(1972)模型的一种变体，其中各个市场的实际的货币变化不必全是负的(这样总的货币变化可能是正的)。在这个更一般的模型中，货币变化能导致产出同方向变动(但不完全相关)，通胀—产出关系则有两种可能。萨金特(1976)和雷德曼(1979)中的证据并不明确地反对这种差异。

短期替代而发展引起的理性预期。这个区分与图 1 和图 2 所示的长期资料，与图 3 所示的逐年变化，与费里德曼和施瓦茨对美国各次危机的解释，与萨金特对欧洲恶性通货膨胀的结束的解释，都是一致的。

可预测和不可预测的货币变化的区分，它的中心地位的发现，是许多研究者为构造一个明确的数学模型以解决休谟提出的问题而做出的努力的结果。但我认为，20 世纪 70 年代抓住了这个区别的任何一个模型，现在都不能看作令人满意的商业周期理论。也许部分的许多研究都仿效基德兰德和普雷斯科特(1982)，强调实际力量对就业和生产的效应。[①] 这种研究表明，一般均衡推理可以怎样把原则运用到研究经济对冲击的分散滞后反应，运用到研究冲击自身的性质。更近期有许多人将货币特征重新引入这些模型中，我希望在这方面进行更多的研究。

但谁能说未来的宏观经济理论将如何发展？谁能比在 1960 年可能就预见了我在这篇演讲中描述的发展的人看得更远呢？我们能够肯定的只是，人们为明确提出符合实际的理论的长期努力将取得进展，最好的和最实用的宏观经济学将利用基础经济理论的发展。

(黄聪聪 译 柴志贤 校)

---

① 直接检验欧拉方程含义的方法——在霍尔(1978)中首次提出，由汉森(1982)中描述的方法得到改进——也取得了很大成效。

1996 获奖者

詹姆斯·莫里斯

James A. Mirrlees

【获奖理由】在不对称信息下对激励经济理论做出了奠基性贡献。

生平简介

1936 年	出生于苏格兰明尼加夫
1963 年	获剑桥大学经济学博士学位
1963—1968 年	剑桥大学任教
1969—1996 年	任牛津大学教授
1976—1978 年	任财政部政策最优化委员会成员
1980 年	出任国际经济计量学会副会长
1995 年	任剑桥大学政治经济学教授
1998 年	被授予爵士称号

主要学术贡献

莫里斯在经济增长与发展等方面成就非凡，曾与斯特恩合编《经济增长模型》一书，与利特尔合著《发展中国家的项目签订和计划》一书，并于 1975 年发表《关于利用消费和生产率之间关系的欠发达经济的纯理论》一文，对经济政策，尤其是增长理论进行了功利主义分析，探讨了不确定性对适度增长的影响、非再生资源理论、不可分割的增长理论以及耐用品的不可替代性定理等。在发展经济领域，莫里斯提出了成本收益分析方法，建立了低收入经济的发展模型，研究了国际援助政策的效用与结果。

由于他在信息经济学理论领域做出了重大贡献，尤其是不对称信息条件下的经济激励理论的论述，获得 1996 年诺贝尔经济学奖，该理论已成为现代经济学的重要基石。除信息经济学外，莫里斯教授在其他方面也有很多重要建树。最著名的是他对公共财政理论的贡献。他在福利经济学、增长理论、项目评估方面都有贡献。詹姆斯表示，他正准备对中国经济问题进行专门研究。

主要学术成果

《关于福利经济学、信息和不确定性的笔记》(1974)

《道德风险理论与不可观测行为》(1975)

《组织内激励和权威的最优结构》(1976)

1996 获奖者

威廉·维克瑞

William Vickrey

【获奖理由】在不对称信息下对激励经济理论做出了奠基性贡献。

生平简介

1914 年	出生于加拿大
1945 年起	任职于哥伦比亚大学
1947 年	获哥伦比亚大学哲学博士学位
1964—1967 年	任哥伦比亚大学经济系主任
1973 年	任美国经济研究局局长
1974 年	任美国文理研究院研究员
1979 年	获芝加哥大学人文学博士
1996 年	逝世

主要学术贡献

维克瑞教授获得诺贝尔奖，主要因为他的两项研究奠定了信息经济学的基础。一是他在 20 世纪 40 年代中期对所得税的研究，另一则是他在 60 年代初期对投标与喊价的研究。而对于投标与喊价的研究，可以说是维克瑞最重要的学术贡献。

各种各样的秘密投标与公开喊价看起来大不相同，维克瑞将之归纳成两种：荷兰式与英国式。荷兰式喊价是荷兰花市所使用的规则，喊价者由高价往低价喊，第一个举手者赢得标的物，并付出当时喊到的价格；英国式喊价则由竞标者由低往高出价，最后出价者赢得标的物，并付出他所喊的价格。秘密投标的规则，一般是由竞标者秘密写出标金再公开开标，由标金最高者中标，并以其出标为售价。荷兰式喊价的竞争者在决定何种价格该举手时，与秘密投票者在决定应该如何出标时，有着相同的考虑因素，故两者的均衡策略会相同，结局也会相同。

有没有与英国式喊价相对应的秘密投标呢?有。这就是著名的维克瑞投标法,其规则基本上与传统投标相同,唯一不同点是赢标者付出的价格,不再是他所出的标,而是第二高标,故又称"次高价投标法"。很奇妙的是,若采用这种投标法,投标者的最好投标策略,就是依照自己对标的物的评价据实出标。而其好处是方便投标者,如此投标者在决定其出标时,只要评估自己的需求,而不需要费力去搜集与评估每一个竞争对手的需求,所以大大地减少了投标者的准备工作。

主要学术成果

《累进税制议程》(1947)

《微观静态学》(1964)

《突变论和宏观经济学》(1964)

《公共经济学》(1994)

颁奖词

瑞典皇家科学院 / 贝蒂尔·纳斯伦德

尊敬的国王和王后陛下,各位殿下,女士们,先生们:

市场经济是一个企业生产成本与消费者偏好方面信息交互的庞大系统。但有时,在决策者之间存在信息分布的不均衡。贷款给客户的银行通常对客户未来收入方面信息的了解少于贷款者自己。一个保险公司对于损坏是由于缺乏妥善维护还是由外力造成的判断,往往比投保人更不准确。

在许多例子中,不完整、不对称的信息分布对市场系统有着最基层的影响。这是因为如此的信息优势可以被有策略地利用。

当代经济学研究在很大程度上都致力于研究如何在合约与制度的设计中减少信息不对称对社会产生的负面效应。如此的研究为我们带来了对保险市场、信用市场、拍卖、薪酬系统、税收系统之运作方式更好地了解。

今年的获奖者们为这些看似毫不相干的范畴打下了分析方法上的基础。他们解决了信息不对称在社会中有重要角色这一问题,也从此发展了一套拥有极广泛应用面的研究方法。

许多的经济交易皆是通过密封投标进行。投标者可能由于策略原因而受到报出一个不符合其真实支付意愿的价格之诱导。比如报出一个低于其支付意愿的价格。他希望借此而达成一笔对其有利的交易。如此之策略性行为可被证明具有负面社会效应。

威廉·维克瑞证明,若报价最高者无须支付其报价——而是次高的报价——那么他在透露其真实支付意愿中有个人利益。同时,所支付之价格反映了该物品被拍卖的社会机会成本。这样能够带来社会效能的提高。

维克瑞在这个领域的贡献带来了重要的实践性结果,比如关于政府安全、航空交通特许权、分级频谱执照等的拍卖的设计。

不对称性的信息对于所得税系统的设计亦有其重要性。1945年，维克瑞展示了税务系统的设计如何能够不仅将税后收入分配的目标（如平等化）纳入考量，也能考虑到税收不应扭曲经济行为这一点。维克瑞用数学方法以一种尤其考虑信息不对称——政府不知个体的生产力，且只有个人能够决定他的工作好坏——的方式将所得税问题模式化，并也将诸如税率等因素纳入考虑范围。维克瑞曾十分接近问题的解决方案，但他当时无法驾驭该问题在数学上的复杂性。

而26年后，是詹姆斯·莫里斯以他那已成为广泛的、信息不对称性具有相当重要性的经济问题中的模型的方式解决了所得税之问题。莫里斯将问题重新进行了模式化，使得解决方案的诞生成为可能。他建立了“个体具有按照其真实偏好行动之动机”的原理。

莫里斯也为双边交涉之分析带来了重要贡献。当投保人（代理人）相较保险公司（委托人）而言，对参保财务的损害是由于看护不当还是由外力（极端天气、偷窃行为等）使然更为了解时之情景，即为双边交涉之例。许多经济中的交流皆以此形式出现。比如，股东并不总是知道公司的利润或亏损是由于管理得当或失当，还是由于外部原因。

在20世纪70年代中期，莫里斯展示了合约之设计如何能使代理人亦能将委托人之偏好纳入考虑。莫里斯为此问题而给出的解决办法在许多方面都有其应用。

詹姆斯·莫里斯和威廉·维克瑞为经济理论中信息不对称情况下的诱因问题的研究打下了坚实的基础。

威廉·维克瑞在我们宣布他为今年经济学奖获得者后数日去世。遵从其遗孀茜茜尔·维克瑞女士之意愿，该奖将由他多年的朋友、同事洛威尔·哈里斯代为领取。

亲爱的莫里斯教授，我十分荣幸能够代表瑞典皇家科学院对您表示最诚挚的祝贺。我现在请您接受国王陛下的颁奖。

亲爱的哈里斯教授，我现在请您，代维克瑞女士，接受国王陛下的颁奖。

（孙久荣 译　唐兆希 校）

获奖演说

信息与激励：胡萝卜加大棒经济学　詹姆斯·莫里斯

看不见的手

在这一个主要探讨无知的讲座中，可能自应以亚当·斯密对经济的最著名贡献——他对于独立自私之个体在经济系统中共同生活、工作并以某种方式做到互相受益之愿景。首先，在《道德情操论》一书中，他说道：

> 富有者只从产物中选取最珍贵且无争议的。他们不比贫困者之消费多出许多，且即使他们天性自私贪婪……他们仍与贫困者分享他们进步的产物。在看不见的手掌控之下，他们对于生命中的必需所做出的分配，与在地球被均分给其栖息者的情况下之要求大致一样。(IV，i. 10)

这一点与晚些时候帕累托对于何谓“最优”之经济均衡之概念相去甚远。的确，像刚才所引用的那句，斯密在早期的这个观点并不可行。它倒是定下了一些中心思想：经济以一个系统的方式工作，及所有人的利益可以从中生发之概念。晚些时候在《国富论》中，他正确地议论道，个体利益最大化意味着我们所谓国家收入的最大化，且说道：

> ……以最大化其产品价值的方式指导一个工业时，(每个个体)的初衷只是为了他自己的获益，且他如其他许多例证中一样，也是被一只看不见的手掌控着为某种最终结果做出贡献，而此结果并非其初衷的一部分。(IV，第二章)

这里没有提及对于贫困者可能存在的好处，也完全没有提及收获之分配。

如许多代经济学家所言，看不见的手学说中有两部分。第一部分即一个经济均衡需为帕累托最优：它是一种对商品和劳务的分配方法，其特点是没有其他分配方法可以使所有人变得更好。我们并不能完全说它是好的配置，但对于所有人来讲，比许多其他潜在的配置方法要更好。经济均衡必须在完全竞争的环境之下产生。第二部分则是，所有帕累托最优之配置都可为经济均衡。若要实现这一点，资产的初始分配必须十分理想。为了能使理想配置发生，地球在栖息者间均分可能会成为必需。第二点，至少在标准形式下，对科技上的可能性做出了其能够达成完全竞争之均衡的假设。主要来讲，规模经济需被排除，或者在这些工业中的生产水平以某种方式确定，比如通过某种规划。这是一个有趣的问题，但我们现在先将其跳过。①

20 世纪 50 年代时，这些说法是我所学到的福利经济学的核心内容。伊恩·雷托(1950)及詹·格拉夫(1951)提出了该理论的许多重要难点，尤其当它被当作经济学建议及政策和思想之基础之时。该学说是许多经济学家所认为，能够用来告之世界及其统治者的内容的主要构成因素。它是自由贸易论辩、增强对垄断的控制、成本收益分析方法及公营企业边际成本定价政策的基础。它也被用来支持自由市场及财产私人所有权的延伸，以及对于哪怕是在计划经济中运用价格系统的建议。

但该理论的缺陷却看似严重。许多经济交易在个体的经济主体或公司之间展开，且在市场一方有显著的垄断现象。重新审视这个问题时，这似乎是缘于搜索成本、转换成本及对在(信用市场中)未来完成合约规定的不确定性。这些因素不隶属于经济

---

① 有进一步拓展该命题的方法，在莫里斯(1995)及引用该研究处有所讨论。

竞争的模型。我们或许可以说，这些与假设的偏差很小，且在经济前景的容错范围之内；但我本人不敢苟同。

另一项主要的缺陷即在将最后的均衡认定为优良之前，对于拥有人际特定的资产分配之需要。当完全理解这一点后，会发现这根本不可能达成。

这一难点的特质是什么？我认为，在20世纪50年代时这已经非常清楚。比如，在威廉·维克瑞的著作中即是如此。[①] 若欲有优良之均衡，我们需要有一个践行所需的政府。其所需即制定一种人际资产分配的方式，以使得理想配置构成一个均衡。这点是可以做到的。在一个极为简单，且许多经济学家都会设想到的模型中，尽人皆同，且每一个人都仅从单一的、有固定可用量的消费者货物中得取其效用。如此，政府便能轻易做到。假设消费的边际效用消减，且个人之间的效用可以比较，那么我们所需即是等量的分配。除了人口普查之外，不再需要其他信息。人们可能对效用的可测量性甚至意义存疑，但在一种粗略且容易的方式中，认为从富人到穷人的转移支付是一种进步也不无道理。当这点达到逻辑允许的极端时，地球上之财富应被等量分配。

这不是一个受欢迎的政策，部分来讲这也有好的原因。显然地，如果一个完全均分的政策被实施，那么一般意义上驱使人们工作的诱因将会消失。"各尽所能，各取所需。"（卡尔·马克思《哥达纲领批判》）即使理想，也不可行。简单模型中没有什么能支撑这点。

税　收

那到底何为主要问题？总体、务实地讲，第一个福利定理中的资产的重分配需要政府无法获得的信息。理想的政府需要知道富有之人拥有什么、能做什么，方能决定收取多少或给予多少。如果人们得知政府需要这样的信息，他们可以通过某些方式隐瞒信息，而如果能够借此获益的话，他们也的确会去这样做。第二个福利定理中对信息的需求无法被满足。依赖个体特征，而非其行为，所进行的转移叫作总量转移支付。理想的总量转移支付，实际地讲，没有可能——它们需要的信息无法获得。实施该种转款的尝试会损坏信息的价值，而这些信息正是这种尝试的基础。

根据这样的思维，在20世纪60年代中期，彼得·戴蒙德和我相信，需要在财政学语境下来考虑经济福利及经济政策。最开始，我们研究了一个通用的经济模型，其中政府完全无法运用总量转移支付之手段。[②] 这显然有些过于极端，所以我们接下来允许政府运用均等的总额税，或者，更说得通的，总额补助。否则它就需要利用税收——从纯粹的福利定理来看这种税收是对定理的扭曲。这是一个消费者、生产者皆为价格接受者的模型——但他们并不一定面对同样的价格，因为税率可以使得交易双方面对不同的有效价格。这就个人经济主体拥有竞争行为一点来讲是一个传统的模型，但这

① 这个问题在维克瑞(1945)中有粗略的讨论。这篇论文主要展示了下文会讨论的收入重分配税收模型。

② 我们所发展的理论最终在两篇论文中被发表：戴蒙德和莫里斯(1971)。

个经济体是扭曲的，且此种扭曲可为最优。这便是我们所想研究的对象。

关于有扭曲性的税收在早些时候有一篇重要的研究。这个理论由弗兰克·拉姆齐(1927)应庇古的要求最早提出。他研究了消费者皆同的一个经济体，并假设税额全部来自商品税。法国的布瓦托(1956)晚些时候独立地建立了在一个悖论的、完美的总额转款被认为应该发生的经济体中，由零利润限制的公共设施定价的同构理论。塞尔吉-克里斯托弗·科尔姆(1971)也建立了一套系统而通用的理论。

我所讲的有趣之处在于我们所发展的理论的形态，而非其内容及作用。该理论中政府的行为是一个仅仅基于其观察的函数。每个个体消费者的本质均被假定为不可观察的，而政府可观察到的仅仅是他们的行为。最为突出的例证便是商品税。该税能够带来与消费者选择购买的货物数量成正比的税收。政策的抉择考虑到了消费者对税率变化的反应，即购买量的变化。一个均等的总额补助完全不需要信息，所以理论上允许。以上所有政策手段皆有我们说的激励相容性：政府完整地考虑到了人们出于自己的利益对税务系统的改变而做出的回应。

在一方面中，消费者特性的信息是必需，即人口集合中这些特性的分布。政府通过某些途径，对分布情况有所了解。原则上政府可以询问或对人口进行种种测试。因为此种信息只以宏观形式被利用，所以个体告知政府事实上并不会吃亏(或受益)。只有当个体纳税义务被此种信息揭示影响时激励相容性才会被违背。我们设想政府会为了研究消费者而获得并使用一个由取样消费者的行为来估计消费者类型(对不同商品的偏好强度、他们供应劳动力的特质等)的计量经济学的模型。最佳税率及税率改变的方向上的计算都以这种方式完成。应明确地允许人口中特性分布上存在偏差及与之而来的预算平衡问题。但我们没有在这一个相对微小的难处之上多费心神。

这便是一个信息不对称的模型。其中，当政策确定之时，个体消费者对于他们的品位与能力的了解要多于政府。因为所有政策的参量都能在模型中出现，所以它比较通用。这种通用性没有被完全地开发。

所得税

将问题更为具体化并研究某一种拥有真实经济中最为显著特点的经济模型是十分有趣的。这样模型中的一种将经济看作永恒的存在，其中人们仅享受一种消费商品，并提供劳动。如之前所说，威廉·维克瑞已经提出了此模型中的最优税收问题，虽然他并没有提出解决的方案。在这一模型中，收入重分配性的税收可以简单地描述为所得税，有着将每个个体的消费作为其劳动所得的函数的效果。

所得税的要点在于税收可以是关于收入的一个很复杂的函数：税款不需要与收入成正比，且实际中也很少如此。在真实的经济体中，收入其实由数种元素组成。一般很容易分清劳动收入与资本收益，至少概念上是如此。(现实中，尤其是自营者，区分可能很难实现；且资本，包括房产的净收入本身可能很难测量。)下文中，我将假设我们在讨论劳动所得。劳动所得的税收可以不呈线性。同样的，一些其他诸如通话、电力等货物亦是如此。完全非线性的税收，与线性税收一样，有激励兼容性：税款的计算方法仍是基于消费者公开可见的行为方式。这点的预设是，因为非线性相较线性更为通用，所以其更有优势。

实际上讲，我们没法预见非线性特质有多少优势。许多国家曾经或仍然有边际所得税率上的差异，且大部分情况下个人所得税法规定边际税率随收入增长而增长。一些国家的社保或者税务中还有其他元素在形式上与所得税相像，比如失业保险，或者低收入家庭财政支持项目。许多情况下，这些元素具有造成低收入人群的边际税率增高的效果：获益随着收入增高而减少，有时甚至是一比一。典型的实际税务系统因此对于低收入及高收入人群都有高边际税率，而在介于两者之间的人群范围则有较低的边际税率。我们容易将大多数的税收，除了资本收益税之外，看作组成劳动所得税的一部分：若不同消费者货物拥有同样的税率，那么这将是正确的。无论税率如何，我们都可以将实际税务系统与以上这些画上约等号。

考虑最优所得税系统的下一步，是退一步以直接考虑税率，而非考虑真实货物及劳动力之配置。退一步考虑本文所基于的、普遍的福利经济学之优化证明是有优势的，但现在，在配置需可行的约束之上获得新的一种约束——激励相容性——也是如此。政府之诱因相容的转款的问题可以以税率的方式来看。但这实际上是一个更为基础的观念。需要问的问题是：如果政策需要兼容诱因，何种配置是有可能实施的？以一个特殊的模型来思考似乎比较好，但其实问题的答案最后在一个十分通用的模型中亦显得很简单。

该特殊模型对我来说十分自然——其中个体消费者可以选择劳动供给量。每一个消费者的情况都可以以两个变量来描述：消费及劳动供给。每一个消费者的类型由一个参量决定：生产力，或者等同地该消费者的工资率。经济体中，有既定的工资率分配，且政府对这些有充分了解。不同个体的实际生产力是真实的。政府可以观察每一个个体的总产出，即已知收入下的产量及工作量，但政府无法只观察这两者之中的一个。关于可观察性的这个假设有些极端，我后面会再提到。但政府可观察的事物范围有一定的、严重的限制，且这一个假设与税务系统只与总收入而非工资率相关这一点相呼应。

政府也应该有一个目标，一个关于福利最大化的度量，一个个体效用的总和，且与个体对消费及工作的偏好一致。这点在分析的第一步，即找到一种描述政府可能采取的真实配置的方案，这并不重要。而这个方案指的是具有激励相容性的、整个人口的消费与工作的真实分配。这些是在有些所得税系统之下可能实现的配置，但我想要描述的是在不提到税务的时候，哪些配置是可能的，而这是走向一个关于一般税收的可运算的模型的重要一步。

我之前提到，答案是简单的。我将它表示在图1中。我们将每一个消费者的工资与劳动的产出设为收入。激励相容性要求每一个消费者从一个可供选择的消费——收入的集合中做出选择。该集合定义为消费者间消费及收入的配置。图中标为 BB′ 的曲线描述的即是这种配置，并显示了不同收入水平下的消费水平。每一个消费者都从该曲线上的值做出选择：每个人都有一条无差异曲线与曲线相切，比如图一中的 II′ 和 JJ′。更为准确地说，我称之为曲线的，可能并不是曲线：它完全可能有夹角。但是，从这个简单的论点我们可以知道,一条曲线必须低于一组无差异曲线(每个消费者都有一条对应的曲线)中每一条曲线的最低点,即必须从下方包罗所有无差异曲线。这样的结果是,随着工资的增长,效用也会相应增长,其增长速度等于效用关于工资的导数,使得消费与收入保持均衡。而且,收入是关于消费者工资率的一个递增函数。这两点一起描述了激励兼容的消费/收入配置集合的特点。

证明这个结论需要做一个关键的假设。我们必须假设工资率更高的人群总是比工资率相对更低的人能更轻松地(通过工作)得到更多收入。这比看起来更有限制性,且不只是一个对递增工资的定义,而似乎是一个完全合理可行的假设。在图中,这个假设意味着不同人群的无差异曲线互相之间仅相交一次。这样的状态被称作单相交特性(有时也被称为斯宾塞—莫里斯状态①)。有了这个假设,对于诱因相容配置的定义就完整了。

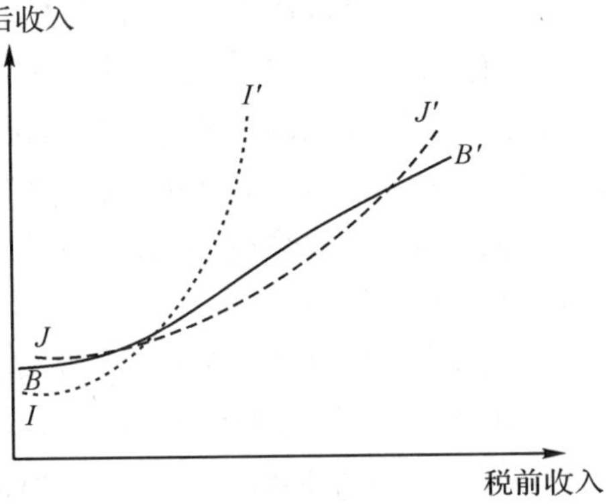

图 1 诱因相容性

与此同时,也是十分关键的,原来的最优所得税问题现在可以被转化为一种极似控制论问题的事物。其中,效用是状态变量,收入则是控制变量。刚刚所描述的兼容之状态基本上与效用关于工资率在人口中增长之速率等于个体效用关于工资率的不完全求导之说法等同,只是一个关于个体消费、收入及工资的已知函数。多讲一些实话,我们需要将所有这些都进行某种概括,因为效用并不总是关于工资的一个平滑的函数。因此所有这些的完整数学证明会非常烦琐。对结果的运算亦非易事,因为实际上需要检验是否有一个范围内的消费者都有着一样的收入。但这可以是做到的。②

此分析令人振奋的一点,也是一个完全的惊喜,是它的有效性。这样说使得问题显得有些突兀。我们还是这样说吧,完全非线性的税收之应用的确能解决一个困扰了税务理论学家许久的问题。在彼得·戴蒙德和我所做的关于最优商品税的分析中,我

① 迈克尔·斯宾塞(1973)在信息不对称市场模型中用了这个条件。

② 所有这些都在莫里斯(1971)中被提出,但完整的数学证明(在牛津大学纳菲尔德学院的讨论文章中出现)只在莫里斯(1986)中以铅字出现。

们得到了最优税收的第一级条件，也探索了其多种理解方法及用途；但这些条件并不一定是优化的条件，至少不一定足够。在任何一个模型中，最优税收的计算需要的条件应远多于第一级条件的范畴，除非运气极佳，而有一个特殊的解决办法。该问题不应该困扰简单的、拥有完美总量转移支付的福利经济。在所得税问题中，在我刚才所用的模型中能够轻易完成检验的、更为简单的条件，意味着等式的解的确能够给出最优：条件充足且必要。当计算完成时，我们会知道答案是否正确，而不是觉得答案似乎正确。

任何一个情况中模型的解显示出消费应与收入相关。由此方能讨论所得税税率，将收入与消费之间的差异理解为税。请记得在此模型中，配置能够仅凭此税而完成。模型中的所得税与实际中劳动所得税及诸如增值税等消费税之和相呼应。

在某些例子中我们进行了模型的计算。这里有三项假设：工资分配，个体在消费与工作间的自然偏好，以及从生活更为富裕之人向穷困之人转移支付的行为被需求之程度，即福利函数纳入个体偏好的方式。在 1971 年的论文中做出了关于消费/工作偏好最为简单而合理的假设，即工作偏好与休闲偏好之间单位替代的弹性。至少对于男性工作者来说，工作自此意味着弹性过高。晚些时候的研究显示[①]，边际的税率应因此比最开始的计算中所得出的要高。劳动所得的分配并不总是容易观察。任何情况下，跨时期形式在实际生活中都十分重要，但在模型中都完全不存在。对数正态分布及具有帕累托侧边的分布都有试用，并给出了明显不同的结果，尤其是在高收入范围。不同的福利规格对于低收入有着比高收入多得多的效果，且此说法有坚实的理论基础。一定水平的政府开支（军事、警力等非福利支出，系最优税务系统的一部分）也被假定为必要。

所得到的结果由图 2 和图 3 表示，包含了马蒂·托马拉的计算结果。参数 β 和 ε 描述了所假设的平等主义的程度，以及消费与劳动力供应间互相替换的弹性。$\varepsilon=1$ 与 1971 年论文中所计算的情况对应，$\varepsilon=0.5$ 或许是一个更为切合实际的值。

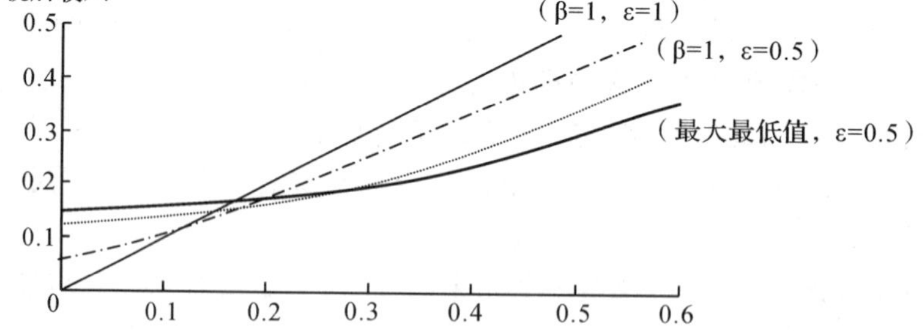

图 2　最优所得税明细

β=1 表示福利为效用之和。

ε 是消费者劳动与消费之间替换的弹性。

来源：马蒂·托马拉：《公共经济日志》(1984)。

---

① 托马拉(1990)。

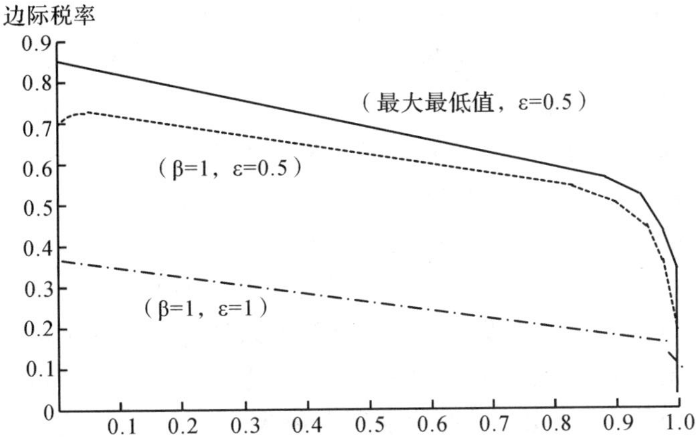

图 3　边际税率

来源：马蒂·托马拉：《公共经济日志》(1984)。

这些结果中有些方面令人惊异。许多情况下，边际税率在收入范围中间呈最高，然后在趋向更高或更低收入时有所下降。这与实际税收系统相反。这在当时是一个看上去有理有据的特点，尽管晚些时候的计算与结果显示，边际税率在最低收入时可以很高。(在一个极为平等主义的福利裁决模式之下，边际税率似乎随着收入升高而一路减少。)另一个结果，数字上并不十分令人惊讶，但在考虑上有其重要性。结果便是，有正数量的失业率是最优的。选择不赚取收入之人都因我们不想让他们挨饿之愿望而享受补助，而生产力低下的人群因此会觉得薪酬的低数量使得工作显得徒劳。

我们可以通过考虑一个收入不平等程度较低的极端例子来更深入了解问题与结果。限制情况则是当所有人的收入一致之时。如此一来激励相容问题就不复存在了。通过总额税来为纯粹的政府支出筹款则是最优。边际税率为零。现在，令收入有轻微的不平等，而工资范围则是从零到某一个高数值，但方差不大。对于工资收入水平中段的人(即人口大部)来说，税收应与工资平等之情况相似，即低边际税率，及一个足够支持政府开支的平均税率。但这无法应用于最低收入人群，因为他们无法缴纳总额税——因为这将意味着负值消费。消费/收入明细图因此必须在低范围侧弯曲，且永远在赚取平均工资者的无差异曲线之下。从这一论点中很难看出消费/收入明细图的斜率在低范围应该有多低，但其一定比平均收入范围值要低，也就是说，边际税率在低范围会比在中间范围高出许多。

工资分配愈加不平等时，最优消费/收入明细图之形状变化相当复杂。另一个低范围有高边际税率的可能原因也可被纳入讨论范围。若实际上人们喜欢工作，那么为低工资率人群提供工作激励或许并不十分重要。这可能意味着接近或达到 100%的税率在收入范围最底部可能为最优。在高范围，彼得·戴蒙德尚未发表的近期研究显示，倒 U 形的消费/收入明细图会较为普遍，其中边际税率在分布的众数处仍在增加，但最终会递减。

关于此模型及其通用化概括有更多质的结果值得关注。最出名的是菲尔普斯(1973)及赛德卡(1976)的结论，对于工资最高之人(若存在)的最优边际税率为零。在我自己的论文中，所有工资分布中都没有最大限值。菲尔普斯—赛德卡的结果强调可能存在的最高收入应该被施以零边际税率。实际最高收入有极大的误差值：很难接近边际税率可为零的收入水平。

艾特金森与斯蒂格利茨(1976)的研究带来了重要的通用结果。他们找到了允许一个有许多消费商品的模型只利用劳动所得税即能达到最优的属性的理想通用条件。这转向了消费商品在劳动及消费特征偏好上的可区分性。如果这些条件在跨时期偏好下成立，那么生产资本不应该被征税：这即是均等支出税为最优的情况。克斯特里安森(1981)有过紧密相关的结果。当有一个与个人消费货物在劳动与工资中各被分到同一类的公共货物时，萨缪尔森公共品定律(即边际替代率之和应与边际转换率相等)成立。这些结果需要任意非线性劳动所得税收之可能，这也是十分合理的。诱因相容系统的通用模型能够带来比仅应用线性税收时的结果整洁、有条理得多的结果，这一点十分有趣。

最后，值得一提的是，该模型比看起来更为通用，因为模型中的收入为可见收入，而消费则是消费者被看到的净支出。逃税行为在这个消费变量上是可见税后收入，而收入在报给税务局的数值的经济架构中完全可能被包容。缺少的便是其他方式的监管与评估。但这些方式即使没有蓄意逃税的行为也可以被施用。在一些国家，逃税行为随着税率的改变而改变之可能，比劳动供给的变化被认为是更重要的。

不对称信息

我们所考虑的税收模型只是委托人(比如政府)与代理人(消费者)间有信息不对称现象的一例而已。个体消费者对于他或她的个人能力比政府有更好的了解。政府可以将他们自己想成正在与消费者代表做交易，但并不知道消费者的具体类型。许多经济关系都隶属于委托人/代理人一类，尤其是雇主/雇员关系。我所概括的这种分析适用于当代理人的表现可见且可测，但代理人相较委托人对比如不为雇主所见的努力与工作表现间的关系等事物知道得更多之时，亚当·斯密当时就知道有问题存在(虽然他没有直白地指出使得逃避问题可能的误差)：

> 每一个人都会想活得尽可能轻松；如果他的薪酬将保持准确不变，那么他是否完成一些劳动上的义务这一问题上，他肯定有完全忽视之，或在如果有一个不愿让他受罪的权力部门的监管的情况下，尽量就权力部门的允许度而不修边幅而懒散地完成义务之兴趣，此人对义务的忽视程度视其对“兴趣”两字的理解的世俗、粗鄙程度。(《国富论》，V，i.7)

我们可以认为他过于无视金钱激励系统，但我们有必要回想起，权力可能是对此种关系的极好描述。一个信息不对称的最优支付系统中，如果在一定范围内表现出薪资随着工作表现增长而迅速增长的现象，但在低收入有低表现，而在高收入处没有太多的增长，那么系统中完全可以有一个独裁的人物。这便与委托人说“从我者生，逆我者死”无异。所得税问题中最优的表单有一个有趣的特点,消费的增长速度永远小于收入(等同地,边际税率永非负值)。更有可能的是,如此艰难的一个关系在实际的信息不对称的情况中很难成为最优。[①]

雇佣关系带来许多有趣的新可能,比如将薪资与他人的工作表现相关联。如果被比较的两人没有什么关系,那么这便没有实行的价值。当他们互相之间有关系,且代理人之间无法合并,那么使薪资的部分取决于相对工作表现就有其道理了。

我们或许并不期望政府出台一项取决于我们的邻里(或远方竞争者)及我们自己的收入的税款。但这样的可能在未来超脱以上所描写之信息不对称的情形的机制设计发展中有着值得玩味的用途。代理人可以被要求在比我们会用到的描述他们表现及收入的简单信息复杂得多的集合中做出选择。马斯金(1985)提出了让人们在面对会对前后不一致的答案做出严重惩罚的激励的时候,自己找到在工资分布中的位置。通过此种手段,他便从某种程度上讲,能够实施一个最佳的最优。这套理论似乎对代理人间的信息有极高的要求,但皮克第(1993)找出了更为可行的方式来在同样的总体观念下找到最佳的最优。激励相容性的简单模型完全不会竭尽信息不对称情况下的激励机制。

在信息不对称的其他应用方面,还有调控者对公司的控制及效用对产品的定价。在一条有趣的发展线中,先是巴朗及迈尔森(1982),后来是拉冯与梯若尔(1993),证明了如何通过将公司看作了解其成本架构的代理人、将调控者看作对公司成本不确定的委托人来分析调控行为。公司的输出及输出的售价与市场需求相关,且这些都是公共信息。看调控问题的一种方式是设置一个输出变量税。这点可以用我所描述的方法来分析。

同样地,效用使得消费者面对不同的偏好,并将价格与所用数量以极为繁复的方式联系起来。与调控模型一样,有多种产品,而且应考虑不同时候消费的同时定价。这一点当消费者的品位以多维方式变化的时候尤为困难。我所讲述的简单技巧在此种多维问题中效率要低得多。但威尔逊(1993)及阿姆斯特朗(1996)在解决此类问题上带来了重大进步。

在所有这些应用领域中,时间维度都有其潜在的重要性。让我们回到税务问题,我们可以发现,一些新的疑难问题又涌现出来。我们可以考虑对于每一代,或者每一届,以对他们来讲合适贴切的方式来征税。每一个人都向公共税款池做出贡献,但我们可以明确确定出生年份,并将之作为征税基础。因此,理论上讲,我们应该考虑为每一代人设置一个不同的税收系统。政府不会去做这件事,我会讲到为何如此,以及为何我们想要他们去做此事。

应该预设每一个个体的能力与未来的能力紧密相关。为了简单易懂,我们来考虑每一个人的工资在其一生的工作中保持不变。某一些诱因相容的税收系统可应用于第一年的收入。人们决定工作的努力程度及工作内容:有些人得到高收入,有些则低。

---

① 在莫里斯(1976)中,对这些内容的一部分有所探究。

如果已经发展的理论适用，那么有着高工资的人会选择得到更高的收入。下一年中，政府便知道了他们上一年得到了何种收入，也因此能够猜测他们的工资率。现在政府便能够根据工资率而非收入来进行收税，即基于消费者的基本特征。那么就不再有对诱因的担心，至少在当前的时期不用。税收可以与实际得到的收入相独立，而仅与（基于前期表现之）工资相关。在边际上，诱因为最优。实际上，工资相关的税务实施总额税收，且对高工资人群应该更高，而对低工资人群则应该较低，甚至为负值。实际上，最后在合理的模型中，低工资人群会比高工资人群获益更多。

如果这发生在第二年，那么还在第一年的人们，或许会决定他们宁可不要被归为高工资人群。他们完全可以选择同样的收入，且说为零。第二年的政府便将无法估算工资率，所有方面都会崩塌。我们描述的所期望的最优不是一个均衡。在没有人做任何事时有一个均衡，但这令人完全无法满足。问题在于，第二年中，政府按照所描述的方式行动是理性的。所以，造成问题的是，对政府这种理性行为的期待。我们这里讲到的是，跨时期不一致性的一个不好的例子。如果政府可以提前运行对未来几届人都适用的税收系统，那么我们则可以回到已经被描述为最优税收系统的"次优"均衡。或许还可以比这更好。谜题是政府从不为未来的税率做出足够的工作，也无法轻易地完成此事；但所描述之问题不会浮现。通过接受不同时间出生之人都被同一系统征税这一传统，政府可能被期望提供这样一个保证，代价则是放弃税收歧视的理想基础。

我们或许不应该将这一点说出来。好像反思自己如何能够走路而不倒之人，我们可能通过这样的过程给自己带来很多麻烦。我们在宏观经济政策中有由基德兰德和普雷斯科特（1977）所点出的问题。在微观经济政策中，我们并不将他当回事。或许在资本税收问题上拘泥会带来许多困扰。

道德风险

一定程度上，个体经济代理人在做出决定时对他们自己的偏好及能力也不是完全确定。代理人掌握的信息并不比委托人完整的极端情况，在保险中被叫作道德风险。如果代理人的行为无法被观测，当行为与表现之间没有确定的关联之时，一般来讲，无法根据工作表现来推测一个个体的行为。这一点能够比信息不对称模型更好地表述其他许多的关系。医疗，或许有些令人惊奇，在经济著作中被视为这一点的一个首当其冲的例子。[①] 农民用分成的利润与收入买下农田的佃农式耕种似乎是一个好的例子，许许多多意外保险亦然。当然，一般来讲，有来自每一个例子的元素。我将在讲座末尾提及这个问题。

将消费/收入模型当作一个道德风险模型来研究是十分有趣的。[②] 那么我们假设有效的劳动供给的决定在生命早期就做出——在学校要多用功或者职业选择等。政

---

① 见于阿罗（1963），他对信息不对称性亦有所见解；及保里（1968）。

② 瓦里安（1980）研究了这个模型，但我所做的讨论将主要为莫里斯（1974）在当代语境中的解释。

府需要想出一套能够迫使人们在早期就更为努力的税务明细,比如使得收入越高回报越大,并以此种愿景来鼓励早期的努力。政府可能(在简单的情况中它便会)想要所有人得到同等的收入,但这样一来就没有让人早期努力的激励了。

这样的问题一般分析时都有做出每个人都试图最大化他的效用之假设。我们有充分的理由来认为这是错误的。至少其他关于这种情境中不确定性之下的决策的理论的后果应该被探讨。但我将继续来讲传统的理论。

努力到某一些程度时是最优的。为了使人们践行,需要建立给他们的激励。如果这是一个行为良好的问题,且在简单情况下一般都是,我们需要安排在消费的预期效能上的努力之边际效应去一些特定的值。同时,政府为人们做出与数值对应的努力时可用的总消费所限制。为找到合适的激励,可以预想在低收入水平范围内的消费的水平会较低。在较低收入水平上,更多的努力会减小该结果发生的概率。削减消费能够优化激励,尽管预期效能会因此降低。

因此,消费应该在激励优化程度与效能丢失相比相对最高的收入水平上,即与努力程度相关的输出概率的弹性较大时,消费应该被减少。那么,这就是一个相对简单的想法:在努力程度对被观察的输出水平上的概率有着成比例的影响时应减少消费。

此模型中收入的对数正态分布有着惊人的特点。如果这是关于为收入所付出努力之效果的不确定性的属性的话,当收入趋于零时,关于努力的概率之弹性将趋于无限。因此,在模型中,政府能够得到一个极为理想的结果,而且似乎激励之限制都可以被忽视了。政府则是通过定下极低收入上的人有着低消费的制度。这种方式能够获得的成功多少取决于当消费变得极少时效能变得多低。

这非常古怪,也当然不可接受。在这一个模型中,其不可接受的一个原因在于,实际上人们可以在“最后时刻”改变他们的劳动供给。另一个原因则是,它假设了人们可以睿智地去计算小概率事件,而这当然并非总能成立。最后,所有避免极低收入的结果的努力都能增长高收入结果之概率的假设不是很实际。

但此分析仍然在告诉着我们一些很矛盾的事情。它告诉我们,以惩罚手段作为激励——我们可以将之描述为当结果极差时的极低消费——如果在根本上可以接受的话,在带有道德风险的委托人—代理人的情景中是最为合适的。更为准确地说,在所有的可能结果中,当行为有着不能确定的后果时,惩罚或许是合适的。在相反的例子中,也就是代理人对其行为的后果有充分认识的时候,惩罚便不再合适。严重车祸等事例中采取严苛的惩罚,但对于故意犯罪则不采取,这将能够算作合适。总体来讲,我并不说服自己这个解决方案是正确的,而为了将这个明显是最为直白而自然的例子的解决方案中最为极端的特点抹去,而将该模型重新进行模式化的途中还有许多未完成的工作。

这些解决方案中有一点较有说服力。在比如无法对代理人施以严苛惩罚的雇佣关系的例子中,在许多不好的结果之下都会有炒鱿鱼的发生,然后回报可能在一些结果之下迅速增高。在这样的例子中,结果与有着命令不可抗性的权力关系大同小异。此种解决方案表示在图 4 中。

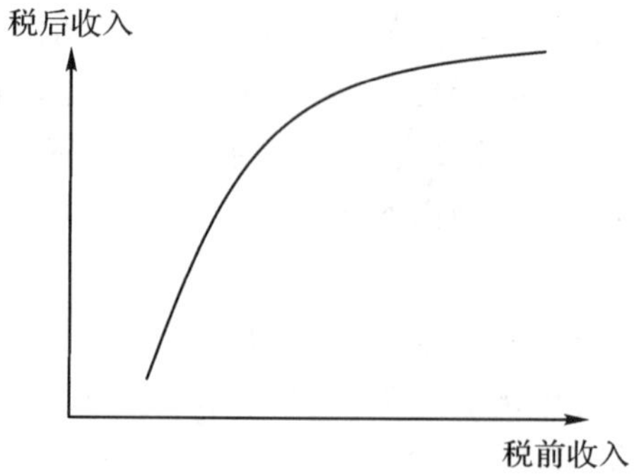

图 4　道德风险下最优支付明细

这样的问题中，一个人往往能够得到完全合理的支付明细，此便是与努力相关的概率弹性的支付，或支付的边际效用。这给了我们一些对支付明细表的形状的印象，但精确的计算会比较烦琐。但所标示的解决方案中的方法不一定总能有效。比如有许多并不特殊的，当我们无法精准地描述道德危机限制（即诱因总会迫使理想努力程度发生之限制）时的情况。此理想努力程度是代理人的决策必须满足的第一级条件。[①] 有时在来年各个选择之间代理人应该被赋予一种无所谓的态度，并被迫使只选一个。比如，彼得・戴蒙德与我（1977）所研究过的一个最优退休的模型中，这是最优养老金系统的一个主要特点，而代理人则遭受着各种身体机能的减退，因此对退休的日期无所谓，虽说只有其中一个日期是最好的。对最优的明细表的稍微扰乱即可确定迫使代理人选择哪个正确的退休年龄。

通过将代理人的第一级条件作为限制使用，而预先看出哪些模型可以完善地被解决，并非易事。我所猜测的一个足够条件的集被罗杰森（1985）证明是真实有效的。更为通用的条件肯定可以找到。我们还没有接近找出不同例子间的界限。在信息不对称模型中令人惊异的是，将代理人（一个或许多）的第一级（微积分）条件当作诱因相容的限制这一方法效果如此之好，至少就一个简单、易管理、易理解的条件即能将它证明这方面来讲是如此。当没有道德危机存在之时，解决问题要从另一角度切入。

这些复杂的问题，使得给出当委托人与代理人之间存在道德危机时，我们应该要什么或期待看到何种形式的支付明细的一套通用规则，变得十分困难。我刚才提到的急剧增长的支付曲线中段在任何情形下都是非普遍通用的。但简单的共享规则与可行的例子是如此难以生成。这更使得赫尔姆斯托姆及米尔格罗姆（1987）找到当激励呈线性时有跨时间连续性行为之例子一事显得更为惊人。

普遍意义上的不完美信息

虽然我们应该凡事求简，考虑当有不对称信息时会发生什么仍然十分重要。这里的不对称信息指的是当委托人对于输入与输出之间的关系知道得少于选择输入多少

---

① 莫里斯（1975）。

的代理人,而代理人自身也有不了解的信息。随着 20 世纪 70 年代中关于这种关系的理论的发展,学者们发现新形式的合约开始出现。为了具体性,让我们再来讨论一下消费/收入模型。每一个消费者都多多少少知道劳动对他的收入的影响。每个人的了解不同,且没有人能完全确定。首先,消费者选择他要做什么;然后,在接下来的时间中,方能了解到结果如何。

在这样的情况下,委托者就支付明细给消费者以选择几乎是值得的。这个选择应在收入生成之前就被完成,即在消费者了解到他的劳动选择所带来的收入多少之前。对于每一类型的消费者,都有一套设计好,或者说注定的明细。每一个消费者选择最合适的那个。不幸的是,唯一能够相对容易想通的例子是,每一个代理人的行为都有广泛的可能效应,而因此对每一个消费者都有一套惩罚明细是最优的。可能这是委托人与代理人之间最优合约集的某种近似体,但这一模型并不十分可信。我们需要找到一个更好的模型,其中,消费者要做出一系列劳动力供应的决定。政府采用这样复杂的税务系统不太可能,或让其他委托人将此种诱因系统施加于代理人,但我们应该知道这些系统大体呈何形态,以及这样的可能性对委托人及代理人的结果有多少积极影响。

如果我们向现实主义再进一步,允许消费者在一定时间内做出一系列劳动力供应的决定:教育、职业选择、早期为了晋升所做之努力、找工作、练习与运用、每天工作量、工作年数等,那么最优激励系统设计所带来的复杂性不可接受且不可用这一点就显得更加清晰。每一阶段的后果都有不确定性,有时候影响极大,有时候则很小。模型的形态结构意味着代理人应被赋予的不应只是明细表之间的选择,而是明细集间的选择,而选择集合后才做决定。如此复杂的工资或税务系统难以想象。为何?你可以说,人类的智慧不足以做出如此复杂的决定。更为合理地讲,对决定的计算将会十分昂贵,而将随之生发的成本施加于人们是不理想的。这成本的一部分,或许是很大一部分,是错误决定所带来的后果。错误不是标准经济模型的一部分。

合约和系统的简单性的确是一个难以捉摸的概念。对简单性的好处之认识并不是为了下最简单方为最好之结论。完全有可能有同样好的方法来做到简单。比如,一直以来,不变的边际税率(即对所有收入都一样)可达到良好的效果都是一个诱人的结论。有些人,至少其他人与我对于信息不对称问题所做出的计算表示,与最优系统相比,应用这样一个系统并不会造成巨大的成本。至少它能达到我们许多国家既有的税务系统的效果。它的吸引力来自于干净与高雅。如此简单的一个系统的简单性,我认为,跟相对更为复杂的变化税率相比有着极大的优势。问题是,它会不会比最优税务系统差得太多,这值得我们去估量。

但有些种类的复杂性还是应被研究。一个例子便是将税收与工资率联系起来,而非只与收入相关的可能性。我已经数次粗略碰过这个话题。它研究起来看似简单但全非如此。早些的讨论从工作率切入,因为工作率是具体而易理解的。形式上,我所用的定义是收入与该个体所付出努力的测量结果之比率。如果努力程度以工作小时数为标准,那么一般情况下这就是工资率。许多情况下努力无法以这样的方式测量。

我认为，用传统方法测量出的工资率，即收入除以工时，来作为税收系统基础的元素，不会让收入有更多用处。因此，如此拓展税务系统带来优势的可能性不大。真正需要的是与职业相关的税收，职业即工作类型，或许也应将收入关联进来。我完全不知如此一个最优税务系统会是什么样子。这值得研究。

另一组有趣的问题考虑到收入范围上部的税收。这里，工资与生产力之间的关系远说不上简单。现在脑中浮现出两个例子，都需要好好分析。第一个是工资来自公司内委托人/代理人关系的合约的经理。因为每一位经理的合约不会每年将工作与生产力等同，这是否意味着边际税率应该被适当调节？因为公司与经理间的合约形式受到税收形式的影响，所以问题又变得更为有趣。

第二个例子是创新、发明、创造与竞争之回报。我可以说，问题是如何对待奖励。最好的歌手可能不比第二好的歌手好太多，同时可能以唱得比第二名更好，或者只是好好唱歌为动力。这又告诉我们，关于理想激励合约及此水平上的税收的哪些信息呢？如果如此的竞争的确能够产生更高的收入，那么我们可以预期边际税率更高。

无论何时，当一个人看一个委托人/代理人的情况，都可想到创造激励的许多种方式。近年来，有着多个名字的这个问题——经济机制设计，或合约理论，或者委托人/代理人问题的理论及实践发展，早已超出这次讲座所覆盖的范围。我这里所讲的只是单边的，因为委托人总是设定合约条件的人，而代理人则负责实施行动。许多经济关系的确正是具有如此单边性的。也有许多不是，它们则牵涉配合安排或者相似处境之人之间的协商。委托人/代理人关系的特殊之处并不在于信息不对称性，而在于责任分配的不对称——总是委托人先行，代理人跟从。这使得问题更为简单，我们也因此有了相当的进展。现在我们能够更好地理解无名市场关系只是经济现实的一部分这一点，甚至都不是最大的一部分。大部分及经济问题与可能性都牵涉个体代理人之间及相互的关系，无论是税收、合约与协商、交锋与偷窃、学习与摸索。这仍是一个未被完全探索的世界。

（孙久荣 译　唐兆希 校）

按：因威廉·维克瑞已去世，故获奖演说从缺。

1997 获奖者

罗伯特·默顿
Robert C. Merton

【获奖理由】为确定衍生品价值提供了一种新的方法。

生平简介

1944 年	出生于美国纽约
1966 年	获哥伦比亚大学工程数学学士学位
1970 年	获麻省理工学院博士学位
1982—1988 年	担任美国金融协会委员
1986 年	出任美国金融协会主席
1988—2010 年	哈佛大学商学院任教
1993 年	组成"长期资本管理"公司

主要学术贡献

1. 期权价格理论

金融经济学本质上是研究在不确定的和动态的框架下稀缺资源的最优跨时配置的一门学科。连续时间金融学是对允许连续不断产生制定决策的金融问题的分析,这一假设蕴含着连续交易的情形,是促使其理论能够模拟在资产价格比如布朗运动下不确定性方面的基本出发点。

2. 布莱克—斯科尔斯公式

默顿对布莱克—斯科尔斯原用的分析方法进行了改进,以股价变动的跳跃过程而不是扩散过程为出发点,也就是认为股价变动是不连续的,而是可以从一个价格跳到另一个价格而不经历其间的价格。

可以说默顿等人的理论开创了一个新的领域,从 1988 年起,这个新的领域被命名为"金融工程"。"金融工程"主要是要求在日常管理,尤其是风险管理上,有定量的理论可以运用,这是 20 世纪经济科学中最大的一个进展。

3. 金融体系功能分析

所谓基于功能的观点是相对于传统的机构观点而言的。后者将现有的金融机构与组织看作是既定的，是分析讨论所有金融问题的前提，所有的金融体系调整与改革都只能在这个既定的前提下进行。这就是说，无论现有的金融机构还是监管部门都力图维持原有的组织结构的稳定性。所有的问题，譬如，商业银行的坏账问题，商业银行贷款的系统风险问题等，都应在这种既定的结构框架下解决，即便这是以牺牲效率或违背市场发展方向为代价的。默顿认为，任何金融体系的主要功能都是为了在一个不确定的环境中帮助不同地区或国家在不同的时间配置和使用经济资源。

主要学术成果

《使效用最大化的完整的认股权定价模型》(1969)

《连续模型中的最优消费与证券组合原则》(1969)

《时间点的资产定价模型》(1973)

《公司债的定价：利率的风险结构》(1974)

《对长期最优投资决策的对数正态估计的谬误》(1974)

《标的股票的收益非连续时的期权定价》(1976)

《连续期金融》(1990)

《金融工程：金融创新的应用研究》(1995)

《全球金融系统：功能展望》(1995)

《金融学》(1998)

1997 获奖者

迈伦·斯科尔斯
Myron S. Scholes

【获奖理由】为确定衍生品价值提供了一种新的方法。

生平简介

1941 年	出生于加拿大提民斯
1962 年	获麦克马斯特大学工程学士学位
1964 年	获芝加哥大学工商管理硕士学位
1968 年	获芝加哥大学商学院金融学博士学位
1968—1973 年	在麻省理工学院任教
1969 年	获芝加哥大学经济学博士学位
1972—1983 年	在芝加哥大学任教
1983 年起	在斯坦福大学任教

主要学术贡献

斯科尔斯与已故的经济学家费希尔·布莱克曾于 1973 年发表《期权与公司债务定价》一文，在这篇文章中，他们给出了期权定价公式，即著名的布莱克—斯科尔斯公式。它与以往期权定价公式的重要差别在于，只依赖于可观察到的或可估计出的变量，这使得布莱克—斯科尔斯公式避免了对未来股票价格概率分布和投资者风险偏好的依赖。这主要得益于他们认识到，可以用标的股票和无风险资产构造的投资组合的收益来复制期权的收益，在无套利情况下，复制的期权价格应等于购买投资组合的成本，好期权价格仅依赖于股票价格的波动量、无风险利率、期权到期时间、执行价格、股票时价。

正是这篇文章的开创性研究为他们带来了极大的荣誉，这篇文章所提出的希莱克—斯科尔斯期权定价模型对这一领域具有革命性的意义，也对后续的金融领域的研究产生了广泛而深刻的影响。

利用布莱克—斯科尔斯公式对某一特定证券定价时，不像统计或回归分析那样，需要这种证券或与其相类似证券以往的数据，它可以对以往所没有的新型证券进行定价，这一特性扩大了期权定价模型的应用，为企业新型债务及交易证券如保险合约进行定价提供了方法。

主要学术成果

《期权合约定价和市场有效性检验》(1972)

《资本资产定价模型：詹森做的一些实证检验》(1972)

《期权与公司债务定价》(1973)

《股利发放和股利政策对普通股价格和收益的影响》(1974)

《税收和期权定价》(1976)

《以非同步数据估计 β》(1977)

《股利和税收》(1978)

《股利和税收：一些实证证据》(1982)

《全球金融市场，衍生证券和系统风险》(1996)

颁奖词

瑞典皇家科学院 / 贝蒂尔·纳斯伦德

尊敬的国王和王后陛下，各位殿下，女士们，先生们：

如果一家瑞典公司现在要支付 1 000 万美元，在 6 个月后才能拿到机器，那么这家公司就会面对汇率风险。为了避免美元升值的风险，公司可以购买期权，这样这个公司就有权利而不是有义务在 6 个月后按约定的价格买进美元。

金融期权合约是金融衍生工具的例子。衍生品的价格取决于其标的的金融工具。上面提到的货币期权的价格是由美元的价值来确定的。衍生工具在社会中被广泛用于重新分配风险，让那些愿意并能够承担风险的人来承担。

期权有悠久的历史。早在古希腊时期，亚里士多德就曾描述过期权类型合同的使用。我们也知道，期权交易在 17 世纪欧洲的金融中心阿姆斯特丹非常活跃。尽管期权交易有潜在的重要性，但这种交易仍然相当有限。直到 20 世纪 60 年代末，仍然没有一个可以被完全接受的对期权合同进行评估和定价的方法。

三个麻省理工学院的年轻博士——费希尔·布莱克、罗伯特·默顿和迈伦·斯科尔斯，在 1970 年左右开始研究期权估值，1973 年，布莱克和斯科尔斯发表了为股票定价的所谓的布莱克—斯科尔斯公式，这个公式解决了评估问题。默顿对公式的发展有直接的影响，并在很多重要方面将之推广。

不久，该公式被应用于芝加哥的新期权交易中，现在每天成千上万的交易人在世界各地的市场使用这个公式。然而，比公式更重要的是今年的获奖者用来推导它的方法。这个方法一举解决了一直妨碍各类期权定价的问题，也就是在期权评估中使用什么风险溢价。

获奖者提供的答案是：没有风险溢价可言！这个答案出人意料又令人惊讶，这使得他们第一篇文章的发表相当困难。但这个见解被证明是用一种普适的且强有力的方法，去确定各种期权和其他衍生证券价值的关键。结合信息技术的进步，在过去的10—15 年中，这种方法激发了新的金融产品和金融市场的爆发式增长。

由默顿和斯科尔斯研发的方法在金融市场之外的若干其他领域也有很大的影响。在各种投资选择之间做出决定，确定灵活性所带来的价值往往是很重要的。一种投资方案可能比另一个更加灵活，比如使用不同的能源。把一种类型的能量转换到另一种类型的可能性便是期权。这样一来，灵活性的经济价值就可以确定了。该方法也可以用来确定公司债务的价值以及保险和经济担保的价值。

亲爱的默顿教授，亲爱的斯科尔斯教授，费希尔·布莱克两年前不幸去世，他和你们一起合作找到了确定衍生品价值的新方法。你们的方法为许多领域的经济估值铺平了道路，还催生了新的金融工具，并促进社会更加有效地进行风险管理。我非常荣幸能够代表瑞典皇家科学院向你们致以最热烈的祝贺。

现在请接受尊敬的国王陛下颁发的奖项。

（田　野译　武　鑫校）

获奖演说

期权定价理论的应用：25 年后[①]

罗伯特·默顿

引　言[②]

来自斯德哥尔摩的消息，经济学奖授给了期权定价理论；这一理论为经济学中迅速发展但仍相对较新的学科提供了独特和显著的认可。这一新学科将数学金融理论和金融实践相结合。在经济学中，金融的特殊领域属于在一个不确定的环境里从空间和时间两个维度来研究经济资源的配置和部署。为了有效把握时间和不确定性的影响和交互作用，需要复杂的数学和计算工具。事实上，现代金融的数学模型包含了对一些概率和优化理论真正巧妙的应用。这些应用挑战了最有功效的计算技术。当然，一切巧妙且富有挑战性的科学也不一定都是实用的，也并不是所有的实用科学都是巧妙和具有挑战性的。对于期权定价理论来说，两者皆有。自从我们早期的期权定价模

① 我感谢罗伯特·默顿、莉萨·缪尔布罗克和迈伦·斯科尔斯对此演讲并不止于此提供的有用的建议。过去的 30 年里，对于保罗·萨缪尔森——我的老师、导师、同事、研究合作者和朋友，我已欠下了不可估量的债务。我尝试着(1983，1992)，但是依然没有找到合适的词去表达对他的敬意。谨以此演讲献给保罗，并表达对费希尔·布莱克的怀念之情。

② 这一节摘自默顿(1994，1995，1997b)。

型发表以来,数学上复杂的金融模型理论对金融实践一直有着直接和广泛的影响。将内在的学术兴趣与外部应用结合是现代金融研究的核心。

可并不总是如此。现代金融学大量引入数学,可以追溯到1900年路易斯·巴切里耶的博士论文。该论文与投机理论相关,借由该论文他构建了一个期权定价问题。这一作品标志着连续时间下随机过程的数学和连续时间下衍生证券定价的经济学的诞生。20世纪40年代和50年代早期,伊藤在研究随机微积分时,深受巴切里耶的影响。他的伊藤积分后来成为金融学里必要的数学工具。保罗·萨缪尔森的股权定价理论发表于1965年,这一理论也是受伊藤的启发。然而在半个多世纪里,巴切里耶这部重要作品还是没有引起金融经济学家的重视。那时的大多数时间里,对实践有重要影响的数学上的复杂模型并没有金融理论的印记。在马科维茨、莫迪利安尼、米勒、夏普、林特纳、法玛和萨缪尔森的开创性工作之前,50年代后期和60年代,金融理论只是奇闻轶事、经验法则和会计数据的集合。直到60年代和70年代早期,金融模型在学术上才变得规范一点,价值评估和最优决策时涉及跨时期和不确定性。动态投资组合理论、跨期资本资产定价和衍生证券定价的各种模型中采用随机微分和积分方程、随机动态规划的分析方法和偏微分方程。这些数学工具是比之前用于金融学中的工具更为复杂,并且至今仍在使用的核心工具。

在金融实践的影响方面,最具影响力的进展是布莱克—斯科尔斯的期权定价模型。然而矛盾的是,这种数学模型只是在理论上充分展开,却没有参考经验期权定价数据并将其作为动力。这一模型的发表几乎标志着金融领域内期权定价理论的基本原理的结束。与此同时,这一模型变成了一个“发射台”,在它的基础上,人们可以把理论精细化,把模型延伸到通常情况下的衍生证券定价,它也应用于其他各种各样的应用程序,有一些完全在金融领域之外。第一个公开期权交易所——芝加哥期权交易所(CBOE)在1973年4月开始进行交易,截止到1975年,期权交易所的交易者们在对他们的期权持仓定价和套期保值上都使用这一模型。它被非常广泛地使用,在那些未曾有手提电脑使用的日子里,得州仪器公司销售一种手持计算器,他们对其进行编程来计算布莱克—斯科尔斯期权价格和套期保值比率。它们能迅速地得到大部分人的认可,是颇令人印象深刻的,因为无论是对于从事学术的经济学家还是专业的交易者而言,模型中使用的数学都不是标准的数学训练的一部分。

20世纪60年代的金融学术研究包括资本资产定价、绩效和风险度量,以及第一次大规模进行的,为严肃地实证研究而创建的证券价格数据库,这些必定会影响后续的金融实践。然而,这些研究被接纳的速度和强度并不能与期权模型同日而语。毋庸置疑的是,对于这种60年代和70年代出现的不同接受程度的现象有几种可能的解释。我的假设是:“需求”决定了这种差异。在60年代,特别是在美国,金融市场表现出异乎寻常的低波动性:股市稳步上升,利率相对稳定,汇率是固定的。这样一个市场环境使投资者和金融服务业公司没有动机去采用新的金融技术,特别是旨在帮助管理风险的技术。然而,在70年代经历了几个事件导致市场结构性的变化以及波动性大幅上升。其中最重要的几个事件如下:由于布雷顿森林体系的崩溃和美元的贬值,固定汇率转向浮动汇率；由于 OPEC 的建立，全球的石油价格受到冲击；在美国出现了两位数的通货膨胀和利率；美国的道·琼斯工业平均指数从 1973 年初的约 1050 点跌到 1974 年底的约 580 点，美国股市的实际收益出现了超乎寻常的下降。结果，在这种波动的、结构发生变化的经济环境下，对风险管理的需求增加了，也就为 70 年代创立的衍生证券交易的成功提供了契机。人们用它来对上市股票的期权、主要货币的期货和固定收益的各种金融工具的期货进行交易。这种交易的成功反过来提高了人们对量化金融模型的接受速度，帮助人们进行期权估值和风险评估。

期权定价理论对金融实践的影响并非仅限于交易市场的金融期权或一般的衍生证券。正如我们所看到的，最初被用来推导期权定价公式的概念框架可以被广泛应用到对金融与非金融领域风险的定价和评估中去。期权定价技术在支持创建新的金融产品和全球市场中起着重要的作用。在当下和不久的将来，这个角色将继续扩展到新的金融机构的设计、高层管理人员的决策以及金融体系的公共政策的制定上。为了强调这一点，我首先对过去的金融创新发表一点看法，我们在后面的部分将展开说明，详细地列举出期权技术的应用前景，包括一些对未来金融服务变化方向的观察。

在过去的 25 年里，新的金融产品和市场的设计、计算机和通信技术的发展以及金融理论的进步，促使全球金融市场和制度在结构上发生巨大和迅速的变化。在这一时期，金融建模的科学突破掀起了一场与这一变化相适应的金融创新，反过来，金融创新也促进了金融建模的发展。因此，在 1973 年发表的期权定价模型毫无疑问帮助了上市期权和场外衍生证券市场的发展和成长。但是，这些市场异乎寻常的发展和成功几乎毋庸置疑地进一步激发了对衍生证券定价模型的开发和研究。为了全面看待这个问题，我们来回顾一下 1973 年以来全球金融体系的市场结构和规模。如前所述，布雷顿森林体系的瓦解导致出现了各种货币之间浮动的汇率制度；美国抵押贷款市场的发展反过来促使整个产业重组；1974 年美国通过了《雇员退休收入保障法案》，又后续发展了美国养老基金行业；第一个支票支付的货币市场基金也出现在 1974 年；共同基金资产有了爆炸性增长，由 25 年前的 480 亿美元增加到今天的 4.3 万亿美元（增加 90 倍），其中富达投资这一家机构的资产就约占 5000 亿美元。在同时期，纽约证交所的股票日均成交量从 1200 万股增加到超过 3 亿股。更戏剧性的变化出现在欧洲和亚洲，前面这些因素累积起来，影响着包括用户、生产商和金融体系的监管者等所有人，效果十分显著。

缔约技术的开发、细化和广泛的实施更加有力地说明了这个情况。衍生证券诸如期货、期权、掉期和其他合约是我们的模型为之开发的重要金融工具标的，这本身就是一个典型的例子。通过扩大风险分担的机会，降低交易成本，减少信息和代理成本，大大提高了金融缔约技术中的各种创新效率。据报道，全球衍生证券的使用数量是不尽相同的（70 万亿美元的数字不止一次出现在颁发诺贝尔奖的新闻报道中。有许多世界银行机构被报道称拥有数十万亿美元资产负债表外的衍生证券头寸）。但是，由于这些都是名义上的数量（通常涉及重复计算），因此，他们对评估衍生证券的重要性或其带来的风险是毫无意义的。[①] 然而,可以这样说,如果能正确地测量,衍生品在整个世界金融体系中是随处可见的,非金融公司、主权国家和各种机构也都在广泛使用,适用于它们的融资及风险管理活动的每个部分。一些市场观察者把衍生工具使用的不寻常增长看作是一时的狂热,但更有可能的解释是使用它们可以大幅度地节省交易成本。各机构利用衍生工具实施财务战略的成本仅是利用现货证券的 1/10 到 1/20。对于企业和主权国家在降低融资成本方面具有重要的意义:例如,不久前意大利政府债务成本降低 1%(也就是 100 个基点),就相当于将政府的财政赤字降低了国内生产总值的 1.25%。

随着技术的进一步改进、对衍生工具的应用范围会更具广度、更有经验,加上衍生工具的用户和生产者沿学习曲线越来越熟练,将使交易成本进一步下降。就像使用银行自动取款机的零售储户一样,机构客户对达成使用自动取款机的合同协议初始阻力可能很高,但是客户一旦使用,便往往不会返回到传统的方式了。

在过去的 20 年里,一个主要的过程是金融体系以惊人的速度全球化了。即使在今天,各个国家的金融体系的多样化会让我们思考这样一个问题:这种跨越地缘政治边界的一体化影响有多大? 金融体系在机构形式、规章、法律、税收结构和商业实践上都鲜为一致。不过,确实进行了重要的一体化。这在很大程度上是由于衍生证券充当了"适配器"。一般来说,广泛使用的合同协议、其他衍生品以及专门的制度设计,增加了体系的灵活性,也就抵消了机构的功能失调带来的僵化。[②] 更特别的是,衍生证券缔约技术为在不兼容的各国系统之间创建一个跨境平台提供了一种有效的途径,而不需要每个系统内部进行广泛或激进的变化。出于这个原因,在较小的和新兴市场国家中实施衍生证券技术和市场可能有利于形成一个重要的渠道,以帮助他们进入世界资本市场并在全球范围内分担风险。这样的发展和变化不仅限于新兴市场国家的新的金融系统。由于欧洲货币联盟的建立和日本金融机构的重大重组需要进行重大的改变,衍生工具及其他缔约技术可能在金融工程中扮演重要角色。

以此介绍为背景,我现在转向介绍期权定价模型背后的关键概念和数学框架及其后续的应用。

衍生证券定价的一般推导

我明白,诺贝尔获奖者在他们做出发现前回顾发现的背景和过程是司空见惯的。幸运的是,没有必要在这里这样做,因为这样的回顾已在其他地方做过了,可参见布莱克(1989),伯恩斯坦(1992,第 11 章),默顿和斯科尔斯(1995),斯科尔斯(1998)。因此

① 名义上的数量典型地代表了赖以决定衍生证券报酬的基础资产的总价值(例如利率掉期合约)或期权行使价。衍生工具合同本身的价值通常只是其名义数量的一小部分。

② 斯科尔斯和马克·沃尔夫森(1992)沿着这些方向发展了证券和制度设计的原则,可参见佩罗德(1992)和默顿(1993,1995)。查阅周刊《国际金融评论》,也可以发现在世界各地的私人部门和主权国家的融资中,金融工程、衍生证券、特定目的的中介和证券有着广泛的、各种各样的应用。

在这边我只做一个简要的总结。我总结布莱克—斯科尔斯期权定价理论的主要贡献是要表明，布莱克—斯科尔斯所述的抵消期权所承担的风险的动态交易策略在连续交易的极限下，将为其提供完美的套期保值。换句话说，如果一个人能没有成本地连续交易，那么遵循他们的动态交易策略，利用被交易标的资产和无风险资产将可以重复获得和期权一样的回报。因此，在连续交易的金融环境中，期权价格必须满足布莱克—斯科尔斯期权定价公式，否则会存在一个套利的机会。为了演示这个极限情况下的结果，我将我早些时候的工作(1969,1971) 所发展的工具应用到连续时间的资产组合选择理论中。我在 1973 年的论文中也拓展了布莱克—斯科尔斯期权定价模型的适用性，我考虑了随机的无风险资产利率、具有红利的标的资产、变化的行使价格、美式的提前行使期权和其他诸如期权“下跌失效”条款等“奇异”特性。我也为布莱克—斯科尔斯期权定价模型的命名做出了贡献。①

在我们 1973 年的论文中，推导定价公式时都进行了如下假设：

Ⅰ)“无摩擦的”和“连续的”市场：无交易成本或差别税率。市场全天开放，交易持续进行。允许介入和卖空，且没有任何限制。借贷利率相等。

Ⅱ)标的资产的价格动态：设 $V=V(t)$ 表示 t 时刻某个有限责任的资产(如股票)的价格。假设瞬时收益的动态变化可以用有连续样本路径的伊藤式的微分方程来表示，即：

$$dV = [aV - D_1(V,t)]dt + \sigma V dZ$$

其中 $\alpha\equiv$证券的瞬时预期收益率；$\sigma^2\equiv$瞬时方差，假设其至多依赖于 $V(t)$ 和 t(即 $\sigma^2=\sigma^2(V,t)$)；dZ 是一个维纳过程；$D\equiv$红利报酬率。鉴于是有限责任，为避免套利，假如 $V(t*)=0$，那么对所有的 $t\geqslant t*$，$V(t*)=0$。则 D_1 必须满足 $D_1(0,t)=0$。不仅对有界变化的技术有要求，α 还可以服从一个非常一般的随机过程，它依赖于 V，其他的证券价格或是状态变量。特别的是，我们所假设的动态变化允许标的资产的收益服从于一个均值回复过程。

Ⅲ)无违约债券的价格动态：假设债券收益是由具有连续样本路径的伊藤随机过程描述。为了在此描述简便，在先前的布莱克和斯科尔斯公式中，我们假设无风险瞬时利率为和时间无关的常数，即 $r(t)=r$。

Ⅳ)投资者的偏好和预期：假设投资者的偏好是越多越好。假设所有投资者都赞同函数 σ^2 和对收益动态过程的伊藤过程的表述。但并没有假设他们也赞同预期

---

① 在我 1970 年的工作论文中，第一次为他们的模型使用了“布莱克—斯科尔斯“的标签(见默顿，1992:379)。那篇论文也交给了 1970 年 7 月的富国银行资本市场大会。那次大会因伯恩斯坦(1992:223)变得“闻名”(或者说臭名昭著)，我“由于身体不舒服睡过头了”，错过了大会的早场，以及布莱克和斯科尔斯的主题演讲。我命名他们的模型的第二个例子参见默顿(1973a)1971 年的论文。萨缪尔森(1972)在公开发表的论文中第一次使用这个命名：在正文和我为那篇论文所做模型推导的附录中，都将它称为“布莱克—斯科尔斯公式”。该公式在罗杰·伦纳德(1971)和卡莉丝·鲍德温(1972)中被引用，这些是最早应用此模型的博士论文。有点讽刺意味的是，所有这些对“布莱克—斯科尔斯模型”的引用都出现在布莱克和斯科尔斯(1972 或者 1973)正式发表之前。

收益 α。

V)期权定价公式的函数相关:假设期权价格是资产价格 V、无违约债券价格及时间的二次连续可微方程。在这个特殊的无红利报酬资产($D_1=0$)和方差为常数 σ^2 的状况下,从这些假设中可以推导出欧式看涨期权模式下的布莱克—斯科尔斯期权定价公式。设行使价格为 L,到期日为 T,这个公式可写成:

$$C(V,t) = VN(d) - L\exp(-r[T-t])N(d-\sigma\sqrt{T-t}) \tag{1}$$

其中,$d=(\text{In}[V/L]+[r+\sigma^2/2][T-t])/\sigma\sqrt{T-t}$,而 N 则为标准正态分布的累积密度函数。

在这一领域内的后续研究朝着三个维度进行:将此技术应用到金融期权的其他情况(在下一节讨论);对定价公式进行实证测试,这项研究开始于布莱克和斯科尔斯(1972)从一个商人的账簿中获得的场外市场数据;试图削弱推导过程中使用的假设,从而加强从这一研究发展起来的应用基础。这部分地址的平衡问题的维度。本节剩余部分将讨论强调后一个维度的问题。

早期对此模型的理论基础担忧的是龙(1974)和史密斯(1976),他们质疑其中的假设 V,即:如何知道期权价格只依赖于所假设的变量,而不依赖于其他变量(例如,啤酒的价格)?以及为什么价格函数是二次连续可微分的?这些问题都在默顿(1977b)的替代性推导中得以解决,表明假设 V 事实上可以分析推导出来,而并不是一个分析得出的假设。[①]

一个更宽泛而又尚未解决的难题是,如果没有可以完全复制期权债券收益的动态证券投资组合策略,那么定价公式的稳健性究竟怎样?显而易见,这个问题的解决取决于为何对期权证券收益完全复制是行不通的,还有这种不完备性的程度究竟多大。连续交易当然只是一种理想化的前景,并非能够实现。因此,在离散的交易区间中,这种复制至少是近似的。后续的模拟工作显示,在可获得的实际交易间隔和投机价格的变动率水平下,假如标的资产价格变化过程的其他假设成立,那么复制误差是可以控制的。考克斯和罗斯(1976)与默顿(1976a,b)放松了连续样本路径的假设,在分析期权价格时,为把握标的资产收益过程的非局部运动特性[②],他们使用了跃迁过程与扩

---

① 我曾审评过的一篇文章可作为早期质疑核心模型的另一个例子。那篇文章认为,布莱克—斯科尔斯公式本质上必然是有缺陷的,因为如果在模型化过程中使用 R. L. 斯特拉托诺维奇(1968)随机积分而非伊藤积分,则重复所有的运算进而得到不同的评估公式。我的审稿报展示,尽管那篇文章在数学上是正确的,但在经济学上则是错误的:若对标的资产按照斯特拉托诺维奇方式进行表述,则意味着交易者对未来的资产价格有部分的了解,而伊藤过程的特征是没有预期,从而交易者不会对未来资产价格有部分的了解。由此"矛盾"就被解决了。不同的随机积分假设的信息集本质上是不同的,从而所得到的定位公式也应该不同。

② 因为标的资产的非连续样本路径价格过程即便是在连续交易的情况下也排除了完全套期保值的可能性,而具有随机变动性的连续样本路径过程则不是这样的,所以,一个非常有趣的事情是检验哪种过程更加与数据相符。参见埃里克·罗森菲尔德(1980,他较早发展了此类检验)和詹姆斯·威金斯(1987)。

散过程的混合过程。在没有连续样本路径的情况下,对期权证券收益进行复制是不可能的,因此也排除了推导出严格的非套利结果的可能性。不过,通过运用诸如跨期CAPM(默顿,1973b)和套利定价理论(罗丝,1976a)等资产价格均衡模型,就可以完成期权定价模型的推导。① 这种方法回溯到布莱克和斯科尔斯利用经典的夏普—林特纳 CAPM 推导他们的模型的初始方法。② 对于不能完美复制期权债券收益的情况,已经发表出的文献已相当可观了,可以参考伯茨马斯、考根和罗(1997),布里登(1984),戴维斯(1997),费格琉基斯(1989),福尔默和桑德曼(1986),以及罗曼诺和图乌奇(1997)。

在此,我重新考察一下与某种标的资产相联系的衍生债券不能完美复制的问题,在有些资产任何时候都可以交易的前提下,我们无法连续获得该标的资产用于交易。正如下面一节所讨论的,不可交易性是过去 25 年里所演化出来的几种主要应用方式的基本情况。这些应用方式中包括金融认股权证的定价问题,例如存款和养老保险以及非金融或者"实物"期权的评估。由于布莱克—斯科尔斯模型推导时假设标的资产是可以连续交易的,因此人们质疑,在那些不能连续交易的情况下,这一定价公式是否能适用。对这一问题的推导是沿着默顿(1977b,1997b)对完美复制情况下的推导所给出的路径进行的。

一个衍生证券拥有由合同所确定的报酬率,而此报酬率可以通过时间和可观察的资产价格来进行描述。这些报酬率函数定义了衍生品。我们把各项表示如下:

令 $W(t)$=衍生证券在时刻 t 的价格。

如果对 $0\leqslant t<T, V(t)\geqslant\overline{V}(t)$,则 $W(t)=f[V(t),t]$

如果对 $0\leqslant t<T, V(t)\leqslant\underline{V}(t)$,则 $W(t)=g[V(t),t]$ (2)

如果 $t=T$,则 $W(t)=h[V(T)]$

$D_2(V,t)$详细描述了区间 $0\leqslant t\leqslant T$ 中衍生证券的回报流。(2)所描述的各项可以这样解释:第一次出现 $V(t)>\overline{V}(t)$ 或者 $V(t)\leqslant\underline{V}(t)$ 时,持有衍生证券的人必须按照(2)中给出的计划兑现出来。若在 $t<T$ 期间内,$V(t)\geqslant\overline{V}(t)$ 或者 $V(t)\leqslant\underline{V}(t)$ 都没有出现,那么,证券就根据(2)所给出的计划,按照 $t=T$ 进行兑换,兑现出来。T 被称作衍生产品的到期日(或过期日,或赎回日)。这样,衍生证券便可以通过详细描述或有支付函数 f, g, h, D_2 和 T 来定义。在某些情况下,计划或上下界 $\overline{V}(t)$ 和 $\underline{V}(t)$ 在合同中进行详细描述。而在其他某些情况下,这个上下界自身就是决定的并作为评估过程的一部分,比如说美式期权被提前行使时所对应的上下界那样。

---

① 道格拉斯·布里登(1979)的重要模型——以消费为基础的资本资产定价没有和刚才这些文章同时发表,但也可以被用来完成期权定价模型的推导。

② 参见布莱克(1989)和斯科尔斯(1998)。费希尔·布莱克和我一直坚持认为,因为连续交易是不切实际的,并且存在交易成本,因此,期权模型推导的 CAPM 版本具有更强的稳健性。如默顿(1973a:116)所指出的,在特定条件下,离散时间的萨缪尔森—默顿模型(1969)也可以得出布莱克—斯科尔斯公式。

利用套利限制，当且仅当 $g\geqslant 0, h\geqslant 0, f\geqslant 0$ 及 $D_2(0,t)=0$ 时，衍生证券有有限责任。

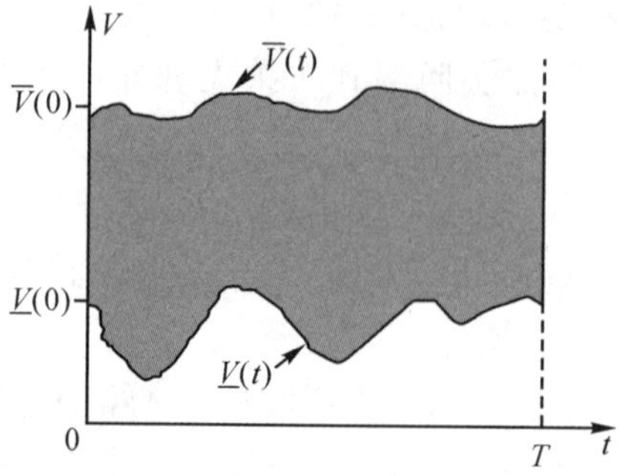

图 1　V 的相关区间：$\underline{V}t\leqslant V(t)\leqslant \overline{V}(t), 0\leqslant t\leqslant T$

假如（如图 1 所示）上下界 $\underline{V}t$ 和 $\overline{V}t$ 是连续函数，那么由于 $V(t)$ 有连续样本路径（依据假设 II）我们能够得到：(i) 如果对于某些 $t, V(t)<\underline{V}(t)$，那么会有一个 t，该 $t<t$，使得 $V(\underline{t})=\underline{V}(\underline{t})$；(ii) 如果某些 $t, V(t)>\underline{V}(t)$，那么会有一个 $\underline{t}, \underline{t}<t$，使得 $V(\bar{t})=\overline{V}(\bar{t})$。因此，在此情况下，对 V 而言，(2) 中的不等式可以被忽略，而唯一相关的分析区域是：$\underline{V}(t)\leqslant V(t)\leqslant \overline{V}(t), 0\leqslant t\leqslant T$。

我们对衍生证券特点进行了详细的描述，现在开始转向研究对冲衍生证券风险和评估其生产成本的基本生产技术。为了定位出更实质性的推导框架，我设定了一个假想的金融中介机构，这个机构通过出售合同为其客户在基本交易中创造衍生证券，这些合同即为出售后金融中介的债务。通过设计尽可能准确地复制已发行合约的现金流的策略，资本市场或其他机构的交易可对冲标的证券动态交易中所生成的契约责任。如果中介不能完全复制所发布的衍生物的收益，它要么需要获得足够的股权去承担其不完全对冲的头寸造成的剩余风险，要么需要将那些头寸捆绑到带有特殊目的的金融工具的投资组合上，以保证头寸的安全，然后在资本市场出售它们或者用类似于传统再保险市场的方式出售给其他财团。虽然这种手法的确有些讽刺，但是下面所描述的仍然和现实世界的实践没有多大的差距。

我们的目标是要找到一个可行的、连续交易的证券投资组合策略，它由包括无风险资产在内的所有可用的交易资产构建而来，并“最接近于”满足以下四个属性：如果 $P(t)$ 表示资产组合在时间 t 的价值，那么对于 $0\leqslant t\leqslant T$：

(i) 在时刻 t，如果 $V(t)=\underline{V}(t)$，那么 $P(t)=g[\underline{V}(t), t]$；

(ii) 在时刻 t，如果 $V(t)=\overline{V}(t)$，那么 $P(t)=f[\overline{V}(t), t]$；

(iii) 对每个 t，资产组合的回报率为 $D_2(V,t)dt$；

(iv) 在时刻 $t=T, P(T)=h[V(T)]$。

根据 (2) 式衍生证券的定义，我们称这种证券组合为“对冲组合”。这个证券组合被贴上了“证券组合（*）”的标签。在证券组合完全满足上述条件这一特殊而重要的情况下，对冲组合被称作衍生证券的“复制证券”。

伯茨马斯、考根和罗(1997)研究了“接近”动态复制的互补问题，对于这个问题，他们假设人们可以进行标的资产交易，但是交易是不连续的。他们应用随机动态规划得出最优战略，以最小化均值平方跟踪误差。然后，这些策略在模拟中应用来量化估计人们可以多大程度地接近于动态完备性。

决定最理想的对冲证券分为两个步骤：第一步，从所有的连续交易中找到在复制标的资产收益方面构造的具有最小“跟踪误差”的投资组合战略。对于具有价格 V 的标的资产，称为“V-基金”资产组合。第二步，为衍生证券推导出被看作是混合了 V-基金和无风险资产的动态资产组合战略的对冲资产组合。

令 $S_i(t)$表示在 t 时刻第 i 种可连续交易资产的价格。在可连续交易中，有 n 种类似的风险资产加上连续交易的无风险资产。假设 S_i 的动态过程遵循由下式给出的一系列连续样本路径的伊藤过程：

$$dS_i = \alpha_i S_i dt + \sigma_i S_i dZ_i, i = 1, \cdots, n \tag{3}$$

其中 α_i 是资产 i 的瞬时预期收益率；dZ_i 是一个维纳过程，σ_{ij}是资产 i 和 j 收益的瞬时协方差[即$(dS_i/S_i)(dS_j/S_j)=\sigma_{ij}dt, \sigma_{ii}=\sigma_i{}^2$]；$\eta_i$ 定义为 dZ_i，假设它为 II 中所述维纳过程 dZ_i 和 dZ 之间的瞬时相关系数，使 $dZ_i dZ = \eta_i dt$。令 $S(t)$表示 V-基金资产组合的价值，令 $w_i(t)$表示在时刻 t 该资产组合中配置到资产 $i, i=1, \cdots, n$ 的比率。该资产组合的余额投资于无风险资产。S 的动态过程可以写作：

$$dS = [\mu S - D_1(V, t)]dt + \delta S dq \tag{4}$$

其中

$$\mu = r + \sum_{i=1}^{n} w_i(t)[\alpha_i - r], \ \delta^2 = \sum_{i=1}^{n}\sum_{j=1}^{n} w_i(t) w_j(t) \sigma_{ij},$$

$$dq = \left[\sum_{i=1}^{n} w_i(t) \sigma_i dZ_i\right] / \delta$$

为了构造 V-基金，由于标的资产收益和交易资产组合收益之间的差异，选择 w_i 时要尽可能使未预测到的部分达到最小化。也就是在每个时刻，资产组合配置的选择都是为了使瞬时方差达到最小化[$dS/S - dV/V$]。如默顿(1992，定理 15.3，第 501 页)所示，资产组合规则由下式给出

$$w_i(t) = \sigma \sum_{k=i}^{n} v_{ki} \sigma_k \eta_k, \ i = 1, \cdots, n \tag{5}$$

其中 V_{ki}是 n 种可连续交易资产回报的方差——协方差矩阵的逆阵的第 k 行第 i 列元素。根据默顿(1992:502)，V-基金和标的资产回报之间的瞬时相关系数 $\rho dt = dZdq$，可以写作：

$$\rho = \left(\sum_{k=1}^{n}\sum_{i=1}^{n} v_{ki} \sigma_k \sigma_i \eta_k \eta_i\right)^{1/2} \tag{6}$$

和

$$\delta = \rho\sigma \tag{7}$$

这样，跟踪误差的动态过程可以写作：

$$dS/S - dV/V = (\mu - \alpha)dt + \theta db \tag{8}$$

其中 $\theta^2=(1-\rho^2)\sigma^2$，维纳过程 $db=(\rho dq-dZ)/\sqrt{1-\rho^2}$。如默顿(1992，方程 15.51)所示，可以得出：

$$dS_i/S_i db = 0,\ i = 1,\cdots,n \tag{9}$$

也就是说，(8)式中的跟踪误差与交易的所有资产回报无关，这是挑选极小化此误差的资产组合战略时产生的结果。

根据以上分析，对我们假想的金融中介发行的衍生证券能拥有最好的现金流，我们现在来进行一个"食谱般"的推导。从金融中介的定量分析(投资专家)部门活动的描述开始，这个部门负责收集必要的方差——协方差信息，用于构造和维持 V-基金资产组合。此部门也负责解决以下关于 $F[V,t]$的线性抛物线形的偏微分方程：

$$0 = \tfrac{1}{2}\sigma^2(V,t)V^2F_{11}[V,t] + [rV - D_1(V,t)]F_1[V,t] - rF[V,t] + F_2[V,t] + D_2[V,t] \tag{10}$$

其边界条件是：对于 $\underline{V}(t) \leqslant V \leqslant \overline{V}(t),\ t < T$。

$$F[\overline{V}(t),t] = f[\overline{V}(t),t] \geqslant 0 \tag{11}$$

$$F[\underline{V}(t),t] = g[\underline{V}(t),t] \geqslant 0 \tag{12}$$

$$F[V,t] = h[V] \geqslant 0 \tag{13}$$

其中 $F_{11} \equiv \partial^2 F/\partial V^2$，$F_1 \equiv \partial F/\partial V$；$F_2 \equiv \partial F/\partial t$。注意，(11)—(13)中的非负条件以及 $D_2(0,t)=0$，意味着衍生证券具有有限责任。作为一个数学问题，这是一个适定问题，(10)—(13)的解存在且唯一。

在解出函数 $F[V,t]$后，量化部门接着要完成的任务是在任何时刻 $t(0\leqslant t\leqslant T)$：

(i)询问交易柜台所有必要的交易资产，以决定 V-基金价格 $S(t)$和对标的资产的当期价格 $V(t)$做出最优估计。

(ii)从(10)—(13)的解计算 $M(t) \equiv F_1[V(t),t]V(t)$。

(iii)告诉交易柜台，投资组合(*)的策略需要在 t 与 $t+dt$ 期间将 $M(t)$美元投资到 V-基金上。

(iv)计算 $Y(t)\equiv F[V(t),t]$，并将 $Y(t)$存储在数据文档中，以备(后来)为 $Y(t)$时序(即随机过程)分析所用。

对执行或金融中介的交易柜台的活动规定如下：在时刻 $t=0$，给交易柜台 $P(0)$美元作为投资组合(*)的初始资金(投资)，其中包括 V-基金资产和无风险资产。在做完投资组合预先规定的任何现金分配(支付)后，令 $P(t)$表示 t 时刻投资组合(*)的价值。交易柜台在任何时刻 $t(0\leqslant t\leqslant T)$要做的工作是：

(a)决定标的资产的当期价格 $V(t)$以及 V-基金中的所有个体交易资产的当期价格，将这些价格信息发送给量化部门；

(b)使用出售投资组合中的证券的方法(如果有必要)，为持衍生证券的客户现金支付配送 $D_2[V(t),t]$美元；

(c)计算投资组合的价值余额 $P(t)$；

(d)量化部门关于 $M(t)$的指导；

(e)为了使 $M(t)$美元投资 V-基金，$[P(t)-M(t)]$美元投资无风险资产，重新调整投资组合配置。

因此，投资组合（*）的动态过程由下式给出：

$$(14)\ dP = M(t)\frac{dS}{S} + M(t)\frac{D_1(V,t)}{S}dt + [P - M(t)rdt - D_2(V,t)]dt$$

其中，$M(t)\frac{dS}{S}$即价格增值；

$M(t)\frac{D_1(V,t)}{S}dt$ 即投资组合所得到的股息支付；

$[P-M(t)]rdt$ 即投资组合所赢得的利息；

$D_2(V,t)dt$ 即配送给客户的现金。

注意 $M(t)=F_1[V,t]V$，将(4)代入(14)，可知 P 的动态过程满足

$$\begin{aligned} dP &= F_1[V,t]VdS/S + F_1[V,t]VD_1(V,t)/S + (P - F_1[V,t]V)rdt - D_2(V)dt \\ &= [F_1V(\mu - r) + rP - D_2]dt + F_1V\delta dq \end{aligned} \tag{15}$$

现在回到量化部门，推导 $Y(t)$的动态过程。根据(iv)，对于 $V(t)=V$，可以得出 $Y(t)\equiv F[V,t]$。因为 F 是(10)—(13)的解，F 是关于 V 和 t 的二次连续可微函数。所以我们可以应用伊藤定理，对于 $V(t)=V$，有

$$\begin{aligned} dY &= F_1[V,t]dV + F_2[V,t]dt + ½\, F_{11}[V,t](dV)^2 \\ &= [½\sigma^2V^2F_{11} + F_1(\alpha V - D_1) + F_2]dt + F_1V\sigma dZ \end{aligned} \tag{16}$$

最后一个等式是因为$(dV)^2=\sigma^2V^2dt$。因为 $F[V,t]$满足(10)，可以得出：

$$½\sigma^2V^2F_{11} - D_1F_1 + F_2 = rF - rVF_1 - D_2 \tag{17}$$

将(17)代入(16)，(16)可以改写为

$$dY = [F_1(\alpha - r)V + rF - D_2]dt + F_1V\sigma dZ \tag{18}$$

注意量化部门在计算 $Y(t)$和它的动态过程时不需要有投资组合（*）的价值的时间序列$\{P(t)\}$的知识，这是由交易柜台计算的。将这两个时间序列加起来，我们定义 $Q(t)\equiv P(t)-Y(t)$。它遵循 $dQ=dP-dY$。将(15)中的 dP 和(18)中的 dY 代入上式，利用(8)进行重新整理公式，可以得出

$$\begin{aligned} dQ &= rQdt + F_1V(dS/S - dV/V) \\ &= (rQ + F_1V[\mu - \alpha])dt + F_1V\theta db \end{aligned} \tag{19}$$

在此，我们离题一下去检查能够完美复制标的资产获得回报这一特殊情况（例如，$\rho=1$，不存在跟踪误差）。在这种情况下，方程(19) 退化成一个有解的常微分方程，其解为：

$$Q(t) = Q(0)exp(rt) \tag{20}$$

其中 $Q(0)=P(0)-Y(0)=P(0)-F[V(0),0]$。所以，如果为交易柜台提供的用于投资组合（*）的初始投资使得 $P(0)=F[V(0),0]$，那么从(20)式可以得出，对所有 t，$Q(t)\equiv 0$，而且：

$$P(t) = F[V(t),t] \tag{21}$$

将(11)—(13)与(2)进行比较，根据(21)式，正如衍生证券在此分析最开始描述的一样，投资组合（*）策略生成了支付流和终值（边界值）。也就是说，我们已经找到了

$F[V(0),0]$美元的一次性初始投资的可行的投资组合策略，它可以完全将衍生证券的收益复制。这样，$F[V(0),0]$美元是金融中介生产衍生工具的成本。如果这一衍生证券用来进行交易了，那么为了避免(有条件地)套利(以σ,r, D_1为条件)，它的价格必须满足

$$W(t)=P(t)=F[V(t),t] \tag{22}$$

由于套利机会的缺失是平衡的必要条件，因此可连续交易的标的资产的衍生证券的均衡价格必须符合(22)式。当然，这是最初的布莱克—斯科尔斯结果，V-基金退化成一种单一资产，也就是标的资产本身。然而，要注意(22)式并不需要假设衍生定价函数是V和t的二次连续可微函数。定价函数的光滑性反而是推出的结论。

还需要注意，(＊)—投资组合策略的发展不需要衍生证券[由(2)定义]在资本市场中实际交易。如果它不存在的话，(＊)—投资组合策略为“制造”或综合地产生现金流以及衍生证券的支付提供了技术。也就是说，如果一个人描述投资组合状态依存结果[例如：具体指出$f,g,h,D_2,T,\underline{V}(t),\overline{V}(t)$]，然后(＊)—投资组合策略提供了创建这个支付模式的交易规则，它特别说明了实行那些规则所花费的成本。这样，在时刻t生成的证券的成本是$F[V(t),t]$。此外，如果金融服务行业很有竞争性，那么价格等于边际成本，从(22)可以得知作为衍生证券的均衡价格的公式由中介机构直接出售。

我们回到不完美复制的情况这一正题上，在Y的构造过程中，$Q=P-Y$是对对冲投资组合累计计算的跟踪误差。通过探究(19)式，衍生证券的瞬时跟踪误差和V-基金的跟踪误差完全相关。因此，从(9)式可知，对冲投资组合的跟踪误差与所有的可持续交易资产的收益不相关。我现在认为，在这种情况下，即使用和其他任何交易资产都不相关的结果，可以基于复制基础上的估价方法来定价衍生证券，尽管复制是不可行的。

众所周知，所有的均衡资产定价模型中，只有非系统性风险或可分散化风险的资产被定价到预期收益率等于无风险利率。满足对冲投资组合跟踪误差构成的条件，也满足甚至比CAPM，跨期CAPM的零β资产，或者是套利定价理论中的零要素风险资产的不相关条件更强的条件。这样，根据以上任何一个理论，从(8)或(19)可得知的均衡条件是：

$$\mu=\alpha \tag{23}$$

如果(23)成立，我们就可以直接推出衍生证券的均衡价格是$F[V(t),t]$，“就像”标的资产在进行连续交易。因此，布莱克—斯科尔斯公式即使是在那些标的资产未进行交易的情况下也是适用的。

从不完全市场文献中可以充分得知(23)式不一定成立，如果创造新的衍生证券能够帮助足够多的投资人建立完备的市场，其中由这个工具分散的增量误差被“定价”成一种系统性风险因素，这个因素的预期回报率和无风险利率不同。由于某种特定的风险，市场趋向并不完全，这或许是因为创造分散必要的衍生证券的风险超过了收益，或许是因为不可验证性、道德风险或者逆向选择使这种衍生证券不可行。一般来说，相

当数量的投资人想管理他们的风险以免受宏观风险的影响,但任何投资集团都不可能控制它们,而且,任何集团都不可能系统地获得关于那些风险更好的信息。因此,解释市场失灵的常用的不对称信息和激励原因看起来不像是会出现的样子。在金融机构和市场发展态势良好,今天的金融技术发展良好的体系当中,使衍生市场(例如:期货、掉期、期权)的发展标准化的成本极其高昂的因素并不是很明显,在大规模的情况下,目前参与市场的投资人需要支付潜在的很高的溢价的情况存在。做一个更加平常的经验注解,在期权定价模型的大多数应用中,"剩余"或跟踪误差变化可能与标的项目、企业、机构或个人是特别相关的——所以这种误差是不能作为宏观风险的代理指标的。这些观察支持了(23)式成立的前景。

然而,对于一个投资人或一小群投资者来说,显著的风险不一定是宏观风险。对于这种风险,有一个很显著的例子是各种各样的公司或者个人特有的人力资本风险,包括死亡或残疾风险。为面临这类风险而进行风险溢价的衍生工具举个例子,不完全市场模型常常集中在"初始需求"(或"最大保留")价格的风险上,或者是投资人需要支付的风险溢价,以消除市场中不能通过现有证券集合消除的风险。理论上来说,这个价格当然是相当高的。但是,按照这个途径解释金融产品定价的论点隐含假设了一个相当适度和静态的金融服务机构。人寿保险是一个经典的例子。有家庭的风险规避者,如果有必要的话,会愿意支付一笔很高的人寿保险金,远比保险精算的死亡风险高出许多,即使是在考虑过道德风险和与个人特有的不对称信息后仍旧如此。而且,如果在分析中进一步假设金融机构是如此原始,以至于风险规避的个人之间的双边合同是唯一能够获得这类保险的方式,接着,这种模型中的这类保险的均衡价格太高了,导致只签订了很少(如果有的话)的合同。但是,这类模型是对现实世界很不好的描述。如果机构和市场真的那么受限制,改变和创新的激励机制将会是巨大的。现代金融技术和对其实施的经验为这种变化提供了方法。或者,一个人为了组织一个"保险"机构(不论是政府经营还是私人部门)就仅仅允许他们的经典机制进入模型,以利用分散风险带来的巨大好处,并将这些风险细分给大量参与人,那么,均衡价格就等同于这种保险合同的"供给价格",这种供给价格接近于保险精算率。

与其他行业分析中的典型分析一样,金融产品和服务的均衡价格和有效率生产者的联系比低效生产者的程度更紧密(除了或许能够作为那些成本的非常粗略的上界外)。进一步来说,金融体系的制度结构既不是外生的也不是固定的。在理论与实践中,那个结构随着技术的变化而变化,而且随着创造新产品和更有效的现有产品的获利机会而变化。就像在别处讨论过的(默顿,1992:457—467,535—536),一个丰富而且具有良好结构的金融部门可以使用"准两分法"模型,以对真实资产和金融资产进行定价,"准两分法"使用一个简单的金融部门的"简约式"均衡模型,部门里的所有行为人被假设成最低成本信息处理人和交易人。然而,当简单金融机构被维持在一个不变的假设当中时,如果把行为人花费的高昂的成本引入此模型,歪曲观察的现实的情况可能会出现。简单来说,只要低成本的、合理竞争的生产者还存在,那么大多数经济行为人直接创造他们自己的金融产品,服务的高交易成本和信息成本,并不意味着均衡资产价格会受那些高成本的影响。

考虑到之前的技术分析，人们可能想知道可观测的价格但资产交易不能发生的相关状况是否存在。常见的一类描述现实世界的例子如下：考虑一个保险公司可以保证私人持有的拥有按市价计值的资产组合的不透明机构的债务的金融绩效。这个资产组合的市场价值（在这里分析对应 V）不断提供给担保人，但资产组合本身不能被担保人进行交易以对冲他受的风险，因为他不知道资产组合内部的资产。在别的地方（默顿，1997a），我开发了一个模型，其使用激励缔约的途径并结合衍生证券技术去分析不透明机构的合同担保问题。但是情况是不连续的资产交易经常伴随着对它的价格的不连续的观察。所以，当这两种条件都存在时就应该注意了。因此，在结束这部分时，我要考虑如果标的资产价格 V 不能被连续观察，如何修正评估公式。

假设在本部分采用的例子当中，标的资产的价格可以在时刻 t 观察到，再接着在衍生合同到期 $t=T$ 时，也可以观察到。在两个时刻之间，此资产的价格无法直接观察，资产价格的信息也无法从资产回报中推测出来。因此，$D_1(V,t)=0$，在到期［特别是(11)和(12)式］之前，衍生证券没有回报或者期间的“停止点”。但是已知 V 的动态过程同在假设 II 中描述的一样，具有充分详细说明的可交易资产的协方差矩阵，以根据(5)式构造 V-基金。定义随机变量 $X(t)V(t)/S(t)$，累计的比例跟踪误差，而 $X(0)=1$。应用伊藤定理，从(8)、(9)和(23)式可知，X 可写作：

$$dX=\theta X db \tag{24}$$

从(24)式可知，对于随机变量 $X(t)$，在 $X(0)=1$ 的条件下，它是对数正态分布，$X(t)$ 的预期值等于 1，$\text{In}[X(t)]$ 的方差是 $\theta^2 t$。对应(10)式的 F 的偏微分方程决定了套期保值策略，$V(t)$ 的最优估计即 $S(t)$ 用作它的独立变量，写为：

$$0=\tfrac{1}{2}\delta^2 S^2 F_{11}[S,t]+rSF_1[S,t]-rF[S,t]+F_2[S,t] \tag{25}$$

对于 $S(t-)=S$，遵循以下终点时间的边界条件：

$$F[S,T]=E\{h(SX)\} \tag{26}$$

其中 h 如(13)中定义的一样，X 是对数正态分布的随机变量，$E\{X\}=1$，$\text{In}[X]$ 的方差等于 $\theta^2 T$，其中 $E\{\ \}$ 是 X 分布的语气算子。

(26)式反映了这样的事实，对于所有的 $t<T$，对 $V(t)$ 的最佳估计是 $S(t)$。然而，当 $t=T$ 时，就可以得出 $V(T)$，S 的值随着 $X(T)$ 的总累积跟踪误差从 $t=T-$ 时刻的 S“跳跃”到 $S(T)=V(T)$。不能被观察到的标的资产价格具有的资产效应或许可以很好地解释出来，通过比较欧式认购期权的解和这里的(1)式给出的经典的布莱克—斯科尔斯解。对于，(25)和(26)式的解在条件 $h(V)=\max[0,V-L]$ 下为：

$$F[S,t]=SN(u)-L\exp(-r[T-t])N(u-\sqrt{\gamma}) \tag{27}$$

其中 $u=(\text{In}[S/L]+r[T-t]+\gamma/2)/\sqrt{\gamma}$，$\gamma=\delta^2(T-t)+\theta^2 T$，而 $N()$ 则是标准正态分布的累积密度函数。

仔细观察(1)和(27)式，在连续或不连续观察标的资产价格的条件下，期权定价的主要差异，是当 t 接近 T 时，在期权剩下的有效期内，期权价格的方差不会成为 0，因为与跟踪误差的累积效应相对应，在期权到期时发生的“跳跃”事件。

这一部分探索的是布莱克—斯科尔斯公式能够有效地应用于具有类似于衍生证券结构的定价之中，即使是当标的资产等同物既不能连续交易也不能连续观察时。要对这个问题进行全面的分析，我们就必须考虑 V-基金资产组合不完全动态交易导致的额外跟踪误差，沿着伯茨马斯、考根和罗(1997)的路线。然而，更加精确地估计它对现实世界的影响，我们应该同样考虑金融中介用来削减跟踪误差的其他风险管理工具。例如，如同默顿(1992:450—457)给出的详细的分析推导一样，金融中介只需要使用动态交易去为各种各样的标的资产的净衍生证券风险进行对冲。对于现实世界中拥有大量衍生产品的金融中介来说，净头寸实际上是为了增强包括非线性支付结构交易证券在内的对冲的能力，这样能够极大地减小规模，甚至减少对冲交易的频率，这种交易是在可接受的跟踪误差的范围内。除了这些，作为他们最优风险管理的一部分，中介可以在他们各种各样的产品中“隐藏”他们的投标和出售价格，以鼓励消费者或多或少地参与不同产品的活动，帮助管理他们遇到的风险。消费者的持仓头寸的暴露不会令中介暴露的极限情况被称为“均衡账簿”。

期权定价技术的应用

几乎在全世界的任何地方，翻开一家主要报纸的金融版面，你都可以发现报道交易所交易的衍生证券的价格的页面中既有期权的价格又有期货的价格。与大量的场外衍生市场一起，这些交易所交易个人股票的期权和期货、股票指数和共同基金资产组合、所有票据到期的有价证券和其他定期有价证券、各种货币，还有包括农产品、金属、原油和精炼石油、天然气甚至电力在内的各种商品。这些市场中的交易量常常比标的现货市场资产的交易量大很多倍。期权已经被传统地用于购买房地产以及出版权和放映权上。授予重要的雇员员工股票期权已经有很长时间了，今天，股票期权在员工总薪酬中的比例明显提高了，尤其是美国的高收入工人。在所有的这些市场中，在前面部分提出的相同的期权定价方法被广泛使用于定价和测量这些衍生品会面对的风险(比较杰诺和鲁德，1983；考克斯和鲁宾斯坦，1985)。然而，金融期权代表仅仅是几个应用程序类别的其中一个期权定价技术。

在 20 世纪 60 年代末和 70 年代初，当布莱克—斯科尔斯模型的基础研究还未完成时，期权的选择被视为相当神秘和专业的金融工具。然而，布莱克和斯科尔斯(1972，1973)和我(默顿，1970，1974)在研究的早期就认识到，用于价格选项的同样的方法也可以应用到各种其他的估值问题上。或许，这类最早的主要发展是公司负债的定价，属于公司资产负债表的“右边”。把这种估价方式当作各种企业融资的工具，比如债券、可转换债券、认股权证、优先股、普通股(还有多种混合证券)都被当作衍生证券，它们的合同回报率最终都依赖于整个企业的价值。比较当时标准的分开估价方式，它为那些债务定价提供了一个统一性理论。因为这个定价方式的应用不需要待评估工具的交易历史，在企业的创新环境中它很适合于新型金融证券的定价。企业金融的应用沿着这条路线发展得很迅速。①

"类似期权"结构很快被发现到处都是；这样，期权定价理论开始了爆炸性的研究，至今仍在继续。的确，我不能把过去25年来积累的贡献完全公正地列出来，即使这整篇文章致力于实现这一目的。幸运的是，有人正在为此进行艰苦的努力，结果很快就能使用了（左恩，科根，利姆，泰勒和罗，即将发表）。作者们大方地将他们的发现与我分享。所以我才能在这里表明应用范围非常宽广，并尽可能在不造成误解的情况下简化。

看跌期权是基本的期权，它给了所有者在特定的（"行权价"）或在给出的（"有效期"）之前出售标的资产的权利。当购买标的资产的所有权时，它的功能相当于一种保险政策，保护它的所有人在资产价值低于行权价时免受经济损失，不论是什么原因。在这里，保险政策的期限对应于有效期。因此，期权定价理论可以应用于保险合同的评估。布莱克—斯科尔斯模型的早期保险应用是贷款担保和存款保险的定价（参考默顿，1977a）。为了避免由于不履行合同中承诺的赔偿而导致的损失，提供保险合同。实际上，如果它没有违约的话，这个合同等同于合同的卖出期权，其行使价等同于合同价值，贷款和其他合同担保统称为信用衍生品，它们在私营部门到处都是。确实，无论何时，承诺的赔偿有可能无法兑现时，人们就会购买债务工具，购买者不仅贷款，实际上还发行贷款担保作为一种自我保护形式。另一个私营部门的期权应用分析是对灾难保险再保险合同和债券的评估。②

对偶基金和奇异期权提供各种各样的金融保险和"最低回报担保"产品。③

几乎可以肯定的是，这种担保证券的最大发行者是政府。在美国，法律要求预算管理办公室对那些担保证券进行估计。期权模型被应用于评估存款保险、养老保险、学生贷款和住房抵押贷款担保，以及对小型企业和一些大企业的贷款。④ 期权模型在政府活动中的应用已远远超出了仅仅提供担保。这个模型也已被用在决定其他补贴的成本上，包括对农产品价格进行支持和用于管道通过量的担保。⑤ 它也被用于

---

① 大量的参考文献请看默顿（1992：423—427）。也可参见格雷戈里·霍金斯（1982），迈克尔·布伦南和爱德华多·施瓦茨（1985a），菲利普·琼斯（1984）等早期做的实证检验。

② 参考艾伦·克劳斯和罗斯（1982），尼尔·多尔蒂和詹姆斯·加温（1986），戴维·卡明斯（1988），卡明斯和赫尔耶特·戈曼（1995），斯科特·哈林顿等（1995）。

③ 布伦南和施瓦兹（1976），小乔纳森·英格索尔（1976），巴里·戈德曼等（1979），玛丽·安·加托等（1980），雷纳·斯图尔兹（1982）。在早期现实世界的应用中，斯科尔斯和我于1976年2月在美国创建了第一个期权策略共同基金，货币市场/期权投资有限公司。这个策略把90%的资产投进了货币市场，10%投进了股票认购期权的分化资产组合，在资产组合的价值方面其提供了在市场高涨时保证"底价"的相同的市场风险。从这个和类似"底价"策略可看出的收益模式，后来被发表在默顿等（1978，1982）。

④ 霍华德·索欣（1980），卡利斯·鲍德温、唐纳德·莱萨德和斯科特·梅森（1983），唐纳德·坎宁安和帕特里克·亨德肖特（1984），艾伦·马尔库斯（1987），默顿和兹维·博迪（1992），博迪（1996），阿少卡·莫迪（1996），罗伯特·尼尔（1996）。

⑤ 斯科特·梅森和默顿（1985），卡卢姆·特维和文森特·阿玛诺·鲍笃（1989），泰鸿·康和韦德·布罗森（1995）。

对限量发行的许可证配额——如出租车或者捕鱼许可证或者污染权以及政府改变这些配额权利——进行估价。[①] 政府批准专利。是否要花费一定的资源来获得专利，这一决定取决于专利的价值，而专利的价值可以被构造成为一个期权定价问题。确实，即使有些东西现在不是商业化的，如果经济条件会以一种意想不到的方式改变，人们也有可能因为其"期权价值"而获得专利。[②] 帕多克、西格尔和史密斯(1988)表明，在政府颁发的近海钻井权的整体价值中，期权价值可能是一个重要的部分，尤其是当现有的和可预期的未来经济条件不能支持对此领域的开发时。期权定价分析量化了政府的经济决定，关于是否在污染少的地区修建道路，依赖于政府是否拥有这样的政策选择，即如果这些道路使用得不是很充分，政府可以放弃这些乡村道路。[③]

人们也使用期权模型谈论涉及政策和行为的各种法律与税收问题。在这其中就有人们用该方法对原告诉讼选择、对包括有限责任规定的破产法、对房地产税收滞纳行为和其他可以作为期权的财产进行评估。人们可以选择放弃，或通过补缴应付欠款或者是所欠税款，而重新恢复该财产。在一种环境下，只有在投资损失和收益实现时才引发可缴税的事件，那么期权模型还可被用来评估资本所得税的税收"时机"期权所具有的价值。[④]

在一项最近的初步研究中，使用期权结构来帮助塑造社会保障基金是否应该投资于证券的决定(1997)。如前节的期权公式所示，期权价值取决于标的资产的波动性。美联储把从政府债券的期权价格中派生出来的"暗含性的"波动性作为投资者对未来利率不确定性的指标。[⑤] 在他的最后一篇文章中(该文在他去世后发表)，费希尔·布莱克(1995)把期权理论应用于利率的模拟过程，而这一过程又支配着政府债券价格的动态走势。另一个领域涉及中央银行，佩罗德(1995)表明，引进多种类型的衍生合同可以帮助解决支付系统中银结算风险而导致的潜在系统性风险问题。布莱克—斯科尔斯模型也可以用来衡量"浮动的"以及隐含的给参与者提供"自由信用期权"，在一个没有即时结算的市场中。也可以参见库皮克和怀特(1996)。默顿(1995，1997b)讨论了为提高央行在利率和货币上的稳定性政策的衍生安全技术的应用前景。

在一项涉及政府活动从成熟且相对有效的金融市场中分离出来的应用中，期权分析已被用于为发展中国家政府的最佳计划政策提供新的视野。一些发展经济学者对于欠发达国家的最佳教育政策持这样一种观点：一旦对未来劳动力组成的需要预期已

---

① 詹姆斯·安德森(1987)，乔纳森·卡尔波夫(1989)。

② 莱诺斯·特吉沃吉斯(1993)。

③ 凯西·哈姆雷特和菲利普·鲍梅尔(1990)。

④ 乔治·康斯坦丁尼德斯和英格索尔(1984)，布兰丹·奥弗莱厄蒂(1990)，威廉姆·布兰顿(1995)，保罗·马奥尼(1995)，查尔斯·特里(1995)。

⑤ 西尔维娅·纳萨(1992)。关于隐含性波动对资产和期权价格所起的信息性的作用，可参见博迪和默顿(1995)的综述文章。

确定，最佳教育政策应该追求以预测的专业技术和以需要的数量为目标的培训。在综合技术上提供更多的大众教育和多项技能的培训，或者提供用不上的技能培训，被视作在那些较贫穷的发展中国家承担不起的"奢侈品"。当然，如果这样，可以被理解为对未来劳动力培训需要的预测不是那么准确。然而，如果它们是准确的，基本的方法就能在形式上解决它们。在S.J.默顿(1992)的文章中，这一问题再次被提起，这一次对隐含在模型中关于未来劳动力需要有着明显的不确定性的认同。分析显示，在一个相对较短的时间内拥有改编劳动力技能混合和技能类型的选择权，它的价值可以超过增加的成本，在较长期的教育阶段或在任何一项技术上欠缺很深入的培训方面。布莱克—斯科尔斯模型用来量化这一权衡。在一个发达国家私营部门的不同背景下，同样的技巧被用来评估一家公司的成本—收益权衡：给掌握可能用不上的附加技能的劳动力支付更高的工资，以期在想不到的情况发生时可以使用这些技能。

对于劳动者的教育和培训决策，诉讼和税收的讨论，自然地引入了人力资本和家庭决策的主题。个人关于获得多少职业教育的决策，可以被表述为一个期权评价的问题，在这其中，最佳运用条件反映为何时停止培训、开始工作。[①] 在经典的劳动—闲暇权衡中，如果一个人工作有弹性，他可以增加或减少工作时间，因此他的薪酬总额具有相对较短的解约预告时间，相对于那些工作时间固定的人来说，有了一个宝贵的期权。[②] 提供了最低补偿的工资和退休金计划"下限"，甚至大学教授的任期(麦克唐纳，1974)，也有一种类似期权的结构。通常作为家庭财务的其他期权有：购房者可选择一家承诺为他提供住房抵押的机构；在他进行抵押之后就可享受提前付款的权利，这就给予房主在利率下降时可以与卖主重新协商的权利[③]；汽车租赁给予顾客在租约结束时以事先确定的价格购买汽车的权利，并非是义务[④]；健康保险包含不同程度的灵活度，主要的一种是，顾客可以事先统一使用预先确定的一套医院和医生(HMO计划)或者保留选择"计划外"的医院或医生("服务点"计划)。在消费者决定采取哪一种、健康保险公司评估提供的两种计划相对成本时，它们各自根据灵活性的价值解决了期权价格的问题。[⑤] 许多相同的评估结构发生在有线电视服务中选择"按次付费"还是"固定费用"的付款方式时。

上述许多期权定价的应用都不包括金融工具。这一类应用被称为"实物期权"。实物期权应用最发达的地方就是公司的投资决策。[⑥] 然而，实物期权分析也被用于房

---

① 尤里·多森和约瑟夫·威廉姆斯(1981)。

② 博迪等(1992)。

③ 肯尼斯·邓恩和约翰·麦康纳尔(1981)，布伦南和施瓦兹(1985b)。

④ 斯蒂芬·米勒(1995)。

⑤ 海斯等(1993)，马吉瑞和麦克莱恩(1996)。

⑥ 梅森和默顿(1985)，罗伯特·麦克唐纳和丹尼尔·西格尔(1985)，萨曼·马耶和罗伯特·平狄克(1987)，亚历山大·特里安提斯和詹姆斯·霍德(1990)，阿维纳什·迪克西特和平迪克(1994)，南希·尼克尔斯(1994)，特吉沃吉斯(1996)，基斯·莱斯利和马克思·迈克尔斯(1997)。

地产投资和发展决策中。[①] 这里使用期权定价的普遍要素与前面的例子是一样的:未来是不确定的(如果不是这样,就没有必要创设期权,因为我们现在知道接下来将要做什么),在一个不确定的环境下,在某些不确定性被解决后,拥有决定下面要做什么的灵活性是有价值的。期权价格理论为评估这一价值提供了方法。

项目投资评估的主要期权种类有:发起或扩张期权,放弃或订约期权,以及等待、放慢或加速发展的期权。这里还有"增长"期权,包括创造额外的容量作为扩大、研究和发展的一种选择权,以创造机会生产新产品甚至新事业,但是如果经济上不可以,也并不是非这样做不可。[②]

有一些事例:期权技术在现实世界的应用在于评估制药行业的生产发展,可参见尼克尔斯(1994)。在电力行业,发电厂可以被建成使用一种单一燃料如石油或天然气,或者被建成任意一种原料都可以运转。这种选择权的价值在于,在任一时间点都能够使用成本最低且可获得的燃料,而这一选择的成本明显在于,更高的建造成本和效率较低的能量转化,相比对应的专业化设备而言。第三个例子在鲁赫曼(1992)的书中有关描述,来自于娱乐业,涉及关于制作一个电影续集的决策。这些选择为:要么同时制作原始电影及其续集,要么等知道原始电影成功或失败后再制作续集。人们不必成为一名电影制作专家,去猜测如果按照第一种路径制作续集的话增加的成本会不会减少。在进行这一决策时,最经典的是选择后者,尤其是高预算的成本。经济原因在于第二种方式提供了可以不制作续集的选择(例如,原始电影不成功时)。如果制作人知道(几乎肯定地)将要制作续集,那么等待更多信息的选择价值就小了,分别制作续集的成本就有可能超过收益。因此,我们又一次看到了不确定性的数量对决定的重要性,以期权定价模式为量化成本一收益权衡提供了方法。在最后一个例子中,鲍德温和克拉克(1999)建造了一个模型,该模型围绕模块化的概念设计了复杂的生产系统。他们用几个有关电脑和汽车生产的工业化事例来作为他们中心思想的例证。生产中的模块化提供了选择权,在评估为生产进行的模块化价值时,他们应用了期权定价类型的方法论,在该方法论中,生产系统的复杂性可以与金融模型的不确定性相比较。[③]

在本节讨论的每个实物期权应用及其他应用的事例中,潜在的"资产"是极少在一个接近连续的市场中交易的,它的价格也因此不能被连续地观察到。由于这一原因,本文明显关注应用,并把大量篇幅放在了扩张布莱克—斯克尔斯的期权定价框架的技术部分,包括非贸易性和不可观察性。

---

① 克里·史密斯(1984),雷蒙德·张等(1986),戴维·盖尔特纳和威廉·惠顿(1989),约瑟夫·威廉姆斯(1991),克里斯蒂安·津克汉(1991)。

② 卡尔·凯斯特(1984),雷比恩·麦克劳克林和罗伯特·塔格特(1992),特伦斯·福克纳(1996)。

③ 也可参考何华和平狄克(1992)。在一个截然不同的应用中,凯斯特(1984)分析了是平行还是连续开发商品,可以应用于对基础科学研究基金的替代战略中的评估:同时支持N种不同研究方法,或者仅仅支持一两个,然后在未来的研究方法中应用之前的结果,哪一种更好?也可参加默顿(1992,第426页)。

未来的应用方向

正如我在开始时提出的那样，创新是使金融体系更有经济效率的主要推动力，自从期权定价的文章发表后，大量的经济利益便从变化中产生。的确，在那一阶段发展起来的很多金融研究和基础深厚的实践者经验，已经大大提高了我们关于如何把新的金融技术应用于管理风险的理解。此外，我们也看到了这些定价和衡量金融衍生功能风险的技术有多广泛。然而，经理、管理者、政治家、新闻界和公众对这些新的衍生证券活动以及他们感知金融机构带来的风险，仍然存在着强烈的不安。这似乎像一个案例，尽管有巨大的金融混乱，诸如 20 世纪 80 年代美国的储蓄与贷款的崩溃、亚洲和一些新兴市场目前的金融危机，看起来是传统风险的结果，例如商业风险、房地产风险和欠发达国家的借贷、贷款抵押及持股风险等，这些不安依旧存在着。

一种推测将这种不安归结于经常引用的、被宣传和金融衍生工具出现的一些代价巨大的事件，例如巴林银行的失败，宝洁在复杂利率合同上的损失，橘子郡的财务危机，等等。或许是其中一个原因。[①] 但是，正如已经提到的，在金融世界中衍生品是普遍存在的，因此它们很可能出现在任何金融环境中，无论它们的使用与金融结果是否有因果关系。然而，即使所有这些断言都是有效的，我们可以将个体的名字而不仅仅是数字与发生的事情联系起来（“XYZ 公司”而不是“节省了 475—500”作为相关的描述符号）的绝对事实，会表明这些是相对孤立的事件、不幸的反常病理学，而不是系统缺陷的指示。相反，这一金融技术的生理学，也就是，它怎样在正常的状态下工作，并不是全球每天报道的主题，而是在本质上被认为理所当然的。

另一种对金融衍生品的集体担忧来源的替代或补充的猜测，认为它们是金融创新更广泛实施的一部分，需要在基本制度层级和基础设施上的主要改革和支持。结果，管理和监督金融机构现在所要求的知识基础已大大不同于传统培训和许多金融管理者及政府调节者的经历。这种经验上的变化是危险的。很难处理外在于我们传统知识基础和结构的变化，因此，看来我们无法控制这种变化，即使在系统中的客观风险水平保持不变或者实际上降低了，对于新环境理解的减少可以创造更大的风险的感觉。如果真是这样，我们应该现在着手解决这一问题，因为如果就像某些预言所预测的那样，当下的金融创新步伐正在加快进入 21 世纪，那么知识的鸿沟也会越来越大。而且，产品更高的复杂性和更快速的决策需要将很可能增加对模型的依赖，反过来就意味着管理者的知识基础中的数学和计算机熟练程度要占有越来越大的成分。解决这一知识鸿沟给私营机构和政府提出了相当大的挑战，同时也为管理和工程学院、大学的经济与数学系提供了更多的机会。

试图分析和理解金融系统的变化有两种本质上不同的参考体系。一种视角是将

---

① 默顿·米勒(1997)提供了一个强有力的分析，以反驳许多特殊案例中误用金融衍生品的主张。

金融服务的提供者,不论政府还是私人部门,现存的体制结构视为给定,然后审查为了使这些机构更有效且盈利地执行他们特定的金融服务,他们可以做些什么。这一传统的制度视角的替代视角是我所喜爱的,是功能视角,把由金融系统所提供的服务视为给定经济功能,然后检查出什么是完成这项功能的最好的制度结构。① 一个金融结构的基本功能在所有的经济中本质上都是相同的,这使它们不论是跨越时间界限或者是地理、政治界限,都要比那些可以实现它们的制度结构和特征更稳定。因此,功能视角比制度视角提供了更强健的参考框架,尤其是在一个快速改变的金融环境中。当制度结构自身发生重要改变时,把制度作为概念的"锚",用来分析发展的金融系统是困难的,正如过去20年所发生的那样,而且也可能在未来继续进行。相反,在功能视角下制度变化是内生的,因此在预测未来金融创新的走向、金融市场和中介机构的变化以及管理设计方面很可能被证明是非常有用的。②

成功的私人部门和政府金融服务提供者与监督者在即将到来的未来将是那些能从金融技术创新中的各个方面造成破坏,同时还能充分从其效率中获利的人。什么类型的研究和培训将会被管理金融机构需要?在经济领域中对未来的看法因其重大的不确定性而被蒙上了一层阴影。然而,我试图用我的方式为金融体系的用户所需产品和服务改变方向,以及这些变化对数学金融模型的应用的含义提出一些想法。

在更加全面发展的金融系统中,家庭部门的用户在金融服务上经历了长期的割裂趋势。一些人认为,随着诸如共同基金正被运送到技术不发达的系统中,这一趋势仍在继续,随着相对廉价的因特网的广泛普及,尤其在不久的将来,或许如此。然而,深层次和更大范围的割裂使得家庭承担起了这样的责任:做出涉及风险的重要且技术复杂的微观金融决定(例如详细的资产分配,估计为退休而储存的最优生命周期储蓄)——他们在过去不需要做这些决定,现在也没有训练做,在未来即使在教育上努力也不可能有效地执行这些决定。从代理人发出去的金融建议方面看,低成本因特网的可用性并没有解决"委托与代理"的问题。这就是为什么我相信这个趋势将会转向更为综合的金融产品和服务,更易于理解且更适合个人。这些产品和服务不仅会包括传统为到达有形财富证券投资组合的有效风险——回报权衡而进行的尝试,而且还把人力资本因素、套期保值、收入和资产税收计划都统一在资产配置的决定当中。除了咨

---

① 关于功能视角的详细阐述,参加默顿(1993,1995),克兰等(1995),博迪和默顿(1998)。

② 在过去25年中,金融理论很好地预言了未来金融实践的变化。那就是,当理论似乎提出什么事情"应当发生"却没有发生的时候,实践会使它逐步形成。肯尼斯·阿罗(1953)提出了"纯证券",如此清楚地解释了金融钢架在风险承担方面的理论功能,但是在期权和金融衍生证券市场广泛发展的真实世界是找不到的。现在,金融工程师将各种证券的先进分流分解成基本的阿罗证券的组成部分,然后再把它们重组成为具有新形式现金流的证券,这几乎是他们的例行程序。至于期权和阿罗证券的关系,以及布莱克—斯科尔斯模型在阿罗证券的合成和定价问题上的应用,请见罗斯(1976b),罗尔夫·班兹和米勒(1978),布雷登和罗伯特·利曾伯格(1978),达雷尔·达菲和黄奇辅(1986),默顿(1992,第443—450页)。

询的角色,金融服务提供者将承担起委托人的角色以创造金融工具,为家庭消除各种“陷阱”或“基本”风险,这些金融工具要在既定的金融目标上,例如孩子高等教育的学费和生命周期内的消费平滑;或者,在退休后保留家庭的生活水平(参见弗兰克·莫迪利安尼,1986)。金融衍生证券的定价技术将这些用户化的金融工具的创造在经济上变得可行,该技术使得客户化的产品能够在流水线成本的水平上生产。自相矛盾的是,把产品做得越是用户人性化并且更易于客户理解,将会为产品的生产者创造相当大的复杂性。引入金融工程的创造性以及实现这一具有创造性、可靠且划算的技术及交易基础,很可能会成为在这个产业内的核心竞争要素。这导致的复杂性将需要更详细和高度量化的风险管理系统在金融服务公司内,以及与此并行的在政府监管方面更精致的方法。如果不更加依赖数学金融模型,这些都不可能达到,相反,只要金融模型在完善和精确上不断进步才会可行。

非金融公司目前使用金融衍生证券和其他一些契约的协议来对利率、货币、商品甚至股票价格风险进行套期保值。有了改进的低成本技术和学习曲线的经验,这一实践很有可能会扩展。最后,随着更多的公司用套期保值取代股票资本,这一股票资本的替代选择,作为风险屏障,可能会导致公司结构的主要改变,因此从公开交易股份转移到私人持有股份。

之前的小节提供了目前期权技术在公司项目评估中的运用:在制药行业中研发项目的评估和电影行业中续集制作的灵活性价值的评估。然而,未来的最可能的潜在改变是从金融衍生工具的战术应用转向战略性的应用。① 例如,假设一家石油公司拥有原油储备、汽油、民用燃料油的销售,但是没有炼油能力,它可以通过使用契约协议来完成公司的垂直一体化,而不是建立一个实体精炼厂。因此,研讨契约要求该公司某一日运输的原油,在预先确定的稍晚的日期介绍精炼过的石油的混合产品,这家公司有效地创造了一个综合的精炼厂。天然气和电力在真实世界里的战略例子被描述在哈佛商学院的案例分析中,由皮特·图法诺写的“安然天然气服务”(1994)和“田纳西峡谷的权利:选择权购买协议”(1996)。有证据表明,这些新金融技术甚至可能导致这些行业的行业组织模型被重新研究。

早期的战略应用是在需要长期的计划周期且在大范围上主要成为固定成本、具有很大的不确定性的能源、电力生产行业,这不是偶然的。因为能源和电力生产在任何经济中都是基础性的,这一衍生工具的采用对发达国家和发展中国家提供了重要的应用。最终,采取这种衍生品可能会成为执行战略目标的标准工具。

对于家庭和非金融公司,这些契约技术广泛而有效应用的一个主要要求是,保证契约执行者找到有效的组织结构,包括破产时契约协议整体上的明确及修订的处理。合同履行担保的需要是可能刺激金融机构的金融担保业务进一步发展。这种机构将会改进抵押管理的效率作为担保来执行。正如我们所见到的,期权定价模型的一个早

① 见凯斯特(1984)、斯图尔特·迈尔斯(1984)、爱德华·鲍曼和迪利普·赫里(1993)关于期权定价理论在评估战略决策上的应用。

期应用是使用直接关注金融担保的价值评估和风险衡量方法。

所有这些技术变化的预期结果将会需要金融衍生证券的使用者、生产者、管理者对于评估和风险管理具有更强的分析理解。此外，没有目前金融基础设施——金融中介和金融市场的制度上交流、管理实践、交易的组织化、交换票据、清算及其他内勤设备和管理信息系统的同时改变，衍生品的效率改进就无法有效实现。为了实现它既作为金融系统的用户又作为监管者行使功能，政府需要创新和利用金融衍生技术在风险核算标准中的规定，设计货币和财政政策，实施稳定的项目和监管金融系统的制度。

总之，在遥远的过去，数学模型对金融实践只能起到有限和非主流的影响。但是，在最近的25年里，自从布莱克—斯科尔斯期权定价理论发表后，这类模型已成为全世界金融制度和市场从业者的主流。期权定价模型在这一转变中起到了积极的作用。可以肯定地说，数学模型将会在全球金融系统的运行中扮演一个不可或缺的角色。

即使简述数学模型大体上在金融实践中，特别是在期权定价中的应用，如果不对它们的使用提出足够的字面警告，这个演讲将是会被疏忽的，也是不完整的。当数学的模型变得很有趣时，我们可能会时常疏忽模型的最终目的。金融模型中可以很精确地运用数学，但是在现实的真实世界中模型就并非那么精确了。它们作为一种有用的真实世界的近似值的准确性，随着时间和地点转移都会有重大的变化。在实践中应用这种模型时只能小心谨慎地在每次应用中仔细估计它们的局限性。

（田　野译　武　鑫校）

获奖演说

动态环境中的衍生产品

迈伦·斯科尔斯

一、引　言[①]

从20世纪70年代初开始，在交易所中对金融衍生产品的交易呈现激增形势。自80年代中期以来，在所谓的“场外交易”市场（也被称作OTC市场）中，场外金融衍生产品的交易也呈现激增形势。由20世纪60年代末70年代初布莱克—斯科尔斯及默顿的期权定价研究引发的对金融衍生产品的学术和应用研究也同样呈现激增形势。这样的形势造就了三个蓬勃发展的行业：衍生品交易行业、合成产品的场外市场行业以及对衍生品的研究。学术界，大批学术机构内外的科学家聚集在这三个产业中。学

---

① 我想要感谢罗伯特·默顿。多年来，关于这些主题我们开展了许多富有成果又振奋人心的讨论。此外，我想感谢我在芝加哥大学、麻省理工学院和斯坦福大学的许多同事，感谢他们的卓见以及与我进行的富有启发性的讨论。还有更重要的就是默顿·米勒的支持和参与：我欠他太多，我也很珍惜我们之间的友谊。我很怀念去世的费希尔·布莱克，怀念和他的友谊，怀念他深刻的洞察力，还有他的幽默感。

术界见证了经济学院和商学院在期权、期货、风险管理、金融工程等领域中研究及课程数目的增长。同时，紧密结合制度上的构建与衍生模型，学术界也为研究不确定条件下的金融中介和金融创新提供了更多方法。除此之外，商学院和经济学院在新研究和课程方面还经受着来自其他院系的竞争。数学系与工程学院在衍生品定价及其他随机过程的数学运算方面与其竞争，而法学院也在不确定条件下的合同理解层面与其竞争着。

伴随着布莱克、斯科尔斯(1973)和默顿(1973)为期权定价奠定了基础，学术界出现了无数具有创新性的研究性论文。芝加哥交易所和芝加哥商业交易所通过发展金融期权和证券期货合约开创了交易所行业，同时，也孕育了全世界范围内很多新的衍生品交易所，其中第一家就是由芝加哥交易所赞助的芝加哥期权交易所。此外，一些交易所，如斯德哥尔摩期权市场，已经将应用于交易衍生品的技术传播到欧洲和亚洲市场。这些交易所通过制造能为个人和机构增加价值的衍生品合约而在全世界范围内取得成功。在20世纪80年代中期获得显著发展的场外市场行业，最初在美国盛行，现在已经扩展至全世界的每一个角落，并且比交易所的规模更大。场外市场的金融机构提供定制衍生品以满足每个客户的特殊需求；交易所行业则提供标准化的产品以满足更为丰富的大众需求。

为了了解产品的定价、生产成本以及提供给客户的金融服务，每个行业都需要原始的研究工作。对衍生品的研究被迅速地转移到实践中，而同时，实践也促进了学术和应用研究。其中一些最杰出的研究是在学术机构外进行的，这三个产业为大批学者提供了容身之地。在交易所行业和场外市场行业中，毕业于数学、计算机科学、工程学和物理学专业的学生，与在研究和头寸构建方面受过训练的金融经济学学生，不仅互相竞争，还互相合作着。

在动态环境中定义金融衍生品是一件很困难的事情。我们当中最纯粹的可能认为，如果一种证券的价格动态依赖于其他标的资产的价格动态，或同时依赖标的资产的价格和时间动态变化，那么，该证券就应该被视为衍生品。这个宽泛的定义不仅考虑到了当今的衍生品，随着理解的加深以及生产成本的变化，未来的新生成的衍生工具也包含于此定义中。然而，大众媒体更倾向于将衍生品的定义限制于在交易所进行交易的，或者在场外市场行业发行的金融期权、期货和远期合约。

按照阿尔弗雷德·诺贝尔的遗愿，在某种程度上，诺贝尔奖应该被授予做出“重要发现或者发明”的人。费希尔·布莱克和我的发现在于如何给期权定价，以及提供了一种风险管理的方法。罗伯特·默顿则为定价技术提供了重要的其他证明，并且还将此方法扩展到了以下很多方面，即如何对有股息的期权定价，如何在利率不是常数时给期权定价，以及如何将一个更普适的结构应用在许多其他合约中。

由于发明了衍生工具，至少由于发明了那些被一些人断言对使用者有不利经济影响的衍生产品，布莱克和斯科尔斯多年来饱受指责。人们很少想到这些合同涉及两个方面：如果买者遭受损失，那么最终的卖家将会受利。只有产生了无谓的成本损失，那才给社会带来净损失。据说“每一个成功想法都有一千位父亲，而每一个失败都是一个孤儿”，人们都喜欢夸耀成功，而没人愿意承担失败。这么多年来，这两种不同的待遇我们都经历了。但是，我们并没有发明衍生产品。在布莱克—斯科尔斯和默顿的定价技术之前，期权就已经存在于很多金融合同中。根据记录显示，期权交易在17世纪晚期的阿姆斯特丹交易所就已经存在了，20世纪30年代，在芝加哥交易所内也有期权交易。根据库特纳(1964)的描述，对期权定价的研究可以追溯至巴切里耶1900年的博士论文。人们在过去以及现在仍在做着的无数证券和投资决策，尽管没有被普遍认定为期权，但还是可以用布莱克—斯科尔斯期权定价技术进行评估。这项技术可以被视为一种发明，并促成了前述三个行业更多的发明。而在发明这项技术时，我还没有意识到它将如何进一步发展，人们将会怎么利用它，以开发出比在这项技术产生之前成本更低的、带有嵌入式期权的新型证券。这不仅在美国而且也在全球范围内提高了资本需求者和供应者的效率。

鉴于诺贝尔颁奖典礼在斯德哥尔摩进行的时候，圣诞节已经临近了，我想借用查尔斯·狄更斯在《圣诞颂歌》中使用的“过去”“现在”和“未来”，来描述动态环境中衍生工具的演变，但是，我的类比与原文并不是完全一致的。也就是说，我不是暗示我要以斯克鲁奇先生的眼光评价“过去”“现在”和“未来”，不是说衍生工具的过去是光明的，充满希望和天真，现在是黑暗的，充满不祥之兆，而如果坚持不改变方法，我们则会面对一个暗淡无光的未来。相反，许多学者和从业者往往要求一睹过去，也就是想看看过去我们是怎么发展这项技术和模型的，因为观察过去有助于了解现在。那是一个纯真年代，同时也是孕育发现的时期。对过去纯真年代的描述是诺贝尔颁奖典礼的一个传统，我很荣幸也很感激诺贝尔奖委员会给我这样的机会，我多么希望费希尔·布莱克还活着，能跟我一同分享这一荣誉。

25年对于一个新的学术行业和新的交易所行业来说远远不够，而15年的经验对于一新的场外市场行业来说也的确尚浅。我所说的现在是指从20世纪80年代末到现在。这段时间内，新的行业经历了成长之痛，但包括监管者在内的很多人仍在担心它尚未发展成熟。那么，未来呢？未来会不会很惨淡？不，将来肯定会有失败，但是行业整体上将会茁壮成长，因为相比与其他产品竞争，金融衍生工具将会逐步为投资者和实体中的各项问题提供更低成本的解决方法。这些成本更低的解决方法包括将比较低级的金融产品拆分并重新包装，从而使它们变成能够满足顾客需求的各个组成部分。随着信息技术的进步，提供替代品和更高效解决方法的成本能够降低，这一过程也将会得到进一步发展。

二、过　去

尽管布莱克(1989)和伯恩斯坦(1992)已经解说了他们关于期权定价技术发展的想法，但是，在这次演讲中，我将通过对过去的一些回忆对他们的描述稍加补充。我在芝加哥大学接受的正式训练是有关金融经济学、统计学和经济学。在芝加哥，1990年诺贝尔经济学奖获得者——默顿·米勒和一位多产的学者——尤金·法玛，激发了我对经济学，以及现在被称作金融经济学的经济学新分支的巨大兴趣。我也同样特别感谢我在芝加哥的同学们，最需要提到的是杰克·古尔德、迈克尔·詹森和理查德·罗尔。

在金融经济学中，有三方面内容定下了我未来研究的主线：套利和替代品的概念，有效市场假说，资本资产定价模型。① 在一般均衡的框架下，这些内容为金融模型提供了数学基础。莫迪利亚尼和米勒做出了突破性进展，他们为公司金融提供了一个一般均衡模式。他们关于套利的论点证明了企业价值是如何独立于融资活动的，这些对我分析和模拟很多经济学的问题产生过深远的影响。法玛（1965）和萨缪尔森（1965b）的有效市场假说指出，在一个运作良好的资本市场中，资产价格的动态可以由亚鞅描述出来，而对证券价值的最佳估计便是今天的价格。这个有效市场假说对经济学的发展来说是革命性的，他们的深刻见解也给我思考资产价格动态变化及市场应该如何根据"消息"调整，提供了重要框架。而这个框架又为研究信息是如何被纳入证券价格的实证检验提供了可行背景，同时，也为我提供了一种工具，使我在金融经济学环境中使用我的统计学和计算机技能。例如，詹森（1968）使用了有效市场假说的概念，来测试那些由专业人士管理的、会花费大量金钱去寻找被低估的资产的共同基金，是否会比在风险调整基础上的随机选择的投资做得好。在控制了债券价格的预期收益变化后，罗尔（1970）也曾测试了债券市场的有效性。在我（1972）自己的工作中，我也使用了有效市场的概念和替代品（套利）概念，来测试证券价格在多大程度上受大宗证券的销售规模和信息集变化的影响。继马科维茨（1952，1959）的工作之后，夏普（1964）和林特纳（1965）的资本定价模型为研究不确定环境中的资产价格提供了一个一般均衡模型。这成为衡量证券风险的基本模型。这个模型很简练地将证券必要的相对收益率压缩为一个仅仅依赖于证券 β 值的简约方程式，这里的 β 值是衡量对最优投资组合风险的相对贡献程度。

资本结构模型、有效市场假说和资本资产定价模型有着套利和市场均衡的共同主题，具有相似经济风险的证券必须具备相似的收益，以避免套利获利。无论是普通股、债券还是混合性金融工具等任何证券，这一原则都适用。通过参与在芝加哥大学的研讨会，我逐渐对认股权证和可转换债券的性质有了了解。然而，在我于 1968 年成为了麻省理工学院斯隆管理学院一名助理教授时，我还是没有意识到权证定价和 20 世纪 60 年代人们在麻省理工学院关于这一主题的各项研究的意义。

我是在 1969 年春天才遇见罗伯特·默顿的，那时候他正在斯隆商学院面试一个职位。从 1969 年的秋天起，我和默顿开始对对方的研究产生影响。我们讨论了对方的最新研究，他当时的研究是关于具有变化性机会集的资本资产定价模型的动态应用程序，而我的研究包括对资本资产评价模型的检验。然而，我们没有讨论有关权证定价的问题，尽管费希尔·布莱克和我那段时间正在研究这个问题。我想我们当时都没有意识到，我们两个都对这个研究领域有兴趣。

---

① 我相信，费希尔·布莱克至少会选择有效市场假说和资本资产定价模型作为对他在金融经济学领域的思考影响最大的内容。

1968年夏，一个在旧金山富国银行的研究项目让我相信，资产的被动管理对于主动式管理的投资组合会是一个可行的竞争者。在我向富国银行提交的报告中，我建议他们采取被动式投资策略，并将其提供给客户，这就是所谓"指数基金"的前身。同年秋，我接受了迈克尔·詹森的建议，与费希尔·布莱克共进了一次午餐。詹森是在研究共同基金的时候遇到布莱克的。费希尔受雇于一家位于马萨诸塞州坎布里奇的咨询公司——亚瑟·D. 利特尔公司。那年秋天，我和费希尔多次共进午餐，他暗示他正在思考离开亚瑟·D. 利特尔公司，开设自己的咨询公司。大约在同一时间，富国银行的约翰·麦奎恩问我是否愿意研究市场中风险和收益的权衡关系，作为向他们的客户介绍被动式投资策略的先驱者。没有研究的话，他们不愿给客户提供类似指数基金的产品。但是作为一名助理教授，我可以从事咨询工作的时间是有限的，于是，我问费希尔是否愿意就此项目与我一起合作。从我们的午餐讨论，可以很明显推断出他有非常相似的想法，而且他即将与詹森开始衡量风险与收益的研究。我们开始合作，一起测试资本资产定价模型（参见布莱克、延森和斯科尔斯，1972）。我们开发了零β值投资组合的概念来测试这个模型。如果我们通过购买低β值股票同时卖出高β值股票来创造出一个零β值的最小方差投资组合，并且在这个投资组合中获得与市场利率明显不同的实际回报率，那么这将与原始资本资产定价模型的预测结果背道而驰。

1969年的冬天，我同意指导麻省理工学院的一位研究生的硕士论文，这位研究生已经收集了认股权证和标的股票价格的一组时间序列，并想将资本资产定价模型应用于认股权证的估价中。我阅读了保罗·库特纳编撰的论文集《股票市场价格的随机性质》(1964)中所有有关认股权证定价的文章。其中有一篇凯斯·斯普伦克尔1960年的文章似乎和我的想法关联最大，但是他是用外生性因素决定的贴现率将认购权证的预期终值折现为现值。

很明显的是，认股权证的预期回报不可能在每个时间段内都保持一致，因为认股权证的风险会随着股票价格的变化和到期期限的变化而变化。例如，如果认股权证处于"价内"状态，也就是说，如果标的股价远远高于行使价，而且该认股权证几乎肯定要被行使，那么随着标的股价的变化，认股权证的价格基本会发生一对一的相应改变。但是，由于认股权证是一个杠杆工具，它的价值变化的百分比要比普通股价值变化的百分比大。另一方面，如果认股权证处于"价外"状态，也就是说，标的股价低于行使价，那么随着普通股价格的变化，认股权证的变化幅度则会大大降低。例如，常见的情况是，普通股票股价变化1美元，认股权证的价格则变化0.5美元。但是，在这种情况下，认股权证价格的变化百分比会比"价内"状态中的价格变化百分比还大。

作为结果，如果股票的β值在每个时期都是常数，那么同期的认股权证的预期收益就不可能是常数。我想使用资本资产定价模型来建立由普通股和认股权证构成的零β值的投资组合：通过每一时期售出足够多的认股权证所持有的普通股来创建零β值的投资组合。假定我可以创建一个零β值投资组合，这个投资组合中净投资的预期收益率将等同于无风险利率。我知道，我将必须改变每个时期的股票份额的数量来保持我的零β值投资组合。但是在断断续续地对这个概念研究了一段时间后，我还是没有弄清楚到底需要卖空多少股票份额才能创造出零β值的投资组合。

1969年这一年,费希尔和我继续对资本资产定价模型进行测试,同时,我们也在发展着由我们的研究而衍生的一些投资产品。1969年夏季或初秋,我与费希尔讨论了我以前关于认股权证的一些经验,还谈论了我关于创造零β值投资组合的尝试,以及在创造零β值投资组合过程中,我无法确定每个时期需要改变的股票数量的问题。他也向我描述了他在认股权证方面的研究,还向我诉说了因为无法进一步发展那时候很有必要的研究而产生的沮丧心情。他让我看了一张纸,上面展示了认股权证收益和标的股票之间的关系。在杰克·特雷诺早先工作的基础上,费希尔用了一个w(x,t)的泰勒展开式,以展示认股权证价格的变化作为普通股价格变化的函数与期权期限减少之间的关系。在这个泰勒展开式中,"w"代表认股权证的价格,"x"代表当前的股票价格,"t"代表到期期限。忽略关于时间的二阶性,在很短的时间内,这个展开式则为:

$$\Delta w(x,t) = w_1 \Delta x + w_2 \Delta t + 1/2 w_{11} \Delta x^2 \Delta t$$

其中,Δ是一个表示变化的符号,下标表示的是关于第一个参数或者第二个参数的偏导数。

费希尔利用了资本资产定价模型来描述认股权证的预期收益与市场,以及普通股的预期收益与市场之间的关系,这丝毫不奇怪。在这个资本资产定价关系中,如果将认股权证的价格变化替换为普通股价格和时间变化的函数关系,那么如何创造一个预期回报率与利率相同的零β值投资组合就是一件很明显的事情了(因为我们假定利率是个常数)。

下面,我们考虑下这两种可选的投资方式在短时间内的收益:在第一种策略下,我们使认股权证和足够多的债券在每个时期的收益率为利率 r,以使我们在第一种策略下与第二种策略下的投资是一样的。我们购买 w_1 数量的股票,那么在这两种策略下,投资和收益的关系如下表:

	投　资	收　益
策略一	购买认股权证 w	$w_1 \triangle x + w_2 \triangle t + ½ w_{11} \triangle x^2 \triangle t$
	购买债券 $w_1 x - w$	$r \triangle t\ (w_1 x - w)$
策略二	购买股票 $w_1 x$	$w_1 \triangle x$

这样的情况下,这两种策略中的投资是一样的,而且风险看起来也是一样的。唯一不确定的项是 $\triangle x$,也就是股票价格的变化,而由股价变化带来的总的不确定性在这两种策略中是一样的。$\triangle x^2$ 涉及股票价格变化的平方值,有方差的形式,随着 $\triangle t$ 值变小,它的值将接近 $x^2 o^2$,也就是股票价格的平方值乘以普通股基本收益瞬时方差的值,而这个值被假定为是不变的。

既然在两种策略下投资和风险都是相同的,那么,为了避免套利,在短期内收益也必须相同。在使两种策略下的收益相同后,将 $\triangle x^2$ 替换掉,我们可以发现:

$$-rw + w_1 xr + w_2 + 1/2 w_{11} x^2 \sigma^2 = 0$$

这就是布莱克—斯科尔斯微分方程式。认股权证和看涨期权的初始条件是 $w(x,t^*)=\mathrm{Max}(x-c,0)$，这里，$t^*$ 是指期权的到期时间，c 是期权的行使价。而要想给期权估价，需要的不是它的初始条件，唯一需要的是利率 r 和标的股票在每一单位时间内收益的方差率 o^2。而令我们都很惊讶的是，标的股票的预期收益率并没有在微分方程式中出现。

我们已经知道，在每个时期建立零 β 值投资组合需要的股票数量是 w_1，但是我们还是不太明白怎么去确定 w_1 的值。解决这个问题的下一步就是要认识到，既然认股权证的估价仅仅依靠收益的波动性，而不是依靠标的普通股的预期收益，那么，标的普通股的预期收益就可以被任意假定了。正如以上，我们会得到同样的认股权证估价方程式，因为在建立零 β 值投资组合或者其他复制组合时，我们对冲了普通股的风险。我们假定，在接下来一个短期时间内，普通股的预期收益与利率是相同的，或者假定依据资本资产定价模型，普通股的 β 值为零。

在固定收益率和收益方差的假定下，在认股权证的期限内，标的股票的收益将呈现对数正态分布状态。我们利用斯普伦科尔公式来找出把固定的利率作为股票的预期收益率的认股权证的终值。但是，我们想得到的是认股权证的现值。这里的关键是我们要意识到，尽管认股权证可能比标的股票的价格变动大，然而如果我们假定该股票具有零 β 值，那么该认股权证也同样具有零 β 值。如果认股权证每一阶段都有一个零 β 值，那么每一阶段认股权证也不得不收获利率 r 的收益率。

如果我们决定利用普通股的实际预期收益来对认股权证进行估价，就此而言，用其他的增值率、贴现率对认股权证估值都将会取决于时间和股价的变化。但这不适用于零 β 值的情况。利用斯普伦科尔公式，并假定普通股的预期收益和认股权证的贴现率与固定利率是相同的，我们就得到了布莱克—斯科尔斯定价公式：

$$w(x,t)=xN(d_1)-ce^{r(t-t^*)}N(d_2)$$

这里 $N(d)$ 是累积的正态密度函数，c 是行使价，t^* 是截止日期，t 是当前日期，t^*-t 是期权的剩余有效期，e 是指数算子，最后得出：

$$d_1=[\mathrm{In}x/c+(r+1/2\sigma^2)(t^*-t)]/\sigma\sqrt{t^*-t}$$

$$d_2=d_1-\sigma\sqrt{t^*-t}$$

我们核对了此公式和微分方程，正如我们所预料的那样，它们相符合。可以确定的是，对于看涨期权或者认股权证，即以固定的价格（行使价）在期权到期之前购买资产的权利，我们发现了正确的估价公式。稍做调整，我们也可以在类似的条件下对看跌期权，即对售出一项资产的权利进行估价。

根据这个公式，我们最终可以计算等同于 $N(d_1)$ 的 w_1，也就是为了对冲期权风险所必需的股票数量。股票数量会随着时间而变化，以及标的证券价格相对于行使价会发生变化。但是，考虑到前面的假设，这个数量在每一个时间段都是已知的。

这个公式还表明了所必需的技术，来为取决于标的资产价格（或者甚至其他状态变量）和时间的任何未定权益定价。甚至对于不同的已知支出额，如股票股息或者债券附息票，当期权持有人没有得到这些时，情况也是这样的。这个技术表明要建立一个无风险的另类投资，对随机项$\triangle x$进行对冲。默顿(1973)正式提出了这些关系。

我们花了大量时间努力完成其他几篇论文，其中就包括对资本资产定价模型进行测验的那篇论文。大概在1970年冬天的某个时间，我们完成了那篇论文的初稿。我们不知道我们的公式是否精确，但从直觉上讲，我们觉得投资者可以分散掉余下的任何剩余风险。当普通股产生更大的价格变化时，买空期权并卖空适量的股票对持仓进行对冲避险，那么不管市场形势良好还是低迷都会出现盈利情况，而如果市场投资组合发生了较小的变化，则会出现亏损情况。持仓风险似乎独立于市场风险，我们对这个模型进行编程，尝试着去掌握期权价格对于股价、期权期限、波动性以及利率变化的敏感性。

在1970年由富国银行资助主办的关于资本市场理论的会议中，我们呈递了我们那篇论文的初稿。后来，同年夏天，我和费希尔在一起休假时，研究了利用期权定价框架对高风险债务和其他一些资本结构问题进行定价的实践应用。我们将资产结构中存在负债问题的公司的普通股看作一个看涨期权。股权持有者有这样一个期权，即在期限内向债权人还清票面金额的债务而购回企业。而如果到期时债务的票面金额要比企业的资产价值低的话，股权持有者将不会从债权人那里购回企业；他们将会把公司的剩余资产转交给债权人。对于我们来说，意识到企业的股权也是一种期权，以及我们的框架应用的范围要远远超出仅仅为认股权证、看跌和看涨期权估价，这令我们非常激动。这种方法论提供了一种系统的研究方法，即依靠套利来为企业的资产结构定价，或据此了解管理决策是如何影响企业资产结构中负债和股权的相对价值的。

在保罗·萨缪尔森(1965a)关于认股权证定价问题早期研究的基础上，罗伯特·默顿和保罗·萨缪尔森早先写过一篇关于认股权证定价的论文(参见萨缪尔森和默顿1969的文章)。默顿本来打算来听富国银行举办的那场会议中我们的报告会，结果他睡过了头，错过了我们的报告会。1969年冬和1970年夏，费希尔和我检索了学术文献，我们想看下别人的研究和我们的发明到底有多么接近。我们发现萨缪尔森和默顿的论文包含一个对认股权证估价的均衡模型，但是他们没有连续对认股权证进行估价。考虑到我们这两个团队存在着友好的竞争关系，费希尔和我想在富国会议之前，凭我们自己的努力取得尽可能多的进展。

那次会议以后的初秋，默顿和我讨论了布莱克—斯科尔斯的估值方法论及期权估值公式。他不确定使用资本资产定价模型的框架是否足够。好像对他来说，随着对冲调整的时间间隔越来越接近连续时间，对冲头寸和市场收益可能还存在一定的协方差。默顿和我推测没有协方差的一种情况将会是：如果在一段连续时间内期权收益和股票收益完全相关，那么对冲就是完全精确的。默顿后来证明了在连续时间内对冲头寸是没有风险的，而且复制组合参数也是准确的。费希尔和我在我们文章的定稿中利用了这个推论，因为它依靠套利而不是依靠资本市场均衡的任何基本模型。但是，我们还是提供了资本资产定价模型的推论方法，因为它为我们揭开期权定价之谜提供了很多重要的想法。

1973年,默顿开始致力于研究期权公式的不同方面。他引入了期权定价模型的其他试验。他还证明,在期权到期之前行使看涨期权的权利对于无股息的股票来说没有价值,但是对于一只类似股票的看跌期权而言则是有价值的。他还说明了如何将利率的变化并入估值的方法论中,从而将这个公式广泛应用于其他状态的变量中。

令我们沮丧的是,当我们将题为“期权、认股权证及其他证券的理论估值公式”的论文的一个版本投给《政治经济学杂志》时,论文没有进入审稿环节就被退回了。《经济学与统计学评论》也同样退回了那篇文章。费希尔觉得那篇文章被拒绝的原因是由于他不是一名大学教师,而我则觉得原因是我仅仅是一名不出名的助理教授,而且对于这些学术期刊来说,我们那篇文章可能没有达到足够广度。默顿·米勒和尤金·法玛对这篇文章很感兴趣。在他们的帮助下,《政治经济学杂志》同意考虑我们的文章,但前提是我们要修改并且扩大它的适用范围。我们本来计划在随后的一篇文章中发表定价公式在“公司—金融—资本”结构中的应用,但是我们扩展了我们原始的那篇文章,在原始文章中证实了如何将公司债务视作一种期权。1973年在《政治经济学杂志》上,那篇文章的最终版本以“期权和公司债务定价”的题目得以发表。

1. 结果

在布莱克与斯科尔斯(1972)的模型中,我们利用一位柜台期权市场经纪人记录在交易日记中的数据测试期权定价模型。这本日记由一名麻省理工的硕士生提供给我们,其中列出了这名经纪人卖给客户的期权价格。对波动性简单地估测后,我们发现模型基本表现不错。在模型预测的价格高于市场价时,人们以书中记录的市场价格买进期权,就会产生利润;在模型预测的价格比市场价低时,人们以书中记录的市场价格卖出期权,同样也会产生利润。在每一个交易日,我们假设这个模型都可以被用来决定对冲率(△),并且采取这样的对冲交易方式(假设交易的成本为零)。我们每天对市场收益中的对冲投资组合收益进行回归分析。正如我们所料,投资组合收益与市场收益并不相关,但是这个模型却产出了大量非常规的利润。在估测波动性时市场似乎忽略了那些历史数据中可利用的信息。

当我们假定以模型算出的价格买进估值偏低的期权,卖出估值偏高的期权,从而对冲标的股票风险时,结果却是造成了严重的损失。之所以引发了这些损失,是因为使用简单的波动性估算忽视了未来波动性的信息,而这是市场一直以来用以定价期权的依据。当期权有效期内已呈现出的波动性被用于计算模型价格时,在此价格上买进估值偏低的期权以及卖出估值偏高的期权产生的收益几乎为零。

在我们看来,场外交易市场投资的交易成本很多是显而易见的。交易员只愿意出售期权。结果是,看涨期权和看跌期权的市场都很小。世界就要发生变化。在20世纪70年代初,人们委托进行各种研究,要给一个新的期权交易所的出现提供正当的经济理由。最终在1973年,几乎在布莱克—斯科尔斯和默顿的期权定价论文发表的同时,芝加哥期权交易所诞生了。交易成本的下降和市场的透明度都足够解释接下来期权市场的成功。

大量关于布莱克—斯科尔斯模型的试验于1972年5月被刊登在《金融杂志》关于美国金融协会会议的一系列会议记录中，但具有讽刺意味的是，这比这个模型本身的发表还要早一年。尽管我们并不想这样表述，但同样具有讽刺意味的是，在论文中用到的方法大致和现在金融公司管理它们交易头寸的风险、衡量它们交易员绩效的方法是一样的。

2.历史注解：从理论到实践

从1973年到1985年，衍生品交易行业和衍生品学术研究行业都经历了重要的发展。金融经济学家开始和广大范围内的从业者们交换信息，而这又给这两个行业的从业者们带来了一场互惠互利的思想交流。

期权定价技术之所以被采纳不过就是因为它降低了交易成本。因为如果没有这个模型的话，一方面交易者很难以足够的准确性去定价有嵌入式期权的证券，从而不能与那些利用模型的交易者竞争；另一方面他们也不能减小他们头寸的风险，从而不能以足够低的成本有效地利用资本与他人竞争。尽管这不容易被证实，但我认为芝加哥期权交易所和其他交易所的成功，有一部分要归功于期权定价模型。当交易者熟悉这些模型之后，买卖差价就缩小了。当他们更熟悉风险管理技能时，他们就可以承担更大的头寸规模来支撑这个市场了。在一个发展更深入、效率更高的市场里，投资者开始使用期权，以方便使用他们的投资策略。

在这个模型日渐完备的时间里，很多重要的扩展和补充加入基本的框架中去，这其中有很多人的贡献，包括布莱克(1975,1976)，班兹和米勒(1978)，布里登和莱森伯格(1978)，布伦南和施瓦兹(1979)，考克斯和罗斯(1976)，考克斯、罗斯和鲁宾斯坦(1979)，格斯克(1979)，哈里森和克雷普斯(1979)，玛格拉比(1978)，默顿(1992a)，帕金森(1977)，理查德(1978)，罗斯(1976)，鲁宾斯坦(1976)，斯科尔斯(1976)，夏普(1978)和瓦西塞克(1977)。

1971年费希尔·布莱克离开波士顿，成为芝加哥大学的一名教授。1972年罗伯特·默顿和我成为帝杰公司的顾问。为了应对芝加哥期权交易所的成立，我们要建立数学模型来定价所谓的股价下跌失效期权，建构起他们的期权定价技术来定价看涨期权。里奥·波默朗斯，帝杰期权集团的领头人，曾是一个老派作风的期权交易员；他用直觉和经验去交易场外市场期权，而不去考虑一个正规的模型。之后他成了芝加哥期权交易所的第一任主席。在帝杰集团，我们促使作风老派的交易员和使用数学模型的年轻交易员相互沟通交流，联合直觉经验方法和模型预测为企业增加价值。

自芝加哥期权交易所发行第一笔基于上市证券的合同后，期权估值技术就以飞快的速度传播开来。最初，很多年龄稍长的市场交易者拒绝用模型定价期权。最初，价格与考虑股息后利用布莱克—斯科尔斯模型预测出的价格不一致，与使用相对简单的波动性估计给期权定价也不一致。这给那些以模型为依据的年轻交易者提供了进入市场并从价格不一致中获利的机会。他们用模型去定价期权，确定合适的对冲比率来减少他们头寸的风险。基本上，保留这些风险有零现值，因为交易者没有能力去预测股市收益。通过这样做，他们可以承担更大的头寸，通过专注于可以增加利润的风险来提高自身的利益。

我1973年返回芝加哥大学，在那里，我指导的一名博士生丹·伽莱在1975年利用对波动性进行简单历史估测的模型测试了芝加哥期权交易所成立一年时间里的期权定价行为。他发现交易期权的获利，也就是每天买入估值偏低的合约、卖出估值偏高的合约来保持中性风险头寸，比之前在我们最初的实验中发现的还要丰厚。如果期权价格在合约到期之前回归到模型价格，通过减少头寸，他的策略可以获取更大的利益。而如果不是期权交易者的话，交易成本可能会减少他们的实际交易利润。

在交易期权的第一年年末，不可能再利用简单的历史波动性估测法在市场中发现机会。很多资助期权交易者头寸的清算公司使用模型和对冲比率确定这些交易员中每个人的净风险。费希尔在那时已经开始了一项服务，这项服务对不同交易所里交易的每一个期权提供价格和对等份额的头寸(对冲比率)。他使用了一个更为复杂的波动性估测方法去定价期权，把根据股市变化调整过的历史估测和期权价格显示出的波动性结合起来。在相对短的一段时间里，当证券的市场价格相对于前一个价位上升时，股市的波动性往往下降，这甚至在今天看来也是正确的。这个结果部分是因为标的证券杠杆性的减少。有了利率、普通股价格、股息收益率、行使价和期权的到期日期，这个模型可以推演出市场一直以来用来定价期权的隐含波动性。事实上，即使在现在，期权仍被描述为隐含波动性，交易者们会被问及他们是想要买还是卖波动性。尽管费希尔的波动性估测风光了一段时间，但先进的计算技术使他的定价理论在几年后便无人问津。

事实上，得州仪器公司在1977年上市了一款手持型的计算器，这款计算器可以计算布莱克—斯科尔斯的模型价值和对冲比率。当我向他们要求版权费时，他们却说我们的著作已是公共版权；当我要求至少给我一个计算器时，他们却建议我应该自己去买一个。当然我从来没买过。罗伯特·默顿和我继续为帝杰公司做咨询工作。与马修·格莱德斯坦一起，我们觉得在这个时机为投资者提供一笔基金也许是合适的，这笔基金可使他们避去资产的下跌风险，但同时允许他们在股市走高时参与市场。为了达到这个目标，我们认为这笔基金持有的资产应该分两部分：在任一个6个月的时间段内，90%的资产将以美国国库券的形式持有，10%的资产将用来买一份多样化的看涨期权组合。在几篇论文中，默顿、斯科尔斯和格莱德斯坦使用在不同市场交易的期权所对应的标的股票，模拟了这项策略的绩效特征。收益的特点正如理论预测的那样：这样的投资策略相比于直接投资标的股票，损失减少了，而收益也没有那么多。这项策略的收益与市场构成一种非线性关系。我们总是强调期权的角色就如保险一般。早在1976年，我们就尝试在波士顿凤凰投资咨询公司的支持下发行货币市场/期权投资。不幸的是，这次的募集只收到很小的一笔资金。我们的模拟结果预示的是一个全覆盖型的投资策略，也就是售出与标的股票头寸相同的期权(例如，买入100股IBM公司的股份，同时卖空购买100股IBM股票的看涨期权)，将会产生的收益近似等同于期权所得溢价的60%。如果在合约到期时股票价格高于行使价，看涨期权的持有者就买入；如果股票价格在那时低于履约价格，他们就不会履约买入。这个策略虽可以产生较高的收入，却伴随着巨大的损失风险，就像那些产生高收益的债券一样。但是，人们对于此策略的预计收益要低于对货币市场——期权策略的预计收益。差不多在这个时候，全覆盖型的策略，这种被我们认为对大部分投资者来说呈现的都是劣一等回报特征的策略，被其他的投资公司推向了市场。自然地，令我们沮丧的是，这种保证高收益的策略很成功(因为这是以预计的资本损失为代价的)。

三、现　今

过去的20年已经见证了整个金融服务行业的转变，首先是在美国，现在已经发展到了全世界。在20世纪70年代到80年代之间，政策法规把金融机构的活动划分成了单独的市场单元。在美国，商业银行处理存款，提供商业贷款；投资银行涉及合并、兼并和包销业务；经纪公司出售股票和债券；储贷机构和银行一同开启了抵押贷款；保险公司出售人寿、财产和意外伤害等险种。很多的法规是为了通过限制竞争来保持这些机构的盈利能力，通常是在牺牲使用这些服务的消费者利益的基础上。每个机构都有自己主要的产品，就像存款，或者人寿保险，抑或是商业贷款。没有一家金融公司可以为它的客户的金融需求提供全方位服务。

制定法规者不太可能保障他们所监管行业的利润的情况也是会经常出现的。在美国，当银行在20个世纪70年代早期被禁止为存款支付市场利率后，共同基金就和银行竞争提供存款服务。机构性投资者管理退休金和共同基金领域的增长，导致了交易证券的固定佣金率在美国和全球各地的废除。大一些经纪公司的发展在抵押贷款的打包、再打包业务上与银行和储贷协会竞争，扩大了市场的容量。银行也开始与经纪公司、投资银行和保险公司竞争，为商业地产、高杠杆合并和兼并融资，即所谓的“杠杆收购”。当新的竞争者不受制于那些昂贵的规范，给这个行业中有利可图的业务带来冲击时，在行业中保留那些限制活动的规范几乎是不可能的。

如今金融创新浪潮背后的驱动力是计算机和通信技术成本的下降。低成本的技术已经带来了产品和金融市场的全球化。公司和机构的需求已变得越来越复杂。投资者需要更多的服务。而技术的发展也把新的竞争者引入市场，相比于现有的竞争者，他们能以更低的成本提供相似和广泛的服务。像嘉信理财集团、富达集团和一些互联网经纪商这样低成本的经纪服务提供商的增长便是例证。

金融服务公司现在必须决定它要服务于哪些客户，要确定那些客户的需求，进而决定哪些产品和服务可以同时给他们的客户和他们自己的股东增加价值。15年前非常相像的公司如今已变得大不相同。例如，现在作为一家批发银行的摩根大通与作为一家零售银行的花旗银行的差别远远超过它们在20个世纪80年代初的差别。相反的是，那些15年前大不相同的公司如今却变得极为相似。现在我们很难区分摩根大通与瑞银集团、高盛集团或是美林证券的活动有何差异。与此同时，美国国际集团和旅行家集团这两家保险公司,现在却提供许多和高盛集团或是瑞银集团相似的服务。投资银行不仅仅只是在交易中组织安排和建议,而是向提供更全套、更综合、更便捷的金融解决方案的方向发展,致力于解决他们遍布于全球的客户的复杂问题。

在金融理论方面的很多进步都促使金融服务公司比起以前能以更高效、更低的成本去满足更复杂的需求。商学院和经济学院的毕业生们和工程师、数学家、物理学家及计算机科学家的合作,都已为顾客的问题提供了更高效、更低成本的金融工程解决方案。

时至今日,金融衍生工具使用的主要快速增长来自于证券化的发展趋势,以及对其在风险分拆、打包和转移中作用的进一步理解。金融服务公司再也不会仅仅出售那些他们从顾客手中买来的产品,相反,他们把商品分解成各自的组成部分,接着卖出某个部分或者是重新组合它们,让它们成为为顾客量身打造的新型混合金融工具。而且,这种分拆和重新打包只是演变的开始阶段。

因为顾客与他们的金融服务公司之间的信息不对等,要同时发展与多家金融服务公司的紧密合作的成本对于一个顾客来说几乎就是天价。为了达到多产的目的,金融服务公司必须熟知客户的需求,理解他们的业务。结果是,某个金融公司只在其被选择的客户名单上是专家。顾客也发现为寻找新的金融服务公司而广泛撒网效率低下。提供为客户的需求量身打造的解决方案加强了金融服务公司和客户之间的关系纽带。让每个客户都可以巧妙地复制专业人士创造出的金融理论方案的费用极其昂贵;而大多时候这种才智并不能得到最佳的发挥。这与每个公司都保留一家能够提供整套服务的法律公司的做法简直如出一辙。尽管这是很多监管者的担忧,但是如果被放到全球舞台上竞争,所有的金融服务公司都消失的可能性是几乎没有的。产品的标准化将比以往以更快的速度侵蚀利润,因为更加多元化的公司,像是通用电气和安然公司或是一些会计公司都可以通过使用金融技术提供金融服务来竞争。来自全球的竞争者将进入各种各样的市场进行竞争。尽管比起以前,那些低效的金融服务公司将以更快的速度消亡,但它们的客户却从存活下来的金融服务公司那里得到收益更高、收费更低的服务。金融产品正在变得如此专业化,在很大程度上,在有组织的市场里交易,它们的成本会极其高,以致交易无法进行。

金融服务公司已经成为在风险管理项目中使用衍生工具的佼佼者。利用信息和期权定价技术,金融服务公司不仅可以对它们的承诺(例如担保品和其他的衍生合同)进行估价,而且可以更好地理解它们持有的财产对不同市场因素的敏感性。因此,它们可以决定转移哪些风险、保留哪些风险。

表1和表2展示了自1986年以来在交易所和场外市场交易中衍生合同交易的增长情况。表中的单元包括了各种类别的衍生工具的“名义未偿本金总值”。例如,股市市场指数期权的票面金额(包括看涨和看跌期权)在1986年底为378亿美元,在1996年底增长到3802亿美元。

表 1　精选衍生金融工具市场:名义未偿本金余额

1986—1996 年(以 10 亿美元计量)

	利率期货	利率期权①	货币期货	货币期权①	股票市场期货	股票市场期权①	合计	北美	欧洲	亚太地区	其他
1996	5931.1	3277.8	50.3	46.5	198.6	380.2	9884.6	4839.7	2831.7	2154.0	59.3
1995	5863.4	2741.8	38.3	43.2	172.2	329.3	9188.2	4849.6	2241.6	1990.1	106.8
1994	5777.6	2623.6	40.1	55.6	127.3	238.2	8862.5	4819.5	1831.7	2171.8	39.5
1993	4958.7	2362.4	34.7	75.6	110.0	229.7	7771.1	4358.6	1777.9	1606.0	28.7
1992	2913.0	1385.4	26.5	71.1	79.8	158.6	4634.4	2694.7	1114.3	823.5	1.8
1991	2156.7	1072.6	18.3	62.9	76.0	132.8	3519.3	2151.7	710.1	657.0	0.5
1990	1454.5	599.5	17.0	56.5	69.1	93.7	2290.4	1268.5	461.2	560.5	0.2
1989	1200.8	387.9	16.0	50.2	41.3	70.7	1766.9	1155.8	251.0	360.0	0.1
1988	895.4	279.2	12.1	48.0	27.1	42.9	1304.8	951.7	177.7	175.4	0.0
1987	487.7	122.6	14.6	59.5	17.8	27.7	729.9	578.1	13.3	138.5	0.0
1986	370.0	146.5	10.2	39.2	14.5	37.8	618.3	518.1	13.1	87.0	0.0

①买入期权加上卖出期权。

表 2　国际掉期和衍生品协会成员的名义未偿本金利率和货币掉期

1987—1996 年 6 月(以 10 亿美元计量)

	利率掉期					货币掉期		
	所有缔约者	同业银行	金融机构	政府①	公司②	所有缔约者(双向调整)——后	利率期权③	总计
1996 年 6 月	15584.2	—	—	—	—	1294.7	4190.1	21068.9
1995	12810.7	7100.6	3435.0	500.9	1774.2	1197.4	3704.5	17712.6
1994	8815.6	4533.9	2144.4	307.6	1829.8	914.8	1572.8	11303.2
1993	6177.3	2967.9	1715.7	327.1	1166.6	899.6	1397.6	8474.5
1992	3850.8	1880.8	1061.1	242.8	666.2	860.4	634.5	5345.7
1991	3065.1	1342.3	985.7	165.5	571.7	807.2	577.2	4449.5
1990	2311.5	909.5	817.1	136.9	447.9	577.5	561.3	3450.3
1989	1502.6	547.1	579.2	76.2	295.2	449.1	537.3	2489.0
1988	1101.2	341.3	421.3	63.2	168.9	319.6	327.3	1657.1
1987	682.9	206.6	300.0	47.6	128.6	182.8	0.0	865.6

①包括国际机构。
②包括其他。
③包括上限期权、抵押、下限期权和掉期。

这些表显示出过去 10 年场外交易市场在衍生工具方面的增长速度要比交易所市场快得多。在 1995 年,全球范围内主要的衍生工具交易所的营业额实际上有所下降,而场外交易活动却增长了40%。国际结算银行估算出,在1995年初,已发行的场外交易合同已超过47.5万亿美元,比在表2中显示的数值要大得多。考虑这些数值的话,那么在1995年欧洲、日本和北美已发行的债务总量是25.8万亿美元。①

场外交易市场的增长将会继续超越交易市场的增长,因为金融服务公司的客户需要帮助以构建他们的金融项目。现有的增长途径是提供更多的以顾客为中心的问题解决方案。顾客们很可能发现通过金融服务公司实施一个项目比他们自己去交易市场中操作要便宜一些。如果顾客需要经常通过调整头寸来对冲风险的话,这种情况甚至更有可能出现。

而且,场外交易市场的相对增长已经被夸大了,因为交易所市场要求交易实体每天都提供合同保证金。期货的合同是在每天结束时结算的。远期合同,例如被场外市场公司记为上限和下限的掉期合同和期权,并不是每天结算的。提供的这些产品也各不相同。金融服务公司与它们的同行都依赖于彼此的信用。大部分金融服务公司可以在场外市场交易合同上提供抵押品,这点和在交易所市场上通过提供保证金而对合同进行结算是很相似的。这些交易实体会在金融期货和期权市场,或是场外交易市场活动。它们将选择服务费更低的那个行业。许多交易实体也并不是不乐意提供抵押品。特别是很多场外交易市场的掉期和期权合同都要有一个金融公司和一家企业作为它们的当事人,因为企业愿意出钱让金融公司帮忙在期货或期权市场上提供保证金。也就是,金融服务公司和企业达成一个掉期合同,里面不提供抵押担保,这家金融服务公司就通过和另一家金融服务公司签订抵补的掉期合同或者使用交换衍生工具来规避市场风险。不管是哪种方式,金融服务公司在交易中都提供抵押物或保证金。它们是低价保证金服务的提供者。金融服务公司有能力,也有人员去承担信用风险的定价,并且可以处理这些交易;而很多企业实体现在却不能。

考虑到抵押担保中没有涵盖债务,这些交易的一个后果是金融服务公司和企业都会面对来自对方的信用风险。一家企业从金融服务公司那里买入标的债务工具的看涨期权,企业就承担这个看涨期权价值的信用风险。金融服务公司可能不能履行发行标的债务工具的义务。在同样的债务工具上,金融服务公司持有一项由企业发行的看跌期权,因此,它成了企业的一个债权人,债权大小与看跌期权相当。如果一个掉期合同上写到这家企业将收到债务工具的固定利率,支付一个浮动的利率,这个掉期合同等同于这个企业买入看涨期权和卖出看跌期权。

场外交易市场行业将会继续比交易所市场增长得更快的其他主要原因是金融服

---

① 这些数据来源,参看《国际资本市场、发展、前景和主要政策问题》,国际货币组织,1997年9月。名义余额并不是一个衡量市场大小的经济指标。一个掉期合同或是一个期权的名义金额是合同的基础,但它并不是那个证券在市场中交易的价值量。例如,如果一个买入100 000美元主要市场指数的看涨期权以5 000美元被交易掉了,那么被记录的名义金额是100 000,但是经济价值则还是5 000美元。掉期合同和期权的经济价值可能只是其合约名义金额的2%到5%。这些数据对衍生工具市场增长提供了估算预测。

务公司和其他公司只是需要对冲它们组合投资的剩余因素风险，这比起它们与顾客的总合同来说数量小得多。而且，凭着一定成本，它们可以和其他金融服务公司或是去交易所市场进行对冲。在对冲过因素风险后，金融服务公司保留余下的风险，就是所谓的公司净头寸的“基差风险”。

场外交易市场另一个增长的原因是因为表 2 中的未偿款项并不一定代表净风险。相比于解除原始合同，一家企业或金融服务公司和同业者达成冲抵的衍生合同要便宜得多。如果是这样的话，合同的数量增加了，但是净风险却下降了。

现在:反常现象

根据市场评论家、监管者和公众的观点，当股票市场不景气或者经济实体宣布其未曾预期到的经济损失时，衍生工具就会成为头号被怀疑的对象。媒体、公众和监管者害怕衍生工具，部分原因是由于它们是新生事物，部分原因则是因为在过去的 10 年，它们呈现出爆炸性的增长形势。尽管衍生工具极大地夸大了经济风险，但是高达 45 万亿美元的名义金额仍然引起了担忧。媒体和其他单位或个人将 1987 年的市场崩溃归因于投资组合保险——试图动态地复制期权收益的一种尝试。甚至现在，市场专家也警告，动态对冲形式可能会造成严重的市场衰退。

在 20 世纪 90 年代，被广泛公开的由于衍生工具交易而造成的损失包括：美国信孚银行向保洁公司、吉布森贺卡公司发行的杠杆衍生工具合约(造成超过 1.5 亿美元的损失)；壳牌石油公司由于奥兰治郡投资反向浮动利率债券而造成的 15 亿美元损失；德国金属公司和巴林银行的破产(两者损失都超过 10 亿美元)；以及许多例如瑞士联合银行、所罗门兄弟银行等金融服务公司所遭受的损失。显然，这些损失中很多被过分强调了，因为这些合同的另一方从中获利了：只有那些产生社会的无谓成本损失才会导致实际损失。米勒(1997)对所有这些谣传的反常现象有精彩的论述，对有关这些问题的文献也做了很好的整理。米勒认为，对这些严重反常现象的“诊断”，大部分(如果不是全部)都是误诊。

然而，正如表 1 和表 2 中所描述的，这些行业的增长明确地说明，这些衍生工具使净值增加了。我们很难去相信，如果金融服务公司的客户以及这些公司的股东和交易所没有从中获益，这样的增长会持续这么多年。在先前的论述(斯科尔斯，1995，1996a)中，我已经指出，金融基础设施的发展可能滞后于金融创新。在新产品还处于原型开发阶段时，进行对其控制和全公司范围的理解，成本是昂贵的。原型是在已有基础设施的基础上构建的。对于像衍生工具这样一个持久而且盈利的创新，场外交易市场行业、交易所行业和学术界发现，建造支撑它们的必要的基础设施是能够获利的。这些行业中的每一个都通过增加可持续价值获得既得利益，所以它们每一个都将试图投资成本有效性的基础设施来维持上述价值。

但这并不是说衍生工具就不会失败。像许多其他商业活动一样，损失还会继续存在。1997 年，亚洲许多国家的政府都不再支援那些因商业和房地产违约而遭受损失的金融机构。尽管如果没有政府的支持，很多银行经济上已经破产(也就是说，如果没有政府的隐性担保，它们的股权价值实际上等于零)，但是政府允许这些银行参与所有具有潜在利益的活动,并且通过承诺还款给存款人来保护他们。这些期权的社会代价是高的,而且将来也很难证明它们是增值的。部分而言,其他一些国家通过国际货币基金组织(这些国家和其他一些国家的最后贷款人)的拨款,可能已经出具支持该地区金融机构活动的看跌期权,而准予这些期权可能会鼓励承担风险甚至无利可图的活动。

而且,如果没有政府担保,一些日本的经纪行和银行很可能会破产,因为尽管这些实体曾向客户保证,在日本,客户的股票价值有任何下降都不会造成他们的损失,但是这些金融实体并没有对它们所受的委托进行对冲。在日本,客户或许已经支付了较高的佣金率来获得这些看跌期权。但是,当 20 世纪 90 年代日本股票价值下降,它们的客户行使这些看跌期权的权利时,这些日本金融服务实体还是遭受了严重的损失。目前,这些实体还不必在“逐日盯市”原则的基础上对它们的承诺进行估值。结果,不管是监管者还是投资者,甚至高层管理人员,都无法推断出这些金融实体的财政状况。很可能,如果风险管理政策落到实处,损失的程度会减轻。

四、未 来

未来将会是现在的延续。因为为客户提供成本更低、效率更高的解决方案的需求不会停下来,金融创新也将会随之继续发展甚至加速前进。信息和金融技术将会继续发展,随之发展的还有增加对如何使用该技术的理解。投资教育是有价值的。金融公司将会大幅使用该技术以管理它们自己的活动。否则,它们将不得不面对和其他金融服务实体合并的问题。尽管有些人认为衍生工具的重要性会降低,但其实不然,因为衍生工具已经成为金融创新工具箱中的关键。

我和沃尔夫森(1992)曾使用摩擦和限制的概念来展示税收规则和其他规章制度是如何影响投资者和企业行为的。正如默顿(1992)所指出,金融体系在功能上的变化要比制度的变化小得多。制度发生变化的原因是由于人们发现了减少信息不对称的成本更低的方法,它可以促成交易,可以为大规模的投资项目提供资金,可以将储蓄跨界转移、跨时推延,还可以提供更加有效的风险分担和多元化的机制。

大多数的金融工具都是这种或那种形式的衍生工具合约。布莱克和我(1973)曾指出,一个资本结构中存在负债情况的公司的股东,拥有等债务到期从债权者手中重新买回这个公司的权力。与更高利率的公司债券相比,高收益率债券(即所谓的“垃圾债券”)是风险更大的债务期权合同。公司债券和股权合约是基本投资的衍生品。在其他方面,对所谓“实物期权”的研究表明,甚至对于企业的投资决策来说,使用期权框架也要比使用更加传统的现值分析框架得到更好的理解。

标准的债务和股权合约都是制度安排或工具箱。它们向投资者提供特定现金流,这些现金流具有特定的风险与收益特点。这种制度安排能存活下来的唯一原因就是因为它们比其他解决方案的成本低。随着制度摩擦和限制发生变化,竞争性的机会也随时间而演变。因为信息不对称和监管上的限制,与其他具有类似风险的合约(在现在和在将来)相比,投资者可能在更高的回报率的基础上才愿意持有这些标准形式的合约。随着时间的推移，债券和股权之间的区别将愈加模糊。

一般来说，企业的投资集合就是粗糙的收益束的组合。企业发行索取权来给这些活动提供资金，这些索取权本身就代表了粗糙的现金流束。通过提供各种不同形式的新的衍生证券，金融服务公司可以更加有效地将粗糙的现金流分解得更加精细，来满足资本需求者和供给者的特定需求。在此过程中，无谓成本损失减少了，因此资本成本也就降低了。金融服务可以出售也可以整体或部分保留新生成的债券。它可以以自己的名义，或者使用场外交易市场或交易所市场生成新的产品，来对其风险进行对冲。考虑到信息不对称，金融服务公司将使用成本更低的解决方案。

1. 投资者需求

近年来，我们目睹了这样一个转变：最开始只有有限数量的投资者，他们只持有自己国家的证券，资产组合单一；现在有更多的投资者，他们持有由国内及国外各国证券构成的多元化投资组合。全世界有越来越多的投资者，他们之前没有投资过任何除政府提供社会承诺以外的金融产品，而现在变得更加愿意从包含各种类似“共同基金”的广泛内容中选择自己的投资形式。虽然金融产品的多样性增加了，但是除了学术界，能允许投资者做出信息明确的投资组合配置决策的工具几乎没有。正如 1985 年诺贝尔奖获得者弗兰克·莫迪利安尼所说，个人希望在生命周期内平滑其消费。就成本而言，如果这样做更加有效，投资者会想要对意外事件进行保险，更有效地控制风险，更高效地安排他们的投资计划，从而满足整个生命周期的需求。随着信息和金融技术变得更加触手可及，金融服务公司将重新包装投资，以满足这些投资者的需求，而这将刺激金融创新。金融服务公司将会以自己的名义提供产品，并且许诺这些产品有特定的风险和收益模式，它们还会以共同基金的形式提供各类产品。随着理解风险、收益和有支付的成本降低，将投资产品分为股票基金、债券基金、成长基金和收益基金的做法将不再那么重要。

即使在今天，定义机构基金安排的条条框框也已经很模糊了。例如，如果一个养老基金的经理人想要股票指数基金的收益，他可以和一个购买了指数基金股票的多样化投资组合的指数基金的提供者一起投资。然而，他也可以用许多其他方法取得同样的结果，其中包括，借助另外一个在债券市场有专门知识的经理人，他所提供的收益可以超过指数基金的收益。要实现这个目标，这个高级经理人或许要实行一个复杂的策略。他或许会持有一个被低估的公司和政府债券的投资组合，通过卖空股票来对冲公司债券的信用风险，并通过使用期货或者期权来对冲利率变化的价格风险。也或许，他会购买股票指数期货来实现与股票指数基金相同的系统性风险指标。在成本、两种方案的系统性风险完全相同的情况下，这个经理人或许可以得到一个高于他直接持有指数基金的收益。

交易所行业和场外交易市场行业在提供投资产品的过程中将相互竞争。如果交易所行业可以为那些无法以较低成本提供抵押贷款的投资者提供有效的保证金制度，那么，那些标准化的产品将极有可能成为非常适合交易所行业的产品：在一个更低成本的市场中，它可以处理更多参与者的业务。交易所行业弥补了场外交易市场，它们能共同发展。

2. 公司对衍生工具的要求

金融专家们在努力思考公司对冲其现金流风险的原因。在经典金融理论下,人们常问,在一个企业的股东们可以根据自身情况进行多样化投资的情况下,他们为什么还会自己承担成本以降低风险?企业经理们应该表现得好像企业是风险中性的。史密斯和斯图尔兹(1985)为企业为什么会对冲其现金流给出了三个原因。这三个原因都与财务危机成本有关。由于税收计划的凸显,企业只有在对冲其现金流、减少预期的运营损失和税收方面的损失后,才会发行更多的债券。由于与高负债水平相关的破产成本,进行对冲的企业就可以用更多的债务去为其活动进行融资。正如弗鲁特、沙夫斯坦和斯泰因(1993)指出的,如果企业可以对其现金流进行对冲,发生财务危机的可能性就会降低,也就会降低财务危机的预期成本,结果,这就会鼓励企业投资一些有利可图的项目,而如果没有上述对冲策略,这些项目很有可能就会被放弃。这个论断是基于这样一个观察:企业不愿发行股权,在负债之前也宁愿使用留存收益对投资进行融资。此外,如果一个负债比例高的企业陷入财务危机,那么发行股票来为商业活动融资将是不可能的。因为那些既是所有者又是经营者的小企业不可能对其财产进行分散化,与将企业分片出售给局外人进而利用收益实现分散化相比,对企业现金流进行对冲是一个成本更低的选择。如果公司面临这些问题,则可以利用金融工程解决方案,或许可以降低其重要性。

公司对衍生工具的使用并不局限于对冲。一些公司的财务策略家相信,通过预测利率和商品价格的走向,他们可以比其他市场参与者做得更好。斯图尔兹(1996)认为,拥有这样金融敏锐度的企业可以通过买入看跌期权来对冲其下跌风险。这样会使企业的财务管理者更加积极活跃。通过买入看跌期权或者通过降低系统风险,他们可以动用更高的财务杠杆,并通过降低财务危机风险增加他们的个人利益。对衍生工具的这种策略性使用或许可以解释如下现象:如表 1 和表 2 所示,在对衍生工具的增加使用中,很大一部分可归因于金融服务企业和公司。

正如斯图尔兹(1996)所呈现的,从公司调查收集到的经验证据表明,资本结构中没有债务的大公司比小公司更多地对其现金流进行对冲。并且,那些确实实行对冲的公司也时不时地提高它们的对冲,或者并不完全对冲其风险。正是对衍生工具的这种策略性使用,或者叫运用高杠杆策略“打败”市场的企图,造成了大多数的被报道出来的损失。显然,那些成功的衍生工具的策略性使用者通常是不被媒体报道的。但是,平均来说,公司管理层不太可能比其他市场参与者做得更好。

大企业对冲其现金流,部分目的是平滑被报道出的财务收益,并希望那些更加平滑的收益可以提高它们的市盈率。如果市场参与者不能够识别收益波动性是由企业面对市场因素所承担的系统风险引起的,还是由企业的特定风险引起的,这将是一种增值策略。

现在情况还有待完善。未来将会出现更多新的解决公司问题的方案。许多公司和金融实体仍需学习和评估,对冲和风险控制在多大程度上可以使它们的活动受益。小企业和产品市场刚开始熟悉这些金融工具在风险控制方面的作用。人们或许会感到吃惊，在1996年底，美国前八大银行占去场外交易市场总交易量的94%(将近19万亿美元)。[①] 时至今日，金融工程师在解决客户问题时所需要的知识基础和金融才智仍是高度集中的。

正如在先前论述中所说，我认为公司将会运用风险管理技巧来降低其股权资本；而由于风险管理技巧，一些原本可能变为公众持股的企业将仍然保持为私人持股企业。股权资本是一种昂贵的融资形式。内部人和局外人的知识基础有很大的不同。内部人不能向局外人完全泄露他们的计划，因为害怕竞争对手会利用这一信息获利，从而必须打折出售股份。此外，由于税务和其他方面的原因，在美国和其他一些国家，以公司形式进行经营都是非常昂贵的。

股权是一种风险管理工具，是万能的风险缓冲器。一个公司拥有的股票越多，当公司陷入困境需要借助资本市场的时候，或必须向外部当事人披露机密的运营计划的时候，股票起到的缓冲作用就越大。另一方面，对冲是定向的风险控制。对冲需要对企业有更加精细地了解，需要对投资回报与各种融资选择之间的相互作用有很好地理解。不仅如此，对冲也需要企业可以向其他人担保，它将维持对其活动的对冲策略，从而支持更高的负债水平。但是，由于对冲成本相对于股权成本在下降，企业将会用对冲策略代替股权融资。

而且，对冲策略提供了一个附加好处，它可以作为一种测量工具，帮助测定企业是如何赚钱的。在一个多样的、分散化的组织中，管理信息系统或许并不会在组织内部披露利益的真实来源，即企业利润上升是因为承担系统风险产生了正收益，还是因为机构拥有出众的技术标准的会计分析无法提供这样一个风险管理报告：该报告把企业的盈利能力分解为靠市场力量所获利润和靠管理努力所获利润，而不管该企业是一个制造业企业还是一个金融企业；另外，标准的会计分析也无法描述企业的利润和损失对市场因素的敏感性。由于越来越多的企业实体使用金融工程技术，当前的会计系统将会面临相当大的压力，需要改变，当前许多监管形式和限制措施也如此。

由于内部人和局外人需要的知识不同，私募股权市场的增长降低了成为上市公司的披露成本。私募股权允许专家管理团队对其经营活动实施杠杆策略。但是，与潜在的低成本方案相比，私募股权仍然是一种低效率的融资形式。通过金融工程，私募实体将会找到方法——在保持私募市场披露少和代理成本低的优势的同时，向其提供公共市场风险分担、流动性和定价信号的好处。金融工程将会滋养私募公司的成长，并将实体转变为其他的形式。

许多企业对其面临的利率变动风险、外汇风险或商品价格风险进行对冲。企业将会学着使用股票指数期权或期货来降低它们所面临的风险。通过对冲股票市场风险，企业可以降低其自身股票的β值。而且，通过这种方式，企业不必瞄准对付特定的风险。它只需对冲自身的市场风险或其他因素的风险，或者影响其股票价格的一般股票市场风险。这就将企业的经济风险降低为该企业的特定风险，或剩余风险，从而减少

① 参加国际货币基金组织，所引书籍同上。

了使用股票来缓冲不利结果的需要。

我相信,今天我们所熟知的公司形式不会是永久不变的。随着人们对金融工程以及如何降低信息不对称成本的更多了解和更好理解,使用金融工程方案的成本将会继续下降。随着更多企业学着如何使用这些方案,它们的利润将会提高,更多的投资也会随着需求的增加而增加。风险管理仅仅是迈向促成综合实体的一步。

未来的企业在组织形式上可能和现在使用的很不一样。一些经济实体,比如电力生产部门,飞机制造者和使用者,自然资源的生产者和使用者,以及金融服务公司,基于它们认知到的自身的竞争优势,已经决定了它们提供什么样的服务、承担什么样的风险、租用什么样的服务和摆脱什么样的风险。

金融服务公司正在筹备巨大的资本基础,要在世界各地建立市场,要在全球范围内为其客户将金融工程的特殊知识付诸实践,也要创造以自身名义发行的长盛不衰的衍生产品。它们的利润将从建模而加深了解市场,从而为客户提供增值方案中获得。风险管理系统提供关于保持什么风险和对冲什么风险的信息。另外,它还提供减少高层管理人员和员工之间信息不对称的方法,提供协调员工和股东利益必要的激励机制。

风险管理系统也必须强调一个金融服务公司如何处理危机。为了保持其权利,金融服务公司可以通过持有营运资本并将其作为防止不利的流动性需求的储备,从而对不利的价格变化或者不可预见的意外事件进行保险。或者,金融服务公司可以选择一种无谓损失成本较低的方式,从交易所市场或者场外交易市场购买期权(如信贷额度),从而对那些会给企业造成不利影响的极端价格变化进行保险。事实上,或许监管主体会提供成本更低的保险。

由于税收和监管成本,金融服务公司可能会发现,相对于其他替代形式,以公司形式持有营运资本的成本太高。例如,金融服务公司的客户以共同基金、保险公司、养老基金和各种信托机构作为个人储蓄的投资工具,从而持有大量的被动财富。金融服务公司和其他实体必须持有营运资本来防备不利的意外事件。利用期权和其他形式的或有资本安排,金融服务公司将可以调动客户在被动投资工具中的大量资本,从而减少当前系统中无谓的损失成本。这可以降低金融服务公司的资本成本和向其客户群提供金融服务的成本。

再一次强调,信息和金融技术将会扩展,以降低信息不对称而导致的成本。理解和发展信用衍生品市场、理解不对称信息下或有资本期权的意义、理解什么是持有资本的最有效机制,这种机制将会改变组织形式,工具箱也将会使债券和股权、公司和合伙制企业、资本的需求者和供给者之间的差别变得模糊。期权技术的演化将会开启一个全新的制度结构。

五、结　论

我们从过去的纯真年代开始,发展到现在理解、成长和成熟的年代。发展的过程不无痛苦。在未来,还有大量东西等待着衍生科技的使用者们去理解、去开发,那将会是一个蓬勃发展、充满刺激的年代。通信和计算技术的进步将会使信息不对称成本降得更低。未来使用期权定价技术的创新增长将会和过去一样，甚至超越过去。在全球环境下，组织形式将会发生巨大变化。交易所行业将继续增长，场外交易市场行业也将继续增长，为了理解和培养这个演变，学术界和从业者们必须进行研究，因此学术界将会比过去更重要。在全球范围内，对于训练有素、技术精湛并且懂得技术的从业者的需求将继续增加。这三个行业中，没有一个还维持过去的形式，也没有一个会一直保留现在的形式。这些经济组织形式将会一直随着经济主体的需求而演变。

资本资产定价模型、套利和资本结构模型以及有效市场假说，将我指引向一些关键的金融概念，这些概念乃是我们发展期权定价技术的起源。在一个信息不对称的世界里，衍生工具为动态环境中的财务合约问题提供了更低成本的解决方案，而这些更低成本的解决方案提高了经济效率。

（田　野译　武　鑫校）

1998获奖者

阿马蒂亚·森
Amartya Sen

【获奖理由】在福利经济学研究上的突出贡献。

生平简介

1933 年	出生于印度孟加拉湾
1953 年	离印赴英，进剑桥大学三一学院
1959 年	获英国剑桥大学博士学位
1960 年起	在印度、英国和美国任教
1971 年	在伦敦经济学院工作
1998 年	任英国剑桥大学三一学院院长
2003 年	在哈佛大学工作

主要学术贡献

（1）解决“投票悖论”

阿马蒂亚·森对公共选择理论的四项主要贡献之一，是解决了名为“投票悖论”的问题。这问题可以用包括三个人物和三项选择的例子来解释。假设人物 1 的选择顺序是 a，次是 b，最后是 c；人物 2 的选择顺序是 b、c、a；人物 3 的选择顺序是 c、a、b。他们的选择可以表示为：就人物 1 和人物 3 的组合而言，a 的选票多于人物 b；但在人物 1 和人物 2 之间，b 的选票多于 c；在人物 2 和人物 3 之间，c 的选票多于 a。这里出现一种投票悖论，破坏了得多数票者获胜的规则。投票悖论对公共选择问题显然是一种固有的难题，所有公共选择规则都不能避开这个问题。

阿马蒂亚·森建议的解决方法实际上非常简单，假设将人物 1 的选择中 a 和 b 的项目互换如下：3—cab，2—bca，1—bac。现在 b 胜过 c（人物 1 和人物 2），c 胜过 a（人物 2 和人物 3），而 b 也胜过 a（人物 1 和人物 2），投票悖论已告消失，唯有 b 获得大多数票而获胜。阿马蒂亚·森在以上的例子中察觉，所有人物均同意 a 项并非最佳。因此，理应可将这种论证伸展至符合以下三种条件中任何一种选择模式：①所有人物同意其中一种选择不是最佳；②同意某一项不是次佳；③同意某一项不是最差。至于有四项或四项以上的选择情况时，每个包括三项选择的子集合须符合这三种条件之一。这就是阿马蒂亚·森著名的价值限制理论，它产生的结果使得大多数票者获胜的规则总是能达成唯一的决定。

(2)引入"个人选择"

他的第二个主要贡献，就是引入了个人选择的概念，令公共选择理论内容更丰富。除了社会上可供选择的元素外(譬如政府的税收政策)，他引入私人方面的元素(譬如个人利得)。私人元素的排列全由这些元素的拥有人来评估，这种情况与社会元素是有所不同的。他证明了，在尊重个人权益与做出集体决定之间，有基本的矛盾存在。换言之，没有一个集体决议机制能与尊重个人并存。

(3)挑战"不可能定理"

阿马蒂亚·森克服了1972年诺贝尔经济学奖得主阿罗的不可能定理衍生出的难题，在这方面充分显示出他的睿智。他的另一项贡献是关于如何比较人际间的满足水平。

为了解决阿罗不可能定理，学术文献主要提出了两种处理方法，而阿马蒂亚·森对这两种方法均具贡献。其中一种方法是，就阿罗所定出的四个假设(公理)，逐一加以放宽，并考察放宽的后果。这些公理本身没有什么不好，但更好的做法是增加它们的信息内容。阿罗假设不可将不同人之间的满足程度互相比较，但阿马蒂亚·森却引入满足感的可度量性和可比较性。他及其他学者证明了，如果可具备更多的信息，可以扩展合理的社会福利函数的范围。一旦个人的满足水平可视为人际间可比较的，则可以做出不同种类的社会评价。

主要学术成果

《技术选择》(1960)

《集体选择与社会福利》(1970)

《论经济不公平》(1973)

《就业、技术与发展》(1975)

《贫困的水平》(1980)

《贫穷和饥荒》(1981)

《选择、福利和量度》(1982)

《资源、价值和发展》(1984)

《商品与能力》(1985)

《伦理学与经济学》(1987)

《生活标准》(1987)

《饥饿与公共行为》(1989)

《不平等的再考察》(1992)

《以自由看待发展》(1999)

颁奖词

瑞典皇家科学院 / 罗伯特·埃里克森

尊敬的国王和王后陛下，各位殿下，女士们，先生们：

我们如何最准确地判断一个社会发展得更好还是更糟？几个世纪以来，这个问题一直困扰着哲学家和社会学家们。在一个民主国家，所有对这一问题的回答都必须包含某些准则，使我们能够汇聚每一个社会成员的价值观，使其成为一个社会的共同价值观——一种社会偏好。

传统的社会选择理论认为，每一个人都能根据实用性对不同的社会选择进行排序。然而，这种理论并没有提出一个人对特定的社会选择的评价与另一个人的具有可比性。不做个人之间的比较，规避了一个哲学难题，但不幸的是也得不出任何关于人与人之间不平等的有趣的结论。既然社会伦理的考量都是名副其实的，作为个人价值观聚集成社会偏好理论的基础，这是一个很大的缺陷，它预设了人与人之间的某种平等。阿马蒂亚·森先生在社会选择理论内开启了一个新的领域，证明了识别一致的社会偏好的可能性——如何受到我们假设能做的各种人际比较的影响。在分析中，他重新提出分配问题。他还论证了当我们运用已有的道德哲学原则我们事实上做出了哪些关于个人偏好和它们的可比性的假设。比如，根据效用原则，最佳的社会状态是指一个提供最高平均福利的社会状态。如果我们想运用这一原则，我们必须能够比较两个社会选择带来的个体之间个人效用的差异，以确定这两个社会状态哪个更优越。

如果我们想比较几个国家的福利水平，或看看它在一个特定国家是如何演变的，那么我们必须建立福利措施。由于社会状态可以在许多方面不同，我们必须找到把这些方面聚集成统一模式的方法。阿马蒂亚·森对社会选择理论的研究使他发现这个重要的应用。以他对个人福利可比性的分析为基础，他提出了衡量福利、收入不平等和贫穷的指标，这已经得到了广泛的应用。借用少许合理的公理推演这些指标，他使其更容易评估不同的社会状态——如果该指标背后的公理是合理的，那么根据指标的排序也将是合理的。

在最极端的情况下，贫困导致饥饿，阿马蒂亚·森先生在他对饥荒起因的广泛研究中探讨了这个问题。在这些研究中，他通过修正饥荒总是和食物供给的减少相关联的常规假设，为饥荒和饥饿的新观点铺平了道路。他分析的要点是“穷人”不应被视为不加区分的大众，而应该区分其中遭受需求和资源之间灾难性不平衡的具体群体。小农、雇农、佃农和牧民可能都很贫穷，但是他们受到饥荒影响的方式可能有很大的不同。在20世纪70年代早期，撒哈拉以南的萨赫勒地区干旱严重，无疑整体上减少了食物的供给。然而，游牧民比非游牧的农民受灾更严重。游牧民以谷物为主食，买粮食的钱来自于他们卖牛的钱。尽管许多牛死于干旱，随着粮食价格的下跌牛的价格也跟着下跌，造成游牧民族受灾严重，多人死亡。阿马蒂亚·森的研究为防范和对抗饥荒措施的制定创造了更好的基础。

尊敬的森教授：

您运用一致的策略于你的社会选择、福利度量和贫困研究中。在理论和实践工作中，您加深了对这些问题的理解，对福利经济学做出了重要贡献。我非常荣幸代表瑞典皇家科学院向您传达我们最热烈的祝贺。现在请您接受国王陛下的颁奖。

（乐美儿 译　柴志贤 校）

获奖演说

社会选择的可能性①

阿马蒂亚·森

“骆驼，”有人说，“是委员会设计的马匹。”这似乎听起来像是委员会的决定严重缺陷的一个生动例子，但这一控诉太过温和。骆驼可能没有马的速度，但它是一种非常有用、和谐的动物——没有食物和水时也能很配合地长途跋涉。一个委员会，在设计马匹时若试图反映不同成员的不同愿望很容易最后无法达成一致：也许变成希腊神话中的半人马，或者一半是马另一半是别的东西——野蛮与混乱结合后的反复无常的作品。

一个小委员会所经历的困难，当一个相当大的社会为了反映“人之选择，由人之选择和为人之选择”而作决定时只会被放大。从广义上讲，这是社会选择的课题。在其广阔的框架下，它囊括了各种有着共同特点的问题，这些问题或关涉社会判断和群体决策，或关涉构成社会或群体的个人的观点和兴趣。如果有一个中心问题，可以看作是给社会选择理论以启示的源发问题，它是这样的：既然社会中不同的个人有着不同的喜好、忧虑和处境，怎样才能达成关于社会的强有力的综合判断（例如，“社会福利”“公共利益”或者“总体贫困”）？我们如何才能找到某种合理的依据来作出这样的综合判断，如“社会更喜欢这个”或“社会应该选择这个”，或“社会意义上这个是正确的”？合理的社会选择是否必定是可能的，特别是因为，正如霍布斯很久以前所指出的，“有多少人就会有多少喜好”。

一、社会选择理论

在这个演讲中，我要讨论社会选择理论作为一门学科面临的一些挑战和基础问题。②

① 这篇文章亦发表在 1999 年 7 月的《美国经济评论》第 89 期。我非常感激苏迪尔·阿南德、肯尼斯·阿罗、托尼·阿特金森、艾玛·罗斯柴尔德、铃村兴太郎给予我有益的意见和建议，也感谢阿米亚·巴格奇、普拉纳布·巴丹、考希克·巴苏、安格斯·迪顿、拉贾特·戴比、让·德雷兹、巴斯卡·杜塔、让·保罗·菲图西、杰姆斯·福斯特、斯蒂克·奥斯马尼、普拉桑塔·帕特奈克、托尼·肖罗克斯，与他们的讨论，让我受益匪浅。

② 这明显不是社会选择理论的一个调查，这里没有试图细查相关文献。关于这方面的文献综述可查艾伦·费尔德曼（1980），普拉桑塔·帕特奈克和毛里斯·萨勒（1983），铃村兴太郎（1983），彼得·哈蒙德（1985），乔恩·埃尔斯特和安纳德·海兰（1986），森（1986a），大卫·葛瑞特（1988），丹尼斯·缪勒（1989），以及更广的涉猎可查看肯尼期·阿罗（1997）等人的文献。

这个演讲的直接动因当然是此次诺奖，我清楚我应该以这种或者那种方式谈谈与此事件有关的我自己的工作（否则那样的做法就是不谦虚的）。这个我即将要做，但我相信这也是一个看来合理的机会来谈谈社会选择作为一门学科的一般问题——其内容、相关问题和影响——我将抓住这个机会。瑞典皇家科学院将其称之为“福利经济学”，对我工作的总体领域授予该奖项，其下有三个具体领域：社会选择、分配和贫困。而我通过各种方法投身研究的这些不同的课题，即是社会选择理论。阿罗开创性地赋予其现代形式（1951）[①]，为其提供了一个通用的评价方法，社会可能性的选择（主要包括社会福利的评价、不平等和贫困）。这个理由足以让我在此次诺奖演说中聚焦社会选择理论。

社会选择是一门很宽泛的学科，涵盖各种不同的问题。就其课题列举一些问题可能更容易说明（其中的许多问题我有幸能够得以研究），什么时候多数决定原则产生明确一致的决定？我们如何判断社会作为一个整体是否反映了不同成员的不同利益？鉴于组成社会的不同人有不同的困境和痛苦我们如何衡量总体贫困？我们如何协调各人的权利和自由同时对于他们的喜好给予足够的认可？我们如何评价公共物品，如自然环境或流行病调查安全性的社会价值？同样，有些调查，虽然不是社会选择理论直接相关的部分，也受到来自群体决策研究的认识的帮助（如饥荒和饥饿的根源和预防，性别不平等的形式和后果，或被视为“社会承诺”的对个人自由的要求）。社会选择理论的范围和相关性其实非常广泛。

二、社会选择理论的起源和建构悲观主义

社会选择理论的学科是如何起源的？长期以来，牵涉到不同利益和关切的社会决策所面临的挑战一直是人们探究的目标。比如说，公元4世纪古希腊亚里士多德和古印度的考底利耶，在他们各自题为《政治学》和《经济学》的著作中探讨了社会选择的各种建构可能性。[②]

然而，社会选择理论作为一个系统的学科兴起于法国的大革命时代。该课题由18世纪末如法国数学家J. C. 博尔达（1781）和马奎斯·孔多赛（1785）发起，他们用数学术语探讨了这些问题，根据选举及相关程序开始创立社会选择的学科规范。这一时期的思想界深受欧洲启蒙运动的影响，其兴趣在于社会秩序的理性建构。事实上，一些早期的社会选择理论家，特别是孔多塞，在法国大革命时代也处于知识分子领导人之列。

然而，法国革命并没有在法国开创一个和平的社会秩序。尽管在改变整个世界的政治议程上取得了重大成就，但在法国本土不仅产生很多冲突和流血事件，也导致常被称为虽然不甚确切的“恐怖统治”。事实上，曾经对革命背后的理念有过贡献的许多社会协调理论家，在革命本身释放的不和谐战火中丧生（其中包括孔多赛，当别人很可

---

① 亦可参看阿罗（1950，1951，1963）。

② 《政事论》，梵文（考底利耶书的题目），从字面翻译最好译为“经济学”，尽管他以大量的篇幅研究了冲突社会中治国安邦的需求。亚里士多德《政治学》和考底利耶《政事论》的英语翻译可分别参考巴克（1958）和兰加亚南（1987）。中世纪欧洲有关这些问题的有趣著作，例如伊恩·麦克林（1990）。

能杀他时，他自杀了）。虽然在理论和分析层面对社会选择的问题给予探讨，此时却未能等到一个和平的解决。

早期社会选择理论家的动机包括规避参与社会选择时的不稳定性和任意性。他们工作的目标聚焦于群体的理性和民主决策框架的建立，对于所有成员的偏好和利益给予足够的重视。然而，即便是理论研究也通常产生相当悲观的结果。他们指出多数决定原则可以彻底地不一致，例如，A 以多数击败 B，B 也以多数击败 C，而 C 反过来仍可以以多数击败 A。①

19 世纪的欧洲持续进行了大量的探索性工作（通常还是悲观的结果）。事实上，这一领域的一些很有创造力的研究者，曾全力对付社会选择的难题，包括刘易斯 · 卡罗尔，《爱丽丝漫游仙境》的作者（真名为 C. L. 道奇森，1874，1884）。

当社会选择的课题在 20 世纪由阿罗得以复兴时（1951），他也很关注集体决策的诸困难和他们可能会导致的不一致。当阿罗把社会选择学科置于构式公理框架下（从而导致现代形式的社会选择理论的诞生），但通过建立一个非常惊人——明显具有悲观色彩——而又无所不包的结果，这加深了此前就已存在的沮丧气氛。

阿罗（1950，1951，1963）的“不可能定理”（正式叫“一般可能定理”）是惊人的优雅和力量的结果，它表明在一个很广泛的体系内即使是一些非常弱的合理条件也不能通过任何社会选择程序而同时满足。只有专政能避免不一致，但专政必然包括：（1）在政治上，决策参与度的极大牺牲；（2）在福利经济学中，对多元人口不同利益敏感的总体无能。当构建社会理性的雄心在启蒙思想和法国革命理论家的著作中开花结果两个世纪后，这个主题似乎难逃失败的宿命。社会评估，福利的经济计算，评价统计似乎会不可避免地武断或无可救药地专制。

阿罗的“不可能定理”立即引起了学界的强烈兴趣（作为回应，产生了大量文献，其中包括许多其他不可能定理的研究成果）。② 同时也促成了对课题深层脆弱性的诊断，该问题曾使阿罗非常重要的发展实用系统性社会选择理论的建设工作蒙上阴影。

---

① 参看孔多塞（1785）。这些分析有诸多评论，包括阿罗（1951），邓肯 · 布莱克（1958），威廉 · 格莱因（1983），培顿 · 扬（1988）和麦克林（1990）。关于多数投票潜在的普遍不一致，参看理查 D. 麦凯维（1979）和诺曼 · 斯科菲尔德（1983）。

② 通过改变公理结构，也可以得到相关的不可能定理的结果。例证可以参看阿罗（1950，1951，1952，1963），朱利安 · 布劳（1957，1972，1979），本特 · 汉森（1969a，b，1976），塔帕斯 · 马久姆达（1969，1973），森（1969，1970a，1986b，1993a，1995a），帕特奈克（1971，1973，1978），安德鲁 · 玛斯科莱尔和雨果 · 索南夏因（1972），托马斯 · 施瓦兹（1972，1986），彼得 · 费什波恩（1973，1974），艾伦 · 齐柏（1973），唐纳德 · 布朗（1974，1975），肯 · 宾默尔（1975，1994），萨勒（1975），马克 · 萨特思韦特（1975），罗伯特 · 威尔逊（1975），拉贾特 · 戴比（1976，1977），铃村（1976a，b，1983），布劳和戴比（1977），杰里 · 凯利（1978，1987），道格拉斯 · 布莱尔和罗伯特 · 波拉克（1979，1982），让 · 雅克 · 拉丰（1979），巴斯卡 · 杜塔（1980），格雷希拉 · 齐齐尔尼斯基（1982a，b），戴维 · 格雷特和查尔斯 · 普洛特（1982），齐齐尔尼斯基和杰弗里 · 希尔（1983），何维 · 莫林（1983），帕特奈克和萨勒（1983），戴维 · 凯尔西（1984a，b），比撒列 · 法勒（1984），哈蒙德（1985，1997），马克 · 艾泽曼和福阿德 · 阿里斯克洛夫（1986），斯科菲尔德（1996），和阿里斯克洛夫（1997），以及许多其他的贡献。

三、福利经济学及死亡

作为报复，社会选择的难题在福利经济学中找到了用武之地。到了20世纪60年代中期，威廉·鲍莫尔(1965)明智地说道，关于“福利经济学意义的论述”已开始“无法掩饰地接近死亡”。这当然是对主流观点的正确解读。但是，正如鲍莫尔自己所说的，我们要评估这些观点的正确性。我们尤其应该问问，社会选择理论中与阿罗式结构相关联的悲观主义是否能够被视为对福利经济学作为一门学科的破坏。

碰巧的是，传统的福利经济学，经过实用主义经济学家的发展，例如，弗兰西斯·埃奇沃思(1881)、阿尔弗雷德·马歇尔(1890)、亚瑟·庇古(1920)，从之前以投票为导向的社会选择理论走上了非常不同的轨道。它的灵感不是来自博尔达(1781)或孔多赛(1785)，而是来自他们的同时代人杰里米·边沁(1789)。通过对不同个人效用形式的个人利益进行加总，边沁开创了通过计算效用总量来判断社会利益的先河。

边沁所关注的，也是一般意义上实用主义所关注的，是一个群体的总效用。与此总效用的分配无关，这里有道德和政治上相当重要信息的限制。例如，一个人若很不幸，能力低至完全无法从收入产生享受和实效(比如说，因为身体障碍)，在实用的理想世界，在既定总量下也会被给予较少份额。这是一味追求效用总量最大化的结果，这种单一重点的独特后果见森(1970a,1973a)、约翰·罗尔斯(1971)、克劳德·达斯普勒蒙和路易斯·热韦尔(1977)。然而，在比较不同人的得失时，实用主义利益本身并不是一个可以忽略的问题。这种关注使实用主义福利经济学对使用一类信息，比较不同人实效损益的形式深感兴趣，此方面孔多塞和博尔达没有直接涉及。

实用主义一直深刻塑造福利经济学，这个领域长期以来占主导地位的是几乎不容置疑地对实用主义计算的坚持。但到了20世纪30年代，实用主义福利经济学受到猛烈的攻击。本来质疑(正如罗尔斯(1971)阐述他的正义理论时巧妙为之)实用主义对分配问题的忽视和只专注实效总量而无视分配也属自然。但那不是20世纪30年代以及随后的几十年里实用主义批评家的方向。相反，经济学家后来被由莱昂内尔·罗宾斯和其他人提出的论证说服(深受“逻辑实证论者”的哲学思想影响)，认为人际效用比较没有科学依据：“每一个心灵对于其他心灵来说都是不可理解的，可能并存在一个共同的感情度量指标”(罗宾斯，1938 p. 636)。因此，实用主义福利经济学的认识论基础被视为具有无可救药的缺陷。

随后，出现在不同人各自社会状态排序的基础上做福利经济学研究的努力，没有任何效用损益的人际比较(当然也没有各人总效用的任何比较，这也受到实用主义者的忽视)。尽管实用主义和实用主义福利经济学对不同人之间的效用分配不在乎(简言之，正如他们所做的，只关注效用总量)，没有任何形式人际比较的新方法，进一步减少了社会选择赖以汲取营养的信息基础。边沁计算中本已有限的信息基础又被进一步缩减，乃至同博尔达和孔多塞一样，因为没有任何人际比较的个人效用排序，在分析方法上与使用投票信息进行社会选择研究非常相似。

面对这一信息的限制，从20世纪40年代起，实用主义福利经济学让位于只使用一个基本准则衡量社会进步的所谓“新福利经济学”,即“帕累托的比较方法”。此准则认为,只有当改变会增加每个人的效用时,这种情况无疑才更优。[①] 随后的相当一部分福利经济学研究只注意“帕累托效率”(即,只为了证明帕累托方法没有进一步改进的可能)。该准则对分配问题不感兴趣,而分配问题若不考虑兴趣和偏好的冲突将无法解决。

为了实现更大范围的社会福利判断,显然需要进一步的标准,亚伯兰·柏格森(1938)和保罗·萨缪尔森(1947)进行了这方面的深入探讨。这一需要直接导致了阿罗(1950,1951)对社会选择理论所做的先驱性形式化工作,他将社会偏好(或决定)与个人偏好集合联系了起来,这种关系被称为“社会福利函数”。阿罗(1951,1963)继续考虑一组比较适中的条件,包括:(1)帕累托效率;(2)非专政;(3)独立性(要求任何一组方案的社会选择必须建立在仅对这些方案的喜好上);(4)不受限制的定义域(要求社会偏好必须是完备排序,具有完全的可传递性,且必须适用于每一组可能的个人偏好)。

阿罗的不可能定理表明,不可能同时满足这些条件。[②] 为了避免这种不可能的结果,修正阿罗条件的不同尝试可见于当时及其后的文献,但其他困难不断涌现。[③] 不可能结果的影响和广泛存在强化了悲观感,这成为福利经济学和社会选择理论一般意义上占主导地位的话题。这种理解有道理吗?

四、正式方法和非正式推理的补充

在我进一步进行实质性问题的探讨前,对在回答该问题以及相关的其他问题时,所使用的推理方法的本质有必要简单论述。社会选择理论是一门广泛应用形式化和数学技巧的学科。那些不信任形式化(特别是数学的)推理模式的人往往对以这种方式讨论现实世界问题的有效性持怀疑态度。他们的怀疑是可以理解的,但最终是不合时宜的。试图从不同人的不同偏好和利益得到一幅完整图景的做法确实涉及许多复杂的问题,其中若缺乏适当的审查有人可能会受到严重误导。事实上,阿罗(1950,1951,1963)的不可能定理——在这一领域中以各种方式“常被引证的章句”若建立在常识或非正式推理的基础上是不可预见的。这也适用于此结果的延伸研究,例如,按常识或非正式推理,我们无法预期到这样的一个结果:即便不对社会选择的内在一致性施加任何要求,仍然成立

---

① 或者至少,如果它增加至少一个人的效用而没有妨害任何人的利益。

② 也有结构性的假设认为至少有两个不同的个体(但不是无限的)和至少三种不同的社会状态(也许不是经济学家曾做过的最不切实际的假设)。这里的公理是指阿罗后来定理中的那些,即阿罗(1963)。因为这里的陈述不太正式,允许一些技术上的模糊性,关心准确性的参考阿罗的正式陈述(1963),或森(1970a),或费什波恩(1973),或凯利(1978)。关于证据,有不同的证明,当然包括阿罗(1963)。森(1995)给出了一个简要初步的证明。亦见于森(1970a,1979b),布劳(1972),罗伯特·威尔逊(1975),凯利(1978),塞尔瓦多·巴伯拉(1980,1983),宾默尔(1994),及约翰·基纳科伯乐斯(1996),以及其他版本。

③ 对文献的批判性评述,见凯利(1978),费尔德曼(1980),帕特奈克和萨勒(1983),铃村(1983),哈蒙德(1985),沃尔特·海勒等人(1986),森(1986a,1986 b),缪勒(1989)和阿罗等(1997)。

一个与阿罗不可能性定理非常类似的不可能性定理(参考森,1993a,定理3)。在讨论社会选择理论中一些实质性问题的过程中,我将有机会思考一些不用形式化推理就难以预期到的各种结果。非正式的见解,尽管很重要,不能取代形式化分析。在考察对价值以及明显合理的需求的结合是否中肯和具有一致性时,我们需要形式化分析。

这不是否认进行广泛的公众交流对于应用社会选择理论的重要性。对于社会选择理论而言,把正式分析和非正式的透明考察联系起来是至关重要的。从我自己的情况来看,我必须承认,事实上这种联结是一种让人痴迷的东西,我一直最关注的一些正式的想法(如信息拓宽的适当框架,局部可比性和局部排序的使用,对二元关系和选择函数中需要的一致性条件加以弱化),同时要求形式化的研究和非正式的解释以及易操作的审查。[①] 我们深深感受到现实世界中的问题必须在本质上与形式化和数学推理的分析运用相结合。

五、可能性和不可能性的接近度

为了理解不可能定理的性质和作用,可能性和不可能性结果之间的一般关系,也值得注意。当一组关于社会选择的公理都可以同时得到满足,或许有几个可能的适用程序,我们必须对其做出选择,借区分公理以在不同的可能性之间做出选择。我们必须进一步引进公理,直到只剩一个可行的程序。这有点边缘政策的做法。我们必须继续削减选择的可能性,暗暗地向不可能性移动,然后在所有的可能性都被排除之前停下来,运用智慧,直到有并且只有一个选项。

因此,应该明确对社会选择的特定方法进行完整的公理认定必须不可避免地接近不可能性——其实就是缩短距离。如果它距离不可能性很遥远(由于各种积极的可能性),那么就不能使我们公理推导社会选择的任何特定方法。因此,可以预期,社会选择理论的建构路径,来自于公理化的推理,往往被不可能性结果(与多种可能性相对)推向一面。从这种接近中未出现社会选择理论(或主题)脆弱性的结论。

事实上,阿罗之后的文献揭示各种不可能性定理和积极的可能性结果,所有这些都相互接近。[②] 因此,真正的问题不是不可能性的无处不在(它总是接近于任何特定

---

① 事实上,我在社会选择理论方面的主要专著——《集体选择与社会福利》(森,1970a),形式的分析章节(标"星"的章节)与非形式的讨论章节相间(未标"星"章节)。

② 见汉森(1968,1969a,1969b 1976),森(1969,1970a,1977a,1993a),施瓦茨(1970,1972,1986),帕特奈克(1971,1973),艾伦·科曼和迪特尔·桑德曼(1972),玛斯科莱尔和索南夏因(1972),威尔逊(1972,1975),菲什伯恩(1973,1974),普洛特(1973,1976),布朗(1974,1975),约翰·费内中和格雷特(1974),宾默尔(1975,1994),萨勒(1975),布莱尔等人(1976),乔治斯·博尔德(1976,1979),唐纳德·坎贝尔(1976),戴比(1976,1977),帕克斯(1976a,b),铃村(1976a,b,1983),布劳和戴比(1977),凯利(1978),法勒(1978,1984),布莱尔、波拉克(1979,1982),布劳(1979),伯纳德·蒙雅尔代(1979,1983),巴伯拉(1980,1983),齐齐尔尼斯基(1982a,b),齐齐尔尼斯基和希尔(1983),莫林(1983),凯尔西(1984,1985),文森佐·戴尼卡罗(1985),松本安见(1985),艾泽曼和阿里斯克洛夫(1986),塔拉达斯·班迪奥帕迪亚雅(1986),艾萨克·列维(1986),坎贝尔和凯利(1997),以及许多其他的文献。

的社会选择规则的公理化推导),而是运用公理的方法和合理性。我们必须继续推进基础性的工作,以获得可行的规则满足合理的要求。

六、多数人的决定和一致性

到目前为止的讨论中,我没有试图只关注个人偏好的具体形式而忽视其他。正常情况下,这是阿罗"无限域"的条件所要求的,坚持社会选择程序必须适用于个人偏好每一个可能的集合。然而必须明确,任何决策过程中,一些偏好整体将产生社会决定的矛盾和不一致,而其他的不会产生这些结果。

阿罗(1951)带头和布莱克(1948,1958)一起寻找可以保证多数人决定一致性的充分限制条件。多数人决定一致性的充分必要条件,确实可以被确定(见森和帕特奈克,1969)。[①] 虽然比此前已确定的条件限制要少很多,他们仍然是相当苛刻的;很明显,许多实际情况下他们很容易被违反。

多数决议必要或充分条件的形式结果在以投票为基础的社会选择中,只要社会凝聚力和反抗(个人偏好的现实状态下)允许,能给人多少希望就能产生多少失望。社会选择问题有许多形式和规模,一些类型的社会选择问题的结果可能比其他的更让人不安。当分配问题占据主流,当人们试图把自己的"份额"最大化而没有顾及他人(例如,像"分蛋糕"的问题,每一个人都偏向能增加自己份额的分法,而不管别人怎么样),那么多数规则就会导致彻底的不一致。但当有引起全国民愤的事件(例如,对于一个民主政府无力防止饥荒的反应),选民可能相当一致和完全一致。[②] 同样,当人们集结于具有复杂议程和对话的党派,包括取舍以及对一些价值观如公平、公正的一般态度,无处不在的不一致性会让步于更一致的决定。[③]

就福利经济学而言,分配问题既然是福利经济问题的中心,多数人规则和表决程

---

① 见稻田健一(1969,1970),他是该文献的主要贡献者。亦可参见威廉·维克瑞(1960),本杰明·沃德(1965),森(1966,1969),森和帕特奈克(1969),以及帕特奈克(1971)。其他类型的限制条件也被认为能产生一致的多数决议;见迈克尔·尼克尔森(1965),普洛特(1967),戈登·塔洛克(1967)稻田(1970),帕特奈克(1971),奥托·戴维斯(1972),费什波恩(1973),凯利(1974a,b,1978),帕特奈克和森古普塔(1974),埃里克·马斯金(1976a, b,1995),让·米歇尔·格兰蒙特(1978),法勒(1978,1984),沃尔夫·盖特纳(1979),杜塔(1980),齐齐尔尼斯基和希尔(1983),铃村(1983),以及其他文献。更广类别的投票规则的领域限制已由帕特奈克(1970),马斯金(1976a,b,1995)和埃胡德·卡莱和米勒(1977)进行了研究。盖特纳明显已作了大量的文献调研(1998)。

② 这是为什么在一个独立、民主国家未曾发生饥荒的一个原因(不是由异化的统治者,或由一个独裁者,或由一党制国家统治)。见森(1984),德雷兹和森(1989),弗朗西斯·索萨(1990),《人权观察》(1992),和《红十字会和红新月会》(1994)。

③ 就这个一般政治问题的不同方面,见阿罗(1951),詹姆斯·布坎南(1954a,b),布坎南和塔洛克(1962),森(1970a,1973c,1974,1977d, 1984),铃村(1983),哈蒙德(1985),帕特奈克和萨勒(1985),安得烈·卡普林和巴瑞·纳尔巴夫(1988,1991),扬(1988)和吉尼尔(1991)及其他著作,还有《经济展望杂志》上关于投票程序的《论文集》(冬季刊,1995),稿件来自乔纳森·莱文和纳尔巴夫(1995),道格拉斯·雷(1995),尼古拉斯·泰德曼(1995),罗伯特·韦伯(1995),米歇尔·勒·布雷顿和约翰·威马克(1996),铃村(1999)等等。

序就特别容易出现不一致性。然而，要提出的根本问题之一是投票规则（在阿罗的框架中对社会选择程序有效地加以限制）是否为福利经济学领域的社会选择研究提供了一个合理的途径。当我们通过投票系统的各种变形试图做社会福利的判断时，我们所处的领域正确吗？

七、信息的拓展和福利经济学

对一些社会选择问题而言，基于投票的程序是完全自然的，如选举、公民投票或委员会决议。① 然而，对于许多其他社会选择问题而言，他们完全不适合。② 例如，当我们想获得某种社会福利综合指数，我们不能依靠这样的程序，这里至少有两个不同的原因。

首先，投票要求积极参与，如果有人决定不行使其表决权，她的倾向在社会决策中就未得到直接体现。（事实上，因为参与度较低，相当多群体，比如在美国的非洲裔美国人，他们的利益在国家政治中就没有得到充分体现。）与此相反，在做出合理的社会福利判断时，不自信群体的利益不能被简单忽略。

第二，即使在投票中每一个人都积极参与，我们也不会不缺少福利经济评价所需要的重要信息（关于这点参考森，1970a，1973a）。通过投票，每个人都可以对不同的选择进行排序。但是，并没有直接的方法从投票数据得到不同人幸福的人际比较。我们必须超越这类投票规则（博尔达、孔多塞以及阿罗都曾做过探索）以解决分配的问题。

随着20世纪40年代一般共识的出现，阿罗已经排除了人际比较的运用，（如阿罗所言）“效用的人际比较没有意义”（1951，第9页）。阿罗所用的公理组合整体使社会选择程序，广义上说，局限于投票这类规则。③ 因此，他的不可能结果只与

---

① 然而，选票和实际偏好之间可能缺乏一致性而产生一些严重的问题，这可能因为旨在操纵表决结果的投票策略而不同。关于这点见齐柏（1973）和萨特思韦特（1975）非凡的不可能定理。有关操纵和实施上的挑战有大量的文献，亦可见帕特奈克（1973，1978），斯蒂芬·布拉姆斯（1975），泰德·格罗夫斯和约翰·莱迪亚德（1977），巴伯拉和索南夏因（1978），杜塔和帕特奈克（1978），法勒（1978，1984），史迈德勒和索南夏因（1978），达斯古普塔等人（1979），格林和拉丰（1979），拉丰（1979），杜塔（1980，1997），帕特奈克和森古普塔（1980），森古普塔（1980 a，b），拉丰和马斯金（1982），莫林（1983，1995），莱昂·赫维奇等人（1985），以及其他文献。在如下各要素之间建立精确的一一对应关系时也有非策略的不可能性：一方面，（1）喜欢，（2）不喜欢，（3）淡漠；另一方面，（1＊）投票赞成，（2＊）投票反对，（3＊）弃权。不管投票是否代价高，或快乐，或两者皆否（见森，1964）。

② 关于此，见森（1970a，1977a）。

③ 应当解释下，把社会选择程序只限于投票规则不是阿罗提出的一个假设（1951，1963），而是由他建构的不可能定理的一部分。这是对理性的社会选择所假设的一组明显合理公理的分析结果。当然，效用人际比较被明确排除在外，但阿罗定理的证明显示有一组其他假设也相当合理，结合在一起，在逻辑上也限定了投票规则的其他特征（它本身即是非凡的分析结果）。由此而来的特征包括，尤其如坚决要求的社会状态的实质未被有效注意：只关注分别赞成和反对的表决（有一个通常被称为“中立”的属性——这仅是个对信息局限有点抬举的名称）。回避效用的人际比较排除了关注效用不平等的可能性（以及效用损益的差异），通过明确关注各自社会状态的性质（例如，在各州收入的不平等），限定的“中立”成分阻止了对分配问题的间接注意。森讨论过产生不可能结果时相应的信息限制的作用（1977c，1979b）。

这类规则相关。

为给社会选择理论的建构奠定基础，如果我们想拒绝社会选择中反对使用人际比较的历史共识，我们得要解决两个重要且困难的问题。首先，我们可否系统地集中和使用复杂的如涉及多人的人际比较？这是否会是学科分析的领域，而不是令人困惑（可能混淆了的）想法的骚乱？其次，分析结果如何与实际操作相结合？基于什么样的信息，我们进行人际比较才明智？相关的信息是否实际可得，可用？

第一个问题主要是建立分析系统的，第二个问题是关乎认识论和实践理性的。后者要求对人际比较的信息基础重新审查，我目前认为这必然要求充分的回应。但第一个问题可以通过建构分析更加明确地解决，无须进入文献中出现的技术细节。我想说，各种类型的人际比较可以完全公理化，完全可以纳入社会选择程序（通过在广义的框架下使用“不变条件”，正式建立“社会福利函数，”关于此见森，1970a，1977c）。[①] 事实上，人际比较甚至不必局限于“全或无”的二分法。我们能够在一定程度上做人际比较，但不是所有的比较，也不是每个类型的比较，也无须惊人的准确性（见森，1970a，c）。

例如，我们可以不费劲地相信尼禄皇帝从罗马火灾获得的效用增益小于其他所有遭受火灾的罗马人的效用损失总量。但这并不能使我们相信我们可以把每个人的效用和其他人的完全一一对应。因此，可能有要求“局部可比性”的空间——否定了两个极端：完全可比性和根本没有可比性。局部可比性的程度可以赋予其数学的精确形式（准确表达不精确的程度）。[②] 这也可以表明，一般不需要为了达到明确的社会决议而作非常精密的人际比较。通常，社会决策时非常有限的局部比较已足够。[③] 因此，实践操作不需要像有时让人担心的那样雄心勃勃。

在继续人际比较信息基础的讨论之前，我要问一个重要的分析问题：社会选择可能性的改变多大程度上是由人际比较的系统运用带来的？阿罗的不可能性研究，及相关的结果，相信社会福利判断中人际比较的运用吗？答案是肯定的。额外信息的可用性必然会产生歧视而逃避这类不可能性。

这里有一个有趣的反差。它表明承认没有人际比较的基数效用论并不改变阿罗的不可能定理，使其很容易延伸到效用的基数可测性（见森的定理 8 * 2，1970a）。相反，即使序数人际比较也足以打破完全的不可能性。我们当然知道，完整形式要求某些类型的人际比较（包括基数人际可比性），我们可以使用古典的效用研究

---

① 亦可参考帕特里克·萨普斯（1966），哈蒙德（1976，1977，1985），史蒂芬·斯特拉斯尼克（1976），阿罗（1977），达斯普勒蒙和热韦尔（1977），马斯金（1978，1979），热韦尔（1979），凯文·罗伯茨（1980a，b），铃村（1983，1997），查尔斯·布兰科比等人（1984），达斯普勒蒙（1985），及达斯普勒蒙和菲利普·蒙欣（1998），以及其他文献。

② 见森（1970a，c），布兰科比（1975），本·法恩（1975a），考希克·巴苏（1980），本泽马宾德和范·阿克尔（1980），以及利维（1986）。不精确性的研究也可以扩展到“模糊”的特征。

③ 亦可参见安东尼·阿特金森（1970），森（1970a，c，1973a），达斯古普塔等人（1973），以及迈克尔·罗斯柴尔德和约瑟夫·斯蒂格利茨（1973）。

方法。[1] 但事实证明，即使较弱形式的可比性仍然允许作出一致的社会福利判断，满足阿罗所有的要求，另外还关心分配问题（尽管可能的规则将被限制在一个相对较少的类别）。[2]

事实上，分配问题密切需要超越作为社会福利判断基础的投票规则。如前所述，功利主义很不关心分配，其程序是对效用总量的最大化，无论该总量被如何不平等地分配（森对这种漠视分配的广泛影响进行了讨论，1973a）。但人际比较的运用也可以采取其他形式，使公共决策关注幸福和机会的不平等。

社会福利函数的广义研究方法开启了使用许多不同类型社会福利制度的可能性，在对待公平以及效率方面各有不同，对信息的需求也不一。[3] 进一步讲，随着妨碍人际比较的人为障碍的去除，许多其他领域的规范测量方法运用于社会福利分析的公理化研究。我自己也做过这些领域的研究，例如评估和测量不平等（森，1973a，1992a，1997b），贫困（森，1976b，1983b，1985a，1992a），国民收入分配调整（森，1973b，1976a，1979a），及环境评价（森，1995a），牢固地扎根于新近社会选择理论拓展的信息框架之上。[4]

八、人际比较的信息基础

在整合人际比较时，虽然分析问题就整体而言一直得以很好地解决，仍然留下了重要的现实问题，即寻找一种实验学科的适当方法做人际比较，然后把他们运用于实践。要解决的首要问题是：人际比较到底比较什么？

社会福利函数的形式结构，从任何意义上讲，都不只限于效用比较，可以包含其他类型的人际比较。主要问题是个体利益描述方式的选择，它不需要采取幸福感的比较形式，而是可以关注看待个人的幸福、自由或实质性机会的一些其他方式（从相应的评价原则的角度来观察）。

在实证主义批评之后福利经济学和社会选择理论中对效用人际比较的排斥（如罗

---

① 关于此，尤其可参考约翰·哈萨尼（1955）的经典论文，该论文反对阿罗不可能定理（1951）之后的悲观文献。亦可参见杰姆斯·米尔利斯（1982）。

② 见森（1970a，1977c），罗尔斯（1971），埃德蒙德·菲尔普斯（1973），哈蒙德（1976），斯特拉斯尼克（1976），阿罗（1977），达斯普勒蒙和热韦尔（1977），热韦尔（1979），罗伯茨（1980a，b），铃村（1983，1997），布兰科比等人（1984），以及达斯普勒蒙（1985）等其他文献。

③ 关于该问题及相关的其他问题，见森（1970a，1977c），哈蒙德（1976），达斯普勒蒙和热韦尔（1977），罗伯特·德尚和热韦尔（1978），马斯金（1978，1979），热韦尔（1979），罗伯茨（1980a），斯蒂库尔·奥斯马尼（1982），及布兰科比等人（1984），达斯普勒蒙（1985），克朗和蒙欣（1989），尼克·贝金特（1994），达斯普勒蒙和蒙欣（1998），以及其他文献。对人际比较运用的开拓性分析，亦可参见哈萨尼（1955）和萨普斯（1966）。关于这一主题的大量文献，艾斯特和约翰·罗默（1991）提供了细致的批判性描述。

④ 我关于不平等的研究工作（始自森，1973a）尤其受到阿特金森开拓性贡献（1970，1983，1989）的影响。有关这一主题的文献近几年来增长非常迅速；对当代文献的批判性审查以及引用，见杰姆斯·福斯特和森（1997）。

宾斯,1938),主要依赖于将这种比较完全阐释为精神状态的比较。即使有这样的心理状态的比较,这种不经推敲就排斥的情况也很难维持。[①] 的确,如已经由哲学家唐纳德·戴维森(1986)有力论证的那样,若不跟自己的思想感情做一些比较,很难知道人们如何理解他人的思想感情。这样的比较可能不十分精确,但我们从分析调查再次得知,在社会选择中系统进行人际比较,可能并不需要非常精确的人际比较(与该问题及相关的其他问题,见森,1970a,c,1997b;还有布兰科比,1975)。

所以,甚至在心理状态比较的原有领域,情况也不是那么悲观。但是,更重要的是个人福利或个人优势的人际比较不必仅以心理状态的比较为基础。其实,不拘泥于心理状态的比较可能有充分的道德依据,无论关乎快乐或是欲望。效用有时对持续剥夺的反应具有不稳定性。一个极度贫困的赤贫者,或一个生活在经济剥削之下受压迫的劳动者,或一个在根深蒂固的性别不平等社会中被征服的家庭主妇,或一个在残酷的独裁主义下被压制的公民,可能会屈服于这种剥夺。她可能因为小小的成就而感到满足,并根据可行性调整自己的欲望(这有助于她调整后的欲望得以实现)。但她这种调整的成功不会让她的剥夺消失。快乐或欲望的度量有时并不足以反映一个人实质剥夺的程度。[②]

在判断一个人的优势时,收入、商品组合或更广泛意义上而言的资源,可能确实是直接关乎厉害的例子,这可能出于各种原因,不只是因为他们可能易于产生的心理状态。[③] 事实上,罗尔斯差异原则(1971)理论中的"作为公平的正义",是基于个人对于罗尔斯所谓的"基本商品"的掌握程度来评判个人利益,这种通用的资源对任何人都有用,不管她确切的目标是什么。

不仅关注基本商品和资源,还关注将这些转换成幸福生活能力时的人际差异,本程序可得以改进。事实上,我曾支持个体利益评判应依据各自的能力,这种能力使得

---

① 如果认为人际比较是完全出于意见或价值判断,那么问题可能来自于如何把分歧的意见或不同人的价值判断结合在一起(这看起来本身就像社会选择实践)。罗伯茨(1995)广泛地研究了这种特别的设想,认为人际比较是一种合并意见的操作。然而,如果人际比较有一个更坚实的现实基础(例如,一些人客观上比其他人更惨),那么人际比较的运用将召唤一套不同的公理化需求,从认识论而不是道德上而言更为合适。就幸福感人际比较的不同视角,见伊恩·利特(1957),森(1970a,1985b),蒂博·西托夫斯基(1976),唐纳德·戴维森(1986)及齐柏(1986);可观察痛苦的实证研究亦可参考(例如,德雷兹和森,1989,1990,1995,1997;埃里克·肖卡特和卢克·范·伍特吉姆,1990;罗伯特·索洛,1995)。

② 森对这一问题及其深远的伦理与经济的影响进行了讨论(1980,1985a,1985 b)。亦可参见巴苏等人(1995)。

③ 实际收入比较的福利相关性可以从他们精神状态的相关性中剥离;见森(1979a)。亦可参见从非嫉妒的视角讨论"公平"的相关文献;例如,邓肯·福利(1967),瑟奇·克里斯多夫·科姆(1969),以利沙·帕子呐和戴维·史迈德勒(1974),哈尔·瓦里安(1974,1975),拉尔斯·贡纳尔·斯文森(1977,1980),罗纳德·德沃金(1981),铃村(1983),扬(1985),坎贝尔(1992),及莫林和威廉·汤姆逊(1997)。商品人际分布的直接社会判断已由富兰克林·费希尔做出分析(1956)。

个人以期望的方式生活。[①] 这种方法侧重于人所拥有的现实自由,而不是只关注他们最终得到的具体结果。对于负责任的成年人来说,注重自由而不是成就,具有一定的价值,这可以为现代社会中个人利益和受剥夺的分析提供一个总体框架。人际比较的程度往往只是局部的,常常基于不同观点的交集。[②] 但这样局部的比较却会给理性社会评判的信息基础带来重大的改观。

然而,由于学科的性质和信息的可用性及评价的实际困难,若恪守唯一的信息方式而拒绝其他,这就是过于雄心勃勃而导致严重的排它。在应用福利经济学的最新文献中,出现了各种做明智的幸福人际比较的方式。有些基于支出方式研究,并以此猜测不同人相对的幸福(见波拉克和特伦斯·J. 威尔士,1979;戴尔·W. 乔根森等人,1980;乔根森,1990;丹尼尔·T. 史雷斯尼克,1998),而有些还把此研究方法与其他信息投入方式相结合(见安古斯·S. 迪顿和约翰·米尔鲍尔,1980;阿特金森和弗朗格·布吉尼翁,1982,1987;费希尔,1987,1990;波拉克,1991;迪顿,1995)。[③] 其他人尝试过采用问卷调查,寻找人们对相对幸福问题回答的规律性(例如,阿里·卡普坦和伯纳德·M. S. 范·普拉格,1976)。

在观察生存条件的重要特征,并就生活质量和以此为基础的相对生活水平得出结论方面,也有富于启发性的工作;事实上,在这个领域有一个行之有效的斯堪的纳维亚研究传统,例如,阿拉特等人(1981),以及罗伯特·埃里克森和符文·阿伯格(1987)。关于"基本需求"及其满足的文献也为理解相对剥夺提供了一个实证研究的途径。[④] 再者,在学术领袖马赫布卜·厄尔·哈克(1995)的领导下,联合国开发计划署系统运用了一种特别的信息扩展,以生存条件可观察的特征为基础进行了比较(见联合国开发计划署的报道,《人类发展报告》)。[⑤]

---

① 见森(1980,1985a,b,1992a),德雷兹和森(1989,1995),及玛莎·努斯鲍姆和森(1993)。亦可见罗默(1982,1996),巴苏(1987),努斯鲍姆(1988),李察·阿尼森(1989),阿特金森(1989,1995),科恩(1989,1990),布吉尼翁和菲尔兹(1990),基思·格里芬和约翰·奈特(1990),戴维·克罗克(1992),苏迪尔·阿南德和马丁·拉瓦雷(1993),阿罗(1995),梅格纳德·德赛(1995),帕特奈克(1997),以及其他文献。也有关于能力观的几本重要论文集,如《福利经济学家与经济史报》(1994)和共和政体(1996,特刊),投稿作者包括亚历山德罗·巴莱斯特里诺(1994,1996),乔凡尼·安德烈·考捏(1994),埃琳娜·格拉纳葛利亚(1994,1996),恩利科·加佩罗·马丁内迪(1994,1996),塞巴斯蒂安·巴维塔(1996),伊恩·卡特(1996),列奥纳多·卡西尼和雅科珀·博纳提(1996)及莎拉叟·拉扎维(1996);亦可见森(1994,1996b),有我对这些文献的反馈。

② 关于这点,见森(1970a,c,1985b,1992a,1999a,1999b)。

③ 亦可见史雷斯尼克(1998)。

④ 对基本需求研究的一个很好的介绍可参考保罗·斯特里顿等人(1981)。亦可见厄玛·阿德尔曼(1975),德兰·盖伊等人(1977),杰姆斯·格兰特(1978),莫里斯·莫里斯(1979),齐齐尔尼斯基(1980),那纳克·卡克瓦尼(1981,1984),保罗·斯特里顿(1984),弗朗西斯·斯图尔特(1985),罗伯特·古丁(1988),艾伦·哈姆林和菲利浦·佩蒂特(1989),以及其他的文献。围绕"最低要求"实现的研究可以追溯到庇古(1920)。

⑤ 参看比如联合国开发计划署(1990)和随后的年度《人类发展报告》。相关问题,亦可见森(1973b,1985a),阿德尔曼(1975),格兰特(1978),莫里斯(1979),斯特里顿等人(1981),德赛(1995),及阿南德和森(1997)。

这些方法每一个都很容易找出漏洞，想要批评人际比较相关的指标也很容易。但毫无疑问，福利经济学在广泛使用从这些研究而来的经验信息。这些研究工作已大大拓展了我们对于个人利益以及经验相关性的理解。这些方法中每一个都有一定的局限性和优点，由于研究重点不同，我们对于这些方法相对优点的评价可能不尽相同。我曾在其他场合（在这次演讲的前述部分也有简要论及）赞成基于能力评价的部分比较[①]，但除了这个问题之外（对此问题其他人可能会有不同的观点），我想在这里强调一个更普遍的观点，即实用福利经济学和社会选择的可能性通过这些创新的实证研究得到了极大的拓展。

事实上，尽管有差异，社会选择理论新近的分析有力指出：这些研究方法通常适合信息扩大的总体格局。福利经济学和社会选择的最新文献中探讨的分析体系，比那些阿罗模型中的（相应地，不那么保守，"不可能性"也减少，见森，1970a，1977c）更具广泛性。[②] 从分析角度，他们也一般足以适用不同的实证解释，允许社会选择其他的信息基础。这里考虑到的不同实证方法，都可以从这个更广泛的分析角度来考察。"高新理论"的进展，在这个意义上，与"实用经济学"的进步密切相关。正是对建构可能性的持续探索（无论分析层面还是现实层面），帮助消除了一些与早期社会选择和福利经济学相关联的晦暗。

九、贫困和饥荒

社会福利分析利用的信息种类可以通过贫困研究得以很好的说明。贫困通常以低收入来认定，传统上通过计算收入低于贫困线的人数就可以简单测量，这有时被称为计算人头数的测量方法。对这种方法的审查出现两种不同的问题。第一，贫困是否充分见之于低收入？第二，即使贫困见之于低收入，一个社会总量贫困是否能用计算人头数的指标最好地描述？

我将一一讨论这些问题。我们通过把个人的收入与社会规定的贫困线收入进行比较，能否做出个体贫困的充分判断？收入远高于贫困线但患有花费昂贵的疾病（比如说，需要肾透析）的人怎么办？被剥夺是否并非最终没有机会过一种可接受的最低生活，可能还会受到一些需要考虑的问题的影响，其中当然包括个人收入，也包括身体和环境的特征，以及其他变量（如医疗和其他设施的可用性和成本）？这种做法背后的动机与把贫穷看作是对某些基本能力的严重剥夺密切相关。这种不同的方法导致了对贫困完全不同于那些纯粹基于收入分析的判断。[③]

---

① 尤其见于森（1992a）。

② 关于"执行"的文献在实际应用方向也有增长；对涉及的一些不同问题的分析，见拉丰（1979），马斯金（1985），莫林（1995），铃村（1995），杜塔（1997），及马斯金和托马斯·斯约斯特洛姆（1999）。

③ 见森（1980，1983 b，1985a，1992a，1993 b，1999a），卡克瓦尼（1984），努斯鲍姆（1988），德雷兹和森（1989，1995），格里芬和奈特（1990），伊夫特哈尔·侯赛因（1990），肖卡特和范·伍特吉姆（1990），努斯鲍姆和森（1993），阿南德和森（1997），福斯特和森（1997），以及其他文献。

这不是否定低收入在很多情况下的重要性，因为一个人在市场经济中的机会可能受到实际收入水平的严格限制。然而，各种突发事件可能导致在把收入"转换"成过上最低可接受生活能力时的变化，如果我们关心这个问题，可能就有足够的理由超越收入贫困的局限。至少有四种不同来源的变化：(1)个人的异质性(例如，患病的倾向)，(2)环境的多样性(例如，生活在一个易发风暴或易发洪水的地区)，(3)社会环境的变化(例如，犯罪或流行病因素的盛行)，(4)特定社会中与消费习惯模式有关的相对剥夺的差异(例如，富裕社会中的相对贫困，而导致参与社区生活的绝对能力的剥夺)。[①]

因此，很有必要超越贫困分析中的收入信息，尤其应把贫困看作能力的剥夺。然而(如前所述)，贫困分析信息基础的选择并不能真正脱离现实的考虑，特别是信息的可用性。把贫困看作收入剥夺的视角不能不利用贫困的实证文献，即使这个视角的局限性显而易见。事实上，在许多情况下，粗略地利用收入信息可能为严重剥夺的研究提供最直接的方法。[②]

例如，饥荒的起因往往是因为一部分人口实际收入的大幅下降，导致饥饿和死亡(关于此见森，1976d，1981)。[③] 收入水平和购买力的强弱变化可能确实是一个饥荒调查最重要的组成部分。在这种方法中，决定不同群体各自收入的因果影响的研究居于中心地位，与经常见之于相关文献的仅专注于农业生产和粮食供应的做法形成鲜明对比。

信息焦点从食物供应到福利的转移(包括收入和供应以及由此产生的相对价格)能带来重大的改变，因为饥荒甚至可以发生在食品生产或供应没有任何重大下降或者可能根本没有任何下降的情况下。[④] 例如，如果农村劳工，或服务提供者，或工匠的收入因为失业，实际工资下降，或由于相关服务或工艺制品的需求下降而暴跌，受影响的群体可能得挨饿，即使该经济中食物的整体供应并没有减少。当有些人不能在食物量充足时通过购买或食品生产得到福利，饥饿就会发生，食品的整体供应只是该经济中

---

① 关于此，见森(1992a)及福斯特和森(1997)。最后一个要考虑的问题，收入的相对剥夺会导致基本能力的绝对剥夺，最先由亚当·斯密得以探讨(1776)。亚当·斯密的说法，"必需品"(相应的是避免基本剥夺所需要的最低收入)在不同的社会中必须有不同的定义，也表明了运用参数可变的"贫困线"收入的一般方法。这样的变化可以反映不同人的不同情况(例如，包括患病的倾向)。关于这些问题，见迪顿和米尔鲍尔(1980，1986)，乔根森(1990)，波拉克(1991)，迪顿(1995)，史雷斯尼克(1998)，以及其他文献。在一定的条件下，把贫困定义为收入低于由参数确定的"贫困线"以下，将与把贫困表征为能力的剥夺相一致(如果参数的变化与为了避免一定水平的能力剥夺所需要的收入密切关联)。

② 菲利普·范·帕里基斯对这些问题进行了深入研究(1995)。

③ 就相关问题亦可见毛希丁·阿拉吉(1980)，拉瓦雷(1987)，德雷兹和森(1989，1990)，杰夫瑞·科尔和哈蒙德(1995)，德赛(1995)，奥斯马尼(1995)，彼得·斯维德伯格(1999)。

④ 正如饥荒的实证研究指出，一些现实的饥荒发生在食品生产很少或没有下降的情况下(如1943年的孟加拉饥荒，或1973年的埃塞俄比亚饥荒，或1974年的孟加拉国饥荒)，而另外一些饥荒则受到食品生产下降的严重影响(关于此见森，1981)。

决定不同人群福利的多种因素之一。因此，收入影响福利的研究方法可以比只以生产为导向的观点为饥荒提供一个更好的解释。它也可以产生救济饥荒和饥饿的一个更有效的方法(关于此，犹可参见德雷兹和森，1989)。

问题的本质倾向于确定需要集中分析的具体“空间”。在解释饥荒造成的死亡与苦难的具体模式时，若以收入转化成营养时的信息辅以收入为基础的分析，我们可以得到另外的理解，而这一转换过程受到其他各种因素的影响，如代谢率、患病的倾向、体型等。[①] 这些问题对于研究营养不良，发病率和死亡率无疑很重要。然而，在影响大量人口的饥荒发生和根源的一般分析中，这些另外的问题可能是次要的。而此处我不该再进一步讨论关于饥荒的文献，我要强调的是，饥荒分析的信息需求为收入剥夺研究提供了重要的空间，收入剥夺研究比基于能力比较的差异更直接更可及，虽然后者更精确也更明智。(关于此，见森，1981 及德雷兹和森，1989)。

我现在讲讲第二个问题。贫穷测量最常见和最传统的方法往往都倾向于计算人头数。但贫困的个人到底低于贫困线何种程度，再者剥夺是如何共有的，在穷人中如何分布，在这些方面也必须有所作为。构成一个社会中穷人的各自被剥夺的社会数据需要被汇总在一起，以得到测量总量贫困的信息化和可用的方法。这是一个社会选择问题，在这个建构实践中，我们已经提出了一些公理来把握我们对分配问题的关切。(关于此，见森，1976b)。[②]

几个关注分配的贫困测量方法，在近年来的社会选择文献中已经用公理推导出来，各种其他提议也得到了分析。然而此处我既不进行这些方法的比较评估(也不为了区分它们而讨论公理要求)，在其他地方，我和杰姆斯·福斯特共同努力解决过这个问题(福斯特和森，1997)。[③] 然而，我想强调的是，若社会评判的信息基础被适当放宽，我们将面对富有的窘困(与死胡同或不可能性相对)。为了完全把一个特定的贫困

---

① 一个更进一步的重要问题是食物在家庭里的分配，这可能受到除了家庭收入以外其他几个因素的影响。性别不平等、儿童和老年人的待遇问题在这种情况下可能很重要。权利分析在这些方向可以有扩大，若能超越家庭收入进入家庭内部分割的公约和规则。关于这些问题，见森(1983a，b，1984，1990)，沃恩(1987)，德雷兹和森(1989)，巴巴拉·哈里斯(1990)，比娜·阿加瓦尔(1994)，南茜·佛伯尔(1995)，坎波尔(1995)，努斯鲍姆和乔纳森·格洛弗(1995)，及其他的文献。

② 所谓“森的贫困测量方法”，事实上，可以由安东尼·夏洛克斯启蒙性地提出的一个重要但简单的变量加以改进(1995)。与原有的“森指数”相比，我必须承认我青睐“森—夏洛克斯测量方法”。

③ 杰姆斯·福斯特是贫困研究文献的主要贡献者，例如，见福斯特(1984)，福斯特等人(1984)，福斯特和夏洛克斯(1988)。选择综合衡量贫困时对一些主要问题的讨论，亦可见阿南德(1977，1983)，布兰科比和唐纳森(1978，1980)，坎波尔(1984)，阿特金森(1987，1989)，克里斯坦·塞德尔(1988)，萨蒂亚·查克拉瓦蒂(1990)，卡米洛·达甘姆和米歇尔·曾加(1990)，拉瓦雷(1994)，弗兰克·科威尔(1995)，夏洛克斯(1995)，以及其他许多文献(有关这方面的大量文献所列的详尽参考书目，见福斯特和森，1997)。需要解决的一个重要问题是“分解能力”的需要和限制(和“亚组一致性”的较弱需求，关于此亦可见夏洛克斯，1984)。福斯特(1984)论证赞成分解能力(阿南德也如此，1977，1983)，而森(1973a，1977c)论证反对。福斯特和森(1997)认真尝试评估了分解能力和亚组一致性的正反两方面观点。

测量方法公理化，我们将不得不耽于我早先提到的“边缘政策”（第五部分），需要添加其他公理要求直到我们少了不可能性，只留下一个贫困测量方法。

十、相对剥夺和性别不平等

某种程度上讲，贫穷不能脱离其所造成的痛苦，在这个意义上，在此处的分析中效用的传统视角也可以调用。然而，我先前有过评述，心理态度的可塑性在许多情况下可能倾向于隐藏和压抑剥夺的程度。贫困农民设法在他的生活中找到一些快乐，不应以他的精神成就为由而被认为不是穷人。

这种可改变性，在处理传统不平等社会中性别不平等和女性受剥夺问题时特别重要。这部分是因为，在家庭的结合中，感觉起着决定作用，家庭生活文化则鼓励受虐者组成结盟。女性可能经常比男性工作更辛苦（由于艰苦的家庭琐事），在卫生保健和营养方面也不太受重视，然而在一个不平等的规范悄然盛行的社会中，对无可救药的不平等的感知可能会缺失。[①] 在这些情况下，这种不平等和剥夺可能不会以不满和不悦的心理尺度充分地浮出水面。

社会催生的满足感和平静感，甚至可能影响对发病率和疾病的认知。许多年前，当时我正致力于1944年孟加拉饥荒后的相关研究，因为接受调查的寡妇几乎无人提起任何“漠视健康”的事件，这一不同寻常的事实使我相当惊讶，而鳏夫却大量抱怨这个问题（森，1985a附录B）。同样，这种情况也出现在印度的邦际比较中，那些教育和医疗设施供应最糟糕的邦，通常发现对发病率的感知程度最低，而卫生保健和教育良好的邦表现出对疾病更高的自我感知（最高发病率的报道来自于供给最好的邦，如喀拉拉邦）。[②] 心理反应，传统效用研究的支柱，作为剥夺分析的基础可能是非常有缺陷的。

因此，在了解贫困和不平等时，有充分的理由来审视真正的剥夺而不仅是对剥夺的心理反应。就性别不平等与对妇女的剥夺最近已经有很多调查，调查了她们的营养低下、临床诊断的发病率，观察到的文盲，甚至意外的高死亡率（较之身体合理的期望值）。[③] 这样的人际比较易成为性别之间贫困和不平等研究一个重要的基础，将其纳入福利经济学和社会选择的广阔框架内（去掉可能排斥使用这些类型数据的信息约束而得以改善）。

---

① 关于此见森（1984，1990，1993c），及该文中引用的文献。

② 这个问题背后的方法论涉及“位置的客观性”——某一既定位置观察的客观性，可能在交叉比较时是不可持续的。这一反差及其深远的意义森曾讨论过（1993c）。

③ 关于“失踪女性”的文献（较之一些社会中异常高的女性死亡率却没有预期的女性数据）是这种实证分析的一个例子；关于此见森（1984，1992c），沃恩（1987），德雷兹和森（1989，1990），安斯利·科尔（1991），和斯蒂芬·克兰森（1994）。亦可见乔斯林·肯奇和森（1983）；哈里斯（1990）；拉维·坎波尔和劳伦斯·哈达德（1990）；阿加瓦尔（1994）；佛伯尔（1995）；努斯鲍姆和格洛弗（1995），及其他文献。

十一、自由的悖论

本演讲也包括探讨社会选择中的不可能结果为什么及如何通过信息拓宽而得以克服。到目前为止，信息拓宽一直被视为主要涉及人际比较的运用。但这并不是解决社会选择僵局所需要的唯一一种拓宽。考虑一下，例如，有时也被称为“自由的悖论”，或“帕累托自由的不可能性”的不可能定理（见森，1970a，b，1976c），该定理表明：不可能满足甚至一个很小的自由要求，若必坚持帕累托效率（不受领域限制）。①

自从近期的文献中出现了关于自由内容的一些争论（例如，诺齐克，1974；彼得·加德福斯，1981；罗伯特·萨格登，1981，1985，1993；希勒·斯坦纳，1990；盖特纳等人，1992；戴比，1994；马克·弗勒尔柏意和盖特纳，1996；帕特奈克，1996；铃村，1996），也许一个简要的解释可能有用。自由有许多不同的方面，包括两个鲜明的特点：(1)在我们各自的私人领域内，它可以帮助我们实现我们想要实现的，比如在个人生活中（这是其“机会方面”）；(2)使我们直接掌管私人领域的机会，不管我们是否可能实现（这是其“过程方面”）。社会选择理论中，自由的构想主要关涉前者，即机会方面。这似乎已足以表明帕累托原则和自由的机会方面之间可能的冲突（森，1970a，b 有集中论述），但关于机会方面的专门研究并不能使我们充分理解对自由的要求（在这方面，萨格登，1981，1993 和盖特纳等，1992，拒绝承认标准的社会选择理论中以机会为中心的构想的充分性，无疑是正确的）。② 然而，除了实质性机会，社会选择理论也可以容纳自由的过程方面，通过适当的重新定性，特别是通过评估正当程序（关于此见森，1982b，1997a，1999b；斯蒂格·康尔，1985；戴比，1994；哈蒙德，1997；铃村，1996；马丁·范·海斯，1996）。

另一面，避免只关注自由过程方面的狭隘性也很重要，近来一些作者都有如此倾向。尽管过程重要，却不能抹杀同样重要的机会方面的相关性。事实上，在个人生活中有效实现自由的重要性早被认为举足轻重，即使那些深切关注过程的评论家，从约翰·斯图亚特·穆勒(1859)到弗兰克·奈特(1947)，弗里德里希·奥克斯特·哈耶克(1960)，及布坎南(1986)。必须权衡过程公正性与结果有效性的困难，不能通过只关注过程方面而忽略自由的机会方面而简单地规避。③

具体而言，帕累托自由的冲突怎么可以得到解决？处理这种摩擦的不同方法已在

---

① 这里也有一些分析的兴趣在不可能结果的“来源”上，特别是因为“帕累托效率”和“最低限度的自由”是通过相同个人的一系列相同偏好得以描述。见森(1976c，1992b)。

② 然而，“帕累托自由的不可能性”并没有因为仅仅只关注自由的过程方面而得以解决，关于这点可参考弗里德里希·布雷耶尔(1977)，布雷耶尔和加德纳(1980)，森(1983b，1992b)，巴苏(1984)，盖特纳等人(1992)，戴比(1994)，宾默尔(1996)，缪勒(1996)，帕特奈克(1996)，以及铃村(1996)。

③ 关于这些问题，见哈蒙德(1997)，亦可见塞德尔(1975，1997)，布雷耶尔(1977)，康尔(1985)，利维(1986)，查尔斯·罗利(1993)，戴比(1994)，铃村(1996)，及帕特奈克(1997)。

文献中进行了探讨。[①] 然而,要看到,与阿罗的不可能结果有所不同,自由的悖论是不能通过人际比较而圆满解决的。事实上,无论是自由的主张,还是帕累托效率,都无需视人际比较而定。一个人对自己私人领域的主张,力量在于选择的个人性质——而非不同人对某一具体个人的私人生活偏好的相对强度。同时,帕累托效率取决于不同人对成对选择偏好的叠合——而不在于那些偏好的相对强度。

相反,这个问题的解决须另辟蹊径,特别是需要看到这些要求合法性的获得是由于其他要求的重要性——一旦认识到他们相互之间可能会有冲突(事实上,自由悖论的要点即是精确识别那种可能的冲突)。对私人领域有效自由重要性的认识(确切说针对具体的选择)可以和成对选择帕累托一致性的相关性的认识共存(针对所有的选择,不管是否私人领域)。这种不可能性的一个满意的解决方案必须包括对个人自由和总体欲望的满足之间具有可接受优先的评价观,必须对人们自己认可的就此权衡的信息敏感。这也需要信息的丰富(关注人们的政治价值观以及个人的欲望),但这种丰富与幸福或总体优势的人际比较相当不同。[②]

十二、结束语

社会选择理论中的不可能结果——以阿罗的开创性工作为首(1951)——经常被解释为是对理性和民主的社会选择包括福利经济学可能性的彻底破坏,(第一至第三、第十部分)。我反对这一观点。事实上,阿罗强有力的“不可能定理”召唤参与讨论,而不是顺从意见(第四、第五部分)。当然,我们知道,那种民主决策有时会导致不一致。若为现实世界的特征,它的存在和影响力是客观可识别的问题。不一致在某些情况下比在其他情况下更容易发生,可以通过协调一致和包容的决定以识别情境的差异并描述过程(第六至第八部分)。

不可能结果当然值得认真研究。他们往往有广泛的、事实上势不可挡的影响,不仅涵盖了日常的政治(我们可能会相当习惯不一致),也质疑从整体上对社会作社会福利判断的任何确定框架的可能性。由此确定的不可能性也阻止了一般可能性以有序、系统的框架规范评估不平等,评价贫穷或识别无法忍受的专制和对自由的侵犯。不能针对这些评估和评价有一个一贯的框架的确对系统的政治、社会、经济的判断最具破坏性。若探讨非正义和不公平,则必须面对如此分析不可避免地武

---

① 例如,见塞德尔(1975,1997),铃村(1976b,1983,1999),盖特纳和劳伦兹·克鲁格(1981,1983),哈蒙德(1982,1997),约翰·里格尔斯沃思(1985),利维(1986),以及乔纳森·赖利(1987)等。亦可见《分析与批判》中专题论文“自由的悖论”(1996年9月刊),包括宾默尔(1996),布雷耶尔(1996),布坎南(1996),弗勒拜尔和盖特纳(1996),安东尼·德·雅赛和哈特穆特·克利姆特(1996),克利姆特(1996),缪勒(1996),铃村(1996),及范·海斯(1996)。我自己的建议见森(1983a,1992b,1996a)。

② 形式上,在确定这些优先顺序时可能需要多级社会选择实践,继之以在选择综合的社会状态时对这些优先顺序的运用(关于这些问题,见帕特奈克,1971;森,1982b,1992 b,1996,1997a;铃村,1996,1999)。

断或思想上专横的指责。

然而,这些苍白的结论并未能经受住严格的审查,阻止这种悲观的有效程序可以清楚地得以确认。这确实很大程度上是一场积极乐观的演讲——强调建构社会选择理论的可能性,主张对不可能结果做有效解释。事实上,这些显然负面的结果可以看作是为社会选择适当框架的发展提供了有益的输入,因为一个特定的社会选择程序的公理化推导必须介于不可能与富有的窘境之间(第五部分)。

建构福利经济学和社会选择的可能性(及它们在规范意义上作社会福利判断和制定切实可行的措施时的运用)开启了拓宽这种选择的信息基础的需要。丰富信息的不同类型在文献中已有考虑。这种拓宽的一个关键因素是幸福和个人利益人际比较的运用。毫不奇怪,排斥人际比较必定造成理性社会决策的困难,因为那些组成社会不同人的主张,需要对彼此进行评估。我们若不引入这样或那样形式的人际比较,甚至不能理解公众在关注贫困、饥饿、不平等或暴政时的力量。我们对这些事情的非正式评判所依赖的信息,正是必须且可以纳入系统社会选择形式分析之中的这类信息(第七至第十一部分)。

发布福利经济学"死亡讣告"的人际比较可能性的悲观主义(根本上催生了社会选择理论中对不可能性的恐惧)出于两个不同的原因终究使其具有误导性。第一,它把注意力局限于过于狭隘的信息基础,而忽视了可以明智地进行人际比较陈述的不同方式,并将之用于丰富福利评判和社会选择的分析。过度地关注心理状态的比较,排挤了大量可以告诉我们不同人们实质的幸福、自由或机会的真正优势和劣势的信息。第二,悲观也是由于在这些比较中对精确性要求太高而忽视了一个事实,即使部分比较也可以启蒙福利经济学、社会伦理和可靠政治学的理性基础。①

探讨这些问题完全符合加强社会选择理论的一般计划(及"非死亡"福利经济学)。在一般情况下,这样或那样的信息拓宽,是克服社会选择悲观性和避免不可能性的一个有效途径,它直接带来有活力、有影响的建构方法。关于假设公理的形式化推理(包括他们的兼容性和一致性),以及对价值和规范的非正式理解(包括其关联性和合理性),都指明了会产生丰富结果的趋势。事实上,正式和非正式推理的高度互补,于社会科学如此重要,在现代社会选择理论的发展中得到了充分证明。

(乐美儿 译　柴志贤 校)

---

① 这里有两个明显的问题。第一,局部可比性在产生一个最佳选择时非常有效(森,1970a,c)。第二,即使不出现一个最佳的选择,它也可以帮助缩小劣选择的最大集,最大化选择将受此限制(森 1973a,1993a,1997a)。

1999获奖者

罗伯特·蒙代尔

Robert A. Mundell

【获奖理由】奠定了开放经济中货币与财政政策理论以及最优货币区理论的基石。

生平简介

1932年	出生于美国
1955年	获麻省理工学院哲学博士学位
1956—1957年	在芝加哥大学做博士后研究
1961年	任职于国际货币基金组织
1966—1971年	芝加哥大学的经济学教授
1974年—	美国纽约哥伦比亚大学任教
1997年	获美国经济学会的杰出人士奖
1998年	选为美国艺术和科学院院士

主要学术贡献

一是开放条件下经济稳定政策的理论(蒙代尔—弗莱明模型)。

二是最优货币区域理论。蒙代尔教授敏锐地观察到从20世纪60年代至今,世界经济发展中的一个显著特点,是随着世界经济一体化与全球化的发展,产品、服务,尤其是资本可以通过贸易和投资大规模的跨国界流动。在一个更为开放的经济体系中,一国的货币主权和财政政策效果更多地受到外部世界的制约,宏观调控能力下降。经济学越来越难以对经济前景进行预测,一个重要原因就是传统的宏观、微观经济学在经济全球化条件下面临新的挑战。

在国际金融领域,他是一位伟大的先行者和预言家。蒙代尔教授发表了大量有关国际经济学理论的著作和论文,被誉为最优化货币理论之父;他系统地描述了什么是标准的国际宏观经济学模型;蒙代尔教授是货币和财政政策相结合理论的开拓者,他改写了通货膨胀和利息理论；蒙代尔教授与其他经济学家一起，共同倡导利用货币方法来解决支付平衡。此外，他还是供应学派的倡导者之一。蒙代尔教授撰写了大量关于国际货币制度史的文章，对于欧元的创立起了重要的作用。此外，他还撰写了大量关于"转型"经济学的文章。

主要学术成果

《国际货币制度：冲突和改革》(1965)
《人类与经济学》(1968)
《国际经济学》(1968)
《货币理论：世界经济中的利息、通货膨胀和增长》(1971)
《新国际货币制度》(1977)
《世界经济中的货币历程》(1983)
《全球失衡》(1990)
《债务、赤字和经济状况》(1991)
《建设新欧洲》(1992)
《中国的通货膨胀与增长》(1996)
《欧元作为国际货币制度的稳定器》(2000)

颁奖词

瑞典皇家科学院 / 托斯滕·佩尔松

尊敬的国王及王后陛下、尊敬的皇室贵宾们、尊敬的女士们和先生们：

科学的繁荣发展，往往依靠新方法，才得以解决前人束手无策的难题。科学的突飞猛进，也可能发轫于研究者提出前人思虑未及的新问题。或许在经济学等社会科学领域，提出新问题的能力尤为重要。现代社会日新月异，皆因制度变迁；行为更张，期待亦有所不同。换言之，社会科学考察的目标游移，研究者务必有的放矢。

因此，成功的研究者，或创立影响深远的新方法，或率先提出超越当前社会发展水平的新问题。而罗伯特·蒙代尔在20世纪60年代初发表的数篇论文，真可谓两者兼顾，齐头并进。

今年荣膺桂冠的经济学家构建了一个崭新的框架，即蒙代尔—弗莱明模型。蒙代尔运用该模型演示国际资本的流动性如何影响开放型经济体内货币与财政政策的短期效应。他还论证了汇率制度的重要性：在浮动汇率制下，货币政策成为稳定经济强有力的手段，而财政政策的作用却无足轻重；在固定汇率制下，情况则恰恰相反。

当同时代的经济学家们纷纷止步于短期静态分析之际，蒙代尔已然着手构建动态模型，应对经济的经常性调整。他分析了长期国际收支逆差和顺差的出现及其逐渐消除的机制。他还针对以下问题考察了分散货币政策和财政政策制定权的途径：如果各项工具分别以外部均衡或内部均衡为目标，怎样才能随时规避经济的不稳定性？

上述新方法对经济学的研究产生了迅速而深远的影响。当代国际宏观经济学研究的通行方法也由此深深地扎根于蒙代尔的工作。

今年荣膺桂冠的经济学家还异常准确地提出了新问题，尤其论及货币安排和资本市场发展趋势时更是洞若观火。20世纪60年代，几乎所有国家都被纳入所谓的布雷顿森林体系，通过固定汇率联结在一起。尽管如此，蒙代尔对经济政策的分析，同样关注浮动汇率制。当时，国际资本流动受到高度限制，主要是因为货币兑换的全面管制。不过，蒙代尔仍然考察了国家之间资本高流动性条件下经济政策的效应。虽然主流观点认为，政府独自掌控所有经济政策工具是使调控富有成效的必要前提，蒙代尔却摆脱传统的束缚，分析了将货币政策的制定权下放给中央银行的可能性。无论学术文献还是实务论辩，都认同各个国家应当拥有自己的货币，这是不言而喻的。可蒙代尔提出了一个有关"最优货币区"的激进问题：在什么情况下，数个政府放弃本国的货币主权，推动货币统一才是有利的？

这些问题在35年前看来，似乎只是学术上的猎奇。可事实最终验证了蒙代尔的分析。布雷顿森林体系早在20世纪70年代初就已土崩瓦解，越来越多的货币开始自由浮动。国际资本市场逐渐开放，时至今日早已蔚为可观。现在，很多中央银行独自负责维持物价稳定。包括欧洲以外的很多国家，已经构建或正在酝酿货币联盟。由此可见，蒙代尔的研究预示了社会发展的趋势，因而对经济政策的实际考量产生重要影响。

敬爱的蒙代尔教授：您在数十年前首创的方法，至今仍是奠定国际宏观经济学教学与研究的基石。毫无疑问，您的学术成就重塑了这个领域的面貌。您提出的问题高瞻远瞩，准确预期了货币安排和资本市场的重大变化。感谢您的工作再次向人们昭示了基础研究的重要性。我很荣幸能够代表瑞典皇家科学院向您表示最热烈的祝贺。现在，请接受国王陛下亲自为您颁奖。

（孔飞燕 译　柴志贤 校）

获奖演说

对20世纪的反思

罗伯特·蒙代尔

20世纪不同往昔，呈现出极端化的趋势。早期顺延19世纪的和平局面，可惜这只是暴风雨前的宁静。很快第一次世界大战、共产主义、恶性通货膨胀、法西斯主义、经济萧条、种族灭绝、第二次世界大战、原子弹爆炸、占领东欧等等接踵而至。随后虽进入相对稳定的时期，却屡遭冷战恐怖均衡、北约同盟、非殖民化问题的困扰。临近世纪末，冷战终于结束，苏维埃帝国土崩瓦解，东欧国家实现了民主，美国式的和平日益繁荣，欧元也应运而生。贯穿20世纪的线索是由最初十年和最后十年间的环节构成的，正是这些中间环节支撑起整整百年的历史。

1906 年，美国驻英大使怀特劳·里德在剑桥大学发表演讲，题为《现代史上最重大的事件》。里德身兼外交官、记者、政客等多种角色，他演讲的主旨是美国的崛起与兴盛！尽管当时美国的崛起是否是“现代史上最重大的事件”尚有疑问。但难以否认，仅仅过了两个世纪，小小的殖民地已经发展成为全世界最庞大的经济体。美国的优势在 20 世纪最初十年稍露端倪，又在 20 世纪最后十年确认无疑。忘了 1914 年到 1989 年之间的那 75 年吧！

我今天讲座的根本主题是美国在名副其实的“美国世纪”中扮演的角色。我想阐明货币作为政治事件决定因素所起的作用。具体而言，我认为 20 世纪的很多政治变革都是由国际货币体系鲜为人知的扰乱引发的，而这些扰乱又是美国崛起以来，其金融机构联邦储备系统举措不当导致的严重后果。

20 世纪初行之有效的国际货币体系，不幸毁于第一次世界大战。两次世界大战间隙虽试图重建，却画虎不成反类犬，换来的是经济大萧条、希特勒和第二次世界大战。取而代之的货币新安排依赖美联储实施的美元政策，而非黄金价格的自我调节。联邦储备系统最终放弃与黄金挂钩，引发美国史无前例的通货膨胀，至少是独立战争以来最为严重的一次。即便如此，20 世纪末的再学习过程，构建了全新的框架，重获世纪初时国际货币体系的诸多优势。

20 世纪可大致划分成三个特征鲜明、跨度相仿的阶段。第一阶段（1900—1933）围绕国际金本位制展开，先是毁于战乱，20 年代重整旗鼓，30 年代早期崩溃。第二阶段（1934—1971）始于美元贬值，接着确立了 35 美元的黄金价格，最后美国将美元与黄金脱钩。第三阶段（1972—1999）始于弹性汇率制，紧接着的是 70 年代的大规模滞涨，80 年代供给学派经济学的繁荣，90 年代恢复货币稳定、欧元诞生。不过，20 世纪末的货币体系较之最初十年仍然相形见绌，这表明未来数十年内我们还大有可为。

一、金本位制的不当管理

20 世纪初，国际金本位制运转顺畅，有力地促进了贸易、支付及资本流动。在固定汇率的基础上，通过高度自发的调节机制维持收支均衡。虽然世界价格水平无法摆脱长期的发展趋势，但年通货膨胀率或紧缩率微乎其微，货币得以长期保值。该体系赋予全世界的是货币的高度一体化与稳定。

当然，国际货币体系绝不是静止的，它必须与世界经济力量格局保持一致，并随着经济力量的重新布局而演化发展。金、银及复本位货币制度只有在权力分散的世界中才能充分发挥作用，因为只有在权力分散的世界中，调控策略才能自发运作。可第一次世界大战爆发前的数十年里，各经济大国的中央银行早已蹿升为体制内的金融寡头。金本位制的高效率和稳定性越来越依赖少数主要中央银行自主实施的政策。1913 年美国创建联邦储备系统，更是成数量级地放大了这种趋势。联邦储备委员会作为管理者，集中行使整个经济体的全部货币权力，这比仅次于它的英国或德国还要强大三倍。因此,金本位制的传奇逐渐被美联储取而代之。

第一次世界大战导致黄金价格波动。先是财政超支,迫使欧洲交战国放弃金本位制,接着黄金开始流向美国,由新组建的联邦储备系统将其货币化。结果美元价格翻倍,而黄金的真实价值减半。[①] 波动延续到战后,美联储在1920年至1921年的经济衰退[②]中策划了剧烈的通货紧缩,美元(和黄金)的价格水平退回战前均衡状态的60%,且一直维持到1929年。

正是在此背景下,德国、英国和法国带领世界其他国家恢复了金本位制。问题是,世界(美元)价格依然较战前均衡状态高出40%,黄金储备与供应的实际价值也相应按比例下降。同时,货币性黄金储备的分布严重失衡,其中近半数位于美国。此外,汇率以及(与黄金挂钩的)赔偿问题尚无定论,导致黄金储备的需求日益高涨。面对此种情形,难道不是金本位制的恢复激发了黄金的需求,最终导致通货紧缩的吗?法国的查尔斯·李斯特、奥地利的路德维希·冯·米塞斯、瑞典的古斯塔夫·卡塞尔[③]等少数经济学家持的便是这种观点。[④]

卡塞尔(1925)甚至早在英国恢复金本位制前就明确指出:

> 当然,金本位制无法确保某个国家一般物价水平比黄金本身的价格更加稳定。想要稳定一般物价水平,就必须在恢复金本位制的同时尽可能保持黄金价值恒定……根据黄金产量的实际情况,可以肯定在较短时间内,也许用不了十年,黄金充足的现状,必将逆转为这种贵金属的严重短缺,导致物价下跌,这是黄金需求增长的必然结果……

恢复金本位制后,卡塞尔进一步推论并提出警告,必须节约黄金的货币性使用,谨防经济萧条。在1928年,他写道:

---

① 以往有观点认为,1917年9月至1918年6月,美国总统威尔逊"十分奇怪地"按照《间谍法(1917年6月)》的规定,禁止黄金的自由出口。在此期间,金本位制暂停实施(罗伊·雅斯特拉姆,1981)。不过在国内,用纸币兑换黄金依然是合法的。所以,对民众而言,金本位制依然有效。

② 正是这段时间的美元和黄金价格波动,令约翰·梅纳德·凯恩斯在《货币改革的轨迹》(1923)中,阐述"内部"与"外部"稳定之间的矛盾。黄金价值下跌近一半,战后通货紧缩愈演愈烈,构成其他货币不稳定的基础。有鉴于此,凯恩斯认为内部稳定(稳定的物价水平)比外部稳定(固定汇率或黄金价格)更重要,很大程度上是因为联邦储备委员会主导国际货币体系,尚未展现出管理能力。

③ 我曾在雅克·胡耶夫百年诞辰之际发表的论文中探讨过这个问题。(请参阅蒙代尔,1996)。值得一提的还有年轻有为的普林斯顿大学教授约翰·帕克·杨,他受命担任几乎是孤家寡人的黄金委员会委员,在很大程度上肯定了卡塞尔、李斯特和冯·米塞斯提出的质疑(请参阅杨,1925)。

④ 货币史已经充分证明恢复贵金属本位制将引发通货紧缩的趋势,譬如18世纪中期英国在印度实施银本位制;英国及其他国家在拿破仑战争后恢复金本位或银本位制;还有很多国家在19世纪70年代初复本位制崩溃后转向银本位或金本位制。

> 我们面临的严重问题是,如何应付日益严峻的黄金短缺,需求增长和供应减少同时威胁着全世界。只有系统化地限制黄金的货币性需求,才能解决这个问题。若非如此,便无法避免一般物价水平的持续下降,更难以阻止席卷全世界的长期萧条,而后者与物价下跌之间存在必然联系。[①]

事实证明李斯特、米塞斯和卡塞尔的观点是正确的。20 世纪 20 年代后期,农产品和原材料的价格下跌,通货紧缩已经初露端倪。1929 年华尔街股市崩盘则是另一征兆,而普遍性的通货紧缩始于 1930 年。各个国家的批发价格从 1929 年的高位跌落至 1931 年 9 月(英国就在这个月放弃了金本位制)的百分比分别如下:日本 29.5%,英国 29.2%,加拿大 28.9%,法国 28.3%,德国 22.0%。[②] 尽管各国恶化程度不同,但通货紧缩的普遍性由此可见一斑。

在 1932 年和 1933 年,美元价格水平跌至谷底。表 1 列举了 1914 年至 1934 年期间物价水平下降的关键节点。

表 1　美国在 1914 年至 1934 年期间选定年份的物价水平(1930=100)

1914	1920	1921	178.7	113	112.1
78.4	178.7	113.0	112.1	84.1	76.2

来源:美国劳动统计局公布的批发价格指数。转引自雅斯特拉姆著作中的表 21(1981,第 206 页)。

数十年来,经济学家们绞尽脑汁,想要探究到底是什么原因导致了 20 世纪 30 年代的通货紧缩与经济萧条。有关这个主题的文献汗牛充栋,争论愈演愈烈,却未能出现丝毫曙光。争论的根源之一就是:导致大萧条的原因究竟是总需求的转变还是货币供应量的减少?毫无疑问,两者都脱不了干系!但货币主义也好,凯恩斯主义也罢,没有任何一种理论能够事先预测货币供应量或总需求的下降。这些理论采用的短期模型只适应封闭型经济体,难以模拟第一次世界大战期间及战后金本位制的效应。与之形成鲜明对比的是,恢复金本位制将导致通货紧缩,该理论不仅具有可预测性,而且正如前文所述,完全是一语中的。

通货紧缩伊始,金汇兑本位制就已摇摇欲坠。1931 年春,中欧最大的银行维也纳信贷联合银行破产,引起的连锁反应波及德国和英国,金汇兑本位制终于陷入危机。在德国,遭遇的是紧缩货币政策,并重新实施管制;在英国,自 1931 年 9 月 21 日起,英镑不再与黄金挂钩。不过,有些国家比英国更早与黄金脱钩:澳大利亚、巴西、智利、新

---

① 同年晚些时候,凯恩斯开始警觉恢复金本位制(他之前反对恢复金本位制,因为美联储不可能维持黄金价格稳定)对黄金需求的意义。他开始特别关注 1928 年法国货币法的影响,该法律实际上要求每张新发行的纸币法郎都有黄金准备金。莫罗总督甚至开始将现有的收支顺差兑换成黄金,这使得英格兰银行的处境十分尴尬。请参阅克拉克·约翰森(1997)有关法国货币法的深度探讨。

② 数据来源于美国国内外商务局编撰的《商业报告》(1931 年 11 月 9 日),转引自雅斯特拉姆(1981,第 99 页)。

西兰、巴拉圭、秘鲁、厄瓜多尔和委内瑞拉;奥地利、加拿大、德国和匈牙利则实施了管制。其他还有很多国家效仿英国与黄金脱钩。

与此同时,美国坚持金本位制。先是明智地大幅度修正货币政策,旨在稳定物价,而非维持金本位制,可到20世纪30年代早期的关键时刻,却又回归了金本位制。

美国的选择不是增强货币体系的流动性,而是捍卫金本位制。英国放弃金本位制后,美联储更是举步维艰。1931年10月,美联储分两步将再贴现率从1.5个百分点提高到3.5个百分点,整个经济都被拖入通货紧缩和经济萧条的深渊,这加重了银行业的危机。正如我们所见,批发价格在1929年至1933年期间下跌了35%。

财政休克致使通货紧缩恶化成了经济萧条。先是斯姆特—霍利关税激使外国采取报复性措施:1929年至1933年期间,进口贸易额下降30%,更糟糕的是出口贸易额下降得更多,差不多接近40%。1932年6月6日,民主党国会极不明智地通过了《税收法案(1932)》,并由赫伯特·胡佛总统签署生效。该法案片面追求预算平衡,规定了美国和平时期最大幅度的增税。1933年,失业率飙升至全体劳动力的24.9%。GDP按当时的价格计算下降了57%,实际则下降了22%。①

此时,银行业的危机已经全面爆发。20年代,平均每年倒闭500家银行,1930年飙升至1350家,1931年2293家,1932年1453家。1933年,富兰克林·D. 罗斯福接任总统,首先采取的措施之一就是禁止黄金出口。自4月20日起,允许美元汇率下浮。

1920年至1921年的衰退未能逆转战争期间物价上涨的趋势,而20世纪30年代的通货紧缩正好与后者形成镜像。如果放弃金本位制,黄金价格跌破真实价值,金本位制国家的物价将会上涨。如果实施金本位制,黄金价格超过真实价值,物价将会下跌。30年代黄金增值,正好与第一次世界大战期间的黄金贬值背道而驰。1934年的美元价格接近1914年的水平。② 30年代的通货紧缩绝非马克思主义者倾向于认为的"资本主义特有的危机",而是延续了以往每当各国变更或恢复货币本位制时总会出现的模式,该模式具有很强的可预测性。30年代的通货紧缩曾在18世纪80年代、19世纪20年代、19世纪70年代屡屡上演。

有关20世纪第一阶段,我们可以得出哪些结论?首先,形势岌岌可危之际,美联储却犯下朝令夕改的致命错误。它在1914年至1921年黄金价格波动时期坚持金本位制,20年代转而实施稳定物价的政策并获得成功,可随后偏偏又选择黄金价格再次波动的糟糕时机恢复了金本位制。不幸的是,这个至关重要的中央银行虽是毫无经验的菜鸟,却操纵着令人敬畏的力量,足以独自构建或摧毁货币体系。

---

① 1933年制定的《国家工业复兴法》破坏性更大。该法律暂停实施反托拉斯法,鼓励卡特尔和劳工联合会,缩小薪酬差距,限制每周工作时间不得超过35个小时,规定最低工资标准。直到1935年,才被宣布违宪。

② 当然,1914年和1933年的物价水平接近,某种程度上只是巧合。如果当时无论是否爆发世界大战,国际金本位制都依然有效,黄金真实价格变动的原因可能与金本位制历史上任何一次变动没有什么差别。不过,恢复金本位制对物价下跌产生了广泛影响,这是难以辩驳的事实。

与此同时，欧洲的经济体也不是完全无可指责。这些国家还没来得及权衡利弊，就急于改变现状，贸然扎入金本位制。他们无视历史教训：协同退出或进入任何贵金属本位制，必然导致通货膨胀或紧缩。大战期间，货币体系的主导国家出现通货膨胀，黄金相应贬值。战后恢复金本位制，只有在黄金价格上涨时，才能保持物价稳定。否则，还不如听从凯恩斯的建议——放弃金本位制下固定汇率的利益，致力于稳定商品价格而非黄金价格。

如果20世纪20年代末黄金价格上升，又或者主要中央银行放弃金本位制，实施稳定物价的政策，就不会有大萧条，也不会有纳粹革命，更不会有第二次世界大战。

二、美元本位制下的政策组合

1934年4月，弹性汇率制实施刚满一年，美国在美元贬值[①]后恢复了金本位制[②]。这使得美元的黄金价值下降了40.94%，将黄金的官方价格提高到每盎司黄金35美元，上升了69.33%。如果赫伯特·胡佛总统在三年前就放任美元贬值，那么历史发展的进程将会迥然不同![③]

法国坚持黄金平价，直到1936年法郎贬值。这一年还发生了另两件影响深远的事件。一是凯恩斯的《通论》横空出世；二是美国、英国和法国签署了《三方协定》。前者开创了封闭型经济体策略管理的新理论；后者则是布雷顿森林协定的前身，确立了新国际货币体系中汇率管理的某些规则。

两者之间的矛盾荒谬无比。尽管当时越来越多的经济学家接受了凯恩斯倡议的国内经济管理策略，世界经济采纳的却是背道而驰的新的固定汇率体系。

1944年的布雷顿森林体系认可了新的安排，要求各国固定黄金平价，同时相互之

---

① 康奈尔大学经济学教授乔治·沃伦和某位总统顾问在很大程度上影响了美元贬值的决定，希望由此实现三项相互关联的潜在利益。第一，黄金价格上升，将抬高国内物价水平，从进出口商品价格上涨开始，然后扩散到整个经济体；该理论取决于货币性黄金储备和物价水平之间的长期联系。就较小的开放性经济体而言，这是当前公认的观点。第二，黄金价格上升，刺激黄金购买，增加货币体系的强力储备基础。第三，美元贬值在汇率变动的范围内，使美国产品在世界市场上具有更大的竞争力。事实上，1933年至1937年，批发价格的确上涨了近30%，接着在1938年至1940年回落了约10%，到1948年底又翻了一倍。

② 1934年，美元贬值和黄金的美元价格上涨，伴随着消除美国国内金本位制运作的措施。美元将不可赎回，禁止美国公民持有黄金；美元只可兑换外国货币；要求美联储按比例(最初设定百分之40)保持覆盖纸币的黄金储备；最高法院认定所有黄金条款无效。

③ 反对贬值的观点之一，美国是世界上最大的债权人，它享有的债权在很大程度上由美元支付。直到后来，才发现无法收回债款。避免通货紧缩足以解决问题，但缺少统一的理论，黄金价值被低估，这种观点缺乏说服力。没有人可以预知物价下降的幅度。英国放弃金本位制时，出现了机遇，但美国的黄金储备仍是世界上最多的。不过，要是美联储采取充分扩张的货币政策，黄金将会外流，结果显而易见。

还有一种经常提及的可疑观点反对贬值，即"赤贫邻居"，以外国的就业率为代价，换取国内的就业率。但这正是我们所需要的：努力增加就业率。如果各国货币竞相贬值，黄金价格必将飙升，消除价值低估，创造复兴条件。

间保持固定汇率。不过，新体系与旧的金本位制大相径庭。一方面，美国在该体系中所处的地位具有非对称性。特别条款[①]允许任何国家选择固定黄金价格，代替其他成员国的固定汇率。由于美元是与黄金挂钩的唯一货币，美国也是唯一选择固定黄金价格的国家。不对称的货币安排就此成型，美国固定黄金价格，其他国家固定本国货币兑换美元的汇率。[②] 新旧体系的另一差别在于，即便美国也算不上完全金本位制。美元不再是从前意义上与黄金"挂钩"，而是世界价格水平，因此黄金的真实价格深受美国影响。黄金成了体系中的过客。

布雷顿森林是否缔造了新的货币体系？根据早期的安排，情况似乎正是如此。英国和美国的计划都包含创设世界货币的条款：约翰·梅纳德·凯恩斯提出了"班柯"；哈里·德克斯特·怀特提出了"尤尼它"。但这些具有前瞻性的观点很快就被雪藏。毫无疑问，美国人开始相信世界货币可能剪除美元腾飞的羽翼。[③] 因此，根本不存在布雷顿森林"体系"，只有布雷顿森林"秩序"，旨在勾勒现有体系的章程。[④]

第二次世界大战重蹈第一次世界大战时期货币失衡的覆辙。欧洲上空战云密布，美元贬值后成为安全的避风港，接受黄金支付战争物资。美国消除了黄金进口的影响，并实施物价管制，因而得以在不与黄金脱钩的情况下承受贸易逆差。因为在"美元短缺"时期，黄金价格仍然偏高，利率低得匪夷所思。待到 1945 年，国债已飙升至 GDP 的 125%。

战争结束后，解除物价管制，释放被压抑的需求，联邦储备系统实施扩张性货币政策，继续支持国债市场，致使美国的物价水平翻番。战后发生的通货膨胀影响深远：国债的真实价值减半，累进所得税制中的税级攀升（升至 92.5%）带来税收增加，黄金的真实价值减半，黄金溢价得以消除。朝鲜战争期间通货膨胀进一步恶化，又爆发了稳定的"非周期性"通货膨胀，使得黄金价值开始低估。

同时，德国和日本的纸币发生通货膨胀后，在美国占领当局的保护下，实施了币制改革，10 个单位的旧币兑换 1 个单位的新币。两国的改革都发生在 1948 年：德国的汇率是 DM4.2＝＄1，日本的汇率是￥360＝＄1。后来发生的事实表明，这样的汇率低估了德国和日本的劳动力。战后两个经济体的表现十分耀眼，实现了超越英国和法国的宿命，分别成为世界第二、三大经济体。

---

① 《世界货币基金组织协定》第四(4)b 款。临时添加该条款，只因美国没有也无意固定汇率，所以不具有普遍适用性：在纽约外汇市场固定所有货币价格，想想都让人头痛欲裂！

② 不过，还有一个问题未曾解决。货币基金组织共有 44 个成员国，难道英国、法国及其他国家必须干预 43 个外汇市场？货币基金组织开始运作后，执行董事会摸索规律，任何将其货币与"可兑换货币"挂钩的国家都被认为履行了根据协定条款承担的职能。至于黄金条款，这项附属文件构建了不对称体系，美国固定了黄金价格，其他国家直接或通过第三国货币固定了美元价格。在 1965 年布鲁金斯学会会议上，我与罗伊·哈罗德爵士的讨论表明，甚至到了 20 世纪 60 年代，这种不对称性还没能得到普遍理解。

③ 请参阅蒙代尔(1995)有关布雷顿森林的议事日程如何放弃了世界货币计划的讨论。

④ 我在蒙代尔(1972)中讨论过"体系"与"秩序"的差异。

直到20世纪60年代,美国宏观经济政策更多地遵循封闭型经济体的原则,而非国际货币体系的要求。货币与财政政策指向内部均衡的需要,国际收支平衡遭遇严重忽视。1949年,美国的黄金储备达到峰值,高逾7亿盎司,占全世界货币性黄金的75%以上。很快黄金开始流失,但美联储购买政府债券,平衡了出售黄金对货币供应造成的影响。起初,黄金的流失,被视为有益于重新分配世界黄金储备。临近50年代后期,才发现这种做法很危险。

美联储有责任为货币及存款债务提供一定比例(从1945年的40%降至25%)的黄金准备金。如果黄金储备低于该水平,则必须提高利率。如果黄金储备下降至规定水平,美国将被迫考虑与其他国家一样制约国际收支平衡。1961年,约翰·F. 肯尼迪总统就职后,如何适当组合货币与财政政策的问题日益凸显。

适逢此时,我也粉墨登场了。1961年秋,我开始在世界货币基金组织研究部工作,负责货币一财政政策组合的理论研究。[①] 与欧洲及日本相比,美国在后人造卫星时代的主要问题是,经济发展疲软和劳动力价格低廉(与今日情形恰恰相反),还有令人忧心忡忡的逆差。三大思潮应运而生。以经济顾问委员会首任主席莱昂·凯瑟林为首的凯恩斯学派,竭力鼓吹低息贷款,增加政府开支。商会支持财政限制,紧缩银根。经济顾问委员会追随萨缪尔森一托宾的"新古典主义综合派",提倡降低利率,刺激经济增长;提倡预算盈余,吸收过剩的流动性,防止通货膨胀。

根据我的分析,上述政策都不起作用,只能使经济运行更不均衡。正确的政策组合是降低税收,刺激就业;紧缩货币政策,维持收支平衡。1961年11月,IMF将我的论文转发给各成员国,并于1962年3月发表在《IMF职员论文集》。

人们逐渐意识到肯尼迪政府的策略难以奏效:错误的政策组合反而引发了更加有失均衡的后果——持续罢工、股票市场崩盘、滞涨。1962年底,肯尼迪宣布改革政策组合,通过减税刺激经济,调节利率以维持收支平衡。由于立法程序滞后,直到1964年夏天才开始削减税收,但人们的预期造就了60年代的经济扩张。[②]

我提议的政策组合,有助于美国保持经济稳定的同时实现快速增长。它无意也不可能解决国际货币体系的根本问题,因为货币体系的问题根源于黄金价值的低估。无论如何,美国的收支平衡与货币体系的问题盘根错节。只有很少过剩的黄金从私人市场流入中央银行的储备,美元就此成为唯一的替代物,美国逆差是向其余国家供应额外储备的主要手段。如果美国不弥补收支逆差,就无法维持黄金兑现;相反,如果弥补收支逆差,其他国家就会出现储备短缺,经济增长缓慢,甚至恶化成通货紧缩。最后一幕暗示重蹈了大战间歇时期的覆辙。[③]

---

① 我在早期的论文中,就开始构建适合解决该问题的模型。请参阅蒙代尔(1961c)。

② 1963年6月,我参加了雅克·波拉克领导的根据IMF第八条成立的顾问团队,还有一个美国团队,成员包括副国务卿罗伯特·罗萨(与波拉克联合主持会议)和保罗·沃尔克,还有财政部金融分析处主任。

③ 这个问题被称之为"特里芬难题",以著名的耶鲁大学经济学教授比利时经济学家罗伯特·特里芬命名。

维护货币体系有两个基本解决方案。[①] 一个方案是提高黄金价格。IMF的缔造者们在IMF协定的条款中增加了一项规定，专门应对黄金短缺或富余：任何货币票面价值的变动，都将改变根据各种货币衡量的黄金价格，汇率则保持不变。在1968年的竞选活动中，候选人理查德·M. 尼克松选择阿瑟·伯恩斯充当特使执行秘密任务[②]，打探欧洲国家对提高黄金价格的看法。结果是有利的，伯恩斯建议在选举结束后立即采取行动。可惜此事再没下文。

另一选择是创设黄金替代物。实际上，该方案得到了采纳。1967年夏末，成员国达成了一项国际协定，作为IMF条款的修正案，授权创设特别提款权，这是IMF规定的以黄金作担保的记账储备，每个单位的价值等于一个黄金美元，或者三十五分之一盎司黄金。1970年、1971年和1972年分别向成员国配给了略低于100亿个单位的SDR，但还是不敷使用，额度太小，时间也晚，难以解决货币体系的主要问题。[③]

1971年8月15日，面对英国及其他国家用美元兑换黄金的要求，尼克松总统宣布美元与黄金脱钩，关闭了外国中央银行用美元兑换黄金的"黄金窗口"。随后，其他国家宣布本国货币与黄金脱钩，开启了浮动汇率制的时代。

然而，浮动汇率制使得仍处于萌芽状态的欧洲货币一体化计划[④]更加困难重重。1971年12月在华盛顿史密森尼学会召开会议，各国财政部长同意恢复固定汇率体系，前提是黄金不可兑现。少数货币的汇率发生变动，就会抬高黄金的官方美元价格，但该法案差不多纯粹是名义上的，因为美国不再致力于买卖黄金。

---

① 我参加的32国学术研究团队设想了解决体系问题的四种可能方案：(a)恢复金本位制；(b)成立世界中央银行；(c)用新的储备资产代替或补充黄金；(d)弹性利率。

② 威廉姆·内克尔克(1987，第143—144页)引述了伯恩斯对其使命的描述：

我承担了理查德·尼克松的秘密任务，试探欧洲各国对提高黄金价格问题的看法。我的活动非常谨慎。我没有告诉任何人，我是尼克松的特使，也没有告诉任何人，我或者尼克松正在思考类似的做法。我得出的结论是，欧洲人会接受的。我建议选举结束后立即采取措施(提高黄金价格)。我在竞选途中的飞机上向尼克松提出的建议。可怜的家伙满脑子想着演讲和竞选，很可能把这事忘得一干二净。他没有采取任何措施。竞选结束后，正是提高黄金价格的恰当时机。

③ 1968年前，伦敦黄金市场上的黄金美元价格固定保持在每盎司35美元左右。私人市场上供应过剩，将有黄金互助基金的八个成员国定额配给。不过在1967年夏天，私人需求平仓，很快需求过剩。法国退出了黄金互助基金，而其他国家没有向市场提供让人垂涎欲滴的黄金储备，放任黄金价格突破伦敦市场的上限，引发所谓离奇的"双层体系"。随后由于黄金的市场价格高企，中央银行不愿意按官方价格出售黄金。因此，黄金储备不再流动，沉重地冲击了货币体系，国际货币机构对明显的黄金需求过剩视而不见，更不用说去解决货币体系的问题。不那么胆小的问题也许使真实的问题加倍严重，或许可以挽救货币体系。

④ 我在(1961a)中提出过"最优货币区"的问题。在1969年12月举行的海牙峰会上，欧洲开始探索货币一体化。就在同一个月，我向纽约读者提出了创设欧洲货币的计划，该计划在布鲁塞尔会议上流传。因此，我被邀请担任欧洲委员会顾问，评估货币联合的各种途径，我在第二年6月完成了这项工作。1970年3月在马德里召开的最优货币区会议上，宣读了我论文的修订版，并在哈里·约翰森和亚历山大·斯沃博达编撰的会议文集中发表(1973)。我有关最优货币区问题的新想法发表在蒙代尔(1977a，b)。

就这样，全世界开始向着纯粹的美元本位制发展，主要国家都将本国货币与美元挂钩，却不承担相互义务，由美国独自负责黄金兑现。但美国的货币政策在此后数年内过度扩张，美元再次贬值无效，只能听任货币体系在 1973 年春天分崩离析，由普遍浮动汇率制取而代之。美元本位制就此寿终正寝。

20 世纪第二阶段给我们带来了什么教训？第一，政策组合必须适应货币体系。第二，如果战争引发的通货膨胀使黄金价格低估，各国政府又不愿意调节黄金价格并创设数量充足的黄金替代物，那么以黄金为基础的国际货币体系必定难以为继。第三，超级大国不可能以牺牲国内重要政治目标为代价，承担兑换要求或任何其他国际义务。第四，只有各国就共同的通货膨胀率达成协议，固定汇率制才能发挥作用。60 年代，欧洲愿意接受美元不能自由兑换黄金的事实，但当美国的货币政策与其他国家（特别是欧洲）的物价稳定发生冲突时，结果发现固定汇率制弊大于利。第五，政治事件尤其越战，恶化了大西洋国家之间的伙伴关系，造成 20 世纪 60 年代国际局势紧张，堪与 20 年代战争赔偿争议对国际体系投下的阴影相提并论。固定汇率体系在友好国家间如鱼得水，在竞争或敌对国家间则寸步难行。

三、通货膨胀与供给学派经济学

旧体系崩溃后，货币供应具有更大的弹性，既要包容通货膨胀引起的工资增长，还要包容国际贸易商品的垄断价格。20 世纪 70 年代每次石油价格上涨，欧洲美元市场随即扩张，为石油进口国的逆差融资，存款额从 1971 年的 2230 亿美元猛增至 1982 年的 23510 亿（国际货币基金组织，IMF 国际统计年鉴，1988，p. 68）。

美国的通货膨胀成为当时的主要问题。美国的批发价格从 1952 年至 1971 年，经过 20 年才上涨了不到 30%。但自 1971 年以来，仅仅 11 年，美国物价上升了 157%。这轮通货膨胀主要发生在和平时期，却比战争引发的通货膨胀还要严重：第二次世界大战（1939 年至 1948 年上升 108%），第一次世界大战（1913 年至 1920 年上升 121%），南北战争（1861 年至 1864 年上升 118%），1812 年战争（1811 年至 1814 年上升 44%）。1971 年之后的十年里，美国放弃了金本位制，美国历史上自独立战争以来最严重的通货膨胀爆发了。

20 世纪 70 年代的通货膨胀席卷了全世界。请参阅表 2 列举的七国集团物价指数，注意 1971 年的指数值是与 1980 年的基准值 100 相对而言的。只有德国的消费者价格指数在 70 年代的增幅不到一倍。在意大利和英国，物价涨幅超过三倍。全世界的货币秩序分崩离析，七国集团无一幸免，而多数其他国家的形势更加严峻。

表 2　1950 年至 1998 年指定年份七国集团的消费者价格指数

国别	1950	1971	1980	1985	1990	1998
美国	29.2	49.1	100	130.5	158.5	197.8
日本	16.3	44.9	100	114.4	122.5	134.4
英国	13.4	30.3	100	141.5	188.7	243.6

续 表

国别	1950	1971	1980	1985	1990	1998
德国	39.2	64.1	100	121.0	129.4	144.8
法国	15.6	42.1	100	157.9	184.2	213.7
意大利	13.9	28.7	100	190.3	250.6	346.3
加拿大	28.4	47.5	100	143.0	177.9	203.7

来源:IMF 国际金融统计数据(国际货币基金组织,不同年份)。

在美国,连续三年(1979—1981)高达两位数的通货膨胀造成严重危机。1980 年初黄金价格高达每盎司 850 美元,白银价格每盎司 50 美元。1980 年 3 月 14 日,吉米·卡特总统宣布新计划:征收石油进口费,实施信贷管制。这是个灾难性的计划,导致第二季度的实际产量遭遇重挫。1980 年 12 月,总统选举后仅一个月,基础利率升至创纪录的 21.5%! 美国似乎已经濒临金融灾难的边缘。

大卫·李嘉图等经济学家们把货币视作"面纱"的时代已经一去不复返。大政府和累进所得税制,表明货币不可能具有中立性。途径之一是借助财政制度。联邦政府的税率从零陡然提升到 70%,加上州和地方税,总计高达 85%。即便实际收入没有变化,通货膨胀依然把纳税人推向越来越高的税级。利息收入也要纳税,尽管高利率主要是通货膨胀带来的溢价。飞速增长的税收,结合政府强烈的边际支出倾向,提高了政府在经济体中所占的份额。难怪股票市场痛恨通货膨胀!

供给学派经济学起初是代替短期凯恩斯主义和货币主义需求模型而出现的策略体系。该策略的基本组合是,通过货币秩序实现物价稳定,通过税收和监管制度为就业和增长提供经济刺激。这在某种程度上,延续了我对 20 世纪 60 年代政策组合的研究。① 1974 年春,我在华盛顿召开的会议上提交了有关全球通货膨胀的论文,相关报告(罗兰·埃文斯和罗伯特·诺瓦克,1981,第 63 页)中包含以下片段:

> 尽管福特政府坚持只有增税才能对抗通货膨胀,蒙代尔认为至关重要的是立即减税 100 亿美元,以免"滞涨"带来更大的预算赤字。滞涨是福特从尼克松那里继承的通货膨胀与经济停滞的致命结合……

1974 年秋,我来到哥伦比亚大学。由后来所谓的"供给学派经济学家们"组成的"俱乐部"常常在华尔街的餐厅聚会,探讨经济政策,特别是面对日益高涨的通货膨胀

---

① 1968 年,通货膨胀刚刚开始,我(徒劳无益地)呼吁采取紧缩货币政策,配合减税措施,防止抑制通货膨胀,演变成经济衰退(蒙代尔, 1971)。1968 年夏,国会通过一项议案,征收 10%的"附加税",林登·贝恩斯·约翰逊签署了该议案。后来到了秋天,尼克松新政府的特别工作组建议采取紧缩的货币与财政政策,我认为这是错误的。1972 年至 1974 年在加拿大,我建议制定"不受通货膨胀干扰的税收体制",调整税级,冲抵税级攀升。1973 年加拿大政府实施了该政策。

和失业率应当采取什么措施。结论是必须削减边际税率,从而激励生产;刺激经济,紧缩银根能够实现物价稳定。① 20 世纪 70 年代后期通货膨胀恶化,削减税收和紧缩银根的需要更加迫切,通货膨胀借助"税级攀升",将纳税人推向更高的所得税税级。② 不久,来自布法罗的国会议员杰克·坎普,将上述观点反映到议案中,要求减税 30%,其中绝大部分将被纳入为期三年的全面减税 23%,并附录税级对应通货膨胀的指数。1980 年的总统竞选中,坎普是候选人之一,但在罗纳德·里根同意将坎普—罗思议案加入其经济计划后退出了竞选。里根当选后,第一阶段的新政始于 1981 年的《经济复苏法》。

同时,美联储在主席保罗·沃尔克的领导下,实施了漫长的复苏与紧缩货币政策。在经历了剧烈却短暂的衰退后,经济开始了有史以来最长久的扩张期,与此同时通货膨胀日益得到控制。新政使得菲利普斯曲线向左下方移动,表明失业率与通货膨胀率同时下降。③

减税、军备竞赛、抑制通货膨胀的政策以及里根毫无悬念地再次当选总统,这一切余波未了。作为供给学派经济学革命的第二阶段,1986 年的《税收改革法》将最高税级的边际税率降至 28%,这是自 1932 年以来最低的顶级边际税率。④ 1982 年至 1990 年期间的扩张是迄今为止持续时间第二长的扩张期,加之军备竞赛,致使苏维埃领导人放任东欧国家自由选择自己的制度。

经济增长持续到 1990—1991 年为期 9 个月的小规模衰退,很可能因此导致乔治·布什第二次总统选举失败。1991 年春,经济继续扩张,至少持续到了 90 年代末,两相叠加致使 1982 年至 2000 年,成为各国历史上历时最久的扩张期。在此期间,创造了至少 3700 万个新的就业岗位!道琼斯平均指数从 1982 年夏不到 750,飙升至世纪之交的 11000。

同时,正如前文所述,苏联退出东欧,这一事件本身在某种程度上就是供给学派经济学的成功,德国得以统一,欧洲货币与政治一体化又有了新的动力。德国投资新加

---

① 请参阅朱迪·瓦尼斯克(1978),作者阐释了供应经济学;马丁·安德森(1988),作者对里根革命作了相关阐释;还有罗伯特·巴特利(1992),作者分析了 20 世纪 80 年代供应经济学的地位。

② 1974 年秋,我对供应经济学的思考记录在瓦尼斯克(1974)。

③ 里根的经验还验证了弹性汇率制下蒙代尔—弗莱明模型的有效性。请参阅蒙代尔(1960, 1961b, 1961c, 1962, 1963, 1964)和马库斯·弗莱明(1962)有关该模型的论述。该模型是在 20 世纪 60 年代早期发展起来的,此前没有办法在兼顾汇率、利率、收支平衡、预算赤字的框架下分析货币或财政刺激的效应。蒙代尔—弗莱明模型预测,财政刺激结合紧缩银根将导致预算赤字增加、利率上涨、资本回流、货币增值,经常项目逆差和贸易均衡恶化。1982 年至 1984 年期间,里根实施财政刺激,增加支出、锐减税率后,这一切都应验了。

④ 在里根的第一届任期内,美元增值成功地控制了通货膨胀,但任期末经济增长减缓,高价美元不再符合美国的利益。1984 年和 1985 年初调整策略组合,开始放松银根,听任美元贬值,仍不能满足政府的需要。1985 年秋,在纽约普拉扎酒店召开的五国集团会议上,五个"特别提款权"国家统一贬值,使美元价格更接近 1980 年的水平。

盟的州,巨额财政支出撼动了欧洲货币体系的汇率机制。[1] 少数国家退出了汇率机制,其他国家则选择在机制内低估货币价值。无论如何,1994 年 1 月 1 日,欧洲货币机构成立;1998 年中期,欧洲中央银行取而代之。1999 年 1 月 1 日,11 个成员国开始发行欧元。国际货币体系翻开了新的篇章。

欧元的引入,重组了国际货币格局。欧元诞生伊始,就是世界第二大货币,美元、欧元和日元鼎足而立的货币世界开始成形。三个稳定的安全岛之间的汇率将构成世界经济最重要的价格。

欧元的创设无疑将在中欧和东欧迅速推广,类似先前非洲及地中海沿岸的 CFA 法郎区。广袤的欧元区扩张,不仅包括随着欧盟扩张新加入的货币,还包括与欧元固定汇率的货币,这使得它成为比美国更大的交易区,还将不可避免地抵消拉丁美洲和部分亚洲美元区的扩张。也可能构建其他货币区,修正欧洲的模式,适应本地需要。但目前的稳定性,最大程度上取决于与这“三大”货币区之一保持稳定。

20 世纪 70 年代是通货膨胀的年代,可 80 年代是弥补过失的年代,90 年代则是相对稳定的年代。就经济的稳定性而言,70 年代弹性汇率制的试验起初就是灾难,但它启动了学习的机制,否则学习就无从谈起。留给我们的教训是,通货膨胀、预算赤字、债台高筑及大政府,上述种种不一而足,都将损害公众的福利,而修正错误的代价无比昂贵,没有哪个民主政府想要再次尝试。因此,经合组织中差不多所有发达国家都急剧缩减预算赤字,并把通货膨胀率降低至 1914 年前国际金本位时期的水平。

在很多方面,20 世纪 90 年代的经济表现优于 20 世纪最初十年。无论过去还是现在,审慎融资都会产生相似的效果。但有两个方面,现代的安排(我尽可能避免使用“体系”这个词)较先前的体系逊色:汇率的现时波动性及世界货币的缺位。

汇率的波动性令人烦恼,特别是对于那些按照本地情况和指数实现了物价稳定的国家。因此,波动性反映真实汇率的改变,牵涉国内与国际商品行业的异常变动,加重了金融市场的不稳定性。

保留多少弹性才是适宜的?若将欧元视作“幽灵马克”,我们是否可以把过去马克对美元的汇率看成未来美元兑欧元汇率变动的先兆?1971 年至 1980 年,马克兑美元汇率翻了一倍,升至 \$1=DM1.7;1980 年至 1985 年,汇率折半降至 \$1=DM3.4;1985 年至 1992 年危机爆发,汇率翻了一倍有余,升至 \$1=DM1.39;此后,汇率逐渐降至 \$1=DM1.9。马克兑美元汇率上下波动幅度超过 100 个百分点。与如此险峻

---

[1] 20 世纪 80 年代后期,德国向外国出借了本国 GDP 的 4%,主要借给西欧国家,相应的国际收支经常项目顺差。德国统一后,政府每年在东德的大规模支出超过 1000 亿。财政震动,带来大量债券融资赤字,利率上升,逆转了资本外流趋势,德国储蓄内化,大规模的国际收支经常项目顺差转变为较小的赤字。为了抵制通货膨胀的压力,德国联邦银行坚持信贷条件,面对日益高涨的货币需求,马克价格飙升,抬升了汇率机制中所有其他货币同时上涨。增值有助于稳定德国经济,却是以牺牲伙伴国家的利益为代价的。这一事件构成了蒙代尔－弗莱明模型或供应增长效应的另一验证,与里根案例的结果相似,只是德国没有而美国有。

的波动相比，1992 年的汇率机制危机最多不过是个小土丘。美元兑欧元汇率的相对浮动足以使欧洲陷入四分五裂。

细察日元兑美元汇率的波动，也没法使我们安心。1985 年，美元汇率为 250 日元，1995 年降至 79 日元，1998 年又升至 148 日元（预计将会达到 200 日元），并在 2000 年初回落到 105 日元。

20 世纪再也看不到三大货币区之间形成固定汇率。但新的国际货币体系很可能在 21 世纪出现。通货膨胀率的收敛性显而易见，比布雷顿森林体系的某些时期要好，较之金本位制本身也不相上下。请参阅表 3。

表 3　三大国的通货膨胀率

年份 国别	1995	1996	1997	1998	1999		
					I	II	III
美国	2.8	2.9	2.3	1.6	1.7	2.1	2.3
日本	−0.1	0.1	1.7	0.6	−0.1	−0.3	0.0
欧元区	1.8	1.5	1.8	1.0	0.8	1.0	1.1

来源：IMF 国际金融统计数据（国际货币基金组织，2000 年 1 月，第 57 页）。

* 1995—1998 年采用德国生活成本指数，1999 年采用欧洲货币联盟的消费者价格指数。

看起来还有很长的路要走，可我相信就通货膨胀收敛的程度而言，三大货币区之间结成某种联盟并非天方夜谭。由三种货币构成固定汇率体系，并就共同的通货膨胀率及公平分配铸币利差达成协议，便能创造相同的条件。如果国家之间可能酝酿此类固定汇率安排，那么改革国际货币体系，采用当初在布雷顿森林时代倡议的某种世界货币，也将指日可待。

总之，我们从 20 世纪的最后阶段能够吸取哪些教训？第一，弹性汇率至少在初期无法像固定汇率一样确保经济运行井然有序。第二，在不断提高所得税率的地区，通货膨胀的代价更加高昂。第三，实现货币稳定的必要性及手段是可以通过学习掌握的。第四，政策组合可以移动菲利普斯曲线。

经一事，长一智。有柏拉图就会催生亚里士多德，有通货膨胀主义者就会催生倡导硬通货的人。20 世纪 80 年代的反弹加速了中央银行的独立。挤入马斯特里赫特条约的各国政府不得不削减赤字及开支的增长。供给学派经济学阐明了束缚各国财政部长的某种机制。

无论如何，还有个教训应当吸取。只要每个国家都能实现物价稳定，弹性汇率就是这个世界所不需要的恶魔。

四、结　论

转眼已是盖棺定论的时候。首先，国际货币体系取决于体系内各个国家力量对比的格局。俾斯麦曾经说过，19 世纪最重大的事件就是英国和美国说同一种语言。沿袭相同的思路，20 世纪最重大的事件就是美国崛起为超级大国。尽管黄金产量的增长速度惊人，但在格雷欣法则①的作用下，美元取代黄金成为主要国际货币。

支配20世纪第一阶段经济的是，美联储与金本位制的直接碰撞。金本位制在第一次世界大战中分崩离析，20年代虽再次重建，结果却造成30年代的通货紧缩。经济学家们群起攻击金本位制，却不知反思自己的错误，最终抛弃国际自动调节机制，转向国家管理。经济大萧条直接引发了极权统治和第二次世界大战。

支配20世纪第二阶段的是，国家宏观经济管理与新国际货币体系之间的矛盾。在新体系中，美国固定黄金价格，其他主要国家则固定本国货币兑换美元的价格。可是，国家宏观经济管理妨碍了国际调节机制的运作。70年代早期，美国放弃固定黄金价格，其他国家也放弃固定美元价格，该体系就此瓦解。

20世纪第三阶段始于国际货币体系的毁灭，真空状态迫使官员和学术界纷纷探寻所谓的“结构”。70年代鼓吹的是“国际货币新秩序”，90年代鼓吹的是“国际货币新架构”。旧体系是由多边共同应对通货膨胀问题，而弹性汇率迫使各国只能独自控制通货膨胀。幸好通货膨胀只是最初的结果，学习机制逐渐培养起整整一代注重货币稳定的官员。临近世纪末，审慎财政制度与控制通货膨胀再次成为所有富裕国家及多数贫穷国家的口号。

如今，美元、欧元和日元鼎足而立，构成货币稳定的安全岛。相对于70年代和80年代而言，这无疑是重大进步。不过，我们仍有两项未竟的事业。首当其冲的是汇率的不正常波动，一旦出现危机，很可能恶化国际关系，再就是国际货币的缺位。

20世纪末的国际货币体系较世纪初固然逊色，但比起25年前的情形已经大有好转。只是领导力量来自何方？重建的国际货币体系是否适应世界经济力量对比的格局？上述疑问还有待观察。毋庸置疑，这必将为创建和谐世界添砖加瓦。

（孔飞燕 译　柴志贤 校）

---

① 古希腊人非常了解格雷欣法则，甚至还被幽默地运用到阿里斯托芬的喜剧《娃》中。欲了解最近的相关分析，请参阅蒙代尔(1998)。

2000获奖者

詹姆斯·赫克曼

James J. Heckman

【获奖理由】对分析离散选择的原理与方法所做出的发展和贡献。

生平简介

1944 年	出生于美国芝加哥
1971 年	获普林斯顿大学经济学博士学位
1973 年	任教于芝加哥大学
1983 年	获约翰·贝茨·克拉克奖
2004—2008 年	任北京大学长江学者讲座教授
2008—2011 年	任教于耶鲁大学
2014 年	获计量经济学会颁发的弗利斯奖章

主要学术贡献

赫克曼在经济学领域的研究内容涉及诸如社会项目评估、非连续选择和纵向数据的计量经济学模式、劳工市场经济学及收入分配的模式选择等等。设计出研究人们生活方式决策的分析方法,已经在经济学及其他社会学科中广泛地用于对个人、家庭与企业的统计分析。

赫克曼除了对个体经济计量学的理论有重大贡献外,还进行了许多深入的实证研究,在劳动供给、薪资决定、失业期间劳动市场辅导计划的效益评估、生育多寡、性别歧视等课题上,获得相当丰硕的实证研究结果,也提供了不少独到的见解。

主要学术成果

《评估福利状况》(1998)

《相关性随机系数模型的具变量方法》(1998)

《社会项目的计量评估》(2002)

《因人而异的教育回报估计》(2002)

2000获奖者

丹尼尔·麦克法登
Daniel L. McFadden

【获奖理由】对分析离散选择的原理与方法所做出的发展和贡献。

生平简介

1937年	出生于美国北卡罗来纳州瑞雷
1962年	获明尼苏达大学经济学博士学位
1957—1962年	任职于明尼苏达大学
1963—1979年	任教于加州大学伯克利分校
1985年	任计量经济学会会长
1990年—	任教于加州大学伯克利分校
2004年	任美国经济学会会长

主要学术贡献

离散选择分析

丹尼尔·麦克法登最为突出的贡献是他对离散选择分析(即在不限定决策变换中的选择)有关的经济理论和经济计量方法的发展。微观数据经常反映离散选择。在一个数据库中,有关个人职业或居住地的信息反映出他们在有限的变动中所进行的选择。经济学理论中传统的需求分析假定个人的选择是由一个连续变量所代表的,并由此而认为它不适宜于进行离散选择行为的分析。

麦克法登的离散选择理论来源于微观经济理论,根据微观经济理论中的基本假设,个人选择某一特定的可变换方案,力求达到个人效用的最大化。然而当研究者无法观察影响个人选择的所有因素时,他感知到通过具有相同观察特征的个人的随机变量。在麦克法登的新理论中,他开发出微观计量经济模型,这些模型可以用于诸如预测将在总体中选择不同变换方案的占有份额。

有条件的逻吉特分析

麦克法登的开创性贡献是他在1974年提出的有条件的逻吉特分析。为了描述这一模型，需要假设在总体中的每一个人面对某一数目（比如说 J 个）的变换方案，令 X 代表与每一变换方案相联系的特征，Z 代表研究者在其数据中可以观察到的个人特征。比如说，在对旅行模式进行选择的研究中，可变换方案可能是小汽车、公共汽车和地铁，X 可以包括有关时间和费用的信息，而 Z 有可能覆盖有关年龄、收入和教育的数据。除 X 和 Z 之外的个人及可变换方案之间的差异，尽管是研究者所无法观察到的，也决定着个人效用最大化选择。此类特征是由随机的"误差项"所代表的。麦克法登推测这些随机误差在总体中具有特定的统计分布（称为极值分布）。

有条件的逻吉特模型具有在两个可变换方案（比如乘公共汽车或小汽车旅行）之间进行选择之相对概率的特殊属性，而对其他交通选择方案的价格和质量不予考虑。这一属性称为非相关选择方案（ILA），而这在有些应用中是不现实的。麦克法登不仅设计了确定ILA得到满足的统计测试方法，而且还引入了更为一般的模型，比如归巢式逻吉特模型。在此个人选择被假设为可以在一个特定序列中进行排序的，比如说在研究有关居住地和居住类型问题时，某一个人被假设为首先选择居住地段或位置，然后再选择居住类型。

主要学术成果

《谨慎选择分析的替性估计和样本设计》(1981)

《经济选择》(2000)

《观察性研究：基于样本的选择》(2001)

《怎样量化环境损坏或改善的经济价值》(2002)

颁奖词

瑞典皇家科学院 / 卡尔·古斯塔夫·乔瑞斯科格

尊敬的国王和王后陛下，各位殿下，女士们，先生们：

是什么决定了一个人是否工作？如果工作，工作多少个小时？经济刺激政策如何影响个人对教育、职业、住所和出行方式的选择？劳动力市场规划以及教育规划对人们的收入和就业的影响是什么？要可靠地回答这些问题需要使用微观数据，即详细的个人经济行为数据。今年的经济学获奖者已经给出了方法去解决这些在微观分析中产生的基本问题。詹姆斯·赫克曼和丹尼尔·麦克法登在微观计量经济学方面已做出了开拓性的研究贡献。微观计量经济学是一个介于经济学和统计学之间的边缘学科。在运用微观计量经济学研究经济以及其他社会科学时，他们的方法已经成为标准工具，并且已被应用于解决社会中的许多重要问题。

与自然科学不同，社会科学研究者不能如此假定：对特定人群的干预政策，其效果可以推广至社会其他群体。不像原子和分子,个人的行为通常内生于个体具体特性,这些是研究者往往难以观察到的,更不用说进行人工控制了。在那些少数情况下,即随机抽样的结果可以看成是实验组的结果,人们可以估计出群体范围内的平均影响。但是研究者通常只局限于分析现有的、非随机的微观数据。例如,假设我们要估计教育对收入的影响。这个问题是这样的:可以获得的工资数据组成了选择性的样本,而不是随机性的样本,因为那些选择工作或接受教育的人,可能比那些放弃教育或工作的人有其他的、无法观察到的特性。

赫克曼提供了令人满意的处理选择性样本统计的方法。他还展示了如何用类似的方法去评估公共劳动力市场项目和教育政策的影响,并估计失业期对获得工作机会的影响。该方法也可以用来研究歧视问题。赫克曼已在这些领域的实证研究成就斐然。他的工作在随后发展的方法和微观计量经济学应用研究方面有着决定性的影响。

麦克法登展示了我们可以如何处理微观数据的另一个基本方面,即依靠这些数据,我们在生活中做出最重要的决策:教育、职业、住所、婚姻、子女数量等。这种决策被称为离散型的决策,因为它们是在几个备选方案中进行选择的。关于这些选择的实证研究缺乏经济理论基础。在20世纪70年代中期,麦克法登实现了突破,他基于一种新的离散选择经济理论开发了新的统计方法。他的获奖归因于对现代微观计量经济学产生了巨大的影响,并从根本上改变了研究人员看待关于个体经济行为实证研究的方式。

他的方法是非常实用的。交通规划是其中一个例子,麦克法登的模型可以用于研究哪些因素影响个人出行方式的选择,例如,他们上班,选择自驾、公共汽车或者坐地铁。对于选定某一出行方式的所有旅客,该模型可以用来预测其变化的百分比。例如,如果汽油价格上升,如果地铁变得更容易乘坐,或者如果寿命延长,那么更低的出生率或更多人口的涌入会改变人群的人口结构。麦克法登方法最初的应用是针对旧金山地区BART系统的。后来,他研究电话服务和高级住宅的投资。他最近的一个应用是有关自然资源的评估。他的模型被用来评估1989年那起埃克森·瓦尔迪兹号油轮导致的阿拉斯加漏油事件对环境的损害。

赫克曼教授、麦克法登教授,你们对微观数据分析开拓性的贡献奠定了现代个体经济计量学基础。你们开发的方法与新的数据集合、强大的计算机,使我们用统计上正确的方法研究单个经济行为成为可能。在应用研究中,你们展现了如何利用可靠的经验知识帮助解决重要的社会问题。让我代表瑞典皇家科学院转达对你最热烈的祝贺,这是一个巨大的荣幸。我现在请你们从国王陛下手中接受您的奖章。

(魏丽娜 译　马汴京 校)

获奖演说

微数据、差异化以及公共政策评估[①] 詹姆斯·赫克曼

我谨代表所有分析微观经济数据，以及利用微观计量经济学结合理论与经验数据并评估各类政策干预的经济学家接受了瑞典银行为纪念阿尔弗雷德·诺贝尔而设立的经济学奖。

微观计量经济学兴起于过去的四十年间，其目的是为了协助经济学家提供更为精准的经济描述、设计并评估公共政策、测试经济理论和估计适定的经济模型参数。微观计量经济学是经济学的一个分支，致力于将个体行为理论与个体数据结合起来。这里所说的个体可以是公司、个人或者家庭。微观计量经济学的研究是以数据为基础的。数据新形式的可用性在带来挑战的同时，也增加了机遇。这就刺激了该领域内的重要发展，并改变了经济学家思考经济现实的方式。此外，该领域的研究也受到政策驱动。那些利用数据就可以处理的经济政策问题推动了该领域内的大部分研究。同时，测试并实施新型经济模型的渴望也激起了该领域内研究问题的出现。

在此次讲座中，我论述了微观计量经济学中的四个主要主题。该经济学领域在今年首次获得诺贝尔奖委员会的认可。第一个主题为“二战”后个人和公司新数据的发展使得经济学家对经济有了更深刻的理解。同时，微观计量经济学对微观计量经济学家提出了众多未解决的问题。而仅使用考尔斯委员会的传统联立方程计量经济学方法是无法充分解决这些问题的。在分析经济数据的过程中出现的实证问题推动了微观计量经济学的发展。

第二个主题与第一个主题密切相关。微观计量经济学从考尔斯计量经济学中衍生出来，以对其经验性故障做出回应。考尔斯计量经济学为特征积聚型，且是第一次被大规模地应用在经济时间序列中。考尔斯许多计量经济学模型并不能明确地作为确切表述的个体决策问题的解决方案。即便上述模型可以，计量经济学中有关加总问题的参考文献也正式确立用于估计模型的决策者和总量数据之间的连接并不明确。微观计量经济学推动了个体行为的确切表述模型和个体数据估算模型的发展。因此，理论与数据之间的连接变得更加紧密。

此次讲座的第三个主题，即在微观计量经济学的调查过程中，产生了大量重要的经验性发现。其中，最重要的发现是有关差异化普遍性及经济生活多样性的证据。作为响应，当进行差异化的全面分析时，会出现大量的候补平均数，以描述“平均”个人，同时，代表性消费者的长期存在的大厦则显示为缺乏经验支撑。这就改变了经济学家看待计量经济学模型和政策评估的方式。一种新型的计量经济学现象的模式诞生了。

---

① 我非常感谢亚普·阿博凌、佩德罗·卡内罗、拉尔斯·汉森、史蒂夫·莱维特、科斯塔斯·梅吉尔、罗伯特·莫菲特、杰弗里·史密斯和爱德华·维特拉希尔有用的建议。该研究得到了 NSF 97-09-873 和 NICHD-40-4043-000-85-261 的支持，并获得了美国律师基金会的资金援助。在此，我要感谢美国国家科学基金会、美国国立卫生研究院以及美国律师基金会的多年支持。

在回归分析的情境中,不仅截距多变,斜率也多变,且斜率、截距可能与自变量本身相关。解释差异化和多样性及其在经济学和计量经济学中的含义是此次讲座的中心信息,同时也是我毕生工作的重心。

我的讲座的第四个主题,即微观计量经济学在计量经济学模型的基础上已将对科学政策评估做出了巨大的贡献,而上述模型则是计量经济学中的中心问题。由于识别结构参数的困难愈加明显——无论是在宏观数据还是微观数据上——微观经济学家遵循马尔沙克(1953)和赫维奇(1962)提出的重要建议,开始询问是否有必要恢复完整的结构模型才可在有原则的方式下回答特定的政策问题。这就引出了问题的新重点——特定参数,或者“干预效应”,而上述特定参数一般与结构参数有区别。虽然特定参数只能回答更为有限的经济学问题,但是更容易辨别和约束。对上述“干预效应”的优点和限制的理解以及将其与较早文献的结构参数相联系是近期一大进步。

一、微观计量经济学:起源和界定

微观计量经济学是经济学的一个分支,它将经济学理论与统计方法相结合,以解读经济数据、设计并评估社会政策。由于数据无法自我解释许多问题,所以经济学理论在计量经济学方法的应用中起着主要作用。计量经济学利用经济学理论去指导构建“反事实”假设,为经济学中的经验性研究提供准则。

可用来描述经济、测试理论并评估公共政策的大型数据库的产生,是20世纪经济学领域的重大发展。在20世纪以前,经济学在很大程度上只是一项演绎准则,利用轶事观察和内省,测试理论和评估公共政策。

自经济学家开始对总量经济数据进行系统采集和分析时起,阿尔弗雷德·马歇尔理论上富有成效的“代表企业”和“代表消费者”的概念就深深地植根于经济学理论中。早期的计量经济学家把注意力集中在总量数据上,以测量商业周期、建立模型,而上述模型可作为进行宏观政策评估的以经验为基础的方法的依据。这些学者利用线性方程系统研发出了用于分析因果关系模型及制造政策反事实假设的一套框架。第一次,因果性和相关性在正式精确的方式下区分出来,该种方式是在经验基础上实施的。

尽管有大量的学术贡献,但是从这些方法中衍生出来的经验性结果被证实是令人失望的。几乎从一开始,在测试理论和产生政策建议(见玛丽·摩根,1990)时,总量时间序列数据就被认为是薄弱的,且经验性宏观模型被认为是无效的。在少量明显的例外情况下,宏观计量经济学家开始转向利用统计学时间序列方法,而在这些方法中,统计学模型和经济学理论之间的联系并不牢固。①

在早期,奥克特(1962)就提倡将微观和宏观数据结合起来,以创作一种更为可靠的经济学现象的描述,并测试可供选择的经济学理论。在他提出观点的时候,微观数

① 参见汉森和萨金特(1980,1991)、汉森和辛格尔顿(1982)及费希尔(1976, 1994)的重要作品,构造了该规则的例外。赫克曼(2000)中论述了此项发展。上述作者为个体制定了衍生估计方程适定的决定问题,但是却将其应用在综合数据上。

据库规模较小、计算机功率有限、并且在利用微观数据去估计行为关系时所产生的一系列计量经济学问题未被理解,大多未被解决。然而,奥克特的设想是很大胆前卫的。同时,在他的帮助下,创造当代微观计量经济学的原动力被调动了起来。

微观计量经济学通过建立更为丰富的经济学模型拓展了考尔斯理论,在上述模型中,主体的异质性起着基础作用,被估算的方程式与个体数据及个体选择模型联系更为紧密。经济学理论的核心是个体以及个体在市场中或其他社会背景下的相互作用。测试微观理论需要微观数据。有关加总问题的计量经济学文献(泰尔,1954;格林,1964;费希尔,1969)显示了用于推断微观联系规模和迹象的总量数据的脆弱性。最后,文献产生了负面结果,并且显示了利用微观数据作为以经验为基础的经济科学基础成分的重要性。它为微观计量经济学数据的采集和分析提供了重要的推动力。

另一推动力为现代福利国家的发展,随之而来的是对关于社会问题特性描述、原因和解决方案信息的需求,以及面向特定群体的社会项目客观评估的公共需求。泰尔(1961)对考尔斯范例原则及其拓展原则的应用引起了对以微观数据为基础的结构评估的需求。在较为积极乐观的20世纪六七十年代,对微观数据的政策定量结构参数的评估成了政策导向计量经济学分析的中心目标,以便考虑新环境中旧政策的影响以及未经使用的新政策的可能影响。

对于政策分析中独立于兴趣之外的结构模型的另一用途就是测试经济学理论。由于劳动市场中新古典理论的应用,使劳动经济学理论更为丰富。而以微观理论为基础的宏观经济学的兴起进一步刺激了该需求。个体偏好以及生产参数的数值量在宏观理论和宏观政策争论中扮演着重要的角色。

结构评估的另一需求产生于合成和解读微观数据潮的需要,该数据潮在20世纪50年代中期开始涌入经济学领域。微观调查的出现、计算机的介入以及戈德伯格(1964)和泰尔(1961,1971)在多元回归方法的发展和传播中所做出的贡献,使得产生的回归模型没有成千也有上百了。后来涌现的回归数量则很难去解读或被用来测试理论或创造知情政策共识。用于总结不断增长的微观数据的低维经济可解读模型的需求出现,同时,关于标准回归方法既不能捕捉数据的所有特点,也不能为在适定的经济学模型中数据的解读提供框架的认知也在逐渐加深。

在转向该领域内的特定发展之前,将两个不同的政策评估问题列入考虑范围是非常有用的,而这两个问题的不同在于其解答所需的数据和假设均大不相同。微观计量经济学在过去三十年间的演变可被认为是从回答更为困难的结构问题朝相对容易的干预效应问题转变。

二、经济政策、经济模型和计量经济学政策评估

两个在概念上截然不同的政策评估问题通常容易混淆。而其细致的划分则是微观计量经济学领域的重大发展,同时也是此次讲座的重要主题。

这些问题是:

1.“与无项目或者某个可供选择的项目相比,一个恰当的项目对参与者和非参与

者有什么影响?”

这个问题现在被称为“干预效应”问题。后来提出的第二个以及更为宏大的问题是:

2.“一个新项目或一个应用到新环境的旧项目有什么可能的影响?”

第二个问题产生了与评估新产品需求时所产生的同类型问题[①]。该问题的回答通常需要结构评估。

即使早期文献试图通过评估结构模型来解答两个问题,但是第一个问题比第二个问题容易解答。在我做过贡献的政策评估研究领域的重要发展已经澄清了解答两类问题和其他相关问题必须满足的条件。

结构计量经济学评估的目标是提供解决一系列决策问题所需的要素。上述决策问题需要一系列不同任务,例如(a)评估现存政策的有效性,(b)预测一项政策在不同于其体验过的环境中可能的有效性,(c)预测一项未经使用的新政策的影响[②]。在此次讲座中,我仅将在政策分析中产生的决策问题列入考虑范围。

结构模型其他的好处,是模型可用来测试经济学理论并对理论中原因的相对重要性做出定量陈述。除此之外,以定量参数为模型的结构模型可在经验性研究中进行比较。经验性知识可在结构框架中进行累积。然而,对决策问题中某些重要的类别来说,所有知识或者一种模型的任意结构参数是多余的。而这是比较幸运的,因为恢复结构参数通常是一项困难的任务。

在近期政策评估文献中,隐性的目标为恢复解决更具体的决策问题所需的模型要素。这可能仅需要了解结构参数的组合或在任意传统意义上非结构性参数的组合。因此,在特定研究中正在解答的精确问题通常并未清晰地表述出来,但经济学领域中的当代干预效应文献将干预效应评估而非结构计量经济学所追求的全范围参数作为其主要目标。这些干预效应在更为脆弱的条件下被辨别出来,但是在恢复模型的所有的结构参数时并不需要上述干预效应。考尔斯内生变量和外生变量的区别以及后来的弱、强和超外生性之间的区别,在关于评估结构参数以及政策预测(恩格尔、亨德利和理查德,1983)的文献中得到发展。同时,上述区别同辨别某些广泛应用的干预参数之间并无太大关系。通过集中注意力于一个特定的决策问题,干预效应文献在更为脆弱及因而更为可靠的条件下实现了目标,而并未在结构计量经济学文献中启用。将生成参数输送至不同环境以评估相同政策在不同环境中的影响或一项新政策的影响并不容易,同时,这些生成参数很难在整个研究过程中进行比较。干预效应文献必须加以拓展,以实现预测和比较;毫无疑问的是,所需的拓展是结构计量经济学家所用假设

---

① 这个问题在戈尔曼(1980,在1956年第一次写成)、科万特(1970)、兰卡斯特(1966,1971)、麦克法登(1974)及多门希彻和麦克法登(1975)撰写的文章中被论述。

② 马尔沙克(1953)强调了结构估计的这些特点。相似的问题在估计新商品需求时出现。结构方法可用来估计特定经济环境中需求方程的参数,预测在不同环境中对商品的需求、预测对从未进入消费市场中新商品的需求。需求函数的参数知识在测试消费者需求的可选择理论以及在测量商品赠品和替代品的优势方面是至关重要的。

的非参数版本。[①]

为了使讨论更为具体，但同时要使讨论简单，必须考虑到确定劳动力供应的税和福利金影响的典型问题。该问题推动了早期评估福利国家文献的发展（该隐和沃茨）、激励了我自己的研究，并且直到今天，该问题仍然是重要的政策问题。

遵循消费者需求的传统理论，根据工资 W 和其他包括资产、人口结构等在内的变量写出一个内解劳动力供给的工作时间 H 的等式。将这些其他变量用 X 表示。U 表示观察经济学家所持的不可观测性。我们可以看到，不可观测性在微观计量经济学领域扮演着重要的角色。除此之外，还有大量证据显示不可观测性在经验上是重要的。当代微观计量经济学家致力于解读不可观测性。

在 H 的通式里，

$$H = \oint(W,\ X,U). \tag{1}$$

为简单起见，假设$\oint$ 在所有的自变数中是可微分的。方程(1)为马歇尔式因果函数。[②] 其导数使得在其他条件不变的情况下，方程 H 中的自变数在变化。假定我们想评估劳动力供给的成比例工资所得税的变化效果，在比率为 t 时，成比例的工资所得税使得税后工资是 $W(1-t)$。假设代理正确地感知到了税收，并且忽略了税收任意大致的均衡效果。在干预效应语言中，由于同一个人可能需要交两种不同的税，即 t 和 t'，所以劳动力供给税收变化的干预效应或"因果效应"在个人层面上被定义为$\oint(W(1-t),\ X,\ U)-\oint(W(1-t'),X,U)$。

马歇尔式因果函数(1)的一个附加可分版本为

$$H=\oint(W,\ X)+U,E(U)=0. \tag{2}$$

该版本使得分析师能够在不需了解不可观测的未知知识（对于计量经济学家）的情况下，定义等式 H 中 W 和 X 的其他条件不变效果。(1)的参数版本为

$$1(\mathrm{a})\ H = \phi(W,X,U,\theta).$$

在这里，θ 是低维参数，产生等式(1)中的$\oint$。(2)的参数版本为

$$1(\mathrm{a})\ H = \phi(W,X,\theta)+U.$$

参数 θ 将识别问题的维度从辨别无限维函数的维度降低至一系列有限参数的维度。而这在预测旧政策于不同人群中的效果、累积研究过程中的证据以及预测新政策的效果方面起着至关重要的作用。等式 H 的参数线性表示为

$$H = \alpha'X + \beta\ln W + U. \tag{3}$$

在这里，我们采用半对数规范来表示在劳动力供给文献中广泛应用的模型。（见基林斯沃思，1983。）

遵循马尔沙克(1953)，区分三个不同的政策评估问题非常有用。税收是强加在经济

---

① 这一点已经在赫克曼、拉龙德和史密斯(1999)及赫克曼和维特拉希尔(2001a，2001d，2002)的作品中更加全面地发展了。

② 有关马歇尔式因果函数的严格定义，请参见赫克曼(2000a)或赫克曼和维特拉希尔(2001a，2002)。

人口或分组人口身上的。(因此,税收与U毫无关联,但是其可能会依赖于X和W等我们可以观察到的并可以限定的变量。)方程(1)当税收t在过去已经实施,且我们想在变量(W, X, U)分配等同的条件下预测人群中税收的影响,而变量同等分配在进行税收变化历史测量时较为盛行。(2)第二种情况为当税收t在过去已经实施,但是我们想预测在变量(W, X, U)的不同人群中相同税收的影响。(3)另一种情况为当税收从未实施过,并且我们想预测在估算方程(1)时所用的人群中或者在不同人群中税收的影响。

假设进行分析的目标是确定税收对在分配量G的条件下相关人群中平均劳动力供给的影响。在情况方程(1)中,我们拥有来自相同人群的数据构造预测。假定我们观察不同的税制。在税制j里,人们面对的外部强加税率为t_j,$j=1,\cdots,J$。在各税制的示例中,我们可以确定

$$E(H \mid W, X, t_j) = \int \phi(W(1-t_j), X, U)\, dG(U \mid X, W). \tag{4}$$

对于全人口来说,函数为

$$E(H \mid t_j) = \int \phi(W(1-t_j), X, U)\, dG(U \mid X, W). \tag{5}$$

该函数被认为是应用于兴趣目标人群。从历史数据中得出的关于方程(4)或方程(5)的知识可以规划进未来所有时期,只要数据的联合分配暂时保持不变。如果一种税制在过去已经实施过,只要同等的ϕ(·)和G(·)占优势,则从该税制中获得的经验可应用到未来。明确地反事实状态无须构造。在为情况一进行政策分析时,无须任何马歇尔式因果函数或结构参数的知识。不需要分离方程(4)或方程(5)来分开ϕ和G。[①]

情况二与情况一相类似,但是有一点至关重要的不同点。由于我们正在将相同的政策投射到不同人群中,所以有必要将方程(4)或方程(5)分离至各个元素,并确定ϕ和$G(U, X, W)$已被分隔开来。政策评估问题变得更加难以解决。法兰克·奈特(1921)的一句话非常恰当:

知识里存在的问题取决于不同于过去的未来,然而问题解决方案的概率则取决于与过去相似的未来。(法兰克·奈特,1921,p313)。

预测旧政策在新税制中影响所需的假设需要我们从过去借鉴,以确定在新人群中(4)或(5)的组成元素。

这些假设有:

(a)新人群需要ϕ(·)的知识。如果目标人群有着不同于初始源人群的支撑,则这可能需要用来在初始示例中限定ϕ的不同支撑上ϕ的限定。在这一阶段,结构估算开

---

① 甚至无须外部定义t。如果政策设定函数$t=\eta(X,W,U)$生成t,而且在U和t的特定(X,W)中,函数是1−1,则各t与一个特殊U特定(X,W)相关。假定分析的目的是预测η由生成的将来t的效应,那么可以利用历史数据完成这一预测。如果在(U,t)特定(X,W)中不是1−1,则利用历史数据来预测由ϕ生成的t变化对平均值H的影响是不可能的。但是,如果其目的是预测由新规则(包括与U无关的t的外部变化)产生的政策,那么情况一就是无关的,同时,有必要进行结构估计(卢卡斯,1976)。

始盛行，它有时能够使我们外推出从源人群至目标人群的$\oint$。即使我们采用结构附加分离假设(2a)，也不可能有该问题完整的非参数解决方案，除非目标人群和源人群的支撑相吻合。

即使(2a)描述了劳动力供给模型的特性，某些结构也必须被放置在$\oint$上。参数结构(3)在劳动力供给文献一直是传统的，并且参数线性模型版本在已应用的计量经济学研究中占据优势。①

(b)目标人群也需要$G(\cdot)$的知识。在该情境下，外生性是作为一种重要的便利假设。如果我们定义外生性为：(A－1) $(X,W) \perp\!\!\!\perp U$。

然后 $G(U \mid X,W) = G(U)$。②

在该种情况下，如果我们假设示例中不可观测量的分配同预测或目标税制中的分配相等，即$G(U)=G'(U)$，这里$G'(U)$代表着目标人群中不可观测量的分配，则我们可以将这种等式关系投射到新人群，

$$E(H \mid W,X,t_j) = \int \phi(W(1-t_j),X,U)dG(U). \tag{6}$$

条件是我们可以通过X,W,U的新支撑限定$\oint(\cdot)$。但是，$G' \neq G$，G'必须以某种方式限定。这就需要启用某些结构假设来限定G和G'之间的关系。

在第三种情况下，税收从未被引进，这时就需要目标人群的知识。税收通过代数项$W(1-t)$运行。如果示例中没有从过去提取的工资变化，则由于假设$t=0$，就无法辨别劳动力供给税收的影响，同时，也就无法限定劳动力供给中第一自变数的影响。如果我们假定劳动力供给中的税收运行与工资无关，则这个问题只会越来越严重。随后，即使有工资变化，也不可能辨别税收的影响或者将其投射到新人群中。③

---

① $\phi(W,X)$是真实解析，因此可拓展至其他领域的假设是另一结构架设。该假设在赫克曼和辛格(1984)中已被发掘来解决持续期分析中的审查问题。

② 关于该代数项有许多定义。假设(A－1)经常由额外的假设补充。该假设就是X的分布并不依赖于模型的参数(例如(1－a)或(2－a)中的θ)。参见恩格尔、亨德利和理查德(1983)。

③ 如果工资在政策前时期变化，为估计将税收首次引进的制度中税收对劳动力供给的影响，可能不需要分解方程(4)至ϕ和G，或进行结构估计。如果目标制度中$W(1-t) \overset{\text{def}}{=} W^*$的支撑包括在历史制度中$W$的支撑之中、$X$的支撑在制度和$U$特定$X$的假定分布中相同的并且$W$和$U$的特定$X$和$W^*$相同，则在历史或源制度里，$W$支撑上方程(4)的知识足以限定税收在目标制度里的影响。更为确切地说，用“历史”表示过去数据，“目标”表示用于预测的目标人口，我们可能将假设写成：

(a)支撑$(X,W^*)_{\text{目标}} \subseteq$支撑$(X,W)_{\text{历史}}$ (b)$G(U \mid X,W^*)_{\text{目标}} = G(U \mid X,W)_{\text{历史}}$，对于新制度中定义的随机变量$W$，$W^* = W(1-t)$，$W^*_{\text{目标}} = W_{\text{历史}}$。

在这种情况下，无需用结构估计来预测税收对目标人口里劳动力供给的影响。一种完全非参数政策估计可对(4)或(5)进行非参数估计(并不会将$E(H \mid X,W)$分解成$\phi(\cdot)$和$G(\cdot)$两种成分)。在假设(a)下，我们可在目标人口中为各X找到对应的$W(1-t)=W^*$数值，以插入到(4)(或(5))的非参数版。如果这些条件不能满足，那么有必要利用恰当的分布建立在新支撑上的G和ϕ函数。我们进入了一个需要结构估计的领域，用来拓展函数的支撑或用来限定，或者二者兼有。而且仍然有必要限定目标人口中W和X之间的关系。

之前的讨论应用了同等力分析了总量数据和微观数据。使用微观调查中的个体变化提供了宏观数据中不可得的$\oint$ 和 G 的辨别新途径。因此,结构参数的辨别变得更为容易。

干预效应文献通过允许干预(t)为内生拓展了马尔沙克的第一种情况。考虑到两种人群。这两种群体可以是总人群的分组人群,并且可以被认为是干预群体和比较群体。在一种人群中,税收为 t_j,第二种人群的税收为 t_k,可能并没有税收。如果就$\oint$ 和 G 而言,两种人群相同,仅在外部强加税率方面不同,则可在 W, X 的共同支撑领域内通过简单地对比两种人群的平均工作时间,$E(H|W,X,t_j)-E(H|W,X,t_k)$,限定任意给定的 X, W 下,任一人群中相对于税收 t_k 的 t_j 的平均工作时间上的影响。由于不需要$\oint$ 或 G 的知识,所以无须结构估算。另外,正如前文提到的,在(严格的)条件下,只要规则在(t 和 U)之内是 1－1,并且给定 X,W,则即使 t 由稳定的政策规则外生限定,该操作仍然是有效的。

在劳动力供应示例的情境中,有关干预效应的文献寻求辨别(X, W, U)的给定人群平均工作时间的差别,该差别起源于未分解平均时间至$\oint$或 G 组成元素的外部强加政策(t)制度,上述制度使用的数据源于 t 未经外部规定的人群。改变 t 并不改变$\oint$或 G 的政策试验(真实的或自然的)可辨别上述影响。此外,也使用能改变 t、保持$\oint$和 G 恒定的工具。利用一系列方法去控制政策制度结果中观测到的及未观测到的差异,上述差异与被评估的政策无关。估算干预效应所需的识别条件通常比识别$\oint$和 G 所需的条件脆弱,因而,识别干预效应无须太多假设。同时,所产生的估算都有很强的问题针对性,并且仅应用于正被研究的人群。干预效应无法将$\oint$输送至新环境,也不能为除 t 之外的所有有限制的变量根据其他条件不变的变化("因果效应")解读$\oint$。

干预效应和结构方程之间的双重性贯穿于文献和我自己的工作之中。我回到这个主题,但是,我首先考虑的是微观数据的可用性怎样为微观计量经济学的发展提供动力。

三、微观数据的新特点

微观数据第一次被大规模地引进是在 20 世纪 50 年代,它揭示了通过消费者需求和劳动力供给未被轻易合理化的模式及特点,或者通过传统的回归分析这些模式和特点得到了很好的模拟。宏观数据中被隐藏的异质性和多样性的重要维度未被发掘。上述发现对当今标准计量经济学工具包形成了挑战。

对横截面数据的检查揭示了其他可观测到的相同人群选择不同、工资不同且有着不同层次和组成部分的资产组合。上述数据揭示传统具有代表性的代理范例的不充分性①。表 1 展示了劳动力供给数据的典型示例。大量的人群未从事工作,因此我们

① 兰卡斯特(1966, 1971)、科万特(1970)、麦克法登(1974)以及多门希彻和麦克法登(1975)等人对代表性代理经验范例的经验有效性表示怀疑。有关代表性代理范例的最新评估,请参见科尔曼(1992)。

不对非工作人士的工资进行观测。由于任意微观关系的 R^2(测量经解释的拟合)通常很低,因此不可观测量能够解释工作时间的大幅度变化。对不可观测量的不同估计对证据的解读有着不同的影响。例如,失业是由于无法观测到的工人单方面对娱乐的偏好或是由于市场无法支付仅在工人收到之后才能被观测到的工资?[①] 是否所有的女性只在劳动力市场里走了一遍或者是否一些女性(或大部分女性)与市场保持着长期关系?[②]

表 1 参与、工作时间和工资数据

数据,1979—1994	
人口组	29 岁工作,%
白人男性	83.5%
黑人男性	75.0%
西班牙男性	80.0%
白人女性	76.4%
黑人女性	69.6%
西班牙女性	66.6%

回归中的 R^2		
人口组	教育和经验有关的总工作时间	教育和经验有关的对数工资
白人男性	0.12	0.10
黑人男性	0.15	0.14
西班牙男性	0.11	0.10
白人女性	0.15	0.17
黑人女性	0.18	0.21
西班牙女性	0.18	0.10

来源:青年国家纵向调查,1979—1994,用在卡内罗、赫克曼和维特拉希尔(2001)中。

在使用时间序列数据分析中不太明显的数据时还有其他问题。非工作人士没有工资。如果仅工作人士有工资,那么要如何估算工资对劳动力供给的影响呢?又如何为了进行反事实假设政策分析而相互连接不同维度的劳动力供给(工作时间、工作或不工作、工作时间数量)呢?

在面对新数据时,一系列的计量经济学问题出现了:(a)解释结果变量的离散性;(b)使普通结构模型中扩展边际和集约边际上所做的选择合理化;(c)系统化地解释由于个人选择致使价格和工资数据缺失。

① 弗林和赫克曼(1982)分析了该问题并表明了用市场选择数据解决该问题的难度。

② 赫克曼和威利斯(1977)和赫克曼(1981)分析了该问题。

仅将注意力放在微观计量经济学的统计学方面会掩盖其基本的贡献。毕竟许多统计学家都担心这些问题。尽管经济学家利用联合限定的离散和连续的结果(赫克曼,1974a,b)并利用系统化的缺失数据(格鲁诺 1974,赫克曼 1974a,b,1976a,b,1979)①开辟模型的研究,但是古德曼(1968)、哈伯曼(1974)以及毕夏普、费恩伯格、霍兰德(1974)对离散数据模型进行了分析。微观计量经济学的一项重要的贡献,是澄清了用于估算经济模型的统计框架限制并拓展了框架,因而产生了因果区别,解决了第二章中描述的不同版本的政策评估问题。

不像统计学家研发的模型,微观计量经济学领域所研发出的用于发掘和解读微观数据新来源的模型强调的是在解读证据、建立因果关系和构造反事实假设方面经济学和因果框架的角色,即使上述三个方面在女性劳动力供给分析中是反事实假设缺失工资或是在评估社会政策时产生的反事实假设政策状态。微观计量经济学的研究表明在解释明显相似个体之间明显差异的原因时需要小心。关于未观测到的异质性起源的不同假设,对经验性证据的估算和经济学解读有着深刻的影响,而这种影响体现在评估恰当的项目上、体现在利用数据来预测新政策并评估输送现存政策至新环境的影响上。

由于未经测量的变量而产生的异质性成了该种文献中的热门话题,因为其在数据方面的表现非常明显,并且忽略它的结果往往很严重。由于微观面板数据可得,因此该问题变得更为明显,同时,使得为同一个人超时观测持久的不同变为可能。

四、潜在结果、反事实假设及选择偏差

我最初在微观计量经济学领域的努力主要集中在建立模型,以在适定的选择理论模型中捕捉如表 1 中显示的数据中心特点,上述理论模型也可用来处理结构政策评估问题。我受到明瑟(1962)关于女性劳动力供给研究工作的启发,遭遇到了建立用于分析女性劳动力供给的不同维度及其与工资关系的精确的计量经济学框架机遇的挑战。在完成这项任务时,我利用了两套可用的计量经济学工具。在这期间,我将工具与普通研究工具融合起来的尝试既有挫折,也有发现。

这两套我可得的工具是(1)经典的考尔斯委员会联立方程理论,(2)源于数学的离散选择模型,后者主要由科万特(1956,1970)、麦克法登(1974,1981)及多芒希奇和麦克法登(1975)。我的目标是联合这两类文献,以创造拥有离散和连续内生变量的有经济动机的、低维的联立方程,该方程可以在普通的框架内解释非工作人士系统化缺失的工资以及劳动力供给的不同维度,还可以解释女性劳动力供给,并且可以成为未经实施的政策严格分析的依据。

体现在方程(1),方程(2)或方程(3)中标准的劳动力供给模型并不足以解释表 1 中的数据。同样地,考尔斯计量经济学也无法解释。在标准的条件下,假设每个人的

① 有关计量经济学家分析用于非随机缺失数据(即缺失数据同模型的可观测量和不可观测量之间有系统化的联系)模型的作品创新性探讨,请参见霍尔特(1985)。

工资都被测量，那么考尔斯方法可以解释方程(3)中 W 和 U 之间的关系。这样的关系可能会产生于工资测量错误或工资以及劳动力供给方程中一般的不可观测量(例如，更有动力的人群工作量会多且工资更高，同时，动力未被观测)。考尔斯方法并没有告诉我们当工资缺失时我们应该做什么，怎样解释非工作人士或者在工作时间确定时怎样把决策与工作联系起来。

在1972—1975年间所写出的一系列论文(赫克曼，1973，1974a，b，1976a，b，1978a)[①]中，我研发出潜在结果的指数模型，以联合考尔斯计量经济学和离散选择理论，同时，统一有关样本选择、删减和有限相关变量脱节散乱的文献，上述变量描述了当今文献的特性[②]。除此之外。我还为这类模型研发了大量的两级估计值，以规避与通过最大似然率方法估计这些模型有关的计算困难。

根据麦克法登(1974，1981)合成和拓展的数学心理学及离散选择文献，将

$$Y_i = g_i(X_i, U_i) \quad i = 1, \cdots, 1. \tag{7}$$

定义为反应潜在结果的潜在随机变量。在离散选择情境下，Y_i 为潜在公用程式，与选择 i 相关，并且上述两种要素均依赖于可观测量(X_i)和不可观测量(U_i)的特性。这些也被称为指数函数模型。在各选择 i 内，公用程式的层次可能会变化。更广泛地说，根据考尔斯项目，尤其是哈维尔莫(1943)的项目，方程(7)可能代表包括工资、工作时间等在内的任意潜在结果。方程(1)或方程(7)为马歇尔式的因果关系，这两个方程向我们展示了当右边的操纵自变数保持其他要素不变但操纵变量固定时，假设结果 Y_i 是怎样变化的。

依赖于情境，Y_i 可能会被直接观测到或者仅 Y_i 的表现被观测到。在离散选择模型中，Y_i 无法被观测到，但是我们可以观测到 $\underset{i}{\operatorname{argmax}}\{Y_i\}$。在我认为更一般的模型中，一些 Y_i 可在某些条件下被观测到。

为了在最基本的背景中考虑这些模型，就必须考虑到拥有三个潜在结果函数的版本。文献分析了有众多潜在结果的模型。将潜在结果用附加分离的形式写出来

$$\begin{aligned} Y_0 &= g_0(X) + U_0. \\ Y_1 &= g_1(X) + U_1. \\ Y_2 &= g_2(X) + U_2. \end{aligned} \tag{8}$$

这些是可能不完全观测到的潜在变量。在劳动力供给的新古典理论情境下，研究理论、消费者需求、工作时间为零(商品需求为零)时的保留工资和保留价格有着中心作用。这会告知我们什么价格会使得某一个人开始工作或购买第一件商品。用 Y_0 表示潜在的保留工资函数。Y_1 代表市场工资函数，即市场所提供的东西。忽略所有固定的工作成本，一个人会工作，如果

$$Y_2 \geqslant Y_0 \Leftrightarrow D = 1. \tag{9}$$

---

① 最早的文章发表于1974年(赫克曼 1974a，b)，但是在那之前就已经广泛流传。赫克曼(1976b，1978a)实际上写于1973年，并在很多资深的计量经济学家中广泛流传。

② 有关指数函数模型，请参见赫克曼和马克迪(1985)。

那么这个人不会工作。潜在工作时间 Y_2 来源于产生保留工资函数的相同倾向,因此,Y_2 和 Y_0 由一套一般参数产生。在我 1974a 论文中,我创造了一类简单可循的函数形式

$$Y_0 = \ln R = \text{对数保留工资}. \tag{10a}$$

$$Y_1 = \ln W = \text{对数市场工资}. \tag{10b}$$

$$Y_2 = \frac{(\ln W - \ln R)}{\gamma} \quad \gamma > 0. \tag{10c}$$

同时,可观测到的工作时间函数形式为

$$H = Y_2 1(\ln W \geqslant \ln R) = \frac{(\ln W - \ln R)}{\gamma} 1(\ln W \geqslant \ln R),$$

1(A)指示如果 A 是真实的,则等于 1。成比例的税收或传输 t 将另一变化源引进这些方程中,因此,在 W 的位置上,使用税后工资 $W(1-t)$。不可观测量 U_1 和 U_0 解释了为何其他观测到的相同人群(在相同的 X 下)做出了不同选择。[①]

与该模型密切相关的是 20 世纪 70 年代重新发现的有关在劳动市场中自我选择的首创罗伊(1951)模型。他的模型是适用于刚刚展示的指数函数的一版模型。[②] 从方程(8)中,Y_0 和 Y_1 是潜在结果而 Y_2 是潜在公用程式

$$Y_2 \geqslant 0 \Leftrightarrow D=1, Y_1 \tag{11}$$

被观测到 $Y_2 < 0 \Leftrightarrow D=1, Y_0$ 被观测到。

因此,被观测到的 Y 是

$$Y = DY_1 + (1-D)Y_0 \tag{12}$$

在原始的罗伊模型中,$Y_2 = Y_1 - Y_0$。在推广的罗伊模型中,对于 Y_2 的规定更为自由,但可能要依赖于 Y_1 和 Y_0。潜在结果的上述模型包括几大明显内涵。a. 在考尔斯委员会分析中,含有由可能数值定义的潜在结果假设超总体,该可能数值由用于 X 和 U 中其他变量不变的 Y_j 假定。这些马歇尔式因果函数模型通常由低维结构模型表示,以便于预测和政策分析。b. 不像考尔斯模型,一些潜在变量未被观测到(例如,$\ln R$ 未被观测到,但是经常由调查问卷引出),这点和离散模型很相似。c. 既不像考尔

---

① 在赫克曼(1974b)中,我展示了劳动力供给、儿童保健及工资的更明确的结构模型。该模型研发出了用于分析累进税对劳动力供给的影响、非正规市场对劳动力供给的影响的首个严格的计量经济学框架。在文章中,我通过替代函数的边际率描述偏好的特性,并从消费者无差别曲线里生成了 Y_0 和 Y_2,同时从消费者一阶条件及预算限制的解决方案中生成 Y_2。在上述模型中,影响偏好的不可观测量在无差别曲线的斜面上转变成了消费者之间的变化。通过无差别曲线斜面描述消费者偏好促进了相关所得税税率表中劳动力供给的分析,并提供了比由劳动力供给方程的简单线性或半对数规定产生的更为灵活的一类偏好。凸情况中累进税的首次分析出现在赫克曼(1974b)的附录中。由于空间限制,编辑者舒尔茨要求进行扼要陈述。完整正式分析后来发表在赫克曼和马克迪(1981, 1985)以及哈克曼、基林斯沃思和马克迪(1981a, b)的作品中。豪斯曼(1980, 1985)将该分析拓展到非凸情况中。

② 罗伊研发出了收入不公平和分类的经济模型,但是并未将从他的模型中产生的计量经济学问题考虑进去。威利斯和罗森(1979) 及李(1978)就是罗伊模型的两次应用。

斯模型,也不像离散选择模型,有些潜在变量可被观测到,但仅作为选择的结果,即他们是经过有选择性的观测。

因此,我们仅在 $\ln W \geqslant \ln R(D=1)$ 时,才观测$(\ln W-\ln R)$。我们仅在 $\ln W \geqslant \ln R(D=1)$时观测工资。这种潜在结果的选择性样本引发了选择偏差的问题。我们仅观测潜在人群变量的选择性子样品。在罗伊模型中,我们观测 Y_1 或 Y_0,而不是两者兼有。

如果在模型中没有不可观测量,则这个选择性样本不需要担心。在 X 条件下,我们能够获得缺失结果公正或一致的估计值,上述缺失结果是专为那些使用工作人士结果的非工作人士而设的。但是在表 1 中的典型数据揭示了可观测量仅解释了所有微观经济变量中的小部分变化。而解释参数选择的异质性及不可观测量中的选择性样本是有必要的。作为选择规则方程(9)的结果之一,一般来说,我们所观测到的工资和工作时间是来自更多人群中潜在结果的选择性样品。[①] 如果我们寻求去估计结构关系(因果函数的参数)或去描述潜在结果的世界(方程例如(10a)—(10c)),那么解释上述问题则是一个非常重要的课题。这就会引发选择偏差问题。在解决这个问题时,离散选择新分析及连续—离散选择混合分析方法修正了传统的考尔斯计量经济学,同时也展现了在进行因果区分时离散数据的传统统计模型的不充分性。离散选择以及离散—连续混合选择理论通过将计量经济学与选择和决策紧密联系在一起,挑战了作为标准的考尔斯范例。简言之,统计学家用来分析模型离散数据的对数线性模型,无法在计量经济学政策分析所需的真实因果关系和虚假因果关系中做出其他条件不变的区分,并且联立方程模型中用于一致性的新条件被研发出来,以确保模型在概率上、经济上都定义明确。(赫克曼,1976b,1978a)、雨宫(1985)对该类文献的重要发展做出了精练的总结。

五、选择偏差和缺失数据

在潜在结果不能被完全观测的条件下,选择偏差产生于结构模型的估计中。但是,选择偏差的问题比较宽泛,且当使用一项不是简单随机取样的规则在作为研究对象的优先人群里进行抽样时,仍会产生这个问题。在抽样中对真实人群失真描述为抽样规则的结果是选择问题的关键所在。识别问题即从已观测样品中恢复假设人群的特点。(见图 1)假设人群可以指所有工作或非工作人士的潜在工资(为他们进行工资观测)或者指仅能观测真实选择的任意选择问题里的潜在结果。失真的选择规则可能会产生于抽样调查统计学家的决策,或产生于一种先前讨论过的经济自我选择决策,在后一种决策中,由于自我选择的结果,我们仅能观测到潜在结果的小群人(例如,罗伊模型中的 Y_0 或 Y_1)。

人群的随机样品产生了人群特点分布的描述,而这种分布提供了先前章节中展示的潜在结果模型的全部计算。由任意不同于随机抽样的规则选择出来的样品产生了

① 如果(9)应用,那么除了退化情况之外,在观测工资或保留工资时必须要有选择偏差(赫克曼,1993)。由于 $D=1 \Leftrightarrow \ln W-\ln R \geqslant 0$,所以潜在工作时间的选择是(9)的直接后果。

人群特点分布的描述,而不管样品范围大小,这种分布都不能准确地描述真实人群特点的分布。

选择问题的两个特点描述均是富有成效的。第一个特点描述源自于统计学,其中涉及了将图1中描绘的抽样规则描述成应用权重至假设人群分布,以产生已观测的分布。第二个特点描述源自于计量经济学,其中明确地把选择问题看成是缺失数据问题,同时,在本质上,第二个特点描述使用不可观测量归因于相关不可观测量。

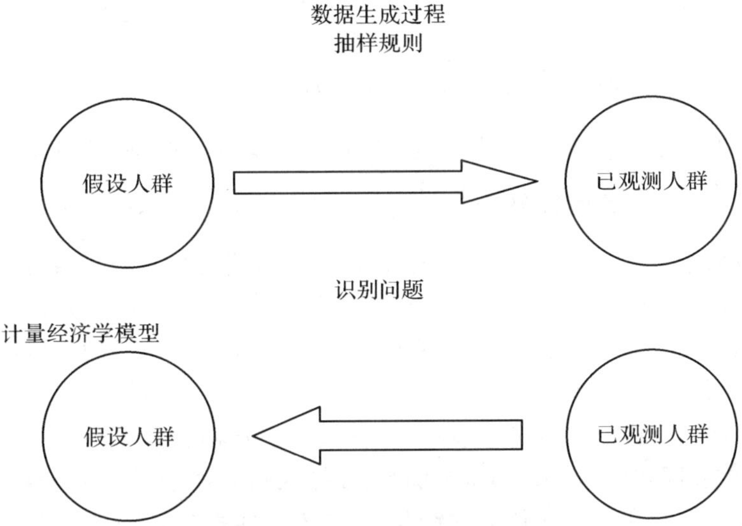

图1　假设(反事实假设)人群和已观测数据之间的关系

(i)权重分布

任何选择偏差模型均可根据权重分布来进行描述。让 Y 表示研究结果的向量,X 作为"控制"或"解释"变量的向量。(Y, X) 的人群分布为 $F(y, x)$。为了简化阐述,假设密度定义明确,且形式为 $f(y, x)$。

任何抽样规则都是一个正权重函数 $w(y, x)$,这个函数改变了人群密度。一般来说,人是通过一项不同于随机抽样的规则选进样本人群的。样本数据的密度 $g(y^*, x^*)$ 可以写成

$$g(y^*, x^*) = \frac{w(y^*, x^*)f(y^*, x^*)}{\int w(y^*, x^*)f(y^*, x^*)dy^* dx^*} \tag{13}$$

在这个方程中,用分母将密度 $g(y^*, x^*)$ 按照适当密度所需整合成一个整体。简单地随机抽样与 $w(y, x)=1$ 的情况吻合。当 $w(y, x)=0$ 时,因为并不是对 (Y, X) 的所有数值都进行了抽样,所以用于 (Y, X) 某些数值的抽样方案产生了一些特殊问题。①

① 对于 $\omega(y, x)=0$ 时人口中不可忽视的这一部分样本来说,考虑两种情况是有用的。在经删减的样本中,观测从较大规模的随机样本中抽取的样本的概率是未知的。对于这样的样本来说,方程(13)代表了所有已抽取的 Y 和 X 数值的密度。在已检查的样本中,概率是已知的或可持久估计。

在经济学的许多问题中，备受关注的问题在于 $f(y|x)$，当给定 $X=x$ 时假定的密度 Y。如果样品仅在 x 变量中选择，则 $\omega(y,x)=\omega(x)$，同时，使用被选样品对人群假定密度做出合理推断是没有问题的。在 y 和 x 上同时取样被称为一般分层抽样，并且大量不同的抽样方案可以通过其放置在权重上的结构进行特性描述（赫克曼，1987）。

从数据的取样中可以看出，在加权信息未知条件下，是无法恢复真实密度 $f(y, x)$的。另一方面，如果权重 $w(y^*, x^*)$已知、(y, x)的支撑也已知且 $w(y, x)$不为零，则 $f(y, x)$可以恢复，因为

$$\frac{g(y^*,x^*)}{\omega(y^*,x^*)}=\frac{f(y^*,x^*)}{\int\omega(y^*,x^*)f(y^*,x^*)dy^*dx^*} \tag{14}$$

除此之外，通过假设，左边的分子和分母均已知，而且我们知道 $f(y^*, x^*)dy^*dx^*=1$，因此使得限定 $\int\omega(y^*,x^*)f(y^*,x^*)dy^*dx^*$ 成为可能。与修正权重未知且必须与模型联合估计的选择相比，修正拥有已知正权重或可独立于整个模型进行估计的权重的抽样方案更为简单。① 选择偏差抽样、长度偏差抽样以及大小偏差抽样是后种修正的示例；源于方程(10a)－(10c)模型或推广后的罗伊模型中选择的抽样则是前种修正的示例。

(a)(y, x)的支撑已知，(b)$w(y, x)$不为零。上述两种要求并不是无害的。在经济学的许多重要问题中，要求(b)未被满足：抽样规则把对(y, x)某些数值的观测排除在外，因而在没有启用进一步假设的情况下，是不可能把(y, x)的人群分布限定在某些数值上的。如果支撑和权重均未知，在未启用强假设的情况下，是不可能确定是否由于抽样方案才导致某些(y, x)数值的数据缺失，此外，也无法确定人群密度是否对数据没有支撑。利用该框架，赫克曼(1987)分析经济学领域里大量的抽样方案来展示所做出的有关权重和模型的假设，以解决从已观测人群至假设人群的推断性问题。

图 2a 和图 2b 用简单的方法阐明当 $w(y, x)=0$ 时所产生的问题。在图 2a 中，我利用 c 以下 Y 数值缺失的数据描述了经过删减的 Y 的分布。超人口密度的任意形状均有可能低于 c。图 2b 展示根据工资 W 写出的劳动力供给函数 H 相同问题的回归版。我们可以使回归与样品相符合，但是我们怎样才能将回归投入到新样品或假设人群中呢？

(ii)当进行不可观测量选择时，选择问题的回归表现

当权重 $w(y, x)$不能独立于模型之外被估计时，选择问题的回归版产生于格鲁诺

---

① 在权重已知的情况下进行的选择已经于 20 世纪 50 年代中期在霍维茨－汤普森估计值的量规下被研究。拉奥(1965，1985)总结了统计学中的这项研究。对基于经济学中取样文献的选择做出的重要贡献来自于曼斯基和莱尔曼(1977)、曼斯基和麦克法登(1981)以及考斯莱特(1981)。长度偏差取样与基于选择的取样在分析上是等同的，并且在 19 世纪已经由丹麦精算师开始研究。参见谢普斯和门肯(1973)以及特里维迪和贝克(1983)。赫克曼和辛格(1985b)在持续期分析中拓展了长度偏差取样的经典分析，以考虑依赖于随空间和时间变化的变量的不可观测量的模型。在更一般的情况下，由模型限定并独立于模型的权重所用的简单的权重方法并不可用。

(1974)、赫克曼(1976a,b,1978a,1979)和刘易斯(1974)的作品中。它源于罗伊模型，使用(8),假设。这与传统的考尔斯系统中莱斯特·泰瑟关于联立方程的特性描述密切相关。[①] 我用 Z 表示影响选择的变量。

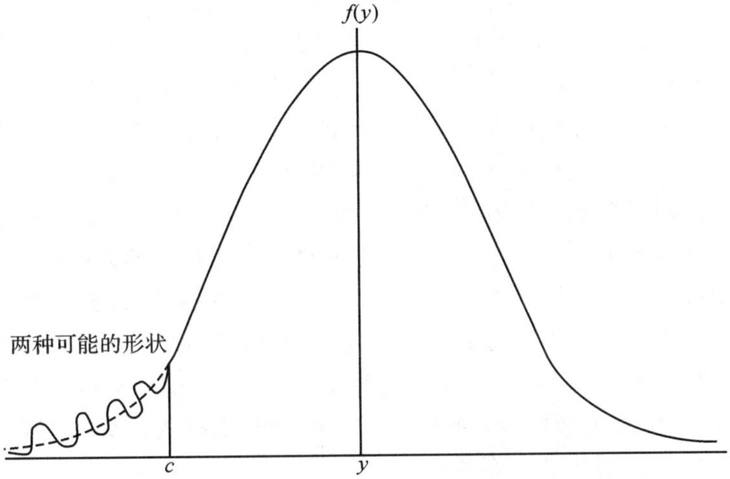

图 2a　$y<c$ 时,缺失的数据。密度低于 c 时两段可能的斜坡

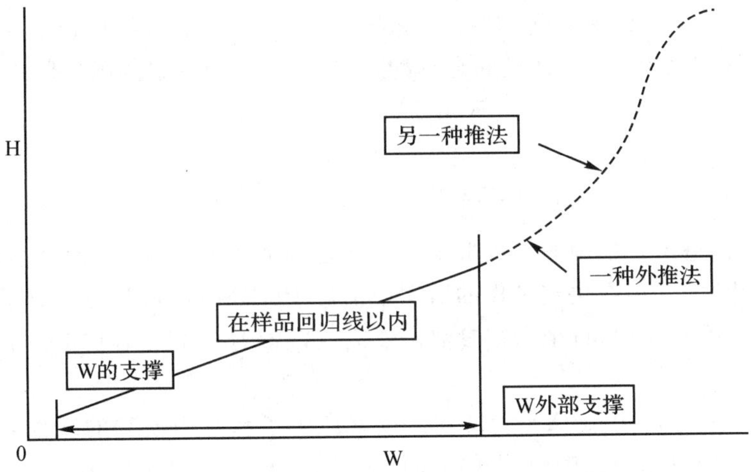

图 2b

而 X 影响结果。在 X 和 Z 中可能有共同的变量。我们观测 Y(见方程(12))。然后

$$E(Y|X,Z,D=1)=E(Y_1|X,Z,D=1)=\mu_1(X)+E(U_1|X,Z,D=1) \quad 15(a)$$

和

$$E(Y|X,Z,D=0)=E(Y_0|X,Z,D=0)=\mu_0(X)+E(U_0|X,Z,D=1) \quad 15(b)$$

U_0 和 U_1 的假定平均值为赫克曼(1980a)、赫克曼和罗伯(1985,1986)。观测到的

① 参见附录 A 中的方程系统(A-1)。参见泰瑟(1964)以及赫克曼(1976b, 1978a, 2000)中的论述。

平均结果(左边的变量)是通过潜在结果和一个偏差代数项的平均值产生的。

定义。由于决策规则(11)的结果,在赫克曼作品(1980a)中,我阐述了在一般情况下,我们可能会把方程式写成

$$E(Y \mid X,Z,D=1)=\mu_1(X)+K_1(P(Z)). \qquad 16(a)$$

$$E(Y \mid X,Z,D=0)=\mu_0(X)+K_0(P(Z)). \qquad 16(b)$$

在上述方程中,$K_1(P(Z))$和$K_0(P(Z))$是控制函数,并仅通过P依赖Z。K的函数形式取决于特定的分配性假设。有关示例的目录,请参见赫克曼和马克迪(1985)。

P的数值与选择偏差的大小有关。当样本变得更具代表性时$P\rightarrow 1$,$K_1(P)\rightarrow 0$。见图3绘制了控制函数$K_1(P)$和P的关系图。当$P\rightarrow 1$时,由于样本里包括的任何类型的人都是一样($P=1$)的,因此样本变得更加具有代表性。偏差函数随着P向下走。我们可以用少量选择计算样本中Y_1的人群平均值。一般说来,已选样本中的回归是偏向$\mu_1(X)$的。我们用所研究的函数合并选择偏差代数项。如果变量存在于Z而不是X中,则已选样本上的回归会指示这些变量属于回归。展示方程(16a)和方程(16b)是回归函数中有关选择偏差的整个计量经济学文献的依据。[①] 所有这类文献中的关键思想是控制P对拟合关系的影响。[②]

控制函数将缺失数据(U_0和U_1)和可观测量结合起来。在大量的假设中,可能形成这些函数至未知参数,从回归分析中辨别$\mu_0(X)$,$\mu_1(X)$和未知参数并控制选择偏差。(见赫克曼,1976a,赫克曼和罗伯,1985,1986,赫克曼和维特拉希尔,2002)。

在早期的文献中,假设U被联合分配,则(15)和(16)特定的函数形式就产生了。

(A-2) $(U_0,U_1,U_2)\sim N(0,\sum)$.

这种假设,和假设

(A-3) $(U_0,U_1,U_2) \perp\!\!\!\perp (X,Z)$,

为K_1和K_0创造出了精确的函数形式。对于已审查的样本来说,两个步骤的估计项目被研发了出来。(1)在决定工作的数据中估计$P(Z)$和(2)利用已估计的$P(Z)$形成$K_1(P(Z))$和$K_0(P(Z))$直至未知参数。然后,方程(16a)和方程(16b)可利用回归估计出来。

当$\mu_1(X)=X\beta_1$且$\mu_0(X)=X\beta_0$时,这就产生了参数中便利的线性表达式。[③] 直接的一步回归项目是为已删减的样本而研发的。(见赫克曼和罗伯,1985,1986)方程(16a)和(16b)成了整类文献的依据,而上述文献概括并拓展了早期的模型,并一直活跃至今天。

---

① 赫克曼、市村、史密斯和陶德(1998)展示了用于测试在半参数背景下该陈述适合性的方法。

② 赫克曼(1980a)表明了根据P的多项式而产生的K_1和K_0函数的系列扩展,还表明选择空缺的测试可以测试是否多项式的联合在结果方程中是重要的。安德鲁(1991)和纽维(1994)提供了更一般的分析。

③ 在一级估计中,对已估计$P(Z)$使用的纠正,在赫克曼(1979)及纽维和麦克法登(1994)中给出。就像在赫克曼(1974a,b)中,假设(A-2)和(A-3)也被用来通过最大似然率估计模型。不管是否需要排除限制,也不管排除限制是否扮演着正态的角色,早期的文献在识别来源方面并不明确。

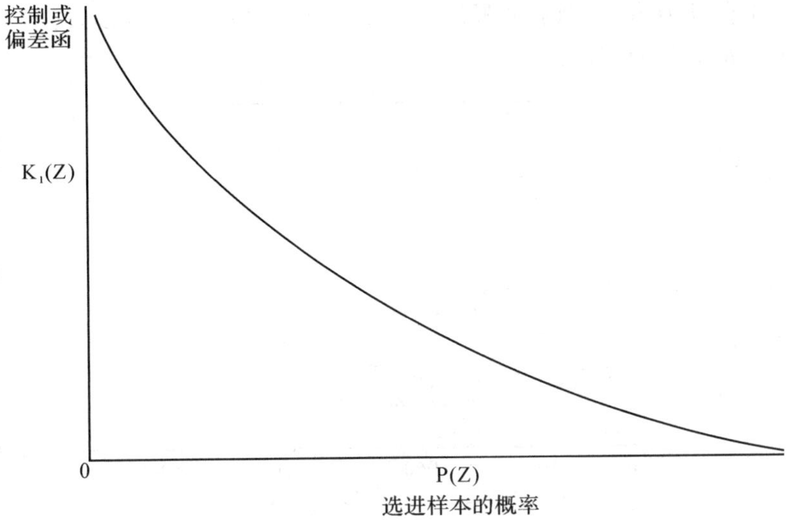

图 3　控制函数或作为 $P(z)$ 函数的选择偏差

(iii)这些模型产生的经验性结果及其在经济学领域中的结果

在罗伊模型覆盖的一般选择情况中,回归框架对于调查已选样本中的微观经济现象非常有用。一般说来,没有简单的权重可以脱离完整的模型而被估计,而且在解决罗伊模型中的选择问题时这种权重也是不可得的。该版模型除应用在劳动力供给和工资调查中以外,已经被应用到大量的经济学问题中。

认识到选择潜在的重要性,为我们建好了解读经济和社会数据以及测量社会政策有效性的道路雏形。例如,考虑到了非裔美国人的经济地位是否有提升这一重要问题。正如图 4a 中的描绘,在 1940—1980 年间,美国境内中等黑人和白人男性的工资率上升并在后来保持稳定。(见图 4a 中的黑色曲线)该统计被广泛引用,以证明当时整套施行政策的有效性。

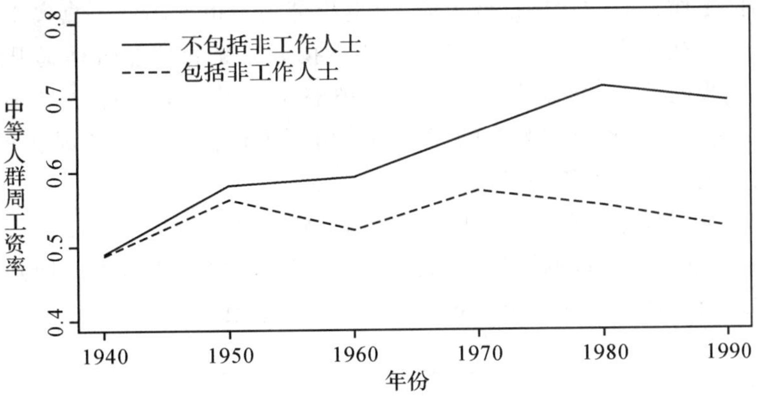

图 4a　中等黑人、白人男性工资率,1940—1990

来源:赫克曼和陶德,1999。

在同时期,黑人退出劳动力人群,($P(Z)$下滑),因而从过去用来测量工资的数据来看,黑人工资率要远远高于白人工资率(见图 4b)。与白人相比,低工资黑人工作者选择性地退出劳动力市场，减弱并最终抹去了黑人男性的经济进步，同时也挑战了对非裔美国人经济进步的积极评估。①

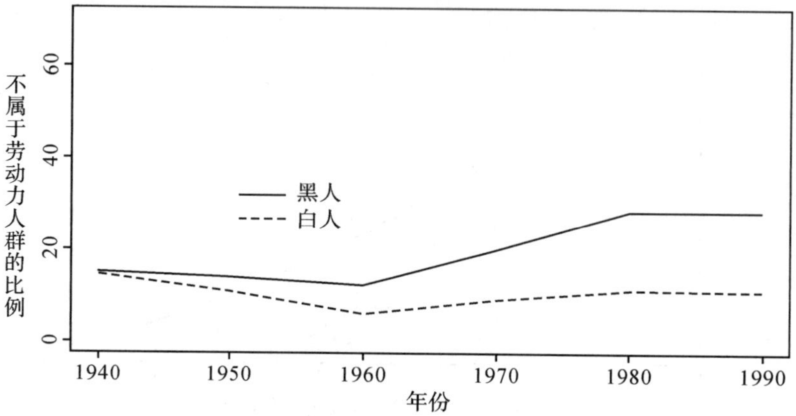

图 4b 不属于劳动力人群的男性比例，1940—1990

来源：赫克曼和陶德(1999)。

在当今考虑这个课题更具广泛通用性。其影响了我们分析职业不平等性和影响的方式，还影响了我们分析组织劳动力市场可供选择方式的福利的方式。在欧洲讨论中，美国低工资、高不平等性的劳动力市场经常被与欧洲高工资、低不平等性的劳动力市场进行不利的比较。

上述比较在讨论黑人、白人工资差距时出现的同样问题上轰然倒塌。在欧洲，当计算用来估计劳动力市场性能的工资测量值时，失业和未就业人群并未被算在内。这种仅将工作人士算在内的行为低估了工资的不平等，高估了整个人口的工资水平。近期一篇由布伦德尔、里德和斯托克(1999)共同发表的文章中就指出英国选择问题的重要性。英国的数据揭示了从 1978 年至 1994 年工人真实工资的增长(见图 5(a)顶部曲线)。同时，工作人群的比例已经下降，且退出劳动力市场降低了真实工资的增长水平和增长率。已观测到的真实工资增长可能是技能天赋和技能价格提升的结果或是非市场领域进步的结果，而非市场领域通过把潜在低工资工人排除在劳动力市场之外，改变了工资方程中不可观测量的假定平均值。为选择(图 5b 中稍低的两条曲线)进行调整大大地降低了工资的增长。

解释选择也影响了周期(比尔斯，1985)内工资变化的测量。低工资人群退出了职场(因而用来测量工人工资的统计数据也减少)，并且在经济繁荣期间回到了职场。不断变化的劳动力市场组成成分部分抵消了已测工资变化。

---

① 被用来生成该图中所用的数字的特殊选择纠正就是使用工作者的中等工资来假设低工资工作者为市场退出者并假设退出者少于总人口的 50%。巴特勒和赫克曼首次提出了该课题。后来由布朗(1984)、尤恩(1997)、钱德拉以及赫克曼、里昂和陶德(2000)进行的研究证实了在分析黑人—白人工资差距时解释退出者的重要性。对于该问题的研究非常活跃。

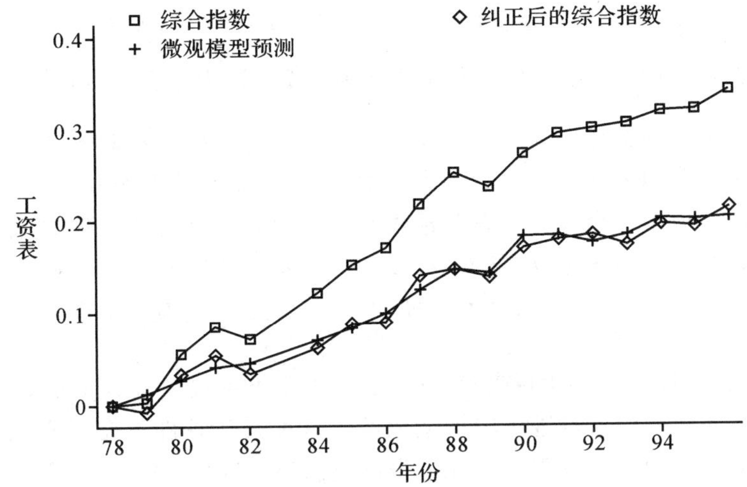

图 5a 微观模型中的工资预测,综合工资和修正

来源:布伦德尔、里德和斯托卡哇(1999)。

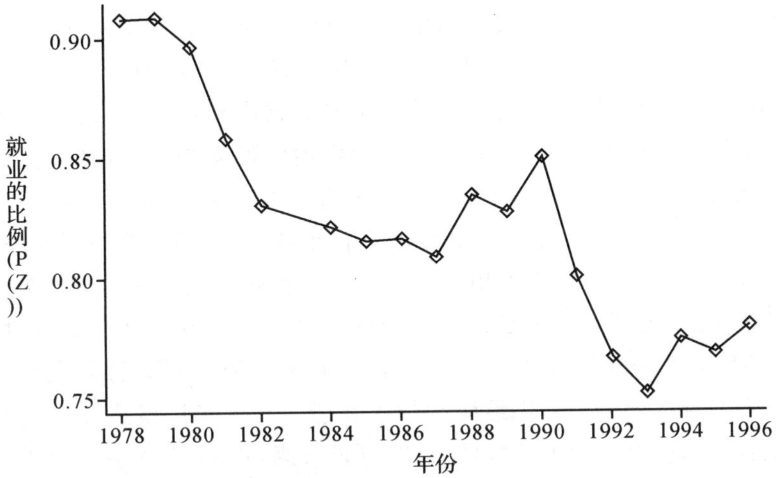

图 5b 英国男性—工资和劳动力市场参与

来源:布伦德尔、里德和斯托克(1999)。

因此,已测的工资显示出商业周期内"变化太小"。当在多市场领域估计自我选择的罗伊模型时,自变数就变得更加微妙。在周期内,不仅有职场的入口和出口,还有工人于职场内在更多行业之间的流动。因此,已测工资并不仅仅是劳动力服务的价格。除了标准的选择影响之外,已测工资还包括周期内放置在工人所用的不同混合技能上权重的影响(赫克曼和塞德拉切克,1985)。

解释扩展边际和集约边际会影响我们对于劳动力市场运转的看法。考虑方程(2)。我们仅观测工人的工作时间。与事实相反,为了把注意力集中在选择问题上,假设每个人的工资均被观测,并且忽略工资的任何内生性(因此 $W \perp\!\!\perp U$)。然后,让 $D=1$ 表示工作,则 W 和 X 上的假定已观测劳动力供给为

$$E(H \mid W, X, D=1) = H(W, X) + E(U \mid W, X, D=1) \tag{17}$$

在这套方程式中，马歇尔式劳动力供给参数或工资因果参数为$\frac{\partial H}{\partial W}$，而劳动力供给中其他条件不变的变化则是由工资变化造成的。为补偿收入影响，我们可以从该方程式中构造一个公用程式持久的劳动力供给函数，以执行福利分析，例如计算消费者盈余的测量值。但是一个适合工人已选样本的劳动力供给函数识别工资的两个影响：马歇尔式影响和由于职场出入（赫克曼，1978c）造成的成分或选择影响。因此

$$\frac{\partial E(H \mid W, X, D=1)}{\partial W} = \frac{\partial H(W, X)}{\partial W} + \frac{\partial E(U \mid W, X, D=1)}{\partial W} \tag{18}$$

第二个代数项是选择影响，或构造影响，产生于不可观测量的成分变化；上述变化是由工资变化而引起的人群进出职场造成的。这种其他条件不变的变化不与经典的消费者理论参数相吻合。方程(18)并未告诉我们当工资变化时，一位既定工人会在多大程度上改变其劳动力供给。然而，该方程的确告诉我们样本内的工资变化会为平均劳动力供给预测什么。它回答了马尔沙克问题中的一种类型评估问题。在 W 支撑下的恰当条件下，该方程可用来估计税收对劳动力供给的样本内影响。

综合劳动力供给弹性包括职场出入的影响、沿着马歇尔式劳动力供给曲线运动的影响。这种观测已经对宏观经济模型中劳动力供给的规定、估计和解读有着重大影响。

在 20 世纪 80 年代早期，宏观经济学领域的文献出现，声称劳动力市场的新古典模型自解释美国时间序列数据时，综合劳动力供给弹性太小、工资浮动太大。我已经讨论过为什么已测工资变化低估了劳动力价格的变化。在赫克曼（1984）中，我继续注意到了宏观文献仅注重内部解决方案劳动力供给成分，方程(18)中右边第一项代数项，并忽略了由劳动力人群中工人出入引起的选择影响。因为综合劳动力供给运动的一半都是发生在扩展边际（科尔曼，1984），而扩展边际上的劳动力供给弹性较高，所以 20 世纪 80 年代标准的计算低估了真实的综合劳动力供给弹性，进而也低估了新古典劳动力供给模型对综合劳动力供给波动的解释能力。解释扩展边际的选择改变了宏观经济学家认知和模拟劳动力市场的方式。（见汉森，1985；罗杰森，1988）。

劳动力供给文献的经验性发展巩固了该结论。早期，证据对模型方程(10)的经验有效性表示怀疑。工作的固定成本使得工作时间指数不可能与模型显示的一样和参与决定紧紧相连。当工人进入劳动力市场中时，如果 U 被正常分配的话，那么他们可能会工作很长时间，而不是像方程(10)所显示的少量时间。赫克曼（1976a，1980b）和科根（1981）提出了一个更加普通的有固定成本的模型，在该模型中，参与和工作时间方程并没有很紧密的联系。这就为方程(18)中的第二项代数项产生了更大的弹性。证据还对正态假设的有效性，尤其是对工作时间数据表示怀疑。很多国家的劳动时间分配揭示了标准工作时间的尖峰。[①] 这就导致了用于早期模型中正态假设放宽的发展。

(iv)识别

大多有关选择问题的计量经济学文献把对识别的讨论（从选择规则产生的人口返

① 参见 1999 年的人力资源杂志中的文章：税收和劳动力供给的特殊问题。

回至源人口)和解决从已观测样本至假设人口推断性问题估计的讨论结合起来。[①] 区分识别选择模型所需的条件和源于模型估计的大量实际和重要问题的理想数据具有分析性作用。理解模型识别来源对在多大程度上我们可以理解那些我们从经验性模型中所避免的正是我们放置进去的有着至关重要的作用。1985 年召开的教育考试服务中心会议将经济学家和统计学家集结到了一起,并提供了一些关于因果模拟和选择模型观点(见魏纳,1986,重新发行版,2000)有用的对照。[②] 在这次会议里,霍兰德(1986)利用重复期待值定律写出了结果的假定分配,并用以下形式说明 Y_1 在 X 上方:

$$F(Y_1|X)=F(Y_1|X,D=1)\Pr(D=1|X)+F(Y_1|X,D=0)\Pr(D=0|X). \quad (19)$$

在对方程(11)和方程(12)的分析中,我们仅在 $D=1$ 时观测 Y_1。在已检查过的样本中,我们可以识别 $F(Y_1|X,D=1)$,$Pr(D=1|X)$,进而识别 $Pr(D=0|X)$。当 $D=0$ 时我们不观测 Y_1。因此,我们不观测 $F(Y_1|X)$。在独立的作品中,詹姆斯·史密斯和菲尼斯·韦尔奇(1986)做出了假定平均值的分解(用 E 代替 F)。

霍兰德对用其他方法识别 $F(Y_1|X)$和已粗略比较的选择模型表示怀疑。史密斯和韦尔奇(1986)以及一些其他在 ETS 会议中的作家讨论了如何通过在缺失成分 $F(Y_1|X,D=0)E(Y_1|X,D=0)$上分别设置界限来限定 $F(Y_1|X)$或 $E(Y_1|X)$。[③] 该观点的一个前例就是彼得森(1976)。他研发出了用于持续期分析竞争风险模型的非参数界限。这种持续期分析与方程(11)和方程(12)的罗伊模型非常一致。[④]

早期文献中广泛应用的正态假设被怀疑。戈德伯格(1983)及阿拉伯马萨尔和施密特(1981)展示了蒙特卡罗模型分析,表明了当正态被假定但真实模型异常时持续结果模型的大量偏差。经验性证据的混合则更为深入。一旦公差用于删减和自我选择,则对于用于对数工资结果自我选择的模型分析来说,正态并不是一个不好的假设。[⑤] 参见赫克曼和塞德拉切克(1985)中的图 6a 和 6b,以及布伦德尔、里德和斯托克(1999)的相关分析。奥尔森和李(1982)展示了早期正态罗伊框架的早期非正态参数拓展。赫克曼和马克迪(1985)展示了该类文献的合成。赫克曼(1980a)展示了利用 P 中一系列拓展的控制函数的早期非参数估计值。

赫克曼和奥诺尔(1990)考虑了在大量条件下的罗伊模型的识别。他们确立了模型在正态条件下即使没有回归,也可被识别,因此,没有排除限制。他们后来进一步确立了即使仅能观测 Y,而并不知道其观测到的是 Y_1 还是 Y_0,模型仍然可以被识别。用于选择模型原始的正态假设是以强大的函数形式假设为依据的。[⑥]

---

① 有关识别的准确定义,请参见赫克曼(2000)。

② 在上本书籍中记录的我与图基之间的交换突出了统计学家和计量经济学家在数值方面的不同,这种不同使得识别论述更为明确、且可事实因果区分。

③ 史密斯和韦尔奇使用他们的分析来限制选中子章节(iii)中论述的黑人一白人工资的影响。

④ 竞争风险模型用 $\mathrm{Min}(Y_0,Y_1)$替换 $\mathrm{Max}(Y_0,Y_1)$。

⑤ 除却在极端条件下之外,潜在变量的正态性变成了用于离散选择模型的可接受假设。

⑥ 有力,但是可测试。该模型已被过分识别。有关在有限依赖性变量模型中的分布假设测试,请参见贝拉、雅克和李(1984)进行的试验。

他们研发了一种非参数罗伊模型,并确立了超时或人群中回归变化可对模型进行非参数识别的条件。个人可利用数据中的各类变化替代分配假设,以便识别罗伊版选择模型。赫克曼和史密斯(1998)将该分析线拓展到了推广后的罗伊模型。而结果是决定规则(11)在保证选择模型的识别中有至关重要的作用,在更为普通的情况下。

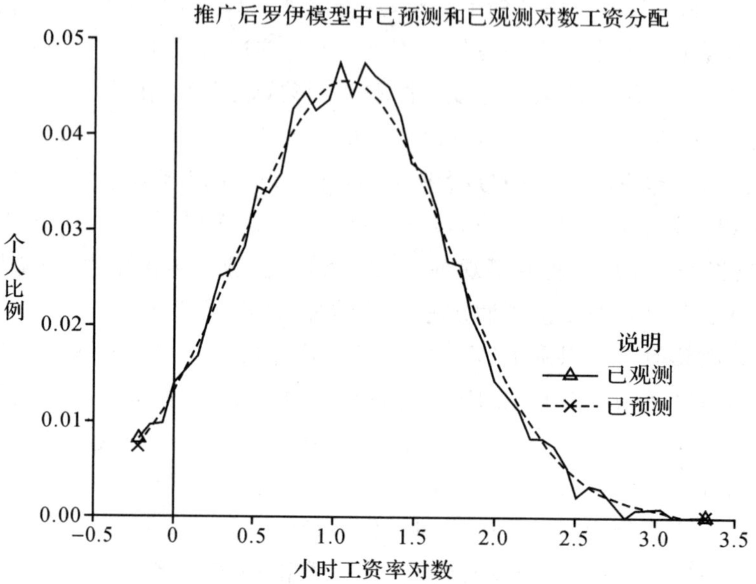

图 6a 非制造业领域

来源:赫克曼和塞德拉切克(1985)。

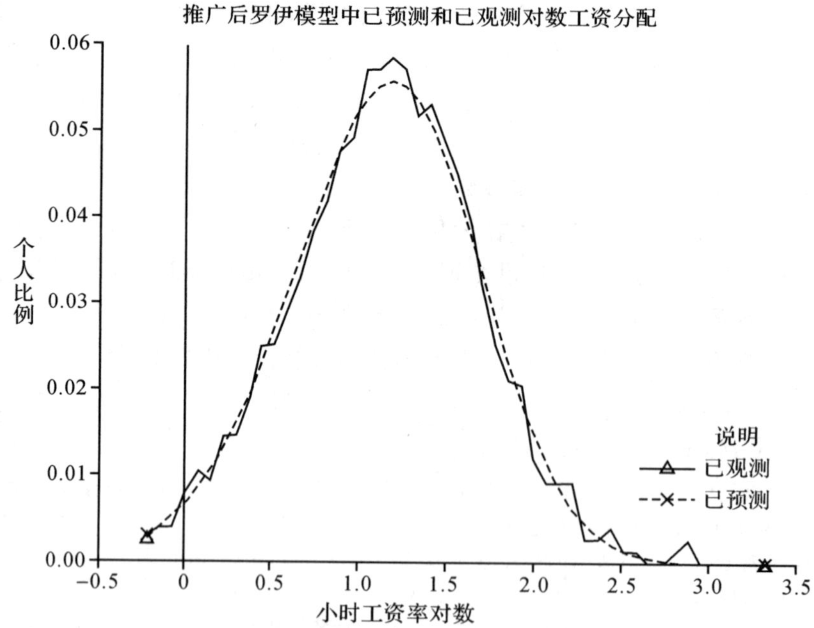

图 6b 制造业领域

来源:赫克曼和塞德拉切克(1985)。

Y_2 可能取决于 Y_1-Y_0,但是也可能取决于其他不可观测量。即使存在人与人之间或超时回归的大量变化,仅选择模型的部分识别能够实现。当模型未被识别时,界定重要参数仍然是可能的,并且整类文献已经开始详尽阐述该观点。赫克曼、市村、史密斯和陶德(1998)讨论了选择模型的半参数估计。同样参见罗宾逊(1988)及阿恩和鲍威尔(1993)。

六、微观动力学和面板数据:异质性和状态依赖性及生命周期劳动力供给

最初的微观数据是区域交叉的。因此,关于离散选择、有限依赖性变量、拥有连续一离散内生变量的模型这三个方面的早期作品在本质上是区域交叉的,并仅注重解释一个时间点上人群的变化。这就引起了对方程(7)和方程(8)里不可观测量来源的多重解释。离散选择文献中介绍的随机公用程式模型将这些解释为暂时的偏向冲击(麦克法登,1974),尤其是当离散选择被考虑进去时。其他解释则是(a)一段时间后稳定的不可观测偏向的系统变化和(b)一段时间后可能会稳定或不稳定的选择和代理被遗漏的特性。[①]

随着劳动经济学领域内面板数据的出现,一项在很大程度上要归功于詹姆斯·摩根以及他在密歇根大学调查研究所的团队的成就,使得对变化来源的探索变得更加系统化。[②] 该课题在女性劳动力供给的研究中也有着特别的重要性。

明瑟(1962)使用一版隐性的随机公用程式模型来论证跨领域劳动力人群的参与数据可被用来估计希克斯一斯拉茨基收入和替代影响。明瑟认为方程(1)中的 H 测量了人们一生的工作时间,此外,他还认为如果一段时间之后娱乐时间完全可替换,则劳动力供给的时机是无关并可以通过掷硬币来确定。随后,W 上劳动力人群参与率的回归可识别希克斯一斯拉茨基的工资影响。[③] 本一波拉斯(1973)假定冲击是个人长久稳定的特点,将劳动力人群参与解释为角点解并显示工资中劳动力人群参与率的回归可识别工作喜好分配中的参数,而不是希克斯一斯拉茨基替代影响(即其会从方程(9)中定义的参数)。

该课题对理解就业和失业数据也很重要。失业数据分析中经常提到的经验性规律为那些过去失业或在过去工作的人群在未来会更容易失业(工作),这是由于失业(工作)的因果效应,还是只是稳定特点的表现,例如某些人会更懒、可观测量持久?宏观经济学一项理论是围绕一个前提建立起来的,这个前提就是通过宏观政策促进工作可形成更高层次的就业(菲尔普斯(1972)。真实和虚假影响之间的区别就是真实状态依赖性和虚假状态依赖性之间的区别。

在一系列文章中,我在计量经济学模型中使用面板数据来调查这些课题。其中一套研究是在方程(10a)—(10c)的模型上建立的,但将这些方程放在生命周期的背景

---

① 赫克曼和辛德(1997)考虑到了这些观点的历史。

② 参见斯塔福德(2001)。

③ 赫克曼(1978c)为麦克法登研究的随机公用程式模型提供了正式分析和关系。

下。我关于生命周期劳动力供给(1974c,1976c)方面的作品,阐述了财富持久需求函数的边际公用程式是用于完全确定环境中或完全未定权益市场中生命周期劳动力供给演变分析的相关概念。根据该作品,马克迪和我(1980)利用赫克曼(1974c)和马克迪(1978,1981)论文研究,对方程(10)的生命周期版模型进行了阐述和估计。该模型将其中的关键不可观测量之一解释为财富边际公用程式,λ。在我们假定的经济背景下,λ 是从经济学理论中衍生出来的稳定的不可观测量或固定影响量。我们所研发的模型第一次将它用于有限依赖性变量、系统化缺失数据以及联合连续一离散内生变量的模型,并拓展到了面板背景下。[①] 我们的证据以及我与威利斯合作的相关作品(赫克曼,威利斯,1977)显示融合本一波拉斯和明瑟的观点是恰当的,而纯粹随机的公用程式规定是不恰当的。该框架已经被拓展至解释奥特格和米勒(1990,1998)的重要文章里的人力资本和不确定性。

在相关作品里,我将离散选择的跨领域静态模型推广至动态背景中,并利用上述推广处理了异质性和状态依赖性之间的问题。该基本问题可简单通过考虑下列罐子方案(1981c)理解。

在第一种方案中,i,即个人,拥有装有同样红色和黑色球的罐子。在 t 上,i,即独立试验个人拿起一个球,然后将球放回其自己的罐子内。如果一个红色球落在试点 t 上,则个人 i 经历该事件(例如,就业、失业等)。如果一个黑色球落下,则个人 i 不经历该事件。该模型与简单的伯努利模型相吻合,并且捕捉到了麦克法登(1974)关于离散选择的作品中优先于选择过程的基础观点。从该罐子方案中生成的数据来看,关于过去经历过某一事件的个人很可能在未来经历同一事件这一经验性规律并未被观测到。如果不考虑经历的事件历史,则所有人均有经历事件的相同概率。

第二个罐子方案所生成的数据会引起仅由于异质性而造成的过去事件对当前事件产生影响。在该模型中,个人所有的罐子在红色球和黑色球的组成上有所不同。正如第一个模型,取样由替代来完成。但是,不像第一个模型,有关个人过去事件经历的信息为定位个人在罐子组成的人口分配中的位置提供了有用的信息。

个人过去的经历可用来估计特定个人的罐子组成。个人 i 在时间 t 经历事件的假定概率是其过去事件经历的函数。各罐子的内容不会受到真实结果的影响。事实上,这些内容是恒定不变的,并没有真实的状态依赖性。

第三个罐子方案生成的数据由真实状态依赖性描述特性。在该模型中,个人用相同的罐子开始进行试验。在各试验中,罐子的内容随着试验结果的产生而变化。例如,如果一个人丢了一个红色球,并经历了事件,则额外的新红色球会加进他的罐子内。由于为后来试验设定的选择随着经历事件结果的产生而改变,因此后来的结果会受到先前结果的影响。

第三个罐子方案的变量可以依据与全新模型相吻合来进行构造。在该方案中,新

---

① 布朗宁、迪顿和艾力什(1985)将这种观点应用到使用标准方法分析合成群体的跨领域重复数据中。

红色球随着先前红色球的连续丢落被加进个人的罐子里,然后,由于红色球被连续地丢落,所有的红色球均从罐子里拿走。这时,罐子的组成就和丢落红色球之前的内容一样。与劳动力供给进入固定成本相吻合的模型是全新方案的一个变量,在该方案中,新红色球仅在丢红球的任意一轮中丢第一个红球时被加进罐子。

区分第三个方案和第二个方案的重要特点就是罐子的内容(选择系列)会随着先前经历结果的产生而改变。重点并不是选择序列在试验中的改变,而是其在取决于选择过程的先前结果的方式中改变。为澄清这一点,有必要考虑执行第四个方案,该方案与接下来将正式介绍的异质性类型众多的模型相吻合。

在该模型中,与第一个罐子方案相同,个人用相同的罐子开始进行试验。在各试验之后,不考虑试验结果,通过丢弃随机选择的一部分球及用较大罐子(比如有数量庞大,两种颜色都有)里随机选择的一组球代替被丢弃的球,每个人罐子里的内容都会改变。假设每次试验都未将个人罐子装满,尽管先前试验所得的信息随着时间延长而减少,但是先前试验结果的信息对预测后来的试验结果有着重要的作用。正如第二个和第三个模型中,先前的结果会给出各罐子内容的信息。不像第二个模型,第四个模型中的信息会由于罐子内容以随机的方式的变化而贬值。不像第三个模型,罐子内容并不会随选择过程任意结果的产生而变化。

在有关女性劳动力人群参与的文献中,极端同质性(与罐子模型一一致)和极端异质性(与装有全红或全黑颜色球的罐子模型二一致)模型均与跨领域证据相一致。这就是明瑟和本一波拉斯之间的不同。赫克曼和威利斯(1977)对女性劳动力人群参与概率中异质性模型进行了估计,该模型是对罐子模型二的概率模拟。

罐子模型三是比较特殊的。它与人力资本理论、其他强调先前工作经验对当前工作选择影响的模型一致。通过工作培训而获取的人力资本投资产生了结构状态依赖性。由劳动力人群新进者引发的固定成本也可能会产生结构状态依赖性。因此可能会产生特定的人力资本。该罐子模型同样与心理学选择模型一致,在该种模型中,由于工作激励的结果、女性的偏好改变,劳动力人群的活动也因此被巩固了。(阿特金森、鲍尔和克罗瑟斯(1965),或者巩固了习惯信息的经济模型。

面板数据可用来区别上述模型。例如,第二个罐子模型的含义是女性参与的概率不会因为其劳动力经历而变化。第三个模型的含义是参与概率会随着工作经验而变化。区别这两个模型的一个方法,就是利用足够长度的劳动力历史来估计生命周期子区间内的参与概率。如果一个指定女性的已估计概率在生命周期各个阶段并没有不同,则不能证明有结构状态依赖性。

赫克曼(1981a,b)研发了一类离散数据随机过程,这类过程将麦克法登(1974)的离散选择模型推广到动态背景下。该构建足够测试四个罐子模型,并显示了动态离散选择的框架。[①] 赫克曼和辛格(1985a)展示了麦克法登模型明确的推广,其中威布尔冲击跟着

---

① 赫克曼和威利斯(1974,1975)展示了在繁殖动态的模型分析中该模型的原型。利拉德和威利斯(1978)将该模型应用到收入动态的分析中。

普瓦松一起到达。达格斯维克(1994)展示了麦克法登模型推广至持续时间的背景。

赫克曼(1978d)显示使用连续测试区分异质性和状态依赖性是可能的。测试背后的直觉是如果纯粹的异质性解释是恰当的,则仅事件过去发生总次数,而不是过去事件的发生命令,与预测结果的当前概率相关。如果状态依赖性重要,那么过去事件的时机也很重要。该见解是奥诺尔和凯利齐多(2000)的分析延迟依赖性变量的近期作品的依据。基亚波里和赫克曼(2000)在区分逆向选择和道德风险模型时也应用了上述见解。赫克曼和博尔加斯(1980)展示了用于持续时间持续期分析的相关分析,并应用此种分析方法来分析重要的政策问题,即过去的失业会不会造成将来的失业,或过去的失业会不会只是失业倾向的信号。对于美国的年轻人来说,他们发现后者更为恰当。失业的经历对将来的就业没有持久的影响。赫克曼(1981c)分析了女性就业,发现对于年龄较大的已婚女性(年龄在45—59岁)来说,过去的就业经历会提高将来的就业机会,甚至会控制那些不可观测量。莱亚德、尼克尔和杰克曼(1991)总结了失业历史中真实状态依赖性的最新证据。

赫克曼(1981c)中的表2揭示了异质性和暂时持久性是女性劳动力参与数据中的重要特点。该表记录了三年来女性的工作史,其中,“1”表示当年工作,“0”表示不工作。如果传统的随机公用程式模型描述了数据的特性,则拥有相同数字“1s”和“0s”(不考虑它们的顺序)的所有行应该大致相等,但是很明显它们并不相等,尤其是对于年轻女性来说。工作的人想继续工作,不工作的人也想继续不工作。

表2 数据中的连续模式

(1代表当年工作,0代表不工作)

连续模式			观测数量	连续模式			观测数量
1968	1969	1970		1971	1972	1973	
A. 1968年45—59岁的女性							
0	0	0	87	0	0	0	96
0	0	1	5	0	0	1	5
0	1	0	5	0	1	0	4
1	0	0	4	1	0	0	8
1	1	0	8	1	1	0	5
0	1	1	10	0	1	1	2
1	0	1	1	1	0	1	2
1	1	1	78	1	1	1	76
B. 1968年30—44岁的女性							
0	0	0	126	0	0	0	133
0	0	1	16	0	0	1	13
0	1	0	4	0	1	0	5

续 表

连续模式			观测数量	连续模式			观测数量
1968	1969	1970		1971	1972	1973	
B. 1968年30—44岁的女性							
1	0	0	12	1	0	0	16
1	1	0	24	1	1	0	8
0	1	1	20	0	1	1	19
1	0	1	5	1	0	1	8
1	1	1	125	1	1	1	130

来源:詹姆斯·赫克曼:《异质性和状态依赖性》。
罗素:《劳动力市场研究》,芝加哥大学出版社1981年版。

即使在对可观测量进行假设之后,这也是真实的。暂时性持久不可观测量是微观经济学数据的一个中心特点,其影响了我们估计模型和解读数据的方式。

关于这个话题的早期作品解释了为不可观测量使用参数分配的持久异质性。① 一个重要的问题是是否有可能在没有参数结构的条件下区分异质性和状态依赖性。通过连续测试的分析方法,赫克曼(1978c)显示了在依赖性的两种来源中进行测试是可能的。待解决的问题是是否可以采用赫克曼利用参数结构的方式去测量相关成就。

埃尔贝斯和里德尔(1982)表明上述方法在理论上是可行的,但是必须要在持续期分析中的成比例隐患模型情境中。但是上述方法不会提供估计算法。赫克曼和辛格(1984)将他们的分析拓展至研发持久估计项目。卡梅伦和赫克曼(1998,2001)及汉森、赫克曼和维特拉希尔(2000)将该分析模型拓展并推广至有联合限定的离散及持续结果变量的离散时间结果。赫克曼和辛格作品中的一个重要发现在后来大量的研究中被重复。该项发现是不可观测量的分配可以通过低维无限混合或"类型"进行粗略估计。这已经证明了在离散动态选择分析中是卓然有效的。(见,埃克斯坦和沃尔品,1999。)

离散动态选择领域已经有了很大的进步,且是研究中活跃的领域。弗林和赫克曼(1982)展示了在失业的研究模型情境下离散动态选择的第一个严格的结构模型。他们调查了搜索模型的非参数可识别性,并展示了已被证明在识别拍卖模型的情境中有用的一类识别原理。见拉丰、奥萨德和浮翁(1995),唐纳德、帕斯卡(1996),洪(1998)。帕克斯(1986)、拉斯特(1987)、埃克斯坦和沃尔品(1989,1999)及基恩和沃尔品(1997,1999)和其他学者的有关动态离散选择的后期作品,更多地将注意力放在参数模型的计算方法上。② 有关该作品概述,请参见拉斯特(1996)。

---

① 有关人口学中混合模型的概述,请参见谢普斯和门肯(1973)。赫克曼和威利斯(1974,1975,1977)用参数混合模型估计了繁殖和劳动力供给模型。兰卡斯特(1979,1990)及兰卡斯特和尼克尔(1980)应用这些模型来分析失业情况。

② 由阿西和艾莱(2000)和其他人做出的关于拍卖的相关研究认真地对待非参数识别。

七、干预效应

结构计量经济学模型的识别和估计是具有挑战性的任务，尤其是对于那些有动态和不确定性的模型来说更具挑战性。该研究的价值是在问题背后的。但是该任务的困难也是比较明显的。由于经验性发现展现了经济学数据中异质性的重要性，因此该任务变得更加困难。

考尔斯计量经济学将注意力放在参数线性模型上，其中，个人为 i

$$Y_i = X_i\beta + U_i. \tag{20a}$$

在这个方程里，$E(U_i)=0$，且当 $E(U_i\mid X_i)\neq 0$ 时，分析所产生的问题。个人中存在的异质性被塑造为截距里的异质性。过去的 30 年间，从微观计量经济学的研究整体中所获的经验性证据支持斜面和截距中的一种更包容的异质性观点：

$$Y_i = X_i\beta_i + U_i, E(U_i) = 0. \tag{20b}$$

在这个方程里，倾斜随着个人的不同而变化。使 $\bar{\beta}=E(\beta_i)$，$v_i=\beta_i-\bar{\beta}$。在微观计量经济学的众多领域内，有大量的最新证据指出了 x_i 和 β_i 之间的关系，因此，除了 $E(U_i\mid X_i)\neq 0$ 之外，$E(v_i\mid X_i)\neq 0$。（卡内罗、赫克曼、维特拉希尔，2001c，d）。这是“相关随机共同作用模型”。其源于经济报酬教育的分析。如果教育为 X，Y 为对数收入，则与教育相关的 β 的成分为报酬率。报酬率可能会在个人之间变化，并与教育水平有着似乎合理的联系。标准的用于 β 工具变量方法在代理选择 X_i，对 v_i 起作用时，就已经失败了（赫克曼，1997、赫克曼和维特拉希尔，1998）。类似于(20b)的模型仅仅是经验性冰山的一角。[①] 大多数结构模型在估计方程时有一种普通的非线性形式，这种方程仅可进行递归式定义（见拉斯特，1996）。[②] 这就为结构方程的估计增加了更大的难度。

考虑到坡度和截距中异质性结构模型的估计具有复杂性，计量经济学家和经验性经济学家已经探索到回答某些范围狭窄的问题更简单的方法，代替一系列可以通过结构方程方法处理的问题。关于干预效应的文献调查了用部分覆盖的一类干预，因此有“干预”和“控制”组。在评估干预时普遍应用是无用的，除非有经历不同干预的独立经济数据，并且各经济是分离的。其通过假设非参与者结果（控制组成员）同没有干预时的经历相同，巧妙地处理了一般的均衡问题。（赫克曼和史密斯，1998）。[③]

干预效应文献利用生物统计学家处理评估药品问题的方法来处理政策评估问题。受到政策影响的个人结果与那些未受到政策影响的结果进行比较。因为在当代社会，个人结果是通过市场和其他社会作用进行相互连接的，所以该类比在评估许多社会政

---

① 卡内罗、赫克曼和维特拉希尔（2001c，d）以及达斯特曼和梅吉尔（2001）展示了基于相关随机的共同作用模型的估计。

② X_i 独立于 β_i 时的随机共同作用模型被引进鲁宾（1950）的计量经济学。线性指数中 X_i 独立于 β_i 情况下，随机共同作用概率模型在瑟斯通（1927）文章中是不明确的，并由多艺希奇和麦克法登（1975）介绍进计量经济学。市村和汤普森（1998）为该类文献提供了富有见解的最新贡献。

③ 由坎贝尔和斯坦利（1966）共同撰写的作品是教育统计学中经典的参考文献。早期经济学家做出的贡献包括戈德伯格（1972）、巴诺、该隐和戈德伯格（1980）以及该隐（1975）的文章。

策的情境下非常牵强。这就引起了那些受到“直接”影响和仅受到“间接”影响之间的区分。社会的剩下的群体则受到用于筹措补助金的税收成本的间接影响,并受到受教育劳动力和未受教育劳动力价格上教育存量拓展的影响。[①]

干预效应文献和结构方程文献之间的基本不同通过以下分析表述出来。假设在方程(7)中给出了潜在结果用的模型。那些函数是非线性的,同时,U_i 可能是结果特定的不可观测量的向量。U_i 可能会随机地取决于 X_i。方程(20a)的随机共同作用模型是方程(7)的一种特殊情况,在这其中,该模型将 U_i 解释为向量。假设一种有两种潜在结果(Y_0,Y_1)的模型。将结果写成马歇尔式的因果函数

$$Y_0 = g_0(X,U_0). \tag{21a}$$

$$Y_1 = g_1(X,U_1). \tag{21b}$$

为特殊性考虑,将(Y_0,Y_1)想成是高中生或大学生的潜在收入。

结构方法寻求限定 g_0 和 g_1,方法通常是启用附加分离性,例如,在标量(U_0,U_1)这一情况下

$$Y_0 = g_0(X) + U_0. \tag{22a}$$

$$Y_1 = g_1(X) + U_1. \tag{22b}$$

对这些函数以及选择(Y_0,Y_1)中哪一要素进行观察的经济机制的限定,使得分析师能够解答章节 2 中考虑到的一系列政策反事实假设,上述反事实假设受章节 2 中论述过的支撑条件的影响。

干预效应文献将注意力放在更窄范围的问题上,并在比识别和估计结构方程所需的更脆弱的条件下对问题进行解答。在方程(21a)-(21b)的情境下,很自然地就会把干预想成个人从状态“0”移至状态“1”的运动。如果一个人处在状态 1 中,则 $D=1$;反之,$D=0$(例如,高中)。

两个干预效应在当前的文献中得到了最多的注意:$\Delta=Y_1-Y_0$ 的平均干预效应,是随机选择某人以得到干预的效应:

$$E(\Delta \mid X = x) = E(Y_1 - Y_0 \mid X = x) = ATE(x).$$

或者对干预组进行的干预效应,对那些真正得到干预的人的干预效应:

$$E(\Delta \mid X = x, D = 1) = E(Y_1 - Y_0 \mid X = x, D = 1) = TT(x);$$

根据方程(21a)-(21b)的结构模型,

$$ATE(x)=E(Y_1-Y_0 \mid X=x)=E[g_1(X,U_1)-g_0(X,U_0) \mid X=x]$$

$$TT(x)=E(Y_1-Y_0 \mid X=x,D=1)=E[g_1(X,U_1)-g_0(X,U_0) \mid X=x,D=1].$$

根据一个更为熟悉的附加性分离表征

$$ATE(x) = g_1(x) - g_0(x) + E[U_1 - U_0 \mid X = x];$$

$$TT(x) = g_1(x) - g_0(x) + E[U_1 - U_0 \mid X = x, D = 1].$$

---

① 参见赫克曼和史密斯(1998)。赫克曼、洛克纳和泰伯尔(1998a,b,c,1999)阐述了这些“间接”影响的作用。刘易斯(1963)在评估工会主义对经济造成的影响的背景下处理这些一般均衡效应,并介绍了直接和间接效应的概念。

上述参数的定义并不需要 X 是内生的或 $E(U_1-U_0|X=x)\neq 0$ 或 $E(U_1-U_0|X=x,D=1)\neq 0$)，或结构函数 g_1 和 g_0 已被识别。当然，如果知道结构函数及 (U_0,U_1) 和 X 之间的依赖性，则可识别干预参数，因此，结构方法更为普遍。

在相关联的随机共同作用框架(20b)中，写下干预参数是有用的。将观测到的 Y 定义为

$$Y=(1-D)Y_0+DY_1. \tag{23}$$

Y 可能是离散的、连续的或离散和连续混合的。将 (Y_0,Y_1) 的假定期待值的剩余定义为

$$\varepsilon_0=Y_0-E(Y_0\mid X=x)=Y_0-E(g_0(X,U_0)\mid X=x);$$
$$\varepsilon_1=Y_1-E(Y_1\mid X=x)=Y_1-E(g_1(X,U_0)\mid X=x).$$

在附加性分离情况下：

$$\varepsilon_0=Y_0-g_0(x)-E(U_0\mid X=x);$$
$$\varepsilon_1=Y_1-g_1(x)-E(U_1\mid X=x).$$

即使在这一情况下，仅在错误为独立于 X 的平均值时，零平均值 (U_0,U_1) 将会与 $(\varepsilon_0,\varepsilon_1)$ 相符合。在干预效应文献中，(U_0,U_1) 没有平均值依赖性要求。为便于计数，定义 $E(Y_1|X=x)=\mu_1(x)$ 以及 $E(Y_0|X=x)=\mu_0(x)$。观测发现除了当 $E(U_0|X)=0$ 以及 $E(U_1|X)=0$ 之外，$\mu_1(x)$ 和 $\mu_0(x)$ 并不是马歇尔式因果函数。

在此次计数中

$$ATE(x)=\mu_1(x)-\mu_0(x),$$
$$TT(x)=\mu_1(x)-\mu_0(x)+E[\varepsilon_1-\varepsilon_0\mid X=x,D=1].$$

我们可能会将方程(23)写成

$$Y=\mu_0(X)+D(\mu_1(X)-\mu_0(X)+\varepsilon_1-\varepsilon_0)+\varepsilon_0. \tag{24}$$

这是函数形式(20b)的一种非参数随机共同作用模型，在该模型中，随机共同作用体现在 D 上，并且 D 可能会与 ε_0 和 $\varepsilon_1-\varepsilon_0$ 相关联。观测发现当 $\Delta=Y_1-Y_0=\mu_1(x)-\mu_0(x)+\varepsilon_1-\varepsilon_0$ 时，共同作用在 D 上，即个人层面上的干预效应。其有平均值 $ATE(x)=E(Y_1-Y_0|X=x)=\Delta(x)$。为方便计数，我把后来分析中在 X 上的依赖性保持在隐性状态。

我们可能会用两种不同的方法写(24)。首先，根据 ATE，我们得到

$$Y=\mu_0+(\mu_1-\mu_0)D+\{\varepsilon_0+D(\varepsilon_1-\varepsilon_0)\}=\mu_0+(ATE)D+\{\varepsilon_0+D(\varepsilon_1-\varepsilon_0)\}.$$

根据 TT，我们得到

$$Y=\mu_0+[\bar{\Delta}+E(\varepsilon_1-\varepsilon_0\mid D=1)]D+\{\varepsilon_0+[(\varepsilon_1-\varepsilon_0)-E(\varepsilon_1-\varepsilon_0\mid D=1)]D\}$$
$$=\mu_0+(TT)D+\{\varepsilon_0+[(\varepsilon_1-\varepsilon_0)-E(\varepsilon_1-\varepsilon_0\mid D=1)]D\}.$$

现在，识别这些干预效应的计量经济学问题被限制在 D 可能会与支撑中的错误代数项有关的问题上。

观测发现大量的平均值可以通过不同的假定实现定义。因此，会有不同的平均值响应，并且不同的平均值会回答不同的问题。除了在下面提到的特殊情况里之外，单个平均或“代表”代理在解答所有政策评估问题时是没有用处的。面对特殊不可观测

量的选择时,没有单个"效应"会描述一组项目或干预。大量的干预效应可以依赖用来定义"该"效应的假定。

在全样本中随机选择个体进入处理组,其与控制组平均值的差异,即是平均干预效应(ATE)。在干预组中随机地选择个体接受干预措施,这些个体与其他未接受干预个体期望值的差异,即是干预组平均干预效应(TT)参数。假设完全符合,则这是最新社会试验里的隐性兴趣参数,而该种社会试验拒绝接近其他可接受的申请者。

区分方程(24)的三种情况并把他们与更传统的计量经济学模型相联系是有用处的。当每个人对干预的响应一样时(假定 $X=x$),第一种情况产生:

(C-1)$\varepsilon_1=\varepsilon_0$,因而 Δ 是恒量。

在这种情况下,$E(\Delta|D=1)=E(\Delta)=\Delta$。一个"代表"代理总结了该项目的平均结果。有单个平均值"效应"。选择偏差问题本质上就是 D 可能与 ε_0 相关的考尔斯问题。[①]

当对干预的响应因人而异时,第二种情况就出现了,但是实施干预的决定并不以这些变量的响应为依据:

(C-1)$\varepsilon_1\neq\varepsilon_0$,因此 Δ 因人而异,但是 $\varepsilon_1\neq\varepsilon_0$ 是独立于 D 的平均值,所以 $E(\Delta|D=1)=E(\Delta)$.

在该种情况下,被评估活动中的参与报酬在事后有变化,但是对于有 X 同等数值的所有人来说,参与报酬通常是相等的。正如有共同作用的情况一样,这种情况对被评估干预的"代表"代理描述是有利的。再一次,计量经济学问题在本质上就是 D 可能与 ε_0 相关这一问题。

当对干预的响应因人而异时,第三种情况出现了,同时,实施干预的决定是建立在该变化的基础之上的:

(C-3)$\varepsilon_1\neq\varepsilon_0$,因此 Δ 因人而异;$\varepsilon_1-\varepsilon_0$ 不是独立于 D 的平均值时,$E(\Delta|D=1)\neq E(\Delta)$.

人们在部分程度上根据未观测到的报酬,对干预状态进行了分类。现在,计量经济学问题不仅需要解释 ε_0 和 D 之间的关系,还需解释 Δ 和 D 之间、(Δ,D) 和 ε_0 之间的关系。

代理所奉行的回应干预的异质性违反了考尔斯计量经济学中的共同参数假设。干预并没有单个"效应",但是,其又取决于假定变量的大量效应。[②] 这就代表着异质性从根本上背离了政策不变量的结构参数,而上述基于 g_0 和 g_1 的结构参数是考尔斯计量经济学的标志。关于生成参数的结构文献的统一和简单是可以在经济环境中进行传输和比较的,并且似乎消失在干预效应的文献中。

从数据中恢复这些评估参数需要做出的假设比恢复结构参数所需的假设少。但是重要的问题依然存在,并且尽管形势不同,重要问题还是将我们带回估计结构参数用的选择问题上。将注意力集中在平均值上,从观测到的数据中我们可以一直估计 E

---

① 观测发现 $U_1=U_0$ 并不能得出 $\varepsilon_1=\varepsilon_0$ 的结论。

② 这点在赫克曼和罗伯(1985, 1986)以及比约克隆和莫菲特(1987)的文章中早就被认可。

$(Y|X=x,D=1)=E(Y_1|X=x,D=1)$(例如,大学毕业生的收入)及 $E(Y|X=x,D=0)=E(Y_0|X=x,D=0)$(例如,高中毕业生的收入)。

如果大学毕业生是高中毕业生,就用高中毕业生的收入代表大学毕业生的收入这一方法是有问题的。比较两组人群的收入平均值:

$$E(Y_1 \mid X=x,D=1)-E(Y_0 \mid X=x,D=0) = \underbrace{E(Y_1-Y_0 \mid X=x,D=1)}_{TT(X)}+ \underbrace{E(Y_0 \mid X=x,D=1)-E(Y_0 \mid X=x,D=0).}_{\text{选择偏差}}$$

第二个代数项代表了,即使都未读大学,高中毕业生与大学毕业生也会存在的收入差距。如果我们选择 ATE 作为参数,则选择偏差的另一定义就会出现。

如果正如提倡匹配方法的统计学家假设的一样没有不可观测量,或者如果 X 上的偶然假定消除了不可观测量之间的平均值区别,那么选择偏差代数项会消失。然而,大多数微观数据方程不理想的拟合显示对于没有可观测量的假设是不可接受的。依靠匹配是信仰的体现。① 许多不同的方法已经被提出来以消除这些选择偏差。我与罗伯(1985,1986)共同研发出了大量用于不同经济模型、取样方案和干预参数的不同估计值。我们做出了大量识别性假设并使用经济学和统计学去证明估计值选择的合理性。

如果不同的环境由不同的(X,U_0,U_1)依附来进行特性描述,则在一种环境中估计的干预效应不会传输到另一环境中。② X 的变化并不是其他条件不变的变化,并且也不会解答结构问题。干预效应文献通过将注意力放在估计一种效应或一系列有限效应上的方法规避了这些问题,而上述一系列有限效应仅可应用到一种环境中。③④ 这种方法避免了大部分结构估计的问题,但是却需要付出不解答结构问题的估计生成的代价。不仅在不可比较的跨研究领域中这些参数的估计是基于不同的样本(因此进行跨研究知识累积是很困难的),而且将在同种样本里进行估计的不同干预效应联系起来也是很困难的。

(i)使用边际干预效应来统一治理效应文献

近期,与维特拉希尔(1999;2000a,b,c,d;2002)使用一种经济上可解读的干预参数,即边际干预参数,共同统一了有关干预效应的文献。我们将干预效应文献与更为传统的结构方程文献联系起来,以获取结构方法的一些用处。

由于可观测量的给定数值及不可观测量的假定在项目参与方程中,因此对于那些

---

① 将教育和收入联系起来的收入方程中能力偏差的经典模型假设教育收入里的选择偏差为正,即使假定 X 时,选择偏差也与匹配相一致。罗伊模型与匹配不一致。(参见赫克曼和维特拉希尔,2002)。

② 这是最初由哈维默(1943)提出来的该观点的干预效应版。

③ 赫克曼在估计从随机分配至干预而限定的参数的背景下提出了这个观点。有关更广泛的论述,请参见赫克曼和维特拉希尔(2001d,2002)。

④ 马尔沙克和赫维奇(1962)考虑到了经济决定问题,这些问题不将结构参数的全部知识列入考虑范围。

处在项目参与边际的人群来说,边际干预参数是项目干预的平均效应。①

我们展示了不同参数与不同权重相吻合的条件,在这些条件下,将所有的传统干预参数表示为边际干预参数的权重平均值是可行的。参见赫克曼和维特拉希尔(1999;2000a;2001c,d;2002)。在相同的条件下,我们通过对估计值进行分类的方法整理组织了计量经济学评估文献,而对估计值进行分类的依据为其是否假设边际干预参数取决于限定项目参与的方程中的不可观测量。普通的线性工具变量被描述为边际干预参数的权重平均值,其中,大概的权重与用于定义标准干预参数的权重是不同的。(赫克曼和维特拉希尔,2000a,b;2001c,d;2002)。

更确切地说,我们的工作从(21a)和(21b)中开始,并通过假设一个潜在变量 $D^*=\mu_v(Z)-U_D$,即 $D^*\geqslant 0$ 时,$D=1$;反之,$D=0$,连接离散选择文献。因此,罗伊模型中的选择机制及其推广被保留,但处在半参数背景下。我们假设:(a)$\mu_D(Z)$不是在 X 上假定的非简定随机变量;(b)就勒贝格测度而言,U_D 绝对是连续的;(c)(U_1,U_D)和(U_0,U_D)是独立于 X 上的 Z 假定值的;(d)Y_0 和 Y_1 有无限一次矩;(e)对于每个 $x\in Supp(X)$,$1>Pr(D=1|X=x)>0$。假设(a)和(c)均为工具变量假设,有至少一种工具限定项目参与而不是结果。假设(b)最初是为便利而设的技术假设。假设(d)保证了兴趣参数会定义明确。假设(e)是在对于各 X 来说有干预和控制组的人口中的假设。这些条件把可测限制强加在数据上(赫克曼和维特拉希尔,2000a)。只要个人恰当地评估项目而不不把项目投入到新人口中,则 X 并不一定要是外生性的。②

在没有流失一般性的情况下,我们把 X 的要素包含在 Z 中。我们把 $P(z)$定义为在 $Z=z$ 上接收干预假定的概率:$P(z)=Pr(D=1|Z=z)=F_{U_D}|X(\mu_D(z)|x)$,在这里,$F_{U_D}|X(\cdot|x)$表示 $X=x$ 上 U_D 假定的分配。在没有流失一般性的情况下,我们加上了标准 $U_D\sim Unif[0,1]$,因此 $\mu_D(z)=P(z)$。维特拉希尔(2001)在假设(a)~(e)中证明选择模型与尹本和安格瑞斯特(1994)的局部平均干预效应模型相同。

在项目中处在 $U_D=u_D$ 层次参与边际上的干预平均效应为边际干预效应(MTE):$\Delta MET(x,u_D)\equiv E(\Delta|X=x,U_D=u_D)$。这是统一估计值和干预参数的依据。我们研究出了局部工具变量方法来估计这个参数。正如我在下面将要提到的,就 p 而言,参数可以通过 $E(Y|X=x,P=p)$的导数来估计。

我们确定在条件(a)~(e)下,所有应用在评估文献中的人口干预参数均是 MTE 的权重版。因此对于干预参数 j,

---

① 参数由比约克隆和莫菲特(1987)引进评估文献。这是局部平均干部效应模型参数的有限形式,其中,局部平均干部效应模型参数被引进尹本和安格瑞斯特(1994)的文章中;局部平均干部效应模型的有限形式被引进赫克曼(1997)以及安格瑞斯特、格雷迪和尹本(2000)的文章中。同时参见赫克曼和史密斯(1998)。

② 观测发现没有有关 X 的外生性要求。一个反设事实"无反馈"条件与结构计量经济学的经典非因果性假设相对应,这种假设是可解读性的要求,以致 X 上的假定不会标记 D 的效应。如果 D 设定为 d,即排除 D 到 X 的反馈 $X_1=X_0a,e$ 的充分条件,X_d 则用表示 X 的数值。赫克曼和维特拉希尔(2001d,2002)论述了外生性假设在投射已估计干预效应至新环境的情况下的角色。

$$参数\ j(x)=\int_0^1 \Delta^{MTE}(x,u_D)\omega_j(x,u_D)\mathrm{d}u_D. \tag{25}$$

若更为具体，我们有

$$ATE(x)=\int_0^1 MTE(x,u_D)\mathrm{d}u_D$$

和

$$TT(x)=\int_0^1 MTE(x,u_D)g_x(u)\mathrm{d}u_D.$$ ①

尹本和安格瑞斯特(1994)的 $LATE$ 参数为

$$LATE(x,P(z),P(z'))=\left[\int_{P(z')}^{P(z)} MTE(X=x,U_D=u_D)\mathrm{d}u\right]\frac{1}{P(z)-P(z')}.$$

干预效应 IV 估计值(以及其他估计值)的概率限制可能也会被写成 MTE 的权重平均值。② 因此，$X=x$ 上的假定，估计值 k 的概率限定为

$$膨胀估计值\ k(x)\int_0^1 \Delta MTE(x,u_D)\omega_k(x,u_D)\mathrm{d}u_D. \tag{26}$$

可以显示，正如与许多包括 IV 使用 $P(Z)$ 作为工具的估计值相吻合的权重一样，和传统干预参数相吻合的权重统一了。一般说来，不同估计值的概率限制在对 MTE 进行加重时是与参数不一样的。③ 注意如果对干预的响应不因人而异(假定 $X=x$)或因人而异，则在上文给出的形式中，参数和估计值一致；还要注意代理并不参与依据这类变化的项目。在更为普通的情况下，估计值和参数不同，而该种情况描述了大部分文献中的研究。

(ii)估计 MTE 并理解工具变量

考虑将工具变量方法应用到估计标准干预效应参数中。经济学家已经使用工具变量(IV)70 多年了。④ 支撑工具变量方法的直觉已被广泛接受和理解。它通过使用工具变量变化对实验性变化进行模拟。在相关联共同作用的回归模型(C-1)中，IV 是解决 D 和错误代数项 ε_0 相互联系这一问题的方法。标准的工具变量方法在更为普通的情况(C-3)下失败了(赫克曼，1997)。

考虑使用 $P(z)$ 作为 D 的工具。假设我们寻求在情况(C-3)中估计已干预(TT)的参数干预。抑制对 X 明确的依赖性以简化记数。在赫克曼和维特拉希尔所做出的假设下，TT 参数可以写成

$$\begin{aligned}TT&=E(\Delta\mid Z=z,D=1)=E(\Delta\mid P(z)\geqslant U_D)\\&=\mu_1-\mu_0+E(\varepsilon_1-\varepsilon_0\mid P(z)\geqslant U_D)=\bar{\Delta}+E(\varepsilon_1-\varepsilon_0\mid P(z)\geqslant U_D).\end{aligned} \tag{27}$$

---

① 赫克曼和维特拉希尔(1999，2000a)定义了 $g_x(u)$。

② 在伊达沙基(1996)以及安格瑞斯特、格雷迪和尹本(2000)的文章中，下面的表达式方程(26)与相似的表达式有关。

③ 在条件(a)—(e)中，方程(25)或估计值中任意两个具有代表性的政策参数和参数之间的不同可被写成是 MTE 的最大和最小可能数值和两个权重之间的距离测量值之间不同的衍生物。

④ 参见摩根(1990)文章中的历史。最早由莱特(1928)应用。

在情况(C-1)和(C-2)中,两个表达式中的最后一项代数项是0。使用(24),我们可能写

$$E(Y \mid Z=z)=\mu_0+\bar{\Delta}+E(\varepsilon_1-\varepsilon_0 \mid P(z) \geqslant U_D)P(z). \qquad (28)$$

如果正如情况(C-1)或(C-2)中一样,$E(\varepsilon_1-\varepsilon_0 \mid P(z) \geqslant U_D)=0$,则我们可能会应用工具变量的逻辑来写 z 的两个数值,$P(z) \neq P(z')$

$$E(Y \mid Z=z)=\mu_0+[\Delta+E(\varepsilon_1-\varepsilon_0 \mid P(z) \geqslant U_D)]P(z).$$

$$E(Y \mid Z=z')=\mu_0+[\bar{\Delta}+E(\varepsilon_1-\varepsilon_0 \mid P(z') \geqslant U_D)]P(z').$$

从上方减去下方的方程,用 $P(z)-P(z')$ 分开,以获得

$$\frac{E(Y \mid Z=z)-E(Y \mid Z=z')}{P(z)-P(z')}$$

$$=\bar{\Delta}+\frac{E(\varepsilon_1-\varepsilon_0 \mid P(z) \geqslant U_D)P(z)-E(\varepsilon_1-\varepsilon_0 \mid P(z') \geqslant U_D)P(z')}{P(z)-P(z')}. \qquad (29)$$

如果 $E(\varepsilon_1-\varepsilon_0 \mid P(z) \geqslant U_D)=0$,则 IV 识别干预 $\bar{\Delta}$ 的效应,且所有的平均干预参数是一样的。在更为普通的情况下,这种方法仅识别方程(29)中参数的联合。

在情况(C-1)和(C-2)中,当括号内的变量与代数项相乘时,以线性方式进入方程(28)。在情况(C-3)中,加入到表达式的两处。因此,有关(C-1)或(C-2)是否合理的测试是根据 $P(z)$ 对方程(28)线性的测试。这也是对用于识别 $\bar{\Delta}$ 的标准 IV 项目有效性的测试。参见图7,显示两种情况:(a)当 P 内的 $E(Y \mid P=p)$ 为线性时,(C-1)和(C-2)应用该种情况;普通情况(C-3)(与虚线相吻合)中,$E(Y \mid P=p)$ 是 P 的非线性函数。

即使该测试失败,导致线性 IV 不能识别 $\bar{\Delta}$,但是也可以从(28)中提取重要信息。为展示所述,用分离性把(28)写成等式的形式:

$$E(Y \mid P(z))=P(z)$$

$$=\mu_0+\bar{\Delta}P(z)+\int_{-\infty}^{\infty}\int_{0}^{P(z)}(\varepsilon_1-\varepsilon_0)f(\varepsilon_1-\varepsilon_0 \mid U_D=u_D)\,\mathrm{d}u_D\,\mathrm{d}(\varepsilon_1-\varepsilon_0).$$

与相区别,以获得:

$$\frac{\partial E(Y \mid P(Z)=P(z))}{\partial P(z)}=\bar{\Delta}+\int_{-\infty}^{\infty}(\varepsilon_1-\varepsilon_0)f(\varepsilon_1-\varepsilon_0 \mid U_D=P(z))\,\mathrm{d}(\varepsilon_1-\varepsilon_0)$$

$$=MTE.$$

从 MTE 的知识中。我们可以通过利用子章节(i)中给出的关系整合易识别的 MTE 来恢复所有的干预参数。从关于 p 的 $E(Y \mid P=p)$ 函数的导数里,我们可以恢复所有的模型参数。这种局部工具变量方法是由赫克曼和维特拉希尔(1999,2000a,2001d)引进该类文献中的。

当 $P(Z)$ 的支撑是完全的单位区间时,我们通过估计 MTE 并利用方程(25)来估计干预参数,以恢复兴趣参数。我们也可以研究用于估计参数的更为普通的方法,而这种参数不需要 $P(Z)$ 的支撑是完全单位区间(例如,我们允许 Z 离散),也不需要估计假定期待值的导数。我们可以用 LATEs 代替 MTEs、用总数代替积分。但是,由于支撑假定依赖于特别的兴趣参数,所以这些方法仍然需要 $P(Z)$ 上的支撑假定。当

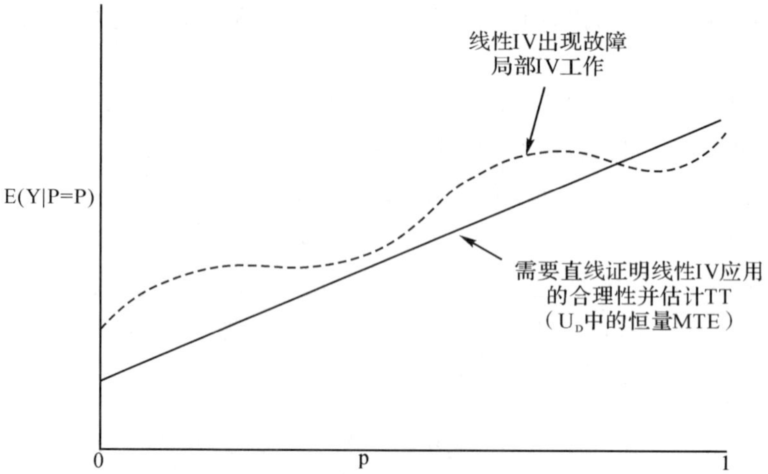

图7　当传统的IV出现故障以及当它工作时

这些支撑假定站不住脚时，我们就研究出干预参数上的明显界限，上述干预参数提取了模型和可得数据里的所有信息（赫克曼和维特拉希尔，2000a，2001b）。

使用MTE函数，我们可以对评估文献中的计量经济学估计值进行整理组织，而依据就是估计值是否允许在不可观测量所得基础上将选择加入正在被评估的项目中。参见图8。传统的匹配和传统的IV估计值假设在不可观测量所得上没有选择。[①] 因此，MTE在那一类估计值中是平直的，LATE和LIV允许对不可观测量所得进行选择，从而与罗伊模型一致。在这种情况下，MTE是u_d重要的函数。表3报告的MTE微观计量经济学文献表明如果跨越经济现象的大量研究，那么MTE是不恒定的，因而匹配和传统IV不能识别任何干预兴趣参数。[②]

当$P(Z)$的支撑仅是片面、牢固、简单时，所有干预参数上易于实施的界限可进行构建。（参见赫克曼和维特拉希尔2000a，2001b）。

(iii)政策相关干预参数

传统的干预参数是在直觉性基础上被证明的。其与成本效益分析和可解读经济框架之间的联系是比较模糊的。赫克曼和史密斯（1998）研究出了这些参数和成本效益分析参数之间的关系。有时，传统的参数能够解答有趣的政策问题，但是有时候，这些参数不能。

---

① 通过匹配，我认为估计值开拓了罗森鲍姆—鲁宾（1983）的全部条件$(Y_0,Y_1)\perp\!\!\!\perp D|X$。就如赫克曼、市村和陶德（1997）以及赫克曼、市村、史密斯和陶德（1998）中提到的一样，通过估计TT，可以在更脆弱的条件$Y_0\perp\!\!\!\perp D|X$或$E(Y_0|X,D=1)=E(Y_0|X)$下通过，上述条件允许选择收益(Y_1-Y_0)。

② 在上表中，$Y_2=\mu_2(Z)+U_2$。该表中的大部分估计值是从基于正态假设的结构模型中衍生出来的。上述假设由章节5的(A-2)和(A-3)使用章节4定义的指数模型描述，尤其是方程8-11等极易受到批评，批评说上述方程时从依赖性方法中生成的。有关用于经典的正常模型的MTE参数的定义，请参见赫克曼、托拜厄斯和维特拉希尔（2000）。他们显示如果$\sigma_{12}\neq\sigma_{02}$，则MTE是$u_D$的非恒量函数。

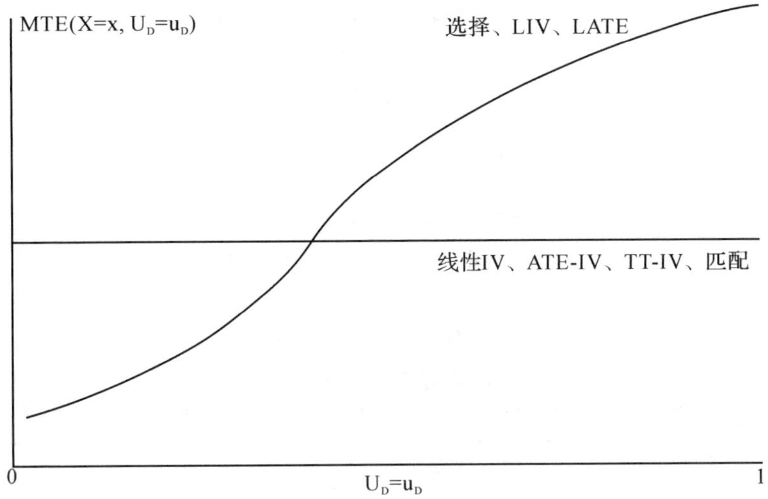

图 8 证明可选择的估计策略的正确性需 MTE 的条件

一种赫克曼和维特拉希尔(2001a,c,d,2002)探索的定义经济干预参数更为直接的方法就是假设一个政策问题或决定兴趣问题,并导出、估计可以回答上述问题的参数。实施这种方法并不会生成传统的干预参数。

我们考虑到了会影响 P 的一类政策、项目中的参与概率,但是这类政策不会直接影响 MTE。例如,教育经济学可以作为改变学校学费或学校距离的政策,但是其不会直接影响教育的总收入。将 P 定义为基线概率,P^* 作为可选择政策制度下产生的概率。为简化操作,使用边沁主义准则比较政策,并考虑在给定的 $X=x$ 水平上政策对个人平均公用程式的效应。

对于公用程式 V,假设 $E(V(Y_1))$和 $E(V(Y_0))$存在并是无限的,则我们就会有

$$E(V(Y|\text{政策下}*,X=x)-E(V(Y)|\text{基线下},X=x)$$
$$=\int_0^1 \Delta_V^{MTE}(x,u_D)\omega^*(x,u_D)\mathrm{d}u_D, \tag{30}$$

这时,政策权重为 $\omega^*(x,u_D)=F_{P|X}(u_D\mid x)-F_{P^*|X}(u_D\mid x)$,

$F_{P|X}(\cdot\mid X)$是 $X=x$ 上 P 假定的分配,[①]当 $\Delta_v=V(Y_1)-V(Y_0)$时,$\Delta_V^{MTE}(x,u_D)=E(V(Y_1)-V(Y_0)\mid X=x,U_D=u_D)=E(\Delta_v\mid X=x,U_D=u_D)$。当 V 是识别函数时,

---

① 让 X 上的假定保持模糊,我们有

$$E(V(Y)\mid\text{基线})=\int_0^1 E(V(Y)\mid P(Z)=p)\mathrm{d}F_P(p)$$
$$=\int_0^1\left[\int_0^1 1_{[0,p]}(u)E(V(Y_1)\mid U=u)+1_{(p,1)}(u)E(V(Y_0)\mid U=u)du\right]\mathrm{d}F_P$$
$$=\int_0^1[(1-F_P(u))E(V(Y_1)\mid U=u)+F_P(u)E(V(Y_0)\mid U=u)]\mathrm{d}u.$$

在该方程式中,$1A(u)$是事件 $u\in A$ 的指标函数。因此,把基线比作新机制 $E_{P^*}(V(Y))-E_P(V(Y))=\int_0^1 E(\Delta V\mid U=u)(F_P(u)-F_{P^*}(u))\mathrm{d}u.$

表 3　在不可观测量上选择的证据

$$Y = DY_1 + (1-D)Y_0$$

$$Y_1 = \mu_1(x) + U_1$$

$$Y_0 = \mu_0(x) + U_0$$

$$Z \perp\!\!\!\perp (U_0, U_1), Z \not\perp\!\!\!\perp D$$

$D = 1(Y_2 = \mu_2(Z) + U_2 \geq 0)$, 其中

$\mu_2(Z)+U_2$是限定选择“1”或“0”的指数

假设：不选择不可观测量

$$H_0 : E(U_1-U_0|D=1,Z,X)=M(X)$$

(正常模型中, $\sigma_{12} = \sigma_{02}$)

研究者	方法	发现
	工会主义	
李(1978)	正常选择模型 $(H_0 : \sigma_{12} = \sigma_{02})$	$\sigma_{12} = \sigma_{02}$ 不排斥
法伯(1983)	正常选择模型 $(H_0 : \sigma_{12} = \sigma_{02})$	$\sigma_{12} = \sigma_{02}$ 不排斥
邓肯和利(1985)	正常选择模型 $(H_0 : \sigma_{12} = \sigma_{02})$	$\sigma_{12} = \sigma_{02}$ 不排斥
罗宾逊(1989)	正常选择模型 $(\mu_1 - \mu_0)_{IV} = (\mu_1 - \mu_0)_{\text{normal}}$	$\sigma_{12} \neq \sigma_{02}$ 排斥
	教育（大学和高中）	
威利斯和 罗森(1979)	正常选择模型 $(H_0 : \sigma_{12} = \sigma_{02})$	$\sigma_{12} \neq \sigma_{02}$ 排斥
赫克曼和维特 拉希尔(2000)	正常选择模型 $(H_0 : \sigma_{12} = \sigma_{02})$	$\sigma_{12} \neq \sigma_{02}$ 排斥
	工作培训	
比约克隆和 莫菲特(1987)	正常选择模型 $(H_0 : \sigma_{12} = \sigma_{02})$	$\sigma_{12} \neq \sigma_{02}$ 排斥
赫克曼、市村、 史密斯和陶德(1998)	$E(U_1 - U_0|D = 1, Z, X) =$ $E(U_1 - U_0|D = 1, X)$	排斥选择不可 观测量
	领域选择	
赫克曼和 塞德拉切(1990)	正常选择模型 $(H_0 : \sigma_{12} = \sigma_{02})$	$\sigma_{12} \neq \sigma_{02}$ 排斥
	移民	
派西诺(1991)	正常选择模型 $(H_0 : \sigma_{12} = \sigma_{02})$	$\sigma_{12} \neq \sigma_{02}$ 排斥
图纳勒(2000)	$H_0 : E(U_1 - U_0|D = 1) = 0$ 用稳健的选择估计	无法排斥

像在传统的陈本效益分析中一样，我们比较平均值结果。政策参数就是如前文的定义是 MTE 的权重平均值。不期望传统的干预参数解答有趣的经济学问题，一种更好的方法是通过恰当的权重估计 Δ_V^{MTE} 并为加重，而恰当的权重是由政策如何改变 P 的分配来限定的。

政策评估的一种可选择的方法是依据 $\omega(x,u_D)$ 的特定选择生成政策权重工具变量，而这其中的选择捕捉到了政策改变的影响。如果我们选择用于方程(2)中估计值 $\omega_k(x,u_D)$ 的权重去与政策变化权重相一致，即 $\omega^*(x,u_D)$，在方程(3)中，我们可以生

成适合兴趣政策变化的估计值。赫克曼和维特拉希尔(2001c,d;2002)确立了政策相关工具变量是$\left[\frac{f_{p*}(P)}{f_p(P)}-1\right]$,在这里,$f_{p*}$ 和 f_p 分别代表 $P*$ 和 P 的密度。限定形成政策相关干预参数所需的其他要素之后,分别限定 P 和 $P*$ 的分配是可能的。

来源于卡内罗、赫克曼和维特拉希尔研究(2001)的图 9 绘制了作为用于大学教育收入的 u_D 函数的已估计 MTE,其对象是 20 世纪 80 年代和 90 年代初期的美国白人男性。u_D 的上升表明,对于那些最不可能接受学校教育的人群来说货币收入是最高的。除此之外,MTE 权重函数也经过绘制,在上述函数中,定义 TT 和 ATE 是不明确的,并且在 $P(z)$中使用传统线性 IV 作为工具来估计教育的影响也是不明确的。不同干预参数之间的权重不同,且与用于 IV 的权重也不同。MTE 在上升的事实表示传统的匹配和线性 IV 方法并不会识别这些数据里的 TT 或 ATE。

同样来自于卡内罗、赫克曼和维特拉希尔(2001)的图 10 展示了基于该图被定义的三种不同政策用的政策权重。[①] 由 IV 生成的干预效应为所加 MTE 的权重接近于评估政策Ⅲ所需的权重,但是却远远达不到评估政策Ⅰ和Ⅱ的标记。MTE 的 IV 权重与政策Ⅲ权重之间的一致是偶然的。

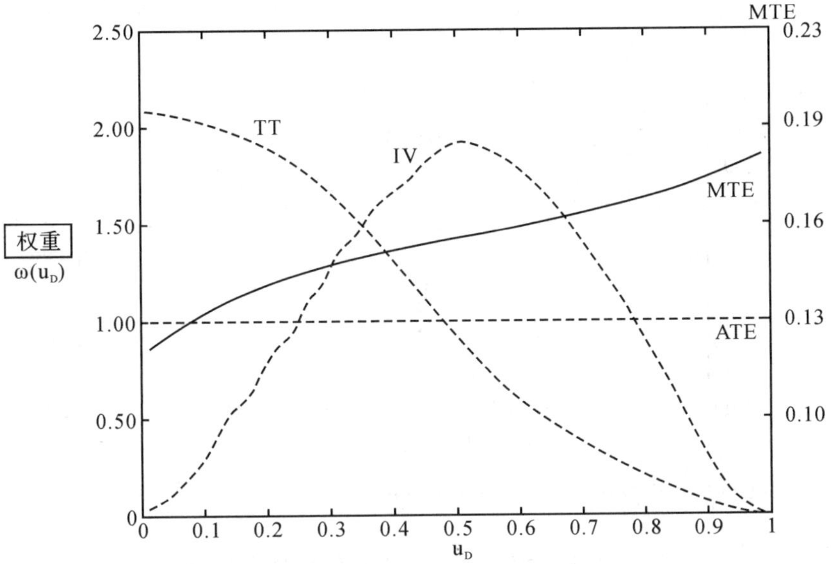

图 9 边际干预效应和 ATE、IV 和 TT 权重

来源:卡内罗、赫克曼、维特拉希尔(2001)。

在应用并进入项目的那一点上将人群选出项目的社会实验在完全符合的情况下对 TT 进行了估计。(参见赫克曼、拉龙德和史密斯,1999;赫克曼和维特拉希尔,2002)。在给定 TT 的权重雏形的情况下,这种实验并不能精确地评估图 10 中绘制的平均结果上任意三种政策的影响。

---

① 这些政策权重通过 $\Delta\overline{P}$ 实现正常化,人口中的一部分人群被引导通过干预改变他们的教育地位。这就使得政策权重可与 IV 权重进行比较。

如果 MTE 是平坦的，则所有政策没有单个“影响”并且 IV 估计了上述影响。在普通情况下，该种情况覆盖了表 3 中赫克曼和维特拉希尔(2002)调查的大部分研究，不同的政策与不同的权重相联系，且仅线性 IV 能偶然识别恰当的政策响应。

当 $P*$ 的支撑不包括在 P 的支撑里，以便被研究的政策干预将 $P*$ 拓展到历史数据之外，做出额外假设来实施有原则的政策分析是有必要的。如果参数假设是关于 $P(z)$、概率是由历史数据限定，且被研究的干预在已知的方式里改变了 Z 的分配，则限定包括新支撑在内的 $P*(z)$ 的分配是简单的。但是，MTE 仅能通过 P 的支撑进行非参数识别。参见赫克曼和维特拉希尔(2000a，2002)。

(iv)外推至新人口

如果我们寻求将已估计的 MTE 应用到新人口中，而新人口中 X 和之间的依赖不同于用来估计依赖的样本中的依赖，或者的支撑不同于用于估计样本的支撑，则做出章节 2 中论述过的同种独立和支撑假设是有必要的。这一点在哈维默(1943)时期就已经被计量经济学家承认了。干预效应文献通过规避结构计量经济学处理的问题，避免了结构假设。

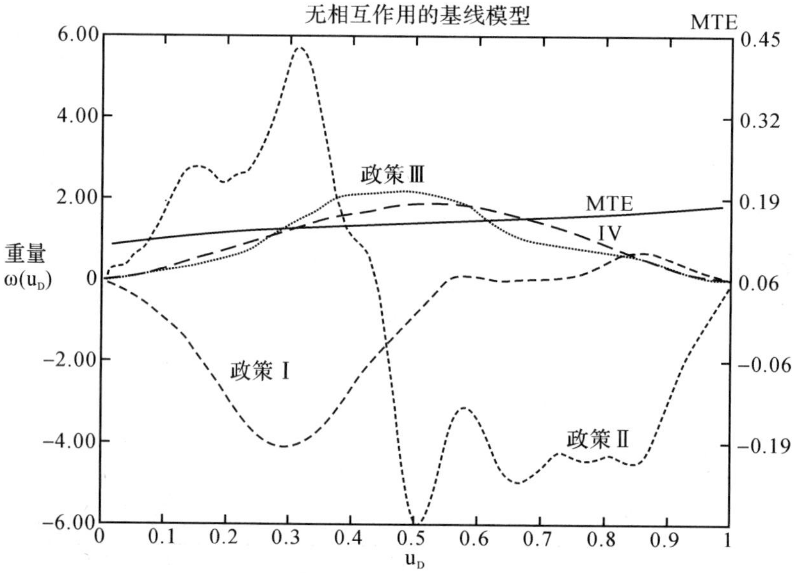

图 10 边际干预效应和政策和 IV 权重

政策Ⅰ：将人群推向费用分配的极端

政策Ⅱ：将人群推向费用分配的平均值

政策Ⅲ：费用分配中 $1000 的减少

来源：卡内罗、赫克曼和维特拉希尔(2001)。

(v)三种方法的比较

表 4 比较了政策评估三种方法的优点和限制，这三种方法我已经在此次讲座中论述过了：结构方法、传统的干预效应方法及最新研发出来基于 MTE 的干预效应方法。

这种方法基于 MTE，与结构方法均有参数可解读性的特点。正如结构参数，这种方法处理一系列的政策评估问题。参数比结构参数的可比较性低，且更不易外推至各个环境中,除非在估计样本和目标样本中可观测量与不可观测量之间的关系已经有了明确的假设。然而,不同 P 分配的人口之间是可以进行比较的,同时,只要 $P-X$ 依赖性可被控制,则一组人口中的结果可被应用至另一人口。

表 4　三种方法的比较

	结构计量经济学方法	干预效应方法	基于 MTE 的方法
可解读性	定义明确的经济参数和福利比较	连接经济学、福利比较模糊	就付款意愿来说可解读;MTE 的权重平均值解决适定的经济问题
一系列问题的解决	解答许多反事实假设问题	注重干预效应或范围狭窄的效应	在支撑条件下,生成所有的干预参数
外推至新环境	提供外推要素	评估一种环境中的一组项目	可部分外推;仅由于 Z 的分配不同,用参与概率的不同分配外推至新环境
可跨研究比较	政策恒量参数可跨研究比较	通常不能比较	部分可比较;仅由于 Z 的分配不同,用参与概率的不同分配可跨环境比较
关键性计量经济学问题	外生性、超外生性和选择偏差	选择偏差	选择偏差
一系列可评估的政策	部分或完全覆盖的项目,依赖于数据变化(价格/储蓄保险)	部分覆盖的项目(干预和控制组)	部分覆盖的项目(干预和控制组)
扩展至一般均衡评估	需连接至时间序列数据;参数同一般均衡理论兼容	由于连接至经济学并不确切规定,因此很困难	可连接至非参数一般均衡理论

结构方法优点的成本是计量经济学中必须解决的大范围问题。传统的干预方法所生成的参数不能连接至适定的经济模型,因而不为经验性一般均衡理论提供基础构件。MTE 对被研究代理的偏好进行估计,并提供了适定的经济模型里整合的依据。

(vi)干预效应文献的证据

尽管有限制,但是干预效应的文献已经产生了大量适当经济政策的重要研究,这些研究已经改变了我们看待经济政策有效性的方式。这方面的文献浩如烟海,无法在此次讲座中总结。

我利用同拉龙德、史密斯(赫克曼、拉龙德和史密斯,1999)共同完成的关于这方面的研究,仅简单地概述关于评估活跃劳动力市场政策的文献中一些主要经验性结果。纵观各国,大多数活跃的劳动力市场政策在提高长期工资增长和就业方面是无效的。基本的经验性方法的应用表明受训生的项目后结果与项目前结果的比较——很多评估方案中常见的行为——高估了训练中参与的收获。由于受训者在接受训练之前经历过就业的减少，并且训练是一种找工作的形式，因此这种情况会发生。[①] 结果测量值中大部分项目后的改进已经在缺少任何训练项目的情况下发生。

基本原则的应用，例如采用在地理位置、劳动力市场历史及用于受训者样本的调查问卷等方面可比较的非受训者比较组，在消除评估社会项目的选择偏差中走了很长的一段路。但是，这样的匹配并不能消除所有的偏差，同时，解释不可观测量的选择在获取常用“已干预的干预”参数的确切估计中是至关重要的。[②]（参见赫克曼、市村、史密斯和陶德，1996，1998，赫克曼、拉龙德和史密斯，1999）。

八、统一宏观和微观计量经济学：一般均衡政策评估

从微观经济学数据中获得的证据已经对宏观经济学理论产生了重要的影响，而宏观经济学理论已经在逐渐地丢弃代表性代理范例。我已经论述了扩展边际上的选择认知是怎样改变劳动力市场的宏观经济学讨论。大量的示例可展示出来，这些示例均有从已经影响宏观理论发展的微观数据中获的证据（参见布朗宁、汉森和赫克曼，1999）。

微观计量经济学方法已经为评估一系列由当代福利国家付诸实施的社会项目以及为解读经验性经济关系而被研究出来。但是，仅微观计量经济学的范畴必然是有限的。许多项目，如章节 7 中论述的费用补助金项目，均是国家级的，并可能有一般均衡效应。扩大受教育人群的存量可能会减少受教育劳动力的回报。减少劳动力的税收扩大了劳动力的供给，并降低了真实工资。部分均衡方法仅可在评估大规模公共项目方面往前继续发展。干预效应方法论在分析完全覆盖的问题上是无效的，除非整个经济可用于干预和控制组。分析有一般均衡影响的国家层面上制定的政策以及解读均衡价格关系，例如收入函数或资产价格方程，需要宏观和微观方法的假设。跨领域变化不能识别人与人之间正常的价格影响和利率影响。但是，解释资本市场对人力资本或实物资本投资决定的反馈在调查国家政策对技能形成的影响方面有着基本作用。此外，工资、价格或者利率方面的跨领域变化不可能是外生性的，并且会引发独立的计量经济学问题。

---

① 阿申费尔特（1978）阐述受训者在进入项目之前会经历收入的下降。赫克曼（1978b）以及赫克曼和罗伯（1985）展示了该种现象的首个经济模型，这种现象使用基于当前数值收入最大化的模型作为项目参与的准则。赫克曼、市村、史密斯和陶德（1998）、赫克曼和史密斯（1998）以及赫克曼、拉龙德和史密斯（1999）阐述了是就业动态，而不是收入动态，影响了项目的加入进度。赫克曼、拉龙德和史密斯（1999）展示了可拓展赫克曼和罗伯（1985）分析的搜索模型。

② 拉龙德（1986）的一项富有影响力的研究引起了对评估社会项目所用的非实验性计量经济方法能力的怀疑。后来由赫克曼、市村、史密斯和陶德（1996，1998）做出的分析阐述了拉龙德的发现是由比较不可比较人群而产生的。他的受训者居住在不同的劳动力市场，需要执行不同的调查问卷，并且有异于其比较组的不同的 X 数值。使受训者与非受训者可比消除了大部分，但不是全部的拉龙德的偏差。参见史密斯和陶德（2000，2001）撰写的重要文章。他们重新分析了拉龙德的数据并阐述匹配方法不会消除拉龙德选择偏差的经验性重要的组成要素。有关社会实验的问题，请参见赫克曼（1992）、赫克曼和史密斯（1993，1995）、曼斯基（1996）以及赫克曼、拉龙德和史密斯（1999）和赫克曼和维特拉希尔（2001a）。

奥克特(1962)提出的宏观一般均衡和微观计量经济学所需的假设刚刚出现,但是,这项研究项目的第一批结果是有希望的。该研究线的目标就是研究出一套以经验为基础的一般均衡理论,该理论将会提高用于一般均衡模型参数的估计来源标准,还将为评估大规模完全覆盖的社会项目提供严格的经验性和理论性基础,上述社会项目,如教育补助金,改变了价格和社会保险变革。

赫克曼、洛克纳和泰伯尔(1998a,b,c;1999)展示了一个用于微观和宏观数据分析的原型。在作品中,我们概括了奥尔巴克和克里科夫(1987)的框架,以制定和估计完美的前景、技能形成的动态一般均衡模型,上述模型将罗伊模型推广至有外生性技能累计的全动态背景中。微观和宏观数据被融合在一起来解释模型参数,该模型会解释劳动力市场中的异质性和自我选择,并解释过去二十年间美国不断上升的工资不平等问题。政策分析利用该模型表明:如果解释干预效应文献和大多部分均衡微观计量经济学文献中常见方式的一般均衡效应失败,即意味着数量级高估了高校招生费用降低的影响。解释一般均衡效应在实质上和理论上是重要的。[①] 这类文献的挑战在于发展基于可连接宏观总量的微观数据经验性可靠的结构关系。

九、总结和结论

在过去的半个世纪里,经济学已经由大量微观经济学数据的新资源而丰富充实。这些数据已经让经济学家看到了经济生活的多样性和异质性。他们已经使得经济学家能够更加充分地理解一系列社会问题,并评估那些用于解决上述社会问题的社会项目。那些发起微观经济学数据广泛收集的学者值得得到我们真心的感激。上述数据挑战了传统的计量经济学方法论。测试综合平均值时似乎不重要的问题在分析微观数据时变成了中心问题。上述问题和激励了微观经济学数据系统收集的政策关注,产生了现代微观计量经济学。该领域将经济学和统计学集合起来,以产生微观数据的可解读总结、测试使用个人数据的个人理论并构建经济反事实假设。

微观计量经济学领域正在蓬勃发展。在理解模型识别的来源、放宽任意函数形式和分配假设及新调查的设计和分析方面已经有了很大的进步。一种进行政策评估更为坚实的方法正在研究过程中,这种方法将会使得政策分析更为客观,经验上更为严格。

如果该领域能够通过处理从经济学新问题中产生的新计量经济学问题,则该领域将会持续繁荣下去。但是,如果微观计量经济学仅寻求、提炼、开创该领域的原始模型,那么它就会消亡。

对该领域重要的挑战包括用于测试理论和评估大规模政策影响的以微观经济学数据为基础的一般均衡理论。除此之外,挑战还包括用于微观政策的经验性可靠的计量经济学成本效益方案的发展,其中微观政策将项目评估文献和经济学更为紧密地联

① 李(2000)展示了用于职业选择而不是教育选择的该模型的拓展。卡尔姆福斯(1994)以及戴维森和伍德伯里(1993)的研究表明了解释在评估不同积极的劳动力市场政策时解释置换的重要性。参见赫克曼、拉龙德和史密斯(1999)的研究。

系在了一起。我相信微观计量经济学家将会应对这些和其他挑战，并且在未来，将会呈献给你从这个平台上实现的微观计量经济学领域的新发展。

（魏丽娜 译　马汴京 校）

获奖演说

经济选择[①]

丹尼尔·麦克法登

一

本诺贝尔奖获奖演讲所讨论的是对消费者在面临离散经济抉择时选择行为的微观经济计量分析。19 世纪 60 年代之前，经济学家主要将消费者理论用作逻辑工具，对备选市场组织和经济政策的特性进行概念性的探索。这一理论的实证应用主要是针对市场层和国民账户层的数据。在此类应用中，这一理论的发展通常是表现在以代表性个人以及更明显的代表性个人的行为中的市场层行为方面。当观察结果偏离代表性个人理论所隐含的信息时，这些差异被归结为相加性干扰项，且被归咎于数据测量错误，并非是由于个人代理人内部或其之间未被观测到的因素。在统计语言中，传统消费者理论对平均行为设定了结构限制，但是并未将其平均行为的反应分布与这一理论相联系。

19 世纪 60 年代，随着人们获得越来越多的个人行为研究数据及能对此类数据进行分析的数字电脑的出现，人们将关注的焦点聚集于个人的需求变化。将此类变化作为理论的一部分而非相加性干扰项，进行解释和建模具有重要意义。其对于诸如交通方式或职业等的离散选择的重要性是显而易见的。这一问题的解决方法促使我们今天用来进行选择行为的微观经济计量分析的工具的出现。首先，我将对这一课题的发展历史进行简短的介绍，并在此背景下对我自己所做的贡献做出介绍。随后，我将详细讨论关于选择的经济理论的最新的发展，以及迫于认知心理学的实证证据对这一理论做出的修改。最后，我将以一项关于统计方法的研究进行总结，这些方法已经发展为关于经济选择行为的研究项目的一部分。

科学是一项需要相互合作的事业，我在选择行为方面的成果反应的不仅仅是我个人的观点，而是我与众多学者相互交流、协作的结果。[②] 首先，当然是与我一同获得此奖项的詹姆斯·赫克曼。他做出了很多贡献，他也是动态离散选择分析这一重要领域的先驱人物。其他 9 位在促进微观计量经济学和选择理论现代形式的形成上扮演了重要的角色，并对我自己的成果产生了重要的影响。这 9 位学者分别是：兹维·格里

---

① 本论文中所引用的作者的著作可见于 http://elsa.berkeley.edu～macfaden。

② 任何对于我对经济学所做的贡献的赞誉中都必须提及利奥·赫维奇、约翰·齐普曼、马克·勒拉沃和宇泽宏文，他们的吸引力将我带入这一领域，我的知识大部分也是来自于他们。

利克斯、瑟斯顿、雅各布·马尔沙克、邓肯·鲁斯、阿莫斯·特沃斯基、丹尼尔·卡内曼、阿齐瓦、查尔斯·曼斯基以及肯尼斯·特蕾恩。图1中展示的是他们的照片。我想特别指出格里利克斯、马尔沙克及特沃斯基，死亡夺走了他们获得诺贝尔奖的机会。

兹维·格里利克斯　瑟斯顿　雅各布·马尔沙克

邓肯·鲁斯　阿莫斯·特沃斯基　丹尼尔·卡内曼

阿齐瓦　查尔斯·曼斯基　肯尼斯·特蕾恩

图1　九位学者的照片

二、简要历史

古典经济学理论假定消费者寻求自我利益的最大化，这一自我利益对不同抉择的一致性特性做出了广泛的定义。在某种程度上，这一理论实际上是同义重复的，正如弗兰克·陶西格(1912)在原理教材中所描述的：

任何物体仅当其具有效用时才具有价值。没有人会为一篇文章付出什么，除非他能从中获得满足感。毫无疑问，人有时候是愚蠢的，像孩子似的为了满足一时的想法而购买某件商品。但是，至少在那一刻他们所想是需要满足自己的某个愿望。

约翰·希克斯和保罗·萨缪尔森对古典理论进行了完善，其中对理性消费行为的意义做出了更明确的说明，自我利益被定义为稳定的、固有的偏好。用赫布·西蒙的话来说，“经济学中的理性人追求利益的最大化，他们永不停止追求直至获得最佳之物”。

理论家考虑到了异质性偏好，但是，在采用代表性消费者方法进行的市场需求的实证研究中，这一复杂现象被忽略了。不同商品的消费水平矢量 x 的效用函数 $U_{(x)}$ 代表带有偏好的消费者，消费者会最大化这一效用，而这一效用受到预算限制的影响，要求 $px\leqslant a$，在需求函数 $x=(a,p)$ 中，p 表示价格矢量，a 表示收入。假定这一映射在市场层是稳定的，添加干扰项 ε 从而对观测到的数据中存在差异做出解释，即 $x=(a,p)+\varepsilon$。这一干扰项被解释为源自 x 的测量错误，或者可能源自优化时的消费者错误。仅代表性需求 $d(a,p)$ 受到消费者理论的限制。

19 世纪 60 年代，人们获得的微观经济数据急剧增加，促使计量经济学家对个人代理人的行为规范进行更仔细地考虑。1957 年，兹维·格里利克斯指出，在经济人的目标和受到的限制中出现的随机元素会导致观测到的行为中出现干扰项。观测到的行为的特性取决于其自身的源头以及经济人是否知道其存在（格里利克斯，1957；蒙德拉克，1963；格里利克斯和林斯塔，1970）。1962 年，我开始在一项电力生产函数研究中对这些问题进行研究（麦克法登，1978a；法斯、麦克法登和蒙德拉克，1978）。

1965 年，伯克利分校的一名毕业生菲比·科廷厄姆就如何在毕业论文中对加利福尼亚高速公路部门提供的高速公路路线选择数据进行分析向我寻求建议。问题的关键在于设计出电脑易处理的经济决策模型，这一模型在有限的可行集合 C 中产生选择 i 的选择概率 $P_{(i)}$。我熟悉心理学家在离散选择行为方面所做的研究，这看起来是个具有广阔前景的出发点。

在一篇关于心理物理学歧视的研讨会论文中，瑟斯顿（1927）介绍了比较批判法，其中选择 i 真实刺激水平为 V_i，由于存在正规错误，实际的刺激水平被视为 $V_i+\varepsilon_i$。对比较项的选择概率满足 $P_{\{1,2\}}(1)=\varphi(V_1-V_2)$，这一形式现被称为二项分概率对数模型。当观察到的刺激 $V_i+\varepsilon_i$ 被解释为满意程度或效用时，可将这一模型解释为经济选择模型。雅各布·马尔沙克（1960）将瑟斯顿的成果引入经济学中，并对含有随机元素的效用最大化的选择概率的理论蕴涵进行了探索。马尔沙克称此为随机效用最大化模型（RUM）。

由邓肯·鲁斯（1959）进行的一项关于选择行为的重要研究介绍了一条无关选择的独立性（IIA）公理，这一公理通过允许从二项选择实验中推导多项选择概率，简化了选择实验数据的收集。IIA 公理表明：对于包含 i 和 j 的集合中的任意选择，选择 i 和

j 的选择概率比率是相同的;例如:$P_c(i)/P_c(j)=P_{\{i,j\}}(i)/P_{\{i,j\}}(j)$①。鲁斯表示对于正向概率而言,IIA 表示严格效用 W_i,例如,$P_c(i)=W_i/\sum_{k\in c}w_k$。马尔沙克证明对于有限的物体总体而言,IIA 表示 RUM。

我建议科廷厄姆在研究中采用计量经济学版本的鲁斯模型,其中将严格效用规定为备选高速公路路线观测到的属性的函数。

$$P_c(i) = \exp(V_i)\sum_{k\in C}\exp(V_k). \tag{1}$$

在此方程式中,V_k 为系统效用,我将其视为选择 k 测量属性的线性函数,例如,带有反应决策者品味的系数的建筑成本、路线长度、公园区域以及被占的空地,集合 C 是包含可行选择的有限集合。我将此称作条件逻辑特模型,原因在于在二项选择中该模型可以简化成生物统计学中的逻辑模型,且在多项模型中给定可行选择集合 C 时,可将该模型解释为需求的条件分布。如今,方程(1)通常被称作多元逻辑特模型(MNL),我将使用这一更为常见的术语。我开发了一个电脑程序,通过最大似然数来评估 MNL 模型。这在当时是一项相当重大的任务,而科廷厄姆在这一程序运行之前就完成了她的论文(科廷厄姆,1966)。然而,我最终能够使用这一模型对她的数据进行分析(麦克法登,1968,1976)。

对于这一问题而言,根据选择的"享乐"属性对 MNL 模型中的选择进行界定是自然的,且符合根据物理刺激进行选择描述的心理测量传统。在实证消费者理论中,这是对格里利克斯(1961)和兰开斯特(1966)提出的消费者问题的享乐方程的早期贯彻。

作为我进行 MNL 模型开发的一部分,我对其 RUM 基础进行了进一步的调查。调查表明当且仅当相加性干扰项独立且相同的分布被称作极值类型 1 时,鲁斯模型与带有此类相加性干扰项的 RUM 模型一致。此前,托尼·马利已经独自建立了充分性(鲁斯和苏佩斯,1965)。凯特·里克特和我也建立了使选择概率与 RUM 一致的一般性充分必要条件,即显示随机偏好公理:对于任何事件的有限数列(C_k,I_k),其中 C_k 表示可行的选择集合,I_k 表示选择,当且仅当选择概率的总和不超过与单独偏好顺序一致的事件最大数目时,选择概率与 RUM 一致(麦克法登和里克特,1970,1990)。

尽管事实证明 MNL 模型具有多种用途,被视为离散反应的统计模型的 MNL 模型是小型的,且回顾历史可以发现其对于微观计量经济做出了贡献。相比同一年代其他学者独立开发的模型,我的 MNL 模型获得了更多的关注,其中的原因似乎在于我为这一模型与消费者理论提供了直接的联系,将未观测到的异质偏好与关于需求分布的完全一致的描述进行连接(麦克法登,1974a)。

1970 年我对 M. I. T 进行访问,此间曾有机会开发离散选择分析的附加应用。当时,彼得·戴蒙德和罗伯特·霍尔已经开发出适用于一系列的消费者交通决策的效用可分离的、多阶段预算的、代表性的消费者模型,这些决策包括:交通模式选择,以及购物出行的频率、时间和目的地。他们邀请我操作这一模型,由此,利用个人出行数据对

---

① 这一公理也可以写成$_C(i)=P_A(i)P_C(A)$,$i\in A\propto C$,这一变量允许一些选择具有被选择的零概率。

其进行评估。我使用MNL模型的嵌套版本进行了操作，该版本的嵌套级别与可分离效用结构相对应，包容值以多阶段预算问题中解决次级预算的方法将低水平决策的影响提升至更高水平（麦克法登，1974b；德曼西奇和麦克法登，1975）。结果证明，我对包容值的处理是近似正确的，但是，本一阿齐瓦（1972）发现了更高级、精确的方程式，即利用现已为人们所知的日志求和公式。

1972年起，为了在关于个人出行决定的微观计量经济分析的基础上开发交通规划工具，在国家科学基金会的支持下，我在伯克利组织了大型的研究项目。参与者包括肯尼斯·特蕾恩和查尔斯·曼斯基。作为检验和改进嵌套MNL模型和其他实证RUM模型的自然实验，我的研究团队对旧金山湾区正在兴建的新的固定轨道捷运系统BART进行了研究。1972年，早在BART引入之前，我们已经收集了抽样个体的出行行为数据，并在1975年BART投入运行后，评估了用于预测相同抽样个体出行行为的模型。表1是对上下班旅行研究结果的总结。

表1　预测成功表，上下班旅行

（前－BART模型和后－BART选择）

细胞计数			预测选择		
实际选择	自驾	拼车	公交	BART	总计
自驾	255.1	79.1	28.5	15.2	378
拼车	74.7	37.7	15.7	8.9	137
公交	12.8	16.5	42.9	4.7	77
BART	9.8	11.1	6.9	11.2	39
总计	352.4	144.5	94.0	40.0	631
预测比例	55.8%	22.9%	14.9%	6.3%	
（标准错误）	（11.4%）	（10.7%）	（3.7%）	（2.5%）	
实际比例	59.9%	21.7%	12.2%	6.2%	

表1中，使用前－BART上下班出行数据对MNL模型进行评估，对包括新BART选择在内的这些选择实现的属性进行评估，在BART开始运行后被调查的所有631名对象都能选择新的BART选择。根据抽样个体实际的后－BART选择对抽样个体进行选择，细胞计数是其预测概率的总和。预测比例中的标准错误是在考虑模型参数评估精确度的基础上进行计算的。

我们的预测中存在一些系统性的误差。我们过高估计了人们步行至BART的意愿，过低估计了人们自行驾驶的意愿。回顾过去，我们所使用的为新BART模式分配选择明确的影响以及解释模式之间的替代物的方法，远没有如今我们所使用的市场研究和建模方法好。然而，我们对BART的总体预测是相当准确的，尤其是在与1973年的官方预测相比时，这一官方预测是从总重力模型中获得的，显示15%的上下班旅行是通过BART进行的。考虑到预测中的标准错误，我们很幸运能够做出如此准确的预测，但是，即便无视这份幸运，我们的研究也提供了强有力的证据，证明基于非集计RUM模型比传统模型更具优越性。我们的程序也更易受到交通规划人员所面临的运行政策决策的影响。基于我们的研究以及其他关于基于RUM的旅行需求分析有效性的研究,这些方法被广泛应用于世界各地的交通规划。关于我们研究的详细情况可见于(麦克法登、泰尔维泰等,1977)。旅行需求问题和应用问题之间明显的相似之处,例如:教育和职业选择、消费品需求和地点选择,已经使众多针对消费者和公司的选择行为的研究采用这些方法。

三、经济选择分析的改进

在1998年巴黎的一次选择会议中,一个工作组(本一阿齐瓦等,1999)展示了当代选择理论视角下的元素;图2是对这一理论进行的改编。

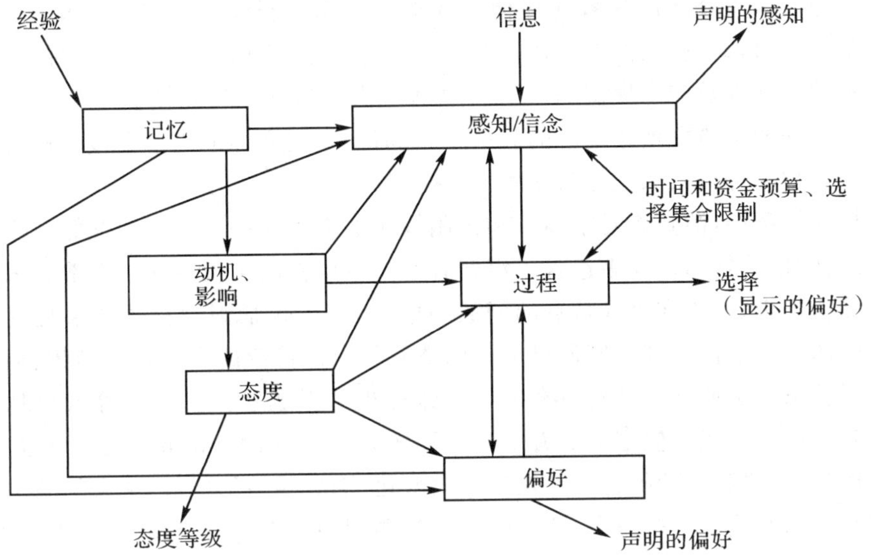

图2 选择过程

图2中描述的是一生当中的一项决策任务,早前的信息和选择通过经验和记忆为当前的决策问题提供背景,而当前的选择结果又进一步影响将来的决策问题。图中的粗箭头与经济学家的选择过程标准模型一致,该模型表示的是理性选择理论,在进行理性选择过程中,个人收集选择信息、使用概率规则将信息转化成感知的属性,然后经历一个认知过程。这一认知过程可被展示为将感知的属性水平综合为稳定的一维效用指数的过程,此时,效用指数已达最大值。图2中的细箭头与参与决策过程的心理因素相对应,对此,我将在后文中做出解释。感知、偏好和过程这些概念既出现在经济视角下的决策过程中,也出现心理视角下的决策过程中,但是,就其如何作用于两个过程而言,观点是不同的。

A. 原理

这一标准或理性经济模型的核心在于消费者寻求固有、稳定的偏好的最大化理念,偏好的范畴是消费者消费商品的数量的向量和属性。即便存在中间步骤,也是如此。个人通过中间步骤对原材料商品进行转换,产生效用的近似源头——满足感,例如:上下班旅行是对就业的输入,购物是对家庭生产的输入。这一理论的一个重要特点是消费者主权特性,即在任何选择状况下偏好是注定的,不取决于可获得的选择。简洁地说,欲望早在拥有可获得资源或途径之前就已存在。

这一标准模型隐约具有生物学的特色。偏好是由基因编码的品位样板所决定的。该模型允许经验影响与样板一致的偏好的表达方式。然而,该样板的多数应用将对经验的依赖排除在外,且该模型的大部分效力在于其不必对经验或感知进行解释而可以解释多数经济选择模式。

作为行为假说的 RUM 的初始方程开始于标准模型,随机性归因于品味、经验和选择属性信息方面未观测到的异质。在观测到的选择属性和决策者特点的影响下,效用函数和随机因素分布的参数化促使选择概率的参数模型的产生。MNL 模型是易处理的范例。对选择行为的 RUM 解释的推导过程进行审查是有用的,应仔细检查其基本元素的含义以及产生模型的范围和限制。我认为这对于想要尝试将经济市场数据与关于偏好的实验数据相结合的分析家,或者想要引入标准模型中被忽略的认知和心理计量影响的分析家而言尤为正确。

在标准模型中,消费者对于商品和休闲娱乐的消费水平有不同的偏好。当商品具有享乐属性时,偏好的定义中包含了消费者对这些属性的主观感知。消费者偏好的表达是其品味样板、经验和个人特点的函数的体现,其中包括观测到的和未观测到的组分。适度的正则条件允许我们通过反应消费者特点的连续的实值效用函数、消费水平和商品属性来表示偏好。消费者在诸如品味样板和形成感知的机制等未观测到的特点方面是不同的。我会假定消费者未观测到的特点和观测到的特点之间的差异是连续的。例如,只要观测到的特点不发生重大变化,随着年龄的增长,个人的品位和感知会产生平稳的变化。严格说来,这是假定未观测到的特点是一个连续、随机的领域,通过观测到的特点对其进行索引。这一假设表明未观测到的特点的条件分布将始终依赖于观测到的特点。这一假设并不严谨,实际上可以通过理论创建使其变为真的。

消费者主权对未观测到的消费者特点的条件分布设定的一项重要限制是其不能依赖于当前的经济变量,例如,非工资收入、工资比率以及商品价格,这些决定了消费者预算的可行性,但被排除在具有影响力的品位之外。然而,通过经验对偏好表达影响,条件分布可依赖于个人的经济地位和选择历史。在适度正则条件下,可将未观测到的消费者特点的随机领域写为统一连续随机领域的连续转换;这是对概率理论初步结果的拓展,即可将分布为 F 的单变量的随机变量 Y 写为 $Y=F^{-1}(V)$,V 表示统一(0,1)随机变量。可将这一转换纳入效用函数的定义中,由此,可将效用函数对未观测到的特点的依赖正规地表示为统一分布的随机向量的连续函数。

可行的集合包含数量有限的且互斥的选择,其特点为自身观察到的属性。我对其中的离散选择和这一背景下发生的消费者行为的其他方面一同进行考虑。此时,假设给消费者分配一个明确的离散选择。鉴于这一选择、除去选择成本的非工资收入、工资比率和商品价格,消费者将会选择休闲娱乐和剩余商品的消费水平,以使受预算和时间限制的效用最大化。获得的效用水平是离散分布选择属性、观察到的消费者特点、以未观察到的消费者特点为特征的统一分布的随机向量及决定预算限制的经济变量的函数,其中经济变量包括:工资收入、工资比例和商品价格。优化理论表明:这是一个经典的间接效用函数,其特性为包含一个封闭的图表、在经济变量中是拟凸及零度同质的,且在非工资净收入中是不断增加的。在相对温和的条件下,要求经济变量中的间接效用函数是凸的,而非拟凸的是可能的。将标准模型应用于离散选择的最后一步,是要求消费者在可行性选择之间做出使条件间接效用最大化的选择。

正规的间接效用函数的形式取决于偏好结构,包括作为非工资收入或工作比率的商品和休闲娱乐之间的权衡、家庭生产在决定满足需求的商品的组合方式上所扮演的角色以及偏好特性的可分离性。1970 年制定的、用于旅行需求应用的原始 RUM 模型符合这一框架,但形式有所变化:

$$U = V + \eta \text{ 和 } V = [\alpha \cdot (a - c)/w - \beta \cdot t] \cdot w^{\theta} + z(x,s) \cdot \gamma \tag{2}$$

在此方程式中,a 表示非工资收入,c 表示选择花费,w 表示工资比率,(a,c,w)都以实际术语表示,而其他商品的价格不明确,t 表示选择要求的时间,x 表示其他观察到的选择属性的向量,s 表示观测到的消费者特点的向量,$z(x,s)$表示论据之前已明确的函数的向量。(α, β, γ)是参数,θ 表示休闲娱乐需求的弹性,通常认为其值为 0 或 1,但是在(0,1)中可作为参数,与效用函数的系统效用规范相对应(麦克法登和特蕾恩,1978)。η 是相加性干扰项,是对未观察到的消费者特点的总结。当 $\eta = -\log(-\log(\varepsilon))$且 ε 是同分布的、独立于各个选择,干扰项是独立同分布且没有极值的随机数,产生 MNL(1)模型,其中对于每个 $k \in C$,系统效用都含有式(2)。

回顾过往,自然会问道:这一规范究竟有多严格;可以对其进行哪种程度的修饰以使其适应一般的与 RUM 一致的行为。答案是:系统效用对经济效用的线性依赖以及产生 IIA 特性的分布假设都是特别的。当这一模型作为实证逼近在出奇多的应用中运行良好时,意味着各选择之间替代物的统一模式,这在行为上可能并不合理。已经开发了很多更灵活且或多或少更易处理的模型类别,其对解释变量和/或未观察项的分布的依赖更为普遍,这一依赖允许各选项之间替代物的模式更为普遍。

B. 与 RUM 一致的选择概率模型

已经证明 MNL 模型有广泛的实证应用,但是,作为选择行为的理论模型,其 IIA 特性的严格性并不令人满意。由齐普曼(1960)和德布鲁(1960)提出的范例,后被阐释为交通应用中的“红车、蓝车”问题,表明有时我们可以预期这一模型失效。已经开发出嵌套 MNL 模型、普遍极值(GEV)模型以及多元概率(MNP)模型,用以降低简单 MNL 模型的严格性。通常,这些模型都是非常有用的,但是在易处理版本不足以代表所有与 RUM 一致的行为方面仍保持了严格性。一类非常灵活的与 RUM 一致的离散选择模型是随机参数或混合多元概率(MMNL)模型。

麦克法登(1978b)中介绍了 GEV 模型,并建立了 RUM 一致性。定义 GEV 母函数 $H(w_1, \cdots, w_j)$为 $w \geqslant 0$ 的非负线性同质函数,其特性为:当带有连续的、符号交替的混合偏导数和非负奇数混合导数,任一论据趋向$+\infty$时,H 趋向$+\infty$。那么 $F(\eta_1,$

$\cdots,\eta_j)=\exp(-H(e^{-\eta_1},\cdots,e^{-\eta_j}))$为联合分布函数，其一维临界值为极值分布。假设，选择集合$C\{1,\cdots,J\}$有一个RUM模型$u_i=v_i+\eta_i$，其中η有这种分布。那么，$E_{\max_i u_i}=\log(H(e^{v1},\cdots,e^{vj}))+\zeta$，其中$\zeta=0.57721$，为尤拉常数。RUM选择概率是由封闭形式的预期导数给出的。

$$Pc(i)=e^{v1}H_j(e^{v1},\cdots,e^{vj})/H(e^{v1},\cdots,e^{vj}). \tag{3}$$

GEV母函数的一个范例为线性函数$H=w_1+\cdots+w_j$，该函数生成了MNL模型。通过对下列结果的重复应用可以获得更为复杂的GEV模型：如果集合A、B满足$A\cup B=C$，且W_a、W_b和W_c是$(W_1,\cdots,W_j)$对应的子向量，如果$S\geqslant1$，且$H^A(W_A)$和$H^B(W_B)$分别是W_A和W_B的GEV母函数，那么$H^C(W_C)=H^A(W_A^s)^{1/s}+H^B(W_B)$是$W_C$的$GEV$母函数。参数$1/s$被称作包容值系数。通过将此递归重复应用于集合$A$、$B$非重叠部分，对嵌套MNL模型进行定义。论据显示其与RUM是一致的。

与RUM一致的选择模型混合后也是与RUM一致的。例如，如果$H(W_1,\cdots,W_j,\alpha)$是由参数α索引的GEV母函数之一，决定着嵌套结构、重量和包容值，且有不依赖于经济变量的α分布，那么，带有$F(\eta_1,\cdots,\eta_j)=E_\alpha\exp(-H(e^{-\eta_1},\cdots,e^{-\eta_j};\alpha))$的RUM模型$u_i=v_i+\eta_i$有$E_{\max_i u_i}=E_\alpha\log(H(e^{v1},\cdots,e^{vj};\alpha))+\zeta$，且选择概率满足$Pc(i)=\delta E_{\max_i u_i/v_i}=E_\alpha e^{v1}H_j(e^{v1},\cdots,e^{vj};\alpha)/H(e^{v1},\cdots,e^{vj};\alpha)$。对GEV类别的特殊处理可见于麦克法登(1981)；斯莫尔(1987)和拜特(1998)。

威廉姆斯(1977)，达利和扎克瑞(1979)采用了不同的方法为一类重要的嵌套MNL模型建立了RUM一致性。威廉姆斯－达利－扎克瑞方程确立了两种更为普遍和有用的结果。首先，他们表示当且仅当X的比例因子至少与Z的比例因子一样大时，极值分布随机变量X可写为两个随机变量Y和Z的总和，Z也是极值分布。其次，他们有效地证明了在带有附加线性非工资收入术语的RUM模型类别中，预期的最大效用表现得像“代表性消费者”间接效用函数，其特性是价格导数与选择概率成一定比例。无收入影响的嵌套MNL模型所具有的特性是：其选择概率是由其最高水平包容值的导数给出的。然后，由于包容值系数受到合适的范围限制，通过显示其最高水平包容值满足间接效用函数的充分必要曲率条件，可以确定嵌套MNL模型与RUM是一致的。麦克法登(1981)，麦克法登和特雷恩(2000)中给出了证明这些结果的证据。

选择模型的普遍极值类别避免了一些IIA限制，但不能代表所有的与RUM一致的行为。从带有具有一般互变量结构的附加标准干扰项的RUM模型中获得的MNP模型是相当灵活的，但是，通常其选择概率必须以开放的形式写为要求数值积分的多元积分。为使这些模型易于处理，需要诸如因子分析互变量结构的特殊限制(麦克法登，1981，1984)。然而，后文中将要讨论的基于刺激的评估方法提高了我们在应用中实施这些模型相对普遍的形式的能力。

最近，麦克法登和特雷恩(2000)建立了在某种程度上有些令人惊奇且便利的任意规则的与RUM一致的选择概率的混合MNL(MMNL)近似代表。从早前描述的标准模型的规范代表开始。做出相当温和的假设，即所有可行集合的等级都是紧凑的。

通过添加独立的极值类型Ⅰ干扰项扰乱规范的间接效用函数,改变大小使概率非常小,由此,原始的和扰乱的间接效用函数以不同的方式要求选择。进一步通过观察到的论据中的伯恩斯坦·魏尔斯特劳斯多项式以及未观察到的特征的统一分布的向量来统一接近规范的间接效用。[①] 这样做也是为了使改变偏好顺序的接近可能性很小。考虑到效用函数中统一随机向量,然后,去除这一向量以获得MMNL模型,

$$Pc(i) = \int_0^1 \cdots \int_0^1 e^{zi \cdot \alpha(\varepsilon)} / \sum_{j \in C} e^{zj . \alpha(\varepsilon)} d\varepsilon. \tag{4}$$

方程式中,$\alpha(\varepsilon)$是统一随机向量ε多项式方程的向量,Z_j是消费者观察到的特点和选择j观察到的特点的多项式方程的向量。假如函数$zj \cdot \alpha(\varepsilon)$是每个$\varepsilon$的间接效用函数,那么直接从其导数中可以得出方程(4)的每个MNL模型都是与RUM一致的。方程(4)对每个常见的线性参数形式的MNL模型做出说明,其中我们允许参数的差异性是随机的,通过在与消费者观察到的属性相互作用的选择观察到的属性中引入一系列的近似,允许对选择的效用进行灵活定义。原则上,可以限制方程式中的近似错误,且可以提前决定为达到期望的准确度而要求的多项式顺序。然而,计算中要求的数量通常在应用中无法获得,最好使用改变性的或交叉检验方法来决定近似的停止点。要求对$Z\alpha(\varepsilon)$进行的形状限制通常是通过简单的组分一组分方式设置的,对α的相应组分也进行了符号限制。理论上,选择一个基准是可能的,由此,在不丢失统一近似特性时能完成这一选择,但是,仅在一维和二维上进行选择(卡斯托利亚和余1992;德切夫斯基和佩内夫1997)。此外,人们不设定形状限制也可继续,并在观察范围内对其进行检验(布朗和曼斯金,1998)。

通过方程(4)中集中于一个有限点集的分布,人们可以接近α系数的分布,将在这些点上测量的可能性处理为参数。这被称作潜在类别模型。通过筛法,使用潜在类别模型来获得与RUM一致的选择概率任何类别的非参数评估是可能的。潜在类别模型是单隐层前馈神经网络(带有MNL激活函数),已经开发的、用于神经网络的渐进逼近理论可用于建立收敛熟读和停止规则(怀特,1989,1992;程和提特林顿,1994;陈和怀特,1999;艾和陈,1999)。开发在一些应用中有用的其他与RUM一致的、选择概率类别的近似是可能的(戴格斯维克,1994)。

总的说来,我已经对这一结果进行了概述,即任何表现良好的RUM模型都能被MMNL模型接近,或者,假如观察到的变量的转换和这些形式中的随机分布是足够灵活的,RUM模型也可被潜在类别模型接近。MMNL模型是由卡尔戴尔和邓巴尔(1980)引入的。随着用于评估的便利刺激方法的发展(莱威尔特和特蕾恩,1998),MMNL模型已经得到了广泛的应用。

为了对MMNL模型的应用加以说明,我讲描述一项关于鳟鱼垂钓点选择的研究,这一研究是作为评估铜矿对蒙大拿的克拉克福克河的休闲垂钓造成的破坏的一部分。在三角经济研究中,比尔·戴斯沃斯基斯及其助手进行了家庭调查,收集了238名垂钓

---

① 也可以使用其他哈默尔基,其可能在形状限制的简约和设置上存在优势。

者在蒙大拿河处进行了962次垂钓旅行的试样。表2中描述了这一研究中的变量。

特蕾恩(1998)已经使用这些数据对方程(4)中用于垂钓地点选择的MMNL模型进行了评估。这一研究假定间接效用模型$U=\alpha(a-c)-\beta wt+z(x,s)\gamma$,其中的注释与方程(2)中的相同,由于人数不同,参数(α,β,γ)的差异是随机的。规范确定了β/α之间的比率,对于表3中描述的评估,认为α和γ有独立分布的组分,这些组分要么是呈正态分布,要么是呈对数正态分布。表中给出了评估的参数分布的百分位数。模型中间值得注意的是对于鲟鱼数量的品位分布范围,这决定了捕获率,以及对营地和入口数目具有积极和消极品位的垂钓者的区分,这会带来便利也会造成拥挤。某一选择的解释变量增加1%会导致地点可能性百分比增加的弹性,通过变量和可能性的试样平均值进行计算。

表2 蒙大拿地区鲟鱼垂钓地点选择的解释变量

变 量	说 明	平均值	标准偏差
鲟鱼现有量	每1000条河流中有成百上千条鱼	1.773	1.468
旅行花费	到达垂钓点的旅行花费,包括驾车变化的花费和驾车耗费的时间的价值(以垂钓者工资的1/3或者$\beta=\alpha/3$来进行计算)	$89.22	$35.24
入口	每个USGP街区州设计的入口区域的数量	0.172	0.305
美学	等级0至3(蒙大拿河流信息系统)	1.386	0.86
营地	每个USGP街区中营地的数量	0.195	0.198
主要的	主要垂钓区域(蒙大拿垂钓者向导)	0.559	0.501
受限制的	一年中某一时间内,垂钓点限制的品种的数量(必须捕捉/放生)	0.339	0.902
对数大小	含有垂钓点的USGP街区的数量的对数	2.649	0.684

表3 带有独立随机参数的垂钓地点选择的MMNL模型

变 量	参数分布	系数分布			比例正的	弹 性(在平均系数下)
		10 Pctle	平均值	90 Pctle		
鲟鱼现有量	对数正态 标准错误	0.015 0.014	0.056 0.034	0.207* 0.070	1.0	0.098
旅行花费	对数正态 标准错误	−0.253* 0.030	−0.091* 0.006	−0.032* 0.004	0.0	−7.945
入口	正态 标准错误	−3.369* 0.715	−0.950* 0.361	1.470* 0.392	0.31	−0.161
美学	对数正态 标准错误	0.152* 0.060	0.452* 0.103	1.342* 0.159	1.0	0.616
营地	正态 标准错误	−2.005* 0.693	0.116 0.323	2.237* 0.591	0.53	0.022

续表

变　量	参数分布	系数分布			比例正的	弹　性（在平均系数下）
		10 Pctle	平均值	90 Pctle		
主要的	正态 标准错误	−1.795* 0.401	1.018* 0.289	3.831* 0.642	0.68	0.56
受限制的	正态 标准错误	−1.651* 0.305	−0.499* 0.131	0.653* 0.171	0.29	−0.166
对数大小	固定的 标准错误	0.9835* 0.108	0.9835* 0.108	0.9835* 0.108	1.0	0.967

* =重要，1%水平。

C. 评估离散选择模型中支付意愿

将离散选择模型应用于经济政策问题中，通常需要评估为政策改变而进行支付的意愿(WTP)。例如，蒙大拿鲟鱼垂钓研究寻求决定由于自然河岸条件的修复而导致现有鲟鱼数量的增加的 WTP。表 3 中的 MMNL 模型独立于非工资收入，在(V'_i)改变之前以及(V''_i)改变之后，平均 WTP 系统效用中有一个便利、准确的预期 log 总和。

$$WTP = E_{\alpha,\beta,\gamma} 1/\alpha \log\{\exp(V''_1) + \cdots + \exp(V''_j)/\exp(V'_1) + \cdots + \exp(V'_j)\} \quad (2)$$

这一案例与希克斯和对消费者剩余的测量是一致的，其中偏好可以被总计为代表性群体的偏好(齐普曼和摩尔，1990；麦克法登，1999b)。当非工资收入中的间接效用函数是非线性的、附加的时，希克斯补偿变量的计算更烦冗。麦克法登给出的界限有时足够进行政策分析，他也开发出用于某一确定的 WTP 的数值计算的蒙特卡罗马尔科夫链方法。最近，卡尔斯特罗姆(2000)简化这些计算的数值方法。

D. 动态模型

当人们转向相同个体的重复选择数据和离散选择的动因时，经济选择行为研究产生了一项重大突破。正是在图 2 中的面板框架中，经验对感知和品味的影响可以得到实证检验。重复决策允许人们将 RUM 理论作为消费者内部和消费者之间品味变化的模型进行研究，为其与决策的心理学模型进行联系。赫克曼(1981，ab)是离散选择动因分析的先驱，他认识到规定明确的动态模型中的初始值和递归结构的关键性作用，负责适当的计量经济方法的基础开发。动态模型在劳动力供给和工作状况等问题上有重要的应用，其在从新商品的购买时间到退休等生命周期决策这一系列问题中也有重要的应用。

在离散选择的动因分析中有一个重要元素，即通过动态优化(拉斯特，1994)和代理人之间的互动(拉丰和翁，1996)将预期与选择决策相结合。最后一个话题与离散选择分析中更普遍的问题相关。在许多微观经济数据中，可将经济选择背后的解释变量视为注定的，这是由于来自个体消费者的决策反馈对于市场层变量而言是微不足道的。然而，在当前未观察项并不必然独立于过去的历史的动态模型，或者在疲软的、代理人之间存在决策性互动的市场中，反馈足够强，必须对解释变量的内生性进行处理。

E. 离散和连续选择

在经济选择理论中，经济决策的离散和连续组分是完全结合在一起的，这一结合是通过一般偏好和时间及预算限制来实现的。然而，在消费者行为的实证研究中，几乎从未进行过这种结合。迪宾和麦克法登(1984)开发了离散和连续选择的一致模型，用于选择和消费者产品使用的应用。但是，电脑易处理性的成本是高度参数化的。这一课题的进一步发展可能需要使用半参数评估以减少模型限制，其发展也是必需的。

四、选择行为心理学

相对于经济学家的标准模型，选择过程的心理学理论中，个人的组织性较弱，适应性和模仿能力较强。心理学对进行决策这一过程的描述既是丰富多彩的又是直觉性的。态度在决定消费者定义决策任务的方式上扮演了重要角色。丹尼曾说过，经济学家有个人偏好，而心理学家有自身态度。情感和动机是决定态度的关键因素，也反馈至选择过程的感知产生影响；参见图 2 中的细箭头。在这些理论中，经济学家对效用评估和最大化进行的计算降低至影响决策环境的众多因素中的一个，其影响通常被背景影响、情绪以及感知和判断错误盖过；参见(赛文森，1979；加林，1992 和洛文斯坦，1996)。实验证据以及自行上报的决策协议为这一观点提供了支持，即启发式的规则是人类大多数行为的直接驱动力。心理学家普雷莱茨通过参与其中的认知过程对决策和效用最大化模型进行了区分：

“决策分析生成了理性模型，将选择视为对行为进行选择的基本技术问题，这一行为是为实现一维标准和效用的最大化。主要的精神活动是通过数值权衡规范将多属性和多维度减少至单属性和一维度。对于规则指导下的行动，基本的问题是建立选择状况令人满意的解释的准合法问题。这一过程中主要的精神活动包括：探索当前状况和其他规范选择状况之间的相似之处和不同之处，在这些状况中清晰明白地应用单一的规则或原则……制定这一规则的目的在于我们的自然成本－收益计算系统中存在的某些不足之处，人们可能希望这些规则能进入这些选择领域，其中自然功利主义并不产生令人满意的结果。”

人类的行为可能受制于规则，但是这些规则有可能只是对偏好进行编码。用于解释自我保护规则系统的进化的行为论据也显示，选择会有利于始终促进自我利益的规则系统。很多心理学家争论道，行为对环境和影响的敏感度远没有那么强，其与稳定偏好之间的联系也并无多大用途。然而，如果存在潜在偏好，那么，即便偏好和规则之间的联系令人相当烦恼，也有可能恢复这些偏好，使用它们对经济政策进行正确的评估，至少这一近似对于政府的政策工作来说是足够好的。

潜在偏好的存在对于经济学家来说是一个重要的科学问题。如果答案是肯定的，那么认知心理学上关于决策的证据仅仅表明经济学家必须透过规则的烟雾来分辨深层的、经济政策评估中需要的偏好。这是一项艰难的任务，但并不是不可能完成的。如果答案是否定的，那么经济学家需要为经济分析寻找到基础，这一基础不需要“大多数人的最大利益"这一理念具有意义。我谨慎而又乐观地认为这一问题的答案是肯定的。原因一:很多与经济学家标准模型之间存在的行为偏差被解释为感知幻觉和信息处理错误,而不是自我利益这一定义中更为基础的断裂。原因二:我们使用的很多规则实质上是防范性的,使我们免受不良选择的诱惑。对此的说明,参见图3中显示的波尔多附近葡萄酒生产地区的简化地图。

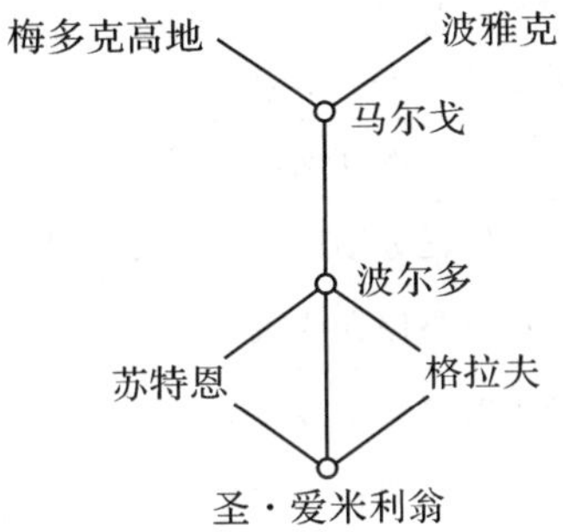

图3 波尔多附近葡萄酒生产地区的简化地图

波尔多到圣·爱米利翁的距离似乎比到马尔戈的距离更近。然而,你会立即意识到这是典型的视米勒一莱尔视觉错觉,事实上距离是相等的。即便有人提醒你这是一种错觉,你还是会觉得圣·爱米利翁看起来更近。这一错觉会对行为产生影响吗?重要的一点可能是图3是从由圣·爱米利翁公社出版的手册改编而来的。事实上,圣·爱米利翁比马尔戈更拥挤,这可能是由于品酒家们错觉。然而,我怀疑这是由于前往波尔多的游客对地图的普遍误读。我们学着对自己的感知抱以怀疑的态度。我们看待事物可能有所扭曲,但是,我们必须采取保守的行为策略,例如,测量地图上的距离,以使我们避免过多地偏离自身利益。

鉴于这一范例,科学家们该如何预测地图查阅者做出的旅行决策?关于视觉错觉的一系列丛书可以作为出发点。毫无疑问,它们在揭示视觉上的认知过程中是有帮助的。然而,将这一系列丛书与具有广泛预测性的预测系统相结合是很困难的。另一个出发点是天然的视觉模型,即"人之所见乃是照相机中的镜像"。正是从视觉错觉的存在中,我们知道这一模型并具有普遍的正确性。尽管如此,这一天然模型具有广泛的预测性,如果为适应某些系统错觉而对其进行缓和,那么这一天然模型具有更强的预测性。我认为这是对经济学家如何对经济选择行为进行预测的很好的类比。在大脑科学能够理解图2中的认知机制在进行一系列的经济决策时的运行方式之前,我怀疑事实会证明:为解释大多数系统感知错觉而得到加强的标准模型为评估大多数经济政策提供了最好的平台。

A. 认知错觉

上述讨论涉及作为标准模型的另一理论选择的心理学视角下的决策,但是,也有大量的证据证明:在实验条件下,个人有时会做出系统性的、明显偏离标准模型的预测的决策。丹尼·卡内曼和阿莫斯·特沃斯基(例如,特沃斯基和卡内曼,1974,1981;卡内曼和特沃斯基,1979,1984)的实验结果在促使经济学家重新考虑标准模型上具有特别的影响力。表 4 是由麦克法登(1994a)改编而来的,其中列举了一些(重叠)认知现象,认知心理学家和行为经济学家对此现象进行了鉴定,此现象似乎会影响行为。

表 4　决策中的认知影响

影　响	说　　明
锚定	反应受到问题中含有的线索的影响
可获得性	反应过于依赖已经获得的信息,几乎不探索其他背景信息
背景	之前的问题以及采访者互动颜色感知
帧点/参考点	问题形式改编认知任务不同方面的显著性
焦点	对数量信息进行分类储存或报告
主因/近因	最初或最近经历的事项是最显著的
投影	反应与对象想要投射的自我形象一致
前景	对低概率事件的似然判断是错误的,对其的处理要么为过于似然,要么为 0
回归	因果关系及持久性与之前的波动相联系,且对回归平平均值的估计过低
代表性	高条件概率导致对非条件概率的过高估计
规则驱动的	动机和自我控制导致策略反应
显著性	过度强调问题的显著方面
现状	现状和历史被赋予了特权
迷信	详细的因果结构与巧合相联系
暂时性	无视暂时的时间上的不一致

一个重要的认知现象是锚定,在此现象中反应被引向数值提示,即便提示本身所含信息不多(特沃斯基和卡内曼,1974)。对于锚定的心理学解释是:提示至少暂时在对象的那种创造了一种可能性,即不确定的数量可能要么高于或低于提示。这可能是由典型的心理学歧视错误或认知过程导致的,在此认知过程中,对象将问题视为一项解决问题的任务,并寻求合适的框架来构建正确的解决方法。证据表明:个人是可怜的自然统计员,过于高估了已经获得的信息和样例,过于低估了较难获得的背景信息。教育训练人们使用问题解决协议,其中人们对于问题的反应不仅基于大量的知识,也基于关于可能的正确反映的背景线索。因此,如果对象使用这些协议以及数值提示来形成反应是毫不奇怪的。

B. 报告的消费中的偏见

我将描述两个实验,这两个实验表明对于经济调查中的测量而言,至少锚定是个问题。第一个实验是从赫德、梅里尔和麦克法登(1997)中的,其关注的是在要求对象对于他们不确定的经济数量进行报告时的反应偏见。这些作者在 AHEAD 面板上进行了实验,这是对美国的老年人进行的一项大型研究。使用对于一系列数值提示做出“是”或“否”反应的展开括号格式对调查对象每个月的消费进行提问。根据实验设计对针对每个对象的提示模式进行筛选。实验中使用的初始提示的范围是从每个月 500 美元到每个月 5000 美元,这使得隐含的中间消费处于每个月 895 美元至每个月 1455 美元不等;参见图 4。表 5 中给出了关于实验的更详细的信息。不同实验组的反应分布有力地表明锚定现象会引起反应偏见,如果未意识到这一偏见,可能导致经济政策分析的严重扭曲。

C. 表明的支付意愿中的偏见

由格林、卡内曼和麦克法登进行的第二项研究,从科技馆的参观者中选取的对象,要求他们陈述为拯救受石油泄漏影响的近海海鸟而进行支付的意愿。对象被随机地分配至控制和实验组。为两组给出了下列前言:

> 从圣地亚哥至西雅图的太平洋沿岸居住着几百万的海鸟。这些海鸟大部分时间里都在距离海岸很远的地方,人们很少能看见它们。据估计,小规模的石油泄漏导致超过 50000 只远离海岸的海鸟的死亡。科学家已经就防止因石油导致海鸟死亡进行了探讨。但是,解决方案代价高昂,方案的实行将需要额外的资金。通常,确定造成小规模石油泄漏的油罐箱并要求公司进行赔付是不可能的。在这一状况改变之前,为拯救海鸟将必须使用公款。我们打算每年拯救 50000 只海鸟,使其免受近海石油泄漏影响,而您的家庭将在此发挥重要作用。

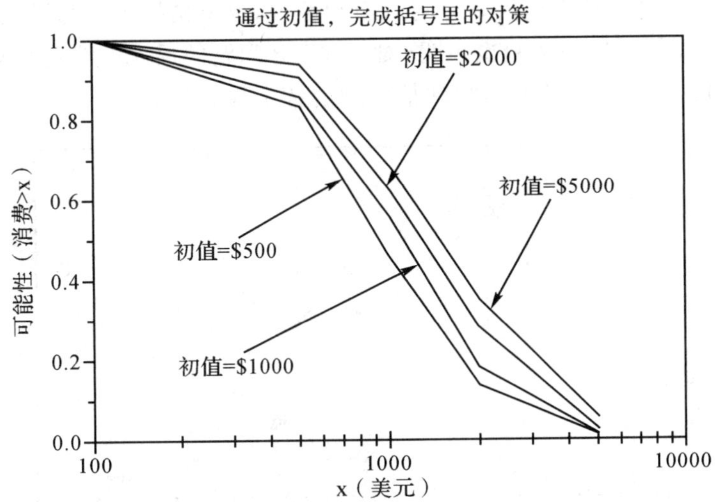

图 4 每个月的消费

丹尼尔·麦克法登"老年人的消费和储蓄收支"的再版以及"老龄化经济学中的先锋人物"迈克尔·赫德、哈瑞士·钱德、李干、安吉拉.莫瑞尔以及迈克尔·罗伯茨,编辑,大卫·怀斯,芝加哥大学出版社,1998,版权 1998 归国家经济研究局所有。保留所有权利。

向对照组提出了开放性结尾的问题:

如果你能确定每年有 50000 只海鸟获救,为了支持拯救海鸟的这一行动,您的家庭每年最大能在额外的联邦或州税中缴纳多少税金？找到防止石油泄漏的方法或确定造成泄漏的油罐箱并使公司为这一行动进行赔付时，这一行动将会停止。

______美元每年

向实验组提出了全民投票性的问题：

如果你能确定每年有 50000 只海鸟获救，为了支持拯救海鸟的这一行动，你会同意每年在额外的联邦或州税中缴纳 5 美元吗？找到防止石油泄漏的方法或确定造成泄漏的油罐箱并使公司为这一行动进行赔付时，这一行动将会停止。

是　　否

紧接在这一问题之后的是一个开放性结尾的问题：

你愿意缴纳的最大金额是多少？______美元每年

全民性投票问题中的 5 美元数值提示因根据实验设计进行设置的水平的不同而不同。选定的处理方法与对照组的反应分布的明确的数量相一致。如果对象遵守经济学家的标准模型，那么，他们的偏好是固有的，不会受全民性投票问题中包含的数值提示的影响。事实上，反应模式表明提示为偏好的构建创造了"锚"。图 5 显示的是对照组和实验组之间的反应频率的差异；表 6 中给出了详细信息。锚定效应具有很大的影响，在统计学上具有重要性。相比于开放结尾的后续反应，对照组的中间 WTP 为 25 美元，当提示为 5 美元时，实验组的中间 WTP 为 10 美元，当提示为 400 美元时，其为 50 美元。全民投票性的反应也显示出锚定效应，相比于对照组，提示更高时，"是"票数更高。相比对照组平均 WTP 为 64 美元，实验组平均 WTP 的非参数评估为 167 美元，这在统计上也是具有重要意义的。换句话说，也就是提示中每增加 1 美元，平均反应就会增加 28%。这一实验也表明：对于 WTP 问题的反应的锚定与对于诸如加利福尼亚最高的红木的高度等的客观评估问题的锚定是相似的。

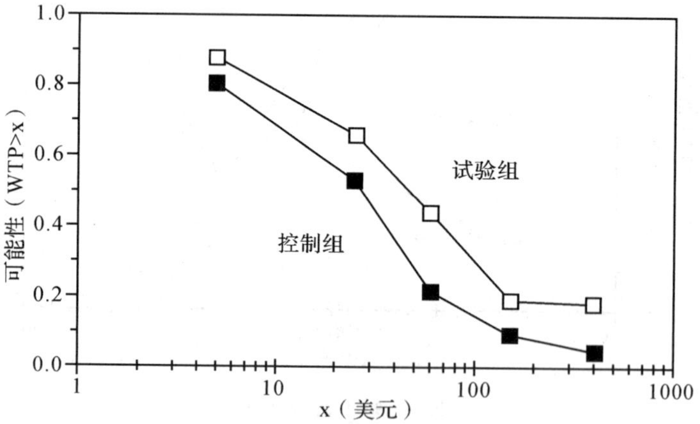

图 5　海鸟 WTP

格林等人的实验是虚拟的，调查的对象知道他们的应答不会带来相应的货币支付。故经济学家这一假设实验是有问题的，即在包含实际货币的实际决策的市场选择中，这类与标准模型之间的偏差是否会继续存在。消费品营销显示出了肯定的答案。商人受到这样的教导：在销售针对性的产品时，他们可以通过在其旁边放置价格相近

表 5　消费：样本容量、中间值和平均值

实验组	起始数量	样本容量	带有开放式反应的数	完成的括号反应的比率	中间值							
					非参数的(b)	标准错误(c)	参数的(d)	标准错误(e)	非参数的(f)	标准错误(g)	参数的(h)	标准错误(i)
1	2000(a)	739	492	53.8%	1061	87	1128	72	1732	108	1513	88
2	500(a)	689	422	51.3%	861	53	864	53	1261	87	1139	63
3	1000	627	0	92.8%	1146	39	1104	37	1508	49	1365	40
4	5000	782	0	94.0%	1455	56	1486	52	2161	65	1979	62
5	500	707	0	92.9%	895	31	934	31	1311	45	1180	35
6	2000	594	0	94.1%	1415	53	1392	51	1946	61	1764	57
7	1000(a)	717	464	47.0%	897	62	967	69	1466	98	1352	89
2&5	500	1396	422	81.5%	886	26	915	27	1298	40	1170	31
3&7	1000	1344	464	79.7%	1090	36	1066	33	1497	44	1364	38
1&6	2000	1333	492	82.3%	1326	46	1310	42	1884	53	1695	49
OE 第一(1,27)		2145	1378	50.7%	931	35	980	37	1485	57	1331	46
逼迫的(3,5,6)		1928	0	93.3%	1129	25	1167	25	1572	30	1523	29
合并的(1,2,3,5,6,7)		4073	1378	81.2%	1077	22	911	18	1358	31	1237	22
开放式反应			1378		1000	9			1253	64		
总体		4855	1378	84.0%	1163	21	1170	19	1696	26	1534	22

注释：

a. 当对象对开放式的问题没有作出反应时，最初要求对象作出带有展开的括号的开放式反应。

b. 在使用“饱和”多项模型对所有反应者的 CCDF 进行评估的情况下，对数消费线性插入的 CCDF 的指数。

c. 标准错误是通过(中间值)x(a－b)(2x(括号可能)(根 N))进行估计的，其中(b,a)是包含评估器的对数消费括号。这一评估器假定对数消费在包含中间值的括号内是统一分布的。

d. 通过 MLE，对数正态分布的平均值的指数与对数消费的括号消费相适应。

e. 标准错误是通过(中间值)x(SD)x 根(pi/2xN)进行估计的，其中 SD 是对数消费估计的标准误差。

f. 括号中点估计的括号概率的总和。

g. 标准误差通过(方括号中点的括号概率的总和减去中间值的平方)的平方根进行估计的。

h. (中间值)＋0.5x(∑)^2 的指数，其中，中间值和∑是对对数消费中间值和标准偏差的估计。

i. 标准错误是通过(中间值)x(SD)x 根(1＋0.5(SD)^2)/根(N)，其中，SD 是对数消费估计的标准误差。

但明显较差的产品来提高针对性产品的吸引力(西蒙森和特沃斯基,1992)。因此,真实的市场中似乎存在意识错觉,其具有足够的系统性,销售商可以对此加以利用。

对消费者行为进行调查的经济学家通过仔细研究市场研究中的发现以及营销实践将会收益颇多。最后,行为经济学家需要跳出对选择行为的模式化的描述,参与市场研究实验,直接对经济选择过程的本质进行探索。市场研究或许会进一步提供方法学上的课程。发现以及利用购买行为中的认知错觉似乎与使用与 RUM 一致的离散反应模型能很好地共存,这一模型被用来预测买方的行为,对其进行改编使其使用感知数据。

表 6 每年为拯救 50000 只近海海鸟而进行支付的意愿

分　布	开放式的			起点出价		
\$0—4.99	19.8%	12.2%	8.5%	0.0%	8.3%	12.0%
\$5—24.99	27.3%	67.4%	25.5%	41.7%	29.2%	22.0%
\$25—59.99	31.4%	12.2%	53.2%	14.6%	27.1%	20.0%
\$60—149.99	12.4%	8.2%	8.5%	41.7%	16.7%	18.0%
\$150—399.99	5.0%	0.0%	2.1%	2.1%	18.8%	10.0%
\$400+	4.1%	0.0%	2.1%	0.0%	0.0%	18.1%
样本容量	121	49	47	48	48	50
P(开放式反应>出价)(标准错误)		80.2% (5.7%)	52.9% (7.1%)	21.5% (5.9%)	9.1% (4.1%)	4.1% (2.8%)
P(锚定反应>出价)(标准错误)		87.8% (4.7%)	66.0% (6.9%)	43.8% (7.2%)	18.8% (5.6%)	18.0% (5.4%)
平均反应(标准错误)	\$25.00 (\$6.03)	\$10.00 (\$2.33)	\$25.00 (\$1.16)	\$25.00 (\$14.04)	\$43.00 (\$10.87)	\$50.00 (\$23.41)
平均反应(a)(标准错误)	\$64.25 (\$13.22)	\$20.30 (\$3.64)	\$45.43 (\$12.61)	\$49.42 (\$6.51)	\$60.23 (\$8.59)	\$143.12 (\$28.28)

	系　数	标准错误
起点标价的边缘效应	0.284	0.32
非参数的全民投票平均值(b)	\$167.33	\$76.90
参数的全民投票平均值	\$265.99	\$138.96

a. 开放式平均值的计算将将 2000000 美元的观察结果排除在外。如果 64.25 美元的开放式 WTP 平均值代表所有加利福尼亚的成年人,那么,为了保护 50000 只海鸟,整个州的 WTP 为 14.9 亿美元或平均每只海鸟 29800 美元。

b. 假定此分布的上限等于最大锚定反应,即 1000 美元。给定此分布的上限,在最大可能的基础上,报告的标准错误为 RMSE。

改编自“全民投票的依赖性评估、锚定以及为公共事业进行支付的意愿”麦克法登、格林、斯科维奇以及卡勒曼,资源和能源经济学,卷.20,85—116,1998。版权 1998. 在爱思唯尔科学公司的许可下进行了再版。

五、统计方法

对选择行为进行微观计量经济分析,要求使用统计方法进行参数和非参数评估,使用诊断工具检测规范和检验假设中的错误。选择模型的应用也需要产生分解和综合预测的系统,以及追踪统计准确性的政策预案。这些要求是普遍针对应用统计学的,但是,由于从 RUM 基础上获得的自然模型通常是非线性的,并不易于处理,这一领域的要求更为严格。

通常,基于 MNL 模型以及与其相关的模型的应用 RUM 分析,依赖于最大似然方法及其大试样特性。目前,标准统计软件包中可以获得的路线或多或少允许使用这些模型。非参数评估器、用于改善渐近逼近的自助法、坚固性程序的广义矩估计方法和用于克服使用传统计算难以解决的问题的刺激方法的使用越来越多。统计学上已经有一些针对或特别应用于离散选择分析的进展。我将对这些进展中的一部分进行总结,集中于这些我参与过的。

A. 基于选择的抽样

基于选择的样本是根据反应行为的分层获得的,对其的解释即是研究的目标。在各层内部收集对反应和解释变量(互变量)的观察结果。然后,鉴于互变量,将其用于针对反应的条件分布的统计推断中。例如,一项针对职业选择的研究可能通过分层得出样品,因此,第一层是工程师,第二层是教育工作者中的抽样,等等。对诸如性别和训练补贴的运用等互变量的数据进行收集。那时,这些观察结果可能会被用于推断职业选择的训练补贴的影响。基于选择的抽样可能是无意的,是一般性目的调查中自我选择或分层的结果;这一抽样也可能是有意的,被设计用于减少抽样成本或提高反应的信息性和准确性。为随机抽样开发的统计方法在应用于基于选择的样品中时,通常是不一致的、不充分的。本质问题在于:此分析利用从给出的互变量选择的条件分布中获得的观察结果,试图给出选择的互变量的条件分布的特性。这一推断问题的解决方法是:要么通过重新加权观察结果,使其表现得像是从随机抽样中获得的;要么通过重新加权随机抽样的可能性模型,由此,其与实证抽样过程保持一致。通过这两种方式使映射包含在此分析的条件分布之间。曼斯基和乐尔曼(1977)的研讨会论文中对基于抽样的选择分析上的统计问题进行了处理,曼斯基和麦克法登(1981)以及史蒂夫·科斯莱特(1981)在对这些问题的研究中取得进一步的进展。基于选择的抽样问题与自我选择的样品分析问题是密切相关的。赫克曼(1974,1979)在研讨会中给出了选择问题的处理方法,霍斯曼和怀斯(1977)、戈德费尔德和匡特(1973)、马达拉和尼尔森(1975)以及李飞龙和波特(1984)为此进一步做出了贡献。谢、曼斯基和麦克法登(1985)、兰卡斯特和因本斯(1990)以及布瑞斯洛(1996)的论文使针对内生抽样的分析明朗化了。为解决一系列问题,已经对用于基于选择的抽样推断的基本框架进行了拓展。因本斯(1992)已经提供了方法将基于选择的调查数据与合计统计相结合。麦克法登(1998)已经对内部筛选的面板的分析进行了研究。

表 7 人口细胞概率

	y_1	y_2	……	y_J	合计
z_1	$P(y_1 \mid z_1)p(z_1)$	$P(y_2 \mid z_1)p(z_1)$	……	$P(y_J \mid z_1)p(z_1)$	$p(z_1)$
z_2	$P(y_1 \mid z_2)p(z_2)$	$P(y_2 \mid z_2)p(z_2)$	……	$P(y_J \mid z_2)p(z_2)$	$p(z_2)$
⋮	⋮		⋮	⋮	
z_k	$P(y_1 \mid z_k)p(z_k)$	$P(y_2 \mid z_k)p(z_k)$	……	$P(y_J \mid z_k)p(z_k)$	$p(z_k)$
合计	$q(y_1)$	$q(y_2)$	……	$q(y_1)$	1

表 7 中有计划地描述了选择 y 和互变两 z 的向量的人口概率法则。给出 z 倍的 z 的边缘概率，可将细胞 (y,z) 的联合概率写为 y 条件概率的产物，即 $P(y,z)=P(y/z)P(z)$①。行和给出了 z 的边缘概率 $P(z)$，列和给出了 y 的边缘概率 $P(y)=\sum_z P(y/z)P(z)$。如果 $y, Q(z/y)=P(y/z)P(z)/q(y)$，那么，法则给出 z 的条件概率。统计分析的目标是条件概率 $P(y/z)$，有时也称作反应概率。通常，在应用中认为 $P(y/z)$ 在改变 z 的边缘概率的处理中是恒定的。对 $P(y/z)$ 的了解允许分析对新人口或 z 的分布发生了改变的政策处理中的 y 进行预测。②

从表中抽取的随机样品与细胞概率成一定比例。外部分层抽取的是行，其概率可能与人口边缘概率 $P(z)$ 不同；然后，在一行中抽取与其人口条件概率 $P(y/z)$ 成一定比例的列。试样基于选择的抽样设计抽取列，其概率可能与人口边缘概率 $P(z)$ 不同；然后，在一列中抽取与其人口条件概率 $Q(z/y)=P(y/z)P(z)/q(y)$ 成一定比例的行。

更复杂的外部抽样设计也是可能的。允许对很多抽样计划进行统一分析的一般性框架的特点是：s 层中细胞 (z,y) 中的一名成员将符合该层的概率 $R(z,y,s)$ 的抽样协议。人口中的一员位于细胞 (z,y) 中且符合 S 层的联合概率为 $R(z,y,s)\ P(y/z)P(z)$。符合该层的人口比例或资格因素为 $r(s)=\sum_z\sum_y R(z,y,s)P(y/z)P(z)$，$z(s)$ 给定资格的条件概率为 $R(z,y,s)P(y/z)P(z)/r(s)$。术语 $R(z,y,s)$ 有时被称作倾向分数。当从 s 层抽取小部分样品 $f(s)$ 时，$R(z,y,s)P(y/z)P(z)f(s)/r(s)$ 是来自对收集的样品的观察的可能性。给定收集的样品中的 $z, g(y/z)=P(y/z)\sum_s R(z,y,s)f(s)/r(s)/[P(y'/z)(\sum_s R(z,y,s)f(s)/r(s))]$ 是 y 的条件概率。注意：条件概率对 z 的边缘概率的依赖仅通过资格因素可以实现。

① 此说明中将 y 和 z 当作离散的来进行处理，但此讨论中，对其稍作修改，将其用于 y 和/或 z 的一些组分是连续的情况下。

② 据说据有恒定特性的条件概率有时对因果模型进行定义。因果模型的确会显示这一恒定特性，但是，这一恒定特性也可能保持不变，在无更深层的因果结构出现的情况下，可能进行预测。更一步来说，尽管对真的因果结构进行检验超出了统计研究的范围，仍存在对恒定特性进行验证的直接的数据检验。因此，最好避免使用因果关系的语言，取而代之，聚焦于恒定特性。

当抽样协议是外在的(例如,$R(z,y,s)$并不依赖于 y),收集的样品的条件概率 $g(y/z)$等于人口条件概率 $P(y/z)$。因此,任何为揭示随机样品中条件概率的特点而设计的统计推断程序也适用于外部分层的样品。尤其是在 $P(y/z)$为参数的情况下,外部分层样品中随机样品可能性函数的最大化将与随机样品中的具有同样的特性。然而,在某一外部样品中,资格概率不依赖于 y,收集的样品的条件概率 $g(y/z)$不等于 $p(y/z)$。因此,假定数据生成过程是通过 $p(y/z)$来进行描述的统计推断在统计中通常不具有一致性。此外,当 $g(z) = p(z)\sum_s(f(s)/r(s))\sum_y R(z,y,s)P(yv/z)$时,外部样品中互变量的分布将不同于其人口分布,且必须将相应的校正因素应用于 z 的样品实证分布,以评估人口质量进行评估。

曼斯基和麦克法登(1981)提议:当 $P(y/z)$为参数时,统计推断应基于条件似然 $g(v/z)$,并对此给出术语条件最大似然法(CML)。当资格因素 $r(s)$和样品频率 $f(s)$是已知的,或者可以通过外部样品进行估计时,形式 $P(y/z)$和 $R(z,y,s)$允许对 $R(z,y,s)$中的任意未知参数进行鉴定,这一方法具有一致性。总的说来,概率 $g(y/z)$与概率 $p(v/z)$不属于同一参数类别。对此可以进行如下说明:假设某一人口具有二元概率选择概率,那么 $P(2/z)=\varphi(\alpha+z\beta)$,$P(1/z)=(-\alpha-z\beta)$。假设样品由随机抽取的1层和从人口中抽取的2层组成,其中1层中 $R(z,y,1)=1$,2层中反应 $y=2$,$R(y,z,2)$等于2,当 $y=2$ 时,$R(y,z,2)=0$。这被称作富集样品。资格因素为 $r(1)=1$,$r(2)=q(2)$。如果已知 $q(2)$,可以通过 CML 方法对模型中斜率参数 β 进行持续评估:

$$g(1/z)=\varphi(-\alpha-z\beta)f(1)/[\varphi(-\alpha-z\beta)f(1)+\varphi(\alpha+z\beta)(f(1)+f(2)/q(2))]$$

相反地,利用 $P(z)$实现的似然最大化对于 β 而言不具有一致性。

对 CML 方法的一项重要简化是为了使其使用与 MNL 模型。假设互变量的向量被划分至组分 $z=(v,x)$中,v 是离散的,且 $P(y/v,x) = \exp(\alpha_y+\gamma_{yv}+x\beta_y)/\sum_{y'}\exp(\alpha_{y'}+\gamma_{y'v}+x\beta_{y'})$。在此模型中,$\beta_y$ 互变量 x 的斜率系数,α_y 是特定反应的影响。假设资格概率 $R(v,x,y,s)$不依赖于 x。条件概率 $g(y/z)$又是多项逻辑特形式的,其 β_y 参数是相同的,但剩余的参数有所改变;例如,$g(y.\ v.\ x)=\exp(\alpha_y^{※}+\gamma_{yv}^{※}+x\beta_y)/\sum_{y'}\exp(\alpha_{y'}{}^{※}+\gamma_{y'v}^{※}+x\beta_{y'})$,其中转换参数满足 $\alpha_y^{※}+\gamma_{yv}^{※}=\alpha_y+\gamma_{yv}+\log(\sum_s R(v,y,s)f(s)/r(s))$。此模型的一致估计要求包含所有可选择的、明确的影响以及受抽样因素改变的相互影响。然而,如果这些变量被包含在内,那么,不需要对外部抽样作出任何调整,即可对斜率参数 β_y 进行一致估计。[①]

B. 计算和模拟

曾经主要的计算任务是对单一的多项逻辑特模型进行估计,如今,我们已经发展到这样一个高度:实际上,即便是对大量的选择和观察而言,简单的多项逻辑特也不是

① 一些统计程序使用倾向得分权重来解除处理变量和通过外部自我选择进行归纳得出的互变量之间的相互联系。

瞬时的。尽管实现和验证此类问题中存在的交叉仍是一门高超的艺术，这对于通过一般性目的最大似然程序生成的嵌套多项逻辑特模型或包含其他非线性元素的逻辑特而言也几乎是正确的。然而，封闭形式中无法解释的选择概率要求对相对高维度的数值进行整合，对其进行的估计仍旧是计算中的难题。例如，除了在特殊情况下，带有未限制互变量结构的多项普罗比模型仍然排斥传统计算。

模拟方法的使用在获得实际表达式以及对难以计算的模型的评估中起到了主要的推动作用。从实验数据生成过程(DGP)中获得的模拟样本类似于从真实的DGP中获得的真实样本。如果设计模拟程序是为了在改变实验参数时，模拟样品不会"谈论"，那么，可以通过使模拟样品和实际样品实现重合来估计实际的DGP。麦克法登(1989)开发并形式化了这一推断方法，并对最初由曼斯基和乐尔曼(1981)引入的多项普罗比模型的模拟进行了归纳。过去十年里的研究扩充了模拟方法，其中包括使用吉布斯、梅特罗波列斯-哈斯汀斯以及其他的蒙特卡罗马尔科夫链抽样算法、诸如霍尔顿和索贝尔序列的伪随机数和图案随机数、诸如模拟动差估计法、模拟得分函数法、模拟EM运算法的工具(麦克法登和鲁德，1994；哈伊瓦斯纽和麦克法登，1998；哈伊瓦斯纽、麦克法登和鲁德，1996；鲁德，1994；拜特，2000；特蕾恩，1999)。这些方法使得其能够与其他相当灵活的模型一起运作，这些模型包括多项普罗比和混合多项逻辑特模型。统计模拟也是进行模型比较和政策分析的有效工具(考因和麦克法登，1984；高瑞洛克斯和蒙福特，1996；亨德利，1984)。模拟方法中仍存在着较大的提升空间。尤其是，一些用于处理测量错误和离群值的统计方法可能有助于处理模拟数据。

模拟方法中通常需要的，且易于应用的模型是MMNL模型。(麦克法登，1989；博尔达克，1992；布朗斯顿和特蕾恩，1999；斯里尼瓦桑和马赫马萨尼，2000)中以核心逻辑特之名，将其作为多项普罗比的计算逼近或一般性的灵活RUM逼近进行应用。由于MNL模型自身的参数α是平滑的，下列程序给出的是MMNL概率积极、无偏见且平滑的模拟器以及其导数的模拟器：α是由平滑参数逆映射$\alpha(\varepsilon,\theta)$给出的，其中$\theta$是对$\alpha$分布的参数化，$\varepsilon$在超立方体中是统一分布的。这对$\alpha$是多变量正态或多变量正态的转换(例如，对数正态或截尾正态)来说是容易处理的，但对于其他普通分布而言这是相当难以处理的。模拟程序的下一步是随机地或使用诸如霍尔顿序列的图案随机数抽取R个ε的模拟样品，找到这一序列，并将其用于所有的后续分析中，将逼近

$$P_c(i)=E_R\exp(Z(a-c_i,w_i,t_i,x_i,s)\alpha(\varepsilon_r,\theta))/\sum_j\exp(Z(a-c_j,w_j,t_j,x_j,s)\alpha(\varepsilon_r,\theta))$$

当作准确的来进行处理，其中，E_R表示与模拟样品相关的实证预期。对于R适度的比率要求，即其增长速度要大于样本容量的平方根，足以保证使用这一方程式的最大似然或者应用的矩量法在足够大的样本中会含有微小的模拟错误。当样本容量和R是适度的时，为避免对精准度进行误导性的估计，应对可能错定的模型中的矩阵模型使用夹心公式(麦克法登和特蕾恩，2000)。在逆转换$\alpha(\varepsilon,\theta)$不易处理的应用中，作为替代，可以使用重要性抽样方法或梅特罗波列斯-哈斯汀斯抽样算法。

C. 规范检验:IIA 检验

当通过某一应用使 MNL 模型的 IIA 特性得到满足时,这一模型是进行经济选择行为分析的有力工具。因其易于估计,该模型允许通过数据采集和通过选择子集抽样进行的计算的急剧减少(麦克法登),并用于预测新选择的简单公式。另一方面,正如"红车、蓝车"范例所说明的,如果 IIA 失灵,那么这一模型将产生具有严重误导性的预测。因此,越早开发可以用来检测 IIA 是否失灵的规范检验越有利。最初提出的实验(麦克法登、泰以及特蕾恩,1978;霍斯曼和麦克法登,1984)要求对 MNL 模型进行两次估计:第一次是针对全部的选择 C 集合;第二次是针对选择 A 的规定子集,此检验使用的是子集中的选择的子样本。如果 IIA 是有效的,那么两次估计的统计结果应是相同的。如果 IIA 失灵且 A 与类似选择的嵌套是相对应的,那么子集 A 内部会有明显的差异,因此,相对于整个的选择集合的估计,第二次评估更为重要。用 β_A 表示从第二个集合中获得的评估结果。$\cap_A$ 表示其估计的互变量矩阵。用 β_C 表示从整个的选择集合中获得的相同参数的评估结果,$\cap_C$ 表示其估计的互变量矩阵。霍斯曼和麦克法登表示:当 IIA 是正确的时,二次形式 $(\beta_C-\beta_A)'(\cap_A-\cap_C)^{-1}(\beta_C-\beta_A)$ 中有渐进的卡方分布。对此检验进行计算时,必须谨慎地对参数的比较进行限制,必要时去除某些组分,以获得非奇数数组 $\cap_A-\cap_C$。至此,卡方分布检验的自由度等于 $\cap_A-\cap_C$ 等级。由于 β_C 是针对此问题的高效评估器,参数差异的互变量矩阵的简单形式产生了。

另一个特别容易计算的检验是由麦克法登(1987)提出的。使用所有的观察结果来评估基本的 MNL 模型。假设 A 是特定的选择子集。创造一个新的变量 z_i,当 $i\in A$ 时,z_i 为 0;当 $i\in A$ 时,$z_i=\log(P_A(i))-\sum_{j\in A}P_A(j)\log\log(P_A(j))$,其中,$P_A(j)$ 是通过基本模型进行计算的。通过将 $P_A(j)$ 替换为 $V_j=x_j\beta$,获得数值相等的形式。对含有基本模型变量外加一个或多个构成不同的 A 的新变量 z_i 的扩展的 MNL 模型进行评估。A 可以是分散的、重叠的和/或嵌套的。然后,对 z 重要性进行似然比率检验,其自由度等于除去任何线性依赖的附加变量的数量。如果只有单独的 z,那么,该检验可以将 T 统计量用于变量重要性的统计。该检验是渐近等于得分或基本 MNL 模型而非的嵌套 MNL 模型的拉格朗日乘数检验。在嵌套 MNL 模型中,消费者对 A 内部两个选择之间的歧视甚于其对非 A 中的两个选择的歧视。可将 1 减去变量 z 的系数解释为对嵌套 A 的包容值系数的初步评估。

上述单一集合 A 的检验渐近等于一个自由度的霍斯曼一麦克法登检验,聚焦于由参数 β 决定的方向;反之,当 $j\in A$ 时,用向量 x_j 替换 v_j 的上述检验渐近等于 A 原始的霍斯曼一麦克法登检验。人们可能不会接受这一零假设,即要么当 IIA 实际上是错误的,或者要么当模型规范存在其他问题时,例如,省略的变量或由于干扰项中存在不对称或肥尾而导致的逻辑特失灵,IIA 是有效的。即便集合 A 与真实的嵌套模式并不对应,当 IIA 失效时,通常会出现对检验的拒绝。然而,当 A 是嵌套时,检验通常具有最大的影响力,由此导致 IIA 失灵。

D. 规范检验:MNL 模型中的混合

鉴于任何运行良好的 RUM 模型都可被 MNL 模型逼近,可以将对 IIA 特性的满足改为这样一种状态,即 MNL 模型参数中不存在未观察的异质。这表明:可以通过使用拉格朗日乘数方法对 IIA 特性的正确性进行检验,以及对通过引入混合而增加的解释力进行规范检验。该方法的优势在于检验程序仅要求对基础 MNL 模型进行评估。因此,不需要模拟评估器,且同时可对一系列的选择进行检验。进行验证首先要建立人为变量 $z_{ti}=(x_{ti}-x_{tC})^2/2$,$x_i$ 的选择组分 t 的 $x_{tC}=\sum_{j\in c}x_{tj}P_C(j)$,其中 $P_C(j)$ 是估计的基础 MNL 概率。然后重新评估带有附加变量的模型,并用沃尔德或似然比检验来验证人为变量的重要性。该检验渐近等于逻辑特模型中选择组分 t 中针对无混合假设的拉格朗日乘数检验,而非针对混合的 MMNL 模型。自由度等于对 x 有线性依赖的认为变量 z_{ti} 的数量。麦克法登和特蕾恩(2000)也对上文中检验进行了归纳,因此,可对带有一些混合组分的估计的 MNL 模型中需要附加混合组分的选择进行检验。

E. 市场研究数据和模型

经济选择分析和市场研究中已经形成了重要的学科间的相互作用。市场研究中使用的实验方法允许对关于图 2 中描述的决策过程的著作进行说明和衡量。尤其是,这可能会引出已作说明的感知、偏好以及态度等级;我们称此为已作说明的偏好(SP)数据,不同于从观察到的选择中获得的揭示的偏好(RP)数据。这些变量以及用来对其进行测量的方法大多来自应用心理学。尤其是联合分析。它是经典实验设计中用来引出已作说明的偏好的方法。在适当的消费者训练以及允许认知错觉的条件下,联合分析会提供极大提高对消费者决策进行预测的能力的数据。

利用实验而非现场调查来采集消费者决策方面的数据具有几个重要的优势。能对假定选择的环境作出精确的规定,设计中允许对影响进行直接鉴定。可对服务中的创新进行研究,包括 RP 数据不提供变量的维度。可在适度的花费下采集大量的相关数据。这样的问题将一直存在,即假设环境中的认知任务如何与真实的决策环境中的认知任务实现准确的对应。好的实验技术能除去造成不一致的明显源头,但是,通常需要 RP 数据来进行校正和检验。

营销和经济政策应用中都需要分析性的框架将 RP 和 SP 数据相结合,使经验以及信息与 SP 反应相联系。1984 年,本一阿齐瓦和我出于此目的对多台指示器和多因素模型(MIMC)进行了特殊化,我们遵守了图 2 中的路径图,并添加潜层来处理离散反应的映射(朱里斯考克和索博姆,1979;麦克法登,1986;特蕾恩。麦克法登和戈特,1987;森川,1989;本一阿齐瓦和森川,1990)。应用表明这一框架有助于将市场数据与问题预测进行结合(森川、本一阿齐瓦和山田,1991;卢维埃等,1999;亨舍、卢维埃和斯威特,1989;布朗斯顿和特蕾恩,1999)。

六、结　论

回顾基于 RUM 假设的离散选择分析的发展历程,我相信这是成功的,原因在于它强调了实验中的易处理性,并对框架中的一系列问题进行了阐述。这一框架允许将结果重新与消费者行为的经济理论相联系。这一方法发展中存在的其他可能性还没有实现。对于应用选择模型的 RUM 基础所做的探索仍是肤浅、表面的。模型基本遵守了 RUM 设置的一些新的基本质量限制,但是,并没有越过这些限制对消费者偏好的结构或不同维度及不同领域的经济决策之间的联系进行探索。在关于经济选择的实证研究中,从态度的经典心理学感知、减少不一致的感知的心理形成过程至时间和花费的心理账户等感知所扮演的潜在的重要角色大部分仍处于未加探索的状态。最后,通过行为和实证经济学,对选择行为进行的实证研究已经开始对消费者经济理论做出了反馈,但这一反馈作用仍处在初始期。

前方是怎样的?我认为决策的基本 RUM 理论、在感知和偏好表达形成过程中扮演着重要作用的经验和信息以及允许将规则作为偏好代理来使用,能描述市场、调查以及实验中大多数的经济选择行为。如果真是如此,那么,在可以预见的未来,这一框架能继续形成用于对消费者行为以及经济政策实行的结果进行微观计量经济分析的基础。

(魏丽娜 译 马汴京 校)

2001获奖者

乔治·阿克尔洛夫
George A. Akerlof

【获奖理由】为不对称信息市场的一般理论奠定了基石。

生平简介

1940 年	出生于美国的纽黑文
1966 年	获美国麻省理工学院博士学位
1966—1977 年	任职于加州大学伯克利分校经济系
1978—1980 年	任教于伦敦政治经济学院
1980 年—	任加州大学伯克利分校经济学首席教授

主要学术贡献

阿克尔洛夫被他的同事描述为"一个职业化的人",他对市场的不对称信息研究具有里程碑意义。他引入信息经济学研究中的一个著名模型是"柠檬市场"。主要用来描述当产品的卖方对产品质量比买方有更多的信息时,低质量产品将会驱逐高质量商品,从而使市场上的产品质量持续下降的情形。阿克尔洛夫的理论被广泛运用于一些完全不同的领域,如健康保险、金融市场和雇佣合同等。

在不规则的市场,如果买者无法观察到商品的内在质量,那么卖者就会以次充好。由于信息的不对称,将最终导致高质量的产品从市场中退出,而只有低质品仍留在市场中,结果造成市场萎缩。阿克尔洛夫还揭示了借贷人和放款人之间的信息非对称如何导致第三世界国家如此高的借贷率等问题,其影响相当深远。

主要学术成果

《资本、工资与结构失业》(1969)

《"柠檬"市场:质量的不确定性与市场机制》(1970)

《种族制度经济学与无休止的激烈竞争及其他可悲的陈述》(1976)

《货币需求基金流通理论的微观模型》(1978)
《失业影响的社会习俗理论》(1980)
《劳动力市场效率工资模型》(与耶伦合著,1986)
《非理性行为的理性模型》(1987)
《合理工资前提与失业》(与耶伦合著,1990)
《社会悬殊与社会制裁》(1995)
《经济学与恒等式》(2000)
《动物精神:人类心理如何驱动经济,为什么它对全球资本主义很重要》(2010)
《身份经济学:我们改变我们的身份工作,工资和福利》(2010)

2001获奖者

迈克尔·斯宾塞

A. Michael Spence

【获奖理由】为不对称信息市场的一般理论奠定了基石。

生平简介

1943年	出生于美国新泽西州蒙特克莱尔
1966年	获普林斯顿大学哲学学士学位
1968年	获牛津大学数学硕士学位
1972年	获美国哈佛大学经济学博士学位
1972—1975年	任斯坦福大学经济学系副教授
1983年	当选美国艺术及科学院院士
1990年	担任斯坦福大学商学院研究生院院长
1991—1997年	任美国科技及经济政策研究委员会主席

主要学术贡献

斯宾塞最重要的研究成果是市场中具有信息优势的个体为了避免与逆向选择相关的一些问题发生,如何能够将其信息"信号"可信地传递给在信息上具有劣势的个体。信号要求经济主体采取观察得到且具有代价的措施以使其他经济主体相信他们的能力,或更为一般地相信他们产品的价值或质量。斯宾塞的贡献在于形成了这一思想并将之形式化,同时还说明和分析了它所产生的影响。

斯宾塞随后的研究包括拓展这一理论和证实不同市场信号重要性的大量应用性研究,对大量的经济现象进行了分析,如作为生产率信号的昂贵广告和全面担保;作为市场力信号的主动降价;作为谈判力信号的延缓工资报价策略;作为盈利能力信号的债务融资而非发行新股的融资方式;作为降低居高不下通货膨胀的坚定承诺信号的不惜以衰退为代价的货币政策。

主要学术成果

《劳动市场信号》(1972)

《国际竞争信赖保护原则：禁止反言的紧急原则》(1999)

《创造和获取价值：关于电子商务的视角和案例》(2002)

《互联网对全球市场的影响与世界经济演化》(2004)

《全球化和增长：后危机世界意味着什么？》(2010)

《下一次大趋同：多速世界经济增长的未来》(2011)

2001获奖者

约瑟夫·斯蒂格利茨

Joseph E. Stiglitz

【获奖理由】为不对称信息市场的一般理论奠定了基石。

生平简介

1943 年	出生于美国印第安纳州的加里市
1967 年	获麻省理工学院哲学博士学位
1979 年	获美国经济学会约翰·贝茨·克拉克奖
1979—1988 年	普林斯顿大学任教
1988—2001 年	斯坦福大学任教
1997—2000 年	任世界银行副总裁、首席经济学家
2001 年—	哥伦比亚大学任教

主要学术贡献

斯蒂格利茨为经济学的一个重要分支——信息经济学的创立做出了重大贡献。他所倡导的一些前沿理论，如逆向选择和道德风险，已成为经济学家和政策制定者的标准工具。他是世界上公共部门经济学领域最著名的专家。他所著的教材是世界上最通行的教材之一，被翻译成多种语言。

斯蒂格利茨提倡突出政府在宏观调控中的作用，认为获得持续增长和长期效率的最佳方法是找到政府与市场之间的适当平衡，使得世界经济回到一个更加公平、更加稳定的增长进程中，使人人都受益。斯蒂格利茨利用经济学界最为推崇的工具——模拟经济行为的数学和计算机模型——来修正传统的理论。

主要学术成果

《现代经济增长理论选读》(1969)

《信息与竞争价格制度》(1976)

《公共经济学讲义》(1980)
《商品价格稳定理论》(1981)
《经济学》(1993)
《金融自由化有多远，多快?》(2001)
《通往货币经济学的新范式》(2005)
《喧嚣的九十年代：一部关于全球最繁荣十年的新历史》(2005)
《让全球化发挥作用》(2006)
《所有人的公平贸易：贸易如何促进发展》(2007)
《经济学家的声音：顶尖的经济学家对当今问题的理解》(2007)
《信息经济学》(2009)

颁奖词

瑞典皇家科学院 / 乔根·威布尔

尊敬的国王及王后陛下，尊敬的皇室贵宾们，尊敬的诺贝尔奖获得者们，女士们，先生们：

经济运行顺畅对社会稳定至关重要，不仅关系到民众的物质生活，还关系到社会文化的整体发展。经济学家们努力深化我们对经济运行方式的理解，希望有助于社会据此改善人们的生活条件。

经济有效运行的关键要素之一是信息。企业和家庭等经济主体需要大量信息，包括商品、服务和交易的可能性。今年荣膺桂冠的经济学家们分析了市场信息不对称以及由此可能产生的问题，即卖方知道买方不了解的某些信息，或者买方知道卖方不了解的某些信息。

非对称信息是市场互动的共同特征。卖方通常比潜在的买方更了解商品的质量。求职者通常比潜在的雇主更了解自己的能力。投保人通常比保险公司更了解自己的个别风险。如果作为市场一方的经济主体比另一方掌握更多的信息，那么价格和交易数量将会发生什么变化？掌握更多信息的经济主体如何改善交易成果？掌握较少信息的经济主体如何改善交易成果？掌握较少信息的经济主体又可以做些什么？

今年荣膺桂冠的经济学家们致力于论述的正是这些问题。他们提出的分析方法早已成为经济学家百宝箱中不可或缺的工具，也是当前全世界大学都在传授的理论。该分析法适用广泛，无论传统的农业市场，还是现代的金融市场，全都囊而括之。涉及的问题也是五分八门，可以分析也已经分析的包括：为什么商业健康保险如此昂贵？为什么发展中国家的很多地方信贷市场的利率居高不下？为什么有的公司不顾红利税高于资本增值税的事实仍然支付红利？为什么富裕的地主与贫穷的佃户签订合同时不完全承担歉收的风险？这些现象只是冰山一角，看似大相径庭，实则尽人皆知。它们表现出共同特征：市场一方较另一方掌握更多的信息。

乔治·阿克尔洛夫开创了有关此类市场的研究。他指出，很多市场中的卖方比买方掌握更多有关商品质量的信息，这是至关重要且意义深远的事实。在价格既定的情况下，优质商品的卖方比劣质商品的卖方更为惜售。理性的买方对此有所预期，因而怀疑他们面对的商品质量低下。这种合理怀疑抑制了价格，促使优质商品的卖方继续离场，最后只剩下劣质商品还在出售。上述导致质量下滑的偏差称作逆向选择。因此，逆向选择可能妨碍交易的互利性。换言之，亚当·斯密所谓“看不见的手”并不总能够有效发挥作用，无法像在传统经济中那样令我们深信不疑。阿克尔洛夫认为很多必须遵照执行的市场制度可能正是为了应对逆向选择问题才应运而生的。他的观点颇具远见卓识，在后续的大量研究中硕果累累。

迈克尔·斯宾塞提出的问题是，在什么条件下，市场中掌握更多信息的经济主体能够诚实信用地向信息匮乏者传送或“示意”信息。对此类有利于经济运行的“示意”，优质商品的卖方必须采取显而易见的措施，这些措施成本高昂，令劣质商品的卖方无法承受。斯宾塞曾举例：“卖方”是求职者，而市场中的雇主无法直接观察求职者的能力，只能间接地根据其学历推定。如果能力低下者需要比能力超群者花费更多精力和时间才能达到指定的教育水平，那么在通行薪资水平差异既定的情况下，后者只能通过获取能力低下者认为不划算的教育，才能表现自己的能力。在上述情况下，“示意”移动了逆向选择的曲线，尽管这需要成本——能力超群者不得不获取比能力低下者更多的教育，即使额外接受的教育对他们的生产力没有影响。斯宾塞不仅认为存在各种不同的均衡状况，还指出了这些均衡状态如何导致男人、女人、黑人、白人接受教育的回报迥然有异，即使各个不同群体的生产力无所谓本质差异。市场信号的其他案例包括昂贵的广告、担保、向股东支付缴纳重税的红利，及其他各种显而易见的现象。

约瑟夫·斯蒂格利茨与迈克尔·罗斯查尔德一起为阿克尔洛夫和斯宾塞的分析提供了顺理成章的补充。罗斯查尔德和斯蒂格利茨提出的问题是：掌握较少信息的经济主体怎样才能改变自己的命运。他们阐述了掌握较少信息的经济主体何时及怎样通过市场另一方掌握较多信息的经济主体提供的种类齐全的合同获取信息。这种“自我筛选”类似市场信号，能够促进交易的互利性，否则逆向选择将使交易不具有可行性。保险就是典型案例。保险公司通常提供各种可选择的合同，更高的免赔额与较低的保险费此消彼长。他们就是借助这种方式，由客户亲自选择合同，从而被有效地划分成各种不同的风险类别。低风险的客户通常支付较低的保险费，但不得不接受相对更高的免赔额，而高风险的客户需要较低的免赔额，因此不会做出这样的选择。斯蒂格利茨还研究了其他很多市场中非对称信息带来的后果及其经济政策意义。具体来说，他分析了信贷市场、金融市场和劳动力市场，还与阿克尔洛夫一起开拓了现代发展经济学。

敬爱的阿克尔洛夫、斯宾塞和斯蒂格利茨教授，你们相互关联的研究构成了现代信息经济学的核心。阿克尔洛夫教授，您阐述了市场中信息的不对称性何时及怎样导致逆向选择，还揭示了该现象的重要性及普遍程度。斯宾塞教授，您阐述了此类市场中的经济主体何时及怎样通过向掌握较少信息的经济主体示意私人信息,从而改善自己的交易成果。斯蒂格利茨教授,您的诸多贡献之一是,阐述了掌握较少信息的经济主体何时及怎样通过筛选市场中掌握更多信息的经济主体,从而改善自己的交易成果。你们三位的研究使经济学家对市场的看法发生了天翻地覆的变化。

我谨代表瑞典皇家科学院向你们表示最热烈的祝贺。现在,请上前接受国王陛下亲自为你们颁奖。

(滕　超 译　任光辉 校)

获奖演说

宏观行为经济学与宏观经济行为①

乔治·阿克尔洛夫

试想理查德·斯凯瑞的作品《汽车、卡车和所有能走的东西》。试想若是上世纪随后的数十年里,理查德·斯凯瑞依然健在,这本书会让孩子们及其父母怎样开怀大笑。要知道此后每过十年,都有更多专门用途的车辆问世。最初只是T型福特车。现在就连挖掘装载机的型号都繁杂得很,哪怕最早慧的四岁儿童也无法逐一辨认清楚。

这与经济学又有什么关联呢? 20世纪60年代后期,人们对经济学家工作的描述发生了改变。在此之前,微观经济学理论主要分析完全竞争的一般均衡模型,该模型以企业追求利润最大化、消费者追求效用最大化为基础。当时的宏观经济学即所谓的新古典综合派,在上述一般均衡系统中附加固定货币工资。"黏性货币工资"能够解释不完全就业和商业的周期性波动。从那时开始,微观经济学和宏观经济学都发展了斯凯瑞式的系列模型,这些模型将各式各样的实际行为全都纳入经济理论。例如,"柠檬市场"探索信息不对称的市场如何运作。通常,买卖双方拥有参差不齐的信息。我的论文考察了在这些更为真实的条件下形成的变异。

在我看来,研究非对称信息,只是实现梦想的第一步。我的梦想是本着凯恩斯《通论》的原初精神,发展宏观行为经济学。宏观经济学将不再受困于新古典综合派的特殊事例,因为这些事例无视《通论》强调的心理学和社会学因素,诸如认知偏差、互惠、公正、羊群效应和社会地位等。我的梦想是在观察此类行为的基础上进行假设,并通过纳入相关假设来巩固宏观经济学理论。参与实现梦想的是一个群体。库尔特·冯内古特称这个群体"志同道合","一群互不相识的学者为实现特定的

---

① 本文作者感谢珍妮特·耶伦颇具启发性的探讨并协助编辑,还要感谢亨利·阿龙、威廉·狄更斯、恩斯特·费尔、威廉·盖尔和罗伯特·希勒等学者提出的宝贵意见,感谢加拿大高级研究所慷慨的资金支持。

共同目标进行合作。”[①]在本次讲座中，我将描述这个群体发展的某些行为模型，这些模型为凯恩斯经济学中至关重要的宏观经济现象提供了合理可信的解释。

请允许我对宏观经济学思想的发展历程略作回顾，方便大家了解相关背景。20世纪60年代后期，新古典经济学家发现宏观经济学的微观基础薄弱，也正是这些薄弱环节激发了我的研究动机。他们认为宏观经济学不够严密，故而束之高阁。随后，发表了标志性论文“后凯恩斯宏观经济学”[②]。他们对宏观经济学的全新阐释在70年代成为相关领域的标准。新古典宏观经济学效法新古典综合派的先例，同样以完全竞争的一般均衡模型为基础。但两者的差别在于，新古典宏观经济学更执着地坚持所有决策都必须与最大化行为保持一致：家庭消费和劳动力供给，生产商的产出、就业和定价决策，以及工人与企业之间的工资议价等等全无例外。[③] 为了解释失业和经济波动的原因，新古典经济学家先是依赖不完全信息，继而又求助技术冲击。

新理论至少在一个方面有所突破：价格和工资的决策有了清晰明确的微观基础。但相关模型的行为假设过于原始，至少有六种宏观经济现象难以得到充分解释。有的与新古典模型的主要假设存在逻辑上的矛盾，直接否定了正在探讨的现象；还有的解释拐弯抹角，不知所云。这六种现象包括：

——非自愿失业的存在：在新古典模型中，只要失业工人愿意接受略低于市场出清水平的薪水或工资，就能轻易找到工作，因此不可能存在非自愿失业。

——货币政策对产出和就业的影响：在新古典模型中，货币政策对产出和就业完全没有影响。一旦充分预见货币供给的变化，价格和工资也将相应发生变化；真实工资和相对价格保持稳定；实体经济不会受到任何影响。

——高失业下通货紧缩并未加剧：新古典模型推导出拥有自然失业率的菲利普斯曲线。如果失业率低于自然率，通货膨胀就会加速。失业率若高于自然率，通货膨胀将持续减速。

——普遍性退休储蓄不足：在新古典模型中，个人决定消费和储蓄的数量，从而最大化其跨期效用函数。所以，私人决定的储蓄额应当是最优的。但人们通常对自己的储蓄行为倍感失望。除去社会保险计划，多数人会认为自己储蓄不足。“强迫储蓄计划”特别流行。

——股价相对其基础而言过度波动：新古典理论假设股价反映基础，即未来收入流的贴现值。

——自暴自弃的贫困阶层长期存在：我列举的需要解释的宏观经济问题包括导致贫穷的原因，因为我将收入分配视为宏观经济学的一个论题。新古典理论认为贫穷表

---

① 请查阅 http://www.gibbsonline.com/gibbsbooks.html。

② 请查阅卢卡斯和萨金特(1979)。

③ 当时，这些难题大多引而不发：它们在文献中无法回避，但还没有引起积极的讨论。20世纪60年代后期最积极的宏观经济学研究计划也许是发展大规模宏观经济学模型。菲尔普斯等学者(1970)构建的搜寻失业模型就出现在60年代后期，该模型回答了以下问题：失业意味着什么？可他们采纳的搜寻失业率的框架本质上是自愿的。

明人力及非人力资本初始禀赋较低,却无法解释长期存在的赤贫现象,通常还夹杂着滥用毒品和酒精、非婚生育、单亲家庭、高福利依赖以及犯罪。[①]

在下面的讲座中,我将描述宏观行为经济学如何基于心理学和社会学观察提出现实假设并构建模型,游刃有余地解释上述各类宏观经济现象。宏观行为经济学秉承凯恩斯《通论》的精神,重构了被新古典经济学束之高阁的微观基础。我将从自己初涉该领域的早期尝试开始回顾,正是这些尝试最终揭示了市场中非对称信息所扮演的角色。

非对称信息

我最初发现的非对称信息问题,源自早期对产出和就业波动主要原因的调查——新车销售额的巨幅变化。[②] 我认为二手车卖方比买方了解更多信息,由此产生的非流动性,可以解释汽车购买数量的高波动性。[③] 我试图构建与此相关的宏观经济学模型,结果注意力分散了。我发现二手车市场出现的信息问题可能或多或少地存在于各类市场中。有的市场很容易消除非对称信息问题,只需要重复交易、积累声誉即可。也有的市场,例如保险、信贷和劳动力市场,买卖双方的非对称信息不易解决,甚至导致了严重的市场失效。例如,老年人很难购买健康保险;小企业的信贷额度可能受到限制;少数群体可能在劳动力市场上遭遇统计歧视,因为人以群分,但依据的总是可观察的相似特征。信贷市场失效是欠发达的主要原因之一。即便有积累声誉和重复交易等机制能够克服非对称信息问题,上述惯例也将成为决定市场结构的主要因素。

想理解市场中非对称信息的经济学根源,就有必要反思当时波澜壮阔的知识革命。在 20 世纪 60 年代初以前,经济学家们很少专门构建模型来刻画特殊制度或具体

---

① 我没有提到另两个重要问题,因为这两个问题的微观基础是在 20 世纪 60 年代后期开始形成的。首先,为什么要配给信贷额度?唐纳德·霍吉曼(1960, 第 258 页)阐明 60 年代早期的经济理论认为信贷配给是个无法解释清楚的谜:"更理性、更具说服力的经济学家们不愿按票面价值接受(信贷配给),因为他们很难为这种现象提供理论解释,该现象符合理性经济行为的原则。为什么出借人应当通过非价格手段分配信贷额度,因而无法获得更高的利息收入?"正如国会证言所示,他把这类观点归功保罗·萨缪尔森。非对称信息为信贷配给提供了绝妙的理由。(尤其请参阅雅菲和罗素,1976;及斯蒂格利茨和魏斯,1981。)第二个问题涉及微观基础,关注宏观经济变量超前和滞后的原因,例如耐用品消费、货币需求和价格。S-s 模型通过块状成本来表示变化,可以解释此类超前和滞后(除非考察的变量总是降低或升高)。有关 S-s 定价效应的开拓性研究是由岩井克人(1981)和巴洛(1972)完成的。卡巴列罗(1993)比较了不计调整成本的情况下,上述模型中的超前和滞后。卡普林和史普博(1987)及卡普林和利亚(1991)也考察了 S-s 策略对理想价格与真实价格变化之间关系的影响。请参阅阿克尔洛夫(1973, 1979)有关目标阀值监测对货币需求引起短期收入和利息弹性的影响展开的分析。

② 请参阅阿克尔洛夫(1970)。

③ 最初引导我登堂入室的是米什金(1976)后来形成的观点。他说明了为什么汽车的需求量具有更大的不稳定性,因为非对称信息导致汽车的非流动性。

市场的特征。尽管张伯伦的垄断竞争和琼·罗宾逊的类似理论[①]出现在研究生课程甚至少数本科生课程中，但这些“具体”模型只是极其罕见的例外，它们算不得市区观光，最多只是郊游，仅仅为了猎奇或消磨多余的时光。[②] 不过到了60年代早期，信奉增长理论的经济学家们稍稍突破了价格理论经济学的标准规范，开始构建具备专门技术特征的模型，“专门”模型也由此盛行：弹性—黏性、特质资本和边干边学等等。将这些专门技术纳入模型，虽然没有打破传统价格理论规范，却为即将到来的革命播下了火种。1969年夏，我首次听说“模型”被用作动词，而不只是名词。[③] 就在此前几个月，“柠檬市场”被期刊录用即将发表，这绝非巧合。[④] 市场中非对称信息的“模型化”对价格理论的重要性，不亚于弹性—黏性、特质资本和边干边学的“模型化”对增长理论的重要性。[⑤] 这是经济学新方向的首次应用，构建模型时密切关注微观经济的真实细节。这一进步使得经济理论更贴近经济现实的细节。几乎难以避免的是，信息不对称的分析成为新模型化方向的首个成果，正所谓瓜熟蒂落。在本文后续部分，我将讨论这个新方向对宏观行为经济学新领域的回报。

非自愿失业

我有个朋友是经济学家，他曾经说起自己的房子卖不出去。我满怀同情地向其某个同事转述了他的牢骚。他的同事回答说问题只有一个：房子的定价不合理。只要肯降价，必定卖得掉，没准转眼就能卖出去。

新古典经济学认为非自愿失业在逻辑上是不可能发生的，就好像我朋友的房子不可能卖不出去。只要愿意降低工资，失业工人还会找不到工作？新古典经济学家的回答是否定的：失业工人是指正在寻找工作的人（否则就不止失业，而是非劳动人口），他们期待更高的工资，因而拒绝接受可以得到的工作。失业者也许会因为无法以理想的工资或薪水出售自己的劳动而感到不悦，但除了那些受最低工资或工会议价影响的工人外，他们都不是非自愿而是自愿失业的。人人都可以市场出清工资找到工作。在新古典理论中，就业下降时期即商业周期低潮，可能是总需求水平意外下降造成的，使工人们错误地坚持要求超出新市场出清水平的名义工资。[⑥] 同样地，就业下滑也可能是因为负面供给的冲击，导致工人退出劳动力市场，放弃可以得到的工作。基于接受工作的自愿性描述商业周期，将遭遇经验上的困难：怎样解释为什么辞职会导致周期性

---

① 请参阅张伯伦（1962）和罗宾逊（1942）。

② 例如，我能想象研究生不了解霍特林的空间竞争模型（1929）。我不记得研究生课程中包含相关内容，只知道它被塞进了张伯伦所撰《垄断竞争》的附录。

③ 1969年夏，我在马萨诸塞州的剑桥，与迈克·罗斯菲尔德进行过交谈。我清楚地记得这个用法，就像今天很多人第一次听说他们要“生长经济”。

④ 我没有这篇文章被录用的具体日期，但我记得录用后，过了一年多点时间才发表。

⑤ 请参阅索洛（1959，1962）和阿罗（1962）。

⑥ 该理论陷入了更严重的理论困境。既然总失业稍后就会显而易见，工人就应当根据总失业率调节自己对主流工资分配的预期。上述调节将消除失业的序列相关性。

低潮。如果工人拒绝低收入导致高失业,那么辞职的人数应当随着失业率而升高。可失业上升时,辞职的人数反而减少了。先于周期的辞职行为是无可争议的事实。[①]

宏观行为经济学家不否认非自愿失业的存在,而是努力给出自圆其说的解释。20世纪七八十年代首次出现的效率工资理论,使非自愿失业的概念变得富有意义。[②] 这些模型假设,出于士气、公平、内部力量或非对称信息等原因,雇主有强烈的动机向工人支付高于最低水平的工资,这是吸引工人所必需的。[③] 这种"效率工资"高于市场出清水平,因此工作机会受到限制,有的工人找不到工作。这些工人并非自愿失业。在下一节中,我将继续推理,解释为什么非自愿失业呈周期性变化。

表面相似的工人,收入却大相径庭,相关实证研究的结果无不证明效率工资几乎是普遍存在的。远在效率工资进入宏观经济学家的视野之前,劳动经济学家就记录了表面相似的工作和具有相同表面特征的工人之间收入差别巨大。[④] 固定样本数据的分析表明同质的工人由于工作地点不同工资也不同。此外,数据还表明工人转行后工资也有变化,这样的变化与行业间的各种工资差异密切相关。[⑤](由其特征决定)工资较高的行业辞职率也较低,这表明工资不同并非只为弥补由不同工作条件或福利导致的差异。[⑥] 这样看起来,工作的确有"好"有"坏"。

工作有"好"有"坏",非自愿失业的概念因此富有意义:失业工人愿意接受能力相当者目前从事的工作,只可惜求而不得。与此同时,非自愿失业的工人也许会回避低工资或低技术含量的工作。效率工资理论隐含的非自愿失业的定义符合事实,并与普遍认同的观念保持一致。非自愿失业富有意义的概念构成了重建凯恩斯经济学基础至关重要的第一步。

可为什么企业要支付高于最低水平的工资呢?在我看来,心理学和社会学对效率工资的解释在实证上最具说服力。[⑦] 需要考虑的三个重要因素如下:互惠(人类学中

---

① 这个问题是托宾(1972)提出的。想要了解辞职的逆周期数据,请参阅阿克尔洛夫、罗莎和耶伦(1988)。肯尼斯·麦克劳克林试图调和辞职的先于周期性与新古典经济学之间的矛盾:他将辞职看成雇员发起的分离,解雇则是企业引起的分离。在麦克劳克林构建的模型中,生产力的正面冲击导致更多工人要求加工资。由于有些要求被拒绝,随着失业下降,辞职的人数反而增加了。但为什么企业面对生产力的正面冲击,提出的工资仍然低于工人的需求?

② 耶伦(1984)对相关文献做过精彩的概述。

③ 在此采用内部人—外部人模型,是为了对效率工资的概念做出特别宽泛的阐释。

④ 请参阅邓洛普(1957)。

⑤ 请参阅狄更斯和卡茨(1987)和克鲁格和萨莫斯(1988)。注意这些研究针对的是工会弱势时期的美国,因而不可能成为此类工资差异的主要因素。对比鲜明的是邓洛普的工资差异可能主要是工会力量差异的结果。

⑥ 请参阅克鲁格和萨莫斯(1988)。

⑦ 请参阅卡茨(1986)和克鲁格和莎玛斯(1990)。布林德和乔伊有力地证明了支付高工资的士气因素;还找到了各类证据,支持效率工资可以充当约束工人的纪律工具。贝利(2000)的结论是士气是导致无法削减工资的重要原因。坎贝尔和卡姆拉尼(1997)也认为士气是企业不削减工资的主要原因,但同样也是担心好工人辞职的缘故。

的礼尚往来理论)、公平(心理学中的平衡理论)以及对集体规范的遵循(社会学中的参照集体理论和心理学中的集体形成理论)。早期"社会学"版本的效率工资理论建立在礼尚往来的基础上,企业向工人支付高于市场出清水平的工资,工人则报以对企业的忠诚。① 支付高于市场出清水平的工资的另一动机可能是出于公平考虑:根据心理学的平等理论,如果工资低于工人认为公平的水平,他们就有可能不积极工作。② 通常,集体规范决定了工人对交换礼物的互惠形式以及公平工资的看法。在实验室里,菲尔及其同事用实验的方法确定了互惠行为和社会规范对工人积极程度的重要影响。③ 我最喜欢的效率工资理论是内部人—外部人模型。内部人阻止企业以低于现行工资的市场出清工资雇佣外部人。④ 该理论隐含了一个假设,即内部人有能力破坏企业招收新工人。唐纳德·罗伊关于伊利诺斯州机械厂的详细研究报告,揭示了这种行为的发生机制:在罗伊研究的机械厂里,内部人确立了有关积极工作的集体规范,串谋阻止企业雇佣高效的外部工人。产出高于所谓"公平"水平的工人遭遇其他人的排斥。⑤ 内部人针对外部人的串谋,成为很多企业支付的工资高于市场出清水平的迫切动机。

效率工资理论的另一版本立足非对称信息,把高于市场出清水平的工资视为纪律工具。在夏皮罗—斯蒂格利茨的模型中,企业支付"高"工资,减少工人的偷懒行为。不过,所有企业都试图支付"高于平均水平"的工资,这使得平均工资水平高于市场出清水平,导致了失业的出现。失业充当纪律工具,如果发现工人偷懒,将因工作不努力而被炒鱿鱼,只有在失业一段时间后才可能重新找到工作。⑥

工人纪律模型比社会学和心理学路径更符合经济学的标准思维。但社会学和心理学模型包括内部人—外部人模型等,依赖标准经济学分析之外的因素,可能为非自愿失业提供更完善的整体解释。这些行为模型体现了凯恩斯在《通论》最初章节所强调的公平及相对工资的比较。

---

① 请参阅阿克尔洛夫(1982)和拉宾(1993)。

② 请参阅阿克尔洛夫和耶伦(1990)和莱文(1992)。

③ 请参阅如菲尔,科奇斯特杰和雷德尔(1993),菲尔和福克(1999)和菲尔,葛西特和科奇斯特杰(1996)。

④ 请参阅林德贝克和斯诺尔(1988)。

⑤ 请参阅罗伊(1952)。

⑥ 请参阅夏皮罗和斯蒂格利茨(1985),还有福斯特和万(1984)和斯托夫特(1982)。工人纪律模型捕捉到了现实的浮光掠影,但作为对非自愿失业的完整解释,它同时陷入理论和实践的重重困难。理论上,有的工作监督机制不完善,由工人自行决定努力程度,而知名度高的企业可以要求工人缴纳保证金。如果发现工人偷懒,就没收保证金。只要企业还雇佣工人,工人就能得到包含保证金利息的工资,本金则将在工人退休时返还。这个支付计划解决了企业面临的激励问题,而且比支付高于市场出清水平的效率工资的成本更低。贝克和斯蒂格勒(1974)的建议正是如此。在他们的计划中,工人离开岗位时声誉良好的,可以取回保证金。卡迈克尔(1985)及墨菲和托普尔(1990)指出了其他将工资降到市场出清水平的类似方法。)实践中,纪律工具理论不能解释行业工资差异为什么与岗位之间存在如此密切的联系,因此有的行业向各种岗位的工人提供"好工作",包括没有偷懒余地的工作(请参阅狄更斯和卡茨,1987)。

货币政策的有效性

新古典经济学的核心命题是，只要能够充分预期货币政策，那么该政策对产出或就业不构成任何影响。货币供给发生完全预期的变化，工资和价格的理性制定者按相应比例提高或降低名义工资和价格，产出与就业则保持稳定。[①] 不过，上述新古典假设和有关货币政策冲击的经验证据及人们对中央银行有能力影响经济表现的普遍信念之间存在矛盾。

宏观行为经济学的主要贡献之一是，证明依据合理的行为假设，货币政策的确能够影响现实结果，这正是凯恩斯经济学长久以来所断言的。认知心理学把决策者描述成“直觉科学家”，基于简化的意识结构，总结信息、做出选择。[②] 依据拇指定律，忽视对利润或效用产生较小影响的因素，符合上述认知吝啬原则的暗示。在工资一价格的语境下，简单规则导致总工资(价格)对冲击的惰性反应——新古典经济学家冷嘲热讽的正是“黏性工资/价格”行为。在新古典批判中，“新古典综合派”假设的惰性工资行为对工人和企业而言，既违背理性，成本又高，故而难以置信。行为经济学家却证明包括“货币幻觉”在内的拇指定律不仅普遍存在，而且合情合理——既不鲁莽也不难以置信：依据上述法则的成本微乎其微。[③]

在与珍妮特·耶伦合作的文章中，我通过具备效率工资和垄断竞争特征的模型首次证明了这个结果。我们假设某些定价者遵循拇指定律，在(由货币供给变化引发)需求冲击后，依然保持价格稳定。我们表明遵循“拇指定律”的企业没有在货币供给发生变化后重新调整价格，因此而遭受的损失是第二性的(或较小的)，[④]而该经济体中货币冲击对产出的影响相对冲击的规模而言是第一性的(或显著的)。[⑤] 我们把企业实施惰性定价的拇指定律策略称为“近似理性”，因为它们偏离完全最优化行为而遭受的损失是第二性的(或较小的)。

关键结论是近似理性的价格黏性足以赋予货币政策显著的力量，支撑该结论的逻辑很简单。在垄断竞争条件下，各企业的利润函数对其价格都是二阶可导的，因而在最优化的价格领域内是平坦的。所以，任何偏离利润最大化的定价行为导致的利润损失都很小，相对于偏离的程度而言是第二性的。可要是大量企业偏离最优化的行为都很相似，例如它们都没有在货币供给发生变化后及时调整价格，那么真实均衡即去除价格水平之后的货币供给，相对于完全最优化的定价行为将会产生第一性的

① 帕廷金(1956)清楚地阐释了相关逻辑。

② 请参阅尼斯伯特和罗斯(1980)。

③ 在这里，第二性是小这个概念的数学表述。相应地，第一性就是规模显著这个概念的数学表述。

④ 请参阅阿克尔洛夫和耶伦(1985a, b)，曼昆(1985)，帕金(1986)和布兰卡德和清泷(1987)。

⑤ 很多替代框架也能得出同样的结论。例如，如果企业设定了利润最大化的效率工资，名义工资黏性就是拇指定律行为的某种形式，得出相似的结果：保持工资稳定的企业遭受的损失是第二性的，但货币供给变化的冲击，揭示了第一性数额的变量。在曼昆的公式里，小“菜单成本”是改变价格的固定成本，使价格变化对均衡产出带来影响，这比菜单成本大得多。

变化。反过来，真实均衡的第一性变化，又引起总需求、产出和就业的第一性变化。例如货币供给增加了分数 ε，这是企业保持价格不变的分数。每个企业相对于完全最优化行为的损失差不多与 ε 的平方成比例。例如 ε 是 0.05，它的平方数 0.0025 就很小了，因此价格黏性带来的损失可能很小。不过，假设货币需求与收入成比例，那么真实产出的变化是第一性的，与 ε 成比例。（在所有企业都追求完全最大化行为的条件下，货币供给变化不改变产出。）因此，对完全理性行为的微小偏离，或者说是微小而合理的偏离，颠覆了以下结论：可预期的货币供给变化，对真实收入和产出没有影响。①

遵循拇指定律的定价行为形式多样。例如描述价格（工资）设定过程的交错定价（工资）模型，该模型中的企业在一段时间内保持名义价格（工资）固定不变。在泰勒的交错缔约模型中，每个阶段都有半数企业设定名义价格，并连续维持两个阶段。② 根据卡尔沃的看法，交错缔约模型的变量实际上假设在长短随机的期间内重置固定名义价格。③ 新古典经济学家反对这两种模型的构建，理由是上述定价行为没有最大化。④ 当然，他们是正确的：泰勒和卡尔沃的企业非但没有在固定期间内保持名义价格不变，反而在此期间内根据企业对货币供给（总需求）的预期来确定价格的变化，这样效果更好。上述利润最大化行为再次中性化货币供给变化。不过，泰勒/卡尔沃式的定价（定工资）策略近似理性：这些模型具备少量名义上的刚性特征，足以使货币政策趋于稳定，但与定价期间内价格变动策略相关的损失是第二性的。⑤ 还有其他很多不同形式

---

① 尤其请参阅卡尔顿（1986）。

② 请参阅阿克尔洛夫（1969），费希尔（1977）和泰勒（1979）。

③ 请参阅卡尔沃（1983）。

④ 请参阅巴罗（1977），了解对交错缔约模型的批评。

⑤ 请参阅阿克尔洛夫和耶伦（1991）。从技术上讲，事实证明，以收入的标准偏差的衡量的商业周期振幅增加归因于大量的泰勒交错合同，数量与泰勒公司导致的定价误差的标准偏差成正比。货币政策可以抵消这种价格粘性和减少商业周期波动。但由公司使用泰勒型交错的合同而导致的损失则是第二位的：正比与冲击系统的方差成正比。在这个意义上，交错定价对商业周期规模和货币政策的稳定性具有重要影响。但使货币政策稳定经济的非最大化行为导致了二次损失。

的近似理性行为遵循拇指定律，令货币政策产生效果。[①]

近似理性的拇指定律模型解决了卢卡斯提出的难题，即在理性预期条件下货币政策的有效性。[②] 新古典经济学家认为，货币与产出之间只存在转瞬即逝的短暂联系，很难做出其他更多解释。而新行为经济学根据各种可信的近似理性行为，推导出货币供给变化和产出变化之间的密切联系。

菲利普斯曲线和非加速通货膨胀失业率

也许最重要的宏观经济关系就是菲利普斯曲线。菲利普斯曲线将通货膨胀率与失业水平、预期通货膨胀率以及石油或食品价格等影响总供给的变量联系起来。这种联系中隐含的通货膨胀和失业之间的此消彼长，确定了货币政策的"可行性范围"，因而对货币政策的制定起到了决定性作用。首先评估的是英国的菲利普斯曲线，[③]随后是美国，[④]还有其他很多国家。[⑤]

菲利普斯曲线的基础是供给与需求。菲利普斯假定在高需求和低失业条件下，工人们可以争取到比在低需求和高失业条件下更高的名义工资增长。企业的定价策略将（根据生产力调整过的）工资膨胀转化为价格膨胀。所以，对定价者而言，通货膨胀和失业之间存在持久的此消彼长关系。

在20世纪60年代后期，米尔顿·弗里德曼（1968）和埃德蒙德·菲尔普斯（1968）提出了重要的新见解。他们认为工人关心真实而非名义的工资增长，并为此讨价还价：工人通常能预期通货膨胀，也能得到相应补偿，然后在此基础上进行议价，在失业

---

① 例如，格雷高利·曼昆和李嘉图·雷斯（2001）提出，"近似理性"模型比泰勒的近似理性交错价格模型能更好地解释货币冲击的收入效应，在该模型中，价格（工资）可以对新的信息做出缓慢地回应。对新信息的缓慢反应可能是由定价过程中收集、处理和共享信息的大量管理成本导致的（见巴拉基等人，2000，引自曼昆和雷斯）。曼昆一雷斯公式解决了理性预期呈现交错价格模型中的三个悖论。黏性的信息导致经验观察到的收入变化的长期滞后与货币政策变化相对应（弗里德曼，1948；罗默，1989）；它与菲利普斯曲线估计的通货膨胀对冲击的出奇缓慢响应一致（戈登，1997）；在导致产出的增加而并非减少的通货紧缩政策的理性预期交错契约模型上，并没有出现理论反常（鲍尔，1994）。

实验证据表明，对公司而言，涉及达成一个新均衡的协调问题可能是外部或内部的。费尔和蒂兰（2001）进行一项在垄断竞争近似理性模型中价格制定者可以得到回报的实验。他们发现，当回报以名义计价时，货币供应量的减少引起了相当大的产量减少。受试者像其他遭受货币幻觉的价格制定者一样，这种幻觉使他们不愿意降价（霍依特和克洛尔揭示了协调失败的货币政策依赖的新方法，2000）。本文提出货币供应量变化的价格反应包含了关于其他价格制定者对相同冲击反应的预期形成。费尔和泰坦（2001）的实验指出了另一种形式的近似理性行为模型：在假设其他公司遵循黏性的经验法则的定价行为的情况下，价格制定者完全可以实现最大化。再次强调，货币政策在改变产出和就业方面是有效的。

② 请参阅卢卡斯（1972）。

③ 请参阅菲利普斯（1958）和李普斯（1960）。

④ 请参阅戈登（1970）和佩里（1970），了解美国早期的评估。

⑤ 举个例子，弗拉纳甘，索斯凯斯和乌尔曼（1983）评估了很多不同国家的菲利普斯曲线。

率较低时要求更高的预期真实工资增长。定价策略再次将工资膨胀转化为价格膨胀。工人为真实而非名义的工资增长进行议价，如此这般稍作修改后的假设，其结果却蔚为可观：失业一通货膨胀之间持久的此消彼长关系不复存在，取而代之的是独特的“自然”失业率，与稳定的通货膨胀保持一致。在为“真实工资”讨价还价的条件下，长期菲利普斯曲线是垂直的，失业—通货膨胀组合与实际通货膨胀与预期通货膨胀之间的恒等关系保持一致，因为有且只有一个失业率即“自然率”，实际通货膨胀符合预期通货膨胀。

要理解为什么长期菲利普斯曲线必然是垂直的，不妨想象中央银行试图通过货币政策，把失业维持在自然率以下。在劳动力市场异常紧张的条件下，工人要求超出预期通货膨胀（加上正常的真实工资及生产力增长）的名义工资增长。反过来，企业又将相关成本的增长传递到价格中，结果通货膨胀超出了工人先前议价时的预期。因此在失业低于自然率的条件下，实际通货膨胀超出预期通货膨胀。最终，工人们还是被愚弄了。所以，随着时间流逝，通货膨胀的预期加速了，反过来通货膨胀也加速了。保持失业低于自然率的结果是不断加速的通货膨胀。同样，弗里德曼—菲尔普斯模型预测，如果中央银行试图把失业遥遥无期地维持在自然率以上，最终必将导致不断加速的通货紧缩。只有自然失业率才能产生稳定的通货膨胀。

弗里德曼和弗尔普斯在 20 世纪 60 年代末首次提出自然率假说后，很快赢得经济学家们的普遍接受。至少有三个因素对其极为有利。首先，它似乎能够很好地解释 60 年代和 70 年代的通货膨胀—失业。60 年代后期失业率低，通货膨胀上升，明显推高通货膨胀的预期，改变了短期失业通货膨胀此消彼长的走向。因此，70 年代初失业和通货膨胀之间的此消彼长关系比 60 年代更为不利。（分析者无视同样言之有理的解释，譬如 60 年代后期，通货膨胀加剧，工资议价和定价都开始考虑原先被忽视的通货膨胀预期。）[①]其次，菲利普斯曲线的实证评估推导出过去通货膨胀的系数，且系数总和与整体之间不存在统计学意义上的差异。由此可以推论，上述评估中的滞后通货膨胀项符合预期通货膨胀，即对过去通货膨胀的自回归加权平均，而且根据预期通货膨胀确定当前通货膨胀的系数是 1。[②] 最后，经济学家们倾向于接受以理性为基础的零假说，即便该假说只通过相对效力较低的检验就被接受了。[③]

经济学家们不应如此轻易地接受自然率假说。无论理论还是实证，我们都有理由认为该假说很值得怀疑。在理论方面，自然率假说让我想起了科普饮食书籍中的拇指定律。根据拇指定律，我们每多摄入 3200 卡路里，体重就会增加 1 磅；每少摄入 3200 卡路里，体重就会减轻 1 磅。我总在设想有一对双胞胎兄弟。其中一人的饮食恰好使自己的体重维持不变，另一个则每天多吃 100 卡路里的饼干。如果拇指定律正确无

---

① 这个替代解释是由艾克斯坦和伯连纳（1972）提出的，没能成为主流观点。

② 我们应当关注萨金特（1971）的批评，他认为如果通货膨胀的形成过程稳定又没有单位根，滞后通货膨胀的系数不可能等同于加速模型中的系数。

③ 下文我们将会看到沙曼批判随机漫步假说，他认为只凭说服力不强的检验推翻其他假说，就不拒绝随机漫步假说是错误的，到时我们将看到一个有关歧视的例子。

误,一年后吃饼干的那位将比他兄弟重11磅;十年后,多重110磅;50年后如果他还活着,多重550磅。正如我们所料,拇指定律不适用于长期推算:对体重和卡路里之间关系更准确地描述是,维持更高的体重需要摄入额外的卡路里。幸好,这对双胞胎的体重永远都不会发生偏离。我的猜想与之相似,至少在特定的失业率幅度内,通货膨胀接近恒定值,而不是无限加速或减速。上述先验的推论也可能是错的,但饮食书籍中拇指定律的过度推算错误,提醒我们自然率假说相当古怪。在失业率很低的条件下,弗里德曼—菲尔普斯对加速通货膨胀的预测看上去很可能是合理的,同时也具有实证相关性。[①] 但我怀疑该理论在高失业时的适用性。

我对自然率假说的怀疑得到了经验事实的支持,这些事实表明该假说并不具有普遍适用性。毫无疑问,美国整个20世纪30年代的失业水平,超出而且是远远超出任何合理的自然率。根据自然率假说,价格紧缩应当持续加速整整十年。但事实绝非如此。价格的确下跌了一段时间,但紧缩在1932年后就停止了。接下来的十年里尽管失业水平极高,再没有发生明显的紧缩。上述证据表明,在高失业水平和低通货膨胀率的条件下,至少经过一段时间后,自然率假说就会失效。这种失效对通过经验观察得出的理论而言并非特别严重,但对先验原则推导的关系构成重大缺陷。所谓先验原则,即接受该原则是因为它们应当放之四海而皆准。

20世纪30年代的证据并非独一无二。现代经济体表现出近似特征。例如,皮埃尔估计在1992年至2000年间,加拿大经济经历了差不多12个点的失业率,高于非加速通货膨胀失业率(NAIRU)8%的保守估计。[②] 同一时期,通货膨胀很低,平均每年1.5%。根据自然率理论,核心通货膨胀应当下降差不多6个百分点,因为通常估计菲利普斯曲线的斜率是1/2。相反,通货膨胀在那段时间里只下降了0.1%。

计量经济学证据进一步暗示自然率的理论基础不扎实。对自然率的估计随着时间而变化,说明它随时间变化;但即使容忍上述变化,对自然率的估计存在超出标准的错误。思泰格尔、斯托克和沃森(1997)估算出美国自然率的置信区间是95%,高出了5个百分点;比过去五十年美国每月失业率的标准偏离了三倍以上。

在最近几篇论文中,我和威廉姆斯·狄更斯、乔治·派瑞探讨了与自然率模型相反的两种行为假说,结论都是在失业率足够高而通货膨胀率足够低的条件下,失业和通货膨胀之间形成稳定的此消彼长关系。第一个假说是"纯凯恩斯式"的:工人抵制削减名义工资,企业也很少采取这类措施;第二个假说关注通货膨胀预期在工资议价中所起的作用:我们认为在通货膨胀很低的条件下,有相当数量的工人并不认为通货膨胀是一个足够显著的因素,所以没必要纳入自己的决策。不过,随着通货膨胀加剧,忽视通货膨胀造成的损失也随之上升,因而越来越多的企业和工人在讨价还价的过程中

---

① 该理论的预测之一是,长期保持低失业将会导致高通货膨胀。高通货膨胀频发,似乎支持该理论。但这类高通货膨胀的发生,是因为政府丧失了财政信誉(而且只能借助铸币税来支付赤字)。也许是财政信誉的丧失而非低失业的维持导致高通货膨胀。

② 请参阅福尔廷、阿克尔洛夫、狄更斯和佩里(2001)中皮埃尔·福尔廷的观察。

考虑通货膨胀的因素。

凯恩斯假设工人抵制削减名义工资,这反映了他对心理学的直观理解。这个假设与心理学理论和证据也是一致的。期望理论认为,个体根据相对于特定参照点获得的收益或遭受的损失来评价他们所处环境的变化。有证据表明人们更重视避免损失,而不是获得收益。卡内曼和特韦尔斯基的研究已经证明许多实验结果与预期效用函数最大化不相符,但通过期望理论都能得到合理解释。如果工人以现有货币工资作为参照点来衡量自己的收益或者损失,期望理论自然暗示了下调工资的刚性。沙菲尔、戴蒙德和特韦尔斯基(1997)在一项问卷调查中发现人们的意识结构不仅仅像古典经济学假设的那样由真实价值限定,同时也表现为某种货币幻觉,这一发现支持了以上观点。

无数实证研究指出,货币工资实际上具有下调黏性。卡德和希斯罗普(1997)和卡恩(1997)运用固定样本数据,发现名义工资在零点附近变化,其分布呈非对称性。福尔廷根据加拿大的数据,发现在零点聚集了大量的工资变化。从 1992 年至 1994 年,加拿大通货膨胀率为 1.2%,平均失业率为 11.0%,只有 5.7%的非 COLA 工会协议削减了第一年工资,47%保持工资不变。① 在康涅狄格州进行的访谈中,比尤利发现经理们倾向于把削减名义工资留作没有办法的办法。② 为调查企业是否通过削减福利代替削减工资,从而达到削减总报酬的目的,勒博、萨克斯和威尔逊考察了雇佣税涵盖的各个行业:他们发现削减福利作为削减工资的替代手段简直微不足道。③ 费尔和戈特运用瑞士的数据,发现即便是连续七年的低通货膨胀、低生产力增长,也没能增加削减货币工资的次数。④

如果存在对削减名义工资的抵制,那么在低通货膨胀的条件下,产出和通货膨胀存在长期的此消彼长关系。这不同于弗里德曼—菲尔普斯模型,后者认为这种此消彼长关系稍纵即逝;而前者认为通货膨胀的长期加剧(如果它接近于零)将导致失业的显著减少和产出的显著增加。⑤ 其中包含的逻辑如下:无论经济是否景气,总有些企业和行业表现得更好。工资需要做出调整,才能适应经济境遇的差异。在通货膨胀和生产力增长适中时,相对工资很容易做出调整。不幸的企业可以将工资上涨的幅度保持在平均水平之下;幸运的企业可以将工资上涨的幅度保持在平均水平之上。不过,如果生产力增长缓慢(例如 20 世纪 70 年代早期至 90 年代中期的美国)又没有通货膨胀,需要削减真实工资的企业只能通过削减雇员的货币工资来达到目的。在席卷企业的需求震荡的变异性与序列相关性的现实假设下,需要削减名义工资的频率随着通货膨胀的下降而迅速上升。企业抵制削减名义工资导致长期失业率增高。因为在低通货膨胀的条件下,各个就业水平中决定劳动力供给的真实工资都增高了,与

① 请参阅福尔廷(1995, 1996)。
② 请参阅比尤利(1999)。
③ 请参阅勒博、萨克斯和威尔逊(1999)。
④ 请参阅费尔和戈特(2000)。
⑤ 请参阅托宾(1972)。

稳定的通货膨胀一致的失业率将随着通货膨胀逐渐下降到较低水平而不断上升。对于那些因不能削减工资而受到限制的企业来说,这种溢出产生了超出相关企业就业变化的总就业效应。因此,保持些许通货膨胀是有好处的,它“润滑了劳动力市场前进的车轮”。

包含交叉震荡和企业抵制削减货币工资的模型的模拟结果表明,根据实际情况决定的参数,生产力增长缓慢时,通货膨胀和失业之间的此消彼长关系在通货膨胀率很低的条件下非常剧烈。例如,通货膨胀从每年2%长期降至零,将会造成大约2个百分点的失业率长期上升。[①] 对应刚才提到的模拟模型,用美国二战后的数据估计菲利浦斯曲线可以得到相似的结果。以这种方式估计的菲利浦斯曲线用于模拟20世纪30年代经历的通货膨胀,得到了与大萧条时期美国通货膨胀的实际情况惊人相似的结果。[②] 而标准自然率模型具有可比性的模拟结果则与事实截然相反,它表明整个20世纪30年代通货紧缩持续加剧。

另一种行为理论也可以推导出在低通货膨胀条件下,通货膨胀和失业之间持续的此消彼长关系。其基本观点是由于低通货膨胀不明显,所以在工资议价过程中人们会忽略掉预期的价格水平变化。[③] 在垄断竞争和效率工资的条件下,这种因通货膨胀较低而忽略不计的行为是近似理性的。[④] 显著信息心理学和认知心理学都认为人们倾向于忽略那些对其决策不重要的变量。[⑤] 菲利普斯曲线的经济计量估计允许由于通货膨胀高低不同而使得过去通货膨胀可能对当前通货膨胀产生不同冲击,这和上述假说是一致的:在高通货膨胀的条件下,过去通货膨胀的系数之和接近于1[⑥];在低通货膨胀的条件下,则系数之和更接近于零。相似的,以预期通货膨胀的调查值作为自变量的回归分析在高通货膨胀条件下会得到比低通货膨胀条件下更高的通货膨胀预期项的系数。[⑦] 毫不奇怪,如果结合低通货膨胀期和高通货膨胀期,共同估算通货膨胀预期影响的非线性模型,我们将会发现通货膨胀预期的冲击取决于最近的通货膨胀史。

宏观行为经济学证明,保持通货膨胀很低的代价是长期的高失业和低产出,这对货币政策意义重大。大多数人认为中央银行谨慎、保守、安全。但我认为很多中

---

① 请参阅阿克尔洛夫、狄更斯和佩里(1996)。

② 做法是输入前阶段的模拟通货膨胀,获取下一阶段通货膨胀的预期。效果如此契合,肯定存在运气的成分。

③ 间接包含过去通货膨胀,因为工资议价考虑竞争者支付的工资。

④ 请参阅阿克尔洛夫、狄更斯和佩里(2000)。

⑤ 公众有关通货膨胀的意识结构也影响着该理论。希勒(1997a, 1997b)根据问卷调查的结果,分析了公众与经济学家意识结构的差异。

⑥ 不过,“1”并非必然就是萨金特(1971)先前指出的神奇数字。

⑦ 这样的回归分析针对萨金特提出的问题,自然率模型应当导出符合货币供给规则预期通货膨胀的系数,这些系数不必等于整体。如果发现预期没有错误,根据自然率理论,预期通货膨胀系数应当是1。预期数据的错误,使得系数下调,但观察的结果是,这不会导致系数的改变,除非最高和最低通货膨胀期间的错误观察也出现了变化。

央银行是危险驾驶的司机：为了避开迎面而来的通货膨胀的车流，他们远远地躲在道路另一边行驶，致使通货膨胀过低而失业率过高。90 年代期间，加拿大的通货膨胀很低，而失业水平较之美国出现了史无前例的差距——接近 4 个百分点。[①] 欧洲也是高失业，通货膨胀则很低。日本走得更远，竟然放任经济紧缩。信奉教条主义自然率假说的中央银行行长们，你们应当听听奥利弗·克伦威尔在苏格兰长老会上提出的建议："我恳请你们凭着基督的良心，试想一下你们也可能犯错误。"认知心理学的主要研究同样借助上述引文来展示常见的知觉错误——过分自信，这绝非巧合。[②]

储蓄不足

常识告诉我们，储蓄太少。为了弥补这种缺失，大多数发达国家的政府努力扶持退休老人。另外，大量雇主要求雇员分担退休金的缴纳，同时给予补助。多种储蓄形式享受税收优惠。即便有了这些支持，普遍常识还是大多数家庭拥有的金融资产远远不足以满足自己的需要，无法维持退休后的消费。[③]

对新古典经济学而言，无所谓储蓄太少或太多，就好像非自愿失业，这都是不可能出现的，且与其构建模型的基本假设产生直接矛盾。既然储蓄是个体效用最大化的结果，只要不考虑外部性，它必定是正确的。与之相反，宏观行为经济学发展了理论工具和实证策略来帮助人们理解这种与时间不一致的行为。

最关键的理论创新在于系统分析时间不一致的行为。该理论承认，人们最大化的效用函数可能偏离代表"真正利益"的效用函数。一旦接受这种差异，"储蓄太少"就成了富有意义的概念。这个观点可以用古老的旅鼠之谜来解释。据说，每过几年，成千上万的旅鼠就会聚集在一起开始死亡大行进，最后争先恐后地跳入大海。[④] 那些旅鼠的行为揭示了心理学家们熟知的差异，但这对经济学家们来说还很新鲜。除非旅鼠在最后投海的过场中顿悟了，否则它们的效用或者利益只能用另一函数来表达；或者说它们最大化了另一个函数。

---

① 根据《总统经济报告》(2000) B-107 表，1990 年至 1999 年为 3.8%。

② 请参阅尼斯比特和罗斯(1980)。这是关于宏观行为经济心理学的最重要的著述。令人惊奇的是，认知心理学理论比经济学拥有更广阔的实证基础。

③ 恩金、盖尔和乌切罗(1999，第 97 页)得出了相反的结论。他们比较真实财富与最优化校准模型得出的结果进行比较。他们青睐的校准有 3%的时间偏好率。根据美国健康与退休调查的数据(该调查定义的财富包括所有家庭股权)，60.5%的家庭拥有校准模型中的最优财富高于中值。但我更关注他们模拟的另一结果。如果我们不把家庭股权投资计入可支配金融资本，假设跨期贴现率为零，那么只有 29.9%的家庭在 60 岁或 61 岁退休时拥有同龄人的最优中值财富(表 5，第 99 页)。正如这些讨论，出于实证或先验理由，我认为零贴现率更正确。这符合人们在零利率下不降低消费的偏好(见下文)，它在一对一的基础上权衡不同年龄阶段的效用。我选择排除家庭股权资本，假设退休者不应出于经济原因被迫离开家庭，或随着年龄增加进行反按揭。

④ 1946 年，我在《大英百科全书》中描述了旅鼠集体行进的事实，"直至来到海边，纵身跳下大海，淹死在海里。"

试想一下：有关储蓄的普遍观点是人们储蓄不足，这方面大家的看法相似。要确定人们是否储蓄过多或过少，就得问他们是否像旅鼠似的，用一个（跨期）效用函数来描述自己的福利，同时最大化另一个函数。[①] 现有证据暗示两个概念之间存在重大差别。高负贴现率对解释实际财富—收入比至关重要。[②] 然而，有关人们认为应当保持怎样的消费—储蓄平衡关系的问卷调查结果，表明平均跨期贴现率略微偏正（虽然很小）。[③]

双曲线贴现函数曾用于研究跨期储蓄选择，现在可以用来表现评价实际储蓄行为的效用函数和衡量该行为所带来福利的效用函数之间的差别。双曲线函数描述了人们很难控制自己。双曲线函数不同于新古典经济学中标准的指数递减贴现率，它假设随时间范围的延伸，用于比较相邻时间此长彼消的贴现率是递减的：人们对需要立即为未来的收益做出牺牲的选择进行评价时使用的是较高的贴现率，而同样的牺牲如果被推迟到较远的未来，人们对它进行评价时使用的是较低的贴现率。因此，人们有耐心选择那些延后牺牲时推迟享受的行为；但是对于近期的推迟享受却显得不耐烦。因为现期消费比未来消费更显著，人们总是拖延储蓄。双曲线函数很接近实验结果：比起延迟未来的享受，人类和动物实验对象更不乐意延迟当下的享受。[④]

双曲线贴现可能产生两种形式的拖延行为。当人们不正确地假设自己的效用函数未来将发生变化时，就会出现"幼稚拖延"。他们错误地认为，虽然今天明摆着如此，但明天可能有所不同。他们没有意识到明天的自己也将不同于今天的自己，因此当明天到来时，它明摆着也会是这样的。幼稚拖延者错误地认为明天的自己会储蓄（节食、锻炼、戒烟……），尽管今天没有这样做。他们将惊奇地发现，明天的自己也将和今天一样拖延下去，不愿做出牺牲。更成熟的拖延行为则是提前行动——这是奥多霍诺和拉宾（1999）使用的术语。提前行动者对未来的自己有着充分认识。他们对自己说：如果明天明摆着是这样，我今天就没有理由储蓄。如果明天明摆着是这样，我会把今天存起来的储蓄全部花光，这样今天也明摆着如此了。所以，今天我不会做出牺牲。

莱布森用双曲线贴现作为研究储蓄行为和政策的理论基础。他与合作者里佩托及托巴科曼（1998）共同模拟了在消费者提前行动的世界中，不同税收激励计划的作用。他们估计激励储蓄措施的微小变化将会减少提前行动，从而产生巨大的正福利效应。根据他们的研究，修改了税收条例中有利的 401(k)储蓄计划。如果企业做出相

---

① 莱布森（1999）明确了这一差异。

② 请参阅恩金、盖尔和乌切罗（1999，第 157—158 页）。

③ 请参阅巴尔斯基、金博尔、尤斯特和夏皮罗（1997，第 34 页）。

④ 请参阅莱布森（1997），莱布森、雷佩托和托巴科曼（1998），史托斯（1956），菲尔普斯和波拉克（1968），沃威斯汀和普雷勒克（1992），艾恩斯利（1992）。在阿克尔洛夫（1991），我很遗憾，没有注意到有关跨期差异的早期文献。在经济学领域，这些文献包括史托斯（1956），菲尔普斯和波拉克（1968），塞勒（1981）和沃威斯汀（1987）。沃威斯汀和普雷勒克（1989）综述了有关动态差异的早期文献，包括心理实验和理论。同时请参阅艾恩斯利（1992）。

关选择，工人可能自动分担默认份额。采取上述计划，大大增加了参与计划的人数，很多工人将自己的份额保持在默认的水平。[①]

除了盛行的社会保险和其他“强制”储蓄计划外，储蓄不足的最佳证据是可以观察到退休人口的平均消费大量减少。[②] 实际上，退休消费的下降是不连续的。[③] 退休者如果拥有更多财富和替代收入，那么他们减少消费的幅度小得多。上述研究结果很难用标准生命周期指数贴现模型来解释。[④]

泰勒和贝纳茨(2000)设计了一个储蓄计划来克服人们的拖延行为，并在一个中等规模的制造企业试验了该计划：雇员们被邀请参加储蓄计划，允许他们事先选择工资或薪水增量中留出多少比例作为存款。与双曲线贴现(而非标准指数模型)一致，雇员们选择留出现在收入中的较少部分，以及未来收入增量中的较大部分作为存款。在很短的时间内，平均储蓄率增加了一倍。[⑤]

资本市场

凯恩斯的《通论》是从现代行为金融学视角理解资本市场的先驱。按凯恩斯的比喻来说，“专业投资类似报业竞争，竞争者必须从上百张照片中选出最漂亮的六个脸蛋，谁的选择最接近全部竞争者的平均偏好，谁就能赢得大奖。”[⑥]因此，股票市场很不稳定，对各种消息过分敏感。关于股票市场的这种观点与有效市场模型是相互抵触的。在有效市场模型中，股价是根据风险进行调整的未来收益的现值。

20 世纪 80 年代早期，罗伯特 · 希勒直接检验了凯恩斯提出的过度不稳定假说。他推论，如果股价真是未来预期收益的预测值，它们的波动应当小于收益的贴现值本身。希勒的见解直接应用了简单的统计学原理：正确的预测应当比被预测变量的方差更小。要是天气预报的方差比实际天气还大，就该解雇天气预报员。[⑦] 希勒(1981)利用美国百年股价和红利的数据，比较了离势股价的方差和离势红利当期贴现值的方差。[⑧] 他的研究发现与凯恩斯的预测惊人相似：(离势)股价的标准偏离比(离势)红利贴现值大 5 倍。更为复杂的检验允许股价和红利当期贴现值同时

---

① 请参阅马德里安和谢伊(2001)。

② 请参阅伯恩海姆、斯金纳和温伯格(2001)和班克斯、布伦德尔和坦纳(1998)。

③ 如果退休的同时伴随着负收入震荡，就好出现这样的下降。伯恩海姆、斯金纳和温伯格(2001，第 854 页)认为上述调整相对较小。

④ 当然，退休人员拥有更多闲暇，所以人们可能预期消费下降，由闲暇取而代之。另外，很难解释为什么这类取代随着财富水平与收入替代比例发生系统变化，但这并非完全不可能。如果某些退休人员特别喜欢闲暇，选择高收入替代比例，拥有高储蓄水平，就可能发生这类情况。

⑤ 从 4.4%升至 8.7%。卡内曼和特韦尔斯基(1979)提出的期望理论也能解释这种行为。根据期望理论，决策的框架很重要，人们拒绝接受损失。在这种情况下，这些雇员不想减少消费。

⑥ 凯恩斯(1936，第 156 页)。

⑦ 例如，根据正常分配，实际情况与预测值之间的最小方差是分配的平均值，这是一个没有任何方差的常数。

⑧ 他推算了观察期结束后未来的分红情况。请查阅勒罗伊和波特(1981)进行的相似实验。

波动,同样支持上述结果。[1]

无论方差的检验结果怎样,关于有效市场的信念同样得到了实证结果的支持。例如月度数据中收益的序列相关性并不显著。[2] 拒绝接受收益具有序列相关性的假说,意味着股票市场的表现近似随机漫步。作为回应,萨莫斯(1986)在"狂热"模型(具有完美市场的序列相关性偏差)中,序列相关性检验的说服力很低,需要 5 000 年的数据,才能区分随机漫步假说和推动股价从当时基本的 35%上升 30%的狂热之间当时的 50%。[3]

希勒不仅确定了存在过度不稳定性,还考察了可能的原因。在《非理性繁荣》(1999)中,他回顾了 20 世纪 90 年代有关股票市场泡沫的新闻,解释了金融市场与实际经济体中的"新时代"思想如何传播。随着股价上升,"新经济"颂歌众口相传;个体投资者按照媒体观点进行操作,放大了网络生产力等经济基础的效果。这类股票市场泡沫很常见;它们出现在很多其他国家,在历史长河中也是屡见不鲜。事实上,金德尔伯格对狂热和恐慌的描述,以及加尔布雷思的《1929 大崩盘》,正是《非理性繁荣》的杰出先驱。

质疑股票市场理性的第二项实证研究的重要发现是股权溢价之谜。在过去 200 年间,股票收益显著高于债券的收益。例如,1802 年至 1998 年,股票市值加权指数的年实际收益是 7.0%,而风险相对较小的证券只有 2.9%。[4] 在过去 75 年(1926—2000)中,股票的实际收益是 8.7%,而债券的实际收益只有 0.7%,差距高达 8%。这样的差距不可谓不巨大:西格尔和塞勒(1998)估算,75 年前投资 1 000 美元,购买债券的收益是 12 400 美元;购买股票的收益是 884 000 美元。这样的差距实在太大,因而拒绝理性假设是合理的:在跨期效用最大化的条件下,今天消费的边际效用和今天推迟一个单位的消费带来明天预期的额外效用应当是相等的。在常数相对风险规避效用函数下,这个条件暗示预期股票溢价应当等于风险规避系数与消费增长和股价收益的协方差的乘积。但就风险规避系数的合理值而言,这个乘积远远小于股票溢价,所

---

① 请参阅坎贝尔和希勒(1987)。尽管希勒的独创性思维开始似乎解决了问题,但仍有两个技术问题让人产生怀疑。第一个问题是,离势潜在地将乖离率导入了希勒的程序:无论股价序列还是红利都不是稳定的,不稳定序列没有方差。第二个问题涉及希勒的样本不足,他推算了观察期结束后未来的分红情况。艾伦·克雷迪翁(1986)用模拟数据展示希勒的离势股价与红利系列之间的方差不大,不足以令人信服地推翻效率市场的零假说,在随机漫步后回归。坎贝尔·希勒的检验考虑到了股价与红利的不稳定性,如果两个序列结合在一起。即使企业稳定分红,该检验也是有效的。

股价的高波动性也可以用股票预期真实回归率的高频率周期来解释。但上述周期与最标准的古典经济学模型不一致,真实回归主要由技术情况和资本一劳动力比决定。在标准古典模型中,技术和资本一劳动力比变化缓慢。

② 如果在统计学意义上并非微不足道,那么这种联系看起来数量上比较微小。

③ 相似的,威斯特(1988)运用希勒消除趋势的数据,证明了克雷迪翁效率市场的力量较弱。

④ 请参阅梅赫拉(2001,第 1 页)。

以拒绝理性消费行为，即股票溢价之谜。[①]

股价非理性的进一步证据来自跨截面数据。与希勒关于伴随着向平均价格/红利比回归的过度波动的时间序列发现相似，德邦特和塞勒(1987)在跨截面数据中发现了向平均股票收益的回归：由过去五年表现最好的50只股票组成的连续投资组合的表现远远低于市场平均水平，而过去五年表现最差的50只股票组成的投资组合的表现则高于市场平均水平。股票市场的其他异常现象，也对有效市场假说提出了质疑，例如1987年10月股价单日降幅达20%。[②]

资本市场的重要性不仅在于其本身，还能通过至少三种渠道影响宏观经济。第一，资本价值影响财富，继而影响消费。第二，现有资本的价格与新资本的价格比，即托宾所谓的q比影响投资，因为投资可以看成是新股票与类似现有资本的主张之间的套利。[③] 最后，资本价值影响企业破产的概率。濒临破产的企业发现即便不是完全没有可能，至少也是很难借贷，因此通常放弃有利可图的投资机遇。[④]

贫困和身份

很多学者声称，收入分配是宏观经济学研究的主题之一，那么行为经济学也为这个长期困扰美国的宏观经济问题提供了答案：占人口多数的白人和占人口少数的非洲裔美国人之间在收入和社会境遇方面存在巨大差异。奴隶制及随后实施的吉姆·克劳种族歧视政策导致的严重后果是，非洲裔美国人比白人贫困得多。2000年，黑人的贫困率高达23.6%，而白人的贫困率仅为7.7%，前者差不多是后者的三倍。[⑤] 尽管非洲裔美国人只占美国总人口的1/8，却几乎占到美国全部贫困人口的1/4。[⑥] 实际差距可能比统计数据所展示的情况更加严重，因为最贫困的非洲裔美国人面临的远远不只是贫困问题。他们中间犯罪、滥用药物和酒精、非婚生育、单亲(母亲)家庭和福利依赖的比例也高得异乎寻常。例如，大约4.5%的黑人男性被收审或入狱。[⑦] 黑人男性与白人男性的入狱率为8比1。[⑧]

---

① 值得注意的是，即便是这薄弱的检验也指向拒绝，因为多数消费理论，无论是非最大化，都暗示股票回报率与消费增长率之间的重要联系。例如，如果消费者的消费函数天真地取决于自己的财富，就会出现这种联系，或者导致股票市场高回报的乐观态度同样导致放纵消费。

② 请参阅罗默(1993，第1112页)。

③ 请参阅有关q理论的文献，尤其是托宾(1969)、阿贝尔(1982)、林(1982)和萨莫斯(1981)。

④ 请参阅梅耶(1974)、詹森和梅克林(1976)。拉蒙特(1995)说明了由于这种依赖，可能出现双重均衡。

⑤ 拉丁裔美国人遭遇歧视的历史与之类似，只是没有那么极端罢了。

⑥ 请参阅 http://www.census.gov/Press-Release/www/2000/cb00-158.html。

⑦ 1996年，有530,140名黑人男性囚犯，214,000名非拉丁裔黑人，80,900名拉丁裔美国人。监狱中有462,500名男性囚犯，55,800名女性囚犯。推算可得拉丁裔黑人入狱率为0.3，黑人男女的入狱比与白人一致。1996年有211,814名黑人男性。黑人男性人口大约是1/2×(30+0.6×4.7)百万=32.82/2=16.14百万。净结果为大约非洲裔男性入狱人数占4.5%。入狱率数据来源：美国司法部发表的1996年美国接受改造的人口，表5.7，第82页。来源：http://www.census.gov/statab/www/part1a.html。

⑧ 请参阅 www.hrw.org/reports/2000/usa/Table3.pdf。

黑人男青年一生中入狱的可能性要大于1/4。[①]

在我看来，标准的经济学理论无法解释这种自暴自弃的行为，因此我和瑞秋基于社会学和心理学的观察结果设计了一些模型，用以解释非洲裔美国人长期的不利处境。我们的理论强调身份的作用以及人们根据自己理想的身份所做出的决策。根据我们的少数派贫困理论，被剥夺了身份的种族和阶级面临着霍布斯式的选择。选择的可能性之一是，接受适应主流文化的身份。但是采取这种身份的同时，他们也知道自己不可能被主流文化的成员完全接纳。这种选择还可能给自己造成心理上的负担，因为这要求他成为一个“不同的”人；主流文化以外的家人、朋友可能也反感这样一个接受主流文化的异类。因此，人们可能会觉得自己永远不可能完全“过关”。第二种可能的选择是采取历史决定的身份，对很多少数群体来说，这是与主流相反的文化。每种身份都规定了理想的行为模式。对反面身份而言，这些规定通常与主流文化完全相反。由于主流文化的规定弘扬“自我实现”，于是反面文化就倾向自暴自弃。就自我而言，这种反面文化的身份可能更容易适应，但也可能在经济上和生理上更为弱势。

这种不利的身份理论有大量证据支持。例如，它符合很多学者的核心成果，包括安德森(1990)、克拉克(1965)、杜·波伊斯(1965)、弗雷泽(1957)、汉内斯(1969)、雷恩沃特(1970)和威尔逊(1987，1996)。阅读任何一位非洲裔美国人的传记，无非是在生命舞台中央上演的接受与拒绝之间的艰难抉择。

少数群体贫困的身份理论包含了不同于标准的新古典经济学的社会政策意义。例如，关于犯罪与刑罚的标准经济理论暗示应当通过威慑来阻止犯罪：只要将犯罪成本提得足够高，譬如加利福尼亚州的“三次出局”法，潜在的犯罪者就会三思而后行。结果，监狱人满为患，而犯罪依然此起彼伏。相反，身份理论认为，被捕入狱带来的巨大负外部效应，可能抵消通过严厉的监禁判决来阻止犯罪活动的短期收益。[②] 监狱本身就是传播反文化身份的学校，又是滋生未来犯罪行为的温床。而且，身份形成的外部性要求在犯罪发生之前采取相应的预防措施，这些措施包括，诸如有效易得的药物治疗，改造计划，并为城市中心地区的青年提供公共就业机会。身份理论认为增加高贫困率的非洲裔美国人聚居区附近的学校支出，这将带来巨大的收益：我们发现非洲裔美国儿童对教师素质和班级规模的差异有特别的反应。[③] 也许在完成常规课程外，我们还需要特别优秀的老师，对有关身份形成的问题给予密切的个别关注，才能帮助学生解决问题。[④] 最后，身份形成涉及的外部性要求我们采取积极的措施，因为这标志着欢迎非洲裔美国人加入长久以来排斥他们的白人社会。[⑤]

---

① 这是基于1993年入狱率进行的估计。

② 请参阅莱维特(1996)。

③ 请参阅弗格森(1998)有关教师素质影响的探讨，及克鲁格和惠特莫尔(1999)有关班级规模影响的探讨。

④ 请参阅德尔皮(1995)。

⑤ 格列·劳里(1995)认为积极措施也可能产生相反的效果：这可能加剧黑人的排外感，让他们感觉即便真的功成名就，也会被看成不属于这里。

结　论

增长理论肇始的革命席卷微观经济学界，迄今已有三十余年。新微观经济学早已成为所有研究生的标准课程。比较而言，新宏观经济学的接受过程更慢长些，可革命终究还是爆发了。如果说经济学中有什么科目应当归属行为主义，那就是宏观经济学。我在本次讲座中强调，互惠、公平、身份、货币幻觉、规避损失、羊群效应和拖延等概念，有助于解释现实世界的经济为什么严重偏离竞争性的一般均衡模型。根据我的观点，这意味着宏观经济学必须以上述行为条件为基础。

凯恩斯的《通论》是当代以前对行为经济学最伟大的贡献。作者几乎无时无刻不在批判心理习性（例如消费）及非理性（例如股票市场投机）导致的市场失效。著作刚问世，经济学家们就驯化了凯恩斯经济学。他们把凯恩斯经济学阐述成古典经济学的“流畅”数学，从而方便驾驭。[①] 但经济之危险，堪比野性的雄狮。现代行为经济学重新发现了宏观经济行为的野性特征。行为经济学家肩负着驯狮员的重任，艰难险阻自不待言，却也充满令人心驰神往的学术刺激。

（滕　超 译　任光辉 校）

获奖演说

信号理论的回顾与市场信息结构[②]

迈克尔·斯宾塞

导　言

我在哈佛大学攻读经济学研究生期间，有幸为当时新成立的肯尼迪政治学院教师研讨会担任记录员。著名学者中包括我所有的论文导师：肯尼斯·阿罗、托马斯·谢林和理查德·济科豪瑟。会议探讨了统计歧视及其他很多有关市场信息不完全的课题。某日，我的一位导师强烈推荐我阅读他刚看过的一篇论文——乔治·阿克尔洛夫撰写的《柠檬市场》。[③] 我对导师们的指示从不打折扣，立刻就照办了。这是一篇激动人心的文章，我们全都认为阿克尔洛夫非常清晰合理地分析了不完全和非对称信息条

---

① 请参阅希克斯（1937）和帕廷金（1956）。

② 本文以笔者在斯德哥尔摩举行的诺贝尔奖设立 100 周年大会上的讲座为基础。我要感谢共同接受当年诺贝尔经济学奖的乔治·阿克尔洛夫教授和约瑟夫·斯蒂格利茨教授的研究及其给予我的灵感，还有我的导师肯尼斯·阿罗教授、托马斯·谢林教授和理查德·济科豪瑟教授，正是他们的思想与指引，促使我开始研究市场结构（特别是信息结构）与表现。我的同事爱德华·拉齐尔教授和马克·沃尔夫森教授也提出了很多建设性意见。我还要感谢詹姆斯·罗斯教授和布鲁斯·欧文教授，我在斯坦福大学跟随他们学习并教授工业组织及应用微观经济学理论。这是一群很棒的年轻人，在探索这片未知领域的过程中，我们度过了美妙的时光。

③ 乔治·阿克尔洛夫。《柠檬市场：质量不确定性与市场机制》，经济学季刊，1971。

件下市场表现的特征。由于我对有关就业市场信息不完全后果的讨论存有很多疑惑,这在很大程度上促使我开始研究被我称之为“信号”的东西,“信号”将均衡状态下的信息持续地从卖方传递给买方,或者更宽泛地说,从信息较多的一方当事人传递给信息较少的一方当事人。① 当然,问题在于当事人动机相同的博弈中“信号”不那么复杂,因为人们普遍理解双方都愿意交流准确的信息。即便如此(有时称作纯粹协调案例),也有可能出现对不同均衡状态进行选择的问题,谢林教授精辟地分析了如何运用焦点和环境信息来解决被剥夺了直接交流能力的当事人之间的交流/协调问题。② 有些市场的问题在于不可观测或者不可完美观测的质量差异,显而易见的是当事人的动机通常不完全相同:高质量产品的拥有者有突出自己特征的动机,低质量产品的拥有者有模仿信号、模糊差异的动机。当然,更重要的是,我们需要了解以下信息:谁始终活跃在市场上,因此有动机通过反复博弈建立声誉。我准备在本次讲座中主要讨论上述问题,在某种意义上追溯信号传递理论的发展历程,然后将目光转向市场信息结构的其他一些方面。过去几年,网络越来越频繁地充当交流媒介,致使参数发生变化,从而带来了相关问题。③

最近,有质疑者(实际上是位记者)问我:你能获得诺贝尔经济学奖,只是因为注意到了某些市场中特定参与人不了解其他人了解的特定信息,事实果真如此吗? 我认为这个问题很有趣,至少在经济学领域内,1970 年以前这似乎是一个比较机密的事情。显然,我没办法替那些决定颁发诺贝尔奖的专家说话,但我认为正确答案并非如此。当时真正流行的是,很多有才华的经济学家们试图在应用微观经济学理论中捕捉市场结构与表现的方方面面。相关研究在某种程度上融合了工业组织、劳动力经济学、金融及其他领域的理论。重要的早期努力之一是试图捕捉市场结构的信息层面,以便研究市场顺应的方式和信息差异对市场表现的影响。

因此,我们在回答这个问题的过程中注意到很多市场存在信息差异,包括绝大多数耐用消费品、几乎所有就业市场、很多金融市场、各种食品和药品市场以及其他很多市场。上述信息差异得到了普遍认同,我们这些教授应用微观经济学理论的老师坦率地承认此类差异可能改变相应市场的某些表现特征,更不用说它们的制度结构。但公正地说,我认为在究竟改变了什么方面上,我们并未形成足够系统的理论知识。因此,

---

① 我认为是罗伯特·杰维斯提出了术语“标记”和“信号”。标记是我们无法控制的属性,譬如性别、种族等。把标记设想成某物不可改变的属性,不一定就是人的属性。信号是我们可见的行为,在某种程度上,设计信号旨在进行交流。在某种意义上,信号是可以改变的属性。过去,我就认为这样的区分以及相关术语都很有用,现在依然如此。

② 托马斯·谢林:《冲突策略》。

③ 在经济学及其他社会科学领域,根据现实形成的抽象模型,关注促成结果的组织或市场的结构特征。模型中内置的参数通常没有明言,这些参数并非关注的焦点,因为它们通常不发生改变。我提到互联网导致参数变化时,指的是先前不发生改变的结构因素发生了改变。譬如,绝大多数市场有地域限制,这是不言而喻的,因此并非关注的焦点。然而,互联网打破了市场信息/交流结构中的时间和距离,从而消除了此类界限。

我们认为应用微观经济学理论应当通过对事前信息条件进行合理、准确的假设，尝试将上述信息特征融入模型，正是这些特征捕捉到了相关市场的结构与表现。对涉足该领域的全体学者而言，这都是令人激动的时刻。荣获诺贝尔奖最美妙的就是，它让我还有其他人回忆起发现真相时的激动与甜蜜。为此，我要利用这个机会，表达自己对很多年轻同事的崇敬与感谢。我与他们共同研究，分享上述观点。伟大的诺贝尔奖肯定了我们在那些年取得的成绩，他们应当分享荣耀，我当然也是这么想的。

这次讲座的安排如下。关键是不要让下一代学生和学者嘲笑我们愚昧无知。言归正传，遵行导师曾经给予我的建议，我将首先讨论自己设计的最简模型，以合理的通用形式阐释信号传递均衡的定义和属性。① 然后，我们将允许信号（譬如就业市场案例中的教育程度）直接促进个人的劳动生产率，而不只是作为信号发挥作用。随后，本文考察了传递信号的市场，这类市场同时包含分离和混同均衡。

下一节将考察包含信号传递的较为通用的部分均衡模型，讨论竞争性均衡以及对信号的某些“最优”反应。② 有的读者也许对通用观点更感兴趣，对通用案例却不怎么感冒，跳过这部分内容也无妨，绝不会错失任何重要属性。不过，正是本节考察了信号模型和自选择模型之间的关系，还有不完美信息条件下的最优税制，这也许会让某些读者感兴趣。我还想在此介绍新近才发现的一种新的可能性，即信号传递均衡，信号的成本随着看不见的能力特征发生错误的改变。也就是说，教育成本（包括绝对成本和边际成本）随着能力提高，或者更宽泛地说，随着有利于促进劳动生产率的不可观察的特性而提高。在大多数情况下，我将运用就业市场的案例来进行解释，文章后半部分还将简要论述一些其他信号传递的情况。运用就业市场来阐释信号传递，存在一定的风险。为了阐释信号传递模型的根本属性，我剥离了市场的其他特征，特别是在简化模型中更是如此。但是，我过去就已经注意到，学者们

---

① 约翰·冯·诺伊曼是20世纪少数当之无愧的伟人之一。据称，他曾经说过若非透彻研究过数以百计的相关案例，就没有办法洞悉理论或抽象的结构。即使他没有说过这话（我认为他说过），我也认同这种观点。几乎没有人能说他们曾经想到过计算器不需要硬线连接，我们可将指令储存在内存中，然后按顺序执行：换句话说，我们可以建造能够编程的计算机。

② 上述最优反应问题就是选择问题。在保险市场，可能表现为道德风险或者逆向选择问题；在其他环境下，可能表现为代理问题或最优税制问题。你想要人们面对计划，做出适当的选择，这会暴露自己及事先私下掌握的信息。一般而言，比不上完美信息条件下取得的结果，因为在完美信息的情况下，你不必担忧暴露信息的问题。这些问题包含次优税制问题中的经济学与数学属性，其中最先得到分析的也许是拉姆齐提出的“最优”所得税问题，尽管相关分析基本上没有引起注意，直到吉姆·莫里斯、托尼·艾金森和其他学者再次发现。我们的观点是，税务机关不能直接观察个人的赚钱能力（可以看成可能赚得的最高时薪），所以他们对自己看得见的、可以监管的东西征税，也就是收入。这导致人们不愿意工作，如果税赋针对的是赚钱潜力而非实际收入，就可以避免这种现象。而次优计算最有效地平衡了不愿意工作与满足税务机关征税目标的需要。这些问题涉及的数学有时被称作最优控制问题，有时也被称作变分法。在随后的研究中，霍姆斯特姆将这些模型应用于劳动力环境，并结合威尔逊对联合企业（最优风险分担）的研究。在此，次优计算牺牲了最优风险分担的雇员与所有者，向努力工作的雇员提供激励机制。

倾向于在就业市场的环境中设置简化模型,传递并非有意发出的信息,例如(1)教育程度不促进劳动生产率,(2)信号中包含的信息不会提高效率。本文主要讨论市场中的信号传递和信息传播理论,很少涉及人力资本和劳动力市场。对于后者,很多学者比我更在行。

本文最后还有两节。前一节讨论普遍运用时间及时间的分配作为信号与甄别机制。后一节关注网络也许已经导致信息参数发生可能较大的变化,并稍稍猜想市场、组织的应用模型及其界限也许已经发生怎样的改变,需要什么才能捕捉市场与经济模型中上述参数变化带来的影响。

最简就业市场信号传递模型

隐藏在就业市场信号传递模型背后的思想是,潜在雇员拥有雇主无法观察到的特性,这些特性影响个人后续的劳动生产率,因此对雇主具有工作上的价值。假设只有两组人。第1组对任何雇主而言的劳动生产率或价值是1,第2组的劳动生产率是2。在本例中,生产率价值不取决于信号的投资水平。如果没有办法区别这两组人,且两组人都在市场中,那么平均工资将是$2-\alpha$,α是第1组的人数比例,每个人都能得到那份工资。如果劳动生产率较高组出于不满或任何其他理由,退出了劳动力市场,平均生产率和工资就会降至1。这种现象有时被称作逆向选择问题,通常用于保险市场。它在结构上与阿克尔洛夫那篇著名论文描述的二手车(柠檬)问题完全相同。[①]

现在假设有教育程度这么个东西,我们用E来表示,教育程度是可以习得或者投资的。假设这是可见的,两类对象习得的成本不同。假设第1组接受E年教育的成本是E,而第2组人的成本是E/2。在本例中,我将假设教育程度不影响个人的劳动生产率。这么做纯粹是为了简化模型,并非暗示人力资本(包括通过教育获得的人力资本)毫不相关。在后续章节中,该假设将被放宽。

类似情形下或一般而言,均衡状态包含两个要素。第一,给定教育的收益和投资成本,个人进行理性的投资选择。第二,雇主相信信号与个人潜在的劳动生产率之间存在联系。上述信念以市场输入的数据为基础。在均衡状态下,这些信念必须保持一致,也就是说输入数据及后续经验不得背离相关信念。因此,我们可以说这些信念必须准确。但我们还应当注意到雇主的信念/预期决定了自己为不同受教育水平提供的工资。雇主提供的工资反过来又决定了个人教育投资的收益。最后,上述收益决定个人有关教育程度的投资决策,从而决定劳动生产率和市场中雇主观察到的教育程度之间的现实联系。这是一个完整的循环。也许更准确地说,在均衡状态下,雇主的信念是自我肯定的。听起来可能有点翻来覆去,但这的确很重要。信念的自我肯定性质,导致市场中可能出现多重均衡状态。

在手头的案例中,假设第1组人的$E_1=0$,第2组人的$E_2=E*$。然后假设任何

---

① 乔治·阿克尔洛夫:《柠檬市场:数量不确定性与市场机制》。

单个雇主无法影响个人的投资决策①,相信如果 $E<E*$,那么劳动生产率为 1;如果 $E\geqslant E*$,那么劳动生产率为 2。基于这些假设,第 1 组人将理性地决定 $E=0$,只要

$$2-E*<1;$$

第 2 组成员将理性地决定 $E=E*$,只要

$$2-\frac{E*}{2}>1.$$

因此,选择是理性的,市场肯定了预期的结果,前提条件是:

$$1<E*<2.$$

虽然这是一个高度形式化的案例,但具备很多信号传递均衡的通用属性。均衡状态是连续的,各种均衡状态下对信号的投资高于完全信息的状态。因为对信号的投资分散了资源,却没有提高劳动生产率,结果效率低下。再者,各种均衡状态可以根据帕累托标准进行排序,也就是说从一种均衡状态移向另一种均衡状态,每个人的情况不是恶化就是得到改善。实际上,信号的确区分了低劳动生产率人群和高劳动生产率人群,原因在于信号的成本与对雇主有价值的看不见的特征成负相关。具体到本例,也就是劳动生产率。这类均衡的特征是教育程度的收益表,即各种受教育水平对应的工资,优化两组人对该案例做出的选择。

图 1 描述了上述均衡状态。薪资用黑线表示,在 $e*$ 点从工资水平 1 跃升至工资水平 2。$E*$ 处于 1 和 2 之间,因此第 1 组选择受教育水平 0,第 2 组选择受教育水平 $E*$。本例中第 1 组在 $e*$ 点的净收入是负的,但这无关紧要。我们可以为第 3 组和第 4 组设定劳动生产率水平。相同的信号传递结果,伴随着薪资水平的合理调整而出现。

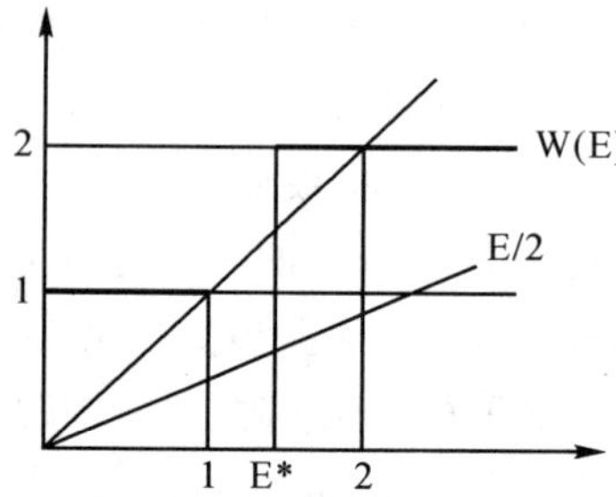

图 1

事实上,还有其他信号传递的均衡状态。例如,可能存在第 1 组投资的最低受教育水平。除非是促进生产力的投资,否则没有理由认为市场永远不会发现这一点,从而把它视作导致效率低下的因素,无须付出任何成本就可以消除。以上描述的一系列均衡状态中,最有趣的也许就是最有效的。这种均衡即 $E*=1+\delta$,δ 被认为是个很小的正数。在该均衡状态下:

① 个人在不了解同事的情况下就做出了投资决策,单个雇主无法对市场中观察到的工资要求产生实质性影响。

$$w_1 = N_1 = 1, \text{且}$$
$$w_2 = 2, N_2 = 1.5 - \delta/2,$$

其中 N_1 是第 1 组减去信号传递成本后的净收入。

假设市场发现均衡状态具备帕累托有效性,我们可能会问是否存在帕累托意义上比先前描述更优的均衡状态。答案在有些情况下是肯定的。这涉及混同均衡,取决于两组人的相对规模。事实是,市场在某种意义上似乎正在努力最大化劳动生产率较高组的净收入。在有些情况下,实现的方式是确认该组成员凸显自己的成本太高。其他均衡状态在混同条件下没有差异。这显然有利于第 1 组,因为他们被错以为具有大于 1 的平均劳动生产率。需要提醒大家的是,α 是第 1 组的人数比例。在混同情况下,平均劳动生产率是 $2-\alpha>1$。第 1 组显然倾向于这种情形。第 2 组也倾向于这种情形,前提条件是:

$$2-\alpha > 1.5-\delta/2, \text{或}$$
$$\alpha < .5(1-\delta).$$

由于 δ 可以想有多小就有多小,如果本例中第 1 组人数少于一半,那么就存在(帕累托意义上的)首选混同均衡。一般而言,如果分离的小组中较低水平组的规模相对较小,与他们混同更具有吸引力,因为较高水平组被错以为只具有平均水平时放弃得收益不多,却可以避免信号传递成本。在以后章节中,我将简单地描述一个案例,可以观察相同均衡状态下的混同与分离模式。

如果你想将该市场的结果变得比先前描述的均衡状态效率更高,那么就得征收教育税(假设该税的征收与管理成本不高),使得第 2 组接受教育的成本更加高昂,这有可能促使他们在不丢失信号所包含信息内容的同时降低受教育水平。将产生的税收收入平均分配给两组全体参与人,而不考虑他们对教育程度的选择。因此,税收的一次性分配要素将影响他们的信号传递行为。

用 t 表示对教育投资征收的税率,用 k 表示税收收入的一次性分配。税收分配给每个人。假设信号传递的受教育水平是 $E*$。第 1 组人将理性地选择不发送信号,前提条件是:

$$2-(1+t)E* + k < 1 + k;$$

而第 2 组将理性地发送信号,前提条件是:

$$2-(.5+t)E* + k > 1 + k;$$

我们可以得出均衡状态,前提条件是:

$$\frac{1}{.5+t} > E* > \frac{1}{1+t}.$$

我们通过设定以下等式,选择信号传递范围的有效端:

$$E* = \frac{1+\delta}{1+t}.$$

一次性分配等于税收收入,因此 $k=\frac{t(1+\delta)(1-\alpha)}{1+t}$。所以,均衡状态下的净收入是:

$$N_1 = 1 + k, \text{且}$$

$$N_2 = 2 - \frac{(.5 + t)(1 + \delta)}{1 + t} + k.$$

由于δ很小而t非常大,k接近$(1-\alpha)$,因此两组净收入接近$(2-\alpha)$。读者可能还记得,这是用净收入表述的混同均衡结果。不过,第1组的规模即α没有上限。E*接近零,信号传递的(社会)成本可以忽略不计,尽管传递信号的私人边际成本(包括税收)接近1。

概而言之,我们既可以摆脱效率低下的状态,同时通过对信号传递活动适当征税,保留信号传递及其信息内容。其效应是重新分配收入,产生混同均衡状态的结果。信号承载的信息本身具有生产力。在这种情况下,重要的是均衡状态实际上是分离的。[①] 本例便是如此。该均衡保持分离。组别被正确辨识。通过向信号传递活动征税,降低区分组别所要求的信号水平,由此改善不征税的信号传递均衡效率低下的状态。

教育提升人力资本同时作为潜在信号的两组模型

读者自然要问,至少在劳动力市场的环境下,信号也直接促进员工个人的劳动生产率,这对我们刚才考察的市场信号传递会产生什么影响?[②] 本节修改了前节提出的两组模型,允许教育程度促进劳动生产率,并在此基础上探讨了这个主题。我将以函数的形式,把该模型改造得略具通用性。设$s_1(E)$是具备教育程度E的I类员工对雇主的价值。此处$I=1, 2$,我们假设$s_2(E)>s_1(E)$,$s_2{}'(E)>s_1{}'(E)$。用$c_1(E)$表示第I组获取E单位教育程度所需投资成本,假设$c_1(e)>c_2(e)$且$c_1{}'(E)>c_2{}'(E)$。上述假设仅仅捕捉到以下观点:劳动生产率较高组传递信号的成本也较低。同上,个人的类型不能直接观察。我们还假设$S_1(E)$是凹形曲线,$C_1(E)$是凸性曲线,因此净收入函数$N_1(E)=S_1(E)-C_1(E)$也是凹形的。

该市场存在三种数量不等的均衡状态。首先是完全有效的分离均衡。均衡类型很容易借助图形来判断。在图2中,我们将各种形式的净收入标识为E函数。设$V_1(E)=S_2(E)-C_1(E)$。显然,我们对函数V的兴趣与以下问题相关:第1组是否采纳第2组的信号,由此产生了分离均衡的问题。

在图2中,我们可以看到函数N_1、N_2和V。E_1*和E_2*点最大化了N_1和N_2。$\bar{E}$点是E的最大值,V比N_1*大,N_1的最大值。在图1中,你可以看到E_2*位于$\bar{E}$的右侧。这意味着只要薪资在$\bar{E}$的右侧,从$s_1(E)$跃升至$s_2(E)$,第1组人就有动机模仿第2组传递信号的行为。

---

① 信息也可能具有直接的生产力。例如,拥有了准确的相关信息,有关工作分配或培训的决策效率就可以更高。在这种情况下,混同均衡效率低下。

② 事实上,这个问题不仅出现在劳动力市场。通常,信号能改变产品的价值。譬如,在二手车的案例中,被担保人改变了钱的价值,车和被担保人携带有关产品的信息。

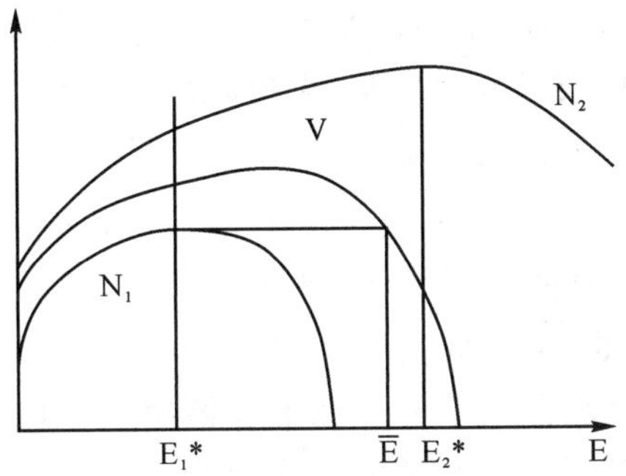

图 2

这是完全有效的分离均衡。信号承载着准确的信息,教育投资富有效率。结果如同市场中信息完美的情况。事实上,两组人在教育生产率的某些组合方面表现出显著差异,例如人力资本和教育成本,完全有效的结果是均衡状态。不过请注意,劳动生产率和成本之间的负面联系真的很重要。如果传递信号的成本相同,那么函数 N_2 和 V 也相同,我们就得不到该市场结果。传递信号的成本相同时,我们就无法阻止第 1 组模仿第 2 组的行为,因为这么做对他们有利。

再看图 3。实质上这与图 2 没有差别,但 E_2* 位于 $\bar{E}$ 左侧。这意味着如果工资表在 E_2* 前跃升至 $s_2(E)$,那么第 1 组将模仿第 2 组的行为,并破坏分离均衡。为了阻止这种情况的发生,我们规定薪资在 $\bar{E}+\delta$ 点跃升至 $s_2(E)$。至于条件我等下再讲,这就是分离均衡。为了实现分离,第 2 组的教育投资被推升至有效水平之上。只有这样,本组成员才能实现信息传递效应,并避免第 1 组模仿。于是,我们在此得出了与无人力资本的情况相同的结果。教育投资的收益包含信号传递要素和人力资本要素。前者可以推升投资水平,使之高于完全信息最优状态。在第一个模型中,人力资本效应是零,只留下信号传递效应,该假设确保出现信号传递的任何分离均衡中都将出现过度投资。

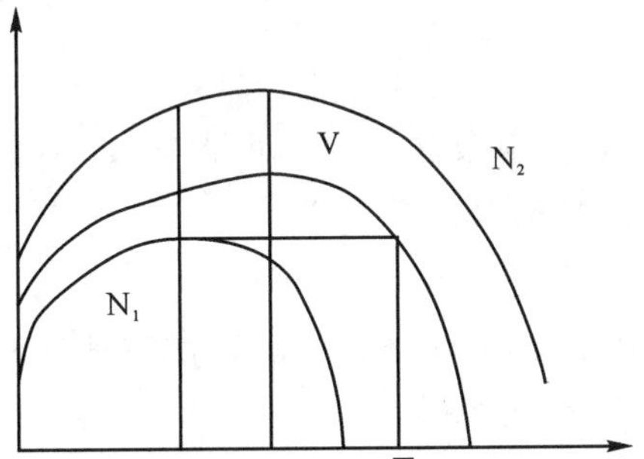

图 3

剩下还有两个问题。首先,是否以及在何种情形下,混同均衡将破坏分离均衡的假说;再者,"我们能否对信号征税,从而改善市场表现?"首先讨论混同的问题。用 α 表示第 1 组总人数的比例。在混同均衡中,无论出现 E 的任何水平,所有人的工资都是$\alpha s_1(E)+(1-\alpha)s_2(E)$。这不能打破充分有效的分离均衡，因为第2组无法从中受益。因此，如果混同均衡打破了分离均衡，只可能出现一种情况：劳动生产率较高组为了传递信息，被迫追求高于从人力资本投资角度判断而得的E的最优水平。设定$W(E)=\alpha s_1(E)+(1-\alpha)s_2(E)$。通过武断地减少$\alpha$，我们可以使$W$尽可能接近$s_2(E)$。现在，让我们再看图2。如果你从$\bar{E}$开始，减少$E$并将曲线$N_2$和$V$移向左上方，显然两组人都能受益。如果$\alpha$很小，净收入函数$W-c_1$和$W-c_2$接近$V$和$N_2$。因此，对于低端的$\alpha$，混同均衡将打破分离结果。在上述情况下，自然选择的E均衡水平位于最大化$W-c_1$和$W-c_2$的受教育水平之间。

随着α上升，最终函数$W-c_2$将降至第2组在分离点$\bar{E}$的净收入水平之下，在该点位，混同结果无法打破分离均衡。概而言之，在分离均衡效率低下的情况下，存在帕累托效率更高的混同均衡，条件是劳动生产率较低组的规模小于特定临界水平。如果市场有办法找到混同均衡，就能打破分离均衡。

现在转向提高市场效率的问题。在前一节我们已经发现，在劳动生产率不包含人力资本因素的情况下，原则上可以通过适当征税专横地接近有效结果。如果信号不仅发挥信号的功能，同时还能提升个人的劳动生产率，那么情况同样如此。我们已经看到在某些情况下，市场均衡本身作为分离均衡的一部分，能有效地最大化总净收入。现在，我们想证明在劳动生产率较高组被迫传递信号，而代价高于人力资本投资有效水平的情况下，能否实现相同的结果。

为了实现有效结果，我们想最大化总净收入。为此，我们需要设定$i=1,2$时，$s_1'=c_1'$。为了尽可能实现，我们需要一个工资函数来归纳相关选择项。这个工资函数可以被认为是教育税制附加于设定工资等于劳动生产率的工资函数。由于两组中各个成员在决策教育投资时考虑了各种可能的E水平，结果竟然是间接解决问题比直接更容易。因此，让我们假设与事实相反，存在一个被参数z规定的连续类型，此时类型z的劳动生产率是$zs_1+(1-z)s_2$，类型z的成本是$zc_1+(1-z)c_2$。设定$E(z)$最大化

$$z(s_1-c_1)+(1-z)(s_2-c_2).$$

注意$E(z)$是z的递减函数。反转$E(z)$，可得$Z(E)$。如果我们寻找的薪资是$w(e)$，那么通过设定以下等式来最大化个人收入

$$w'=zc_1'+(1-z)c_2'.$$

将$Z(E)$代入以上微分方程，对E积分，设置常数使得总工资等于总产出。该薪资和暗示的税制将导出E的有效选择。[①]

读者注意到上述最优薪资不依赖人口中z的分布。[②] 因此，假设几乎所有分布权

① 注意$w''-[zc_1''+(1-z)c_2]=z'(E)[c_1'-c_2']<0$，满足了最大值的二阶条件。事实上，最优税制指各种受教育水平下教育税的增长，并一次性分配给每个人，因此净税收收入为零。在本例中，第1组接受净津贴，第2组支付净税款。

② 这是连续情况下的一般性质，目标是通过诱导人力资本投入的有效水平而最大化净收入。

重都是 $z=0$ 或者 $z=1$。这就是我们正在研究的两组案例。

概而言之,在两组和教育程度被视为具有生产力的人力资本的情况下,我们可以在较高劳动生产率的组得到完全有效或过度投资教育的信号传递均衡;也可以得到比分离均衡更占优势的混同均衡,条件是劳动生产率较低组的规模不那么大。最后,税收/津贴制度产生完全有效的分离结果均衡。

包含信号传递、选择和混同的模型①

本节中,我们将简要回顾的模型很有趣,原因有二。首先,该模型证明了均衡状态中同时存在混同与分离的要素;其次,这表明均衡中是否存在分离要素的关键标准是发送信号的净收益是否与有助于促进劳动生产率的看不见的特性成正相关。这个正相关可以根据与有价值的特性成负相关的信号传递成本得出与先前案例相同的结果。这是分离均衡的充分不必要条件。在这个十分完美的案例中,以固定成本获取信息,依据就业后特性的后续发现得出正相关。

该模型背后隐含的思想是个人对企业的价值至少在雇佣的时候不可以直接观察。我们用 q 表示的值,分布在$[q_{\min}, q_{\max}]$的区间。用 $f(q)$表示人口中 q 的分布。个人可以选择。他们可以为不区分雇员的企业工作,这类企业支付所有雇员相同数额的工资。或者他们可以为另一类企业工作:企业支付费用(用 e 表示),最终了解个人的 q 值,并支付相应的工资。在均衡状态下,该成本对任何人都一样,并以减少补偿的形式传递给个人。假设劳动力市场具有竞争性。有些人选择区分雇员的企业,对于他们而言,工资是 $q-e$。如果个人选择不支出成本、不区分工人的企业,那么补偿将是个人为企业工作的平均价值。

假设混同企业的工人平均价值是 $\bar{q}_{-}$。如果我们考虑个人的最优化决策,显而易见的是如果

$$q-e>\bar{q}_{-},$$

那么个人将选择为分离企业工作,反之亦然。假设 $q*=q+\mathrm{e}$。在均衡状态下,$\bar{q}_{-}$ 是为混同企业工作的个人实际平均价值。因此,

$$q*-e=\frac{\int_{q\min}^{q*} qf(q)dq}{Fq(*)}=E(q \mid q\leqslant q*).$$

其中,$F(q)$是属性 q 的累积分布函数。图 4 展示了这种均衡状态。

位于 $q\leqslant q*$ 之间的接受 $\bar{q}_{-}$,从而被混同;而位于 $q>q*$ 之间的接受 $q-e$,分别加以辨识,成为均衡状态的分离部分。每个人都有可能被混同。如果发现成本 e 足够大,导致 $q_{\max}-e$ 小于完整分布的无条件均值,那么就可能发生这种情况。图 5 给出了有关均衡的另一种看法。

---

① 本例是爱德华·拉齐尔教授推导的,很好地说明了混同均衡与分离均衡的并存状态,还说明了允许出现信号传递和选择的不同结构条件。相关内容都写入了他的著作《人事经济学》。

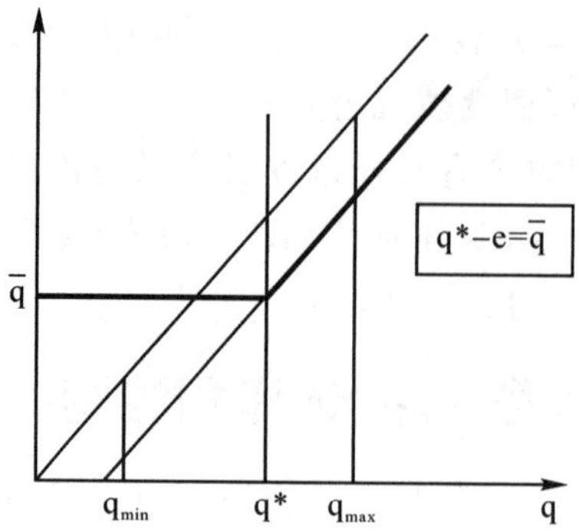

图 4

在此，我们标识了函数 $q*$，以及 $E(q \mid q \leqslant q*)+e$ 作为 $q*$ 的函数。除非 e 足够大，使得所有 $q*$ 对应的第 2 个函数始终位于 45 度线之上，否则第 2 个函数向上倾斜，与 45 度线交叉。交叉点就是 $q*$ 的均衡水平。①

信号是对求职企业类型的选择，其中只包含了部分而非全部有关个人对企业价值的信息。我注意到在第一个模型中，如果信号成本与(很难观察的)有价值的特性成负相关，那么信号就会保留均衡状态下的信息内容。在这种情况下，信号成本对于任何人都是个常数，但由于后续发现与调整，个人发送信号的净收益与有价值的特性成正相关。

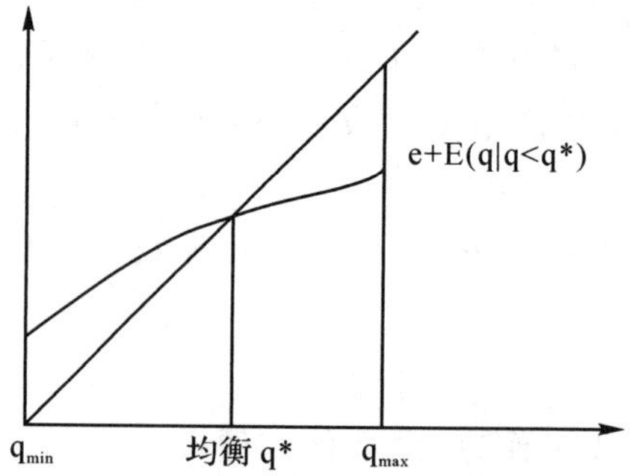

图 5

信号承载的信息可能增进效率。在这种情况下，加入市场中分离一方的收益也会增加，而且整体效应当是增进发送信号组的规模。我还应当注意到，这里暗示有关劳动生产率的信息一旦获得就会公开。这将迫使雇主支付雇员的工资等于他们的劳动生产率减去发现成本。另一方面，如果发现是私下保密的，那么雇主与雇员将会就净收入进行协商，结果雇员的净收入比在信息公开情况下有所降低。因此，当发现是私下保密时，我们理应预期市场均衡中混同要素的规模将会扩大。

---

① 尽管附条件的预期价值函数向上倾斜，但它的斜率不一定小于 1，这取决于 $f(q)$。因此，原则上可能有奇数个交叉点。如果有三个交叉点，那么中间那个点不稳定，外面点的斜率小于 1，将会越过 45 度线并保持稳定。为了搞清楚这一点，请注意如果在某个时间点，$q*-e>\bar{q}_{-}$，那么 $q*$ 将会提高，反之亦然。

一般连续模型[①]

现在，我想确立信号传递模型的某些合理的通用属性。[②] 随后，我们将讨论如何通过税收和津贴来改善市场的均衡表现，运用不完美信息条件下最优税制的方法。变量 n 表示的特性(a)不可直接观察，且(b)对雇主有价值。变量 y 表示接受教育的年限。后者是可观察的，而且可能对雇主有价值。包含需求的函数是 $S(n, y)$，这是有关教育程度和 n(以后我将称之为能力)的函数，规定了个人的劳动生产率或对雇主的价值。剩余函数包括 $c(y, n)$，同样也是这两个变量的函数，规定了教育成本；还有 $w(y)$，规定了向个人提供的工资，该个人出现在市场上，接受教育的年限是 y。考虑到大家都很熟悉这个领域，我讲得比较快。该均衡状态由两个条件限定。

第一个条件是给定 $w(y)$，个人最大化关于 y 的教育成本净收入。因此，他们通过设定以下条件，最大化 $w(y)-c(y, n)$：

$$w'(y)=c_y(y, n).$$

这对于所有 n 都有效。二阶条件是 $w''(y)-c_{yy}(y, n)<0$ 必须有效。

第二个条件是雇主在市场中的经历必须始终与他们开出的工资保持一致，因而对于所有 n，都有：

$$\omega(y)=s(y, n)$$

暂时不考虑二阶条件。假设 $s_n>0$，原则上就可以用 w 和 y 来表示，解出该方程的 n 值，即 $n=N(w, y)$。代入一阶条件，可得

$$\omega'(y)=c_y(y,N(\omega,y)) \tag{1}$$

这是个一阶常微分方程。该方程的解集是相互之间没有交叉的单参数族。原则上，该单参数族中的每个参数都可能是市场信号传递均衡的组成部分。[③]

如果对于所有 n 都有 $c(0, n)=0$ 且 $c_{yn}<0$，那么假设 $c_y>0$，$c(y, n)$在 n 上是减函数，与上斜函数 $w(y)$(否则没人投资教育)结合起来，确保 y 是 n 的增函数，或至少是非减函数。设净收入函数是

$$N(y, n)=w(y)-c(y, n).$$

这个函数的属性是，N_y 在 n 上是个增函数，确保如果对于特定的 n 值，$N_y=0$，那

---

① 本节技术性较强。涉及的数学计算并不难，但要求一般性了解微分方程和变分法。这对了解信号传递均衡的基本属性而言并非必不可少。如果读者愿意接受先前案例中引用的属性适用于一般情况，那么完全可以略过这部分内容。次优计算有点意思，可以解释市场上的真实现象。

② 本节的多数材料来源于迈克尔·斯宾塞的论文《信号的竞争性与最优反应：关于有效性和分配的分析》，《经济学季刊》，1974。

③ 解集不能交叉，因为如果解集交叉，那么在(w, y)区间内，特定点位的导数就会有两个值，这将与以下陈述产生矛盾：w'在任何点上的值都是 $F(w, y)$。所以，假设 K 是参数，那么解集是 $w(y, K)$。如果 $w_k>0$，那么这始终是正确的，因为做出相反的假设意味着解集交叉。

么提高 n 值，N_y 将大于零，最大值出现在 y 值较大时。

对 y 求解微分方程(1)，可得

$$w'' - c_{yy} = c_{yn} \frac{dn}{dy} < 0.$$

这意味着实际上已经满足二阶条件。

不那么正式地说，如果成本是绝对的，均衡状态下，教育程度或者任何潜在信号都能传递信息，而且随着看不见的有价值的特性增加，边际成本下降。这是一个充分条件。在后续章节中，我将通过例子证明这不是一个必要条件。

由于在 n 的任何水平上，在 $w(y) \equiv s(n, y)$ 均衡中，求解微分方程可得

$$w'(y) = s_y + s_n \frac{dn}{dy} > s_y.$$

因为 $s_n > 0$ 和 $\frac{dn}{dy} > 0$，这意味着在均衡状态下，由于存在上述方程的第二个条件，教育的私人收益高于它对劳动生产率的直接贡献。这第二个条件是信号传递效应。教育投资的部分私人收益与 n 不可观察的水平密切相关。由于 $w' = c_y$，上述不等式暗示 $s_y - c_y < 0$，因此在均衡状态下，对于所有 n，教育投资都高于完美信息条件下的水平。如果 n 可观察，那么个人得到的工资是 $s(n, y)$，他们将选择教育，设定 $s_y = c_y$，最大化 $s - c$。注意：如果对于所有 n 都有 $s_n \equiv 0$，那么信号传递效应就会消失。对于雇主而言，特性 n 仍然不可观察，但个人可以有效地决策教育投资，因为他们拥有做出最优投资决策所需要的信息，他们也是唯一需要信息的人。

正如前文所注意到的，均衡薪制的单参数族不交叉。设参数 k，用 $w(y, k)$ 表示薪制。由于方程解集不交叉，可以假设 $w_k > 0$，不会丧失通用性。个人净收入是 $N = w - c$。保持 n 为常数，对 k 的部分微分求解，可得

$$N_k = w_k + (w_y - c_y)(\partial y | \partial k) = w_k > 0 \tag{2}$$

因此，从一种均衡移向另一种均衡，所有人的状况都会改善或恶化。各种均衡状态可以按照帕累托的标准排列成序。随着一种均衡移向另一种均衡所发生的是每个人对信号的过度投资上升或下降的程度。我不得不承认，当时即便发现了可能存在多重均衡，也没有想到就市场表现而言，两者之间存在如此简单的联系。

我们可以运用上述方程(2)，以及 $w \equiv s$ 的事实，推导出教育投资水平均衡状态改变的效应。$N = w - c = s - c$。对 k 的微分求解，保持 n 不变，运用方程(2)，可得

$$\frac{\partial y}{\partial k} = \frac{w_k}{(s_y - c_y)} < 0.$$

最后，根据均衡条件 $w' = cy$，n 固定时对 k 的微分求解，可得

$$w_{yk} = -\left[\frac{\partial y}{\partial k}\right](w_{yy} - c_{yy}) < 0.$$

这使我们相对完整地了解均衡薪制提高的结果。曲线趋于扁平，导出较低的教育投资水平。平均工资下降，平均教育成本下降得更多，因此净收入提高，每个人都能获益。图 6 表示均衡薪资族。随着薪资提高，逐渐变得平缓，教育投资的区间向左移动。

图 6 展示了对应各种薪资的教育投资区间。

随着薪资提高并逐渐趋缓,教育投资的区间向左移动,也就是逐渐下降。

注意到依据完美信息条件下的标准,信号传递效应导致过度投资信号,这也许很有趣,却不是我们生活的世界。所以,与各种次优结果相比,考察均衡结果也许更有趣,因为次优结果承认存在信息差异与不对称,这不是动动笔就能一笔勾销的。

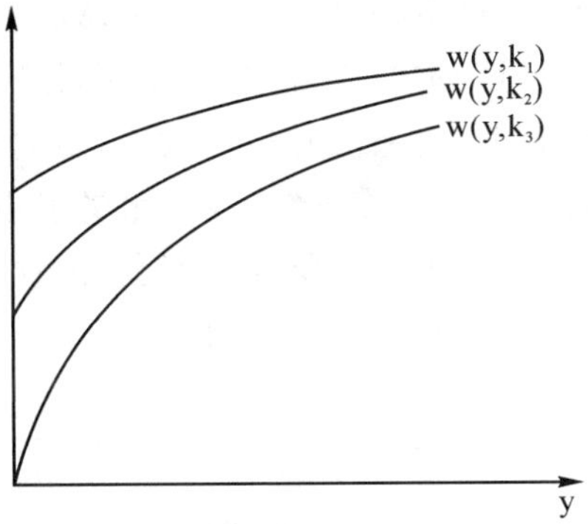

图 6

首先,我将考察总净收入的最大化。我们在此发现,可以实现对于所有 n 的教育投资的有效水平。事实上,要求的税收抵消了信号传递效应。情况之所以如此的原因在于无论接受者是谁,每一美元的净收入等值,我们不牵涉收入分布与效率目标的此消彼长。经过简要分析后,我们再看社会福利函数,这并非净收入的线性函数。对于这些函数,效率与分布之间存在此消彼长的关系。我将证明市场结果更接近最大化凸(即反平等)社会福利函数的结果。这并不令人吃惊,因为信号传递函数区分劳动生产率较低者与劳动生产力较高者,结果偏离了平等。我的确也想一开始就强调,上述分析的目标不是提议或促进对信号征税或补贴,而是有助于进一步阐释竞争性均衡的属性。

最大化总净收入

我们假设不可观察的特性 n 在人口中按密度函数 $f(n)$ 分布,用 $F(n)$ 表示累积分布。那么总净收入是

$$\int_{\underline{n}}^{\overline{n}} N(y,n)f(n)\mathrm{d}n \tag{3}$$

同上,$N(y,n)=w(y)-c(y,n)$。约束条件有二。考虑到个人理性选择,因此 $w'=c_y$;且工资总和必须等于为雇主创造的总劳动生产率或价值

$$\int_{\underline{n}}^{\overline{n}} w(y)f(n)\mathrm{d}n=\int_{\underline{n}}^{\overline{n}} s(y,n)f(n)\mathrm{d}n. \tag{4}$$

此处,我们的目标是选择薪资 $w(y)$,薪资 $w(y)$ 带来各 n 对应的教育选择 $y(n)$,教育选择 $y(n)$ 最大化总净收入,再减去教育成本。这实际上很浅显。运用方程(4),

我们可以代换方程(3)中的 $w(y)$，并选择 $y(n)$，从而最大化

$$\int_{\underline{n}}^{\bar{n}} ((s(y,n) - c(y,n))f(n)\mathrm{d}n.$$

这是变分法问题的最简形式。[①] 对于 n 的所有水平，方程的解是薪资 $y(n)$，推导出 $s_y=c_y$。读者将注意到，暗示的教育投资水平在 n 可观察的条件下才会出现，也就是完美信息的假想世界。因此，这也是对应各 n 值的教育投资有效水平：教育投资提高至直接促进劳动生产率(人力资本效应)的边际水平等于边际成本的点位。也就是说，为了最大化净收入，设定薪资，消除信号传递效应，尽管教育程度仍携带信息并传递信号。信号收益的私人部分(涉及区分个人，因此属于市场机制的零和/再分配领域)仅由最优税制或薪制消除。为了找出要求的薪资，倒置最优薪资 $y(n)$成为 $r(y)$，将之代入最优条件 $w'(y)=c_y(y, r(y))$，积分可得

$$w(y) = w(0) + \int_0^y c_y(v,r(v))\mathrm{d}v. \tag{5}$$

接着，设定参数 $w(0)$，满足盈亏平衡条件(4)。个人有可能获得市场中对应各自劳动生产率的工资 $s(y, r(y))$。所以，可以通过对教育征税或补贴 $t(y)=s(y, r(y))$得到理想的结果，其中 $w(y)$由以上方程(5)确定。如果对 y 求解微分方程 $t(y)$，可得

$$t'(y)=s_y+s_n r'-w'=s_y-c_y+s_n r'=s_n r'.$$

方程最后的条件是教育程度边际变化的信号传递效应。这就是说，最优边际税收等于信号传递效应。这消除了教育的部分私人收益，只保留人力资本效应或直接促进劳动生产率。

还可以通过所得税实现相同结果。设收入为 I。收入与教育程度的关系由 $I=s(y, r(y))$给出。倒置该函数可得 $y=Y(I)$。然后设定所得税 $T(I)$等于 $I-w(Y(I))$，其中 $w(y)$再次由方程(5)确定。个人将选择收入，通过设定 $w'=c_y$，最大化 $I-T(I)-c(Y(I), n)=w(Y(I)-c(Y(I), n)$，这是理想的结果。[②]

对我们这些生活在美国的人而言，感兴趣的是一级近似值，我们的教育成本形式上大致近似效率诱导的税制。较低受教育水平接受补贴，这类补贴在大专、本科阶段将会下降，因为存在大型私人高等教育机构。

非对称信息条件下的次优状态

现在，我们简单考察教育投资效应及最大化特定社会福利函数的净收入。同上，

---

① 库兰特对变分法处理得很好。用 $\delta\theta(n)$代换 y，对 δ 微分求解，坚持对应所有 $\theta(n)$，结果都等于零，得出 $\int_{\underline{n}}^{\bar{n}}(s_y - c_y)\theta(n)f(n)\mathrm{d}n = 0$。这反过来暗示对于所有 n，$s_y=c_y$。

② 该分析假设就工作和休闲之间的选择而言，不会对所得税产生相反的激励效果。如果不存在这类效果，那么就结果而言，对收入征税和对信号征税并不相等。

$N=w(y)-c(y, n)$是净收入，n在人口中根据$f(n)$分布。设$V(N)$是N净收入对各人的社会价值。暂时，我们对$V(N)$的限制仅仅是向上倾斜，即净收入越高越好。我们将采用可加性社会福利函数

$$Z=\int_{\underline{n}}^{\bar{n}} V(N(n)) f(n) \mathrm{d} n .$$

暂时，我们只假设$V(N)$的形状是向上倾斜。目标是在满足两项约束的条件下最大化Z。第一项约束是各人理性地选择教育程度

$$w'(y)=c_y(y, n).$$

第二项约束是毛工资总和等于总产出或劳动生产率：

$$\int_{\underline{n}}^{\bar{n}}(w-s) f(n) \mathrm{d} n=0. \tag{6}$$

假设选择特定函数$w(y)$，导出选择$y=r(n)$，对应不可观察特征的各种水平。对n求解微分方程$N(y, n)$，给出：

$$\frac{\mathrm{d} N}{\mathrm{d} n}=(w'-c_y) r'-c_n=-c_n>0. \tag{7}$$

设$N(\underline{n})=K$。对n求解积分方程(7)，可得

$$N(n)=K-\int_{\underline{n}}^{n} c_n(r(u), u) \mathrm{d} u. \tag{8}$$

注意$w=N+c$，代入方程(6)，条件是总工资等于全部人口的总劳动生产率，可得：

$$K=\int_{\underline{n}}^{\bar{n}}\left[\left(s-c+\int_{\underline{n}}^{\bar{n}} c_n(r(u), u) \mathrm{d} u\right)\right] f(n) \mathrm{d} n. \tag{9}$$

关键在于摆脱函数$w(y)$。因此，我们想象选择上斜函数$y=r(n)$，从而最大化Z。运用方程(8)和(9)，我们确信满足了正在讨论的两项约束，不考虑薪资或者税制问题。我们可以将最优薪资$r(n)$倒置成$n=h(y)$，然后计算薪资或者税制，代换$w'=c_y$中的n，积分可得$w(y)$，导出信号选择，解决最优化问题。

这个问题的解是①

$$(s_y-c_y) f=c_{yn} \times\left[F(n)-1+\frac{\int_{\underline{n}}^{\bar{n}} V' f c h u}{\int_{\underline{n}}^{\bar{n}} V' f c h u}\right] \tag{10}$$

---

① 该解的导数是对变分法的另一种应用。用$\delta\theta(n)$代换函数$r(n)$，对δ微分整个方程，设定结果等于零。颠倒积分的顺序后，最终可得方程$\int_{\underline{n}}^{\bar{n}} Q(r(n), n)\theta(n)\mathrm{d}n=0$。由于该解必须对所有函数$\alpha(n)$有效，最优条件是$Q(r(n), n)=0$。将这些全部应用到本例，可得条件(10)。

如果 $V'(N)$ 是常数，因而 $V(N)$ 呈线性，那么方程(10)的右侧是零。这就是我们刚才看到的情况，通过导出教育投资的有效选择，最大化总净收入。这只是一般化问题的特殊情况。在这种情况下，对于所有 n，都用 $s_y = c_y$ 定义最优薪资。

如果 $V(N)$ 呈深度凹形致使一阶导数快速下降，那么在极限情况下唯一重要的就是净收入最低人群的净收入。这种情况通常称之为极大化极小情况。在这种情况下，方程(10)化为

$$(s_y - c_y) f = -c_{yn}(1-F) \tag{11}$$

方程(11)的右侧是正的，这意味着教育投资低于有效的完全信息水平。在 n 值区间的顶端，$(1-F)/f$ 接近零，教育投资是有效的。[①]

信号投资的极大化极小结果也是在劳动服务独家垄断买方条件下可以得到的结果。原因在于独家垄断买方想要最大化劳动生产率与毛工资之间的差异，约束条件是净收入最低者的净收入不低于某个事先确定的水平。因此，独家垄断买方问题的解决方法是最大化最低水平的净收入，并在所有受教育水平上统一降低 $w(y)$，从而完全消除该函数。在数学上只不过是逆转目标方程及其约束之一。

相反的极端出现在福利函数极度凸性时，该函数的斜率提高得很快。在极限情况下，这意味着只评价净收入最高者的净收入，即极大化极大情况。在这种情况下，最优化条件方程(10)成为

$$(s_y - c_y) f = c_{yn} F. \tag{12}$$

在这种情况下，方程(12)的右侧是负的，暗示它类似不完美信息条件下的市场均衡，教育投资超越了直接促进劳动生产率的界限。在 n 值区间的低端，F/f 接近 0，因此在最低水平时教育投资是有效的。[②]

对于 $v(N)$ 不接近极端(即非常凹或凸)的情况下，根据方程(10)可以发现 n 接近最小值和最大值时，右侧接近零。如果 $f(n)$ 不在极端情况下趋向于零，这意味着在 n 的端值情况下，教育投资是有效的，即 $s_y - c_y = 0$。一般情况下，这不是竞争性均衡的特点，因此可以得出结论，竞争性均衡通常不是采用这种社会福利函数形式的特定最优化问题的解。也许能将最优化条件(10)改写成以下形式

$$(s_y - c_y) f = -c_{yn}[1-F] \times \left[1 - \frac{E(V' \mid u > n)}{E(V')}\right],$$

其中，$E(* \mid -)$ 是附条件的预期值。对于凹函数，右侧大方括号内的表达式总是正的，因此教育投资低于所有 n 的有效水平，可能只有端点值除外。对于凸福利函数，导

① $(1-F)/f$ 是 $-\log(1-F)$ 导数的倒数，据此可以推导出该结果。

② F/f 是 $\log(F)$ 导数的倒数，据此可以推导出该结果。

数提高,因此方括号内的表达式是负的。教育投资超出了有效水平。[①]

退一步看,通用形式显而易见。市场均衡导致对信号的过度投资,原因在于信号传递效应,这对投资者而言是私人收益,但不会产生社会收益,因为它的功能纯粹是再分配。再分配发生在教育水平和劳动生产率较高因而收入较高者毛收入和净收入增加的方向,市场均衡更可能看似为凸社会福利函数表示的次优问题的解集。毫不奇怪,福利函数更强调高净收入,而非低净收入。

教育成本随着看不见的属性提高的情况:劳动生产率方面的信号传递成本错误变更

在信号传递的标准情况下,如果不可观察的属性对买方(具体到我们讨论的案例中就是雇主)有价值,且实施特定活动的成本可观察并与有价值的属性成负相关,那么信号就能够生存并保留信息内容。不过,劳动力市场的案例略微复杂,因为不可观察的属性促进个人的劳动生产率,信号也是如此。所以,无论不可观察的属性是什么,该属性都具有两个价值来源:一是对劳动生产率的直接效应;二是降低获得人力资本的成本也有价值。在此,我们假设所有工作的方向是一致的。但降低教育成本的属性可能不是提高劳动生产率的那些属性,甚至可能对劳动生产率造成负效应。我们知道如果 $S_n=0$,就可以实现信号传递均衡,其实在这种情况下是不需要信号的,仅仅确认"教育成本较低而教育水平较高"的事后属性。

我现在提出的问题是,如果 $c_{yn}>0$,假设 $s_n>0$,是否可以得出信号传递均衡?根据均衡状态的分析,我们知道只有 $w^{ii}-c_{yy}=c_{yn}\dfrac{\mathrm{d}n}{\mathrm{d}y}<0$,才能满足个人教育选择的二阶条件。这意味着如果 $c_{yn}>0$,只有 $\dfrac{\mathrm{d}n}{\mathrm{d}y}<0$,才可以得出有信号传递的均衡。所以,问题在于这是怎么发生的?唯一的方式就是,人力资本效应在某种意义上很大以至于超过信号传递的负效应。因此,如果 $s_y\equiv 0$,就不可能发生这种情况。信号不直接促进劳动生产率,并发送有关不可观察属性的错误信息。每个人都将设定 $y=0$。但上述问题的答案是肯定的,只要人力资本效应大到足以超过信号传递的负效应。可能存在信

---

① 熟悉最优税制问题的读者会认可该最优条件的形式。在所得税问题上,如果 w 表示每小时工作所得,l 表示工作小时数,$t(wl)$ 表示所得税,t 是常数即所有可用时间,那么用美元计算的个人福利是 $u(w,\ l)=wl-t(wl)-h(t-l)$。个人通过设定 $w-t'w-h'=0$,相对于 l 最大化 u。政府有税收约束,因此 $\int_{\underline{w}}^{\overline{w}} tf(w)\mathrm{d}w=K$。如果 $v(u)$ 表示福利函数,那么我们想最大化 $\int_{\underline{w}}^{\overline{w}} v(u)f(w)\mathrm{d}w$。在此,将最优税制变为 $y(w)$,注意 $\dfrac{du}{dw}=\dfrac{h'y}{w^2}$,这样就可以摆脱税收函数 $t(y)$,施加税收约束,决定 $u(0)$,代换函数 $y(w)$,找出最优值。当 $f\left[1-\dfrac{h'}{w}\right]=\left[1-\dfrac{yh''}{h'}\right]\dfrac{h'}{w^2}\times(1-F)\left(1-\dfrac{E(v'\mid u>w)}{E(v')}\right)$时,就可以得出最优值。注意如果 $v(u)$是线性的,那么该方程右边是零。工作休闲选择是有效的,政府通过一次性征税增加收入,这不会扭曲工作休闲选择。

号传递均衡，此时信号成本随着有助于促进劳动生产率的不可观察的属性水平而提高。一会儿我将通过案例来解释。直觉上，如果人力资本效应足够大，那么这种观点应该说得通，因为该属性对个人和雇主而言都具有真实的价值，能够削减教育成本。关键是薪资在信号上必须向上倾斜。即便 $s_n>0$，s_y 也足够大，就可能出现这种情况。在这种情况下，对允许信号传递均衡的条件的正确陈述是，获取信号的净收益必须与对劳动生产率的总效应成正相关。有些人可能发生这种情况天赋很高的人面对花费时间接受教育相关的高机会成本的情况。

从实证的角度来看，这种情况可能有趣，也可能无趣，但它的确借助毛收益和净收益等术语说明了更通用的信号传递条件的形成，而不只是信号传递成本。我刚开始研究信号传递均衡时并没有意识到这一点。那时，我以为没有直觉推断的负成本相关条件将破坏信号传递均衡。它还可能令人感兴趣是因为信号传递效应被倒置。如果 $c_{yn}>0$，那么在均衡状态下如果存在信号传递，$dn/dy<0$，那么

$$w' = s_y + s_n \frac{dn}{dy} < s_y$$

所以，信号传递的负效应导致教育的私人收益低于社会收益，从而导致教育投资过低。[①] 这一点还要通过推定的案例来证明，至少在理论上是可行的，也许在真实世界中也是可行的。

我们通过案例证明这是可能发生的。如果 $\alpha<1$，设 $s(n, y)=ny^{\theta}$ 且 $c(n, y)=n^{\alpha}y^{\beta}$。根据标准均衡分析，可以得出：

$$w = c_y = \beta n^{\alpha} y^{\beta-1}. \tag{13}$$

此外，$w=ny^{\theta}$，或者 $n=wy^{\theta}$。代入方程(13)，可得 $w(y)$ 的微分方程，定义了均衡薪资：

$$w^{-\alpha}w' = \beta y^{(\beta-1-\alpha\theta)}.$$

该微分方程的一个解是[②]

$$w(y) = K_y \frac{\beta-\alpha\theta}{1-\alpha},$$

其中 K 是常数。如果接着确定教育程度的均衡选择，这些选择由以下方程给出

$$y(n) = T_n \frac{1-\alpha}{\beta-\theta},$$

其中 T 是另一个常数。如果 $dy/dn<0$，二阶条件得以满足，一切全都可行。事实上，只要 $\alpha<1$ 且 $\beta<\theta$，情况就是如此。也就是说，如果相对于教育程度的劳动生产率的弹性大于教育成本的弹性，就会出现信号传递，产生分离均衡。或者用浅显的日常语言来说，教育程度具有生产力，支付相关成本是合理的，并超过信号传递的负面效应。

思考上述关系及这种情况的另一种方法是将不可观察的变量从 n 变成 $t=\bar{n}-n$，

---

① 我认为加里·贝克尔教授在人力资本、家庭生产函数等很多领域完成了开创性工作，他可能会欣赏这样的结果。

② 由于这只是一个例证，没有必要在本例中研究所有均衡状态。

其中 $\bar{n}$ 是 n 的最高水平。事实上，这定义了不可观察特征可以降低教育成本。只要存在分离均衡，教育投资将随着 t 提高，因为 $C_{yt}<0$。但 t 对劳动生产率的效应是负的，如果相对于人力资本效应而言，t 的效应足够大，那么就可以阻止信号传递均衡的分离模式。原因是除非人力资本效应足够大，否者信号传递效应将导致工资函数在 y 上向下倾斜。在 $y=0$ 时，存在混同均衡；在假设的案例中，当然导致对潜在信号的投资严重不足，这是合理的，即使信号构成具有生产力的人力资本。

信号包含的信息可以提高劳动生产率

我们应当注意到信号携带的信息本身也可能具有生产力，只要做出的决策更好或者效率更高、信息更多。在就业市场的环境下，可以做出如下推导。设生产率为 $v(n, y, d)$，其中 d 是雇主做出的决策。这可能是有关分派哪个人承担哪类工作的决策，或者是要求培训的决策。接着，我们可以解释先前的分析，至少能够解释信号携带信息的均衡状态，而 $s(n, y)$ 是 $v(n, y, d)$ 在各 n 和 y 水平上相对于 d 的最大值。注意价值的这个成分不同于人力资本效应，价值这个因素只有在均衡状态下信号携带信息时才存在。它可能失落在部分或完整的混同均衡中，即使均衡状态包括教育投资。

在类似我们先前考察的拉齐尔模型的情况下，其中既有混同均衡的成分，也有分离均衡的成分，决策在有信息参考时能做得更好，这将导致信号价值提高，或者更准确地说是带来净收益提高。那些净收益将会由于雇主方之间竞争而传递给个人。所以，均衡的分离与混同成分的相对规模将发生有利于分离部分的变动。随着时间的推移，更多人想去承担了监管和学习劳动生产率方面开支的企业。

作为信号和甄别机制的时间与时间分配①

市场上，管理信号的原则可以应用于其他环境。作为市场特征的混合或不完全一致的激励结构在很多情况下是共同的。特别是，当个人对某人或事物感兴趣的程度不为他人察觉或充分察觉时，这种情况很普遍。在上述情况下，我们常常发现个人花费的时间被视为有关兴趣的信号。学术文献及日常经验都认为时间的分配是一种普遍存在的持续信号，有时候被刻意用作甄别机制。

持续花费时间是对某事物感兴趣的信号，反映了时间有限这个众人皆知的事实。时间上存在非零的影子价格，因此运用影子价格追求某人、某个目标或兴趣必定意味着花费时间的人通过了某种隐含的净收益检验；不花时间的人没有通过这种隐含的净收益检验。

时间作为信号的运用与解释很复杂，准确地观察到有关时间的影子价格在不同人之间存在观察到的现实差异，这使得情况更丰富多样。上述差异被用于解释信号。个人分配少量时间，但这些时间被观察到的影子价格很高，或个人分配大量时间，但这些

① 本节部分内容基于笔者一篇几乎无人知晓（可能有很好的理由）的论文《经济与社会互动中的时间与交流》。

时间被观察到的影子价格很低，两者同样重要。例如在差不多任何组织中拥有明显领导地位的人了解自己参与的活动，这被视作感兴趣和支持的信号。相反，他们不出席或者有时故意发出相反的信号，这表示不感兴趣，不支持或者没有热情。值得注意的是，这些共同信号承载的信息内容未必与活动是否需要该个人（发送信号者）或者该个人（发送信号者）是否在活动中发挥作用相关。事实上，在活动中发挥作用可以稀释信号，因为这使得对领导出席原因的解释更为复杂。

通常，在场所数量有限的情况下，时间也被用作甄别机制，或者作为参与活动的部分价格。对于娱乐和体育活动，通常运用涉及价格和时间的混合体系分配活动中数量有限的场所。我在本节中简要论述的问题是，为什么更倾向于运用混合体系而非纯价格体系。本能的回答是，支付意愿或能力也许是对活动真实兴趣的廉价信号，而并非运用价格体系的失败导致效率低下，原因有二。[①] 首先，混合体系把场所分配给一些人，这些人进一步把场所卖给支付意愿更强烈的人（二级市场常常如此）——这么做双方都能受益。其次，在大多数情况下，用于获得场所的时间是无谓损失。尽管不能运用价格体系明显存在问题，但混合体系的运用很常见，必定意味着追求一些与当前收入分配无关的特定目标。因为如果收入分配被视为最优化，很难想象导致上述混合体系的成本的理由。

我打算通过简单的案例，分析运用混合体系解决这类资源分配问题的结果。这并不意味着它是一个通用模型，而是说明哪些参数对于决定结果的性能特征很重要。

设个人参与活动的价值是 θ。我们可以把它想象成基于大致相等的收入分配的美元估值，或者纯时间体系的估值方法。这不是为参与事件支付价格的当前意愿。它在人口中统一分配，间距为[0, 1]。金钱的价值是 λ。它还在人口中统一分配，间距为[0, 1]。假设边际时间价值等于 $G-\alpha\lambda$。如果参数 a 是零，那么就是个常数；如果 $a>0$，那么边际时间价值与边际收入价值成负相关，反之亦然。接近平均数的人口比例是 N，假设 $N<0.5$。最后，设 p 是参与活动的货币价格，T 是时间价格。

参与活动的人具备满足以下不等式的 (θ, λ) 组合

$$\theta-\lambda p-(G-\alpha\lambda)T=\theta-(p-\alpha T)\lambda-GT\geqslant 0.$$

设 $S=GT$ 且 $R=p-aT$，那么以上不等式化成

$$\theta-R\lambda-S\geqslant 0,$$

设 $A=\{(\theta, \lambda): \theta-R\lambda-S\geqslant 0\}$。由于供给固定，与 A 相关的区域面积必定是 N。

图 7 对分析选择项很有用。单位正方形中的每条线代表 R 和 S 的组合，因此曲线上方的区域是 N。初始线条表示纯价格体系。随着时间价格 T 的提高，S 上升而 R 下降。无须复杂的证据，很容易发现随着 T 的提高，θ 的平均价值也会上升，但总数保持相同，因此对于消费者的毛价值总和也在上升。这种趋势将持续直到曲线在 $R=0$

---

① 有的表演者想要的是对活动真正感兴趣的人，而不只是有兴趣又有高收入的人。他们觉得活动的质量受到表演者与观众之间互动的影响。

时趋于平缓。同样显而易见的是,在 T 或 S 低水平区域的增量最大,因为最初用 θ 的低水平换取更高水平。

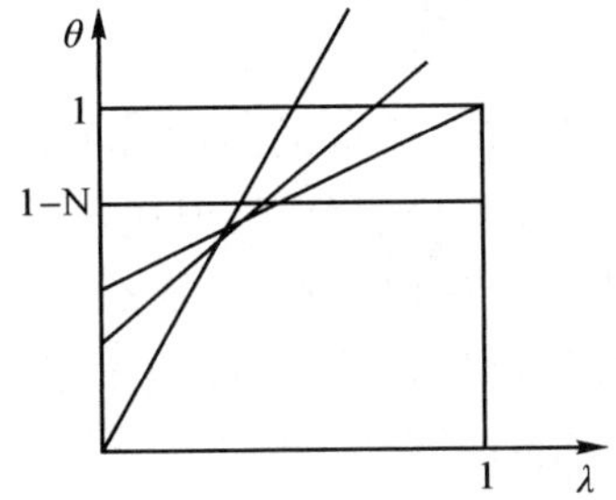

图 7

可能经常运用混合时间与价格的体系,只为了实现以下结果,即将场所分配给估值最高的人,而且无论任何人做出上述决策,都不会考虑或者在乎价格中包含的时间因素的无谓成本。但也许更有趣的问题在于,运用混合体系是否能增加净收益。我们假设美元税收收入以中性的方式进行分配,收费中的价格因素不会产生净收益或成本。不过,收费中的时间因素产生无谓成本。

净收益是

$$Z=\int_A \theta - SN + \frac{\alpha S}{G}\int_A \lambda.$$

第二类两个条件是收费中时间因素的无谓成本。我们早已观察到第一个条件即毛收益是一个增函数 $S=GT$,反映了运用时间作为部分分配机制。这独立于参数"a"的真实标志或规模。再者根据图 7,可知从 $S=0$ 开始,增加 S 或 T,收益在开始时(接近 $S=0$)最大,因为随着曲线上扬,向右旋转,破坏了估值参数 θ 较低的平均水平,引入较高的平均水平。随着 S 的增加,出入的差异平稳下降,曲线更为平缓。

这给我们提出了问题——随着 s 增加,净收益也至少在某些区域增加。虽然有些乏味,但不难证明在这个例子中,$S=0$ 时毛收益的斜率是

$$\left.\frac{\mathrm{d}\int_A \theta}{\mathrm{d}S}\right|_{s=0}=\frac{1}{3}N.$$

净收益在 $S=0$ 时的导数是①

① 这些结果由以下事实推导。如果 $R+S>1$,那么 $R=\frac{(1-S)^2}{2N}$,毛收益是 $\frac{1}{R}[(1/3)(1-S^2)-(S/2)(1-S^2)]$,无谓时间成本是 $\frac{2}{3}N^2\left[\frac{\alpha S}{G(1-S)}\right]-SN$。类似的,如果 $R+S<1$(S 增大时出现),$R=2(1-S-N)$,毛收益是 $(1/2)[(1-S2)-RS-(R^2/3)]$,使用时间的无谓成本是 $\frac{(1-s)^{\cdot}}{2}-\frac{R}{3}$。如果 $R+S=R+S=1$,该曲线划分了被接纳的人和没有穿过点(1, 1)的人。正因为如此,该公式在这点上发生改变。

$$\frac{dZ}{dS}\bigg|_{S=0}=\frac{2}{3}N\left[N\frac{\alpha}{G}-1\right].$$

如果参数 a 是零，那么可以发现在这个案例中，无谓成本超过了毛收益的增长。不过，如果“a”是正数而且足够大，那么净收益至少在特定区间呈上升态势。为什么直觉告诉我们理应如此？价格是带有严重缺陷的价值信号。如果时间的边际成本与价格没有联系，那么它将成为更好的价值信号，但还不够好，不足以克服无谓成本。如果时间的边际成本与收入的边际价值成负相关，那么价格与时间组合作为价值信号要好得多。如果随着收入边际价值增加，边际时间成本下降得很快，那么甄别高收入一低价值购买者所需的时间成本相对较低。

譬如图 8 用函数 S 表示净收益的值，其中 $G=2$，$N=0.25$ 和 $a=14$。在此，读者应当忽略 S 的较高水平，因为它们与负价格相关。高于 S 的特定水平，或者时间成本，该模型始于重新分配收入，背离了我们分析的宗旨。①

总而言之，尽管这个简单例子几乎没有解决在不完美信息的条件下，市场如何努力解决复杂的分配问题，但是，我发现它的确暗示了我们实际观察到的各种混合体系可能是解决这些问题的创新方案，也许在任何情况下都不应当被忽视，更不应把其理解为不懂价格体系优势的人所犯的错误。甚至可能存在更有趣、不那么浪费的替代货币，例如在公共服务方面花费的时间，这些时间可以用于连接价格体系，以便向重大活动提供更有价值的途径。尽管这类替换途径在消除价格体系的效果方面不可能像时间一样行之有效，但是它们与自己有关的无谓成本也可能少得多。

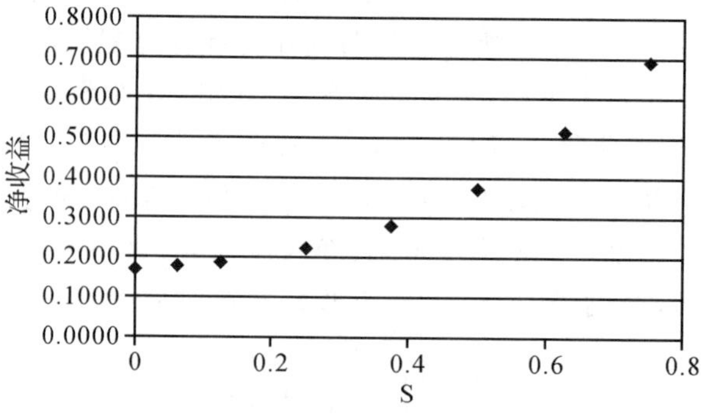

图 8

互联网与变化的市场信息结构

互联网或者更准确地说近来互联网可以接触更广泛的使用者，改变了很多市场、行业和经济的信息结构，这个命题也许没什么争议。我们可以认为，该变化一方面突然而迅速；另一方面也是从电报（即首次远距离交流，不需要任何东西发生物理移动，

① 二级市场的存在将在某种程度上减少混合体系的收益，因为它将吸引企业家进入一次分配体系，利用自己当时相对较低的估值套利。他们将竞价推高出清一级市场的价格，由此驱逐部分对活动毛估值高者离开市场。

因此在某种意义上几乎是瞬间发生的)历经无线电、电话、电视、传真等逐渐发展演进的结果。也有一些人很容易忽略这一切,仅仅依靠我们刚才注意到的经济繁荣与萧条的交替循环。但我认为这可能是错误的。根据信息经济学,我们知道有的时期变化太大以至于我们在数据自由的环境下工作。也就是说,暂时很少或没有相关数据来约束期待。数据逐渐出现,信念与期待再次开始与事实比肩。

更根本的要点是投资者与其他人虽然可能没有误解市场和经济科技的最终效果,但几乎每个人都高估了个人和组织改变行为的速度,甚至还低估了构建技术基础的难度,无法使预见的结果成为事实。如果我们提醒自己最近兹维·格里利奇斯有关创新推广的重要研究,必定能够有所收益,因为这将导致对以下假设的质疑——聪明绝顶者的预见将很快成为事实。我还想把兹维早期的研究作为非常重要的行为经济学案例。

不过,还存在强大的动力推动结果的产生并改变市场信息结构。最重要的三种动力就是摩尔定律、麦特卡夫定律,以及光缆的噪音信号比率急遽降低,导致用信号加工处理衡量的上述管道的流量大大增加。摩尔定律众所周知。实证观察的结果是芯片上的晶体管数量每隔十八至二十四个月增加一倍。大约在计算机时代的第一个五十年(上溯至1950年前后),成本削减近100亿倍。换句话说,1950年可以想象但贵得出奇的东西,今天几乎不需要任何成本。经济史学家比我更了解过去是否也曾出现过任何类似的重大活动的成本变化。

麦特卡夫定律认为网络价值同网络用户数量的平方成正比。[①] 用经济学术语来描述,这可能意味着联网的价值及其速度随着数量增加而提高,有时称之为网络效应。

根据信号加工理论,我们知道通道容量与"1+信号噪音比率"的对数成正比。随着科技进步(还能够运用多种波长的激光),光从光缆侧面反射,产生的噪音大幅减少,导致现有光纤的数据传输率大幅增加。用经济学术语来描述,这就是说,提供频带宽度的成本大幅削减。

这三种影响时时相互作用,产生加速的经济效应。最近互联网对经济的很多影响都涉及各种交易成本的削减。我随后还将讨论这个话题。对于上述绝大多数影响,不仅需要计算能力,还需要尽可能无处不在的共享标准协议的可靠网络。顾名思义,交易涉及不只一方当事人,尽管越来越多的交易涉及的一方或多方当事人是机器。因此,有趣但并不令人吃惊的是,计算机扩张的首个四十年,在宏观经济数据方面没有多少可以衡量的生产率增长可以观察。在过去十年的网络扩张期,可以衡量的生产率增长显著。(我们可以观察到的)生产率增长看似很可能涉及交易成本降低、市场表现改善、开发新市场的能力(这些新市场如果没有技术支持,那么开发成本太高)、在企业内

---

① 这也应当视为实证规律性,可由以下事实推导。假设网络中每个人对其他各人的价值是 x。如果网络中有 n 个人,我们增加另一个人,那么 n 个人体验到增值 nx,新人体验到价值 nx。如果 $V(n)$ 是网络的价值,即所有相关人的价值总和,那么 $V(n+1)=V(n)+2nx$。因此,$V(n)=2x[1+2+\cdots+(n-1)]$。运用高斯的公式计算整数 1 到 n 的和,可得 $V(n)=2xn(n-1)$,这就是麦特卡夫定律主张的二次变量关系。

部和供应或增值链上的经济活动合作方面花费时间与成本的重要能力。网络拥有高可靠的容量、联网用户数量不断增长、运行足够的终端和节点的计算能力,确保了这一切的发生。我们刚开始看到它的累积效应。

经济学建模既是艺术,也是科学。科学部分包括通过分析确定建立模型结构的假设带来的结果。艺术部分在于决定结构中包含哪些特征、排除哪些特征。如果加入的特征太多,那么模型很难构建,无法说明市场表现的决定因素;如果加入的结构特征太少或者根本是错误的,那么模型虽可构建,但很无趣。自然结果之一是不同市场间或者随着时间变化不大的参数被压制,这实际上是宏观经济理论惯用的手法。我提到这些是因为有些参数可能涉及搜寻成本、交易成本、获取信息和地理位置,它们可能或者说很可能在过去几年变化得(或者正在变化得)很快,原因在于互联网速度越来越快、无处不在、联结越来越紧密。参数可能的变化为追溯市场和组织信息结构的很多问题提供了机遇,并在某种意义上重新引入了被压制的参数,因为它们再次变得有趣。我想在本文结尾提出一些领域,在这些领域进行调查研究可能得出一些有趣的结果。

我们可能在第一节经济学理论课上就留下深刻印象:市场结合供给与需求曲线产生价格和数量,决定产品的购买者。这个观点没有错。但除此以外,市场经济还有很多其他功能。潜在的购买者和销售者需要互相寻找。通常,购买者和销售者需要获取对方信息以及有关产品的信息。如果购买者、销售者和产品种类多样,这就产生了配对问题,需要在市场上以某种方式进行解决。如果销售者设置不同的价格,那么购买者需要考虑采用某种合理的方式寻找较低的价格。这些功能的完成都需要成本,发挥这些功能的成本常常集中在交易成本名下。宽泛地说,互联网改变并降低了这些成本。

购买者与销售者互相寻找

可能交易成本下降最明显的案例就是收藏品和各种二手货市场的迅速扩张。在这个舞台上,开拓市场的最大实体就是易贝网。平均每天 75 万笔交易,平均日交易额 3 千万美元。[①] 这些市场绝大多数以前根本不存在,有的虽然以前也有,但成本很高、效率低下、流动性不足。值得注意的是,购买者与销售者寻找对方的成本下降了,但这在很大程度上与地理环境无关(回想互联网技术同时压缩了空间和时间)。市场的地理界限部分消除,使得它们的流动性更大,某种意义上也更具竞争性。不过,开拓市场的功能中包含自然垄断的因素。随着竞价者数量的增加,这些拍卖中预期获胜的出价也在提高。因此,领跑的市场将吸引销售者,产品多样性将吸引购买者。[②] 图 9 展示了普通拍卖中竞价者的人数与期待的销售价格之间的联系。

---

① 数据来自易贝网的联合创始人杰夫·斯科尔。当然,每天都会出现更多市场,更多交易。

② 这种趋势可能是合理的。智能软件代理商原则上有能力跨市场搜寻低价。如果个人准备利用这些代理商,就能消除较大造市商的流动性优势。不过,看起来这一切还没发生,至少还没重要到削弱易贝网的优势。显然,开辟在线市场是潜在的研究领域。

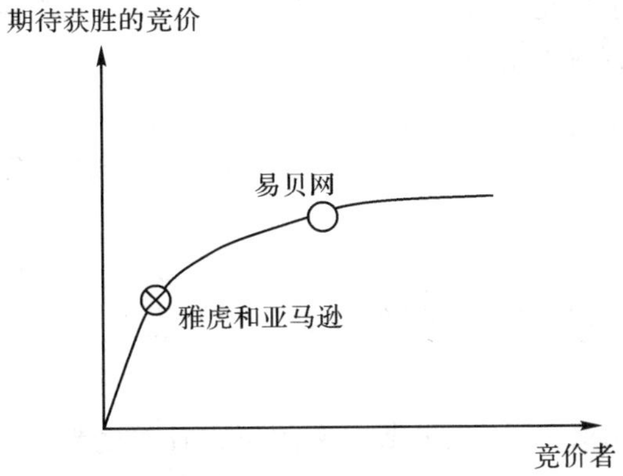

图 9

寻找最低价

已经去世的经济学家乔治·施蒂格勒认为,寻找最低价是需要耗费资源的活动,继续寻找的成本与找到更低价格的预期收益之间存在此消彼长的关系。对于互联网环境下发布的价格,找出最低价的成本接近于零。原则上,应当通过剔除此消彼长的一方来消除价格差异。自然存在规避价格竞争的部分保护,其规模即是寻找成本的函数。上述搜寻成本的降低或消除首先增加了竞争。不过,这个故事还没完。发布价格的决策具有战略性,当面对的是可以忽略不计的搜寻成本时,可能销售者发布价格的意愿会下降,产生更多针对个别购买者的协议价格。

企业界限

罗纳德·科斯和奥利弗·威廉姆森及其他学者撰写了重要的著名经济学文献。该文献有部分内容针对企业内部包含哪些经济过程及哪些经济过程由市场调和,即企业间的交易等根本性问题。这些问题的一个方面涉及外包:决定在企业内完成特定活动或者与其他实体签订合同,由他们为企业完成活动。一般来说,外包方可能是拥有经济集中与规模优势的专门机构,能够更好地完成特定功能。与之相反的是,让第二方当事人提供服务,需要承担缔约、监管和实施成本。部分抵消成本只是与交流复杂性相关的交易成本。显而易见,互联网平台降低了部分交易成本,因此在很多领域将天平向外包倾斜。很多依靠信息的服务在这个平台上能够有效交付和监督。

某种意义上,我们处于过渡时期,自然实验室变动了交易成本的参数,导致企业一方实施了新的实验行为。一般来说,经济活动的范畴可以在复杂的多企业供给链上得到有效协调,公司及研究相关课题的学者刚刚开始进行探索。企业的界限、交易成本、供给链架构与协调和外包都像是大型镶嵌工艺品的各个方面,其中激励因素、交流与协调,以及企业的界限都得以确定。外包延伸至雇佣关系,企业内的资源与外包资源的相关成本也可能发生变化。我急于说明的是，这些问题无论在实践领域还是在经济学研究领域都还远没有得到解决。

（滕　超译　任光辉校）

获奖演说

信息与经济学范式的变革

约瑟夫·斯蒂格利茨

我和乔治·阿克尔洛夫、迈克·斯宾塞的研究日益受到世人关注，这是一个宏大研究项目的组成部分。如今，该项目吸引着世界各地成百上千的研究者。我想通过本文考察这项宏伟计划中的具体工作，并从更宽泛的经济思想史视角考察这项计划。我想说明的是，信息经济学反映了主流经济学范式的根本性变革。信息问题不仅是理解市场经济学的核心，也是理解政治经济学的核心。我将在本文最后一节，探讨政治决策过程中信息不完美现象产生的某些影响。

一、导　言

早在多年以前，凯恩斯曾经写道：

> 经济学家和政治哲学家的思想，遑论对错与否，影响之深远，远超常人理解。统治世界的力量，舍此再无其他。讲求实践者自以为不受任何学理束缚，却往往沦为某位已故经济学家的奴隶；手握权柄的狂人貌似得天启示，而实际上他们的狂想来自若干年前的某些学者。（凯恩斯，1936）

信息经济学早已深刻地影响着我们对经济政策的理解，这种影响还可能继续加强。当然，这个世界很复杂，远非我们的简单模型所能企及，即便是更为复杂的模型也难以比拟。在过去20年里，很多重要的政治争论围绕的都是同一个关键问题，即市场经济的有效性，以及市场与政府之间的适当关系。现代经济学的奠基人亚当·斯密(1776)认为自由市场“就好像有看不见的手”，能够实现有效配置。这正是相关争论的核心：它认为我们可以依赖市场，几乎不需要政府干预。政府至多只扮演作用有限的角色。而我在本文中陈述的思想将颠覆亚当·斯密的理论以及在此基础上形成的有关政府作用的观点。我认为市场这只手之所以看不见，或许是因为它根本就不存在；即便存在，也几近瘫痪。

差不多41年前，我开始学习经济学。当时课堂传授的模型与亲眼看见的世界南辕北辙，这令我倍感震惊。我在印第安纳州加里市长大，那是一个与工业经济荣辱与共的城市。1906年，美国钢铁公司创建了这个城市，就连其名称也来源于该公司首任董事会主席。到20世纪末，这座城市早已今非昔比。即便在鼎盛时期，它也倍受贫困、周期性失业和普遍存在的种族歧视等问题的困扰。然而，我们学习的经济理论却很少关注贫困问题;它认为一切市场总是出清的,劳动力市场也不例外,所谓失业只是幻象而已;追逐利润的动机确保不可能存在经济歧视。[①] 核心理论认为经济呈现帕累托有效性,或者说我们生活的世界已经处于最优化的状态。假如事实果真如此,我以为应当努力去另创一个世界。成为研究生后,我开始尝试建立新的模型,这些模型的假设和结论更接近于我所看到的世界,一个并不完美的世界。

1967年,我首次访问发展中国家;1969年,我又在肯尼亚工作很长一段时间,这两次经历给我留下了深刻印象。基于完美市场建立的模型漏洞百出,似乎根本不适合这些发展中国家,正如它们也不适用于欧洲和美洲。尽管竞争性均衡模型中不适用于上述经济体的关键性假设数不胜数,但引起我关注的是信息不完美、市场缺位及普遍持续的制度紊乱,譬如分成制。当劳动者不得不向地主缴纳超过总收入50%的地租时(如果传统经济学正确无误),这肯定会极大地削弱工作的积极性。传统的经济学认为,不仅制度(譬如分成制)[②]无关紧要,财富的分配也无所谓。可如果劳动者拥有自己的土地,就不会面临高达50%的重税。毫无疑问,财富的分配至关重要。

在我成长过程中,屡屡目睹周期性失业,有时规模相当可观,给民众带来了深重的苦难,但我从未见过非洲城市中典型的大规模失业。这些失业严重到无法用工会或最低工资法来解释(即便设置了相关制度,通常也无人贯彻执行)。我们学习的模型与现实之间再次大相径庭。

新思想和新模型不仅可以用于解决宽泛的哲学问题,例如国家应当扮演的适当角色等,也可用于分析具体的经济政策。在20世纪70年代,经济学家们对传统的凯恩斯主义提出越来越多的批评,部分原因是他们觉得凯恩斯主义经济学缺乏足够的微观基础。然而,基于传统微观经济学构建新宏观经济学的任何努力注定是要失败的,因为新宏观经济学总是假设市场都能良好地运转。萧条和衰退伴随着大规模失业,这都是大规模市场失灵的症状。劳动力市场显然没有出清。假设所有市场全部出清的理论怎能解释得清楚呢?如果个人能够轻易地以安全的利率贷款消费,那么失业六个月或者一年的损失,较之其终身总收入而言简直微不足道,完全不成问题;可实际上失业者无法进入资本市场,至少无法获得优惠条件,因此失业才会造成巨大压力。如果市场是完美的,那么个人就可以购买私人保险来防范此类风险;这显然并不现实。因此,沿着这条思路来研究信息不完美现象对市场运作的影响,主要成果之一就是构建宏观经济模型,用于解释经济体为什么会放大并持续震荡,为何即便是竞争性均衡状态,也伴随着失业和信贷配给。

我相信,要是人们能够更好地理解破产和公司管理等新信息经济学所关注的问题,完全可以避免过去10年中很多严重的政策错误,例如东亚金融危机的处理和前社

---

① 贝克尔(1971)。原因很简单:例如,只要足够数量的雇主没有偏见,他们竞相出价,就能提升受歧视者的工资,使之达到工人的边际生产率。

② 张五常(1969)在芝加哥大学撰写了一篇充满才气和勇气的论文,试图证明分成制无关紧要。然而,他的一些假设不合理,涉及信息方面的尤其如此,这更令我觉得有必要探索新理论。

会主义国家的转型。还有在过去四分之一世纪里，所谓的“华盛顿共识”始终占据着国际金融机构政策建议的主导地位①，以市场原教旨主义为基础，忽视信息理论关注的焦点，这至少可以部分地解释上述政策普遍失败的原因。

信息影响方方面面的决策，远不止家庭和企业的范畴。最近，我开始关注可以称之为信息的政治经济学的某些领域：信息在政治进程及集体决策中所起的作用。大约200年前，信息经济学还远没有发展成为经济学的一个分支，瑞典就曾颁布法律，要求增加透明度。在管理者和被管理者之间存在信息的不对称性，正如市场努力克服信息的不对称性，我们也必须寻求限制政治进程中信息不对称性的方法，从而减轻其不良后果。

二、历史背景

我无意详细回顾并描述已经创建的模型。近年来发表的综述性文章数量可观②，甚至还有些相关专著③和阐释性论文问世④。我想强调的是，信息经济学在某些方面的巨大影响：如何分析经济，如何解释以往无法解释的现象，如何改变我们对经济运行的看法，还有也许最重要的是，如何重新思考政府在社会中扮演的适当角色？在描述上述观点的过程中，我想追本溯源：在很大程度上，它们尝试回答具体的政策问题，或者解释传统理论无法充分解释的具体现象。但是，任何学科都有自己的生命，即主流范式及相关假设和规范。很多研究都试图探求主流范式的极限，试看传统模型如何应对信息不完美的问题（可惜结果不甚理想）。

一百多年来，经济学的正统模型全都假设信息是完美的。当然，尽人皆知信息实际上并不完美，却希望信息并非完美的经济体与信息完美的经济体相仿，正如马歇尔的名言“自然界绝无飞跃”。然而，我们研究的主要结果之一表明事实并非如此，即使信息不完美的程度很低，也足以对均衡的本质产生深刻影响。

在整个20世纪，占统治地位的学科范式是新古典经济学，但它忽视了19世纪以及更早的经济学大师们的警告：信息问题可能会改变经济分析。这也许是因为他们无法将信息问题纳入新古典经济学貌似精确的模型，也许是因为纳入信息问题将导致与市场有效性假说不相兼容的结论。例如，亚当·斯密似乎预见了后来关于逆向选择的讨论。他曾经写道，如果企业提高利率，那么最好的借款人可能被挤出市场。如果贷款人能够充分地了解各个借款人的风险，这就不成问题，可以向各个借款人收取相应的风险溢价。正因为贷款人并不充分了解各个借款人的违约概率，逆向选择的过程才

---

① 请参阅威廉姆森(1990)的描述。请参阅斯蒂格利茨(1998a)的批评。

② 例如斯蒂格利茨(1975b，1985d. 1987 a. 1988b) 以及里尔斯(2001) 。文献中也有很多关于某些特定方面的综述，见下文的引用。

③ 例如弗登博格和梯若尔(1991)；赫什利弗和赖利(1992)；哈特(1995)；马斯克莱尔、威斯顿和格利(1995)。

④ 尤其请参阅斯蒂格利茨(2000d)。

会导致如此重要的结果。[①]

引言中已经提到，我读研究生时流行的经济学范式——竞争性均衡模型存在错误，而且是很严重的错误。它似乎认为根本不存在失业，公平和效率问题完全可以分开考虑，因此经济学家们在设计更有效的经济制度时，可以完全搁置不平等和贫困等问题。但是其他大量预测、实证谜题与标准理论格格不入，微观经济学层面存在的问题包括税收悖论，例如为什么企业不采取措施最小化税务负担；证券市场悖论，例如为什么资产价格的波动性如此剧烈[②]；行为谜题，例如为什么企业应对风险的行为与理论预测截然不同。[③] 在宏观经济学层面，很多重要的总变量存在周期性波动，很难通过标准理论来解释，例如消费[④]、库存[⑤]、实际产品工资[⑥]、实际消费工资[⑦]以及利率[⑧]。哪怕能够接近满足完美市场的假设，周期性经济波动导致的困境也将会远远小于现实情况。[⑨]

我们发现自己学习的模型存在的问题不仅仅在于它们似乎是错的，更糟糕的是这些模型无法解释大量的现象和制度安排——为什么首次公募通常折价发行？为什么股权融资比债券融资更能提供风险分担，可在新增投资中只占很少份额？[⑩]

当然，有很多人试图为旧模型进行托勒密式的辩护和阐释。譬如乔治·斯蒂格勒[⑪]，尽管他承认信息的重要性，却仍然认为只要考虑信息的真实成本，即使信息不完美，经济学的标准结果仍然成立，信息只不过是某种交易成本。在很多芝加哥学派经济

---

① “如果法定利率……定得太高……那么大部分用于借贷的资金将会流入浪荡子的腰包，只有他们愿意支付高昂的利息。而有节制的人用钱考虑收益，绝不会参与这类竞争。”史密斯(1976)。同时请参阅斯蒂格利茨(1987 a)引用的马歇尔(1890)、西斯蒙第(1814)、米尔(1848)等文献。

② 《经济学视角》开辟专栏讨论上述悖论。请参阅塞勒(1987)；塞勒以及其他学者(1989，1990，1991，1995，1997)。最近希勒(2000)强调了资产价格过高的波动性。

③ 在下文中，我将详细描述上述悖论中的几个，证明新范式有助于解释这些悖论。

④ 霍尔(1978)认为，消费应当是随机漫游的，仅仅对新消息做出反应。然而证据并不支持这一点。

⑤ 库存应当用于平稳经济，所以库存波动应当是逆周期的。但现实中，它却是顺周期波动的。请参阅布林德和费希尔(1981)；布林德(1986)；卡恩(1987)；布林德和马西尼(1991)；斯蒂格利茨和格特勒(1995)；比尔斯和卡恩(2000)。

⑥ 如果企业在生产函数上进行生产，那么就业下降时，劳动的边际产品以及实际产品工资应该上升。但在周期性萧条中，通常并非如此。与此相关的实证研究，请参阅格林沃尔德和斯蒂格利茨(1988b)。

⑦ 如果工人们在劳动力供给曲线上进行工作，且劳动力供给曲线特别是主要工人的劳动力供给曲线，如同大多数实证研究所认为的那样高度无弹性。那么就业下降时，实际消费工资也应该大幅下降。但在很多周期性萧条中，这种情况并未发生。尽管人们可以认为经济萧条时劳动力供给曲线也在同时移动，观察到的行为符合理论，但这样的解释远不能令人满意。

⑧ 例如可以参阅斯蒂格利茨(1995a，1999a)。

⑨ 引人瞩目的是卢卡斯(1987)(1995年诺贝尔经济学奖获得者)运用包含代理人的完美市场模型，试图说明周期性波动造成的福利损失很小。

⑩ 例如可以参阅梅耶(1990)。

⑪ 请参阅斯蒂格勒(1961)。他于1982年荣获诺贝尔经济学奖。

学家的分析方法中，信息经济学与应用经济学的任何其他分支并无差别；人们只需要分析影响信息供给和需求的特殊因素即可，就像农业经济学分析影响小麦市场的那些因素。从数学角度来看，似乎只需要在生产函数中加入一个新的变量"I"，而这个"I"本身可以由其他投入(譬如劳动)生产出来。而我们的分析证明这种路径及其结论都是错误的。

讲求实际的经济学家不会忽视失业这个自始困扰资本主义社会的问题。他们提出了"新古典综合经济学"：按照凯恩斯主义进行干预，确保经济回归充分就业的状态；且一旦成功，新古典经济学的标准命题就会再次成立。尽管新古典综合学派发挥了重大学术影响[①]，到20世纪70年代和80年代它还是受到两方面攻击。它仅仅是一种主张，而非基于对经济前后一致的观察。其中，一方面攻击凯恩斯主义经济学的支柱，也就是其微观基础；为什么在失业长期存在的情况下，理性的行为人还是会像凯恩斯所说的那样被排斥在均衡之外？这方面的观点完全否认凯恩斯试图解释的现象。

更糟糕的是，有些经济学家认为失业很大程度上反映了对市场自由运作的干预(例如政府设定最低工资，或者工会利用垄断权设定工资过高)。这种观点的含义非常明确：如果市场更加灵活，或者说消除来自政府和工会的干预，失业也将不复存在。即使大萧条期间工资下降了三分之一，但在他们看来，工资下降的幅度还应当更大。

还有另外一种观点(更为完整的阐述请参阅格林沃尔德和斯蒂格利茨，1987a，1988b)：为什么我们不应相信大规模失业只是"冰山一角"，还有更多难以觉察的普遍性市场效率问题。如果说有时候市场看似功能紊乱，那么很多时候在更细微的方面，市场必定运作失灵。信息经济学支持后一种观点。

与之相似的是，考虑债务合同的性质，工资和价格水平的下降导致破产和经济崩溃，实际上又加速了经济的下滑。如果工资和价格的设定更灵活，那么情况可能更糟糕。还有很多经济部门，政府和工会并没有限制工资和价格的动态变化。至少，那些认为工资和价格的刚性是问题症结所在的人不得不搜寻其他市场不完美现象，而且相应的政策补救措施(包括增加工资和价格的灵活性)必须把这些因素考虑在内。

在下一节中，我将会解释为什么标准竞争性模型备受争议不只是因为与其所提出的预测矛盾重重。这些模型本身也站不住脚，即使稍稍偏离根本性的完美信息假设，也会带来严重后果。

在讨论上述问题前，首先介绍引导我开始该领域研究的一些具体问题。我思考这些问题的关键时期是在1969年到1971年期间，当时洛克菲勒基金资助我在内罗毕大学的发展研究所工作。

作为筛选工具的教育[②]

新独立的肯尼亚政府试图制定促进本国发展的政策，因此不断提出一些殖民者从来没有提出过的问题。政府应当向教育事业投入多少资金？显而易见的是，个人受教育水平越高，就越有可能获得更好的工作——学历能够使应聘者脱颖而出。内罗毕大学发展

---

① 请参阅萨缪尔森(1947)。他于1970年荣获诺贝尔经济学奖。

② 请参阅斯蒂格利茨(1975c)。

研究所的年轻学者加里·菲尔德兹构建了一个简单模型[①]，认为教育的私人回报即增加获得好工作的概率，不同于教育的社会回报。有可能出现的情况是，当更多的人获得教育，教育的私人回报得到提升(更有必要获得学历)，而社会回报开始降低。在肯尼亚，教育的作用与传统经济学文献的描述截然不同，传统观点认为教育仅仅增加了人力资本，从而提高生产率。[②] 上述分析对肯尼亚政府决策高等教育投入产生了重要意义。[③] 菲尔德兹的问题在于没能提供完整的均衡分析：工资是固定的，并非由竞争决定。

那么我想问：如果设定的工资等于(根据现有的信息)平均边际产品，市场均衡又将如何表现？我又要问：让雇主和雇员获取或传递信息的激励和机制是什么？面对一群看起来相似的应聘者(他们因此面临相同的工资)，如果雇主能够确保信息私有，他也许有动机去鉴别谁最能干，找出甄别应聘者的办法。可惜雇主通常做不到这一点。如果别的雇主了解真实能力，他们的竞争性出价会推高应聘者的工资，他将无法独占获得信息的回报。因此，在这个研究项目的初期，我们就确立了信息经济学中的一个关键问题：独占信息回报的困难性。

另一方面，如果雇员了解自己的能力(在雇员和雇主之间存在信息不对称)，并了解自己的能力高于市场的平均水平，那么他就有动机让雇主相信他的能力。而那些能力最差的人却有动机隐瞒信息。我们在接下来的几年中探索了信息经济学的第二个原理：个人有隐瞒信息的动机，或者用更时髦的话讲，就是缺乏透明度。这提出了一个问题：保密和信息披露这两种力量如何保持平衡呢？由此产生的均衡将是怎样的？我将留待下一部分描述均衡问题。

效率工资理论

在肯尼亚度过的那年夏天，我开始着手三个与信息不完美现象相关的研究项目。我在肯尼亚工作期间，该国城市失业严重。我在发展研究所的同事迈克尔·托达罗和约翰·哈里斯构建了一个劳动力由农村流向城市的移民模型来解释失业问题。城市高工资吸引了工人，他们甘冒失业风险，换取高工资的可能性。[④] 这是个简单的有关失业的一般均衡模型，可同样忽视了一个环节：如何解释仍然远远高于最低工资的高工资？看来并不是政府或工会强行推高工资。我们需要一个决定工资的均衡理论。我记得从前在剑桥大学与哈维·莱本斯汀进行过一次讨论。他认为在赤贫国家，高工资带来高生产率。[⑤] 尽管存在超额劳动力供给，削减工资将导致生产率出现更大比例

---

① 菲尔德兹(1972)的这一成果后来得以发表。

② 例如舒尔茨(1960)，他于1979年荣获诺贝尔经济学奖；还有明瑟(1974)。

③ 与此同时，其他正在进行的一些研究，对人力资本理论提出批评，他们关注教育在社会化和资格化方面所起的作用。请参阅鲍尔斯和金迪斯(1976)。

④ 请参阅哈里斯和托达罗(1970)；托达罗(1969)。我撰写的文章(1969b)进一步发展了这些观点。

⑤ 请参阅莱宾斯坦(1967)。当然，历史上曾有人提出这类观点(我们下文将要讨论的很多其他观点也是如此)，例如马歇尔(1920)曾经写道："……接受高工资的劳动通常效率更高，所以并不昂贵——尽管这一事实较我们所知的其他任何事实更让人类的未来充满希望，但我们将发现它会对收入分配理论产生复杂的影响。"

的下降,因此企业削减工资并不合算。问题的关键是,我们认识到还有其他各种原因导致信息不完美、契约不完美时,生产率取决于工资。① 在这种情况下,企业支付的工资可能高于雇佣劳动力所必需的最低工资。这就是我所说的效率工资。有了效率工资,均衡中也可能存在失业。我提出了四种劳动生产率取决于工资的解释(不算营养方面的考虑)。其中最简单的是低工资导致高人员流动,因此企业不得不承担高的人员流动成本。② 不过直到数年之后,我们才能依据信息的有限性,更完整的解释为什么是企业承担这些人员流动的成本。③

关于效率工资的另一种说法与我对非对称信息的早期研究密切相关。任何经理都会说高工资吸引好雇员。这只是运用了早期保险著述中占据中心地位的逆向选择理论:保险公司早就发现,如果提高保费,低风险的消费者就会停止购买保险。④ 市场中的企业不必消极地接受"市场工资水平"。即使是在竞争性市场上,企业也可以根据自己的意愿支付更高的工资。市场出清并非是企业面临的约束。如果所有企业都支付市场出清工资,某个企业通过支付更高的工资来吸引更有能力的员工,这是有利可图的。效率工资理论意味着均衡状态下也可能存在失业。

显然,潜伏在大部分传统竞争性均衡分析背后的理念是市场必须出清,这在信息不完美的条件下根本难以成立。

不过,近年来受到最大关注的效率工资理论的构建还是集中在激励问题上。很多企业认为高工资激发努力工作。我(1984)和卡尔·夏皮诺面临的问题就是说明其中理由。假设所有工人都是相同的,他们获得的工资也相同。那么如果某个企业能够通过提高工资而获利,所有企业都能这么做。但如果某个工人因为偷懒而被解雇,在充分就业条件下,他可以很快找到另一份工作,并得到相同的工资。在这种情况下,提高工资不会产生激励作用。可如果存在失业,偷懒就得付出代价。我们证明均衡中必须存在失业:失业相当于某种纪律机制,迫使工人努力工作。⑤ 这个模型具有很强的政策含义,我将在下文阐述其中部分内容。我们的研究证明,可以使用高度简化的模

① 其他学者独立地得出了相同看法,譬如内德·菲尔普斯(1968)。菲尔普斯和雯特也意识到,客户市场理论中同样的问题也出现在产品市场。请参阅菲尔普斯和雯特(1970)。

② 1969 年,我在内罗毕,针对效率工资的问题进行了完整的分析,论文的题目是《欠发达国家工资确定和失业的替代理论》。我喜欢写些相对简短的文章,每篇文章只关注一个具体问题,不习惯发表综述性的论文,因此我将这个研究分解成为若干部分进行发表。每一部分都酝酿了很长时间。有关劳动更替率的文章(斯蒂格利茨, 1974a);有关逆向选择模型的文章(1982a, 1992h,初稿于 1976 年完成后并未发表,这是修改稿)。我在 1976 年的文章中提出了效率工资的营养学理论(1976c) 。这些观点在随后涌现的文献中得到进一步的阐述,包括魏斯(1980);内勒巴夫、罗德里格兹和苏格里茨(1993);罗德里格茨和斯蒂格利茨(1991a, 1991h);雷伊(1982f, 1986b, 1987a, 1987i);莎哈和斯蒂格利茨(1992);阿克尔洛夫和耶伦(1990);雷伊和斯蒂格利茨(1996)。

③ 请参阅阿英特和斯蒂格利茨(1985);阿诺特,俄西俄斯和斯蒂格利茨(1988)。

④ 请参阅阿罗(1965),他很早就意识到这个概念在经济文献中的重要性。

⑤ 帕特里克·雷伊在一篇未发表的文章中,将这个观点描述成更标准的委托—代理问题,只是出现在一般均衡模型中而已。参见雷伊和斯蒂格利茨(1996)。

型来澄清有关复杂问题的思考。在现实中,工人当然是不同的,所以逆向选择的问题与激励问题纠缠在一起;被解雇的确传递出某些信息——它通常成为工人的不良记录。

效率工资理论还有第四种说法,认为劳动生产率与工人士气以及他们是否感到被公平对待密切相关。尽管我在早期的工作中就简单讨论了这种说法[①],但直到2000年之后,这个观点才在阿克尔洛夫和耶伦(1986)的重要文章中得以发展完善。

分成制与激励的一般理论

有关劳动力市场激励经济学的研究与我在肯尼亚开始的第三项研究密切相关。传统经济学理论中,尽管人们经常谈到激励问题,却没有真正重视这个问题。在完美信息的条件下,个人提供特定服务能够获得报酬;如果他们提供了服务,就按照合同收取费用;如果他们没有提供服务,则不收取费用。在信息不完美的条件下,企业不得不进行监督,并根据观察,奖励优异的工作表现,推动他们继续努力。最初引起我对激励问题感兴趣的是对分成制的思考。分成制是发展中国家土地租赁的普遍形式,农民往往不得不上缴土地产出的一半(有时甚至是三分之二)作为使用土地的代价。乍看之下,这似乎是一种效率低下的制度安排;相当于对农民的劳动征收50%的重税。可还有其他制度安排可以选择吗?农民可以租赁地主的土地,但这意味着他得独自承担产出波动的风险,而且他常常欠缺必要的资本。他也可以作为雇员提供劳动,但这意味着地主就不得不进行监督,确保农民不会偷懒。这样看来,分成制更像是风险承担与激励之间的某种折中妥协。关键的信息问题在于,农民的投入无法直接观察,只能观察到产出;而产出与投入不完全相关。分成制合同可以被看作是土地租赁合同和保险合同相结合:在歉收的年份,地主"扣除"部分租金。这并非充分保险(等同于工资合同),因为这类合同弱化了全部激励因素。保护被保险人规避偶然性的保险对激励机制产生的负面影响,被称为"道德风险"。[②] 我在一篇文章(1974b)中,分析了均衡的分成制合同。在该文中,我认识到自己探究的激励问题与现代企业中的激励问题非常相似,例如怎样激励企业经理,[③]随后涌现了大量文献,探讨劳动市场、资本市场和保险市场中最优均衡激励机制[④]。这些合同基于可观察的变量,例如工作过程(或者农作物的生长)和可观察的投入(例如肥料)等。有关逆向选择的早期研究中获得的很多结

---

① 尤其是在我对歧视经济学的研究之中(1974)。

② 这个术语同逆向选择一样,最初出现在有关保险的文献中。保险公司意识到承保范围越广,投保人谨慎行事的动力就会削弱:如果财产按其价值100%全额投保,那么投保人甚至有动机引发事故(火灾)。不承担适当的谨慎义务,将被视为"不道德",这就是名称的由来。阿罗有关道德风险的研究(1963,1965)和他在逆向选择领域的研究一样,都是最重要的先驱性文献。

③ 这类问题被称作"委托—代理"问题,请参阅罗斯(1973)。

④ 请参阅哈特和赫尔默斯尔罗姆(1987)的经典文献。此外,还可以参阅斯蒂格利茨(1975a);墨菲(1985);延森和墨菲(1990);哈乌伯利斯科(1994);霍尔和雷曼(1998)。

果与“逆向激励”[①]领域中得到的结果相似。例如，我和理查德·阿诺特分析了均衡，只需要部分保险(1988a，1988b)。

工资和价格的均衡分布

研究的第四个脉络着眼于我从不同角度观察到的工资差异问题。关于劳动力流动的研究认为，面对高工资的企业可能支付更高的工资。但个人辞职的原因之一是能够获得工资更高的工作。人员流动率取决于工资分布。我们面临的挑战在于如何构建均衡模型，其中包含工资分布，致使企业支付不同工资，而这个工资分布恰恰是原来的工资分布。

更普遍地说，效率工资理论认为，企业支付的工资高于获得工人所必需的水平，这是有利可图的。但是效率工资的水平可能因企业而异；例如，人员流动成本较高的企业，或者工人效率低下可能导致更大资本损失的企业，或者监督尤其困难的企业，更乐意支付高工资。其含义是类似劳动可能接受大不相同的报酬；工资的差别并不仅仅由能力差异可以解释清楚。

在随后30年的研究中，我会不断回顾上述四个主题。

三、从竞争性均衡范式到信息范式

在上一部分中，我记述了自己的经历，尤其是在肯尼亚期间的研究，发现我们运用的模型与现实之间存在巨大差异，这激励我探索另一种经济学范式。另外，我还更多地受到竞争性模型内在逻辑结构的驱使。三十年前，竞争性模型是主流范式。

竞争性模型实际上把经济学变成了工程学的一个分支(这里并没有任何不尊重这一重要学科的意思)，而经济体中的参与者或多或少都变成了工程师。每个人都在完美信息的条件下解决最大化问题：家庭根据预算限制最大化效用；企业最大化利润(或者是市值)；两者在竞争性的产品市场、劳动力市场和资本市场上相互作用。奇怪的暗示之一是对于企业应当如何处置不会出现分歧，不同的管理团队对最大化问题提出同样的解决方案。另一奇怪之处则是风险的含义，当某个企业说一个项目风险很高时，意味着该项目与经济周期高度吻合，而不是说它失败的可能性很大。[②]我已经描述了竞争性模型的其他一些奇怪的暗示，例如不存在失业和信贷配给，只关注社会所面临信息问题中很有限的一部分，似乎没有讨论关键问题——例如激励和动机。

可经济学中的大部分研究都没有试图去填补这些空白，似乎更关心技术性问题，譬如数学结构。模型背后的数学推导要求诸如凸性和连续性的假设。基于这些假设，人们可以证明均衡状态及其帕累托效率的存在。福利经济学基本定理的标准证据中甚至没有列出丝毫关于信息的假定，也许完美信息的假设过于根深蒂固，无须明确地

---

① 阿罗的演讲稿(1965)和他对逆向选择的研究一样，都是最重要的先驱性文献。请参阅阿罗(1964)。

② 请参阅斯蒂格利茨(1989g)。

提出。效率证据关注的经济学假设,涉及外部性和公共产品的缺失。公共经济学[①]讨论了纠正市场失灵的各种途径,但这些市场失灵被限缩在很小的范围内。

另外,奇怪的是经济学家用于描述市场的语言和他们构建的模型之间截然脱节。他们谈论市场经济的信息效率问题,却只关注单一的信息问题,即信息的稀缺性。然而,消费者和企业每天都要面对其他各种各样的信息问题,这些问题关系市场上销售的各种产品与服务的价格和数量,关系企业雇佣的工人素质及其努力程度,还关系各种投资项目的回报。在标准范式的竞争性一般均衡模型中[②],没有震荡,也没有不可预料的事件:开始就解决了完全均衡的问题,此后一切都只是根据出现的各个随机事件按计划展开。在现实世界中,最关键的问题是市场如何处理这些信息问题?处理得当与否?

标准范式中还有其他一些方面看似令人难以接受。它认为制度并不重要,市场可以看穿这些制度,决定均衡的只有供给定律和需求定律。它认为财富的分配也无关紧要。[③] 它还认为,(在很大程度上)历史也不重要。只要了解偏好、技术和初始禀赋,人们就能描述经济的发展路径。[④]

信息经济学的研究始于对上述各项重要前提与核心定理的质疑。首先,让我们来思考 20 世纪下半叶支撑多数经济学理论的数学结构,其中凸性假设符合长期回报递减原则。在信息不完美的条件下(考虑获取信息的成本),凸性假设便不合理。这不仅仅因为获取信息的成本可以看成固定成本。[⑤] 我和罗伊·拉德纳(1984)的研究表明,信息的价值(函数)本质上就存在非凹性。也就是说,在一般情况下,仅仅购买些许信息是不划算的。而我和阿诺特(1988a)的研究表明,即使是最简单的道德风险(个体有不同的行为选择,例如承担多少风险)也普遍存在上述问题。尽管我们没有否定回报递减定律,但我们证明它所起作用的范围较先前所知要局限得多。[⑥]

我和迈克尔·罗斯切尔德发现,在信息不完美的竞争市场,即使运用最自然的建

---

① 请参阅巴托尔(1958)。

② 因此,阿罗和德布鲁分别于 1972 年和 1983 年荣获诺贝尔经济学奖。

③ 标准新古典理论的核心命题之一就是可以割裂分配和效率这两个问题(即第二福利经济学定理)。只要产权界定明晰,市场产出的效率不取决于财富分配(请参阅科斯(1960)。科斯于 1991 年荣获诺贝尔经济学奖)。

④ 严格地说,这并不是新古典假设的必然结果(譬如存在不可逆转的投资时,这就不正确了),但它却是广泛使用的新古典模型的特征之一。

⑤ 在正常的空间中,无差异曲线和等利润线性状并不良好。例如,由此产生的非凸性暗示均衡(斯蒂格利茨,1975b)或者帕累托有效税率和最优税率可能具有随机化的特征。请参阅阿莫特和斯蒂格利茨(1995);布里托,汉密尔顿,斯勒茨基和斯蒂格利茨(1988a),斯蒂格利茨(1982g)。即使(搜寻、确定不同类型投资特征或者获取相关技术的信息)固定成本很小,也意味着市场通常不是完全竞争的;它们更像是张伯伦的垄断竞争模型(请参阅迪克特和斯蒂格利茨,1977;索洛普,1987;斯蒂格利茨,1979a,1979b,1989f),虽然不完全竞争的基础与张伯伦(1933)最初的预想截然不同。

⑥ 毫无疑问,批评现代资本主义者都认为,在很多核心产业中,规模经营的回报率太高,很多产业都呈现出垄断或者寡头的特征。

模方式，均衡状态也不一定存在[①]——哪怕是极小的信息不完美。[②] 尽管后续研究寻求重新定义均衡，[③]我们仍然不能信服；相关研究大多违背了竞争的本质含义，例如市场中所有参与者都自觉渺小，不足以影响其他人的行为。(1997)

新信息经济学范式进一步颠覆了竞争性均衡分析的基石——各种经济学定律。它们包括：供给与需求定律（认为市场均衡的特征就是市场出清）；一价定律，认为整个市场中相同产品只能按照单一价格出售；竞争价格定律，认为在均衡条件下，价格等于边际成本；有效市场假说，认为在股票市场，价格可以将所有相关信息从信息持有者传递给信息接受者。所有相关基石都被摈弃，或者被证明只是在苛刻的条件下才能成立。

我们证明，无论出于激励或者逆向选择，当价格影响"质量"时，均衡的特征可能是需求不等于供给；即便可能招到工人，企业也不愿意向工人支付更低的工资，因为这样做只会增加自己的劳动力成本；即便可以提高利率，企业也不愿意收取更高的利率，因为对信用的要求更高，因为这样做只会加大平均违约率，从而降低期望回报。

我们证明，即使经济体中不存在外生扰动，且所有企业和工人都同质，市场也以价格和工资的分布为特征。

我们证明，在均衡条件下，企业收取高于边际成本的价格，或者支付工人高于保留水平的工资。此"剩余"应当激励企业维护信誉；[④]即使不要求信誉租金，信息不完美现象也会引发市场力量，出现不完全竞争，从而导致企业收取高于边际成本的价格。[⑤]

有效市场假说认为股票市场的价格能够充分反映全部信息。[⑥] 但事实果真如此，还有什么能够激励人们花钱搜集信息？我和格罗斯曼(1976，1980a)的研究表明价格体系汇总的信息不完美，而且还存在一定数量的"不均衡"。

信息不完美的市场不同于信息完美的市场，最根本的原因在于，行为（包括决策）传递信息，市场参与者了解这些信息，且这些信息影响参与者的决策。

企业决定提供担保，不只说明企业有能力承担产品瑕疵的风险；企业愿意提供担

---

① 非凸性很自然地引发了非连续性，而非连续性则可能引发均衡的存在性问题。但我和罗斯切尔德揭示的均衡非存在性问题与此不同，它所反映的问题更加深刻。部分问题在于，个人选择的单个行动，譬如选择某项保险合同而不是其他的，这将改变他人的信念，也就是他人对此人类型的认知；而保险公司行为的轻微变动，譬如提供新的保险合同，这将导致行为和信念的非连续性的变动。达斯古普塔和马斯科(1986)研究了博弈论框架下的混合策略均衡。但是这一概念并不如我们在下文所要提到的使用不完全竞争的方法更令人信服。我和阿诺特(1987，1991b)讨论道德风险问题的过程中，探索了其他非存在性问题。

② 其中隐含的意思运用起来很不方便：当个人的类型是一个连续体时，譬如在斯宾塞(1973，1974)的模型中，根本不存在完全均衡。

③ 譬如参阅赖利(1979)。

④ 请参阅夏皮罗(1983)；科雷恩和莱弗勒(1981)。

⑤ 正如前文所述，我们的不完全竞争模型比其他版本更加类似于张伯伦的垄断竞争模型。请参阅斯蒂格利茨(1979b)。

⑥ 譬如参阅法玛(1970，1991)。

保传递出的信息是对产品充满自信。被保险人愿意接受包含大幅度免赔条款的保险合同,并非因为他不厌恶风险;而是因为他的行为向保险公司传递出的信息是,被保险人之所以愿意承担风险是因为他认为发生事故的可能性很小。同时,企业可能不会分派雇员承担显著工作,因为它知道这会被解释为该雇员很优秀,其竞争对手更有可能挖走此人。

早期观察到的现象之一(阿克尔洛夫,1971)是某些市场可能很不活跃甚至缺失。传统范式的标准假设之一是,存在各种市场,包括跨期市场(资本市场)和风险市场。而特定市场的缺失,譬如风险市场,对其他市场的运行产生重要影响。即工人和企业无法通过保险对抗自己面对的诸多风险,这影响着劳动力市场和资本市场。例如,这会导致由雇主提供某种程度保险的劳动合同的出现。但这些异常复杂却仍不完备的合同将影响市场效率乃至整个经济的表现。

也许最重要的问题是,依据传统范式,除非出现了有限的几种市场失灵,市场总是帕累托有效的。依据不完美信息范式,市场几乎不存在帕累托效率。

信息经济学不仅颠覆了这些确立已久的经济学原则,还解释了很多长期以来无法得到解释的经济现象。先前,我提到了看似效率低下的分成制,信息经济学为此提供了解释。在详细讨论应用问题之前,我想先更为系统地阐述信息经济学的原则。

构建新范式的一些问题

当然,所有经济学家都已充分认识到了信息不完美的事实。尽管他们可能希望信息不完美的经济体表现得近似完美信息的经济体,但没有构建信息不完美模型的真正原因是如何着手并非显而易见。需要解决的问题很多:信息完美的方式只有一种,而信息不完美的方式却永无止境。成功的关键因素之一是构建简洁的模型,具体地描述相关信息,这样才能具体地描述信息如何不完美。这种方法尽管有用,可也存在风险:过于简单的模型中,往往存在信息被完全披露的方式,进而信息问题可以得到彻底解决。当然,在现实中,这绝不会发生。这就是为什么在后来的一些研究中(比如格罗斯曼和斯蒂格利茨,1976,1980a),我们运用的模型存在无穷多种状态。[①]

最困难的也许是构造均衡。重要的是兼顾市场双方:雇主和工人,保险公司和被保险人,借款人和贷款人。所有的参与者都应该被假定为"理性的",在某种程度上能够根据他们所获得的信息进行推理。双方的行为也必须是"理性的",也就是说行为基于他们对行为结果的信念;而行为结果反过来又依赖其他参与者对这些行为进行的推断。我希望能够建立竞争性行为模型,经济体中各个行为人都微不足道,他们也相信自己微不足道,因此个体行为不能也不会影响均衡(尽管可能影响别人对他的推断)。

---

① 相似地,在很多激励模型中,高度简化的模型有很多解决信息问题的方法。但是这些方法不适用于更复杂的模型。譬如,下文将描述的模型:高利率导致借款人选择高风险项目,实际上导致贷款人预期收益减少。因此,最优化利率可能低于信贷市场出清水平;可能出现信贷配给。在简化模型中,这个问题可以通过要求抵押得到解决(贝斯特尔,1985);但是如果模型同时包含逆向选择和激励问题,这个解决方案就行不通了,因为那些愿意提供抵押物的借款人可能更富有,并更愿意选择高风险项目。请参阅斯蒂格利茨和魏斯(1985)。

最后，我们还得仔细考虑什么是可行集合；双方可能选择什么样的行为来从对方获取信息或者向对方传递信息。

正如我们将要看到的，所得结果的多样性（及早期文献中的很多混淆）部分是因为没有做出尽可能清楚的假设。例如，标准逆向选择模型中，市场上商品质量（比如说二手车或被保险人的风险）取决于价格。购车人（购买保险的人）了解价格和质量之间的某种统计学意义上的关系，这影响购买者的需求。所谓的市场均衡，供给与需求相等时的价格，当且仅当优质车的出售者无法向购买者传递信号（否则他可以获得质量溢价）且购买者无法区分汽车好坏时才能实现均衡。一般情况下，信息既可以传递，也可以获取，正是这些试图获取信息的努力对市场运行产生深刻的影响。要想发展新的范式，我们就必须摆脱各种久已确立的前提条件，仔细思考哪些可以假设，哪些应当由分析推导所得。市场出清不能假设，也不能假设企业以特定价格将某种商品出售给所有消费者。我们不能基于竞争性均衡状态下利润为零的假设开始分析。根据标准理论，如果存在正利润，企业可能介入，竞价吸引现有顾客。根据新理论，通过略微降低价格，竞价吸引新顾客的行为可能会导致顾客行为或顾客组成结构发生显著改变，如此新进者反得负利润。因此，我们必须从最初假设的前提重新审视传统范式之下的所有结论。

我们的分析取得了进展，因为我们的研究始于描述特定市场的简单模型。这样我们就可以仔细思考各种假设和结论。通过分析各种特定市场（例如罗斯切尔德和斯蒂格利茨分析的保险市场、教育市场、劳动力市场或土地租赁/分成制市场），我们试图确立信息经济学的一些原则，探索这些原则在其他市场上如何发挥作用。由此，我们辨识了对各种市场都具有重要意义的特征，尤其是信息假设方面的特征。尽管有很多共同点，但劳动力市场竞争的本质与保险市场或资本市场迥然不同。比较各市场之间的不同点和共同点，这种方式是一种行之有效的研究策略。①

四、信息不对称性的根源

经济活动中普遍存在信息不完美现象。事实上，很难想象一个信息完美的世界会是怎样的。我下面将要陈述的研究大多关注信息不对称，即不同的人知道不同的信息：工人比企业更了解自己的能力；保险购买者比保险公司更清楚自己的健康状况，譬如是否有节制地抽烟喝酒；车主比潜在的购买者更了解车的质量；企业主比潜在的投资者更了解企业的前景；借款者比贷款者更了解风险等。

分散型市场经济的重要特征就是不同的人知道不同的信息。从这个角度上讲，经济学家早已开始思考信息不对称市场。但是早期的文献既没有探求信息不对称现象的成因，也没有探求其后果。再者，大多数早期文献只关注信息不对称的一些简单情

---

① 拉德纳（1972）；赫维奇（1972）；马尔沙克和拉德纳（1972）及其他学者的早期研究，特别是针对一般均衡理论的论述，认识到信息问题的重要性，甚至也发现了一些有限信息影响市场均衡的方式（譬如合同条款只能以缔约双方都能够观察到的自然状态为条件）。但与其修改一般均衡的抽象理论，使之能够涵盖信息不完美的问题，还不如另辟蹊径，从高度简化的具体模型着手来得更加有效。

形，譬如以上数节中的案例，而信息不完美的问题更为深刻，下文陈述的研究将会探讨一些更具普遍性的结果。个体可能并不太了解自己的真实健康状况；保险公司通过简单的体检，可能会了解到更多信息（至少相关方面的信息，譬如预期寿命的影响）。

有些信息不对称现象是固有的：个体当然比他人更了解自己。有些信息不对称现象则是经济活动的自然结果。现任雇主比其他潜在的雇主更了解雇员；企业在与供应商交易时可能会获得其他企业所不了解的大量信息；车主自然比其他人更了解汽车的缺陷，尤其是他了解自己的车是否劣质产品。尽管这些信息不对称现象难以避免，但问题的严重程度和后果取决于市场结构，以及对这些影响市场行为问题存在的承认。例如，该领域一篇颇具洞察力的文献就展示了信息不对称性如何导致某些市场不活跃甚至逐渐消失（阿克尔洛夫，1970）。但这意味着即使个人不比潜在的雇主更了解自己的能力，一旦雇员开始为雇主工作，信息不对称就已经形成：雇主比其他潜在雇主更了解该雇员的能力。结果，"二手劳动力市场"运作不畅（类似旧车市场）。其他雇主试图挖取某个雇员的动机会被削弱，因为他们知道只有向该雇员支付高得多的工资，才有可能将他吸引过来。如果支付的工资低于他的劳动生产率，现任雇主同样会提高工资来挽留该雇员。于是，劳动力的流动就会受到阻碍。这就赋予了先前雇主乐于利用的市场力量。认识到这一点，自然会影响到"新劳动力"市场。由于将被"锁定"在某个工作岗位，他在接受新工作时就会变得更加厌恶风险。因此，最初的合同条款设计不得不反映工人议价能力的削弱，合同一旦签订，劳动力的流动性立刻就会降低。①②

让我们再来看另一个案例，这在石油勘探行业中很常见。假设某个公司发现了有关附近某块土地储有石油资源的可能性信息。这个信息具有外部性。③ 非对称信息的存在影响了石油公司对该地区开采权的竞价。可能存在信息不对称的竞价与不存在类似问题的竞价迥然不同。④ 那些不了解信息的公司会认为除非出价过高，否则不可能赢得开采权——信息不对称加重了胜利者的诅咒。⑤ 而政府（或者其他大幅发展

---

① 还有其他制造信息不对称的激励因素。个人最初可能对自己的能力一无所知，可如果市场为能力较强者支付更高的工资，个人确定自己是否能力较强将变得有利可图。请参阅斯蒂格利茨（1984）。

② 如果个人在任何工作岗位上的劳动生产率都相同，而且不存在其他更换工作的原因（譬如非金钱方面的偏好），那就不会出现劳动力流动。劳动力存在某种程度流动性的事实并不能颠覆核心结论：信息不对称削弱劳动力的流动性。

③ 请参阅斯蒂格利茨（1975d）；雷汤格和斯蒂格利茨（1984）。当然，在最初租赁合同的竞价过程中，竞价者知道如果赢得合同，将能够以更优惠的条款赢得相邻地块的拍卖，这就会影响先前竞价的规模。

④ 威尔逊（1977）。

⑤ 胜利者的诅咒展示了不完美信息。如果不同公司对地块下石油储量的估计不同，那么估计最乐观的公司出价最高。它知道如果竞标得胜，这意味着其他公司获得的信息没有自己那么乐观，它在竞标时会考虑这个因素。请参阅卡藩、克拉波和坎贝尔（1971）对"胜利者诅咒"展开了最早也是非常有影响力的实证研究；而威尔逊（1969）对此进行了理论分析。在信息不对称的条件下，不知情的竞价者知道如果他的出价高于实际价值，那么他更有可能赢得竞标，这又进一步地削弱了他出高价的动机。

地块的所有者)在制定租赁策略时就应当考虑这个问题。最初竞价租赁合同的公司也会考虑这个因素:最初拍卖中竞价成功的部分价值就是信息租金,而这个租金在以后回合中还会增加。

信息不对称和不完美现象的产生

信息经济学的早期研究大多针对市场如何克服信息不对称的问题,或者对信息不完美现象泛泛而谈;后期研究则转向市场如何产生信息问题,部分是为了利用市场力量。企业经理试图保护自己,增进自己的议价能力,例如避免其他经理团队的竞争[①],达到这个目的的方法之一就是采取措施增进信息不对称的程度(斯蒂格利茨和艾德林,1995)。这有效地减少了经理市场的竞争性,成为公司管理中的普遍问题。先前我已经提及,下文我还会再次讨论这个问题。

类似地,信息不完美现象的存在将产生市场力量,企业可以通过"促销"或其他区分不同搜寻成本的消费者的办法来利用这股市场力量(索洛普,1997;索洛普和斯蒂格利茨,1976,1982;斯蒂格利茨,1979a)。市场中存在的分散价格是市场本身造成的——它们不只是市场无法充分利用对不同市场产生不同影响的震荡导致的价格差进行套利。

五、克服信息不对称

现在,我想简要地讨论应对信息不对称现象的方法,以及它们是如何被(部分)克服的。

搜集和披露信息的动机

这里有两个关键问题:获取信息的动机是什么,获取信息的机制又是什么?我在上文简要分析教育是一种甄别工具,反映了最本质的动机:能力较高的个人(或风险较低的个人,或产品质量较高的企业),如果能够证明自己生产率更高(风险更低、质量更高),就可以获取更高的工资(支付较低的保险费,收取更高的价格)。

正如先前所论,尽管有人乐于披露信息,但那些能力较低的个人却有隐匿信息的动力。在市场均衡的状态下,是否可能只有部分信息得以揭露?早期的结论之一是,如果能力较高的个人能够(毫无成本地)证明自己的能力更高,那么市场信息将会得以充分披露,即便所有能力低于平均水平的个人都愿意隐匿信息。在最简单的模型中,我描述了揭示信息的过程:如果能力最高的个人能够证明其能力,那么他们肯定愿意这样做;然后除能力最高者之外的其他人都将结为一个集团,形成该集团的平均边际产品;进一步该集团中能力最高者就有披露其能力的动机。重复以上过程,直至信息得以完全披露。[②]

如果那些更有能力的雇员无法令潜在的雇主信服他们的能力(或者风险最低的投

---

① 请参阅施莱弗和维希尼(1989)。

② 我曾经将其戏称为"分类的瓦尔拉斯法则"——如果所有其他的组别都得到了确认,那么剩下的那个组别自然也被确认了。

保人不能令潜在的保险公司信服其风险较低)，那又会怎样呢？市场的另一方同样有搜集信息的动力，如果雇主发现某个工人能力高于其他雇主了解的水平，那么他就很划算了，因为只需支付其他雇主愿意支付的工资即可。正如先前所论，问题在于如果他了解的信息被别人获悉，工资就会上涨，而他为获取信息进行投资，却没有办法独占其收益。

只要存在竞争，甄别者就很难独占信息的收益，这一事实包含着重要的经济意义：如果市场中能力较强者(投资项目较好的企业、能力较强的工人)出于某种原因无法(充分)传递信息，若需要对甄别进行投资，那么甄别过程中必定存在不完全竞争。事实上，经济不得不在两种不完美中进行选择：信息不完美或竞争不完美。当然，最后的结果是两者皆不完美。[①][②]

这只不过是各种市场不完美现象交相作用的一个案例而已。譬如在前文中，我们讨论过与分成制相关的激励问题。产生问题的原因是劳动者并不拥有自己耕种的土地。如果个人能够自由借贷并用于购买土地，问题就可以得到解决。但是资本市场并不完美，人们的借贷能力受到限制，而限制本身源于各种信息不完美现象，这就能解释为什么借贷买地的方法行不通。

另一个重要后果是，如果市场信息是完全有效的，或者说信息能及时、完美地散播到整个经济中，那么只要搜集信息需要付出成本，任何人都没有搜集信息的动力。这就是为什么市场信息不可能完全有效。(请参阅格罗斯曼和斯蒂格利茨，1976，1980a.)

消除或减少信息不对称现象的机制

在简单模型中，假设个人了解自己的能力，或投保人了解自己的风险，或贷款人了解自己的还款概率，似乎有简单易行的方法可以解决信息不对称的问题：让个人如实说出自己的特征。关键问题在于个人未必有实话实说的动力。假设雇员了解自己的能力。雇主可能会问，你的能力如何？能力较强者可能诚实地回答。正如我们所见，能力较低者则有说谎的动力，夸大自己的能力。夸夸其谈，不费吹灰之力。必定有其他方法，能够令人信服地传递信息。

考试甄别

最简单的方法莫过于考试。我建立了一个简单的竞争性均衡模型[③]，另有两项一般性原则显而易见，能力较强者的收益在很大程度上以能力较低者的损失为代价。个人通过证明自己能力较强，获取更高的均衡工资，同时也证明他人能力较低。教育事业的支出，获取的个人收益高于社会收益。很明显，信息存在重要的外部性。下文将再次讨论这个主题。

但又出现了第二个更引人注目的结果，可能存在多重均衡。一是信息充分披露的

---

① 我们没有理由认为市场会最优化地“平衡”这两种不完美形式。

② 请参阅斯蒂格利茨(1975)，艾菲和斯蒂格利茨(1990)。这可能有助于解释为什么银行业的竞争如此不充分，筛选各种类型的借款人对银行业而言至关重要。

③ 请参阅斯蒂格利茨(1974a)。阿罗(1973)同时发展了有关教育的理论，从相同的视角进行分析。

均衡(市场能够识别能力较高者和能力较低者),二个是信息不充分披露的均衡(称之为混同均衡)。混同均衡在帕累托意义上优于信息充分披露的均衡。这项研究在30年前就已经完成,并且得出了两个重要的政策结论。然而直到今天,它们还未纳入政策讨论。第一,市场不提供披露信息的独占动力,原则上,这是政府的角色;第二,信息方面的支出可能太大。[①]

最简单的逆向选择模型

但企业搜集的有关雇员的信息,银行搜集的有关贷款人的信息以及保险公司搜集的有关被保险人的信息往往不是来自考试,而是基于后者的行为进行推导。这在现实生活中颇为常见,却很少出现在经济模型中。正如先前所论,探讨保险市场逆向选择的早期文献认为,若保险公司提高保险费,那些最不可能遭遇事故的投保人就不会购买保险;以特定价格购买保险的意愿向保险公司传递了某种信息。[②] 乔治·阿克尔洛夫认为这种现象更为普遍,譬如出售二手车的意愿传递出该车是否劣质产品的信息。

布鲁斯·格林瓦尔德(1979, 1986)进一步发展了这种思想,展示如何将逆向选择运用于劳动力市场和资本市场[③]:雇主不愿与竞争者竞价的事实传递了现任雇主对该雇员能力的判断;企业内部人员以特定价格出售股票的意愿传递了内部人员对股票价格和预期收益的看法。阿克尔洛夫认为,信息不对称现象将导致市场变窄乃至消失,他的观点有助于解释为什么劳动力市场和资本市场常常不能良好地运转,也部分地解释了为什么企业很少通过股权融资(梅耶,1990)。斯蒂格勒的观点是错误的:信息不完美不只是交易成本。

信息不对称的后果比市场变窄或者消失还要严重。脆弱的股权市场意味着无法分散风险,致使企业厌恶风险。这可以解释很多看似反常的企业行为[④]。资本市场的不完美现象反过来又在下文将要讨论的宏观经济理论中发挥核心作用。我们已经讨论了劳动力市场的不完美现象,包括劳动力的有限流动性以及企业由此获取的市场力量,这些现象如何在信息不对称产生前后影响劳动力市场。

最简单的逆向激励模型

在逆向选择模型中,每个人都是不同的。单一行动便可传递信息:进入或不进入特定市场。但信息不完美现象与人们的职业同样息息相关。工人可能工作更努力,贷款人可能承担更大的风险,被保险人可能更小心谨慎。雇主想知道自己的员工工作有多么努力;如果可以,他会在合同中明确规定;贷款人想知道借款人采取的行动;如果可以,他会在合同中明确规定。有关行为的不对称信息与先前讨论的不对称信息同等重要。在逆向选择模型中,出售保险者可能通过考试,努力克服信息不对称带来的问题。在逆向激励模型中,他可能努力监督被保险人的行为。但考试和监督的成本很

---

① 赫什利弗(1971)也独立地得出了这个观点。我们在下文还要详加阐述。

② 请参阅阿罗(1965)。

③ 还请参阅格林沃德、斯蒂格利茨和魏斯(1984);迈尔斯和马尔尤夫(1984)。

④ 请参阅下文有关公司财务理论的探讨。

高,尽管可以提供某些信息,然而通常剩余的信息不对称程度仍高。例如在逆向选择模型中,出售保险者认为,保险合同条款影响投保人的平均风险水平,也会影响投保人的风险行为。类似结论在其他市场也成立。譬如贷款人的风险行为受到利率的影响。(斯蒂格利茨和魏斯,1981)

效率工资理论和信贷配给

有关逆向选择的早期文献探索市场均衡,尽管出售保险者(雇主、二手车的购买者或者贷款人)有足够理性认识质量对价格的依赖,却又没有足够的理性尽可能利用信息。尽管供给与需求定律被视为经济学法则,可事实上没有任何法律规定只要投保者以保险公司设定的保险费率提出申请,保险公司就必须出售保险;没有任何法律规定只要借款人以贷款人确定的利率提出申请,贷款人就必须提供贷款;也没有任何法律规定只要雇员以雇主设定的工资提出申请,雇主就必须聘用。经济学家们脑海中的竞争性均衡模型根深蒂固,不自觉地假设价格接受行为。在完美信息和市场完美的条件下,任何收取更高价格的企业将会失去所有客户;根据现有价格,企业面临完全弹性的顾客供给。然而,在逆向选择和逆向激励模型中,重要的不仅仅是顾客或雇员或借款人的供给,还包括他们的"质量"——被保险人或借款人的风险程度、投资的回报水平以及工人的生产率。

既然"质量"可能随着价格的提升而改进,雇主支付高于市场出清水平的工资就是有利可图的;贷款人以低于市场出清水平的利率提供贷款是有利可图的。无论对质量的依赖来自逆向选择或是逆向激励的效果(或者在劳动力市场上,来自士气或营养因素),这个结论都成立。重要的是信息不完美,而非信息不对称。健康人决定不购买保费昂贵的保险,不是因为知道自己是健康的;他们可能与保险公司一样毫不知情,只是出于不同偏好,譬如更乐意把钱用于消遣娱乐。

正如先前所论,信息不对称的结果是,市场均衡的特征是需求未必等于供给,在均衡状态下,利率较低,此时贷款需求不等于供给——于是出现信贷配给(斯蒂格利茨和魏斯,1981;基顿,1979);工资水平较高,劳动力需求不等于供给——于是出现失业。[①]

通过行动传递信息

除了传统逆向选择模型所关注的行动以外,还有更多行动可用于传递信息。保险公司想吸引健康的投保人。它可能意识到,如果将自己的办公室设在没有电梯的建筑物第五层,那么只有心脏健康的人才会投保。投保人步行五层的意愿或者能力传递出信息。更微妙的是,如果保险公司只想吸引健康的投保人,就会认识到办公室应该设得多高取决于它收取的保费,或者它也可以给投保人免费发放健身俱乐部的会员卡,但收取较高的保险费,那些重视健身俱乐部的投保人会使用会员卡,愿意支付较高的保险费,但这些人可能会更健康。

---

① 这就是前文所讨论的效率工资理论。由于每个人的行为都取决于是否能够在别处获得机会,也就是其他人的行为,因此构造均衡模型显得比最初看上去更加困难。我提供特定数额的工资能否吸引工人,这取决于其他企业提供的工资。雷伊和斯蒂格利茨(1996);夏皮罗和斯蒂格利茨(1984);罗德里格斯和斯蒂格利茨(1991a,1991)等论文试图协调上述一般均衡问题。

还有很多其他行动可以传递信息。企业提供的产品担保传递了关于产品质量的信息；只有自信产品质量可靠的企业才愿意提供优惠的产品担保条款。产品担保之所以吸引人，不仅因为它降低了风险，还在于它传递了信息。个人受教育的年限可以传递有关此人能力的信息，能力较强者可能受教育时间更长；伴随教育水平增长的工资可能并不是因为人力资本增加的结果，也许仅仅是因为教育水平起到了甄别的作用。[①] 在签订保险合同时，个人选择免责条款的范围传递出的信息，反映了他对预期发生事故的可能性及严重程度的看法。一般而言，那些不太可能遭遇事故的人愿意接受范围更广的免责条款。企业家持有企业大部分财产（或者持有企业大部分股票）的愿意传递出的信息，反映了他对企业前景的信念。如果企业提升个人担任特定工作，传递出的信息也反映了企业对该工人能力的评估。

上述行动能够传递信息的事实反过来又影响人们的行为。在某些情况下，行动可能会被设计得令人眼花缭乱，以便隐藏信息。企业知道其他竞争者正在关注谁获得了晋升，竞争将更为激烈，这可能影响企业晋升员工或给员工指派特定工作的意愿（瓦尔德曼，1984）。在其他情况下，行动被设计成以令人信服的方式传递信息、改变信念。顾客相信提供更好产品担保的企业产品质量较高，因此他们愿意支付较高的价格。这一事实可能影响企业愿意提供的产品担保。企业家了解出售其股份将传递出自己对企业前景展望的负面信号，因此可能保留企业大部分的股份；其投资组合的风险分散程度将会比无信息不对称时要小（相应地，他的行为方式可能更倾向于规避风险）。

以上分析的简单教训是：有人希望传递信息，有人则不希望（或者因为上述信息可能使别人认为他们能力较低，或者传递信息可能干扰他们独占租金的能力）。无论如何，行动传递信息的事实致使人们改变行为，进而改变市场运行的方式。这就是为什么信息不完美现象影响如此深刻。

一旦我们认识到行动传递信息，就能得出以下两个结论：

第一，在决策行动时，个人不仅要考虑自己喜欢什么（正如传统经济学所描述的情况），还要考虑这将如何影响别人对自己的看法。如果我选择接受较长时间的教育，这可能使别人相信我的能力更高，而我决定接受较长时间的教育，并非因为我重视传授的知识，而是因为我重视教育将如何改变别人对我能力的信任。当然，这意味着我们不得不彻底重新思考企业和家庭的决策机制。

第二，我们先前谈到，个人有“说谎”的动力，譬如能力较弱者说自己能力较强。类似地，如果大家都认为爬上五楼申请投保者的身体健康，即便我的身体不那么健康，也愿意这么做，只是为了欺骗保险公司；如果大家都认为接受较长时间教育的人能力较强，即便我能力较弱，也愿意这么做，只是为了欺骗雇主。认识到这些问题，我们就必

---

① 从实证角度区分人力资本的相对重要性及其结果显得极其困难。我强调教育的区分作用，并不意味着不承认教育同时提高了生产率。请参阅魏斯（1995）。教育市场有很多方面与“区分”假说保持一致：譬如大学毕业生工资显著提高，这可能是因为学生在毕业前学到大量知识，但更有可能的假说是，完成四年学业和成功通过各种相关考试传递了大量客观的信息。

须寻找均衡状态中传递信息的方法。迈克尔·罗斯切尔德（1976）在论文中批判地探讨了如何在均衡状态中实现信息传递。如果能力较强、风险倾向较小、信用程度较高的个人实施的某些可观察到的行为（偏好不同），与能力较弱、风险倾向较大、信用程度较低的人不相同，那么我们就有可能设计出一系列选择，这将导致具有不同特征的个人通过自我选择加以区分。他们实施不同行为的原因之一是，他们了解自己能力较强、风险较低、信用程度较高，也就是存在不对称信息。但这只是自我选择的基础之一。

我们在保险模型中探索的特定机制例证了自我选择机制如何运作。人们了解自己不太可能遭遇事故，就更愿意接受包含高免赔条款的保单，于是保险公司提供两份保单：一份保费较高，但无免赔条款；另一份保费较低，但包含高免赔条款，这就能甄别出哪些投保人高风险，哪些投保人低风险。通过选择进行区分，简直是轻而易举。

垄断和自选择

但是，分析完全均衡中的行为选择绝非易事。最容易分析的情形是垄断。[①] 垄断者可以构造一组选择，用来区别不同类型的个体；然后再分析究竟是完全区分还是部分区分（也就是若干类型的个体选择同一种合同）能够实现利润最大化。这项研究为价格歧视的一般理论奠定了基础。在标准的垄断理论中，如果信息完美，企业就有动力实施彻底的价格歧视（获取消费者的所有剩余）。果真如此，那么垄断实际上就不是扭曲的。然而，多数模型假设不存在价格歧视（也就是垄断者向所有客户开出同样的价格），却没有解释这么做的理由，反而主张垄断是扭曲的。这项研究表明，在信息有限的条件下，企业可以实施价格歧视，但无法实现彻底的价格歧视。不同学者完成的后续研究（索洛普，1977；亚当斯和耶伦，1976）发现垄断者可以用各种方法识别消费者的相关特征——价格歧视的程度取决于垄断者识别每个人“剩余”的能力，即客户愿意支付的最高价格。（对保险公司而言，相关特征不仅仅包括投保人发生意外事故的概率，还包括投保人的风险厌恶程度，这决定了投保人愿意为分散风险所支付的溢价）。因此，信息经济学提出了首个符合逻辑的垄断理论。

自选择和竞争性均衡

分析垄断相对容易，这是因为垄断者可以为消费者设计整套选择。真正困难的是如何描述充分的竞争性均衡，也就是设计一套保险合同，使得任何其他合同都不可能有利可图。每家企业都能够掌控自己提供的选择；客户的决定取决于保险公司提出的整套选择。我和罗斯切尔德（1976）成功地分析了这种情形。

我们的分析得出了三个显著的结果。第一，我早就说过，在合理条件下，按照均衡的原本定义，均衡根本不可能存在。均衡可能存在两种形式：一种是混同均衡，即市场无法区分不同的类型；另一种是分离均衡，即市场可以区分不同的类型。不同群体选择不同的行为，因而相互区别。我们证明，从来都没有混同均衡，如果所有人都购买同一种合同，那么其他企业会提供另一种合同来“打破”混同均衡。另一方面，分离均

---

① 斯蒂格利茨（1977a）。

衡也可能不存在。分离的成本太高,所有假定的分离均衡都可能被某种有利可图的混同合同击破。

第二,考虑到均衡的存在和特征,即便是少量的信息不完美现象也足以改变标准结论。例如,当两类人非常相似时,均衡绝不会存在。正如我们看到的,竞争性均衡模型根本不可能有活力。

第三,我们可以看到行为传递信息的事实如何影响均衡。特别是,我们的分析强化了先前有关市场无法有效运行的逆向选择分析。在完美信息的模型中,人们能够完全分散自己所面临的风险,因而可以按照风险中性的方式行动。我们已经解释了为什么保险市场不能良好地运转——为什么多数厌恶风险的个体只会购买部分保险。我们可以将类似的分析应用到其他市场,譬如巩固先前有关证券市场中股权限制的结论:企业最初的所有者想出售股份,这是为规避出现坏结果的风险"买个保险";如果企业所有者认为出现坏结果的可能性较小,那么它就愿意购买较少数量的保险,也就是出售较少数量的股份。因此,可以将保留股份看成某种市场区分机制,保留股份的意愿传递出企业所有者充满信心的信号。[①]

这个结果之所以重要,不仅因为它就经济中一些重要市场的运转提供了深刻的见解,也因为很多交易中都存在重要的保险因素,还有行为传递信息的一般原则及其对市场交易的影响具有更广泛的重要含义。地主和佃农、雇主和雇员之间的关系都可以看成包含保险的成分;人们分散风险的能力有限,这对解释大量合同关系至关重要。

分类、甄别和信号

在均衡状态下,卖者和买者、雇主和雇员、保险公司和投保人、贷款人和借款人都很清楚他们的行为将会传递什么样的信息。市场双方都需要考虑不同行动方式带来的后果,或者市场另一方面临不同选择的后果。如果保险公司、雇主或者雇员主动区分申请人,那么自选择就是考试的一种替代机制。如果投保人、雇员或者借款人主动地表明自己是风险较低的投保人、能力较强的雇员或者清偿能力较强的借款人,我们将这种行动称为"发信号"。[②] 当然,在均衡状态下,双方都清楚不同行动带来的后果。信号模型和自选择甄别模型的差别在于博弈论的技术层面,尤其是知情者和不知情者(雇员或雇主、投保人或保险公司)谁先行动。[③]

不过,由于无法确定完全均衡,信号模型和甄别模型的一些表面差异出现了。我们先前注意到分离合同多种多样,可分离均衡只有一种。我们认为,如果考虑到例如保险市场中其他的分离合同,某个企业能够进入该市场,并提供另一套有利可图的合同;最初的那套分离合同就不可能是均衡的。同样的问题在教育信号模型中也存在,

---

① 请参阅斯蒂格利茨(1983);罗斯(1973);利兰和帕利(1977)。

② 斯宾塞(1973)。

③ 尤其请参阅斯蒂格利茨和魏斯(1983a, 1994);薮下(1983)。正如我们所指出的,在现实世界中,谁先行动应该被视作内生变量。在这种情况下,甄别模型可能比信号模型更加稳健。譬如有些信号均衡不同于甄别均衡。换言之,存在由企业的非均衡信念所支持的混同均衡。这样的均衡可能被企业先前或后续的行为所打破。

教育体系可能“分离”：能力较强者选择接受较长时间的教育年限，不同受教育水平的工资对应接受相应教育者的劳动生产率。但只有一个是完全均衡。比方说有两类人，即强能力者和弱能力者，如果弱能力者接受 12 年教育，那么强能力者所在教育体制年限必须足够长，例如 14 年以上，才能将他们与低能力者区分开。但是弱能力者会发现，如果接受 11 年教育，他们同样会被认为能力低下。弱能力者独特的均衡教育水平是他净收入的最大化（同时考虑生产效率的增加和教育成本）；而强能力者独特的均衡教育水平至少能满足如下条件：如果强能力者的工资水平对应他在该教育水平下的生产率，弱能力者仍然愿意停留在低教育水平，而不是通过接受更长时间的教育来假装能力更强。①

当然，教育体制并不适合研究市场均衡。教育体制的结构很大程度上是公共选择，而非市场进程。不同国家选择显著不同的教育体制。最低教育水平通常不是个人选择，而是政府的强制规定。在教育体制内，考试起到了重要的自选择或者信号作用。尽管考试标准既定，但是否留在学校和是否努力通过考试，仍然是自选择过程。② 出于同样的原因，保险市场上出现的存在性问题与教育市场没有相关性——市场的“竞争性”供给方根本就不存在。但是我们在一个稳健的竞争性市场中讨论信号概念时，存在问题就不能轻易忽视了。③

保险市场中均衡的存在

我们怎么定义存在性问题？显然，保险市场是存在的，尽管远不够完整。在某种程度上，这个市场呈现出不稳定性。保险费率剧烈波动。有时候保费急剧上升，而保险范围则大为缩减，于是公众大声疾呼要求改革。随后，保险市场会进入相对稳定的时期，然后又是另一个市场“危机”。多数州政府规制保险费的设定，部分原因是出于某种谨慎考虑，同时这可能有助于稳定市场。

此外，尽管我们能够找到大量证据，证明上文所讨论的各种选择，但也有大量证据表明市场可能远不如理论所描述的那样理性。尽管子女数量是容易观察到的影响投保人潜在风险的变量，但是多数保险合同设定保费时却不考虑这一点。很多保险公司在设定保费时，也不像想象的那样重视投保人过去的经历。这个因素被忽视了。

不过，我个人怀疑罗斯切尔德的主要局限在于假设了完全竞争。竞争程度远比我们所形容的局限。譬如，存在重要的搜寻成本，以及人们并不确定保险公司支付保险

---

① 更准确地说，能力较强者的教育水平是使其个人净收益（税后收入减去教育支出）最大化的教育水平中最低的。

② 此外，即使教育体制不由政府主导，仍然存在协调问题：单个企业不可能提供另一套“合同”——不同的工资对应不同的教育水平，以便“打破”低效率的分离均衡，因为雇员不知道他是否有必要在该企业度过整个职业生涯。

③ 尤其是当个人的类型是一个连续体时（譬如斯宾塞，1973），不存在甄别均衡。我和罗斯切尔德提出了直观的解释：证明如果两种类型足够“相似”，那么甄别均衡就不存在；分离的成本超过了收益；混合均衡总能“打破”分类均衡。如果类型是连续体，总有一些类型足够相似。在“底部”（即风险最高的个人），总有可能找到有利可图的合同吸引最糟糕的类型。

金到底有多容易。自选择模型仍然适用,不过垄断模型或者是某些形式的垄断竞争可能比完全竞争模型更符合实际。

合同和激励理论

我和罗斯切尔德的研究与我早期有关激励(分成制)的研究密切相关。显然,两者都关注有限信息的问题。前者关注选择效应,后者关注激励机制。两者都要求"合同"保持均衡。标准竞争性模型中的经济关系以合同为特征,这些合同异常简单:如果你做这些事,我就支付你一定数量的报酬;如果你没有履行承诺,我就不会支付报酬。在完美信息的条件下,人们根本不会签署自己不打算履行的合同。保险合同也同样简单:只要发生了规定事件,就会发生支付。

有关分成制和保险市场竞争性均衡的研究表明,在信息不完美的条件下,人们会使用数量更大的合同,这也引出了大量关于缔约理论的文献。[①]

我(1974b)研究的简单分成制合同涉及分成比例、固定报酬、土地规模等条款。还有[②]从更一般的角度来看,这些条款实际上是与可供观察的变量,譬如投入、加工和产出等相关的支付结构。[③④⑤] 因为某个市场出现的情况影响其他市场,所以信贷、劳动力和土地等市场之间是相互联系的。我们不能根据标准完美信息模型假设的方式孤立地思考各个市场。所以,这个理论为发展中国家的农业组织[⑥]奠定了基础。

这些基本原理后来应用于各种其他市场环境。最显而易见的就是劳动合同的设计(斯蒂格利茨,1975a)。

报酬同样取决于相对绩效。相对绩效比绝对绩效更能传递相关信息。如果其他公司股票上涨的同时,特定公司股票也上涨,那么我们很难判断公司经理的工作绩效。我和纳尔巴夫(1983a,1983b)分析了相对绩效补偿制度(工作竞争)的设计。关于竞

---

① 譬如参阅斯蒂格利茨和魏斯(1983b,1986,1987)。即便运用了上述额外工具,仍可能存在非市场出清的均衡。贝斯特尔(1985)的结论是,增加抵押要求,能够取消信贷配给,这种观点是错误的。理由很简单,他忽视了选择和激励效应之间的相互作用。

② 即便是这里也存在微妙的细节,譬如个人是否在知道自然状态的实现前就努力工作;万一出现不良后果,能够实施的惩罚是否存在界限。

③ 仅此而言,罗斯切尔德和斯蒂格利茨(1976)以及斯蒂格利茨(1974b)的均衡分析之间存在密切联系。两者都在合同空间中寻求均衡:合同对行为和支付施加规定,这些行为和支付以可观察到的变量为基础。

④ 在斯蒂格利茨(1984b)中,合同是高度线性的。原则上,很容易将支付结构泛化为非线性函数。即便是这里也存在微妙的细节,譬如个人是否在知道自然状态的实现前就努力工作;万一出现不良后果,能够实施的惩罚是否存在界限(斯蒂格利茨,1975a;莫里斯,1975b;莫里斯,1976)。现有文献没能彻底解释为什么合同通常比理论预测的简单得多(譬如支付是有关产出的线性函数),并不随着环境的改变而进行调整。请参阅艾伦(1985)和葛尔(1991)。

⑤ 我和阿维·布雷弗曼(斯蒂格利茨和布雷弗曼,1982,1986a,1986b,1989)的合作研究,探索了相关规定,例如种植什么,肥料等生产要素的使用,以及信贷、土地和劳动合同之间的相互联系。想要了解有关分成制的早期调研,请参阅斯蒂格利茨(1987g)。想要了解最新的相关研究,请参阅朱玛、速水和小冢(1992)。

⑥ 尤其请参阅布雷弗曼、霍夫和斯蒂格利茨(1993)。

争性分散支付结构的重要论点之一是,支付结构传递信息,人们基于这些信息设计的激励支付结构,好过基于个人绩效的支付结构。

信贷市场中也存在各种复杂的合同。贷款方不仅需要设定利率,还要附加其他同时具备激励效应和选择效应的条件(随附抵押要求、股权要求等)。[①] 事实上,激励效应和选择效应的同时并存,真是至关重要:如果缺少选择效应,那么贷款人可以增加随附要求,并提高利率,同时确保借款人仍然投资于安全的项目。[②③]

市场均衡中的激励与名誉

激励离不开奖惩。在现代经济体中,最严厉的惩罚就是解雇。[④] 但如果个人能够找到与现有工作相似的新工作,那么这样的惩罚无须任何成本。驱动行为良好的动机是为了获得比其他地方更多的剩余。因此,在劳动力市场上,工资必须高于工人在其他地方能够获得的水平(如果存在失业,这个水平可能是零);在产品市场上,当企业因为假冒商品而失去客户时,必定会有失落感,因此价格必定高于边际生产成本。所以,长期以来人们假设在竞争性均衡状态下价格等于边际成本,这在信息不完美的市场中绝非事实(夏皮罗和斯蒂格利茨,1984;夏皮罗,1983;科雷恩和莱弗勒,1981)。

均衡工资和价格分布

完美信息模型预测与现实生活中所见所闻最明显的区别就是前者得出结论:同样的商品在任何地方都按照同样的价格出售。我们的确花费大量时间寻找物美价廉的商品。价格差异远远不能由质量(服务)差异来解释。的确存在真实的价格差异。自从1961年斯蒂格勒发表了经典论文以来,出现了大量文献研究最优化搜寻行为。然而,斯蒂格勒及大多数关于搜寻的文献都假设价格和工资的分布是既定的。他们没有质疑既定的工资和价格分布从何而来?如果搜寻成本既定,那么是否可以持续呢?例如,如果搜寻成本相对较低,我们可能会认为(根据传统理论)市场看似搜寻成本接近于零,也就不存在价格或工资分布。毫不奇怪,如果信息昂贵,若经济受到冲击,某些地区的商品需求增加,价格也随之上升,价格的变动不会立刻被套利者所利用。但是,大部分价格和工资的分散化与这类"冲击"无关。

我们对效率工资理论的分析提供了新的解释。我们证明企业可以支付比应当支付水平更高的工资来降低人员更替成本,这是有利可图的。但有的企业可以支付比其他企业更高的工资,这可能有利可图。

---

① 譬如参阅斯蒂格利茨和魏斯(1983b, 1986, 1987)。即便运用上述额外工具,仍可能存在非市场出清的均衡。

② 风险投资企业代表了资本市场和管理市场之间的相互联系。请参阅赫尔曼(1998)。

③ 另一应用如下,"合同"包括分担风险的规定,对于解释宏观经济的僵化现象发挥着重要作用。譬如参阅韦尔因和韦坎德(1992),经济学季刊研讨论文(1983),阿诺特、俄西俄斯和斯蒂格利茨(1988)。

④ 这种说法并不准确:如果个人可以缴纳一笔押金,那么企业可以强制没收押金。但是个人可能无力支付押金;即便缴纳了押金,也可能存在道德风险——企业可能有动机,借口工人偷懒而克扣押金,实际上工人并没有偷懒。

当我开始分析这些模型时,我意识到一个重要问题:即使所有企业都是同质的,例如面临相同的搜寻成本,也可能存在工资分布。显而易见,即便是很小的搜寻成本,都可能导致产品市场和劳动力市场行为发生天翻地覆的变化。这是戴蒙得(1971)在一篇很有影响力的文章中独立做出的论断,有力地证明了竞争性均衡理论存在很大的不稳定性。按照竞争性均衡理论,假设所有企业收取竞争性价格,同时存在前往其他商店的搜寻成本 e,那么任何将价格提高 e/2 的企业都不会失去任何客户,企业提高价格当然有利可图,其他企业提高价格同样有利可图。哪怕价格处在很高的水平,在这种情况下提高价格也有利可图。如此一来,价格不断上升,直至垄断水平。因此,很小的搜寻成本也会导致市场出现很多收取垄断价格的企业。我和索洛普的一些研究(1977, 1982, 1987)证明,即使只存在极小的搜寻成本,市场同样会出现价格分布。如果当前每个企业都收取相同的价格,那么有些企业将提高价格而不用担心失去搜寻成本更高的客户;有些企业将降低价格以便争夺竞争对手的客户,这些举措全都有利可图。传统理论认为,不必让每个人都确保市场的完全竞争。这并不是放之四海而皆准的理念。①

六、市场均衡的效率和政府的作用

经济学中最重要的思想也许是竞争性市场"就好像有只看不见的手",能够实现资源的帕累托有效配置,并且每个帕累托有效配置都可以在适当地再分配后通过竞争机制得以实现。这些福利经济学的基本定理揭示了依赖自由市场的定律以及分配问题可以与效率问题分开讨论的信念,这赋予经济学家们推动改革、增进效率的自由,却不必考虑它们对再分配的影响。如果社会不喜欢再分配的结果,应当进行收入再分配。

信息经济学认为,在一般情况下,上述两项结果都不正确。可以确定的是,在过去30年中,经济学家们已经发现了很多市场失灵的问题需要政府进行干预,例如污染的外部性。② 但市场失灵的范围是有限的,因此政府干预的领域也是有限的。

正如上文所述,早期的研究工作已经奠定基础,即使考虑获取信息的成本,信息不完美的市场也不具备帕累托有效性。有的市场干预可以增加所有市场参与者的福利。例如,我们已经证明揭露和获取信息的激励远非完美;不能独占信息意味着人们也许没有足够的动力去搜集信息。可事实上,多数收益都是租金,以损害其他市场参与者为代价,这说明可能对信息过度投资。一种观点赞成放任资本市场,人们有足够的动力去搜集信息。如果发现某只股票比人们想象的更有价值,并在人们得知道该信息前购入,那么他就可以借此获取资本收益。资本市场揭示价格的功能一直被视为其优势。但问题是,假设个人可以在他人之前发现信息就能得到好处,整个社会都能得到

---

① 想要了解相关情况,请参阅斯蒂格利茨(1989c)。

② 尽管在这种情况下,有些经济学家认为如果不存在交易成本,市场可以很好地处理效率问题。请参阅科斯(1960)。但是法雷尔(1987)令人信服地指出,上述分析过分依赖完美信息的假设。

好处吗?如果率先得到信息没有改变实际决策(例如投资),那么它在很大程度上只起到了再分配的作用,以其他人为代价获取信息的收益。以下案例说明了问题的关键。假设在我的课堂上,每个学生脚边都掉了100美元,学生可以等下课后才弯腰拾钱,但这不是纳什均衡。如果所有学生都等到下课,那么先弯腰尽可能多地拾取美元的学生是有利可图的。当每个学生意识到这一点时,都会立刻弯腰拾起自己脚边的美元。这样的均衡也不比每个学生都等下课来得更好,因为社会成本很高,课堂秩序被扰乱了。[①]

还可能存在有关获取信息的其他效率低下的问题。信息可能对价格波动产生负面影响。[②] 信息也可能导致市场毁灭,从而对福利产生负面影响。我们先前描述了信息不对称的存在是如何摧毁市场的。个人有时候有获取信息或制造信息不对称的动力,但这会导致保险市场的崩溃,或者造成总体福利的下降。如果能够禁止这类信息的获取,或许可以提高福利。最近,这些问题在基因测试领域成为实际政策争论的根源。即使可以获取信息,但由于使用特定种类的信息可以达到歧视的目的或效果,所以如何在禁止直接歧视的场合运用信息仍然是个问题。[③]

再者,信息不对称往往和市场缺失或不完美密切相关。这有助于解释为什么旧货市场、信贷市场、劳动力市场或者证券市场不能良好运转。事实上,信息不完美的市场不如完美信息市场运转良好,这本身不是对市场的谴责。毕竟,信息需要成本,考虑到信息成本,市场可能充分有效。斯蒂格勒就坚持这种观点,但是并没有给出严谨的论证。我们的研究表明,这样的论断或者说希望往往是不正确的。早期研究表明,市场缺失或不完美时,市场均衡可能并不受帕累托无效的限制,也就是说,即使市场缺失,每个参与者都能得到好处。[④] 此外,信息不对称可能产生市场力量,而完全竞争又是市场有效的要求,因此信息不对称及其他信息不完美的市场效率极其低下,这也许不足为怪。

虽然市场不能为获取和散布信息提供适当的激励不足为怪,但有关信息不完美的市场失灵远比这深刻得多。道德风险模型最简单直观。保险公司根据投保人的平均风险,也就是根据表面上相似的投保人的平均谨慎程度收取保费。由于谨慎程度无法观察,因此产生了道德风险。各投保人忽视自己的行为对保费的影响,但如果所有人都变得粗心大意,保费自然会提高;个人不谨慎,给其他人带来负外部性。

---

① 请参阅斯蒂格利茨(1989k)。

② 想要了解有关东亚金融危机的讨论,请参阅弗曼和斯蒂格利茨(1998)。

③ 请参阅罗斯切尔德和斯蒂格利茨(1982, 1997)等。想要了解统计性歧视模型及其部分含义,请参阅斯蒂格利茨(1973a, 1974d),阿罗(1972)和菲尔普斯(1972)。

④ 乍看之下,这个结果显而易见,却又很有趣。不少经济学家试图证明阿罗—德布鲁有关市场有效性的结论比表面看起来更稳健,也就是说,即使不存在完备的证券市场,市场仍然是受限帕累托最优的。请参阅戴蒙得(1967)等。但是上述结果被证明依赖过分简单的模型,譬如只涉及一种商品。请参阅纽伯里和斯蒂格利茨(1982, 1984);格罗斯曼和斯蒂格利茨(1977, 1980b)。

格林瓦尔德和斯蒂格利茨(1986)[①]的主要观点是:我们发现如果信息不完美或市场不完美,类似效应的外部性将普遍存在。因此,市场本质上不受帕累托有效的限制。[②] 简而言之,市场失灵普遍存在。

还有其他两项重要含义:第一,有效市场方案的非分散性。通过分散决策来实现帕累托有效资源配置,这是经济学的基本观点之一。我和格林瓦尔德证明这通常不可能实现,我们再次通过一个简单的案例来说明问题。保险公司不能监督个人的吸烟量,吸烟量对健康产生负面效应。政府不比保险公司更能监督吸烟量,但政府可以征税,不仅是香烟,还有其他与吸烟互补的商品(补贴负面效应较小的替代品)。[③] 我与布雷弗曼(1982)共同完成的早期研究揭示了分散性的后果,发展中国家耕地市场中的土地、劳动力和信贷市场相互联系。

市场还随着时间的推移相互联系。正如我们已经注意到的,市场的跨期联系会损害竞争过程的效率。标准理论认为,如果雇主没有很好地对待雇员,雇员就会跳槽另一家企业。但信息不对称损害了劳动力的流动性,在某种程度上将雇员锁定雇主,或者将借款人锁定贷款人[④]。即便信息完美、市场完美,事前竞争程度的加强可以修正事后竞争程度减弱的后果,但没有理由相信事实就是如此。[⑤]

第二,市场失灵的另一来源是代理问题。例如土地所有者并非土地耕种者时,就会产生这些问题。正如我们先前在有关分成制的讨论中注意到的,代理问题的严重程度及由此产生市场失灵的程度,取决于财富分配。我们根本无法将公平和效率割裂开来。[⑥]

再者,将公平和效率割裂开来的观点也取决于一次性再分配的能力。但是莫里斯(1971)早已指出,这在信息不完美的条件下是不可能的。所有再分配性的税收都是扭曲的。但它对政策的重大意义远远不局限于税制的设计。它意味着改变税前收入分配的市场干预可能是有益的,因为它减轻了再分配性税收的负担。[⑦] 我们的结论是:宣称有能力割裂分配和效率问题的福利经济学第二定理不符合事实。[⑧]

---

① 格林沃德和斯蒂格利茨(1986)关注同时涉及逆向选择和激励问题的模型。格林沃德和斯蒂格利茨(1988a)证明了在搜寻和其他信息不完美的模型中,类似的结论也成立。我和夏皮罗(1984)的早期合作研究证明,在特定模型中,存在代理或委托代理问题的经济均衡并非帕累托有效。随后,我与阿诺特(斯蒂格利茨和阿诺特,1990)的合作研究,更加详细地研究了由道德风险引发的市场失灵。

② 阿诺特、格林沃德和斯蒂格利茨(1994)运用标准的自选择和激励相容约束构造了一个简单的例子。

③ 阿诺特和斯蒂格利茨(1986, 1990, 1991b)将这些思想进行了扩展和一般化。在斯蒂格利茨(1998c)中,我研究了信息不完美条件下的修正性税制(对外部性进行修正)的作用。

④ 请参阅斯蒂格利茨和魏斯(1983b)。

⑤ 请参阅斯蒂格利茨(1987 h)等。

⑥ 夏皮罗和斯蒂格利茨(1984)较早也提到了这一点。

⑦ 请参阅斯蒂格利茨(1998c)。

⑧ 福利经济学第二定理也需要一些数学假设,例如凸性等。这在信息不完美的模型中通常不成立。阿诺特和斯蒂格利茨(1991)提出了有关分散化的其他问题。

实际上,阿罗—德布鲁模型确定了一整套保证市场帕累托有效的假设。信息必须完美,或者更准确地说,信息(信念)不可能是内生的,它们不会因企业和个人采取的不同行动发生改变,包括对信息的投资。但是信息经济学认为,假设信息固定的模型似乎越来越显得不合时宜。

制度紊乱

随着信息不完美的市场效率低下的理论日益明确,有学者提出了反对政府干预的某些论证。我们已经探讨过其中之一:政府也面临着信息不完美。不过我们的分析表明,政府面临的激励和约束不同于私人部门,因而即使政府面对完全相同的信息约束,仍然可以增进福利。[①]

还有另一个论证也行不通。市场失灵包括市场缺失或者市场不完美,的确造就了非市场的制度安排。比如,人寿保险的缺失造就了殡仪馆。家庭也向其成员提供商业保险公司未提供的保险或者被投保人认为保费过高的保险。但在所谓"功能主义者的谬误"中,他们通过观察发现制度的产生是为了发挥某种功能,就此轻易得出结论:在均衡状态下,这个制度必将发挥功能。屈从谬误者似乎认为,非市场的制度安排也能"解决"市场失灵问题,丝毫不逊色于政府,因而不需要政府干预。我和阿诺特(1991a)证明事实恰恰相反,非市场的制度安排可能会使情况变得更糟。家庭提供的保险可能会排挤商业保险;由于投保人已经从其他渠道获得保险,保险公司会认为保户购买保险的需求比较小,相应地,保险公司将削减险种。但是非市场(家庭)的制度安排分散风险的能力低下,人们的福利因而减少。[②]

上述分析再次强调了前一部分结束时提出的基本观点:市场仅仅在特殊情况下才是有效的。那么我们凭什么期待同时涉及市场和非市场制度安排的均衡是有效的呢?

七、新范式的应用

新企业理论和宏观经济学基础

对于各种市场失灵,长期低效的资源利用负有不可推卸的责任,尤其是人力资源,而资本市场的不完美进一步恶化了其恶果。这意味着即使某个失业者前程似锦,也不可能依靠借贷维持生活品质不下降。

我们先前提到过传统凯恩斯主义经济学解释的缺陷,特别是缺乏充分的微观基础,这导致了两种不同思想流派的应运而生,其中一派企图运用传统完美市场范式,这严重地依赖代表性主体模型。尽管信息不完美,预期却是理性的。但从构造上来讲,代表性主体模型排除了信息的不对称性,而这正是宏观经济问题的核心所在。除非个体发生严重的精神分裂,否则不可能产生上述问题。如果立足假设市场出清的模型,

---

① 想要了解有关政府经济职能的详细讨论,请参阅斯蒂格利茨(1989a)。

② 非市场的保险是否会增加福利,这取决于家庭其他成员能够观察(监督)哪些变量。如果他们了解的信息不比保险公司多,那么非市场保险会降低福利水平;如果他们能够了解更多信息,那么保险公司实际上可以"搭便车",从而提高福利水平。

那么很难想象这样的研究能够深刻地理解失业现象(劳动力市场无法出清)。

过去15年,我的主要工作之一就是构建反映劳动力市场、产品市场和资本市场信息不完美后果的宏观经济模型。考虑到这些市场各自的复杂性,建立一个通用模型必须足够简单,才适合研究生教学或者供政策制定者使用,这并非易事。该模型的核心是新企业理论,以信息不对称理论为基础。而现代企业理论又由三个支柱模块组成:公司财务理论、公司治理理论和组织设计理论。

公司财务理论

根据更为传统的完美信息模型,如果不存在税收扭曲,债务融资或股权融资对企业而言没有任何区别。[①] 这是莫迪利安尼—米勒定理的核心观点。[②] 我们已经指出持有(或者出售)股份的意愿是如何传递信息给公众的,所以企业的融资方式的确至关重要。[③] 如果企业严重依赖债务融资,当不能按时履行债务时将导致破产,这事关重大。由于破产成本以及经理人激励机制设计的局限性,[④]企业的行为方式往往厌恶风险[⑤],规避大于商业周期的风险。[⑥]

再者,由于存在信贷配给(或潜在的信贷配给),企业资本净值(即企业资产市值)和资产结构(包括流动性)都很重要。[⑦] 面临信贷配给的企业厌恶风险的理论影响深远,我们将在下一部分具体分析其中某些观点,在此仅举一个案例就足以彰显其重要性。根据传统的新古典投资模型,投资取决于实际利率和企业对预期回报的看法。企业的现金流或资本净值无关紧要。早期关于投资的计量经济学研究(钏路和迈耶,

---

① 想要了解早期有关税收对公司财务影响的研究,请参阅斯蒂格利茨(1973b, 1976a)。

② 请参阅莫迪利安尼和米勒(1958)。他们分别于1985年和1990年荣获诺贝尔经济学奖。在斯蒂格利茨(1969a)一文中,我证明他们的结论在某些方面比其论证所涉及的范围宽泛得多(譬如不要求风险类型,置于一般均衡中),但有一个假设很关键:破产,这是他们所忽视的。

③ "股权限制"这一术语粗略地用来描述企业不能像完美信息理论预测的那样通过增发股份来分散自己所面临风险的现象;正如我们已经注意到的,增发股份发出的信号表明企业的所有人或管理层认为市场高估了股票价值,而市场对此信号的反映则会导致股票价格下降。因此,通过增发股份募集资金的成本太高。请参阅梅耶(1990)。想了解新投资很少通过增发股份融资的实证证据,请参阅阿斯奎斯和马林斯(1986)。想了解这方面的一般性理论,请参阅格利沃德、斯蒂格利茨和魏斯(1984)、迈尔和马尔尤夫(1984)。其他有助于解释证券市场虽然有利于分散风险却作用有限的理论信息,源于我们先前提到过的信号/自选择模型,以及"昂贵的状态验证"模型(汤森,1979)。股份市场保证股票持有人按份享有企业利润,但这要求股东可以观察到利润的多寡。将利润转移给管理层或者大股东的方法层出不穷。针对这些行为,人们正在设计法律体系和会计准则(格林沃德和斯蒂格利茨,1992);只有确立完善的法律体系和会计准则,才能建立拥有较多分散投资者的有效证券市场(施莱弗和维什尼,1997)。

④ 我们之前已经注意到,最优化的激励机制通常要求工人或者管理层承担部分风险。有时,激励机制实际上导致管理层采取风险偏好的行为方式。

⑤ 尤其请参阅格林沃德和斯蒂格利茨(1991)。

⑥ 想要了解有关这一点更详细的阐释,请参阅斯蒂格利茨(1987c, 1989g)。

⑦ 流动性的真正含义以及缺乏流动性和无力偿债的区别,取决于信息不对称。如果完美信息,那么具有流动性的企业能够得到融资,因此不会出现流动性问题。

1957)表明事实并非如此。但按照新古典理论结构，这些变量都不重要，因而在霍尔和乔根森(1967)之后的20年内都被排除在计量经济学分析之外。直到研究非对称信息的时期，上述变量才在理论上重新得到重视，并引入投资回归方程。事实证明，上述变量非常关键，尤其对中小企业而言更是如此。①

此外，传统理论认为公司信息是透明的，个人可以完全观察到企业内部的情况。(在不考虑税收的情况下)企业是否分配利润无关紧要。② 但如果有关企业内部情况的信息不完美，那么它的确蒙上了一层无法轻易穿透的面纱。

公司治理

根据传统理论，企业仅仅关注预期利润贴现值(相当于企业市值)的最大化③。在完美信息的条件下，实现最大化只不过是个工程学问题而已，关于企业应当如何作为的分歧无关紧要。在这种情况下，公司治理即企业如何决策也不重要。然而现实中，公司治理至关重要。关于企业应当如何作为的分歧确实存在④，部分源于判断差异，部分源于目标差异。企业经理可能采取措施，牺牲股东利益，换取自己的好处；大股东也可能牺牲小股东的利益，换取自己的好处。由于信息不对称，企业所有者(史蒂夫·罗斯，1973，称之为委托人)不仅无法监督工人和经理(代理人)，通常也不知道这些本该代表自己的人应当如何作为。伯利和米恩斯(1932)⑤很早就注意到企业理论中所有权和经营权分离的严重后果，然而信息经济学问世后，我们才有了自成体系的方法来思考这些影响。

当然，公司治理的问题来源于信息不完美和管理层/监督的公共品性质。如果某个股东愿意承担监督的费用，并成功地提升了企业绩效，那么全体股东都可以同样受

① 如今这个领域已经涌现了大量文献。请参阅布兰卡德、拉-德-西拉内斯和斯科列弗(1994)，哈伯德(1990)，卡罗米利斯和哈伯德(1990)、法扎里、哈伯德和彼得斯(1988)。想要了解相关文献综述，请参阅哈伯德(1998)。

② 在斯蒂格利茨(1974c)一文中，我再次证明他们的结论在某些方面比其论证暗示的范围宽泛得多。事实上，正是信息不完美导致的资本市场不完美现象，颠覆了他们的论证。

③ 它同时也假设企业的价值最大化也会导致有效的结果。当市场上不存在完整的阿罗－德布鲁证券时，通常情况大不相同。请参阅斯蒂格利茨(1972a，1982b)；纽伯里和斯蒂格利茨(1982)；格罗斯曼和斯蒂格利茨(1977，1980b)。

④ 想要了解对上述问题的早期分析，请参阅斯蒂格利茨(1972)。想要了解一般性的定理，请参阅格罗斯曼和斯蒂格利茨(1977)。

⑤ 标准的企业理论认为企业的单一所有者关注利润最大化，这连与阿尔弗雷德·马歇尔更早注意到的现代公司理论都不相符合(1897)。随后涌现了大量有关管理层的企业理论。请参阅马里斯(1964)；鲍莫尔(1959)；马什和西蒙(1958)等。甚至在更早的时候，亚当·斯密(1776)也注意到了公司治理的问题："不过，这些公司的董事管理的是其他人的财产而非自己的。我们不能期望他们能像私人企业的合伙人监管自己财产一样以高度的警惕性行事。正如有钱人的管家常常会把注意力集中到一些并不能为他们主人增光添彩的事情上，而是很容易从中获得好处。因此，疏忽大意和铺张浪费的现象或多或少地普遍存在于这些公司的事务管理之中(264—265)。马歇尔(1897)在回顾十九世纪经济学发展及该学科面临的挑战时，引用了公司治理的问题：管理层有什么动机真正为企业所有人的利益实施行为？

益(债权人也是如此)(请参阅斯蒂格利茨,1985b)。

某些观点仍然坚持企业将最大化市值,它们认为接管(或接管的威胁)能够保证经理人市场的竞争性,从而保证经理将最大化股票市值(如果企业没有最大化市值,那么其他人可以通过收购企业来改变企业行为,进而增加企业价值,由此获得收益)。在相关争论的早期,我从理论的角度探讨了接管有效性的问题(1972b)。格罗斯曼和哈特(1980)随后又提出了更有力的论证。他们通过观察发现,如果小股东相信收购企业将推升市值,那么他们就不愿意出售股份。只有在预期价值下跌时收购才会成功。[①] 正如前文所述,我和艾德林(1995)随后的研究表明,现任企业经理可以采取措施,加深信息不对称的程度,从而削弱管理层竞争的有效性,譬如收购的威胁。

当然,要证明企业没有选择最大化股票市值,这是很困难的,因为很难确定企业的机会集合以及采取不同行动可能带来的后果。但可以找到很多案例,企业显然没有最大化市值。譬如,封闭式互助基金通常打折出售;其实只需解散企业就可以增加市值。还有很多税收悖论[②]。企业可以采取行动,减少纳税负担(法人及个人)。至于导致税收悖论的原因是投资者的非理性行为还是经理层非价值最大化行为,这还存在争议。

组织设计

到目前为止,我们已经讨论了现代企业理论三大基石中的两个:公司财务和公司治理。第三个要讨论的是组织设计。在完美信息的世界中,组织设计当然也无关紧要。可实际上,它却是企业的核心问题。我们已经大量讨论了激励机制:一方面,信息不完美限制了分散决策的有效性;另一方面,组织设计通过委派不同的单位执行可相互比较的任务,能够帮助企业基于更优的激励机制收集信息(内勒巴夫和斯蒂格利茨,1983a,b)。

但组织设计还有另一个重要方面,即使大家都出于良好的意图,如果信息不完美,他们也会犯错误。人非圣贤,孰能无过?我和拉吉·萨在一系列论文中(1985,1986,1988a,1988b,1991)研究了产生组织性错误的不同组织设计和决策结构的后果,例如拒绝好项目,接受坏项目。我们认为,在很多情况下,尤其当好项目稀缺时,分散性的多头组织结构具有明显的优势。[③]

宏观经济学

宏观经济学的核心问题是失业。之前我描述的模型解释了为什么在均衡状态下仍然存在失业。但宏观经济学大多关注动态过程和经济波动,试图解释为什么有时经济体非但不吸收冲击,还放大冲击并使之得以持续。我同格林·瓦尔德以及安迪·魏斯的合作研究证明,非对称信息理论有助于解释这些宏观经济现象。资本市场的不完

---

① 随后涌现了很多有关企业兼并的理论和实证文献。请参阅曼尼(1965);延森和拉巴克(1983);斯图尔斯(1988)和辛格(1998)等。想了解有关公司兼并的文献综述,请参阅赫什利弗(1995)。想了解有关公司治理的文献综述,请参阅施莱弗和维什尼(1997)。

② 请参阅斯蒂格利茨(1973b,1982d)。

③ 此外,请参阅莎哈(1991)。这些论文只是开始,随后涌现了大量的后继研究。请参阅拜德(2001);瓦艾瑟(1998);阿克尔洛夫和耶伦(2002)。

美现象是关键所在，例如由信息不对称产生的信贷配给和股权限制，它们导致了企业规避风险的行为，也使得企业和家庭受到现金流约束的影响。

凯恩斯主义经济学的标准解释强调工资和价格刚性的重要性，但它并没有提出令人信服的解释。譬如某些理论强调价格调整成本的重要性[①]，可问题在于为什么市场更倾向于调整数量而非价格，因为数量调整的相对成本似乎更高。格林瓦尔德—斯蒂格利茨的调整理论(1986b)认为资本市场[②]的不完美性源于信息不完美，并在此基础上对这个现象进行解释。它认为，至少对那些库存成本较低的商品而言，信息不完美导致价格和工资调整产生的风险大于数量调整。规避风险的企业调整各种变量的幅度较小，因为这些变量的调整结果更加不确定。

即使工资和价格不是完全弹性的，但它们也绝非完全刚性。事实上，在大萧条时期，工资和价格的降幅相当可观。早期在某些工资和价格弹性较大的国家，这两个变量曾经出现过巨大的波动。我和格林瓦尔德(1987a，1987b，1988b，1988c，1988d，1988e，1989b，1990b，1993a，1993b，1995)发现，其他市场失灵尤其资本市场不完美以及合同不完整等，这是导致我们所观察到的主要宏观经济现象产生的部分原因。债务合同中，价格变化通常是非指数化的。但凡价格低于预期水平(或者在可变利率合同中，当实际利率高于预期水平时)，就会出现从借款人到贷款人的财富转移。在这些情况下，过度下滑的价格弹性(不只是价格刚性)将会带来更严重的问题[③]。这些(以及其他)再分配渠道产生了巨大的真实效应。由于资本市场具有不完美性，上述后果是难以通过购买保险进行防范的。大规模冲击可能导致破产，如果破产(尤其是导致企业清算)，就会带来组织和信息资本的损失。[④] 除非能够找到解决方法，否则即使这类巨变可以预见，企业获得信贷资金的途径也很可能会遭受损害。此外，如果没有“明确的所有者”，企业的经营者通常也没有动力来最大化企业的市值。

即使冲击不足以引起破产，它也会影响企业承担风险的能力和意愿。因为一切生

---

① 曼丘(1985)；阿克尔洛夫和耶伦(1985)。

② 我们的理论没有对这类不完整合同做出完整的解释。尽管部分解释可能在于合同所必需的相关变量缺乏可观察性(验证性)，但看起来应当具有更多的指数化合同。不过，信息不对称理论的确为无效合同安排的持续存在提供了部分解释。在一个复杂的经济体中，如果一方当事人提议变更格式合同，另一方当事人可能有理由推断这样的改变会使对方获得好处。在接近零和博弈的情况下，一方当事人获得的好处将以另一方当事人的损失为代价，所以除非试图变更合同的一方当事人能够说服另一方当事人这能增进帕累托效率，否则对方肯定不愿意改变。由于信息(知识)的局限性，这很难做到。请参阅斯蒂格利茨(1992c)。

③ 更早以前，欧文·费希尔(1933)就强调了这些现象的重要性。斯蒂格利茨(1999d)强调了不同价格的调整速度不同的后果。

④ 在传统经济学理论中，破产并不重要，部分原因在于控制权(决策者)不重要，破产导致控制权的变更也无足轻重，部分原因在于完美信息的条件下，没有理由让借贷人出借资金而非通过增发股份筹集资金(尤其是破产的可能性很大，成本又高)。想了解有关控制权的富有洞察力的讨论，请参阅哈特(1995)。

产过程都是有风险的，冲击将影响总供给以及对投资的需求。由于企业资本净值的恢复需要时间，冲击对经济的影响得以延续。同理，政策效应也有滞后性，提高利率将减少企业资本净值，甚至在利率下降后还有影响。如果企业受到信贷配给的约束，那么流动性的降低可能影响尤其显著。① 宏观经济行为的每个方面都会受到影响，例如这些理论有助于解释看来相似的库存和定价行为(并非利用库存稳定生产将导致库存逆周期波动或者顺周期波动，再加上因为现金约束很重要，可能进一步导致经济衰退期的货币影子价格高企)；由于经济衰退期的资本“影子价格”处在比较高的水平，企业不再投资和招揽新客户，也不再关心员工流失，结果是不断涨价，真实产品工资下降，即使边际劳动生产率上升了也无济于事。

简而言之，我们的分析强调冲击对供给方的影响，供给和需求的交互作用，以及金融在放大波动过程中的重要性。

货币理论②

我们重构宏观经济学的一个特别重要的方面是货币经济学。传统经济学认为，利率旨在平衡货币的供给和需求。货币需求在很大程度上是为了满足交易目的，而利率代表货币的机会成本。不过，在现代经济中，大部分交易要求(和使用)的是信贷资金而非现金，而且大部分交易只是资产交换，因此与 GDP 并不直接相关。再者，如今很多货币都带有利息，货币市场账户与短期国库券支付的利率不同，这与货币政策毫无关系，仅仅与交易成本相关。重要的是能否获得信贷资金(以及获得信贷资金的条件)，这反过来又与银行及其他机构出具的信用证明密切相关。简而言之，信息是货币经济的核心。但是银行与其他企业一样厌恶风险，它们承担与贷款相关的风险的能力和意愿，取决于它们的资本净值。③ 由于股权限制，它们的资本净值遭遇的冲击无法被立刻抵消。因此，我们的理论可以解释，为什么上述冲击会对宏观经济产生巨大的负面影响。该理论说明了如何运用传统的货币工具(例如准备金要求)和管制工具(例如按风险调整的资本充足率要求)来影响信贷供给、利率以及银行的风险资产组合。我们的分析同时指出，过度依赖资本充足率要求可能会起到反作用。④

这个理论具有重要的政策内涵。它成为“流动性陷阱”新的理论基础，解释了为什么在严重的经济下滑中，货币政策可能收效甚微。它也解释了近年来的一些政策性失误，包括美联储无法预测 1991 年的经济衰退，还有 1997 年国际货币基金组织在处理亚洲金融危机中的失策。它使我们关注的重点从联邦基金利率或者货币供给，转移到

---

① 想了解有关信贷配给和宏观经济活动的讨论，请参阅斯蒂格利茨和魏斯(1992)。

② 本部分提出的观点在斯蒂格利茨和格林沃德(1990b，1991，1999)中有详细的论证。

③ 信息的特性也有助于解释信息获得和加工与资金提供之间的关系。如果信息和其他产品一样，那么“信息加工企业”就可以向出资者出售信息。这保证了对信息、加工者净资产的负向冲击就会对信用供给产生最小的影响。尽管在借贷市场上的确存在出售信息的情况，但这些信息只占影响贷款决策信息总量的很小一部分。

④ 另请参阅赫尔曼、默多克和斯蒂格利茨(2000)。

与经济活动、信贷水平[①]、企业支付的利率直接相关的一些变量(它也解释了该利率和联邦基金利率之间差异的波动)。该理论预测,即使在美元化的情况下,货币政策仍有发挥作用的空间。[②]

我们还分析了信贷链的重要性。很多企业从其他企业获得贷款,同时又向另外企业提供贷款(这有悖于波洛尼厄斯"不能同时充当借款人和贷款人"的指令)。经济中信息的分散性为这种现象提供了解释,并产生了重要的后果。这种普遍存在的信贷链产生的后果是(在某种程度上,与一般均衡的标准分析中强调的商品链同样重要),对某家企业的冲击将被传递给其他企业,足够大的冲击甚至可能引发企业的破产浪潮。

增长[③]和发展[④]

尽管大部分宏观经济分析都注重考察源自信息问题的信贷市场不完美现象对周期性波动的影响,可我们研究的另一条主线关注经济增长。人们早已认识到资本市场对经济增长的重要性,如果没有资本市场,企业不得不依赖留存利润。企业如何募集资本对其增长至关重要,特别是存在"股权限制"时,这在发展中国家尤其重要。因为信息问题在这些国家非常严重,这削弱了企业投资和承担风险的意愿,并导致经济增长减缓。促使企业承担更多风险的政策变更(例如减小宏观经济的波动幅度,或者通过限制利率来增加企业净资产,获得更多利润)能够促进经济增长。相反,与国际货币基金组织干预相关的政策将利率推至非常高的水平,阻碍企业借债,迫使企业更多地倚重留存利润。

在增长过程中,最具挑战性的问题是经济发展。通常,市场失灵在发展中国家更加普遍,而市场失灵多与信息问题相关,正是这些问题激发了本文描述的很多研究工作。相关视角有助于解释为什么假设市场完美的政策会遭遇失败,同时也能引导我们关注那些可能补救或者减少信息不完美后果的政策。[⑤]

研究

就发达国家而言,决定经济增长速度最重要的因素之一是对科学研究进行投资;就发展中国家而言,决定经济增长速度最重要的因素之一是努力缩小与发达国家在知识积累方面的差距。当然,知识是特殊形式的信息,因此,信息经济学中的很多核心问题也是理解科学研究的关键,例如独占问题、对科学研究进行投资的固定成本(导致竞

---

① 如今涌现了大量文献,认为这些重要变量值得关注。想了解早期的讨论,布林德和斯蒂格利茨(1983)。

② 请参阅斯蒂格利茨(2001d)。

③ 本节的论述部分基于以下文献:格林沃德,哈恩和斯蒂格利茨(1990);斯蒂格利茨(1992e, 1994a, 1994b)。

④ 除有关农村组织理论(前面引用过的布雷弗曼和霍夫)的研究外,本节的论述基于以下文献:斯蒂格利茨(1986a, 1987d, 1988a, 1988e, 1989, 1990b, 1993b, 1995b, 1996a, 1997a, 1997b, 1998a, 1999b, 2001a, 2001 b);霍夫和斯蒂格利茨(1997, 2000);斯特恩和斯蒂格利茨(1997);斯蒂格利茨和尤素福(2000)。

⑤ 尤其请参阅世界银行的讨论(1999)。

争不充分)、信息的公共品属性等。所以,我很自然地开始在一系列文章中考察科学研究对产业均衡的影响和经济增长的后果。[①] 虽然很难在此简要概括我们的研究成果,但仍有一个结论跃然纸上:标准竞争性模型难以描述科学研究和创新发挥重要作用的市场经济;在缺少政府干预的情况下,市场均衡并非普遍有效。

八、政策框架

实际上,只要存在信息不对称现象,市场通常无法实现帕累托有效,这意味着政府可能扮演重要角色。因此,新范式对政策制定的影响不只是阐述了如何防止信息不对称的产生以及如何克服信息不对称现象。正如我们所见,信息不对称可能会引起一系列的市场失灵,例如市场的缺失,尤其是资本市场的不完美现象,导致企业规避风险和现金受到限制,结果不得不制定政策处理这些间接产生的后果。例如,假设充分竞争的市场拥有完美信息,且企业风险偏好中性,对在此基础上的税制进行分析很可能具有误导性。

除此之外,新信息经济学范式有助于我们从新视角思考政策问题,信息不完美现象无处不在。

帕累托有效税制[②]

当然,信息不对称可能产生于所有社会成员之间,包括公民和政府。在本文的最后部分,我将研究其中一个方面:公民控制政府的困难性。在此,我想简要地描述问题的另一方面:政府在完成其"业务"过程中遭遇的问题由信息不对称引起,包括税收、管制和生产。

政府的功能之一是收入再分配。即使政府不希望主动进行再分配,它还是不得不为公共产品收税融资。税款必须以公平的方式收取,例如应该由最有能力(或者受益最多)的人来缴纳,但是政府无法辨识这类群体。这就好像有可能被垄断者收取高价的个人不愿意透露他们愿意支付高价;能力较低的工人、不太可能偿还贷款的借款人、更可能遭遇事故的投保人不愿意向交易对象揭露相关信息;公共部门也会面临同样的问题。我和罗斯切尔德在竞争性保险市场模型中以及我在针对歧视性垄断的论文中探讨的信息披露自选择机制在此同样适用。(政府面临的问题是在信息约束的条件下实现社会"利润"(福利)的最大化,这与垄断者在信息约束的条件下实现私人利润最大化非常相似。正因为如此,尽管莫里斯(1971)有关最优税制的文章没有使用信息经济学的术语,仍然被视为本文所描述研究工作的先驱)。

因此,就设计税制而言,最关键的问题可以归结为哪些变量是可观察的。根据传统理论,信息是完美的,一次性税收和再分配是合理的。如果能力不可直接观

---

① 当然,内生增长理论有数位先驱,请参阅谢尔(1967)的论文集,以及阿特金森和斯蒂格利茨(1969)。想了解后期研究,请参阅达斯古普塔和斯蒂格利茨(1980a, 1980b, 1981, 1988),达斯古普塔,吉尔伯特和斯蒂格利茨(1982),斯蒂格利茨(1987e, 1990a)。

② 本节的讨论基于以下文献:阿特金森和斯蒂格利茨(1976),斯蒂格利茨(1982e, 1987f),莫里斯(1971, 19758)和布里托等(1990, 1991, 1995)。

察,那么政府就不得不依赖其他可观察的变量来推断,例如收入。然而,在上述所有模型中,市场参与者都会意识到政府的推断,由此改变行为。在莫里斯的文章(1971)中,收入是唯一可观察的变量。但是在不同环境下,我们可能会获得更多或者更少的信息。我们可能观察工作时数,或者特定个人购买产品的数量,甚至是某种产品的总产量。

不同的信息结构对应不同的帕累托有效税收结构。所谓帕累托有效税收结构,即没有一个人(群体)可以在不损害他人(其他群体)利益的前提下获得更多福利。对这类税收结构的选择取决于社会福利函数(社会对待不平等的态度)。[①] 尽管现在并不适合对这个问题做详细的论述,我仍想提出两个值得注意的要点:一方面,我们之前所认为的最优产品税收结构(拉姆齐,1927)仅仅在很严格的条件下才构成帕累托有效税制(请参阅莎哈和斯蒂格利茨,1992);另一方面,在标准案例中,我们发现对利息征税并非最优化行为。

管制和私有化理论

政府管制面临的问题与税收相似,也是由信息不对称引发的。在过去25年中,涌现出的大量文献致力于利用自选择机制,[②]设计比过去更完善、更有效的管制体系。[③]

20世纪80年代出现了大规模的国有企业私有化浪潮,其中也包括自然垄断行业,在这次浪潮中政府管制逐渐取代政府所有。尽管政府所有权的问题屡见不鲜,但是信息不完美理论表明,即使是设计最好的管制体系,其运转也不可能完美无缺。这很自然地提出了一个问题:在什么情况下,我们确信私有化会增进社会福利。1978年诺贝尔奖获得者赫伯特·西蒙(1991)早就强调,公共部门和私有部门同样面临信息和激励问题,并没有令人信服的理论足以证明为什么大型私有企业能够解决这些问题。我和戴维·夏平顿(1987)的研究证明,确保私有化必定增进福利所需要的条件极其严格,非常近似于竞争性市场实现帕累托有效所需要的条件(请参阅斯蒂格利茨,1993b,1994c更为详细的阐释及其相关应用)。

九、关键性政策争论:基本观点的应用

新信息经济学范式提供的视角不仅确定了政策分析的理论方法,而且在很多具体问题上,形成了与传统范式明显不同的政策立场。

---

① 从这个意义上讲,莫里斯的研究混淆了分析的两个阶段。他描述了政府根据社会福利函数在帕累托前沿上的最优选择。不过,他得出的一些重要性质是任何帕累托有效税制的共同特征,譬如顶部的零边际税率,尽管这个性质并不十分稳健:强烈地依赖他的假设——不同能力个人之间的相对工资是固定的。请参阅斯蒂格利茨(2002)及其所引用的论文。

② 请参阅拉封特和泰勒尔(1993),萨平顿和斯蒂格利茨(1987a)。

③ 政府特别加以管制的一个部门是银行业。我们先前注意到信息问题是金融市场的核心。因此,市场失灵更加普遍,政府的作用也更加重要。请参阅斯蒂格利茨(2001c),郝诺汉和斯蒂格利茨(2001),格林沃德和斯蒂格利茨(1999)和赫尔曼、默多克和斯蒂格利茨(2000)。

华盛顿共识

最引人瞩目的可能就是有关发展战略的争议。自 20 世纪 80 年代早期以来，华盛顿共识提出的政策在国际经济机构中占主导地位。华盛顿共识以市场原教旨主义为基础，简单地认为竞争市场中信息完美，这甚至都不适用于发达国家，更不用说发展中国家了。我已经在其他文献中，论证了这些政策无法促进发展①，也无法实现共产主义国家向市场经济转型②，更无法应对经济危机。观点至关重要，所以以远离现实的模型为基础的华盛顿共识之类的政策常常遭遇挫败，也就不足为奇了。

破产、总供给和东亚金融危机

或许最具说服力的案例就是对 1997 年 7 月 2 日始于泰国的东亚金融危机的管控。尽管我已经广泛阐述了政策失效的很多方面③，可在此仍有必要指出这些失败与本文提出的理论之间的密切联系。我们的研究强调维持信贷供给以及破产风险（通常控制得很糟糕）的重要性。设计拙劣的政策可能导致信贷额度不必要的大幅削减或破产企业不必要的大幅增加，这些都会对总供给产生巨大的负面影响，加剧经济的下滑。但这正是国际货币基金组织推行的政策：当企业负债比例本来就已经高起时，将这些国家的利率水平提得很高导致大量企业破产，于是整个经济都被拖入严重的衰退和萧条，资本非但没有流入这些国家，反而大量外逃。结果，这些政策甚至都没能达到原本稳定汇率的目的。这些政策还具有强烈的滞后效应：利率降低后，被迫破产的企业不可能恢复经营，资本净值遭受巨大损失的企业也不可能立即得到恢复。实际上，还有很多其他政策可供选择，例如冻结债务，随后进行公司财务重组。这项政策也许无法阻止经济下滑，却可以减缓经济下滑的程度和速度。马来西亚采纳的政策与我们的理论极其相似，不仅经济复苏得更快，而且较之于相邻的泰国（遵循国际货币基金组织建议的政策），遗留的债务较少，保证了未来经济增长不至于遭受太大影响。

公司治理、开放资本市场和向市场经济转型

从共产主义向市场经济转型的过程是有史以来最重要的经济试验之一。俄罗斯的灾难（就目前来看）和中国的成功相当清楚地说明了我们正在讨论的很多问题。俄罗斯的灾难规模难以估量。共产主义国家具有中央计划的特征（需要收集、加工和散布的信息量巨大，没有任何技术足以实现），它缺乏激励机制，且普遍存在经济扭曲，因而被认为效率极其低下。本以为向市场经济的转型似乎可以带来收入的大幅增加，但事实恰恰相反，收入急剧下降。GDP 统计数据和家庭调查结果，以及各项社会指标都证实了这一事实。俄罗斯贫困人口比重高涨，从 2% 上升至 50%（取决于衡量标准）。俄罗斯的失败是多方面的，但其中有一个方面特别明显：私有化策略不重视我们先前

---

① 请参阅斯蒂格利茨（1998a）等。

② 请参阅斯蒂格利茨（2001e, 2000a），侯赛因、斯特恩和斯蒂格利茨（2000）等。

③ 请参阅弗曼和斯蒂格利茨（1998）和斯蒂格利茨（1999e）。

强调的公司治理问题。实证研究[①]表明，私有化迅速但缺乏“高质量”的公司治理，这样的国家经济增长不会加速。我和夏平顿曾经撰文提出警告，私有化未必会增加福利，它不仅没有搭建创造财富的平台，反而导致资产剥离、财富毁灭[②]。

十、超越信息经济学

我们已经看到，竞争性范式在过去两个世纪内主导着经济学思想，但该范式不仅缺乏活力，而且无法解释重要的经济现象，还会误导政策制定。

然而，我在过去30多年的研究中只关注自己对竞争性范式不满的一个方面。要改变人们的普遍看法绝非易事。在我看来，对付竞争性范式最有效的方法，莫过于尽可能在其标准框架内展开攻击。我仅仅变更了一个假设——关于信息完美的假设，而且是以看似非常合理的方式来变更这个假设的。早些时候，有学者反对将信息不完美的可能性导入模型，这就如同打开了潘多拉的盒子：信息不完美的方式太多了。信息完美的方式或许只有一种，但我们更应该明白现实世界可能出现的各种信息不完美所带来的后果。如果竞争性模型无法清楚解释世界上所有信息不完美的现象，那么它肯定不是我们可以依靠的模型。随着时间的流逝，我们已经越来越清楚地认识到，信息不完美的范式本身非常稳定，尽管在不同的具体情况下，模型运作的结果大相径庭，但它却包含某些相对一般性的原则。我们不仅成功地证明标准理论不够稳定——仅仅以完全合理的方式变更一个假设，就导致了天翻地覆的结果；我们还证明可以构建另一种更为稳定的范式，解释能力也更强。

传统理论还存在其他缺陷，其中有些缺陷密切相关。标准理论假设技术和偏好固定不变，但是技术的变迁、研究和发展是资本主义的核心。而新信息经济学纳入了知识的变迁，终于开始系统探索这些市场经济的基础问题。

随着我对发展问题思考的深入，越来越相信固定偏好的假设是不合适的。[③] 我批评华盛顿共识的发展战略，部分原因是它将发展简化成资本存量的增加和经济扭曲的减少。可实际上，发展是社会生活更为本质的变化，其中包括“偏好”和态度的改变，包括接受改变、摒弃传统的思维方式。[④]

尤其在最近几年，随着对发展问题的关注越来越深入，我更加强烈地感受到标准范式的上述缺陷，还有其他方面的缺陷，例如它试图将经济与更为普遍的社会问题割裂开来。非洲发展的主要障碍是内战频繁，而内战本身在某种程度上也是经济现状导致的后果。[⑤]

---

① 请参阅斯蒂格利茨(200le)。

② 想了解有关这些问题更充分的讨论，请参阅侯赛因、斯特恩和斯蒂格利茨(2000)，斯蒂格利茨(2000a)。

③ 此外，近来大部分的经济理论都假设在某种意义上信念是理性的。正如先前所注意到的，似乎大量的经济行为很难适应该假说。

④ 请参阅斯蒂格利茨(1995b, 1998a)等。

⑤ 请参阅科利尔和冈宁(1999)，科利尔(1998, 2000)。

这些观点包含了深刻的政策内涵。例如，某些政策更有助于促进发展变化。国际货币基金组织建议的很多政策只能起到相反的作用，包括它们与政府相互作用的方式、提供附加条件的贷款等。我在世界银行任职期间，世界银行的发展战略发生了根本性变化：它开始采用更为全面的发展路径。相反，忽视社会后果的政策常常导致灾难性结果，例如国际货币基金组织在印度尼西亚实施的政策，包括取消向极度贫困人口提供食品和汽油补贴。当时，印度尼西亚深陷经济萧条，工资水平急剧下降，失业率高涨。不难预见，上述政策必定会导致骚乱。至今仍能感受到其经济后果。

在某种程度上，我对上述观点的探索又回归了30年前在肯尼亚研究效率工资时提出的主题[①]；当时我指出，士气等心理因素反映了工人是否感觉得到了合理的工资，这会影响工人的努力程度。随后，阿克尔洛夫和耶伦(1996)进一步提出了支付效率工资的其他理由，有的更具说服力。令人惊奇的是，经济学家们几乎是故意忽视这些因素，尽管它们不仅仅是日常生活的核心，甚至对商学院教育而言也是核心。当然，如果市场是有效的，经济学家们就不会关注这些事，不会关注公司文化和外部奖励等问题，除非它们具有相当的重要性。[②] 如果这些问题在企业内部很重要，那么它们在社会上也同样重要。

最后，我相信长期居于经济分析核心地位的均衡模型可能并不足以描述经济的动态变化。信息经济学提醒我们不能忽视历史，滞后效应至关重要。黑死病之类随机事件的后果无法逆转。借助演化过程与模型来描述经济动态更为合适。尽管很难完整描述上述演化过程，但有一点确定无疑：我们没有理由相信这些演化过程在一般意义上而言是“最优的”。[③]

我们在简要探讨信息经济学的过程中提及的很多主题在此也适用。例如，我在前文讨论的信息理论模型中，再三说明很容易出现多重均衡(有些均衡在帕累托意义上优于其他均衡)。这里也是如此。除了表明历史的重要性之外，还产生了其他重要后果。第一，这意味着人们不可能仅仅凭借对偏好和技术(以及初始禀赋)的了解，就对经济做出预测。经济的不确定性程度很高。第二，类似达尔文的生态学模型，某人所处环境中最重要的决定因素是其他人的行为，而其他人的行为取决于他们对别人行为的信念(霍夫和斯蒂格利茨，2000)。达尔文在游历大龟群岛后这样写道：

尽管大龟群岛的地理环境相同，海拔和气候条件也相同……然而各座岛屿上的动植物差异却非常巨大。这个问题长期困扰着我，其实这主要是因为根深蒂固的错误观点：一个国家的物理环境对其居民而言最为重要。然而事实并非如此，我想有人可能会争辩说，与物理环境相比，相互竞争的其他居民的特征，通常是生存的更加重要的因素。(达尔文，1959)。

---

① 斯蒂格利茨(1973a，1974d)。

② 想要了解相关讨论，请参阅斯蒂格利茨(2000d)。

③ 关于演化经济学的文献数量庞大，而且越来越多。例如梅纳德·史密斯和普赖斯(1973)；纳尔逊和温特(1982，1990)；韦伯(1996)；马伊拉特(1992)；青木和弗尔德曼(1999)；斯蒂格利茨(1975，1992i)；莎哈和斯蒂格利茨(1991)，其中某些研究强调了资本约束对演化过程的重要性。

第三,政府干预有时可以将经济从一种均衡移向另一种均衡。如果已经实现均衡的移动,也许就没必要持续干预了。

十一、政治的信息经济学

社会生活的方方面面无不充斥着信息不完美与信息不对称。在此,我想讨论信息影响政治过程的三种方式。

首先,我们已经注意到了信息披露对分配的影响。经济和政治过程中"博弈的信息规则"往往成为政治争论的激烈话题,这不足为奇。美国和国际货币基金组织坚持认为,缺乏透明度是导致1997年亚洲金融危机的根源,所以说东亚国家应当增加透明度。国际货币基金组织和美国财政部对资本流动数据的重视表明,它们在某种程度上承认竞争范式不合适(在竞争范式中,价格传递所有相关信息)。然而,从政治角度考察相关争论更为合适。只要注意到以下事实,一切就显而易见:披露部分信息的价值很有限,还可能起到反作用,因为这将诱使资本通过不需要充分披露信息的渠道进行流动,也就是管制较少的渠道,譬如离岸金融中心。如果对透明度的要求超越东亚的范畴转向西方套利基金和离岸金融中心,这些竭力鼓吹增加透明度的人就会突然改头换面,开始宣扬部分保密的优势,能够加强人们搜集信息的动力。于是,美国及其财政部反对OECD要求离岸金融中心增加反洗钱透明度的建议,因为这些机构为特殊的政治利益和经济利益服务。后来,美国意识到恐怖组织也可以通过这些机构进行融资,这才使财政部改换立场,因为此时的国家利益格局已经发生变化。

政治过程不可避免地伴随着信息不对称。我们的政治领袖应该比普通公众更了解国防威胁、经济形势等。国家就好像企业那样,政治家受公众委托负责日常事务的决策。问题在于如何激励受托人代表他们本应服务的对象履行职责,这是一个标准的委托代理问题。民主制度即政治过程中的竞争性,有些类似经济过程中竞争,能够监督权力是否被滥用。然而,正如我们承认企业接管机制不足以提供充分监督,我们也得承认选举过程同样不足以提供充分监督。正如我们承认当前管理层有增加信息不对称的动力,以便攫取市场力量,公共生活也是如此。正如我们承认披露信息的要求即增加透明度,以及博弈的具体规则(例如,有关公司治理的具体规则)可能影响接管机制的有效性和公司治理的总体质量,类似因素也可能影响政治的竞争性以及公共治理的质量。

在政治过程中,"退出"选择很有限,尤其需要关注权力的滥用。如果企业管理不善,譬如管理层试图以股东和消费者为代价来谋取私利,保护自己免受竞争的威胁,由此造成的损害很有限:顾客至少可以选择离开。但在政治过程中,即使人们发现公共服务的质量恶化,也不能轻易地用脚投票。如果所有人都像传统经济学家描述的那样吝啬、自私,问题就更严重了。我在其他文章中提到过,确保公共品(公共管理)的供给本身也是公共品。但大量的事实说明,传统经济学中的个人模型太狭隘。事实上,公共服务等内部奖励比货币补偿等外部奖励更有效(这并不是说货币补偿不重要)。各类社会公共机构都体现了公共精神(即使在某种程度上混杂了个人兴趣)——自愿者合作,增进集体利益。

政府内部工作人员强有力地减少透明度。透明度越高,他们所能选择的行动范围就越小,这不仅会暴露失职,还会暴露腐败(俗话说得好:“阳光是最好的杀菌剂”)。政府官员可能找出诸多借口,竭力保守秘密,巩固自己的权力①,譬如说“相信我……要是你知道我所知道的事”,以此证明不清不楚或自说自话的行为具有合理性。

关于秘密还有更为透彻的理论阐述:秘密是人为创造的稀缺资源,与大部分人为创造的稀缺性一样,它会产生租金。在某些国家,租金可能由于彻底腐败而被少数人独占(出售信息);在另一些国家,租金则成为交易筹码的一部分,例如政府官员给予记者接触信息的优先权,记者则不惜扭曲事实,撰写吹捧政府官员的报道,特别是设计增强官员的影响力和权力。我曾经不幸亲眼看见了这种交易的运作,而且运作得极富成效。如果缺少客观的信息,公众监督的有效性将会极其有限;如果缺少高质量的信息,政治过程中的竞争性也会遭到破坏。

信息经济学的教训之一是,上述问题无法得到彻底解决,但适当的法律制度能有效地改善情况。有关知情权的法律要求增加透明度,这作为治理的一部分在瑞典已经实施了200多年;它们也是过去四分之一个世纪中美国监督政府权力滥用的重要手段,尽管仍然不够完美。过去五年中,世界各地在这方面的改革运动日益升温,有些国家譬如泰国,甚至将知情权写入宪法。遗憾的是,相关原则仍未得到国际经济机构的认可。

十二、结　语

本文中,笔者追溯了一种范式取代另一种范式的进程。新古典范式存在种种缺陷难免遭遇严峻的挑战,这只是个时间问题。相关缺陷包括预测结果似乎与我们日常所见恰恰相反,有的花哨得甚至不需要精确的计量经济学检验;还包括大量无法解释的现象。也许有人要问,怎么解释该范式的长期存在?在某种程度上,这是因为该范式虽有缺陷,但的确就很多经济现象提出了深刻的见解。本文所讨论的各种现象在某些市场中无足轻重,譬如小麦和玉米市场,即便是在这类市场中也普遍存在政府干预,使得占主导地位的竞争范式不甚相关。需求与供给的根本驱动力仍然重要,尽管在新范式中它们只是经济分析的一部分而非全部。但我们不能否认,旧范式之所以存在,部分原因是人们对该范式的信仰,部分原因是由此制定的政策符合特殊利益。

作为社会科学家,我努力坚持研究,无论它把我带向何方。与其他研究者一样,我很清楚我们的观点可能会被采用,也可能被滥用,甚至视而不见。但了解影响经济的各种复杂的驱动力本身就很有价值,我们与生俱来就对社会系统的运转充满好奇。但正如莎士比亚所说的,“世界是个大舞台,男人和女人都只是演员”(莎士比亚,1599)。如果只是作为选举人,那么我们都是这场大戏的演员。我们对这个复杂系统的感知影

① 参议员帕特里克·莫里汉在其颇具影响力的著作(1998)中提到,“冷战”时期如何滥用政治秘密,导致毫无必要的巨额军费开支。

响着我们的所作所为。

我投入经济学研究，希望能为失业、贫困和歧视问题稍尽绵薄之力。作为经济学家，我感到非常幸运，能够发现一些自以为有助于解释这些现象的观点。作为经济学老师，我也感到非常幸运，能够有机会减少某些信息不对称现象，尤其是能够阐释现代经济学的新信息范式及其他发展对这些现象做出了什么解释，还能够培养出一些优秀学生，他们也加速了研究日程。

然而，我个人并不满足于仅仅让别人来将上述观点付诸实践。作为美国政府及世界银行的公务员，我有幸能够亲身参与其中。我们有幸生长在民主国家，可以自由地为自己感觉更美好的世界而奋斗。作为学者，我们有幸继续捍卫学术自由。当然，自由也伴随着责任：利用我们享有的自由，尽我们所能，确保未来将会是一个经济繁荣、社会正义的世界。

（滕　超 译　任光辉 校）

2002获奖者

丹尼尔·卡内曼

Daniel Kahneman

【获奖理由】把心理学分析和经济学研究结合，尤其在不确定因素下的人类判断和决策方面的研究做出重大的突破。

生平简介

1934 年	出生于以色列特拉维夫
1954 年	获希伯来大学心理学与数学学士学位
1961 年	获美国加州大学心理学博士学位
1961—1978 年	希伯来大学任教
1978—1986 年	任哥伦比亚大学心理学教授
1986—1994 年	任加州伯克利大学心理学教授
1993 年—	任美国普林斯顿大学心理学教授
2000 年—	兼任希伯来大学理性研究中心研究员

主要学术贡献

丹尼尔·卡内曼的主要贡献是在不确定条件下的人为判断和决策方面的发现。他展示了人为决策是如何异于标准经济理论预测的结果。他的发现激励了新一代经济学研究人员运用认知心理学的洞察力来研究经济学，使经济学的理论更加丰富。

丹尼尔·卡内曼将心理学研究的视角与经济科学结合起来，成为这一新领域的奠基人。卡内曼在不断修正“经济人”假设的过程中，看到了经济理性这一前提的缺陷，也就发现了单纯的外在因素不能解释复杂的决策行为，由此正式将心理学的内在观点和研究方法引进了经济学。他证明了人类的决策行为如何系统性地偏离标准经济理论所预测的结果。

主要学术成果

《前景理论》(1975)

《直觉预测:偏见和纠正程序》(1977)

《不确定情况下的判断》(1982)

《福利:快乐主义心理学的基础》(1999)

《选择,价值和框架》(2000)

《直观推断与偏见:直觉判断的心理学》(2002)

《思考,快与慢》(2011)

2002获奖者

弗农·史密斯

Vernon L. Smith

【获奖理由】为实证经济分析,尤其是选择性市场机制的研究,建立了一系列实验室工具。

生平简介

1927 年	出生于美国堪萨斯州威奇托
1955 年	获哈佛大学博士学位
1956—1967 年	任职于普度大学
1968—1975 年	任职于马萨诸塞大学
1975—2001 年	任职于亚利桑那大学
1990—1991 年	任西部经济学会会长
2001—2008 年	任美国乔治·梅森大学经济学和法律教授
2008 年—	任查普曼大学经济学和法律教授

主要学术贡献

弗农·史密斯建立了用于经验经济分析尤其是可变换市场机制的工具——实验室测试方法,为创立实验经济学研究领域奠定了基础。他开创了一系列实验方法,为通过实验室实验进行可靠的经济学研究确定了标准。他揭示了替代性研究机构的重要性。他还是"风洞实验"理论研究的先驱。因此,史密斯的研究成果对确立把实验方法作为经验主义经济分析中的一个必需的工具起到了有力的推动作用。

他最重要的成果是针对市场机制的研究,证明了可选择性的市场制度的重要性。他也在竞争性市场均衡性质的创新实验、不同的拍卖形式的检验和设计诱导价值方法等问题上奠定了基础。

主要学术成果

《竞争性市场行为的实验研究》(1962)
《实验性拍卖市场与瓦尔拉斯假定》(1965)
《实验经济学研究:一个研究年鉴》(1979)
《讨价还价和市场行为:实验经济学论文集》(2000)
《法律与非理性行为经济学》(2005)
《经济学中的理性:建构主义者与生态形式》(2008)
《实验经济学论文集》(2008)

颁奖词

瑞典皇家科学院 / 拉尔斯·戈兰·尼尔森

尊敬的国王和王后陛下,各位殿下,女士们,先生们:

经济学理论的一个基本假设为,进行经济行为的主体可以被看成是一个"经济人"。在这一假设下的人往往在自身利益的支配下,即便是处于结果难以预料的复杂处境中,也能理性地评价不同选择带来的结果,从而做出经济决策。尽管该假设很难成立,这一方法仍被证明具有相当高的价值,并增进了我们对许多经济现象的理解。

对经济理论中的假设进行实证检验,来自现实市场与经济体的调查结果进行对照,从而检验理论预估。但总的来说,因"现场数据"会受到无法控制、测量不准等因素的影响,必然因果关系的识别和鉴定是有问题的。经济学家不得不通过使用精巧的概率统计法来克服这些障碍,而许多自然科学家早已能凭借有控制的对照实验来测试他们的理论了。

对这些理论性和实证性经济科学的常见描述很有可能具有历史合理性,但如今两者都得做出修正。心理经济学研究者们越来越有信心证明,在一些场合中,个人并不像"经济人"那样行为。实验经济学研究者们已开发出进行经济学可控实验室研究的方法。一些学者,包括之前的桂冠得主都对这一研发做出了贡献:莫里斯·阿莱斯和赫伯特·西蒙由此将心理学视角带进了决策理论,约翰·纳什和莱因哈德·泽尔滕则进行了早期实验研究。今年的桂冠得主是这两个领域中的关键人物。

丹尼尔·卡内曼以认知心理学中最基础的,尤其是与不确定情况下的行为相关的真知灼见证实了经济分析。他与已故的阿莫斯·特维尔斯基联手进行了一系列经典实验,揭示了在不确定情况下人类如何紧紧跟随经验法则或快捷方式做出判断。例如,他们证明了大部分实验对象对大小样本的均值给予同等程度的信任。这一"小数定律"与概率中的大数定律相反,即样本平均值提供的总体均数的估计确定性随样本量增加而增加。概率估算的系统误差对金融市场尤其具有重要的影响。一个恰当的例证是我们大部分人都不得不选择一种退休基金。如果我们遵从小数定律,短期回报大大高于平均值的基金会吸引众多的投资者,即便这种利好完全由机会所决定。

卡内曼还系统地阐述了不确定情况下进行决策的新理论，即前景理论。这一理论能比传统的经济学理论更好地抓住人类决策过程中的行为模式。前景理论中的一个关键点是个人将不确定结果与以决策情境为转移的参照水平相比较，而不是根据一个绝对尺度来评价结果。另一个关键点是个人对概率的知觉在某种程度上被允许偏离实际预估。

卡内曼在个人基础上研究了人类的判断和决策，弗农·史密斯则分析了个体与市场间的相互作用。他的研究中重复出现的特点是：不断研发出进行经济实验的可行性方法。在可控性实验中，有思考能力的人们在实验室做出经济决策。其中产生的问题完全不同于做基本粒子或细胞实验产生的问题。史密斯论证了处理这些问题的方式。

史密斯在他的一个实验中将被试分组为买家和卖家。之后他允许他们根据既定规则对一货品进行投标。尽管被试并不了解供求状况，史密斯发现实验室得出的价格趋向于供求相当时的理论均衡价格水平。后续实验证实总体结果是变动的，而价格的调整系统性取决于支配着整个交易的精确原则。

拍卖在很多情境中都被用到，例如，销售政府债券，以及近年来对之前移动电话信号传输权的垄断和分配进行的私有化。经济学理论明确阐述了关于不同拍卖方式的后果的预测，但是仅仅在观测数据的基础上预测难以得到检验。史密斯通过实验，证明了拍卖方式及平均出售价格之间的系统关系。这种关系在某些案例中与理论预测一致，但在另外一些案例中则偏离了理论预测。

近年来，史密斯还论证了能运用于更为复杂情况下的实验。在这些复杂情况中，经济学理论并不提供精确的结果。对原型风洞的测试能使工程师们在把真正的飞机送上天之前得到指导。同样的，史密斯证明，实验室实验能让经济学家们在开始新的市场策略前得到指导。

卡内曼教授，来自认知心理学的真知灼见对确立新的理论及实证性成果起了相当的作用；在不断前进的研究中，在它们的引领下进行了富有创见的尝试，重新论述了经济学与财政理论的许多方面。跨学科这一新兴"大桥"在很大程度上能为你在经济学和心理学之间的边界上所做的研究做出贡献。史密斯教授，经济学以前被认为是一门非实验性科学。这样的情形早已不再；如今，经济学实验在全世界的专业实验室中成为常规做法。规模大小或伦理道德或许会限制经济学的实验，但你发明的方法仍然丰富了我们进行实证的工具箱。你们两位对经济的研究令人兴奋，为经济研究的焕然一新打下了基础。我万分荣幸地代表皇家科学院向两位表达最热烈的祝贺。现在请两位走向前来，从尊敬的国王陛下手中领奖。

（陆　萍 译　柴志贤 校）

获奖演说

有限理性的图谱:直觉判断与选择的视角[①]

丹尼尔·卡内曼

诺贝尔委员会提到的工作是我和阿莫斯·特维尔斯基在长期非同寻常的亲密合作中共同完成的。我们一道探索了直觉信念心理学和选择理论,同时考查了其中的有限理性。本文为我们通力合作的三个主要课题,即启发式判断、风险选择和框架效应提供了一个当前的视角。在所有这三个领域中,我们研究了直觉——快速进入头脑并不经过反思的想法和倾向。

我根据在几十年内成为社会认知心理学核心的两个概念,回顾了过去的研究及最近的一些发展:思维在可认知性这一维度上的差异,即一些直觉较其他更容易进入头脑以及直觉与深思熟虑思考过程间的区别这两个概念。

在本文的第一部分,我区分了认知功能的两种普遍模式之间的差异,自动、快速进行判断与决定的直觉性模式与深思熟虑、缓慢的控制性模式。第二部分描述了不同判断和反应的相对可认知性的决定因素。第三部分解释了差异显著性和可及性方面的框架效应。第四部分将前景理论与一般命题联系,即认为变化与差异比绝对值更具可及性。第五部分评价回顾了启发式判断的特征替代模型。第六部分描述了一类特定的启发法,即所谓的原型启发法。第七部分讨论了直觉思维和深思熟虑思维之间的相互作用。

一、直觉与可认知性

最早期引导特维尔斯基和我进行研究的是这样一种想法:直觉判断在知觉的自发活动和深思熟虑的推理活动中占据了一个位置——也许与进化史相对应。我们首篇联手发表的文章研究了精通统计的研究者所做的随意的统计判断中的系统性错误(特维尔斯基 & 卡内曼,1971)。很明显,这些专家的直觉判断并不遵照他们相当熟悉的统计原理。他们的直觉性统计推论和他们的统计功效估计,尤其显示出对样本量产生的影响极其缺乏敏感性。在我们自己和同事身上观察到的统计直觉和统计知识直觉之间持久性的差异给我们留下了深刻的印象。给我们留下印象的另外一个事实是重

---

① 本文重新审视了阿莫斯·特维尔斯基和我多年以前研究的诸多问题,同时继续在持续了几十年的对话中讨论这些问题。本文在诺贝尔演讲基础上,由我女儿勒诺·肖厄姆协助整理而成。本文以对判断启示法进行的分析为基础,这是我和夏恩·弗雷德里克一起合作研究开发出来的(卡内曼和弗雷德里克,2002)。夏恩·弗雷德里克、戴维·克兰茨和丹尼尔·瑞斯伯格为这项工作提供的帮助已远远超出友情的召唤。克雷格·福克斯、彼得·麦格劳、丹尼尔·里德、戴维·施卡德和理查德·赛勒提出了深刻的见解和建议。库尔特·肖普提供了宝贵的帮助。杰弗里·古德温、艾米尔·戈伦则帮助我进行了学术核查。我的研究得到了 NSF 285-6086 项目及普林斯顿大学公共与国际事务伍德罗·威尔逊学院的支持。本文的另外一个版本于 2003 年 9 月刊登在《美国心理学家》上。

大的研究决定，如一个实验中样本量的选择，一般受更了解情况的人们的有缺陷的直觉的引导。用很久以后被承认的专业术语说，我们拥有一个双系统视野，这种视角将直觉与推理区分开来。我们的研究紧扣直觉产生的错误，不仅是为了研究它们的内在价值，还为了挖掘它们作为认知机制的诊断性指标的价值。

双系统视野

直觉与推理之间的差别一直是过去多年来人们颇感兴趣的话题（见爱泼斯坦，1994；哈蒙德，1996；雅各比，1981，1996；以及蔡金和特洛普搜集的无数模型，1999；对直觉较全面的回顾，参阅霍格斯，2002；迈尔森，2002）。尤其是这两种思维模式间的差异已被用来试图组织非确定条件下决策研究中看起来似乎互相矛盾的结果（卡内曼和弗雷德里希，2002；斯洛曼，1996，2002；斯坦诺维奇，1999；斯坦诺维奇 & 韦斯特，2002）。斯坦诺维奇和韦斯特（2000）将这两种认知过程标记为系统 1 和系统 2。对这两者的区分性特征人们有着非常一致的看法。图 1 对这些特征进行了总结：系统 1 的运行快速、自动、不费力、有关联性，难以控制或调整。系统 2 的运行则更慢，系列性费劲，需要有意识地控制；它们同时相对更灵活，较多地受规则制约。如图 1 表明，系统 1 的运行特性与永久性过程的特点类似。另一方面，如图 1 所示，系统 1 的运行和系统 2 一样，不受电刺激处理的制约。直觉判断处理概念及认知对象，并可以由语言唤起。

在我们将要呈现在这里的模型中，认知系统与系统 1 的直觉运行产生了对认知和思考对象特性的印象。这些印象不是有意识活动的结果，也不需要在言辞上明确地表达出来。相反，判断不管是否被公开地表达出来，总是明确清楚和有意图的。因此，系统 2 参加了所有的判断，无论这些判断是源自印象还是经过深思熟虑的推理。“直觉的”这个词也适用于对这些直接印象的判断。和其他一些双重处理模式一样，系统 2 的功能之一是监控思维活动和外显行为（吉尔伯特，2002；斯坦诺维奇 & 韦斯特，2002）。用这里所使用的拟人说法来说，人们做出的明确判断（无论显性与否）都得到系统 2 的背书，至少是被动地。卡内曼和弗雷德里希（2002）提出这种监控通常是松懈的，它使很多直觉判断可以被表达出来，包括一些错误的直觉判断。

弗雷德里希（2003，个人交流）利用一些简单的问题来研究认知的自我监控。例如，购买一块球拍和一个球总共花了 1.10 美元，球拍比球多花了 1 美元，请问买球花了多少钱？几乎每一个人都倾向于回答“买球花了 10 美分”，因为总价是 1.10 美元，因此很自然就分成了 1 美元和 10 美分，从而得出 10 美分就是买球费用。弗雷德里希发现很多聪明人受制于种种即时冲动，在普林斯顿大学的受试学生组中，50％的人（47/93）得出了错误的答案；在密歇根大学的受试学生组中，56％的人（164/293）得出了错误的答案。显而易见的是，这些受试者没有事先检查答案就给出了他们的回答。在这个简单的问题中，错误率高得惊人，这个例子说明，系统 1 的输出并没有受到系统 2 的严密监控。也就是说，人们并不习惯于费力的思考，而是通常满足于相信一个可以很快进入其脑海的似是而非的判断。值得注意的是，弗雷德里希发现，在这个问题中出现的错误和在其他同类问题中出现的错误预示着延迟奖励（高贴现率）及欺骗。

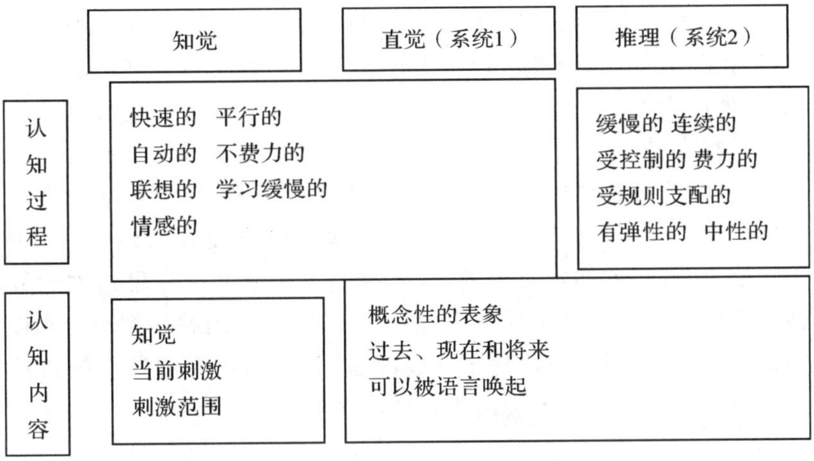

图 1　三个认识系统

可认知性维度

对直觉判断和偏好的当前分析中的核心概念是可认知性——有助于某种心理内容进入头脑(希金斯,1996)。直觉思维的一个定义属性是它们是自发进入头脑的,如知觉。那么要理解直觉,我们就必须理解为什么有些思维是可认知的,而有些却是不可认知的。可认知性这一概念在这种处理中比在一般使用中应用得更广。对一个在某一时刻某一情境中的某个个人来说,种类标签,描述性维度(属性,特征),维度值,所有这些都能被描述为是可认知的或不太可认知的。

为说明可认知性的差异,参见图 2a 和 2b。当我们看到图 2a 的物体时,我们所得到的即时印象是图中柱状物的高度、柱状物最上面一层的面积,同时还可能是柱状物的体积。把这些印象转化成高度单位或者体积单位需要一个深思熟虑的过程,但是这些印象本身是高度可认知的,也即它们很容易进入我们的脑海。对于其他特性,没有任何知觉印象存在。尽管我们可以通过一个深思熟虑的程序估算出构成柱状物的木块平铺的面积,例如通过把这些木块的数量和单个木块的面积相乘起来得到,但是这一面积在知觉上是不可认知的。当然在图 2b 的情形下,情况正好相反。现在这些木块平铺在一起,我们立刻可以得到木块的总面积这个印象,但是用这些木块建成图 2a 中的柱状物的高度则不然。

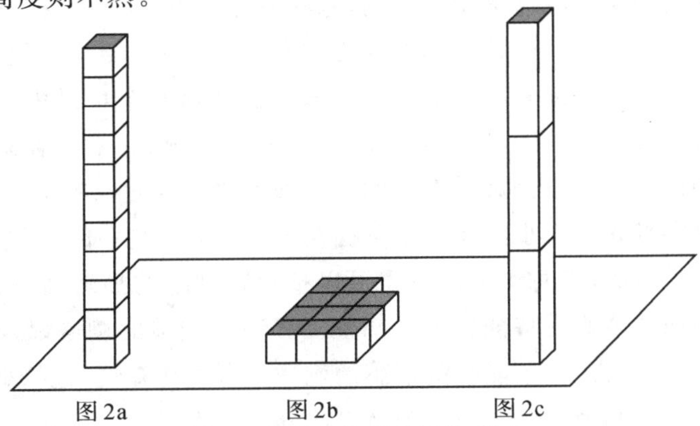

图 2　有差异的可认识性例子

一些关联特性是可认知的。因此,显而易见的是,乍一看图 2a 和图 2c 是不同的,但是如果各自与图 2b 相比,图 2a 和图 2c 更相似。同时,这些总体的统计性特征也是可认知的,而其他的则不然。例如,思考以下问题,"图 3 中这些线段的平均长度是多少?"这个问题是很容易的。当一系列同类物体呈现给观察者——不管是同时呈现还是接二连三地呈现,这类物体的表象会被自动地计算出来,其中包括非常精确的关于平均长度的信息(丹·阿里利,2001;丛相哲和安妮·特瑞曼,2003)。原型的表象不仅是高度可认知的,而且有着知觉对象的特征:我们不用借助于深思熟虑的程序就形成了这组典型线段的印象。在这个任务中,系统 2 的唯一作用就是把典型长度的印象描绘到适当的范围。相反,对于下面这个问题的答案"展示出来的这些线段的总长度是多少",如果不经过深思熟虑是不会出现在脑海中的。

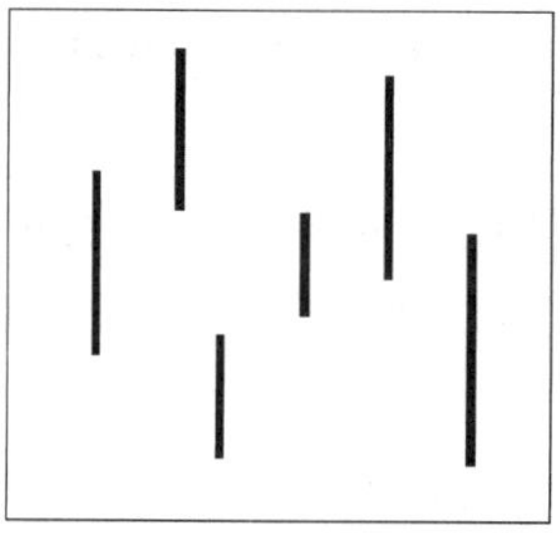

图 3　统计特点不同的可认知性

这些感知方面的例子有助于建立可认知性的一个维度。在这个维度的一端,我们发现了既有知觉特征又有直觉系统 1 特征的认知活动:它们是快速的、自动的和不费力的。在这个维度的另一端,则是缓慢的、连续的和费力的认知活动,人们需要运用特殊的推理来执行这些认知活动。可认知性是一个连续统而不是一个两分法,同时一些费力的认知活动要比其他认知活动更费力。可认知性的一些决定性因素可能来自遗传;其他的决定性因素则由经验发展而来。技能的获得逐步增加了有用反应和高效的信息组织方式的可认知性,直至娴熟到毫不费力为止。一个大师级的国际象棋手并不会和新手一样来理解同一盘棋。经过坚持不懈的练习,通过视觉在一堆木块中识别出由木块组成的柱状物也不是难事。

如可认知性这一概念在这里所使用的,它包括了刺激显著、选择性注意和反应激活或启动效应这些概念。一个场景的不同方面和成分,一个场景中的不同物体,一个物体的不同属性——这些或多或少都是可认知的。任何某个场景中可认知的事物主要是由判断对象的实际属性所决定的。在图 2a 中比在图 2b 中更容易看到一个柱状物,因为图 2b 中的塔状仅仅是虚拟而成的。物理上的显著性也决定了可认知性:如果把一个大的绿色字母和一个小的蓝色字母摆在一起同时呈现,那么绿色的字母会首先进入我们的脑海。然而,有意识的注意力可以抵消物理上的显著性:一份寻找小物体的说明书会提高该物体所有特征的可认知性。和动机相关的刺激以及能唤醒情感的刺激同时吸引了注意力。一个能唤醒情感的刺激具有可认知性,包括那些与它的动机或情感意义无关联的刺激。这一事实当然是户外广告牌设计者所深知的。

刺激越抽象，显著性和自发产生的类比效应以及主动注意就越容易发生。例如，陈述句“A 队打败了 B 队”和“B 队输给了 A 队”，表达了同样的信息，但是因为这两个句子关注不同的主语，所以导致了不同的可认知性思维。可认知性同样反映了启动效应和短暂的联想激活状态，以及感觉和认知系统的持久性操作特性。例如，正如降低了辨别出这些特征表现的阈值所显示的，提起一个熟悉的社会类属会暂时提高与该类属典型形象的特征有关的可认知性（希金斯，1996；关于这方面的概述，参见菲斯克，1998）。情感和动机的高度唤起的“火热”状态，极大地提高了与直接情感和现有需求相关的思维的可认知性，并减少了其他思维的可认知性（乔治·洛温斯坦，1996）。

知觉系统或者系统 1 无须有意识的活动，或者不费力就可例行公事地、自动地产生出来的特性，特维尔斯基和卡内曼（1983）称之为“自然评价”。我和弗雷德里希（2002）归总了这些自然评价中的一部分，除了如尺寸、距离和响亮程度这些物理特性以外，还包括一些更抽象的特性，如相似度（如特维尔斯基和卡内曼，1983）、因果倾向（卡内曼和瓦雷里，1990；海德，1944；米苏特，1963）、惊异度（卡内曼和米勒，1986）、情感强弱（如巴奇，1997；卡乔波，普里斯特和本特森，1993；卡内曼，莱托夫和施卡德，1999；斯洛维克，菲纽肯，彼得斯和麦格雷戈，2002；扎伊翁茨，1980）和情绪（施瓦茨和克罗尔，1983）等。可认知性自身就是一个自然评价——对知觉和记忆中的认知流利度的常规评价（如雅各比和达拉斯，1981；约翰逊，达克和雅各，1985；施瓦茨和沃恩，2002；特维尔斯基和卡内曼，1973）。[①]

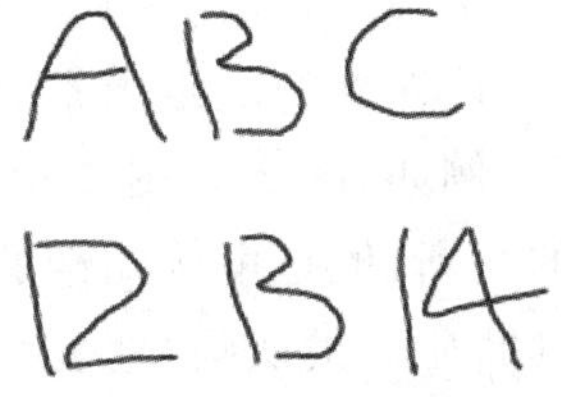

图 4　情景对可认知性的影响

图 4 是有关情景影响可认知性的一个说明。一个模糊不清的刺激在以字母为内容的情景中，会被看作是字母；而在以数字为内容的情景中，则会被看作是数字。图 4 说明了另外一个重要的观点，即在有意识的知觉中，模糊不清受到彻底的压制。对于那些看到挨得很近的字母和数字的读者来说，图 4 中的模糊不清不复存在。但是，当字母和数字被分开展示时，观察者就不会自动地意识到另外一个解释。他们“看到”的解释就是，认知对象在某种情景下最有可能呈现的表象。但是，如果没有主观暗示，那么观察者对认知对象的解释就会有所不同。同样的，在母亲/女儿像或纳克方块等双稳图中，没有对不稳定性的认知表征。几乎所有人（有一个令人好奇的案例报道，参见维特赖希，1961）都把埃姆斯房间看成是长方形的，即便他们完全明白这个房间是变形

① 可得性法则建立在可认知性的评价之上，其中频率或可能性由事件进入头脑的费劲程度进行评价。对于这种术语上的混乱，我和特维尔斯基要负主要责任。

的，照片没有提供足够的信息来说明它的真实形状。正如建造埃姆斯房间的处理人所强调的，知觉是对我们没有意识到的感觉的选择，我们知觉到的是已被选择的感觉。

被看成是内在于一些系统中的非预测性在心理学上异于认知上的不确定性，后者是造成自身无知的一个因素（卡内曼和特维尔斯基，1982b）。竞争倾向往往被知觉到——就像一场比分接近的马赛中我们能看到的。对实际发生事件的反事实替代也被知觉到——我们可以看到一匹马朝终点线奋力追赶，认为它“几乎要赢了这场比赛”（卡内曼和瓦里，1990）。但是，和竞争性倾向形成对比的是，对现实的竞争性阐释似乎是相互抑制的：我们不会把在终点线的每一匹马都看成是赢或输的。认知上的不确定性和模糊性不是自然评价。

不确定性在直觉和知觉中都没有得到充分的表征。事实上，创造出判断启发这一概念是为了适用这样一种观察，即可能性的直觉判断以类似性、联想流畅性等等这些与非确定性没有内在关联的属性为中介。正如克莱恩（1998）所描述的那样，有关直觉决策的一个主要发现是，有经验的决策者在压力下（例如，与公司领导争吵）工作，他们很少需要在多个选择中做出决定，因为在大多数情况下，只有一个选择进入他们的脑海。被拒绝的选项没有得到表征。怀疑是系统 2 的一种现象，它表示我们能意识到某人对同一个事物会给出截然不同的看法。

正如这一讨论所展示的，对于可认知性的决定因素我们已经了解得很多了，但是对可认知性还没有一个综合性的理论解释，也不期望会马上出现这样一种理论。但是，在对判断和决策进行研究这一情境下，理论的缺失对概念的有效性没有什么损害。对大多数用途而言，重要的是对可认知性的决定因素的经验性归纳被广泛接受——当然，还有证明它们有效性的程序。例如，图 2 和图 3 中不同属性的有差异的可认知性这一说法诉诸感知者两相情愿的判断，但是可认知性的说法也可以用其他方式进行测验。相对不可认知性的特征的判断尤其被认为是大大减慢，并更容易受到同时进行的心理活动的干扰。执行一些任务的同时甚至能将一些数字保持在记忆中以进行随后的回忆，但是在知觉负荷下，执行更费劲的任务会失败。

对可认知性以及直觉与知觉之间的类比的思考在我之后会简单阐述的研究项目中起着核心作用。当对同一问题的不同描述强调结果的不同方面时，决策中的框架效应（第三部分）就出现了。前景理论（第四部分）的核心想法是变化与差异比刺激物的绝对水平更能被感知。判断启发解释了信仰与偏好中许多系统性错误，而在第五部分，判断启发以属性替代过程得到了解释：人们有时会用更具可认知性的属性进行替代，以此来评价难以认知的属性。系统 2 中改正或推翻直觉判断能力的不同由相关规则的可认知性中的不同进行阐释（第六部分）。第七部分则探讨了平均值与总值的有差异的可认知性的不同表现。

二、框架效应

图 2 中，同样的特性（一副积木的总高度）在一种呈现方式中是高度可认知的，在另一种呈现方式中则不是，尽管这两种呈现方式中都含有同样的信息。这种观察再平

常不过了——一个刺激物的一些特性被自动感知,而一些特性必须得到计算,或者有一个特性在一个对象的一种呈现方式中被感知到,在另一种呈现方式中则必须得到计算——这看起来没什么令人震惊的。但在决策情境下,类似的观察对理性经济人提出了极大的挑战。偏好不受选择或后果的不相关特征的变化的影响这一假设被称为"外延性"(阿罗,1982)和"恒定性"(特维尔斯基和卡内曼,1986)。恒定性是理性的一个重要方面。在论证亚洲病这类问题的"框架效应"时,恒定性被违反了:

问题 1——亚洲病

想象一下,美国现在准备应付一种不同寻常的亚洲病的爆发,据估计该疾病将导致 600 人死亡。人们提出两个可供选择的方案来抗击这种疾病。假设对这两个方案的后果有如下确切的科学估计:

如果采纳方案 A,就可以拯救 200 人。

如果采纳方案 B,就有 1/3 的可能性 600 人全部被成功拯救,另外有 2/3 的可能性是无人生还。

在这种版本的问题中,大多数实验参加者实际上会选择方案 A,显示出他们是风险规避的。随机选择的其他实验参加者也要接受同样的提问,但是用不同的方式来描述这些选项。

如果采纳方案 A,就有 400 人丧命。

如果采纳方案 B,就有 1/3 的可能性没有人员伤亡,同时有 2/3 的可能性 600 人会全部丧命。

现在,大多数实验参加者会支持方案 B,显示出他们是风险偏好的。尽管问题的这两个版本没有实质的差异,但是它们唤醒了不同的联想和评价。在确定的选项中,我们最容易看到这一点,因为相比于高度可能性的结果或者中等可能性的结果,人们更看重确定的结果(卡内曼和特维尔斯基,1979)。因此,救人的这种确定性极大地吸引了人们的注意,而接受人们要死亡的确定性则极其让人厌恶。这些即时的情感反应分别支持了方案 A 而非方案 B,同时也支持了方案 B 而非方案 A。正如在图 2a 和图 2b 中,结果的不同表象突出了状况的某些特征,同时掩盖了其他特征。

如何判断两个决策是"相同的"还是不同的。对于这个问题没有统一的回答。为避免这个问题,特维尔斯基和我将框架效应限制在选择问题的差异,这样决策者在考虑后直接认定这两种情况本质是相同的。亚洲病问题通过了这个测试:被要求比较这两种版本的调查对象几乎都认为两种情况下都应采取相同的行动。观察者赞成让形式化中的肤浅细节决定生与死后果的选择未免草率。

在另外一个著名的令人尴尬的框架效应的例证中,麦克尼尔、波克尔、索克斯和特维尔斯基(1982)通过以生存率和死亡率来描述结果统计,诱导出手术治疗和化疗两个不同的选择。因为 90%的短期生存率没有 10%的即可死亡率那么凶险,生存的框架产生出了相当高的进行手术的偏爱。框架效应在有经验的医生中的表现与在病人中一样显著。

沙菲尔(1993)让调查对象充当法官的角色,宣判离婚父母对孩子的监护权,对每个家长的品质都进行了陈述。其中一个比另一个内容更丰富,包含了更多负面和正面的品质描述。现在指令的框架发生了变化,一些调查对象被问及应该接受哪一方的监护请求,另外一些则被要求决定应该拒绝哪一方的监护请求。具有丰富描述的一方在两个不同指令情况下都得到赞同,可能是因为调查对象在决定接受哪方监护请求时注意到了它的许多优点,而在决定拒绝监护请求时注意到了它的许多不利之处。

勒伯夫和沙菲尔进行的一项大型研究(出版中)用被试间设计检验了之前的一种说法,即认为框架效应对"认知需求"(史密斯和莱文,1996)方面得高分的参与者来说是狭隘的。原先的效果在更广泛的研究中没有重复出现。但是勒伯夫和沙菲尔指出在被试内设计实验中考虑周到的个体确实显示出程度更高的稳定性。在被试内设计中,每个被试者都会接触每个问题的两种不同说法。这一结果与当前分析一致。具有活跃的系统 2 特征的被试者比其他人更能注意到两种不同说法之间的关系,对它们的反应更具有一致性。相关线索缺失时,深思熟虑无法给予任何优势,由此在被试间设计中与表现没有相关性。

框架效应并不局限于决策:西蒙和哈耶克(1976)记录了在解决问题领域中观察到的一个类似现象。他们设计了一批图形转换谜题,所有的谜题在形式上都与汉诺塔问题一样。他们发现这些"同构问题"在难度上差异巨大。例如,初始状态与目标状态在两种说法中都被描述为三个拿着不同颜色小球的怪物。状态转换在一种说法中被描述为小球颜色的变化,在另一种说法中是从一个怪物手中传到另外一个怪物手中的小球。以情感为框架,这个谜题更容易得到解决。作者评价说"主体有可能根据某一标准去寻求最简单的表象,或者将所有这样的问题转化为相同的规范表象……",但是"即便这些备选策略可以被认知,主体也不会采用,而是会采纳构成最直接转化的表象……"(西蒙和哈耶克,1976,第 183 页)。

框架效应的基本原理是被动接受给定的方案。它还适用于这些谜题、图 2 中的图示以及标准框架效应。人们并没有自动地计算用木块搭建的柱状物的高度,人们也没有自动转换各种疑惑或者决策问题的表象。但有趣的是,一些专门的感觉和认知系统对某些种类的刺激表现出一种有限的、生成规范表象的能力。例如,从某个角度看到过一张脸以后,观察者会从另外一个角度认出这张脸。他们还会辨别出黑白照片中的这张脸,甚至是这张脸的轮廓素描。但即便是万能的人脸识别模块也有其局限性:它在识别颠倒放置的熟悉人脸时性能低下。支持语言理解的大脑机制也有巨大的能力去除一句话的表层细节而直达意思要点,但这种能力也有局限性。如果不经过一些深思熟虑的计算,几乎没有人能够一眼就看出"137×24"和"3288"在数值上是一样的。有限的心智无法达到恒定性。

心智恒定的不可能性对理性选择模型的描述性的现实主义提出了重大质疑(特维尔斯基和卡内曼,1986)。如果缺失一个能生成可靠而适宜的规范表象的系统,那么决定事物状态的不同特点是否可认知的因素会影响直觉决策。高度可认知性特点会影响决策,而低可认知性特点绝大部分都会被忽略。遗憾的是,没有理由相信最具可认知性的特点与一个好的决策具有高度相关性。

三、变化和状态:前景理论

知觉系统的一个总的特征是,这些系统旨在加强变化和差异的可认知性(帕默,1999)。知觉是依赖于参照物的:一个焦点刺激物的那些可感知的特性反映了当前刺激、以前刺激和同时发生的刺激之间的差异。图5反映了视觉上的参照物依赖性。图中有两个被围起来的正方形,它们的实际亮度是一样的,但它们的视觉亮度是不一样的。该实验表明,某一面积的亮度并不是光能的单变量函数。视觉亮度的描述还需要一个参数作为参照值(往往被称为适应亮度),而这一参照值受周边面积亮度的影响。

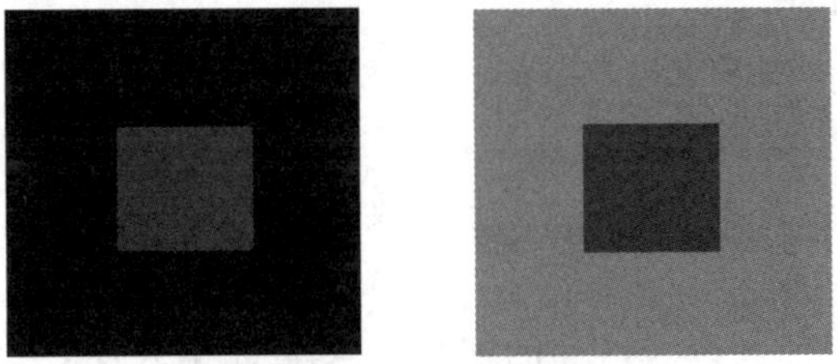

图5 亮度知觉中的参照物依赖

与当前刺激进行比较的参照值也反映了对以前刺激适应的过程。有一个大家都很熟悉的例证。三桶不同水温的水,从左到右从冷水到热水排列,中间放置温水。在适应阶段,左右手分别浸入冷热水中。一开始强烈的冷感或热感渐渐消失。当双手再放入中间的桶里时,感受到的是左手的热和右手的冷。

选择中的参照物依赖

特维尔斯基和我开始联手研究风险决策时,我们想到的是知觉适应方面的事实。以知觉这一类似物为指导,我们期待决策结果的评价是依赖参照物的。但是我们注意到,参照物依赖与这一领域中普遍的理论模式——期望效用理论的标准解释不相容。这个缺陷可以追溯到第一次提出期望效用理论的杰出文章(丹尼尔·伯努利,1738)。

伯努利的目的之一是确认穷人买保险、富人卖保险这一直觉是合乎情理的。他认为与财富增长相关的效用增长与起始财富成反比,从这一似乎合理的心理学假设中,他推断出财富的效用函数是对数式的。接着他提出,风险决策的理性决定定则是最大化财富的期望效用(道德期望)。这一主张达到了他的初衷:它解释了风险规避,以及富人和穷人对待风险的不同态度。他引入的期望效用理论仍然是风险选择中占主导的模式。伯努利的这篇文章是规范性的,它谈到了人们应该明智地或理性地做什么;但是,期望效用理论也意图描述理性人的选择(吉仁泽等人,1989)。与大多数现代决策理论一样,伯努利的这篇文章并没有指出规范分析和描述性分析之间的矛盾,认为决策者通过最终资产的效用来评价结果的观点在经济学分析中流传了近300年。这一点非同寻常,因为我们很容易证明这一思想是错误的,我称之为"伯努利错误"。

伯努利的模式因其独立于参照而有误:某一特定状态的财富的所给价值不随决策

者财富的初始状态而变化[①]。这种假设违背了知觉的一个基本定理,其中有效刺激不是刺激的新水平,而是它与当前适应水平之间的差异。与知觉的这种类比提示我们,效用的载体是收益和损失,而不是财富的状态。对选择的实验性和观察性研究中出现的证据充分支持了这种提示(见卡内曼和特维尔斯基,2000)。当前的探讨依赖两个思维实验,是特维尔斯基和我在开发我们称之为前景理论的风险选择模式时设计的(卡内曼和特维尔斯基,1979)。

问题 2
你会参与以下赌博吗?
50%的机会赢得 150 美元,
50%的机会输掉 100 美元,
如果你的全部财富少于 100 美元,你会改变选择吗?

在问题 2 中,很少有人参与这样的赌博。实验证据表明,大多数人会拒绝一个输赢机会各半的赌局,除非赢的金额至少 2 倍于输的金额(例如特维尔斯基和卡内曼,1992)。当然,对于第二个问题的回答是肯定的。

接下来让我们来看一看问题 3。

问题 3
你会选择如下赌博中的哪一种?

肯定会输掉 100 美元。
还是
50%的机会赢得 50 美元,
50%的机会输掉 200 美元,
如果你的全部财富多于 100 美元,你的选择会改变吗?

在问题 3 中,输赢各有 50%可能性的赌局似乎比肯定要输的赌局更加吸引人。实验结果显示,回答这类问题的实验参加者往往是风险偏好的(卡内曼和特维尔斯基,1979)。在这里,实验参加者并没有认真考虑总财富 100 美元的变化会影响偏好这一思想。

问题 2 和 3 引发了偏好的突然改变,但是从伯努利角度来看,这种变化是一种框架效应:从最终财富这点来说,这两个问题不同之处仅在于在问题 3 中总价值降低了

① 伯努利理论中随财富而变化的是对某一财富变化的反应。这种变化由财富的效用函数曲线来表示。如果这种函数是依赖参照的,不可能得出这种函数,因为效用不仅仅依赖当前财富,还依赖于财富的参照水平。

100 美元——当然是一种无逻辑的变动。在早期的探索中,我们考察了很多这种类型的配对选择,并得出了如下结论:财富的效用函数并不能合理地解释风险规避到风险偏好的突然转变。偏好似乎由人们对收益与损失的态度所决定,并由一个参照点所定义。但是,伯努利的理论和该理论的后继者并没有纳入参照点。因此,我们提出另外一个风险理论,在该理论中,效用的载体是收益和损失,也即是财富的变化而不是财富的状态。前景理论(卡内曼和特维尔斯基,1979)接受偏好是依赖参照物的这一观点,而且将这一假设要求的其他参数包括在内。

期待理论独到的预测可由价值函数形状推断出,见图 6。

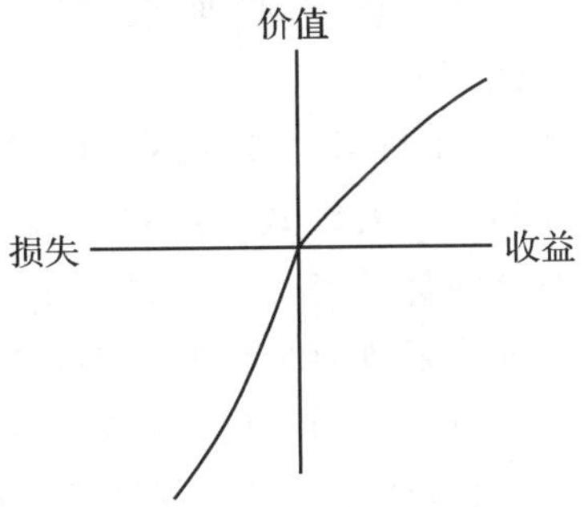

图 6　财富变化的价值函数图

价值函数根据收益与损失定义,有四大特点:(1)在收益区间,价值函数是凹的,这意味着风险规避;(2)在损失区间,价值函数是凸的,这意味着风险偏好;(3)最重要的是,价值函数在参照点处有一个拐点,这意味着损失规避——价值函数在损失区间的斜率 2—2.5 倍于它在收益区间的斜率(卡内曼等人,1991;特维尔斯基和卡内曼,1992);(4)一些研究显示两个定义域中的函数由于具有相同指数的幂函数而相当接近,两个指数都小于 1(斯威姆,1966;特维尔斯基和卡内曼,1992)。但是,价值函数不能用于描述总资产相对大的损失偏好,这种情况下可能出现的后果是破产或接近破产。

"伯努利错误"——即效用的载体是最终状态——并不受制于风险下的决策。独立于参照物的错误观点成了无差异图的标准化表述中的一部分。令心理学家迷惑不解的是,这些曲线并没有反映决策者当前持有的各种物品,这些物品对应于前景理论中的参照点。当然,这样的变量并没有被纳入消费者理论,因为该理论假设这样的变量是无关紧要的。

财富框架

前景理论的基石是:效用载体是财富的变化而不是财产的状态(卡内曼和特维尔斯基,1979,第 273 页)。这一说法暗指人们往往通过权衡增益和损失而不是最后状态来做出选择,但是这一命题是有限制的。先前对可认知性和框架设定的分析提出了一个更为稳健的选择,其中(1)决策问题可以从财富方面或者从变化方面来阐述;(2)两种阐述方式会导致不同的偏好。如,请思考问题 4。

问题 4

请估算你的财富总量，称为 W。

下列哪种情形更具吸引力：

你拥有 W，

或者

50％的机会拥有 W－100 美元，

50％的机会拥有 W＋150 美元。

对这类问题的非正式实验结果一致：对非确定财富状态的一般偏好，强烈印象是问题中提到的风险完全忽略不计。

从财富的最后状态来说，问题 4 与问题 2 一致。而且，大部分被试者思考后同意这些问题之间的差异是不重要的——太细微了，不足以成为不同选择的理由。这样，这两个问题中观察到的偏好差异满足了定义框架效应的要求。

控制可认知性以制造出这种框架效应是很明白的。问题 2 中的赌博会引起与直接结果相关的情绪评价，阐述不会让人想到总体财富。与此相反，问题 4 中的阐述喜欢把非确定性看成是与 W 相比微不足道，并且不提增益与损失。从这种角度看，两个问题引出不同表述，由此产生不同偏好就不足为奇了。

几世纪以来，伯努利的理论及后继理论一直被应用于决策问题，其结果总是从增益和损失方面进行阐述，而没有清晰地提及当前或最终的财富状态。期望效用理论的应用中隐含的假设是被描述成增益和损失的结果首先转化为最终财产状态，然后在那一表述中得到评价。按照先前对框架的讨论，转换的假设是非常难以置信的，问题 2 和问题 4 中观察到的不同反应为此提供了直接证据。

这一观点在其他方面也同样适用。现在考虑下这个问题，一个仅仅面临问题 4 的决策者。期待理论会进行初步的编辑操作，将期望以更简单的表达方式重新放入框架。但是问题 2 不是问题 4 的简写版本，它包括了增益和损失，这些是在问题 4 中没有提到的。对框架问题的讨论提示问题 4 会如它所陈述的得到评价——也就是从财富状态方面来说。事实上，一些现实世界的选择正是在那一框架中做出的。财政顾问和决策分析师想要引出客户的偏好时，尤其经常坚持从资产方面系统阐述结果。前景理论不会对财富框架内做出的决策进行精确描述。

无论是在现实世界还是实验研究中，绝大部分的决策被框定为增益和损失。对人们在财富框架内做出的选择还没有系统的研究，但是这些选择的其中一个重要属性是不容置疑的，与同等结果被框定为增益和损失时相比，它们一般更接近风险中性。财富框架认同风险中性，表现在以下两种方式。其一，这一框架没有提到任何风险，这样也就消除了损失规避。其二，和我们熟悉的一个知觉定理一样，小赌注的结果与大得多的财富总量情况比较，显得不那么重要。

正如我们在这里所说的，如果作为一个风险选择的描述性模型，伯努利的理论显然是不对的，那么为什么这个模型能够流传那么长的时间呢？答案似乎是，赋予财富以效用是理性的一个方面,因此和经济学理论建构中的一般理性假设相一致(卡内曼,2003a)。接下来,让我们考虑问题5。

问题5
两个人从他们的经纪人那里得到他们的每月财务报表:
A被告知她的财富从400万美元缩水到300万美元,
B被告知她的财富从100万美元上涨到110万美元。
这两人谁对目前的金融状况更满意一些?
在今天,他们两人谁更快乐?

问题3突出了理论对效用的不同解释。理论既可以将结果定义为状态,也可以将它们定义为变化。在伯努利的分析中,问题3的两个小问题中,只有第一个问题才是重要的,只有长期结果才有意义。相反,前景理论关注短期结果,同时价值函数可能反映了人们从状态变化中体验到的情感强弱和效价(卡内曼,2000a.b;芭芭拉·梅勒斯,2000)。效用的这些定义中哪一个更有用呢?为描述起见,短视的概念更胜一筹,但理性决策的规范性标准更青睐长期性的观点。伯努利的相对结果定义非常切合理性人模型。

值得注意的是,只关注长期也可能会在规范方面一无所获,因为人并不是生活在长期中。效用脱离不开情感,情感由变化引发。效用不能脱离情感,而情感受制于变化。如果决策理论完全忽视情感,如损失带来的痛苦和对错误的悔恨,它不仅在描述性分析的角度上是不合实际的,而且无法说明被真切体验到的决策结果的效用最大化,这里的效用也就是边沁所说的效用(卡内曼,1994,200a;卡内曼等人,1997)。

四、特征替代:判断启发法的模型

特维尔斯基和我一同进行的第一个研究计划是对不确定事件的各种判断进行一系列研究,其中包括数字预测以及对假说真实性的概率进行评估。我们在一篇整合后的文章中对此进行了回顾(特维尔斯基和卡内曼,1974)。这篇文章旨在说明:

“人们借助数量有限的启发原则,这些原则把评估概率和预测数值的复杂任务简化为比较简单的判断活动。总而言之,这些启发法是非常有用的,但是有时这些启发法会导致严重和系统性的错误”(特维尔斯基和卡内曼,1974,第1124页)。这篇文章的第二段介绍了这样一个观点:“对可能性的主观估计类似于对距离或大小等物理量的主观估计。这些判断都基于有限有效性数据、根据启发法进行加工的。”以山脉轮廓的模糊度来作为感知山脉距离的强有力决定因素,这可以解释启发性这一概念。依赖模糊度作为距离线索这种经验会使得在雾天夸大对距离的估计,在晴天则缩短对距离的估计。这就是启发法诱导的偏差范例之一。如这个例子所示,判断的启发法由它们必定引起的特性误差得以定义。

1974年的综述中介绍了三种启发法:可得性启发法、代表性启发法和锚定启发法,以及12种系统偏差,包括非回归预测、忽视先验概率信息、过分自信、高估那些容易被回忆起来的事件的发生频率。一些偏差可以用已知数量和统计事实估计中的系统性误差来定义，其他偏差可以由直觉判断的规律性和概率论原理（如贝叶斯推断和回归分析）之间的差异来定义。文章定义了直觉判断研究中所谓的“启发与偏差方法”，它成为大量研究文献的论题（卡内曼，斯洛维克和特维尔斯基，1982；吉洛维奇，格里芬和卡内曼，2002）及巨大争议的中心。

尚思·弗里德里希和我最近依据30年间判断研究及认知心理学这一更广阔领域中的发展重新回顾了启发偏差概念（卡内曼和弗雷德里克，2002）。新模式在三方面与原先的启发法阐述有显著不同：(i)它提出以特征替代的一般过程解释判断启发如何作用；(ii)它将启发的概念延伸出对非确定事件进行判断的领域；(iii)它包括了对情况的明确处理，在这种情况下，直觉决定会被与系统2相关的监控操作修改或重写。

特征替代

1974年的文章没有将判断启发定义包括在内。在不同时期启发法被描述为定理、过程抑或是判断的线索来源。这种模糊性无关大碍，因为研究项目重点在于非确定条件下进行判断的所有三种启发法，这三种启发法各自单独进行了详细的定义。与此相反，卡内曼和弗雷德里克(2002)提供了一个明确的、一般性特征替代启发法过程的定义：当个体通过更容易进入脑海的启发性特征来评价一个判断对象特有的目标特征时，判断据说是以启发法为中介的。这一定义是对早期研究主题的扩展，即认为人们在面临难以回答的问题时有时会去回答一个相对简单的问题。这样，有人被问及“远距离关系一年中会破裂的比例是多少?”时做出的回答就好像被问及的问题是“能马上想起远距离关系迅速破裂的例子吗?”。这就是可得性启发法的一个应用。要求一个调查对象评估篮球锦标赛中A队打败B队的胜算几何，该调查对象很可能会描述两队相对实力在概率分布上的印象（特维尔斯基和凯勒，1994）。这被称之为“相对强弱启发法”。以上两个例子中，目标特征的可认知度都低，其他(1)与目标相关，(2)可认知度高的特征就替代了它的位置。

单词“启发性”在新的定义中的使用有两种意思。名词“启发性”指认知过程，在“启发性特征”中充当形容词的“启发性”特指在某一判断中发生的替代。例如，代表性启发法通过将代表性当成一个启发性特征来判断可能性，从而得以定义。该定义排除了锚定效应。在锚定效应中，通过暂时提高目标特征的某一价值使判断受到影响。另一方面，通过特征替代过程定义启发法概念大大扩展了它的应用范围。

图7 特征替代的错觉

一个有关特征替代的认知例子可以用如下问题来说明,考虑"图 7 中两匹马的大小,它们的大小是不是图中所示的大小呢?"。实际上,这两匹马的图像是一样大的。但是,图像本身产生了一个强有力的错觉。观察者意图去评价的这个目标特征是客观物体的二维尺寸,但是他们没有能力按照二维尺寸的印象去评估。他们的判断将一个三维尺寸的印象(启发性特征)描绘成适合目标特征的长度单位,同时按比例测定图像的大小。由于该图像的对立表象具有不同的可认知性,所以会引起错觉。对经验不足的观察者来说,三维尺寸的印象是能够进入脑海的唯一尺寸印象(画家和有经验的摄影师可以做得更好),而这一印象使观察者在感知图像的大小时产生了错觉。特征替代产生的认知错觉有同样的特征:对一个特征的印象被绘制到另一特征尺度上,由此形成的判断通常是没有注意到替代过程。

对特征替代的直接测试

卡内曼和特维尔斯基(1973)描述的一个实验证实了源自特征替代的认知错觉。这个实验还证明了对替代这一假设进行的相当严格的测试。这一测试是卡内曼和弗雷德里克(2002)标为"启发诱导"设计的研究范式。实验参加者被告知 9 个研究生专业类别,同时还有对一个虚构的研究生形象的描述。

汤姆是一个智力超凡的学生,尽管他缺乏真正的创造力。他要求一切整洁有序和清楚明了,让每一个细节都恰如其位。他的写作有点单调乏味和呆板,偶尔用有点粗野的相关语和科幻小说式的灵光一闪使文章显得生动。他渴望胜任所有的事情。他对别人似乎没有什么感觉,也没有什么同情心,他并不喜欢和人交流。他是自我中心的,虽然如此,他还是有深刻的道德意识(p.17)。

代表组的实验参加者根据汤姆(在某个专业领域中)"与典型的研究生"的相似程度,对 9 个专业排序。基础概率组的实验参加者评价了研究生选择 9 个专业的相对频率。对汤姆的描述是有意虚构的,这样可以使他更能代表一些不太热门的专业:在代表性排序的平均数和估计的先验概率平均数之间的相关系数是−0.65。最后,概率组的实验参加者根据汤姆在哪个专业学习的概率对 9 个专业进行了排序。概率组的实验参加者是重点大学心理学专业的研究生。他们被告知,当汤姆还在高中的时候,心理学家根据有效性值得怀疑的个性测验,描绘了汤姆的个性概况。这个信息旨在让学生质疑上述描述是不是有效的信息来源。

基于不可靠信息的描述必定被给予很少的权重,在有效证据缺失的情况下做出的预测必定回归到先验概率上来。统计逻辑由此表明概率判断与代表性判断间的相关在这个问题中应该是负数。与此相反,特征替代的假设表明用这两种方法得出的专业排名应该一致。图 8 展示了这一结果。代表法与概率的平均判断之间几乎呈完全相关性(0.97),证明了特征替代。

同一实验设计中的另一项研究涉及启发法与偏差文献中最著名的特征之一。

琳达是一位 31 岁的单身女性,坦率直言,同时非常聪明。她以前的专业是哲学。在学生时代,她就深切关注歧视问题和社会正义问题,同时还参加过反核示威。

实验参加者看到一段关于琳达女士的描述,还有一份包含 8 种可能结果的清单,描述了她现在的工作和活动情况。在这份清单中,关键的是第 6 项(琳达是一位银行出纳)和有关联的第 8 项(琳达是一位银行出纳,而且在妇女运动中表现积极)。另外 6 种可能结果互不相关且各不相同(例如,琳达是小学教师、从事精神病治疗的社会工作者)。正如在汤姆问题中所面临的情况一样,一些实验参加者根据和琳达类似的典型形象来排列这 8 种结果;另外一些实验参加者则根据概率排列同样的 8 种结果。平均排序间的相关系数是 0.99。而且,对代表性组和概率组来说,认为有关联的第 8 项比它的构成项(第 6 项)相关性更高的实验参加者人数之比几乎相同,分别为 85%和 89%。对于相似判断来说,这两项的排序是非常合理的。

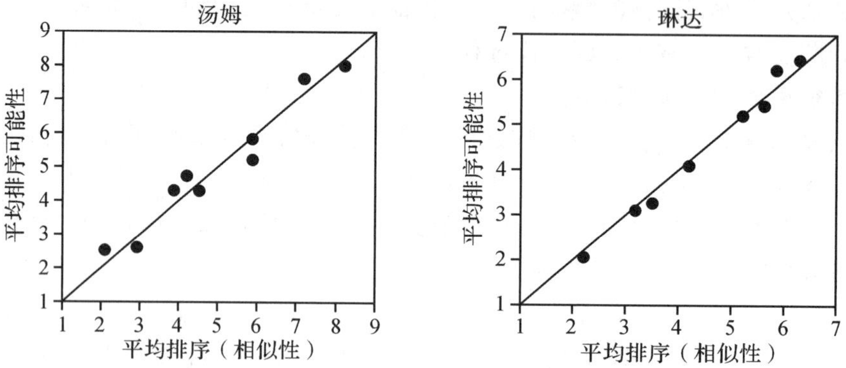

图 8　预测任务中对特征替代的两个检验

琳达确实更像一个银行女出纳的形象而非一个典型的银行出纳。但是,依赖代表性作为一个启发性特征产生了一个破坏了单调性的概率判断模式,我们称之为"关联谬误"(特维尔斯基和卡内曼,1993)。

图 8 显示的结果尤为令人信服,因为实验参加者的反应是排序的。两种特征的平均排序有很大变化,这表明实验参加者的反应很大程度上是由意识作用激发的,而且几乎与系统性方差完全重叠,无法想象对特征替代更为有力的支持。令人奇怪的是,接下去对判断启发法的有效性进行辩论中,这一证据不予认可。启发诱导实验设计中对代表性的其他测试同样获得了成功(巴一希勒尔和内特,2002;特维尔斯基和卡内曼,1982)。同样的设计还被广泛应用于对支持理论的研究中(特维尔斯基和凯勒,1994;要了解综述,参见布伦纳、凯勒和罗滕斯特雷克,2002)。在特维尔斯基和凯勒(1994)报告的一份研究中,实验参加者对 20 场指定篮球赛的每场比赛中主场队获胜概率进行评估,然后提供两队相对强度的评估,以锦标赛中最强球队给分 100 为标准。归一化强度等级与受判断的概率间的相关系数为 0.99。

特征替代的重点在于问题回答人对他们没有被问及的问题提供了一个合理的回答。必须要加以考虑的另外一种解释是问题回答人的判断反映了他们对自己被问及的问题的理解。在某些情况下,这有可能是真的:将篮球赛的可能结果方面的问题理解为指比赛球队间的相对强度也并非不合理。但是认为判断预示着一定会对目标特征进行阐释一般是站不住脚的。例如,受过教育的问题回答者有一个与相似性一模一样的概率概念,或者他们无法区别对象大小与图片大小,这些都是极其不可能发生的。一个更为合理的假设是启发性特征的评价迅速进入头脑,它与目标特征之间的相关关系非常贴近,足以通过系统2的许可监视。用一种特征代替另外一种特征的问题回答者并没有混淆他们试图回答的问题——他们只是没有注意到他们在回答另外一个问题。当他们确实注意到了差别时,他们或者修正直觉判断,或者全然放弃。

新的启发法

对图7视觉错觉的解释可以用来阐明判断启发法这一概念。判断启发法通过特征替代这一机制应用于许多情境,人们在这些情境中做出一个他们无意做出的判断。启发性特征的例子数不胜数。卡内曼和弗雷德里克(2002)通过斯特拉克、马丁和施瓦茨(1998)所做的一项研究阐明了这一概念。这项研究调查大学生对以下两个连续问题的反应:"总的来说,你生命中有多快乐?""你上个月有多少次约会?"当这两个问题按照上述顺序连续提问时,两个问题的相关系数是0.12。而问同样的两个问题但是提问的顺序刚好相反时,两个问题的相关系数是0.66。特征替代模式表明约会问题自动唤醒了一个人对其罗曼蒂克生活满意度的情感评价,当接着被问及快乐问题时,这又慢慢变成了启发性特征。目标与启发性特征间内在的相关度无疑要高于观察到的相关系数是0.66,这一数值由于测量误差而变小。在另一个实验中,同样通过操纵问题顺序,使得对婚姻的满意度用作幸福感的启发性特征(施瓦茨,斯特拉克和迈,1991)。这些实验的成功说明特别性质的特征替代是常态。

情感启发(斯洛维克等,2002)这一概念或许是近几十年来判断启发法研究中最为重要的发展。大量令人瞩目的证据表明每一个刺激都会引起情感评价,而往往不被觉察到(参见扎伊翁茨,1980,1997;巴奇,1997综述)。情感强弱是一个自然评价,由此在要求做出赞成或反对反应的任何一个任务中就成为可替代的对象。斯诺维克及其同事们(斯洛维克等,2002)探讨了一个基本的情感反应如何作为启发性特征被用于多种更为复杂的评价,包括在不同技术中评价成本和收益、化学药品的安全浓度,甚至预测不同产业的经济表现。他们对情感启发法的处理负荷特征替代的现有模式。

同样,卡内曼和莱托夫(1994)及卡内曼、莱托夫、施凯德(1999)提出一种自动的情感评价——一种态度的情感核心——是许多判断和行为的主要决定因素。在卡内曼和莱托夫(1994)的研究中,要求通过对下列问题的平均反应对37项公共事业进行排序:(1)该问题的重要性,(2)问题回答者愿意捐赠的数量多少,(3)对政治介入的支持,(4)做出了贡献获得的道德满意度。排序都非常相似。用当前的分析来说,同样的启发性特征(情感评价)在各种目标特征的独特标准上得到了呈现。在名为《风险即情感》的文章中,洛温斯坦、韦伯、奚恺元和韦尔奇(2001)进行了紧密相关的分析,认为情感反应,如极度的恐惧,控制着各种判断(如对灾难发生概率的评估)。

从情感的自然评价所控制的反应范围来说,还应该在一系列通用启发性特征中加上代表性和可得性。近年来,人们对情感启发法热情接受,而在更早的时候则没能发现情感启发法,这反映了心理学观点的总的气候。值得注意的是,20世纪70年代早期纯粹的认知偏差观念显得新颖而独特，这是因为判断的动机及情感偏差的普遍性被当时一些社会心理学家认为是理所当然的。接下去的一段时期总体上在心理学，尤其是判断这一领域中极其强调认知过程。又经过了30年时间才达到了在现在看来更为完整的关于直觉判断中情感的作用的观点。

五、纠错性思想的可及性

当前的处理方法认为系统2涉及所有自发性行为—包括对源自系统1的直觉判断的显性表现。这一假设暗示直觉判断的错误涉及两个系统的失误：系统1产生了错误，系统2没能觉察到错误并加以纠正（卡内曼和特维尔斯基，1982a）。为证明这一点，卡内曼和特维尔斯基（2002）回顾了他们（1974）用来解释判断启发法产生误差过程的概念类比：薄雾是用来预测远山距离的很好的线索，但是依赖这条线索在晴天或雾天对远山距离的预测会产生预测性错误。这一类比是恰当的，但是对知觉这一例子的解释忽略了一个重要事实。当然，观察者们知道，无论是晴天还是雾天，他们可以利用这一知识来消解误差——但是他们往往不这样做。和之前的处理所提示的相反，用薄雾做线索并不一定会导致距离判断上的误差——错觉也可能被归结为没能对周边雾气进行足够的权重分配。模糊感对距离的印象带来的影响是系统1的过失。模糊感对距离的判断造成的影响是系统2的单独的过失。在直觉判断的其他错误中也能找到类似的过失。

思考下系统2有可能是如何介入之前描述的汤姆和琳达的问题中的会有助于我们的理解。

“汤姆看起来非常像图书馆学的研究生，但是对于这个判断并没有多少信息可资证明。因此我应该下调这种印象正确的可能性。”“琳达更像是女权主义者、银行出纳员而不仅仅是一个银行出纳。我得相应地对这两个结果做出排序。”

这些推理的假设例子证明直觉判断能以两种方式进行纠正。在汤姆的例子中，个人意识到了不属于直觉判断部分的一个因子，并努力做出了相应的调整。在琳达的例子中，个人意识到通过运用决定性逻辑规则，问题能得到回答，这就使直觉反之不具相关性。两者都属于“统计启发法”。人们在推理不确定事件时有时能运用这种统计启发法（尼斯贝特、克兰茨、吉普森和孔达，1983/2002）。

这两个推理的例子都没有超过重点大学研究生的智力范围。大学排名见图8。但是，数据表明几乎没有一个调查对象真正想到纠正。这个问题和模糊错觉一样：为什么这些人不好好利用他们的知识？当前的问题处理情境中，这个问题用另外一种方法问就是：为什么我们需要统计启发法时它却不能被认知？

回答的重点在于特征替代是一个无声无息的过程：那些调查对象在判断可能性时就像是被要求对代表性做出判断。他们没有意识到自己所做之事。替代特征与任务相关，几乎不用费什么劲或者根本无须用力就能让它的价值自信满满地进入头脑。这样调查对象们就没有什么理由怀疑他们自己的判断，或许比之前提到的球拍和球问题还要没有理由。反之，统计启发法的可认知性往往很低，但它能以两种方式得到强化：

通过提高监视活动的警觉性,或提供相关规则的更强线索。

尼斯贝特、克兰茨和他们的同事进行了一项大规模项目来研究控制统计启发法可认知性的因子(尼斯贝特等人,1983/2002)。例如,尼斯贝特等正式研究了不同领域中的相同问题。他们发现赌局游戏情况下最能引发统计推理,和体育相关的情况下偶尔会引发,但是当问题和个人心理有关时就相对很少会引发。他们还证明明确提及抽样程序有助统计思维(尼斯贝特等,1983;另见吉仁泽、赫尔和布兰克,1988)。祖克尔和佩皮通(1984)发现调查对象被告知把自己当成统计员而不是模仿心理学家时更有可能会使用基础概率信息。阿格诺里和克兰茨(1989)发现集合逻辑方面的短暂培训改进琳达问题简写版本中的表现。对可认知性的思考显然与统计推理的启动有关,而不仅仅是与特征替代有关。

尼斯贝特、克兰茨和他们的同事在他们的统计启发法和知觉启发法之间画上了一个鲜明的对比。他们将此描述为"快速、或多或少自动化的判断性经验法则"(2002,第510页)。同样的,当前的处理方法将相互竞争的启发法分配到不同的认知系统。特征替代被描述为系统1的运作,自动、不费力。相反,统计启发法验证的是系统2的受规则制约的推理(斯洛曼,1996),要求深思熟虑、费力。值得注意的是系统2的介入,统计启发法的应用及其他规则并不能保证一个正确的回答。人们在深思熟虑的推理中应用的规则有时是错误的。

本文提出的直觉方面的观点是为了说明统计训练并不会根除代表性等直觉启发法,而只会让人们能在良好的环境中避开一些误差。图8中展示的实验结果来自精通统计的研究生,结果支持这一预测。在缺乏有力线索提醒他们自身的统计知识情况时,这些调查对象和其他人一样做出范畴预测——通过代表性。但是,统计头脑在琳达问题的简约版中起了重要作用。要求调查对象比较琳达是"银行出纳"还是"热衷于女权运动的银行出纳"(特维尔斯基和卡内曼,1983)。对那些不懂统计的人来说即便是在一目了然的版本里错误率还是很高,但对那些懂统计的人来说错误率大幅下降。

系统2的效力因时间压力(菲纽肯,阿尔哈卡密,斯洛维克和约翰逊,2000),因不同认知任务的共时性介入(吉尔伯特,1989,1991,2002),因"早上精力充沛的人们"在夜晚执行任务和"晚上精力充沛的人们"(博登豪斯,1990)在早上执行任务而削弱。令人惊讶的是,心情愉快也会削弱这种能力(伊森,尼格伦和阿什比,1988;布莱斯等,1996)。相反,系统2的能力和智力正相关(斯坦诺维奇和韦斯特,2002),和心理学家所谓"认知需要"的特征正相关(艾尔达·沙菲尔和罗宾 A. 勒伯夫,2002),也和统计思维的影响正相关(尼斯贝特等人,1983;阿诺里和克兰茨,1989;阿诺里,1991)。

设计实验让"认知错觉消失"成为可能——这种观点有时被用来反驳启发法和偏差概念的有用性(如吉仁泽,1991)。但在当前的框架内,错觉出现或消失的条件已经非常清晰明朗了。如果这些规则进入到调查对象的头脑中够早,违反了调查对象所接受的规则的直觉判断就会被覆盖。这种论点并非循环,因为我们有充分的、关于促进或阻碍逻辑或统计规则的可认知性条件方面的科学知识(以及广为共享的民俗知识)。

汤姆和琳达问题中有可能出现的纠正例子说明了系统2的介入带来的两个可能结果是：直觉判断得到调整，要不就被另一个结论否决或替代掉。关于前一种情况做出的大致预测当然是最为频繁的，因为直觉印象首先到来，它会充当进行后继调整的锚点，而从锚点出发进行的纠正性调整往往是不充分的。文献中这一主题方面的不同说法很常见(艾普利和吉洛维奇，2002；爱泼斯坦，1994；吉尔伯特，2002；格里芬和特维尔斯基，1992；斯洛曼，2002；威尔逊，金特巴和布雷克，2002)。

这一分析在方法论上的含义在于直觉判断和占优偏好最适宜在被试间设计中研究。被试内设计中有多重试验，会促使采用简单化策略，自动计算答案，而不是深入每个问题的细节。析因设计尤为不可取，因为它们提供明确无误的线索，即每一个受操控的因子必须与判断相关(卡内曼和弗雷德里克，2002)。在保证会破坏直觉判断的直觉特征的情况下研究直觉判断是不恰当的。卡内曼和特维尔斯基(1982a)早就注意到了这些实验设计的难点。他们指出"被试内设计与心理研究许多领域中重大的阐释问题相关(波尔顿，1975)。在直觉研究中，它们容易引发出意图测试的效果"(第500页)。遗憾的是，这种方法论方面的警告普遍被忽视。

六、原型启发法

本部分旨在介绍整个原型启发法家族，它们有共同的机制，相当一致的认知错觉模式与我们在汤姆和琳达问题中观察到的效果类似(卡内曼和弗雷德里克，2002)。原型启发法可大致被描述为平均值的替换——安德森已在其他情境中对此过程做了广泛研究(如，安德森，1981，第58—70页；1991a，b)。本部分还讨论了系统2阻止或减少与这些启发法相关的偏差的条件。

外延性和原型特征

在一些重大的判断和决策任务中目标评价是类属或类别的外延性特征。一组事物中一个外延性特征的值是外延值的集合(不一定是递增的)。下列每一项任务都有一个外延特征的例子及外延的相关测度。这一部分的论点是这些任务中的外延性特征在可认知性上是低的，由此是启发性替代的候选。

(1)类属预测(例如，银行出纳类别把琳达包括在内的可能性)；

(2)对一定数量的公共产品和私人产品进行定价(例如，把被淹没在石油池中一定数量的候鸟拯救出来，个人需要负担的货币值)；

(3)对随时间流逝而扩展的过去经验做全局评价(例如，对令人痛苦的医疗程序的总厌恶度)；

(4)评价一个观察样本为一个假设提供的支持(例如，从某个专门的缸子而不是另外一个缸子中取出一个彩球的概率)。

外延特征受制于有条件地增加的一般原则，这要求一组事物中的每个要素能够给这组事物的总值增加一定的量，而这个总值取决于已经包括在该组事物中的要素。在简单的案例中，一组事物的总值是可加的。例如，在图3中，整组线段的总长度就是单个线段长度的总和。在其他例子中，一组事物中的每一个正的因素都会使总值增加，但是组合规则是不可加的(它通常是次可加的)。[①]

充分相似而具有一个原型的一个种类或一组事物可以用它的原型特征来描述。外延性特征近似总值，而原型特征为平均值。在图3所示的线段中，线段的平均(典型)长度是高度可认知的，但是这些线段的总长度则不然。经典心理学实验已经证明了如下命题：无论何时我们着眼或者考虑一组充分相似因而有一个原型的事物(整体、种类)时，关于原型的信息就是可认知的。基本范畴的经典讨论包括证明原型特征进入头脑的轻松、毫不费力(罗施和麦维斯，1975)。更早些时候，波斯纳和基尔(1968，1970)在实验中让观察者多次面对一种形状的各种变形，并对实验结果做了报告。原型形状没有显示出来，但观察者错误地认为它被多次呈现。最近，社会心理学中的一些研究表明暴露在一组熟悉的社会范畴面前会增加与此原型密切相关的特征的可认知度(参见菲斯克，1998)。

由于原型特征的高可认知度，他们自然成为启发性特征这一角色的候选。原型启发法是用一个原型的一个特征来代替该类属外延性特征的过程(卡内曼和弗雷德里克，2002)。原型启发法最早的例子是代表性在类属预测中的运用。琳达是银行出纳的可能性是外延性变量，但她像一个典型的银行出纳则是原型特征。

原型启发法的两个检验

由于外延性特征与原型特征受制于特征各异的规则，用一个原型特征代替外延特征要承担两种可检验的偏差：外延忽视和单调性反例。接下来依次讨论了这两种假设的检验。

外延忽视检验

将一组事物总值的频度增加一倍不会影响原型特征，因为集中趋势的测量仅仅依赖于相对频度。反之，一个外延性特征的值会随外延在单调性上增加。假设认为判断对外延变化不够敏感，目标特征的判断通过原型启发法获得支持。

外延在某一判断中被忽视这一命题具有无效假设的特征：只有当例子中的所有个体都对外延变量完全不敏感时，这一命题才是完全正确的。在信息量足够大的研究中，即使只有一小部分实验参与者显示出对外延的一些敏感，该假设也会被驳回。一些个体对外延进行反应的几率是高的先验率，因为受过教育的实验被试一般都能意识到这种相关的变量(卡内曼和弗雷德里克，2002)。大家都同意用来拯救小鸟的意愿支付随着所拯救鸟类数量的增加而增加，通过增加额外时间来延长痛苦的治疗程序使得这过程让人更加不舒服，来自更大样本的证据更为可靠。由此完全的外延忽视是对原型启发法不理智的严格测试。但是，这一极端结果可以在下列有利条件下获得，如以下例子所示：

---

① 如果这个判断是和添加范围(例如鸟的数量的根本总数)单一地联系在一起，那么在测量学文献中正式结构是以“广阔结构”闻名(R·邓肯·露丝等人，1990，第3章)。这里可能还存在一些缺乏根本的添加范围的性质，在这些案例中，文献中的这些结构是以“积极的串联结构”而闻名的(露丝，1990，第3卷，第19章，第38页)平均数，而外延特征类似于总量。

1. 对汤姆的研究(见图 8)证实了类属预测中先验概率忽视的模式。当任务要求对多种结果排序时,这一发现结果是强有力的(卡内曼 & 特维尔斯基,1973)。如前面部分所提,有经验的实验参与者意识到了先验概率,并能将这种知识运用到他们的预测中——但很明显几乎没有一个人意识到自己在这么做。卡内曼和特维尔斯基记录了一次实验(工程师/律师研究)中对先验概率的完全忽视,实验中先验概率被明确阐明。但是,对这一设计中明确的先验概率信息的忽视,其发现结果不足信(见卡内曼和弗雷德里克,2002;凯勒,1996;埃文斯、汉德利、奥弗和佩勒姆,2002)。

2. 在德斯瓦斯吉等人(威廉 H. 德斯弗斯吉等人,1993)的研究中,实验参加者显示出他们愿意花钱来防止候鸟被淹死。被拯救的候鸟数量因不同的样本而有所不同。为了分别拯救 2 000 只、20 000 只或者 200 000 只候鸟,每个家庭大约愿意支付的货币价值为 80 美元、78 美元和 88 美元不等。弗雷德里克和巴鲁克·费斯科霍夫(1998)回顾了有关公共产品购买意愿的研究中对这种“范围忽视”的无数证明。例如,卡内曼和尼奇发现,在多伦多的调查研究中,受访者愿意为安大略省一个小地区的湖泊或者该省所有的湖泊支付几乎全部的清污费(卡内曼报告,1986)。

3. 在瑞德迈尔(和卡内曼,1996)描述的研究中,接受结肠镜检查的病人在这个检查过程中每隔 60 秒报告他们的痛苦强度(见图 9),然后提供一个对他们所遭受痛苦的全局评价。全局评价和检查过程(在这个研究中,检查过程从 4 分钟到 66 分钟不等)的持续时间的相关系数是 0.03。另一方面,全局评价和病人所报告的痛苦平均数在两个时间点上是相关的:当痛苦达到峰值和检查即将结束时(相关系数为 0.67)。例如,在图 9 中,病人 A 在检查过程中报告的评价要比病人消极。在其他研究中也可以观察到对持续时间的忽视和高峰/结束评价(弗雷德雷克和卡内曼,1993;参见卡内曼,2000b,2000c 中的探讨)。

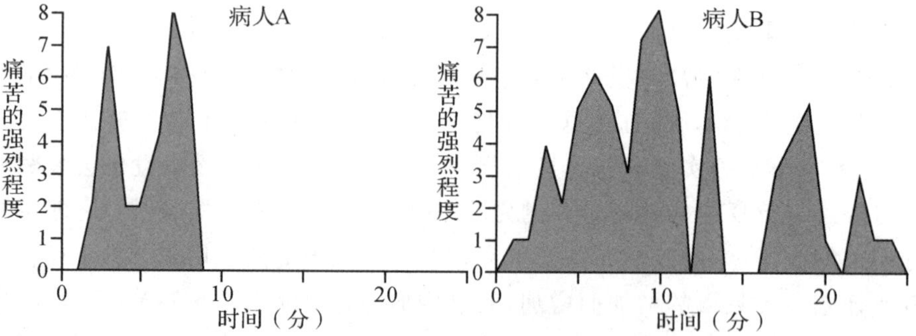

图 9　两个接受结肠镜检查病人所报告的痛苦强度

根据先前部分讨论的结果,考虑人们不会完全忽视外延的情形大有裨益。在当前模式中,可以期待外延效果的出现,如果个体(i)有相关一组事物的外延方面的信息;(ii)被提醒外延的相关性;(iii)能够察觉到她的直觉判断中忽视了外延。这些条件很不容易被抓住——完全忽视很容易被观察到——当评判人只评价唯一一个物体,并且当这一组事物的外延没有被明确提及的时候。在另外一个极端,产生外延正面反应的条件在心理学家最中意的研究设计中都得到满足:被试内析因实验,其中外延值与设计中其他变量值进行测配。如之前所指出的,这种设计提供了一个显而易见、实验者认为与每个受控变量相关的线索,并使得实验参与者确信他们的判断展示出对所有这些变量的敏感性。由此析因设计测试忽视偏差方面的测试假设尤其不恰当(卡内曼和弗雷德里克,2002)。

尽管有这些反对意见,被试内析因设计还是被用于一些外延忽视的实验研究中。图 10 展示了在这些实验中出现的相当一致的可加性外延效果(施赖伯和卡内曼,2000)。每个实验中,外延性变量都产生轻微但意义重大的影响,与其他信息呈可加性组合。这里可加性值得注意,因为它通常被认为是不恰当的。对图 10 中每一块图示区来说,可以做出引人注目的规范性论证来支持准乘法法则,其中线条应呈扇形分散。[①] 被观察到的模式与锚定和调整过程兼容。

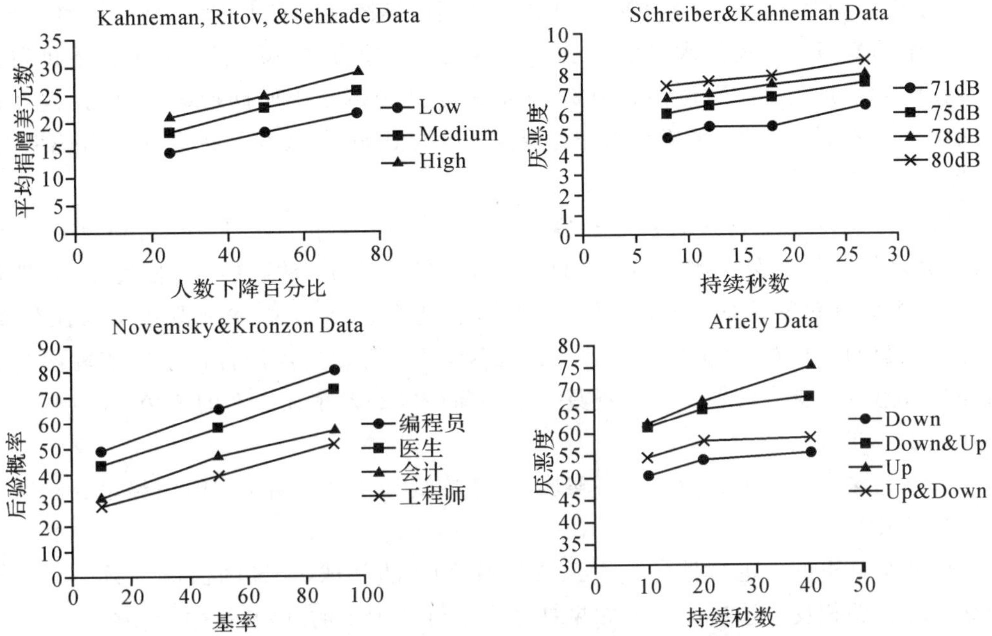

图 10

(1) 以愿意出钱修补对不同数量的物种造成伤害的出钱意愿作为它们所受到的伤害的函数(数据源自卡内曼、莱托夫和施凯德,1999)

(2) 以对时间高度敏感的被试对高低不同、令人厌恶的声音的整体评价作为持续时间的函数(数据源自施赖伯和卡内曼,2000);

(3) 以不同代表性的预测概率等级作为基率频度的函数(数据源自诺沃迈斯基和克朗曾,1999);

(4) 以对不同时间变化中痛苦压力的整体评价作为持续时间的函数(数据源自阿里利,1998)。

---

① 安德林(1996,第 253 页)描述过其他情形,应该以乘法方式合并的变量以加法方式被合并。

单调性检验

外延变量和总量一样遵从单调性。一组正值的集合至少和它最大的子集一样大。反之，一个子集的平均值可以比包含了这一子集的集合平均值要高。这样，当外延特征由原型特征来进行判断时一定会违反单调性：一定能找到这样的情形，其中在集合中增加元素造成目标变量值下降。这种原型启发法的检验没有外延忽视假设这么严格，单调性反例与对外延性的某一敏感程度相容（阿里利和洛温斯坦，2000）。但是，重大的判断和选择任务中出现的单调性反例有力地支持了这一假设，即原型特征在这些任务中被外延特征所取代。

1. 关联谬误违反了单调性，这已在琳达及同类其他问题中得以证实。当判断取自被试间设计，或者当关键结果嵌入在一个长长的清单中时，没有记录表明预测模型有异常（特维尔斯基 & 卡内曼，1982，1983；梅勒斯、赫特维希和卡内曼，2001）。特维尔斯基和卡内曼（1983）还发现对统计学一窍不通的实验参与者即使与关键结果进行了直接比较后还是会犯关联谬误。但是，正如外延忽视例子中所展示的，关联谬误在被试间条件下不那么活跃，尤其是当任务牵涉到直接比较时（参见卡内曼和弗雷德里克，2002）。

2. 奚恺元（1999）让实验参与者给清仓的整套餐具定价。其中一套（A）包括 24 件餐具，完好无缺。另外一套包括 24 件餐具，额外再加 16 件（其中 7 件完好，9 件破裂）。每个调查对象只对一套餐具进行评估，表达愿意出价 33 美元买小套及出价 23 美元买大套的支付意愿（$p<0.01$）。与此相反，对两套餐具都进行评估的实验参与者始终坚持愿意出更多的钱买大套餐具。李斯特（2002）发现在真实的市场环境中，占优偏好现象存在着反例。

3. 下面这类问题被运用在一些实验中（卡内曼和特维尔斯基，1972；格里芬和特维尔斯基，1992）。

对两组缸里的球进行抽样。一只缸里有 70% 的红球，30% 的白球。另一只缸里的红白球比例相反。这样的样品如果抽选自以红色为主的缸，其概率为多少？

3 个红球，0 个白球样品（3R，0W）

4 个红球，3 个白球样品（4R，3W）

7 个红球，3 个白球样品（7R，3W）

这里的外延目标变量是对'红'球的假设相对于对'白'球的假设的支持度。规范的解决方法简单明确：后验概率（目标特征）由样本元素相加组合所决定——样品中红球与白球数目间的差异。心理学的解决方法也很简单：原型特征（启发法）是平均支持度，与样品中红球比例对应。这样，（4R，3W）添加到（3R，0W）提高了目标特征值，但降低了启发特征值。这个特殊例子是虚构的，但是发现的模式表明，被试从（3R，0W）比从（7R，3W）获得了更多的信心（卡内曼和特维尔斯基，1972；格里芬和特维尔斯基，1992）。

4. 实施了一次随机临床实验，作为先前描述的结肠镜检查研究的后续工作。当临床检查结束时，半数病人体内的检查器械并没有立刻被拿出来。相反，医生等了大约 1 分钟，让这个检查器械保持静止。在这段额外的时间中，实验是让人不舒服的，但是该程序保证结肠镜检查不会以病人感到剧疼结束。在这个实验条件下,和对照组的病人相比,这些病人报告了更正面的全局评价(雷德梅尔、卡茨和卡内曼,出版中)。占优偏好的反例现象也在这些选择中得到确认。卡内曼、弗雷德雷克森、施赖伯和雷德梅尔 (1993)让实验参加者接受两个冷压实验,每个人用自己的一只手进行如下两个实验:一个“短”的情节(把一只手浸泡在 14 摄氏度的水里 60 秒钟)和一个“长”的情节(除了这个短情节外,加上 30 秒钟把手浸泡在逐渐升温到 15 摄氏度的水中)。当这些实验参加者被问到他们更愿意选择重复哪一个实验时,大多数选择时间长的这个实验。前面所描述的高峰/峰谷评价预测到了这个选择模式。在可变强度和持续时间让人不快的声音实验中,研究人员也观察到类似的占优偏好反例现象(查尔斯 A. 施赖伯和卡内曼,2000)。

我们可以在有关原型启发法的不同研究中观察到某种结果模式。该模式不仅表明我们需要一个统一的解释,还对研究某个领域的方法提出了重要的挑战。许多研究者已经为先验概率忽视(利达·科斯米德斯和约翰·托比,1996;乔纳森·杰伊·凯勒,1996)、无法感知支付意愿的范围(科普,1992)和对持续时间的忽视(阿里利和洛温斯坦,2000)提供了不同的解释。然而,总的来说,这些解释是针对特定任务的,因而难以将它们推广到用来证明其他任务中的外延忽视。同样的,试图将关联谬误描述为实验者和被试之间的错误沟通(杜拉尼和希尔顿,1991;希尔顿和施拉戈夫斯基,2001)也无法解释冷压实验及私人货品定价中出现的类似违反单调性的现象。相反,这里给出的解释(卡内曼和弗雷德里克,2002 进行了具体扩充)同样适用于要求对外延目标特征进行评价的不同任务。

选择与联合评价中得到的结果确定存在着两种不同的选择方式,这两种选择方式在前景理论中早已被认定(卡内曼和特维尔斯基,1979)。在我称之为“根据喜好选择”(卡内曼,1994)的非分析性过程中,个体分别思考两个选择的总值,选择总值更高的那个,而不对选项进行细致比较。通过总值得出的选择是前景理论的基本原理。但是,前景理论还引进了这一观点:如果个体觉察到一个选项占优于另一个选项,则选择占优选项,而不再参考对它们的单独评价。同样的原理也适用于判断问题,如琳达一例,其中一些精通统计的个体查到其中一组包括了另外一组,就相应做出反应,而忽视了代表性。在奚恺元的餐具研究中(1998),被试在单独评价中根据喜好进行选择,在联合评价中根据占优选项进行选择。

联合评价不足以保证占优选择;决策者还必须清楚地意识到其中一个选项明显占优于另一个选项。这一要求在冷压实验中没有满足。虽然实验参与者面对两种经历(联合评价),他们没有注意到长情节包含了短情节中的所有痛苦,还有一些额外的痛苦。如果被试能明白选项的结构,大部分人都会做出不同的选择。

信仰和选择的规范性逻辑是外延的,它要求对外延特征,包括概率和效用进行恰当的评价。本部分讨论的例子证明了在对证据和结果进行直觉评价中外延逻辑的偏离。将原形特征代替为外延特征显示为是系统 1 的一般特征,与贝叶斯信念和实用最大化两者都相容。

总　结

当前分析的起点在于这一观点，即复杂的判断和偏好，如果它们迅速而毫不费劲地进入头脑，如知觉，在所有语言中都被称为“直觉”。另一个基本观点是评价和意图从这种意思上说通常是直觉性的，但是在另一更为深思熟虑的操作模式中能被调整或纠正。“系统 1”和“系统 2”这些标签与认知功能的这两个模式相关。

文章之前的部分详述了一个一般的命题：系统 1 产生的高认知度印象控制判断与偏好，除非被系统 2 经过深思熟虑的操作得以调整或纠正。这一范本为研究设立了议程，要理解判断和选择我们必须研究高认知度的决定因素。系统 2 能进行改写或纠正的条件，以及这些纠正性操作的规则。对这三个问题中的每一个问题我们都已经了解得很多了。

首先，考虑可认知性这一概念在这里使用的方式。框架效应是因为对同一情形的不同陈述使得这一情形的不同方面可以被认知。前景理论的中心思想，即效用的一般载体是增益与损失，唤起了一个基本原理，即变化相对来说比绝对价值更具可认知性。判断启发法被解释为高度可认知性启发法特征替代低可认知性目标特征。最后，平均值比总值更具可认知性这一主张统一了原型分析法的分析。一个经常出现的主题是问题的不同方面在被试间和被试内试验中可以被认知，尤其是在对刺激物进行单独和联合评价中。在所有这些例子中，讨论求助于独立可信，有时是相当明显的可认知性规则。

心理学理论中的可认知性因素的情形在整体上类似于知觉编组因素的情形。两者都没有统一的理论，只有一系列为实验预测及高层次现象的模式提供了稳健基础的强有力的经验总结。格式塔理论在很早就进行了分类。和格式塔理论不同，影响可认知性的一系列完整因素还未进行提取。这会是一张很长的清单，但其中许多因素早已为人所知。比如，我们可以很放心地认定相似性比概率更具有可认知性，变化比绝对值更具可认知性，平均值比总值更具可认知性。而且，这些假定中每一个都能通过多种包括反应时间测量、易受次要任务干扰的程度、不对称启动在内的实验进行单独验证。可认知性的假设还没有进行完整的理论阐释，但是它们无须模糊，它们能进行真正的阐释性工作。

当前对可认知性效应的讨论被局限在对特征（维度）的差异可认知性上。判断目标在长度、价格这些特征方面有所改变（卡内曼和弗雷德里克，2002）。类似的分析能运用于特征的特殊价值的可认知性上，如“六英尺”或“二美元”。高可认知值普遍受到重视，当被考虑有可能成为一个问题的回答时，它们就成了强有力的锚（艾普利和吉洛维奇，2002；斯特拉克和马斯威勒，1997；查普曼和约翰逊，2002）。显著与锚定效应在处理判断与选择中起着核心的作用。事实上，锚定效应是判断现象中最为活跃的，显著值的优势有可能成为一个基本理论，解释为什么低概率事件优势在决策中显得很突出。对可认知性的分析随时可能被拓展来处理这些观点。

认知错觉会发生，除非它们受到了系统 2 的阻止。这种主张听起来像是循环的，但不是。循环推理可以避免,因为系统 2 的作用能以多种方式得到单独验证。比如,系统 2 对竞争活动造成的干扰是易受的。这种设想提示当人们置于认知负荷中时,一般受到抑制的直觉思维的临床表现会被传达出来。另一个可以测试的假设是被系统 2 压制的直觉判断依然有可察觉到的影响,如,在启动随后的回答中。

可认知性原理决定了系统 2 的监视功能为之进行反应的线索的相对力量。例如,我们知道选项间的差异在联合评价中比在单独评价中更显著,任何一个在析因设计中被操纵的变量都会吸引一定的注意。其他线索能在问题的措辞以及先前任务的情境中找到。许多在判断性启发法文献中显而易见的不一致能在这一框架中轻松解决(卡内曼和弗雷德里克,2002)。在一些情形中出现、而不在另一些情形中出现的判断偏差往往提供了控制着纠正性操作的因素方面的信息。如上所述,将直觉判断的变动性归因于系统 2 是随时可测试的假设来源。例如,它暗示只有在为正确的解决方案提供相对微弱线索的问题中,智力与偏差易受性行才是相关的。缺乏线索,就没有机会让智力或经验显露出来。在另一个极端,当线索丰富时,即使是一般智力的人也能找到它们(卡内曼,2000a;斯坦诺维奇和韦斯特,1999,2002)。

模式建议了做出判断或选择的四种方法:

(i)没有直觉反应进入头脑时,并且判断由系统 2 做出;

(ii)直觉判断或意图得到唤起,并

a. 得到系统 2 的支持;

b. 为判断起了锚定的作用,对这一情形的其他特征做出反应;

c. 被认定与主观的有效原则不一致,被禁止公然表现。

当然无法精确确定这些结果的相对频率,但是随机观测表明了下列排序,从高到低的频率:

(iia)—(iib)—(i)—(iic)

大部分的行为是直觉性的、娴熟的、没有问题的,并且是成功的(克莱因,1998)。在一部分情况下,纠正直觉判断及偏好的需求会得到认可,但是直觉印象会成为判断的锚锭。这种情形下纠正不足比矫枉过正更容易发生。一个保守的大体预测在直觉中被忽略的变量在深思熟虑的判断中依然是分量不足的。

这里提出的对直觉思维和选择的分析提供了一个框架。该框架强调了通常被单独研究的不同研究领域间的共通性。尤其是判断心理学与选择心理学有着共同的基本理论,主要在内容上有所不同。在更为明确的层次上来说,原型启发法解决了不同领域中结构上相似的问题,这些问题产生出模式相当接近的结果。而且,这些原理不是判断/决策领域所特有的。直觉与知觉间的类似对辨别直觉思维和深思熟虑的推理间区别的方式相当有效,可认知性概念与分析的双重加工在社会与认知心理学许多领域都起着根本性作用。

在这里给出的这样一个整体框架不是特定领域的概念和理论的替代。一方面,整体框架和特定模式使得不用的概念具有可认知性。另一方面,在不太抽象、不太笼统的层面上考虑问题,新概念及令人信服的例子更有可能出现。但是,如果一个宽泛的框架引导着推理跨过不同领域，去发现相似的过程，防止对发现结果做过于狭隘的阐释，那么这个宽泛的框架可以是有效的。

（陆　萍 译　柴志贤 校）

获奖演说

经济学中的建构主义和生态理性[①]

弗农·史密斯[②]

我们离开窠臼，进入到生活的平常事之中，(推理的)结论似乎消失了，就像夜的幻影在黎明来临时那样；对我们来说，保持我们艰难获得的信念是困难的……(休谟，1739/1985，第507页)。

……为了同时生存在根据不同规则形成的各类不同秩序中，我们必须不断地调整我们的生活、思想和情感。如果我们不加修改且不加约束地将一小队人或一群人或我们家庭中的(以人道干预行有形之善的)各种规则，应用于扩展的市场合作秩序，正如我们的本能和情感渴望所希冀的那样，我们就会破坏它。然而，如果我们总是将扩展秩序的(非合作)规则应用于和我们更亲近的群体，就会将它们碾碎(哈耶克，1988，第18页)。(斜体字部分是哈耶克所加，括号部分内容为我所加)。

我们已经习惯于自然系统如人体或者一个生态系统自我调节的观点。为了解释调节，我们寻找反馈环，而不是一个中央计划和指令性实体。但是，由于某种原因，我们关于自我调节的直观认识并不能扩展至人类社会的人为体系。(因此)……(我的)建筑系学生总是不相信中世纪的城市是不可思议的规划系统，这系统主要“产生于”对无数人的决定做出反应。对我的学生而言，规划意味着计划者……对他们而言，一座城市能够“自然”一如雪花那样的发展模式无异于痴人说梦(赫伯特·西蒙，1981/1996，第33页)。

从历史上看，经济学中一个长盛不衰的主题是，人们据以采取行动的价值观并不局限于以狭隘的理性教条为基础的那些价值观。这些教条可追溯至亚当·斯密

---

① 本文的标题使我想起乔尔·诺费的论文《视觉双系统与知觉的两个理论：建构主义与生态研究法的调和》，《行为与大脑科学》(2002)。在完成本文之后，我发现，我在下面所使用的术语已经被杏仁泽等人(1999)应用于“快速和简单决策”；被个别人应用于：“从适应于环境结构的角度来看，启发式方法是生态理性的”(第13页)。在下面的引文中，哈耶克识别出这两种理性。

② 研究实验经济学已经改变了我思考经济学的方式。这有许多原因，但是，最重要的一个原因是，设计和开展实验迫使你思考制度的处理规则和程序。很少有人能够像爱因斯坦那样进行细致且富有想象力的智力实验。我们中的大多数人需要真实的实验来训练我们的思维。在本文中，我希望指出，我的思维在某些细节方面如何发生了改变。我感谢希德·西格尔在技术和概念上的启发；感谢约翰·休斯、斯坦·雷特和普度大学教职员工在1955—1967年期间热情而又耐心地支持我开始第一项实验；感谢查尔斯·普洛特、查尔斯·霍尔特和马丁·舒比克多年以来给予我许多有关制度和实验问题的有价值的讨论；感谢学生、访问学者、当前的ICES小组；并特别感谢我的家人对我的耐心，他们让我度过了此生中最幸福的时光。

(1759,1776)。他研究了以自然的人际交往为特征的道德认同[①]。同世俗的印象相反,在斯密看来,每个人以自己的方式界定并追求自身利益,而且个人被错误地描述成“经济人”这个比喻性的说法(参见哈耶克,1991,第 120 页)。这种有欠思考的学问并没有认识到苏格兰哲人明确阐述过的关键命题:为他人谋利益并不需要刻意地增进已感知到的他人利益。如曼德维尔所说:“最坏的民众也会为公共利益做些好事”(参见 1705 发表的诗,《牢骚满腔的蜜蜂或流氓变诚实》,引自哈耶克,1991,第 82 页)。许多同时代的学者——不仅仅是流行作家——已经推翻了曼德维尔的命题。他们认为,标准社会经济科学模型不仅有赖于自利行为,还证明了自利行为的正当性并提倡自利行为[②]。相反,由于可强制执行的权利永远不会涵盖决策的每一个角落,所以在获得来自贸易的长期价值时,所有跨期关系型合同和交易中的机会主义都是成本而非收益。尽管犯罪可能对理性的犯法者而言往往是值得的,他总是选择占优策略,但是诚实的观念[③]意味着,人们进行“交易”博弈,而不是进行“偷窃”。在普通的市场交易中,非自利的行为也并不妨碍那些促进专业化并创造财富的交易。

促使市场不断进化的文明,已经极大地扩展了资源的专业化,并创造出相应的交换所得,而且比那些没有促使市场不断进化的文明更加富有。这段陈述并没有谈到人类自利的必要性——一特定个体业已增加的财富可以用来消费、投资、纳税、捐给麦克阿瑟基金会的学者、交响乐团、史密森学会或穷人[④]。市场很少需要美德,但并不消灭它。

经济心理学[⑤]的研究显著表明,对“公平”的考虑被认为与标准社会经济科学模型的理性假设相抵触。但是,实验经济学家已经指出了关于理性的含混结论:在协商一致时(例如,在流动的供给和需求市场上),人们的境况通常会更好(例如,在一个两人匿名交往中);在为自己而不是别人谋利时,人们的境况通常会比理性分析所预测的要糟糕(例如,在资产交易中)。这些违背和证实理性假设的模型为人们可能遵循的隐含

① 经济学家基本上不会对史密斯的首部大作感兴趣,它比《国富论》逊色多了。因此,一位著名的经济思想史专家“发现,从某种角度看,这两部著作基本上是不一致的”(雅各布·瓦伊纳,1991,第 250 页)。至于另一种相反的解释,请参见史密斯(1998)。在本文的参考文献中,我本人的论文以及与合作者的论文大多重印于史密斯(1991,2000)。

② A 推出 B 并不意味着相反的推理也成立。但是,为什么我们经济学家也搞不清楚必要条件和充分条件呢? 休谟的论述提供了答案。没有人能够一贯地将理性逻辑原理应用于他或她做的所有事情;如果在每一个应用中都存在认知成本,那么,努力的成本就总会超过收益(史密斯和费伦茨·泽达罗夫斯基,2003)。理论家以提供理论为生,在此状态时,我们很少犯这样的错误。在有限理性的研究中,应当理解并略带谦卑地承认,有限理性严重制约了经济理论的发展。

③ 道格拉斯·诺斯(1981)强调了意识形态在促进经济增长中的重要性。

④ 在冬季赠礼节,部分地由对渔场的私人产权创造出来的某些财富,被公开地毁坏。

⑤ 我使用术语“经济心理学”,概括地指将认知心理学应用于经济问题,将最近经济学中的实验方法的第三个子领域区分为“行为经济学”(穆莱纳桑和泰勒,2001),并进一步划分为“行为博弈论”(卡默勒,2002 即将出版);最著名的几位奠基者包括爱德华、卡内曼、拉波波特、斯洛维奇和特维尔斯基。

规则或准则提供了重要线索，并且能够激发新的理论假说以供在现实和实验室中进行研究。理论研究的种种结果极大地改变了流行的（而且我相信是误导性的）社会经济科学模型，并且使苏格兰哲人原汁原味的信条更富于现代化。

一、论两种形式的理性

统驭本文的组织原则是，同时存在两种理性秩序。我将尽力证明两种秩序是我们作为社会动物的显著特征；对于理解并统一来自社会经济生活和实验室的大量经历，然后勾画出新的经济理论方向和实验——就经验研究的方向来说，两种秩序都至关重要。

1. 建构主义理性

第一个理性秩序的概念来自17世纪的标准社会经济科学模型。标准社会经济科学模型是哈耶克所谓的建构主义理性，它主要源自笛卡儿（以及弗兰西斯·培根和霍布斯）①。笛卡儿认为并坚信，任何有价值的社会制度都曾经是，而且应该是人类理性有意识的演绎过程所创造的②。在经济学中，标准社会经济科学模型导致可预测的理性决策模型，这些模型激发了对假说的研究。自20世纪中期以来，经验主义者一直在实验室中检验这些假说。尽管在非人格化交换的市场中，这些检验结果往往是成立的，但是在人格化交换中，尤其是在众多的两人扩展式博弈中（其中大约一半的人会尝试进行风险合作，甚至进行匿名配对，并经常获得成功），检验结果极其含混不清③。这些结果促使建构主义者基于（除了关心自身的偏好之外）关心他人的偏好（例如，加里·E. 伯尔顿，1991；马修·拉宾，1993），以及基于“学习”——通过试错式的适应过程，逐渐得到标准社会经济科学模型的预测（伊多·伊雷夫和埃假·罗思，1998；卡默和何德华勒，1999）——对博弈论进行建构主义的扩展。

---

① 在19世纪，边沁和约翰·斯图亚特·穆勒是主要的建构主义者。边沁（和功利主义者）寻求“……按照理性原则重新制定整个……（大不列颠）……法律和制度”（哈耶克，1960，第174页）。穆勒提出了现被人们滥用了的“自然垄断”（其含义非此概念之名称）这一建构主义概念。对于穆勒而言，在同一条路线上有两个或者两个以上邮递员纯粹是浪费和重复。他是美国和世界上其他国家的邮政专营方面的权威。在这些国家，邮政反对创新，在某些国家，邮政在私有化运动中无法生存，在另一些国家，邮政被其他更好的替代者的增长所淘汰。穆勒料想不到的是，就两个城市而言，由两条平行的铁轨相连是有效率的（穆勒，1899，第一卷，第131页，第141—142页；第2卷，第463页）。穆勒逝于1873年。我猜测，在当时或之后不久，受过初等教育的人在修建第一条平行的铁轨中发家致富了。如下文详细论述的那样，这些与建构主义者的自然垄断相反的情形是我们所谓的生态理性的例子。

② “……笛卡儿主张，所有有用的人类制度都曾经是而且必须是有意识的推理的刻意创造……是根据少数几个显而易见且不可置疑的前提通过演绎过程获得真理的智力能力”（哈耶克，1967，第85页）。

③ 行为经济学家利用家庭手工业证明，标准社会经济科学模型假设似乎几乎不能应用于真正的决策。这是由于它们的研究方案一直在分布的尾部刻意寻找“确定行为不同于标准模型的方式……”（穆莱纳桑和泰勒，2001，第Ⅱ卷，第1094），这样的研究很有可能获得成功。

对于某些与理论相违背之处,另一种替代性(而且或许是补充性的)解释是,人们可能使用植根于社会的信任和互惠规范[①](包括平等,意思是说,每一个人都获得他的劳动所得,即机会平等,而不是结果平等),实现合作状态,这个状态要优于个体理性的不完美结果。人们将给出某些实验检验,这些检验旨在将人际交往行为的竞争性偏好理论和互惠理论区分开来。尽管互惠在我们所概括的比较研究中是一个主导因素,但是,其严格性在所有的检验中也并非始终如一,我们仍然需要了解太多关于人类行为的隐秘含义以及合作或非合作行为的环境[②]。从技术上讲,问题是怎样最有效率地通过扩展博弈论为行为人的"类型"建立模型,以使类型成为模型可预测内容的内在组成部分,而不仅仅是作为对实验结果的事后技术解释。例如,行动能够发出关于类型的信号并影响决策,这就解释了为什么博弈形式是重要的,为什么被放弃的可得收益会影响结果。这些要素必定是理论内部结构的必要组成部分,从而使结果变为预测,而这些预测以参与者(他们领悟相互之间的意图)的基本特征为条件。如果能够做到这一点,博弈论中的许多基本结论就会变成扩展理论的特殊情形。

在市场实验中,合作是通过价格的协调作用而产生的,而价格的协调作用则源自相互作用的个人选择行为,其结果与最大化群体福利的标准竞争模型相一致。由于标准理论不能预测据以得出结论的"异常"[③]弱的条件,这种专业上的优势丧失殆尽[④]。

因此,为了便于处理,笛卡儿理性主义假设或者"要求"行为人拥有完备的收益信息和其他信息,这些信息要比你的头脑可能接受的东西多得多。在经济学中,人们坚

---

① 由于不满功利主义方法,因为它的预测不能解释观察到的指令/程序的重要性,我们在伊丽莎白·霍夫曼等人(1994)的研究中开始探讨互惠假说。在机制上,效用可以作为互惠信托的中间占位符,但是,作为表面的指示器,对于产生旨在理解交互过程的新假说而言却表现得差强人意。好的理论必须是一台产生可检验假说的引擎,而效用理论很快就把油耗光了。效用值被认为是提供了最终的"已知"数据,而理论探讨也就到此为止。

② 我想起了惠普公司的部门主管参观我的实验室时的情形。我天真地认为他会对我们的某些市场实验的解释最感兴趣。但实际上并非如此。他对"信任"实验最感兴趣。为什么?他认为惠普的管理问题是通过构建信任和信赖关系,使团队在内部合作,同时在外部成为强有力的竞争者。信任博弈能够充当一衡量手段和教学工具,从而有助于解决此问题吗?这精细地刻画出了正文引述的哈耶克所谓两个世界的紧张关系。

③ 罗伯特·威尔逊(1992,第256页)讨论了一条效率定理,并指出,此现象"可能是不足为奇的"。就目前来看,情况确如威尔逊所言,但是很少有人相信这一点;还有,理论一直滞后于证据,并且得不出充分可检验的结论以深入观察不同制度中的动态运行过程。

④ 我想感谢与查尔斯·普洛特的交流,并增加如下解释:尽管就关于市场的经济学理论来说,这是一个伟大的胜利,但它同时也指出,该理论是不完善的。据以得出结论的异常弱的条件,对市场运行而言是好消息,但是,对于科学界而言,就不是多么好的消息,因为它表明,我们尚不了解为什么市场是这样运行的。你不必拥有大量的行为人,每个行为人都是整体的一个不重要的组成部分——在范围广泛的经济环境中,有三四个买者以及多个卖者就足够了;他们并不必须具有完全的、完美的或者共同的信息——他们中的每一个人只具有私人信息;它也不要求个人系统性地做出决策或者在经济上是精明的。

信，由此导致的运算可以使经济思维敏锐，就像是“如果……就……”的寓言。然而，这些假设不可能完全无视个人行为和制度演变的影响，而制度是抽象的、独立于特定参数的规范或规则，也是延续至今的经验世界的一部分[①]。人们总是试图忽视这一现实，因为我们对现实的理解很糟糕，而且也得不出我们熟悉但不充分的建模工具，并进而茫然地相信我们的寓言描述了我们所观察到的最本质的东西。在加深我们对笛卡儿的完全信息寓言的了解之后，我们将这些工具带入应用的世界，不夹杂任何必要的限定，这些限定反映了因理论家由于专业认知能力有限必然会面临理论建模不易处理的问题。

总之，建构主义使用推理来有意创造行动规则，创造人类的社会经济制度，在给定的特定环境下，这些制度导致的结果被认为优于其他替代性制度导致的结果。尽管建构主义是人类智力的最高成就之一，重要的是仍然要对如下事实保持清醒的头脑：建构主义并不能完全解释人类制度和大多数的决策制定。新出现的制度安排，即使在形式上一开始是建构主义的，也必定具有幸存者的特点，这些特点必定涉及我们在构建模型时视而不见的机会成本和环境问题。

2. 建构主义理性的局限性和困惑

我们关于社会系统的理论和思维过程涉及有意识地和深思熟虑地使用推理，因而有必要不断地提醒我们自身，人类的行为是分散的，并且受到无意识的、自主的、神经心理系统的支配，该系统使人们能够有效地活动，而不总是求助于大脑最稀缺的资源——注意力和推理电路。这是大脑如何运转的一个重要的经济特征。如果每一件琐事都详细地经受自我意识的监督和计划，没有人能够过好一整天[②]。而且，没有人能够在思想上，更别说用语言来表述他所知道的一切，以及他并不知道但为了某种有目的的行动可能会唤起或者需要发现的一切。设想，在一家超市，购物者在预算给定的情况下对数以万计的可行商品组合明确地评价其偏好，他的脑袋会是多么疲惫不堪啊。这种脑力过程的机会成本是巨大的，而且我们的大脑知道（如果我们有意识的心智不知道），我们必须避免得不偿失的机会成本[③]。任何不熟悉的行动或问题首先触

---

① 在本文中，我将始终使用“环境”来指行为人的价值观（偏好）集合，这些价值观界定了交易的收益；用“制度”指语言（消息）、消息交换的规则以及在一个市场上的契约；用“行为”指行为人在环境和制度条件下对消息的选择（史密斯，1982）。

② “如果我们停止做一切事情，而对此我们不知道原因，或者对此我们不能提供一个理由……我们可能不久就会死去。”（哈耶克，1988，第68页）

③ 期望效用理论是用来教学的（正如华西里·里昂惕夫曾经指出的那样），但也被建构主义者用来建立一致选择的模型。就对行为做出预测或者生态学的理解而言，它似乎是不够的。特维尔斯基和卡内曼的许多论文平实地强调它在预测方面的不足（参见他们1986年优秀的综述性论文）。吉仁泽等人（1999）的著作指出了其中某些论文的局限性，并做出了重新解释。在参与者不是有意识地采取最大化行为的市场情形中，结论是相当令人鼓舞的。例如参见史密斯（1991，2000）和普洛特（2001）。博格、迪克霍特和麦凯布（1994）在一篇重要论文中发现，风险规避的程度随市场制度的类型或在吸纳决策风险中使用的程序而变化。要进一步了解建构主义者对决策的功利主义态度，请参见史密斯和泽达罗夫斯基（2002）。

发大脑的搜寻活动,然后向有意识的心智提交你所知道的相关决策内容。决策内容触发自传式的经验记忆,这解释了为什么内容受到了非同小可的重视,尤其是在一个小群体实验中。在熟悉的、驾轻就熟的任务情形中,大脑(包括整个神经生理系统)直接接受任务,就像是与国际象棋"高手"搏杀时下明棋,或者演奏贝多芬的第五钢琴协奏曲,或者接住一个时速95英里的快速直球,所有这些都不需要通过心智自我意识式的思考。

我们不可能完全拥有自然机制,这些机制使我们联想到大脑在掉线状态时的活动或技能。这个重要的论断致使格扎尼加(1998)探究为什么大脑愚弄心智,使心智自以为受到控制①。对哈耶克而言(他完全明白这一论断),什么是"致命的自负"?"即获得技能的能力源于推理的思想。"建构主义者的头脑犯了一个致命的"错误",使其丧失了理解力,正如我们所告诫的那样,"你永远不要假设我们的推理处于较高的重要地位,以及只有推理认可的那些道德规则才是有根据的"(哈耶克,1988,第12页)。但是,人类中心说的(形态学的)心智时不时地犯这种错误。

大多数实际使用的知识②,我们并不记得学习。自然的语言就是最显著的例子,而且音乐和构成发展型社会交往的几乎一切事情也是这样的例子。我们在学习语言规则和有效的社会交往时,并未得到明确的讲解,只是接触家庭和扩展的家庭社会网络(平克,1994;卡根和兰姆,1987;卡根,1994;费思克,1991)。有关向遗忘症患者传授新任务的实验证明,大脑能够在掉线状态时下意识地学习。他们学会了如何很好地执行任务,但是,以前学过的任务在他们的记忆中不复存在了(诺尔顿、门格尔斯和斯奎尔,1996)。

3. 生态理性

这些因素导致了第二个理性秩序概念,它是一个未经刻意安排的社会生态系统,

---

① 当我们认为自己知道某些事的时候——这是我们有意识的经验的一部分——大脑已经在运行了。对大脑来说,它不是一个新信息,但是对我们来说它是一个新信息。大脑内部固有的系统会自动运行,而且在很大程度上独立于我们有意识的知性。在大脑处理的信息到达我们的意识之前,大脑已经快速完成了它的工作……我们对所有这些如何运行而且如何受到影响的情况一无所知。我们并不规划或说明这些行为。我们只是简单地观察结果……大脑开始覆盖其运行过程中已"完成的事项",让我们形成如下幻觉:我们正在经历的事件是实时发生的,而不是发生在决定做某些事的意识经验之前。

② 哈耶克(1967,第4页)指出:"现代英语用法通常并不允许使用动词'能'来描述所有这样的情况,也就是说,个人只知道做一件事情的'诀窍'……根据那些我们能够发现但不必为了遵守它们而对之加以说明的规则而行动的能力。"

来源于文化和生物进化[①]过程，从家庭中产生的行动原则、规范、传统和道德[②]。生态理性使用推理(理性的重构)来研究基于经验和民间智慧的个人行为，而个人不仅"幼稚"地将建构主义者的工具应用于其决策，而且还用来理解自然形成的人类文化秩序、用来发现可能的智识，这些智识体现在产生于人类交往而非人类刻意设计的规则、规范以及我们的文化制度和生物遗传中。人们依照规则行事，却无法说清它们，但是，这些规则是可以被发现的。这是苏格兰哲人的智力遗产，他们描述并解释了所观察到的社会和经济秩序。

赫伯特·西蒙的前辈——18 世纪的大卫·休谟关注推理的局限性、人类理解的界限，以及减少笛卡儿建构主义的夸夸其谈。对于休谟而言，理性是推理在自生自发的制度中发现的现象。因此，"道德规则……并不是(我们)推理的结论"(休谟，1739/1985，Ⅱ，第 235 页)。亚当·斯密发展了经济学中的自然秩序思想。真理体现为规则和传统，而这些规则和传统是在人类社会交往的古老历史中以无法解释的方式形成的。这与人类中心说相对立。所谓人类中心说是指，如果一个观察到的社会机制是功能性的，那么，在未予记载的过去，某人必定有意识地使用推理创造了它，以实现可认知的预定目标[③]。

从实验经济学来看，在有关连续双向拍卖(CDA)这样一些现行市场制度的无数

---

① 许多人都认识到演进的过程必定是共同演进的，但是也有对此持相当否定的态度，而且还有偏见，所有这些都可归因于"文化"(我们对文化的了解甚至比生物学还要差)，这导致了平克(2002)开始研究其中的原因。如果在开发大脑的想象力、语言能力和社会交往能力方面的初始投入不足，遗传的抽象功能可能会陷入停歇状态，也可能退化或者出现机能障碍。有关双胞胎的研究证明，这些过程是共同演进的(南希·西格尔，1999)。建构主义者指出，此类研究展示了许多常见的数据和统计一致性问题(阿瑟·戈德伯格，1979)，但是需要进行实证的修正主义分析。

② "道德"是指在检验期中幸存下来的有内聚力的社会行为准则，道德的突出代表是世界主要宗教经常使用的所谓"不得"戒律：(1)不得偷盗，(2)不得贪求他人之财，(3)不得杀人，(4)不得通奸，或者(5)不得做伪证。前两个"不得"界定并保护一个人的劳动产品的产权以及通过劳动积累起来的所有资源的产权，从而使心智的扩张秩序通过市场面形成。后三条戒律保护社会交往的圣洁性——心智的外部秩序。这些有约束的禁止性限制为这些限制之内的自由留下了巨大的空间。从"己所不欲勿施于人"来看，因果论就像佛教徒"自己活，也让别人活"式的黄金规则一样，是不证自明的。

③ 在文化和生物演进中，秩序源自产生变异的机制，而选择机制被应用于变异。我要感谢托德·泽维基，他在自由基金会最近召开的关于"哈耶克、实验和自由"的会议中指出，在提供变异方面，理性是有益的，但是对选择来说并非如此。建构主义确实是产生变异的发动机，但是能力太过有限，因此建构主义无法把握和应用所有的相关事实来推动选择过程，建构主义最好还是让位给生态过程。

研究中观察到的自然秩序,体现了18世纪的苏格兰传统①。为了阐释亚当·斯密的思想,实验引导参与者来推动并非出自他们本意的增进群体福利的社会目标。这一原理得到了几百个实验的支持,这些实验的环境和制度(密封投标、公开报价以及包含连续双向拍卖CDA的其他拍卖)超出了阐述预测性模型的正式博弈论分析的范围。但是,它们并没有超越信息不完全的决策者的行动范围,决策者自主的智力运算法则通过制度规则(也即社会运算法则)来协调行为,以产生高水平的可测算绩效。

就增进我们对社会现象的理解而言,有必要承认并研究观察不到的那些过程发挥作用的机理,它能使我们的研究超越建构主义的人类中心说局限。

在经济学中,两类理性均影响实验的设计和对实验的解释。因此,即使人们在某一情形下做出的选择有悖于正式的理性模型,我们也不应该得出他们是非理性的结论。有些人会问为什么,并重新考察备择假说和实验的所有方面(程序、收益、背景、实验讲解等),探询什么样的新概念和实验方案能够帮助我们更好地理解行为,探询实验对象如何理解实验试图解决的问题。

最后,理解决策需要经济学传统边界之外的知识②,这是一项对休谟和斯密也并不陌生的挑战③。最近,有人利用功能磁共振成像(fMRI)和其他大脑意向疗法来研究策略性互动的神经关联,这些研究(凯文·麦凯布将其称之为神经经济学)表明,理解决策需要经济学传统边界之外的知识。上述研究探查意图或"心灵解读"的神经关联,在决定互动行为时有关信息、选择以及自身收益和他人收益的其他假说。

本文将利用来自经济学、法学、实验经济学和心理学的大量例子,描述并讨论上述主题。我首先论述市场的非人格化交换,并利用来自实验和实地观察的知识,说明建构理性和生态理性之间的差异如何揭示了来自观察的知识。然后,我们研究人格化交

---

① 实验主义者无意中促成了一个方法论,借助这个方法论,我们可以在科学控制的情况下客观地检验"苏格兰人—哈耶克假说"。这回答了据说由米尔顿·弗里德曼提出的问题,这个问题与哈耶克的理论/推理"你将如何知道"有关(我无法发现/提供参考文献)。令人吃惊的是,哈耶克说,他已经快要知道用什么样的实验来检验他的理论,但是他放弃了。因此,"我们可以用概念模型检验它(竞争是一种发现之旅),而且我们可以用人为创造的实际环境来可信地检验它,而在人为创造的实际环境中,观察者早已知道那些意欲借助竞争来发现的事实。但是在这样的情况下,实验并没有实际价值,因此开展实验将得不偿失"。经济历史学家(例如诺斯,1981)和政治经济学家(例如埃莉诺·奥斯特罗姆,1990)长期以来一直研究体现在自生自发社会经济制度中的知识和效果,这些社会经济制度或者解决或者无法解决增长和资源管理问题。他们研究了"自然的"生态实验,通过这些实验,我们获得了无可估量的信息。

② 我要求学生们缩小经济学的阅读范围,但是要广泛阅读科学。在经济学领域,实际上只有一个模型可以经过修正应用于各种情况,这就是根据约束条件,例如资源有限、制度规则和/或他人行为,求最优解,就像在古诺—纳什均衡中一样。经济学文献并不是寻找新的超越传统建模技术方法的最好领域。

③ 因此,对哈耶克来说,"一个仅仅是经济学家的经济学家不可能是一个好的经济学家"。

换，特别是在两人扩展式博弈的情境下，探询为什么即使实验对象都是匿名匹配的，建构主义模型在预测一次性博弈的行为时也不怎么成功。

二、非人格化交换：市场的扩展秩序

1. 两个理性秩序概念是怎样联系起来的?

建构主义将我们在世界上观察到的自生自发制度所产生的社会结构视为是既定的，并用公式将它模型化。荷兰式拍卖或所谓的同构等价物—密封拍卖——就是这样一个例子(维克瑞，1961；米尔格罗姆和韦伯，1982)。建构主义模型不必探询某一拍卖制度为什么会产生，它又是如何产生的，或者产生它的生态学条件是什么，为什么有那么多不同的拍卖制度。在某些情形下，情况又恰好相反。因此，收入等价定理表明，标准的拍卖产生相同的预期结果。从字面意思来看，这意味着在这些结果之间进行选择的可模型化的经济理由是不存在的。

更一般地说，理性理论认为，一种结果代表着一种观察到的社会经济状况。社会经济状况具有一棵抽象的、相互作用的博弈树。相反，生态理性概念探询博弈树所描述的结构是从哪里来的? 为什么是这种社会实践，而不是另一种，从中我们能否抽象出一个特定的博弈? 是否存在其他社会实践和相关的博弈树，它们缺乏生存能力且被我们所观察到的东西成功侵占? 虽然生态系统，不论是文化还是生物系统，并非人们有意地通过互动行为创造出来的，但这些生态系统满足了人们的需求，从这个意义上说，它们必定是理性的，或者处于趋向理性的过程之中。建构主义者头脑中的模型建立在关于行为、结构、价值及知识环境的假设基础之上。这些假设可能是正确的、不正确的或者是不相关的。而且，就满足模型所适用的那些人的需要而言，模型可能导致或不导致理性行动。作为理论家，我们的天职是阐述并证明定理。定理描绘了假设和可检验或可观察的理论含义之间的对应关系。在阐述并证明定理的过程中，问题的易处理程度相当重要，而且，要想获得更多的结论，就有必要将假设及其理论含义都视为变量。很少有博弈理论家(将理论)建立在行为人总是选择占优策略的假设之上，并认为这种假设刻画出了所有行为人在所有情形下的行为。因此，证明理论具有一般性是“思维能力”的一种运用。但是，诱惑在于，相信我们的“空中楼阁”在经验世界中有直接的意义，并且继续将这种意义加诸它们之上，而从生态学的角度来看，这样做可能不是理性的。

要理解是什么——知识冰山的一角——就需要充分理解不是什么。在实验室中，我们不仅能够像在经济史中那样，理性地重构反事实的现象，而且还可以利用实验来检验和研究它们的性质。我们来看两个当代的例子。

2. 放松航线管制

放松航线管制引发了一场未曾预料的网络重组，被称为网状辐射系统(例如，参见多纳休，2002)。这是一种生态理性式的反应，显然，主张放松管制的建构主义观点并没有预测到这一点，人们也没有预测到这一点。我认为，1978 年对航空公司经理的调查，或者对航空公司顾客的市场调查，也没能揭示这一点。管理者和顾客并不知道随后才显露出来的消费者的决策偏好,消费者莫名其妙地支持每日出发和到港的次数——这是一种必须通过市场实验才能发现的偏好。在一个放松管制的自由选择世界中,次要城市之间的直飞服务完全是不可持续的。在次要城市之间实现效率(既满足对服务频度的需求,又符合有利可图的运载量)的唯一办法是通过网络中心把航班连接起来。因此,一个生态理性的均衡优于建构主义者的重复尝试,即试图通过进入者和创业者来满足由需求、盈利能力和微观技术结构带来的无法调和的约束集。

如果机场跑道权或通道是放松航线管制的一个主要组成部分,而且通道的即时现货价格反映了拥挤成本,情况是否有可能不同呢(拉森迪、史密斯和布尔芬,1982)? 我们不知道,但是,我们可以在实验室中估算出这种反事实的假设对非主干航线生存能力的影响。正如所有考察假设情况的研究一样,问题在于估计那些与经济环境相一致的参数。

3. 加州能源危机

第二个棘手的例子是导致加州能源危机的环境。同美国的其他地区和全球一样,放松管制是一项有计划的转型,其中包含无数政治妥协。加利福尼亚采取的措施是放松批发市场和批发价格,同时继续对零售价格实施管制,零售价格被固定在按每天和季节性的消费周期计算的每小时费率上。电网公司洽谈提高平均零售价格,以满足沉没资本投资(也即认为在竞争条件下不能弥补其成本的资本投资)的收入要求。公用事业机构要求提高平均零售费率,以达到沉没资本投资的收入要求。监管者和被监管者都有这种关注过去和关注平均收入/成本的思想.由于没有一种动态机制可以区分最终电力消费的优先顺序,由此带来的影响让他们措手不及。

正如预期的那样,传统的边际发电成本波动马上转化成每天的批发价格波动。没有预料到的是,降雨量小、电力需求增长、不合季节的高温天气、发电厂按正常的电厂维修计划而减少发电量等因素共同作用,导致了短期的正常高峰价格大幅提高,而且持续时间远长于早些时候发生在美国中西部和南部的电力危机。小概率事件以预期的频率发生,而且许多小概率事件同时发生,因此无法预料的事情并非不可能发生。建构主义者的规划无法提供零售竞争,以试验一些计划,这些计划在电力供应紧张的时候通过切断优先顺序比较靠后的电力使用以使消费者节省费用。可切断的电力供应直接替代了能源供给和能源储备,而且是一种重要的保障手段,以确保有足够的能源产量和储备,从而应对能源行业面临的各种供给突发事件。

监管法规规定所有需求都必须以固定价格得到满足,因此建构主义者的规划并没有及早引进需求敏感型的零售价格和技术,以降低高峰时期的电力消费。我们并没有进行机制设计,而是设计了一个固定零售价格的方案,以获得应该用来弥补平均成本的平均收入,但是这个设计方案以失败告终。减少电力销售与市场的价格功能相对立,因此管理层和监管者自然都不曾想到减少电力销售也能带来利润。但是,如果采取减少电力销售这种做法,加利福尼亚的电力销售商本来可以避免大约150亿美元的损失;如果每千瓦时的高峰电力不是以平均零售价格销售的,就可以节省大约10倍的平均能源成本。停滞不变的技术、不切实际地幻想所有电力需求总能够得到满足，所有这些都被合法地获得特许经营权的本地电网垄断者用来阻碍创新。进入者为高峰消费转向非高峰消费提供优惠，冒着投资风险在电器上安装必需的控制措施，并不能使他赢得客户。有特许经营权的本地垄断者早就牢固地确立起其影响力，并在放松管制后时刻警惕地保护这种影响力，从而使加利福尼亚的配电商只好在高峰电力短缺的关键时刻把人们困在电梯里，让高级计算机编程机构关门歇业。

所有的电力供应系统都容易受到各种不利事件的影响，这些不利事件会在需求高峰的时候导致电力短缺。建构主义本身并没有利用竞争性的试错式生态实验，来试验零售供应技术和消费者偏好，因此不可能设计出能够处理所有分散化个人知识的机制，而这些机制对于发现有效率的需求和供给反应组合来说是非常重要的①。

4. 经济制度设计

我们能够从关于需求的敏感度如何影响能源短缺（就像加州能源危机中那样）的实验中学到什么呢？拉塞尼、史密斯和威尔逊（2002a）测算了这种影响的大小。他们建立了一个市场，在该市场上，可达到的16％的适量峰值零售需求能够自动地被批发能源供应商以折扣价格截断。在实验中，每一天的需求在四个水平上循环，它由批发市场上两个相对照的实验方案表示：(1)机器人买者，他们在现货市场上的出清价格水平上显示所有的需求；(2)四名有利润动机的人类买者，他们自由地在市场上策略性地出价，以获得最低价格。在每一情形中，五名有利润动机的人类卖者对所供应的电力进行投标。在被动的需求方案中，价格平均要远高于基准的竞争性均衡，而且很不稳定。在人类买者方案中，价格接近竞争性均衡，且波动变得微不足道。除了卖者之外，通过让批发买者也能根据自身利益策略性地出价，尽管84％的高峰需求是“必须提供的”，但是，买者能够有效地制约卖者，并使价格保持

① 普捷湾能源公司（以下简称PSE）于2002年11月6日发布的新闻稿中对此做了说明。PSE建议提前结束“使用时间的试点计划”：PSE的使用时间计划创立于2000年能源危机期间，其目的在于激励电力消费者转向更便宜的当天非高峰时间的电力消费。由于能源市场趋于平和，所以该计划于2002年7月进行了调整。自那时开始，使用时间的试点计划导致大多数参与者的支出稍稍高出了统一费率……雷诺兹（PSE的发言人）说，“然而，如果想研究这一新的领域，你必须认识到该计划有时并不像你希望的那样运作……你不仅要对该计划进行严格的分析，还要分析如何成功地调整该计划使之适应未来的能源市场。”这是因为没有人知道什么机制才能最好地运作，所以你必须放开零售市场，使之也能够“自由进出”。实验研究的一个可能结果是一份合同，该合同将使电力供应商与客户共享本质上不可知且又不可预测的费率下降。当事先不能知道所有情况时，应该使用比例规则。新西兰的可交易捕鱼配额最初是专门针对数量的，后来重新设计成针对可以获得的数量变化比例（与莫里斯·麦克蒂格的交谈，2002）。实验室实验的优势在于这样的错误会暴露出来，矫正错误的可选择机制可以得到检验，而且成本很低。

在竞争性水平上[①]。

本案例描述了实验室在经济制度设计中的应用。在这些实验中,我们能够测试备选的拍卖规则和输电限制对发电厂供给行为的影响(贝克曼等,2001);能够改变市场集中度或者非凸环境下的“电能”(丹廷等,1998);能够比较策略性需求的敏感度高低会产生什么影响(拉森迪、史密斯和威尔逊,2002a);能够在一个非凸环境中研究输电网络和多个市场的影响(奥尔林等,2003);还能对市场进行检验,以了解(但不是最终结论)市场自由化政策(拉森迪、史密斯和威尔逊,2002b)。对于许多例子的综述,参见麦凯布、拉塞尼和史密斯(1991)。

两类理性秩序均体现在针对经济制度设计的实验方法论中。实验经济学的这一分支把实验室视为操作台,考察打算建立的新制度的表现,并根据检验结果改变新制度的规则和实施特征。尽管诸如电力市场设计或对频段许可权拍卖这样的大多数应用对于正式的分析而言太过复杂,但是被提议的市场设计一开始就是建构主义的(拉森迪、史密斯和威尔逊,2002a;班克斯等,2003)。

但是,当人们根据检验结果来修改一项设计,然后再对修改之处进行再检验、再修改时,从生态理性秩序的概念来看,这是利用实验室来影响不断演进的适应过程。如果最终结果在现实中得到实施,那么它当然要根据实践以及在实验中未经检验的作用力(原因在于这些因素是未知的,或者超越了当前的实验技术)经历更多的演进式变化[②]。事实上,如果作为动态的社会工具的制度能适应不断变化的条件,并对这些条件做出反

---

① 在加利福尼亚电力危机中,公认的设计失败就是阻止输电机构签订长期电力供应合同(威尔逊,2002,第1332页)。请注意如下简单的流行解释:同样的错误不会出现两次。的确,如果你想保护输电机构的垄断力量,以便把输电网的租金和以固定的管制价格定量供应并销售能源相挂钩,那么保护输电机构在短期内不受电力批发价格波动影响的方法之一可能是鼓励输电机构按固定的平均输电成本签订长期合同。但是,如果供电商预期会出现短缺,他就想提高价格和/或签订短期合同;长期合同只能将成本降低到令供电商对高的现货价格感到吃惊的程度,但是在合同到期后的再谈判中,供电商就不会再犯同样的错误。当供电商们开始阻挠长期合同的签订时,加利福尼亚就发现了这一点,并遭遇了高价格。上述整个论证表明,制度设计缺陷应该对加利福尼亚的电力危机负责。因此,必须(1)消除当地电网垄断的合法势力,使竞争性能源供应商可以与能源消费者签订在非高峰时段降价的合同,并提供支持性的控制措施;(2)让竞争决定动态的价格结构以及执行这种价格结构所需要的投资;(3)同时,让金融工具不断演进,以对冲价格更少波动时带来的各种风险。金融工具可以对冲价格波动,但不能对冲电量波动。只有需求敏感型的可中断电量才能缓解供给紧张并提供需求方储备,以减少电量流失的风险。没有一个人或一个群体可以预测并规划必需的技术组合以使市场能够管理需求。因此,撤除所有进入壁垒,允许公司通过竞争来发现组织零售系统的有效方式并对这些方式进行改进,是非常重要的。认为短期零售需求“极度”缺乏弹性的观点忽视了这样一点:你如何知道切断电量的技术是没有灵活性的? 竞争和创新激励从来都不是加利福尼亚制度设计中的组成部分。

② 人们经常提出这样的问题,实验研究的局限性是什么? 我认为,任何试图找到这类局限性的尝试很可能都与某些实验主义者持续不断的独创性和创造力(任何时候这两者都是主要的障碍)密不可分。25年前,我不能想象,我们可以从事现在实验室里很常见的各种实验。实验主义者也包括我们当中的许多人,他们认为在实验室和现实之间并没明确的界限。

应，那么演进过程就是重要的。这种灵活性怎样构成制度设计的一部分呢？我们并不知道，因为没有人能够预测需求会如何变动。

5. 市场制度和绩效

非合作的或古诺—纳什竞争性均衡理论通常会提供竞争性均衡的两个前提条件：(1)行为人对竞争性均衡方程具有完全或“完美”信息；行为人拥有共同知识，也即所有人都必须知道其他人知道他们拥有此信息。就此而言，所有行为人对竞争性均衡都有共同的期望，而且他们的行为必然导致竞争性均衡。(2)在教科书中经常出现，但是也许更经不起论证的另一个传统是一个较弱的必要条件，即行为人在市场上只是一个价格接受者。

所谓完全、共同或者完美信息这一“必要条件”是虚无缥缈的。在我看来，并没有什么预言性的定理表明：如果行为人具有完全信息，他们的行为会产生一个竞争性均衡；如果信息不完全，他们的行为就不能产生一个竞争性均衡。如果存在这样一个定理，它就能够帮助我们设计实验，能够用来检验这些二分性的预测。在我看来，认为行为人需要完全信息的观点来源于内省错误：作为理论家，我们需要完全信息来计算竞争性均衡。但是，这不是一套信息或信息缺失如何导致行为人的行为产生或不能产生竞争性均衡的理论。它只不过是一个动机不明的陈述，相当于没有证据地宣称每一个行为人是一个建构主义者，正如宣称我们是理论家一样。而且，行为人“似乎”具有完全信息的论断对我们理解行为的源泉毫无用处。我们所缺乏的是对过程建立模型，通过这一模型，行为人根据其初始境况和分散信息，利用制度的运算法则来更新其状态，并且收敛于(或不收敛于)所预测的均衡①。

作为一个理论，价格接受寓言也是一个非初始点：如果所有行为人将价格视为既定，那么，谁制定价格呢？如果价格制定者是瓦尔拉斯拍卖人，为什么我们发现这种过

---

① 几乎没有什么人曾经尝试建立连续双向拍卖均衡模型，这一事实表明建立这类模型固有的困难。威尔逊(1987)曾经勇敢地做过尝试，并取得了进展。弗里德曼(1984)利用非常规盼无堵塞假说来证实纳什—古诺分析，并得出了一个竞争性出清价格的有效率结果。威尔逊(1987)利用有关共同知识的标准假设，即假设买者(卖者)数量、每个人都有一单位的无弹性需求(供给)、收益的线形偏好、无风险规避或财富效应共同受到干扰的价格，以及“参与者有能力计算均衡策略并选择一个均衡，而选择均衡的方式就是共同知识”(第 411 页)。这是一个好像所有参与者都是博弈论专家的抽象的建构主义模型，该模型的研究对象是一个思想过程，而参与连续双向拍卖的所有博弈论专家都不会运用这一思想过程。这一模型本身也产生了一些问题，例如，在只有一个买者和卖者能够合理地进行交易的终局博弈中，会出现退化，这一点对参与者来说不成问题，因为参与者并不知道这一点，他们还认为信息不完全的买者和卖者仍会试图进行交易并因此控制价格。额外的边际交易者可以给终局博弈对价格的限制带来机会成本。为了使机会成本不影响参与者的行为，就不能让参与者知道有机会成本。威尔逊意识到了这些问题：“然而，最关键的缺陷是这种博弈论模型不可避免的结果”(威尔逊，1987，第 411 页)。我们确实面对着笛卡尔建构主义的这些局限。除了实验中所谓的“幼稚”参与者外，我们并不知道我们的大脑是如何通过连续双向拍卖和其他制度毫不费力地解决了我们与他人交往中的平衡问题。我们所建立的模型并不能使我们理解上述重要的实验结果。

程是那么无效率呢?(布郎夫曼等,1996)。

过去40多年以来,几百项实验(史密斯,1962,1982;戴维斯和霍尔特,1993;卡格尔和罗斯,1995;普洛特,2001)证明,在多种不同的制度下,尤其是在连续出价/询价双向拍卖中,对于行为人的行为与信息交换规则和订约规则之间自我调整式的相互作用会否产生一个竞争性均衡来说,完全信息并不是必要条件[①]。而且,对竞争性均衡来说,完全信息也可能不是充分条件。在某些环境中,即使具备完全信息,收敛于均衡的过程也是缓慢的或者是无法实现的,这种比较分析表明完全信息并不一定是竞争性均衡的充分条件(史密斯,1976,1980)。

戈德和森德(参见2002,以及其中的文献)写了一篇有趣的文章,证明在这些市场实验中所观察到的自生自发秩序的一个重要组成部分来源于制度,而不仅仅是个人的预设理性。效率必然是制度规则和行为人的行为相互作用的结果。森德及其合作者所证实的是,在双向拍卖市场上,对于单一商品(我们还不知道它能够一般化到什么程度),即便对于智商为"零"的机器人,它们中的每一个人都能完全随机地选择出价(询价),只要不给他本人带来损失。因此,即使行为人并非理性建构主义意义上的利润最大化者,而且运用未经更新的算法,也可以利用双向拍卖制度,从交易中获得大多数可能的社会收益。这个例子是否或多或少地描述了那些"超个人结构,在这些结构中,个人发现大量机会……(而且)……能够考虑比个人所感知到的事实环境要多的因素,结果是……在许多方面优于人类理性,或者比人类理性'更聪明'……"(哈耶克,1988,第77页,第75页)。

我们尚不知道戈德和森德的结论是否可以一般化为下一段所述的多市场情形。但是,米勒(2002)证明,在一个十分基本的两市场环境中(对同一商品的跨时分割市场上),戈德和森德的结果是适用的。复杂的价格动态,包括"泡沫"会出现,而且存在效率损失,尽管该损失不是很大。平均而言,效率看似会从大约94%下降到88%。

在非线性关联需求环境下的多市场交易中,每个人对一单位商品A的最高支付意愿取决于B的价格,反之亦然,而且,在这样一个更加复杂的经济中,双向拍卖市场也收敛于竞争性均衡价格和交易量的向量。史密斯(1986)描述了一个两商品例子,该例子基于威廉姆森和史密斯(1986)构建的非线性需求(CES收益函数)和线性供给函数(也可参见威廉姆森等人,2000)。在这些实验中,数字表基于偏好和成本方面的信息,它们定义了四个非线性方程(两个价格方程和两个数量方程)的一般均衡解,并在

① 如要了解有关连续双向拍卖和零售电力公开报价式定价机制之间的差异,请参见凯彻姆等人(1984)。与公开报价式定价机制相比,连续双向拍卖更有效率,而且价格趋同更快。那么,为什么连续双向拍卖没有侵占并替代公开报价式定价机制呢?答案在于,把每一个零售客户培养成一个与公司进行有效率谈判的谈判者需要很高的成本。制度反映了机会成本的精妙结构,公开报价式定价中的交换效率损失超过了导致价格政策集中化的大规模零售创新带来的分配性生产效率。正如我所述,这些政策在互联网上得到了修正,因为在互联网上,价格可以被调整到反映买者的机会成本,例如他们访问了多少其他互联网网址(凯瑞·德克和巴特·威尔逊,2002)。创新引致的制度变化,例如大规模零售是形成生态理性均衡的组成部分。

大学生实验对象之间分发。他们在一系列交易期间购买和出售两种商品。在经历几个交易期之后，价格和交易量收敛于由非线性方程定义的竞争性均衡。对于如何在数学上求解方程，实验对象得不到任何提示。实验者应用建构主义者的推理工具来求解基准竞争性均衡，但是，在重复博弈中，这个“解”从实验对象根据双向拍卖市场制度的规则进行交易所引发的自发秩序中显现出来。对于许多同时相互独立的市场，大量其他实验也显示出类似的收敛模式（普洛特，1988，2001）。

6. 艾奥瓦州电子市场

我们有什么证据表明连续双向拍卖交易在实验室里的效率特性也适用于现实情况呢？我相信，证据的最佳来源之一是被广泛应用于世界各地的艾奥瓦州电子市场（福赛思等，1992，1999）。这些市场被用来研究期货市场是否能有效地加总与政治选举结果相关的分数信息，或者加总与实验室之外任何明确的事件（诸如美联储的贴现率变动）有关的信息。“实验室”是互联网。“实验对象”登录并购买有关最终事件结果的初始要求权组合；实验对象由登录成功的人组成，不是民意测验中要进行配对的代表性样本或“科学”样本。制度是公开的双向拍卖。

在艾奥瓦州电子市场上，交易者制造了一个市场，该市场的交易对象是赌金要求权份额，这些份额对应着不同的选举结果和公民投票结果。例如，第一个艾奥瓦州电子市场是 1988 年的总统大选。每一个想对份额进行交易的人向艾奥瓦州电子市场存入最低 35 美元的资金，得到一个交易账户，内含用来购买额外份额的 10 美元，以及每份 2.50 美元共 10 份基本组合，每份组合都包含所有候选人——布什、杜卡基斯、杰克逊和“其他人”。交易在一个公开的出价—询价市场上连续进行几个月，每一个人都知道市场将在 11 月的选举日关闭（交易暂停），此时，对每一份额支付的红利等于候选人的选票比率乘以 2.50 美元。因此，如果最后两个候选人以及所有其他人获得选票的比率为 53.2%、45.40%、1.4%，那么，这些比率（乘以 2.50 美元）代表一名交易者持有一份份额的报酬。因此，在任何时间，将价格正规化为 1 美元，一份份额的价格（除以 2.50 美元）反映了该候选人总得票率的市场预期。价格 0.43 美元意味着市场预测候选人将获得 43%的选票。其他形式的合同，包括赢家通吃或者众议院议席数量等，也可以在某些艾奥瓦州电子市场上进行交易。

艾奥瓦州电子市场的数据库包含 49 个市场、41 个世界性选举和 13 个国家。有几个结论值得注意：与代表性的退出民意测验样本（1.9%）相比，由交易者的非代表性样本形成的收市价格表现出较低的绝对预测误差（1.5%）；在 16 个国民大选的子集中，市场在 15 次中有 9 次比民意测验表现得好。在选举结果揭晓之前的几个月里，市场预测一致地比民意测验的变动要小得多；一般而言，更为活跃的大市场预测要好于人气不旺的小市场；对市场交易者的调查表明，他们所持有的份额偏向于支持他们偏爱的候选人。

考虑这一最后的结论，为什么市场的表现要优于民意测验？福赛思等人（1992）认为，这是由于他们的边际交易者假说。他发现，那些在价格“设定”方面活跃的人，即落入极限出价或询价的人，同那些接受（在市场上买和卖）极限出价和询价的交易者相比，较少受到这种偏见的制约。民意测验记录了无动机但有代表性的一般观点。市场记录了有动机且有代表性的边际观点。这一分析有助于我们直观地理解在出价/询价的连续双向拍卖规则下，人们的互动如何产生有效率的结果①。

我们已经看到，市场可以有效地利用信息、人们的认知能力、行为人的数量以及个人理性。如果交易制度赋予所有人都谋求个人利益的权利，那么，他们是否也能够有效地利用外部干预的需要来维护特定利益？

7.策略防范：理论和行为

偏好是私密的、不可观察的，因此制度所依赖的是行为人报告的信息，而不是其真实偏好。这是从以下事实推导出来的：任何人都不可能知道市场上所有人知道的所有信息。所以，在一个市场上，通过策略性地谎报偏好，行为人有可能影响价格和结果。这种可能性推动人们研究策略防范机制："如果每个行为人的效用最大化选择显示何种偏好只取决于他的偏好，而不取决于他预期其他行为人将显示的偏好，那么一种配置机制就是策略防范的(萨特斯维特，1987，第519页)。"这要求每一个行为人显示其真实偏好是一个占优策略，并得出不可能性定理，该定理是说，在确定性条件下，这样一种机制不存在。

鉴于这种否定的理论结论以及严格的条件(在该条件下对解进行考察)，探寻人们在实验环境中如何行事，就是重要的。在实验环境中，实验者私下诱导各实验对象的偏好。对于更加开放的系统而非由理论所构建的系统，我们知道什么是不可能的，什么是可能的吗？当所有人都可以自由地从一个大的策略空间中选择时，避免策略操纵的生态理性策略有可能出现吗？给定信息本质上就是分散的，制度演变能否使各种行为最终产生出策略防范这一问题的实际解(如果不是一般解的话)？

双向拍卖是一个在宽泛的经济环境(包括小数环境)下产生竞争性均衡的著名例子。还有其他例子吗，如果有，人们用来实现策略防范的策略性行为机制是什么？

---

① 除了艾奥瓦州电子市场以外的其他市场也具有有效率地聚合信息的特点。赌马市场就是一个例子，有趣的是，该市场的环境与艾奥瓦电子市场非常相似：以所有参与者都知道的确定的赛马结果进行结账；相反，在股票市场交易中，预期不断地波动，没有确定的最终值。"赌马市场令人吃惊地有效率。市场概率极好地反映了赌赢的概率。这意味着赌马者有相当多的专长，而且市场受到了认真对待"(泰勒和威廉·泽姆巴，1998，第169页)。行为经济学家对此感到吃惊，因为他们的方法论被局限在寻找与标准理论相偏离之处。不寻常的是，行为经济学家在赌马中发现了值得说明的证据，这些证据证明了有效率的结果。对于那些信奉实验经济学、艾奥瓦州电子市场和类似市场研究的人来说，效率不仅是常见的(如果不是无所不在)，而且不能归因于有"相当多专长的"行为人。尽管行为人可以获得重复的交往经验，而且有证据表明这些经验给他们带来足够的经验，但他们通常是幼稚的。然而，正如在艾奥瓦州电子市场和实验市场中一样，赌马市场是不完全的：在选择前两名和第三名时存在无效率，而且还存在着特别喜欢冷门的偏误，其中冷门结果在当天的最后两轮比赛中更容易出现。有很多假说被用来解释这些无效率，但是有意义的是，用于在前两名、第三名和冷门无效率之间进行套利的计算机程序已经被编制出来(套利带来的收益大约为每注11%)。在我看来，这些套利程序可以带来可观的利润，同时还不会使套利机会消失——可以一直套利下去！

例子之一是密封投标—竞标拍卖：在每一个签约期，提交的投标从最高到最低排序，竞标（询价）从最低到最高排序，其中的交集（交叉）决定统一的出清价格和成交量（参见卡森和弗里德曼、弗里德曼以及威尔逊，载于弗里德曼和拉斯特，1991）。对于不同类型的密封投标—竞标机制和连续双向拍卖的比较研究，也可参见史密斯等人（史密斯、威廉姆斯、布拉顿和凡诺尼，1982）的研究。

在静态供给和需求实验中，一开始，买者和卖者都极大地隐匿其真实买卖意愿，成交量很低（最优成交量的 10%—15%），市场是无效率的，在初始的出清价格上，各行为人都让钱闲置。在重复博弈中，他们更多地披露买卖意愿，但是，大多数时候的交易量接近于上一期出清价格时的交易量。随着交易量的增加以及出清价格接近于竞争性均衡价格，已实现的逆向需求和供给在出清价格附近变得十分平坦，此时有许多势均力敌的报价和询价或接近势均力敌的报价询价。这些报价和询价超过了任何单个买者或卖者的报价和询价范围。在这种稳态下，给定这种行为，如果任何人拒绝购买或出售，就意味着他并不认为其他更有竞争的交易量可以替代他的交易量。这导致了一个“行为策略防范均衡”。这就是有动机且有私人信息的行为人在试错式重复博弈中的力量。

这些实验结论清楚地表明，策略防范均衡的理论条件——每一行为人利用占优策略来显示他支付或接受全部交易量而不是边际交易量的意愿——是极强的。但是，有关隐蔽双方拍卖的描述也表明，实现一个策略防范均衡是有社会成本的：与连续双向拍卖相比，隐蔽双方拍卖向竞争性均衡的收敛要缓慢得多，而且，在收敛时，如果行为人偶然试图操纵、受到制约以及返回到完全的交易量，它可能也不是十分有效率的。

第二个例子是统一价格双向拍卖（UPDA），即在每一交易期间，一种实时的连续反馈机制在单一价格上出清所有的交易。这是一种实验主义者发明的“设计者市场”，他们提出的问题是：“我们能够将双向拍卖具有连续信息反馈的优势，同密封竞标—投标拍卖统一价格（在阶段之间的变动性为零）的优势结合起来吗？”如上所述，对于密封竞标，要达到最优，需要几次重复的相互作用，在此过程中，许多交易未能达成。通过连续地反馈关于市场暂时状态的信息，并允许投标（竞标）在每一期间进行，我们能够加快价格发现过程吗？

高速计算机和通信技术为这种制度的实现提供了可能。它还带来了规则上的一些变动。在所有版本中，在每一时间，$t \leqslant T$＝市场“停止交易”（关闭），尝试性的出清价格 p1 呈现出来，而且，每一行为人都知道其所有投标（询价）被接受的情况。这使得投标和询价可以进行实时调整。对于将这些不同版本与连续双向拍卖进行比较的 49 个统一价格双向拍卖实验的报告，参见麦凯布等人的著作（麦凯布等，1991，第 311—316 页）。同上文讨论过的隐蔽双方拍卖相比，统一价格双向拍卖甚至更加隐匿需求和供给，但是，效率往往要高很多，尤其是在前面几个阶段，而且在一种形式中（内生封标、开标，以及有条件的时间优先的“另一方”规则），超过了连续双向拍卖的效率。

在一个随机波动的供给和需求环境中，利用统一价格双向拍卖的实验通常具有

95%—100%的效率,有时候,可获得的显示性剩余只有5%—100%。表1给出了来自统一价格双向拍卖实验up43的汇总数据。大多数行为人输入的出价(询价)等于或接近于出清价格,因为该价格连续实时显示出来。假设,如果除了一名在边际内的买者或卖者之外,所有行为人都显示其真实的需求或供给,那么,该行为人就能够操纵价格使之有利于自己,这当然是正确的。当每一位行为人具有操纵价格的可能性时,一个重要的问题是什么样的行为是显示性的。在不知道或不了解整体以及没有设计或意图的情况下,参与者随意使用他们的规则来实现实验者所观察到的三个特性:(1)高效率;(2)在所有其他行为人的行为给定的条件下,最大化个人利润;(3)免受主要行为人的摆布。[①] 这一生态学结论描述了哈耶克敏锐的洞察力(1988,第19—20页)。"单凭规则就能够合成一个扩展秩序……对任何人而言,在一个自生自发的秩序中,参与者并不知道或者并不需要知道他所追求的所有目标或者他所使用的所有手段。这样的一种秩序是自我形成的……"

表1 结果概述

	均衡价格	均衡数量	已实现价格	已实现数量	效率:最大化剩余的%	收入:显示剩余的%
1	295	18	300	16	91%	22%
2	405	18	400	18	100%	7%
3	545	18	540	18	100%	14%
4	460	18	448	18	92%	14%
5	360	18	350	18	100%	9%
6	500	18	500	18	98%	12%
7	260	18	250	17	96%	26%
8	565	18	553	15	92%	28%
9	300	18	300	18	100%	28%
10	610	18	610	18	100%	33%
11	365	18	350	15	85%	88%
12	550	18	558	15	88%	55%

① 限于篇幅,我不能完整地论及行为人的某一个子集在产品质量或价值特征方面具有非对称的信息优势时所引发的许多重要问题。分析表明,这样的条件导致市场失灵或无效率。但是,这些问题中的某一些是由于没有充分研究非对称信息优势对市场双方以及价格信息的影响。实验已证明,建构主义者的无效率通常会因几种生态理性的反应机制之一而得到缓解,这些机制包括卖者之间的声誉竞争、质量(品牌)信号、产品担保以及私人非对称信息加总于公开报价这些公开报价模式可以对上述问题做自我矫正。例如参见穆勒和普洛特(1985),普洛特和怀尔德(1982),普洛特和森特(1982,1988),卡默勒和韦格尔特(1988)。

续 表

	均衡价格	均衡数量	已实现价格	已实现数量	效率:最大化剩余的%	收入:显示剩余的%
13	450	18	450	18	100%	31%
14	410	18	410	18	100%	5%
15	485	18	484	19	89%	39%
			μ=17.3 α=1.3		95% 5	27% 21

8. 格雷欣法则:如果它不是古诺一纳什均衡,为什么它是一个法则

在本节中,我已经给出了许多制度方面的例子,在这些例子中,市场的竞争性均衡理论预测了市场可观察到的行为。我们有反例吗?答案是肯定的,那就是所谓劣币驱良币的格雷欣法则。尽管这一法则有时被认为是全世界都能观察到的现象,但它不是一个古诺一纳什均衡[①]。如果货币A和B均被使用,A具有内在价值,而B是无价值的纸币,那么,理论预测A将会驱逐B。这是因为,每一行为人相信,其他行为人是理性的而且在交易中只接受A。于是,每一行为人将避免持有劣币B,而只接受A,A就变成了主导的交易流通媒介,而B则被边缘化了。实验已经证实,如果两类货币在一开始都是可以获得的,实验对象只使用良币(一种有息的永续债券)作为交易媒介。但是,在做实验的时候,实验对象首先有一段时间使用纸币,因为它是唯一可获得的交易媒介,然后引入永续债券,此时,实验对象继续用纸币进行交易,窖藏有息的永续债券(卡默勒、努萨尔和塔克,2001)。如果每一行为人相信在交易中其他人将接受纸币,而且这一信念还得到了经验的支持,那么,这样做就是完全理性的。将格雷欣法则视为一个信念均衡,光是理论本身并不能够预测这样的信念均衡何时会发生(莱亚德,1986)。

作为对这些结论的补充,另一项实验研究说明了什么时候纸币是唯一的通货。即使该纸币在一个有限期界内被弃置且被另一新的纸币所替代,它也会被使用。这一研究发现,相对于使用"受到支持的"(商品)货币而言,实际经济会遭受某些效率损失,但是,即使在短期实验方案中,经济也不会崩溃。只有当一个政府部门印刷纸币来购买私人部门的实际商品时,才可以观察到实际部门的效率崩溃。而且,另外的实验检验表明,经济崩溃并不是由于印刷纸币引发的通货膨胀,而是由于某些行为人能够利用印刷的纸币挤出私人的实际购买,从而干预了市场的实际价格发现[②](德克、麦凯布和波特,2001)。

---

① 哈耶克注意到,格雷欣法则既不是源于格雷欣,在理论上也不是一个"法则",而且作为一个纯粹的经验法则,它在实践中是毫无价值的。20世纪20年代,当人们开始使用美元和其他硬通货以替代贬值的马克时,有人声称格雷欣法则错了,情形恰恰与格雷欣法则相反。

② 比较实验描述了这一点,在该实验中,不存在政府行为人,但是在每一期间,纸币增加的平均速率相当于在那些有政府行为人的实验中所观察到的平均速率。

9. 心理学和市场

心理学家和研究决策行为的行为经济学家几乎一致地得出了与理性理论相悖的结论(霍加斯和莱德,1987)。但是,情况并非总是如此[①],自20世纪70年代兴起的对"异常现象"的关注,研究兴趣转向了主流理论核心的不合理之处[②]和行为表现之间存在的矛盾。值得肯定的是,心理学家一直坚持一个广泛的研究计划,来考察与经典模型相矛盾的行为特征。例如,西格尔等人(西格尔,1959;福雷克和西格尔,1963)汇总了一致之处和相悖之处,并利用这些情况提出了一个经过改善后的模型。类似的,在前景理论中,卡内曼和特维尔斯基(1979)修改了标准期望效用理论的效用和概率加权函数[③]。但是,如果研究策略强调是理论的失败,而把理论预测的成功排除在外,那么,这样的研究策略就有可能扭曲专家们的信念,更不用说普通大众的想法[④]。

10. 心理学、经济学和两类理性

有趣的是,经济学家和心理学家各唱一出戏,因而模糊了他们在学科根基方面的基本一致性。两者都依赖于建构主义:(1)市场是理性的[⑤]或是非理性的[⑥],这只能直

---

① "大约在1970年之前,从事判断和决策研究的大多数研究者认为,人类是相当好的决策制定者……但是此后,观点发生了决定性的转变,尽管这种转变在任何意义上都不是实验结论所需要的。实验对象并不是突然地变得不能胜任实验任务,经验主义者也没有开始用一个更严格的标准对实验对象的表现进行评分。相反,研究者开始有选择地强调某些结论,忽略其他结论。""在人们认为该观点正确的意义上,认为人们是非理性的观点是真实的。但是,现实通常是失真的。"(洛普斯,1991,第66页,第80页)

② 我用"不合理"一词,是因为经济学长期针对以自利的市场竞争为核心的新古典模型提供了大量的特例:选择的外部性、公共产品效应,以及在不确定性条件下对选择的"异常"寻求解释(马科维茨,1952;弗里德曼和萨维奇,1948)。但是,自利行为人的新古典假设在理论结论上最多产,因此,它也是批评家显而易见的目标。

③ 就前景理论而言,他们最重要的贡献是,利用经验检验,证明了最先由马科维茨(1952)暗示的两个思想之间的相关性——这两个思想分别是:相对于个人当前资产状况的财富(收入)变动理论之思想;人们对损失是风险偏好的,对收益是风险规避的思想。这同标准的期望效用理论是极其一致的,后者只要求选择的奖赏能够排序,所以,适用于财富或收入。对我而言,理论最适用于那种奖赏似乎是一个内在地由经验决定的东西。

④ 我认为,实验市场经济学和行为经济学在很大程度上是互补的。实验经济学家在给定个人价值观的情况下研究市场运行(理性),而认知心理学家研究个人的价值观(理性)。如果进行交易的物品是前景,那么无论是基于期望效用理论、前景理论(卡内曼和特维尔斯基,1979),还是某些其他理论,合适的估价就是其现金价值。因此,普洛特和乌尔(1981)研究了交易的标的为赌博的实验市场,并发现收敛于竞争性均衡,其中竞争性均衡是由基于赌博的期望价值的需求和供给来定义的。但是,对于个人理性和市场理性之间的共同之处,以及制度如何调整这些共同之处,并没有做深入研究。市场自行其是,而不管个人所提供的价值是什么——理性的、非理性的还是缺乏理性的。

⑤ 例如前面讨论过的双向拍卖市场。

⑥ 在走向均衡的长期路径中,实验的资本市场出现泡沫并破灭(史密斯等,1988;波特和史密斯,1994)。关于对实验对象的经历和资产泡沫的一项新研究,参见杜文伯格等(2002)。

接从行为人的理性或非理性得出①;(2)个人理性是一个自知的、最大化的计算过程②;(3)两者中绝大多数都不愿意承认,天真而不懂世故的行为人能够在没有理解整体及其个人角色的情况下,通过采取深思熟虑的行动(对不知情的交易者来说,既不存在"魔法",也不可能采取深思熟虑的行动)达到社会的最优目标;(4)心理学家大体上通过询问实验对象在选择问题时的反应来发现他们是如何"推理"的,以此来检验个人决策的理性。经济学家并不想挑战这种建构主义的观点,他们受同一个视野的限制(行为人是如何有意识地进行思考的?),对认知心理学所使用的问答调查法提出了批评:赌注为零或者太低③;实验对象太不成熟、太没经验或者未受训练,以至于连严谨的研究者都不能发现"真实的行为人如何真正地思考"。许多心理学家似乎发现非理性无处不在,而许多经济学家似乎认为这些发现不管在哪儿都是不重要的。对这些经济学家而言,行为人如何思考确实全面反映了实验经济学的核心;心理学家只不过"不能"恰当地对这一核心进行研究④。

民意调查确实能提供重要的见解。有时,实验室和现实的报酬激励型选择可以用来更严格地检验调查结果,并发现这些结果具有预测性的内容(例如,财富减少或增加之间的不对称性)。有时,人们的所作所为完全与其言谈相反,有时,询问调查对象并不能使你发现什么东西,因为行为人自身也不知道他们将会做什么或正在做什么。例如:

(1)对低货币赌注和高货币赌注下的风险偏好的比较研究表明,实际回报水平对决策的影响在统计上是显著的,但是,有些研究使用了非常高的赌注——平均累积收益是实验对象每月正常生活费用的3倍,这些研究并没有驳倒有关行为选择的调查研究所给出的定性结论(卡谢尔梅尔和谢哈塔,1992;也可参见宾斯万格,1980)。

(2)在教室中进行双向拍卖的示范实验:在简要介绍情况之后,学生们否认存在任何形式的定量模型,该模型能够预测他们的市场价格和交易量,或者他们能够最大化其利润;但是,一个用信封装着预测结果的参与者提前打开信封,指出这种一致意见是错误的。分散的私人价格/成本信息都被计入了均衡价格,而且每一行为人在给定所

---

① 因此,即使是一个"……垄断者……也不得不拥有一个有关经济的完整的一般均衡模型"(阿国,1987,第207页)。也可参见前文描述的赛马市场的效率以及下注者因此必须具有相当的专业技巧的描述。因此,市场理性被自动地假设为完全由个人理性推出。

② 对于决策是一个理性的建构主义者行为,这里有一个特别清晰的陈述:"动机并不是由魔法引起的:它们由集中注意力和深思熟虑产生。"(特维尔斯基和卡尔曼,1987,第90页)。

③ 在决策行为实验中,使用现金或其他奖励手法是心理学实验和经济学实验之间的关键区别之一,赫特维希和奥特曼(2001)提供了一个列表。但是,随着认知心理学家和实验经济学家与神经生物学家(包括那些熟悉动物行为模型的人)的结盟,关于对实验对象付费的争论迅速被瓦解了,实验对象获得了明确的报酬(布赖特等,2001;麦凯布等,2001;瑟特等,1997)。

④ 我并不认为人们是非理性的,除非是在基于占优选择的经济建模中使用的狭义上。事实上,我认为,他的与标准社会经济科学模型相悖的经验发现是容易的,因为任何心理学者都不会相信标准社会经济科学模型。参见诺贝尔基金会对2002年诺贝尔经济学奖得主的采访,网址为http://www.nobel.se/economics/laureates/2002/kahneman-interview.html。

有其他行为人行为的情况下,最大化自身的利润。这里,的确存在一种“魔力”,但是我认为,只有在并未很好地理解或很好地建立个人选择的博弈模型时,才会出现这种“魔力”[①]。经济学家的有限理性对经济科学的限制要远远地大于知情行为人的有限理性对其最大化交换收益的能力所产生的限制。

(3)在资产交易中,参与人对调查的反应表明,他们关于资产基础价值的信息和他们对走向理性预期均衡的漫长路径中所产生的价格泡沫及泡沫破灭这一令人迷惑的经验是脱节的(施瓦茨和昂,1989)。

(4)针对艾奥瓦州电子市场交易者进行的民意调查所发现的判断偏差与心理学家和政治学家在公开民意调查中所发现的判断偏差是相同的,但是,这些偏差并不妨碍市场预测直选结果的能力(福赛思等,1992)。

(5)在偏好逆转调查实验中,实验对象给出了许多不一致的选择:赌博A优于赌博B,但是,一名实验对象将卖出A,以得到更少的B;对实验对象的现金推动型选择进行套利迅速减少了这些不一致性(朱和朱,1990,第906页),而且,已经有人证明,在某些但不是全部条件下,这种不一致性是无偏的随机误差(考克斯和格雷特,1996);也可参见索珀和吉廖蒂(1993),他们俩直接研究了选择的非传递性,并且发现误差是随机的。

卡内曼、克内奇和塔勒尔(1986;以下简称KKT)提供了许多例子,在这些例子中,要求受访者在一个四分位的范围内对竞争性环境中的基本商业行为的公平性进行排序[②]。在一种情形中,一家五金店在一场暴风雪之后将雪铲的价格从15美元提高到20美元。82%的受访者认为,这种行为是不公平的或者是十分不公平的。弗兰乔西等人(1995,第939—940页)用“可接受的”替换“公平”,用“不可接受的”替换“不公平”[③],并在KKT的这个例子中加入了一句话:“商店这样做是为了防止对其固定客户

① 在宏观市场层面上,经典的瓦尔拉斯调整模型很好地预测出收敛性,以及稳定均衡和不稳定均衡的情形,但是,模型并不能很好地预测所采取的路径,包括在可替代的不稳定均衡之间的跳跃。参见普洛特(2001)的出色总结。与选择行为的脱节如下所示是明显的:瓦尔拉斯的动态学做出了关于价格调整的特别假设,以对超额需求做出反应,但却根本没有谈到驱使价格变动的行为人的相应报酬。瓦尔拉斯的动态学是一个关于逼近机制的寓言,在其中,不存在不均衡的交易,而普洛特(2001)的结论是带有大量不均衡交易的连续双向拍卖交易。

② 术语“公平”在不同的场合下有许多含义。我认为,在实验科学中,除了它被明确地模型化,或者被检验的模型处于实验对象模型定义参数的基础上做出决策的情形外,最好完全避免使用该术语,这样,术语“公平的”以及它的含糊性就能够一同避免。它在弗兰先西等(1994)所定义的功利主义以及费尔和施密特(1999)、伯尔顿和奥肯费尔斯(2000)中,就是这么用的。当然,如果我们想知道“公平”这一术语的讲解性使用如何对行为产生一种情感上的影响,那么,使用该术语就是合适的。在扎亚茨(1995)的重要著作中,“公平”的情感内含是清晰的,他还研究了将公平争论说成自利的花言巧语在佛罗里达2000年度的竞选辩论中所起的作用(扎亚茨,2002)。

③ KKT指出:“……语句‘它是公平的’只不过是绝大多数被研究者认为它是公平的一个缩略语”(KKT,1986,第201页)。但是,他们的主要兴趣在于企业行为是否受到社会规范的影响。在决定企业的行为时,一种行为是不是“可接受的”似乎同它是不是“公平的”同样重要。如果对两个术语有不同的看法,那么,在说明对企业行为的影响方面,就存在不可避免的含糊之处。

无货可供，因为另一家商店已经将价格提高到 20 美元。”现在只有 32%的人认为该行为是不合适的。上述做法表明，调查结果对感情词汇和/或所感知的用非人格化市场力量表示的“正当理由”可能是敏感的。

值得注意的是，在私人信息环境中，市场加总信息远远超过了每一个体所知道的以及所能理解的信息，只有在这样的环境中，被调查者的意见才是不相关的。调查之所以得不出有用的观点，是因为实验对象是不相关的。在完全信息的资产市场上，实验对象知道市场的基础价值结构，通过重复的实验过程，逐渐形成共同预期，即初始的共同信息不足以引起共同的预期[①]。他们短视地进行操作，他们表达出来的迷惑（“价格无缘无故地上涨”）反映出这种短视。这些评论表明，通过系统地研究在什么条件下调查结果是强信息的以及在何种条件下并非如此，就可能得到深刻的洞见。

11. 公平：实验市场检验

在发展“参照交易”的描述性理论[②]时，KKT 指出，被认为“公平的”东西可能会发生变动：“在一开始看来不公平的交换条件可能在某些时候需要参照交易（KKT，1991，第 203 页）。”这为“公平信念”适应竞争性均衡的变动铺平了道路。尽管竞争性模型是一个具有静态预测内含的模型，但它并不能预测适应性行为对参数的变动做出反应要花多长时间。KKT 的论点不是预测性的，他们说明了为什么市场对变动做出反应时可能行动迟缓。他们的见解如何呢？

弗兰乔西等人（1995）阐述了一种最优选择的偏好模型，该模型考虑到自我消费和“公平”之间的功利主义替换关系。例如，两种商品(x,z)的效用由 $u(x,z)=z+ax-(b/2)\ x2-ax[(\pi/\pi_0)-1]$给出，其中相对于参照利润 π。卖者的利润 π 是买者效应函数中的一种“外部性”。收入约束条件下的最大化解可以得到逆需求函数 $p=a-bx-a[(\pi/\pi_0)-1]$。因此，对于 $a>0$，导致相对于参照利润的企业利润增加。任何环境变动都具有外部效应，该外部效应降低买者对商品 x 的逆需求。如果 $a=0$，那么我们有标准的自我最大化理论。因此，弗兰乔西等人可以检验（而且从不使用单词“公平”）：如果作为实验对象的买者功利主义地关注基准利润不要增加，那么相对于无外部效应（$a=0$）时的标准预测均衡，基准利润的变化将改变所观察到的均衡。在一个公开报价的市场上，KKT 的论点得到了很好的验证（卖者不能相互看到牌价，因此，不

① 这种解释与利用大学生、小业主、公司管理者以及场外交易者进行的资产交易实验是一致的（苏哈内克等，1988；波特和史密斯，1999）。据我所知，利用无经验的实验对象的例外情形只是在针对高年级研究生时才观察得到（麦凯布和史密斯，2000-PNAS）。

② 这一方法论是由如下站不住脚的信念推动的，即只要你有足够的数据，一般的理论能够直接从观察得出（参见史密斯，2002，及其参考文献）。“或许，从这些研究中得到的最重要启发是，公平规则不能够从常规的经济原理或者制度和内省中推导出来。用福尔摩斯在《钢山毛榉案》的话来说：‘数据！数据！数据！巧妇难为无米之炊。’”（KKT，1986，第 115—116）。“公平”的预测理论也不能从任何数量的 KKT 数据中推出来。如果在问卷调查中通过试错法修正，发现了 N 个“公平”规则，那么，就存在一个可以被确定为新规则的第 N+1 个变种。更多的数据不会起作用，因为，作为一个单词，这里所使用的公平概念并没有提供修改标准理论以校正其预测缺陷的有效手段。

能心照不宣地相互效仿或者压低价格)。弗兰乔西等人发现，当 $a=0$ 时(交易要么通过无披露实施，要么通过边际成本合理型的披露来执行)，市场迅速收敛于新的竞争性均衡。当 $a>0$ 时(交易通过利润 7r 和相互效仿或者压低价格心照不宣地相互效仿或者压低价格)。弗兰乔西等人发现，当 $a=0$ 时(交易要么通过无披露实施，要么通过边际成本合理型的披露来执行)，市场迅速收敛于新的竞争性均衡。当 $a>0$ 时(交易通过利润 $7r$ 和相互效仿或者压低价格 π。的披露来执行)，价格缓慢但精确地收敛于新的均衡。因此，在对"公平"效应最有利的情况下，市场的动态反应被改变了，但是，标准的竞争模型所预测的均衡并未改变。除了短暂的"公平"效应之外，市场规则使所有其他效应消失于无形。如果卖者能够相互看到价格，我预测，即使存在"公平"效应，它也会非常小。

三、人格化的社会交换

实验经济学最为激动人心的发现之一，就是：(1)正如我们已经知道的那样，在小团体和大团体的"非人格化"市场交易机制中，人们总是表现出不合作的倾向；(2)在"人格化"的交易(二人展开式博弈)中，许多人(在一次实验中的比例达到50%以上，而在二次实验中则超过90%)采取合作的态度；(3)而在这两种经济环境中，所有的交易都是在匿名的实验参与者之间进行的。在这一部分，我将试图总结人格化交换方面(包括实际生活中的人格化交换和实验室中的人格化交换)关于合作的一些最引人注目的证据，并评述一些实验的结果。这些实验旨在区分用来构建合作行为模型的预测性假说。不管用来解释和模型化合作行为的最有用的方法是什么，在不考虑市场激励的前提下，我始终坚持如下有待论证的假说，即合作是文化和生态演进的某个未知组合的结果，其中生态提供了限定合作潜力的抽象函数，而文化则构成了我们所观察到的具体形式。为了表达我思考的全过程，我将首先从商业、法律、人类学和美国经济史的角度，讨论一些亘古不变的跨文化社会准则。

一项社会规则(惯例、规范)究竟是如何出现，如何成为固有的文化形态，乃至被社会成员广为遵守的？我将用一个浅显的例子，来解释"诚信交易"的规则是如何建立起来的。

在买者和卖者就交易价格进行讨价还价的过程中，假设卖者一开始先报出一个销售价格，买者随即答复一个低一些的购买价格，之后卖者降低其销售报价，如此这般进行下去。在这个互相让步的过程中，如果买者(或者卖者)已经做过让步，后来又报出一个更低(或者更高)的价格，这会被看成一种讨人嫌的行为。这种行为违反了"诚信交易"的原则(参见西格尔和富莱克，1960，第20页)。为何得出这种结论？人们可以这样认为，那些不守诚信交易原则的人，别人就不太愿意再找他们做买卖。所以，这种行为就增加了完成一次交易的时间，从而也就增加了交易成本。交易双方会自行选择交易对象，他们会倾向于不理睬那些耗时过长的讨价还价者，而他们要辨别出那些愿意长时间讨价还价的人，也要花掉更长的时间。这样的规范——在这个例子中体现为时间的节约——就会成为文化准则的一部分。这一规范是如此强有力，以至于最终会被纳入合同法和证券交易规则的条文中。由此我们可以得出如下结论:这样的规则长期存在以至于成为根深蒂固的惯例,而法律就在这种集体实践的基础上制定出来。在上述例子中,自发形成的规则减少了交易成本,而如何在双边讨价还价过程中实现均衡的经典问题则仍然悬而未决。

1. 没有法律的自生自发秩序[①]

早期的"立法者"制定的并不是他们"自创"的法律;他们研究社会传统和非正式的规则,将它们表达出来,称之为上帝的法律,或者自然的法律[②]。著名律师爱德华·柯克爵士认为,17 世纪的社会规则要比国王拥有更大的权威。尤其突出的是,这些规则的流行,为英国实现法治铺平了道路[③]。同样,美国西部的牛仔联盟、土地俱乐部和矿区也都形成了它们自己的规则,从而为确立和实施产权制度奠定了基础。在牛屁股上烙印记,是牛仔永远的所有权标志,他的财产是受他所在的养牛俱乐部[④]雇用的枪手保护的;而抢先占有无主土地的人,其权利受土地俱乐部强有力的保护。这种俱乐部由勇敢的拓荒者组成,他们要比那些一味利用土地所有权的老手和根据《宅地法》才开始定居的人更早开始拓荒。而采矿权则是由采矿俱乐部成员负责划定、确立和维护,后来这些规则也都被纳入公共采矿法(安德森和希尔,1975;昂伯克,1977)。一个多世纪以来,缅因州捕龙虾的渔民已经确立了自己的权利,他们运用威胁乃至暴力来保障在附近海域中专有的个人龙虾捕捞权(艾奇逊,1975)。爱斯基摩人的北极熊捕猎队会把一头熊上半身的

---

① 实验研究探询了自然产生的合作规范和建构主义者的激励计划是不是相互替代的问题,也即后者是否会挤出前者。若要了解认为这两种制度相互替代(正式的规则破坏非正式的合作规则)的研究,参见艾里斯·博内特等人(2001)、费尔和西蒙·盖奇特(2002);若要了解认为这两种制度相互补充的结论,也即合同推动了合同无法约定的关系性因素的自我实施,请参见塞尔吉佩·拉扎里尼等人(2002)。我将假设这两种情况都是正确的:建构主义者的规则最终必定会通过生态理性的一致性检验。与非正式规则不相容的正式规则将被修改或者被取消,而那些与非正式规则相容的正式规则则会继续存在。因此,在任何历史片段上,这两种情况都必定会在所有社会经济实验中被观察到。

② "……所有早期的(这是我自己加进去的)正如萨姆"在开头写到的那样:"'立法'都致力于记载并了解那种被认为是不可更改地给定的法律。一个立法者可能致力于清除被认为是恶的法律,或者致力于恢复它的神圣性,一个立法者可能会努力祛除他认为法律中所存在的讹误,也可能会努力使法律恢复其原始的纯正,但是没有人认为他能够制定新的法律……然而,如果任何人都没有权利或意图修改法律……这并不是说法律不能继续发展。"(1973,第 81 页)

③ 促使"自然"规则和法律在英国盛行的"……是根深蒂固的普通法传统,这一传统不是任何人意志的产物,而是为了限制所有的权势人物,其中也包括国王——这一传统使爱德华·柯克爵士抵制詹姆斯一世和弗朗西斯·培根,它使马修·黑尔在 17 世纪末巧妙地一再反驳霍布斯"。(1973,第 85 页;也见于第 167 页、第 173—174 页)

④ 这些为分担共同利益监管成本而自发形成的私人协会遭到了国家的破坏,吃皇粮的当地司法官则成为公认的垄断性法律的执行长官。这种现象与政府核心职责是"解决"公共物品私人供给问题这一神话截然不同。我们在此拥有的则相反:养牛俱乐部的动力在于给当地司法官派任务,对牛群执行财产权,这就能白赚一般纳税人的钱。校车运行项目、政府资助不必要求政府供给的公立教育自身也同样。

熊皮奖励给那个最先刺中熊的人（弗洛伊肯，1961）。现存的原始狩猎部落逐步养成了分享共同的狩猎和采集成果的习俗。比如，东巴拉圭的阿契人会在整个部落内部分配易变质的狩猎产品，而不易变质的采集产品则仅仅在核心家庭内部分享（霍克斯，1990s；卡普兰和希尔，1985）。

2. 埃里克森与科斯定理

运用牧场主/农民的例子，科斯（1960）证明，如果不存在交易成本，那么就理论上而言，效率并不依赖于谁应该负责游荡的牲畜对谷物造成的损害。法律责任给了牧场主一个激励，使之愿意采取不让牛四处游荡的措施。就成本收益而言，这对牧场主来说是划算的。但是，假如牧场主不需要负责任，而且是在一个零交易成本的世界里，那么受害者们从自身利益出发，也会商量出一个让牧场主付费的解决方案，所采取的控制措施与由法律责任导致的控制措施具有同样的效率。在这样做的情况下，假定受害者所能节约的谷物损失费用要大于不让牛到处游荡的成本，否则，不让牛到处游荡的措施就是无效率的。运用市场谈判的激励，外部性就可以内部化。说来也怪，科斯定理——即在没有交易成本的情况下，效率与责任归属无关——引起了很大的争议。一大堆过于简单化的理论忽略了交易成本，显然这是有意而为的①。科斯提出，真正的问题是在一个交易成本至关重要的世界上，如何处理有效率的责任规则。他还用交易成本的框架，讨论了许多法律判例和案件中的社会成本问题②。

最初，加利福尼亚州的沙斯塔县实行的是"开放牧场"的法律。这就意味着原则上牧场主不必对他们的牛偶然闯入不设篱笆的土地所造成的损害负法律责任。随后，在1945年，加利福尼亚的一部法律授权沙斯塔议会在该县的某些区域实施"封闭牧场"的法规。这一法规的实施带来了诸多变化。而根据封闭牧场法，牧场主对他所养的牲畜造成的损失负有严格的法律责任。罗伯特·埃里克森（1991）这样问道："在这个县采取了按科斯的解释来说是截然相反的法律规定的情况下，居住在沙斯塔县的居民们该如何来处理游荡牛群的问题？"答案是："事实上，居民们强烈倾向于合作，但合作成果的取得，不是像科斯的例子所设想的那样，是通过就法律上明确的权利讨价还价③，而是形成和实施了适应性的'与邻为善'的规则，这一规则要比正式的法律安排更有效。尽管他们选择的路径与科斯的例子所设想的不同，但其结果却与科斯所设想的完

① 后来的博弈论模型考虑到了在两种或两种以上可选解决方案的情况下，有可能存在"僵持"均衡，而阻碍在科斯谈判中达成协议（参见罗杰·迈尔森，1991，第506页）。这些例子有可能限制科斯理论的扩展，但我认为，它们并没有贝里法律责任的分配不重要这一基本信息。

② 科斯（1974）还注意到，理论家经常将灯塔作为"纯"公共品的例子加以引用。正如他（面对偶尔出现的理论例子，这些例子巧妙地处理了法律引起的成本）的处理方式一样，他的反应实际上是："好吧，让我们看看人们对灯塔管理员做了些什么，或者看看是谁在使用灯塔服务。"结果表明，早期的灯塔是私人事业，而不是政府，与港口当局签订合同以在船只到达港口装卸货物时，收取灯塔费的灯塔所有者可以解决公共品问题和所谓搭便车的必然性。

③ 这些就是外部选择或博弈论中的威胁点。

全一致:在没有政府监督的情况下,通过相互协调实现了共赢。"①(埃里克森,1991,第4页)。因此,沙斯塔县的居民们,包括法官、律师和保险精算师,并不具备正式的当地侵权法的实际知识②。居民们通知牲畜的所有者,并且帮助他们一道捉拿游荡的牲畜;他们用心算(互惠)的方式来确定损失。比方说,一个牧场主,如果他的牛闯进了别人的牧场,他会叫受害者过来,带些干草回去,或者如果你的羊吃了我的西红柿苗,你答应会帮我重新补种;他们也会私底下嚼舌头,向官员抱怨,而且提出非正式的索赔要求(但不是通过律师)以惩罚不守规则的邻居;他们极少请律师来寻求经济补偿;他们一起来建篱笆,绝大多数时候按照比例来分担——如果你的牲畜比你的邻居多,那你就多付些费用;在他们眼里,有关设置篱笆(封闭放牧)的法律可有可无;如果要种农作物,他们也不会改变有关设置篱笆的义务。最后一点要指出的是,与科斯的例子恰好相反,牲畜游荡的主要成本,不是对农作物造成的损害,而是高速公路上的车祸造成的牲畜死亡和财产损失。

3. 匿名配对的扩展式互动

在实验室进行的实验中,合作也可以出现在匿名配对的扩展式博弈中。尽管这样的行为与理性假设相对立,但是它与没有外部强制性法律时的自生自发秩序并不一致。

为什么我们要研究实验室里匿名的相互关系?非重复博弈理论的模型是不涉及历史或者未来的陌生人的(罗森塔尔,1982),但长期以来,匿名配对已经在小团体实验中得到应用,用来控制自然社会互动的未知复杂性(西格尔和福雷克,1960)。面对面的互动会抵消产生合作结果的程序效应(霍夫曼和斯皮策,1985;卡格尔和罗思,1995)。但是,更重要的是,我相信正是这个条件为探索有关社会交易的人类本能提供了最广阔的角度,而且,人类本能如何受背景、报酬和程序条件的影响这一点,也使社会距离的元素多样化。另外,研究什么因素不起作用有助于我们了解什么因素起作用。

4. 感知和心智的内在秩序:为什么背景会起作用

由同一个抽象博弈树代表的两项决策任务,因为它们所处的背景不同,所以会带来不同的反应。为什么会这样?这个问题的答案能够在我们感知外部世界的过程中找到。哈耶克③是发展感知理论的先驱,这一理论对有关感知的神经系统科学有所贡献。我们的心智很自然地就会假设,经验是接收到感官刺激而形成的,而感官刺激反映了环境中外部事物的固定特征。相反,哈耶克认为,我们当前的感知来自外部刺激和我们过去在类似条件下的经验这两者之间的关系。在心智中形成的不同类型则基于现在与过去的感知相重合的相对频度。人的记忆当中包括了由处理系统修正的外

---

① 霍夫曼和马修·斯皮策(1985)在实验室的实验中给出了同样的结论。

② 在开放的牧场中,牲畜的主人要对故意的非法侵入、侵入有合法篱笆的牧场以及羊群的闯入承担责任。不管在什么样的情况下,这都说明了如下假设,羊群的行为长期以来一直在牧羊人的行为规范中得到反映,而现在则在法典法中得到体现。

③ 《感觉秩序》一书直到1952年哈耶克修改了一稿以后才出版,该书原创于20世纪20年代。在英译本中,书名为《什么是心智》。

部刺激，而这种处理系统是由过去的经验所限定的[①]（哈耶克，1952，第 64 页，第 165 页）。这是一个“感知与记忆持续不断的动态交互作用，这解释了……现代证据所表明的大脑皮层的处理过程与表象网络的同一性”。“尽管缺乏数学推导，哈耶克的模型还是很清晰地包含了后来那些联想记忆网络模型的绝大多数元素……”（富斯特，1999，第 88—89 页）。

哈耶克的模型抓住了如下思想，即在人的心智的内在秩序中，感知有其自然的机理：抽象的功能与经验结合在一起，决定了网络的连接与扩张[②]。无论是功能的缺乏还是发展性的经验不足，都会造成缺失；阻塞或者扭曲感官输入信号，功能就会受损；因脑部损伤或者遗传缺陷导致功能受损，发展也会受影响。

这一模型与下面的假说是一致的，即人的心智是由各种专门针对视觉、语言学习、社会交往和其他一系列功能的交互式的模块（环路）所组成的（参见考斯麦茨和图比，1992；平克，1995）。在这个意义上，心智是我们的大脑在生物学意义和文化意义上协同进化的无意识产物，正是我们的大脑将我们人类与其他灵长类动物区别开来。也正是这一点使得理性成为可能。我们关于人的心智有“空白纪录”（平克，2002）的传统认识，使如下论断变得很清晰：心智的阐释与我们的直接经验是刚好一致的，正如过去人们认为，地球是平的，或者巫婆必须被除掉。在每一种情况中，超越传统认识都有赖于在推理的基础上来证伪间接证据，并使这种证伪过程成为我们“感觉”经验的一部分。这样，建构主义理性就成为生态理性。

5. 实验程序

我接下来要报告的这些实验将显示，对于我们观察到的交互式决策行为而言，社会背景能起到何等重要的作用。这种可能性来自记忆的自传式特点，以及在记忆形成过程中过去保存的经验与现在的感官输入信号之间相互联系的方式。我将给出在单向、双向、连续行动博弈树中的决策结果。在给实验对象看的讲解书上不使用技术性和具有角色暗示的词语，诸如“博弈”“比赛”“比赛者”“敌人”和“合作者”等（除非讲解书上的变化是作为系统性的安排以确定其影响）[③]；而是用了“决策树”“决策者 1”或“决策者 2”和“你的对方”等词语。这样做的目的是为了提供一个基准背景，避免一些

---

① 感知与记忆之间的相互依存表现为两个目击者对同一事件的不同描述（加扎吉加，伊夫里和曼根，1998，第 484—486 页）。

② 植根于你大脑中的是一个备择假说，该假说认为，你周围的世界是静止不变的。看着墙，然后让你的头保持不动并来回转动你的眼睛，你会发现墙并没有动。现在，用你的手指沿着眼睑按压你的眼球，你会发现墙壁随着你的按压而动。为什么会有这种区别呢？当你伸缩眼部肌肉并来回转动你的眼睛时，复制的信号就到达后脑皮质层，以抵消墙壁明显在动的感觉，因此最终的净知觉是一堵静止不动的墙壁。视觉的这种稳定化的自我命令系统也使你容易产生生动的幻觉。在飞机着陆时，如果你来回看舱门和飞机，你会模糊地“感觉到”舱门或者飞机在动，或者两者都在动。这种模糊的感觉只有在舱门或飞机都不动的时候才能消除。

③ 特雷诺·伯思汉姆等人（2000）研究了信任博弈中利用“合作者”和“敌人”的效应，将在下文讨论。

情绪化的词语会引发实验参与者的无意识联想①。我不是说这种基准是"中性"的,这是一个没有被清晰限定的概念,因为背景究竟能起什么样的影响,取决于实验参加者自身的经验。讲解书遣词造句的变化对决策的影响是一个经验问题,讲解书的任何具体形式都必须被视为一种处理方式,除非观察数据对讲解书上的变化有十分明显的反应。所有的观察数据都应该被视为实验程序和理论假设的共同结果,而这种假设是由我们想要检测的参数构成的。不光就实验数据而言,对于实地观察的数据,乃至对于整个科学而言,上述论点都成立(参见史密斯,2002)。因此,理解程序如何进行以及影响行为的不同参数(博弈,收益)是很重要的。

对一次经济学实验而言,实验参与者应该提前招聘到位。在指定的时间到达之后,他们要首先签到,领取参与实验的费用,然后被分配到有 40 个座位的大屋子的各个电脑终端面前。在以下提及的实验中,通常还有其他 11 个人分布在屋子的各处。在每个实验参与者都入座之后,他们根据实验讲解书的讲解,开始进入实验系统,回答提示性的问题,知道他与这个屋子里的另外一个人匿名搭档,他不知道那个搭档是谁,对方也不知道他是谁。这并不是说一个实验参与者对其搭档的情况一无所知。比如说,看起来他是另外一个"情况类似"的人。又比如说是个大学生,或是某个行业的一名经理,从他那里一个人或多或少都能觉察出某个团体共有的特征。显然,一个人在实验过程中会投入许多过去不同的经验和观念,而这些与目前的实验是紧密关联的。

6. 决策背景:最后通牒博弈的例子

最后通牒博弈是一种具有如下抽象形式的两阶段双人博弈:对每一对实验对象而言,主持实验者都确定一笔固定数额的钱 m(比如说,m 等于 1 美元钞票的 10 倍,或者等于 10 美元钞票的 10 倍);实验参与者 1 将 $0 \leqslant x \leqslant m$ 个单位的钱给实验参与者 2,实验参与者 l 手上还有 $m-x$ 个单位的钱;然后实验参与者 2 可以选择要么接受这个出价,要么反对这个出价。如果接受的话,实验参与者 1 得到 $m-x$,而实验参与者 2 得到 x;如果不接受则每个参与者都一无所获。

接下来我要说明在四种不同的讲解性/程序性安排之下,最后通牒博弈的结果,这几种安排都有同样的基础性抽象博弈结构。在每种情况下,假设你本人是实验参与者 1。从霍夫曼等人的著述中(霍夫曼等人,1994),我们可以看到最后通牒博弈的具体讲解、参考文献和这种博弈形式的起源。

分配 10 美元。你和你的对方已经"临时攒了 10 美元",并且被随机指定了工作。你作为博弈参与者 1 的任务是填写一份表格来"分配"这 10 美元,然后由你的对方来决定接受或是拒绝这份表格。

权利竞赛。上文提及的在房间里的 12 个人,每个人根据普通知识小测验回答相

① 讨论"实验效应"没有意义,也没有什么助益。讲解书效应或程序效应是存在的,包括有实验者或者没有实验者,他/她知道或者不知道的(就像在双向隐蔽的行为实验中一样),他/她所做的或没有做的。做实验时使用的所有基本做法都是对可观察到的结果可能或者不可能产生影响的处理方法。

同的10个问题。你的得分是回答正确的问题数目的总和；如果有人首先完成了小测验，便有了胜负之分。得分从1分(最高分?)直到12分(最低分?)。那些得分为1—6分的人被告知他们获得了担任博弈参与者1的权利，其余6人将担任博弈参与者2。

交易。博弈参与者1为卖方，而博弈参与者2为买方。有这样一份表格，上面分别列有价值为“0,1,2……10美元”的买卖双方的利润，由卖方来要价，买方选择买还是不买。卖方的利润即为被选定的价格，买方的利润则为(10美元一买价)。如果买方拒绝购买，则双方均得不到任何利润。

竞赛/交易。这种处理方式包含着竞赛和交易两方面，即交易中的买卖双方被竞赛过程选择。在第一种形式下，总额为10张1美元的钞票，而在第二种形式下，总额为10张10美元的钞票。

不论背景如何，都存在一个博弈均衡概念(子博弈完美论)，它在所有四种处理方式上产生了同样的预测(泽尔腾，1975)：博弈参与者1报价为最少单位的账款，如果m =10美元(100美元)，则1美元(10美元)，博弈参与者2接受这项报价。这是从如下假设中推导出来的：每个博弈参与者总是在两种当前收益中为自己选择最大收益，从这一狭义的角度而言，她是自利的；这一假设条件是博弈参与双方都了解的常识，运用逆向归纳法来推断博弈参与者1和博弈参与者2面临的决策问题，而博弈参与者2根据博弈参与者1的报价进行决策。于是博弈参与者1推断任何正报酬对博弈参与者2来说都比零报酬好，因此，博弈参与者1只需报价$x=1$(10美元)。

上述分析有一个难题，那就是根据背景，博弈互动可以被解释为匿名博弈对手的社会交换，而这些对手根据日常经验来了解其他人的行动意图(拜伦·科思，1995)。假设把这种情况理解为下面的社会契约：如果博弈参与者2有权拥有多于最少单位的账款，那么当博弈参与者2获得的报价低于他认为应得的报价时(譬如，仅为1美元，或甚至2—3美元)，一些博弈参与者2就会拒绝接受这种报价。内省的博弈参与者1预计到博弈参与者2可能的心理状态，也许会报价4美元或5美元以确保他的报价被接受。另外一个选择是，博弈参与者1也许会很高兴把钱给他的对方(从中获取效用)。理由很简单，子博弈完美均衡有两种选择模式，它预测了最后通牒博弈的选择，这两种选择模式使决策背景更有可能影响博弈参与双方的行为。抽象的博弈理论通过“类型”技巧——效用或信仰状态，如信任、信赖、报答等来包含这些选择模式。最后，上述模式的预测成功依赖于相关的任务描述，此描述把背景定义为根据类型来识别的个体自传特征，这些特征反过来决定了个人的行为。需强调的是，从“类型”(传统上说是效用或信仰状态)到博弈论选择是很容易的，而把“类型”与个体的记忆知觉系统联系起来是很难的。考虑到神经科学的发展趋势和脑部成像方面的知识，我认为这是一条可能的研究路径。

观察一下，在“分配10美元”中，最初的10美元不精确地分给了博弈参与者双方。另外，“分配”这个词的一般定义包括将一些可分的量分割为同等的部分。最后，随机分配方式被当作“公平”对待的标准机制。结果，关于实验的讲解内容可能被解释为：实验主持者对实验参与者的“公平”对待意味着他们对每个人都是“公平”的。

作为另一种选择，权利竞赛有意地引入了一人博弈前程序，该程序要求博弈参与者1“赢得”成为最先行动者的权利。这也许暗示了根据博弈前测验来平分交易所得的一些初始规则。

在交易中，最终博弈包含在买卖双方的交易所得当中。在一个交易中，买卖双方都想把交易做得更好，在我们的文化中，买方会接受他拥有先出价的权利。

权利竞赛/交易把卖方固有的所有权规则和赢得所有权的机制结合在一起。

表2概述了两个不同最后通牒博弈交易的研究结果，N对博弈参与者拥有10张1美元的钞票或是10张10美元的钞票，N为23—33的实验对象组。

表2 在最后通牒博弈中由实验程序提供的均值百分比

项目	指标	10美元赌注			100美元赌注		
		分配10美元	交易	交易，策略性提示	分配100美元	交易	交易（研究生）
随机授权	均值（百分比）	43.7%	37.1%	41.7%	44.1%	NA	NA
	N	24	24	24	27	NA	NA
	（被拒绝的%）	（8.3%）	30.8%	3.6%	（3.7%）	NA	NA
赢得权利	均值（百分比）	36.2%	30.8%	39.6%	NA	27.8%	28.8%
	N	24	24	24	NA	23	33
	（被拒绝的%）	（0）	（12.5%）	（2.9%）	NA	（21.7%）	（21.2%）

1.资料来源：数据来自霍夫曼等(1994)和霍夫曼、麦凯布和史密斯(1996a)。见参考文献中对两两比较的统计显著程度。

2.指N对中的百分比，在该对中，第二个参与者拒绝第一个参与者的提议。

3.在一次有关实验经济学的介绍性研讨会上，研究生在观察参与者。这些是新的、以前未报告的数据。

(1)在随机权利下对分配10美元和分配100美元进行比较，我们观察到在低资金(43.7%)和资金增加10倍(44.0%)之间的报价有细微的差别。同时，在回绝报价分别为8.3%和3.7%的百分比中没有显著的差别。

(2)当交易和赢得权利结合起来后，资金的增加使报价从10美元的30.8%降低到100美元的27.8%，然而这个差别位于使用不同实验对象的正常抽样误差之内，且并不显著。可是令人吃惊的是，平均报价中这个微弱的下降导致回绝率从12.5%上升到21.7%。四个博弈参与者1中的三个人报价10美元遭到了回绝，另一个30美元的报价在100美元的博弈中也遭到了回绝。正如信任/惩罚博弈所示，这种行为和人类强烈的偏好相联系，那就是用个人成本来惩罚那被认为是骗子的人，即使在严格的匿名情形下，也是如此。

(3)我们注意到把分配10美元/随机授权的情形和交易授权相比较，报价比例从43.7%降至37.1%，在前者和赢得权利者相比较，报价比例则从43.7%降至36.2%，两个降低值从统计上来说都是显著的。当赢得权利者和交易授权结合在一起时，降低值则更显著，从43.7%降到30.8%。另外，在所有的四项比较中，回绝率为0或适中

(0—12.5%)。

(4)除了在赢得权利/交易背景中资金为100美元的情况以及平均报价降低到27.8%的情况外，被回绝掉的小部分报价表明博弈参与者1很了解他们的对方，当背景改变时，他们通常报出足够大的金额以免遭到回绝。这个唯一的例外清楚地显示，不断改变背景可能导致回绝率的上升，即使它看似有更多资金作为保证。

这些数据表明最后通牒博弈中背景的重要性：当我们把测算结果从最高(44%)移至最低(28%)，报价百分率改变多至1/3。正如在跨文化实验中得出的变化值一样：两个狩猎文化和五个现代文化的比较揭示了从高至48%(洛杉矶的研究对象)到低至26%(来自秘鲁玛奇根迦人的研究对象)的变化(海因里希，2000)。这些比较试图控制不同语言中的解说性差异，但是鉴于感知的本质，这样做实质上是有问题的，因为人们不能确认讲解书、翻译、报酬和处理研究对象的程序等是否足以控制不同的文化背景。在每一种文化中，人们需要区分讲解/程序，并观察结果的样本分布，然后做跨文化的样本比较。

这些讲解性的处理结果引发了如下问题：人们在多大程度上可以通过“没有偏见的”讲解来限定其含义。如果结果与讲解变化紧密相关，那么这一点仅仅在经验上成立。没有这样的研究，有关讲解“中性”的论断就无法得出。由此得出的主要启发是，由于感知和记忆的特性，背景会起作用，而在最后通牒博弈中，所观察到的结果变化和旨在改变背景系统性的讲解变化表明，背景能够起作用，而且也确实起了作用。受制于同样的感知/记忆变化的实验者们很可能不赞同关于“中性”的含义。

7.有交易所得和无交易所得的独裁者博弈

通过解除第二个行动者的权利来否决最先行动者的报价，最后通牒博弈可以转变为独裁者博弈。福赛思等人(1994)注意到，如果观察到的奖品平等分割的趋向主要归于“公平”(平等分配的社交规则)，那么解除回绝的权利就不会有太大的影响。但是如果正是回绝的可能性(虽然是非理性的)调节博弈参与者1报价，那么解除回绝的权利就会对结果产生实质性的影响，而一旦解除了回绝的权利，最后通牒博弈就转变为独裁者博弈。因此，在独裁者博弈中，报价的平均比例显著下降就与第二个假设相一致，而报价的平均比例没有显著下降则与第一个假设相一致。将表3第一栏的结果与表2中的“分配10美元”和“随机授权”的结果相比较，我们可以看到，平均的独裁者报价仅为23.30%，而最后通牒报价为43.70%。福赛思的结论指出，仅仅用公平不能解释最后通牒博弈中的行为模式。这一点是正确的，但是，既然利益是相同的，为什么独裁者们让出了将近1/4的资金？霍夫曼等人注意到了这个问题，他们推断这种慷慨至少有部分是不完全匿名的结果。在霍夫曼等人的研究之前，在所有的博弈实验中，每一对博弈参与者都是匿名无配对的，但是实验组织者知道每一个博弈参与者的决策。因此，他们引入了一种“双向隐蔽”处理方式(两种情形)。在这种处理方式中，协议明确规定包括实验组织者在内，任何人都无法知道博弈参与者的决策。表3给出了第二种情形，即双向隐蔽2中得出的数据。在这个处理方式中，独裁者的平均报价下降到仅为10.50%。相应的，背景(在这个例子中是指社会联系或社会距离)对独裁者的转变有重要影响。① 这些问题在霍夫曼等人的研究(1996b)中得到了更为充分的探讨,该文通过改变限定不同形式的单向隐蔽和双向隐蔽的独裁者博弈的讲解参数和协议参数,改变了社会距离。同时,表 3 还反映了 50%最慷慨的独裁者给出的比例:在单向隐蔽中独裁者给出的比例为 38.3%,在双向隐蔽中独裁者给出的比例为 21%。

贝格、迪克霍特和麦凯布(1995,以下简称 BDM)修正了独裁者博弈,引入了交易所得。② 他们的两阶段独裁者信任投资博弈也运用了双向隐蔽 2 协议:A 房间的独裁者将其 10 美元中的任何一部分(从 0 美元到 10 美元)随机地给 B 房间中的参与者。两个房间的人都知道,如果给任何人 X 美元,美元的数量会翻到 3 倍,这样对方就能得到 3X 美元。因此,最慷慨的独裁者会拿出 10 美元,这样对方就有 30 美元的收益。然后,对方又将收到的钱的任何一部分(从 0 美元到 3X 美元)返还给原先给他钱的人。在这种情况下,一种双方都得益的交易是可能的。贝格等人的问题是,这种背景是不是一种重要的处理方式?注意,这个博弈的分析与单阶段独裁者博弈没有什么区别:运用逆向归纳法,博弈参与者 1 能明白,博弈参与者 2 的利益所在是保留所有得到的钱,这样的话他就不会给对方任何钱。他所给出的钱将会翻至 3 倍这一事实是不相关的。但是,如果博弈双方把这种互动看作是基于相互信任的交易,上述事实就是重要的。

表 3 独裁者的给钱情况:有交易所得和没有交易所得

<table>
<tr><td>实验</td><td colspan="2">标准的独裁者博弈中,独裁者的给钱情况</td><td colspan="4">双向隐蔽且有交换所得时独裁者的给钱情况[3]</td></tr>
<tr><td rowspan="2">参与者角色</td><td rowspan="2">单向隐蔽 FHSS[1]</td><td rowspan="2">双向隐蔽 2 HMSS[2]</td><td colspan="2">基准情况</td><td colspan="2">社会交往经历</td></tr>
<tr><td>给出(参与者 1)</td><td>返回(参与者 2)</td><td>给出(参与者 1)</td><td>返回(参与者 2)</td></tr>
<tr><td>在总数给定下的均值百分比</td><td>23.3</td><td>10.5</td><td>51.6</td><td>27.2</td><td>53.6</td><td>35.5[4]</td></tr>
<tr><td>由最高的 50%的给予者给出的均值百分比</td><td>38.3</td><td>21.0</td><td>74.4</td><td>49.4</td><td>82.7</td><td>55.8</td></tr>
</table>

1. 数据来自福赛思等人(1994),由霍夫曼、麦凯布和史密斯(1996b)复制。
2. 数据来自霍夫曼等人(1994),双向隐蔽 2。
3. 数据来自伯格、迪克霍特和麦凯布(1995)。他们的程序是不同的,但是最接近于那些 HMSS 中的双向隐蔽 2。
4. 由于给予者的总量增至 3 倍,如果接受者平均返回 33.3%,那么,返回的平均总量将等于(偿还)发送量。

在表 3 中,当给出的钱翻至 3 倍时,给钱的一方即博弈参与者 1 给出了 51.6%,而当给出的钱不翻倍时,他们只给出 23.3%。此外,前 50%的给钱者给出的钱从

---

① 这些双向隐蔽处理方式及处理效果与其他两个调查结果一致[埃克尔和格罗斯曼(1996)及伯恩汉姆(1998)]。伯尔顿,卡托克和兹维克(1998)利用不同的双向隐蔽处理方法没有得出相同结果。这提示我们处理方式很重要,并与双向隐蔽条件互相作用。

② 对贝格、迪克霍特和麦凯布研究发现的最近拓展及复制见皮洛特等(2002)。亦可参阅奥特曼等人(2002)。

38.3%增加到 74.4%。这表明送出的钱翻 3 倍这一点使博弈参与者 1 给出了更多份额。但是,平均而言,给钱者的得失并不完全一致:在博弈参与者 2 所收到的总数当中,返还给博弈参与者 1 的钱平均为 27.20%(而既然 X 已经翻到 3 倍,如果得失平衡,返还率应该是 33.3%)。在处理社会交往经历时,除了第二组实验对象被告知第一组实验对象送出的钱数和得到的回报外,实验讲解和协议与上文所述一样。比较有社会交往经历时的平均给钱比例和回报比例与基准情况下的平均给钱比例和回报比例,提示了披露第一组实验对象的决策数据可能产生的影响。社会交往经历并没有导致给钱比例的下降,它实际上从 51.6%增加到了 53.6%,而平均返还比例从 27.2%增加到了 35.5%,刚好超过了盈亏平衡的水平。

传统的博弈论信条假设人是自利的(就是说参与者总是选择更大的回报),这难以解释上述结果。假定只有在博弈参与者 2 将相互给钱的过程看作是一种为得到服务而付款的交易时,博弈参与者 1 才能获益,通过说明实验参与者 1 的投资收益,独裁者会送出多于几倍的钱。社会交往经历的作用没有减少投资或是博弈参与者 2 的回报,实际上这两者都略有增加。同样的行为在黑猩猩和卷尾猴身上也可观察到(德瓦尔,1989,1997)。在以格言"道德规则难道不是……(我们)推理的结果吗"为特征的人类中,这种信任和可信赖的行为会逐渐消失吗?

8. 信任博弈

最后通牒博弈和独裁者博弈已得到了广泛研究,但是它们太过简单,不能充分说明其中所体现的基本行为的某些特点。研究人员往往会从博弈参与者自身的报酬和其他参与者的报酬的混合效用出发,将这些博弈做过度的引申解释,表 3 列出了各种可能的扩展式博弈,在表中,贝格等人将独裁者博弈扩展至一个两阶段博弈,其中,收益来自自愿交易。所以,我们转向一个稍微丰富的一组两人扩展式信任博弈,在这些博弈中,我们可以在一个比最后通牒博弈更丰富的参数空间中研究均衡博弈、合作以及对背叛的预期。[①]

图 1 是一个典型的"信任"博弈树[②]。博弈开始于树的顶端,终点 X1。对参与者 1 而言,他可以向右行动,这样,博弈就停止,参与者 1 得到靠上的报酬 10 美元,参与者 2 得到靠下的报酬 10 美元;他也可以向下行动,在此情形下,参与者 2 在结点 X2 处选择一个行动。如果参与者 2 向右行动,参与者 1 获得 15 美元,参与者 2 获得 25 美元。这是一个合作(C)的结果。但是,如果参与者 2 向下行动,参与者 1 和 2 的报酬分别为 0 美元和 40 美元。这是一个背叛(D)的结果,在该结果上,参与者 2 背叛参与者 1 的合作要求。每一参与者获得 10 美元是一个子博弈完美均衡。这个均衡结果是这样得出来的:在结点 X1,参与者 1 应用逆向归纳法观察到,若博弈抵达结点 X2,参与者 2

---

① 由于篇幅所限,我们未能研究对背叛进行惩罚的效应,关于有没有对背叛的惩罚,以及对于多种匹配协议条件下有关信任博弈的更完整的研究报告,参见麦凯布、拉森迪和史密斯(1996)。

② 如上所述,在实验说明中,从来不出现"信任"一词。但是,有趣的是,当你询问自由回答式问题,问他们怎样分析和理解博弈时,实验对象使用了这个词。"它是一个你是否能够相信合作者的问题。"我们也并没有使用"搭档"一词。

的占优选择是背叛。鉴于这种情形,参与者 1 的占优选择是在博弈树的顶端向右行动,得到子博弈完美均衡结果。

N:实验对象在结点处的配对数量

F:实验对象向右或向下行动的频率

SPE:子博弈完美均衡

C:合作

D:背叛

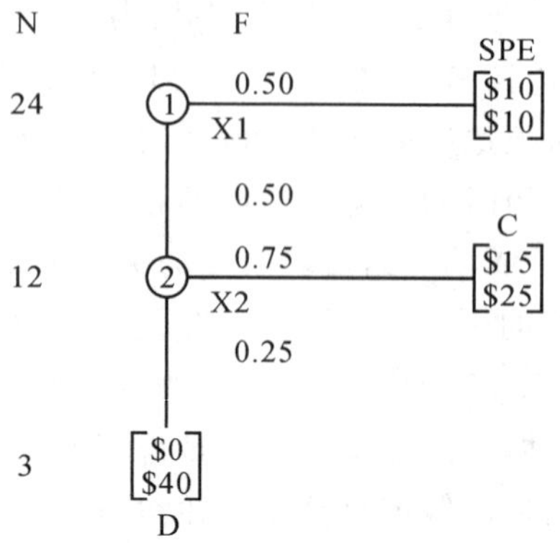

图 1　投资为子博弈完美均衡结果 10 美元的信任博弈:博弈的次数

这些博弈理论的假设是十分强的。但是,如前所述,它们允许对行为做出“毫不含糊的”预测,然而这一点是值得怀疑的①。我们特别想指出,如果每一位参与者完全一样,而且是严格自利的,那就没有“心灵感应”或者从行动中推断意图的余地,在自利过程中也没有更老练和更狡猾的行动。

为了对此进行说明,假设你学过博弈论的标准经济学课程,你处于图 1 中参与者 2 的位置。因此,你预期参与者 1 在博弈树的顶端向右行动。但他没有这样做,而是向下行动,这时就轮到你选择了。当然,参与者 1 肯定不会向下行动,因为他偏好 10 美元而不是 0 美元,或者他预期你会背叛。他必定认为你认为他想让你选择合作。在他心里还会想些别的什么呢?他可能不会使用逆向归纳法,或者他认为你不是自利的。那么,你将如何做出反应呢?同子博弈完美均衡结果相比,参与者 1 使你有可能将收益增加 150%,他自己的收益则增加 50%。他甚至并不要求在其行动所创造的蛋糕中获取较大份额。根据互惠理论,如果你选择合作,就相当于对参与者 1 的推断给予回报,从而完成交易。这和你在生活中的不同时间与亲朋好友互相支持、相互交换服务和商品没什么两样(除了那些厌世的病态人格的受害者,或反社会者,以及那些不能够在互惠基础上维持社会关系的人)②;而且也和你在一个外国城市的餐馆里为了得到好的服务(“以确保快捷”)毫不犹豫地付小费一样。对于熟人的帮助,你通常会下

① 参见史密斯(2002),该文表明,如果除了源自博弈理论的研究假设之外(例如,古诺—纳什或子博弈完美均衡),再添加一个辅助假设(例如,报酬是足够的,实验对象的类型是被精确定义的,或者实验对象是老练的),那么,要么理论假设是不能证伪的,要么它没有预测性内涵。但是,仍然坚信的信念是,博弈论的预测是敏锐的和毫不含糊的(参见例如卡默勒,2001)。

② “反社会者,他们只占男性人口的 3%—4%,女性人口的不足 1%,但是占美国监狱人口的 20%和惯犯人口的 33%—80%。而且,尽管‘典型的’美国夜贼在被逮捕之前估计平均每年会犯 5 宗案。但是,惯犯,即那些最可能成为反社会者的罪犯供认每年犯案达 50 起以上,有时多达 200—300 起。据说,从总体上看,这样的人占美国所有犯罪的 50%。”(相关参与文献和解释,参见米里,1995,第 523 页和第 587—599 页;也可参见莱肯,1995)。

意识地说“我欠你一次人情”。因此,你有可能几乎想都不想地就选择合作,或者由于他将永远不知道你的身份,稍加考虑后,你可能会认为,不拿到40美元是没有意义的。尽管你并不是一个冷峻的反社会者,但这是一个挖墙脚的机会,而且没有人会知道。如果你是图1中的参与者1,你能确信你想玩子博弈完美均衡吗[①]?

关于对博弈的这种互惠分析,我们应该注意到,图1中的博弈是BDM博弈的一个十分简化的版本:参与者1送出10美元,然后变成了30美元;参与者2要么与参与者1平分这30美元,得到结果C(合作),要么将这30美元全部据为己有,实现结果D(背叛)。但是,这里仍存在另一个背景上的不同。在图1那样的实验中,实验对象进行一个抽象的博弈,该博弈并没有体现在BDM式的说明中,即送出10美元,然后这10美元变成了30美元,接受者可以将30美元全部据为己有,或者分掉这笔收益。但是,给定上述BDM式博弈的结果,某些实验对象可能将博弈结束于C(合作),对此我们不应该感到太吃惊。图1给出了对24名大学生进行实验的结果:50%向下行动,其中有75%的实验对象是“互惠”的。

为什么有那么多的合作

我和我的合作者已经解释了由互惠产生的结果C(合作)。但是,还有其他解释,例如,从博弈理论的角度来看实验对象不老练,或者实验对象具有非自利的偏好。实验对象对结果的影响是一个经验问题,而且也是最重要的,但是,在这里不能做深入阐述。对于程序而言,将博弈论扩展至“参与者类型”是重要的。实验对象的背景多样性以及由此引致的选择行为有助于获悉“参与者类型”的身份和分类,而不论是回报者、老练之人还是功利主义者(参见麦凯布和史密斯,2001;麦凯布等人,2001)。

实验对象的身份重要吗?本科生和研究生

在上述信任博弈中,近一半的参与者1首先获得确实可得的东西(子博弈完美均衡),四分之三的反应是合作。我们经常听到要摒弃这样的结果,因为实验使用了天真的实验对象(这种摒弃的逻辑含义是,原来的理论假设要么是不可证伪的,要么不包含预测性内容)。麦凯布和史密斯(2000)利用高年级研究生作为实验对象考察了这种解释,其中一部分研究生参加了100美元交易/权利版本的最后通牒博弈,结果见表2,它表明,对本科生和研究生而言,结果几乎相同。他们使用图1中的信任博弈。为了进行比较,麦凯布和史密斯(2000)使用了本科生数据,如图2所示。在两组实验对象中,50%的参与者1要求合作,而75%的本科生和64%的研究生参与者2选择回报。不论大学生如何天真,这些检验表明,在这一扩展形式的博弈和表2列出的最后通牒博弈中,受过经济理论训练的研究生往往有非常类似的行为。

对他人而言是效用吗

伯尔顿(1991)、拉宾(1993)、费尔和施密特(1999)、伯尔顿和奥肯费尔斯(2000)已

① 这种思考过程可能解释了为什么在由科雷利,麦凯布和史密斯(2000)给出的数据中,在对教师和大学生实验对象进行比较时,教师在决定是要求合作还是背叛时,要比大学生花更长的时间(并获得更少的钱)。

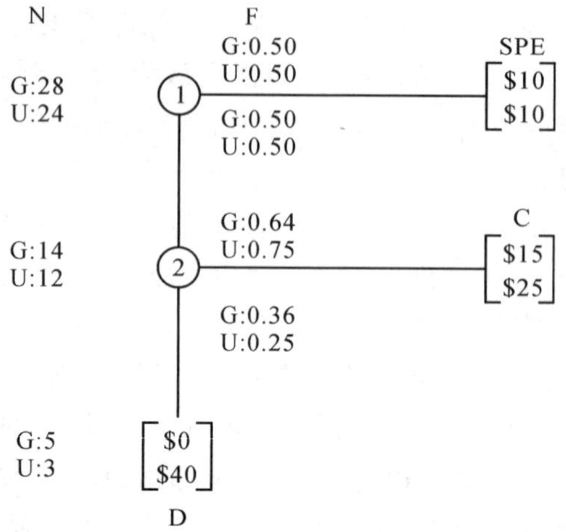

图 2 投资 10 美元于信任博弈

本科生(U)和研究生(G)之间的比较

经提出有用的决策偏好模型,旨在解释多种实验(特别是最后通牒博弈和独裁者博弈)中的行为。这些模型背后的思想是,我们可以通过假定人们偏好利他主义或"公平的"结果(或者厌恶"不公平的"结果),来解释讨价还价博弈中的合作行为,其中的公平就像弗兰乔西等人(1995)指出的那样.应理解为报酬平等。当然,这些模型的一个共同假说是,实验对象力求使这些调整后的效用最大化。假定行为只受博弈结果固有特性的驱使,参与者在前一决策结点面对什么样的可选策略是不重要的。这意味着,在各方的互动中,体现在策略选择中的意图被认为是不必要的。前一方法识别效用类型,后一方法识别发出意图信号的参与者的类型,解读发出策略信号的参与者的类型,以及错误地识别互惠类型和背叛的类型。一个可检验的重要区别在于,前者不受实验讲解程序、路径依赖(放弃某些选择的机会成本)的影响;我和我的合作者将此作为一个研究项目的核心内容。在开展这一研究项目的过程中,我们也认识到了该项目自身的局限性以及利他主义研究项目的局限性即可能需要两种类型。

关心他人的偏好模型不能解释上文的数据,这些数据表明,程序和内容变量是重要的。在最后通牒博弈模型中,不管博弈背景是"分配 10 美元"还是"权利和竞赛/交易",上文给出的数据,也即参与者的效用在每一最后通牒条件下都是相同的。但是,参与者的行为却有很大变化。这些模型也不能解释上文给出的独裁者博弈中单向隐蔽和双向隐蔽规则的结果,以及独裁者行为在 BDM 信任博弈模型中的巨大差异。显然,与那些基于博弈结果的效用模型所预测的行为相比,偏好模型中的行为有更大的变化。

像图 1 那样的信任模型有助于解释合作的利他主义效用,参与者 2 可能向下行动,因为其报酬带来的效用是他本人和他人报酬的递增函数。图 3 是一个信任博弈,该博弈能够让我们区分实验对象,哪些人是源于利他主义动机而合作,哪些人是源于交易中的互惠而合作。博弈开始于顶端的结点 X1,参与者 1 可以向右行动,并结束博弈,得到 7 美元,参与者 2 得到 14 美元;或者参与者 1 可以向下行动,在此情形下,参与者 2 在结点 X2 处选择其策略。如果参与者 2 向右行动,每一参与者得到 8 美元;如果参与者 2 向下行动,参与者 1 能够在结点 X3 向右行动,每一参与者得到 10 美元;或者参与者 2 向下行动,参与者 1 在结点 X3 向下行动;参与者 1 得到 12 美元,参与者 2 得到 6 美元。子博弈完美均衡是每一参与者得到 8 美元。它是这样得出来的:在结点 X1,参与者 1 能够使用逆向归纳法,博弈如果抵达结点 X3,参与者 1 将向下行动。但是,也使用逆向归纳法的参与者 2 将看到,在结点 X2,他将选择向右行动。由于在结点 X2 向右行动,参与者 l 得到较高的报酬,在结点 X1,参与者 1 将得出他应该向下行动的结论。因此,根据自利的参与者总是选择占优策略并使用逆向归纳法的逻辑,子博弈完美均衡结果就会出现。

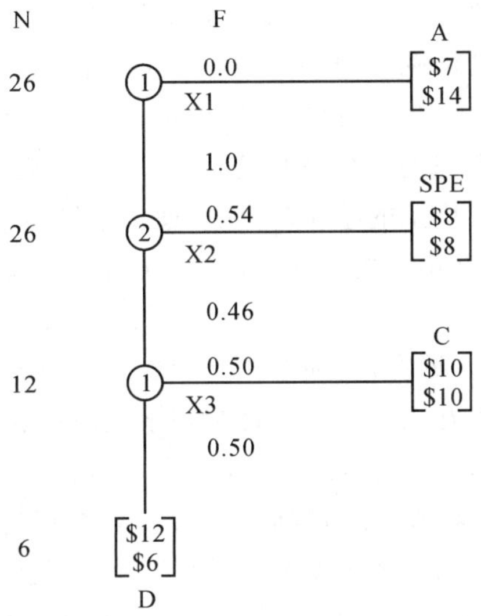

图 3 利他主义的信任博弈:博弈的次数

如果参与者 1 关心他人的偏好(具有利他主义),而且愿意承受某些成本来极大地增加参与者 2 的报酬,那么参与者 1 可能在结点 XI 处向右行动。他的报酬为 7 美元,只比他在子博弈完美均衡时的报酬小 1/8,参与者 2 得到 14 美元。因此,以他自己损失 1 美元为代价,参与者 1 能够使他的搭档,即参与者 2 的报酬增加 6 美元。参与者 1 只需要略微偏好参与者 2 的福利增长,就足以促使他自己向右行动,因为另一参与者 6 美元的收益超过了参与者 1 的成本。

只要在结点 X3 参与者 1 选择合作,对参与者 2 的善意给予回报,那么在结点 X2,参与者 2 可能向下行动,以便参与者 1 表示这样一种行动能够让两方从中获益(交易所得)。相反,在结点 X3,参与者 1 也可以拒绝合作要求(D),选择他的占优策略,向下行动。

上述信任博弈(共有 26 对参与者)的结果直接标示在图 3 的博弈树上。第一个结果是(决定性地压倒其他结果),没有参与者 1 选择 A(利他主义);所有人都选择让参与者 2 寻求对他们而言较高的报酬,并乐意让参与者 2 得到的报酬低于他在 A 处获得的报酬,该报酬取决于行动顺序的最终结果。其次,有 46%的人提供了合作(向下行动),有 50%的人对这种合作给予了回报。

效用和交换:机会成本重要吗

如果互惠被看作是一种交换,在该交换中,每一个参与者获得的收益都要多于默认结果(子博弈完美均衡),那么,合作结果必然使得在两个参与者之间分割增加的收益(参见麦凯布、里格登和史密斯,2002)。还有,参与者2必定相信:(i)参与者1有意识地选择这种可能的结果;(ii)在这样做时,他承受了机会成本,即放弃一笔较小的确定收益,而且如果不能实现合作的结果(即C),他还可能损失一笔较小的收益。于是,对参与者2而言,参与者1施恩于参与者2是可信的,因而可以合理地预期会发生互惠行为。注意,我们的论证采取建构主义者的理论形式,它不必描述实验对象的推理,即便它具有预测上的准确性。也就是说,建构主义理性可以预测自然发生的生态理性结果,正如竞争性均衡理论预测市场结果并非行为人有意识的意图的一部分。但是,麦凯布等人(2001)指出,功能磁共振成像脑电图数据证实了如下论点:选择合作的实验对象在他们的大脑中使用"心灵感应"电路模块(参见拜伦·科思,1995)。这种电路在那些选择不合作(子博弈完美均衡)的实验对象中是不启动的。在实验结束后的访谈中,当问及实验对象对其决策的感受时,他们通常会给出如下回答:实验中最需要的是信任自己的搭档。他们并不会提到知恩图报、互惠、交换、公平等。这暗示着如果他们的行动是由互惠动机驱使的,那么,这并不是一个自知的推理过程的一部分。

互惠推理激发了另一个博弈树,如图4所示。该博弈树旨在检验有关博弈参与者行动选择的两种解释:基于互惠动机的解释和基于效用动机的解释。在图4a中,如果参与者1在顶端向下行动,潜在的收益从40美元增加到50美元。参与者2能够以某一成本背叛参与者1,并能够清楚地推断参与者1有意识地使结果从(20,20)增加到(25,25)。但是,在图4b中,参与者2能够看到参与者1不愿意选择向下行动。因此,参与者1可以无成本地使参与者2实现结果C(合作)。参与者1并未有意识地为参与者2做什么,根据互惠推理,参与者2也没有任何潜在的人情负担。因此,参与者2可以不受惩罚地向下行动。结果是,互惠理论预测,与图4b相比,图4a中参与者2向右行动的频率要高。由于只有结果是重要的,我们的效用理论和其他相关的效用理论均预测,参与者2在图4a和图4b的选择是无差异的。事实上,如博弈树中的次数数据所示,在图4b中,1/3的参与者2选择C(合作),而在图4a中,几乎多达2倍的人选择C(合作)。

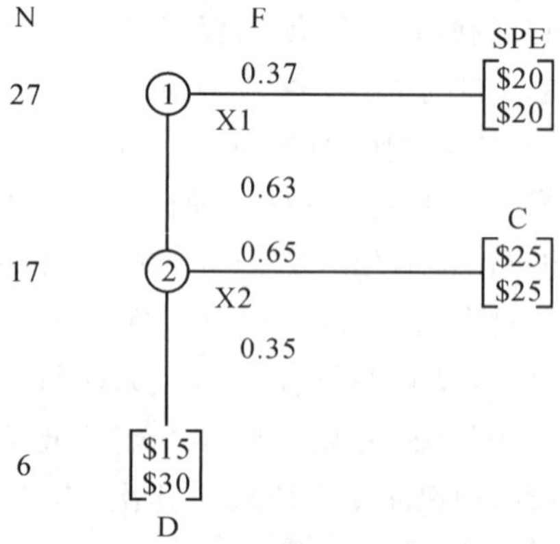

图4a 自愿的信任博弈

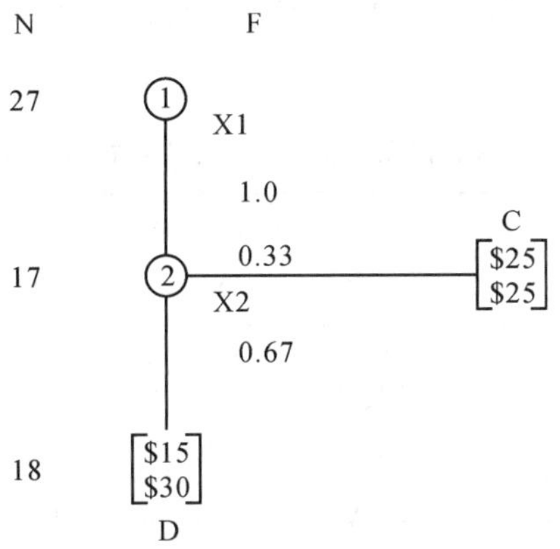

图 4b 自愿的信任博弈

一项有关最后通牒式讨价还价的研究表明,意图也是重要的:"……我们证明,在一个最后通牒博弈中,相同的报价引发极其不同的拒绝率,拒绝率取决于报价者可利用的其他报价。"(福尔克、费尔和菲施巴赫,1999,第 2 页)

9. 扩展式博弈和普通博弈

博弈论的一个基本原理是,理性行为不因博弈形式的不同——扩展式博弈或普通博弈——而不同。斯科特、维格尔特和威尔逊(1994)、拉波波特(1997)以及麦凯布、史密斯和莱波尔(1998)比较了扩展式博弈和普通博弈中的行为。所有三项比较都驳斥了不变性原理,但是,在第一项研究中,用来解释不变性的理性原则要么不能预测差异,"要么它们并不是我们所期望的"(斯科特、维格尔特和威尔逊,1994,第 446—447 页)。拉波波特提供了"性别战"博弈的两个版本,来说明在扩展式博弈中,有关博弈次序的信息如何使参与者更好地协调其行动。麦凯布、史密斯和莱波尔(1998)认为,让参与者更好地进行协调的重要原理"源自人(通过设身处地)"(第 404 页)。这种用来探测意图的"心灵感应"成为互惠的基础。麦凯布、史密斯和莱波尔(1998)研究了调整后的利他主义信任博弈,我们将这一研究的结果总结如下。

在图 3 的扩展式博弈中,参与者 2 在选择其行动之前就观察到参与者 1 的行动。在这种形式的博弈中,沿着上面描述的思路,意图能够清晰地得到沟通。在普通(策略)博弈中,每一参与者在结点选择一次行动,而不知道在行动序列中,该结点是否真的能够达到。因此,决策视达到的结点而定,而且,在决定收益时,决策可能是不相关的。所以,在普通博弈中,我们可以将博弈写为一个 nxm 矩阵,其中参与者的策略数为 n=3,在结点 X1 向右行动,在结点 X3 向右或向下行动;参与者 2 的策略数为 m=2,在结点 X2 向右或向下行动。给定不知道其他人的选择,每一参与者 1 和参与者 2 都同时在其备选策略中进行选择。

麦凯布、史密斯和莱波尔(1998)预测,在扩展式博弈中,参与者 2 在结点 X2 处向下行动的频率要高于普通博弈。他们还预测,与普通博弈相比,参与者 1 在扩展式博弈中有较高的合作率(以及较低的背叛率)。我们的效用理论和其他相关的效用理论都不支持这些预测。数据如表 4 所示:在扩展式博弈中,46%的参与者 1 提供合作,在普通博弈中，只有 29%。类似的，他们观察到，在扩展式博弈中，参与者的合作率为 50%，而在普通博弈中只有 14%。

表 4 一次性博弈的条件分支结果：扩展式博弈和普通博弈

结果(美元)	扩展式博弈的频率	普通博弈的频率
(7,14)	0/26＝0.0	0/24＝0.0
	12/26＝0.46	7/24＝0.29
(8, 8)	6/12＝0.50	1/7＝0.14
(12, 6)	6/12＝0.50	6/7＝0.86

这些结论以及在前面引述的其他结论意味着，扩展式博弈和普通博弈看起来并不是同一个博弈。参与者的行为表明了其意图，在扩展式博弈中实际经历的意图不同于在一个对应于普通博弈的智力实验中所想象的意图。我认为，人生经历及记忆是一个扩展过程，该过程破解了内容和结果。在一个高度结构化的博弈中，大脑并不是天然地适合将所有的序贯行动问题简化为一个单一策略向量的博弈，以此来解决序贯行动问题。显然，我们倾向于等待、观察，而后再做决定，这是一个把认知手段应用于被意识到的或然情况，并以此来储存认知手段的过程，这一过程使我们不必在不太结构化的现实博弈中出现了不可避免的意外情况时，调整我们的行动策略①。建构主义者的建模方式掩盖了上述过程的某些特征，这些特征虽然是我们没有意识到的，但是对生态选择有着决定性的影响。受建构主义思想制约的实验设计，不能很好地让我们收集相关信息，而这些信息能使我们知悉所需的思想调整。在实验中，从每一个实验对象那里收集所有可能情况下的行动信息，既是成本有效的，也符合博弈论的理论假设，但是，如果博弈形式不等价的话，它就会破坏实验的解释力。实验设计中不应该采用某些博弈论的假设，例如那些导致两种博弈形式逻辑上等价的假设，以免影响我们理解这些假设之外的行为。

10. 神经经济学

神经经济学主要研究心灵/大脑如何工作（心灵的内在秩序）和个人决策行为、社会交往行为以及制度（例如市场）行为之间的联系。一个有待论证的假说是，针对与经验、记忆和感知相关的任务，大脑已经发展出不同但独立的适应机制。神经经济学的研究工具包括脑电图技术，那些因局部脑损伤而导致特定心智功能丧失的患者。

决策制定吸引了研究特定脑损伤（例如，脑前突受损）患者的神经学家的注意。虽然此类患者在神经电检测中的得分是正常的，但是他们长期以来无法很好地完成随时间变化而进行计划和协调的工作（达马西奥，1994）。在不确定性条件下的个人决策方面，对此类患者（和对照组）的一项里程碑式的实验研究是由巴沙拉等人（1997）做出的。从（虚构的）2000 美元捐款开始，每一实验对象每一次从 4 张任选的纸牌（A，B，

① 在自然对我们不利的情况下，就必须有单层、有建设性地克服任何这种自然的过程。

C,D)中抽取一张。在牌(A,B)中,每一张牌的收益为50美元,而在牌(C,D)中,每一张值100美元。而且,100美元的牌中,偶尔会包含负收益很大的牌,而50美元的牌中也会有负收益较小的牌。所有这些都必须通过一系列抽牌试验得知,而且连续记录累计的收益值。实验对象通过学会不抽取100美元的牌而是抽取50美元的牌来提高收益。到60次的时候,正常控制的实验对象已经学会了只从50美元的牌(C,D)中抽取,而大脑受损的实验对象继续从100美元的牌(A,B)中抽取。另外,在实验间歇期的访谈中,受控的实验对象在他们能够搞清楚原因之前,就转向牌(C,D)。而且,他们预先记录下来对牌(A,B)的情感反应,这些反应可以通过实时皮肤传感测试(SCT)的读数进行测量。但是,脑损伤患者倾向于用语言来使其继续从牌(A,B)中抽牌的行为合理化,而且,某些类型(脑杏核体受损)没有皮肤传感测试反应的记录。戈埃尔等人(1997)研究脑损伤患者在一个复杂的金融计划任务中的表现,得出了与贝拉沙等人(1997)相一致的结论。

在50多年前,有关动物行为的实验证明,动机是基于相对收益或放弃的收益,也即机会成本,而不是基于由大脑产生的绝对收益。因此,泽曼(1949)做了一个实验训练老鼠跑向一个高额奖励的目标。当从高额奖励转向小额奖励时,老鼠的奔跑速度比只有小额奖励时的速度更慢。一个对照实验组开始用一个小额奖励,然后转向高额奖励,这些老鼠立即奔跑得比只提供高额奖励时要快得多。类似的,猴子也对不同奖励的比较做出反应。现在已经证明,猴子的高额脑区底部(在眼睛的正上方)神经元活动使它们区别对待奖励,这些奖励直接与动物对不同奖励(例如谷物、苹果和葡萄干)(以对猴子而言偏好递增的方式排序)之间的相对偏好(以区别于绝对偏好)相关(特伦布利和舒尔茨,1999)。

因此,我们假设,选择反应显示A偏好于B,B偏好于C。当实验对象观察到A和B时,A导致的神经元活动要比B导致的神经元活动更强烈,类似的,当在B和C之间进行比较时,B导致的神经元活动要比C导致的神经元活动更强烈。但是,当与C导致的神经元活动相比时,B导致的神经元活动要比与A相比时强烈得多。如果A、B和C按绝对偏好度而不是相对偏好度排列的话,上述结果就和你期望观察到的结果相矛盾(特伦布利和舒尔茨,1999,第706页)。

这些研究对人类而言同样重要。前景理论指出,对一个赌博的评价不取决于总的资产头寸,而是短视地看重相对于当前资产头寸的机会成本、收益或损失。在损失和收益之间还存在不对称性:损失的影响大于相同大小的收益的影响(卡内曼和特维尔斯基,1979)。米勒斯等人(1997)已证明,对赌博结果的情感反应取决于对结果之价值的主观感受、某种结果发生的可能性以及过去的结果。在一项赌博中,与放弃90美元而得到0美元相比,放弃10美元而得到0美元的感觉要好得多(他们使用术语"反事实的"而不是"机会成本"来指可能出现的替代选择)。因此,从我们的情感电路中,我们进行机会成本比较的能力获得了神经生理学的重要支持。

布莱特等人(2001)对人类在不确定性条件下对货币收益和损失的期望与经验做出的血液动力学反应进行功能性磁共振成像研究时,使用了这些相同的原则。他们观察到脑杏核体和窝形脑回有重大的激活反应，两者的激活程度随着赌博期望值的增加而递增。也有某些证据表明，右半脑对收益的反应非常活跃，而左半脑对损失的反应非常活跃。这是一种特别有趣且亟待深入研究的可能性，或许可以通过在同一任务中对大脑分裂的实验对象造影的方式来研究。

图特等人(1997)说明了实验对象支付报酬的效应。他在一个两分的选择任务中，比较了大脑对货币奖励和对"OK"式奖励的反应活跃程度。前额脑区底部和相关的大脑区域对货币奖励的反应非常活跃(见舒尔茨，2000，2002)。

个人决策制定的神经关联被麦凯布等人(2001)扩展至如图 1 到图 4 的扩展式信任博弈中两人策略互动行为的功能性磁共振成像研究。有关互惠理论和心灵理论的文献有一个先验假设：同不合作者相比，合作者的前额皮质层(特别是 BA-8)和支持性回路将表现出较高的活跃度，各种提示性思维过程研究得到的造影结论也支持上述先验假设。与一名实验对象扮演某个角色时所使用的智力过程相对照的是一个控制过程，在该控制过程中，让实验对象操作一台设有反应概率程序的计算机，因此没有必要将行动解释为意图。相对于控制而言，合作者的大脑活跃程度比不合作者明显要高得多，而且与上文的互惠解释相一致。

四、结　论

笛卡儿建构主义将理性用于设计个人行为规则，用于设计在全社会产生最佳结果的制度并构建标准社会经济科学模型。但是我们大多数业务知识以及决策与执行能力并不是深思熟虑的结果。我们的大脑储存稀缺的思考资源，如注意力资源、概念资源和符号资源，并将多数决策交给无意识的自发程序(包括情绪)。自发形成的制度安排即便最初是建构主义的，也必定有其幸存的特性，具体表现为建构主义模型体现不出来的机会成本和环境挑战。这导致一个新的生态理性概念：基于试错文化和生物进化过程的自生自发秩序。它导致了植根于家庭和社会的行为规则、传统及道德规则。无论是非人格化交换中的产权还是人格化交换中的社会凝聚力都应基于这些行为规则、传统和道德规则。为了研究生态理性，我们用理性重构，如互惠或利他主义偏好，来检验人类文化和制度中的自生自发秩序，以及它们的持续性、多样性和不断发展。实验使我们能够检验从理性重构中产生的命题。

在实验经济学家的工作中，对各种理性的研究已经占据了重要地位。对经济理论和博弈论命题可观察到的含义进行直接检验，使这些研究变得更加明白易懂。这一点在各种各样的实验中也表现得很明显，这些实验已经远远超过那些旨在求证并检验假说为什么会成功、失败或者比预期做得更好(在更弱的条件下)的理论。对那些有待论证的有趣假设而不是最终真理进行持续不断的检验使我们学到了些什么呢？

(1)市场支持资源交易的专门化并创造不同的商品和服务财富，由此形成生产力的发动机。

(2)市场是受规则支配的制度，它们为选择、处理和排列行为人的试探性信息提供了运算法则，而这些行为人对自己状况的了解要多于对他人状况的了解。由于行为人的“防患于未然”导致了合同，每个人都非常清楚为了达成合同必须提供什么。规则的中介作用使人与人之间产生了互动，而互动过程则将分散的不对称信息集合在一起，并很快地趋向竞争均衡。每个实验市场都有它自己独特的动态路径。

(3)静态或动态供求环境反映了所有这些信息，并把它们汇总起来产生有效率的出清价格。我们不可能完全理解这个程序是怎样运行的，因为任何人都无法获得必要的信息或者这些信息没有被有效地利用起来。因此，对许多人来说，苏格兰哲学家与哈耶克之间的争论是模糊不清的、神秘的。但是我们可以设计实验，在实验中，不给任何参与者提供信息，然后比较市场结果和有效率的竞争结果，并以此来评估市场制度的性能。

(4)与行为人在市场上获得的可见收益不同，由此产生的秩序是他们看不到的。行为人发现，为了在其他人施加限制的条件下获得最优结果，他们必须要有信息。

(5)他们发现，规则作为自生自发的秩序，不是由某个精明的大脑精心设计的。最初的建构主义制度经过了演进、变化，不断地超越其产生的环境。最终形成的制度规则是社会心智的表现形式，它不经意间解决了复杂的组织问题。这种“社会心智”产生于所有个体经由制度规则而进行的互动，而这些制度规则必定会使(如果想了解它们如何相互作用)幸存下来的文化选择过程显得过时。

(6)制度规则的形成过程包含了交易成本、管理成本、监督成本和分配效率之间的替代关系，因此制度本身会产生一种能够解决其设计问题的市场秩序。因此，基于良好的制度结构的成千上万种变化中，每一种变化都没有经过某个设计者的设计以适应完全不同的条件，但是它们都受制于行为人信息分散化的现实。

(7)社会互动的规则系统和市场是如何出现的，对此我们知之甚少，但是我们在实验室中，有可能改变规则，研究哪些规则是不必要的。

(8)市场要求自愿或非自愿地实施交换规则。这包括权利的占有、经过同意的所有权转让以及履行承诺。自愿实施出现在如下情形中：当市场参与者提供好的服务时能够得到赏钱或小费(这是自然形成的文化规范的例子)，人们将小费看作非正式交易的一部分。如果没有自我实施或社会实施的条件，结果就会是无意识的坏结果，因为市场会妥协或者可能失灵。“交易”博弈肯定不能让步于“盗窃”博弈。

(9)在人格化交换中，互惠、信任和信用很重要。在这里，正式的市场无法发挥有效的作用，但是从交易中仍能获得利益。在签订合同中，这些因素也很重要，因为以牺牲他人利益而获得的每一笔超额收益都能被预计到，并正式写在书面合同中。

(10)人们并不一定都是自私的，这与苏格兰哲学家们的观点不同，他们认为人们不一定乐于生产好的产品。市场有效地利用信息、谅解、理性、行为人的数量和道德。

(11)市场并不必然摧毁其产生的基础——家庭、朋友和同事之间的社会交换。海因里希提交的研究报告证明了这一点(2000)。因此，参加这种交易的个体可能是习惯性的社会交易者和精力旺盛的商人，但是，正像哈耶克在《两个世界》一书中所说的，人格化和非人格化交换都存在理性，而生态理性并不是自知的笛卡尔式的思维产物。因此，过去的危险依然有可能再度出现，这就是“人格化交换”规则将不适当地用于支配或修改扩展的市场秩序。同样危险的是，非人格化市场交换的规则可能会不适当地应用到以亲和力为基础的社会网络中。

(12)新的大脑成像技术已经激活了神经经济学研究，它主要研究人脑的内部秩序及其与人类决策范围的联系。人类决策包括从预先安排好结果的赌博中进行选择，到由市场和其他制度性规则调停的选择。我们的神经学研究事业刚刚起步，但是从这一事业的各个方面来看，它预示着我们的思考方式、观察方式以及我们为决策建立模型的方式将发生根本性的变革。

(陆　萍 译　唐兆希 校)

2003获奖者

罗伯特·恩格尔

Robert F. Engle III

【获奖理由】运用时间变量的波动性(自回归条件异方差模型)的方法分析经济时间序列数据。

生平简介

1942 年	出生在美国纽约州锡拉丘兹
1964 年	获威廉姆斯学院物理学学士学位
1966 年	获康奈尔大学物理学硕士学位
1969 年	获康奈尔大学经济学博士学位
1975—1977 年	任加利福尼亚大学圣地亚哥分校教授
1999 年—	任纽约大学斯特恩商学院教授

主要学术贡献

罗伯特·恩格尔的贡献在于建立了描述经济时间序列数据时波动性的关键概念:自回归条件异方差,并发展了一系列波动性模型及统计分析方法。瑞典皇家科学院称他不仅是研究员们学习的光辉典范,而且也是金融分析家的楷模;他不仅为研究员们提供了不可或缺的工具,还为分析家们在资产定价、资产配置和风险评估方面找到了捷径。

作为近二十年来金融计量领域的重要开拓者,他对金融市场分析长期持有浓厚的兴趣,在金融计量经济学的兴趣上涉及金融市场微观结构、权益资产、利率、汇率和期权等。在恩格尔看来,随着电子化交易的发展,未来的金融计量经济学可以使金融市场的市商、经纪人和交易者,借助于统计分析,自动地根据特定市场环境和目标做出最优的策略。

正如他本人所说,没有应用的研究是枯燥乏味的,但担任太多而又缺乏研究意义的顾问工作,同样是枯燥乏味的。恩格尔的辉煌成就,除了在理论研究中得益于早期与格兰杰、韩德瑞以及加利福尼亚大学圣地亚哥分校的经济学家和计量经济学家的学术交流之外,还得益于在纽约和纽约大学的现实环境。瑞典皇家科学院称,恩格尔的自回归条件异方差理论模式现已成为经济界用来进行研究以及金融市场分析人士用来评估价格和风险的必不可少的工具。

主要学术成果

《长期经济关系:协整阅读材料》(1991)
《半参数的ARCH模型》(1991)
《计量经济学手册(第四册)》(1994)
《ARCH:阅读精选》(1995)
《协整、因果关系和预测:格兰杰纪念文集》(1999)
《交易和报价:二元点过程》(2003)
《如何预测危机》(2010)
《长期偏度和系统性风险》(2011)

2003获奖者

克莱夫·格兰杰

Clive W. J. Granger

【获奖理由】运用“共同趋势（协整理论）”方法分析经济在时间序列中的数据。

生平简介

1934 年	出生于英国威尔士的斯旺西
1955 年	诺丁汉大学任教
1959 年	获诺丁汉大学统计学博士学位
1961 年	任普林斯顿大学访问学者
1974 年	任加州福尼亚大学圣地亚哥分校经济学院教授
1991 年	成为国际预测师协会会员
2009 年	逝世

主要学术贡献

格兰杰教授被认为是世界上最伟大的计量经济学家之一，利用其数学和计量经济学知识提出了协整的概念及其方法。所谓协整，是指多个非平稳经济变量的某种线性组合是平稳的。目前，协整分析已成为处理非平稳金融、经济变量相依关系的行之有效的方法。协整理论主要用来探测变量间是否真的存在均衡相依关系，对于用非平稳变量建立经济计量模型，以及检验这些变量之间的长期均衡关系非常重要。

格兰杰在协整概念的基础上进一步提出了著名的格兰杰协整定理，目的在于解决协整与误差修正模型之间的关系问题。该定理的重要意义就在于其证明了协整概念与误差修正模型的必然联系。若非平稳变量之间存在协整关系，则必然可以建立误差修正模型；若用非平稳变量可以建立误差修正模型，则该变量之间必然存在协整关系。在随后的工作中，格兰杰拓展了协整分析，包括处理季节趋势序列的季节协整和处理偏离超过临界值后即向均衡调整的序列的门限协整。

主要学术成果

《经济时间序列的谱分析》(1964)

《股价的可预测性》(1970)

《商品价格的投机、套利和预测》(1970)

《经济时间序列预测》(1977)

《双线性时间序列模型导论》(1978)

《非线性建模经济关系》(1979)

《经济序列建模型:经济计量方法阅读材料》(1990)

《经济学的实证建模:设定和估计》(1999)

《经济学中的经验建模评定与评价》(2005)

颁奖词

瑞典皇家科学院 / 托斯滕·佩尔松

尊敬的国王和王后陛下,各位殿下,女士们,先生们:

在现代社会,我们生活的每一天,媒体都将我们淹没在主要经济变量方面的数字中:通货膨胀、失业、利率、股票价格等等方面的数字。大部分读者或观众将这类信息仅仅看作是一种行情报价,或多或少类似于天气预报的东西。但是研究者们则将它们看成是大规模数据流的一部分,一段时间后,这些数据流会产生经济的时间序列。这种时间序列是相当重要的,不仅仅对开发及验证经济理论的基础理论研究者来说非常重要,对那些要求以清晰的理解和可靠的预测为公共政策或个人决策为基础的执行者来说也是如此。

研究者们和执行者们展开工作的前提条件是抓住了经济时间序列特征的统计方法。处于经济和统计领域之间的研究者们于是设计了全新的方法,避免了大量的统计误区,从而为全新的研究及应用做出了重要的贡献,或者说是铺平了道路。

20世纪80年代,克莱夫·格兰杰教授的突破性成果解决了宏观经济变量随着时间变化发生在其内部复杂的相互作用方面的巨大难题。例如,在分析家庭收入和财富对家庭成员长期消费的影响时,要将对长期关系进行的调整从数据的短期波动当中区分开来是很困难的。众所周知,财富的价值受到波动的股票价格和财产价值的高度影响。而且,和大多数宏观经济变量一样,消费、收入和财富不围绕着一段时间内的给定价值波动,而是围绕着随机趋势波动。当传统的统计方法应用于这种非平稳时间序列时,其结果产生的关系往往是误导性的,有时甚至是毫无意义的。

格兰杰成功地表明,非平稳变量系统往往受单一潜在的共同趋势驱使。他发明了"协整"这一术语来描述这样一个系统并证明:协整为可靠的统计推断提供了解答。格兰杰的方法完全改变了时间序列方面的工作,不论是研究还是预测工作。他的方法为经济分析提供了有力的工具;它们自然地将一个经济体系内的动力分离成对长期均衡进行调整的力量和仅仅导致短期波动的力量两个部分。

同一时期,在某种程度上受到两位桂冠得主弗里德曼和卢卡斯的启发,罗伯特·恩格尔致力于时间序列另一方面的研究。他们的研究表明,宏观经济中的不确定性、波动性可以形成经济关系,如失业率的敏感性对通货膨胀的关系,即著名的菲利普斯曲线斜率。恩格尔将波动性解释为一个统计模型中干扰项的大小,并设计了称之为自回归条件异方差的研究方法来追踪随时间变化的波动性中的系统变动。

但很快就可以明白,这种方法主要应用在金融经济学中,而不是宏观经济学中。在股票和债券中进行选择的投资者们,试图决定衍生工具价值的公司,想要控制巨大资本损失风险的银行,它们都要求对回报的风险进行预测,即风险的波动性。股票、债券及货币回报的时间序列也呈现出不同的模式。市场上波动率高的动荡期过后是相对的平稳期。在回归条件异方差方法出现之前,在这些波动模式基础上进行预测是不可能的。恩格尔的突破创造了一个全新的研究领域,即金融计量学,并且他的方法现在已成为全世界范围进行风险评估不可或缺的工具。这是基础研究的一个突出例子,它为好奇心所激起,并出人意料地被应用于全新的领域中。

尊敬的恩格尔教授:您对经济科学的贡献为金融计量学这一新领域铺平了道路。您的自回归条件异方差方法引发了应用的洪流,帮助了金融市场中的投资者们预测波动和管理风险。

尊敬的格兰杰教授:您对经济科学的贡献完全改变了以宏观经济时间序列进行的研究和预测。您的协整方法给了研究者和实践者一套为经济动态建模并做出评估的统计工具。我万分荣幸地代表瑞典皇家科学院向两位表达最热烈的祝贺。现在请两位走向前来,从尊敬的国王陛下手中领奖。

(陆 萍 译 王鑫鑫 校)

获奖演说

风险和波动:计量经济学模型与金融实践

罗伯特·恩格尔

引 言

对于风险的了解使我们能够改变自身的行为从而规避风险。当然,现实生活中想要消除所有的风险是不可能的;如果真想要规避所有的风险,则需要我们不坐飞机、不开车、不走路、不吃不喝非健康的食物,并且永不接触阳光,即使是洗个澡都有可能是危险的。如果我也追求规避所有的风险,那么今天我可能就拿不到这个诺贝尔奖了。在现实中我们可能会去承受一些风险,因为承担这些风险后获得的收益会高于由此可能产生的成本。最优的行为是承担那些值得的风险。这也是金融的核心范式;我们必须要去冒险从而来获得报酬,但并不是所有的风险都可以获得相等的报酬。由于风险和报酬都是在未来才能展现,所以现有的行为是基于对于未来损失的预期和未来报酬的预期两者间的权衡而做出的。因此，我们会最优化自己的行为，尤其是优化我们的投资组合，从而达到利润的最大化和风险的最小化。

这个简单的概念在经济学和诺贝尔的引文中早已经拥有很长的历史了。马科维茨(1952)和托宾(1958)将风险与证券投资组合价值的变化相联系。出于规避风险的需要，他们推断出最优的证券投资组合以及银行业务的行为。夏普(1964)在假设所有的投资者拥有相同的信息且都遵循一致的目标时，拓展了前述的含义。夏普的这个理论被称为资本资产定价模型或简称 CAPM 模型，并指出预期的收益和方差之间存在一个自然的联系。这些贡献都已在 1981 和 1990 年的诺贝尔奖上被认可了。

布莱克和斯科尔斯(1972)以及默顿(1973)开发了一个用于评估期权定价的模型。虽然这个理论是基于动态交易策略而产生的期权复制参数，但该理论也与资本资产定价模型相一致。卖方期权使期权的所有者拥有在未来的某个时间里以特定的价格销售其资产的权利。因此，这些期权在某种程度上可以被视为保险。通过购买这些卖方期权，证券投资组合的风险可以完全被消除。但是，这个保险的成本是多少呢？这份保障的价格取决于风险的大小，而这些风险的大小则由资产回报率的差异来衡量。这个贡献在 1997 年的诺贝尔奖上也已经被认可。

当实践者运用这些金融策略的时候，他们会要求估算出这些不同策略的总体方差。因而具有代表性的总体方差的平方根会被报告出来，而方差平方根则被称为波动性。实践者会立刻认识到这类波动会随着时间而不断地发生变化。他们还会发现不同时期的差异是不一样的。有一个简单的方法，有时被称为历史波动的方法曾经且目前正被广泛地运用着。在这个方法中，波动性是由一个短时期内收益的样本标准差来估计的。但是，多长的周期才是我们可以使用的恰当的阶段呢？如果这个周期太长，那么根据这个周期估计出来的结果与当前的情况相关性较弱；但是如果这个周期太短，则会存在很多干扰。此外，对于未来一个时期里的波动性才应该考虑风险。因此，对于波动性的预测是必要的，而且是对现在的一个很好的衡量。这会引发这样一个可能性：对于下一个星期的平均波动性的预测与下一年或者后十年的预测结果会存在差异。而对于解决这些问题，历史波动率无法找到可以解决的途径。

从一个更为基本的水平上说，有的假设在逻辑上是不一致的，例如假设今天结束后的一段时间里(如一年)的方差都是恒定的，并且假设在一年结束的前一天方差是恒定的，但两者却是一个不同的值。因此，需要构建一个动态的波动理论；这正是自回归条件异方差模型以及有关该模型的扩展所要讨论的问题。

在下一个部分，我会阐述自回归条件异方差模型的起源，然后将讨论该模型的一般化且普遍的实证支撑。在随后的一个部分中，我会说明这个动态的模型是如何用于预测波动性、如何预测一个长时间范围内的风险以及该模型如何被用于估算期权等问题。

自回归条件异方差模型的起源

自回归条件异方差模型是我 1979 年在伦敦经济学院休假时被创建出来的。当时我在教员公用室里面与大卫·亨得利、丹尼斯·萨尔甘、吉姆·德宾以及其他领军的计量经济学者们一起吃午饭,当时的场景为该模型的创建提供了一个刺激性的环境。米尔顿·弗里德曼(1977)的研究中提出一个猜想:即不可预测的通货膨胀是经济周期的一个主要原因;我一直在寻找一个可以用于评估该猜想的有效性的模型。弗里德曼猜测通货膨胀率的水平并不是经济萧条的问题所在,而对于未来的成本和价格的不确定性阻碍了企业的投资并导致了经济的衰退。此猜想只有在不确定性随着时间不断发生改变的条件下才可以认为是合理的,而这个条件正是我的研究目标。计量经济学家通常把此称为异方差。我最近曾广泛地与卡尔曼·菲尔特合作,并发现一个似然函数可以被分解为该函数的预期或条件密度的总和。最终,我的同事克莱夫·格兰杰(我与他共同分享了这个奖项)最近开发了一个对于双线性时间序列模型的检验,该检验依赖于随着时间变化的残差平方,即残差平方通常存在自相关的问题,即使残差本身没有自相关性,这样的问题也会存在。双线性时间序列模型的检验在经济学数据上时常是显著的;但我怀疑这个检验在检测除了双线性以外的一些东西,但是我不知道到底是什么。

能够解决该问题的正是自回归条件异方差(以下简称 ARCH),是由大卫·亨得利首先提出的名字。ARCH 模型用于描述依据当前观察值的预测方差。该模型运用过去预测误差平方的加权平均数(一种加权的方差),而不是用短期或长期的样本标准误差。这些权重的运用会给予最近的信息更多的影响力而较远的信息则赋予较小的影响力。明显地,ARCH 模型是对样本方差的一个简单概括。

该模型一个最大的优点是可以通过历史的数据估算权重,即便真实的波动无法观察到也可以进行估算。下面我将介绍该模型是如何操作的。每一天或每一个阶段我们都可以进行预测。通过观察不同权重水平下的预测值,我们便可以找到能够使得预测值最接近下一期报酬的方差的权重设置。这个过程是基于极大似然率的方法而实现的,即通过一个系统研究方法来估计最佳的权重值。一旦权重确定后,这个波动随时间变化的动态模型就可以用于分析任何时候的波动并且预测近期或者未来的波动。双线性的格兰杰检验就转化成了最佳的自回归条件异方差或者是拉格朗日乘数检验,并且在当前被广为运用。

构建一个明确的动态波动模型有着很多的好处。就像前面提到过的,通过最大似然法可以估计出最优的参数;而对于波动模型的适当性和准确性检验可以用于验证该过程。通过运用这些估计出来的参数,便可以用于构建一步或多步的预测。无条件的分布可以从数学上进行构建且通常来说是比较现实的。把相关的变量纳入模型中可以检验经济模型,找出引起波动的原因。模型中放入额外的内生变量和方差便可以很简单地检验经济模型中有关波动的结果。下文将分析一些相关的运用。

大卫·亨得利的同事弗兰克·塞巴是第一个编写 ARCH 程序的人。恩格尔(1982)对于 ARCH 进行了运用,用于分析英国的通货膨胀,即弗里德曼的猜想。有很多的证据都表明通货膨胀预测的不确定性都随着时间的变化而变化,而这一现象与英国的经济周期却不相符。我用美国的通货膨胀数据做了相似的检验[见恩格尔(1983)

中的报告],研究结果证明了存在自回归条件异方差但没有发现经济周期的影响。虽然风险和报酬之间的权衡是宏观经济理论非常重要的一个部分,但是实证的影响却很难被察觉,这是因为这些影响总是被其他的主导效应给掩盖了,且会被一些相对低频率的数据所混淆。在金融领域,风险报酬影响的重要性是最主要的,且每日的数据或是当天的频率等数据都是现成的,因而可以用于形成准确的波动预测。因此,金融领域就成了各类丰富的不同类别的自回归条件异方差的发源地。

自回归条件异方差模型的推广

我们可以估算和检验不同加权方式的一般的情形。其中一个非常重要的拓展,是由我一个非常优秀的学生蒂姆·波勒斯勒夫(1986)开发的,我们称之为广义条件自回归异方差,是当前被非常广泛运用的模型。该模型本质上将单纯的自回归条件异方差模型推广到自回归移动平均模型。假设过去的残差平方的权重呈几何速度下降,这个速度可以从数据中进行估算。通过对 GARCH(1,1)模型的一个直观且吸引人的解释将会让该模型非常好理解。GARCH 的预测方差是一个由三个不同的预测方差的加权平均数构成的。其一是与长期平均相吻合的常数方差;其二是由往期所做出的预测值;其三是往期所做的预测后无法获得的新信息。其中第三个可以被看成是基于往期信息而获得的方差预测。这三类预测的权重决定了方差随着新信息变化的速度以及方差回归到长期均值的速度。

第二个非常重要的模型拓展是指数广义自回归条件异方差模型或称为 EGARCH 模型,该模型是由丹·尼尔森(1992)开发的。遗憾的是,丹·尼尔森在 1995 年去世了,正如波勒斯勒夫和罗尔西(1995)所赞扬的,丹的去世对于我们的研究专业是一个极大的损失。在丹短暂的学术生涯中,他所做贡献的影响力是非常大的。他认为波动会对过去预测误差做出不对称的反馈。在一个金融环境中,负收益相对于正的收益来说,其对波动性预测的影响更为重要。价格的大幅度下降所预测的波动性要大于同样幅度价格的上升。这是一个非常有趣的经济效应,并且有很广泛的研究意义,我将会在下文中进一步阐述。

还有不少学者提出了进一步的拓展模型。与 ARCH 模型相关的模型包括:AARCH, APARCH, FIGARCH, FIEGARCH, STARCH, SWARCH, GJR-GARCH, TARCH, MARCH, NARCH, SNPARCH, SPARCH, SQGARCH, CESGARCH, 成分 ARCH,非对称成分 ARCH,泰勒—施沃特,学生-t-ARCH, GEDARCH,以及其他我已经忽略了的模型。这些模型中很大部分都由波勒斯勒夫,周和克罗纳(1992),波勒斯勒夫(1994),恩格尔(2002b),以及恩格尔和石周(2002)等研究中进行检验过。这些模型认为波动性具有重要的非线性、非对称以及较长记忆等特性,报酬可以是非正态并且是一个变化的参数和非参数分布。

其中一个与 ARCH 有密切联系但在计量经济学上又是一个独特类别的波动性模型称为随机波动或者 SV 模型,该模型目前也已经得到了巨大的发展。例如克拉克(1973),泰勒(1986),哈维,路伊斯和谢帕德(1994),泰勒(1994)等都对该模型进行了研究。这些模型有一个不同的处理数据的过程,从而出于某些目的运用该模型会更加方便,但是在估计上却变得更加困难。在一个线性的框架下,这些模型只是对于相同的处理过程的不同代表;但是在非线性设置下,可选择的技术参数是不一致的,即使它们彼此间非常相似也是如此。

金融收益的模拟

ARCH 系列模型的成功开发得益于对金融领域大范围测算的运用。由于这些模型对于时间序列数据的很多统计问题都有较强的适用性,因此,这些模型对金融时间序列有着特殊的价值。该价值的存在部分是因为前面提到的金融市场上风险和报酬之间权衡的重要性;部分是因为金融收益持有风险资产所存在的三个普遍特点。收益几乎是不可预测的,收益可能获得的价值会令人惊讶,且极端值和平静期都是一起出现的。这些特征常常被描述为不可预测性、厚尾以及波动集聚性。这些特点正好准确地在 ARCH 模型中进行了设计。当波动性高的时候,自回归条件异方差会保持较高水平,当波动性低的时候,异方差会保持较低的水平;然而,由于这些阶段受到时间的限制,使得预测最终都会趋向于波动性较低的水平。一个自回归条件异方差的过程会产生动态的、波动性会回复到平均值的模式,从而使得波动性可以被预测。相比从标准正态分布获得的期望,它会产生一系列极端值,这是因为极端值在高的波动性阶段比一个恒定的波动阶段获得的预期更大。

GARCH(1,1)模型的设定是金融运用方面非常繁重的工作。但值得注意的是,该模型可以被用于描述几乎所有金融收益率的动态波动性。该模型不仅可以运用到美国的股票市场,也可以运用到大部分发达市场中的股票交易,还可以运用到新兴市场中的股票交易以及大部分股权收益指数。该模型还可以被运用到利率的变化、债券收益以及商品收益等方面。在很多实证运用的例子中,上面提到的那么多的模型里面可以找出一个略好的模型进行分析。通常来说,GARCH 模型是一个很好的研究起点。

GARCH(1,1)模型要获得广泛成功的前提是对该模型的准确理解。什么理论可以用于解释动态波动性为什么在不一样的金融市场可以如此相似? 在开发这样一个模型的时候,我们必须首先理解为什么资产价格是变化的。人们可以购买和拥有金融资产,这是因为这些金融资产未来的支付可以被预期。由于这些支付是不确定的,并且取决于未来发展的不可知性,因此这些资产合理的价格是基于我们当前已获得的最佳信息来对这些支付的分布进行预测。随着时间的推移,我们获得了更多的对于这些未来事件的信息,并且对资产进行重新评估。因此,在一个基准水平上,金融价格的波动性取决于新信息的到来。波动集聚性是简单的新获得信息的集聚。事实上,这对于很多资产都很普遍,即只要及时而简单地声明新消息会集聚。

想要知道为什么消息都很及时地聚合是一件非常自然的事,我们必须要对信息流进行更详细的思考。考虑这样一个事件:由于一个新发明会提高公司未来的收益和红利。因此,新发明将会增加公司的价值;由于新发明的增加这一事件会对股票价格产生影响，而该影响取决于经济体以及企业的经济状况。如果企业已经处于破产的边缘，那么该事件的影响会很大；但是如果企业已经开足马力运行着，那么该事件的影响则很小；如果一个经济体的利率很低，并且存在剩余劳动力，那么开发一个新的产品将会很简单。在保持其他不变的情况下，在经济萧条阶段的反应将会比经济繁荣阶段的效果更大。因此，当发现在经济衰退期时产生很高的波动性，我们并不会因此而惊讶，即使新发明的到达率是恒定的。这是波动集聚的一个缓慢移动的类别，该集聚可以是几年或者更长的周期。

同样的发明会引发一个高频率的波动集聚。当这个发明被公布的时候，市场无法立即预测它的股票价格。代理商可能不赞同但是对他们所作出的评估十分不确定，因而他们会很关注其他人是怎么来评估该公司的。如果公司股票价格上升到他对该公司新价值预期的价格时，而其他投资者仍旧买进，那么在当他看到其他人持续以不间断的高价买入的时候，他可能会更正其对该股票价格原有的预期。他可能会怀疑其他人可能拥有更好的信息或者分析模型，从而增加他对该股票的估价。当然，如果其他人在出售股票，那么他可能会向下修正他对该股票的估价。这个过程通常被称为价格发现，且该过程在市场的微观结构上已经从理论和实证上都进行过模型的构建和模拟。这导致了高频率的波动集聚的发生，比以往我们所看到过的频率都要高。这样的过程会持续几天或者几分钟。

但是如果要理解波动性，我们需要思考的不只是一个发明。虽然发明的到达率可能没有清晰的模式，但是其他类别的消息也是如此。消息的强度在战争时期以及经济萧条阶段通常都较高。在重要的全球首脑会议上、国会或监管机构的听证会、选举或中央银行董事会等，都会产生很多新的事件。这些事件可能持续的时间适中，如可能会持续几周或几个月。

我们观察到的经验上的波动模式是由这些事件的三种类别组成的。因此，我们期望看到详尽的动态波动性，并且依赖长时间序列从而对准确的模型赋予不同的时间常数。

金融波动性的成因和结果的建模

一旦用于测算波动性的模型构建后，就很自然地可以解释波动性的原因以及波动性对经济的影响。目前已有很多文献在研究这类问题。我在下文将对一些金融市场当前较有限的发现展开讨论。

在金融市场，波动性产生的结果很容易描述，但是却很难测算。在一个只有一种风险资产的经济体里，波动性的上升会导致投资者出售一些资产。假设存在一个固定的供给，那么价格必须要充分下降，买家才会去购买。在这样一个新的低价格上，资产的预期利润会上升，因为只有价格上升了才能补偿投资者增长的风险。在均衡的状态，高的波动性应该与高的预期回报相匹配。默顿(1980)利用连续的时间构建了这个理论模型。恩格尔、利林和罗宾斯(1987)则提出了一个离散时间模型。如果风险的价格随着时间的变化都是恒定的，那么条件方差的增长会呈直线型转变成不断增长的预期收益。因此,收益的方差的平均值不再被估计为零,而是依赖于过去收益的平方,就像条件方差取决于过去的收益那样。这个非常强的系数约束可以被检验,并且被用于估算风险的价格。该方法也可以被用来测算相同假设下典型代理人的相对风险厌恶系数。

对于这类测算方法的经验证据已经被混合了。当恩格尔等(1987)发现了一个积极且显著的效应的时候,恩格尔和凯恩(1992)以及格罗斯顿、贾甘纳坦和朗克尔(1993)发现了随着时间的推进两者关系不断变化且可能是负相关的关系,这是由于缺失的变量所引起的。弗伦奇、施沃特和斯坦博(1987)的研究表明了一个积极的波动性冲击对于资产的价格会有消极的影响。这不仅对经济体中的一个风险资产如此,且风险的价格不可能一成不变。因此,价格的不稳定性并不奇怪,且这证明了存在风险和报酬之间的权衡。但是能否很好地模拟这类权衡则是一个挑战。

对于波动性的原因则可以更直接地模拟。因为基础的ARCH模型及对该模型很多的变形描述了条件方差是滞后收益的平方,这些可能是波动性的直接原因。把这些可测量的事物解释为利于波动性预测的事物而不是解释为原因是最合适的。如果这些真实的原因已经包含在模型的设计中了,那么那些滞后项则无须放入模型中。

有一部分文章已经遵循这个研究路径且展开了相关研究。安德森和波勒斯勒夫(1998b)研究了最新公告对于汇率波动性的影响。寻找重要的解释能力所存在的困难是显而易见的,即使这些公告在重要的方面都是可靠的也是如此。另外一种方法是在其他市场利用波动性进行测量。恩格尔、恩吉和罗特席尔德(1990)模拟了较早关闭市场和较晚关闭市场对于市场波动性的影响。例如,他们考察了当前欧洲和亚洲市场波动性的影响以及美国市场先前的日子对于当前美元货币波动性的影响。哈茅、马苏利斯和恩吉(1990),伯恩斯、恩格尔和莫兹里奇(1998)以及其他的相关研究都运用了类似的研究技术分析了全球的股权市场。

一个例子

为了更好地展现ARCH模型在金融领域的运用,我将用史坦普500综合指数给出一个相当广泛的分析。这个指数代表了美国股票市场大部分的价值。我将着眼于该指数从1963年1月到2003年11月的日常水平。这个区间涵盖了美国金融历史的范围,为我的分析提供了一个理想的设定,从而可以讨论ARCH模型如何用于风险管理和期权定价。所有的统计和图表都是在EViews™4.1中进行计算获得的。

图1展示了原始的数据,其中左边的纵坐标代表了价格。图中下面那条相当平稳的曲线展示了过去40年里该指数的变化情况。从该图上,我们很容易发现股价在过去的很长一段时间内表现出较大的增长趋势,而在随后新世纪以来则表现出下降的趋势。在开始的1963年,这个指数显示的价格是63美金,而到了最后阶段2003的时候价格涨到1035美金。这意味着1963年投资的1美金,在2003年11月21日的时候增长到16美金(加上已经收到的流动股息,因为这个指数里面没有考虑每天获得的股

息）。如果投资者非常明智地在 2000 年 3 月 24 日就卖掉了他所持股票的份额，则那个时候股票的增值达到 24 美金。当然，也希望投资者没有那么倒霉地在 2000 年 3 月 24 日那天买进了股票。虽然我们总是在观察这些指数的变化水平，但很显然从股票买入点到卖出点的相对价格很重要。因此，经济学家关注于在图中显示的最高点的收益。这显示在图中右边纵坐标每日的价格变化（由今天价格的对数与前一天价格的对数之比计算获得）。这个收益率序列在样本的时期里以零为中心，即使价格有时候上升，有时候下降。目前来说，最显著的事件是 1987 年 10 月发生的冲击，当时以股票下降的规模缩小了所有的收益，且一直持续到随后经济的局部恢复时期。

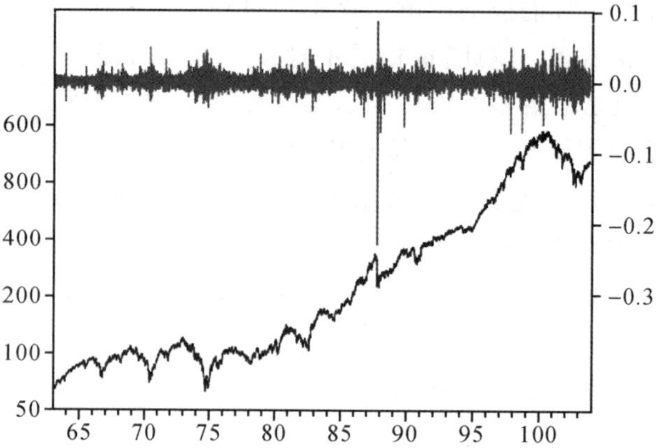

图 1　史坦普 500 股价指数每日价格和收益图
（1963 年 1 月—2003 年 11 月）

这个数据序列的其他重要特点可以通过观察整个历史期中的部分阶段来进行挖掘。例如，图 2 展示了 1987 年以前部分的数据。从这个图上，可以很明显地看到收益的幅度一直在发生变动。而变动的大小有时候很大有时候却很小，这是 ARCH 模型可以测算的效果，我们称之为波动集聚性。然而，从这个图里可以看到其他一些很有意思的特点。很明显，价格下降的时候波动性表现得更大。波动性在熊市的时候表现得很大。这是尼尔森在他的 EGARCH 模型里所描述的非对称波动效应。

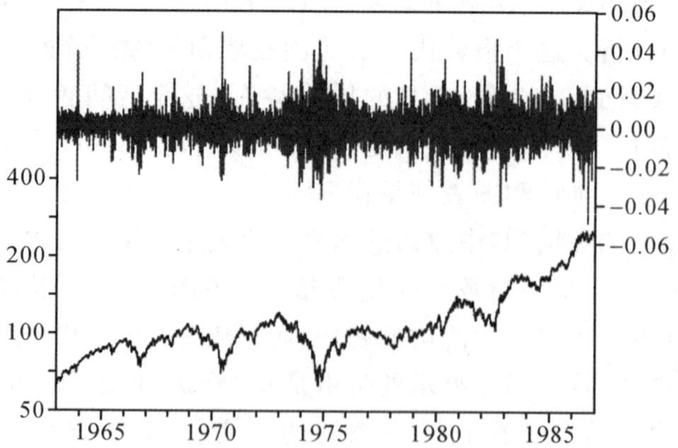

图 2　史坦普 500 股价指数每日报告（1987 年以前）

再来观察1987年冲击后的那个阶段(见图3),我可以发现20世纪90年代中期低水平的波动阶段。这个阶段伴随着缓慢且平稳的股价的增长。我们常常讨论这个时期是否已经长期走向新的低波动性时代。然而,历史告诉我们,并非如此,波动性随着股票价格的不断上升而开始上升并且到了1998年达到一个很高水平。很明显,股票市场从这个角度来看是具有风险的,但是投资者敢于冒风险,因为这个时候的股票收益是很好的。

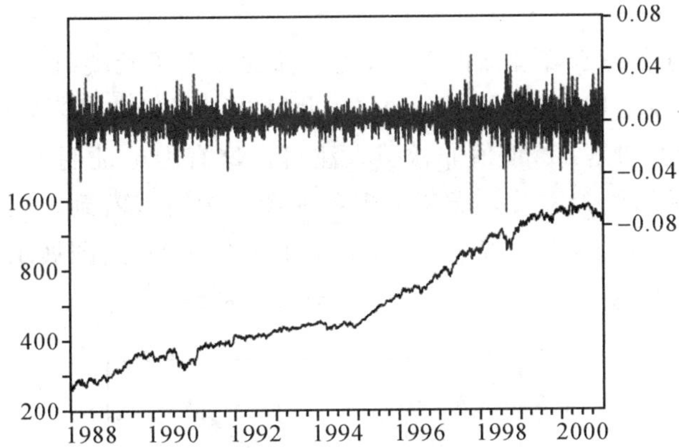

图3 史坦普500股价指数(1988—2000)

再来看1998年以来的最新阶段(见图4),我们可以发现高的波动率一直持续着,因为市场开始下滑。只有在样本观察值的最后阶段,我们看到了波动性的下降,官方的结论认为这是由伊拉克战争引起的。这似乎是在鼓励投资者回到市场中去,因为这个市场已经经历了实质性的价格上涨的趋势。

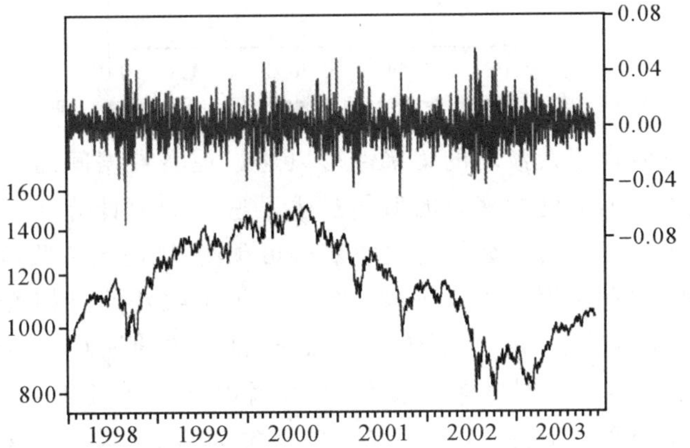

图4 史坦普500股价指数(1998—2003)

下面我们将通过一些数据来阐述前面提到过的三类典型的事实:几乎不可预知的收益、厚尾属性以及波动集聚性。表1展示了一些收益的特点。在两个阶段上,相对于标准差收益的平均值接近于零。每一个交易日的平均值为0.03%或者是每年7.8%。标准差在20世纪90年代的时候略微偏高。这些标准差相当于按年计算的波动性的15%和17%。总体来看偏度是小的。

表 1　史坦普 500 收益

样　本	全样本	自 1990 年的样本
均值	.0003	.0003
标准差	.0094	.0104
偏度	−1.44	−.10
峰度	41.45	6.78

最有意思的特点在于峰度值的差异，这个峰度测算了极端值的大小。如果收益是正态分布的，那么峰度是 3。这个峰度在 20 世纪 90 年代的时候是 6.8，而从整个样本阶段来看，这个峰度却是 41，该值非常引人注目。这有力地证明了异常值比从正态随机变量中得出的预期更为重要。类似的现象在图 5 中可以看到。图 5 是 1990 年的一个分位数图。该图是这样设计的：如果收益是正态分布的，则图展示的是一条直线；而如果收益存在很多极端值，那么会展现出一条 S 形曲线。

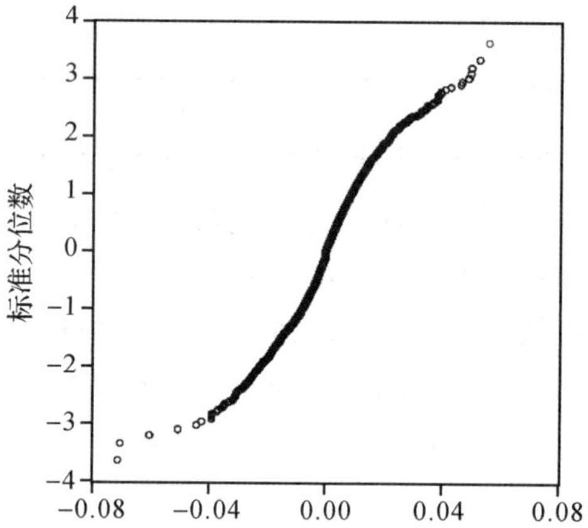

图 5　1990 年后史坦普 500 收益分位数图

收益的不可预测性以及波动的集聚性可以通过观察数据间的自相关关系而展现出来。自相关是由当前的随机变量的值与过去某些天的值计算获得的相关性。由于收益的显著自相关的存在可能会使得收益变得可预测；同时由于收益的平方或绝对值的显著自相关使得波动集聚性得以展现。图 6 显示了收获的自相关和收益平方的同相关两者在 1990 年后的数据。按照传统的标准，自相关的绝对值如果大于 0.033，则说明在 5%的水平上显著。明显地可以看到，收益的自相关几乎全部不显著，而收益平方的自相关则都显著。此外，收益平方的自相关全部是正数，而这样的结果在偶然的情况下是很难发生的。这个图为收益的不可预测性和波动集聚性提供了强有力的证据。

现在让我们转向估算波动性的问题。这类称为历史波动性的估计是基于收益波动的标准差。在图 7 中，对于这些波动分别构造了五天、一年以及五年三个不同的窗口类别。虽然这些方法中的每一个方法都看似合理，但事实却非常不同。从图可知，五天的预测是极端的变量而其他两类则非常平缓。五年的预测在顶峰和低谷处也非

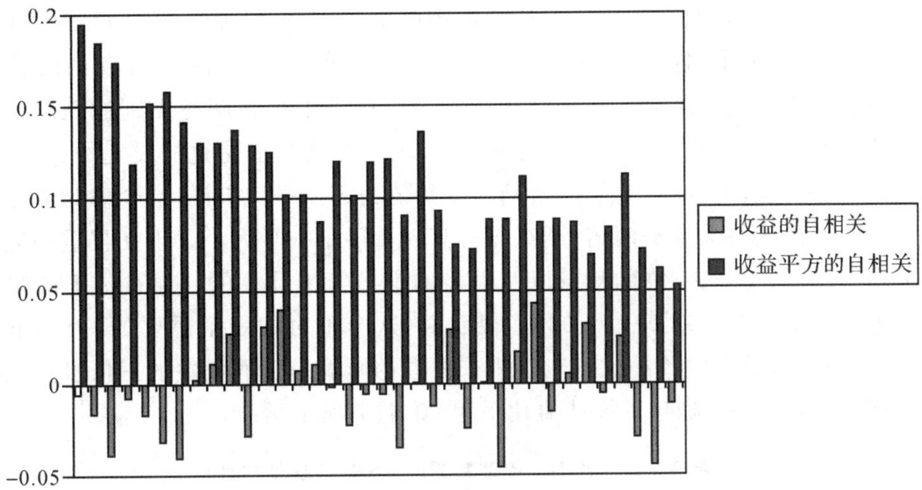

图 6　收益和收益平方的自相关

常平稳。在 1987 年冲击后的恢复期尤其缓慢，且在 1998—2000 年间所展示波动性的增长也非常平缓。同样，每年的预测无法像五天的波动性那样展示细节。然而，有些细节可能只是些干扰。如果没有真实测算波动性的话，是很难从这些候选者中进行挑选的。

ARCH 模型为这一困境提供了解决的路径。基于历史数据通过估算未知的参数，我们预测了在样本期间里面的每一天以及样本之后的任何一个阶段。我们所使用的第一个自然模型是 GARCH(1,1)。这个模型对于无条件方差、往期的预测以及对昨天收益平方的新测算都赋予了权重。通过模型的测算，估算出来的权重分别为 0.004，0.941 和 0.055。很显然，大部分的信息都是来自过去的预测。新的信息对于过去的预测只改变了一点点，且从长期来看，平均方差只受到很小一部分的影响。这看上去感觉长期的变化效应是很小的以至于可能不重要。然而，这样的想法是不对的。当预测到眼前的很多步后，长期的变化最终会成为主导，这是因为新消息和其他最新信息的重要性逐步消失。由于利用了日常的数据，我们看到的这个影响就很自然地变小了。

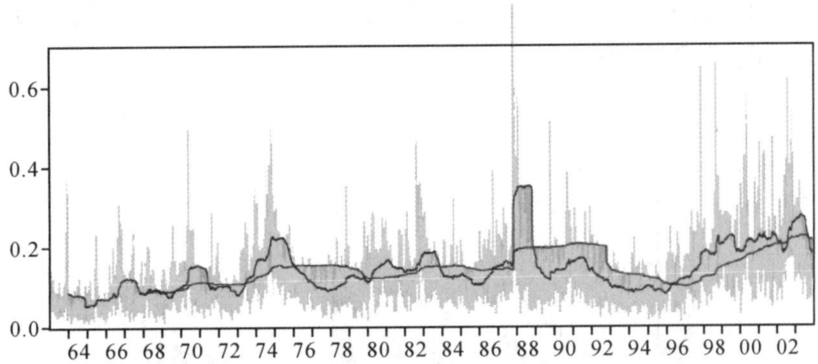

图 7　不同窗口下的历史波动性

在这个例子中，我们会利用非对称的波动模型，通常我们称为 GJR-GARCH 模型或者 TARCH 模型（门槛 ARCHG），前者由罗斯腾等（1993）开发，后者则由扎科安（1994）发展而来。统计结果放在表 2 中。在这个例子中存在两种类别的消息。一个是收益的平方，另一个是与收益的平方相关的变量，该变量值是这样设定的：当收益是正的时候，该变量值为收益的平方，否则该变量值为零。平均来说，这个值为方差值的一半，因此，如果该值本身是两倍，则意味着其权重得是一半大小。现在权重是通过长期的平均、过去的预测、对称的消息以及消极的消息等来计算的。通过估算获得的权重分别为 0.002，0.931，0.029，0.038。很明显，这个不对称是很重要的，否则末项会变成零。事实上，模型中负的收益对于未来方差的影响是正的收益的三倍多。从统计学的角度来看，不对称项的 T 统计值几乎为 20，且非常显著。

表 2　史坦普 500 收益数据的 TARCH 模型估计

被解释变量：史坦普 500
方法：ML-ARCH（马夸特测定法）
日期：2003 年 11 月 24 日，时间：09:27
样本（调整）：1963 年 1 月 3 日至 2003 年 11 月 21 日
涵盖与观察值：10667（调整终点后）
经过 22 次送代后达到收敛
方差回测：打开

	系　数	标准识	统　计	概　率
C	0.000301	6.67E-05	4.512504	0.0000
	方差方程			
C	4.55E-07	5.06E-08	8.980473	0.0000
ARCH(1)	0.028575	0.003322	8.602582	0.0000
(RESID<0)*ARCH(1)	0.076169	0.003821	19.93374	0.0000
GARCH(1)	0.930752	0.002246	414.4693	0.0000

由模型产生的波动序列展示在图 8 中。这个序列比年度或五年的历史性波动更加参差不齐，但是相比五天的波动性则更加平稳。该模型用于测量次日报酬的波动性，因此可以很自然地形成收益的自信区间。

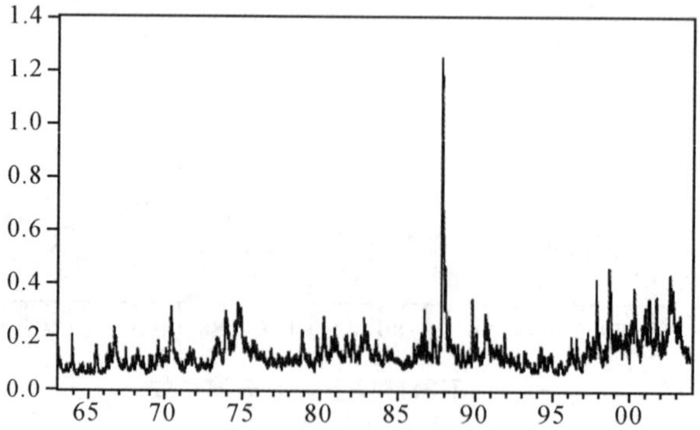

图 8　GARCH 波动性

图 9 显示的收益区间是将收益值加上和减去三个 TARCH 标准差后获得的。显然,置信区间是随着一个非常可信的样式而变化的。一个固定的波段在有的阶段会太宽,而在有的时期则太窄。如果数据确实是正态分布的,那么 TARCH 区间应该有 99.7%的可能性,包含下一个观察值。下一期的报酬在区间之外预计的次数在 10000 多天里面应该只有 29 天。但事实上结果却显示有 75 个离群值,这比来自正态分布的预期有更多的异常值。

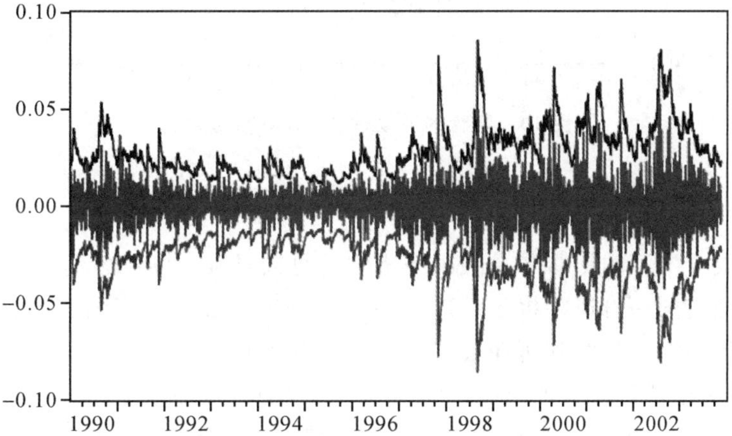

图 9 GARCH 置信区间:3 个标准差

有关波动性的额外数据来自期权市场。交易的期权价值直接取决于潜在资产的波动性。一个经过仔细构造且拥有不同冲击的期权投资组合将会存在一个价值,这个价值是在相当弱的假设下用于测量期货市场,评估未来的波动性。这个算法目前是由芝加哥期权交易所(CBOE)的史坦普 500 股价指数(SP 500)的期权来执行,并且报告在 VIX 波动率指数中。基于这个指数的两个假设值得一提。定价过程应该是连续的,且不应该存在波动性冲击的风险溢价。假如这些假设是很好的近似值,那么隐含波动性可以用于对 ARCH 波动性的比较。由于 VIX 波动率指数代表了一个月的期权的波动性,TARCH 波动性必须在一个月后预计出来。

图 10 标绘了模型的结果。一般的结构都是相当相似的,虽然 TARCH 相比 VIX 指数更低一些。这些不同可以归因为两个原因:第一个原因是期权定价的关系在这个情况下并不是很清楚且并不允许波动风险溢价或者非正规的报酬。这些调整会导致更高的期权价格且因此产生太高的隐含波动性。第二个原因是基本的 ARCH 模型所拥有的信息非常有限。该模型不利用有关收入、战争、竞选等信息。因此,由交易者获得的波动的预测普遍偏高;其不同可以是因为长期的信息事件导致的。

这个扩展的例子阐明了很多有关 ARCH/GARCH 模型的特点,并且表明了这些模型是如何被用来研究波动性的过程。下文,我们将转向金融的实践,并且来描述对于模型的两个广泛的应用。在陈述中,我将阐述不对称波动性的一些较新奇含义。

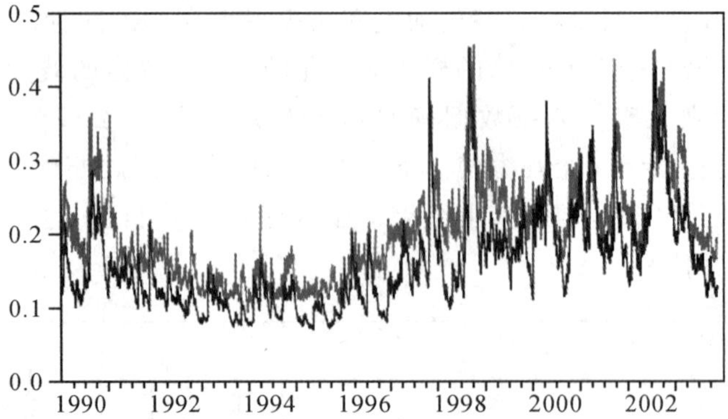

图 10　隐含的波动性和 GARCH 波动性

金融实践——风险的价值

在全球成千上万的银行和金融服务机构的每天早晨，首席执行官都会收到由他的风险管理官提交的一份风险报告。这是一份关于整个证券投资组合及其成分的风险评估。他会代表性地了解到所在公司的欧洲股权部门、美国的国库债券部门、货币交易单位、股票衍生单位等等的风险。这些风险甚至可能详细到特定的交易操作台或者交易员。之后，一个整体的数字会上报到监察机构，尽管这个数字与公司内部使用的数字是不同的。公司的整体风险相比公司的每一个部门风险的总和要小，这是因为不同组合的风险无法完全地相关联。

对这些风险典型的测量方法是风险价值法，通常简称 VaR。风险价值法是一种测算证券投资组合发生损失可能性的方法。99%的一日 VaR 是指在一定数量的美元下，管理者以 99%的概率确信任何第二天发生的损失将比该数量的美元更大。假设货币交易柜台的一日 VaR 是＄50000，那么风险官断言对于这个债券投资组合仅仅 100 天中的一天损失就会超过＄50000。当然，这意味着大约一年的 2.5 天，损失就会超过 VaR。VaR 是一个对风险的测量，对没有任何统计知识的人都能够很容易理解。然而，该方法只有一个分位数的预测分布，因此对于损失的可能性只能提供有限的信息。

有时候，VaR 定义在多天的基础上。如一个 99%的 10 天 VaR 是指一定数量的美元大于意识到的对于债券组合超过 10 天的损失的可能性为 99%。这是一个更普遍的控制标准，但就是简单地基于一日 VaR 而调整的，我们在下文将进行讨论。这里损失的数字假设证券投资组合在 10 天的阶段里是不变的，而该假设可能违反了事实。

计算一个交易单位或一个作为总体公司的 VaR，对于所拥有的证券资产组合的所有资产，有必要获得总体的方差和协方差，或者相等的波动性和相关性。典型的，资产被视为主要反映一个或多个模型直接模拟的风险因素。以风险矩阵™为例，该矩阵使用了全球 400 个风险因素。巴拉使用了工业风险因素、基于公司特征的风险因素以及其他的相关因素。一个多样化的美国股票资产组合存在的风险主要取决于总体市场指数，如 S&P500。我们通过模拟 SQP 指数，推进前面部分的例子所阐述来计算证券资产组合的 VaR。

S&P 一天的 99%VaR 可以通过 ARCH 模型进行估算。通过历史的数据,可以估算出最好的模型,且可以计算次日的标准差。在 11 月 24 日的 S&P 例子中,这个预测的标准差是 0.0076。把这个数字转化成 VaR,我们必须要有一个对于收益分布的假设。如果假设常态下,1%的点是指偏离 0 的 2.33 个标准差。因此,风险值是标准差的 2.33 倍或者在 11 月 24 日的例子中,该数值是 1.77%。我们 99%确信在 11 月 24 日,我们的损失不会超过证券资产组合的 1.77%。事实上,真实的数据显示市场在 24 日开始上升,因此,我们没有任何损失。

对于正态性的假定受到了较高的质疑。我们观察到金融收益有着令人吃惊的巨大报酬。如果我们用 TARCH 标准误差除以收益,那么结果会呈现一个恒定的波动率,但同时有一个非正态分布。这些“去波动性”或者说是“标准化残差”后的峰度是 6.5,这个数值比无条件下的峰度的值要小得多,但仍在标准之上。通过这些去波动性的收益值,我们可以找到 1%的分位数,并且运用这个数字更好地来理解 VaR 的含义。去波动性收益后的 1%的分位数值为 2.65 个标准差,低于平均水平以下。因此,从现在的数据来看,我们的证券投资组合的风险比之前用标准近似法获得的结果要更大。一天的 99%VaR 现在的估算结果为 2%。

管制机构通常要求报告十天的风险值,并且该值在内部也较频繁地被运用。当然,债券投资组合在 10 天里可以损失的数量比一天里可以损失的数量要大得多。但是,到底可以大多少呢?如果波动性是恒定的,那么这个问题的答案就很简单,最多可以大到 10 倍的平方根。因为 10 天的方差是 1 天的方差的 10 倍,因此,10 天的波动性乘数可以是 10 的平方根。我们可以根据 1 天的标准差乘以 3.16,在常态化下,则可以再乘以 2.33,得到 7.36 倍的标准差。这种方法在工业的实践中是常见的。对于 11 月 24 日的例子来讲,10 天的 99%VaR 是投资组合总市值的 5.6%。

然而,这个结果忽略了动态波动性模型中的两个非常重要的特征。第一,区分了当前的波动性相对于长期的平均来说是低还是高,因此该模型的结果是预测了未来 10 天的波动性是上升的还是下降的。由于波动性在 11 月份相对较低,因此 TARCH 模型将会预测未来 10 天波动性是增长的。在这个例子中,前面说的效果不是很明显,因为标准差在 10 天的期间内预期从 0.0076 上升到 0.0077。

更有趣的是关于多阶段收益的方差不对称效应。即使每一个阶段有一个对称分布,而多阶段收益的分布将会是不对称的。这个效应很容易理解,但是并没有被广泛地认可。这可以很容易地用一个两步二项式树来说明,图 11 使用了基本的期权定价模型。在第一个阶段,资产的价格可以是上升的或者下降的,且每一个结果的可能性都是相等的。在第二个阶段,方差取决于价格是否上升或下降。如果价格是上升的,那么方差就会降低从而二项式的分枝就会相对靠近;如果价格是下降的,那么方差就会更高从而使得结果分离的较远。经过两个阶段后,就会产生四个相等可能性的结果。四个可能性的分布是斜交的,因为坏的结果比方差是恒定的情况下要差得多。

要计算该设置中的 VaR,则需要一个模拟分析,即从 11 月 21 日的值开始算起,使

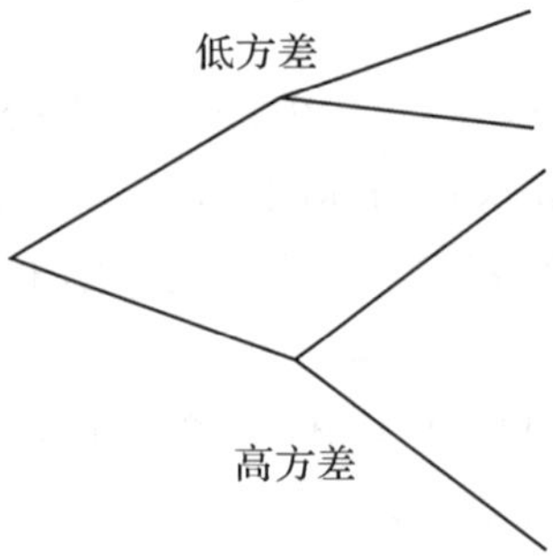

图 11 非对称波动性下的两阶段二项式树

用正态随机变量通过 TARCH 模型模拟 10 天的数据。这样的模拟过程持续 10000 次后，对最差的结果进行分类，找到 1%的分位数相一致的风险价值(VaR)。结果表明风险价值为标准差的 7.89 倍。这个 VaR 实质上大于假设波动性恒定所获得的值。

为了避免正态性假设，我们也可以用经验的标准差分布来进行模拟分析。这类模拟通常被称为引导程序；每次抽取的随机变量都可能是标准残差中的任何一个观察值，每一个观察值被抽取的概率是相等的。因此，1987 年 10 月发生的冲击的观察值在一次模拟中可以被抽到一次甚至两次，但是在其他的模拟中可能一次都没有抽到。用该程序获得的结果是一个 8.52 的标准差乘数，该乘数是用来计算 VaR 的。我们 11 月 24 日的这个例子中，10 天 99%的 VaR 是投资组合总市值的 6.5%。

金融实践——期权的评估

另外一个重要的金融实践领域是评估和管理金融衍生品，如期权。对于这些金融衍生品的价值评估理论上假设基础资产的一些特定过程，衍生品的市场价格由基础过程产生的参数来获得。这个策略通常被称为“无套利定价”。对于金融分析的工作来说这样的方法是不够的。该方法不能决定金融衍生物所存在的风险，因为每一个新的市场价格可能与不同的参数设置相一致，且这些参数的大小和频率的变化意味着风险。出于一样的原因，很难发现最佳的套期保值策略。最后，没有一个有效的方法可以决定新发行的证券价格或是决定一些衍生品是否以折扣或赠品的形式进行交易。

一个经常被金融衍生品交易者采用的比较分析方法是通过开发一个基本的定价模型，该模型基于基础资产所能观察到的特征来决定衍生品的合适价格。这些模型可以包括交易成本、套期保值成本以及期权投资组合管理的风险等方面的测算。

在这个部分中，我将开发一个基于期权定价模型的简单模拟，从而运用这种类别的基本分析来阐述 ARCH 模型的使用。这个例子将是对于卖方期权在 S&P500 的定价，该期权剩下 10 个交易日的时间到期。

一个卖方的期权给该期权的拥有者一个可以以一定的价格出售其资产的权利，在到期时候该价格称为执行价格。因此，如果资产的价格低于执行价格，他可以按照执行价格出售，同时按照市场价格买进来赚钱。其利润就是这些价格的差异。然而，如果市场的价格高于执行价格，那么期权就没有价值。如果投资者以一个投资组合的方式持有基础资产并且买入一个卖方期权,那么这保证他在到期日的时候至少有执行价格。这就是为什么这些期权被认为是一个保险合同的原因。

这里的模拟将像前面所描述部分那样运行。TARCH 模型从样本期间的最后一个时期开始模拟,共模拟 10000 次。我们将运用引导程序的方法,从而使得非正态的情形也被包含在模拟中。这个模拟应该是"风险中性"的分布,如在这个分布中,资产是按照贴现的预期值进行定价。这个风险中性分布在一些细小的地方区别于经验分布,因此在经验分布中存在一个明确的风险溢价,而这在风险中性中是不存在的。在一些模型中,诸如布莱克·斯科尔斯的模型,把平均值调整为无风险折现率是足够的。在这个例子中,我们会采用这个路径。运用零均值对分布进行模拟,这考虑了无风险折现率。在下文中,我们将会讨论对分布的风险中性化处理可能是不够的。

通过模拟后,我们对未来 10 天有了 10000 次等可能的结果。对于每一个结果,我们都可以计算出一个特定的卖方期权的价值。因为这些结果发生的可能性都是相等的,且无风险率被视为零,卖方期权的公平价格是这些价值的平均值。这可以通过对卖方期权给予不同的成交价。结果显示在图 12 中。假定 S&P 开始的时候为 1000,因此一个有 990 成交的卖方期权可以维持其 10 天的价值。这个卖方期权应该按照 \$11 的价格出售。为了保护资产组合的现值将付出 \$15,如果确保至少 1010 的价值,则需要花费 \$21。在前面部分所计算的 VaR10 天的值是 \$65。如果在这个值上确保投资组合,那么需要花费 \$2 左右的成本。这些卖方价格有一个预期的形状,即是单调的增长或者是呈现凸状。

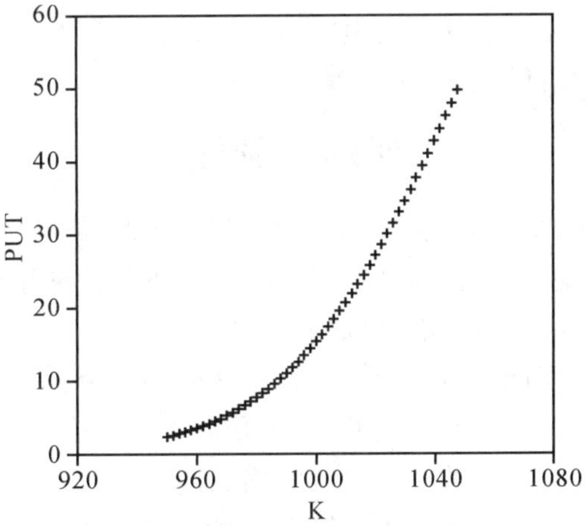

图 12 GARCH 模拟的卖方价格

然而,这些卖方价格很明显不同于布莱克·斯科尔斯模型所产生的价格。这很容易通过计算每一个卖方期权的隐含波动性来获得。结果展示在图 13 中。价外期权的隐含波动性高于平价期权,且价内期权的波动性更低。如果期权的价格是由布莱克·斯科尔斯模型来产生的,那么这些隐含波动性都会变得一样。这个对立于成交的隐含波动图是期权交易者的一个相似的特征。图中向下的斜率称为"波动斜交",这与基础资产的偏态分布相一致。这个特点对于期权指数非常明显,对于个人股票期权则相对没有那么明显，对于流通货币（称为“微笑”）则几乎不存在这个特点。很明显，这是非对称波动性模型的结果，相应的，在货币中则不存在非对称性，个人股票期权比指数的非对称性要弱。

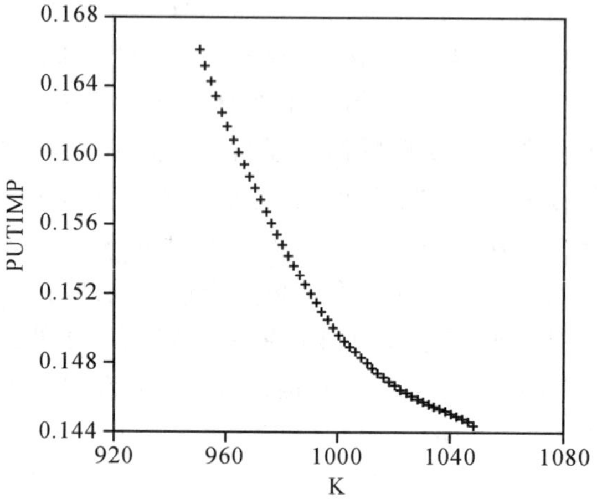

图 13　GARCH 模拟的隐含波动

期权价格的这个特点是对于非对称波动性模型一个强劲的证实。然而，现实状况比此要复杂得多。实际期权的斜交通常都比非对称的 ARCH 模型产生的斜交要更陡。这就引发了关于模拟中所运用的风险中性问题。目前有不断增加的现象表明投资者尤其担心大的损失并且愿意支付额外的保险费来避免损失的发生。这使得斜交变得更加陡峭。很多研究者对于风险中性的要求进行了研究，如罗森伯格和恩格尔(2002)，贝茨(2003)和杰克沃恩(2000)等。

新前沿领域

自从有关 ARCH 的文章出现以来时至今日已经 20 余年。对于该模型的发展和运用已达到不可思议的程度并且超越了任何人最乐观的预期了。但是，我们怎么样期待未来的发展？下一个研究的前沿领域是什么？

从当前来看，出现了两个重要的研究前沿，并受到了极大的关注，且对于运用有很大的前途。一个是高频率的波动性模型，一个是高维度的多变量模型。下文我将对这些研究领域一些有希望的发展做一个简短的描述。

默顿可能第一个提出了高频率数据波动性测量的效益。通过研究更好的时间范围下的股票定价行为，产生了更佳地用于测算波动性的方法。如果波动性只是很缓慢的变化使得动态考虑因素可以被忽略，那么这个研究尤其便捷。安德森和波勒斯勒夫(1998a) 指出内在的日报数据可以被用来测算日常波动模型的性能。安德森、波勒斯勒夫、迪博尔德和赖布斯(2003)以及恩格尔(2002b) 提议内部日常数据怎么样被使用才能构建一个更好的日常波动的预测。

然而，最有趣的问题是，如何使用高频数据来形成对于高频波动性的预测。由于越来越高频率的观察值被使用后，就会很显然地出现一个限制，即交易是如何被观察和使用的。恩格尔(2000)把这类数据称为超高频数据。这些交易以不定期的频率发生而不是在等距的时间段内出现。从原则上来说,可以设计一个波动性估计量,该估计量可以在每一个记录的交易后更新波动性。然而,即使交易的数据是缺失的,该缺失的数据也可以成为更新波动性的有用信息,因此会出现更为频繁的更新状态。由于交易达成的时间是随机的,超高频波动性模型的形成要求产生一个交易到达过程的模型。出于这个目的,恩格尔和拉塞尔(1998)提出了自回归条件周期或 ACD 模型。这是与 ARCH 模型极为相似的一个模型,专门设计用于发现交易的集聚或者其他经济事件;该模型运用这类信息来预测下一个事件发生的可能性。

在经验市场微观结构中的很多研究者们正在研究金融市场中相应的这个问题。经验表明,当交易集聚的时候,波动性就增加。交易本身会携带一些信息从而使价格发生变动。一个大的或者中型规模的购买者会提高价格,至少部分是因为市场的参与者相信这个购买者可能有一些重要的信息导致股票价格被低估了。这个效应称为价格效应,是流动性风险的主要成分,且是超高频数据波动性的关键特征。这也是交易者主要关心的问题,当价格受到很大影响的时候,特别只是临时影响的时候,交易者是不希望交易的。由于金融市场变得更多地由计算机来驱动,交易的速度和频率将会上升。因此,利用这些信息更好地理解市场的波动性和稳定性变得更为重要。

另外,一个我认为可以得到重大的发展以及运用的前沿领域是高维系统。在这个陈述中,我已经专注于单个资产的波动性。对于很多金融应用,有成千上万的资产。我们不仅仅需要关于波动性的模型,还需要波动性相关的问题。自从原始的 ARCH 模型被发布后,还存在很多的方法用于分析多元系统。然而,处理这个问题的最好办法尚未被开发。因为资产的数量在增长,这些模型对于准确地解释和预测相关问题变得非常困难,本质上有很多的可能性,已发表的研究中几乎没有超过五个资产的研究。对于这些例子最成功的模型是由波勒斯勒夫(1990)开发的恒定条件相关模型,简称 CCC 模型。这个估计量通过假设条件相关系数是恒定的,来展现所要实现的性能。这允许条件方差和协方差的改变但不存在相关性。

对于这个方法的推广是由恩格尔(2002a)开发的动态条件相关模型,简称 DCC 模型。该模型引入了一个少数的参数来模拟相关性,而不考虑资产的数量。波动性通过单变量的技术参数来模拟。用这种方法,可以预测大的协方差矩阵。研究者首先每次估计一个波动性,之后运用小规模的额外参数来估计联合相关性。对这类模型的基础研究是有前途的。目前,对于 100 个资产以内的系统已经进行了模拟并获得了较好的模拟结果。随后产生了有关风险管理和资产配置的运用。很多研究者已经开发了相关的模型,这些模型甚至可以展现更好的性能。可以肯定地说,在未来的几年时间里,我们会有一系列有用的方法来模拟大量系统资产的波动性和相关性。

(王鑫鑫 译校)

获奖演说

时间序列分析，协整性与应用

克莱夫·格兰杰

今年的两位经济学奖获得者将自己描述为“计量经济学家”，因此我认为应该以解释这个词语为开头。我们可以从数学这一古老的学科讲起。数学主要专注于以严谨的论证来发现确定性变量之间的关系（确定性变量即能够确定其数值之变量）。然而，在上一个千年中叶，人们逐渐清楚许多事物并不具有确定性，而他们需要以概率的形式表示出来。因此数学延伸出了一个重要的分支——统计学。晚些时候，这门学科开始参与数据分析，也发展出了一些分析具有所谓“标准属性”的数据的方法。

但是，在某些应用的方面，它们所产出的数据被发现并不标准，因此有了对特殊的子一子学科发展的需要。比如，生物学带来了生物测定学，心理学带来了心理测定学，而经济则带来了计量经济学。

经济数据有许多种，但恩格尔与我所考虑的数据属于时间序列这一分类。考虑一下对经济健康状况评估十分重要的失业率的测量。数据由政府机构收集，且每一个月都会发布新的数据。下一个月就会有另一个数值。将所有这些数值贯穿于一个简单的图像中，我们就得到了“时间序列”。

与其画一个图表，我更倾向于让你们自己想象（我认为如此学到的更多）。试想你将一串串得很松的珍珠轻轻扔到硬桌面上，这些珍珠大概均匀地分开。如此你便制造了一个时间序列，其中时间表现为与桌面的距离，变量值大小则为桌面底边到某一点的距离，而这一串珍珠则给出了序列中点的具体位置。因为每一颗珍珠的位置会影响到下一个（因为它们串联着），所以这一个序列看起来会比较平滑，且从一项到另一项的值不会有太大的波动。

时间序列有多种变化方式。有些常被收集，有的则并非如此。许多重要财政变量的值并不只是每日得到，而是如果有变化的话，每秒都能得出，比如买卖的股票价格或者汇率。这些变量被称为“高频数据”，且是恩格尔研究的输入值。

另一个极端中，总体或“宏观”经济中的某些方面，比如国家收入、消费、投资等，在许多国家中只能以季度更新，而在其他一些国家则是年度。人口数据也只能每年统计，甚至周期更长。许多这些序列都是平滑的，走向带有局部的趋势或长的波动，但这些波动并不常规，使得他们不适于常规统计学手段分析的正是这相对的平滑度。它假设了数据有所谓“静止性”。许多经济的序列中，尤其是财政与宏观经济学，并不具备此特质且可以被称为“一体化的”或有时被误称为“非静止”。但以变化或回报速率讲，这些求出之序列表现得更像是具有静止性。一串珍珠因为呈平滑的序列而成为“一体化的”。

研究单一一体化序列的方法曾被博克斯与詹金斯（1970）提出，但一对或以上这样的序列的分析缺少了一项重要功能。我们发现其实一对一体化序列的差异可以具有相对静止性，此种特质被称为“协整性”。更为形式化地讲，两个平滑的序列选取正确的比例时，可以移动并旋转，但需要缓慢进行，且需要以相似但不完全相同的方式。但两者之间的距离可以静止。

试想我们现在有两串珍珠,我们将它们分开扔到桌面上,为了想象的方便,它们不相交。每一串代表了一个平滑序列,但取不同的形状且彼此无关。如果画图,两套珍珠间的距离亦会给出一个平滑序列。

但是,如果珍珠包裹在小但强的磁铁中,有可能两条链之间存在吸引力,且他们会有相似但不完全相同的平滑形状。这一情况下,两串珍珠间的距离会给出一个静止的序列,而这边是协整性的一个例子。

协整性中,一对整合的,或平滑的,序列必须具有线性组合时为静止的特性。大部分整合序列不会有此特性,所以当协整性发生时可以将之看作意料之外。实践中,许多宏观经济序列似乎有此特性,经济理论也这么说。一旦我们知道一对变量拥有协整性特性,我们便可以知道它们有一些其他有趣且有用的特质。比如,它们肯定与一个相同的隐藏因素共整合。

而且,我们可以将它们看作是由所谓"错误—修正模型"中产生的。该模型中,一个序列的变化是以两序列间差异的延滞表示的(可能在调整坐标比例后),以及每一个序列的差异的延滞。另一个序列会以一个相似的动态等式表示。这样的模型所得出的数据必然是有协整性的。错误—修正模型在将协整性概念变得有实际用途的过程中尤为重要。这是由著名计量经济学家丹尼斯·萨甘发明的。他从经济增长的理论中取得一些著名的等式并将它们变得更为随机。

一些斯堪的纳维亚国家的朋友与同事大大帮助了协整性概念的早期发展。这其中包括帮助发展及应用了完整细致的测试手段的索伦·约翰森及卡特里娜·尤塞里斯;将理论延伸到季节性数据的,来自奥胡斯的史文德·海雷伯格;成功将之应用于挪威的大型计量经济学模型的,挪威银行的艾列弗·詹森及同事们。最后,还有来自芬兰但现居斯德哥尔摩的提莫·特拉斯维达。他帮助发展了在协整性的非线性模式化中极为有用的模型。我非常荣幸,他们都是我讲座的嘉宾。

现代的宏观经济颇为巨大、交融,且难以定义、测量及控制。经济学家们试图建立能够近似实际的、具有相似的主要特征的模型,以使得我们能够在它们身上进行简单的实验,比如找到其他可供选择的政策之效应或一些新制度的长期影响。经济理论学家通过理论中提出的限制来做到这一点。然而计量经济学家则利用能够捕捉到过去的经济体中的主要特征的有关数据(至少他们希望是这样)来建立经验主义模型。所有模型皆做出模型正确的简单假设并由此开始进行运算,但应该要考虑到未来数值的不确定性的表示。

错误—修正模型近年来一直是宏观模型中极受欢迎的一个集,其中协整性是一个共有的元素。模型中对应用的考虑用到了几乎所有主要的变量,比如投资、税收、消费、就业、利率、政府支出等等。

这些种类的等式被各国中央银行及联邦储蓄银行及许多模型建立者发现对于政策模拟及其他考虑项目极为有用。

基于协整性的预测中可能极为有用的一个特征是,当向前延伸时,两个序列的预测会形成一个不变的比率,也正如一些渐近的经济理论所估计的一样。正是渐近性的结果使得这一类型的模型变得令研究“均衡”的经济理论学家十分感兴趣。模型所提出的均衡形式是否与理论学家所讨论的相关我们并不清楚。

这些观点与模型可以轻易地被延伸到各种变量中。当协整性(此名称系本人之发明)之观点公之于众之后,它被许多计量经济学家及应用经济学家所采用。现在有许多基于它的引用及应用。恩格尔与我很快意识到,协整性的概念及其衍伸可以被用来解释和消除许多我们自己及他人的研究中所遇到的困难。它似乎就是我们将序列纳入模型的切入角度中拼图的最后一块。

一个例子是被称为“虚假回归”的问题。该问题由保罗·纽伯德和我在1974年发表的一份小的模拟中所观察到。如果两个独立的整合序列在一个回归中用到,且其中一个被选为“应变量”而另一个则是“解释性变量”,那么电脑中常规的回归程序会看上去“找到”某种关系,尽管实际上并非如此,即常规统计学手法会找到“虚假回归”。这一发现导致了许多,尤其是宏观经济学中,经验主义的研究的重新评估,以验证所观察到的关系是否正确。许多编辑需要重新审核他们所接受的论文的清单。将分析以错误一修正模型的方式进行解决了虚假回归中的许多难点。

我常被问到协整性之概念是如何产生的,它是逻辑推理的产物还是灵光之乍现?实际情况其实乏善可陈。一位同事,大为·亨得利说道,两个整合的序列之差异可以是静止的。我的反应是,能够证明他是错的,但在我尝试的过程中,我证明了他是正确的,并将之总体化到协整性之层面,并证明了其诸如错误一修正表示方法等后果。我并不总是同意科学哲学家卡尔·波普,但哈克赫恩(2000)中所提到的,他的《科学发现的逻辑》一书的第244页,波普认为“发现不是仅凭逻辑”,而是方法的运用,这与协整性的发现不谋而合。这个认识我十分感兴趣,部分原因是波普的书几乎与我同时诞生——1934年9月。此时波普正就物理中概率理论的相关性与海森伯格辩论。巧合的是,该辩论之余音仍然存在,只不过是与经济相关。我的立场是,我们能够利用概率性的概念来最好地诠释许多经济变量及他们所带来的数据。我也应该指出,1934年也是J. M. 凯恩斯完成《就业,利息与金钱的通用理论》初稿的一年,虽然好多年之后我才读到这本书。

旁白一句,这个讲座是我在造访新西兰坎特贝利大学经济系时写成的,而那是卡尔·波普在二战后待过一段时间的地方。

在考虑新的分析方式之有用之处之前,我想要离题说一些个人的事情。这次获奖是以我被名为美国经济学会资深学者一事开启的一年的又一个顶点。在此之前,我曾经是两个经济学会的主席,但我所接受的正式的经济教育却十分有限。我在诺丁汉大学本科第一年的三分之一时间在读经济,包括宏观经济及国民账户等的介绍,仅此而已。我所有的任何知识,都来自于四十年与经济学家的共处、潜移默化、参加研讨会、讨论及阅读。我的问题在于:这告诉了你们关于我的什么,还是关于经济学领域的什么?我认为可以说我绝不是第一个接受过极少正式经济教育的诺贝尔经济学奖获得者。我不知道经济学是不是相较数学、物理或化学等科目有着更少的基础核心内容。经济的确有许多的方面、应用及观点,每一个都需要建立它们自己的基础,至少实践上是这样。经济理论的确似乎保持了共有的概念与特点,但这些概念与特点可能过于简单化，且并不一定实际。

可能因为它没有被过多的中心概念所拖垮，但肯定因为经济涵盖了众多的话题，无论理论上还是应用上，所以经济是新的观点、概念、研究方向及模型的温床。更为高功率低成本的运算使得新事物的产生变得更为迅速。

在阅读当中，我读到了一句陈述(可惜我忘记了作者)。该陈述说道："经济学是一门决策的科学，考虑的是决策者，比如众多形式中的政府、制度或公司中的消费者、雇主、投资者及政策制定者。"我完全接受这个观点，因为它符合"经济学之目的在于帮助决策者做出更好的决定"一说。该陈述十分有用，因为它给了我们能够用来比较与评估一些特定的经济分析的基础。我们可以问："此结果将如何对于决策者显得有用?"

如我先前所述，我帮助发展的，比如，协整性等的经济手法的主要用途在于建立将更好符合可用数据及模型建立者对模型的试想的主要经济变量连接起来的统计学模型。这些模型的主要用途是提供对于诸如消费、收入、投资及失业率等都是整合序列的主要经济变量短期或中期的预测。我们发现所求得的增长率某种程度上讲是可预测的。通货膨胀率及诸如股票、基金及汇率等猜测性市场的回馈等则更难预测。

预测过程有几个阶段：先得到中心的预测，然后找到误差范围，以得出应用此预测所包含的风险。最后，之前的预测需要被收集、评估。理想情况下，任何误差的倾向、趋势及摆动能够被检测到，以使得我们能够学习并在未来做出更好的预测。预测评估的过程是在加利福尼亚大学圣地亚哥分校正在进行的研究项目。

预测并不只来自于时间序列，也来自于数据面板。它可以被看作测量自不同源的具有相似特性的序列集。斯堪的纳维亚国家的月通货膨胀率便是一例。当我们清楚分析的目的何在时，便可以得出合适的手法。

我最近参与了一个目的为研究巴西亚马孙热带雨林未来状况的项目。这座森林覆盖的面积超过了所有欧盟国家国土面积之和，但它正快速地被砍伐一空。我是写出一个包含预测不同政策下森林减少的模型报告(安德森等，剑桥大学出版社 2003)的五个作者之一。森林不是因为木材而被砍伐，而是因为它占用了可用来种植作物的土地。不幸的是，与欧洲曾是森林的土地不同，它的有效生命期往往很短，造林五年内就会变成"休耕"的状态。

作为一名学术的计量经济学家的优势在于研究许多领域的数据之可能。我曾在实体超市进行过定价实验，我分析过股市及尤其是金银等物品价格、利率的数据，研究过小区域对电力的需求、女性劳动力参与度、河流泛滥甚至太阳黑斑。所有数据都代表着它们特有的问题，而我仍认为数据分析是引人入胜的，尤其是经济学中。

一个没有经过太多经济方面训练的统计学家要研究经济数据有许多的劣势，但有时这也使得一个人可以从与多数经济学家不同的角度切入问题。作为一个统计学家，我深为一些主要经济体的宏大所动，尽管经济学家很少关注到现实中的这一点。比如，在美国有大约一亿个家庭，因此消费总量就是所有这些家庭消费的总和。从已知的许多限制定理中，我们知道来自于如此大数量的家庭之和应具有一些极为特殊的数据特征。如果这些特征没有被发现，那么这也意味着重要的影响。我认为考虑到总和的这个以及其他许多话题值得更深入的研究。

我所考虑到的一个早期的概念是因果关系。1959—1960 年我在普林斯顿大学作为博士后学生,并与约翰·杜奇及奥斯卡·摩根斯坦等教授共事时,参与了一项关于“交叉谱”的研究,在这里不加赘述。基本上,我们有一对互相关联的时间序列,而我们想知道是否有一对简单的关系,首先从变量 X 解释 Y,再从变量 Y 解释 X。在遇到后来获得 1971 年诺贝尔物理学奖得主丹尼斯·伽博时我对如何展开研究十分困惑。他让我去读杰出数学家诺伯特·维纳的一篇论文,其中包含了一个我可能需要去考虑的定义。我后来在 1960 年代所讨论的基本上就是进行了完善和丰满的这个定义,和我所提出的一些测试。关于因果关系的陈述只包括两个部分:

1. 因先于果;

2. 因包含了关于果的独特信息,且其他变量中不存在此种信息。

此陈述的一个结果是,前因变量可以在其他数据首次被使用后帮助预测后果变量。不幸的是,许多运用过于专注于关于预测本身的影响,而非本来的定义。

当时,我没有意识到这么多人有着因果的固定的认知。他们认为我的定义在他们眼中非“真正的因果”,而只是“格兰杰因果”。我可以去询问真正因果的定义,但没有人会给出答复。无论如何,我的定义是实用的,且任何致力于研究两个或更多序列的学者都可以应用之,所以我被引用多次。当然,许多荒谬的论文也随之出现。

当协整性的概念被发展时,十多年之后,我们立刻开始清楚,如果一对序列具有协整性,那么它们中至少有一个会导致另一个。为什么两个十分不同的概念在这里有着联系似乎没有特殊的理由,但数学计算出的结果就是这样。

为你们中受过更多技术性指导的加一句,我到现在所说的主要是关于运用线性模型的概念。所有都可以被通用化到非线性的情况中,近期的努力也在试图在条件分布中运用相似的概念,而这是一个十分通用的形式。似乎因果关系在错误-修正模型的通用化中会起到基础性的作用,但这仍处于未完成的阶段。

我不确定对于因果的经验主义研究是否有用,尽管关于货币供应及物价的辩论十分有趣。该概念的确帮助了以更为有用的方式建立动态模型。

讲座以计量经济学开始。我们计量经济学家喜爱数字,所以让我以一些数字来结束。最开始的两个诺贝尔经济学奖都颁给了计量经济学家,拉格纳·弗里希和简·丁伯根,我们以此十分自豪。所有诺奖中我们占有八名,代表了所有经济学奖得主的 15%。但是,在现在这个千年中,我们占据了 44%,我将此看作一个健康的区间趋势。

我的整个生涯到今天以前,我有幸见过二十一位诺奖得主:一位物理学奖(丹尼斯·伽博,1970),一位和平奖(菲利浦·诺尔·贝克尔,1959),一位化学奖(哈罗德·尤雷,1934),以及十八位经济学奖获得者。无一例外,我发现他们都是优秀的学者,拥有绝佳的人格,在更年轻而缺少经验的同事向他们寻求建议或与他们会面时总显得十分热心。我希望我也能够做到这样的高标准。

（孙久荣 译　马汴京 校）

2004 获奖者

芬恩·基德兰德

Finn E. Kydland

【获奖理由】在动态宏观经济学:"经济政策的时间一致性和经济周期背后的驱动力"方面的杰出成就。

生平简介

1943 年	出生于挪威斯塔万格
1968 年	毕业于挪威经济与工商管理学院
1973 年	获卡内基—梅隆大学经济学博士学位
1973 年	获亚历山大·亨德森奖
1982—1983 年	获约翰·斯托佛国家奖学金
1992 年起	为经济计量学会会员
1996 年起	任《动态宏观经济学》杂志编委

主要学术贡献

基德兰德的研究领域主要是经济周期、货币和财政政策及劳动经济学。基德兰德和普雷斯科特以独创性的研究,分析了经济政策制定及商业周期驱动力量的问题,不仅改变了经济研究,还对经济政策,特别是货币政策的制定产生了广泛的影响。传统上的经济研究倾向于认为宏观经济的波动是需求方面造成的。

在现代宏观经济学发展进程中,芬恩·基德兰德与爱德华·普雷斯科特(以下简称基—普)这对"黄金搭档"令人久仰。他们共同发表的一系列研究成果,无论是理论本身,还是思想方法,都对传统进行了颠覆。基—普是新古典宏观经济学实际经济周期学派的代表人物,他们共同开创的实际经济周期理论被认为是近 20 年来宏观经济学最引人注意的进展之一。

他们的另外一个贡献是最早将博弈论引入宏观经济学中,讨论了宏观政策的时间一致性问题。此外,他们为宏观经济学提供的动态一般均衡模型改进了以往对宏观经济学的分析，使人们开始在更大的时空范围内研究经济问题，推动了宏观经济学向动态宏观经济学的演进。现在，一般均衡模型广泛应用于货币经济学、国际经济学、财政学、劳动经济学、资产定价等领域，显示出强大的生命力。

主要学术成果

《跨时偏好与劳动力供给》(1988)

《国际实际经济周期》(1992)

《贸易差额与贸易条件的动态关系:J 曲线》(1994)

《作为规则的金本位》(1995)

《内生货币供给与经济周期》(1999)

《货币总量与产出》(2000)

《家庭生产与建筑时机的结合》(2001)

2004 获奖者

爱德华·普雷斯科特

Edward C. Prescott

【获奖理由】在动态宏观经济学:"经济政策的时间一致性和经济周期背后的驱动力"方面的杰出成就。

生平简介

1940 年	出生于美国纽约州
1967 年	获卡内基·梅隆大学博士学位
1967—1971 年	任宾夕法尼亚大学助教
1971—1980 年	在卡内基—梅隆大学任教
1980—1998 年	任明尼苏达大学经济系教授
1998—1999 年	任芝加哥大学的经济学教授
1999—2003 年	重返明尼苏达大学任教
2003 年以后	亚利桑那州立大学任教

主要学术贡献

普雷斯科特教授推动了动态宏观经济学在经济政策的时间连贯性和商业周期的驱动力量方面的研究,被誉为"新商业周期理论之父"。

时间一致性问题的核心是:经过千挑万选,一项经济政策终于出台了,政策一旦出台就会影响家庭和公司对政策的预期,当这些预期转化为实际行动时,被政策制定者认为最好的政策往往得不到执行。这样一来,经济政策制定者就会对他们的决定做出修改,结果却是最好的政策被抛弃。这样的结果与其说是经济政策制定者的目标与绝大多数民众的目标不同所致,毋宁说是不同时间对经济政策的制约因素不同所致。

商业周期推动力:技术发展的现实波动使国内生产总值、消费额、投资额、工作时间都产生了变化,而家庭和企业对消费、投资、劳动力供应等许多因素的预期又影响商业周期的变化。20 世纪 80 年代以前,经济学家一直把长期增长和短期宏观经济波动当作两个现象分别进行研究，所使用的方法也不同。长期增长被认为是由总供给决定的，技术发展是其推动力；商业周期被认为是由围绕长期增长趋势的总供给某些要素导致的。这两种观点之间没有真正的联系。

普雷斯科特教授的经济学贡献还包括：与卢卡斯合作探讨了不确定性下的投资问题和无穷区间的价格存在性问题；和梅纳合作提出了金融理论的“风险溢价难题”（载1985年《货币经济杂志》）。该难题引起国际上众多优秀经济学家和金融学家的兴趣，大大促进了金融学的研究，迄今该难题仍未得到彻底解决。与霍德里克提出数据平滑处理的普雷斯科特滤波方法。

普雷斯科特至今发表了大量的学术文章，涉及经济周期和经济增长、计量经济学、一般均衡理论、货币、方法论和经济政策。目前，普雷斯科特正致力于中国经济史和经济大萧条等重大问题的研究。

主要学术成果

《不确定条件下的多周期控制问题》(1972)

《市场结构和垄断利润：一个动态理论》(1973)

《跨期贸易的契约安排》(1987)

《影响货币政策：一个意外发现》(1993)

《致富的障碍》(2000)

《转变宏观经济政策研究》(2005)

颁奖词

瑞典皇家科学院 / 乔根·威布尔

尊敬的国王和王后陛下，各位殿下，女士们，先生们：

伟大而科学的见解会改变我们的思想。并且随着时间的流逝，我们会发现这些改变日益明显。然而，当新观点最初提出时，如果其与主流观点相对立，可能有很多人会觉得这些新观点是错误的。今年的经济学奖获奖者就经历了他们的观点从看似错误到被社会广泛认同和应用的过程。而且这个过程不止一次，而是已经发生过两次了。

20世纪70年代上半叶，受凯恩斯主义和30年代严重的经济危机的影响，人们普遍接受的关于经济周期与经济政策的主流观点仍然是：经济周期总是可以通过政府调控来解决。例如，政府权威部门将执行高通货膨胀政策作为降低失业率的不二法门。学者往往用经济周期波动理论作为依据，来解释低利率与高财政支出对通货膨胀与失业的影响。

20世纪五六十年代，世界经济的稳定增长似乎证明了这一系列理论的正确性。然而70年代所发生的世界经济危机却向人们发出了一个信号，与此同时，传统的经济周期波动模式理论中的各要素间的相互作用规律受到了质疑。政府调控政策失灵与经济不景气因素导致出现了通货膨胀与失业并存的现象。学者们发现了传统理论中的缺陷,但还找不到更加可行的办法。

当时,芬恩・基德兰德先生刚刚获得博士学位不久,任职于挪威卑尔根市的挪威经济与工商管理学院。此时的他也是这些沮丧学者中的一位。当他的导师——来自于卡内基・梅隆大学的爱德华・普雷斯科特教授在卑尔根任教的时候,他们开始了合作,并且成果显赫。1977年两人合作发表的论文中,阐述了与当时大家普遍接受的理论背道而驰的论点,即社会可以从之前承诺的经济政策中获利。这一令人震惊的结论是源于最好的经济政策会影响投资者和消费者的预期和决策,而投资者和消费者的决策又会导致政策的失灵,从而迫使政策制定者对政策进行修改,而修改的结果是最好的政策被放弃。这就是时间一致性问题。这个结论已为迄今为止所发生的各种不同的政策失灵现象提供了令人信服的解释。例如20世纪70年代中期世界通货膨胀的恶性循环现象。

两位获奖者关于"时间一致性难题"的研究成果,为经济政策,特别是货币政策的实际有效运用提供了思路,引领了新一轮经济政策可信性和政治可行性研究,这些研究极富创新精神。这一轮研究使得依靠决策机构的分析结果来辅助做出经济决策的新机制得以产生。例如在最近的10—15年间,包括瑞典在内的许多国家都对中央银行体制和货币政策的设计进行了改革。

几年后的一个夏天,基德兰德和普雷斯科特回到卑尔根,在那里他们发起了一项关于经济周期波动的新的研究项目。1982年,他们又一次公开发表科研成果,并震撼了整个学术界。根据原有理论,需求变化主导驱动经济周期波动,但是获奖者们的观点却指出了供给方对经济周期波动的强大驱动力。他们分析了20世纪70年代油价的震荡和生产力的下滑等现象,于是得出了新的结论,揭示了大多数战后美国的经济周期波动发生的原因,可以通过对实际因素,特别是技术因素冲击的分析来解释。后来发生的20世纪90年代IT业的繁荣是一个明显的例证。

该论点的独到之处在其他方面也有所体现。经济周期波动是由投资者和消费者基于经济调控政策所做出的许多前瞻性的决定所导致的结果,这个过程会受工资、价格和利率等许多因素的影响。新的宏观经济学模型建立在原有模型更加稳固的微观经济学基础之上。另一个让人受到启发的特点是他们所使用的方法,用微观主体的信息来建立一个最贴近现实的数学模型,从而逼真地模拟实际经济的时间序列行为。这一模型已被许多经济实验广泛使用。

尊敬的基德兰德教授、尊敬的普雷斯科特教授,最初,许多经济学家认为你们关于经济调控手段设计和经济周期波动驱动力的观点是错误的。但是在卓越的思想经历了第一次验证之后,你们的大多数观点又经过第二次考验被大多数学者认为是对的。对于当今的经济学家来说,经济调控政策中对于"时间一致性难题"解释和"动态一般均衡模型"所引起的经济周期波动的正确性已经显而易见。这就是微观经济学支撑动态宏观经济学建构的价值所在。你们的成果将这一研究带入更加深远的领域,同时也改变了我们关于经济调控政策的制定和机构设计的实践,特别是对中央银行的体制改革发挥了重大作用。

在此，我谨代表瑞典皇家科学院，非常荣幸、无比荣耀地向两位教授表达最热烈的祝贺！

现在，请你们上台，请国王陛下为两位颁奖。

（缪 佳译 金 星校）

获奖演说

定量聚合理论

芬恩·基德兰德

我很高兴站在这么多人前。我也很高兴与这么多人一起研究这个模型。这一模型是爱德华·普雷斯科特和我所研究的理论框架的关键，我们也因此获得诺贝尔奖。模型中人的因素被放在显著的位置上。他们的决策问题是处于完全动态中的——人们对未来的预期。这是我们最终追求的先决条件之一，在这一理论框架中评估经济政策的正确性。

卓越的经济学家、1995年诺贝尔经济奖得主罗伯特·卢卡斯的观点让我大受启发。他认为(1980)："理论经济学的功用之一就是提供完全缜密的、人造的、具有实验室功能的经济模型体系，一些经济政策因在现实经济中的实验成本太高而被禁止，但在这一经济体系中其实验成本却要低得多……(696)。在我看来，我们的任务就是要设计一个电脑程序，输入某一具体的经济政策后，它会自动输出一些统计数据，描述我们所关心的有时间序列的运行特点，来表述政策实行后的预期"(709—710)。"通过普查、专题讨论和其他调查形式记录个人反应，成本相对便宜。"(710)而卢卡斯所指的所需环境可以利用这些个人反应的信息。卢卡斯似乎表明，经济学家把人们置于所需的模型环境，并记录人们在不同的政策规则下会做出怎样的反应。

说起来容易做起来难。宏观经济学家所使用的关键工具是计算实验。研究人员通过计算实验可以精确地执行我刚才描述的行为——把人们置于所需的模型环境，并记录人们做出的反应。但是计算实验的目的远不仅是评估政策规则。它可用于回答大量的问题，特别是定量的问题，即求值问题。当用于评估政府政策时，该政策采取一种规定的形式，详细陈述政府的行为，即在现在和遥远的未来，当各种突发事件发生时，政府将要采取什么措施。这就是卢卡斯提到的另一选择，即在真实的经济中检测政策会很艰难，并且实施起来费用昂贵的原因之一。

计算实验

这些模型包含数以百万计的人。我的小笔记本电脑里存了几个这样的模型。这些人在未来很长时间内对于物质和休闲都有着很大的偏好。他们的预算约束是明确的。他们从工作和所拥有的资本中获得收入，所以他们的选择也必须是在预算约束之内，例如工资和利率都是决定性因素。换言之，这些模型关于人的动态决策问题是明确的。

这些模型也包括上千家企业。涵盖综合生产可能性因素，也就是说，有着聚合生产的功能。这一技术可将资金和劳动力输入转换为物资输出，输出的物资可用于将来消费和增加生产资金，也就是用于投资。

生产函数的一个重要方面是其对技术水平和其随时间变化的说明。这在抽象理论上是一个广泛的概念。技术变革包括影响由总量生产函数给出的任何因素，这些因素影响了资金和劳动力的投入转变为产品和服务的输出。当然，它也包括技术革新的通常结果。同样在这个抽象级别上，他也可能包括其他的因素，如油价冲击，新的环境法规、法律限制的改变影响了工人和企业之间契约的性质，政府对基础设施的提供，与银行恐慌相关的金融中介的损失，所有这些因素我们都可能想要更加详细地研究，这取决于不同的问题。但是，很多问题都隐含地包括技术水平的成分，是很有道理的。

我已经描述了计算实验典型模型的两个元素：数以百万计的模型居民和数千家企业。

但是，一个重要的方面是该模型的环境校准。从某种意义上说，模型就是用来测量的工具，需要进行校准，否则我们将无法相信所得到的结果。在这个意义上，模型就像温度计。如果将温度计浸入冰块或沸水锅中，我们知道它会显示什么。同样的道理，对于我们已知答案的问题，模型应该给予近似正确的答案。通常会有很多这样的问题。在商业周期的分析中，我们知道了很多关于长期经济运行的规律，或者我们可能使用像美国的动态收入追踪研究，或其他国家类似的追踪研究来收集数据，校准模型。因此，校准是使得定量答案尽可能可靠的手段之一。

计算实验产生模拟经济中人的综合决策的时间序列。通过模型的制定和校准，我们已经确定了经济环境的模型。那么，该经济中数以百万计的人和数千家企业随着时间的推移所做出的决定，电脑会一一记录。我们得到的时间序列让我们似乎置身于真实的经济中。这些时间序列可统计描述和并与所研究国家的类似的统计数据进行比较。在商业周期研究中，这些统计数据可能包括描述商业周期波动幅度的降趋聚集的标准差，以及他们联动测量的相关系数。

一个简单的例子

现在，让我们来一起感受一个简单的模型——比基德兰德和普雷斯科特(1982)的模型简化了许多。它包含家庭和企业部分。为了使它尽可能地简单明了，我会抽象掉政府部门。出于同样的原因，该模型没有外来部分。此外，为简化起见稳态增长率为零。我有两个主要目标：讨论该模型既包含家庭又包括企业部分的意义，以及举例说明参数校准所包含的因素(校准实践的详细描述请见库利和普雷斯科特(1995)，和基德兰德(1995)的详尽阐述的实例，其中所有的细节都经过精确计算)。

首先，我们来看一下典型的家庭偏好的最大化，以效用函数的形式来描述：

$$E\sum_{t=0}^{\infty}\beta^{t}\ \frac{(C_t^{\alpha}L_t^{1-\alpha})^{1-\sigma}-1}{1-\sigma}。$$

商业周期涉及对未来的不确定性，所以人们意欲最大化的是预期效用(记为E)，作为不确定的未来中的消费函数(C)和休闲函数(L)。总结从今天(假设期为零)到无期的效用似乎有点牵强。我将回到这样的假设。参数 β 是一个略小于 1 的数，并且可以从人们对长期实际利率的认识中得以校准。它只是简单地描述了人的耐受程度。其他参数 α 和 σ 也要进行校准。我会马上回到 α 参数。σ 就是我们可能叫作风险规避的参数，对此财务人员知道了很多。我本可以选取一个更一般的函数，即所谓的不变替代弹性函数。但是，这一函数与实证观察相吻合，即随着美国实际工资在过去几十年间翻了一番，每户家庭的长期工作时间变化不大。

该模型公式陈述了一个策划者提出的问题，其解决方案显示了数以百万人计所处经济体的平衡，他们的偏好体现在这一效用函数中。它包含了资源约束，

$$C_t + I_t = z_t K_t^{\theta} N_t^{1-\theta} = r_t K_t + w_t N_t,$$

即消费和投资的总和不能超过经济的总产出。第一个等式的右边指出，经济生产在用资本，如厂房、设备、办公楼等，输出的同时，也有工人劳动力的输入，其技术水平用 z 表示。换句话说，这是总产出——国内生产总值，如生产函数所示，其规范是所有宏观经济学的基础。此外，国内生产总值必须等于国内总收入，资本和劳动收入的和。这显示在第二个等式的右侧。

除了资源约束以外，还有时间约束，可以专门或是休闲，或是劳动投入：

$$L_t + N_t = 1。$$

等式右边等于 1，也就是说，为不失一般性，我选择的等式中，如果我们将所有人的自由支配的时间，用来睡觉和个人护理的所有时间，都加起来的话，其值等于 1。

那么就有两种关系，能够代表使经济动态发展的关键方面：

$$z_{t+1} = \rho z_t + \varepsilon_{t+1},$$

$$K_{t+1} = (1-\delta)K_t + I_t。$$

第二个等式中的 K_t 表示 t 期开始时的资本存量，这个等式表明了任何时期的资本存量是如何取决于人们过去的投资决定的。δ 是折旧率。最后，技术水平是非常重要的，因为通过这个简单的模型可以看出，它引起不确定因素。正如这些数据可以证实的那样，如果参数㊣接近 1，其关系式中的㊣所表示的新技术革新将是持久的。人们通常想象这个随机变量㊣是从正态概率分布获取，其方差可以由数据估计出来。

如我们所见，这个简单的模拟经济体就已经有许多的参数需要校准。提出这种模型的原因之一，是接下来我可以讨论两个典型的校准案例，即效用函数中的 α 参数和生产函数中的 θ 参数。假设我们以成千的人为一组，去计算他们投入到市场活动所花费的平均时间。通过稳态一阶条件，这个数字牵制了 α 的值，使得该模型经济中的平均值与数据的平均值等同。类似地，关于参数 θ，该模型的特点是如果我们查阅“国民收入和生产账户”数据，假如我们发现总的国内总收入中，平均 36％用于补偿资金投入，64％代表劳动收入，那么参数 θ 的校准值就是 0.36 。

我曾用这个模型作为载体谈论过经济中的两个关键部分。家庭部分中有很多人，其特征通过效用函数可以表示出来，对在未知的未来中超过休闲和消费之上的偏好的描述。企业部分是对技术的描述，即以资金和劳动力的投入为基础的生产商品和提供服务的技术。我刚才讲过有关这个模型动态的特性，以及不确定性的一个主要来源。

普雷斯科特在他的演讲中提到所谓的随时间变化的人为经济假设使得该模型更详细，这一点诺贝尔委员会在1982年的论文也曾指出。该模型还包含预见现在以及永久和暂时冲击。模型包括什么取决于其设计时用来解决的问题。普雷斯科特和我最初使用这个框架要解决的问题可以表述如下：如果技术冲击是推动力的唯一来源，那么商业周期波动的哪一部分会仍然得以维持？该模型对这一问题给出了初步的答案：超过一半。而这个答案已经几乎被证实是大约70%。该模型还提供测量。

产生差异要紧吗？

回到效用函数，在上面原型模型中我假设设定偏好的函数涵盖了整个未来。换句话说，我们有很大的权力设立这一经济：我们可以决定人是不会死的！这种假设原来对许多问题都是不痛不痒的，令人惊讶。当然，核实这一假设是否也会起到重要作用，有时候也是有意义的，要看具体情况。关于此许多经济学家经常也下一些结论。但是对于许多商业周期的问题，答案是否定的。这是相当令人惊讶的。你不妨仔细想想普通人和他们一生的行为。通常，他们在年轻的时候所赚取的劳动收入都比较少，步入中年以后收入会有大幅增长，而最后，对于那些寿命较长的人来说，他们进入了从市场活动中隐退的时期。换句话说，劳动收入分布必定是驼峰状的。但我们也知道，人们喜欢消费趋势保持平稳，不随时间改变。所以会有一个时期，他们花费超过他们的收入，然后在接下来的二三十年里花费比收入要少，到生命的最后阶段又恢复到花费超过自己的劳动所得。此外，一个人职业生涯的开始和结束阶段其他方面的典型行为也是非常有趣的。

因此，生命周期行为似乎起到了特别重要的作用。然而，维柯特·罗斯·莱(1996)发现，对于如上面我所提到的这种典型的商业周期问题，如果我们采用的经济体系中都是一些平常人，他们有着真实的生命周期行为，那么我们用计算实验来综合所有这些人的时间序列时，我们得到的答案与不朽的消费经济所得答案大致相同。当然，也有很多的问题，生命周期行为确实起到了至关重要的作用。其中就有经济对储蓄、利率、移民的税率、社会保障改革、婴儿潮一代的退休问题等的影响。

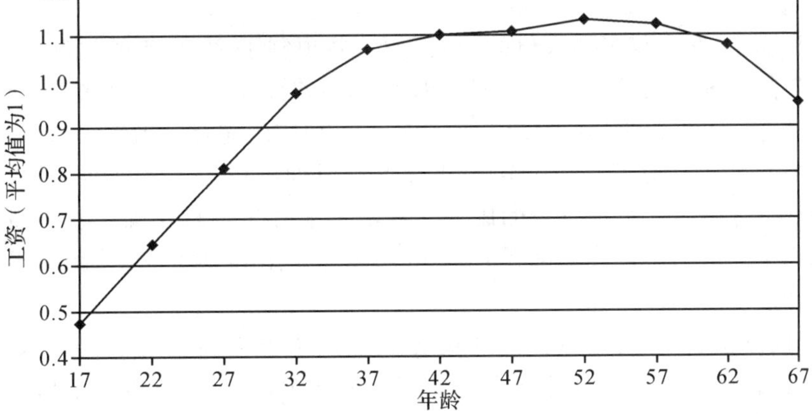

图1 美国，生命周期工资体系

资料来源：肯吉特·斯多沃斯莱登(1995)报告的1990年美国人口普查的横截面数据。

为了让你们对于人与人之间的差异有个直观感受，并且强调在提出某些问题时把这些差异考虑进去的必要性，我给你们看一些数据。图 1 显示了人们在市场部门工作时工作效率的寿命期剖面图，如他们的工资水平所示。

该图显示了人们的劳动所得与年龄息息相关，并呈现出驼峰形轮廓的主要原因。该曲线已被归一化，所以其平均值为 1。它始于大约 0.5 的位置并迅速上升，使得人们在后来工作生涯的很长一段时间里其工作效率是他们刚开始工作时的两倍多。除了工作者的技术有差异外，他们进入职场后的能力也有差异，这取决于他们的教育程度和其他因素。克鲁索、峨汉蔫、维柯特 · 罗斯 · 莱和维尔兰特(2000)对以下两方的相互作用所产生的综合影响做过一项有趣的研究，一方是被分为低技术劳动者和高技术劳动者的劳动力投入，另一方是被分为结构和设备的资金投入。他们特别关注的是实际工资的变动。关于周期性的影响更加详细的讨论，尤其是涉及劳动投入的波动问题，大家可以查阅基德兰德和彼得森(1997)的文章，也是本次讲座某些论点的基础。

图 2 美国，1994 年和 2020 年人口年龄分布图

资料来源：美国人口普查局。

图 2 显示了 1994 年美国人口的年龄分布，并预测了 2020 年的情况 。纵轴显示的是不同年龄段的人数百分比。大家看到了 1994 年大致在 30—40 的年龄范围呈现出明显的驼峰。可以预见，在 2020 年也会有一个相应的驼背。当然，我们为这种经验模式担忧的一个理由是，到 2020 年，许多婴儿潮时期出生的人将已经退休，对政府预算约束和社会保障体系造成巨大的压力。罗斯 · 莱(2001)对西班牙婴儿潮可能对储蓄和实际利率的影响做过非常细致的研究(与美国相比，在西班牙，移民所导致的人口动态的复杂性要小得多)。

最后，图 3 显示了美国移民的年龄分布。该图中美国当地人的曲线与图 2 中 1994 的曲线是一样的，只是现在各年龄组区间为五年，所以曲线更加平坦一些。图中的关键信息是美国移民的年龄都相对比较年轻。

我们可能希望把这些数据特征添加到异质个体模型，这是我们作为经济学家的特长。20世纪90年代初,当时罗斯·莱还是我在卡内基梅隆大学的同事,计算机不如当今一样功能强大。罗斯·莱就开始了对这些模型最初的开拓性的研究。从那时起,就有人可能花很长时间,也许一两天,让计算机计算出模型的时间序列,进行分析。

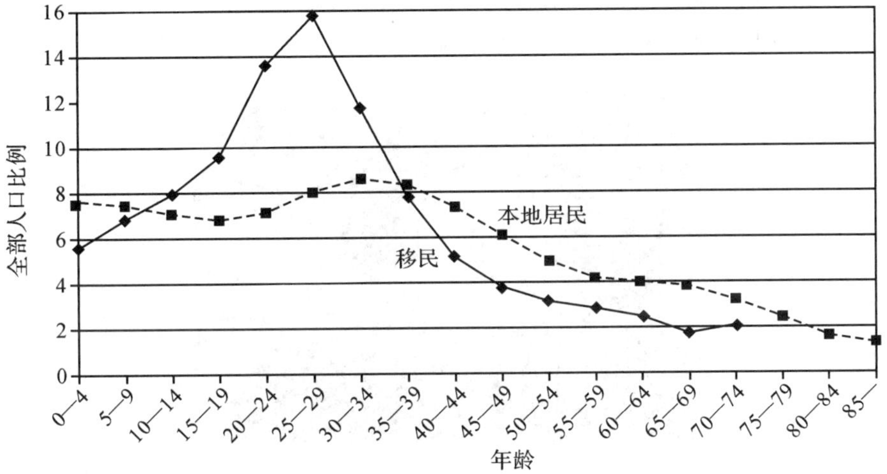

图3　美国,本地居民和新移民的年龄分布

资料来源:移民和归化局年鉴(1983—1989年),根据肯吉特·斯多沃斯莱登(1995)的报道。

所有我提到的这些特征,包括与年龄息息相关的工作效率、人口动态等等,在过去的十年中已经被添加到模型中,罗斯·莱和许多其他人都在使用。斯多沃斯莱登在卡内基·梅隆大学时是罗斯·莱和我的学生,他现在在奥斯陆大学。他对移民与政府财政政策的相互作用做过一个有趣的研究。有人通过代际核算提出了绝对预言,他们提出在不远的将来,为迎合政府预算限制的需要,税率将不得不大幅度提升。斯多沃斯莱登(2000)问到的一个有趣的问题是:在何种程度上可以通过提高移民率来规避税收的增加呢,特别是如果我们对移民申请能否通过有选择权的情况下?

近年来,对于有着不同民族的经济体,我们计算其平衡点的能力已经明显地扩大,其中许多研究都大大地受到了克鲁索和托尼·史密斯(1998)撰写的开创性论文的影响。今天,我们看到一些研究隐含着有趣的含义。例如,斯多沃斯莱登、特尔默和雅润(2004)就认为,收入和财富的分配会随着时间而改变和发展。由于我们对动态方法学理解的加深,也由于当今计算机的强大的功能,才使得这样令人兴奋的研究工作成为可能。

没有资金?

有时候人们会有这么一种想法:这个框架只能用于分析实际商品经济现象而已。这是一大误解。这同一框架也可用于研究货币现象。例如,货币冲击会引起商业周期吗?

在我往下进行之前,我想提到两个人,本来我希望这周能在斯德哥尔摩见到他们的，但是他们谁也不会在这里，因为他们已经离开了人世。一个是我的父亲，马丁；另一个是斯柯特·弗雷曼，几个月前刚刚去世。我曾有幸与爱德华·普雷斯科特这位世界上最伟大的经济学家一起共事。但斯柯特·弗雷曼也毫不逊色，他是一个卓越的经济学家，有着伟大的见解和非凡的创新能力。我们一道研究过货币现象和现实因素之间的互动关系。我收藏了他的两张照片，第一张，你看到的斯柯特，一副心事重重的样子；第二张是他几年前在聚会上乐在其中的神情。

斯柯特·弗雷曼，思考者

有一种方法，可以把货币因素引入如我刚才向大家描述的框架之中。假设有人购买了各种尺寸大小的某种商品，我们不妨说这是个从小到大的连续体。既有小额采购也有大额采购。由于实施交易的成本是由生息资产支持的交易方式（如支票）计算的，最佳方案是小额购买使用现金方式，而大额采购则采用其他交易方式。你想使用其中任何一种的程度都会成为一种经济决策，其动机会在整个周期中变化。人们希望维持对这两种交易方式做出选择的比例，以及人们补充流动资金余额的频率，都会引起动机改变。斯柯特·弗雷曼（2000）的研究发现是即便央行不予干预，资金也会顺周期波动。换句话说，如果人们发现，资金会随着输出而上下波动（如美国历史的延长期的情况），这一事实本身并不能说明是资金导致了输出的问题。

由于这些模型设定是人在其中居住的情形，我们可以评估通货膨胀的福利成本。在与斯柯特·弗雷曼和卡耐基·梅隆大学的博士生易普森·亨利克森一起做的一个项目（即将出版）中，我们确实做了这个研究。我们现在正进一步推进该项目，探求这样的问题，例如，如果交易成本随着时间而下降，会发生什么呢？这一现象已经发生了，并且还将会继续。

国际商业周期

我呈现给大家的是一个封闭的经济模型。然而，在过去10或15年间，经济学家们将这一框架投入实际使用，来研究许多国家间的互动。这是一个特别有趣的领域，因为异常现象比比皆是，引得睿智的年轻的（甚至是老一辈的）研究人员试图解释这些异常现象。以下这个例子，表面上看，似乎是一个反常现象：对许多国家来说，当其商品是变得最廉价，其周期性贸易平衡就会最糟糕。其结果竟是一旦你撰写关于国家贸

斯科特在与合著者一起追求灵感

易模型的文章，如巴克斯、柯候和我(1994)所做的那样，资本积累是获得答案的重要因素。另一个因素是不同的国家有"非同步"技术变革，并且随着时间的推移从一个国家波及另一个国家。最后结论是我刚才提到的经验规律并不是异常现象，而是该模型表明会发生的事情。

这里有一个我非常喜爱的应用实例，我喜欢把它用在我的本科课程教学中。1998年4月我在《华尔街日报》读到一篇文章，该文报道说国际货币基金组织(IMF)派出代表前往阿根廷，大概是要说服阿根廷政府为经济降温。该说明理由有三方面：(一)高经济增长率。6.5%到7%的年增长率高居自1990年开始的强劲增长势头之首，而这期间也只是被1995年左右的龙舌兰酒危机所中断过。(二)出口价格大幅下降。(三)贸易赤字返回。这听起来很糟糕？但事实上，标准模型会告诉我们，这些情况正是经济运行良好的表现。应该说，我无从知道《华尔街日报》是否在某种程度上错误传达了IMF派代表前往阿根廷的初衷。例如，IMF也可能是担心如人们所称呼的财政"过度刺激"吗？

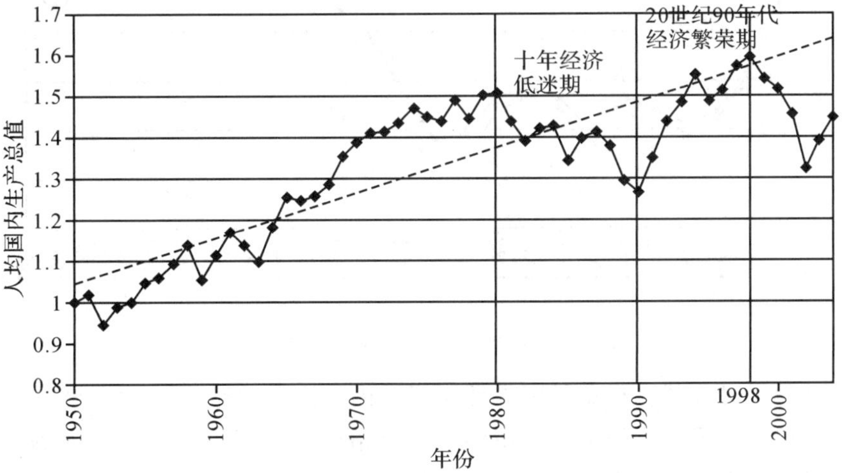

图4 阿根廷，工作年龄人群的人均国内生产总值(指数)

阿根廷案例

最近，一些关于经济大萧条的研究已经开展了。明尼阿波密斯联邦储备银行的会议收集了许多这些研究成果，并且柯候和爱德华·普雷斯科特将对其编辑成册。我之所以提到大萧条研究，有两方面的原因。首先，过去总是有人认为经济大萧条的程度如此巨大，我们需要有单独的框架对其进行研究。我觉得这次会议表明任何这样的建议都是无稽之谈。其次，这次会议给卡罗斯·扎勒扎格和我对阿根廷进行实例研究的动力，因为阿根廷在 1980 年代遭遇了严重的经济大萧条。

为了让你们对过去 50 年间阿根廷所发生的一切有一个直观的感受，图 4 显示了工作年龄人群的人均实际国内生产总值(GDP)的对数值。这些对数值很能说明问题，因为固定增长率被转化成一条直线，无论阿根廷的 GDP 数目是如其在 1950 年代那样小，还是比 1998 年的数目还大很多，偏离趋势哪怕一厘米的偏差，都代表了相同的百分比偏差。我们要这样来看懂这幅图。大家看到在 1980 年代，也就是阿根廷的"失落的十年"间，曲线急剧下降，超过了 20%，足以视为严重大萧条。而 1998 年以后发生了一次更大更快的经济急剧下滑。

我上面已经提到，阿根廷的经济在 20 世纪 90 年代经历了回暖。对卡洛斯和我来说，这一阶段甚至比大萧条更有研究兴趣。显然，按照大多数的标准，阿根廷都在快速增长。而令人惊奇的是，只有该模型能告诉我们这一点，当你把全要素生产率增长的数目放到一个标准模型中对其校准时，该模型显示，20 世纪 90 年代的投资本应该更大一些。当然，正是由于这个原因，到 90 年代末期资本存量也本应该更大。

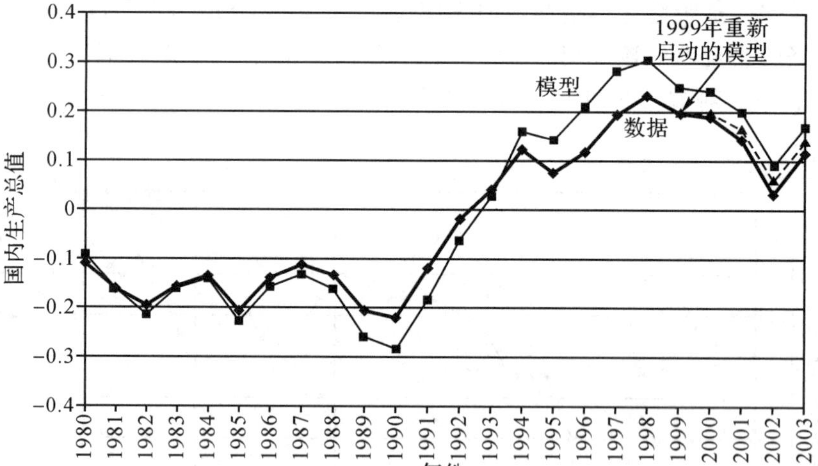

图 5　阿根廷，国内生产总值

图 5 仍然用对数刻度显示了阿根廷实际国内生产总值数目。大家可以看到 1990 年代经济的增长。假设我们把根据罗伯特·索洛(1957)提议的经济增长背景下的测量方法所得出的全要素生产率的实际数字置于该模型中，用统计的方法估计 1980 年以前时期的技术水平发展的过程。该模型非常好地解释了 1980 年代发生的经济大萧

条及1999年以后经济再次下滑的原因。巨大的分歧在于1990年代，因为该模型认为1990年代的经济增长应该比实际要高许多。如果我们假设1999年的资本存量是取自这年的实际数据，然后于1999年再次启用这一模型，第三曲线就显示了会发生的情况。该模型也能够很好地解释其他年份经济运作的情况。

如果我们再仔细地看看资金投入的情况，会发现什么呢？我在陈述主要分歧时提到过资金投入的问题。图6显示了模型预测与1990年代数据间的巨大差异，这一差异比GDP的差异还大得多，1999年的差异几乎达到20%。如图5，第三曲线显示了1999年开始及接下来五年的资本存量的模型预测。

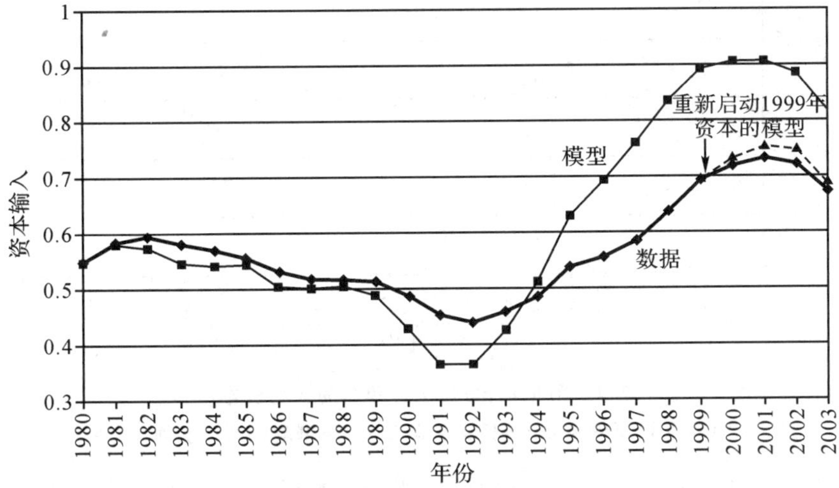

图6 阿根廷，资本输入

对于阿根廷来说，图7中的数据是非常令人沮丧的，因为他们显示出工作年龄人群的平均资本存量下跌情况（用人均资本计算大致是一样的情况）。这代表了通过最佳测量所得出的阿根廷生产能力的数量。2003年的人均资本存量要比1982年时低许多。那么如数据显示，新古典增长模型就会显示出这些非常低的工资率。而如果阿根廷的经济也如其他国家的经济那样增长，那么该国普遍的工资率会高许多。这对于阿根廷未来的贫困实在是坏消息（一直至今也还是这样）。显然，阿根廷需要快速增长来追上其他国家，而不仅仅是3%或4%的年增长率。如果不这样，那么贫穷将保持很长一段时间。拥有相对高资本的人群很可能会过上不错的生活，但财富和收入差距会越来越大。

对于1990年代该做出怎样可能的解释呢？测量问题？在如阿根廷那样的许多国家里，有时其数据是不可靠的。此外，聚合系列可以通过不同的方法从可得数据中建构起来。卡内基·梅隆大学的一位名为琼斯－安科利纳（2004）的博士生曾试图用另一种方法建构资本系列，结果得出了相同的结论。

还有另一种可能性（我之所以要重新提起这点，是因其与普雷斯科特在他的演讲中谈论过的我们1977年发表的那篇文章有关），那就是1990年以前阿根廷所实行的糟糕的政策导致了可能称之为“时间不一致性问题”，而这可能是阿根廷1990年代困境的部分成因。尽管前总统卡洛斯·梅内姆和其他一些政客曾尽最大努力使人们相信阿根廷仍然是可以长期投资的国家,但人们对于过往总会有鲜活的记忆。阿根廷仍然缺乏必要的信用度。1990年代阿根廷的经济有过显著的增长,但是仍然没有达到新古典增长模型认为的本该增长的速度。这一推测需要进行更为严格的研究,但至少在数量上与文献的增长速度是相一致的(参见,例如,阿瓦瑞和吉蒙(2000),科侯和勒温(2001)和科侯和佩里(2002))。

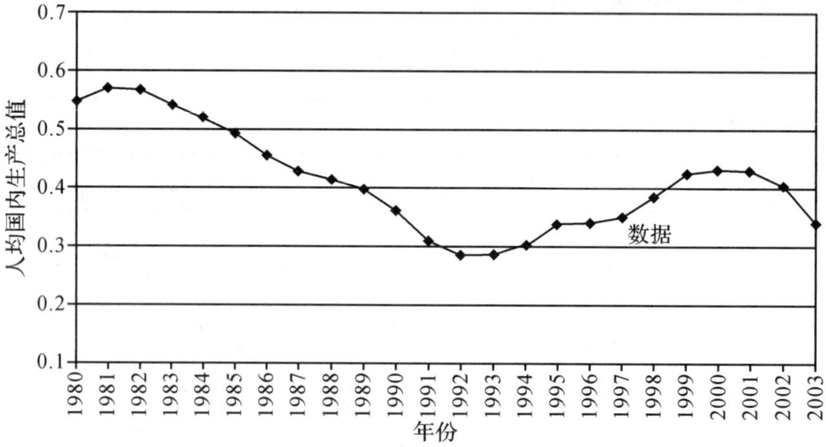

图7　阿根廷,每位工作年龄的人的资本

(输入较低的资本:较低的实际工资,更糟糕的收入分配)

这预测了正当经济处于上升阶段时,对违约和没收资金的担忧将导致投资的"逆风效应"。

阿根廷已经从过去几年中恢复过来了。我已经说过,如果阿根廷的经济不能快速增长,如果贫富差距不能缩小,那么穷人将在很长一段时间内持续贫穷。阿根廷该怎样来恢复自信心?这不是一个简单的问题。一旦失去了信用度,连经济学家们也不太懂得如何才能恢复。我们需要的不是一两年的修修补补的政策。阿根廷需要面向长远的政策,具有可信的激励效用,鼓励创新活动及人力资本和物质资本的累积,恩泽后世。

结束语

在这简短的演讲中,我试图通过一些相应的模型细节来让大家体会一下过去二十多年间宏观经济学一直致力研究的各种问题,这些问题都在我此次演讲的总的主题框架之中,即模型中的人和企业的决策问题是非常明晰的,也是动态的。我可以提供数百条参考文献。我所选用的一些文献,其作者或合著者与我都很享受极大的互动。我很高兴能有他们在这里在斯德哥尔摩作为我的客人。

因为观众中有许多学生,最后我想以学习宏观经济学的几点感受来结束这次演讲。几乎所有有趣的宏观经济现象都是动态的、是发展的,我们需要思维敏捷、目光长远的人。不幸的是,动态宏观的东西对初学者来说太过困难,在纸上做一些动态的研究很不容易。这大概主要缘于，过去20年间研究成果与教科书之间的鸿沟越来越大，该怎么办呢？

最近，有人在努力地缩小这一差距。比如，斯蒂芬·威廉姆斯（2005）所撰写的教科书在很多方面我都很欣赏，但是，我一直在阅读的却是默顿·米勒和查尔斯·阿普敦（1986）初版于1947年的一本教科书，这可能让大家诧异。这本书里展示了我刚才提到的动态框架的许多特征，甚至还有生命周期行为。这两位作者是伟大的经济学家，其教科书涵盖了他们认为的动态宏观经济学基本模型的关键因素。

教授宏观经济学的一个可能的补救措施就是使用计算机进行计算实验（参见布琼纳斯特德和基德兰德2004）。这一在现代研究中影响如此深远的工具，也能帮助初级和中级水平的学生掌握动态宏观经济学，学生可以对模型和真实经济周期数据进行比较。计算机可以生成周期性响应。每一时间段都产生冲击。在实践中，很难解析每一次特定冲击所产生的影响，因为在每一个实践阶段都至少有一次冲击；当冲击发生时，很难对其进行观察与测量，而每一次冲击的影响都是长时间的。但是模型经济使我们的直觉强大，例如发生周期性响应时，我们假设已经很长时间没有发生冲击了，经济一直处于稳定状态，然后我们在许多时间阶段对模型经济来一次冲击，记录下这些时间段里所发生的现象。这对学生的直觉培养是很有帮助的。

在此，我要结束此次演讲了，最后我只想说：感谢所有与会嘉宾。

（缪　佳译　金　星校）

获奖演说

宏观经济政策与研究的转型

爱德华·普雷斯科特[①]

一、引　言

今天我要给大家描述的是在宏观经济学领域的一场革命，一次方法论的转型，它为我们进行科学研究提供了新的范式。此次转型之前，宏观经济学在很大程度上是独立于其他经济学之外的。事实上，有些人认为宏观经济学的研究本质上有特异性，认为没有希望将宏观经济学理论与其他经济学，特别是新古典主义经济学进行整合。而其他一些人则认为，基于经验归纳方法研究宏观关系的新古典主义经济学将会得到发展。这两种观点都已经被证明是不正确的。

芬恩·基德兰德和我都有幸参加了这场理论变革，我的演讲也将围绕我们在推进这一变革中的作用展开。现在，关于这场转型的所有说法都有三个基本部分：关键变革前期，变革期，以及变革后的新时期。而今天我重点讲述的是：宏观经济政策和研究

① 感谢大卫·费挺、蒂姆·科侯、罗伯特·卢卡斯、艾伦·姆克格莱伦、李·顿韩念、理查德·罗杰逊、阿特·罗尼科提出的宝贵意见和国家科学基金会的基金支持（基金号 ＃0422539）。

是怎样随着宏观经济学从国民经济核算体系转型为动态经济体系的变化而变化的，以及这个变化本身的规律。

宏观经济学的发展已经超越了理论归纳和表述的阶段，进入推导演绎理论影响的阶段，从这个角度看，宏观经济学已经变得像自然科学一样严谨和客观。然而，与自然科学不同的是，宏观经济学中涉及人的因素，人们根据他们所推测的将来会发生的事情做出决策，而他们的决策反过来又会对将来实际发生的事情起决定性影响。这就意味着均衡的概念必须是动态的，同时正如我们将要看到的，这种动态性是现代宏观经济学的根本性质。

在演说开始之前，我想特别强调，该宏观经济学领域的新研究方法可以用于几乎所有经济学领域的研究。事实上，"宏观经济"一词的内涵已不仅指具体的经济周期波动问题的研究，还指向经济学研究的方法论。

变革的结果是，宏观经济学领域经历了一些激动人心的时刻。芬恩和我研究发明的用于研究商业周期波动的方法不仅推进了我们关于商业周期问题的认知，而且可以广泛用于所有经济领域的研究。通过使用该方法，研究人员能够运用理论、数据分析来回答问题，揭示规律，并确定何处需要更科学的分析才能解答某些具体的问题。

在过去的五年里，我使用该方法解决了以下几个问题：什么是股市的基本价值，这种基本价值能够解释相对于国内生产总值的股市价值的规律性波动吗？为什么在1970—1995年期间，西欧的人均工作时间减少了三分之一，而加拿大和美国却没有呢？为什么20世纪90年代末期美国的市场时间比理论预测的高出5%呢？为什么日本在1992年以后，在其他发达国家经济迅速发展的十年中经济停止了增长呢？

我从20世纪90年代后期开始给大学本科生授课，而我最近的许多研究成果都源自于那时候的教学。在那之前，我从来没有在所教课程中，使用这个方法解释宏观经济问题，那时我教的课程是宏观经济定量分析。我之所以选择了教这样一门课，是因为觉得有必要让本科层次的学生了解宏观经济学当前的最新成果。我之所以觉得有这个必要，原因有二：一是因为我在研究时间一致性问题和代理理论发展的过程中，总结出一点经验，只有通过培养具有评估宏观经济政策能力的受过教育的公民，才能制定良好的宏观经济政策。二是我将有才华的大学生引入现代宏观经济学的领域之中，相信他们中有一部分人会受到影响而以经济研究作为自己的事业，对经济学科的发展做出重要贡献。

在该课程教学中，我向学生介绍了真实经济周期模型，这是关于单部门经济增长的模型，解释了人们如何决定多少收入用于消费，多少用于储蓄，以及他们该花费多少时间用于市场活动。受拉格纳·弗里希的诺贝尔获奖演说(1970)的启发，我把这个模型称为新古典增长模型，因为它融合了人们进行替代的意愿和能力。

人们必须决定如何来分配他们的时间，因为时间是每一个人最宝贵的资源。确实，正如我的本科学生所计算的结果，他们现在所拥有的时间其价值约相当于500万美金。这使得他们人人都是百万富翁。任何真实的商业周期模型的另一个重要特征是，由该模型中的人来决定消费多少，投资多少或存储多少。

本课程要求学生进行定量分析来解决具体问题。他们运用芬恩和我开发的方法研究商业周期，以解决政策问题。一个典型的练习是确定由舆论领袖或政府官员提出的建议是否能够取得所期望的结果，他们研究资金转移支付有关问题得出的结果完全违背当时的传统理论。我后面会再次讲述这一发现，因为它是芬恩·基德兰德和我的商业周期理论的内涵意义。

二、宏观经济政策的转型

本部分我将首先分别对转型前、后的宏观经济模型进行描述，然后描述相应的转型前、后的政策选择。

转型前，评估政策是"依当前局势而采取行动"，从问题方面进行政策讨论，比如货币供应量应否增加或减少。小罗伯特·卢卡斯(1976)在其批评论文中认为动态经济理论没有能够很好地提出这些问题。转型后，评估的政策是"规则"。政策规则把当前政策行为指定为当前经济调控功能的一部分。芬恩和我都发现，不存在最好的政策规则。通常情况下，如果某项政策规则在将来能够遵从，它就是最好的。任何这样的规则在概念上都具有时间一致性，但试验起来毫无趣味的情况除外。芬恩和我都认为时间一致规则不是最优方案，事实上，它们会引起负面的后果，我们希望经济和政治机构能够遵循并维持合理的规则。

转型前的宏观经济模型

宏观经济模型可以用方程式表达。在给出当前政策"行为"值、预定变量值和任何随机冲击值的情况下，确定当前结果。因此，物理模型和预转化宏模型具有相同的数学结构。两者的基本数学结构是

$$x_{t+1}=f(x_t, u_t, \varepsilon_t)。$$

在 t 期开始时的动态系统的状态是 x_t，控制或政策变量是 u_t，随机冲击值是 ε_t。

在该方程式系统中，每个变量都是由一组参数决定的，简单的原型方程式系统宏观经济模型具有消费函数，投资方程，是资金需求函数和菲利普斯曲线。所有这些方程的背后有着丰富的实证文献，以及在消费函数、资金需求函数和投资方程等方面做过的一些严谨的理论工作。最后一步是使用统计估算理论的工具选择定义函数 f 的参数。

我曾用这个传统的方法进行研究。我的论文中，制定了最优政策选择问题作为贝叶斯序列决策问题。这是一个很难的问题，因为今天所采取的政策行动影响了方程系数值的后验分布。

在宏观经济计量模型组织这一领域内，成功的宏观经济学理论就是要让你的方程式能够纳入宏观计量经济学模型。事实上，卢卡斯和我撰写于1969年、发表于1971年的论文《不确定条件下的投资》的目的就是为了寻找更好的投资方程式。

方程式系统方法的一个关键假设是方程不随政策改变而改变。如卢卡斯在他的论文中所指出的那样(我在1973年也对其进行过演说)，这个假设与动态经济理论是不一致的。该见解让人们清楚看到新古典综合派的理论基础存在缺陷。

幸运的是,随着动态经济理论的发展,出现了另一套易于处理的宏观模型,可以用于科学推理。最关键的发展成就是卢卡斯、普雷斯科特(1971)和卢卡斯(1972)所撰写的递归竞争性均衡理论,该理论被表达为具有平稳变迁可能的随机过程,对宏观经济学变革至关重要。

转型后的宏观经济模型

转型后的宏观经济模型是动态的,从"经济"的一般意义全面阐述模型经济。模型中,在价格体系、政策确定的情况下,人通过采取可能的消费手段,使经济效用最大化;在价格体系和政策确定的情况下,市场出清,企业通过采取可能的技术手段,使利润最大化;一方面个人偏好理论描述了人们会从给定的可选择中做出怎样的选择,另一方面技术决定了在输入确定的情况下会产生怎样的输出。个人偏好和技术都不会随着政策而改变。它们是相对稳定的数据,而不是方程式中的变量。在一般均衡方法中,实证知识都是围绕偏好和技术形成。与之形成鲜明对比的是方程式体系方法,其方程式明确了家庭和企业可能采取的行为。

最优政策的时间不一致性

转型前,最优政策选择类似于物理学家们所指的控制问题。这并不奇怪,因为该方程式体系方法就是从物理学中借用的。有了这样的体系,最优化原则才能成立。也就是说,鉴于当前形势及将来选择政策的原则,最好选择每个时间点上的最优政策行动。最优政策是具有时间一致性的,并且如在物理学科中的一样,可以采用动态数字技术来找到最优政策。即使模型经济中存在不确定性,这也是成立的。

芬恩和我读过卢卡斯的论文,了解了动态均衡模型。对于这个模型来说,只有政策规则是可以进行评估的。这促使我们寻找一个最佳的可以遵循的原则。该原则将政策行动指定为该经济地位或状态的一项内容。

在芬恩 1973 年从卡内基·梅隆大学调入挪威经济工商管理学院之前,我们已经就该问题进行过研究。在 1974—1975 学年中,我在挪威经济工商管理学院访学,并于 1975 年春,芬恩和我重新开始研究这个问题。就在这期间,我们共同撰写了论文《规则而不是自由裁量权:最优计划的不一致性》。芬恩和我被授予诺贝尔奖是因为两篇论文,而这正是其中一篇。

在以前的研究中,我们曾考虑与时间一致性的相匹配的平稳政策规则。这些规则有一个特点,即它们是坐标上的一个固定点。该坐标指定今天最好的规则是将来会用到的规则的一部分。这些不符合最优规则的事实让我们发现了最关键的观点:经济现状与相伴随的最好的政策计划不具有时间一致性。我的意思是,某个预期对将来某个时间节点发生作用的经济政策,会被发现不能达到最佳的效果。例如,对现有资本收益征税实际是最好的政策,而不是对现有投资预期的收益征税,这是因为对现有资本收益所征税的额度是明确的,而对现有投资预期的收益征税会在实际操作中被扭曲。

我们可以这样下结论:政府做出承诺是有价值的,但拥有自由裁量权是要付出代价的,承诺的唯一方法就是遵守市场规则。因此,我们得出结论认为,最佳方案的时间不一致性使得政策必须遵守规则。有些国家很好地遵从这一规则,因此其公民享受了更高水准的生活,有些国家在这方面的努力不是很成功,因此国家经济发展遭遇困难。

在民主社会中,规则的必要性早已被公认,大家普遍认为必须遵从良好的法律规则体系,政府通过法治来解决时间一致性问题。我们研究的创新之处就在于我们提出的宏观经济政策原则与当时社会普遍接受的观点相背。

遵守良好货币政策规则的一个成功案例

遵守时间不一致规则的一个显著的成功案例就是保持低而稳定的通货膨胀率。下面我给大家介绍一个机构。该机构其被证明在许多国家遵守了上述规则,且都是有效的。但在此之前,我将首先表述价格稳定政策规则具有时间不一致性的原因。

鉴于该规则所指定的通胀率,考虑某经济系统中所设定的工资率高于一些部门的市场结算水平,产生该结果可能是,在工资由其他行业的业内人士和预期通货膨胀率所决定的情况下,大量的行业的业内人士认为这一行为对他们的利益最为有利。如果遵循了价格稳定政策规则,事后所发生的对政策结果的不可预见性造成了低就业。可以通过超越该规则指定金额的通胀率来降低这种不可预见的风险。通过时间一致的货币政策规则,通货膨胀将维持在那个水平,用于降低风险的利润价值将正好等于该较高通货膨胀的利润成本。均衡结果是高通胀和政策风险并存。遵守最好的规则不会导致高通胀,而只是劳动力市场的风险。

现在让我谈谈这一机构,其在维持这个规则方面被证明是成功的,那就是独立的中央银行。该组织成员遵循最好的规则可以获得稳定的利益,因为如果他们不遵循规则,他们会招致风险,祸及将来。如果通胀已经过度并且新政府已经当选,该组织中的人员会被替换而央行的投资规模将会减缩。因此,该组织成员在遵循规则中获得稳定的利益。

经济日益增长的稳定性和信用体系性能的提高,可能部分是由于芬恩和我所撰写的论文《规则,而不是自由裁量权》的调查结果的延伸。现在人们更加深刻地认识到了具有良好的宏观经济机构(如独立的中央银行)的重要性。

为了找到符合时间一致性的政策,我们认为这个过程类似于一种游戏。在最简单的情况下,一个人的价值函数为 $v(k,K)$,而政策制定者的价值函数为 $V(k,K)$,其中 k 是某一特定的资本存量,K 为所有其他人的资本股票。注意,在特定政策调控约束的范围内,每个人都是自由的,所有人都用和政策制定者同样的方式决策个人的资金事务。在每个周期的第一阶段,政策制定者选择政策,该政策对特定的个人最具好处,政策制定者选择政策,将来遵循这一政策来落实具体措施。

三、宏观经济研究的转型

这个报告的标题是"宏观经济政策的转型与研究"。现在我谈谈标题中所涉及的研究部分。在芬恩和我撰写的论文《建构的时间和聚合波动》(1982)发表之前,宏观经济研究所使用的方法与此前所使用的是不同的。新方法的发展始于1980年夏,当时芬恩和我撰写完成了论文《建构的时间》的初稿。

在详论新研究方法之前,我们先讨论经济周期的关键事实是什么?为什么有经济学家错误地得出结论,认为经济周期波动并不是经济本身对市场调控影响的均衡反应。然后，我将详细论述芬恩和我研究取得的方法，该方法可以定量确定这些冲击对经济周期波动的影响。

我想强调，最重要的是该方法可以用于并已被用于定量确定理论和实际冲击的后果，通过使用这些方法，我们已经得到了很多正确的结果。经济学家们不再仅凭猜想和推测，而是通过各种对商业周期波动所产生后果的定量报表展开实证分析，这是一项具有建设性的和富有成果的研究项目。

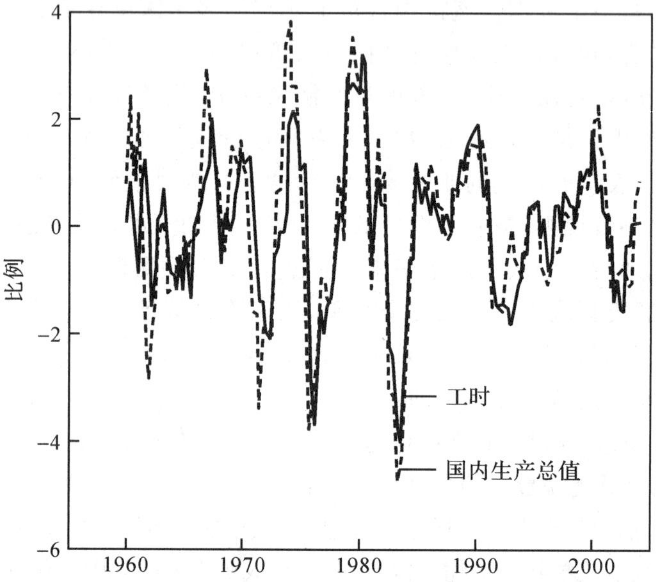

图 1　美国 GDP 趋势的偏差和时间

3.1　商业周期的事实

20 世纪 70 年代动态经济理论发展之后，宏观经济学必须放弃机械的研究方法，与其他经济学进行整合，需要新的更科学的研究方法。我想强调一点，当时的宏观经济学所研究的范畴就是经济周期波动规律。尽管增长理论也是研究同一体系的总体经济变量，但当时被当作是微观经济学的一部分，公共财政的税收政策研究也是如此。

商业周期是产出和就业的有关趋势的波动。但是，什么是趋势？作为一个训练有素的统计学家，我必然要在理论中寻找“趋势”的定义，然后使用统计工具进行数据估算或测量，但是当时的既有理论并未提供“趋势”的定义，所以在 1978 年鲍勃·郝椎柯和我迈出了当时比较激进的一步，提出“趋势”的操作性定义①。该定义是将“趋势”的概念通过概念本身的关键时间节点的数据规律来定义。

我们的趋势是一项定义好的统计数据，其中统计值是一个实值函数。郝椎柯和普

① 该 1978 卡内基·梅隆文件的缩短版（我没有其副本）是 1980 年美国西北大学的文件。当时，该文在很大程度上被忽视，因为当时整个行业不使用新古典增长模型来解释商业周期波动。但是，一旦当时该行业中的年轻人开始使用新古典主义增长模式解释商业周期问题，学术界对该文中的统计报告产生了强烈兴趣。

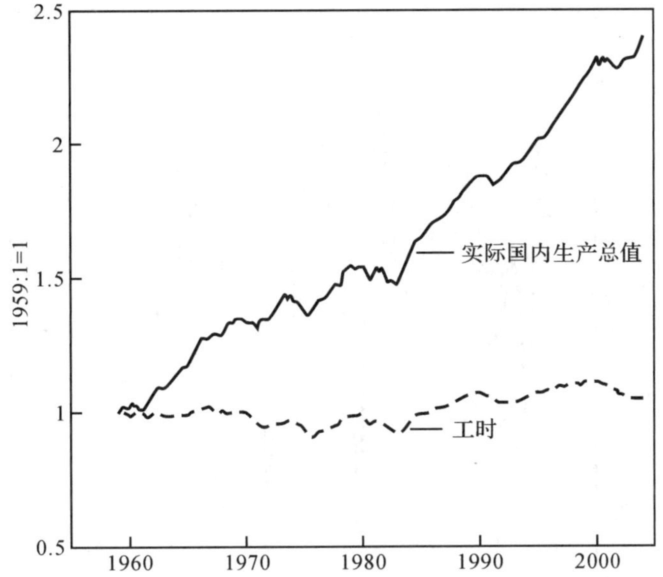

图 2　人均 GDP 及工时指数

雷斯柯特(1980)的统计趋势很好地模仿了经济学家通过数据拟合的流畅曲线。我们所考虑的趋势集是一维的。后来我们才知道,工程师也是利用平滑器计算,如约翰·纽曼在“二战”期间为美国政府研究弹道问题①。该定义的恰当特征是,在为季时间序列选择平滑参数方面,没有自由度,并且商业周期的统计数据不是个人判断的问题。每个人都看着同一组统计数据,然后进行比较研究,促进了商业周期理论的发展。

一组关键商业周期的事实是,三分之二的商业周期波动是由劳动力投入的变化导致,三分之一由全要素生产率的变化所致,由资本服务投入变化所致的几乎为零。劳动力投入变化的重要性如图 1 所示。

与此形成鲜明对比的是从长期角度看劳动力输入和输出,如图 2 所示,人均产出有很强的向上趋势,而人均劳动投入没有显示出趋势。

第二个,商业周期的事实是,消费顺周期运动。也就是说,消费的周期性分量随着输出的周期性分量而上下移动。第三个事实是,以百分比计算,投资与消费值的变化相比高达 10 倍。因此,投资变化与周期性的输出变化不相称,如图 3 所示。

3.2　从这些事实中得出的结论

现在,为什么经济学家们认为这些事实排除了全要素生产率和实际冲击,是商业周期波动的重要因素呢?他们的理由如下:休闲及消费都是正常的商品。当时支持这一理由的证据是,实际工资是非周期性的,这意味着没有周期性的替代效应,而只是财富效应。因此,在经济繁荣期,人们的收入大增,休闲的数量理应提高,但实际上却是很低的。这种基于局部均衡的推理得出的结论竟然是错误的。

20 世纪 70 年代涌现出一些有趣的猜想,如经济为什么会如此波动。大多数的猜

---

① 见斯蒂格勒(1978)的统计学史。

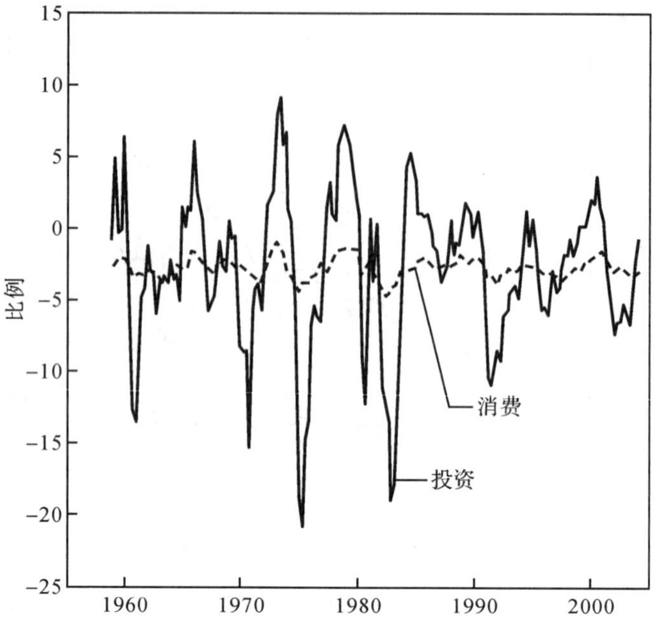

图 3　美国消费和投资趋势的偏差

想都与发现传播机制有关。该机制导致了卢卡斯的货币惊喜冲击具有持续的实际效果。根据该理论,休闲因素与实际观测反循环一致。产出和就业偏离趋势的偏差不会持久,但实际上它们是持久的。这引发了我们探寻实际经济规律,当这些特征被引介,会产生真正持久的效果。换句话说,经济学家们寻求弗里希称为的传播机制,以引起货币惊喜的效果。

泰勒(1980)和弗里希(1977)的猜想是交错名义工资合同,可能就是货币冲击对产出和就业产生持久影响的真正机制,为此他们提供了实证和理论证据来支持其中的一个猜想。那一时代的另一个猜想的机制是改变名义价格的成本。那个时代唯有朗和布朗斯(1983)认为真正冲击是其中因素。我之所以强调“那个时代”是因为此前维克塞尔(1907)、庇古(1927)和其他人也认为,真正的冲击是商业周期的重要因素。在我们研究和撰写《建造时间》论文之前,我和芬恩都认为商业周期波动是由名义冲击而非真正冲击引起。

3.3　《建造时间》之前的宏观经济学与增长理论

20 世纪 70 年代的宏观经济基本上忽视资本积累。增长理论的关注点是在经济总量的长期走势,而宏观经济学关注的是经济短期的走势。事实上当时被忽视的增长理论与商业周期的动态均衡理论之间几乎没有建立什么联系。原因也许是输出的短期走势在很大程度上取决于劳动力输入,而生活水平的长期增长取决于资本服务投入和总要素生产率的增加。所有这些变量适用于每个工作年龄段的人。

1980 年夏天,基德兰德和我决定使用新古典增长模型来研究商业周期波动。我们建立的基本理论框架被称为真实商业周期模型。“真实”一词并不意味着该框架只可以用来回答有关真实冲击后果的问题。真实经济周期模型同样适用于解决货币冲击的后果。此次报告中我不打算讨论这些货币理论的应用问题,因为基德兰德会在他的报告中进行阐述。恰当地说,他和他的合作者才是货币政策对商业周期所带来的后果研究的领导者,而不是我。

3.4 方法论

该模型建立在许多经济学家的成果基础之上,其中许多人曾荣获诺贝尔经济学奖。西蒙·库兹涅茨和理查德·斯通在发展国民收入和产品账户方面所做的贡献,其重要性怎么强调都不过分。这些账户揭示了一组数据增长的事实,从而产生了索洛(1956)的古典增长模型,索洛(1970)用这一模型对增长事实进行校准。这个简单而精致的模型完美地解释了主要经济总量的长期行为。但是,通过这个模型,劳动力供给失去弹性,货币储蓄由行为确定。有人处于古典增长模型的经济中,但他们不能做出任何决定。这就是为什么我受到弗里希 1969 年在这里做的诺贝尔获奖演说的影响,将这一模型称为古典增长模型的原因。

芬恩和我的研究步骤如下:

第 1 步:始于新古典增长模型

新古典增长模型的核心是索洛—斯旺的总生产函数。如索洛所言(1956,n.7),这一构成总生产函数的理论,是关于国民账户收入方面的理论。具有竞争力的要素、产品市场和生产部件的输入和出口,这些因素都宣称反对生产垃圾产品。此外,提供的要素投入量确定的情况下,输出最大化。

函数 F_t 是 t 期的总生产函数,它根据输入函数,确定产品的输出。

$$c_t + x_t = y_t = F_t(k_t, l_t), \tag{1}$$

其中,c 为消费,x 为投资,y 是输出,k 为资本服务的输入,l 是劳务输入。资本贬值速度为 δ。因此,

$$k_{t+1} = (1-\delta)k_t + x_t。 \tag{2}$$

我们还推出了构建新容量的多期要求,因为我们认为它可能成为重要的冲击传播机制。

要把增长模型与新古典主义结合,储蓄、投资和劳动、休闲的决策必须是家庭的决定。芬恩和我介绍了聚合或站立式家庭,这些家庭将预期价值最大化。

$$\sum_{t=0}^{\infty} \beta u(c_t, 1-h_t), \tag{3}$$

其中 c 为消费,$1-h$ 是休闲。组成该聚合家庭的聚集理论部分基于第一福利理论,即竞争均衡将个人的一些平均加权最大化。

此前,有人通过分析最佳增长方法有效内化储蓄决定,因为根据第二福利定理,最佳方法是此模型的竞争均衡方法。但为了使用该模型来研究经济周期波动,劳动力供给决策也必然源自内生动力。

第 2 步:使国民经济核算与理论一致

在我们的工作之前,宏观经济学关注的是发展国民经济核算统计理论。偏好和技术是给定的,而不是国民经济核算统计数字。这意味着,我们不得不修改国民经济核

算方法,使之与我们使用的抽象理论或模型一致。研究商业周期时,最重要的修改就是把耐用消费品的支出视为一种投资,就如同将投资在新的住房和家庭装修的支出视为投资在国民经济核算中。一旦做到这一点,就必须估算耐用消费品的服务和耐用消费品的租金收入,就像目前对自有住房进行估算一样,这增加了对产出的投资占份额并对经济的周期性行为产生影响。是什么导致我们思考这个问题呢?是因为耐用消费品的支出是高度可变的,其行为非常类似于生产者耐用投资,而不是像非耐用品和服务的消费支出。

第 3 步:将模型限制于与增长事实一致

增长的事实是,产出的消费和投资份额大致不变,就像劳动力和资本成本份额。所有的变量和实际工资都随着时间增长,除了劳动力供给和资本回报率,这是大致恒定的。这就产生了柯布—道格拉斯生产函数。这些事实也意味着资本产出比和资本租金价格关系的恒定性。

两个关键的增长事实是,实际工资和消费就如同人均实际产出一样,以长期一样的速度增长,而劳动力供给没有显示长期的趋势。该期效用函数的形式为

$$u(c,1-h)=\frac{(cg(1-l))^{1-\sigma}-1}{1-\sigma}。\tag{4}$$

我们设定 $\sigma=1$,这一参数未与增长观测进行校准。我们根据种种证据做出了这个选择。所采用的主要证据是快速和缓慢增长的经济体的资本回报的比较。幸运的是,事实证明我们的研究结果对该参数不敏感,因为我们工作期间,这个重要的经济参数没有表现出明显的相关性。

$\sigma=1$ 时,上述的效用函数是

$$\log c+g(1-l)。\tag{5}$$

g 函数的性质很重要。增长事实没有影响消费和休闲之间的替代弹性,这个参数成为推导预测经济周期波动的增长模型的关键,这个关键的参数获得关注。

第 4 步:介绍马尔可夫冲击过程

我们假设模型经济中的某些参数导致劳动力供给错误,然后又有某些参数传播了这些错误。这里的“劳动力供给错误”的意思是鉴于个人信息确定的情况下,个体基于对经济态势做出有误差的判断和无误差的判断,分别做出的个体认为最优劳动力供给决策之间的差异。我们引介了全要素生产率冲击,这是独立于时间之外的,并假定代理人在做出劳动力供给的决定之前会看到全要素生产率的值。我们还推出了第二高度持久性的自循环全要素生产率冲击。我们引介该冲击是因为它操作简单,并且我们好奇地想看看是什么结果。为了能使用卡尔曼过滤器,这两个冲击和测量误差均要服从正态分布。

第 5 步:做一个线性二次逼近

下一个步骤是当全要素生产率冲击的方差为零时,确定经济的稳定状态。然后构造线性二次型经济,它具有与稳定状态时相同的前两个衍生工具。这线性二次型经济显示了增长事实,其平衡点是很容易计算的。由于两个全要素生产率冲击的足够小的

差异和测量误差,该经济行为将任意接近我们最初的经济,即使我们引入差异大得多的参数,结果却是非常接近。

第6步:计算竞争性平衡过程

下一步骤是计算递归竞争性均衡的随机过程。

第7步:模拟模型经济

均衡随机过程是用来产生模型经济的时间序列。如果实验期内的观测数量为N,就可以产生长度显著大于N的时间序列,并且最后的N观测值也被考虑进去。之所以会产生较长的时间序列,是因为我们想要经济状态的不变分布的和局状态作为模型样本路径的起点。

第8步:检查主要经济周期的统计数据并得出科学推理

最后一步是对模型经济和真实经济的关键商业周期统计数进行比较。我强调的是对模型经济和真实经济的相同的统计数据进行比较。

一个重要的统计数据是输出的周期性分量的标准偏差。我们定义为输出的周期性分量的因素首先要为真实经济进行计算,并确定标准偏差。接着遵循相同的程序得出模型经济的均衡过程。这意味着仿真该模型,以产生输出的时间序列和其他序列。接着计算输出的周期性成分并且确定其标准偏差。这样要进行多次,才能确定该模型的周期性输出统计标准偏差的抽样分布的前两个时刻。

如果问题中统计数据的抽样分布集中于某一数字,那么这个与统计数据相关的数字就明确了如果全要素生产率冲击是唯一冲击情况下,该经济如何变化。如果统计数据的抽样分布不集中,理论没有提供精确的核算。但如果每季观测的数量至少为100的话,抽样分布是高度集中的。

我要强调的是,这不是在奈曼—皮尔逊统计假设检测意义上的检验,该假设检验在通过归纳法寻求模型或法则方面是有用的。理论测试的方法是实证检验,新古典主义增长模式是通过测试的理论。

四、将该方法用于经济周期研究

我们在《时间构建与总波动》一文中报道过,基德兰德和普雷斯科特(1982)发现如果劳动力供给的替代弹性为3,并且全要素生产率冲击具有高度持久性和合适的幅度,那么商业周期就会和新古典增长模型预测的一样。这包括输出的波动幅度、周期性产出的序列相关性、消费和投资的相对可变性、资本存量比输出在达到顶峰和跌入低谷方面都更加迟一些的事实、休闲的周期性行为,以及周期性输出核算的事实。

随后,普雷斯科特(1986)发现,震荡具有高度持久性及全要素生产率冲击具有合适的振幅。美国在1954年至1981年期间,有条件的劳动力供给弹性接近3,全要素生产率冲击是产生波动的主要因素。

这一发现被证明是非常强大的。格林伍德、海柯维斯和霍夫曼(1988)发现,如果平均而言,全要素生产率冲击对于消费和投资不中立,那么该结论成立。罗特伯格和伍德福特(1995)引入不完全竞争并表明只有当垄断租金远远超过可能的数目,该发现才被推翻。由于不完全竞争仅限于与劳动力相一致的成本份额，洪斯登(1993)和德瓦卢、海德和莱普汉(1996)表明全要素生产率震荡对于经济周期波动的重要性几乎没有变化。随着垄断竞争的引进，模型的全要素生产率冲击方差被采用，从而使得模型索洛全要素生产率方差与真实经济的索洛全要素生产率方差相匹配。在这些垄断性竞争世界里，真实全要素生产率是一个复杂的统计，而不是全要素生产率。

如模型经济中的投资平稳变化一样，实体经济中的总投资也一样。然而，工厂一级的投资并不平稳。一个实际的问题是，这是否对商业周期的建模具有影响。费希尔和洪斯登(2000)发现，有工厂在均衡体系进行不平稳的存货投资并不会改变全要素生产率震荡对波动影响的估计。对于在厂房和设备的投资，托马斯(2002)建立了一经济体系，展示了工厂层次的不平稳投资。当校准到增长事实与投资统计的建立，使用他的抽象概念所得的对于商业周期的研究结果几乎与那些使用新古典主义增长模式所得研究结果是相同的。

罗斯(1995)采用了精心校准的交叠生产模型，发现全要素生产率冲击对经济周期波动所估计的重要性没有变化。然后，罗斯(1994)在这个框架内关闭了金融市场，因此物质资本增持是储蓄的唯一出路。市场不完全性的这种极端例子不影响对于全要素生产率冲击重要性的估计。引入不可保风险特质(参见克鲁索和史密斯，1998)也不会影响估计。汉森和普雷斯科特(2005)研究了偶然绑定的产能利用率限制。通过他们的介绍，商业周期预测的性质发生了一点点变化，但在某种程度上，其导致了观测结果更加符合理论。

使用这种方法，登赛、多纳森(1981)和格姆、格林伍德(1995)研究了商业周期波动各种非瓦尔拉斯特征的后果。对于那些具有大资本所有权和那些不具有资本所有权的企业，发现了其消费相对变化的有趣影响。

弗雷曼、基德兰德(2000)和库里、汉森(1995)发现，引进资金和交易技术不会改变关于全要素生产率冲击重要性的结论。查理、柯候和姆克格莱顿(2000)发现名义合同也不会改变该结论。他们把交错的名义合同引入基本的商业周期模型，发现在这样的领域里，货币冲击的影响是持久的，但其影响太小，并不是商业周期波动的重要因素。综上所述，引入货币因素并没有改变芬恩和我的结论，即我们在《建构时间》一文中所阐述的，美国1954—1980年期间，全要素生产率冲击是经济周期波动的主要因素。

但是在所有情况下，要产生具有如所观察的规模和性质的商业周期，总劳动力供给弹性必须是3。这表明了这一发现的稳健性并专注于对这一弹性参数的关注。我们必须找到大量证据证明数据3，才能毫无疑问地得出结论，新古典增长模型预测具有定量性质的经济周期的波动。

五、劳动力供给总量弹性为3的证据

许多经济学家应用了这一抽象理论，得出错误的结论，认为劳动力供给是缺乏弹性的。这一抽象理论的问题就在于它预测每个人都应在工作时数上做基本相同比例的调整。事实不是这样。在整个商业周期，工作时间总数的大多数变量在于工作的人这一分数,而不是每个工人的工作时数。罗杰森(1984,1988)通过这一观察,研究了一个静态世界,其中人们要么在标准工作时间工作,要么不工作。他表示,在这样的世界里,劳动力供给的总弹性无限向上直到所用的分数为1这一点。

罗杰森的聚合结果如同产生总产量函数的发现一样重要。在生产技术这一案例中,实证有趣的案例中的总量生产函数的性质与被聚合的单个生产单位的性质有很大的不同。实证有趣的案例中的聚合或备用家庭效用函数也是如此。

每工作年龄的人提供给市场的总劳动时间 l,等于所使用的产品部分 e,和每位员工的时间 h,即

$$l=eh。\tag{6}$$

如果 l 的主要调整利润在于就业率,而不是每名雇员的时间,然后总的劳动供给弹性会比被聚合的个体的劳动力供给弹性要大得多。如果给定调整的主要利润是 e,而不是 h,那么总的劳动力供给弹性要比个人劳动供给弹性大得多。

多重利润决定了 e 值。对男性和单身女性尤为重要的是他或者她的潜在工作生命部分,如果该人退休早,那么这个部分就小。赫克曼和马柯迪(1980)认为,对于已婚女性来说,她们的劳动供给弹性高,有人估计是高达10,这一点和罗杰森理论预测一样。对于所有人来说,几周的假期和假期的数量是劳动力供给调整的另一个重要的利润。

汉森(1985)推导出了罗杰森(1988)经济周期波动假设的后果,并为某类型创造了一替身家庭。他发现,在劳动不可分割的世界里,仅仅由全要素生产率震荡所致引起的波动就比所观测到的高10%。这表明,总的劳动供给弹性不是无限的。

汉森的研究成果使得芬恩和我介绍劳动力供应调整的两大利润。我们研究中发现使用的唯一利润率为具有标准的生产函数的 e。实际的问题是,为什么?洪斯登和普雷斯科特(1993)回答了这个问题。我们允许对两大利润进行调整。关键的修改是一个工人的产出 y 是

$$y=Ahk^{\theta},\tag{7}$$

其中 h 是这个人的每周工作时间长度,k 为个人使用的资本存量。结果是,每小时报酬是 h 的递增函数。

一个重要的结果是,所有的增长事实对这一新古典增长模型的修改都是成立的。这种模式的重要特征是在此期间由一个人使用的资本不由另一人使用。

对于被校准的经济,所得发现是,除了所有因素都被使用的极端情况,只有 e 利润被使用。只有当 $e=1$ 时,$h>\bar{k}$,其中 h 是内生决定的“标准”一周的长度。随后的问题是我们为何看到 h 的任何变化?我的回答是,在有“孤岛”的世界里,一些独立个体在一些时间点上 $e=1,h>\bar{k}$。这里的独立个体 i 表示职业及工作活动的位置。

一个问题是:真正的工资是多少?每工作周的价格是 $W_{it}(h)$,其中 i 表示该个体。如果有人天真地假定在 i 个体上的个人被支付的实际工资是 $W_{it}(h_{it})/h_{it}$,将 h_{it} 对数回归到这一假设工资对数,那么在洪斯登——普雷斯科特世界的个体版本,将会获得一个小的回归系数。全职男性工作者来说,很多都经历了这次回归,并获得如理论所

预测的一个小系数。无论微型或弗里希劳动力供给弹性是大还是小，该系数都是独立的。

因此，回归系数较低的值并不意味着总劳动供给弹性低，这对商业周期研究和税收政策评价是最重要的。较低的值甚至不表明微劳动力供给弹性低，这只是一个关于喜好的声明而已。我要强调的是，总劳动力供给弹性只是一个关于偏好和技术的表象而已。只有在经验无效的情况下，微观和宏观弹性相等。

跨国跨时区的税率后果的证据

从主要发达工业国家可以获得关于劳动力供给和税率的良好的统计资料。我对总劳动力供给的测量是将市场部门的总工作小时除以劳动年龄的人数。

鉴于利润有效税率对劳动供给的影响取决于此弹性，并考虑到税率差别很大，这些观察提供了总劳动力供给弹性是否为 3 的是否几乎理想的测试，普雷斯科特(2004)研究的是 G7 国家，它们都是大型先进工业国家。利润税率和劳动力供给的差异都很大；加拿大、日本和美国税率接近 0.40，法国、德国和意大利等接近 0.60。建立在总的劳动力供给弹性为 3 的基础上，认为西欧将比北美和日本的工作时间减少三分之一的预测被证实了。总弹性为 3 的另一证据是它解释了为什么法国和德国在 1970 年至 1974 年期间比其现在的劳动力供给要多出近 50%。

在不同国家和不同时期对总劳动力供给观察表明，劳动力供给弹性接近 3。

从主要收缩与扩张看最近的证据

另外的证据是从对近期主要收缩的研究中获得。该研究发现，劳动力供给弹性必须是近 3，才能解释每种情况下的劳动力供给行为。有三个具有良好的经济统计数据的先进工业国家在 20 世纪的最后 25 年中遭受了人均产出 20%以上的损失，而当时的总体趋势是 2%的趋势。这些国家是 20 世纪 90 年代的新西兰和 20 世纪 70—80 年代的瑞士。这些长时间非均衡增长的劳动力供给行为意味着劳动力供给弹性和经济周期波动同步。

生命周期劳动力供给的证据

近日，伊迈和基尼(2004)研究了男性劳动力供给的生命周期模式。每小时的实际工资和整个工作生命的工作小时一样，都呈驼峰状。每小时实际工资的驼峰百分比大小高于所有工作小时的驼峰百分比大小。这导致一些人认为男性劳动力的供给是缺乏弹性，也就是说，弹性小于 1。伊迈和基尼把年轻的工作者获取到的工作技能价值也考虑进去，也就是他们获得的人力资本。这是总报酬的一部分并应计入工资。这样的话，整个生命的工资时间表比生命周期的劳动力供给更为平坦。伊迈和基尼的估计是 3.7。如果我们采用这个估计数据，而不是 3 的话，它不会在很大程度上改变经济周期的研究结果。此外，通过他们的分析得出的实际利率已接近采用新古典增长模型和国民账户所获得的资本的平均实际回报。

劳动经济学家的预期和宏观经济学家的预期中，最重要的差异就在于，劳动经济学家在消费和劳动力供给研究中使用替代效用函数的恒定弹性，而宏观经济学家在对消费和休闲的研究中使用替换的恒定弹性。

许多劳动经济学家所做预期的一个问题是,他们保持这一假设,即人不在有组织的、有固定每周工作时间长度的机构中。菲兹杰勒(1998)引入了具有管理人员和劳动者的团队生产。该均衡的特点是具有固定的工作周长度。工作时数并非是个人的选择变量。个人的选择变量是是否为本组织工作或为其他一些组织工作。在这个世界里,当人们从工人晋升为主管,他们的工资增加,但工作小时没有变化。根据不正确的假设,这些意见会导致这样的结论,即劳动力供给是完全无弹性的,即使实际上该弹性是相当大的。

总之,总的观测显示,总劳动力供给弹性是相当大的。聚合理论意味着,每当调整的主要利润在于采用的比例,而不是每人使用的小时数时,总的劳动供给弹性都相当大。这一发现与所有的微观观察是一致的,所以微观观察和宏观观察之间没有发生冲突。

六、经济周期研究的重要性

我们知道,经济周期波动是对真实冲击的最佳响应。破坏性冲击的成本无法避免,试图避免的任何政策可能都会起到适得其反的效果,尤其是当这些政策降低了生产效率的时候。在1981年和当前的石油危机期间,我很高兴地看到,并没有政策通过减低生产效率来对经济产生不利影响。这与1974年的石油危机形成鲜明对比。当时不是让经济对该恶劣冲击产生最佳响应,以尽量减少其成本,而是制定政策,对生产效率产生不利影响,而且大大地抑制了经济的发展。

总之,大家的关注点已经从经济周期波动转向了更重要的事情。其中一件重要的事情是建立良好的税收制度。芬恩和我所做的工作阐明了税收制度设计中的最重要的经济参数和总劳动力供给弹性。在发现技术冲击对经济波动重要性的过程中,我们的研究项目至关重要,它将行业的关注点转向了经济体制如何影响全要素生产率的问题。

七、经济周期研究之外

芬恩和我开发并用于研究经济周期的方法也同样适用于研究其他现象。在本部分中我会简要回顾一下这种方法的三个成功应用案例及一个有趣的实证难题。在我为劳动力供给弹性是3提供证据时,我已经有效地回顾了一个非常成功的应用,即我所做的评估税收作用在解释以下现象的研究:先进工业国家劳动力供给的巨大差异和20世纪70年代初至90年代中期期间欧洲劳动力供应的大幅减少。

将该方法应用于股票市场估值研究

一个有趣的问题是,为什么在20世纪下半叶美国的股市价值相对于GDP变化了2.5,而英国是3呢?其他变量相对GDP没有显示明显的长期变化,不论是企业税后利润或相对于GDP的企业物质资本。

显然,单部门新古典增长模型对研究企业股权的市场价值是不够的,该模型必须同时适用于企业和非企业部门。幸运的是,国民经济核算报告了企业部门、政府企业、家庭企业和非法人企业部门的价值成分。必须对国民经济核算做出各种调整,以使其与该模型相符合,比如商业部门的输入和输出都使用生产者价格。

当企业的市场价值等于其生产性资产的价值时,均衡关系得以发展。国民经济核算的资本账户提供测量取代有形资本的成本。但公司也拥有大量的无形资本,包括组织资本、品牌和专利,这些也影响了公司的市场价值。当确定理论上股市价值应该是多少时,这些资产不能忽视。这就提出了确定股市基本价值的问题。该问题慕格汉顿和我已经解决(参见姆克格莱顿和普雷斯科特,2005a)。

我们发现,美国股市价值的长期行为正应证了理论预测。相对于GDP的企业价值的走势最为重要的因素是税收和监管政策的改变。如果企业的税率分布是50%,而不是0%的话,公司价值将只有给定的生产性资产资源成本的一半。

我们的研究采用的是新古典增长模型,并将该模型与国民收入和产品数据、税务数据及部门的资产负债表数据相关联。我们将论文提交给英国杂志社《经济研究回顾》。主编理所当然地坚持认为,我们要为英国股市及美国股市进行分析。当我们发现英国股市的价值行为也与理论相符时,那是怎样的理论和测量呢?对此我们很紧张。下面是关于芬恩和我研发的宏观经济方法论作用的一个实例。

股票价格的过度波动仍然存在。事实上,我们的研究加强了这个难题。生产性资本存量每年变化不大,而股票价格有时有很大的差异。我相信这种波动难题将在不太远的将来由一些富有想象力的新古典主义经济学家来解决。

这个例子说明了宏观经济学因芬恩和我所开创的方法而发生了哪些改变。现在该经济学分支将应用动态平衡工具用于研究聚合现象。所有这些聚集现象的研究在一种理论下统一起来,这证明了经济学在研究动态聚合现象方面的成熟。

将该方法用于美国经济大萧条研究

消除商业周期,而从中所获收益是极小的,或者是消极的。而消除经济萧条,创造增长奇迹的收益是相当大的。科尔和峨汉蔫(1999)打破了禁忌,用新古典主义增长模型来研究美国经济大萧条。他们的一个特别有趣的发现是,1935—1939年间每个成人劳动力供给比大萧条之前低了25%。最近,科尔和峨汉蔫(2004)采用了新古典经济学研究,研究结果显示了卡特尔新政如何可以很好地解释低劳动力供给的原因。在放弃卡特尔政策后,美国经济快速复苏的事实也支持了这一理论。

日本停止增长的十年

最近的一个例子是日本失去增长的十年,那是1992—2001年的十年。哈雅士和普雷斯科特(2002)发现新古典增长模型非常准确地预测了主要聚合的路径。尤其是,它定量地预测了大量的资本深化及资本回报率的相关跌落。它还定量地预测了劳动力供给行为,这进一步证明了劳动力供给的高劳动弹性。

商业周期之谜

1996年初,美国进入始于相对趋势的经济扩张的全面繁荣时期,并一直持续到1999年的第四季度。然后,经济开始收缩,一直持续到2001年第三季度。在高峰期,每个工作年龄的人均趋势GDP高于趋势4%,并且劳动力供应高于平均水平5%。对高劳动力供给无明显的应征者,也没有战争反对用于债务融资的暂时的高公众消费,税率并不低;用标准方法衡量的全要素生产率也不高,也没有会引致高劳动力供给的货币惊喜。这就是为什么我说这种繁荣对新古典增长模型来说是一个谜。

为什么人们在这个蓬勃发展时期提供了这么多的劳动力呢?慕格汉顿和普雷斯科特(2005a)的研究工作确定了股市价值的定量预测理论,这就为此提供了答案。这是一个测量问题。在此期间(参见姆克格莱顿和普雷斯科特,2005b),有证据表明,不可测量的投资和不可测量的补偿一样,都比较高。因此,产出和生产率比标准的统计数据显示都较高。该测量问题就是要对所花费的投资进行估算。有了这些改良经济活动的测量方法,该理论就可用于确定这个难题是否已经得到解决。

这个例子说明了当今聚合经济学的统一性。真实经济周期模型被扩展,被用来了解股市行为,而反过来该扩展模型目前正在被用于解决商业周期之谜。

八、弗雷西的幻想已经实现

我要以对弗里希这位 1969 年诺贝尔经济学奖获得者的赞美来结束我的这次演讲。弗里希的诺贝尔获奖演说的题目是《从乌托邦理论到实际应用:以计量经济学为个案》(1970)。他是定量新古典主义经济学之父,也就是他在标题里提到的一词“计量经济学”。

在弗里希 1930 年建立计量经济学会及于 1933 年发行《计量经济学》期刊之前,新古典经济学家很少通过统计观察来验证他们的理论结果。弗里希在他的诺贝尔获奖演说中写道,部分原因是因为当时所能得到的统计数据质量较差,还有部分原因是因为新古典理论不是通过系统验证方法建立的。美国制度主义者和德国历史学派指出了这一点,他们主张用事实来说话。这些学派对经济思想的影响是微小的。引用弗里希的话,“用事实来说话,使用的语言却非常幼稚”(1970 年,第 16 页)。现在,理论的概念源于测量,然后反过来,理论指导新的测量。后者正是姆克格莱顿和我现在正在做的工作,解决为什么美国在 20 世纪 90 年代末期就业如此之高的难题。

20 世纪 60 年代,弗里希在使新古典经济学走向定量研究的过程中缺乏进步,并且人们把他当时所做的很多工作称为“计量娱乐学”,因此弗里希感到十分沮丧。当时那些人没有使用新古典主义经济学的全部理论进行商业周期研究,就对其进行批评,是有一些不公平的。所有需要的工具并没有全部在经济学家的工具包中,其中一些商业周期的研究至关重要的工具是林黛尔将一般均衡理论扩展至动态环境;由不确定性是经济周期的核心,而产生的塞维琼的统计决策理论;阿罗和德布鲁将一般均衡理论扩展至不确定环境中;波雷克维尔对递归方法的发展,这对计算和动态随机均衡的呈现是非常有必要的;卢卡斯和普雷斯科特对递归竞争性均衡理论的发展;当然,还有计算机的发展。

特别值得一提的是卢卡斯在宏观经济学改革中的作用。在 20 世纪 60 年代末和 70 年代初,他认为新古典经济学应该用来研究经济周期,这个想法彻底地改变了宏观经济学。其他人也曾梦想做这件事,但只有卢卡斯真正地想出了研究方法。在他

1972 年发表的《预期与货币的中立性》论文中，他创建并分析了显示菲利普斯曲线的动态随机新古典模型。菲利普斯曲线是方程式系统宏观模型的关键。我认为这是经济学领域最为重要的一篇研究论文，无可超越。基于该理论分析的关键预测，即在通胀与就业之间不存在可被利用的平衡规律，这一点在 20 世纪 70 年代已被证实。

但是卢卡斯的研究并不是定量的动态一般均衡。直到 10 年后，芬恩和我通过应用动态随机一般均衡理论的全部规律及国民经济核算统计，研究出如何定量地推导出该理论影响和经济周期波动的测量。我们已经知道，商业周期具有观察到的定量性质，这一点正符合理论预测。这是对弗里希伟大研究计划及卢卡斯远见和天才创意的极佳证明。

弗里希在诺贝尔演讲中的几乎每一个层面的观点我都非常同意，但只有一个层面我不太同意。和弗里希一样，我也狂热相信民主进程。我持有异议的层面在于，经济学家和政策制定者应该如何进行交互。他的观点是，民主政治进程应确定目标，然后经济学家应确定这一既定目标的最佳策略。我的看法是，经济学家应该教育人民，使他们能够评估宏观经济政策规定，并且人民应该通过其选举的代表，选择策略规则。我强调的是，芬恩和我一起撰写的《规则而不是自由裁量权》一文中发现，公众辩论应该高于规则，并且规则不应该频繁地改变，要具有滞后性，以减缓时间一致性问题。

（缪　佳译　金　星校）

2005获奖者

罗伯特·约翰·奥曼

Robert J. Aumann

【获奖理由】通过博弈论分析促进了人们对冲突和合作的理解。

生平简介

1930 年	生于德国法兰克福
1950 年	获纽约城市学院数学学士学位
1955 年	获麻省理工学院纯数学博士学位
1956 年至今	任耶路撒冷希伯来大学教授
1983 年	获以色列科学技术哈维奖
1994 年	获以色列颁发的经济学奖
2002 年	获埃梅特经济学奖
2006 年	获耶路撒冷荣誉公民奖

主要学术贡献

罗伯特·约翰·奥曼作为一名杰出的经济学家,在决策制定理性观点方面有着杰出的贡献,对博弈论和其他许多经济理论的形成起到了重要的乃至不可或缺的作用。第一个定义了博弈论中的相关均衡概念,这是一种非协作型博弈中的均衡,比经典纳什均衡更加灵活。奥曼认为"博弈论"较具描述性的名称应是"交互的决策论"。可以看到,奥曼对博弈论的定义是十分简洁凝练的。因为博弈论是研究决策者的行为发生直接相互作用时的决策及这种决策的均衡问题的,就是说人们之间的决策与行为将形成互为影响的关系,一个经济主体在决策时必须考虑到对方的反应,所以用"交互的决策"来描述博弈论是再简洁不过的了。奥曼还以经济主体的理性为分析出发点,认为博弈论是交互式条件下"最优理性决策",即每个参与者都希望能以其偏好获得最大的满足。

此外,奥曼在值集函数(即值为点集而非单独一点的函数)领域,也作出了许多重要的贡献,如"奥曼可衡量选择定理"、值集函数积分结果等。大部分问题产生于对不同博弈论和经济模型的研究,数学理论是这些模型演化和分析的重要工具。奥曼所获得的诸如一般均衡、最优分配、非线性编制程序、控制理论、测量理论、定点理论等结果是基本的,它们被应用于经济学、数学、运筹学等许多领域。此外,奥曼把库恩著名的完全检索有限博弈中的行为和混合战略的均衡结果扩展为无限的情形,克服了复杂的技术困难。

主要学术成果

《非原子博弈的价值》(1972)

《博弈论的演讲集》(1976)

《博弈论》(1981)

《博弈者和联盟的内生性联系:一个夏普利价值的应用》(1988)

《博弈论演说集》(1989)

《纳什均衡的认知条件》(1991)

《重复博弈与不完全信息》(1995)

2005 获奖者

托马斯·克罗姆比·谢林
Thomas C. Schelling

【获奖理由】通过博弈论分析促进了人们对冲突和合作的理解。

生平简介

1921 年	出生于美国加利福尼亚州奥克兰市
1944 年	获加州大学伯克利分校经济学学士学位
1951 年	获哈佛大学哲学博士学位
1953—1958 年	任耶鲁大学经济学教授
1958 年	任哈佛大学经济学教授
1969 年	在哈佛大学肯尼迪研究生院兼职
1978 年	在马里兰学院研究公共事务
1992 年	任美国经济学联合会会长

主要学术贡献

托马斯·克罗姆比·谢林的博弈理论建立在对新古典经济理论分析方法突破的基础之上,与主流的博弈理论在研究方法和侧重点上都有很大的不同,从而完善、丰富和发展了现代博弈论。谢林指出,许多人们所熟知的社会交互作用可以从非合作博弈的角度来加以理解。

在其经典著作《冲突的战略》一书中,谢林首次定义并阐明了威慑、强制性威胁与承诺、战略移动等概念,开始把关于博弈论的洞察力作为一个统一的分析框架来研究社会科学问题,并对讨价还价和冲突管理理论作了非常细致的分析。讨价还价理论是谢林早期的主要贡献所在。尽管当时谢林并没有刻意强调正式建立模型问题,但是他的很多观点后来随着博弈论的新发展而定型,而他所定义的概念也成为博弈理论中最基本的概念。比如,完美均衡概念中的不可置信威胁就源自谢林的可行均衡概念。

他卓有成效的工作促进了博弈论的新发展并且加速了这一理论在社会科学领域的运用，特别是他对战略承诺的研究为许多现象(比如公司的竞争性战略、政治决策权的授权等)给出了解释。他有着异于常人的天赋，这使得他能切实涉及有着相同或不同利益参与人的社会和经济状况的本质，并能具体而生动地把这种本质描述出来。

主要学术成果

《国家收入行为》(1951)
《国际经济学》(1958)
《冲突的战略》(1960)
《战略与军控》(1961)
《武器与影响》(1966)
《微观动机与宏观行为》(1978)
《透析能源问题》(1979)
《分析方法和伦理政策》(1980)
《选择与结果》(1984)
《讨价还价、沟通和有限战争》(1993)
《战略承诺及其他论文集》(2006)
《微观动机和宏观行为》(2006)
《选择与结果》(2007)

颁奖词

瑞典皇家科学院 / 乔根·威布尔

尊敬的国王和王后陛下，各位殿下，诺贝尔奖得主们，女士们，先生们：

自古以来，战争和其他冲突一直折磨着人类，往往带来极大的痛苦和广泛的物质损失，然而许多社会的繁荣建立在合作与和平竞争之上。为何有的人、组织或国家在推进合作方面表现出色，而另一些人则深受冲突之苦。奥曼和谢林研究了冷战背景下的这个古老的问题，合作与冲突的理解在核战争的威胁下势在必行。尽管他们对博弈论研究的侧重点不同(奥曼的主要贡献在数学分析上面，而谢林的贡献则更多的是经济学的)，然而，他们研究的着眼点都在于博弈论拥有重塑人类交往分析的潜力。

什么是博弈论呢？它是有关于策略交互。这种交互存在于家庭、当地团体、公司、组织或者整个国家之中。在大部分情况下，单方无法决定最终的结果。交互的结果取决于各方的行为。正如在国际象棋或桥牌中，玩家最好的一步取决于其他玩家已经做出的和将要做出的步数。因此，在策略交往中各方根据手头的信息及对对家将要采用招数的预测，决定如何进行下一步。然而，对家的招数也取决于自己手头的信息及对对方招数的预测。总之,各玩家招数、信息和预测以复杂和引人入胜的方式相关联。顾及这些复杂性的策略交往分析,就是博弈论的研究范围。

今年的获奖者为我们提供了冲突与合作动态方面的新见解。谢林指出,冲突中的一方可以通过自陷绝境背水一战从而加强自己的地位;拥有报复手段比抵抗手段更重要;难以预料的报复手段比已知的报复手段更有效。这些论断在一些地区冲突的解决和避免战争的斡旋中被证明是正确的。他们推动了经济学领域的新发展,特别是对市场竞争的理解。例如,一家公司为了增加利润对一家成本高昂的大工厂进行策略投资。即使平均生产成本增加,低效率生产的损失可能被竞争对手的不积极行为所抵消而获得收益。

奥曼为博弈论的长期关系分析打下了基础。在许多真实的情况中,交往不仅发生一次,而在非限定的时间内是反复发生的。一种例子就是竞争的公司制定生产决策或者日均价格的时候。奥曼的重复博弈分析指出,重复博弈如何使得利益冲突的各方进行合作的。发展壮大的重复博弈论使我们更准确地理解推动合作并阻止冲突的条件。例如,当地团体维护共享型资源的合作水平取决于他们交往的范围和频率。因此,合作是有利的,但是,并非总是如此。市场中的企业更容易串通高价格水平,如果他们是少数的,频繁交往,不短视他们的利润。尽管这种合作对于所说的公司是有利的,但是损害到了第三方的利益,即消费者,对于他们来说,价格竞争带来的冲突是有利的。

奥曼和谢林在博弈论发展及在社会科学方面上的应用上做出了贡献。当代的经济学家、政治家和社会学家每当分析冲突与合作的相关问题时,毫无例外地都要依赖于他们的理论贡献。

亲爱的奥曼博士,亲爱的谢林博士:归功于你们的工作,博弈论成为了解决古老问题的重要工具,即为何有的群体、组织或国家在推进合作方面表现出色,而另一些人则深受冲突之苦。

奥曼博士,创造了长期关系的全面和正式分析,即重复博弈论。重复博弈论提升了我们对利益冲突各方合作的理解。它帮助解释了经济冲突,如价格战、贸易战的原因,也说明了为何一些政府比另一些政府能更好地管理草地和灌溉系统等公共资源。

谢林博士,首次定义并阐明了承诺的策略重要性和策略协调的问题。这些真知灼见有助于解决冲突和避免战争。你的研究推进了博弈论的新发展,加快了博弈论在其他社会科学领域的应用。

我代表瑞典皇家科学院向您表达我最热烈的祝贺,这是一项特权和光荣。请您从国王陛下手中接受奖金。

(黄聪聪 译　唐兆希 校)

获奖演说

战争与和平

罗伯特·约翰·奥曼[①]

"战争与冲突是人类痛苦的主要来源。"这是诺贝尔经济学奖新闻公报的开头。颁奖的原因是运用博弈论推进了人们对冲突与合作的理解。因此,我的获奖致辞将围绕着人类面临的最紧迫又深远的问题:战争与和平。

我想建议改变追求世界和平的努力方向。迄今为止,所有的努力都是为了解决具体的冲突:印巴、南北爱尔兰、许多非洲战争、巴尔干半岛战争、俄罗斯车臣,还有以色列与阿拉伯世界等等。我就是想建议,我们应该改变重心,从整体上来研究战争。

我来做个比较。征服癌症有两种方法:一种是临床的,比如乳癌。应该怎么治疗呢?外科手术?放射?化疗?哪种化疗?多少放射量?淋巴结切除吗?答案基于临床试验,就是哪种方法效果最佳。根据能得到的所有信息,治疗方法各异。面对病人,目的是治好病症,或减缓病症。还有一种方法,不用外科手术、放射和化疗,不看统计数字,甚至不看病人。试图搞懂癌细胞内发生了什么,它与DNA有关吗?发生了什么?发展到什么程度了?不要想着去治好它,就想着去搞懂它。你用老鼠,而不是人做研究。使它们生病,但不治疗它们。

路易斯·巴斯德(法国化学家及微生物学家)是内科医师。对他来说,给人们治病,并治好他们很重要。罗伯特·科赫(德国医师兼微生物学家)不是内科医师,他不想去治好病人。他只想知道疾病的传播程度如何,最终,他的工作对于治疗病症和治愈病症极其重要。

鸿蒙初开,战争一直伴随着人们。战争在历史上最频发。它是一种现象,而非一系列独立的事件。解决冲突的尝试确实值得称道,而且有时确实有成效。然而,还有其他一种对待战争的方式,即把战争当成一个整体现象来研究,研究它的整体,主要特点、共同点与不同点。从历史学、社会学、心理学,还有理性的角度,来研究为什么理性的人参与战争?

什么是"理性"呢?

一个人的行为是理性的,假如根据现有的信息,对他是最有利的。

根据这个定义,战争可能是理性的吗?不幸的是,答案是肯定的:战争可以是理性的。在史上最伟大的演说之一,亚伯拉罕·林肯的第二任总统就职演说中,他说过:"双方都反对战争;但是一方挑起战争,使得国家无法延续;而另一方接受战争,使得国家不至于消亡。战争由此爆发。"

认为战争是不理性的,是大错特错。我们把世界上所有的问题——战争、罢工、种族歧视都认为是不理性的,不理睬它们。可事实上它们不是不理性的,它们或许是理性的,虽然这样说,会引起不快。如果战争是理性的,一旦我们认为它们是理性的,我

---

① 在斯德哥尔摩的瑞典皇家科学院做的40分钟演讲的稍稍修改版本。感谢尼科劳斯·泰德曼教授指出前一版本中的一处错误。

们至少能够解决问题了。假如我们认为它们是不理性的,而不理睬它们,问题就得不到解决了。

许多年前,我出席了耶鲁大学的一个学生会议。詹姆斯·托宾也出席了。讨论轻松自如,突然有人提了这么一个问题:有人能用一个单词总结经济学吗?托宾回答是:"可以。就是,激励"。经济学都是有关激励的。

下面,我想做一个战争的经济学分析。我不是要谈如何资助战争,如何战后重建,或许之类的话题。我要讨论的是引发战争的激励,阻止战争的激励。

举个例子。经济学告诉我们,事情并不一定是我们看到的那样。例如,假设你想增加税收。因此,你应该提高税率,是吗?不是。你可能想降低税率;刺激人们工作,减少避税和逃税,或者加快经济。这仅仅是一个例子,还有成千上万个这样的例子。经济是博弈:来自各个参与者的激励以十分复杂的方式相互作用着,带来令人惊讶的,经常与直觉相反的结果。但是,事实就是如此,经济就是这样运行的。

现在我们回到战争的话题。理性的人是如何与战争扯上关系的呢?举个例子,就像前面的。你想阻止战争。那么,你明显应该裁军,或减少军备数量。对吗?不对呀。你可能想做相反的事情。在美苏冷战的那些年里,阻止了核战的是,携带核弹的轰炸机一年365天,一天24小时在空中盘旋。裁军只能引发战争。

底线是,从各种角度,为了战争本身,我们应该开始研究战争。尝试理解它怎么样爆发的,纯粹基本的科学。这样最终会带来和平。到现在为止,零碎的个案研究都不太有成效。

现在我想谈谈我的一些基本贡献,其中一些已经被颁奖委员会引用到了。具体地说是,让我们讨论下重复博弈,它们怎样与战争相联系,以及与其他冲突,比如罢工,还有与所有的互动环境。

重复博弈模仿长期互动。重复博弈论能够解释诸如此类现象,比如利他、合作、信任、忠诚、复仇、威胁(自我毁灭或者其他)。然而根据博弈论的"自私"效用最大化的范式和新古典经济学,它们起初看起来并不合理。

解释这件事情,并不意味着人们有意进行报复,或出于自私的目的。几个世纪以来,人们已经进化出了大体上成功的和最佳的行为方式。这种进化可能实际上是生物学的,或者是基因的,也可能是模因。这个词组源自"弥母",它是由生物学家理查德·道金斯杜撰的,模拟基因一词,用来表达社会学的,而非生物学的遗传和进化。

博弈论的最大发现发生在20世纪70年代早期。当时,生物学家约翰·梅纳德·斯密和乔治·普赖斯认识到,博弈中的策略均衡与生活世界中的人口均衡由相同的方程式定义。进化,不管是基因的,还是模因的,都导致策略均衡。因此,我们这么说,重复博弈中,策略均衡表达了这类现象,比如利他、合作、信任、忠诚、报复、威胁等等。下面我们来看一下这是怎么起作用的。

什么是策略均衡呢?简单地讲,博弈中的玩家处于策略均衡或者均衡,就是当他们的表现都是最佳的:当玩家的行动与计划在具体的策略环境中是理性的,即互相都知道对方的行动和计划。

约翰·纳什因为提出和发展了策略均衡的概念，被授予了1994年的诺贝尔经济学奖，恰逢约翰·冯·诺依曼与奥斯卡·摩根斯坦合著的《博弈论与经济行为》出版40周年。和他分享经济学奖的是约翰·哈萨尼，因为他提出和发展了贝叶斯均衡，即在信息不完全的博弈中的策略均衡，还有莱因哈德·泽尔腾，因为他提出和发展了完美均衡的概念，以及纳什均衡的完善，下面会就此展开些。相关均衡（奥曼，1974，1987）与强均衡（奥曼，1959）的概念，都被2005年经济学奖新闻公报引用了。以上的三个基本概念构成了非合作博弈论的理论基石。

1994年的经济学奖之后，又有两个年度的经济学奖由于运用了这三个基本概念被颁发。一个是1996年度的，威廉·维克瑞（1914—1996）因为他在拍卖方面的贡献被授予该奖项（他在新闻公报和颁奖仪式之间去世的。）拍卖和拍卖策略的设计是博弈论最主要的实际运用。威尔逊1992年对此做了一个很好的调查。

另外一个就是2005年度的。谢林教授将会为自己做演讲。他因为把基本的均衡概念运用到重复博弈中而获得该奖项。就是说，你一直年复一年的与相同的玩家在重复同一个博弈G。可以把此看成是个单一的大博弈，即所谓的超级博弈G，标记成$G\infty$，规则就是年年报玩G。思路就是把均衡概念运用到超级博弈$G\infty$，而不是单一的博弈G，看看有什么样的结果。

在这种过程中出现的重复博弈理论是相当丰富和深厚（索兰1992，扎米尔1992，福尔热1992做过相关的调查）。我的演讲时间只有几分钟，因此我只能隔靴搔痒。但是，我还是要试试看。我将就只讨论一个方面：合作。非常简单，结论是：

重复带来合作

让我再补充一点。我们使用合作这个术语，是来描述博弈任何可能的结果，没有哪个玩家能保证有更好的结果。要强调的是，一般来说，合作的结果不是均衡，它是协商的结果。比如，在著名的"囚徒困境"博弈中，结果是没有哪个囚犯揭发，这是合作的结果，这不符合双方的最佳利益，尽管这比单一均衡要好些。

更简单的例子是以下的博弈H：有两个玩家，罗威娜和科林。罗威娜必须决定，她和科林将得到相同的数量，比如10，或者她将得到10倍之多，而科林将10倍之差。同时，科林必须决定是否采取惩罚措施，这将对罗威娜和他自己不利。假如他这么做了，分配将取消，双方什么也得不到。博弈的矩阵，如下：

	默许	惩罚
平均分配	0 10	0 0
贪婪分配	1 100	0 0

结果（平均分配，默许）（E，A），每个玩家得到10，是个合作的结果，因为没哪个玩家保证自己得到更多。但正像囚徒困境中一样，在均衡中达不到的。

为啥合作的结果吸引人呢,尽管它们在均衡中是达不到的。理由是,它们在协商中可以达到,即在某些背景下,合同是可实施的。这类背景很多。比如,在国家的背景下,有司法制度。犹太法典(阿沃 3,2)如下:

"人们恳求政府给予他们福利。如果没有政府的权威保证,人们会彼此相吃。"如果合同有强制力,罗威娜和科林就能够通过协定来得到合作的结果,否则,(E, A)实际上是无法实现的。

从以上考虑而建立发展起来的博弈合作理论比纳什的成果还要早一个世纪(冯·诺依曼和摩根斯坦,1944)。这个理论内涵丰富,富有成效。在我看来,它产生了博弈理论中的中心——洞察。我们现在不讨论这些洞察方面的内容,它们在以后也可以得到诺贝尔经济科学奖。

我想在这里讨论的是合作博弈论和重复博弈的联系。而提到的基本理念就是当每个人都寻求自己的最佳利益时,重复就如一种执行机制,使得合作在均衡中产生。

从直观上来说,这是众所周知的。人们在一种长期的合作关系中会更趋向合作。他们明白只要还有明天,他们就会因其不妥当的行为而遭受惩罚。欺骗顾客的商人可能会赚取短期的利润,但他的生意却不会长久。

我们来解释一下博弈 H。如果这个博弈只进行一次,那么罗威娜选择贪婪显然对她更有利,而科林也只能勉强同意(事实上,这些策略都是显而易见的)。尽管科林不想得到这样一无所得的结果,但他对此也无能为力。从技术层面上说,唯一的均衡只有(贪婪分配,默许)(G,A)。

但是在超级博弈 $G\infty$中,科林能有所作为。他可以通过惩罚罗威娜的贪婪来威胁她,这使得罗维娜在选择贪婪时不得不多加考虑。事实上,从某种意义上说,这就是纳什所说的均衡。罗维娜的策略是"永远选择 E",而科林的策略是"只要罗威娜选择 E,他就选择 A;如果她选择 G,他就永远选择 P。"

我们要清楚,正是惩罚的威胁维持了这些博弈中的均衡。如果你愿意的话也可以称之为"MAD"——确保同归于尽,这是冷战的格言。

做这件事必须有警示。贴现率不能太高,即使是超过 10%,如果一美元在一年内贬值低于 90 美分,那么合作已经不大可能了,因为罗威娜选择贪婪时仍是赚到的。原因是尽管科林会惩罚她,但之后估价,全部的惩罚价值少于 90 美元,这个是罗威娜选择贪婪而不是平均后的结果。

我说的不是你从银行里得到的货币贴现率。我说的是个人主观折扣率。由于重复会导致合作的出现,所以博弈中的人不能太急切追求直接的结果。现在,目前,并不大重要。如果你现在希望得到和平,那你将永远得不到和平。但如果你肯花时间,你愿意等待,那将改变整个局面,你能因此拥有和平。

这是博弈理论里似是而非而且颠倒的思想之一,但大多是科学的。一两个星期前,我了解到由于全球变暖的影响墨西哥暖流的方向有所改变,从而导致了欧洲的降温。气候的变暖竟然会导致降温!追求和平反而会永远得不到和平。但是如果你愿意等待,或许现在你就可以享受到和平了。

理由如下：如果现阶段人们不选择合作，那么他们在超级博弈追求均衡里的合作的策略就会涉及选择之后的惩罚。如果折扣率过高，博弈者就会更注重目前的利益，而一次性的自私和贪婪能将之后多次的损失补回。这样就损害了惩罚在后阶段的作用。

总结来说，在超级博弈 $H\infty$ 中，合作的结果(E，A)是可以实现均衡的，这是无名氏定律更常规原则的特例。这无名氏定律是，任何博弈 G 的任何合作的结果都是可以实现超级博弈 $G\infty$ 的均衡，尽管那样的结果不是博弈 G 的均衡结果。相反地，博弈 $G\infty$ 里的每一个策略均衡结果都是博弈 G 的合作的结果。简短地说，对于任何的博弈 G，我们有这样的无名氏定律：

博弈 G 的合作结果与其超级博弈 $G\infty$ 的均衡结果相一致。

不一样的是，重复扮演着执行机制的角色：当一次性博弈不存在的时候，重复使得合作成为可能。当然，以上的警告同样适用于：为了让这理论发生效用，不能过于降低所有代理的折扣率；他们经过对目前与未来的对比后，对现在并不是那么感兴趣。

还有一点，和 1994 年经济学奖有关。约翰·纳什因其创立均衡论而获奖；莱因哈德·泽尔腾因其创立完美均衡理论而得奖。完美均衡理论从大概上是说惩罚的威胁是可信的，如果你不得不承受惩罚，那么在你得到惩罚之后，你还是处于一种均衡的状态。你并没有动机去摆脱这点。

这当然不是我们在博弈 H 里的超级博弈 $H\infty$ 所描述的均衡的情况。如果罗威娜不管科林的威胁而选择了 G，那么对科林来说，惩罚她不符合自己的最佳利益。这样在重复博弈里就出现了一个问题，(E，A)是否能不仅在策略性的均衡而且也在完全均衡中得以维持？

答案是可以的。1976 年，罗伊德·沙普利——他是我认为有史以来最伟大的博弈理论家，和我一起证明了什么是完美无名氏定律；艾莉尔·鲁宾斯坦，也独立提出了类似的成果，而且是和他同时提出来的。两个成果都是很晚才得以公布(奥曼和沙普利 1994，鲁宾斯坦 1994)。完美无名氏定律说在任何博弈 G 中的超级博弈 $G\infty$ 里，任何 G 的合作结果都能够作为 $G\infty$ 的完全均衡的结果而得以实现。再次讲，尽管那样的结果不是一种 G 的均衡性结果。也有人持有和这结论相反的观点。

简而言之，对于任何 G 博弈，我们有完美无名氏定律：

博弈 G 的合作结果与其超级博弈 $G\infty$ 的完美均衡的结果相一致。

因此，重复作为一种执行机制，它使得一次性博弈中不可能出现的合作成为可能，尽管同时在完全均衡的严格要求下有人会替换作为可取得性标准的策略性均衡。再次，贴现率警告同样适用：为了让这理论发生效用，不能过于降低所有代理的折扣率；他们经过对目前与未来的对比后，对现在并不是那么感兴趣。

完美无名氏定理的论证是非常有意思的，我会在博弈 H 里粗略地说明这一点，也就是合作的结果(E，A)。第一个例子，均衡直接始终扮演着(E，A)的角色。如果罗威娜不顾一切选择了贪婪，那么科林将惩罚她，进行 P。但是他不会一直这样选择，除非罗威娜的做法导致无利益可寻。事情本身是不足够让科林实施惩罚的,一定还存在着其他的动机。这时该证明的中心观点就出现了:如果科林不惩罚罗威娜,那么罗威娜就会因此通过进行 G 来惩罚科林。而且,这个过程将不断地持续,任何不实施惩罚的博弈者将因此被对方惩罚。

人们在社会中大多受上述原因的影响。如果你驾车超速而被警察截住了,你并不会贿赂他,因为你担心他会控告你行贿。但是为什么警察也不会接受贿赂呢?因为他害怕你告发他受贿。可是你为什么会告发他?因为如果你不告发,他可能因此而控告你。诸如此类。

这把我们带到了最后一项。合作博弈理论不仅包括所描述的各种可能的合作的结果,而且还包括在那些可能的结果中选择。要做到这点有很多方法,但最有名的莫过于罗伊德·沙普利在20世纪50年代初提出的核心观念。一场博弈中的结果 X 被认为处于博弈的核心,这是在没有 S 里的博弈者能够改善这一切的条件下——也就是,确保在 S 里的博弈者们得到的结果比他们在 X 里面得到要好。尤其是,这个核心概念在经济学上的博弈理论的应用上扮演着中心的角色。具体而言,在有着很多无关紧要而独立的代理人经济中,这个核心的结果与合作的结果是一样的(瓦尔拉斯),这些结果是由追求商品供需平衡的价格体制所定义的(德布鲁和斯加夫 1963 年,奥曼 1964 年)。这个核心观念的另一个杰出应用是匹配的市场(参见例如,盖尔和沙普利 1962 年,罗思和索托马约尔 1990 年)。还有很多其他的应用(调查可参见安德森 1992 年,戈博斯威基 1992 年,斯托威基 1992 年,达奈 1994 年,库尔兹和扬 1994 年)。

我再次强调,重复博弈的均衡彼此有很深的联系。当一场博弈中的博弈者处于(策略)均衡的状态,任何一方都不值得去选择另外一种策略。强韧均衡也有类似定义,除了不值得任何博弈者偏离——至少有一个偏离方向的博弈者不会因偏离而获益。后来我们又提出了以下的定理(奥曼 1959):G 的核心结果与超级博弈 $G\infty$ 的强均衡结果恰好一致。

约翰·纳什在其1950年发表的论文中发展了策略均衡这个概念,为此他获得了1994年的诺贝尔经济学奖;他还提出了后来所谓的纳什方案,表达一些适当定义的非合作博弈中合作性博弈的概念,建立起合作性博弈与非合作性博弈之间的桥梁。上述三种定理表明,重复性正是这样一种桥梁,它实现了纳什方案。

最后,我们借先知以赛亚的一段话(2,2—4)做个结尾:

> 必有许多国的人前往,说,来吧,我们登耶和华的山……,主必将他的道教训我们,我们也要行他的路……,他必在列国中施行审判,为许多国民断定是非;他们要将刀打成犁头,把枪打成镰刀。这国不举刀攻击那国,他们也不再学习战事。

以赛亚说的是,如果有一个所有人都认可的中央政府,即上帝,那么各个国家就会将刀打成犁头。缺乏这个前提,一个国家可能也有和平,这个国家没有举刀攻击另一个国家。但是，刀剑必须还是放在那里，不能把它们打成犁头，各个国家还是要了解战事，从而避免战事。

（黄聪聪 译 唐兆希 校）

获奖演说

令人惊讶的60年：广岛的遗产

托马斯·克罗姆比·谢林

过去半个多世纪以来，最重要的事件就是60多年来，地球上没有爆发核大战。

这是个多么惊人的成就，或者说，是多么惊人的幸运。1960年，英国小说家斯诺在《纽约时报》头版讲道，如果各个核大国不能大幅度实现核裁军，那么从“数学上”讲，60年代几乎肯定会爆发核战争。当时没有人认为斯诺在杞人忧天。

如今的世界从数学上讲有4倍于当时的可能爆发核战争，却依然保持着平静。那么我们能够平安地度过另一个60年吗？

对于核武器的军事威力和破坏性，从来没有人怀疑。在很大程度上，这种武器不能投入使用是由于某种“禁忌”。早在1953年，美国国务卿杜勒斯就感觉到了这种禁忌的约束，他为此深感悲痛。

核武器在今天依然受到诅咒，其程度远远超过杜勒斯在20世纪50年代早期的感受。这种武器是独一无二的，其独特性尤其来自人们的感受。我们把其他武器大多称为“常规武器”，这里有两层意思。一层意思是，“常规”代表“普通的、熟悉的、传统的”，也可以用于食品、服装或住房等物品。另一层更为有趣的意思是，“常规”表示由于合同、约定或惯例而产生。而核武器所遵循的惯例与其他武器完全不同。

核武器的巨大破坏力当然远甚于常规武器。然而自艾森豪威尔政府末期以来，人们已经可以制造出小当量的核武器，其爆炸力不及最大型的常规炸弹。有军事专家认为，与广岛或比基尼岛爆炸的核武器不同，小当量的核武器不应该受到禁忌的束缚。不过核武器在当时已经被列入独立的武器类别，无论其当量如何，都不能逃脱被诅咒的命运。

过去几十年以来形成和巩固的这种态度、习惯或传统，是一件值得珍惜的宝贵财产。但它并没有能继续维持下去的保证，某些拥有或可能拥有核武器的国家未必接受这一惯例。如何坚持这种禁忌？哪些政策或行为可能对它造成威胁？这种禁忌在何种情况下可能被打破或解除？什么样的制度安排会强化或削弱这种禁忌？这些课题都值得我们高度关注。这种禁忌是如何产生的？它是否不可避免？是精心设计的结果还是源于幸运？它在未来数十年将保持稳定还是会变得脆弱？这些也需要人们深思。在继续执行《核不扩散条约》约束的同时，我们还必须坚守这个传统，并说服那些有可能获得核武器的国家普遍接受。条约诞生25年之后，进行重新协商了。

“二战”后核武器最早投入实战的机会是在朝鲜战争期间，当时美国和韩国军队被包围在半岛南端的釜山港附近,一度陷入难以坚持或顺利撤退的危险。于是,美国公众和英国议会对是否运用核武器的问题展开了广泛讨论。英国首相克莱门特·艾德礼专程飞往华盛顿,请求杜鲁门总统不要在朝鲜使用核武器。这次访问及其目的都是公开的,并被广泛报道。英国的下议院认为,在开发核武器的项目中,英国也参与了合作,因此,他们有权参与美国的决策。

釜山的战局如果继续恶化,最后是否会导致美国动用核武器,这个问题在仁川登陆成功之后被搁置了。不过,使用核武器的问题至少被提出过,而讨论的结果是否定的。

核武器没有在朝鲜战争中登场,可以找到各种原因进行解释。但我发现,对于美国政府和公众来说,是否担心核武器由此会成为可以投入实战的弹药,而抛弃不使用核武器的传统,并非他们当时主要考虑的议题。

在中国军队参战后,使用核武器的问题再次出现,但是在板门店谈判期间的血战中,仍然没有投入。假如战争再拖延若干个月,美国是否会动用核武器?会在什么地方、如何使用?核炸弹真的投放到朝鲜或中国以后,历史又将如何演进,这一切当然纯属猜想。另外,核武器对于战场乃至中国内地的威胁在多大程度上左右了停战谈判的进程,我们也不得而知。

麦克乔治·邦迪最近出版了新书《危险和生存:核武器诞生后最近 50 年的选择》,其中讲述了关于艾森豪威尔、杜勒斯与核武器的精彩故事。例如,艾森豪威尔入主白宫后不久,在 1953 年 2 月 11 日的国家安全会议上,"国务卿杜勒斯谈到了有关禁止使用原子弹的道德问题……他认为,我们应该放弃这种原则"(邦迪,1998,第 241 页)。我不知道有什么人曾经分析过,当时在政府里有哪些力量倾向于放弃这种原则,哪些举动或不作为有利于维持和强化它。不过有些证据表明:国务卿本人相信,而且认为整个国家安全委员会都相信,即使禁止使用核武器的原则是错误的,其使用也的确受到了某些限制,这些限制不受大家欢迎。

到 1953 年 10 月 7 日,杜勒斯再次表态:"我们必须设法解决不能使用核武器的禁忌问题"(邦迪,1998,第 249 页)。几周后,总统在一份国家安全基础文件里批准了如下声明:"在敌对事件中,美国将考虑把核武器与其他武器一起投入使用"(邦迪,1998,第 246 页)。但这个声明的口头意义显然大于实际意义。一种禁忌不是靠宣布死亡就能轻易取消的,发布者本人对此也心知肚明。6 个月之后的北大西洋公约组织的限制级会议上,美国表明的立场是:"核武器现在必须在事实上作为常规武器看待"(邦迪,1998,第 268 页)。同样,说到不等于就能做到。取消大家墨守的陈规有时候比取消经公开的惯例更困难,它们存在于顽固的头脑中,而不是写在可以撕碎的纸片上。

按照邦迪的记述,有关核武器常规化讨论的最后一次公开声明出现在金门危机期间。1955 年 5 月 12 日,艾森豪威尔在回答一次提问的时候说:"如果在某次战役中,能够用核武器非常严格地针对军事目标和军事用途进行打击,那我认为没有理由不可以使用,就像子弹或者其他武器一样"(邦迪,1998,第 278 页)。邦迪的判断是,这个说法还是属于讹诈,而非正式的政策决定。对此我有同感。

艾森豪威尔真的打算用核武器来保卫金门和台湾吗？其实他用不着。如果公开把核武器运到台湾，那当然是一种威胁。可是从杜勒斯的担心来看，这种讹诈可能有危险。假如中共军队真的攻占了台湾，而核武器又没敢使用，那么关于核武器的禁忌最终会大白于天下。但在此时，金门危机又似乎是杜勒斯打破这个禁忌的一次绝好机会。在这里可以纯粹出于防卫目的使用短程核武器，打击海面和海滩上的敌方进攻部队，那里没有任何平民。这样的安排艾森豪威尔有可能愿意授权，欧洲的盟友们也可以接受，于是就能证明，核武器可以像"子弹和其他武器一样"投入实战。只可惜中共没有给他这个机会。

在核武器的立场上，肯尼迪和约翰逊政府与艾森豪威尔完全不同，内阁中间也出现了巨大的角色变化。"二战"以后出生的人中，很少有人想得到艾森豪威尔政府国防部长的名字，不过学习过美国历史的人大多知道杜勒斯。仔细看看邦迪书的索引，我们就能感觉政府内阁的角色变化：在艾森豪威尔执政的时期，31 次提到杜勒斯，只有 2 次提到国防部长查尔斯·威尔逊；而到了肯尼迪和约翰逊政府中，情况正好反过来，42 次提到国防部长麦克纳马拉，只有 12 次提到国务卿迪恩·拉斯克。

肯尼迪政府的反核武器运动是由五角大楼领导的，1962 年，麦克纳马拉开始了他和肯尼迪总统共同的事业，增强北约昂贵的常规武器装备，减少欧洲防务对核武器的依赖。在随后几年中，麦克纳马拉也表达了核武器并非完全不能投入使用的看法，与艾森豪威尔和杜勒斯接近。毫无疑问，1962 年 10 月的古巴危机导致肯尼迪本人及主要顾问对核武器的反感出现了变化。

艾森豪威尔政府和肯尼迪约翰逊政府对待核武器的不同态度，在 1964 年 9 月约翰逊的声明中得到了最好的总结："不要误会，不存在所谓常规核武器。在充满危险的最近 19 年中，从没有哪个国家在战争中使用核武器，核武器的使用在今天属于最高政治决策。"

这一声明否认了核武器投入军事用途的正当性，否认了杜勒斯所谓的原则出了"错误"：它是"最高政治决策"，而不能"与其他武器一起投入使用"。

我对于"充满危险的 19 年"的印象尤其深刻。约翰逊的潜台词是，在这 19 年里，美国克制住了杜勒斯主张的自由使用核武器的诱惑。还有，美国及其他核武器国家在这 19 年中积累了一笔投资，那就是不动用核武器。19 年的核平静，当然是核武器的使用成为"最高政治决策"的原因之一。

让我们停下来，再仔细想想"不存在所谓常规核武器"的含义。特别是，小型核武器的威力并不及"二战"时期的巨型炸弹，为什么不能被视为常规武器呢？还有对付潜艇的当量有限的深水核炸弹，阻止坦克推进的核地雷，制造山崩、阻塞道路的核炸弹，为什么也不行？像当年所讨论的那样，用三颗"小型"核弹来挽救陷入奠边府重围的法国军队，到底有什么可怕？用核打击来消灭中共进攻台湾的舰队，究竟错在哪里？

对这些问题一般有两种回答，一种主要出于直觉，另一种包含某些分析，但两者都基于如下信念或者感觉（它们是超越分析范围的感性认识）：核武器是完全特殊的、不同性质的武器。直觉式的回答可能更容易描述："如果你非要问这个问题，那就说明你理解不了答案。"就像逻辑学家们所定义的那样，核武器不能动用，是因为它与众不同，这是简单的事实，是公理，没有必要进行无聊的分析。

另外一种回答则包含各种分析，例如法理、外交理论、讨价还价理论、培训理论，还有自律理论。这些观点强调亮线、滑坡、明确的边界以及其他传统和习惯的作用。好比一个酒鬼在恶习复发的时候老是会说"只喝一小口"。然而，两种思路得到的结论是相似的：核武器一旦投入战争，就不能或不愿再被限制和约束。

有些人还非常明确地指出，不管最先投入战争的核武器当量有多小，其规模都将不可避免地升级，不会自然停止。有些人则认为需要约束军方，一旦他们得到使用小型核武器的权力，就不可能停止规模升级。

中子弹就是一个例子。这种炸弹（或设想中的炸弹）当量很小，它产生的"迅中子"能在一定半径内杀伤敌人，而冲击波和核辐射的破坏却不大。就像宣传的那样，这种武器在杀人的同时却不会损害建筑物。卡特执政期间，人们开始讨论生产和部署这种武器的话题，引发了强烈的抗议，因而被搁置。其实在那之前15年关于中子弹的设想就引起过更激烈的争论，而且正是当年的研究给20世纪70年代的讨论奠定了基础了。反对的理由很简单，而且不管是否合理，反正还有效。人们指出，不能混淆核武器与常规武器的界限，即所谓的防火墙，这非常重要。同时，人们还非常担心，由于中子弹的当量小、杀伤效果比较"仁慈"，会给人动用这种特殊核武器的强烈诱惑。随后，中子弹的使用将模糊界限、打穿防火墙，为核战争的升级铺平道路。

这类观点与反对"和平核爆炸"的主张大体一致。反对和平核爆炸的基本理由是，这种爆炸会使世人习惯核活动，减轻人们对核爆炸的邪恶印象，削弱禁止核武器的决心。例如，有人主张用核武器在俄罗斯北部炸出新的河床，为尼罗河修造运河，给发展中国家修建港口，都引发了核爆炸有可能被"合法化"的担忧。这种憎恶情绪的一个表现是，美国的武器控制和能源政策专家们普遍反对20世纪70年代提出的一项清洁能源项目。那就是在地下的洞穴中引爆"微型"核弹（5万吨当量），以此产生蒸汽来发电。我看到的情况是，这个建议还没有经过讨论就被一致否定了，仿佛根本不需要任何解释似的。我对此的理解是，反对的理由同样在于，即使出于好的目的，实施核爆炸也是邪恶的，因此不能容忍。这让我想起，要是艾森豪威尔是否会发表如下声明："如果在遭遇能源危机的时候，能够用核武器非常严格地为民用目标和民用事业服务，那我认为没有理由不可以使用，就像石油或者其他能源一样。"还有杜勒斯，"我们必须设法解决不能使用清洁的热核能源的禁忌问题"。

不过，很重要的一点是，并不是只有核武器才有这种完全不同的、与数量和规模无关的特性。毒气在"二战"中也没有投入使用。而艾森豪威尔和杜勒斯的观点其实也同样适用于毒气："如果毒气在战斗中能够非常严格地针对军事目标和军事用途进行打击，那我认为没有理由不可以使用，就像子弹或者其他武器一样。"然而据我们所知，作为当时的盟军总司令，艾森豪威尔将军却从未提出过这类主张。假如他当时考虑过这个问题，那他一定会这样说服自己，毒气不能用于实战，毒气是和子弹不同的东西，毒气的使用会带来新的战略问题。10年之后，当他（我猜是不情愿地）让国务卿提议运用核武器的时候,他应该会回忆起自己当年为什么没有在欧洲战场上主张使用毒气的理由。

别的事物在战争中也具有这种界限分明的特性,国籍就是一例。在大规模参战之前,中国人对朝鲜战争一直没有公开进行干预。给别国提供军事援助的美国人总是被警告,避免卷入任何可能被误解为战斗的活动,其说法是"杜绝任何污染"。奠边府战役时期,美国考虑过干预,但不是参与地面作战。而在空中,与轰炸相比,侦查活动不算太严重的干预。另一个典型的例子是,与直接派遣作战人员相比,提供武器装备的干预力度更低。美国给以色列提供武器装备,在战争时期还供应弹药,然而如果有小小一个连的美国步兵投入战斗,其震撼力也将超过50亿美元的燃料、弹药和武器部件援助。

通过以上的事例,我想说明,人类社会中存在许多靠感觉和象征来发挥作用的现象,因此核武器的问题并不是那么特别。我还发现这些靠感觉来维持的限制或禁忌跨越了文化的边界。在中国人卷入朝鲜战争期间,美国空军从来没有轰炸过中国境内的空军基地。这里的"游戏规则"是,中国人的轰炸机编队要从朝鲜的基地起飞。为了遵守这一规则,从中国东北起飞的飞机在进入半岛后要首先接触朝鲜的跑道,然后再扑向美国人的阵地。

这令我们想起与国籍类似的国境线的作用:在朝鲜战争中,不论是在空中还是在地面,是否跨越鸭绿江都是本质的变化。假如艾森豪威尔将军当时占领了整个朝鲜半岛,他也绝对不认为推进到中国境内去"喝一小口"是可以接受的,哪怕再小的一口也不行。

不过,这种黑白分明的界限也经常容易被破坏。希望这些禁忌不再存在的杜勒斯之流不但会在关键时刻试图将其打破,而且会在不起眼的时候设法清除围绕着禁忌的障碍,以免在日后需要的时候难堪。邦迪的书中讲到,在讨论对奠边府战役使用原子弹的可能性时,杜勒斯和参谋长联席会议主席拉德福德上将的头脑里考虑的不仅仅是保卫印度支那,他们还都认为,这可以"让原子弹的使用成为国际上接受的惯例"。

甚至在人们还没有完全理解和承认的时候,对使用核武器的禁忌,乃至憎恶,也可以培养起来,成为军事上的信条。肯尼迪政府发动了强化欧洲常规武装力量的重大行动,其出发点是在欧洲爆发战争的时候,人们不应该也不愿意使用核武器。在整个20世纪60年代,虽然苏联官方不愿意回应欧洲爆发常规战争的可能性,可他们还是花费巨资来发展欧洲的常规装备,特别是携带常规炸弹的飞机。假如核大战爆发,这些昂贵的装备将完全失效。这反过来表明,苏联人也默认东西双方都有进行常规战争的能力,因此可以不动用核武器。不把核武器卷入战场对大家都有利,为此值得投入巨资。

人们在研究军备控制的时候都是关注武器的生产和部署,而很少留意到,双方对于常规武装力量的共同投入也是一种没有公开承认、但相互制约的军备控制。它不但是对核武器使用的潜在约束,而且是对常规战争中可以实际使用的武器的真实投资。

这提醒我们,"首先使用"核武器的禁忌即便没有公开宣布,即便某个敌对方拒绝承认,也会发挥强大的作用。在苏联解体之前,除了《反弹道导弹条约》以外,在欧洲形成的这种惯例可能是东西方最重要的控制核武器的共识。虽然是默认的,虽然被否认,但这种军备控制却发挥了实际的影响,仿佛双方签订了正式的条约,共同防止核战争爆发,而把大量的人力和金钱投入常规武器。为防止核战争而进行的巨额投资既是象征性的,也是真实的。

在阿富汗的漫长战争中,苏联人接受了核武器禁忌,这一事实清楚地显露出来。我从来没有看到或听说,苏联人为了避免在这个落后国家遭受昂贵而耻辱的失败,而公开讨论动用核武器的问题。使用核武器的禁忌在当时已经成为普遍共识,以至于不但对阿富汗使用核炸弹会受到普遍谴责,简直连这样的想法都不应该有。

部分原因还在于,约翰逊总统所说的19年核平静到那里已经维持了40多年,每个掌权者都非常清楚这一没有打破的传统已成为大家共同拥有的财富。但我们必须要问,这个传统一旦被打破之后,还能够恢复吗?假如杜鲁门在1950年对朝鲜半岛的中国军队运用了原子弹,那么到1970年的时候,尼克松是否能像1964年的约翰逊一样,为1950年到那时的20年核平静感到欣慰?假如尼克松对越南使用了非常有限的核打击,苏联人后来对阿富汗,撒切尔夫人后来对马尔维纳斯群岛又会如何行动?假如尼克松在1969年或1970年动用了核武器,那么以色列在1973年是否克制不住冲动,对苏伊士运河北岸的埃及军队进行毁灭性打击?

当然我们不可能知道这些猜想的答案。一种可能性是,广岛和长崎引起的恐惧将会重新出现,对核武器的诅咒再次发挥作用,并更加牢固。另一种可能性是,在长时间的核平静被打破后,核武器会变成有实战意义的装备,特别是打击没有报复能力的对手。就像有人认为的广岛核轰炸那样,动用核武器可以降低双方的人员损失。到那时主要应该考虑的,则是如何在使用中严格限于军事目标或“防御性”目的。

1991年我们再次逃脱了使用核武器的诱惑。人们知道伊拉克拥有并可能使用一种“非常规武器”——化学武器。假如化学武器的使用给美军造成了巨大杀伤,那么作为正常反应,核武器的问题将被再次提起。我敢肯定,如果美国总统在当时的情况下认为有必要升级常规战争的话,战术核武器肯定会投入实战。美国的陆海空三军都装备着核武器,并有严格训练,对于核炸弹在不同天气和地形里的效力一清二楚。但是,美国军人传统上不重视毒气,因此他们的强烈反应可能是使用自己熟悉的非常规武器进行报复。要是那样的话,充满危险的45年平静历史就将画上句号。我们只能希望不会有哪位总统面临这样“最高层级的政治决策”,我也不认为有哪位总统会承认自己曾经面临那样的决策时刻。

我花费了这么多笔墨来阐述我们目前在核武器问题上所处的状态,以及如何到达这种状态的过程。我相信,这种状态的形成与核武库的壮大同样重要。防止核武器的开发、生产和部署扩散的努力,比大多数国家可能预期的结果都要好。长期形成的不动用核武器的传统,其作用和价值一点也没有减弱。我们需要核不扩散条约来限制越来越多的国家生产和部署核武器,我们可能更需要坚持不使用核武器的普遍共识。保护这种禁忌,鼓励目前还不承认它的国家和文化群体接受它(如果我们知道该怎么做的话),将是我们的核政策的中心内容。

我在这里引用著名核物理学家阿尔文·温伯格在纪念广岛和长崎原子弹爆炸 40 周年时发表在《原子科学家报告》上的文章。温伯格说，他一直相信，对日本的核攻击减少了美国和日本双方的人员损失，然后他又解释了所谓“广岛（而不包括长崎）的幸运”。“我们是否正看到广岛在逐渐被神圣化？也就是说，广岛的悲剧被提升到了一个神秘事件的高度，像圣经故事那样充满宗教力量？对此我无法证实，但我的确看到，广岛核爆炸 40 周年纪念日引起了深刻的关注、大规模的游行和广泛的报道，这与重大宗教节日别无二致……广岛被推上圣坛是我们这个核时代最幸运的事件之一。”

一个关键的问题在于，温伯格如此动情地描写的这种反对核武器的情感是否仅限于“西方”文化？我认为，对核武器的这类态度和期望在发达国家的民众和精英之中显然有着更广泛的认同，但在观察朝鲜、伊朗或其他潜在核武器国家的时候，我们并不能确认他们会坚定地秉持这一传统。当然在过去，我们同样无法确信苏联领导人会继承和培育这个传统。如果是在 20 世纪 50 年代，恐怕有许多人不会想到，当苏联人在阿富汗被打得狼狈不堪的时候，他们会对自己手中的终极武器视若无物。

我们或许应该感激他们在阿富汗的行动，那又是一场没有动用核武器的血腥战争。40 年前，我们可能会认为苏联领导人并不在乎温伯格所描述的广岛精神，他们会与杜勒斯一样不接受对核武器的普遍排斥，不珍视约翰逊总统所感慨的 19 年充满危险的核平静。因此当今天我们向那些引发世人恐慌的核扩散地区推广西方对核武器的严肃态度时，苏联和西方在核武器问题上惊人一致的意识形态是一个鼓舞人心的出发点。

一个紧迫的问题是，我们是否能看到印度和巴基斯坦的领导人足够敬畏自己手中的核武器？有两个积极的可能性：其一是他们都接受我所讨论的核武器禁忌；其二是他们会像当年的美国和苏联一样，认识到核报复的前景会使核战争几乎不可能发动起来。

我在上方讨论的不动用核武器是针对非核武器国家动用核武器而言。而美国和苏联之间则有着不同的机制：由于存在对手实施报复的危险，除了最糟糕的紧急情况之外，首先发动核攻击绝非明智选择。而那种最糟糕的紧急情况并未真正出现过。美苏对抗的经历或许能启发印度和巴基斯坦：最大的危险在于，一方陷入军事危机，产生动用有限核武器的冲动，这样一来，事情将如何发展，无论是我们还是印度和巴基斯坦都无法从历史上找到答案。

最近令人的担心是，伊朗和朝鲜可能将要拥有或者已经拥有一定数量的核弹头（利比亚似乎已经退出）。为了打消或削弱他们发展核武器的兴趣，不仅需要巨大的外交努力和国际合作，还需要同样巨大的、甚至更大的努力来使他们接受和强化不使用核武器的习惯和制度。

19 个平静的年头如今已延长到 60 个，艾森豪威尔试图（或假装试图）取消、而约翰逊感到敬畏的核武器禁忌已经成为被普遍接受的强大传统。

下一个拥有核武器的国家可能是伊朗、朝鲜，某些恐怖组织也可能得手。他们是否会接受这个禁止使用核武器的传统，或者至少承认这一禁忌有着广泛的国际基础？

答案部分取决于美国是否承认这个规则,特别是,美国会把这种传统视为值得珍惜、巩固和捍卫的财富,还是会如杜勒斯先生那样,认为“我们必须设法解决不能使用核武器的禁忌问题”。

如今,人们就“遏制”战略是否已经过时、是否已经在美国安全策略中不再重要,展开了广泛的讨论。没有苏联需要遏制了,令俄罗斯人感到头疼的问题是车臣而不是美国,中国大陆对武装解放台湾的兴趣也不如赫鲁晓夫对柏林的野心。至于恐怖分子,那是无论如何也没法遏制的,因为我们不知道他们看重什么,他们在哪里,他们都是谁。

我想我们将遇到一种新的遏制形式。假如在各种外交努力之后,伊朗还是获得了一些核武器,那我们会再次发现自己受到了遏制,而不是去遏制别人。例如,我认为北约组织在1956年的匈牙利危机和1968年的捷克事件中就都受到了遏制,没敢进行干预。当然,另一方面是需要伊朗学会(如果它尚未掌握的话)遏制战略的思考方式。

依靠有限的几枚核弹,伊朗人除了可能破坏自己的设施以外,还能做些什么呢?保留这些武器可以阻止美国、俄罗斯或其他国家采取军事冒险行动,因此,把它们转让、销售出去,或者用来杀人就太不值了。在过去60多年里,核武器的有效用途不是对战场或平民的杀戮,而是产生影响力。

那么恐怖分子呢?任何一个组织在获得足够多的裂变核燃料之后,至少需要6位高水平的科学家,若干数量的机械师和技术人员,远离自己的家庭和职业,在几个星期甚至几个月的时间里专心致志地研究制造原子弹,讨论原子弹应该如何使用,由谁决定等。由于自己付出的贡献,这些人或许会认为他们对核炸弹的使用应该有发言权。就好比在1950年的时候,作为原子弹的开发者之一,英国议会也认为本国有权利参与杜鲁门关于对朝鲜使用核武器的决策。

他们将发现,或者说我希望他们将发现,历时数周的争论之后,从恐怖分子的立场来看,核弹最有效的用途还是在于其影响力。如果能证明自己拥有核武器,我相信如果他们掌握了核武器,他们完全有能力在不需要引爆的情况下证明,他们掌握了相当于一个国家的国际地位。因此,威胁要把核弹用于某个军事目的,而在威胁成功之后引而不发,要比毁灭性地投入使用更合算。即使对于恐怖分子而言,摧毁大量的生命和建筑物,也不及迫使一个大国屈膝投降来得更痛快。

美国人虽然迟缓,但终于还是明白了(在1961年),对核武器需要建立特别严格的保管制度,以防止意外、故障、失窃、破坏及战争狂人擅自发动的攻击。同样在国际上也有这样的荒谬悖论:我们对于那些突破了核不扩散原则的国家,是否应该提供技术支持,以加强对核弹头的保管?至少,我们可以试着告诉那些核俱乐部的新成员,美国在自己成为核大国后的最初15年有很多未能及时认识到的经验教训。

美国参议院在1999年否定了《全面禁止核试验条约》。在支持签署这个条约的意见中,最有力的一条是它有助于巩固人们对核武器的普遍反对态度。全球已有大约170个国家批准了该条约,强化了不使用核武器的传统,任何一个例外都被世界视为违反了这个来之不易的规则。假如这个条约像我希望的那样再次提交给参议院,但愿他们不忽视这一重大收获。

对于美国政府而言，有关核武器的最关键问题在于：核武器及其使用的禁忌对美国究竟是有利还是有害？假如这种禁忌符合美国的利益(我认为这显而易见)，那么，人们在继续宣扬美国需要核武器，美国要做好使用核武器的准备，美国需要新的核装备或核试验的时候——姑且不管是否使用的问题，也应该考虑一下：这么做是否会损害过去60多年的克制所积累下来的反对核武器的普遍立场？

(黄聪聪 译　唐兆希 校)

2006 获奖者

埃德蒙德·菲尔普斯
Edmund S. Phelps

【获奖理由】在宏观经济学中跨期权衡所做出的研究分析。

生平简介

1933 年	出生于美国
1959 年	获耶鲁大学经济学博士学位
1981 年	当选为美国科学院院士
1982 年	获聘为麦维克政治经济学教授
2000 年	荣获美国经济学会杰出会员称号
2001 年	创建资本主义与社会研究中心并任主任
2005 年	被聘为北京工商大学名誉教授
2010 年	担任闽江学院新华都商学院院长

主要学术贡献

菲尔普斯教授最重要的贡献在于经济增长理论，他继罗伯特·索洛之后，对经济增长的动态最优化路径进行了分析，提出了著名的“经济增长黄金律”，从而正式确立了经济增长理论。他被誉为“现代宏观经济学的缔造者”和“影响经济学进程最重要的人物”之一。研究方向主要集中于宏观经济学的各个领域，包括就业、通货膨胀和通货紧缩、储蓄、公债、税收、代际公平、价格、工资、微观主体行为、资本形成、财政和货币政策，以及他最有成就的领域——经济增长问题。

菲尔普斯在 20 世纪 60 年代对当时盛行的“菲利普斯曲线”理论提出了挑战。根据当时的这一理论，通货膨胀和失业之间存在稳定的负相关关系，即此消彼长的关系。菲尔普斯指出，通货膨胀不仅与失业有关，也与企业和雇员对价格和工资增长的预期有关，从而提出了“菲尔普斯曲线”。他还与哥伦比亚大学的同事们一起研究并建立了工资与价格定价的非协同模型，运用不完全信息等理论来研究自然失业率、隐含工资合同、滞后效应与失业等重要问题。他的研究对经济学理论和宏观经济政策都产生了重要影响。菲尔普斯指出,今天的经济政策是制定未来经济稳定发展政策的前提,这已成为当今许多国家制定经济政策的依据。菲尔普斯的理论在20世纪首先被运用在美国和西方其他一些发达国家的经济政策制定中。在今天新的全球经济背景下,菲尔普斯的经济理论也会对发展中国家的经济发展提供理论支持。

主要学术成果

《菲利普斯曲线、通货膨胀预期和随时间变动的最优就业》(1966)
《经济增长的黄金定律》(1966)
《经济增长的目的》(1969)
《通货膨胀和失业理论:货币计划的成本效益分析方法》(1972)
《利他主义、道德和经济理论》(1975)
《政治经济学:入门教材》(1985)
《宏观经济思想七流派》(1990)
《增长率的国际差异:市场全球化和经济领域》(1994)
《公平、效率和增长:福利国家的未来》(1996)
《结构性低迷》(1998)
《金融、研究、教育和增长》(2003)

颁奖词

瑞典皇家科学院 / 贝蒂尔·霍尔姆隆德

尊敬的国王陛下、殿下,尊敬的桂冠得主们,女士们,先生们:

低失业率和低通胀是经济政策的核心目标。20世纪五六十年代时期的主导观念是这两个目标间存在着此消彼长的关系。实际经验似乎表明失业率与通货膨胀之间有着稳定的关系,即所谓的菲利普斯曲线。这个结论指出如果政策制定者允许通过减税、降息等刺激需求的手段来提高通胀率,那么就能降低失业率。

埃德蒙德·菲尔普斯对这一观点提出了挑战。自20世纪60年代起,他提出了失业与通胀率方面的新理论。该理论强调劳动力市场中通胀预期及信息问题的作用。个体企业与家庭必须将决策建立在对价格和工资的一般趋势的预测之上。菲尔普斯将这种行为描述为所谓预期扩充的菲尔普斯曲线。这一曲线表明,通胀率不仅取决于失业率,还取决于预期的通胀率。

菲尔普斯的假设认为,从长远来看,当实际通胀也成为预期通胀时,通胀与失业之间根本不存在任何关系。长期的失业,即所谓的均衡失业,由劳动力市场及其他市场的运行状况所决定。因此,货币政策及其他稳定性政策只能对短期失业波动产生影响,而对长期失业水平没有影响。试图通过货币政策和财政政策有计划有步骤地将失业水平控制在均衡失业水平之下会造成通货膨胀率的不断上升。

现在有足够的证据证明菲尔普斯的假设是基本正确的。值得注意的一点是他的假设是在数据与假设相矛盾的情况下提出的。但是在20世纪70年代所发生的系列事件证实了菲尔普斯的假设，当时高通胀率与高失业率同时出现。

菲尔普斯的分析强调，就现行稳定性政策对未来达到低失业率、低通胀率这一可能性的影响程度而言，稳定性政策与投资决策是类似的。这种有关货币政策观点如今已被人们广为接受。对于货币政策方面的研究，以及大多数在经济政策方面的探讨，如今都在处理经济活动中的短期变化与保持失业率和通胀都下降的未来可能性之间有此消彼长的关系。今天这一领域中大部分的政策理论支撑都基于菲尔普斯的分析之上。

资本的形成也是短期与长期之间此消彼长的问题。通过储蓄，我们可以为投资腾出空间从而提高下一代的福利。然而未来几代并不存在于当前，因而无法为他们的利益进行投票选举。于是这问题就变成了我们该如何为人父母：我们该选择多少用于自身消费，多少用于下一代的投资？埃德蒙德·菲尔普斯已为我们阐明，每一代人决定多少用于储蓄或消费时就会在各代人之间产生复杂的分配冲突，这样才有可能证明强制性养老体制能惠及各代人。

但是资本形成不仅仅是实物资本的储蓄和消费的问题。它还是关于教育和研究的问题，即所谓的人力资本。埃德蒙德·菲尔普斯在一些发表的作品中都呼吁关注对这类知识资本的投资在经济增长中的核心作用。菲尔普斯的分析把我们引向这样一种理解，即经济增长并不像大部分人所设想的那样仅仅取决于教育水平的增长率，它还取决于某一时间点的实际教育水平，这一模式与实证研究的结果相当匹配。

尊敬的菲尔普斯博士：您是第一个对失业和通胀进行了正式而现实分析的学者，认真探讨了通胀预期的作用。您发展了预期扩充的菲利普斯曲线，并研究了稳定性政策在这一情境中的实施。您还开创了对信息问题普遍出现的劳动力市场的分析。您在资本形成方面的研究有助于我们理解各代人之间的经济矛盾，以及经济增长中人力资本的重要性。

我万分荣幸代表皇家科学院向您表达我们最热烈的祝贺。现在请您走向前来，从尊敬的国王陛下手中领奖。

（陆　萍 译　王鑫鑫 校）

获奖演说

现代经济的宏观经济学

埃德蒙德·菲尔普斯[①]

表现主义根植于对大都市生活的新体验，这种都市生活彻底改变了1860—1930年间的欧洲。这是一种视觉型表现，表现了在一个快节奏、令人费解的世界中漂泊、振奋、恐惧的种种感觉。

——杰基·伍施拉格

19世纪后半叶，现代经济在一些国家中已逐步取代了传统经济，而到20世纪后半叶时，现代经济已在大多数国家占据了主导地位。以自主创业和自筹资金为特色的体制让位于有着众多商业自由和授权制度的现代公司体制，这就是让历史学家、社会学家及商业评论家们大书特书的“大转型”。对充分融入现代经济的国家来说，现代经济的确具有革新性[②]，但对经济学而言，这种革新性就少了很多。

如果说我出版的论著中，尤其是本文，有一条主线的话，我认为那就是现代经济的本质[③]。那么现代经济的本质是什么呢?

一、现代经济和现代经济学

早期，众多社会学家对传统经济和现代经济之间的区别作了相关描述。传统经济被认为是建立在一个人与人之间互相了解和互相帮助的群体基础上的，即滕尼斯(1887)所说的共同体；而现代经济则是建立在人与人互相竞争的商业基础上，也就是滕尼斯所说的社会[④]。社会等级在传统经济中相当重要，但在现代经济中，社会等级并不重要(韦伯，1921，第22页)。无论这些社会学的对比描述正确与否，显然它们不需要对标准经济学模型做根本性修正。

经济史学家们则从经济学的角度来阐述这两种体制间的差别。传统经济是程序化的，在这种范式情境下，农民定期拿自己的农产品去集市换取他们所需的日用品，高温、暴雨及其他一些不可控制的外生冲击都是该种经济的干扰因素。现代经济的显著

---

① 与这篇演讲相关的讨论，部分要追溯到几十年前。我非常感谢菲利普·阿吉翁、马克斯·阿马兰蒂、阿玛尔·毕海德、让·保罗·菲图西、罗曼·弗里德曼、彭蒂·库里、理查德·尼尔森和理查德·罗布、莱彻·博吉洛夫和拉米尼塔·史蒂文斯给我提供了创建性的研究帮助。

② 19世纪，有几个欧洲国家出现了不断高涨的反现代主义呼声，并持续到两次世界大战之间的时期，致使这些国家建立了由许可、咨询和审批等制度构成的20世纪“社团主义”体制，使商业沦为社会和国家政权的附庸，它们的现代经济也因此陷入瘫痪。

③ 这种回顾主要集中于我对不完全信息和不完全知识的相关研究工作，因此没有包含有关风险财富积累及技术变化中要素节约偏向的文章。

④ 滕尼斯认为社会(也就是资本主义社会)中的交易者都是“匿名”的。这是古典完全竞争的结果。但是在我有关现代经济的著作中，厂商、金融家、管理者、雇员及消费者并不是匿名的。厂商拥有可以识别和不可替代的雇员；不仅如此，厂商了解他们的消费者，消费者也对他们的供应商有所了解，如此等等。

特征便是内生变化的可能性:现代化促进了产权扩张、公司法和金融机构等制度安排的完善,这就让个体在新产品、方法的融资、开发及营销等方面从事创新性活动,即商业创新。这种出现在欧洲和美国,马克思所谓的"资本主义"开创了一个从1860年到1940年不断加速的创新时代,自此以后,一波又一波的创新高潮接踵而来,所进行的创新活动也往往非常成功,随之产生了快速而累积式的经济变革。

一些先驱理论学家(大多数是两次世界大战期间)认为,商业创新及持续的经济变化具有系统性的影响力,能改变人们在经济体中的体验。

创新带来了不确定性。首先,创新行为的未来结果是不确定的[①]:"无法预期的结果"原则在此适用(默顿,1936);如凯恩斯(1936)所说的,企业家必须在他们的"动物精神"驱动下行动;而在哈耶克(1968)看来,发起创新在先,创新的收益和成本是后来才被"发现"的。其次,创新本身及由创新带来的变化让非创新者的未来充满"奈特不确定性"(1921)。最后,由于创新和变化在不同地方和行业间并不是平衡进行的,而且当前也存在不确定性,即对于别处发生的事情,大部分是观察不到的,有一些则是不身临其境就无法观察到。因此,即便现代经济的每一位行为人对经济如何运行都有相同的理解("模型"),我们也不能由此假设别人的想法跟自己一样。因而,随着现代化进程,传统经济的另一个特点,由相同理解主导的共识便丧失了[②]。

创新性还使工作发生了改变。在哈耶克(1948)看来,即便是最底层的雇员都拥有难以传递给他人的特有知识,因此人们必须在工作中进行合作,管理者和工人在各种变化的刺激下致力于解决不断出现的新问题。马歇尔(1892)认为,工作是大多数人思考的对象及智力开发的主要来源。缪达尔(1932)则在其著作中写道:"大多数生活境况比较好的人从生产者角色而非消费者角色中得到更多的满足"。

但是进入20世纪之后很久,经济学仍未能转向现代经济学。正式的微观经济学理论仍然是新古典经济学,它建立在李嘉图、威克斯蒂德、维克塞尔、庞巴维克及瓦尔拉斯田园诗般的理想基础之上,一直维系到20世纪50年代。萨缪尔森修正、阐明及拓宽经济理论的工程在让人们注意到新古典经济学优点[③]的同时,也让人们看到了它的局限性,新古典经济学抽象掉了现代经济的特殊性质:局部的不确定性、不明确性、信念多样性、知识专业化及解决问题的能力等。由此,新古典经济学不能捕捉或者说内生地解释植根于现代经济的各种可见现象,如创新、快速增长浪潮、商业活动的巨大波动、不均衡、员工的高度参与及工人的智力开发等。当然,也有一些杰出的新古典经济学者看到了这些缺陷,但他们缺乏微观理论来解决它们。在回答货币效力或货币政

---

① 埃尔斯伯格(1961)和费尔纳(1961)最先在他们的文章中运用了不明确和含糊这两个词。

② 我并不是说现代经济导致了总风险(可测量的和不可测量的)的净增加。我的意思是生产率的巨大进步大多是由现代化而不是科学进步带来的,而这种进步又让越来越多的参与者得到了人身危险和道德风险更小的工作。金融创新有助于降低由现代化带来的各种风险。现代金融体系对商业活动带来的危害并不比饥荒和瘟疫给传统经济造成的危害大。

③ 有人也许会说,萨缪尔森1948年出版的教科书和1947年的《经济分析基础》,使经济学传统脱离了当时的激进凯恩斯主义、制度主义和行为主义。

策如何影响就业这个问题时,他们还是诉诸一些权宜将就的解释工具,这些工具要么没有微观经济学基础,比如菲利普斯曲线及不变价格,要么将模型中的所有波动看作是围绕固定中值变动的随机扰动。

经过几年的新古典经济学研究之后,在20世纪60年代,我开始建立能够解释现代经济现象的模型,同时还有其他一些年轻的经济学家也致力于相同的工作①。在耶鲁大学和兰德公司,通过我的老师威廉·费纳和托马斯·谢林,我知晓了一些现代主义概念,如奈特不确定性、凯恩斯概率、哈耶克的私人诀窍及波拉尼的个人知识等。由于在一定程度上吸收了这种现代主义的观点,因此我能从不同于新古典理论的角度来看待经济问题②,我能够尝试着将雇员、管理者或企业家的行为包含或反映在我的模型中,即承认大多数人在工作中形成预期、发展信念、解决问题及想法等行为。努力将这些人纳入经济模型随之成了我的目标。

活动模型中的预期

现代经济中的失业测定一直是我自20世纪60年代中期到20世纪70年代末期,以及之后的20世纪80年代中期到20世纪90年代早期的主要研究领域。促使我进行这项研究的主要问题非常基本,即正如凯恩斯在他的著作中推想的那样,为什么"有效需求"(即购买商品的流动资金)的增加能够导致产出和就业量的增加?为什么不仅仅是价格和货币工资的上升呢?

紧跟其后产生的另一个问题是:在均衡条件下,更确切地说,沿着任何一条均衡路径,怎么可能出现积极的非自愿失业呢?我的模型给出的答案是:如果不存在积极失业,员工离职现象一般来说会毫无节制地蔓延,每一家厂商由此都试图支付比其他厂商更高的工资,以降低高雇员流失率带来的高培训费用。在我看来,问题的关键不是所谓的"信息不对称"假设,即工人能够隐藏他或她的离职倾向(相对于雇员来说,雇主可能对员工离职率有一个更加清晰的认识);而是不可能存在非常完美的合同,可以在雇员提出所有离职借口的情况下都能保护好雇主的利益。当然,雇主也能够对雇员施压,强迫他们离职。因此,在一个现代经济体中,不成文的协议是不正式的,而明确写出的协议也不全然是一清二楚的。

我对"有效需求"与各种经济活动之间关系的分析是始于这样一种观察,即面对各种各样的创新和变化,现代经济中的市场并不像新古典经济学家们认为的那样是"分散的"。经济体中每一个行为人的信念和反应是不一致的:瓦尔拉斯的"解围之神",即市场拍卖人,在现代经济中并不适用。在现代经济中,大部分活动都要受创新的推动,

---

① 20世纪60年代对该领域或邻近领域感兴趣的人包括罗伯特·克洛尔、罗伯特·奥曼、布林·罗斯比、阿曼·阿尔钦、阿克塞尔·莱荣霍夫德、理查德·尼尔森、西德尼·温特、阿瑟·奥肯和威廉·布雷纳德。20世纪70年代和80年代,罗曼·弗艾德曼、史蒂文·萨洛普、布莱恩·阿瑟、莫迪凯·库尔茨和马丁·舒比克进一步壮大了这个研究队伍。到了20世纪90年代和2000年,阿玛尔·毕海德、艾伦·科曼加入了这个行列,托马斯·萨金特和迈克尔·伍德福特亦涉猎其中。

② 我并没有拿掉某些新古典特征,同样,我也没有特意将这些现代主义的概念放进这些模型中,以让模型更符合现代思维方式。

而且过去的创新造就了产品的巨大差异。这就引致了以下观点:个体的预期和他们的计划可能是不一致的。如此看来,一部分人或者所有人的预期都不正确,这就是马歇尔和缪达尔称之为非均衡的情形①。因此,经济体(为简单起见,指一个封闭的经济体)可能经常处于这样的境况,即每一家厂商(或占优势地位的几家厂商)普遍预期其他厂商支付比它更低或更高的工资率。在前一种情况下,每一家厂商都深信它选定的工资率是其他厂商不能企及的。

在我的第一个模型中,假定劳动力市场是非均衡的(菲尔普斯,1968a),某个厂商低估其他厂商的工资率,由此产生的效应就是,降低该厂商计算出来的需要支付的工资率。该工资率要充分考虑员工的辞职率,以最小化厂商的总成本(现有产量水平下),这个总成本就是厂商的工资成本与雇员流失成本之和。用后来创建的模型来说,厂商低估其竞争对手支付的工资使得"工资曲线"下移②。工资曲线下移导致了成本曲线下移,价格也因此下降,通过1968年模型中所示的货币传导机制,导致产量上升(一开始这是通过将雇员从培训转移到生产中实现的);雇员预期其他厂商的工资要低于自己所在厂商的工资,这一预期使辞职率下降,由此就业逐渐增加。此后,由于成本下降和利润增加,厂商可能会增加其雇员人数(从初始的水平上)。这样一个看似简单的模型敏锐地揭示了许多难以理解的微妙之处,这也难怪很少有学生能完全掌握它。不过,预期对工资、价格和经济活动有重要作用这一点,许多人还是能领会的。厂商低估竞争者的工资和销售价格,这推动了经济的扩张(菲尔普斯和温特,1970);反之,厂商高估竞争对手的行为则会拖累经济。

在一个本身就有非均衡倾向且非均衡会加剧的经济体中,如果总需求曲线上移会有什么影响③?我曾经致力于研究私人部门的不明支出冲击,这一冲击会加快货币流通速度,而且一旦中央银行对此反应迟缓,价格水平和货币工资水平都会相应上升——不管是迅速上升还是缓慢上升。在我看来,如果厂商和工人正确地预期到了货币工资和价格对需求价格上升做出的反应,那么这种货币流通速度的冲击对产出和相对价格来说都是中性的④。然而,厂商和工人在一开始的时候没有办法感知到这种中性。

---

① 可以想见,随机力量可能会起作用,但是事前的预期将依然是不正确的。在我的模型中,为了清楚起见,我通常排除这类随机力量——它们是新古典模型的本质所在。

② 参见夏皮罗和斯蒂格利茨(1984)。在其1983年发表的文章中,卡尔沃和菲尔普斯在合约背景下得出了一条工资曲线。

③ 我始终清楚地知道,在所有厂商都准备马上提高它们货币工资和价格的模型中,不存在这样做的启动成本,少数情况下的需求冲击可能在理论上对数量和相对价格没有影响。比如,中央银行突然宣布马上将货币供给增加一倍。如果该冲击是非常公开的(所有人都会注意到),那么它的结果大家也都会知道;如果它对均衡价格是中性的,那么在我研究的模型中,货币工资和价格就会即刻上升1倍,而模型中的产出和就业量却不受影响。凯恩斯(1936)也间接地指出了这类例外情况。

④ 这意味着,不管经济的初始状态导致了什么样的均衡就业路径:货币流通速度的冲击对于该均衡路径及其他均衡路径(无论有没有达到)都是中性的。

接下来发生了什么呢？我的模型给出了如下解释①：正如经常发生的那样，每家厂商都错误地认为，它观察到的所有或者绝大部分需求的增长是自己独有的，因此在决定提高多少工资的时候，它通常被引导低估了其他厂商的工资率上升幅度。同样的，每家客户—市场厂商在决定其销售价格的上涨幅度时也被引导低估了其他厂商涨价的程度。这样一来，相比于厂商不低估其他厂商的价格/工资率上涨幅度的情形，厂商实际决定的价格/工资率上调幅度要偏低，低于它如果不低估其他地方涨幅的情况下会选择的上调幅度。由此，我认为"不确定性"可能会导致"厂商在工资决策中做出谨慎、渐进的反应"(菲尔普斯，1968a，第 688 页)②。

关于数量方面。货币流通速度加快所激发的消费者需求增加让厂商意识到，以初始价格和产出水平，现在它可以销售更多的商品而不必降低价格。这样一来，先前对小幅提高产出漠不关心的厂商现在看到了提高产出的丰厚收益，因此会提高其产出③。如此厂方就会提升无须培训即可上岗的员工最大储备量，这样厂商的空缺职位也就直接增加了。相应的，提高相对工资的认识而导致的员工离职率下降并不能减缓厂商增加雇员的步伐，这样一来，就业增加了。但是对于厂商的招聘来说，有一个难点：一方面，厂商能够从失业大军中获取它想要的任意数量的新员工，但要想新员工能够顺利上岗，就需要让生产岗位上的部分老雇员腾出手来给新雇员提供必需的专门岗位培训；另一方面，由于厂商要增加产量，它真正会采取的策略是将培训岗上的雇员调配到生产岗上，这样一来，只有当离职率下降从而使厂商可以恢复并增加其培训岗上的雇员时，它才会增加雇员④。

如上所述便是需求变动所产生的冲击效应，接下来则会有一个调整过程。在我的模型中，厂商在某一时点上发现，累计的价格上涨并没有让他付出预期的消费者基数减少的代价，工资的上涨也没有导致预期的离职率下降。不仅如此，在经历了货币流动速度冲击对需求价格造成的最初影响之后，那些供给某类专门产品的厂商现在又面临着其产品需求价格的第二次上扬(在初始产量水平上)，其原因在于第一次价格上扬的幅度相同，而且厂商在盘算如何应对第一次价格上涨时所担心的替代效应也没有发生。通过这样一个"学习"过程，厂商会再次提高其价格和工资，使之更加接近于均衡水平。即便通货膨胀率的预期仍然是零，价格和工资率也会继续上升，直至非均衡级别降低直至消失——这里非均衡指的是货币流通速度提高的比率与价格水平累计提高的比率之间的差距。沿着这条路径，低估工资程度的下降会扭转离职率下降，推动

---

① 在这里，我参看了我在 1968 年发表的文章及我和温特(1970)合写的论文，而且我引用了以下三篇文章中的分析和评论：菲尔普斯等人(1970)；菲尔普斯(1972a)和菲尔普斯(1979)。

② 因为工资"刚性"而得出有效需求变化存在产出效应的推断是不正确的。但产出效应在任何情况下都存在，虽然较小，并且效果延续时间较短。

③ 如果正如我在 1968 年发表的论文中所论述的那样，每家厂商充分提高其价格以便出清市场上的初始产量，那么提高了的利润率也会产生相同的效果，而且可能不持久。

④ 当然，加班是另一种方式，这样可以抽调甚至增加培训岗上的员工，从而达到增加雇员的目的。

就业扩张的过程,使得失业后备军的流失导致离职率的净增;而价格和低估工资程度的下降则会削弱厂商扩充新雇员的欲望,所以为抵消不断增加的摩擦,厂商不会增加雇员。因此,摩擦可以消除现在看来是冗余的新增雇员。价格水平、实际工资及就业都被推向各自的新均衡值。从工资水平和价格水平的预期累计上升与实际上升相一致的意义上讲,这种回调就是"均衡"。(但是,起点乃至静点可能并不是完全的预期均衡,因为预期的工资或价格水平在这两种状况下可能远离均衡。)

然而,我发表于1968年的文章却表明,在每一个提高了的就业水平(诸如在经济扩张时期达到的就业水平)上,都存在着一条回到初始状态的均衡路径。沿着这条路径,不仅对工资和价格的低估消失了,而且预期的工资水平和价格水平的上升与实际相一致。沿着任何这样的路径,当前的低职位空缺水平(且仍在下降的)不断抵消当前的低失业水平(且仍在下降的),因此各家厂商的工资支付水平大致相当①。在这方面,卢卡斯(1972)随后提出的模型与我的研究有不同之处:他的模型有严密的含义,在当前的卢卡斯周期扰动之后,经济会马上跳回到均衡状态,这是卢卡斯运用"理性预期"假设的一个结果②。而在我看来,市场参与者可能会在任何时候走上均衡路径的钢丝,如果这种情况确实存在,那就会导致市场参与者从当前的状态回到他们的初始状态,但一般说来,我们不能假定他们能沿着这条路径找回到初始状态。

与"理性预期"的关系。上述框架并不是一个封闭的系统,它没有、也不打算给出一个完全确定的稳定状态。当前的职位空缺水平有一个外生的结构性要素,该要素是管理者们认为新增一名雇员的合适价值(也就是影子价格)的函数,而且这种影子价格并不是由模型决定的变量,如果该值上升,例如部分或者所有企业家一致看好未来经济,职位空缺数会因此上升,对雇员的招聘也会增加,这显然是出乎意料的③。该特点

---

① 给定预期的价格水平,在这条路径上预期的货币工资水平对于"劳动力市场均衡"来说总是非常必要;不仅如此,给定预期的工资水平,预期的价格水平总是如此,以满足"产品市场均衡"的条件。云和菲尔普斯(1992)清晰地分析了一个无消费市场的非货币模型的均衡路径。菲尔普斯、云和索伊加(2005)及胡恩和菲尔普斯即将出版的著作分析了将产品市场变为消费市场时的均衡路径。

还需说明的一点是,对于劳动力市场均衡来说,还有另外一个条件和相应的等式。厂商必须正确地给定多雇用一名雇员的影子价格,这样才能正确地计算其职位空缺数。这意味着必须对市场工资的近期走向有正确的预期.这又意味着必须对其他厂商在不久的将来提高工资的幅度形成正确的预期,而不仅仅是对当前的工资水平有正确的预期。

② 这就是跳到卢卡斯模型中的某一点,类似于跳到我模型中的刀刃式均衡路径上。在卢卡斯的周期模型中,存在一个卢卡斯周期:在这个周期结束之前,全国性的数据是不可得的;而在这个周期结束时,所有的全国性数据都被公布。在我的连续时间模型中,有关工资上升的数据可能是滞后的,但是有关工资水平的数据不会滞后,当然与对比厂商的工资水平有关的数据也不会有滞后(事实上,厂商之间可以形成协会以分享这类数据,而且工人也可以形成工会;但是在我设想的"自由市场"中,不存在这类干预)。

③ 凯恩斯的"通"论就"通"在它认为厂商的目标是变幻不定的、任意的。这种任意性对卡尔沃和菲尔普斯(1977)文中的厂商工资合同来说是很重要的。

使模型不至于成为一种,不给创新及之后的结构性变化,留有任何余地①的机械式工具。

在这个得到最优诠释的模型中,估算自身期望工资目标的厂商,必须在无法获得有关竞争对手近期工资率公开信息(更不用说观测报告)的情况下,形成对竞争对手平均工资率的预期②。因此,一般来说,劳动力市场摸索着前进,不是逐渐走向真正的均衡,而是走向替代均衡。在前一种均衡中,厂商预期到的竞争对手的工资率与它们自身的实际工资率相等;在后一种均衡中,预期工资率可能会低于实际的工资水平(菲尔普斯,1972)。这样,在给定相同的职位空缺率条件下,失业静点低于和(预期)均衡相一致的稳态水平(当然,主观感觉与现实之间的差距也会变化)。

最后一点但也是相当重要的一点。和假定理性选择被认为是不准确的一样,假定理性预期均衡作为闭合模型的一种方式也是不准确的,但不是在同一意义上所说的:把这种说法强加到这一模型之上是不恰当的。在一个高度创新并受制于不断变化的经济中,各家厂商,甚至同一区域相同行业的各家厂商都有着各自不同的想法。因此任何厂商都没有理由像理性预期理论所认为的那样来推理、思维。也就是说,"虽然我已推算出应将我支付的工资提高 $x\%$,但是考虑到我的竞争对手会做相同的事情,那么我现在就必须更大幅度地上调工资"。通过这种归纳推理来形成正确的预期是不适用的。这也正是我在另一篇文章(菲尔普斯,1983)中讨论的主题,这篇文章收录在我和弗里德曼共同主编的一本书中。

更为根本的是,如果未来是由当前的新思想和企业家随后做出的各种计划促成的,而公众对此无从知晓,企业家对此也没有十分的把握,那么公众就无法对未来的概率分布形成"理性预期"(卡尔沃和菲尔普斯,1977)。如果各厂商均致力于创新活动,根据过去的数据"进行回归",并不能使某个厂商在任何一方面合理地预期这些致力于创新活动的厂商现在打算做什么(参见弗里德曼和戈德伯格,即将出版)。理解了不确定条件下凯恩斯——费纳概率的运用之后,一旦我们知道厂商们随时都在应对意外情况的出现,就不会那么看重对他们所做事情的历史性预测。

因此,如果有人问我的理论是否被卢卡斯模型替代,我得说,如果一个经济拥有动态变化,这样它的创新活动就会不断地带来新的不确定性,那么理性预期均衡这个概念并不适用,运用这一概念的经济模型也根本不能很好地反映这样一种经济波动的机制。

与弗里德曼 1968 年模型的关系。以上有关"自然失业率"及由于被曲解的扰动及变化导致偏离方面的理论,通常被认为与米尔顿·弗里德曼(1968)提出的理论在本质上是一致的。由此,这两个模型被当作是同一事物的两个同时发现。事实上,它们代

---

① 模型对经济体未来路径的预测取决于职位空缺方程外生部分的持久特性,尽管实际的路径很有可能受到外生职位空缺变化的干扰。

② 在我文章中的某些地方,平均工资水平被当作是已知的,但只有在未来一段时间内,有一个固定工资承诺的不同模型中是如此(对于该点的详细阐释详见菲尔普斯,1968a);否则工资是未知的,需要依据具体情况来推测。

表了两种不同现象的发现。弗里德曼的模型是自然劳动力参与率模型，而我的模型则是自然失业率模型。这一差别让两个模型产生了无数的不同之处。比如，在弗里德曼的模型中，未觉察到的需求方面的上升对竞争性均衡来说是一个不受欢迎的偏离；而在我的模型中，未觉察到的需求上升则减少了庞大的非自愿失业（下面我将简要地对旨在提高就业的货币政策进行评论）。

与凯恩斯主义的关系。一些学者善意地评论说，我在这篇文章中所涉及的研究，以及我在《就业和通货膨胀的微观经济学基础》（菲尔普斯等人，1970）中所做的相关研究是“革命性的”（皮萨里德斯，2006；萨缪尔森，2006）。但我认为还迫切需要两点评论：第一，我所做的微观—宏观模型保留了凯恩斯的一些核心思想：有效需求变化，甚至是“中性的”变化通常也会影响商业活动。不仅如此，在均衡市场中，价格水平和货币工资水平并不是完美的①；另一方面，我随后的研究将自然失业率内生化，这使我脱离了凯恩斯政策主张的其他一些核心部分。

在最优货币政策理论中的运用。这一预期框架的首次公开应用是在我对最优通货膨胀政策建模的研究中（菲尔普斯，1967）②。这是对运用菲利普斯曲线构建“最优”通胀率模型的一个回应（奥肯，1965）。曾经有一段时间，这篇1967年的文章对我来说似乎已被建立在理性预期基础上的泰勒规则所取代（泰勒，1993，1999）。然而，我的这篇文章在历史性通货紧缩的研究中继续奏效（萨金特，1999）。诺贝尔奖委员会（2006）也认为，我从跨期角度对政策制定问题进行了研究。因此，在本文下一部分我将主要阐述我的那篇文章。

改变预期之外的政策

我从跨期角度讨论政策的早期著作主要集中于无货币经济中的财政政策。我在菲尔普斯（1965）的那篇文章中提出了一个假设条件：通常，公众期望他们的“终生”税负的现值比可预见的要少（我引用大卫·李嘉图的观点来为自己辩护，几年后，“李嘉图学派”才指出他排斥的东西）。根据那篇文章里的模型，其结果便是，在市场经济中出现对消费品的过度需求和劳动的供给不足。“财政中性”政策意味着预期终生税负的现值与政府预期的财政支出及转移支付一致。如果公众没有理性预期，那么相对于财政中性所需的税率，实际税率的设定要么偏高，要么偏低。于是就产生了如下思想，即市场预期会影响供给，而且这些预期有可能是我们不乐意看到的，因此“最优”政策就要对这类预期进行矫正。

我1967年那篇文章的一个关键假设便是，公众对通胀率的预期可能会过高，因此政府唯一能做的就是促使公众降低他们的预期，强行将实际通胀率降到预期通胀率之下，直到预期通胀率下降到一个可以接受的水平为止。这篇文章的另一个假设是，未

① 这篇凯恩斯死后才被学者们发现并出版的文章被凯恩斯冠名为“不协调的经济”；最主要的美国凯恩斯主义者托宾写到，凯恩斯的理论是关于“期望非均衡”的理论（托宾，1975）。

② 这篇写于1966年上半年的文字是在伦敦经济学院完成的，之后我写于1968年和1970年的文章主要是关于工资动态和价格动态的。

预期到的通胀带来了高于自然率水平的就业，而未预期到的通缩则会带来低于自然率水平的就业，即高于自然率水平的失业。因此，我后来称之为的"通缩"就含有一个转换成本，即失业率暂时高于自然率水平的经济和社会成本，而如果政府能够通过设定有效需求来维持当前的通胀预期，自然失业率水平就能够实现。这些想法被置于一个与拉姆齐(1928)最优资本积累模型相似的背景中。预期的通胀率 x 充当状态变量，相当于拉姆齐模型中的资本存量，而实际通胀率 f 对 x 的偏离类似于消费对收入的偏离。这样一来，政策变量便是稳定投资需求以保持资本存量不变的财政和货币政策(其中，财政政策用的是使公债保持不变、由均衡预算规模所导致的需求水平)。这个分析(1966 年完成)并不简单，我在 1969—1970 年完成的一本书(菲尔普斯，1972a)中，简化了对这个问题的分析，即通胀政策由货币当局实施，而财政政策对资本和公债的影响被认为是中性的。简而言之，这个问题就是要找到一个政策函数：在由微分方程 $dx/dt=\beta(f-x)$ 表示的约束条件下，该函数使可能的贴现效用最大化。其中，β 是一个正的伪常量。

结果是：如果预期通胀率要远高于(或低于)最优政策使其下降到的平衡点水平，这便存在一个需要填充的缺口；最优政策总是要求将通胀率降低至当前预期通胀率水平之下，而不考虑短期收益。预期通胀率高于其静点值越多，实际通胀与预期通胀之间的最优偏离也就越大，从而初始的失业上升幅度也越大。效用贴现率越小，预期通胀率的均衡目标值越低，初始通胀缺口的最优规模就越大，这也就意味着较大的短期损失和较高的长期收益。就业率下降的成本越高，最优初始偏离就越小，因此失业对其自然率水平的最优偏离就越小，从而通缩的速度就会减慢。

回想起来，后来所谓的通胀目标可能正好源于我 1967 年的这篇文章①。然而，我也认识到在如此简单的最优货币政策的特征中有一个难点挡住了去路。在一篇未经删节的讨论稿中最后几页(我 1966 年公开发表的文章正是从这篇文章中摘取的)，我考察了一个内涵更丰富的模型。该模型中，失业率 u 的变动是缓慢的(同我 1968 年的文章)，这样一来 u 就成为与预期通胀率一样的又一个状态变量。由此最优政策函数 $f(x,u)$ 一般说来并不会推动预期通胀率向平衡点水平单调地移动。如果初始失业率远远高于或低于其自然率水平，则可能会使最优通胀率高于或低于预期通胀率，即便后者当前已处于其平衡点水平。但是，随着失业率回到其平衡点，即达到自然失业率水平的时候，这种预期通胀率最终也会回到其静点水平。泰勒(1993)提出的著名利率法则有着相同的特征，尽管它来自另外一种问题的最优政策，即在理性预期下围绕通胀和失业率均值的最优稳定政策。

也可以这样说，我 1967 年的那篇文章及后来的研究培养了这样一个理念，即中央银行的职能就是对通胀预期进行管理。这一观点认为，如果中央银行能监控并稳定预期通胀率，实际通胀率就不会长期失控。参数的变化可能会将价格水平趋向一条不同

① 或许最早的利率规则出现在德瓦尔德和约翰逊(1963)的文章中，但是，他们的规则并没有让通胀率这类变量达到一个目标水平。他们提出的货币供给规则也是如此。

的路径,但是这不会永久性地改变价格水平上升的趋势(我自己是这么认为的)。在一个对未来经济完全无法预期的经济体中,中央银行严重错估自然实际利率的可能性总是存在的。在这种情况下,中央银行的利率规则并没有从一个正确的常数项出发。在此常数下,银行制定的实际利率是为了能消除预期通货膨胀率与目标利率之间的偏差。如果自然实际利率被低估而其他变量却被很好地测算出来,那么银行设定的实际利率水平会太低,从而无法将通货膨胀控制在目标水平内(菲尔普斯,2006d)。

基于参与者的不完全信息,我想做出另一点评论:理性预期的一些倡导者抱怨预期是适应性的,就像我1967年模型中所描述的那样(卢卡斯,1976)。我1972年著作中的第8章对"常规的稳定政策"进行了讨论,承认预期在相同的经历不断重复的情况下不会是适应性的(系数可能不是真实的参数,不随通货紧缩而变化)。但是这一点并不足以说明理性预期假设的合理性[①]。一个动态变化的经济中不存在相同的重复博弈(正如古人所说,"一个人绝不会两次站在一条河流的同一个地方"):市场上有各种各样的想法,政策制定者也不会都属于某种固定的类型(即使是保罗·沃尔克也必须努力树立公信力)。凯恩斯认为,市场参与者的预期依附于最新的模型,直到对立的证据不断增加,并多到足以动摇这种模型时,才会打开通往更新的模型且与之前截然不同的预期路径。而适应性预期方程则是对这一过程的一个近似反映。

自然失业率波动和变化的结构主义模型

在过去几十年里,经合组织各成员国的失业率在没有通货膨胀或通货紧缩的情况下长期波动并大幅变化。并就此而言,各国失业率的巨大差异表明有一些强有力的因素影响了自然失业路径本身。的确,在20世纪的头几十年里,许多学者都试图用现实的市场因素而非货币因素来解释经济繁荣和危机。任何理论要想充分地解释失业率未能恢复到其20世纪20年代中期的准牛市水平,就需要一个"内生化"的自然失业率理论。

我曾在20世纪60年代运用过雇员培训模型和消费者市场模型。在这两个模型基础上,我于20世纪80年代开始创建自然失业率(或其路径)的非货币理论。朝着这个方向的艰难探索(卡尔沃和菲尔普斯,1983)专注于时间偏好和财富上,但缺乏对失业的探讨。一些两国模型(菲图西和菲尔普斯,1986,1988)主要关注海外利率和汇率,却又忽视了自然失业率。在索伊加等人(云天德、吉尔菲·索伊加)的大力帮助下,我在1988—1992年间的一系列文章和另一本专著(菲尔普斯,1994)[②]中使用了封闭和开放经济模型从而弥补了这些缺陷。相对于我在20世纪60年代末期进行的微观—

---

① 我很高兴能与约翰·泰勒和吉列尔莫·卡尔沃探讨理性预期基础上的工资和就业决定的新凯恩斯模型,这些研究于20世纪70年代在哥伦比亚大学进行(参见菲尔普斯和泰勒,1975;菲尔普斯,1978)。但是我不认为理性预期假设要比对适应性预期的灵活运用更令人满意。

② 那个时期的一些文章及随后的一些发展包括云和菲尔普斯(1992)、菲尔普斯(1992)、索伊加(1993)、云和菲尔普斯(1997)、菲尔普斯和索伊加(1997)和菲尔普斯和索伊加(1998)。其中开创者为菲尔普斯(1972b)和萨洛普(1979)。

宏观研究，这些模型是对宏观经济学更加彻底的重写。这些理论表明了税后工资，以及生产率相关的财富如何影响离职倾向和激励工资曲线；世界的真实利率、未来预期及其他一些因素如何影响厂商对其商业资产（雇员或消费者）所设定的影子价格，以及这些影响如何干扰或永久性地改变自然失业率（菲尔普斯，1994）。我十分欣赏这个理论，与凯恩斯主义的希克斯—蒙代尔—弗莱明模型（在该模型中，货币流通“速度”是上升的），以及新古典主义的希克斯—卢卡斯—拉宾模型（其中劳动供给是增加的）相反，该理论描述了海外真实利率的上升。由海外突发事件导致的实际汇率贬值会在某些参数的范围内导致经济缩水，消费者的收益会逐渐减小，这一点完全不同于凯恩斯主义的思想。

这个补充性的理论能够清楚地解释 20 世纪 30 年代的三种结构性力量推动自然失业率上升的方式[①]。首先，在 20 世纪 30 年代后半期，笼罩着美国和欧洲的战争阴影削弱了包括雇用新员工在内的投资活动（菲尔普斯，2006a）。其次，《社会保障法》降低了税后工资，因此减少了私人财富（这是一个抵消效应）；但该法律创造了“社会财富”，产生了净收缩效应（云和菲尔普斯，1996；云，2006）。

最后，我用来研究“结构性繁荣”的模型表明：突然出现的新型创新机会，在提高影子价格的同时，厂商则因预期到未来的生产率会提高而雇用和培训更多的雇员；而生产率的实际提高会增加投资于雇员和消费者的机会成本（菲图西等人，2000；菲尔普斯和索伊加，2001）。从这个方面来看，20 世纪 30 年代生产率的飙升在很大程度上并不是一种扩张性的力量，而是早期投资热潮可以预见的成果，而且这种飙升在很大程度上引起了经济萎缩。对我来说，这是一项全新的发现，因为这一发现将运行良好的资本主义经济看成是受到了源自商业人士的创造力和机遇等各种看不见的、摸不着的力量的驱使，而这些力量既不遵循任何固定不变的随机规则（菲尔普斯，2006d）[②]，也不遵循任何预先决定的随机规则（弗里德曼和戈德伯格，2007）。

总而言之，这个有关经济活动的完整理论将上述自然失业模型和 20 世纪 60 年代的模型结合在一起。该理论认为就业通过以下任何一种或两种方式增加：提高有效需求使就业偏离其当前的均衡路径，实际货币工资也将攀升到高于其预期水平的路径上。自然就业率的上升，提高了实际就业率，尽管其上升的幅度不如自然就业率的上升幅度大，且实际工资被迫低于其预期路径下。在过去 30 年中，学者的注意力从自然失业率小幅变动这一隐含假设下的有效需求变化和波动，转移到有效需求不足问题（至少在中央银行有一个好的货币政策时，有效需求是不成问题的），这一隐含假设下

① 值得一提的是在这 10 年中所发生的巨大技术变化使摩擦性失业增加，尽管我的模型中并不包含摩擦性失业。

② 当我假设经济体的结构或未来前景发生变化后，价格和数量会沿着一条可预见的完美路径变动，这实际已涉及理性预期。但是这种可预见性是以未来不会有更多变化为条件的，而模型并不保证这样的变化不会发生。经济体的参与者也许能很好地意识到未来不会有更多变化的可能性。但是他们并不知道，哪些参数的变化是可以预期到的，这些变化会产生什么样的后果。这可能只是大致近似地反映了对未来的无知，但如果没有这种近似也许更好。

的自然失业率本身的变化和波动。如果不是得益于上述完整理论发展得出的货币和结构主义因素,我们就无法对自然失业率有这么深入的理解。

关于增长

在新古典经济学中,理论的主体不是我们所知的人类的努力,而是“价格和数量”,历史和人类学科存在脱节。新古典增长理论的一个显著特征便是它没有考虑人的因素,该理论解释了物质资本的积累和投资,却将这背后的动力——知识的增加,即“技术”,视为是外生的,就像来自天堂的天赐之物;不仅如此,该理论假定新技术的选择可在瞬间完成,而且没有成本,也不会出差错。有关人在诸多关于管理、判断、洞察、直觉及创造等活动中所起的作用,尽管这些作用事实上对增长很重要,但在该理论中却是缺失的。

新古典理论的这个特点在国家储蓄理论中体现得最为明显。拉姆齐(1928)提出的模型便是一个最佳例子,另一个相关的例子是我在1962年提出的风险财富积累的新古典模型(菲尔普斯,1962)。在宾夕法尼亚大学执教期间,我在想是否该停止将国家建模为具有无限寿命的“单个行为人”,而是想象成通过遗产联系起来的一代代人,也许能得出更有成效的结论。我和波拉克(1968)所发表的一篇文章解决了每一代人在“博弈均衡”中会储蓄多少的难题,并确定储蓄决策并不是只考虑技术性因素,即时间偏好率和储蓄回报率;每一代人的自私程度也会影响决策(参见菲尔普斯,1973)①。

在另一篇文章中,我探讨了将人员配置放入技术进步的研究工作中这一想法(菲尔普斯,1966b)。我用一个技术进步函数描述了技术进步率与研究活动量之间的关系。无可否认,一定时期内研究投入的规模越大,技术变量上升得越快。然而,即便每单位时间的绝对收益在不断上升,技术进步率也是递减的。我开始对研究工作量随时间的增加能否延缓技术进步率下降这个问题进行探讨。结果发现,如果有一个合适的技术进步函数,研究投入的指数化增长能够逐渐导致技术变量的指数化增长。这个研究结果很快揭示了两层非常有趣的含义。

一层很明显的含义是:研究投入指数化增长路径的水平越高,技术变量将达到的指数化增长路径的水平也就越高。因此,对一个新手来说,社会投入的研究努力越多越好。但是经济学家们也关注消费——事实上一些经济学家只关注消费。我建立了一个简单的模型。在这个模型中,消费由所有不做研究工作的人(运用当前技术)产生。我发现在达到某一点之前,研究投入与非研究投入之比越高,消费路径将达到的水平越高。但是过了这一点之后,研究投入与非研究投入之比的进一步提高实际上会降低消费,因为技术所实现的收益将不足以补偿将劳动从生产消费品领域转投到研究领域的成本。这便是我关注的此类法则中的又一个黄金律(菲尔普斯,1961,1966c)。这条黄金律的奇妙之处就在于我们可以让这个比率成为一个数字。这个数字便是1,即意味着每一位生产者背后都有一位研究人员做支撑。

另一层含义是人口越多,研究人员的数目也会越多,进入一条更高技术路径的概率也会越大(菲尔普斯,1968b)。关于这一点,历史事实就摆在面前。若不是始于18

① 后来莱布森(1997)将这个理论运用到一个未来自我显著不同于当前自我的人身上。

世纪的快速人口增长(直到当前才变缓),我们可能只实现了过去两百多年里所取得的巨大技术进步当中的很小一部分。因此我们应感激人口的增长——我称之为莫扎特命题。依照这种逻辑,21 世纪的经济增长将比 20 世纪更快。

没有一个站在 18 世纪门槛上的人会预料到人口会激增,或者知道这样一种“体制”出现的概率有多大;也没有人会确切地知道,技术进步函数将持续使研究所带来的技术进步如此多产。这提醒我们,任何重要之事上都笼罩着奈特氏不确定性,数百年来预测不准的情况时有发生。

这里的“研究”和“技术”的含义比想象的要宽。技术包括堆积在米高梅电影公司(MGM)中的原始剧本,未来电影的制作由此而来;技术还包括瓦格纳、斯特拉文斯基的创作,后来的作曲家都得益于他们的作品。然而,对于研究的关注存在两个局限性:第一点是我在 20 世纪 60 年代就意识到了,即市场经济吸收新技术并不是毫无成本的,因此从发明到创新的过程并非迅速完成或必定会发生,它需要熊彼特式的企业家解决开发和营销创新中的问题,需要纳尔逊—菲尔普斯式的管理人员评估创新的潜在收益,需要阿玛·比亚德式的消费者来处理评估这些收益的问题并带回创新,需要马尔萨克—纳尔逊式的金融家能慧眼识人,而不是随意决定支持哪家企业。总之,一项创新从开发、启动到被采纳的方方面面都需要大班人马。

尼尔森和我在 1966 年的那篇文章没有用埃尔斯伯格的术语和萨维奇公理的形式来写,但它是一篇讨论不确定性的文章。葡萄园的管理者在面对一种新杀虫剂的时候,可能对使用这种新杀虫剂将带来的收益和成本的“预期值”没有太多概念;或者说,如果管理者缺乏基础的科学和人文教育,他就无法判断采用这种杀虫剂的成功概率。一点点有关工程学、化学和其他领域的知识便可以提高管理者评估一种新产品或新技术的能力,这会极大地增强管理者的自信,并促使他们对其他情况下可能会忽视的各种创新做出评估①。

在我 2000 年和 2005 年的两篇文章中,我认为,欧洲大陆没有准备好成为诸如互联网革命这类新奇创新的跳板,这主要由于高等教育的不足,从而也就没有纳尔逊—菲尔普斯式的管理者和富有冒险精神的比亚德式的消费者(那么欧洲大陆又是如何在其辉煌年代搞到在美国出现的各种新奇事物呢?那些事物已陈旧得不能算是新奇的了)。类似的,我和比亚德在 2005 年合写的一篇文章中指出,在中国,管理者和消费者需要的大量学习已成为成功创新的阻力。要不然的话,投资和消费需求都会更强劲,

---

① 自 20 世纪 70 年代中期理性预期占据主导地位以后,这篇文章就遭到忽视了。但是少数致力于理解现实世界的“几个好心人”重新认识到这篇文章的价值(巴罗和萨莱·马丁,1997;阿吉翁和豪伊特,1998)。本哈毕和施皮格尔(1994)进行回归的结果也使得纳尔逊—菲尔普斯论题重新焕发了活力。尼尔森—菲尔普斯论题的主要观点是所有教育(甚至连初等教育)对评价和吸收创新都是有用的;该观点驳斥了贝克尔—明瑟认为所有教育(甚至大学教育)作为劳动投入增加因子存在于生产方程中的观点。但是辉煌只是暂时的,因为克鲁格和林达尔(2001)发现了其中的错误,并得出尼尔森—菲尔普斯观点在战后的欧洲并不适用的结论。对此,我的回应是,当欧洲大陆在 20 世纪六七十年代追赶美国的技术时,它自身并没有多少新颖性可言,因此根本就不需要尼尔森—菲尔普斯式的管理者。不仅如此,只有高等教育而不是全部教育才对追赶起关键作用。

经常项目盈余会更小，增长也会更快速。

当然，这种研究视野的另一个严重局限在于，商业人士是资本主义经济体中众多创新的构思者。资本主义社会是哈耶克式的国家。哈耶克说，在这样一个经济体内，不同人之间存在一种“知识分工”：不仅信息是分散的（“当前价格的知识”），而且更关键的是，有关“如何获得和使用商品”的专有知识也是分散的①（哈耶克，1937）。哈耶克式的企业家坚持不懈地努力将他们的知识扩张到那些知识稀缺或不存在的领域，以检验他们是否有可能开发出别人不曾想到的商业卖点。这就是创造力——获得别人没有的想法（或者做必要探索之前就可能有的新想法）。稍后哈耶克草拟了一个模型。在这个模型中，企业家对创新的商业价值并没有真实了解，却不得不将创新投放到市场中去，以“发现”它可能有的价值②（哈耶克，1968）。

近些年来，我一直试图详细阐述和应用哈耶克的创新理论。我近期的一篇文章借助一种理论工具完成了对创新理论的正式确认，该理论工具就是，尽管信息不完整，企业家和金融家会在一个定期“集市”上相互会面并达成匹配合作（菲尔普斯，2006b）。我也有幸获得了一些实证结果：重要的金融制度（如股市）存在与否，对一个经济体是否准备好抓住创新机会非常重要（菲尔普斯和索伊加，2001）。不仅如此，一个国家的各种经济文化特质能给企业家提供积极肯干的劳动力和乐于接纳的市场，从而驱动或者更广义地说，鼓励这些企业家进行创新（菲尔普斯，2006c，参见表1，表2a和表2b）。我的主要研究方向是要说明，无论如何，在发达经济中，创新机制和各种发明在很大程度上决定了参与者的经验和回报。

表1 工作中的经典需求或价值

调查对象对每一项需求报告的比例

	能发挥主动性	感兴趣	承担责任	接受命令	与他人竞争
美国	52%	69%	61%	1.47	1.11
加拿大	54%	72%	65%	1.34	1.01
英国	45%	71%	43%	1.32	0.57
法国	38%	59%	58%	1.19	0.67
意大利	47%	59%	54%	1.04	0.48
德国	59%	69%	57%	1.13	1.21
七国集团（日本除外）	49%	69%	56%	1.21	0.8

资料来源：《人类信仰和价值观调查》（罗纳德·英格哈特等）。

① 他还认为代际均衡可能会不必要地使厂商形成一致的预期，同时又不能获得所有有价值的知识。

② 用更形象的语言来描述阿玛尔毕海德给出的评论，就是熊彼特式的厨师为了做出与菜单上完全相符的食谱在厨房里忙个不停；而哈耶克式的厨师对用餐者的喜好完全没有概念，因而用顾客来做实验。参见哈耶克（1961，1968）。

接受命令和与他人竞争测量范围为 0—2,2 为最高点。

表 2a 工作自豪感和满意度(测量范围 1—10)及报告为满意的数目(百分比)

	工作参与(工作自豪感)	工作满意	生活满意度	家庭生活满意度	暗示对家庭之外的生活的满意度
美国	9.7	7.8	81%	87%	75%
加拿大	9.0	7.9	84%	89%	79%
英国	9.3	7.4	74%	85%	63%
法国	5.7	6.8	59%	72%	46%
意大利	6.7	7.3	71%	81%	61%
德国	6.0	7.0	71%	76%	66%
日本	7.3	NA	53%	62%	44%

资料来源:《人类信仰和价值观调查》(罗纳德·英格哈特等)。

表 2b 工作周边环境情况及其他表现指标

	2003 年男性劳动力占劳动适龄人口%	2003 年女性劳动力占劳动适龄人口%	2003 年劳动力就业率%	1996 年工人人均劳动报酬	1992 年每 1 小时工作时间市场产出
美国	85%	70%	94%	31,994 美元	100
加拿大	85%	69%	92%	23,751 美元	—
英国	85%	67%	95%	22,008 美元	73
法国	76%	61%	90%	24.192 美元	92
意大利	76%	45%	91%	21,822 美元	—
德国	79%	62%	91%	23,946 美元	92

男性劳动力占劳动适龄人口百分比和劳动力就业率百分比按 2003 年计算(资料来自经济与发展组织);工人人均劳动报酬为使用 1996 年数据计算得出的报酬总量和劳动人口的比值(资料来源:佩恩表增版);每 1 小时工作时间市场产出按 1992 年(资料来源:索洛和贝里)。

表 3 经济活力测量结果

	工作决策自由度	上市公司周转率	劳动适龄人口人均获授权专利数	根据产业结构进行调整的研发强度
美国	7.4	118%	3.7	2.9
加拿大	7.2	106%	1.3	1.8
英国	7.0	65%	0.8	1.9
法国	6.4	79%	0.9	2.2

续 表

	工作决策自由度	上市公司周转率	劳动适龄人口人均获授权专利数	根据产业结构进行调整的研发强度
意大利	6.7	63%	0.4	1.0
德国	6.1	42%	1.5	2.2

工作决策自由度测量范围为 1—10,10 为最高点,是 1990—1993 年数据的平均值(资料来源:《人类信仰和价值观调查》,英格哈特等);上市公司周转率表示的是进入和退出每个国家的 2000—2006 年间国有股股票价格指数的数目,以此为 2001 年百分比数目;专利数据是 1990—2003 年数据的平均数(资料来源:世界知识产权组织);根据产业结构进行调整的研发强度利用七国集团成员 1999—2002 年产业结构,是商业部门增值的平均百分比。

好的经济:创新和包容性

我对现代经济的兴趣及我对有关人类成就感的某些现有知识的了解,让我在过去几十年里对"好的经济"这个问题产生了浓厚的兴趣。对我来说这并非一个全新的领域。我指出有信息成本情况下出现"统计性歧视"(该歧视剥夺了个体的机会并削弱了他们的工作激励),是自然不过的事情。我进一步提出由于思维定式难以预防,因此理想的经济很难成为现实(菲尔普斯,1972c)。在研究市场中的道德问题时,我认为稍许的利他主义可以抑制各种反社会行为。这些反社会行为是由于信息不对称,是市场机制和立法所无法阻止的(菲尔普斯,1973)。罗尔斯(1971)的著作激励我向经济学家们阐释他的"经济正义"概念(菲尔普斯,1973b;菲尔普斯,1985),并且将这个概念应用于税收的不完全信息模型中(菲尔普斯,1973a;奥多佛和菲尔普斯,1975)。如上所述,在每一种情形中,各种想法都是围绕一种或另一种信息不完全展开的。然而,所有这些模型及罗尔斯的经济模型都对人类满足感的来源持一种严肃的观点,这种观点继承了古典经济学的遗风。这些及其他古典模型未能给我们留下任何与现代经济状况相称的关于"好的经济"的概念。

显然,一个人对"好的经济"的构想取决于他对美好生活的理解。对加尔文(1536)来说,美好生活由辛勤工作和财富积累组成。而对哈耶克(1944)和弗里德曼(1962)来说,自由的生活才是美好的生活。工作和自由的吸引力可能在于它们是美好生活的必要组成部分①。但是美好生活的内容是什么,它的本质又是什么呢?

在 2003 年的一次会议上,我提出一份拥有挑战和个人自我发展的职业是美好生活的本质(菲尔普斯, 2007)。该观点被认为是一种"非常美国式的"观点。在对此作

---

① 无论如何,这些"好的经济"的概念没有丰富到足以为我们这个时代提供一种政治经济学理论。加尔文主义似乎与一个财产所有的市场社会主义一致。除了弗里德曼的消极收入税及哈耶克时代中期提出的几种例外情况以外,他们俩似乎都更热衷于自由市场经济(小政府和原子式的竞争),而不是当今资本主义中的投机波动和令人欢欣鼓舞的重商主义(尽管资本主义茁长成长于这些地方)。

出回应时，我开始回忆起该观点其实是起源于欧洲的经典理论：亚里士多德宣称任何地方的人都希望扩大他们的视野并“发现他们的才能”。文艺复兴时期的意大利著名画家切里尼在他的自传中描述了创造和“成功”的喜悦。在巴洛克时期，赛万提斯和莎士比亚戏剧化地表现了个人的追求，这被巴赞和布鲁姆称之为活力主义的道德观。这种观点在杰斐逊和伏尔泰等启蒙人士身上有一定程度的反映，并且得到了实用主义哲学家威廉·詹姆森和亨利·柏格森的诠释①。马斯洛的“自我实现”和罗尔斯的“自我实现”都包含有这层意思，就像阿马蒂亚·森(1995)提到的“尽其能”，“做其事”那样。这种人类的自我满足论显然与边沁的快乐理论或者“满足”论不同，而且它不必与报道中所说的快乐相关②。

如果这就是美好生活的本质，那么“好的经济”便能促进“充满活力的”生活。“好的经济”所产生的刺激、挑战、争斗、权力、发现和发展都是美好生活的组成部分。

当然，也有对正义的讨论。弱势群体有权纳入经济体中，因此也有权被社会包容。从罗尔斯(1971)的观点看来，包容性意味着在正规经济中辛勤劳作的最弱势群体能够有自我实现的前景，即他们能获得足够好的报酬(他们失业的频率不能太高)，能允许他们正常地履行配偶、父母、公民及社区成员的职责。罗尔斯的经济学在很大程度上是古典的，并没有给来自商业生活的自我实现留下空间。我在讨论中认为，很多人，也或许是绝大多数人都从参与经济高度发达的社会核心制度，也就是商业经济中得到深深的满足；而对少数人来说，这样的就业就是社会融合的支柱(菲尔普斯，1997)。不仅如此，在一个有着重视智力挑战、组织责任及个人进取心的活力主义社会环境中，即便是低端就业也能给人带来自我满足感。因此，在一个能够提供活力主义职业生涯的经济中，高度的包容性是最有价值的(下文的内容并不是围绕这一点展开的)。总之，一个“好的经济”也会提升包容性。

一个国家可以通过运用与其经济相称的机制提升其活力和包容性。尽管我们对现代经济理论上的理解还处于非常初级的状态，但大量的经验证据充分表明：充满活力的职业生涯要求能不断产生变化并总体向前发展的经济；而这样一种经济动力机制最需要有资本主义这样的制度和机制体系。在资本主义体制中，要求进行监管或放松监管是为了让未经协调的企业家、金融家及消费者创造出高的商业创新成功率。我们对激励设计的理论理解和实证观察强有力地表明：包容性可以通过财政激励得到有效的提高。在这里，财政激励指的是一个公共的低工资就业补助及教育补助体系，其目

---

① 法国哲学家柏格森在其著作中宣扬“生成”高于“存在”，自由高于必然，并因此在第一次世界大战前的几年里声名鹊起。

② 据我所知，近期对快乐进行研究的学者们发现：达到一定水平之后，通过积累更多财富可赚取更多收入并不能让国家的快乐有额外增加(这听起来有点像资产积累的黄金律)。不管该结论能否成立，它并没有暗示存在着经典的满意饱和水平。它只是表明，过了某一点之后，更高的收入并不能增加传统需求的满意程度。

的是吸引处于社会边缘的工人到商业部门工作,从而降低他们的失业率并提高其收入[①]。

活力与包容性是不相容的吗?强调一方必然会损害另一方吗?在达成行动共识的过程中,对这个问题的理解出现了两种谬误。在西方,很多人毫无根据地认为旨在扩大经济包容性的财政政策会极大地阻碍经济活力的扩充,因此很难形成一个充满活力的社会。与此相反,我认为合理设计的就业补贴能够重振资产阶级文化,振兴自食其力的道德规范及提高低收入群体的财富水平。所有这些都会推进而不是削弱一个国家的活力,而且还会加强公众对资本主义制度的支持。

另一些人则认为一个创新经济体的活力损害了弱势工人的利益。我认为,经济活力有助于提升包容性。各种创新活动的蓬勃开展间接提高了那些已然在享受美好生活的人们的福利水平,不管怎样,在达到某一点后,它也必然会惠及弱势工人。由此而来的活力及不断提高的商业创新成功率又在新的活动中创造出更多的工作职位,这会让弱势工人群体找到更好的工作并获得更高的报酬。过去10年间发生在我们周围的种种实践经验表明,在那些抵制创新的国家里,经济中对弱势群体的包容性急剧下降。高涨的企业家精神往往可以直接服务于弱势群体,为他们提供更轻松、更安全的工作,从而让弱势群体受益。一个创新的经济体是公正的,因为它不仅帮助了强势群体,也帮助了弱势群体(菲尔普斯,2007)。

当前,欧洲的许多国家正在寻找一条通向更加共同繁荣,让弱势群体更好地融入经济的更具包容性的道路。对于如何走上这条道路,则有两种不同的意见。新古典主义者认为应该将更多的资源(更多的技术或更多的人力资本)投入到经济中,以提高产出和就业;而现代主义者则认为应该通过改革劳动法、公司法及金融部门,从而将现有资源更多地投入到创新活动及商业活动中。

我的结论是,一个在道义上被接受的经济必须有足够的活力来使人们能够充分参与工作并获得丰厚的回报。如果仅仅靠活力无法完成这一任务,那么就需要有足够的公正性来确保经济体有充分的包容性。

(陆 萍 译 王鑫鑫 校)

---

① 罗尔斯1971年发表的文章最大程度地对这个方向进行论证。在这里,我想补充的一点是,在现代经济中,罗尔斯式的正义不仅要考虑企业家也要考虑最低工资工人的自我实现前景。限于篇幅,我将不对此进行深入说明。

2007获奖者

莱昂尼德·赫维奇

Leonid Hurwicz

【获奖理由】在创建和发展"机制设计理论"方面所做的贡献。

生平简介

1917 年	出生于俄罗斯莫斯科
1941—1944 年	任职于芝加哥大学
1969 年	任计量经济学会会长
1976 年	获哈佛大学应用数学博士学位
1990 年	获美国国家科学奖
2008 年	逝世

主要学术贡献

赫维奇最重要的贡献是开创了"机制设计理论"。该理论最早由赫维奇提出，马斯金和迈尔森则进一步发展了这一理论。这一理论有助于经济学家、各国政府和企业识别在何种情况下市场机制有效，何种情况市场机制无效，帮助人们确定有效的贸易机制、政策手段和决策过程。"机制设计理论"的一个重要目标就是要解释何种制度或分配机制能够最大限度地减少经济损失。作为一个重要应用领域，这一理论为最优贸易政策研究提供了重要的理论依据。赫维奇解决了机制设计理论框架中的两个核心问题——激励相容原理和显示性原理，奠定了机制设计理论这门学问的框架。

赫维奇还在其他方面做了许多开创性的工作：20 世纪 40 年代中后期对动态计量模型的识别问题做出了奠基性的工作；早在 1947 年就首先提出并定义了宏观经济学中的理性预期概念，理性预期学派已成为当今宏观经济学的主流。赫维奇对如何从需求函数的存在来证明效用函数的存在，这一可积性结果也做出了重要工作。效用是现代微观经济学消费理论中的一个基本概念，是整个现代经济学的基础。他和阿罗等人还对竞争市场一般均衡的稳定性研究做出了开创性的工作。

主要学术成果

《线性和非线性规划研究》(1958)

《资源分配的机制设计理论》(1973)

《代表类别的集合》(1997)

《社会目标和社会组织》(2005)

《资源配置过程的研究》(2007)

《设计经济机制》(2008)

2007获奖者

埃里克·马斯金

Eric S. Maskin

【获奖理由】在创建和发展“机制设计理论”方面所做的贡献。

生平简历

1950年	出生于美国纽约
1976年	获哈佛大学应用数学博士学位
1985—2001年	任教于哈佛大学
2003年	任世界计量经济学会会长
2004年	任武汉大学名誉教授
2007年	任清华大学名誉教授
2010年	获哈佛大学百年奖章
2010—2012年	任博弈论学会会长

主要学术贡献

马斯金在现代经济学最为基础的领域里做出了卓越的贡献，其中包括公共选择理论、博弈论、激励理论与信息理论及机制设计，培养了一大批活跃在世界各地的一流经济学精英。马斯金博士以其卓越的理论贡献，严谨的治学态度及对经济学高级研究人才培养的突出贡献，被誉当今国际经济学最受尊敬的经济学大师之一。目前他主要的研究课题包括拍卖设计理论、调查联盟的形成、比较不同的选举制度，例如多数投票制、了解货币政策的作用、研究保护知识产权的利弊及探究政府官员归责制度等。

马斯金最突出的贡献是将博弈论引入机制设计。机制设计此前只是从中央计划者的角度考虑问题。马斯金认为并不需要一个中央计划者。这里谈的博弈理论，都是非合作博弈，就是不合作的玩家之间的博弈。就是说，我们不需要一个中央计划者命令人们去怎么做，而是设计好一个机制，这些人都是为了自己的利益做事情，在这个机制的引导下行动。

马斯金对于产业经济学领域的贡献有：对垄断和寡头理论详尽的分析，他与梯若尔等共同开创了产业经济学的对策论分析框架，充分显示出对策论这个理论工具的强大力量。

马斯金教授在重复博弈、政治经济学、比较经济制度等方面也做出了重要贡献。他对软预算约束的研究将这一计划经济中的重要问题带入西方主流经济学的研究，对比较经济制度的研究产生了重大的影响。

主要学术成果

《纳什均衡和福利最优化》(1977)

《有关固定价格均衡的效率》(1984)

《看不见的手和外部性》(1994)

《不确定性和进入壁垒》(1999)

《经济研究评论》(1999)

《关于软预算约束的最近理论工作》(1999)

《机制设计：如何实现社会目标》(2008)

2007获奖者

罗杰·迈尔森

Roger B. Myerson

【获奖理由】在创建和发展“机制设计理论”方面所做的贡献。

生平简介

1951 年	出生于美国波士顿
1976 年	获哈佛大学应用数学博士学位
1976—2001 年	任教于美国西北大学
2001 年起	任美国芝加哥大学教授
2009 年	任计量经济学会会长
2012—2014 年	任博弈论学会会长
2013 年	获奥斯卡·摩根施特恩奖章

主要学术贡献

“机制设计理论”最早由赫维奇提出，马斯金和迈尔森则进一步发展了这一理论。这一理论有助于经济学家、各国政府和企业识别在何种情况下市场机制有效，何种情况市场机制无效，帮助人们确定有效的贸易机制、政策手段和决策过程。“机制设计理论”的一个重要目标就是要解释何种制度或分配机制能够最大限度地减少经济损失。作为一个重要应用领域，这一理论为最优贸易政策研究提供了重要的理论依据。

迈尔森研究专长包括经济学领域里的博弈论和政治学领域里的投票体制等，他是个能让抽象的经济学理论变得很实用的经济学家。迈尔森为美国解决了如加州电力危机等在内的很多经济难题，在世界经济学界赫赫有名。他用“机制设计”理论，运用博弈论很好地为加州电力改革设计了方案。在博弈论领域，引入了更新的纳什平衡概念，使之现在成为“更适当的平衡”。

主要学术成果

《博弈论：矛盾冲突分析》(1991)

《公理化推导评分规则》(1994)

《双重减少和元博弈》(1995)

《约翰·纳什对经济学的贡献》(1996)

《人口的不确定性和泊松博弈》(1997)

《拓展的泊松博弈和孔多塞陪审团定理》(1997)

《大泊松博弈》(1997)

《经济决策中的概率模型》(2005)

《策略威慑中的动力和抑制：一个博弈理论家的视角》(2007)

《经济决策的概率模型》(2009)

颁奖词

瑞典皇家科学院 / 乔根·威布尔

尊敬的国王和王后陛下，各位殿下，尊敬的诺贝尔奖得主们，女士们，先生们：

今年的经济学奖与“设计”相关。请允许我稍做诠释。

很久以来，诸多哲学家、社会科学家都意识到，为了保证集体行为的结果在宏观意义上对社会有益而使全民一起努力巩固社会福利其实并无必要。亚当·斯密的经典比喻“看不见的手”恰好证明这一点。即使理想条件下所有市场参与者皆以自我利益为目的，资源仍可进行有效分配。

但实践中，鲜有所谓“理想条件”。竞争永远无法完全自由，消费者手中关于商品与劳务之信息往往并不完整，而家庭与企业在生产与消费的过程中也总会产生波及他人或环境的或积极或消极的影响。而且，许多交易根本不发生在公开市场中，而是在其他制度安排之下进行的。

在市场中，买卖双方时常无法就价格达成一致。因此，并非所有互利之交易都能得到实现。参与者往往因为无法就如何承担成本达成协议而意识不到他们其实有着共同利益。社会保险制度常常因所提供的保护过少或时常招致对制度的滥用而被批判。以上这些问题之根源其实只有一个：交易参与者因自我利益而隐瞒相关信息。卖家能以抬高价格为目的而坚称成本之高。一些有共同利益的项目之参与者可以声称他们所得利益极为有限，以此将他们的付出最小化。投保人可以在并不需要的时候声称他们有权获得险金。

在将个体的动机及私有信息纳入考量之后，不同制度安排或分配机制的运作有多有效？我们所观察到的一些市场形势及交易流程如何能够得到解释？什么才是达成诸如社会福利、效率、公平分配或良好环境这些既定目标的最好机制？政府法规真的必要吗？如果必要，怎样设计方为最好？

因此，今年的诺贝尔奖与“设计”相关——经济行为的制度安排、法规和流程及集体决策等方面的设计。

机制设计理论为资源分配机制的分析与发展提供了通用的方法。此种分析分三步完成。首先，对于既有规定之下可能发生的经济行为做出预测。这里，博弈论便发挥效应。其次，根据既定目标来对目标之下产生的诸如生产、消费、环境压力等方面的资源分配进行评估。最后，在考虑其对经济行为意义的同时，寻找能够最佳达成目标的机制。最后一步亦为最难。这里，所谓“揭示原理”便发挥效应。此原理由 20 世纪 70 年代数位学者发现。根据此原理，我们只需寻找能够找到的、与个体激励相容的最佳机制。一个允许用数学方法分析的子类机制。一个机制的制定者也期望该机制不仅能够导向期望结果，而且也的确会导向这一结果。以更为技术性的术语来讲，该机制在保证最佳化经济均衡的同时，不能允许有次优的经济均衡。

现在机制设计理念在经济学的许多方面及政治学的一些部分扮演着重要角色，也导致了收益颇丰的实际应用。近年来，由于全球化、持续增长的网络交易及导致老机制被施以新需求的种种经济现象，这些理念的应用范围已有所扩大。

亲爱的赫维奇、马斯金、迈尔森博士：你们为机制设计理论打下了基石，从而为解决经济学的核心问题提供了一套系统而严谨的方式。这使得经济学家不仅能够研究现有经济机构，也可以提出改进的方法，找到在将个体激励及私有信息所造成的限制纳入考量之后，经济体系效能的理论极限。

赫维奇博士：您开拓了这一整个研究领域，提出了一些关键的概念与观点。尤其是，您提出经济机构可以被设想为一个信息系统。在这个信息系统中，参与者互相发送信息，而这些信息聚集起来之后则可以决定可用资源的分配。在这样的情况下，您又提出了激励相容这一关键概念。

马斯金博士：您在实施理论上做出了开拓性的工作——机制设计理论中应对理想经济均衡与劣等均衡之潜在共存的那一部分。在纯粹的机制设计理论及其在拍卖、垄断及社会选择等方面的应用上，您也都做出了许多重要贡献。

迈尔森博士：您是机制设计理论在不完全信息博弈中应用方面的领军人物。不完全信息博弈即博弈参与者互相之间互不知晓彼此的目标、成本或行动之情形。如此的应用使我们更好地了解最优拍卖、议价及规章安排。您亦建立了揭示原理无与伦比的通用性与实用性。

我十分荣幸能够代表瑞典皇家科学院向你们表示诚挚的祝贺。现在请从尊敬的国王陛下手中接过你们的诺贝尔经济学奖。

（孙久荣 译　唐兆希 校）

获奖演说

谁又来监督监督者?

莱昂尼德·赫维奇[①]

一、简 介

古罗马作家尤维纳利斯在提出这个著名问题的同时,暗示了妻子之不可信任,且派人监督之也不可行,因为监督之人亦不可信。

大约两千多年前,柏拉图在《理想国》中表述了他对于都城的监管者或统治者相对更加乐观的看法,即人们应该信任他们在行为上不会逾矩,而监管者需要监督这一想法则显得荒谬。[②]

苏格拉底援引早些时候的一句"醉酒最不合乎监督者之职"说道:"因监督者应该是世上最不能够被允许喝醉而不知身在何处之人,所以他们需要禁除酒欲。"苏格拉底的谈话者格劳孔对道:"正是。若监督者需要被监督,那将十分荒谬。"与尤维纳利斯的悲观看法,甚至可以算是犬儒主义,不同的是,柏拉图通过格劳孔之口表达了他"城市之监督者及统治者可以被信赖,且他们需要监督之想法十分荒谬"之观点。[③]

1.1

随意细读一份报纸便能发现,如今的"监督者",我所谓"监督者"指的是政治、经济及社会各界的领袖与官员,需要且的确受到极大力度的监督这一现象早已谈不上荒谬。[④] 现在的问题更偏向于,对监督者的监管力度有多么有效,甚至说是否有效。人们对于政府、法律实施、工会及企业的领导等方面所公开表露出的态度往往更能让人回想起尤维纳利斯,而非柏拉图。

1.2

这一制度概念(即制度乃制度安排或"博弈规则",而非我们称之为"非实体博弈者"的组织)也被用来分析经济学中的类似问题。这种经济分析方法关注的主要是对

---

① 感谢埃里克·马斯金,罗杰·迈尔森,我的家庭成员,尤其是迈克尔和马克西姆·赫维奇,为我提出编辑上的建议。尚有不足之处乃本人之过。

② 柏拉图《理想国》,卷一,第三册第十二章,403E,第264页(希腊语)和第265页(英语)英文由伦敦之保罗·肖雷翻译,威廉海纳曼有限公司出版。

③ 于1908年乔维特的翻译(牛津,克兰伦敦出版社第三版,于1928年重印)中"荒唐"取代了"荒谬"一词。(乔维特的翻法似乎更为妥当,因为格劳孔所用的希腊词语更贴近"可笑的"——"荒唐"之意亦然。)但林赛最近的翻译(艾弗里曼,J. M. 邓特,伦敦;查尔斯 E. 塔特尔,佛蒙特州,1992,1995)又重新使用了"荒谬"一词。

④ 1998年5月8日的《华尔街日报》在没有明确提及古典模型前例的情况下,写了题为《监督者可能需要被监督》一则报道。该报道提到不诚实分散被监督者资产的、法庭指定的监督者及法庭尽到监督职责的难度。因此"看门狗"群体及立法施行机构试图增强法律相关部门的效能。

于制度的有效存在至关重要的实施过程。①

当代一些最基本的政策问题都与制度相关：市场与中央调控（失业、老年、健康等），社会保险的适用范围与结构、以产权作为外部性所引发之问题的解释、世界自由贸易、独立国家之间的经济一体化等都是明显的例子。问题在于制度所起到的作用能否被合适的分析手法捕捉到，从而融合到经济模型中。用一个比方来讲，就是制度能否以变量，甚至可以是未知数的形式被加入到经济模型中，而非一个场景中固定不变的组成部分（就比如许许多多主流模型中完美竞争之概念）。如果我们能够建立这样的模型，那么我们也将可以考虑，将实施用的设备及其潜能与局限纳入模型。

诸多经济学分析皆是基于完美竞争之模型。这样的模型，(1)经济活动的“参与人”（个体、企业等）可用的信息；(2)如执行合同条约或串谋之避免等的实施机制之存在两方面都做了很大的假设。同样，在探讨其他形式的税收、补贴或社保等方面所能得出的结论皆十分需要实施机制来提供关于责任与权利和促进金融流动的机构等方面的信息，也需要机制来确保支付的执行及相关信息的透露。直到最近，信息需求（及无可用信息时的不确定性）仍得到比实施更多的注意。然而，如果实施没有可能性，或无比昂贵，那么即使最优秀的机制也只能存在于乌托邦。

在 20 世纪 60—70 年代，对信息去中心化、以博弈论为本的机制进行研究的学者已解决了这些问题。

二、信息交换（非博弈论的）过程

现在我们要讲信息交换过程。这里的分析与博弈论并无关系。

在一个过程中，当一个经济单元（比如消费者或企业）在初始阶段只有关于自己的信息（比如偏好、技术、资源等），而没有关于其他单元的信息时，该过程即可被定义为信息上“去中心化”。这时该过程便需要信号（即讯息）的交换，以达成诸如系统整体之效能之类的目标。比如，目标可以是帕累托最优，或帕累托效率，没有任何一方能够在他方不亏损的前提下获益。在有结构严谨的模型保障下，通过将信号中的信息量化，如多少单位或多大维度的空间被占用等，我们已经发现，在某些情况下，保证有限维度的信息空间或许没有可能。带来诸如污染或无限博弈之类外部性的经济体即是例子。即使假设所有参与者皆有诚信且遵守规则，如此的不可能性对于所有信息去中心化的机制也依然都成立。因为已经有了无论规则如何都无法保证期望目标的达成之先例，所以规则的执行度并不会一直成为问题。

三

如果我们不假设参与者永远诚实的话又会怎样？萨缪尔森在 20 世纪 50 年代中

---

① 虽然他们对于其对于外部强制执行者之强调存在分歧，但埃莉诺·奥斯特罗姆，沃克尔及加德纳指出对于执行之重要之强调能够在霍布斯的著作中找到。他们强调集体内部的、相互的执行。舍特尔（1981，第 11 页）将自我政策制定及外部执政者变为社会制度之定义中极为重要的一部分。他认识到了在一个“超级博弈”中（第 165 页第 8 条）进行集体内部执行的可能。

期在古典经济学的文章中对于公共产品提出了这一问题。尤其是所谓"林达尔解决方案"。此方案中个体按照他们自己的意愿来支付公共产品,即公共产品的价格取决于他们对某些特定的公共产品的需求有多么急切。萨缪尔森指出,林达尔的这一机制没有解决搭便车问题。该问题中个体通过降低他们对于公共产品的兴趣以获取先机。萨缪尔森以此做出了推测:在一切信息去中心化的公共产品分配机制下,都会产生同样的问题。这两点能否被形式化并被严谨地认证?

四、博弈论的框架

如果我们采用一个博弈论的框架,又会如何?

纳什的非合作博弈理论及纳什均衡的概念正好是如此分析方式的天然框架。纳什的博弈理论中,没有任何一方能够仅凭改变自己的策略而获益。可以将这一经济过程看作这样一个非合作博弈,即每个参与人的策略是表达出各自的偏好(不一定是真实的),参与人的效用是参与人行动产生的结果,也称作"收益"。萨缪尔森的第一点便能够以"诚实的泄露在林达尔博弈中不成为纳什均衡"这一命题来形式化。说的就是,如果在其他所有博弈参与者皆以事实相告之后而轮到你时,总体上你便可以通过谎报你的偏好来获益。因此,萨缪尔森的第一点被证明是正确的:选择说真话不是纳什均衡。

五

但萨缪尔森的第二点,即信息去中心化的制度下非法行为可带来先机之观点,允许了关于用来评价制度效能的标准(如帕累托最优或贫富差距度)及不同信息去中心化的机制的考量。其中,就包含了格罗夫和莱德亚德(1977)提出的一套将所有信号(讯息)都认作策略的一部分,而非只是个体偏好的泄露。

事实上,在格罗夫——莱德亚德机制的最简单形式中,参与者只被要求"提供一定范围内的任意数字"。如此一来,参与者并未就任何问题作答,也没有真正地泄露任何信息。

格罗夫与莱德亚德建立了一个无泄露(其实应该被理解为并无真正意义上的泄露)模型,使得有三个以上参与者的经济体产出帕累托(虽非林达尔)最优纳什均衡之结果。晚些时候(赫维奇 1979a),即使林达尔式的结果也被证明能够以纳什均衡之形式从设计适当的无泄漏博弈中得到。若将此种更为宽泛的(无泄露的)机制视为去中心化的,且此句中之"若"字置重,那么萨缪尔森的第二点(即不可能性)则无法被接受。因此悲观主义可以被乐观主义置换。但是,执行之问题依然存在吗?

六、纳什均衡能否做到自动执行?

我认为答案是:"是的,存在执行这一问题。"

现在我们来到一个极为重要且紧密相关的问题。我们想要知道一个特定的博弈中的纳什均衡是否能够被执行。我们常常听到"因据说纳什均衡可做到自我执行所以纳什均衡不存在执行之问题”的主张。我想要强调，我将对这一主张进行否定，但也将给另一方一个论争的机会。他们的论点是，从定义上来讲，在纳什均衡中，博弈的任何一方无法通过单方偏离自己的均衡策略获益。再者，在一个非合作博弈中没有串谋的可能。因此，该论点认为没有对执行的需求（甚至没有强制执行的可能）。

但这一论点先做了博弈参与者不会或不能作弊且他们只会考虑管理者制度的机制规范内的策略（即所谓“合法”策略）之假设。另外，它假设了用以确保事先指定之结果能够得以产出之机械之存在（此种机械不仅牵涉到执行，亦牵涉到信息处理及财政程序）。

这些假设在一般牵涉到纳什均衡的议论中是被接受的，纳什均衡可实施性论点的潜在假设就是这样一种机制存在且能够有效运作。

七、制定被称作博弈形式（机制）的博弈规则

现在我们要讲到另一个重要问题，即将博弈规则形式化，使其成为博弈的模式。换句话说就是成为“机制”。

参与者的策略范围及支付函数决定了博弈的定义。一个机制或博弈模式（经济博弈之规则）与博弈本身有共同的策略范围，但不同的是它包含了一个产出的函数。允许我强调一下，我现在正在对博弈与博弈模式一词做区分：他们有共同的策略范围。在一场博弈中，除却策略范围之外还附加了支付函数。相比之下，一个机制只与物质上的产出相关。两者都可以被看作一种“配对”，这两对中的第一点相同，即与不同个体相关的策略范围，而博弈模式的第二点是将物质产出与范围中某一点相联系的所谓“产出函数”。所以，比如，一场大选的产出即当选的参与者。另一方面，博弈概念中的“支付”函数是对参与者对于产出的感受进行的罗列，而该感受则以代表效用的、运用选定策略方法计算出的数值来表示。比如，布什先生是 2000 年大选的结果（产出）。“支付”即博弈参与者对该结果之感受。“结果”是对于所发生事件的、取决于所选策略的物质描述。另外，有些参与者所选的策略可能并非合法策略，因为某些人做了冒险违法的决定。

我们假设每一个参与者都有一个将博弈中任何能够想到的结果都表示为一个具体数值的效用函数。

在一个用来研究分析制度安排的模型中，将属于数据范围的（即环境），比如偏好、禀赋及技术水平等，与属于受参与者控制之范围的（在我们所谈论的模型中即策略范围及结果函数）做出划分是十分关键的。查据“策略—结果配对”（即包含战略选择及与其对应的产出）是正常的。因策略范围决定了如何进行合法行动、产出函数决定了这些行动的结果而将这些配对看作博弈规则亦十分正常。

另外，在博弈论术语中，“策略—结果”配对被称作“博弈模式”，它在经济学中则被称为机制。偏好之改变不影响机制，但支付函数则不同。博弈模式可以通过立法或其他种类的人为行动来直接改变；支付函数只能通过改变博弈模式间接地做到这一点。结果是客观事实，但支付则结合了该事实与参与者的偏好。偏好可能是积极或消极的。

八

对执行的需要暗示了发生违反博弈规则之行为的可能意思是,若不存在违反规则的可能,那么执行则没有必要。当然,我们在此将此种违反规则的行为纳入违法策略的范畴,并与合法行为做出明确区分。

我们在此介绍"真实策略范围"这一概念以表示包括合法行为与违法行为在内的所有可能被采取的行动的集合。因此,真实策略范围的集合中包括两个可行却没有相交的子集——合法策略和违法策略。这意味着我们所想象的这个参与者会有如此的辗转:"我应该用一个合法的策略还是应该冒险违法?"我们将这称之为真实策略(与只考虑合法策略不同)。一些有严苛道德准则、遵纪守法的人可能不会考虑任何违法行为。但我们谈论的是这些人以外的参与人。而如果这样,参与人则可能选择了违法策略,那么我们会想,什么才是这些参与者的真实结果函数?决策是违法的,但它的确可以导致结果。如果博弈模式中包含合法与非法的策略,那么我们认为参与者所参与的是"真实博弈",尽管我们想要参与者进行的是合法博弈。

九、成功的执行与实施

所以,何为成功的执行?你可能会问:"不是所有人都知道什么是成功的执行吗?"但是,比如说,萨缪尔森的第二个猜想是否成立,决定了"成功"的衡量方法。因此将这一概念具体化十分重要。

此框架使得执行与实施之观念可以被形式化。

1. 成功的执行

合法博弈规则被成功执行意味着真实博弈中非法策略的查处要比合法策略具有更少的吸引力。成功执行的建立可能需要确保(对每一个参与者来讲),每一个非法的策略都被某种合法策略所牵制。"弱性"牵制则至少需确保参与者不会因为遵纪守法而受到亏损。

其实,如果每一个参与者都采取违法策略,那么(一般来讲)一个会选择守法的参与者可能会觉得守法不再给他带来优势。所以,采取一个相对较弱的执行概念似乎更加合理。

现在我们继续探讨实施这一概念。

2. 实施

我们先来想一下使得诸如社会安全等机构有效能的因素。理想的机制,比如法制所定义的机制,会详细指出得到支付的人群,比如根据收入情况等变量来区分。该机制也可能会详细指出资金来源。机制中需要有一个操作模式来验证特定申请人是否有得到支付的权益,以及确认有权益的申请人从何机关及如何领取资金。一般来讲,有特定的中介来完成这一任务,既处理信息又与执行相关。我所构想的对于立法实施之努力,便是这种行为及安排的复合体。

我之所以在此提出何为我所构想的实施,是因为,比如与我一同因机制设计而领取经济学奖的人，有着对于实施更加细化的定义。你想，当我讲到实施，或者我将它称为"真正的实施"的时候，我的假设中包括我们的机构有足够的资金来运作、我们有足够的信息来确保机构的运作及这一切都有立法的支持。与此同时，有些人对实施的定义并不包含这么多假设。这就需要他们有一个比我的讲座中所用到的完善得多的模型。

本节的结论是：如果均衡时的产出与理想机制的产出具有一致性（即与立法的愿景一致的），那么我们可以说实施是成功的。

以此种框架表示出来后，纳什均衡无法自我执行。因为选择其他合法策略不能带来利益的同时，也会在没有执行的情况下选择非法策略则能做到这一点。

同样的，纳什均衡无法自我实施，因为实施行为需要确保实际结果与合法结果相一致。

1. 再谈尤维纳利斯

我们现在回到最开始的问题——监督监督者之必要。尤维纳利斯这一愤世的问题暗指，人们或无法监督监督者，或需要在有"第一级监督者"（监督妻子之人）的基础上还需要有"第二级监督者"以监督第一级监督者。但是对于监督第二级监督者的需求让我们意识到对第无穷级监督者的需求。而由于不可能有无穷个监督者供雇用，所以这似乎排除了执行的可能性。有时，尽管有些监督者有多个客户（即你不需要真的去雇佣无穷个监督者），他们最大的监督量可能会被占尽，这还是会排除成功执行的可能性。

所以，从尤维纳利斯的观点我们可以得出一个对于人性的悲观认识。但问题则是"真有这么严重吗？"我们先在没有高效统计工具的情况下看看这个问题（至少一部分的），经济学家称之为"随意实证主义"，即看问题的时候没有用到高效的数学或统计学等手段。

2. 实证主义——差强人意

此"随意实证主义"告诉我们在许多情况下，法规是能被完善地（甚至完美地）实施、执行的。但有许多因素决定了法规的实施的可能性。

（1）物质因素。

我们现在来讨论与执行相关的许多种情况。请允许我先澄清一下：在某些部分，我可能会提到"执行（或总体上的实施）"这一词。这是为何呢？比如说，实施项目的某一方面可能并不向人们收税，而是给予补助，如给贫困人家的子女医疗补助。但我们无法将给予他人钱财这一行为称为"执行"。这便解释了为什么实施是相较执行来讲更为宏观、通用的概念。但两者都十分重要。

首先，尽管可能是最不重要的一点，实施可能依赖于纯粹物质上或机制上、不需要人员监督的因素。例子：停车场中出口处非法放置划破轮胎的设施；或者把犯人放置到不通航（且到岸边距离极远）的孤岛之惩罚。后者至少在过去的时候是华盛顿州一些部落惩罚犯人的方法。重点是，这些例子中只有物质或机制的因素，而不包括诸如警察一类的人员因素。

(2)干预者。

其次(且更为重要的一点是)，可能会有对规则深感认同的监督者(个人或集体)，比如道德准则不允许他/她(们)自己有腐败行为的监督者。这样的个人或集体，我们可以将其称为“干预者”(这是我自造的词汇，我觉得应该没有别人这么用)，可能有着(通过权力、财产、个人魅力、社会地位及人们的尊敬等因素来)阻止低层级的监督者做出不合适举止的能力。这样的情况下，规则有可能被成功执行。运转良好的社会结构中人们会尽量从这样的人群中选择法官、统治者等监督者。所以我要讲的重点是，有人违法、违规并不意味着所有人都会如此。相反，如果你观察一些法官，你会发现他们真的会努力实施宪法中他们所信仰的价值观及规则。这也是我使用这样一个词语的原因，以描述这样的人。我认为这样的人尽管凤毛麟角，但他们还是存在的。

3. 选举制之好

尤维纳利斯的悲观问题暗示世间没有干预者的存在。即使如此，也依然有某些体系机制可助实施过程得以实现。比如说，一套以确保公民免受危险、有害个体伤害的法律。我们假设法律的执行者(第一级监督者)是腐败或没有执行力的，且他们的上级(第二级监督者)亦是如此。若后者的官职通过选举产生，那么(假设拥有选举自由的情况下)有投票权的公民就相当于第三级监督者(且为第一、第二级监督者所监督)。这些选民既有将腐败执政者推翻的动机，亦有这样的权力。这边给予了第二级监督者确保第一级监督者做到尽职尽责的动机。其结果便可能是有效的执行。所以这便是民主在一个社会结构中的作用之一。

我知道一些人认为干预者不存在。我只是认为他们存在罢了。但是，即使你不买“干预者”的账，你也不需愤世如尤维纳利斯。

我们来想象一个牵涉到有限监督者的特殊例子。我们尚且称他们为监督者甲、乙、丙。甲看护宝藏，乙负责监督甲，丙则监督着乙，同时甲也监督丙。若“看护”、“监督”等词意指有效确保一切行为之诚信，那么如此的一个循环则可以算是成功的。在此循环中，任何一个监督者都可能扮演“干预者”的角色。

干预者这一概念亦可以用来比较格劳孔与尤维纳利斯的观点。实际上，格劳孔的假设便是，监督者都是干预者。

(1)假如干预者不存在。我先做如下的一个总体上的陈述：合理、从自身利益出发的行为是有可能在没有干预者的情况下产出理想且合法的结果的。

(2)尤其，在以上提到的无限循环系统中选民是无法直接或间接地产生影响的。比如，我们假设选民逼迫腐败官员下台，那么下一个新上任的官员，合理地从自身利益角度出发，可能就会远离腐败的举措，因为群众已经展示了他们逼迫一切腐败官员下台的意愿。这样就不需要一个充满无诚信监督者的无限循环，而只需要合理而充分维护自我利益的群众。

我们来举一个无干预者的成功例子。某部门的人员受贿，并将赃物的一定比例予以上级；上级则又将一定的比例转送给他们的上级。但是法律高官进行了一次诱捕行动，造成了该部门中腐败成员的监禁及公审。这些官员并非选举产生。诱捕行动则能够帮助有更高抱负的高官在职场更进一步，且该行动也使得腐败行为不会归咎到他们身上。因此，我们有理由相信高官是出于合理自我利益安排的诱捕行动的结果。无论如何，这里没有出现一个无诚信监督者的无限循环。

我的意思不是说合理的自我利益总会导致不腐败的行为。但是，我认为以上这个高官的例子说明了合理的自我利益，可以在一个监督者数量有限的系统中导致正直、不腐的行为。

同样，一位法官可能想要晋升成为司法部长；市长可能有成为省长甚至总统的理想。在如此抱负之下，出于对于负面后果的惧怕，即使在没有干预者的情况下，我们也无法不考虑合法行为。

当有实施的可能时，以上情形可以表示为真实博弈与理想机制之间关系。真实博弈中的均衡取决于哪些策略可行、实际后果及参与者的偏好。因此，要在真实博弈中（合法及非法部分）达到均衡，干预者的效用函数应该包含能够阻止他/她采取非法行为的偏好。另一方面，干预者可采取的策略中应该包含能够以他/她所设想的方式影响他人的权力或资产。这些特征，包括干预者能够采取的策略，以及这些策略的后果，都为真实博弈模式的机制所涵盖。

一场博弈（即社会结构）的参与者及其价值观和偏好之异同决定了一个既定的理想机制能否在该社会中实施。禁酒（的执行失败）便是一个负面的例子。明显，可实施性取决于目标的性质及对于可能的产出之态度。

4. 道德

合法行为与合理而满足自我利益的行为并非无法兼容。这意味着在众参与者皆采取合理而满足自我利益的行为之假设下，尤维纳利斯"腐败行为无法避免"之看法是无法被采纳的，即使不依赖干预者亦是如此。所以我们的结论是什么？这些结论可分为两组：一组与尤维纳利斯的看法（或与之相似的观点）相关；一组则是萨缪尔森的观点与推测。但真正的实施就算没有干预者的存在也是有可能的。

所以，我们现在来谈第一组：在监督者无限循环的系统中产生负面结果是有逻辑上的可能的。但尽管与尤维纳利斯的观点不兼容，执行（或总体上的实施）也并非绝无可能。首先，干预者可能存在。尤其是在一个选民之偏好可以自由表达的社会中，公民可以充当最高级监督者。"最高级"意指高于其他一切监督者。最后，创造一个能够由相应奖惩所驱使的合理自我利益，而导致合法且道德之行为的系统是有可能的。

萨缪尔森的第二猜想（即在去中心化的情况之下成功的实施没有可能）的正确性，在我看来，还有待商榷。选民将腐败官员逼出政坛之例暗示了去中心化后的成功实施有一定的可能。但答案取决于我们如何为去中心化定义。另一方面，萨缪尔森的第一点猜想显然成立，即林达尔的方式不能解决，当可能存在纳什均衡时或许会出现的不合法行为或搭便车问题。

（孙久荣 译　唐兆希 校）

获奖演说

机制设计:如何实施社会目标①

埃里克·马斯金②

机制设计之理论可被当作经济理论中“工程建设”一类来考虑。当然,许多理论上的研究都聚焦于现有的经济体系。理论学者想要解释或预告这些体系所产出的经济上或社会上的结果。但在机制设计理论中我们想要解释的却与其相反。我们先设定理想产出或“社会目标”。然后再探讨能否设计出一个能够达到该目标的适当的制度(机制)。如果能够,那么我们则想知道机制将取何种模式。

此论文中我会做一个对于机制设计中被称为“实施理论”部分的简介。在有特定社会目标时,该理论能够告诉我们能否设计出根据这些目标所制定的预期产出(即均衡时之产出之合集)与理想产出一致的机制。我会尽力将技术性减到最小,并将之限制在脚注中。③

一、产出,目标及机制

我们的所谓“产出”自然由语境而定。因此,对于一个有义务产出公共品的政府来说,产出就会包括诸如城际高速路、国防、环境保护、公共教育及为它们提供资金的制度安排。对一个官位候选人来讲,产出即该官位最后之人选。对一个拍卖者来说,产出即这些资产在潜在买家之间的分配及卖家所出之价格。最后,对考虑一处新房产的买房者及建房者来讲,产出即房屋之特性、规格及建房者的酬劳。

相似地,我们用以衡量产出是否理想、是否最优的标准取决于情景设置。在评估公共品之选择时,我们往往会用到“净社会盈余”最大化这一衡量标准:公共品的选择能否将社会收益减去提供公共品之成本之差额最大化?至于官员之选举,在一对一竞争中一个候选人用以击败对手(及成为孔多塞式赢家)的特质有时被视为所愿之物(见于帕萨·达斯格普特和埃里克·马斯金,即将发表)。在资产拍卖中,一般有两种用以衡量产出的标准:(一)资产是否被最看重该资产的买家拍走(即分配是否有效率);

---

① 此文是埃里克·马斯金在2007年12月8日于斯德哥尔摩进行的诺贝尔奖获奖讲座的修改版。

② 阿尔伯特·赫希曼,普林斯顿大学高等研究学院社会科学教授、客座教授。特别感谢国家科学基金会对研究之支持及补助(♯SES-0318103)。

③ 有许多优秀的调查报告及教科书比起此文有着对于实施理论从技术和概念上更为具体的解释。尤其见于安德鲁·波斯托怀特(1985),西奥多·格罗夫斯和约汉·莱迪(1987),约汉·摩尔(1992),托马斯·波尔弗里(1992),马丁·奥斯本和艾莉尔·鲁宾斯的第十章(1994),贝丝·艾伦(1997),路易斯·科钦(1996),马修·杰克逊(2001),波尔弗里(2002),罗伯托·塞拉诺(2004),大卫·奥斯丁·史密斯和杰弗里·班克斯第二、三章(2005),詹姆斯·伯金第六章(2005),阿伦·费尔德曼和塞拉诺第十四—十六章(2006),埃里克·拉斯穆森第十章(2006),桑迪普·巴利加和托马斯·斯约斯特洛姆(2007)及科钦(2008);另见于帕修斯·达斯格普塔,彼得·汉蒙德,埃里克·马斯金(1979),马斯金及斯约斯特洛姆(2002),巴利加及马斯金(2003),马斯金的一份旧的调查报告(1987)。

(二)卖家是否从拍卖中获取最大限度的收益(即收益最大化是否达成)。最后,对于买房者及建房者来说,如果双方在交易中的收益都得到最大化,那么产出一般来说可以被认为是最优的,即房屋规格和酬劳都达到帕累托最优,同时也具有个体角度上的合理性。

一个机制是一种用以计算产出的制度、程序或博弈。所以,不出意料地决定取用何种机制者,即机制设计者,亦取决于情景的不同。在公共品一例中,我们一般认为提供物品的政府同时也选择相应的方法来确定提供物品的数量和与之相关的财政支持。同样的,讲到资产的销售时,在这方面拍卖是一个典型的机制,资产的卖家通常有规则的决定权,即卖家是选择拍卖形式的一方。

与以上不同的,在全国性的政治选举中,机制则是诸如少数服从多数、排序复选制等的选举步骤安排。而且,这些步骤安排一般来讲应该早就为国家宪法所采纳。因此,在此例中我们应该将宪法制定者视为机制设计者。

最后,在建房一例中,机制便是买房者和建房者之间的合约,并且说明双方各自的权利及义务。因为在此例中合约想必是由买卖双方所制定,所以他们自身即是机制的设计者。

那么,在公共的框架中,如果政府一开始就知道如何选择公共货物方为最优,那么就存在一个达到最优化的简单甚至琐碎的机制:政府只需要通过一项确保此产出的法律。相似的,若拍卖者事先已经了解哪些买家认为拍卖的资产最有价值,那么他就可以直接将这些资产(在收取或不收取费用)的情况下给予他们。

最基本的难点,也是使得机制设计理论有研究价值的一点,便是政府或拍卖者一般不会拥有这些信息。毕竟在公共品上能达到净盈余最大化的选择取决于公民对公共品的偏好,且政府没有任何理由能够知道这些偏好。同样,我们一般不会指望拍卖者知道不同潜在买家对于被拍卖资产的价值估计有多么不同。

因为机制设计者一般无法事先了解何种产出为最优,他们需要以仅比以政令来规定产出更为间接的方法来达到目的;尤其,当设计被施用时,一个机制必须能够获得必要的信息。因为真正掌握这些关键信息的个体——公共品例子中的公民或资产拍卖中的买家,可能由于他们自己的目标而没有以透露他们所掌握之信息的方式行动的动机而导致问题的加剧。因此,机制必须做到激励兼容。在机制设计上的研究,包括我本人的,都指向以下三个基本问题的解答。

(一)在达成社会目标时,什么情况下才可以设计出有激励兼容性的机制?

(二)当这些机制存在时,他们呈现何种形式?

(三)何时这样的机制理论上无法找到?

一开始时这种机制能够设计出来之可能性就可能已让人感到出乎意料。因为归根结底来讲,一个机制设计者如何能够在并不完全知道他的目标是什么的情况下得到最优产出。因此,分析一个简单而可靠的例子可能会有帮助。

二、一个例子

想象一个由两个能源消耗者,爱丽丝和鲍勃的社会。一个能源管理机构被予以选择爱丽丝及鲍勃所用能源的种类的任务。可选能源的清单中该机构只能选择一个,可选能源包括天然气、石油、核能及燃煤。

让我们假设世界仅有两种状态:状态1中,消费者相对不看重未来,即他们有相对高的短期贴现率。在状态2中,相对地,他们认为未来具有相当的重要性,那么他们的贴现率也相应地更低。

我们可以想象爱丽丝关心的首先是能源是否便捷。这意味着,在状态1中,她会将天然气排在石油之前,石油排在燃煤之前而燃煤在核能之前,从这个排名从前至后来看,能源越来越脏乱或越来越难以使用。相反,在状态2中,她的排名则是:

核能

天然气

燃煤

石油

因为她预期随着技术的发展,天然气、燃煤及核能的使用将更加简便,而且,在此状态下,她格外强调在未来的受益。

鲍勃则更关心安全性。这意味着当他在状态1,将当下看得最重时,他会将核能排在石油之前,石油在燃煤之前而燃煤在天然气之前。但如果是状态2,即未来相对更加重要,那么他的排名将是:

石油

天然气

燃煤

核能

这反映出,长期来讲,鲍勃预期核废料的处理会成为一个严峻的问题,而石油和天然气的安全性则会有所进步。

消费者不同状态下的能源排名总结于以下的表1。

表1 爱丽丝和鲍勃对能源使用的排序

状态1		状态2	
爱丽丝	鲍勃	爱丽丝	鲍勃
天然气	核能	核能	石油
石油	石油	天然气	天然气
燃煤	燃煤	燃煤	燃煤
核能	天然气	石油	核能

假设能源管理机构想要选择一个能够使得两个消费者都基本满足的能源。如果我们将“基本满足”理解为得到自己的第一选择或第二选择,那么状态1下石油是最优选择,而天然气是状态2之下的最优选择。在实施理论的语汇中,我们说该机构的“社会决策规则”规定了状态1下石油及状态2下天然气的选择。因此,若设f为社会决

策规则，将会表示为表 2 中的形式。[①]

表 2　f(状态 1)＝石油，f(状态 2)＝天然气

但是，假设管理机构对先前所讲的状态没有了解(尽管爱丽丝和鲍勃了解)。这意味着他们不知道哪一个社会决策规则的选择，即石油还是天然气才是最优。

可能最直接的机制便是让管理机构要求消费者告知状态。那么如果两个消费者都说"状态 1"就选择石油；都说"状态 2"就选择天然气；如果两人回复不同那么两人可以掷硬币。但需注意此机制中无论实际状态如何，也无论鲍勃作何选择，爱丽丝都有"状态 2"的激励，因为她在两种状态下都将天然气排在石油之前。的确，她通过"状态 2"而非"状态 1"，在鲍勃选"状态 1"的情况下将获得自己偏好的产出概率由 0 提升至 0.5；在鲍勃选"状态 2"的情况下从 0.5 提升至 1。因此，我们可以期望爱丽丝在两种状态下都报出"状态 2"。相似地，鲍勃永远会选"状态 1"，因为在每一种状态下他都将石油排在天然气之前。将他们置于一起我们发现，爱丽丝及鲍勃的行为意味着在每一种状态下，产出是在石油及天然气之间的五五开随机选择。意思是，产出为最优的可能性仅为 50%，所以该机制被证明是过于天真的。

因此，让我们假设管理机构使消费者参与表 3 所给出的机制：

表 3　消费者参与机制设计

		鲍勃	
爱丽丝		左部	右部
	顶部	石油	燃煤
	底部	核能	天然气

即，爱丽丝需选择"顶部"或"底部"作为她的策略；同时，鲍勃需选择"左部"或"右部"作为他的策略；而矩阵中每一个相应的单元格会给出这些选择的产出。[②]

注意在状态 1 中，鲍勃选择左部受益更多，无论爱丽丝作何选择：如果她采取顶部策略，那么左部会导致石油成为产出(也是鲍勃的偏好)，而右部会使燃煤成为选择。如果她采取底部，那么核能(鲍勃的偏好产出)则是选左的结果，而选右会导致天然气的选择。意为"左部"是鲍勃在状态 1 之下的"占优策略"。并且，如果鲍勃已经选择了左部，爱丽丝选择顶部受益更多，因为她相比核能更偏好石油。因此，在状态 1 下，我们显然可以预计爱丽丝会采取顶部而鲍勃会采取左部策略，即(左，上)是唯一的纳什

---

① 在一个更为通用的设定下，假设 θ 是所有状态的集，A 是所有可能产出的集，那么社会决策规则 f 则是一个对应(一个设定值函数)：$f:\theta\rightarrow A$。此方程中，对于任何 θ 值，$f(\theta)$ 都可以被理解为该状态下最优产出的集(我们允许在一个状态下存在多种最优产出的可能性)。

② 更为总体地说，在一个有 n 个个体的社会中的机制，即映射 $g:S_1\times S_2\times\cdots\times S_n\rightarrow A$。对所有的 i 来说，S_i 即个体 i 的策略空间，而 $g(S_1,\cdots,S_n)$ 则是在个体执行$(S_1,\cdots,S_n)$之策略时，机制所规定的产出。

均衡。[①] 而且，这是一个关键点，因此发生的产出，石油，在状态 1 下是最优的。

转至状态 2，我们可以看到，在此状态中，爱丽丝的主要策略便是底部。如果鲍勃选择左部，那么她选择顶部比底部受益更多，因为她相较石油更偏好核能。如果鲍勃选右，那么底部策略会导致她选择相较顶部燃煤之产出更为偏好的天然气。爱丽丝若选择了底部，那么鲍勃选择右部受益更多，因为对于他来讲天然气好于核能。因此，在状态 2 下，唯一的纳什均衡(底，右)是:爱丽丝选取底部，鲍勃选取右部。并且，这会导致一个最优的产出——天然气。

我们看到，无论状态如何，表格 3 中的机制都能够得到最优产出，尽管(i)机制设计者(能源管理机构)完全不了解实际状态，且(ii)爱丽丝与鲍勃都只关心他们自身，而非管理机构的偏好。更准确地说，因为表 3 中机制的纳什均衡产出与每一种状态的最优产出一致，所以我们可以说该机制在纳什均衡中实施了管理机构的社会决策规则。[②][③]

三、机制设计简史

机制设计理论的学术历史至少可以追溯到 19 世纪诸如罗伯特·欧文及夏尔·傅里叶等乌托邦社会主义者。出于对他们眼中正在萌芽的资本主义制度的邪恶憎恶，这些思想家提出，社会主义能够给予一个更为人性的选择，同时他们也时而参与了诸如印第安纳州新和谐公社等试验性社区的建立。

对现代理论有更直接影响的则是在 20 世纪 30 年代达到最盛的计划阴谋论。一方的首要反派是奥斯卡·兰格及阿巴·勒纳。他们强硬地辩论道，在处理得当的情况下，中央计划能够复制自由市场的效能(兰格 1936 及勒纳 1944)。当然，他们提到，计划能够修正严重的“市场失效”，尤其是经济大萧条期间所呈现出的问题，因此计划也有潜能超过市场。另一边，弗里德里希·冯·哈耶克和路德维希·冯·米塞斯坚决否定了计划能够接近自由市场之成功的可能(冯·哈耶克 1944 和冯·米塞斯 1920)。

阴谋论当时十分重要且令人着迷，但对一些如里莱昂尼德·赫维奇的旁观者来说也令人沮丧。这是因为该理论缺少概念上的准确性，如“去中心化”等关键语汇皆没有被定义，而且，双方举出的论据都极不完整。这一部分是因为他们缺少技术上的工具

---

① 通常来讲，一个纳什均衡是对策略的制定(每一个个体皆有一个策略)，且同时没有任何个体有单方面偏离策略的动机。因此，若 $u_i(a,\theta)$是个体 i 在状态 θ 时得到产出 a 的回报，则意味着在状态 θ 时，若 $u_i(g(S_1,\cdots,S_i,\cdots,S_n),\theta)\geqslant u_i(g(S_1,\cdots,S_i',\cdots,S_n),\theta)$对于所有的 i 及 S_i,S_i' 成立，那么在机制 g 之下策略$(S_1,\cdots,S_n)$就能够造成纳什均衡。

② 在一个更普遍的情境之下，如果对于所有 θ 来讲 $f(\theta)=NE_g(\theta)$都成立，那么机制 g 就在纳什均衡之下实施了社会决策规则 f。这里 $NE_g(\theta)$是在状态 θ 时 g 的纳什均衡产出之集合。

③ 纳什均衡是对某个机制之下个体行为的预期。但一些其他的预期性的概念，即均衡概念，都已经在实施理论的研究中被考虑过了。比如子博弈完美均衡(摩尔及拉斐尔·鲁浦罗，1988)，非独裁性纳什均衡(帕尔弗里及桑杰·斯里瓦斯塔瓦，1991)，贝叶斯均衡(波斯托怀特及大卫·迈德勒，1986)，独裁解决性(赫维·穆兰，1979)，颤抖之手完美均衡(斯约斯特洛姆，1993)及强均衡(巴斯卡尔·杜塔及阿鲁那瓦·森，1991)。

(尤其是博弈论及数学规划),来产出真正有说服力的结论。

而这正是莱昂·赫维奇进入视野之处。他为此辩论所激发而试图为一些核心思想做出清晰地定义,而他的努力在1960年及1972年的两份卓越的论文中得到了最优体现。在这些论文中他亦介绍了激励相容性这一关键认识。

赫维奇和其他学者所带动的研究使得现在的经济学家中达成了广泛的认同,冯·哈耶克和冯·米塞斯实际上是正确的,市场的确是"最优"的机制。在(i)有大量买、卖家存在以至于没有任何一个经济主体拥有绝对影响力;(ii)没有过多的外部性,即一个经济主体的消费与生产不影响其他人的消费与生产。[①] 但是,在以上两点之一不成立之时以机制来优化市场一般来讲是可能的。[②]

赫维奇的研究带动了许多论文的产生,这些论文大体上可以分为两支。一方面,有利用特殊、有很强结构性的情景设置来研究诸如如何配置公共货物,如何设计拍卖或如何撰写合约等细化问题的研究;另一方面则有能够获得更为抽象、通用的结果的研究。换句话说,这些研究对于偏好、科技水平等方面所做的假设被限制到最少。我个人的研究在不同时期属于不同的分支。但在此论文中,我将强调通用的结果。

四、社会决策规则的实施

以下我列出关于激励相容机制的三个中心问题(A)—(C)。以实施理论术语来重新组织一下语言的话这些问题就变成了:

(A)社会决策规则在何种条件下才能得到实施?

(B)实施机制可呈现为何种形式?

(C)哪些社会决策规则无法被实施?

20世纪70年代中期我遇到过解答这些问题的难关。最终,我找到了一种叫作"单调性"(现在有时被称为马斯金单调性)。这一性质是纳什均衡能否实现实施的关键。假设通过所讨论的社会决策规则 f 所产出的结果 a 在状态 θ 之下为最优,即 $f(\theta)=a$,那么,当从状态 θ 转为状态 θ' 时,如果 a 不出现于任何人的,包含其他选择的排名中,单调性就决定了 a 必须在 θ' 中也为最优:$f(\theta')=a$。但是,如果 a 出现于某些人与产出 b 呈比较关系的排名中,那么单调性不带来任何限制。[③]

以更加了解单调性的作用,让我们再用一次刚才关于能源的例子(见表1与表

---

① 可见于彼得·汉莫德(1979)。他的研究大概说明了竞争市场是唯一能够产出个体上合理且满足帕累托最优产出的,具有动机兼容性的机制。另见于詹姆斯·乔丹(1982),他的研究表明当"动机兼容"被替换为"信息有效"时,在做了(i)与(ii)的假设之后会有同样的结论。

② 比如,公共货物之例可见于西奥多·格罗夫斯(1973)及爱德华·克拉克(1971),或见信息外部性之例于让·雅克·拉丰(1985)。

③ 在一个更为通用的 f 可以为设定值函数的情境之下,单调性则规定,对于所有状态 θ,θ' 及产出的集合 a,若 $af(\theta)$ 且对于所有 i 和 b 来说,$u_i(a, \theta)\geqslant u_i(b, \theta)$ 都意味着 $u_i(a, \theta')\geqslant u_i(b, \theta')$ 的话,那么则有 $af(\theta')$。

2)。记住石油在状态 1 下为最优产出。亦注意石油出现于爱丽丝的排名中,并从状态 1 转为状态 2 时与燃煤和核能都形成比较关系(爱丽丝在状态 1 下将石油排在核能与燃煤之前,但状态 2 下正好相反)。因此,天然气,而非石油,在状态 2 下最优这一事实并不违背单调性。相似地,请注意到天然气出现于鲍勃的排名中,与燃煤和核能在从状态 2 转为状态 1 时都成比较关系。因此,即使天然气在状态 2 下为最优,其在状态 1 下非最优的事实亦不与单调性冲突。的确,以上这些确立了管理机构之社会决策规则满足单调性实施的可能(如刚才提到的,也不与以下定理 1 相矛盾)。

但假设我们将此例稍作改动,以至于以下表 4 成为排名与最优产出的集合。在做出这些改变之后,社会决策规则便不再具有单调性。具体地讲,请注意在尽管状态 1 下石油为最优,但状态 2 时,虽然在状态 1 与 2 之间无论是爱丽丝还是鲍勃的排名中都没有下降,也非最优(已知石油排名没有下降,单调性要求它在状态 2 中也为最优)。因此,我们可以说,没有机制能够实施表 4 中的社会决策规则。更为总体的,我们则有:

表 4 不能实施的社会规则

状态 1		状态 2	
爱丽丝	鲍勃	爱丽丝	鲍勃
天然气	核能	天然气	核能
石油	石油	石油	石油
燃煤	燃煤	核能	燃煤
核能	天然气	燃煤	天然气
石油最优		核能最优	

定理 1(马斯金 1977):若一个社会决策规则能够被实施,那么其必须具有单调性。

若想了解为什么表 4 中的社会选择是无法实施的,需要做一个与此相反的假设,即实施机制在此前是存在的。这一机制必须包含爱丽丝和鲍勃将分别采取的一对策略(S_A, S_B),这对策略必须产生石油这一选项结果且在状态 1 中构成纳什均衡。

我认为(S_A, S_B)必须在状态 2 时亦造成纳什均衡。为理解此观点,先注意,状态 2 下鲍勃没有单边偏离 S_B 的激励,因为(i)在状态 1 时(由纳什均衡之定义决定)他亦无此激励;(ii)在两种状态下他的偏好排名相同。而且,爱丽丝在状态 2 时没有偏离 S_A 的激励。以便了解这点,请注意,如果与我的观点相反,状态 2 中爱丽丝从单方偏离 S_A 之行为中获益,那么她必将造成天然气之产出(因为这是状态 2 中她唯一更为偏好的选项)。但爱丽丝在状态 1 中亦偏好天然气,所以也能够从同样的偏离策略之行为中获益。这与(S_A, S_B)在状态 1 时造成纳什均衡的假设相矛盾。

因此,(S_A, S_B)在状态 2 中的确是纳什均衡。但它所产出的,即石油,并非该状态中的最优选择,确立了该社会决策规则仍然无法实施之事实。

如我们所见,表 1 与表 2 提供了一个符合单调性且能够被实施的社会决策规则的例子。但是,并非所有符合单调性的社会决策规则都能够被实施;反例之一见于马斯金(1977)。无论如何,如此的反例一般都有些人为的意味,而且,在一个至少有三个个体的社会中,如果一个额外的,且往往是无害的条件被施加,那么单调性则的确能够保证可实施性。[①]

这个额外的条件叫作"没有否决权"。假设可能除了一个之外的所有个体都同意产出 a 为最佳,即他们都将 a 置于他们偏好排名之榜首。那么,如果社会决策规则满足"没有否决权"之条件,那么 a 必为最优。即剩下的一个个体不能否决之。

没有否决权在当产出包含在个体间配置经济物品的时候尤为无害(是的,它没有带来任何限制)。这样的情况下,每一个个体会偏好自己被分到更多的物品。这意味着,如果社会中有三个或以上的个体,那么无否决权条件所设定的假设则无法被满足,所以逻辑上讲此条件自动保持不变。

实施社会决策规则之可能性的普遍结果如下:

定理 2(马斯金 1977):假设有三个以上的个体。若社会决策规则满足单调性及无否决权,它便可以被实施。

定理 2 的证明在此论文讨论范围之外(更为体面的解释见于瑞普洛 1987),但我需要说的是它们一般来讲是有建设性的,即已知需被实施的社会决策规则时,定理的证明会给出建立机制的清晰构成。

值得注意的是定理 2 指出必须要有三个以上的个体。在经济学中,从两人系统转到三人系统会使得一切变得更为烦琐。[②] 但对于实施理论来说,三个个体其实会使事情更加简单。为了了解其缘由,请记得机制的出发点在于给个体提供进行能够导致最优产出的行为的激励。这包含了因个体偏离其既有策略(即均衡时的策略)而造成的"惩罚"。但如果只有两个个体,爱丽丝和鲍勃,且其中一人偏离了策略,那么辨别是爱丽丝偏离而鲍勃遵守还是相反,会是一件很难的事。辨别之问题在有三人以上的情况下就能得到解决,因为当两个或以上个体都遵守均衡时,偏离者的举动更为突出而容易辨认。

五、结　尾

本文只是实施理论的简要介绍(且文章内容只是机制设计领域的一部分)。我集中讨论的是三十多年前的研究成果,所以本文可能有一些有误导性质的"古董"味道。其实,理论令人欣慰的一点是,在赫维奇(1960)后将近五十年,这个主题仍然重要而有研究价值:新的实施理论研究总在出现。接下来五十年这个领域将何去何从令人兴味盎然。

(孙久荣 译　唐兆希 校)

---

① 这并不是说只有两个个体时就无法实施,我们表 1 和 2 中能源的例子就只有两个个体。但是,我们在下文会看到,实施需要三个或以上个体的协调。

② 零和博弈为此现象提供了一个典型例子。将博弈中行为之分析大大简化的极小化极大定理,可应用于两人的零和博弈,但是通常无法用于有三人或以上的博弈。

获奖演说

有关经济理论中的机制设计综述

罗杰·迈尔森[①]

一、历史综述

经济学一词源于色诺芬(c. 360 BCE)所著之《经济论》。书中讲述了苏格拉底与一位模范市民的对话。这位市民有两项主要关注:首先他要去乡下的农场对他的农工进行监督和激励;另外,他还要返回城市参加各种政治组织的活动,而参与这些组织的活动对于农场所有权的保持是至关重要的。而有关经济主体的激励及政治组织的论述对于当今的经济学理论而言依然是核心命题。但情形并非总是如此。

两个世纪前,经济学发展成为一个具有分析性的社会科学分支,它主要关注的是物质产品的生产与分配及为国民收入的核计及价格理论提出方法论。当时有关资源配置的问题似乎尤其需要被进行数理分析,因为货物及货币的流动是可计量的,并且应该满足流动平衡等式及无套汇的相关条件。从这一视角来看,古典经济学的问题就是人满足其欲望的能力受限于资源的有限性的问题。古典经济学结果就是:在对可用资源进行重新配置也不能改善所有人福利的情况下,不受约束的自由贸易可以获得"配置效率"。

当经济学理论家们开始对理性个体的最优决策进行分析,并把这作为了解价格理论中供求现象的工具时,经济学的关注点就从古诺(1838)时期对资源的配置转回到对激励的分析上来(内汉斯 1990)。20世纪的前50年中,几位数学家开始建立针对一般框架下的理性竞争决策进行分析的模型。这为后来的博弈理论打下了基础(波莱尔 1921,冯·诺伊曼 1928,冯·诺伊曼和摩根斯坦 1944,纳什 1951;另参见迈尔森 1999)。

经济学领域内对超越价格理论范畴之外的分析模型的需求逐渐增多。尤其是经济学理论家们关于社会主义和资本主义的种种争论缺乏结论性,这显示了价格理论在对非价格主导的体制——比如社会主义计划经济——的分析方面存在约束性(巴龙,1935;兰格,1938;米塞斯,1935;哈耶克,1935)。价格理论(在某些条件下)可以显示出自由市场可以获得"配置效率",但这些有关自由市场的结论未能证明社会主义计划经济就不能获得类似的良性结果。为了对具有根本性差别的不同类型的经济组织进行分析比较,就需要有一个新的更具有普遍意义的理论框架。哈耶克(1945)在其影响力甚广的一篇论文中提出,这一经济理论的关键之处在于承认所有类型的经济体制都要承担一项功能,即在社会中对有关不同个体的需求和资源方面的分散信息进行传播。也就是说,不同的经济体制应该被比作不同的传播机制。哈耶克也提出另一说法,即他那个时代的经济数学家犯的一个错误就是忽视了市场体系中传播的重要性。但是

---

① 对评奖委员会邀请我进行来此讲座我非常感谢。同时也对我西北大学和芝加哥大学的合著者及同事,以及远道而来的我的朋友和家人,尤其是路途最远的吉娜,表示衷心感谢。

有关基本的社会改革方面的问题,要求有基本的社会理论予以支撑。而数学中的绝对普遍适用性对探索新的基本理论而言尤其重要。因此,哈耶克所观察到的这一现象其实不应被视为数学模型本身的错误,而是需要新的基本数学模型的证据。在接受哈耶克挑战的经济数学家当中,莱昂尼德·赫维奇是其领袖人物。

当赫维奇(1972)提出信息传播动机这一基本问题并提出激励相容的基本概念时,新模型的诞生时刻就到来了。通过提出这一理论,赫维奇跳出哈耶克的框架并取得了重大突破,帮助我们提升了对经济体制问题的分析能力。马可夫斯基和奥斯特罗伊(1993)指出,由此开始"犹如打开两扇百叶窗一样,激励问题强有力地浮现出来"。

赫维奇(1972)提出这一理论后,我们中有许多人随之跳出原来的框架。从哈萨尼(1967)那里,我们得到了一个具有普遍意义的贝叶斯博弈模型。根据这一模型,人们各自拥有不同的信息,而我们可以用哈萨尼贝叶斯均衡原理的一般概念分析博弈中的理性行为。在这一框架下,我们看到赫维奇的机制理论成了设计贝叶斯博弈的理论基础。协调机制是一套方案,而根据这一方案,人们基于所获得的信息做出社会决策;而一个社会的协调机制一旦改变,则其成员所参与的博弈格局也会相应改变。根据一个社会中人们的偏好、拥有的信息和资源,不同的社会协调机制会产生不同的博弈格局,而其中每一个都会有不同的均衡。但是值得注意的是,所有可能的博弈格局中的各种不同均衡的一个共同特点,就是运用"显示原理"。

我们当中有多人(达斯格普塔、汉蒙德和马斯金 1979,哈里斯和汤森德 1981,霍姆斯特龙 1977,迈尔森、罗森塔尔 1978)分别在对吉巴德(1973)和奥曼(1974)的理论进行发展的过程中发现了这一特点。通过显示原理,这一组可能的均衡与"激励相容"机制下的均衡形成关键性的巧合。这些"激励约束"表达了一个基本事实,即个体在没有合适激励的情况下不会彼此分享信息或暗中付出某项努力。所以,机制理论拓展了我们关于经济问题的观点,我们现在把激励约束和资源约束全都纳入考虑。约束条件帮助我们解释了在现实世界中观察到的配置失效现象。但是,在这一新的经济分析框架下,我们还有了新的激励效率概念,在将激励约束纳入考虑的情况下用这些概念评估资源配置规则(而非资源配置本身)。这些概念工具使得我们能够对涉及高效体制的,超出哈耶克时代经济理论分析范畴的相关问题进行分析。

二、机制设计理论的相关问题

在社会环境下,人们拥有有关资源和需求的信息并采取相应行动进行资源的生产、分销及消费。在市场及其他社会机构之中,个体的行动可能取决于其他个体的,以及在市场和机构之间传播的信息。这就是哈耶克提出的观点,即我们应当把社会机构视为对人的信息进行传播,对人的行动进行协调的机制。要想确定一个社会机构的好坏,要问的问题就是其是否较好地扮演了这一传播和协调的角色。若我们对现有机构的表现持否定看法,那么我们可能会有取而代之的想法,建立一个能使所希望的社会方案得以实施的机构。这里的社会方案指的是关于每个个体的行为如何取决于其他个体的信息描述。于是便有了这一至关重要的问题:何种社会协调方案是可行的? 一个可行的社会协调方案可由诸多不同的社会机构付诸实施。为此,有必要首先考虑建立一个中央机构,而每个个体都与一个可信赖的中央协调人进行单独而私密的沟通。首先假设每一个个体均将其私密信息告知协调人,然后,基于所有个体上报的信息,协调人向每一个体提出前述社会方案下的行动建议。但如果我们允许个体对协调人的不诚实和不服从现象的存在,那么,如赫维奇(1972)所观察到的,社会方案必须给人以根据社会方案分析信息及采取恰当行动的激励。首先,考虑到我们的社会方案取决于其他人难以观察到的个体的私人信息,我们需要给人以诚实分析信息的激励。这一使人们诚实分析信息的问题称为"逆向选择"。其次,考虑到我们的社会方案需要人们选择不公开的且他人难以监督的行动,我们需要给人以激励以使其采取遵从社会方案的个体行动。这一使人采取遵从社会方案的个体行为的问题称为"道德风险 "。如果对负责实施社会协调方案的中央协调人做到诚实并服从是所有个体的理性均衡的话,那么我们可将这一方案称之为"激励相容"。对于具有激励相容性的协调方案要作两项说明。首先,方案要具备由一组称为"激励约束"不等式显示的数学特征,对这些激励约束我们可以在许多有趣的案例中进行直接的分析。其次,尽管我们通过将个体与中央协调人沟通中的诚信和服从纳入考虑并因而对激励相容进行了界定。事实上,所谓具有激励相容性的社会方案的特点与任一社会机构或机制中可借由理性均衡得以实施的任何事物均具有相同特点。这一有关普遍性的说法称为"显示原理"。

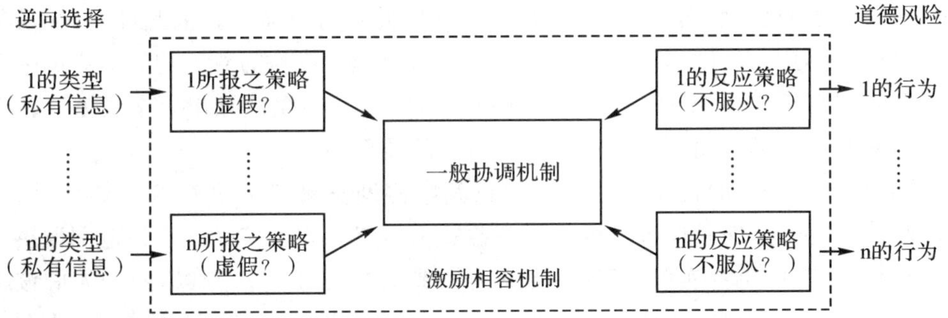

图 1　显示原理

为证明显示原理,假设我们具有某一中央协调机制及一个可以描述在该机制下不诚实地汇报信息并不服从协调方案的理性个体策略。我们需要描述协调人会如何实施需要以诚实与服从这一均衡为前提的激励相容协调方案。当协调人获得包含每一个体私密信息的汇总后,相应的激励相容协调方案应首先计算出在特定均衡下个体发出的不实汇报,然后计算出此机制依据汇总报告可以显示的每一个体可能会采取的不服从行为,再然后计算出在此特定均衡下每一个体将可能选择采取的不服从行动,最后向每一个体发出秘密建议,请其采取经过该方案计算的行动。在这一方案下,若任何个体均有对协调人不诚实或不服从的动机,那么根据其在这一机制下将采取的均衡策略,他可能对自己也有过不诚实和不服从的动机。但在理性均衡下,没有人能通过对自己撒谎或违背自己的最优策略而获益(迈尔森 1982)。

在下面第 3—5 节中,我们将讨论三个例子以说明机制设计理论的力量。第一个是在一个进行单纯交换的经济环境下的例子。在这一经济环境下，某卖家和某潜在买家就某一不可替代的物品的出售进行讨价还价。这一例子涉及逆向选择问题，揭示了个体争取较优价格的动机是如何令具有配置效率的交易无法达成的。第二个是有关单纯生产的例子，涉及管理中的道德风险。这个例子揭示出，要获取良好管理结果，必须使管理者与其所任职的企业产生相当的利害关系。第三个是将政治引入生产性经济的例子，涉及政府中的道德风险问题。这一例子揭示政府对经济领域不受约束的权力是如何导致低效的，因为投资者需要可靠的政治保障以预防政府在诱惑下对其进行侵占。后两个道德风险模型在此特别介绍了可以用来展示社会主义实践劣势的理论框架，哈耶克也曾想努力展示这种劣势。

三、一个简单的含有逆向选择的双边贸易例子

对于第一个有关机制设计的理论，我们讨论一下最简单且可能的经济交易：某卖家持有一件其欲出售的物品，对方是一位潜在买家。此例中，每个个体均了解其个人对该物品的价值判断。该物品对于卖家而言可能价值 0 美元或 80 美元，而对于买家而言可能值 100 美元或 20 美元。我们可以认为，对贸易参与者而言，想以更高价格出售货物的类型属于“弱势”，而相对一方则属“强势”。依此，卖方的类型在货物价值为 0 美元时属于“弱势”，但其货物价值处在 80 美元时则属“强势”。当其价值在 100 美元时，买方属于弱势，而当货值在 20 美元水平时买方则为强势。依此推断，交易的每一方都会认为另一方可能处于强势或弱势。也就是说，贸易的双方均有 0.5 的强弱概率。（此例引自迈尔森 1991，迈尔森和萨特思韦特（1983）据此导出更多模型。依据这些类型，对每一贸易方而言均存在一系列可能的类型。）

让我们从协调人的视角考虑这一他在其中协助贸易双方进行谈判的贸易格局。若非双方均为强势，交易应该是令双方获益的。但双方均可接受的价格范围取决于对每一交易者而言的货物实值，而这一点只有交易者自己了解。所以，协调人应该询问交易各方透露这一信息，并依此相应制定不同的交易条件。基于上报信息，协调人要么建议交易标的物以某个价格成交，要么干脆放弃交易。（为简便起见，我们可以假设无论协调人提出何种建议方案，只要交易本身没有让买卖双方的财富比交易前减少，则双方都会接受其方案并予以实施[①]。）按照我们的理论术语，这一协调方案称为经济活动参与方的协调“机制”。

1. 单纯折中方案下激励相容的失效

图 2 显示了一个自然协调方案。依此方案，只要买方的标的值超过卖方，则协调人就要向双方提出交易方案，而其建议的价格总是处于双方标的值的中间。这一机制称为单纯折中方案。

---

① 如做进一步处理，我们可以说这一假定在下述情况时具有合理性，即无论哪一个体在获知协调人的建议方案后给出其他报价，则这一报价即可成为该个体处于弱势的证据，则该个体很快会作出更为便宜的报价以让出其从此次交易中所获之利。参见迈尔森（1991）。

买方价格

卖方价格	[强] $20	[弱] $100
[强] $80	0, *	1, $90
[弱] $0	1, $10	1, $50

P(交易), E(交易价格)

图 2 折中协调方案

图 2 中的四个方格对应四种可能的交易类型。每一方格中列出的第一个数字是交易个体的上报类型符合本方格的情况时买方获得标的物的条件概率。第二个数字是如果上报的类型符合本方格的情况下双方进行交易时预期买方支付的价格。(若某一方格中交易的概率为 0,则无须规定交易价格。因为我们知道如果即便这一方格描述的情形出现双方也不会交易,因此此处用星号表示。)

单纯折中方案似乎公平的,因为据此双方均有 3/4 的获利概率。但我们要考虑到交易个体是可以谎报其类型的,因此这一方案就不幸地不具激励相容性了,亦即交易双方如均能做到诚实则不构成此博弈中的均衡。根据纳什(1951)的定义,诚实如欲构成均衡要件,必须每一个体均认定,如对方有望表现诚实的话,则诚实为己方最佳原则。我们很容易看到,强势类型借由声称处于弱势的手段无法获益:如果卖方认为其售卖之物可值 80 美元而却假称其价值为 0 的话,那么他只能以于己有损的价格将货物出售。但假定卖方认定自己处于弱势的情况下,我们再以其视角看一下这个问题。若买家依此方案会诚实交易,则处于弱势的卖方可以通过声称处于强势而获得更高的预期收益。若能预期弱势的卖方在此方案下诚实交易,则其可预期的收益将是 0.5(10－0)＋0.5(50－0)＝30,因为买家有着 0.5 的弱势概率和 0.5 的强势概率。但如果弱势的卖方声称处于强势,那么他会有 0.5 的概率获得 90－0 美元的收益,因此其凭借撒谎而可预期的收益则为 0.5(90－0)＝45。这样,他的收益大大高于诚实交易情况下的 30 美元(在此我们始终假定交易个体均属风险中性类型且寻求收益最大化)。于是,诚实在这一方案下构成均衡。亦即单纯折中方案不具备激励相容性。

2. 对等协调方案的激励约束

下面我们讨论其他的协调方案。为简便起见,我们假定方案对待买卖双方均持相似或对等的态度。具体地说,就是当双方一弱一强时成交的条件概率表示为数值 q,且该数值不因哪一方处于弱势而改变。另外,我们同时假设弱势个体与强势个体交易时的预期边际收益为数值 y,且该数值不因哪一方处于弱势而改变。为简便起见,我们还假设均急于交易的两个弱势个体在价格为 50 美元(该价格处于其两个期望值的中间)水平时的成交概率为 1。我们可以假设双方均为强势时交易不会发生,因为卖方对货物的估值高于买方。依此,图 3 显示了将 q、y 这两项参数纳入考虑的一般性协调方案。

为使图 3 描述的情形成为激励相容的机制,数值 q 和 y 必须满足三个不等式,或约束条件。第一,数值 q 必须满足“概率约束”条件:

$$0<q<1。$$

(在每一方格中,成交的概率可以解释为此情形下买方在特定条件下可以获得货物的预期数量,故 $q<1$ 在此可以解释为“资源约束”,其所表达含义为仅有 1 个标的物

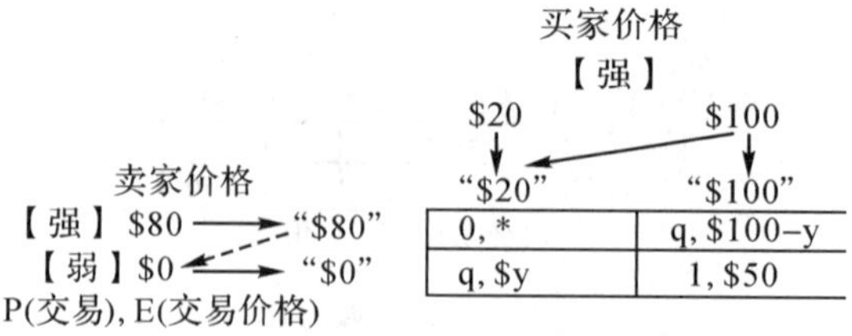

图 3　一般性对等协调方案或协调机制

可供交易。)

依照图 3 所示的对等方案，估值为 20 美元的强势买方只有在价格为 y 时才会交易，亦即对于强势的买方而言，高于 20 的价格是不可接受的亏价。于是，为使强势交易一方(买方估值为 20 美元或卖方估值为 80 美元)乐于加入这一方案，y 必须满足"参与约束"条件 $y<20$。

为使诚实的报告构成图 3 中的纳什均衡，我们需要证明每个个体如预期对方诚实交易都愿意诚实上报自己的类型。我们很容易发现强势类型的卖家或买家在此方案下绝不会假作弱势，因为如此行为将导致交易亏损。然而弱势一方却具有假作强势的动机，因为如此有可能获得更高的价格。下面我们以弱势一方为例进行说明(对于弱势买方而言所有计算方法均类似)。在此方案下，弱势卖方在与诚实的对手交易中，如其诚实报告，则其收益为 $0.5q(y-0)+0.5(1)(50-0)$，但如果他假称强势，其收益则为 $0.5(0)+0.5q(100-y-0)$。于是，为使诚实构成均衡，q 和 y 必须满足"信息激励约束"条件：

$$0.5qy+0.5(50)>0.5q(100-y).$$

这一约束从代数角度与下列不等式相同

$$q<25/(50-y).$$

3. 具有激励效率的交易方案

两项激励约束条件 $q<25/(50-y)$ 及 $y<20$ 共同意味着，如令 $y=20$，$q=5/6$，则可能取得最大的交易概率。图 4 显示了这一激励相容机制。信息激励约束在以不等式成立时即得到满足，即弱势类型诚实交易情形下的预期收益为 $(0.5)(5/6)20+(0.5)50=33.33$。而这一收益与弱势类型在不诚实交易情形下的预期收益 $(0.5)(5/6)80$ 相同。①

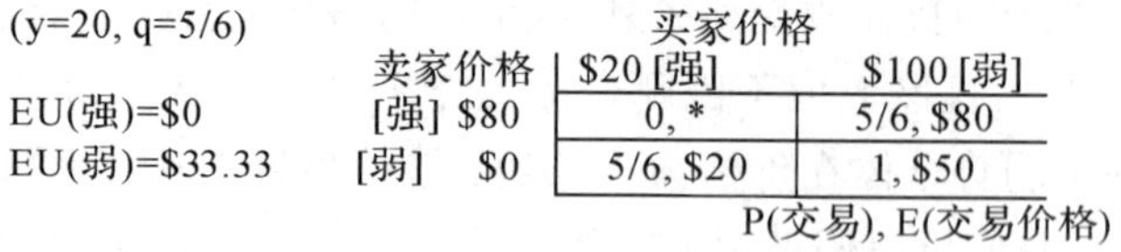

图 4　事前激励效率机制

---

① 图 4 中的激励相容取决于交易双方分别与协调人沟通。一般而言，如果某一个体在向协调人上报自己的信息前了解了对方的报告内容，则其向协调人撒谎的动机会大大加强。图 4 显示，如卖方得知买方已先于自己提交了报告，则处弱势的卖方即可通过假作强势而获得更高的预期收益，因为 $(5/6)80>50$。

机制设计对经济分析的基础贡献之一就是扩展了我们对市场及其他经济交易体系的效率的认识。在图 4 中，协调人无法促成令双方均可获益交易的概率为绝对的正值（数值为(2/4)(1/6)＝1/12）。事后，当交易双方均提交了报告，而其中一方报称弱势，此情况下若无法实现双方均从交易中获益则属于配置失效，因为标的物没有配置给能对之加以最大利用的人。这就是机制设计理论出现之前经济学家常常运用的关于效率的经典观点。但现在我们已经了解到，当参与约束和信息动机约束被纳入考虑后，没有任何动机相容协调方案能具有比图 4 在此处显示的更低的事后配置失效概率。

事前，亦即在确定交易任何一方的类型之前计算预期收益时，每一个体在此机制下的预期收益为[0＋0＋(5/6)20＋(1)50]/4＝16.67。事实上，没有任何激励相容机制能为交易双方创造比此处显示更高的事前预期收益。因此，我们可以（依据霍姆斯特龙和迈尔森，1983）认为这一机制具有事前激励效率。请注意，在我们要确定人们的信息状况对资源配置的影响程度时，同样可以运用这一激励效率概念，而不仅仅是将其用于对特定资源配置的了解；这一概念还将激励约束纳入考虑，以回答另一问题，即对于参与交易的个体而言是否存在其他更好的机制。在事前激励效率模式下，每一个体的福利均在事前，即在各方获悉本身所属类型之前进行估算。

然而，如果卖方得知其属于强势类型，则图 4 中的激励效率机制对他而言则是不利的。因为这一方案不允许强势卖方从出售标的物中获得超过其估值 80 的正效益，所以如果我们真的在意交易个体的福利，能从他们的视角对博弈中的福利进行估算的话，那么当其获悉本身类型信息后，我们应当承认其他机制具有更高的激励效率。

图 5 和图 6 显示了其他对等协调方案。这些方案满足 $y<20$，因此允许强势个体获得在与弱势对手交易时获得正的边际效益；但需使激励约束值处在 $q=25/(50-y)$ 水平上，如此，交易概率 q 与可能的给定 y 值同等大小。这些机制对于强势类型而言比图 4 中的机制更为有利。这些机制具有更高的“过渡性激励”水平，因为博弈中可能的个体类型没有任何其他的激励相容机制可以选择。（“过渡性”一词指的是，在某一个体获悉其本身类型，但尚未得知其他各方的类型信息时，我们对其福利进行估算的情况；参见霍姆斯特龙和迈尔森，1983。）图 6 中所示机制（最适于强势类型的机制）是在对纳什(1950)的交易方案进行一般性归纳过程中找出的方案。迈尔森(1984)对此进行了描述。

(y=10, q=5/8)

	卖家价格	买家价格 $20 [强]	买家价格 $100 [弱]
EU(强)=$3.125	[强] $80	0, *	5/8, $90
EU(弱)=$28.125	[弱] $0	5/8, $10	1, $50

P(交易), E(交易价格)

图 5　过渡性激励效率机制

(y=0, q=1/2)

EU(强)=$5

EU(弱)=$25

		买方价格	
卖方价格		$20 [强]	$100 [弱]
[强]	$80	0, *	1/2, $100
[弱]	$0	1/2, $0	1, $50
		P(交易), E(交易价格)	

图 6 过渡性激励效率机制(纳什交易方案之归纳版)

4. 不诚实均衡及显示原理

上述分析的假定条件是协调人通过创造，使交易者诚实进行交易的激励而获得信息。但即使在不具备激励相容性的机制下，交易各方也可凭借理性策略传递信息，这些策略构成其信息上报博弈行为的均衡之一。例如，假设我们根据图 2 中的单纯折中方案可以看到，如预期买方诚实交易，则卖方将会倾向于声称强势。但如果预期卖方在这一协调方案下总是声称“强势”，那么买方倾向于保持诚实，因为诚实地承认弱势可以至少得到 100－90＝10 美元的弱势买方收益。如此，单纯折中协调方案则具有了一个汇报均衡。依此均衡，卖方会始终报称强势，但买方还是保持诚实。对于这一协调方案下的均衡，协调的结果将取决于图 7 中所显示的交易各方的实际类型。

		买方价格	
卖方价格		$20 [强]	$100 [弱]
[强]	$80	0,*	1,$90
[弱]	$0	0,*	1,$90
		P(交易), E(交易价格)	

图7 与折中均衡相当的激励相容机制

图 7 所示方案本身即是一个激励相容协调方案。实际上，这一方案有意忽视卖方所报告的类型，并在仅在买方自报为弱势的情形下令交易按 90 美元价格成交。令交易以如此有利卖家的价格成交可能看上去不是很公平，但是如果协调人打算根据图 7 所示方案使用上报信息的话，交易双方的诚实参与将构成一个均衡。单纯折中方案也具备两个报告均衡。均衡一：对买方的预期是恒定地报称强势；相应地，对卖方的预期则是其应表现诚实。这一均衡的结果与图 8 所示激励相容机制相同(图 7 的镜面映像)。均衡二：交易双方均具有正值的撒谎概率，而当另一方处于弱势时则己方具有 0.6 的概率会报称强势。对每一可能的类型组合而言，交易的条件概率及如果交易在此随机均衡下成交的预期条件价格与图 9 所示的激励相容方案相同。

		买方价格	
卖方价格		$20 [强]	$100 [弱]
[强]	$80	0, *	0, *
[弱]	$0	1, $10	1, $10
		P(交易), E(交易价格)	

图 8 相当于折中均衡的激励相容机制

		买方价格	
卖方价格		$20 [强]	$100 [弱]
[强]	$80	0,*	0.4, $90
[弱]	$0	0.4, $10	0.64, $50
		P(交易), E(交易价格)	

图 9 相当于折中均衡的激励相容机制

图 7—9 所列方案可能看起来不公平或缺乏效率，因为一个偏向于卖方，而另一个偏向于买方，而第三个方案下成交的概率较低。但需要表达的观点是：对于任何协调方案下任何个体的报告策略均衡而言，我们都能发现与所有类型结果相同的激励相容机制。这一结果就是显示原理，它使我们能把激励相容机制的结果延伸到，所有可能的机制包含的所有可能的均衡。据此我们可以说，对于此例而言，任何协调方案的均衡，无论其是否具备激励相容性，其事后配置低效发生的概率都不会低于图 4 所示的激励相容机制的诚实均衡。

5. 一般非对等机制

通过对一组以对等方式处理交易双方的协调方案加以集中阐述，我们在此所做的分析已经得到简化。如果不使用对等方式，则用于此例情形的一般类型的协调方案将具有八个变量，而不是两个。对于{0,80}中的每一个 j 值以及{20,100}中的每一 k 值，我们可令 qj,k 表示卖方估值为 j 且买方估值为 k 时的条件概率，且可令 yj,k 表示当双方估值为 j 和 k 时，如果交易发生情况下的条件预期价格。这些变量必须满足如下“概率约束”条件：

$0<q_{0,20}<1, 0<q_{0,100}<1, 0<q_{80,20}<1, 0<q_{80,100}<1$。

如下“参与约束”：

$0.5q_{80,20}(y_{80,20}-80)+0.5q_{80,100}(y_{80,100}-80)>0$,

$0.5q_{0,20}(y_{0,20}-0)+0.5q_{0,100}(y_{0,100}-0)>0$,

$0.5q_{80,20}(20-y_{80,20})+0.5q_{0,20}(20-y_{0,20})>0$,

$0.5q_{80,100}(100-y_{80,100})+0.5q_{0,100}(100-y_{0,100})>0$。

以及如下“信息激励约束”条件：

$0.5q_{80,20}(y_{80,20}-80)+0.5q_{80,100}(y_{80,100}-80)>0.5q_{0,20}(y_{0,20}-80)+0.5q_{0,100}(y_{0,100}-80)$,

$0.5q_{0,20}(y_{0,20}-0)+0.5q_{0,100}(y_{0,100}-0)>0.5q_{0,20}(y_{80,20}-0)+0.5q_{80,100}(y_{80,100}-0)$,

$0.5q_{80,20}(20-y_{80,20})+0.5q_{0,20}(20-y_{0,20})>0.5q_{80,100}(20-y_{80,100})+0.5q_{0,100}(20-y_{0,100})$,

$0.5q_{80,100}(100-y_{80,100})+0.5q_{0,100}(100-y_{0,100})>0.5q_{80,20}(100-y_{80,20})+0.5q_{0,20}(100-y_{0,20})$。

上述约束条件看上去十分复杂，但事实上并不难分析。通过代入式 $x_{j,k}=q_{j,k}y_{j,k}$ 即可使其线性化，然后可以通过线性规划即可找到最优机制。尤其是我们在图 4—6 中所阐述的机制，在一般非对等机制下依然保持其激励效率不变。

6. 作为科斯的交易成本来源之一的动机约束

科斯(1960)认为，如果不存在交易成本，则不受约束的产权与资源的自由交易可获得配置效率，无论初始产权配置情况如何。因此，交易成本对于了解配置失效问题十分重要，且我们需要一个分析理论用以确定交易成本产生于何处。在与此例相同的情况下，信息激励约束可以视为科斯交易成本的来源之一。参与约束代表各方均可持有而不投入交易的初始产权的配置状况(萨缪尔森，1985)。事后配置效率当初始所有者是估值为 0 或 80 的那个人时，则不能通过任何激励相容机制得到保障。对此我们已有阐述。但如果初始所有权被分配给估值也许为 20 或 100 的个体以使买卖双方易位，那么协调人就很容易确保标的物最终会由估值最高者获得。图 10 显示了此案中能获得事后配置效率的激励相容机制（依此机制，协调人只需建议价格为 50 美元，如双方均接受即可成交）。因此，机制设计理论给了我们一个分析框架。在此框架下，初始产权配置能够对获得具有配置效率结果的概率产生影响。

	卖方价格	
买方价格	$20	$100
$80	1, $50	0, *
$0	0, *	0, *

P(交易), E(交易价格)

图 10　初始所有权易位情况下具有配置效率的交易方案

四、在管理方面存在道德风险的高风险生产项目

我们的第二个例子是关于生产的。之所以我们在此提出道德风险问题，是因为生产过程所要求的有价值投入可能被负责生产过程的经理人误用或改作他用。为简便起见，我们假设某一次性生产项目需要价值 $K=100$ 的初始投入，而如果生产过程顺利完成的话则产值回报为 $K=240$，若未能顺利完成则回报为 0。项目顺利完成的概率取决于经理人看不见的行为。若经理人恪尽职守实施对这一项目的管理，则项目顺利完成的概率为 $P_G=1/2$。或者说，如经理人在生产过程中行为糟糕，滥用其管理权力，则顺利完成的概率为 $P_B=1/4$，但经理人可凭借其对权力的滥用暗中获得 $B=30$ 的私人收益。[①]通过纳入这些参数，这一生产项目在经理人选择恪尽职守的条件下其预期回报会高于投资成本，公式为 $P_GR>K$。但如果经理人选择滥用权力，则投资成本会大于预期回报＋私人收益，公式为 $K>P_BR+B$。因此，按此预期价值尺度，这一生产项目在经理人能选择恪尽职守的条件下有投入价值。假设 A 代表经理人能拿出来投资这一项目的全部个人资产价值，则我们可以称 A 为经理人的抵押物（该抵押物值亦可包括其投入项目管理的时间成本）。假如项目失败的话，我们的社会规范能对该经理人采取的最严厉手段就是拿走他的抵押物，亦即在此情况下经理人的净回报为 $-A$。我们假设 $A<K$，使经理人不具有足够的资本单独从事这一生产项目，那么项目的投资必须来自其他社会成员。

让我们从一般的社会角度，即不必对生产项目进行投资的一般大众的角度来分析一下这个问题。一般意义上的社会能从对这一项目的投资中获利么？经理人的工资回报不能取决于其无法被观察到的暗中行为，但其工资取决于项目的成功与否。此处的激励机制的基本变量是项目顺利完成条件下社会支付给经理人的净回报 w（此例中，净回报为 0 指的是经理人可以保有其抵押物）。

若社会成员投资这一项目，则相应的社会规范应能促使经理人恪尽职守努力经

① 这是梯若尔(2006)第 3.2 节中所举的基本道德风险的例子。

营,但为使其服从这一规范,项目顺利完成后的工资 w 必须满足如下“道德风险约束”的条件:

$$pGw-(1-pG)A\geqslant B+pBw-(1-pB)A.$$

另外,如果经理人无法从对项目的参与中得到正值的预期净回报的话他有可能干脆拒绝参与该项目。因此 w 还必须满足“参与约束”的条件:

$$pGw-(1-pG)A\geqslant 0.$$

(由此可见,在项目未能顺利完成的情况下支付给经理人超过 A 的报酬不能更好地激励他以良好的操守参与项目。)经理人有限的资产意味着 w 还要必须满足如下“有限责任约束”条件(亦可称“资源约束”条件):

$$w\geqslant -A.$$

基于上述约束条件,我们可以把项目对于社会的净收益最大化。当经理人服从相应的社会规范并表现良好的话,这一预期社会收益为

$$V=pG(R-w)+(1-pG)A-K.$$

我们假设经理人并不富裕,尤其是当

$$A<BpG/(pG-pB)\text{时},$$

亦即用数字表示此例,$A<60$ 时,则最优激励机制可以如下等式满足道德风险约束条件:

$$w=B/(pG-pB)-A=120-A.$$

因此,必须允许该经理人获得一份具有如下期望值的道德风险租金:

$$pGw-(1-pG)A=BpG/(pG-pB)-A=60-A.$$

由此,一般社会的预期净收益不会超过

$$pGR-K-(60-A)=A-40.$$

当 $A<40$ 时,这一数值为负。在此例中,我们不能令社会获得正值的预期收益,除非经理人本人能贡献出价值至少为 40 的资产 A。也就是说,为使经理人在不必将个人资产补偿给社会的情况也不敢滥用权力,则该经理人必须在所涉及的生产项目中具有相当于投资成本 40%的投入。如果无人具有如此大额的个人资产作为这一投资项目的抵押物,如在一个平均主义的社会主义环境下会出现的情况,则社会一般而言不能从投资这一项目中获益。

由此,道德风险激励约束也可构成一个分析框架,用于分析产权的初始配置对生产性投资之可能性产生影响的程度。的确,这一简单例子可以提供一个关于社会主义相关问题的分析视角——当初哈耶克正是要寻找这一视角。现代工业生产需要对大规模资产进行整合管控,无论由何人实施控制均会收到道德风险方面的诱惑,这些诱惑因素可由这一模型中的 B 表示。当经理人受到的诱惑 B 较大,则道德激励约束条件无法得到满足,除非经理人与所负责项目的成功有较大的利益关系。与资本主义制度下的企业家不同,社会主义制度下的经理人没有充分的个人资产可以投入到其所从事的项目中。情形若如此,则只有通过允许社会主义经理人从成功的生产项目收益中分得很大的份额才能建立这种利益关系。由此,有关道德风险的思考令人对工业化生

产所获收益应当属于全体大众这一平均主义的社会主义理想产生怀疑。有一种方式可以扩展我们的模型，而运用此模型可以帮助我们驱离社会主义管理精英(他们与资本主义精英有类似)这个幽灵。首先假设社会主义体制允许在出现经营不善的情况时对经理人进行体罚。根据这一扩展模型，激励机制具有两个变量：经理人在企业成功时的报酬“w”，以及其在经营不善时要支付的成本暨惩罚“z”。然而对经理人的非生产性惩罚与没收其私人财产有很大的差别，因为惩罚行为不会为社会其他成员创造收益。(任何非生产性惩罚当然都是配置低效的，但我们明白惩罚在具有高激励效率的社会规范下有时是必要的吓阻手段。)由此，在满足

$$w>-A,\ z>0,$$

$$pGw-(1-pG)(A+z)>B+pBw-(1-pB)(A+z), \text{[道德风险约束]}$$

$$pGw-(1-pG)(A+z)>0. \text{[参与约束]}$$

的条件下，对整个社会而言的最佳激励问题会选择将 w 和 z 最大化 $V=pG(R-w)+(1-pG)A-K$。

我们且以数值举例：当 $A<60$ 时，最优解将导出经验不善时的惩罚 $z=60-A$ 及成功时的报酬 $w=60$。这一结果彻底抹掉了经理人获得预期收益的可能性，同时社会的预期收益 $V=0.5A-10$，而只有当 $A>20$ 时 V 才能为正值。因此，在经理人没有有价值的抵押物的情况下，即使靠惩罚手段也无法令社会从所述的生产项目中获益。另一方面，如果参与水平降低的话，社会也无法凭借惩罚手段从生产项目中获益。举一个纯平均主义情形下的例子：$A=0$，公共社会可以用 $w=0$ 及 $z>120$ 来满足道德风险约束条件，在我们的数值举例中可得值为 20 的预期社会收益。但这看起来是个糟糕的解，因为该结果似乎来自对一位并不情愿的经理人的强征，然后用一旦失败即对其身体进行伤害的手段来胁迫他努力工作。

所以，我们对这一生产过程的简单道德风险模型的分析足以显示出，苏式共产主义体制下的工业化可能要么导致一批管理精英的产生，要么是利用国家囚犯的强制劳动。这一模型所含的某些深邃思想在哈耶克某些非正式的直觉论断中有过隐晦的表达，他也可能口头上有过明确的表达[①]，但是在他的分析文字中似乎又语焉不详，因为在他所属时代的经济模式下这些思想不能明确地正式表达。

1. 一个类似的逆向选择问题

要对道德风险和逆向选择进行比较的话，我们可以考虑一下与上述问题类似的一个情况，即激励约束是针对经理人的隐秘信息的，而非其隐秘行为。在这一具有类比性的逆向选择案例中，生产项目顺利完成的概率取决于经理人隐而不报的类型，而该类型之善恶未可知。对于参数(PG，PB，R，K，A)均可进行上述解释，而只有 PG(或 PB)是例外，其所指的是当经理人了解他本人属于敬业的多才多艺的类型(抑或相对应的情况，属于腐败无能的类型)时生产项目顺利完成的条件概率，这是一个只有经理人本人了解(但并不取决于他可能做出的选择)的已知条件。假设 $pGR>K>pBR$，使

① 参见哈耶克(1935)第 237 页所举例证。

生产项目对于敬业的经理人能产生正值的预期净收益而对腐败的经理人则不能。项目之外的社会投资者并不确定了解经理人的真实类型。令 α 表示经理人属于敬业类型条件下的概率。

在激励相容机制下,我们可以向经理人询问其所属类型,而后如果他实报自己的敬业类型抑或腐败类型,则我们就可以有计划投资他负责的项目,概率分别为 qG 或 qB。如果实际投资该项目,经理人在生产获得成功时获得的报酬也可以取决于他的报告:如申报为敬业则为 wG,如申报为腐败则为 wB。我们可以假设,如果投资该项目后遭受失败,则经理人将丧失其抵押物 A。在此投资方案下,投资者的预期收益为

$$V=\alpha\, qG[pG(R-wG)+(1-pG)A-K]+(1-\alpha)qB[pB(R-wB)+(1-pB)A-K].$$

激励相容方案必须满足如下的资源约束条件

$$wG>-A,wB>-A,0<qG<1,0<qB<1;$$

无论哪一类型,只要参与均无预期损失的参与约束条件

$$qG[pGwG-(1-pG)A]>0,\ qB[pBwB-(1-pB)A]>0;$$

以及无论哪一方都不可能凭借撒谎而提高收益水平的信息激励约束条件

$$qG[pGwG-(1-pG)A]>qB[pGwB-(1-pG)A],$$

$$qB[pBwB-(1-pB)A]>qG[pBwG-(1-pB)A].$$

社会主义制度下,基于上述约束条件,最优投资方案应选择(qG,qB,wG,wB),以将一般社会的预期收益 V 最大化。但是这一问题也容易解决。即便经理人没有任何抵押物,即 $A=0$,但是在 $wG=wB=0$ 的情况下,具有配置效率 $qG=1$ 和 $qB=0$(只给表现良好的经理人以经济回报而表现糟糕的则不给)的理想方案还是可以实现的。

也就是说,社会不需要支付超过经理人正常时间成本的报酬,而经理人也没有就其撒谎以为企业融资的动机,因为其对企业的管理行为不会给他带来特别的收益。但是在资本主义制度下,投资者间为有前途的经理人融资的竞争行为意味着在市场均衡中,缺乏信息的投资者无法从为生产项目的融资行为中获得正值的预期收益。也就是,等式 $V=0$ 是一个在资本主义制度下至关重要的资产竞争均衡。而当 $A=0$ 时,在任何满足了 $V=0$ 约束条件的激励相容的均衡中,理想的($qG=1,qB=0$)不具备可行性。①因此,此处所述的社会主义的一个潜在优势就是社会主义国家对资本的垄断有助于诚实的沟通,因为在无论何种类型都无法从企业管理行为中获得任何收益的情况下,差经理人是无法借由模仿好经理人而获利的(参见迪瓦垂邦特和马斯金,1993)。

因此,在所举的旨在激励诚实上报隐秘信息的道德风险例子中,我们发现了社会主义的潜在优势。相比资本主义的自由市场经济而言,社会主义允许个体相对较少的私人产权。给个人以资产所有权能帮助解决这一问题,即必须使经理人拿出暗存的努力来对资产进行良好的经营。但这样的个体资产所有权给了人们不同的利益,而这可

---

① 这就是为什么逆向选择例子有趣到如此程度,使得梯若尔(2006)在其关于企业金融业务的专著中的第 6.2 节对竞争性融资进行了阐述。

能会使人们彼此间的沟通难度更大，因而令反向选择中的信息问题愈加严重。相反，集体主义在使道德风险加重的同时倒也减轻了逆向选择带来的负担。

五、道德风险存于中央政府的单纯经济

自由市场体制的倡导者并非单纯是为了所谓摆脱平均主义才为这一体制辩护的。自由市场是在整个人口中间对经济实力与权力进行分配的，因此自由市场可以被视为经济的中央集权式政治控制的对照。从这一视角看，我们可以从一个显示中央集权政治控制导致经济低效的模型推导出对自由市场的理性选择。不受约束的中央权力的成本可以被理解为存在于中央政府的道德风险问题。所以我们的第三个例子是关于政府存在的道德风险问题的，说明即便是独裁的统治者也会倾向于为私有产权提供保障，哪怕这种自由化会导致其权力的丧失。关键是政治的自由化可以鼓励投资，而投资会增大税收基数。[①] 设 $Y(K)$ 表示某一国家在总投资 $K>0$ 时能达到的(每单位时间的)净产出流。为达到这一产出水平 $Y(K)$，资本 K 必须被一般公众中的诸多可以称作资本家的个体使用和控制，而对资本的控制权可使其在任何时候均可将资本带到国外。资本家的时间折扣率为 r。为避免资本流失，资本家必须要从其资本持有行为中享受到价值为 rK 的收入流方可。我们可以假设 $Y(K)$ 为扣除成本和劳动力投入后的净产出，而政府的专制统治者们就可以(税收的形式)拿走产出流的其余部分 $Y(K)-rK$。设 $r+b$ 为某专制统治者的时间折扣率，这一折扣率可能与 r 不等值，因为专制统治者面临着丧失权力这一外生风险，比如每单位时间内该风险发生的或然率为 b。

此处道德风险的问题是，统治者可以在任意时间侵占这些资本并将其出售海外。当然，资本家如果预期其可能遭受侵占的话可能就不会投资该国，所以统治者需要向资本家做出承诺保障其资本不会遭受侵占。而使这一承诺具有可信性是此处讨论的中央(政府)道德风险问题。假如专制统治者绝不会对资本进行侵占，那么资本家收入流的预期折扣现值为 $(Y(K)-rK)/(r+b)$。但如果没有政治的自由化做保障的话，没有人能防止集权专制统治者的食言行为。假如他对所投资本予以侵占的话，最糟糕的情形就是没有人再来他的国家投资，于是他此后的国家收入则变为 $Y(0)$；但他依然可以通过将没收的资产 K 变卖国外而获益(并投在某些统治者依然受资本家信赖的国家)。由此可见，集权统治者只有当 $(Y(K)-rK)/(r+b)>K+Y(0)/(r+b)$ 时才不会对资本 K 加以侵占。

但我们假设现在统治者可能对其政权进行改革，使其达到一定的自由化程度 λ，而更高值的 λ 意味着人们容易组织起来推翻他。具体一些，假设某统治者试图侵占他人资本(抑或降低自由化程度)时其丧失权力的概率为 λ，则其政权就具有数值为 λ 的自由化程度；而这一概率必须满足 $0<\lambda<1$ 的条件。这一自由化程度值 λ 可帮助满足统治者的道德风险约束条件，因为他通过侵占资本家的资本而得的预期收益将会是：

$$(1-\lambda)[K+Y(0)/(r+b)].$$

---

① 参见梯若尔(2006)第 16 章关于更为广泛的政府政策的政治可信度或时间矛盾问题的阐述。

但是自由化也增加了统治者的政治风险。假设每单位时间存在 a 的期望概率发生虚报的统治者企图侵占资产的丑闻，且人民对这些虚报丑闻的反应一如其对真正的丑闻的反应。那么，对于某一自由化程度为 λ 的政权而言，在政府没有恶意侵占行为时依然会有随机发生的丑闻，如每单位时间的预期发生率为 a，而导致统治者丧失权力的丑闻会随机地以每单位时间为 $a\lambda$ 的预期概率发生。所以，在一个自由化程度为 λ 的政权内，现任统治者应该以 $r+b+a\lambda$ 的速率折扣未来收入。因此，已投入的资本 K，即统治者的折扣现值为

$$V(K,\lambda)=(Y(K)-rK)/(r+b+a\lambda).$$

那么，在自由化程度为 λ 的情况下，统治者的道德风险约束条件为

$$V(K,\lambda)>(1-\lambda)[K+Y(0)/(r+b)].$$

在这一道德风险约束条件下及 $K>0$ 且 $0<\lambda<1$ 的情况下，一个最优化政权的统治者会有意愿吸引投资 K，使自由化水平达到 λ 以获得最大化的 $V(K,\lambda)$。

举个具体的例子：假设存在 $Y(K)=(K+n)0.5$ 的情况，其中参数 n 代表国家的天赋自然资源，又假如 $n=12$。假设资本的折现率 $r=0.05$，集权统治者导致的基本政治风险率为 0.05，而每单位自由化的附加政治风险亦为 $a=0.05$。Y 和 r 在现有数值水平上时如果没有任何道德风险约束，能将净收入 $Y(K)-rK$ 最大化的理想股本将是 $K+n=100$。但是在具有道德风险约束的情况下，此处所举算式在统治者不进行自由化改革的情况下不可能得出正值的投资。也就是说，如果 $\lambda=0$ 的话，那么在 $n=12$ 的条件下只有 $K=0$ 是可能的。此例中，统治者的最优政权的自由化程度 $\lambda=0.504$，那么统治者可以负责任地争取到 $K=52.4$ 的投资。

换言之，如果自然资源水平下降到 $n=0$，而其他参数不变，则统治者的最优化政权将具有 $\lambda=0$ 的自由化程度和 $K=44.4$ 的投资。直觉告诉我们，缺少自然资源使得统治者如果不对投资加以保护就会因失去声誉而损失巨大，那么他尽管不对政府进行自由化改革也照样会守信地鼓励资本家大力投资。

然而，如果天赋自然资源增加到 $n=25$，而其他参数依然不变，则统治者的最优化政权的自由化程度将为 $\lambda=0$ 而其所获投资为 $K=0$。凭直觉而言，具有丰富的自然资源使得统治者没有了承担额外政治风险的意愿，哪怕这意味着没有人愿意在缺乏自由化环境的情况下在其国家投资。于是，自然资源的增加会激励执政集团降低自由化水平，而因此下降的投资总值也许会超过其自然资源总值。从这一角度来看，自然资源对一个国家而言并非是福。

六、结　论

机制设计在我们对经济问题进行界定的过程中通过在资源约束条件之上增加激励约束从而扩展了经济分析的范畴。激励约束为了解资源配置失效问题提供了一个分析框架，显示了这样的失效有可能取决于社会的初始产权配置。但机制设计理论改变了基本的分析对象，从资源配置到社会方案或配置机制，而配置机制规定了资源配置取决于人们的信息状况。如果将激励约束纳入考量，纳入激励效率概念还可以用来

确定机构的规则或机制是否属于良性。至于是采取集体所有抑或私人制，取决于各种激励问题间的平衡，如道德风险和逆向选择之间的平衡。尤其是道德风险激励问题，在任何机构中都是基本问题，因为机构的规则是通过领导者和官员的行为得以实施的，而他们只要完成了组织职责，必定对回报或地位有所预期（赫维奇，2007；迈尔森，2007，2008）。

机制设计及其他领域的博弈理论的贡献是使经济学的范畴发生了根本性的变化。以往的经济学范畴都是以对实物的分配来界定的，而现在，经济学家们研究所有有关社会机构中的激励问题。我们的理论框架现已足够宽泛，可以对市场和政治两个领域内的竞争性激励问题进行分析。为寻求更好地理解国家财富状况如何取决于其他机构，经济分析已经回归到古希腊社会哲学家们最初为经济学赋名时的宽度视野。

（孙久荣 译　唐兆希 校）

2008 获奖者

保罗·克鲁格曼

Paul Krugman

【获奖理由】在贸易模式上所做的分析工作和对经济活动的定位方面取得的成就。

生平简介

1953 年	出生于美国纽约
1977 年	获麻省理工学院博士学位
1978—1994 年	任教于麻省理工学院
1994—1996 年	任教于斯坦福大学
1991 年	获美国经济学会克拉克奖
1995 年	获亚当·斯密奖
2000 年至今	任普林斯顿大学经济学教授

主要学术贡献

保罗·克鲁格曼是自由经济学派的新生代，主要研究领域包括国际贸易、国际金融、货币危机与汇率变化理论。他创建的新国际贸易理论，分析解释了收入增长和不完善竞争对国际贸易的影响。通过揭示规模经济对贸易模式和经济活动区位的影响，他的观点为这些问题的研究提供了更为广阔的新方向。保罗·克鲁格曼主要有三方面的学术贡献：规模经济导致的产业内分工与贸易；运输成本与贸易模式——本地市场效应；规模报酬与新经济地理。

保罗·克鲁格曼于 1979 年提出第一代货币危机模型——克鲁格曼模型，它是西方关于货币危机的第一个比较成熟的模型。这一模型以小国开放经济为分析框架，以盯住汇率制度或其他形式的固定汇率制度为分析对象，分析了以放弃固定汇率为特定特征的货币危机是如何发生的。

使克鲁格曼名声大噪的是他的一个预言。1994 年，在亚洲经济一片看好声中，麻省理工学院经济学教授克鲁格曼语出惊人，他在权威学术杂志《外交事务》双月刊上发表专文，批评亚洲模式侧重于数量扩张，轻技术创新，所谓的“亚洲奇迹”是“建立在浮沙之上，迟早幻灭”。因为仅靠大投入而不进行技术创新和提高效率的做法，容易形成泡沫经济，在高速发展的繁荣时期，就已潜伏着深刻的危机，迟早要进入大规模调整。在亚洲经济玫瑰满途的日子，克鲁格曼教授的论断犹如乐章中的不和谐音，尖锐刺耳，举世为之哗然。3年后的亚洲金融风暴印证了他的独具慧眼，也奠定了他新一代经济大师的地位。克鲁格曼教授以其先知先觉的预见性而赢得了全世界的尊敬。

主要学术成果

《期望减少的年代》(1988)
《亚洲奇迹之谜》(1988)
《市场结构和对外贸易政策——报酬递增、不完全竞争和国际贸易》(1993)
《流行国际主义》(1996)
《萧条经济学的回归》(1999)
《汇率的不稳定性》(2000)
《地理和贸易》(2000)
《战略性贸易政策与国际经济学》(2000)
《克鲁格曼国际贸易新理论》(2001)
《大破解——我们迷失在新世纪》(2003)
《一个自由主义者的良知》(2007)
《国际经济学》(2007)

颁奖词

瑞典皇家科学院 / 贝蒂儿·霍尔姆隆德

尊敬的国王和王后陛下，各位殿下，女士们，先生们：

国际贸易与世界经济之间交织程度越来越大。早在20世纪50年代，瑞典的出口量相当于约百分之十的国内生产总值，今天的出口量超过百分之五十的国内生产总值。类似的趋势适用于绝大多数国家。

关于国际贸易的因果问题是经济学研究的经典领域之一。是什么决定了贸易模式，贸易促进福利吗？谁从中受益，谁从中受损？近200年前，英国经济学家大卫·李嘉图提出了他的比较优势理论。从不同国家的技术差异角度出发，这理论可以解释贸易。当生产某种商品效率相对较高时，国家将会出口这种商品；当生产某种商品效率相对劣势时，国家将会进口这种商品。

在20世纪20年代，瑞典经济学家艾利·赫克谢尔和贝蒂尔·奥林提出了一种新理论，其从可获取的生产要素(如劳动力和资本)的相对差异性解释贸易。一个国家倾向于出口生产中密集利用本国非常富足的要素的货物。

李嘉图的理论和赫克谢尔—奥林理论之间的共同点是：当国家在技术或生产要素比例不同时会发生贸易。但在现实中，世界贸易是以具有类似特征的国家之间的流动为主。贸易的很大一部分还涉及相同类型的商品。汽车行业是众多例子之一，瑞典出口沃尔沃和萨博汽车到德国，而进口德国奔驰和大众汽车。试图在技术或生产准备要素的基础上解释这种现象似乎有些牵强。

1979年，保罗·克鲁格曼提出国际贸易新理论以解释具有相同特征的国家之间的同类产品的贸易现象。这个理论背后的一个核心假设是：在很长的生产期中，大量的商品可以更便宜地生产，换句话说是有规模经济。另一假设是：在消费时消费者喜欢产品的多样性。贸易可以使为世界而大规模生产的商品替代为局部市场而小规模生产的商品。其中，不同品牌的公司相互竞争。

克鲁格曼的模型是精美的、有说服力的，并极具影响力。他的新贸易理论为……提供了一个自由贸易好处的新景象。自克鲁格曼开创性的成果以来，这一理论迅速发展，如今，它为计算消除各种贸易壁垒的影响提供了依据。

在他1979年的文章中，克鲁格曼不仅奠定了一个新的贸易理论，也播下了经济地理这颗新理论的种子。这个理论，是他在此12年后提出的。这个新的理论有助于我们理解世界各地的快速城市化。今天，历史上第一次世界人口超过一半居住在城市。

正如前面所述，克鲁格曼分析的假设是：在生产中有规模经济，同时消费者需要差异化的商品。但他也增加了一个新的维度：不同地区之间的劳动力流动。人口高度密集的地区是有吸引力的，因为它们提供了更丰富的不同的商品的选择。公司也有转移到人口稠密的地区的动力，因为它们可以借此降低运输成本，同时从规模经济中受益。一个自我强化的过程可能会出现，随着迁移到城市，这使得更大规模的规模经济成为可能，从而进一步增强城市的吸引力。克鲁格曼表明，最终的结果可能是集中在一个或几个地区的经济活动最活跃；确切的结果取决于运输成本、规模经济和消费者需求之间的相互联系。

尊敬的克鲁格曼教授，您开创了新贸易理论，并能够展示出：在具有相同的技术和生产准备要素条件下国家之间是如何由于规模经济和消费者偏好的多样性发生贸易的。通过这样做，您能解释大宗贸易是如何发生在现代经济中的。您还开创了新经济地理学，这有助于我们了解农村的衰落和城市的发展。通过这种方式，您已经统一了两个以前独立的经济研究领域。

让我代表瑞典皇家科学院转达对您最热烈的祝贺，这是一个巨大的荣幸。现在请您从国王陛下手中接受您的奖品。

（魏丽娜 译　柴志贤 校）

获奖演说

贸易和地理的递增报酬革命

保罗·克鲁格曼

从一小群理论家把产业组织领域的概念和工具应用到国际贸易分析开始，至今已经有三十年的时间了。由该工作衍生的贸易理论并没有取代传统贸易理论，而是在更大的程度上对其做出补充。这种新兴的整合观点能解释之前让人们困顿的某些世界贸易难题。“新贸易理论”——一个备受争议的短语，现在通常被称为“新的贸易理论”——在连接国与国之间的贸易分析与国家内部生产区位分析两方面起着桥梁作用。

本文中，我将试图追溯这些过程，但也许更重要的是追忆使知识转型成为可能的人类的精神状态。最后我也会谈到那些曾在经济领域起着革命作用的某些洞见(有关这一点，我也会给出解释)。在新的贸易理论革命肇始的今天，这些洞见可以证明更具古典特性。

一、贸易难题

记得在我担任助理教授的第一年，我告诉同事我正在研究国际贸易理论。于是同事反问我为什么想研究这方面。其中一位同事说：“贸易是单一的领域，并且结构完整，研究起来必然也会枯燥无味。”当时虽然新的贸易理论还没有诞生，但却有一股对现有的贸易理论的不满的暗流。我曾以为这股对现有贸易理论不满情绪是由反主流贸易文化引起的。关于这一点甚至有一些地下经典学派，其中尤其需要指出的是瑞典经济学家林达尔在1961年写的文章，一篇有关贸易和转型的文章。林达尔认为，出口贸易能反映一个国家的国内市场特点。他的言论被研究生当作秘密出版物手口相传。此外也有一个有关产业内贸易重要性的实证文献，这是由知名的波拉沙(1966)、格鲁贝尔和罗伊德(1975)联名发表的。该作品呼吁新的贸易理论框架。

为什么在传统贸易理论完备的情况下，反主流文化贸易还能繁荣发展？我称之为相似性贸易问题，即相似国家间进行相似商品的交易扮演着举足轻重的角色，这可以在美国和加拿大之间汽车大规模的双边贸易中得到印证。

1980年，这种相似性贸易仍然是一个相对较新的现象。第一个伟大的贸易全球化时代——由蒸汽机和电报代使其成为可能——主要是相异性贸易活动：不同国家之间的不同商品的贸易。这种贸易主要发挥各国的比较优势，每个国家利用自己商品的独特性对外进行贸易。只有在第二次世界大战之后，随着贸易的渐渐恢复，尤其是在20世纪50年代和60年代期间签订的主要贸易协定，使得有关反主流文化贸易模式难题浮出水面。

图1、图2和图3使用英国的贸易数据，使这一点得到验证。图1展示了英国在第一次世界大战前夕出口和进口的商品结构。英国在这期间的贸易模式完美地阐释了经典的比较优势理论。英国是一个人口稠密的国家，但土地稀缺，因此走制成品出口和原材料进口的贸易路线。

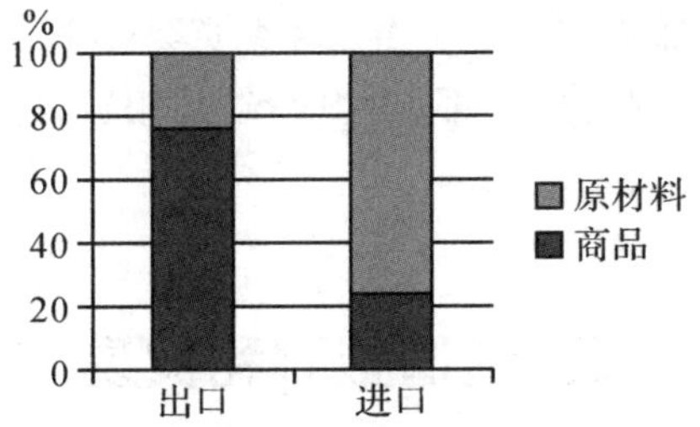

图 1　所示为大约在 1910 年的英国贸易构成

资料来源:鲍德温和马丁,1999 年。

相比之下,图 2 显示了英国在 1990 年的贸易构成对照数据,并不能给出相对简单的解释:英国以进口原材料和出口工业制成品为主。有人可能希望观察制造业部门内部以发现一个清晰的贸易模式,但是这给我们带来了产业内贸易的问题:制成品贸易,特别是发展水平相当的国家之间的贸易,在很大程度上包含着在狭义的产品类别中实行双向交易。

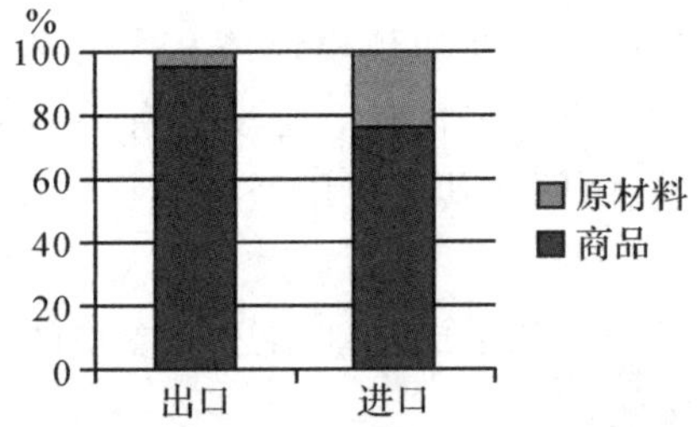

图 2　所示为大约在 1990 年的英国贸易构成

资料来源:鲍德温和马丁,1999 年。

二战后,贸易重建在很大程度上并没有发生在相似的国家之间,虽然这种情况在全球化的第一阶段很频繁。图 3 通过对在 1910 年和 1990 年期间,英国与其他欧洲国家之间的贸易和英国与世界其他地区贸易的比较,更加直白地表明了贸易重建的这一新特点。

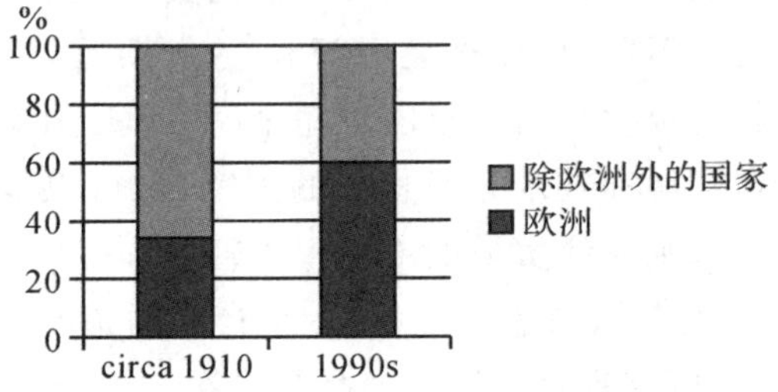

图 3　表示英国出口目的地

资料来源:鲍德温和马丁,1999 年。

在第一次世界大战之前,英国交易很少,按照现代的标准,交易国也只局限于邻国,而不是专注于更遥远的国家,即使它们能够生产英国不可能生产的东西——廉价小麦和肉、茶、黄麻等等。然而，到 1990 年，这类贸易尽管没有消失，却减少了。英国是欧洲的一部分，而欧洲各国的经济都彼此依赖，互相贸易并且自己也生产自给，这个结论至少能从数据上得出。

那么究竟发生了什么？

二、递增报酬和贸易

要理解相似国家间进行的贸易不应该是件难事。事实上，对于一些经济学家来说，确实是这样。1966 年，波拉沙在一篇关于欧洲产业内贸易崛起的论文中明确指出：每个行业中，每个国家只产生一系列潜在的产品中的某些部分，进口自己不生产的产品。因为在窄范围内机械的"专业化"和中间产品能通过增长生产线，从而有利于扩大经济规模。

然而，1975 年左右，这样对相似国家间的贸易如此直白的解释，并不能算符合标准的国际贸易理论。它们被拒绝成为贸易理论并不是因为这些思想看似难以理解。那又是为什么呢？

答案是，公司级别的不完全发展的规模经济一定意味着不完全竞争，此外也没合适可用的不完全竞争模型。更重要的是，也没有有关不完全竞争的一般均衡理论模型供参考。贸易理论，也许比任何其他应用经济学领域在更大程度上要求建立在一般均衡分析基础之上。

结果是哈利 · 约翰逊(1967)几乎成功地描述了事物的状态："垄断竞争理论对国际贸易的理论几乎不产生影响。"

继之而来的是新提出的垄断竞争模型：兰卡斯特(1979)，斯宾塞(1976)，最重要的是迪克西特和斯蒂格利茨(1977)。这些作者写这些论文的目的在于开拓新方法来解决经典福利问题，即垄断竞争是否导致无效规模，或者是否会造成错误的组合产品的生产。但是，当我了解了这些新文献(1976 年在教授罗伯特 · 索洛开设的课程中学到)之后，就像包括维克多 · 诺曼(1976)和克莱文 · 兰卡斯特(1980)在内的许多独自开展研究的学者一样，我很快看到新模型在一些情况下分析递增报酬的价值。尤其值得提出的是，垄断竞争模型与已广为传播的产业内贸易故事非常契合。

很快大家发现(诺曼，1976；克鲁格曼，1976；兰卡斯特，1980)，可以利用垄断竞争模型提供一幅新的国际贸易图景，这幅图景完全超出基于比较优势理论的传统贸易观点。在这幅图景内，在资源和技术方面相似的国家，也可以专门从事生产不同的产品，消费者对多样化的追求则导致贸易的增长。尽管像许多事情回想起来都显得清楚明白，但是令人惊讶的是起初很难着手一样，一个自然的拓展就是将比较优势考虑在内。通过假设一个产业内所有有差异性的产品都是在一样的要素比例下生产的，可以解释赫克歇尔—俄林理论的产业间专业化，以及递增报酬导致的产业内专业化。这个扩展也表明新的模型为相似国家间的贸易提供了一个在智力上令人满意的解释：相似的国家彼此之间几乎没有比较优势，但由于规模经济原因，它们的贸易以产业内贸易为主。这点可在赫普曼(1981)与迪克西特—诺曼(1980)的文章中得到例证。

然而,真正需要引起人们关注的应该是“杀手应用”,它表明新思想针对一些重要的问题提供了一个完全不同的新见解。我注意到巴拉沙(1966)经验看法中的一个“杀手应用”是个有经验性的洞见。他指出,工业国家之间的贸易自由化证实不是破坏性的,否定了一些担忧,比如,欧洲共同市场建立之后,欧洲的工业布局也面临着巨大的调整,地区收入分配也可能产生巨大影响。因为贸易扩张是采取产业内专业化的形式,而不是产业间专业化形式。巴拉沙表示,“共同市场的不同成员国关于其特定产业将面临消亡的担忧并没有发生。在所有成员国中,还没有出现制造业下滑的事例”。

我在1981年的一篇论文中建立了一个新型模型来囊括这一现象。该模型显示的是经典的斯托尔珀—萨缪尔森定理。该理论认为贸易自由化有害于稀缺要素,但这种显示只会在比较优势较强以及(或者)规模经济相对较弱时才会发生。在相反的情况下,这似乎是对工业国家之间的贸易增长的描述,贸易是双赢的。

对基于斯蒂格利茨模型在贸易上的应用,还有一个更为重要的洞见:瑞典经济学家林达尔是正确的。一旦把运输成本加入模型,在其他条件相同的情况下,就能直接表明对某些商品拥有巨大国内市场的国家,往往会成为该种商品的出口国。就像通常那样,这个结果一旦显现,它的逻辑就是显而易见的,但事先却一点都不明显。事实上,我1980年这篇论文的研究基于一个很强的假设前提,即对有巨大的国内市场的货物,一般国家不会倾向于出口这类商品。我是来反驳林达尔的观点的,而不是要赞美他。但数字却显示了相反的事实,随后我也直觉意识到他的正确性。递增报酬刺激了在某一特定地点商品的集中生产,基于这种集中效应,通过选择一个接近最大市场的位置,实现运输成本最小化,进而导致产品出口。最初,“新贸易理论”似乎包含了许多特别的目的以及一些不兼容的模型。不过,事实证明创建一个囊括很多但却不是所有模型的共同基础是有可能的,并且把这个共同基础延伸至传统贸易理论也行得通。这个启发最初是从保罗·萨缪尔森(1949)那里得来的。在解释要素价格均等化时,萨缪尔森逆转了我们有关贸易的常规思想,即贸易是作为一个整合的过程。相反,萨缪尔森认为贸易是一个分散的过程。他设想一个有关通天塔的场景,塔中有一位下凡的天使打破了之前的统一经济体,各个生产要素突然发现自己贴有国家标签,并只能与其他贴有相同国家标签的生产因素合作。萨缪尔森指出,仅当国际生产要素分配满足以下条件,要素价格均等化才有可能,即在服从天使的新限制的同时,国际生产要素分配还要能够完成天使介入之前的集成经济的生产。在这种情况下,专业化和贸易可能被视为再制造经济一体化。

赫普曼和我(1985)用同样的方式思考贸易的比较优势和递增报酬,其中的关键点是,为了重新塑造经济一体化,需要将具有规模经济特征的每种产品集中于一国内部生产。该方法将给予要素比例的比较优势与基于规模经济的专业化统一了起来,两者都可以被视为被萨缪尔森的天使诅咒的世界经济减少损失的部分原因。

这个方法或多或少地有助于清晰地表明递增报酬往往会支撑这一论点,而不是将其引入质疑之中,即贸易是有利可图的。可以肯定的是,在这种情况下,经济一体化不是简单复制,要给出一国不贸易要比贸易更糟糕的例子也是可能的,而在单纯的比较优势模型中，则是不可能的。但明确的假设是，在递增报酬下，贸易是一件好事——事实上，比以前预设的情形要更好。

20 世纪 80 年代中期，“新贸易理论”的综合收益递增观点或多或少地有助于我们对国际贸易的理解。由于重建一个极度复杂的贸易理论十分困难，因此之前有些经济学家打消了这个念头，而如今取而代之的是一个简单到令人诧异却又优雅的结构。

但怎么会这样呢？为什么贸易反主流文化面临的问题似乎消失了呢？我认为这个故事的核心是源于国际经济学家态度的转变。

三、一些元反射

首先，新贸易理论的出现使得垄断竞争的新模型成为可能，但它并没有局限于这些新模型中；到 20 世纪 80 年代中期，已经可以辨识出“新贸易”的方法已经被应用到贸易的诸多领域，如外部经济，古诺和伯特兰寡头垄断，甚至包括可竞争市场。使这一切成为可能是因为贸易理论家态度的转变，这主要包括两个变化：首先，贸易理论家们有新意愿去探究具有启发性意义的特殊案例的启示，而不是试图证明给定假设下的一般性结果；其次，重点由细节性预测——哪个国家生产哪一种特定的产品——转向贸易模式的总体描述。

第一点：在 20 世纪 70 年代末，许多贸易理论家自认为是理论证明者。基于报酬不变及许多因素等，关于贸易、专业化和福利还有什么可以证明呢？但有一股推动普遍性的倾向，至少在理论文献这一领域如此。然而，这种普遍性是有欺骗性的：基于大的假设之下，这些结果都太泛化。把世界贸易和专业化中一些显然真实的因素排除后，这些假设事实上也有局限性。

相反，新贸易理论特别关注特殊案例，即使这些案例看起来很愚蠢（“勇于犯傻”成了我的一个研究原则）。迪克西特—斯蒂格利茨模型假设是这样的：需求的商品是一个连续的商品集，商品成本函数相同，两种商品替代弹性相同，且对任何一对商品均是如此，不太有理由认为这些假设有多符合真实情况。选择这些假设的目的其实在于推导出一个被传统贸易理论忽视的可拓展的情况，即规模经济导致的产业内贸易与专业化。

在经济学领域里，故意运用不切实际的假设是相当常见的。尽管如此，我从早期的经验中总结新兴的模型在一开始还是遇到一些人的反驳。一些评论员认为，由于该模型设置背景不切实际，所以显然毫无意义。有些人甚至坚持认为，如果所有的货物以同样的方式进入效用函数，它们就必须是完美的替代品。普遍的反应是该新贸易理论是欺人耳目的。

同时，除了有欺骗性之外，新模型也留下一些待答问题。比如，在一个垄断竞争的工业内，谁生产差异性产品？就结构上而言，该模型不能解决这个问题。我们都有随机概念意识，但脑中却没有任何明确的随机机制。然而对随机概念的重新定义又至关重要。实际上新的理论家认为，只要新的贸易模型能综合计量出贸易量和贸易福利效应，具体的贸易模式并不重要。实际上，当且仅当人们与黑板保持一定距离，扩大视野,才能纵观全局,而非只关注到细节。

一旦完成构建贸易理论的新方法,它也会进入纯粹的比较优势模型。最显而易见的是,伊顿和柯图姆(2002)在有关世界贸易模式上的重要工作就是基于比较优势的李嘉图模型。但其对引力方程参数的预测对象是多边贸易世界中的双边贸易,而不是某一特定商品的进出口。这在很大程度上具有“新贸易理论”的精神。

对经济领域内类似的范例转变不了解的人或者没能加入研究的人而言,他们很可能看不出为什么我们对国际贸易理做出这些“元”的变化是如此困难,或影响如此重大。但他们却看出来了。约翰·梅纳德·凯恩斯有一个有名的描述:构建宏观经济理论的过程是“逃避之旅”。新贸易理论的出现是一个类似的旅程,就算重要性与其难以匹敌,但对解放生产有着深远的影响。

四、被忽略的地理因素

1933年,贝蒂尔·奥林的经典论著《区间贸易和国际贸易论》开启了要素供给比例理论。有一点一直很明显,即一国之内的商品交货动机和国家间的商品交货动机是相同的。如果人们思考这个问题,就会发现还有一点也显而易见,即如果国内数据更有可能被进行比较,国内的专业化会提供一个新的甚至更优越的经验证据来源。因此,有人可能会期望国际贸易理论和经济地理理论同步发展,在联合实证研究项目上,彼此建立密切关系。

然而,事实上,直到1990年,国际经济学家几乎没有关注到国家内部的贸易或者在空间上的生产区位。在经济学界这一个整体领域内,也没有一个真正强大的独立的经济地理位置的存在。阿尔弗雷德·马歇尔(1890)曾在其书中用整整一章来描述“特定地理位置上的专业行业集聚”。但这个主题在标准经济学课程中鲜有涉及。相反,如果经济地理学曾被提到的话,主要也是关于城市经济学,且这些讨论也是非常有限的区位理论,此外它也没有能与既有的完善的国际贸易讨论建立重要互动关系的次领域。

为什么贸易理论者忽视了地理这一因素?很大一部分原因在于递增报酬明显集中到地理模式里,没有人会真的认为硅谷的存在依赖于生产因素或李嘉图比较优势这些外生因素(圣克拉拉谷在地理位置上适合种植杏子,而非生产半导体)。一般情况下,只要贸易理论者回避递增报酬因素,经济地理学就不会受到关注。

同时,也有关于城市经济学方面的出色研究。需要指出的是,我特别欣赏亨德森(1987)有关城市系统方面的工作。但是在这些文献中,对递增报酬这方面的研究却让人非常不满意。从本质上讲,现有的技术把理论家们限制在仅对外部经济的假设上。这将导致可笑的结果,即经济学家会认为集聚现象的发生是由集聚经济引起的。一个很特别的问题是,一旦人们仅仅假设积极的外部经济效益,就难以清晰考虑溢出的空间限制。为了从同一行业的其他生产商那里获取正外部性,你们是否必须在同一个城市?如果是这样,那又是为什么?

20世纪80年代期间的一些研究人员,尤其是藤田昌久(1988),意识到垄断竞争模型可以用来获得内生外部性,以解释城市集聚。但这些模型依赖于这样的假设——垄断竞争产品是全然不可交易的,导致模型无法很好地解释集聚经济的空间范围。

作为新确立的贸易理论的一部分,本地市场效应的分析却为经济地理学提供了另一个方案:地理经济学并不依赖于严格限制商品贸易。

五、新经济地理学

在呈现"新经济地理学"的逻辑时,我发现"欺骗"模型很有帮助。它是一种模型的模型。我原本设计它是为了能对本地市场效应获取一些直觉。这个模型考虑到单一生产者服务两个市场的区位决策问题。假设生产者在两个市场上分别有固定销售商品单元 S 和 S^*,并且 S 多于 S^*。该生产者必须支付每个商品单元从一个位置运输到另一个位置的成本费 τ。该生产者可以选择有一个或两个工厂。如果开设第二个工厂该生产者将可以取消部分运输成本,但必须支付额外的固定成本 F。

显然,如果该生产者只开设一个工厂,它将建设在更大的市场里。但它要集中生产吗?当且仅当 $F>\tau S^*$。

不用说,这些一带而过的阐述忽略了市场结构、价格及需求弹性等。但我们知道可以通过构建斯蒂格利茨模型把这些事情都考虑在内。"欺骗"模型版本却能传达基本的直觉:如果由 F/S^* 决定的经济规模与运输成本相比足够大时,生产将在地理位置上集中,并且在其他条件相同的情况下,集中将会发生在更大的市场内。

很显然,构建有关生产要素的地理集中模型只要迈出一小步就行了,但出于某些原因,我却花了数十年时间。现在想象这样一个世界,里面有许多公司都做出了我刚刚描述的那些选择,并且里面许多但并非全部的资源都是可移动的。让 S 代替整体市场的大小,μ 表示随意区位工业生产所占的市场市场份额,此外还要假设有两个对称的地点。然后我们便能想象有可能的平衡点,其中所有的随意区位因素都集中在一个地方。在这种情况下,其他位置如较小的市场,将需求 $S(1-\mu)/2$ 代表商品单元。

如果 $F>\tau S(1-\mu)/2$,或者 $F/S>\tau(1-\mu)/2$,这种集中生产将会自给自足。这就是我们对地理位置上创建一个自我维持的集中生产的标准。

但在原有的本土市场上的运作,这并没有得到它想要的效益。因为它没有考虑市场结构和需求弹性这些因素。正如 1991 年我在克鲁格曼上显示的,它没能提到生产集聚的第二个原因:"前向关联"。在最简单的情况下,工人因为居住靠近生产集聚地,从而降低生活成本。但其最主要的见解是正确的:

1. 如果经济体规模(F/S)很大,运输成本低,以及有足够的生产是移动性的,那么自我维持的地理位置上的生产集中就有可能发生,

2. 哪个位置会发生生产集中是任意性的,但该地方也可以被认为拥有这方面的初始条件或历史原因。

从这一分析中能学到什么?首先,它立刻使人们明白一些有关经济史的重要方面。值得注意的是,众所周知,随着美国分化成一个农业区和制造业带,在 19 世纪中

叶美国经济地理学的特点经历了一个转变阶段。在这一转变阶段到底发生了什么？大规模生产的崛起（规模经济）；铁路（降低运输成本）；农场在经济中所占比重下降（更多的移动生产）。一个简单的模型解释了经济领域内主要的定性变化。

这个“中心—外围”模型本质上是一个集聚模型。它是新经济地理学的起点。然而有一点立刻弄清楚了，即人们想把其他关键地理位置因素运用到模型中去，特别是不同行业和地区专业化和城市体系。一些小技巧的运用，特别是对中间产品和终端产品递增报酬的假设，它表明可以解决许多这样的问题。

在新贸易理论的情况下，实质是要有意愿去关注那些可处理的特殊情况。在藤田昌久、克鲁格曼和维纳布尔斯（1999）那里，我们描述了我们的方法是“斯蒂格利茨模型、冰山、演化和计算机”：使用斯蒂格利茨模型来处理递增报酬和不完全竞争，“冰山”运输成本是与离岸价成正比的，模型可以达到一种自适应动态均衡，在处理模型方面，采用了超越仅用纸笔进行分析的数值仿真模型。

同时在新贸易理论中，新经济地理学创建了一个工作方式，它能远远超越最初模型的特性。新经济地理学家重新发现了马歇尔关于产业地理集中的三个原因：知识溢出效应（贸易的奥秘已不再神秘，而是在流传中），劳动力市场集聚效应和专业化供应商。这三个因素中只有最后一个可以与新模型建模。这个新模型是原创的，基于最新理论基础之上的。但是新的对地理位置的关注导致了对其他方面重新焕发的兴趣。

新经济地理学的兴起有一个令人喜悦的结果：实证研究突飞猛进发展。这部分是仅由新模型的驱动，但也有更广泛的影响：新模型使得经济学家更能敏感地觉察这样一个事实，即工业专业化中的地区性差异为经济思想提供了一个重要的实验基地，这方面有大量证据等待发掘。1990年之前，几乎还没有高知名度的经济学家使用跨城市比较去揭示外部性、创新和增长等议题。但1990年之后，这些研究呈爆炸式增长。我认为这在很大程度上是由于新地理经济学的出现。

新经济地理学首次出现之后，随后就有大量研究外部经济的文献涌出，因而贸易和地理上的递增报酬革命也达到成熟。对世界经济的陈旧见解因被递增报酬的假设所限制，因而被视野更加宽广的经济见解所取代。新视野整合了贸易理论的伟大传统，却又远远超出了它。

然而在新视野形成时，又发生了一件有趣的事。至少有理由认为即使古典贸易理论被抛弃或至少遭到修订，但世界本身却变得更加古典，同时受新理论所强调的递增报酬的驱动也减少了。

六、世界是否变得更加古典？

有时候经济思想的发展能反映现实中经济的变化。因此，宏观经济学作为一门学科出现的部分原因在于20世纪前叶经济周期变得更加严峻。并且1950年之后，推动贸易理论进展的实证观察把焦点放在越来越重要的递增报酬，而不在比较优势上。

但是也没有理由认为，世界继续前进的方向必须要求新理论更有相关性。有充分的理由相信，随着时间的推移，世界经济将较少地表现出递增报酬效果这一特征。虽然该特征现在被新贸易和新地理因素强调。

事实上，就地理因素而言，递增报酬的最大影响可能出现在新的理论家产生之前。甚至在克鲁格曼(1991)前我就注意到 1900 年的调查报告就包含了普遍的产业地方化这一专题。该专题明确强调累积因果关系和历史事件在新地理上所扮演的核心角色。古典的产业地方化历史——比如说汽车这一行业——表明由于递增报酬而生的集聚效应在“二战”前达到顶峰。与此同时，“二战”后制造业带本身也开始瓦解，特别是到 20 世纪 50 年代后，工业传播到南方的阳光地带。

金姆(1998)的研究确定了这一观点：大约在 1930 年，工业位置上的收益递增成为最重要因素。图 4 显示，他通过对制造业实施统计调查，从而计算出地区制造业专业化指数(首次由克鲁格曼提出，1991a)。指数在两次世界大战期间达到峰值，之后便迅速下滑。

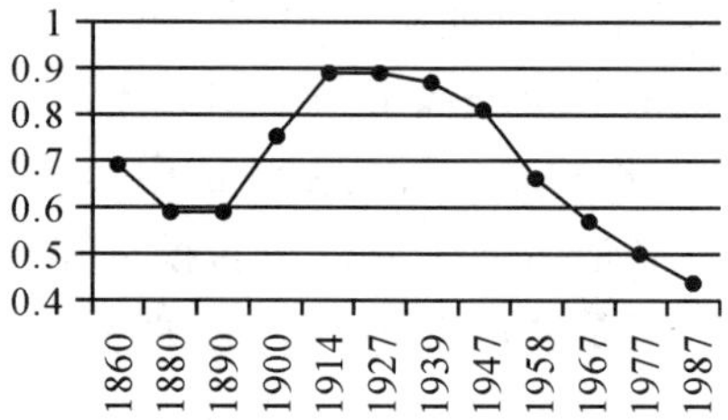

图 4　地区专业化生产

说句公道话，这一结果可能部分反映了统计噪声，因为老工业分类已经无法跟上现代分工的步伐。但是数据符合普遍看法：许多传统的本地化行业有所下降(如阿克伦橡胶工业)和那些规模不大的行业，比如说硅谷。

国际贸易又是如何呢？新贸易理论的兴起在很大程度上由日渐重要的相似贸易带动。相似贸易是发达经济体之间的双向商品交流。然而，在过去的二十年里，这种趋势已经朝着另一个方向发展：发达经济体和工资低的落后经济体(尤其中国)间的贸易日益递增。这种转变的一个简单指标是，按美国的工资比例，主要的美国贸易伙伴方的工人的平均每小时的工资水平(克鲁格曼，2008)。1975 年，指标为 76，到 1990 年则略有上升，达到 81。这表明在很大程度上，美国与国家经济发展水平相似的国家进行贸易。然而到 2005 年，指标已降至 65，这很大程度上反映了美国与对华贸易和对墨西哥贸易都快速增长。2006 年，美国第一次实现了与发展中国家的制成品贸易超过其与发达国家的制成品贸易。

虽然墨西哥的工资水平只有美国的 13%，而中国大约只占美国工资水平的 4%，但没有人怀疑美国和墨西哥之间的贸易反映了比较优势而非随意的规模专业化贸易。因而旧贸易理论又重新起到作用。

新的地理和新的贸易所描述的力量可能会减弱而不是聚集力量。然而他们几乎无关紧要，即使他们可能会失去力量，但这本身就是重要的洞见。例如，美国三大汽车制造商经济深层问题严重，相比而言许多坐落在传统制造业带的外商独资的汽车制造则问题较少。这在某种程度上可能反映了与同一地带的其他同产业生产商相比，三大汽车制造商的优势逐渐丧失。

无论递增报酬对贸易和地理的影响是增加还是减弱，有一件事是明确的：通过将递增报酬作为研究世界经济的重点以及带来的知识革新使我们受益匪浅。这不只是经济学家可以弄清之前那些令人费解的数据，我们发现自己也能够发现之前知识上的盲点。许多人对这一洞见都做出了贡献，我也非常荣幸能成为他们中的一员。

（魏丽娜 译　柴志贤 校）

2009获奖者

埃莉诺·奥斯特罗姆

Elinor Ostrom

【获奖理由】在经济管理方面的分析,特别是对公共资源管理上的分析的贡献。

生平简介

1933 年	出生于美国
1965 年	获加州大学洛杉矶分校政治学博士学位
1974 年	在印第安纳大学被评为教授
1991 年	当选为美国艺术与科学院院士
2001 年	当选为美国国家科学院院士
2005 年	获美国可持续科学奖金
2005 年	被授予詹姆士·麦迪逊奖金
2006 年	获美国密歇根大学的对人类有杰出贡献的荣誉博士称号

主要学术贡献

埃莉诺·奥斯特罗姆的主要研究方向包括:如何利用认知科学中的研究成果建立可行的模型,以探讨和解释人类在不同制度安排下的选择问题;各种制度如何产生帮助个体进行决策的信息;在不同方式的集体决策过程中存在哪些偏差和调整;在各种制度架构中的互动过程里,不同的偏好是如何被放大和修正的。

奥斯特罗姆的思想是在1990年的《公共事务的治理之道:集体行动制度的演进》中系统地表述的。基本思路包括三个方面。首先,她指出传统的分析公共事务的理论模型主要有三个,即哈丁的公地悲剧(1968)、道斯等人的囚徒困境(1973,1975)以及奥尔森的集体行动逻辑(1965),但是他们提出的解决方案不是市场的就是政府的,而且得出的结论往往是悲观的;然后,她指出当前解决公共事务问题的或者以政府途径(利维坦)为唯一或者以市场途径为唯一的途径是有问题的,她怀疑仅仅在这两种途径中寻找解决方法的思路的合理性;最后,她从理论与案例的结合上提出了通过自治组织管理公共物品的新途径,但同时她也不认为这是唯一的途径,因为不同的事物都可以有一种以上的管理机制,关键是取决于管理的效果、效益和公平。

主要学术成果

《社群组织与警察服务的提供》(1973)

《美国的地方政府》(1988)

《公共事物的治理之道:集体行动制度的演进》(1990)

《制度激励与可持续发展:基础设施政策透视》(1993)

《规则、博弈与公共池塘资源》(1994)

《保护平民大众:在美国资源管理的一个框架》(2001)

《信任和互惠:从实验研究中得到的跨学科教训》(2003)

《理解制度多样性》(2005)

《亚洲的过度灌溉:应对挑战》(2005)

《看清森林和树木:人类与森林环境生态系统的相互作用》(2005)

《作为一个公共资源的必备知识:从理论到实践》(2007)

《像平民大众一样理解知识:从理论到实践》(2008)

2009获奖者

奥利弗·威廉姆森

Oliver E. Williamson

【获奖理由】在经济管理方面的分析,特别是对公司边界问题的分析的贡献。

生平简介

1932 年	出生于美国威斯康星州苏必利尔镇
1955 年	获麻省理工学院学士学位
1960 年	获斯坦福大学工商管理硕士学位
1963 年	获卡内基·梅隆大学经济学博士学位
1977 年	成为计量经济学学会会员
1983 年	被评为美国艺术与科学院院士
1994 年	成为美国国家科学院院士
1997 年	任美国政治学与社会学学院院士

主要学术贡献

奥利弗·威廉姆森被誉为重新发现"科斯定理"的人,至少是由于他的宣传功劳,才使科斯的交易费用学说成为现代经济学中异军突起的一派,并汇聚了包括组织理论、法学、经济学在内的大量学科交叉和学术创新,逐步发展成当代经济学的一个新的分支。威廉姆森系统地推广了科斯定理,"科斯的理论如果不好好宣传就被埋没了,是威廉姆森大声疾呼大家来讨论这个理论,并把它系统地体现出来了"。

威廉姆森的重要贡献是具体分析了在什么情况下会使市场交易成本提高到使它失效的程度。他的分析着重在以下四个方面:1. 机会主义行为;2. 不确定性;3. 小数目条件;4. 专用性资产。以上四个因素在市场交易中会互相影响并表现为大幅度提高综合性的市场交易费用。

威廉姆森认为内部组织值得作为市场替代的厂商的主要特征,可表现为三种类型:激励、控制和所谓“内在结构的优势”。以上三种有利因素的综合作用,是使企业组织内部的资源配置方式有利于市场机制的原因。

主要学术成果

《管理权限和企业行为》(1963)

《自由裁量行为的经济学:厂商理论中的管理目标》(1964)

《公司控制与企业行为》(1970)

《市场与等级制》(1975)

《交易费用经济学:契约关系的管理》(1978)

《资本主义经济制度》(1985)

《治理机制》(1996)

《产业组织》(1996)

《交易成本经济学》(1999)

颁奖词

瑞典皇家科学院 / 托雷·埃林森

尊敬的国王和王后陛下、各位获奖者、女士们、先生们:

270年前的1739年6月2日,卡尔·林奈等六人创立了瑞典皇家科学院。在最初的五十年里,科学院授予了物理和化学领域的获奖者。40年前,科学院设立了诺贝尔经济学奖。

不知昔日的科学院创立者们怎样看待今年的获奖者。

只要稍稍了解科学院的历史,我们就会有所启发。六位创立者曾经预见了科学将带来的繁荣。他们差点将学会取名为“经济”科学院,足见他们关注的问题非常具体:怎样消灭害虫,怎样修理屋顶,怎样使用新工具和新方法提高产量,还有怎样从酒窖的木桶里取出牛肉和美酒。

如果由他们来选择今天的诺贝尔获奖者,我认为他们会选择卡奥、波义耳和史密斯,以表彰他们在纤维光学和数字成像领域所做的工作。这些技术成就与经济息息相关,能够促使我们更好地利用有限的资源。那么,社会科学家们是否曾创造出具有如此经济重要性的知识呢?

我认为答案是肯定的。社会创新与科技创新同等重要。大部分的科技革新都发生在高度发达的社会中,在这样的社会里,各种制度为人口、物质资本和金融资本的积聚提供了支持。而且我们深知,尽管新科技创造了新的机遇,其本身并不一定能够促进经济繁荣。现代化渔船让我们更有效地捕鱼,我们几乎把海洋搜刮一空。火药的发明为采矿和建筑业带来便利,却助长了毁灭性的战争。因此,为了可持续地捕鱼和维护和平,我们需要良好的制度。

在我们探寻优良制度的道路上,最重要的一步就是理解现有制度。感谢埃莉诺·

奥斯特罗姆和奥利弗·威廉姆森，现在的我们对经济治理有了前所未有的深刻理解。

埃莉诺·奥斯特罗姆的研究领域是共同财产管理。传统观念认为，木材、湖泊、草原、地下水等资源不应成为共同财产，而应由个人所有，或由政府管理。而埃莉诺·奥斯特罗姆认为，由使用者组成的自治团体常常可以自行设立使用规范，并能够出人意料地有效管理这些资源。这种观点的深刻洞见在于，合理的使用规则只是解决方法的一部分，人们总是更倾向于遵守自己参与设立、监督和执行的规则。因此，创立和完善规则的过程与规则一样具有决定意义。

奥利弗·威廉姆森则首次提出了为何有些经济交易发生在公司内部，而其他类似交易发生在公司之间即市场内的可测性理论。他指出，公司及其他层级组织存在的初衷并不是计划和管理，而是解决利益冲突。该理论能够解释当经济交易比较复杂且牵涉到关系专用型资产时，为何公司之间的界限相对要宽。更具有一般意义的是，这个理论告诉我们，人类组织所面临的一个最基本选择：何时应由当局做出决定，以及何时应通过自愿协议来做出决定。

奥斯特罗姆教授和威廉姆森教授，科技为人类带来繁荣，而只有制度革新和技术革新携手前进才能让这种繁荣经久不衰。在未来的日子里，我们将不得不发展不计其数的新规则、新协议和实施机制，很庆幸你们的研究为我们的发展打下了坚实的基础。在皇家科学院二百七十多年的历史里，我们从未如此恰逢其时地颁发过奖项。

现在请国王陛下为你们颁发诺贝尔经济学奖。

（陶　陶 译　任光辉 校）

获奖演说

超越市场和国家：复杂经济体系的多中心治理

埃莉诺·奥斯特罗姆

当代关于公共资源和多层级公共产品治理的多种制度安排成果的研究建立在古典经济学理论基础之上，同时又对与当今“市场”和“国家”的二元世界相悖的现象提出新的理论解释。学者们逐渐从使用简单系统转变为运用更为复杂的研究框架、理论和模型来理解现代社会互相作用的人们所面临的各种各样的困惑和问题。我们所研究的人类有着复杂的动机结构，并且建立了多样化的私人利益、政府和社区制度安排。这些制度安排在多个方面运行来获得生产力和创新力，但同时也带来了毁灭性的力量和不良后果（诺斯，1990，2005）。

本文中，我将描述自 20 世纪 50 年代毕业以来半个世纪里的研究历程。我的工作是从早期关于加利福尼亚州多中心水利产业的研究开始的。文森特·奥斯特罗姆和查尔斯·蒂伯特将大城市管理的多中心体制概念公式化，除了与他们的合作之外，我还研究了当面临海岸线地下水库透支并眼看着盐水侵蚀给长期使用可能带来的威胁时，众多私人和公共供水商所付出的努力。到了 20 世纪 70 年代，我和很多同事一起研究了为美国大城市服务的多中心警备行业,发现作为大量改革建议基础的主导理论是不正确的。由大大小小的生产商提供服务的大城市,可以在一些警备服务的生产中实现规模经济,同时在其他行业中避免规模不经济。

随着时间的推移,这些早期实证研究促进了体制分析和发展框架的完善。这个与博弈论一致的普通框架让我们能够采用大量的实证研究,包括大量针对全球共享性资源系统的现有案例分析的元分析。实验室中经过仔细设计的实证研究使我们能够测试结构变量的精确组合,从而发现过度利用公共资源的孤立匿名个体。与博弈论预期相反的是,只要允许交流或者"廉价磋商",参与者就可以减少过度利用,并增加联合回报。对于尼泊尔灌溉系统和世界森林的大量研究,向"政府往往比使用者在组织和保护重要资源方面表现更好"的假设提出了挑战。

目前,许多学者正在努力采用新理论。其中,最重要的是发展出一个更为一般化的个体选择理论,来辨别应对社会困境时信任所扮演的核心角色。随着时间的推移,我们从微观情景层面得到一系列关于增加合作可能性的结构性影响因素的新发现。由于更广领域背景的复杂性,人们需要发展更多的构形方法来研究有利于加强或减损多级多中心体系内的自组织努力的产生和稳健性的因素。此外,将实证研究应用于决策世界,可以强调体制规则适应具体的社会生态环境的重要性。"放之四海而皆准"的政策不再有效。

一、简单体系的早期世界观

20世纪中期,主流的学术研究都致力于使世界符合简单模型,以及批判不合时宜的制度安排。我将简短地回顾当时做出但后来受到世界各地学者挑战的基本假设,这些假设中包括赫伯特·西蒙和文森特·奥斯特罗姆的研究工作。

1. 两个最佳组织形式

过去,市场被视为生产和交换私人产品的最佳制度。但另一方面,对非私人产品而言,人们则需要"政府"制定规则和征税来迫使自利个体贡献出必要资源,同时杜绝追逐私利的现象发生。如果没有拥有强制力的等级政府,自利的市民和官员就无法大规模提供诸如"和平和安全"的公共产品(霍布斯,1960;威尔森,1985)。例如,某个政府单位被强烈要求减轻大城市管理的混乱、增加效率、限制政府单位间的冲突,同时更好地对大众负责(安德森和韦德纳,1950;古利克,1957;弗里斯马,1966)。这种对世界的二分观点揭示了与生产和交换私人产品的市场有关的相互作用模式和产出模式(阿尔钦,1950),但是它并不能完全解释私人企业的内部动力(威廉姆森,1975,1986),同时它也没有完全解决具有广泛多样性的制度安排问题,人们依靠这些制度安排来管理、供应公共产品和共享性资源。

2. 两种商品类型

保罗·萨缪尔森(1954)在他的经典论文中将商品分为两类:纯粹的私人产品既有排他性(如果不进行支付,个体A就被排除在消费私人产品之外),又具有竞争性(不管个体A消费什么,其他人都不能消费),而公共产品具有非排他性(无法将不付钱的消费者排除在外)和非竞争性(A 消费某产品时无法阻止别人对该产品的消费)。这种基本分类与当前制度世界的两分一致,即市场环境中的私人财产交换和公共组织中的政府所有财产。这个世界里的人们首先被看作消费者或选民。

3. 一个个体模型

有关所有个体都是完全理性的假设在主流经济学和博弈论中被普遍接受。完全理性的个体被假定为清楚以下几点:(1)某个特殊情景下可采取的所有可能的策略;(2)考虑到同一情景下其他人的可能行为,每个策略带来的结果是什么;(3)以效用为衡量标准,根据给该个体的自身收益对这些结果排序。在每个情景中,这样的个体的理性策略是将预期效用最大化。最初效用被设想为多样化的外在价值和单一内部衡量的结合,实际上,它已经等同于一个外部化的衡量单位,例如预期利润。该个体模型颇有成效地得到了关于交易结果的有用预测,这些交易与竞争市场中(并非多样的社会困境中)的具体属性的商品有关。我将在第七部分第 1 小节中讨论个体行为理论。

二、致力于全面理解复杂人类系统的早期研究

由于大量的实证研究,以及与博弈论模型一致的分析框架的完善,20 世纪中期人们对简单系统的世界观逐渐发生变化。

1. 研究多中心公用行业

针对市民、当地公共企业家以及公共事务官员如何参与到不同层次的提供、生产与管理公共服务行业和公共财产管理的实证研究,产生了两个最优组织形式模型(没有解释的大量成果)。大城市地区公共和私人机构提供和生产公共服务的多样化行为是混乱无序(这种说法遭到了其他学者的反对),还是一种潜在的卓有成效的安排?文森特·奥斯特罗姆和查尔斯·蒂伯特,以及罗伯特·沃伦(1961)在理解这一问题时引入了多中心概念。

"多中心"意味着决策过程有很多中心点,它们在形式上各自独立。它们实际上是否独立发挥作用,或者是否组成了一个相互依赖、相互关联的系统,是特定情况下的一个实证问题。在某种程度上,它们之间是相互竞争的关系,却又参与各种合作事业,或是求助于中心机制来解决冲突,因此大城市地区的许多政治管辖可能是以与互动行为一致和可预测的连贯方式在发挥作用。很大程度上的确是这样,它们可以被视为一个"系统"在发挥作用(奥斯特罗姆、蒂伯特和沃伦,1961:831—32)。

20 世纪 60 年代,凭借公共服务行业的概念(贝恩,1959;卡夫,1964;文森特·奥斯特罗姆和埃莉诺·奥斯特罗姆,1965),几项关于水利行业绩效的研究在加利福尼亚州的各个区域展开(文森特·奥斯特罗姆,1962;韦施勒,1968;沃伦,1966;埃莉诺·奥斯特罗姆,1965)。大量证据表明,众多公立、私人机构已经找到了以不同规模配置水资源的有效方式,这与"缺乏清晰等级的多个政府单位的出现是混乱无序"的观点恰恰相反。进一步的证据指出了使多中心大城市区域的生产力提高的三个机制:(1)中小型城市在监测市民表现和相关成本方面比大城市效率更高;(2)对公用服务不满意

的市民可以用实际行动“投票”表态,使司法部门更倾向于提供令他们满意的公共服务的组合和成本;(3)如果对提供的服务不满意,当地联合团体可以和更大的生产商进行签订合同或改变合同,而大城市里的社区却没有发言权。

20世纪70年代,关于组织大城市区域水资源供应的多种方式效果的早期研究,扩展到了政策和公共安全问题上。我们发现,很多警局为我们研究的80个大城市提供服务,而多个部门为同一组市民提供多重服务的情况却很少出现(奥斯特罗姆、帕克斯和惠特克,1978)。另外,人们普遍认为,大城市区域的部门多样性没那么有效的观点也没有得到证实。事实上,“高度多样化的大都市区域最有效率的生产商在给定投入情况下的产出,比大都市区域有效率的、但工人更少的生产商的产出要高”(奥斯特罗姆和帕克斯,1999:287)。有着大量自发直接服务生产商的大都市区域实现了更高的技术效率水平(同上:290)。还有少量生产商提供非直接服务,例如广播和犯罪实验分析,这些也提高了那些大都市区域的技术效率。我们可以反对大都市改革方法的支撑理论,因为我们展示了大都市管理中存在的复杂性并不是混乱无序。当我们对全世界的资源和基础设施系统的多中心管理进行进一步的实证研究时,多次证明了以上观点(安德森和奥斯特罗姆,2008;奥斯特罗姆、施罗德和韦恩,1993)。

2. 让商品种类翻倍

研究个体如何应对这个世界的各种公共问题,使我们对萨缪尔森的二元商品分类产生了质疑。布坎南(1965)已经加上了第三种分类,他称作“俱乐部商品”。对于这些种类的商品,群体可以创建私人联合体(俱乐部)为他们自己提供可以享用的非竞争性但小规模的商品和服务,同时可以把非会员排除在外。

根据进一步的实证和理论研究,我们提出对商品的经典分类进行补充修改,以便找出影响个体动机的基本区别(文森特·奥斯特罗姆和埃莉诺·奥斯特罗姆,1977)。

(1)用“使用的减少”取代“消费的竞争性”这个术语。

(2)将使用的减少和排他性从低到高概念化,而不是把它们描述为有或者没有。

(3)增加非常重要的第四种分类:共享性资源。共享性资源具有与私人商品共同的递减属性,与公用商品相同的排他性难度(文森特·奥斯特罗姆和埃莉诺·奥斯特罗姆,1977)。森林、水系统、渔业和全球大气层都是共享性资源,对人类在地球上的生存都具有重大意义。

(4)把“俱乐部”商品改成“通行费”商品。因为具有这些特点的很多商品都是由小规模公立组织和私人组织提供的。

表1列出了四种商品类型。当人们设计制度来使自己能够提供、生产和消费多种商品时,不同种类的商品对个体面临的问题带来的影响不同。这四种商品分类包含了很多子分类,其属性也大不相同。例如,一条河流和一片森林都是共享性资源,然而在其生产出的产品的机动性、测量的难易度、再生速度,以及其他属性等方面有极大不同。具体某一种共享性资源在空间幅度、使用人数和其他因素方面也不同。

表 1　商品的四种类型

		使用的可减少性	
		高	低
排除潜在受益人的难度	高	共享性资源：地下水库、湖泊、灌溉系统、渔业、森林等	公共商品：群体的和平和安全、国防、知识、消防系统、天气预报等
	低	私人商品：食物、服装、交通工具等	消费商品：剧院、私人俱乐部、日托中心

来源：埃莉诺·奥斯特罗姆(2005:24)。

当你经过大量的田野调查，会遭遇人类相互作用的各种情景。周六深夜驾驶一辆巡逻车在美国大城市的市中心进行观察，与周末下午放学后到郊区相比，你会见到更多的人类之间的互动。在两种情形中，我们观察的是一种公共商品——当地治安，这是由当地政府的官员提供的。每个情景中的人员在年龄、清醒度、出现的理由以及他们的目的等方面都不同。这个背景影响了警官进行观察的策略。

与观察公共商品比较，观察私立自来水公司、城市设施、私立石油公司和不同情形下的当地居民，以此来评定谁来为地下水库的透支负责，为大量盐水入侵负责，以及接下来该怎么做。这些个体都面临着同一个问题：共享性资源的透支。但是当每月在私人水协会碰面时，当在法庭上面对彼此时，当走上议会并最终向市民承诺支持特别补给区域时，他们的表现却大不相同。这些情景，以及在许多国家的灌溉系统和森林问题上观察到的其他很多情景，与市场标准模型或等级标准模型并不十分相似。

三、为分析人类情景的多样性建立一个框架

我们所研究的具体环境的复杂性和多样性，迫使我们的同事与政治理论和政策分析工作室一起付出了巨大努力，从而发展了 IAD 框架(奥斯特罗姆，1975；凯瑟和奥斯特罗姆，1982；麦金尼斯，1990a，b，2000；奥斯特罗姆，1986，2005)。该框架包括一套内嵌的基本要素，社会科学家们可以使用这些分析要素来理解人类相互作用和不同环境的结果。IAD 框架的建立是基于一些早期研究：《交易》(康芝斯，1924、1968)，《情景的逻辑》(波珀，1961)，《总体结构》(奥尔波特，1962)，《框架》(戈夫曼，1974)，《手稿》(尚克和阿贝尔森，1977)。这种方法也从凯斯特勒(1973)和西蒙(1981，1995)的研究中获得了灵感，他们对“人类行为及其结果完全取决于一套不能缺少的基础构件”的假说提出了挑战。

既然框架、理论和模型这些术语可以被很多学者交换使用，我们用一种嵌套的方式来使用这些概念，将学者给出的假说从最一般到最准确进行排列。IAD 框架致力于容纳最一般的变量，当想要考察市场、私人企业、家庭、社区组织、立法机关和政府机构内部的人类相互活动的制度背景多样性时，制度分析人员会想要使用这些变量。它提供了一种元理论语言，使学者能够讨论任何一种理论，或进行理论比较。

分析人员运用某一具体理论，以指出框架的哪个部分最能解释不同的结果以及结果之间如何相互联系。微观理论，包括博弈论、微观经济理论、交易成本论和公共财

产、共享性资源理论,都是与IAD框架兼容的具体理论的例子。而模型则对一种理论中的有限变量做出了准确假设,学者们利用这些变量来检测关于行动者动机和它们面临的情景结构这些具体假设的形式结果。

IAD框架被设计用来使研究者能够分析由一连串变量组成的系统,每一个变量可以因与问题直接相关而随时被提出。IAD框架的核心是一个被外部变量影响的行动情景概念(见图1)。影响某一时期行动情境的外部因素的最全面分类包括:

(1)生物物理条件在某些分析中可能被简化为表1中定义的四种商品中的一种。

(2)一个群体的属性,可能包含了前期交流的历史、内部同质性或关键属性的异质性,以及那些参与或受到他人影响的人们的知识和社会资本。

(3)使用中的规则,简化了对于谁必须、谁不能,或谁由于奖惩而可能采取影响他人行动的相关的共识(克劳福德和奥斯特罗姆,2005)。使用中的规则会随着时间不断发展,而那些涉及一个行动情境的人与多种环境下的其他人相互影响(埃莉诺·奥斯特罗姆,2008;奥斯特罗姆和巴索托,即将出版;博伊德和里彻辛,1985),或不自觉地改变集体选择或章程选择设定下的规则。

外部变量组对一个行动情境产生冲击,得出相互作用的模式和结果,这些模式和结果被行动情境的参与者(有可能是学者)进行评估,并对外部变量和行动情境产生反馈。

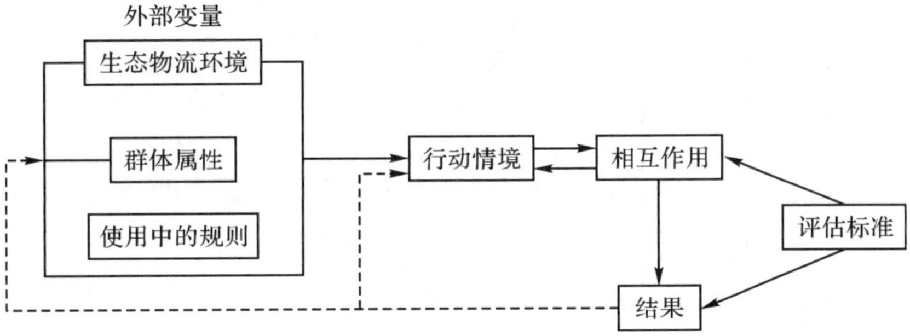

图2 制度分析框架

来源:埃莉诺·奥斯特罗姆(2005:15)。

一个行动情境中的内部作用部分显然与理论家用来分析形式博弈①的变量是一致的。这意味着我的同事们能够使用与IAD框架相符的形式博弈理论模型来分析简化了但很有趣的理论变量集合,并从中获得经得起检验的结论(见艾奇逊和加德纳,2005;加德纳等,2000;韦辛和奥斯特罗姆,1993),以及基于主体的模型(ABMs)(雅格和詹森,2002;雅森,2008)。但发展形式博弈(甚至ABM)来分析更为复杂的、有着很多相关变量的实际环境是不可行的,因为这些变量对结果有影响,而且对制度分析具有重要性。然而,使用共同结构元素集合来开发数据收集和分析的结构化编码形式是可能的。而且,我们可以利用变量的共同集合来设计各种政治经济学家的利益情境的

① 我非常感谢与莱茵哈德·泽尔腾在20世纪80年代早期进行的大量富有成效的讨论。当时我们刚开始研究形式博弈内部作用部分的IAD框架,可以在框架中使用形式博弈。

实验，并检验为什么特定行为和结果出现在某些情境中，而不是其他情境中。

为了具体化博弈结构并预测结果，理论学家需要假定：

(1)有关行动者的特征(包括理论学家采用的人类选择模型)；

(2)他们所处的位置(例如第一个提议人或后排参与者)；

(3)行动者在决策树上的具体节点可以采取的行动集合；

(4)在一个决策节点可供使用的信息量；

(5)行动者联合产生的结果；

(6)标记在决策节点的行动者与其行动到达中间结果或最终结果的路径的函数集合；

(7)所选择的行动的链接具有的利益和成本及获得的结果。

图3表示的是一次行动情境的内部作用部分。下面的讨论利用了多种多样的研究中的通用框架，这样可以积累更多对于相互活动的认识和对异常复杂环境中的结果的认识。IAD框架植入了一个在更宽泛的外部变量设定下的特殊利益情境，其中的一些变量可以随时间自行修正。

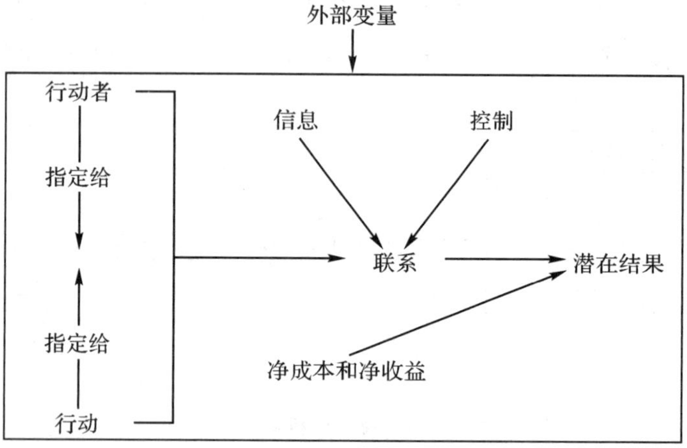

图3　一次行动情境的内部结构

来源：埃莉诺·奥斯特罗姆(2005:33)。

四、理性个体是否受困于社会困境？

关于理性个体面临组织化形式和产品两分法的经典假设，隐藏了个体和群体解决社会困境的潜在生产力，例如共享性资源的过度开采和当地公共产品的准备不足。我们利用经典模型将涉及囚徒困境中的人看作总是陷入某种情境中不能自我改变结构的人。这个分析步骤对于用来分析人类环境的理论来说是一种倒退。处于情境中的个体是否有能力改变影响他们自身处境的外部变量的情况，这因情境的不同而不同；是经验条件随环境的变化而变化，而不是逻辑的普遍性。公共调查人员有意将囚犯分开，这样他们就无法交流。而共享性资源的使用者不会受到如此限制。

分析家们一方面假定他们模型化的人类受困于反常情境中，另一方面假定除去学者和公务员的其他外部人员有能力分析情境和确定为什么出现事与愿违的结果，同时假定使用中的规则的哪些变化可以使情境参与者改善结果。然后,外部官员需要对有关个体强加一个最佳规则集合。假定改变的契机必须来自情境外,而不是来自情境内部的人类反省和创造,以重新组织他们自己的相互作用模式。萨格登是这样描述这种研究方法的:

大部分当代经济学理论将世界描述为一个政府(并非多个政府)主宰的世界,并从政府的角度看待世界。人们认为,政府有责任、有意志力和力量以各种方式重组社会,使社会福利最大化,就像美国西部的骑兵师那样,一旦市场"失败",政府时刻准备着救急,而经济学家的任务是提出什么时候做和怎么做的建议。私人个体则相反,被认为没有能力或能力不足以解决他们之中的集体问题。这导致了对于一些重要经济和政治问题的错误观点(1986:3,原版)。

加勒特·哈丁(1968)将共享性资源(一片向大众开放的草地)的使用者描述为陷于过度使用和破坏的彻底悲剧之中,这种描述由于与囚徒困境及其他社会困境博弈中的无合作的假设一致而被广泛接受。它得到了世界范围内的学者和决策者们的关注。许多人认为所有的共享性资源不属于任何人。因此,他们认为政府必须施加新的外部变量(例如新政策)来防止使用者造成破坏,而这些使用者们除了破坏他们未来(以及我们的未来)赖以生存的资源外什么都不会做。

1. 来自不同学科的学者验证资源使用者是否总是陷入困境

关于资源开采过度的重大事件吸引了广泛关注,而许多人类学家、经济历史学家、工程师、历史学家、哲学家和政治科学家对当地中小型共享性资源的长期研究却没有得到理论学家们和公务员的注意(楠汀,1972;麦凯和艾奇逊,1987;科沃德,1980)。由于这些研究是各学科学者围绕许多国家的不同种类的资源而开展的,因此而产生的知识没有累积下来。

幸运的是,国家研究委员会于20世纪80年代中期建立了一个委员会,来评估关于有效对话和联合管理资源的实体化的不同制度安排。国家研究委员会把各个学科的学者们聚在一起,使用IAD框架来开始识别使用者成功组织或组织失败的案例中的常规变量(奥克森,1986;国家研究委员会,1986)。资源使用者成功组织的众多案例的发现,挑战了之前关于资源使用者不可能自行解决过度使用问题的假设。国家研究委员会报告开启了使用多种方法进行多样化研究的可能性。国家研究委员会的努力也激发了研讨会开展一个更加宽泛的研究项目,包括其他研究者撰写的关于共享性资源研究的案例分析。

2. 共享性资源的元分析

在意识到资源使用者自行组织的众多案例不能只作为一种摆设之后,研讨会的同事们采用了现有案例研究的元分析方法,这些案例研究被认为是国家研究委员会活动的结果①。由于我们之前关于复杂城市系统以及联系复杂系统成分的共同语言和分析框架的研究,我们可以使用这个框架来组织我们的研究工作。IAD框架成为设计

① 元分析的使用在波蒂特、詹森和奥斯特罗姆(2010)的论文第四章中有介绍。

编码手册的基础，编码手册用来记录每一个共享性资源研究的变量常规集合。

这次研究工作声势浩大。我们花费了两年多时间来开发最终的编码手册（奥斯特罗姆等，1989）。一个关键问题是案例研究者从多种学科中识别变量的最小重叠问题。为了识别一组关于行动者、策略、资源状况和使用规则①信息的案例，我们的团队不得不阅读和浏览500多个案例分析。变量的一个常规集合被记录为44个从近海岸捕鱼的渔民的子群体和47个农民或一个政府管理的灌溉系统（唐，1992，1994）。

包含在分析中的47个灌溉系统，有12个由政府机构管理，只有40%（n=7）表现出众。在25个农民管理的灌溉系统中，超过70%（n=18）的系统表现出众（唐，1994：234）。规则一致性是影响水资源充足的关键变量（同上：229）。施拉格尔分析的近海岸渔民群体没有一个是政府管理的，其中11个（25%）完全没有任何形式的组织。其他33个子群体（有着多样化的非正式规则来定义谁）被允许在特定位置捕鱼，以及如何限制捕鱼数量（施拉格尔，1994：260）。

除了发现合作的重要性之外，我们还发现早期在特定环境中的无合作的理论假设的支持。

在CPR困境中，个体互不相识，不能有效交流，因此不能达成协议、形成规范及实施奖惩，从无合作博弈的理性个体模型得来的总体假定得到了很多支持。这些都是稀有环境，而完全理性似乎是一个合理的假设（奥斯特罗姆，加德纳和沃克，1994：319）。

而另一方面，摆脱困境和创造有效管理的能力出现的频率比我们想象的要多，而且取决于资源本身的结构，以及使用者开发的使用规则是否有效地和该结构连接在一起（布卢奎斯特等，1994）。在所有自发组织的系统中，我们发现使用者们创造了决定谁可以使用资源的边界法则，与分配资源单位相关的选择法则，以及监督的积极形式和对规则破坏者的惩罚（同上：301）。另一方面，我们没有发现任何一个收获者使用"冷酷触发"策略的案例——该策略是关于许多个体如何解决重复困境的理论所假设的一种惩罚形式（杜塔，1990：264）。

3. 与共享性资源相关的产权捆绑

资源经济学家使用"共同财产资源"这个术语来指代渔业和水资源（戈登，1954；斯科特，1955；贝尔，1972）。把"财产"和"资源"两个术语放在一起造成了对于商品本质和产权制度之间的很大困扰（旺特卢普和毕夏普，1975）。一种共享性资源可以作为政府财产来管理，也可以作为私人财产、群体财产来管理，也可以不被任何人所有（布罗姆得，1986）。对当地使用者开发的产权制度缺乏了解的更深层次原因，是许多学者假设除非使用者拥有转让权——销售他们财产的权力——否则他们没有任何产权（阿尔钦和德姆塞茨，1973；安德森和希尔，1990；波斯纳，1975）。

---

① 当他们描述实际设定时，跨学科的学者们倾向于使用不同的词汇和理论框架。其他使用元分析的学者也需要浏览许多出版物，来确保获得对人类使用资源系统的一致数据。帕格蒂、金姆和多尔蒂（2006）的报告浏览了100多篇文章来分析与森林资源管理相关的31个案例。鲁德尔（2008）报告，他浏览了将近1200份研究，来获得热带森林变化的268个案例的元分析。

施拉格尔和奥斯特罗姆(1992)根据约翰 R.康芝斯的早期研究将产权制度概念化为产权捆绑而非单个产权。对现有现场案例的元分析帮助我们识别个体使用共享性资源时的五种产权:(1)准入权——进入特定产权的权力[①];(2)回收权——从资源中收获特定产品的权利;(3)管理权——改变资源和调整内部使用模式的权利;(4)专有权——决定谁进入、谁回收、谁管理资源的权利;(5)转让权——出租或出售其他四个权利任意一个的权力。产权捆绑的设想现在得到很多学者的广泛接受,这些学者研究了世界范围内各种各样的产权制度(布兰克霍斯特,2000;德格布尔,麦凯,2007;阿杰,2005;特拉维克,2001;威尔逊等,1994)。

4.行动情景的内部组成和外部法则的连接

拥有一种自愿的特定产权的行动者也面临着更多的基本法则,这些法则影响着他们所处的行动情境的结构。我们在元分析中发现了不同设定下使用的令人难以置信的具体法则序列(例如在何时何地由谁来回收多少资源单位,需要使用者的哪些信息,这些行为的成本和利益是什么,等等)。当我们试图发现对案例作者描述的如此多样的具体法则编码和分析的一致方式时,我们又再次转向了 IAD 框架。因为我们已经识别出博弈或行动情境本身的七个作用部分,那么就可以合理认为有七个法则类型可以作为影响行动情境的个体作用部分的外部变量。七个法则类型是:

(1)边界法则规定了行动者如何被选择、进入或者离开这些位置;

(2)定位法则规定了一组位置以及每个位置有多少行动者;

(3)选择法则规定了每个未知的行动者采取什么行动;

(4)信息法则规定了行动者交流的具体方式,以及哪些信息必须分享,可以被分享或绝对不能被分享;

(5)范围法则规定了可以影响的结果;

(6)总体法则(如少数服从多数原则或全体一致原则)规定了行动者的决定如何对应到中期和最终结果;

(7)结算法则规定了如何给不同位置的不同行动者分配成本和好处(柯劳夫、奥斯特罗姆,2005)。

关于思考制度规则的一个有用的方法是将一条规则影响到的行动情境部分概念化(见图 4)。

总结出 7 种法则(不是一两种)曾经让想要依赖于人类互动的简单模型的学者感到沮丧。除了发现 7 种法则,我们还发现了每一种类型都有很多的变体。例如我们发现案例研究作者描述了 27 种边界法则,每个法则至少在一种共享性资源设定中使用(奥斯特罗姆,1999:510)。有些法则明确了居住地、成员组织关系,或所要求的个人属性的不同形式。同样,我们发现了 112 种不同的选择性法则,它们通常由两部分组成:一个是规定了资源单位何时何地可以进行收获,以及如何进行收获的分配公式;另一

---

① 准入权的概念让很多学者迷惑,准入权的一个日常例子就是购买进入公立公园的准入证,这种行为赋予了准入权持有人在规定时间内进入并享受远足以及其他非收获性活动的权利。

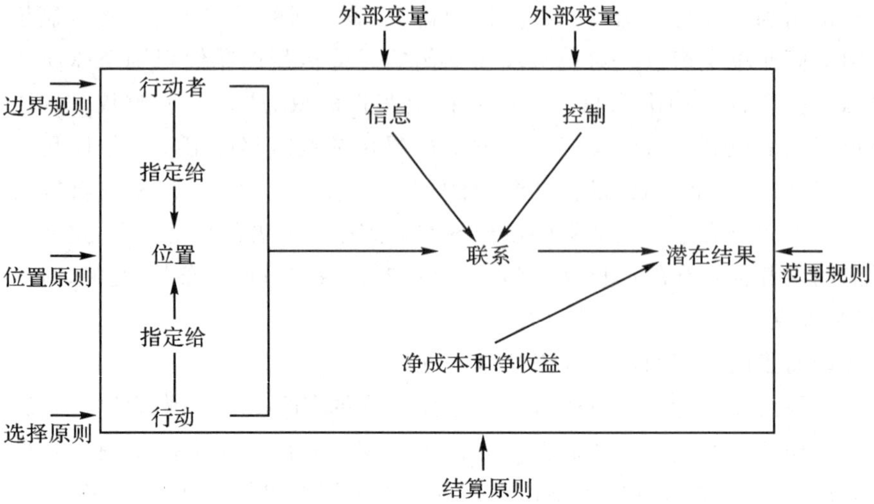

图 4　直接影响行动情境要素的作为外部变量的规则

来源：埃莉诺·奥斯特罗姆（2005：189）。

个是针对该公式进行补充的一个具体的基础（如持有的土地数量、历史使用模式或通过抽签的分配）（同上：512）。

5. 长期存在的资源制度

多年与同事一起对成功和失败的案例进行编码后，我认为下一个任务是采用谨慎的统计分析来判断与成功制度相关的是哪一些法则。我还没有完全消化团队所记录的数量惊人的法则。1988 年我利用休假参加了莱茵哈德·泽尔腾在彼勒费尔德大学组织的跨学科研究中心的研究小组。我努力寻找生态、社会和经济环境之间发挥作用的规则，但是与成败相关的具体规则因地而异。最终我不得不放弃成功案例与某些特点规则有关的想法。

水平得到提升后，我试图从延续了很长时间的系统中发现更为广泛的制度规则且这些规则没有出现在失败的制度里。我采用"设计原则"的术语来表示这些规则，我并不是说渔民、灌溉农民、牧民和其他人在制定能够延续很长时间的制度时，脑子里想着这些原则。我的目的是找出长期存在的制度，而不是失败案例下的核心特质的集合（奥斯特罗姆，1990）[①]。

由于奥斯特罗姆（1990，2005）已经详细描述了设计原则，我只列出由考克斯、阿诺德和维拉马约尔·托马斯（2009）改良过的简单清单：

（1A）使用者边界原则：合法使用者和非使用者之间有明确的被大家所理解的边界。

（1B）资源边界原则：特定的共享性资源与更大的社会生态系统有清晰的界限。

（2A）适应当地条件原则：拨款和供给法则适应当地的社会环境。

（2B）拨款与供给原则：拨款法则与供给法则一致；成本的分配与收益的分配一致。

（3）集体决定原则：受同一种资源制度影响的大多数个体有权参与决策和修改法则。

① "设计原则"术语迷惑了很多读者，或许我应该使用"最佳实践"来描述健全的制度和结构。

(4A)监督使用者原则:作为用户者的个体或负有责任的个体要监督对使用者的供给或拨款。

(4B)监督资源原则:作为用户者的个体或负有责任的个体要监督对使用者的供给或拨款,要监督资源的情况。

(5)循序渐进的惩罚原则:对破坏法则行为的惩罚开始比较轻,但如果使用者重复违反规则要加强惩罚。

(6)冲突解决机制:使用者之间或使用者与官员之间的冲突解决迅速、低成本。

(7)权力的最小认可原则:当地使用者自行决定规则的权利要得到政府的认可。

(8)配套企业原则:当一种共享性资源与更大的生态环境系统紧密相连,要从内嵌的多重层次进行管理行为。

设计原则似乎是把影响资源使用者开发的制度长期存在可能性的核心要素综合在一起。考克斯、阿诺德和维拉马约尔·托马斯(2009)分析了100多项研究,这些研究的作者将原则的相关度定义为共享性资源成败与否的一种解释。2/3的研究确信强大的资源系统大多数都遵循着设计原则,而失败的则没有。有一些认为设计原则不足的作者倾向于生硬的解读设计原则,并觉得成功的系统应该更加灵活。在三个案例中,设计原则的最初表达太过宽泛,没有区分出生态和社会条件,因此我改进了考克斯及其共同作者提出的第一、二、四条建议。

五、研究共享性资源问题的实验

使用者为了长期持续使用共享性资源而克服社会困境的案例大量存在,这对于曾经认为这是不可能的假设而言是一个挑战。许多变量同时对这些结果产生影响。发展共享性资源情境(韦辛和奥斯特罗姆,1993;奥斯特罗姆和加德纳,1993)的博弈理论模型是我们曾经采用的策略,通过它来评估从观察案例当中获得的变量集合理论结果。我们同样认为检验在试验环境中的变量精确组合的影响是非常重要的。

1. 大学实验室里的共享性资源实验

罗伊·加德纳、詹姆斯·沃克和我一起建立并且测试了与IAD框架一致并非常具体的博弈理论模型(见奥斯特罗姆、沃克和加德纳,1992;奥斯特罗姆、加德纳和沃克,1994)。最初的CPR实验从静止的基本情境开始,这些情境简单到当没有丢失收获者面临的经费问题的关键方面时,也可以具体化。我们运用以戈登(1954)经典模型为基础的二次支付生产函数。八个主体中的每一个主体的初始资源禀赋 ω 是一组代币,主体可以将这些代币分配在市场1(有固定回报)和市场2(市场2的作用是一种共享性资源,它的回报受到实验中所有主体行动的影响)之间。主体得到的是总体信息,因此他们不知道每个个体的行动,每个主体 i 可以在共同资源(市场2)投资其资产的一部分 x_i,则剩余部分投入到市场1。我们使用的支付函数(奥斯特罗姆、加德纳和沃克,1994:110)是:

$$u_i(x) = we \qquad \text{if } x_i = 0。 \tag{1}$$

$$u_i(x) = w(e - x_i) + (x_i/\sum x_i)F(\sum x_i), \quad \text{if } x_i = 0。 \tag{2}$$

基线实验是一个常见困境，在这个困境中博弈理论结果包含了对一种资源的大量过度使用，而只要主体减少它们的联合分配就可以获得一个更好的结果。来自非合作博弈理论的假设是主体会根据纳什均衡理论进行投资——64 个代币中的 8 个。如果主体减少总共 36 个代币在共享性资源中的分配，他们可以赚得更多。多重决策回合的基线实验中的主体大多投资过度——他们甚至比预期的投资更多，因此联合结果比纳什均衡理论预计的更加糟糕①。

完成之前的公共商品研究后（艾萨克和沃克，1988），我们随后完成了一系列面对面交流实验，保留了同样的支付函数。在最初十轮没有交流后，主体们被告知可以在做出最终的个人决定前与同组的人互相交流。这为“廉价协商”提供了机会。这些实验中的预期结果与基线实验结果一样，因为主体可以承诺合作但没有外部的第三者保证会得到实现。

主体利用面对面交流来讨论获得最佳结果的策略，然后如果可能，每个主体还就应该投资的目标达成协议。每一轮结束后他们都了解了总体投资的情况，但不了解单个主体的决定是什么。这样他们可以知道总体投资是否比协议投资更大，在很多回合中，主体们互相遵守诺言。在其他回合中，一些缺陷开始暴露出来。如果总体投资比协议后的投资更高，主体们利用自身对总体投资水平的了解来谴责未知的主体伙伴。重复面对面交流的机会非常成功地提升了联合收益，交流实验的发现与大量关于受试者通过面对面交流以解决各种社会矛盾问题能力的研究一致（奥斯特罗姆和沃克，1991；欧贝尔、范德克拉切特和道斯，1988；萨利，1995；贝利叶，2010）。

在很多现场设定中，资源使用者设计出很多正式或非正式的方法来惩戒违反法则的人，尽管这种行为与无规范理论和完全理性理论相悖（艾尔斯特，1989：40—41）。因此了解受实验设定控制的主体是否会真的使用他们的资产来惩罚其他主体是非常重要的。在主体们进行 10 轮极限共享性资源博弈后，他们被告知在接下来的回合中有机会支付一笔费用来对另一个主体进行罚款。我们发现在这种设计下出现了高于预期的零水平的惩戒②。主体的确通过制裁提高了整体收益，但由于制裁的成本过高，对其的过度使用使得净回报大大减少③。制裁主要针对的是背离的人员，但有一些经过自身罚款的人员却报复性地将制裁指向贡献较少的人。在进一步的设计中，主体们有机会交流并能够决定是否采取制裁机制。决定采取制裁系统的主体达到了所有共享性资源实验室实验的最高回报——对数量不多的背离进行罚款后实现了 90%的最

---

① 在重复的、简单的公共商品实验中，起初主体会贡献出比纳什均衡理论预期更高的水平（艾萨克等，1984、1985、1994；艾萨克和沃克，1988；马韦尔和艾姆斯，1979），而结果从更高水平向纳什均衡理论预期的结果缓慢接近。另一方面在共享性资源博弈中，起初主体得到的结果比纳什均衡理论糟糕得多，然后逐渐从下面往纳什均衡理论靠近。

② 见亨里奇等（2006），现场实验在很多国家进行，测试了是否更多的参与者也会在公共商品实验中使用惩罚。在 15 个小型群体的社会困境的早期现场实验报告也请见亨里奇等（2004）。

③ 在实施惩罚者惩罚贡献少的人的公共商品实验中也有类似的发现（山岸，1986；费尔和葛西特，2002）。

优结果(奥斯特罗姆、沃克、加德纳，1992)。

只有在实验室实验的参与者不知道共享性资源困境中其他人的声誉，并且与他们无法交流时，非合作博弈理论的预测才能得到大致支持。另一方面，当主体们面对面交流时，他们经常就联合策略达成协议并遵守协议——这样可以大幅度提高净回报。此外针对决策和制裁机制设计的交流使这么做的人接近最佳回报。

2. 现场实验中的共享性资源研究

哥伦比亚的同事实施了一系列现场实验，以评估依赖资源的有经验的村民在与以上报告一致的设计中，是否会做出花费在"森林上的时间"的决定。卡德纳斯(2000)在农村的教室与200多名当地森林资源的使用者进行了现场实验。他修订了不带或带有面对面交流的共享性资源实验的设计，从而要求村民对"收获林木"做出决定，这些实验的结果与大学生参与的实验结果一致。

在一个不同的设计中，卡德纳斯、斯特兰朗德和威利斯(2000)与来自5个村庄的资源使用者进行了10轮基线实验，这些村民在下一组实验中可以面对面交流。在另外5个村庄中，在基线回合结束后，参与者被告知一条新规则将发挥效应，这条规则使他们每回合在森林资源上花费的时间不能超过最佳时间。每轮进行检查的可能性是1/16——监测发展中国家农村地区规则一致性的很低但很实际的可能性。如果有人超出限制，将会从那个人的报酬中扣除一部分作为惩罚，但这个惩罚不会被其他人知道。与允许面对面交流且没有规则获得的结果相比，该实验条件下的主体提高了他们的回收水平。其他学者也发现理论上会产生更高的联合回报的外部强加规定，有可能"挤出"自愿行为合作(弗雷和奥伯尔霍尔扎·吉，1997;瑞森和蒂斯坦尔，2008)。

费尔和雷布兰特(2008)与巴西东北内陆湖的自由渔民进行了一组有趣的公共商品实验。研究发现现场实验第一阶段中高达87%的渔民做出了贡献，在剩下的阶段中贡献水平下降。费尔和雷布兰特检查了单个渔民使用的渔网网洞大小，发现在公共商品试验中贡献更多的人使用的渔网网洞更大。大网洞可以让小鱼逃跑，小鱼长大后再抓比抓小鱼产量更高。换言之，现场实验中的合作符合真实CPR困境相关的合作。他们的结论是，"我们对其他方面偏好的实验室测量方法可以预期现场行为，这个事实增加了我们对行为相关性的信心"(同上，17)。

总之，关于CPRs和公共商品的实验，表明许多关于集体行动的传统理论的预期站不住脚。比预期产生更多的合作，"廉价协商"增加了合作，主体在制裁"免费搭便车"方面有所投入。实验同样树立了这样的观点，收获时、决定贡献时，以及决定制裁时存在着动机的不同。

六、在现场研究共享性资源问题

完成了对案例研究和实验的元分析后，我们还需要进行现场研究，我们可以依赖IAD框架来设计问题以便获得不同地点的关键变量的一致信息。

1. 比较尼泊尔农民管理和政府管理的灌溉系统

1988年一次拜访尼泊尔的机会让我发现了大量有关农民建设并维持的灌溉系

统和政府维持的灌溉系统的书面研究。加内什·西瓦科迪、保罗·本杰明和我修订了 CPR 编码手册,以便将理解灌溉系统相关的特别变量纳入尼泊尔灌溉机构项目的新编码手册。我们对现有案例进行编码,又发现了很多原作者没有讨论的"漏掉的变量"。同事们多次前往尼泊尔访问书面案例研究中的灌溉系统来填补漏掉的数据和确认原有研究中的数据。在现场我们能够给数据集合增加新的案例(本杰明等,1994)。

在分析这组庞大的数据时,拉姆(1998)开发出了适用于所有系统的三种绩效测量方法:(1)灌溉系统的物理条件;(2)系统末端的农民在不同季节可获得的水量;(3)系统的农业生产力。拉姆控制了系统间的环境差异,发现农民自行管理的灌溉系统在三个绩效测量方面表现好得多。在农民管理的系统中他们在一年一度的会议上可以相互交流、平等沟通,自行达成协议,确定监控器的位置,并对不遵守规则的人进行制裁。因此,农民管理的灌溉系统能生产出更多的大米,对水的分配更加平均,灌溉系统的修缮工作也比政府的好得多。尽管农民的系统表现各异,但很少表现得像政府的那样差——同时保持其他相关变量一致。

随着时间推移,同事们访问并编码了更多的尼泊尔的灌溉系统。通过使用包含 229 个灌溉系统的扩展数据库再一次证实了农民管理的系统具有更高的绩效水平(乔希等,2000;西尼科迪和奥斯特罗姆,2002)。我们的发现不只适用于尼泊尔。学者们还仔细记录了许多国家的农民设计和操作的有效系统,包括日本(青木,2001),印度(梅辛蒂克,2007;巴德汉,2000)和斯里兰卡(乌普霍夫,1991)。

2. 研究世界范围内的森林资源

1992 年,马力林·霍斯金斯博士主持了联合国粮食与农业组织(FAO)的森林、树木和人类研究项目,要求研讨会的同事利用我们研究灌溉系统的经验,开发出评估不同国家的多种森林资源管理安排影响的方法。经过两年的快速发展与全世界生态学家和社会科学家的关注,我们开发出了 10 个研究议定书,来获得有关使用者、森林资源管理以及样本森林的生态条件的可靠信息。一个长期合作研究网络——国际森林资源和管理(IFRI)研究项目——建立起来,其研究中心分布在玻利维亚、哥伦比亚、危地马拉、印度、肯尼亚、墨西哥、尼泊尔、坦桑尼亚、泰国、乌干达和美国,位于埃塞俄比亚和中国的新研究中心正在建设当中(吉布森、麦基尔、奥斯特罗姆,2000;波蒂特和奥斯特罗姆,2004;沃伦伯格等, 2007)。国际森林资源和管理在众多森林资源研究中是独特的,因为它是唯一研究多个国家中由政府、个人组织或团体管理的森林资源的长期监测与研究的跨学科项目。

森林资源是共享性资源的一种尤其重要的形式,它们在影响气候的气体排放和碳固定方面扮演着重要的角色(劳帕赫,2008),它们包含了生物多样性,也为发展中国家农村地区的生活水平做出了贡献。对于保护森林和生物多样性的一个"受人欢迎的"政策建议是由政府拥有需要保护的区域(特伯格,1999)。在检验政府拥有保护区域是否是提高森林密度的必要条件的过程中,海耶斯(2006)利用 IFRI 数据来比较指定给森林学家或生态学家进行测量的森林的密度排名(五星制),他们在随机的森林样本中监督了对树木、灌木和地被物方面进行的测量①。在研究中包含的163片森林里,有76个为政府所有的是法定的保护森林,87个是由公共团体、私人或社区所有的林地。官方所有的保护区域与其他林区之间在森林密度上没有数据上的差异。吉布森、威廉姆斯和奥斯特罗姆(2005)检查了对178个森林的使用者的监督行为,发现监测水平与林业学家监督的森林密度之间有着强烈的关联,甚至控制使用者是否有正式组织,使用者是否重度依赖森林,以及团体内的社会资本水平。

卡特和阿格拉沃尔(2008)现在已经检查了不同管理安排下的152个森林状况的变化,这些状况受到森林大小、与改善森林行为有关的集体行为、使用者多少和当地使用者对森林依赖程度的影响。他们发现"中小型森林可能具有更大的再生产可能性,它们的实质依赖水平低、商业价值低、当地执行水平高,提升森林质量的集体行动更强劲"(同上,1327)。在第二个主要分析中,卡特和阿格拉沃尔(2009)重点关注的是影响森林的碳储藏水平和对生存条件贡献之间的权衡和增效作用。他们发现更大的森林在加强碳储藏和提高生存条件结果等两方面都更有效,尤其是当地群体有着高水平的规则制定自治时。科尔曼(2009)以及科尔曼和斯蒂德(2009)的近期研究也发现,一个影响森林状况的主要变量就是当地使用者在监控方面的投入。此外,当当地使用者拥有更多的收获权时,他们更有可能自行监控非法使用者。其他研究重点不同的研究也强调了当地监控和更好的森林状况间的关联(吉特和纳根德拉,2005;奥斯特罗姆和纳根德拉,2006;巴纳和贡姆比亚·塞纳巴依威,2000;韦勃和西瓦科迪,2008)。

把森林作为保护区的法定安排本身与森林密度无关。然而对于监控和执行力的详细现场研究证实,如果没有当地使用者的积极参与,实现高水平森林再生长则是一个挑战(巴蒂斯特拉、罗伯逊和莫兰,2003;阿格拉沃尔,2005;安德森,吉普森和莱霍欧格,2006;塔克,2008)。我们的研究表明,不同财产管理(政府管理、个人管理、社区管理)制度下的森林资源有时与更高级的社会目标一致,例如生物多样性的保护、碳储藏或改善生存条件。而其他时候,这些财产制度不能实现这些目标。确实,当政府采取自上而下的分权政策将当地官员和使用者蒙在鼓里,那么森林资源很可能遭到砍伐(巴纳纳等,2007)。因此,森林资源的一般管理形式并不是解释森林状况的关键;相反,某个特定管理安排如何与当地生态相适应,具体规则如何随着时间发展和调整,使用者是否认为系统是合法公平的(更详细的概括参见IFRI研究项目和波蒂特、詹森和奥斯特罗姆,2010:第5章)。

---

① 在每个IFRI地点同时进行的广泛的森林测量,获得了关于森林资源使用者的信息,以及关于他们的活动、组织和政府管理安排的信息。比较不同生态区域的森林测量方法会误导我们,因为森林中齐胸高的树木的平均直径受到了降水、土壤、海拔和其他因素的强烈影响,而这些因素随着生态区域的不同而大为不同。因此,我们要求刚刚监督了森林数据收集的林业学家和生态学家以五星制给森林从稀到密进行排名。

七、当前理论发展

在我们和许多杰出学者(例如拜兰德和普拉托,2005;佰克斯,2007;佰克斯、柯尔丁和福尔克,2003;克拉克,2006;马歇尔,2008;谢林,1960,1978,1984)进行了半个世纪广泛的实证研究之后,我们进行到了哪里?我们都了解了什么?现在已经知道的是,关于陷入社会困境中的理性无助个体的早期理论没有得到使用多种方法的大量研究的支持(费斯,2005;波蒂特、詹森和奥斯特罗姆,2010)。另一方面,我们也不能过分乐观地假设困境总是会被陷入其中的人来解决。许多群体都曾做出尝试,但以失败告终(迪茨、奥斯特罗姆和斯特恩,2003)。此外,将资源转让给政府、私有化,或者像最近那样进行分化的简单政治处方也有可能会失败(柏克斯,2007;布罗克和卡彭特,2007;迪克,2007)。

因此我们面临着一项艰巨任务,即进一步发展理论来帮助我们理解和预测陷入共享性资源困境的人们何时能够自我组织,以及他们面临的大背景的方方面面如何影响他们的策略、他们获得的短期成功和他们初始成就的长期性。我们需要发展更好的理论来理解人类行为和人类面临的多样环境的影响。

1.发展更具普遍性的个体理论

在第三部分中,我们讨论过解释社会环境现象的努力可以在三个一般性层面进行。如IAD这样被用来组织研究共享性资源的框架是元理论工具,可以帮助提供描述不同水平和规模的关系的一般语言。理论通常是努力给经常遇到现象的具体作用机理建立核心假设,然后预计一般性的结果,以此来建立对世界的理解。模型是一种理论的非常具体的例子(它们经常与理论本身搞混)。如很久之前阿尔钦(1950)指出,所谓的"理性选择理论"并不是对人类行为的广义理论,而是用来预计特定情境中的行为的有用模型,这个情境指的是私人商品的高度竞争市场。从理性选择模型得来的预计得到了私人商品开放市场和其他竞争环境的支持(霍尔特,2007;史斯密和沃克,1993;萨茨和费内中,1994)。因此它是一个预计竞争环境下的非常有用的模型,这种竞争环境通常与排他的、可分割的结果有关。

虽然目前还不能得出已经被成功形式化的,并通过多种背景测试的人类行为的单一理论,但是现在学者们正在给出并检验可能处于未来发展核心位置的假设(史斯密,2003,2010)。这些情况与下面几点有关:(1)当出现可靠反馈时,理性个体在重复情景中获得更为完整和可靠的信息的能力;(2)在做日常决策时,对探索法的使用;(3)个体对自身利益、规范和他人利益的偏向(波蒂特、詹森和奥斯特罗姆,2010:第九章;奥斯特罗姆,1998)。

个体完全了解他们可以参与的所有行动、他人可能采取的策略以及他们自身做出的选择可能会带来的具体结果,这样的假设肯定会遭到任何一个重复设定的反对,除非是最简单的重复设定。当理性个体相互作用时,我们可以假设他们对于其可以采取的行动和他人可能采取的行动有了更为精确的了解(泽尔滕,1990;西蒙,1955,1999),然而一些高度复杂的共享性资源环境接近数学混沌状态(威尔逊等,1994)。在此情况下,资源使用者对于所有未来事件的可能组合没有任何完整信息。

在很多情境中,个体使用大拇指理论即探索法,他们随着时间学会了在特定环境中好好工作。渔民们最终学会了“为知识而打鱼”(威尔逊,1990),对探索法的使用使他们明白了环境过程中的各种线索,在他们做决策时需要考虑这些线索。当个体不断相互作用时很可能学会探索法,这种探索法接近于“最佳反应”策略,并有利于实现最佳状态(吉仁泽和泽尔腾,2001)。然而在发生巨变和突然动荡的年代,探索法不能帮助个体获得高报酬。

个体还能学会规范。规范是指与特定行动相关的积极或消极的内部价值,如在特定情境中畏缩不前或勇往直前(克劳福德和奥斯特罗姆,2005)。一个内部承诺(森,1977)的力量可以用特定环境下个体的指定行动和结果的内部重任的大小来表示。个体规范与他人对结果的衡量息息相关(考克斯和德克,2005;考克斯、塞迪拉加和塞迪拉加,2008;安德里尼,1989;博尔顿和果肯费尔斯,2000)。费尔和施密特(1999)提出个体不喜欢相互作用产生的不平等结果,因此有了“厌恶不平等”的内部规范。阿克塞尔罗德(1986)认为,个体接受关于他人是否服从在群体中经过进化的规则的原规则,提高了大家遵守规范的可能性。雷布兰特、格尼泽和李斯特(2010)指出个体在团队中工作时往往比个体单独工作时更愿意接受规则和信任彼此。弗洛里奇和奥本海默(1992)认为,许多个体接受公平正义的规则。并不是所有的个体有着相同的规范和对情景的感知(温斯和普特曼,2007),他们在分担成本的方式是否公平方面有着很大的不同(艾克勒和格罗斯曼,1996)。

然而,人类采用规范的简单假设不足以预测社会困境中的人类行为,尤其是在一个庞大的无交流安排的群体中。即便对遵守规则有着强烈的倾向,“观察到的行为也会因环境不同而不同,因为‘正确的事’的含义并不是一成不变的”(奥利维拉、克罗松和埃克尔,2009:19)。个体相互作用的环境的方方面面都在影响着个体如何认知自身所处的情境以及与他们相互作用的他人。个体差异确实会带来不同,但相互作用的环境也随着时间的推移而对行为产生影响(沃克和奥斯特罗姆,2009)。生物学家认识到,一个机制的出现和行为受到它赖以发展的环境的影响。例如,一些植物在阴暗的环境下长出的叶子又大又薄(可以加强光合作用),而在强光环境下长出的叶子又窄又厚(可以保持住水分);有一些昆虫居住在拥挤的条件下时进化出了翅膀(这样它们可以到达离居住地更远的地方寻找充足的食物)。这种与环境一致的发展到处可见,可以被认为是全生物所有的共同财产(普芬宁和莱登,2009:268)。

社会科学家还需要认识到个体行为受到相互作用发生的环境的强烈影响,而不纯粹是个体差异的产物。

2. 信任在应对困境时的核心作用

尽管阿罗(1974)在很久之前就指出,参与者之间的信任在大多数高效机制中扮演着关键角色,可以提高交易产出,但集体行动管理论更多关注的是支付函数,而不是个体如何与高成本合作的互惠主义者建立信任。然而实证研究证实了信任在战胜社会困境中扮演着重要角色(罗思坦,2005)。根据图5可以看出,改进过的关于个体会学习和采用规范的理论假设可以作为基础用来理解个体如何获得对他人的更进一步的信任,如何通过加强积极和消极学习的反馈机制来增加合作或带来更多收益。不仅个体采用规范,而且情境结构也蕴含了其他可以信任的人愿意为战胜困境而承担成本的充足信息。因此,在某些环境下,“理性个体在战胜社会困境中是无助的”这一推测站不住脚。

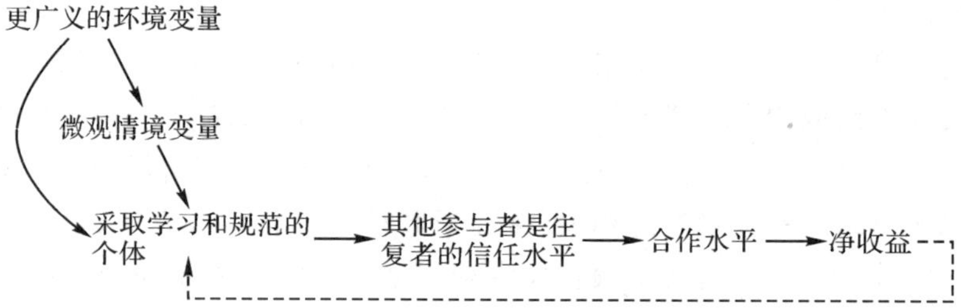

图5 社会困境的微观情境和广义情境影响信任水平和合作水平

来源:波蒂特、詹森和奥斯特罗姆(2010:227),2010年普林斯顿大学出版社出版。

3. 分析的微观情境水平

在建立或毁灭信任和相互性方面存在环境差别的假定,不足以回答为何个体有时能够解决社会困境但有时不能。个体在困境情境中相互作用面临着两种情况:(1)与个体直接相互作用的行动情境特别属性相关的微观情境;(2)群体决策时的社会生态系统的更广泛的情境。在实验室或现场进行实验研究的一个主要优势是研究者设计了实验进行的微观设定。因此,从越来越多的实证结果(由波蒂特、詹森和奥斯特罗姆,2010总结)我们可以得出,关于微观情境的以下属性影响了参与者在社会困境设定(包括公共商品和共享性资源困境)中达到的合作水平。

(1)所有参与者的交流是可行的。当可以面对面交流时,参与者使用面部表情、身体动作和表达的方式来判断对方的可靠性。

(2)已知参与者的名誉。了解在相互作用前不太了解的其他参与者过去的历史,可以促进交流。

(3)较高的边际人均回报。当边际人均回报高时,每个参与者可以知道他们本身的贡献比边际人均回报低时能引起更大的不同,而其他人更有可能明白这个关系。

(4)进入和退出的能力。如果参与者能够以较低成本退出情境,这等于给了他们脱离泥淖的机会,也使其他人认识到如果他们的合作得不到回报,合作者就会离开(并进入其他情境)。

(5)更长的时间维度。参与者可以预期从长期合作获得比短期合作更多的收入。

(6)达成一致制裁的能力。既然外部制裁或强加的制裁机制可能减少合作,当参与者本身同意某种制裁机制时,他们通常不需要大量使用制裁并且大幅度提高净收益。

其他微观情境变量正在得到全世界范围内的实验的印证。这些研究发现的核心是,当个体面临微观设定下的社会困境时,如果情境变量提高了互相信任的可能性,他们更可能合作。

4. 现场的广义情境

应对共享性资源困境的个体同样受到与他们相互作用的社会生态系统的属性有关情境变量的影响。欧洲和美国的一组学者现在正在研究进一步的框架,以便将IAD和在现场观察到的更多变量在微观水平上的互动及结果联系起来[①]。从图6可以看出,我们可以考虑在一个行动情境中相互作用的个体产生的相互作用和结果,这些作用和结果影响了资源体制、资源单位、管理系统和使用者,但反过来又被它们影响自身;同时,使用者影响了社会、经济和政治设定以及相关生态系统,但反过来又被它们影响(奥斯特罗姆,2007,2009)。图6还概括了所有现场设定中的最高层次变量。当某人需要分析某个月SESs相关的具体问题时,最高层次可以经过多次分解,但在本文中没有足够的篇幅来讲解一次完整的分解。

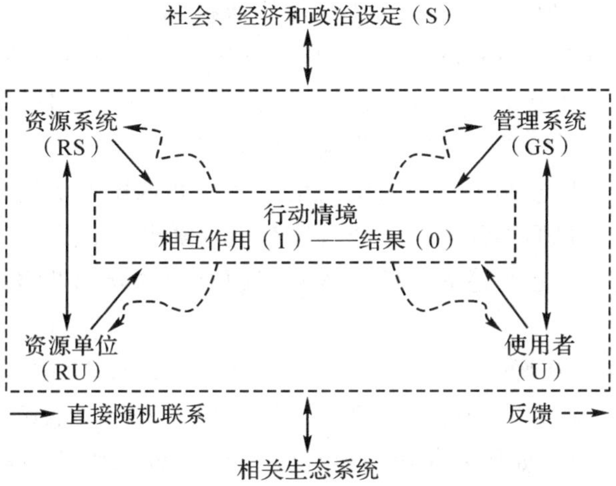

图6 广义社会生态系统中体现的行动情境

来源:改编自埃莉诺·奥斯特罗姆(2007:15182)。

比起现场研究者,实验研究者们对微观情境变量对动机、信任程度和困境情境中个体行为的影响有了更一致的看法。很少的SES变量对参与者面临的行动情境和他们可能的行为有着完全独立的影响。最重要的SES变量根据人们希望形成的相互作用(例如监控、冲突、游说和自行组织)或者长期结果(例如过度开采、生物多样性的再

---

① 斯德哥尔摩环境研究院、国际应用系统分析研究所、代夫特工业大学、苏黎世大学、波多大学诺德兰研究院、波茨坦气候影响研究院、洪堡大学、马尔堡大学以及位于奥斯纳布吕克大学的欧盟新水研究项目的学者们在欧洲召开了多次会议,开始计划使用一个共同框架(最开始由奥斯特罗姆提出,2007)来研究多种资源系统。布鲁明顿研讨会和亚利桑那州立大学的制度多样性研究中心的学者也参与到此次行动中。这些学者共同认为的一个关键问题是,我们缺乏关于多种自然资源系统以及人类设计资源系统的研究。

生和生态系统在人类干扰后的恢复能力)的不同而不同。在许多现场研究中,十个变量为一组,展示其对使用者为了克服共享性资源困境而自行组织的可能性产生的影响(奥斯特罗姆,2009;巴雷托和奥斯特罗姆,2009)。这些包括大小、生产率或资源系统的可预测性,资源单位的机动性程度,使用者为了改变操作规则而采用的集体选择规则的存在,使用者的四个属性(数量、领导力或创业精神的存在、对 SES 的了解、SES 对使用者的重要性)。将更广义的环境变量和微观情境变量相结合,是为了理解影响人类行为的社会和生态因素而进行跨学科研究的科学家们所面临的主要任务。①

八、复杂性和改革

经济科学和社会科学在过去五十年取得了重大进步,因为学者们提出了两个最佳组织形式、两个商品类型和一个个体模型。广泛的实证研究记录了个体自行解决共享性资源问题的各种环境,这些解决方法可以延续很长时间,同时记录了制度安排如何加强或降低小规模的个体有效率地、可持续地解决问题的能力(例如阿格拉沃尔和吉布森,2001;吉布森等,2005;施拉格尔和布伦凯斯特,2008)。尽管没有一套理论能够解释所有通过微观背景下得到的结果,这些背景包括实验室或渔业的广义环境设定、灌溉系统、森林、湖泊和其他共享性资源等,但仍然存在着大量的一致。我们也没有能清晰运用于所有背景设定的单独赏罚规范性理论(森,2009)。

互相之间建立信任并制定与使用中的生态系统相匹配的制度规范在解决社会困境中居于中心位置。我们得到了一些令人惊奇但重复出现的发现:处于相对良好或提升状态中的资源使用者在与建立信任的核心问题有关的互相监督方面进行了各种各样的投资。

遗憾的是,政策分析师、公务员和学者没有吸收此处的核心内容,仍然利用简单的数学模型来进行各领域背景的分析。诸如个体可转让配额等的政策处方经常被推荐给某种类型的所有资源,如所有渔业。当有些 ITQ 系统成功运作时,仍需要付出时间和努力将 ITQ 系统的广义理论概念融入一个特定地区的操作系统中,这个地区的渔民和政府官员都付出了多年的辛苦劳动(克拉克,2006;杨德,2007;杨德和德维斯,2003;埃格特森,1990)。

在理论研究历程中,我对公共政策分析的最重要的结论是,与理性选择理论相比,人类有着更为复杂的动机结构和更强的解决社会困境的能力。设计制度迫使完全自利个体以实现更好的结果,是政府政策分析师在过去半个世纪里要实现的主要目标。与此相反,广泛的实证研究却使我认为,公共政策的核心目标应该是使能够激发人类潜在能力的制度得以完善。我们必须要问,多样化的多中心制度如何帮助或阻碍创新力、学习能力、调整能力、可信度、参与者的合作水平,以及在不同层级实现更有效、更公平和更持续的结果(杜宁,2010)。

---

① 关于把美国西南部的 25 家采矿营地的群体大小、合作规范接受程度和财产权支持度连结在一起的更重要的研究,见斯图亚特(2009)。

为了解释充满了不同层级相互作用和结果的世界，我们不能抗拒，反而要习惯于处理复杂性问题。某些数学模型对于解释特定背景下的结果非常有用。因此，当它们足以抓住问题的内在核心结构和动机并成功预测结果时，我们应该继续使用简单模型。然而，当我们试图解释和改造的世界无法用简单世界来描述时，我们就必须继续改进我们的框架和理论来理解复杂性，而不是抗拒这种复杂性。

致　谢

在此我想感谢文森特·奥斯特罗姆和研讨会的同事们，多年来，他们和我一起努力发展本文中简要提到过的研究项目。我非常感谢由阿伦·阿格拉沃尔、安德里亚斯·雷布兰特、麦克·麦金尼斯、吉米·沃克、汤姆·威斯顿等人组成的应用理论研究组和实验阅读小组给我所提出的有用建议，以及帕蒂·雷佐特杰出的编辑能力。我还特别感谢福特基金会、麦克阿瑟基金会以及国家科学基金会多年来对我的重要支持。

（陶　陶 译　任光辉 校）

获奖演说

交易成本经济学：自然发展[①]

奥利弗·威廉姆森

我和其他同事一直以来进行的研究项目有着多种多样的描述，例如"治理经济学""组织经济学"和"交易成本经济学"。本文第一部分讨论的是，治理是一个全局概念，而交易成本经济学则是在治理和组织中加入操作内容。把我吸引到这个研究项目中来的具体原因是 1937 年由罗纳德·科斯提出的一个谜题。究竟是哪些效率因素决定着什么时候一个企业自己生产出满足自身需要的良好产品和服务，而不是通过外包？第二部分描述了我 1971 年关于"生产的纵向一体化"的论文，在该问题上取得了重大进步，并引发了很多后续研究，这些研究最终形成了交易成本经济学。第三部分讨论的是交易成本经济学的基本原理。而由此引发的谜题和挑战，以及关于推动有效管理的逻辑趋于完整的要求将在第四部分简单介绍。最后是结语。

一、综　述

一般情况下，治理和组织对于经济学家来说十分重要，一旦他们容易受到分析的影响，就像此处描述的将运行内容融入到治理的概念中，就需要从契约角度而不是新古

---

① 这篇文章得益于我之前为伯克利的加利福尼亚大学的师生做展示时的草稿，以及与斯蒂芬·泰德李斯进行的一系列讨论。我怀疑，我可能不会进行这个项目，如果不是：(1)我在卡内基(这里将经济学和组织理论结合在一起)进行的跨学科训练；(2)我担任美国司法部反托拉斯属总部(该部门揭示了反托拉斯执行机构结合经济学理论和组织理论的需要)的特别经济学助理一职的经历；(3)我在宾夕法尼亚大学执教时与学生一起透彻研究这些内容的机会(教即是学，尤其是学生们对研究项目非常投入的时候)。

典主义的选择角度来对经济组织进行审视，还需要认识到这是将经济学理论和组织理论相结合的跨学科研究项目（后来还包括了法律方面）并将以前被忽略的交易成本引入分析之中，目标是关于经济组织的预测性理论，而纵向一体化问题是一个很好的出发点。

1. 治理

尽管在教科书中微观经济理论没有涉及良好治理的概念，20世纪上半叶的制度经济学家的领头人约翰·康芒斯，将经济组织问题描述为："活动的最终单位……必须包含冲突、依存和秩序三个原则。这个单位就是交易。"（康芒斯，1931：4）随后康芒斯建议说"经济学理论以交易和有效规则为中心，以组织问题为中心，以……活动的组织方式为中心"（康芒斯；1950：21）。

这种经济学观点与新古典主义的资源分配有两个方面的重要不同：首先，尽管康芒斯重视组织和契约关系的连续性的重要性，但资源配置范式对两者都不注重，而是关注价格和产出、供应和需求。其次，经济学的价格理论方法会成为20世纪的"主导范式"（雷德尔，1999：43），制度经济学则退化为思想史范畴，因为它没有提出一个能进行预测与检验的积极的研究议程（基奇，1983：170）。制度经济学"自己走进了死胡同"。

但这并不意味着制度经济学缺乏好的观点。的确，康芒斯的冲突、依存和秩序三重论勾勒出了治理的概念——因为治理是注入秩序的手段，能够消除冲突并实现双赢。此外，交易成了研究的基本单位。

随后，詹姆斯·布坎南区分了经济组织研究的选择视角与契约视角，他认为经济学在作为选择的学科以及最优化工具的使用这个错误的道路上走得太远（布坎南，1975：225）。如果"来自自愿交换的相互好处是经济学所有理解中最基础的"（布坎南，2001：297），那么契约这个研究角度还没有得到充分开发。

过去35年里，人们对使用契约角度法的兴趣越来越浓厚，包括事前动机组合的理论（代理理论、机制设计团队理论、产权理论）及契约关系的事后治理理论，这是主要的分析行为聚焦的领域。交易成本经济学是一种事后治理建构，它关注的是康芒斯所呼吁关注的那些交易，即交易关系的连续性（或崩溃）对它们来说具有特别重要意义的交易。这些交易的属性与法律中和经济学中的理想交易有何不同？与简单市场（该市场没有连续关系）交换的理想交易有何不同？治理分支又有哪些？

这些问题的答案：（1）根据交易不同之处给关键属性命名；（2）描述界定市场与科层两种治理模式的属性群；（3）通过有效的联合假设将这些部分联合在一起；（4）实证检验预测并加以应用；（5）努力得出公共政策分支等来激发对比较合同条款中的经济组织问题的重新思考。而在此之前，有关人类行为的相关属性将得到命名和解释。

2. 组织

尽管企业的新古典主义理论把企业看作一个黑盒子，它根据技术规律将投入转化为产出，但这并不是哈罗德·德姆塞茨所观察到的通用建构，而是"把现实世界的新古典主义同企业的新古典经济理论混淆了"。新古典经济学的主要任务是理解价格体系如何协调资源的使用，而不是真正的"企业内部运作"（德姆塞茨，1983：377）。

虽然德姆塞茨没有强调经济和组织理论应当结合起来，为了解企业和真实世界的市场组织而共同努力,但我认为研究的需要和机会依然存在,这多半是因为我在卡内基·梅隆大学工业研究所(1960—1963)进行的博士研究项目培训。这个跨社会科学下的杰出研究项目表明,组织理论与经济学必须并肩发展①。赫伯特·西蒙、詹姆斯·马奇和理查德·塞尔特在实现这些的过程中发挥了特别重要的作用②。考虑到有限理性、特定目标、跨期规律(其中组织"有其自己的生存方式")调整的至关重要性和各运行要素对惯例的依赖,以及更为普遍的"复杂结构"都是对理解不完全契约与复杂组织至关重要的基本概念。卡内基·梅隆大学所进行的契约关系管理研究,毫无疑问将通过跨学科方法进行检验。

3. 交易成本

罗纳德·科斯1937年的经典论文《企业的性质》第一次引入了交易成本的概念来研究企业和市场组织。年轻的科斯(当时27岁)发现,被广泛接受的企业和市场组织教材理论中存在严重的失效。科斯把公司和市场看作"协调生产的替代方法"(1937:388),并发现采用一个模式而不采用另一个模式的决定不应(像通行做法一样)被视为给定的,而应当是有来由的。因此科斯(1937:389)建议经济学家们应当:

弥补(标准)经济理论中(为某种目的)而进行的资源由价格机制进行分配的假设,与(为其他目的)而进行的分配取决于企业家协调的假设之间的鸿沟。我们必须解释在实际情况中从这两者之间做出选择应以什么为基础。

而这个缺失的概念就是"交易成本"。

科斯所提到的失效没什么直接的影响(科斯,1988:23),而且接下来的二十年也没有占据主流,而在这期间零交易成本的隐含假设则畅通无阻。20世纪60年代两篇重要的文章可能会打破这种状况。在推动零交易成本的逻辑趋于完整的同时,这种标准假设的意料之外的影响逐渐暴露在众人眼前。

第一篇是1960年科斯关于"社会成本问题"的文章。通过重新表达合同条款中的外部问题,推动零交易成本的逻辑推理趋于完整,我们会得到一个惊人的结果:"皮古及当年大多数经济学家认为某些政府行为(通常指征税)必须抑制那些对他人有不良影响的行为(通常称为负外部性)"的结论是不正确的(科斯,1992,第717页)。③ 这是因为,如果交易成本为零,则侵权交易的各方会进行无成本议价得到有效的结果,不管初始产权如何分配。在这种情况下,皇帝的确没有了新衣:外部性和其他类型的摩擦

---

① 我确信雅克·德雷泽的许多声明如"自我拜访卡内基·梅隆大学后从未经历过如此刺激的智力体验"(1995:123)都是对我的支持。卡内基·梅隆大学的师生中涌现了很多的诺贝尔经济学奖得主,包括赫伯特·西蒙、弗兰科·莫迪利安尼、默顿·米勒、罗伯特·卢卡斯、爱德华·普雷斯科特和芬恩·基德兰德。

② 卡内基·梅隆大学教师关于经济学和组织理论的经典著作包括《人的模式》(西蒙,1957b)、《组织》(玛奇和西蒙,1958)和《企业行为理论》(西尔特和玛奇,1963)。

③ 即便是对外部性研究的过度使用持有保留意见的芝加哥学派,也不赞同科斯关于零交易成本下的外部性消失了的说法。科斯与芝加哥学派学者之间的争论请见埃德蒙·基奇(1983:220—221)。

会消失。但这太荒谬,其实真正的含义是"研究正交易成本的世界"(科斯,1992:717)[①]。肯尼斯·阿罗 1969 年的论文《经济活动的组织:有关市场与非市场配置的问题》中同样认为存在为正交易成本留出空间的必要,不管是市场失灵方面,还是与中间产品市场契约有关:"纵向一体化的存在可能表明,竞争性市场的运行成本并非如进行理论分析时常假设的那样为零。"(1969:48)

但将零交易成本逻辑推向更完整的正交易成本条件时,会产生三个问题。第一,企业与市场组织内部的"黑盒子"打开后被证实是潘多拉的魔盒:积极交易成本无处不在。这是一个诅咒,即事后可以用交易成本的某种形式来解释任何情形,而诉诸交易成本的结果就是"当之无愧的坏名声"(费希尔,1977:322)。第二,它并不足以表明我们可以证明交易成本的某些类型是无所不能的。除非不同模型中(例如市场和等级中)的成本是不同的,这样的论证缺乏比较契约意义。第三,经过比较契约意义测试的交易成本需要嵌入一个概念框架当中,从这个框架中我们可以对预测进行推导和实证检验。而我们还未能将注意力集中在关键特征,以及积极交易成本这个有趣的概念提供操作性内涵上。

二、生产的纵向一体化

我所说的"卡耐基三重论"(威廉姆森,1996:25)包括纪律性、跨学科性、积极心态。纪律性意味着认真对待你的核心学科,并按一套自有术语进行工作。跨学科性意味着对面临的问题涉及多个领域时,研究需诉诸相邻学科。积极心态意味着我们需要问这些问题,"这里发生了什么?"而不是说"这是这里的定律"。在我进入就业市场时,"卡耐基三重理论"在我的产业组织领域对我受益匪浅,尽管我从来没在卡耐基·梅隆大学(或其他地方)上过一堂课。

我同意科斯在 20 世纪 60 年代所描述的主导产业组织教材"应用价格理论"(1972:62),但有一点:结构—行为—绩效范式在"哈佛学派"方式中有着重要作用。市场组织(特别是与企业的数量和大小分布和准入条件)占有突出的地位,但公司组织却是被忽视的。因为企业是根据一定技术规律将投入转化为产出的生产函数,而 IO 公共政策告诉我们:除非缔约活动和组织结构有着物理或技术基础,不标准或者不常见的合同形式和组织形式被认为存在着严重问题,而且被认为是反竞争的。[②]

---

① 并不是每个人都认可这种观点。一些经济学家认为"科斯定理",也就是科斯论文(1960)的前 15 页的意思是无成本协商准确地描述了实际情况中契约。然而,接下来的 29 页揭示了零成本交易假设不只是错误的,还颠覆了我们对复杂经济现象的理解。如果我们要准确理解外部性和其他真实世界的契约现象,那么需要制定有关积极交易成本的表达条款。科斯重申这是他的诺贝尔奖演讲的目的(1992:712)。

② 科斯(1972:67)如此描述主流的垄断偏好:这种对垄断的先入为主的看法产生了一个很重要的结果,那就是如果一个经济学家有所发现,可能是这样的或那样的商业实践活动中,但他却不能理解,他会试图用垄断来解释。而在这方面我们的认识还不够,我们不能理解的实践活动还有很多,而我们经常以来垄断来解释。

与这种占据主导地位的IO导向下的规范所得出的片面阐释不同的是,卡耐基对于合同和组织多样性的观点是它们可以满足各种效率目的。这种角度上的不同最终让1966年至1967年在美国司法部反托拉斯属工作的我产生了影响,尤其当我受邀为施文(Schwinn)诉讼撰写初稿的时候。事情的起因是纵向市场限制其中之一——特许经营限制,诉讼推动了有关自行车生产商施文对其特许经营商(非专营)施加的特许经营限制是反竞争的争议。我的观点则更加谨慎。不只是因为我不清楚这些限制是否有反竞争效果,以及案件中的限制是否为保留特许经营系统的完整性而服务——不论是额外的还是替代性的(威廉姆森,1985:183—189)。施文诉讼案的首席设计师阿拉斯将这种情况简单视为采用"当时经济学专业对限制分配的主导思想"(波斯纳,1977:1)的机会。这种反竞争解读在美国最高法院的辩论中获得了成功。[①]

由于我发现施文公司和其他的案例[②]中的推理存在断裂和缺陷,当我继续在宾夕法尼亚大学教书时,我决定重新研究纵向一体化和纵向市场限制。我和我的研究生们透彻了解了历史文献及一些优秀论文(费尔纳,1947;麦肯齐,1951;斯蒂格勒,1951),尽管如此,我们很欣慰组织经济学并没有起到显著作用。因此我决定将经济学和组织理论相结合,从这个角度重新研究纵向一体化。

我的论文《生产的纵向一体化:市场失灵思考》从以下几方面与正统研究不同:(1)通过契约视角研究经济组织,而不是正统视角;(2)从有限理性方面描述认知,与此有关的所有复杂契约都是不完整的;(3)当外包产品或服务经历干扰时,为战略行为(合作精神带来的缺陷)制定规定;(4)把调整当作经济组织的主要效率目的,以及(5)将通用资产投资与专用资产投资区分开来,因为供求双方之间的双边依赖关系归因于后者。综上所述,我的论点是:如果资产是通用的,有效的中间产品市场交换通常是由简单的市场契约支撑的;但当双边依赖由于资产专用化和离群干扰(以及不良适应带来的风险)而逐渐形成时,这种优势转移到层级结构系统。

虽然最初我只把这篇论文当作解决企业边界困惑和扩大我们对纵向一体化的理解而所做的努力,但是纵向一体化却成为研究复杂契约和经济组织的一种范式。当契约经历重大干扰时,将不完整契约、双边依赖(受资产专用性制约),以及来自协调调整的缺陷相结合,可以运用于解释由一个主题变化而来的各种现象。

最基本的诀窍是我们应当带着契约精神去思考,对于很多现象来说这很容易,但对其他现象则需要重新设立契约条款。然而这仅仅是第一步,我们还需要可操作化的关键概念,得出预测理论;而随着缺口和遗漏的出现,我们需要推动正交易成本的逻辑的完整化。第三节中我们将讨论前两个问题,而最后一个问题将在第四节进行讨论。

三、基础原理

实现了这一方法在经济组织的研究中广泛运用后,基本机制和潜在的逻辑需要进

① 有趣的是,由于"主流思想"日渐清晰,十年后最高法院推翻了对施文公司的判决。

② 然而,我并不是想说我的异议是正常的。20世纪60年代后期反托拉斯属的领导和员工才是占据主导地位的。

一步系统化。我们的基本原理可以描述为三个丛集：关键概念步骤；关键操作步骤；运用。这三个丛集最常见的是需要在更微观的分析层次研究经济组织，而这与西蒙的观察一致(1984：40)：

> 在自然科学中，当我们发现测量误差和其他噪点与研究中的现象有着同样的数量级时，我们的做法不是尝试用统计手段去挤出更多的信息；而是应当从更高的分辨率水平去观察现象。而在经济学中，相应策略显而易见：即从微观层面寻找新数据。

接下来的是一个非常紧凑的总结。

1. 概念步骤

这里的基本步骤是要详细说明：(1)人类活动者的属性；(2)调整，以及介绍；(3)合同法(复数)。

人类活动者。如果“在设定研究议程和制定研究方法时，没有什么比我们对所研究其行为的人类本质的观点更为重要”的话，那么社会科学家们的挑战在于为他们所研究的人类角色的认知、自利以及其他属性命名。

西蒙将他的认知假设称为他的“北极星”，这种认知假设就是有限理性(1991，86)，他将其描述为“意图是理性的，但仅限于此”的行为。根据描述，人类活动者既不是高度理性的，也不是非理性的，但他们尝试有效地应对不完整的复杂契约。

尽管交易成本经济学具有不完整性，它依然为“可行的预测”提供了条款，这表现在乔治·舒尔茨关于论述他的经济学培训“如何对我思考公共政策任务产生了重大影响，即使它们与经济学没有什么特别的关系。我们的规则让人超前思考，询问间接结果，并记录与思考并不直接相关的变量”(1995：1)。这是在第四节中讨论的一个主题，推动逻辑完整化。此处我只观察许多经济学家与其他社会科学界的学者(米歇尔斯，1962；玛奇和西蒙，1958)实际操作可行预测，虽然这角度还未得到充分使用。

对于西蒙把利己描述为“动机的脆弱性”(西蒙，1985：303)，我的解释是大多数人都会按他们所说的去做(有些人甚至做得更多)，大多数时候他们都没有自觉地思考努力是否达到了预期的贴现净收益。如果他们略过这一步，它是一种正常的摩擦，通常会引起困惑。有关程序描述大多数人行为的命题大部分时间考虑的是(非战略)良性行为。

但准确描述“大部分时候”发生的事情是非常必要的，人类总体行为和具体组织的有趣之处多半与惯例无关，而是与例外有关。事实上，一旦发展出好的惯例，管理的主要作用就是处理例外。在外包的情境中，这些由契约的不完整性引起的例外，与结果干扰一起，推动了各方达成企业间关于契约曲线的协议。战略思考因信息不对称、双边依赖、产权的弱点，以及法院契约执行的零成本而产生(将会发挥作用)，而不是单纯的动机弱点。机会主义则是操作条件。

调整。组织理论家切斯特·巴纳德和经济学家弗里德里希·哈耶克均把调整看作经济组织理论的主要的目，但略有不同。巴纳德在社会科学没有获得关于内部组织（层级结构）研究的多少收获，他在其开创性的著作《执行功能》（1938）中采用相关概念，在这本书中他利用管理，以一种“有意识的、有目的的”方式关注协调调整（巴纳德，1938：1）。而相比之下，哈耶克则因“市场的奇迹”（哈耶克，1945：527）而闻名，其中的自主调整跟随相关价格的变化而自动实施。

管理经济学面临的挑战，是要认识到两种类型的调整都是非常重要的，要为每一个类型制定选择条款。因此，比起困于旧的市场或层级结构之间的意识分歧，交易成本经济学将两者作为替代治理模式，市场和层级结构，两者都在良好运作的经济体中扮演着截然不同的角色。到目前为止，恶性层级结构模式与市场奇迹有着平等地位，其目的是合理部署市场和层级结构。

合同法（复数）。对于一个通用合同法的标准做法持反对态度的卡尔·卢埃林，是美国法律现实主义运动的领袖，他通过引进“合同即框架”的理念，超越了把合同作为法律规则（即法院强制执行）的概念。具体来说，“法律合同的主要意义是提供……一个几乎从没有准确表示实际工作关系的框架，但它大概暗示了这些关系如何不同，它是有疑问的情况下的偶尔的指南，是关系停止发挥作用时的最终诉求规范”（卢埃林，1931：736-737）。在出于最终诉求的目的而诉诸法院时，最后这个条件很重要，可以划定威胁位置的界限。关于把合同看成框架的、更富有弹性的概念支持着比法律严格规定的更大范围的契约干扰的一种（合作）交换关系。正如下面与推动逻辑趋于完整化相关的讨论，合同法中的“宽容”也有类似的目的缘由。

此处我们可以说，调整（不论是自发型还是协调型）被当成组织的中心目的，而在合同法律方面存在不同的可行管理模式。

2. 关键操作步骤

三个关键操作步骤：（1）命名分析单位的属性；（2）命名治理模式的属性；（3）提出有效的组合假说。

分析单位。目前我们提出了不同的分析单位来研究组织，但很少为这些单位的定义属性命名。交易成本经济学体系中的分析单位是交易——这是康芒斯的提议（1932），科斯的论著（1937，1960）中也隐含了这个意思。为了节约交易成本，交易的关键方面包括复杂度、资产专用性条件和交易所受到的干扰。在这三者当中，对理解契约关系的治理的理解最重要的是交易的属性，它们是资产专用化的条件和离群干扰。[①]

虽然雅各布·马尔沙克颇有洞察力地提到了专业化的人类和区位条件并观察到

---

① 然而，要注意到复杂度在下面这些方面有着重要作用：所有的复杂合同因为有限理性都是不完整的。但不是所有的不完整性都是必然的。我把必然的不完整性与离群干扰联系在一起，其筹码是很大的（因为各方都是互相依赖的），在这个基础上，资产专用化和不确定性是决定性特点。非必然不完整性是指干扰的范围，卢埃林的“合同即框架”的概念在这个范围内能够很好地使用，通常还得到了可信的合同机制的支持。

但是，随着调整出于需要而增加交易的特征（准确性、联系、兼容性）的数量，且影响这些特征的必然干扰在增加时，把不完整性看得更加严重也是很有用的。

"独一无二的或不完全标准化的产品的问题……一直被教科书所忽略"(1968：14)，资产专用性的范围很广，包括物质形式、人类形式、具体地点、品牌名资本和片段(或暂时)形式，只有随着交易成本经济学的共同研究才能逐渐变得清晰。与这种联系相关的是，资产专用性的不同形式产生的不同灾难，这种不同会影响组织的分支。无论什么特殊情况，与得到专有资产投资支持的交易相关的基本规律是，这些资产不能没有任何损失便被重新部署到其他用途和用户(威廉姆森，1971，1975，1976，1985；克莱因，克劳福德和阿尔奇安，1978)。

在这种联系中，跨期因素具有相关性。因此，尽管资产专用性的某些条件从一开始就很明显，其他的条件则在合同实施过程中逐渐变化。(通过干中学的方式得到的人力资产专用性就是后者的一个实例。)不论是资产专用性的条件还是我上面提到过的不可重新部署性条件的来源是什么，其来源都可以将开始时有大量投标竞争的可能状态，变成合同期间和合同更新间隙的少量的交换关系。这种变化是对简单市场交换的效能的折中，后被长期合同取代(这得到了信用承诺的支持)，或者被对层级结构的连续追索的统一所有权所限制。[①]

治理模式。科斯曾在他 1937 年的论文中提到，市场和科层结构是两个极端模式，也是我关于生产的纵向一体化的论文所重点关注的替代治理模式。这完全符合语用学第一戒律:保持简练(索洛，2001：111；弗里德曼，1997：196)。然而值得注意的是，交易成本经济学随后引入了混合模式(威廉姆森，1991；梅纳德，1996)，甚至更进一步超越了中间产品市场合同，来阐释同一主题下的众多不同商业(有一些是非商业)现象。

"描述市场和和层级结构的替代模式的关键维度有两个:动机强度，它在净收入适当的自发阶段非常强烈，而在成本加成奖励范式下则微弱；以及管理命令和控制，其在统一所有权连续阶段是强烈的，受到一个共同"老板"的协调和解决争端的制约；合同法律制度，在法律规则(法院命令)下很强烈，但连续阶段之间的争端通过私人安排解决，即最终诉求的最终法院就是企业时，则是微弱的。

假设这三个管理维度可以在弱(0)或强(＋)这两个值中选择一个，而且我们关注的是极端模式(市场和层级结构)，那么就有 $2^3=8$ 种可能组合。哪一个是描述市场和科层的内部一致组合？根据其他人的观点(威廉姆森，1991)，描述市场的综合表征具有强烈的动机强度、弱命令和控制和强烈的合同法律制度(法律规定)的特点。相反，描述层级结构的综合表征则具有弱动机强度、强管理命令和控制和弱的合同法律制度(容忍法律)的特点。所以说，市场和层级结构是两极对立的。

交易成本经济学要求通过有效的组合假设来预测属性不同的交易的走向，与成本

① 请注意资产专用型是一个设计变量，需要传递的产品或服务可以被再设计，来减少资产专用性特征，虽然这是以产品或服务的表现上的牺牲换来的(瑞奥登和威廉姆森，1985)。还请注意对个体(双边)交易的强调是出于分析的简单性的考虑，有时相关的交易组合会产生顺序问题。这就引入了系统考虑，其实时协调复杂性也需要考虑进来。

和竞争力不同的管理结构相组合,来影响交易节约成本的结果。资产专用性为零的一般交易的基本预测和适应需求可以自行确定和满足,因为它们可以从市场中获得。而相比之下,在交易专用性资产中获得大量投资支持的交易则(由于有限理性而)受到不完整性的制约,当遭受合作缺陷带来的重大干扰时会发生不良协调的情况。这样的交易通过层级结构实施时,能够从统一所有权和协调调整中获利。

3. 应用

经济理论将具有更重要的意义,如果(1)预测得到了数据的实证,(2)解决了某个主题的变体问题,(3)公共政策分支不断积累,并得到展示。

实证。交易成本经济学既进行预测,又将它们交给实证检验。2006 年,交易成本经济学的实证检验数超过了 800,而且它们已得到广泛证实(马修和里奇曼,2008)。事实上,“30 年前看似是获取相关数据(通常是微分析时使用的数据)时难以逾越的障碍,今天的交易成本经济学却站在非常广泛的实证基础之上”(吉斯肯,斯蒂思坎普和库马尔,2006:531)。不可否认,交易成本经济学因其所产生的实证努力而变得更具影响力(温斯顿,2001)。

主题的变化。交易成本经济学不仅运用于产业组织领域,还运用于大部分经济学应用领域,包括劳动市场、公共财政、比较经济制度和经济发展改革方面。在商业领域(战略领域、组织行为、市场营销、财务、运营管理、会计领域)都得到很多运用,而在相邻社会科学(特别是社会学、政治学、社会心理学以及法律方面)也得到了广泛运用。其运用范围如此广泛,是因为出现的任何问题,或可以通过合同问题重新表示的问题,都在交易成本节约方面进行检验并得到解决。

公共政策。[①] 虽然交易成本经济学在商业公共政策(反垄断、规章制度、企业管理)中得到大量运用,且在农业研究、公共卫生、公共部门、经济发展和改革方面也得到一定程度的运用。据我判断,从公共政策视角对交易成本经济学的使用还是不够,尤其在公共部门设计方面,美国国土安全部就是一个新鲜例子(柯亨,奎利亚尔和温加斯特,2006)。政治过程总是忽视对可行的替代方案的有效评估,而只是依照短期政治目的来设计公共部门。

四、推动逻辑的完整

推动逻辑的完整是通过结合实用方法论的第二、第三戒律来实现的,即“正确地去做”和“合理地去做”(索洛,2001:111)。正确地去做,包括将经济概念翻译成精确的数字(或图表或文字),确保正确地进行进一步的逻辑运算,并得到“证实”(索洛,2001:112);而复杂现象的合理简单模型有望得出重要参数的合理值(索洛,2001:112)。同时,由于“不是所有事物在逻辑上都是一致的”(克雷普斯,1999:125),与现象失去联系的奇特建构值得怀疑,尤其如果替代模型和更加垂直的模型产生与数据一致的反驳意义。结合戒律二和三,争论是这样的:通过考虑可行性的调和来推动逻辑

① 交易成本经济学在公共政策方面的运用由威廉姆森(1985,2003,2008,2009)总结。

的完整性。

推动零交易成本的逻辑在外部性(科斯)和纵向一体化(阿罗)方面的完整化,显示了对简单假设的诉求导致反事实预测,这是经济学家和其他社会科学家们受到鼓励推动正交易成本趋于完整所产生的结果,不管是总体上,还是由缺口或遗漏所揭示的,空白和遗漏将随着交易成本经济学的发展而变得越来越明显。这四个条件在此得到检验:选择性干预的不可能性事关企业规模的限制;概念的可纠正性有着大量的公共政策分支,坚持使用可行的、可实现的解决方案;扩大交易的双赢范围的信用合同是一个健康的概念;而为检验连续运用简单(玩具)模型是否与问题中的现象接近而进行的测试,建立一个规模较小的收益率分析版本。另外,我还将简要讨论自然发展。

1.选择性干预

公司规模限制的难题是由弗兰克·奈特(1921, 1933)和科斯(1937)提出的:为什么大企业不可以实现所有事情,而小企业集合却可以,甚至可以做到更多?特雷西·刘易斯给出了其中一个答案:因为一个成立的公司总是可以“完全像新进入者一样进行投入……(而且可以进一步)通过新投入和现有投入进行协调生产来提高”,大企业通常能够实现更大的价值(刘易斯, 1983: 1092)。交易成本经济学通过施加两种机制——复制和选择性干预——来考察这一假设,如果可以实现,将支持大企业的综合优势。

因此,假设两个连续的生产阶段与以下理解进行结合:(1)获得的阶段将在收购后(通过复制)采取与收购前一样的自发操作方式;(2)获得阶段只有当预期净收益可以归因于协调适应时有选择性地介入。在这种情况下,合并后的企业不会(通过复制)表现更糟,有时(通过选择性干预)会做得更好。因此,整合总是多多益善。也就是说,通过反复运用这种逻辑,大公司可以将一切组织起来。那么什么情况下这种逻辑会失灵?

假设买方阶段获得供应商阶段,实施复制和选择性干预的四个条件:(1)买方阶段作为收购方(业主)承诺获得供应商阶段将继续在所有的状态实现适当的净收入(如减少开销、维修、用户和资本折旧费)从而保持高强度动机;(2)供应商承诺利用供应阶段的资产,其所有权已“照顾”转移给现在的买方;(3)当预计净收益的好处是可以归因于选择性干预时,买方承诺永远只行使权力(许可);(4)买方坦率承诺将透露并分割收购协议中的选择性干预产生的好处。问题是这些承诺不会自我实施;与此相反,在缺乏三方面常识(包括一个免费的仲裁者)的情况下[①],每个条件都会得到妥协。产生影响的因素包括:(1)所有者(买方)在一定范围内控制会计系统,可以声明折旧、转移价格和效益以便将净收入转变成优势;(2)由于未能执行应有的关注只有通过延迟才能得知,而且很难证明;(3)买家也可以虚报状态以实现有利于自身的净收益途径;(4)考虑到现有情况,选择性干预下的利益分配是可以妥协的;(5)现在大型企业里正在进行的

---

① 对三方面常识的需要包括仲裁者,这是推动逻辑趋于完整的另一个例子(威廉姆森, 1975: 21—34)。两方面常识足够应付实际情况的假设已经不再得到广泛运用了。

政治博弈,比小公司更容易受到官僚阴谋和政治定位的打击。

这个简要草案的细节也有其他学者进行了报告(威廉姆森，1985：第6章)。对其进行完善,可以观察到上述突破通常是由许多聪明的商人和他们的律师凭借直觉做到的,他们认识到决策时需要整合(或不整合)的权衡和因素。社会科学家们的教训是市场与层级结构在离散结构方式方面有所不同,而我们需要衡量两者的优势和劣势。

2. 可纠正性

可纠正性标准可以当作对公共政策分析师对于公共部门中的交易成本为零的假设的真实检验。这不仅没有意义,而且标准公共政策是以非对称的方式进行的:私营部门的合同因为积极交易成本会经历市场失灵,但公共部门失灵却没有相应的概念。① 那么令人有点惊奇的是,这令人费解的公共政策处方通常(不知不觉)被设定在零交易成本推理的不对称运用,其规范化就是一个例子(科斯，1964)。

可纠正性的标准是努力地、公平地处理真实世界的制度,不管是公共部门还是私营部门。其标准是:一个不能被描述为优越可行的、其预期净收益的实现假定是有效的组织形式(威廉姆森，1996)。

由于所有可行的组织模式是有缺陷的,可行性规定从一开始便排除了所有对(任何部门——公共、私营、非营利组织中的)零交易成本的不切实际的诉求。实施这个规定要求实施成本提出(一个被认为优于现存的重新并排比较中的模式的)可行选择,包含在净收益微积分中。如果预期净收益为负,现存的模式有效的假设仍然可以通过展示执行其他高级的、可行的替代方法所遇到的障碍是"不公平的"来反驳。

回顾一下政治和经济类型的公平问题。鉴于政治上的障碍在政治经济学的情况下被认为是公平的(斯蒂格勒，1992),而那些不可接受的政治起源(例如不公正的歧视)并非如此。同样,尽管一些经济上的障碍,如即时发生的沉淀成本,可能需要延迟引进一个优越的、可行的替代方案,而那些被认为是不公平的(例如掠夺行为)将受到挑战。②

可纠正性标准的重要性在于,其尝试禁止零交易成本的非对称推理,并推动制定公共政策的相关效率问题——例如可行性、实施和反驳提升到最重要的位置。

3. 可信承诺

信用威胁数字的概念一直存在于(国家政治之间、商业之间的)竞争研究中,信用威胁的主要目的是组织某些手段(例如核武器)的使用,从而改变其他领域的竞争(谢林,1960),或完全阻止竞争的出现。使用成本有效信用承诺来支持交换与此相关,但又有所不同。

---

① 尽管一幅讽刺画:"规范公共政策分析开始于假设……政策是由一个无所不能、无所不知的仁慈的独裁者决定的"(迪克西特，1996：8)——从交易成本方面来说,这是假设实施障碍、理性边界和机会主义都不存在。

② 可以确定的是,实施的不公平障碍可能在显示出来后依然存在,并继续发展。而效率障碍有所不同。有些障碍可以通过运动的累积力量推翻,民权运动就是一个例子,而其他的障碍可以完善不公平竞争的定义来解决。

我们的基本命题是：如果没有使用承诺来支持交换，我们会认为许多交易相关的契约风险过度。总投资将取代专项投资，如果后者构成太大的风险。一些交易将被带到企业内部，而有些则永远不会实现。

可信承诺有时会自发产生，与交易者的良好经历会产生积极的名誉效应。然而通常可信承诺会以经济主体的形式，有意识地认同提供额外保障的机制。[①] 这些可以采取信息披露、审计机制和专门的纠纷解决机制的发展的形式，即当事人比起法院命令更多地依赖私人安排（卢埃林，1931；麦考利，1963；萨莫斯，1969；麦克尼尔，1974；加兰特，1981），而且有时涉及创建抵押品来支持交换的发生（威廉姆森，1983）。[②]

信用支持也随制度环境，如政治司法管辖区（利维和斯皮勒，1994）的不同而不同，关于积极政治理论文献与此是相关的。同样与管理经济学相关的是合同法（复数）的概念，其中一个例子是用来描述合同法领域内的层级结构的“容忍法”概念[③]（威廉姆森，1991：274）：

> 内部组织的隐性契约法则是容忍法则。因此，鉴于法院经常默认企业中理所当然存在价格争议、由延迟造成的损害问题、质量问题及其他问题，其会拒绝倾听企业内部某部门与其他部门之间关于类似的技术问题的纠纷。法院会拒绝受理，而双方必须在内部解决他们的争端。因此，层级结构是其本身的最高法院。

宽容法的概念的引入是为了填补管理理论逻辑中存在的空隙。与其他形式的合同法一样，宽容法随制度环境（国家）的完整性不同而不同，而其本身也是制度环境的一部分。

4. 扩展

一个简单模型的目标是捕捉本质，从而解释至今为止令人费解的行为并预测，然后对预测进行实证检验。通常情况下，简单模型也可以通过扩展来“测试”。重复这些简单模型的基本机制是否会产生所描述的问题中的现象呢？

扩展试验通常被人们忽略，可能是人们认为扩展不能实现。有时可能因为扩展可以轻易完成的错误观念而被人忽视。我的立场是，关于真实世界的相关性的说法，包

---

① 内华达电力公司与西北贸易公司之间长达32年的煤矿供应协议可以说明这个问题（威廉姆森，1991：第272—273页）。

② 为加强信用度的努力，有时需要采取强硬的形式，大约是因为各方无力做到更好。因此，考虑到最近在美索不达米亚发现的石碑（可以追溯到公元前1750年），它揭露了为了惩罚破坏合约而对自身施加的诅咒，其中一条是这样的：当你们找我们要军队，我们不会保留我们的最好战斗力，不会闪烁其词，我们会挥舞狼牙棒打击你们的敌人……如同废弃的种子不会发芽，我的种子也不会发芽，有人在我眼皮底下娶走我的妻，有人毁掉我的家园。（中国日报，1988年第2期，第1页）

③ 请注意容忍法排除了关于大多数产生内部后果的内部决策的法院裁决，但法院裁决的确应用于外部性环境。

括公共政策相关性,认为提出的任何有关企业的理论都不能用来完成从玩具模型状态向接近利益现象(例如现代公司)的扩展,这种说法应当引起警惕。①

关于作为治理结构的企业的交易成本理论,问题在于:"是生产还是购买"决定的连续运用,是否像它适用于交易成本经济学中个别交易一样描述一个接近多级企业的事物?请注意交易成本经济学假设主要感兴趣的交易是那些发生在技术分割阶段之间(而不是内部)的交易。如果把技术上的"核心"看成是给定的,那么关注会集中,因为一系列可分割的"是生产还是购买"决定:向后、向前然后横向,以确定哪些应当外包,而哪些应纳入企业的所有权边界。所以说,企业是生产而不是购买的交易决定的包容性集合——它的确实现了扩展,或者至少在接近扩展(威廉姆森,1985:96—98)。②

5. 自然进程

交易成本经济学有时受到抨击,因为它没有被完全形式化,而对此我有三个回应:交易成本经济学像许多其他理论一样,经历了一个自然发展的过程;完全形式化工作还在进展中;过早的形式化存在与现象脱节的风险。

理论通常经历从非正式发展到前正式、半正式,最后到达完全正式的发展阶段,这大致与托马斯·库恩(1970)的精神一致。交易成本经济学的非正式阶段是从20世纪30年代(尤其是康芒斯和科斯)开始的研究,此时误差或遗漏在新古典主义背景下进行了描述。前正式工作开始于20世纪70年代,此时对纵向一体化、纵向市场限制、劳动力市场组织、对自然垄断特许投标等重新解读的新概念形成有效结合创造了条件。半正式阶段开始于20世纪80年代,半正式研究关注的是信用合同、混合模式、交易和治理结构的规模化等商业和经济学及其他相关社会科学(包括公共政策得到广泛运用的内容),并得到大量实证检验。完全正式化分析同样开始于20世纪80年代并仍在发展中。桑福德·格罗斯曼和奥利弗·哈特(1986)极具开创性的论文,后来哈特和约翰·穆尔的论文(1990),以及其他符合这个传统的论文,即对应某些交易成本类型(常被称为产权文献)的论文都很有影响力。随后史提芬·泰德李斯和他的共同作者们(鲍亚里和泰德李期,2001;泰德李期,2002;莱文和泰德李期,2010;泰德李期,2010b)进行了意义重大的工作。

---

① 迈克尔·延森和威廉姆·梅克林(1976)提出这样一个问题:他们的企业所有关系简单模型,是否被扩展以处理现代企业所拥有的多样性。他们推测它确实有作用,但没有立即在后来的论文中展示这种扩展。可惜,那种论文从来不曾出现。简森和梅克林也没有坦承扩展的需要。

② 然而,此处有一个警告:我们所描述的扩展没有考虑到波音航空公司生产787梦幻客机事件中所产生的系统复杂性,当时的外包乱象丛生(桑德斯,彼得,《波音总裁的颠簸之旅》,《华尔街日报》,2009年第5期)。有了这样的后见之明,外包交易中的不良协调导致了代价昂贵的延迟,而如果相关实时协调的成分内部生产的话,这些本来可以避免。要了解相关交易中产生的系统复杂性要求的必不可少的装置,这还需要在交易成本经济学中研究得出。

然而交易成本经济学的运用可以避免波音公司所犯的最严重的外包错误:将最高度专业的生产外包给沃特飞机公司。这次交易需要对专业资产进行大量投资,也在合同执行过程中产生很多适应问题(泰德李斯,2010a)。因此波音公司通过了解沃特公司来改善这个条件(桑德斯,彼得斯,《波音公司控制车间》,《华尔街日报》,2009年12月第23期,B2页)。

五、结 语

我所描述的交易成本经济学项目起源于 1937 年科斯提出的难题:如何解释企业的边界?我通过把纵向一体化决策看作关键交易来解答这个问题,并将其改为契约问题,提出以下问题:企业何时及为什么应该通过外包,而不是自身进行生产来获得技术上可分开生产的组件——外包需要将合同外放,而自行生产是合同内化。这个问题是作为一个效率问题提出的,是经济学和组织理论的选择性结合。尽管目的是作为一个独立的研究项目,纵向一体化的设立将广泛的经济活动研究打开窗口,或者可以重新从比较合同方面进行表示。

事后看来,交易成本经济学经历了自然的发展过程。非正式阶段开始于 20 世纪 30 年代,科斯对企业和市场组织应该被剥夺而不是(如同当时的实际情况)给定的声明的挑战,包括建议缺失的概念正是交易成本。后者通过 20 世纪 60 年代(阿罗和科斯)的示范得到了支持,许多标准经济学被降低到与推动零交易成本逻辑趋于完整不相关的地位。

预形式阶段开始于 20 世纪 70 年代的通过合同或治理角度研究纵向一体化。由于理性边界而不完整的企业间合同将经历不适应危害,如果当事人在面对利害关系重大的干扰(战略缺陷)时,因为交易专项投资而互相依赖。这种治理经济学方法随后本该得到广泛应用,因为其他合同现象被解释为同一个主题的变种。

半形式化阶段增加了定义替代治理模式(市场、混合和层级结构)的重要性,因其涉及不同交易中不同的自发性和合作性适应需要。当操作进行时,一系列的困惑不断涌现,其选择性干预的有效性是其一,而扩展是其二,而答案会通过推动经济组织逻辑的完整得到揭晓。开始于 20 世纪 80 年代早期,随后不断得到发展壮大,一个雄心勃勃的实证检验的研究尝试已经启动,公共政策同样得到大量应用和不断增长。交易成本经济学的完全正式研究已经形成,而更多的研究已经在进行当中。

我的结论是,选择性地结合法律、经济学和组织从交易成本节约的角度来研究合约关系的管理,这是非常有启发性的;而我预计,此类研究项目将不断从概念、理论、实证和公共政策方面继续发展。交易成本经济学研究面临着一个有趣的、富有挑战性的未来。

(陶　陶 译　柴志贤 校)

2010获奖者

彼得·戴蒙德

Peter A. Diamond

【获奖理由】市场搜寻摩擦理论的分析。

生平简介

1940 年	出生于美国纽约
1960 年	获耶鲁大学数学学士学位
1963 年	获麻省理工学院经济学博士学位
1963—1966 年	在加州大学伯克利分校任教
1966 年至今	在麻省理工学院任教
1994—1997 年	任美国国家社会保险研究院院长
2002—2003 年	被推选为美国经济学会主席

主要学术贡献

1965 年,年仅 25 岁的戴蒙德就在《美国经济评论》上发表了他的第一篇经典论文《新古典增长模型中的国家债务》。他在拉姆齐研究的基础上,建立了著名的世代交叠模型。正是这个模型所采用的世代交叠研究方法,一举奠定了他在宏观经济学、公共财政问题研究中的标杆地位。

依据拉姆齐模型,经济中的个体都是彼此毫无差别的标准个体,他们具有无限的寿命,拥有完全相同的理性行为,在永恒的无限生命期界中,依照相同的经济决策方式追求跨期效用最大化,不考虑年龄对人们经济行为的影响,即所有人的经济决策都被视为无差别。作为对照,在世代交叠模型中,每个社会成员都仅具有有限的生命,随着年老一代的逝去,新的人口不断进入经济生活,在相同的时间点上,不同代际(即处于不同的年龄段)的人共同生活,不仅同一代人存在经济联系,而且不同代际的人之间还存在着广泛的经济交往。他们的消费、储蓄、投资等所有经济选择,由于身处不同代际,必然表现出不同的行为方式,即不同代际的人之间的交往规律不尽相同,因此,整个经济就构成了一个复杂的有机体。由此可见，世代交叠模型考虑到了经济个体的差异性，将其划分成不同的群体纳入分析框架，其分析更加贴近现实生活，更容易解释和研究不同年龄段人群的经济行为差异对宏观经济运行产生的影响，真正实现了宏观经济层面与微观个体行为的融合。模型可以很容易地被扩展应用于通货膨胀、收入分配、养老保险、公共财政、消费决策、帕累托效率等研究领域。

在《新古典增长模型中的国家债务》一文发表之后，戴蒙德继续在公共财政领域发表了一系列论文。1971年，戴蒙德与莫里斯合作发表论文《最优税制与公共生产：(1)生产效率；(2)税收规则》，全面探讨了最优税收问题。尽管对于最优税制问题的探讨始于拉姆齐1927年的经典论文，但是直到1971年戴蒙德、莫里斯这篇论文发表之后，最优税制理论才真正形成了体系。该文对最优税制理论研究具有开拓性作用。戴蒙德和莫里斯用精细的数学工具首先证明在税收和公共生产存在的情况下，考虑社会福利最大化时生产效率的存在性，即证明了最优效率点是存在的，并且最优点就在效率可行性边界上，接下来提出了使经济处于帕累托有效状态的"拉姆齐—戴蒙德—莫里斯税收法则"。

主要学术成果

《新古典增长模型中的国家债务》(1965)

《最优税制与公共生产：(1)生产效率；(2)税收规则》(1971)

《通往宏观经济学的微观基础的一个均衡研究方法》(1984)

《社会保障私有化问题：一个国家社会保险学院的专家小组的报告》(1999)

《社会保障制度改革》(2002)

《税收、不完全市场与社会保障》(2005)

2010获奖者

戴尔·莫特森

Dale T. Mortensen

【获奖理由】市场搜寻摩擦理论的分析。

生平简介

1939年	出生于美国
1961年	获维拉米特大学学士学位
1965年	获卡内基·梅隆大学博士学位
1965年	在美国西北大学任教
1965年	获亚历山大·亨德森奖
1979年	成为美国计量经济学会会员
2000年	成为美国艺术和科学院院士
2005年	获得IZA劳动经济学奖

主要学术贡献

戴尔·莫特森研究领域集中在劳动经济学、宏观经济学和经济理论,尤其是在工作搜寻等方面的研究。莫特森最知名之处是他在摩擦性失业理论方面的开创性研究工作。从这一成果出发,他进一步研究了劳工移动率和再安置等方面的问题。

瑞典皇家科学院表示,彼得·戴蒙德、戴尔·莫特森、克里斯托弗·皮萨里德斯等对市场的分析使其可以得到这个奖项。市场大部分交易都是为贸易而进行的,当然会出现一些贸易摩擦,买者很难得到想要买的买品,而卖者很难找到消费者。在劳动力市场上许多公司也发现会有许多工作空缺,而一些失业人员找不到适合的工作岗位。他们所开发的理论解决了市场上的一种常见冲突,即在有很多职位空缺的时候仍有众多人失业。首先,价格和劳动者质量有何作用;其次,政府的干预政策能不能使市场更为有效地运作。他们的理论基于微观经济学理论的市场合理产出概念,也就是意味着雇佣工人要更加合理,在招聘人员和需求工作应该提供合理的机制。戴蒙德等人的理论不仅有助于人们理解规章制度和经济政策如何影响失业率、职位空缺和工资，还远远适用于劳动力市场外的其他领域，可用于整个房地产市场经济学以及家庭经济学等。

主要学术成果

《动态工资和就业理论》(1972)
《财产权、竞争与合著效率与相关博弈》(1982)
《非合作博弈中的匹配过程》(1982)
《工作搜寻与劳动市场分析》(1986)
《工资歧视、雇主规模与失业率》(1998)
《工资分化：为什么同工会不同酬？》(2005)
《空缺职位波动与失业率》(2007)
《工作匹配、工资分化与失业》(2011)

2010获奖者

克里斯托弗·皮萨里德斯
Christopher A. Pissarides

【获奖理由】市场搜寻摩擦理论的分析。

生平简介

1948 年	出生在塞浦路斯
1970 年	获埃塞克斯大学经济学学士学位
1971 年	获埃塞克斯大学经济学硕士学位
1973 年	获伦敦经济学院经济学博士学位
1976 年至今	在伦敦政治经济学院任职
2005 年	获得 IZA 劳动经济学奖

主要学术贡献

皮萨里德斯的主要学术贡献包括基于失业匹配函数的宏观经济搜寻及匹配理论，以及经济的结构性增长等。他的研究方向集中在宏观经济学的多个领域，其中最主要的是劳工、经济增长和经济政策。他以搜寻摩擦理论和在宏观经济学方面的贡献获得了诺贝尔经济学奖。

皮萨里德斯最知名的学术成就是针对劳动力市场和宏观经济间交互作用的搜寻和匹配理论。他还推动了匹配函数概念的确立，该函数用于解释某个特定时间段内失业至就业的流动状况，他还是利用这一函数进行经验估算方面的先驱之一。近年来，皮萨里德斯主要从事经济结构性调整和增长的研究。

他针对无薪假表示，如果无薪假的实施经由充分沟通，且仍有给予员工足够生活的津贴，并强制企业预先及事后给付无薪假期间的员工津贴，可以是“员工和企业双赢”的一项制度。

主要学术成果

《劳动力市场调整:短期新古典和凯恩斯动态的微观经济基础》(1976)

《国家就业机构的就业匹配和随机搜寻》(1979)

《失业和职位空缺的短期平衡动态及实际工资》(1985)

《英国的失业和职位空缺》(1986)

《失业理论之就业创造和就业流失》(1994)

《均衡失业理论》第二版,(2000)

颁奖词

瑞典皇家科学院 / 贝蒂儿·霍尔姆隆德

尊敬的国王和王后陛下、各位获奖者、女士们、先生们:

经济科学有一个经典观点,即市场是一个大量买家和卖家相聚并进行交易的地方。他们不仅不费吹灰之力就可以找到对方,而且对所有产品价格和服务价格了如指掌。市场价格由产品或服务的供给等于需求时决定。在供求关系的均衡中,买家和卖家都得到了"满足",或者说他们都实现了其所追求的交易。

但多数市场并不是如此一帆风顺。通常,买家和卖家需要花费大量时间和精力来建立联系,然后就交易达成协议。在劳动力市场上,这种"搜索摩擦"导致了失业和职位空缺同时存在的情况。一方面,求职者需要花时间找工作;另一方面,企业迟迟不能填补职位空缺。

对此,彼得·戴蒙德、戴尔·莫特森和克里斯托弗·皮萨里德斯发展了市场搜索摩擦理论。这套理论适用于很多市场。例如房地产市场,市场上有大量房屋和公寓正在销售的同时,许多购房者还在到处寻找新房。搜索理论还可用于研究空间摩擦和运输费用如何影响居住模式和商业场所的选择,甚至搜索理论还可用于研究婚姻市场中的男女如何配对。然而,该理论最重要的用武之地还是劳动力市场。

三位获奖者的研究告诉我们,搜索市场中的价格和工资信息有时会得出与传统理论截然不同的结果。他们还指出,总体来说,搜索市场里资源利用的社会有效性不高,这是因为个体并没有考虑其中存在的间接效应。如果某个失业人员加大其自身搜索工作的力度,其他人就会更难找到工作。与此同时,用人企业则更易招到员工。由于诸如此类的间接影响并没有被个体考虑在内,政府常会以改善社会福利为目的进行一定范围内的干预。

三位获奖者的劳动力市场模型刻画了失业人员的求职行为、用人单位的招聘行为和报酬信息等特征。该模型可用来研究如何决定失业水平和失业持续时间、空缺职位数量和真实报酬。例如,失业保险设计,就业服务机构的效率,以及雇佣和解雇行为规范等问题都发挥了什么样的作用。

目前失业保险得到了广泛的研究。有理论指出,保险越多,失业人员求职时间更长,失业率则更高,两者之间的这种联系已经得到了大量实证研究的支持。然而,失业保险也可以促进求职者和空缺职位之间的有效配对，使求职者适得其位。

要回答失业保险的设计问题，我们不得不重视一个事实，即失业保险为待业人员提供了收入保障。而搜寻理论已经被证明是一种能为失业保险的备选设计提供福利分析的非常有效的工具。

尊敬的戴蒙德教授、莫特森教授和皮萨里德斯教授，你们在市场搜寻摩擦领域的研究对于经济学家如何总体看待市场，尤其是对劳动力市场带来了深远影响。你们为如何用摩擦来决定市场价格与数量，摩擦如何影响失业及其他劳动力市场现象提供了详细的模型。你们的研究模型已成为政策分析必不可少的工具，你们的工作创造了大量的实证研究文献。

十分荣幸能够为你们颁奖并致辞，我谨代表瑞典皇家科学院向你们致以诚挚的祝贺。现在请国王陛下为你们颁发诺贝尔经济学奖。

（陶 陶 译 王鑫鑫 校）

获奖演说

失业、职位空缺与工资[①]

彼得·戴蒙德

我们都有过为了比较价格，或者为了找到合适的商品或合适的尺码而一家商店接着一家商店逛的经历。类似地，一个工人可能会花费时间和精力去寻找一份报酬合适的工作，雇主也会花费时间和精力来接收并且评估各种求职申请。搜寻理论探索了市场的运作，将上述市场中发生的事实包含在分析之中。对市场摩擦的全面分析需要考虑由于摩擦所做出的反应如何改变整个经济环境：不只是摩擦改变了买卖双方的动机，还有这种动机的改变带来的反应也改变了所有市场参与者所存在的经济环境。正是由于这些反馈作用，似乎小摩擦也能对结果有着很大影响。

均衡搜寻理论是对基础模型的发展，它使我们能够分析当特定的摩擦运用于简单的市场模型时所产生的经济结果。搜寻理论所提出的主要摩擦是指需要花费时间和精力来了解的机会，即买或者卖的机会、雇佣或者被雇佣的机会。当决定某个具体的匹配是否值得去做时，一个工作和一个工人的很多方面都需要被考虑到。模型中已经分析了这些摩擦，这些模型将工人寻找工作、企业寻找员工、借方寻找贷方以及顾客购买市场上不怎么经常购买的商品等都看成是一个随时间发展的过程。搜寻理论模型改变了我们思考市场的方式，我们如何解读市场的数据以及如何看待政府的政策。

---

① 本文是2010年12月8日诺贝尔经济学奖获奖演说的加长版。非常感谢乔治·阿克洛夫、吉姆·阿尔布雷克特、尼克·巴尔、奥利弗·布兰恰德、杰西·帮普、肯·伯戴特、斯蒂夫·戴维斯、奥古斯·戴顿、比尔·迪金斯、布尔库·邦普、鲍勃·霍尔、约翰·哈迪万格、本特·霍尔默斯特罗姆、弗兰克·列维、格雷格·莱塞森、埃里克·马斯金、丹·麦克法登、戴尔·莫特森、麦克·罗斯切罗德、罗博·夏默、詹尼·西蒙、卡西·斯图尔兹、皮特·特敏在起草本文时提供的翻译文献和评论的帮助。

经济的复杂性要求我们运用多种模型来研究失业的不同决定性因素。阿尔弗雷德·马歇尔(1920:1948版,366)将这个观点表述得非常到位,我曾在为《丘吉尔演说》做研究时多次引用这段话(戴蒙德,1994b)。

> 经济调查存在困难的一个主要原因是时间。时间要求人们利用有限的能力一步一步往前走;在突破一个复杂的问题时,一次研究一个小问题,最后将各个解决方法综合起来,成为解决整个谜题的解决方法……研究的对象越具体,我们就越有把握解决,但它与实际生活的联系也越来越远。然而,对具体对象的准确而牢固地掌握,可以帮助我们解决包含这个具体对象的更大的研究对象,这种方法比其他任何方法都更加可行。每进一小步,我们的讨论就会更加具体,在早期阶段,实际讨论可能会不那么准确,但却具有可能性。

在此引用这段话十分合适,因为标准的供给—需求分析和搜寻理论之间的根本差别就在于对待时间的不同,通过利用时间和资源来了解机会。我的观点与马歇尔不同。我认为太多的经济学家直接把个人研究当成政策考量的基础,而不是从个人研究做出推断,并将这些推断与研究政策问题的其他研究中的推断结合起来,也没有将政策方面的直觉认识正式地模型化。不论是满足基本研究的假设,还是能够将一个问题与其他问题分辨开来的假设,如果这些假设不适用于现实世界,那么就不应当在政策建议中扮演中心角色。对我来说,直接套用模型并不是认真地对待模型。我们要始终牢记,模型总是不完美的——所以才被称之为模型。

这篇论文并不是对分析许多劳动力市场问题或其他市场问题时使用搜寻理论的一个调查。[①] 相反,本文探索了搜寻理论的一些贡献,主要集中在标志着市场均衡分析到搜寻设置均衡分析的转变方面的早期研究。虽然研究重点是劳动力市场,但本文的分析是从以零售市场为例开始的,然后讨论了劳动力市场的流动、总需求以及表示失业和空缺率的贝弗里奇曲线。在所谓的经济大萧条时期和长期低迷时期,最近改进后的贝弗里奇曲线所表达的可能的政策含义总是备受关注。而我从搜寻的角度继续对这个问题进行讨论。

一、零售市场的例子

经济学的教育从一个抽象的理想市场开始:需求、供应和一个市场出清的价格。这是一个非常有价值的出发点,它展示了几乎所有市场所呈现的一些效果。并且,

---

① 调查详情参见罗格森、夏默和怀特2005年的论文。我在文献中的引用主要是回忆对我的研究有着特别影响的论文,以及引发我回应的近期的文章。15年前,我停止了关于搜寻的研究工作,把养老金的研究变为我的研究重点。我对当前的研究了解有限,尽管我非常享受赶上当前研究进度的过程。

这样理想化的市场可以达到有效的结果,它能帮助我们理解当市场结构与理想市场不同时所可能产生的低效来源。在抽象的简单市场中,每位购买者都知道如何以最低价购入商品。因此,如果一个企业销售的产品的价格与其他地方的最低价格不同时,这个企业的销售就会中断,因为此时"一个价格法则"会发生作用,即所有的交易都以相同的价格完成,这个价格就是竞争价格,它等于提供这个产品所需要花费的边际成本。

为了分析搜寻设置,第一步要考虑个人如何处理搜寻过程、发生购买或做出销售决定。研究文献就是从这里开始的。但是全面的分析需要将个体决策与买卖双方相互作用所做的决策发生的经济环境分析结合起来。[①]

想象一下最简单的标准模型:一个拥有标准化商品,大量完全相同的买家和卖家的零售市场。我 1971 年的论文修改了这个模型,假设发现价格的唯一方法是逛商店,并且这些商店是由买家随机光顾的,那么光顾第二家商店并获得报价需要花费成本。这意味着你碰巧光顾的第一家商店相对其他商店而言会多一些市场支配力。令人惊讶的是,在这种统一设置中,由于这些小的市场力量的相互作用[②],所有的企业都会像垄断企业设定价格那样定价。如果其他商店的价格更低,或者一样,那么每个商店都会加一点价,来利用那一小块市场支配力。既然没有商店想改变价格,那么实现均衡的唯一方法就是垄断企业的定价。请注意,无论光顾另一家商店的成本有多小,任何确定的成本都有着相同的结果。从技术上说,当搜寻成本为零时,均衡价格就会出现中断。

我对这个例子的描述反映了一种类似与标准竞争均衡方法——阿罗—德布鲁定理中的均衡,即设定一组资源分配的条件,如果该分配与价格接受者的行为相一致,那么价格接收者是不会试图改变其行为的。然而,这个描述没有反映我如何得出 1971 年的论文中的观点,也没有说明我如何提出分析。我的第一篇关于搜寻的论文开始于 1969 年,当时我在希伯来大学担任访问学者,随后又去了耶路撒冷大学和牛津大学纳菲尔德学院。

阿罗—德布鲁定理没有包含一个经济体如何实现均衡分配的机制或过程。20 世纪 60 年代,一直有相关研究试图找到一个能够收敛到这个均衡的一个假设过程,并集中在以暂定价格的超额需求和供应(称为)为基础的价格调整的方程式。令我震惊的是我们问了个错误的问题。我们不是思考是否能够得出一个可以收敛到标准竞争均衡的过程,而是选择去寻找一个看似会收敛的过程将实现怎样的分配。我采用的研究方法是动态世代交叠模型,这个模型给出了不同企业收敛于统一的垄断价格所遵循的条件。要注意一个动态过程,而不只是一个静止均衡所需要的条件,这是我的研究策

---

① 罗斯切尔德 1973 年的论文强调了均衡研究的需要。

② 通过假设购物者知道价格分布,但不知道哪家店提供哪个价格,形式建模很容易完成。虽然方便,但这是对人们已知的不实际的描绘。实际上,人们并不知道价格的分布,通常只知道相对价格的部分信息。

略的核心。让我惊讶的是，我发现垄断价格的均衡，与竞争均衡完全不同。[①] 在垄断价格下，即使是考虑了搜寻摩擦也不会达到有效的均衡。

这个模型并不是一个符合实际的价格决策模型，而是对搜寻摩擦重要性的探索。研究表明，即便搜寻成本很小，但它们非常重要。这个结果强调了经济学其中的一个核心方面。经济学家对均衡本质的研究揭示了买卖双方之间的相互作用。少量的搜寻成本也会造成很大的影响，这是因为价格制定者对其他人设置的价格会有所反应，因此存在一个反馈过程，从而扩大了搜寻成本的影响，例如每家企业对潜在客户的搜寻成本进行反应的同时还会对其他供应商相同的搜寻成本做出反应。因此，即便是在不切实际的环境设定中，那些小量的摩擦也可以引发大量的变化，这就是摩擦均衡研究的重要性标志。

当然，这个极端结果取决于一系列特别的且非现实的假设。但分析研究的重点是开创一个研究领域，而不是瞄准某个具体的市场。随后，许多经济学家会开发一些假设更加现实的模型。这篇文献有两个发现：一是为同质商品预测不同的价格，二是基本所有价格都会超过产品供应的边际成本。当模型将不同买家的需求曲线的变化、不同卖家的成本变化、同质卖家使用的混合战略或获知价格的更加复杂的方法等包含在内时，就会出现这些结果。[②] 有了更丰富的模型，价格水平就确实取决于搜寻成本的大小。[③]

由卖家设定的单位价格有两个作用：一是影响想要购买商品或服务的消费者数量，二是影响实际购买的平均数量，即广义边际和集约边际。在最初分析的简单设置下，搜寻摩擦意味着广义边际（影响消费者数量）在均衡价格设置中没有作用，使均衡价格成为与集约边际（每个消费者平均购买量）相关的最佳价格。相反，考虑到与价格决策均衡一样，标准竞争市场理论非常重视广义边际，而不重视集约边际。

在我为期 15 年的海外学习结束回国后，发现我身在异国他乡时，搜寻的概念自菲尔普斯论文集（1970）出版后就大为流行。许多学者的研究思路都一致，这不足为奇，

---

① 之前我对德布鲁定理假设的市场完整度不够满意，这促使我探索可以替代的不完全分派机制。我的机制研究并没有持续很长时间，因为我很快确定了一个股份市场的模型，限制来自现有股份组合的则很难过当交易，而我们假定这些股份不够丰富来扩展可能的结果的范围。为了分析效率，我以市场回报的限制为基础，对政府如何影响资源分配也进行了限制，这种方法也同样在搜寻理论中得到运用。由于我 1967 年创立的基本的单个时期模型展示了市场效率，我明白某个单个时期是特殊的。之后我的研究涉及了更多时期，研究表面，总体来说，私人分配效率低下，与完全市场效率十分不同（哈特，1975；吉纳科普洛斯和波雷马查基斯，1986）。针对我的研究动机和我研究不同主题使用的不同方法的更多讨论，参见莫斯卡利尼和赖特 2007 年的论文以及戴蒙德即将出版的作品。

② 1983 年，布尔德特和贾德的文章阐释了信息模式和均衡模型之间的联系。相似工人的工资分布一致是一个重要的研究主体（莫特森，2003）。可以假定，相似的底层数学结构也包含在内，如同零售价格研究一样，尽管文献中的相互引用显得不够。

③ 毋庸置疑，关于使用网络的低搜寻成本的影响的研究一直是搜寻研究中的一个有趣的研究方向。

不过我的研究出发点是一般均衡理论，而菲尔普斯论文集的研究重点是失业。我从开始研究搜寻均衡到撰写有关劳动力市场和整个经济体的论文(1981，1982a)的过程可以分为两个阶段。第一阶段是在大脑里的写作练习。1960年春天，身为本科生的我开始学习一般均衡理论，师从杰拉德·德布鲁，当时他的《价值理论》(1959)刚刚出版不久。杰拉德是一位杰出的老师，因此我对该理论有着深厚的基础，它也成为我思考分配问题的出发点。但它并不适合作为研究搜寻问题的出发点。然而，当我试图寻找另一个解决问题的方法时，我发现我的思绪无法向前。为了解放我的头脑，我强迫自己去研究一个在阿罗—德布罗理论框架内可能无法得到答案的问题。① 这次研究的成果是1978年我发表的一篇名不见经传、很少有人读过或引用过的论文，但它使我创造模型的过程轻松了许多。

第二个阶段是我与埃里克·马斯金(1979)合著的两篇论文，研究内容是在成堆合同设置中的搜寻均衡；关注的是一个法律和经济学问题，即合同违约时的损坏赔偿的作用。准备合同文件时，双方对价格进行协商，而不是一家说了算，这是很自然的事情，在零售市场就是如此。因此研究重点从价格结果转变成搜寻—匹配过程的效率。② 我们假设签署合同得到的盈余是平均分割的，戴尔·莫特森(1978)撰写的有关合同的论文帮助我认识到作为模型工具的泊松过程的力量。之后，我准备好了开始研究直接关于劳动力市场和整个经济体的模型。在这个研究中，我继续假设协商工资而不是像前面提到的零售模型中的一锤子买卖。为了给之后的讨论设立一个框架，下文我将从回顾市场流动的一些数据开始。

二、劳动力市场流动

无论何时，一个现代化的经济体都存在失业工人和公开的空缺职位。如果将此当成一个静止状态，那么我们会认为工人和岗位之间存在严重的不良匹配，例如在技能和区域方面。或者我们还会认为主要问题是工资没有达到市场出清时的正确水平，我们称之为“黏性工资”，即环境发生改变时，工资没有随之发生足够的改变。从搜寻角度，我们可以把前面两个观点整合成更加丰富、拥有更多信息的内容。即：工人与岗位的匹配质量以及有限的工资变化率都事关重要，然而对这两方面的内容和影响的理解

---

① 在德布鲁定理中，主观概率是倾向的一部分，在规范性评价中得到了重视。当不知道价格分布的消费者在边缘成本不同的店铺间搜寻时，我检验了店铺通过正确的价格分布衡量的社会最佳价格。我发现最佳价格与边缘成本定价不同有三方面的原因：非最佳停止规则，消费者对价格分布的错误观念，以及在观察价格基础上修正后的正确观念。

② 2005年，罗格森、夏默和赖特讨论了工资定价和工资协商模型的不同。根据他们的论述，模型之间的差异同样取决于信息流动的本质(尤其建模为协商模型中的随机搜寻和价格制定模型中的导向模型)，将零售市场文献与价格对信息流动的本质联系在一起。我认为信息流动有着多重来源(以及艰难协商和简单协商的名誉)。这两种方法没有多大差别。2010年，霍尔和阿兰·克鲁格注意到工资制定和协商(以及制定中的协商)在当今美国广泛存在。非他盘工资企业的日程安排可能就某位工人的职称进行协商，工资因反映了工人职责和经验的职称不同而不同，但也有可能是灵活的。

可以通过搜寻设置来最好地完成。

首先我从分析每月的 CPS 家庭调查入手。根据他们的采访调查，工人被分成三大类：就业工人、失业工人和退出劳动力人群。一个月以后，大部分失业工人都会找到工作，而许多退出劳动力群体的人也会重新找到工作。而一个月前身在工作岗位的人，大部分在原岗位，但也有许多人出于自愿或被迫而离开之前的工作岗位，有部分人找到了新工作，也有一部分人成为失业工人或退出劳动力。当然，工人从一个岗位向另一个岗位的直接流量是很大的，它是劳动力市场效率的重要组成部分。平均 2.6% 的就业工人一个月后都更换了工作岗位——这个数字比失业人员重新找到工作的数字还要大。[①]

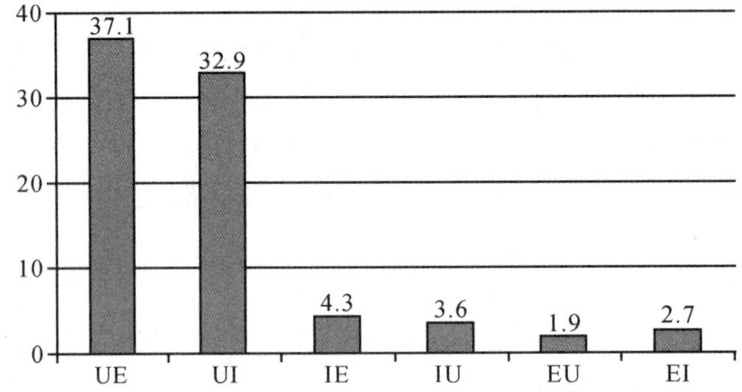

图 1　1990 年 2 月至 2009 年 4 月工人月流动率(起始状态工人的百分比)

来源：本国数据，由罗伯特·夏默创建。更多细节请见夏默(2007)和他的主页。

对于被定义为失业的人，他/她一定会积极寻找工作——不仅仅是没有工作且希望有工作。许多被称为退出劳动力群体的人实际上也是可以雇佣的，而他们中的许多人确实找到了工作。图 1 表示的是美国过去 20 年的月平均流动率，37% 的失业人员在第二个月找到工作(记为 UE)，而几乎和这个数字差不多的是，33% 的失业人员依然处于失业状态并退出劳动力统计(记为 UI，其中 I 表示不积极)。与此相似，那些不积极寻找工作的人群也会流入就业状态或失业状态(IE 和 IU)。原先就业的人员流入失业状态，且有的退出劳动力(记为 EU 和 EI)。在 20 年的时间里，平均每个月大约六百万工人流入就业状态，也大约有差不多的人数流出就业状态。流动率之间的大差距反映了失业人员的数量比就业人员数量或不积极的人群数量少得多。

图 1 中的每一个数据都是该分类中所有个体的平均数据，但无论是按特征来分，例如受教育程度、种族、性别，或是按照失业时间来划分，每组之间的差距较大。因此没有静止的失业人数，但是存在工人在各种状态间稳定地转变，即不断有人流入，又不断有人流出，从而在长期内保持失业人数一致。

美国经济是一个异常值，它比其他发达国家的劳动力市场流动都要大，尽管其他

① 这份评估针对的是 1994 年和 1996 年至 2003 年的时期(布鲁斯·佛利克和查尔斯·弗莱施曼，2004)。

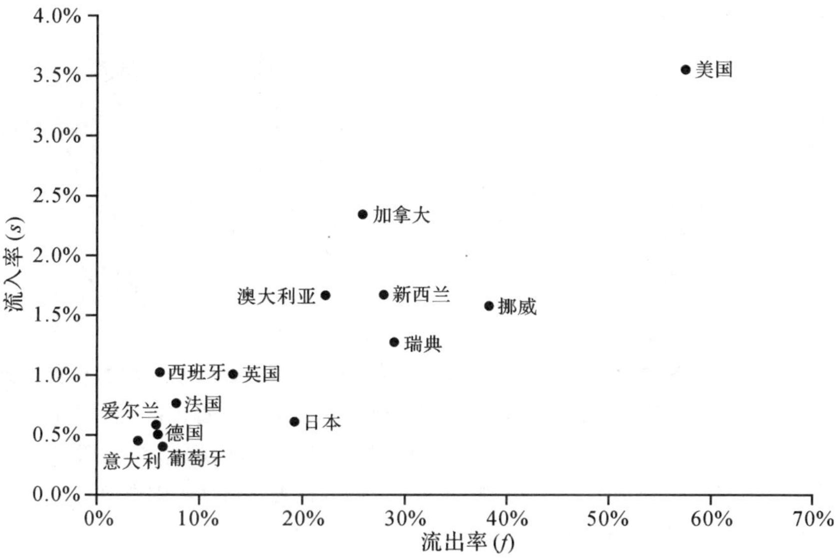

图 2 各个国家的月平均流入和流出率

来源:本国数据来自迈克尔·埃尔斯比、巴特·霍比金和阿塞古尔·沙欣的"OECD 失业动态",国家经济研究局 14617 号文件中的表 1。

地区的流动率也都较大。图 2 展示了每个月流入和流出失业状态的流动率,这是由迈克尔使用 OECD 的数据[①]估算的。对这些数字的计算检验了失业状态的人员流入和流出,但并没有区分就业人员和劳动力之外的人。美国的流动率比其他地方都要高很多,这个差距中只有一部分来自更多地进入和退出劳动力的人。[②] 分开来讲,流动的差距解释了政府政策对雇佣和解雇的影响,这个主题一直受到广泛关注。工作可得性的最终水平影响人们对于寻求新的雇佣关系的意愿。

下面我们把视角转向雇主的数据,图 3 吸收了戴维斯和霍尔蒂万格及合作者大量的开创性工作。在一个典型的季度中,许多企业增加雇佣,而其他企业刚在减少。在过去 20 年里,正在成长的新企业额外增加的就业,被标记为岗位创造,占就业的 7.5%,而岗位损失的数据几乎差不多。另一种观点认为就业的变化是总体流动净额结算的结果。当工人离开企业,而企业找人替代这些离开的工人时,新雇佣者和离职人员大约是岗位创造和岗位损失的两倍。请注意,工人离职的数量基本是辞职和解雇的平均值。不过,在商业周期过程中的相对规模差别很大,每次解雇数量增加,辞职就会减少,创立新岗位的能力也降低。

搜寻理论是用来搞清这些流动的意思,为相关的政府政策提供分析框架,例如失业救济金政策。在普通时期,在稳定状态下的理性预期模型设置下,失业救济金的首

① 每个国家的平均值的计算日期根据可用数据不同而不同。

② 根据这些国家的次样本的计算,以及埃尔比、霍布金和沙欣提供给我的多重资源,美国由失业流出进入就业状态的人数比例最低,但这个数据并不算特别异常;评估中的其他国家的这个数字在 55%至 60%之间。

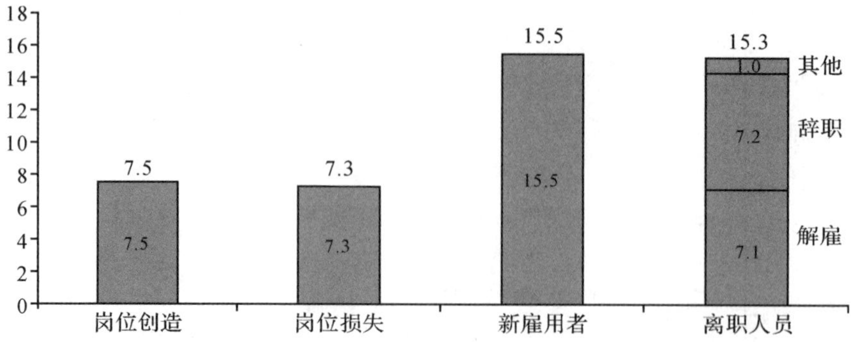

图 3　美国私营部门 1990 年 2 月至 2009 年 4 月岗位和工人季度流动(就业百分比)

注:从戴维斯、法伯曼和霍尔蒂万格(2010)使用的方法论中得出的"部门间的劳动力市场流动"系列。来自商业雇用动态的系列和空缺岗位与劳动力流动情况调查(JOLTS)的数据。2001 年 3 月以前的雇用、分割、下岗和辞职数据来自估计基础模型。

来源:约翰·霍尔蒂万格和个人交流。

要目的是为非自愿失业的工人提供保险金。[①] 这份保险金会影响工人接受某种具体工作的意愿,为了期待日后更好的工作,他们可能倾向于放弃当前出现的工作机会。而且,它还会影响工人搜寻工作的努力程度。当保险金的信息不对称时,经常出现这种情况:保险金影响行为,通常称作道德危机问题。当然这里存在反映收入效应的行为变化并具有积极的效率含义,同时存在反映替代效应的行为变化并具有消极的效率含义。消极效果并不是说失业工人不应当领取保险金,而是保险金的力度和设计应当考虑对人们行为的反应。[②]

搜寻的努力程度的减少和对未来工作期望的增加会让雇主更加难以找到工人,但却能让其他工人更容易地找到工作。这些积极和消极的反馈效果的相对重要性会因商业周期中的空缺职位—失业之比发生变动而不同,因此这对不同时期的影响也不同。在高失业率时期,一些工人搜寻的减少不会对填补空缺职位的难度有太大影响,因此对总体失业率的影响也不大。这些对工人和企业的影响是外部性的,对于那些没有直接参与交易的人的影响可能会抵消这类影响。因此,自然失业率来源于对一个标准竞争模型中增加劳动力市场的摩擦,这类失业率通常不是失业的有效水平,[③]即一个工人由于失业救济金而减少搜寻,并对接受工作更加挑剔,可能提高或降低劳动力

① 大量通过假设风险中立工人和雇主都有同样的贴现率文献的存在,使研究变得简单了很多。当然,人们在这种情形下对待保险不可能做到公平。但令人欣慰的是,经过发展的文献已经包含了风险规避和结余(阿西莫格鲁和夏默,1999)。

② 给失业保险提供金融支撑的税收的经验定额也会影响到企业行为。

③ 弗里德曼在 1968 年的论文的第 8 页将失业的自然率定义为:"自然率,换言之,是一般均衡方程的瓦尔拉斯系统得出的水平,前提是其中隐藏了劳动力和商品市场的实际结构特点,包括市场不完善度、供求的随机变量和流动成本等等。脚注:也许,注意到这里的'自然'率无需与失业人员人数和空缺岗位之间的平衡一致。不论劳动力市场的结构如何,在这两个量之间都有着一种均衡关系,但平衡的存在是没有原因的。"

市场的效率。我们可以假设，搜寻和岗位接受的水平是有效的，而不是研究不存在外部性的普通商品的保险分析中所考虑的道德危机问题时所假设的那样。

通过对比领取不同失业保险金的工人的经历，例如经济萧条期的保险金覆盖广度，我们可以估计领取保险金的工人的平均失业持续时间如何随保险条款的细节变化而变动。然而仅凭这种对比，并不能给我们提供失业保险（或者延长保险金的发放）对总失业率的影响的估算。由于外部性只观察工人为摆脱失业而做的努力的变化，并不能提供失业保险对于总失业率的均衡影响的估算，因此这样的方法等同于假设失业与劳动力供应相等，那就忽略了搜寻的减少对其他人找工作能力的影响，以及对空缺岗位创造的影响。这显然是不全面的，把失业与劳动力供应画等号，与传统的凯恩斯分析形成了有趣的对比，凯恩斯理论假设的是失业与劳动力需求相等。这两者不可能全对，而从搜寻理论的角度来看，两者都不对。下面要讨论的匹配函数给出了由于找工作的工人数量和空缺职位的变化所引起的雇用的改变，它由需求和供应共同决定。

此外，失业救济金的存在和因其引起的雇用、解雇和辞职等流动的变化，影响了补偿水平。无论是按照模型得出的协商工资，还是一口价工资，工人和岗位的有效性将对补偿的决定产生影响。而补偿又将会影响雇主和工人是否愿意创造职位，是否留在劳动力人群以及是否寻找更好的匹配等决定。一个均衡搜寻模型自然而然地涉及所有这些问题。

从工作和工人的事前同质性模型可以了解到，劳动力市场的一个核心要素是工人和岗位之间的千差万别。而某个工人对某个特定职位的适合程度不尽相同，而且还需要时间和花费来提高工人对职位的适应度，尤其是对一些工人的培训，有时是大量的培训，对于工人能够很好地胜任一个职位通常是必要的。因此，一个雇佣的决定其实是一种投资形式，就像是购入设备一样。工人和企业都需要对未来可能的替代选择的价值做出评估。工人需要考虑这份工作可能延续多长时间，以及可能会找到什么样的其他工作，而企业则需要考虑工人提供的服务的未来价值，以及其他可能的能够替代的工人，所有这些取决于其他企业和工人的表现以及经济环境的好坏。

由于工人和工作存在异质性问题，“匹配问题”会影响经济效率。搜寻理论帮助我们了解这个复杂的环境。我们很自然地将关注点集中在理性预期上，从而分离出搜寻本身对资源分配的影响。但是仅用理性预期进行建模是不完整的，因为这没有考虑到预期总是存在异质性的问题（约翰内斯·斯平耐维恩，2009，2010）。同样，它并不能很好地适用于各种情况，例如当前的萧条比过去任何几十年经历的萧条都要严重，因此利用之前的经济萧条来推断当前的情景将是一个不完整的研究基础。

要想驾驭好搜寻研究，“匹配函数”是一条捷径。[①] 对理论研究来说，匹配函数将寻求雇佣关系过程中工人和企业相遇的概率，用一定数量的搜寻工作的工人和职位空缺的函数来表达。这个理论将函数与由于相遇产生的新雇佣的分析结合在一起。[②]

---

① 匹配函数的详细讨论，参见佩特戈罗和皮萨里德斯 2001 年的研究论文。

② 戴蒙德和马斯金 1979 年和 1981 年的论文中称作新雇佣带来的可能的辞职和解雇。

从经验角度来说，我们没有相遇的信息，但有雇佣的信息。同样的术语，匹配函数是用来表示雇佣与失业工人和空缺岗位数量之间的实际关系。在这个前提下，我认为相遇"匹配"和雇佣"匹配"的不同含义不会造成较大的困扰。匹配函数在搜寻分析中的角色与成长理论中的总生产函数的角色一样。把经济作为一个整体来看，经验告诉我们匹配函数的规模报酬不变。

匹配函数不仅是技术驱动的，还是反映雇佣发生过程的产物。而经济体中雇佣的发生方式不尽相同。在最简单的模型里，工人和职位是一一对应的，尽管瓮球模型[①]也被用来考察某个特定职位的不同应聘者的影响。企业存在许多空缺职位会影响匹配的过程。在讨论贝弗里奇曲线时我们还会说到这些内容。

三、总需求

对"正常时期"劳动力市场的基础搜寻分析，可以通过在给定主要的技术水平下工人对企业的价值，并在给定偏好（及失业保险）下对于没有工作的工人的价值来实现。这是没有考虑产品市场的局部均衡模型。作为捕捉商业周期中的转折点附近的劳动力市场效果的方法，克里斯托弗·皮萨里德斯（1985）和莫特森及皮萨里德斯（1994）通过考察外生价值浮动时经济的变动，进一步发展了搜寻研究。研究转折点附近的劳动力市场是非常重要的一步。然而，在生产价值的假定和工作不足的成本假定下的参数内生化这一关键任务还是没有完成。在高失业率时期，这个任务尤其重要。

在转折点附近大范围的变动通常被称为"产值"的变化和对"生产力"的冲击，它为总需求的解读提供了支持（布兰卡德和戴蒙德，1989）。由于"生产力"这个术语是有用的且带点隐喻性质的速记词，我们不应认为每单位工人的产出合理地测量了商业周期分析中额外的产出值。瓦尔拉斯产品市场中，生产力确实衡量了产出值，但对于销售能力有限的产品市场搜寻模型而言，生产力并不一定能很好地测量产出价值。

换言之，劳动力市场模型是一个局部均衡模型，而不是一般均衡模型。因此，它可以对局部均衡问题有所启发，但其本身不能彻底解决一般均衡问题，例如对于总体需求刺激的作用。我们有很多方法，将劳动力市场搜寻模型和产品市场模型结合在一起。对劳动力市场干预的积极和规范的评估，例如在过去几年里的失业救济金的大幅度增长，会随着对产品市场和劳动力市场建模的不同而大不相同。将带有摩擦的劳动力市场与瓦尔拉斯产品市场相结合，似乎有可能会错过许多关系到长期高失业率时期政策设计的重要联系。这些联系仅凭每个工人的产出来衡量额外增加雇佣的价值是不够的。当大量的搜寻研究集中在劳动力市场本身时，搜寻也被用来研究摩擦的存在如何影响总体经济。

阿罗—德布鲁完全市场理论涉及事先设定所有价格和数量的生产决策和购买决

---

① 瓮球模型将岗位申请看成是经过随机路线进入瓮中的球，而瓮表示的是等待申请的空缺岗位。例子参见奥利维尔·让·布兰卡德和戴蒙德1994年的研究。

策。由于合同签订后为了交付产量会有大量的生产,绝大部分企业在尚未与未来潜在客户联系的情况下就会为未来预期销售做出投资和生产的决策,这体现了搜寻理论的重要作用。① 阿罗—德布鲁模型将家庭终身需求的预算约束作为条件。但是本期收益对商业周期中的消费决策的影响更大,而与阿罗—德布罗模型中的市场结构则不太一致(奥拉乔奥、阿塔纳西奥和吉尔莫·韦伯,2010)。②

凯恩斯理论则注重黏性工资和当期收入。许多新凯恩斯研究利用消费需求的无限预算约束(例如布兰卡德和加利,2010),认为黏性价格和黏性工资对当期收入并没有太大作用。在我开始研究这个模型时便预感到黏性工资只是宏观困难的来源之一。我认为产品市场的搜寻摩擦开创了一种能获取当期购买力的宏观作用作为分析失业率的补充基础的方法,该方法还能阐明黏性工资的作用。我对于整体经济建模(不只是劳动力市场)的选择是由于我深信许多宏观的凯恩斯黏性工资分析是不完整的,没有工资或价格黏性的模型中的相似特性说明了这一点,而价格黏性是在当事人意识到的情况下实现的多方有利的交易价格。这种研究方法并不是要从失业的研究中去除黏性工资,而是开发一个没有黏性工资的模型来证明黏性工资并不是宏观问题的唯一基础。在对一般均衡理论的不满而开始研究搜寻理论时,我倾向于把搜寻看作是解决我对于宏观理论不满的方法。我的不满与凯恩斯理论的概念没有关系,而是与建模的本质有关。我想发现一个能够加强标准分析和发展政策见解能力的微观基础。

1. 没有黏性工资的多重均衡

由于产品市场和劳动力市场中有关摩擦的分析的复杂性,使得两者很难在单一的模型中表达。因此,我关于总需求作用的论文(1982b)放弃了对劳动力市场中的摩擦分析,假设只存在自我雇佣。这个做法是建立在劳动力市场具有和产品市场相似特性的假设上,即无论是自我雇佣工人还是被雇主雇佣的工人,所进行的生产都有助于需求。生产决策和潜在销售之间的滞后引发了摩擦,同时反映了生产的时间和销售的时间。既然销售时间是关键的内生变量,这种变量反映了总体需求的状态,我不再考虑生产时间,而把它看成即时的。为了获取对于已生产的商品交易的必要,我假设个体不消费他们自己生产的东西,而是与另一个生产者进行交易,那么生产就带来了购买力。作为一个没有贷款的交易模型,夸大了同期购买力的重要性以弄清其作用。③ 由于需要出售商品的生产者都被假设为相同的设置,因此所有的交易必须是一对一的,而且所有潜在的多重有利交易也会进行。④

假设有了更多潜在交易伙伴,交易的速度会加快,更高的总生产(意味着有更多人

---

① 在委托生产是针对其他将需求建立在预期销售的基础上的企业中,同样的想法也是适用的。

② 此外,德布鲁模型对投资没有预算限制(超出了打破平衡的需要)。但投资对资金流更加敏感,而对模型不是那么一致(吉扎里,哈佰德和彼得森,1988)。

③ 该模型不允许商业信贷,我在1990年的研究中分析过。延长信用证有效期的能力改变了模型的运作,但无疑它没有改变基本的定量发现。

④ 此外,只有自我雇佣的话,雇主和雇员之间的产出界定也不存在。

拥有购买力)减少了预期销售时间,这是一个具有积极反馈的外部经济性。换言之,当其他人生产少量产品时,销售的能力也低,那么对于生产的刺激也较低。当其他人生产多时,生产的刺激就高。我的研究目的是发觉更多购买力的有效性对均衡的影响,而不仅是实际购物过程中的摩擦问题。也就是说,对搜寻的建模可以发现当总体收入低下时由于销售困难所带来的影响。

这种外部性表明生产的均衡水平是非常低效的。积极的反馈开创了多重均衡的可能性。有了多重均衡,经济可以描绘出与商业周期相似的东西(戴蒙德和弗得佰格,1989),且政府的政策对总需求的影响发挥了作用。得出多重均衡结果的关键是假设将生产与销售结合后获得的回报增加,而不仅仅是劳动力市场。因此,放弃多重均衡的重要性,而仅仅基于劳动力市场总体匹配函数不变收益所产生的典型发现是不妥当的,因为后者忽略了产品市场。很难想到,什么才会成为成批生产和销售过程中规模报酬的可比较且直接有意义的实证分析。可以想到的一个是奥肯法则的差距论,它曾认为差距减小时生产力增加。也就是说,当高失业率时期总需求增加时,产出的增加率超过就业的增加率,这是一种回报增加的形式。

政府政策和失业保险一样,影响的是普通经济时期和高失业率时期劳动力市场的运作。[①] 这种不同时期的差别还是有关系的,因为空缺职位与失业的比率(v/u),在不同的时期是不同的,且保险在高失业率时期起着支持总需求的作用。既然高失业率时期的政策可以修改,不论是自发的还是通过新立法,当制定总体政策时考虑各种各样的情况还是有用的,因为这比自发或新立法的政策能更快地发挥作用。换言之,通过对一定范围内不同自然状态下模拟政策的运用可以提升政策分析能力。

当然,一个多重均衡模型是一个不完整的模型。无论什么决定了均衡的发生,都是模型没有包含的。在这个模型里,经过协调的预期选择了均衡,不好的结果被称为"协调失灵"。实际预期并没有完全得到协调,但是预期的分布可能会被对于未来经济的信心所影响,因此预期的分布对经济至关重要且与建模的目的相符合。对于未来的信心首先是对他人行为的信心,因而反映了协调的问题。

一个多重均衡模型可以用作不同研究方法的出发点,这取决于如何填补缺失的要素。有一种研究方法是通过太阳黑子均衡,即在没有实际理由的情况下经济根据均衡结构进行协调。这对于理解模型中的潜能是有用的,但这对于指出多重均衡固有的不完整性来说似乎不是一个很好的方法。当然,我想到了两种可用的潜在研究方法,一个是在模型中加入以经验为基础的改进后的预期分布,另一个是通过考虑可替代的理性预期均衡来辨别那些潜在的大冲击反应,而不是对由于经济环境的(缓慢)变化引起的预期发展进行建模。由于历史是思考经济如何从给定位置向前推进的主要要素,因此我们无法跟随可以合理进行估算的随机过程那样,利用足够的数据来考察经济参数(或结果)。这种基础不足本身就是合理预期分析,每一种经

---

① 在1994a的论文中,我提出了影响方能陪和平衡的政策问题。另一个例子是边缘税率是普通时期公平—效率交易的一部分,也是高失业率时期的内在稳定因素的一部分。

济情形在细节上都与过去的类似时期有所不同,而有时候尤为明显,例如当下的经济情形就是如此。[①]

2. 黏性工资

就如前面提到的,我 1982b 的论文明显遗漏了黏性价格或黏性工资的作用,从而没有分离出产品市场的搜寻摩擦。但是大多数工作的工资都是黏性的——它们不经常调整,因此对需求和供应条件变化的反应不是很迅速。[②] 我们很少利用以总体数据为条件的工资,除了有着高通货膨胀率历史的通货膨胀经济指数。我发现楚门·比利(1999)的研究很有说服力,他认为与重新协商工资或者减少单位时间工资相比,裁员发生的频率更高,这与早期经济衰退时裁员的猛增相一致。基于我对黏性工资重要性的坚信,我开始转向黏性工资研究。

我从标准需求—供给和市场价格出清的框架着手,研究失业率很自然的一步是考虑市场没有出清的工资,由于工资没有充分地调整以至于工资可能太高,即黏性工资。黏性工资会造成工人在工资上涨时产生寻求雇佣关系的意愿,但却找不到工作。很多文献都分析了价格或工资无法充分调整而达到市场持续出清状态的市场模型。此外,还有很多人关注的是有效利用现有雇员,以及其对裁员和新雇佣补偿的影响等问题。效率—工资和内部—外部模型凸显了就业集约边际和广义边际之间的重要联系,即有效利用现有劳动力和改变雇员数量间的关系。

在搜寻设置中,考虑工资的研究比最简单的需求—供应研究方法要复杂得多,它反映了两个问题:第一,雇佣是一个多期关系的开始;第二,一个明确模型化的搜寻—匹配—协商过程对工资有影响。标准基本模型假设决定开始一段雇佣关系是基于一个对未知将来的(隐含的)协议。标准基本模型假设工人和企业的主观概率是相同的,而且现有雇佣关系中没有不对称信息,双方都对同样的(随机的)未来有着预期,双方都认识到发生的现实。它还假设之后的所有决定都与共享的预期相一致——没有个体行动违反共同预期,也不存在意外,例如没有被预期到的自然状况,或者由于包含的复杂变化及重新协商的范围有限,使得初始的协定中没有覆盖。

既然双方都风险中立,且贴现率相同,只要当前预期贴现值处在正确的水平上,补偿的实际流动轨道是不定的。补偿的预期贴限值水平满足了纳什谈判解。这个纳什谈判解包含了没有完成匹配的胁迫点(回归失业状态和空缺状态)、开始生产而产生的盈余和进行纳什谈判分割所得的相对份额假设参数。这个条件是搜寻—匹配—协商的过程如何影响工资。工资的影响决定了创造新的空缺职位的价值,且当自由进入和相同的潜在新空缺职位产生时(水平供给),这个价值为零。在众多与纳什协商准则一致的条件性工资路径中,普遍分析的是持续协商工资的相等值(以相同结构满足纳什协商条件),以及一个产出价值的详细随机过程,还有雇佣关系的相关结果的时间安排

---

① 理性预期忽略了随机思考中的系统误差,而随机思考是行为经济学的重点。我们还忽略了先前观点中的差别,这种差别形成了某个时间点的预期多样性。

② 价格和工资在恶性通货膨胀经济学中经常发生变化。

等。我们假设开始雇佣的决定和工资支付的时间对经济没有反馈效应。

标准模型有简化版,即每个企业最多只有一个空缺岗位,因此集约边际和广义边际之间没有冲突,而且工人的平均产量和边际产量没有差别。预期中假定的关于未来就业的效率只包括联合最优活动——没有辞职或裁员这些不利于雇佣双方提升的行为(莫特森,1978)。后者的条件即黏性工资,在传统意义上已经从基本模型中被排除了。

给定这个结构,如果我们选取一组产值(以及其他关键变量)的数据集,便可以利用历史数据的校正模型得出空缺职位与失业之比(v/u),罗伯特·夏默(2005)正是这么做的。他的结论是模型展示的一系列活动中 v/u 的变化很小,响应包括再检验校准(马库斯、哈格多恩和尤里·马诺夫斯基,2008;莫特森和伊娃·纳吉帕尔,2007 及此处引用的论文),探索关注于较少工资的可替代协商方案(霍尔,2005;霍尔和米尔格龙,2008;夏默,2004),把重新协商与新雇佣关系的现有工资和现有劳动力相结合(莫特森和纳吉帕尔,2007;马克·格特勒和安托尼拉·特里加里,2009)。我没有深入探究这篇生动文章中的细节,我想通过这些模型得出一些关于思考的方法论要点。

夏默的校准使用每个工人的产量来表示产出的临界值。在瓦尔拉斯的产品市场理论和一个工人的企业下,这个方法是可行的。而识别更大的企业需要将平均产量和边际产量区别开来。对于垄断性竞争产品市场的变化,如果商业周期中的需求弹性没有系统的模式,则会产生类似的动力,而不是相反的结果。然而,如果用另一种方法把销售能力和销售价格模型化,得出的边际产值可能会非常不同。可以把前文提到的我 1971 年的零售市场模型看作一个极端的选择。如果是消费者购物的数目发生冲击,而不是真正购物人的需求曲线的冲击,那么一个综合生产—零售商不会改变零售价格,也不会改变其所采用的技术,而是减少生产,但生产率不变。由于雇主的单位边际产值不变,如果没有存储可能性,产量价值为零的边际外工人会被裁员。因为这个模型比较极端,我认为把生产率用于边际产量价值的测量是不足的。夏默的研究利用了多种假设的组合拒绝了对于校准数据的匹配;后续的文献则探索了存在疑问的一个或几个问题。

标准模型中的搜寻摩擦暗含着存在可供分割的盈余。夏默(2004,2005)和霍尔(2005)指出纳什协商理论的偏差选择补偿的不同水平,补偿的范围是预期雇主和预期雇员都达成匹配的意愿。如此不同的一种协商解决方法意味着没有成对有效的匹配会被拒绝(或终止现有的有效匹配),这是夏默和霍尔想要面对的条件。变化如此大的工资规则可能造成工资对生产率的敏感度不如纳什解决方案,因此也成为能够让校准更好地符合数据的一种方法。对生产率变化的灵敏度比纳什解决方案更低已经被视为粘性工资的定义。通过影响新雇佣关系的补偿和现有的员工,一个变动工资的协商规则会影响创造新岗位的价值,尽管它并不直接影响某个给定的匹配意愿以产生新雇佣关系。

在对选择谈判规则的讨论中,巴罗(1977)的非议似乎广为大家所接受,他认为一个模型不应有“聪明的行动者可以轻易避开的低效率”,也不应“引发经济格局中令人费解的低效率”(霍尔,2005:51,56)。巴罗的观点与哈恩 1973 年论文的观点相似,“在没有任何辩护余地的模型中引入令人费解的次佳约束是一个错误”。

我不赞同这些观点,因为他们忽略了模型的不完整性和简化处理的角色。[①] 为简单起见,许多搜寻模型都假设只有一个雇员的企业从而来简化分析的过程。然而雇佣关系大多发生在有两个及以上雇员的企业里。因而问题是我们能否从只有一个雇员的模型中学到更多的东西?我们是把只有一个雇员的环境看成是合乎常理的来进行研究,还是把拥有多个员工的企业看成是合理的,再把对多个员工企业的研究运用于一个雇员情况中?对我来说,后者更容易带来有用的启发,且这个要求分析许多雇员企业的可供选择的研究虽然会给出新的启发,但这个模型额外的复杂性(如追踪企业规模的分布)却可能对一些问题无法得出其他的启发意义,甚至会使发现一些类型的启发变得更加困难。使用貌似合理的约束对我来说,似乎是在引言中引用的马歇尔的话的精髓。模型的简化就像是“打破复杂问题,一次研究一小点,最终……将部分解决方法结合在一起”的一部分。对我来说,以符合所谓“复杂问题”形象的方式,“准确并确实掌握好一个小问题”的方法似乎是最有用的。

在拥有许多雇员的企业中,雇员间的关系通常对生产率来说是很关键的。相似职位的相似工人的统一报酬是标准惯例(也是格特勒和特里加里研究方法的基础)。有时可以引入一个双层工资结构,但这并不是很常见,对于企业来说也是件大事。因此,对于所有现存的雇员在没有任何裁员的情况下,是不太可能存在一个能在协商范围内的工资的。如果有那样一个工资,对考虑雇佣新员工的企业来说这个工资也太高了,如果给新员工的工资低于现有员工也并不是全部有效的,那么通过对工资的限制来阻碍有效雇佣并不是“聪明的演员能够避免的”。因此,如果你认为一致对待所有工人是对多雇员企业的实际约束,那么使用简化了的只有一个雇员的企业时,引入这样的约束是正确的。[②] 我认为模型的易处理性有时能让假设变得适当,而不是思考两种方法导致相同的中心结论时获得貌似可行的条件,尽管其他的结论不会存在。

至于上面提到过的零售市场,一致性地对待是将广义边际和集约边际联系起来的纽带。对于一个雇主来说,从现有工人中获得正确的时间和努力与吸引额外的工人是不同的考虑内容,但都是同一个工资政策需要探讨的两个经典问题。[③] 似乎在最佳税

---

① 当然,我们可以激发通过直接导致我们施加限制的基本考虑,假装对生产进行约束。在某些税收分析中的例子,给出一个观察限制来限制税收基础的可利用选择。尽管所有的候选人基础都需要成本,且有一定的不准确性,它们被打上了无须成本、完全可用或者技术上无法提供的标签。

② 最佳税收中也有一个类似的问题:是将来自税收结构的高复杂度的复杂情况正式模型化,当选择一个征税基础,或更简单纯粹地在最佳化前排除那些复杂的税收结构。更多方法论研究参见詹姆·斯班克和戴蒙德 2010 年的研究。

③ 同样相关的是,不对称信息和决策安排的文献中证明了解决就业时期开始时的安排的能力不足。

收理论中，分别对广义边际和集约边际的不同作用的认识相对于只考察两者之一的模型，所获得的启示意义会发生改变。[①] 我不能确定这些想法、简单合同和罕见的重新谈判是否对“正常时期”的搜寻建模有着重要的关系，但我猜想它们对高失业率时期的产量和劳动力市场分析都有着重要影响。[②]

那些回应席莫的相关研究探索了循环敏感性的意义，作为纳什谈判解的替代选择，该研究是在没有达到匹配的情形下计算出来的胁迫点。霍尔和米尔格龙(2008)吸收了肯·宾默尔、阿里埃尔·鲁宾斯坦和亚瑟·沃林斯凯(1986)的研究，后者的研究基于就业开始的延迟而不是放弃匹配来考虑胁迫点上的讨价还价。霍尔和米尔格龙则认为，继续一段已有匹配才更加恰当，并证明这样可以提高席莫校准。为了研究空缺职位的产生和裁员问题，规则必须也适用于新雇佣关系。请注意，这样保留了企业和工人一次只与一个人协商的基本假设。然而有时候，一些工人收到了多个录用通知，引发了一场激烈的竞争，也许伯特兰的解决方法对此有所涉及(詹姆士·阿尔布雷克特，皮亚特·戈蒂埃，苏珊·弗罗曼，2006)。对于现有雇佣工人填满空缺职位的重要作用，使得这个问题具有了基本重要性(纳吉帕尔，2008；法比安·波斯特尔维纳和珍·马克罗宾，2002)，而且有时某些企业也有多个应聘者。[③] 在不同的周期中，企业与多个应聘者(此时的工资较低)以及工人与多个工作邀请(此时工资较高)的混合差异很大，而且有时候工资的设定是公开价，没有协商的余地，或者没有人想要协商，这在霍尔和阿兰·克鲁格(2010)的论文中有所论述。协商的情形也因企业和工人而异，这样就没有一个单一的协商准则可以决定情形——用一个准则对待所有协商是对经济多样性的不公正对待。这说明我们有必要利用多重模型，而且思考经济时对于某个特别的校准不要给予过重的权重。[④]

在前面提到过，比纳什谈判解对生产率变化更低的敏感度被用来当作黏性工资的定义。这个定义从干扰雇佣和裁员效率的工资，到对于生产率的敏感性比常规的纳什谈判还要低的工资，用同一个术语表示两个不同的概念似乎不妥当，而且不应该因为对集约—广义边际的关注而忽视了裁员和有限公用的重要性。不管是不是称作黏性工资，替代工资协商规则对空缺职位价值的影响是重大的，因而非常值得我们去研究。前面的讨论有一个突出点，通过比较整个经济的校准模型不能轻易达成新雇佣工资周期的结论，因为模型中的不同部分有着太多的貌似真实性候选。换言之，实际的谈判情形是多种多样的，将所有只包含一组不同谈判结果的模型结合起来，我们可以获得很多信息，但只凭其中一个实证问题的回答显然是不够的。因此，我们很自然地尝试收集能够直接给边际职位空缺的保守工资带来启发的数据，这是与保守工资(针对新雇佣关系)或实际工资(针对裁员)进行比较的关键变量。

---

① 康特拉斯特·米尔利斯与戴蒙德 1971 年的研究，1980 年和 2002 年与萨兹的研究。

② 一边关注工会，一边写作，霍尔和大卫·莉莲在 1979 年的论文中的某些观点在我看来似乎与非工会设置也相关。

③ 多重即时供应模型，参见艾略特 2011 年的研究及其引用的内容。

④ 不对称信息的协商模型，参见布鲁格门和莫斯卡利尼 2010 年的研究及其引用的内容。

对于能够阐明企业保守工资可能的交易信息来源于实际雇用员工的工资,这些工资可以从雇主数据或者工人数据中获得。问题是这里存在一个严肃的关于选择的问题,将来自工人数据的离职人员工资与在职人员工资进行比较时尤其如此,因为商业周期中的辞职和裁员都大不相同。由于我们认为辞职者经常跳槽到工资更高的岗位,而解雇者的工资通常会下降,仅仅比较离职人员和在职人员平均工资变化并不能带来多少信息,这似乎是受到了选择问题的牵制,尽管选择问题在工人的某些方面是有条件的。[①] 一旦我们认识到生产率中的异质性,就会发现不是所有的雇佣都是边际职位空缺,即便在更加复杂的模型中也是如此。对于新雇佣关系中发生的直接辞职可能是非边际的空缺职位,有时也可能是其他的原因辞职造成的。

通过观察企业新雇佣工人工资的数据,似乎更有潜在前景,比起分析当前工资更能带来有前瞻性的估算结果。我们可能会比较不同时期新雇佣关系的报酬来确定研究的核心问题——比较新雇佣员工和现有员工则可以给研究其他问题带来启发。我注意到有一篇从企业方面来研究数据的论文(玛丽安娜·库德里亚克,2010)。在这篇论文中讨论的最有意思的内容是关于延期支付和失业之间存在的联系。

在我1971年及之后有关零售市场的研究中,假定价格是基于一口价来定价的,研究中有关于价格分布的知识但事先无法知道哪个供应商会给出什么价格。我的一个重大发现是价格超过了其应当有的有效价格。我对于劳动力市场的分析保留了随机搜寻但是假定存在谈判。我的研究主要是关于搜寻过程本身的效率,而不是由此引起的工资的效率。有研究(埃斯彭·摩恩,1997)针对的是劳动力市场上的定向搜寻,该研究关注的是工资决定。一些关于定向搜寻研究文献,例如早期的罗伯特·卢卡斯和爱德华·普雷斯科特(1974)的研究对单独的劳动力市场进行建模,并假设对于不同地方的搜寻有着完全的知识,尽管这个决定带来的结果仍然是随机的,对于富有洞察力的建模的简化至关重要。但我认为,对于多元化要素和多元化方法的关注也至关重要,前者需要人们花费时间和资源进行学习,后者则需要人们获取一些信息,有时候不需要花费任何代价。

对黏性工资的研究很自然要考虑到雇佣中的广义—集约边际以及现有雇佣关系的本质。这种研究方法是不完整的,如房地产市场很好地体现了这一点。商业周期表明从将房子投入市场到完成交易所需时间长度的差异变化很大。房地产市场中的黏性价格既不包含现有的关系,也不包含近似的集约—广义边际。

四、贝弗里奇曲线

贝弗里奇曲线展示了一段时间内的空缺职位和失业的模式。在经济发展良好的时期,我们预期会有很多空缺职位和较低的失业率;而在经济不景气时期,预期会有较少的空缺职位和较高的失业率。在商业周期过程中,经济会从繁荣时期移动到萧条时

---

① 商业领域的岗位机会混合也是相关的(韦恩·弗罗曼,1977,1978)。

期然后又移动到繁荣时期，我们预期经济会随着一条曲线循环运动，正如基本搜寻模型中所展示的微分方程所设置的那样。①

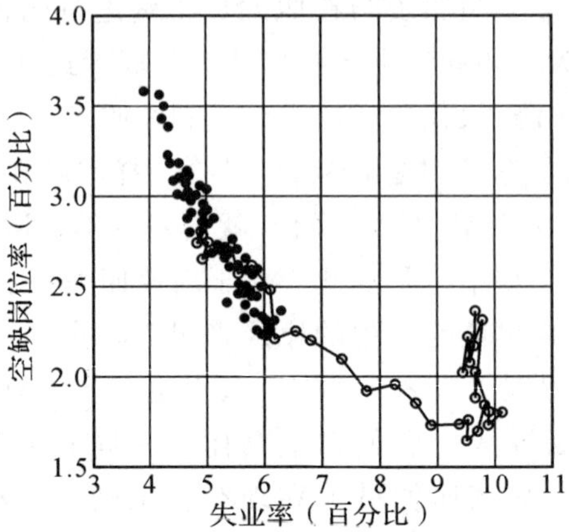

图 4　美国 2000 年 12 月至 2010 年 8 月的贝弗里奇曲线

来源：罗伯特·夏默和个人通信。

图 4 展示了美国 2010 年 8 月以前 10 年的贝弗里奇曲线，我们可以看到 2008 年至 2010 年 8 月的数据用线连接起来后呈现开放型的圆圈。直到图中最后 12 个月的数据，你可以看到经济萧条的预期模式，即空缺职位缩水，失业率上升，在图中大致沿着曲线向右下角延伸。随后，空缺岗位上升，而失业率没有下降。② 在这种情况下，我们听到有人声称美国经历了结构性失业的一次飞跃——即经济可能长期处于较高的失业水平，而这种情况被称为"新常规"时期。这个推断被用来表明，我们不应太关注于利用货币政策和财政政策刺激总体需求。例如，下面是引自明尼阿波利斯联储主席纳拉亚纳·蔻切拉科塔在 2010 年 8 月 17 日陈述的一段话：

> 职位空缺和失业率之间的关系的改变意味着什么？简言之，错误的匹配。企业提供岗位，但找不到合适的工人；工人想找工作，却找不到合适的岗位。错误匹配有很多可能的原因：地理、技能、人口统计等，这些因素可能都在发挥作用。但不管原因是什么，我们都很难弄明白美联储应该如何来解决这个问题。货币刺激提供了条件使得制造工厂会产生招募新工人的需求。但是美联储无法将建筑工人转变为生产工人。

这段话引起了轩然大波，而我将深入讨论这个话题。

当我们听到较高结构性失业率时，一点也不感到惊讶，因为失业率飙高时就会出

---

① 例如布兰卡德和戴蒙德(1989)论文中的表 3，展示了从岗位少的平稳状态到岗位多的平稳状态的动态路径。

② 从更长的时间范围来看，商业领域围绕着运动曲线移动，表示了随着时间发生的变化。

现这样的说法。当我刚刚成为一名经济学学生时,一场类似的争论在那时刚开始兴起。1964 年,鲍勃·索罗的维克赛尔演讲反驳了有关 20 世纪 50 年代末、60 年代初的高失业率是结构性的而非总需求不足的结果这一论点。的确,最新的技术或结构发展引起了新的长期高失业率水平的说法由来已久,但这些观点不断地被证明是错误的(格里高利·维罗尔,1996)。①

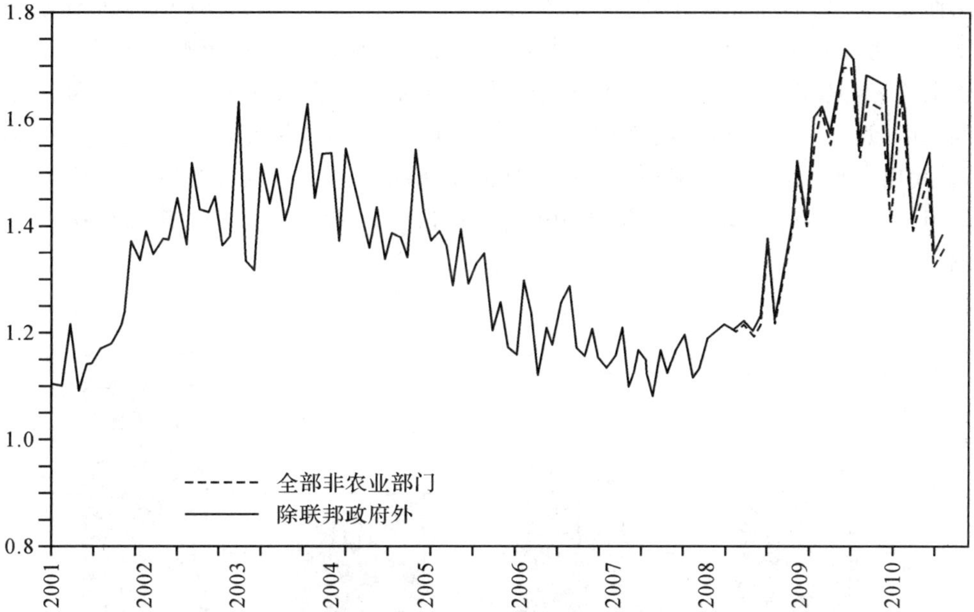

图 5 空缺职位的产生,根据 2001 年 1 月至 2010 年 9 月 H(t)/V(t−1)计算

来源:戴维斯、法伯曼和霍尔蒂万格。

如果我们通过关注匹配函数来考虑劳动力市场的状态,将雇佣与失业和职位空缺联系起来,而不是只考虑后两者的贝弗里奇曲线,我们便会获得更多的信息。最自然的解读是贝弗里奇曲线的运动表现在工人和职位的匹配效率下降。图 5 展示的是过去 10 年雇佣和空缺职位之比的变化。与贝弗里奇曲线中的图形一样,尽管失业率持平,去年雇佣率相对空缺职位在匹配函数水平上有所下降。

请注意蔻切拉科塔的陈述:"企业提供岗位,却找不到合适的工人;工人想找工作,却找不到合适的职位。"这是对劳动力市场一成不变的看法,但当我们想到每个月有上百万次的雇佣关系发生时,这个论点是站不住脚的。尽管大量工人长时间处于失业状态,还是有很多工人找到了工作,填补了很多空缺岗位。图 6 展示了在过去 20 年中,平均每个月有 37%的失业人员找到了工作。尽管这个比例后来有所下降,但大致保

① 例如这段 1931 年的话:真正的问题不是技术的变革是否让工人丢了饭碗。因为答案毫无疑问是肯定的。真正的问题是,在几年的不断引进新机器和新加工方法后,是否会引起大规模的雇佣净增长或净减少。在这个问题上有两个针锋相对的观点,每个观点都获得了众多热心学者的支持。

持在20%左右。此外,失业人员数量的较大增长,基本抵消了失业状态的退出率,因此每个月的雇佣水平与之前差不多:从2009年11月到2010年10月的12个月中,每个月有570万工人找到工作,这与过去20年里平均每个月600万人的数字基本一致。因此我们仍然不得不思考大量流入和流出的就业。

从技术上说,匹配函数不是一个给定的结构性关系,而是一个对于个体雇主和工人层面复杂多变的雇佣模式的一个总体水平的反应。因此,考察那些不是总体水平上的细节是比较有用的,因为这可以观察到当前经济的衰落是如何影响总体关系的。从经验上说,这是在空缺职位与失业率之比的范围值之外的,而这个比率经常被用于估算匹配函数。也就是说,解读当期与往期的经济萧条和经济复苏比较数据的关键问题,是找出雇佣模式、失业率和空缺职位在经济萧条时期如何因规模不同而不同,又是如何因为具体事件而有差异,例如银行业和房地产市场的重大问题或持续问题的影响。

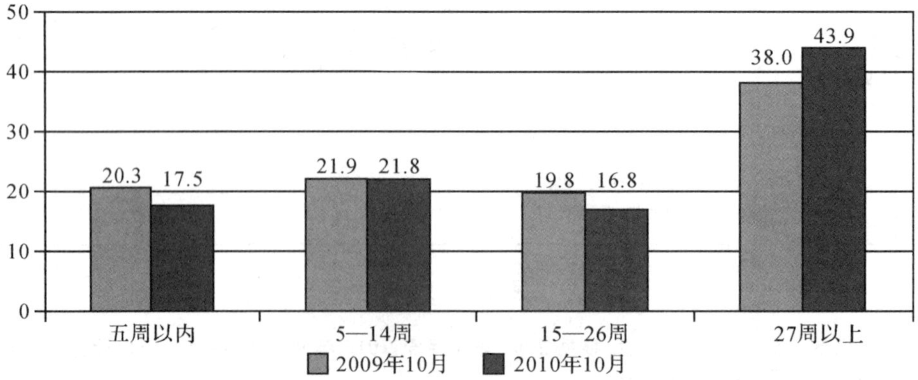

图6 失业人员的失业时间长度和百分比分布(不以季度为单位)

来源:2010年11月5日的经济新闻发布会上的劳动力统计局数据报告,表A-12。

当前经济衰退在深度和广度上的严重性导致了大量的长期失业。从图6中我们可以看到贝弗里奇曲线到2010年10月为止失业时间长度的分布以及于2009年10月开始垂直延伸。较低的空缺职位数量增加了长期失业。此外,我们还延长了失业救济金的发放时间,这样或多或少降低了职位搜寻的努力程度,也打击了劳动力的活动。长期失业人员对于搜寻岗位的努力程度的降低,不会对总体失业率产生太大的影响,因为还存在许多其他求职的工人和相对较少的空缺职位。而劳动力群体中失业人员的减少,会增加失业率,但对雇佣的影响较小,这是因为还有大量失业人员留在劳动力人群中,而劳动力人群之外的人也会接受工作。劳动力群体中失业人员流动的减少会使得贝弗里奇曲线向上移动,而可测算的匹配函数则会下降,这是因为雇佣与失业人数之比由于分母增大而下降。[①]

① 如果有人建立一种极有可能雇佣劳动力意外的群体的测量方法,那么他/她可以分析一个三点论匹配函数。

长期失业对于工人和他们的家庭来说都是很煎熬的。更为严重的是,随着时间的流逝,失业的时间会越来越长,从而影响长期失业人员的行为,他们不太擅长保持与就业的联系,因此在经济飞速增长后,劳动力的响应会比较慢,一旦接近充分就业时便有可能发生与通货膨胀有关的问题,但不是现在。长期失业的不良影响是我们重点关注经济不景气有多长时间的原因之一。在历史上,金融危机后的经济复苏是缓慢的。由于经济复苏缓慢而对于长期失业人员产生的影响强调了刺激总需求以加速经济恢复的重要性,还强调了进行项目试验来帮助长期失业人员找到并留在工作岗位的重要性。

正如测定失业率并不能完全反映可供雇佣的工人数量那样,空缺职位的测定水平也不能完全反映职位的供应情况。有一些雇佣是由没有测定空缺职位的企业完成的,而其中的部分雇佣发生在没有公开招聘空缺职位的企业中,还有部分空缺职位由于填补太快,还没来得及进入数据。约翰·霍尔蒂万格给我提供了一份评估,数据表明,在原始数据中大约有40%的雇佣与开始于只有零空缺职位的企业有关,其中2/3是由于时间问题,其余则是因为雇佣没有公布。因此,总匹配函数的测定因雇佣的组成部分的变动而有不同。

在横截面数据的基础上,雇佣速度的系统方法也大相径庭(戴维斯,法伯南和霍尔蒂万格,2010)。不同行业之间的雇佣速度差别很大,相对于教育行业和健康行业来说,建筑业的雇佣和空缺职位比率相当高。虽然建筑业总体来说是周期性的,但在这次经济萧条中也受到了重创,这时建筑业匹配函数的测定效率比建筑业相对影响较小的时期更低。快速成长中的企业填补空缺职位的速度比成长慢的企业快得多。我不了解数据,但是相比规模不那么大、时间不那么长的高失业率时期,经济低迷时期空缺职位快速增多和企业增长缓慢的集合会有更大的改变。小企业相对于大企业更有可能在没有评定空缺职位的情况下雇用工人。朱塞佩·莫斯卡利尼和波斯特尔·维奈(2010)给出了一份关于商业周期中的大小企业所扮演的相对角色。莫斯卡利尼说道,大企业总体创造的就业减去小企业总体创造的就业所得的结果通常都比较高,比1980年以来的其他经济复苏时期都要高。这与信贷市场的变化对于不同规模企业产生的不同影响相一致。[①] 房屋价值的下降同样影响了小企业通过企业主的房产借款来给雇佣融资的能力。这导致了小企业主占据了雇佣中的较小份额,降低了测定匹配函数的效率。有些类型的工作岗位比其他岗位填补的速度更快、更容易。霍尔(2010)指出,一个企业在其员工辞职后对于该空缺岗位的填补速度要比新创造的岗位填补速度更快,这是因为辞职经常发生在低级且通用技能的高流动性岗位上,例如快餐店。[②]

---

① 伯南克在2010年论文的第4页写道:"利用信用为投资和扩展商业运作提供资金的可行性依然不太平均。总体来说,金融状况较好的大企业在资本市场能够以优惠的条件轻易获得信用,其在资产负债表上也有相当可观的现金。相反,小企业却继续面临着获得信用的更大问题,部分说明了影响其贷款的不佳资产负债表和收入预期,以及严格的放贷标准和银行方的贷款条件限制了他们获得贷款的能力。"

② 这与戴维斯、法伯南和霍尔蒂万格2010年的研究一致,即岗位填补与工人流动率成正比。

况且辞职肯定在下降，这可能降低了填补工作岗位的平均速度。

解读经济萧条时期和恢复时期总失业模式和空缺职位比率的不同的关键，在于分解水平下雇佣困难的变化或是不同企业和部门间基本不变的雇佣模式集合，但前提在于这是一次旷日持久的大萧条，而且与资本市场和房产市场的重大持续问题有关。在分解的基础上对雇佣研究的补充就是考虑蔻切拉科塔的假定会带来什么发现。在某些行业或地区，雇佣是一个普遍存在的困难问题吗？我还没有见到相关报道。[①] 因此，贝弗里奇曲线出现了浮动且一旦经济确定复苏，匹配函数对于经济的基本功能将不再显著地变化。换言之，在总需求充分回升后，除了长期失业的持续影响外，这个模式就会回归到正常状态。

了解完数据后，我们来看看任何可能出现的改变会带来哪些政策推断。首先，不管一个人对近期匹配效率的下滑量有何看法，更多更好的教育和良好的再训练都可以培养出一个更加有生产力的劳动力，而我们的政策所追求的就是用合理的成本来实现这样的目标。而对于意在帮助长期失业人员找到工作并留在工作岗位的试验进行仔细评估似乎是值得的。在高失业率时期，人们继续深造所用时间的社会成本并不高，因为这个时间在其他方面也不会被更好地利用。政策的讨论不在于是否该在结构方面下更多功夫，而是如何在总需求上下功夫，现在这已经成为一个担忧长期债务水平的突出问题。

其次，当前对总需求的争论都是学术方面的，而且是它的消极意义。目前我所见过的关于失业率相对于几年前的增长的估计都是“结构性的”，而不是由于总需求不足引起的，因而对于总需求的刺激仍然非常必要，这也给接下来的政策指明了方向。

最后，对于从商业周期产生的结构性失业中分离出周期性这一研究价值，我保持怀疑态度。当公司对竞聘岗位的申请者进行评估时，他们将会从如下角度进行考虑：有效候选人与职位相匹配的质量，新候选人实用性的估计以及空缺职位的填补会给公司带来的价值。也就是说，企业是否愿意雇用一个给定质量的匹配，取决于对投资新工人所带来利润的预期和对未来岗位潜在申请者的预期。

劳动力市场越紧张，填补空缺职位带来的价值会越高，一个企业越愿意雇佣工人，即使这个工人对于职位的匹配不是很好且需要更多的训练。换言之，一个工人也许可

---

① 2010 年狄更斯的论文第 10 页写道：“表 3 呈现了 8 个行业的空缺岗位与失业率之比。既然可以识别一些行业中最近几个月的空缺岗位的增长，那么所有行业中的该比率依然保持较低。而我们看到没有任何高空缺岗位和失业率之比的行业。这说明当今很难把结构性不良匹配当作一个主要问题。”在私人通信中，他向鲍勃·德利雅斯特报告了研究进展，而后者将地理性不良匹配指数建立在职位空缺、劳动力流动报告和在线数据库所需要的世界大企业联合会的帮助的基础上。他们比原论文更具体地探索了职业不良匹配、地理性不良匹配与贝弗里奇曲线的明显向外变动一致的证据。里吉斯·巴尼孔、麦克·埃尔比、巴特·霍比金和艾谢居尔·沙欣在 2010 年的研究中提到“分解了与贝弗里奇最近的偏差，并发现大部分与贝弗里奇的偏差都可归因于每个空缺岗位的雇佣的下降。这话总下降存在于所有行业，尤其是建筑业、运输业、贸易和公共事业、休闲业和度假业。而建筑业占据了贝弗里奇空隙的 1/3 还多”（第 1 页）。

以被看作是结构性失业，在当前经济状况下面临着严峻的错误匹配，但在供不应求的劳动力市场中也可能被雇佣。把失业程度看作是相互摩擦的、结构性的、周期性的常规认识，忽略了劳动力市场的紧密性会影响工人的辞职决定以及影响雇主对于雇佣一位需要更多训练的候选人的意愿。由于直接测量摩擦性失业或结构性失业依赖于劳动力市场的紧密程度，因此它们与需求刺激政策设计的联系是有限的。关于美国经济没有适应性和能力来调整对于技能和工作的需求从而达成彼此相适应，这一观点独树一帜，从悠久历史来看，美国的失业率上下起伏。①

当劳动力市场紧张且企业招聘工人存在困难时，他们会向外延伸到以前没有寻找过的地方，也会扩展对工人的训练，从而找到可以满足他们需要的工人。支持当前的刺激政策，作为对经济的利好因素，与注意避免将来发生通货膨胀是不冲突的。

五、结束语

离开这个研究主题很长时间后，今年秋天在我的搜寻分析短训班上，我惊讶地发现原来搜寻研究从早期到现在已经经过了如此漫长的发展。由于很多学者都没有利用以搜寻为基础的方法进行的高质量研究，因而可以肯定地说没有一个奖认可搜寻摩擦的市场研究，而研究还远不止如此。为了研究失业问题，我们需要将信贷市场和（非瓦尔拉斯）产品市场包含在我们的研究中，还要包括名义想法、名义合同以及对当期收入更大作用的思考等。要想满足这些要求，最好把劳动力市场的局部均衡搜寻研究放到完整的一般均衡设置中。的确，本文一再强调不要把局部均衡模型当作一个满意的一般均衡模型。

除了更具包容性的建模，我想重申文章开头所引用的马歇尔的话。理解经济、理解政策建议和决策应当通过多重模型来进行研究，而且它们应当包含看似正确的洞察力，哪怕还没有建模。

（陶　陶 译　王鑫鑫 校）

获奖演说
搜索摩擦市场与DMP模型

戴尔·莫特森

一、引　言

什么是搜索摩擦？其在市场分析中有什么作用？它们为什么重要？这是我今天即将解答的三个问题。同时，我还会提及欧洲和美国当前的劳动力市场，讲述一小段

---

① 一个对经济的比较固定的看法，与结构性失业的观点相契合，总需求政策无法解决结构性失业，这个观点与被严重误会的观点类似：鼓励早期退休的政策和在稳定的基础上帮助年轻人解决失业问题（戴蒙德，2006；乔纳森·格鲁佰和大卫·怀斯，2010）。

这些思想的发展史。

回答“是什么”的最好方式是举例。两年前，我和我妻子决定搬离已经住了35年的老房子，换一个更加舒适便捷的新家。我们想要一套单层的大户型，并且能看到密歇根湖的优美景色。带着这些想法，我们咨询了很多房地产中介，并列了一份备选清单。接下来，我们花了很多时间看房子，想挑选一个既能满足我们需求又在预算之内的公寓。一年前，我们买下了现在住的这套公寓，之后还进行过翻修。现在我们想卖掉这套房子。我们该如何找到接受我们出价的买家呢？买卖双方为了达成交易而花费的所有时间和精力都属于搜索和匹配摩擦。

在其他市场中，搜索和匹配同样需要花费高昂成本。虽然只有经济学家考虑到这些方面，但是就连寻找生活伴侣都需要花费时间和金钱。当然，谈情说爱比找房子有乐趣，但重点是，对信息的投入都是为了培养一段长期稳定且能有所结果的关系。显然，求职的过程也有着这些特征。

这些我们都明白，那又有什么意义呢？搜索与匹配成本能够给出重要的一般性启示，影响市场对生产商和消费者分配产品、服务。搜索和匹配成本之所以成为高效分配的绊脚石，是因为它们会降低交易收益：今天产生的成本要明天才能收回。此外，还需要建立一个禁止连续搜索的规则。由于未来的不可知性，对预期收益的评估需要预期的形成。一套可以接受的房子、一个合作伙伴或一份工作，可以提供一份未来收益，这份收益的价值超越了继续搜索更佳机会的选择。

20世纪70年代以前的可利用市场和标准模型将这些复杂因素忽略不计。最知名的模型是完全(自由)竞争模型。在完全竞争的模型中，我们都假设用来交易的产品和服务是标准化的，所有的性质和属性都为买卖双方所熟悉，而且交易都是集中的，因此所有代理商都对“现行价格”有所了解。在这些前提条件下，加之供给产品的偏好与成本，竞争价格就简单地变成了当日供求关系平衡的结果，即均衡价格使得市场出清。换句话说，买家购买的量正好是卖家想销售的量。

举一个大致满足这些条件的真实市场的例子，那就是芝加哥交易所交易的产品和合同。从前，农民把小麦、猪肚、大豆等农产品带到集市上，买家和卖家在约定的时间和地点来到市场，用拍卖的方式进行交易。随着市场的发展，最终“衍生产品”被代替交易，该衍生产品以合同的形式，用于对农民未来可获得农作物的固定价格。几十年后，通信技术的发展带来了交易技术的变革，交易市场也从芝加哥的街头搬到了建筑物里，给代表买卖双方的经纪人公开出价提供了场所。近年来，这种交易形式得到了补充和完善，但也从某种程度上被电子网络交易所取代。尽管交易技术的发展对建立更有效的市场有多少帮助尚无定论，但与交易相关的信息成本已经不复存在了。

由于搜索和匹配成本因职业、个人和婚姻而异，这种集中交易的形式在劳动力市场、房地产和婚姻市场是不可能存在的。虽然通信技术的发展对市场运作存在影响，但对于收集某项交易物品特性以及询价和出价等信息的需要依然存在。我们试图回答如下问题：既然这些市场上的信息并不完美，那么交易发生时的价格与数量是如何决定的？对于这个问题的回答有什么社会意义？对于这些问题的回答我们构建了一个研究框架,因而我们三个被认为是发展这个框架的先驱。

二、流量分析法

以往用来研究劳动力市场的理论角度是新古典经济学的“供求关系”框架。上面提到过,这种方法假定交易发生在集中化的市场中,交易的产品和服务的信息与价格都是理想的。在这个框架中,对失业问题和空缺职位的唯一解释是劳动力市场有时“清算失败”。这种观点解释了只有当工资水平超出供求关系相等时的价值时才会产生失业的结论,即当价格高于市场出清水平时,失业就自动出现。在现行工资水平下会减少很多就业机会,工人便失业了。而解决失业的途径要么是增加岗位,要么是降低工资。作为一名 20 世纪 60 年代的大学毕业生,我听说政府的责任就是利用凯恩斯和他的追随者们提出的财政和货币政策来达到目的。

20 世纪 60 年代末,一些经济学家(施蒂格勒,1962;霍尔特和大卫,1966;菲尔普斯等,1970)基于个体工人们的实际经验,开始对劳动力市场进行更加细致的思考。在平常时期,一段典型的雇佣关系会延续几年时间,而大部分工人的待业时间相对较短。此外,岗位具有异质性,不同的岗位会给出不同的工资水平、差异化的长期就业机会,还有其他的不同特点,例如工作保障;而工人也是随着技能和偏好(对于除工资之外的工作特点的偏好)而变化。这些事实告诉我们,工人和雇主在寻求“好的”员工—岗位匹配的过程中,都发现投入的时间和经历与自己的利益相关。这么看来,失业工人和空缺的工作都投身在这个过程中。

从很早开始,理论家意识到需要用动态的“流量分析法”才能充分分析失业波动。也就是说,理论应该证明失业持续时间和发生率的这些观察结果,以及失业持续时间和发生率对于商业活动的波动如何做出反应并发生相应变化。由于对信息的投资前提要求是形成一个可接受的关系,这类关系的形成会持续相对较长的时间。通过这些观察可以发现,现有关系的数量,如自有或已租房屋的数量、婚姻数量或者员工—岗位的匹配数量就是一种存量,这个存量水平会随着流入和流出存量的变化而发生变动。虽然我们感兴趣的是存量水平,但分析的重点应该是影响流入量和流出量的决定性因素。

在流量分析法中,失业是劳动力市场参与的一种状态,在这种状态下,工人通常会占用一个相对短期的工作岗位,同时他们会寻找另外一份自己可接受的就业。在任何一段时间里,都有不同的工人进入这种状态,其他人则离开,这种流动因时间不同而不同。由于流出水平大致相当,失业率会趋向于使得流入和流出两种流量平衡的水平。有趣的是,20 世纪 30 年代,美国人口普查(这个人口普查曾经用于测量失业率的来源)的设计者,早就有了这种观点。被归类为失业人员的人必须对下面这个问题做出肯定回答:你最近一个星期找工作了吗?

图 1 为最近十年的劳动力市场变动的图解。图中锯齿线表示的是每个月的新就业人员和离职人员,平滑曲线表示的是就业水平。左边的纵坐标表示的是每 1000 个

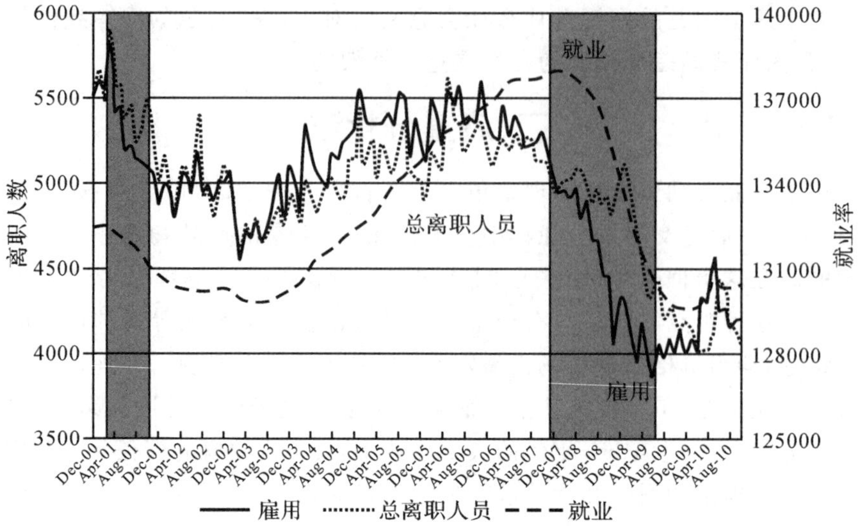

图 1　雇用、总离职人员和季度就业率

来源：劳动统计局，www.bls.gov.

工人的就业率，而右边的纵坐标是每个月的就业人数。由于就业变化等于就业和离职流动差，当雇用流量超过离职流量时，就业水平提高；当雇用流量少于离职流量时，就业水平降低。那么，失业人员的数量则向两种流量差距相反方向移动。图 1 中阴影部分表示国家经济研究局认定的萧条期。从图 1 中可以看出，基本上萧条期离职人数都大于就业人数。需要注意的是流动数量总是很大。在大萧条时期，即便在最好的月份里也有 550 万人离职，但同期依然有 400 万人的就业流动。所以，人们普遍认为没有足够的工作岗位的想法是与事实[①]不符的。

带着劳动力市场流动的观点，找到一份满意的工作是信息收集过程的结果。在这个过程中，工人需要利用合同、朋友和邻居来获得工作信息，而雇主则开展招聘活动。还有其他更加正式的信息传递渠道，如报纸上的求职广告、网络上的岗位招聘通知等，都是可以申请具体职位的渠道。对于任何一个求职者来说，随着时间的推移，这种求职的努力会带来一系列潜在的录用通知。得到录用通知后，工人可以决定接受与否，决定的依据主要是基于当时收集的信息和未来能否找到更好工作的一般信息。换言之，对于一个市场参与者其接受工作的选择并不是来自家庭、学校教育或其他非市场活动，默认的选择就是继续搜寻。但是录用通知的多少并不是确定性的结果，而是取决于工人搜寻工作的努力程度和其接受工作的标准，还会受到市场中其他工人和雇主的影响。经济学家感兴趣的问题是市场参与者的相互交流如何将工人分配到各个岗位中去。

总体而言，工人—岗位配对需要花费时间，这是由于没有工人了解所有工作的位置和岗位需求，而雇主也不知道去哪里招聘求职工人，这造成了信息摩擦。有了这种

① 更多数据请见戴维思(2006)等。

对劳动力市场更加细致的观点,薪酬的设定就成了问题。在这种环境下,普通意义上的"竞争市场出清"是不可能的,因为一段令人满意的雇佣关系需要工人和雇主花费时间和金钱进行搜索和匹配,一旦一个就业机会确定后,对于雇佣双方来说另一个可供选择的匹配选项即刻失效。此外,由于搜索和招聘行为都是一种投资,而且工作只会持续一段时间,人们更加看重的是未来的薪酬空间和与雇佣机会相关的利益而不仅是眼前的利益。

三、菲尔普斯论文集

在20世纪60年代中期,关于菲利普斯曲线对经济政策的启发有一场激烈的讨论。这个由菲利普斯提出的曲线是指通货膨胀率和失业率之间的反向关系。有人将这种关系解读为政策制定者不得不面对的利弊权衡。根据这种观点,人们可以利用政策来降低失业率,但代价是通货膨胀率的不断升高。

然而,有人认为曲线背后的理论值得商榷。米尔顿·弗里德曼在其美国经济学会主席致辞(1968)中声称,经济有着一种"自然的"失业率,这是由市场均衡决定的,而市场均衡是不因通货膨胀率改变的,至少在长期是如此。货币政策可以在短期内有效降低失业率。但是任何试图通过货币政策将失业率保持在自然水平或均衡水平下的做法最终会因不断加剧的通货膨胀而失败。

埃德蒙德·菲尔普斯(1968a, 1968b)有着类似的观点。不过他补充了一个论点,就是存在搜索摩擦的市场是如何运作的。他还特别提出,一些积极的失业水平是劳动力市场匹配过程的自然产物。通过经济的通货膨胀,任何试图将失业率控制在由个体雇主和工人理性的主体行为所决定的失业率水平下的尝试,都只会导致失业率回归到自然水平,且会引起更高的通货膨胀率。将弗里德曼和菲尔普斯的观点综合起来,就是没有货币幻觉,至少长期内是如此。任何想通过货币政策来操纵价格水平,从而人为控制真实工资的企图都会引发劳动力市场的代理人通过调整名义工资来抵消这种影响。

正是在这种环境下,我开始了我的研究和教学生涯。1968年春天,我们在西北大学创办了一个非正式阅读小组,专门讨论这些针对劳动力市场的新观点对宏观经济的影响。我开始思考如何利用搜寻摩擦,在一个正式而简单的经济模型中抓住集中化市场的本质。我把劳动力市场当作研究的重点,提出了一个建模的想法:把搜寻和匹配摩擦看成是一系列潜在的相关利益方随机相遇的结果。随后,我写了一篇长篇工作论文将我的想法用公式表达出来,之后内德·菲尔普斯邀请我在他组织的一次相关主题会议上将我的论文进行报告。非常荣幸,我的第一篇论文——《动态工资和就业理论》出版在菲尔普斯会议宣读的论文集中,也就是大家所熟知的《菲尔普斯论文集》。

这本《菲尔普斯论文集》,即《就业的微观经济学基础与通货膨胀理论》,出版于1970年。这本书成了经典。这本论文集传达的主要信息就是在不确定性和信息不完全的市场环境下引进个体行为,个体代理商相互作用的结果是使得个体可以而且应该考虑就业和通货膨胀这双重宏观经济问题。换言之,作者们认为宏观经济学应当建立在微观经济学原则的基础上。除了我和菲尔普斯外,作者中还有另外一位经济学奖获得者,罗伯特·卢卡斯。尽管我们三人对某些细节的看法并不一致,对追求目标的方法也不尽相同,但我们一致认为宏观经济学需要建立在均衡市场分析的基础之上。

我的第二篇论文《岗位搜索,失业率持续时间与菲利普斯曲线》也于 1970 年发表在《美国经济评论》杂志上,这篇论文尝试利用搜寻摩擦市场中的非集中化交易的新观点,对菲利普斯曲线进行解读。我提到这篇论文,不是因为我实现了上述目标。事实上,由于诸多原因,我觉得这篇论文是失败的。其中一个原因是未能用更具说服力的代理人预期理论来完善我的模型。当然只要经过论证,也可以利用"理性预期"理论来完成,这个理论已经得到了一位卡耐基技术中心的教授约翰·穆斯的引进。虽然我在学生时代曾参加过该主题的一个学术研究会,但那时候我并未发觉这个理论与我的研究相关。尽管这个方法还有些瑕疵,后来我还是采用了该方法实质性地解决了我的问题。

四、单边搜寻模型

我收录在菲尔普斯论文合集中的论文有一篇正式特辑,也被包含在现在视为戴蒙德—莫特森—皮萨里德斯的失业模型中,主要研究失业率的动机法则。该法反映了失业工人的数量随时间而发生变化,失业工人的数量等于流入失业范畴的工人数量与流出失业范畴的工人数量之差。在工人不是待业就是就业的简单情形下,流入量等于离职率,记为 s,而就业工人数量和流出量等于就业率,记为 f,失业率 u 等于两者之比。

$$\frac{u}{1-u}=\frac{s}{f}. \tag{1}$$

相应地,由于就业率的反比是 $1/f$,等于平均离职时间,那么 $1/s$ 是平均在职时间,这个等式表示了离职的概率,因而等式(1)左边等于平均失业长度与平均就业长度之比。

在我以前的失业搜寻模型中,平均离职时间是由"选择和机遇"共同决定的。在我的菲尔普斯论文集里,工人被看成是一系列间隔时间不定的岗位录用通知的接受者。唯一的经济决策是否要接受一个可选择的录用通知。尽管我的菲尔普斯论文里讨论过这个决策问题,我的另一篇相关论文(1970b)则完全将这个模型公式化。麦考尔(1970)几乎同时提出了一个类似的公式,他的公式是以采用随机决策理论对于最佳停止问题模型的数学分析为基础的。

这里所说的最佳停止模型的核心假设是:(1)工人关注的是工资岗位所提供的未来工资预期贴现;(2)录用通知是从可能的工资报价分布中随机发送的。在这些假设下,接受工作与否类似于股票期权行为。接受下一份录用通知的概率是 $1-F(R)$,R 代表工人的保留工资,而 $F(w)$ 代表工资报价的累积分布函数。根据定义,保留工资等于工人接受工作后对于该工作未来收入的预期现值与工人放弃就业机会并继续搜寻可以选择的工作机会的价值。给定保留工资,就业率就等于录用通知到达率,记为 λ,而接受的概率等于 $f=\lambda(1-F(R))$。

一旦接受工作,工人没有动机退出一个稳定的环境。因此,失业水平的简单理论

可以总结为存量一流动等式(2)，即

$$u = \frac{S}{S + \lambda(1 - F(R))}, \tag{2}$$

等式中，离职率被视为外生的。

有了这些含义，如果对于失业工人收到工作机会的频率下降，或在保留工资下裁员的冲击增多，则失业率会升高。当然，保留工资作为就业价值与失业的等值，同样取决于这些相同的数量。在没有工作搜寻的情形下，保留工资等于工人停止继续搜索工作而接受就业机会的收入，例如失业救济金加上继续搜寻工作的选择价值：

$$R = b + \lambda\int_{R}^{\infty}(W(w) - U)dF(w). \tag{3}$$

在这个公式里，第一个变量 b 表示失业救济金，第二个变量是继续搜寻带来的预期未来工资收入，$W(w)$指提供与现有工资 w 的岗位相关的未来收入。预期未来工资收入与工人找到一份比保留工资更高的工资岗位的可能性相关，如果他继续作为一名失业工人进行工作搜寻的话。

该理论对由商业活动波动引起的就业时间的变化和即刻引起关注的劳动市场政策的设计都有着重要的意义。例如，大家都知道经济繁荣时期找工作更容易，而商业紧缩时期裁员现象更为普遍。这些现象可以陈述为：就业率 f 是顺势循环的，而离职率 s 是反周期的。在给定的保留工资下，时间变化的根源是工作机会到达频率和离职率 s 的波动。由于这一系列作用，失业率在萧条时期会升高，在经济复苏时期下降，而保留工资则不变。然而，公式(3)表明，保留率对于 f 时上升，而对于 s 时下降。这是因为，一个理性的工人会在工作好找时要求更高的工资，而在未来裁员现象增多时降低要求。尽管这些变化会抵消那些 f 和 s 的变化，有证据表明这种直接影响还是大量存在的。

事实上，所有经济发达国家和许多发展中国家都提供由税收支撑的失业保险，并以福利的方式支付给失业人员。这些政策的社会目的是确保居民能够应对失业带来的消费冲击。然而，保留工资等式告诉我们应当考虑到这项政策的副作用。也就是说，当工人获得工作时，失业保险福利就没有了，工人所得的工资补偿了这方面收入的损失。因此，当找到工作时保留工资增加，就业率随着 b 增高而下降。这种无意的举动会有完全相反的作用，会提高整体失业率。另一个推论来自模型更加丰富的版本，一段更长的收益期也会因相同的原因降低就业率。现在有相当多的实证研究文献可以确定这个假设。这些发现阐明了失业保险带来的显著社会福利与搜寻就业动机引发的“道德危机”两者间的权衡，这是对失业补偿体系设计核心争论的一个困境。然而我们必须明白，任何保险项目都有着类似的问题。

1. 双边搜寻模型的均衡

单边搜寻模型没有为就业和工资决定提供一个完整的理论，从而有利于动态的政策分析。20 世纪 70 年代，大部分论文都没有把市场需求的一面明确包含在模型中，这个例外直到彼得·戴蒙德(1971)关于价格设置的论文发表才出现。在论文中，彼得提出“在存在搜寻摩擦且有大量买家和卖家的市场中应如何设置价格?”这样一个问题，并给出了一个惊人的回答。他采用非合作纳什均衡理论的博弈理论概念，发现所有卖家的出价都是买家的保留价格。这套理论背后的逻辑非常直接。首先,如果所有供货商的报价都相通,且工人知情,那么买家不再有搜寻出价的动机。如果每位买家都在第一单购买,卖家可以通过要价保留价格获得收益最大化,那么雇主和工人都没有偏差的动机。

现在,他的理论被称作"戴蒙德悖论",因为他的理论说明了那些完全竞争条件下的相对较小偏差对最终价格产生了一个非常不同的结果。之后,戴蒙德的结论被一些学者进行了修正,他们指出如果放松其假设中的一个,即工人或买家必须每次只能回应一个录用通知或报价,那么就会存在其他的均衡,包括竞争性均衡。伯德特和贾德(1983)论证了一个更加有趣的均衡,这个均衡可以被定位为纯价格离散度,即不同卖家对同一个产品的不同报价区间。之后,伯德特和莫特森(1998)指出伯德特—贾德如果在职工人和失业工人相继进行工作搜寻,则纯离散度的条件可以得到满足。确实如此,他们公式中的唯一均衡即我们所称的"一个价格法则"是无效的。当然,这个结果简单地强化了戴蒙德的论据,即关于交易机会的不完整信息会导致一个比完全竞争理论更加丰富的价格和工资决定理论。

戴蒙德首创的搜寻均衡的研究至今仍然有效。在特定情形中,这种理论被劳动经济学家所发展,为了理解不同公司之间的工资差异和个人工资的增长。莫特森(2003)的文章中有关于这个理论发展的近期研究,而相关实证文献由波斯特尔—维奈和罗宾(2006)进行了回顾和评价。发表在《劳动经济学杂志》上的相关研究阐述了对劳动力市场的理解和判断。(参见森费尔特等,2010)。

宏观文献中采纳了工资设置的模型,但是建立在双边协商理论的基础上。在这种设置中,雇主和工人都无权制定工资。相反,工资是工人和雇主相互协商的结果。协商分配的利益等于工人创造的边际效益和工人的保留工资的差距。这个差距是积极准确的,因为需要时间和资源来找到可替换的匹配合作者。

当双方相遇时,工资的谈判必须依据过去经济发展的情形。这就引发了下面这个问题:由双边协商引起的匹配租金的分类能不能为参与搜寻和匹配的过程提供正确的动机?尽管答案显而易见是否定的,但这个问题的公式开启了关于市场均衡完全搜寻模型解法的新研究文献,这些模型包含了雇主和工人搜寻和匹配的行为。

我在此领域的早期贡献包括发表于 1978 年的《特定资本和劳动力转换》以及 1982 年发表的另两篇论文:《财产权、竞争与合著效率及相关博弈》和《非合作博弈中的匹配过程》。这些论文与共同获奖者彼得·戴蒙德(1979,1982a,1982b)的论文以及克里斯托弗·皮萨里德斯(1979,1985,1986)的论文是第一批将双边搜寻模型公式化,并解决搜寻平衡的"存在和效率"的双重问题的论文。

我 1982 年的文章里所用的模型是一种"合作关系的形成"。这里的合作关系是指两种代理人的联合以产生一系列的联合价值,这个价值可以超出双方单独完成所创造出的价值之和。一段商业的合作关系、一次岗位和工人的配对、一段婚姻等都是合作关系的例子。合作关系形成的结构与贝克尔(1973)的婚姻模型相近,后者是一个扩展到包含搜寻和匹配摩擦的可转移效用的模型。在已有的单边搜索中,潜在的合作者被假定为随机相遇。虽然所有合作关系都被看作是相同的"匹配质量",特定匹配的产出是一个只有两个代理人相遇后才会被揭示的随机变量。模型的这个特点使得它与代理人拥有固定的能力或者其他决定联合产出的特点有所不同。

前面已经提到了,搜寻和匹配摩擦意味着当可兼容的一对相遇时所产生的盈余。正如在上面所有论文所提到的,就"不存在能使双方变得更好"这一假设来说,对盈余的分配是双方都理性的结果。因此,只有且仅当双方都有兴趣时,两者的匹配才会形成。虽然与任何双边谈判的问题一样,通常都存在许多共同有效率的剩余分配,但这些假设中盈余分配的选择都是以工人租金的份额为特点,也即通常理解的"工人谈判能力"。

匹配函数的概念是一个明确的市场水平关系,意在描述代理人相遇并发生匹配过程的结果,连同一个决定工资的谈判方法,戴蒙德和马斯金(1979)在其早期于《贝尔经济学杂志》上发表的一篇题为《搜索和违反合同的一个均衡分析》论文中,也用到了匹配函数的概念。他们的论文扩展分析了我 1978 年在贝尔杂志上发表的文章,添加设置了后面说的市场均衡的内容。

我们的双边搜寻论文的面世,引发了接下来几年来彼得和我关于我们的思想发展的交流。我想可以直接地说,我们在 80 年代早期互相合作,彼此为对方提供了很多想法,尽管我们并不是合作者。的确,彼得富有价值的评论与我的论文《非合作协商博弈的匹配过程》都发表在了同一本论文集中。也是在同一年,彼得发表了他的双边搜寻著作《搜寻均衡中的工资决定和效率》和《搜寻均衡中的总需求管理》。在其 1979 年发表的文章《国家就业机构的就业匹配和随机搜寻》中,皮萨里德斯已利用搜寻摩擦作为研究均衡失业的工具,研究了宏观经济暗含的流量方法,对劳动力市场的分析取得了突破性进展。

匹配函数将工人—工作流动与失业工人人数、空缺职位数量和工人搜寻与雇主招聘联系在一起。该函数成功地捕捉到了搜寻摩擦的关键含义,那就是阻止交易双方的即刻相遇。它证实了一种极为有效地塑造双边搜寻摩擦模型的工具,这种搜寻摩擦来源于潜在交易伙伴信息的不完整性,而不是因为它可以在失业模型中无须添加过多的复杂问题。

在 1985 年发表的论文《失业和职位空缺的短期平衡动态及实际工资》中,皮萨里德斯利用搜寻函数强调了需求的周期循环波动对失业率和工资动态变化的影响。虽然我对他近年来的研究有所了解,并一直跟进,但直到 1990 年他出版《均衡失业》一书,完整地创建了 DMP 模型的第一代后,我和他才撰写了一系列的共同著作和论文。第一篇论文是 1994 年发表的《失业理论之就业创造和就业流失》。这篇论文将他书中的第一代模型进行了扩展,加入了内生的离职和工作创造。随后,扩展版的模型包含在他 2000 年出版的第二版书中。

在我自己的双边搜索模型里,我考虑了两个不同的具体似真函数形式:线性函数和二次函数。这两者都可用来描述简单的抽样方案,有时被叫作"球形和瓮形"模型。我们可以把线性匹配函数看成是市场任何一边尚未匹配的代理人以一种可选择且高代价的频率随机联系到市场另一方未配对的代理人。当然,同一个代理人也可能被市场互补性类型的其他人联系到。因此，工作和工人相遇的总瞬时速率是一个市场双方搜寻代理人数量的线性函数。据此，一个工人的预期相遇频率等于总概率除以给定随机搜寻条件下的失业工人数量，可以看作泊松随机变量。

二次函数是这种简单函数的扩展，在这种函数中，总相遇概率与两种类型的搜寻代理人的数量成正比。事实上，这种情形可以被视为当每一个人接触了另一方的个体，但无法得知这个潜在的合伙人是否相匹配。因此，有效的相遇率与相反类型的未匹配代理是两类代理结果的数量。在劳动力市场的背景下，线性的情形可以表示为$M(u, v)=a_1v+a_2u$，其中u和v分别表示失业工人的数量和空缺工作的数量；a_1和a_2则是反应合同频率的常数。类似地，在二次情形下的数量关系则表示为$M(u, v)=(a_1+a_2)uv$。

在我1982年的两篇论文中，均衡解决方法是一种每一个参与者都运用的搜寻策略，用来最大化经纪人的未来预期收益。这些也是双边搜寻的非合作博弈的纳什均衡所要求的条件。纳什均衡是由约翰·纳什发展的概念，因为电影《美丽心灵》而为大家所熟知。我能够展示在线性匹配函数中存在一个唯一的纳什均衡，在二次方程式的匹配函数中至少存在一对对称的纳什均衡。

在模型存在摩擦的情况下，如果没有其他可行的策略能够产生更高的总收入水平，那么这个模型的解法，即个人参与者的搜寻策略的选择会受到限制。既然没有代理人拥有匹配过程，双边搜寻均衡解法的经济效率问题就自然而然地出现了。在给定双方都对满意的配对进行了投资的情景下，谁应当接受一个合理的配对所带来的准租金？

模型中有两种所谓的外部效应，被每一个经纪人的决策计算所忽略。雇主更多的招聘努力会降低工人寻找工作的时间从而有利于工人，因为更多的待业工人搜寻工作会增加搜寻时间。然而，市场上的另一个空缺职位又会增加匹配其他空缺职位的时间。当决定是否创造一个新的空缺职位时，雇主不会考虑这些成本和收益。因此，有理由相信这种均衡不会有效果。

在阐明了线性情形下任何匹配盈余的分享规则都存在特定的均衡后，我证明了存在一种会诱发有效动机的匹配。但这个结果在二次匹配情形下不成立。随后，霍斯欧(1990)论证了仅在匹配函数$M(u,v)$增长的情况下，工人的匹配盈余份额具有唯一值，平衡的总收入才会达到最大值，从而将我的研究成果进行了总结。有趣的是，工人的有效份额是匹配函数中关于失业工人数量的弹性。之后，摩恩(1997)表示模型中的这个条件是变量，通过其工人可以得出个体雇主报出的工资，但不能确定是否有具体的工作机会。

而二次匹配函数中的概率更加有趣。首先，它遵循上面讲到的霍斯欧定理推论，即没有匹配盈余份额来给工人和雇主提供诱发有效均衡产出的动机。我们可以构建“太多”的例子，也可以找到其他失业“很少”的例子。此外，戴蒙德(1982a)证明了根据福利总额的排名可以存在多种均衡，即对于未来不同的理性预期可以产生不同的均衡，对于未来不同的理性预期就是“帕累托排序”。如在一个均衡中，雇主对未来保持较为乐观的态度，那么就会产生较多的工作岗位，失业率下降，经济福利就会上升。而在另外一个均衡中,雇主对于未来较为悲观,则空缺的工作较少,全社会的总收入较低,失业率较高。随后,戴蒙德和弗得伯格(1989)阐述了这个原始模型的动态性,即由于匹配过程中的规模递增导致多样性发生。在我 1999 年所写的一篇研究论文中,我对由于生产中的报酬递增产生的多样性情形作了一个补充性分析。

一些经济学家把不同可能的结果的共同存在看成是理论上的问题。然而博弈论告诉我们,不同的均衡会在合作的游戏中自然产生。在当前萧条的经济环境下,我们缺乏就业复苏的动力是否意味着由于对未来悲观的预期导致经济自身发现了一个“坏”的结果?这是一个理论概率问题。

五、DMP 模型衡量基准

运用于 DMP 模型的匹配函数是前面介绍过的线性函数下的一般化情形。特别要提出的是,匹配的流动从它的失业工人人数和空缺职位数量两个方面来看是上升的、凹形的和线性同质性的。随后的实证研究为这些假设提供了依据。在给定技术参数下,每个失业工人的预期相遇概率可以表示为

$$\lambda = \frac{M(u,v)}{u} = M(1,\theta) = m(\theta).$$

其中,$M(\theta)$是空缺职位和失业工人之比 $\theta = u/u$ 的一个上升和凹形的函数,在文献中也叫作“劳动力市场紧缩”。因此,当等式(1)中的就业率是相遇概率而且环境没有受到冲击时,随着时间的推进,失业应当趋向于稳定状态值

$$u = \frac{s}{s + m(\theta)}. \tag{4}$$

换言之,当空缺职位的数量相对于失业工人寻找这些空缺职位的数量上升时,稳定的失业率状态会随之下降。

克里斯·皮萨里德斯(1985)指出,这种关系“解释”了经验的贝弗里奇(1944)曲线,即几乎对于所有经济体,失业率和空缺岗位间存在反比的关系。最近,夏默(2005)运用明确的数据论证了一个批判性假设:空缺职位—失业的比例所表现的找工作率是不断上升的。的确,夏默将数据的趋势准确过滤后,发现找工作率与空缺职位—失业的比率无限接近。

DMP 模型中的工资决定基于双边谈判理论。具体地说,工人得到了匹配盈余的一些份额 $0<\beta<1$,未来匹配产出的预期现值和失业工人的搜寻价值两者的差异,以及雇主收到作为其未来收益的剩余份额 $1-\beta$。这个特殊的份额 β 没有被详细阐述。该份额的值反映了工人的“议价能力”,但是在理论中没有明确地进行模拟。对于未来工资的预期现值(W),可以用下式进行表达,而空缺岗位在失业率的记录中基本呈负斜率直线型。图 2 展示了美国二战之后美国的贝弗里奇曲线,以及找工作率与市场紧缩度之间的关系情况。

$$W = R + \beta S(R).$$

其中,R 代表了失业的价值,即工人的保留价值;$S(R)$是指真实的工作匹配产生的剩余价值,该剩余价值由工人的保留价值(R)函数来表示。

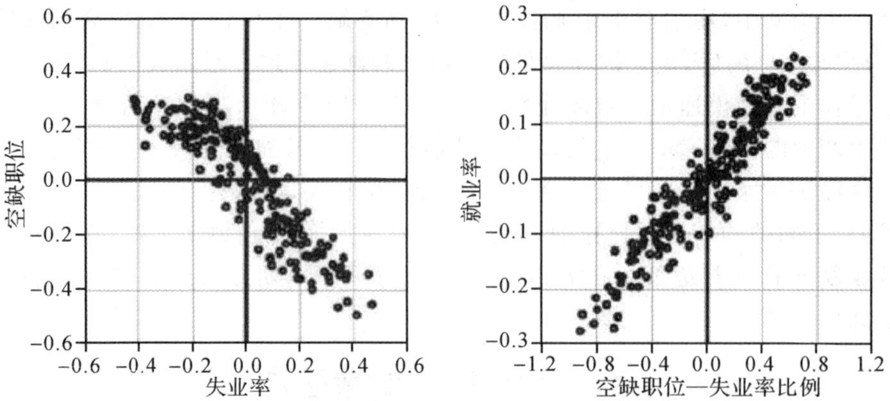

图 2 美国贝弗里奇的季度曲线,1951—2003(左),美国月度匹配函数 1951—2003(右)

来源:夏默(2005)。

由于空缺岗位反映了雇主对劳动力服务的需求,一旦将搜索和匹配摩擦考虑进来,贝弗里奇曲线关系就能说得通了。然而,这尚未将劳动力需求与搜索和匹配框架相一致的情形进行充分而明确的表述,直到皮萨里德斯(1985)在《美国经济评论》杂志上发表的一篇文章中引入了“自由准入”条件,开始对前述问题进行阐述。假设填补空缺岗位需要一定时间,适当的需求条件要求一个空缺工作的预期成本,即维持一个空缺职位的流动成本(用 k 来表示)与填补该空缺职位的预期时间(用 $\theta/m(\theta)$ 表示),必须与雇主预期获得的工作—工人相匹配产生的未来利润的现值相一致。因此,简单静止环境中的自由准入条件表示为:

$$\frac{k\theta}{m(\theta)}=(1-\beta)S(R). \tag{5}$$

等式左边是填补空缺岗位的预期成本,右边代表一份工作的剩余价值中的企业份额。

对于任何匹配的剩余价值来说,这个模型是完整的。然而对 $S(R)$ 的准确描述却存在问题,因为 $S(R)$ 只存在于雇主和雇员在匹配中的想法,就连他们自己都不会承认。正式地,如果他们在如何预期未来的问题上达成一致,就雇主和员工预期未来收入的现值来说,如果符合预期,则雇主和员工将会继续当前的匹配;如果与预期现值有差距,则雇主或雇员会放弃当前的匹配而去寻找新的雇员或雇主。由于每一个雇主在符合自由准入的条件下并不关心是否重新搜寻还是继续原有匹配,$S(R)$ 是联合产品流的市场价值与搜寻获得的工人价值两者之差产生的未来预期现值。因此,我们可以推断 $S(R)$ 是保留工资(R)的递减函数。

另外,未来能带来的价值充满着未知,包括一个特定匹配形成的产品市场以及未来剩余价值的合适贴现率都是不能确定的。劳动力市场的参与者如何形成这些预期?在我们的模型中是否有可能模拟代理人的意识?

关于未来经济前景的预期形成问题在凯恩斯(1936)的研究中早已清晰地阐述了。在凯恩斯的分析中,在《就业、利息和货币通论》一书中包含了两个完整的章节来描述前述问题。凯恩斯强调“商业信心”和“动物本能”的作用。然而,现代宏观经济学回避了这个问题,并通过接受"理性预期"的假设进行相关思考。这个方法最初的支持者,约翰·慕斯(1960),推测任何市场中的代理人都知道价格是如何设置的,并懂得利用知识来形成未来的预期。虽然这个陈述听起来理论上是合理的,但是实践中要求代理人必须在意识中存在一个模型,且该模型必须是他们认可的。虽然这是构建与行为市场接近一致模型的唯一方法,但是该方法所自我参照的假定却是可笑的。尽管如此,我与其他学者一样把该模型运用到我们的文章中。

最近的一些事件让我们对"理性预期"以及相关的概念——"有效市场"的假设产生了怀疑。我也对此表示怀疑。然而,我想证明,从我们对于劳动力市场运作的理解来看,这个假设不是 DMP 模型的一个主要贡献。基于这些理由,我对于 $S(R)$这一函数不进行详细阐述。我只做两个假设:第一,工人和企业对于未来的前景有一致的预期;第二,我们可以将这些共同的预期表述成一个单一的数字,即匹配的剩余价值,$S(R)$,该价值是保留工资的递减函数。因此,准入条件和保留工资结合在一起,产生了:

$$R = b + m(\theta)\beta S(R) = b + \frac{\beta k\theta}{1-\beta}. \tag{6}$$

简而言之,保留工资是线性的,其在市场紧缩度方面的增加由失业救济金和反映公布空缺职位的成本的斜率系数,以及流向工人的未来收益的相关份额所决定。市场进度增加,保留工资也升高,因为空缺岗位—失业比率的增加减少了寻找替代工作的时间。

现在 DMP 模型中的一个搜寻均衡可以表示为一个保留工资 R、一个满足自由准入和岗位创造条件(5)的空缺—失业比 θ、保留工资方程(6)。

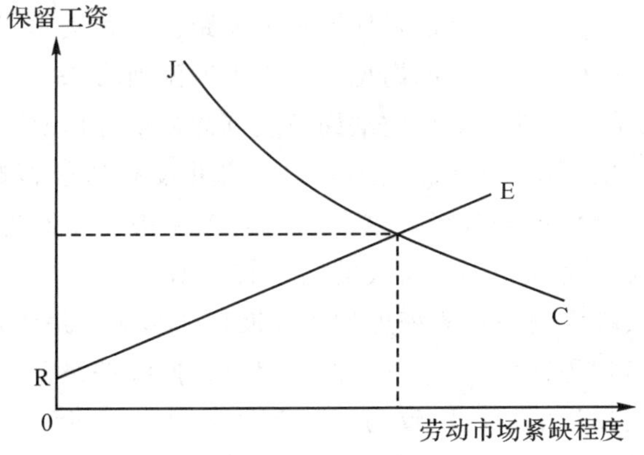

图 3 搜寻均衡

由于上一个公式定义了 θ 和 R 之间的下降斜线关系,可以用 JC 曲线表示为图 3 中的"就业创造",而工资等式就是图中的 RE,是一条上升的斜线,两条曲线只会有一个相交点。此外,R 和 θ 在且只有在匹配结果超出失业的收益时,即 $P>b$ 时,才是正数。

现在,这些符号和图表到底说明了什么问题呢?或者更现实的问题是,我们三人创立的这个模型框架如何帮助其他人理解美国和很多欧洲国家当前的失业危机?那么,试想雇主出于某些原因对未来效益产生预期,我们可以说这种对雇主—员工预期消极"冲击"发生的原因是居民突然大幅度减少购买商品和服务的支出。由于 2008 年金融危机造成财富的缩水,房屋所有者和企业不愿通过降低花费来增加金融资产的积累。因此，这个模型预测等式(5)右边的自由准入条件将会有一个急剧下降。为此，雇主们的应对措施是减少空缺职位。结果，自由准入条件左右两边要求的空缺—失业比下降。从几何学看，如图4所示，初始影响是对JC曲线向下转折的回应。

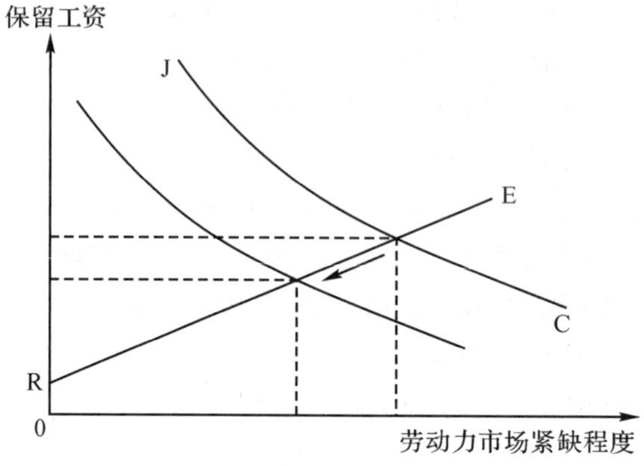

图4 消极预期的冲击

另一个造成JC曲线下降的原因是金融危机中的商业银行对金融危机的反应。起初，它们延缓了小商业消费者的信用额度，并拒绝给新客户发放贷款。突然之间，它们不再愿意面对风险。之后，当它们恢复借出资金时，银行开始对贷款申请执行更严格的标准，并提高贷款利率。根据罗伯特·霍尔在2010年美国经济学会主席致辞中的发言，尽管美联储可以降低联邦银行支付准备金的名义利率，但是利率和实际向借贷人征收的利率之间的差距加大了，而且保持很大差距。这种资本成本的上升要求创造更多新的就业机会，来实现一对新的岗位——工人匹配所带来的价值。由于这种差距没有消失，其也是大萧条时期结束后空缺岗位复苏缓慢的原因之一。

这种市场紧缩度的下降，对新雇佣工人的工资并没有消极影响，且没有达到工人和雇主预期的配对联合价值的程度。这种效果与图4中的RE曲线一致。这种效果与图4中的RE曲线一致，是由JC曲线的向下转折所引起的。而直接结果就是更低的工资会缓冲但不会抵消对市场紧缩度的消极期待的影响。最终，由于市场紧缩度的下降，失业率会上升，如等式(4)中所展示的贝弗里奇曲线关系。

这些预测与真实发生的情况一致吗？图5是美国2009年12月以来的实证贝弗里奇曲线，它清晰表明两者是一致的。在图5中，左上角表示的是自2000年12月到2007年12月大萧条开始时每个月的空缺—失业组合观察数据。它们的变化首先反映了一种下降，然后是从2001年的萧条开始恢复，剩余的点表示到2010年10月为止的数据。我们可以看到，美国经济完全沿着贝弗里奇曲线下降，直到2009年6月国家经济研究局宣布萧条时期结束。

在过去一年，尽管空缺岗位有所增加，失业率依然在9.5%至10%之间徘徊。有人认为这些事实反映了“结构性失业”的发展，即可供选择的岗位与搜寻该岗位工作符合条件的工人之间的错误匹配。建筑和制造业的工作在经济萧条阶段首先被破坏，但这些利率敏感行业在经济萧条阶段总是最不容易被打击的。换言之，大萧条在这方面

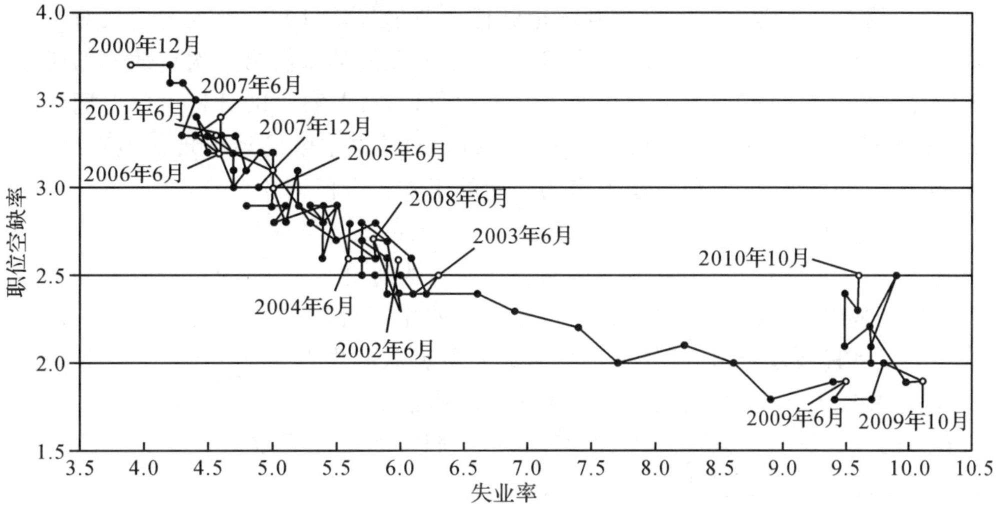

图5 季度调整后的贝弗利奇曲线(职位空缺 vs 失业率)

来源:劳动统计局,CES和JOLTS数据,www.bls.gov。

没有影响。事实上,大萧条之前的金融危机才是差别所在。罗伯特·霍尔(2011)在他的美国经济学会主席致辞中说道,美联储试图通过降低联邦银行储备金率来降低利率的做法未能在商业银行的借出和雇主对消费者征收的利率上达到预期效果。银行还是不愿意贷款,银行借入利率和借出利率之间的差距拉大了。资本成本是匹配预期价值的关键因素,创造新工作岗位的动机还没有恢复到需要降低失业来达到正常水平的程度。

经济复苏只有当雇主认为雇佣工人能够产生利润时才会发生。政府的政策既可能促进经济复苏,也可能破坏经济复苏的机会,以致影响了对未来的预期。因此我们有以下推论:(1)财政紧缩政策正在造成危害,因为它降低了对目前供应的产品和服务的预期需求;(2)有必要采取措施让商业银行继续发挥其给小企业提供资本的作用,用合理的利率为创造工作岗位提供金融支持;(3)当有资源可利用时,对政府来说,是采取行动投资未来生产和发展的最佳时机。

(陶　陶 译　王鑫鑫 校)

获奖演说

存在搜寻摩擦的劳动力市场均衡

克里斯托弗·皮萨里德斯[①]

劳动力市场经济对于搜寻摩擦的研究开始于20世纪60年代,其中乔治·斯蒂格

① 我从我的两个共同获奖者,彼得·戴蒙德和戴尔·莫特森的讨论中收益颇多,从盖里·菲斯克、恩尼斯·尼德斯、瑞秋·恩该和罗伯特·夏默的评价中也收获颇多。

勒(1962)、约翰·麦考尔(1970)以及埃德蒙德·菲尔普斯(1970)等人的论文对该领域的研究都做出了有影响力的贡献。当然,这并不是经济学家们第一次在他们的研究中重视搜寻摩擦。针对劳动力市场均衡中摩擦的角色,有洞察力的分析可以追溯到更早之前,在约翰·希克斯(1932)和威廉·赫特(1939)的书中就已经出现。但直到 20 世纪 60 年代,有关个体行为和劳动力市场均衡的正式数学模型才出现。

我在思考博士论文的选题时,正好是搜寻摩擦正式数学模型的发展时期。[①] 有两件和搜寻有关的事情令我印象最为深刻。在菲尔普斯论文集中,搜寻被看成是自然失业率的微观基础,仅仅在一两年以前,米尔顿·弗里德曼(1968)和埃德蒙德·菲尔普斯(1967)才将其做过介绍,此外它还被看成通货膨胀和失业率之间的权衡(菲利普斯曲线)。论文集还认为,尤其是阿克塞尔·莱琼霍福德(1968)的研究,搜寻可以为凯恩斯的有效需求概念提供微观基础;他们认为,求职者的产品需求只有在它成功实现一个相互接受的岗位匹配后才会变得有效。

然而菲尔普斯论文集中的论文,尤其是菲尔普斯(1970)本人和戴尔·莫特森(1970)的论文中,运用了菲利普斯曲线的显式模型,他们的论文要求以一个工资的分配来获得菲利普斯曲线的微观基础。正如彼得·戴蒙德(1970)和迈克·罗斯柴尔德(1973)指出,这与模型的其他假设不一致。[②] 而莱琼霍福德的理论也需要除了搜寻外的更多的东西,如他们要求工资刚性或者资本市场的缺失。处理这两个完全没有联系的事物对于劳动力市场的宏观经济学研究日程是非常重要的。菲利普斯曲线和凯恩斯主义的需求管理在宏观经济研究和宏观经济政策中均扮演着重要角色,但是他们缺乏良好的理论基础。[③]

匹配摩擦与双边搜寻

早期关于搜寻研究的魅力之一在于它的现实性。被广泛运用的 ILO/OECD,其关于失业的定义表述为:一个没有工作(但正在寻找工作的,且能够工作)的工人。这个定义恰恰也是在搜寻理论中使用的关于失业的定义。在更早的新古典主义和凯恩斯主义的研究中,失业人员并没有做与失业状态相关的事情。他们可能很享受短暂的闲暇时光,或者懒惰地等待工作机会的开放。然而在菲尔普斯论文集中,麦考尔(1970)在一篇重要的论文中写道,工人在固定的工资分配中搜寻到一个工资报价,如果他失业了,说明他未能定位到一个足够高的工资报价。似乎这与我们直觉认为的某人长期失业的原因不一样,也与应用劳动经济学家的官方数据机构对失业的观点不一致,甚至与搜寻摩擦市场中的均衡也不一样,至少在当时是如此。

尽管很多人试图从搜寻摩擦市场中找出一个均衡的工资分配,但我采用了一种不

① 这个时期与我和戴尔·莫特森的第一次会面正好重合,当时他是埃塞克斯大学的访问学者,而我正好毕业,正在那里就读硕士,但我们的合作直到 20 年后才实现。

② 另一个对菲尔普斯论文集的论文的主要批评来自托宾(1972),并影响了后面的成就。

③ 关于这些研究主题的早期研究成果是我的第一本著作(皮萨里德斯,1976),以我就读于伦敦经济学院时的博士论文为基础。

同的研究劳动力市场均衡的方法,用术语“匹配”一词来描述则更佳。匹配的含义是,官方定义下的失业所造成的工作搜寻并不是寻找高工资,而是寻找一次良好的工作匹配。此外,并不是只有工人关心良好的工作匹配,而公司则被动地招聘接受自己工资的工人。实际上,公司也同样关心是否达成良好的匹配,而不仅仅是招聘。

这个观点的基础在于每个工人都有着明显的特点,因此他们适合不同种类的工作。公司间的岗位要求也各不相同,雇主也不是一味考虑工资而不考虑他们招聘的工人类型。将工人与工作匹配起来是需要时间的,这与每个工作岗位提供的工资多少无关。在匹配过程中,工人与公司互相寻找对方,最后共同决定是否接受或放弃此次匹配,这样的过程更加符合实际情况。

这种研究方法的优点在于,它认为失业既不是“自发的”,也不是“无意识的”,而这种观点曾在历史研究中造成了很大的困扰,引发了很多徒劳的讨论。失业并不是分散均衡的产物,分散均衡也许是或者不是最优的。对我来说,双边搜寻的观点更容易取得成功,不论是以微观经济学理论为基础,还是解读失业实际情况方面。它让我们能够研究均衡模型,而这个模型能够体现出现实世界的特点,如工人和岗位之间的差异,和劳动力市场的制度结构间的差异等。

从以接受工资报价为基础的搜寻理论,到以良好匹配为基础的搜寻理论,进步也许不大,但这一步对于劳动力市场的模型化具有深远意义。原因是,在搜寻良好匹配的情况下,我们可以引入匹配函数,用来描述工人对于工作的可选性。匹配函数体现了劳动市场中的很多不太明显的摩擦的特点。如芭芭拉·佩特隆格拉和我在2001年的调查中所说的,它就像一个黑箱,与生产函数是技术的黑箱子有着一样含义,但它抓住了良好匹配的关键含义:寻找良好的匹配需要时间,时间的长度因人而异,且不可预测。假设可供选择的工作岗位越多,则工人找到良好工作匹配的平均速度越快。公司寻找工人的情况也是如此,因为匹配函数对工人和公司同样适用。

重要的是,由于匹配函数与其他经济模型中的整体函数相似,我们可以用匹配函数表示摩擦,写出小型的劳动力市场均衡模型。我们还可以用真实世界的数据来检验这些模型。我曾用英国数据检验过匹配函数模型,而奥利弗·布兰卡德和彼得·戴蒙德(见皮萨里德斯,1986;布兰卡德和戴蒙德,1989)则用美国数据进行检验,其结果令人鼓舞。

迈向均衡模型

我第一次明确使用匹配函数是在1979年,这成了总体经济模型的主要基石,几乎在同时,彼得·戴蒙德和埃里克·马斯金(1979)也用到了“搜寻技术”的概念。在我的论文中,模型没有包含工资差额,但有不同的搜寻方法。我的主要兴趣是为了揭示一个匹配函数可以使人们不使用工资分配便可得到一个有趣的、简单的关于职位空缺和失业的均衡模型。

我1979年的论文还没有有关工资的理论,但不久之后,我们三个获奖者分别意识到,既然摩擦意味着良好匹配下的公司和工人享受有垄断权,工资应该为两者共享。

摩擦理论促进了20世纪80年代议价理论的独立发展，为“蛋糕”[①]的分法提供了解决方法。在DMP模型中，工人和公司要分的蛋糕就是由良好匹配带来的好处。

我尝试使用议价理论中的概念来从一个搜寻模型中推出一个工资方程式，这个研究成果是1982年左右的工作论文，那时候电子时代还没有到来。当时我不知道彼得·戴蒙德(1982)和戴尔·莫特森(1982)也正在研究相似的议题，并且领先我一两年的时间。我从纳什均衡到工资议价得出的工资方程式，与戴蒙德(1982)论文中的工资方程式本质是相同的。在看到他们在工资和效率方面的论文后，我将研究重点转为另一个建立均衡模型需要解决的问题，即创造就业机会。

创造就业

在戴蒙德(1982)和莫特森(1982)的论文中，研究的问题都是固定数量的工人与固定数量的岗位间的相互作用。但是，当我们研究真实劳动市场的运转，会发现最令人震惊的特征：雇佣和岗位空缺都是起伏波动的；换句话说，工作岗位的总量因经济条件的不同而改变。为了让我们的理论适用于所有商业圈，有必要建立就业机会诞生和消减的理论。在我利用英国数据进行的实证研究(1986)中，我发现失业人数的增长与就业的比例实质上是一致的。[②] 因此，我的研究主要对象是通过一个创造就业的理论来对进入失业的变量进行求导。

我所利用的匹配模型最关键的特征是，就业是由被称为工作的不同单元所构成的总和，而不是被选择作为单个单元的集合体。工作职位是公司所拥有的资产，如果该职位空缺，那么其具有一定价值，因为可以招收工人并在将来创造财富；如果工作职位被填补，那么它正在产生财富，空缺职位就如同还未产生回报的初期投资项目。如果它们的净收益是正数，则公司创造的职位为其获利；如果是负数，则公司正在亏钱，那么应该关闭该工作职位。因此，工作职位的数量始终保持均衡，这种均衡的前提条件是一个新的空缺职位的价值必须是零。[③]

当新空缺职位的价值零收益条件与纳什工资方程式相结合，我们便可以得出一个平均工资率和职位创造率，这两个数据取决于由匹配函数得出的摩擦，以及所有在标准模型中影响劳动力市场产出的变量，例如生产率和税率。从这个条件出发，我可以得出空缺职位与失业的均衡比，叫作紧度，通常用希腊字母θ表示。见图1，零收益条件下降，因为工资率较低时，工作职位更加能够创造利润，进而可以创造出更多的岗位；工资等式是一条向上倾斜的曲线，这是因为在更高的紧度上，工人更可能寻找其他的就业机会，而工资谈判失败的话，公司则不太可能寻找到替代工人，因此工人在工资谈判中的主动权提高。

---

① 这些研究中最有影响力的是阿里尔·鲁宾斯坦(1982)的研究。而我和伦敦经济学院的同事们的非正式讨论对我的研究产生了更大影响，他们在该领域的研究是领先的，尤其是肯尼斯·宾尼摩尔、阿夫纳·沙克德和约翰·沙顿。参见宾尼摩尔、鲁宾斯坦(1986)和沙克德与沙顿(1984)的研究。

② 这个数据特征在接下来几年发生了巨大变化。参见佩特隆格拉和皮萨里德斯(2008)。

③ “零利润条件”的首次运用请见皮萨里德斯(1984，1985)。

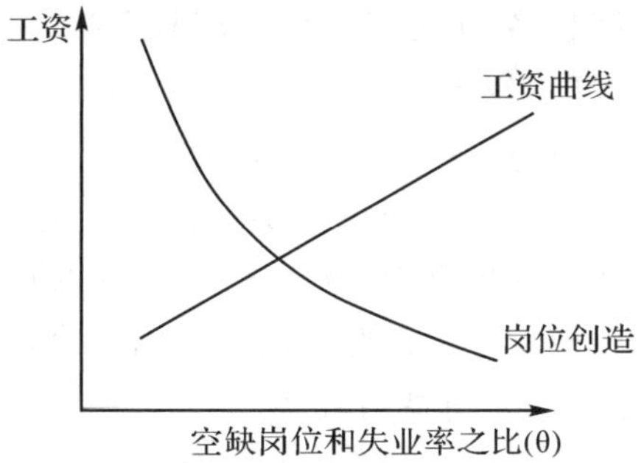

图 1 均衡工资和市场紧度

贝弗里奇曲线均衡

从得出空缺职位与失业的均衡比模型,转变为得出均衡失业的模型,这种转变是通过贝弗里奇曲线实现的。贝弗里奇曲线证实了空缺职位和失业的结合,与失业的进入和退出的均衡相一致。这表明,只要在贝弗里奇曲线以上,失业率不会改变,除非其中一个流动(向内或向外)由于外部原因发生改变。如果进入失业的数量是就业的一个恒定比例,则仍然像我们假设的那样,贝弗里奇曲线的形状和特性本质上由整体匹配函数决定。职位的空缺率越高,特定数量的失业工人和空缺职位之间的匹配就越多。当失业的向外流动增加时,失业率降低;当失业率升高时,失业的向内流动也增加。失业率每达到一个新的低点,更多的工作职位匹配就会发生,使得更多的工人进入失业状态。

图 2 表示的是贝弗里奇曲线。凸出的部分取决于由整体匹配函数实现的固定收益。为了找到均衡失业,我需要弄清楚经济会坐落在曲线上的哪个点。但既然我已经从岗位创造条件中得出了空缺职位对失业率之比的均衡值,我可以快速找到这个点。我从均衡 θ 斜线的起点画出一条线,这条线与贝弗里奇曲线的交点则是这个经济的总体均衡。

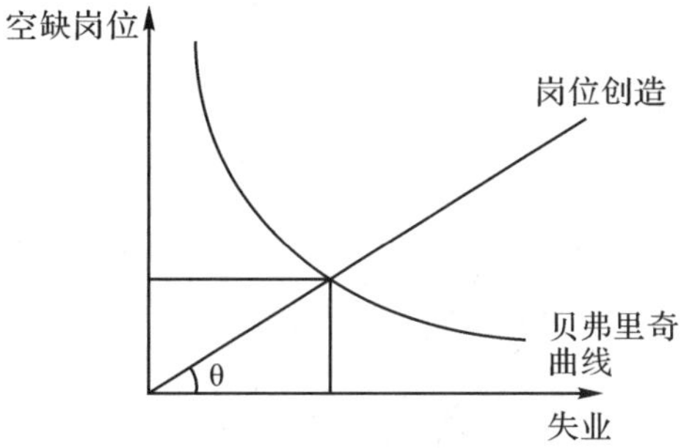

图 2 贝弗里奇曲线和空缺岗位与失业均衡

这个经济的核心是表征劳动力市场的摩擦,这些摩擦是贝弗里奇曲线从起点向前推进的动力。摩擦可能受到很多因素的制约,例如工作职位的技能要求与失业人员所具有的技能总和的错误匹配、区位的差异、关于岗位及其他事项的信息传播的经济制度结构等。当经济中的摩擦越多，贝弗里奇曲线离起点就越远。

由于摩擦的存在，目标群体相同的工作职位也会有不同的生产率，并在均衡中长期存在。在没有摩擦的市场中，只有生产率最高的工作职位才能延续下去，因为竞争迫使所有的工作岗位与生产力最高的岗位提供一样的工资。工人也尽力找到最好的就业职位。在允许不同生产力的模型中，贝弗里奇曲线的位置还受到工人搜寻和接受职位的动机的影响。在这些模型中的匹配率由两个因素决定：一是与正在招聘工人的公司相联系，二是寻找可接受的公司录用机会。

在一个工人没有足够的动机快速接受公司录用的经济中，例如工人收到了失业保险制度的无条件补偿，贝弗里奇曲线则离起点更远，一条无条件的收入支持政策被称为消极的政策。但是，如果政策只是在搜寻过程中对失业工人予以支持，并且能为工人更加紧张地搜寻工作职位提供动机，那么贝弗里奇曲线会向起点移动，这种情况会加强将工人与工作岗位匹配的劳动力市场的表现，因此我们称这种政策是“积极的”。

实施积极劳动力市场政策的领先者是瑞典，该国在帮助失业人员找到工作上的努力比其他发达国家投入了更多。相反，直到 20 世纪 80 年代，大部分国家还是在使用消极政策来帮助失业人员，因此在当时的经济衰退中收效甚微。由于 80 年代劳动市场的糟糕表现，到了 90 年代后，大多数国家实现了从消极政策到积极政策的转变。

经济的时间和空间比较

我们可以用这样的模型来比较两个经济体：一个摩擦较多且使用消极政策，另一个摩擦较少且使用积极政策。第一种经济类型的贝弗里奇曲线离起点更远，每一个失业工人可选择的空缺职位更少，因为公司不急于填补空缺岗位。图 3 比较了这两种经济类型。图中虚线表示的是有更多摩擦的经济类型。由此我们可以得出一个重要结论，有着更多摩擦的经济类型比摩擦少的经济类型有更多的失业人员，但两个经济类型的空缺职位的水平相似。

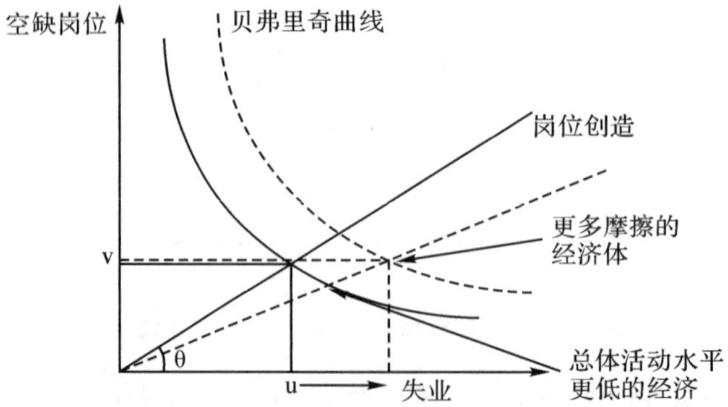

图 3　经济体的比较

这个结论可以与不同整体经济活动水平、不同供需的经济进行对比,整体活动水平较低意味着新职位能够带来的利润更低,就业的创造下降,这使得就业职位的创造线沿着顺时针移动,但贝弗里奇曲线则不动。由此引发均衡失业的上涨和空缺职位的下降。

不少学者利用不同经济体对更多的摩擦和较低的总体经济活动水平的不同反应,来确认不同国家失业率上涨的原因。理查德·杰克曼,理查德·赖亚德和皮萨里德斯(1989)首次使用它论证了为何英国在前首相撒切尔夫人的限制货币和金融政策带来的最初经济增长后,会出现20世纪80年代失业率升高的问题,尽管或多或少都有固定的空缺岗位。这个现象反应在图4中,潜在的原因可以解释为劳动市场中摩擦的增加,这有可能是由于从工业型经济向服务集中型经济的转变以及政府对失业工人的慷慨资助,从而出现了错误匹配。

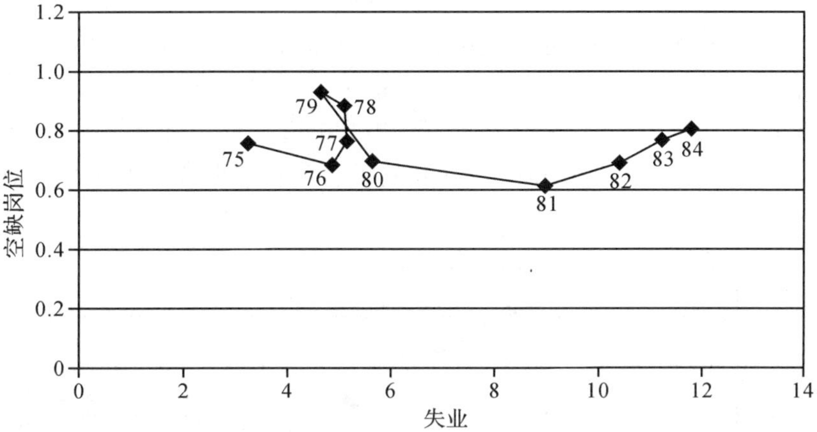

图4 英国1975—1984年的贝弗里奇曲线

还有一个非常可能的原因,那就是长期失业的出现让失业工人幻想破灭,损害了他们找工作的动机。长期失业,意味着失业可能在一年以上,这是经济衰退带来的恶果,使工人无法成为劳动力,还延长了经济衰退给劳动力质量造成的冲击。这也解释了为什么20世纪80年代,当英国部分经济开始复苏时,失业率依然居高不下。政府意识到长期失业带来的消极影响,因此他们尝试用积极的劳动力市场政策[①]。由于这个原因,许多近期的经济衰退并没有引起贝弗里奇曲线的大变动,也没有对劳动力市场造成长期的消极影响。

当我们把这次英国的经济衰退与2008年经济衰退进行比较时,可以看到这种差别(见图5)。尽管20世纪80年代早期发生了经济衰退后,英国实行了较多改革,积极政策在解决长期失业中依然扮演着重要角色。在贝弗里奇图中,对于最近的经济萧条所展现的经济运行轨迹是经济对于消极整体冲击反应的典型例证。

---

① 有好几个国家采用了这样的政策,以北欧国家为首。更新数据参见OECD(2007)。

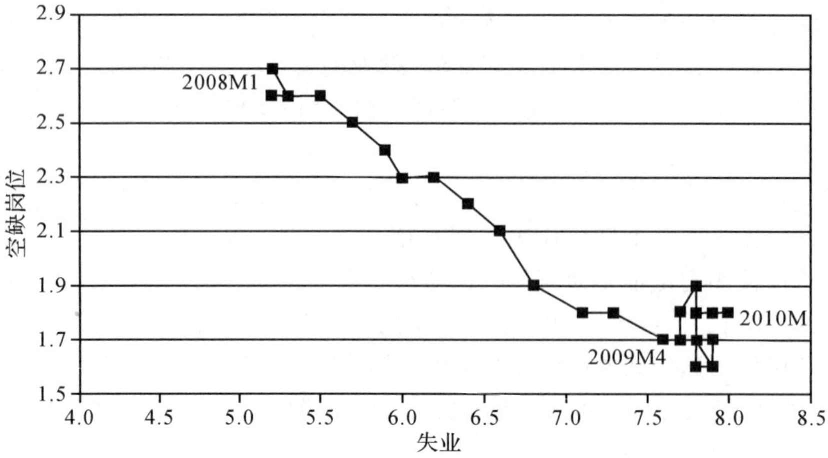

图 5　英国 2008—2010 年的贝弗里奇曲线

美国的经历与英国的经历则完全相反。凯瑟琳·亚伯拉罕和劳伦斯·凯兹(1986)使用美国的失业和空缺职位数据[①]论证了 20 世纪 70—80 年代由于受到整体冲击而不是行业冲击所产生的经济周期。大卫·莉莲(1982)和其他学者也进行了相关的论证。但是 20 世纪 70 年代末 80 年代初的贝弗里奇曲线往右下方向延伸,显然受到整体冲击(见图 6)。

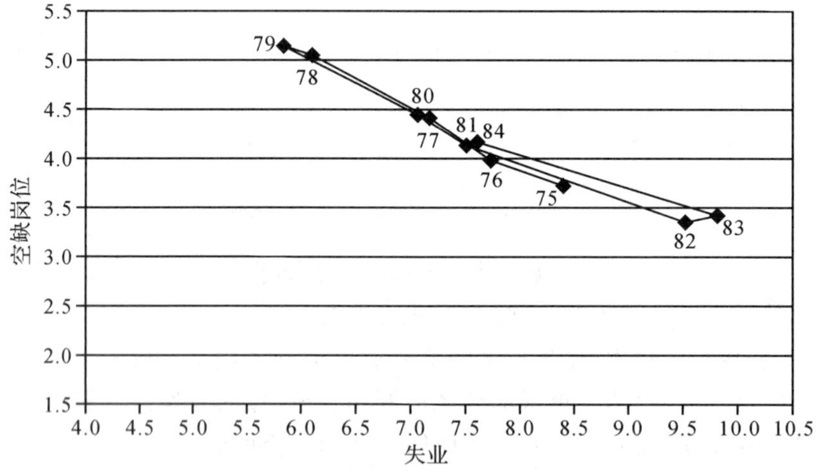

图 6　美国 1975—1984 年的贝弗里奇曲线

在 2008 年的经济衰退中,美国经济开始往右下方向移动,但在最初冲击后,在差不多恒定的空缺职位下,曲线表现为失业率的上升。但就此断定贝弗里奇曲线将往右拐还为时尚早,除非它标志着美国劳动力市场摩擦的加剧,但这一点还不能确认(见图 7)。在失业率实质上保持恒定的情况下,空缺职位的增加和产出的复苏很好地解释了为什么这种脆弱的复苏依然被描述为"失业"。

---

① 空缺岗位数据来自世界大企业联合会劳动力需求指数。详情参见原文。

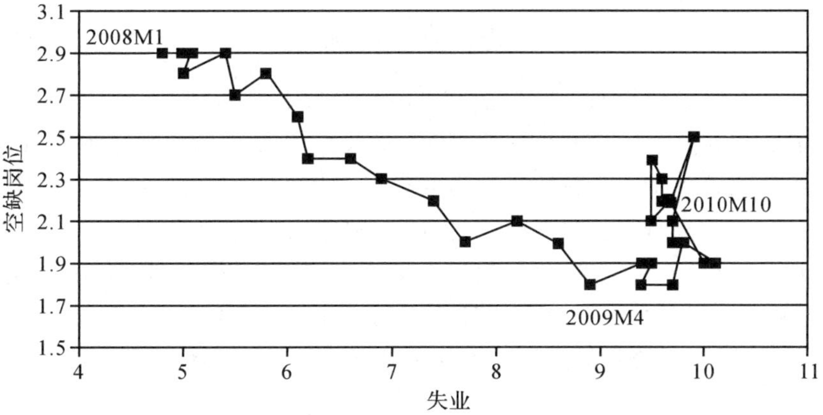

图7 美国2008—2010年贝弗里奇曲线

工资黏性

当工资具有黏性时,失业对冲击的反应更加剧烈。市场摩擦对于工资刚性是否有新的可以讨论的内容?这里我谈到的是实际工资黏性,尽管采用名义工资黏性进行论证更为合适。

在没有摩擦的市场中,是没有强有力的理由能说明工资黏性的存在。相反,在有摩擦和纳什工资议价的市场中,对工资黏度有着硬性要求。工资率取决于工人的非市场收益,这个收益包括了失业保险的收入、家庭活动的价值,例如家庭装修和照顾孩子,还包括了额外的休闲所具有的价值,如更多的睡眠,这些活动带来的报偿是不可循环的。当市场报偿因为经济衰退而走低时,家庭报偿依旧坚挺,而家庭报偿阻止了纳什工资率的下降,就像市场报偿一样。

在我1985年的论文中,我深入研究了工资黏性,推出了摩擦模型中失业的循环波动。正如罗伯特·夏默(2005)所指出的,利用匹配的数据不足以解释所有放大的冲击,但是随后的工作却证明这是足够进行解释的,只要公司从匹配中获得的利润份额是非常小的,或是因为工人拿大份额,或是因为公司的雇佣成本太高(马库斯、哈格多思和尤里·马诺夫斯基,2009)。

但是摩擦市场可以证实工资黏度的另一种形式,比纳什工资方程式给出的工资黏度更加具有实质性。这种工资黏性的形式是由罗伯特·霍尔(2005)首先研究的,他认为既然摩擦造成的垄断权意味着没有传统的需求函数来约束工资率,那么纳什工资方程式是唯一与均衡一致的可能结果。另一种形式是工资由历史平均雇佣工资决定,对需求的冲击并不一定会引起工资大的改变。霍尔表示,工资黏性与这种观点相符,这足够给出一个均衡,将所有冲击对创造就业职位的冲击转换成我们所看到的数据。

这个分析让工资决定论的问题重新回到人们的视野,而且来到舞台的中央,并将成为未来的研究主题。由于良好匹配的双边垄断本质上允许众多的可能性,我们的研究需要以不同循环阶段新雇佣工资决定的实证研究为基础(克里斯蒂安·海克尔、马库斯·桑塔格和塞及·范·他斯,2007)。

职位损失

斯蒂芬·戴维斯和约翰·霍尔蒂万格(1990)以及其他在工业组织工作的人给出了新企业的数据,并出版于20世纪80年代末90年代初。这些数据表明,在商业周期里职位的损失率差别很大。职位损失最主要的原因和最大职位损失数与异常企业冲击有关,但是在整个商业周期中这种冲击的差别很大,以至于工人向内流入失业状态的假设非常站不住脚。尽管工作职位损失率决定了岗位流动,却不能决定工人向失业状态流动,两者之间还是有着紧密的联系。无论如何,后续研究工作证明失业的向内流动也是周期性的,尽管它的周期性不如失业的向外流动(藤田茂富士田和盖瑞·雷米,2009)。

在莫特森(1992)对我(1990)在论著出版中提到的关于失业向内流动率不变的假设提出批评后,我们开始合作研究将模型扩展为可以应付各种工作职位损失率的模型。我们的研究成果是1994年共同发表的论文,以及将该模型应用于多种议题的一系列论文。

在对职位损失的分析中,我们假设一旦工作职位被创造,它们并不会轻易地改变自身来适应新的科技。在最简单版本的模型中,职位根本不进行任何改变,因此公司总是尽可能地保留职位。当震荡发生,职位不再创造利润,该职位便损失,工人失业,而一些新的工作职位在其他地方开始产生来取代它。

通过研究我们还发现,在第一代搜寻模型中的职位接受决定和职位损失决定都是由预定生产力决定的,公司和工人一起根据他们的联合实际收益来决定损失哪些岗位。在我们的规则下,大部分稳定状态下的职位损失和未辨识的异常冲击有关,这如同数据中的情况。但从整个周期来看,岗位损失在经济衰退时期上升,通常当消息首次爆发后,会有一个最后的突然升高现象,然后进入恢复阶段。这说明了职位创造率和职位损失率的周期性,这在美国的一系列时间数据中得到了很好的预测。

这个可变的职位损失率暗示了失业和贝弗里奇曲线的变化,但它影响不了动态的岗位创造率,这点我在前面的演说中提到了。它还告诉我们,我们搜寻工作职位时存在未经历失业就从一个工作职位移动到另一个工作职位的动机,其原因就是工人有离开过时的职位或由于其他原因不再有利可图的职位的动机。完整版模型在我的第二版著作(2000)中,这里我不想讨论完整版模型,而是讨论就业保障法对失业和职位流动的影响。要研究这项政策,需要包含可变职位损失率的扩展版模型,因为这个政策的目的:一是让公司不容易产生职位的损失,二是为工人确保一段长期的雇佣关系。

就业保障法

尽管所有的发达国家都在实行这样或那样的就业保障,但在实施就业保障的限制种类却不尽相同,且不同国家之间在实行就业保障的严格程度上也不同(全面分析见佩尔斯克汀格,2010)。冒着过于简单化的风险,我们从 OECD 得知南欧国家比北欧国家的就业保障立法严格得多,尤其是比美国和英国(OECD,1999)。在此,我想说的是以行政手续的形式对解雇进行限制,这些手续需要花费公司的时间和金钱。在我们的模型中,这些限制被表示成公司解雇工人时需要缴纳的纯税。①

对解雇收税可以减少已就业工人的离职。一些在收税前会损失的低生产力岗位现在不会被损失,因为公司降低了它的保留生产力以降低他们支付税费的可能性。因此就业保障立法的一个含义是失业的向内流动量降低而不是升高;但平均劳动生产力也会降低,工资也应当降低从而补偿公司交纳的税以及被降低的生产力。

就业保障立法的另一个重要影响是就业岗位的创造。当公司创造一个岗位时预期未来不得不解雇工人时必须交税,那么就业岗位的创造会因此下降,这如同进入失业流量那样,在给定失业率的前提下流出失业的流量也下降。

对失业的净影响取决于哪种流动下降得更多。如果进入失业的流量下降幅度大于流出失业的流量,那么流入流出相抵后失业是下降的,反之亦然。实证研究表明,就业保障立法对失业的影响较小,而且对两方面都会有影响;但随着流动的规模下降,会出现更少的劳动力和岗位的变动,平均劳动生产力下降,失业和就业周期变长(OECD,1999)。

在我们模型的扩展版中,培训可以使就业周期变长,从而激励更多的培训,因为工人们觉得培训后岗位更加有保障,也更愿意去接受能满足公司特别需要的培训。但在包含不同种类工人的模型中,失业保障立法更倾向于使初级工人受益,通常指 25 岁以上的男性工人,但同时伤害了其他工人,例如女人和年轻人,他们比壮年男性流入和流出劳动力市场的频率更高。

结语:接下来我们研究什么?

搜寻和匹配理论自 20 世纪 80 年代第一篇均衡匹配模型出现在文献中以来,经历了很长的发展。布莱恩和约翰·麦考尔的新书是关于搜寻经济学的研究,多达 500 页,而且解决剩余问题的第二辑也在计划当中(布莱恩 & 约翰·麦考尔,2008)。

但是我们仍然还有很多事情要做。正如约翰·希克斯爵士在 1932 年发现的那样,我们也发现了工资理论是理解劳动力市场函数的关键。约翰爵士详细地描述了劳动力市场中的摩擦、运输成本、工会以及制度如何影响工资,工资又如何影响就业,这些研究与现代研究不相上下。但现代理论仍需要更加充分地探索制度在正式模型中扮演的角色,这是未来我们需要更多关注的研究领域。

我还认为,工资黏度在宏观经济学中一直很重要。摩擦市场为工资黏度提供了多

---

① 在简单模型中,与从岗位毁坏中拯救岗位相比,工人从这些关于解雇的行政规定中获得明显好处。但在具有规避风险内容的更广泛的模型中,这些规定可以作为防止收入波动的保险金,而这对于工人来说是有益的。就业保护立法所包含的福利在这些模型中是不同的。该种模型举例请见皮萨里德斯(2010)。

种可能性，未来的研究也需要重视这些方面。

2008年的金融危机引出了资本和劳动力市场相互作用的问题。均衡匹配模型建立在完美资本市场的假设上，包括在完全预期下的套利等式和无限借贷被用来计算岗位和工人的价值，这些都是不错的初始假设，而且它们带来了非常重要的成果。然而未来的研究需要关注资本市场的其他假设，并且整合劳动力市场部门，这或许意味着另一个冲击的扩大机制，该机制独立于工资黏度或固定成本。

（陶 陶 译 王鑫鑫 校）

2011获奖者

托马斯·萨金特
Thomas J. Sargent

【获奖理由】在宏观经济学中对成因及其影响的实证研究。

生平简介

1943年	出生于美国加利福尼亚州帕萨迪纳
1964年	获加州伯克利大学文学学士学位
1968年	获哈佛大学哲学博士学位
1971—1987年	执教于明尼苏达大学
1987年至今	斯坦福大学胡佛研究所资深研究员
1991—1998年	执教于芝加哥大学和哈佛大学
2003年至今	执教于纽约大学

主要学术贡献

自20世纪70年代初以来,萨金特一直是理性预期学派的领袖人物,为新古典宏观经济学体系的建立和发展做出了杰出贡献,对宏观经济模型中预期的作用、动态经济理论与时间序列分析的关系等方面做出了开创性的工作。

萨金特对现代经济学和金融学的大部分领域都有深入了解,其学术专长是动态宏观经济学和计量经济学。萨金特在宏观经济学的贡献主要体现在:与卢卡斯、巴罗和华莱士一起开创了合理预期学派,研究利率的期限结构、古典失业、经济大萧条等重大问题。

主要学术成果

《理性预期与经济计量实践》(1979)

《理性预期与通货膨胀》(1985)

《动态宏观经济理论》(1989)

2011 获奖者

克里斯托弗·西姆斯

Christopher A. Sims

【获奖理由】在宏观经济学中对成因及其影响的实证研究。

生平简介

1942 年	出生于美国华盛顿特区
1964 年	获加州伯克利大学硕士学位
1967 年	获哈佛大学经济学博士学位
1970—1990 年	任教于明尼苏达大学
1988 年	成为美国艺术和科学研究院院士
1989 年	成为美国科学院院士
1990 年至今	任普林斯顿大学经济学教授
2012 年	任美国经济学会会长

主要学术贡献

1980 年,克里斯托弗·西姆斯提出了一种常用的计量经济模型:向量自回归模型(简称 VAR 模型)。基于矢量回归模型,发展了一种分析经济如何受政策临时变化的影响的方法,如利率的增长。分析经济如何受到经济政策的临时性改变和其他因素的影响。西姆斯及其他研究者使用这一方法来研究如央行加息对经济的影响等重要问题。

向量自回归模型是一种常用的计量经济模型,是用模型中所有当期变量对所有变量的若干滞后变量进行回归。VAR 模型用来估计联合内生变量的动态关系,而不带有任何事先约束条件。它是 AR 模型的推广,此模型目前已得到广泛应用。VAR 模型是处理多个相关经济指标与预测最容易操作的模型之一,并且在一定的条件下,多元 MA 和 ARMA 模型也可转化成 VAR 模型。近年来,VAR 模型受到越来越多的经济工作者的重视。

主要学术成果

《宏观经济和现实》(1980)

《模型的不确定性》(1988)

《经济政策分析:进步与倒退》(2004)

《提高货币政策的模型》(2008)

《通胀预期、不确定性、菲利普斯曲线与货币政策》(2008)

颁奖词

瑞典皇家科学院 / 席佩尔·克鲁赛尔

尊敬的国王和王后陛下,各位殿下,各位获奖者,女士们,先生们:

长久以来,我们国家的经济一直受到周围世界的不断变化的影响。即便其他国家的经济活动发生波动,对我国产品的海外需求也会受到影响;而原材料价格的变化影响着我们的生产成本;技术革新则可以改变产品和服务需求的结构。评估这些不可避免的经济干扰带来的不同反应,是决策者们的中心任务。例如,利率的提高,或者所得税的降低到底会对国家的通货膨胀和就业产生多大影响?这些影响的实现需要多长时间?

像这样的宏观经济问题是很难回答的,因为从根本上说这些属于社会科学问题。与自然科学家不同,经济学家不能通过可以控制的实验来寻求答案,至少不能用整个经济体做实验。相反,我们必须利用历史数据进行研究。此外,经济的运作与机械的自然科学系统不同。自然遵循着一定法则,这些法则不受政府决策的控制。但经济不同,因为经济是由不断思考的人类组成的。人类的思考还受到对未来预期的影响,因此,经济还受到尚未制定的未来决策的预期的影响。这使得我们难以解读从历史数据中观察得出的共变关系。历史上某个特定的利率变化是否解释了后续的通货膨胀率的变化呢?或者因果关系应该反过来:通货膨胀的预期变化是否产生了利率变化?总而言之,我们应如何区分宏观经济中的因与果?

托马斯·萨金特与克里斯托弗·西姆斯提供了利用数据回答这个问题的强大工具。他们开发出的方法,可以让我们准确区分经济政策变化带来的影响与其他经济环境变化所带来的影响。他们的研究不仅向研究者,也向世界各地的中央银行和金融部长们阐明了货币政策和财政政策的影响。

克里斯托弗·西姆斯的主要关注点是经济政策的意料之外的变化所带来的影响。他使用了一种独特的时间序列分析形式,称作向量自回归,并展示了我们可以理解经济对于临时政策变化这种刺激的动态反应。这样的刺激—反应分析使我们能够追踪中央银行操控的利率的突然下降如何影响通货膨胀和就业。在这个基础上,现在我们明白了利率的降低意味着生产和就业方面的即时逐步增长,大概在两年后这种影响达到最大化,但它对通货膨胀无任何即时影响。事实上,利率下降大约一年半后,通货膨胀才开始缓慢上升,后又开始减退。从这一过程我们可以发现,中央银行考虑利率的不同变化是至关重要的。

托马斯·萨金特的研究则让我们能够理解经济政策的更为持久的变化所带来的影响,例如采用新的政府预算规则。这种分析需要使用不同的途径,因为历史数据很少有系统性政策变化的实例。的确,我们现在考虑的一些政策变化可能以前从未使用过。萨金特进行这类分析的方法需要依靠比较一致的经济行为的特定方面,至少在政策发生变化时经济没有发生变化,这样的一致行为例如人们如何权衡休闲和工作,企业如何权衡不同的生产投入。萨金特展示了如何利用统计学方法来测定历史数据中的这些"通用经济常量",以及在这个过程中如何建立经济的数学模型。有了这样的模型,经济学家们与决策者们可以进行人工实验室实验,并且调查系统性宏观经济政策变化的影响。

尊敬的萨金特教授和西姆斯教授,你们成功解决了实证宏观经济研究面临的根本挑战,那就是理清历史数据中的因果关系。你们所开发的研究方法已经成为当今经济研究者们用来理解经济如何运作及其如何对经济环境的临时变化和永久变化做出反应的核心研究工具。正是你们的研究方法使我们能够利用历史数据来辨别经济政策变化带来的结果,这些研究方法已经成为全世界决策者们必不可少的工具。现代实证宏观经济研究的重任由你们挑了起来。

很荣幸能够代表瑞典皇家科学院,向你们表达我们最真挚的祝贺。现在请允许我从国王陛下手中为你们颁奖。

(陶　陶译　柴志贤校)

获奖演说

货币政策及其影响的统计学建模　克里斯托弗·西姆斯

经济学所具有的约束力与张力使之区别于其他科学类别。这种约束力和张力的其中一个表现是,相比其他学科而言,很容易看到具有很高声望的经济学家对社会的一些公共关切发出强烈的不同见解。这可能让人想到经济学学科不像其他学科那样取得很大的进展。经济学的理论成果好像总是云里雾里,总是处于各种争吵中,而不是随时间建立牢固的知识体系。从我所见的一些事实来看,一些在几十年前就争论不休的问题现在又面临着全新的争论,但尽管发展不平衡,在经济学科中仍有一些真正的科学进步。本文所述——自 1950 年前后我们对货币政策的制定及产生的后果的理解的进化过程。文中不是一个简简单单成功的故事,而是上升到一个新的高度,尽管这个高度还不牢靠。本文的部分目的是提醒读者,早几十年的一些主导观点慢慢被证明是错误的。这应该可以鼓励对共识做出怀疑并激发他们在新的领域做出努力,对旧的数据采用新的方法手段提高他们能够发现的新的理论。

我们将追溯智慧成果的两条相关线索:经济时间序列的建模与推导方法,以及政策对商业周期波动影响的理论。20 世纪 50 年代,宏观经济学政策理论开始于凯恩斯对 20 世纪 30 年代大萧条的分析,其中包含了对货币数量论的攻击。20 世纪 30 年代,安全资产的利率已长时间接近于零,凯恩斯解释了为什么在当时环境下大量供给货币几乎没有作用。美国凯恩斯主义的领军人物埃尔文·汉森在他的著作《凯恩斯主义导论》的一章中解释了凯恩斯对于大萧条时期货币膨胀无效的论述,汉森在这一章有如下结论:"因为现代国家都把财政政策作为第一位,而有用又必须的货币政策只能屈居侍女的角色了。"

20世纪50年代,建立在简·丁伯根(1939)的开创性著作的基础上的建模方法论,可能是第一个使用多方程式,从统计角度估计经济时间序列的模型。他的努力招致了很多批判。凯恩斯(1939)在他对丁伯根著作的著名评价中完全对其嗤之以鼻。凯恩斯对他的模型和使用的方法有很多保留意见,但最重要的是,他质疑这样的统计模型是否可以成为检验理论的框架。而尽管哈维默(1943b)也对丁伯根的方法有着很重要的保留意见,但他认识到凯恩斯的立场——怀疑通过运用统计模型对数据分析进而质疑理论的可能性——是不可维持的。几乎同时,哈维默也发表了极具开创性的论文,解释了有必要运用概率工具来界定并检验实证经济模型(1944),并且给出了界定并检验宏观时间序列模型的内部一致的方法。

凯恩斯对丁伯根的著作中牵强使用许多数字和方程式的中庸做法感到愤怒,而他的这种愤怒也存在于当今某些经济学家对数据的谨慎和大型概率模型化的反应中。哈维默的观点组成了一个研究日程,时至今日依然吸引着最优秀的经济学家为将丁伯根的初衷发扬光大而不断奋斗。

哈维默的主要观点是:经济模型不能给出精确的数字预测,就算它们被用来给出数字预测,我们也明白这个预测并不是完全准确的。凯恩斯似乎想说的是,一旦我们接受模型的预测是不准确的,是有"误差项"的,那么我们必须放弃检验它们的希望。而哈维默则争论道,我们可以检验并比较模型,但要这么做的话我们必须坚持认为它们的本质含有误差的特征。也就是说,它们必须以观察数据的概率分布的形式存在。他还指出,一旦它们以这种形式出现,可以对它们采用统计学假设的检验机制。

在论文中,他首创了联立方程建模(1943),还展示了干扰项的假定联合分布是如何被模型转换为观察数据的分布的,并继续说明了这种做法如何使得基于似然的评估参数的方法成为现实。在演示了其模型的推理过程后,哈维默解释了为何他的方程系统的参数是有用的:人们可以思考通过用其他事物取代其中一个方程来干预系统,并声称剩下的方程依然成立。这种结构模型的定义后来得到了赫维奇(1962)的一般化和外显化。

哈维默的观点和研究项目有两个不足,并且存在了几十年,至少在某段时间里部分地损害了联立方程研究项目的信誉。首先是他采用了奈曼和佩尔森的频率主义假设检验框架。严格地说,这个框架需要分析家不要给参数设定概率分布。这限制了它对不确定情况下的实时决策分析的贡献,因为此时评估各种参数值的可能性是非常至关重要的,它还阻碍了来自模型概率模型的信息与专家和决策者自己所信任的信息相结合。如果历史研究认识到贝叶斯对推理的看法,那么这些限制是可以解决的。当哈维默的理论不断发展到可以被模型用来进行严肃的宏观经济政策分析时,用于推断的假设检验理论发展的尝试却没有得到实践。

另一个主要不足是,虽然它们是经济模型的一部分,却没能解决在建模政策决策时的概念困难,因此有了概率分布,但同时我们也希望能够有所改变,使研究项目能够随政策的变化而变化。从事后来看,我们可以说这一点应当是很明显的。政策行为方程应该是系统的一部分,如哈维默建议的,对政策影响的分析应当通过思考以政策行为为依据的评估系统的部分的变更来进行。

哈维默的论文表明了如何分析政策干预,并从系统中去掉一个等式,保留了其他两个。但他的模型没有包含政策行为方程。它只是一个简单的凯恩斯模型,由一个消费行为等式、一个投资行为等式和一个将产出定义为消费与投资的总和的等式组成。在这个框架中,如何看到政策变化尚不明确,没有政策行为方程被去掉。哈维默去掉的是国家会计恒等式,他假设政府操纵"G"或者政府开支(一个最初可能性模型中没有出现的变量)能够将国家收入设定为它想要的任何水平,而消费和投资将根据系统中的两个行为等式表现。从 1943 年的角度,一种政府开支历史上一直为零但随后不断增大并且变得积极的设想听起来也许很有意思,但哈维默回避了给出政策行为等式的需要,而是提出一项政策干预,哈维默提供了一个有持续效应的不好例子。

哈维默的研究项目中的两个不足:对政策干预的频率性推断以及不明处理。它们其实是相关的。原则上的频率框架(而不总是在实际中)明确区分了随机"对象"和"非随机对象"。前者是重复变化的,物理上可证实的概率分布。从政策制定者的角度看,其本身的选择不是随机的,他面临的模型中,过去的选择是随机的,但当下的选择被认为来自一个可能引起混淆的概率分布。的确,提供政策建议并从频率角度看待概率的经济学家们也许都会对这个框架感到困惑不解。[①] 贝叶斯推断没有进行随机对象和非随机对象的区分。它区分的是已知对象和从未知对象中观察到的对象。后者有概率分布,描绘的是我们对其的不确定性。因此,假定计量经济学家和公众视政策制定者的行为有概率分布,而政策制定者自身并不认为他们的选择是随机的,这种假设并不存在悖论。政策建议的计量建模的存在的问题是,使用历史上估计的政策行为和经济结果的联合分布来构建依赖于当下尚未发生的政策行为的结果的精确概率分布,这个问题不好解决,但在我们着手解决之前必须正视这个问题。

一、凯恩斯经济学与货币主义

20 世纪 50 年代和 60 年代的经济学家努力扩展哈维默的研究方法的统计基础,以便实际估计凯恩斯模型。到了 20 世纪 60 年代中期,凯恩斯模型比哈维默的双方程示例模型的规模大了很多。此次大规模建模的过程第一阶段由一卷论文集进行阐述,这本论文集由 25 位作者完成,共 776 页,包含了 150 个估算公式,以及一个展示部门如何关联的 50×75 厘米插页的流动图。该论文集的导言提出需要包含一个关于政策干预的所有可能类型的参数,即并没有政策本身是即将接受预估的随机结构的一部分的概念。论文中提供了 44 个季度的数据,没有对残差协方差矩阵的限制,似然函数将

---

① 例如研究该问题的富有经验的经济学家萨金特(1984)。他的论文旨在描述萨金特的观点以及我的观点。我认为那篇论文阐述了当时萨金特的观点,但没有正确阐述我自己的观点。

会是无限的。同样,为了得到用标准频率论方法所进行的更加明确的单方程估计,每个方程假设都不允许大部分模型中的变量进入。当时没有对似然函数形状的研究,以及被视作所有时期观察值时间序列联合分布的模型意义的分析。

这本1965年的论文集只是一系列研究的开头,1969年另一本论文集出版,而后进化成MIT-PENN-SSRC(或MPS)模型,这个模型成为美联储决策时使用的主要模型。其他使用类似建模方法和途径的重要研究工作来自雷·费尔在他1984年的书中所描述的不断努力,以及几家中央银行的努力。

当大型凯恩斯建模研究如火如荼地进行时,米尔顿·弗里德曼和安娜·施瓦茨(1963b,1963a)开创了针对这些数据的不同观点。他们关注更少的变量,主要是货币存量多少、强力货币多少、广义价格指数,以及例如工业产值或者GDP等实际活动的大小,他们仔细地检查了这些变量行为。他们指出,货币增长与价格和实际活动之间的高度关联,在较长的时间跨度中十分明显。他们还在1963b论文中指出,从详细的历史记录中,我们可以发现很多先发生货币存量变动,然后发生收入变动的例子。弗里德曼和梅瑟曼(1963)利用一个单一回归方程证明,货币与收入之间的关系比所谓的"自发开支"与收入之间的关系更加稳定。他们认为,这些观察为一个比凯恩斯理论更为简单的经济观点提供了支持:货币政策对经济系统有着重要的影响,它的确是整个商业周期的主要驱动力。如果货币政策能够更加稳定一点,尤其是货币供应增长保持稳定一些,可以大大减少经济的周期性波动。

货币主义者和凯恩斯主义大规模模型的建模者之间的争执,清晰表明宏观经济数据的计量经济建模没有实现哈维默的研究项目意图。他认为,经济理论应该形式化为可观察数据的概率分布,并且在正式评估其统计拟合的基础上相互检验。但这些都没有实现。凯恩斯主义者们争论道,经济是复杂的,需要几百个公式、多个领域的学者和多年的努力来实现这个目标。货币主义者们则认为,只有少数的几个变量很重要,一个分析再加上几个表格和一些过去的故事就足以表达他们的观点。受货币主义者驱使,凯恩斯主义者看到他们的模型中货币政策是多么重要,并发现货币政策确实有强烈的效果。但他们还是认为,货币政策是许多政策工具和通货膨胀成因的一种,因此稳定货币增长不可能成为唯一的最佳政策。

此外,此次辩论的双方都没有认识到把政策行为包含进经济模型的必要。一方面在阿尔伯特·安藤与弗兰科·莫迪利安尼(1965)的交流中,另一方面在米尔顿·弗里德曼和大卫·梅瑟曼的交流中,对于什么是"自发的"和什么是"外因的"有着大量的争论。安藤和莫迪利安尼认为,什么是"自发的"的问题应当是关于什么与模型误差项无关的问题,但两人及他们的对手似乎都认为政府控制的东西都是外因的。

托宾(1970)解释道,不只是高度相关性,货币主义者们观察到的计时模式可以出现在不以不稳定货币政策为通货膨胀成因的模型中,但他是在一个确定性模型中,而不是在可适用数据的概率模型中这么做了。他们的论述中有一部分认为,货币主义者将货币存量作为一种政策工具,货币存量会被动地被其他变量影响,形成观察到的统计模式。我在1972年也指出,货币存量是外生性的假设,也就是说,货币存量与货币主义者模型中的干扰项不相关的假设是经得起检验的。货币主义者们将收入对当前或以前的货币做了回归，反映了当下或以前货币存量对收入有因果性影响的观点。如果这种高度相关性反映了收入对货币的反馈效应，未来货币存量也应能帮助解释收入。然而，结果并非如此，这证实了货币主义者们的统计模型设定。

货币主义者们关于不稳定的货币政策是经济波动的主要成因，以及稳定货币增长可以稳定经济的观点，这从本质上来说是不正确的。如果使用正确的统计模型，凯恩斯主义者们本可以展示出一个模型，在这个回归模型中，不仅有时间因素（与托宾的模型一样），还有外生的货币存量，最终会产生货币存量并非通货膨胀的主要成因的预测。但他们无法做到。他们的模型中满是为图便利而给出的令人难以置信的假设[①]，但身处辩论中时，它们就成了无力的工具。而且，由于它们没有包含政策行为的模型，所以无法用来解决不稳定货币政策行为是否引起了观察到的许多商业周期变化。

二、我们缺少什么?

哈维默认为，概率模型可以描述数据结果的特征，这可以用来区分模型的好坏，他的这种观点与贝叶斯推断思想十分契合，但与他所采用的奈曼—佩尔森方法不太相符。由于标准的统计学课程通常不会对贝叶斯和频率论推断之间的区分给出明确的解释，我们有必要稍做停顿做些解释。贝叶斯推断的目标是生成一个未知数量概率分布，例如变量的"参数"或未来值，但他没有提供任何客观方法。它给出的是在新信息的基础上更新概率分布的客观规则。当数据为未知数量提供了重要信息，那么更新可能导致在可能的最初的概率分布在较广范围内几乎一样的结果，在这种情况下，这些结果是"客观的"。不管这些结果是否对最初的概率分布敏感，更新都可以完成。

频率推断可以估计未知的参数，但不能提供它们的概率分布。它提供了估计者行为的概率分布。这些是"先于样本"概率，适用于我们观察之前的数据。

通过哈维默曾用来表明以概率为基础的推断是可能的乘数加速数模型[②]，我们可以阐明这些区别。尽管当可以获得的数据少很多时，这个模型比之后的凯恩斯计量经济模型小很多，以至于这个简单的模型不可能在以年度为单位的短时间序列内得到正确的估计。

哈维默的模型是：

$$C_t = \beta + \alpha Y_t + \varepsilon_t; \tag{1}$$

$$I_t = \theta(C_t - C_{t-1}) + \eta_t; \tag{2}$$

$$Y_t = C_t + I_t. \tag{3}$$

他假设 $\varepsilon_t \sim N(0, \sigma_c^2)$ 和 $\eta_1 \sim N(0\sigma_i^2)$，且相互独立，还建议通过似然率最大化来

---

① 刘(1960)最先强有力地宣布了在某种程度上人人都了解的这一事实，而很久之后，我在1980b的论文中再一次进行了强调。

② 哈维默的模型与经典萨缪尔森模型唯一的不同，在于其在消费函数中使用的是当前收入而不是滞后收入。

估计系统。

他希望该模型可以用来预测政府支出 G_t,而 G_t 的变化效果没有在模型中出现。这让人不解,我们将对模型进行扩展,从而在估计模型时使用 G_t 数据。在投资方程中,他也没有使用常数项。我们将采用总投资数据,这个数据在没有投资增长的时候也不为零,因此我们会添加一个常数项。我们修正过后的模型变为:

$$C_t = \beta + \alpha Y_t + \varepsilon_t ; \tag{1'}$$

$$I_t + \theta_0 + \theta_1 (C_t - C_{t-1}) + \eta_t ; \tag{2'}$$

$$Y_t = C_t + I_t + G_t ; \tag{3'}$$

$$G_t = \gamma_0 + \gamma_1 G_{t-1} + v_t 。 \tag{4'}$$

我们将利用 1929—1940 年的真实消费、总私人投资和政府购买数据。[①]

如果模型的乘数是负数,即同一年度 G 上升 Y 反而下降,那么该模型没有任何意义。当加速数系数 γ_1 为负,该模型也没有意义。最后,如果 γ_1 远远大于 1,该模型仍没有意义,因为它意味着爆炸性增长。因此,我们将参数的范围限定为 $\theta_1 > 0, \gamma_1 < 1.03, 1-\alpha(1+\theta_1) > 0$。最后一个限定需要一个正乘数。于是似然值极大的参数空间里的值为:

α	β	θ_0	θ_1	γ_0	γ_1
0.566	166	63.0	0.000	10.7	0.991

请注意 θ_1 的极大似然值估计是在参数的边界上。在这个值上,该模型的投资方程几乎没有什么意义。此外,在频率论方法中用来测定估计量可靠性的统计理论假定,真正的参数值不在参数的边界,而且样本足够大,因此一个随机数据样本使边界上发现 MLE 变得极不可能。

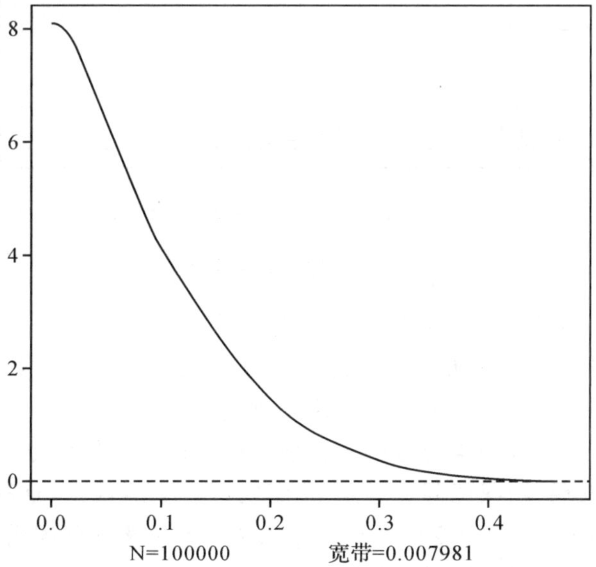

图 1 θ_1 概率密度

① 我们使用的是环比指数数据,这在哈维默的时期是不存在的。我们把 Y 等于 $C+I+G$,因为环比指数数据不能满足会计恒等式,而且我们没有使用其他 GDP 成分的数据。

而且贝叶斯推断提供的是一个自然合理的结果。数据出现后的参数空间的概率密度与先验密度函数的似然函数的积成正比例。如果先验密度函数曲线比似然率更平，就像一开始我们对参数值不确定时，似然函数本身被标准化，整合成一个，表示我们对参数值的不确定性。利用现代马尔科夫链蒙特卡罗方法，草拟参数的似然函数和绘制参数的密度函数，参数函数或双函数就成了一件简单的事情。在一个平面图中，γ_1 的密度函数图形如图 1 所示。当顶点为零时，0 到 0.25 之间的任何值都是有可能的，预期值为 0.091。当 $\theta_1=0.2$ 时，系统的运动与 θ_1 接近 0 时的系统运动非常不同。因此数据给 θ_1 的值留下来非常大的不确定性，这影响很大，并且完全没有排除经济意义的加速效应。该模型中的年内乘数，是 G_t 对 Y_t 的单位改变的效应是 $1/(1-\alpha(1+\theta_1))$。其后验密度在图 2 中。请注意，乘数的最大可能性测试。在图 2 中后验密度的主体左边的竖线表示是 2.0。由于乘数值 θ_1 变大，为零的 MLE 不能代表 θ_1 的可能性值，就会发生这样的情况。

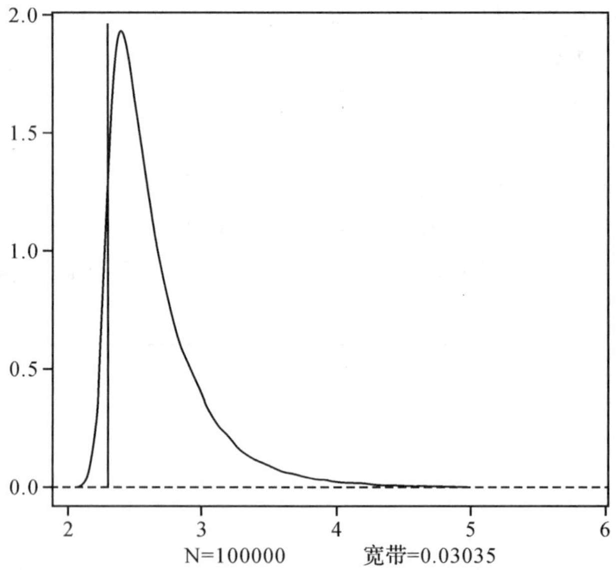

图 2　乘数的概率密度

在计算此处的乘数时，考察了 G_t 变化的影响，其中，G_t 表示一定模型下概率分布的部分数据向量。有很多方式来考虑该计算是如何进行的。其中，一种是我们用 $G_t=G^*$ 来代替政策行为方程，其他方程不变，来考虑 G^* 的变化；另一种等价方式是考虑选择 v_t 的值，将 v_t 看成政策方程的干扰项。后一种方法的优势是由于我们对 v_t 有预测分布，我们会发现，当我们问关于 v_t 的变化所产生的效果，这种模型是极不可能的。[①] 要求模型预计不可能的变化所产生的影响，这本身没有逻辑上的错误，但当我们考虑越多的极端情况，我们在创建模型为了与进行匹配所做的简化假设就越来越值得怀疑。

① 该观点由利珀和查(2003)提出，并使用了更多的实例。

这些关于 G 的乘数的方法都不是哈维默在他的对该模型进行的假设政策试验时所采用的。事实上,他根本没有计算乘数,而是建议政策制定者可以设定 G 来实现任意水平总产出 Y^*。这意味着政策制定者可以看到 ε_t 和 η_t,并选择 G_t 来抵消其效果。他注意到在这些假设中 Y^* 的变化对 C_t 和 I_t 带来的影响可以轻松地通过方程(1)和(2)计算得来。他说,他所做的就是删除会计恒等式(3),并用 $Y_t=Y^*$ 取代,但不能直接去掉会计恒等式。而他真正做的是用 $G_t=Y^*=C_t-I_t$ 来取代隐含的政策等式 $G_t=0$,而保留等价性。由于政策制定者可能不会完全抵消 ε_t 和 η_t 的冲击,且他们很可能认为自己能控制 G_t,而不是直接控制 Y_t 及其人工的政策实验。

如果哈维默试图使他的数据与模型相符,他会需要修正模型的政策变量 G_t。我对哈维默模型(1′)—(4)进行修正,让 C_t 和 I_t 的滞后值不进入 G_t 方程(4),而且该方程的扰动项独立于其他两个扰动项。这意味着如果该方程被用来描述政策行为,G_t 仅取决于政策的变化,而与其他经济变量无关。这证明了按照哈维默的建议,单独估计开始两个方程是正确的。但事实上,数据中包含了强有力的证据证明滞后 C_t 和 It 可以帮助预测 G_t。① 如果该模型在其他方面是正确的,它非常可能意味着 G_t 是与私人部门发展相对应的,甚至估计该模型都需要一种更为复杂的方法。

这些讨论是作为描述频率主义和贝叶斯推断之间的区别的一个例子,以及展示将政策外生模型化的重要性,这不是说如果采用贝叶斯推断方法的话哈维默的理论及其分析会更好。在对该简单模型的贝叶斯分析中运用的计算如果使用现代计算机,只需要几秒钟,在哈维默时代这是完全不可能的。因此这并不是一个好的模型。来自 MLE 的估计残差清晰显示了强序列相关,而且有超出模型所能驾驭的动态特征。

在大型宏观经济模型中,难免有些参数单凭数据无法决定。我们对这些参数的合理范围或多或少都有一些看法,尽管我们不确定。贝叶斯推断很自然地解决了这个问题,并提供了方法。就如同处理 γ_1 在哈维默模型的举例版本中产生的先验知识,我们可以似然函数,允许数据塑造分布函数,其中的数据提供了很有用的信息,并在数据力度不够时使用先于数据的信念。

当我们思考相同数据的多种可能性的模型时,贝叶斯推断可以把数字模型化,当成未知参数,并针对模型生成后样本概率。当拥有很多未知参数的大型模型与一个较小的模型进行比较时,这些后验概率在符合复杂和简单模型的情况下更倾向于简单模型。

20 世纪 60 年代的凯恩斯主义者们调整的模型比哈维默多得多,还有成百上千的自由参数等待验证。为了给这些参数值给出确定答案需要大量的实际数据。源自哈维默思想的统计理论考尔斯基础方法论,假设时间序列点数量与评估的参数数量有很大关系,提供了这些参数的推定值的随机性的近似表现,但这个假设显然与这些模型不符。因此,频率主义者坚持把未知数量当作非随机参数。为了进行合理的估计,建模者进行了许多传统的、未经讨论的假设来简化模型,也对估计方法进行了没有统计

① 我通过调整 VAR 模型的第一个函数和第二个函数的顺序来检验这一点。

理论基础的临时性调整。[①]

这么做的结果是，由于这些模型包含了如此多的看似先验知识的假设，以及估计这些模型的方法显然很含糊，因此这些模型并没有被认真当成数据的概率模型，即便是创建并估计这些模型的人。因此由这些模型所得出的不确定性政策预测的度量是不可靠的。

三、新证据和新的建模思想

当凯恩斯主义者们致力于研究他们数量庞大而难以处理的模型时，当弗里德曼与梅瑟曼和安德森及乔丹(1968)正在估计解释收入的单方程模型时，其他的经济学家正在估计用收入和利率解释货币的单方程模型，后者就是“货币需求”函数。就如我在1972年的论文中指出的，如果M的确在收入对货币的回归中是一个合法的变量，那么实际货币需求函数模型设置是错误的。因此梅赫拉(1978)开始研究是否确实如此。令人惊奇的是，他发现该方程还通过了收入和利率是解释货币的原因。协调这些矛盾的唯一方式是，将这些变量放在一个多方程模型中来研究它们的动态关系。

在我1980年的论文中，我对一个向量自回归模型即VAR模型进行了估计，这种模型在我的《宏观经济与现实》(1980b)中推荐过。VAR是有关一系列带有变量的时间序列的联合行为的模型。例如，它们包含了对滞后期的限制，对所有的方程中的变量都有同样的限制，或者对模型中的时间序列平滑演化发展有利的先验分布。当然，为了让结果变得有趣，它们需要解读，于是至少非正式地引入了经济理论。我1980a的论文包括了利率、生产、价格和货币等数据。这些结果表明，货币存量中的大部分变化，可以从利率的过去值中进行预测，尤其是根据“二战”后的值。此外，战后的利率变化有相当部分都可以在工业产值的基础上轮流进行预测。由于利率实际上是货币政策制定者所关注的，那么很难说货币存量本身足以代表政策，或者说货币供应变化很大程度上由飘忽不定的错误所造成。如果历史上的货币政策有一定的系统性和预测性，那么去掉其变化是否能减少商业周期波动就不得而知了。

当然，在20世纪70年代，从另一面对政策行为进行建模开始得到更多的关注，理性预期假设也被用于宏观经济模型中，它要求包含对未来进行外显预期的行为方程的模型建立在对完全模型自身的动态结构的预期基础上。在金融市场的研究中，理性预期的简单版模型已经普及：“效率市场”假设资产超额收益几乎不可预测，否则，对可预测收益进行交易的话，就会产生利润机会，这意味着我在货币—收入回归中运用的这种检验方法，可能意味着平稳运行的市场中的任何资本价格会引起其他可观察的变量的运动变化。一些经济学家从一开始认为，货币在货币主义的回归中对收入有单向性

---

① 例如，两段最小平方法被广泛用于评估这些模型中的方程。根据这个理论，可供利用的变量越是外因的和先决的，推定值的(大型样本)特性越好。然而在这些模型中有一个关于财富的尴尬情况，两段最小平方法使用了很多工具，因此成为普通最小平方法，丁伯根在哈维默之前就使用了同样的方法。实际上，建模者没有任何正式原因地使用了更少的工具。

影响,同样的道理,对证券类资产价格亦是如此,这些结果并非对货币主义者因果关系的强有力支持。但是,货币主义者和凯恩斯模型都没有指出货币量与经济价格有着同样的性质。我的论文(1980a)以及针对 VAR 模型的大量研究明确了货币政策会对经济状况做出反应,在含有利率的模型中货币存量是可以预测的,这证实了费希尔—布莱克的理论模型。它在之后我的论文(1989)中出现,表明使利率积极反应货币存量的增长量,货币政策会导致货币到收入的偶然排序,甚至在货币政策对真实变量影响很小的模型中也是如此。

运用理性预期假设的主要结论是,一个政策行为模型必须对私营部门有准确的预期。由于凯恩斯大型模型没有仔细关注政策行为模型化,他们不能轻易考虑这些批评。由于这种观点强调政策行为模型的价值,对凯恩斯模型的理性预期的批判的最初梦想带来的效果在未来几十年是破坏性的而不是建设性的。

理性预期建模的一些早期拥护者,例如萨金特(1973)暗示模型的跨方程限制与标准 IS-LM 模型在结构上有些相似。但即便在文章中萨金特用到的小模型里,将整个系统作为一个联合时间序列行为模型来进行估计在当时也是不可行的,他只是用模型来得出他估计的单个方程,并用来检验理性预期的启示,包含理性预期政策建模的整个模型系统的极大似然估计是不可能的。

也许比抑制政策导向的计量经济学推断更重要的是理性预期研究对评价理性预期背景下的政策规则的非随机变更的强调。这一点通过菲利普斯曲线可以很容易就让研究生明白。如果我们承认,只有价格水平的突然变化才会对经济有实际影响,那么当我们不去尝试通过操控通货膨胀来控制失业率时(反之亦然),失业与通货膨胀之间有负相关性,但尽管如此,依然不能通过故意改变通货膨胀率对失业率产生实际影响,只要这些故意的改变是可被预期到的。我们把此处的菲利普斯曲线看成大型凯恩斯模型的替代品,那么其含义是决策者运用计量经济模型真正所做的事情是利用它们来勾画出政策变量的经济条件在未来的可能路径,最好的情况是没什么用处,而最坏的情况是导致了 20 世纪 70 年代美国的通货膨胀。这种说法很多人相信,几乎导致了经济学家对计量经济政策建模的兴趣完全消失。

实际上,这种说法并没有实际经验的支持。20 世纪 70 年代,菲利普斯曲线中的失业率与通货膨胀的负相关性的确消失了,但很快在凯恩斯实证政策模型中得到了体现,因此,那些模型暗含了政策在通过增加通货膨胀来降低失业率方面的低能甚至无能。增加通货膨胀率并不是使平稳的菲利普斯曲线上升的有益尝试。我支持这种看法,虽然这一点还是有争议的,如果本文是关于宏观经济学的总体发展的,那么会更加详细,但在目前的目标下,我们只需注意这个故事对研究表的影响,很少有经济学家关注货币政策机构的人所面临的模型化任务。

当政策实验在另一方面也遭遇平静时,人们开始强调改变规则。我们已经发现,哈维默的框架以及联立方程建模的主要不足,是政策变化总是被模型化为决定性的,且来自模型的随机结构之外。对政策行为的模型化的重要性的认识应当帮助人们认识到,政策变化应当被看作随机变量的实现,而这些随机变量则被模型化为模型结构的一部分。

相反，理性预期建模的主流扩大了哈维默的错误：他们把政策变化看作随机变量的实现被认为本身就是错误的或矛盾的；人们的关注完全集中于政策行为方程中非随机的、永恒的变化，前提是假设这些方程之前没发生过变化，且在干预之后不会再发生变化。①

目前，中央银行仍在使用大型计量经济模型。新证据不断涌现，决策者也必须做出决策，而他们迫切需要了解未来经济走势的数据在不同的可能的政策选择下的含义是什么。中央银行的建模者们意识到由考尔斯基础方法论提供的频率主义推断方法不适用于他们所遇到的问题，而且在缺乏学术计量经济学家的进一步投入的情况下，倒退到了单方程回归。于是不再有人去尝试创建一个针对模型中所有变量的联合概率模型。有人尝试将理性预期引入模型，但其方式不会经得起学术研究的批判——如果有人批判的话。②

向量自回归模型本身不是大型政策模型的竞争者，它们是时间序列的统计性描述，并没有如何使用它们来描绘给定政策选择的条件分布的相应故事。在我对 VAR 模型的早期研究(1980a，1980b)中，我用非正式理论对它们进行了解读，政策分析需要的不是外在的定量理论约束。然而，明显地引入理论却是可能的，但有了约束后，VAR 模型才能为政策分析所用。布兰查德和沃森(1986)以及我自己的论文(1986)展示了两种如此做的不同方法。为了让其预测政策干预的效果而将理论约束引入 VAR 模型被人们称作结构向量自回归，即 SVAR 模型。

四、对货币政策效果的一致看法

到 1980 年，货币存量本身连货币政策的完整单方面衡量方法都不是，而利率仍然是研究的对象。美国与大部分其他国家的决策者将他们的决策看作设定利率的过程，尽管心中对货币增长路径有着目标。他们还关心产出水平和通货膨胀水平，尝试通过降低利率来减少经济衰退，通过提高利率来限制通货膨胀。但为何利率、货币、产出和价格而不是货币政策制定者的行为与产出和通货膨胀相关，这有着很多的原因。当通货膨胀率高时，利率也高，因为贷方需要弥补通货膨胀造成的借贷产生的价值上的损失。当投资的真实回报率发生变化时，利率也会发生变化，这种情况的出现也有很多原因，但与货币政策没有关系。私营部门的货币需求平衡发生变化，其原因可以是金融创新或对流动性的关注水平的波动。通过理清相互影响的这些模式来发现货币政策的效果是很困难的，即便是最好的情况，也还是会留下一些不确定性。

在我 1986 年的论文中，我尝试使用多种策略相结合来解决这一难题。我假定利率变化可以影响私营部门的投资决策，只不过有所延迟，而且假定由于数据提供方面的延后，美联储不能在季度内对产出和总体价格水平变化做出反应。该模型还尝试利用两组不同的附加约束得出一个货币需求方程。货币政策的效果证明这种方法值得称赞。

① 我在 1987 年的论文中用更长的篇幅反驳了这种政策分析方法。

② 我在 2002 年的一篇论文中，调查了中央银行政策建模的状态和政策制定过程中对模型的使用。

银根紧缩措施提升利率,降低产出和投资,减少货币存量,并缓慢降低物价。对货币政策的不可预测的干扰可能对产出带来的影响不可忽视,但这些影响只占据产出的全部可变性中很小的一部分,那些被认为是“合理的”反应,实际是辨识策略的一部分。某些系数的精确零约束与定性观点相互作用,共同探讨货币紧缩政策的反应应当是怎样的。

在大量他人的研究中,这种结果类型显得强而有力,这些学者还加入了其他国家、其他时期的数据,并运用了许多其他方法研究 SVAR 模型的简约识别。这种类型的研究由利珀、西姆斯和查(1996)进行了总结。这种研究作为货币政策变化如何影响经济的合理定量分析研究得到了广泛认可。

将货币政策行为方程单独提出的 SVAR 模型可以用来生成条件性政策规划,但不能被广泛用来当作中央银行进行政策讨论的主要模型。未来政策并不是决策者在制定计划过程中希望解决的唯一的未来事件。因供应中断引起的物价上涨或下降、生产力高低、美元贬值以及金融政策的变化等因素,对政策讨论过程都是很重要的。SVAR 模型故步自封于单独分理出货币政策,而把剩下的经济部分看作一个“黑箱”系统,因此它们无法轻易提供这些类型的条件预测。不论精确与否,现有的大型模型至少给出了答案。

克里斯蒂亚诺、艾肯鲍和埃文斯(2005)发展出一套完整的动态随机一般平衡(DSGE),其中对所有干扰和方程给出了经济学解读,并反映了假定最佳行为,但这套平衡依然可以复制由 SVAR 模型得来的对货币政策冲击的反应模式。[①] 弗兰克·斯梅茨和拉夫·武泰(2007, 2003)提出这个模型可以用来生成一个似然函数,也可以用正式贝叶斯推断来估计参数,并凸显其不确定性。他们将自己的模型与 VAR 模型和 SVAR 模型进行比较,并说明他们的模型在与数据适应方面可以与 VAR 模型媲美。因此,最终他们开始着手实现哈维默的计划,创建一个可以用来分析政策的宏观经济模型。该模型的形式是所谓的数据概率分布。该模型可以与其他模型进行比较,可以在其对全局系统影响的基础上,进而提出改善估计方法,而不仅仅通过一个方程。全世界的中央银行研究人员都会意识到这种模型的潜在价值,有一些银行已经开始发展这种模型。在某些情况下,这种模型已经成为政策的主要模型。

五、我们成功了吗?

哈维默倡导将形式化经济模型作为概率模型,并不是结束,因为他把这看成互相检验模型并取得进步的唯一方式。现在我们有了贝叶斯的 DSGE 模型,这是哈维默研究项目的第一步。但这些模型的当前形式在很多方面都没有准备好进行提升。

DSGE 模型没有预测到最近的金融崩溃与经济萧条。由概率模型得出的预测注定会发生误差。其实误差是否存在,或误差的大小并不是问题所在,而是 DSGE 模型给出的预测误差大小,是模型的概率结构所认为几乎不可能出现的。与其他模型相

① 克里斯蒂亚诺、艾鲍肯和埃文斯的著作在最终发表前,用了好几年时间在论文的形式方面来回变动。

比，有着太多的误差，尽管误差在近期的经济危机要小一些，但在危机前还是可以检验出来的。识别出经济模型中的大型误差出现的真实可能性是一个技术挑战，这也是其没有受到建模者关注的原因之一。也许更重要的是，大型误差很少通过定义稀有事件被发现。因此，通过机械统计程序得出的历史数据来生成大型误差的概率模型是不可能的。在模型化这些误差时，先验分布扮演着重要角色，而关于误差的不确定性非常大。一种基于频率主义者的常用工具的方法（大型样本近似计量经济学）是不够的。

在现有的DSGE系列模型中的相关不足，是它们几乎全都建立在一个稳定成长状态路径的线性化的基础上。这些模型的使用者非常明白这些模型在经济严重偏离运行方向时会变得很不可靠。然而，大量的干扰迫使我们远离它的趋势线，我们需要识别并将重要的非线性因素进行建模。

已经有很多经济学家在忙于整合更多的金融数据，将更为完整的金融部门模型加入DSGE模型，希望这些提升能够避免再次发生像2008年那样的经济崩溃，并确保紧随经济崩溃之后的政策选择能够准确明了。同样重要的是，事实上也许更加重要，那就是将DSGE模型扩展成更为准确的金融动态模型。贝叶斯DSGE模型几乎不建模，或者不精确建模，国债、赤字与债务的关系，私营部门对待债务行为的财富效应，以及预期的未来财政政策。经济的这些方面对目前我们的政策讨论至关重要。

现有的DSGE模型是对克里斯蒂亚诺、艾肯鲍和埃文斯模型的主要变体。这是一个“以微观为基础”的模型，其中的惯性和黏性不是以完全临时的方式注入模型中，而是被降低一个等级，受到最优代理人的制约。但这些微观基础在很多情况下都因实证微观证据或常识问题而存在争议。例如工资黏性，它的建模是通过假设改变名义价格会引起相关的约束或成本，而且设定价格的企业各个都有着不可忽视的规模。每个人都知道，真实行业里的企业有着各种各样的规模，只有一些大型企业才具有战略重要性。每个人都明白，改变名义价格需要的成本，以及每次名义价格只能偶尔改变的制约，其发生是企业无法控制的，充其量只是一个蹩脚的比喻。如果有人认为DSGE模型是一组让经济学家和决策者对政策规划觉得更为放心的故事，那么基本上只是重建了从SVAR模型中获得的启发，DSGE模型的微观基础的难以置信的性质只是处在第二位的。当模型用来评估替代政策的福利效果时，这些问题就变得更加重要了。从微观数据建立起来的宏观经济模型在不久的将来是可行的。利用克里斯蒂亚诺、艾肯鲍和埃文斯的框架对惯性机制的变异来进行试验是可能的，可以调查其他规范是否也合适，或是否具有不同的政策含义。

现行的DSGE模型对参数的使用显得紧巴巴的。例如斯梅茨和武泰的美国模型(2007)使用了七种变量的数据，拥有37个自由参数，平均每个“方程”5个。而这个参数密度可能比20世纪60年代和70年代大型凯恩斯模型的参数密度还要低。[①] 结果

---

① 斯梅茨和武泰的表格只报告了贝叶斯的VAR模型的边际概率，其边际概率至少比DSGE的边际概率要差那么一些。然而在脚注13里，他们提到拥有不同先验的BVAR生成的对数边际概率比DSGE的对数单位的9.2要好，这是BVAR在适应度方面的一个重要优点。

贝叶斯的VAR模型比DSGE模型更加适用，且适用得多。通过添加可以允许更多干扰动态的参数，或允许更为灵活的多种惯性来源的规范，可以提高DSGE模型的适用度。尽管我们认为这些模型中的理论已经趋于完善，但更为优秀的方法还要说是德尔尼罗和绍尔夫海德的理论，后来得到德尔尼罗、绍尔夫海德、斯梅茨和武泰的发展，他们把DSGE模型作为SVAR模型的先验分布的来源。在他们的研究过程中，他们得到的结果在本质上几乎与DSGE模型相同，如果DSGE模型能更好地贴合数据的话。帕克(2010)进一步发展了德尔尼罗—绍尔夫海德框架，使其更真实地反映对辨别的不确定性。这种建模方法没有把DSGE模型当作直接解读数据的模型，而是利用模型的微观理论来评估不可能政策的福利效果。就像我在前面提到的，这种做法非常有用，而且利用模型来勾画以多种干扰来源为条件的经济的未来，这一点依然是有可能的，而且可能比直接适用DSGE模型更加精确。

六、结　语

尽管早期对于如何使宏观经济时间序列数据对该问题产生影响存在疑问，至少凯恩斯主义和货币数量论之间关于标准货币政策的争论在当时已经得到了很大解决。由开放市场操作形成的利率变化对经济确实有实质性影响，不论是实际产出还是通货膨胀。货币政策的异常变化不是经济周期性变动的主要原因，货币数量也不是衡量货币政策的一个合格的一维指数。货币政策对产出的影响很快能体现出来，但对通货膨胀的影响则需要更长时间。解决这些问题的推断方法得到了发展，使我们能够认识到哈维默对于宏观经济学的科学研究方法的目标。

尽管如此，即便对于已经达成一致的看法还是存在着不确定性，如今使用在最前线的模型也依然存在空白。我们还有很多任务需要完成。

（陶　陶 译　柴志贤 校）

2012 获奖者

埃尔文·罗思

Alvin E. Roth

【获奖理由】稳定分配理论和市场设计实践。

生平简介

1951 年	出生于美国纽约
1974 年	获斯坦福大学运筹学博士学位
1983 年	计量经济学学会院士
1990 年	获兰彻斯特奖
1998 年	美国艺术与科学学院院士
1998 年起	任职于哈佛大学

主要学术贡献

埃尔文·罗思是利用实验经济学方法推动博弈论成为实证经济学的关键人物。罗思(1995)利用公共物品提供博弈、市场博弈和"最后通牒"讨价还价模型三个博弈实验来观察人们的行为。1995 年,罗思与卡格尔合作编著了《实验经济学手册》一书。这本著作的重点是阐明实验研究作为一个渐进的研究工具,在可能的情况下应建立起一系列彼此作用的实验研究。此外,此书还传达一个特定的方法论:学习如何设计和进行实验,即考虑一个好的实验室如何在需要调查的事件和假设基础上有组织地建立起来。1995 年以后,罗思开始将实验理论付诸实践,并将上述理论加实践的二位一体冠之以市场设计,涉及经济学、计算机科学和其他学科的理论和实证研究。市场设计最根本的核心问题是:市场如何运作。他意识到沙普利的理论计算结果可以让实践中重要市场的运作方式变得更清晰并成功地通过系统性的实验,帮助许多特殊的市场建立了更合理的均衡匹配。例如,美国医学院的实习分配问题,肾脏捐赠移植匹配工作,纽约市高中的匹配系统,波士顿公立学校的匹配系统以及医学院毕业生的住院培训分配系统等。

主要学术成果

《交易的不言自明模式》(1979)

《交易的博弈理论模式》(1985)

《经济学的实验室实验:6个观点》(1987)

《沙普利价值:致罗伊德·沙普利的评论》(1987)

《匹配的两面:博弈理论模拟和分析的研究》(1990)

《实验经济学手册》(1995)

《鲍伯一威尔逊传统的博弈论》(2001)

2012获奖者

罗伊德·沙普利

Lloyd S. Shapley

【获奖理由】稳定分配理论和市场设计实践。

生平简介

1923 年	生于美国麻省剑桥
1944 年	获美国青铜勋章
1953 年	获普林斯顿大学数学博士学位
1954—1981 年	任职于兰德公司
1976 年	成为计量经济学学会院士
1978 年	成为美国国家科学院会员
1981 年	获得约翰·冯·诺伊曼理论奖
1981 年起	任职于加州大学洛杉矶分校

主要学术贡献

罗伊德·沙普利对数理经济学,特别是博弈论理论做出过杰出贡献,被很多专家认为是博弈论的具体化身,采用"合作博弈"理论去研究和比较不同的匹配方法。

沙普利(1952)将"核"发展为合作博弈的一般利益分配集合,即它是一种所有成员均无法提升自身效用的稳定联盟状态。由于"核"这个概念不能给出联盟内成员效用分配的唯一预测,沙普利(1953)进一步在合作博弈框架中加入了一些着眼于"公平"分配合作利益的公理。他证明在这些公理的约束下,存在唯一的效用分配方案,这就是沙普利值。沙普利值是根据各人给联盟带来的增值来分配,在直观上是所有边际贡献的平均值。

他与舒比克发表了一篇著名的论文《评估委员会制度下的权利分配评价方法》,后来称之为沙普利—舒比克权力指数。当时他们将沙普利值引入投票机制,评价了委员会制度的权力分配体系。目前,这一指数已广泛地应用于公司金融领域,反映了股权对公司决策的影响力,能够客观地度量某股东或某些股东对股份制公司的控制力。

1962年,沙普利与盖尔合写了一篇短文《GS运算法则》。这种方法能确保匹配是稳定的。沙普利还提出了随机博弈的概念。随机博弈是一种包含一个或多个参与者所进行的具有状态概率转移的动态博弈过程。随机博弈由多个博弈阶段组成。此外,他在长期竞争理论上与2005年诺奖得主罗伯特·奥曼的工作均对经济学理论产生了巨大影响。而在80多岁高龄之际,沙普利在学术上仍有产出,如多人效用和权力分配理论。

主要学术成果

《n人博弈的价值》(1953)

《随机博弈》(1953)

《评估委员会制度下的权利分配的一种方法》(1954)

《高校招生与婚姻稳定性》(1962)

《简单博弈论》(1962)

《市场博弈论》(1969)

颁奖词

瑞典皇家科学院成员 / 托斯滕·佩尔松

国王和王后陛下,各位殿下,获奖者们,女士们,先生们:

在人的一生中做出正确的选择是很重要的。然而,在许多重要的时刻却没有那么多的选项,如大学、职业或配偶的选择,但是您还必须要选择。在这种时刻匹配的关键问题是:谁得到什么?

2011年8月,一名新泽西州66岁的男子得到一个新的肾脏。捐赠者是一名加利福尼亚州的44岁的完全陌生的男子。一位侄女准备捐出她的肾脏给她的一个叔叔,但由于血型不匹配,侄女被要求捐出自己的肾脏给一个来自威斯康星州的陌生女人,而这个女人的前男友又捐出自己的一只肾脏给了匹兹堡的另一名病人。只要这60个横跨这个美国的器官移植协调没有完成,这个链环就不算结束。圣诞前夕,一个患有慢性肾功能衰竭的30岁的患者,一名45岁的芝加哥男子在经过一年的透析后恢复了正常的生活。

这个成功的故事不仅反映在肾脏病上取得的成绩,同时也表现在匹配理论方向的创新研究。30个肾和30个患者之间可以有无限数量的方法进行分配,但因为人体器官的排他性只有少数这些匹配是成功的。

在8年前,埃尔文·罗思和他的同事发表了他们的第一个关于如何有效地进行器官捐献匹配的科学研究。次年,与医生合作,他们建立了肾脏捐赠匹配的第一个中心:新英格兰计划——肾脏交换中心。

在这个时间点上,罗思在匹配领域并不是一个新手。2003年,他已委托重新设计了一个择校系统:匹配分配90000个准高中生与纽约的数百所学校——一个有着惊人数量解决方案的问题。结果是如此成功以至于其他几个大城市采取了类似的择校系统。20世纪90年代中期,罗思已经被要求重建信息交流中心,每年对整个美国20000个新的医生与实习医院的匹配。

这种类似的匹配理论的应用可以追溯到更远的时间。然而,在整整50年前,数学家大卫·盖尔写了一封信,分别寄给他的一些同事们。信中提出了一个棘手的数学问题:假设有大量的学生要被相对较少的大学所录取,有没有总有一个稳定的匹配,即每个学生能被愿意录取他的大学中最好的大学所录取;反之,大学也一样。罗伊德·沙普利回了信。他不仅证明了答案:"是",而且还提出了双方匹配的、类似的结果都有稳定的解决方案的具体的算法。几十年后,这个算法恰恰就是罗思建立新医生信息中心和纽约高中录取系统的基础。

在20世纪70年代,沙普利解决了另一个抽象的问题,即片面匹配。如果一部分人中的每人都有自己的房子,有没有具体的程序允许他们根据他们的住房偏好交换房子到达一个没有进一步改进可能的地步?沙普利的解决方案表明这是可以实现的。30年后,罗思的肾脏移植系统正是建立在这个理论上的。

沙普利教授:你对合作博弈理论的贡献在博弈论者和经济学家之中是有口皆碑的。你和大卫·盖尔是匹配理论的创始人,你发现了延期验收算法是其理论和应用上的基础。

罗思教授:你的创新工作包括理论,实证评价,实验室实验,不可评估的实际应用。正是这种理论与实践之间的反馈,使得市场的设计成为这样一个蓬勃发展的领域。

你们从来没有一起工作过,但是你们的贡献一起构成了一个意想不到的旅程,从基于纯粹的好奇心的基础理论研究到为人类造福的实际运用。我很荣幸代表瑞典皇家科学院传达给你最热烈的祝贺。现在请国王陛下颁发奖品。

(孟晋琦 译　柴志贤 校)

2013获奖者

尤金·法玛

Eugene F. Fama

【获奖理由】资产定价实证分析领域的重要贡献。

生平简介

1939年	出生于美国马萨诸塞州波士顿
1956年	进入塔夫茨大学学习法语
1963—1993年	芝加哥大学商学院研究生院任教
1971—1973年	《金融》杂志副编辑
1975—1977年	《美国经济评论》杂志副编辑
1984—1996年	《美国货币经济》杂志副编辑

主要学术贡献

法玛教授对经济学科的若干领域,包括投资学理论与经验分析、资本市场中的价格形成、公司财务、组织形式生存的经济学,都做出了重要的贡献;同时在金融学独立为一个学科以及成为经济学中一个独立领域的进程中是当之无愧的先驱。法玛教授的研究内容包括金融证券的价格走势以及由个人和企业决定的资产分配关系、资本市场的信息结构、公司与竞争、风险管理、通货膨胀与经济活动、不同通货的价格以及货币与银行业。其论文以严谨的理论性与实证方法的运用相结合为显著特征。

法玛教授最主要的贡献是提出了著名的"有效市场假说",保证了金融理论的适用性,是经典金融经济学的基础。在公司理论方面,法玛在20世纪70年代末提出"经理市场竞争"作为激励机制的开创性想法。法玛教授的另一个研究领域是将财务概念与方法应用到国外兑换市场的研究中,其提出的法玛证明已经成为跨国经济学、商业学与财务学领域重要的学术资源,并且成为世界范围内应用经济分析与财务经济分析课程的重要组成部分。

主要学术成果

《股票市场价格走势》(1965)

《有效资本市场:理论与实证研究回顾》(1970)

《财务理论》(1972)

《基础财务学》(1976)

《代理问题与公司理论》(1980)

《代理问题与剩余要求权》(1983)

《预期与现金兑换率》(1984)

《股票市场价格走势》(1991)

《股票回报的交叉选择》(1992)

《劳动合同中时间、薪水与激励性工资》(1991)

2013获奖者

拉尔斯·汉森

Lars Peter Hansen

【获奖理由】资产定价实证分析领域的重要贡献。

生平简介

1952 年	出生于美国香槟伊利诺伊州
1978 年	获明尼苏达大学经济学博士学位
1978—1981 年	任职于卡内基·梅隆大学
1981 年起	任教于芝加哥大学
1984 年	获弗里斯奖章
1985 年	成为计量经济学会会员
1999 年	成为美国国家科学院院士
2007 年	成为美国金融学会会员

主要学术贡献

汉森最突出的贡献是于 1982 年提出的广义矩方法,这一方法在宏观经济和金融领域都有着广泛的应用。广义矩方法对于估计理性预期模型作用巨大,因为即使在数据不完善的情况下,采用广义矩方法依旧能够得到许多有意义的参数估计。可以说,广义矩方法直接或间接地推动理性预期模型成为现代经济学的主流。

汉森的另一项重要贡献,是与 2011 年诺贝尔经济学奖得主托马斯·萨金特一同发展并扩充了稳健控制理论。稳健控制理论的一个很重要应用是货币政策。对于政策制定者和金融市场的参与者而言,稳健控制理论的另外一个重要意义是警示风险的来源。

汉森的其他研究成果还有:尝试在未来宏观前景不可准确预测的情况下,定量分析跨期风险回报权衡;提出了动态价值分解的方法,来区分对价值的长期与短期驱动因素。汉森的几大学术思想都是对世界金融市场在仍然余震不断的大背景下,对不确定性、风险敞口、长期与短期价值的驱动因素等方面的有益实践。

主要学术成果

《远期汇率未来现货价格最佳预测因子的计量经济分析》(1980)

《设立和估算动态线性理性预期模型》(1980)

《广义矩估计方法的大样本属性》(1982)

《广义非线性理性预期模型的工具变量估计》(1982)

《递归稳健估计与控制》(2007)

《消费反击:测量长期运行风险》(2008)

《识别和测量系统性风险》(2012)

2013 获奖者

罗伯特·希勒

Robert J. Shiller

【获奖理由】资产定价实证分析领域的重要贡献。

生平简介

1946 年	出生于美国底特律
1967 年	获得密歇根大学学士学位
1972 年	获得麻省理工学院经济学博士学位
1980 年	任美国全国经济研究所副研究员
2005 年	任美国经济学会副主席
2006—2007 年	任东部经济学会主席

主要学术贡献

希勒教授是行为金融学领域的奠基人之一,其本人在金融市场、行为经济学、宏观经济学、不动产、统计方法及市场道德判断、公共选择等方面贡献良多。希勒教授擅长运用数学分析和行为分析相结合的方法研究投机市场中的价格波动,分析投机泡沫,尤其是证券和房地产市场泡沫;分析金融、保险、公共财政在普通民众未来生活中的广泛影响等。近几年来,希勒教授多次谈及对中国房地产的看法称其泡沫严重。

希勒教授在美国股票市场呈现出前所未有的繁荣状态下通过比较了美国近 140 年来股票市场市盈率(P/E)的变化情况,指出美国股票市场指数大幅上涨是脱离实际经济运行的反常现象。随后希勒教授又开始把目光投向一个更为宏观也更为复杂的问题之上——那就是 21 世纪的金融应当向何处发展。希勒教授认为,当前社会中对于股票市场存在着过度的迷信,从而忽视了现代经济生活中一些实体经济中的因素对人们的生活有着更深远的影响。随着经济全球化进程的不断加深,这些实体经济因素面临的风险以前所未有的速度急剧增大。因此他提出了六种方案,利用现代信息技术和高级金融理论来化解这些实体经济风险,从而构建 21 世纪金融新秩序。同时希勒教授也乐于把他的理念应用于实践。他创办了卡魏施有限公司，一家专事经济学研究和信息工作的公司；同时还创建了宏观证券研究有限公司，一家以促进非寻常风险证券化为目标的公司。

主要学术成果

《市场波动性》(1990)

《宏观市场：建立管理社会最大经济风险的机构》(1993)

《非理性繁荣》(2000)

《金融新秩序：21 世纪的风险》(2003)

《次贷解决方案：全球金融危机如何发生和怎么办》(2008)

《动物精神：人类心理如何推动经济发展以及对全球资本主义的影响》(2009)

《金融和良好的社会》(2012)

颁奖词

瑞典皇家科学院 / 席佩尔·克鲁赛尔

尊敬的国王和王后陛下，各位殿下，亲爱的获奖者们，女士们，先生们：

股票和其他资产的价格时常波动很大。以瑞典的股票为例：当今，斯德哥尔摩股票市场的总价值是企业本年利润的 15 倍。但是，在 5 年前的 2008 年，同样的股票市场等值于 8 倍的企业利润；而在 2000 年，等值于 30 倍利润。这些波动源于什么？股票价格真的如实地反映企业产生利润的潜在能力吗？抑或股价反映的更是在盲目乐观和盲目悲观之间振荡的一个非理性的、情绪驱动型的股市？

这些问题具有很大的关联性，因为资产价格指导着中央经济决策。居民储蓄通过金融市场转向了生产性投资，因此，股价理应标示怎样的投资最有成效。股价还应准确地反映不同投资风险之间的差异，使高风险的投资通过高平均收益的投资来得到补偿。股票错价意味着整个社会来支付巨大的成本。

尤金·法玛、拉尔斯·彼得·汉森和罗伯特·希勒的研究有助于我们更好地理解资产价格是如何评定的。这里面临的一大挑战是如何确定一个合适的资产价格评定标准。为了评定出一个合适的资产价格，我们必须正确地计算和折算出某资产在未来将产生的总收入。但是在没有可以预卜未来的水晶球的情况下，我们如何能够展望未来？我们又该对未来的总收入施加多大的权重？

在我们深入解答这些关于如何正确定价的难题之前，让我们先探讨一个简单的问题：价格可以被预测吗？在一个功能完善的市场，它应该不能预见到价格是否会上升或下降。首先，这看似矛盾的：如能预测某资产的价格明天会上涨，那不是很有价值吗？我们探讨的问题不是从社会的观点出发。若能够安全地预测今天到明天的价格会上涨，在一个运转良好的市场中，需求将推高今天的价格直至达到明天的水平。若没有这个市场对于预期价格上涨的反应，今天的价格会偏低，经济决策就会被误导。

尤金·法玛从短期的角度,对于20世纪60—70年代的美国股票市场进行了系统研究。研究中他发现,在一天或者一周的时间范围内,价格并无实质性的可预测性。法玛特别分析了新的公开信息(如分红公告)的作用。案例研究表明,在公告之后,价格立即做出反应,但无任何系统性的价格变动。但是,法玛同时意识到有些价格浮动式是可以预测的:那些由风险差异而引发的价格变动。他设计了一种将风险纳入考虑因素的方法,这种方法指引了后续的研究。

在20世纪80年代早期,罗伯特·希勒惊讶地发现了一个关于资产价格的不同的角度。希勒发现,在长期角度上,资产价格具有重要的可预测性。通过股价和分红数据的巧妙结合,他发现资产价格相对于分红偏高出现之后的平均3—7年,紧随着会出现资产价格相对于分红偏低的情况。希勒的研究同样表明:资产价格相对于分红会呈现波动过度。他的解释是,资产市场并不总是完全理性的。这种假设,以及希勒后续的研究工作,激发了一个新的研究领域——行为金融学的出现。行为金融学借鉴了心理学的知识来改善我们对资产价格的认识。

但是,资产价格的长周期的可预测性是否就一定意味着资产定价错误?相反,它可能意味着,在给定的时间点上,低价格反映了高的风险评估,或者代表着在那个特定的时间点上,对于该风险的高敏感性。为了检验这种基于风险的价格评估理论,研究者们需要新的统计工具。拉尔斯·汉森的突破性进展在于,开发了一种被称作"广义矩方法"的工具,该工具不仅彻底改变了金融领域的研究,也改变了经济学很多其他领域的实证研究。采用这种方法,汉森能够证明标准的基于风险的理论无法解释股票价格的变动和可预测性。这一发现促进了这一理论的进一步发展,并且在这些新想法的帮助下,现在我们能够更好地理解风险以及风险敏感性在价格评估中的作用。

三位获奖人的贡献在研究领域之外也产生着影响。他们的研究结果成了如指数基金、证券投资管理这类新型金融工具开发的关键驱动力;他们的研究也展现了用数据来系统地检验不同的理论的丰硕成果;他们的研究发现构成了当前我们理解资产市场的支柱。我们当今在"进一步审查价格的形成机制,从而为必要的市场改革奠定基础"方面的深入研究,离不开三位获奖人的研究贡献。

亲爱的法玛教授,汉森教授和希勒教授,你们的实证研究已经从根本上改变了我们对资产价格的看法。采用许多国家的新数据,采用股票、债券以及一系列的其他资产的新数据,你们的研究成果都得到了证实。若没有你们的研究发现,没有你们开发并进一步跟踪使用的方法,我们就无法用科学的方法来评估金融市场。

我谨代表瑞典皇家科学院,非常荣幸地向你们致以最热烈的祝贺。现在,我邀请你们接受尊敬的国王陛下向你们颁发的奖励。

(梅玲笑 译　柴志贤 校)

2014 获奖者

让·梯若尔
Jean Tirole

【获奖理由】对市场力和监管的分析。

生平简介

1953 年	出生于法国
1984—1992 年	任职于美国麻省理工学院
1992 年起	任法国图卢兹经济学院产业经济研究所科研主任
1998 年	任计量经济学会会长
2001 年	任欧洲经济学会会长
2009 年起	任职于图卢兹经济学院

主要学术贡献

1. 新产业组织理论

产业组织理论是近年来经济学最活跃、成果最丰富的领域之一。产业组织理论以市场与企业为研究对象，从市场角度研究企业行为或从企业角度研究市场结构。1988年，梯若尔代表作之一《产业组织理论》出版，标志着一个新理论框架的形成。梯若尔将博弈论和信息经济学的基本方法和分析框架应用于产业组织理论，开始构建新的框架，并用其分析解决产业结构调整中出现的许多新问题，对产业组织理论产生了革命性影响。

新产业组织理论的特点可以归纳为三个主要方面：从重视市场结构的研究转向重视市场行为的研究；突破了传统产业组织理论单向、静态的研究框架，建立了双向的、动态的研究框架；博弈论的引入，意味着对传统的由市场机制决定的瓦尔拉均衡可行性的怀疑，如现代大公司可通过许多非市场的制度安排，如合谋、内部整合、组织结构调整等来解决问题，而不依靠市场。

2. 新规制经济学

自20世纪80年代中期始，梯若尔和拉丰共同开创了激励理论的一个最新的应用领域——新规制经济学，并以两本经典著作《政府采购与规制中的激励理论》(1993)和《电信竞争》(2000)完成了该理论框架的构建，确立了其在该领域的开创者地位。在批判传统规制理论的基础上，他们创建了一个关于激励性规制的一般框架，结合了公共经济学与产业组织理论的基本思想以及信息经济学与机制设计理论的基本方法，成功地解决了不对称信息下的规制问题。

2000年，作为对十几年垄断行业规制理论与政策研究的总结，他和拉丰合著的《电信竞争》一书，为电信及网络产业的竞争与规制问题的分析和政策的制订提供了一个最为权威的理论依据。

3. 不完全契约之争

1999年，梯若尔在发表了论文《不完全契约理论：我们究竟该站在什么立场上》。这篇论文被认为是对当时轰动整个学术界的不完全契约理论之争的“终结者之声”，同时也是关于该理论最经典的综述。

以梯若尔和马斯金为代表的机制设计学派在论文《不可预见的偶然性与不完全契约》中，运用机制设计理论的最新成果证明，不可预见的偶然性所造成的契约的不完全性，并不构成资源配置无效率的本质障碍，在当事人的效用函数不是非常限制性的情形下(即当事人没有很怪的偏好)，我们可以设计出一个激励相容的机制，实现帕累托有效的配置。这就是马斯金—梯若尔提出的“可能定理”。

主要学术成果

《产业组织理论》(1988)

《博弈论》(1991)

《政府采购与规制中的激励理论》(1993)

《电信竞争》(2000)

《金融危机、流动性与国际货币体制》(2002)

《公司财务理论》(2002)

颁奖公告

瑞典皇家科学院

让·梯若尔是我们这个时代最具影响力的经济学家之一。他在许多方面做出了重要的理论研究贡献，其中最重要的是他阐明了如何通过一小部分强有力的公司去理解和管制其行业。

许多行业由少数大公司或单个寡头掌控，没有了监管，这些市场经常出现社会不希望的状况——价格高于那些受成本驱动的企业，或者通过阻挡新的和更有效率的企业进入市场从而使低生产力的企业得以生存。

从20世纪80年代中期开始，让·梯若尔为市场失灵学说的研究注入了新的生命。他关于具有市场力的公司的分析提供了一个对中央政策具有强烈导向的统一理论：政府应该如何处理合并或企业联合和如何管制垄断企业。

在让·梯若尔之前，研究者和政策制定者们寻求适用于所有行业的普遍原则。他们主张运用简单的政策规则，比如对垄断者限价和禁止竞争对手合作，但允许处于价值链不同位置的企业之间的合作。梯若尔从理论方面说明虽然这样的政策规则可能在一定条件下可以起到很好的作用，但在其他方面弊大于利。价格上限可以促使占统治地位的公司降低成本——这是对社会的有利面，但也可能允许过多的利润——这对社会是一件坏事。在市场定价上的合作通常是有害的，但关于专利共享的合作则可以造福每个人。公司及其供应商的合并可能会鼓励创新，但也可能扭曲了竞争。

因此，最好的监管或竞争政策应该仔细适应每一个行业的具体情况。在一系列的文章和书籍中，让·梯若尔提出了一个可以设计类似政策并应用于多个行业的通用框架，涵盖范围从电信业到银行业。利用这些新见解，政府可以在更好地鼓励强大的企业提高产能的同时，阻止他们伤害竞争对手和客户。

2014年10月13日

后　记

自2009年起，为保障浙江财经大学的教学科研需要，推动学科专业建设，我校图书馆开始建设“诺贝尔经济学奖文库”，到2012年10月建成启用。该项目2010年获“浙江省高校数字图书馆特色资源建设项目”资助，2012年获“浙江省财政专项资金”资助。这些资助，有力地保障了“诺贝尔经济学奖文库”的建设。

“诺贝尔经济学奖文库”，是我馆的特色资源建设项目之一，得到学校领导和有关部门的支持与协助。王俊豪校长，陈寿灿（现为浙江工商大学副校长）、苏为华副校长，从项目的选题、设计到建设，都给予精心的指导和帮助。黄建新副校长在经费保障与场馆建设方面，精心组织协调，确保工程如期完工。经济与国际贸易学院、发展规划处、计划财务处、资产管理处、监察审计处、公共事务管理处都给予了大力的支持与帮助，在此一并表示衷心的感谢。

我馆的孟培源、冯长龙、刘辉、王玉琴副馆长，沈国弟、孟晋琦、伏潆滢、干冬力、张燕、刘志芳、朱寅君、周凌晓、程玉春、金蕾、张苏文、李卫东、梁洁、陈旭东、张惠芬、梅玲笑等老师参与了“诺贝尔经济学奖文库”的建设工作，为文库的建成启用付出了心血，贡献了聪明才智，要向他们表示诚挚的谢意。

本书是“诺贝尔经济学奖文库”的建设内容，由图书馆组织，外国语学院、经济与国际贸易学院的部分老师参与完成。参与本书翻译工作的有（按先后顺序）：孟晋琦、朱路平、余晓燕、周望月、刘明、张迅、姜淑珍、陈萍萍、杨爱萍、潘江峰、黄倩、岑群霞、邱瑜毅、袁国爽、黄聪聪、孙久荣、田野、乐美儿、孔飞燕、魏丽娜、滕超、陆萍、缪佳、陶陶、朱慧芬、梅笑玲等老师。参与本书审校工作的是（按先后顺序）：柴志贤、马汴京、金星、唐兆希、武鑫、任光辉、王鑫鑫、文雁兵等老师。黎昌抱、柴志贤老师投入了很大的精力，组织本书的翻译和审校，也要向他们表示诚挚的谢意。

还要特别指出的是，我馆的孟晋琦是一位年轻的老师，从英国留学归来，具有良好的外语能力和专业知识。几年来，全身心地投入“诺贝尔经济学奖文库”的建设，为本书的出版做了大量的基础性工作。正是由于她的出色工作，才保证了“诺贝尔经济学奖文库”的建设和本书的顺利出版。

浙江工商大学出版社的鲍观明社长、钟仲南副总编、孙一凡编辑，以职业出版人的敏锐眼光，积极策划本书的出版，对本书投入了极大的热情，帮助我们解决出版中的困难。正是由于他们的努力和支持，才保证了本书的出版。

在本书即将付梓之时，我的心情是很矛盾的。作为献给浙江财经大学40周年校庆的礼物，这是我们工作的成果，我感到很欣慰；同时又感到非常忐忑。因为瑞典皇家科学院颁奖词之权威、诺贝尔经济学奖获奖者演讲内容之丰富、之精深，又是我们才疏学浅之人很难把握的。尽管我们十分努力、十分谨慎，但是错讹之处依然难免。我们是抱着向大师们学习，向读者们求教的态度，交上这份答卷的。为此，诚恳地希望得到读者、专家的批评指正。

张守凯

2014 年 10 月

图书在版编目(CIP)数据

诺贝尔经济学奖颁奖词与获奖演说全集 / 张守凯主编. —杭州：浙江工商大学出版社，2015.3(2020.1 重印)

ISBN 978-7-5178-0678-3

Ⅰ. ①诺… Ⅱ. ①张… Ⅲ. ①诺贝尔经济学奖—演讲—世界—文集 Ⅳ. ①F-53

中国版本图书馆 CIP 数据核字(2014)第 240613 号

诺贝尔经济学奖颁奖词与获奖演说全集

主编 张守凯 副主编 黎昌抱 柴志贤

出 品 人 鲍观明
责任编辑 钟仲南 孙一凡 徐川笑 徐 佳
责任校对 何小玲 尤锡麟 袁金麟
封面设计 王好驰
责任印制 包建辉
出版发行 浙江工商大学出版社
(杭州市教工路 198 号 邮政编码 310012)
(E-mail:zjgsupress@163.com)
(网址:http://www.zjgsupress.com)
电话:0571-88904980,88831806(传真)
排 版 杭州朝曦图文设计有限公司
印 刷 杭州宏雅印刷有限公司
开 本 787mm×1092mm 1/16
印 张 74.75
字 数 1637 千
版 印 次 2015 年 3 月第 1 版 2020 年 1 月第 5 次印刷
书 号 ISBN 978-7-5178-0678-3
定 价 218.00 元
